VERDI
HANDBUCH

VERDI HANDBUCH

Herausgegeben
von
ANSELM GERHARD
und
UWE SCHWEIKERT

unter Mitarbeit von
CHRISTINE FISCHER

BÄRENREITER
METZLER

Gemeinschaftsausgabe der Verlage J. B. Metzler, Stuttgart und Bärenreiter, Kassel

Die Deutsche Bibliothek – CIP-Einheitsaufnahme

Verdi-Handbuch /
hrsg. von Anselm Gerhard und Uwe Schweikert
unter Mitarb. von Christine Fischer.
[Die Kap. von Luca Zoppelli hat Caroline Schneider-Kliemt aus dem Ital. übers.]
– Kassel : Bärenreiter ; Stuttgart ; Weimar : Metzler, 2001
   ISBN 3-7618-2017-8
   ISBN 3-476-01768-0

Gedruckt auf chlorfrei gebleichtem, säurefreiem und alterungsbeständigem Papier

ISBN 3-476-01768-0 (Metzler)
ISBN 3-7618-2017-8 (Bärenreiter)

Dieses Werk einschließlich aller seiner Teile ist urheberrechtlich geschützt. Jede Verwertung außerhalb der engen Grenzen des Urheberrechtsgesetzes ist ohne Zustimmung des Verlages unzulässig und strafbar. Das gilt insbesondere für Vervielfältigungen, Übersetzungen, Mikroverfilmungen und die Einspeicherung und Verarbeitung in elektronischen Systemen.

© 2001 J. B. Metzlersche Verlagsbuchhandlung und Carl Ernst Poeschel Verlag GmbH in Stuttgart
www.metzlerverlag.de
Info@metzlerverlag.de
Einbandgestaltung: Willy Löffelhardt
Satz: Typomedia GmbH, Ostfildern
Druck und Bindung: Franz Spiegel Buch GmbH, Ulm
Januar/2001

Printed in Germany

Verlag J. B. Metzler Stuttgart · Weimar

Inhalt

Vorbemerkung VII
Zum Gebrauch dieses Buches IX

Einleitung: Verdi-Bilder (Anselm Gerhard) 1

Verdis Wirken im italienischen 19. Jahrhundert
Italien zwischen Restauration, Risorgimento und nationaler Einheit (Martina Grempler) 26
Auf der Suche nach einer italienischen Nationalliteratur (Volker Kapp) 38
Italienische Opernhäuser als Wirtschaftsunternehmen (Michael Walter) 45
Oper fürs Volk oder für die Elite? (Sebastian Werr) 63
Medien der Popularisierung (Sebastian Werr) 77
Die Rolle der Politik (Martina Grempler) 84
Zwischen Kirche und Staat (Martina Grempler) 96

Verdis Werk zwischen Konvention und Innovation
Libretto (Thomas Betzwieser) 106
Die Genese der Opern (I): Komponist und Librettist (Luca Zoppelli) 125
Von gefallenen Engeln und Amazonen: Geschlecht als ästhetische und soziale Kategorie im
   Werk Verdis (Christine Fischer) 141
Stimmtypen und Rollencharaktere (Kurt Malisch) 168
Konventionen der musikalischen Gestaltung (Anselm Gerhard) 182
Der Vers als Voraussetzung der Vertonung (Anselm Gerhard) 198
Melodiebildung und Orchestration (Leo Karl Gerhartz) 218
Die Genese der Opern (II): Kompositionsprozeß und Editionsgeschichte (Luca Zoppelli) 234
Die optische Dimension: Szenentypen, Bühnenräume, Kostüme, Dekorationen, Bewegung, Tanz
   (Arne Langer) 249
Aufführung und Aufführungspraxis (Johannes Streicher) 275
Verdis ›Ästhetik‹ (Anselm Gerhard) 287

Das Werk
Oberto, conte di San Bonifacio (Michael Walter) 300
Un giorno di regno (Arnold Jabobshagen) 304
Nabucodonosor (Michael Walter) 308
I Lombardi alla prima crociata/Jérusalem (Kurt Malisch) 315
Ernani (Ulrich Schreiber) 323
I due Foscari (Christine Fischer) 328
Giovanna d'Arco (Markus Engelhardt) 334
Alzira (Thomas Betzwieser) 337
Attila (Kurt Malisch) 342
Macbeth (Uwe Schweikert) 347
I masnadieri (Gundula Kreuzer) 358
Il corsaro (Sebastian Werr) 364
La battaglia di Legnano (Martina Grempler) 367
Luisa Miller (Leo Karl Gerhartz) 373
Stiffelio/Aroldo (Sebastian Werr) 380
Rigoletto (Egon Voss) 386
Il trovatore (Hans-Joachim Wagner) 395

La traviata (Hans-Joachim Wagner)   404
Les Vêpres Siciliennes (Sabine Henze-Döhring)   411
Simon Boccanegra (Uwe Schweikert)   418
Un ballo in maschera (Arnold Jacobshagen)   430
La forza del destino (Gundula Kreuzer)   437
Don Carlos/Don Carlo (Sieghart Döhring)   449
Aida (Uwe Schweikert)   461
Otello (Dietmar Holland)   474
Falstaff (Egon Voss)   486
Messa da Requiem (Uwe Schweikert)   496
Quattro pezzi sacri (Uwe Schweikert)   504
Kleinere geistliche Kompositionen (Anselm Gerhard)   508
Kompositionen aus der Studienzeit (Anselm Gerhard)   510
Zu Lebzeiten veröffentlichte kleinere Kompositionen (Anselm Gerhard)   512
Nicht veröffentlichte Gelegenheitskompositionen (Anselm Gerhard)   517
Streichquartett (Norbert Graf)   520
Briefe (Sabina Kienlechner)   522

Wirkung
Paradigmen der Verdi-Rezeption (Hans-Joachim Wagner)   530
Sänger und Dirigenten (Kurt Malisch)   542
Regietheater und Film. Zur Wirkungsgeschichte von Verdis Opern (Wolfgang Willaschek)   550
Popularisierung und Literarisierung eines Mythos (Simone De Angelis)   571

Anhang
Zeittafel zu Leben und Werk (Christine Fischer)   593
Glossar (Guido Johannes Joerg)   630
Personenverzeichnis (Christine Fischer)   651
Bibliographie (Edith Keller/Christine Fischer)   682
Register der Namen und Werktitel   728
Über die Autoren   742
Bildnachweise   746

Vorbemerkung

Auf ein Chopin- (und Mendelssohn Bartholdy-) Jahr folgte ein Johann Sebastian Bach-Jahr, dem sich nun ein Verdi-Jahr anschließen wird – das gleichzeitig ein Bellini-Jahr ist –, bevor dann – je nach Geschmack – ein Francesco Cavalli- oder ein Muzio Clementi-Jahr eingeläutet werden kann. Gedenktage und -jahre haben ihre eigene Dynamik von geradezu industriellen Ausmaßen entfaltet, der man sich am liebsten entziehen würde. Wenn wir – keineswegs zufällig – zur 100. Wiederkehr von Verdis Todestag die bisher umfangreichste deutschsprachige Veröffentlichung zum Werk dieses erfolgreichen Opernkomponisten vorlegen, bedarf dies dennoch keiner angestrengten Begründung. Bis heute fehlt in deutscher Sprache eine ebenso zuverlässige wie kritische Darstellung von Verdis Werk, die den Stand einer – in den letzten Jahren vor allem im englischen und italienischen Sprachraum höchst innovativen – Forschung widerspiegelt und liebgewordene Vorurteile dorthin befördert, wo sie allein hingehören: in das Reich der (Zerr-)Bilder und Mythen.

Da selbst der kritischste Betrachter nicht bestreiten kann, daß im Jahr 2001 Giuseppe Verdi und seinem Werk gerade auch nördlich der Alpen eine Aufmerksamkeit zukommen wird wie selten zuvor, scheint es angebracht, genau in diesem Zeitpunkt allen interessierten Leserinnen und Lesern ein Nachschlagewerk und Lesebuch zur Verfügung zu stellen, das durchaus den Anspruch verfolgt, für einen neuen Blick auf das Werk eines der wichtigsten Komponisten in der Geschichte des Musiktheaters zu werben. Zwar wird auch heute noch dem Vernehmen nach im Land der Dichter und Denker gegen diesen »Leierkastenmusiker« geltend gemacht, dieser habe ja nicht einmal Symphonien geschrieben. Und selbst vielen Opernfreunden scheint Verdi im Vergleich zu dem zum Antipoden stilisierten Gründer der Bayreuther Festspiele einen nur in Randregionen Europas akzeptablen, intellektuell gleichsam zurückgebliebenen Stand des Musikdramas zu repräsentieren – naive Sinnlichkeit, so ein unverdächtiger Lobredner (Heinrich Mann), bei der man sich vom angestrengten Denken erholen kann.

Dabei war auch Verdi in bisher kaum wahrgenommenen Ausmaß ein denkender Komponist. Zwar war ihm im Zweifelsfall die durchschlagende Wirkung auf der Bühne wichtiger als das nur für den Kenner wahrnehmbare Detail der musikalischen Organisation. Im Blick auf künstlerische Reflexion, Selbstkritik und äußerste Differenzierung aber hat Verdi – wie die Beiträge des vorliegenden Handbuchs deutlich machen – den Vergleich mit keinem Komponisten des deutschsprachigen Kanons zu scheuen, heiße er nun Mozart, Beethoven, Wagner, Brahms oder Alban Berg.

Da Verdis künstlerische Reflexion von Voraussetzungen ausging, die bereits dem deutschsprachigen Publikum des 19. Jahrhunderts fremd waren, haben wir ein entscheidendes Gewicht auf die Darstellung und Erläuterung all der Bedingungen und Konventionen gelegt, die Verdis Theater geprägt haben. Nach einleitenden kritischen Bemerkungen zu den – vermutlich auch nach 2001 nicht ausrottbaren – Klischees der Verdi-Biographik werden in den ersten beiden Hauptteilen in insgesamt achtzehn Beiträgen so unterschiedliche Fragen wie der politische, literatur-, religions-, sozial- und wirtschaftsgeschichtliche Hintergrund von Verdis Werk in kurzen Überblicksdarstellungen für einen nicht fachkundigen Leser behandelt, ebenso aber die Eigenheiten des konkreten Entstehungsprozesses von Verdis Opern sowie das Gewicht oft unterschätzter Parameter wie der verwendeten Verse, der Konventionen in der Gestaltung der wichtigsten Rollen und der musikalischen Disposition, der szenischen Realisierung und der konkreten Aufführungsbedingungen zu Verdis Lebzeiten.

Erst nach diesem Versuch, Verdis Wirken im italienischen 19. Jahrhundert und sein Schaffen im Spannungsfeld zwischen Konvention und Innovation zur Sprache zu bringen, werden die Kompositionen selbst in den Blick genommen. Hier haben wir – auch über die Opern hinaus – Vollständigkeit angestrebt, finden sich doch selbst unter den scheinbar unbedeutenden Klavierliedern Stücke von überragender Qualität und Bedeutung – es geht also auf eine bewußte Entscheidung zurück, daß wir eine umfassende Auflistung aller nicht für die Bühne bestimmten Kompositionen bieten, die über sämtliche bisher publizierten Werklisten oder Kataloge hinaus geht. Alle werkmonographischen Artikel sind sowohl für die vertiefte Lektüre wie für das schnelle Nachschlagen bestimmt: Die wichtigsten ›äußerlichen‹ Daten wie Besetzung, Uraufführung, verfügbare Ausgaben werden in tabellarischer Form dokumentiert; für alle Bühnenwerke wird die Handlung so zusammengefaßt, daß bei allem Interesse an einer lesbaren Darstellung die Abfolge der einzelnen musikalischen ›Nummern‹ wahrnehmbar bleibt. In jedem Werkartikel finden sich darüber hinaus Angaben zur Entstehung und zur Rezeption (mit Schwerpunkt auf derjenigen zu Verdis Lebzeiten), vor allem aber eine ausführliche Interpretation aus dramaturgischer wie kompositionsgeschichtlicher Perspektive.

In einem letzten Hauptteil behandeln dann vier, wieder stärker thematisch gebundene Beiträge die Wirkung und die Rezeption von Verdis Werk im Jahrhundert nach seinem Tod. Ein umfangreiches Glossar, eine ausführliche Zeittafel, ein kommentiertes Personenverzeichnis, eine Auswahlbibliographie und ein Register schließlich wollen den Nutzwert des Handbuchs erhöhen, das als Nachschlagewerk auf möglichst viele Fragen möglichst präzise Antworten geben möchte – für Opernfreunde ebenso wie für Musikwissenschaftler, für Theatermacher ebenso wie für Dirigenten, für Musikkritiker ebenso wie für Kulturhistoriker.

Ursprünglich war es der Wunsch der Herausgeber gewesen, bei diesem ersten Versuch, dem deutschsprachigen Lesepublikum eine umfassende Würdigung von Verdis Werk aus den verschiedensten Perspektiven zu bieten, ausschließlich in deutscher Sprache geschriebene Beiträge zu verwenden. Zahlreiche Absagen haben uns freilich dazu gezwungen, für zwei Kapitel von dieser Leitlinie abzuweichen und hier Beiträge aus dem Italienischen zu übersetzen. Gerade diese beiden Kapitel zum Entstehungsprozeß von Verdis Opern, die wie alle anderen Kapitel eigens für dieses Buch geschrieben wurden, zeichnen sich allerdings durch die Präsentation wichtiger neuer Forschungsergebnisse aus – nicht nur dort, sondern in der großen Mehrzahl der Beiträge lag es nahe, über eine allgemeinverständliche Zusammenfassung des Forschungsstands hinaus originäre neue Forschungsergebnisse vorzulegen.

Ein Handbuch mit Beiträgen von insgesamt 27 Autorinnen und Autoren hätte ohne die Mithilfe zahlreicher Personen nicht realisiert werden können. Für ihr großes Engagement, das für das rechtzeitige Erscheinen dieses Buchs unverzichtbar war, danken wir deshalb allen beteiligten Mitarbeiterinnen und Mitarbeitern am Berner Institut für Musikwissenschaft – Christine Fischer, die wesentliche Teile der redaktionellen Vorarbeiten selbstbewußt betreute und koordinierte, Edith Keller, ohne deren unermüdliche Recherche die Bibliographie nicht hätte erstellt werden können, Daniela Bourloud und Isabelle Hänni, die bei der Anfertigung des Personenverzeichnisses mitwirkten, und Mathias Geiser, der aufmerksam Korrekturen las, – ebenso wie den internen Mitarbeiterinnen und einem externen Mitarbeiter des Metzler-Verlags – Guido Johannes Joerg, der für die Endkorrekturen und die Erstellung des Registers verantwortlich zeichnet, Marianne Bäßler, die die Herstellung und Gabriele Aichele, die die Abbildungen betreute. Dieser Dank schließt nicht zuletzt Peter Ross ein, der in der Vorbereitungs- und Planungsphase am Entstehen des Buches mitgewirkt hat.

Nicht weniger herzlich danken wir dem Istituto Nazionale di Studi Verdiani in Parma. Viele Recherchen waren nur ›vor Ort‹ mit Hilfe dieses internationalen Zentrums der Verdi-Forschung möglich. Dem Direktor des Instituts, Herrn Prof. Dr. Pierluigi Petrobelli, und dem Vizedirektor, Herrn Prof. Dr. Fabrizio Della Seta, sei für die großzügige Bereitschaft gedankt, alle ihnen vorliegenden Forschungsergebnisse verfügbar zu machen, Marisa Di Gregorio Casati, der Mitarbeiterin im Archiv des Instituts, für unzählige kleine und große Hilfeleistungen bei der Suche nach Büchern, Illustrationen, Briefen und bei der Lösung redaktioneller Probleme

Last but not least möchten wir aber allen Mitautorinnen und Mitautoren danken für ihre Bereitschaft, für dieses Handbuch zu schreiben und so dazu beizutragen, daß auch im deutschen Sprachraum die Idee größeren Raum gewinnen möge, daß Verdis Opern nicht nur mit der – vermeintlichen oder tatsächlichen –

Genußsucht einer ›bella Italia‹ zu tun haben, sondern einen kaum zu überschätzenden Beitrag zur musiktheatralischen ›Weltliteratur‹ darstellen.

Bern und Stuttgart, im November 2000
Anselm Gerhard und Uwe Schweikert

Zum Gebrauch dieses Buches

Wie bei Handbüchern üblich, wurde auf einen Fußnoten-Apparat konsequent verzichtet. Alle zitierten Quellen und Beiträge der Sekundärliteratur wurden in Klammern in den laufenden Text eingefügt, wobei die verwendeten Kurztitel einerseits durch den ersten Teil der Bibliographie (S. 682 ff.) am Ende des Buchs, im Falle der zitierten Briefe von und an Verdi durch die folgende Liste nachgewiesen werden können.

Sämtliche zitierten Briefe wurden am italienischen oder französischen Originaltext überprüft und von Sabina Kienlechner (für den werkmonographischen Artikel über Verdis Briefe) sowie von Anselm Gerhard neu übersetzt. Wir haben dabei bewußt versucht, dem ausgesprochen pragmatischen, betont alltagssprachlichen, nie aber literarischen Tonfall von Verdis Briefen gerecht zu werden.

Italienische und französische Fachbegriffe aus der Welt des Musiktheaters wurden grundsätzlich kursiv gesetzt; sie sind in allen wichtigen Fällen im Glossar (S. 630–650) erläutert. In den Werkartikeln verweist der Kurztitel *Tutti i libretti* auf folgende Ausgabe: Luigi Baldacci (Hrsg.), *Tutti i libretti di Verdi*, Milano: Garzanti 1975, ⁴1994; in allen Artikeln verweist die Abkürzung WGV auf *The Works of Giuseppe Verdi / Le opere di Giuseppe Verdi*, Chicago: The University of Chicago Press/Milano: Ricordi 1983–1999 (bisher 11 von 38 geplanten Bänden erschienen).

Abgekürzt zitierte Ausgaben von Briefen von und an Verdi

Abbiati, Franco, *Giuseppe Verdi*, 4 Bde., Milano: Ricordi 1959.

Alberti, Annibale (Hrsg.), *Verdi intimo: Carteggio di Giuseppe Verdi con il conte Opprandino Arrivabene (1861–1886)*, Milano: Mondadori 1931.

Cella, Franca; Ricordi, Madina und Di Gregorio Casati, Marisa (Hrsg.), *Carteggio Verdi–Ricordi 1882–1885*, Parma: Istituto di studi verdiani 1992.

Cesari, Gaetano und Luzio, Alessandro (Hrsg.), *I copialettere di Giuseppe Verdi*, Milano: Ceretti 1913 (Reprint: Bologna: Forni 1968).

Conati, Marcello, *La bottega della musica: Verdi e La Fenice* (Opere e libri), Milano: Saggiatore 1983.

Garibaldi, Luigi Agostino, *Giuseppe Verdi nelle lettere di Emanuele Muzio ad Antonio Barezzi* (I grandi musicisti italiani e stranieri), Milano: Treves 1931.

Günther, Ursula, *Zur Entstehung von Verdis »Aida«*, in: *Studi musicali* 2 (1973), S. 15–71.

Luzio, Alessandro, *Il carteggio di Giuseppe Verdi con la contessa Maffei*, in: *Profili biografici e bozzetti storici*, Milano: Cogliati 1927, Bd. 2, S. 505–562.

Luzio, Alessandro, *Carteggi verdiani* (Reale accademia d'Italia: Studi e documenti, 4), Bde. 1–2, Roma: Reale accademia d'Italia 1935.

Luzio, Alessandro, *Carteggi verdiani* (Accademia nazionale dei lincei: Studi e documenti, 4), Bde. 3–4, Roma: Accademia nazionale dei lincei 1947.

Medici, Mario und Conati, Marcello (Hrsg.), *Carteggio Verdi–Boito*, 2 Bde., Parma: Istituto di studi verdiani 1978.

Morazzoni, Giuseppe (Hrsg.), *Verdi. Lettere inedite*, Milano La Scala 1929.

Pascolato, Alessandro, *»Re Lear« e »Ballo in maschera«. Lettere di Giuseppe Verdi ad Antonio Somma*, Città di Castello: Lapi 1902.

Petrobelli, Pierluigi; Di Gregorio Casati, Marisa und Mossa, Carlo Matteo (Hrsg.), *Carteggio Verdi–Ricordi 1880–1881*, Parma: Istituto di studi verdiani 1988.

Porter, Andrew, *»Les Vêpres Siciliennes«: New Letters from Verdi to Scribe*, in: *19th-Century Music* 2 (1978/79), S. 95–109.

Prod'homme, Jacques-Gabriel, *Lettres inédites de G. Verdi à Léon Escudier*, in: *Rivista musicale italiana* 35 (1928), S. 1–28, S. 171–197, S. 519–552.

Rosen, David und Porter, Andrew (Hrsg.), *Verdi's ›Macbeth‹: A Sourcebook*, Cambridge: Cambridge University Press 1984.

Schlitzer, Franco, *Inediti verdiani nell'archivio*

dell'Accademia Chigiana (Quaderni dell'Accademia Chigiana, 27), Siena: Ticci 1953.

Stefani, Giuseppe, *Verdi e Trieste*, Trieste: Comune di Trieste 1951.

Walker, Frank, *Cinque lettere verdiane*, in: *Rassegna musicale* 21 (1951), S. 256–261.

Walker, Frank, *L'uomo Verdi*, Milano: Mursia 1964.

Einleitung

Verdi-Bilder

von Anselm Gerhard

Giuseppe Verdi ist allgegenwärtig. Bis in die Fernsehwerbung hinein begegnen seine Melodien, seine Opern gehören neben denen Mozarts und noch vor den Musikdramen Richard Wagners zu den meistgespielten nördlich und südlich der Alpen, und seine Person ist beileibe nicht nur den Italien-Touristen präsent, die sich noch an sein – zunächst von Marco Polo und 1990 dann von Maria Montessori abgelöstes – Portrait auf der von 1962 bis 1981 ausgegebenen Tausend-Lire-Note erinnern.

Ebenso allgegenwärtig sind die Bilder, die sich Musikfreunde, Opernfans, Theatermacher, Musikhistoriker und Tourismus-Werber von diesem bedeutenden Zeitgenossen des italienischen 19. Jahrhunderts machen: »Leierkasten-Musiker«, Begründer des »musikalischen Realismus«, Antipode Richard Wagners, »Bauer von Sant'Agata« sind dabei nur einige der im Widerspruch miteinander stehenden Etikettierungen, die sich längst vor eine unvoreingenommene Wahrnehmung der Persönlichkeit und des Werks des erfolgreichsten italienischen Opernkomponisten nach Rossini geschoben haben.

Ein Blick auf die Entstehung und auf die Widersprüchlichkeiten solcher Etiketten verspricht deshalb nicht nur neue Aufschlüsse über die Wirkungsgeschichte dieses leidenschaftlichen Theatermusikers. Nur dieses Vorgehen kann auch die Voraussetzungen schaffen, um sich dem Werk Verdis zu nähern, ohne sich zugleich von dem Wust an überkommenen Vorurteilen den Blick verstellen zu lassen.

Verdis Selbststilisierung

Eine der erstaunlichsten Erkenntnisse der Verdi-Forschung der letzten Jahrzehnte war die Feststellung, mit welcher Kaltblütigkeit Verdi ein sorgfältig retuschiertes Bild seiner Person in Umlauf gebracht hatte und wie wenig Wert er dabei auf Wahrheit legte. Julian Buddens Feststellung, daß »Verdi im fortgeschrittenen Leben dazu neigte, das zu vergessen, was er nicht erinnern wollte« (Budden, 1973, Band II, S. 175), ist dabei noch als euphemistische Umschreibung der Selbstinszenierungs-Strategien eines Menschen zu begreifen, der sich durchaus zu Recht als »uomo di teatro«, als »Mann des Theaters«, und nicht etwa als »musicista«, als »Komponist«, bezeichnet haben soll (Pizzetti 1952, S. 23 bzw. S. 761). So ist hier mit Nachdruck an Max Frischs Diktum zu erinnern: »Jeder Mensch erfindet sich früher oder später eine Geschichte, die er für sein Leben hält, oder eine ganze Reihe von Geschichten« (Frisch, 1976, S. 49).

»Ich bin und bleibe immer ein Bauer aus Le Roncole.« (Brief Verdis an Opprandino Arrivabene vom 25. Mai 1863; Alberti, 1931, S. 26) Generationen von Opernfreunden sind mit diesem Bild aufgewachsen: Der ungehobelte Landmann aus dem gottverlassenen Flecken Le Roncole in der Po-Ebene, der sich unter widrigsten Bedingungen aus ärmlichen Verhältnissen so weit hochgearbeitet hatte, daß er einen Studienaufenthalt in Mailand finanzieren konnte, dort vom Konservatorium schmählich zurückgewiesen wurde, dann aber – unbeirrt von Schicksalsschlägen wie dem Tod seiner jungen Frau und seiner beiden Kinder – doch zu ersten Erfolgen kam und sich schließlich in langen, langen »Galeerenjahren« einen bescheidenen Wohlstand erarbeiten konnte.

An diesem Bild ist zwar nicht alles falsch. Aber kein einziges der Klischees, die sich in der Überlieferung seit über 150 Jahren über die historischen Realitäten gelagert haben, trifft in dieser Form zu. Le Roncole, der kleine Flecken im Nordwesten von Parma, war gewiß kein kulturelles Zentrum, und ein Kind dieser Gegend hatte bildungssoziologisch betrachtet erhebliche Nachteile im Wettbewerb mit Musikern, die in Großstädten oder wenigstens größeren Provinzstädten wie Pesaro (Rossini), Bergamo (Donizetti) oder Catania (Bellini) geboren worden waren. Aber Verdi kam nicht aus ärmlichen, sondern aus relativ wohlhabenden Verhältnissen: Seine Eltern waren keine Bauern, sondern Händler und führten mit achtbarem Erfolg den einzigen Kramladen des kleinen Dorfs. Immerhin verfügte Verdis Familie seit Generationen über eigenen Grundbesitz, und sein Vater Carlo gehörte sogar zu dem knappen Zehntel der Bevölkerung, das lesen und schreiben konnte, von 1825 bis 1840 wirkte er überdies als Sekretär und Schatzmeister der Kirchgemeinde seines Wohnorts.

Insofern war Verdi durchaus begünstigt: In einem wesentlich von Analphabetismus geprägten ländlichen Umfeld engagierten seine Eltern bereits 1817 Pietro Baistrocchi, den aus Sant' Agata stammenden Dorfschulmeister, als Privatlehrer für ihren einzigen Sohn. Der noch nicht Vierjährige erhielt Unterricht nicht nur in Italienisch, sondern auch in Latein. 1819 besuchte er die von diesem Kleriker geleitete Dorfschule, 1820 kaufte ihm der Vater ein Spinett, und der Siebenjährige vertrat bisweilen schon seinen Mentor Baistrocchi an der Orgel der Kirche von Le Roncole. Verdi gehörte aber nicht nur zur verschwindenden Minderheit der Kinder, die damals im Herzogtum Parma überhaupt eine Schule besuchen konnten – eine Statistik von 1833 geht von einer Einschulungsquote von 1:47 aus –, er wurde überdies von seinen Eltern 1823 als Pensionist in die nahe gelegene Kleinstadt Busseto geschickt, wo er nach vier Jahren das Gymnasium absolvierte und offenbar nicht nur Autoren wie Vergil und Cicero kennengelernt hatte, sondern auch regelmäßig die ehemalige Jesuitenbibliothek benutzen konnte, die immerhin rund 10000 Bände umfaßte (Phillips-Matz, 1993, S. 20–26; Tomasini, 1996, S. 16 f.).

In der stolzen Kleinstadt nutzte Verdi die neuen Möglichkeiten: Ab 1825 hatte er regelmäßigen Musikunterricht beim städtischen Musikdirektor Ferdinando Provesi, und es war ein unglaublicher Glücksfall, daß er in dem erfolgreichen Kaufmann Antonio Barezzi, seinem späteren Schwiegervater, einen Gönner fand, der unbeirrt an seine musikalische Begabung glaubte und ihn mit Hartnäckigkeit und beträchtlichen finanziellen Mitteln nicht nur in die schmale Funktionselite dieses kleinen Zentrums einführte, sondern später auch zwei entscheidende Aufenthalte in der größten Stadt Norditaliens, in Mailand, ermöglichte.

Die Tatsache, daß Verdi in Busseto angesichts der schwachen Konkurrenz als außergewöhnliche musikalische Begabung aufgefallen war, mag ihn und sein Umfeld zur Überschätzung seiner Qualifikationen verleitet haben. Immerhin hatte Verdi im Juni 1832 die Aufnahmeprüfung am Mailänder Konservatorium deswegen nicht bestanden, weil die Prüfungskommission dort gar keine andere Wahl hatte: Als Altersgrenze für Neuaufnahmen galt das 14. Lebensjahr, und nur bei außergewöhnlichen Begabungen waren Ausnahmen möglich. Freilich hinterließ der fast neunzehnjährige Verdi in der – nach dem Reglement allein entscheidenden – Klavierprüfung alles andere als einen brillanten Eindruck.

Verdi, der diese Ablehnung noch im hohen Alter unversöhnlich als »Attentat auf meine Existenz« empfinden wollte (Brief an Giulio Ricordi vom 13. August 1898; Abbiati, 1959, Band IV, S. 632), hatte dennoch wieder Glück im Unglück: Barezzi finanzierte großzügig kompositorischen Privatunterricht und vor allem das für Verdis Karriere noch viel wichtigere Lernen durch regelmäßige Besuche der verschiedenen Mailänder Opernhäuser. Wie so oft im Leben berühmter Musiker kam dabei Verdi ein Zufall zugute: Im April 1834 übernahm er kurzfristig die Leitung einer Aufführung von Haydns Oratorium *Die Schöpfung* im Mailänder Casino de' nobili und konnte mit diesem Erfolg bei den tonangebenden Kreisen des aristokratischen Kulturlebens der habsburgischen Residenzstadt auf sich aufmerksam machen.

Dennoch setzte sich Verdi weniger hochfliegende Ziele: Die Stelle seines 1833 gestorbenen Lehrers Provesi in Busseto stand eine Zeit lang im Mittelpunkt seiner Ambitionen. Und nach vielen Intrigen in der Kirchturmpolitik Bussetos und dem mehr oder weniger erzwungenen Verzicht auf die weit attraktivere Position eines Kapellmeisters und Organisten an der Kathedrale der lombardischen Stadt Monza wurde er im März 1836 tatsächlich zum *maestro di musica* der Stadt Busseto ernannt.

In einem Alter, in dem der in Bologna ausgebildete Rossini mit seinem *Tancredi* (1813) bereits den entscheidenden Durchbruch erzielt hatte und in dem auch ein Donizetti schon auf drei Opernpremieren in Venedig zurückblicken konnte, kehrte Verdi also in die provinzielle Umgebung seiner Jugend zurück, dem er durch die Mailänder Kontakte zu einem guten Teil schon entfremdet worden war. Diese Rückkehr in die eigene Vergangenheit mag sein subjektives Gefühl, er sei vom Schicksal nicht verwöhnt worden, nochmals verstärkt haben. Aber zu seinem Glück blieb die Tätigkeit Episode: Nach erfolglosen Versuchen, eine erste Oper in Parma oder Mailand unterzubringen, schickte er sich in die Einsicht, daß nur die Präsenz in einer Stadt mit einem intensiven Opernleben den Einstieg in die ›Opern-Industrie‹ garantieren konnte. Im Oktober 1838 gab er die sichere Stelle in Busseto auf und übersiedelte mit Frau und Sohn nach Mailand – in seinem riskanten Unternehmen wiederum großzügig unterstützt von seinem Schwiegervater Barezzi. Am 17. November 1839 kam endlich sein Erstling *Oberto* an der Scala und damit an einem der renommiertesten Opernhäuser Italiens zur Aufführung, im September 1840 folgte die Buffo-Oper *Un giorno di regno*. Aber beide Opern waren wenig erfolgreich, und selbst bei wohlwollender Prüfung dieser Partituren ist dort fast nichts zu erkennen, was die Einschätzung rechtfertigen könnte, hier zeichne sich das Genie eines herausragenden Opernkomponisten ab.

Die Ereignisse der Monate vor und nach der zweiten Premiere werden auch heute noch von populären Biographien in der melodramatischen Form nachgebetet, die ihr Verdi 1881 gegeben hatte:

Nun aber trifft mich ein schwerer Schicksalsschlag nach dem andern. Anfang April wird mein Junge krank [...] und stirbt in den Armen der verzweifelten Mutter. [...] Wenige Tage danach erkrankt mein Töchterchen gleichfalls!... und auch diese Krankheit endet tödlich!... aber noch immer nicht genug: In den ersten Tagen des Juni bekommt meine junge Frau eine schwere Hirnhautentzündung, und am 19. Juni 1840 tragen wir den dritten Sarg aus dem Haus!... Ich stand allein, allein!... Im Verlauf von rund zwei Monaten waren drei geliebte Menschen für immer von mir gegangen: Meine Familie war zerstört!... [...]

Un giorno di regno fand keinen Anklang. [...] Ich beschloß, nie mehr eine Note zu schreiben!... [...] An einem Winterabend [...] begegne ich Merelli [dem *impresario* der Scala], der auf dem Weg ins Theater ist. [... Dort] steckt er mir das Manuskript [eines Librettos von Solera, das der erfolgreiche Komponist Otto Nicolai gerade zurückgewiesen hatte] zu. [...] Ich rolle es zusammen, verabschiede mich und mache mich auf den Heimweg. [...] Zu Hause angekommen, warf ich das Manuskript ziemlich heftig auf den Tisch, vor dem ich stehenblieb. Im Fallen hat es sich geöffnet: Unwillkürlich haftet mein Blick auf der aufgeschlagenen Seite und dem Vers: »Va, pensiero, sull'ali dorate«.

Ich überfliege die folgenden Verse, sie machen mir starken Eindruck. [...] Dann, fest in meinem Vorsatz, nicht zu komponieren, gebe ich mir einen Ruck, klappe das Heft zu und lege mich ins Bett!... Aber ja... *Nabucco* ging mir im Kopf herum!... Der Schlaf wollte sich nicht einstellen: Ich stehe wieder auf und lese das Libretto, nicht einmal, nein: zweimal, dreimal, so oft, daß ich am Morgen Soleras ganzes Libretto sozusagen auswendig kannte.

Trotz alledem verspürte ich keine Neigung, meinem Vorsatz untreu zu werden. Im Lauf des Tages gehe ich wieder ins Theater und gebe Merelli das Manuskript zurück. (Pougin 1881, S. 43f.)

Dieser Bericht zeigt die ganze dramatische Begabung des Theaterkomponisten. Zwar trifft es zu, daß nacheinander die drei anderen Mitglieder seiner jungen Familie gestorben waren. Aber zwischen deren Todesdaten lagen nicht »rund zwei Monate«, sondern fast zwei Jahre. Verdis Tochter Virginia war gar nicht mit der Familie nach Mailand gekommen, sondern am 12. August 1838 noch in Busseto gestorben. Erst am 22. Oktober 1839 folgte der Sohn Icilio Romano, und am 18. Juni 1840 starb auch die Gattin Margherita Barezzi.

Es fällt nicht schwer sich auszumalen, daß diese harten Schläge Verdi zutiefst getroffen haben müssen. Aber angesichts seines freizügigen Umgangs mit den Sterbedaten seiner Angehörigen ist auch sein Bericht über die Entstehung seiner ersten wirklich erfolgreichen Oper mit einiger Vorsicht zu genießen. Die Erzählung, der erste ungewollte Blick auf das Libretto habe dem Vers gegolten, der bis heute mit einer der populärsten Melodien Verdis verknüpft ist, ist einfach zu schön, um Glaubwürdigkeit beanspruchen zu können. Und auch wenn es mehr als nachvollziehbar ist, daß einem jungen Witwer, der seine geliebte Familie verloren hat, Zweifel an seiner beruflichen Zukunft kommen, ist es kaum vorstellbar, daß der kaum bekannte Anfänger sich von Merelli wie eine *prima donna* zum Komponieren habe drängen lassen, nachdem der weit erfolgreichere Otto Nicolai ein Libretto des angesehenen Solera zurückgewiesen hatte. Wenn Verdi als realitätsbewußter Kaufmannssohn, als der er sich sein ganzes Leben lang immer verhielt, seine Situation richtig einzuschätzen wußte, hatte er nicht den geringsten Grund, auch nur einen Moment zu zögern angesichts der neuen und einmaligen Chance, die sich ihm mit *Nabocodonosor* bot.

Aber Verdi war so geblendet von der Idee, sich von ganz unten nach ganz oben durchgebissen zu haben, daß er im Rückblick konsequent die Schwierigkeiten seiner frühen Karriere im grellsten Licht darstellte. Das gilt auch für eines seiner meistzitierten Worte, das der »Galeerenjahre«, während deren er sich in ununterbrochener Arbeit als Sklave der zeitgenössischen Produktionsbedingungen der italienischen Oper gefühlt haben wollte. In den meisten Darstellungen wird das griffige Bild der »Galeerenjahre« nur auf die Zeit vor dem endgültigen Durchbruch zu unangefochtener nationaler und sogar internationaler Anerkennung bezogen, also auf die Jahre bis zur venezianischen Uraufführung von *Rigoletto* (1851). Geprägt wurde der Begriff von Verdi aber erst 1858 während der letzten Proben zu *Un ballo in maschera*, und zwar verbunden mit der durchaus ernst scheinenden Absicht, sich völlig aus dem Theatergeschäft zurückzuziehen: Nachdem Verdi den übermächtigen Vorgänger Rossini endgültig aus der Position des berühmtesten italienischen Komponisten verdrängt hatte, mag es ihn gelockt haben, den älteren Kollegen auch in der Rolle des zurückgezogenen Solitärs zu beerben. Rossini hatte in der Tat nach der Pariser Premiere von *Guillaume Tell* (1829) konsequent den lauten Forderungen von Theaterdirektoren und öffentlicher Meinung widerstanden und beschäftigte sich bis zu seinem Tod 1868 nur noch mit nichtdramatischen Kompositionen.

Beim fünfundvierzigjährigen Verdi – Rossini war 1829 gerade 37 Jahre alt gewesen – hatte der schließlich auch laut angekündigte Rückzug allerdings kaum zwei Jahre Bestand: Bereits 1861 ließ er sich von der Kaiserlichen Hofoper in Sankt Petersburg zum nächsten Auftragswerk überreden. Nicht nur vor diesem Hintergrund erscheint die Metapher von den langen Jahren der Sklavenarbeit reichlich übertrieben. Wie im nächsten Abschnitt detailliert dargestellt werden wird, hatte Verdi bereits 1844 mit seinem *Ernani* derart exorbitante Gagen durchgesetzt, daß er sich vielleicht nicht sofort den reinen Müßiggang, aber doch ein erheblich langsameres Produktionstempo hätte erlauben können. Aber der ehrgeizige Komponist verfolgte mit unglaublicher Hartnäckigkeit das Ziel, sich für das italienischsprachige Musiktheater zur unangefochtenen Größe zu machen, an der kein Theater von Korfu bis London, von Lissabon bis Sankt Petersburg und erst recht kein Konkurrent mehr vorbei konnte. Und gleichzeitig investierte er solche Summen in einen sehr hohen Lebensstandard und großdimensionierte Immobiliengeschäfte, daß er tatsächlich auf weitere Einnahmen dringend angewiesen war. Dennoch: Die Gefangenschaft auf der Galeere war eine selbstgewählte.

Auch weitere Details, die der fesselnde Briefschreiber Verdi in Umlauf gebracht hatte und die noch heute unablässig reproduziert werden, könnten auf ähnliche Weise widerlegt oder doch in einer differenzierteren Wertung nuanciert werden. Trotzdem ist auffällig, wie sich in fast allen dieser Selbststilisierungen Verdis auch ein – bisweilen gut versteckter – wahrer Kern verbirgt, was im folgenden an ausgewählten ›Bildern‹ gezeigt werden soll.

›Self-made-man‹

Das bereits deutlich konturierte und die ganze Persönlichkeit Verdis beherrschende Motiv, seinen Erfolg als höchst mühsamen Aufstieg aus bitterer Armut darzustellen, wird zu einem Teil verständlicher, wenn man es als Mystifizierungen eines Manns begreift, der sich ständig – wie allerdings jeder »uomo di teatro« vor dem endgültigen Durchbruch – Widerständen ausgesetzt sah und deshalb Zuflucht bei übersteigerten »self-made-man«-Allüren suchte. Es erleichterte Verdis Selbstinszenierungen wesentlich, daß das 1860 endlich vereinte Italien genau solche Karrieren als leuchtende Beispiele für eine aufstrebende und immer stärker vom finanzkräftigen Großbürgertum geprägte Gesellschaft brauchte; nicht zufällig findet sich einer der Schlüsseltexte dieser Mystifizierung Verdis zu einem vermeintlichen Gründervater des vereinten Italiens in einem populären Buch aus dem Jahre 1869: Michele Lessonas *Volere è potere* (»Wo ein Wille ist, ist auch ein Weg«; Lessona, 1869, S. 298 f.).

Es ist offensichtlich, daß der wißbegierige und ehrgeizige Verdi in der provinziellen Umgebung seiner Herkunft sich immer wieder von borniertenen Einstellungen eingeengt fühlen mußte. So ist kaum anzunehmen, daß seine

Eltern sich wirklich eine Vorstellung davon machen konnten, was den – nach dem Tod der Schwester im Jahre 1833 – einzigen Sproß der stolzen Familie an Musik und dramatischer Literatur begeistern konnte. Und seine beiden einzigen Lehrer in Komposition – Provesi und Lavigna – waren zwar in Fragen des musikalischen Handwerks dem etwas unbedarften Schüler sicher lange Zeit überlegen, dürften der eminent dramatischen Begabung ihres Zöglings aber kaum gewachsen gewesen sein. Als allenfalls drittrangige Komponisten hatten sie freilich auch die Größe, dem Schüler die Begrenztheit der eigenen Möglichkeiten offen einzugestehen.

Allerdings hatte Verdi immer wieder mit zielsicherem Instinkt den Kontakt zu Menschen gesucht, die ihn weiterbringen konnten – mit Großzügigkeit oder mit mehr oder weniger charmant verhohlenen Forderungen, mit großherziger Freundschaft oder anspruchsvoller intellektueller Stimulation. Zu nennen sind hier neben Antonio Barezzi, dem wichtigsten Gönner der Jugendzeit, vor allem Bartolomeo Merelli, erfolgreicher *impresario* der Scala zwischen 1829 und 1850, und noch mehr der vermögende Adlige Andrea Maffei und dessen oft Clarina genannte Ehefrau Clara, die dem jungen Verdi vielleicht schon 1834, spätestens aber 1842 ihren Salon öffneten – auch nach der Trennung der ehelichen Verbindung im Jahre 1846 sollten beide Maffei bis zu ihrem Tode zu den engsten Freunden Verdis gehören. Gerade die intellektuellen und literarischen Anregungen im Salon Claras, den ein Balzac begeistert frequentiert hatte und wo der Maler Francesco Hayez ein und aus ging, aber auch im Gespräch mit Andrea, dem prominenten Übersetzer Schillers, Byrons und Heines, sind dabei von kaum zu überschätzender, vom Komponisten selbst aber nie offengelegter Bedeutung für die geistige Prägung Verdis.

Nicht weniger entscheidend für Verdis weiteren Weg war freilich eine von Merelli engagierte Sängerin. Als Angehörige einer wenig geachteten Berufsgruppe hatte sie es zwar gelernt, ihre intellektuellen Fähigkeiten geschickt herunterzuspielen. Aber Giuseppina Strepponi half Verdi im halben Jahrhundert ihres Zusammenlebens beileibe nicht nur mit Erfahrung und Lebensklugheit weiter, sondern auch mit literarischem Gespür und hervorragenden Fremdsprachenkenntnissen: Verdi hatte die um zwei Jahre jüngere Künstlerin 1842 als erste Sängerin der Rolle der Abigaille in *Nabocodonosor* kennengelernt und begegnete ihr 1847 in Paris von neuem. Schon wenig später entschlossen sich die beiden, ohne Trauschein zusammenzuleben – eine Entscheidung, die ausserhalb der aristokratischen Salons Mailands als offener Angriff auf die Grundfesten einer religiös orientierten Gesellschaft wahrgenommen werden mußte. Aber erst 1859 ließen die beiden ihre Verbindung durch eine Nacht-und-Nebel-Aktion in einer Kirche eines savoyischen Dorfs in der Nähe von Genf legalisieren, und selbst dann blieben die Lebenspartner der Öffentlichkeit gegenüber weiter Konkubinen.

Auch was materielle Freiheiten betrifft, konnte Verdi am Beginn seiner Karriere nicht so unbelastet leben wie ein Giacomo Meyerbeer, dessen Eltern nicht nur zu den reichsten Geschäftsleuten Berlins gehörten, sondern schlicht über das höchste Vermögen im ganzen Königreich Preußen verfügten. Aber Verdi gelang es mit harten Verhandlungen, bereits in jungen Jahren an der explosionsartigen Steigerung der Gagen für Komponisten zu partizipieren. Während Rossini vor 1815 nicht mehr als umgerechnet 800 Französische Franken für eine neue Oper erzielen konnte, erreichte er für seine letzte italienische Oper *Semiramide* (1823) die Rekordsumme von 5000 Franken. Donizetti erhielt noch 1830 an der Scala für seine *Anna Bolena* umgerechnet 3478 Franken, sein Konkurrent Bellini 1828 aber schon für *La straniera* nicht weniger als 4200 Franken. Gerade dieser Komponist steigerte dann die Gagen auf umgerechnet 10 440 Franken für *La sonnambula* (1831) und *Norma* (1832), ein Niveau, das Donizetti für sich erst 1835 mit *Lucia di Lammermoor* durchsetzen konnte (Rosselli, 1983, S. 13–18).

Über Verdis erste Gagen sind wir nicht zuverlässig informiert; in der rückblickenden Erinnerung sprach der Komponist davon, vom *impresario* Merelli bereits nach *Oberto* ein Angebot über 3480 Franken für jede neue Oper erhalten und für seine vierte Oper *I Lombardi alla prima crociata* nicht weniger als 7830 Franken gefordert zu haben (Pougin, 1881, S. 42 und S. 37, Anm. 2) – Zahlen, die wohl eher unter- als übertrieben sind, wenn wir Verdis tendenziöse Darstellung seiner Karriere in

Rechnung stellen. Gesichert ist jedenfalls die Summe von 10 440 Franken für *Ernani* (1844) und dann gar 18 000 Franken für *Macbeth* (1847), ganz zu schweigen von den völlig neuen Dimensionen, die sich Verdi in dem Moment eröffneten, als er die Preise mehr oder weniger diktieren konnte: 28 150 Franken für *Rigoletto* (1851), 60 000 Franken für *La forza del destino* (1862) und 150 000 Franken für *Aida* (1871), Summen, zu denen dann über Verlagsverträge noch Abgeltungen für die Exklusivrechte an weiteren Aufführungen und unterschiedlich berechnete Tantiemen hinzukamen (Rosselli, 1983, S. 21–25).

Daß Verdi dabei sehr genau wußte, was er tat, geht nicht nur aus einem ersten ›Kaufrausch‹ nach *Ernani* – 1844 Kauf von Ländereien in Le Roncole für knapp 26 000 Franken, 1845 Kauf eines Palasts in Busseto für nicht weniger als 19 340 Franken (Cafasi, 1994, S. 64) –, sondern auch aus vertraulichen Briefen unmißverständlich hervor. So schrieb er nach dem Abschluß der Verhandlungen über *Aida* an Camille Du Locle:»Ich bin froh, daß dieser ägyptische Vertrag noch nicht von den Zeitungen herausposaunt wird. [...] Bestimmt wird man ihn nicht für immer geheim halten können, aber es wird keinen Sinn haben, die Bedingungen bekanntzugeben. Zumindest muß man die Summe geheimhalten, weil sie zum Vorwand dienen würde, so viele arme Tote zu stören. Man würde nicht versäumen, die 400 Taler für den *Barbiere di Siviglia*, die Armut Beethovens, das Elend Schuberts, das Wanderleben Mozarts usw. usw. zu zitieren.« (Brief vom 18. Juni 1870, Günther, 1973, S. 56)

Die von Verdi seit 1844 erzielten exorbitanten Gagen könnte man natürlich in Beziehung setzen zu den unglaublichen Verdienstmöglichkeiten von Sängerstars – Eugenia Tadolini, Verdis erste Alzira, lehnte 1847 das Angebot von 26 100 Franken für die *stagione del carnevale* am Teatro La Fenice in Venedig ab (Rosselli, 1984, S. 61), während Sophie Cruvelli, die erste Hélène in Verdis *Les Vêpres Siciliennes* (1855) in Paris Jahresgagen um 100 000 Franken durchsetzte. Aber man muß sie auch abwägen gegen die Verdienstmöglichkeiten des Direktors der Pariser Opéra, die jährlich 12 000 Franken nicht überschritten (Gerhard, 1992, S. 41), oder das Jahressalär von zunächst 2088, dann 3654 Franken, das der bedeutende Librettist Cammarano am Ende seiner Karriere in Neapel für seine Tätigkeit am Königlichen Opernhaus erzielte, eine Tätigkeit, die neben dem Verfassen von Libretti die modernen Berufsbilder eines Regisseurs und Abendspielleiters vereinte (Black, 1984, S. 94). Musiker des Opernorchesters verdienten in Paris jährlich maximal 3000 Franken (Gerhard, 1992, S. 41), in Parma zwischen 348 und 2610 Franken (Piperno, 1996, S. 146–148). Verdi selbst hatte 1836 als Musikdirektor in Busseto knapp 600 statt der erwarteten 870 Franken erhalten und hätte in Monza das Doppelte, 1740 Franken verdienen können (Phillips-Matz, 1993, S. 68–70).

Umgekehrt erhielt der Gouverneur des lombardo-venetischen Königreichs, also der höchste habsburgische Verwaltungsbeamte in Mailand, ein Jahressalär von 36 000 Franken, der Polizeidirektor 9000 Franken, ein Professor an der Universität Padua zwischen 2400 und 6000 Franken, ein Lehrer an Elementarschulen zwischen 200 und 1200 Franken (Tucci, 1960, S. 43, 46, 62 und 39), während Tagelöhner in der Landwirtschaft zwischen 130 und 210 Franken jährlich verdienten (Faccini, 1983, S. 664) und auch ein Maurer in Mailand nicht über 520 Franken, ein Maurergehilfe nicht über 260 Franken hinauskam (De Maddalena, 1960, S. 419 f.).

Vor diesem Hintergrund wirkt es mindestens selbstgefällig, wenn Verdi in einem Brief an den Grafen Arrivabene vom 6. März 1868 kokettierte:»Es ist eine unumstößliche Tatsache, daß es mir niemals gelungen ist, das zu tun, was ich gerne getan hätte. Schauen Sie, zum Beispiel würde ich gerne Schreiner oder Maurer sein; aber nein, mein Herr, ich bin *maestro di musica*.« (Alberti, 1931, S. 83) Dagegen dürfte seine Lebenspartnerin die wirtschaftliche Situation des Großverdieners an ihrer Seite sehr viel realistischer eingeschätzt haben, als sie ihn am 3. Januar 1853 davor warnte, den bisherigen Produktionsrhythmus – siebzehn neukomponierte Opern zwischen 1842 und 1853 – fortzuführen:»Manchmal fürchte ich, die Liebe zum Geld kommt wieder über Dich, und verurteilt Dich noch zu vielen Jahren Arbeit.« (Abbiati, 1959, Band II, S. 205)

»Un'orso« – ein Bär

Im Januar 1854 schrieb Verdi seinem Librettisten Piave: »Wäre mir von Gott beschieden, so liebenswürdig zu sein wie Du, dann würde ich auf Gesellschaften gehen, aber bei dem Bärenfell, worin ich stecke, liefe ich Gefahr, verprügelt zu werden. [...] Ich bin dazu verdammt, Bär zu sein, und das werde ich ewig bleiben.« (Abbiati, 1959, Band II, S. 267) Auch in späteren Jahren gehörte es zu dem Bild, das Verdi verbreitete und verbreiten ließ, daß er sich in Gesellschaft nicht zu bewegen wisse. Wir glauben gerne, daß Verdi – hier einem Johannes Brahms verwandt – sich in förmlichen Gesellschaften nicht besonders wohl fühlte. Aber wir wissen umgekehrt, daß Verdi mit der größten Selbstverständlichkeit im Salon von Clara Maffei und bei anderen Aristokraten verkehrte – ganz zu schweigen von den unschätzbaren Anregungen, die er in diesen Kreisen erhielt.

Dabei hatte der schüchterne Jüngling aus der Provinz sicherlich einige Schwierigkeiten zu meistern, aber eine Äußerung des Achtundfünfzigjährigen belegt doch eindrücklich, daß diese Hindernisse auch für einen Verdi nicht unüberwindlich gewesen waren. Am 17. November 1871 berichtete er seiner Freundin Clara Maffei: »Es ist sonderbar! Ich, der früher doch ausgesprochen schüchtern war, bin es jetzt nicht mehr: Aber vor Manzoni fühle ich mich so klein (und beachten Sie wohl, ich bin sonst hochfahrend wie Luzifer), daß ich nie oder fast nie ein Wort über die Lippen bringe.« (Luzio, 1927, S. 531) Nur Manzoni, dem verehrten Literaten gegenüber, brach wohl die alte Schüchternheit durch, wie einer der wenigen Briefe belegt, die den Eindruck einer unkontrollierten emotionalen Reaktion erhaschen lassen. Giuseppina, die sich – ohne Verdis Kenntnis – bei Clara Maffei eingeführt hatte, hatte mit dieser den Plan ausgeheckt, Verdi müsse sich bei Manzoni vorstellen. In ihrem Brief an Clara beschreibt sie nun Verdis Reaktion auf diesen Vorschlag: »Bumm! Hier schlug die Bombe so kräftig und unerwartet ein, daß ich nicht mehr wußte, ob ich die Türen der Kutsche öffnen sollte, um ihm zu frischer Luft zu verhelfen, oder ob ich sie aus Furcht schließen sollte, damit er nicht unter dem Schock der freudigen Überraschung herausspringt! Er ist rot angelaufen, erblaßte und hatte einen Schweißausbruch; er zog den Hut ab und malträtierte ihn in einer Weise, daß er ihn beinahe zu einem Fladen Brot geknetet hätte. Überdies (und dies soll unter uns bleiben) hatte der strengste und stolzeste Bär von Busseto die Augen voller Tränen, und so verharrten wir beide ergriffen und erschüttert für zehn Minuten in tiefem Schweigen.« (Brief Giuseppinas an Clara Maffei vom 21. Mai 1867; ebd., S. 554)

In der Tat dürfte die Selbststilisierung als Bär wesentlich dazu gedient haben, seine echten Gefühle vor anderen zu verbergen, aber auch dazu, seine cholerische und bisweilen verstörende Art zu kaschieren. Seine Lebensgefährtin Giuseppina soll berichtet haben, wenn Verdi arbeite, habe er »eine Laune – unausstehlich!« (De Amicis, 1902, S. 232 bzw. S. 783). Und in einem vom Komponisten selbst verfaßten Brief an Clara Maffei findet sich in einem Anflug von realistischer Selbsteinschätzung ein sehr glaubwürdiges Selbstportrait: »Ich hasse jede Art von Tyrannei und besonders die häusliche. Heutzutage sind die *großen Gärtner*, die *großen Köche*, die *großen Kutscher* die wahren Tyrannen eines Haushalts. Bei ihnen haben Sie nicht mehr das Recht, eine Blume in Ihrem Garten zu berühren, ein einfaches Ei mit Salat zu essen, Ihre Pferde aus dem Stall zu holen, wenn es etwa regnet oder wenn die Sonne zu sehr brennt! Usw. usw. usw. . . . . . Nein, nein: als Haustyrann genüge ich alleine, und ich weiß wohl, wieviel Ärger ich mich koste!!!« (Brief vom 18. Mai 1872; Luzio, 1927, S. 531 f.)

»Un compositore rozzo« – ein roher Komponist

Zu den wiederkehrenden Motiven der frühen Verdi-Kritik gehört der Vorwurf, seinen Opern mangele es an Eleganz, seine Musik erreiche nie das in sich ruhende Ebenmaß der gelungensten Werke Bellinis und Donizettis. So schrieb der Kritiker Paul Scudo anläßlich der Pariser Erstaufführung von *Luisa Miller* im Jahre 1852: »Verdi, der ein bißchen mehr vom Kontrapunkt versteht als seine Bewunderer, aber doch nicht genug, um den Erfordernissen gewisser dramatischer Situationen gerecht zu werden, ist gezwungen, die von ihm verspürten

Effekte zu überstürzen und mit Kraft zuzuschlagen anstatt am richtigen Platz zuzuschlagen. Deshalb diese abgehackten Phrasen, diese brutalen *strette*, die ohne Unterlaß wiederkehren und nichts anderes darstellen als die Explosion einer Idee, die der Komponist nicht vorzubereiten vermochte. Alle Partituren Verdis sind mit denselben Effekten angefüllt, mit bisweilen grandiosen Effekten, deren Monotonie aber schließlich müde macht, weil die ebenso ärmliche wie lärmige Instrumentation der mageren melodischen Gestalt nicht aufhilft.« (Meloncelli, 1993, S. 101) Und vier Jahre später verschärfte derselbe Kritiker noch den Ton: »Was *La traviata* fehlt [...], ist das, was allen Opern Verdis fehlt: Noblesse, Eleganz und Abwechslungsreichtum.« (ebd., S. 103)

Wesentlich schärfer finden sich ähnliche Wertungen im maßgeblichen französischen Musiklexikon und in einer Frühschrift eines der erfolgreichsten Literaten jener Zeit. Im Jahre 1864 zog François-Joseph Fétis am Ende seines Verdi-Artikels folgendes Résumé:

[Verdi] hatte seine Epoche und sein Land beurteilt (denn er ist sehr reflektiert), und er hat begriffen, daß die Zeit des Schönen in der Kunst vorbei war. Dagegen war die der nervösen Aufregungen gekommen: Und genau diese sprach er an. Die aufmerksame Prüfung seiner Partituren läßt in dieser Beziehung keinen Zweifel. Alles ist dort aufgeboten für den übertriebenen, ungestümen und üppigen Effekt; das Unisono der Stimmen, das Staccato des Orchesters; die häufigen Tempowechsel, die gehetzten und eindringlichen Rhythmen, die in ihre höchsten Register getriebenen bebenden Stimmen, der unaufhörliche Wechsel von Kontrasten, alles richtet sich in dieser Musik an die Sinne. Selten findet man irgend etwas für die Erhabenheit des Geistes; noch seltener etwas für das Gefühl und den wahrhaftigen Ausdruck. Verdi ist weder in der Idee noch in der Form innovativ gewesen: Seine Originalität besteht im Übermaß der Mittel, mit dem er das gesetzte Ziel erreicht und oft das Publikum mitreißt. (Fétis, 1875, S. 324)

Ganz ähnlich auch die Worte, die Jules Verne 1863 seinem Romanhelden Quinsonnas in der Vision eines Paris des Jahres 1960 in den Mund legte: »Und hier nun der Mann des harmonischen Lärms, der Held des musikalischen Getöses, der grobschlächtige Melodien schrieb, so wie man damals grobschlächtige Literatur schrieb, Verdi, der Schöpfer des unermüdlichen Troubadour, der für seinen Teil auf einzigartige Weise dazu beigetragen hat, den Geschmack des Jahrhunderts irrezuleiten.« (Verne, 1994, S. 89) Aus einer ganz anderen Perspektive brachte aber der Wiener Kritiker Eduard Hanslick diese verbreitete Kritik auf den Punkt, indem er *Ernani* zum Schlüsselwerk von Verdis Schaffen erklärte: »Seine Physiognomie ist in dieser Oper zum erstenmal ausgeprägt: jene Mischung von Energie und Leidenschaft mit häßlicher Rohheit, welche wir Verdi'sch nennen.« (Hanslick, 1875, S. 222)

Einem Publikum, das mit sogenannt »veristischen« Opern wie *Cavalleria rusticana* (1890) oder *Tosca* (1900) vertraut ist, muß diese Kritik abwegig scheinen, und dementsprechend spielt dieses Verdi-Bild heute auch keine wahrnehmbare Rolle mehr. Dabei spricht vieles dafür, den Vorwurf des »Häßlichen« und »Rohen« in Verdis Werk sehr ernst zu nehmen. Publikum der italienischen Oper war vor 1850 eine zahlenmäßig äußerst schmale Elite gewesen, die wesentlich von der Aristokratie beherrscht wurde. Insofern überrascht es nicht, daß sich die sogenannte »belcanto«-Oper eines Rossini, Bellini und Donizetti zwanglos – und zwar unabhängig von der Frage der Stoffwahl – auf aristokratische Verhaltensmuster beziehen läßt: Die Wortwahl der Libretti weist irritierend viele Archaismen aus fernen, ritterlichen Zeiten auf, die melodische Erfindung ist vorwiegend von Eleganz geprägt, und in den Beziehungen zwischen den Figuren herrscht weitgehend vornehme Zurückhaltung.

Verdi setzt hier völlig andere Akzente. Zwar konnte er in Donizettis *Lucrezia Borgia* (1833) – nicht zufällig wie *Ernani* und *Rigoletto* auf eine Vorlage Victor Hugos komponiert – ein Vorbild für eine übersteigerte »Ästhetik des Häßlichen« vorfinden. Aber was bei Donizetti Ausnahme war, wurde bei ihm zur Regel. Schon das Libretto von *Nabocodonosor* strotzt vor Brutalitäten und Verstößen gegen die letzten Überreste der »bienséance«, wie Otto Nicolai sehr treffend beobachtete, als er vor sich begründete, warum er das Libretto Soleras abgelehnt hatte: »Das für Mailand bestimmte neue Buch von Temistocle Solera *Nabuco* war durchaus unmöglich in Musik zu setzen, – ich mußte es refüsieren, überzeugt, daß ein ewiges Wüten, Blutvergießen, Schimpfen, Schlagen und Morden kein Sujet für mich sei.« (Nicolai, 1937, S. 211) Den jungen italienischen Kollegen reizte aber offensichtlich gerade dieses »ewige Morden«; Verdis Theater ist mit we-

Abbildung 1

In einer 1879 in London publizierten Karikatur wird Verdi nicht nur als diktatorischer Dirigent gezeichnet, sondern – in der Bildlegende – auch als Liebling des aktuellen Geschmacks gerühmt: »Von vielen wird er dafür verantwortlich gemacht, einen lasterhaften Geschmack befördert zu haben, aber er hat italienische Musik auf allen Drehorgeln Europas populär gemacht. [...] Seine Musik ist im Grunde die Musik der Gegenwart, seicht und gefällig, mitreißend und klangvoll.«

nigen Einschränkungen ein Theater des gewaltsamen Todes.

Dies hat nicht nur mit den »realistischen« Tendenzen von Verdis Dramaturgie zu tun, wie sie immer wieder vor allem an *La traviata* exemplifiziert werden, ohne daß es jedoch möglich wäre, von Verdis »Realismus« eine direkte Linie zu Bizets *Carmen* oder gar dem sogenannten »verismo« des ›fin de siècle‹ zu ziehen. Auch im poetischen und kompositorischen Detail finden sich auf Schritt und Tritt »Roheiten«, die einem an älteren Modellen orientierten Beobachter mit gutem Grund als »ewiges Wüten« erscheinen konnten. Verdis Figuren sagen ohne Umschweife, was sie wollen – bis zum Extrem der Worte »Due cose e tosto ... tua sorella e del vino« (»Zwei Dinge und zwar schnell ... Deine Schwester und Wein«), mit denen der Herzog im 3. Akt von *Rigoletto* dem Wirt der Spelunke seine ›Bestellung‹ aufgibt. Aber nicht nur diese – von der venezianischen Zensur zu »una stanza e del vino« (»ein Zimmer und Wein«) abgeschwächte – Roheit, auch Violettas Aufforderung »Amami, Alfredo« (»Lieb' mich, Alfredo«) im 1. Akt von *La traviata* ist von einer Direktheit, die in anderen Frauenrollen des 19. Jahrhunderts unvorstellbar gewesen wäre. Und das Verfehlen des Spitzentons im röchelnden Todeskampf Riccardos am Ende von *Un ballo in maschera* läßt sich beim besten Willen mit keiner überkommenen Vorstellung vom Kunst-Schönen mehr in Einklang bringen.

Obwohl Verdi immer an der gebundenen Sprache gereimter Dichtung als selbstverständlicher Grundlage seiner Opern festhielt, ist sein Theater in gewisser Weise prosaisch. Genau dies hat der Florentiner Kritiker Abramo Basevi bereits 1859 in hellsichtiger Weise beschrieben: »Allerdings war Verdi der einzige in Italien, der auf ernsthafte Weise die Gefühle von Figuren unserer modernen und prosaischen Gesellschaft ausdrückt, wie in *La traviata*. [Bellinis] *La sonnambula*, [Donizettis] *Linda [di Chamonix]* und andere Opern haben ähnliche Stoffe, aber nicht prosaische.« (Basevi, 1859, S. 300) Genau deshalb konnte Verdis dramatisches Werk aber – vor allem im Rückblick – als Inbegriff des italienischen 19. Jahrhunderts verstanden werden. Auch wenn in Politik und Gesellschaft weiterhin Aristokraten, nun aber gemeinsam mit situierten ›Bürgerlichen‹ den Ton angeben; in Verdis Theater hatte der neue, ›bürgerliche‹ Ton die überkommene aristokratische Eleganz verdrängt, die ganz selbstverständlich noch Rossinis und Bellinis Stil, aber genauso auch denjenigen Meyerbeers und Liszts ausgezeichnet hatte. Reste solcher Eleganz finden sich bei Verdi letztlich nur noch in ironischen Zusammenhängen, etwa der Gestaltung der Rollen Nannettas und Fentons oder gar dem parodistischen »reverenza« in *Falstaff*. Nicht von ungefähr konnte Basevi Verdis *Luisa Miller* als »bürgerliches und häusliches Trauerspiel« klassifizieren (ebd., S. 159 f.), und nicht von ungefähr hat sich Verdi in den modernen ›demokratischen‹ Gesellschaften des ausgehenden 20. Jahrhunderts unangefochten als erfolgreichster Opernkomponist des vorausgegangenen Jahrhunderts durchgesetzt.

Der »Leierkasten«-Musiker

Während das Attribut des »Rohen« für das heutige Verdi-Bild keine nennenswerte Rolle mehr spielt, hat der Vorwurf der undifferenzierten Leierkasten-Musik gerade nördlich der Alpen nichts an Anziehungskraft verloren. Das ist einigermaßen erstaunlich, weil das Etikett »Leierkasten« im 19. Jahrhundert untrennbar mit dem Unbehagen an Verdis derber Ästhetik verknüpft war. Heute aber zielt dieses Klischee nicht mehr im geringsten auf den soziologischen Kontext ästhetischer Fragen, sondern allein auf den handwerklichen Differenzierungsgrad der musikalischen Detailgestaltung.

So wird Wagners böses Wort, in den Händen des »italienischen Opernkomponisten« sei »das Orchester nichts anderes als eine monströse Guitarre zum Akkompagnement der Arie« (Wagner, 1860, S. 130) ebenso immer wieder aufgegriffen wie das Bild des »Leierkastens«, das nicht erst von Hans Pfitzner in den 1940er Jahren in die Diskussion geworfen wurde (Reck, 1994, S. 111), sondern schon in einer 1869 in Mainz aufgeführten antisemitischen Parodie mit dem Titel *Die Meistersinger oder: Das Judenthum in der Musik* begegnet. Dort rühmt sich ein gewisser Werda mit dem Ausspruch »Ick sein der größte Komponiste«, worauf Richard von Wahnsing abschätzig einwirft: »Elender Leierkasten«. Schließlich geraten sich die beiden in die Haare, »beide durcheinander,

Abbildung 2

Drei Tage nach der Pariser Uraufführung von *Don Carlos* erschien auf der Titelseite der satirischen Zeitschrift *Le Hanneton* (»Der Maikäfer«) eine Karikatur Verdis mit dem unvermeidlichen Leierkasten.

sich versprechend« skandieren »Lastenkeier – Steierlasten / Katzenleier – Eierkasten / Kastenleier – Keierlasten / Keisterladen – Kadenleister / (*zusammen*) Leierkasten!« (Bittong, 1869, S. 15 bzw. S. 340)

Aber auch ein weiteres Leitmotiv der abfälligen Verdi-Kritik begegnet in diesem bösen Quodlibet. Denn Werda tritt zunächst als Troubadour verkleidet auf und singt auf die Melodie von »Stride la vampa«: »Ich bin der Größte / Ja aller Meister, / Denn alle Geister / Beherrsche ich ja. / Wer darf mich nennen, / Wer mich nicht kennen, / Der Werda bin ich, / Ja, staunt mich an. / Auf den Drehorgeln / Hört Ihr die Lieder, / Ja meine Lieder / Nur ganz allein.« Das Personenverzeichnis spitzt diese Pointe noch zu, denn dort wird Werda als »Schnellschreiber und Besitzer einer Drehorgel« eingeführt (ebd., S. 13 bzw. S. 338). Und von dort ist es natürlich nur noch ein kleiner Schritt bis zu der Sottise eines Richard Strauss, der am 19. April 1886 über einen Opernbesuch in Florenz schrieb: »Gestern abend *Aida*, scheußlich. Indianermusik.« (Strauss, 1954, S. 93)

Unter dem Strich machen solche Invektiven nur eines deutlich: Selbst für die Bewertung ›funktionaler‹ Musik für das Musiktheater orientierten sich die zitierten Stimmen an den Maßstäben, die seit dem frühen 19. Jahrhundert – zunächst nur im deutschen Sprachraum – zusammen mit der Idee der ›absoluten‹ Musik und des autonomen musikalischen Kunstwerks durchgesetzt wurden. Im Vergleich zu einem Streichquartett Beethovens oder einem Variationenzyklus von Brahms muß die musikalische ›Substanz‹ einer Arie aus einer frühen Verdi-Oper tatsächlich als lächerlich gering erscheinen. Stillschweigende Voraussetzung einer solchen Bewertung ist freilich die Reduktion des musiktheatralischen ›Gesamtkunstwerks‹ auf dessen musikalische Oberfläche – mithin eine nicht nur unhistorische, sondern in jeder Hinsicht unangemessene Ausblendung des dramatischen und funktionalen Kontextes, und eine nationalchauvinistisch gefärbte Überheblichkeit gegen ein »Schaffen«, das – in den Worten eines Wiener Kritikers von 1854 – »keiner mondsüchtigen Verschwommenheit huldigt, noch sich jenem gewissen transcendentalen Puritanismus hingibt, der sich seit einiger Zeit in Deutschland als ein ›musikalischer Hegelianismus‹ breit macht« (Dauth, 1981, S. 141).

Freilich kann auch Verdi selbst nicht ganz freigesprochen werden von der Mitverantwortung an einem solchen Bild. In der Selbstinszenierung eines urtümlichen Musikers spielte er seine Kenntnis »gelehrter« Musik ebenso systematisch herunter wie die Details eines – durchaus nicht immer geradlinig verlaufenen – Kompositionsprozesses. Zwar weiß die Forschung seit Jahrzehnten, daß Verdi seit 1850 für jede neue Oper zunächst eine detaillierte Verlaufsskizze anfertigte; von den Erben wurde aber bislang nur diejenige zu *Rigoletto* freigegeben. Die für das Jahr 2001 geplante Publikation weiterer solcher *abbozzi* läßt aber erkennen, daß Verdi durchaus nicht immer das Kunstwerk »aus einem einzigen Guß« gelang, das er später – in Anlehnung an August Wilhelm Schlegel (Gerhard, 1992, S. 268) – zum Ziel seiner Ästhetik erklärte (Brief an Camille Du Locle vom 8. Dezember 1869; Copialettere, 1913, S. 220), und daß er bereits bei der Arbeit an *Il trovatore* und *La traviata* mit melodischen Einfällen experimentierte, die dann erst bei der Arbeit an der nächsten Oper wieder aufgegriffen wurden. Ebenfalls erst in den letzten Jahren hat die Forschung zeigen können, daß Verdi über ausgezeichnete Kenntnisse der avanzierten Musik von jenseits der Alpen verfügte, die im Italien des 19. Jahrhunderts angeblich keine Rolle gespielt hatte. Schon in seiner Jugend war er mit den Instrumentalwerken Haydns, Mozarts und Beethovens in Kontakt gekommen, und in seiner – bis heute noch nicht wissenschaftlich ausgewerteten – Bibliothek in Sant'Agata steht selbstverständlich die Partitur von Brahms' *Ein deutsches Requiem* neben den Bänden der Gesamtausgabe Johann Sebastian Bachs (Petrobelli, 1993).

Der Antipode Wagners

Vor allem im deutschen Sprachraum wird Verdi bis heute fast zwanghaft in einen direkten Zusammenhang mit seinem Zeitgenossen Wagner gebracht, und zwar in der Regel nicht auf dem literarischen Niveau von Franz Werfels erfolgreicher Fiktion (Werfel, 1924). In der Tat ist es irritierend, daß zwei der erfolgreichsten Komponisten des Musiktheaters im selben Jahr 1813 geboren wurden, sich nie direkt begegnet sind und doch schon von den Zeitgenossen als

Abbildung 3

Die wohl um 1890 entstandene Karikatur mit dem Titel *Verdi, der wälsche Wagner* spitzt das Klischee vom Antipoden Richard Wagners zu: Verdi trägt die charakteristische Kopfbedeckung seines vermeintlichen Konkurrenten und wird vom Schwan aus *Lohengrin* eskortiert, ohne daß die Attribute einer nationalchauvinistischen Kritik – Leierkasten, große Trommel und Geschrei zweier Figuren, in denen man Otello und Desdemona erkennen kann, – fehlen würden.

extreme Beispiele der ästhetischen Spannweite des aktuellen Musiktheaters wahrgenommen wurden.

Während aber in Wagners Werk von direkten Einflüssen Verdis keine Rede sein kann – die Tradition der italienischen Oper wirkte auf Wagners kompositorisches Schaffen in den 1830er und frühen 1840er Jahren, wobei Bellinis Werke im Vordergrund standen –, wurde es um 1870 »üblich«, *Don Carlos* und vor allem »*Aida* den Opern Wagner'schen Genres zuzuzählen und als eine italienische Modificirung des Wagner'schen Opernstyls anzusehen« (*Didaskalia* vom 3. Dezember 1874; zitiert nach Hortschansky, 1972, S. 165). Was zunächst nichts war als die feuilletonistische Pointe Pariser Musikjournalisten, die von Wagner wenig mehr kannten als die eine oder andere theoretische Schrift und dessen Ruf für vagierende Modulationen, wird aber bis heute mit unbeirrbarer Regelmäßigkeit selbst von wissenschaftlich orientierten Autoren aufgegriffen – eher zurückhaltend, wenn *Aida* noch 1989 als »am meisten wagnerianische unter Verdis Opern«, im gleichen Atemzug aber doch eher als »am wenigsten nicht wagnerianische« bezeichnet wird (Parker, 1989, S. 222); äußerst plakativ, wenn ausgerechnet ein erfahrener Biograph Meyerbeers behauptet, Verdi habe »sich nach Bekanntwerden mit Wagners Stil zu einer völligen Neuorientierung seines Schaffens« verstanden »und seine persönliche Note« preisgegeben (Becker, 1980, S. 135).

Auch wenn eine merkliche »Neuorientierung« in Verdis Opern nach 1860 erklärungsbedürftig ist: Von einem direkten Einfluß Wagners auf Verdi kann ebenso wenig die Rede sein wie von einem ›Wagnerismo‹ anderer italienischer Zeitgenossen – jedenfalls soweit es um Musik für das Theater geht: Mit entwaffnender Offenheit sprach dies Amilcare Ponchielli an, der – im Gegensatz zu Verdi – sogar ganz direkt mit Wagners Musik in Berührung gekommen war; er hatte 1878 in Rom einige Proben zu Wagners *Lohengrin* dirigiert: »Jene [Zukunftsmusiker] sind der Gattung symphonischer Orchestermusik zuzurechnen; sie verwechseln diesen Stil mit jenem, den es für das Theater braucht, wo es, wenn die Direktion Geld machen will, nötig ist, sich dem ganzen Publikum verständlich zu machen, den Uhrmacher, den Kohlenhändler und den Verkäufer von Siegellack eingeschlossen« (Brief vom 19. September 1878 an Giuseppe Prospero Galloni; De Napoli, 1936, S. 345).

Gewiß, manche harmonische Fortschreitung in *Aida*, *La Gioconda* oder *Otello* scheint für einen heutigen Hörer der ›Tristan-Harmonik‹ näherzustehen als dem Vokabular des *Rigoletto*. Und wiederkehrende Motive, wie sie Verdi vor allem in *Don Carlos*, aber auch in *Aida* verwendete, scheinen ähnliche Funktionen wie »Leitmotive« in Wagners Musikdramen zu haben. Solche Assoziationen verraten freilich mehr über die völlige Unkenntnis der kompositionsgeschichtlichen Bedeutung der französischen Oper eines Meyerbeer und eines Gounod, als daß sie für ernstzunehmende musikhistorische Einsichten stünden. Im Bereich der Harmonik können die behaupteten Einflüsse Wagners auf das Spätwerk Verdis völlig zwanglos dadurch erklärt werden, daß sowohl Wagners Musikdrama wie die italienische Oper nach 1860 vom selben kompositorischen Standard ausgingen: dem Vokabular, das im zweiten Drittel des 19. Jahrhunderts in Pariser Opern wie *Les Huguenots*, *Le Prophète*, *Faust*, aber auch in einem oratorischen Werk wie Berlioz' *La Damnation de Faust* etabliert worden war. Und was die Verwendung sogenannter ›Erinnerungsmotive‹ betrifft, orientiert sich Verdi hier ebenfalls an Pariser Vorbildern, die bis in die 1780er Jahre zurückzuverfolgen sind. Mit dem Verfahren Wagners, der auf der Grundlage dieser Tradition verschiedene charakteristische Motive in ein unzertrennbares symphonisches Geflecht verknüpft, haben aber solche wiederkehrenden Motive gerade nichts zu tun.

Bei Lichte betrachtet bleibt so nur ein Fall, in dem Verdi direkt und bewußt auf Wagner rekurriert haben mag, freilich mit kaum zu überbietender ironischer Pointe: Falstaffs stürmische Avanzen an Alice am Beginn des zweiten Bilds des 2. Aktes der gleichnamigen Oper klingen Beckmessers Serenade »Den Tag seh' ich erscheinen« im 2. Akt der *Meistersinger von Nürnberg* verdächtig ähnlich – zunächst in der karikierenden Begleitung durch Gitarre (Verdi) beziehungsweise Laute (Wagner), beim Vers »T'immagino fregiata del mio stemma« dann sogar im melodischen Detail (Parker, 1997, S. 113). Ansonsten ist Verdis eigenen Worten mit Nachdruck zuzustimmen, der sich schon 1872 gegen den Vorwurf des Wagnerismus in *Aida* verteidigte: »Wagnersches nicht einmal im Traum!!... Im Gegenteil, wenn man nur zuhören und richtig verstehen wollte, würde man das Entgegengesetzte finden ... das total Entgegengesetzte.« (Brief an Cesare De Sanctis vom 17. April 1872; Luzio, 1935, Band I, S. 149)

Gerade Verdis *Falstaff* zeigt aber, daß für den italienischen Meister selbst am Ende seiner Karriere Meyerbeer und damit der erfolgreichste internationale Opernkomponist seiner Zeit und nicht der Abenteurer aus Leipzig die eigentliche Referenzgröße geblieben war. Schon in seiner ersten neukomponierten Pariser Oper war es Verdi erklärtermaßen darum gegangen, an Meyerbeers *Le Prophète* anzuknüpfen (Gerhard, 1992, S. 306f.), und noch der virtuose Umgang mit allen Medien und der überhitzten Erwartungshaltung des Publikums bei der immer wieder verzögerten Uraufführung von *Falstaff* weist auf ähnliche Strategien Meyerbeers, ganz gewiß aber nicht auf die sektiererische Idee eines – nur eigenen Werken geöffneten – Festspielhauses; eine Idee, die wohlgemerkt einen Urheber hatte, dessen internationaler Erfolg erst in den letzten Jahren des 19. Jahrhunderts in die Nähe von Dimensionen gelangte, die Komponisten wie Rossini, Meyerbeer und Verdi ganz selbstverständlich zu ihren Lebzeiten erreicht hatten.

Dennoch bleibt die anhaltende Beliebtheit des – in Deutschland dann vor allem durch Franz Werfels Roman von 1924 popularisierten – Gegensatzes Verdi–Wagner erklärungsbedürftig. Eine wesentliche Rolle dürfte hier zum einen die Tatsache spielen, daß Wagners Erfolg nach 1890 die Aufmerksamkeit, die er zu seinen Lebzeiten erzielen konnte, um ein Vielfaches übertraf, während sich gleichzeitig der bis dahin unangefochtene Ruhm Meyerbeers allmählich im Nichts auflöste. Aber auch die musikpolitische Nützlichkeit der Antithese Verdi–Wagner muß hier – und zwar vor allem für die Jahre vor 1900 – in Betracht gezogen werden: Während Verdi seit der Mitte des Jahrhunderts unangefochten als typischer Vertreter der Oper und der Musik seines Landes galt, war im deutschsprachigen Raum selbst in Wagners Todesjahr noch nicht eindeutig geklärt, was denn deutsche Oper nun eigentlich sei. Die Konstruktion eines direkten Gegensatzes zu Verdi vereinfachte in dieser Situation ganz wesentlich griffige Definitionen und damit die Schärfung der nationalen Selbstwahrnehmung. Hinzu kam, daß sowohl Deutschland wie Italien erst im letzten Drittel des Jahrhunderts zur nationalstaatlichen Einheit gefunden hatten, so daß auch aus diesem Blickwinkel ein Vergleich zwischen der Musik dieser beiden Nationen näher lag als etwa der zwischen deutscher und französischer oder gar englischer Musik.

Wie wirkungsmächtig dabei der längst ins Triviale abgesunkene Mythos der direkten Rivalenschaft von Wagner und Verdi noch an der Wende zum 21. Jahrhundert ist, kann man nicht nur an wissenschaftlichen Symposien, populären Opernführern und bemühten Werkeinführungen ablesen, sondern sogar noch in Sportsendungen des Fernsehens erkennen: Im Juni 2000 stilisierte eine Reportage in der *Sportschau* des Ersten Deutschen Fernsehens die gleichzeitigen, geographisch freilich weit voneinander entfernten Vorbereitungen der Radrennfahrer Jan Ullrich aus Deutschland und Marco Pantani aus Italien auf den »Tour de France« zum »Fernduell« – musikalisch unterlegt wurde diese Behauptung ganz selbstverständlich mit Wagners *Walküren*-Ritt (für die Bilder von der »Deutschland-Tour«) und dem *brindisi* aus dem 1. Akt von Verdis *La traviata* (für diejenigen vom »Giro d'Italia«).

»Der Meister der italienischen Revolution«

V. E. R. D. I. – noch heute verblüfft die Beobachtung, daß sich Verdis Name als Abkürzung des Namens von Vittorio Emanule, rè d'Italia lesen läßt und somit vor der Proklamation des piemontesischen Herrschers zum ersten König des vereinten Italiens am 17. März 1860 als sinnfälliger Slogan im Kampf um die nationale Einheit verwendet werden konnte. Und ebenso verblüffend ist die Feststellung, daß in einen Chor wie »Va, pensiero, sull'ali dorate« aus *Nabocodonosor* und insbesondere in dessen Darstellung der Sehnsucht des hebräischen Volks nach seinem Vaterland ohne weiteres die Sehnsucht der italienischen nationalen Bewegung nach einem einigen Vaterland hineingehört werden kann. So schien es bis vor wenigen Jahren eine unangreifbare Gewißheit der Verdi-Biographie, daß die Person des Komponisten und insbesondere die populären Chöre aus seinen frühen Opern in den Jahren bis zur 1871 erfolgten Eingliederung Roms in das vereinte Italien als Motor der Einigungsbewegung, des »Risorgimento« gewirkt hätten. Im von Verdi ins Spiel gebrachten Bild der »Galeere« wird die ›Sklaverei‹ des scheinbar ausgebeuteten Komponisten mit der ›Sklaverei‹ der italienischen Nation überblendet; »die Formulierung wird [...] zum Ausdruck der Mühen, die Verdi [...] in der Galeere ›Fremdherrschaft‹ auf sich nahm, um den Traditionen der italienischen Oper treu zu bleiben, um eine typisch ›italienische‹ Oper zu schreiben« (Pauls, 1996, S. 181).

Neuere Untersuchungen von Roger Parker und Birgit Pauls haben aber gezeigt, daß sich eindeutige Belege für diese griffigen Meinungen gerade nicht finden lassen. Keine einzige der zeitgenössischen Quellen, in denen von *Nabocodonosor* die Rede ist, hebt in irgendeiner Weise die besondere Bedeutung des heute so berühmten »Va, pensiero«-Chors hervor, erst 1901 findet sich in einem vom Komponisten Pietro Mascagni geschriebenen Nachruf die plakative Formulierung, Verdi sei der »Meister der italienischen Revolution« gewesen (Mascagni, 1901, S. 262). Zwar begegnet in der Korrespondenz des Librettisten Francesco Maria Piave tatsächlich ein Hinweis darauf, daß dieser Schwierigkeiten bei der Zensur wegen des Textes für den ganz ähnlich gestalteten Chor »Si ridesti il Leon di Castiglia« im 3. Akt von *Ernani* befürchtete (Cagli, 1987, S. 15 f.), aber nichts weist darauf hin, daß Verdis Opern als politische Manifeste verstanden wurden. So spricht vieles für die Diagnose, daß erst nach der staatlichen Einigung bemühte Volksbildner einen retrospektiven Mythos konstruiert haben (Pauls, 1996).

Freilich ist die Forschung in dieser Frage noch in Bewegung. Gegen Parker und Pauls ließe sich einwenden, daß es zu den selbstverständlichen Mechanismen einer polizeilich überwachten Gesellschaft gehört, daß eindeutige politische Bewertungen und Zuschreibungen vermieden werden, so daß bereits die Suche nach publizierten Belegen für die politische Konnotation von Verdis frühen Opern methodisch Unmögliches unterstellt. Denn es ist bemerkenswert, daß ein Schriftsteller aus einem Land, das nur für das Theater, nicht aber für Prosaliteratur eine Zensur kannte, schon vor 1840 eine italienische Oper mit allem Nachdruck auf die politische Situation der unter habsburgischer Herrschaft stehenden norditalienischen Territorien beziehen konnte. In der 1837 verfaßten und 1839 publizierten Erzählung *Massimilla Doni* läßt Honoré de Balzac die Titelheldin während einer Aufführung von Rossinis *Mosè in Egitto* Italien als »versklavtes Land« (Balzac, 1981, S. 190) bezeichnen. Höhepunkt der Gespräche in der Loge ist aber die berühmte *preghiera* Mosès mit Chor »Dal tuo stellato soglio«: »Der Franzose*, der auf die Bedeutung aufmerksam gemacht worden war, die das ganze Publikum diesem zu Recht so berühmten Stück beimaß, hörte andächtig zu. Der ganze Saal verlangte mit nicht endenwollendem Beifall die Wiederholung des Gebets. Es kommt mir vor, als wäre ich bei der Befreiung Italiens dabeigewesen, dachte ein Mailänder. Diese Musik erhöht die gebeugten Häupter und gibt den verschlafensten Herzen Hoffnung, rief ein Zuhörer aus der Romagna aus.« (ebd., S. 224)

Die Bezüge zu Verdis Situation in Mailand sollten dabei nicht unterschätzt werden: »Va, pensiero, sull'ali dorate« ist offensichtlich der *preghiera* im 3. Akt von Rossinis biblischer Oper nachgebildet, und Balzac war in den 1830er Jahren in Clara Maffeis Salon ein- und ausgegangen; es ist kaum vorstellbar, daß die mit Verdi vertraute Mailänder Aristokratin, deren Züge nach Meinung der Balzac-Forschung der Titelfigur dieser Erzählung zugrunde liegen (ebd., S. 143), keine Kenntnis von diesem ›hommage‹ erhalten haben sollte.

Dennoch bleibt es auffällig, daß bis heute keine Quelle aus den 1840er und 1850er Jahren nachgewiesen werden konnte, in denen Verdis impulsive Musik auch nur zwischen den Zeilen auf politische Interpretationen bezogen würde; erst für 1859 sind dann die legendären »V. E. R. D. I.«-Parolen als politischer Slogan belegt (siehe unten, S. 93). Für die Rezeption innerhalb des Opernhauses täuscht aber das gängige »V. E. R. D. I.«-Bild eine Eindeutigkeit vor, die sich im Musiktheater des 19. Jahrhunderts so gut wie nirgends finden läßt, eignet doch der Tonkunst fast zwangsläufig eine grundlegende Ambivalenz. Aubers *La Muette de Portici* gilt bis heute als Fanal, das die belgische Revolution von 1830 auslöste und wurde doch genauso in royalistischen Kontexten zelebriert (Gerhard, 1992, S. 115–121).

Rossini ließ sich in Frankreich als musikalischer Vordenker der Juli-Revolution darstellen, und doch findet man in seiner Stellung zu den italienischen politischen Ereignissen vor und nach 1848 weit mehr ambivalentes Abwarten als offene Positionierungen (Grempler, 1996, S. 23–35). Ähnliches dürfte für Verdi gelten, der sich zwischen 1847 und 1849 – und auch während der revolutionären Aufstände vom März 1848 und dem anschließenden, bis zum Juli 1849 andauernden Krieg mit den österreichischen Truppen – vor allem in Paris aufhielt.

Nur zweimal reiste er in dieser Zeit nach Italien: Vom 20. Dezember 1848 bis Ende Januar 1849, um die Premiere von *La battaglia di Legnano* in Rom vorzubereiten, und im April und Mai 1848 für einige Wochen, um unter anderem in Busseto Grundstücksgeschäfte zu tätigen. Sein immer wieder zitierter Brief vom 21. April 1848 an den Librettisten Piave, der sich gerade als Kriegsfreiwilliger engagiert hatte, kann so auch als Gratwanderung zwischen schlechtem Gewissen und Anpassung an den Zeitgeist gelesen werden: »Stell Dir vor – ich hätte in Paris bleiben wollen, wenn ich von einer Revolution in Mailand höre. Ich bin sofort von dort abgereist, als ich die Nachricht vernommen hatte [...]. Du sprichst mir von Musik!! Was geht Dir durch den Körper? ... Du glaubst, daß ich mich jetzt mit Noten, mit Tönen beschäftigen möchte? ... Es gibt und es darf nur eine Musik geben, die den Italienern von 1848 willkommen ist. Die Musik der Kanone!« (Abbiati, 1959, Band I, S. 745) Zwar komponierte Verdi daraufhin in Paris – auf Anregung des nationalen Vorkämpfers Mazzini – eine patriotische Hymne und entschied sich noch in Busseto im April 1848, für Rom mit *La battaglia di Legnano* ein patriotisches Opernsujet zu behandeln, aber auch hier dürfte Verdi sehr genau berücksichtigt haben, daß das entscheidende Publikum seiner Opern sich nicht auf den Barrikaden, sondern im aristokratischen Salon und in der großbürgerlichen Stadtwohnung bewegte.

Schließlich kehrte Verdi erst Ende Juli 1849 – die Ende März aufgenommenen Friedensverhandlungen mit der österreichischen Besatzungsmacht standen unmittelbar vor dem Abschluß – von Paris wieder nach Italien zurück, doch auch in der Folge blieb Paris ein wesentliches Zentrum seines Interesses: Drei Monate im Winter 1851/52, über zwei Jahre zwischen Oktober 1853 und Dezember 1855 und fast sechs Monate zwischen August 1856 und Januar 1857 lebte er mit Giuseppina in der kosmopolitischen Metropole. Erst mit dem neuerlichen und diesmal weitgehend erfolgreichen Unabhängigkeitskrieg von 1859/60 engagierte er sich unmittelbar politisch in seiner italienischen Heimat: Im September 1859 ließ er sich zum Abgeordneten der Provinzen von Parma, im Januar 1861 dann als Abgeordneter des Wahlkreises Borgo San Donnino (heute Fidenza) in das erste Parlament des Königreichs Italien wählen. Zwar kokettierte er damit, daß er von Politik nichts verstehe und daß es unter den 450 Abgeordneten »in Wirklichkeit nur 449« gebe, »weil Verdi als Abgeordneter nicht existiert« (Brief an Francesco Maria Piave vom 4. Februar 1865; Copialettere, 1913, S. 601), gleichwohl nutzte er seinen Einfluß, um die Gesetzgebung im Bereich des musikalischen Urheberrechts voranzubringen. Weniger freundlich hat wiederum Hanslick Verdis politisches Engagement bewertet: »Zum Deputirten im italienischen Parlament ist Verdi blos als ›unvergleichlicher Patriot‹ gewählt worden, was umso wunderbarer erscheint, als er noch nie eine Silbe in der Kammer gesprochen hat.« (Hanslick, 1875, S. 255)

Der »Bauer« von Sant'Agata

Ähnliche Widersprüche finden sich auch in Verdis Verhalten als ›Bauer‹. Nachdem sich der Komponist in den späten 1840er und in den 1850er Jahren offenbar vor allem in Paris wohlgefühlt hatte, ließ er sich erst während der Arbeit an *Les Vêpres Siciliennes* durch Giuseppina von den Vorzügen des Landlebens überzeugen (Brief Giuseppina Strepponis an Clara Maffei vom 14. Juni 1867; Luzio, 1927, S. 555 f.). So mag die Entscheidung, die angekauften Ländereien um Busseto zum Lebensmittelpunkt werden zu lassen, erst auf die Zeit nach 1858 zurückgehen, als Verdi ernsthaft darüber nachdachte, seine frenetische Produktivität einzuschränken. Dennoch bleibt es bis heute überraschend, mit welchem Engagement sich Verdi dann tatsächlich in der Landwirtschaft betätigte, und noch Details des Brun-

Abbildung 4
Verdi in einer Photographie aus dem Sommer 1892 in der typischen Pose des ›einfachen‹ Gutsbesitzers.

Abbildung 5

Der Zeichner Guerin Meschino karikierte mit der Vignette *Die neue Pose der jungen Schule italienischer Musiker* den zweifelhaften Erfolg von Verdis Pose bei seinen Nachahmern.

nenbaus und agroökonomischer Entscheidungen überwachte.

Als ›Bauer‹, wie es das liebgewordene Klischee will, sollte man sich den arrivierten Millionär freilich nicht vorstellen, eher schon als Großgrundbesitzer, der nun seine Ländereien ähnlich systematisch bewirtschaftete wie zuvor seine eminente Begabung als Musikdramatiker. In den 1880er Jahren umfaßte sein Grundbesitz mindestens 669 Hektar, also fast 7 Quadratkilometer (Cafasi, 1994, S. 58). Schon seit 1851 beschäftigte er einen, später mehrere Verwalter, denn – ganz abgesehen von der Größe seiner Farmen: Verdi war längst nicht immer in Sant'Agata anwesend, sondern verbrachte oft mehrere Monate in Mailand und Genua. Eine vergleichende Studie zum wirtschaftlichen Erfolg seiner Ländereien fehlt bislang, dennoch fällt deren geradezu industrielle Organisation mit zeitweise annähernd zweihundert Landarbeitern auf (Brief Verdis an Opprandino Arrivabene vom 23. Dezember 1881; Alberti, 1931, S. 294). Verdi selbst konnte dabei im liebevoll eingerichteten Herrenhaus umsorgt von Hausangestellten all den Komfort genießen, der mit der Existenz eines Bauern in der Regel gerade nicht verbunden war.

Dennoch lag dem Herrscher über seine Felder viel daran, sich als einfacher Mann zu inszenieren; wie Roger Parker deutlich gemacht hat, muß sogar noch der extrem zurückhaltende – und von manchen Zeichnern zielsicher karikierte – Kleidungsstil mit schwarzem Hut und einfachem Anzug, der durch zahlreiche Photographien zu einem wahren Markenzeichen Verdis wurde, als »persönliche Uniform« eines Farmers begriffen werden (Parker, 1997, S. 100).

Insofern mag man es sogar nachvollziehen, daß es Verdi anscheinend möglich war, irgendwann selbst an die Einfachheit seiner Lebensbedingungen zu glauben. In einem Brief an den Juristen und liberalen Politiker Piroli sah er die allgemeine Armut nur im Blick auf die eher seltene soziale Deklassierung von Angehörigen der eigenen Schicht, nicht als trostloses Massenphänomen; die Gleichsetzung zwischen den Einschränkungen der Vermögensbesitzer und der Hungersnot der Auswanderer kann dabei kaum anders denn als geschmacklos bezeichnet werden: »Mir gefällt die Politik nicht, aber ich erkenne ihre Notwendigkeit, ihre Theorien, Regierungsformen, Patriotismus, Menschenwürde usw. usw., vor allem aber *muß man leben*. Von meinem Fenster [in Genua] aus sehe ich jeden Tag ein Schiff, und manchmal sogar zwei, jedes vollgestopft mit tausend Auswanderern! *Elend und Hunger!* Auf dem Land sehe ich viele, die vor einigen Jahren noch stolze Großgrundbesitzer waren, zu kleinen Bauern, Tagelöhner und Auswanderern abgesunken (*Elend und Hunger*). Die Reichen, deren Vermögen sich von Jahr zu Jahr verringert, können nicht mehr so viel ausgeben wie früher, also auch hier *Elend und Hunger!*« (Brief vom 10. Februar 1889; Luzio, 1947, Band III, S. 191)

Autonomie

Hinter all den hier kritisch resümierten Bildern bleibt letztlich die Persönlichkeit Verdis ungreifbar, und vielleicht ist das auch gut so. Jedenfalls ging dem erklärten Einzelgänger in seinem Leben Autonomie über alles, und die Vorstellung, daß eine biographische Verdi-Forschung eines Tages bei der Aufklärung von Ungereimtheiten kriminalistische Methoden zu Hilfe nehmen würde, wäre ihm gewiß ein Greuel gewesen.

Am besten läßt sich Verdis sehr ausgeprägtes Bedürfnis nach Autonomie und Freiheit an einem Brief ablesen, den er am 21. Januar 1852 seinem Schwiegervater Barezzi schrieb. Sein ehemaliger Gönner hatte offenbar die Unvorsichtigkeit begangen, Verdi darauf hinzuweisen, daß seine »wilde Ehe« mit Giuseppina Strepponi von der kleinstädtischen Bevölkerung Bussetos alles andere als wohlwollend aufgenommen wurde. Verdis schriftliche Reaktion aus Paris ließ an Deutlichkeit nichts zu wünschen übrig: »Sie wohnen in einem Dorf, wo man die schlechte Angewohnheit hat, in anderer Leute Angelegenheiten die Nase zu stecken und alles abzulehnen, was nicht in den eignen Kram paßt. Ich für meinen Teil habe mir vorgenommen, mich nicht ungefragt in die Angelegenheiten anderer zu mischen, eben weil ich verlange, daß niemand sich in die meinen mischt [...]. Diese Handlungsfreiheit, wie sie auch in weniger zivilisierten Ländern respektiert wird, beanspruche ich mit voller Berechtigung ebenso in meinem Land. [...] Der langen Rede kurzer Sinn: Ich verlange für mich Hand-

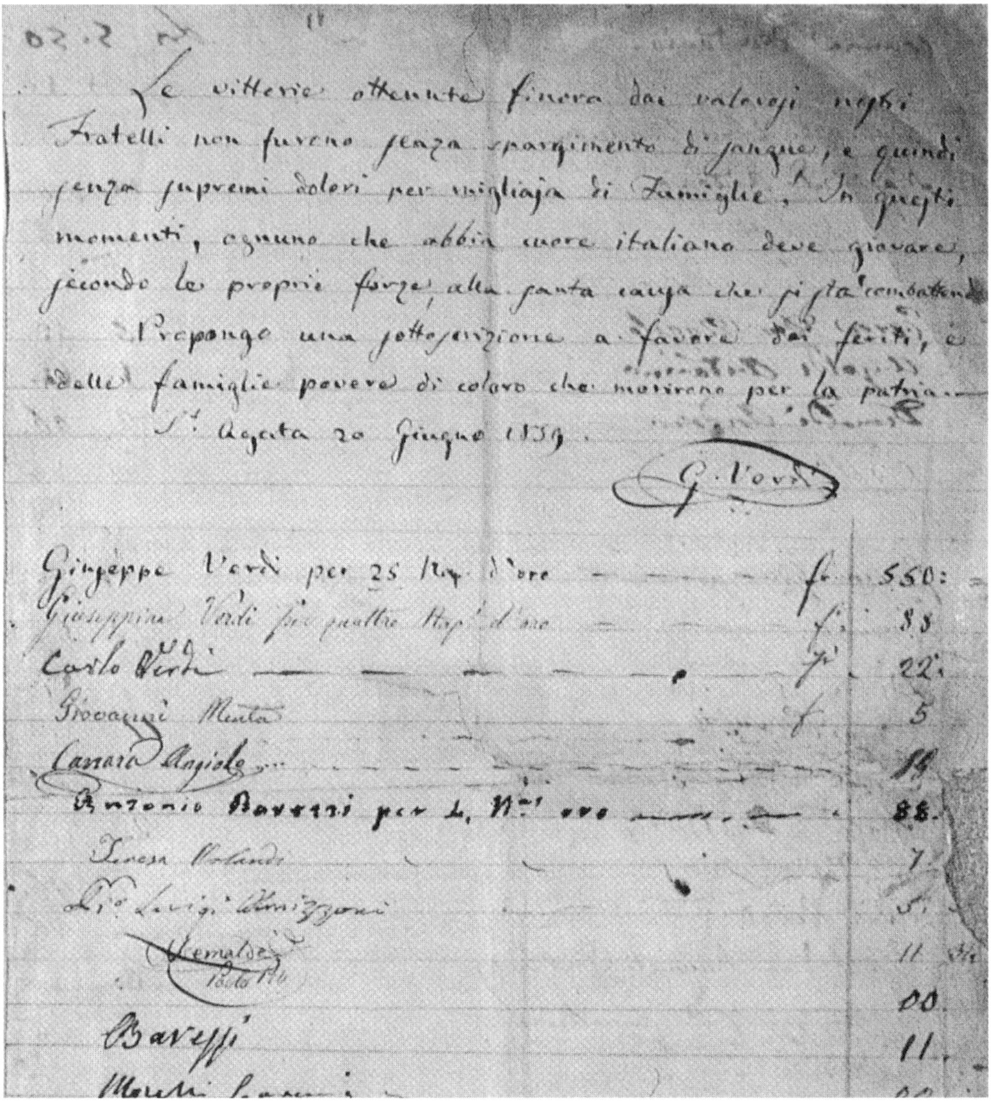

Abbildung 6

Seit den 1850er Jahren zeigte sich Verdi immer wieder als mäzenatischer Wohltäter – besonders sichtbar in der Stiftung eines Krankenhauses in Villanova d'Arda (1888) und des Altersheims für Musiker in Mailand (1899). Aber bereits im Zusammenhang mit dem zweiten Unabhängigkeitskrieg hatte er im Juni 1859 eine Spendensammlung für Verwundete und Kriegswaisen initiiert.

lungsfreiheit, weil dieses Recht jedermann zusteht und weil sich alles in mir dagegen sträubt, immer gerade so zu handeln wie andere Leute.« (Copialettere, 1913, S. 128–131)

Natürlich könnte man sich fragen, wieso Verdi dennoch so viel daran lag, sich ausgerechnet in dieser provinziellen Umgebung – in Busseto und später auf seinem Gut in Sant' Agata – niederzulassen. Giuseppina tat sich offenbar schwer mit der Enge und der Eintönigkeit dieser wenig attraktiven Orte in der Po-Ebene, und nur seiner Lebenspartnerin zuliebe (Brief Giuseppina Verdis an Clara Maffei vom 14. Juni 1867; Luzio, 1927, S. 556) mietete Verdi später auch Stadtwohnungen in Genua und Mailand. Dennoch blieben die Orte seiner Kindheit und Jugend der erklärte Lebensmittelpunkt für den erfolgreichsten italienischen Komponisten seiner Generation.

Vielleicht sah er nur in der vertrauten Umgebung seiner Herkunft die Möglichkeit, sich einen respektierten Freiraum von dem Weltruhm zu schaffen, den er spätestens in den 1850er Jahren auch mit allen unangenehmen, die Bewegungsfreiheit einschränkenden Begleiterscheinungen kennengelernt hatte? Jedenfalls lassen sich all die Selbstverschleierungs-Strategien, die den ostentativen Inszenierungen der eigenen Person zugrunde liegen, auch als Versuch begreifen, dem Publikum seiner erfolgreichen Werke gegenüber ein größtmögliches Maß an Autonomie zu bewahren. In seiner Heimat dagegen schlugen ihm wohl weniger Fragen nach dem Motto »Meister, wie haben Sie das gemacht?« entgegen als vielmehr grenzenloser Stolz auf den Erfolg des »großen Sohns« – ein Stolz, den Verdi zielbewußt instrumentalisierte, als er den Bussetanern 1852 ganz offen mit dem Wegzug drohte. Nur in Busseto und Sant' Agata konnte er sich gleichzeitig als unnahbarer Patriarch gebärden und trotzdem im sicheren Gefühl wiegen, irgendwie dazuzugehören.

Diese ebenso grundlegende wie produktive Ambivalenz im Wesen des großen Opernkomponisten mag auf ihre Weise die ganze Biographie Verdis geprägt haben. In aller Schärfe hat sie ein französischer Journalist im Jahre 1879 formuliert: »Verdi ist in der Tat ein Gemisch von Kind und Patriarch: ein Patriarch vor der Zeit, ein Kind mit grauem Barte – ein verwöhntes Kind, wenn man will.« (Conati, 1980, S. 132)

Abbildung 7

Das Plakat für die Feierlichkeiten zum 100. Geburtstag des »Meisters« in Busseto läßt einerseits die Standardisierung von Verdis Pose erkennen, zeigt aber auch, wie sehr der große Sohn mit seiner Person die kleinen Dimensionen des Städtchens überhöht.

Verdis Wirken im italienischen 19. Jahrhundert

Italien zwischen Restauration, Risorgimento und nationaler Einheit

von Martina Grempler

Die italienische Geschichte war seit dem Mittelalter ebenso wie die deutsche eine Geschichte verschiedener Einzelstaaten, von denen einige namentlich in der Renaissance Vorbildfunktion erlangten: Der Seehandel der Republiken Venedig und Genua, das Bankwesen der Toskana, die Leistungen in Kunst, Architektur und Wissenschaft etwa in Florenz oder Rom strahlten auf das gesamte Abendland aus. Durch die Zugehörigkeit von Teilen Italiens zum Heiligen Römischen Reich sowie durch die Sonderstellung Roms als Zentrum der katholischen Kirche waren die Geschicke der Halbinsel traditionell stärker mit der gesamteuropäischen Geschichte verknüpft als die anderer Länder, was darin mündete, daß Italien seit der Frühen Neuzeit direkt unter dem Einfluß der Großmächte Frankreich, Spanien und Österreich stand, deren Macht sich nicht zuletzt in ihrer jeweiligen Präsenz auf der Halbinsel manifestierte. Im 18. Jahrhundert erschienen die italienischen Einzelstaaten mehr denn je als Figuren auf dem Schachbrett der europäischen Monarchen.

Für alle diese Staaten galt, daß eine – teilweise schon seit dem Ende des Mittelalters – im wesentlichen konstante, überwiegend adlige Elite die wirtschaftlichen und politischen Geschicke des Landes in den Händen hielt. Das Bürgertum hingegen war in Italien um 1800 im Vergleich zu den nördlicheren Staaten Europas deutlich weniger entwickelt. Die Mitglieder des herrschenden Patriziats besetzten Schlüsselpositionen in allen wichtigen Bereichen: sie waren an den Höfen präsent, als hohe Offiziere in den Heeren oder in wichtiger Funktion im Klerus. Zugleich gehörte den Familien der Oligarchie der überwiegende Teil des ländlichen Grundbesitzes, aus dem sie im wesentlichen ihre Einkünfte bezogen. Von der jeweiligen staatlichen Zentralgewalt wurden weite Teile der Halbinsel vor allem im Süden bis weit ins 19. Jahrhundert hinein wenig berührt; entscheidend für die meisten Italiener war die Macht des jeweiligen Gutsbesitzers oder der Einfluß der lokalen kirchlichen Autoritäten.

Italien blieb bis ins frühe 20. Jahrhundert ein agrarisch geprägtes Land, und die Bauern stellten dementsprechend die mit Abstand größte Gruppe innerhalb der Bevölkerung. Die Mehrheit von ihnen lebte in Abhängigkeit von den Großgrundbesitzern. Im Vergleich zu anderen europäischen Ländern gab es in den italienischen Staaten wenige kleine und mittlere bäuerliche Betriebe, die mit den Einkünften aus ihrem eigenen Besitz existieren konnten.

In Nord- und Mittelitalien war die sogenannte *mezzadria* (Halbpacht) die übliche Form des Vertrags zwischen Grundbesitzer und dem Bauern, der das Land pachtete und dafür dem Gutsbesitzer die Hälfte der Ernte entrichtete. In Süditalien und hier vor allem auf Sizilien bestanden weiterhin spätfeudalistische Strukturen. Die Bauern lebten in kleinen Orten zusammen und bewirtschafteten die Ländereien der meist in den großen Städten des Landes ansässigen *baroni*.

Die Situation der bäuerlichen Bevölkerung war äußerst labil: Eine neu eingeführte Steuer konnte existentielle Krisen auslösen, eine schlechte Ernte Hungersnot. Krankheiten wie Malaria, Cholera oder die durch einseitige Ernährung und Vitaminmangel verursachte Pellagra stellten im gesamten 19. Jahrhundert eine ständige Bedrohung für die arme Landbevölkerung, aber auch für die städtischen Unterschichten dar.

Dieses System der italienischen Staaten aus absolutistisch regierten Monarchien mit teilweise archaischen Wirtschafts- und Verwaltungsstrukturen, die auf die Herausforderungen der neuen Zeit – beginnende industrielle Revolution, wachsendes Nationalbewußtsein, liberale Reformideen – wenig vorbereitet waren, sah sich am Ende des 18. Jahrhunderts mit den von Frankreich ausgehenden radikalen Veränderungen direkt konfrontiert.

Zwischen Revolution und Restauration

Zwischen 1796 und 1798 eroberte Napoléon Bonaparte, damals noch im Auftrag des Direktoriums, den größten Teil Italiens und etablierte ein System mehrerer Republiken wie etwa die Römische und Parthenopäische Republik. Nach einer kurzen Phase der Reaktion (1799) während Napoleons Ägyptenfeldzug kam es ab dem folgenden Jahr zu einer zweiten schrittweisen Eroberung der Halbinsel. 1802 wurde aus den Gebieten der norditalienischen Territorien eine »Italienische Republik« gebildet, 1805 ein »Königreich Italien« proklamiert. Im selben Jahr besetzte Napoléon die übrigen italienischen Gebiete mit Ausnahme der Inseln Sardinien und Sizilien. Die Möglichkeit einer drastischen Veränderung der bestehenden Machtverhältnisse und die Zusammenfassung des gesamten italienischen Festlandes unter einer Herrschaft war somit historische Realität geworden – eine für die Zukunft Italiens prägende Erfahrung.

Die französische Vorherrschaft brachte zudem die Übertragung der Errungenschaften der Revolution auf Italien: die Einführung konstitutioneller Ordnungen, Rechtsgleichheit für alle Bürger, Reform und Ausbau der staatlichen Verwaltung, um nur einige Stichworte zu nennen. Napoléon setzte gerade zu Anfang auf die Mitarbeit einheimischer und hier vor allem bürgerlicher Kräfte, denen nun Positionen beispielsweise in Verwaltung und Militär offenstanden, die zuvor überwiegend an Mitglieder des alten Patriziats vergeben worden waren.

Diese Veränderungen wurden nicht grundsätzlich rückgängig gemacht, als auf dem Wiener Kongreß nach der Beendigung des napoleonischen Zeitalters die alten italienischen Einzelstaaten im wesentlichen restauriert wurden. Im Norden der Halbinsel lagen nun das Königreich Piemont-Sardinien, die Herzogtümer Modena und Parma (beide von Mitgliedern der habsburgischen Familie regiert) sowie das zu Österreich gehörende Lombardo-Venetien, in der Mitte das ebenfalls von Habsburgern regierte Großherzogtum Toskana sowie der die heutigen Regionen Romagna (mit Bologna), Marken, Umbrien und Latium umfassende Kirchenstaat unter dem Papst, im Süden schließlich das Königreich beider Sizilien, ein Zusammenschluß der Königreiche Neapel und Sizilien unter einer Seitenlinie der spanischen Bourbonen. Im Fall der beiden Republiken Venedig und Genua verzichtete der Wiener Kongreß auf die Wiederherstellung des vor-napoleonischen ›status quo ante‹. Diese Gebiete wurden Lombardo-Venetien beziehungsweise Piemont-Sardinien zugeschlagen. Eine viele Jahrhunderte alte spezifisch italienische Tradition ging damit zu Ende, was einen herben Schlag für das Selbstbewußtsein national orientierter Italiener bedeutete. Von allen Staaten der Halbinsel hatten nur Piemont und der Kirchenstaat einen aus dem Land selbst stammenden Herrscher. Zur territorialen Zersplitterung kam so der Zustand der Fremdherrschaft sowie das Fehlen jeglicher Formen eines Staatenbunds, was die Situation in Italien grundsätzlich von der im ähnlich zersplitterten Deutschland unterschied.

Österreich sicherte 1815 sowohl den von Habsburgern regierten Herzogtümern, als auch dem Königreich beider Sizilien und dem Kirchenstaat für den – außen- wie innenpolitischen – Notfall militärische Hilfe zu. Teile seiner Truppen standen außerhalb des eigenen Territoriums, zum Beispiel in dem zum Kirchenstaat gehörenden Ferrara, und ermöglichten ein rasches Eingreifen südlich Lombardo-Venetiens. Die Donaumonarchie wurde zur dominierenden Macht für ganz Italien und zum Hauptfeind für alle, die eine Beseitigung der fremden Souveräne anstrebten.

Die Geschichte von Verdis Heimat, des kleinen Herzogtums Parma, zeigt exemplarisch, wie die italienischen Territorien zum Spielball der europäischen Souveräne geworden waren. Fast zwei Jahrhunderte lang hatten dort die Farnese regiert, denen das zuvor zum Kirchenstaat gehörende Gebiet durch den aus dieser Familie stammenden Papst Paul III. übereignet worden war. Nach dem Aussterben der männlichen Linie der Dynastie wurde Parma im Rahmen der europäischen Neuordnung nach dem Polnischen Thronfolgekrieg (1735) in Personalunion mit Österreich verbunden. Bereits dreizehn Jahre später – im Frieden von Aachen – erhielt es der Bourbone Philipp, Sohn des spanischen Königs, jedoch nicht dessen Nachfolger, da er aus der zweiten Ehe mit Elisabeth – einer Farnese – stammte. In der napoleonischen Zeit eroberten die Franzosen das Herzogtum, und es gehörte über mehrere Jahre zu

Abbildung 8

Die Karte zeigt die politische Gliederung Italiens zwischen 1815 und 1859.

Napoleons »Königreich Italien«, als dessen Bürger Giuseppe Verdi am 9. Oktober 1813 geboren wurde.

Auf dem Wiener Kongreß sprach man das Territorium Marie Luise, der Tochter des österreichischen Kaisers Franz II. und zweiten Frau Napoléon Bonapartes zu; gleichzeitig wurde jedoch vereinbart, daß das Herzogtum nach ihrem Tod wieder an die Familie der Bourbonen zurückfallen sollte, die solange als Ersatz das Herzogtum Lucca erhielten. Die in Parma bis heute sehr geachtete Marie Luise herrschte in Parma insgesamt 32 Jahre im Sinne des aufgeklärten Absolutismus habsburgischer Prägung und behielt zudem viele Neuerungen der französischen Zeit bei. Anstelle des napoleonischen *Code civil* ließ sie eine neue Rechtsordnung erarbeiten, die 1820 in Kraft trat. Ihr Engagement in karitativer Hinsicht, bei der Förderung des Erziehungswesens und der Kultur sowie beim Ausbau der Stadt Parma (zum Beispiel durch den Neubau des heutigen Teatro Regio) sicherte der Regentin weitgehende Anerkennung, selbst in Kreisen, die eine Veränderung des politischen Systems anstrebten. Die Repression Oppositioneller war in Parma milder als in anderen Staaten, so daß das Herzogtum vor der ›Rückgabe‹ an die Bourbonen im Jahre 1847 ein relativ friedlicher Ort im Windschatten der österreichischen Herrschaft blieb (Montale, 1993, S. 15).

Mailand als neues Zentrum

Für Verdis Karriere waren freilich nicht die Provinzen des Herzogtums Parma, sondern in erster Linie die anderen habsburgischen Gebiete von Bedeutung. In den beiden großen Städten Lombardo-Venetiens, in Mailand und Venedig, fanden die Uraufführungen von insgesamt zehn seiner Opern statt, in der toskanischen Hauptstadt Florenz nur eine, dafür aber eine für die Entwicklung des Komponisten um so bedeutendere, nämlich die des *Macbeth* (1847). Zudem brachte Verdi zwei seiner Werke – *Il corsaro* (1848) und *Stiffelio* (1850) – im Theater der zu den habsburgischen ›Kernlanden‹ gehörenden Hafenstadt Triest heraus.

Die Bühnen des Kirchenstaats und Neapels spielten demgegenüber eine geringere Rolle, Sizilien hat Verdi nie betreten und auch im Königreich Piemont-Sardinien erlebte keine einzige Oper des Komponisten ihre erste Aufführung. Neapel war hingegen im 18. Jahrhundert und noch zu Zeiten Rossinis und Donizettis das Zentrum der italienischen Oper gewesen. Zu Beginn von Verdis Karriere, dessen in Neapel uraufgeführte Opern *Alzira* (1845) und *Luisa Miller* (1849) relativ erfolglos waren, hatte die Stadt jedoch diese Vormachtstellung bereits zugunsten Mailands verloren.

Der wirtschaftliche und kulturelle Aufstieg der Hauptstadt der Lombardei hatte schon im Zeitalter der ›Aufklärung‹ begonnen, als die Habsburger zahlreiche Reformen durchführten. Unter der Regierung Napoléons war Mailand Hauptstadt des »Königreichs Italien«. Nach dem Wiener Kongreß schlug Österreich in seinen italienischen Besitzungen zunächst eine vorsichtige Gangart ein. Die Gründung eines Königreichs Lombardo-Venetien aus den Gebieten der Lombardei und der ehemaligen Stadtrepublik Venedig suggerierte eine gewisse eigenständige Stellung, de facto wurden die Geschicke des Landes jedoch bis in die untersten Ebenen der Verwaltung von Wien aus kontrolliert und es galten die österreichischen Gesetzbücher. Der regierende Vizekönig, Erzherzog Rainer, Bruder des Kaisers, hatte eher repräsentative Funktion, die ausführende Macht lag in den Händen zweier Gouverneure, von denen einer in der Lombardei, der andere in Venetien residierte. Sie standen an der Spitze der lokalen, teils mit italienischen Beamten besetzten Regierungen, in denen die Angehörigen der alten Oligarchie dominierten. Die Habsburger strebten eine effiziente Verwaltung an und bemühten sich um die Förderung der Wirtschaft und des Erziehungswesens. Auf der anderen Seite stärkten die hohen Abgaben, die aus der wohlhabenden Provinz nach Wien flossen, die Verpflichtung zu einem acht Jahre dauernden Militärdienst oder die starke Stellung der Polizei nicht gerade die Zufriedenheit der Bevölkerung mit der fremden Regierung.

Nach den Aufständen von 1848 kam es zu einer drastischen Verschärfung der reaktionären Innenpolitik, für die vor allem der Name des damals über achtzigjährigen Feldmarschalls Radetzky (1766–1858) steht. Die liberale, auf eine stärkere Eigenständigkeit Lombardo-Venetiens ausgerichtete Politik des Erzherzogs Maximilian, der dort in den letzten beiden Jahren vor den Unabhängigkeitskriegen von 1859 regierte, kam zu spät, um das Ansehen Österreichs in dessen italienischen Territorien verbessern zu können.

In kultureller Hinsicht wurde Mailand zu Beginn des 19. Jahrhunderts zum Einfallstor für die Vermittlung der Ideen der Romantik in Italien und umgekehrt für den Export des italienischen *melodramma*, namentlich in die deutschsprachigen Länder, was nicht nur durch die geographische Lage der Stadt im Norden der Halbinsel, sondern auch durch ihre Zugehörigkeit zum Habsburgerreich begünstigt wurde. Bedeutenden Anteil an der Diskussion um die Kunst der Romantik hatten die Herausgeber und Autoren der 1818 begründeten Zeitschrift *Il conciliatore*, die gleichzeitig das Forum der liberalen Opposition bildete. Daneben waren aber auch verschiedene Salons von großer Bedeutung, darunter derjenige der mit Verdi eng befreundeten Clara Maffei, in dem sich nach 1849 regelmäßig die Herausgeber des *Crepuscolo* trafen, eines späteren Nachfolgers des nach wenigen Monaten von den Österreichern verbotenen *Conciliatore*.

Neben der Pflege von Kultur und Wirtschaft in den von ihnen regierten Gebieten galt das besondere Interesse der Habsburger seit dem Zeitalter der ›Aufklärung‹ traditionell dem Erziehungswesen. Ab 1818 bestand in Lombardo-Venetien offiziell Schulpflicht für alle Kinder zwischen sechs und zwölf Jahren. Diese Regel wurde in der Praxis bei weitem nicht immer eingehalten, da zum Beispiel die Kinder von Bauern mindestens während der Erntezeit ihren Eltern halfen und nicht zum Unterricht gingen. Außerdem gab es in der Regel zu wenig beziehungsweise unzureichend ausgebildete Lehrer, so daß in den Klassen bis zu hundert Schüler saßen (Della Peruta, 1997, S. 264–288). Trotzdem war das Ausbildungssystem nicht nur in Lombardo-Venetien, sondern in ganz Norditalien und in der Toskana deutlich besser als im Kirchenstaat und in den südlichen Territorien, wo die Analphabetenquote noch nach der italienischen Einigung bei über 80% lag. Im Piemont und den ehemaligen habsburgischen Gebieten waren es dagegen um 50%, eine im Vergleich zu anderen europäischen Staaten immer noch hohe Zahl, angesichts der gesamtitalienischen Quote von 78% aber ein beachtlicher Erfolg (De Mauro, 1963, S. 27).

Risorgimento

Der Begriff »Risorgimento« kann zum einen als Synonym für die italienische Nationalbewegung verstanden werden, zum anderen als Bezeichnung für eine bestimmte Epoche der italienischen Geschichte, wobei hier hinsichtlich der genauen zeitlichen Abgrenzung in der Forschung nie Einigkeit bestand. Eine klare Antwort auf die Frage, ab wann eine italienische Nation als Ziel und Wunschvorstellung in den Köpfen der Menschen auftaucht, ist kaum möglich. Zum zweiten stellt sich die Frage, ob der Prozeß der Nationenbildung in Italien mit der Einigung zwischen 1859 und 1861 beziehungsweise dem Anschluß Roms an das italienische Königreich im Jahre 1870 abgeschlossen war. Die Geschichtswissenschaft hat sich hier für ein Nein als Antwort entschieden: Ein Lehrstuhl für die »Geschichte des Risorgimento« an einer italienischen Universität ist weitgehend deckungsgleich mit einem für das 19. Jahrhundert.

Risorgimento leitet sich ab vom Verb *risorgere* (»wieder erheben«), womit auf eines der wesentlichen Kennzeichen der italienischen Nationalbewegung hingewiesen wird: Die Rückbesinnung auf die ›glorreiche‹ Vergangenheit des Landes soll als Grundlage für ein Erstarken in der als ›schmachvoll‹ empfundenen Gegenwart dienen, wobei die eigene Geschichte – nicht unproblematisch – als zwangsläufig auf die Gründung eines Nationalstaats ausgerichtet interpretiert wird. Diese historische Sicht spiegelt sich nicht nur in unzähligen theoretischen Werken dieser Zeit, sondern auch in Literatur und Oper.

Verwendet man Risorgimento als Bezeichnung für die italienische Nationalbewegung, wird unter einem Begriff faßbar, was in der Realität alles andere als einheitlich war. Mit *democrati* (»Demokraten«) und *moderati* (»Gemäßigte«) unterscheidet man die beiden großen Gruppierungen innerhalb der Nationalbewegung: Die Demokraten hatten in der Person Giuseppe Mazzinis (1805–1872) ihren ›spiritus rector‹. Sein Ziel war die Befreiung Italiens von der Fremdherrschaft durch das Mittel der Revolution, also ohne Hilfe von außen, was sich in dem programmatischen Satz *L'Italia farà da sé* (»Italien wird es alleine schaffen«) niederschlägt. Der dann zu schaffende Nationalstaat sollte eine einheitliche demokratische Republik werden. Mazzini war 1827 dem Geheimbund der *carboneria* beigetreten und nahm an den Aufständen des Jahres 1831 teil, nach deren Scheitern er ins Exil gehen mußte, wo er den größten Teil seines Lebens verbrachte und in zahlreichen Schriften sein umfassendes Programm niederlegte. Darin ging er in politischer Hinsicht über seine nationalen Ziele hinaus und entwarf die Vision eines neuen Europas der freien Völker, das an die Stelle des Europas der Souveräne des ancien régime treten sollte.

Seine 1836 erschienene *Filosofia della musica* ist eine der wenigen musiktheoretischen Schriften auf der Basis risorgimentalen Gedankenguts. Mazzini widmete die Schrift einem unbekannten Genie, von dem er sich die Schaffung eines »Musikdramas der Zukunft« erhoffte, das sich von Italien aus in ganz Europa verbreiten sollte. Es ist eine der mystifizierenden Darstellungen der älteren Risorgimentoliteratur, Verdi mit diesem unbekannten Genie zu identifizieren, was Mazzini selbst allerdings nie bestätigt hat. Durch den 1831 gegründeten Bund der *Giovine Italia*, dem überwiegend Bürgerliche beitraten, griff Mazzini über Jahrzehnte hinweg immer wieder aktiv in die italienische Politik ein. Es handelte sich dabei meist um vereinzelte, häufig dilettantisch geplante Aufstandsversuche junger Idealisten, die in der Mehrzahl als tragische Märtyrer endeten und in der Praxis kaum mehr bewirkten, als das Trauma eines drohenden republikanischen Umsturzes wachzuhalten, nicht nur bei den Kräften des ancien régime, sondern auch bei den gemäßigteren Teilen der Nationalbewegung.

Die im Vergleich zu den *democrati* weniger einheitlichen *moderati* strebten in erster Linie Reformen an, wie sie in ganz Europa von den Liberalen gefordert wurden, zum Beispiel die Schaffung eines effizienten Erziehungswesens unter staatlicher und nicht unter kirchlicher Aufsicht oder die Modernisierung der Wirtschaft vor dem Hintergrund der beginnenden industriellen Revolution. Die von ihnen bevorzugte Staatsform bildete im allgemeinen die konstitutionelle Monarchie. Zu den *moderati*, die vor allem in der Lombardei, im Piemont und in der Toskana einflußreich waren und sich in diesen Staaten auch konkret für die praktische Umsetzung ihrer Reformideen einsetzen konnten, gehörten sowohl bürgerliche als auch adlige Kräfte, teilweise – vor allem in der Toskana – auch Mitglieder des alten Patriziats. Aus diesen Kreisen sollte sich später ein nicht unwesentlicher Teil der politischen und wirtschaftlichen Elite des neuen Nationalstaats rekrutieren.

Die nationale Problematik stand für die *moderati* zunächst nicht im Vordergrund. Einigkeit herrschte, wenn überhaupt, nur hinsichtlich der Tatsache, daß die österreichische Dominanz in Italien beendet werden müsse – wenngleich festgehalten werden muß, daß sich viele der *moderati* der Zusammenarbeit mit den habsburgischen Regierungen keineswegs verweigerten. Erst in den Jahren vor 1848 gewann die Diskussion um einen italienischen Nationalstaat innerhalb der liberalen Kreise an Bedeutung. Der piemontesische Kleriker Vincenzo Gioberti (1801–1852) lieferte mit *Il primato morale e civile degli italiani* (1843) die wichtigste Programmschrift der *moderati*. Kernpunkt seiner in Anlehnung an die mittelalterlichen, propäpstlichen Guelfen als »neoguelfisch« bezeichneten Ideen war die Forderung nach einer Konföderation der italienischen Einzelstaaten unter der Führung des Papstes, eine politische Konzeption, die jedoch durch den Verlauf der historischen Ereignisse überholt werden sollte.

Von der Idee zur Realität: Die italienischen Einigungskriege

In den Jahren 1820/21 sowie 1830 kam es in der Nachfolge der revolutionären Veränderungen in Spanien beziehungsweise Frankreich auch in Italien zu Aufständen, die vor allem durch den Geheimbund der *carboneria* getragen wurden. Österreichische Truppen schlugen diese jedoch nieder und das Habsburgerreich festigte dadurch seine Vormachtstellung auf der Halbinsel. Es wurde einmal mehr deutlich, daß die Grundbedingung für die nationale Einheit Italiens die Vertreibung der Österreicher war.

Vor dem europäischen Revolutionsjahr 1848 schienen die Voraussetzungen für ein Gelingen der Unabhängigkeitsbestrebungen günstiger. In dem zwei Jahre zuvor gewählten Papst Pius IX. sah man den Anwalt der nationalen und liberalen Bestrebungen. In der Toskana unter Großherzog Leopold II. wurden ebenso wie im Kirchenstaat und in Piemont-Sardinien unter König Carlo Alberto vorsichtig Reformen durchgeführt. In Turin erschien ab Dezember 1847 als Forum der liberal und national gesonnenen Kräfte die Zeitschrift *Il risorgimento*, deren Name zum Synonym für die Epoche wurde.

Nach einigen erfolglosen lokalen Aufständen brach die eigentliche Revolution zu Beginn des Jahres 1848 in Palermo aus, von wo aus sie schnell auf das gesamte bourbonische Territorium übergriff, wodurch König Ferdinand II. gezwungen wurde, eine Verfassung zu erlassen, was binnen kurzem auch in der Toskana und in Piemont-Sardinien durchgesetzt werden konnte. Nach der Revolution in Wien und dem Sturz Metternichs im März 1848 erhoben sich die habsburgischen Gebiete in Norditalien. Die Aufständischen baten König Carlo Alberto von Piemont-Sardinien um Hilfe gegen die Truppen General Radetzkys, worauf der König am 24. März Österreich den Krieg erklärte. Wie Jahre später bei der schließlich erfolgreichen Einigung Italiens war die nationale Sache das Aushängeschild, im Hintergrund standen jedoch nicht zuletzt die Machtinteressen Piemonts. 1848 ging es Carlo Alberto darum, einer Intervention Frankreichs zuvorzukommen, die viele Revolutionäre bevorzugt hätten, da sie den König von Piemont nicht ganz zu Unrecht zu den reaktionären Souveränen zählten, die sie bekämpften.

Im Sommer 1848 hatte Piemont den Krieg trotz Unterstützung von Freiwilligen aus den anderen italienischen Staaten bereits verloren. Im August wurde Mailand von Österreich zurückerobert, wenig später war die Revolution in Norditalien beendet. Lediglich Venedig verblieb noch in den Händen der Aufständischen. Erst als die Revolution in Italien bereits im Scheitern begriffen war, kam es in Rom zum Aufstand gegen Pius IX., der sich inzwischen von der nationalen Sache distanziert hatte. Der Papst floh im November 1848 unter den Schutz des Königs von Neapel, am 9. Februar 1849 wurde schließlich feierlich die »Römische Republik« ausgerufen. Mit Giuseppe Garibaldi (1807–1882), Giuseppe Mazzini und Giuseppe Verdi, der wenige Tage zuvor in Rom mit *La battaglia di Legnano* das Werk herausgebracht hatte, das mehr als seine anderen Opern unmittelbar in Zusammenhang mit den Ereignissen des Risorgimento zu bringen ist, hatten sich die Männer vor Ort befunden, die im Bewußtsein der kommenden Generationen zu den herausragenden Protagonisten der italienischen Nationalbewegung verklärt werden sollten. Daß Verdi Rom unmittelbar nach der Premiere verlassen hatte und schon am 3. Februar wieder in Paris eingetroffen war, wurde dabei geflissentlich übersehen.

Die erbitterten Kämpfe um eine bereits aussichtslose Sache, die die Revolutionäre in Venedig und Rom führten, wurden ebenso wie der fünftägige Mailänder Aufstand von 1848, die *cinque giornate*, zum Mythos, die Gefallenen zu Märtyrern der Freiheit und der Nation, ebenso König Carlo Alberto, der nach der Niederlage gegen Österreich abgedankt hatte und kurz darauf im portugiesischen Exil starb. Auf ihn folgte sein Sohn Vittorio Emanuele II.

In den Jahren nach der deprimierenden Niederlage setzten namentlich die *moderati* statt auf revolutionären Enthusiasmus auf eine vorsichtige Realpolitik, die vor allem durch den 1852 zum Ministerpräsidenten von Piemont-Sardinien berufenen Grafen Camillo Cavour (1810–1861) verkörpert wurde. Die Kriege und Revolutionen von 1848/49 hatten gezeigt, daß weder die Italiener allein in der Lage sein würden, die Fremdherrschaft in den verschiedenen Staaten zu beenden, noch daß die Kräfte Piemonts für einen Sieg gegen Österreich ausreichten. Cavour zog daraus die Konsequenzen. Durch geschickte Diplomatie und durch die Teilnahme Piemonts am Krimkrieg auf der Seite Frankreichs und Englands sicherte er seinem kleinen Staat einen Platz im Konzert der europäischen Großmächte und erreichte so, daß die »italienische Frage« auf der Tagesordnung der internationalen Politik blieb. Gleichzeitig betrieb er konsequent die Annäherung an das Second Empire unter Napoléon III, mit dem er mehrfach geheime Verhandlungen über ein gemeinsames Vorgehen in Italien führte, die 1858 in einem offiziellen Bündnis besiegelt wurden.

Weniger als ein halbes Jahr später wurde dieses bereits wirksam: Österreich, von Cavour durch demonstrative militärische Aufrüstung und die kaum geheimgehaltene Unterstützung lokaler Aufstände provoziert, forderte mittels eines Ultimatums die Verkleinerung des piemontesischen Heeres und griff, nachdem dieses verstrichen war, seinen Nachbarn an. Innerhalb weniger Wochen siegten die Verbündeten Frankreich und Piemont in den entscheidenden Schlachten von Magenta und Solferino. Napoléon III zog sich jedoch mit Rücksicht auf die innenpolitische Opposition in seinem Land sowie die anderen Großmächte vom Kriegsschauplatz zurück und schloß hinter dem Rücken seines Verbündeten im Juli 1859 den Vorfrieden von Villafranca, in dem Österreich zu Gunsten Piemonts auf die Lombardei verzichtete.

Zwischenzeitlich waren in einer Art Kettenreaktion in den übrigen Staaten Nord- und Mittelitaliens Aufstände ausgebrochen, die Herrscher von Parma, Modena und der Toskana hatten ihre Territorien verlassen, weite Teile des Kirchenstaats waren der Kontrolle der päpstlichen Regierung entglitten. Die weiteren Bestimmungen des Vorfriedens von Villafranca, die Rückgabe dieser Gebiete an ihre Souveräne sowie die Gründung eines Bundes der italienischen Staaten, erwiesen sich in der Praxis als undurchführbar, die Einberufung eines großen europäischen Kongresses zur Lösung der italienischen Frage scheiterte. Schließlich konnte Cavour mit Zustimmung Frankreichs gemeinsam mit den provisorischen Regierungen in den aufständischen Gebieten Volksabstimmungen organisieren, in denen eine große Mehrheit für den Anschluß an Piemont votierte. Napoléon III. erhielt – wie im Bündnisvertrag von 1858 vereinbart – die vorher piemontesischen Gebiete Savoyen und Nizza, was die Aversionen radikalerer nationaler Kräfte sowohl gegen den französischen Kaiser als auch gegen Cavour verstärkte.

Es war zunächst nicht im Sinne Cavours, daß ein führender Vertreter eben dieser radikaleren Kräfte, Giuseppe Garibaldi, die Initiative übernahm und im April 1860 gemeinsam mit einer Truppe von Freiwilligen in Sizilien landete (*spedizione dei Mille*). Mit dieser waghalsigen Aktion, auf deren Erfolg wohl kaum jemand gewettet hätte, wurde der in Südamerika im Guerillakampf geübte und vor allem durch seine Führungsrolle bei der Verteidigung der Römischen Republik (1849) berühmt gewordene Garibaldi endgültig zur populärsten Heldenfigur des Risorgimento. Ihm und seiner zusammengewürfelten Mannschaft, den nach ihrer Kleidung sogenannten »Rothemden«, gelang überraschend binnen weniger Monate die Eroberung des Großteils des Königreichs beider Sizilien. Cavour sandte daraufhin Truppen nach Mittelitalien, um die noch zum Kirchenstaat gehörenden Marken und Umbrien zu erobern, bevor Garibaldi dies tun konnte. Der Preis für das Einverständnis Frankreichs zu dieser Aktion war die Garantie der päpstlichen Herrschaft über Rom selbst und das umliegende Latium.

Garibaldi, der am 1. Oktober 1860 die Bourbonen in der Schlacht bei Volturno endgültig besiegt hatte, verzichtete auf die von ihm dort ausgerufene Diktatur zu Gunsten Vittorio Emanuels, dessen Truppen inzwischen von Norden in das Königreich beider Sizilien einmarschiert waren. Politisch und rechtlich gesehen hatte Cavour die Fäden wieder in der Hand. Ein vom Parlament in Turin abgesegnetes Gesetz berechtigte Piemont, weitere Gebiete an das bis dahin erworbene Territorium anzuschließen, sofern die Bevölkerung dem zustimme – was bei den Plebisziten, die nur einer Minderheit der Bevölkerung offenstanden, dann auch immer der Fall war. Garibaldi zog sich auf die ihm zur Hälfte gehörende Insel Caprera nördlich von Sardinien zurück, blieb allerdings dem politischen und militärischen Leben Italiens weiterhin erhalten, wenngleich in praktischer Hinsicht nicht mehr sehr erfolgreich.

Von seiner von den anfänglichen Tausend auf zuletzt über 50 000 Mann angewachsenen Truppe wurde nur ein Teil in das offizielle italienische Heer übernommen oder erhielt vom Staat eine Entschädigung. Auf der anderen Seite hatte die Regierung jedoch keine Schwierigkeiten, ehemalige bourbonentreue Offiziere einzugliedern. Die sich hieraus ergebende Verbitterung gerade unter Garibaldis süditalienischen Kämpfern war nur eine der Hypotheken, die die Angliederung des ehemaligen Königreichs beider Sizilien mit sich brachte (Hausmann, 1999, S. 147–152).

Der Nationalstaat

Am 17. März 1861 nahm Vittorio Emanuele II. von Piemont-Sardinien den Titel des ersten Königs des neuen Nationalstaats an, den ihm ein in Turin zusammengetretenes gesamtitalienisches Parlament angetragen hatte. Im nächsten Jahrzehnt kam zum neuen Territorium zunächst

1866 – nach der Schwächung Österreichs durch die Niederlage gegen Preußen – Venedig hinzu und 1870 auch der Rest des Kirchenstaats, ebenfalls primär auf Grund von außenpolitischen Ereignissen, nämlich der Niederlage Frankreichs, der Garantiemacht des Papstes, im Krieg gegen Deutschland. Acht Jahre zuvor hatte die Rücksichtnahme auf den französischen Verbündeten noch dazu geführt, daß im Kampf bei Aspromonte 1862 das offizielle italienische Heer den Männern des Volkshelden Garibaldi gegenüberstand, der versucht hatte, das Husarenstück der abenteuerlichen Eroberung Siziliens auch mit den restlichen päpstlichen Gebieten zu wiederholen. Die Verwundung des »Löwen von Caprera« durch Soldaten des Staates, für den er selbst immer gekämpft hatte, legte die inneren Konflikte der jungen Nation, die teilweise bereits in den Umständen, die zu ihrer Entstehung führten, angelegt waren, geradezu symbolisch offen.

Es handelte sich nicht um eine Vereinigung gleichberechtigter Partner, sondern um eine schrittweise Zusammenführung unter der Regie Piemonts. Die Nationalbewegung war von Beginn an nur von einem Teil der Italiener getragen worden, und dies traf auch für das neue Königreich zu, in dem anfangs lediglich etwa 2 % der Bevölkerung (nach der Wahlrechtsreform von 1882 dann 7 %) wahlberechtigt waren. Durch den Konflikt mit dem Papst, dessen weltliche Macht sich nach dem Verlust seines Territoriums auf den Vatikan beschränkte, blieben wesentliche Teile der kirchentreuen Bevölkerungsmehrheit über Jahrzehnte auf Distanz zum Staat.

Den piemontesischen König Vittorio Emanuele II., der besser Französisch als Italienisch sprach, empfanden viele Italiener – vor allem im Süden – in noch größerem Maße als Fremdherrscher als die bisherigen Souveräne. Die in den Jahren nach 1860 im Süden ausbrechenden sogenannten Brigantenaufstände, die insgesamt mehr Opfer forderten als die Einigungskriege, waren weit mehr als durch einige Banditen hervorgerufene lokale Unruhen: Die Armee des italienischen Staates ging gegen Teile der Landbevölkerung vor, auf deren Seite ehemalige Angehörige der Truppen des Königreichs beider Sizilien für eine Rückkehr der Bourbonen kämpften.

Der oft zitierte Satz des Politikers Massimo D'Azeglio (1798–1866) aus dem Jahre 1860 »Fatta l'Italia bisogna fare gl'Italiani« (»Nachdem Italien geschaffen ist, muß man nun die Italiener schaffen«) charakterisiert die Situation des jungen Staates, der von einem großen Teil seiner Bevölkerung abgelehnt oder zunächst kaum wahrgenommen wurde, sehr treffend. Das neu geschaffene Königreich sah sich mit einer Vielzahl von dringenden Aufgaben konfrontiert, zu deren Bewältigung nach den Kriegen alles andere als gut geordnete Finanzen und volle Kassen zur Verfügung standen. Die Industrialisierung in Italien hinkte gegenüber anderen europäischen Staaten ebenso hinterher wie die Infrastruktur oder das Bildungswesen. Der Süden hatte auf diesen Feldern bereits vor der Entstehung des Nationalstaats namentlich gegenüber den von den Habsburgern regierten Staaten, aber auch im Vergleich zu Piemont immer mehr an Boden verloren. Diese bis heute offene Schere öffnete sich in den ersten Jahrzehnten nach der Gründung des Nationalstaats noch weiter.

Im Norden wurde sowohl die Landwirtschaft als auch die Seiden- und Baumwollindustrie, die bereits vor der Einigung einen wichtigen Wirtschaftsfaktor dargestellt hatten, weiter ausgebaut und modernisiert, langsam entwickelten sich dort auch andere Industriezweige. Die energisch vorangetriebene Erweiterung des Eisenbahnsystems vereinfachte den Anschluß an die übrigen Länder Europas. Gerade in Mailand und Turin vergrößerte sich die Einwohnerzahl ganz erheblich, ebenso wie nach 1871 in der neuen Hauptstadt Rom, die jedoch bis heute Verwaltungs- und nicht Industriemetropole geblieben ist. Dort errichtete der Nationalstaat seine Denkmäler, den von vielen als Verschandelung des Stadtbildes empfundenen monumentalen weißen »Altar des Vaterlands« oder die triumphierend in Richtung Vatikan blickende Statue Garibaldis auf dem Gianicolo.

Der Süden partizipierte an den wirtschaftlichen Entwicklungen in deutlich geringerem Maße. Weite Teile dieser Regionen blieben sowohl nach Norden, als auch – mangels Verkehrsverbindungen, die den Apennin überqueren – voneinander isoliert. Ausländische Investoren konzentrierten sich im wesentlichen auf die Lombardei und Piemont. Die Hoffnung auf eine Landreform hatte viele Süditaliener dazu bewogen, auf Seiten Garibaldis gegen die

Abbildung 9

In einer zwischen 1862 und 1866 erschienenen Karikatur arrangierte der neapolitanische Zeichner Melchiorre Delfico, ein guter Freund Verdis, die Vision der Befreiung Venedigs in den Kostümen von Verdis *Il trovatore*: Garibaldi/Manrico tritt mit seinen Soldaten entschlossen dazwischen, als Kaiser Franz Joseph/Conte di Luna die schwarz gekleidete Stadt Venedig/Leonora in seine Gewalt bringen will. Die originale Bildlegende greift leicht verändert einen Vers Leonoras aus dem Finale des 2. Akts auf, wobei aus der Frage des Librettos eine Feststellung wird: »Tu sei dal ciel disceso, / In ciel son io con te« (»Du bist vom Himmel herabgestiegen, mit Dir fühle ich mich im Himmel«).

Bourbonen zu kämpfen. Sie wurde von der neuen Regierung nicht erfüllt. Statt dessen kam es durch die Übernahme des piemontesischen Freihandels für ganz Italien zur Öffnung des Marktes für ausländische Agrarprodukte und damit zu einer Konkurrenz, der die in archaischen Strukturen verharrende Landwirtschaft des Südens kaum etwas entgegenzusetzen hatte. Um der katastrophalen Finanzlage Herr zu werden, verordneten die frühen Regierungen des neuen Italien eine deutliche Erhöhung der Steuerlast, so daß sich der Nationalstaat – gerade gegenüber den ärmeren Schichten der Bevölkerung – vor allem in der Gestalt von Steuereintreibern, Verwaltungsbeamten oder Soldaten personifizierte.

Der wirtschaftliche Aufschwung im Norden reichte auch dort nicht aus, um die durch einen erheblichen Bevölkerungszuwachs gestiegene Zahl von potentiellen Arbeitskräften zu beschäftigen. Eine schwere Agrarkrise, die in den 1880er Jahren vor allem den Süden traf, tat ein übriges. Der aus diesen Umständen folgenden Massenarmut versuchten viele Italiener durch Auswanderung vor allem nach Amerika zu entfliehen. Über eine Million Menschen verließen das Land zwischen 1876 und 1900, in den Jahren bis zum Ersten Weltkrieg erhöhte sich diese Zahl weiter bis auf insgesamt weit über drei Millionen (Lill, 1980, S. 218).

Der politische Vater der Einigung und erste Ministerpräsident des Nationalstaats Cavour war überraschend bereits 1861 gestorben. Die von ihm geprägte sogenannte *destra storica* (»historische Rechte«), Vertreterin der moderat liberalen bürgerlichen und adligen Kräfte, hielt sich zwar gut fünfzehn Jahre an der Macht, die Regierungen selbst wechselten jedoch bereits zu dieser Zeit sehr häufig, was sich auch nach der Regierungsübernahme durch die linkeren Gruppierungen im Parlament (1876) zunächst nicht änderte. Erst 1887 bis 1896 kam es unter Francesco Crispi, einem ehemaligen Anhänger Mazzinis zu einer stabileren Regierung, wenngleich auch er zwischenzeitlich von anderen abgelöst wurde.

Außenpolitisch war für das italienische Königreich in den ersten Jahren seines Bestehens die von Cavour in die Wege geleitete enge Anlehnung an Frankreich wesentlich, die jedoch – vor allem hinsichtlich der französischen Garantie für den Restkirchenstaat – nicht unproblematisch war. Es kam so zu einer Annäherung zunächst vor allem an Preußen und schließlich auch an den ehemaligen »Erbfeind« Österreich. Diese Politik gipfelte im 1882 unterzeichneten Dreibund, in dem sich das Deutsche Reich, Österreich und Italien für den Fall eines französischen Angriffs gegenseitige militärische Hilfe zusicherten. In die 1880er Jahre fällt auch der Beginn italienischer Kolonialpolitik vor allem in Afrika, wobei der Dreibund Rückendeckung gegen die dortigen Ansprüche Frankreichs bedeutete. Das Problem der *irredenta*, also des angestrebten Anschlusses der noch österreichisch regierten, also in den Augen national gestimmter Italiener »unerlösten« Gebiete um Trient, Trieste und im heute zu Kroatien gehörenden Dalmatien wurde demgegenüber von der offiziellen Politik zunächst zurückgestellt.

Der Rücktritt Crispis 1896 wegen des Scheiterns seiner imperialistischen Politik in Äthiopien steht für eine von mehreren außenpolitischen Niederlagen, die Italien in den ersten Jahrzehnten seines Bestehens verkraften mußte, nachdem ja bereits der Anschluß Venedigs und Roms nur durch ausländische Hilfe möglich gewesen war. Für die Politik einer Großmacht reichten die Kräfte des Landes weder in wirtschaftlicher noch in militärischer Hinsicht aus, eine Tatsache, die viele innerhalb der italienischen Führungsschicht in ihrer nationalistischen Selbstüberschätzung nicht wahrhaben wollten.

Der greise Verdi verbrachte seine letzten Lebensjahre in einem von schweren sozialen Unruhen geprägten Land. Besonders heftig war eine 1898 in Mailand stattfindende Folge von teils gewalttätigen Massendemonstrationen, bei denen die Regierung mit gnadenloser Härte durchgriff. Es gab zahlreiche Tote und Verwundete, unter den vielen Verhafteten waren mehrere führende Köpfe der italienischen Sozialisten. Zwei Jahre später fiel König Umberto I., Sohn des Helden der Einigung Vittorio Emanuele II., einem Attentat zum Opfer.

Verdi, der als wahlberechtigter Großgrundbesitzer und zeitweiliger Parlamentsabgeordneter zur neuen staatstragenden Schicht gehörte, nahm all diese Entwicklungen und Ereignisse mit Sorge wahr. Er versuchte durch sein karitatives Engagement wenigstens in seiner unmittelbaren Umgebung die Situation zu verbessern und durch finanzielle Investitionen in die Modernisierung der dortigen landwirtschaftlichen Produktion möglichst vielen Menschen Arbeit zu verschaffen. So konnte er immerhin konstatieren, daß aus seinem Dorf niemand auswandere (Brief Verdis an Opprandino Arrivabene vom 23. Dezember 1881; Alberti, 1931, S. 294).

Nachwirkungen des Risorgimento

Die negativen Erfahrungen mit dem neuen Staat führten bei vielen Italienern zu einer geradezu depressiven Stimmung, die sich auch in der Kunst niederschlug. Die Zeit der enthusiastischen patriotischen Risorgimentoliteratur, die ihre größten Erfolge in den Jahren vor 1849 feierte, war mit der Einigung endgültig vorbei – ebenso wie die des traditionellen *melodramma*, dessen europäische Vorherrschaft bereits mit dem Aufkommen der »Grand opéra« nicht mehr unbestritten war. Die jüngere Generation wahrte eine kritische Distanz zur Nation, gleichzeitig öffnete sie sich in ihrer Suche nach neuen Wegen verstärkt ausländischen Vorbildern, etwa der französischen Oper von Charles Gounod, Georges Bizet und Jules Massenet oder den Werken Richard Wagners. Der kosmopolitisch orientierte Arrigo Boito, der in seinen Anfängen der betont antibürgerlichen Mailänder Gruppe der *scapigliatura* verbunden war, ist ein Beispiel für diese unter den Künstlern des jungen Italiens verbreitete Tendenz.

Auf der anderen Seite gab es gegen die neuen Strömungen nach 1860 eine heftige Opposition konservativ-nationalistischer Kreise, was die teilweise mit äußerster Schärfe geführte Diskussion um die *italianità* in der Kunst zeigt, die vor allem auch die Oper betraf, was der heftige Skandal, den die Uraufführung von Boitos *Mefistofele* 1868 verursachte, ebenso verdeutlicht wie die kontroverse Rezeption der Musikdramen Richard Wagners.

In der Bewertung des Risorgimento durch die italienische Geschichtsschreibung existierte in den Jahrzehnten der Konsolidierung des Nationalstaats und während der Herrschaft Mussolinis eine starke Tendenz zur Mystifizierung der Ereignisse und Personen von Garibaldi und Mazzini über Cavour und König Vittorio Emanuele bis hin zu Verdi. Nach dem Zweiten Weltkrieg versuchten demgegenüber viele eine Entmystifizierung dieser Epoche, wobei vor allem Historiker marxistischer Prägung wie Antonio Gramsci so weit gingen, das Risorgimento als »gescheiterte Revolution« zu begreifen, bei der die liberal-bürgerliche Führungsschicht gegenüber den Belangen der unteren Schichten der Bevölkerung versagt hätte. Diese Tendenz ist zum einen vor dem Hintergrund der bis heute aktuellen Probleme Italiens zu verstehen, etwa der Kluft zwischen Nord und Süd oder der Mafia. Die Wurzeln dieser Phänomene sah man in den letzten Jahrzehnten verstärkt in den Fehlentwicklungen während des Risorgimento. Auch den Aufstieg des Faschismus begreifen viele Historiker bis heute als logische Konsequenz eben dieser Fehlentwicklungen.

Auf der Suche nach einer italienischen Nationalliteratur

von Volker Kapp

Im neunzehnten Kapitel seiner *Reise von München nach Genua* (1830) begeistert sich Heinrich Heine für die italienische Oper, die für ihn noch den Typ von Rossinis *opera buffa* verkörpert. Er meint kritisch gegen die deutschen Verächter der italienischen Musik gewandt, man müsse die ganze Geschichte Italiens von der Gründung Roms bis in die Gegenwart kennen, um die Oper verstehen zu können. Damit trifft er sicherlich ins Zentrum der Problematik, wie sie sich im 19. Jahrhundert für diese Gattung darstellt. Seine pointierte Behauptung »Dem armen geknechteten Italien ist ja das Sprechen verboten, und es darf nur durch Musik die Gefühle seines Herzens kundgeben« (Heine, 1968, Band II, S. 353) macht überdies auf politische Implikationen der Entwicklung der italienischen Oper aufmerksam, die auch im Schaffen von Giuseppe Verdi zutage treten. Gleichwohl ist die These nicht zu halten, daß in Italien die Oper das offene Wort einer politisch engagierten Literatur ersetzt oder umgekehrt lediglich Gefühle kundtut. Die italienischen Literaturschaffenden von Dante bis Sciascia mischen sich in die öffentlichen Angelegenheiten ein, weil sie sich für das Gemeinwohl verantwortlich fühlen. Die Oper steht als höfische wie als städtische Veranstaltung immer schon in einem politischen Horizont. Im 19. Jahrhundert kristallisieren sich diese Verhältnisse im Rahmen der politischen Einigung des Landes noch deutlicher heraus.

Heine konnte nur die ersten Anfänge eines Vorgangs wahrnehmen, der die Periode von 1815 bis 1870 auf der Apenninenhalbinsel prägt, aber erst ab 1860 dezidiert politische Züge trägt und als Einigung Italiens, italienisch Risorgimento, bezeichnet wird. Er wußte sicherlich, daß der von ihm verehrte Rossini mit seiner Oper *Guillaume Tell* (1829) politische Akzente gesetzt hatte, konnte aber nicht ahnen, daß »im patriotischen Klima des Risorgimento Verdis Chor der Gefangenen in *Nabucco*, insbesondere der Ausruf ›Oh mia patria, sì bella e perduta‹,« – zumindest nachträglich – »als Chiffre der nationalen Sehnsucht der Italiener zum Ort der kollektiven Identifikation« gemacht werden würde (Janowski, 1994, S. 301).

Verdis Opernschaffen entwickelt sich innerhalb des Prozesses der politischen Identitätsfindung zu einem Kennzeichen der italienischen Kultur und gewinnt für das geeinte Italien identitätsstiftende Funktion. Bewußt rückt der Komponist nach 1849 von patriotischen Stoffen ab, wobei er behauptet, er verstünde nichts von Politik. In Wirklichkeit zieht er sich aus der vordergründigen politischen Aktualität zurück, um sich intensiver mit den Problemen der Macht beschäftigen zu können. Sein Musiktheater unterscheidet sich durch diese Akzentuierung politischer Probleme grundlegend vom romantischen *melodramma*, für das Liebesintrigen im Zentrum des Interesses stehen. Mit dieser Thematisierung der Konflikte und Spannungen im Umkreis von Macht stößt er zu Stoffen vor, die in jener Epoche die literarische Welt gleichermaßen beschäftigen.

Daß sich die Bedeutung Verdis als Symbolfigur nicht auf die historische Konstellation der nationalen Einigungsbewegung beschränkt, ist daran abzulesen, daß bis in die heutige Zeit geschrieben wird: »Von Verdi sprechen heißt für uns Italiener so etwas wie vom Vater sprechen« (Mila, 1980, S. 289). Als nationale Vaterfigur steht der Opernkomponist an einem Schnittpunkt von literarischer, musikalischer und politischer Kultur, wo verschiedenste Entwicklungslinien der Langzeitperspektive zusammenlaufen. Einige dieser Komponenten sollen hier angesprochen werden, wenn versucht wird, Verdi innerhalb der Suche nach einer italienischen Nationalliteratur einen wichtigen Platz zuzuweisen.

Heines paradoxer Einfall, die italienische Oper mit der römischen Antike in Beziehung zu setzen, obwohl sie eine Schöpfung der Renaissance ist, trifft in mehrfacher Hinsicht den Sinnhorizont, innerhalb dessen die hier anstehende Problematik diskutiert werden muß. Die Oper ist im letzten Viertel des 16. Jahrhunderts in Florenz als letzte epochemachende Frucht jenes Bemühens um eine Wiederbelebung der antiken Kultur entstanden, dem die italienische Renaissance ihre Vorrangstellung in Europa verdankt und durch das Italien zur Wiege des nachantiken europäischen Theaters geworden ist. Von diesen Anfängen bis zur Zeit Verdis haben sich jedoch das Verständnis der Gattung und die Bedingungen, unter denen sie gepflegt wird, völlig gewandelt. Die Oper wird im 19. Jahrhundert nicht mehr als wiedergeborene antike Tragödie angesehen, doch eröffnet ihr gerade diese Loslösung von den Idealen der Renaissance die Chance, die Bemühungen um ein italienisches Nationalbewußtsein zu fördern. Stand für das humanistische Selbstverständnis seit der Renaissance die Kontinuität vom antiken Rom zum nachantiken Italien im Vordergrund, so müssen die Italiener mit der – vor allem von Frankreich seit dem späten 17. Jahrhundert vorangetriebenen – Ablösung der lateinischen durch eine nationalsprachliche Kultur fertig werden und den Verlust des Prestiges bewältigen, das ihnen zuvor die Herleitung ihres Selbstverständnisses aus der Antike gebracht hatte. In einem kritischen Dialog mit der europäischen ›Aufklärung‹ und Romantik gestalten die Literaturschaffenden des 18. und 19. Jahrhunderts das Selbstverständnis der italienischen Kultur so um, daß Italien, unabhängig von seinen historischen Wurzeln im alten Rom, seine eigene Identität innerhalb der restlichen nationalen Kulturen des Kontinents gewinnt und seine Verbindung zur Antike lediglich als einen zusätzlichen Trumpf ausspielt. Die Entwicklung der Oper ist mit diesem Vorgang der Neubestimmung einer nachantiken, modernen, nämlich ›italienischen‹ Identität eng verknüpft.

War die Entstehung der Oper im 16. Jahrhundert dem Leitgedanken einer umfassenden Kultur verpflichtet, bei der Sprache und Musik innerhalb des Systems der sieben freien Künste miteinander verbunden waren, so verselbständigt sich die Oper zunächst gegenüber der Sprachkunst. Die Ausdifferenzierung in verschiedene miteinander konkurrierende Sparten des Sprech- und Musiktheaters zieht eine Verschiebung des Gewichts vom Text zur Musik nach sich, die – literatursoziologisch gesehen – den stetigen Abstieg des Librettisten und – literaturtheoretisch betrachtet – ein allmähliches Abrücken von antiken Stoffen mit sich bringt. Je weniger der antike Mythos als Projektionsebene für die Handlung benötigt wird, desto mehr kann sich das Musiktheater für die jeweilige Zeit öffnen und in die Bemühungen um eine moderne ›italienische‹ Kultur einbringen. Die Teilhabe an den Erneuerungsbestrebungen der Literaturschaffenden hat also in gewisser Hinsicht bereits politischen Charakter, auch wenn sie kein ausdrückliches politisches Bekenntnis beinhaltet. Diese literarische Komponente ist ein Politikum, doch geht das Musiktheater auf Grund seiner Emanzipation von der Literaturszene auch hinsichtlich der Suche nach einer nationalen ›italienischen‹ Kultur völlig eigene Wege.

Die italienische Oper und der Popularroman

Das Musiktheater wird in mancher Hinsicht viel mehr zum Motor dieses Suchens als die Literatur, weil es durch die Kommerzialisierung mehr auf die Vorstellungswelt und die Bedürfnisse des zahlenden Publikums eingehen muß als der Literaturbetrieb, wo die Leser einer verhältnismäßig kleinen Bildungselite angehören. Die ökonomischen Zwänge des teils über ständig wechselnde Mäzene, teils über Eintrittskarten finanzierten Opernbetriebs bringen einerseits mit der Routine der Mittelmäßigkeit das Risiko eines künstlerischen Niveauverlustes; andererseits eröffnen sie aber auch Begabten die Chance, durch die Thematisierung von Problemen einer breiteren Bevölkerungsschicht neue Impulse in das kulturelle Leben einzubringen. Die Unterscheidung zwischen falschem Kompromiß und mutiger Innovation fällt den damaligen Zeitgenossen nicht leicht. Die hohe Konjunktur des Musiktheaters nährt in der literarischen Welt den Verdacht, daß dessen Erfolg auf Kosten der Qualität und zu Lasten des ästhetischen Niveaus geht. Diese erhebliche Irritation seitens der literarischen Kultur gegenüber der Oper muß differenziert gewertet werden. Sicherlich protestieren die Literaten zu Recht gegen Fehlentwicklungen des Opernbetriebs, was sich überdies durch die teilweise Unvereinbarkeit von Opern- und Literaturästhetik erklärt. Die genannte Irritation rührt aber andererseits auch von einer Spannung zwischen Elite- und Volkskultur her, auf die der im faschistischen Regime inhaftierte Linksintellektuelle Antonio Gramsci in den Aufzeichnungen seiner *Quaderni dal carcere* hinweist.

Gramsci geht von der Popularität der Oper in Italien aus und fragt sich, ob »in der Volkskultur Italiens die Musik in gewissem Maße den künstlerischen Ausdruck ersetzt hat, der in anderen Ländern durch den Popularroman gegeben ist« (Gramsci, 1993, Band V, S. 1122). Er hat hier den französischen Romancier Eugène Sue im Auge, mit dem er Verdi künstlerisch zu Recht nicht gleichsetzen möchte, »wenn auch gesagt werden muß, daß der Erfolg Verdis beim Volk nur mit dem Sues verglichen werden kann«. Sue produziere »Popularliteratur im schlechteren Sinne« als »eine politisch-kommerzielle Entartung der national-popularen Literatur«, während Verdi seine Beliebtheit der Tatsache verdanke, daß er »mit beträchtlichen Elementen der Empfindsamkeit des Volkes« (ebd., S. 1123) übereinstimme. Weiter vertritt Gramsci die Überzeugung, daß »die künstlerische ›Demokratie‹ in Italien einen musikalischen Ausdruck und keinen ›literarischen‹ gehabt« habe (ebd., S. 1122). Deshalb repräsentieren seiner Meinung nach Verdis Opern mehr noch als Manzonis Roman *I promessi sposi* (*Die Verlobten*) die Kultur des geeinten Italien. Wie es bei pointierten Formulierungen so üblich ist, wird hier ein Sachverhalt treffend benannt, der dennoch genauer zu nuancieren ist.

Verdis Opernschaffen erringt innerhalb der Kultur des geeinten Italien dadurch den bekannten Platz, daß es auch noch die letzten Relikte jener literarischen Elitekultur hinter sich läßt, die immer noch der Vorstellungswelt des italienischen Humanismus nachtrauert und die Operntradition auf ihre Herkunft aus dem Sprechtheater verpflichten möchte. Genau hierin kommt es aber gerade in Einklang mit dem Literaturverständnis des geeinten Italien, wie es in Manzonis *I promessi sposi* zutage tritt. Es ist deshalb zu einer Art Gemeinplatz der Forschung geworden, beide Gestalten miteinander in Beziehung zu setzen.

Manzoni und Verdi

Wie kann man das Manzoni und Verdi Gemeinsame benennen? Natalino Sapegno faßt die allgemeine Überzeugung der Literaturhistoriker in das Urteil: »Innerhalb der Kultur des Risorgimento kann man kein künstlerisch repräsentativeres und innovativeres oder fruchtbareres Werk als *I promessi sposi* finden, es sei denn Verdis kongeniale Musik« (Sapegno, 1986, S. 126). Manzonis Hochachtung für Verdi ist ebenso bekannt wie Verdis Wertschätzung für Manzoni, für die *Messa da Requiem* den höchsten Beweis liefert, doch gibt es keine aussagekräftigen Briefe, die über den konventionellen Erweis von Höflichkeiten hinaus konkrete inhaltliche Anhaltspunkte für einen geistigen Austausch des Komponisten mit dem Literaten liefern. Wie kann man das Schaffen beider sinnvoll einander gegenüberstellen? Sicherlich nicht mittels intuitiv wahrgenommener und objektiv kaum überprüfbarer, angeblicher Gemeinsamkeiten, wie dies Gustavo Marchesi versucht hat (Marchesi, 1974).

Eine grundlegende Schwierigkeit des Vergleichs zwischen Verdi und Manzoni rührt daher, daß Oper und Roman gerade nicht im Hinblick auf die Sprachkunst miteinander verglichen werden können. Das Libretto unterliegt besonderen Regeln, die von der Musik bedingt und vom Librettisten nur in einem ganz eingeschränkten Maße frei zu entscheiden sind. Die Stellung des Librettisten hat sich gegenüber den Anfängen der Oper diametral umgekehrt. War in den Anfängen der Komponist dem Dichter völlig untergeordnet, so erhalten nun die Librettisten von Verdi genaue Anweisungen, welche Art von Text sie ihm zu liefern haben. Die Librettisten können also nur in dem Maße auf Inhalt und Sprache der Oper Einfluß nehmen, wie es ihnen der Komponist erlaubt. Diese Verselbständigung der Musik gegenüber dem Text entlastet jedoch die Oper, sozusagen auf Grund der Besonderheiten des Genres, von der Sprachproblematik, mit der die Literatur innerhalb der Einigungsbewegung des Landes zu ringen hat.

Als Manzoni zwischen April 1821 und September 1823 *I promessi sposi* konzipiert, sucht er wie die Romantiker nach einer Sprache, die nicht nur dem engeren Kreis der Literaten und Gebildeten zu Gebote steht, sieht sich aber vor schier unlösbaren Schwierigkeiten. Zwar wird das Fehlen eines Staatsgebildes, das sich als Italien bezeichnen kann, durch die sich als italienisch verstehende Kultur in einem gewissen Maße kompensiert, doch bedient sich diese Kultur einer Sondersprache, die aus dem Schaffen der drei großen Florentiner Dante, Petrarca und Boccaccio abgeleitet und von der Alltagssprache verschieden ist. Der Sprachraum auf der Apenninenhalbinsel ist in verschiedene Dialekte aufgeteilt, die als regionale Umgangssprache dienen oder diese zumindest stark färben. Manzoni trägt dieser Tatsache Rechnung, wenn er in der ersten Fassung seines Romans aus dem Jahre 1827 eine Mischsprache aus dialektalen Wendungen der Lombardei und toskanischer Schriftsprache verwendet; in der endgültigen Fassung entscheidet er sich aber für die gesprochene Sprache der Toskana. Dieses Schwanken zwischen verschiedenen möglichen Versionen des Italienischen rührt von der ungesicherten Frage nach der Sprache eines geeinten Italien her, denn es gibt keine Sprache der Italiener, deren sich die Politiker wie der Mann von der Straße bedienen könnten. Manzoni möchte aber die Schaffung einer solchen Sprache befördern und hat – trotz aller Vorbehalte, die gegen sein Sprachkonzept eingewendet wurden – tatsächlich dadurch dazu beigetragen, daß das Bürgertum, das die nationale Einigungsbewegung schließlich an die Macht gebracht hat, *I promessi sposi* als literarisches Modell der Kultur des Risorgimento sanktioniert hat.

Für die Opernkomponisten stellt sich dieses Sprachproblem nicht, weil der gesungene Text ohnehin über die Musik vermittelt wird und diese überall auf der Apenninenhalbinsel verstanden werden kann. Die trivial anmutende Feststellung, daß der Gesang in erster Linie an die Musik gebunden ist, erweist sich in diesem Kontext als ein entscheidender Vorzug des Musiktheaters gegenüber dem Literaturbetrieb, allerdings nur unter der Bedingung, daß Verdi von den Zeitgenossen nicht einer bestimmten lokalen Tradition der Oper wie zum Beispiel der venezianischen oder neapolitanischen, sondern der italienischen Oper schlechthin zugerechnet wird. Diese italienische Oper ist im 19. Jahrhundert von der sozialen Schicht getragen, die auch den politischen Einigungsprozeß des Landes vorantreibt. Sie repräsentiert also in weit höherem Maß als die Literatur die Kultur des geeinten Italien, weil sie die Kriterien einer alle betreffenden und allen zugänglichen Nationalliteratur besser als die Dichtung erfüllt. Sie muß nicht erst Thema und Sprache finden, mit denen sich die Bewohner der Apenninenhalbinsel als ›Italiener‹ identifizieren können, sondern sie hat diesen Konsens sozusagen durch ihre Publikumsinstanz zur spezifischen Voraussetzung der Gattung erhoben.

Die ›italienische‹ Oper existiert im 19. Jahrhundert genauso wie die ›italienische‹ Literatur, repräsentiert jedoch eine etwas andere Vorstellung vom Italienischen als die Literatur, weil sie eine Schöpfung der Renaissance und damit ein Produkt des ›modernen Italien‹ ist, während die Literatur auf das Erbe des alten Rom zurückgreift. Dieser Unterschied ist für die Suche nach einer italienischen Identität und einer diese widerspiegelnden Nationalliteratur von grundlegender Bedeutung, weil die kulturelle Welt der Apenninenhalbinsel nur im Laufe eines langwierigen Prozesses die Möglichkeit findet, Italien innerhalb der nationalen Kulturen des Kontinents zu situieren. Die Oper gilt in ganz Europa als typisches Produkt des modernen Italien, während die Literatur des nachantiken Italien sich erst allmählich von der des antiken Rom ablöst. Diese Loslösung von der Antike ist aber die Voraussetzung dafür, daß Italien eine mit den anderen Literaturen des Kontinents vergleichbare Nationalliteratur erhält.

Woran erkennt man die Loslösung von der Antike? Während die Libretti Metastasios antike Gestalten und Themen behandeln, tritt an deren Stelle bei Verdi die moderne europäische Literatur, die von den Romantikern geschätzt oder von ihnen hervorgebracht wird. Wenn Verdi mit *Nabucodonosor* in der Frühzeit seines Schaffens die politische Aktualität der Suche nach einer nationalen Einigung Italiens thematisiert und sich dann später erfolgreich um eine Vertiefung der Dramatik politischer Existenz bemüht, greift er Probleme der auf die Gegenwart bezogenen, sich als modern verstehenden Nationalliteratur auf. Hierin ist er mit Manzoni zu vergleichen, dessen historischer Roman *I promessi sposi* anhand der Abenteuer eines Paares aus dem einfachen Volk, des lombardischen Bauern Renzo und seiner Braut Lucia, ein Stück nationaler, ›italienischer‹ Vergangenheit ins Bewußtsein rückt. Das Buch ist vom Romancier so konzipiert worden, daß das ›Italien‹ des 17. Jahrhunderts die Diskussion von Prinzipien politischer Moral ermöglicht und das Schicksal von Einzelnen wie von ganzen Gruppen als Lehrstück für die

Beschäftigung mit tradierten Werten inszeniert wird.

Wenn Manzoni zwei Repräsentanten aus dem einfachen Bauernmilieu zu Protagonisten seines Romans erhebt, dann distanziert er sich von der humanistischen Literaturästhetik. Dies haben die Zeitgenossen durchaus bemerkt, denn er zieht sich heftigen Tadel von Felice Romani zu, einem dem Klassizismus zuneigenden Kritiker und Librettisten, der unter anderem das Textbuch für Bellinis *Norma* (1831), für Donizettis *L'elisir d'amore* (1832) und für Verdis *Un giorno di regno* (1840) verfaßt hat. Zwei Bauern können doch keine Helden sein, so hält Romani Manzoni in konsequenter Befolgung humanistischer Literaturästhetik entgegen. Francesco Salvi verwirft solche klassizistischen Einwürfe als Relikt der alten rhetorischen Kultur und führt den großen Erfolg von *I promessi sposi* auf das Abrücken von ihr zurück. Manzoni habe die Verbindung klassizistischer Literatur zur höfischen Welt hinter sich gelassen und sich dafür Literaturkonzepten zugewandt, die polemisch gegen eine negativ verstandene Vorstellung des Klassischen gerichtet sind. Die beiden hier angesprochenen Kritikpunkte, nämlich die Polemik gegen den Klassizismus und gegen die Rhetorik, zielen in eine Richtung, in der das Ringen um eine neue Nationalliteratur mit der Entwicklung des Musiktheaters konvergiert. Die Oper berührt gerade auf Grund ihrer Eigenständigkeit gegenüber der Literatur sensible Punkte der Kontroverse um die Neuorientierung der Literatur. Daß es dahin kommen kann, ist das Verdienst Verdis, der die Operntradition durch seine Dramaturgie so umzugestalten versteht, daß das *melodramma* Antworten auf das Ringen der literarischen Welt bereithält.

Die Oper in der Nationalliteratur

Die Oper erfüllt in völlig unvorhersehbarer Weise die Anforderungen, die von der literarischen Welt an sie herangetragen werden. Was ihr im Grunde als Mangel angelastet wird, stellt sich im Nachhinein als deren Stärke heraus. Das zeigt sich beispielsweise bei der Polemik gegen die Barockliteratur, die sich durch das Risorgimento hindurchzieht und bei Francesco De Sanctis mit einer Herabminderung des Melodramas kombiniert ist. De Sanctis konzipiert seine *Storia della letteratura italiana* (1870–1871) als »Geschichte der Selbstverwirklichung des italienischen Geistes« (Schulz-Buschhaus, 1983, S. 286). Er artikuliert in diesem noch heute viel beachteten Werk das Selbstverständnis der Kultur des geeinten Italien, wenn er den Vorwurf erhebt, das nationale Bewußtsein sei nach Dantes *La divina commedia* verlorengegangen und erst seit dem 18. Jahrhundert wieder von der Literatur berücksichtigt worden, worauf es erst im 19. Jahrhundert wieder begonnen habe, wirklich Gestalt anzunehmen. Der Tiefpunkt des Niedergangs ist in den Augen von De Sanctis beim barocken Dichter Marino erreicht, bei dem das Wort nur noch als bloßer Klang existiere und deshalb keine Literatur des Volkes (»letteratura popolare«) mehr hervorbringen könne. Marino ist für ihn jedoch keine isolierte Erscheinung, sondern das typische Produkt einer Geisteshaltung, der sich das Entstehen und die Blüte der Oper verdankt. Wo sich die Aussage des Wortes verflüchtige, gewinne »das materielle Aussehen, die Farbe, der Klang und die Geste« an Wirkung. Deshalb sei innerhalb der von den Akademien hervorgebrachten Literatur »das *melodramma* oder das musikalische Drama die populäre Gattung, in der das Szenarium, die Mimik, der Gesang und die Musik über die Phantasie mehr vermöge als das nichtige Wort, bloßer Klang, der einfaches Beiwerk ist«. Für De Sanctis besteht deshalb eine Wechselwirkung zwischen dem Zustand der Literatur und der Beliebtheit des Melodramas. Nach seiner Meinung bezeugt die Oper den Niedergang der italienischen Literatur, weil ein auf den Klang reduziertes Wort sich an die Musik und an den Gesang verliere (De Sanctis, 1962, S. 734).

Diese Herabminderung des italienischen Musiktheaters benennt scharfsinnig zentrale Merkmale der Oper als Gattung wie auch die Gesetzmäßigkeiten, denen sie, im Vergleich zur Literatur, ihre größere Beliebtheit beim Publikum verdankt. Die polemische Stoßkraft des Angriffs von De Sanctis schadet in der Langzeitperspektive der Literatur mehr als der Oper, weil die Poetologen große Anstrengungen unternehmen mußten, um Regeln für ein ausgewogenes Zusammenspiel von Form und Ausdruck zu fixieren; dagegen konnten die Komponisten frei mit den Möglichkeiten der Metrik spielen und die Versmuster für musikalische Ausdrucksqualitäten systematisch nutzen. Eine der zentralen Leistungen Verdis besteht gerade in der virtuosen Zuordnung von Worten zu Musik, die den sprachlichen Ausdruck deutet und dadurch verstärkt. Verdi fordert von seinen Librettisten unerbittlich ganz bestimmte Ausdrucksqualitäten, weil er das enge Zusammenwirken von Sprache und Musik gezielt gestaltet. Er weiß denn auch in bestimmten dramatischen Situationen des *Macbeth* durchaus den Text gegenüber der Musik zu akzentuieren. So schreibt er am 7. Januar 1847 dem Bariton Felice Varesi, er möge im *duettino* mit Banco dramatische Situation genau studieren und mehr dem Dichter als dem Komponisten dienen; die Musik käme dann von alleine (Schlitzer, 1953, S. 7).

Was die Literarästhetik des Risorgimento mit Blick auf das 17. Jahrhundert unter dem Stichwort der Rhetorisierung der Dichtung als Überbewertung formaler Gesichtspunkte bekämpft, ist für Verdis Opernschaffen durch die Berücksichtigung der Ausdrucksqualitäten der Worte unproblematisch. Doch ist in diesem Zusammenhang die immer wieder behauptete Beliebigkeit der Textgrundlage italienischer Opern als Klischee abzutun, das sich an Auswüchsen festhält, polemische Äußerungen seitens der Literaturszene verallgemeinert und der formalen Struktur der Libretti keineswegs gerecht wird. Die Handlung und der sprachliche Ausdruck eines Dramas müssen stark vereinfacht werden, um eine Vertonung überhaupt zu ermöglichen. Die Konzentration von Intrige und Dialog auf das unabdingbar Notwendige macht aber auch die Stärke der *melodrammi* aus, deren Dialoge durch die Musik ganz andere Wirkungen als das Sprechtheater entfalten können. Die Konflikte zwischen den Komponisten und ihren Librettisten rühren zum Teil daher, daß die Musiker ihre Textdichter zur Selbstbeschränkung zwingen, doch bedeutet Disziplin nicht Beliebigkeit.

Die italienischen Opernkomponisten des 19. Jahrhunderts degradieren den Librettisten zwar zum Gehilfen, doch rücken sie bei aller Betonung des Handwerklichen nie von der Forderung nach einem metrisch differenzierten, auf musikalische Gestaltung angelegten Libretto ab. Das Opernlibretto hat immer Poesie, in der Regel Versdichtung und nur in Grenzfällen nach 1900 Prosa zu sein, weil nur die Poesie hinreichend rhythmische Figuren, lebhafte Klangfarben und starke Stimmungsumschwünge bereitstellt, auf denen die musikalische Architektur aufbaut. Verdi liebt Versfolgen mit wechselnder Silbenzahl, da sie ihm einen größeren Gestaltungsspielraum lassen, und setzt die Metrik nach Kriterien des Gesanges ein. Er möchte den Elfsilber nicht auf Rezitative beschränkt wissen, sondern verlangt von seinem Librettisten Antonio Ghislanzoni für den 1. Akt der *Aida* drei Quartette mit Elfsilbern, während er im 4. Akt für die Szene mit der Verurteilung des Radamès Terzinen bestellt, die der Tragik des Geschehens angemessener seien (siehe unten, S. 206). Obwohl die Vertonung der Dichtung enge Fesseln auferlegt, legitimiert sie letztlich das Libretto als authentische Form von Dichtung. Trotz aller Anfeindungen durch die Vertreter der literarischen Szene kann die Oper deshalb ihren Platz innerhalb der sich neu konstituierenden Nationalliteratur erringen.

Diese Legitimation des Librettos als eine durch ihre Ausdrucksqualitäten gekennzeichnete Form von Poesie wird durch die Gewohnheit des Publikums gefördert, im Musiktheater mehr auf den Klang als auf die Information zu achten. Dieses Verhalten wird im 19. Jahrhundert angefeindet. Madame de Staël empört sich beispielsweise in *Sulla maniera et l'utilità delle traduzioni* (*Über die Art und die Nützlichkeit von Übersetzungen*), einem Artikel, der 1816 in Italien eine heftige Kontroverse über die Romantik auslöste, daß die Italiener nur ins Theater gingen, um sich zu treffen und miteinander zu plaudern. Sie scheut sich nicht zu behaupten, daß die Italiener zwangsläufig verdummten, weil sie fünf Stunden lang bloß den Klang der Worte als Musik wahrnähmen. Carlo Giuseppe Londonio erwidert ihr, daß »die Italiener nicht in die Oper gehen, um die Worte, sondern nur um die mit ihnen verbundenen Musikstücke zu hören und die restliche Zeit mit Gesprächen über Politik, Geschäfte und Literatur zu verbringen« (Londonio, 1943, Band I, S. 73). Diese Replik erhellt schlaglichtartig die Rezeptionsbedingungen, durch die letztlich die Oper die Bedürfnisse einer Literatur des geeinten Italien befriedigt, ja sogar leichter erfüllen kann als die Literatur im engeren Sinne des Wortes.

Das Musiktheater verfügt im 19. Jahrhundert in Italien über Spielstätten, die dem Sprechtheater fehlen. Es ist ein Anziehungspunkt für die Wohlhabenden, schlägt jedoch auch die ökonomisch Benachteiligten in seinen Bann, die sich keine Eintrittskarte leisten können. Es liefert eine gesellschaftliche Plattform für die Schicht, die den politischen Einigungsprozeß des Landes trägt. Es bietet aber nicht nur den äußeren Rahmen, um sich durch ein Ignorieren der künstlerischen Substanz des aufgeführten Werkes den drängenden Problemen der Gesellschaft zuzuwenden, sondern es greift durch die Thematisierung von aktuellen Schwierigkeiten der Italiener in die Meinungsbildung und in die politischen Prozesse überhaupt ein.

Die eben erwähnte Polemik von Madame de Staël gegen die italienische Oper liefert den besten Beweis dafür, daß das Musiktheater mit völligem Recht der italienischen Nationalliteratur zugerechnet wird. Madame de Staël ist von August Wilhelm Schlegels Vorlesungen *Über dramatische Kunst und Litteratur* (1809–1811) geprägt und würde gerne die von den deutschen Romantikern vertretene Theaterkonzeption nach Italien exportieren. Verdi kennt Schlegels Vorlesungen, die schon 1817 in italienischer Übersetzung erschienen waren, sehr wohl und bewerkstelligt den Anschluß Italiens an die europäische Romantik, den Madame de Staël, ohne wirkliche Kenntnis der Verhältnisse, den Italienern schulmeisterlich vorzeichnet. Seine Adaptation von Shakespeares Theater für die Oper bietet eine spezifisch italienische Variante der Rezeption dieses Dramatikers im europäischen 19. Jahrhundert und sichert so dem großen Vorbild für die Erneuerung des Sprechtheaters einen zentralen Platz in der italienischen Nationalliteratur.

Die italienische Oper als Wirtschaftsunternehmen

von Michael Walter

Sozial- und wirtschaftsgeschichtlicher Kontext

Italien war im 19. Jahrhundert immer noch ein agrarisch geprägtes Land, das erst mit großer Verspätung am europäischen Prozeß der Industrialisierung teilnahm. Der in den 1820er und 1830er Jahren einsetzende wirtschaftliche Aufschwung konnte den ökonomischen Abstand zu den führenden west- und mitteleuropäischen Staaten nicht verringern, was vor allem daran lag, daß die für die Industrialisierung erforderlichen Rohstoffe Eisen und Kohle in Italien kaum vorhanden waren. Infolge der wirtschaftlichen Abhängigkeit von der Landwirtschaft, deren Modernisierung nur langsam erfolgte, stand mobiles Kapital nur eingeschränkt zur Verfügung. Das italienische Banken- und Kreditwesen war antiquiert und die Anzahl der Banken vergleichsweise gering. Dies war wohl einer der Gründe für die ständigen Geldschwierigkeiten der *impresari*, die auf ein kurzfristiges Wechselsystem angewiesen waren, um über genügend Barmittel verfügen zu können. Rückständig war auch das Verkehrswesen: Vor der Einigung des Königreichs Italien (1860/61) existierten in Lombardo-Venetien insgesamt nur 522 km Eisenbahnlinien, Piemont war um einen Ausbau der Verkehrswege bemüht und verfügte 1859 bereits über 800 km, die Toskana hatte zum gleichen Zeitpunkt 256 km aufzuweisen, das Königreich beider Sizilien gar nur 100 km. Das war nicht nur für den Warentransport, sondern auch für Sänger, *impresari* und Komponisten von Nachteil, denn man war weitgehend auf die weder bequemen noch schnellen Kutschen oder auf Schiffspassagen angewiesen. Wirtschaftlich führend war der Norden der italienischen Halbinsel, zumal die dortigen Oberschichten sowohl das Interesse wie die Möglichkeit hatten, den Modernisierungsprozeß zu forcieren.

Die schon vor 1860 am stärksten prosperierende und sich am schnellsten entwickelnde Region war Lombardo-Venetien, das von der Habsburger Monarchie schon deswegen wirtschaftlich gefördert wurde, weil auf diese Weise beträchtliche Steuereinnahmen nach Wien strömten. Wichtigster Industriezweig war hier die Seidenindustrie. Die Seide wurde von Händlern in Mailand und Bergamo hauptsächlich nach England exportiert, eine Handelsbeziehung, die sich insofern auf die »Opernindustrie« (Cavour) auswirkte, als Mailand der ›Umschlagplatz‹ für italienische Opern nach London war. Nicht zufällig reagierte der Londoner *impresario* Benjamin Lumley schon im September 1845 auf den Sensationserfolg von *Nabucodonosor* und bestellte bei Verdi eine Oper für Her Majesty's Theatre. Gleichzeitig entsprachen den wirtschaftlichen und politischen Beziehungen nach Wien enge Kontakte der Opernindustrie: So war Bartolomeo Merelli zeitweise nicht nur *impresario* der Scala, sondern auch der italienischen Saison des Kärntnerthor-Theaters in Wien, was beispielsweise dazu führte, daß dort bereits dreizehn Monate nach der Uraufführung Verdis *Nabucodonosor* aufgeführt werden konnte.

Die wichtigste Stadt Lombardo-Venetiens war Mailand. Die lombardische Metropole war in den 1850er Jahren mit über 200 000 Einwohnern eine der größten Städte Italiens geworden und hatte Neapel und Venedig den Rang als führende Stadt der italienischen Opernindustrie abgelaufen. Opernkomponisten, die in Nordeuropa erfolgreich sein wollten, interessierten sich so zunächst für Mailand, dessen wohlhabende Oberschicht mit ihrem – vor allem durch Landbesitz erwirtschafteten – Vermögen ein vielfältiges, zeitweise auf mehrere Opernhäuser verteiltes Opernleben ermöglichte.

Auch Piemont, dessen Wirtschaft ebenfalls von der Seidenindustrie dominiert war, und Venetien verfügten über eine prosperierende städtische Oberschicht, in deren Händen sich der Landbesitz konzentrierte und die sich mit einem aggressiven Unternehmergeist um wirtschaftliche Modernisierung bemühte. Daß der Ehrgeiz dieser Schicht auch darin bestand, durch Titelverleihung oder Titelanmaßung in die Reihen der Aristokratie aufgenommen zu werden, änderte nichts daran, daß hier eine neue bürgerliche Mentalität entstand, bei der die vom Adel übernommenen feudalistischen Strukturen, die auch als Garant politischer Ordnung betrachtet wurden, nur die äußere Hülle eines modernen Agrarkapitalismus waren. Bartolomeo Merelli, der erfolgreiche *impresario* der Scala, ist in der Mischung aus Modernität und versuchter Assimilation an die Aristokratie typisch: Während er einerseits fast 300000 Franken vergeblich aufwendete, um seine adlige Herkunft zu beweisen, basierte andererseits sein geschäftlicher Erfolg als Agent auf einem sehr modernen System langfristiger Sängerverträge, sein Erfolg als *impresario* dagegen auf der Konzentration auf das Finanzmanagement.

Der Kirchenstaat reichte vor der Einigung Italiens immerhin über Umbrien bis in die Romagna und umfaßte auch Ferrara und Bologna. Während die alte Universitätsstadt jedoch zu einem der Mittelpunkte des neuen Agrarkapitalismus wurde, wirft nichts ein so deutliches Licht auf die politische und wirtschaftliche Rückständigkeit Roms wie das Diktum des Papstes Gregor XVI. (1831–1846), daß Eisenbahnen und Dampfverkehr Teufelswerk seien. Rom selbst war eine unproduktive Stadt, die mehr importierte als exportierte, aber immerhin erhebliche Einkünfte durch Pilger und Touristen bezog. Gerade für letztere war ein florierendes Opernleben attraktiv, auch wenn dieses institutionell immer noch von spätfeudalen, manchmal kaum durchschaubaren Strukturen geprägt war: Es zwang *impresari* dazu, sich in einem »labyrinthischen System gegenseitiger Gefälligkeiten« (Lill, 1980, S. 153) zu bewegen, das eine Oberschicht pflegte, in welcher der klerikal orientierte Adel eine weit wichtigere Rolle als in Norditalien spielte.

Neapel war Hauptstadt des Königreichs beider Sizilien und die größte italienische Stadt (mit fast 500000 Einwohnern im Jahr 1861). Noch stärker als in Rom wurde die Oberschicht hier durch den gesellschaftlich und kulturell dominierenden Adel geprägt; zum aufwendigen Lebensstil der Aristokraten gehörte selbstverständlich auch der abendliche Besuch eines der Opernhäuser. Daß der Reichtum dieser Oberschicht auf der Ausbeutung der ländlichen Besitzungen beruhte, hatte erhebliche Folgen für die Verarmung der Landbevölkerung und deren revolutionäres Potential, war aber im Hinblick auf die Opernhäuser wenig bedeutsam. Während im modernisierten Norden der durch Landwirtschaft erzielte Gewinn im wesentlichen wieder in die Landwirtschaft re-investiert wurde, wurde dieses Kapital in Süditalien in den Städten verzehrt. So gravierend dieser Unterschied wirtschaftspolitisch war – für die Opernindustrie war allein entscheidend, daß in allen großen Städten eine wohlhabende Oberschicht verfügbar war.

So zeigte sich Italien zersplittert in etliche Staaten, von denen einige direkt oder indirekt von der Habsburger Monarchie abhängig waren, wirtschaftlich und politisch geteilt in einen konservativen und rückständigen Süden und einen zunehmend modernisierten Norden, geteilt auch durch die vielen Grenzen der italienischen Staaten und die dadurch beschränkten Reisemöglichkeiten. Nicht wenige Politiker hielten darum die Schaffung eines einheitlichen italienischen Wirtschafts- und Verkehrsraums für eine wesentliche Bedingung der politischen Einigung. Das war um so notwendiger, als die politischen Führer des Risorgimento keineswegs einheitliche Vorstellungen von Italien hatten: Giuseppe Mazzini, der »ewige Verschwörer« (Seidlmayer, 1962, S. 381), und seine *Giovine Italia* setzten auf eine Republik und das romantisch verklärte ›Volk‹ als Träger der nationalen Einheit, während Camillo Cavour wie ein Großteil der italienischen Oberschichten eine konstitutionelle Monarchie etablieren wollte und im Gegensatz zu Mazzini ein allgemeines Wahlrecht ablehnte. Sowohl intellektuell wie wirtschaftlich und politisch liefen also vielfältige Scheidelinien durch die italienische Halbinsel und erschwerten das Aufkommen nationalen Bewußtseins und einer nationalen Identität.

Die Oper als Gattung und Industrie bildete vielleicht das einzige institutionalisierte Phänomen, das im gesamten 19. Jahrhundert die ganze italienische Halbinsel umfaßte, wobei regional unterschiedliche Wirtschaftssysteme, politische und sprachliche Grenzen keine Rolle spielten. Man darf nicht vergessen, daß man zum Beispiel in Bergamo immer noch einen völlig anderen Dialekt sprach als etwa in Neapel, in der Oper solche Dialekte aber nur noch im Nischenbereich der *farsa* eine geringe Bedeutung hatten. Wenn es eine Institution gab, die vor allem den bürgerlichen Schichten, also den Trägern des Risorgimento, die Möglichkeit eines einheitlichen nationalen Raumes demonstrierte, dann war dies im 19. Jahrhundert die Oper. Jede größere Stadt und auch viele kleine Städte Italiens wie etwa Alessandria, Ancona, Bergamo, Como, Cremona, Faenza, Foggia, Lucca, Mantua, Modena, Novara, Padua, Pesaro, Piacenza, Ravenna, Reggio Emilia, Rimini, Sinigaglia, Todi oder Treviso verfügten über ein Opernhaus. In allen diesen Städten wurden dieselben Opern an vielen Abenden aufgeführt und immer wieder von denselben Besuchern gesehen, es reisten immer wieder dieselben Sänger an, wobei vor allem an den großen Opernhäusern immer wieder dieselben *impresari* die Leitung übernahmen und die Klavierauszüge der Opern in ganz Italien von den Verlegern Ricordi, Lucca oder Girard vertrieben wurden. Und nicht zuletzt sorgten die berühmten Opernkomponisten selbst für ein einheitliches kulturelles Identifikationsprofil, gerade weil sie sich schon aus geschäftlichen Gründen ebenso aus politischen Händeln heraushielten, wie sie den Anschein des Regionalismus vermieden, um weder Parteien noch Lokalpatrioten zu verärgern. Verdis Popularität als Komponist konnte ihn darum in der Rückprojektion des letzten Jahrhundert-Drittels als Geburtshelfer des »Risorgimento« erscheinen lassen. Voraussetzung der umfassenden Rolle der Opernindustrie waren ihre auf der ganzen Halbinsel kompatiblen Organisationsstrukturen.

Die Scala – jenes Opernhaus, mit dem der junge Verdi seine ersten *scritture* abgeschlossen hatte, – war wie jedes größere Opernhaus in Italien der Mittelpunkt des kulturellen Lebens der Stadt. Sein Programm folgte der üblichen Einteilung des Jahres in *stagioni*. Die wichtigste Spielzeit war die *stagione di carnevale e quaresima*, die am 26. Dezember begann und am 20. März endete (Giazotto, 1990, S. 85). Ihr folgte vom Ostermontag bis Ende Juni die *stagione di primavera*, und schließlich begann Mitte August die bis zum Ende des Novembers reichende *stagione d'autunno*. Die *stagioni* waren in erster Linie organisatorische Einheiten, die sich am Zyklus des gesellschaftlichen Lebens orientierten. In manchen Städten gab es darum noch zusätzliche *stagioni* (etwa anläßlich von Messen) oder die *quaresima* wurde verlängert, was in Mailand schon seit Ende des 18. Jahrhunderts der Fall war. Die dichteste Abfolge von *stagioni* hatte Neapel, wo fast das ganze Jahr über Opernvorstellungen stattfanden. Die *stagioni* wurden dort nur durch Spielpausen in den sieben Tagen von Palmsonntag bis Ostermontag und in der siebzehntägigen *Novena del San Gennaro* vom letzten Sonntag im April bis zum zweiten Sonntag im Mai sowie vom 10. bis 25. September und vom 16. bis 24. Dezember unterbrochen.

Obgleich die *quaresima* faktisch mit der *stagione di carnevale* verschmolzen war, war sie als organisatorische Einheit doch noch präsent, was der Fall von Verdis *Nabucodonosor* illustrieren kann. Betrachtet man die Spielpläne der italienischen Theater im Hinblick auf die in der Fastenzeit aufgeführten Opern, so läßt sich die Tendenz erkennen, entweder biblische Stoffe aufzuführen oder Opern nach antiken Sujets. Prominente Beispiele solcher Produktionen für die Fastenzeit sind Rossinis *Mosè in Egitto* mit dem Gattungstitel *azione tragico-sacra*, der im Teatro San Carlo in Neapel am Aschermittwoch des Jahres 1818 zur Uraufführung gelangte, und Donizettis Oper *Il diluvio universale* (ebenfalls eine *azione tragico-sacra*), die im selben Theater am 28. Februar 1830 Premiere hatte, am Sonntag nach dem Aschermittwoch jenen Jahres. Der Aschermittwoch des Jahres 1842 war der 9. Februar. Verdis *Nabucodonosor* wurde genau einen Monat später, nämlich am 9. März 1842, also noch innerhalb der Fastenzeit aufgeführt. Obwohl man an der Scala die Verpflichtung zu biblischen und ähnlichen Stoffen in der Fastenzeit schon in den 1830er Jahren nicht mehr allzu ernst genommen hatte, kann kaum ein Zweifel daran bestehen, daß *Nabucodonosor* schon aufgrund seines Sujets für die *quaresima* vorgesehen war. Es ist also fraglich, ob – wie neuerdings behauptet – Verdi ernsthaft eine Verschiebung der Uraufführung in die nächste *stagione* befürchten konnte (Phillips-Matz, 1993, S. 112–118).

Der *impresario*

Üblicherweise wurde ein Opernhaus beziehungsweise dessen Geschäfte von einem *impresario* geleitet, der es gepachtet hatte: Juri-

Abbildung 10

Bartolomeo Merelli (1793–1879) in einem zeitgenössischen Gemälde.

stisch war der *impresario* ein »appaltatore«, also ein Pächter. Nur selten wurden in Italien Theater durch Aktiengesellschaften übernommen, die in der Regel nach kurzer Zeit scheiterten, oder von der Gesellschaft der Logeneigentümer geführt. Der *impresario* der Mailänder Scala war zu jener Zeit, als Verdis erste Opern aufgeführt wurden, Bartolomeo Merelli, der die *impresa* im Dezember 1837 an Stelle des verstorbenen Carlo Visconti di Modrone angetreten hatte (Giazotto, 1990, S. 115). Merellis Vertrag hatte zunächst eine Laufzeit von sechs Jahren, was vergleichsweise lang war, denn üblicherweise bildete die einzelne *stagione* auch den institutionellen Rahmen für Pachtverträge. Für ein ›Staatstheater‹ wie die Scala war dies aber nicht ungewöhnlich, 1843 schloß Merelli einen erneuten Vertrag mit gleicher Laufzeit ab. 1837 mußte Merelli bei Vertragsabschluß 65250 Franken Kaution hinterlegen, das war etwa das Fünfzehnfache des Jahresgehalts der besser bezahlten Geiger. Merellis Einsatz war geringer als der seiner Vorgänger, weil er in Mailand ein ansehnliches Vermögen besaß, auf das zurückgegriffen werden konnte, falls die *impresa* in einer Katastrophe und mit offenen Verpflichtungen des *impresario* enden sollte. Aufgrund seines Vermögens dürfte Merelli auch nicht – wie manch anderer *impresario* – ein Wechselgeschäft getätigt haben, um über die Kautionssumme und die notwendigen Barmittel für die ersten betriebskostenbedingten Auszahlungen verfügen zu können – etwa für die Sänger, die die erste Rate ihres Honorars unmittelbar nach ihrem Eintreffen erhielten, zu einem Zeitpunkt, an dem noch keine Einnahmen zur Verfügung standen. Im Gegensatz zu vielen anderen *impresari* konnte Merelli also in halbwegs gesicherten finanziellen Verhältnissen zu arbeiten beginnen.

Dazu trug auch die jährliche staatliche Subvention bei, die mit Beginn der *impresa* Merellis etwas erhöht worden war und sich auf etwa 235000 Franken belief. Das bedeutete für italienische Verhältnisse eine gewaltige Summe, die zudem durch separate Zahlungen als Zuschuß zu den Beleuchtungskosten ergänzt wurde, aber doch nur etwa ein Drittel der Subvention der Pariser Opéra. In Italien wurde diese Subventionssumme nur von derjenigen des Teatro San Carlo in Neapel um etwa 70000 bis 80000 Franken überboten. Ebenfalls hoch subventioniert waren das Teatro La Fenice in Venedig und das herzogliche Theater in Parma. Schon an einem kleineren, wenn auch nicht unwichtigen Theater wie dem Teatro della Pergola in Florenz mußte ein *impresario* in den 1830er Jahren dagegen mit weniger als 40000 Franken Subventionen auskommen, deren überwiegender Teil von den Logenbesitzern aufgebracht wurde. Grundsätzlich läßt sich feststellen, »daß der Unternehmer ohne Verluste oder sogar mit Gewinn abschließen konnte, wenn die Subvention ungefähr so hoch wie der Gesamtertrag der Saison« war (Rosselli, 1990, S. 110) – eine Situation, die nicht eben häufig zustande kam. Solche Subventionen waren auch deshalb für einen *impresario* wichtig, weil sie auf dem Verhandlungsweg offenbar leichter zu steigern waren als die Eintrittspreise. Letztere waren 1832 in der Scala zwar geringfügig erhöht worden, blieben aber danach im wesentlichen stabil, was vor allem damit zusammenhing, daß sie von der staatlichen Aufsichtsbehörde (in Mailand die *direzione teatrale*) genehmigt werden mußten, die in ganz Italien wenig Neigung zeigte, durch Preiserhöhungen Unruhen unter den Theaterbesuchern heraufzubeschwören, verfügten doch gerade die jüngeren und krawallfreudigen Opernbesucher wie etwa die Studenten über keine Abonnements, sondern zahlten den abendlichen Eintrittspreis. Die Eintrittspreise der Scala beliefen sich zu Zeiten der *impresa* Merellis auf etwa 2,60 Franken für eine *opera seria con ballo*, auf etwa 2 Franken für eine *opera semiseria o buffa con ballo*, ebenfalls 2 Franken für eine *festa da ballo* (Opernball), 0,87 Franken für eine *commedia senza ballo* und knapp 1,50 Franken für eine *commedia con ballo* (Giazotto, 1990, S. 101), wobei sich der Zusatz *con ballo* auf die jeweils zwischen den Opernakten aufgeführten Ballette bezieht, die erst gegen Ende des 19. Jahrhunderts aus der Mode kamen.

Anders sah es bei den Abonnementspreisen aus, die an der Scala zwischen Mitte der 1820er Jahre und Mitte der 1880er Jahre auf mehr als das Sechsfache gestiegen waren, in Neapel dagegen, dessen Prosperität hinter der des Nordens zurückblieb, im gleichen Zeitraum in wesentlich geringerem Maße erhöht worden waren, was zur Folge hatte, daß dort die Subventionen – im Gegensatz zur Scala – nicht gesenkt werden konnten.

Die Scala war schon seit dem 18. Jahrhundert in den Händen der *palchettisti* (Logenbesitzer), denen die Logen des ersten bis vierten Rangs gehörten, die sogar vererbbar waren. Im fünften Rang der Scala befanden sich die Restaurationsbetriebe, in denen die Opernbesucher in den beiden *loggioni* (großen Logen) Konditoreiwaren, Speisen und Spirituosen zu sich nehmen konnten. Diese Restaurationsbetriebe mußten nicht unbedingt an den *impresario* selbst verpachtet werden, doch geschah dies üblicherweise, weil ihre Pacht – auch für Merelli – eine willkommene Zusatzeinnahme war. Das galt nicht nur für die Einnahmen aus dem Verkauf der Naturalien, sondern auch für den separaten Eintritt, der für den fünften Rang erhoben werden konnte, und dessen Gesamtvolumen im Verlauf einer *stagione* nicht selten die Summe der Eintrittsgelder in den anderen Rängen und im Parkett um das Doppelte übertraf. Denn über die dortigen Logen verfügten fast ausschließlich die *palchettisti*; Eintritt im eigentlichen Sinne konnte der *impresario* hier nur für Logen und Sperrsitze erheben. Der *impresario* der Scala stand also wie seine Kollegen in anderen Opernhäusern vor der für ihn ärgerlichen und kuriosen Situation, daß der größere Teil des Publikums kein zahlendes Publikum war, hatten doch die *palchettisti* lediglich einen vergleichsweise geringfügigen Beitrag (*canone*) zu entrichten. Es war also kein Wunder, daß an der Scala, wie anderswo, viele *stagioni* mit erheblichen Verlusten der *impresari* endeten, wenn auch in einer erfolgreichen *stagione di carnevale* an der Scala schon in den 1830er Jahren die Einnahmen um die 35 000 Franken erreichen konnten (Lanari, 1831, S. 4).

Finanziell bestand das Kunststück des *impresario* darin, dafür zu sorgen, daß die Einnahmen aus Eintrittsgeldern und Subventionen die Betriebskosten überstiegen, deren Hauptteil mit etwa 50 % die Gagen für die führenden Sängerinnen und Sänger ausmachten, während für die Komponisten dagegen fast immer deutlich weniger als 10 % aufgewendet wurde. Dies war ein Kunststück, an dem viele *impresari* scheiterten, auch weil eine *stagione* immer in Gefahr stand von Ereignissen beeinflußt zu werden, mit denen der *impresario* nicht rechnen konnte (Krankheit von Sängern, Seuchen, Niederbrennen des Opernhauses) oder nicht rechnen wollte (etwa ein vollständiges *fiasco* einer oder mehrerer Opern). Auch politische Rahmenbedingungen wie revolutionäre Unruhen, längere Spielpausen in der Trauerzeit nach dem Tod von Herrschern und wirtschaftliche Faktoren – wie etwa der in den Jahren 1846/47 durch Überproduktion ausgelöste Preisverfall – waren von den *impresari* nicht zu beeinflussen. In der allgemeinen italienischen Finanzkrise am Ende der 1860er Jahre strich die italienische Abgeordnetenkammer alle Subventionen des Zentralstaates, so daß die Kommunen gezwungen waren einzuspringen. Doch konnten diese ihre Theater nur in geringem Maße unterstützen. Das Problem der Theaterfinanzierung wurde zudem durch eine zehnprozentige Theatersteuer und das sprunghafte Ansteigen der Sängergagen verschärft. Die Folge waren Theaterschließungen, denn die Risiken waren für die *impresari* zu groß geworden; so wurden am Florentiner Teatro della Pergola nach 1877 nur noch vereinzelt *stagioni* durchgeführt, am venezianischen Teatro La Fenice fielen zwischen 1873 und 1897 elf *stagioni* aus.

Aufgaben des *impresario*

Wie erhielt man eine *impresa*? Der oder die Bewerber – Assoziationen waren nicht selten – legten den Regierungsbeauftragten, den Vertretern der Aktionäre oder den Logenbesitzern ein Konzept für die Übernahme der *impresa* vor. Bei miteinander konkurrierenden Bewerbungen achteten die Verantwortlichen natürlich besonders auf die Höhe der geforderten Subvention, denn verständlicherweise waren die Staatsvertreter oder Aktionäre an möglichst niedrigen Subventionen interessiert. Andere Kriterien waren der zu erwartende Glanz der Opernaufführungen in der Vertragslaufzeit, finanzielle Zuverlässigkeit, Erfolg und Erfahrung im Operngeschäft und nicht zuletzt Empfehlungen aus Regierungskreisen, die in Mailand in der Regel aus Wien oder aus der lombardischen Regierung stammten und zugleich für die politische Zuverlässigkeit des Kandidaten sprachen. Manchmal forderten *impresari* in ihrem Konzept auch bestimmte Daten für Beginn und Ende von *stagioni*. Von besonderer Wichtigkeit waren die vorgesehenen Sänger und Komponisten.

Das Teatro La Fenice in Venedig gehörte der *Società del Gran teatro La Fenice*, die sich aus den Logen-Eigentümern zusammensetzte und von der *presidenza* vertreten wurde. Diese legte Alessandro Lanari, neben Merelli einer der erfolgreichsten *impresari* des 19. Jahrhunderts, am 14. Mai 1844 einen nicht untypischen *Progetto per l'appalto del Gran Teatro la Fenice per il carnevale, e Quaresima 1845–46* vor:

Die *compagnia* würde sich zusammensetzen wie beigefügt[:]
Prima donna: Entweder De Giuli oder Löwe, oder eine andere nach Zustimmung [der *presidenza*]
Eine *comprimaria* nach Belieben der *impresa*
Primo tenore: Guasco oder ein anderer nach Zustimmung [der *presidenza*]
Primo basso baritono: auszuwählen aus Colini, De Bassini, Varese, Derivis, Badiali
Ein weiterer *primo basso* nach Belieben der *impresa*
Ein weiterer *primo tenore* nach Belieben der *impresa*
Die üblichen Ergänzungen [der *compagnia*] und zweiten Partien
Die neue Oper soll vom Maestro Verdi komponiert werden (Conati, 1983, S. 145 f.)

Die endgültige Abmachung vom 3. August 1844 enthielt dann neun Punkte und war verglichen mit dem Angebot Lanaris wesentlich detaillierter. So wurde unter Punkt 2 zum Beispiel festgehalten:

In der *stagione di carnovale, e quadragesima* 1845/46, das heißt vom 26. Dezember 1845 bis zum 24. März 1846 werden sich die *compagnia di canto, e ballo* und die Aufführungen wie folgt zusammensetzen:
Compagnia di canto
Prima donna: Fräulein Sofia Löwe; obgleich sie im Herbst 1845 in Triest singen darf, ist jedoch [ein Auftritt] in irgendeiner anderen Stadt im Umkreis von sechzig Meilen von jetzt an bis zum Ende ihrer Verpflichtung für Venedig mit Ablauf der üblichen Engagementsbedingungen verboten
Primo tenore: Guasco
Primo basso baritono: Entweder Varesi oder de Bassini, oder Collini
Primo basso profondo: Wird im Einvernehmen mit der *presidenza* und dem Bürgermeister verpflichtet
Eine andere *prima donna* nach Wahl des Pächters [Lanari]
Maestro für die *opera d'obbligo*: Verdi
Zweite Partien und die Ergänzungen [der *compagnia*] wie im Vertrag vom 5. Juni 1844 festgelegt
Die erste Oper neu für Venedig [darf also an anderen Orten schon aufgeführt worden sein]
Die zweite Oper vom Prinzen Poniatowski; ein *spettacolo alla francese* mit zur Oper gehörigen Balletten nach Art des *Robert le diable* [von Meyerbeer] [...]
Die dritte Oper neu vom *maestro* Verdi [*Attila*]
Die vierte im Einvernehmen zu bestimmen
Opera di ripiego: *Ernani* von Verdi (ebd., S: 146)

[Zur Erläuterung: *opera d'obbligo* bedeutet eine echte Uraufführung; eine *opera di ripiego* hingegen war bereits am entsprechenden Opernhaus aufgeführt worden, so daß man im Falle eines *fiasco* der *opera d'obbligo* leicht auf sie zurückgreifen und sie ohne großen Probenaufwand aufführen konnte. *Ernani* war am 9. März 1844 in der Fenice uraufgeführt worden.]

Die Verträge der *impresari* bezogen sich jeweils auf die während einer oder mehrerer *stagioni* zu erbringenden Leistungen. Üblicherweise waren das in der wichtigsten *stagione*, der *stagione di carnevale* an größeren Opernhäusern die Aufführung mindestens zweier *opere serie*, von denen die eine als *opera d'obbligo* eine Uraufführung und die andere für die jeweilige Stadt neu sein mußte. Hinzu kamen eine oder zwei *opere semiserie* oder *buffe* sowie die notwendigen Ballette. Für die anderen *stagioni* wurde etwas weniger verlangt. Zudem hatte der *impresario* beispielsweise für die Sauberkeit in den Gängen, Treppenhäusern und Logen, für ausreichend Wasser an den dafür vorgesehenen Orten und für eine geregelte Anfahrt und Abfahrt der Kutschen der Opernbesucher zu sorgen. Gerade die letzten beiden Punkte waren von einiger Wichtigkeit, denn immer wieder liest man von der ständigen Geruchsbelästigung durch ›Toiletten‹, die manchmal nur aus Eimern zum Urinieren bestanden, und von Verkehrsstaus nach dem Ende einer Opernaufführung.

Auch für die Beleuchtung des Zuschauerraumes war der *impresario* zuständig. Das bedeutete nicht nur, daß er Kerzen und Öl bereitstellen mußte, sondern auch, daß er für eine ausreichende Qualität der Leuchtmittel zu sorgen hatte, die weder schlecht riechen noch Rauch entwickeln durften. Da diese Kosten für die *impresari* außerordentlich drückend waren, ist es nicht verwunderlich, daß zum Beispiel in Mailand Regierungsvertreter die ordnungsgemäße Beleuchtung des Opernhauses kontrollierten. Der *impresario* hatte überdies die Libretti der Zensurbehörde vorzulegen, was durchaus Probleme bereiten konnte: Als 1816 Angelo Petracchi *impresario* der Scala geworden war, wurde ein Großteil der von ihm vorgelegten Libretti von der Zensur abgelehnt. Der Normalfall war allerdings die Genehmigung durch die Zensurbehörde, wenn auch gelegentlich Änderungen am Text vorgenommen werden mußten, so daß die tatsächlichen Verhandlungen mit der Zensur meist von den Librettisten geführt wurden; ein erfahrener *impresario* wußte jedoch in der Regel, was er der Zensur zumuten konnte, und was nicht. Der *impresario* mußte möglichst gute Sänger in ausreichender Zahl engagieren, er schloß Verträge (*scritture*) mit den in Aussicht genommenen Komponisten ab, er engagierte die Instrumentalmusiker und schließlich war er natürlich für die Ausstattung der Opern und den reibungslosen Ablauf des Betriebs zuständig.

Der Opernkomponist als Geschäftsmann

In den 1830er und 1840er Jahren beauftragte üblicherweise ein *impresario* einen – in der Regel bereits erfolgreichen – Komponisten mit der Komposition einer Oper. Der *impresario* schloß eine *scrittura* ab, in der detailliert bestimmt wurde, um welches Genre es sich bei der neuen Oper handeln sollte, bis zu welchem Termin dem Komponisten ein Libretto zur Verfügung gestellt werden würde (dessen Sujet nicht immer vorher festgelegt wurde), wie die Besetzung aussehen würde, wann der Komponist seine Partitur abzuliefern hatte beziehungsweise wann er im Theater erscheinen mußte, um die Proben zu leiten, die Instrumentation fertigzustellen und gegebenenfalls die Partitur zu ändern. Und natürlich wurde auch das Honorar in einem solchen Vertrag festgelegt. All dies traf freilich auf einen jungen Komponisten, der wie Verdi vor 1839 seine erste Oper an den Mann bringen wollte, nicht oder nur teilweise zu.

Wenn ein *impresario* die allererste Oper eines Komponisten zur Aufführung akzeptierte, dann war ihm der Komponist in der Regel nachdrücklich von einem professionellen Theatermann empfohlen worden: Im Falle von Verdis *Oberto* waren das zunächst Masini und der Violoncellist Merighi (Pougin, 1881, S. 41), später dann auch die Sänger Giuseppina Strepponi und Giorgio Ronconi. *Oberto* sollte ursprünglich gewissermaßen ›außer Konkurrenz‹ aufgeführt werden, nämlich als Benefizvorstellung für das *Pio Istituto Filarmonico*, das eine Art Pensionseinrichtung für die Orchestermusiker der Scala war. Eine Benefizvorstellung war in der Regel gut besucht, so daß kaum ein finanzieller Verlust drohte. Freilich machte der *impresario* auch keinen Gewinn, denn dieser floß an die Person (Sänger oder Komponisten) oder Institution, der die Benefizvorstellung gewidmet war. Der eigentliche Nachteil einer solchen Veranstaltung lag für die *impresa* somit darin, daß an diesem Abend keine gewinnbringende Veranstaltung stattfinden konnte. War die Oper erfolgreich, konnte der *impresario* sie jedoch weitervermarkten.

Die Kostenfrage war bei einer Erstlingsoper häufig das ausschlaggebende Kriterium für eine Aufführung. Verdi war sich dessen wohl bewußt, denn als er 1839 nach Mailand reiste, hatte er selbst die *particelle* (eine Art rudimentärer Klavierauszug) für die Solopartien hergestellt. Das ermöglichte erste Solisten-Proben, ohne daß der *impresario* für Kopierkosten in Vorlage treten mußte. *Rocester*, den Vorläufer von *Oberto*, hatte Verdi indirekt bereits 1836 Lanari, damals *impresario* des Teatro Alfieri in Florenz, angeboten. Diesem hatte der Violin-Virtuose Niccolò Paganini, der Verdi in Parma kennengelernt hatte, ein Schreiben gesandt, in dem er den jungen Komponisten nachdrücklich empfahl und darauf hinwies, daß Verdi lediglich das Eigentumsrecht an der Partitur behalten wollte (also keine Bezahlung forderte), die Oper im übrigen sehr kurz sei, im England des 15. Jahrhunderts spiele und deshalb – jedes Theater hatte entsprechende Ausstattungen im Fundus – keine großen Kosten für Dekorationen und Kostüme anfallen würden (De Angelis, 1982, S. 196).

Dennoch blieb Paganinis Empfehlung erfolglos, und auch die Mailänder Uraufführung von *Oberto* fand später als geplant statt, weil der Sänger Moriani ernsthaft erkrankt war. Als Merelli Verdi dann ein definitives Angebot machte, geschah dies zu Bedingungen, die aus heutiger Sicht erstaunlich anmuten, aber in der ersten Hälfte des 19. Jahrhunderts keineswegs unüblich waren: Die Oper sollte zwar im Herbst 1839 aufgeführt werden, aber Verdi würde vom *impresario* kein Honorar erhalten. Vergleichsweise war dieses Angebot sogar gut, denn andere unbekannte Komponisten mußten sogar für einen eventuellen Verlust des *impresario* haften oder sich mit eigenen Geldmitteln an dessen Kosten beteiligen. Merelli konzedierte

Verdi dagegen, daß er ihn am eventuellen Verkauf der Partitur mit 50% beteiligen würde. Der Verleger Giovanni Ricordi erstand dann tatsächlich die *Oberto*-Partitur für vergleichsweise bescheidene 1740 Franken, von denen Verdi die Hälfte erhielt.

Schon wenige Jahre später gehörte Verdi freilich zu den bestbezahlten Opernkomponisten Italiens (Rosselli, 1983, S. 20–24): Für *Ernani* und *Alzira* erhielt er bereits um die 10 000 Franken, also ähnlich exorbitante Honorare, die auch Donizetti in den 1840er Jahren erzielte. Um die Höhe solcher Summen abschätzen zu können, muß man sich vor Augen halten, daß sich das Jahresgehalt Donizettis, immerhin des – noch – führenden italienischen Komponisten, als kaiserlicher Kapellmeister in Wien ebenfalls auf etwa 10 000 Franken belief und daß ihm die Stelle des Direktors des *Liceo musicale* in Bologna für ein Jahresgehalt von nur 5000 Franken angetragen worden war (siehe auch oben, S. 7).

Aber nicht nur Verdis Honorare erhöhten sich: Üblicherweise wurden diese in drei Raten gezahlt, wobei die letzte Rate nach der dritten Vorstellung fällig wurde. Das war eine Absicherung der *impresari*, denn bei einem vollständigen *fiasco* kam die dritte Vorstellung gar nicht zustande, so daß der *impresario* ein Drittel des Komponistenhonorars einsparen konnte. Schon für *Ernani* argumentierte Verdi jedoch gegenüber der *presidenza* des Teatro La Fenice, die dritte Aufführung könne auch durch nicht von ihm zu vertretende Gründe ausfallen, so daß er es für angemessen halte, die dritte Rate bereits nach der ersten Vorstellung zu erhalten. Die *presidenza* ging auf diese Forderung ein, ebenso wie spätere *impresari* bereit waren, schon vor der ersten Vorstellung den Restbetrag des Honorars auszuzahlen. Verdi gelang es also nicht nur, seine Honorare zu erhöhen, sondern auch sein Risiko zu minimieren.

Auch an anderen Details seiner Verhandlungen zeichnete sich eine Modernisierung des Berufsbilds des Komponisten ab: So bezahlte Verdi seine Unterkunft in den Städten, in die er zur Vorbereitung einer Uraufführung reisen mußte, selbst, und kalkulierte diese sowie die Reisekosten in sein Honorar ein – und zwar schon beim ersten Mal, als mit der venezianischen Uraufführung von *Ernani* (1844) dieser Fall eintrat. War das Verhältnis zu Komponisten wie Rossini oder Donizetti noch durch ein eher altertümlich-patriarchalisches Verhalten des *impresario* geprägt, der etwa für die Unterkunft sorgte, so trat Verdi bereits als gleichberechtigter Geschäftspartner auf, der von vornherein keinen Zweifel an seiner Unabhängigkeit vom *impresario* aufkommen lassen wollte. So entzog Verdi seit *Ernani* der *impresa* auch die Verantwortung für das Libretto, das diese zuvor immer unabhängig vom Komponisten angekauft hatte, und kümmerte sich selbst um die karge Entlohnung des Librettisten. Dieser Wandel hatte nicht nur geschäftliche, sondern auch ästhetische Bedeutung, da damit jenes Abhängigkeitsverhältnis des Librettisten vom Komponisten etabliert wurde, das es Verdi erlaubte, in bisher nicht gekanntem Ausmaß Änderungen an seinen Libretti vornehmen zu lassen.

Opernkomponist zu sein war in Italien im 19. Jahrhundert zu einem unternehmerischen Beruf geworden. Diese Feststellung ist nicht überflüssig, denn in Deutschland übten Opernkomponisten in der Regel den Beruf eines fest angestellten Kapellmeisters aus und komponierten zusätzlich Opern. Den Typus des komponierenden Kapellmeisters gab es zwar auch in Italien – noch Donizetti begann als fest angestellter Kapellmeister in Neapel auf einer Stelle, die zuvor Rossini bekleidet hatte –, doch war das schon in den 1830er und 1840er Jahren bei erfolgreichen Komponisten nicht mehr die Regel: Donizetti gab seine Stelle 1832 auf, Bellini hatte nie ein Amt bekleidet, Verdi sollte nach dem Intermezzo in Busseto nie ein weiteres bekleiden. Feste Stellen als Theaterkapellmeister, Kirchenmusikdirektor oder Lehrer an einem Konservatorium trat man als Opernkomponist entweder in jungen Jahren an, in denen ein Einkommen durch eigene Opern noch zweifelhaft war, oder wenn ein Ende der Karriere absehbar war: In beiden Fällen sollten Tätigkeiten jenseits des freien Unternehmertums den Lebensunterhalt sichern. Komponisten wie Rossini, Bellini, Donizetti, Verdi und später Puccini waren auf eine ganz prosaische Art selbständige Unternehmer, die nicht nur ein Produkt produzierten, sondern es auch verkaufen wollten und sich dazu an Marktgesetzen und den geschäftlichen Regeln ihres Gewerbes orientierten. Eine Oper, so schrieb Antonio Biaggi 1882, sei ein »Kapital, dessen Wert nur durch das Produkt (die Aufführung) und durch den Verkauf« (von Klavierauszügen und Bearbeitungen) bestimmt werde (Rosselli, 1983, S. 12). Der Erfolg eines Komponisten erwies sich unmittelbar anhand des Preises, den er für eine Oper verlangen konnte, der wiederum von den voraussichtlich zu erzielenden Einnahmen abhing. In dieser Hinsicht waren sich *impresari* wie Lanari – »der Preis ist das Thermometer« (Brief Alessandro Lanaris an Ercole Marzi vom 15. April 1849; ebd., S. 17) – und Komponisten wie Verdi – »die Kasseneinnahme ist das gerechte Thermometer des Erfolgs« (Brief an Léon Escudier vom 8. Dezember 1869; Prod'homme, 1928, S. 534) – bis in die Wortwahl hinein einig. Im 19. Jahrhundert bestand kein Widerspruch zwischen der erfolgreichen Vermarktung einer Oper, also ihrem Unterhaltungswert, und ihrem Kunstanspruch. Selbst Richard Wagner, dessen Opern lange Zeit nicht gewinnbringend aufgeführt werden konnten, versuchte, die Fassade des geschäftlich erfolgreichen Opernkomponisten aufrechtzuerhalten. Die Idee, Kunstanspruch und Verkaufswert eines musikalischen Werks stünden im Widerspruch zueinander, setzte sich erst im 20. Jahrhundert durch und wäre von jedem Opernkomponisten des 19. Jahrhunderts für absurd gehalten worden.

Will man von Verdis Geschäften eine Linie zu einem musikalischen Großunternehmer am Ende des 20. Jahrhunderts ziehen, so ist Verdi wohl allein mit dem Musical-Komponisten Andrew Lloyd Webber zu vergleichen, wobei bezeichnenderweise Verdi wie Webber Wert darauf leg(t)en, ihre Werke in immer derselben musikalischen und szenischen Gestalt auf die Bühne zu bringen. Jenseits aller künstlerischen Überlegungen, die beide Komponisten angestellt haben mochten oder nicht, sind Werke des Musiktheaters eben auch Waren im strikt kapitalistischen Sinn, deren Warenwert durch die Unveränderbarkeit, also den Produktschutz, garantiert wird. Denn nur dieser Produktschutz garantierte Verdi, daß es nicht zu Aufführungen seiner Opern in korrupten Fassungen kam, die – wie noch Donizetti und Bellini widerfahren – seinen Ruf, auf dem wiederum seine Einnahmen basierten, schädigten.

Produktschutz war die eine Seite der Medaille, das ästhetisch autonome, nur vom Komponisten bestimmte Kunstwerk die andere. Beides bedingte einander, so daß eine Trennung zwischen Geschäft und Ästhetik nicht möglich ist. Die Opern Rossinis, Bellinis und Donizettis waren jeweils exemplarische Verwirklichungen der Gattung, und die Ursache des Ruhms der Komponisten lag gerade in ihrer Fähigkeit, die Gattungsnorm in immer neuen Varianten zu erfüllen. Die Komponisten lieferten weniger ein Werk, sondern erbrachten eine Dienstleistung, deren Ziel die Einrichtung der Partitur für eine möglichst optimale Vorstellung war, was bedeutete, daß Partien immer wieder für andere Sänger eingerichtet wurden oder ganze Nummern ausgetauscht wurden. Insofern wichen alle Aufführungsserien einer Oper voneinander ab und sind handwerklich individuell hergestellten Einzelstücken vergleichbar. Angesichts eines ungefestigten und offenen Werkcharakters der Opern war diese Praxis problemlos möglich, wobei die Dienstleistung auch von anderen als dem ursprünglichen Komponisten ausgeführt werden konnte. Noch Donizetti hatte gelegentlich nichts dagegen einzuwenden, wenn Arien anderer Komponisten in seine Opern eingefügt wurden.

Verdis Ruhm beruhte spätestens seit *Rigoletto*, *Il trovatore* und *La traviata* auf der individuellen Verwirklichung von Werken, die weniger der Gattung entsprachen als selbst deren Maßstäbe setzten und in ihrer einzigartigen Ausprägung autonom waren. In Verdis Opern ab den 1850er Jahren war die Übernahme ganzer Nummern aus anderen Opern ebenso unmöglich geworden wie das Einfügen von Arien anderer Komponisten. Die Oper war damit zugleich zum Werk und industriellen Produkt geworden, der Komponist ebenso zum Produzenten wie zum Autor, der das Werk beherrschte (Bosse, 1981) und auch beherrschen mußte, um dessen allein vom Autor abhängige Individualität zu garantieren. An Vincenzo Torelli in Neapel schrieb Verdi darum am 22. August 1872 über *Aida*: »Wenn ich über *wirksame Elemente der Ausführung* spreche, meine ich damit nicht allein das Sängerensemble, sondern auch Massen von Chören und Orchestermusikern, Kostüme, Dekorationen, Requisiten, die Bewegung auf der Bühne und die Feingestaltung des Kolorits.« (Copialettere, 1913, S. 681)

Kein Komponist vor Verdi hat seine Librettisten in so großem Ausmaß gezwungen, seinen Wünschen nachzukommen. Im Vertrag mit Ricordi über *La battaglia di Legnano* bestimmte

Verdi zum erstenmal, daß kein Theater die Partitur verändern dürfe. Seit *Macbeth* versah Verdi alle seine Partituren mit Metronom-Zahlen, um die Tempi festzulegen. Schon 1847, bei den Proben zu dieser Oper versuchte der Komponist, Einfluß auf das Bühnenbild zu nehmen, und nachdem er die Pariser Praxis der publizierten *Livrets de la mise en scène* kennengelernt hatte, druckte Ricordi seit der italienischen Bearbeitung der *Vêpres siciliennes* als *Giovanna de Guzman* (1855) für jede Oper Verdis eine *disposizione scenica*, die als verbindliche Inszenierungsanweisung gedacht war (Rosen, 1981). Mit diesen Festlegungen etablierte Verdi nicht nur als erster italienischer Opernkomponist die Oper als ästhetisch festgefügtes Werk; er schuf damit auch vermarktbare Objekte, die nicht mehr nur in der Realisierung einer Aufführung existierten, die abhängig von örtlichen Bedingungen wie den zur Verfügung stehenden Sängern und Dekorationen war, sondern standardisiert und darum mit maximalem Gewinn ›umgeschlagen‹ werden konnten, weil das zeitraubende handschriftliche Kopieren und Einrichten der Opern für einzelne Theater und Aufführungsserien entfiel und statt dessen der Verleger zu jeder Zeit und für jeden Ort das gewünschte Aufführungsmaterial liefern konnte. So war *Rigoletto* die erste italienische Oper überhaupt, zu der Ricordi sämtliche Orchesterstimmen druckte. Verdis Opern waren zum industriellen Massenprodukt geworden.

Noch in den 1830er Jahren war die Opernaufführung ein Produkt unterschiedlicher Beteiligter – Librettisten, Komponisten, Bühnenbildner, Sänger – gewesen, die jeweils wenig Einfluß aufeinander nehmen konnten oder wollten, so daß gerade bei Aufführungen in zweit- oder drittrangigen Theatern, bei denen der Komponist nicht selbst anwesend war, ein Gemisch unterschiedlicher Absichten und Interessenlagen wirksam wurde. Dagegen zielte Verdi nicht nur auf eine festgefügte ästhetische Gestalt seiner Werke, sondern damit zugleich auf eine Professionalisierung des Opernkomponisten: Er sah seine Rolle als unzweifelhafter Autor und Produzent von Werken, die nunmehr tatsächlich allein seine Werke waren. Nichts zeigt dies deutlicher als das veränderte Verhältnis zwischen Sängern und Komponist. Noch im ersten Drittel des 19. Jahrhunderts mußten Komponisten wissen, welche Sänger der *impresario* engagiert hatte, um die Rollen auf deren stimmliche und darstellerische Qualitäten hin zu komponieren. Die Stars der *stagioni* waren weniger die Komponisten, die freilich anläßlich der ersten Aufführung einer Oper meist ebenfalls vom Publikum gefeiert wurden, sondern die Sänger und mehr noch die Sängerinnen.

Das bedeutete, daß Komponisten immer wieder mit deren Wünschen konfrontiert wurden und sich ihnen fügen mußten. Noch Verdi veränderte oder ergänzte in seinen frühen Opern einzelne Nummern, um sie für neue Sänger effektvoller zu machen. Als ihm die *presidenza* des Teatro La Fenice die Altistin Carolina Vietti für eine Hosenrolle im späteren *Ernani* aufdrängen wollte, lehnte Verdi nicht rundweg ab, sondern erweckte den Anschein, er erwäge die Einfügung einer solchen Rolle. Auch forderte die *prima donna* Sophie Loewe ein virtuoses Finalrondò in *Ernani*. Noch 1833 hatte Donizetti im Fall der *Lucrezia Borgia* dem Wunsch Henriette Méric-Lalandes nach einem solchen solistischen Finale nachgeben müssen. Verdis neue Auffassung der Rolle des Komponisten zeigte sich darin, daß er den von Loewe bei Piave bestellten Text für das *rondò* vor dessen Augen kurzerhand in den Papierkorb warf. Obwohl sich noch die Rollendistribution der *Luisa Miller* nach den üblichen hierarchischen Konventionen richtete (Ross, 1994, S. 165–171), ist doch schon beim frühen Verdi die Absicht, sich von den Sängern unabhängig zu machen, in aller Deutlichkeit festzustellen. Schon wenige Jahre später war es keine Frage mehr, daß Verdi als Komponist selbst über die Rollendistribution entscheiden konnte und die Partien nicht mehr an die hierarchische Rolle der engagierten Sänger innerhalb des Ensembles anpassen mußte. Auch nahm er sich das Recht, selbst eine *prima donna assoluta* wie Fanny Salvini Donatelli abzulehnen, wenn sie seinen Vorstellungen oder Anforderungen nicht entsprach (Conati, 1983, S. 291). Am 31. Januar 1886, noch vor der Fertigstellung des *Otello*, schrieb Verdi an den Tenor Francesco Tamagno: »Eine andere Schwierigkeit kommt hinzu, nämlich die, geeignete Künstler für die entsprechenden Partien zu finden. Ihr wißt besser als ich, daß ein noch so bedeutender Künstler nicht für alle Partien paßt, und ich will da niemanden zum

Opfer machen, schon gar nicht Euch!« (Copialettere, 1913, S. 342 f.) Und Giulio Ricordi gegenüber meinte der Komponist: »Unter vielen, vielen Gesichtspunkten würde Tamagno sehr gut passen, aber unter sehr vielen anderen nicht. Es gibt da große, lange Legato-Phrasen, die *a mezza voce* zu sprechen sind, was ihm unmöglich ist. Und was schlimmer ist, der erste Akt und (was noch schlimmer ist) der vierte Akt würden kalt zu Ende gehen!! Dort gibt es eine kurze, aber große Melodie und noch dazu sehr wichtige Phrasen (nachdem er sich verwundet hat) *a mezza voce*!... und auf die kann man nicht verzichten. Das macht mir große Sorgen!« (Brief vom 18. Januar 1886; Medici/Conati, 1978, Band II, S. 340) Noch Donizetti und Bellini hätten solche Sorgen nicht gehabt, sondern die Partie den Fähigkeiten des Sängers angepaßt.

Verdis Rolle als Produzent im industriellen Sinne sicherte ihm zugleich den Status eines Angehörigen der bürgerlichen Oberschicht, den er auch durch seinen Landbesitz demonstrierte. Zwar pflegte er sich seit 1870er Jahren gern selbst als Bauer zu stilisieren (siehe oben, S. 18–21) und förderte damit einen Mythos, den zu verbreiten vor allem sein Verleger Ricordi Sorge trug. Tatsächlich aber verhielt Verdi sich genauso wie andere norditalienische Großgrundbesitzer, wenn er neue Methoden der Bewirtschaftung einführen ließ, oder sich aus England eine Dampfmaschine besorgte, um Wasser auf die Felder pumpen zu können. Verdi hatte mit den kleinen Halbpächtern, die realiter die Latifundien der norditalienischen Großgrundbesitzer bewirtschafteten, kaum etwas gemein, sondern folgte im Versuch der Modernisierung und Industrialisierung der Landwirtschaft dem Vorbild der letzteren. Verdis Gut Sant'Agata war weniger eine »heimatliche Scholle« (Werfel, 1926, S. 33) als vielmehr ein gut funktionierender Industriebetrieb.

Paris

Paris spielte in der Opernwelt des 19. Jahrhunderts eine Sonderrolle – nicht nur, weil für die Pariser Opéra zu komponieren der Ausweis für den europäischen Ruf und Erfolg eines Komponisten war, sondern auch wegen der einzigartigen Finanz- und Produktionsbedingungen. Ein bürgerliches Ansehen mußte Verdi in Paris nicht erst anstreben, denn dort gehörte ein erfolgreicher Komponist fraglos zur Elite der bürgerlichen Gesellschaft, eben weil er sich den industriellen Geschäftspraktiken unterwarf, die wiederum die höchsten Honorare Europas garantierten, und weil ein professionelles Verhalten als Geschäftsmann Voraussetzung war, um mit dem Direktor der Opéra einen Vertrag abzuschließen.

Die von der Opéra gezahlten Honorare waren ebenso wie die aufgewendeten Produktionskosten unerreicht. Verdi erhielt schon 1847 für die Umarbeitung von *I Lombardi* zu *Jérusalem* ein Honorar, das demjenigen für eine neukomponierte Oper entsprach und das Vielfache eines italienischen Honorars betrug. Die Produktion der Oper kostete 100 500 Franken, wovon über 30 000 Franken für über 600 Kostüme aufgewendet wurde (Günther, 1983, S. 56). Die Einnahmen eines Komponisten beschränkten sich jedoch nicht auf das – im Falle von *Jérusalem* unbekannte – Honorar. Hinzu kamen üblicherweise 250 Franken Tantiemen für jede der ersten vierzig Aufführungen und 100 Franken für jede weitere Aufführung, zu schweigen von etlichen tausend Franken allein für den Verkauf der französischen Verlagsrechte, denn in Frankreich existierte schon seit 1791 ein kodifiziertes Urheberrecht.

Was Verdi an den Pariser Verhältnissen aber ebenso beeindruckt haben dürfte wie die zu erzielenden Einnahmen, war der hohe Professionalisierungsgrad von Opernadministration und Autoren. Zwar war die Opéra 1831 privatisiert worden, so daß sich ähnlich wie in Italien nun Pächter um ihre Leitung bewerben konnten, doch wurden die Direktoren von einer staatlichen Kommission beaufsichtigt, die nicht nur die Finanzen kontrollierte, sondern auch die Spielplangestaltung und die Ausstattung. Die Operndirektoren erhielten Subventionen wie die italienischen *impresari*, freilich mit einem wesentlichen Unterschied: Diese waren immer noch Organisatoren von *stagioni*, bei denen vielfach die persönlichen Beziehungen zu Komponisten oder Sängern eine entscheidende Rolle spielten, während gleichzeitig die Kalkulation – gemessen an den vielen Bankrotten – wohl eher im Vagen blieb. Die von der Pariser Finanzwelt geprägten Operndirektoren verstanden sich dagegen als kapitalistische Unternehmer, die zur Absicherung ihrer eigenen Geschäfte gar nicht daran dachten, irgend etwas dem Zufall oder einem Gewohnheitsrecht zu überlassen. Dies führte zu extrem langen mehrmonatigen Probenphasen, in denen an einer Oper gefeilt, mithin das von den Direktoren angekaufte Produkt optimiert wurde, was Verdi einerseits die Nerven raubte, ihn aber andererseits von der Unzulänglichkeit der meist nur wenige Wochen dauernden Probenphasen in Italien überzeugt haben dürfte.

Während italienische *scritture* in der Regel deshalb so kurz waren, weil ein wesentlicher Teil der Vertragsbedingungen jene gewohnheitsrechtlichen Regelungen oder mündliche Abmachungen voraussetzte, die zwar theoretisch durchaus einklagbar waren, sich im konkreten Fall aber dann doch häufig als umstritten herausstellten, wurden in den seitenlangen Verträgen mit den Direktoren der Opéra alle denkbaren Eventualitäten, die Bedingungen der Zusammenarbeit, Probentermine, Abgabefristen für Libretti und Opernakte bis hin zu den zu zahlenden Konventionalstrafen festgelegt. Der gleiche, sich in der Verrechtlichung der gegenseitigen Beziehungen äußernde Professionalisierungsgrad, wurde allerdings auch von Librettisten und Komponisten erwartet, die schon aus diesem Grund den Status des zeitweise für ein Theater arbeitenden künstlerischen Handwerkers verloren und gegen denjenigen des bürgerlichen und unternehmerischen Vertragspartners eintauschten. Vor allem durch die Kenntnisse der Pariser Verhältnisse schon im Jahr 1847 anläßlich der Aufführung von *Jérusalem* dürfte Verdis Bewußtsein für die unternehmerische Seite seines Berufs geschärft worden sein.

Ricordi kaufte die italienischen Vermarktungsrechte an *Jérusalem* für 8000 Franken, die er an Verdi zu zahlen hatte, zuzüglich einer Tantieme für jeden Verleih des Materials: 500 Franken in den ersten fünf Jahren und 200 Franken in den nächsten fünf Jahren. Damit war Ricordi zum erstenmal gezwungen, Tantiemen an einen Komponisten zu zahlen. Es war sicher kein Zufall, daß Verdi darauf nach seiner ersten Pariser Erfahrung bestand. Wie später im Fall von *La battaglia di Legnano* führte allerdings auch bei *Jérusalem* beziehungsweise der italienischen Übersetzung *Gerusalemme* Verdis hohe Forderung dazu, daß die Oper in Italien kaum aufgeführt wurde. Daß Verdi sich geschäftlich verkalkuliert hatte, kann nicht darüber hinwegtäuschen, daß er erstens Pariser Geschäftsbedingungen übernahm und zweitens nach dem klassischen Prinzip der Gewinnmaximierung handelte und dabei durchaus, wie die spätere, auf einer prozentualen Beteiligung basierende Vertragsänderung zeigt, jenes Prinzip von Angebot und Nachfrage befolgte, das ihm schließlich seine exorbitant hohen Einnahmen ermöglichen sollte.

In den 1850er Jahren trieb Verdi sehr schnell den Komponistenanteil an den Einnahmen Ricordis auf 50%. Erhielt ein Komponist für die Aufführung seiner Opern in anderen als dem Uraufführungstheater am Ende der 1830er Jahre nur dann ein Honorar, wenn er selbst diese Oper für die neue Aufführungsserie einrichtete und am Aufführungsort anwesend war, so wurde der Komponist nun mittelbar (denn für die praktische Abwicklung sorgte der Verleger als Zessionar des Urheberrechts) an den Einnahmen jeder Opernaufführung beteiligt, die rechtmäßig zustandegekommen war. Ein Komponist wie Verdi mußte fast zwangsläufig zum Fachmann für Urheberrecht, Tantiemeregelungen, Währungskurse, Vertriebsmethoden und der (von ihm kontrollierten) Buchführung seines Verlegers werden, um seine wirtschaftlichen Interessen wahren zu können. Wie sehr Verdi dies verstand und wie sehr er damit auch die geschäftliche Rolle des Komponisten prägte, wird aus den detaillierten, manchmal langwierigen und fast immer harten Vertragsverhandlungen ebenso deutlich wie aus seinem – nur mit größtem Wohlwollen noch als schlitzohrig zu bezeichnenden – Umgang mit den *impresari* in Neapel, der dann in einem Handelsgerichtsprozeß um die Uraufführung von *Un ballo in maschera* gipfelte (Pauls, 1996, S. 239–247). Auch seine internationalen Geschäftsbeziehungen konnte Verdi zufriedenstellend regeln. Bis in die 1880er Jahre existierten zwischen den europäischen Staaten zunächst fast keine und dann nur bilaterale Urheberrechtsabkommen. Das war der Grund, warum Verdi die Verwertungsrechte seiner Werke durch weitere Aufführungen auf unterschiedliche Verleger verteilte. Meist erhielt Ricordi die italienischen Rechte; so zahlte der Mailänder Verleger allein für diejenigen an der *Messa da Requiem* 35 000 Franken (wozu noch die übliche fünfzigprozentige Beteiligung Verdis an den Aufführungen kam). Der Pariser Verleger Escudier hingegen bezahlte 15 000 Franken für die Rechte in Frankreich und Belgien (zuzüglich einiger Konditionen, die den Verkauf des Werks in Spanien und England betrafen).

Urheberrecht

Mit Ausnahme Neapels kannte Italien – im Gegensatz zu Frankreich – kein Exklusivrecht des Komponisten am geistigen Eigentum einer Oper. Freilich wurde auch das neapolitanische Recht durch Ausschlußklauseln in den privatrechtlichen *scritture* regelmäßig dergestalt unterlaufen, daß das Eigentumsrecht und damit das Verwertungsrecht an den Partituren den *impresari* überschrieben wurde. Noch für Verdis erste Oper galt, daß der Komponist dem *impresario* keine Aufführungs- oder Nutzungsrechte eines Werks verkaufte, sondern die Partitur selbst. Handelsobjekt war diese materielle Partitur, die der *impresario* seinerseits verkaufen, verleihen oder in anderer Weise auswerten konnte, ohne daß der Komponist dadurch zusätzlich Einnahmen gehabt hätte. Er konnte noch nicht einmal juristisch gegen Raubkopien der Partitur oder, was schlimmer war, deren Bearbeitung und Aufführung vorgehen, denn sein Autorenrecht war nicht geschützt.

Der entscheidende Schritt vom Ankauf materieller Partituren hin zu einem Verwertungsrecht des geistigen Eigentums erfolgte durch die *Convenzione del Rè di Sardegna coll'Austria* vom 26. Juni 1840. Diesem internationalen Vertrag zwischen Piemont-Sardinien und Österreich traten noch im selben Jahr die Herzogtümer Modena, Lucca, Parma und Toskana sowie im folgenden Jahr auch der Kirchenstaat bei. Erst jetzt war das Urheberrecht für den größten Teil Italiens vereinheitlicht, denn der Staatsvertrag wurde auch in den Staaten, die wie die Toskana bisher überhaupt keine Urheberrechtsregelung gekannt hatten, zum intern geltenden Recht. Die Bestimmungen wurden im übrigen nach der Konstituierung des Gesamtstaats auf Neapel und Sizilien ausgedehnt. Der fehlende Urheberrechtsschutz in Neapel spielte für Verdi eine wesentliche Rolle und dürfte zumindest einer der Gründe dafür gewesen sein, daß nur zwei seiner Opern im Teatro San Carlo in Neapel uraufgeführt wurden. Wiederholt warnte Ricordi, der schon in den 1840er Jahren ständig Prozesse mit neapolitanischen *imprese* geführt hatte, Ende der 1850er Jahre vor den urheberrechtlichen Gefahren, die Verdi in Neapel drohten und den ungeschützten Verkauf einer Partitur ins Ausland einschlossen. Er wies Verdi daraufhin, daß er die Partiturhandschrift des späteren *Un ballo in maschera* zunächst an ihn senden solle, bevor dann eine Kopie dem *impresario* in Neapel übergeben würde. Neueste Archivfunde haben gezeigt, daß für Verdis Entscheidung, *Un ballo in maschera* nicht mehr in Neapel, sondern in Rom, also einer Stadt, in der die Rechte Verdis und Ricordis geschützt waren, zur Uraufführung zu bringen, das Urheber- und Verwertungsrecht eine weitaus größere Rolle als die – von Verdi zur Legitimierung seines Vertragsbruchs übertriebenen – Probleme mit der neapolitanischen Zensur (Pauls, 1996, S. 242–246). Die Oper von 1859 sollte denn auch die letzte bleiben, bei der Verdi direkt mit einem *impresario* verhandelte, in Zukunft übernahm diese Aufgabe Ricordi.

Die *Convenzione del Rè di Sardegna coll' Austria* legte ein lebenslanges Eigentumsrecht von Opernkomponisten an ihren Werken fest, eine Aufführung durfte also nur mit Zustimmung des Komponisten erfolgen. Zudem wurden Titel und Inhalt, also vor allem auch die Handlungsidee, urheberrechtlich geschützt. Das hatte zwei wesentliche Konsequenzen: Erstens konnte ein Komponist nun die definitive Gestalt eines Werkes festlegen und darauf bestehen, daß dieses Werk in der von ihm gewünschten Form aufgeführt wurde (worauf der Komponist vor 1840 juristisch keinen Anspruch hatte). Zweitens war es für den Komponisten lukrativer, seine Verträge nicht mehr (oder nicht mehr allein) mit *impresari* abzuschließen, sondern mit den Verlegern, die hauptsächlich für die Verwertung der Opern sorgten, denn der Komponist konnte nun eine kontinuierliche Beteiligung an den Verwertungseinnahmen fordern.

Immer wichtiger wurden nun die Druckrechte, was sich etwa an Verdis Vertrag mit Ricordi über *La battaglia di Legnano* zeigt: Für die erste Aufführungsserie der Oper hatte Ricordi lediglich 4000 Franken zu zahlen, für die

Druckrechte aber 12 000 Franken und für die Verwertung im Ausland sowie für den Verleih des Aufführungsmaterials weitere mehrere tausend Franken; hinzu kamen die an Verdi zu zahlenden Tantiemen. Diese bestanden noch nicht aus einem prozentualen Anteil an Ricordis Einnahmen, sondern aus einem hohen Festpreis, der bei jedem Verleih des Aufführungsmaterials an ein Theater fällig wurde. Diese Summe wurde im Juni 1847 auf 400 Franken festgelegt und konnte halbiert werden, falls Ricordi die Oper an kleinere Theater für die Hälfte des Preises verlieh. Infolge der dadurch entstandenen erheblichen Unkosten Ricordis mußte allerdings der Verleihpreis der Oper so hoch kalkuliert werden, daß sie nur an sehr wenigen Theatern aufgeführt werden konnte, denn die meisten Opernhäuser waren nicht bereit, die geforderte Summe zu zahlen. So entgegnete der Genueser *impresario* Francesco Sanguinetti 1849 auf Ricordis Forderung: »Selbst wenn es sich um eine Partitur handeln würde, die von Gott dem Allmächtigen geschrieben worden wäre, wäre es in diesen Zeiten unmöglich, 2000 Franken zu zahlen.« (Brief Ricordis an Verdi vom 21. Februar 1849; Jensen, 1989, S. 122 f.) Ricordi schlug darum Verdi vor, ihn in Zukunft prozentual an den Einnahmen zu beteiligen, für *Gerusalemme* und *La battaglia di Legnano* also jeweils 40 % der Einnahmen für die verkauften Partituren und 30 % der Einnahmen durch den Verleih auszuzahlen. Dieser Regelung stimmte Verdi in einem Brief an Giovanni Ricordi vom 31. Januar 1850 zu. Aus dem zweiten Teil des Schreibens geht hervor, wie sehr der Verleger schon in die Vermarktung der Uraufführung involviert war:

Lieber Ricordi,
ich bezweifle keineswegs, was Du mir in Deinem Brief vom 26. [Januar] sagst. Ich weiß sehr wohl, daß die Zeiten kritisch sind: daß Du ungeheure Ausgaben zu finanzieren hast, daß Du überall Anwälte hast (wenn auch nicht nur meiner Partituren wegen); aber Du weißt auch, daß ich zehn Jahre vor mir habe, und in dieser Zeit kann es beim Theater besser werden, wie ich nach verschiedenen Briefen, die ich bekam, mit Grund annehmen darf. Andererseits hätte ich, ohne mir diese Rechte vorzubehalten, seinerzeit andere Bedingungen für *Gerusalemme* und *La battaglia di Legnano* gestellt. Aber ich will Dich nicht mit den tausend und abertausend Gründen langweilen, die ich Dir zu meinem Vorteil anführen könnte; es überrascht mich nur, daß Du, nachdem mir Emanuele [Muzio] geschrieben hatte, Du wärst mit 50 Prozent einverstanden, mich nun auf 30 hinunterhandeln willst. Das ist zuviel!! Trotzdem will ich mich nicht versteifen und werde Deine Vorschläge annehmen, daß Du mir für zehn Jahre 30 % von jeder Leihgebühr gibst, die Du bekommst, und 40 % von den Verkäufen in allen Ländern, sofern Du diese Rechte für zehn Jahre auch auf *Luisa Miller* ausdehnst und sie ebenso wie *Gerusalemme* und *Battaglia di Legnano* oder *Assedio d'Arlem* behandelst. Auf diese Art haben wir den Schaden geteilt, und Du wirst einsehen, wie rechtschaffen ich bin und wie sehr ich Dir angesichts der Gründe vertraue, die Du mir anführst. Wenn es Dir recht ist, sollen die Abrechnungen bis zum heutigen Tag geregelt werden; dann wirst Du Buch über jede Leihgebühr und alle Verkäufe führen, die Du machst, und ich werde es entweder selbst oder durch eine von mir bestimmte Person zweimal im Jahr prüfen lassen. Ende Juni und Ende Dezember zahlst Du das Geld, das mir zusteht. Diese Übereinkunft wird mit dem heutigen Tag beginnen, und meine Rechte werden zehn Jahre lang bestehen vom Tag der ersten Aufführung dieser drei genannten Opern an.

Was die andere Oper [der geplante *Rè Lear*] anbelangt, die ich für Neapel schreiben sollte, habe ich mich frei gemacht, angeekelt von dem unwürdigen Vorgehen der *impresa* und der Direktion; aber da das Sujet mit Cammarano bereits vereinbart war, schreibe ich sie gleichfalls, und sie wird, wie ich hoffe, in vier bis fünf Monaten fertig sein. Ich übertrage sie Dir gern und lasse es Deine Aufgabe sein, sie im November dieses Jahres *1850* an einem der ersten Theater Italiens (die Mailänder Scala ausgenommen) mit einem hochrangigen Ensemble zur Aufführung zu bringen, mit der Verpflichtung, daß ich selber an den Proben teilnehmen werde. Als Entgelt zahlst Du mir 16 000, sechzehntausend Franken, in 800 Napoléons d'Or zu zwanzig Franken, und das entweder am Tag der Premiere oder in Monatsraten, die wir gemeinsam vereinbaren werden, sobald Du die grundsätzlichen Bedingungen angenommen hast. Außerdem gibst Du mir 30 % von allen Leihgebühren, die Du bekommst, und 40 % von allen Verkäufen in welchem Land auch immer für die zehn folgenden Jahre, beginnend mit dem Tag der ersten Aufführung der erwähnten Oper, die, ich wiederhole es, im November des Jahres 1850 erfolgen muß. Diese Bedingungen, die die Leihgebühren der zu schreibenden Oper betreffen, treten in Kraft, sobald diejenigen über die anderen drei Opern von Dir angenommen werden, und so sollen sie alle vier miteinander verbunden bleiben.« (Copialettere, 1913, S. 93–95)

Ricordi und Verdi

Die Zusammenarbeit Verdis mit dem Verlag Ricordi ist symptomatisch für den zunehmenden Einfluß der Verleger auf die italienische Opernindustrie. Sowohl Verdi als auch der Verlagsgründer Giovanni Ricordi erkannten die Vorteile des neuen Urheberrechts und nutzten sie. Lediglich für drei Opern Verdis (*Attila*, *I masnadieri*, *Il corsaro*) besaß Ricordi kein Verwertungsrecht, sondern der Verleger Francesco Lucca, dessen Geschäftsmethoden sich allerdings schon deswegen nicht von denen Ricordis unterschieden, weil er von diesem das Handwerk erlernt hatte; nach der Fusion beider Firmen 1888 ging dann auch das Verwertungsrecht der drei erwähnten Opern auf Ricordi über. Giovanni Ricordi hatte 1804 als Kopist des Mailänder Teatro Carcano seine Karriere begonnen. Schon bald begann er ganze Opernpartituren von *impresari* anzukaufen, um sie gegen Gebühr an andere Theater zu verleihen. Ein 1814 mit der Scala abgeschlossener Vertrag erlaubte ihm, Partituren dort aufgeführter Opern auch dann zu verleihen, wenn die Eigentumsrechte nicht an ihn übergegangen waren und weiterhin von der *impresa* gehalten wurden. 1825 erwarb Ricordi das komplette Archiv der Scala für etwa 260 Franken. Der Verkauf ganzer Archive an den Chef der *copisteria* scheint nicht ungewöhnlich gewesen zu sein. So kaufte Gennaro Fabbricatore, der Chef der *copisteria*, 1834 ebenfalls das komplette Archiv des *impresario* Domenico Barbaja auf, für das er allerdings vermutlich den hohen Preis von etwa 5220 Franken zahlen mußte (Zavadini, 1948, S. 354). Im Gegensatz zu Ricordi, der 1807 in Deutschland das Geschäft des Verlags gedruckter Noten in Leipzig bei Breitkopf & Härtel studiert hatte und ab 1808 selbst gedruckte Noten vertrieb, war Fabbricatore jedoch gezwungen, mit dem Verleger Bernardo Girard zusammenzuarbeiten. Ricordi hingegen vereinte Erwerb von Partituren sowie Produktion und Vertrieb von Notenmaterial in einer Hand. Durch einen 1830 abgeschlossenen Vertrag mit dem damaligen *impresario* der Scala, Giuseppe Crivelli, erhielt Ricordi vermutlich das Vorkaufsrecht für alle Partituren der an der Scala aufgeführten Werke, in einem weiteren Vertrag aus dem Jahr 1845 mit Bartolomeo Merelli dann die »proprietà assoluta e generale« (»das absolute und allgemeine Eigentum«) an allen an der Scala neu aufgeführten Opern (Jensen, 1989, S. 8). Verträge wurden nunmehr an der Scala unter Beteiligung Ricordis abgeschlossen. Das war nicht mehr als die faktische Konsequenz aus dem neuen Urheberrecht, die zu einer Schwächung der Stellung des *impresario* gegenüber dem Komponisten führen mußte, da es für diesen günstiger war, einen Verleger als langfristigen und verläßlichen Vertragspartner mit der Verwertung zu betrauen; das gleiche galt allerdings für den *impresario*, denn im Grunde konnte der vom Verleger – mit Zustimmung des Komponisten – an den *impresario* zu entrichtende Ankaufspreis als eine Mitfinanzierung der Uraufführungsspielzeit verbucht werden.

Die Zusammenarbeit zwischen Ricordi und Verdi war vor allem durch die Konzentration auf zwei Geschäftspartner – den Produzenten und den Verwerter – innovativ. Die Frage, wer das Verwertungsrecht einer Partitur wirklich besaß, verlor sich in den 1830er Jahren im Beziehungsgeflecht eines Komponisten, der seine Partitur an einen *impresario* verkaufte, der sie seinerseits wiederum einem anderen, etwa einem Kopisten veräußerte, der die weitere Verwertung dann an einen Verleger delegierte, der wiederum seinerseits nur regionale Rechte am Partiturverleih hatte, sein eigentliches Geschäft mit dem Vertrieb von Bearbeitungen machte und deshalb mit einem anderen Verleger oder *impresario* zusammenarbeiten mußte. In diesem Durcheinander wußte ein Komponist wie Donizetti gelegentlich nicht einmal mehr, wer denn nun gerade der Eigner einer seiner Partituren war. Darüber hinaus verfolgten alle Beteiligten unterschiedliche geschäftliche Interessen, so daß rechtliche und finanzielle Reibungsverluste unvermeidlich waren. Dagegen gelang es Verdi und Ricordi seit den 1840er Jahren, diese Reibungsverluste zu minimieren und die Einnahmen durch den Partitur- und Stimmenverleih sowie den Verkauf von Klavierauszügen und Bearbeitungen zu maximieren, indem sich beide nicht nur zusammenschlossen, sondern im Grundsatz – sieht man von einigen üblichen Geschäftsstreitigkeiten ab – die gleichen Absichten verfolgten: die Ausschaltung des *impresario* als Zwischenhändler und Auftraggeber von Partituren, um ihn statt dessen zu einem zahlenden Kunden zu machen, der weniger Herr als vielmehr Objekt des Verfahrens war. Wenn Ricordi angesichts der hohen Verleihpreise für das Aufführungsmaterial von *La battaglia di Legnano* von weniger zahlungskräftigen *impresari* Monopolmißbrauch vorgeworfen wurde, war dies nicht ganz ungerechtfertigt. Tatsächlich handelte es sich um eine experimentelle Phase im Umgang mit den neuen juristischen und geschäftlichen Möglichkeiten: Verdi und Ricordi mußten allerdings einsehen, daß selbst bei einem Monopol zu hohe Preise die Einnahmen auf Null reduzierten, weil die Oper nicht mehr absetzbar war.

Die Verwertung einer Oper umfaßte einerseits die Herstellung des Leihmaterials und andererseits den Druck von Klavierauszügen und von – durch das damalige Urheberrecht nicht geschützten – Arrangements für die Haus- oder Blasmusik. Wie gewinnträchtig gerade letztere waren zeigt die Tatsache, daß Ricordi nicht weniger als 245 Plattennummern allein für die Bearbeitungen von *I Lombardi* verzeichnete. Die daraus zu erschließende weite Verbreitung der Melodien trug vermutlich ihren wesentlichen Teil zur Popularisierung Verdis bei. Für das Leihmaterial ließ Ricordi die Partien des Chors und die Streicherstimmen drucken, denn für diese Stimmen wurde eine größere Anzahl von Kopien benötigt, während die anderen Stimmen noch handschriftlich produziert wurden, da hier eine kleine Anzahl von Kopien ausreichte. Deutlich wird aber schon hier Ricordis Bemühen, möglichst schnell eine Anzahl standardisierter Stimmensätze zur Verfügung zu haben, die umgehend an die interessierten Theater ausgeliehen werden konnten.

In der Mitte der 1840er Jahre überschnitten sich die neue Urheberrechtsgesetzgebung und die alten Geschäftspraktiken noch. So verhandelte Verdi mit der *presidenza* des Teatro La Fenice, vertreten durch den Grafen Mocenigo, zunächst noch über den Ankauf der kompletten Partitur des späteren *Ernani*, der in den Verhandlungen mit der Einrichtung der *Lombardi* für Venedig verknüpft war, und schrieb:

Ich kann die Summe, die Seine Excellenz mir in Ihrem Brief vom 1. dieses Monats anbieten, nicht akzeptieren. Wenn man die Inszenierung der *Lombardi*, die Kosten für das Libretto, die Reisespesen und die Kosten für die Unterkunft in Venedig in Rechnung stellt, würde ich für die neue Oper weit weniger einnehmen als das, was ich für die *Lombardi* erhalten habe, eine Summe, mit der ich mich im kommenden Jahr nicht zufrieden geben würde.

Ich werde die *Lombardi* in Szene setzen, die neue Oper schreiben und die ganze Partitur der *impresa* überlassen, das neue Libretto auf meine Kosten schreiben lassen, und die *impresa* oder die *società* wird mir 12 000 österreichische Lire [etwa 10 440 Franken] zahlen. – Oder aber man überläßt mir unter Beibehaltung der anderen Konditionen das Eigentumsrecht an der Partitur und wird mir 6000 österreichische Lire zahlen.« (Brief Verdis an Alvise Francesco Mocenigo vom 3. Mai 1843; Conati, 1983, S. 44)

Zwei Tage nach Verdi schrieb der Verleger Francesco Lucca dem Grafen Mocenigo und bot ihm an, die Hälfte der Kosten von Verdis neuer Oper zu tragen, wenn er dafür das Exklusivrecht an der Partitur erhalte. Ricordi allerdings bot später mehr, so daß er für etwa 7830 Franken den Zuschlag der *presidenza* für die neue Partitur erhielt, was sich als gute Investition erwies, denn allein der Verleih brachte Ricordi schon in den ersten vier Monaten mehr als 30 000 Franken ein. In seiner *scrittura* vom 28. Mai 1843 hatte Verdi sämtliche Eigentumsrechte an *Ernani* der *presidenza* der Fenice überlassen. Die Vertragsformulierung entsprach zwar älteren, vor der neuen Urheberrechtsregelung abgeschlossen Verträgen, doch war der *impresario* bei der Auswahl des Verlegers auf die Zustimmung des Komponisten angewiesen, was vermutlich nichts anderes bedeutete, als daß der Verleger seinerseits dem Komponisten ein Honorar anbieten mußte.

Aus der Tatsache, daß über solche Honorare aus den frühen Jahren der Karriere Verdis wenig bekannt ist, darf nicht der Schluß gezogen werden, es seien keine gezahlt worden. Die Höhe des Verlegerhonorars für *Ernani* ist nicht überliefert, aber im Fall der 1844 im römischen Teatro Argentina uraufgeführten Oper *I due Foscari* erhielt Verdi von Ricordi 7960 Franken (Abbiati, 1959, Band I, S. 539 f.; vgl. Jensen, 1989, S. 43), so daß man für *Ernani* von einer vergleichbaren Summe ausgehen kann. Ein erneutes Dreiecksgeschäft zwischen dem Mailänder *impresario* Merelli, dem Verleger Ricordi und Verdi kam zwar für *Giovanna d'Arco* zustande, doch verweigerte Merelli offenbar Verdi die Mitsprache bei der Preisgestaltung der Aufführungsrechte; außerdem verärgerte Ricordi Verdi dadurch, daß er in seiner *Gazzetta musicale di Milano* nicht sofort eine Rezension der Oper abdrucken ließ. Daraufhin schloß Verdi zum erstenmal in seiner Laufbahn am 12. März 1845 einen Vertrag mit einem Verleger ab, nämlich mit Ricordis Konkurrenten Lucca, in dem er sich zur Komposition einer Oper verpflichtete, ohne daß ein Uraufführungstheater, eine *compagnia* oder ein Sujet spezifiziert worden wäre – die daraus entstandene Oper *Il corsaro* kam schließlich 1848 in Triest heraus. Freilich enthob diese Regelung, in der die Oper bereits als von äußeren Konditionen unabhängiges Werk intendiert war, den Komponisten noch nicht der Sorge und Verhandlungen um die Sänger oder das Sujet. Dies zeigten die Probleme mit *I masnadieri*, bei denen Verdis Vertragspartner Lucca den Vermittler zwischen dem Londoner *impresario* Benjamin Lumley und Verdi spielen mußte, da es zu Differenzen über die Wahl des Sujets gekommen war. Auch gab es Gerüchte, daß Jenny Lind, deren Mitwirkung Verdi zugesichert worden war, sich weigerte, in *I masnadieri* zu singen. Dies veranlaßte Verdi dazu, Lumley mit einer *protesta*, also dem Rücktritt vom Vertrag zu drohen. Freilich erübrigte sich ein solcher Schritt, der sicherlich zu erheblichen juristischen Problemen geführt hätte, da der Adressat der *protesta* Lucca hätte sein müssen.

Obgleich Verdi die Vertragsverhandlungen zu *Rigoletto* noch selbst führte, wird in der Tatsache, daß der Komponist in Venedig ausschließlich mit der *presidenza* und nicht mit dem von ihr eingesetzten *impresario* verhandelte, sowie in seinen Bedingungen die schwindende Bedeutung des *impresario* deutlich: Für die etwa 5220 Franken, die Verdi von der *presidenza* des Teatro La Fenice in Venedig forderte, sollte diese als Gegenleistung nur das Recht erhalten, die Oper in der Uraufführungsspielzeit aufzuführen. Die 6000 österreichischen Lire hatte Verdi aus 3000 Lire Leihgebühren (*nolo*) für die Oper errechnet, ein Begriff, der deutlich zeigt, daß Verdi seine Oper eben nicht mehr an ein Theater ›verkaufte‹, 2000 Lire für seine eigenen Ausgaben (einschließlich der Unterkunft) und 1000 Lire für das Librettistenhonorar. Der Präsident des Teatro La Fenice fand die Summe zu hoch, insbesondere weil das Theater nur das Aufführungsrecht für eine *stagione* erhalten sollte (statt wie in Venedig üblich auf Dauer), und bot lediglich die Hälfte. Verdi entgegnete darauf nicht nur mit dem Hinweis auf seine hohen Kosten, sondern auch mit der Bemerkung, daß ein Aufführungsrecht für weitere *stagioni* sein Honorar, das er vom Verleger bekommen würde, um 3000 bis 4000 Lire verringern würde, was deutlich zeigt, wo Verdis geschäftliche Präferenzen lagen. Schließlich erklärte sich Verdi mit einem weitergehenden Aufführungsrecht und der Kopie der Partitur durch das Theater einverstanden, vorausgesetzt, es werde streng darauf geachtet, daß diese Kopie im Archiv des Theaters verbleibe, um Raubkopien zu verhindern. Allerdings hatte das Theater nicht das Recht, aus dieser Partitur Stimmenabschriften zu erstellen: Diese mußten bei Ricordi ausgeliehen werden, so daß Verleger und Komponist auch an weiteren Aufführungen finanziell partizipieren konnten (Conati, 1983, S. 189–197).

Läßt man die Entwicklung des Operngeschäfts im Italien des 19. Jahrhunderts Revue passieren, so läßt sich kaum bestreiten, daß Verdi an dieser Entwicklung maßgeblichen Anteil hatte. Doch darf man seine Stellung als Komponist kaum verallgemeinern: Die meisten von Verdis Kollegen partizipierten zwar mittelbar an den von ihm und Ricordi entwickelten Vermarktungsstrategien, doch waren ihre Bedingungen – soweit man davon weiß – erheblich schlechter und die Einnahmen wesentlich niedriger als diejenigen Verdis. Die Strategie, Verdis Opern möglichst oft und an möglichst vielen Theatern immer wieder aufführen zu lassen, kam zwar den Publikumswünschen ebenso entgegen wie denen des Komponisten und Verlegers, trug damit aber wohl wesentlich zur Etablierung eines Repertoiretheaters in Italien in der zweiten Jahrhunderthälfte bei, so daß immer mehr Vorstellungen von immer weniger Werken stattfanden. Die unerreichte Macht, über die der *impresario* zu Beginn von Verdis Karriere noch verfügt hatte, hatte sich am Ende des Jahrhunderts zur unerreichten Macht der Verleger – vor allem der Verlagshäuser Ricordi und Sonzogno – gewandelt. Auf deren Wohlwollen waren die jungen Komponisten ebenso angewiesen wie die *impresari*; nicht mehr diese, sondern die Verleger konnten nun den Theatern die Produktionsbedingungen von der Inszenierung bis zur Sängerbesetzung diktieren, wenn sie nicht – wie Ricordi und Sonzogno im Fall der Scala – gleich selbst die *impresa* übernahmen.

Oper fürs Volk oder für die Elite?

von Sebastian Werr

»Seine glühende Sehnsucht, Musik für ein ganzes Volk zu ersinnen, ist meine Anschauung des werdenden Puccini«, schreibt Heinrich Mann in seiner Autobiographie, als er die Vorgeschichte des Romans *Die kleine Stadt* (1909) schildert, für den eine Begegnung mit *La bohème* der Auslöser gewesen war. In Padua angekommen, »war im Hotel eine Hochzeit, durch den Lärm drang eine vertraute Musik [...]: ›E cosa faccio, scrivo‹. Allerdings: ›scrivo‹; aber wann hätte der Herzensdrang, etwas Schönes zu machen, einen energischen Wohllaut und machtvolle Inbrunst gefunden wie hier. [...] Der Zufall hätte mich nicht verwundert, wenn er [Puccini] unter die Teilnehmer einer kleinbürgerlichen Hochzeit getreten wäre. Er schrieb für sie, da er allen, auch mir, gerecht wurde.« (Mann, 1973, S. 285f.) Fraglos war es spätestens seit dem ersten Drittel des 19. Jahrhunderts eine der Stärken der italienischen Oper gewesen, »allen gerecht zu werden«; die Werke von Puccini, Rossini, Donizetti und natürlich besonders von Verdi sind geradezu der Inbegriff von populärer ›klassischer‹ Musik. Aber war sie im 19. Jahrhundert wirklich die Musik des ganzen italienischen Volkes, wie uns manche Kommentatoren glauben machen wollen? Eine differenzierte Betrachtung des Phänomens muß dies im Detail etwas relativieren, wenngleich das Musiktheater in Italien sicherlich stärker im Bewußtsein der Bevölkerung verankert war als in jedem anderen Land.

Zwar gab es in Italien bereits seit dem 17. Jahrhundert öffentliche Opernhäuser, in die man gegen Eintritt gelangen konnte, die breite Öffentlichkeit war von diesem Kunstgenuß aber ausgeschlossen. »Die Scala ist der Salon Mailands; alle Geselligkeit spielt sich hier ab; kein Haus steht dem Verkehr offen. ›Auf Wiedersehen in der Scala‹, sagt man sich bei allen möglichen Geschäften«, schreibt Stendhal 1817 in seinem Reisebericht (Stendhal, 1911, S. 4). Der Vergleich des prominenten Mailänder Theaters mit einem Salon, dem Treffpunkt des Adels und des Großbürgertums im 19. Jahrhundert, ist gut gewählt, denn diese Kreise verkehrten gewöhnlich in der Scala. Ein Ort der Begegnung war das Opernhaus nur für die, die den Eintritt bezahlen konnten, der selbst auf den einfachen Plätzen den Tageslohn eines Arbeiters überstieg. »Zu lesen, wie das in vielen zeitgenössischen Dokumenten der Fall ist, daß sich auf der Galerie das ›Volk‹ oder ›die unterste Klasse‹ einfand, dient vor allem dazu, uns daran zu erinnern, wie eingeschränkt im frühen 19. Jahrhundert normalerweise die Bedeutung des Wortes ›Volk‹ war«, schreibt John Rosselli: »Handlanger, Kleinpächter, Tagelöhner, Bettler gehörten nicht zum ›Volk‹«. (Rosselli, 1984, S. 45) Das Opernpublikum war in dieser Zeit noch von der Aristokratie dominiert, wobei die Lage der Loge den relativen sozialen Status signalisierte. »Es leben Großstädte ohne Hof!«, schreibt Stendhal. In Residenzstädten wie Neapel waren die Aufführungen zwar oft besonders glänzend, gleichzeitig waren aber die sozialen Gegensätze besonders spürbar:

»Heute abend, als ich im San Carlo war, lief ein Gardist hinter mir her und verlangte, ich solle meinen Hut absetzen. In einem Zuschauerraum, viermal so groß wie die Pariser Oper, hatte ich irgendeinen Prinzen nicht bemerkt. [...] Man geht durch die Korridore: Die pomphaftesten Titel gemahnen einen in Riesenlettern, daß man nur ein Atom ist, das jede Exzellenz vernichten kann. Man tritt mit dem Hut auf dem Kopf ein; sofort verfolgt uns ein Operettenheld. Die Conti bezaubert einen; man möchte klatschen, die Anwesenheit des Königs macht den Beifall zum Verbrechen. Man will seinen Parkettplatz verlassen; ein vornehmer Herr, der im Kreise um sich gespuckt hat und an dessen Kammerherrenschlüssel man hängen bleibt, brummt etwas von Respektswidrigkeit. Von so viel Größe angeödet, geht man hinaus und verlangt seine Garderobe: die sechs Pferde einer Prinzessin versperren eine Stunde lang die Tür; man muß warten und kriegt einen Schnupfen.« (Stendhal, 1911, S. 209)

Die überwältigende Mehrheit der Bevölkerung des noch weitgehend ländlich geprägten Italiens, die Bauern, war vom Opernbesuch fast völlig ausgeschlossen. Zwar konnten auch Interessenten aus dem besser situierten Mittelstand auf den billigen Plätzen in den obersten Rängen Einlaß finden, und es kann auch nicht ausgeschlossen werden, daß gelegentlich der eine oder andere weniger begüterte Opernenthusiast sich den Eintritt mühsam vom Munde absparte. Aber selbst wenn solche Außenseiter ins Theater gelangten, blieben die sozialen Schichten meist voneinander getrennt, da die Galerie über einen separaten Eingang verfügte und vom übrigen Zuschauerraum architektonisch strikt getrennt war; in manchen italienischen Theatern ist es aus diesem Grund bis heute nicht möglich, von diesen Plätzen in das Hauptfoyer zu gelangen.

Freilich sind gewisse regionale Unterschiede zu bemerken: So gab es in Neapel neben dem Teatro San Carlo und dem in seiner Reputation etwas niedriger einzustufenden Teatro del Fondo (die beide unter Regie des Hofes standen) eine Reihe kleiner, mit bescheidenen künstlerischen Mitteln arbeitender Theater wie das Teatro Nuovo, Teatro La Fenice, Teatro Partenope und Teatro San Ferdinando, die durch deutlich niedrigere Eintrittspreise etwas breiteren Schichten offenstanden. In ihnen wurde in erster Linie die neapolitanische *opera buffa* gepflegt, eine durchaus als ›volkstümlich‹ zu bezeichnende Gattung, die nicht nur für einige Partien den lokalen Dialekt verwendete, sondern mit der Konvention des gesprochenen Dialogs auch Raum ließ für einen der Improvisation verpflichteten Humor.

Im Laufe des 19. Jahrhunderts wandelte sich jedoch das italienische Theaterpublikum und die Oper wurde allmählich von einer aristokratischen zu einer bürgerlichen Kunstform. Es handelte es sich um einen Vorgang, der in den verschiedenen Regionen Italiens mit unterschiedlicher Geschwindigkeit voranschritt. Beschleunigt wurde er durch die nationale Einigung, die zu einer Neuorganisation der gesamten italienischen Gesellschaft führte. So verloren durch die Auflösung der Kleinstaaten die ehemaligen Residenzstädte ihre Höfe, was dem alten System der Theaterfinanzierung das Fundament entzog. Auch im europäischen Ausland verschwand im Lauf der Jahre das italienische Hoftheatersystem, konnte sich aber in Sankt Petersburg und London noch etwas länger als in Italien halten. Die schwere ökonomische Krise, in der Italien sich dann im letzten Drittel des 19. Jahrhunderts befand, ließ die staatliche Unterstützung weiter abbröckeln, was zur zeitweiligen Schließung einiger prominenter Theater führte. Die notwendige Umstrukturierung des Theaterbetriebs brachte dem Bürgertum, das in der italienischen Gesellschaft immer mehr an Bedeutung gewann, auch hier neue Einflußmöglichkeiten: Vor allem nach der Mitte des 19. Jahrhunderts wurden viele neue Spielstätten eingerichtet. Eine im Jahre 1870 durchgeführte Erhebung kommt auf die beachtliche Zahl von 957 Theatern in 711 italienischen Städten (Azzaroni, 1981, S. 286–307), von denen ein erheblicher Teil zumindest gelegentlich Opern aufführte. Reisende Gesellschaften machten in kleineren Städten Halt, wo sie unter oft improvisierten Bedingungen Musiktheater vorstellten. Wenn man dem im Italien dieser Zeit wirkenden Dirigenten und Komponisten Martin Roeder glauben kann, hatten diese Gastspiele bei den örtlichen Funktionseliten eine hohe Priorität, was ihre Bedeutung für das Bürgertum unterstreicht: »Die Vergnügungssucht einerseits und dann wieder die ausgesprochene Musikliebe der Italiäner fördert die für unsere Verhältnisse unglaubliche Thatsache zu Tage, daß in kleineren Provinzstädtchen oft die zur Abhilfe von Noth wichtigsten humanitären Anstalten fehlen, die resp[ektive] Stadtbehörde jedoch alljährlich eine meist die Kräfte des Kommunalschatzes weit übersteigende Summe auswirft, um eine zwar kurzdauernde, jedoch desto glänzendere Theatersaison zu haben.« (Roeder, 1881, S. 17)

Kehren wir jedoch noch einmal zu Heinrich Manns Roman *Die kleine Stadt* zurück, in dem das Gastspiel einer Operntruppe in solch einem Provinzstädtchen den Hintergrund der Handlung bildet. Das im Theater versammelte Publikum scheint alle Schichten der kleinstädtischen Bevölkerung zu vereinen:

»In der Loge traf der Apotheker die Witwe Pastecaldi mit der kleinen Amelia; aber er drückte die Hände nur stumm, denn vor Glanz und Menschenmenge fand er sich im Saal nicht zurecht. Einen solchen Saal hatte es doch in der Stadt gar nicht gegeben! Ein Feuerreif lief um die Ränge, und die Bogenlampe unter der Decke warf ein so wildes Licht umher, daß man nicht sah, wer dahinter saß. ›Ah, was für ein alter Narr jetzt dort unten hereingekommen ist!‹ rief es ganz oben, und der Apotheker errötete, denn er hatte die Stimme der Magd Felicetta erkannt, auf die er, bevor seine Frau sie nach Don Taddeos Wunsch entließ, verstohlen ein Auge geworfen hatte. Es war ihr also doch nicht entgangen! Er mußte hinaufschielen: Felicetta lachte ihn fortwährend an, indes sie sich über das Ohr ihrer Nachbarin beugte. Und die Nachbarin war Pomponia, vom Kaufmann Mancafede, die ärgste Klatschbase!

[...] Die Frau des Schneiders Chiaralunzi saß ohne Scham auf einem Sessel, und doch hatte sie ihn nur bekommen, weil ihr Mann der Liebhaber der Komödiantin war, die bei ihnen wohnte. Der Baron Torroni tat wohl daran, seine Frau nicht mitzubringen, da seine Loge gleich neben der Bühne lag und er es sich gewiß nicht würde entgehen lassen, mit seiner Geliebten, jener anderen Komödiantin, Zeichen auszutauschen. Schräg über dem Baron wartete die Frau des Doktors Capitani [...] auf ihren Nello: den schönen Nello; und solange jener hinter dem Vorhang blieb, konnte sie mit den jungen Herren kokettieren, denn natürlich hatte sie es so eingerichtet, daß sie neben der Loge des Klubs saß. War es zu glauben, daß Mama Paradisi die ihre neben dem Mancafede hatte? Und immerfort steckte er den Kopf unter ihren Hut, der auf allen Seiten an die Logenwände anstieß, so groß war er.« (Mann, 1976, S. 119 f.)

Dennoch kann man Manns Darstellung nicht ohne weiteres als Tatsachenschilderung betrachten. Zu berücksichtigen ist die schriftstellerische Freiheit eines Autors, der seinen Roman als das »Hohe Lied der Demokratie«, als menschlichen Gegenentwurf zum wilhelminischen Deutschland verstand und deshalb die zwischen den Klassen vermittelnde Funktion der Oper besonders betonte. Jedoch kann man wohl davon ausgehen, daß das dargestellte Auditorium um die Wende zum 20. Jahrhundert in der Realität zumindest intentional eine Entsprechung gefunden haben wird. Die im Roman immer zu spürende Aufregung des Publikums angesichts der Ereignisse auf der Bühne macht freilich auch deutlich, daß derartige Aufführungen dort keineswegs alltäglich waren. Sie blieben seltene Höhepunkte im Leben der Provinzstädte, in denen die weitaus meiste Zeit des Jahres keine Gelegenheit zum Opernbesuch bestand.

In den großen Städten entstanden ab der Mitte des 19. Jahrhunderts, zusätzlich zu den weiter bestehenden traditionellen Häusern, eine Reihe neuer Theater. Diese erhielten meist keine oder nur geringe Subventionen und waren daher oft sehr groß dimensioniert, um möglichst vielen zahlenden Besuchern Platz bieten zu können (Rosselli, 1991, S. 138–140). Mailand mag hier als Beispiel für das starke Anwachsen dieser Spielstätten dienen: Neben dem Teatro alla Scala und dem Teatro alla Canobbiana, den ursprünglich königlichen Opernhäusern, und dem Teatro Carcano widmeten sich ab ungefähr 1850 auch das Teatro Santa Radegonda und das Teatro Re überwiegend der Oper; im Anfiteatro Diurno della Stadera sind in der Mitte der 1860er Jahre Aufführungen belegt, so von Verdis *Rigoletto* und *La traviata*. 1866 begann man im Nuovo Teatro Re und im Circo Cineselli, dem späteren Teatro dal Verme, Musiktheater darzubieten. Das hierbei typische Ambiente wird deutlich, wenn man sich vergegenwärtigt, daß der letztgenannte Bau den Namen von Gaetano Cineselli trug, eines von König Vittorio Emanuele protegierten Kunstreiters, der dort ursprünglich seine Pferdedressuren dargeboten hatte. »Inmitten des Zischens der Sprudelflaschen und dem Rauch der Zigarren, haben *opera buffa* und *opera seria* ihren triumphalen Einzug in den beiden neuen, volkstümlichen Theatern gehalten«, schreibt der Berichterstatter der *Gazzetta musicale di Milano*, und fügt hinzu: »Wir sollten in diesem Ambiente nicht die sublime Kunst erwarten.« (21 [1866], S. 131) Im Teatro Fossati, das mit Sprechtheater begonnen hatte und in dem später vor allem Operettentruppen gastierten, wurden ab 1870 auch Opern wie Rossinis *Il barbiere di Siviglia* aufgeführt. Genaue Untersuchungen der Publikumsstruktur dieser Theater stehen noch aus, es scheint aber, daß hier neue Zuschauerschichten erreicht wurden. Eduard Hanslick stellte 1880 fest, daß man in Italien nun auch Opern vor einem Publikum aufführen würde, »das sich mit dem Hut auf dem Kopfe in den Bänken rekelt, Cigarren raucht und Bier trinkt.« Er klagt, daß die »verpöbelte Unterhaltungslust«, die in anderen Ländern nur bei offenen Tagestheatern zu finden sei, sich in Italien jetzt auch der Opernhäuser bemächtige, von denen er eines genauer beschreibt: »›Principe Umberto‹ in Florenz ist ein großes Theater, das über ein stark besetztes Orchester und sehr anständige Sänger verfügt. Und dennoch darf man sich darin wie in der Kneipe betragen. Nach dem zweiten Acte schon bedeckt das Parquet eine dichte Rauchwolke, aus welcher unaufhörlich mit leichtem Knall die Wachskerzchen der Raucher aufblitzen, während rechts und links kleine Cascaden von Cigarren-Asche auf den Schooß der Nachbarn herabrieseln« (Hanslick, 1880, S. 50). Das Repertoire dieser »teatri minori« war überaus selektiv: natürlich die besonders populären Opern von Verdi wie *Il trovatore* oder *La traviata*, einige ältere ›Klassiker‹ wie Rossinis *Il barbiere di Siviglia* oder Donizettis *Lucia di Lam-*

mermoor, und eine Reihe heute vergessener Opern; später auch die französische Operette.

Antonio Gramsci, einer der scharfsinnigsten Beobachter der Kultur Italiens, hat das Fehlen einer populären italienischen Literatur im engeren Sinne beklagt und die These aufgestellt, daß statt dessen die Oper »in gewisser Weise [...] der vertonte Populärroman« sei (Gramsci, 1971, S. 82). Nur vor dem Hintergrund der weniger angesehenen Theater der großen Städte und der Provinztheater, zu denen im letzten Drittel des 19. Jahrhunderts tatsächlich breitere Kreise der Bevölkerung Zugang hatten, läßt sich dies bestätigen. Oft hat man die italienische Oper mit dem Kino verglichen und für die »teatri minori« mag dies mit größerer Berechtigung zutreffen als für die repräsentativen Opernhäuser. Denn nach 1900 wurde tatsächlich nach und nach eine größere Zahl der weniger angesehenen Theater zu Lichtspielhäusern umgebaut.

Die Oper außerhalb des Opernhauses

Trotz verringerter sozialer Barrieren war die Oper auch zu dieser Zeit keineswegs allen, zumindest aber nicht regelmäßig allen zugänglich, da selbst niedrigere Eintrittspreise für manche noch zu hoch gewesen waren und weil eine flächendeckende Versorgung in ganz Italien auch durch reisende Gesellschaften nicht zu bewerkstelligen war. Dennoch prägte die Oper das italienische Alltagsleben mit, denn sie wurde in vielfältiger Weise indirekt rezipiert. Wenn im Italien des 19. Jahrhunderts von Musik die Rede war, dann meinte man die Oper. Die Instrumentalmusik konnte sich hier – von den Ausnahmen abgesehen, die stets die Regel bestätigen – nie recht im öffentlichen Leben etablieren. Eine dieser Ausnahmen war der französisch ausgerichtete Hof von Parma, wo Marie-Luise von Österreich, Napoléons Witwe, ein Sinfonieorchester unterhielt, das Paganini Mitte der 1830er Jahre nach dem Pariser Modell der *Société des concerts du Conservatoire* refomierte. In aller Regel wurde die öffentliche Aufführung von Instrumentalmusik in Italien aber nur von verhältnismäßig wenigen Enthusiasten getragen. In Mailand hatte Verdi Anfang der 1830er Jahre Konzerte der Philharmonischen Gesellschaft geleitet, unter anderem mit Joseph Haydns Oratorium *Die Schöpfung*. Nach seiner Rückkehr nach Busseto übernahm er 1836 die Leitung der dortigen, aus Liebhabern bestehenden Philharmonischen Gesellschaft, mit der er bereits als Jugendlicher musiziert hatte und die für die musikalische Versorgung der Kleinstadt zuständig war, in der damals kein Opernhaus existierte. Wohl nicht zuletzt aus diesem Grund wurden diese Konzerte ganz von Opernmusik dominiert, wie ein von Verdi geleitetes Konzert vom 25. Februar 1838 zeigt: Der erste Teil bestand aus der Ouvertüre zu Rossinis *Semiramide*, einem *Capriccio* für Horn und Instrumentalbegleitung von Verdi, einer Arie von Verdi und einer instrumentalen Bearbeitung der Einleitung zu Rossinis *Edoardo e Cristina*; daran schlossen sich die Aufführung einer Komödie von Eugène Scribe und im abschließenden dritten Teil wiederum zwei Kompositionen Verdis – *Introduzione, variazioni e coda* für Fagott und Instrumentalbegleitung sowie ein Buffoduett – und eine Ouverture von Meyerbeer an (vgl. Abbildung 11).

Andere Konzertprogramme nennen ähnliche Zusammenstellungen aus Originalkompositionen und Arrangements von Opernnummern. Bearbeitungen erfüllten im 19. Jahrhundert, in dem es ja noch keine Schallplatte gab, wichtige Funktionen: Klavierarrangements zu zwei oder vier Händen erlaubten es dem Musikfreund, in einer seinen meist nur moderaten technischen Möglichkeiten angepaßten Form, die neuesten Stücke kennenzulernen oder die Erinnerung an ein Opern- oder Konzerterlebnis aufzufrischen. Spieltechnische Virtuosität steht hingegen ganz im Vordergrund der Fantasien, Paraphrasen und ähnlicher Produkte, die Instrumentalsolisten für ihren eigenen Gebrauch anfertigten. Besondere Bedeutung kam diesen Bearbeitungen in Italien zu, wo die Instrumentalmusik völlig im Schatten des Musiktheaters stand. Wenn Instrumentalvirtuosen auftraten, was entweder – wie am Beispiel Busseto sichtbar – in Konzerten oder aber im Theater in den Pausen zwischen den Akten geschah, griffen diese sehr häufig auf derartige Stücke zurück. Das Publikumsinteresse war hier ganz auf Oper fixiert, so daß auch bei rein instrumentalen Darbietungen der motivische Bezug zu einem bekannten Bühnenwerk erwartet wurde. Schauen wir uns eines dieser Stücke an, das um 1855 entstandene

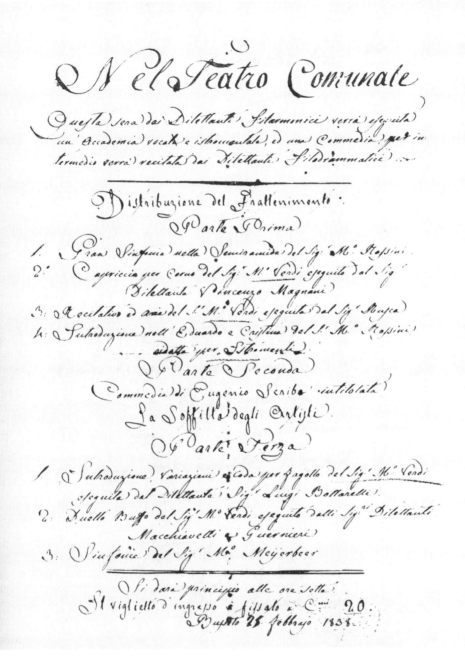

Abbildung 11

Divertimento sopra motivi dell'opera »Il trovatore« für Fagott und Klavier von Luigi Orselli: Dieser Virtuose war seit 1849 erster Fagottist des Teatro Regio in Parma, einem der ersten italienischen Opernhäuser, und verfaßte für sein Instrument Schulwerke und eine Reihe von Opernbearbeitungen. Nicht die Nachzeichnung des Handlungsverlaufs von Verdis Oper steht im Vordergrund seines *divertimento*, vielmehr werden den gesanglichen Fähigkeiten des Fagotts entsprechend ausgewählte lyrische Melodien mit virtuosen Variationspassagen kontrastiert. So erscheinen neben der *introduzione* des 1. Akts nur das Duett Leonora/Conte di Luna aus dem 4. Akt sowie die beiden Duette Azucena/Manrico aus dem 2. und 4. Akt, einige der bekanntesten Nummern wie Manricos *cabaletta* »Di quella pira« bleiben hingegen unberücksichtigt.

In der Satztechnik am Stil der italienischen Oper orientiert sind aber auch die meisten Instrumentalstücke für ein Soloinstrument und Klavierbegleitung, die nicht auf bereits existierendes Material zurückgreifen. Am wichtigsten für die Verbreitung der Oper in Italien waren aber die Arrangements für Blaskapellen. Diese hatten sich aus der Militärmusik entwickelt, waren ab der Mitte des 19. Jahrhunderts aber überwiegend bürgerlich geprägt. Ihr Repertoire bestand neben einigen Originalkompositionen meist aus Bearbeitungen von Ouvertüren, die ja sehr häufig bereits die bekanntesten Themen der Oper kombinierten, und von anderen populären oder für die neue Besetzung besonders geeigneten Nummern wie Trauermärschen. Die ganze Breite des Spielplans italienischer Theater scheint auf diese Weise arrangiert worden zu sein, keineswegs nur die bekanntesten Werke; fehlt es doch nicht an Kuriositäten wie dem Liebestod aus Richard Wagners *Tristan und Isolde*, arrangiert für Querflöte, Piccoloflöte, neun Klarinetten, fünf Saxophone, vier Hörner, zwei Kornette, vier Trompeten, drei Posaunen, elf Flügelhörner sowie Schlagzeug. Durch die Blaskapellen gelangten Teile der Opern in Orte, die über kein Theater verfügten, und umgekehrt ersetzte in sehr kleinen Opernhäusern bisweilen die Blaskapelle das reguläre Orchester. Die Blaskapellen wirkten aber auch in den größeren Zentren, wo sie Schichten erreichten, die vom Theaterbesuch ausgeschlossen waren. Überdies verbreiteten auch Marionettentheater die populärsten Opern, allerdings in stark bearbeiteten und gekürzten Fassungen. Dabei wurden freilich nur ausgewählte Musiknummern von einer Drehorgel oder einer kleinen Kapelle gespielt, später auch durch die Schallplatte reproduziert. Manchmal wurde gar die Musik ganz weggelassen und die Stücke zeigten nur noch entfernte motivische Übereinstimmungen mit der Opernvorlage.

Gar nicht hoch genug eingeschätzt werden kann deshalb die Bedeutung von Bearbeitungen für das Bewußtsein der zeitgenössischen Gesellschaft. Heinrich Mann erinnert sich an seine erste Begegnung mit Puccinis Musik:

> Mir war nichts bewußt, als ich im November 1900 [...] auf der hinteren Plattform einer langsamen Pferdebahn von Florenz bergan nach Fiesole fuhr. Ich fuhr oder ging dort alle Tage, dieses Mal spielte am Weg ein Leierkasten. Damit keine Banalität fehlte, war es ein Leierkasten, der mich mit dem Maestro Puccini bekannt machte. So lange hatte ich weder von seiner Existenz erfahren noch die *Bohème* gehört. Die wenigen Takte, die ein Wind mir zutrug, veranlaßten mich, von meinem Tram abzuspringen. Ich stand und ließ mich entzücken; die reizendste Akrobatin, die auf einem Teppich im Staub ihre lockeren Gliedmaßen vorgeführt hätte, wäre schwerlich imstande gewesen, mich so lange zu fesseln. [...] Ich vernahm die große Arie des Rodolfo, Akt I, auf einer Landstraße. In Riva bei einem Weinwirt, von dem ich weiß, daß er Marchetti hieß, spielte das Orchester zum ersten Male 'Io moio desperato', *Tosca* III. Als das Stück aus war, stand mein Nachbar, der Segretario communale, gleichzeitig mit mir auf den Füßen. Er, der mich noch nicht angesprochen hatte, sagte: ›Questo è proprio divino‹. Das war es, und der Ton des Mannes zeugte von einer schmerzlichen Begeisterung. (Mann, 1973, S. 284)

Großen Einfluß hatte die Oper auch auf die italienische Kirchenmusik, nicht ohne Grund hat man Verdis *Messa de Requiem* als »Oper für die Kirche« bezeichnet. Ein dringendes Desiderat wäre eine grundlegende Aufarbeitung des Kirchenmusikrepertoires im Italien des 19. Jahrhunderts. Ein vernichtendes Urteil stammt vom bereits zitierten Komponisten Roeder:

> Die Chormusik wurde in Italien [...] nie ernstlich gepflegt. Ihr klägliches Ende fand sie in den ein - stimmigen Theaterchören von Donizetti und Bellini, von Petrella und Verdi. Sie flüchtete sich daher vom Theater in die Kirche, ohne jedoch vorher Buße gethan zu haben. So kontrastierte diese etwas hoch aufgeschürzte Musentochter mit dem würdigen Ernst des Gotteshauses. Theils in Einzeln-, teils in Chorgesängen ertönten bei den erhebendsten rituellen Funktionen die gewöhnlichsten Gassenhauer, zum *Ag-*

Abbildung 12

Im Jahre 1909 kündigt ein Marionettentheater Verdis Opern *La forza del destino* und *Aida* neben Meyerbeers *Robert le diable* und *L'Africaine* sowie Ponchiellis *La Gioconda* ebenso unter seinen »Produktionen« an wie Schlachtengemälde vom russisch-japanischen Krieg und dem italienischen Kolonialkrieg in Afrika.

nus Dei wurde irgend ein lascives Liebesduett herausgeputzt und zugestutzt und zum *Dies irae* that's auch ein donnerndes, volltönendes Opernfinale. Von den Solisten wurden alle Theaterungezogenheiten, alle unmusikalischen Kunstgriffe, den großen Haufen zu ködern, in die Kirche verpflanzt – und dort nisteten sich diese weltlichen Unarten ein, behaglich daselbst ihr Leben fristend (Roeder, 1881, S. 40).

Das Urteil, das in dieser Absolutheit sicherlich einiger Differenzierung bedarf, steigert sich noch in seiner Schärfe: »Aber nicht nur der vokale Theil der Kirchenmusik allein war von dieser Pest inficirt, in weit größerem und verwerflicherem Maße war es noch der instrumentale. Die Kunst eines Frescobaldi war völlig in Vergessenheit gerathen, bei Graduale und Offertorien ließen diese unwürdigen musikalischen Handlanger gar Offenbach'sche und Lecocq'sche Weisen auf der Königin der Instrumente ertönen!« (ebd.)

Mit einem Fragezeichen zu versehen ist die Behauptung, daß die Komponisten aus der ›echten‹ Volksmusik Italiens geschöpft hätten. Vor dem Hintergrund des um nationale Einheit ringenden Landes wurde das Musiktheater gerne instrumentalisiert. Behauptungen wie die, daß Verdi die Melodie des Chors der Priesterinnen aus *Aida* in Parma von einem Verkäufer gekochter Birnen gehört habe, werden neuerdings in Zweifel gezogen (Leydi, 1992, S. 331 f.). Die Forschung hat bisher kaum Anhaltspunkte dafür finden können, daß Komponisten sich tatsächlich ›authentischer‹ Volksmusik bei der Ausarbeitung ihrer Opern bedient hätten. Umgekehrt gibt es aber zahllose Beispiele, daß Opern ihren Niederschlag in Volksliedern fanden und es läßt sich ebenfalls beobachten, daß Oper und die gleichzeitig gepflegte Populärmusik, besonders die *canzone napoletana* in gewissen Austauschbeziehungen standen. Wenn auch nur sehr selten, wurden Opernnummern für politisches Liedgut, das traditionell meist auf präexistente Musik zurückgriff, verwendet. Roberto Leydi verweist auf den *Canto di maggio*, der in vielen sozialistischen Liederbüchern gedruckt wurde und dem Chor »Va, pensiero, sull'ali dorate« aus Verdis *Nabucodonosor* den neuen Text »Vieni, o Maggio, t'aspettan le genti« (»Komm, o Mai, es erwarten dich die Völker«) unterlegt (ebd., S. 347 f.).

Die Verbindung mit dem Publikum

Ein Grund für die bis heute anhaltende Beliebtheit der italienischen Oper des 19. Jahrhunderts ist ihre enge Verbindung mit dem zeitgenössischen Publikum. Ein Blick auf deren Bedürfnisse und Erwartungen läßt viele Aspekte des Musiktheaters in Italien besser begreifen. In Pasquale Altavillas neapolitanischer Prosa-Komödie *Na famiglia ntusiamata pe la bella musica de lo Trovatore (Eine von der schönen Musik des Trovatore begeisterte Familie)* aus dem Jahre 1860 versuchen die dem wohlhabenden Bürgertum entstammenden Opernfanatiker vergeblich, die Handlung von Verdis *Il trovatore* zusammenzubekommen:

ELEONORA Was soll ich sagen? Den Eindruck, den die Musik des *Trovatore* auf mich gemacht hat, und vor allem der vierte Akt, ist ungeheuer! Ohne Scherz sage ich Euch: *prima donna*, Tenor, Chor, Orchester und Totenglocke [...].
ACHILLE Allerdings! Und das *pezzo concertato*!
PULCINELLA (*erklärt die Oper*) Also, wenn sie singt und er antwortet ... dann kommt sie auf die Bühne und trifft sich mit ihm, und dann machen die anderen Musik ... und sie oben drüber, und jene andere mit den zerzausten Haaren, die Tochter der Ober-Zigeunerin ... Ach, was für eine schöne Sache!
COCUMELLA Da habt ihr was durcheinandergebracht!
ELEONORA Wenn sie den Tenor aus dem Kerker hereinbringen, habt ihr das gesehen? Und er sagt: (*singt*) »Ah! che la morte ognora – è tarda nel venir – a chi desìa morir – Leonora addio!« Und dann der Chor: »Ah! pietà d'un alma già vicina – alla partenza che non ha ritorno.«
Don Filogonio hört begeistert, was Eleonora singt und imitiert die Glocke. [...]
FILOGONIO (*galant zu Eleonora*) Ihr singt sehr schön.
ELEONORA Aber ja, ich habe den ganzen Vormittag Tonleitern geübt.
PULCINELLA Auf und ab! Es ist über die ganze Bühne gefegt!
ELEONORA (*zu Don Filogonio*) Ihr habt gestern im San Carlo den *Trovatore* gehört?
FILOGONIO Nein, gnädige Frau. [...] Aber ich habe einige Stücke von Liebhabern auf dem Klavier gehört und habe größte Lust diese berühmte Musik zu genießen und diesen deftigen Stoff kennenzulernen.
ACHILLE Die Handlung ist interessant, soll ich sie mal für euch zusammenfassen? Die Vorgeschichte steckt im Conte di Luna. Wißt ihr alle, wer der Conte di Luna ist?
PULCINELLA Das willst Du mir erklären? Es ist [der Sänger] Barbanera.

ACHILLE Was soll Barbanera! Der Conte di Luna ... für den Moment soll er nicht interessieren. Nehmen wir Azucena, Tochter der Zigeunerin, sie wollte den Sohn des Conte verbrennen und ist stattdessen verbrannt ... wenn sie singt »Di quella pira« ...
ELEONORA Nein, mein Herr, das singt Manrico! [...]
ACHILLE Also, am Leben geblieben war Manrico, und der Erstgeborene von diesem Conte di Luna starb auch vor Liebe zu Leonora. [...] Wie auch immer. Meiner Meinung nach ist die Handlung des Librettos nicht so wichtig; elektrisierend wirken die Melodien und das hohe C des Tenors, da braucht man ja eine Dampflok, um es so lange zu halten. (*Nimmt die Gitarre und singt »Di quella pira«. Applaus.*) (De Simone, 1987, S. 425–427)

Die Episode belegt nicht nur die ungeheure Faszination von Verdis *Il trovatore*, sondern sagt auch einiges über das italienische Publikum der Zeit aus. In der Tat beruht der anhaltende Erfolg der italienischen Oper weniger auf der Schlüssigkeit der vertonten Stoffe als auf den ›schönen‹ Melodien und der Exposition eines Rahmens, in dem virtuose Gesangsleistungen genossen werden können. Auch wenn das *melodramma* seine Anhänger überall auf der Welt fand, kam dem Publikum Italiens doch eine besondere Bedeutung zu, da es einen großen Anteil an der Entstehung der Werke hatte. Die Rezeptionshaltung des italienischen Opernpublikums unterschied sich von der in anderen Ländern in einigen Punkten:

Für die Italiener ist die Musik ein sinnliches Vergnügen, nichts anderes. Sie haben vor dieser schönen Kundgebung des Gedankens kaum mehr Achtung, als vor der Kochkunst. Sie wollen Partituren, deren Inhalt sie auf den ersten Schlag, ohne Überlegung, ja selbst ohne Aufmerksamkeit genießen können, wie sie mit einer Schüssel Makkaroni verfahren würden. Wir Franzosen, die wir in der Musik so kleinlich, so engherzig sind, bringen es wohl fertig, um einen Triller, um einen chromatischen Lauf einer beliebten Sängerin das Theater mit stürmischem Applaus zu erfüllen, während ein zur Handlung gehörender Chor, ein obligates Rezitativ vom höchsten Stile unbemerkt vorübergehen werden; aber wir hören wenigstens zu, und wenn wir die Intentionen des Komponisten nicht verstehen, so ist es nie unsere Schuld. (Berlioz, 1903, Band I, S. 232 f.)

Diese von Hector Berlioz überspitzt dargestellte, aber grundsätzlich sicherlich zutreffende Rezeptionshaltung wurde von den italienischen Komponisten als selbstverständlich akzeptiert. »*La traviata* hat gestern Fiasko gemacht«, schreibt Verdi nach der Uraufführung der Oper an seinen Schüler Muzio: »Ist es meine Schuld oder die der Sänger?« (Brief vom 7. März 1853; Copialettere, 1913, S. 533) In gewisser Weise war das Publikum der oberste Richter.

»Wir beschuldigen oft das Publikum der Ignoranz, weil es bisweilen das beklatscht, was dem Komponisten als tadelnswert erscheint, während es sich ein andermal unbeeindruckt von dem zeigt, was der Komponist bewundert. Haben wir Recht so zu denken?«, fragt der Theoretiker und Pädagoge Boucheron: »Manchmal ja, manchmal nein. Das Publikum irrt in seinem Urteil; oft irren aber auch die Komponisten. Jenes weil es oft bei banalen Dingen applaudiert oder die Schönheiten einer stilistisch zu gehobenen Komposition nicht versteht [...]. Diese, weil sie sich nicht selten in Schulen und Systemen verirren [...] statt die Inspiration und die Einfachheit zu suchen.« (Boucheron, 1842, S. 132 f.) Puccini faßte einmal zusammen, worauf es bei der Opernkomposition ankomme: »Im Theater gibt es feste Regeln: [das Publikum] interessieren, überraschen und bewegen oder zum Lachen bringen.« (Carner, 1996, S. 433)

Den Bedürfnissen des Publikums wurde in Italien von jeher besondere Bedeutung geschenkt. Nicola Zingarelli (1752–1837), der Direktor des neapolitanischen Konservatoriums und Lehrer von Bellini und zahllosen anderen Komponisten, gab seinen Studenten auf den Weg: »Wenn Ihr gesanglich schreibt, dann stellt sicher, daß eure Musik gefällt. Wenn Ihr stattdessen Harmonien, doppelten Kontrapunkt, Fugen, Kanons, Noten, Gegennoten und ähnliches anhäuft, wird euch die Musikwelt vielleicht nach einem halben Jahrhundert applaudieren oder vielleicht auch nicht, aber gewiß wird Euch das Publikum mißbilligen. Es will Melodien, Melodien, immer nur Melodien. Wenn Euer Herz sie euch zu diktieren vermag, dann versucht sie so einfach wie möglich zu gestalten, Euer Erfolg wird sicher sein und ihr seid Komponisten; wenn nicht, werdet ihr nichts sein als ein guter Organist in irgendeinem Dorf.« (Florimo, 1881, Band II, S. 413) Für Amilcare Ponchielli mußte Oper populär sein, weswegen ihm an Wagner orientierte avantgardistische Verfahren dort unangebracht schienen: »Auch die Musik hat eine Wandlung erfahren, die mich immer mehr überzeugt [...]. Es scheint mir aber, daß einige Komponisten dabei zu weit gegangen sind, und nicht ohne Grund nennt man sie Zukunftsmusiker! Jene sind der Gattung symphonischer Orchestermusik zuzurechnen; sie verwechseln diesen Stil mit jenem, den es für das Theater braucht, wo es, wenn die Direktion Geld machen will, nötig ist, sich dem ganzen Publikum verständlich zu machen, den Uhrmacher, den Kohlenhändler und den Verkäufer von Siegellack eingeschlossen.« (Brief an Giuseppe Prospero Galloni vom 19. September 1878; De Napoli, 1936, S. 345) Die sozioökonomischen Rahmenbedingungen ließen die Vernachlässigung der Publikumsbedürfnisse überhaupt nicht zu. Entscheidend war, daß die Oper gefiel; tat sie das nicht, hatten Komponist und *impresario* Publikumsreaktionen zu fürchten, die bis zum vorzeitigen Abbruch der Vorstellung führen konnten. »Der größte Teil des italienischen Publikums [...] verhielt sich gewissermaßen wie die Zuschauer sportlicher Veranstaltungen: Man legte großen Wert auf die Einhaltung der Spielregeln, zeigte aber für besondere Leistungen viel Begeisterung.« (Rosselli, 1990, S. 151) 1831 berichtete Felix Mendelssohn Bartholdy aus Rom von der Uraufführung von Giovanni Pacinis *Il corsaro*, die er wie folgt beschrieb:

Nun erschien *Pacini* am Clavier und wurde empfangen; eine Ouvertüre hatte er nicht gemacht, die Oper begann mit einem Chor zu welchem ein gestimmter Amboß im Takt geschlagen wurde, der Corsar erschien, sang seine Arie u[nd] wurde applaudirt, worauf der Corsar oben, u[nd] der *Maestro* unten, sich verneigten [...]. Dann kamen noch viele Stücke, u[nd] die Sache wurde langweilig, das fand das Publikum auch, u[nd] als *Pacinis* großes Finale anfing stand das Parterre auf, fing an sich laut zu unterhalten, zu lachen, u[nd] drehte der Bühne den Rücken zu. [...] *Pacini* entwischte vom Clavier, und der Vorhang fiel am Ende des Aktes unter großem Tumult. Nun kam das große Ballett *barba-bleu* [...], dann der letzte Akt der Oper, da sie also einmal im Zuge waren, so pfiffen sie das ganze Ballett von vornherein aus, u[nd] begleiteten den zweiten Akt ebenfalls mit Zischen u[nd] Gelächter.

Besonders überrascht war Mendelssohn von der Undankbarkeit und Unhöflichkeit des italienischen Publikums, das sich darin erheblich von dem in Frankreich unterscheide. »Hätte die Musik *Furore* gemacht, so hätte mich es geärgert denn sie ist unter aller Kritik jämmerlich; aber daß sie nun ihren Liebling *Pacini*, den sie auf dem Capitol kränzen wollten auf einmal den Rücken drehen, die Melodien nachäffen u[nd] sie karikirt nachsingen, das ärgert mich auch wieder, u[nd] es beweist, wie tief ein solcher Musiker in der allgemeinen Meinung steht. Ein anderes Mal tragen sie ihn auf den Schultern nach Hause, das ist kein Ersatz.« (Mendelssohn Bartholdy, 1958, S. 103 f.)

Es greift aber zu kurz, allein die wirtschaftlichen Notwendigkeiten oder gar die Gewinnsucht der Komponisten für die Orientierung am Publikumsgeschmack verantwortlich zu machen, wenngleich dies zweifellos ein wichtiger Faktor war: Die Komponisten stammten meist aus einfachen Verhältnissen und es gab im armen Italien nur wenige Möglichkeiten, um sich zumindest einen bescheidenen Wohlstand zu erarbeiten. Entscheidend war aber, daß sie Opernkomposition in erster Linie als Dienst am Publikum begriffen. In ihrem Verständnis hatte eine Oper erst ihren Zweck erfüllt, wenn sie gefallen hatte. Um den Vergleich von Berlioz zu bemühen: Sie waren erst zufrieden, wenn der Teller Makkaroni geschmeckt hatte, unbeschadet davon, daß natürlich auch sie Geld verdienen wollten. Wenn der Komponist bekannte Schemata verwendete, erleichterte das dem Publikum wesentlich das Verständnis. Lorenzo Bianconi hat unterstrichen, daß »auf dem Sektor der italienischen Oper Konvention, weit davon entfernt etwas Negatives zu sein, ein bestimmender Faktor der Theaterkommunikation darstellt«. In Anlehnung an die juristische Definition des Worts hat er vorgeschlagen, musikalische Konvention als »einen [...] stillschweigend zwischen der Bühne und dem Parkett, zwischen Autoren und Zuschauern geschlossenen Pakt« zu definieren. Die große Leistung Verdis und seiner bedeutenden Vorgänger war es nun, »einen neuen Pakt vorzuschlagen, der die vorhergehenden bereichern oder ersetzen konnte« (Bianconi, 1985, S. 44).

Die geschilderte Rezeptionshaltung des Publikums bedingte wohl zwangsläufig, daß musikalische und dramaturgische Schematik vorherrschte und Individualität eher im Detail zu finden ist. Zwar bleibt festzuhalten, daß das Publikum in gewissen Grenzen innerhalb Italiens differierte, überall war aber die Neigung gering, sich auf Neuerungen einzulassen, wie Berlioz festhielt: »Dazu kommt, daß sie in einer Weise einseitig und fanatisch sind, wie man es selbst auf der Akademie nicht mehr ist; daß die geringste Neuerung in dem melodischen Stil, in Harmonie, Rhythmus oder Instrumentierung sie in Wut versetzt, so daß in Rom die Dilettanten beim Erscheinen des gleichwohl so durchaus italienischen *Barbiere di Siviglia*, den jungen Meister totschlagen wollten, weil er anders als Paisiello komponiert hatte.« (Berlioz, 1903, Band I, S. 233) Von manchen Kommentatoren wurde die daraus resultierende Formelhaftigkeit der italienischen Oper als Symptom einer künstlerischen Krise gewertet:

Ein sich über Gebühr breitmachendes und Parasiten gleich sich ausbreitendes Epigonenthum suchte die ausgetretenen Pfade von ephemeren Kunstgrößen mit Vorliebe zu wandeln, eifrig ihren Spuren zu folgen, und stellte sich somit ein *testimonium paupertatis* aus, wie es wenige Kunstepochen in dieser Form aufzuweisen haben. Man findet bei diesen ›Rittern von der traurigen Gestalt‹ auch nicht den geringsten Anlauf ihren Produkten nach Möglichkeit eine eigene Physiognomie zu verleihen, oder doch wenigstens durch eingehendstes, gründliches Studium der höheren Kunsttechnik sich eine Freiheit in Behandlung größerer Formen, die doch so manche Mängel verdecken und beschönigen könnte, anzueignen! Nichts von alledem! Überall grinst uns das häßliche Gespenst der Schablone entgegen; mit einem einer besseren Sache würdigen streng-konservativen Sinn begabt, führte und drängte es sie eher rück- als vorwärts, bis sie nothgedrungen einer allgemeinen Verwilderung anheimfallen, in eine allgemeine Versumpfung gerathen mußten. (Roeder, 1881, S. 5)

Solche Ansichten wurden auch von einigen italienischen Komponisten geteilt. So bemerkte 1842 der Theoretiker Raimondo Boucheron: »Werfen wir einen Blick auf unsere Opern, betrachten wir ihre Ouvertüren, Arien und Duette, und wir werden dort eine so große Ähnlichkeit der Formen feststellen, daß sie [unsere Opern] fast einer Sammlung von Münzen gleichen, auf denen nur die Züge der abgebildeten Gesichter leicht verändert wurden.« Die Erklärung sah er darin, daß

trotz der Vielzahl der Komponisten eine Einförmigkeit vorherrscht, die es schwierig macht, den individuellen Stil jedes einzelnen zu erkennen. Hängt es vielleicht am Nationalcharakter? Oder müssen wir uns der Meinung derer anschließen, die alle möglichen Kombinationen für erschöpft halten und sich nichts Neues und Originelles mehr vorstellen können? Weder das eine,

noch das andere scheint uns der wahre Grund zu sein [...], da wir größte Vielfalt der Stile und viele Neuerungen bei den ausländischen Autoren finden. Wir glauben allerdings, daß die Einförmigkeit unserer Komponisten darauf beruht, daß sie sich zu Anhängern und Sklaven gewisser vorgegebener Formen gemacht haben, wegen des Erfolgs, den diese beim Publikum haben. (Boucheron, 1842, S. 119)

Wie Boucheron bemerkt, sind in diesem Punkt gravierende Unterschiede zwischen den verschiedenen nationalen Ausprägungen des Musiktheaters zu finden. Beispiele aus der komischen Oper der Mitte des 19. Jahrhunderts mögen dies illustrieren. Die Textbücher zahlloser italienischer *opere buffe* sind Bearbeitungen von Libretti der französischen *opéra comique*, die in Italien nicht gespielt wurde und deren Stoffe somit noch unbesetzt waren; die Fülle entsprechender Umarbeitungen vermag aber nicht darüber hinwegzutäuschen, daß sich die *opera buffa* konzeptionell wesentlich von der *opéra comique* unterschied. Der Komponist und Pädagoge Alberto Mazzucato stellte 1853 die grundsätzlichen Schwierigkeiten dar, die bereits die Übersetzung von französischen Libretti mit sich bringt und unterstreicht die Notwendigkeit einer Anpassung an das italienische Publikum:

Die Geschmacksunterschiede zwischen beiden Nationen scheinen sich nicht zu allen unseren Librettisten herumgesprochen haben, die, verlockt vom Witz mancher französischer Libretti, geglaubt haben, diese einfach ohne weiteres auf die italienische Bühne bringen zu können, wobei sie wenig mehr als eine Übersetzung gemacht haben. Sie haben damit gezeigt, daß sich die Witze, die Wortspiele, die geistreichen Anspielungen nur schwer in eine fremde Sprache übertragen lassen, wenn sie nicht alle Grazie verlieren sollen. Und sie haben nicht bemerkt, daß diese Spielchen, diese Witze allein nicht genügen, um unser Publikum zu interessieren; obwohl es Wortwitz liebt, möchte es alles gerne etwas stärker konturiert haben; ich würde fast sagen, daß sie eine groteske Zeichnung der Charaktere wünschen. (Mazzucato, 1853, S. 117)

Der Vergleich einiger französischer Libretti mit ihren italienischen Neuvertonungen (die wegen ihres Erfolgs als gelungene Adaptionen gelten können) unterstreicht Boucherons Beobachtung, daß erprobte musikdramatische Formeln bevorzugt wurden. Es zeigt sich, daß die vergleichsweise individualisierten Lösungen der französischen Vorlagen bei der Bearbeitung einer standardisierten Behandlung weichen. So wird in Adolphe Adams *Le Brasseur de Preston*

(1838) im Finale des 2. Akts eine Schlacht dargestellt, indem eine Sopran-Arie mit Schlachtenlärm ›überblendet‹ wird; anschließend berichtet der Titelheld vom Kampfgeschehen, bevor ein kurzes Quartett von vier Offizieren den Akt abschließt. In dem sehr erfolgreichen italienischen Gegenstück *Il birraio di Preston* (1847) von Luigi Ricci, dem eine Umarbeitung der Pariser Librettovorlage zugrundeliegt, findet sich an dieser Stelle ein Ensemble nach dem üblichen Formschema der italienischen Oper. Das klangentfaltende *concertato*, während dessen die Zeit stillzustehen scheint, wird damit motiviert, daß der ängstliche Protagonist mit einer Pistole bedroht wird – eine typische Buffa-Situation –, weil er sich weigert, in die Schlacht zu ziehen. Ein Kanonenschuß, der die Soldaten zu den Waffen ruft, bewerkstelligt den für die abschließende stürmische *cabaletta* notwendigen Affektwechsel. Ungewöhnliche musikdramatische Lösungen waren in Italien bei weitem nicht so gefragt wie in Frankreich, insbesondere nicht in einer komischen Oper, die sich noch dezidierter als die *opera seria* der Erwartungshaltung des Publikums beugen mußte.

Oper für ein breiteres Publikum

Der aus den gesellschaftlichen Umbrüchen und der allmählichen Industrialisierung resultierenden Wandlung des Publikums stehen Veränderungen des musikdramatischen Vokabulars der italienischen Oper gegenüber, wobei beide Entwicklungen nur lose miteinander verbunden scheinen. Die Tendenz zur leichteren musikalischen Verständlichkeit, kombiniert mit Stoffen, die einem bürgerlichen Publikum Identifikationsmöglichkeiten boten, läßt sich in Ansätzen schon vor der Öffnung der Theater für ein breiteres Auditorium nachweisen. Daß sich die Zuschauer in der ersten Hälfte des 19. Jahrhunderts noch überwiegend aus dem Adel rekrutierten, muß dabei nicht zwangsläufig bedeuten, daß die Komponisten nicht darüber nachdachten, wie sie ein größeres Publikum als bisher erreichen könnten. Und daneben kann natürlich auch ein aristokratisches Publikum an leicht konsumierbarer Unterhaltung interessiert sein.

Der Vorwurf der ›Trivialität‹, der wohl gegenüber allen Kunstformen einmal erhoben wird, die sich an ein breiteres Publikum wenden, hat die Rezeption der italienischen Oper des 19. Jahrhunderts immer begleitet. Deren Entwicklung beleuchten dabei – auch wenn man die negative Wertung nicht übernehmen möchte – die Stimmen der feindlich gesonnenen Kritik, weil diese den ästhetischen Bruch mit dem Vertrauten besonders deutlich fassen können. Eine der ersten »Originalknospen« des spezifischen Verdi-Stils ist für Eduard Hanslick Giseldas *cabaletta* aus dem 4. Akt von *I Lombardi*, denn diese wirkt »ungefähr, als wenn Jemand plötzlich durch's Fenster hereinspringend uns eine schallende Ohrfeige versetzt« (Hanslick, 1875, S. 219 f.). Der wegen seiner spitzen Feder berüchtigte Wiener Kritiker schreibt Verdi, dem er erst in seinen letzten Jahren Gerechtigkeit widerfahren ließ, dann auch die Etablierung des »Trivialen« zu, wobei es »weniger ein Herabsinken aus Schwäche« sei, »als vielmehr absichtliches, doloses Aufsuchen und Ersinnen des Trivialen«, das er »ästhetischen bösen Willen nennen« wolle (ebd., S. 232). Hanslick sieht darin eine Verbindung zu Donizetti, dessen Themen – verglichen mit Bellini – »schon hüpfender, die Begleitung lärmender, die Effecte gehäufter und derber« gewesen seien und deren Richtung »entschiedener gegen das Triviale« zuginge (ebd., S. 220 f.). Festzuhalten ist freilich, daß diese Entwicklung schon vor Donizetti eingesetzt hatte und daß Verdi in seinen späteren Werken immer mehr das Drama in den Mittelpunkt stellte. Vieles spricht dafür, darin einen Sonderweg zu sehen, denn der für Verdi kennzeichnenden Verdichtung des musikalischen Geschehens, dem Drang zur äußersten Kürze folgten seine italienischen Zeitgenossen nur selten. Sie versuchten statt dessen, die Eingängigkeit der Melodik weiter zu steigern – Claudio Casini charakterisiert ihre Werke deswegen als »einen Kitsch aus verschiedenen Quellen« (Casini, 1978, S. 176).

Die Ausrichtung der italienischen Oper auf ›Unterhaltung‹ zeigt sich auch darin, daß zwar schon seit den späten 1860er Jahren die Stücke Offenbachs und Lecocqs allerorts gespielt wurden, eine eigene Operettentradition aber nur bedingt in Gang kam. »Während anderswo im späten 19. Jahrhundert die ungebrochene Sehnsucht des großen Publikums nach Wohlklang in der Oper zunehmend enttäuscht und ersatzweise durch die Operette befriedigt wurde, blieb die italienische Oper auch fortan dem Belcanto verpflichtet: von Giordano bis Puccini, von Catalani bis Zandonai. Operette als deutlich alternative und besondere Erzeugerin von Ohrenschmaus war da nicht eigens gefragt.« (Klotz, 1991, S. 283) Neben den genannten Komponisten müßten aber aus dieser Perspektive auch Verdis frühe bis mittlere Opern und die Werke einiger seiner Zeitgenossen genannt werden. »Bezeichnenderweise mußten italienische Komponisten kaum über ihren Schatten springen, weder stilistisch noch reputativ, wenn sie zusätzlich Operetten schrieben«, merkt Volker Klotz zu Leoncavallo, Mascagni und Puccini an (ebd.). Aber auch umgekehrt war eine Karriere möglich: So werden Antonio Carlos Gomes und dessen Librettist Antonio Scalvini heute allenfalls mit *Il Guarany*, einem 1870 in der Tradition der ›grand opéra‹ uraufgeführten *opera-ballo* assoziiert. Noch weniger bekannt dürfte hingegen sein, daß die beiden mit *Se sa minga* (1866) auch die erste italienische Revue geschaffen hatten.

Der von Klotz an anderer Stelle gezogene Vergleich erhellt die Struktur solcher Entwicklungen: »Die Operette setzt sich im gleichen geschichtlichen Moment durch«, als die ernste Oper sich wandelt, »von lockerer Nummernfolge zu durchkomponierten musikdramatischen Anlagen; von schematischen Situationen und Figuren zu unverwechselbaren Ereignissen und Charakteren; von ruckartigen Affektketten zu schlüssigen psychologischen Großkurven; von starrer Regelung der Genres und der Rollenfächer zu eigenwilligen Lösungen des Autors, die dem jeweiligen Gegenstand einzigartig gerecht werden sollen. Kurz, vom Raster und Rezept zum einmaligen ästhetischen Gebilde, das sich im charakteristischen Gepräge des musikdramatischen Werks behaupten soll« (Klotz, 1987, S. 207). Was Klotz hier für die ernste Oper im allgemeinen beschreibt, trifft für die Gattungsbeiträge aus Italien nur mit Einschränkungen zu. Zwar fand auch hier im Laufe der Zeit eine Individualisierung des einzelnen Werks statt; in der Regel wurde diese aber nicht mit derselben Konsequenz wie in Deutschland oder Frankreich umgesetzt, so daß einige überkommene dramatische Grundmuster fast immer unangetastet blieben: Noch am Ende des 19. Jahrhunderts werden die Werke vom Dreieck Sopran-Tenor-Bariton geprägt. In gewisser Weise ein Ersatz für die verlorengegangenen Schemata war die Repertoireoper, denn die Spielpläne schrumpften nun auf wenige, dem Publikum vertraute Werke zusammen.

Eine besondere Affinität hatte die italienische Oper der zweiten Hälfte des 19. Jahrhunderts zur gleichzeitig in Frankreich, genauer in Paris, entstandenen ›bürgerlichen‹ Literatur, zum Sprech- und Musiktheater ausgeprägt. Für Walter Benjamin war die französische Metropole bekanntlich die »Hauptstadt des XIX. Jahrhunderts«. Als das gleichzeitige »Zentrum der Weltwirtschaft und des Weltamüsements« charakterisierte Siegfried Kracauer die Stadt an der Seine (Kracauer, 1976, S. 258) und unterstrich damit, welch ungeheure Bedeutung den dort ansässigen Theatern, Verlagen und Künstlern zukam. In vielen Techniken und Produktionsmechanismen hat die nordamerikanische Unterhaltungsindustrie das Erbe des Pariser Kulturlebens des 19. Jahrhunderts angetreten; sie beherrscht heute in vergleichbarem Maß die internationale Medienlandschaft.

Ein im Hinblick auf die neue Zielgruppe ›Massenpublikum‹ aussagekräftiges Detail für die Anlehnung an Pariser Modelle zeigt die Geschäftspolitik des Mailänder Verlags Sonzogno, der durch die Ausschreibung von Kompositionswettbewerben für Einakter großen Einfluß auf die weitere Entwicklung der italienischen Oper nahm. Der Verlag hatte sich mit Populärliteratur (zum großen Teil französischer Herkunft), mit einer der ersten Illustrierten Italiens und der Tageszeitung *Il secolo* einen Namen gemacht und expandierte durch die Gründung des Musikverlags im Jahre 1874 in einen neuen Sektor, der so weit vom bisherigen Geschäft nicht entfernt gewesen sein mag (Bianchini, 1988, S. 213–216). Schaut man die heutigen Opernspielpläne auf der ganzen Welt an, wird diese Affinität offenkundig: *Rigoletto*, *La traviata*, *La bohème* oder *Tosca*, um nur die allerbekanntesten Werke zu nennen, beruhen auf französischen Vorlagen; *Aida* reiht sich in die Tradition der ›grand opéra‹ ein. In *Il trovatore* findet sich das französische Boulevardtheater auf dem Umweg über Spanien rezipiert, daneben aber auch typische Elemente der ›grand opéra‹ aufgegriffen; der ›verismo‹ wäre ohne die von Verga und anderen übernommenen Tendenzen der französischen Literatur eines Emile Zola nicht denkbar. Die Liste der Verbindungen ließe sich problemlos fortsetzen und zeigt überdeutlich, daß die Popularisierung der italienischen Oper im Lauf des 19. Jahrhunderts nicht möglich gewesen wäre ohne die Übernahme von Stoffen und Techniken, die bereits in der Pariser Unterhaltungsindustrie erprobt worden waren.

Medien der Popularisierung

von Sebastian Werr

Die italienischen Musikverlage

Eine zentrale Rolle in der italienischen ›Opern-Industrie‹ des 19. Jahrhunderts kam den Musikverlagen zu. Im Lauf der Zeit übernahmen sie einen Großteil der Aufgaben, die zuvor der *impresario* ausgefüllt hatte. War in der ersten Jahrhunderthälfte die Initiative in der Regel von Theaterpraktikern wie Domenico Barbaja ausgegangen, die, ihrem Gespür vertrauend, junge Künstler gefördert und bei diesen neue Kompositionen in Auftrag gegeben hatten, so wurden jetzt die Verlage die maßgeblichen Ansprechpartner der Komponisten. Opern entstanden nun nicht mehr im Auftrag eines bestimmten Theaters, sondern wurden von vornherein für den gesamtitalienischen, wenn nicht sogar internationalen Markt geschrieben, wodurch die ohnehin nur noch in Resten vorhandenen lokalen Traditionen weiter an Bedeutung verloren. Selbst der Ort der Uraufführung verlor allmählich an Bedeutung – Pietro Mascagnis *Le maschere* wurde beispielsweise 1901 an sechs Theatern gleichzeitig uraufgeführt. Die Besetzung wurde den Erfordernissen der Werke angepaßt, und nicht mehr die Opern den zufällig zur Verfügung stehenden Sängern. An der Wende zum 20. Jahrhundert übernahmen Verlagshäuser gelegentlich sogar die Direktion einzelner Theater und übten so die totale Kontrolle über die zu verpflichtenden Künstler und vor allem über die aufzuführenden Opern aus. Der Verlag Sonzogno etwa betrieb zeitweise das Teatro Lirico in Mailand und verfügte so über eine hervorragende Möglichkeit, das eigene Programm zu lancieren.

Dominiert wurde das italienische Musikleben das ganze 19. Jahrhundert hindurch von dem Mailänder Verlagshaus Ricordi, das nicht nur den Großteil von Verdis Opern vermarktete, sondern mit allen bedeutenden Komponisten Italiens (Rossini, Bellini, Donizetti, Puccini) Geschäftsverbindungen pflegte (Sartori, 1958). Im Jahre 1804 hatte Giovanni Ricordi (1785–1853) als Kopist des Mailänder Teatro Carcano begonnen und, nach einem Aufenthalt bei Breitkopf & Härtel in Leipzig, 1808 einen eigenen Verlag gegründet. In den folgenden Jahren gelang es ihm, in den Besitz zahlreicher Partituren zu kommen; so erwarb er unter anderem im Jahre 1825 das gesamte Archiv der Mailänder Scala. Vieles hiervon veröffentlichte er und zudem verfügte er damit über das Aufführungsmaterial zu fast allen im Repertoire befindlichen Opern, das er zu günstigen Preisen an Theater vermietete. Für die Theater vereinfachte sich der Prozeß der Materialbeschaffung erheblich, und für Ricordi eröffnete sich hiermit ein lukrativer Geschäftszweig. Nach dem Tod des Gründers im Jahre 1853, setzte sich die geschickte Verlagspolitik auch unter der Leitung von dessen Sohn Tito (1811–1888) und anschließend unter der des Enkels Giulio (1840–1912) fort. Im Laufe der Jahre konnte Ricordi immer wieder Konkurrenten durch Übernahme ausschalten; so unter anderem die Firmen von Artaria (1837), Longo (1840), Clausetti (1864), Del Monaco und Guidi (beide 1887).

Allerdings war Ricordis Position nicht immer unangefochten. Der schärfste Konkurrent in der Mitte des 19. Jahrhunderts war Francesco Lucca (1802–1872), der als Lehrling bei Ricordi begonnen hatte. Zusammen mit seiner resoluten Gattin Giovannina (1814–1894), die oftmals die treibende Kraft des Verlags gewesen zu sein scheint, versuchte Lucca, Ricordi die Marktführerschaft streitig zu machen. Ein Schritt auf diesem Weg war – wie auch von Ricordi praktiziert – die Übernahme von fünf Verlagen, wodurch sich das Verlagswesen in Italien immer mehr auf wenige, aber dafür mächtige Firmen konzentrierte. Die Zusammenarbeit der Luccas mit Verdi endete wegen zahlreicher Differenzen bereits nach kurzer Zeit, so daß dieser Verlag eigentlich stets auf der Suche nach einem anderen zugkräftigen Komponisten war. Sein wichtigster Autor in den 1850er und 1860er Jahren war der Neapolitaner Errico Petrella (1813–1877), und mit einigen von dessen Opern – vor allem *Jone* (1858), aber auch *Le precauzioni* (1851), *Marco*

Visconti (1854) und *I promessi sposi* (1869) – hatte Lucca großen kommerziellen Erfolg (Werr, 1999, S. 175). Daneben konnte sich dieser Verlag mit Filippo Marchettis *Ruy Blas* (1869) und Antonio Carlos Gomes' *Il Guarany* (1870) weitere Kassenschlager aus dem Repertoire der in diesen Jahren populären ›Kleinmeister‹ sichern. Aber all dies reichte nicht aus, um Ricordi zu übertrumpfen, da keiner der genannten Komponisten auch nur annähernd an Verdis Popularität herankam. Wohl nicht zuletzt aus diesem Grund begann das Verlagshaus Lucca damit, Opern aus dem Ausland zu importieren. Zuerst versuchte man es, durchaus erfolgreich, mit Werken aus Frankreich wie Halévys *La Juive* (1835), Gounods *Faust* (1859) und Meyerbeers *L'Africaine* (1865). Ihre Geschäftstüchtigkeit stellte Giovannina Lucca im Jahre 1868 unter Beweis, als sie für 10 000 Schweizer Franken die Exklusivrechte für Richard Wagners Musikdramen für Italien erwerben konnte, die in den folgenden Jahren dort auf großes Interesse stießen. Nach dem Tod ihres Mannes führte sie den Verlag ab 1872 allein weiter, anscheinend mit größerem Geschick als zuvor. Dennoch konnte Ricordi auch dieses Konkurrenzunternehmen schließlich im Jahre 1888 nach zähen Verhandlungen übernehmen. Mit einem Schlag erweiterte sich das Verlagsprogramm um 40 000 Titel, und die wichtigsten davon wurden unter der Bezeichnung »Tito di Gio. Ricordi e F. Lucca di G. Ricordi« nachgedruckt.

Inzwischen war aber Ricordi neue Konkurrenz in dem traditionsreichen Verlag Sonzogno erwachsen, der unter der Führung von Edoardo Sonzogno (1836–1920) wesentlich an Bedeutung gewann. Der Verlag hatte sich bereits mit Literatur für ein breites Publikum einen Namen gemacht, daneben gab er seit 1866 die wichtige Tageszeitung *Il secolo* heraus. 1874 gründete der opernbegeisterte Edoardo Sonzogno eine »casa musicale«, die später vor allem durch die Opern der »giovane scuola« bekannt werden sollte. Neben anderem war er der Veranstalter des Wettbewerbs für Operneinakter, aus dem im Jahre 1889 Mascagnis *Cavalleria rusticana* als Sieger hervorgehen sollte; neben diesem extrem erfolgreichen Stück gab Sonzogno auch die meisten anderen Opern dieses Komponisten sowie Werke von Leoncavallo, Giordano, Cilea und Puccinis *La rondine* (1917) heraus.

Möglichkeiten der Manipulation

Das italienische Musikleben war ein bedeutender Wirtschaftszweig und entsprechend hart umkämpft. Es überrascht nicht, daß die verschiedenen Interessengruppen daher immer wieder versuchten, in die Steuerung des Marktes einzugreifen. Im fünften Kapitel seines Verdi-Romans läßt Franz Werfel den tatsächlich existierenden Komponisten Sassarolli zu Wort kommen, der Verdi und seinen Verleger zu einem Wettbewerb herausfordert: Er, Sassarolli, wolle das Libretto zu *Aida* erneut vertonen, dann werde man ja sehen, inwieweit der Erfolg von Verdis Oper gerechtfertigt sei. Als Ricordi dies in der humoristischen Rubrik seines Blattes abdruckt, unterstellt Sassarolli dem Verleger, aus Furcht dem Zweikampf aus dem Weg zu gehen: »*Furcht*, weil es sich nicht um das Urteil eines vorher wohlbearbeiteten Publikums handelt. *Furcht*, weil keine bezahlte Presse bei den von mir gestellten Bedingungen einen Druck auf das Preisrichterkollegium ausüben kann. [...] *Furcht* endlich, weil ein Künstler [Verdi] zur Diskussion gestellt würde, dessen Verdienst durch unermüdliche Reklame, Preß- und Verlagsintrige der Welt als unermessen oktroyiert wird.« (Werfel, 1986, S. 165)

Was auf den ersten Blick als die literarische Übertreibung der krankhaften Ausgeburt eines verwirrten Geistes erscheint, birgt – wenn auch nicht für *Aida* – einen wahren Kern. Es finden sich auch in der zeitgenössischen Kritik immer wieder Vorwürfe, daß manche Erfolge oder Mißerfolge lediglich inszeniert worden seien, also nicht die tatsächliche Publikumsreaktion widerspiegelten. So ließ im Jahre 1858 etwa das Fiasko der Premiere einer von Lucca verlegten Oper Gerüchte aufkommen, daß hierbei Ricordi seine Finger im Spiel gehabt habe. Tito Ricordi sah sich damals immerhin zu einem Dementi in der *Gazzetta musicale di Milano* genötigt: »Ich erkläre hiermit erneut und jedermann ins Gesicht, daß ich bereit bin, einen Geldbetrag (zum Beispiel 500 Lire) für jede Eintrittskarte zu bezahlen, die ich entweder selber übergeben oder bezahlt oder verschafft haben sollte an irgendwelche Personen, auf die ich eingewirkt hätte, eine Oper der Konkurrenz auszupfeifen oder den Erfolg zu behindern, oder bei einer Oper aus meinem Besitz zu applaudieren und den Erfolg sicherzustellen.«

(16 [1858], S. 33) Zwar ist es in diesem Fall unwahrscheinlich, daß Ricordi tatsächlich manipuliert hatte, aber wenn der Vorwurf gänzlich absurd gewesen wäre, hätte er überhaupt nicht zu reagieren brauchen.

Sicherlich war die Wirksamkeit derartiger Maßnahmen begrenzt, vielleicht konnte so ein Achtungserfolg herbeigeführt werden, aber ein dauerhaftes Verbleiben im Repertoire setzte das anhaltende Interesse des Publikums voraus. Die Kenntnis der Mechanismen, die angewandt wurden, um den Erfolg von Werken zu beeinflussen, ist aber unverzichtbare Voraussetzung für die Auswertung zeitgenössischer Quellen: Wenn irgendwo vom Erfolg eines Werkes oder eines Sängers berichtet wird, muß das nicht zwangsläufig bedeuten, daß dem tatsächlich so gewesen ist. Ein Brief von Giuseppina Strepponi an Cesare De Sanctis nach der Turiner Uraufführung von Petrellas *La contessa d'Amalfi* gibt hier Einblick: »Ihr kennt Petrella und wißt, von welcher Art seine Anhänger sind, die, wie man sagt, diesmal [...] zu vier Fünfteln aus in Turin ansässigen Neapolitanern bestanden. Sie wissen, wie man diesen leichten Wein bei einer Uraufführung zum Schäumen bringt: ein wenig Lärm, dem die Mehrheit des Publikums sich nicht entgegenstellen mag, in den folgenden Vorstellungen dann weniger und weniger Publikum, so daß die strengen Kritiker und die Enthusiasten sich gegenseitig in den Schwanz beißen!« Anschließend kommt sie auf die entscheidende Rolle der Presse zu sprechen: »Sie machen den Journalisten die Aufwartung oder lassen sie ihnen machen, damit das Telegramm nicht sofort herausgeht: man möge doch warten, jenen Artikel zu veröffentlichen, oder ihn wenigstens verändern, um diesen oder jenen Verleih nicht zu verhindern, der vom Ausgang der Uraufführung abhängt; und so weiter und so weiter[;] Ihr kennt die Geschichte von dem, der, ohne eigentlich schlecht zu sein, nicht genug Würde hat, um all die kleinen und unwürdigen Mittel zurückzuweisen, die einen Eintags-Erfolg ermöglichen.« (Brief vom 27. März 1864; Luzio, 1935, Band I, S. 92)

Eine der wichtigsten Möglichkeiten der Verlage, in die Mechanismen des Marktes einzugreifen, waren die von ihnen herausgegebenen Theaterzeitschriften. Stark an Bedeutung gewonnen hatten Zeitschriften, die sich beiläufig oder ausschließlich mit dem Musiktheater befaßten, in den 1830er Jahren, als Italien einen ersten Opern-›boom‹ erlebt hatte: Wurden 1830 in Italien 490 Opern aufgeführt, so waren es zehn Jahre später bereits mehr als 730: rund 270 von Donizetti, 110 von Bellini und über 80 von Rossini (Conati, 1989, S. 13). Der Einfluß dieser Blätter war nicht unbedeutend; Antonio Ghislanzoni erinnerte sich später, daß »*Il pirata*, *Il figaro* und *La fama* begierig erwartet und von allen verschlungen« wurden, »die lesen konnten« (Ghislanzoni, 1882, S. 135). Wenn der Librettist von Verdis *Aida* hier von »allen« spricht, meint er sicher nicht die ganze Bevölkerung, aber immerhin das gesamte interessierte Opernpublikum, das ja auch die Zielgruppe der Zeitschriften war.

Aber nicht nur die Verlage, sondern auch die zahlreichen Theateragenturen gaben entsprechende Blätter heraus. Aufgabe der Agenten war es, den Theatern das benötigte Personal wie Sänger, Chor, Ballett, Musiker oder Bühnentechniker zuzuführen; oft vermittelten sie auch den Kontakt zum Komponisten oder Verleger. Es überrascht nicht, daß Verleger und Theateragenten diese Zeitschriften zur Unterstützung ihrer wirtschaftlichen Interessen nutzten. Wegen der zahlreichen Verflechtungen von Presse, Verlagswesen und Künstleragenturen kann von einer unparteiischen Berichterstattung kaum die Rede sein. Von zentraler Bedeutung in den Berichten war die Frage nach dem Erfolg der Oper und einzelner Sänger. Vor allem in den ersten Jahrzehnten ihres Bestehens gehen die Rezensionen nur wenig über die Schilderung des Erfolgs der einzelnen Nummern und der Gesangsleistungen hinaus. So war etwa über die Uraufführung von Verdis *Il trovatore* in Ricordis *Gazzetta musicale di Milano* zu lesen: »Das Haus war zum Bersten voll. Die Zuschauer, bei stark erhöhten Eintritts- und Logenpreisen, Mitglieder der besten Gesellschaft. Gespannte Erwartung und Stille wie in der Kirche. Gleich die Introduktion gefiel sehr, nach ihr und in der Folge wurde der Maestro jeweils zwei- oder dreimal an die Rampe gerufen. Die *cavatina* der Penco, im langsamen Teil noch ohne sonderlichen Effekt, machte desto größeren in der entzückenden *stretta*. Schön fand man die darauf folgende Romanze Manricos.« (11 [1853], S. 23) Anschließend wurden alle vier Akte in dieser Weise besprochen. Erst im Lauf der Zeit entwickelte sich nach dem Vorbild der französischen Musikpresse eine Fachkritik mit Autoren wie Filippo Filippi, die eher unseren heutigen Maßstäben entspricht. Den Schwerpunkt, den die Frage nach dem »Erfolg« beanspruchte, erleichterte sicherlich die Manipulation, und gelegentlich sind die diesbezüglichen Meldungen denn auch gänzlich widersprüchlich, häufig einfach maßlos übertrieben. Aufschlußreich, wenn auch sicherlich nicht ganz objektiv ist eine Charakterisierung der italienischen Presselandschaft des Jahres 1856, die die Theaterzeitschrift *Il trovatore* in ihren Nummern 80 und 81 gibt: »Die *Gazzetta musicale di Milano* ist eine Zeitschrift von Gelehrsamkeit und Tradition, in der aber auch neuartige Artikel nicht fehlen«, heißt es über die fraglos angesehenste Zeitschrift, die 1842 gegründet worden war. »Es ist das Organ der Musik von Ricordi; Mazzucato spielt auf ihr mit einer nicht oft anzutreffenden Geschicklichkeit. Verdi ist ihr Gott, Lucca ein Ketzer, dem Rest gegenüber ist sie unparteiisch. Mit all dem ist sie eine der guten Zeitschriften, die Italien Ehre machen.« Weniger positiv fällt das Urteil über das Pendant des Verlagshauses Lucca aus, das nur von 1847 bis 1859 erschien: »*L'Italia musicale* ist das Äffchen, das der zuvor genannten [*Gazzetta musicale di Milano*] hinterher tanzt, wie es Madama [Giovannina Lucca] befiehlt. Es ist der Pfuhl, der alle Bosheiten gegen Verdi sammelt; Rovani spielt den Aufseher, Vitali den Schlächter: Petrella ist das Idol, das erhoben werden soll, und Madama kümmert sich darum.«

Die von Ghislanzoni erwähnte Zeitschrift wird wie folgt beurteilt: »*La fama* [*Der Ruhm*] trägt ihren Namen zu Recht, lobt alle, ermutigt alle, Abonnenten und Nicht-Abonnenten, denn durch Loben hofft sie, diese einzufangen; deswegen ist sie die überflüssigste Zeitschrift der Halbinsel. Wenn er nicht so langweilig wäre, könnte Cominazzi ein guter Autor sein: aber außer langweilig zu sein, ist er auch unangenehm.« Andere Zeitschriften berichteten ursprünglich eher beiläufig über Musik. Die Zeitschrift *La moda*, die anfangs die Widmung an das »schöne Geschlecht« im Titelkopf trug, wurde später zum »Journal für Literatur, Mode und Theater«, bis sie 1850 von der Agentur Lampugnani übernommen wurde und zur *Gazzetta dei teatri* mutierte. Das Urteil über dieses Blatt ist besonders vernichtend; vielleicht weil es in besonderer Konkurrenz zu *Il trovatore* stand: »*La gazzetta dei teatri* ist der Anzeiger der Sänger. Nach seinem Urteil zu schließen, ist Lampugnani ein Schneider, denn die besten Artikel sind über die Mode. Er ist weder ein profunder, noch ein lebendiger Autor; wenn er ernst sein will, schreibt er ungeheuerlichen Blödsinn, wenn er unterhaltsam zu sein versucht, ist er noch unerträglicher. [...] Er verbreitet sich dünkelhaft über irgendwelche Dinge, aber bleibt immer ein Modejournalist, eine wirkliche Null.« Etwas aus dem Rahmen fiel die Zeitschrift des Verlegers Guidi aus Florenz, die erst als *Gazzetta musicale di Firenze*, dann als *Armonia* und nach einer kurzen Unterbrechung als *Boccherini* firmierte. »*L'armonia* ist das Journal der *riforma musicale*«, beschreibt *Il trovatore* die inhaltliche Ausrichtung des toskanischen Blatts, die wohl nicht ganz zufällig mit dem Verlagsprogramm von Guidi übereinstimmt. Doch der Erfolg dieser Bemühungen war anscheinend nicht unumstritten, denn »es möchte reformieren, was sich gerade erst formiert; aber zuerst sollte es sich selbst reformieren. Gott und der gesunde Menschverstand mögen ihr dabei helfen!« Bei der Einführung der in Italien weniger populären Instrumentalmusik kam Guidi und seinen Autoren, unter anderem Abramo Basevi, aber sicherlich eine wichtige Rolle zu.

Verdi und seine Verleger

Als Verdi mit seiner ersten Oper an die Öffentlichkeit trat, stand Ricordi mit dem *impresario* Merelli in einem Vertragsverhältnis, das dem Verlag die Rechte an allen an der Scala uraufgeführten Werken sicherte. In diese Regelung eingeschlossen waren auch die drei Opern, die Merelli nach dem Erfolg von *Oberto* bei Verdi bestellt hatte und die sich schließlich als *Un giorno di regno*, *Nabucodonosor* und *I Lombardi alla prima crociata* konkretisieren sollten. Zu einem Rechtsstreit kam es im Jahre 1842, als Verdi die Hälfte der Rechte von *Nabucodonosor* an Ricordis Konkurrenten Lucca verkaufte. Die Verlage einigten sich schließlich auf einen Kompromiß, der beiden Parteien einen Teil der Rechte sicherte (Jensen, 1989, S. 32). Die folgenden Opern wurden wieder ausschließlicher Besitz von Ricordi, auch der für Venedig geschriebene *Ernani* und die in Rom uraufgeführten *I due Foscari*, die nicht unter die Vereinbarung mit Merelli fielen. Verdis Verhältnis zu Ricordi kühlte sich aber ab, als dieser nach der Premiere von *Giovanna d'Arco* keinen positiven Artikel über die Oper in der von ihm herausgegebenen *Gazzetta musicale di Milano* veröffentlichen konnte. Möglicherweise nahm Verdi deswegen das Angebot an, die auf *Alzira* folgenden Werke nunmehr bei Francesco Lucca zu veröffentlichen. Vielleicht hatte aber auch die Freundschaft von Giovannina Lucca mit Giuseppina Strepponi, Verdis späterer Frau, zur Neubelebung der Geschäftsbeziehung beigetragen (ebd., S. 59). *Attila*, *I masnadieri* und *Il corsaro* wurden daher von Lucca verlegt, während es Ricordi gelang, sich über den *impresario* Lanari den für Florenz geschriebenen *Macbeth* zu sichern. Daß Verdis Zusammenarbeit mit Lucca nach *Il corsaro* für immer enden sollte, hatte sicherlich mehrere Gründe. Vor allem hatte sich der Verleger als überaus unangenehmer Geschäftspartner erwiesen, der nicht bereit war, auf Verdis Wünsche einzugehen. Zugleich hatte sich auch die Beziehung zu Ricordi wieder verbessert, dem Verdi mittlerweile die italienischen Rechte an *Jérusalem* überlassen hatte, der Neufassung von *I Lombardi alla prima crociata* für die Pariser Opéra.

Von besonderer Bedeutung war dieser Neubeginn auch für die Wirtschaftsgeschichte der italienischen Oper, da das Verhältnis von Komponist und Verleger hierbei neu definiert wurde. Es gelang Verdi dabei nämlich, die bisher übliche einmalige Honorarzahlung durch eine Beteiligung des Komponisten am Verleih zu ersetzen, so daß er nun für jede Aufführung Tantiemen erhielt. Zwar hatte bereits Bellini in einigen Fällen Honorarzahlungen für auf die Premiere folgende Produktionen erhalten, aber erst durch Verdis Beispiel setzte sich dies allmählich in Italien durch (ebd., S. 94).

Kennengelernt hatte Verdi diese für den Autor wesentlich vorteilhaftere Regelung in Frankreich, als er in Paris, wie bereits erwähnt, *Jérusalem* zur Aufführung gebracht hatte und in Kontakt mit dem dortigen Verlagswesen gekommen war. Seine Verleger dort waren die Brüder Marie-Pierre-Yves Escudier (1819–1880) und Léon Escudier (1821–1881), die vor allem durch die von ihnen herausgegebene Zeitschrift *La France musicale* bedeutenden Einfluß auf das Pariser Musikleben nahmen. Das Programm Escudiers umfaßte vor allem die Werke italienischer Komponisten, so verlegten sie fast alle Opern von Verdi in Frankreich, unter anderem die Erstausgaben von *Jérusalem* (1847), von *Les vêpres siciliennes* (1855), der Revision des *Macbeth* (1865) und von *Don Carlos* (1867). Léon Escudier wirkte ab 1874 überdies als Direktor des Théâtre Italien, wo *Aida* die französische Premiere unter der Leitung des Komponisten hatte. Verdis anfängliche Freundschaft mit Escudier kühlte sich jedoch ab, als dieser später immer wieder mit der Zahlung der Tantiemen in Rückstand kam.

In Italien blieb Verdi nach dem kurzen Intermezzo mit Lucca nun bei Ricordi, wobei die Zusammenarbeit sich über vier Generationen erstreckte: Begonnen hatte sie mit dem vom Gründer Giovanni Ricordi verlegten *Oberto*, und sie dauerte schließlich bis zu *Falstaff*, an dessen Uraufführung dessen Urenkel Tito junior (1865–1933) beteiligt war. Daß Verdi bei Ricordi blieb, lag nicht zuletzt wohl daran, daß der Verlag alles tat, um ihn zu halten. Als der führende italienische Komponist seiner Zeit verfügte Verdi über eine Machtposition, die es ihm erlaubte, die Bedingungen zu diktieren. Am Anfang seiner Karriere hatte Verdi noch Kompromisse eingehen müssen, danach war er es, der die Beziehung zu seinem Verleger gestaltete. Der Ausgangspunkt der Neuregelung ihrer Geschäftsbeziehung waren die Forderungen, die Verdi bei *La battaglia di Legnano* stellte, wobei sich der Ausschluß der Scala mit den gespannten Beziehungen Verdis zu Merelli erklärt. In seinem Brief an Tito Ricordi diktierte Verdi:

Hier also die Vertragsbedingungen: 1. Die Uraufführung der Oper findet in einem führenden italienischen Opernhaus statt, aber nicht in der Scala, mit einem hochrangigen Ensemble vor dem Ende des Jahres 1848; das Libretto geht zu meinen Lasten. 2. Du zahlst mir für Druckausgaben jeglicher Art 12 000 Franken in 600 Napolons d'or bei der Übergabe der Oper, also am Tag der Generalprobe. 3. Für die erste Spielzeit, in der die Oper unter meiner Leitung aufgeführt wird, zahlst Du mir 4000 Franken. 4. Jedesmal, wenn die genannte Oper in einem Land aufgeführt wird, in dem die Urheberrechtsgesetze gelten, zahlst Du mir für jede *stagione* 300 Franken in den folgenden zehn Jahren; nach Ablauf der ersten zehn Jahre bleibt Dir das unumschränkte Eigentum an den Noten. 5. In allen anderen Ländern, in denen die Urheberrechtskonvention nicht gilt, beteiligst Du mich an den Leihgebühren mit 300 Franken. 6. Wenn Du die Rechte an der Partitur der genannten Oper nach Frankreich verkaufst, zahlst Du mir 3000 Franken in Napoléons d'or. Bei einem Verkauf nach England, ebenfalls 3000 Franken. In allen anderen Ländern kann sie nicht ohne meine Zustimmung verkauft werden, da auch ich meinen Anteil haben will. 7. Diese Oper darf an der Scala nicht ohne meine Erlaubnis aufgeführt werden. 8. Um die Veränderungen zu verhindern, denen die Opernmusik in den Theatern ausgesetzt ist, bleibt es untersagt, in den genannten Noten irgendeine Einfügung, irgendeine Verstümmelung oder irgendwelche Transpositionen vorzunehmen; kurz alles, was auch nur die kleinste Veränderung in der Instrumentation erfordern würde, und zwar unter einer Strafe von 1000 Franken, die ich von Dir für jedes Theater einfordern werde, wo der Notentext verändert worden sein wird. Wenn Dir diese Bedingungen genehm sind, halt ich mich an alles bis zum Samstag 22. Mai gebunden. (Brief vom 20. Mai 1847; Copialettere, 1913, S. 38 f.)

Im Prinzip war dies das Modell der Vereinbarungen für die spätere Zeit, das nur noch in Details modifiziert wurde. Auf einige Punkte ist hier besonders hinzuweisen: Verdi differenziert zwischen Aufführungs- und Veröffentlichungsrechten, so daß er an den Einkünften aus beiden partizipieren konnte und seinen Einfluß behielt. Dieser Punkt stieß bei Ricordi auf besondere Ablehnung, da er praktische Schwierigkeiten befürchtete. Als noch problematischer sah der Verleger aber den fünften Punkt an, da er außerhalb des Geltungsbereiches der *Convenzione del Rè di Sardegna coll'Austria* (siehe oben, S. 58) über keine Möglichkeit verfügte, von den lokalen *impresari* Gelder einzutreiben. Er sah nur die Möglichkeit, dort den Verleih der Oper soweit zu verbilligen, daß es sich nicht mehr lohne, Aufführungen mit Raubkopien durchzuführen. Es war nicht unüblich, daß an derartigen Theatern die Opern neu aus dem Klavierauszug (der im Gegensatz zur Partitur frei käuflich war) instrumentiert wurden, um so die Kosten für den Verleih des Aufführungsmaterials zu sparen. Natürlich war dies weder im Sinn des Verlegers noch des Komponisten, da dann nicht nur keine Gelder flossen, sondern die Opern auch erheblichen künstlerischen Schaden erlitten. Im Lauf der Zeit zeigte sich aber, daß der Verleih durch Verdis Festschreibung der Leihgebühr und seine Tantiemen so teuer wurde, daß die Piraterie eher zunahm. Vor allem erwies sich auch, daß die Opern, die unter diese Neuregelung fielen, gemieden wurden; statt *Gerusalemme* (der Übersetzung von *Jérusalem*) wählten die *impresari* der weniger finanzstarken Theater lieber *I Lombardi alla prima crociata*, da diese für einen weitaus günstigeren Preis zu bekommen war. Da dies weder im Interesse von Verdi noch von Ricordi liegen konnte, einigten sich die beiden schließlich auf eine prozentuale Beteiligung des Komponisten an der jeweils mit dem Theater vereinbarten Leihgebühr, womit sich schließlich auch hier die französische Regelung etablierte (Jensen, 1989, S. 151 f.)

Verdis Forderung, daß Ricordi ihm für jede unbefugte Änderung an der Partitur 1000 Franken zu zahlen habe, zeigt, wieviel ihm an der Integrität seiner Opern lag. Auch dieser Punkt wurde zwischen beiden heftig diskutiert, da Ricordi zwar die Idee grundsätzlich befürwortete, sich aber außerstande sah, die Einhaltung an allen Theatern durchzusetzen. Der Kompromiß sah schließlich vor, daß Ricordi die Summe nur an Verdi zu bezahlen habe, wenn er sie zuvor eintreiben konnte; er mußte also nicht für das Verhalten Dritter haften (ebd., S. 104).

Die Einführung des Urheberrechts

Der für Italien neue Werkbegriff, den Verdi hier vertritt, setzten ebenso wie seine anderen Forderungen die Einführung eines wirksamen Urheberrechts voraus. Zuvor hatte der Komponist jegliche Kontrolle über sein Werk verloren, wenn er es einmal aus den Händen gegeben hatte. Nun wurde der Autor in die Lage versetzt, eine für alle Theater verbindliche, definitive Fassung seines Werkes durchzusetzen. Nicht mehr die von Unwägbarkeiten geprägten Aufführungsbedingungen bestimmten die Werkgestalt, sondern allein der Wille des Autors (Gerhard, 1992, S. 41 f.).

Vorreiter bei der Einführung des modernen Urheberrechts war Frankreich, wo im Zuge der Französischen Revolution die Situation der Autoren schrittweise verbessert wurde. Zwar war hier schon zuvor das gedruckte Werk geschützt gewesen, es galt jedoch als ausschließliches Eigentum des Verlegers. Nachdem der Autor es einmal verkauft hatte, verlor er alle Rechte: Er erhielt keinerlei Tantiemen und konnte daher auch nicht am Erfolg des Werkes partizipieren. Um ein mehr oder weniger regelmäßiges Einkommen sicherzustellen, mußte der Komponist also ständig neue Werke produzieren und verkaufen. Das erste französische Gesetz zur Sicherung der Autorenrechte aus dem Jahre 1791 besagte nun: »Die Werke lebender Urheber können von den öffentlichen Theatern in ganz Frankreich nicht ohne deren ausdrückliche und schriftliche Genehmigung aufgeführt werden«; bei Zuwiderhandlung wurde der Einzug der Aufführungseinnahmen zugunsten der Autoren angedroht. Zwei Jahre später wurde dies weiter konkretisiert: »Die Urheber von Geschriebenem aller Art, die Komponisten sowie die Maler und Zeichner, die ihre Bilder oder Zeichnungen drucken lassen, genießen für ihr ganzes Leben das ausschließliche Recht, ihre Werke innerhalb des Staatsgebietes zu verkaufen, verkaufen zu lassen oder zu vertreiben und das Eigentum daran ganz oder in Teilen abzutreten.« (Sprang, 1993, S. 21) Voraussetzung war, daß der Autor zwei Exemplare des gedruckten Werkes hinterlegt hatte, damit der Nachweis der Urheberrechtsverletzung geführt werden konnte. In Frankreich wurden Opernpartituren, im Gegensatz zu Italien, in der Regel gedruckt, so daß auch die Komponisten von dem neuen Gesetz profitieren konnten. Der Autor hatte nun die Möglichkeit, Tantiemen zu verlangen, andernfalls konnte er die Aufführung einfach verbieten. Die neue Regelung betraf aber nur Werke, die ursprünglich in Frankreich veröffentlicht worden waren; das Gesetz galt also nicht für Werke wie Webers *Der Freischütz*, der – ohne die Zustimmung des Komponisten – in Paris gleich in mehreren entstellenden Bearbeitungen gedruckt wurde.

Italien hinkte bei der Einführung des Urheberrechts hinterher, was nicht zuletzt an der Zersplitterung des Landes in Kleinstaaten lag. Vorreiter auf diesem Gebiet war Neapel, wo im Jahre 1811 als Folge der französischen Besetzung auch die eben dargestellte Gesetzgebung übernommen wurde, allerdings nur für das eigene Staatsgebiet. Dabei wurde sie insofern an die dortigen Bedingungen angepaßt, als der Schutz auch auf Opern ausgedehnt wurde, die zwar nicht im Partiturdruck vorlagen, was in Italien völlig unüblich war, von denen jedoch eine handschriftliche Kopie im Konservatorium hinterlegt worden war. In den anderen Staaten der Halbinsel wurde erst mit der *Convenzione del Rè di Sardegna coll'Austria* vom 26. Juni 1840 ein modernes Urheberrecht eingeführt. Nicht unterschrieben hatte allerdings das Königreich beider Sizilien, so daß die Verleger hier besondere Vorsicht walten lassen mußten, bevor im Zuge der italienischen Einigung das einheitliche Urheberrecht schließlich auf der ganzen Halbinsel durchgesetzt werden konnte (Rosmini, 1872–1873).

Gängige Rechtsprechung in Italien blieb aber auch danach, daß Übersetzungen ausländischer Literatur das Eigentum des Übersetzers darstellten. Dies scheint aus Berechnung festgelegt worden zu sein, um nicht die Verwendung ausländischer Dramen und Romane als Librettovorlagen zu beeinträchtigen, wodurch das italienische Musiktheater in erhebliche Schwierigkeiten gekommen wäre. »Um einen Operntext zusammenzustellen, genügt es, einen Vorwurf von irgendeinem einheimischen oder von jenseits der Alpen kommenden Autor zu stehlen«, stellte ein italienischer Librettist im Jahre 1856 fest, denn man muß nur »die gallischen Theatereffekte [...] hineinzwängen, irgendein nebulöses Konzeptchen aus dem Museum der Romantik zusammenscharren und zurechtstutzen; und schließlich alles, so Gott will, in eine Art gereimter Prosa bringen« (Rolandi, 1951, S. 137). In Italien war dieses Verfahren durchaus üblich, wobei insbesondere das französische Dramen-Repertoire und die Textbücher der *opéra comique* Verwendung fanden. Nicht ohne Grund nannte denn auch Eduard Hanslick die italienischen Librettisten die »Piraten der Poesie« (Hanslick, 1875, S. 221).

Die Rolle der Politik

von Martina Grempler

Die Karriere des Opernkomponisten Giuseppe Verdi spielte sich überwiegend innerhalb des traditionellen, von den Souveränen des ancien régime getragenen Theatersystems der italienischen Einzelstaaten ab. Die Tatsache, daß das Theater und weit mehr noch die Oper als beinahe allabendlicher Treffpunkt der führenden Familien einer Stadt eine überaus wichtige Rolle für das gesellschaftliche Leben im Italien des 19. Jahrhunderts spielten, erklärt hinreichend, warum die Regierungen auf die Kontrolle dieser Orte besonderen Wert legten.

Die Opernhäuser standen unter dem Einfluß verschiedener staatlicher Stellen. Es war üblich, daß sich der Souverän selbst darum kümmerte, wie im Fall der königlichen Opernhäuser von Neapel oder Turin, wo zum Beispiel die Vergabe der Logen die höchsten Instanzen beschäftigte. Im Allgemeinen befaßten sich mehrere Ministerien mit den Theatern: Unmittelbar unterstanden die staatlichen Theater in der Regel dem Innenministerium, Subventionen mußten vom Finanzministerium bewilligt werden, das Polizeiministerium, teilweise auch die Befehlshaber der städtischen Garnison oder anderer militärischer Einrichtungen waren schon allein deshalb beteiligt, da uniformierte Kräfte in großer Zahl für die Sicherheit und für Kontrollen vor dem Theater und innerhalb des Zuschauerraums zuständig waren.

Die enge Bindung an die staatlichen Institutionen hatte für die *impresari* auch zahlreiche positive Aspekte. Vielfach baten sie diese bei internen Problemen um Hilfe, beispielsweise bei mangelnder Probendisziplin oder auch bei Zahlungsunwilligkeit der Besucher. Die Drohung, die Polizei einzuschalten, die eine Haft verfügen könnte, wurde in den italienischen Theatern des 19. Jahrhunderts durchaus häufig angewandt und in manchen Fällen umgesetzt. Es erstaunt daher nicht, daß sich die *impresari* um ein gutes Verhältnis zur Obrigkeit bemühten. So war etwa Bartolomeo Merelli, der Auftraggeber der ersten Opern Verdis und namentlich von *Nabucodonosor*, zeitweise auch in Wien tätig und Österreich gewiß alles andere als feindlich gesonnen. Man vermutet sogar, daß er als Spion für die habsburgische Polizei tätig war (Walker, 1962, S. 46).

Verdi und die Zensur

Über Verdis Schwierigkeiten mit der Zensur ist bereits viel geschrieben worden, so daß wir heute, was die einzelnen Werke des Komponisten betrifft, in dieser Hinsicht gut informiert sind. Die ältere Verdi-Literatur stellte den Komponisten generell als einen Mann dar, der in seinem ständigen Kampf gegen die Willkür der Behörden mehrfach nahezu verzweifelte, was besonders die Briefe Verdis anläßlich der gravierenden Eingriffe der Zensur bei *Rigoletto* oder *Un ballo in maschera* bestätigen.

In zahlreichen Fällen hatte Verdi tatsächlich große Probleme mit den Zensurbehörden. Ein bedeutender Teil seiner Werke wurde in dem Jahrzehnt zwischen 1849 und 1859 uraufgeführt, als die Zensur in den italienischen Staaten außerhalb von Piemont-Sardinien besonders restriktiv war. Zudem mußte die Vorliebe des Komponisten für »*neue, grandiose, schöne, abwechslungsreiche, kühne* Stoffe« (Brief an Cesare De Sanctis vom 1. Januar 1853; Luzio, 1935, Band I, S. 16) Anstoß erregen. So galt Frankreich den Mächten der Restauration als das Land, von dem Krieg und Revolution ausgingen. Das französische Theater empfand man als unmoralisch und blutrünstig. Vor diesem Hintergrund erstaunt nicht, daß Sujets wie Victor Hugos *Hernani* und *Le Roi s'amuse* den Kontrollinstanzen der italienischen Staaten ein Dorn im Auge waren.

Autoren wie Philip Gossett oder Marcello Conati, die sich in jüngerer Zeit kritisch mit den Beziehungen Verdis zur Zensur auseinandergesetzt haben, zeigen jedoch, daß das Bild des Komponisten als unbeirrbaren Streiters für die Freiheit der Kunst korrekturbedürftig ist. So spielten bei manchem Konflikt mit der Zensur auch urheberrechtliche Fragen beziehungsweise handfeste geschäftliche Interessen des Verlags Ricordi eine wichtige Rolle, wie beispielsweise Birgit Pauls durch Quellenfunde in neapolitanischen Archiven für *Un ballo in maschera* nachweisen konnte (Pauls, 1996, S. 223–247).

Die Zensurbehörden legten es in der Regel nicht auf das Verbot einer Oper an. Bei der Kontrolle des Sprechtheaters waren sie in dieser Hinsicht offenbar rigoroser, denn es sind zahlreiche Fälle bekannt, bei denen Werke etwa von Vittorio Alfieri oder Gian Battista Niccolini nicht zur Aufführung gelangten. Dabei ist jedoch zu bedenken, daß die Schauspieltruppen meist ein großes Repertoire hatten, hingegen in der Oper nur wenige Stücke pro Saison geplant waren. Wenn hier die Zensur mit einem Verbot eingriff, zumal bei einer Uraufführung, war schnell die gesamte Saison gefährdet und dies konnte erhebliche Auswirkungen haben, da die Oper in jeder italienischen Stadt einen wichtigen Wirtschaftsfaktor darstellte (Walter, 1997, S. 288).

Im italienischen Theatersystem des 19. Jahrhunderts war es durchaus gängige Praxis, daß um ein abgelehntes Stück weiter verhandelt wurde. Nicht selten akzeptierten die Behörden es schließlich doch und die geplante Aufführung konnte noch stattfinden, wenn die von der Zensur verlangten Modifikationen vorgenommen wurden. Im allgemeinen waren auch Verdi und seine Librettisten zu solchen Verhandlungen und zu entsprechenden Konzessionen bereit. Zudem achteten die meisten Autoren bereits im Vorfeld darauf, die Zensur nicht herauszufordern. Ein erfahrener Librettist wußte im allgemeinen, welche Worte in einem Textbuch unerwünscht waren und fügte sie deswegen gar nicht erst ein.

Die Zensurbehörden begriffen sich selbst weniger als politische Kontrollbehörde, sondern als Instanz, die über die literarische und moralische Qualität der Stücke zu wachen hatte. Davon zeugt, daß die Schuld für Eingriffe häufig den Autoren zugewiesen wurde, die ihr Talent an minderwertige, unmoralische Sujets verschwendet hätten, ein Vorwurf, der auch Verdi und Piave im Fall des *Rigoletto* traf. »Die Theater sind dazu da, die Sitten zu verbessern, sie sollten niemals anderes als tugendhafte Handlungen präsentieren, oder, wenn sie Laster und Niedertracht darstellen, müßten sie es auf solche Weise tun, daß die Tugend dadurch noch bewundernswerter und schöner erscheint«, schrieb ein Mitglied der Mailänder Zensurbehörde um 1848 (Di Stefano, 1964, S. 78).

Michael Walter betont in seiner *Sozialgeschichte der Oper im 19. Jahrhundert* die fachliche Qualifikation vieler Zensoren, die häufig selbst literarisch versiert waren (Walter, 1997, S. 299). So übte zum Beispiel in Rom eine Zeit lang Giuseppe Gioacchino Belli diese Funktion aus, der bekannte Autor zahlreicher satirisch-sozialkritischer Gedichte in römischem Dialekt. In Palermo setzte sich die Behörde zum Teil aus Professoren der Universität zusammen, in Neapel hatten mehrere der Zensoren selbst Erfahrungen als Theaterautoren gemacht.

Allgemein gilt, daß für die Zensur politische Fragen nur einen Aspekt unter anderen darstellten. Die Überwachung der Einhaltung moralischer und religiöser Grundsätze nahm mindestens ebenso viel Raum ein. Die politische Zensur, namentlich die beim Sprechtheater häufig zu findende Unterdrückung von Stücken, die sich mit der Freiheitsthematik auseinandersetzen, spielte bei der Oper längst nicht die große Rolle, die ihr immer wieder zugeschrieben wird. Die frühen Opern Verdis wie etwa *Nabucodonosor* oder *Attila*, die traditionell mit dem Risorgimento besonders eng in Verbindung gebracht werden, hatten im Vergleich zu Werken wie *Rigoletto* wenig Schwierigkeiten mit der Zensur, was nicht nur daran lag, daß sie vor 1848 und überwiegend in den liberaleren nördlichen Gebieten uraufgeführt wurden.

Besonders empfindlich reagierte die Zensur, wenn weltliche Souveräne als Opernfiguren auftraten. Vor allem bei Königen oder Fürsten legte die Obrigkeit größten Wert darauf, diese als moralisch einwandfreie Charaktere dargestellt zu sehen. Daß die männliche Hauptfigur, die mit König Gustav III. von Schweden überdies ein historisch reales Vorbild hatte, ehebrecherische Gefühle für die Frau seines Freundes hegt, bildete einen der vielen Streitpunkte bei den Verhandlungen um *Un ballo in maschera*. Ebenso mißfiel bei *Ernani*, daß der König die von ihm geliebte Elvira entführen lassen will.

Die Darstellung religiöser Themen führte, vor allem wenn es konkret um die christliche Kirche ging, nicht nur im Kirchenstaat fast zwangsläufig zu Problemen. Die Wahl eines Themas aus dem neuen Testament war nahezu unmöglich, das Erscheinen geistlicher Würdenträger oder sogar nur die Nennung eines geistlichen Amtes generell unerwünscht ebenso wie die Verwendung bestimmter Begriffe, etwa »Gott«, »Satan«, »Kirche« oder »Engel«, sowie die Darstellung von Übernatürlichem wie zum Beispiel der Hexen in *Macbeth*.

Die Liste der Änderungen, die in dieser Hinsicht an den Opern Verdis vorgenommen wurden, ist deutlich länger als die der Eingriffe bei patriotischen Inhalten. *Stiffelio*, in dem der Ehebruch der Gattin eines Pfarrers thematisiert wird, gehört zu den besonders häufig veränderten Werken. Selbst im Fall von *La traviata*, einer Oper, in der religiöse Inhalte gewiß nicht im Vordergrund stehen, war die Zensur wachsam: Im 3. Akt erwähnt Violetta, ein Priester habe sie getröstet und die Religion sei ein Halt für die Leidenden. Der direkte Hinweis auf die Religion und einen Priester, wie positiv er auch sei, durfte weder im Kirchenstaat, noch in Neapel und selbst nicht im liberaleren Florenz fallen – schon gar nicht aus dem Mund einer Kurtisane (was Violetta allerdings in den Zensurfassungen auch nicht ist!). Selbst Alfredos »Croce e delizia« (»Kreuz und Entzücken«) wurde auf Anweisung der Zensoren zu »duolo e delizia« (»Schmerz und Entzücken«) beziehungsweise »pena e delizia« (»Qual und Entzücken«) (Buia, 1990, S. 37–39).

Ein großer Teil dieser heute grotesk wirkenden Änderungen erwuchs aus dem Bestreben der Zensurbehörden, sicherzustellen, daß Bühnenwirklichkeit und alltägliche Realität getrennt blieben (Walter, 1997, S. 308). Dies ist eine Erklärung dafür, daß unter Verdis Opern gerade *La traviata*, *Rigoletto* und *Un ballo in maschera* die größten Probleme mit der Zensur hatten. Der Komponist wollte diese Werke in einer Zeit spielen lassen, die von seiner eigenen nicht weit entfernt war, und es sollten in *Rigoletto* und *Un ballo in maschera* Herrscherfiguren auf die Bühne gebracht werden, die in der nahen Vergangenheit tatsächlich existiert hatten.

Die künstlerischen Vorstellungen Verdis, seine für die italienische Oper neue Art der Auseinandersetzung mit Geschichte sowie die elementare Darstellung menschlicher Leidenschaften (bereits wesentliches Kennzeichen der *tragedia lirica* Donizettis), standen denen der Zensoren diametral gegenüber. Der Komponist erreichte jedoch trotz aller Behinderungen wohl letztlich genau das, was die Kontrollinstanzen zu verhindern suchten: Die Verringerung der Distanz zwischen Bühnengeschehen und Publikum

Die Zensur in den einzelnen Staaten

Die Verantwortung für die Theaterzensur lag in den italienischen Staaten meist beim Chef der staatlichen oder lokalen Polizei. Ihm unterstanden die eigentlichen Zensoren, die Mitglieder der sogenannten »Revisionskommission«, die teilweise auch als Mittler zwischen der Theaterleitung und der übergeordneten Instanz fungieren konnten. In der Regel kontrollierten die Zensoren vorab das Libretto und wohnten später der Generalprobe bei, um sicherzustellen, daß alle möglicherweise geforderten Veränderungen durchgeführt worden waren, und um auszuschließen, daß die Zensurprinzipien durch optische Eindrücke unterlaufen wurden. Ein signifikantes Beispiel hierfür ist der bekannte Fall, in dem die Zensoren in Parma bei einer Aufführung von *Lucia di Lammermoor* 1837 eine Änderung der Kostüme des Chors verlangten, da diese – anscheinend ohne weitere Hintergedanken – in den Farben der italienischen Trikolore grün-weiß-rot gehalten waren (Rosselli, 1984, S. 94).

Hinsichtlich der Unterschiede der Zensur in den einzelnen Staaten herrscht in der Forschung weitestgehend Einigkeit darüber, daß die Behörden in Neapel und Rom strenger als jene in den nördlicheren Territorien waren, obwohl es auch dort drastische Eingriffe gab. Der Schluß, daß durch Revolution bewirkte Regierungswechsel automatisch Auswirkungen auf die Zensur hatten, trifft dagegen nur teilweise zu. Es war durchaus nicht ungewöhnlich, daß die Zensurbehörde eines Staates auch während eines politischen Umsturzes wie zuvor weiterarbeitete. Die im Zuge der Revolution von 1848 in Italien an die Regierung gelangten Kräfte waren meist zu kurz im Amt, um die Bürokratie eines Staates grundlegend zu verändern. So wurde die Polizei- und Zensurhofstelle in Wien, die von 1801 bis 1848 bestanden hatte und 1848/49 kurzfristig aufgehoben worden war, nach dem Ende der Revolution sehr schnell wieder aktiv.

Die Theaterzensur in den zum Habsburger Reich gehörenden italienischen Städten oblag den lokalen Polizeibehörden, die jedoch von Wien aus überwacht wurden. Bei unvorhergesehenen Vorfällen im Zusammenhang mit Theateraufführungen konnte die Zensurhofstelle Rechenschaft fordern. In der Praxis tat sie dies meist erst mit einiger Verspätung, so daß Fälle von ›Nachzensur‹ in den habsburgischen Gebieten offenbar häufiger vorkamen als in den anderen Staaten.

Für die Zensur in Mailand trug zu Verdis Zeit der dortige Polizeichef Carlo Giusto Torresani die Verantwortung, in Venedig der Militärgouverneur General Karl von Gorzkowski. Die Zensur in Lombardo-Venetien galt insgesamt zumindest vor 1848 als die liberalste in ganz Italien. *I due Foscari* stieß in Venedig vor allem deswegen auf Widerstand, da in der Stadt noch Angehörige der in der Oper gezeigten Familien Loredan und Barbarigo lebten, was einmal mehr beweist, wie heftig die Zensur reagierte, wenn es um Stoffe ging, die Bezüge zur Realität aufwiesen.

Gleiches gilt für *Rigoletto*. Die Oper, die Verdi und Piave unter dem ursprünglich geplanten Titel *La maledizione* vorlegten, wurde vom Militärgouverneur Gorzkowski zunächst wegen »abstoßender Unmoral und obszöner Trivialität« verboten (Conati, 1983, S. 228). Erst nach langwierigen Verhandlungen konnte sie in Venedig zur Uraufführung gelangen. Verdi hatte in diesem Fall offenbar die Toleranz der dortigen Behörden, die zuvor die ebenfalls nicht unproblematischen Stücke *Ernani* und *Attila* genehmigt hatten, überschätzt. Der Fall des *Rigoletto* zeigt überdies, in welchen Fällen Verdi bereit war, Zugeständnisse zu machen und wo für ihn eine Schmerzgrenze erreicht war. So war er damit einverstanden, aus dem historischen König von Frankreich einen Herzog von Mantua zu machen, der weder eindeutig auf ein reales Vorbild bezogen werden konnte noch auf einen aktuell bestehenden Staat. Im Gegenzug setzte er durch, daß der ausschweifende Charakter der Figur ebenso erhalten blieb wie deren Stellung als absolutistisch regierender Fürst. Die Titelfigur, äußerlich mißgestaltet und innerlich voll Liebe und Leidenschaft, konnte der Komponist letztlich nach seinen Vorstellungen auf die Bühne bringen. Dies zeigt, ebenso wie der Kompromiß anläßlich der römischen Uraufführung von *Un ballo in maschera*, daß Verdi bereit war, Änderungen bei Ort und Zeit zu akzeptieren, solange die dramatische Substanz des Stückes erhalten blieb (Conati, 1992, S. 52).

Mit der Uraufführung in Venedig waren die Schwierigkeiten mit *Rigoletto* freilich nicht ausgestanden; die zahlreichen Interventionen in den anderen italienischen Staaten zeigen vielmehr, daß die venezianischen Behörden als relativ tolerant bezeichnet werden können. Die Zensurfassungen *Viscardello* (im Kirchenstaat, der Toskana sowie in Modena) sowie *Lionello* (im Königreich beider Sizilien) stehen für die wohl radikalsten Eingriffe der Zensur bei einer Oper Verdis. Sie veränderten Figuren und Inhalt derart gravierend, daß das ursprüngliche Stück kaum noch erkennbar war. Beim 1855 in Neapel gespielten *Lionello* erscheint die von Verdi so großartig gezeichnete Figur des Rigoletto all ihrer wesentlichen Züge beraubt. Da Lionello weder bucklig noch Hofnarr ist, wird die Doppelbödigkeit des Charakters, der ja die Ausschweifungen seines Herrn durchaus unterstützt, ausgemerzt. Die besondere Tragik der Rolle des Rigoletto, wie sie in der von ihm unwissentlich unterstützten Entführung seiner eigenen Tochter besonders augenfällig wird, erscheint gegenüber dem Original verharmlost: Lionello tritt in dieser Situation gar nicht auf.

Er und Marcello (der neue Name für den Herzog) sind venezianische Patrizier, gehören also beide derselben gesellschaftlichen Schicht an. Marcello ist zwar untreu und leichtfertig – er bricht das Eheversprechen, das er Lionellos Tochter gegeben hat –, die offenkundige Libertinage und Unmoral des Herzogs sowie der Zynismus der ihn umgebenden Hofgesellschaft fallen in der Zensurfassung jedoch weg und damit leider auch der Grund, warum Lionello seine Tochter im Haus verborgen hält. Die dramaturgische Funktion des Monterone (hier Morrone) erscheint ebenfalls vollständig verändert. Auch fehlt der Fluch Monterones, der bereits bei der venezianischen Zensur nur schwer durchzusetzen war, ebenso wie ein weiteres wesentliches Motiv: Marcello kommt nicht – wie der Herzog des Originals – wegen Sparafuciles Schwester in dessen Haus, sondern um dort Waffen zu kaufen; die Liste der

Veränderungen ließe sich noch beliebig fortsetzen. Verdi und Piave protestierten gegen die Verstümmelung ihrer Oper, der Komponist in einem Schreiben an Ricordi, Piave in einem offenen Brief an verschiedene Theaterzeitungen. Beide hatten damit aber keinen Erfolg und die Oper erschien vor der italienischen Einigung lediglich in Lombardo-Venetien, in Piemont und in Parma in ihrer originalen Gestalt. Mit *Rigoletto* »feierte die Zensurwut der italienischen Regierungen nach 1848 ihren Höhepunkt« (ebd., S. 70).

In Neapel war die »Revisionskommission« aus drei Zensoren zusammengesetzt, die für die Zensur von Büchern und Libretti dem Innenminister unterstanden, für die Zensur der Theaterproduktionen dem Polizeiminister. Diese Funktion übte vor 1848 Graf Francesco Saverio Delcarretto aus, eine offenbar schillernde Persönlichkeit, die – ebenso wie sein Nachfolger Gaetano Peccheneda – von mehreren seiner Zeitgenossen in einer Weise beurteilt wurde, die an den Scarpia in Puccinis *Tosca* denken läßt (Commons, 1983, S. 71). Mit Komponisten wie Bellini oder Donizetti stand der Polizeipräsident aber offenbar in einem recht guten Verhältnis. Letzterer widmete ihm die Partitur der *Lucia di Lammermoor*.

Über dem Polizeiminister stand der bourbonische König Ferdinand II., der bei mehreren Zensurfällen nachweislich selbst eingriff. Die Zensurbehörden im gesamten Königreich beider Sizilien setzten sich traditionell zum großen Teil aus Klerikern zusammen. Die ersten Aufführungen von Opern Verdis am Teatro San Carlo, darunter *Nabucodonosor*, *Attila*, *I Lombardi alla prima crociata* und *Macbeth*, fanden in den Jahren unmittelbar vor 1848 statt und blieben von der Zensur weitgehend unbehelligt, was damit zu erklären ist, daß es in Neapel bereits im Vorfeld der Revolution zu einer spürbaren Lockerung gekommen war und im Frühjahr 1848 im Zuge der von Ferdinand II. unter dem Druck der politischen Ereignisse erlassenen Reformen zu einer weiteren Liberalisierung (Gossett, 1987, S. 179 f.).

In der Zeit der Reaktion nach 1848 jedoch bekam Verdi in mehreren Fällen die ganze Härte der bourbonischen Zensur zu spüren. Der Plan, eine Oper nach Francesco Domenico Guerrazzis patriotischem Roman *L'assedio di Firenze* zu schreiben, scheiterte. Ferdinand aus Schillers *Kabale und Liebe* wurde in *Luisa Miller* zu Rodolfo, da der Name des Königs auf der Bühne nicht verwendet werden durfte. Und auch *Stiffelio* und *Rigoletto* erschienen in zensierten Fassungen. So ist es nur verständlich, daß sich einige der schärfsten Äußerungen Verdis gegen die Zensur auf jene im bourbonischen Königreich beziehen. Gegenüber seinem neapolitanischen Freund De Sanctis klagte er, daß es auf der Bühne des San Carlo wohl möglich sei, jemanden an Gift oder durch das Schwert sterben zu lassen, nicht aber an Schwindsucht oder an der Pest – aber gerade letzteres geschehe im normalen Leben. Er resümierte: »Ihr seht, es ist fast unmöglich, daß ein *Drama, das mich wirklich befriedigt,* von Eurer Zensur genehmigt wird.« (Brief an Cesare De Sanctis vom 10. Januar 1853; Luzio, 1935, S. 17). Zu dieser Zeit konnte es sich Verdi bereits leisten, ein Werk zurückzuziehen, wenn er die Bedingungen an einem Theater als unzumutbar empfand. Er äußerte in diesen Jahren auch die Absicht, einen Vertrag erst nach vorangegangener Bewilligung des Librettos durch die Zensur zu unterzeichnen, »um die immensen, bei *Stiffelio* und *Rigoletto* erlittenen Unannehmlichkeiten zu vermeiden« (Brief an Antonio Gallo vom September 1851; Copialettere, 1913, S. 124). Bei den Vorbereitungen zu *Il trovatore* setzte er diesen Vorsatz in die Tat um und ließ den römischen *impresario* Jacovacci vor Aufsetzen des Vertrags mit der Zensurbehörde verhandeln.

Trotz dieser Vorsichtsmaßnahmen kam es im letzten Jahr vor dem Ende der bourbonischen Herrschaft in Neapel zu den oft diskutierten Schwierigkeiten im Zusammenhang mit *Un ballo in maschera*, der zunächst als *Gustavo III* nach dem gleichnamigen Opernlibretto von Eugène Scribe geplant war. Anselm Gerhard attestiert Verdi »eine gewisse Blauäugigkeit«, wenn er glaubte, ausgerechnet die neapolitanische Zensur würde ein Stück akzeptieren, das mit einem Königsmord endet, zumal erst kurz zuvor ein Attentat auf König Ferdinand gescheitert war (Gerhard, 1992, S. 370). Zunächst sah es jedoch in der Sache gar nicht schlecht aus. Die Zensoren genehmigten anhand einer von Verdi übersandten Prosaversion den Stoff, allerdings unter der Bedingung, Ort und Zeit der Handlung zu ändern und aus dem König einen Adligen zu machen. Dem kamen Verdi

Abbildung 13

Die Karikatur des neapolitanischen Zeichners Melchiorre Delfico zeigt den Theaterdichter Domenico Bolognese, der Verdi die Eingriffe in das Libretto von *Una vendetta in domino* schmackhaft machen will.

und Somma nach. Das eigentliche Libretto, das der Zensur nochmals vorgelegt wurde, trug bereits den Titel *Una vendetta in domino* und spielte im Pommern des 17. Jahrhunderts. Die Zensur lehnte jedoch diese Fassung ab, letztlich wegen einiger Kleinigkeiten, und schlug dabei gleich eine neue, im Florenz des 14. Jahrhunderts spielende Version unter dem Titel *Adelia degli Adimari* vor, die nun wiederum von Verdi abgelehnt wurde. Er trat daraufhin in Verhandlungen mit Rom, während ihm vor dem Handelsgericht in Neapel der Prozeß wegen Vertragsbruch gemacht wurde. Verdi machte die Schwierigkeiten mit der Zensur, über die ihn der *impresario* nicht rechtzeitig informiert hätte, für das Dilemma verantwortlich. Tatsächlich standen jedoch Interessen Ricordis im Hintergrund, der verhindern wollte, daß der neapolitanische Verleger Teodoro Cottrau, der seinerseits gute Beziehungen zu den dortigen Behörden sowie zur Leitung des Teatro San Carlo unterhielt, das Notenmaterial zu Verdis neuer Oper an sich bringen und weiter vertreiben konnte – die »Piraterie« Cottraus hatte dem Mailänder Verleger zuvor schon mehrfach Schaden zugefügt (Pauls, S. 243 f.).

Nur die Verlegung der Uraufführung in eine andere italienische Stadt stellte die geschäftlichen Interessen Ricordis (und des Komponisten) sicher, und so fand sich Verdi abermals zu Konzessionen bereit, als auch die römische Zensur Änderungen verlangte. Das Ergebnis ist die heute bekannte Oper *Un ballo in maschera* mit dem Handlungsort Boston und dem britischen Gouverneur Riccardo als Protagonisten. Ob zu der ursprünglichen schwedischen Version jemals ein vollständiges Libretto existierte und inwieweit Verdi dafür bereits Musik geschrieben hatte, ist unklar. Die Oper, zu der er eine Partitur beendete, hieß bereits *Una vendetta in domino* (Rosen, i.V.).

In Rom unterstanden die Theater seit der ersten Hälfte des 18. Jahrhunderts dem Gouverneur des Staates, einem hohen Geistlichen, der gleichzeitig Vizekämmerer beim Papst war. Zudem vereinigte er in den ersten Jahrzehnten des 19. Jahrhunderts in seiner Person die Positionen des Polizeichefs und des Präsidenten der seit 1800 bestehenden und mit Mitgliedern des römischen Adels besetzten »Deputation für öffentliche Veranstaltungen«. Aufgabe dieses Gremiums war die politische Zensur, die moralisch-religiöse hingegen lag in der Verantwortung des Kardinalvikars, also der Autorität, die für die Stadt Rom in Vertretung des Papstes zahlreiche bischöfliche Rechte wahrnahm. Die eigentlichen, ›politischen‹ Zensoren waren Mitarbeiter der Deputation und entstammten zum großen Teil den Reihen des Personals der »Generaldirektion der Polizei«. Von 1816 an bis in die 1860er Jahre übte dieses Amt Giovanni Carlo Doria aus, ab 1845 übernahm zudem sein Sohn Andrea den Posten eines zweiten Zensors. Der Zensor von kirchlicher Seite war zu Verdis Zeiten Abate Antonio Ruggeri. Nach den 1847 von Papst Pius IX. verfügten Reformen ging die Oberhoheit über die Deputation auf die kommunale Verwaltung der Stadt Rom über. Damit kam zu den beiden genannten Zensurstellen eine dritte, kommunale hinzu, die für den philologisch-künstlerischen Aspekt zuständig war. Alle Libretti, Kostümfigurinen, die Modelle der Bühnenbilder, Plakate und Theaterzettel mussten einen dreifachen Zensurvermerk aufweisen.

Die Tatsache, daß Verdi für mehrere Uraufführungen seiner Opern von einem anderen Ort nach Rom auswich, ist nicht als ein Zeichen größerer Toleranz der dortigen Zensur zu werten, sondern erklärt sich individuell aus den einzelnen Stücken oder deren Entstehungsgeschichte wie in den bereits erwähnten Fällen von *I due Foscari* und *Un ballo in maschera*. Bei der Entscheidung, *Il trovatore* nicht in Neapel herauszubringen, spielte vor allem eine Rolle, daß Rom die bessere Besetzung anbieten konnte. *La battaglia di Legnano* entstand während der Revolutionszeit 1848/49, und wohl nur deshalb war die Uraufführung dieser Oper, die mehr als alle anderen Werke des Komponisten offen auf die politische Situation in Italien bezogen ist, in Rom möglich. Trotz der teilweisen Aufhebung der Zensur hatte Verdi aber Schwierigkeiten mit dem Plan, zu Beginn des letzten Akts den unsichtbaren Chor in der Kirche einen Text aus dem biblischen Psalter sowie am Schluß, beim Tod des Protagonisten Arrigo, das *Te Deum* singen zu lassen. Die Verwendung liturgischer Texte auf der Bühne wäre unter der Regierung des Papstes mit Sicherheit tabu gewesen. Auch Anfang 1849 mußte der *impresario* hierfür eine Genehmigung einholen. Nach anfänglichen Vorbehalten des Zensors Ruggeri gab schließlich der »Senator Roms«, Fürst Corsini, seine Zustimmung. Die beiden lateinischen Texte wurden im Libretto der Uraufführung allerdings nicht abgedruckt.

In Paris kam es wie in den meisten italienischen Staaten während der Revolution von 1848 zu einer kurzfristigen Abschaffung der Zensur, die jedoch schon nach kurzer Zeit wieder eingeführt wurde, wofür sich sogar Komponisten wie Auber, Thomas oder Halévy ausgesprochen hatten. Im Jahr 1864 stand die Abschaffung der Zensur nochmals zur Diskussion, sie erfolgte jedoch – abgesehen von einer kurzen Unterbrechung in den politischen Wirren von 1870 – erst 1906 (Krakovitch, 1985, S. 245 f.).

Während der ersten Jahre unter Kaiser Napoléon III erließ die Regierung mehrere Gesetze zur Regelung der institutionellen Fragen der Zensur. Die Verantwortung für die Durchsicht und Genehmigung der Libretti lag beim Innenminister, der zu diesem Zweck eine Zensurkommission benannte. Die Überwachung der Theater und damit die Kontrolle darüber, ob diese die Auflagen der Zensurbehörde erfüllten, oblag wie in den italienischen Staaten der Polizei.

Die französische Oper war traditionell in ganz anderem Maße als die italienische Spiegel aktueller Ereignisse, was zum Beispiel der unmittelbar auf die Politik Napoléon Bonapartes anspielende *Fernand Cortez* Gaspare Spontinis ebenso bezeugt wie Rossinis *Le Siège de Corinthe*, dessen Stoff auf den damals stattfindenden griechischen Freiheitskampf Bezug nahm. Die Darstellung historischer Vorgänge, die deutliche Parallelen zur zeitgenössischen Realität aufwiesen, erschien somit als gängige Praxis und erregte nur selten den Unmut der Behörden. Auch Verdis *Les Vêpres Siciliennes*, ein Werk, das mit einem Aufstand der Sizilianer gegen die Franzosen endet und deshalb als antifranzösisch gedeutet werden konnte, passierte die Zensur. Es wäre anzunehmen, daß ein solches Stück aus der Feder eines italienischen Komponisten in Paris auf Zensurprobleme hätte stoßen können, gerade im Uraufführungsjahr 1855, also bereits zu der Zeit, als Piemont unter Cavour eine vorsichtige Annäherung an Frankreich unternahm, den einzigen potentiellen Bündnispartner, mit dessen Hilfe man die italienische Einigung gegen Österreich würde durchsetzen können. Tatsächlich waren aber die Bedenken in Italien stärker als in Paris. Auf der Halbinsel erschien die Oper vor 1860 nur in zensierten Fassungen: Die Neufassung des Textes unter dem Titel *Giovanna de Guzman* hatte Verdi selbst beim Pariser Librettisten Scribe in Auftrag gegeben, im Königreich beider Sizilien wurde die Oper als *Batilde di Turenna* und *Giovanni di Sicilia* gespielt. Zu den Maximen der italienischen Zensoren gehörte es eben auch sicherzustellen, daß eine Oper in außenpolitischer Hinsicht unbedenklich war.

Die Zensur in Piemont-Sardinien, in den Jahren nach dem Wiener Kongreß 1815 noch mit die restriktivste in ganz Italien, war unter den reformfreudigen Königen Carlo Alberto und Vittorio Emanuele II. wesentlich liberalisiert worden. Für Verdi hatte dies wenig Bedeutung, da er nie eine Oper in diesem Staat zur Uraufführung vorbereitete. Gleiches gilt für das Königreich Italien, wo Zensur, wenngleich in ihren Auswirkungen nicht mit der in den ehemaligen Einzelstaaten vergleichbar, durchaus weiter existierte. Verdi komponierte nach *Un ballo in maschera* (1859) zunächst kein neues Werk mehr für ein italienisches Theater, sondern statt dessen mit *La forza del destino*, *Don Carlos* und *Aida* für den Zaren von Rußland, für die sich als kosmopolitisch empfindende Opernmetropole Paris und schließlich für Kairo, die Hauptstadt des vom Khediven Ismail Pascha regierten Ägypten. Die Spätwerke *Otello* und *Falstaff* erlebten zwar im Königreich Italien ihre Uraufführung, entstanden jedoch ohne konkreten Auftrag frei von den vormaligen Zwängen des Theatersystems, denen sich ihr Komponist nun nicht mehr unterwerfen mußte.

Verdi und das Risorgimento – überschätzt und doch wichtig

Das bis heute lebendige Bild des ›politischen‹ Komponisten Verdi präsentiert einen überzeugten Anhänger der italienischen Nationalbewegung, der durch seine Werke, namentlich durch die frühen Opern von *Nabucodonosor* bis *La battaglia di Legnano*, einen wichtigen Beitrag zur Einheit des Landes geleistet hätte. Dieses traditionelle Bild erscheint als Konglomerat mehrerer Episoden: Am Beginn steht die von Verdi selbst erzählte Entstehungsgeschichte des berühmten Chors aus *Nabucodonosor*, wonach ihm beim zufälligen Aufschlagen des Buches die Zeile »Va, pensiero, sull'ali dorate« ins Auge gefallen sei und zur Vertonung des Buches angespornt habe. Die Komposition des heute bekanntesten ›Freiheitschors‹ der italienischen Operngeschichte erschien so den Augen der Nachwelt geradezu als vom Schicksal vorbestimmt. Auf dieses Ereignis folgt in der ›patriotischen Vita‹ Verdis die Nennung der anderen bekannten Freiheitschöre aus den frühen Opern und die Betonung ihrer politischen Bedeutung: »O Signore, dal tetto natio« aus *I Lombardi alla prima crociata*, »Si ridesti il Leon di Castiglia« aus *Ernani*, »Patria oppressa« aus *Macbeth*. Als Höhepunkt schließlich die Jahre 1848/49 mit der auf Wunsch Giuseppe Mazzinis komponierten Hymne *Suona la tromba* sowie der ›Risorgimento-Oper‹ par excellence *La battaglia di Legnano* und deren Uraufführung im revolutionären Rom. Mit diesen Werken wurde Verdi – so die gängige Vorstellung – zum »Maestro della Rivoluzione italiana«, dessen Namen man im Vorfeld der Einigungskriege als Geheimcode für »V(ittorio) E(manuele) R(e) D(') I(talia)« an die Häuserwände schrieb. Letzte Elemente sind Verdis freundschaftliches Verhältnis zu Ministerpräsident Camillo Cavour sowie seine Tätigkeit als Abgeordneter des ersten gesamtitalienischen Parlaments.

Die Verdi zugesprochene Bedeutung für die Risorgimentobewegung und die Ausbildung einer nationalen Identität im jungen italienischen Staat ist fester Bestandteil der Verdi-Literatur, beginnend mit der italienischen Ausgabe der von Arthur Pougin veröffentlichten Biographie (Pougin, 1881). In den letzten Jahren zeigte sich die in der Geschichtswissenschaft schon länger zu findende Tendenz zur ›Entmythisierung‹ des Risorgimento auch in der Opernforschung. Vor allem Autoren angelsächsischer und deutscher Provenienz setzten sich mit der Rolle Verdis als nationalem Idol kritisch auseinander und hinterfragten anhand der Quellen die bekannten Elemente der »patriotischen Vita« des Komponisten. Am weitesten ging dabei Birgit Pauls mit ihrer Dissertation *Verdi und das Risorgimento*, in der sie es unternahm, die Entstehung des nationalen Mythos um Verdis Person zu untersuchen und diesen zu »dekonstruieren«. Pauls kommt zu dem Ergebnis, Verdi sei erst in der Zeit nach der Gründung des Nationalstaats allmählich und dann verstärkt um 1900 sowie in den Jahren des Faschismus zur Kultfigur des Risorgimento stilisiert worden, wobei Biographen wie Alessandro Luzio, der Herausgeber der *Carteggi Verdiani*, eine wichtige Rolle spielten.

Roger Parker, der eine exemplarische Untersuchung des Chors »Va, pensiero, sull'ali dorate« aus *Nabucodonosor* vorlegte, fand keine Berichte aus den Jahren vor 1848, die belegen könnten, daß diese Nummer bereits damals vom Publikum politisch aufgefaßt und gegenüber den anderen Nummern der Oper besonders beachtet wurde. Bei einem von Franco Abbiati 1959 veröffentlichten entsprechenden Zeitungsartikel konnte Parker nachweisen, daß sich dieser in Wirklichkeit nicht auf den später so berühmten Chor bezieht (Parker, 1997, S. 33).

Dies gilt nicht nur für den Fall des *Nabucodonosor*. Es sind insgesamt bloß wenige Einzelberichte aus der Zeit vor den Einigungskriegen 1859/60 bekannt, die patriotische Kundgebungen bei Aufführungen der Opern Verdis dokumentieren. So verhinderte nach dem Zeugnis Emanuele Muzios das Publikum im Jahr 1848 bei einer Aufführung von *Ernani*, daß »A Carlomagno sia gloria e onor« (»Karl dem Großen sei Lob und Ehre«) gesungen wurde, da man den mittelalterlichen Kaiser mit den Deutschen und damit mit der österreichischen Fremdherrschaft identifizierte (Phillips-Matz, 1993, S. 238). 1846 gab dieselbe Oper in Ascoli Piceno Anlaß zu Zwischenrufen wie »Tod den Tyrannen« oder »Es lebe die Freiheit durch Pius IX.«, da das Publikum die Worte »Perdono a tutti« (»Ich vergebe allen«) auf die gerade durch den Papst angeordnete Amnestie bezog.

Die italienischen Zeitungen berichteten kaum über derartige Manifestationen, sie bestätigen lediglich, daß verschiedene Stücke Verdis, darunter der Chor »Oh sommo Carlo« aus dem 3. Akt von *Ernani* ins Repertoire der patriotischen Hymnen, namentlich derer auf Papst Pius IX., eingingen. Dies geschah jedoch in gleichem Maß auch mit Stücken aus den Opern von Komponisten wie Rossini, Bellini oder Pacini. Das Argument, die Presse sei zensiert gewesen, reicht als Erklärung nicht aus, da sich auch aus den Artikeln der unzensierten patriotischen Blätter der Zeit um 1848 eine

Sonderstellung Verdis in politischer Hinsicht nicht ablesen läßt. Insgesamt ebenso schwierig ist die Quellenlage für die ersten Jahrzehnte nach der italienischen Einigung. Zu Ehren des angeblichen »Komponisten der Restauration« Rossini fanden bereits in den Jahren vor seinem Tod 1868 Feiern mit eindeutig patriotischem Charakter statt. Mehrere Gedichte und Kantaten, die aus diesen Anlässen entstanden, sind überliefert. Dort werden im Namen Rossinis unverhüllt aktuelle politische Inhalte angesprochen, namentlich die Forderung nach dem Anschluß Venedigs und Roms an das italienische Königreich. Im Fall Verdis fehlen aber auch für das späte 19. Jahrhundert bislang solche Dokumente weitgehend.

Die Frage, inwieweit und ab wann genau Verdis Opern in nationaler Hinsicht besondere Symbolfunktion bekamen, kann demnach nicht als abschließend geklärt betrachtet werden. Nach dem derzeitigen Stand der Forschung haben sie vor der italienischen Einigung keine wesentlich größere Rolle gespielt als die Werke anderer Komponisten wie zum Beispiel Bellinis *Norma* oder Rossinis *Guillaume Tell*. Trotzdem sollte man sich davor hüten, die Bedeutung Verdis in der Phase der Nationalstaatsgründung zu unterschätzen, wie der Fall des berühmten Akrostichons »Viva V. E. R. D. I.« besonders deutlich zeigt. Birgit Pauls meinte in ihrer Arbeit, dessen Ursprung läge im Dunkeln und benannte als erste Quelle eine Schrift des deutschen Musikkritikers Eduard Hanslick aus dem Jahre 1875 (Pauls, 1996, S. 250). Der Historiker Michael Sawall fand jedoch im Rahmen der Recherchen zu seiner in Arbeit befindlichen Dissertation gleich mehrere Artikel aus dem Jahr 1859, sowohl in der Turiner Zeitung *L'opinione* als auch in der in Augsburg erscheinenden *Allgemeinen Zeitung*, die für das 19. Jahrhundert eine besonders ausführliche und kompetente Italienberichterstattung bietet (Sawall). Aus diesen Berichten geht eindeutig hervor, daß »Viva V. E. R. D. I.« bereits in den Monaten unmittelbar vor den Einigungskriegen ein allgemein bekannter Slogan war, der in der Tat heimlich an die Häuserwände geschrieben wurde, um zur Einigung des Landes unter dem piemontesischen König Vittorio Emanuele II. aufzurufen.

Mythenbildung

Wie erklärt sich, daß gerade Verdi zum »Komponisten des Risorgimento« wurde? Zum einen mit der einfachen Tatsache, daß er mit weitem Abstand der führende unter den italienischen Komponisten war, die ihre Werke in den Jahrzehnten der Revolutionen und der Gründungs- und Konsolidierungsphase des Nationalstaats schrieben, als der größte Teil der Opern Rossinis, Bellinis und Donizettis bereits aus dem Repertoire der Opernhäuser verschwunden war. Die Figur Verdi bot mit Sicherheit größere Möglichkeiten zur Identifikation als seine Vorgänger, zumal für die Menschen, die das Leben im Nationalstaat prägten, für die Bürger vor allem der norditalienischen Städte. Im Gegensatz zu seinen Vorgängern blieb Verdi seiner Heimat während seines ganzen Lebens enger verbunden, auch als er bereits ein international gefragter Komponist war, der sich selber gerne mit Attributen wie »Bauer von Roncole«, »Bär von Busseto« oder »arm geboren« zum Mann des Volkes stilisierte, der es aus eigener Kraft zu bescheidenem Wohlstand gebracht habe.

Der erfolgreiche Komponist erlebte den patriotischen Enthusiasmus in den Jahren vor 1848 und die Hinwendung zur pragmatischen Politik Cavours nach der gescheiterten Revolution, die Freude über die erfolgreiche Einigung ebenso wie die Enttäuschung und den tiefen Pessimismus angesichts der schwierigen Verhältnisse im neuen italienischen Königreich. Diese Erfahrungen, die sich auch in der italienischen Literatur des 19. Jahrhunderts widerspiegeln, verbanden ihn mit vielen seiner Landsleute. In den Opern Verdis konnte das Publikum ohne Probleme in Handlung und Text zahlreiche Elemente finden, die sich auf die aktuelle politische Situation Italiens beziehen ließen. Als Beispiel sei hier (neben den oben bereits genannten Fällen im Zusammenhang mit *Ernani*) nur auf *Attila* und die bekannten Worte »Avrei tu l'universo – resti l'Italia a me« (»Du sollst die ganze Welt haben, aber Italien möge mir bleiben«) hingewiesen. Oft wurde der Widerspruch betont, daß sie von dem römischen General Ezio ausgesprochen werden, der dem Feind Attila einen Handel anbietet und dadurch zum Verräter wird. In seiner Arie zu Beginn des 2. Akts kommen jedoch explizit die Motive zum Ausdruck, die Ezio leiten. Er handelt keineswegs nur aus Ehrgeiz, sondern im Interesse Roms, das unter der Herrschaft des jungen, schwächlichen Kaisers Valentinian zu einem »niedrigen Kadaver« verkommen sei. In dieselbe Richtung zielt auch die *cavatina* Forestos »Cara patria, già madre e reina« (»Teure Heimat, einst Mutter und Königin«), in der das unter der Fremdherrschaft Attilas stehende Italien als »Trümmerhaufen, eine Wüste, eine Ruine, über die Düsternis und Schweigen regieren«, bezeichnet wird. Die Klage über den Zustand des Landes unter der Herrschaft der Mächte des ancien régime, die durch die Erinnerung an die frühere glanzvolle Geschichte noch verstärkt wird, gehört zu den häufig verwendeten Motiven der italienischen Literatur der Risorgimentozeit, mit der auch die patriotischen Chöre der frühen Verdi-Opern inhaltlich sowie vom Versmaß her in enger Verbindung stehen (siehe unten, S. 207 f.).

In einer anderen Szene des *Attila* wird die historische Begegnung des Titelhelden mit Papst Leo I. dargestellt, der durch seine geistliche Autorität den Hunnenkönig davon abhalten kann, auf Rom zu marschieren. Diese Episode konnte im Uraufführungsjahr der Oper 1846 leicht auf den neuen Papst Pius IX. bezogen werden, der damals die Hoffnungen der Einheitsbewegung repräsentierte. Die Tendenz, historische Ereignisse im Spiegel politischer Aktualität zu sehen, gehörte zu den Charakteristika des Risorgimento. Verdi teilte das Interesse seiner dichtenden und malenden Zeitgenossen an der künstlerischen Gestaltung von Geschichte. Offenkundig wurde der Komponist in sehr vielen Fällen von einer historischen Situation, einem Ereignis oder einer Person entscheidend inspiriert wie zum Beispiel von der Figur des Königs Philipp in *Don Carlos*. Ebenso evident ist sein Interesse an der Darstellung von staatlicher Macht und deren Wirkung auf die Menschen.

Die Auseinandersetzung mit solchen Inhalten erreicht bei Verdi eine in der italienischen Oper bislang nicht existierende Dimension – gerade weil er sich nicht damit zufrieden gab, Geschichte einheitlich aus dem Geist des Risorgimento heraus zu deuten. Wie kein anderer vermochte Verdi es, die Sehnsucht nach Heimat und das Leiden eines Volkes unter Unfreiheit in Musik zu setzen. Die von den Patrioten der Nationalbewegung beschworene Konsequenz aus diesem Zustand, der Kampf um Freiheit, erscheint in seinen Opern jedoch sehr unterschiedlich. In *La battaglia di Legnano* ist das mit seinen Anführern durch die gemeinsame Liebe zum Vaterland verbundene Volk in der Lage, durch kriegerische Aktion eine bestehende Fremdherrschaft zu beenden beziehungsweise eine drohende abzuwehren. Dieses Motiv, das auch in Rossinis *Guillaume Tell* oder in Bellinis *Norma* enthalten ist, bleibt bei Verdi die Ausnahme. Die Aufstände in seinen Opern hinterlassen einen schalen Beigeschmack durch die angewendete Gewalt (*Macbeth*, *Les Vêpres Siciliennes*) oder scheitern, bevor sie überhaupt richtig begonnen haben (*Ernani*). Wie in zahlreichen Werken der französischen *grand opéra* – etwa Aubers *La Muette de Portici* (1828) oder Meyerbeers *Le Prophète* (1849) – findet man die negative oder zumindest kritische Darstellung einer fanatisierten, nicht mehr kontrollierbaren Volksmenge. Es ist bezeichnend, daß die Ratsszene in *Simon Boccanegra*, in der die aufgebrachten Massen die Versammlung bedrohen und nur durch die Autorität einer integren Führergestalt wie des Dogen Boccanegra zur Räson gebracht werden können, in der ersten Fassung der Oper nicht enthalten war. Sie wurde erst in der Bearbeitung durch Arrigo Boito, einen Künstler der jüngeren, dem Risorgimento kritisch gegenüber stehenden Generation, eingefügt, wenn man nicht sogar soweit gehen will, in der Fassung von 1881 einen bewußten »Appell« Verdis »an das moralische Bewußtsein seiner Landsleute« in einer explosiven innenpolitischen Situation zu sehen (Schläder, 1995, S. 30).

Bei der Beantwortung der Frage, inwieweit Verdis Opern als unmittelbarer Ausdruck der Epoche des Risorgimento zu werten sind, gilt es also zwischen Interpretationsmöglichkeit und tatsächlich erfolgter, also durch Dokumente bewiesener Interpretation von seiten des damaligen Publikums zu unterscheiden. Auf der anderen Seite ist jeweils zu fragen, ob der Komponist und seine Librettisten eine politische Wirkung des Werks intendierten und ob sie sich überhaupt immer bewußt waren, was man aus ihren Werken herauslesen konnte. Spiegelt sich »in der robusten Form der verdianischen Melodie, in ihrem mitreißenden Elan, im gewagten und monumentalen Gleichgewicht ihrer Konstruktionen, in der intensiven Dramatik [...]

präzise eine heroische Epoche wider« (Tedeschi, 1969, S. 255)? Ist Luigi Dallapiccola Recht zu geben, der in seinem bekannten Aufsatz *Wort und Musik in der italienischen Oper* formulierte: »Das Phänomen Verdi ist nicht ohne das Risorgimento vorstellbar. Dabei verschlägt es für unsere Erörterung wenig oder nichts, ob er an der Bewegung aktiv beteiligt war. Ihre Allüre und ihr Ton gingen in ihn ein.« (Dallapiccola, 1979, S. 3)

Zwischen Kirche und Staat

von Martina Grempler

Italien war zur Zeit Verdis zutiefst vom Katholizismus geprägt und dies nicht nur, weil der überwiegende Teil der Bevölkerung dem Glauben im Sinn der katholischen Kirche folgte. Im Zentrum der Halbinsel lag mit dem Kirchenstaat ein von den Päpsten absolutistisch regiertes Gebiet, das die norditalienischen Territorien vom Königreich beider Sizilien trennte. Das Bildungswesen lag in ganz Italien zu einem beträchtlichen Teil in der Hand von Klerikern. Seit Jahrhunderten war der politische Einfluß der Kirche so groß wie in kaum einem anderen Teil Europas, zumal die Geschicke des Landes mit denen des Papsttums untrennbar verknüpft waren. So war die gemeinsame Religion eines der wenigen Elemente, die die in den unterschiedlichen Staaten lebenden Italiener verband. Das Gewicht der Religion ist dabei noch höher zu veranschlagen als die sehr begrenzte Vereinheitlichung durch Sprache und Kunst: Die Mehrheit der Italiener verständigte sich nicht in der gerade erst durch Manzoni normierten Hochsprache, sondern in sehr verschiedenen Dialekten, und an der Kunst konnte ohnehin nur eine kleine Minderheit der Bevölkerung partizipieren.

Vor diesem Hintergrund ist zu begreifen, welch entscheidende Rolle die Frage nach dem Verhältnis zwischen katholischem Glauben und Kirche einerseits sowie den nationalen und liberalen Strömungen des Risorgimento andererseits spielte. Kaum ein Autor einer politischen Schrift – die Grenzen zwischen explizit politischen Programmschriften und literarischen oder philosophischen Texten sind hier freilich fließend – versäumte eine Stellungnahme in dieser Frage. Die unterschiedlichen Ansichten reichten dabei von der kirchenfreundlichen Haltung jener *ultramontani*, die die weltliche Macht der Kirche und die Herrschaft des Papstes ausdrücklich befürworteten, bis hin zum schroffen Antiklerikalismus. Sogar die Abkehr vom katholischen Glauben wurde von Republikanern wie Francesco Domenico Guerrazzi (1804–1873) oder Giuseppe Mazzini (1805–1872) gefordert, wobei Mazzinis visionäres Denken gleichwohl stark religiöse Züge aufweist. Der Vordenker der *Giovine Italia* setzte an die Stelle des Christentums eine »religione della patria« (»Religion des Vaterlandes«), die vom Einzelnen jedes Opfer bis hin zum Märtyrertod im Namen der Freiheit und der Nation verlangte. In der Schaffung eines vereinten Italiens, die für ihn dem Willen Gottes entsprach, sah er die große Aufgabe seiner Zeit. Hierin deckten sich seine Ansichten mit denen vieler seiner Zeitgenossen, die Mazzinis politisches Ziel einer einheitlichen Republik als Ergebnis einer Revolution ansonsten ablehnten.

Besondere Bedeutung für den Risorgimento namentlich in den 1840er Jahren hatten die Befürworter eines liberalen Katholizismus, zu denen beispielsweise der Philosoph Antonio Rosmini (1797–1855) oder ein Teil der toskanischen Reformer wie Raffaello Lambruschini (1788–1873) und Gino Capponi (1792–1876) zählen. Die Wurzeln dieses liberal-katholischen Denkens liegen in erster Linie in den Schriften eines Lamennais (1782–1852), eines Montalembert (1810–1870) oder eines Chateaubriand (1768–1848). Diese französischen Autoren hatten versucht, die Rolle der Kirche vor dem Hintergrund des nach ›Aufklärung‹ und Französischer Revolution veränderten Denkens neu zu definieren. Neben politischen Reformen wurden daher auch religiöse gefordert. Ein Papsttum an der Spitze einer erneuerten Kirche sollte als überragende moralische Autorität der neuen Zeit eine Führungsrolle übernehmen, wobei hinsichtlich der Frage, ob es sich hier konkret um eine politische oder um eine mehr symbolische geistige Führung handeln sollte, wiederum unterschiedliche Ansichten bestanden.

Für die liberalen Katholiken Italiens war die historische Beschäftigung mit der Rolle des Papsttums und der Kirche von entscheidender Bedeutung für die Definition der sich formierenden Nation, und so ist es kein Zufall, daß einige der wichtigsten historischen Werke des 19. Jahrhunderts, etwa Cesare Balbos später als *Sommario* verlegte Darstellung *Della storia d'Italia, dalle origini fino all'anno 1814* (1846) oder Carlo Troyas *Storia d'Italia nel medio evo* (1839–1859), liberal-katholischen Überlegungen verpflichtet sind. Nicht zu trennen von solchen Überlegungen war die Auseinandersetzung mit der Romidee, die beinahe alle Gruppen innerhalb der Nationalbewegung beschäftigte: Die Liberalen sahen in Rom in erster Linie das Zentrum der katholischen Kirche, Mazzini hingegen nahm die antike Republik zum Vorbild und stellte dem Rom des Papsttums und des – vor allem von Napoléon verehrten – antiken Imperiums ein »Rom des Volkes« gegenüber, das in der Zukunft im Zentrum eines Bundes freier Völker stehen sollte.

Der Philosoph und Kleriker Vincenzo Gioberti (1801–1852) unternahm den Versuch, auf der Basis liberal-katholischen Gedankenguts eine eigens auf die italienischen Verhältnisse zugeschnittene Ideologie zu formen, deren Anhänger in Anlehnung an die propäpstliche Partei aus der Zeit der mittelalterlichen Stadtrepubliken als »Neoguelfen« bezeichnet werden. In seiner Schrift *Il primato morale e civile degli italiani* (1843) betont Gioberti – wie bereits seine Vorgänger – die großen zivilisatorischen Leistungen der Religion, die er »zur Schöpferin der Moral und der Kultur der Menschheit, zur Grundlage jeder sozialen Ordnung« erhebt (Herde, 1986, S. 99). Aus der Tatsache, daß Rom seit Jahrhunderten als Sitz des Papstes das Zentrum des katholischen Glaubens war und deshalb italienische Nation und Katholizismus bis zur Identität miteinander verschmolzen seien, leitet er den »moralischen und kulturellen Vorrang der Italiener«, so die im Titel enthaltene These, ab. Nur auf der Basis der gemeinsamen Religion und im Zusammenwirken mit einer starken katholischen Kirche sei die nationale Einheit zu verwirklichen. Aus diesen Überlegungen erwächst als konkrete politische Zielsetzung ein Bund der italienischen Staaten in Form einzelner konstitutioneller Monarchien unter Führung des Papstes.

Giobertis Schrift fand in den italienischen Staaten weite Verbreitung und Anerkennung, da hier ein Zusammenwirken von Nationalbewegung und Katholizismus als möglich dargestellt wurde. Seine Kritiker – so Massimo D'Azeglio mit der politischen Programmschrift *Degli ultimi casi di Romagna* (1846), die als Reaktion auf einen gescheiterten Aufstand im Kirchenstaat zu begreifen ist, – wiesen jedoch darauf hin, wie wenig realistisch Giobertis Vorstellungen angesichts der desolaten Verhältnisse unter der Herrschaft des reaktionären Papstes Gregor XVI. waren. Eine Stärkung des politischen Einflusses des Papsttums, wie sie Gioberti forderte, lehnten sie strikt ab und traten statt dessen für eine Reduzierung beziehungsweise völlige Abschaffung von dessen weltlicher Macht ein, in der sie eine Gefährdung der Religion sahen.

1846 veränderte sich die Situation gravierend. Durch die Wahl des als liberal geltenden Bischofs von Imola, Graf Giovanni Maria Mastai-Ferretti, zum Papst Pius IX. schien eine Realisierung der neoguelfischen Vorstellungen plötzlich denkbar, zumal der neue Papst in den ersten zwei Jahren seines Pontifikats in der Tat einige Reformen im Kirchenstaat durchführte und eine Amnestie gewährte, die zahlreichen Emigranten die Rückkehr in ihre Heimat ermöglichte. Während diese Politik in konservativen katholischen Kreisen und bei den Österreichern deutliche Mißbilligung erntete, wurde unter den Liberalen der Enthusiasmus für Pius IX. immer größer. Selbst ein Giuseppe Mazzini sah zu dieser Zeit in ihm einen nationalen Hoffnungsträger, ebenso wie offenbar auch Verdi: Er wurde 1846 wie Rossini, Pacini und zahllose andere Komponisten aufgefordert, eine Hymne zu Ehren des neuen Papstes zu schreiben, und hätte diese damals trotz seiner bekannten Abneigung gegen derartige Gelegenheitswerke nicht ungern komponiert (Brief Emanuele Muzios an Antonio Barezzi vom 24. September 1846; Garibaldi, 1931, S. 275). In späteren Jahren räumte Verdi allerdings ein, »nur ein Wunder« habe ihn vor der Erfüllung dieses Auftrags gerettet (Brief Verdis an Opprandino Arrivabene vom 18. März 1884; Copialettere, 1913, S. 600). Die anfängliche Euphorie für den Papst war zu dieser Zeit – nicht nur bei Verdi – längst verflogen, da sich gezeigt hatte, daß Pius IX. den politischen Ereignissen, an deren Dynamik er nicht unbeteiligt gewesen war, nicht gewachsen war.

Am Anfang des Krieges gegen Österreich von 1848 unterstützten neben Freiwilligen aus ganz Italien zunächst auch päpstliche Truppen die Piemontesen unter König Carlo Alberto. Noch im selben Jahr distanzierte sich der Papst aber unter Hinweis auf die durch die Univer-

Abbildung 14
Papst Pius IX. (1792–1878) in einem Portrait aus dem Jahr 1860.

salität seines Amtes nötige Neutralität vom Krieg gegen das schließlich ebenfalls katholische Österreich und damit von der Nationalbewegung. Es wurde klar, daß er die in ihn gesetzten Hoffnungen weder erfüllen konnte noch wollte. Die römische Revolution trieb Pius IX. im November 1848 ins Exil nach Gaeta, und als er im April 1850 endlich zurückkehrte, hatte er sich zum scharfen Gegner der liberalen und nationalen Ideen seiner Zeit gewandelt. Der neue Hoffnungsträger war mit Vittorio Emanuele II. der König von Piemont-Sardinien und die weltliche Macht des Papstes bildete fortan eine schwere Hypothek sowohl für die Risorgimentobewegung, als auch für den italienischen Nationalstaat in den ersten Jahrzehnten seines Bestehens.

In den Einigungskriegen von 1859/60 annektierte Piemont-Sardinien einen Teil des Kirchenstaats. Rom selbst wurde aus außenpolitischer Rücksicht auf Frankreich, das dort seit 1849 Truppen stationiert hatte und sich traditionell als Schutzmacht der katholischen Kirche sah, nicht angetastet. Die »römische Frage«, die zugleich die Frage nach der Hauptstadt des neuen Königreichs Italien war, blieb zunächst ungelöst. Erst im Zusammenhang mit dem deutsch-französischen Krieg von 1870/71, in dem Italien neutral geblieben war, zog Frankreich seine Truppen aus Rom ab, so daß am 20. September 1870 italienische Verbände die symbolträchtige Stadt einnehmen konnten. Ein Jahr später wurde sie zur Hauptstadt des vereinten Italiens. Damit hatte das Papsttum seine unmittelbare weltliche Macht faktisch verloren. Pius IX., der sich selbst als »Gefangenen im Vatikan« empfand, hielt seine politischen Ansprüche jedoch bis zu seinem Tode im Jahr 1878 formell aufrecht. Bereits im Dezember 1864 hatte er in der Enzyklika *Quanta cura* und in dem daran angehängten *Syllabus errorum* (*Zusammenfassung der Irrtümer*) die Fehler der modernen Zeit gegeißelt, wozu er nicht nur Sozialismus, Kommunismus oder Rationalismus zählte, sondern auch den Liberalismus mit dessen konkreten Forderungen nach Pressefreiheit, rechtlicher Gleichstellung anderer Religionen oder staatlicher Schulhoheit. 1870 folgte die Verkündigung der päpstlichen Unfehlbarkeit und 1874 verbot Pius IX. in einer weiteren Enzyklika (*Non expedit*) den Katholiken die Teilnahme am politischen Leben des italienischen Staates. Die Auseinandersetzung zwischen Staat und Kirche nahm dem deutschen Kulturkampf vergleichbare Züge an und stürzte einen nicht unbeträchtlichen Teil der Bevölkerung in einen tiefen moralischen Konflikt. Die bereits in Piemont begonnene Abschaffung kirchlicher Privilegien – etwa der Sonderrechte gegenüber der staatlichen Justiz und des Monopols bei der Beurkundung von Eheschließungen – wurde von den Regierungen des neuen Nationalstaats fortgesetzt, überdies große Teile kirchlichen Besitzes enteignet. Nicht nur an der demonstrativen Errichtung einer Statue Giordano Brunos auf dem römischen Campo dei Fiori zum Gedenken an dessen – im Jahr 1600 von der Inquisition betriebenen – Hinrichtung ist der tiefe und emotionale Konflikt zu erkennen, der die antiklerikalen Kräfte des neuen Italiens von der kirchentreuen Seite trennte, sondern auch an der Straßenschlacht, zu der es 1881 anläßlich der Überführung des Sargs von Pius IX. in die Kirche San Lorenzo kam.

Die katholische Religion blieb jedoch weiterhin Staatsreligion, und es kam mehrfach zu Versuchen, die »römische Frage« einvernehmlich zu lösen, zumal der Streit mit der Kirche dem Ansehen Italiens bei den einflußreichen katholischen Kreisen im Ausland und insbesondere in Frankreich schwer schadete. Pius IX. hielt aber an der Opposition gegen den italienischen Staat fest und beharrte auf seinen weltlichen Ansprüchen, übrigens ebenso wie sein Nachfolger Leo XIII. Diesem gelang es jedoch, die Isolation des Papsttums schrittweise aufzubrechen und den gesellschaftlichen Einfluß der Kirche zu stärken, indem er etwa durch seine Sozialenzyklika *Rerum novarum* (1891) die Verweigerungshaltung gegenüber den Problemen der modernen Zeit wenigstens teilweise aufgab. Das von Cavour in der bekannten Formel »Freie Kirche in einem freien Staat« formulierte Ziel einer friedlichen, jedoch strikt getrennten Koexistenz von Kirche und Staat konnte zu Verdis Lebzeiten für Italien nicht verwirklicht werden, und die »römische Frage« wurde endgültig erst 1929 durch die Lateran-Verträge geregelt, in denen die italienische Regierung unter Mussolini dem Papst die Souveränität über die Vatikanstadt zusicherte und dieser im Gegenzug den Staat Italien und dessen Hauptstadt Rom offiziell anerkannte – beinahe sechzig Jahre nach dem Ende der päpstlichen Herrschaft über die Stadt Rom.

Die Auseinandersetzung mit dem Katholizismus in der Literatur

In der italienischen Literatur des 19. Jahrhunderts bezogen zahlreiche Schriftsteller Stellung zu den oben angesprochenen Fragen. Ein großer Teil von ihnen – wie Giuseppe Niccolini, Luigi Settembrini, Gabriele Rossetti oder Giuseppe Giusti – neigte dabei zu antiklerikalen Positionen, aber auch die Gedanken des liberalen Katholizismus waren weit verbreitet, etwa bei Niccolò Tommaseo und Giovanni Prati. Der passive Weltschmerz und Pessimismus eines Giacomo Leopardi blieb hingegen eher die Ausnahme. Auch ein in religiöser Hinsicht ebenfalls zum Nihilismus neigender, andererseits aber dezidiert politischer Autor wie Ugo Foscolo setzte sich mit der Stellung der Kirche in Italien auseinander. Obwohl generell kein Befürworter des weltlichen Einflusses des Papsttums, sah er dieses doch als eine italienische Macht an, die es zu respektieren gelte. Für den zuvor in Glaubensfragen eher skeptischen Silvio Pellico wird die katholische Religion zum wesentlichen Halt und Trost während seiner jahrelangen Inhaftierung in österreichischen Gefängnissen. Nach seiner Entlassung vertrat er in seiner Schrift *Doveri degli uomini* (1834) die Auffassung, daß die religiöse Erziehung die Grundlage der vaterländischen Tugenden bilde. Pellicos Schilderung seiner Gefangenschaft bot eine wesentliche Grundlage für die von nationalen Kreisen häufig vertretene Argumentation, daß die von Österreich ausgehende Unterdrückung Italiens und die dafür angewendeten Mittel nicht nach Gottes Willen sein könnten und infolgedessen das Streben nach Unabhängigkeit von dieser Macht legitim sei.

Von entscheidender Bedeutung für die italienische Geistesgeschichte des 19. Jahrhunderts ist Alessandro Manzonis Rückkehr zum katholischen Glauben. Seine *Osservazioni sulla morale cattolica* (1819) entstanden als Reaktion auf die zwischen 1807 und 1818 in Zürich erschienene Geschichte der italienischen Stadtrepubliken im Mittelalter des Genfers Jean Charles Léonard Simonde de Sismondi (*Histoire des républiques italiennes dans le moyen-age*). Manzoni wandte sich gegen eine Kernthese Sismondis, die den Einfluß des Katholizismus für die politische Dekadenz Italiens verantwortlich machte. Für Manzoni, der seine Schrift ausdrücklich als Verteidigung der Kirche auffaßte, hatte umgekehrt gerade die Abkehr von der katholischen Moral »corrutela« (»Verderbtheit«) nach sich gezogen. In seiner religiösen Überzeugung, wie sie auch in seinem bedeutenden Roman *I promessi sposi* (1825/26) zum Ausdruck kommt, führt der tiefe Glaube an die göttliche Vorsehung nicht zur Passivität. Das Individuum ist nicht davon entbunden, selbst die Verantwortung für sein Schicksal zu übernehmen, sondern im Gegenteil dazu verpflichtet, durch die eigene Lebensführung aktiv zur Erfüllung von Gottes Willen beizutragen. Übertragen auf die aktuelle politische Situation Italiens lag in diesen Gedanken eine nicht zu unterschätzende Sprengkraft. Eine verinnerlichte Religion konnte so – auch ohne Einbeziehung der offiziellen Kirche – als bedeutende moralische Stütze für den Freiheitskampf dienen, an dessen Ende nach der festen Überzeugung der Risorgimentobewegung die vom Schicksal vorherbestimmte unabhängige Nation stand.

Verdi und die Kirche

Welche Position nahm nun Verdi gegenüber der Religion ein? Hier ist zum einen zwischen seinem persönlichem Glauben und seinem Verhältnis zur Kirche zu trennen, zum anderen zwischen seiner Haltung zur religiösen Funktion des Katholizismus und derjenigen zu dessen politischer Funktion. Die Frage, inwieweit Verdi überhaupt im Sinne der katholischen Religion gläubig war, ist wie alles, was in seine unmittelbare Privatsphäre fällt, nur schwer zu beantworten. Äußerungen vor allem Giuseppina Strepponis – etwa in Briefen an Cesare Vigna vom 9. Mai 1872 sowie an Clara Maffei vom 3. September 1872 (Walker, 1960, S. 340) – belegen die skeptische Haltung des Komponisten gegenüber der katholischen Religion, und man kann aus ihnen sogar schließen, daß er zumindest zeitweise dem Atheismus zuneigte. Arrigo Boito schrieb rückblickend: »Im idealen, moralischen und sozialen Sinn war er ein großer Christ, aber man muß sich sehr wohl hüten, ihn in politischer und im strengen Wortsinn theologischer Hinsicht als Katholik hinzustellen; nichts stünde in größerem Widerspruch zur Wahrheit.« (Brief an Camille Bellaigue vom 24. Dezember 1912; De Rensis, 1932, S. 354). Kaum zu bezweifeln ist, daß Verdi sich mit Glaubensfragen intensiv auseinandergesetzt hat, sowohl privat als auch in seinen Werken. Eine gewisse Achtung vor dem Christentum sowie seine Verbundenheit mit dessen Traditionen kann man nicht in Frage stellen. Zumindest im Alter besuchte er die Messe. Er legte Wert darauf, daß die seelsorgerische Betreuung in dem von ihm gestifteten Krankenhaus von Villanova d'Arda sichergestellt war. Sowohl dort als auch im Mailänder Altersheim wie auf dem Gut von Sant'Agata ließ er Kapellen errichten. Die Bibel achtete er zeit seines Lebens hoch und schätzte deren Lektüre zur tröstenden Stärkung. Für das Andenken an Rossini und an Manzoni, dessen Tod ihn persönlich besonders erschütterte, schien ihm die traditionelle *Messa da Requiem* die angemessene Form der Totenehrung.

Verschiedene Autoren, die sich mit Verdis Verhältnis zum Glauben auseinandergesetzt haben, behaupten, er habe in seinen letzten Lebensjahren unter dem direkten Einfluß Giuseppina Strepponis und dem indirekten Alessandro Manzonis nach Jahrzehnten des Zweifels zur katholischen Religion zurückgefunden (Botti, 1940). Für diese These gibt es jedoch keine Beweise, zumal auch Giuseppina offenbar nicht so streng im Sinne der Kirche gläubig war, wie es die ältere Verdi-Literatur behauptet hat. Es ging einigen Biographen namentlich in der Zeit der Aussöhnung zwischen Staat und Kirche darum, das nationale Idol Verdi als ›guten Katholiken‹ darzustellen. Ein gewisser Lorenzo Alpino veröffentlichte zwischen 1939 und 1942 in der Mailänder Tageszeitung *Il corriere della sera* mehrere Briefe Giuseppina Strepponis an ihren Beichtvater. Darin betont sie ausdrücklich, wie sehr Verdi die Religion achte und daß er gläubig sei wie sie selbst. Diese Briefe sind jedoch, wie Frank Walker nachweisen konnte, gefälscht (Walker, 1960).

Im Gegensatz zu seiner persönlichen Religiosität tritt auf der anderen Seite Verdis Antiklerikalismus in vielen seiner Briefe, aber auch in der Darstellung totalitärer Religionen in *Don Carlos* oder *Aida* relativ eindeutig zutage. Die Gründe für Verdis Kirchenfeindlichkeit dürften zum Teil in seiner Jugend begründet sein, nicht zuletzt in dem Streit zwischen kirchlicher und antikirchlicher Fraktion um die Besetzung des Organistenpostens in Busseto, bei der Verdi von den Antiklerikalen und an deren Spitze von seinem Gönner Barezzi unterstützt wurde. Der Einfluß Barezzis und auch seines Lehrers Provesi spielte bei der Entwicklung von Verdis negativer Haltung gegenüber den Vertretern der Kirche ohne Zweifel eine große Rolle. In seinen späteren Lebensjahren erzählte er häufig und gern die Geschichte, daß er gegen einen Priester, der ihn während der Messe wegen seiner Unachtsamkeit getreten hatte, einen heftigen Fluch ausstieß, was in Busseto einen ziemlichen Skandal ausgelöst habe. Man darf jedoch auf der anderen Seite nicht vergessen, daß Verdis Kindheit auch von mehreren Priestern, die ebenfalls zu seinen Lehrern zählten, positiv geprägt war und daß seine Eltern mit ziemlicher Sicherheit gläubige Katholiken waren.

Priester hatten in Verdis Augen eine rein seelsorgerische Funktion und diesen »wahren Priestern« brachte er durchaus Achtung entgegen, so etwa seinem Lehrer Giuseppe Seletti oder Don Adalberto Catena, der sowohl ihm als auch schon Manzoni im Sterben beistand. Seine Vorbehalte gegenüber dem Klerus verbinden Verdi mit vielen seiner Zeitgenossen, etwa mit Mazzini, mit den ihm persönlich bekannten Dichtern Niccolini und Giusti, aber auch mit liberalen Katholiken wie Lambruschini, die den Wert der inneren Religiosität als Gegensatz zum Zustand der offiziellen Kirche betonen. Verdi faßte diese Haltung in die plakativen Worte: »Eure Priester sind ganz gewiß Priester, aber keine Christen.« (Brief Verdis an Vincenzo Luccardi vom 9. Juni 1871; Morazzoni, 1929, S. 44)

Die von Klerikern im Italien seiner Zeit ausgeübte politische Macht, die Kontrolle etwa des Erziehungswesens oder der Zensur, lehnte er ebenso ab wie die weltliche Herrschaft des Papstes über Rom. An eine Versöhnung von katholischer Kirche und Liberalismus oder an eine mögliche Verbindung zwischen Papsttum und Nationalbewegung hat Verdi allenfalls in der kurzen Zeit unmittelbar nach dem Beginn des Pontifikats Pius IX. geglaubt, danach aber bestimmt nicht: »Deshalb kann ich Parlament und Kardinalskollegium, Pressefreiheit und Inquisition, das Bürgerliche Gesetzbuch und den Syllabus nicht miteinander vereinbaren [...]. *Papst und König von Italien* mag ich nicht einmal in diesem Brief nebeneinander sehen« (Brief Verdis an Clara Maffei vom 30. September 1870; Copialettere, 1913, S. 605).

Bei aller Abneigung fand er jedoch anläßlich des Todes von Papst Pius IX. zu einem differenzierten Urteil über den »armen Kerl mit wenig Verstand« (Brief Verdis an Opprandino Arrivabene vom 25. Juli 1871; Alberti, 1931, S. 133), der wie kaum ein anderer zur Zeit des Risorgimento die unterschiedlichsten Emotionen der Italiener hervorgerufen hatte: »Aber jetzt sterben gar alle! Alle! Nun der Papst! Armer Papst! Sicherlich bin ich nicht für den Papst des *Syllabus*, aber ich bin für den Papst der Amnestie und für den der Worte *Segnet, großer Gott, Italien*.... Wer weiß, wo wir heute ohne dies stünden! Man hat ihm vorgeworfen, daß er sich zurückgezogen, nicht genug Mut bewiesen, nicht gewagt hätte, das Schwert Julius II. zu ziehen. Zum Glück! Angenommen, er hätte 1848 die Österreicher aus Italien verjagen können, was hätten wir? Eine Regierung aus Priestern! Die Anarchie, wahrscheinlich, und die Zersplitterung!...... Besser noch so! Alles, was er Gutes und Böses getan hat, ist dem Land nützlich geworden; und im Grund war er eine gütige Natur und ein guter *Italiener*; besser als viele andere, die nichts schreien als *Vaterland, Vaterland* und... Habe er nun Frieden, dieser arme Papst!« (Brief Verdis an Clara Maffei vom 12. Februar 1878; Copialettere, S. 606). Verdi würdigt hier den ehrlichen Patriotismus Pius IX. und billigt dem Papst trotz allem einen Verdienst um die nationale Einheit zu, was kaum bestritten werden kann, da die Handlungen dieses Papstes der Risorgimentobewegung eine nicht unwesentliche Dynamik verliehen hatten.

Historie und Religion in Verdis Opern

In engem Zusammenhang mit den Diskussionen um die Rolle der Kirche in Italien stand die Frage nach der eigenen Geschichte, die immer öfter – aus der nationalen Perspektive heraus – auf die Gegenwart bezogen wurde. Durch die Forschungen namentlich eines Ludovico Muratori waren neue Grundlagen für die Auseinandersetzung vor allem mit der mittelalterlichen Geschichte der Halbinsel geschaffen worden, der nun auch im Zuge der Romantik ein besonderes Interesse entgegengebracht wurde.

Die Deutung gewisser historischer Ereignisse implizierte im Italien des Risorgimento gleichzeitig eine politische Stellungnahme, besonders deutlich bei der Kaiserkrönung Karls des Großen durch Papst Leo III. im Jahr 800. In national gesonnenen Kreisen galt sie allgemein als verhängnisvoller Fehler, der Italien zum Interessengebiet der mittelalterlichen deutschen Könige gemacht habe, die mit ihrer Fremdherrschaft als Vorgänger der österreichischen Kaiser aus der Habsburger-Dynastie angesehen wurden. Der Ruf des frühmittelalterlichen Papstes nach einer fremden Macht wurde dabei, je nach der Stellung des Interpreten zur Kirche, als »Irrtum« oder sogar als »historische Schuld« gewertet. Mit seiner Bitte um Intervention ausländischer Mächte in der Krise von 1849 sowie durch die Tatsache, daß das Papsttum seine weltliche Gewalt durch die Hilfe von Ausländern aufrecht hielt, habe Pius IX. diese Schuld erneuert. Es ist bezeichnend, daß Verdis Adlatus Muzio in seinen Briefen an Antonio Barezzi mehrfach begeistert davon berichtet, Pius IX. habe im Rahmen der Reformen zu Beginn seines Pontifikats angeblich die Abschaffung der als »Söldnerheer« empfundenen Schweizergarde erwogen, was jedoch nie realisiert wurde (Briefe vom 27. August und 3. September 1846; Garibaldi, 1931, S. 263 und 268).

Die überragende Persönlichkeit Karls des Großen wurde im Allgemeinen aber auch von der Nationalbewegung anerkannt, selbst wenn man ihn als Fremdherrscher interpretierte. Karl der Große erscheint in Verdis *Ernani* als Idealtypus, dessen Vorbild beim spanischen König Karl V. – in der Oper als Don Carlo bezeichnet – vor dessen Wahl zum Kaiser die Wandlung zu einem verantwortungsbewußten Souverän bewirkt. Diese Linie wird in *Don Carlos* weitergeführt, wo derselbe Karl V. in der Gestalt des Mönchs seinen Enkel und Namensvetter der Justiz der Inquisition entzieht (Reinhart, 1999).

Über die Bewertung der Zeit der mittelalterlichen Stadtrepubliken herrschte im Risorgimento relative Einigkeit. Als letzte Epoche vor Beginn der Fremdherrschaft wurde sie allgemein positiv bewertet und galt als Modell für die Gegenwart. Unterschiedlich hingegen waren die Ansichten hinsichtlich des Konflikts zwischen Ghibellinen und den propäpstlichen Guelfen. Vincenzo Gioberti hatte hier klar Position für letztere bezogen und diese im Sinne seiner eigenen Überlegungen idealisiert. Andere wie Cesare Balbo folgten ihm hierin nicht: Sie sahen in dem Konflikt ein großes Übel, das einer bereits zum damaligen Zeitpunkt theoretisch möglichen Einigung Italiens entgegengestanden hätte. Damit in Zusammenhang stand die im 19. Jahrhundert ebenfalls aktuelle politische Frage nach dem Verhältnis zu Frankreich. Hintergrund bildete die Tatsache, daß Papst Urban IV. 1265 Karl von Anjou ins Land gerufen und ihm Sizilien übertragen hatte, was von den Guelfen begrüßt worden war. Die Herrschaft der Franzosen in Süditalien endete dann 1282 mit dem von Verdi in seiner Pariser Oper von 1855 thematisierten Aufstand, der als »Sizilianische Vesper« in die Geschichtsbücher eingegangen war.

Unter den Sujets, die Verdi für eine Vertonung in Betracht gezogen hatte, befand sich auch *Buondelmonte*, ein Stoff, den bereits Giovanni Pacini 1845 auf einen Text von Salvadore Cammarano komponiert hatte. Die Ermordung des florentinischen Adeligen Buondelmonte gilt allgemein als Auslöser für den Konflikt zwischen Guelfen und Ghibellinen. Eine andere von Verdi geplante, aber ebenfalls nicht verwirklichte Oper sollte sich mit den Geschehnissen um die Person des Cola di Rienzi auseinandersetzen. Rienzi war wie Arnaldo di Brescia, den Giovanni Battista Niccolini in seiner Tragödie von 1843 zur Hauptfigur gemacht hatte, ein Symbol für den Widerstand gegen päpstliche Tyrannei und damit Ausdruck einer antiklerikalen Haltung. Der neoguelfischen Seite dagegen erschienen Päpste wie Gregor VII. oder Julius II. als Vorbild, als Kämpfer für die italienische Sache und gegen aus dem Ausland kommende Eroberer, vor allem gegen deutsche Könige wie Heinrich IV. Diese Interpretationsmuster finden sich nicht nur bereits bei Manzoni, sondern auch in Verdis *Attila*, wo das Papsttum Leo des Großen als eine Macht dargestellt ist, die durch ihre moralische Autorität Italien gegen Fremdherrschaft verteidigt.

Die sich wechselseitig bedingende Auseinandersetzung mit der eigenen Geschichte und der eigenen Religion fand ihren Niederschlag damit nicht nur in den zahlreichen historischen Romanen und Tragödien der literarischen Romantik, sondern auch in der italienischen Oper.

Betrachtet man sämtliche Opern Verdis, so ergibt sich eine ungleich differenziertere Darstellung der religiösen Thematik als bei allen anderen Opernkomponisten des 19. Jahrhunderts. Sie durchzieht sein gesamtes Werk von *Nabucodonosor* und *I Lombardi alla prima crociata* bis hin zu *Don Carlos* und dem blasphemischen Credo des Jago, das in *Otello* der schlichten Gläubigkeit Desdemonas entgegengesetzt wird. In *Stiffelio* zeichnet Verdi eine – protestantische – Religion der Gnade und der Vergebung, in *Don Carlos* steht der Mönch auch für die Hoffnung auf eine überirdische Gerechtigkeit jenseits aller weltlichen Dinge. Seine Worte »Der weltliche Schmerz verfolgt uns noch im Kloster, allein im Himmel endet die Qual des Herzens« erscheinen in der vieraktigen Fassung an exponierter Stelle sowohl in der ersten als auch in der letzten Szene des Stücks.

In *La forza del destino*, wo die religiöse Thematik breiteren Raum einnimmt als in jeder anderen Oper Verdis, finden sich ähnliche Motive. Das Schicksal erscheint hier als eine nicht faßbare Macht, der die Personen, deren Lebensweg es bestimmt, hilflos ausgeliefert sind. Die christliche Religion und ihre Institutionen dienen als Zuflucht, als verzweifelte Hoffnung auf Rettung, haben jedoch letztlich nicht die Macht, das Unheil von den ›gezeichneten‹ Figuren Alvaro, Leonora und Carlos abzuwenden. Erst mit dem Tod »endet die Qual des Herzens«, wobei dieser von Verdi jedoch nicht zur Erlösung im Sinn Richard Wagners verklärt wird. Dies verdeutlicht vor allem der ursprüngliche Schluß von *La forza del destino* mit dem Selbstmord Alvaros, den Julian Budden als »Botschaft eines reinen Atheismus« bezeichnet hat. Die revidierte Fassung nannte er demgegenüber eine »Konzession an die religiösen Erwartungen des Publikums im 19. Jahrhundert« (Budden, 1987, S. 268).

Bei Verdi existiert der in sich ruhende, unerschütterliche Glauben, durch den letztlich eine positive Lösung aller Verhängnisse herbeigeführt wird, nicht. Damit erscheint *La forza del destino* als deutlicher Gegensatz zu einem Werk wie Manzonis *I promessi sposi*, mit dem die Oper mehrfach verglichen wurde, da man in den beiden Priestergestalten Pater Guardiano und Fra Melitone Reminiszenzen an Manzonis Fra Cristoforo und Don Abbondio erkennen wollte. Diese beiden Figuren zeigen, daß Verdi sich nicht zu einem pauschalen Antiklerikalismus verleiten ließ. Guardiano erscheint durch seine großmütige Handlungsweise gegenüber Leonora insgesamt als positive Figur. Gleichzeitig verkörpert er jedoch die Strenge, ja Unerbittlichkeit des katholischen Glaubens, was vor allem am Ende des Stücks deutlich wird, als die einzigen Worte, die er unmittelbar an den verzweifelten Alvaro richtet, in dem Befehl zum Niederknien bestehen. Die Guardiano zugedachte Musik im Duett mit Leonora läßt ihn hart und gleichförmig erscheinen. Der Pater handelt im Sinne seines strikten Glaubens. Ob er dabei auch innerlich an dem Schicksal der anderen Figuren wirklich Anteil nimmt, bleibt zumindest offen.

Die Darstellung der Kirche in politischer Hinsicht ist in Verdis Opern ambivalent. Für die Werke seiner Vorgänger kann man geradezu von einer Tradition sprechen, im Rahmen einer großen sakralen Szene einen Geistlichen als Führer des Volkes darzustellen, dessen Autorität sich die im Zentrum der Handlung stehenden Heerführer beugen. Dieser fungiert auch als Träger patriotischen Gedankenguts, der ›gerechte‹ Kampf wird moralisch sanktioniert. Als Beispiele seien die Barden aus Rossinis *La donna del lago*, der Priester aus *Le Siège de Corinthe* oder der Druide aus Bellinis *Norma* genannt. Der Hohepriester Zaccaria in *Nabucodonosor* folgt noch diesem Modell und auch in *Giovanna d'Arco* und *La battaglia di Legnano* erscheint das Motiv des ›gottgewollten‹ Freiheitskrieges, allerdings bezeichnenderweise unabhängig von einem geistlichen Würdenträger.

In Verdis Spätwerk findet man dagegen – entsprechend seiner persönlichen Einstellung – Darstellungen von Klerikern als Vertreter einer harten, unmenschlichen Machtpolitik. Der Auftritt des Großinquisitors aus *Don Carlos* ist hierfür das deutlichste Beispiel: Verdi, der die Szene selbst in die Oper einfügte, verschärfte noch die bei Schiller vorgegebene Dramaturgie. In der Vorlage hatte König Philipp den Auftrag gegeben, Marquis Posa ermorden zu lassen, worauf ihm der Großinquisitor den Vorwurf machte, er habe diesen der kirchlichen Justiz entzogen. Bei Verdi hingegen ist es die Kirche, die vom König den Tod Posas fordert. Der Großinquisitor verkörpert die Gegnerschaft gegen alle modernen Ideale, so wie Papst Pius IX. dies in den Augen der Liberalen durch seinen 1864, also weniger als drei Jahre vor der Uraufführung des *Don Carlos* erschienenen *Syllabus errorum* tat (Martin, 1971, S. 146).

Verdis Werk zwischen Konvention und Innovation

Libretto

von Thomas Betzwieser

Die Briefe, die Wolfgang Amadé Mozart 1781 während der Komposition der *Entführung aus dem Serail* an seinen Vater schrieb, stehen in vieler Hinsicht exemplarisch für einen Wendepunkt in der Geschichte des Opernlibrettos. Sie bieten zum ersten Mal einen tieferen Einblick in die Genese eines musikdramatischen Werkes, mehr noch aber offenbart die Korrespondenz das wachsende Bewußtsein eines Komponisten gegenüber dem Gegenstand ›Operntext‹. Mozarts berühmt gewordenes Diktum, wonach die »Poesie der Musick gehorsame Tochter« sein solle, findet sich dort ebenso wie der Satz, daß Mozart seinem Textdichter Gottlieb Stephanie eine Arie »ganz angegeben« habe. Impliziert ersteres gewissermaßen das allgemeine Credo des Musikdramatikers Mozart, so hat letzteres sicherlich ebensoviel Gewicht, da es den Primat der Musik gleichsam aus der Perspektive der Werkstatt untermauert. Bezeichnend ist auch der lapidare, fast resignative Satz Mozarts, der ein deutliches Licht auf das Verhältnis zwischen Komponist und Textdichter wirft: »Er arrangirt mir halt doch das buch«.

Die Briefe zur *Enführung* sind insofern ein Glücksfall, als sie in gleicher Weise die Werkgenese beschreiben als auch Mozarts opernästhetische Anschauungen deutlich werden lassen. Die Zusammenarbeit von Komponist und Textdichter blieb bis dahin weitgehend im dunkeln; über die Produktionsbedingungen einer Oper wissen wir fast mehr durch die sogenannten *metamelodrammi*, welche die Umstände einer Opernproduktion zum Gegenstand der Handlung machten und nicht selten auch das Verhältnis von Musiker und Poet (parodistisch) in den Blick nahmen. Zu diesem Genre zählt auch Giovanni Bertatis und Antonio Salieris *Prima la musica, poi le parole* (1786), deren programmatischer Titel bereits die ästhetische Stoßrichtung verrät, nämlich die Ablösung des poetischen Primates durch die Musik. Dieses Problem der allmählichen Emanzipation des Komponisten von der vorherrschenden librettistischen Tradition kreiste – unausgesprochen – um einen Namen: Pietro Metastasio.

Tradition

Keine andere Epoche und kein anderes Genre der Operngeschichte war dergestalt von einer Person dominiert wie die *opera seria* des 18. Jahrhunderts von Pietro Metastasio. In der Person Metastasios konkretisierte sich indes nicht nur die Oper des Settecento, sondern der Dichter repräsentierte die italienische Dramatik insgesamt. Ein tragisches Genre im Sprechtheater, wie es Johann Wolfgang von Goethe und Friedrich Schiller für Deutschland vorstellten, war in Italien neben Metastasio so gut wie inexistent. Metastasios Œuvre besticht nicht allein durch seine Quantität (40 Dramen), sondern vor allem auch durch seine Qualität. Während eine Geschichte der deutschen oder der französischen Literatur zwischen 1750 und 1850 getrost ohne die Namen von Librettisten geschrieben werden kann, erscheint demgegenüber in jedem Kompendium der italienischen Literatur Person und Werk Metastasios als zentrales Ereignis. Die Einmaligkeit Metastasios resultierte nicht zuletzt aus der Tatsache, daß sein musikdramatisches Schaffen ein europaweites ›Opernsystem‹ etablierte (Frankreich ausgenommen). Seine Libretti erfuhren weit über tausend Vertonungen, was ein deutliches Licht auf die Produktionsbedingungen der italienischen Oper im 18. Jahrhundert wirft. Im Gegensatz zum 19. Jahrhundert, wo der Komponist nicht unwesentlich an der Wahl des Stoffes beteiligt war, wurde dem Musiker vor 1800 in der Regel ein Buch in die Hand gedrückt, das er zu vertonen hatte, und dieses Libretto stammte (in seiner originalen Gestalt) zumeist von Metastasio.

Dieses Phänomen beschreibt indes nur die praktische Seite des Systems, auf der anderen Seite ist unstreitig der literarische Anspruch des metastasianischen Librettos in Rechnung zu stellen. Die Qualität von Metastasios Librettoproduktion geht über diejenige von Gebrauchsliteratur – und um solche handelt es sich beim Libretto des späten 18. und frühen 19. Jahrhunderts – weit hinaus. Damit sind gewissermaßen die ästhetischen und poetologischen Eckpfeiler des italienischen Librettos des Settecento abgesteckt: Es handelt sich um ›hohe‹ Literatur, im Kanon der Poetik mindestens vergleichbar mit der librettistischen Produktion von Philippe Quinault im 17. oder Hugo von Hofmannsthal im 20. Jahrhundert. Selbst die Textbücher Goethes werden nicht den Rang beanspruchen können, den die genannten Autoren innerhalb der dramatischen Poetik innehaben. Das Beispiel Goethe ist insofern signifikant, als es sinnfällig macht, was die Librettokulturen letzten Endes grundlegend unterscheidet, nämlich das Vorhandensein beziehungsweise Nicht-Vorhandensein einer Tradition. Goethes Singspiele waren Versuche in einer (peripheren) Gattung, deren ästhetische Wurzel in der gezielten Abkehr von der artifiziellen metastasianischen *opera seria* lag, welcher ein neues Genre entgegengesetzt werden sollte, nämlich das Singspiel. In diesem Punkt, das heißt der Skepsis gegenüber der dominierenden *opera seria*, treffen sich Goethe und Mozart sogar, wenngleich aus völlig verschiedenen Richtungen kommend: Goethe versuchte das Singspiel auf der Basis des Textbuches zu nobilitieren, der an der Musiksprache der italienischen Oper geschulte Mozart versuchte mit *Die Entführung aus dem Serail*, dem Formenkanon der *opera seria* eine ›deutsche‹ Oper entgegenzusetzen. Der Bezugspunkt innerhalb des musikdramatischen Koordinatensystems war allerdings – ob bewußt oder unbewußt – immer Metastasio gewesen.

Geschmackswandel

Das metastasianische Drama zeichnete sich durch eine rationalistische Strukturierung aus, die entscheidend von der sozialen Hierarchie der *dramatis personae* bestimmt war. Die Dramaturgie war ganz auf eine heroisierte Darstellung der Titelfiguren ausgerichtet; die Intrige folgte nicht selten einer stereotypen Folie, mit welcher alle Bühnenfiguren in die Haupt- beziehungsweise Nebenhandlung involviert wurden. Charakteristisches Merkmal dieser Dramaturgie war die ›Abgangsarie‹, mit der sich die jeweilige Figur am Ende der Szene von der Bühne verabschiedete. Die Kombination von Abgangs- und Soloarie unter Berücksichtigung des Status der jeweiligen Bühnenfigur (*prima donna* und *primo uomo*) reduzierte die Möglichkeiten einer spezifisch musikalischen Dramaturgie nicht unerheblich, vor allem im Blick auf die Verteilung der zum Verständnis des Dramas notwendigen Informationen. Vergleicht man ein metastasianisches Libretto etwa mit Lorenzo Da Pontes *Don Giovanni* (1787), so wird der Unterschied evident: Die Abgangsarien sind hier auf ein Minimum reduziert, die Soloarien inhaltlich nicht mehr allein auf die singende Bühnenfigur fokussiert, sondern sie erzählen meist etwas über die anderen Personen. Darüber hinaus hat der Titelheld nur eine einzige traditionelle Soloarie, und die ist bekanntermaßen außergewöhnlich kurz (»Fin ch'han dal vino«, die sogenannte ›Champagner‹-Arie).

Dem metastasianischen System gleichsam entgegenzuarbeiten, war das erklärte Ziel der *opera buffa* – der Tradition, welcher auch Da Pontes Oper entstammt –, mit dem Ergebnis, daß sich die beiden Gattungen in der zweiten Hälfte des 18. Jahrhunderts komplementär zueinander verhielten. Die Möglichkeiten für eine genuin musikdramatische Individuation verdankt die italienische Oper insbesondere der *buffa*-Gattung. Die Durchlässigkeit der beiden Gattungen ist ein Phänomen des letzten Drittels des 18. Jahrhunderts, wobei die Anverwandlung seitens der *opera seria* musikalischer Natur war, wohingegen die *opera buffa* mehr an der Erweiterung ihres stoffgeschichtlichen Reservoirs interessiert war. Für die italienische Librettistik war dies zweifellos eine entscheidende Phase, insofern als hier zwei stoffgeschichtliche Entwicklungslinien einander angenähert wurden, mehr noch, der librettistische Formenkanon der *opera buffa* von der *opera seria* adaptiert wurde. So gingen im letzten Dezennium des 18. Jahrhunderts von der *buffa*-Librettistik mehr Anregungen in Richtung *opera seria* als zum eigenen Genre, vor allem was die Integration der Ensemblestruktur anbelangt.

Der allmähliche Niedergang der *opera buffa* nach 1800 zählt ohne Zweifel zu den interessantesten Phänomenen der italienischen Librettistik. Während in Frankreich das duale System *tragédie lyrique* (später ›grand opéra‹) versus *opéra comique* im 19. Jahrhundert weiterhin Bestand hat, ist in Italien eine schleichende Abkehr von der *opera buffa* zu konstatieren, wiewohl – solche Entwicklungen schließen Paradoxa nicht aus – Gioachino Rossini die Gattung noch einmal zu einem Höhepunkt führte. (Es ist reizvoll darüber zu spekulieren, ob sich in Frankreich eine ähnliche Entwicklung vollzogen hätte, wenn die Pariser Operntheater wie in Italien dem ›freien Markt‹ überlassen worden wären, und diese Gattungstrennung nicht mit einer Institutionalisierung einhergegangen wäre.) Der Erfolg der *opera buffa* war indes ein primär musikalischer, librettistisch gesehen – der Rückgriff auf Pierre-Augustin Beaumarchais mit *Il barbiere di Siviglia* macht dies sinnfällig – gingen von dem Genre keine innovativen Impulse mehr aus.

Die Gunst des Publikums gehörte zu Beginn des 19. Jahrhunderts mehr und mehr dem *dramma serio* respektive dem *melodramma*. (Der Begriff *melodramma* kam kurz nach 1800 – zunächst in Mailand und Venedig – in Gebrauch, wo er solche Opern bezeichnete, die vom gängigen Muster des 18. Jahrhunderts abwichen.) Die zunehmende Bedeutung des *melodramma* ging einher mit einem Geschmackswandel, der sich in der sogenannten ›mittleren‹ Generation italienischer Opernkomponisten (Simone Mayr, Ferdinando Paër, Francesco Morlacchi, Niccolò Zingarelli, Michele Carafa und viele andere) abzeichnete, welche die klassische Ästhetik des 18. Jahrhunderts – und damit auch die klare Scheidung von *opera seria* und *opera buffa* – in Frage stellte. Vor allem im französisch dominierten Neapel und Mailand ist dieses Phänomen zu beobachten. Die Vielschichtigkeit der Entwicklung der italienischen Oper zwischen 1800 und 1820 zeigt sich nicht zuletzt in dem Paradox, daß sich die ›Überwindung‹ des metastasianischen Erbes an klassizistischen Stoffen vollzog, wie beispielsweise in Simone Antonio Sografis und Domenico Cimarosas *Gli Orazi ed i Curiazi* (1796). Auch der Rückgriff auf einen Klassiker der französischen Dramatik, nämlich Voltaire (*Tancrède, Sémiramis, Alzire*) macht diese Tendenz deutlich. Auf der anderen Seite wurden mit Voltaires Tragödien neue Stoffwelten erschlossen, die das griechisch-römische Sujetreservoir des Settecento erweiterten.

Eine wichtige Funktion bei dem Versuch, den Regelkanon zu erweitern und damit ins Wanken zu bringen, spielte die französische *opéra comique*, die vor allem in dem Jahrzehnt zwischen 1795 und 1805 zahlreiche italienische Adaptionen erfuhr. Dies betraf insonderheit die *opéra comique* der Revolutionsepoche, die ihrerseits eine dezidierte ›Gattungsvermischung‹ auszeichnete. Der Einfluß dieser Werke auf die sich im Wandel befindliche italienische Oper kann nicht hoch genug veranschlagt werden, da sich dort zuallererst die potentielle Durchlässigkeit der traditionellen Gattungsgrenzen manifestierte. Die dramaturgische wie strukturelle Annäherung der *opera seria* an die *opera buffa* war zweifellos das entscheidende Moment für die weitere Entwicklung der italienischen Oper des 19. Jahrhunderts. Sie bildete die wesentliche Voraussetzung für die Adaption des Romantischen schlechthin. Interessanterweise kann diese Entwicklung nicht mit einem spezifischen Textautor in Verbindung gebracht werden, dem man die Idee einer Librettoreform zuschreiben könnte. Giuseppe Carpani, Giuseppe Foppa, Giovanni Schmidt, Luigi Romanelli und nicht zuletzt Gaetano Rossi, sie alle partizipierten an dieser Tendenz und trugen ihren Teil zu der neuen Entwicklung bei.

So offenbaren denn auch die Textbücher der beiden bedeutendsten Librettisten jener Zeit, Gaetano Rossi (1774–1855) und Felice Romani (1788–1865), diese zeittypischen Inkonsistenzen. Bei Rossi steht neben dem *melodramma romantico* für Nicola Vaccai mit dem Titel *Giovanna d'Arco* (1827) das ›klassische‹ *melodramma eroico* für Giovanni Tadolini mit dem Titel *Mitridate* (1826), wobei die Begriffe »romantico« und »eroico« keinen Antagonismus kennzeichnen, wie das *melodramma eroico* für Giacomo Meyerbeer *Il crociato in Egitto* belegt, das Rossi 1824 verfaßte. Das Nebeneinander klassizistischer und romantischer Sujets ist auch bei Romani zu beobachten: Neben der mehrfach vertonten *Zaira* (1829) Voltairescher Provenienz stehen Gaetano Donizettis Zauberoper *La regina di Golconda* (1828) sowie Vincenzo Bellinis *La sonnambula* (1831). *Zaira* ist insofern von Interesse, als Romani hier neben den gebräuchlichen Genrebezeichnungen *melodramma serio* beziehungsweise *semiserio* und *melodramma tragico* ein weiteres Subgenre des *melodramma* ins Spiel bringt, nämlich die *tragedia lirica*. Romani verwendete diesen Terminus am häufigsten, wobei eine allgemeine Tendenz zur vermehrten Nutzung um 1830 nicht zu übersehen ist: Neben *Zaira* figurierten auch Donizettis *Anna Bolena* (1830) sowie Bellinis *I Capuleti e i Montecchi* (1830) und *Beatrice di Tenda* (1833) als *tragedie liriche*. Eine Gattungskonsistenz prägte dieser Begriff nicht aus, gleichwohl impliziert er – stärker vielleicht noch als der Terminus *melodramma* – eine Anlehnung an die französische *tragédie lyrique*. Eine eindeutige Intention im Sinne einer ausschließlichen Anverwandlung eines französischen Stoffs ist bei Romani allerdings nur schwer herauszulesen, da drei Viertel seiner Operntexte ohnehin auf französische Vorlagen zurückzuführen sind. Bei Salvadore Cammarano ist indes hinsichtlich der Verwendung des Begriffs *tragedia lirica* die Beziehung zu einer französischen Vorlage geradezu manifest: *Ines de Castro* (1835), *Belisario* (1836), *La vestale* (1840), *Alzira* (1845) und *Il reggente* (1843) gehen alle auf französische Stoffe zurück. Möglicherweise indizierte die Einführung dieser Genrebezeichnung auch die endgültige Verdrängung des Komischen, konnte doch der Terminus *melodramma* immer noch mit dem Attribut »comico« verbunden werden. Aus dieser Sicht würde *tragedia lirica* die Exklusivität des Tragischen indizieren.

Die Verdrängung der *opera buffa* ging gleichsam Hand in Hand mit diesem Geschmackswandel ebenso wie die Hinwendung zum romantischen Sujet, das nach 1830 seinen endgültigen Durchbruch erlebte. Eingeläutet wurde dieser Durchbruch mit den vier Hauptwerken Vincenzo Bellinis *La straniera*, *I Capuleti e i Montecchi*, *La sonnambula* und *Norma* zwischen 1829 und 1831. Zeigten Bellinis Werke in erster Linie einen musikalischen Stilwandel an, so vollzog sich der librettistische Kategorienwechsel zweifellos mit den Opern Donizettis kurz nach 1830: *Anna Bolena* (1830), *Lucrezia Borgia* (1833), *Maria Stuarda* (1834) und schließlich *Lucia di Lammermoor* (1835). Was diese Opern im besonderen auszeichnete, war ein neues Ausdrucksprinzip, das an die empfindsame und sentimentale Tradition des 18. Jahrhunderts anknüpfte. Im Mittelpunkt stand eine auf den Augenblick konzentrierte – und durch das Medium der Musik gedehnte – Empfindung, die nicht selten mit einer Sinnesverwirrung einherging. Erstes Ziel dieser gesteigerten Leiden(schaften) der *dramatis personae* war die Identifikation mit dem Zuschauer.

Dieses Ausdrucksprinzip, das seine Wurzeln unstreitig in der *comédie larmoyante* und deren paradigmatischer musikdramatischer Anverwandlung in Giovanni Paisiellos *Nina ossia La pazza per amore* (1789) hatte, stand der klassizistischen Ästhetik diametral gegenüber, die auf eine Verklärung und Heroisierung der Leidenschaften abzielte. Insbesondere die Intention, den Rezipienten mit diesen Empfindungen buchstäblich ins Herz zu treffen, war der klassizistischen Auffassung von Theater völlig fremd. Als Michail Glinka 1830 oder 1831 einer Vorstellung von Bellinis *La sonnambula* in Mailand beiwohnte, war er zutiefst berührt von dem Umstand, daß die Sängerinnen und Sänger auf der Bühne ihren Empfindungen freien Lauf ließen und dieser emotionale Funke unmittelbar auf die Zuschauer übersprang. Glinka berichtet, daß er seinem Freund in der Loge völlig ergriffen in die Arme gefallen sei und beide ob der Emotionalität der Szene leidenschaftliche Tränen vergossen.

Mit diesem fast gänzlich auf Wirkung abgestellten Ausdrucksprinzip ging eine Verlagerung des dramatischen Schwerpunktes auf die unglücklichen Geschicke der Protagonisten einher. Die Fokussierung auf die Liebesintrige, an der in der Regel drei Personen beteiligt waren, führte zu einer drastischen Reduzierung der Nebenhandlungen, welche das metastasianische und nach-metastasianische Libretto noch geprägt hatten. Diese Konzentration verschaffte – dramaturgisch gesprochen – dem Augenblick der Emotion ein noch größeres Gewicht. Die Momente gesteigerter Emotionalität – in der Oper immer als ganze Szenen figurierend – bildeten die dramatischen Zentren der Handlung. Das (Er-)Finden immer neuer Konstellationen, welche die Darstellung solcher emotionaler Extremzustände erlaubte, war die vorrangige Aufgabe des Librettisten.

Die Abkehr von der traditionellen Dramaturgie hatte sicherlich damit zu tun, daß man der damit verbundenen klassizistischen Stoffe müde geworden war, mehr noch aber erschien diese Abkehr insofern als eine Notwendigkeit, als es galt, diese neue Ästhetik auch in einen neuartigen dramaturgischen Kontext zu stellen. Mit anderen Worten: Die Textdichter hatten nach Möglichkeiten Ausschau zu halten, die musikdramatische Stoffwelt grundlegend zu erweitern, um der neuen, ›romantischen‹ Ästhetik eine entsprechende Basis zu verschaffen. Die Annahme, daß dieses neue ästhetische Konzept ausschließlich in sogenannten romantischen Stoffwelten zu realisieren gewesen sei, wäre allerdings verfehlt. Die älteren Sujets hatten nach wie vor Bestand, der immense Erfolg von Saverio Mercadantes *La vestale* (1840) oder Giovanni Pacinis *Saffo* (1840) sprechen für sich. Gleichwohl: Die Hinwendung zu romantischen Sujets, und dies hieß vor allem ›nicht-italienischen‹ Themen, hatte die Tür zu gänzlich neuen Stoffwelten aufgestoßen.

Einflußsphären

Die Autoren, welche die italienische Oper des 19. Jahrhunderts zu beeinflussen beginnen, sind im wesentlichen nicht-italienischer Provenienz: William Shakespeare, Walter Scott, später Lord Byron, Friedrich Schiller und Victor Hugo. Große Namen, mit welchen sich leicht der Einfluß der ›Weltliteratur‹ auf das italienische Musiktheater festschreiben ließe. Aber so einfach verhält es sich nicht: Von dem Phänomen einer genuinen Literarisierung ist die italienische Oper zu Beginn des 19. Jahrhunderts ebensoweit entfernt, wie es die kruden Versuche waren, Goethes *Faust* für die deutsche Musikbühne zu adaptieren. Dennoch: Eine stoffliche Annäherung an die genannten Dichter ist nicht zu übersehen, wenngleich sie zunächst nur punktuell stattfand. Dem Phänomen kann indes nur eine spezifische Betrachtung des jeweiligen Einzelwerks gerecht werden, indem sie die verschiedenen Stufen der stofflichen Anverwandlung respektive der dramatischen Adaption untersucht. Nicht selten lag die innovative Kraft eines Librettos mehr in seiner neuartigen Struktur, als daß sie sich zwingend auf das Sujet zurückführen ließe. Rossinis *Otello* (1816) liefert hierfür das beste Beispiel. Würde man die Namen der *dramatis personae* in den ersten beiden Akten austauschen, so käme wohl niemand auf die Idee, Shakespeares Drama hinter dieser Oper zu vermuten. Handlung und Intrige von Francesco Maria Berios Libretto sind auf das Schema einer traditionellen italienischen Oper zugeschnitten, das der Komplexität einer Figur wie der des Jago keinen Raum läßt. Auch der dramaturgische Zuschnitt der Nummern im 1. und 2. Akt läßt an keiner Stelle vermuten, daß hier ein ungewöhnlicher Stoff adaptiert wurde. Mit dem Beginn des 3. Aktes jedoch präsentiert die Oper ein in jeder Hinsicht anderes Erscheinungsbild. Die Verwendung musikalischer Realitätsfragmente – der Gesang des Gondoliere, Desdemonas »Lied von der Weide« sowie das Gebet – hatte direkten Einfluß auf die Strukturierung des Akts, ganz zu schweigen von deren musikdramatischer Intensität. Das Lied des Gondoliere ist weit mehr als nur vordergründiges Lokalkolorit, da es in gleichem Maße auch Desdemonas Gefühle – auf einer anderen Ebene (Gesang hinter der Szene) – widerspiegelt (»Nessun maggior dolore / Che ricordarsi / Del tempo felice nella miseria« – »Es gibt keinen größeren Schmerz als sich im Leid glücklicher Zeiten zu erinnern«). Die Tatsache, daß die Verse des Gondoliere-Liedes gänzlich anderer Herkunft sind – Rossini hatte sie dem *Inferno* aus Dante Alighieris *La divina commedia* entnommen –, zeigt, daß die Autoren weitgehend eigene Wege gingen. Ein Strophenlied schließlich dergestalt ins Zentrum zu rücken und mit der Handlung atmosphärisch und dramatisch zu verzahnen wie in Desdemonas »Canzone di salice«, war gänzlich neu in der italienischen Oper. Rossinis *Otello*-Schlußakt weist unstreitig die Tendenz zu dramaturgischer Individuation auf; ob diese nun konkret auf die Tatsache, daß den Autoren neben anderen Quellen auch Shakespeares Drama vorlag, zurückgeführt werden kann, ist allerdings fraglich.

Weniger problematisch im Hinblick auf die konkrete stoffliche Anverwandlung ist dagegen Andrea Leone Tottolas und Rossinis Oper *La donna del lago* (1819), die am Anfang einer langen Reihe von musikdramatischen Adaptionen von Werken Walter Scotts steht. Die nordische Welt von Scotts Romanen und Verserzählungen dürfte für italienische Librettisten das paradigmatisch Andere repräsentiert haben. Sie stellte nicht nur eine weitgehend unbekannte Welt vor, sondern sie war auch in ihrer historischen Darstellung um ein vielfaches plastischer und konkreter als ihre kontinentalen Pendants. Vor allem das in romantische Bilder gegossene Lokalkolorit war von besonderer Attraktivität für die Librettisten, wie die Regieanweisung zum 1. Akt bezeugt: »Der auf dem Gipfel dicht bewaldete Felsen von Benledi, in breiter werdende Hänge und schließlich in ein weites Tal übergehend. In der Mitte des Tals liegt Loch Katrine, gespeist von einem Sturzbach und überschattet von einer dichten Baumreihe. Der Tag bricht an.«

Doch nicht allein das romantische Kolorit zog die Textdichter an. Mehr noch waren sie fasziniert von den historischen Szenerien, die Scott in seinen Werken entwarf: Massenszenen und Schlachten, meist den Widerstreit zweier Parteien darstellend, angesiedelt in einer – aus kontinentaler Sicht – fremden und mythischen Vergangenheit. Kurzum: Die spektakulären Elemente waren gleichermaßen attraktiv wie das ›exotische‹ Lokalkolorit. Ein weiteres Moment erleichterte die Adaption von Scotts Romanen für die Oper, nämlich die Schwarz-Weiß-Folie ihrer Figuren. Scotts Charaktere waren meist zweidimensional angelegt, das heißt sie tendierten zu den Extremen, ohne allerdings die Zwischenstufen auszuleuchten, welche letzten Endes den komplexen Charakter einer Figur ausmachen. Dies kam indes einer musikdramatischen Adaption entgegen, ebenso wie die Tatsache, daß Scotts Romane oftmals wörtliche Dialogpassagen enthielten, die gewissermaßen direkt übernommen werden konnten. Aus dieser Sicht betrachtet waren Scotts Werke die ideale Basis für ein Opernlibretto: Konflikte zwischen Parteien oder ethnischen Gruppierungen (Schotten gegen Engländer, Christen gegen Juden und so weiter), die die grundlegende Folie abgeben, ebenso wie das Vorhandensein von Figuren, die zu Extremen tendieren: alles Ingredienzien, die für eine musikdramatische Einrichtung prädestiniert waren.

Eben diese Versatzstücke machten sich auch Tottola und Rossini in *La donna del lago* (nach Scotts Versgedicht *The Lady of the Lake*) zunutze; allerdings ist auch hier eine äußerst heterogene Umsetzung zu konstatieren. Während der 1. Akt der typischen Scottschen Vorlage folgte, ist im 2. Akt das völlige Fehlen einer innovativen Dramaturgie zu beobachten. Der Fall liegt also ähnlich wie bei *Otello*, wenn auch nicht so extrem. Er macht jedoch augenfällig, in welchem Maße die Annäherung an neue Stoffwelten immer auch der librettistischen Tradition – und damit der dramatischen Konvention – unterlag.

Adaptionen

Die bedeutsamste Sphäre, die auf das italienische *melodramma* des frühen 19. Jahrhunderts Einfluß nahm, stellte jedoch ohne Zweifel die französische Dramatik dar. Wirft man einen Blick auf die *opere serie* Rossinis, so wird deutlich, daß diese zum größten Teil auf französischen Vorlagen basieren: *Tancredi* (Voltaire), *Bianca e Falliero* (Antoine-Vincent Arnault), *Mathilde di Shabran* (François-Benoît Hoffman beziehungsweise Jacques Marie Boutet de Monvel), *Ermione* (Racine), *Zelmira* (Dormant de Belloy), *Semiramide* (Voltaire). Es war jedoch keineswegs nur das französische Theater des 18. Jahrhunderts, dessen sich die frühromantische italienische Oper bediente. Mehr und mehr rückte auch die zeitgenössische Dramatik in den Blickpunkt des Interesses, wie das Beispiel *Matilde di Shabran* belegt, deren Wurzeln in zwei Stücken des ausgehenden 18. Jahrhunderts liegen. *Matilde di Shabran* ist darüber hinaus insofern von Interesse, als das Libretto auf einem französischen Textbuch basiert, nämlich auf François-Benoît Hoffmans *Euphrosine ou Le Tyran corrigé* (1790) für Etienne-Nicolas Méhul. Hier zeigen sich also die Nachwirkungen der französischen Revolutionsoper, die vor allem in Neapel während der napoleonischen Herrschaft in Erscheinung getreten waren.

Die meisten Adaptionen der französischen Dramatik gehen jedoch weder auf die klassischen Autoren des Sprechtheaters noch auf Vorlagen von Opern zurück, sondern auf Stücke aus dem Bereich des Boulevardtheaters. Das Pariser Boulevardtheater war der eigentliche Quell, aus dem die italienische Oper bis 1850 schöpfte. Unzählige *melodrammi* zwischen 1810 und 1860 basieren auf Vorlagen französischer Boulevarddramen. Unter dem Begriff Boulevardtheater werden heute vor allem die Gattungen *mélodrame*, *vaudeville* und *comédie-vaudeville* subsumiert, Genres, die auf dem Boulevard du Temple und dessen Nachbarschaft gepflegt wurden. Angesiedelt waren diese Gattungen im Théâtre de la Gaîté, Théâtre de l'Ambigu-Comique, Théâtre de la Porte Saint-Martin, Théâtre de Gymnase und Théâtre de la Nouveauté. Das innovativste Genre war das *mélodrame*, das eng mit dem Namen Guilbert de Pixérécourt (1773–1844) verbunden ist. Das Théâtre de la Gaîté, dem Pixérécourt in den

1820er und 1830er Jahren vorstand, sowie das Ambigu-Comique, wo der berühmte Mime Frédérick Lemaître wirkte, spielten fast ausschließlich Melodramen. Es war das Verdienst von Pixérécourt, die vielfältigen Entwicklungslinien, die im *mélodrame* zusammenliefen, gleichsam einer Gattungskohärenz unterworfen zu haben. Das besondere Novum des *mélodrame*, in dem Musik oftmals Seite an Seite mit gesprochenem Text figurierte, liegt in seiner spezifischen Dramaturgie, die der klassischen Dramatik diametral entgegengesetzt war (was Pixérécourt nicht zufällig den Beinamen »Shakespirécourt« einbrachte).

Die Handlungen der Melodramen würde man heute wahrscheinlich mit dem Begriff »Schauermärchen« belegen, denn Angst, Entsetzen, Schauder und Gewalt waren ebenso Bestandteile des *mélodrame* wie zärtliche Leidenschaften, Versöhnung und ein glückliches Ende. Eingebettet waren diese Versatzstücke in eine Dramaturgie, die in einigen Punkten von der klassischen französischen Theaterästhetik abrückte, zum Beispiel wurden die drei Einheiten von Ort, Zeit und Handlung nicht mehr als verbindlich erachtet. Im Mittelpunkt der Handlung stand das Moment der »persécution«, meist ein unschuldig Verfolgter oder ein Außenseiter, der sich widrigsten Umständen ausgesetzt sieht, bis es zum Umschlag der »reconnaissance« kommt, einem plötzlichen Wiedererkennen oder einem unvorhergesehenen Sich-Wieder-Finden, welches schließlich das glückliche Ende herbeiführt. (Dieses dramaturgische Element war indes gänzlich klassischer Natur.) Die Sprache des *mélodrame* ist pathetisch, exaltiert, voller Exklamationen, die nicht nur verbal, sondern auch in gestischer Artikulation Raum greifen. Die Gestik und somit buchstäblich die Aktion war ein wesentliches Merkmal des Melodrams, auch das pantomimische Element (meist musikbegleitet) spielte eine große Rolle und trat gleichberechtigt neben das Wort. Die spektakuläre Aktion fand ihren Höhepunkt im sogenannten *tableau*, welches die Bewegung respektive Handlung gleichsam in einem Bild einfror. Diesem *tableau* ging zumeist der Eintritt eines unvorhergesehenen Ereignisses voraus, der unter den *dramatis personae* allgemeines Staunen, Entsetzen oder ähnliches verbreitete. Das sich anschließende *tableau* stand somit – im Hinblick auf die Bewegung – kontrapunktisch zu der ›aufgeheizten‹ Aktion, obwohl es deren Höhepunkt bildete.

Die Charakteristika des französischen *mélodrame* machen sinnfällig, daß wohl kein anderes Genre des Sprechtheaters der Oper so nahe kam. Aus dieser Perspektive eignete sich das *mélodrame* in geradezu idealer Weise, die Vorlage für ein italienisches *melodramma* abzugeben. Diskontinuität von Handlungselementen, Kontrastdramaturgie, die Darstellung statischer Bilder: Dies alles waren genuin opernhafte Elemente. Entscheidend war darüber hinaus der Einfluß, den das *mélodrame* auf das romantische Drama ausübte. Wie Peter Brooks (und vor ihm bereits James Mason) gezeigt hat, gehen die Entwicklungslinien des romantischen Dramas Victor Hugos und Alexandre Dumas' zu einem großen Teil auf das *mélodrame* zurück. Der immense Erfolg von Hugos *Hernani* (1830) darf gleichsam als die Literarisierung des *mélodrame* gedeutet werden: Verse ersetzten die Prosa, die Bezeichnung *drame romantique* substituierte den Terminus *mélodrame*. Obgleich das neue Genre emphatisch den Titel »romantique« vor sich hertrug, standen Hugo wie Dumas in engster Beziehung zum *mélodrame*. (Ihre Stücke wurden auch zunächst in den Boulevardtheatern aufgeführt.) Insofern markierte *Hernani* eher den Kulminationspunkt des Genres *mélodrame* als den Beginn einer gänzlich neuen Gattung (Mason, 1912, S. XII). Das *mélodrame*, und dies macht seine Bedeutung aus, liegt gewissermaßen im Schnittpunkt von romantischem Drama und Oper. Im Hinblick auf das romantische Drama vertrat Albert Gier unlängst die bedenkenswerte These, daß sich »das Schauspiel auf das Libretto zubewegt hat, nicht umgekehrt« (Gier, 1998, S. 155).

Die *Préface de Cromwell* (1827), das Vorwort zu Hugos Drama von 1826 – inzwischen auch in der Librettoforschung ein ästhetischer Fixpunkt – stellt jedoch im Lichte der *mélodrame*-Tradition für die Oper keine solche Revolution (mehr) dar wie für das Sprechtheater. Im Hinblick auf die Dramaturgie birgt das Hugosche Drama kaum mehr Innovationsmöglichkeiten als das *mélodrame*, mit Ausnahme zweier wichtiger Kategorien, die auch für das Musiktheater und deren Ästhetik wirksam wurden: zum einen Hugos Option für das Nebeneinander von Erhabenem und Groteskem im romantischen Drama und zum anderen die Präferenz des Historischen.

Erst Einzelforschungen zum Schaffen bestimmter Librettisten wie Felice Romani (Roccatagliati, 1996) oder Salvadore Cammarano (Black, 1984) gaben Aufschluß darüber, in welchem Maße die italienischen Textbücher auf französische Melodramen oder auf andere Stücke des Boulevardtheaters rekurrierten. Die Studien von Emilio Sala zum *mélodrame* haben den Korpus dieser Adaptionen beträchtlich erweitert (Sala, 1988 und 1995). Wieviele Melodramen, *comédie-vaudevilles* oder Dramen tatsächlich als Vorlagen in Betracht zu ziehen sind, läßt sich heute nur schwer abschätzen. In den letzten Jahren wurden immer mehr italienische Opern mit französischen Vorlagen in Zusammenhang gebracht, zuletzt von Mark Everist, der die Vorlage für Meyerbeers Oper *Il crociato in Egitto* identifizierte; Gaetano Rossi hatte sein Libretto nach dem französischen *mélodrame Les Chevaliers de Malte, ou L'Ambassade à Alger* (1813) von Jean-Antoine-Marie Monperlier, Jean-Baptiste Dubois und Hyacinthe Albertin modelliert (Everist, 1996). Auf der anderen Seite kann die Frage des dramatischen Vorwurfs nicht mechanisch betrachtet werden: Oft wurden Textbücher soweit verändert, daß sie mit dem ursprünglichen Stück kaum noch etwas gemein hatten. Auch bei der ästhetischen Beurteilung ist Vorsicht angezeigt: Bei Vorlage wie Adaption handelt es sich um Literatur, deren einziges Ziel es war, Spektakel zu machen. Selbst wenn ein Dichter wie Eugène Scribe mit seinen Opern, *comédie-vaudevilles*, Balletten und Komödien im Zentrum der dramatischen Produktion stand, in der ästhetischen Wertschätzung war er eher an der Peripherie angesiedelt. (Die Tatsache, daß einige Dichterkollegen in der Académie Française ihren Stuhl räumen wollten, als Scribe dort 1836 aufgenommen wurde, spricht für sich. Dies ändert freilich nichts an seiner Bedeutung für das Musiktheater.)

Der Name Eugène Scribe darf in diesem Zusammenhang nicht fehlen, da Scribes literarische Produktion sich vorwiegend in einem Genre manifestierte, welches ebenfalls zu vielfältigen Adaptionen anregte, nämlich der *comédie-vaudeville*. Die *comédie-vaudeville* war neben dem *mélodrame* – das Scribe augenscheinlich bewußt mied – das zweite französische Genre, aus dem italienische Textdichter schöpften. Meist trat zwischen Scribes Original und die Opernadaption eine vermittelnde Zwischenstufe, auf welche die Librettisten zurückgriffen, nämlich eine italienische Übersetzung des Vaudevilles. Dies gilt in gleichem Maße für das *mélodrame*, das auch außerhalb Frankreichs gespielt wurde. Ein prototypisches Produkt einer französischen Vorlage, die über eine italienische Übersetzung vermittelt wurde, ist Meyerbeers *Margherita d'Anjou* (1820): Felice Romanis Textbuch liegt das gleichnamige *mélodrame Marguerite d'Anjou* (1810) von Pixérécourt zugrunde, das 1812 in einer italienischen Übersetzung von Francesco Gandini erschienen war und dann die Basis für das spätere Libretto bildete.

Setzt man nunmehr die Sujets der Opern Bellinis in einen Vergleich zu denjenigen Rossinis, so wird der Paradigmenwechsel, der sich im italienischen *melodramma* im Hinblick auf die Stoffgenese während der 1820er Jahre vollzog, evident. Fast alle Werke Bellinis gehen auf französische Sujets zurück. *La straniera* (1829) liegt der Roman *L'Étrangère* (1825) von Charles-Victor Prévost Vicomte d'Arlincourt zugrunde, *Norma* (1831) basiert auf der gleichnamigen Tragödie von Alexandre Soumet (1831), *La sonnambula* (1831) geht auf eine *comédie-vaudeville* (*La Somnambule*) von Scribe zurück und hat als Vermittlungsstufe das spätere Ballett aus dem Jahr 1827 (ebenfalls von Scribe), *I puritani* (1835) wiederum basieren auf einem Drama (*Têtes rondes et cavaliers*) von Jacques Arsène Ancelot und Saintine (1833). Selbst dort, wo die Stoffwahl deutlich anderer Provenienz ist, wie im Falle von *Il pirata* (1827), dem das englische Drama *Bertram or The Castle of Saint-Aldobrand* (1816) von Charles Robert Maturin als Vorwurf diente, vollzog sich die Anverwandlung über eine französische Zwischenstufe, die vermittelnd zwischen englischem Original und italienischer Adaption stand. In diesem Fall war es das *mélodrame Bertrand ou Le Pirate* von Isidore Justin Séverin Taylor (Théâtre du Panorama-Dramatique, 1826). Was aber bei Bellini im Vergleich zu Rossini sofort ins Auge sticht, ist die zeitliche Nähe der Vorlagen zur Opern-Adaption. Kein Sujet ist älter als zehn Jahre, oft lagen zwischen Original und librettistischer Anverwandlung kaum mehr fünf Jahre, im Falle von *Norma* fand die Premiere der Oper nur ein halbes Jahr nach der Pariser Erstaufführung des Dramas statt. Dies zeigt, wie dicht die musikdramatischen Adaptionen an der zeitgenössischen Dramatik waren.

Transformationen

Um 1830 gewannen die Adaptionen aus dem Bereich der französischen Dramatik mehr und mehr an Bedeutung. Wirft man einen Blick auf die Werkliste von Donizetti, dem bedeutendsten italienischen Opernkomponisten zwischen 1830 und 1840, so lassen bereits die Titel einen starken französischen Einfluß erkennen. In der Tat gehen vier Fünftel aller Donizetti-Opern auf französische Vorlagen zurück; die meisten davon sind über das italienische Sprechtheater, also über eine Übersetzung vermittelt. Ein typisches Transformationsprodukt ist Tottolas *Elisabetta o Il castello di Kenilworth* (Neapel 1829), das nach Hugos *Amy Robsard* (1828) und Scribes *opéra comique* für Daniel François Esprit Auber *Leicester ou Le château de Kénilworth* (1823) modelliert ist. An *Elisabetta* wird sichtbar, daß nunmehr auch französische Opern für eine Transformation herangezogen wurden. Ausschlaggebend für den Rückgriff auf eine *opéra comique* dürfte das Sujet gewesen sein, hatte doch Scribe mit seinem Textbuch von 1823 erstmals einen Scottschen Stoff (*Kenilworth*) adaptiert.

Die Anverwandlungen französischer Opern standen jedoch zahlenmäßig hinter denjenigen von Melodramen und *comédies-vaudevilles* deutlich zurück. Direkte Adaptionen wie im Falle von Cammaranos und Mercadantes *Il reggente* (nach Scribes *Gustave III ou Le Bal masqué* von 1833) waren eher die Ausnahme. Welche Wege die Anverwandlung einer französischen Oper ging, läßt sich am besten an *La vestale* der beiden genannten Autoren exemplifizieren, da hier auch der damit verbundene Geschmackswandel sichtbar wird. Cammarano griff mit seinem Textbuch von 1840 nicht direkt auf die gleichnamige Oper von Victor-Joseph Etienne de Jouy und Gaspare Spontini aus dem Jahr 1807 zurück, sondern dem Libretto lag – wie so oft – eine Zwischenstufe aus dem Sprechtheater zugrunde, nämlich *La vestale* von Luigi Marchionni, das 1825 im Teatro Fiorentini erstaufgeführt wurde. Dieses *dramma tragico* basierte nun seinerseits auf Jouys Opernbuch, enthielt aber gegenüber diesem signifikante Änderungen, insbesondere im Hinblick auf die Schlußgestaltung. In Jouys Oper war es zu Beginn des 19. Jahrhunderts noch nicht möglich gewesen, ein tragisches Ende auf die Bühne zu bringen, vor allem wenn es dergestalt drastisch war wie bei diesem Stoff, der die Verbrennung der Titelheldin bei lebendigem Leib erforderte. Jouy hatte deshalb noch zu dem bewährten Mittel eines *deus ex machina* greifen müssen, welcher der Vestalin Vergebung ermöglichte. Auch Pacinis Vestalin-Oper von 1823 besaß noch einen solchen *lieto fine*. In Marchionnis Prosadrama war das tragische Ende indessen sanktioniert, zur selben Zeit also, als die Oper noch den *lieto fine* bevorzugte. Als Cammarano gegen Ende der 1830er Jahre seine *Vestale* konzipierte, war dieser Geschmackswandel jedoch auch auf der Opernbühne vollzogen, der *tragico fine* keine Herausforderung mehr, obwohl sich die Kritik noch teilweise an dieser Lösung stieß (Black, 1984, S. 67 f.). Auch das Tanztheater fand sehr viel früher als die Oper zu dem tragischen Ende, wie Salvatore Viganòs Mailänder Vestalin-Ballett von 1818 belegt.

Neben dem Sprechtheater spielte das Ballett eine wesentliche Rolle, wenn es darum ging, neue Stoffe für die Opernbühne zu gewinnen. Da das Tanztheater wie auch die Oper beständig auf der Suche nach neuen Handlungen war – und beide aus dem gleichen Stoffreservoir schöpften –, ist ein Einfluß des Balletts auf die Oper in vielen Fällen anzunehmen, wenngleich eine musikdramatische Adaption ungleich schwerer nachzuweisen ist als beim Sprechtheater (da die Ballettszenarien naturgemäß keine Figurenrede enthalten). Bei einigen Opern ist indes der Einfluß des Tanzdramas manifest wie im Falle von Bellinis *La sonnambula*. Zwar lassen sich Stoff und Handlung von Bellinis Oper auf eine *comédie-vaudeville* Scribes (*La Somnambule*, Paris 1816) zurückführen, den stärkeren Einfluß hatte jedoch unstreitig Scribes späteres Ballett *La Somnambule ou L'Arrivée d'un nouveau seigneur* (Musik: Ferdinand Hérold), das dieser 1827 aus seinem früheren Boulevardstück modelliert hatte und das dem Genre der romantischen Ballett-Pantomime den Weg ebnete. Die Tatsache, daß sich

Romani in seinem Textbuch mehr am Ballett orientierte als am älteren Vaudeville, zeigt, daß die italienische Librettistik gleichsam nach allen Seiten Ausschau nach neuen Sujets hielt. In diesem Falle war es das romantische Handlungsballett, dem Scribe und Herold gegen Ende der 1820er Jahre zum Durchbruch verholfen hatten.

Produktionsverhältnisse

Die Librettisten waren in der Regel an einem bestimmten Theater angestellt, von welchem sie ein Gehalt bezogen. Die Bezahlung erfolgte meist monatlich, mit der Auflage, eine festgelegte Zahl an Textbüchern zu verfassen. Cammarano beispielsweise war in Neapel verpflichtet, im ersten Jahr seiner Anstellung ein Textbuch und in den Folgejahren jeweils zwei Libretti zu verfassen. Umarbeitungen früherer Bücher und spezielle Adaptionen wurden zusätzlich vergütet (Black, 1984, S. 94). Wie Cammarano lebten die meisten Librettisten nicht allein von ihrem Fixum, sondern auch von den Aufträgen für andere Komponisten und Opernhäuser. Die Verpflichtungen an ihrem Stammhaus schlossen oft auch die Bühnenrealisierung der Oper ein, mit anderen Worten: Die Librettisten waren für die Inszenierung verantwortlich. Für diese Personalunion von »poeta e concertatore«, das heißt von Librettist und Regisseur, ist Cammarano ein prominentes Beispiel, da sich von ihm auch Aufzeichnungen zur Inszenierung erhalten haben (siehe unten, S. 249). Durch diese Nähe zur aufführungspraktischen Seite verfügte der Librettist natürlich über einen weiten Erfahrungsschatz im Hinblick auf die Realisierung seines Textes auf der Bühne, insbesondere auch, was die Einbindung von eher ›unbeweglichen‹ Kollektiven wie dem Chor oder einer *banda* anbelangte.

Der wichtigste Einflußfaktor eines jeden Opernth eaters auf die Werkgenese waren jedoch die Sängerinnen und Sänger. Die Konstellation der Vokalsolisten an einem Haus hatte nicht unerhebliche Auswirkung auf die Wahl eines Sujets und dessen librettistische Einrichtung. Während die Pariser Opernhäuser die ersten künstlerischen Kräfte meist für einen längeren Zeitraum an ihr Haus binden konnten, herrschte demgegenüber innerhalb der italienischen Opernlandschaft eine starke Fluktuation der Gesangssolistinnen und -solisten vor. Verdi verwarf mehrmals Projekte, weil ihm am potentiellen Aufführungsort nicht die entsprechenden Kräfte zur Verfügung standen. Erst später konnte er seine Opernprojekte von der Anwesenheit oder Verpflichtung bestimmter Künstler abhängig machen.

Auch die Produktionsbedingungen einer italienischen Oper waren gegenüber dem französischen Musiktheater grundlegend verschieden. Einstudierungs- und Probenzeiten waren oft auf wenige Wochen begrenzt, was sich auch indirekt auf die für die Genese eines Librettos zur Verfügung stehende Zeit auswirkte. Der Begriff »Produktion« hat in diesem Zusammenhang seine volle Berechtigung angesichts der großen Zahl an Werken, die die italienischen Opernth eater im 19. Jahrhundert herausbrachten. Wenn man sich vor Augen führt, daß allein ein Komponist wie Giovanni Pacini 75 Opern schrieb, so wird deutlich, welche Leistungen von der literarischen Seite erbracht werden mußten. Gaetano Rossi liegt mit 160 Textbüchern in der ersten Hälfte des 19. Jahrhunderts deutlich an der Spitze der librettistischen Produktion. Felice Romani verfaßte 60 Opernbücher, die insgesamt 240mal vertont wurden. Trotz der großen Zahl an Mehrfachvertonungen war Romani mit seinen Arbeiten ständig in Verzug, weil er immer für mehrere Theater gleichzeitig arbeitete. Stellt man in Rechnung, daß einige Librettisten (wie Cammarano) auch noch für die bühnenpraktische Realisierung zuständig waren, so ist deren kontinuierliche poetische Arbeit umso höher einzuschätzen.

Stoffsuche

Während einem italienischen Opernkomponisten des 18. Jahrhunderts in der Regel das Textbuch vorgegeben worden war, emanzipierten sich die Komponisten des 19. Jahrhunderts mehr und mehr von diesem System, zumal auch die Dominanz eines Librettisten wie Metastasio nicht mehr gegeben war. Obschon das Phänomen der Mehrfachvertonung in der ersten Hälfte des 19. Jahrhunderts noch fortwährte, wurde dennoch die Suche nach einem geeigneten Stoff immer mehr zu einer gemeinsamen Angelegenheit von Textdichter und Komponist.

Abbildung 15

Salvadore Cammarano (1801–1852).

Die äußeren Bedingungen unterschieden sich von denen einer *scrittura* des 18. Jahrhunderts jedoch nur unwesentlich. Zu berücksichtigen waren die finanzielle Ausstattung des jeweiligen Theaters, ferner die vorhandenen Gesangssolistinnen und -solisten, der Publikumsgeschmack sowie die Zensur. In erster Linie bestimmte jedoch die Konstellation des künstlerischen Personals die Konzeption einer Oper. Wenn in einer Saison zum Beispiel zwei hochkarätige Frauenstimmen zur Verfügung standen, konnte dies unmittelbar Auswirkungen auf die Suche nach einem geeigneten Sujet haben. Ein Großteil der Kommunikation zwischen Textdichter und Komponist kreiste deshalb um die Frage der Sängerinnen und Sänger. Mit der Besetzung steht und fällt letztlich die Konzeption eines italienischen Bühnenwerkes. War diese gefunden, so konnte mit der dramaturgischen Arbeit begonnen werden. (Der Terminus »Besetzung« ist in diesem Zusammenhang fast irreführend, da er heute fast nur noch die reproduzierende Seite meint und den Kontext der Werkgenese nahezu ausschließt.)

Anders als die französische Dramatik, die sich an einem einzigen Zentrum ausrichtete, hatte die italienische Librettistik in erheblichem Maße die lokalen Bedingungen zu berücksichtigen. Dies betraf in erster Linie die politischen und soziokulturellen Gegebenheiten. Es machte einen großen Unterschied, ob ein Librettist seine Oper für Venedig oder für Neapel konzipierte. Eine Oper wie Verdis *I due Foscari* (Rom 1844) wäre in Venedig schlechterdings nicht möglich gewesen, da Nachfahren der Bühnenfiguren dort noch lebten, was eine Konfrontation mit der Zensur heraufbeschworen hätte. Mit der Zensurbehörde zu verhandeln, oblag somit dem Librettisten, da eine Intervention von Seiten des Zensors nicht nur das Projekt in künstlerischer Hinsicht gefährdet, sondern auch erhebliche finanzielle Einbußen nach sich gezogen hätte. Insofern lag es nahe – auch in Anbetracht der meist knapp bemessenen Produktionszeit –, daß der Textdichter und nicht der *impresario* mit der Zensurbehörde kommunizierte. Letzterer war ohnehin nur daran interessiert, daß der festgelegte Zeitplan bis zur Premiere eingehalten wurde.

Die Verlegung des Schauplatzes und der Handlungszeit war das probateste Mittel, strittige Sujets für die Zensur ›passabel‹ zu machen. Derartige Versetzungen einer Handlung in fremde Länder und frühere Epochen resultierten vor allem aus der Rücksichtnahme auf die Zensurbehörde, um jedwede Anspielungen auf aktuelle politische Verhältnisse zu vermeiden. Daß die Dramen dadurch nicht unbedingt an dramatischer Stringenz gewannen, versteht sich von selbst. *Kabale und Liebe* (*Luisa Miller*) im Tirol des 18. Jahrhunderts anzusiedeln, vermochte vielleicht ein alpenländisches Kolorit zu vermitteln, der soziale Zündstoff des ausgehenden *ancien régime*, den Schillers Jugenddrama auszeichnete, wurde auf diese Weise aber weitgehend entschärft. Andererseits läßt die Tatsache, daß die Sympathieträger Luisa und Rodolfo italienische Namen haben, wohingegen die Schurken Walter und Wurm ihre deutschen Namen behalten, gerade im Ambiente Tirols ein neues Spannungsfeld entstehen, das als politisches Signum des Risorgimento gewertet werden darf (Fricke, 1985, S. 103–105).

Dennoch waren Tirol, die Schweiz und vor allem Schottland ›sichere‹ Regionen für eine Opernhandlung. So spielt Cammaranos *Il proscritto* – die Hauptfigur ist ein verbannter Bonapartist – ebenso in Schottland (zur Zeit Cromwells!) wie sein *Il reggente*. Die politische Sprengkraft in *Il reggente* war zweifellos spürbarer als in *Il proscritto*, zeigte die Oper doch einen Königsmord auf offener Szene. *Il reggente* basierte auf Scribes *Gustave III ou Le Bal masqué*, der die Ermordung des schwedischen Königs Gustav III. 1792 während eines Maskenballs zum Inhalt hat, eben jene Handlung also, die Verdi später mit *Un ballo in maschera* (1859) vertonen sollte. Bei Cammarano und Mercadante wurde aus König Gustav der Graf Murray und aus Anckarström ein Herzog Hamilton; die Zeit der Handlung war 1570. Augenscheinlich war die Kenntnis der schottischen Geschichte ebenso dunkel wie die Vorstellung vom Mittelalter, sonst hätte man wohl einen anderen Schauplatz finden müssen. Der historische Stoff dieses Königsmordes war schon 1841 von Gaetano Rossi aufgegriffen worden, der die Handlung nach Arles in die Zeit der Kreuzzüge verlegt hatte.

Selbst wenn die äußeren Bedingungen (Sängerbesetzung, Zensur) aufs Beste erfüllt waren, bedeutete dies nicht automatisch, daß ein Projekt realisiert, das heißt das Textbuch auch vertont wurde. Als Cammarano beispielsweise Mercadante Ende der 1830er Jahre *Cristina di Svezia* unterbreitete, ein Textbuch, das auf einem Drama von Alexandre Dumas aus dem Jahr 1830 basierte, lehnte Mercadante das Buch ab, da er der Meinung war, die Zuschauer nicht für inhumane Figuren einnehmen zu können. Mit anderen Worten: *Cristina di Svezia* war mit Mercadantes opernästhetischen Vorstellungen nicht vereinbar. Wie Mercadante Cammarano mitteilte, sei ihm derselbe Stoff bereits früher von Rossi und Romani angeboten worden, die er ebenfalls abschlägig beschieden habe. Auch Bellini, so fügte Mercadante an, sei aus denselben Gründen nicht gewillt gewesen, ein solches Buch zu vertonen. An diesem Beispiel zeigt sich, daß es nicht mehr darum ging, um jeden Preis vorhandene Textbücher zu vertonen, sondern daß die Perspektive des Komponisten eine zunehmende Bedeutung bei der Umsetzung der Projekte erlangte. Auf der anderen Seite macht der Fall *Cristina di Svezia* deutlich, daß die Vorschläge im Hinblick auf das Sujet noch primär von den Librettisten kamen, auch wenn die Komponisten an der Festlegung des Sujets beteiligt waren. Dies sollte sich mit Verdi grundlegend ändern.

Struktur

Wenn über das Sujet prinzipiell Einigkeit erzielt wurde, erstellte der Textdichter ein sogenanntes *programma*, das heißt eine Handlungsskizze der Oper, welche dem Komponisten anschließend übersandt wurde (sofern er nicht am selben Haus wirkte). Dieses kurze Substrat, meist nur ein oder zwei Seiten lang, enthielt noch keine Angaben der musikalischen Nummern. Eine solche Differenzierung blieb dem Szenar vorbehalten, das nunmehr die Handlung genauer faßte und auch die Plazierung der entsprechenden musikalischen Nummern vorsah. Ein ausgearbeiteter Entwurf, welcher dieses Stadium der Werkgenese musterhaft widerspiegelt, liegt uns in Cammaranos Szenar zu *Lucia di Lammermoor* vor. Es listet zunächst die *dramatis personae* und die betreffenden Sänger auf, danach folgen Ort und Zeit der Handlung, und anschließend folgt unter der Überschrift der jeweiligen Nummer der entsprechende Handlungsverlauf. Das Szenar enthielt oftmals bereits Dialogfragmente sowie Szenenanweisungen, die dann nicht selten wörtlich in die endgültige Fassung des Textes eingehen.

Das Szenar wurde gleichzeitig der Theaterleitung und der Zensurbehörde vorgelegt. Meist ging der Librettist schon kurz darauf an die weitere Ausarbeitung seines Textes. Von Cammarano wissen wir, daß er großes Geschick besaß, mit der Zensur zu verhandeln. Hier kann von einem verkürzten bürokratischen Weg ausgegangen werden, der Librettist mußte also nicht erst die offizielle Rückmeldung der Zensur abwarten, bevor er mit der Arbeit fortfuhr.

In dieser Phase, in der es Struktur und Dramaturgie zu entwickeln galt, hatte der Komponist die größten Möglichkeiten, auf die Werkgestalt einzuwirken. Für die Opernforschung ist dieses Stadium zweifellos das interessanteste, da es meist auch Auskunft über die musikdramatischen Vorstellungen des Komponisten zu geben vermag. Die Einblicke in den Entstehungsprozeß und somit in die musikdramatische Werkstatt sind allerdings weitgehend von der Überlieferungslage abhängig. Wenn Textdichter und Komponist in einem Theater Tür an Tür arbeiteten, dann besitzen wir in der Regel keine schriftlichen Zeugnisse. Da die meisten Librettisten jedoch auch für andere Theater tätig waren, sind wir in solchen Fällen durch die schriftliche Korrespondenz – sofern sie sich wie bei Verdi erhalten hat – relativ gut informiert. Die Vorschläge, die Verdi in diesem Stadium der Komposition machte, gehen, was Qualität und Quantität anbelangt, über diejenigen anderer Komponisten weit hinaus. Sie zeigen einen Musikdramatiker, der in jeder Phase des Entstehungsprozesses das endgültige Werk vor Augen hatte und dessen ästhetische Prinzipien darum in hohem Maße die Werkgenese bestimmten.

Die generellen librettistischen Techniken bei der Anverwandlung eines Sujets beziehungsweise der Adaption eines Dramas hießen Verknappung, Zuspitzung und Kontrastierung. Diese Techniken unterlagen gleichsam einer dramaturgischen Grundvoraussetzung: der Einbettung der Handlung in das Formmodell der musikalischen Nummer. Oder anders gesagt: Die Strukturierung einer Oper in die Abfolge musikalischer Nummern machte diese Prinzipien und Techniken notwendig. Die (geschlossene) Nummer war das Herzstück jeder italienischen Oper, gleich ob sie in Gestalt eines Ensembles, einer Arie oder eines Chores in Erscheinung tritt.

Die Festlegung des Nummerngerüsts im Kontext des Handlungsverlaufs war, salopp gesprochen, die ›halbe Miete‹. Zeigte sich der Komponist mit dem Szenarium einverstanden, ging der Textdichter unmittelbar an die Ausarbeitung der Verse. War das Entwurfsstadium noch eine gemeinsame konzeptionelle Annäherung an das zu schaffende Werk, so betraf die Ausarbeitung des Textes gewissermaßen die handwerkliche Seite der librettistischen Arbeit. Von diesem Punkt der Werkgenese an war nunmehr eine weitgehende Arbeitsteilung zwischen Dichter und Musiker gegeben. Dieses Phänomen läßt sich bis zur Mitte des 19. Jahrhunderts beobachten. Bis zu dieser Zeit war der Komponist fast ausschließlich in die Disposition der Makrostruktur eingebunden gewesen, die im wesentlichen darin bestand, sich mit dem Librettisten über Gewichtung und Balance der (Solo-)Nummern zu verständigen. Ab 1840 nahm jedoch der Komponist mehr und mehr Einfluß auch auf die Mikrostruktur des Werkes. Diese Entwicklung ist aufs engste mit dem Namen Verdis verbunden. Wie kein anderer Komponist entschied er auch in allen Details der Versifizierung mit; sein Ringen mit Francesco Maria Piave steht paradigmatisch für die Emanzipation des Komponisten vom Textdichter.

Die erste Hälfte des 19. Jahrhunderts war indes noch geprägt vom Einfluß des Librettisten auf die definitive Textgestalt. Auf der anderen Seite war sich jeder Komponist – nachdem er sein Placet zum Szenarium gegeben hatte – darüber im klaren, was sich hinter den jeweiligen Nummerntypen (Introduzione, Aria, Finale und so weiter) verbarg. Rein strukturell betrachtet gab es für den Musiker hier insofern kaum Überraschungen, als die italienische Opernkomposition sich an einem musikdramatischen Schema ausrichtete, das später von Basevi mit dem Begriff *solita forma* idealtypisch gefaßt wurde. Die *solita forma* läßt sich als die strukturelle Organisationsform der musikalischen Nummer beschreiben, mehr noch: Sie war die poetologische Folie einer jeden Opernschöpfung. Dieses Prinzip der *solita forma* ist in erster Linie eine Konvention, wie auch Formen instrumentaler Musik im 18. Jahrhundert primär Konventionen folgten und nicht danach zu beurteilen sind, ob es zu einer Form- beziehungsweise Normerfüllung kommt, sondern eher danach, in welcher Weise die Autoren zu immer neuen Lösungen innerhalb dieser Konventionen fanden. Gleichwohl unterlag die *solita forma* einem gewissen dramaturgischen Regulativ, insofern als sie die musikalische Nummer in vordefinierte Momente von Aktion, Reaktion und Reflexion schied. Gerade in diesem Punkt dürfte – jenseits der stofflichen Adaptionen – die Affinität zum französischen Boulevardtheater zu suchen sein, da sich dieses durch ähnlich typisierte Szenenmodelle auszeichnete, vor allem was die dramaturgische Disposition von Aktion und kontemplativer Nicht-Aktion (*tableau*) betrifft.

Die innerdramatische Folie der *solita forma* regulierte und strukturierte die Handlung nicht unwesentlich. *Scena* und *tempo di mezzo* waren als Orte der Aktion präfiguriert, während *cantabile* und *cabaletta* deren Reaktion beziehungsweise Reflexion darstellten. Obwohl die *solita forma* in erster Linie auf die musikalische Organisation der Nummer abzielte, so sind doch deren Auswirkungen auf die Makrostruktur nicht zu übersehen. Das Zusammenspiel von *solita forma* und der Bauform eines Akts führte zur Ausbildung von Stereotypen, welche der italienischen Oper des frühen 19. Jahrhunderts ein ganz bestimmtes formales Gepräge verliehen. (Darüber hinaus galt es, szenische Erfordernisse wie Dekorationswechsel zu berücksichtigen, welche die Strukturierung der Akte ebenfalls mitbestimmten.) Rein numerisch betrachtet hielt dieses Zusammenspiel vielfältige Variationsmöglichkeiten bereit, allerdings reduzierten sich diese angesichts der Gewichtung, die es zwischen den *dramatis personae* im Hinblick auf deren Solonummern herzustellen galt. Das Erbe der *prime donne* und *primi uomini* der italienischen Oper des 18. Jahrhunderts wirkte hier fort. Trotz der Ökonomie, welche die meisten Libretti im Hinblick auf die Strukturierung an den Tag legten, ist ein gewisses ›Baukasten-Prinzip‹ innerhalb der Dramaturgie nicht zu übersehen.

Diese dramaturgische Konvention hat niemand besser beschrieben als Verdi selbst, freilich zu einem Zeitpunkt, als er sie längst überwunden hatte. Frustriert und voll bitterer Ironie schreibt er während der Mailänder Vorberei-

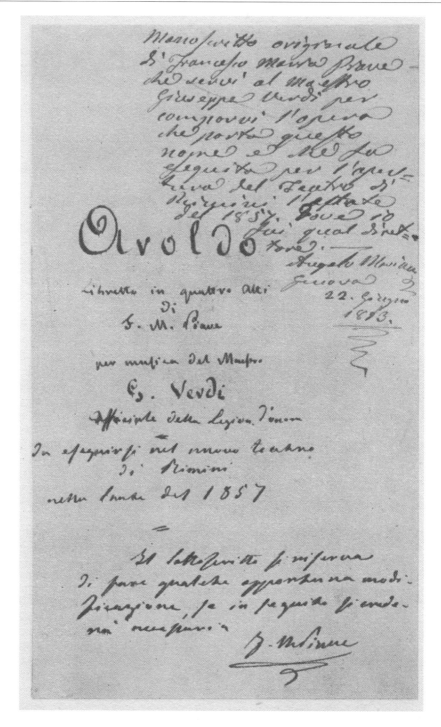

Abbildung 16

Das Libretto von *Aroldo* in der Handschrift Francesco Maria Piaves mit dem Besitzvermerk des Dirigenten Angelo Mariani.

tung der *Aida* an Giulio Ricordi, daß es nunmehr in der Oper einzig auf die Gesamtkonzeption von Text und Musik ankomme. »Man braucht das Ganze: selbst ein bescheidenes Ganzes, die Kunst und die Oper gewinnen nur dabei. Oder kehrt zu den Kavatinen-Opern zurück. Ein Chor, eine Kavatine für den Sopran, eine für den Tenor, eine weitere für den Bariton, ein Finale mit einem Adagio für den Sopran, der Tenor in Oktaven und die Violinen im unisono ... ein zweiter Akt mit einem Duett, einem Chor, einem *rondò* der *prima donna*, und alles ist fertig.« (Brief Verdis an Giulio Ricordi vom 20. Oktober 1874; Abbiati, 1959, Band III, S. 718)

Verdi: der Komponist als Dramaturg

Verdi hat die Sujets für seine Opern in nahezu allen Fällen selbst bestimmt, oft ging sogar schon die erste Idee zu einem Stoff von ihm aus. Auch die Adaption und dramatische Einrichtung begleitete er stets mit kritischem Blick, bis hin zur szenischen Realisierung auf der Bühne. Andrew Porter behauptet mit Recht, daß man in der Werkliste hinter die Namen der Librettisten immer auch den Namen Verdi setzen könne (Porter, 1980, S. 643), so stark war der Einfluß des Komponisten auf das Textbuch. Was die Eingriffe in die endgültige Textgestalt betrifft, ist Verdi im 19. Jahrhundert nur noch Giacomo Meyerbeer an die Seite zu stellen, der an der Genese von Scribes ›grands opéras‹ ebenfalls großen Anteil hatte. Wie bei Verdi gingen Meyerbeers Vorschläge über das textliche Detail weit hinaus, da Meyerbeer bereits auf die dramaturgische Konzeption Einfluß nahm. Damit verschoben sich die Gewichte nicht nur im Hinblick auf die Produktion, sondern auch für die Rezeption eines Werkes: Der Komponist war nunmehr stärker als zuvor für Erfolg oder Mißerfolg einer Oper verantwortlich.

In der Wahl seiner Sujets wurde Verdi im Verlauf seiner Karriere immer anspruchsvoller. Daß ihn Mitte der 1850er Jahren selbst die Vorschläge des französischen Großmeisters Scribe kaum mehr befriedigen konnten, spricht für sein literarisches Gespür. (Scribe hatte zu dieser Zeit den kreativen Zenit überschritten.) Verdis verzweifelter Ausruf »Gebt mir ein Libretto – und die Oper ist gemacht« während der Pariser Zeit ist sprichwörtlich geworden. Das Diktum zeigt, daß der Komponist nicht allein in das musikdramatische Zentrum des 19. Jahrhunderts gekommen ist, um hier eine weitere Oper herauszubringen, sondern daß er mit einem Werk für die Pariser Opéra auch bestimmte Ansprüche verknüpft sehen wollte. Der Aufschrei offenbart ferner auch eine typische Eigenschaft des Komponisten: Die Vorlage mußte Verdi unmittelbar ansprechen und sein spontanes Interesse wecken, ein langwieriges Umarbeiten eines Stoffes, mit dem er nicht von vornherein einverstanden war, kam für ihn nicht in Frage. Wenn ihm ein Stoff nicht (mehr) gefiel, verwarf er ihn. Auf der anderen Seite besaßen viele Stoffe eine lange Inkubationszeit. Sujets, die Verdi in den *Copialettere* ab 1844 festzuhalten begann, sollten ihn noch längere Zeit begleiten, auch wenn sie nicht sofort vertont wurden. Stellt man Verdis dezidiert literarisches Interesse in Rechnung, so überrascht die Vielfalt der dort genannten Autoren kaum: Byron, Shakespeare, Dumas und Hugo. In diesen frühen Aufzeichnungen fehlt nur noch der Name Schillers, mit dessen Dramen Verdi erst später Bekanntschaft machte.

Obwohl Verdi stets auf der Suche nach außergewöhnlichen und neuen Stoffen war, ist die Phasenverzögerung, mit der einige dramatische Vorlagen in die Hand des Komponisten gelangten, aufschlußreich. Läßt man einmal Shakespeare und Schiller beiseite, so waren selbst die zeitgenössischen Vorlagen, auf die Verdi und seine Textdichter zurückgriffen, im Schnitt fünfzehn bis zwanzig Jahre alt. Hugos romantisches Drama *Le Roi s'amuse* (1832) war 1851, zum Zeitpunkt der *Rigoletto*-Premiere, nicht mehr zur neuesten französischen Dramatik zu rechnen. Ähnlich dicht am zeitgenössischen Sprechtheater wie Bellinis Opern lag wirklich nur *Stiffelio* (1850), der auf einem Schauspiel von Émile Souvestre und Eugène Bourgeois basierte, das gerade 1849 in Paris herausgekommen war.

Im absoluten Zeitgeschehen verhaftet war dagegen *La traviata* (1853), und dies im doppelten Sinne: Zum einen basierte Verdis Oper auf einem Drama von Alexandre Dumas dem Jüngeren, das kaum ein Jahr alt war, zum anderen spielte die Handlung von *La Dame aux camélias* in der Gegenwart (Paris, um 1850).

Führt man sich diese doppelte Zeitgenossenschaft, vor allem was die Aktualität von Handlung und Schauplatz anbelangt, vor Augen, so wird die ungeheure Modernität dieser Adaption evident. Berücksichtigt man ferner die Tatsache, daß selbst eine im konkreten gesellschaftlichen Geschehen verankerte Gattung wie die *opéra comique* nach 1848 ihr Heil in der Vergangenheit, das heißt vorwiegend im 18. Jahrhundert suchte, dann ist *La traviata* nicht nur in musikalischer Hinsicht als ein Solitär in der Operngeschichte des 19. Jahrhunderts anzusehen. Ein romantisches Historiendrama Hugoscher Provenienz erscheint aus dieser Sicht betrachtet so weit entfernt wie die dramatische Welt Metastasios.

Im Gegensatz zu Shakespeare – und vielleicht auch zu Schiller – darf die Hinwendung zu Hugo, Voltaire und anderen ohnehin nicht als bewußter Rückgriff auf Weltliteratur gedeutet werden. Auch diente das Aufgreifen von Stoffen Byrons und Scotts keineswegs einer literarischen Aufwertung der Gattung Oper, wie dies dann im ausgehenden 19. Jahrhundert zu beobachten sein wird, wo man sich mitunter des Eindrucks nicht erwehren kann, daß die Komponisten mit der Wahl der literarischen Sujets ihre Werke zu nobilitieren suchten. Im Vordergrund stand in der ersten Hälfte des 19. Jahrhunderts vielmehr die praktische Erwägung, inwieweit die Vorlagen adäquate ›Objekte‹ für eine musikdramatische Umsetzung abzugeben vermochten. Aus der Sicht eines Librettisten spielte dabei keine Rolle, ob es sich um Hugo, Scribe oder einen Autor des Boulevardtheaters handelte. Insofern ist auch Verdis Stoffwahl zunächst einmal aus dieser neutralen Perspektive zu betrachten. Verdis hohes literarisches Qualitätsbewußtsein bleibt von dieser Tatsache unberührt.

Es dauerte verhältnismäßig lange, bis der junge Verdi mit einem wirklichen Librettisten zusammenarbeiten konnte. 1844 bescherte ihm der Auftrag für die neapolitanische *Alzira* – seine achte Oper – die erste gemeinsame Arbeit mit Cammarano. Verdi schien dem Poeten blind zu vertrauen, denn die Stoffwahl lag augenscheinlich ganz in den Händen des damals schon berühmten Cammarano. *Alzira* ist damit eine der wenigen Opern Verdis, bei welcher der Komponist hinsichtlich der Wahl des Sujets weitgehend passiv blieb. Es war indes nicht der erste Kontakt mit Cammarano gewesen: Bereits ein Jahr zuvor hatte Verdi ihn angefragt, ob dieser ihm Byrons *The Bride of Abydos* einrichten könne. Doch Cammarano hatte ebenso abgewinkt wie Solera. (Dieses Projekt – für La Fenice 1844 – wurde schließlich mit Piave realisiert, das Sujet allerdings geändert; die Wahl fiel dann auf Victor Hugos *Ernani*.) Warum sich Verdi im Falle von *Alzira* so zurückhaltend verhielt, ist nicht klar. Seine Briefe verraten Respekt und Hochachtung gegenüber dem Textdichter. In einem der Briefe merkt Verdi an, daß man einen Cammarano nicht darüber in Kenntnis setzen müsse, die Texte kurz und konzise zu halten, dieser kenne schließlich das Theater besser als er selbst (Brief an Salvadore Cammarano vom 23. Mai 1844, Copialettere, 1913, S. 429).

Verdis Euphorie wird umso verständlicher, wenn man sich die librettistischen Mitstreiter vergegenwärtigt, mit denen er bis dahin zusammenarbeiten mußte. Seine erste Oper *Oberto* (1839) stammte aus der Feder eines Amateurs (Antonio Piazza), revidiert wurde sie von einem absoluten Opern-Novizen, Temistocle Solera. Das zweite Bühnenwerk, *Un giorno di regno* (1840), basierte auf einem älteren Buch von Felice Romani. Zu persönlichen Kontakten mit diesen Textautoren war es weder im ersten noch im zweiten Fall gekommen. Es folgten wiederum zwei Werke – *Nabucodonosor* (1842) und *I Lombardi alla prima crociata* (1843) –, für die Solera verantwortlich zeichnete. *Ernani* (1844) wurde ebenfalls von einem noch unerfahrenen Textdichter verfaßt, zumindest war es zu diesem Zeitpunkt Francesco Maria Piaves erste eigenständige Opernarbeit. Bei *Alzira* sah Verdi nun zum ersten Mal die Chance für eine wirkliche Zusammenarbeit gegeben. Immerhin verfügte Cammarano über jahrelange Erfahrung, hatte er schließlich Komponisten wie Mercadante, Pacini und nicht zuletzt Donizetti beliefert.

Läßt man Verdis Textbücher zwischen 1845 und 1850 Revue passieren, so ist die bloße Akzeptanz des *Alzira*-Buches ebenso ungewöhnlich zu nennen wie das Ringen um die Konzeption von *Luisa Miller* (1849), für deren Libretto ebenfalls Cammarano verantwortlich zeichnete. *Luisa Miller* darf als paradigmatisch für den frühen Verdi im Hinblick auf die produktive Auseinandersetzung mit einem Textdichter gesehen werden, da hier gleichsam die Eckpunkte im librettistischen Koordinatensystem neu definiert wurden. Mit *Luisa Miller* galt es, sich eine gänzlich andere dramatische Welt anzueignen. (Die bereits angesprochene Verlegung von Ort und Zeit der Handlung war in dieser Hinsicht ein peripheres Problem.) Das Zusammentreffen von Schillers fünfaktigem bürgerlichem Trauerspiel mit den Formprinzipien der italienischen Oper zwang zu ungewöhnlichen dramaturgischen Dispositionen, da das Schauspiel verhältnismäßig viel Handlung enthielt, die in der Oper entsprechend umgesetzt werden mußte. Dies hatte unmittelbare Auswirkungen auf die Makrostruktur des Librettos. Das Textbuch setzt sich aus relativ vielen (insgesamt dreizehn) Nummern zusammen (zumindest handelt es sich um die größte Zahl an Nummern in allen Opern Cammaranos), diese wurden aber – um einen rascheren Handlungsfluß zu gewährleisten – in ihren Ausmaßen reduziert, das heißt die zweiteiligen Arien und Duette wurden entsprechend gekürzt zugunsten kleiner dimensionierter Romanzen oder einteiliger Duette. Die drastische Reduktion der Vorlage ließ die raffinierte Mechanik der Intrige kaum mehr wahrnehmen, welche die eigentliche Triebfeder von Schillers Trauerspiel darstellt. Es zeugt von Verdis theatralem Gespür, daß er sich nicht umstandslos in die Konvention dieser Simplifikation fügte. Cammarano gegenüber beklagte er, daß die dramaturgische Reduktion viel vom Geist Schillers vermissen lasse. »Ich habe soeben das Programm erhalten, und ich bekenne Ihnen, daß ich gern zwei *prime donne* gehabt hätte [...]. Mir scheint allerdings, daß jene teuflische Intrige von Walter und Wurm, die das ganze Drama wie ein Verhängnis beherrscht, nicht all die Farbigkeit und all die Kraft hat, die sich dort bei Schiller findet.« (Brief Verdis an Salvadore Cammarano vom 17. Mai 1849; ebd., S. 470) Damit legte Verdi den Finger auf die dramaturgische Wunde, nicht nur in *Luisa Miller*, sondern mehr noch auf die in der italienischen Oper herrschenden Konventionen, die ihm insgesamt zu wenig Spielraum für die individuelle Entfaltung eines Dramas ließen. Es erscheint fast folgerichtig, daß sich Cammarano in seinem Antwortbrief auf eben genau diese Konventionen ›zurückzieht‹ und sein Vorgehen verteidigt: »Schillers dramatische Konzeption in der Rolle der Lady Milford ist erhaben: ich konnte nur zu einem schwachen Teil ihre Streichung ausgleichen, aber wir müssen uns den unausweichlichen Notwendigkeiten beugen: denn selbst wenn wir die Favoritin beibehielten und die Zahl der Nummern vermehrten, würde niemals eine *prima donna* diese Rolle übernehmen; denn keine Anstrengung könnte dieser Partie in der Organisation des *melodramma* eine Wirkung verleihen, die der übermächtigen Wirkung der Rolle Luisas gleichkäme. – Daß die teuflische Intrige etwas von ihrer Fürchterlichkeit verliert, ist allerdings eine unvermeidliche Konsequenz der Streichung der Favoritin.« (Brief Salvadore Cammaranos an Verdi vom 11. Juni 1849; ebd., S. 473) Cammaranos Rechtfertigung versammelt gleichsam alle Momente, die bei der Einrichtung eines Librettos wirksam wurden: Reduktion und Verknappung der Handlung im Zusammenspiel mit der Rollenhierarchie und Besetzung, kurz: die Aporie einer adäquaten Synthese von Drama und Nummernoper.

Die Unterschiede zwischen der Genese von *Alzira* und *Luisa Miller* könnten nicht größer sein. Hatte sich Verdi ehedem bei *Alzira* in die Konvention geschickt – auch seine Vertonung setzte Cammaranos Buch ›regelrecht‹ schematisch um –, so läßt die Werkentstehung von *Luisa Miller* in jeder Phase den Einfluß des Komponisten sichtbar werden. Zwischen beiden Werken liegt – dramaturgisch und entstehungsgeschichtlich – eine Welt. Während es bei *Alzira* in erster Linie darauf ankam, Voltaires philosophische Reflexionen zu einer brauchbaren Handlung zu destillieren, war bei Schillers Trauerspiel ein großes Maß an Aktion in die Konventionen der italienischen Oper zu überführen. Letzteres war ungleich schwieriger. Im direkten Vergleich mit der Vorlage blieb von Schillers Drama sicherlich weniger übrig als von Voltaires Lehrstück. Verdi hingegen zeigte sich selbst von diesem Schiller-Rudiment weitaus stärker inspiriert als von Voltaires exotisierendem Ideendrama, was nicht zuletzt auch in der Musik hörbar wird.

Daß Verdis Vorschläge und Eingriffe während der Konzeption der *Luisa Miller* so fundamental in die dichterischen Belange vordrangen, muß Cammarano ziemlich irritiert haben. Mehr noch: Er sah sich zum ersten Mal einem Komponisten gegenüber, der ihm an dramaturgischer Kompetenz ebenbürtig war. In dem bereits zitierten Brief an Verdi wartete Cammarano mit einer bemerkenswerten Überlegung auf: »Wenn ich nicht den Vorwurf fürchten müßte, ein Utopist zu sein, wäre ich versucht zu sagen, die mögliche Vervollkommnung der Oper sei nur zu erreichen, wenn ein einziger Geist der Autor von Text und Musik ist: aus dieser Vorstellung resultiert meine klare Ansicht, daß es, da es eben zwei Autoren gibt, zumindest nötig ist, daß beide sich verbrüdern, und daß die Poesie nicht die Sklavin der Musik sein darf, noch viel weniger jedoch deren Tyrannin.« (Brief Salvadore Cammaranos an Verdi vom 11. Juni 1849; ebd.) Die Tatsache, daß ein Textdichter sich in seinem Schaffen dergestalt in die Defensive gedrängt sieht, offenbart, daß hier im Hinblick auf das Verhältnis von Poet und Komponist ein Paradigmenwechsel vollzogen wurde. Die Poesie ist nun endgültig der Musik »gehorsame Tochter« geworden – und der Komponist zum Dramaturgen.

Die Genese der Opern (I): Komponist und Librettist

von Luca Zoppelli

Funktion des Librettos und Entstehungsabläufe

Der Zeitraum, in dem sich die Komponistenlaufbahn Verdis vollzog, umfaßte mehr als ein halbes Jahrhundert und war durch einen weitreichenden gesellschaftlichen und kulturellen Wandel gekennzeichnet. Grundlegende Veränderungen erfuhr in dieser Periode auch das Verhältnis zwischen dem Komponisten und seinen Librettisten – und allgemein zwischen Komponist und Produktionssystem. Die Entwicklung seines dramaturgischen und stilistischen Bewußtseins ließ Verdi zudem immer höhere Ansprüche an seine Librettisten stellen. Selbst innerhalb der gleichen Schaffensphase veränderte sich spürbar das jeweilige Verhältnis, das zwischen ihm und den anderen am Arbeitsprozeß Beteiligten bestand, zumal seine Arbeitspartner sich in Alter, Autorität und handwerklicher Erfahrung voneinander unterschieden. Dennoch lassen sich durchaus einige Konstanten feststellen, die die gesamte Entwicklung der Beziehungen zwischen Verdi und seinen Librettisten begleiteten und den Entstehungsprozeß der von ihm vertonten Texte bestimmten.

Zu dem Zeitpunkt, an dem Verdi seine Bühnenlaufbahn begann, hatte sich das Verhältnis von Librettist zu Komponist im Vergleich zum 18. Jahrhundert bereits entschieden gewandelt. Im 18. Jahrhundert hatte die Verantwortlichkeit sowohl für die dramatische Anlage als auch für die dichterische Form des ›Dramas‹ im allgemeinen beim Dichter gelegen, wenngleich dieser sich im komplexen Opernbetrieb an viele Vorgaben halten, und der Komponist den Text anschließend nur noch in seine Musik ›einkleiden‹ mußte (Strohm, 1979). Verschiedene Faktoren führten an der Wende vom 18. zum 19. Jahrhundert zu einer Verlagerung der ästhetischen Verantwortung vom Dichter auf den Komponisten. Erstens bildete sich ein Repertoire-System aus, in dessen Rahmen nunmehr nicht nur die – für die jeweilige Aufführung vertonten – Libretti zirkulierten, sondern die Partituren der Werke als Ganzes. Zweitens vermischten sich die Darstellungsweisen traditioneller tragischer Dramaturgie – die auf der Vorherrschaft der dichterischen, erhabenen Sprache basierte und deshalb eine literarische Erscheinung war – und diejenige neuer Tendenzen, die aus dem französischen bürgerlichen Drama und Melodrama übernommen wurden und im Gegensatz zur Tragödie den nonverbalen Ausdrucksmitteln mehr Raum gaben (Pantomime, orchestrale Evozierung von Schauplatz, Situation und psychologischer Befindlichkeit der Figur). Und schließlich wurden die geschlossenen Nummern zunehmend komplexer und differenzierter untergliedert: Sie bestanden aus mehreren, verschiedenartigen Abschnitten, in die neben den reflexiven und statischen Momenten auch einige Handlungsbeziehungsweise ›dynamische‹ Momente aufgenommen wurden (anstatt diese in die Rezitative zwischen den Nummern zu verlegen), so daß es immer schwieriger wurde, den Stoff einer dramatischen Handlung zu verteilen, ohne die Disposition der musikalischen Faktur mit einzukalkulieren. Das Phänomen Rossini, durch das die Öffentlichkeit nunmehr den Komponisten als den hauptsächlichen ›Urheber‹ einer Oper wahrnam (Zoppelli, 1993), kennzeichnete auf anschauliche Weise diese Verlagerung zugunsten der ästhetischen Bedeutsamkeit der Musiker, die auch in der ungleich besseren finanziellen Vergütung des Komponisten gegenüber der ernüchternden Bezahlung des Librettisten Ausdruck fand (der nun einsetzende Prozeß der Neubewertung der kompositorischen Leistung sollte das ganze Jahrhundert fortdauern). Andererseits wurde in den Jahrzehnten nach dem Rückzug Rossinis von den italienischen Bühnen die Frage, wie die spezifischen Aufführungsbedingungen (bühnentechnische Gegebenheiten, Zusammensetzung des Sängerensembles, politische Lage und so weiter) im Text umgesetzt werden konnten, zunehmend von verschiedenen dramaturgischen und formalen Konventionen beantwortet. Da das Libretto einige Situationen eines

Stoffes auswählte, sie auf die einzelnen musikalischen Nummern übertrug, den Nummern eine formale Anordnung gab und diese Disposition poetisch und metrisch ausfüllte (was die typographische Anlage eines Textbuches zeigt), stellte es nicht nur eine Komponente der Aufführung dar, sondern vielmehr ein Regiebuch, nach dem sich alle Aspekte der Darbietung richteten und das auch für das Vorgehen des Komponisten einen stark bindenden Charakter hatte (Roccatagliati, 1996, S. 115–285). Wenn man mit der italienischen Oper des frühen 19. Jahrhunderts vertraut ist, kann man schon beim Durchblättern eines Librettos die grundlegenden Züge der Vertonung und deren groben Charakter im Geiste rekonstruieren. Diese Vorgaben konnte ein Komponist zwar auf seine jeweils eigene Art klanglich umsetzen, jedoch selten übergehen oder ihnen gar zuwiderhandeln (siehe unten, S. 182–197). Wenn also der Text des Librettos die wichtigsten musikalischen Entscheidungen konkret vorschrieb, mußte der Komponist – je nach Autorität – seinerseits darauf bedacht sein, an der Festlegung des Aufbaus teilhaben zu können. Dramaturgische Erfahrung, Prestige und Autorität von Librettist und Komponist entschieden daher über die Machtverhältnisse bei der Zusammenarbeit, legten diese jedoch nicht unbedingt im Sinne einer absoluten Herrschaft fest – vorausgesetzt, daß sich beide auf die Herstellung eines gemeinsamen geistigen Produkts einstellten und im Rahmen eines verbindlichen Gefüges von dramatischen Topoi und formalen Konventionen arbeiteten.

In den 1830er Jahren, als Verdi die Arena der Theaterwelt betrat, waren die Phasen des Entstehungsprozesses einer Oper genau festgelegt (Powers, 1990). Sobald die Verwaltung, die für eine Spielzeit verantwortlich war, über die Zusammensetzung des Sängerensembles für die Saison entschieden hatte, konnte man zur Auswahl des Sujets übergehen (die Entscheidung über die Besetzung fiel meistens im Frühjahr für die darauffolgende Karnevalsspielzeit, das heißt etwa neun bis zehn Monate im voraus, wobei aber manche wichtige Rolle noch einige Monate lang unbesetzt bleiben konnte). Der Vorschlag für ein Sujet erfolgte häufig von Seiten des Librettisten, der – wenn er professionell arbeitete – aus Vorarbeiten schöpfen konnte. Erfahrene Autoren wie Felice Romani und Salvadore Cammarano nutzten die leeren Übergangszeiten, um Hunderte von literarischen Texten, insbesondere dramatische Werke, zu sichten und auf deren ›Vertonbarkeit‹ zu überprüfen. So war es unabdingbar, daß die Handlung unter Beibehaltung der grundsätzlichen Aussage auf wenige emotionale Kernpunkte und fesselnde Situationen gekürzt und zusammengefaßt werden konnte und nur eine begrenzte Zahl von Sängern erforderlich war. Man mußte das Sujet in gehobenen Stil und im Rahmen der gesellschaftlichen Konventionen umformulieren können, zumal die Zensur über diese ›offizielle‹ und aristokratische Unterhaltungsform eine strengere Kontrolle ausübte als über andere Schauspielformen. Die Quelle mußte zudem hinlänglich bekannt sein, um die Neugier des Publikums zu wecken und eine gewisse Vorkenntnis der Handlung voraussetzen zu können, da diese in einer Oper nur schwer ausführlich dargelegt werden konnte. (Diese Listen mit Sujets konnten Anmerkungen über den allgemeinen Ausdruckscharakter umfassen – zum Beispiel ›zu traurig‹ oder ›zu politisch‹ –, über mögliche Konflikte mit der Zensur und über die Eigenschaften des dafür benötigten Ensembles – eine oder zwei *donne* oder daß es nötig war, sich auf den Tenor oder Bariton verlassen zu können und so fort. Auf jeden Fall implizierte die Wahl des Sujets zwangsläufig eine einstweilige Vorstellung über die Zusammenstellung und Disposition des dramatischen Stoffes.)

Wenn kein angesehener Librettist hinzugezogen wurde, konnte die Anregung auch vom Komponisten selbst kommen, wie bei Gaetano Donizetti, der beispielsweise die Thematik von *Torquato Tasso* und *Maria Stuarda* selbständig bestimmte (beim letztgenannten Werk wurde er von Romani im Stich gelassen und mußte einen Studenten der Rechtskunde das Libretto verfassen lassen, der jedoch nur »nach Diktat« arbeiten konnte). Oder aber ein angesehener Interpret griff ein, wie etwa Giuditta Pasta, die die Änderung des Sujets von *Cristina di Svezia* zu *Beatrice di Tenda* in jenem Opernprojekt beeinflußte, das den Bruch zwischen Romani und Vincenzo Bellini besiegelte. Anschließend wurde eine Inhaltsangabe in Prosa verfaßt, die als »Plan«, »Programm«, »Skizze« oder – in Verdis Worten meist – als *selva* (Entwurf) bezeichnet wurde und dazu diente, den dramatischen Stoff auf unterschiedliche Szenen zu verteilen und gleichzeitig die entsprechenden musikalischen Nummern und deren Anlage festzulegen. Auch die *selva* konnte vom Librettisten geschrieben und dem Komponisten zur mehr oder weniger verbindlichen Genehmigung vorgelegt werden, oder aber sie wurde direkt von letzterem verfaßt, wenn der Librettist wenig erfahren, wenig angesehen oder vertraglich benachteiligt war. Die verschiedenen Grade der Ausarbeitung dieser Entwürfe reichten von einer wenige Zeilen umfassenden Skizze, die ausgewählte Situationen und die entsprechenden musikalischen Nummern festlegte (siehe unten das Beispiel für den 1. Teil von *Ernani*), über ein mehrseitiges Programm, das die Handlung genau beschrieb und auch Abschnitte mit Dialogen enthielt, bis hin zu einem vollständigen Prosalibretto. Bisweilen durchlief ein Libretto nacheinander jede dieser Phasen. Nachdem die *selva* von den Verantwortlichen der Spielzeit angenommen und provisorisch von der politischen Obrigkeit gutgeheißen worden war, wurde sie in Versform gebracht, was für gewöhnlich in der Zeit zwischen Sommer und Anfang Herbst geschah. Sobald die einzelnen Akte fertiggestellt waren, wurden sie dem Komponisten zur Vertonung zugeschickt. Möglicherweise sah dieser beim Komponieren die Notwendigkeit, Verbesserungen auf formaler oder metrischer Ebene vorzunehmen (gelegentlich geschah dies, wie bei der Zusammenarbeit von Bellini und Romani, um bereits existierendes melodisches Material verwenden zu können). Auch andere Modifikationen konnten durch veränderte Rahmenbedingungen erforderlich werden, zum Beispiel bei Umbesetzung einer Rolle und der dadurch bedingten Änderung des Charakters der Figur, oder wegen Auflagen der Zensur, die sich vorbehielt, auch die Versfassung des Dramas einer Prüfung zu unterziehen. Die Überarbeitungen konnten sich folglich bis kurz vor den Aufführungstag hinziehen, auch wenn sich solche Eingriffe durch Zeitnot und häufig durch räumliche Distanz zwischen Librettist und Komponist schwierig gestalteten.

Bestimmung eines Arbeitsstils: Verdi, Piave und *Ernani*

In Verdis jungen Jahren ist evident, wie das Spiel der sich ändernden Machtverhältnisse zwischen Librettist und Komponist funktionierte. Obgleich die Entstehung von *Nabucodonosor* nicht umfassend dokumentiert ist, wissen wir, daß er in diesem Fall ein fertiges Libretto vom *impresario* Merelli erhielt (das ursprünglich für einen anderen Komponisten bestimmt gewesen war), und daß er dessen Autor Temistocle Solera wahrscheinlich nicht um viele Änderungen bat. Doch nach dem Erfolg von *Nabucodonosor* und *I Lombardi alla prima crociata* wuchs sein vertraglich festgelegter Einfluß, wie die Bedingungen des Abkommens mit dem Teatro la Fenice in Venedig für die Oper, die später *Ernani* heißen sollte, zeigen.

Die Entstehung dieses Werkes ist gut dokumentiert und stellt ein erstes, aufschlußreiches Beispiel des von Verdi vertretenen Standpunkts dar (Conati, 1983; Cagli, 1987; Ross, 1987). Bereits aus dem Vertrag, der besagte, daß Verdi die Kosten für den Librettisten trug und diesen bestimmen durfte, wird deutlich, daß er auf Wahl und Behandlung der Thematik Einfluß nehmen wollte: Verdi zog in Erwägung, Solera, Cammarano oder den Venezianer Giovanni Peruzzini anzusprechen (mehrere praktische Gründe sprachen dafür, einen Librettisten zu wählen, der in der auftraggebenden Stadt tätig war). Im Hinblick auf das Sujet äußerte er in einem Brief vom 6. Juni 1842 an den Grafen Alvise Francesco Mocenigo, den *Presidente agli Spettacoli del Teatro*, er habe *King Lear* von William Shakespeare (die Vertonung des Stoffes sollte sein ganzes Leben lang ein unerfüllter Traum bleiben) oder *The Corsair* von Lord Byron im Sinn, falls er einen Bariton vom Format eines Giorgio Ronconi zur Verfügung habe; oder *The Bride of Abydos*, ebenfalls von Byron, wenn er auf eine hervorragende *primadonna* zählen könne. In den darauffolgenden Wochen schickte er weitere *argomenti* und *programmi* nach Venedig, darunter einen dritten Byron-Stoff, *The Two Foscari*, der jedoch von der Zensur abgelehnt wurde: Die noch in Venedig lebenden Nachkommen der Handlungsträger hätten sich kompromittiert fühlen können. In der Zwischenzeit hatte Mocenigo ihm den Venezianer Francesco Maria Piave als Mitarbeiter vorgeschlagen, der als Librettist unerfahren war und als Sujet einen nach Walter Scott adaptierten *Cromvello* vorschlug. Ende Juli, nachdem *I due Foscari* abgelehnt worden war, griff Verdi auf dieses Angebot zurück, und Piave schickte ihm eine *selva* und eine bereits in Versform gebrachte Einleitung. Zu dieser machte Verdi am 8. August 1843 eine Reihe von Anmerkungen die Verteilung der geschlossenen Nummern, den Stil der Versfassung und die Form betreffend (Brief an Francesco Maria Piave; Abbiati, 1959, Band I, S. 471 f.). Ende August schien das Libretto fertiggestellt zu sein, doch Mocenigo, der es vorsichtshalber gelesen hatte, fand es nicht interessant genug (Brief an Verdi vom 2. September 1843; Conati, 1983, S. 72). Er bat Piave deshalb, einen neuen Entwurf für den 2. Akt zu verfassen, erwog aber gegenüber Verdi mit einem Mal die Möglichkeit, *Cromvello* durch einen anderen Stoff zu ersetzen, etwa durch Victor Hugos *Hernani* oder Alexandre Dumas' *La Tour de Nesle*. Es war also Mocenigo, der nahelegte, ein überholtes literarisches Modell zurückzustellen (die Werke von Walter Scott waren eine Fundgrube in der ersten, vorsichtigen und zurückhaltenden Phase der Aufnahme romantischer Dichtung in die italienische Oper gewesen), und der Verdi die verzweifelten Figuren des neuen romantischen französischen Dramas nahebrachte.

Der Komponist packte die Gelegenheit beim Schopfe, übernahm es nun eigenhändig, den Vorschlag auszuarbeiten, und skizzierte sogleich die Grundzüge der Bearbeitung: »In Hernani müßte nur gekürzt und gestrafft werden: die Handlung steht bereits und ist außerordentlich interessant. Morgen [...] werde ich alle Szenen von Hernani skizzieren, die mir geeignet scheinen. Ich habe bereits gesehen, daß der gesamte 1. Akt in einer großartigen Einleitung zusammengefaßt werden und der Akt dort enden kann, wo D. Carlos von Silva die Auslieferung Hernanis verlangt, der sich hinter seinem Porträt verbirgt. Der 2. Akt wird aus dem 4. Akt des französischen Dramas gestaltet. Und den 3. Akt kann man mit einem herrlichen Terzett beenden, in dem Hernani stirbt usw....«. (Brief Verdis an Nani Mocenigo vom 5. September 1843; ebd., S. 74)

Mit dieser Skizze implizierte Verdi eine Opernpoetik, die sich eng an die Zeitstruktur und den Versaufbau des gesprochenen Dramas hält. Eine solche Poetik hatte kurz zuvor durch *Maria di Rohan* von Donizetti (nach *Un Duel sous Richelieu* von Lockroy und Edmond Badon, uraufgeführt in Wien am 5. Juni 1843) ein beeindruckendes Vorbild erhalten, und dieser Oper verdankt *Ernani* vermutlich zahlreiche stilistische und formale Lösungen, darunter auch das ungewöhnliche Schluß-Terzett. Trotzdem wich die letztlich doch von Mocenigo und Piave verfaßte *selva* zu Beginn der Handlung von der dramatischen Vorlage ab, um möglichen Ärger mit der Zensur zu vermeiden und um den gängigen Regeln zu entsprechen (das heißt es wurde je eine *cavatina* für den Tenor und den Sopran dort eingefügt, wo Verdi die handlungsreiche »großartige Einleitung« vorgesehen hatte). So wurde unter anderem auf ein für Hugos Ästhetik besonders wichtiges Element verzichtet, nämlich die komisch angelegte Szene, in welcher der in einen Schrank eingesperrte König das Gespräch zwischen Doña Sol und Hernani mithört. Die folgende Transkription gibt den Entwurf für den 1. Akt wieder (im Original stehen die hier unterstrichenen Anmerkungen am Rand):

Waldszene in der Nähe des Schlosses / von D. Ruy / Szene I
Chor der Rebellen, die Hernanis Mut rühmen und seinen geplanten Aufstand gegen D. Carlos zu unterstützen geloben.
Szene II. / Hernani
[Arie des Tenors] Arie, die seine Herkunft, seine in Ungnade gefallene Familie, sein Verlangen nach Rache, die für D. Sol gehegte Liebe, die ihn bisher zurückhält, darlegt.
III / Gemach der D. Sol / D. Sol mit den Dienerinnen
[Arie der *prima donna*] Gebet, daß der Himmel die mit Hernani geplanten Flucht beschützen möge. Die Dienerinnen ziehen sich zurück.
IV. / D. Sol D. Carlos und dann Hernani. Ein Page.
Ein Page verkündet, daß der von einem Unwetter überraschte D. Carlos um Zuflucht bittet und in Abwesenheit D. Ruys darum ersuche, D. Sol seine Ehrerbietung bezeugen zu dürfen. D. Sol stimmt widerstrebend zu. D. Carlos tritt in einen Mantel gehüllt ein, und macht D. Sol, von ihrer Schönheit gebannt, den Hof. Hernani kommt durch einen Geheimgang hinzu.
[Terzett] Eifersüchtiger Zorn. Terzett, das mit dem Ziehen der Schwerter endet.
V. / D. Ruy und die Vorigen.
[Rezitativ und Finale] D. Ruy glaubt sich entehrt. Er äußert Vorwürfe gegen beide. Er will Rache. D. Carlos wirft den Mantel zu Boden und gibt D. Ruy zu verstehen, daß ihn eine bedeutende Angelegenheit herführe und er seinen Rat brauche. D. Sol weckt in

Hernani erneut den Plan zur Flucht. D. Ruy befiehlt, daß die Zimmer für den König hergerichtet werden und daß seine Diener ihm zu Diensten sein sollen. Finale mit Chören. (ebd., S. 81)

Verdi erklärte sich, möglicherweise schweren Herzens, mit den Überarbeitungen einverstanden, bemühte sich jedoch, wenigstens im 3. und 4. Akt eine genaue Übereinstimmung mit dem Original zu erreichen: »Mit den Änderungen in den ersten Akten bin ich einverstanden, doch in den letzten beiden wird die Wirkung um so größer sein, je enger wir uns an Hugo halten.« (Brief Verdis an Francesco Maria Piave vom 2. Oktober 1843; Abbiati, I, S. 475) Ebenso lehnte er einen unnötigen Szenenwechsel ab – Piave hatte geplant, daß Karl V. den Verschwörern in der »Galerie des Palastes von Aachen« verzeiht – und bestand vor allem darauf, daß die Oper nicht mit einem *rondò finale*, einer Soloszene also, sondern mit dem Terzett endete (wie es im Entwurf von Piave und Mocenigo freilich ohnehin geplant war). Doch gerade die Gestaltung des Terzetts führte zu Schwierigkeiten: Eine handschriftliche Ausarbeitung des Librettos, die im Archiv des Teatro la Fenice erhalten ist, fordert eine längere Fassung, die gemäß den »solite convenienze« angelegt ist, wohingegen Piave scheinbar zu irgendeinem Zeitpunkt ein Solo für den sterbenden Ernani vorgeschlagen haben muß, was Verdi jedoch schroff zurückwies: »Das Terzett soll er beenden, wie er will, doch scheint mir, daß ein isoliertes Solo für Ernani eine Peinlichkeit wäre. Was sollen die anderen beiden dann tun?...« Der Komponist unterstrich zudem die Notwendigkeit, die Rezitative zu kürzen (»Welcher Komponist kann schon – wie in diesem dritten Akt – 100 Rezitativ-Verse vertonen, ohne peinlich zu wirken?«), und sorgte sich wegen der Strapazen, die der Sopranistin durch die wenig rücksichtsvolle Anlage des 1. Teils abverlangt wurden: »Welche Sängerin wird nacheinander eine große *cavatina*, ein Duett, das in einem Terzett endet, und ein ganzes Finale wie in diesem 1. Akt von *Ernani* singen können [...]?« (Brief Verdis an Guglielmo Brenna vom 15. November 1843; Conati, 1983, S. 102 f.; Verdi, der dieses Argument anführte, um Piave dessen Unerfahrenheit im Theater spüren zu lassen, kann hier nicht wirklich im guten Glauben gehandelt haben: Er gab vor, sich nicht daran zu erinnern, daß er selbst in seinem Brief vom 10. Oktober 1843 um die Erweiterung des Duetts/Terzetts gebeten hatte, »um die Zuneigung von Don Carlos ein wenig zu entwickeln«; Abbiati, 1959, Band I, S. 475.) Auch die Zensur verlangte, daß der Text einiger Nummern noch einmal überarbeitet würde, insbesondere der Chor der Verschwörer im 3. Teil, und einige Änderungen wurden schließlich noch nach Ankunft des Komponisten in Venedig mündlich vereinbart: »Mein Ernani macht Fortschritte, und der Librettist macht alles, was ich verlange.« (Brief Verdis an Giuseppina Appiani vom 12. Dezember 1843; ebd., S. 478)

Mit dieser Zusammenarbeit schaffte Verdi die Voraussetzungen für den lange währenden Bund mit Piave, der grundsätzlich auf der Bereitschaft des literarisch durchschnittlich begabten Librettisten gründete, seine untergeordnete Rolle zu akzeptieren. Im Hinblick auf *Ernani* erwies sich jedoch die von Verdi ausgeübte Kontrolle noch als unvollständig. In zahlreichen Phasen der Entstehung, darunter bei der Wahl des Sujets und der Gliederung der strukturellen Anlage der Oper, standen seine Wünsche beziehungsweise seine ästhetischen Richtlinien noch in Wechselbeziehung zu äußeren Einflüssen, darunter insbesondere dem wichtigen Beitrag Mocenigos. Die weitgehende Anlehnung an Versaufbau und Ästhetik des Dramas von Victor Hugo wurde in *Ernani* noch nicht erreicht, sondern erst sieben Jahre später in *Rigoletto*, wenngleich um den Preis einer dramatischen Auseinandersetzung mit der venezianischen Zensur. Ausgeprägter waren hingegen die durch den Briefwechsel dokumentierten Beiträge Verdis zu einzelnen Aspekten des Textes, die ihn als Komponisten ausweisen, der bereits einige dramaturgische Notwendigkeiten verinnerlicht hatte. Die szenische Wirkung mußte sich aus der dramatischen Situation ableiten, die lebensnah und konzise durch wenige Signalworte dargestellt wurde, ohne der schlechten Angewohnheit nachzugeben, die Ideen durch eine ausgedehnte »poetische« Darstellung wiederzugeben: daher die ersten Ermahnungen an Piave, er solle sich knapp fassen. Solche Ermahnungen sollten sich in den langen Jahren der gemeinsamen Arbeit fortdauernd wiederholen; am 8. August 1843 schrieb Verdi: »Sie wissen besser als ich, daß es in dieser Art Komposition keine Wirkung ohne Handlung gibt, daher also immer so wenig

Worte wie möglich«, und im selben Brief: »Kürze ist nie ein Fehler« (Brief an Francesco Maria Piave, Abbiati, 1959, Band I, S. 471 f.). Am 2. Oktober 1843 heißt es: »Ich rate Ihnen zu Kürze und Inbrunst« (ebd., S. 475), und am 15. November 1843 dozierte er: »Oft wirkt ein zu langes Rezitativ, ein Satz oder ein Sinnspruch, der in einem Buch und auch in einem gesprochenen Drama wunderschön gewesen wäre, in einem gesungenen Drama lächerlich.« (Brief an Guglielmo Brenna; Conati, 1983, S. 103)

Die handlungsorientierte Dramaturgie durfte sich nicht ausschweifenden lyrischen Pausen hingeben, aber die opernhafte Neuformulierung des literarischen Vorbilds sollte auch nicht so beschaffen sein, daß sie zum Verzicht auf ausdrucksstarke Formulierungen und Bilder des dramatischen Textes führe: »Vergessen sie nicht einige wunderschönen Sätze, die im Original enthalten sind« (Brief Verdis an Francesco Maria Piave vom 2. Oktober 1843; Abbiati, 1959, Band I, S. 474). Die Schwierigkeit, einen Text unter Berücksichtigung der dramaturgischen Vorstellungen Verdis zu einem Libretto zu reduzieren, lag folglich in dem geringfügigen Spielraum begründet, der zwischen zwei in gewisser Weise gegensätzlichen Zugkräften verblieb: einerseits die Ausrichtung auf die ›Treue‹ gegenüber dem Original – das nicht mehr ausschließlich Vorgabe war, aus der man allgemeine Gefühlssituationen herauszog, sondern ein logisches Gefüge aus Situationen und Figuren –, und andererseits die Hinwendung zu einer gänzlich musikalischen Individuation einer antiliterarischen Dramaturgie, die sich nicht auf die logozentrische Beschaffenheit des gesprochenen Dramenwortes verließ, sondern vielmehr den Anspruch erhob, das Wort sei – von einigen seltenen, besonders ausdrucksvollen Fällen abgesehen – nur eine Verhüllung der eigentlichen »Situation«. Also mußte man ein Stück weit Verrat am genauen Text des Originals üben, um seinen dramatischen Kern zu erhalten, und diese Vorgehensweise war alles andere als einfach und automatisch in die Tat umzusetzen.

Mit anderen Worten betonte Verdi, wenngleich überzeugt von der Bedeutung der *posizione*, das heißt der dramatischen Situation, die Loslösung von ihrer formalen und metrischen Hülle (obschon der Inhalt mit wirklichkeitsnaher Klarheit erscheint), und tat, als lasse er dem Librettisten freie Hand: »Machen Sie auch im Finale des 3. Aktes, was Sie für sinnvoll halten, was sich am Natürlichsten in die Handlung einfügt; es genügt, daß es interessant ist. [...] Und auch die Metren, wie Sie möchten. [...] Ein Duett oder eine Arie in dem einen oder in einem anderen Metrum zu schreiben, ist für mich das Gleiche.« (Brief an Francesco Maria Piave vom 8. August 1843; ebd., S. 471 f.) Diese Freiheit war jedoch fiktiv: Verdi war sofort bereit, jeglicher literarischen Autonomie des Librettos ein Ende zu bereiten, sobald er die Gefahr witterte, es könne sich zwischen die unmittelbare Wirkungskraft der Situation und die Wahrnehmung des Zuschauers stellen. Das Libretto wurde also nunmehr eine funktionale Basis, der prinzipiell das Recht auf eine eigenständige ästhetische Bedeutung verwehrt war.

Verdi als Dramaturg: Shakespeare und *Macbeth*

Die Unabhängigkeit Verdis bei der Wahl seines Sujets und bei der Gliederung des Librettos wuchs in dem Maße, in dem sich seine vertragliche Position verbesserte, und sie veränderte sich entsprechend dem Wandel des Marktes in der Opernwelt, auf dem die eigentliche Spielzeit, für welche die Oper komponiert wurde, nun immer unwichtiger wurde im Vergleich zur schlußendlichen Verbreitung des Werkes (wenngleich eine vorbildlich aufgeführte Premiere immer noch eine gute Visitenkarte für die Zukunft der Oper war). Wo Verdi bei der Wahl des *Macbeth* für Florenz 1847 noch auf die Verfügbarkeit eines bedeutenden Baritons wie Felice Varesi baute (dies geschah eher aus Zweckmäßigkeit denn als Bedingung), hatte sich bereits wenige Jahre später, als der Vertrag für *La traviata* aufgesetzt wurde, das Verhältnis zwischen Verfügbarkeit einzelner Sänger und Wahl des Sujets vollständig umgekehrt: Artikel 4 des Vertrags vom 4. Mai 1852 legt fest, daß Verdi in Bezug auf die erste *prima donna*, Fanny Salvini Donatelli, die für die genannte Spielzeit verpflichtet worden war, das Recht vorbehalten blieb, nach ihrem Spielzeitdebüt am Abend des Stephanstages zu entscheiden, ob sie in seiner Oper auftreten dürfe (Conati,

1983, S. 291). Im übrigen wurde jedoch die Konkretisierung eines zufriedenstellenden Librettos – wie im weiteren zu sehen sein wird – gerade angesichts der größeren vertraglichen Freiheiten Verdis immer schwieriger. Ebenso wie gegenüber den Interpreten baute er seine Autorität gegenüber dem Librettisten aus, dessen zunehmend untergeordnete und entpersonalisierte Rolle sich auch darin zeigte, daß der Komponist, um bestimmte Ziele zu erreichen, bei der Entstehung eines Librettos in unterschiedlichen Phasen mehrere Mitarbeiter einbinden konnte. Das Sujet für *Attila* hatte Verdi durch Madame de Staëls *De l'Allemagne* entdeckt (ebd., S. 141–144); er studierte dann die Tragödie von Zacharias Werner, ließ hiervon durch Andrea Maffei eine Zusammenfassung anfertigen und schickte diese – mit einigen Vorschlägen die Disposition des Stoffes, das Hinzufügen oder Weglassen von Figuren betreffend – mit der Bitte an Piave, »die Skizze« auszuarbeiten, »jedoch ausführlich, Szene für Szene mit allen Figuren; also derart, daß man sie nur noch in Versform bringen muß« (Brief Verdis an Francesco Maria Piave vom 12. April 1844; Copialettere, 1913, S. 438). Anschließend zog er den Auftrag an Piave zurück und betraute Temistocle Solera, den geschätzten Mitarbeiter und Librettisten von *Nabucodonosor*, mit der Ausarbeitung des Librettos. Zwar gefiel Verdi die fertige Arbeit, er scheute sich aber, Solera die zahlreichen gewünschten Änderungen anzutragen, und da dieser in der Zwischenzeit auch nicht mehr vor Ort war, wandte er sich erneut an Piave, um sie ausführen zu lassen. Nach vollbrachter Tat mußte Solera den Veränderungen Piaves zustimmen. Er konnte zwar gegebenenfalls nachbessern, mußte dabei jedoch – wie Verdi ihm schrieb – bedenken, »daß ich bereits die ganze Musik verfaßt habe, insbesondere an den wichtigen Stellen, da ich Deine Antwort nicht abwarten konnte« (Brief Verdis an Solera vom 25. Dezember 1845; Abbiati, 1959, Band I, S. 594).

Von besonderem Interesse ist der Fall *Macbeth*, in dem die Mitarbeit mehrerer Librettisten nicht nur Verdis Willen widerspiegelt, ein funktionales Libretto zu schaffen, sondern auch die Sorge, ein literarisches Niveau zu wahren, das der dichterischen Qualität des Originals gerecht wird (Rosen/Porter, 1984; Goldin, 1979). Von seiner wohlbekannten Leidenschaft für Shakespeare abgesehen, zog Verdi an *Macbeth* der komprimierte Charakter dieser Tragödie an. Diesen sah er auch in den Aufzeichnungen August Wilhelm Schlegels (in den *Vorlesungen über dramatische Kunst und Literatur*) bestätigt, die Carlo Rusconi seiner 1838 erschienenen Übersetzung des Shakespeare-Dramas als Anhang hinzufügt hatte: »[Die Handlung] [...] schreitet erstaunlich rasch vorwärts, von der ersten Katastrophe (denn Duncans Ermordung kann schon eine Katastrophe genannt werden) bis zur letzten. ›Gedacht, gethan!‹ ist der allgemeine Wahlspruch, denn, wie Macbeth sagt, ›Der flücht'ge Vorsatz wird nie eingeholt,/ Geht nicht die Tat gleich mit.‹« (Schlegel, 1976, S. 182) Verdi verdankte Schlegel sicherlich auch seine Interpretation des vielschichtigen und zerrissenen Protagonisten: »Einen ehrgeizigen aber edeln Helden, der einer tief angelegten höllischen Versuchung erliegt, und in welchem alle Verbrechen, wozu ihn die Nothwendigkeit treibt, den Erfolg seiner ersten Unthat zu behaupten, dennoch das Gepräge des angebohrnen Heldenthums nicht ganz auslöschen können.« (ebd., S. 180)

Man muß sich also vergegenwärtigen, daß Verdi bei seiner Deutung so vorging, wie es für die Romantik epochentypisch war. Zunächst bestimmte er den gedanklichen beziehungsweise emotionalen Kern, von dem das ganze Drama geprägt war; daher bestand er zum Beispiel darauf, daß *Il trovatore* sich gänzlich aus Azucenas Verlangen nach Rache herausentwickle. Die Bestimmung des Kerns war häufig von Äußerungen eines angesehenen Literaturtheoretikers beeinflußt, in diesem Fall Schlegel. Für *Rigoletto*, dessen Titel ursprünglich *La maledizione* lauten sollte, bot sogar Hugo selbst mit seinem Vorwort zu *Le Roi s'amuse* den literaturtheoretischen Schlüssel; die Überzeugung, daß die kritische und philologische Reflexion entscheidende Hinweise auf die Motivation der dramatischen Idee geben kann, stellt eine Übereinstimmung zwischen Verdis Oper und dem Musikdrama Wagners dar. Für *Macbeth* kondensierte Verdi also aus dem Drama eine detaillierte *selva*, die er Anfang September 1846 Piave zukommen ließ. Nachdem dieser das Exposé in Versform gebracht hatte, griff nun Verdi ein, um die größtmögliche Ausdruckskraft der Verse, die beste metrische Funktionalität und wie üblich äußerste Knappheit zu erwirken: »Wenn ich alle Worte streichen sollte, die nichts aussagen und nur für den Reim oder den Vers gemacht werden, dann müßte ich ein gutes Drittel streichen: nun wirst Du begreifen, ob der Stil bereits so knapp ist, wie er sein sollte. [...] Hast Du begriffen? [...] DENKE STETS DARAN, WENIGE WORTE ZU MACHEN... WENIGE WORTE... WENIGE, ABER DAFÜR BEDEUTENUNGSVOLLE WORTE.« (Brief Verdis an Francesco Maria Piave vom 22. September 1846; Abbiati, 1959, Band I, S. 644f.)

Normalerweise hatten Verdis *selve* die Aufgabe, die dramatischen Situationen festzulegen, waren aber auf metrischer oder formaler Ebene zunächst einmal nicht unbedingt bindend. Er zog es vor, für diese Aspekte erst auf Grundlage eines umfassenderen ersten Librettos Bemerkungen und Vorschläge zu unterbreiten. Für die Einleitung wartete er beispielsweise die Ausarbeitung Piaves ab, und ließ diesem dann seine metrischen Vorschläge zukommen, die in den endgültigen Text übernommen wurden:

Die ersten Strophen der Hexen müssen fremdartiger sein, um Charakter zu haben: Ich kann Dir nicht die richtige Methode nennen, aber ich weiß, daß sie so nicht schön sind: Wenn Du zum Beispiel alle Verse mit Betonung auf der letzten Silbe gestaltet hättest, wäre es vielleicht besser gewesen [vgl. den Chor »Che faceste? Dite su!«]. Nun, experimentiere und finde die Methode, bizarre Dichtung zu machen, wenigstens im ersten Abschnitt braucht die letzte Strophe nur ein Vierzeiler zu sein [»Le sorelle vagabonde«...], danach kürze so viel als möglich im *tempo di mezzo* und dichte die drei Anrufungen der Hexen im *endecasillabo* [»Salve o Macbetto, di Glamis sire«]. Reduziere das Duett zwischen Macbeth und Banco auf je sechs Verse [«Due vaticini compiuti or sono«] und streiche somit all jene schlechten Verse, die ich Dir in meinem anderen Brief genannt habe. (ebd., S. 645)

Ebenfalls von Bedeutung ist die Vorgehensweise, die für den Beginn des 4. Aktes angewandt wurde, dessen endgültige Lösung (Anfangschor und Arie von Macduff) erst in einem späteren Arbeitsstadium in Verdis Gedanken Gestalt annahm. Anfang Dezember bereitete der Komponist eine Prosaskizze vor, die am 10. Dezember 1846 an Piave geschickt wurde und in großen Teilen Carlo Rusconis Übersetzung paraphrasierte. Mit dieser Skizze übersandte er immer noch recht allgemeine Hinweise zur Gestaltung von Strophen und Metrum: »Ich möchte, daß der Akt mit einer Szene mit einem großartigen pathetischen Chor beginnt. [...] Schöne und ergreifende Dichtung in einem Metrum nach Deinem Belieben, nur keine Zehnsilbler.[...] [*adagio* von Macduff] 8 Verse – Zwei ergreifende Kurzstrophen [*stretta* mit Chor] 6 oder 8 kraftvolle lyrische Verse und Begeisterung [...].« (ebd., S. 668–670)

Erst nachdem er die erste Fassung von Piave erhalten hatte, wies er diese mit einer eher technischen Begründung auf metrischer Ebene zurück: »Ich habe versucht, den ersten Chor zu schreiben, der mir unter anderem deshalb nicht großartig gelingt, weil das Metrum zu kurz ist. Daher tue mir den Gefallen, und schreibe vier Kurzstrophen aus achtsilbigen Versen [*ottonari*]. Ich möchte einen Chor von derselben Bedeutung wie in *Nabucco* schreiben; jedoch möchte ich nicht einen genau gleichen Verlauf, und deshalb bitte ich Dich um achtsilbige Verse [*ottonari*]. [...] Arbeite mit Leidenschaft, und (ich möchte fast sagen) so, daß mehr Gedanken als Worte vorkommen. [...] Die *cabaletta* [in der *aria* des Tenors] schreibe als *tutti*, aber nicht in Elfsilbern [*endecasillabi*].« (Brief Verdis an Francesco Maria Piave vom 22. Dezember 1846; ebd., S. 675)

In anderen Fällen entwarf der Komponist selbst die ›Tempi‹ und grundlegenden Gedanken des Dialogs, zum Teil in Versform. Einige Passagen waren bereits in Sieben- oder Elfsilbler gegliedert und bedurften nur noch einer sprachlichen Überarbeitung, andere wurden hingegen in eine korrekte, metrisch regelmäßige Ordnung gebracht. Man betrachte die Skizze für den Beginn des 2. Aktes, die Verdi am 3. Dezember 1846 an Piave geschickt hatte. Die hier kursiv gedruckten Verse wurden später in die endgültige Fassung des Librettos übernommen:

LADY Perché ora mi fuggi?...
Perché sempre assorto in tristi pensieri?...
Inutile è pensare all'irrevocabile.
Ora sei Re, come ti predisser le streghe.
Il figlio di Duncano fuggendo in Bretagna
Parricida fu detto e vuoto il soglio
A te lasciò.
MACBETH *Ma le spirtali donne*
Banco padre di regi han profetato.
Dunque i suoi figli regneran?... Duncano
Per costor sarà spento?...
LADY *Egli è suo figlio*
Vivono, ma la natura non li creò immortali.
MACBETH Ciò mi conforta: ei non sono immortali.

LADY Quindi se un altro delitto? . . .
MACBETH Un altro delitto? . . .
LADY È necessario . . .
MACBETH   Quando? . . .
LADY Appena annotti! . . .
MACBETH Un nuovo delitto!!! . . . *(finge)*
LADY Ebbene? . . .
MACBETH È deciso! . . .
    Banco fra pochi istanti
    Per te comincia l'eternità. *(parte)*
    (ebd., S. 656–658)

Doch auch die zahlreichen Änderungen führten nicht zu einem befriedigenden Ergebnis, so daß Verdi Ende Dezember seinen Freund Andrea Maffei hinzuzog, der als Übersetzer von Rang der literarischen Qualität der ersten beiden Akte – deren Musik bereits komponiert war – den letzten Schliff verleihen sollte und weite Teile des 3. und 4. Aktes neu schrieb. Ein handschriftlich von Verdi verfaßtes Libretto, das im Museo teatrale alla Scala erhalten ist, zeugt von zahlreichen Phasen, in denen der Komponist und Maffei in den Text eingriffen und diesen umschrieben (Degrada, 1984, S. 306–338). Der interessanteste Aspekt, der sich aus der Untersuchung dieser Überarbeitungen ergibt, ist die deutliche Tendenz im Selbstfindungsprozeß der Dramaturgie Verdis, zunächst einen äußerst knappen Aufbau ohne lyrisches und meditatives Verweilen möglichst nah am Rhythmus der dramatischen Vorlage anzustreben und anschließend in einem zweiten Schritt jene Stellen festzulegen, die sich im Gegensatz dazu für eine Verlangsamung des dramatischen Rhythmus und zur lyrischen Dehnung eignen. Dem *adagio* der Arie von Macduff, für die Verdi um »zwei ergreifende Kurzstrophen« gebeten hatte, wurde ein dritter Vierzeiler zugestanden. Die sechs Achtsilbler für den Tod des Macbeth wurde zu einem doppelten Vierzeiler. Das *adagio* (eigentlich *Andantino*, B-Dur/b-Moll) des Duetts Lady Macbeth/Macbeth hatte ursprünglich aus zwei Vierzeilern mit doppelten Sechssilbern bestanden (»Allora mi parve – suonarmi nel petto«/»Ma dimmi, altra voce – non parti d'udire«), die den dialogischen Charakter des Duetts garantieren sollten (anstatt wie üblich durch ein langsames Tempo die Figuren quasi bei angehaltenem Zeitverlauf singen zu lassen). In einem nächsten Schritt ersetzte Verdi diese Fassung durch eine zweite, leicht veränderte Version und vervollständigte sie durch Distichen für beide Gesprächsteilnehmer, die sie jeweils ›für sich‹ äußern, in der endgültigen Fassung jedoch verbunden wurden. Diese beiden Distichen erlaubten nun einen Moment opernhafter Dehnung mit übereinanderliegenden Stimmen, das heißt eine traditionelle, statische Dehnung des Augenblicks. Offensichtlich neigte Verdi bei der mentalen Planung der dramatischen Struktur eines Librettos zunächst dazu, auf fast programmatische Weise Bündigkeit und dynamische Kontinuität der Handlung als Eigenschaften herauszuheben, die der traditionellen Diskontinuität des Musiktheaters zum Nachteil gereichten. Anschließend – wahrscheinlich bei der Vertonung des Textes – wurde er sich aber bewußt, daß man jene Handlungsmomente herausstellen mußte, in denen sich die syntaktische Eigenständigkeit der musikalischen Darstellung ausdehnen und gewissermaßen von den Erfordernissen der ›dargestellten Zeit‹ befreien kann.

Zusammenarbeit und Kompromisse: *Il trovatore*

Auch wenn Verdi die Verantwortung für die Wahl des Sujets übernahm, bot sich trotzdem Gelegenheit zu intensiver Zusammenarbeit und es waren weiterhin tatkräftige Vorschläge seitens seiner Librettisten möglich, zumal wenn diese, wie zum Beispiel Piave, aus der Erfahrung der gemeinsamen Arbeit wußten, welche Themen sich für Verdis Vorstellung von Dramaturgie am besten eigneten. So wurde Verdi auf den Stoff zu *Stiffelio* von Piave hingewiesen. In einem Brief vom 28. April 1850 äußerte der Komponist, dieses Sujet nicht zu kennen, und bat den Librettisten, ihm eine Skizze zu schikken (Abbiati, 1959, Band II, S. 60). Für die Oper, die in der *stagione del carnevale* 1853 am Teatro La Fenice aufgeführt werden sollte (letztlich wurde daraus *La traviata*), verbrachten Verdi und Piave einen Großteil des Sommers 1852 gemeinsam in Busseto, wo sie unzählige Pläne prüften und verwarfen: »Piave hat mir bislang noch nie eines von diesen originellen und geistreichen Sujets unterbreitet, von deren Auswahl das Ergebnis zum guten Teil abhängt.« (Brief Verdis an Carlo Marzari vom 26. Juli 1852; Conati, 1983, S. 297) »Weder ich noch Piave haben unter tausend Sujets eines gefunden, das mir zusagen würde.« (Brief Verdis an Felice Varesi, den für die Spielzeit verpflichteten Bariton, vom 5. August 1852; ebd., S. 298) Hinsichtlich der Entstehungsbedingungen war Verdi immer noch kein ›freier Mann‹, ja er befand sich sogar in einem besonders unglücklichen Zwiespalt. Einerseits bestand stets die vertragliche Verpflichtung zur Komposition, die das Abgabedatum festlegte, andererseits war Verdis dramaturgisches Bewußtsein nun so ausgeprägt, daß er kein Sujet mehr annehmen konnte, das er nicht wirklich nachempfand. Erst im September, als Piave begann, ein Libretto mit einem uns unbekannten Sujet zu schreiben, forderte Verdi in Paris ein Exemplar der *Dame aux camélias* an. Nachdem er es erhalten hatte, war er so begeistert davon, daß Piave die bereits fertige Arbeit beiseite legen und in fünf Tagen (vom 15. Oktober 1852 an) eine umfassende *selva*, wahrscheinlich eine Art Prosalibretto, verfassen mußte, die im darauffolgenden Monat in Versform gebracht wurde.

Dieses zugleich tyrannische und vertraute Verhältnis Verdis zu Piave galt nicht für andere Librettisten, mit denen er verschiedentlich zusammenarbeitete. Je nachdem, wie gut man sich auf persönlicher Ebene verstand, und vor allem, wie groß Verdis Respekt gegenüber den Literaten und Theaterleuten aufgrund von deren Autorität war, verhielt sich der Komponist ganz anders, wenn er mit Persönlichkeiten wie Cammarano, Andrea Maffei (für *I masnadieri*) oder Scribe verkehrte. Die wechselvolle Entstehungsgeschichte des Librettos von *Il trovatore* (Black, 1983; Mossa, 1992), einem Text mit ungewöhnlich schwieriger Genese, verdeutlicht auf anschauliche Weise die Probleme, die eine solche Beziehung mit sich brachte. Schon Donizetti hatte Salvadore Cammarano, der in den 1830er und 1840er Jahren die interessantesten und hinsichtlich der dramatischen Funktionalität herausragendsten Libretti geschrieben hatte, anderen Librettisten vorgezogen. Er war zudem vertraut mit den neapolitanischen Theaterkreisen, Autor der Libretti zu Verdis *Alzira* und *Luisa Miller* und galt um 1850 zudem als der bedeutendste aktive Theaterdichter. Im Fall von *Il trovatore* unternahm Verdi den ersten Schritt und sandte ihm zwischen Februar und März 1851 eine handschriftliche Übersetzung des spanischen Dramas *El trovador* von García Gutiérrez zu (anscheinend war es noch nicht auf Italienisch oder Französisch erschienen).

Cammarano entnahm daraus »eine erste Andeutung des Programmes«, auf die Verdi am 4. April 1851 antwortete. Er erbat sich auf nachdrückliche, wenngleich ein wenig paradoxe Weise, größere Freiheit von den üblichen formalen Schemata: »Was die Verteilung der Nummern betrifft, werde ich Euch sagen, daß für mich jede Form, jede Disposition gut ist, so lange man mir Poesie liefert, die man in Musik setzen kann; ja, je mehr Form und Disposition neu und bizarr sind, desto mehr bin ich zufrieden. Wenn in den Opern weder *cavatine* noch Duette, Terzette, Chöre, Finali usw. usw. vorkämen, und die ganze Oper nichts als ein (wenn ich es so zu sagen wage) einziges Stück wäre, fände ich das vernünftiger und angemessener. Darum sage ich Euch, daß es gut wäre, wenn man am Anfang dieser Oper den Chor (alle Opern fangen mit einem Chor an) und die *cavatina* von Leonora weglassen, direkt mit dem Gesang des Troubadour beginnen und aus den beiden ersten nur einen Akt machen könnte, denn derart isolierte Nummern mit Szenenwechsel in jedem Stück erinnern mich eher an Konzertstücke als an eine Oper. Wenn Ihr könnt, dann macht es so.« (Brief an Salvadore Cammarano; Abbiati, 1959, Band II, S. 122 f.)

In der Zwischenzeit hatte Cammarano Verdi ein umfassenderes Programm zugeschickt, auf das Verdi am 9. April 1851 antwortete. Seine Anmerkungen bezogen sich insbesondere auf bestimmte Elemente der Handlungsführung und auf die Plausibilität, Kohärenz und Ausdruckskraft der Figuren, insbesondere von Azucena, die Verdi zufolge »nicht ihren fremdartigen und neuartigen Charakter bewahrt«. In der Tat differierten die Auffassungen von Dichter und Komponist bei der Deutung der Figur Azucena besonders offenkundig (Cammarano wollte den Wahnsinn Azucenas unterstreichen, Verdi den zentralen Konflikt zwischen Rachebedürfnis und Mutterliebe nicht überschatten). Die einzige deutliche Abweichung von der formalen Struktur des Dramas betraf die Positionierung der Arie Leonoras (ursprünglich war die Figur als Nebenrolle angelegt), die sich Verdi zu Beginn des 4. Teils wünschte, wobei er gleichzeitig auf die zu leicht absehbare Kavatine im 1. Teil verzichten wollte (als Leonora dann als *prima donna* angelegt wurde, entschloß man sich, beide beizubehalten). Die Befangenheit Verdis, Cammarano seine Anmerkungen über das Programm mitzuteilen, spiegelt sich auch in der ehrfürchtigen und respektvollen Art wider, in der er sich an ihn wandte: »Ihr als Mann von solch überragender Begabung und Charakter werdet nicht übel nehmen, wenn ich kleinlicher Mensch mir die Freiheit nehme, Euch zu sagen, daß man dieses Sujet, wenn man es auf unseren Bühnen nicht mit der ganzen Neuartigkeit und Eigentümlichkeit des spanischen Dramas behandeln kann, besser ganz fallen läßt. Mir scheint, wenn ich mich nicht irre, daß einige Situationen nicht die Kraft und die ursprüngliche Originalität haben« (ebd., S. 123).

Am 26. April antwortete Cammarano Punkt für Punkt und verteidigte seine Eingriffe. Seine Kriterien beruhten auf Wirklichkeitsnähe in der Behandlung der Figuren sowie auf den Notwendigkeiten und Produktionsbedingungen des Musiktheaters, unter anderem einer umsichtigen Haltung gegenüber der Zensur, die wichtig war. Wenngleich nicht völlig überzeugt, bezog Verdi zu diesem Zeitpunkt keine Stellung und ließ dem Librettisten freie Hand: »Ich werde mich nicht darauf versteifen, Euch neue Anmerkungen zu schicken, die Ihr mir ohnehin eine nach der anderen entkräften würdet, wie in Eurem Brief vom 26. des Vormonats. Ich bin zu freimütig, als daß ich behaupten könnte, ich sei überzeugt. Doch da ich große Hochachtung für Euer dichterisches Talent habe, so lasse ich Euch mit Il trovatore verfahren, wie Ihr es für richtig erachtet« (Brief Verdis an Salvadore Cammarano vom 5. Mai 1851; Mossa, 1992, S. 89).

Tatsächlich übernahm Cammarano schließlich einige der von Verdi vorgeschlagenen Lösungen, andere hingegen nicht. Im Sommer brachte der Komponist Einwände gegen die »solite convenienze« (siehe unten, S. 183–188) des zweiten Finales vor, auf die Cammarano einging, indem er eine ungewöhnliche und außerordentlich kurze Fassung anfertigte, die weder mit einem *pezzo concertato* noch mit einer *stretta* endete. Verschiedene persönliche Schwierigkeiten der beiden verzögerten die Arbeit. Cammarano schickte am 25. November 1851 einen großen Teil des Textes, doch dann verschlechterte sich sein Gesundheitszustand gravierend. Er war nicht mehr in der Lage zu schreiben und bediente sich eines Mitarbeiters, Leone Emanuele Bardare. Nach dem Tod Cammaranos im Juli 1852 stellte Verdi einen Teil des früheren ›langen‹ Finales wieder her und paßte es im Wesentlichen der von ihm in den vorhergehenden Jahren bevorzugten Form an (*pezzo concertato* und abrupter Schluß ohne *stretta*). Darüber hinaus bat er Bardare, die *canzona* von Azucena in *quinari doppi* (siehe unten, S. 213) umzuarbeiten (er selbst gab ein poetisches Incipit vor, dessen ersten Vers Bardare beibehielt: »Stride la vampa – la folla indomita«) und den Text für die Arie des Baritons, die nun kurz vor dem zweiten Finale positioniert war, zu revidieren; außerdem sollte Bardare einen Text für ein neues *adagio* in Leonoras Arie des 3. Teils verfassen. Es fällt auf, daß insbesondere der erste und letzte Eingriff darauf abzielten, eine formale Anlage wiederherzustellen, die eher dem Üblichen entspricht und die im Vergleich zur zuvor geplanten Fassung größere Bögen im Zeitablauf aufwies (durch das eingefügte »D'amor sull'ali rosee« paßte sich die Arie der Leonora der konventionellen Disposition einer mehrteiligen Arie an, mit dem »Miserere« als großem *tempo di mezzo* von ungewöhnlicher Ausdruckskraft zwischen *adagio* und *cabaletta*). Dennoch bestätigten die von Bardare vorgenommenen Eingriffe wiederum Verdis Neigung, die extreme Bündigkeit, die er den Texten zu Anfang stets auferlegte, in einem zweiten Schritt abzuschwächen.

In seiner endgültigen Fassung mutet *Il trovatore* folglich wie ein Kompromiß zwischen den Ansichten Cammaranos und Verdis an. Auch die Beziehung zu Eugène Scribe bei *Les Vêpres Siciliennes* war auf Verdis Seite durch ein ungewöhnlich großes Maß an Respekt gegenüber dem Dramaturgen gekennzeichnet, den er aufgrund seiner früheren Werke sehr schätzte (die Krönungsszene von *Le Prophète* betrachtete Verdi als das *non plus ultra* einer dramatischen *posizione*). In diesem Fall wurde die Zusammenarbeit von dem Umstand geprägt, daß es Scribe war, der ein Sujet nach dem anderen vorschlug. Der Stoff, auf den schließlich die Wahl fiel (wie man weiß, handelte es sich um eine Neubearbeitung eines Librettos, das ein Jahrzehnt zuvor für Donizetti bestimmt gewesen war), gründete auf einer dramatischen Struktur, die den aktuellen Bestrebungen Verdis nicht wirklich entgegenkam, das heißt seiner neuen und besonderen Konzeption von Individuum und historischem Milieu in der *Grand opéra* (Porter, 1978; Gerhard, 1986/1987). Die Unzufriedenheit, die Verdi in einem häufig zitierten Brief vom 3. Januar 1855 äußerte, könnte den Eindruck erwecken, daß der Komponist in Scribe einen Partner gefunden hatte, der nicht ernsthaft mit ihm zusammenarbeiten wollte. Aber in Wirklichkeit hatte Verdi bei ihm unter den üblichen Bedingungen eine umfassende Revision des Originaltextes durchgesetzt. Die andauernde Unzufriedenheit ging möglicherweise darauf zurück, daß Verdi den ersten Schritt des Kompositionsprozesses, die Wahl des Sujets, nicht auf die gewohnte Weise und nicht im gewohnten Zeitrahmen durchdacht hatte; dies wirkte sich dann wohl auf die weiteren Stufen der Entstehung aus.

Zudem sei daran erinnert, daß sich Verdi in den entscheidenden Jahren seiner Laufbahn mit äußerst harten Eingriffen auseinandersetzen mußte, die die Zensur der italienischen Staaten in der Zeit vor der nationalen Einheit vornahm. Die Libretti von *Rigoletto* und *Un ballo in maschera* verdanken ihre endgültige Form eben diesem Streit mit der politischen Zensur. In beiden Fällen vertrat Verdi eine recht unerbittliche und unnachgiebige Position, denn das System der Machtbeziehungen zwischen den Figuren und das Zusammenspiel ihrer Motivationen, das heißt die beiden Aspekte, die er stets bis in die kleinsten Einzelheiten untersuchte und als Ausgangspunkt seines eigenen Ansatzes nahm, sollten nicht verzerrt werden. Er war jedoch bereit, in Bezug auf den historischen und geographischen Schauplatz nachzugeben, denn die Stimmigkeit des Lokalkolorits war für ihn im allgemeinen nicht von großer Bedeutung, wenn es nicht als sprachliches Mittel zur Ausgestaltung von Situationen und menschlichem Verhalten fungierte.

Verdi als Librettist:
Aida, Form und Metrum

Der Fall *Aida* war insofern ungewöhnlich, als Verdi – gewiß animiert durch die ausgezeichneten finanziellen Bedingungen, die ihm geboten wurden – ein vorgegebenes und auch bindendes Sujet annahm, denn die Auftraggeber in Kairo traten für ein Opernprojekt mit ägyptischem Schauplatz ein (Luzio, 1947, Band IV, S. 5–27; Günther, 1973; Busch, 1978). Das Programm, das vom Ägyptologen Auguste Mariette stammte, schien Verdi »gut gemacht«, »mit hervorragender *mise en scène*«, und die geschilderten Situationen seien »wenn auch nicht besonders neu, so doch sehr schön« (Brief Verdis an Camille Du Locle, der bei diesem Projekt Vermittler war, vom 26. Mai 1870; Günther, 1973, S. 48). Es gab zwei aufeinanderfolgende dramatische Entwürfe. Der erste wurde gemeinsam mit Du Locle auf Französisch geschrieben, der zweite, ein Prosalibretto mit Anmerkungen zu den musikalischen Nummern (Luzio, 1947, Band IV, S. 16), wurde anschließend von Ghislanzoni in Versform gebracht. So erklärt sich auch, warum im nachfolgenden, äußerst umfangreichen Briefwechsel mit dem Librettisten (Copialettere, 1913, S. 635–675; Gossett, 1974) das Gewicht weniger auf dem allgemeinen Aufbau des Librettos lag, sondern vielmehr auf der exakten Darstellung der Handlungsweisen und Motivationen der Figuren sowie auf den damit verbundenen formalen und metrischen Fragen. Indem der Komponist immer wieder eingriff, um die Plausibilität und Ausdruckskraft der zwischenmenschlichen Geschehnisse zu vervollkommnen (vor allem das Verhältnis zwischen Aida, Amonasro und Radamès im 3. Akt), gelang es ihm, das vorgegebene Sujet nach und nach so lange anzupassen, bis er die gewünschte dramatische Kohärenz erreicht hatte. Auch äußerte Verdi bei der Arbeit an *Aida* wachsenden Unmut gegenüber den von der Tradition übernommenen formalen Beschränkungen und metrischen Rastern, und wirkte zunehmend auch bei technischen Belangen maßgeblichen Einfluß aus, wenn er auch auf metrischer Ebene Fragen zum poetischen Text diskutierte und entschied. In der Vergangenheit hatte Verdi erklärt, Libretti vertonen zu wollen, die »mit allen Freiheiten behandelt sind und ohne daß die ›solite convenienze‹ respektiert wären« (Brief an Francesco Maria Piave vom 8. August 1843; Abbiati, 1959, Band I, S. 472), oder er hatte sich gewünscht, zu einer Oper in einem »einzigen Stück« zu gelangen (an Cammarano, siehe oben, S. 134). Dennoch bestand seine Vorgehensweise darin, im Rahmen der Konventionen zu arbeiten und sie nur soweit nach seinen Bedürfnissen zurechtzubiegen, daß er zum gewünschten Ergebnis gelangte. Nun wollte Verdi aber andere Möglichkeiten ausprobieren. Da sich sein Librettist in diesem Projekt jedoch als wenig ideenreich erwies, mußte Verdi häufig an der metrischen und formalen Gliederung mitarbeiten, was nicht immer zu wirklich neuartigen Lösungen führte.

Auf die erste Fassung von Ghislanzoni reagierte Verdi hauptsächlich, indem er wie üblich auf die Notwendigkeit hinwies, den emotionalen Grundgedanken beziehungsweise Kern der Situation durch deutliche und prägnante Worte lebensnah zu gestalten. Wie üblich beklagte er auch, dem dramatischen Kern werde die Kraft entzogen, weil er in Verse gekleidet werde:

Ich glaube außerdem, daß hier keine *parola scenica* vorliegt, oder wenn sie doch vorhanden sein sollte, so ist sie unter dem Reim oder unter dem Vers begraben und springt also nicht so deutlich und offensichtlich hervor, wie sie es tun sollte. (Brief Verdis an Antonio Ghislanzoni vom 14. August 1870; Copialettere, 1913, S. 639)

Ich weiß nicht, ob ich mich deutlich genug ausgedrückt habe, als ich von der *parola scenica* sprach; ich meine damit das Wort, das erschüttert und die Situation deutlich und offensichtlich macht: Zum Beispiel scheinen mir […] die Verse:
Per Radames d'amore
Ardo e mi sei rivale.
– Che? Voi l'amate? – Io l'amo
E figlia son d'un re
weniger bühnentauglich als die Worte: »Tu l'ami? ma l'amo anch'io intendi? La figlia dei faraoni è tua rivale! – Aida: »Mia rivale? E sia: anch'io son figlia« usw.

Ich weiß sehr wohl, das Sie mir sagen werden: Und der Vers, der Reim, die Strophe? Ich weiß nicht, was ich Ihnen darauf erwidern soll; aber wenn es die Handlung erfordert, würde ich Rhythmus, Reim, Strophe augenblicklich aufgeben; ich würde ungebundene Verse verfassen, um klar und deutlich alles das zu sagen, was die Handlung verlangt. Leider ist es für das Theater bisweilen notwendig, daß die Dichter und Komponisten das Talent haben, weder Dichtung noch Musik zu schreiben. (Brief Verdis an Antonio Ghislanzoni vom 17. August 1870; ebd., S. 641)

Weitere Einwände bezogen sich intensiver auf die psychologische Plausibilität der *solite forme*, und erneut auf Ausdrucksmittel zur Darstellung der inneren Wertigkeit von Situationen:

Ich bin stets der Ansicht, daß man *cabalette* machen soll, wo die Situation es verlangt. Jene der beiden Duette sind aus der Situation heraus nicht begründet, und insbesondere jene zwischen Vater und Tochter scheint mir nicht am rechten Platz. Aida kann und darf in diesem Zustand des Erschreckens und der psychischen Niedergeschlagenheit keine *cabaletta* singen. Das Programm enthält zwei außerordentlich bühnenwirksame, für den Schauspieler wahrhaftige und echte Gegebenheiten, die in der Dichtung nicht ausreichend betont werden. Erstens kann Aida, nachdem Amonasro zu ihr sagt, ›Sei la schiava dei faraoni‹, eigentlich nur noch in unvollständigen Sätzen sprechen. Zweitens muß Radamès, wenn Amonasro ›il Re d'Etiopia‹ sagt, die Szene fast allein behaupten und sie mit fremdartigen, verwirrten und äußerst erregten Worten ausfüllen […]. Nach dem fürchterlichen *tableau* und den Beschimpfungen des Vaters ist Aida, wie ich bereits sagte, der Atem zum Sprechen genommen: deshalb auf der letzten Silbe betonte Worte und zwar mit leiser und düsterer Stimme.

Ich habe das Programm erneut gelesen und dort scheint mir diese Situation gut dargestellt. Ich würde für meinen Teil Strophenform und Rhythmus aufgeben; ich würde ausschließlich dafür sorgen, daß der Text zum Singen taugt, und würde das Geschehen so darstellen, wie es ist, und sei es in Rezitativ-Versen. (Brief Verdis an Antonio Ghislanzoni vom 28. September 1870; ebd., S. 646)

Verdi beharrte darauf, bestimmte Situationen hätten im Programm eine Ausdrucksstärke, die im Libretto verloren gehe. Damit offenbart sich, daß er – nicht zuletzt dank der Entwicklung einer immer flexibleren musikalischen Syntax, die sich nicht mehr auf die Betonungsbeschränkung des ›lyrischen‹ Metrums einschränken läßt – gewissermaßen mit der Utopie einer Art Literaturoper liebäugelte, das heißt mit einer musikalischen Transposition von dramatischen Texten, die weder adaptiert noch durch eine librettistische Reduzierung abgeschwächt sind. Ghislanzoni befand sich folglich in der ausgesprochen paradoxen Situation, gerade zu dem Zeitpunkt eine *selva* von Verdi in Versform zu bringen beziehungsweise in ein gängiges Libretto umzuwandeln, als für Verdi die Auffassung vom Libretto und seiner Funktion immer fragwürdiger wurden. Eine Oper mit einem Text in ungebundenen Versen oder sogar in Prosa schreiben zu wollen, blieb eine abwegige Hypothese. Doch lassen das Streben nach ungewöhnlichen, von Verdi vorgeschlagenen Strophenverläufen und Versen und der Umstand, daß er in größerem Maße als in der Vergangenheit eingriff, auf seine Unzufriedenheit mit den metrischen Vorgaben schließen. Man betrachte diesbezüglich nur einige der zahlreichen verfügbaren Beispiele, deren konkrete Umsetzung sich anhand des endgültigen Librettos überprüfen läßt:

Der Chor im Innern ist schön, aber jener Sechssilber scheint mir dürftig für diese Situation. Ich hätte hier den großen Vers, den Vers Dantes [den *endecasillabo*], und sogar die Terzine geschätzt.« (Brief an Antonio Ghislanzoni vom 4. November 1870 [über die Urteilsszene]; Copialettere, 1913, S. 665; siehe auch unten, S. 206)

Ich bat Sie gestern, mir acht Siebensilber für Radamès vor den acht von Aida [in der letzten Szene] zu machen. Diese beiden *soli* wären, selbst wenn sie zwei unterschiedliche Melodien hätten, in Form und Charakter annähernd gleich; und es wäre wieder das Übliche. Die Franzosen pflegen, auch in Gesangsstrophen, manchmal längere und kürzere Verse abzuwechseln. Warum könnten wir nicht dasselbe tun? [...] Eine etwas fremdartige Versform für Radamès würde mich zwingen, auch eine Melodie zu suchen, die sich von denen unterscheidet, die man üblicherweise auf Siebensilber und Achtsilber macht, und würde mich auch dazu zwingen, Tempo und Takt für das (ein wenig in der Schwebe gehaltene) *solo* Aidas zu wechseln. [...] Schauen Sie deshalb, ob Sie mir aus dem Sammelsurium von ungereimten Worten, das ich Ihnen schicke, ein paar gute Verse machen können, wie Sie sie bereits so zahlreich geschrieben haben: [...]
    Morire! Tu innocente?
    Morire! Tu, sì bella?
    Tu nell'april degli anni?
    Lasciar la vita?
Quant'io t'amai, no, no'l può dir favella!
Ma fu mortale l'amor mio per te.
    Morire! Tu innocente?
    Morire! Tu, sì bella? [...]
Sie können sich nicht vorstellen, was für eine schöne Melodie man zu dieser merkwürdigen Form komponieren kann, und welche Anmut dieser Melodie durch die Fünfsilber nach den drei Siebensilbern verliehen wird, und welche Abwechslung die beiden anschließenden Elfsilber bieten. Diese müßten jedoch beide auf der letzten oder beide auf der vorletzten Silbe betont sein. (Brief Verdis an Antonio Ghislanzoni vom 12. November 1870; ebd., S. 663 f.)

Und doch führte die straffende Überarbeitung durch Verdi dazu, daß einige Nummern später einen traditionellen formalen Aufbau beibehielten oder gar wiedererlangten, so zum Beispiel das Duett von Amneris und Radames im 4. Akt. »Den Konventionen gegenüber bewußt [...], und in der Zusammenarbeit mit einem Librettisten, der sich auf sie stützte und nicht in der Lage war, etwas wirklich Neues und Musikalisches hervorzubringen«, schreibt Philip Gossett, »orientierte sich Verdis tyrannisches Drängen [auf Veränderungen] keineswegs immer an ›reformerischen‹ Prinzipien.« (Gossett, 1974, S. 320) Wenngleich Verdi also neue Lösungen anstrebte, so fand er doch keinen Partner, der in der Lage gewesen wäre, ihm diese zu bieten. Da er deshalb gleichsam selbst die Tätigkeit des Librettisten übernehmen mußte, hatte dies häufig ›Gewohnheitslösungen‹ zur Folge. Dieser Umstand erklärt zum einen die ›klassische‹ Prägung, die *Aida* alles in allem kennzeichnet, aber auch, warum Verdi gezwungen war, auf einen Librettisten ganz anderen Ranges zu warten, ehe er tiefgreifendere strukturelle Experimente durchführen konnte.

Verdi, Boito und *Otello*: der ›langwierige Entwurf‹

Abgesehen von Boitos sicherem dramaturgischen Gespür bei der Bestimmung der Art sowie des Niveaus der notwendigen Kürzung der Vorlage mag es die metrische Qualität der Versfassung aus der Feder des Librettisten gewesen sein, die Verdi nach Jahren des Schweigens davon überzeugte, die Herausforderung des *Otello* aufzunehmen. Keines der von ihm vertonten Libretti benötigte eine solch lange Vorbereitungszeit von acht Jahren. Da diese zum Teil mit der Zeit der Komposition zusammenfiel, wurden weitere Überarbeitungen nötig. Verdi war nunmehr völlig unabhängig von äußeren Entstehungsbedingungen, von jedweden Terminen, so daß *Otello* in einem »langen Prozeß der schöpferischen Klärung« Gestalt annehmen konnte, der durch zahlreiche Eingriffe auf unterschiedlichen, häufig ineinandergreifenden Ebenen anhand eines – so Paolo Cecchi – »abbozzo di lunga durata« (»andauerndes Entwurfsstadium«; Cecchi, 1997; Hepokoski, 1987) ausgeführt wurde. Die Anregung für das Projekt ging hauptsächlich von Giulio Ricordi aus, der zunächst Verdis Interesse geweckt und dann Boito (im Jahr 1879) veranlaßt hatte, dem Komponisten eine Skizze vorzulegen. Der befand sie für gut und bat den Dichter, sie in Versform zu bringen, ohne jedoch mit diesem Anliegen seinerseits eine verbindliche Zusage zu machen. Die Ausfertigung des Librettos, die wahrscheinlich auf der französischen Fassung des Dramas von François-Victor Hugo basierte (Hepokoski, 1988), beschäftigte Boito im Sommer und Herbst 1879. Sie wurde vorläufig überarbeitet, während Boito einen »besonderen rhythmischen Aufbau« genauer festlegte, damit dieselben Verse auf verschiedene Weise betont und komponiert werden können – ein Aufbau, von dem Boito sagte, er »interessiere unseren Maestro sehr« und stelle »einen wichtigen Ansporn für die Verwirklichung jenes Projekts, das uns so sehr am Herzen liegt« dar (Powers, 1994, S. 379). Das bedeutet, daß der »Maestro« zuvor wohl deutlich gemacht hatte, wie sehr er es als notwendig erachtete, neue metrische Bauformen zu benutzen. Im November erhielt Verdi das fertige Libretto, das er zwar kaufte, sich aber vergewisserte, daß Boito für etwaige Änderungen zur Verfügung stünde. In der Tat erstreckte sich die Ausarbeitung, wenngleich nicht ununterbrochen bis 1886 (zu den längsten Unterbrechungen zählte die Phase, in der beide mit der Überarbeitung von *Simon Boccanegra* beschäftigt waren, und später der Zeitraum im Jahr 1883, in dem Verdi an der Revision von *Don Carlos* arbeitete). Von 1884 an stand die Überarbeitung in Zusammenhang mit der musikalischen Komposition, das heißt man befand sich in einem Stadium, in dem Verdi, wie wir bereits gesehen haben, häufig die Zweckmäßigkeit eines Textes noch einmal bedachte und Änderungen erbat, auch wenn er ihn in der ›abstrakten‹ Vorbereitungsphase für akzeptabel befunden hatte. Diese Phase erneuter Umarbeitung gewann nun um so mehr an Bedeutung, als der Kompositionsprozeß sich völlig unabhängig von vorgegebenen Terminen vollzog und somit reichlich Gelegenheit zur Reflexion gegeben war.

Die schwierigsten Aufgaben, die es zu lösen galt, waren das Finale des 3. Aktes und der ganze 4. Akt. Für das Finale des 3. Aktes sah Verdi keine Möglichkeit, eine plausible Situation für ein *pezzo concertato* zu schaffen. Er schlug deshalb vor, den Akt mit einem kriegerischen Aufruhr durch einen plötzlichen Angriff der Türken enden zu lassen, um so wenigstens an die traditionelle dynamische Funktion der *stretta* im zentralen Finale anzuknüpfen (Brief an Arrigo Boito vom 15. August 1880; Medici/Conati, 1978, S. 1). Boito leistete Verdis Wunsch Folge, veranschaulichte ihm aber anschließend in einem Brief, daß diese Lösung dramaturgisch nicht geeignet sei: »Dieser Angriff der Türken kommt mir vor wie ein Faustschlag, der das Fenster eines Zimmers zerschlägt, in dem zwei Personen zu ersticken drohen. [...] Um zu erreichen, daß sie wieder auf den Weg des Todes zurückkehren, müssen wir sie anschließend erneut in dem todbringenden Zimmer einschließen«, wenngleich er zugab, daß Verdi mit rein musikalischen Mitteln dieser Unannehmlichkeit entgegenwirken könne (Brief Arrigo Boitos an Verdi vom 18. Oktober 1880; ebd., S. 4). Damit der Komponist diesen Einwand akzeptierte, fertigte Boito weitere Fassungen des Finales an, das noch bis Ende 1881 überarbeitet wurde. Wichtige Eingriffe am 4. Akt betrafen das Lied von der Weide, das wahrscheinlich im Herbst 1884 neu geschrieben wurde, nachdem Verdi bereits eine erste Vertonung skizziert hatte (siehe unten, S. 240), sowie das Ende des Aktes nach dem Auftritt Otellos.

Zunächst wurde der Originaltext drastisch gekürzt, indem ein langer abschließender Monolog des Protagonisten geopfert wurde. Beim Komponieren nahm Verdi weitere Kürzungen an der Mordszene vor, fügte aber ein Fragment des Monologs, den Vierzeiler »E tu ... come sei pallida! e stanca, e muta, e bella« (»Und Du ... wie bist Du blaß! und müde und stumm und schön«) wieder hinzu: »Beim Schreiben der Musik dieser so außerordentlich furchtbaren Szene habe ich die Notwendigkeit gespürt, eine Strophe wegzunehmen, um deren Hinzufügung ich Sie selbst gebeten hatte, sowie mich hier und dort einiger Verse, einiger Halbzeilen und insbesondere einer wunderschönen Strophe zu bemächtigen, auf die ich irrtümlicherweise hatte verzichten wollen. Folglich gibt es jetzt einige unzusammenhängende Verse, die Sie gewiß mühelos wieder in Zusammenhang bringen werden.« (Brief Verdis an Arrigo Boito vom 5. Oktober 1885; ebd., S. 85). Die herausgekürzte Strophe – wahrscheinlich ein Vierzeiler, in dem Desdemona Otello beschwört, ihr nichts zuleide zu tun (Luzio, 1935, Band II, S. 120) – diente dazu, schnell zur Katastrophe hinzuführen. Die Wiederaufnahme der Ansprache Otellos an die tote Desdemona hingegen verdeutlicht erneut, daß Verdi in der Phase der Komposition bisweilen die Dringlichkeit der ›Handlungsgeste‹ abmilderte und in bestimmten Abschnitten des dramatischen Verlaufs expressive Zusätze als notwendig erachtete, die nicht einer realen Zeitdarstellung entsprachen. Andere Passagen, die aus der Revision hervorgingen, waren der Chor des 2. Aktes (Boito hatte ihn am 17. Juni 1881 an Verdi mit einer genauen Beschreibung der szenischen Anlage und den metrischen Einzelheiten geschickt; ebd., S. 51–57) sowie Jagos »Credo« (Brief Arrigo Boitos an Verdi von Ende April 1884; ebd., S. 74–76; am 3. Mai antwortet Verdi und urteilte: »höchst eindrucksvoll und ganz Shakespeare«; ebd., S. 76).

Offensichtlich verhielt sich Verdi gegenüber Boito nicht anders als beim Umgang mit anderen Librettisten, wenn er ihn um alle möglichen und sehr verschiedenartigen Überarbeitungen und Modifikationen bat. Dennoch stand die Zusammenarbeit an *Otello* (und später an *Falstaff*) im Zeichen des gegenseitigen Respekts und des Bewußtseins um die intellektuelle Gleichrangigkeit, das den Dialog belebte anstatt ihn zu hemmen. Dies wurde durch die lange Dauer der Zusammenarbeit begünstigt und dadurch, daß Boito sich voll und ganz darüber im Klaren war, daß er seine ganzen außergewöhnlichen technischen Fähigkeiten als Bühnenautor und Versdichter einsetzen mußte, um es mit Shakespeare ›auf Verdis Art‹, das heißt in Abhängigkeit von der spezifischen Musikdramaturgie Verdis, aufnehmen zu können. »Wenn ich die wirkungsvolle Komponierbarkeit der Shakespearschen Tragödie, die ich zunächst nicht gespürt habe, erfaßt haben sollte, und wenn ich diese mit den Ergebnissen meines Librettos habe belegen können, dann nur, weil ich mich auf die Perspektive der Verdischen Kunst eingelassen habe.« (Brief Arrigo Boitos an Verdi vom 19.[?] April 1884, ebd., S. 72) In seinen letzten Werken kehrte Verdi also zum gemeinschaftlichen Arbeitsstil des konventionellen Opernbetriebs zurück, den er als Ausdruck eines Systems kollektiver Abhängigkeiten sein Leben lang hatte überwinden wollen; nun allerdings präsentierte sich dieser Arbeitsstil in dem neuen und anderen ›Gewand‹ eines Experiments, für das sich zwei Künstler mit dem Willen zu Neuem zusammentaten.

(Aus dem Italienischen
von Caroline Schneider-Kliemt)

Von gefallenen Engeln und Amazonen:
Geschlecht als ästhetische und soziale Kategorie im Werk Verdis

von Christine Fischer

Aussagen Massimo Milas über die »typisch männliche Inspiration« Verdis (Mila, 1958, S. 157), Catherine Cléments (Clément, 1992) über die Auslöschung weiblichen Lebens als gezielte Sozialstrategie in Verdis Opern und Helen Greenwalds über patriarchale Strukturen in Verdis Werken im Gegensatz zu einem bei Puccini bestimmenden Matriarchat (Greenwald, 1994), stehen in einem auf den ersten Blick unvereinbaren Gegensatz zu einer anderen, ebenfalls deutlich vernehmbaren Sichtweise in der Beurteilung der Geschlechterrollen in den Opern Verdis. So spricht derselbe Massimo Mila davon, daß bei Verdi die männlichen Helden allein die Frauen seien (Morelli, 1994, S. 109), Gilles de Van feiert die Ankunft der weiblichen Opernheldin im Werk Verdis (De Van, 1994, S. 155–165) und Mario Baroni stellt Thesen zum Niedergang des Patriarchats in der Handlung der Frühwerke Verdis auf (Baroni, 1979). Nicht zuletzt dieser scheinbare Zwiespalt verdeutlicht nachhaltig, daß die Frage nach Geschlechterrollenkonzeptionen in Verdis Werken nicht auf der Grundlage eines einfachen Schwarz-Weiß-Schemas frauenfreundlich/frauenfeindlich beantwortet werden kann, sondern einer der Komplexität der Fragestellung entsprechenden vielschichtigen Herangehensweise bedarf.

Diese Vielschichtigkeit bezieht sich nicht nur auf die Werkstruktur der Gattung Oper, mit ihren mindestens drei – im Falle Verdis ausnahmslos männlichen – Autoren (Librettovorlage, Libretto, Komponist, teilweise noch Übersetzung/Überarbeitung des Operntextes) und den nicht zuletzt daraus ableitbaren verschiedenen und doch zur Einheit verschmolzenen Gestaltungsebenen von Handlung, Musik und Szene. Denn auch die Frage nach dem Bezug der Werkkonzeption zum biographischen und sozialen Entstehungsumfeld – natürlich jeweils im Spannungsfeld mit gattungsspezifischer Innovation beziehungsweise Tradition – erhält bei der Frage nach Geschlechterkonzeptionen im Kunstwerk tragende Relevanz: Nur mit einer Rückführung in die soziale Realität (Baroni, 1979, S. 11) der aus dem Kunstwerk abgeleiteten Ergebnisse, d. h. unter anderem einer historischen Perspektivierung der Geschlechterrollenkonzeption, wird die Frage nach Geschlecht als analytischer Kategorie – gerade in einer von den sozialen Entwicklungen so unmittelbar beeinflußten Gattung wie der Oper – zu einer wissenschaftlich relevanten.

Sind die Wechselwirkungen zwischen Umfeld und künstlerischem Werk an sich schon alles andere als geradlinig und eindeutig festzulegen, steht man gerade im Falle Verdis auch beim Versuch der biographischen Einbindung seines Schaffens vor einem lückenhaften Bild: Zwar sind Einzelheiten zu politischen und wirtschaftlichen ›Äußerlichkeiten‹ seines Lebenswandels bekannt, vom politischen Engagement in den 1840er Jahren bis hin zur Resignation nach der italienischen Einigung, vom wirtschaftlichen Aufstieg und dem Wandel zum Großgrundbesitzer, die Schlaglichter auf Geschlechterrollendefinitionen und ihre historische Einordnung im Leben Verdis werfen. Zu seinem von drei dauerhaften Beziehungen geprägten Privatleben – die frühe Ehe mit Margherita Barezzi, die ›wilde‹ Ehe und späte Eheschließung mit Giuseppina Strepponi und die mutmaßliche außereheliche Beziehung zu Teresa Stolz – sind jedoch so gut wie keine direkten Äußerungen Verdis erhalten und die dadurch entstandenen Freiräume gaben der Forschung von Beginn an Anlaß zu verschiedensten Spekulationen. Dennoch kann eine – bislang noch ausstehende und hier nur in Ansätzen zu verwirklichende – musik- und sozialhistorisch fundierte Annäherung an Verdis Gesamtwerk unter diesem Blickwinkel eine wenig berücksichtigte und wichtige Facette des Wirkens Verdis und seines Werkes zum Vorschein bringen und damit nicht zuletzt auch die eingangs beschriebenen Widersprüche in der Beurteilung der Opern ein Stück weit auflösen.

Historisches Schlaglicht 1: Ergänzungsprinzip

»Die italienische Frau, fähig zur Inspiration, weiß zu gehorchen, weiß zu befehlen, wo nötig, ist für uns Garantie für ein angenehmeres Schicksal. Dort, wo die Männer korrupter und schwächer sind, da sind die Frauen stärker und weniger verdorben.« (De Giorgio, 1992, S. 10) Der Schriftsteller und Philologe Niccolò Tommaseo formulierte diese Aussage 1833 in seiner Schrift *Le donne italiane*, also zu einer Zeit, als das erwachende Nationalgefühl in Italien die führenden Intellektuellen dazu veranlaßte, darüber nachzudenken, welche Rolle den italienischen Frauen bei dem Streben nach nationaler Einheit zugedacht war. Mit seiner Definition des Verhaltens der »italienischen Frau« legt Tommaseo ihre Aufgabe dahingehend fest, ›den Mann‹ dort, wo er Schwächen habe, zu stützen und auf den rechten Weg zurückzuführen. Die Tugenden der Frau kommen vor der Projektionsfläche der Schwächen des Mannes allenfalls ergänzend zum Tragen. Dieses moralische und soziale Ergänzungsprinzip zwischen den Geschlechtern weist der Frau von Grund auf eine Definition ex negativo zu, eine Definition, die sich aus der Ergänzung einer männlichen Norm durch das Fremde, Weibliche, Andere ergibt. Innerhalb dieser Ergänzungskonzeption wird der Frau ein gewisser Handlungsspielraum bezüglich der Mittel zugewiesen: »gehorchen und befehlen«. Wesentlich und ohne Alternative ist allein das Ziel, den Mann durch ihre Tugenden zu erheben und zu stützen – nur über ihn und mit ihm kann sie ihrer Bestimmung gerecht werden. Eine Verweigerung hinsichtlich dieser Bestimmung ist verwerflich, da doppelt abnorm: das Fremde verweigert sich der ihm zugedachten Rolle. In diesem Prinzip findet sich – wenn auch gut versteckt – eine Wertschätzung der Frau: In bestimmten Bereichen wie Moral und Tugend ist die Frau dem Manne überlegen. Er, der in Öffentlichkeit und Politik steht, muß sich, um seine Ziele durchzusetzen, auf religiöse und moralische Abwege begeben. Moralisch positive Qualitäten sind für Frauen dagegen eine unumgängliche Pflicht und in dieser moralischen Überlegenheit liegt ihre Stärke, die sie für Ehemann und Vaterland einbringen können und müssen. Trotz ihrer Unterordnung und Anpassung an Bedürfnisse und Fähigkeiten des Mannes steht der Frau also ein Weg zur Erfüllung offen: In ihrer Opferbereitschaft zeigt sie moralische Stärke und erhöht sich selbst.

Biographisches zu Verdi

Das Elternhaus und die Rolle Antonio Barezzis

Über das Elternhaus Verdis ist sehr wenig bekannt: Carlo und Luigia Verdi hatten aller Wahrscheinlichkeit nach einen geringen Bildungsstand und lebten in wechselhaften finanziellen Verhältnissen in Le Roncole als Betreiber einer *osteria* und Besitzer kleinerer Ländereien. Die Verdis der vorigen Generation waren finanziell besser gestellt gewesen und besaßen größeren Grundbesitz in der Gegend. Während ein guter Freund Verdis, Italo Pizzi, dessen Mutter als hart arbeitend, mutig und vernünftig beschreibt, fällt sein Urteil über Carlo Verdi schlecht aus: Er gab seine Gastwirtschaft auf, sobald sein Sohn ein gesichertes Einkommen hatte und lebte fortan auf Kosten seines Nachwuchses (Walker, 1982, S. 3). Ob dies wirklich so zutraf oder nicht, es waren jedenfalls finanzielle Streitigkeiten und auch Unstimmigkeiten über die Einmischung in seine Lebensführung – nachdem Giuseppina Strepponi nach Busseto übergesiedelt war –, die zu Spannungen und beinahe zum Bruch zwischen dem Komponisten und seinen Eltern führten. So mischte sich aus Sicht der Eltern Verdis die Freude über den Erfolg des Sohnes mit einer ernsten Besorgnis über dessen Lebenswandel in Theaterkreisen.

Im Gegensatz zur spärlichen Information über Verdis leibliche Eltern tritt in den Quellen die Figur Antonio Barezzis, des Ersatzvaters, umso schillernder hervor. Er war derjenige, der Verdis Begabung erkannt hatte und gezielt förderte, ihm mit der Finanzierung einer Ausbildung und nachhaltiger Unterstützung bei der Arbeitsuche, nicht zuletzt auch mit der von ihm befürworteten Heirat mit seiner Tochter Margherita, den Aufstieg in bürgerliche Kreise ermöglichte. Über die erste Frau Barezzis und Mutter Margheritas, Maria Demaldé, sind dagegen kaum Informationen überliefert. Einzig ein vom Pfarrer Don Pettorelli angefertigtes parodistisches Gedicht als Hochzeitsgabe für das junge Ehepaar liefert ein bezeichnendes Charakterbild: Die nähende Mutter der Braut überreicht in letzter Minute noch einige Stücke, um die unvollständige Aussteuer Margheritas zu komplettieren (Phillips-Matz, 1993, S. 75).

Historisches Schlaglicht 2: Ehe

Aus dem Ergänzungsprinzip zwischen Mann und Frau ergibt sich als logische Konsequenz die alleinige Bestimmung der jungen Frau für die Ehe: Sie bildet als einzige moralisch verantwortbare Form des Zusammenlebens von Mann und Frau auch die einzig legitime Möglichkeit zur Erfüllung der Pflicht, den Mann zu ›ergänzen‹. Bis in die 1880er Jahre waren Eheschließungen in den allermeisten Fällen nicht durch gegenseitige Zuneigung begründet. Ein großer Prozentsatz der Paare kannte sich vor der Hochzeit kaum, da andere, in vielen Fällen die Eltern, die Ehe arrangiert hatten; finanzielle und erbtechnische Gründe waren Faktoren, die man als Grundlage einer Ehe für wichtiger erachtete. Zwar lag das durchschnittliche Heiratsalter für Frauen bis zum Beginn des 20. Jahrhunderts recht stabil bei 25 bis 26, dasjenige für Männer bei 27 bis 28 Jahren (De Giorgio, 1992, S. 324); Hochzeiten mit vierzehn- oder fünfzehnjährigen Bräuten waren dennoch keine Seltenheit. Bereits im Alter von 25 sanken die Chancen zur Erstverheiratung beträchtlich. Erst in den letzten beiden Jahrzehnten des 19. Jahrhunderts änderte sich der ›rationale‹ Charakter der Eheschließungen, nicht zuletzt aufgrund des Ideals einer Liebesehe, das in England und den USA immer mehr in den Vordergrund getreten war und demgegenüber italienische Verhaltensmuster als rückständig begriffen werden mußten (De Giorgio, 1992, S. 294–301).

Die erste Ehe: Margherita Barezzi

Allem Anschein nach war die Hochzeit von Margherita Barezzi und Giuseppe Verdi eine Liebesheirat – die beiden hatten sich nicht zuletzt über die Musik kennengelernt, denn Verdi war der Musiklehrer Barezzis gewesen. Da eine verheißungsvolle Karriere Verdis zum Zeitpunkt der Eheschließung noch nicht abzusehen war, hätte Barezzi außer dem Vertrauen, das er in den jungen Komponisten setzte, und dem Einverständnis seiner Tochter, keinen anderen Grund gehabt, die Heiratspläne der beiden zu unterstützen. Für Verdi bedeutete diese Heirat ein Stück weit finanzielle Sicherheit – auch nach der Hochzeit nahm das junge Paar wiederholt die finanzielle Hilfe Antonio Barezzis in Anspruch – und auch sozialen Aufstieg. Von Margherita Barezzi ist nur eine Äußerung indirekt überliefert, in der sie Ferdinando Galuzzi während des Bewerbungsverfahrens für den Posten des Musikdirektors in Busseto Auskunft über die Pläne ihres Zukünftigen gibt: »Verdi wird sich niemals, niemals in Busseto niederlassen. Erstens weil er damit seine Studien unterbrechen müßte; und zweitens, weil er sich der Theatermusik widmen möchte und dort Erfolg anstrebt und nicht in der Kirchenmusik.« (Walker, 1982, S. 15) In diesem selbstbewußten Auftreten im Namen Verdis, das sich wohl alles andere als positiv auf das laufende Verfahren ausgewirkt haben dürfte, schwingt mit, daß sich auch Margherita ohne weiteres vorstellen konnte, in der Theaterwelt, will heißen in Mailand, zu wohnen und ihre kleinstädtische Heimat zu verlassen. Aldo Oberdorfers Stilisierung Barezzis zur Landpomeranze, zur »guten, stillen und hingebungsvollen« Frau, die sich »verloren, arm und allein in der großen Stadt« Mailand fühlte (Oberdorfer, 1981, S. 116 f.), mutet in diesem Zusammenhang wenig glaubwürdig an. Die Tatsache, daß sie laut Verdis autobiographischer Erzählung ihren Schmuck versetzte, um die Miete in Mailand zu bezahlen, wird zu ihrer einzigen »›heroischen‹ Tat« (ebd., S. 117) – dabei fehlte aufgrund einer Erkrankung Verdis einfach die Zeit, Antonio Barezzi rechtzeitig um die Anweisung des Geldes zu bitten. Opfer und Selbstaufgabe werden auch ihr als oberstes Lebensziel verordnet, dem sie notfalls mittels Stilisierung gerecht werden muß. Und natürlich auch ihre Bestimmung zur Ehe, deren guter oder schlechter Verlauf über ihr Schicksal als Frau entscheidet, wie Antonio Barezzis Eintrag in sein *Libro di casa* anläßlich ihres Todes belegt: »Am Fronleichnamstag starb in meinen Armen in Mailand [...] meine geliebte Tochter Margherita in der Blüte ihrer Jahre und am Gipfelpunkt ihres Glücks, da sie mit dem exzellenten jungen Verdi, *maestro di musica*, verheiratet war.« (ebd., S. 111) Der gutbürgerliche Charakter der Verbindung zwischen Margherita und Giuseppe Verdi, den die wenigen Fakten in der gewohnten Reihenfolge von Ausbildung, Stellungssuche und erster Anstellung des Mannes, dann Verlobung und Ehe nach außen hin zeichnen, sollte also nicht über die Ambitionen hinwegtäuschen, die das junge Paar schon damals und offenbar gemeinsam hegte: Erfolg in der Theaterwelt Mailands, die freiere moralische Ansichten, religiösen Liberalismus und patriotische Intellektuellenkreise zu bieten hatte.

Historisches Schlaglicht 3:
Von der Verwerflichkeit...

Natürlich gab es Frauen, die den von ihnen erwarteten Lebensentwürfen nicht Rechnung tragen wollten oder konnten. Die zunehmende Industrialisierung führte zur einer Verarmung der Bevölkerung in ländlichen Gebieten. Verkauf von Kindern war üblich und bei

Mädchen bedeutete dies nicht selten eine bevorstehende Karriere als Prostituierte. In den 1870er Jahren ist die Besorgnis über Kinderprostitution in Neapel aktenkundig. Auch die vermehrte Abwanderung junger Frauen in die Städte, wo sie sich außerhalb der ehrbeschützenden Familienbande auf Suche nach Arbeit und meist auch nach einer guten Partie machten, führte zum ›Fall‹ vieler junger Frauen. Ertappte ›Entehrte‹ wurden in religiöse Heime eingewiesen. Dennoch standen oft Tod durch Selbstmord, Krankheit oder ›Kundschaft‹ am Ende einer solchen Biographie. Ein Rückgang der Prostituiertenzahlen ist erst nach der Jahrhundertwende zu verzeichnen (De Giorgio, 1992, S. 66). Wegen wenig verbreiteter und unzulänglicher Verhütungsmethoden waren Geburten von Kindern lediger Mütter keine Seltenheit: Durchschnittlich 10% der Neugeborenen waren im 19. Jahrhundert nicht ehelich, ein Prozentsatz, der sich erst nach 1880 verringerte (ebd., S. 354). Viele der illegitimen Kinder wurden ausgesetzt und damit Waisenhäusern oder Pflegefamilien anvertraut. Oft sahen die verzweifelten Frauen aber auch keinen anderen Ausweg als den Kindsmord (Pomata, 1980).

Giuseppina Strepponi, die Frau mit Vergangenheit

Im Vergleich zu den im kleinen Busseto vorherrschenden Moralvorstellungen boten die Mailänder Intellektuellenkreise, mit denen der streng im katholischen Glauben und zum Teil von Priestern erzogene Verdi schon während seiner Ausbildung in Kontakt kam, eine andere Welt. Seine Bekanntschaft mit Clara Maffei brachte ihm – wahrscheinlich erst nachdem er mit *Nabucodonosor* zu Berühmtheit gelangt war – Zugang zu ihrem Salon, mit dem sie das kulturelle und politische Leben Mailands entscheidend prägte. Hier verkehrten unter anderem Franz Liszt, Marie d'Agoult, Alessandro Manzoni, Giosuè Carducci und später Arrigo Boito, hier wurden konspirative Botschaften unter den Vorkämpfern für die italienische Einheit ausgetauscht, hier wehte ein Hauch der großen, freien Weltstadt Paris – nicht zuletzt beim Besuch Honoré de Balzacs, der in Begleitung seiner jungen Geliebten, die Männerkleider trug, erschienen war (Pizzagalli, 1997, S. 21). Auch bezüglich ihres Ehelebens war Maffei keineswegs bereit, sich in die Opferrolle zu fügen: Als sie Seitensprünge und Vernachlässigung durch den Ehemann Andrea, den sie achtzehnjährig geheiratet hatte, nicht mehr ertragen wollte, erwirkte sie die Scheidung.

Teil dieser anderen Mailänder Welt war natürlich auch das Leben der Sängerinnen, Sänger und *impresari* rund um die Scala. Besonders der Beruf der Sängerin stand seit den Anfängen im späten 16. Jahrhundert im Bereich der sexuellen Anrüchigkeit. Zum einen war dies darin begründet, daß zahlreiche Kurtisanen ihre Kundschaft auch musikalisch unterhielten, zum anderen damit, daß Sängerinnen – seit dem 17. Jahrhundert – in Wandertruppen mit *impresari* und Sängern gemeinsam reisten und wohnten. Auch noch im 19. Jahrhundert, wo Sängerinnen sich schon durch ihre öffentlichen Auftritte moralisch kompromittierten, da Frauen der private, häusliche Bereich zugewiesen war, gab es diese Welt abseits bürgerlicher Norm und abseits wohlbehüteter Jungfrauenehre – und Giuseppina Strepponi war ein Teil von ihr. Durch ihren Vater, einen in Ansätzen erfolgreichen Komponisten, war sie in die Opernwelt eingeführt worden und absolvierte erfolgreich ein Studium am Mailänder Konservatorium. Nach dem Tod Feliciano Strepponis 1832, der eine Witwe und insgesamt vier Kinder in ärmlichen Verhältnissen hinterließ, war es an der Ältesten, Giuseppina, die Familie zu versorgen. Im Alter von neunzehn Jahren begann Strepponi ihre Karriere als Opernsängerin, die sie außergewöhnlich schnell zu großen Erfolgen in ganz Italien, aber auch Wien führte und die sie und ihre Familie finanziell absicherte. Sie absolvierte bereits in den ersten Jahren eine ungewöhnlich hohe Anzahl von Auftritten und mutete ihrer Stimme Partien unterschiedlichsten Charakters in schneller Abfolge zu (Cazzulani, 1990, S. 150–155). Ihre Gesundheit war nicht die beste – neben einer depressiven Veranlagung ursächlich wohl auch durch mindestens drei Geburten und vermutlich mindestens eine Abtreibung hervorgerufen (Servadio, 1994, S. 66–74). Dennoch bemühte sie sich, in ruinöser Pflichterfüllung ihren Engagements nachzukommen, so daß sie Stimme bereits zum Zeitpunkt der Premiere von *Nabucodonosor* 1842 ihren Zenit überschritten hatte. Zwar sollte sie nach einer Pause und mit Hilfe Verdis 1845/46 ein ›comeback‹ in Angriff nehmen; der Versuch mißlang jedoch, so daß sie 1846 ihre Karriere als Sängerin aufgeben mußte. Danach etablierte sie sich mit Erfolg als Gesangslehrerin in Paris.

Historisches Schlaglicht 4: Mutterschaft

Das Ergänzungsprinzip der Geschlechter machte die Frau zur Herrin über den Haushalt und wies ihr eine bestimmende Rolle in der Erziehung der nächsten Generation zu. Ähnlich wie sie ihren Mann durch moralische Vorbildfunktion auf den richtigen Weg führen sollte, war auch das Ziel der mütterlichen Erziehung die Ermutigung der Kinder zur Erfüllung ihrer vorbestimmten Aufgabe. Diese soziale Aufwertung der Frau in der Mutterrolle wurde maßgeblich für das italienische Frauenbild des 19. Jahrhunderts. Bereits bei der Eheschließung war die Frage nach der Fruchtbarkeit des zukünftigen Partners entscheidend. Noch bei den zwischen 1851 und 1871 geborenen Italienerinnen hatten 40% der Frauen sieben oder mehr Kinder. Erst in den folgenden fünfzehn Geburtenjahrgängen sinkt dieser Prozentsatz auf 25% (De Giorgio, 1992, S. 353). Dabei war eine Geburt ein für Mutter und Kind äußerst gefahrvoller Vorgang, die beide nicht selten in Lebensgefahr brachte. 1881 lag die durchschnittliche Lebenserwartung der Frauen bei 34 Jahren. Zudem starben zwischen 1839 und 1845 in Venetien 31 von 40 Neugeborenen, und auch bis in die Adoleszenz hinein blieb die Sterblichkeit erschreckend hoch (De Giorgio, 1994, S. 218). Diese permanente (und doppelte) Todesnähe der Frauen im gebärfähigen Alter band sie eng an die katholische Religion und führte zu einer religiösen Transzendentierung ihrer diesseitigen Existenz: Der Tod war Teil des täglichen Lebens, die Religion Mittel, ihn positiv zu verbrämen und gleichzeitig die Opferbereitschaft der Frauen zu bestärken. Zu Zeiten des Kampfes um die nationale Einheit bekam diese Komponente des Weiblichkeitsideals für Mütter neue Bedeutung: Der Verlust von Söhnen im Kampf für das Vaterland wurde zur weiblich-patriotischen Tat. Diesem Leitbild entsprach Adelaide Cairoli, die nicht nur Nachkommen im Kindesalter, sondern auch zwei Söhne im Kampf im Heer Garibaldis verlor, auf glorifizierte Weise – ihre Biographie wurde zum Mythos, zum weiblichen Idealbild des Risorgimento schlechthin (Bassi, 1996, S. 155–165; Spinosa, 1994, S. 95–118).

Giuseppina Strepponi als Lebensgefährtin Verdis

Der Vater von mindestens zweien der drei Kinder Strepponis war der *impresario* Camillo Cirelli (De Angelis, 1982, S. 137–139). Er war 35 Jahre älter als Strepponi, verheiratet und in seiner Ehe Vater. Daß der Weg einer auch noch so begabten Sängerin zu einem Engagement an einem großen Haus über das Bett des *impresario* ging, war durchaus keine Ausnahme. Davon zeugen nicht zuletzt die zahlreichen unehelichen Kinder, die für Strepponis Kolleginnen belegt sind (Servadio, 1994, S. 5). Am 14. Januar 1838 kam Strepponis Sohn Camillino zur Welt, ein Kind das Cirelli legalisierte und um dessen Erziehung in Florenz er sich kümmerte. Es sollte das einzige ihrer drei Kinder sein, zu dem Giuseppina den Kontakt nach der Geburt nicht völlig abbrach. Gemeinsam mit ihm gelebt hat sie bis zu seinem frühzeitigen Tod in Siena 1863 jedoch nie. Ihre beiden Töchter Sinforosa, geboren am 9. Februar 1839 und ebenfalls von Cirelli legitimiert, und Adelina, geboren am 4. November 1841, lernte sie nie richtig kennen: Sinforosa wurde drei Wochen nach der Geburt einem Waisenhaus in Florenz anvertraut, kam dann – auf Betreiben Strepponis – in eine Pflegefamilie (Servadio, 1994, S. 59) und starb 1925 in einer psychiatrischen Anstalt. Strepponis jüngste Tochter wurde nicht einmal ein Jahr alt. Sie starb, nachdem sie ebenfalls kurz nach der Geburt von der Mutter in Triest bei einer Pflegefamilie zurückgelassen worden war, am 4. Oktober 1842 (ebd., S. 76). Das Aussetzen ungewollter Kinder in Waisenhäusern war im Metier Strepponis gängige Praxis. Eine Sängerin – eben durch die Kinder zu zusätzlichen Kosten für die Unterbringung der Zöglinge verpflichtet – konnte nur so ihren Beruf weiter ausüben. Als Verdi und Strepponi sich kennenlernten – möglicherweise bereits im Vorfeld der Premiere von *Oberto, conte di San Bonifacio* 1839, sicher aber anläßlich der Uraufführung von *Nabucodonosor* 1842 –, stand die Sängerin als unverheiratete Mutter auf der Seite der ›moralisch Gefallenen‹.

Verdi befand sich nach dem Tod seiner beiden Kinder und seiner Frau sowie dem Mißerfolg von *Un giorno di regno* in einer tiefen persönlichen und künstlerischen Krise. Strepponi stand ihm im Umfeld der Komposition und Aufführung von *Nabucodonosor* beratend und vermittelnd zur Seite, eine Situation in der Verdi wahrscheinlich auf die großen Vorzüge dieser Sängerin aufmerksam wurde: Sie war weltgewandt, gebildet, hatte großes künstlerisches Verständnis, sprach mehrere Sprachen und kannte sich im Operngeschäft aus. Verdi dagegen hatte noch kaum Erfahrungen in dieser Welt sammeln können. Für Strepponi bedeutete eine dauerhafte Beziehung zu Verdi zunächst einmal private Konsolidierung: die Chance, die Vergangenheit zu überwinden, ›moralisch anerkannt‹ zu leben. Freilich bedeutete dies, daß sie ihre persönliche und finanzielle Eigenständigkeit würde aufgeben müssen. Die Überwindung ihres ›Makels‹ schloß auch die konsequente Verneinung ihrer Vergangenheit ein – einschließlich der Kinder, die sie zur Welt gebracht hatte; denn uneheliche Kinder waren mit dem Bild der Lebensgefährtin Verdis, in späterer Zeit auch mit der Vorbildfunktion der Frau an der Seite des vermeintlichen Kämpfers für die nationale Einheit, offenbar nicht vereinbar: Bis heute ist unklar, ob Verdi überhaupt, und wenn, von welchen Kindern Strepponis wußte.

Doch zunächst scheinen auch nach der gemeinsamen Arbeit an *Nabucodonosor* weder Verdi noch Strepponi eine lebenslange Bindung im Blick gehabt zu haben. Noch zu Beginn ihres Paris-Aufenthalts 1846 erhielt Strepponi offensichtlich nur indirekt Nachricht von Verdi. Erst Verdis Besuch in Paris im Herbst 1847 anläßlich der Premiere von *Jérusalem* bedeutete wohl den Beginn der festen Liebesbeziehung – die der Komponist jedoch weiterhin geheim hielt. Es gibt sogar Anzeichen dafür, daß der Beschluß, 1849 gemeinsam nach Busseto zu ziehen – Strepponi gab dafür eine gesicherte Existenz als Gesanglehrerin in Paris auf und nahm eine Demütigungskampagne der Bussetaner in Kauf – keineswegs die endgültige Entscheidung für ein gemeinsames Leben war: Der Brief der 1851 in Livorno zurückgelassenen Strepponi an ihren zur Vorbereitung von *Il trovatore* in Rom weilenden »Erlöser« klingt alles andere als überzeugt davon, daß sich ihr Lebensgefährte in Zukunft öffentlich zu ihr bekennen wird (Brief Giuseppina Strepponis an Verdi vom 3. Januar 1853; Luzio, 1947, Band IV, S. 264 f.).

Und warum der späte Entschluß zur Heirat 1859? Selbst in seinem Verteidigungsbrief an Antonio Barezzi, dem – vor der Heiratsurkunde – einzigen überlieferten schriftlichen Dokument, in dem sich Verdi zu Strepponi bekennt, gibt er keine Auskunft über die Beschaffenheit seiner Beziehung zu der »freien Dame«, die »unabhängig« in seinem Haus lebt (Brief vom 21. Januar 1852; Copialettere, 1913, S. 130). War die ›Vergangenheit‹ seiner Geliebten auch für Verdi ein Hinderungsgrund, sich offiziell an sie zu binden? Aus welchem Grund entschied das Paar sich gegen diese bürgerliche und religiöse Legitimation und für eine fast zehn Jahre währende ›wilde Ehe‹? Warum holten sie Giu-

seppinas Sohn Camillo nicht zu sich, sondern adoptierten, da sie keine gemeinsamen Kinder bekommen konnten (Phillips-Matz, 1993, S. 312), ein Kind aus der Verwandtschaft Verdis?

Eine abschließende Antwort auf diese Fragen wird sich kaum finden lassen. Als Konstante läßt sich aber festhalten, daß Giuseppina Strepponi – auch wenn Unterordnung und später Resignation drohten – nicht gewillt war, sich von ihrer Vergangenheit einholen oder weiterhin prägen zu lassen. In dem Bild, das sie als im häuslichen Hintergrund wirkende, unterstützende Kraft des nationalen Genies zum Teil auch selbst von sich zeichnete, dem Bild einer ›Erfüllerin‹ des Ergänzungsprinzips (Luzio, 1935, Band II, S. 6), hatte ihre Vergangenheit keinen Platz. Strepponi war tatsächlich jedoch weit mehr als eine »hausfräuliche Gegenfigur«: Sie bildete einen intellektuellen Gegenpart und war nachweislich an der Entstehung zahlreicher Werke bis hin zur Mitautorschaft beteiligt. So übersetzte sie nicht nur die Vorlagen von *Il trovatore*, *Simon Boccanegra* und *Aida*, sondern begleitete und kommentierte auch den Kompositionsprozeß (Brief Giuseppina Strepponis an Verdi vom 3. Januar 1853; Luzio, 1947, Band IV, S. 265) und erledigte weitgehend die Öffentlichkeitsarbeit des Familienunternehmens in ihrer umfangreichen Korrespondenz mit Verlegern, *impresari* und Sängern.

Historisches Schlaglicht 5: Religion

Auch im Konzept der Familienehre zeigt sich im Italien des 19. Jahrhunderts das enorme Gewicht der katholischen Kirche. Solange das Identifikationsmodell »Nation« noch fehlte, führte die Identifikationsfindung zwangsläufig über die Religion. Kaum eine andere Komponente des gesellschaftlichen Lebens prägte daher so stark ein entkörperlichtes Frauenbild, für das moralische Unbeflecktheit, seelische Reinheit und Keuschheit bestimmend waren und körperliche Schönheit allein im Widerschein der Reinheit der Seele wahrnehmbar werden konnte. Ausdruck dieser seelischen Reinheit war die Bewahrung der Jungfräulichkeit, die in dem in der ersten Hälfte des 19. Jahrhunderts – vor allem unter Mädchen – plötzlich stark verbreiteten Marienkult verklärt wurde. Die Identifikation mit der Reinheit Mariens wurde zum Zentrum der Mädchenerziehung und führte zur Errichtung kleiner, aufwendig geschmückter Marienaltäre in den Zimmern im Monat Mai sowie zu immer längeren Gebetsübungen, die in Ratgebern bereits siebenjährigen Mädchen das Ave Maria, Credo und Angelus als Morgen- und Abendgebete verordneten (De Giorgio, 1992, S. 208–210; Soldani, 1990). Engelhafte Zartheit von Körper und damit Seele stand in enger Verbindung zu einem geradezu pathologischen Schönheitsideal: Blässe, Zierlichkeit, Zerbrechlichkeit. Diese idealisierte körperliche Zerbrechlichkeit führte zur Definition geschlechtsspezifischer Krankheiten wie Bleichsucht und – gegen Ende des 19. Jahrhunderts – Hysterie. Der Marienkult war zudem Ausdruck einer Feminisierung der religiösen Praxis, die auch in der zunehmenden Feminisierung des Klerus in der ersten Hälfte des 19. Jahrhunderts mit zahlreichen Neugründungen von Konventen eine Entsprechung fand (Rocca, 1992).

Religion

Auch bei einem Blick auf die Religiosität des Ehepaars Verdi läßt sich eine Entsprechung und zugleich Überwindung des Ergänzungsprinzips – ähnlich wie im Bereich der Teilung öffentlich/privat – feststellen. Der Komponist war derjenige, der sich Giuseppina und engen Freunden gegenüber recht unverblümt als nicht im strengen Sinne Gläubiger bekannte, seine Frau diejenige, die versuchte, ihn auf den ›rechten Weg‹ zurückzuführen: »Und dennoch erlaubt sich dieser *brigand*, ich will nicht sagen, ein Atheist zu sein, aber sicherlich sehr wenig von einem Gläubigen zu haben, und das mit einer Hartnäckigkeit und einer Ruhe, daß man ihn verprügeln möchte. Ich spreche ihm voller Sehnsucht von den Wundern des Himmels, der Erde, des Meers usw. usw. Verschwendeter Atem! Er lacht mir ins Gesicht und unterbricht mich mitten in meinen rednerischen Versuchen, mitten in meinem göttlichen Enthusiasmus, indem er sagt: ›Ihr seid alle verrückt!‹, und unglücklicherweise sagt er es voller Zuversicht.« (Brief Giuseppina Verdis an Clara Maffei vom 9. Mai 1872; Luzio, 1927, S. 562) Dennoch ist dieser religiöse Enthusiasmus Strepponis, den sie gegenüber ihrem Mann so leidenschaftlich verteidigt, alles andere als das unreflektierte, anerzogene Rosenkranzabbeten, das viele ihrer Zeitgenossinnen praktizierten. Im Brief an Cesare Vigna vom 29. Mai 1872 (Walker, 1964, S. 341) spricht sie über die Bedeutung von Religion, Tod und Atheismus, bezieht sich dabei auf Rabelais und das Verhältnis von Ritus und Glaube – ein intellektuelles Niveau und ein Bildungsstand, der kaum zu einer »hausfräulichen Gegenfigur« passen will (Walker, 1982, S. 281). Und dennoch: Verdi war zum Zentrum ihres Lebens und Denkens geworden. Beinahe göttliche Verehrung wechselt in ihren Briefen mit Beschwerden über die Launen des oftmals tyrannisch auftretenden Patriarchen: »O mein Verdi, ich bin Deiner nicht würdig und die Liebe, die Du mir entgegenbringst, ist ein Akt der Barmherzigkeit, Balsam für ein Herz, das manchmal sehr traurig ist unter dem Anschein der Fröhlichkeit. Liebe mich weiter, liebe mich auch wenn ich tot bin, damit ich mich der göttlichen Gerechtigkeit in Deiner Liebe und Deinen Gebeten stellen kann, mein Erlöser« (Brief Giuseppina Verdis an Verdi vom 5. Dezember 1860; Luzio, 1947, Band IV, S. 266). »Sich ausschließlich um einen Mann kümmern, mag in der Theorie bewundernswert sein, ist in der Praxis aber ein Fehler. [...] Gestern kam er [Verdi, in mein Zimmer] und wie gerade in diesen Tagen üblich hatte er sich kaum hingesetzt, als er schon wieder aufstand. Ich sagte zu ihm: ›Wohin gehst Du?‹ ›Nach oben.‹ Und weil er gewöhnlicherweise dort nicht hingeht, antwortete ich, ›Um was zu tun?‹ ›Um nach Plato zu suchen.‹ ›Oh, erinnerst Du Dich nicht, daß er im Schrank im Eßzimmer ist?‹ Die Fragen und Antworten schienen mir ganz natürlich zu sein, und für meinen Teil hatte ich den entschiedenen Vorsatz, ihn friedlich zu sehen, so wie er es braucht und ihm einen unnötigen Weg zu ersparen ... Hätte ich das bloß nicht gesagt! Es war eine ernste Angelegenheit, meinerseits vorsätzlich geplant und sozusagen Machtmißbrauch!...« (Tagebuch-Eintrag Giuseppina Verdis von Anfang Juli 1868; Walker, 1964, S. 489). Wie weitere Briefe belegen, war dies nicht eine einmalige Entgleisung Verdis; Wutausbrüche und Launenhaftigkeit – auch gegenüber dem Dienstpersonal – scheinen keine Seltenheit gewesen zu sein (Servadio, 1994, S. 204 f.).

Historisches Schlaglicht 6:
Treueverpflichtung in der Ehe

In der Ehe galt die Verpflichtung zu sexueller Treue allein für die Frau: Ihr Sündenfall galt als Ehrverlust, während Frauen dazu verpflichtet blieben, Seitensprünge ihres Mannes mit Nachsicht zu erdulden. Bestes Beispiel hierfür ist die Ehe Maria Adelaides von Savoyen mit Herzog Vittorio Emanuele, dem späteren König von Italien, der ganz offen Ehebruch beging. Die Toleranz seiner Frau wurde ihr als ehrenhaft angerechnet.

Teresa Stolz

Darauf, daß sie ihre Vergangenheit in gewisser Weise doch noch einholen sollte, war Strepponi freilich nicht gefaßt: In Form der jungen und begabten Sängerin Teresa Stolz, die sich – bereits bevor der Komponist ihr die Partie der Aida in der italienischen Erstaufführung der Oper anvertraute – als Verdi-Interpretin einen Namen gemacht hatte, trat eine Person ins Leben der beiden Verdis, die ihre Beziehung an den Rand des Scheiterns brachte und Giuseppina in tiefe Verzweiflung stürzte. Es gibt Hinweise darauf, daß Verdi bereits vorher möglicherweise nicht der treueste aller Ehemänner war (ebd., S. 205). Wenn es tatsächlich so war, hatte Giuseppina wohl damit zu leben gelernt. Mit Teresa Stolz lag der Fall jedoch anders: Sie war eine Frau in ähnlicher Situation und Stellung wie sie selbst, als sie Verdi kennenlernte. Sie nahm – wie früher Giuseppina – am Werk des Komponisten Anteil, ja er konzipierte sogar Partien wie das Sopransolo der *Messa da Requiem* im Hinblick auf ihre Stimme. Durch die ›enge‹ Zusammenarbeit mit Verdi erhielt Stolz einen Karriereschub. Bald durchzogen Spekulationen über eine mögliche Beziehung, Verleumdungen und Beschimpfungen die Presse. Giuseppina Verdi stand als betrogene Ehefrau in der Öffentlichkeit und dachte nicht daran, sich mit dieser Rolle abzufinden: »Mir schien, Du könntest wenigstens 24 Stunden ohne die besagte Dame auskommen. [...] Ich weiß nicht, ob Du es kannst oder nicht ... Ich weiß nur, daß es von Deiner Seite seit 1872 Phasen der Beharrlichkeit und der Aufmerksamkeiten gegeben hat, die von jeder Frau der Welt auf die angenehmste Weise verstanden werden müssen [...] Wenn es so ist [eine Liebesaffäre]... Machen wir ein für alle mal Schluß. Sei ehrlich und sag es mir, ohne mich mit Deiner exzessiven Aufmerksamkeit ihr gegenüber zu demütigen.« (Brief Giuseppina Verdis an Verdi vom 30. April [?] 1874; Walker, 1964, S. 525 f.). In der erhaltenen Korrespondenz zwischen Verdi und Stolz findet sich kein expliziter Hinweis darauf, daß die Beziehung zwischen den beiden über das Künstlerische hinausging – genausowenig, wie wir über die Gefühle des Komponisten gegenüber Giuseppina Verdi informiert sind. Die Ehefrau brachte die in ihren Augen offensichtliche *ménage à trois* – in die sie schließlich wohl oder übel einwilligte – an den Rande des Zusammenbruchs, sie beklagte sich über den Verlust des Glaubens. Ihre Korrespondenz der letzten fünfzehn Jahre ihres Lebens ist von düsterster Stimmung und Verzweiflung, aber auch von wiederkehrender, verstärkter Religiosität gekennzeichnet. Offenbar hatte sie trotz aller Unterordnung doch noch einen Preis dafür zu bezahlen, daß Verdi sie ›erlöst‹, sie zur ehrbaren Frau gemacht hatte. Denn ihr ›Erlöser‹ erwies sich zwar einerseits als Freidenker, der sich die Einmischung anderer in seine Lebensführung verbat, andererseits aber – durchaus gesellschafts- (und geschlechterrollen-)konform – als launiger Machtmensch und Patriarch: »Ich wiederhole [es] Dir zum tausendsten Mal. Es genügt nicht ›zu befehlen‹, wie Du es machst; sondern man muß in einer Art und Wiese befehlen, daß die anderen Dich verstehen; und dann beobachten und überwachen, ob sie die gegebenen Befehle ausgeführt haben. Das ist der einzige Weg, die Sachen zu erreichen. Und das ist nicht nur auf S. Agata so, sondern überall und in allen Angelegenheiten.« (Brief Verdis an Mauro Corticelli vom 10. April 1875; Copialettere, 1913, S. 550)

Historisches Schlaglicht 7: Bewachte Ehre

Im katholisch geprägten Italien dieser Zeit war die Erhaltung der Jungfräulichkeit der Tochter bis zur Heirat zwingende Voraussetzung für eine Eheschließung, ohne die sie wiederum ihrer Lebensbestimmung nicht hätte gerecht werden können. Um eine Gefährdung der Familienehre kategorisch zu vermeiden, wurden Maßnahmen getroffen, Frauen vom Kontakt mit dem anderen Geschlecht fernzuhalten: Sie wurden in der häuslichen Sphäre zurückgehalten, ihre Mobilität eingeschränkt. Diese Verknüpfung von häuslicher Sphäre und Ehrenhaftigkeit hatte zur Folge, daß Frauen, die sich alleine in der Öffentlichkeit bewegten – so zum Beispiel die ersten Krankenschwestern und Lehrerinnen – sich automatisch dem Verdacht der sexuellen Anrüchigkeit aussetzten. So wurden in der päpstlichen Enzyklika von 1849 Frauen, die unter Anleitung Cristina Belgioiosos Verletzte der Schlacht um Rom betreuten, als Prostituierte bezeichnet (De Giorgio, 1992, S. 122).

Abbildung 17

Giuseppina Verdi in einem Porträt, das sie zu ihrem 63. Geburtstag am 8. September 1878 ihrem Mann zueignete; der Widmungstext lautet: »Meinem Verdi, mit der Zuneigung und Verehrung von einst! Peppina.«

Geschlechterrollen im Werk Verdis

*Patriarchat als Movens der Handlung:
Die opere serie*

Die Handlung von Verdis Opern mit tragischem Ausgang läßt sich im großen und ganzen idealtypisch umschreiben: Im Zentrum steht ein Patriarch, der es sich zur Aufgabe gemacht hat, seine Familienehre zu verteidigen, also sie nach der Zerstörung durch Fehlverhalten weiblicher Protagonisten wiederherzustellen. Am häufigsten betrifft dieses Fehlverhalten die Sexualmoral: Ein weibliches Familienmitglied verliebt sich in den falschen Mann (weder Ehemann noch Verlobter, von der Familie nicht akzeptiert, politischer Konkurrent), wird hintergangen, verführt oder vergewaltigt, wobei kein Unterschied darin besteht, ob eine solche Entehrung tatsächlich stattgefunden hat und wie. Schon der Verdacht genügt und Wille oder Meinung der Ehrverletzerin sind irrelevant – so bei Leonora (*Oberto*), Giselda (*I Lombardi alla prima crociata*), Elvira (*Ernani*), Alzira (*Alzira*), Odabella (*Attila*), Lida (*La battaglia di Legnano*), Amalia (*I masnadieri*), Gilda (*Rigoletto*), Leonora (*Il trovatore*), Violetta (*La traviata*), Lina/Mina (*Stiffelio/Aroldo*), Amelia (*Un ballo in maschera*), Leonora (*La forza del destino*), Elisabeth (*Don Carlos*), Maria/Amelia (*Simon Boccanegra*) und Desdemona (*Otello*). Eine weitere mögliche Ehrverletzung ist der Verrat der jeweiligen Frau am Vaterland, wobei sich aus den beiden Polen Liebe und Patriotismus meist eine tragische Situation für die Heldin ergibt – zu nennen ist hier neben den kriegerischen Verdiheroinen wie Abigaille (*Nabucodonosor*), Odabella (*Attila*), Giovanna (*Giovanna d'Arco*), Hélène (*Les Vêpres Siciliennes*), natürlich vor allem Aida. Absage an Gott beziehungsweise das Brechen eines Gelöbnisses läßt sich einzig Giovanna zu Schulden kommen. Wiederhergestellt kann die Ehre nur werden, wenn der Patriarch Rache nimmt, die die Vernichtung des an der Ehrverletzung mitbeteiligten Mannes mit allen Mitteln bedeutet: Duell, Mord, Verrat. Die Strafe für die Ehrverletzerin besteht zunächst schon in der Tatsache, daß sie zur moralisch Gefallenen gestempelt, vom »Engel«, der »unbefleckten Lilie« zum »Dämon«, zur »Hexe« wird. Einige Heldinnen nehmen den tatsächlichen oder verdächtigten Makel innerhalb dieses Normprinzips insoweit an, daß sie sich selbst das Leben nehmen oder nehmen wollen (Elvira, Leonora, indirekt auch Gilda, Aida), anderen droht der – manchmal auch vollzogene – Mord durch den Patriarchen (Amelia, Desdemona, Luisa, Leonora, Giovanna) oder Tod durch Krankheit als Folge der früheren Maßlosigkeit (Violetta). Bedingungslose Vergebung ist nur in den seltensten Fällen möglich (*Stiffelio*), das Rachebedürfnis beziehungsweise das Streben nach Vergebung und Wiedergutmachung jedoch jeweils entscheidendes Movens der Handlung.

Wenn eine Entehrerin nicht stirbt, muß sie sich zumindest in anderer Weise um weibliche Tugenden verdient gemacht haben: Giselda bekehrt Oronte zum Christentum und führt ihn damit – kurz vor seinem Tod – religiös auf den richtigen Weg, Elisabeth übt sich in Entsagung und ermutigt Don Carlos zum politischen Engagement, Odabella handelt im Namen der Vaterlandsliebe, im Falle Lidas führt ihr ›Fehltritt‹ zum ruhmvollen Sieg ihres ›Geliebten‹ in der Schlacht für das Vaterland. Amelia rettet nur die Bitte, vor ihrem Tod nochmals ihren Sohn sehen zu können, und Alzira verdankt ihr Überleben in letzter Konsequenz ihrer Opferbereitschaft. Ausnahmen von diesem Handlungsschema finden sich nur in drei Opern: In *I due Foscari* treibt die Verletzung der Familienehre durch einen Mann (Jacopos angebliche Straftat) die Handlung voran, in *Il corsaro* stirbt die Heldin in Selbstaufopferung aufgrund der Trennung und des Verdachts der Untreue ihres Mannes, und in *Macbeth* steht nicht der Fall, sondern die Machtbesessenheit einer Frau im Mittelpunkt. Während alle anderen *prime donne* – vielleicht mit Ausnahme Abigailles – ausschließlich zu den moralisch Guten zu rechnen sind, die ihren ›Fall‹ widrigen äußeren (patriarchalischen) Umständen zuzuschreiben haben, bleibt Lady Macbeth die einzige, die von Grund auf schlecht und verwerflich handelt.

Ausnahmen von der Handlungsnorm in doppelter Hinsicht – keine gefallenen Engel, sondern Dämoninnen von Anbeginn – gewinnen bei Verdi ab den 1850er Jahren in den Gegenspielerinnen der *prime donne* Gestalt. Angedeutet bereits in Abigaille und Gulnara stehen diese Heldinnen schon aufgrund ihrer Situation im Drama als abgelehnte Liebende (Eboli und

Amneris, ansonsten werden nur Männer abgelehnt), Mutter und Zigeunerin (Azucena, Preziosilla), Räuberbraut (Maddalena) oder Wahrsagerin (Ulrica) am Rande der stereotypen Handlung und Gesellschaft und haben zumeist – was ihren engelsgleichen Gegenspielerinnen Elisabeth, Aida, Leonora (*Il trovatore, La forza del destino*), Gilda, Amelia nicht in selbem Maß gestattet ist – eine besondere erotische Ausstrahlung. Die Definition dieser Partien als Gegenbilder der Sopranistinnen bedeutet jedoch keineswegs, daß Verdi sie als platte, bösartige Charaktere darstellte. Seine psychologisierende Darstellung der Figuren läßt gerade bei Amneris und Eboli am Ende Reue und damit eine menschliche Entwicklung zu.

Doch nun zum Zentrum der Handlungskonzeption, den Patriarchen: In den meisten Fällen ist dieser Patriarch in Verdi-Opern auch Vater, zudem fast immer scheiternder Vater. In 18 der 24 *opere serie* sind Vater-Kind-Beziehungen (Baroni, 1979, S. 74–88; Minor, 1986, S. XXII) von zentraler, die Ungleichbehandlung der Geschlechter akzentuierender Bedeutung: Zwar sind die Schicksale von Vätern und Söhnen eng miteinander verknüpft; in den Opern werden Ereignisketten dargestellt, die zum Ruin beider führen, namentlich in *I masnadieri, I due Foscari, Les Vêpres Siciliennes, Luisa Miller*. Für die Söhne eröffnet sich jedoch die Möglichkeit zur Aktion gegen ihr Schicksal im Sinne offener Rebellion gegen den Vater, die sich oft auch in räumlicher Trennung auswirkt (*Don Carlos, Alzira, La traviata, Luisa Miller*). Dagegen sehen sich Töchter in familiären Krisensituationen in verstärkter Abhängigkeit zum Vater; sie können, wenn überhaupt, nur heimlich ›gegen‹ ihn und ihre patriarchale Gefangenschaft agieren (*La forza del destino, Rigoletto, I Lombardi alla prima crociata*), zudem wiegt ihre Schuld schwerer, ist sie doch eine Folge eigenständigen Handelns, das nur Söhnen gestattet ist.

Der Zwiespalt zwischen der – öffentlichen – Machtsituation des Patriarchen und der – privaten – Wertewelt des Familienvaters, die Tatsache, daß die in ihm verkörperte bürgerliche Gesellschaft (die adlige kannte die Trennung öffentlich/privat nicht) unlösbare Konflikte mit sich bringt, führt zur tragischen Situation des bei Verdi in dieser Häufung neu auftretenden schwachen, unterliegenden Typus eines Helden in fortgeschrittenem Alter (Baroni, 1979,

S. 74–88). Hand in Hand mit der patriarchalen Handlungsstruktur der Opern geht auch bei Verdi die nahezu vollkommene Abwesenheit von Müttern auf der Bühne: ›Prominenteste‹ Verdi-Mutter ist sicherlich die als Zigeunerin und aktive Rächerin, zumal der eigenen Mutter, in jeder Hinsicht außerhalb der Norm stehende Azucena. Viclinda und Sofia fallen unwesentliche Nebenrollen in *I Lombardi alla prima crociata* zu, bei Lucrezia in *I due Foscari*, Lida in *La battaglia di Legnano* und Amelia in *Un ballo in maschera* zentriert sich die Handlung weit mehr um deren Liebesleben als um ihre Mutterschaft. Als zeitspezifisch für Verdis Werk erweist sich aber die einflußreiche Präsenz toter Mütter in der Handlung als marien- und engelsgleiche, aufopferungsvolle Wesen mit Vorbildfunktion für die Töchter: Mina findet sich im 2. Akt von *Aroldo* am Grab ihrer Mutter, im 1. Akt von *Rigoletto* ist von Gildas toter Mutter, im 1. Akt von *Oberto* von derjenigen Leonoras die Rede, und Maria Boccanegra, die nie auf der Bühne zu sehen ist, beherrscht trotz ihres frühzeitigen Todes im Prolog die Szene.

Patriarchat als Movens der Handlung:
Zur opera buffa

Auch der Handlungsverlauf der beiden komischen Opern Verdis, *Un giorno di regno* und *Falstaff*, ähnelt in wesentlichen Grundzügen demjenigen der viel zahlreicheren tragischen Werke. Ein Patriarch beschließt, aus ökonomischen Gründen den ihm anvertrauten weiblichen Familienmitgliedern einen Ehemann aufzuzwingen: Giulietta ist La Rocca versprochen, die Marchesa dem Conte Ivrea und Nannetta Dr. Cajus. Alle diese Frauen haben ihr Herz jedoch anderweitig verschenkt. So weit sich von den beiden, auch zeitlich weit auseinanderliegenden Werken überhaupt eine Typologie der *opera buffa* bei Verdi ableiten läßt, bleibt festzuhalten, daß sich innerhalb dieser patriarchalen Grundsituation die Verhaltensweisen der Geschlechter anders entwickeln als in den tragischen Handlungen. Die Frauen werden aktiv, setzen ihre weiblichen Reize, ihre Intelligenz und ihre Willenskraft dazu ein, den Mann zu bekommen, den sie sich wünschen. Daß sie dabei Sachverhalte vortäuschen und vor dem

Patriarchen nicht offen ihren Willen aussprechen, liegt in der Abhängigkeitssituation begründet, in der sie sich wie ihre Genossinnen in den tragischen Opern befinden. Während diese ihre Opferrolle aber annehmen und tendenziell passiver sind, wehren sich die *buffa*-Frauen nach Kräften. Auch findet keine Typisierung in Engel beziehungsweise Dämonin statt: Selbst wenn Nannetta sich heimlich mit Fenton und Giulietta mit Edoardo trifft, werden sie von den älteren, mütterlichen Frauen, denen sie sich anvertrauen, respektiert, können gar auf weibliche Solidarität und Hilfe hoffen. Der Patriarch merkt von alledem nichts, womit auch der männliche Blick auf diese Liebesbeziehung und dessen Typisierung der Frauen in Gut und Böse ausgeschaltet bleibt. Das Handeln der dem Ehrprinzip verhafteten Männer bleibt dagegen gleich: Ford durchsucht wütend das ganze Haus nach dem angeblichen Liebhaber seiner Frau, der Cavaliere di Belfiore gibt seine Maskerade auch dann nicht auf, als seine Liebesbeziehung dadurch zu scheitern droht. Edoardo schließlich akzeptiert nicht nur den Entschluß des Patriarchen, Giulietta anderweitig zu verheiraten, sondern hält selbst dann an seinem Ehrenwort gegenüber dem vermeintlichen König fest, als die äußerlichen Hindernisse für seine Hochzeit mit der Geliebten ausgeräumt sind, obwohl nun dieses Ehrenwort einer Verbindung im Wege steht. Allein in der parodistischen Überzeichnung bekommt der männliche Ehrbegriff Risse, wenn Falstaff ihn einerseits verlacht, andererseits nach einer Schlappe den Niedergang der Ehre beklagt, oder wenn Signor La Rocca feige vor einem Duell flieht. Im Triumph der Liebesheirat aufgrund der Hartnäckigkeit der Frauen und in der Darstellung der Lächerlichkeit des männlichen Ehrbegriffs liegt in den komischen Opern also ein gewisses aufrührerisches Potential, die patriarchalen Rahmenbedingungen bleiben jedoch unangetastet: Alleinige Bestimmung der Frau ist die Ehe (Locke, 1995, S. 62 f.).

Rollen- und Stimmtypen

Die nicht zuletzt von George Bernard Shaw augenzwinkernd vorgenommene Typisierung der Stimmcharaktere der Verdiopern (Sopran und Tenor wollen miteinander ins Bett, der Bariton hindert sie daran), mag generell zu kurz greifen. Weitet man das Modell auf die beschriebene patriarchale Konzeption der Handlung aus, repräsentiert der Bariton das politische Establishment und manchmal den Bösewicht, der Tenor den jugendlichen Rebellen oder den Verführer. Der engelsgleiche Sopran, der in einem Abhängigkeitsverhältnis zum Patriarchen steht, ist Objekt der Begierde von Tenor und Bariton, der Mezzosopran oder Alt macht entweder dem Sopran den Tenor streitig oder verhält sich als Rächerin oder Wahrsagerin alles andere als engelsgleich. Schon bei dieser oberflächlichen Zuordnung sticht ein entscheidender Unterschied zwischen männlichen und weiblichen Stimmlagen ins Auge: Mit der Lage der Frauenstimme ist eine moralische Wertung verknüpft, Abweichungen von der Norm des Sopran nach unten bedeuten auch moralischen Fall, also Abweichungen vom positiven Rollenbild. Demgegenüber sind die Männerstimmlagen ›moralisch‹ variabel zuzuordnen: ausgesprochene Bösewichter wie Jago, Francesco, Macbeth, Patriarchen unsympathischen oder gemischten Charakters wie Nabucco, Don Carlo, Giacomo, Gusmano, Rigoletto, Conte di Luna, Germont, Guy de Montfort, Egberto, Renato und Don Carlos (*La forza del destino*) haben genauso wie die moralisch makellosen Francesco Foscari, Miller und Simon Boccanegra Partien in der Baritonlage. Ebenso schwankend ist die moralische Stellung des jugendlichen Tenorhelden: Ein überwiegender Großteil erfüllt seine Rolle als treu Liebender, dagegen stehen Riccardo (*Oberto*), Corrado (*Il corsaro*), Godvino (*Aroldo*) und natürlich vor allem der Herzog in *Rigoletto* moralisch im Zwielicht.

Nicht erklären kann dieses Modell jedoch das breite Spektrum von Stimmcharakteren innerhalb einer Stimmlage, manchmal sogar innerhalb einer Rolle (siehe unten, S. 168–181). Verdis psychologisch vertiefte Sopranpartien lassen sich in den seltensten Fällen auf ein Stimmfach reduzieren. Man denke nur an Luisa Miller oder Violetta Valéry, bei denen sich koloraturgeprägte Auftritte, dramatische Ausbrüche und klangschöne lyrische Passagen entsprechend der Situation abwechseln. Nicht immer geht die stimmliche Ausgestaltung einer Rolle dabei mit dem Charakter der Heldin im Handlungszusammenhang konform: *canto staccato* (Senici, 1998, S. 158f.) findet sich zwar bei Luisa und Gilda in ähnlicher Handlungskonfiguration – eine unschuldige Jungfrau schwärmt von ihrer großen Liebe –, im weiteren Handlungsverlauf entwickeln sich die Stimmtypen jedoch nicht analog. Auch die Partien der Verdi-Amazonen Abigaille, Odabella und Giovanna sind stimmlich sehr verschieden gestaltet: Während Odabellas Partie ähnlich wie die der Abigaille militärisch akzentuiert ist – mit zahlreichen hohen, lauten Tönen, großen Sprüngen, punktierten Rhythmen und Koloraturkaskaden in Extremlagen –, singt Giovanna zumeist in der mittleren Lage mit leichten Verzierungen in vorwiegend lyrischem Duktus. Die unterschiedliche stimmliche Anlage der beiden letztgenannten Partien ist – zumindest zum Teil – in der Stimmdisposition der beiden Sängerinnen zu suchen, für die Verdi die Rollen konzipierte: Erminia Frezzolini, die erste Giovanna, war für fein abgestufte Gesangskunst, lebhafte Verzierungen und Expressivität bekannt, während Sophie Loewe, die Odabella der *Attila*-Uraufführung, eben gerade als kraftvolle, hochdramatische Interpretin zu Ruhm gekommen war (Smart, 1993).

Diese auf die Stimmqualitäten bestimmter Sängerinnen und Sänger ausgerichtete Konzeption von Rollen mag auch noch eine weitere Ausnahme im Verhältnis von Rollen- und Stimmcharakter erklären: In Piaves Libretto ist Elvira in *Ernani* eine aufopferungsvolle, engelsgleiche Gestalt, in Verdis Musik ein *soprano drammatico d'agilità* – Sophie Loewe war die erste Interpretin. Möglicherweise ist sogar die Konzeption der gleichsam verspäteten Verdi-Kriegerin Hélène in *Les Vêpres Siciliennes* auf die Sängerin der Uraufführung zurückzuführen: Sophie Cruvelli hatte zuvor als Abigaille, Odabella und Elvira ihre größten Erfolge gefeiert. Damit ist sie ein weiteres Beispiel dafür, daß sich neben Giuseppina Strepponi noch weitere weibliche ›Mitautorinnen‹ in Verdis Werken finden lassen: die Sängerinnen.

Umgekehrt ging Verdi bei der Besetzung der Lady Macbeth, der einzigen moralisch verwerflichen Sopranfigur in seinem Werk, vor: Ihrer Außenseiterposition entsprechend hatte der Komponist präzise und sehr ausgefallene Vorstellungen von der stimmlichen Gestaltung dieser Rolle, für die er dann eine andere Sängerin als die ursprünglich vorgeschlagene durchsetzte: »Ich möchte, daß Lady Macbeth häßlich und schlecht ist. [...] Ich möchte, daß die Lady nicht singt [...], ich aber möchte für die Lady eine rauhe, erstickte, hohle Stimme. Die Stimme der Tadolini hat Engelsgleiches, die Stimme der Lady möchte ich teuflisch.« (Brief Verdis an Salvadore Cammarano vom 23. November 1848; Copialettere, 1913, S. 61f.)

Schon in der schwierigen Entstehungsgeschichte der Figur der Federica in *Luisa Miller*, die zunächst als weit umfangreichere zweite Hauptpartie angelegt werden sollte, was sich angesichts der traditionell festgeschriebenen Anlage von Besetzung und *compagnia di canto* aber nicht verwirklichen ließ (Pauels, 1997), zeichnet sich Verdis Bemühen ab, einen neuen Rollentyp in seinen Werken zu etablieren, der dann mit Azucena verwirklicht wurde. Naomi André zufolge können die vokalen Eigenschaften dieses neuen Stimmtypus auf das in Gesangsschulen noch im frühen 19. Jahrhundert präsente Klangideal der Kastratenstimme zurückgeführt werden, die dramatische Funktion aber auf französische Vorbilder: Dort hatten sich – etwa in Aubers *La Muette de Portici*, Meyerbeers *Robert le diable, Les Huguenots, Le Prophète, L'Africaine* oder Halévys *La Juive* – zwei Sopranpartien innerhalb eines Werkes, die sich durch leicht unterschiedliche Stimmlage und -konzeption, sowie durch unterschiedliche soziale Stellung innerhalb des Plots voneinander abhoben, auf der Bühne etabliert (André, 1996, S. 60).

Die Abweichung von der Norm der engelsgleichen Sopranistinnen geht mit ebenfalls normabweichenden Charaktereigenschaften einher: Lüstern, kriegerisch, rachebesessen, geheimnisvoll, stolz und leidenschaftlich präsentieren sich Azucena, Amneris und Eboli. Allesamt sind sie Außenseiterinnen, Azucena und Amneris als Zigeunerin beziehungsweise mächtige Frau in sozialer Hinsicht, Amneris und Eboli als verschmähte Liebende. Das Vakuum, in das Verdi mit dieser neuen Konzeption von Frauenrollen stoßen konnte, war nicht zuletzt dadurch entstanden, daß es im frühen 19. Jahrhunderts unmöglich geworden war, männliche Hauptrollen mit Sängerinnen tieferer Stimmlagen zu besetzen. Dieses noch bei Rossini (Tancredi, Edoardo in *Matilde di Shabran*, Arsace in *Semiramide*), Donizetti (Maffio

Orsini in *Lucrezia Borgia* sowie Pierotto in *Linda di Chamounix*) und Bellini (Romeo in *I Capuleti e i Montecchi*) anzutreffende Relikt des Kastratentums begegnet bei Verdi nicht mehr. Frauen in eigentlich Männern zugedachten Hauptrollen wurden als unnatürlich und den Geschmack verletzend empfunden, wie folgende Notiz aus der *Gazzetta musicale di Firenze* belegt: »Das undurchdringliche Gesicht des *impresario* Musella am Teatro Nuovo [Neapel] bescherte uns die Inszenierung von *La sonnambula* mit einer fünfundfünfzigjährigen Frau kostümiert mit den Hosen Elvinos. Diese Tenor-Dame hatte sich kaum gezeigt, als sie begleitet von Schreien und Pfiffen von der Bühne fliehen mußte. Tiberini, der im Parkett saß, ersetzte sie und die Oper wurde dann gut zu Ende gebracht [...] Man sagt, die Tenor-Dame habe dem *impresario* eine Summe zukommen lassen, damit er sie singen lasse [...] Oh menschliche Irrungen!« (*Il Buon Gusto*, 1854, S. 36) Man stelle sich den Skandal eines falsettierenden Mannes als Lucia di Lammermoor vor!

Allein beim Pagen Oscar in *Un ballo in maschera*, wo die Frauenstimme als Ausdruck des knabenhaften Alters eingesetzt wird – war die Präsenz einer Hosenrolle noch vertretbar, wobei auch hier deutlich auf die Abweichung vom männlichen Idealbild hingewiesen wird: Als sich Oscar als feuriger Verteidiger der weiblichen Abweichlerin Ulrica herausstellt, werden die beiden als »vaga coppia«, als ›schräges‹ Pärchen verspottet: ein Mannweib und ein weiblicher Jüngling. In minder wichtigen Rollen sind auch in *Rigoletto* und *Don Carlos* Pagen mit einer Frauenstimme besetzt. Tragende Rollen mit Frauen in Männerkleidern tauchen in Verdi-Opern aber dennoch auf: Leonora (*La forza del destino*) und Gilda benutzen Männertracht jeweils auf der Flucht, um im öffentlichen Raum sicher zu sein. Während Leonora schon in Männerkleidern als »personcina« (»Persönchen«) verspottet wird, löst ihr Auftreten als – eigentlich ausnahmslos männlich konnotierter – Eremit sogar den Kommentar: »uno spettro« (»ein Gespenst«) aus; die ›Unnatürlichkeit‹ ihres Verhaltens wird also auch hier deutlich gebrandmarkt. Bei Gilda führt die Verkleidung, die Anmaßung des Männlichen, ursächlich, bei Leonora indirekt zum Tode.

Somit läßt sich hinsichtlich der Charaktere zwar eine klare Entwicklung in Verdis Œuvre konstatieren: Die *prime donne* werden von aktiven, kriegerischen Heroinen im Frühwerk zu passiven, aufopferungsvollen Frauentypen im Spätwerk. Demgegenüber entwickeln sich die Tenöre von sozialen ›underdogs‹ (Ernani, Corrado, Carlo Moor, Jacopo Foscari) tendenziell hin zu sozial etablierten Charakteren, allenfalls mit ›unzivilisierter‹ Vergangenheit: Otello, Riccardo, Don Carlos, Alfredo, Don Alvaro, Radamès (De Van, 1990). Mit einer spezifischen stimmtypischen Anlage ist dieser Charakterwandel aber nicht automatisch gleichzusetzen.

Ausdruck der patriarchalen Handlungskonzeption ist nicht zuletzt – und natürlich nicht nur bei Verdi – die zahlenmäßige Unterlegenheit der Frauenrollen. Einzig in Verdis erster Oper *Oberto* finden sich mehr Frauen als Männer, sonst stehen immer mindestens zwei männliche Protagonisten mehr auf der Bühne als weibliche. In *Giovanna d'Arco*, *Attila* und *I masnadieri* ist sogar nur eine Frauenrolle überhaupt zu verzeichnen. Diese zahlenmäßige Unterlegenheit verstärkt jedoch die musikalische Wirkung: Die Frau inmitten der Männerwelt wird zum seltenen, geradezu sensationellen Ereignis, das die Rezeption entscheidend prägt. Gerade bei den musikalisch so vielschichtig gezeichneten Verdiheldinnen, die zwar in ihrer handlungsinternen sozialen, aber keineswegs ihrer musikalischen Präsenz den Männern nachstehen, löst diese Konstellation nicht zuletzt auch den anfangs dargestellten Widerspruch in der Beurteilung der Frauenrollen: Musikalisch bedeutet Verdis musikdramatische Konzeption die Ankunft der Frau, der weiblichen Heldin auf der Opernbühne, die allerdings erst durch den einschränkenden patriarchalen Rahmen als Produktionsfeld für extreme Emotionen und Dramatik, also ein Stück weit in der Unterdrückung und Einschränkung – teilweise auch in der Vernichtung – der Frau zum Ausdruck kommt: »Die Rolle, die die Komponisten den Sopranen zukommen lassen, ist gewöhnlich diejenige, der sie den größten Fleiß und die größte Liebe widmen. [...] Vielleicht eignet sich die Kehle der Frauen leichter und glücklicher zur Ausführung [des Gesangs]; sei es, daß die dramatische Handlung sich hauptsächlich um die Frau gestaltet, die der Dreh- und Angelpunkt zu sein pflegt [...]; sei es, daß sich der Anblick der Frau für einen Großteil des Publikums als angenehmer erweist (wenn sie nicht so häßlich sind, daß es die Grenzen der Toleranz überschreitet) [...]. Der Frauensopran hat normalerweise die wichtigste Rolle in fast allen Theaterwerken. Ja, wenn das, was ich sage in der Vergangenheit immer wichtig war, so manifestiert es sich in der Tat heutzutage noch deutlicher.« (Anonym, 1855, S. 16)

Historisches Schlaglicht 9: Patriotinnen

Im Kontext des Patriotismus und der nationalen Revolution wurden – wie so oft in Krisenzeiten – auch alternative, vom herrschenden häuslichen Idealtypus abweichende Frauenbiographien nicht ins Feld des moralisch Verwerflichen verbannt: Colomba Antonietti Porzi kämpfte 1849 auf Seiten Garibaldis und an der Seite ihres Mannes und verlor in der Schlacht an der Porta di S. Pancrazio durch eine Kanonenkugel ihr Leben. Sie errang Heldinnenstatus, nicht zuletzt da sie, dem Bericht des *Monitore Romano* zufolge, als gläubige Patriotin starb: »Sie faltete die Hände, wandte die Augen zum Himmel und starb, während sie Viva l'Italia rief, eine neue GILDIPPE [so der Name einer im Kampf fallenden Christin in Tassos *Gerusalemme liberata*] unserer erhabenen Epoche.« (Bassi, 1996, S. 151) Doch nicht nur auf der kriegerischen Seite – wie unter anderem auch Anita Garibaldi, die ihren Mann in die Schlachten begleitete – sondern auch auf der kämpferisch-publizistischen machten sich Frauen um die italienische Einheit verdient, wie zum Beispiel Cristina Trivulzio, die ihren Geliebten Mazzini finanziell unterstützte; oder Christina Belgioioso, die im April 1848 als Jeanne d'Arc kostümiert mit über hundert Freiwilligen aus dem neapolitanischen Exil nach Mailand zurückkehrte (Phillips-Matz, 1993, S. 232 f.). In den Städten spielten die – meist von Frauen geführten – Salons eine entscheidende Rolle: Contessa Clelia, Maria Vittoria Ottoboni Boncompagni, Annetta Vadori und natürlich Clara Maffei machten sich dort einen Namen als Kämpferinnen für ihr Mutterland und stehen für die – zumeist vom übermächtigen Bild der Einbindung der Frau in die Privatsphäre verdrängten – aktiv kämpferischen Frauen des Risorgimento.

Patriotismus

Wenn meine bescheidenen Talente, meine Studien, die Kunst, die ich zum Beruf habe, mich für solche Ämter [wie das Abgeordnetenmandat] wenig geeignet erscheinen lassen, so möge wenigstens die große Liebe, die ich unserem edlen und unglücklichen Italien entgegenbringe zählen. [...] Auch für uns wird der Tag anbrechen, an dem wir sagen können, einer großen und edlen Nation anzugehören. (Brief Verdis an den Bürgermeister von Busseto vom 5. September 1859; Copialettere, 1913, S. 580)

Patriotismus findet sich bei Verdi-Helden und -Heldinnen einerseits als Aufruf zum Krieg, zum Aufstand oder zur Befreiung des unterdrückten Vaterlandes und andererseits als Leitfaden einer politischen Handlungsmoral, der man sich zu fügen hat, selbst wenn es dem privaten Wohl entgegensteht. Überraschen mag dabei, daß auch Frauenfiguren wie Abigaille, Odabella und Giovanna, sowie später Hélène die männliche Domäne des Militärischen erobern, die drei letztgenannten einzig und allein zum Wohle des Vaterlandes. Abigaille bildet in dieser Reihe aufgrund ihrer moralisch zwielichtigen Stellung eine Ausnahme. Als Nachfahren anderer Amazonenheldinnen auf der Opernbühne seit dem 17. Jahrhundert (Freeman, 1996) sind Odabella und Giovanna Jungfrauen, die gerade durch ihr männlich-kriegerisches Auftreten die Männerherzen im Sturm erobern: Giovanna trifft Carlo in Kriegermontur, sie vereinen sich beim ersten Aufeinandertreffen im 1. Akt zum Kriegsgesang, einem verkappten Liebesduett. Nicht anders Odabella: Gerade das stolze kriegerische Auftreten ist ihr Mittel, den Feind Attila zu überreden, ihr – gebannt von ihrem Mut und ihrer Schönheit – ein Schwert zum Kampf zu überreichen. Im 1. Akt von *Attila* wird zudem deutlich, wie sehr Odabellas aktives weibliches Kriegertum den Patriotismus als Rechtfertigung für diesen Übergriff in die Männerwelt benötigt. Sie distanziert sich als mutige und kämpferische »donna italica« von den Frauen der feindlichen Hunnen, die sich darauf beschränken, »ihre Lieben zu beweinen«; sie liebt ihr Volk und wird immer zum Kämpfen bereit sein. Sogar bei ›Verstößen‹ gegen die Sexualmoral gilt Vaterlandsliebe als schlagendes Argument: Als Odabella von ihrem Geliebten Foresto wegen ihrer – aus taktischen Gründen vorgetäuschten – bevorstehenden Heirat mit Attila zur Rede gestellt wird, rechtfertigt sie sich, indem sie die biblische Judith, die ihr Volk durch eine vorgetäuschte Liaison mit dem römischen Feldherrn Holofernes rettete, als Vorbild nennt. Wie Judith wird auch Odabella den Mord am Feind ihres Volkes und damit die Rettungstat eigenhändig ausführen.

Abbildung 18

Auf dem Vorsatzblatt eines 1859 in Mailand erschienenen und den »italienischen Frauen« gewidmeten Almanachs mit dem Titel *Un pensiero a Venezia* (»Ein Gedanke für Venedig«) erschien folgende Allegorie auf die gescheiterte venezianische Revolution von 1849.

Auch musikalisch gibt sich Odabella äußerst kriegerisch: In der bereits angesprochenen Szene, in der ihr Attila schließlich sein eigenes Schwert übergibt, fällt sie auf einem ausgehaltenen g^2 in ein Gespräch zwischen Attila und Uldino ein und präsentiert sich in den folgenden neun Takten mit virtuosen Läufen, fanfarenartigen Dreiklangsbrechungen und punktierten Rhythmen in einem Stimmumfang von über zwei Oktaven. Auch das anschließende *andantino* verbleibt in diesem Duktus, der der Stimme höchste Virtuosität durch Koloraturen, zahlreiche Spitzentöne, große Sprünge und eine Kadenz abverlangt. Der herausgehobene Moment der Schwertübergabe ›gipfelt‹ dann in einem über zwei Takte ausgehaltenen b^2. Dagegen nimmt sich der *Inno di guerra* im 4. Akt von *I Lombardi alla prima crociata*, mit dem Arvino und der Eremit ihr Volk auf den bevorstehenden Feldzug nach Jerusalem einstimmen im Stimmduktus fast schon verhalten aus. Arvinos rezitativischer Teil ist von kriegerischen Punktierungen geprägt, wird jedoch streng syllabisch vorgetragen und verharrt im Umfang einer Oktave. Auch im folgenden *Inno* unterstreichen klare Phrasen, einfache Kadenzwendungen und Wiederholungsstrukturen, die in martialische *unisono*-Rufe aller auf einem Ton deklamierenden Stimmen münden, den kriegerischen Charakter. Ein Element, das der Szene Odabellas fehlt und im *Inno* eine gewichtige Rolle spielt, ist die Demonstration der militärischen Führungsqualitäten Arvinos, die im letzten Abschnitt im Vordergrund stehen, wenn der Chor *unisono* die von Arvino und dem Eremiten vorgetragene Phrase auf »Già rifulgon le sante bandiere« (»Schon blitzen die heiligen Banner«) aufnimmt.

Nun bleibt Stimmvirtuosität – hier als Ausdruck kriegerischen Stolzes – bei Verdi insgesamt den Frauen bis *Stiffelio* als Ausdruck extremer Gefühlslagen vorbehalten. Die Sonderstellung der kriegerischen Heldinnen in einer männlichen Domäne ist demnach auch stimmlich markiert. Der kriegerische Held und Heerführer bleibt dagegen eher die Regel als die Ausnahme. Da Verdis Männerstimmen generell nicht auf Virtuosität zurückgreifen, drückt sich das männliche Kriegertum musikalisch auch nicht nur im vokalen Bereich aus, wie die Triumph- und Siegesmusiken in *Aida* und *Macbeth* belegen. Bemerkenswert bleibt jedoch sicherlich, daß die Kriegsheldinnen nach Odabella (und nach der französischen Nachzüglerin Hélène) ganz aus dem Verdirepertoire verschwinden, während männliche Krieger Verdis Werke bis in die Spätzeit beherrschen. Zum einen könnte hier ein Zusammenhang mit dem Ende der auf Revolten und Unabhängigkeitskriege in Italien hinführenden Phase vorliegen: Während ideologischen Ausnahmezuständen und Krisenzeiten ist in der Geschichte generell ein größerer Handlungsspielraum für Frauen abseits festgeschriebener Rollenbilder zu verzeichnen. Zum anderen könnte auch Verdis Wille, sich von der *belcanto*-Tradition seiner Vorgänger zu lösen, eine Rolle gespielt haben: Seine Vorstellungen, wie stimmliche Expressivität zu intensivieren und das weiblich normierte Rollenschema zu variieren sei, setzte er schließlich auf andere Weise in den großen Partien seiner *seconde donne* ab Azucena um.

Liebeskonzeption

In meinem Haus wohnt eine freie Dame, unabhängig, die wie ich das einsame Leben liebt, mit einem Vermögen, das all ihre Bedürfnisse abdeckt. Weder ich noch sie schulden irgendjemandem Rechenschaft über unser Verhalten [...]. Dennoch sage ich, daß ihr, in meinem Haus, gleicher wenn nicht größerer Respekt als mir gebührt und daß es keinem erlaubt ist, diesen unter welchem Vorwand auch immer vermissen zu lassen. (Brief Verdis an Antonio Barezzi vom 21. Januar 1852; Copialettere, 1913, S. 130)

»Unter der brennenden Sonne Syriens, bedeckt mit rauhen Panzerhemden, zitterte dieses Herz in den Schlachten nur aus einem Grund nicht: wegen Dir.« Diese Worte des Heimkehrers Aroldo an seine Frau Mina verdeutlichen die zentralen Bestandteile der Männerehre – tugendhafte Frau und Vaterland – und setzen sie sogar in eine kausale Beziehung zueinander: Ohne den Lohn einer treu liebenden, mitfühlenden Frau für den Heimkehrer und den Gedanken an dieselbe wären die Kriegsstrapazen nicht durchzustehen. Umgekehrt ist gerade dieses männliche Heldentum Grund für die Liebe der Frau, wie bei Desdemona im 1. Akt von *Otello*: »Ich liebte Dich für Dein Unglück, Du mich für mein Mitleid«, oder noch deutlicher im 4. Akt: »Er wurde zu seiner Ehre geboren, ich, um ihn zu lieben und zu sterben«. Mit der Liebe zu einer Frau wird auch deren Keuschheit

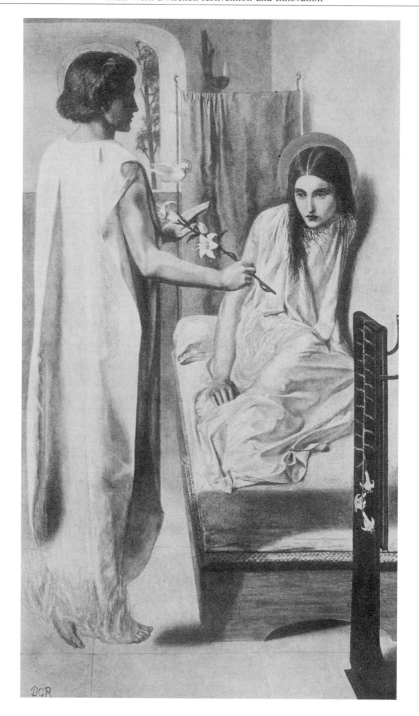

Abbildung 19

Dante Gabriel Rossettis Gemälde mit dem Titel *Ecce ancilla Domini* (»Sieh die Dienerin des Herren«) entstand 1850 und stellt die Lilie als Symbol der Keuschheit in den Mittelpunkt der Vergegenwärtigung von Mariae Empfängnis.

Geschlecht als ästhetische und soziale Kategorie im Werk Verdis

Abbildung 20

Ein allegorisches Gemälde aus den frühen 1860er Jahren zeigt Garibaldi mit Rom und Venedig, den beiden größten Städten, die bei der Konstituierung des vereinten Königreichs im Jahre 1861 fehlten.

zentrales Ausstattungsmoment des männlichen Heldentums. Ausdruck dieser Keuschheit sind Metaphern, Personifikationen und Symbole: Als Engel beziehungsweise – nach ihrem Fall – als Dämonin bipolar typisiert werden Lida im 1. Akt von *La battaglia di Legnano*, Amalia im 4. Akt von *I masnadieri*, Alzira und Giovanna d'Arco im jeweils 2. Akt der gleichnamigen Opern, Desdemona im 2. und 3. Akt von *Otello*, Leonora in *La forza del destino* und *Il trovatore*, Medora in *Il corsaro*, Giselda in *I Lombardi alla prima crociata* und Gilda in *Rigoletto*, um nur die geläufigsten der ›gefallenen‹ reinen Jungfrauen zu nennen. Sogar Violetta wird durch ihr Opfer im 2. Akt von *La traviata* zum »angiol consolatore«, zum »Versöhnungsengel«.

Weiter vergegenständlicht und damit entkörperlicht werden die Verdi-Heldinnen, wenn sie mit Blumen verglichen werden: Das Bild der Lilie, das seit dem Mittelalter in Malerei und Bildender Kunst als Keuschheitssymbol auftritt (Senici, 1998, S. 152), wird angewandt auf Desdemona, Cuniza in *Oberto* und Elvira im 1. Teil von *Ernani*; als unbefleckte Blumen allgemein werden dieselbe Elvira im 2. Teil von *Ernani* und Gilda in *Rigoletto* beschreiben, wobei auch das Pflücken der Blume (*Ernani*) oder ihr Beflecktsein (*Rigoletto*) als sexuelle Metaphern Verwendung finden. Mit dieser Degradierung der Frauen zum Ausstattungsgegenstand der heimatlichen Gefilde, Lüfte und Landschaften, die den Patriotismusgedanken weitgehend prägen, wird die Bindung zwischen keuscher weiblicher Ehre, Patriotismus und Kriegertum innerhalb des männlichen Ehrbegriffs unterstrichen: Zu verteidigendes Vaterland und Frauenehre werden auch bildhaft eins.

Historisches Schlaglicht 10: Öffentlich versus privat

Das familiäre Zusammenleben basierte im Italien des 19. Jahrhunderts auf einer deutlich abgegrenzten Rollenteilung: Der häusliche Bereich war der Ehefrau zugeordnet, der öffentliche dem Mann. Noch bis weit in die zweite Jahrhunderthälfte hinein war es für Frauen ungehörig beziehungsweise nahezu undenkbar, sich ohne Begleitung außer Haus zu begeben. Entsprechend dieser unterschiedlichen Bestimmung der Geschlechter bildeten sich auch streng geteilte Erziehungssysteme für Jungen und Mädchen aus, die zu diesen klar definierten Lebensaufgaben hinführten (Soldani, 1990).

Szene

Der Garten bleibe geschlossen: Keiner darf ihn betreten, auch die Hausangestellten dürfen nicht hinausgehen, außer wenn der Kutscher für kurze Zeit die Pferde bewegen muß. Wenn jemand hinausgeht, muß er für immer draußen bleiben. (Brief Verdis an Paolo Marenghi vom 16. August 1867; Copialettere, 1913, S. 549)

Auf die Verbindung zwischen weiblicher Keuschheit und Szenerie in Verdi-Opern hat bereits Emanuele Senici (1998) aufmerksam gemacht: Bergige Gegenden – wie die Tiroler Landschaft in *Luisa Miller* – stehen symbolisch ein für die Keuschheit der diese Landschaften bewohnenden Heldin. Ähnlich wie hier die Höhe der Berge für die moralische ›Höhe‹ der Heldin einsteht, konnotieren pastorale Landschaften, begrünt mit wohlduftenden (keuschen) Blumen, durchzogen von Bächlein – der *locus amoenus* – weibliche Reinheit. So findet beispielsweise die Reinstitutionalisierung von Minas Unschuld durch die Vergebung Aroldos in einer schottischen Pastorallandschaft statt, in der Jägerchöre zuvor die Freuden des Landlebens gepriesen haben. Die Ankunft der noch Schuldbeladenen wird dagegen von Gewitter und Sturm begleitet. Sinnbild einer solchen pastoralen Ideallandschaft, allerdings im häuslichen und weniger im öffentlichen Rahmen, ist der Garten, in dem ein Großteil der Verdi-Heldinnen früher oder später anzutreffen ist. Die Topik des *hortus conclusus*, ein ebenfalls seit dem Mittelalter in der Bildenden Kunst angewandtes Symbol für die Keuschheit Mariens, besonders in Empfängnisszenen, klingt hier mit an. Dieser Symbolik entsprechend treffen wir Amelia/Maria Boccanegra im Garten an, ebenso wie Desdemona, Hélène bei den Hochzeitsvorbereitungen und Elisabeth in *Don Carlos*. Im 1. Akt von *Un giorno di regno* wird der Topos in den Worten des Barone zu Giulietta gar parodistisch behandelt: »Wenn Du Dich einem Herrscher vorstellen sollst und Dein Verlobter in der Nähe ist, scheint es Dir nicht an der Zeit, Dich im Garten zu verstecken?« Gemäß der Zuordnung der Geschlechter zur öffentlichen beziehungsweise privaten Sphäre bleiben – mit Ausnahme der Kriegerinnen und moralisch Gefallenen, die die männlichen Räume Wald und Schlachtfeld bewohnen – den weiblichen Opernfiguren Innenräume vorbehalten. Wenn sich Frauen allein im Freien aufhalten, befinden sie sich stets in moralisch-existentiellen Gefahrensituationen, die sie bis hin zur geistigen Verwirrung belasten, und die sich in der Natur als *locus terribilis* in alter *opera seria*-Tradition widerspiegeln: Amelia in *Un ballo in maschera* auf dem Weg zu Ulrica und bei der Suche nach dem Zauberkraut, Amalia in *I masnadieri* auf der Flucht vor Francesco, Leonora in *La forza del destino* auf der Flucht in Männerkleidern, Mina in *Aroldo* auf dem Friedhof, Gilda in *Rigoletto* vor der Schenke Sparafuciles. Aus dieser Trennung öffentlich/privat entsteht auch der höchste Grad an möglicher moralischer Degradierung einer Frau: die öffentliche Demütigung, wie sie Amelia auszuhalten hat, als ihr der Schleier herunterfällt, Desdemona beim öffentlichen Wutausbruch Otellos, der sie zu Boden wirft, und Violetta, als Alfredo ihr Geld für ihre ›Liebesdienste‹ vor die Füße wirft.

Bewußtseinsverlust und Wahn

Es ist nicht zu glauben! Ich fange zu lachen an, wenn ich mit ausgeruhtem Geist darüber nachdenke, welche Mühen ich mir bereite, wieviel Aufregung ich erleide, mit meiner Halsstarrigkeit zu *wollen* und zu *wollen* um jeden Preis. Mir scheint, alle schauen mich an, lachen und sagen: ›Ist der verrückt?‹ (Brief Verdis an Clara Maffei vom 29. Dezember 1872; Luzio, 1927, S. 533)

»Mach Azucena nicht wahnsinnig. Niedergeschlagen von der Anstrengung, vom Schmerz, vom Schrecken, von der Übernächtigung kann sie keinen zusammenhängenden Satz sagen. Ihre Sinne sind bedrückt, aber sie ist nicht verrückt.« (Brief Verdis an Salvadore Cammarano vom 9. April 1851; Copialettere, S. 120) Verdis Charakterisierung einer der berühmtesten seiner Opernfiguren an der Grenze zum Wahnsinn hat Mary Ann Smart im Zusammenhang mit der musikalischen Gestaltung der Partie Azucenas zum Mittelpunkt ihrer Betrachtungen über Wahnsinnsszenen bei Verdi gemacht (Smart, 1994, S. 263–326). Wahnsinnsszenen waren zur Mitte des 19. Jahrhunderts nach einer Blüte im *belcanto*-Repertoire Donizettis und Bellinis zur Seltenheit geworden. Die Entwicklung hin zur Beschreibung von Charaktereigenschaften in größeren musikalischen Zusammenhängen und weg von der Zurschaustellung unveränderlicher Eigenheiten des Personals in virtuosen Einzelszenen führten auch bei Verdi dazu, daß Wahnsinnige – ob männlich oder weiblich – nur selten auftraten. Lady Macbeth wäre als Ausnahme zu nennen, ansonsten beschreiben Verdi und seine Librettisten vielmehr ein Schwanken der Hauptprotagonistinnen und -protagonisten zwischen verschiedenen Bewußtseinsebenen, wie Smart es bezeichnet mit »Wahnsinns-Schlaglichtern« (ebd., S. 264).

Betrachtet man die übrigen ›Wahnsinnigen‹ im Verdi-Personal, also Nabucodonosor, Giselda in *I Lombardi alla prima crociata*, Jacopo in *I due Foscari*, Giovanna d'Arco, Attila und Francesco in *I masnadieri*, so hat es rezeptionsbedingte Gründe, daß Wahnsinn auf der Bühne mit Frauen verbunden wird. In der Tat gibt es – auch schon im *belcanto*-Repertoire – nicht weniger Männer als Frauen, die dem Wahnsinn verfallen (ebd., S. 29 f.). Die wirkungsgeschichtliche Verschiebung dieses Sachverhaltes ist nicht zuletzt von den Stimmexzessen abzuleiten, die im frühen 19. Jahrhundert sämtlichen weiblichen Wahnsinnigen mehr ästhetisch-musikalische Präsenz als den Männern verliehen. Verdi dagegen verzichtet auf diese Art musikalischen Voyeurismus, er geht subtiler vor: In Azucenas *racconto* »Condotta ell' era in ceppi al suo destin tremendo« ist die fortschreitende Auflösung der Form Zeichen des Bewußtseinsverlustes Azucenas. Der erste Teil in a-Moll verhält sich kohärent zur Canzonenform. Erst nach den Worten »Mi vendica« und dem begleitenden unmittelbaren Übergang nach G-Dur bricht der formale Kontext auseinander; nicht mehr eine vorgegebene Form, sondern Azucenas emotionale Ausbrüche regieren fortan über Phrasenlänge und musikalische Gestaltung. In der Orchesterbegleitung fällt das Zitat der vorhergehenden *canzone* »Stride la vampa! – la folla indomita« ein, und vergegenwärtigt damit die frühere Zeitschicht der Hinrichtung von Azucenas Mutter – eine Zitattechnik, die Verdi auch in anderen Visions- oder Traumszenen ähnlich anwendet (ebd., S. 306 f.). So verdeutlicht das Zusammenspiel

Abbildung 21

Giuseppina Strepponi in der Titelrolle von Pietro Antonio Coppolas Oper *La pazza per amore* (»Die Wahnsinnige aus Liebe«), die 1835 in Rom uraufgeführt worden war.

und Verschmelzen verschiedener Zeitebenen den Wahn als Symptom des Kontrollverlustes über die Sinne.

In der neun Jahre älteren Wahnsinnsszene Jacopo Foscaris im Kerker setzt Verdi musikalische Kontrastwirkungen ein, um die Mischung verschiedener Bewußtseinsebenen herauszuarbeiten. Schon in der Einleitung verkehrt sich der melancholisch ruhende Beginn des Duetts von Soloviola und -violoncello unvermittelt zum Erregt-Bedrohlichen – und ebenso unvermittelt fällt in der folgenden Szene die Musik zur Vision Jacopos ein, die zu dessen verzweifelten Klage in völligem Gegensatz steht: Dem Streichersolothema vom Beginn der Einleitung sind repetierende *fortissimo*-Orchesterschläge mit Vorhalten der Piccoloflöte gegenübergestellt, die an die Hexenszenen aus *Macbeth* denken lassen. Die anschließende Beschreibung des beängstigenden Äußeren der Erscheinung findet ihren Höhepunkt in Jacopos Schilderung, wie ihm der durch das Urteil seines Vaters hingerichtete Carmagnola sein Blut ins Gesicht schüttet. Der Beginn der an die Erscheinung gerichteten direkten Rede Jacopos markiert den Übergang zur geschlossenen Form. In weiterhin erregtem musikalischen Duktus beharrt Jacopo auf seiner Unschuld, da er als Sohn des Dogen auf das politische Urteil seines Vaters, die Verurteilung Carmagnolas, keinen Einfluß hatte. Musikalisch kontrastierend fällt kurz darauf *cantabile* seine Erkenntnis ein, daß gerade dies in seiner gegenwärtigen Situation im Kerker für ihn bedeutet, daß er keine Hilfe von seinem Vater erwarten kann. Diesem, auch musikalischen, Zwiespalt von Unschuld und unabwendbarer Strafe hält Jacopo nicht stand und fällt in Ohnmacht.

Nun ist Jacopos Wahnsinnsszene eine wirkliche Soloszene, von recht mäßiger Länge und zudem in einem frühen Werk Verdis – alles Gegensätze zum musikalischen ›Wahnsinn‹ Azucenas. Die Bedeutung des Verhältnisses von Einhalten/Überschreiten der Form, die gesteigerte stimmliche Dramatik, die – auch musikalische – Vermischung von Zeitebenen sind jedoch beiden Visionsszenen zueigen. In der Darstellung des musikalischen Wahnsinns als avantgardistischen Verstoß gegen musikalische Regeln (McClary, 1991) bleibt Verdi im Rahmen der ›Wahnsinns-Tradition‹ auf der Opernbühne. Daß der Vergleich der beiden Szenen kaum Rückschlüsse auf geschlechtsspezifische Unterschiede ›im Wahnsinn‹ erlaubt, mag auch darin begründet sein, daß Azucena als tiefe Stimmlage und Mutter im Sinne der *belcanto*-Tradition eine untypische ›Wahnsinnige‹ ist, eben kein engelhaftes Opfer, das im Wahn Rebellion gegen gesellschaftliche Machtverhältnisse zum Ausdruck bringt (Smart, 1994, S. 313–315). Bis auf die Tatsache, daß der *locus horribilis* bei weiblichen Wahnsinnsszenen noch präsent ist, bleibt ›Wahn‹ bei Verdi zwar eine Form musikalischer und dramatischer Innovation, verliert aber seine geschlechtsspezifische Komponente.

Erotik

Bewußt eingesetzte Verführungskünste sind unter den weiblichen Opernfiguren allein der tiefen Stimmlage, also den moralisch verwerflichen Charakteren zugeordnet: Eboli, Amneris, Maddalena und Preziosilla. Männer die nicht nur auf Kriegerehre, sondern auch auf erotische Ausstrahlung bauen, sind äußerst selten: Der Herzog in *Rigoletto* ist erotisch per definitionem, Manrico gar ein positiver Held, in den sich Leonora nur aufgrund des Klanges seiner Stimme verliebt. Musikalisch ist diese sexuelle Anziehungskraft fast ausnahmslos durch die Schilderung des Fremden, Exotischen ausgedrückt: Chromatische Flexionen der dritten und sechsten Stufe, spanisches Kolorit, manchmal Tanzrhythmen sorgen für betörende Musik. Bei Amneris' »Vieni, amor mio, m'inebria« im 2. Akt von *Aida* unterstreichen flirrende Streichertremoli die betörende Ausstrahlung ihrer Worte, nachdem in der Einleitung Harfen die schwebende, losgelöste Atmosphäre untermalten. Ganz ähnlich sind es bei Manricos Ständchen schwebende Streicherklänge, die die Nacht imaginieren, bevor Harfenklänge seinen Gesang untermalen; hoch- und tiefalterierte dritte und fünfte beziehungsweise dritte und sechste Stufen verleihen beiden Melodieführungen einen exotischen Tonfall, und beide Stücke basieren auf strophisch angelegten volkstümlichen Formen. Mit wenigen Ausnahmen sind – neben dem exotischen Lokalkolorit – auch bei allen anderen erotischen Szenen Elemente des Fremden, Unbekannten, Verdeckten im Spiel: Ebolis Erotik in der *chanson du voile* im 2. (bzw. 1.) Akt von *Don Carlos* – dem erklärten Vorbild von Amneris' Szene (Brief Verdis an Antonio Ghislanzoni vom 16. August 1870; Copialettere, 1913, S. 640) – bleibt metaphorisch in der Schwebe so wie bereits das Bild des Schleiers das Moment des Versteckten assoziiert. Manricos Identität ist Leonora zum Zeitpunkt des Ständchens völlig unbekannt, der Herzog schließlich betört Gilda unter einem falschen Namen, den er zudem erst am Ende der Szene preisgibt. Geschlechterspezifische Unterschiede finden sich in der schieren Anzahl (deutlich mehr Frauen als Männer), in der moralischen Konnotation (Manrico ist ein positiver Held) und im Exotischen: Während alle erotischen Frauen durch ›fremde‹ Sinnlichkeit faszinieren, beruht die betörende Ausstrahlung des Herzog vor allem auf psychologisch geschicktem Umgang mit Jungfrauenträumen vom Märchenprinzen, der aus der Bedrängnis befreit, und nicht auf sinnlicher Anziehungskraft.

Religion

Wenn ich die Geschichte der Patres, die Heilige fabrizieren, lese, bin ich geradezu versucht, mich zur Gegenpartei zu gesellen, um mich nicht auf ihrer Seite zu finden. Auch dieser [Papst Pius IX.], der nicht der schlechteste ist, und der einen bedeutenden Platz in der Geschichte einnehmen wird, scheint mir, gelinde gesagt, verrückt. Was sagst Du zu seiner letzten Ansprache? (Brief Verdis an Opprandino Arrivabene vom 21. März 1877; Alberti, 1931, S. 199)

Religiosität wird auf der Verdischen Opernbühne am deutlichsten in Gebetsszenen thematisiert. Hier lassen sich die Unterschiede zwischen den Geschlechtern wieder recht eindeutig benennen: Es sind bei weitem mehr und fast ausnahmslos positiv dargestellte Frauen, die in ein Gebet verfallen, und bis auf wenige Ausnahmen richten sich deren Gebete an die Jungfrau Maria. Moralisch negativ konnotierte Frauencharaktere verweigern sich Religion und Gebet zumeist, wobei sie sich dennoch – gemäß dem Typisierungsschema von Norm und Normabweichung – dem Übernatürlichen verschreiben: Lady Macbeth und Ulrica beschwören die Geister der Hölle. In Einklang mit der größeren Selbstbestimmung der Männer, die auch für die religiöse Praxis historisch belegt ist, bewahren die männlichen Operncharaktere eine größere Individualität in der Religionsausübung und in ihrem Verhältnis zu Gott: Ihre Anrufungen richten sich an unterschiedliche Adressaten und in ihrer Abwendung von Gott gibt es unterschiedliche Grade bis hin zum Extrem von Jagos »Credo in un Dio crudel« im 2. Akt von *Otello* (Parakilas, 1997, S. 387). Die stärkere Individualisierung spiegelt sich auch in der erfolgreichen Rückkehr zur Religion – Francesco in *I masnadieri* und Pirro in *La battaglia di Legnano* – sowie in der Gestaltung der männlichen Priesterfiguren wieder: In *Don Carlos* ein gnadenloser Machtmensch, in *La forza del destino* Beistand für verirrte Seelen, in *I masnadieri* strikt verweigerte Vergebung, in *Stiffelio* der vergebende Pastor. Auch die Situationen, in denen Gebete gesprochen werden, sind bei Frauen weitaus stereotyper: Die Jungfrau Maria wird angerufen, um Beistand in emotionalen Extremsituationen, in der Verzweiflung und Isolation zu erflehen. Männer dagegen erbitten göttlichen Beistand für ihre Kriegspläne, für ihre Kinder, für die Erfüllung der Liebe, fast immer inmitten von Familie, Priester- oder Anhängerschaft.

In der konkreten musikalischen und szenischen Ausformung der Gebetsszenen läßt sich der geschlechterspezifische Unterschied zwischen stereotyper und individueller Religionsausübung ebenfalls nachvollziehen: Desdemona beispielsweise wendet sich in der alten liturgischen Gebetsformel des *Ave Maria* an die heilige Jungfrau und beginnt – gemäß der religiösen Praxis der Zeit – allein vor einem Marienaltar in ihrem Zimmer auf einer Tonhöhe zu rezitieren. Die vierstimmige Streichquartettbegleitung wird belebter, als die Betende im Mittelteil *cantabile* und *dolce* größere Phrasen singt, die der Textlänge entsprechend unterschiedlich gestaltet sind, und durch die zum Phrasenbeginn wiederkehrende Wendung c-es-as aber einen gewissen strophischen Charakter beibehalten. Vollends zur liturgisch verankerten, geschlossenen Form wird das Gebet, als Desdemona am Ende wieder in den Rezitationsduktus des Anfangs fällt.

Die Gebetsszenen Aroldos in der gleichnamigen Oper sind dagegen grundsätzlich anders konzipiert: Aroldo betet nicht allein und zurückgezogen im privaten Zimmer, sondern öffentlich, in Gesellschaft, im Falle des »Angiol di Dio, – Custode mio« aus dem 4. Akt singt er den Gebetstext sogar gemeinsam mit Briano. Die chorische Anlage beider Szenen ermöglicht im ersten Gebet, dem Finale des 2. Aktes, sogar, daß Aroldo sich von der Aussage des Miserere im Chor musikalisch durch versetzte Stimmeinsätze, aber auch inhaltlich distanziert: »Verzeihen! Niemals!« setzt er der Bitte des Chors um Vergebung entgegen. Die zweite Gebetsszene, die seinen Weg zur Vergebung illustriert, ist dagegen im Miteinander von Chor und betenden Protagonisten konzipiert: Aroldo und Briano geben in der achtstimmigen *a cappella*-Szene die Gebetsphrasen vor, die der Chor in drei separaten Stimmeinsätzen fugiert aufnimmt. Die einzelnen Gebetsphrasen gehen auf kein liturgisches Vorbild zurück und sind auch formal nicht regelmäßig angelegt: Beginnend mit einem Sechstakter werden sie auf Phrasen von fünf, vier und schließlich zwei Takten verkürzt, und musikalisch jeweils in der fugierten Struktur der ersten Phrase behandelt. Diese freiere, nichtstrophische Struktur mündet in den emotionalen Höhepunkt, auf dem sich vielstimmig kurze Gottesanrufungen wiederholen (»M'affido a te«), bevor sich die Betenden ganz am Ende zu *unisono*-Rufen im *fortissimo* vereinen.

Tod

Stell dir vor, ich habe mein *englisches* [Gewehr] noch nicht ausprobieren können!! [...] Man sagt mir, es gäbe viele Wildenten in den Wäldern des Pò. Ich werde ihnen bald einen Besuch abstatten und dann werde ich dir etwas zu erzählen haben. (Brief Verdis an Angelo Mariani vom 15. März 1860; Copialettere, 1913, S. 543 f.)

Prozentual gibt es in den Todesquoten der beiden Geschlechter auf der Verdi-Bühne keinen großen Unterschied: Ungefähr jeder fünfte Repräsentant seines Geschlechts kommt um (12 von 55 Frauen und 28 von 145 Männern). Unterschiede gibt es jedoch im Vergleich zwischen Früh- und Spätwerk (im von politischen Konflikten dominierten Frühwerk sterben mehr Männer, im von Liebeskonflikten dominierten Spätwerk mehr Frauen) sowie in der Todesart: Frauen werden nicht erschossen oder hingerichtet, die Vertreter des vorgeblich ›starken‹ Geschlechts erliegen nie einer Krankheit. Mörder sind in der Regel Männer; nur zwei Morde werden tatsächlich von Frauen verübt – der Dolchstich, den Odabella gegen Attila führt, und derjenige von Gulnara gegen Seid in *Il corsaro*. Hélène versucht zwar, Montfort zu töten, wird aber von Henri daran gehindert. Nicht zuletzt da die anderen Frauen auch keine Waffe gegen sich selbst richten, sondern den Freitod mit Gift bevorzugen, bleibt den kriegerischen Heldinnen auch hier eine Sonderstellung zugewiesen. Als bemerkenswert erweist sich schließlich, daß keine der tiefen Frauenstimmen, also der moralisch Verwerflichen, stirbt (die verwerflichen Soprane Lady Macbeth und Abigaille überleben dagegen nicht), während Männer wie Don Carlos in *La forza del destino*, Gusmano in *Alzira*, Attila, Wurm in *Luisa Miller* oder Godvino in *Aroldo* mit dem Tod ihrer ›gerechten‹ Strafe zugeführt werden. Somit erweist sich also gerade das Moment des ›unverdienten‹ Todes nicht nur als Inbegriff der weiblichen Opferrolle, sondern auch als zentrales Element weiblichen Sterbens bei Verdi. Wie David Rosen feststellte, ist der Tod von Schuldigen generell dramaturgisch und musikalisch weniger ausladend gestaltet (Rosen, 1990).

Die starke Präsenz weiblichen unschuldigen Sterbens hängt mit der musikalischen und inhaltlichen Gestaltung der Todesszenen zusammen, wie ein Vergleich der dramaturgisch ähnlich positionierten Finalszenen von *La traviata* und *Simon Boccanegra* zeigt: Im Falle von Violettas Tod ist die Handlung im ganzen letzten Akt auf ein Minimum reduziert. Die einzige inhaltliche Frage, die zu klären bleibt, ist diejenige, ob Alfredo noch rechtzeitig eintrifft, um der Sterbenden beizustehen. Einziger Gegenstand der Handlung ist somit das Sterben Violettas, das in allen Facetten ›ausgekostet‹ wird. Zunächst hat sie sich mit dem Tod abgefunden, gewinnt dann aber neuen Lebensmut und will sogar das Haus verlassen, als Alfredo kommt. Sie resigniert von Neuem, als sie sieht, daß sie dazu zu schwach ist, und fühlt schließlich – ein Höhepunkt der Intimität und gleichzeitig des musikalischen und dramatischen Voyeurismus – neue Lebenskraft in sich: Sie erhebt sich – begleitet von Streichertremoli und Alfredos Melodie aus dem 1. Akt – nochmals, schöpft Hoffnung, um kurz darauf auf dem ausgehaltenen Spitzenton b^2 und auf die Worte »o gioia« tot hinzustürzen. Die Kommentare und Choreinwürfe der trauernden Freunde, auch nach dem Tod, sind sehr kurz gehalten, alles konzentriert sich vollkommen auf die Sterbende.

Demgegenüber ist der Vergiftungstod Simon Boccanegras bis zum Ende und sogar noch darüber hinaus mit anderen Handlungssträngen verschränkt: Die Aussöhnung mit dem Schwiegervater, dessen Nachricht, Simone trage den Tod in sich, Marias erstes Zusammentreffen mit ihrem Großvater, Simones politisches Vermächtnis für Gabriele – all das geschieht im Beisein des oder durch den bereits vergifteten Dogen. Während bei *La traviata* intime Verklärung vorherrscht, hat der Tod des Dogen, des Patriarchen eine offizielle Seite, die nicht zuletzt in ausladenden Kommentaren der Umstehenden, längeren und gewichtigeren Choreinwürfen, sowie in der Fortsetzung der Handlung über den Tod hinaus (der Tod Boccanegras und der Name des neuen Dogen wird dem Volk verkündet) Ausdruck findet: Auch macht Boccanegra nicht die verschiedenen »Sterbephasen« einer Violetta durch. Er wird immer schwächer und stirbt schließlich friedlich mit verklärend hohen Quintklängen in der Streicherbegleitung. Dramatisches Schwanken zwischen Leben und Tod und entkräftetes Hinstürzen bleiben ihm erspart.

Deutlicher kann der Unterschied zwischen weiblichem und männlichem Tod nicht beschrieben werden: Die Auslöschung des Weiblichen, die Zerstörung des Fremden (sexuell Verwerflichen) durch patriarchal-männliche Gewalt gewinnt in der Kunst des 19. Jahrhunderts eine eigene ästhetische Dimension, die, dem männlichen Autorenblick und -ohr gemäß, den sterbenden Männern fehlt (Bronfen, 1994; Clément, 1992). Und gerade die darauf basierende künstlerisch und dramaturgisch aufwendigste Ausstattung dieser weiblichen Todesszenen aus männlicher Sicht ist es, die sie dem Gedächtnis des Publikums mit einer Intensität einprägt, die den sterbenden Männern ›überlegen‹ ist. Eben hierin löst sich am schlüssigsten der eingangs beschriebene Widerspruch in der Beschreibung der Geschlechterrollen Verdis: Die dramatische, musikalische und stimmliche Überpräsenz der Frauenfiguren ist im patriarchalen Unterdrückungsrahmen kausal verankert; durch Unterdrückung, Qual, Vernichtung erlangen die Frauenfiguren ihre ästhetische Präsenz.

Fazit

Bezüge zwischen Biographie und Werk Verdis, wurden bislang vor allem in der Projektion der Rolle der vom Wege abgekommenen Frau (*La traviata*) auf Giuseppina Strepponi vorgenommen. Zu schön paßte das Bild der ›Frau mit Vergangenheit‹, die in letzter Konsequenz vergeblich versuchte, dieselbe abzustreifen, auf die moralisch ›gefallene‹ Sängerin und spätere (betrogene?) Ehefrau des *genio nazionale*. Doch genausowenig wie Strepponi eine Violetta war, war sie eine Amneris, die gegen ihre Konkurrentin Aida/Stolz um Radamès/Verdi kämpfte (Servadio, 1994, S. 219)! Warum nicht gleich eine Azucena, die ihr Kind ins Feuer wirft und ein fremdes adoptiert? Nein, Verdi verbarg sein Privatleben selbst in seiner Korrespondenz auf eine Art und Weise, daß es für ihn undenkbar gewesen wäre, familiäre Konflikte und Konstellationen – und sei es auch in oberflächlich verschlüsselter Form – auf der Bühne auszubreiten. Die Ähnlichkeit der Situationen von Strepponi und Valéry ergab sich aus der Ähnlichkeit der gesellschaftlichen Rahmenbedingungen mit einem typisierten Frauenbild – zumal im einzigen in der Gegenwart spielenden Drama, das Verdi auf die Bühne brachte.

Verbindungen zwischen Werk und Biographie können deshalb auch nur auf einer sehr allgemeinen Ebene einleuchten, und zwar in der Ambivalenz der Charaktere zwischen Individualität und Konformität. Verdi distanzierte sich von seiner jugendlichen Einbindung in die katholische Werteordnung seines Heimatortes deutlich: Seine Absage an Ehe und institutionalisierte Religiosität lassen klar das Freidenkertum der großstädtischen Umgebung erkennen, das ihn seit seiner Ausbildung in immer größerem Maße prägte. Und doch kehrt er als ›gemachter‹ Mann in seine Heimatgemeinde zurück, setzt sich mit den dortigen Moralvorstellungen auseinander und gerät zu ihnen in Konflikt – wer dächte nicht an die changierende Ambivalenz fast aller tenoralen Verdihelden zwischen underdog-Image und gesellschaftlicher Etablierung?

Ganz ähnlich machte sich auch Giuseppina Strepponi – stark vereinfacht – als eigenständige Gesangslehrerin, die ihre privaten und finanziellen Schwierigkeiten überwunden hatte, auf, in einer Kleinstadt in der Po-Ebene zu leben, deren Provinzialität und Moralkodex sie abstieß, um mit einem launischen, wahrscheinlich nicht immer treuen Patriarchen zusammenzuziehen, den sie ihren »Erlöser« nannte. Auch hier ein ganz ähnliches Spannungsverhältnis zwischen Loslösung von gesellschaftlich-moralischer Norm und Verhaftetsein in derselben, das zahlreiche gefallene Engel in Verdi-Opern – und nicht nur Violetta – prägt.

Doch Verdis Heldinnen sind durchaus nicht nur passive Opfer: Besonders das Frühwerk ist geprägt von individuellen, aktiven, teilweise kriegerischen, teilweise auch bösen *prime donne*, deren Aktivität sich in den späteren Werken zunehmend zur Passivität und Opferrolle verklärt. Erst im Spätwerk kommt das Typisierungsprinzip »gefallener Engel«/»Hexe« in seiner vollen Entfaltung zum Tragen, wenn den guten *prima donna*-Sopranen verwerfliche *seconde donne* zugesellt werden. Es scheint so, als ob der von Tommaseo mit der Forderung, »zu befehlen und zu gehorchen«, eröffnete Spielraum innerhalb des Ergänzungsprinzips mit dem Erlangen der nationalstaatlichen Einheit 1859 beschnitten wurde – fortan wurden zumindest auf der Opernbühne die weiblichen Idealfiguren auf das Gehorchen reduziert, eine Abweichung von dieser einzigen Norm bedeutete Verwerflichkeit. Obwohl die Helden innerhalb des patriarchalen Rahmens nicht weniger leiden, nicht weniger wahnsinnig werden, nicht weniger sterben, und auch nicht glücklicher sind, sondern einfach nur mächtiger, gewinnen die Frauen in den meisten Fällen größeres dramatisches Profil als ihre männlichen Bühnenkollegen. Ihre ästhetische Präsenz und die emotionale Wirkungskraft ihres Gesangs gewinnen gerade in ihrem Leiden, der ausweglosen Tragik ihrer Lebenssituationen eine neue Ebene der Expressivität und Unmittelbarkeit des Ausdrucks, die in sich den Stempel männlicher Autorschaft und Gesellschaftsstrukturen trägt. Genau in dieser Dramatisierung aller Charaktere liegt auch die Antwort auf die Frage, ob in der eindrücklichen Darstellung des gesellschaftlichen Scheiterns der Mechanismen des Patriarchats revolutionäres Potential begründet lag, vom Autor sozusagen eine Rückwirkung auf die Gesellschaft durch sein Werk beabsichtigt war. Wie Mario Baroni beschrieben hat, ist die Handlung zwar mit ihrer Grundkonfiguration in der zeitgenössischen Realität verankert. Die Schilderung des Scheiterns gesellschaftlicher Mechanismen war jedoch in erster Linie ästhetische Notwendigkeit, Brutstätte der tragischen Situationen, die so grundlegend für die Dramatisierung der Charaktere, eines der zentralen Anliegen des Komponisten Verdi, war (Baroni, 1979, S. 95–105).

Stimmtypen und Rollencharaktere

von Kurt Malisch

»Proporsi per oggetto il vero« (»sich das Wahre als Gegenstand vornehmen«), »peinture totale de la réalité« (»uneingeschränkte Schilderung der Wahrheit«) – dies sind die zentralen Forderungen zweier programmatischer Manifeste der Romantik, Alessandro Manzonis Schrift *Sul romanticismo* (»Über die Romantik«) (1823) und Victor Hugos Vorwort zu seinem monumentalen Drama *Cromwell* (1827). Auch die italienische Oper der Romantik machte sich im Gefolge des Sprechtheaters auf die Suche nach dramatischer »Wahrheit«. An die Stelle des im 18. Jahrhundert und in den ersten beiden Jahrzehnten des 19. Jahrhunderts gepflegten feierlich-pompösen, mythologischen und allegorischen akademischen Stils traten jetzt uneingeschränkte Radikalisierung der Gefühlsäußerung, nervöse, erregte Gespanntheit und unmittelbare Glaubwürdigkeit (nicht zu verwechseln mit psychologischer Wahrscheinlichkeit!). Zwar ereignete sich kein abrupter Umbruch, doch bei Vincenzo Bellini, Gaetano Donizetti, auch Saverio Mercadante, entwickelten sich in dieser Richtung Tendenzen, die von Verdi aufgegriffen, weitergeführt und zur vollen Durchformung gebracht wurden. Für die Oper bedeutete dies allmähliche Abkehr von den Stilisierungen, Vokalisen, Ornamenten des *belcanto*, dafür rückten der Text, die Sprache, die Deklamation in den Vordergrund, wie ein Donizetti zugeschriebener Ausspruch beleuchtet: »Die Musik ist nichts anderes als eine durch Töne verdeutlichte Deklamation, und deshalb muß jeder Komponist einen Gesang aufgrund der Betonungen des deklamierten Textes entwerfen und hörbar machen. Wer immer dessen nicht fähig oder nicht willens ist, wird nichts anderes als gefühllose Musik komponieren.« (Donati-Pettèni, 1930, S. 89)

Im *belcanto* war das Wort überwiegend ein Vehikel für die Musik gewesen, was besonders an Koloraturen deutlich wird, die auf einen einzigen Vokal oder eine Silbe gesetzt sind und über zahlreiche Takte laufen, für sich aber keinerlei verbale Bedeutung haben. Dieses Verhältnis kehrte sich nun um. Modulationen und Akzente sowie die Gliederung der musikalischen Perioden wurden dem Duktus der gesprochenen Sprache oder dem Sprachrhythmus, wie er in den literarischen Vorlagen eines Victor Hugo, Lord Byron oder Friedrich Schiller vorkommt, angeglichen. Die leichte, fließende, lockere Tonemission des Vokalisierens verschwand zugunsten der dichteren, kompakteren, gedrängteren des syllabischen Gesanges. Der damit einhergehende Rückgang der *fioriture* und Melismen machte sich zunächst vor allem in den Männerpartien bemerkbar. Bis zu *Les Vêpres Siciliennes* behielt Verdi in den Frauenrollen, wenn auch mit spezifischen Abwandlungen, den überkommenen verzierten, agilen Gesangsstil bei, sowohl in lyrisch geprägter wie in dramatischer Musik. Arien wie »Or tutti sorgete, – ministri infernali« der Lady Macbeth im 1. Akt von *Macbeth* oder »D'amor sull'ali rosee« der Leonora im 4. Teil von *Il trovatore*, »Stride la vampa! – la folla indomita« der Azucena im 2. Teil derselben Oper oder »Sempre libera degg'io« der Violetta im 1. Akt von *La traviata* würden ihren Charakter und ihre Eigenart einbüßen, wenn man sie sich im *canto spianato*, im »flachen Gesang« vorstellte.

An seinen ersten Macbeth, den Bariton Felice Varesi, schrieb Verdi am 7. Januar 1847: »Ich werde nie aufhören, Dir nahezulegen, den Text und die Darstellung gut zu studieren, dann kommt die Musik von selbst. In einem Wort, es gefällt mir viel besser, wenn Du mehr dem Dichter als dem Komponisten dienst.« (Schlitzer, 1953, S. 7) Dieselbe Sicht trat ein Jahr später bei der neapolitanischen Erstaufführung von *Macbeth* zutage, als Verdi erfuhr, daß Eugenia Tadolini als Lady Macbeth engagiert worden war:

Die Tadolini singt perfekt, ich jedoch möchte, daß die Lady überhaupt nicht singt. Die Tadolini hat eine herrliche, klare, durchsichtige und kraftvolle Stimme, ich aber möchte für die Lady eine rauhe, erstickte, hohe Stimme. [...] Macht bekannt, daß die wichtigsten Stücke der Oper die folgenden zwei sind: das Duett zwischen der Lady und Macbeth sowie die

Nachtwandelszene. [...] Sie dürfen überhaupt nicht gesungen werden. Man muß sie in Handlung umsetzen und mit hohler, verschleierter Stimme deklamieren, sonst ergibt sich überhaupt keine Wirkung. (Brief an Salvadore Cammarano vom 23. November 1848; Copialettere, 1913, S. 61 f.)

Daß solche Bemerkungen keine Einzelfälle waren und sich nicht etwa auf das Frühwerk beschränkten, belegt Verdis Bemerkung über Jagos Gesangsstil in einem Brief an Giulio Ricordi vom 11. November 1886, also rund vierzig Jahre später: »In dieser Partie ist es nicht nötig zu singen oder die Stimme zu erheben (von wenigen Ausnahmen abgesehen).« (Abbiati, 1959, Band IV, S. 299)

Die Orientierung des Gesangsstils am Realismus der gesprochenen Sprache bedingt auch die häufige Asymmetrie der Phrasen. Während das Prinzip des *belcanto* gefordert hatte, daß die einzelnen melodischen Abschnitte so gebaut sein müssen, daß dem Ausführenden ein regelmäßiges Atemholen möglich ist, wechselt Verdi zwischen sehr kurzen, gedrängten, gestauten, manchmal fast staccato-artigen Phrasen und langen, weitgeschwungenen *legato*-Bögen. Typisch hierfür ist folgender Abschnitt aus Rigolettos großer Arie im 2. Akt der gleichnamigen Oper (»Cortigiani, vil razza dannata«): »Ebben piango... Marullo... signore, / [...] Dimmi or tu ove l'hanno nascosta? / È là? ... non è vero? ... tu taci ... perché? / Miei signori ... perdono, pietate ...« (»So weine ich eben... Marullo... mein Herr, sagst Du mir, wo sie sie versteckt haben?... Sie ist hier?... nicht wahr?... du schweigst... warum? Meine Herren ... habt Gnade, Mitleid ...«). Bisweilen verzichtet Verdi gar völlig darauf, notwendige Atempausen zu berücksichtigen, um das Tempo und die Spannung einer Szene zusätzlich zu steigern. So soll etwa Alvaro bei seinem Auftritt im 1. Akt von *La forza del destino* ab »Ma d'amor sì puro e santo« nicht weniger als sechzehn Takte in schnellem Tempo singen. Wenig später folgt das *adagio* »Pronti destieri di già ne attendono«: Während der ersten sechzehn Takte wird dem Tenor nur eine Pause gegönnt und keine weitere während der nächsten zwanzig Takte. Der Sänger muß sich mit sogenannten *fiati rubati* (›gestohlenem‹ Atemholen) behelfen, sonst würde er bei normalem Atmen den Fluß der Musik preisgeben und den Rhythmus verlieren. Das heißt, Verdi opfert die gesangliche Bequemlichkeit dem szenisch-musikalischen Effekt. Die situationsbedingte Unruhe und Gehetztheit Alvaros sollen so realistisch wie nur möglich ausgedrückt werden.

Dramatisierung der Stimmen

Dieser Realismus drängte noch nach anderen Äußerungsformen: Geradezu zwangsläufig trieben die Versuche, Spannung und Dramatik zu erhöhen, die Stimmen nach oben, in Bereiche, in die eine Stimme auch beim Sprechen ganz unwillkürlich rückt, wenn sie von Erregung gepackt ist, sich Gehör verschaffen will. In der Musik wird die hohe Lage auch notwendig, weil die Stimme sich gegenüber einem ebenfalls auftrumpfenden Orchester durchzusetzen hat. Sind es zunächst – beim frühen Verdi – vor allem Momente, in denen patriotische Begeisterung in kriegerischen Furor mündet, was Verdi von Gioachino Rossini den spöttischen Beinamen eines »compositore con il casco«, eines »Komponisten mit dem Helm«, eingetragen haben soll, so ist die angespannte, heftige Phrasierung in der hohen Lage bei Verdi später in emotional gesättigten Momenten jeder Art anzutreffen, ob es sich nun um Liebesschwüre handelt, um Ausbrüche von Eifersucht, Haß oder Verzweiflung.

Insbesondere im Fall der Tenorpartien war die Aufführungspraxis dieser Entwicklung zur Dramatisierung bereits vorausgeeilt. Das legendäre »do di petto«, das Gilbert Duprez in der Partie des Arnold 1831 in Lucca in der italienischen Erstaufführung von Rossinis *Guillaume Tell* kreiert hatte und mit dem er dann 1837 an der Pariser Opéra triumphierte, war ein c^2, das nicht mehr, wie eigentlich vorgesehen, mit dem zart, leicht und weich klingenden Falsett gebildet wurde. Da es gestützt, in Verbindung mit dem Brustregister, gesungen wurde, erreichte der Ton in Verbindung mit der Kopfresonanz einen – im Wortsinn – unerhörten gleißenden Metallglanz und zugleich eine enorme Durchschlagskraft. Ein Fanal, dem auch Rossinis Verdikt – er verglich den Ton mit dem »Schrei eines Kapauns, dem die Kehle durchschnitten wird« – nicht die Signalwirkung für den damit beginnenden Siegeszug eines neuen kraftbetonten Gesangsstils nehmen konnte. Die suggestive Wirkung dieser hohen Töne ›infizierte‹ in der Folge andere Tenöre wie Carlo Baucardé und Enrico Tamberlik, die zumal in *cabalette* wie derjenigen Manricos im 3. Teil von *Il trovatore* (»Di quella pira l'orrendo foco«) oder des Alfredo im 2. Akt von *La traviata* (»O mio rimorso! O infamia!«) dieses »do di petto« als »furente grido dell'anima« (»wilder Schrei der Seele«) und gesungenes Ausrufezeichen, als emphatische Betonung eines emotionalen oder dramatischen Höhepunktes einsetzten. Die Gewohnheit, Spitzentöne nicht nur »di petto« zu singen, sondern auch dort zusätzlich einzubauen, wo vom Komponisten eigentlich gar keine vorgesehen waren, griff später auch auf die Baritone über, man denke an den Schluß der *cabaletta* im Duett Gilda/Rigoletto im 2. Akt (»Sì, vendetta, tremenda vendetta«) oder in der Arie des Carlo im 3. Akt von *La forza del destino* (»Egli è salvo! oh gioia immensa«) und auch an die Schlußkadenz der kurzen Arie des Macbeth im 4. Akt der gleichnamigen Oper (»Pietà, rispetto, amore«).

Wurden bereits die Anhebung der *tessitura* und die Einführung der hohen Brusttöne von *belcanto*-Verehrern als »canto di forza« (»Gewalt-Gesang«) heftig abgelehnt, so trug eine weitere Entwicklung, obwohl sie bereits vor Verdi eingesetzt hatte, diesem endgültig den Beinamen »Attila der Stimmen« ein: die Vorliebe für das *unisono*, sei es der Stimmen miteinander oder der Stimme(n) mit dem Orchester. Die Verantwortung für die ›Erfindung‹ dieses »vokalen Wettkampfes« wurde vom Komponisten und Musikkritiker Alberto Mazzucato Vincenzo Bellini zugewiesen, der mit dem im Finale des 2. Teils von *I Capuleti e i Montecchi* das vokale *unisono* für den gemeinsamen Gesang Giuliettas und Romeos (»Se ogni speme è a noi rapita«) eingeführt habe. Unter Verkennung der Tatsache, daß der frühe Verdi erheblich mehr Koloraturgesang verwendete als etwa Donizetti in *La favorite*, *Poliuto* oder *Dom Sébastien* wurde er vom Kritiker der *Revue des deux mondes*, Paul Scudo, 1859 attackiert: »Es ist auch nicht nötig, singen zu können, um in seinen Werken Erfolg zu haben: Es genügt, eine Stimme zu haben und sie mit Kraft herauszudrücken.« (Meloncelli, 1993, S. 101) Dennoch wird niemand die überwältigende Wirkung jener Momente bestreiten können, wenn etwa in Carlos Arie im 3. Teil von *Ernani* (»Oh de' verd'anni miei«) an der Stelle »Ah! e vincitor de' secoli« der orchestrale und vokale *forte*-Ausbruch gleichzeitig erfolgen, ähnlich dem Anfang der *cabaletta* des Conte di Luna im 2. Teil von *Il trovatore* (»Per me ora fatale«) oder in Ezios Arie im 2. Akt von *Attila* (»Dagli immortali vertici«) die Stelle »Roma nel vil cadavere / Chi ravvisare or può«, an der Orchester und Sänger zugleich ins *forte* übergehen. Eine Trennung von Stimme und Orchester scheint hier so wenig möglich, wie andernorts die Vehemenz bestimmter Konfrontationen gerade aus dem vokalen *unisono* entsteht, zum Beispiel im Duett Alvaro/Carlo im 4. Akt von *La forza del destino* (»Invano Alvaro ti celasti al mondo«) ab »Ah! morte, morte, vieni, morte...« oder im Terzett Leonora/Manrico/Luna im 1. Teil von *Il trovatore* (»Di geloso amor sprezzato«).

Die von Verdi geforderte emotionale Präsenz und dramatische Dichte haben den Begriff »accento verdiano« geprägt: die Fähigkeit, einem Wort oder einer Phrase Bedeutung zu verleihen und diese dadurch hervorzuheben, ganz unabhängig davon, ob sie mit voller und wohllautender Stimme gesungen werden. Damit ist ein Können gemeint, das gleichsam außerhalb der stimmlichen und gesangstechnischen Fähigkeiten eines Sängers angesiedelt ist. Bekannt ist Verdis Bewunderung für Adelina Patti, die sich an nicht mehr als drei Worten entzündete: »Ich entsinne mich [...] mehr als an alles andere an die Stelle im Rezitativ vor dem Quartett des *Rigoletto*, wenn ihr der Vater ihren Geliebten in der Schenke zeigt und sagt: ›Du liebst ihn noch immer?‹ – und sie antwortet: ›Ich liebe ihn.‹ Es gibt keinen Begriff, der die erhabene Wirkung dieses von ihr ausgesprochenen Wortes auszudrücken vermag.« (Brief an Giulio Ricordi vom 6. Oktober 1877; Copialettere, 1913, S. 625)

Ein anderes Beispiel ist im 2. Akt von *Rigoletto* der Beginn der *cabaletta* »Sì, vendetta, tremenda vendetta«. Nicht selten erzielen hier jene Sänger die größere Wirkung, die diese Worte nicht mit voller Stimme im *fortissimo* angehen, sondern sie ganz zurücknehmen, fast flüstern, aber »con impeto«, »mit Wucht«, wie Verdi hier vorschreibt. Gerade die dynamische Variabilität und die farbliche Vielfalt, die Fähigkeit, zu schattieren und abzutönen, sind mit dem Effekt des »accento verdiano« eng verknüpft. Hieran zeigt sich am eindrucksvollsten, wie haltlos der oben zitierte Vorwurfs Scudos ist. Denn komplementär zum quantitativen Aspekt der Anhebung der *tessitura*, zur Forderung nach Vehemenz des Ausdrucks und Durchsetzungskraft der Stimmen steht das qualitative Moment vielfältigster Differenzierungen und Abstufungen, und nicht nur der Dynamik. Wie kaum ein anderer Komponist hat Verdi seine Partituren mit einer Fülle von *mezza voce*- und *piano*-Anweisungen bis zum drei- und vierfachen *piano* abgestuft, zum Teil auch in extremer Lage: Man denke nur an die Arie der Lady in der »Schlafwandler«-Szene des 4. Aktes von *Macbeth* mit einem »fil di voce« (»Stimmfädchen«) auf dem des^3 des letzten Worts »Andiam« oder im 1. Akt von *Aida* an das ebenfalls kaum realisierbare, weil *pianissimo* und *morendo* zu singende b^1 am Ende von Radamès' Auftritts-Romanze »Ergerti un trono vicino al sol«. Dabei war dem Komponisten die Problematik dieser Forderung durchaus bewußt, sonst hätte er dem Tenor Giuseppe Capponi für die Erstaufführung in Parma am 20. April 1872 nicht eine einfachere Alternative mit einem Oktavfall angeboten. Man denke ferner an Otellos Phrase »Venere splende« auf dem as^1 im *pianissimo*, am Ende des Liebesduetts im 1. Akt (»Già nella notte densa«). Ähnliches gilt für Alvaros in dreifachem *piano* zu singendes as^1 »E mi abbandoni intanto!« im Final-Terzett von *La forza del destino*. Darüber hinaus gestaltet Verdi den Vortrag durch eine Vielfalt von Ausdrucksbezeichnungen, die sich oft geradezu gegen die Sanglichkeit richten – zum Beispiel »cupo« (»düster, dumpf«), »con voce soffocata« (»mit erstickter Stimme«), »aspramente« (»herb, schroff«) –, aber den gewünschten expressiven Aspekt im Auge haben.

Stimmführung als psychologisches und szenisches Gestaltungsmoment

Gerade einer Partie wie derjenigen Otellos wird zäh unterstellt, ihr sei nur durch größtmögliche Lautstärke, Dauer-*forte* und brachiale Gewalt gerecht zu werden. Gewiß, stimmliches Auftrumpfen und dramatische Akzentuierung sind von einem kompetenten Interpreten dieser Rolle schon oder vielmehr auch gefordert. Der erste Auftritt des siegreich heimkehrenden Feldherrn (»Esultate!«) etwa duldet keine vorsichtige Zurückhaltung, sondern verlangt eine Stimme, die sich vor dem im *fortissimo* spielenden Orchester behauptet. Doch überblickt man die Partie insgesamt, dann zeigt sich, daß der Sänger sonst kaum je Gelegenheit bekommt, sich in ähnlicher Manier stimmlich in die Brust zu werfen. Vielmehr variiert Verdi für sämtliche Rollen der Oper vielfach die musikalische Struktur; sie wird der jeweiligen dramatischen Situation immer wieder eng und individuell angepaßt, mit ständigen Übergängen, so daß sich mindestens fünf verschiedene ›Haupt‹-Vortragsmöglichkeiten differenzieren lassen. So unterscheidet Verdi zwischen den Extremen der geschlossenen Nummer (Arie, Duett oder *pezzo concertato*) und des »parlato« (»gesprochenen«) mehrere Übergangsformen: das »cantabile« (»sangliche«), das »declamato melodico« (»melodisch rezitierte«) und das »recitativo tradizionale« (»traditionelle Rezitativ«). Diese verschiedenen Stufen lassen sich kaum gegeneinander abgrenzen; wie eine instabile chemische Verbindung ist jede stets im Übergang in eine andere begriffen, sie verfließen und changieren gar innerhalb einzelner Szenen und Phrasen. Eduard Hanslick resümierte: »Uns bleibt nur der stimmungsvolle, ja ergreifende Totaleindruck eines in Musik aufgelösten Dramas.« (Hanslick, 1890, S. 73)

Die wohl höchsten gestalterischen Ansprüche, die Verdi in dieser Partie fordert, bündeln sich am Ende des großen Duetts Desdemona/Otello im 3. Akt (»Dio ti giocondi, o sposo dell'alma mia sovrana«). Nicht weniger als sechs verschiedene Ausdruckscharaktere werden innerhalb von nur zwölf Takten verlangt. Die Anweisungen lauten: *mutando d'un tratto l'ira nella più terribile calma dell'ironia* (plötzlich wandelt sich der Zorn in die fürchterlichste Ruhe der Ironie) »Datemi ancor l'eburnea mano, vo' fare ammenda / Vi credea...« *marcato, a voce spiegata* (betont, mit voller Stimme) »perdonate se il mio pensier è fello« *a voce bassa parlando* (mit leiser Stimme sprechend) »Quella vil cortigiana« *a voce spiegata* (mit voller Stimme) »ch'è la sposa« *cupo e terribile* (finster und schrecklich) »d'Otello« *voce soffocata* (erstickte Stimme).

Verdis Ziel, die Führung der Gesangsstimme zum unmittelbaren und reaktionsschnellen Reflex der Psychologie einer Figur zu machen, den szenischen Effekt über den vokalen, musikalischen Effekt regieren zu lassen, führt ihn dazu, die gängige Kongruenz zwischen Arie und Ausdruckshaltung aufzuheben. Vor Verdi war eine Arie oder ein Duett in der Regel einem Affekt, einer Stimmung, einer bestimmten Situation gewidmet – wobei das *adagio* diesen Gemütszustand exponiert, der dann in der anschließenden *cabaletta* eine lebhaftere, gespanntere Projektion erfährt: Von daher gibt es Wahnsinnsarien, Verleumdungsarien, Rachearien, Freundschaftsduette, Abschiedsduette, Wiedererkennungsduette. All diese Nummern waren in Ton und Vokallinie einheitlich gestaltet, hatten graduell und sorgfältig gestaffelte melodische Entwicklungen, symmetrische Strukturen, die man architektonisch nennen könnte.

Die Unbedingtheit, mit der Verdi auf das Stimulans der szenischen Situation musikalisch reagiert, führte ihn jedoch dazu, Form und Inhalt dieser Traditionen aufzugeben. Seine Innovationen werden in den Opern nach 1853 besonders deutlich erkennbar, wenn Verdi auf den Einsatz von *cabalette* mehr und mehr verzichtete (siehe unten, S. 190 f.). Aber auch schon in den frühesten Opern gibt es innerhalb einer einzigen Arie Beispiele für psychologische Kontraste, emotionale Umschwünge, Stimmungsdivergenzen und konsequenterweise ebensolche Gegensätze, Umbrüche und Wechsel innerhalb der Vokallinie. Die Auftrittsarie Ernanis »Come rugiada al cespite« zum Beispiel beginnt verträumt, nostalgisch, mit *fioriture* ausgeschmückt, dann aber, im zentralen Teil, wird der Tonfall plötzlich »spianato«, geradlinig, dicht, gespannt und fast deklamatorisch: »Il vecchio Silva / Stendere osa su lei la mano ... / Domani trarla al talamo / Confida l'inumano« (»Der alte Silva wagt es, seine Hand nach ihr auszustrecken, der Unmensch baut darauf, sie morgen ins Ehebett zu zerren«). Ähnliche Umschwünge in Stimmung und Stimmführung finden sich in Carlos zitierter Arie »Ah de' verd'anni miei« aus dem 3. Teil von *Ernani* ab »Ah! e vincitor de' secoli« oder in Macbeths ebenfalls schon erwähnter Arie »Pietà, rispetto, amore« ab »Sol la bestemmia, ahi lasso!«, aber auch in den Tenor-Romanzen Henris »O jour de peine et de souffrance« im 4. Akt von *Les Vêpres Siciliennes*, Riccardos »Ma se m'è forza perderti« im 3. Akt von *Un ballo in maschera* und Alvaros »O tu che in seno agli angeli« im 3. Akt von *La forza del destino*.

Ein besonders eindrucksvolles Beispiel für das von Verdi entwickelte musikalische Aktionstheater ist Rigolettos Auftrittsszene im 2. Akt der Oper, die dann in die Arie »Cortigiani, vil razza dannata« mündet. Ab dem einleitenden »La ra, la ra« entfaltet sich ein Kontinuum aus immer wieder wechselnden Ausdrucksmomenten und vokalen Gestaltungsweisen: der Wutausbruch »Cortigiani, vil razza dannata«, dann die Resignation »Ebben, io piango ... Marullo ... signore ...«, schließlich die Bitte »Miei signori perdono, pietate«. Phrasen mit voller Stimme folgen auf solche mit *mezzavoce* (halblaut), langgezogene *legato*-Abschnitte lösen zerstückelte, abgehackte Partien ab; alles strebt nach realistischer musikdramatischer Darstellung der Verzweiflung eines Vaters und verschweißt daher Melodie, Akzent, Rhythmus und Atemfrequenz zu einem geschlossenen Ganzen. Ein Beispiel für eine ähnlich vehemente Schwankungsamplitude der emotionalen ›Temperatur‹ ist etwa die Szene Violetta/Germont im 2. Akt von *La traviata*, in der der Sopran fast übergangslos von der Hoffnung zur Verzweiflung und vom Zusammenbruch zur Resignation geführt wird.

Vom *basso cantante* zum Bariton

Verdis Bestreben, das szenisch-dramatische Geschehen unmittelbar und kontinuierlich musikalisch-stimmlich zu reflektieren, führt ihn zu immer neuen Lösungen: Manchmal wählt er den Kontrast zwischen deklamatorisch heftig bewegtem Rezitativ und darauffolgender lyrisch gehaltener Arie wie in der *scena ed aria* Abigailles im 2. Teil von *Nabucodonosor*, wo auf das rezitativische »Ben i t'invenni, o fatal scritto!... in seno« die *legato*-Melodie »Anch'io dischiuso un giorno« folgt. In wieder anderen Fällen schlagen Rezitativ und Arie vom Anfang bis zum Ende den gleichen Tonfall an. Verdi war zwar ein Gegner vorgefertigter starrer Schemata, aber er machte sich auch nicht zum Sklaven dieser Aversion. Er paßte sich der Notwendigkeit des szenischen Augenblicks an, dieser aber ist immer theatralischen, nie vokalen Ursprungs. Es ist nur folgerichtig, daß die Prinzipien, denen Verdi seine vokale Schreibweise generell unterwarf, auch spezielle Auswirkungen für die Entwicklung, Veränderung, ja zum Teil Neudefinition der einzelnen Stimmlagen hatten und weiterhin für die musikalische Ausformung der Figuren, die diesen Stimmlagen zugeordnet wurden. Auf der Suche nach dramatischer ›Wahrheit‹ fand Verdi in der Baritonstimmlage mit ihrem natürlichsten Timbre und ihrer Nähe zur ›normalen‹ männlichen Sprechstimme das kongeniale vokale Medium. Der Tenor klingt im Vergleich dazu stilisierter, ›besonderer‹, ausgefallener, und der Baß war von jeher mit dem Nimbus des Patriarchalen, Gravitätischen, Hochrangigen besetzt. Als eigenständige Stimmlage hatte sich der Bariton erst zu Beginn des 19. Jahrhunderts entwickelt. Zu Zeiten Bellinis und Donizettis zählte er als Untergattung zur Baßstimmlage, als *basso cantante*. In einigen seiner letzten Opern, vor allem in *Linda di Chamounix* (Marchese di Boisfleury), *Maria di Rohan* (Chevreuse) und *Dom Sébastien* (Abayaldos) hatte Donizetti begonnen, zwischen *basso cantante* und Bariton zu differenzieren. Wohl zum ersten Mal als führendes Mitglied der *compagnia di canto* erscheint ein *primo baritono* in einem Brief des *impresario* Alessandro Lanari an Donizetti vom 25. Februar 1837 im Zusammenhang mit Antonio Tamburini, Domenico Cosselli und Giorgio Ronconi (Commons, 1978, S. 42). Von diesen drei Sängern scheint Ronconi jener gewesen zu sein, der mit seinen vokalen Merkmalen und seinem stimmlichen Können den Vorstellungen entsprochen hat, die heute als typisch für den Bariton gelten. In einem Brief an Vincenzo Torelli vom 16. Mai 1856 charakterisiert Verdi den nicht mehr verfügbaren Ronconi als einen »*Künstler* im ganzen Sinn des Wortes« (Copialettere, 1913, S. 192). Schon für seinen Opernerstling *Oberto* hatte Verdi an Ronconi als Protagonisten gedacht; der Sänger kam aber dann erst in seiner dritten Oper *Nabucodonosor* – als Titelheld – zum Einsatz.

Während Verdi bei den anderen Stimmlagen die fundamentalen Merkmale stärker beibehielt, entwickelte er die Baritonstimme in eine ganz autonome Richtung weiter. Er trieb den Bariton nicht nur zu höheren Spitzentönen (bis g^1, in Jagos Trinklied »Inaffia l'ugola« sogar bis zum a^1), als sie Bellini und Donizetti von ihm verlangt hatten, sondern er hob die *tessitura* generell an, forderte ausgedehnte Phrasen in hoher und höchster Lage, zum Beispiel in der Arie des Conte di Luna im 2. Teil von *Il trovatore* ab »Ah l'amor, l'amore ond'ardo«. Auf diese Weise kreierte er eine Stimme, die zwischen Baß und Tenor angesiedelt ist, ja sich sogar eher in Tenornähe befindet. Einige Gesangstheoretiker um 1870 definierten den Verdi-Bariton als *mezzo-ténor*, und in Frankreich bürgerte sich seit Jean-Baptiste Faures Traktat *La voix et le chant* (1886) der Terminus *baryton Verdi* für einen Bariton mit ausladendem und tenoral hohem Register ein.

Die Antwort auf die Frage, warum Verdi einen hohen Bariton dem *basso cantante* Bellinis und Donizettis vorzog, dürfte auch in den größeren koloristischen und dramatischen Möglichkeiten einer solchen mittleren Stimmlage zu suchen sein, deren Expansivität in beide Richtungen ausgreift, in die Höhe wie in die Tiefe. Die Figuren, die Verdi seinem Bariton übertrug, verlangen wegen ihrer charakterlichen Komplexität, Ausdrucksvielfalt und -gegensätzlichkeit sowie ihrer hohen emotionalen Gespanntheit nach ganz besonderer stimmlicher Flexibilität, nach fast tenoralem Auftrumpfen ebenso wie nach sanfter, zarter Lyrik. Verdi unterteilt die Baritonstimmlage nicht explizit in verschiedene lyrische und dramatische Fächer, wobei Partien wie Germont in *La traviata* oder Rodrigue in *Don Carlos* sicher leichtgewichtigeren, lyrischeren Charakter besitzen als etwa Amonasro in *Aida* oder Nabucco in *Nabucodonosor*.

Der Grundnenner, auf den fast sämtliche Rollenkonfigurationen des Verdi-Baritons gebracht werden können, ist seine Funktion als Antagonist des Helden, in der Regel des Tenors. Sieht man von den beiden Komödien *Un giorno di regno* und *Falstaff* ab, die einer anderen Rollendramaturgie gehorchen, dann sind eigentlich nur Ezio (*Attila*), Stankar (*Stiffelio*) und Rodrigue (*Don Carlos*) Ausnahmen von dieser Regel. Allerdings versteht es Verdi, die lange Reihe der Bariton-Antagonisten auf vielfältigste Weise zu höchst individuellen Figuren zu beleben. Eine bedeutende Gruppe darunter sind die Vaterpersönlichkeiten, ob nun als Vater des Helden oder von dessen Geliebter, ob nun als Förderer dieser Beziehung (Simon Boccanegra), als ihr Gegner (Rigoletto, Miller in *Luisa Miller*) oder mit wechselnder Einstellung zu dieser Beziehung (Germont in *La traviata*, Montfort in *Les Vêpres Siciliennes*). Auch der Konflikt zwischen Vaterrolle und Staatsraison ist von erheblicher Bedeutung (Amonasro in *Aida*). Eine zweite wichtige Kategorie machen die Baritone in der Rolle des amourösen Rivalen des Tenors aus: Carlo (*Ernani*), Gusmano (*Alzira*), Francesco Moor (*I masnadieri*), Seid (*Il corsaro*), Rolando (*Il battaglia di Legnano*), Conte di Luna (*Il trovatore*) und Renato (*Un ballo in maschera*). Erstmals weist Verdi mit Francesco Moor dem Bariton den Part des nachtschwarzen Bösewichtes zu, der dann mit Jago eine grandiose Steigerung erfährt.

Der Tenor bei Verdi

In der Stimmlage des Tenors knüpft Verdi unmittelbar an die Tradition des im *belcanto* und noch danach weitverbreiteten *tenore di grazia* an. Riccardo in *Oberto* ist einer jener lyrisch-leichten Tenöre, wie sie die meisten Opern Bellinis und Donizettis bevölkern, deren Musik von eleganter, graziler, melismatischer Stimmführung geprägt ist. Dies ändert sich noch kaum mit dem Oronte in *I Lombardi alla prima crociata*; erst mit Jacopo Foscari und noch stärker mit dem Titelhelden von *Ernani* – zum Beispiel in der *cabaletta* »O tu, che l'alma adora« im 1. Teil oder dem Ausbruch im 2. Teil »Oro, quant'oro ogni avido / [...] Sono il bandito Ernani, / odio me stesso e il dì« – entwickelt sich eine allmähliche Dramatisierung hin zum »canto di forza«, zum »kraftvollen Gesang« des sogenannten *tenore spinto* (von »spingere«: »drücken, schieben«). Noch deutlicher wird dies in den Partien des Zamoro (*Alzira*) und Corrado (*Il corsaro*), vor allem in den energischen Aufschwüngen des letzteren in der *cabaletta* seiner Arie im 1. Akt »Sì: de' corsari il fulmine« und dem wiederholten Erreichen des pointierten a^1 im Duett mit Gulnara im 3. Akt (»E può la schiava un palpito«).

Bis zu *Simon Boccanegra* reicht der Stimmumfang von Verdis Tenören in der Regel nicht über das a^1 hinaus, mit einem gelegentlichen b^1 oder h^1, das aber nie länger gehalten werden muß. Ab *Un ballo in maschera* wird das exponiert eingesetzte b^1 zum Standard. Ein hohes c^2 ist bei Verdi eine Rarität und wurde von ihm erstmals als Haltenote in der ersten Fassung von *La forza del destino* – in der in der zweiten Version von 1869 gestrichenen Arie mit *cabaletta* des Alvaro im 3. Akt (»Qual sangue sparsi!... Orrore!...« / »S'affronti la morte«) – verwendet, als mit Enrico Tamberlik ein Tenor zur Verfügung stand, der sicher über diesen Ton gebot.

Für den frühen Verdi war es zweifellos Gaetano Fraschini, der dem Komponisten Anlaß zur Akzentuierung von tenoraler Athletik und Bravour gab. Fraschinis enorme Durchschlagskraft in der Höhe und seine katapultartige Tonemission lösten in Italien einen ähnlichen Durchbruch aus, wie ihn Duprez in Frankreich bewirkt hatte. Für den *tenore stentoreo* (Stentorentenor, das heißt mit lauter, gewaltiger Stimme) Fraschini schuf Verdi mit Stiffelio die erste auch charakterlich polychrome Tenorpartie, eine Figur, für die man eigentlich eher einen Bariton erwarten würde. Es ist einer der seltenen Fälle, in denen Verdi die besonderen Fähigkeiten eines bestimmten Sängers ganz konkret in die stimmliche Ausgestaltung einer Partie einfließen ließ. Wegen des Impetus und der Durchschlagskraft, die Fraschini speziell in der Verwünschungsszene von Donizettis *Lucia di Lammermoor* aufzubieten hatte, trug er den Beinamen »il tenore dei maledizioni« (»Tenor des Fluches«), und tatsächlich baute Verdi auch im 3. Akt von *Stiffelio* eine solche *maledizione* ein, mit einer auf das h^1 führenden Steigerung.

In Verdis Tenor-Galerie ist der Pastor und betrogene Ehemann Stiffelio eine atypische Figur, denn als Regel gilt: Der Tenor ist zugleich Held und erfolgreicher, aber am Ende meist mit dem Preis des eigenen Lebens bezahlender Liebhaber. Zwei Hindernisse tauchen wiederholt auf: Entweder nimmt der Held eine soziale Außenseiterposition ein, die ihm die Realisierung dieser Liebe nicht ermöglicht. Dies gilt etwa für Ernani, Manrico in *Il trovatore*, Alvaro in *La forza del destino*. Oder aber er ist in die Gesellschaft integriert, doch seine Liebesbeziehung steht in unvereinbarem Gegensatz zu dieser gesellschaftlichen Position. Dies ist der Fall bei Carlo in *Giovanna d'Arco*, Rodolfo in *Luisa Miller*, Alfredo in *La traviata*, Henri in *Les Vêpres siciliennes* Riccardo in *Un ballo in maschera*, Radamès in *Aida* und Don Carlos.

Im Gegensatz zu seinen Bariton-Figuren zeigt Verdi an seinen Tenören kaum die Entwicklung tiefgreifender innerer Konflikte oder differenzierter psychologischer Nuancen. Sieht man von Stiffelio, dessen Drama aber rein äußerlich bleibt, und einigen Ansätzen bei Rodolfo in *Luisa Miller* und bei Don Carlos ab, dann ist es im Grunde nur Otello, dessen Tragödie sich über oberflächliche Ansätze hinaus entfaltet und auch gleichsam von innen heraus betrachtet wird. Die damit verbundenen, in Verdis Œuvre bisher noch nicht gestellten, enormen Ansprüche an den Interpreten gestalteten die Suche nach einem geeigneten Tenor denn auch kompliziert und letzten Endes wohl nicht völlig befriedigend. Zwischen dem Komponisten und seinem Verleger Giulio Ricordi wurde zwar schon früh der Name Francesco Tamagno diskutiert, der 1881 die Neufassung von *Simon Boccanegra* und drei Jahre darauf die italienische Version von *Don Carlos* mit zum Erfolg geführt hatte; dennoch zeigte sich Verdi äußerst skeptisch, ob sich der Tenor als Otello eignen würde: »Für sehr viele Dinge würde Tamagno sehr gut passen, aber für sehr viele andere nicht. Es gibt da breite, lange Phrasen im *legato*, die *a mezzavoce* zu deklamieren sind, was ihm unmöglich ist. Und was schlimmer ist, der erste Akt und (was noch schlimmer ist) der vierte Akt würden kalt zu Ende gehen!« (Brief Verdis an Giulio Ricordi vom 18. Januar 1886; Abbiati, 1959, Band IV, S. 273) »Er [Otello] kann und darf am Ende nur noch mit halb erloschener, verschleierter Stimme singen, aber mit sicherer. Das ist eine Eigenschaft, die Tamagno nicht hat; er muß immer mit voller Stimme singen, ohne die sein Ton häßlich, unsicher, unsauber wird....« (Brief Verdis an Giulio Ricordi vom 22. Januar 1886; ebd., S. 274) Zwar hat sich Verdi nach der Uraufführung, die mit Tamagno stattfand, nicht mehr über seinen Protagonisten geäußert, aber von George Bernard Shaw, dem Zeugen der Londoner Erstaufführung des *Otello* liegen skeptische Urteile über Tamagno vor. Er charakterisierte dessen »schrille kreischende Stimme und grimmiges Temperament« zwar als »ungeheuer wirkungsvoll [...]; aber ohne den reinen, vornehmen Ton« (Shaw, 1981, Band I, S. 768).

Auch Victor Maurel, Tamagnos Partner als Jago in der Uraufführung, wies auf die frappierenden stimmlichen Mittel seines Tenorkollegen hin, warnte aber zugleich vor deren Überschätzung – mit einer Begründung, die von Verdi selbst stammen könnte: »Aber es scheint uns gefährlich, in die Köpfe der Gesamtheit der zukünftigen Interpreten des Otello die Idee eindringen zu lassen, daß diese außergewöhnliche Stimmkraft eine conditio sine qua non für eine gute Interpretation sei. [...] Sie sollten sich vielmehr diese wichtige Beobachtung im Gedächtnis bewahren: Nach zehn Minuten ist ein Publikum an eine sonore Stimme gewöhnt, ganz gleich wie groß sie sein mag. Was die Zuhörer immer überrascht und gefangennimmt, ist hingegen Präzision, Energie und Vielfalt der vokalen Gestaltung.« (Maurel, 1888, S. 50 f.)

Der Sopran bei Verdi

Die Figuren, die Verdi dem Sopran vorbehält, schließen zum Teil an die passiven, unschuldigen, fast engelsgleichen Mädchencharaktere an, die bereits in Bellinis und Donizettis Opern diese Stimmlage beherrschen, allerdings mit einigen, sich scharf davon abhebenden Außenseiterinnen, Frauen von ausgesprochen willensstarker, stolzer, ja aggressiv-kriegerischer Ausprägung. Letzteres trifft zu auf Giovanna d'Arco und Odabella in *Attila*, die sich an die Spitze der Erhebung gegen eine fremde Besatzungsmacht stellen. Auch Abigaille in *Nabucodonosor* zählt zu diesen amazonenhaften Frauentypen, ist allerdings im Gegensatz zu Giovanna und Odabella moralisch negativ konnotiert. An Entschlossenheit und Durchsetzungskraft, und an Immoralität, übertreffen sie und ebenso Lady Macbeth die moralisch zwielichten Frauengestalten Norma und Lucrezia Borgia in den gleichnamigen Opern Bellinis und Donizettis bei weitem. Doch auch die eher zum Haupttypus der Unschuldig-Reinen gehörenden Figuren der Elvira in *Ernani* und Leonora in *Il trovatore* verharren nicht in der schicksalsergebenen Passivität einer Lucia di Lammermoor oder Giulietta (*I Capuleti e i Montecchi*); sogar eine mädchenhaft fragile Gestalt wie Gilda nimmt in *Rigoletto* ihr Geschick in die eigenen Hände. Dennoch sind zahlreiche Sopranfiguren Verdis wehrlos schwache Opfer ihrer eigenen Natur oder der widrigen Umstände: Dazu zählen Amalia (*I masnadieri*), Luisa Miller, Amelia (*Un ballo in maschera*), Leonora (*La forza del destino*), Elisabeth (*Don*

Carlos), Aida, Desdemona (*Otello*) und letztlich auch – obwohl sie bewußt auf ihre Liebe verzichtet – Violetta (*La traviata*). Nach ihren vokalen Anforderungen teilen sich diese Soprane in zwei Gruppen: den dramatischen Koloratursopran (*soprano drammatico d'agilità*), den Verdi bis *Les Vêpres Siciliennes* (Hélène) und *Simon Boccanegra* (Amelia) verlangt; dann ab *Un ballo in maschera* (Amelia) den dramatischen oder hochdramatischen Sopran (*soprano spinto, soprano drammatico*). Natürlich gibt es innerhalb beider Gruppen Verschiedenheiten nach stimmlichem Gewicht oder Ausprägungen der Agilität.

Verdis dramatischer Koloratursopran stützt sich in der Ausformung der Verzierungen im allgemeinen auf die Melismatik, wie sie bereits seine Vorgänger gebraucht hatten. Er weist dem vokalisierten Gesang dabei aber auch neue Funktionen zu, etwa die einer nochmaligen Steigerung, wenn die dramatischen Mittel syllabischen Singens erschöpft scheinen, zum Beispiel im Auftrittsrezitativ der Abigaille in *Nabucodonosor* bei »Di mia vendetta il fulmine / Su voi sospeso è già!«. Ähnlich im *adagio* der Odabella im Prolog des *Attila* (»Allor che i forti corrono«) – der wohl heldischsten Musik, die Verdi für einen Sopran geschrieben hat – sowie in der anschließenden *cabaletta* (»Da te questo or m'è concesso«), wo der vokalisierte Gesang den kriegerischen Impetus noch zusätzlich akzentuiert. Solch eindrucksvolle Verdoppelungen der dramatischen Wirkung durch Kombination von agilem und syllabischem Vokalstil finden sich auch im Duett Leonora/Conte di Luna im 4. Teil von *Il trovatore* (»Mira d'acerbe lagrime«). Zu den charakterlich fragileren und daher vokal elegischer, auch virtuoser gestalteten Figuren zählt Amalia (*I masnadieri*), nicht zuletzt deshalb, weil die Partie für die berühmte schwedische ›Koloraturnachtigall‹ Jenny Lind eigens kreiert wurde. Verdi hat ihr sogar in ihrer *cavatina* im 1. Akt (»Lo sguardo avea degli angeli«) die Ausführung der Koloratur nach ihrem Geschmack überlassen. Auch Gilda (*Rigoletto*) und Violetta (*La traviata*) zählen zur Gruppe der dramatischen Koloratursoprane, wenn die heutige Besetzungspraxis dem auch oft widerspricht. In der erstgenannten Partie gibt es zahlreiche Phrasen, ja ganze Szenen, denen ein reiner Koloratursopran ohne entsprechendes dramatisches Gewicht nicht gerecht werden kann: das Duett mit Rigoletto im 1. Akt (»Deh non parlare al misero«), die *stretta* nach dem Liebesduett im 1. Akt (»Addio... speranza ed anima«) und das Terzett im 3. Akt mit Maddalena und Sparafucile. Im Fall der Violetta gelingt es Verdi am deutlichsten, der traditionellen, rein dekorativen Koloratur eine über sich selbst hinausweisende Wirkung, eine charakterisierende Funktion sowie einen expressiven Sinn zu geben: Im *tempo di mezzo* und in der *cabaletta* (»Sempre libera degg'io«) der ersten Arie Violettas (in der Überleitung zur *cabaletta* und in der *cabaletta* selbst) etwa drücken die – in die Melodielinie integrierten – Koloraturen auf den Worten »vortici«, »gioir«, »volar«, »follie« höchst treffend die etwas exaltierte Fröhlichkeit aus, mit der Violetta auf den ersten verliebten Gefühlsaufruhr nach ihrer Begegnung mit Alfredo reagiert. Violetta ist zugleich das vielleicht eindrucksvollste Beispiel dafür, daß gerade unter den Rollen, die Verdi für den dramatischen Koloratursopran komponiert hat, besonders differenziert und sorgfältig gezeichnete zu finden sind, die den Gegensatz von Liebe und Pflicht tiefer und schmerzlicher empfinden – vor allem im Vergleich zu ihren Tenorpartnern.

Beginnend mit Amelia in *Un ballo in maschera* entwickelt der Verdi-Sopran ein neues, ›gewichtigeres‹, dramatischeres Erscheinungsbild, das auch die folgenden Rollen der Leonora in *La forza del destino*, der Elisabeth in *Don Carlos* und der Aida bestimmt. Daß die Neugestaltung der Sopranstimmlage in *Un ballo in maschera* einsetzt, ist kaum zufällig. Diese Oper zeigt in verschiedenen Zügen unübersehbare Parallelen zur *grand opéra* Giacomo Meyerbeers, insbesondere zu *Les Huguenots* – in der Vermehrung der Hauptfiguren, in der Ausdifferenzierung der Stimmfächer, im szenischen Topos des »Liebesduetts in Gefahr« –, aber auch zu *Le Prophète*: Insbesondere das *unisono* der Verschwörer-Bässe Tom und Samuel erinnert an die »unheilige Trinität« der drei Anabaptisten-Bässe. Auch für Verdis neuen Stimmtyp des *soprano spinto* oder *soprano drammatico* lassen sich dort Anregung und Vorbild finden, nämlich in dem, nach der ersten Sängerin dieser Rolle benannten *soprano Falcon*, der mit der Valentine in *Les Huguenots* erstmals vokale Gestalt annahm. Bei Verdi wird der Sopran wie in Meyerbeers Oper signifikant von zwei anderen Frauenpartien abgesetzt: In *Un ballo in maschera* kontrastiert Amelia einmal mit einem Koloratursopran *en travesti* (Oscar ist die einzige Hauptrolle, die Verdi für diese Rollengattung geschrieben hat), zum anderen mit einer Altistin (Ulrica). In *Les Huguenots* steht Valentine im Stimmfach ebenfalls zwischen einem Koloratursopran (Marguerite) und einem Mezzosopran *en travesti* (Urbain). Charakteristisch für die Partie der Amelia und ihrer ›Sopranschwestern‹ Leonora, Elisabeth und Aida ist das fast völlige Verschwinden des verzierten und agilen Singens, dafür das Vorherrschen syllabischen und semisyllabischen Stils, bisweilen mit heftigen deklamatorischen Akzenten, zum Beispiel im Schlußteil der Arie Amelias im 3. Akt von *Un ballo in maschera* (»Ma dall'arido stelo divulsa«) ab »Una testa di sotterra si leva«, in Aidas Konfrontation mit Amonasro im 3. Akt ab »Orrore! / Che mi consigli tu? No! no! giammai!« oder in Leonoras Melodie im 4. Akt von *La forza del destino* (»Pace, pace, mio Dio; cruda sventura«) ab »Fatalità!... fatalità!... un delitto«. Allerdings fängt Verdi diese sprachbetonte Tendenz dadurch ab, daß er in jede dieser Partien genauso eine Solonummer mit gefühlsbetonter, lyrisch-träumerischer, von Hingabe erfüllter Melodik investiert, etwa in Leonoras Romanze im 1. Akt (»Me pellegrina ed orfana«) mit dem Höhepunkt auf »Ti lasciò, ahimè, di lagrime«, in Aidas *preghiera* im 3. Akt (»O cieli azzurri«) oder Elisabeths »O ma chère compagne«. Da überdies keiner dieser Soprane ekstatische Liebesgeständnisse und bebende Leidenschaftsausbrüche in einer wildbewegten *cabaletta* artikulieren darf, wie dies Verdi zuvor Elvira im 1. Teil von *Ernani* (»Tutto sprezzo che d'Ernani«), Amalia im 2. Akt von *I masnadieri* (»Carlo vive?... Oh caro accento«), Leonora im 1. Teil von *Il trovatore* (»Di tale amor che dirsi«) und Violetta im 1. Akt von *La traviata* (»Sempre libera degg'io«) gestattet hatte, entsteht ein reizvolles Spannungsverhältnis zwischen einem stimmlichen Zuwachs an ›Gewicht‹ und Format einerseits sowie einer ›charakterlichen‹ Akzentuierung der Defensivität und Unschuld, des Opfercharakters und Altruismus andererseits.

Für Mezzosopran gesetzte Partien finden sich in Verdis Frühwerk kaum. Diese tiefere weibliche Stimmlage erscheint zuerst als *soprano sfogato* und etabliert sich als eigenständige Stimmlage erst seit Pauline Viardot-Garcia, die keineswegs zufällig erste Interpretin der Fidès in Meyerbeers *Le Prophète* gewesen war. Eine Ausnahme ist Fenena in *Nabucodonosor*, Abigailles Antagonistin, keine besonders bedeutende Figur, die ursprünglich sogar für Sopran geschrieben war. Die ersten beiden wichtigeren Aufgaben für den Mezzosopran sind Maddalena (*Rigoletto*) und Preziosilla (*La forza del destino*), beides Figuren, die – im Sinne der *varietà* – das realistische Kolorit beleben. Maddalena fungiert als Antagonistin Gildas und ist in ihrer erotischen Beziehung zum Tenor eine Vorläuferin jener Frauencharaktere, die dem Mezzosopran in der französischen *opéra-lyrique* und im italienischen *verismo* übertragen werden. Doch die musikalisch dominierendsten und psychologisch farbigsten Rollen für den Mezzosopran als Gegenspielerin des Soprans sind zweifellos Eboli (*Don Carlos*) und Amneris (*Aida*): zwei vitale, willensstarke, leidenschaftliche Frauen, in denen sich erotische Züge – man denke an Ebolis *chanson du voile*« im 2. bzw. 1. Akt oder an die Szene der Amneris zu Beginn des 2. Aktes (»Vieni, amor mio, m'inebbria...«) mit Aggressivität, Haß und Rachsucht kreuzen und sich zu einem Gesamtbild formen, das einen gezielten Kontrast zum weitgehend passiven, defensiven, unschuldigen Bild der Sopran-Rivalinnen abgibt. Ja, Verdi scheint die Spannung zwischen den Konkurrentinnen und die Reibungen zwischen ihren Stimmen noch dadurch zu erhöhen, daß er die *tessitura* des Mezzosoprans stark anhebt, bis in Bereiche, die selbst für einen Sopran hoch liegen – ein Charakteristikum, das auch schon für Preziosilla in *La forza del destino* gilt. In ihrer hochdramatischen Vehemenz stellen Ebolis Arie »O don fatal et détesté« im 4. (bzw. 3.) Akt von *Don Carlos* und die Haßausbrüche der Amneris gegenüber den Priestern im 4. Akt von *Aida* alles in den Schatten, was zuvor Frauen in der italienischen Oper an emotional-stimmlicher Entäußerung abverlangt wurde.

Die Verwendung von Alt und Baß

Eine noch größere Rarität als der Mezzosopran ist in Verdis Frühwerk der Alt; er erscheint lediglich in der *comprimaria* der Federica in *Luisa Miller*, auch hier als Rivalin des Soprans. Die beiden einzigen großen Altpartien Verdis überhaupt sind skurrile, bizarre, hexenhafte Frauengestalten: Azucena (*Il trovatore*) und Ulrica (*Un ballo in maschera*), deren dunkles, tiefes Timbre – eine Parallele zum Baß – auch das vorgerückte Alter der Figur andeuten soll. Während Ulricas Präsenz auf eine einzige Szene beschränkt bleibt, zählt Azucena dramaturgisch und musikalisch gleichberechtigt zu den Protagonisten von *Il trovatore*. Eine ähnlich dominante Mutterfigur ist Fidès in Meyerbeers *Le Prophète*; beiden gemeinsam ist auch die über die übliche *tessitura* des Alts hinausgetriebene hohe Lage. Allerdings ist Azucena ein erheblich stärker schillernder Charakter; dies erklärt sich aus ihrer Doppelfunktion als Täterin und Opfer, spiegelt sich in ihrem Schwanken zwischen realer Wahrnehmung und halluzinierender Erinnerung und äußert sich im Kontrastreichtum ihres Gesangs, in dem sich melismatischer Stil (»Stride la vampa! – la folla indomita«) und *canto spianato* (»Condotta ell'era in ceppi al suo destin tremendo«) abwechseln.

Die tiefste männliche Stimmlage, der Baß, repräsentiert bei Verdi ausnahmslos Figuren vorgerückten Alters, die sich – wie auch bei anderen romantischen Komponisten – in vier Hauptgruppen aufteilen lassen: Priester (Zaccaria in *Nabucodonosor*, Pagano in *I Lombardi alla prima crociata*, Padre Guardiano in *La forza del destino*, der Großinquisitor in *Don Carlos*, Ramfis in *Aida*), Herrscher (Attila, Philippe in *Don Carlos*, der König in *Aida*), adelige Väter (Massimiliano Moor in *I masnadieri*, Walter in *Luisa Miller*, Monterone in *Rigoletto*, Fiesco in *Simon Boccanegra*, Marchese di Calatrava in *La forza del destino*) sowie Mörder, Verschwörer und Rächer (Silva in *Ernani*, Wurm in *Luisa Miller*, Sparafucile in *Rigoletto*, Procida in *Les Vêpres Siciliennes*, Tom und Samuel in *Un ballo in maschera*). Zwei spezifische Qualitäten der Baßstimme werden von Verdi immer wieder eindrucksvoll zur Geltung gebracht: zum einen die Entfaltung von feierlich-getragenem, balsamischem Vortrag, zum andern die Evozierung von düsterer Bedrohlichkeit negativ gezeichneter Figuren. Ersterer beherrscht die Gebete Zaccarias im 2. Teil von *Nabucodonosor* (»Tu sul labbro dei veggenti«) und Padre Guardianos im 2. Akt von *La forza del destino* (»Il santo nome – di Dio Signore«), Fiescos schmerzerfüllten Monolog im Prolog von *Simon Boccanegra* (»Il lacerato spirito«), Philippes melancholisch-bedauernde Betrachtungen über die Einsamkeit und Traurigkeit des Alters im 4. (bzw. 3.) Akt von *Don Carlos* (»Elle ne m'aime pas! non! son cœur m'est fermé«) und Silvas *cavatina* im 1. Teil von *Ernani* (»Infelice... e tuo credevi«). Der dunklen Klangqualität des Baßtimbres als Ausdrucksmittel für dämonische Verruchtheit, rachlustige Gesinnung oder rigide Härte hingegen bedient sich Verdi in den Rollen des Sparafucile, Wurm, Procida, Tom, Samuel, Ramfis und des Großinquisitors.

Die musikalische Evozierung der Bedrohlichkeit und Unheimlichkeit eines Mörders wie Sparafucile gelingt Verdi durch plötzliche, von oben nach unten fallende Wendungen, beim ersten Zusammentreffen mit Rigoletto im 1. Akt etwa die Phrasen »Un uom che libera«, »La vostra donna è là«, »Sparafucil mi nomino...« oder im 3. Akt »Signor, vi guardi Iddio...« und »Buona notte!«. Ähnliche unvermutete und eine latente, lauernde Aggressivität suggerierende Abstiege in die tiefe Lage gibt es auch mehrfach in den Äußerungen des Großinquisitors in seiner Szene mit Philippe: »Suis-je devant le Roi?«, »La paix du monde vaut le sang d'un fils rebelle«, »Partout où le chrétien suit la fois du Calvaire«, »C'est donc moi qui vous parlerai, Sire!«

Daß sich Verdi keineswegs auf stereotype Formeln festlegen läßt, zeigt sich etwa an der Partie des Ferrando, die vom Baß überraschenderweise sogar Triller und Verzierungen verlangt. In seiner Erzählung im 1. Teil von *Il trovatore* (»Di due figli vivea padre beato«) wird durch die eingestreuten Melismen ein uneigentlicher, balladesker Erzählton heraufbeschworen. Doch weit überwiegend herrscht in Verdis Baßpartien der syllabische *canto spianato* vor, oft mit einem geheimnisvollen, fast mystischen Tonfall wie in den erwähnten Gebeten Zaccarias (»Tu sul labbro dei veggenti«) und Padre Guardianos (»Il santo nome – di Dio Signore«), dem ebenfalls erwähnten Monolog

Fiescos (»Il lacerato spirito«) oder auch dem Gesang Ramfis' im Finale des 1. Aktes von *Aida* (»Nume, custode e vindice«).

In der *tessitura* nähern sich Verdis Bässe nur gelegentlich – in einigen Passagen des Zaccaria, Fiesco, Sparafucile, Padre Guardiano und des Großinquisitors – dem tiefsten Fach dieser Stimmlage an, dem *basso profondo*. Meist ist auch die *tessitura* des Basses im Vergleich zu Bellini und Donizetti merklich nach oben verlagert, mit gelegentlichen Spitzentönen bis zum fis^1 (Sparafucile, Philippe II), also bis in baritonale Bereiche.

Aufbrechen der traditionellen Sängerhierarchie

Das Aufbrechen, Variieren, Aufgeben von Klischees, das der Gesangsstil der Figuren Verdis insgesamt zeigt, sowie der neue Umgang des Komponisten mit den verschiedenen Stimmlagen und deren Unterteilungen in diverse Stimmfächer mußten zwangsläufig auch mit jener Hierarchie in Konflikt geraten, die die traditionelle Struktur des Sängerensembles (*compagnia di canto*) in Italien bis weit in die erste Hälfte des 19. Jahrhunderts prägte. Untrennbar damit verbunden sind die dem Status der einzelnen Sänger innerhalb dieser Hierarchie entsprechenden *convenienze*, das heißt die daraus abgeleiteten musikalischen Ansprüche. Ursprünglich standen nur drei Protagonisten als wesentliche Handlungsträger an der Spitze dieser Hierarchie, die sogenannten *primari*: *prima donna, primo uomo, primo basso (cantante)*. Wenn ein vierter *primario* hinzukam, dann ein tiefer Baß, ein zweiter Sopran (*soprano sfogato*) oder ein Mezzosopran. Allein diesen *primari* standen Solonummern größeren Ausmaßes zu, meist in der klassischen vierteiligen Anlage aus *scena, adagio, tempo di mezzo* und *cabaletta*. Nach den *primari* folgten die *comprimari* (diese Bezeichnung wurde später zum Sammelbegriff für alle kleineren und kleinsten Rollen), denen solche größeren Solonummern versagt waren und allenfalls eine *cavatina*, das heißt eine nur einsätzige Arie ohne *cabaletta* oder andere kleine Soloanteile in Duetten, Terzetten oder mit dem Chor vorbehalten blieben. Darunter schließlich rangierten die *secondari* (Vertraute, Zofen, Diener, Boten), deren Mitwirkung sich auf Rezitative, auf Einzelteile von Solonummern der Protagonisten (*tempo di mezzo*, Übergangs- und Schlußpassage der *cabaletta*) und große Ensembles beschränkte.

Verdis erste Opern fügen sich zweifellos den Vorgaben der traditionellen *compagnia di canto* und den damit verbundenen *convenienze* als auch den praktischen Besetzungszwängen und den daraus entstehenden Forderungen an den Komponisten. Der junge Verdi zögerte nicht, seine Interessen zurückzustellen, an seinen Partituren zu ändern, »di fare qualche accomodo alle tessiture« (»die *tessitura* anpassen«), wenn bestimmte Sänger es notwendig machten. So adaptierte er die Titelrolle in *Oberto*, die für den Baß Ignazio Marini geschrieben war, bald nach der Premiere für den Bariton Raffaele Ferlotti. Dahinter stand natürlich das ehrgeizige Interesse des jungen, aufstrebenden Komponisten, seine Opern aufgeführt zu sehen. Der ersten weiblichen Protagonistin in *Oberto*, Antonietta Rainieri-Marini als Leonora, einer ausgesprochen dramatischen Sopranistin mit großem Stimmumfang und guter Tiefe, hatte es Verdi zu danken, daß es das Werk nach der Uraufführung zu einer, wenn auch begrenzten, Serie von Aufführungen brachte. Kaum ein Zufall, daß Verdi in seiner nächsten Oper *Un giorno di regno* für diese Sängerin eine sehr ähnliche Partie schuf. Fast jede Nummer der Leonora im *Oberto* hat ein Äquivalent in der Partie der Marchesa del Poggio in *Un giorno di regno*.

Diese unbedingte Bereitschaft Verdis zur Anpassung an die personellen Gegebenheiten zu durchaus eigennützigem Zweck änderte sich aber sehr bald, schon nach dem großen Erfolg mit *Nabucodonosor*. Für Erminia Frezzolini, ebenfalls eine der bedeutendsten Sopranistinnen der Zeit und erste Giselda in Verdis vierter Oper *I Lombardi alla prima crociata*, machte er keinerlei Anstalten, die nächste von ihr aus der Taufe gehobene Rolle, die Titelheldin von *Giovanna d'Arco*, an die vorangegangene ›anzupassen‹ – Giselda und Giovanna sind zwei deutlich verschiedene Partien. Dies bedeutet nicht, daß Verdi von nun an die individuellen Qualitäten eines Sängers unwichtig geworden wären, aber er ordnete ihnen sein musikalisches Konzept nicht mehr unter. So schuf er die Partie des Germont als durchgehend lyrische, sehr kantable Baritonrolle, obwohl er wußte, daß die Stärken Felice Varesis, des ersten Interpreten, ganz andere waren. Tatsächlich wurde die Oper – zum Gutteil wegen Varesis Versagen – ein Mißerfolg. Erst später entwickelte sich die Rolle durch andere Baritone zu einer der bekanntesten und beliebtesten Verdis überhaupt.

Aber nach wie vor war Verdi bereit, besonderen stimmlichen Vorzügen seiner Sänger Rechnung zu tragen, wenn sie dem Konzept der Rolle entsprachen. Für Filippo Coletti, den ersten Francesco Moor (*I masnadieri*), der über ein außergewöhnlich strahlendes, voluminöses f^1 verfügte, baute er diese Note nicht weniger als dreizehnmal in dessen *adagio* (»La sua lampada vitale«) und *cabaletta* (»Tremate, o miseri, – voi mi vedrete«) im 1. Akt ein. Ganz ähnlich im Fall des ersten Miller (*Luisa Miller*), den Achille De Bassini sang, ein Bariton mit noch ausgeprägterer brillanter Höhe. In seinem *adagio* (»Sacra la scelta è d'un consorte«) und der *cabaletta* (»Ah! fu giusto il mio sospetto!«) im 1. Akt führen die Spitzentöne mehrfach sogar bis zum ges^1 und mitunter bis zum g^1.

Verdis schon früh einsetzende Versuche, literarisch hochwertige und dramatisch komplexere Stoffe mit einer ganzen Reihe von tragenden Hauptfiguren auf die Opernbühne zu bringen, wie etwa in dieser Oper mit Schillers *Kabale und Liebe*, brachten ihn zwangsläufig in Konflikt mit der Starrheit dieses hierarchischen Korsetts und den daraus resultierenden dramaturgischen Einengungen. Anfänglich versuchte er sich mit Kompromißlösungen zu behelfen. In *Luisa Miller* hielt er sich insofern oberflächlich an das traditionelle Schema, als von den drei gleichrangigen Figuren Miller, Walter, Wurm – alles tiefe Männerstimmen – nur die Rolle des alten Miller als *primario* gestaltet wurde, Walter und Wurm hingegen als *comprimario*. Allerdings taten Verdi und sein Librettist Cammarano ihr Möglichstes, um beide Rollen musikalisch aufzuwerten. Während Walter im 1. Akt immerhin eine ›verkürzte‹ Arie aus *scena* und *adagio* (»Il mio sangue, la vita darei«) hat, muß Wurm ohne jede Solonummer auskommen, ist aber dennoch ständig präsent und darf in Luisas Arie im 2. Akt (»Tu puniscimi, o Signore«) in den szenischen Teilen sogar die Führung übernehmen.

Ein erster ›Präzedenzfall‹ für die sich aus den strikten *convenienze* der *compagnia di canto* ergebenden Konsequenzen war bereits der Silva in *Ernani* gewesen. Die Rolle ist zwar von dramaturgisch gleichrangiger Bedeutung wie die beiden anderen Männerfiguren Ernani und Carlo, wurde aber von Verdi als *basso comprimario* eingestuft und hatte daher ursprünglich nur das *adagio* im Finale des 1. Teils (»Infelice ... e tuo credevi«). Erst als Verdi später den berühmten Ignazio Marini für die Rolle gewinnen wollte, wertete er sie zum *primo basso* auf, indem er die *cabaletta* »Infin che un brando vindice« hinzukomponierte.

In seinem Frühwerk brachte Verdi bis zum endgültigen Durchbruch mit *Rigoletto* nur in wenigen Fällen bis zu vier, meist aber nur drei *primari* zum Einsatz. Die *comprimari* und *secondari* blieben bis auf zwei Opern auf vier bis fünf beschränkt. Zu diesen Ausnahmen zählen *Macbeth* als erster Versuch, gegen alle konventionellen Zwänge dem originären Anspruch eines Schauspiels der Weltliteratur gerecht zu werden, und *La battaglia di Legnano* als einzige unverhüllt politische Oper Verdis. In *Il trovatore* löst sich Verdi erstmals ganz unverblümt vom traditionellen Schema, mit fünf *primari* (Tenor, Sopran, Bariton, Alt, Baß), und gleichzeitig findet die erstmalige Aufwertung der tiefen Frauenstimme statt. Dieselbe Protagonistenzahl mit etwas veränderter Stimmlagenverteilung (Tenor, Sopran, Bariton, Alt, Koloratursopran) erscheint auch in *Un ballo in maschera*. Sie steigert sich weiter in *La forza del destino* auf sechs *primari*, erweitert um einen (nur hier vorkommenden) *baritono brillante*, das heißt Charakterbariton (Fra Melitone), wobei in dieser Oper auch Randfiguren wie der Maultiertreiber Trabuco zur präzisen Charakterstudie aufgewertet sind. Mit den acht Protagonisten des *Don Carlos* übertraf Verdi die »sept étoiles«, die »sieben Sterne« von Meyerbeers *Les Huguenots*, wobei allerdings nur fünf davon die *convenienze* der traditionellen *compagnia di canto* erfüllen: Philippe, Rodrigue, Don Carlos, Elisabeth und Eboli. Thibaut, ein Sopran *en travestie*, bleibt, obwohl als *primo soprano* bezeichnet, eine rein episodische Figur. Der Mönch wie der Großinquisitor erscheinen nur in wenigen Szenen und würden bei Anwendung der traditionellen Regeln nur als *comprimari* gelten dürfen. Aber Verdi unterscheidet hier ohnehin nicht mehr zwischen *comprimari* und *secondari* und hebt nur noch die *primari* hervor, unter die auch Figuren rein aufgrund ihrer dramaturgischen Bedeutung, ohne Rücksicht auf ihre musikalischen Anteile, eingereiht sind. In seiner letzten Oper *Falstaff* schließlich gibt Verdi jegliche hierarchische Abgrenzung auf. Hier werden die Rollen nur noch mit ihrer Stimmlage identifiziert, nicht mehr nach einer Rangordnung gestaffelt. Parallel dazu verläuft die Auflösung der *convenienze*, die Zuordnung bestimmter musikalischer Anteile je nach Größe oder Bedeutung der Partie. Solonummern wie Falstaffs Ansprache »L'Onore! / Ladri! Voi state ligi all'onor vostro, voi!«, Fords Monolog »È sogno? o realtà... due rami enormi« oder Fentons Sonett »Dal labbro il canto estasïato vola« entwickeln sich hier nicht, weil sie wegen einer ihr von außen zugedachten hierarchischen Position einer Rolle ›zustehen‹, sondern allein aufgrund handlungsbedingter Notwendigkeit, aus der immanenten Gesetzmäßigkeit des Dramas.

Konventionen der musikalischen Gestaltung

von Anselm Gerhard

Ästhetik des Schnitts

Am Ende des 1. Akts von *La traviata* sieht der Zuschauer Violetta, die – obwohl scheinbar zynische Lebedame – Zweifel über ihre Gefühle plagen: Alfredo hat ihre Sinne verrückt, erstmals stellt sie sich die Frage, ob es so etwas wie eine »ernsthafte Liebe« für sie geben könne. Aus der bangen Frage flüchtet sie sich in ein Traumbild: Vielleicht ist er der Unbekannte, auf den sie insgeheim immer gewartet hat und der ihr eine erhabene Liebe eröffnen wird, die »Pulsschlag des ganzen Universums« ist.

Aber nein! Die Kurtisane bleibt Realistin genug, um festzustellen, daß solche Tagträume im Paris ihrer Zeit »sinnlose Schwärmerei« sind. Immer wird oberflächliches Amusement ihr Lebensinhalt sein und bleiben, weiter muß sie sich von einer Lust zur anderen treiben lassen.

Die dramatische Situation, die Verdi und sein Librettist Piave benutzen, um erstmals den Charakter der Titelheldin genauer zu konturieren, folgt noch im Detail der Konvention, die sich im ersten Drittel des 19. Jahrhundert in der italienischen Oper als allgegenwärtiger Stereotyp für die Disposition von Soloszenen – aber auch von Duetten und Ensembleszenen – durchgesetzt hatte: In der Abfolge von dialogischen und monologischen Elementen, die genauso im Sprechdrama begegnen könnten, sind zwei ›Haltepunkte‹ eingelassen, die Raum für das geben, was nur im Musiktheater möglich ist: vom eigentlichen Fortgang der Handlung, aber auch von der Logik diskursiver Sprache losgelöste Vergegenwärtigungen der affektiven Gestimmtheit der Protagonisten.

Aus einer grundsätzlichen Perspektive unterscheidet sich das Verfahren kaum von der nicht weniger stereotypisierten Konvention der italienischen Oper des 18. Jahrhunderts: Im *dramma per musica* und insbesondere in den unzähligen Vertonungen der Libretti Metastasios wird die Handlung im Rezitativ vorangetrieben; vor dem Abgang einer Figur ist dieser aber jeweils eine Arie zugedacht, in der – meist in geradezu idealtypischer Weise – ein bestimmter Affekt ausgedrückt wird. Neu im 19. Jahrhundert ist ›nur‹ das Prinzip des Kontrasts: Nicht mehr ein Affekt bestimmt das Denken und Handeln der Figuren in ihrer Arie, sondern zwei in starkem Gegensatz zueinander stehende psychische Dispositionen; im konkreten Beispiel folgt auf die Selbstzweifel einer liebesbedürftigen Frau die kapriziöse Oberflächlichkeit, die die männlichen Autoren einem ›Freudenmädchen‹ unterstellen.

Diese diskontinuierliche Abfolge gleichsam ›gefrorener‹ Situationen führt ein ästhetisches Prinzip ins Extrem, das auch dem Schauspiel des 19. Jahrhunderts und noch deutlicher damals modischen Formen des Spektakels wie dem *tableau vivant* oder dem Melodram zugrundelag. Wie dort ist auch in der italienischen Oper des 19. Jahrhunderts das Drama »in einzelne, synchron angeordnete unbewegliche ›Schnitte‹ zerlegt, die jeweils von der Bühne wie ein Bild vom Rahmen umgrenzt sind und in ihrem inneren Aufbau den strengen Gesetzmäßigkeiten der Figurenkomposition auf einem Gemälde folgen« (Lotman, 1981, S. 295 f.). Aber nicht erst einem der Semiotik zugerechneten Literaturtheoretiker fiel die strukturelle Ähnlichkeit melodramatischer ›Bauformen‹ mit Gemälden auf, in einer umständlicheren Formulierung wies ein aristokratischer Chronist aus Reggio Emilia bereits 1841 auf diese Parallele hin: »Die verschiedenen *pezzi cantabili* [›Nummern‹], aus denen ein Libretto zusammengesetzt ist, müssen von Situationen ausgehen, von denen jede einzelne harmonischem Ausdruck zugänglich ist. Nur so können aus der Mischung der Farben, die die jeweiligen Leidenschaften erfordern, ebenso viele kleine Bilder hervorgehen, die die Abfolge der verschiedenen Stile markieren, und nur so kann deren Mannigfaltigkeit die umfassende Gesamtheit und auf gewisse Weise die vollständige Einheit der Gemäldegalerie stiften, die eine Oper als Vereinigung dieser Bilder ist.« (Ritorni, 1841, S. 40)

Die Diskontinuität einer solchen Abfolge

kontrastierender »kleiner Bilder« ist dem Zuschauer des späten 20. Jahrhunderts durch die Gewöhnung an den Film oder gar an den *videoclip* gleichsam zur zweiten Natur geworden, während der unbewegliche Charakter des ›gefrorenen‹ *tableau* heutige Wahrnehmungsgewohnheiten irritieren muß. Allerdings machen es hier die Opern Verdis dem modernen Zuschauer sehr viel leichter als diejenigen seiner Vorgänger: Nicht nur in Richard Wagners Musikdramen, die als verzweifelter Versuch der Verschleierung der für das Musiktheater konstitutiven Diskontinuitäten begriffen werden können, sondern auch in Verdis Opern erscheint die – bei Rossini oder Bellini meist noch ungebrochen vorherrschende – Polarität ›kinetischer‹ Rezitative und ›statischer‹ Situationen merklich abgeschwächt. Im vierten Teil der geschilderten Szene hört man aus dem Hintergrund die Stimme Alfredos, die Violettas Selbstvergessenheit einen dramatischen Impetus verleiht, der mit spezifisch musikalischen Mitteln die Statik des ›gefrorenen‹ Bilds aufbricht. Solche Kunstgriffe bedeuten nicht nur einen flexiblen Umgang mit der Konvention, sondern bilden auch den Ansatzpunkt, an dem moderne Inszenierungen eine Bildsprache entwickeln können, die wesentlich über die weit weniger bewegte Inszenierungspraxis von Verdis Zeit hinausgeht.

Die vierteilige Disposition der Arie

Wie alle Konventionen gab auch der stereotype Wechsel jeweils zweier rezitativischer Abschnitte mit zwei ›gefrorenen‹ Situationen schon den Zeitgenossen Anlaß zu Kritik und Spott. Der gerade zitierte Chronist aus Reggio Emilia bemängelte im selben Zusammenhang die Praxis seiner Zeit: »Früher unterrichteten die Lehrmeister, daß die Arie am Ende einer Szene zu stehen habe, wenn die allmählich anwachsende Leidenschaft ihren Höhepunkt erreicht hat, damit es nicht geschehen könne, daß die Spannung sich wieder abschwächt und abkühlt. Heute hingegen hat jeder Sänger beim ersten Auftritt eine *cavatina*, das heißt ein nicht vorbereitetes poetisches Gebilde, das überdies von der – noch gar nicht in Gang gesetzten – Handlung losgelöst ist. In gleicher Weise könnte man den Brauch einführen, daß die Darsteller einer gesprochenen Tragödie beim Auftritt ein Sonett rezitieren, das sich auf ihre Situation bezieht.« (ebd., S. 52)

Knapp drei Jahrzehnte später publizierte Antonio Ghislanzoni fast gleichzeitig mit seinem Libretto zu *Aida* eine dreiaktige *opera seriobuffa* mit dem Titel *L'arte di far libretti* (»Die Kunst, Libretti zu schreiben«), in deren zweiter Szene die inzwischen zur leeren Konvention verkommene Standardform einer Auftrittsarie gnadenlos persifliert wird:

TENOR (*aus einer Mauer oder einer Kulisse hervortretend und sich im Bühnenhintergrund postierend*)
Was für Stimmen?... Es sind immer dieselben ... ich kenne sie ...
(*zur Nebenrolle*) Siehst Du sie? ...

NEBENROLLE (*mit starrem Blick auf den Souffleur*)
  Ich sehe sie ... In die Tiefe des Waldes
Ziehen sich die Bösen zurück ... und hier kannst Du Ungestört Deine
cavatina singen ...

TENOR (*die Nebenrolle an einem Arm packend und ihn bis zur Rampe ziehend*)
  Ja: mein Getreuer! ...
Ein andrer Grund führte mich nicht hierher – und gewiß
Wäre ich nicht gekommen,
Wenn der Komponist nicht meinen Wünschen nachgegeben
Und mir die *cavatina* geschrieben hätte ...

NEBENROLLE
Ihr seid erster Tenor – Ihr habt das Recht darauf.

TENOR
Nun geh, mein Lieber – wache in der Ferne ...
Erforsche den Wald, das Tal, den Hügel ...
Während ich das *adagio* in Es-Dur singe.
(*Die Nebenrolle entfernt sich, den rechten Arm erhoben, und bleibt hinter einer Kulisse stehen, um mit einer Chorsängerin zu plaudern*)

TENOR (*sich in der Nähe des Souffleurkastens breitmachend*)
Aufgrund jenes Schicksals, das jeden Tenor
Zum Seufzen verdammt,
Liebe ich die Frau des Baritons,
Mit grenzenloser Liebe ...

Und diese brennende Empfindung,
Die nichts auslöschen kann,
Werde ich im nächsten Duett
Allen ... und auch ihr mitteilen.

NEBENROLLE (*tritt äußerst aufgeregt auf die Bühne, zeigt sich dem Tenor und singt ihm mit flüsternder Stimme ins Ohr*)
Nun, daß Du das *adagio*
Beendet hast;

Teuerster Tenor,
Bin ich hierher zurückgekehrt,
Um Dir Zeit zum Ausruhen
Zu geben.

TENOR (*mit der Nebenrolle sich dem Hintergrund der Bühne zuwendend*)
Oh! Tausend Dank!
Bin Dir sehr verbunden ...
Gehen wir dorthin ... ganz hinten ...
Um zu spazieren! ...
(*Trompetenschall im Orchester. Nachdem er die Nebenrolle in den Zwischenraum zwischen zwei Kulissen gestoßen hat, stürmt der Tenor von Neuem zur Rampe, und schreit mit aller Kraft:*)

Neue Wunder erwartet
Das Publikum von meiner Kehle ...
Es will die *cabaletta* ...
Die *cabaletta* soll es haben.
Und ich werde so laut schreien:
Krieg, Vernichtung und Tod!
Auf daß im Wirbel meiner Noten
Die Kuppel einstürzen wird.

NEBENROLLE (*bei den letzten Kadenzen schüchtern hervortretend*)
Jemand könnte uns überraschen ...
Vorsicht! gehen wir hier ab!
(*sie entfernen sich im Geschwindschritt auf verschiedenen Wegen und ohne sich zu grüßen*) (Ghislanzoni, 1870, S. 6f.)

Ghislanzonis treffsichere Parodie läßt in überdeutlicher Weise die wichtigsten Merkmale der standardisierten Disposition einer Arie erkennen, wie sie in der italienischen Oper zwischen etwa 1810 und etwa 1880 vorherrschte: Auf ein Rezitativ, dessen Inhalt eher von nachgeordneter Bedeutung ist, folgt ein langsamer Ariensatz mit der Vergegenwärtigung eines zurückgenommenen ›lyrischen‹ Gefühls: Auch wenn die Tempovorzeichnung *Andante* oder *Andantino* lauten sollte, wird dieser Teil im Jargon als *adagio* bezeichnet, bisweilen auch schlicht als »erster Satz« (*primo tempo*) oder als *cantabile*. (Gelegentlich findet sich auch der Begriff *cavatina*, der im 18. Jahrhundert eine kurze einsätzige Arie bezeichnet hatte; bei Ghislanzoni steht *cavatina* freilich für die ganze mehrteilige Auftrittsarie.) In einer erneuten rezitativischen Passage wird dann ein radikaler Stimmungsumschwung vorbereitet, der den abschließenden schnellen Ariensatz ermöglicht, die – auch als »zweiter Satz« (*secondo tempo*) bezeichnete – *cabaletta*, die der lyrischen Verhaltenheit des *adagio* in der Regel laute und kraftvolle Virtuosität entgegensetzt.

Der von Ghislanzoni imaginierte Trompetenschall karikiert die leere Mechanik der Kontrastierung zweier gegensätzlicher *pezzi cantabili*, wie sie entstehen kann, wenn auch für den wohlgesonnenen Zuhörer eine nachvollziehbare dramaturgische Motivierung des Stimmungsumschwungs vor der *cabaletta* hinter den prosaischen Notwendigkeiten der Opernkonvention zurücktritt. So reißt im Duett des 1. Teils von Bellinis *I Capuleti e i Montecchi* festliche Musik im Bühnenhintergrund das veronesische Liebespaar Giulietta und Romeo aus seinen Liebesträumen, im 4. Akt von Rossinis *Guillaume Tell* sind es die aus dem Hintergrund hereindringenden Rufe der Eidgenossen, Tell sei verhaftet werden, die den Tenor Arnold aus den selbstvergessenen Erinnerungen an sein Elternhaus (»Asile héréditaire«) wecken und davon überzeugen, daß er für sein Vaterland kämpfen muß (»Amis, secondez ma vengeance«).

Neben Musik oder Stimmen aus der Ferne sind es häufig auch Botenberichte, die mit der Mitteilung eines unerwarteten Sachverhalts zum Stimmungsumschwung führen. Meist handelt es sich um die von Ghislanzoni karikierte Nebenrolle, die bisweilen auch nur einen Brief überbringt, der dann von der Solorolle laut gelesen wird. Freilich werden nicht nur andere Figuren regelmäßig an den rezitativischen Teilen einer Solo-Nummer beteiligt, sondern relativ häufig auch der Chor: Am Beginn des 2. Akts von *Rigoletto* ist der Bericht von der gelungenen Entführung Gildas dem Chor der Höflinge übertragen und erreicht Ausmaße, die den mit den Konventionen nicht (mehr) vertrauten Zuhörer vermuten lassen müssen, es handle sich um eine selbständige Chor-Nummer und nicht um die Übergangspassage zwischen *adagio* und *cabaletta* der Arie des Herzogs: Erst im Wissen, daß Gilda bald bei ihm sein wird, kann dieser – einer *cabaletta* gemäß – darauf hinweisen, daß ihn »mächtige Liebe ruft«.

Gerade die – aus der hierarchischen Anlage der Personenkonstellation (siehe oben, S. 179–181) erwachsene – Notwendigkeit, den Hauptrollen stereotypisierte mehrteilige Arien zuzuweisen, dürfte auch den merkwürdigen Umstand erklären, daß die auf den oder die »confidente« (»Vertraute[n]«) des 18. Jahrhunderts zurückgehenden Nebenrollen sich in der italienischen Oper so lange halten konnten. Während sie in der französischen Oper nach 1830 fast völlig verschwanden (Gerhard, 1992, S. 81), finden sie sich bei Verdi regelmäßig bis in die 1860er Jahre: Giovanna, »Gesellschafterin Gildas« in *Rigoletto* wäre hier ebenso zu nennen wie Giuseppe, »Diener Violettas« in *La traviata*, die namenlose »Dienerin« und der namenlose »Diener« Amelias in *Simon Boccanegra* sowie *Un ballo in maschera* und schließlich Curra, »Leonoras Zofe« in *La forza del destino*. Diesen Nebenfiguren wird aber – wie manchen Chorformationen – nicht nur die Funktion von ›Stichwortgebern‹ zugewiesen, sondern auch die primär musikalische Aufgabe, die Eintönigkeit der abschließenden *cabaletta* aufzulockern. So setzt schon Ghislanzonis zitierte Parodie die Nebenrolle – im Personenverzeichnis als »wenig einflußreiche und unentschiedene Figur« ausgewiesen – als *pertichino* (siehe unten, S. 643) ein, um die letzten Takte der *cabaletta* seines Musterlibrettos mit zweistimmigem Gesang überhöhen zu können. Und im 2. Teil von *Il trovatore* wird die *cabaletta* der Arie des Conte di Luna »Per me, ora fatale« von einem Chor Ferrandos und der Getreuen begleitet, dessen Text »Es sei gewagt! Gehen wir . . . laßt uns verbergen« Ghislanzonis »Vorsicht! gehen wir hier ab!« verblüffend nahe kommt.

Form oder Anlage?

Es ist also relativ einfach, eine vierteilige Disposition von Arien, Duetten und Finalensembles zu abstrahieren, in denen auf eine rezitativische Einleitung ein *adagio*, auf eine wieder eher rezitativische Übergangspassage eine abschließende *cabaletta* folgt. Erstaunlich ist nur, daß die Opernforschung erst in den letzten zwei Jahrzehnten diesen Schritt vollzogen hat und mit detaillierten Untersuchungen versucht, aus einer genauen Beschreibung der Konventionen ein Instrumentarium für ein besseres Verständnis der italienischen Opern des 19. Jahrhunderts zu gewinnen.

Diese merkwürdige Verspätung hat ursächlich mit der Geschichte der modernen Musikwissenschaft zu tun, wie sie im Deutschland des 19. Jahrhunderts entstanden war. Ihre Methoden wurden einerseits der klassischen Philologie entlehnt, andererseits aber wesentlich an der sogenannten »absoluten Musik« und vor allem am Instrumentalwerk Beethovens entwickelt. Die meist implizite Abhängigkeit von idealistischen Formkonzepten, die in Anlehnung an Hegels Philosophie formuliert wurden, ist nicht nur bei Autoren wie Adolf Bernhard Marx und Hugo Riemann, sondern auch noch bei vielen Musikwissenschaftlern des späten 20. Jahrhunderts offensichtlich. Die italienische Oper des 19. Jahrhunderts stand aus dieser Perspektive unter dem Verdacht der Trivialität; weder in den deutsch- noch in den englischsprachigen Ländern wurde sie vor etwa 1970 als würdiges Objekt der Forschung betrachtet. Bei den in Italien tätigen Forschern und Journalisten prägte dagegen die Schulung am Kanon der ›klassischen‹ Literatur und die anhaltende Abhängigkeit von der normativen Ästhetik Benedetto Croces die kaum professionalisierte Erforschung der Oper bis mindestens in die 1960er Jahre hinein: Entsprechend standen dort Fragen der dramaturgischen Analyse und der ästhetischen Interpretation im Vordergrund, während Aspekte der musikalischen Detailgestaltung kaum angemessen gewürdigt wurden.

So überrascht es nicht, daß in dem Moment, wo mit dem neuen Interesse am 19. Jahrhundert auch die nicht-wagnersche Oper als Forschungsgegenstand ›entdeckt‹ wurde, ausgerechnet die »Sonatenform« als Paradigma herangezogen wurde, um sich dem lange vernachlässigten Phänomen zu nähern: Bei der kritischen Lektüre eines Aufsatzes wie *Verdi's »Falstaff« and Classical Sonata Form* (Linthicum, 1978) oder einer Kieler Dissertation von 1986 (Werner, 1988) stellt sich die bange Frage, ob mit dem Hinweis auf Verdis Abhängigkeit von Beethoven und der Tradition der ›deutschen‹ Instrumentalmusik ein noch nicht allgemein anerkannter Forschungsgegenstand nobilitiert werden soll oder ob der Rückgriff auf Standardmethoden herkömmlicher musikalischer Analyse vielmehr dem Gefühl geschuldet ist, über keine anderen geeigneten Verfahren zu verfügen. Mit diesen kritischen Fragen soll nicht im geringsten geleugnet werden, daß Verdi Beethovens Instrumentalwerk weit besser gekannt haben dürfte, als er der Öffentlichkeit glauben machen wollte, und daß die ominöse »Sonatenform« zu den Traditionen gehört, die in seiner letzten Oper verfremdet zitiert werden. Aber eine angemessene Beschreibung dieser Sachverhalte hätte auf den spielerisch-ironischen Charakter eines solchen Traditionsbezugs hinzuweisen und vor allem darauf, daß es sich um ein Verfahren handelt, das für den Sonderfall von Verdis *Falstaff* eine Rolle spielen mag, nicht aber für den Normalfall der italienischen Oper der vorausgegangenen Jahrzehnte.

Wesentliche Impulse erhielt eine am Aufbau der musikalischen Teile interessierte Opernforschung so erst aus einem Beitrag von Harold S. Powers, der 1983 bei einer Tagung in Wien vorgestellt wurde (Powers, 1987). Zwar waren wesentliche Aspekte der stereotypisierten Disposition einzelner Nummern der italienischen Oper schon 1975 von Philip Gossett (1976) und in einer – freilich unpublizierten – Dissertation aus demselben Jahr (Moreen, 1975) benannt worden, erst der Beitrag des musikethnologisch geschulten Powers führte aber dazu, daß »the uses of convention« von einem größerem Kreis von Opernforschern zur Kenntnis genommen wurden. Das dürfte wesentlich daran liegen, daß Powers die standardisierte »melodramatische Struktur« in eine einfache tabellarische Übersicht kondensierte und mit der Formulierung »la solita forma« (»gewohnte Form«) die Möglichkeit nahelegte, diese »normativen Szenentypen« als Basis einer Formenlehre zu verstehen, die sich einem idealistischen Formbegriff zumindest nicht verweigerte.

Im Rückgriff auf beiläufige Bemerkungen in Abramo Basevis Verdi-Buch von 1859 (siehe unten, S. 194) bezeichnete Powers die Brückenpassage zwischen *adagio* und *cabaletta* als *tempo di mezzo* (»Zwischensatz«, »Mittelabschnitt«), die eröffnende rezitativische Passage aber als *scena*, der in Duetten und Finalensemblen vor dem *adagio* beziehungsweise dem langsamen *pezzo concertato* (»Ensemble«) ein kinetisches *tempo d'attacco* (»Anfangssatz«) folgt. Daraus ergibt sich folgende tabellarische Übersicht (Powers, 1987, S. 69):

Für eine Erkenntnis der grundlegenden Strukturen standardisierter Dispositionen leistet diese Tabelle unschätzbare Dienste. Die Anwendung der von Powers vorgeschlagenen Nomenklatur auf höchst differenzierte Gestalten wie das Duett Violetta/Germont im 2. Akt von *La traviata*, die Abfolge der beiden Duette Aida/Amonasro und Aida/Radamès im 3. Akt von *Aida* (ebd., S. 77–87) oder das Finale des 1. Akts von *Simon Boccanegra* in der Neufassung von 1881 (Powers, 1989/90) läuft aber Gefahr, den normativen Charakter einer Konvention überzubewerten, die nur in Solo- und Duettnummern auf einen unwandelbaren ›Idealtypus‹ zurückgeführt werden kann. Und indem Powers die hier reproduzierte Tabelle mit der »abstrahierten Anlage des gebräuchlichen Aufrisses der fundamentalen musikdramatischen Einheiten einer [italienischen] Oper des 19. Jahrhunderts« ausdrücklich als »eine Art von ›Sonatenformen‹ für das italienische Musiktheater« bezeichnete (Powers, 1987, S. 68), leistete er sehenden Auges einer Entwicklung Vorschub, mit der die von ihm wesentlich vorangetriebene ›Befreiung‹ von den idealistischen und formalästhetischen Vorurteilen einer an der Instrumentalmusik der deutschsprachigen Länder geprägten Musikforschung auf halbem Wege angehalten wurde.

In einer grundsätzlichen Polemik gegen die von Powers und manchen Adepten wie Balthazar (1985, 1990) zum methodischen Standard mechanisierte Nomenklatur hat Roger Parker darauf hingewiesen, daß der Begriff der »solita forma« in Basevis Verdi-Buch nur in einer Nebenbemerkung fällt (siehe unten, S. 194) und daß »Basevi – wie immer nahe an der Oberfläche argumentierend – in den meisten Fällen den Begriff ›forma‹ verwendet, um die *innere* Form eines Abschnitts einer größeren Nummer zu bezeichnen« (Parker, 1997, S. 51). Aber es kommt noch ein weit schwerwiegenderes Problem hinzu: Dem eher alltags-

Großes Duett	**Arie/***cavatina*	**Finale des mittleren Aktes**	
0. *scena*	*scena*	Chor, Ballett, *scena*, Arie, Duett usw.	
1. *tempo d'attacco*	[fehlt]	*tempo d'attacco*	[kinetisch]
2. *adagio*	*adagio*	*pezzo concertato*	[statisch]
3. *tempo di mezzo*	*tempo di mezzo*	*tempo di mezzo*	[kinetisch]
4. *cabaletta*	*cabaletta*	*stretta*	[statisch]

sprachlich gebrauchten Wort »forma« haftete in Italien um 1850 nichts von dem idealistischen Hintergrund an, der in der Musikwissenschaft des 20. Jahrhunderts untrennbar mit dem Begriff »Form« verbunden ist, wie ein Satz aus Schönbergs Kompositionslehre beleuchten mag: »Im ästhetischen Sinn bedeutet der Ausdruck Form, daß ein Stück organisiert ist, d. h., daß es aus Elementen besteht, die wie in einem lebenden Organismus funktionieren. [...] Das Haupterfordernis zur Erzeugung einer verständlichen Form ist Logik und Zusammenhang. Darstellung, Entwicklung und Verbindung von Ideen muß auf ihrer Verwandtschaft beruhen.« (Schoenberg, 1979, S. 12)

Für eine Musik, die wie jede Theatermusik notwendigerweise von Diskontinuitäten und – relativ groben – Überraschungseffekten geprägt ist, ist aber ein solcher organischer und manifest zielgerichteter Formbegriff völlig unbrauchbar. Abgesehen vom Sonderfall der wesentlich symphonisch geprägten Kompositionsweise in Wagners Musikdramen spielen »Logik und Zusammenhang«, »Entwicklung und Verbindung« in der Oper allenfalls eine nachgeordnete Rolle. Und selbst Wagners Musikdramen verweigern sich hartnäckig einer Beschreibung, die die formale »Organisation« einzelner »Elemente« zu abstrahieren sucht. Für die italienische und französische Oper des 19. Jahrhunderts gilt aber in noch weit stärkerem Maße, daß die Disposition einzelner Teile weit mehr rhetorischen und dramaturgischen Erfordernissen folgt als irgendwelchen Formideen, die mit der Ästhetik der deutschen idealistischen Philosophie des frühen 19. Jahrhunderts oder den daraus abgeleiteten Metaphern einer »organischen« Entwicklung in Einklang gebracht werden könnten. »Es geht mithin nicht und nie um die Sonatenform, sondern um eine eindrucksvolle, d. h. wirksame Organisation von Effekten. Nicht Entwicklung und Konsequenz sind die primären Ziele, sondern Widerspruch und Kontrast.« (Gerhartz, 1997, S. 25) Daß für die »Organisation« dieser »Effekte« aber »Situationen« entscheidend sind – und nicht etwa einem »lebenden Organismus« vergleichbare Verfahren, hatte weniger prägnant ein italienischer Literaturtheoretiker mit einschlägiger Erfahrung bereits im Jahre 1820 formuliert; in seinen *Elementi di poesia ad uso delle scuole* (»Grundzüge der Poesie zum Schulgebrauch«) schrieb der Librettist von Rossinis *La gazza ladra*: »Diesem Wort *Situation* ist in dieser Bedeutung bis jetzt noch nicht die Gnade zu Teil geworden, in den Schoß des Wörterbuchs aufgenommen zu werden, auch wenn es seit langem in allgemeinem Gebrauch ist; und ich hätte es gerne vermieden, wenn ich ein anderes, bereits anerkanntes Wort gekannt hätte, das dieselbe Idee einbringen würde, nämlich *den Punkt, auf den Gelegenheiten fallen, die geeignet sind, dramatische Effekte hervorzurufen*.« (Gherardini, 1820, S. 333)

Nicht um abstrakte Formen handelt es sich also bei den Stereotypen der Gestaltung einzelner Nummern, sondern um Konventionen, die sowohl den Autoren wie dem Publikum des *melodramma* die Orientierung in der Abfolge von »Situationen« erleichtern. Wir sollten endlich Abschied nehmen von dem Versuch, einen Autor wie Basevi »in unsere Welt von Mustern und Formschemen einzupassen, wo die Bedeutung von Verdis Musik in Diagrammen und Graphiken ausgedrückt werden kann, wo absteigende Melodien motivische Gestalten sind, die Bedeutung – vielleicht sogar moralische Kraft – aus dem Vergleich mit anderen Gestalten, anderen abstrahierten Mustern erlangen« (Parker, 1997, S. 60). Alles spricht dafür, das Resultat langer Forschungen zur italienischen Oper des 18. Jahrhunderts auch auf das 19. Jahrhundert zu übertragen. So wie es sinnvoll ist, bei einer Untersuchung italienischer Arien des 18. Jahrhunderts den weit verbreiteten Begriff der »Da Capo-Form« konsequent zu meiden und stattdessen von einer »Da Capo-Anlage« zu sprechen (Strohm, 1976, S. 181), so sollte man auch darauf verzichten, den mißverständlichen Begriff der »solite forme« weiter für Konventionen zu benutzen, die man weit treffender – mit einer von Verdi selbst gebrauchten Formulierung – als »solite convenienze« (Brief an Francesco Maria Piave vom 8. August 1843; Abbiati, 1959, Band I, S. 472) bezeichnen kann.

Verdi und die »solite convenienze«

Genau diese »solite convenienze«, die »gewohnten Regeln« bestimmten Verdis musikdramatisches Denken vom Anfang seiner Karriere bis zu seinen letzten Opern. Zwar nahm er sich schon in den 1840er Jahren weit mehr Freiheiten als etwa sein Vorgänger Donizetti; dennoch ist nicht nur *Aida*, sondern sogar noch *Otello* von *cabalette* und statischen Finalensembles geprägt. So stellt der Rückgriff auf die Muster der damals üblichen Opernkonventionen eine ebenso unverzichtbare wie höchst nützliche Voraussetzung für ein Verständnis der zugrundeliegenden dramaturgischen und rhetorischen Überlegungen dar – so lange jedenfalls, wie diese Muster nicht mit unangemessenen (und meist unausgesprochenen) formalästhetischen Kriterien ›aufgeladen‹ werden und so lange von ihnen nicht eine tiefenscharfe Detailgenauigkeit erwartet wird, die sie nicht bieten können.

Freilich unterscheidet sich Verdis Umgang mit den überkommenen Konventionen wesentlich nicht nur im Hinblick auf die unterschiedlichen dramatischen Situationen, sondern auch hinsichtlich der Besetzung. Deshalb werden im folgenden zunächst Solo-, Duett- und Ensemble-Situationen getrennt behandelt, bevor abschließend die Frage nach der Bedeutung von Evolution und Innovation im Umgang Verdis mit den »solite convenienze« gestellt wird.

Die Zurückdrängung der konventionellen Solonummern

Verdis Opern der 1840er Jahre folgen dem von Ghislanzoni karikierten Muster der standardisierten Auftrittsarie mit nur wenigen Ausnahmen. Dabei wird – auch dies ein Stereotyp der italienischen Oper der Jahrhundertmitte – die erste Soloszene in eine Chor-Introduktion eingefügt, so daß auf einen Eröffnungschor die vierteilige Auftrittsarie eines Protagonisten folgt, deren *cabaletta* mit Beteiligung des Chors abgeschlossen wird. So beklagen am Beginn des 1. Teils von *Nabucodonosor* die Hebräer, Leviten und hebräische Jungfrauen im Tempel in Jerusalem die bevorstehende militärische Niederlage gegen die assyrischen Truppen (Chor: »Gli arredi festivi giù cadano infranti«), bevor der Hohepriester Zaccaria seinem Volk neue Hoffnung vermitteln will (*scena*: »Sperate, o figli! Iddio«), indem er in einer Erzählung (*Andante maestoso*) auf die Rettung der Juden unter Moses verweist (*adagio*: »D'Egitto là sui lidi«). Heftiger Lärm aus dem Bühnenhintergrund verweist auf den Vormarsch der Assyrer (*tempo di mezzo*: »Qual rumore! Furibondo«), Zaccaria aber drückt unerschüttert sein Gottvertrauen aus (*cabaletta*: »Come notte a sol fulgente«).

Ganz ähnlich auch im 1. Teil von *Ernani*: Im *Coro d'introduzione* (Eröffnungschor) ist von kaum mehr die Rede als von einem Trinkgelage (»Evviva!... beviamo! – Nel vino cerchiamo«); auch dies von Ghislanzoni karikiert, der seiner zitierten Auftrittsarie des Tenors einen Eröffnungschor mit demselben Stichwort »beviamo« (»laßt uns trinken«) und folgendem tiefgründigem Inhalt vorangestellt hatte:

> Am Beginn der Oper,
> Singen wir in der Ferne,
> Wie es unser Brauch ist
> Ein Gebet oder ein Trinklied...
> Und damit das gelehrte Publikum
> Dem Lied applaudieren möge,
> Sorgen wir dafür, daß es nicht versteht,
> Was wir singen.
>   Also... laßt uns beten!
>   Also... laßt uns trinken!
> Und dann laßt uns alle, ohne uns zu bewegen...
>   fliehen! (Ghislanzoni, 1870, S. 5)

Verdi versucht aber im Fortgang des Eröffnungschors von *Ernani*, ein – auch pantomimisch sichtbares – Handlungselement in die konventionelle Form einzufügen: Als sich Ernani auf einem Hügel zeigt, stellt der Chor sofort fest, wie traurig der Titelheld erscheint. Im Bühnenvordergrund angelangt, dankt der Tenor-Protagonist seinen Getreuen für das Mitleid (*scena*: »Mercé, diletti amici«) und erzählt melancholisch von seiner neuen Liebe (*adagio*: »Come rugiada al cespite«). Als er – wie in einem Geistesblitz – die Entführung Elviras als Lösung vorschlägt, erklärt sich der Chor sofort zum Kampf bereit (*tempo di mezzo*: »Si rapisca... Sia rapita!«), so daß der Held schon seine Vorfreude auf die Erfüllung seiner Liebe ausdrücken kann (*cabaletta*: »Oh tu che l'alma adora«).

Aber noch in einem weiteren Punkt unterscheidet sich diese Eröffnungsszene wesentlich vom Standard der 1820er und 1830er Jahre, den Verdi in *Nabucodonosor* noch akzeptiert hatte: Vorgestellt wird im ersten *tableau* nicht die dritt- oder viertwichtigste Figur der *compagnia di canto*, sondern der Titelheld selbst; Silva, den ein anderer Komponist hier eingeführt hätte, hat in *Ernani* keine eigene Solonummer, sondern nur eine ins Finale des 1. Teils integrierte *cavatina* (Parker, 1987). Und als ob Verdi diesen Eintritt medias in res noch weiter forcieren wollte, folgt im 1. Teil von *Ernani* unmittelbar im Anschluß an *recitativo e cavatina* Ernanis – nach einem Szenenwechsel – *scena e cavatina* der *prima donna* Elvira: In der Einsamkeit ihres Zimmers im Schloß Silvas gibt sie ihrem Haß auf ihre Lebensumstände Ausdruck (*scena*: »Sorta è la notte, e Silva non ritorna!«) und denkt wehmütig an Ernani, von dem sie Rettung vor dem ungeliebten Silva erhofft (*adagio*: »Ernani!... Ernani, involami«). Da bringen Dienstmädchen reiche Geschenke für die bevorstehende Hochzeit mit Silva (*tempo di mezzo*: »Quante d'Iberia giovani«), die bei Elvira aber nur Abscheu erregen, weil sie einzig an den geliebten Ernani denkt (*cabaletta*: »Tutto sprezzo che d'Ernani«).

Auffällig ist nun, wie diese Konvention der großformatigen vierteiligen Auftrittsarie von Verdi in den späteren 1840er Jahren bisweilen modifiziert, nach 1850 aber immer konsequenter gemieden wird. In *I due Foscari* (1844) zum Beispiel schließen sich an den Eröffnungschor – wie in *Ernani* – Auftrittsarien des Tenor-Protagonisten (Jacopo) und der *prima donna* (Lucrezia) an; vergegenwärtigt werden im *adagio* die Affekte unglückliche Liebe beziehungsweise gottergebener Schmerz, in der *cabaletta* Abgrenzung vom Haß der anderen Patrizier beziehungsweise Ruf nach Gottes Strafe für deren Arroganz. In Lucrezias *scena e cavatina* ist aber der Übergang vom ›kinetischen‹ *tempo di mezzo* zur ›statischen‹ *cabaletta* weit überraschender und ›dramatischer‹ gestaltet als in den meisten Opern der Zeit: Lucrezias Vertraute Pisana berichtet weinend, Jacopo sei vom Rat der Zehn erneut zur Verbannung verurteilt worden. »Mit aller Kraft« bricht Lucrezias Wut gegen diesen Justizirrtum aus; der mit dem Vers »La clemenza!... s'aggiunge lo scherno!« beginnende erste Vierzeiler ihrer Reaktion ist aber von Verdi nicht als erster Teil der *cabaletta*, sondern als *arioso* komponiert. Erst mit der Drohung »Patrizii, tremate... l'Eterno L'opre vostre dal cielo misura...« (»Patrizier, zittert.... der Weltenherrscher im Himmel bewertet eure Taten«) beginnt die *cabaletta*, und zwar ohne das normalerweise obligatorische Orchestervorspiel, sondern – nach einer Generalpause – mit zwei unbegleiteten Tönen der Solistin. Erst auf die Silbe »pa-*tri*-zii« setzt das Orchester – dominantisch – mit dem charakteristischen Begleitrhythmus ein, der in den meisten frühen Opern Verdis – zusammen mit den punktierten Rhythmen in der Singstimme – untrüglich auf die *cabaletta* verweist:

♩ ♫♫ ♩ ♫♫ ♩

In *Giovanna d'Arco* (1845) folgt auf den Eröffnungschor die Auftrittsarie des Tenor-Protagonisten Carlo. Im nächsten Schritt wird aber der Bariton Giacomo lediglich in einer *scena* – ausschließlich mit rezitativischen *versi sciolti* (siehe unten, S. 204 f.) und rezitativischer Musik – vorgestellt. In einem dritten Schritt erscheint Giovanna, deren *scena e cavatina* freilich nur – wie es bei einer dritten Arie in Folge allgemein üblich gewesen wäre – aus *scena* und *adagio* besteht, also auf zwei Teile verkürzt ist. Freilich wird der fehlende Abschluß für die *prima donna* gleichsam ›nachgeliefert‹, denn die *stretta* des Finales dieses Prologs (»Son guerriera che a gloria t'invita«) übernimmt gleichzeitig die Funktion einer *cabaletta* der vorausgegangenen Arie.

Die Möglichkeit, die vollständige vierteilige Arie auf eine zweiteilige Struktur aus *scena* und *adagio* – oft als *scena e romanza* bezeichnet – zu verkürzen, wird von Verdi von Anfang an regelmäßig eingesetzt, und erhält dann nach 1850 allmählich das Übergewicht über die konventionelle vierteilige Struktur. So besteht Gildas einzige Solonummer in *Rigoletto*, ihre *scena ed aria* im 1. Akt, nur aus Rezitativ (»Gualtier Maldè... nome di lui sì amato«) und *adagio* (»Caro nome che il mio cor«), freilich mit der Tempo-Anweisung *Allegro moderato*. Und ganz ähnlich folgt auch in Violettas zweiter *scena ed aria* im 3. Akt von *La traviata* auf das einleitende Rezitativ nur ein langsamer Satz (»Addio, del passato bei sogni ridenti«). Von besonderem Interesse ist aber Rigolettos *scena ed aria* im 2. Akt der gleichnamigen Oper. Dort ist nach einer langen *scena* und einer ersten lyrischen ›Station‹ (»Cortigiani, vil razza dannata«) mit dem endgültig gescheiterten Versuch des verzweifelten Vaters, sich Zugang zu den Gemächern des Herzogs zu verschaffen, eine Situation gestaltet, die dem Stimmungsumschwung eines *tempo di mezzo* entspricht; mit den »solite convenienze« ist dieser musikdramatische Geniestreich Verdis jedoch nicht mehr zu erfassen. Gewiß könnte man in den ersten zwei Vierzeilern Rigolettos (»Cortigiani, vil razza dannata«) eine Art *adagio* erkennen, auf das nach einem sehr kurzen *tempo di mezzo* (» Quella porta, assassini, m'aprite: Ah! voi tutti a me contro venite! . . .«) mit dem dritten und vierten Vierzeiler (»Ebben, piango . . . Marullo . . . signore«) eine Art *cabaletta* folgt. Gegen eine solche Interpretation spricht aber nicht nur die völlig ungewöhnliche Tempofolge – Andante mosso agitato (M. M. 80) für das ›adagio‹, Meno mosso (M. M. 56) für die ›cabaletta‹ –, sondern auch die Tatsache, daß die ›cabaletta‹ trotz ihrer gegensätzlichen Stimmung durch das beibehaltene Metrum, die ähnliche Motivik der Singstimme und die ebenfalls beibehaltenen Sechzehntel-Triolen der Orchesterbegleitung als Variation des ›adagio‹ erscheint. So überrascht es nicht, daß versucht wurde, dieses »Unikum in der Arientypologie« als Ableitung vom Schema der *aria a due* zu begreifen und so den Abschnitt »Cortigiani, vil razza dannata« in Anlehnung an die standardisierte Disposition von Duetten als *tempo d'attacco* zu bezeichnen, die eigentliche Arie aber erst mit dem letzten Vierzeiler (»Miei signori . . . Ah perdono, pietate . . .«) beginnen zu lassen (Conati, 1983a, S. 100).

In *Il trovatore* sind der *prima donna* Leonora wiederum zwei relativ konventionelle vierteilige Arien – im 1. und 4. Teil – zugewiesen, während Manrico in seiner *scena ed aria* am Ende des 3. Teils sogar ein – nicht von ungefähr höchst populäres – Musterbeispiel einer virtuosen *cabaletta* (»Di quella pira«) übertragen wird. Der Auftritt Azucenas im 2. Teil ist dagegen in noch heute irritierendem Maße individualisiert: In den Eröffnungschor des neuen Aktes ist eine zweistrophige *canzone* (»Stride la vampa! – la folla indomita«) eingefügt. Nach dem Abgang des Chors folgt in *scena e racconto* erneut eine strophische Erzählung der Zigeunerin (»Condotta ell'era in ceppi al suo destin tremendo«), deren scheinbar festgefügte Struktur mit dem Beginn der zweiten Strophe (»Quand'ecco agli egri spirti, come in un sogno apparve«) sprichwörtlich wegschmilzt: Zu den abgerissenen Gestammel Azucenas hört man zunächst nur Streicher-*tremoli* auf einem einzigen Ton, dann eine instrumentale Wiederaufnahme ihres ersten Erzählung (»Stride la vampa! – la folla indomita«), nach dem Ausruf »Mi vendica!« schließlich eine rezitativische Folge disparater deklamatorischer Passagen, deren Diskontinuität den Schrecken über das erzählte Geschehen sinnfällig vergegenwärtigt.

Wie paradigmatisch der Weg von der überkommenen vierteiligen Ariendisposition mit *adagio* und *cabaletta* zu einer zweiteiligen Arie mit einem einzigen geschlossenen Satz für Verdis Entwicklung nach der Jahrhundertmitte steht, zeigt besonders deutlich *Simon Boccanegra*: Als Verdi 1881 die wenig erfolgreiche Oper grundlegend überarbeitete, übernahm er zwar kaum verändert den Beginn von Amelias Auftrittsarie am Beginn des 1. Aktes (»Come in quest'ora bruna«), schloß dieses dreistrophige *adagio*, dem übrigens – trotz des Titels *scena e cavatina* im Klavierauszug von 1857 – kein Rezitativ vorausgeht, mit vier neuen Versen Boitos ab, und strich – nach einigem Zögern (Noske, 1977, S. 222) – ersatzlos *tempo di mezzo* (»Spuntò il giorno!. . . Ei non vien! . . . Forse sventura . . .«) und *cabaletta* (»Il palpito deh frena«) der ersten Fassung. Ganz ähnlich sind in *Un ballo in maschera* sämtliche solistischen Auftritte – im 1. Akt *scena e cantabile* (»Alla vita che t'arride«) Renatos, *scena e ballata* Oscars (»Volta la terrea«) und *scena e canzone* (»Di' tu se fedele«) Riccardos, im 2. Akt *scena ed aria* (»Ma dall'arido stelo divulsa«) Amelias, im 3. Akt *scena ed aria* (»Morrò, ma prima in grazia«) Amelias, *scena ed aria* (»Eri tu che macchiavi quell'anima«) Renatos und schließlich *scena e romanza* Riccardos (»Ma se m'è forza perderti«) – zweiteilig, also ohne *tempo di mezzo* und *cabaletta* gestaltet. Besonders bemerkenswert ist dies im Fall der ›großen‹ Arie Amelias am Beginn des 2. Akts, wo Verdi sich im bewußten Gegensatz zur vierteiligen Vorlage im Libretto Scribes von 1833 für die Abkehr von der überkommenen Konvention entschied (Gerhard, 1992, S. 375). Freilich weist auch die immer deutlichere Bevorzugung der – in Italien vereinzelt schon vorher möglichen – strophischen Anlage des mehr oder weniger dem *adagio* entsprechenden Teils auf manifeste, vor allem in der *opéra-comique* zu suchende französischem Einflüsse, wobei die aufgebrochene musikalische Detailgestaltung der drei Strophen von Amelias Arie freilich über alle möglichen Vorbilder weit hinausgeht (Ross, 1983, S. 130–134).

Wie nahe Verdi der Vorliebe der *opéra-comique* für kurze strophische Formen gekommen war, zeigt sich besonders auffällig in *Rigoletto*: Dort wird in der *introduzione* des 1. Aktes der Herzog mit einer kurzen – im Libretto vierstrophigen, musikalisch aber in zwei Doppelstrophen gegliederten – *ballata* (»Questa o quella per me pari sono«) eingeführt, und auch sein letztes Solo (»La donna è mobile«) ist eine in zwei Doppelstrophen komponierte vierstrophige *canzone*. Analog wird in *Aida* in dem einzigen als geschlossene Solonummer ausgewiesenen Abschnitt ganz am Beginn des 1. Aktes Radamès mit einer zweistrophigen *romanza* (»Celeste Aida, forma divina«) vorgestellt. Ein Extrem an Kürze prägt aber der erste Auftritt Riccardos in der *introduzione* des 1. Aktes von *Un ballo in maschera* aus: Das im gedruckten Klavierauszug als *sortita* (»Auftritt«) bezeichnete zweistrophige Solo (»La rivedrà nell'estasi«) ist nicht mehr als eine flüchtige ›Momentaufnahme‹; kaum mehr als 100 Sekunden müssen für eine erste Charakterisierung des Tenor-Protagonisten genügen.

Zwar begegnet die Bezeichnung *scena ed aria* bisweilen auch noch nach 1860, etwa in den italienischen Ausgaben von *Don Carlos*, nicht aber in *Aida*, *Otello* oder gar *Falstaff*. Aber schon in *Don Carlos* erscheint keine einzige solistische *cabaletta* mehr, die letzten Beispiele für diesen in die Jahre gekommenen Standard finden sich 1861 in *La forza del destino*, in der *scena ed aria* Carlos im 3. Akt dessen antiquierten Ehrbegriff charakterisierend (»Egli è salvo! oh gioia immensa«), in der *aria buffa* Melitones im 4. Akt nicht zufällig dem buffonesken Genre angehörend (»Il resto a voi, prendetevi, – non voglio più parole...«).

Die »solite convenienze« und das Duett

Ganz anders im Duett. Seit den 1840er Jahren hatte Verdi immer ein besonderes Augenmerk auf die Konfrontation zweier Figuren in Duett-Situationen gerichtet. Auch wenn er ein Jahr nach der Uraufführung einer seiner erfolgreichsten Opern beklagte, daß ein Duett Gilda/Herzog in dessen Schlafzimmer schlechterdings nicht möglich sei – »Wir würden ausgepeitscht werden. [...] Großartiges Duett!! Aber die Priester, die Mönche, die Heuchler würden Skandal schreien.« –, bemerkte er in diesem Zusammenhang doch voller Stolz, er habe »*Rigoletto* sozusagen ohne Arien, ohne Finali, mit einer endlosen Kette von Duetten konzipiert« (Brief an Carlo Antonio Borsi vom 8. September 1852; Abbiati, 1959, Band II, S. 175 f.). Ein Jahr zuvor war er sogar noch weitergegangen: »Was die Verteilung der Nummern betrifft, werde ich Euch sagen, daß für mich jede Form, jede Disposition gut ist, so lange man mir Poesie liefert, die man in Musik setzen kann; ja, je mehr Form und Disposition neu und bizarr sind, desto mehr bin ich zufrieden. Wenn in den Opern weder *cavatine* noch Duette, Terzette, Chöre, Finali usw. usw. vorkämen, und die ganze Oper nichts als ein (wenn ich es so zu sagen wage) einziges Stück wäre, fände ich das vernünftiger und angemessener.« (Brief an Salvadore Cammarano vom 4. April 1851; ebd., S. 122)

Dennoch hielt Verdi am Modell des mehrteiligen Duetts bis zum Ende seiner Karriere fest. Noch in *Otello* findet sich eine zweistimmige *cabaletta* am Ende des 2. Aktes, wenn der Titelheld und Jago am Ende einer sehr frei gestalteten Duettszene schließlich gemeinsam Vergeltung schwören (»Sì, per ciel marmoreo giuro!«). Und während der Arbeit an *Aida* schrieb Verdi seinem Librettisten Ghislanzoni mit der größten Selbstverständlichkeit: »Ich bin stets der Ansicht, daß man *cabalette* machen soll, wo die Situation es verlangt.« (Brief vom 28. September 1870; Copialettere, 1913, S. 645) So folgt im Duett Aida/Radamès im 3. Akt auf ein ausgedehntes *tempo d'attacco* (»Pur ti riveggo, mia dolce Aida...«) eine lyrische ›Situation‹, wenn die beiden Liebenden im *Andantino* von einer Flucht zu träumen beginnen (»Fuggiam gli ardori inospiti«). Aber Aida bedrückt von Neuem der Gedanke an ihre Rivalin Amneris und das Schicksal ihres Vaters (»Aida! Tu non m'ami... Va'! Non t'amo?«), so daß dieses *tempo di mezzo* in konventionellster Form den Stimmungsumschwung zur resoluten *cabaletta* (»Sì, fuggiam da queste mura«) einleitet, einer *cabaletta*, die überdies – wenn auch mit neuem motivischen Material – in einem ausgedehnten *unisono* der beiden Liebenden gipfelt. Wie *Rigoletto* läßt sich *Aida* – gerade in der ›Überblendung‹ der Duette Aida/Amonasro und Aida/Radamès im 3. Akt – ebenfalls als »endlose Kette von Duetten« begreifen, und es ist bemerkenswert, daß hinter den meisten dieser Duette die überkommene fünfteilige Anlage erkennbar bleibt. So prägt im Duett Amneris/Radamès der zweistrophige Abschnitt »Chi ti salva, sciagurato« überdeutlich den leidenschaftlich-aufgeregten Ton einer *cabaletta* aus, und selbst im Finalduett Aida/Radamès können nicht nur *tempo d'attacco* und *tempo di mezzo* eindeutig zugeordnet werden, sondern auch *adagio* (»Morir! si pura e bella!«) und – in freilich völlig atypischer Wese – *cabaletta* (»O terra, addio; addio, valle di pianti...«): Mit dem in jeder Hinsicht ungewöhnlichen Versmaß (siehe unten, S. 206) durchbricht Verdi alle Konventionen, während das außergewöhnlich langsame Tempo als Extrem einer Tradition begriffen werden kann, die in Ausnahmefällen langsame *cabalette* zuließ; Beispiele hierfür finden sich bereits bei Donizetti und besonders eindrucksvoll in der *scena ed aria* Gabrieles im 2. Akt von *Simon Boccanegra*, in dessen vierteiliger Anlage Tonlage und Tempo des zweiten – hier ein aufgewühltes *Allegro sostenuto* (»Sento avvampar nell'anima«) – und vierten Teils – ein betont lyrisches *Largo* (»Cielo pietoso, rendila«) – regelrecht vertauscht scheinen (Basevi, 1859, S. 276).

Was mag erklären, daß Verdi sich weniger konsequent von der konventionellen Anlage eines Duetts abwandte als von derjenigen einer Solonummer? Neben seiner Vorliebe für das dramatische Potential direkter Konfrontationen ist hier wohl vor allem in Rechnung zu stellen, daß die obligatorischen Stimmungsumschwünge aus dem Konflikt zweier Figuren dramaturgisch sehr viel glaubwürdiger begründet werden können als aus einer monologischen Situation und daß überdies der zusätzliche Teil des *tempo d'attacco* wesentlich mehr Freiheiten für eine abwechslungsreiche Gestaltung bot.

So wird etwa der Beginn des *tempo d'attacco* im Duett Amalia/Carlo im 3. Akt von *I masnadieri* durch eine gerade 26 Takte dauernde *unisono*-Melodie (»T'abbraccio, o Carlo, abbracciami«) im *Prestissimo* hervorgehoben, die auf emphatische Weise die Wiedersehensfreude der beiden Liebenden unterstreicht und alle charakteristischen Merkmale einer *cabaletta* ausprägt. Das ist vor allem deshalb ungewöhnlich, weil im Normalfall ein *tempo d'attacco* von einem zwar rhythmisch prononcierten, aber melodisch wenig gewichtigen Dialog geprägt ist, in dem allein die kleingliedrige Motivik des Orchesters – oft ständig wiederholte Gruppen von wenigen Sechzehnteln – in der Musik den Zusammenhang unterstreicht, den das Libretto durch gereimte, metrisch reguläre Verse vorgibt. Die Kurzatmigkeit der musikalischen Gestaltung entspricht so auf sinnfällige Weise der stichomythischen Struktur des gesungenen Textes, dem ständigen Wechsel zwischen den beiden Dialog-Partnern. Beispielsweise ist das *tempo d'attacco* (»Donna, chi sei? Custode«) im Duett Abigaille/Nabucco im 3. Teil von *Nabucodonosor* durch eine einfache Trillerfigur aus vier Sechzehnteln und einer Achtel geprägt, die den heftigen Wortwechsel der beiden Protagonisten grundiert. Das *tempo di mezzo* desselben Duetts (»Oh qual suon!... Di morte è suono«) ist ein Beleg dafür, daß die immer wieder karikierten Trompeten hinter der Szene nicht nur in Solonummern, sondern auch im Duett eingesetzt werden können, um den Stimmungsumschwung zur *cabaletta* vorzubereiten.

Dennoch überwiegt schon in Verdis Frühwerk das fast systematisch anmutende Experimentieren mit den vielfältigen Möglichkeiten, die Konvention abwechslungsreich auszugestalten. Relativ häufig schließen Duette bereits mit dem *adagio*, sind also nur dreiteilig – etwa das Duett Elvira/Don Carlo im 1. Teil von *Ernani*, aber auch in zahlreichen anderen Opern der 1840er Jahre (Balthazar, 1989, S. 492 und Anm. 33) und – besonders auffällig, weil in offenem Widerspruch zur konventionellen fünfteiligen Anlage des ursprünglichen Librettos – das Duett Hélène/Henri im 2. Akt von *Les Vêpres Siciliennes* (Gerhard, 1992, S. 314). Im Duett Giovanna/Giacomo am Beginn des 3. Aktes von *Giovanna d'Arco* wird der nur scheinbar überwundene Dissens zwischen Vater und Tochter musikalisch erfahrbar gemacht, indem in der *cabaletta* (»Or dal padre benedetta«) Giacomo die zunächst in A-Dur vorgetragene Strophe Giovannas in der ›falschen‹ Tonart F-Dur aufgreift, bevor Giovanna abschließend die tonalen Verhältnisse wieder ›zurechtbiegt‹.

Im Duett Giovanna/Carlo am Ende des 1. Aktes derselben Oper findet sich ein in der Massierung der Mittel besonders anschauliches Beispiel dafür, daß seit entsprechenden Experimenten Donizettis nicht nur im eröffnenden

Rezitativ, im *tempo d'attacco* und im *tempo di mezzo*, sondern auch zwischen den beiden – meist musikalisch fast völlig identischen – Hälften der *cabaletta* Raum für szenische Überraschungseffekte und das Einbinden von Handlungsmomenten geschaffen werden kann: Giovannas Liebeserklärung »T'amo! ... Sì, t'amo! ...« (»Ich liebe dich!... Ja, ich liebe dich!«) am Ende des *tempo d'attacco* scheint wie geschaffen als Signal für den Affekt des folgenden *adagio*. Dort werden aber nicht die zärtlichen Gefühle einer gerade entdeckten Liebe zelebriert, sondern der Schrecken über die Intervention des Chors der Engel, die in einer sechstaktigen ›Interpolation‹ (»Guai se terreno affetto«) Giovanna an ihre Mission erinnert hatten. Später beginnt das *tempo di mezzo* mit einem weitgehend in sich geschlossenen Chor, der entsprechend Carlo daran erinnert, daß seine Untertanen auf ihn warten (»Taci! ... Le vie traboccano«). Und nach dem Abschluß des ersten Teils der *cabaletta* (»Vieni al tempio, e ti consola«) wird ein – wiederum unsichtbarer – Chor der Dämonen ›eingeblendet‹, die sich schon über Giovannas Abkehr von ihrer Verpflichtung freuen (»Vittoria, vittoria! ... plaudiamo a Satana!«), was zur Folge hat, daß Giovanna im zweiten Teil der *cabaletta* den eigentlichen Text nicht mehr wiederfindet, sondern nur noch »Ah! son maledetta« (»Ach! ich bin verflucht«) stammelt.

In wesentlich weniger grober Ausführung begegnet dieses Verfahren, die oft mechanisch wirkende Abfolge zweier fast identischer Hälften der *cabaletta* aufzubrechen, im eindrücklichen Duett Amelia/Riccardo im 2. Akt von *Un ballo in maschera*: Nach dem Ende des ersten Durchgangs durch die vier Strophen des Textes der *cabaletta* stellt Riccardo erneut die – schon im *tempo di mezzo* beantwortete – Frage, ob Amelia ihn wirklich liebe. Ihre Antwort »Sì ... t'amo« (»Ja ... ich liebe dich«) löst eine wahre Explosion des Orchesters aus, das mit allen Instrumenten im *fortissimo* einfällt und zusammen mit den Sängern die im *tempo di mezzo* nur im *pianissimo* eingeführte sehrende Melodik in einer Weise zu einem Höhepunkt treibt, daß für zehn Takte der Fortgang der Zeit angehalten scheint. Mit diesem »Liebesakt« (Schnebel, 1979, S. 54) griff Verdi aber nicht nur musikdramatische Neuerungen Meyerbeers auf (Gerhard, 1992, S. 172 f.), sondern setzte mit

Donizettis Diktum um, man brauche »zwischen der einen und der anderen *cabaletta* [...] immer eine Dichtung, die die Handlung ohne die gewohnte und bei unseren Librettisten gebräuchliche Wiederholung der Verse überhöht« (Brief an Simon Mayr vom 8. April 1839, Zavadini, 1948, S. 494 f.). Überdies erscheint aber durch eine solche Unterbrechung die ›andere‹ *cabaletta* in einem völlig neuen Licht: nicht mehr emphatischer Höhepunkt eines heimlichen Rendezvous, sondern Ausdruck der ängstlichen Gefühle der scheinbaren Ehebrecherin Amelia.

Die stereotype Aufeinanderfolge mehrerer ähnlicher oder gleicher *cabaletta*-Teile bot aber auch andere Möglichkeiten zur Variation: Im Duett Gilda/Rigoletto im 2. Akt der Oper von 1851 ist die *cabaletta* (»Sì, vendetta, tremenda vendetta«) – was in Duetten relativ häufig begegnet – dreiteilig angelegt, mit einer ersten Strophe für den rachsüchtigen Rigoletto in der Grundtonart As-Dur, einer zweiten Strophe für die um Vergebung flehende Gilda – mit abweichendem Text – in der Subdominante Des-Dur. Mit der Rückmodulation in die Grundtonart wäre nun eine gemeinsame Strophe zu erwarten, was aber angesichts der konträren Gefühle der beiden Protagonisten gar nicht möglich ist – von Verdi eindrücklich umgesetzt durch die Verkürzung dieses dritten Abschnitts von 28 auf nur acht Takte. Auf ähnliche Weise wird die Abweichung von der Norm auch in *La forza del destino* für dramaturgische Zwecke eingesetzt: Im Duett Leonora/Alvaro im 1. Akt wird der parallele Gesang der beiden Liebenden am Schluß der *cabaletta* (»Seguirti fino agli ultimi«) nach nur vier Takten von einem Paukenwirbel und dem Geräusch auf- und zuschlagender Türen unterbrochen: Die Flucht aus dem Haus des Marchese wird scheitern. Und im 4. Akt bleibt im Duett Alvaro/Carlo nur ein fragmentarischer Rest der erwarteten *cabaletta* (»Ah segnasti la tua sorte«) erhalten: Nur zwei Verse und nur 33 Takte im *Allegro presto* zeigen, daß Alvaro die *cabaletta*-typischen Gefühle Carlos nicht wirklich teilt, sondern von seinem Widersacher gegen seinen Willen in Wut und Rachsucht getrieben wurde.

Auf die in jeder Hinsicht hybride und in der bisherigen Forschungsliteratur ausführlich diskutierte »Form« des Duetts Violetta/Germont im 2. Akt von *La traviata* (Powers, 1987, S.

77–81; Parker, 1997, S. 55 f.) soll hier nicht nochmals eingegangen werden. Dafür darf ein Hinweis auf die größere Variabilität der Duette in den Pariser Opern Verdis nicht fehlen: In *Les Vêpres Siciliennes* experimentierte er mit motivischen Korrespondenzen zwischen *adagio* und *cabaletta* (Gerhard, 1992, S. 315 f.), in *Don Carlos* – einer Oper mit insgesamt nicht weniger als sieben Duetten – zeigt im 2. (bzw. 1.) Akt das Duett Carlos/Rodrigue nochmals die Vielfalt der Möglichkeiten, die selbst die relativ enge Anlehnung an die Konvention dem Komponisten ließ: In der Pariser Fassung von 1867 ist eine fünfteilige Anlage mit *tempo di mezzo* (»O mon compagnon, mon ami, mon frère«) und *cabaletta* (»Dieu, tu semas dans nos âmes«) erkennbar, wobei die terzenselige Melodie der *cabaletta* als später Ausläufer der Tradition des Marschduetts zu begreifen ist (Kantner, 1976, S. 325). Verdi behielt diese wirkungsvolle *cabaletta* in der vieraktigen Fassung der Oper bei, integrierte aber dort in den Abschnitt, der dem *tempo d'attacco* entspricht, die Romanze Carlos aus dem 1. Akt (»Io la vidi e il suo sorriso«).

Auch wenn es – außer dem späten *Falstaff* – keine einzige Oper Verdis gibt, in der die Konvention des mehrteiligen Duetts keine Rolle spielt, wäre es dennoch verfehlt, Verdis Umgang mit dialogischen Situationen nur aus der Perspektive der vorsichtigen Ausweitung weitgehend respektierter Konventionen zu betrachten. In zwei Fällen übertrug er die Kompositionstechnik, die üblicherweise nur im *tempo d'attacco* angewandt wurde, auf – ausdrücklich als solche bezeichnete – Duette in ihrer Gänze und durchbrach mit der ausschließlichen Reduktion der Singstimmen auf ein stichomythisches *parlando* und der Übertragung des musikalischen Zusammenhangs auf das Orchester die überkommene Konvention: Im Duett Rigoletto/Sparafucile im 1. Akt der Oper von 1851 ist der Dialog zwischen dem Hofnarren und dem Straßenräuber in acht, metrisch völlig parallel gebaute Vierzeiler gefaßt, deren geschlossene poetische Form in offener Spannung zum nervösen Wortwechsel zwischen den beiden Figuren steht und denen überdies keine einzige rezitativische Zeile vorausgeht. Die einzige zusammenhängende Melodie dieses einsätzigen Duetts ohne *scena* findet sich im *unisono* von Solo-Violoncell und Solo-Kontrabaß.

Ganz ähnlich sind auch die Rahmenteile des Duetts Philippe/Großinquisitor im 4. (bzw. 3.) Akt von *Don Carlos* gestaltet: ein scheinbar rezitativischer Ton für einen Text, der in strengen Alexandrinern (siehe unten, S. 209) organisiert ist, melodische Substanz nur im *unisono* von Violoncelli und Kontrabässen, wobei aber dieser Dialog durch den sehr frei gestalteten Mittelteil sich noch weiter von der Konvention entfernt als das ungewöhnliche Duett in *Rigoletto*, das nicht zufällig in Basevis Verdi-Buch von 1859 Ausgangspunkt für die allzu oft zitierte Bemerkung war, »dieses Stück« zeige, daß »die Wirkung selbst dann nicht« fehle, »wenn es sich so weit von der gewohnten Form der Duette entfernt, das heißt von derjenigen, die ein *tempo d'attacco*, das *adagio*, das *tempo di mezzo* und die *cabaletta* verlangt« (Basevi, 1859, S. 191).

Das langsame Finalensemble

Ähnlich standardisiert wie Arien und Duette war bei Verdis Vorgängern auch das ausgedehnteste Finale, das meist in der Mitte einer Oper – in zweiaktigen Opern am Ende des 1. Akts, in drei- und vieraktigen am Ende des 2. Akts zu stehen kam. Keine andere Situation macht dabei die Abhängigkeit der italienischen Oper von populären Theaterformen wie dem *mélodrame à grand spectacle* so deutlich wie der Wechsel, der im obigen Schema für den Übergang vom *tempo d'attacco* zum *pezzo concertato* steht, das im Jargon auch als *largo nel finale primo* bezeichnet wurde. Im Finale des 2. Aktes von *Attila* folgt auf das *tempo d'attacco* eine Generalpause, die die Aufmerksamkeit des Publikums auf den Bühnenzauber zwingt, der in der Szenenanweisung ausführlich beschrieben wird: »In diesem Augenblick bringt ein plötzlicher und heftiger Windstoß einen großen Teil des Feuers zum Erlöschen. In einer unwillkürlichen Schreckbewegung erheben sich alle. Schweigen und allgemeine Bedrückung. Foresto ist Odabella zur Seite geeilt, Ezio hat sich Attila genähert.« Erst nach diesem ›gefrorenen‹ *tableau vivant* malt die Musik den Schrecken der Anwesenden darüber, daß sich die – von Attila in den Wind geschlagenen – Warnungen der Druiden vor der Zusammenkunft mit dem römischen General Ezio so schnell erfüllt haben: dreifaches *fortissimo* im Orchester und der lapidare Ausruf »Ah!...« aller auf der Bühne Anwesenden.

Nach einer erneuten Generalpause beginnt das *pezzo concertato*, im *Andantino* singt der Chor *sottovoce* im abgerissenen *staccato*-Sechzehnteln davon, wie »Schrecken, Geheimnis die Seele beherrschen«, Ezio erneuert sein Angebot, mit Attila gemeinsame Sache zu machen, stellt in einem *a parte* aber befriedigt fest, »der Stern des stolzen Barbaren« sei »schon am Erlöschen«, Foresto sieht den Augenblick der Rache gekommen, wird aber von Odabella darauf hingewiesen, daß sie darauf besteht, daß Attila wie vereinbart von ihrer Hand sterben soll, weshalb sie Forestos Mordanschlag vereiteln wird; Attilas Sklave Uldino faßt die bangen Gefühle aller in den Worten »Der Augenblick der Schreckensstunde naht« zusammen.

Sinn eines solchen »kontemplativen Ensembles« ist natürlich nicht, daß der Zuschauer die kunstvoll in parallel gebauten Achtzeilern gereimten und höchst gegensätzlichen Gefühlsäußerungen der Figuren versteht – wenn sechs verschiedene Texte gleichzeitig gesungen werden, bleibt dem am Wortlaut interessierten Publikum nur der Blick ins Libretto –, sondern daß es sich von der suggestiven Kraft des pantomimischen Arrangements erschüttern läßt: Die Technik des *tableau* erlaubt es dem Zuschauer, wie es ein parodistisches Lehrbuch des Melodrams festhielt, »mit einem Blick den seelischen Zustand jeder Figur zu erfassen« (Hugo, Malitourne und Ader, 1817, S. 47). Unterstützt wird diese Ästhetik des in ein ›Standbild‹ gefrorenen Schreckens durch die musikalische Gestaltung: langsames Tempo, stark verlangsamter Fluß der harmonischen Entwicklung, die von enharmonischen Modulationen – hier von e-Moll nach E-Dur mit einer Ausweichung in die entfernte Tonart f-Moll – geprägt ist. Alles soll Überraschung, Schrecken und momentane Handlungsunfähigkeit der Figuren ausdrücken.

Oft wurde in solchen Finalensembles auf die Technik des *falso canone* zurückgegriffen, besonders eindrücklich etwa, wenn im Finale des 1. Aktes von Rossinis *Il barbiere di Siviglia* (»Fredda ed immobile«) oder an derselben Stelle in Rossinis *Semiramide* (»Qual mesto gemito«) die einzelnen Stimmen eine nach der anderen mit ihrem – dadurch sehr viel leichter verständlichen – Text einsetzen. Die Technik, die auch in der Meßkomposition der Jahre um 1800 vorzugsweise beim Text »Et incarnatus est« begegnet (etwa bei Haydn und noch bei Schubert) findet sich in Verdis Opern allerdings nur in zwei Ausnahmefällen, in *Oberto* im Terzett Leonora/Cuniza/Oberto im 1. Akt (»Su quella fronte impura«) und in einer fünfstimmigen Variante im Finale des 2. Teils von *Nabucodonosor* (»S'appressan gl'istanti«). Verdi, dessen kontrapunktische Ausbildung hinter dem Standard anderer Zeitgenossen zurückstand, sollte erst bei der Revision von *Macbeth* das dramatische Potential dessen neu für sich entdecken, was ihm bis dahin zu sehr »nach Schule« gestunken hatte (Brief an Léon Escudier vom 3. Februar 1865; Prod'homme, 1928, S. 186).

Vor Verdi fand sich häufig die Technik, den Beginn des *pezzo concertato* oder sogar das ganze langsame Ensemble *a cappella*, also ohne Instrumentalbegleitung der Singstimmen zu setzen. Auch dieses Verfahren findet sich bei Verdi nur sehr selten, etwa im Finale des 1. Aktes von *Macbeth* (»O gran Dio, che ne' cuori penetri«) oder im Quartett des 1. Aktes von *Les Vêpres Siciliennes* (»Quelle horreur m'environne«). Dafür drückte Verdi dem langsamen Finalensemble seinen persönlichen Stempel in anderer Hinsicht auf. Zum einen verteilte er die Gewichte zwischen den einzelnen Akten neu; hatte das große Finale zuvor immer etwa in der Mitte einer abendfüllenden Oper gestanden – deshalb auch die in der englischsprachigen Forschungsliteratur übliche Bezeichnung »Central finale« (Black, 1984, S. 199–205) –, zeigt sich bei Verdi eine Vorliebe dafür, das umfangreichste Finale bereits im 1. Akt – und zwar auch bei vierakigen Opern – zu positionieren und zum tragischen Ende im letzten Akt vorzugsweise ein langsames Finalensemble vorzusehen, in dem der dramatische Konflikt hinter dem teilnahmsvollen Mitgefühl mit den sterbenden Helden zurücktritt (Rosen, 1990, S. 447). Zum anderen aber perfektionierte er die Technik, gegen Ende des *pezzo concertato* in das Ensemble eine weit ausgreifende, sehr melodiebetonte Gesangslinie der führenden Sopranstimme einzuweben, die sich fast unmerklich über dem abgerissenen Gestammel der auf der Bühne versammelten Figuren erhebt und dem lyrischen Augenblick ein Moment ›himmlischer‹

Schönheit und transzendentaler Verklärung verleiht. Zu nennen wären hier – neben anderen Beispielen – Giovannas »L'amaro calice« im Finale des 2. Aktes von *Giovanna d'Arco*, Oscars »E tal fia dunque il fato« im Quintett, das die Funktion eines *pezzo concertato* im Finale des 1. Aktes von *Un ballo in maschera* innehat, die – freilich an einer anderen Position plazierten – Alexandriner »Volez vers le Seigneur, volez, ô pauvres âmes! Allez goûter la paix près du trône de Dieu!« der *voix d'en haut* im Finale des 3. (bzw. 2.) Aktes von *Don Carlos* und vor allem Amelias »Pace! lo sdegno immenso« im Finale des 1. Aktes der Neufassung von *Simon Boccanegra*. Gerade das letzte Beispiel illustriert überdies die Bedeutung einer relativ avanzierten ›romantischen‹ Harmonik für die Gestaltung solcher Ensembleteile: In einem *pezzo concertato*, das in es-Moll begonnen hatte, steht das Fis-Dur von Amelias Melodie für den Wunsch um einen Frieden, der angesichts des unversöhnlichen Hasses von Figuren wie Fiesco und Paolo Utopie bleiben muß. Das wiederholte Gegeneinander von Fis-Dur und fis-Moll, von 3/4- und 4/4-Takt beleuchtet so auch die Schwierigkeiten Amelias und des Titelhelden, den Wunsch nach Versöhnung durchzusetzen.

Dieses Finale ist aber auch ein anschauliches Beispiel für die im Spätwerk Verdis bemerkbare Tendenz, die konventionelle *stretta* der fünfteiligen Finalstruktur wenn immer möglich zu vermeiden. In der Fassung von 1857 war auf ein *pezzo poncertato* (»Egli è salvo!... o ciel respiro!«) selbstverständlich ein *tempo di mezzo* (»Amelia, di' come tu fosti rapita«) und eine lärmende *stretta* (»Tacete! Giustizia, giustizia tremenda««) gefolgt. 1881 schloß sich an das dramatische Rezitativ nach dem neuen *pezzo concertato* (»Plebe! patrizi! – Popolo!«) nur das fast tonlos deklamierte »Sia maledetto!« aller Stimmen an. Schon in den 1840er Jahren hatte Verdi wiederholt Finali mit dem langsamen *pezzo concertato* enden lassen – etwa im 2. Akt von *Macbeth* oder im 3. Akt von *Giovanna d'Arco* –, auch wenn sich daneben genauso ›reguläre‹ fünfteilige Finalensembles finden – etwa im hier besprochenen 2. Akt von *Attila* oder auch noch im 4. Akt von *Les Vêpres Siciliennes*.

Nachdem er aber in *Rigoletto* völlig auf konventionelle Finalensembles verzichtet hatte, zeigt sich immer deutlicher die Vorliebe, die zwangsläufig etwas mechanisch wirkende *stretta* entweder völlig zu streichen oder durch einen ebenso knappen wie wirkungsvollen *coup de théâtre* zu ersetzen. So schließt das Finale des 2. Aktes von *Les Vêpres Siciliennes* mit einem *tempo di mezzo* (»Interdits, accablées et de honte et de rage«), das nicht nur durch die – am Ende des 1. Aktes von *Un ballo in maschera* wieder aufgegriffene – Überlagerung kontrastierender Strukturen besonders eindrucksvoll wirkt, sondern im ersten Abschnitt auch mit der Folge von abgerissenen dreisilbigen Versteilen und langen Generalpausen die Idee des abgerissenen ›Gestammels‹ besonders eindringlich umsetzt. Im Finale des 2. Aktes von *La traviata* findet sich unmittelbar vor dem langsamen *pezzo concertato* ein knapper Chor (»Oh, infamia orribile«), der alle Charakteristika einer *stretta* ausprägt, hier aber den Stimmungsumschwung zum statischen langsamen Ensemble markiert, mit dem das Finale endet. Und im 3. Akt von *Otello* schließt das Finale mit einem *tempo di mezzo*, das mit Otellos hysterischem Ausruf »Tutti fuggite Otello« beginnt und mit den von außen eindringenden Rufen »Viva Otello!« in einem Kontrastbild von schneidender Schärfe gipfelt.

Im Blick auf die bisher eingeführten Beispiele kann es nicht überraschen, daß Verdi eine noch bei Donizetti sehr beliebte Form der Gestaltung des Schlusses einer Oper fast völlig mied; die als *rondò finale* bezeichnete Konvention, an das Ende des letzten Aktes eine vierteilige Arie für die *prima donna* zu stellen; nur in der allerersten Oper *Oberto* findet sich dieser Tribut an Vorlieben einflußreicher Sopranistinnen. Im 3. (bzw. 2.) Akt von *Don Carlos* führte er dagegen die französische Tradition weiter, die heterogene Folge zahlreicher Einzelszenen durch die Wiederholung musikalisch identischer Rahmenteile gleichsam ›zusammenzuhalten‹, ein Verfahren, das dann auch in der als »Großes Finale« betitelten Triumph-Szene am Ende des 2. Aktes von *Aida* aufgegriffen wird.

Evolution statt Revolution

Am 13. November 1870 schrieb Verdi seinem Librettisten Ghislanzoni: »Die Gefahr der Monotonie muß man umgehen, indem man ungewohnte Formen sucht.« (Copialettere, 1913, S. 663) Wie schon fast drei Jahrzehnte zuvor gerierte sich der erfolgreiche Komponist als Feind der Konventionen; bereits bei der Arbeit an *Ernani* hatte er dem Librettisten Piave mitgeteilt: »Ich lege dem Genius des Librettisten niemals Fesseln an, und wenn Sie einen Blick auf die von mir komponierten Opern werfen, sehen Sie, daß sie mit allen Freiheiten behandelt sind und ohne daß die ›solite convenienze‹ respektiert wären.« (Brief vom 8. August 1843; Abbiati, 1959, Band I, S. 472). Und am 1. Januar 1853 vertraute er dem Freund Cesare De Sanctis an: »Ich wünsche *neue, grandiose, schöne, abwechslungsreiche, gewagte* Stoffe ..., und zwar gewagt bis ins Extrem, mit *neuen Formen* usw. usw. und gleichzeitig doch komponierbar ... Wenn man mir sagt: Ich habe es so gemacht, weil es so Romani, Cammarano, usw. gemacht haben, verstehen wir uns nicht mehr: gerade weil jene Großen es so gemacht haben, möchte ich, daß man es anders macht.« (Luzio, 1935, Band I, S. 16)

Solche Briefe werden gerne zitiert und immer wieder als ›Beweis‹ für Verdis revolutionären Umgang mit den vorgefundenen Konventionen herangezogen. Doch sollte nicht übersehen werden, daß Verdis Kompositionen seine – im Fall des Briefes von 1843 fast ins Lächerliche aufgeblasenen – vollmundigen Aussagen nicht wirklich bestätigen können; alles spricht dafür, daß es sich bei diesen Formulierungen um taktische Übertreibungen handelte, mit denen er die in den »solite convenienze« befangenen Librettisten – und gleichzeitig sich selbst – aus dem alten Trott aufrütteln wollte –, ohne jedoch die Grundlagen dessen zu durchbrechen, was in seinen Augen die »Komponierbarkeit« garantierte. Denn es ist offensichtlich, daß Verdi zwar innerhalb der vorgefundenen Konventionen einen größtmöglichen Reichtum an neuartigen Lösungen und Experimenten zu verwirklichen suchte, nicht aber die Durchsetzung »neuer Formen« anstrebte, die diese Konventionen durch etwas radikal Anderes ersetzt hätten – nur in *Falstaff* scheinen die »solite convenienze« auf den ersten Blick aufgegeben, auf den zweiten freilich ironisch gebrochen. Verdis kompositorische Meisterschaft verdankt sich dem langen, durch viele Erfahrungen gereiften evolutionären Umgang mit den Regeln der italienischen Oper, keinesfalls aber – wie es wiederum eine vom Beispiel Beethovens, aber auch von den Selbstinszenierungen Wagners geprägte Vorstellung vom Werdegang eines erfolgreichen Komponisten vorziehen würde – irgendwelchen revolutionären Angriffen gegen die für das Funktionieren der ›Opernindustrie‹ unverzichtbaren Muster der Gestaltung der musikalischen »Situationen«.

Der Vers als Voraussetzung der Vertonung

von Anselm Gerhard

Am Ende des 20. Jahrhunderts ist das Bewußtsein für die Eigenheiten ›gebundener‹ Sprache weitgehend verlorengegangen. Dennoch ist es alles andere als unwichtig, sich zu vergegenwärtigen, daß bis zum Beginn des 20. Jahrhunderts Vokalmusik mit ganz wenigen Ausnahmen eine mehr oder weniger strenge poetische Struktur zugrundelag. Eine Bach-Kantate, ein Schubert-Lied oder eine Oper Verdis ist ohne festgefügte Metren in meist gereimter Sprache nicht vorstellbar. Italienische Theoretiker wiesen mit Nachdruck auf die Bedeutung gebundener Sprache für musikalische Texte hin, so Benedetto Asioli in seinem 1832 in Mailand erschienenem Kompositions-Lehrbuch:

Nicht allen ist es gegeben, Dichter zu sein, und vielleicht ist nie ein Komponist über die Grenzen der Mittelmäßigkeit auf diesem Gebiet herausgekommen. Es ist jedoch notwendig, daß der junge Komponist in den Regeln der Verskunst ausreichend ausgebildet ist, um die folgende Gegenüberstellung ausreichend zu verstehen und davon zu profitieren. Das Metrum und die musikalische Phrase sind zwei identische Dinge im Hinblick auf die Anzahl der Silben und die musikalischen Zählzeiten und im Hinblick auf die Akzente oder langen Silben und die rhythmischen Zählzeiten; dergestalt, daß man aufgrund dieser Identität sagen kann, daß die musikalischen Phrasen Zehnsilbler, Neunsilbler, Achtsilbler, Siebensilbler und so weiter sind. [...] Man hört schließlich immer wieder, *daß der Dichter nicht Herr seiner Gedanken ist, sondern Sklave der musikalischen Konventionen.* Sklave der *theatralischen* Konventionen, sollte man sagen, und nicht der Musik. Welcher Komponist hat je dem Dichter verboten, irgendeine Leidenschaft zu behandeln, irgendein Wort zu benutzen, die Stücke so anzuordnen, wie es ihm beliebt? Man höre also auf zu glauben, daß der Gesang der guten dramatischen Dichtung im Wege stehe, weil es keine Poesie gibt, wo nicht Musik ist, und keine Musik, wo nicht Poesie ist. (Asioli, 1832, S. 38 und 40; siehe auch Wedell, 1995, S. 88 und 113–114)

Der ehemalige Direktor des Mailänder Konservatoriums konnte noch nicht ahnen, daß keine zehn Jahre später sich ein junger Komponist auf den italienischen Bühnen durchsetzen sollte, der dem »Dichter« – wenn auch eher durch Anregungen als durch Verbote – bis ins Detail vorschrieb, die Stücke so »anzuordnen«, wie es ihm als Komponisten beliebte. Aber selbst dieser Giuseppe Verdi hätte den letzten Satz aus Asiolis Zitat gewiß ohne jede Einschränkung unterschrieben: Zwar focht er 1856 einen Kampf mit dem Teatro La Fenice aus, weil er meinte, zur Vorlage bei der Zensur müsse eine Prosa-Fassung des Librettos genügen, aber daß diese Rohfassung dann für die Komposition selbstverständlich in Verse übertragen werden mußte, war Verdi so klar, daß er am 12. September 1856 voller Sarkasmus schrieb: »Ich habe den Auftrag in der nächsten Karnevals-Spielzeit eine Oper am großen Teatro della Fenice zu geben, und diesmal rechne ich damit, ein Prosa-Libretto in Musik zu setzen, um eine Neuheit vorzulegen! Was hältst Du davon?...« (Brief an Francesco Maria Piave; Conati, 1983, S. 383; Ross, 1980, S. 19)

Gerade weil der Vers aber für die Musik von zentraler Bedeutung war, ist das gedruckte Libretto genauso unverzichtbare Quelle einer Oper wie Klavierauszug oder Partitur: Im 19. Jahrhundert wurden die den »Regeln der Verskunst« zugrundeliegenden Konventionen in den Druckveröffentlichungen der italienischen Opernlibretti mit äußerster Genauigkeit verdeutlicht. Arien, Ensembles und Chöre erscheinen zur Unterscheidung von Rezitativen grundsätzlich eingerückt, Strophen wurden voneinander durch Leerzeilen getrennt und ein auf verschiedene Rollen verteilter Vers wurde durch Einrückungen so über die Seitenbreite verteilt, daß optisch eine einzige von links nach rechts reichende Linie erkennbar blieb.

Umso beklagenswerter ist die Tatsache, daß dieser Reichtum der graphischen Gestaltung in keinem einzigen Nachdruck des 20. Jahrhunderts wirklich befriedigend nachvollzogen ist. Zwar versuchen Einzelveröffentlichungen der Libretti in der Originalsprache in der Regel, der Struktur der Verse graphisch gerecht zu werden, aber in den Beiheften der Tonträger-Industrie werden die Verse des Librettos in aller

ATTO PRIMO 23

DOGE
Figlia!... a tal nome palpito
Qual se m'aprisse i cieli...
Un mondo d'ineffabili
Letizie a me riveli;
Qui un paradiso il tenero
Padre ti schiuderà...
Di mia corona il raggio
La gloria tua sarà.

AMELIA
Padre, vedrai la vigile
Figlia a te sempre accanto;
Nell' ora malinconica
Asciugherò il tuo pianto...
Avrem gioie romite
Note soltanto al ciel,
Io la colomba mite
Sarò del regio ostel.

(Amelia, accompagnata dal padre fino alla soglia, entra nel palazzo; il Doge la contempla estatico mentre ella si allontana)

SCENA VIII.

DOGE e PAOLO dalla destra.

PAOLO
Che rispose?
DOGE
Rinunzia ogni speranza.
PAOLO
Doge, nol posso!...
DOGE
Il voglio.
(parte)
PAOLO
Il vuoi!... scordasti che mi devi il soglio?

SCENA IX.

PAOLO e PIETRO dalla destra.

PIETRO
Che disse?
PAOLO
A me negolla.
PIETRO
Che pensi tu?

Abbildung 22

Ein Ausschnitt aus dem Libretto für die Mailänder Uraufführung der Neufassung von *Simon Boccanegra* (1881)

Regel so undifferenziert behandelt, daß die poetischen und metrischen Strukturen selbst von einem fachkundigen Leser nicht mehr rekonstruiert werden können.

Die italienische Verslehre unterscheidet sich grundsätzlich von der quantifizierenden Metrik der klassischen Antike durch das große Gewicht, das der Akzentuierung vor allem am Versende eingeräumt wird; im Gegensatz zur deutschen Verslehre ist entscheidendes Merkmal aber nicht die Anzahl der Hebungen im Vers, sondern die der Silben. In der italienischen Metrik spricht man daher niemals von fünfhebigen Jamben oder von vierhebigen Trochäen, verwendet werden vielmehr mit wenigen Ausnahmen Bezeichnungen, die auf die Silbenzahl verweisen: *ternàrio*, *quaternàrio*, *quinàrio*, *senàrio*, *settenàrio*, *ottonàrio* und *novenàrio* stehen für drei- bis neunsilbige Verse, zehn und elfsilbige Verse haben die auf das Griechische zurückgehenden Bezeichnungen *decasìllabo* und *endecasìllabo*. Ferner verwendet gerade das Opernlibretto des 19. Jahrhunderts relativ häufig Doppelverse (auch als Zäsurverse bezeichnet), in denen zweimal dasselbe Metrum in einem von einer Zäsur unterbrochenen Vers zusammengefaßt wird: In Verdis Opern begegnen *quinari doppi*, *senari doppi* und *settenari doppi*, in einem Fall auch *ottonari doppi*, wobei in den folgenden Beispielen die beiden Halbverse auch dann mit einem in eckige Klammern gesetzten Gedankenstrich voneinander getrennt werden, wenn in den Libretti dieses normalerweise für die Zäsur verwendete Zeichen fehlt.

Für das italienische Opernlibretto sind die metrischen Voraussetzungen der gebundenen Sprache aus zwei Gründen von einer überragenden Bedeutung, der in den Opern französischer, deutscher oder russischer Sprache kaum etwas Vergleichbares entgegengesetzt werden kann. Zum einen ist das Libretto einer italienischen Oper vor der Wende zum 20. Jahrhundert nur in Versen denkbar: Unter dem Einfluß von französischen Opern wie Charpentiers *Louise* (1900) und Debussys *Pelléas et Mélisande* (1902) dürfte Mascagnis – freilich zunächst auf einen französischen Text komponierte – Oper *L'amica* (1905) das erste italienische Experiment mit einem Prosatext darstellen, aber selbst in der zweiten Hälfte des 20. Jahrhundert stellen ausschließlich in Prosa verfaßte Operntexte eher die Ausnahme dar. Zum anderen hatten sich seit der Begründung der modernen Oper am Beginn des 17. Jahrhunderts Konventionen im Umgang mit gedichteten Versen durchgesetzt, die Librettisten und Komponisten selbstverständlich voraussetzen konnten. Nicht nur wurden bestimmte Metren mit teilweise präzisen Ausdrucksbereichen assoziiert, auch wurden andere Verstypen zum Teil grundsätzlich, zum Teil in bestimmten Zusammenhängen fast völlig gemieden.

Vor einem ersten Überblick über die inhaltlich fixierte Verwendung bestimmter Verstypen und einer detaillierteren Darstellung der häufigsten bei Verdi vorkommenden Metren muß aber zunächst auf einige technische Voraussetzungen der italienischen Verslehre eingegangen werden.

Grundzüge der Silbenzählung

Position des letzten Akzents am Versende

Zu den auffälligsten Besonderheiten der italienischen Metrik gehört die Tatsache, daß das metrische Modell vom Normalfall einer Abfolge je einer betonten und einer unbetonten Silbe am Versende ausgeht, also von dem, was die deutsche Metrik im Anschluß an die nach dem Geschlecht differenzierten Adjektivformen des Französischen als »weibliche Endung« bezeichnet. Da im Italienischen aber (seltener) auch Wörter vorkommen, die nicht auf der vorletzten, sondern auf der letzten oder aber der drittletzten Silbe betont werden, ist es ohne weiteres möglich, daß ein *quinàrio*, also ein fünfsilbiger Vers nur vier oder sogar sechs Silben umfassen kann. Ja mehr noch, es sind ganze Strophen denkbar, in denen kein einziger Vers die Norm der »weiblichen Endung«, der *cadenza piana* erfüllt. In Germonts Arie im 2. Akt von *La traviata* begegnen zwei Strophen mit je acht *ottonari doppi*, also doppelten Achtsilbern, die an jedem Ende des Halbverses ausschließlich endbetonte Wörter, also jeweils zweimal sieben Silben aufweisen:

Di Provenza il mare, il suol – chi dal cor ti cancellò?
Al natio fulgente sol – qual destino ti furò? ...
Oh rammenta pur nel duol – ch'ivi gioia a te brillò,
E che pace colà sol – su te splèndere ancor può.

Die Wörter mit Betonung auf der vorletzten Silbe, die sogenannten *parole piane* sind in der italienischen Sprache weit in der Überzahl, kein Libretto kommt aber ohne die Verwendung von *parole tronche* (»gestutzte Wörter«) und *parole sdrùcciole* (»gleitende Wörter«) aus. Typische *parole tronche* sind »libertà«, »città« und das von der zeitgenössischen französischen Kritik so oft persiflierte »felicità«, außerdem viele Formen des *passato remoto*, des Wurzelperfekts (wie »cancellò« und »brillò« im letzten Beispiel oder »amò«) und des Futurs (wie etwa »sarà«), aber auch durch »Apokope«, durch Wegfall eines Lauts gleichsam künstlich erzeugte wie »duol[o]«, »protettor[e]« oder »genitor[e]«.

Sehr häufig werden *parole tronche* bewußt eingesetzt, um das Ende einer Strophe zu markieren. So folgt in einem der erfolgreichsten Verse der italienischen Dichtung auf jeweils drei *versi piani* ein abschließender *verso tronco*, der die vierzeiligen *decasìllabi* (Zehnsilber) zu einer strophischen Einheit rundet:

> Va', pensiero, sull'ali dorate;
> Va', ti posa sui clivi, sui colli,
> Ove olézzano tèpide e molli
> L'aure dolci del suolo natal!

Parole sdrùcciole werden besonders gerne am Ende des ersten Verses einer Strophe verwendet, Beispiele sind Wörter wie »àngelo«, »pàlpito«, »làcrime« oder »sòlito«, die in diesem Kapitel – entgegen der orthographischen Norm – durchgängig mit einem hinzugefügten Akzentzeichen hervorgehoben werden.

Darüber hinaus gibt es – vorwiegend in Verbformen der dritten Person Plural – auch *parole bisdrùcciole*, also mit Akzent auf der viertletzten Silbe, die mit enklitischen Partikeln – ein beliebtes Gesellschaftsspiel – auch noch zu *parole trisdrùcciole* erweitert werden können. Im Opernlibretto des 19. Jahrhunderts spielen solche Endungen keine Rolle, dennoch sei ein bemerkenswerter ›tour de force‹ erwähnt: Arrigo Boito, leidenschaftlicher Experimentator der Verskunst und Librettist der beiden letzten Opern Verdis hat in einer Gelegenheitsarbeit zwei *endecasìllabi*, also Elfsilbler mit effektiv fünfzehn Silben konstruiert und somit das scheinbar Unmögliche von *cadenze quadrisdrùcciole* realisiert:

> Sì crudo è il verno che le rime sdrùcciolanosene
> Tremando, e in fondo al verso rincantùcciolanosene.

(»So hart ist der Winter, daß die Reime zitternd wegrutschen, und am Ende zum Vers sich hin verkriechen.«; Memmo, 1983, S. 121.)

Zusammenziehung und Trennung aufeinanderfolgender Vokale

Aufeinanderfolgende Vokale werden im Italienischen nicht durch Glottisschlag getrennt wie im Deutschen, sondern bereits in der Alltagsaussprache aneinandergebunden. In der gebundenen Sprache werden solche ›zusammenstoßenden‹ Vokale in der Regel zu einer einzigen Silbe zusammengezogen. Dieses Phänomen wird innerhalb eines Wortes als *sinèresi*, am Übergang von einem zu einem anderen Wort als *sinalefe* bezeichnet. So handelt es sich beim oft zitierten ersten Vers der *canzone* des Duca im 1. Akt von *Rigoletto*

> Questa o quella per me pari sono

selbstredend um einen *decasìllabo*, also einen zehnsilbigen Vers – der Auslaut von »Questa« und das einsilbige Wort »o« werden im Sinne der – in diesem Kapitel immer durch das hinzugefügte Zeichen ‿ markierten – *sinalefe* ebenso miteinander verschmolzen wie im weiteren Verlauf (und dort bereits durch den Apostroph als *elisione* gekennzeichnet) »cent'occhi« [für »cento occhi«]. Aber auch die beiden Silben des Possessivpronomens »mio« im dritten Vers derselben *canzone*

> Del mio core l'impero non cedo

werden als *sinalefe* zusammengezogen und metrisch wie eine Silbe behandelt.

Selbstverständlich gibt es Ausnahmen von dieser Regel, die aber – von einigen eindeutigen Worten wie »so-a-ve« oder »pa-u-ra« abgesehen – nicht immer einheitlich behandelt werden. So werden grundsätzlich Doppelvokale am Versende selbst dann als zwei Silben gezählt und gesprochen, wenn derselbe Doppelvokal im Versinnern zusammengezogen würde; an die Stelle der *sinèresi* tritt die *dièresi*: Im Duett Gilda/Rigoletto im 2. Akt derselben Oper werden die Wörter »mio« und »Dio« am Versende als zweisilbig mit eindeutigen Akzent auf »i« behandelt:

> Quanto affetto!... quali cure!
> Che temete, padre mio?
> Lassù in cielo, presso Dio
> Veglia un angiol protettor.

und dies obwohl »ia« in »veglia«, aber auch »mia« und »priego« im sechsten Vers dieser *ottonari* Gildas

> Di mia madre il priego santo

selbstredend als *sinèresi* zusammengezogen werden; im Fall von »veglia un« übrigens als *sinalefe* auch noch mit dem Anlaut des folgenden Worts. (Von diesen Wörtern auf »-io« sind freilich Wörter wie »bacio« oder »regio« zu unterscheiden, in denen das i nur graphischer Indikator dafür ist, daß c und g als »tsch« und »dsch« auszusprechen sind.)

Dieselbe Unterscheidung je nach Position im Inneren oder am Ende eines Verses findet sich bei Konjunktivformen wie »fia« und »sia« und vor allem bei den altertümlichen, in der Versdichtung des 19. Jahrhunderts aber sehr beliebten Imperfekt-Endungen auf »-ea« und »-ia«: In Violettas Arie »Ah forse è lui che l'ànima« am Ende des 1. Aktes von *La traviata* folgen *settenari* aufeinander, in denen zunächst »-ea« zweisilbig, dann aber »-ia« einsilbig behandelt wird (»error« wird durch Apokope aus »errore« zur *parola tronca* gemacht und beendet einen Vierzeiler, der folgende Vierzeiler beginnt wieder mit einem Vers, der die *cadenza sdrùcciola* aufweist):

> Quando ne' ciel il raggio
> Di sua beltà vedea
> E tutta me pascea
> Di quel divino error.
> Sentia che amore è il pàlpito

Umgekehrt begegnet bei Dante relativ häufig, seit der Renaissance aber immer seltener und im Opernlibretto des 19. Jahrhunderts nur im Zusammenhang mit der Zäsur in Doppelversen die *dialefe*, also die getrennte Aussprache aufeinanderfolgender Vokale im Auslaut und im Anlaut eines Wortes. (Für eine detaillierte Darstellung aller bisher behandelten Phänomene siehe Elwert, 1984, S. 17–43) Nur in einem Fall scheint in einem Vers einer Verdi-Oper die *dialefe* notwendig, um die metrische Struktur eines regelmäßigen *settenàrio* zu garantieren – am Beginn der *cabaletta* der Arie des Conte di Luna im 2. Akt von *Il trovatore*:

> Per me, ['] ora fatale

Ein Vergleich mit dem Originaldruck von Piaves Libretto zeigt aber, daß diese Unregelmäßigkeit allein auf eine eigenmächtige Umstellung Verdis zurückgeht (Ross, 1980, S. 49–53); bei Piave heißt es:

> Ora per me fatale

In der Tat sind die Freiheiten, die sich Komponisten bei der Vertonung der Verse genommen haben, nicht zu unterschätzen. So werden regelmäßig zusammengezogene Vokale als getrennte Silben komponiert. Und bisweilen finden sich sogar im selben Text Inkonsequenzen bei der Behandlung desselben Lauts: So wird im 3. Akt von *Macbeth* die *sinèresi* auf Wörter wie »glo-ri-o-so« und »mi-ste-rï-o-se« verlangt, nur drei Verse weiter im *endecasìllabo*

> Ch'io sappia mio destin, se cielo e terra

aber »io« und »mio« als eine Silbe behandelt. Und um noch eine weitere extreme Ausnahme zu erwähnen: Im 2. Akt von *Falstaff* hat Arrigo Boito sich den Spaß gemacht, ein Geräusch als zählende Silbe einzusetzen. Eine Folge von *senari doppi* wird mit folgenden beiden *versi tronchi* beschlossen

> Non c'è! Pappalardo! [–] Beòn! Bada a te!
> Scagnardo! Falsardo! [–] Briccon!! (*)! C'è! C'è!

wobei die Szenenanweisung bei »(*)« präzisiert: »[Nannetta und Fenton] geben sich einen lauten Kuß an der Stelle der mit dem Sternchen markierten Silbe«.

Zweifellos ist insofern Versifikation bis zu einem »gewissen Grade Selbstzweck« (Ross, 1980, S. 19), der im Extremfall in der komponierten Fassung nicht mehr wahrnehmbar ist. Unzählige Äußerungen Verdis beweisen aber, daß für diesen – und wohl genauso für andere italienische – Komponisten ein metrisch klar disponiertes Libretto eine unverzichtbare Voraussetzung für die sinnfällige musikalische Gestaltung dramatischer Handlungsabläufe darstellte.

Charakterisierungsmöglichkeiten durch Versenden

Wie bereits Germonts »Di Provenza il mare, il suol« aus *La traviata* deutlich machte, können unregelmäßige Versenden, also *cadenze tronche* oder *cadenze sdrùcciole* gezielt eingesetzt werden, um eine ungewöhnliche Stimmungslage zu bezeichnen. So erinnerte Verdi bei der Arbeit an *Aida* seinen Librettisten Antonio Ghislanzoni an diese Arie, als er schrieb: »*Versi tronchi* sind bisweilen in der Musik von äußerster Anmut. Die Melodie aus *La traviata* ›Di Provenza‹ wäre weniger erträglich, wenn die Verse weibliche Endungen hätten.« (Brief vom 16. August 1870; Copialettere, 1913, S. 640) Und am 28. September 1870 insistierte er: »Wenn Amonasro gesagt hat ›Sei la schiava dei Faraoni‹, kann Aida nur in fragmentierten Sätzen sprechen.« (ebd., S. 645 f.)

Aber bereits am 22. September 1846, bei der Arbeit an *Macbeth*, hatte er seinen damaligen Librettisten Piave auf das Potential entsprechender Experimente aufmerksam gemacht: »Die ersten Strophen der Hexen müssen fremdartiger sein, um Charakter zu haben: Ich kann Dir nicht die richtige Methode nennen, aber ich weiß, daß sie so nicht schön sind: Wenn Du zum Beispiel alle Verse als *tronchi* gestaltet hättest, wäre es vielleicht besser gewesen. Nun, experimentiere und finde die Methode, bizarre Dichtung zu machen.« (Abbiati, 1959, Band I, S. 645) In der Tat entstand in der Zusammenarbeit Verdis mit Piave und dem – nachträglich hinzugezogenen – Andrea Maffei für den Eröffnungschor des 1. Aktes eine Folge von sechzehn *ottonari*, die allesamt *cadenze tronche* aufweisen – mit Ausnahme zweier Verse, in denen die Reimwörter »vagabonde« (»Vagabunden«) und »onde« (»Wellen«) auf eine Bewegung verweisen.

Noch weiter ging der Shakespeare-Übersetzer Maffei im Hexenchor am Beginn des 3. Aktes, wo zunächst zwei Strophen mit je vier *quinari doppi*, dann drei Strophen mit je sechs *senari* und schließlich acht *quaternari* aufeinanderfolgen, wobei *cadenze sdrucciole* vorherrschen – besonders augenfällig in den aus jeweils fünf *versi sdruccioli* und einem schließenden *verso tronco* gebildeten *senário*-Strophen, von denen die dritte und letzte zitiert sei:

> Tu dito d'un pàrgolo
> Strozzato nel nàscere
> Tu labbro d'un Tàrtaro
> Tu cor d'un erètico
> Va dentro, e consòlida
> La polta infernal.

Verdi knüpft hier – das Schlüsselwort »Tàrtaro« macht es überdeutlich – trotz des veränderten Metrums an eine seit dem frühen 17. Jahrhundert konsolidierte Tradition an, die den *quinàrio sdrùcciolo* grundsätzlich für die Erscheinungen von Toten, von Orakeln oder von Bewohnern der Unterwelt, des Tartarus eingesetzt hatte. Zu nennen wären hier viele *tomba*(»Grabes«)-Szenen, das bekannteste Beispiel für diese übermächtige Tradition ist aber zweifellos der Furienchor aus Glucks *Orfeo ed Euridice* (1762), der den charakteristischen Versrhythmus auch musikalisch überdeutlich skandiert:

Ironisch gebrochen begegnet dieser Topos im ersten Finale von Sterbinis und Rossinis *Il barbiere di Siviglia* (1816): Als Wachsoldaten in Bartolos Haus eindringen, um den Streit zwischen dem scheinbar betrunkenen Grafen Almaviva und dem Hausherrn zu schlichten, ist dieser Hagestolz offensichtlich zu Tode erschrocken – für den verständigen Hörer leicht am charakteristischen Rhythmus des *quinàrio sdrùcciolo* zu erkennen (vgl. Osthoff, 1986, S. 127 f.), mit dem sein leichenähnlicher Zustand karikiert wird:

> Fredda ed immòbile
> Come una stàtua,
> Fiato non rèstagli
> Da respirar.

(»Starr und steif ist er wie eine Statue, keine Luft bleibt ihm zum Atmen.«)

Rossinis erfolgreiche *opera buffa* zeigt aber auch, wie wechselnde Versendungen auf subtilere Weise zur Charakterisierung von Bühnenfiguren eingesetzt werden können: Rosinas Auftrittsarie im 1. Akt beginnt ganz ähnlich wie Germonts »Di Provenza il mare, il suol« mit – insgesamt zweimal sechs – *ottonari*, die ausschließlich die unregelmäßige *cadenza tronca* aufweisen:

> Una voce poco fa
> Qui nel cor mi risuonò;
> Il mio cor ferito è già,
> E Lindor fu che il piagò.

(»Eine Stimme klang mir soeben im Herzen wieder; mein Herz ist schon verletzt, und es war Lindoro, der es traf.«)

In dem Moment, wo hinter dem verschlossenen, in sich selbst gekehrten schüchternen

Mädchen eine sehr selbstbewußte, ja kapriziöse Frau zum Vorschein kommt, wechselt der gleichförmige Rhythmus: sechs *quinari doppi*, in denen im wilden Wechsel *cadenze sdrùcciole*, *cadenze piane* und *cadenze tronche* alternieren – der Versrhythmus verdeutlicht, mit wie vielen »Fallen« und Rhythmus-Wechseln der Mann rechnen muß, der sich dieser »Viper« anzunähern wagt:

> Io sono dòcile, – son rispettosa,
> Sono obbediente, – dolce, amorosa;
> Mi lascio règgere, – mi fo guidar.
> Ma se mi tòccano – dov'è il mio débole,
> Sarò una vìpera – e cento tràppole
> Prima di cèdere – farò giocar.

(»Ich bin fügsam, bin respektvoll, bin gehorsam, sanft und liebenswert; laß' mich lenken, laß' mich leiten. Aber wenn sie mich an meinem schwachen Punkt treffen, werde ich zur Viper und bevor ich nachgebe, werde ich hundert Streiche aushecken.«)

Endecasìllabo

Nach diesen einführenden Erläuterungen sollen nun die verschiedenen von Verdi eingesetzten Metren in kurzen Einzelportraits vorgestellt werden. Von besonderer Bedeutung für jedes Opernlibretto wie für die meisten dramatischen Texte der Neuzeit ist der *endecasìllabo*, der Elfsilber. Bereits von Dante und Petrarca als Reimvers gern verwendet, wurde dieses Metrum später als Stellvertreter des antiken Hexameters verstanden und setzte sich bald als Standardvers für Epen und Tragödien durch. Diese *endecasìllabi* wurden seit den ersten Vergil-Übersetzungen im 16. Jahrhundert bis zu Andrea Maffeis Milton-Übersetzungen und den ersten Homer-Übertragungen im 19. Jahrhundert bindend für die epische Dichtung verwendet. Aber auch in der Tragödie setzte sich nach ersten Versuchen im 16. Jahrhundert, die keine Tradition begründen konnten, im 19. Jahrhundert der *endecasìllabo* durch, und zwar als Blankvers, als *endacasìllabo sciolto* oder *verso sciolto* (»ungebundener Vers«): Nicht nur Alfieris Tragödien, sondern auch die Schiller-Übersetzungen von Verdis Freund und Librettisten Andrea Maffei verwenden ihn ebenso wie die strikt nach Maffeis Übersetzung von Heines Vorlage vertonte Oper *Guglielmo Ratcliff* (1895), mit der Mascagni das unerhörte Wagnis eingegangen war, eine ganze Oper in einem einzigen Metrum zu komponieren.

Im Gegensatz zum Sprechtheater wird im Musiktheater der *endecasìllabo* aber in aller Regel abwechselnd mit dem *settenàrio* verwendet. Dieses zusammengesetzte Metrum hatte sich im Madrigal des 16. und 17. Jahrhunderts sowohl in der Dichtung wie in der Musik von Komponisten wie Cipriano di Rore, Gesualdo di Venosa oder Monteverdi etablieren können. Im Gegensatz zum älteren Madrigal eines Petrarca, das ausschließlich gereimte *endecasìllabi* eingesetzt hatte, wurde nun der freie Wechsel von *endecasìllabi* und *settenari* standardisiert, wobei auch die Reimanordnung sehr frei ist; zwar können die Verse gereimt sein, müssen es aber nicht.

Diese heterometrischen, »madrigalischen« Verse fanden über die wirkungsmächtigen Pastoraldramen des 16. Jahrhunderts – vor allem Tassos *Aminta* (1573) und Guarinis *Il pastor fido* (1595) – Eingang in die neue Form des *dramma per musica*. Schon im 17. Jahrhundert sehr beliebt, wurde der freie Wechsel von *endecasìllabi* und *settenari* mit Metastasios Libretti endgültig zum selbstverständlichen Standard aller Dialogszenen im Musiktheater. Während bei diesem bedeutendsten Librettisten der italienischen Literaturgeschichte die Rezitative grundsätzlich den skizzierten »madrigalischen« Verstyp verwenden, griff Metastasio (1698–1782) für alle Solonummern auf kürzere Metren wie *decasìllabi*, *ottonari*, *settenari* oder *quinari*, bisweilen aber auch auf gemischte Metren zurück, wie sie alle in der anakreontischen Liebeslyrik eingeführt waren. Diese klare Zweiteilung zwischen einem Standardvers für rezitativische Dialoge und einem großen Spektrum vieler verschiedener kürzerer Metren für alle geschlossene Nummern wurde auch im 19. Jahrhundert beibehalten, als nicht nur solistische Arien, sondern längst auch Duette, Terzette und größere Finalensembles als geschlossene metrische und musikalische Einheiten konzipiert wurden. Dabei konnte der *endecasìllabo* seine große Beliebtheit insbesondere wohl auch deshalb behaupten, weil er dem Dichter große Freiheiten bei der Verteilung der Betonungen innerhalb des Verses läßt, also – überdies im Wechsel mit dem *settenàrio* – einen großen Abwechslungsreichtum ermöglicht.

So gilt auch für das ganze Œuvre Verdis, daß rezitativische Szenen grundsätzlich auf den freien Wechsel von *endecasìllabi* und *settenari* zurückgreifen, wobei ungereimte Verse vorherrschen, dazwischen immer wieder aber auch Endreime angebracht werden können – die in der Opernforschung weit verbreitete Bezeichnung *versi sciolti* für diese »madrigalischen« Verse ist also nicht ganz korrekt. Von inhaltlicher, für den heutigen Hörer und Leser kaum angemessen zu rekonstruierender Bedeutung ist dabei vor allem der Wechsel vom Rezitativ-Vers zu festgefügten Metren, der von einem mit den Konventionen der Versdichtung vertrauten Publikum zwingend als Indikator für einen Wechsel der Tonlage verstanden werden mußte – auf die eher freie, fast alltägliche Rede des »madrigalischen« Verses folgte die stärker stilisierte Rhetorik der geschlossenen musikalischen Nummer. Insofern ist es von großer Bedeutung, daß in den von Verdi vor 1870 vertonten Libretti die letzten beiden Verse eines rezitativischen Abschnitts – mit ganz seltenen Ausnahmen – immer eine *rima baciata*, einen Paarreim aufweisen: nicht nur für den Leser des Librettos, sondern auch für den Hörer ein unüberhörbarer Indikator für das Ende des Rezitativs vor dem Beginn einer »geschlossenen« Nummer.

Besonders bemerkenswert ist in diesem Zusammenhang die – meist sehr kurze – Rückkehr zum Rezitativ-Vers am Ende einer Oper. In insgesamt sieben Werken entschied sich Verdi mit seinen Librettisten dafür, am Ende eines Dramas nicht nur das Scheitern der Figuren szenisch und musikalisch deutlich werden zu lassen, sondern mit der Abkehr von einem »kantablen« Metrum die Katastrophe zusätzlich zu betonen. Nicht zufällig ist die erste Oper Verdis, die in der Schlußszene mit dieser Rückkehr zum rezitativischen Vers experimentiert, *Stiffelio* (1850): Die insgesamt zwanzig »madrigalischen« Verse der *scena ultima* machen sinnfällig, daß auf den betrogenen Ehemann und seine untreue Frau die harte Realität des alltäglichen Zusammenlebens wartet. In *Rigoletto*, *Il trovatore*, *Simon Boccanegra*, *Un ballo in màschera*, *La forza del destino* und *Otello* steht die Rückkehr zum rezitativischen Tonfall dagegen für die unerbittliche Härte des tragischen Ausgangs und es ist wohl ein Indiz für den unkonventionellen Charakter dieser Konzeption, daß Verdi diese radikalen Lösungen in zwei Fällen wieder zurücknahm: Sowohl *Aroldo*, die Überarbeitung von *Stiffelio*, wie die zweite Fassung von *La forza del destino* schließen – wie die überwiegende Mehrzahl von Verdis Opern – mit festgefügten gereimten Versen.

Je kürzer die abschließenden rezitativischen Verse sind, desto grausamer wirkt deren Zerstörung des poetischen und musikalischen Wohlklangs: In *Rigoletto* ist der letzte Abschied der Sterbenden von ihrem Vater, in *Un ballo in màschera* der des sterbenden Herrschers von seinen Untertanen in jeweils nur drei Verse gefaßt. In *Otello* sind es vier *endecasìllabi*, die nicht nur mit ihrem abgerissenen Gestammel, sondern auch metrisch einen gnadenlosen Kontrast zu den vier *settenari doppi* des letzten gebundenen Monologs des Titelhelden markieren – ein Kontrast, der vom letzten Reim »giacio« – »bacio« nur scheinbar gemildert wird, läßt dieser Indikator doch eher eine Arie Otellos erwarten, die dieser aber nicht mehr singen kann:

E tu... come sei pàllida! [–] e stanca, ͜ e muta, ͜ e bella,
Pia cre[-]atura nata [–] sotto maligna stella.
Fredda come la casta [–] tua vita, e ͜ in cielo ͜ assorta.
Desdèmona! Desdèmona!... [–] Ah!...
  morta!... morta!... morta!...
(*estraendo furtivamente dalle vesti un pugnale*)
Ho ͜ un arma ͜ ancor! (*Si ferisce.*) (CASSIO) Ah! Ferma!
  (TUTTI) Sciagurato!
(OTELLO) Pria d'ucciderti... sposa... ti baciai.
Or morendo... nell'ombra... ov'io mi giacio,
Un bacio... ͜ un bacio ͜ ancora . . . ͜ un altro bacio...
  (*Muore.*)

(»Und Du ... wie bist Du blaß! und müde und stumm und schön, frommes Geschöpf, unter bösem Stern, kalt wie Dein keusches Leben, und zum Himmel aufgestiegen. Desdemona! Desdemona! ... Ach! ... tot! ... tot!... tot! ... [*heimlich einen Dolch aus seinem Gewand ziehend*] Noch habe ich eine Waffe! [*Er verletzt sich.*] [CASSIO] Ach! Halt' ein! [ALLE] Unglückseliger! [OTELLO] Bevor ich Dich mordete... Braut... habe ich Dich geküßt. Jetzt im Sterben ... im Dunkel... in das ich sinke... ein Kuß... einen Kuß noch... noch einen Kuß ... [*Er stirbt.*]«

Sehr viel seltener als die rezitativische Verwendung des *endecasìllabo* ist der Einsatz des gereimten Elfsilblers in metrisch geschlossenen Strophen: Auffällig ist in diesen Fällen die manifeste Nähe zur religiösen Sphäre, ob es sich nun um die italienische Paraphrase des lateinischen *Te Deum* im 2. Akt von *Giovanna d'Arco*, um den Chor der Priesterinnen »Chi dona luce al cor?... Di stella alcuna« im 2. Akt von *Attila*, um das »Miserere« im 4. Akt von *Il trovatore*, das neu komponierte *quartetto finale* in *Aroldo* oder das »Ave Maria« der Desdemona im 4. Akt von *Otello* handelt. Ausnahmen von dieser eindeutigen Zuschreibung scheinen nur das Schluß-Ensemble von *I masnadieri* und der erste Teil des Duetts Gilda/Duca im 1. Akt von *Rigoletto* zu bilden: Aber im letzten Beispiel geht es um die »himmlische« Frau und die »göttliche Liebe«, und überdies werden die Verse von Verdi dort zu einem großen Teil ebenso wie *quinari doppi* behandelt wie im letzten Finale von *I masnadieri*, wo die Ambivalenz von *endecasìllabo* und *quinario sdrùcciolo* den Gegensatz von »Iddio« (»Gott«) und »Èrebo« (»Hölle«) nachgerade sinnlich erfahrbar macht.

Ebenfalls in diesen Zusammenhang gehört es, wenn Verdi bei der Arbeit an der Gerichtsszene im 4. Akt von *Aida* Ghislanzonis Vorschlag ablehnt, dem unsichtbaren Chor der Priesterinnen den *senàrio* zuzuweisen: »Der Chor im Innern ist schön, aber jener Sechssilber scheint mir dürftig für diese Situation. Ich hätte hier den großen Vers, den Vers Dantes, und sogar die Terzine geschätzt.« (Brief vom 4. November 1870; Copialettere, 1913, S. 665) In der Folge dichtete Ghislanzoni in der Tat *endecasìllabi* für die Anrufung der Gottheit:

Spirto del Nume sovra noi discendi!

Aber auch für die Sterbeszene Aidas und Radamès' sah Verdi im gereimten *endecasìllabo* eine Möglichkeit, der Mechanik der stereotypen Metrik zu entkommen. Am 12. November 1870 präzisierte er Ghislanzoni seine Wünsche für das letzte Solo des Tenors: »Diese ganze Szene kann und darf nichts anderes sein als eine reine und einfache Gesangsszene. Eine etwas fremdartige Versform für Radamès würde mich dazu zwingen, auch eine Melodie zu suchen, die sich von denen unterscheidet, die man üblicherweise auf *settenari* und *ottonari* macht, und würde mich auch dazu zwingen, Tempo und Takt für das Solo Aidas sozusagen in der Mitte der Arie zu wechseln.« (ebd., S. 663) Verdi schickte gleich einen versifizierten Entwurf mit, in dem er auf drei *settenari* einen *quinàrio*, zwei *endecasìllabi* und wieder zwei *settenari* folgen ließ. Ghislanzoni modifizierte diese Anregung nur geringfügig, indem er die abschließenden *settenari* durch drei *quinari* ersetzte. Und auch Verdis Wunsch nach »vier schönen *endecasìllabi*« (ebd., S. 670) für den letzten Zwiegesang der zum Tode Verurteilten erfüllte Ghislanzoni mit einer paarweise gereimten Strophe, die Verdi zu einer Melodie inspirierten, die an weitem Atem und schweifender Melancholie ihresgleichen sucht (Osthoff, 1986, S. 135–140):

O terra, addio; addio valle di pianto...
Sogno di gaudio che in dolor svanì...
A noi si schiude il cielo e l'alme erranti
Volano al raggio dell'eterno dì.

Auch in Verdis letzter Oper *Falstaff* spielen gereimte *endecasìllabi* nochmals eine entscheidende Rolle: Am Beginn des zweiten Teils des 3. Aktes ist die Liebeserklärung Fentons an Nannetta in ein reguläres Sonett aus zwei Quartetten und zwei Terzetten gefaßt – eines der sehr seltenen Beispiele für die Verwendung klassischer strophischer Formen in der Opernlibrettistik, das ganz ähnlich auch in Illicas und Puccinis *Tosca* (1900) aufgegriffen wurde. Dabei machte sich Boito den Spaß, daß die sichtbare Handlung auf mehrfache Weise mit der Metapher des Kusses verschränkt ist: Die beiden Liebenden küssen sich nach dem letzten Vers des Sonetts:

Ma il canto muor nel bacio che lo tocca.
(»Aber der Gesang erstirbt im Kuß, der ihn berührt.«)

Aber schon mit der Aufteilung des letzten Terzetts auf beide Stimmen wird die körperliche Annäherung sinnfällig vorbereitet.

Der für das Rezitativ standardisierte – allerdings unregelmäßige – Wechsel zwischen *endecasìllabi* und *settenari* findet sich in durchgängig gereimten Strukturen im Opernlibretto niemals. Allerdings machten sich Boito und Illica 1884 den Spaß, in einem Widmungstext für das Stammbuch von Verdis Adoptivtochter Maria diese Form zu erproben – eine eindrücklichere Demonstration des engen Zusammenhangs zwischen dem Zählen (der Silben) und poetischer Eleganz läßt sich kaum vorstellen (Bongiovanni, 1941, S. 8):

Noi siamo tre Romei
Madonna fa che si diventi   6 [sei]
Scesi all'Alpi algenti

Ove dan morte turbinando i	20 [venti]
Qui ne venimmo dove	
Preghiam dal viso tue dolcezze	9 [nove]
Fa che tu ne promette	
Sul bel colle lontan dall'empie	7 [sette]
Tanto dall'occhio bruno	
Che sembri dire: intorno a me	
vi ad	1 [aduno]
E ne farai felici	
Se: l'assenso richiesto a voi	12 [dò, dici]
Che se rivolgi ad altre	
Estranie cose le pupille scal	3 [scaltre]
Noi sentiremo il fiotto	
Stagnar del core e piangerem dir	8 [dirotto]
Esaudi i tre Romei	—
Se buona se gentil	66 [se santa sei].

Decasìllabo

Der *decasìllabo* war in der Versdichtung von hohem künstlerischen Anspruch vor dem 19. Jahrhundert äußerst ungebräuchlich. In Überblicksdarstellungen wird regelmäßig behauptet, erst Manzoni habe das Metrum verwendet, auch wenn nuanciertere Untersuchungen zusätzlich Beispiele aus den Libretti Metastasios und Da Pontes anführen. Aber bereits in den Libretti Paolo Rollis aus den 1720er und 1730er Jahren gehörte er zum Standard, so daß behauptet werden kann, daß er nicht erst im 19. Jahrhundert – dann neben dem *ottonàrio* und dem *settenàrio* – zu den beliebtesten Versen der Librettisten zählte.

Obwohl sich in einigen Beispielen aus dem Spätmittelalter, Rollis Libretti und verschiedenen Experimenten des 20. Jahrhunderts auch andere Betonungsmuster finden, ist der *decasìllabo* im 19. Jahrhundert in einer Weise uniformiert wie kaum ein anderer Vers: Durchgängig findet sich die stereotype Betonung der dritten, sechsten und neunten Silbe, die es in Anlehnung an die antike Metrik erlaubt, von einem anapästischen Rhythmus zu sprechen. An keinem anderen Vers kann deshalb so anschaulich verdeutlicht werden, wie sehr die Metrik des zu vertonenden Textes dem Komponisten bereits vorgefertigte Modelle für den Rhythmus der zu komponierenden Musik an die Hand gab (Ross, 1980, S. 156–235; Lippmann, 1973). Im Blick auf den Beginn mit zwei unbetonten und einer klar akzentuierten dritten Silbe hat der Komponist praktisch keine andere Wahl als eine Umsetzung in einen auftaktigen Rhythmus, wie hier an der *cavatina* des Cherubino im 1. Akt von Da Pontes *Le nozze di Figaro* (mit der Musik von Mozart), aber auch an zwei populären Chören Piaves im jeweils 3. Teil von *Nabucodonosor* und *Ernani* demonstriert sei:

Umgekehrt ist freilich auch festzuhalten, wie sehr solche rhythmischen Modelle sogar in die scheinbar rein instrumentale Musik ausstrahlten. Dem Kopfthema des ersten Satzes aus Mozarts Sinfonie g-Moll KV 550 liegt ganz offensichtlich ein anapästischer *decasìllabo* zugrunde, und die populären *Folies d'Espagne* gehören in der Rhythmisierung, wie sie am Ende des 17. Jahrhunderts durchgesetzt wurde, dem Typus des *quinàrio sdrùcciolo* an.

Die beiden zitierten *decasìllabi* aus Verdis Frühwerk machen aber überdies deutlich, daß seit den 1840er Jahren der *decasìllabo* der bevorzugte Vers für patriotische und heroische Gesänge geworden war. Diese eindeutige inhaltliche Zuschreibung geht wohl wesentlich auf den bedeutenden Dichter Alessandro Manzoni zurück, der den Vers in den 1820er Jahren sozusagen nobilitiert, aber ausschließlich als anapästischen verwendet hatte: Viele Metrik-Studien bezeichnen den anapästischen *decasìllabo* deshalb als *decasìllabo manzoniano*. Bereits in einem 1821 dem Andenken Theodor Körners gewidmeten Gedicht wie *Marzo 1821* begegnet der *decasìllabo* mit patriotischem und revolutionärem Hintergrund, auch Romani verwendete ihn für den *inno guerriero* im 2. Akt der von Bellini komponierten Oper *Norma* (1831) – allerdings noch nicht mit der später standardisierten vierzeiligen Strophe aus drei *versi piani* und einem *verso tronco*. Freilich läßt sich genau diese inhaltliche Zuschreibung mit der von Manzoni standardisierten Strophenstruktur bereits ein Jahrhundert vorher nachweisen: In einer Arie aus dem 1. Akt von Rollis Libretto *Enea in Lazio*, das mit der Musik von Porpora 1734 in London aufgeführt wurde, sind schon alle Merkmale versammelt, die bis heute immer wieder als Errungenschaft Manzonis dargestellt werden:

> Chi vuol salva la patria e l'onore
> Di mia spada a seguir venga il lampo,
> E vedrà qual di Marte sul campo
> Cada esangue un tiranno al mio piè.

Gerade weil einer der erfolgreichsten Melodien Verdis der *decasìllabo* zugrundelag, war sich der Komponist aber auch der Risiken einer allzu häufigen Verwendung bewußt. Als ihm Ghislanzoni für die Gerichtsszene im 4. Akt von *Aida* einen ersten Textvorschlag gesandt hatte, gab Verdi zwar seinem Überdruß am *decasìllabo* Ausdruck, sah aber dennoch die willkommene Möglichkeit, hier über den charakteristischen Rhythmus die Unerbittlichkeit der Priesterkaste zu denunzieren: »Ich habe Ihnen bei anderer Gelegenheit empfohlen, dieses Metrum zu vermeiden, weil es in den *allegri* zu hüpfend wurde; aber in dieser Situation würde dieser Akzent auf jeder dritten Silbe durchschlagen wie ein Hammer und furchterregend werden.« (Brief vom 4. November 1870; Copialettere, 1913, S. 665)

Dennoch zeigt Verdis Zurückhaltung, daß der *decasìllabo* durch seine stereotype Verwendung noch für das kleinste vaterländische Gelegenheitsgedicht wesentlich an Attraktivität verloren hatte. So überrascht es wenig, daß dieser vorher so beliebte Vers von Boito für *Falstaff* überhaupt nicht mehr, im ganzen Œuvre Puccinis nur an einer Stelle in *Turandot* (1926) eingesetzt wurde.

Novenàrio

Der *novenàrio* oder *nonasìllabo* findet sich zwar sehr selten im Libretto des frühen 18. Jahrhunderts, etwa in Rollis *Scipione* (1726) mit der Musik von Händel, kam danach aber völlig außer Gebrauch und fand erst am Ende des 19. Jahrhunderts bei Carducci, Pascoli und D'Annunzio wieder Eingang in die Dichtung, bevor er dann zu einem bevorzugten Vers des 20. Jahrhunderts avancierte. So ist es kein Zufall, daß er sich vor 1868 in keinem Opernlibretto findet, allein der Theoretiker Bonifazio Asioli sah sich bei der Abfassung einer Kompositionsschule 1832 der Vollständigkeit halber bemüßigt, ein Beispiel mit einem *novenàrio* zu konstruieren (Wedell, 1995, S. 95 f.). Boito verwendete ihn im Prolog der von ihm selbst komponierten Oper *Mefistofele* (1868) für den Chor der Seraphine:

> Sui venti, sugli astri, sui mondi,
> Sui lìquidi azzurri profondi,
> Sui raggi tepenti di sol,
> [...]

sah sich aber zu einer erklärenden Fußnote im Librettodruck verpflichtet: »Es hat uns gereizt, dieses neunsilbige Metrum zu versuchen, das von den wohlverdienten Lehrbüchern der Versifikationen verboten wird. Uns scheint, daß dieser nonasìllabo dadurch, daß der Akzent symmetrisch auf die zweite, fünfte und achte Silbe gesetzt wird, auf ziemlich melodische Weise kadenziert werden kann.« (Boito, 1942, S. 107) Zwei Jahre später dachte auch Verdi an die Verwendung des ›verbotenen‹ Verses für eine (nicht komponierte) Romanze am Beginn des 4. Aktes von *Aida* – »Was für ein Teufel käme dabei heraus? Sollen wir das probieren?« (Brief an Antonio Ghislanzoni vom 25. Oktober 1870; Copialettere, 1913, S. 660) –, verzichtete dann aber doch auf diesen ungewöhnlichen Vers, den er schließlich nie verwenden sollte. Nur in der italienischen Übersetzung des französischen *Don Carlos* sah sich der Bearbeiter Achille de Lauzières genötigt, den französischen *octosyllabe* durch den praktisch identischen *novenàrio* wiederzugeben (Garlato, 1998, S. 307).

Die metrischen Grundlagen von Verdis französischen Opern

An dieser Stelle bietet es sich an, kurz die metrischen Grundlagen von Verdis französischen Opern zu skizzieren, auch wenn die Forschung auf diese Frage bisher so gut wie gar nicht eingegangen ist. Wie die italienische Metrik stützt sich auch die französische Metrik allein auf die Anzahl der Silben und verwendet rein quantifizierende Bezeichnungen, allerdings meist in der gräzisierenden Form: Ein- bis zwölfsilbige Verse werden als *monosyllabe, dissyllabe, trissyllabe, tétrasyllabe, pentasyllabe, hexasyllabe, heptasyllabe, octosyllabe, ennéasyllabe, décasyllabe, endécasyllabe* und *dodécasyllabe* bezeichnet (Elwert, 1961, S. 120 f.). Im Unterschied zur italienischen Metrik gilt aber als Standardform ein Vers mit »männlicher« Endung, also mit *cadenza tronca*, auch wenn in der Regel »männliche« und »weibliche« Endungen wechseln (eine Entsprechung zur *cadenza sdrùcciola* kennt die französische Dichtung hingegen nicht). Ein französischer *octosyllabe* entspricht deshalb einem italienischen *novenàrio*, ein *hexasyllabe* einem *settenàrio*, ein *pentasyllabe* einem *senàrio* und so weiter.

Mitte des 17. Jahrhunderts hatte sich der *dodécasyllabe* endgültig als »bevorzugter Vers für alle ernsten Gattungen des hohen Stils« (ebd., S. 122) und insbesondere für die klassische Tragödie durchgesetzt. Allerdings wurde er in der Regel in gereimter Form verwendet und zwar in der klassischen Tragödie im konsequent durchgehaltenen Wechsel je eines Paarreims mit »männlicher« und eines anderen Paarreims mit »weiblicher« Endung. Auch in der *tragédie lyrique* Lullys und seiner Nachfolger wurde dieser – wegen seiner Verwendung im *Roman d'Alexandre* im 12. Jahrhundert – als Alexandriner bezeichnete Standardvers der französischen Sprache aufgegriffen, allerdings im freien Wechsel mit kürzeren Metren.

Im 19. Jahrhundert hatte sich – wohl unter italienischem Einfluß – eine Struktur des Opernlibrettos durchgesetzt, in der der gereimte Alexandriner – dem *endecasìllabo* vergleichbar – als Standardvers des Rezitativs verwendet wird, allerdings fast immer im Wechsel mit einzelnen Versen in kürzeren Metren. In geschlossenen musikalischen Nummern herrschen dagegen kürzere Metren vor. Der sogenannte »grand vers« wird dort nur eingesetzt, um eine besonders tragische Situation oder eine hohe Stillage zu bezeichnen, etwa im Schwur und dem anschließenden Finale des 2. Aktes von *Les Huguenots* (1836), einem Libretto Scribes für Meyerbeer. In ganz ähnlicher Weise findet sich der Alexandriner auch im 5. Akt von *Les Huguenots* an der Stelle, wo Marcel die zum Tode entschlossenen Liebenden einsegnet, und in Scribes Libretto für Verdis *Les Vêpres Siciliennes* im Finale des 2. Aktes, um die dramatische Spannung zu kennzeichnen, die die französische Soldateska durch den »Raub« der sizilianischen Bräute ausgelöst hat:

C'en est trop, | je frémis | et de honte | et de rage,
Nous avons | trop longtemps | dévoré | cet outrage!
(»Es reicht, ich zittere vor Scham und Wut, wir haben zu lange diese Beleidigungen heruntergeschluckt.«)

Freilich fällt auf, daß Scribe an dieser Stelle nicht nur die klassische Zäsur nach der sechsten Silbe setzt, sondern zusätzliche – hier und im folgenden mit einem Zusatzzeichen »|« gekennzeichnete – Zäsuren nach der dritten und neunten Silbe, die den anapästischen Rhythmus seiner Verse besonders akzentuieren – eine Versstruktur, die der italienische Bearbeiter Ettore Caimi treu in vierfache *quaternari tronchi* umgesetzt hat.

Noch deutlicher wird der bewußte Einsatz dieses klassischen Verses par excellence zur Kennzeichnung einer extrem tragischen Fallhöhe in Mérys und Du Locles *Don Carlos*: Sowohl die letzten vier Verse des 3. Aktes, in denen die flämischen Abgesandten und eine Stimme im Himmel die Ketzerverbrennung vor der Kathedrale von Valladolid abschließend kommentieren, als auch der Beginn des 4. und 5. Aktes sind in Alexandrinern gehalten, die in der italienischen Bearbeitung durchgehend durch *settenari doppi*, in der Regel mit *cadenza tronca* im ersten Halbvers wiedergegeben werden. Sowohl Philippes anrührendem Monolog

Elle ne m'aime pas! | non! son cœur m'est fermé

wie dem anschließenden Gespräch zwischen Philippe und dem Großinquisitor liegt der Alexandriner zugrunde, aber auch den ersten beiden Szenen des 5. Aktes, in denen die Verzweiflung Elisabeths und deren endgültiger Abschied von Carlos dargestellt wird. Auch wenn in Philippes Monolog in die Alexandriner einzelne *décasyllabes* und *octosyllabes* eingestreut sind, fällt doch die sehr konservative Bevorzugung der klassischen Zäsur nach der sechsten Silbe auf; erst im allerletzten Abschied von Elisabeth und Carlos wird das klassizistische

Gleichmaß zugunsten der Zäsur nach der vierten und der achten Silbe aufgebrochen:

> (CARLOS) Donnons-nous ces noms chers | aux plus chastes amours.
> Adieu, ma mère!... | ͜ (ELISABETH) Adieu, mon fils! | (CARLOS) Et pour toujours!

In *Don Carlos* herrscht neben dem Alexandriner der *octosyllabe* als Standardvers für geschlossene Nummern wie Arien, Duette und Chorsätze vor – zum Beispiel im Chor der Mönche am Beginn des 2. Aktes

> Charles-Quint, l'auguste ͜ Empereur,
> N'est plus que cendre ͜ et que poussière.

oder in Ebolis Arie am Ende des 4. Aktes:

> O don fatal et détesté

Kurze Metren wie der *pentasyllabe* in Ebolis *chanson du voile* im 2. Akt oder gar der *trisssyllabe* im – nicht in die italienische Fassung übernommenen – Eröffnungschor des 3. Aktes werden demgegenüber nur im Zusammenhang mit der ausgelassenen Atmosphäre nächtlicher Feststimmung eingesetzt:

> Mandolines,
> Gais tambours,
> Voix divines,
> Des amours.

Und nur vereinzelt begegnen gemischte, sogenannte »heterometrische« Metren wie der aus jeweils einem *octosyllabe* und zwei *tétrasyllabes* zusammengesetzte Chor im Finale des 1. Aktes:

> O chants de fête ͜ et d'allegresse,
> Frappez sans cesse
> Les airs joyeux

Noch bei der Arbeit an *Aida* erinnerte sich Verdi sehnsüchtig an derartige Möglichkeiten: »Die Franzosen pflegen auch in den Strophen für Gesang bisweilen sowohl längere wie kürzere Verse zusammenzusetzen. Warum könnten wir nicht dasselbe machen?« (Brief an Antonio Ghislanzoni vom 12. November 1870; Copialettere, 1913, S. 663)

Im Gegensatz zu den Librettisten von *Don Carlos* bevorzugte Eugène Scribe, der tonangebende französische Librettist der Jahre zwischen 1820 und 1860, stark rhythmisierte kürzere Metren. Zwar finden sich auch in *Les Vêpres Siciliennes* einige *octosyllabes*, aber es herrschen neben *heptasyllabes* wie in Hélènes Cantabile in der *introduction* des 1. Aktes

> Viens à nous, Dieu tutélaire!

hexasyllabes und *pentasyllabes* vor. Hélènes *boléro* im 5. Akt liegt ein *hexasyllabe* zugrunde:

> Merci, jeunes amies,
> De ces présens si doux!
> Dont les fleurs si jolies
> Sont moins fraîches que vous.

während sich bereits im Eröffnungschor ein *pentasyllabe* findet:

> Beau pays de France!
> Je bois, dans l'absence,
> A tes bords chéris...
> O mon doux pays!

der an einzelnen Stellen das »Meckern« nicht vermeiden kann, das Robert Schumann Meyerbeers Rhythmen auf die Verse desselben Scribes ankreidete (Schumann, 1914, S. 319) – besonders auffällig etwa im Chor am Beginn des Finales des 3. Aktes von *Les Vêpres Siciliennes*:

> O fête brillante!
> Où beauté piquante
> Et danse ͜ enivrante
> Charment tour à tour!

Gerade mit dieser Bevorzugung kürzerer Metren kam Scribe aber Komponisten entgegen, die – wie Meyerbeer, Donizetti und Verdi – vom Umgang mit den Konventionen der italienischen Metrik geprägt worden waren: Mit wenigen Einschränkungen konnte ein *pentasyllabe* wie ein italienischer *senàrio* behandelt werden, ein *héxasyllabe* wie ein *settenàrio* und ein *heptasyllabe* wie ein *ottonàrio*.

Ottonàrio

Einer der beliebtesten Verse des italienischen Opernlibrettos im 19. Jahrhundert ist der *ottonàrio*. Auch dieser Vers findet sich bereits im Spätmittelalter, wurde zwischen dem 15. und 18. Jahrhundert aber vor allem für die Dichtung auf Musik verwendet. Zwar findet sich in Verdis Opern der *settenàrio* noch häufiger, aber in Romanis Libretto für *Un giorno di regno* ist beispielsweise über die Hälfte aller Verse im *ottonàrio* gehalten (Garlato, 1998, S. 234).

Im Libretto des 19. Jahrhunderts ist dieser Vers rhythmisch weitgehend standardisiert und folgt fast immer einem Akzentmodell, das mit den Betonungen auf der ersten, dritten, fünften und siebten Silbe als »trochäisch« bezeichnet werden kann. Wegen seines »harmonischen und musikalischen« Charakters, den ein Theoretiker wie Asioli (1832, S. 41) an ihm rühmte, war er vor allem in den langsamen Sätzen mehrteiliger Arien beliebt. Ein geradezu klassisches Modell für diesen Charakter ist die *cavatina* der Titelfigur in Romanis und Bellinis *Norma* (1831):

> Casta diva, che inargenti
> Queste sacre antiche piante,
> A noi volgi il bel sembiante
> Senza nube e senza vel.

Dennoch kommt er sehr häufig auch in *cabalette* oder schnellen Finalsätzen größerer Ensembles vor, um hier mit seinem starren Rhythmus die kämpferische Härte der zum Äußersten entschlossenen Figuren abzubilden; in *Aida* etwa am Ende des Duetts Aida/Radamès im 3. Akt mit der überdeutlichen Szenenanweisung »mit leidenschaftlicher Entschlossenheit«:

> (*con appassionata risoluzione*)
> Sì: fuggiam da questa mura,
> Al deserto insiem fuggiamo

Dennoch hatte der *ottonàrio* 1871 den Zenit seiner Karriere schon längst überschritten, das Libretto von *Aida* zählt dreimal so viele *settenàri* wie *ottonàri* (Garlato, 1998, S. 234). Zwar begegnet der *ottonàrio* noch in fast allen Opern Puccinis, wenn dann auch meist mit anderen Versen wie dem *senàrio* oder dem *quaternàrio* vermischt, aber Verdi klagte schon bei der Überarbeitung von *Simon Boccanegra* seinem Librettisten Boito: »Ich mag den Rhythmus des *ottonàrio* nicht besonders wegen jener verfluchten beiden auftaktigen Noten, aber ich werde diese vermeiden« (Brief vom 10. Januar 1881; Medici/Conati, 1978, S. 25), worauf Boito antwortete: »Diese verfluchten *ottonari*, da haben Sie Recht, sind das langweiligste Daramdaram in unserer Metrik.« (Brief vom 14. Januar 1881; ebd., S. 30f.)

Settenàrio

Der meist jambisch mit Akzenten auf der zweiten, vierten und sechsten Silbe betonte, aber auch andere Möglichkeiten offenlassende *settenàrio* ist nicht nur Partner des *endecasìllabo* im Rezitativ, sondern auch in geschlossenen Nummern seit dem frühen 19. Jahrhundert der beliebteste Vers überhaupt. Gerade diese häufige Frequenz macht es völlig unmöglich, in ihm irgendeinen besonderen Ausdrucksgehalt zu erkennen. Immerhin ist auffällig, daß er bei der Verwendung in langsamen Sätzen oft im 6/8- oder auch im 3/8-Takt komponiert wird. Ein besonders anschauliches Beispiel für diese barkarolenhafte Rhythmisierung, die meist die Frage offenläßt, ob die erste oder die zweite Silbe stärker betont wird, findet sich im Duett Lady/Macbeth im 1. Akt der gleichnamigen Oper:

Senàrio

Der im Libretto des 17. und 18. Jahrhunderts sehr beliebte *senàrio* wird fast immer auf der zweiten und fünften Silbe betont, verliert allerdings schon am Beginn des 19. Jahrhunderts an Boden. Bei Verdi begegnet er nur noch in zwölf der insgesamt 25 italienischen Libretti und nur in einem einzigen Fall mit einiger Regelmäßigkeit: In *Falstaff* ist der Vers offensichtlich mit dem Ensemble der Frauen verknüpft. Vor 1848 findet sich der einfache *senàrio* immerhin noch in der Mehrheit der Opern und zwar vorzugsweise für Chöre und Ensemble-Szenen, ohne daß freilich eine eindeutige inhaltliche Zuschreibung möglich wäre. Derselbe, von Verdi als »dürftig« bezeichnete (siehe oben, S. 206) Vers liegt sowohl Chören in ausgelassener Stimmung zugrunde wie dem Chor, mit dem im 4. Akt von *Macbeth* Macduffs Soloszene endet:

> La Patria tradita
> Piangendo ne invita!
> Fratelli! gli oppressi
> Corriamo a salvar.

Nach 1850 dagegen wird er weitestgehend vom *senàrio dóppio* verdrängt (siehe unten, S. 213); als Einzelvers erscheint er nur noch vereinzelt in *La forza del destino*, *Aida*, *Otello* und – sehr charakteristisch – in *Un ballo in màschera*: In der *canzone* Riccardos im 1. Akt täuscht der kurze Vers mit dem wiegenden 6/8-Takt eine einfache Leichtigkeit vor, die von der Figur des unglücklich Verliebten selbst dementiert wird:

> Di' tu se fedele
> Il flutto m'aspetta,
> Se molle di làcrime
> La donna diletta
> Dicendomi addio,
> Tradì l'amor mio.

Quinàrio

Der *quinàrio* wird in der Dichtung in der Regel nur im Wechsel mit anderen Metren gebraucht. In der Librettistik gehörte er aber schon seit den Anfängen der Oper zu den beliebtesten Versen und verlor erst im 19. Jahrhundert stark an Bedeutung: Bei Verdi wird er vor allem als Zäsurvers, also als *quinàrio dóppio* oder *quinàrio triplo* verwendet. In den relativ seltenen Fällen, in denen der einfache *quinàrio* in den Opern Verdis erscheint, verdeutlicht er fast ausnahmslos eine Situation, die von Frivolität oder jugendlicher Unbekümmertheit gekennzeichnet ist: Beide *canzoni* des Pagen Oscar in *Un ballo in màschera* verwenden den *quinàrio* und heben diese eher buffoneske Figur damit eindeutig aus den tragischen Verwicklungen der anderen Figuren heraus. Aber auch für Nannetta in *Falstaff* hat Boito an verschiedenen Stellen den *quinàrio* ebenso eingesetzt wie für den Chor der Knaben, Frauen und Matrosen, die im 2. Akt von *Otello* Desdemona Korallen und Perlen überreichen und Blumen streuen:

> T'offriamo il giglio,
> So[-]ave stel
> Che in man degli àngeli
> Fu assunto in ciel.

Noch deutlicher wird die inhaltliche Konnotation, die der *quinàrio* für Verdi gewonnen zu haben scheint, in den Fällen, in denen er hochstehenden Personen zugewiesen wird. Sowohl das Trinklied der Lady Macbeth im 2. Akt der gleichnamigen Oper

> Si colmi il càlice
> Di vino eletto

wie das Lied, mit dem Jago im 1. Akt von *Otello* Cassio betrunken machen will

> Innaffia l'ùgola!
> Trinca, tracanna!
> Prima che svàmpino
> Canto e bicchier.

steht für die manifest unlauteren Absichten zweier als kriminell und verlogen gezeichneter Figuren. (Dabei fällt auf, daß die *cadenza sdrùcciola* eben nicht durchgängig, sondern im Wechsel mit der *cadenza piana* verwendet wird.) Ähnliches gilt auch für den wahrscheinlich bekanntesten *quinàrio* der Operngeschichte, die *canzone* des Herzogs im 3. Akt von *Rigoletto*:

> La donna è mòbile
> Qual piuma al vento.

Quaternàrio

Der sehr kurze *quaternàrio* oder *quadrisìllabo* findet sich zwar gelegentlich in Libretti des 18. Jahrhunderts, und zwar sowohl in gemischten Metren zusammen mit dem *ottonàrio* als auch als selbständiges Metrum. Im Opernlibretto des 19. Jahrhunderts spielt er dann aber praktisch keine Rolle mehr; von Verdi wird er nur in zwei Libretti verwendet – mit eindeutigem Bezug auf das Dämonische außerirdischer Gestalten. In *Giovanna d'Arco* dichtete Solera für den Chor der unsichtbaren bösen Geister im Prolog sechs Strophen mit je vier *quaternari*:

> Tu sei bella,
> tu sei bella!
> Pazzerella,
> che fai tu?

Ganz ähnlichen Zwecken dient die Verwendung am Ende des bereits besprochenen Hexenchors im 3. Akt von *Macbeth*, wo *cadenze sdrùcciole* zusätzlich das Geisterhafte der Situation hervorheben:

> E voi, Spirti
> Negri e càndidi
> Rossi e cèruli,
> Rimescete!

Ternàrio

Der *ternàrio* oder *trisìllabo* spielt weder in der Dichtung noch in der Librettistik irgendeine Rolle. Erst der unermüdliche Experimentator Boito setzte ihn im schon erwähnten Prolog seiner Oper *Mefistòfele* (1868) ein, um die Kurzverse von Goethes *Faust* nachzuahmen – und zwar für den ersten der beiden Chöre der Seraphine im Prolog, deren zweiter bereits im Zusammenhang mit dem *novenàrio* zitiert worden war. Bei diesem vierstrophigen Chor handelt es sich wohl um die einzigen Verse aus einem Opernlibretto, die – mangels anderer Beispiele – in fast allen Metrik-Lehrbüchern erwähnt werden, wo ansonsten die reiche und historisch bedeutsame Librettistik fast völlig vernachlässigt ist:

> Siam nimbi
> Volanti
> Dai limbi

Versi doppi (Zäsurverse)

Eine wesentliche Rolle in den von Verdi vertonten Libretti spielen sogenannte »Zäsurverse«, in denen ein kürzeres Metrum sozusagen mit sich selbst verdoppelt wird. Hierdurch konnte einerseits der prägnante Rhythmus von kurzen Verstypen wie dem *quinàrio* und dem *senàrio* beibehalten, andererseits aber die Kurzatmigkeit des einfachen Verstyps vermieden werden. Überdies erlaubte die Verdoppelung dem Librettisten, den Ablauf einer Strophe noch stärker zu konturieren, indem er nicht nur die Kadenzen der einzelnen Doppelverse miteinander reimte, sondern auch die sogenannte *rimalmezzo* einsetzte, also einen Binnenreim – meist zwischen den beiden Halbversen derselben Zeile, bisweilen aber auch zwischen einer zweiten Vershälfte und der anschließenden ersten Vershälfte (Garlato, 1998, S. 240–242).

Meistens hoben die Librettisten – wie oben bereits festgehalten – die Zäsur durch einen Gedankenstrich hervor, in jedem Fall wird aber auch durch den Zeilenfall im Librettodruck deutlich, ob es sich um einen einfachen oder um einen Doppelvers handelt; eine Abgrenzung, die ohne den Rückgriff auf die Überlieferung des Librettos ebenso zu Zweifelsfällen Anlaß geben könnte wie die Abgrenzung etwa zwischen *quinàrio dóppio* und *decasìllabo*: Hier ist das (meist eindeutige) Unterscheidungskriterium neben dem oft prägnant anderen Rhythmus die Gestaltung der Kadenz am Ende der ersten Vershälfte, die ebenso als *tronca* oder *sdrùcciola* gestaltet werden kann wie im einfachen Vers.

Der *quinàrio dóppio* gehört schon im 18. Jahrhundert zu den beliebteren Metren der *canzone*, wurde aber auch von Metastasio gelegentlich verwendet. Im 2. Akt von *Il Ruggiero* (1771) findet sich überdies ein besonders schönes Beispiel für die – hier durch Kursivdruck hervorgehobene – *rimalmezzo*:

> Quell'ira istessa, [–] che in te fa*vella*;
> Divien si *bella* [–] nel tuo ri*gore*,
> che più d'*amore* [–] languir mi fa.

Sterbinis Verwendung für den 1. Akt von Rossinis *Il barbiere di Siviglia* wurde bereits ausführlich erwähnt. Bei Verdi begegnet der *quinàrio dóppio* mit dem charakteristischen Akzent auf jeweils der vierten Silbe jeden Halbverses dann in sämtlichen Libretti mit Ausnahme von *I due Foscari*. Eine übergreifende inhaltliche Färbung ist nicht auszumachen, findet sich dieser sehr beliebte Vers doch beispielsweise sowohl in dem eindeutig religiös konnotierten Gebet der Giselda im 1. Akt von *I Lombardi alla prima crociata*

> Salve, Maria – di grazia il petto

wie in der Erzählung, mit der im 2. Akt von *Rigoletto* die Höflinge in einem äußerst frivol wirkenden Rhythmus von der erfolgreichen Entführung Gildas berichten:

> Scorrendo uniti [–] remota via

Auch der *senàrio dóppio* war bereits in der Librettistik des 18. Jahrhunderts beliebt, im 19. Jahrhundert verwendete ihn Manzoni in seinen Versdramen. Wie der *quinàrio dóppio* gehört auch dieser Zäsurvers bei Verdi zu den Standardversen, der nur in *Un giorno di regno*, *Attila* und *Aida* nicht verwendet wird (Ross, 1980, S. 198, Anm. 2). Er begegnet ebenfalls im Zusammenhang mit den verschiedensten Situationen; relativ häufig wird er für Erzählungen verwendet wie in Amelias *racconto* am Ende des 1. Aktes von *Simon Boccanegra*:

> Nell'ora so[–]ave [–] che all'èstasi invita
> Soletta men givo [–] sul lido del mar.

Auch einige Chöre verwenden dieses Metrum, ohne daß eine eindeutige Zuschreibung (Fabbri, 1988, S. 218) zu diesen Funktionen als zwingend erscheinen könnte.

Der *settenàrio dóppio* erhielt in der Geschichte der italienischen Metrik eine herausgehobene Position, hatte ihn doch Pier Jacopo Martello (1665–1727) in insgesamt zwölf Tragödien verwendet, um den Alexandriner der klassischen französischen Tragödie nachzuahmen. So wird der *settenàrio dóppio* regelmäßig auch als *verso martelliano* oder *alessandrino* bezeichnet, obwohl seine Rhythmisierung streng genommen nicht wirklich dem französischen Vorbild vergleichbar ist. Aber unter dem Einfluß des französischen Alexandriner wurde ihm eine ähnliche hohe Stillage zugeschrieben.

Verdi war offensichtlich sehr sensibel für die soziale Konnotation dieses eher schwerfälligen, wenn nicht pompös wirkenden Verses; alle Fälle, in denen der *alessandrino* in seinen Libretti erscheint, sind offensichtlich auf Situationen bezogen, in denen es um Standesunterschiede geht. Dieser Aspekt steht noch eher im Hintergrund bei der ersten Verwendung dieses ›edlen‹ Verses im *racconto* der Azucena im 2. Akt von *Il trovatore*:

> Condotta ell'era in ceppi, [–] al suo destin tremendo

Immerhin geht es hier aber doch um die Willkür des »empio Conte«, des »ruchlosen Grafen«, der ihren Sohn hatte ermorden lassen. Eine ganz ähnliche Konnotation erhält der Vers in Paolos *racconto* im Prolog von *Simon Boccanegra*, wo die Arroganz des »patrizio altero«, des »hochmütigen Patriziers« Fiesco denunziert wird:

> L'atra magion vedete?... [–] de' Fieschi è l'empio ostello

Eher der einer höfischen Konversation angemessene Tonfall scheint bei der Verwendung am Beginn der Ballszene im 3. Akt von *Un ballo in maschera* und in der Spielszene im 2. Akt von *La traviata* intendiert. Im letzten Fall verdeutlicht aber erst die Sensibilisierung für die soziale Stellung dieses Verses das Ausmaß der ohnmächtigen Wut, zu der sich der bürgerliche Alfredo im Angesicht des Barone Douphol hinreißen läßt. Am Ende des 1. Aktes von *La forza del destino* ist es wieder offensichtlich, welcher Standesdünkel die Szene beherrscht, in der der Marchese Alvaro aus seinem Haus verweisen will.

Im Gegensatz zu diesen isolierten Verwendungen – nur in *La forza del destino* erscheint der *settenàrio dóppio* zweimal, in allen anderen Opern immer nur an einer Stelle – erscheint der Vers in *Otello* und *Falstaff* mit großer Regelmäßigkeit. Während der Librettist Boito in *Otello* durch diese Verwendung offensichtlich den endgültig erreichten Anspruch des *melodramma* auf die stilistische Höhe der gesprochenen Tragödie markiert, wird der *verso martelliano* in *Falstaff* und im 4. Akt von *La forza del destino* in eindeutig karikierender Funktion verwendet. Fra Melitone will sich bei der Verteilung des Essens an die Armen über diese erheben, nur daß ihm ein stilsicherer Umgang mit dem *alessandrino* nicht gelingt; ständig stören holpernde Rhythmen und *cadenze sdrùcciole* die klassische Eleganz der Mittelzäsur:

> Carità con costoro [–] che il fanno per mestiere?
> Che un campanile abbàttere [–] co' pugni sarien buoni,
> Che dicono fondaccio [–] il ben di Dio...
> Bricconi!...

Und in Falstaffs Monolog am Beginn des 3. Aktes sind es die falschen Zäsuren, die kurzen, fast abgehackten Sätze und die alltagssprachlichen Wendungen, die in schreiendem Kontrast zu den Versuchen des aufgeblasenen Titelhelden stehen, sich als Ritter vorzustellen:

> Che se non galleggiava [–] per me quest'epa tronfia
> Certo affogavo. – Brutta [–] morte. – L'acqua mi gonfia.
> Mondo reo. – Non c'è più [–] virtù. – Tutto declina.
> Va', vecchio John, va', va' [–] per la tua via; cammina
> Finché tu muoia. – Allor [–] scomparirà la vera
> Virilità del mondo. [–] Che giornataccia nera.

(»Denn wenn dieser stolze Bauch mich nicht getragen hätte, wäre ich bestimmt ersoffen. – Ein scheußlicher Tod. – Das Wasser bläht mich. Gemeine Welt. – Es gibt keine Tugend mehr. – Alles ist dekadent. Geh, alter John, geh, geh Deinen Weg; mach weiter, bis Du stirbst. Dann wird wie wahre Mannesehre aus der Welt verschwinden. Was für ein verdammter schwarzer Tag.«)

Der *ottonàrio dóppio* schließlich ist auch außerhalb der Librettistik ein äußerst selten verwendeter Vers; Verdis einzige Verwendung im 2. Akt von *La traviata* wurde bereits mehrfach erwähnt.

Vers und Charakteristik einzelner Opern oder Personen

Im Blick auf die Bedeutung, die Verdi einer werkspezifischen Färbung seiner Opern, der sogenannten *tinta musicale* zumaß, wäre auch die Frage zu stellen, ob die Bevorzugung des einen oder anderen Verses in einzelnen Opern ebenfalls zu dieser *tinta* beiträgt. Freilich ist die Frage noch schwerer zu beantworten als die nach den charakteristischen Merkmalen der *tinta musicale*, meist einfachen Intervallen oder Akkorden, zumal hierzu Forschungsergebnisse ebenso fehlen wie zur Frage der Personencharakterisierung durch Verstypen. Immerhin ist aber die Beobachtung auffällig, daß etwa in *Otello* der einfache *quinàrio* und in *Aida* der *quinàrio dóppio* – und zwar dort unter auffälligem Verzicht auf alle anderen Zäsurverse – vergleichsweise sehr häufig verwendet wird.

In *Aida* fällt überdies auf, daß der – in anderen Opern auch für ganz andere Zusammenhänge verwendete – *quinàrio dóppio* immer auf Evasionsträume, wenn nicht sogar ganz konkret auf die Titelfigur und damit die unmögliche Liebe zu Radamès bezogen scheint. Zu nennen wäre hier Radamès' *romanza* im 1. Akt

    Celeste‿Aida, [–] forma divina

ebenso wie Aidas Gebet

    Numi, pietà – del mio soffrir!

im weiteren Verlauf desselben Aktes, Aidas verzweifeltes Bitten im Duett mit Amneris im 2. Akt

    Amore!‿Amore! – gaudio ... tormento ...

und wenig später

    Pietà ti prenda [–] del mio dolore

die wiederholte Verwendung in den beiden Duetten Aidas mit ihrem Vater Amonasro und mit Radamès im 3. Akt bis hin zu den letzten beiden Versen der Oper, mit denen Amneris den Tod des von ihr Geliebten und ihrer Rivalin beklagen zu müssen glaubt:

    Pace t'imploro – martire santo ...
    Eterno‿il pianto – sarà per me ...

In diesem Zusammenhang wäre aber auch zu erwähnen, daß in *La traviata* der *quinàrio dóppio* in ganz ähnlicher Weise, wenn auch weit weniger systematisch eingesetzt scheint, etwa in dem Moment, wo Violetta sich im Duett des 3. Aktes in den Wunschtraum einer gemeinsamen Zukunft mit Alfredo flüchtet:

    Parigi,‿o caro, [–] noi lasceremo,
    La vita‿uniti [–] trascorreremo

Freilich muß die Frage nach dem Zusammenhang von charakteristischen Metren und der *tinta musicale* beim derzeitigen Forschungsstand ebenso offenbleiben wie die Vermutung, Piave habe im 1. Akt von *Rigoletto* den Wechsel vom *senàrio dóppio* zum *quinàrio* bewußt eingesetzt, um die Außenseiterposition des Titelhelden innerhalb der korrupten Hofgesellschaft hervorzuheben (Maehder, 1996, S. 71).

Asymmetrie als Programm

Schon in den Kurzportraits der einzelnen Verstypen wurde deutlich, daß geradzahlige Metren wie der *decasìllabo* oder der *ottonàrio* im Lauf des 18. Jahrhunderts allmählich an Boden verloren hatten. Dies hängt offensichtlich damit zusammen, daß geradzahlige Verse, sogenannte *versi parisìllabi* in der Verteilung der Akzente wesentlich weniger Möglichkeiten für eine flexible Rhythmisierung ließen als ungeradzahlige Verse, sogenannte *versi imparisìllabi*. Die hier aus pragmatischen Gründen gewählte Darstellung nach absteigender Silbenzahl darf nicht darüber hinwegtäuschen, daß Theoretiker, aber auch Librettisten im Unterschied zwischen *verso parisìllabo* und *verso imparisìllabo* ein grundlegendes Ordnungskriterium des metrischen Sytems erblickten. Ein in Reggio Emilia wirkender aristokratischer Literat schrieb 1841: »Die geradzahligen Verse habe einen weichen und gleichmäßigen Klang [...]. Die ungeradzahligen vermitteln einen synkopischen Klang, der sich gleichsam selbst verzögert, wie jemand der beim Tanzen mit einem Fuß doppelt so viel Schritte ausführt wie auf dem anderen.« (Ritorni, 1841, S. 105)

Im letzten Drittel des 19. Jahrhunderts nahm die schon vorher merkliche Vorliebe für weniger regelmäßige Verse weiter zu und führte allmählich auch zur Auflösung festgefügter Metren. Nicht zufällig ist »Asymmetrie als Programm« der Zwischentitel, mit dem Paolo Fabbri die metrische Entwicklung des Opernlibrettos nach 1870 kennzeichnet (Fabbri, 1988, S. 219). Selbst Verdi, der so sehr an den Konventionen der Metrik festgehalten hatte, waren im Lauf der Jahre Zweifel an der Tragfähigkeit eines stereotypisierten Systems festgefügter

Metren gekommen. So hatte er schon bei der Arbeit an Amelias *cavatina* im 2. Akt von *Un ballo in maschera* von seinem Librettisten eine Abkehr von den Regeln des librettistischen Handwerks gefordert: »Dann müßte man irgendetwas Anderes finden, mit Wechsel des Metrums je nach dem Inhalt, irgendetwas, das den Teufel unter dem Hintern hätte.« (Brief an Antonio Somma vom 26. November 1857; Pascolato, 1902, S. 84). Aber schließlich wurde hier doch das reguläre Metrum des *decasillabo* beibehalten, freilich in extrem aufgebrochener Weise (Ross, 1983, S. 140f.) – wie in anderen Bereichen auch strebte Verdi nicht die Revolution, sondern die Evolution der Konventionen an.

Einen wesentlichen Schritt weiter ging Verdi bei der Arbeit an *Aida*, als er Ghislanzoni schrieb: »Ich weiß genau, daß Sie sagen werden: Und der Vers, der Reim, die Strophe? Ich weiß nicht, was ich sagen soll, aber ich würde Rhythmus, Reim, Strophe sofort aufgeben, wenn es die Handlung verlangt; ich würde *versi sciolti* machen, um klar und sehr deutlich sagen zu können, was die Handlung verlangt. Leider ist es manchmal für das Theater erforderlich, daß Dichter und Komponisten das Talent haben, weder Dichtung noch Musik zu machen.« (Brief vom 17. August 1870; Copialettere, 1913, S. 641) Und sechs Wochen später griff er diese Idee nochmals auf: »Ich würde für meinen Teil Strophenformen, Rhythmus aufgeben; ich würde nur daran denken, singen zu lassen und die Situation so wiederzugeben, wie sie es ist, auch wenn es in rezitativischen Versen wäre.« (Brief an Antonio Ghislanzoni vom 28. September 1870; ebd., S. 646) In der extrem freien – und im Zusammenhang mit dem *endecasìllabo* detailliert dargestellten – Gestaltung der Schlußszene von *Aida* gelang es Verdi, dieses ästhetisches Programm erstmals durchzusetzen. Und in der Zusammenarbeit mit Boito für die Überarbeitung von *Simon Boccanegra*, für *Otello* und *Falstaff* war es möglich, mit kalkulierten Regelverletzungen die überkommenen Konventionen so weit zu spreizen, daß ihr normatives Gewicht nicht mehr als hinderlich empfunden werden mußte – von einem extrem artifiziellen Vers wie dem »katalektischen trochäischen Tetrameter« im Eröffnungschor von *Otello* (Lavagetto, 1979, S. 141; Garlato, 1998, S. 278) bis hin zu so subtilen Experimenten wie der Verwendung von *settenari doppi* in Jagos Traumerzählung am Ende des 2. Aktes von *Otello*, die durch Binnenreime gleichzeitig als *quinari tripli* erscheinen (Ross, 1980, S. 15; Garlato, 1998, S. 299f.).

Zu nennen ist hier aber auch der Kunstgriff, für eine Ensembleszene die gleichzeitig zu singenden verschiedenen Texte nicht – wie normalerweise üblich – im selben Metrum, sondern in verschiedenen Metren zu gestalten. Verdi hatte mit diesem ›tour de force‹ bereits in *La battaglia di Legnano* experimentiert, im September 1848 schrieb er Cammarano: »Vor der Kirche von Sant'Ambrogio würde ich gerne zwei oder drei Gesangslinien miteinander kombinieren. Ich würde beispielsweise wünschen, daß die Priester im Innern der Kirche und das Volk draußen ein Metrum für sich und Lida ein *cantabile* mit einem anderen Metrum hätte; überlassen Sie es dann mir, sie zusammenzufügen« (Copialettere, 1913, S. 56). Der neapolitanische Librettist entschied sich für einen nicht metrisierten lateinischen Text für den Priesterchor, einen *settenàrio* für das Volk und *quinari doppi* für Lida. Ein ähnlicher ›tour de force‹ kehrt dann im zweiten Teil des 2. Aktes von *Falstaff* wieder, wobei Boitos Lösung mit gleichzeitigen *quinari*, *senari* und *ottonari* dem ersten Versuch von 1849 an Eleganz und Kunstfertigkeit weit überlegen ist.

Aber erst die Librettisten, die für Verdis Nachfolger tätig waren, brachen wirklich radikal mit dem überkommenen System der metrischen Konventionen und suchten systematisch heterometrische, also »asymmetrische« – wenn auch in der Regel immer noch gereimte – Verse. Von einem Besuch in Paris brachte der Verleger Giulio Ricordi eine Strophe aus einem Vierzehn-, einem Elf-, zwei Fünf- und einem abschließenden Vierzehnsilbler mit, die er am 31. Juli 1894 Puccinis Librettisten Luigi Illica übermittelte (Gara, 1958, S. 106): »Puccini notierte mir auf einem Stück Papier die Metren, die sich gut für die Musik eignen. Ich schreibe es Ihnen hier genau so ab, wie er es mir auf das Zettelchen skizziert hat:

> Questo è un telegramma di moltéplici parole
> ti posso dire il vero fole
> e chi le vuole
> queste popole
> mandi telegrammi di quattórdici parole.

(»Dies ist ein Telegramm aus vielgestaltigen Worten.

Ich kann Dir wahre Märchen sagen, und wer sie will, diese weiblichen Völker, möge Telegramme aus vierzehn Wörtern[Silben] senden.«)

Nochmals einen wesentlichen Schritt weiter ging aber der erwähnte Luigi Illica, der dreizehn Jahre später den selbstverständlichen Grundlagen des italienischen Opernlibrettos des 19. Jahrhundert zumindest in der Theorie den Todesstoß versetzte. Im Oktober 1907 schrieb er Puccini: »Der Vers im Libretto ist nichts als eine wertlose Gewohnheit, eine veraltete Mode des Repertoires genauso wie die Gewohnheit, diejenigen, die Libretti schreiben, als ›Poeten‹ zu bezeichnen. Was im Libretto wirklich von Bedeutung ist, ist das Wort. Daß die Worte der Wahrheit des Moments (die Situation) und der Leidenschaft (die Rolle) entsprechen mögen! Das ist alles, der Rest ist Aufschneiderei.« (ebd., S. 358)

Bibliographische Notiz

Zur Einführung in die Grundlagen der italienischen und französischen Metrik eignen sich für den deutschsprachigen Leser vorzüglich die beiden Bücher von Elwert (1984; 1961). Freilich gehen diese Einführungen auf die Entwicklung des Opernlibrettos ebensowenig ein wie die meisten der zahlreichen italienischen Lehrbücher, von denen aber Beltrami (1991) für seine genaue Darstellung besonders hervorgehoben sei. Für den operninteressierten Leser eröffnet Fabbri (1988) sehr viele wichtige Perspektiven, setzt aber eine mehr als nur oberflächliche Vertrautheit mit der italienischen Metrik voraus. Für Fragen des Verhältnisses von Metrik, (musikalischer) Rhythmisierung und Melodiebildung sind nach wie vor Lippmann (1973) und Ross (1980) unverzichtbar, für dessen Behandlung in der zeitgenössischen Musiktheorie bietet Wedell (1995) zahlreiche Hinweise. Für einen genauen Überblick über die von Verdi verwendeten Metren ist ein kürzlich erschienenes Buch (Garlato, 1998) ein unersetzliches Hilfsmittel – ohne dieses zuverlässige Repertorium hätte diese Einführung nicht in der vorliegenden Form geschrieben werden können.

Melodiebildung und Orchestration

von Leo Karl Gerhartz

Ein fast vergessenes Finale als Modell für das Ganze

Die Verwerfungen des 19. und 20. Jahrhunderts klingen inzwischen eher befremdlich. Hanslicks »Riesengitarre« als Synonym für das Orchester des jungen und mittleren Verdi oder Pfitzners »Leierkastenmusik« als weitgehend generelles Verdi-Etikett sind längst von der Erkenntnis verdrängt, es bei dem italienischen Opernkomponisten mit einem nur Mozart vergleichbaren Musiktheaterkosmos zu tun zu haben. Gleichwohl verstehen wir immer noch viel zu wenig, daß die Spötter und Verächter von einst – wie ungenau, unbeabsichtigt und ungewollt auch immer! – nicht dem Verständnis, sehr wohl aber dem Kern und auch der Größe der Sache näher waren als so mancher engagierte Anwalt. Schließlich ist dem Theater des Giuseppe Verdi nur im Widerspruch zum – bis weit ins 20. Jahrhundert hinein in der Musik so übermächtigen – Entwicklungsdenken beizukommen. Mit der Sonatenform gibt es da nichts zu retten und schon gar nichts zu entdecken. Die ästhetischen Kategorien, Bedeutung und Sinn gründen vielmehr in völlig anderen Welten.

Volkstümlichkeit, zum Beispiel auch Leierkasten und Gitarre, spielen in diesen Welten wichtige Rollen, aber nicht die einzige. Jedenfalls schloß Verdis erklärte und lebenslange Absicht, nie in erster Linie für Kenner und Kritiker, sondern immer für das Publikum zu komponieren, mutige Experimente nicht aus. Insbesondere in seinen Lehrjahren drängte der junge Musiker förmlich zum radikal neuen Weg. In seiner mit besonderem Ehrgeiz geschriebenen ersten Shakespeare-Oper etwa, dem 1847 in Florenz uraufgeführten *Macbeth*, entschied er sich für einen im Vergleich zu dem in seinem Genre damals Üblichen höchst ungewöhnlichen und bemerkenswerten Schluß. Im Zweikampf mit Macduff tödlich getroffen, stirbt der Protagonist nicht mit einer den Tod und das bisherige Geschehen verklärenden Arie, sondern zieht in einem extrem kargen *parlando* in knappen protokollartigen Stichworten eine mitleidslose Bilanz seiner eigenen Tragödie:

> Mal per me che m'affidai
> Ne' presagi dell'inferno! ...
> Tutto il sangue ch' io versai
> Grida in faccia all' Eterno! ...
> Sulla fronte... maledetta! ...
> Sfolgorò... la sua vendetta! ...
> Muoio! ... al Cielo ... al mondo in ira,
> Vil corona! ... e sol per te!

(»Schlimm für mich, daß ich den Versprechen der Hölle vertraute! All das Blut, das ich vergossen, schleudert die Ewigkeit mir nun ins Antlitz! Die verfluchte eigne Stirn vernichtet jetzt der Blitz der Rache! Ich sterbe!... dem Himmel und der Welt ein Grauen: elende Krone! und das allein für dich!«)

Alles in diesem trostlosen Fazit des sterbenden Macbeth ist auf seine jeweils knappste Formel gebracht, nicht nur im Text, sondern genauso in der Musik. In fast schon Webernscher Kürze lebt nichts sich aus, konzentriert sich umgekehrt jede vokale und instrumentale Geste lapidar und bündig auf ihren Kern. Das gilt für den Sprechgesang, der sich bis auf zwei charakteristische Ausnahmen nur in kleinen Tonschritten bewegt, aber auch für die Akzente im Orchester: die *unisono*-Abwärtsbewegung der Streicher als leisen und schmerzlichen Eintritt in den Moment des Sterbens, den simplen blechgeprägten Dreiton-Rhythmus der tiefen Bläser als unerbittliches und kaltes Portal der Hölle auf dem Weg in die Welt eines hoffnungslosen Todes und die beiden trockenen und harten Tutti-Schläge des Orchesters zu des Verbrechers fataler, nun auch bei ihm expressiven Quintessenz »Vil corona! ... e sol per te!«. Sogar die ›Trompete von Jericho‹, die ambivalent den Zusammenbruch des Usurpators Macbeth auch im Angesicht des Jüngsten Gerichtes besiegelt und zugleich auf die Wende zu einem neuen Leben nach ihm vorausweist, braucht nur ganz wenige Töne (natürlich nun tonleiteraufwärts und in endlich hellere Klangregionen) und für die Abwicklung dieser Wende zu positiveren Perspektiven (»Scozia afflitta, ormai respira! / Or Malcolmo è il nostro Re!«; »Das geknechtete Schottland, nun atmet es wieder! Es lebe Malcolm, unser neuer König!«) reichen ein Paukenwirbel und wenige energische Schlußakkorde.

Als Verdi fast zwanzig Jahre später seinen *Macbeth* für eine Wiederaufführung am Pariser Théâtre Lyrique erneut in die Hand nahm, war er von nicht wenigen Teilen der alten Partitur einigermaßen entsetzt: »Ich bin den *Macbet* durchgegangen in der Absicht, die Ballettmusik zu schreiben, aber ach! bei der Lektüre dieser Musik bin ich über Dinge erschrocken, die ich nicht hätte finden wollen. Um alles in einem Wort zu sagen, gibt es dort verschiedene Stücke, die entweder schwach oder – was noch schlimmer ist – ohne Charakter sind...« (Brief Verdis an Léon Escudier vom 24. Oktober 1864; Copialettere, 1913, S. 451) Wir wissen nicht, in welchem Maß das auch für den radikalen und aus heutiger Sicht so aufregend modernen Schluß galt. Jedenfalls strich Verdi das erbarmungs- und mitleidslose Sterben der Urfassung und schrieb für Paris ein völlig neues Finale. Macbeth und Macduff verlassen miteinander kämpfend die Bühne. Als Macduff zurückkehrt, verkündet er den Tod des Tyrannen. In einem großangelegten *Inno di vittoria* feiern das Volk und seine neuen Führer die Befreiung Schottlands von der Gewaltherrschaft. Ob sich der Komponist vor dem Entschluß zu dieser Änderung an die Ratlosigkeit der Florentiner Intellektuellen bei der Premiere 1847 erinnerte? Ganz unbestritten hatte der Theaterpraktiker in den beiden zurückliegenden Jahrzehnten gelernt, daß man das Opernpublikum bei einem tragischen Ausgang besser mit einer verklärenden Utopie als mit einem bitteren Fazit entläßt.

Ganz unabhängig davon ist das Florentiner *Macbeth*-Finale ein hervorragendes 'Beispiel für grundlegende Koordinaten in der musikalischen Theaterästhetik Verdis. Müßte man den Sachverhalt so simpel wie möglich beschreiben, wäre davon zu sprechen, daß Verdi in seiner Partitur viel Platz läßt. Nichts wird zugedeckt, alles liegt offen. Nicht nur sind – eben wie bei der Melodie eines Liedes oder der Erzählung einer Ballade und der beide begleitenden Gitarre! – die vokale und die instrumentale Ebene durch einen Spannung aufbauenden leeren Raum deutlich voneinander getrennt; auch die einzelnen Gesten der Streicher und Bläser stehen jeweils für sich, sind nicht miteinander verwoben oder gar ineinander verstrickt, sondern ganz wörtlich auseinandergerückt. Von Themenverarbeitung nach Art der ›Wiener Klassik‹ kann mithin ebensowenig die Rede sein wie von sich fortspinnenden und alles miteinander vernetzenden »unendlichen Melodien«. Genau umgekehrt geraten vielmehr verschiedenartige und markant endliche vokale und instrumentale Gesten in ein Miteinander-Musizieren, dem man nur gerecht wird, wenn man es korrekter und ganz konkret als Abbild eines Theaterspiels versteht.

Denn die Mehrstimmigkeit in der Opernmusik Giuseppe Verdis ist keine Polyphonie eines oder mehrerer rein-musikalischer Gedanken, sondern eine von musikgewordenen szenischen Bewegungen und Gesten – sei es monologisch wie im Bei- und Gegeneinander von *parlando* und Expression, Streichern und (Blech-) Bläsern bei den Wegstationen des sterbenden Macbeth, sei es in welcher Vielstimmigkeit auch immer, zum Beispiel im einander extrem fernen und fremden Zwiegesang zwischen Gildas visionärer Kantilene und dem verzweifelten *parlando* ihres Vaters in den letzten Takten von *Rigoletto*.

Das Finalquartett im 2. Akt von Mozarts *Die Entführung aus dem Serail* behandelt seinen Gegenstand unüberhörbar primär musikalisch. Wie im klassischen Sonatenhauptsatz wird hier nämlich erstens die Liebe der beiden Paare vorgestellt, also exponiert, zweitens in Anbetracht menschlicher Schwächen in ihrer Möglichkeit als thematische Durchführung radikal in Frage gestellt und drittens allem Mißtrauen zum Trotz und kraft der Macht der Reprise wieder aufgenommen und eindrucksvoll bestätigt: Theater aus dem Geist der Musik!

Die letzten Takte im Prolog von *Simon Boccanegra* organisieren Elemente und Bausteine einer Bühnensituation. Der Volkstribun Simon Boccanegra findet im Patrizierpalast seines Todfeindes Jacopo Fiesco die Leiche seiner Geliebten Maria. Genau in diesem Moment, da er erkennen muß, daß sein Streben nach dem Dogenthron durch den Tod Marias den für ihn eigentlichen Sinn verloren hat, verkünden Hochrufe, Glockengeläut und ein frecher Marsch der übermütig ihren Sieg feiernden Volkspartei die Wahl Boccanegras zum Dogen von Genua: Musik aus dem Geist des Theaters!

Vielleicht ist dies die wichtigste Formel zum Verständnis des Verdischen Operntyps, seines spezifischen Umgangs mit der menschlichen Stimme, seiner kleinen und großen Strukturgesetze, seiner Behandlung und seiner Auffassung vom Wesen wie von der Aufgabe des Orchesters und seines Verhältnisses zwischen Gesang und Begleitung.

Eine Explosion zum Auftakt: la ›canzone collettiva‹

Florenz 1859: Der Musikgelehrte Abramo Basevi schreibt die erste wichtige und seriöse Untersuchung über die bis dahin komponierten Opern Verdis. Seine frühen Einsichten sind denjenigen späterer Historiker oft weit überlegen, unter anderem auch deshalb, weil Basevi wie wenige sonst begreift, was das Neue im Operngesang des Giuseppe Verdi ausmacht: »In Verdis erster Manier herrscht die *grandiose* Geste vor [...]. Dabei ist es wichtig zu bemerken, daß dieses *Grandiose* durch seine Eigenschaften sozusagen jegliche Individualität und Persönlichkeit zerstört, und jene in ein Universelles verwandelt. So dringt der *grandiose* Gesang selbst dann, wenn er von einer einzigen Figur wiedergegeben wird, in die Seele des Zuschauers, als ob er von einem ganzen Volk, von einer Kaste, von einer Gruppe von Personen gesungen worden wäre.« (Basevi, 1859, S. 157)

Sant'Agata 1879: Der alt gewordene und inzwischen weltberühmte Giuseppe Verdi ist von dem, was so alles über ihn geschrieben wird, meistens verärgert. Fest davon überzeugt, selbst etwas für die ›Lesart‹ seiner Bio- und Monographie und damit für die Inhalte und Akzente seines Nachruhms tun zu müssen, schickt er seinem Verleger Giulio Ricordi eine autobiographische Skizze. An die Entstehung seines *Nabucodonosor* erinnert er sich dort so: »Auf dem Heimweg wurde ich von einer unerklärlichen Beklemmung ergriffen, von einer Art tiefer Traurigkeit, und mein Herz zitterte vor Furcht! ... Zu Hause angekommen, warf ich das Manuskript ziemlich heftig auf den Tisch, vor dem ich stehenblieb. Im Fallen hat es sich geöffnet, unwillkürlich haftet mein Blick auf der aufgeschlagenen Seite und dem Vers: ›Va pensiero sull'ali dorate‹. Ich überfliege hastig die folgenden Verse, sie machen mir starken Eindruck.« (Pougin, 1881, S. 44)

Paris 1912: Camille Bellaigue publiziert ein gutes Jahrzehnt nach dem Tod des Jahrhundert-Komponisten die vielleicht erste wichtige Verdi-Biographie. Darin heißt es über die Anfänge: »Wenn wir uns heute danach fragen, welches Element in einer solchen Musik derartige Explosionen auslöste, werden wir sofort erkennen, daß es deren Kraft war. [...] ›Ich bin eine Kraft, die vorwärts schreitet!‹, sagt ein Held Victor Hugos, jener Ernani, den Verdi schon bald wird singen lassen. Die Musik des jungen Verdi war zunächst nichts anderes; aber diese Kraft schreitet bereits so weit, so direkt, so schnell vorwärts, daß wir ihr alles – erst einmal von ihr ein- und gefangengenommen – verzeihen: ihre Heftigkeit und, wenn es nötig ist, sogar ihre Brutalität.« (Bellaigue, 1912, S. 15 f.)

Mit diesen drei Dokumenten sind alle wichtigen Merkmale in der Musik des jungen Verdi und die zentralen Ursachen für ihre absolut ungewöhnliche Wesensart und Wirksamkeit formuliert. Weit entfernt von der Empfindsamkeit in den Arien und Kantilenen Vincenzo Bellinis und Gaetano Donizettis sind Verdis erste Erfolgsmelodien nämlich nicht verletzlich und zerbrechlich, sondern handfeste ›Chorschlager‹, in denen die Italiener der 1840er Jahre eigene kollektive Hoffnungen wiedererkannten. Verdi mag den Mythos ›Risorgimento‹ im Interesse eines selbstgesteuerten Nachruhms weit über jede Realität hinaus verklärt haben, nichts kann aber die Tatsache wegwischen, daß seine von einer breiten Öffentlichkeit wahrgenommene Laufbahn mit dem Triumph einer einzigen Nummer beginnt. Wegen ihrer Nähe zum Zeitgeist begeisterte eine Chormelodie das Publikum spontan und geradezu explosionsartig.

Der Chor der Hebräer in der babylonischen Gefangenschaft (»Va', pensiero, sull'ali dorate«; »Flieg, Gedanke, auf goldenen Flügeln«) ist so etwas wie eine in sich ruhende Hymne. Nach einer Mini-Ouverture im Sinne eines ›opener‹ für den Auftritt der eigentlichen Hauptsache, nämlich der machtvollen und einstimmigen Chormelodie, bildet Verdis berühmtes (im übrigen durchaus gitarrengemäßes)

»hm-ta-ta« Basis und Begleitung für die sich darüber entfaltende Melodie. Nach und nach treten weitere Instrumente hinzu. Die Holzbläser umspielen und figurieren den melodischen Bogen, Streicher und zum Ende insbesondere die Trompete stützen und verstärken ihn *colla parte*. Das Orchester identifiziert sich mit der Chor-Kantilene und gibt dem ausgestellten *tableau*, insbesondere mit der alles noch einmal bestätigenden Trompete, eine durchaus affirmative Kraft. Ein Plakat ist sich selbst genug.

»Va, pensiero, sull'ali dorate« ist gerade wegen seiner bestechenden Einfachheit einer der größten Würfe in der Geschichte der italienischen Oper. Aber weder gelang Verdi mit seiner ersten Erfolgsoper ein überzeugendes schlüssiges Ganzes, noch beschränkt sich seine Qualität als politisch bewußter Künstler und Komponist auf seine Funktion als begleitender ›Kapellmeister‹ des Risorgimento. Zwar hat er die Möglichkeit, den Erfolg von *Nabucodonosor* zu wiederholen, eher gesucht als vermieden. Schließlich war er ein überzeugter Anhänger der Risorgimento-Bewegung, weshalb er sich auch nicht scheute, mit *La battaglia di Legnano*, seine wirklichen künstlerischen Ambitionen einmal – ganz im Sinne Hanns Eislers – im Interesse und für die Interessen der Tagespolitik zurückzunehmen: » Du sprichst mir von Musik!! Was geht Dir durch den Körper? ... Du glaubst, daß ich mich jetzt mit Noten, mit Tönen beschäftigen möchte?« (Brief Verdis an Francesco Maria Piave vom 21. April 1848; Abbiati, 1959, Band I, S. 745) Dennoch: Seine Theaterkunst entwickelte er auf anderen Feldern.

Spätestens seit er 1858 die sechzehn Jahre nach *Nabucodonosor* seine »Galeerenjahre« nannte, neigen Verdis Biographen dazu, den Weg des Musikers bis zur künstlerischen und materiellen Unabhängigkeit mit der Trias *Rigoletto*, *La traviata* und *Il trovatore* als eine einzige Fron zu beschreiben: die Hatz eines von Auftrag zu Auftrag getriebenen Opfers eigentlich unzumutbarer Verhältnisse. Da verlangte ein opernbegeistertes Publikum stets nach Neuem. Nichts schien den Zuschauern langweiliger als die Oper vom vergangenen Jahr oder auch die schon bekannte vom Theater in der Stadt nebenan. Geniale Werke, die Zeit und Schöpfer überdauern? In der ersten Hälfte des 19. Jahrhunderts zählte im opernseligen Italien nur der gefräßige Tag!

Aber war das wirklich so schlimm? Verdi selbst jedenfalls, der sich übrigens nicht nur mit Mißmut an die Zeiten seiner ersten Triumphe (und Niederlagen) erinnerte, betrachtete zeitlebens die Bühne als seine wichtigste Lehrmeisterin. Schon der Student in Mailand besuchte die Opernaufführungen in der Scala so oft wie eben nur möglich, um gewissermaßen ›vor Ort‹ die Geheimnisse der Gattung zu ergründen. »So wenig Erfahrung ich auch haben mag, gehe ich trotzdem das ganze Jahr hindurch ins Theater, und ich bin dort sehr aufmerksam: Ich habe es mit Händen greifen können, daß so manche Komposition nicht durchgefallen wäre, wenn sie eine bessere Verteilung der ›Nummern‹, eine klügere Organisation der Effekte und klarere musikalische Formen gehabt hätte ...« (Brief Verdis an Guglielmo Brenna vom 15. November 1843; Conati, 1983, S. 102 f.)

Weitaus mehr noch als die Theaterbesuche sind es jedoch die Arbeiten an den ersten eigenen Partituren, die den jungen Komponisten in seine Werkstatt führen. Die zwölf Opern, die Verdi nach dem Durchbruch mit *Nabucodonosor* (1842) und vor *Rigoletto* (1851) schreibt, sind ausnahmslos so etwas wie Versuche am lebendigen Objekt. Indem er komponiert, studiert der junge Mann aus Busseto Musiktheater. Er probiert aus, was wie funktioniert, was geht und was nicht, welche Mittel welche Wirkungen auslösen. Dabei beeindruckt, wie geschickt es schon der Anfänger versteht, sich ökonomisch zu verhalten. Trotz der Fülle der Aufträge sorgt er immer wieder für Freiräume, in denen schwierige und herausfordernde Experimente gewagt werden können. *I Lombardi alla prima crociata*, *Giovanna d'Arco*, *Attila* und *La battaglia di Legnano* variieren und ergänzen das *Nabucodonosor*-Modell, mit *Ernani*, *Macbeth*, *I masnadieri*, *Luisa Miller* und *Stiffelio* werden dagegen – gelegentlich sogar kühne – neue Wege beschritten.

Eine Praxis, die Verdi im übrigen, wenn auch nun weitaus weniger hektisch, nach *Rigoletto* durchaus beibehält. Auch in den 1850er und 1860er Jahren wird das mit *Rigoletto* gefundene Grundmuster mal im Prinzip bestätigt (also eigentlich wiederholt), mal wird aber auch gezielt nach neuen Möglichkeiten für die eigene Gattung geforscht. Verdis Werkreihe ist deshalb auch weniger, wie oft beschrieben, ein steter und kontinuierlicher Aufstieg vom naiv-grandiosen *Nabucodonosor* bis hin zum einsam-genialen Gipfel des *Falstaff* als vielmehr ein lebhafter Wechsel zwischen durchaus unterschiedlichen Entwicklungssträngen, die einander entweder ablösen oder aber gelegentlich sich durchdringen. So gibt es etwa eine Linie von *Luisa Miller* über *La traviata* und *Un ballo in maschera* bis zu *Aida*, andere zwischen den verschiedenen Fassungen von *Macbeth*, *Simon Boccanegra*, *La forza del destino* und *Don Carlos* (zusammen mit dem, was sie vorbereiten, und dem, was sie ermöglichen). Ein faszinierender Weg führt von der Neufassung des *Simon Boccanegra* hin zu *Otello* und von der zweiten Fassung des *Macbeth* zu den vielen Versionen des Problemkindes *Don Carlos*. Wer wollte leugnen, daß sich in *Aida* Entwicklungen aus der Zeit der Lehrjahre und solche nach *Rigoletto* fruchtbar durchkreuzen? Jedenfalls ist das Beieinander von Elementen aus *Nabucodonosor*, *Rigoletto* und *La forza del destino* ein das besondere *Aida*-Kolorit mitprägendes Gemisch. Ganz zu schweigen von den augenzwinkernden Rückblicken des greisen Verdi auf sein gesamtes Œuvre in den sechs Bildern des *Falstaff*.

Im Netz dieser vielfältigen Entwicklungsstränge beschreiben drei ausgewählte Akzentverschiebungen in charakteristischen Chornummern aus der Werkreihe Verdis Genese und Wesen seines Operntyps einigermaßen exemplarisch:

Im 3. Teil von Verdis erster Victor-Hugo-Oper *Ernani* versichern sich die gegen den designierten Kaiser Karl rebellierenden Verschwörer des gemeinsamen Ideals eines neuen und modernen Spanien mit dem engagiert-emphatischen Gesang einer das Vaterland feiernden ›canzone‹: »Si ridesti il Leon di Castiglia!«. Ausgangspunkt und Resultat stehen mithin »Va, pensiero, sull'ali dorate« noch sehr nahe. Was aber dort wie bei einem Gebet meditativ und statisch, weitgespannt, gewichtig und fast kreisförmig in sich ruht, drängt in der Hugo-Oper mit Tempo nach vorn. Das verweilende Gebet weicht einem frech vorwärtsstrebenden Marsch, die in *Nabucodonosor* mit dem Publikum sich identifizierende Kantilene einem scharfen Rhythmus, das affirmative politische Plakat einer aus der Situation eines Theaterspiels erwachsenden dramatischen Kraft.

Der 1865 neu komponierte Chor zu Beginn des 4. und letzten *Macbeth*-Aktes ist *Nabucodonosor* noch vergleichbarer als das »Si ridesti il Leon di Castiglia« in *Ernani*. Die von Macbeth aus Schottland Vertriebenen beklagen den Verlust der Heimat und den Tod vieler ihrer Söhne: »Patria oppressa! il dolce nome / No, di madre aver non puoi, / Or che tutta a'figli tuoi / Sei conversa in un avel.« (»Unterdrückte Heimat! Den süßen Namen, nein, einer Mutter kannst Du nicht mehr tragen, jetzt, wo Du nur noch das Grab Deiner Söhne bist.«) Das konnte man kompositorisch ohne alle Schwierigkeiten ähnlich anlegen wie den »Va, pensiero, sull'ali dorate«-Chor in *Nabucodonosor*. In der ersten Fassung von *Macbeth* verhält sich der Chor der schottischen Flüchtlinge denn auch zum *Nabucodonosor*-Vorbild wie die Variation zum Thema. Bei der Neubearbeitung seiner Oper für Paris entschließt sich Verdi dagegen zu einer völlig neuen Komposition des unveränderten Textes. Dabei wird aus der ursprünglichen *unisono*-›canzone‹ ein vielstimmiges Zusammenwirken der unterschiedlichsten vokalen und instrumentalen Gesten: knappe Melodien weinender Eltern, tiefe Männerstimmen, die mit einem repetierenden Ton an das dumpfe Schlagen der Totenglocken in der Heimat erinnern, Seufzer der Bläser und Streicher, ein wunderschöner *a cappella*-Chorsatz als wehmütiger Ausdruck des Leids im geknechteten Schottland und Violinen in höchsten Lagen, die jede Hoffnung auf Leben, Liebe und Glück aushauchen. Ganz ähnlich wie in der Todesszene des Macbeth von 1847 wird auch in der Version des Chors der schottischen Flüchtlinge von 1865 mit ganz einfachen Gesten und auf kleinstem Raum eine theatralische Polyphonie aufgebaut, die das *tableau* eines gedemütigten und betrogenen Volkes zeichnet. An die Stelle der ›canzone collettiva‹ tritt eine im Theatralischen polyphone Expression.

Der 2. Akt von *Rigoletto* präsentiert zunächst einen verärgerten Herzog. Irgendjemand hat es doch tatsächlich gewagt, ihm das Objekt seiner neuesten Begierde zu rauben! Doch seine Wut verwandelt sich schnell in helle Begeisterung, als seine Höflinge auftauchen und ihm berichten, was sie in der vergangenen Nacht angestellt haben. Übermütig über alle Pausen hinweghüpfend machen sie aus einem Rhythmus ein Lied und verwandeln die Erzählung von der niederträchtigen Entführung eines Bürgermädchens in einen obszönen Tanz. Man könnte auch davon sprechen, daß die Schandtat eines schäbigen Haufens charakterloser Opportunisten der Inhalt eines einstimmigen Schlagers in vier Strophen ist.

Der Veränderung der *Nabucodonosor*-Hymne von 1842 zur *Macbeth*-Expression von 1865 entspricht mithin eine bemerkenswerte gegenläufige Entwicklung. Denn in dem Maße, in dem die große, aus vielen individuellen Gesten polyphon zusammenwachsende Chorszene in der zweiten Fassung des *Macbeth* die *canzone*-Elemente des »Va, pensiero, sull' ali dorate« durch eine völlig neue musikalische Form ersetzt, erscheinen diese einstmals so pathetisch affektiven Elemente ins Bösartige und Triviale pervertiert.

Beim Weg der ›canzone collettiva‹ vom Gebet des in der Gefangenschaft leidenden hebräischen Volkes zum schamlosen Tanz der Höflinge in *Rigoletto* oder auch zur selbstgefälligen Eitelkeit der ihren Sieg feiernden ägyptischen Gesellschaft in *Aida* verliert diese kollektive Chormelodie notwendigerweise und absichtsvoll ihre einstige Größe. Das Schwere wird leicht, das Machtvoll-Grandiose leichtfertig, das Weitgespannt-Utopische banal, bissig, böse und scharf.

Wie sehr nun aber das ursprünglich Chorisch-Kollektive und weitgespannt »Grandiose« das Singen der Protagonisten prägt und belebt, mag ein Detail aus dem 1. Akt von *Rigoletto* andeuten. Als Gilda den Vater nach seinen Verwandten, seiner Familie und seiner Heimat fragt, antwortet er mit einem gewaltigen Gefühlsausbruch. »Con effusione« (»mit höchstem Gefühlsausdruck«) erklärt der Vater der Tochter:

> Culto, famiglia, la patria,
> Il mio universo è in te!

(»Religion, Familie, Heimat: mein Universum lebt allein in dir.«)

Im machtvollen Bogen dieser Antwort scheinen die kollektiven Affekte aus der Zeit des *Nabucodonosor* fast unverändert gegenwärtig. Dennoch gibt es einen fundamentalen Unterschied. Während sich etwa in *Nabucodonosor* sogar die Solokantilenen latent chorisch geben und damit verraten, daß sie weniger einer Person als vielmehr dem Volk gehören, ist nun bei *Rigoletto* genau umgekehrt die scheinbar kollektive Emotion ausdrücklich ins Private gekehrt. Die für die Allgemeinheit bestimmte Botschaft des »Va, pensiero, sull'ali dorate« wird zu einem individuellen Anspruch, zur Forderung in einer zwischenmenschlichen Beziehung und damit notwendigerweise zur Basis eines tiefen und tragischen Konflikts. Bezogen auf die expressive Antwort Rigolettos aber heißt das: Der Rekurs auf die Gemeinschafts-Utopien von Religion, Familie und Vaterland feiert diese nicht, sondern entlarvt ein ebenso überhebliches wie tragisches Fehlverhalten. Schließlich ist der Hofnarr des Herzogs von Mantua dessen aktiver Spießgeselle. Draußen in der Welt ist ihm keine Schandtat zu abscheulich, kein Spott menschenverachtend genug.

Im Verborgenen zu Hause beschwört er dennoch mit der Tochter als unfreiwilliger Kronzeugin alternative Lebens- und Gesellschaftsentwürfe. Ein junges Mädchen wird – eingesperrt wie in einem Gefängnis – zu Inhalt, Ausdruck und Garantie für die Ideale von Religion, Familie und Vaterland erklärt und verurteilt. Welch wahnwitzige Überhebung! Was für eine Anmaßung! Gleich neben der Wahrheit steht in *Rigoletto* die Lüge: ein Hinweis im übrigen auf die wirklichen politischen Dimensionen in den Opernspielen des Giuseppe Verdi ...

Zwischen *parlando* und *cantabile*, Arie und ›Konzert‹

Um die Eckdaten von Verdis Weg zur Meisterschaft zu benennen, genügt ein Doppelsatz: Der für sich allein stehende *unisono*-Chor an die Adresse der Allgemeinheit wird zum mit Sorgfalt positionierten Bestandteil eines szenisch-dramatischen Spiels und die Dimension des kollektiven Appells verändert sich zum Markenzeichen des individuellen Fühlens großer Einzelner. Die Errungenschaften der Lehrjahre sind mithin – wachsende musikalische Profession vorausgesetzt – in erster Linie dramaturgischer Natur. Verdi begreift mehr und mehr, daß ein Effekt allein, »eine einzige gespannte Saite« (Brief Verdis an Antonio Somma vom 22. April 1854; Pascolato, 1902, S. 46), wie erhaben, eindrucksvoll und grandios auch immer, lebendiges Theater nicht begründen kann. Zugleich entdeckt er wie keiner vor ihm das dramatische und damit eben auch das gesellschaftliche und politische Potential im Formenkanon der Oper des frühen 19. Jahrhunderts.

So endet der 2. Akt von *Rigoletto* mit einer *cabaletta* wie aus dem Lehrbuch. Nach dem Ende des eigentlichen Duetts, in dem Rigoletto erfahren hat, daß der Herzog von Mantua den einzig reinen Altar seines Lebens zerstört hat, wird Graf Monterone vor seinen Augen erneut in den Kerker geschleppt. Dessen bittere Feststellung der Vergeblichkeit seines Aufbegehrens wird für den aufgewühlten Vater zum willkommenen Stichwort für die Entscheidung zur Rebellion. Das Weinen schlägt um in Revolte, der Hofnarr erklärt sich zum Vollstrecker der Rache. Mit dynamischen Triolen stürzt sich sein Racheruf »mit Wut« in den Taktschwerpunkt, erst die Holzbläser und dann die Violinen verstärken *colla parte*. Beim Fallen des Vorhangs übernimmt die Trompete das fanalartige Motiv. Aber geblasen wird da nicht nur zur Bestrafung eines einzigen Bösewichts.

Denn es geht nicht nur um eine wirkungsvolle Steigerung zum Abschluß von Nummer und Akt. Das natürlich auch, jedenfalls war dem Theatermann Verdi der traditionelle Zweck von *stretta* und *cabaletta* alles andere als gleichgültig. Aber unter der Oberfläche des traditionellen Paradigmas steckt mehr, brodelt nicht nur die Revolte des Aufbegehrens im Lebensgefühl einer neuen und auf Veränderung pochenden Zeit; die Kraft dieses Aufbegehrens schießt vielmehr machtvoll vom Kollektiven ins Individuelle und wird zum Kern eines verhängnisvollen und folgenschweren zwischenmenschlichen Widerspruchs. Schließlich zwingt Rigoletto seine Tochter rücksichtslos in den Strudel seiner Rebellion. Der Gesang der beiden ist Note für Note identisch, ihre Wünsche und Absichten aber widersprechen einander diametral. Während der Vater Gott, Blitz und Donner zu Zeugen seiner Rache erklärt, fleht Gilda um Liebe, Erbarmen und himmlische Vergebung:

RIGOLETTO
Sì vendetta, tremenda vendetta
Di quest'anima è solo desio ...
[...]
Come fulmin scagliato da Dio
Te colpire il buffone saprà.
GILDA.
[...]
Perdonate ... a noi pure una voce
Di perdono dal cielo verrà.
(Mi tradiva, pur l'amo; gran Dio
Per l'ingrato vi chiedo pietà).

(»Ja, die schrecklichste aller Formen der Rache ist mein einziges Hoffen und Wünschen. [...] Wie ein von Gott geschleuderter Blitz wird bald dein Narr es sein, der tödlich dich trifft. – O verzeiht ... auch wir brauchen dermaleinst die Vergebung des Himmels. [Er verriet mich, aber ich lieb ihn, großer Gott, für den Treulosen fleh ich um Gnade].«)

Identische Musik fordert Rache und fleht um Vergebung, der Bariton verurteilt und der Sopran bittet um Barmherzigkeit. Das ist nicht mit Gedankenlosigkeit oder als italienischer Opernblödsinn abzutun. Verdi hat immer großen Wert auf den Sinn und die Notwendigkeit seines Tuns gelegt: »Verse und Noten lassen sich beliebig schreiben, aber sie bleiben immer ohne Wirkung, wenn sie nicht an ihrem richtigen Platz stehen.« (Brief Verdis an Carlo Antonio Borsi vom 8. September 1852; Copialettere, 1913, S. 497). Spätestens von *Rigoletto* an kann für Verdi Konvention nichts mehr begründen. Da ist also nach Sinn zu suchen.

Den aber macht das Beieinander des Unvereinbaren, wenn man es als einen Akt der Vergewaltigung versteht. Tatsächlich wird ja Gildas Flehen von dem Rasen Rigolettos förmlich aufgesaugt. Sein Ausbruch läßt keinen Raum für anderes, Gildas verzweifelte Behauptung von Liebe hat da nicht die Spur einer Chance. Rigolettos Anmaßung, Gott gleich zu richten, macht auch den kleinsten Einwand erbarmungslos nieder. Hier ist der Augenblick, in dem Rigoletto sich selbst zum Autor und Regisseur des spektakulären Tribunals im Schlußakt ernennt. Dabei ist freilich bereits zu ahnen, ja im Grunde nicht zu überhören, wer im grellen Widerspruch zu Rigolettos Absichten die eigentlichen Opfer seines Wütens werden müssen.

Kurt Weill hat sich bei seinen Bemühungen um eine amerikanische Volksoper gegen Ende seines Lebens gerne auf Verdi berufen und in den Werken des italienischen Vorbildes unterhalb der populären Arien eine verborgene zweite Schicht ausgemacht. Weill sprach vor allem und zu Recht von struktureller Brillanz und emotionaler Tiefe (Lucchesi, 2000). Man muß aber wohl noch weiter gehen. In der »vendetta«-*cabaletta* am Ende des 2. Aktes von *Rigoletto* kann man ›unter der Oberfläche‹ die konträren Pole der die gesamte Oper bewegenden Kräfte entdecken. Vordergründig gibt es einen wirkungsvollen Aktschluß, der mit seiner mitreißenden Verve alle Forderungen nach Volkstümlichkeit auf ideale Weise erfüllt. Nicht minder bleibt die aus *Nabucodonosor* vertraute Geste des Aufbegehrens gegen ein überholtes und ungerechtes Regime präsent. Unter all dem aber bauen zusätzlich dramatische Verbindungslinien zum dargestellten Stück eine explosive Spannung auf. Zerstörerische und inhumane Kräfte verhindern jede flache Feier bloß äußerlicher Gesten und sorgen mit ihrem harten Widerspruch zum Ideal für eine beispiellose Sprengkraft.

Ein sich in Einstimmigkeit derart schmerzlich reibender Gegensatz von zwei konträren Absichten ist allerdings nur eine von vielen Möglichkeiten und nicht unbedingt eine bei Verdi besonders häufige Variante des Duetts. Das berühmte Quartett, das wieder absolut in theatralischer Polyphonie vier ganz eigenständige vokale Linien übereinanderschichtet, oder das schon erwähnte Beieinander eines verzweifelten *parlando* und eines buchstäblich himmlischen *cantabile* als Konsequenz der *cabaletta* im dritten und endgültigen Finale sind neben vielem anderen zwei bemerkenswerte Beispiele allein in *Rigoletto*.

Dabei geht es freilich fast immer um offenkundige oder heimliche Gegensätze. Einklang und Frieden findet die Verdi-Oper in aller Regel nur als Wunschbild des Lebens im Tode. In *Luisa Miller* etwa erleben die Liebenden Luisa und Rodolfo ein ungetrübtes Glück erst, als der Tod die Liebe vor den Feinden Zeit und Gesellschaft verteidigt. Ein aufstrebendes »Ah! vieni meco! ...« (›O komm jetzt mit mir!‹) Luisas beantwortet Rodolfo mit einem abfallenden »Sì, teco io vengo« (›Ja, nur dir folge ich!‹). Beide Melodie-Hälften bilden einen Kreis, der immer wieder zu seinem Ausgangspunkt und damit zur Tonika zurückkehrt. Grundsätzlich könnte er immer wieder von vorne anfangen, der Kreisel erzählt damit etwas von der Sehnsucht, nie enden zu wollen. Man könnte das utopische Bild, das exemplarisch und wunderschön ausdrückt, welcher Traum in der Verdi-Oper der Realität gegenübersteht, frei nach Ernst Bloch so überschreiben: »Glück, Freude hört leicht auf, aber sie sollte das nicht. Denn ›alle Lust will Ewigkeit, will tiefe, tiefe Ewigkeit‹.« (Bloch, 1967, S. 1101)

Der Schluß von *Luisa Miller*, insbesondere aber auch die »vendetta«-*cabaletta* in *Rigoletto* verweisen auf einen zentralen Sachverhalt eigentlich aller Verdi-Opern zumindest bis *Aida*. Personal und musikalische Formen gehen von der überkommenen Tradition aus. ›Canzone‹, *cabaletta* und *stretta*, *cavatina*, Arie, Duett und Ensembles aller Arten bis hin zum *pezzo concertato* gehören ebenso zum Inventar wie die etablierten Stimmfächer. Diese Basiselemente sind nun aber die Bausteine für ernsthafte Opernszenen in ernsthaften Opernspielen. Das bedeutet, daß alle Formen, wo immer die Sache es erfordert, aufgesprengt werden und vor allem dem Primat der einzelnen Nummer gekündigt wird. Es geht nicht mehr um eine wirkungsvolle Effektfolge, nicht mehr nur um die einzelne Perle der Kette allein. Im Gegenteil! Die erzählte Geschichte hört vielmehr ein für allemal auf, bloßer Vorwand für Bravourauftritte welcher Art auch immer zu sein. Zwar bleiben Marsch, Kantilene und vieles andere entscheidende Voraussetzungen für Wirksamkeit und Zauber, eine wichtige Grundlage für das Zusammenwirken von »effetto« und »sincerità«, aber aufregend und bewegend wird das alles erst durch seine inhaltliche und dramatische Behandlung und Veränderung im Opernspiel.

In wie unwirklichen Metaphern auch immer hängen Verdis Opern realen Träumen von Menschen, Unabhängigkeit und Freiheit in Gesellschaft und Welt nach. Nur weil das so ist, sind ihre melodischen Bögen und harmonischen Expressionen, ihre Kantilenen, Ensembles und Finali, insbesondere auch ihre *pezzi concertati* so groß. Und nur weil den Träumen unerbittlich und scharf die Kräfte entgegenstehen, die ihre Verwirklichung in Frage stellen oder verhindern, werden im – unbegrenzt flexiblen – Beieinander von Utopie und Scheitern die verhandelten Gegenstände ›opernrealistisch‹ wahr.

So zittert etwa in *La traviata* im Fadenkreuz einer überaus gewöhnlichen und oft genug sogar ordinären Amüsiergesellschaft auf der einen Seite und einer kaum minder gewöhnlichen, weil phantasielos stumpfen und in feste

Regeln eingeschlossenen Bürgerwelt auf der anderen Seite der große Lebensanspruch und die unbegrenzte Hoffnung einer Frau, die die Utopie eines von Zwängen freien Glücks träumt. Aber ihrer Offenheit stehen Normen gegenüber. Für die vokalen Linien im Stück bedeutet das die Konfrontation von simplen geschlossenen und potentiell zu jeder Bewegung und Regung fähigen Formen. Vater Germont, tendenziell aber auch sein Sohn Alfredo, bewegen sich auf dem sicheren Terrain des Etablierten. Sie neigen dazu, auf das Bewährte zu setzen. Das Wagnis Zukunft und das Abenteuer Leben erfassen die beiden Männer bestenfalls in Ansätzen oder aber gar nicht. Das aber tut der aufregend moderne Entwurf einer unabhängigen Frau. Vater Germont pocht auf den Regelkanon und die Konventionen einer geordneten Welt. Violetta Valéry aber agiert offen, weicht keiner Erfahrung aus und postuliert mit einem *parlando*, das in jedem Augenblick frei und dazu in der Lage ist, sich vom bloßen Deklamieren hin zur Kantilene zu öffnen (und umgekehrt vom *arioso* zurückzukehren zu einem freien *parlando*), den Anspruch auf eine von Konventionen und Normen unberührte Existenz.

Das große Duett des 2. Aktes zwischen Violetta Valéry und Vater Germont ist hierfür ein besonders eindrucksvolles Beispiel. Vater Germont verläßt hier nie die geschlossene Form. Ein wenig überspitzt könnte man sagen, er singe eine kleine Arie nach der anderen. Unbestreitbar jedenfalls sind *cavatina* und Lied die Markenzeichen seiner umgrenzten, durch Gewohnheiten und Gesetze geschützten Welt. Violetta dagegen attackiert die ›geordneten‹ Appelle und reagiert frei und ohne alle institutionalisierten Hilfen, auch musikalisch ganz auf sich allein gestellt und ausschließlich angewiesen auf die eigene vielfältige, aber eben nicht durch den Regelkanon einer geschlossenen Gesellschaft gestützte und abgesicherte Menschlichkeit.

Mit der Beweglichkeit und im Aufgespaltensein ihres Melos beansprucht Violetta die avancierten und grenzüberschreitenden Vokabeln im Singen etwa Rigolettos für die Verhaltensweisen einer Frau. Nun freilich im Gegensatz zu dessen ambivalenter Existenz mit einem ganz anderen humanen Anspruch. Aber natürlich definieren sich Verdis große Charaktere nicht moralisch. Lady Macbeth ist Violetta Valéry ebenso nah wie Rigoletto Simon Boccanegra. Die Unterscheidungskategorien sind eben nicht gut und böse, sondern groß und klein, was musikalisch entweder frei und unabhängig im Umgang mit allen Formen und ›Sprechweisen‹ zwischen *parlando* und *cantabile*, Deklamation und Gesang oder aber kleinkariert eingeschlossen in einen festgelegten Kanon eingeschränkter Konventionen bedeutet.

Die Arie der Lady im 2. Akt von *Macbeth* ist 1847 noch ein mehr oder weniger konventionelles Bravourstück. Mit virtuosen Koloraturen in der *cabaletta* (»Trionfai! securi alfine«) feiert die Lady den Triumph, bald des Throns in Schottland sicher sein zu können. 1865 bei der Neufassung für Paris wird aus dieser Bravourarie ein düsteres Stimmungsstück. Die Leidenschaft, sich den schottischen Thron zu sichern, ist aufs innigste verknüpft mit der Ahnung des dafür zu zahlenden Preises. Erst wird in dunklen Klangfarben die Notwendigkeit weiterer Mordtaten beschworen, bevor die Machtsicherung gefeiert werden kann. Das aber geschieht nun eben nicht mehr mit gedankenlosen Koloraturen, sondern als flammender Appell in finsterer Nacht:

> Nuovo delitto!! E necessario!...
> Compier si debbe l'opra fatale.
> Ai trapassati regnar non cale;
> A loro un *requiem*, l'eternità.
> [...]
> O voluttà del soglio!
> O scettro, alfin sei mio;
> Ogni mortal desio
> Tace e s'acqueta in te.

(»Noch ein Verbrechen? Ja, es muß sein! Nur so ist das verhängnisvolle Werk zu vollenden. Was kümmert die Toten die Lust der Krone? Ihnen ein Requiem und ewige Ruh. [...] O herrliche Wollust des Thrones: Szepter, endlich bist du nun mein. Denn erst in Dir kommt jeder anderer Wunsch zur Ruhe.«)

Die zweite Fassung der Arie hat mit ihrer ersten Version nichts mehr gemein. Nicht mehr die Struktur einer ›Bravournummer‹ ist der Ausgangspunkt, sondern die unterschiedlichen emotionalen Regungen eines Menschen. An die Stelle der ursprünglichen konventionellen Koloraturen treten seismographisch registrierte Sehnsüchte und Ängste: eine latent verzweifelte Einsicht (»Noch ein Verbrechen?«), verräterische Hoffungen (»Ihnen ein Requiem und ewige Ruh!«) und eine ebenso verräterische, aus Angst geborene Freude (»O herrliche Wollust des Thrones«) sind mit düsteren *cantabile*-, *parlando*- und *arioso*-Abschnitten bis hin zu einer scharfen und knappen Schlußsteigerung Bausteine für das Charakterbild einer Frau, die insgeheim schon hier am Abgrund des Wahnsinns steht.

Die beiden Fassungen der hier erläuterten Arie beschreiben prototypisch einen Weg von den Vorbildern zu den eigenen Ergebnissen. Aber was im Fall von *Macbeth* erst mit der Bearbeitung zu seiner dramatischen Wirklichkeit und Wahrheit findet und – beispielhaft für die generelle Entwicklung der Stimmbehandlung bei Verdi – aus einer in sich abgeschlossenen Nummer zum Teil eines Handlungsverlaufs wird, gelingt in der Partie der Violetta Valéry bereits im ersten Wurf. Die Register ihres Wesens sind nicht nur nebeneinander präsent, sie durchdringen sich ›polyphon‹: Lebensfreude mit Koloraturen, Gefühlstiefe mit expressiven Deklamationen, Willenskraft und Phantasie mit Flexibilität – etwa in dem großen Duett mit Vater Germont oder aber auch in den großen Ensembles: Empfindsamkeit mit zerbrechlichen Kantilenen.

Im Siegeszug der Frauenstimme im italienischen Opernhaus des 19. Jahrhunderts markiert die Partie der Violetta Valéry einen Gipfelpunkt. Bis zum Ende des Barockzeitalters hatte der *primo uomo* unangefochten die Szene beherrscht. Schon bei Bellini und Donizetti wird jedoch der Aufstieg der *prima donna* immer deutlicher erkennbar. Dennoch macht erst Verdi die Frauenstimme im italienischen Opernensemble zur alle und alles, also auch den Heldentenor, ganz wörtlich überstrahlenden Sache. Das nun aber weniger im Charakterfach, das er doch insgesamt mehr dem Bariton anvertraut, als sehr viel mehr in seinem Sopranfach schlechthin, dem *soprano spinto*.

Dieser Stimmtyp fügt, auf eine einfache Formel gebracht, dem lyrischen Timbre vor allem Bellinis das Pathos des Aufbegehrens gegen etablierte Ordnungen hinzu, zur *passio* des Empfindens treten dynamisch vorwärtsdrängende Aspekte: die Größe beansprucht auch Klarheit (und damit die Reinheit einer ›ungetrübten‹ Linienführung), Elemente des Lyrischen verbinden sich mit solchen des Dramas.

Es ist auffällig und zugleich bezeichnend, daß der Tenor im Theater Verdis an dieser Entwicklung nur sehr eingeschränkt beteiligt ist. Sieht man einmal von dem Sonderfall der Otello-Partie ab, die allerdings sowieso eher im Charakterfach zu Hause ist und ihre Vokabeln weitgehend aus den großen Baritonrollen Verdis ableitet und weiterentwickelt, und konzediert man, daß bei Rodolfo in *Luisa Miller* und bei Radamès in *Aida* einmal eher vorsichtige und einmal durchaus deutliche Annäherungen ans *spinto*-Genre zu diagnostizieren sind, ist das überzeugendste Beispiel für einen *tenore spinto* bei Verdi eine in einem Bild eingeschlossene Arie ohne wichtige musikalische Beziehungen zur gesamten Handlung über dieses eine Bild hinaus: die Arie des Macduff (»O figli, o figli miei! da quel tiranno«) im Anschluß an den Chor der schottischen Flüchtlinge im ersten Teil des letzten Aktes von *Macbeth*. Ansonsten aber stehen die Tenöre in Verdis Opernensemble dem gezielt in die Zukunft weisenden *spinto* eher fern und gefallen sich lieber in altvertrauten Formen.

Dabei liegt die Tatsache, daß in *Rigoletto* mit dem Übermut des Herzogs und dem Liebesanspruch Gildas alte Gesten des Leichtsinns und neue der Sehnsucht, freche Schlager und weitgespannte Arien im Grunde einander fremd gegenüberstehen, geradezu selbstverständlich in der Natur der Sache. Aber die hier schon inhaltlich gegebene Ferne prägt latent auch die Beziehungen vieler anderer, auf den ersten Blick weitaus harmloserer Sopran/Tenor-Liebespaare im Theater Verdis.

Man kann es auch so sagen: In der Regel versagen die Tenöre der Verdi-Oper gegenüber den Dimensionen, dem Anspruch und dem Format im *soprano spinto* ihrer Partnerinnen. Ernani kann der Liebeseinladung und dem Zukunftsversprechen Elviras (»Ernani!... Ernani, involami«/; frei, aber sinngemäß: »Trag mich von hier fort, du mein Ernani, dahin, wo es anders ist!«), die man beide durchaus als Metapher für die Sehnsucht nach einer neuen Gesellschaft (zum Beispiel auch für ein neues Italien) verstehen und interpretieren kann, ebensowenig gerecht werden wie andere Helden beziehungsweise Liebhaber im Theaterpersonal Verdis. So bleiben, um nur an einige Beispiele zu erinnern, Alfredo hinter Violetta Valéry (*La traviata*), Gabriele Adorno hinter Amelia Grimaldi (*Simon Boccanegra*) oder Riccardo hinter Amelia (*Un ballo in maschera*) eindeutig und weit zurück. Die Herrlichkeiten im Liebesduett des 1. Aktes von *Otello* erklären sich in dem hier erläuterten Kontext neben vielem anderen auch damit, daß hier einmal der Tenor dem Sopran zumindest in den Charakterdimensionen gewachsen ist und zwei große Liebende sich deshalb gleichberechtigt begegnen (wie Luisa und Rodolfo im Schluß von *Luisa Miller* oder Aida und Radamès im letzten Bild von *Aida*).

Nichts demonstriert Bedeutung und Gewicht des *soprano spinto* eindrucksvoller als viele von Verdis *pezzi concertati*. Kaum eine andere Tradition hat Verdi (neben *cabaletta* und *stretta*) vergleichbar engagiert in die eigene Oper übernommen und dort von seinen ersten Mailänder Versuchen an bis in sein Spätwerk entwickelt und gepflegt. Zwar nicht um jeden Preis. Wo wie in *Rigoletto* eine theatralisch-dramatische Begründung fehlte, wurde sie nicht nur um des Effektes willen konstruiert. Dort aber, wo die Form umgekehrt ins Geschehen paßte – wie zum Beispiel besonders eindrucksvoll am Ende des 2. Aktes von *La traviata* –, wurde sie gerne und zunehmend virtuoser genutzt.

Das *pezzo concertato* ist ein großangelegtes Ensemble mit möglichst allen wichtigen Personen des Stücks und formuliert als Höhepunkt der Handlung deren zentrales Anliegen. Wie der Name schon sagt, wird für einen ›ausgedehnten Augenblick‹ das Theaterstück zum Konzert, die theatralische zu einer musikalischen Polyphonie. Wobei es den Theatermann Verdi besonders reizte, die Motive seiner verschiedenen Stimmen so gezielt aus der Polyphonie seines Bühnenspiels zu entwickeln, daß auch das ›Konzert‹ als Theater erscheint. In der totalen künstlerischen Freiheit und Unabhängigkeit während der Komposition des *Falstaff* liefern dessen große Ensembles dafür die avanciertesten Belege.

Im Herzen der Entwicklung der *pezzi concertati* in der Werkreihe Verdis mit den Höhepunkten *Macbeth*, *La traviata*, *Otello* und *Falstaff* steht die große Ratsszene in *Simon Boccanegra*, dem zweiten Bild des 1. Aktes. Es erhielt seine endgültige Form erst mit der Neubearbeitung von 1881. Sieht man einmal von der im übrigen nicht zu unterschätzenden Gelegenheitskomposition des *Inno delle nazioni*, einer Kantate von 1862 für die Weltausstellung in London ab, beginnt mit der zweiten Version des *Simon Boccanegra* die Zusammenarbeit Verdis mit dem Librettisten seiner beiden letzten Opern *Otello* und *Falstaff*: Arrigo Boito.

Das zweite Bild im 1. Akt von *Simon Boccanegra* beginnt als Sitzung im Parlament von Genua. Der Doge Simon Boccanegra plädiert für Frieden mit Venedig, der Rat jedoch will mehrheitlich Krieg. Zum politischen Streit gesellen sich Konflikte unter den Parteien und Gesellschaftsschichten der Stadt. Die vermeintliche Patriziertochter Amelia Grimaldi ist entführt worden. Amelias Liebhaber Gabriele Adorno, aber auch der Doge selbst (unbekannterweise Amelias Vater) geraten in Verdacht. Auf der Straße ruft das Volk je nach Stimmungslage »Nieder mit dem Dogen« oder »Es lebe der Doge«. Allgemeine und private Interessen münden in einen Tumult, den Simon Boccanegra mit einem pathetischen Appell unterbricht. Sein Aufruf endet als Quintessenz in einer machtvollen Kantilene: »Ich rufe flehend: Frieden, ich schrei euch Liebe zu!« (»E vo gridando: pace! / E vo gridando: amor!«). Einen Appell, den Amelia Grimaldi, die in den Dogenpalast gebracht worden ist, mit einem Gebet um Frieden und Gnade für das Vaterland beantwortet. Über dem Hin und Her der streitenden Parteien im Senat und den schwankenden Meinungen im wankelmütigen Volk erblüht ein melodischer Bogen wie ein utopisches Signal für die Möglichkeit von Frieden. Ähnlich wie in den frühen patriotischen Chören geht Amelias grandiose Kantilene von den Schlüsselworten »pace«, »patria« und »pietà« (Friede, Vaterland und Gnade) aus. Das gilt im übrigen auch für den Appell Simon Boccanegras. Während der Doge aber kämpft (und die Patrizier mit Jacopo Fiesco an der Spitze unverändert und unbeeindruckt Unversöhnlichkeit demonstrieren), schwebt Amelias *soprano spinto* ganz buchstäblich über all dem: Unberührt von allem Streit und allen Feindseligkeiten ist er pure Sehnsucht nach einer anderen und friedvollen Welt. Eine Definition nicht nur der Funktion des *soprano spinto* in so manchem *pezzo concertato* Verdis, sondern auch für Inhalt und dramatische Botschaft des Rollenfachs im Theater Verdis ganz allgemein. Gildas Weg in *Rigoletto* vom einfachen Bürgermädchen mit einem klaren unbeschädigten Gesang zur kämpferisch Liebenden, die mit durch Pausen zerrissenen Seufzern eine bis zum Zerspringen angespannte Psyche verrät, bis hin zur souveränen und reifen Frau, die den eigenen Anspruch auf ein großes Gefühl mit himmlischen Kantilenen gegen alle, auch gegen den Vater, kompromißlos verteidigt, ist dafür nicht der einzige, mit Sicherheit aber einer der schönsten und spektakulärsten Belege und ein schlagendes Beispiel dafür, wie sehr die einfache Gleichung – italienische Operntradition plus Hoffnung und Elan eines neuen Zeitalters gleich Verdi – aufgeht.

Der alte Formenkanon wird von allem bloß Schematischen befreit, und das schafft Raum für neue Inhalte. Das Ergebnis ist eine Musiksprache, die nicht nur eine Grundfarbe, sondern auch ein Grundtempo hat und Unterbrechungen zunehmend weniger akzeptiert. Die alte Nummer wird in eine fortlaufende Bewegung integriert und selbst so kleingliedrig und beweglich, daß sie auf alle dramatischen Bedürfnisse und Veränderungen reagieren kann. Fürs Ganze gilt das Gesetz des großen Bogens, im Detail die Möglichkeit zu äußerster Flexibilität.

Das Bauen von Theaterbildern aus kleinsten Teilen, ja gelegentlich sogar aus Bruchstücken, erprobte Verdi mit besonders vielen Varianten in *La forza del destino*. Im dritten Bild des 3. Aktes gestaltet er, angeregt von Schillers *Wallensteins Lager*, eine freche und aggressive Revue des Krieges, die kritisch zu lesen nicht schwerfällt. Marketenderinnen laden Rekruten dazu ein, in ihren Armen beim Tanz einer Tarantella den Schmerz des Abschieds von der Heimat zu vergessen. Ein Trödler preist mit meckernder Stimme (oder auch im Falsett) den Schund seiner Ware. Die Opfer des Krieges betteln um ein Stück Brot. Ein übermütiges »rataplan«, angeführt von der ›Obermarketenderin‹ Preziosilla, feiert die Obszönität des Krieges. Und mitten in das allgemeine Gewirr platzt der Laienbruder Melitone mit dem vergeblichen Versuch, zu Buße und Besinnung aufzurufen. Eine Alibi-Veranstaltung der Kirche oder wirklich eine ernstgemeinte Predigt? In jedem Fall ein vorsichtiger Hinweis auf ein heimliches Dialogisieren zwischen Deklamation und Effekten im Orchester und damit auf Entwicklungen in Giuseppe Verdis letzter Oper.

Tatsächlich stecken im Wettern und in den Wortspielen des Fra Melitone, aber auch ganz generell in der kleingliedrigen Lebendigkeit der Kriegsrevue in *La forza del destino* mit ihrem frechen Durcheinander von Chor und Chorgruppen, Stimmen aller Arten und einem Orchester, bei dem die Instrumente gewissermaßen auf dem Sprung sitzen, bei all dem mitzutun, erste Ankündigungen von Verdis letzter und wohl einzigartigster Variante einer ›theatralischen Polyphonie‹ in seinem *Falstaff*.

Beethoven oder Barbapedàna?

1870 und 1871 publizierte Arrigo Boito in der *Gazzetta musicale* des Ricordi-Verlages den Prosatext *La musica in piazza*, was man – einmal alle falschen deutschen Assoziationen außer acht gelassen! – eigentlich frei mit »Volksmusik« übersetzen müßte. Meint doch die Musik auf dem Marktplatz in Italien eindeutig die für das Volk, die der ›gelehrten‹ in den Kammermusik- und Konzertsälen der Konservatorien und Akademien als ›Musik im Freien‹ gegenübersteht.

Man könnte trefflich darüber streiten, ob Boitos *La musica in piazza* ein verkappter musiktheoretischer Essay oder eine romantische Novelle ist. Genauso darüber, ob die bemerkenswerte Dichtung des »italienischen Ernst Theodor Amadeus Hoffmann« vielleicht der entscheidende Schritt war auf seinem Weg hin zu Giuseppe Verdi, ein Teil also einer beispiellosen Annäherung an Geist und Idee der italienischen Oper des 19. Jahrhunderts. Aber von all diesen gewichtigen Fragen abgesehen: Ein heimlicher Schlüssel für die Beziehungen zwischen Bühne und Orchestergraben, Instrument und Stimme in den Opern des Giuseppe Verdi und damit insbesondere für die Aufgaben und Eigenschaften seines Orchesters ist Boitos *La musica in piazza* allemal.

Arrigo Boito erzählt in *La musica in piazza* eine in vielfältigen romantischen Brechungen zwischen Fiktion und Wirklichkeit schillernde Begebenheit. Ein Poet aus der Lombardei und ein deutscher Musiker streiten über die »ewige Frage, welches Genie vorzuziehen sei, das italienische oder das deutsche« (Boito, 1942, S. 1297). Der Deutsche preist Wissen und Wissenschaft als notwendige Bedingung der Inspiration, der Italiener aber behauptet, die Inspiration sei bereits das Wissen selbst. In der Hitze des Wortgefechts ruft der Deutsche schließlich

Beethoven als Kronzeugen auf: »O mein Deutschland, mein Deutschland! [...] In dem geistreichen, harmonischen und weisen Gesetz, das die Welt belebt, sehe ich den Schatten der Seele Beethovens!« Worauf der Lombarde erregt auf den Tisch schlägt und dem »Beethoven« des Deutschen einen völlig unbekannten Namen entgegenschleudert: »Barbapedàna! Barbapedàna! [...] Dieser Barbapedàna ist mein Beethoven!« (ebd., S. 1299 f.)

Der Gewährsmann des Lombarden erweist sich als ein Spielmann, der an Sommerabenden in Gartenlauben vor den Toren Mailands Gitarre spielt und singt. Der deutsche Musiker und der italienische Poet machen sich zusammen mit einem Freund (dem Erzähler von *La musica in piazza*) auf den Weg zu dem gepriesenen Barbapedàna und lauschen bald bei so manchem Becher Wein seinem Musizieren. Balladen folgen auf Fantasien, Fantasien auf Balladen und über Melodien, Rhythmen und Klängen triumphiert schnell der Zauber einer freien Inspiration. Nicht ohne Verwirrung entdeckt der Erzähler auf den Brillengläsern des Deutschen Tränen ...

Was der deutsche Musiker vor den Toren Mailands erfährt, ist nichts Geringeres als die vielleicht wichtigste Voraussetzung für die Schönheit und Größe, Einfachheit und Wahrheit vieler Balladen und Lieder: die klare Trennung nämlich von Begleitung und Gesang. Schon mit Beethovens *Fidelio* setzt im Operngesang vor allem in Deutschland eine Entwicklung ein, die beides immer intensiver sinfonisch miteinander verknüpft. Gedanken und Ideen werden wichtiger als die Menschen, bis hin zum Untergang der menschlichen Stimme im immer gewaltiger aufbrausenden Rausch des Orchesters, wie zum Beispiel im Schluß der *Götterdämmerung* oder noch radikaler in *Salome* von Richard Strauss.

Ob der Opernrealist Verdi die etwas diffuse und auch nicht besonders konkrete Romantik von *La musica in piazza* geschätzt hat, darf bezweifelt werden. Die Trennung von Bühne und Orchester, Stimmen und Instrumenten, Gesang und Begleitung war ihm allerdings zeitlebens eine absolute und notwendige Selbstverständlichkeit: von den naiv-großen *Nabucodonosor*-Melodien bis hin zur heiter-luziden Intellektualität des *Falstaff*.

Die Stationen bei der Genese einer Verdi-Oper belegen das exemplarisch. Zunächst werden mit ganz wenigen Hinweisen auf bestimmte wichtige Orchesterzutaten die Gesangsstimmen komponiert. Gelegentlich setzt – wie bei Victor Hugos *Le Roi s'amuse* – schon die Lektüre der literarischen Vorlage bei Verdi ein vielstimmiges Netz kleiner und großer Melodien, von wichtigen *parlando*-Partien und vielschichtigen Ensembles frei. Erst recht ist natürlich das von vornherein auf die Polyphonie der Stimmen auf der Bühne ausgerichtete Libretto die inspirative Basis für die vokale Komposition. Mit ihr, und nur mit ihr, kommt Verdi mindestens bis um 1860 zur ersten Probe, erst während der Vorbereitung der Aufführung entsteht gleichsam mit der Inszenierung die Orchesterpartitur. Sie ist mithin ganz eindeutig der zweite nach dem ersten Schritt, das dem Vokalparticell später Hinzugefügte. Dem im 19. Jahrhundert in Deutschland immer übermächtiger werdenden Denken in gesamtsinfonischen Entwicklungen steht mithin bei Verdi so etwas wie ein musikalischer Baukasten gegenüber, der zuerst die Ebene schafft, auf der die Menschen singen, und dann eine zweite hinzufügt, auf der Instrumente für die diesem Singen notwendigen Akzente und Farben, Verstärkungen und Stützen, Ergänzungen und gegebenenfalls sogar Kontrapunkte sorgen. Das mag dann im Resultat auf das Schönste zusammenwirken, die jeweils eigene Ebene wird dabei jedoch keineswegs verlassen. Mit der Konsequenz größtmöglicher Durchsichtigkeit und Klarheit.

Es genügt, sich den jeweiligen ›Liebestod‹ in Wagners *Tristan und Isolde* und Verdis *Aida* vor Ohren zu führen, und man begreift das Wesentliche im Unterschied. Isoldes letzte Worte »ertrinken, versinken, unbewußt, höchste Lust!« sind wörtlich das Programm auch des musikalischen Vorgangs, benennen sie doch exakt den Weg einer menschlichen Stimme, die sich im Orchesterklang aufhebt. Auf so etwas lassen sich die Kantilenen von Aida und Radamès nicht ein, grundsätzlich nicht, aber auch in keinem Augenblicke des *Aida*-Finales. Zwar etablieren die *tremoli* und die *pizzicati* der Streicher, die Motive und Akkorde der Bläser und Harfen überhaupt erst die angemessene Grundstimmung. Auch geht es ebenso natürlich um Leben, das sich ›aushaucht‹. Trotzdem hören die Instrumente nicht auf, die Stimmen zu tragen. Auch die Choreinwürfe der ägyptischen Priesterinnen und Priester, die ihre Gottheit anrufen, oder die mit ihren mehr oder weniger auf ein und demselben Ton reduzierten Repetitionen in ihrem Schmerz einsam ausgeschlossene Amneris decken nichts zu, sondern fügen klar erkennbare Bausteine hinzu. Wenn das letzte »schiudi il ciel« (»Der Himmel möge sich öffnen«) von Aida und Radamès in ferner Höhe und kantabler Klarheit verloschen ist, übernehmen gedämpfte Violinen die Melodie des Gesangs und transportieren damit – wie so oft bei Verdi am Ende einer großen Nummer, eines Bildes oder eines Stücks (wie etwa mit ganz anderer Bedeutung die Trompeten in den Schlußtakten des »Va, pensiero, sull'ali dorate« oder am Ende der *cabaletta* des 2. Aktes von *Rigoletto*) – die utopische Botschaft der Oper über Stimmen und Werk hinaus hinein in Gesellschaft und Welt. Aber auch in den sieben letzten *Aida*-Takten werden die bisherigen Regeln und Hierarchien nicht revidiert. Die Soloviolinen übernehmen die Rolle des Gesangs, die um Frieden flehende Amneris, der noch einmal die Gottheit Pthà feiernde Chor der Priesterschaft, die *tremoli* der Streicher und schließlich der für den Schlußvorhang sorgende Akkord bleiben unverändert Bausteine eines *tableau*, in dessen Mitte nun ganz am Schluß nur noch der ›Gesang‹ der Violinen steht. Er ist die Hauptsache, der Rest ›Stimmung‹. Denn es geht eben nicht um ein Miteinander- oder Ineinander-Verschmelzen, sondern – wie bei Barbapedàna – um ein Neben- oder auch Beieinander von Melodie, Begleitung und Klang.

Im Schluß der *Aida* sind die beiden wichtigsten Funktionen des Verdi-Orchesters enthalten. Es strukturiert, stützt, trägt und verstärkt den Gesang, und es ›inszeniert‹ das Stück. Deshalb steckt in der Praxis der Komposition des Orchesterparts während der Vorbereitung der Uraufführung ein tiefer Sinn. Genauso bezeichnend und ›aufklärend‹ ist freilich die einzige eindeutige Ausnahme von der Regel. Nur Verdis letzte Oper *Falstaff* entsteht nicht im erläuterten additiven Baukastenprinzip, sondern unmittelbar als Einheit. Zwar wird hier dem Prinzip keineswegs gekündigt. Nach wie vor bleiben die verschiedenen Ebenen erhalten und werden Gesten aus diesen Ebenen baukastenartig zusammengesetzt. Nur ist alles nun so kleingliedrig aufeinander bezogen, daß sich das eine ohne das andere nicht denken, machen (und erfahren) läßt.

In *Falstaff* ist eben alles, im übrigen auch im Vergleich zu *Otello*, noch einmal völlig neuartig und ungewohnt. Verdi wird nicht müde zu behaupten, dies Werk nur für sich und zu seinem Vergnügen zu schreiben. Er ist an keinen Vertrag gebunden, denkt nicht an das Publikum und deshalb auch nicht an die ansonsten zum ungeschriebenen Gesetz erklärte Notwendigkeit der Popularität. Er hat Spaß daran, die eigene Errungenschaft der ›theatralischen Polyphonie‹ in einsame, heitere, aber auch ein wenig elitäre Höhen zu treiben. Piccoloflöte und Violoncello lachen im ausgedünnten Orchester über Falstaffs Sorge, seine Geldprobleme könnten ihn im Laufe der Zeit um die eigene stattliche Leibesfülle bringen, die Hörner spotten über den vor Eifersucht rasenden und sich schon ›gehörnt‹ fühlenden Ford. Wie nur ganz selten zuvor werden melodische Motive aus Sprachgesten geboren und beginnen umgekehrt, Instrumente zu ›reden‹. Ein »lebendig gestikulierendes Orchester nimmt teil am allgemeinen Parlando« (Marggraf, 1982, S. 332). Die gemeinsame Schlußfuge aller Sänger und Instrumente ist die logische Konsequenz dieses Sachverhalts.

Die Frage nach dem Schlußpunkt im Œuvre des Giuseppe Verdi ist genauso einfach, wenn nicht sogar noch leichter zu beantworten als die nach seinem explosionsartigen Beginn. Natürlich fängt mit »Va, pensiero, sull'ali dorate« alles an, und ebenso natürlich hört mit »Tutto nel mondo è burla« alles auf. Die einfachen Unterschiede zwischen Anfang und Ende liegen ebenfalls auf der Hand. Hier begeistert ein traditionell begleiteter ›Chorschlager‹, dort überrascht eine anspruchsvolle Fuge, hier wird ein politisches Plakat präsentiert, dort mit der Quintessenz eines Stücks auch die eines Lebenswerkes gezogen.

Aber ist damit wirklich schon alles gesagt? Wenn es denn stimmt, daß in der *Falstaff*-Partitur so manche Erinnerung an prägende Vokabeln aus eigenen vorangehenden Werken versteckt sind, müssen in Verdis opus ultimum einige – nicht zuletzt einige ein wenig ironische – Beziehungslinien zu diagnostizieren sein. Eher harmlos das amüsante Spiegelbild zweier Canzonen, auf der einen Seite der weitgespannten ›canzone collettiva‹ des hebräischen Volkes in *Nabucodonosor* und auf der anderen Seite des dreißig Sekunden kurzen Pagenliedes des liebestollen Protagonisten in *Falstaff*. Oder – gewichtig! – der Weg von der Schlachtenmusik in der zweiten Version des *Macbeth* zum Fazit von Verdis letzter Oper.

Verdi haßte Fugen! Für den Studenten in Mailand waren sie nichts anderes als Folterinstrumente phantasieloser Professoren mit dem einzigen Zweck, in die Zukunft träumende Schüler zu quälen. Als Begleitmusik zu einer Szene, in der Menschen sich gegenseitig totschlagen, mochte das angehen, aber sonst? Nun, der alte Zopf mochte wohl auch als Appell taugen, Anstrengung in der Kunst nicht zu scheuen.

Das ist denn auch die erste Botschaft der *Falstaff*-Fuge. Die nach den überstandenen Aufregungen erleichtert zum Essen drängende Windsor-Gesellschaft wird vom Spieler und Künstler Falstaff in das anspruchsvolle Kunstwerk einer Fuge gezwungen und damit insgeheim beauftragt, das Wagnis der Kunst über sich selbst hinaus in die Zukunft zu retten.

Die zweite Botschaft ist nicht so witzigbissig, auch nicht so avantgardistisch, dafür aber um so liebenswerter. Stimmen und Instrumente haben in der Oper *Falstaff* gelernt, daß sie alle nur ein Zuhause haben: das Theater. Nur dort lebt ihre Existenzberechtigung, Anfang, Wesen und Ende ihres Weges. Deshalb bittet sie der Protagonist des Stücks, den man in diesem Zusammenhang getrost als Stellvertreter Verdis auf der Bühne bezeichnen kann, sich wenige Minuten vor dem letzten Vorhang vor dem Opernpublikum der Welt besonders kunstvoll zu verbeugen und sich damit von der Welt des Theaters zu verabschieden.

Und nur weil auch das auf allen Ebenen – eben in den Stimmen der Fuge – Theater ist, motiviert durch szenische Bewegungen und Gebärden, stimmt der kluge Satz des frühen Verdi-Biographen Camille Bellaigue so vollständig: »Alles ist verwandelt, nicht wahr?«, konstatiert er zu Verdis letzter Oper, fährt dann aber fort: »Wenn wir aber genauer hinschauen und hinhören, ist nichts in Abrede gestellt und noch weniger verleugnet.« (Bellaigue, 1912, S. 6)

Wie kompromißlos Verdi sein Orchester auf das Theater fokussiert, nicht anders als alle instrumentalen Gesten in der Musik des *Falstaff*, verdeutlichen die reinen Orchesterstücke besonders deutlich, die lärmende »Reichsparteitagsmusik« (Michael Gielen) des *Aida*-Triumphmarsches ebenso wie die zitternde Stille vor dem letzten Akt von *La traviata*. Bei seinen Vorspielen hat er sinfonische Eigenständigkeit etwa nach dem Muster der »dritten« *Leonoren-Ouvertüre* oder auch autonome instrumentale Brillanz à la Rossini dem Orchester fast immer verweigert. Auch ausgedehntere Einleitungen sind selten. Wo es sie gibt, bleiben auch sie ausgerichtet auf ›ihr‹ Bühnenspiel. Das überzeugendste Beispiel für diese Variante ist durchaus charakteristisch das Vorspiel zu *La forza del destino*, eine vielschichtige und für Verdi-Verhältnisse eher lange Oper mit (vielen) Personen aus Bruchstücken und Handlungen aus Fetzen. Dem Fragmentarischen im Stück entspricht im Vorspiel deren Collage. Dem Elan des hartnäckig wiederholten Schicksalsmotivs wird die Kantilene der Sehnsucht entgegengestellt, zwei Aufmerksamkeit fordernde Generalpausen signalisieren, daß sich konträre Welten (Krieg und Kirche, die Kreisel von Leben und Tod) nicht in welchem Zusammenspiel auch immer miteinander oder auch auseinander entwickeln, sondern unerbittlich als sich gegenseitig ausschließende Zustände gegenüberstehen. Nicht um einen melodienseligen Potpourri-Reigen geht es, vielmehr ist die Konfrontation von Konflikten angesagt.

Nach *La forza del destino* muß sich Verdi eine Zeit lang für die Form des ausgedehnteren Opernvorspiels ernsthaft interessiert haben. Immerhin schrieb er sogar für *Aida* neben dem berühmten *preludio* eine breit ausholende *sinfonia*. Das Schicksal der Alternative ist bekannt: Verdi zog sie noch vor der Mailänder Premiere zurück. Schließlich führte das *preludio* ja auch nur fort, was in der Verdi-Oper ansonsten die Regel war. Denn ob nun in *Rigoletto* tiefe Blechbläser Monterones Fluch beschwören oder ob vor dem letzten Akt von *La traviata* in einem einzigartigen Augenblick, in dem die Zeit stillzustehen scheint, viergeteilte Violinen in gleichsam durchsichtiger Empfindsamkeit die große und zerbrechliche Liebe der Violetta Valéry und damit den Lebens- und Gefühlsanspruch einer unabhängigen modernen Frau zum Klingen bringen, immer geht es darum, mit einem Minimum an Zeit ein Maximum von der jeweiligen Grundstimmung des Werks gegenwärtig werden zu lassen. Der Vorhang hebt sich musikalisch und das Spiel beginnt.

Mit wenigen Takten die Grundfarbe zu bestimmen und den Grundtakt anzuschlagen und so Art, Weise und Tempo des Erzählens sofort deutlich werden zu lassen, das ist die Aufgabe des *preludio* in der Verdi-Oper. Aber der experimentierfreudige Theatermann erprobte noch weitergehende Modelle.

In der Neufassung von *Simon Boccanegra* wird auf ein Vorspiel gänzlich verzichtet. 25 gleich in die Deklamation des ersten Dialogs einmündende Eröffnungstakte mit Streichern und Bläsern in tiefen Lagen genügen, um nicht nur einen düsteren Grundton, sondern – wichtiger noch! – darüber hinaus auch ein von Melancholie und Trauer geprägtes Grundtempo zu konstituieren. Eine Achtelbewegung etabliert neben einer speziellen Atmosphäre auch eine unverwechselbare Erzählweise. Ebenso wie die ersten Worte den Eindruck vermitteln, an einem Gespräch beteiligt zu werden, das schon geraume Zeit dauert (»Che dicesti?« / »Was sagtest du da gerade?«), entsteht auch mit dem Spiel der Instrumente ohne jedes Eröffnungsritual ein gleichmäßiges Gleiten, sozusagen eine Blende mit dem ›Es war einmal‹ des Märchens als Inhalt. Auf irgendeiner Seite wird »eine Chronik aufgeschlagen, zu ihrer Verlebendigung schlägt der in so vielen (vor allem italienischen) Opern heimlich gegenwärtige Rhapsode den balladesken Takt« (Gerhartz, 1983, S. 65). Wir reden in der Tat von den Aufgaben Barbapedànas: Mit den Registern seiner Begleitung sorgt er dafür, daß die Chronik erzählt werden kann. Was in diesem Kontext 1881 im Prolog von *Simon Boccanegra* so modern gelingt, trägt dann in den jeweils explosiven Auftakten von *Otello* und *Falstaff* reiche Früchte.

Keine Frage: viele Errungenschaften im facettenreichen Verdi-Orchester gründen in der Praxis und in der ›Philosophie‹ der Begleitung von Gesang, ganz gleich ob Stimmen über Kantilenen im Orchester oder auch zu einer Tanzmusik auf dem Theater deklamieren, oder umgekehrt das Orchester Kantilenen auf der Bühne stützt, ausschmückt, ergänzt oder verstärkt. Weit entfernt von Hanslicks Häme liefert Barbapedànas imaginäre Gitarre den entscheidenden Humus. Aber bei aller Sympathie für den bei den einfachen Leuten vor den Toren Mailands einstmals so beliebten Spielmann: Steckt Verdis Größe und Bedeutung, die Kraft und Vielfalt seines Theaters wirklich darin allein?

Die Kantilene komponiert Bellini ihm vor wie Haydn Beethoven die Sinfonie. Aber so wie erst Beethoven die Form aus den Fesseln der höfischen Antichambre befreite und mit den Gesten der Französischen Revolution, »élan terrible« und »éclat triomphal«, zur Kunst einer neuen und selbstbewußten Bürgerschicht machte, verleiht auch Verdi seiner Gattung im Kontext der politischen Veränderungen im Italien des 19. Jahrhunderts eine unerhörte, neue Schichten der Gesellschaft stimulierende und begeisternde Dimension. Metaphysische Hoffnungen wandern ins Opernhaus, die bisher ›nur‹ sensiblen Kantilenen gewinnen zusätzlich die Kraft einer politischen Demonstration und werden Teil einer neuen gesellschaftlichen Wirklichkeit. Kunst und Volk, Kirche und Kirmes, Oper und Operette, auch Barbapedàna und Beethoven kommen sich dabei sensationell nah.

Die Genese der Opern (II): Kompositionsprozeß und Editionsgeschichte

von Luca Zoppelli

Quellen und Mythen

Will man den Kompositionsprozeß bei einem Musiker des 19. Jahrhunderts rekonstruieren, so sind im Unterschied zu früheren Epochen zahlreiche Quellen erhalten, die eine solche Untersuchung erleichtern. Erschwerend hingegen wirkt der sich in Andeutungen verlierende, wenn nicht gar mystifizierende Ton, der sich nicht nur in den Äußerungen der Komponisten selbst findet, sondern auch in den Berichten von Personen aus ihrem Umfeld und ganz allgemein in Musikkritiken, die unter den ästhetischen Prämissen des romantischen Denkens entstanden. Alle Beteiligten möchten den Schaffensprozeß mit einer mythischen Aura umgeben und nachweisen, daß er einem Augenblick der Intuition, ja sogar der Erleuchtung entspringt. Die Wagner-Forschung weiß zum Beispiel, mit wieviel Vorsicht man den diesbezüglichen Berichten des Komponisten begegnen muß, wie etwa seiner Darstellung der vorgeblichen Entstehung des Vorspiels zu *Rheingold* am Golf von La Spezia (Darcy, 1989). Im Fall Verdis gestaltet sich die Erforschung des Schaffensprozesses um so schwieriger, als die betreffenden Materialien zum größten Teil von seinen Erben in Sant'Agata aufbewahrt werden und lange Zeit nicht zugänglich waren. Die einzige Ausnahme bilden wenige Einzelblätter (bisweilen nur durch Photographien in schlechter Qualität bekannt) und ein einziges umfassendes Dokument, nämlich der vollständige Entwurf zu *Rigoletto*, der 1941 von Carlo Gatti als Faksimile veröffentlicht wurde (Gatti, 1941). Erst in jüngster Zeit wurden andere Dokumente – wie die Entwürfe zu *Stiffelio* (Gossett, 1993; Kuzmick Hansell, 1997) und zu *La traviata*, die anläßlich des Verdi-Jahrs 2001 in Faksimile und Transkription im Druck erscheinen werden (Della Seta, 2000), – zugänglich, so daß wir unser Wissen um die Arbeitsmethoden Verdis erweitern konnten. Auch der Entwurf zu *Un ballo in maschera* steht den Verantwortlichen der kritischen Gesamtausgabe heute zur Verfügung. Eine umfassende Rekonstruktion des Kompositionsprozesses bleibt jedoch weiterhin hypothetisch, denn es ist nicht gesagt, daß die Vorgehensweise des Komponisten zu Beginn der 1850er Jahre (als *Stiffelio*, *Rigoletto* und *La traviata* entstanden) derjenigen entsprach, die er zehn Jahre zuvor angewandt hatte, als er *Nabucodonosor* komponierte, oder gar derjenigen, die er vierzig Jahre später anwenden sollte, als er *Falstaff* schrieb.

Gewiß vereinfachend, wenn nicht sogar mystifizierend, ist die Darstellung der Kompositionsweise Verdis, die Giulio Ricordi 1893 verbreitete (Ricordi, o. J.; Hepokoski, 1985). Er behauptete, Verdi habe eine Oper konzipiert, indem er den Worttext laut rezitierte. Der Tonfall der Prosodie, der sich aus dieser einfühlsamen und emotionalen Lektüre ergeben habe, sei dann die Vorgabe für die melodische Inspiration gewesen. Verdi habe die Opern in recht kurzer Zeit sozusagen aus einem Guß komponiert und nur wenige Skizzen angefertigt (für *Falstaff* insgesamt nur ein paar Seiten, was nach heutigem Kenntnisstand nicht zutrifft), da er vom ersten Augenblick an eine außergewöhnliche Sicherheit beim Entwurf der definitiven Form des Werkes gezeigt habe. In dieser Darstellung erscheint Verdis kreativer Prozeß nicht nur als ein spontaner und vollkommen intuitiver Akt, zusätzlich wird die enge Beziehung zwischen lauter Rezitation des Textes und Entstehen der Melodie betont. Damit verleiht Ricordi der nationalistischen Ästhetik Ausdruck, der zufolge im Gesang, in der expressiven klanglichen Umsetzung des Wortes die eigentliche Essenz der italienischen Musik zu finden sei.

Vorbereitungsphase: dramatisches Konzept und musikalischer Einfall

Die Arbeitsweise Verdis scheint vor allem einer Tradition zu folgen, die er – zumindest aufgrund übereinstimmender Produktionsbedingungen – mit seinen Vorgängern und Zeitgenossen wie Vincenzo Bellini und Gaetano Donizetti teilte. Donizetti beispielsweise behauptete, im November 1842 in nur acht Tagen seine Oper *Maria di Rohan* komponiert zu haben, die im folgenden Frühjahr in Wien uraufgeführt werden sollte. Die Niederschrift vollzog sich, seiner Aussage nach, in fieberhaftem Zustand, veranlaßt durch eine starke emotionale Identifikation mit der Arbeit, und die Schnelligkeit der Ausführung sei keineswegs Anzeichen für Nachlässigkeit gewesen, zumal eine nachlässige Komposition für bedeutende Stätten wie Paris und Wien nicht denkbar gewesen wäre (Zoppelli, i. V.). Ein solches Unternehmen mutet nahezu wie ein Wunder an, doch sollte man die Umstände eines solchen Schaffensprozesses näher betrachten. Erstens hatte Donizetti dieses Sujet – und insbesondere dieses Libretto, das Salvadore Cammarano für Giuseppe Lillo geschrieben hatte – bereits seit einigen Jahren in Erwägung gezogen. Es ist wahrscheinlich, daß er den grundlegenden Charakter der wichtigsten *posizioni*, der dramatischen Situationen schon geplant und einige Skizzen niedergeschrieben hatte, denn für diese Oper sind viele Skizzenblätter erhalten, darunter ein vollständiger Entwurf des gesamten 2. Aktes. Zweitens bedeutete das ›Komponieren‹ einer Oper für Donizetti deren Niederschrift in einer sogenannten Gerüstpartitur. Dort war bereits Platz für alle Stimmen der später zu vervollständigenden Partitur, zunächst jedoch wurden nur die Gesangsstimmen und die instrumentale Baßlinie sowie wenige Andeutungen besonders wichtiger Orchesterstimmen notiert; die restlichen Systeme blieben leer. Die langwierige, aber in gewisser Hinsicht mechanische Aufgabe, die gesamte Orchestrierung niederzuschreiben, wurde in einem zweiten Schritt, möglicherweise sogar erst unmittelbar vor der Aufführung vollzogen. Drittens zeigt die Analyse des Autographs, daß der Oper bei dieser ersten Niederschrift noch die *sinfonia*, das Präludium des 3. Aktes und drei *cabalette* für solistische Arien fehlten. Sie enthielt demnach die Essenz der dramatischen Handlung, während die Komposition von eher nebensächlichen ›Nummern‹ oder Abschnitten einem späteren Zeitpunkt vorbehalten blieb. Diese – zumindest die *cabalette* – wurden möglicherweise erst verfaßt, nachdem der Komponist persönlich die Stimmqualitäten und das gesundheitliche Befinden der Sängerinnen und Sänger in Augenschein genommen hatte, die sich in diesen Stücken hervortun sollten.

In Vorgehensweise, Zeitdisposition und den zugrundeliegenden ästhetischen Überzeugungen entsprach der Kompositionsprozeß Verdis mehrere Jahrzehnte hindurch demjenigen Donizettis. Auch im Fall Verdis lag ein grundlegendes Moment des Schaffensprozesses in der vorbereitenden Phase, schon bei der ersten Beschäftigung mit den dramatischen *posizioni*, die von der literarischen Quelle vorgegeben waren (das heißt, noch bevor ein richtiges Libretto in Versform zum »Deklamieren« vorlag, wie Ricordi es beschrieb). Diese Auswahl der *posizioni*, das heißt der situativen und emotionalen Kernpunkte im Beziehungsgeflecht der Figuren, die sich Verdi in einer konkreten szenischen Umgebung vorstellte, entstand vermutlich überhaupt nur aus der Tatsache heraus, daß er den allgemeinen musikalischen Charakter eines jeden dramatischen Teilstücks unmittelbar zu erfassen und imaginieren vermochte, ebenso wie die zwischen den Szenen bestehenden Beziehungen. Die Fertigstellung der *selva* (siehe oben, S. 128) dürfte folglich zum Teil schon von einer ersten Stufe der musikalischen Vorstellung beeinflußt gewesen sein. Bei dieser musikalischen Eingebung handelte es sich wahrscheinlich um die summarische, Szene für Szene fortschreitende Festlegung einiger stilistischer Merkmale und deren möglicher Verbindung: ein bestimmter Tanzcharakter, ein besonderer Orchesterklang, ein allgemeiner Satztypus, eine bestimmte Stimmführung oder ein ungewöhnlicher Einsatz der Register. Die Untersuchung der sukzessiven musikalischen Konkretisierung dieser Eingebungen zeigt, daß Verdi von einem Schritt des Kompositionsprozesses zum nächsten thematisch, tonal und harmonisch sehr unterschiedliche Möglichkeiten ausprobieren und verwerfen konnte und doch dem Gesamtkolorit und der Verbindung von zuvor festgelegten semantischen Merkmalen fast immer treu blieb. Verdi ging somit völlig konform mit der literaturkritischen Vorgehensweise der Romantik, die in jedem Kunstwerk eine »Idee«, einen »Grundgedanken« oder eine zentrale »Intention« ausmachte, die dann als Kern der Lesart des ganzen Werkes verstanden wurde. Er machte sich zudem diese vorbereitende Phase eines ersten Überblicks zunutze, um grundlegende Eigenschaften des musikalischen Dramas in seiner Gesamtheit zu imaginieren, das heißt jene eigenartige Kombination von Wesenszügen, auf die er sich vermutlich bezog, als er den Terminus *tinta* (Farbe beziehungsweise Tonlage) verwandte. Dieser Begriff ist in der Forschung vielfach diskutiert worden, die in ihm ein Miteinander stilistischer, thematischer, klanglicher und tonartlicher Elemente sieht, die, ohne eine explizite oder systematisch nachvollziehbare Konkretisierung auf einer unterschwelligen Ebene wirken und zur Einheit der Oper beitragen (De Van, 1990). Durch Analysen der Opern Verdis können Netzwerke ähnlicher thematischer Elemente, wiederkehrender Instrumentalfarben oder harmonischer Verfahren nachgewiesen werden, die jeder dieser Opern einen gewisse Einheitlichkeit im musikalischen Charakter verleihen. Dennoch ist wahrscheinlich, daß sich Verdi mit dem Begriff *tinta* auf die Arbeitsphase vor der Komposition bezog, das heißt auf die Festlegung allgemeiner Ausdrucksmerkmale, die natürlich ihrerseits zur wiederholten Verwendung bestimmter melodischer, harmonischer und klanglicher Elemente führen können.

Die Bedeutung der vorbereitenden Arbeit an der literarischen Vorlage und der *selva* geht zum Beispiel aus dem bekannten Brief vom 24. August 1850 hervor, in dem der Komponist auf die Mitteilung reagiert, ein Libretto auf der Grundlage von Victor Hugos Drama – der spätere *Rigoletto* also – könne möglicherweise von der Zensur verboten werden. Es ist zwar denkbar, daß Verdi den Stand seiner Arbeiten übertrieben darstellte, um seine Position gegenüber dem Teatro la Fenice zu stärken, aber das heißt nicht, daß die Glaubwürdigkeit seines Berichts deshalb grundsätzlich in Frage zu stellen ist:

> Die Befürchtung, daß man *Le Roi s'amuse* nicht genehmigen könnte, bringt mich in große Verlegenheit. Mir wurde von Piave versichert, daß bei diesem Sujet keine Widerstände zu erwarten seien, und da ich mich auf den Librettisten Dichter verließ, fing ich an, es zu studieren und es eingehend zu durchdenken, bis die Idee, die *tinta musicale* in meiner Vorstellung gefunden waren. Ich kann behaupten, daß für mich die hauptsächliche und beschwerlichste Arbeit bereits getan war. Wenn ich jetzt gezwungen wäre, mich in ein anderes Sujet zu vertiefen, würde die Zeit für ein solches Studium nicht mehr ausreichen und ich könnte keine Oper schreiben, die ich vor meinem Gewissen verantworten könnte. (Brief Verdis an Carlo Marzari vom 24. August 1850; Conati, 1983, S. 209)

Diese erste Arbeitsphase, in der die *tinta* festgelegt wurde, implizierte wahrscheinlich die Niederschrift einiger vorläufiger Skizzen, was zumindest für einige dramatische Situationen oder für das dramatische Ambiente gleichbedeutend mit dem Beginn des thematischen Entstehungsprozesses war. Eine solche Skizze umfaßte maximal zehn bis zwanzig Takte und wurde – auch wenn sie fast immer auf eine Stimme beschränkt blieb – im allgemeinen auf zwei Liniensystemen im Violin- oder Baßschlüssel, bisweilen in einer noch nicht festgelegten Tonart, sozusagen in einem neutralen C-Dur, das zu einem späteren Zeitpunkt verändert werden konnte, notiert. Gemeinhin enthielt die Skizze keinen Text und wurde durch einen einfachen Vermerk (»adagio der Arie des Tenors«, »canzone«, »cabaletta«) gekennzeichnet. Wenn die Skizze einen Abschnitt in der Technik des »melodischen *parlando*« betraf, also einen periodisierten, in sich geschlossenen musikalischen Gedanken im Orchester, über dem die Stimmen mit überwiegend deklamatorischen Einwürfen gesetzt wurden, dann wurde nur die Instrumentallinie skizziert, während einzelne Stichwörter des Textes über dem Notensystem ohne musikalische Notation ungefähr an der Stelle notiert werden konnten, wo später der zu singende Text zu stehen kommen sollte. Daß diese vorläufigen Skizzen allenfalls partiell überliefert – im Falle des 1941 veröffentlichten Entwurfs zu *Rigoletto* fehlten sie fast völlig – und nur zum Teil bekannt waren, hat den Eindruck erweckt, Verdi wäre, wie von Ricordi berichtet, tatsächlich in der Lage gewesen, direkt eine weitgehend vollendete Fassung der Oper niederzuschreiben. Das nun allmählich zunehmende Wissen um die Arbeitsdokumente macht aber deutlich, daß in Wirklichkeit solche Skizzen durchaus von Bedeutung waren und in größerer Zahl existierten, auch wenn sie häufig nicht in das endgültige Werk übernommen wurden.

In diesen vorbereitenden Phasen mußte Verdi überdies die Kohärenz und die Wirkung der gesamten Oper einer ersten Prüfung unterziehen, indem er sich den musikalischen Charakter einer jeden *posizione* im Kontext der Handlung vorstellte. Dieses Vorgehen war im allgemeinen ein rein geistiger Schritt, der möglicherweise darin bestand, den verschiedenen Nummern der *selva* eine implizite klangliche

Beschaffenheit zuzuweisen. Aber zumindest ein Dokument existiert, das ein solches Entwurfsstadium auf dem Papier festhält. Es handelt sich um eine »synoptische Skizze« – diesen Begriff verwendet Fabrizio Della Seta im Vorwort zu seiner Ausgabe –, in der Verdi auf zwei Seiten den gesamten 1. Akt von *La traviata* entwarf und dabei teils verbale, teils musikalische Anmerkungen verwandte (Abbildungen 23a und 23b auf S. 238 f.). In der folgenden Übersetzung der genauen Transkription sind alle Abkürzungen ausgeschrieben, während auf die Wiedergabe der von Verdi wieder gestrichenen Sätze verzichtet wird:

Abendessen in Margheritas Haus. Rezitativ: Orchestermotive. Trinkspruch.

Trinkspruch des Tenors [Es folgt eine Skizze ohne Text auf zwei Fünfliniensystemen in C-Dur]

Nach einer kurzen Chor-Wiederholung wiederholt Margherita den Trinkspruch, dann Tutti [Es folgt eine Skizze, die mit der Reprise, aber in der Subdominante beginnt. Es werden nun drei Liniensysteme verwendet, um Sopran, Tenor und Chor zu skizzieren.]

Margherita fühlt sich nicht wohl. Alle gehen auseinander, nur der Tenor bleibt und bekundet ihr seine Zuneigung. Sie lacht und rät ihm, es sich aus dem Sinn zu schlagen. *Kann ich lieben? Darf ich lieben? Duettino*, in dem eine Phrase geben wird, die in der Arie wiederholt werden wird. Alle kommen zurück, auf Wiedersehen, gute Nacht, und gehen ab. Margherita allein. *Und wenn es wahr wäre? Und wenn ich ihn liebte? Ich, die ich nie geliebt habe. Oh Liebe? Andante* wie folgt

[zweite Seite: Skizze für »Ah, forse è lui che l'anima«, e-Moll]

Aber was träume ich? Bin ich für die Liebe geschaffen? Darf ich traurig sein? Ich muß fröhlich sein, mich betäuben, ich muß mich vergnügen, mich freuen, ich muß in Freude ertrinken.

Brillante *cabaletta* [Es folgt eine Skizze für »Sempre libera degg'io«, As-Dur] usw.

Am Ende der *cabaletta* hört man eine Stimme, die eine Phrase des *duettino* wiederholt, die von der Liebe handelt – E' il sol dell'anima la vita è amore – immer noch die Liebe: schweig still mein Herz.

Die Entstehung dieses außergewöhnlichen Dokuments ist in genau jenem Augenblick anzusiedeln, in dem die dramaturgische Intention sich in förmlichen musikalischen Motiven konkretisierte. Der Konzeptcharakter dieser Intention zeigt sich aber noch in verbalen Hinweisen (»Orchestermotive«) oder durch Verweise auf entsprechende dramatisch-musikalische Situationen in bereits abgeschlossenen Opern, wie hier die Anfangszeile »È il sol dell'anima, la vita è amore« aus dem Duett Gilda/Herzog im 1. Akt von *Rigoletto*. All diese Hinweise wurden dann tatsächlich mit leichten Überarbeitungen in die endgültige Fassung übernommen. Zwar schreibt dieser Plan bereits den dramaturgischen Ablauf in endgültiger Weise fest, nicht aber den Tonartenverlauf. Nur die abschließende *cabaletta* in As-Dur wird in der endgültigen Version die Tonart beibehalten, die ihr in der Skizze zugewiesen wurde.

Niederschrift des Entwurfs

Ein solche vorbereitende Arbeitsphase, die sich offensichtlich parallel zur Auseinandersetzung mit der literarischen Quelle und der genauen Ausarbeitung der *selva* vollzog, verlangte geradezu nach Entstehungsbedingungen, in denen die Wahl des Stoffs und seine Disposition im Kompetenzbereich des Komponisten lag (siehe oben, S. 127–130). Folgerichtig widersetzte sich der junge Verdi selbst dann der vorher üblichen Vorgehensweise, wenn er ein vollständig von anderen vorbereitetes Libretto vertonen mußte, und weigerte sich, die ihm nach und nach zugesandten Akte zu vertonen, bevor er sich einen Gesamteindruck vom Drama verschaffen konnte. Am 19. August 1843, als noch Victor Hugos Drama *Cromwell* als Sujet für die Oper, die dann *Ernani* werden sollte, zur Diskussion stand, schrieb Verdi seinem Librettisten Piave:

Ich habe den ersten Akt unter Verschluß gelegt, weil ich mich nicht an die Arbeit machen möchte, solange ich nicht das ganze Libretto habe. Ich bin es gewohnt so vorzugehen, und ich komme damit besser zurecht, denn wenn ich einen allgemeinen Eindruck von der ganzen Dichtung habe, finden sich immer die Noten dazu. Die anderen beiden Akte haben trotzdem keine Eile, denn selbst wenn ich sie Ende nächsten Monats erhalten sollte, bliebe noch genügend Zeit, sie zu vertonen. (Abbiati, 1959, Band I, S. 472)

Verdi machte sich wegen der nahenden Spielzeit also keine Sorgen. Er wußte, daß er die Oper in sehr kurzer Zeit entwerfen konnte, vorausgesetzt, er hatte vorher Gelegenheit, sich eine umfassende dramaturgisch-musikalische Vorstellung zu machen und dabei eventuell ei-

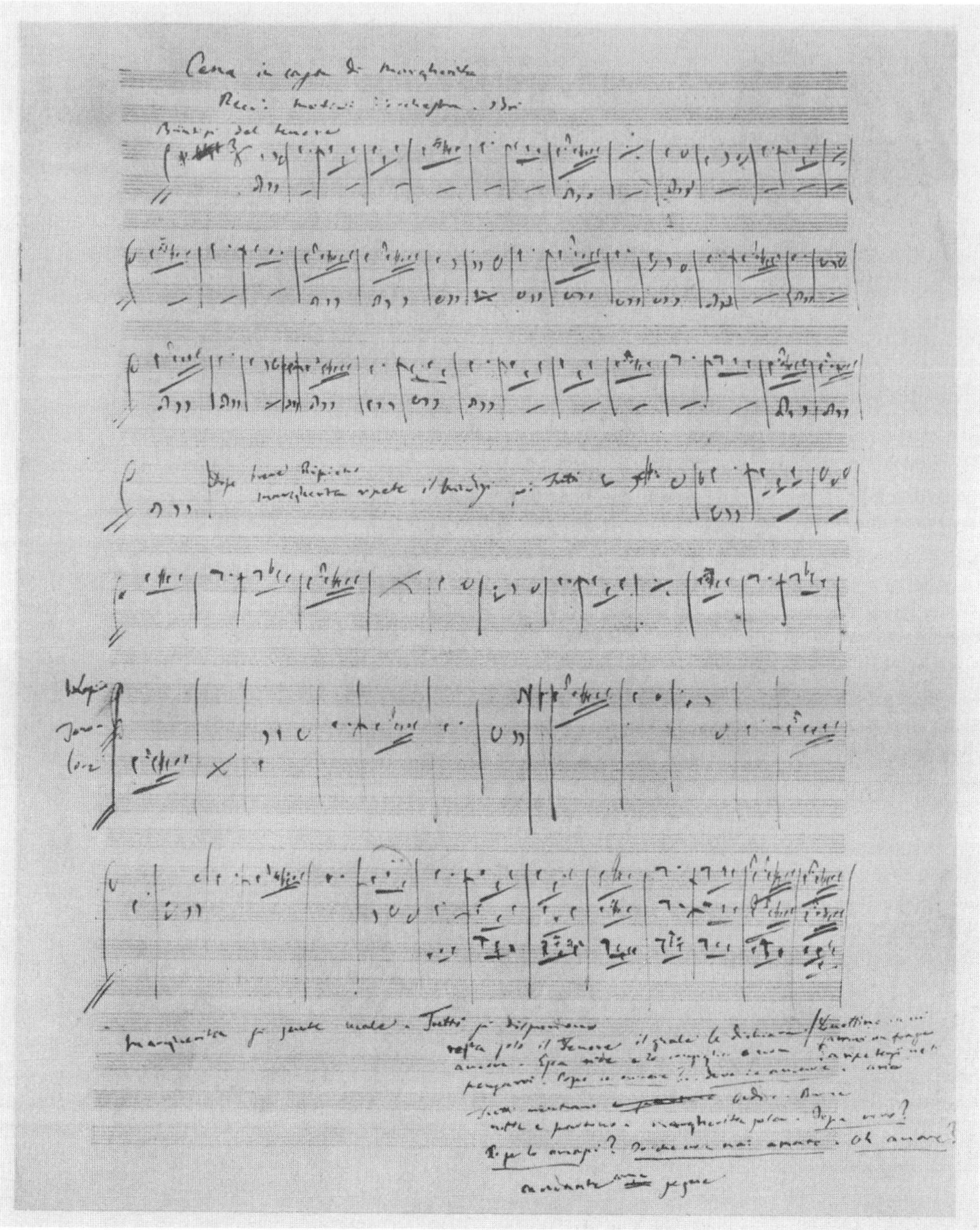

Abbildung 23a

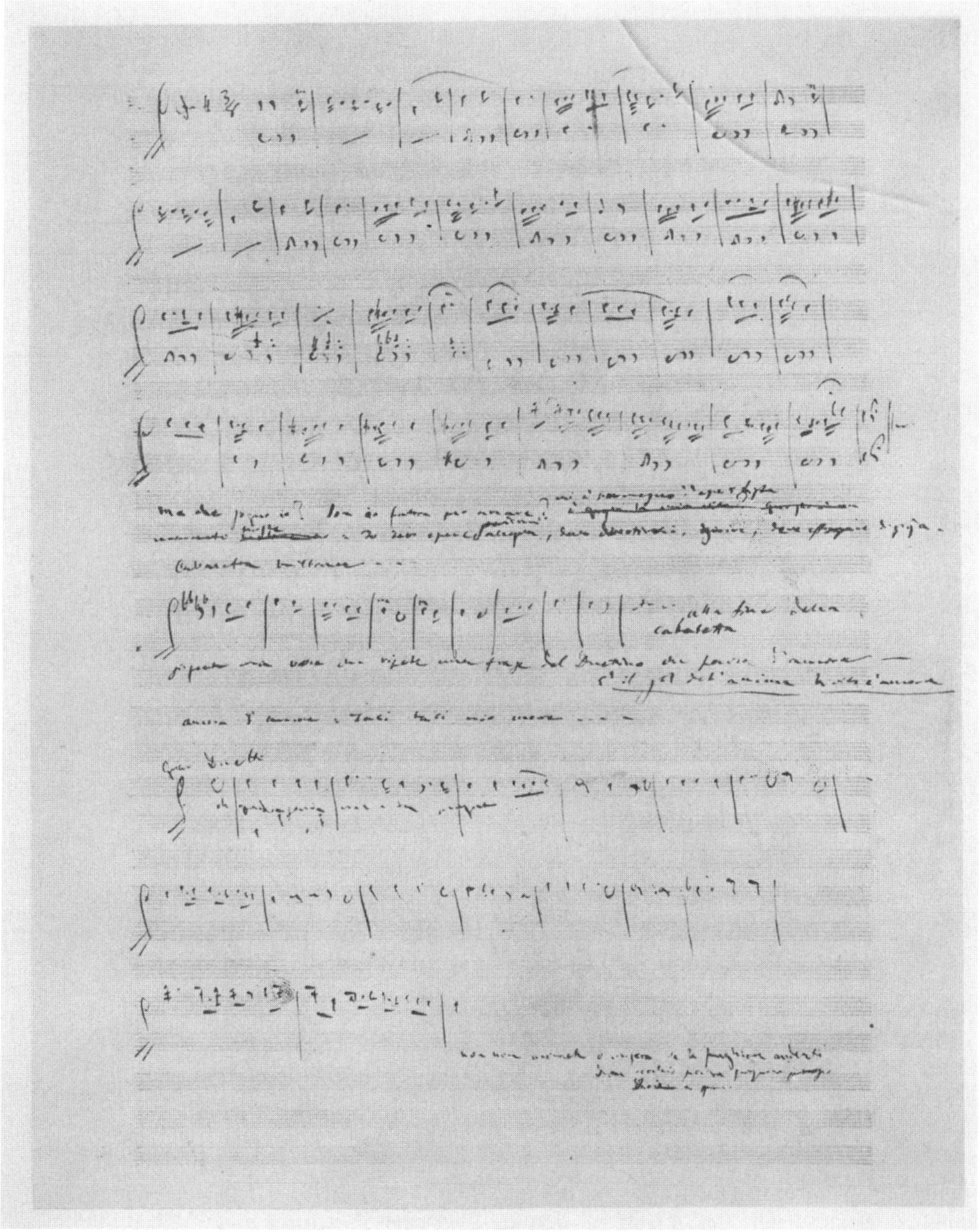

Abbildung 23b

nige vorbereitende Skizzen niederzuschreiben. Wie im Fall Donizettis vollzog sich die Phase, die Verdi als eigentliche »Komposition« bezeichnete, im recht kurzem Zeitraum von normalerweise einigen Wochen, maximal einigen Monaten, aber diese Niederschrift »aus einem Guß« war nur durch die vorhergehende Bestimmung der *tinta* und der dramatischen Aufteilung möglich. Das hohe Kompositionstempo war zwar in gewisser Hinsicht durch vertraglich festgelegte, bevorstehende Abgabetermine bedingt, ergab sich aber noch weit mehr aus der Überzeugung, daß die ästhetische Qualität des Werks vom Grad der Spontaneität und Einfühlung abhing, mit dem es verfaßt wurde. Niemand zwang Donizetti, bei der Arbeit an *Maria di Rohan* im November 1842 in acht Tagen eine Oper zu schreiben, die erst im folgenden Juni aufgeführt werden sollte. Aber »wenn der Stoff gefällt, spricht das Herz, schwirrt der Kopf, schreibt die Hand...« (Brief Gaetano Donizettis an Antonio Dolci vom 27. November 1842; Zavadini, 1948, S. 639)

Ebenso behielt Verdi, als er den sogenannten »Galeerenjahren« entkommen war und ohne vertragliche Bindungen frei über seine Zeit verfügen konnte, die Gewohnheit bei, zügig und im Zustand der emotionalen Einbildungskraft zu komponieren: »Wenn ich selbstversunken mich mit meinen Noten herumschlage, dann klopft das Herz, fließen Tränen aus den Augen, und das Mitgefühl und die Freude sind unaussprechlich.« (Brief Verdi an Francesco Maria Piave vom 3. November 1860; Abbiati, 1959, Band II, S. 591) Der ansonsten ebenso zynische wie abgebrühte Ton dieses Briefs erlaubt es auszuschließen, daß es sich hier um eine Übertreibung handelt. Verdi äußerte sich mehrmals über die Notwendigkeit, schnell zu komponieren, die er regelrecht als Dogma verstand. Seinen Äußerungen zufolge war die instinktive Spontaneität des kreativen Aktes wichtiger, als die erhaltenen Dokumente es erkennen lassen. Gleichzeitig teilt sich in dieser Einstellung jedoch eine ästhetische Überzeugung mit, die so stark war, daß sie den Komponisten förmlich dazu zwang, seine Vorgehensweise und den Zeitaufwand für den Schaffensprozeß diesem Idealbild künstlerischer Schöpfung anzupassen. So berichtet der Politiker Quintino Sella, Verdi habe ihm als Sitznachbar im Parlament 1861 oder 1862 gesagt: »Die Schwierigkeit besteht allein darin, so schnell zu schreiben, daß der musikalische Gedanke in derselben Geschlossenheit ausgedrückt werden kann, mit der er in den Sinn gekommen ist.« (Copialettere, 1913, S. 599) Und ein anderer Bericht überliefert folgende Äußerung Verdis: »Um gut zu schreiben, muß man schnell schreiben können, sozusagen in einem Atemzug, und sich dann die Zeit nehmen, den allgemeinen Entwurf auszubessern, auszukleiden, zu säubern. Tut man das nicht, läuft man Gefahr, ein Werk über lange Zeiträume zu schaffen, dessen Musik wie ein Mosaik ist, dem Stil und Charakter fehlt.« (Monaldi, 1899, S. 186) So überrascht es nicht, daß Verdi diese ästhetische Überzeugung als mit den an der Pariser Opéra bestehenden Produktionsbedingungen als unvereinbar empfand: »Wenn es ein Werk aus einem Guß ist, ist die Idee eine einzige Einheit, und alles muß zusammenspielen, um diese *Einheit* zu bilden [...]. Ich glaube an die *Inspiration*, Ihr anderen [Franzosen] an die Ausarbeitung.« (Brief Verdis an Camille Du Locle vom 7. Dezember 1869; Copialettere, 1913, S. 221)

Das hohe Tempo bei der Niederschrift ist für Verdi demnach ein Grundsatz. Tatsächlich läßt sich feststellen, daß der Komponist, als er sich nach und nach vom Joch verbindlicher Abgabefristen befreite, die vorbereitende Phase, das heißt die Wahl des Sujets, dessen Umformulierung entsprechend den Notwendigkeiten der musikalischen Dramaturgie sowie das genaue Entwerfen eines adäquaten Librettos maßlos ausweitete, nicht jedoch die eigentliche Komposition. Die Vorbereitungsphase bei der Konzeption von *Otello* (angefangen mit den ersten Kontakten zu Boito) erstreckte sich über fünf Jahre. Doch die Phase der eigentlichen Niederschrift verteilte sich im Grunde nur auf drei kurze Zeitspannen: den Monat März 1884, das erste Vierteljahr 1885 und einige Wochen zwischen September und Oktober 1885, wobei einige radikale Revisionen wie die Überarbeitung des Lieds von der Weide im 4. Akt bereits eingeschlossen sind. Dieser kurze Zeitraum erstaunt vor allem im Blick auf den Umstand, daß Verdi das 70. Lebensjahr bereits überschritten hatte und sich zudem nicht mehr auf die Konventionen stützen konnte, die ihm zuvor die Aufgabe erleichtert hatten, die Abfolge der ›Nummern‹ zu disponieren. Erst bei *Falstaff*, dessen Entstehungsprozeß durch sehr viel mehr – freilich der Forschung noch nicht zugängliches – Material dokumentiert ist, war auch die Arbeitszeit an der Komposition selbst länger.

Die eigentliche Komposition vollzog sich bei Verdi in Form eines Entwurfs, der nahezu die ganze Oper beziehungsweise ihre ›Nummern‹ umfaßte, und auf einer variablen Anzahl von Liniensystemen (im Durchschnitt drei oder vier) festhielt. Auf den Liniensystemen wurden jedoch nur die Melodiestimmen und – weniger konsequent – der Baß festgehalten. Selten enthielt der Entwurf Hinweise zur Harmonisierung (die nur notiert wurden, wenn der Komponist sie nicht für offensichtlich hielt), und noch weniger üblich waren Hinweise auf die Instrumentation, die nur an Stellen auftauchen, an denen der Klang unmittelbar zum dramatischen Ausdruck beiträgt wie am Beginn der *scena, terzetto e tempesta* im 3. Akt von *Rigoletto* mit den leeren Quinten in den Violoncelli und den Seufzermotiven in den Oboen. Der Text des Librettos lag zu diesem Zeitpunkt gemeinhin schon vor, auch wenn es längere Abschnitte geben konnte, die darin noch fehlten. Auch kann man sich vorstellen, daß Verdi in manchen Fällen, in denen die metrische Struktur des Verses keine Zweifel daran ließ, wie der Text in bezug auf die Noten anzuordnen war, Zeit sparte und ihn gar nicht erst hinschrieb.

Da Carlo Gatti zufolge in Verdis Nachlaß in Sant'Agata erst von *Luisa Miller* an Entwürfe für seine Opern aufbewahrt werden (Gatti, 1951, S. 267), glaubte man lange Zeit nicht nur, daß Verdi diesen Arbeitsgang zwischen vorbereitendem Studium und Niederschrift des Partiturgerüstes in den ersten Jahren seiner Karriere nicht praktiziert hätte, sondern auch, daß diese zusätzliche Arbeitsphase sein gestiegenes Interesse an einer vereinheitlichenden Planung des Dramas widerspiegele (Petrobelli, 1998, S. 52). Wahrscheinlicher ist jedoch, daß ähnliche Entwürfe auch für die früheren Opern existierten, aber verlorengingen. Inzwischen wissen wir, daß diese Verfahrensweise schon spätestens 1842 von Donizetti praktiziert wurde (Zoppelli, i. V.). Im Falle Verdis läßt sich dieses Vorgehen indirekt aus der Untersuchung des Aufbaus der autographen Partituren ableiten (Gossett, 1987). Verdi schrieb nämlich jede musikalische Nummer in einzelnen Faszikeln nieder, die jeweils aus einer variablen Anzahl von ineinandergelegten Doppelbögen bestanden. In der Mehrzahl der Fälle stimmt die Länge des Stükkes perfekt mit den Ausmaßen des Faszikels überein, das heißt, Verdi wußte bereits in dem Augenblick, in dem er das äußere Erscheinungsbild des Faszikels festlegte, wie lang die Nummer sein würde, verfügte demnach also über einen detaillierten Entwurf. Über die Anordnung und den Aufbau solcher Entwürfe kann man keine verallgemeinernden Aussagen treffen. Lange Zeit war einzig der Entwurf zu *Rigoletto* bekannt, der praktisch die gesamte Oper umfaßte und von der Einleitung bis zum Ende entsprechend dem Ablauf der Szenen angeordnet war. Vermutlich wollte Carlo Gatti, als er ihn 1941 zur Veröffentlichung auswählte (und zahlreiche vorläufige Skizzen beiseite ließ, die, wie wir heute wissen, für diese Oper ebenso vorhanden waren wie für andere Werke), dem Mythos vom inspirierten Künstler Verdi Tribut zollen, der »aus einem Guß« eine mehr oder weniger definitive Komposition von der ersten bis zur letzten Note niederschrieb. Die in jüngster Zeit untersuchten Materialien zu *Stiffelio* und *La traviata* bestehen hingegen einerseits aus abgeschlossenen Entwürfen, die sich auf einzelne Nummern oder Abschnitte von Nummern beschränken, deren Anlage aber nicht unbedingt der endgültigen Szenenfolge entspricht, andererseits aus nachträglich eingefügten vorläufigen Skizzen, die zeigen, wie die verschiedenen Kompositionsphasen ineinandergreifen. Die Kontinuität bestand folglich nur im Geiste des Komponisten.

»Reinschrift«, Orchestrierung, Fertigstellung

Die nächste Phase – die freilich chronologisch mit den letzten Arbeiten am Entwurf verflochten sein konnte – bestand darin, den Inhalt des Entwurfs – ob dieser nun vollständig oder fragmentarisch war – auf die entsprechenden Liniensysteme der Gerüstpartitur zu übertragen. Verdi betrachtete diesen Vorgang als Arbeitsschritt, der nach der eigentlichen Komposition vorgenommen wurde: eine »Oper zu beenden« bedeutete für ihn, den Entwurf abzuschließen, während die Niederschrift des Partiturgerüstes als »in Reinschrift bringen« bezeichnet wird: »Gerade heute habe ich die Oper beendet. Es bleibt mir nur noch, den 2. Akt und das letzte Stück in Reinschrift zu bringen.« Dennoch bot diese Übertragung Gelegenheit zu zahlreichen Veränderungen und Korrekturen. Die erste Niederschrift der Gerüstpartitur stellt eine Kompositionsphase dar, die sich in der Regel nicht mehr rekonstruieren läßt, sobald durch die Orchestrierung die offengelassenen Liniensysteme ›gefüllt‹ worden sind. Sie bleibt für uns nur in jenen Fällen sichtbar, in denen der Komponist vor der Orchestrierung einige Passagen umschrieb und das (durchgestrichene) Original im autographen Manuskript stehen ließ, oder wenn ganze Blätter entfernt wurden, die in günstigen Fällen überliefert sind. Gelegentlich kann man die Lesart der Gerüstpartitur auch aufgrund einer anderen Tintenart rekonstruieren, die Wochen nach der Aufzeichnung des Gerüsts für die anderen Stimmen verwendet wurde. Die Gerüstpartitur wurde dem Kopisten zugestellt, der die Gesangsstimmen daraus abschrieb und an die Sänger sandte. Anschließend wurde es dem Komponisten zur Instrumentation zurückgeschickt. Verdi instrumentierte normalerweise im letzten Augenblick, während der Proben. Dies hatte zum einen zeitliche Gründe, war aber auch dadurch bedingt, daß er unnütze Arbeit vermeiden wollte, falls sich in den Proben herausstellen sollte, daß wegen eines Interpreten etwas geändert werden mußte. Wenn es sich, wie im Fall der *cavatina* der Elvira im 1. Akt von *Ernani*, bei den Proben ergab, daß ein Stück um einen Halbton nach oben transponiert wurde, mußte Verdi nur die Gesangsstimme neu schreiben beziehungsweise in diesem Fall sogar nur die Tonartenvorzeichnung ändern. Die Orchesterstimmen wurden dann direkt in der endgültigen Tonart aufgezeichnet (Gossett, 1987, S. 72 f.). Allen überlieferten Äußerungen läßt sich entnehmen, daß Verdi die Orchestrierung in dieser Phase nicht als schwierige Aufgabe betrachtete. Sie war teils durch ›handwerkliche‹ Gewohnheit geprägt, teils durch die Tatsache, daß eine bestimmte Auswahl in seiner klanglichen Vorstellung bereits von Anfang an getroffen war: »Die Idee präsentiert sich mir als Ganzes, und vor allem spüre ich, ob eine Note [...] der Flöte oder der Violine übertragen werden muß.« (Bericht Quintino Sellas, wie oben; Copialettere, 1913, S. 599) Bei der Arbeit an den letzten Opern, deren Entstehungskontext ein völlig anderer war, machte er sich hingegen zur Gewohnheit, eine vollständig instrumentierte Partitur abzugeben. Die Arbeit daran konnte mehrere Monate dauern (für *Otello* mehr oder weniger das ganze Jahr 1886). Diese neue Vorgehensweise geht zum einen darauf zurück, daß er nicht mehr an feste Abgabedaten gebunden war, zum anderen auf die größeren Besetzungen, für die er schrieb, sowie auf die zunehmende Bedeutung des Orchesters in diesen Werken. Das Gewicht der Instrumentation konnte nun solche Ausmaße annehmen, daß die gewohnte Reihenfolge der Entstehung (erst alles von Anfang bis Ende zu komponieren, dann zu instrumentieren) durchbrochen werden konnte: »Es ist nicht wahr, daß ich *Falstaff* beendet habe. Ich arbeite daran, all das, was ich bereits geschrieben habe, in Partitur zu bringen, da ich fürchte, einige Besonderheiten und Mischungen der Instrumente zu vergessen. Anschließend werde ich den ersten Teil des dritten Aktes schreiben ... und dann Amen!« (Brief Verdis an Arrigo Boito vom 10. September 1891; Medici/Conati, 1978, S. 196)

In diesem Fall »brachte« Verdi also »in Partitur«, bevor er mit der Komposition fortfuhr. Dies ist ein Hinweis darauf, daß klangliche Aspekte im Gesamtgefüge seiner Wahlmöglichkeiten ein strukturierendes Element der eigentlichen Komposition geworden waren.

Zudem war die Orchestrierung nicht das einzige, was Verdi auf die letzten Wochen vor der Aufführung verschob. Wie bei Donizetti konnten in der Phase fieberhafter Komposition einige nebensächliche, für die definitive Aufführung aber dennoch unabdingbare Elemente übersprungen werden, um dann in einem weiteren Schritt bearbeitet zu wurden. Es handelte sich hier in der Hauptsache um unabhängige Instrumentalstücke und, zumindest für einige Abschnitte, um solistische Arien, die Verdi – in seiner stark auf die Konfrontation verschiedener Figuren ausgerichteten Dramaturgie – von zweitrangigem Interesse schienen. Auf den ersten Blick erstaunt es beispielsweise zu erfahren, daß die ersten beiden Akte von *Macbeth*, obschon die Oper recht experimentell und wenig den ›Konventionen‹ zugeneigt war, ohne Arien komponiert wurde (Brief Emanuele Muzios an Antonio Barezzi vom 19. Dezember 1846; Garibaldi, 1931, S. 302 f.). Der Grund hierfür lag unter anderem darin, daß Verdi sich vorbehielt, zunächst Marianna Barbieri Nini in Florenz zu hören, damit er eine *cabaletta* schreiben konnte, die »perfekt für ihre Stimmbänder und unfehlbar in der Wirkung« sei (Brief Verdis an Marianna Barbieri Nini vom 31. Januar 1847; Rosen/Porter, 1984, S. 39). Je experimenteller die Opern Verdis wurden und je mehr sie auf der Logik dramatischer Kohärenz gründeten, umso deutlicher zerfällt diese Kompositionsphase in zwei Schichten, eine grundlegende Schicht, die die künstlerischen Absichten verdeutlicht, und eine marginale, deren Niederschrift in einer ganz anderen Arbeitsphase erfolgen konnte. Wie im Fall der gleichfalls experimentellen Oper *Maria di Rohan* von Donizetti zeugte diese Schichtung letztlich nur davon, daß sich die Machtverhältnisse im Aufführungssystem in den 1840er Jahren in einer Übergangsphase befanden.

Im Hinblick auf die Instrumentalstücke behielt Verdi seine gewohnte Vorgehensweise bei, diese im letzten Moment zu komponieren, was besonders für die Ouverturen altem Opernbrauch entsprach. Das Vorspiel und der Marsch für die Ankunft Duncanos in *Macbeth* wurden erst in Florenz vor Ort geschrieben, doch auch die kurzen Vorspiele zu *Rigoletto* und *La traviata*, die in den jeweiligen Entwürfen fehlen, entstanden mit Sicherheit erst in einem allerletzten Arbeitsschritt.

Entwicklung des kompositorischen Einfalls: Varianten und Konstanten

Skizzen, Entwürfe, Fragmente des Partiturgerüstes, soweit vorhanden, aber auch eventuelle Überarbeitungen, die nach der Uraufführung und bei der Herstellung neuer Fassungen vorgenommen wurden, erlauben es uns, das allmähliche Entstehen einer definitiven Fassung nachzuvollziehen und wiederkehrende Überarbeitungsprozesse zu erkennen, auch wenn hier Verallgemeinerungen nur mit äußerster Vorsicht vorgenommen werden können. In vielen Fällen ging Verdi offensichtlich von einer konzeptionellen und semantischen Intuition aus, bei der die musikalische Motivik noch nicht festgelegt war. Durch die verschiedenen Arbeitsphasen hindurch blieb diese Ausgangsidee unverändert, doch ihre genauen Umrisse verfeinerten und artikulierten sich zunehmend. Beispielsweise fand die Provokation Monterones durch Rigoletto in der *introduzione* des 1. Aktes (»Voi congiuraste contro noi, signore«) auf dem Weg über eine vorbereitende Skizze und einen durchgängigen Entwurf ihre endgültige Gestalt (Petrobelli, 1998, S. 64–66). Von Anfang an waren die grundlegenden semantischen Bestandteile festgelegt: die Verknüpfung des feierlichen Deklamationstons des Narren mit den grotesk wirkenden Motiven des Orchesters, die aus kurzen Verzierungsfiguren und großen Intervallsprüngen entwickelt sind. Von einer Stufe zur nächsten wurde die Melodielinie ausgefeilter und erlangte durch den Kontrast der Rhythmen zusätzliche Prägnanz. Die grotesken Figurationen wurden durch neue ähnlichen Charakters ersetzt und das Zusammenspiel von Gesang und Orchester verfeinert. Den Noten c^1 und g, die den Silben [congiu]-»ra« [-ste] und »noi« entsprechen und im ersten Zustand eine Viertelnote lang ausgehalten werden, werden im zweiten Zustand fünf Viertel, im dritten sogar neun Viertel zugewiesen. Dies führte durch das entsprechend verlängerte Aushalten von Tonika und Dominante im harmonischen Ablauf zu einer Entfaltung der grotesk anmutenden pantomimischen Figuren des Orchesters, die eine ironische Degeneration des punktierten Rhythmus *alla francese* darstellen, mit dem die vorklassische Musik das Königliche konnotiert hatte.

Auch für das instrumentale Motiv, auf dem die Szene zwischen Rigoletto und Sparafucile im selben Akt basiert, verfügen wir über vorbereitende Skizze, Entwurf und endgültige Fassung. In den ersten beiden Stadien blieb der Ausgangspunkt der gleiche, aber die noch etwas mühsam wirkende Fortspinnung des Motivs wurde eleganter gefaßt. Zwischen dem zweiten und dem dritten Stadium mußte noch die genaue Anordnung der vokalen Stimmeinsätze festgelegt werden. Ein erster Versuch, Sparafuciles ersten Einsatz zu plazieren, wird noch im Entwurf durch eine Streichung um einen halben Takt hinausgezögert. In der endgültigen Fassung wurde er noch weiter verschoben und erscheint nun erst nach dem Abschluß der eröffnenden Phrase von Violoncello und Kontrabaß, was zusätzliche Aufmerksamkeit auf die außergewöhnliche Klangatmosphäre lenkt. Die so angesammelte ›Verspätung‹ wurde dadurch wieder ausgeglichen, daß die Notenwerte von Rigolettos Antwort verkürzt wurden. Dies erlaubte zudem eine auf psychologischer Ebene sehr wichtige rhythmische Unterscheidung der beiden Figuren. Die genaue Positionierung der vokalen Einwürfe über einem Orchestergefüge, das typisch für das »melodische *parlando*« ist, war für Verdi alles andere als ein mechanisierter Arbeitsschritt. Davon zeugen die verschiedenen Überarbeitungen der Finalszene von *Stiffelio*, für die zwei vorbereitende Skizzen, ein durchgehender Entwurf und eine Gerüstpartitur vorliegen (Kuzmick Hansell, 1997, S. 90–96).

Bei der Komposition lyrischer Melodien, die auf Grundlage des Strophenaufbaus und der Betonungsschwerpunkte des Verses periodisch strukturiert wurden, wandte Verdi offensichtlich unterschiedliche Verfahren an. In einigen Fällen scheint der melodische Einfall der *posizione* entsprungen zu sein, noch bevor der Komponist ein Libretto in Versform zur Verfügung hatte. Mit großer Wahrscheinlichkeit entstand die – in der oben zitierten Übersichtsskizze des 1. Aktes von *La traviata* bereits vorhandene – Melodie von Violettas *cavatina* (»Ah forse è lui che l'anima«) vor der Fixierung des gesungenen Textes. Dieser wurde also nachträglich eingepaßt, wodurch sich prosodische Unregelmäßigkeiten ergaben (der Vers »solinga nei tumulti« klingt, als würde er auf der ersten Silbe anstatt auf der zweiten betont). In jenen Fällen, in denen Verdi seinen Librettisten genaue Anweisungen zum Metrum einer Nummer gab, müssen wir also annehmen, daß die melodische Idee bereits feststand und sich der Text ihr fügen mußte.

In anderen Fällen hingegen komponierte Verdi eindeutig von der Dichtung ausgehend und folgte dabei vielleicht sogar der von Ricordi beschriebenen Vorgehensweise: eine emotionale Deklamation, deren Ergebnis er rhythmisch und diastematisch wiedergab. In diesen Fällen entstand ein erster Entwurf, der die prosodischen Impulse des Textes sehr stark beachtete. Dies führte mitunter zu einer gewissen Trivialität der Deklamation, zu einer rhythmischen Monotonie, die durch den Rückgriff auf die Betonungsschemata der zugrundeliegenden Metren bedingt war. Und es wird deutlich, daß im Verlauf der verschiedenen Phasen der Vervollkommnung der Oper von der Skizze zur definitiven Partitur die Eingriffe häufig darauf ausgerichtet waren, die Monotonie, die symmetrische Anlage und den allzu berechenbaren Verlauf aufzubrechen, den die Melodie in der ersten Niederschrift von ihrer Versgrundlage übernommen hatte. Um nur einige der zahlreichen Beispiele zu nennen: Die *cabaletta* (»O tu che l'alma adora«) in Elviras *cavatina* im 1. Akt von *Ernani* wurde in der Gerüstpartitur revidiert und erhielt ihren charakteristischen rhythmischen Anfangsimpuls mit abtaktigem und synkopischem Einsatz gerade durch den Widerspruch zur ›korrekten‹ Deklamation der ersten Fassung, in der die erste Silbe auftaktig komponiert und der Taktschwerpunkt der zweiten Silbe zugewiesen gewesen war (Gossett, 1987, S. 63–65).

In einem größeren Zusammenhang schloß dies auch die Suche nach einem prägnanten Incipit ein, die Verdi dazu veranlaßte, das »Dies irae« im *Requiem* von dem Abschnitt an umzugestalten, der dem »Libera me« in der Rossini gewidmeten Messe entspricht. Verdi entnahm diesem früheren Stück die grundsätzliche Gestalt, schrieb die ersten Takte aber um und erweiterte sie, indem er das wenig stabile und plastische, von den Worten des liturgischen Textes ausgehende Incipit durch das endgültige ersetzte, das nicht nur wegen der Einführung durch abgerissene Orchesterakkorde weit wirkungsvoller und gewaltiger erscheint (Rosen, 1995, S. 60–74). Die vokale Linie in Jacopos Szene am Beginn des 2. Aktes von *I due Foscari* wurde im Vergleich zum Entwurf verändert, um eine monotone Wiederholung ähnlicher Elemente zu vermeiden (Lawton, 1995, S. 13). Der Anfangschor von *Attila* (»Urli, rapine«) erhielt erst in einer zweiten Bearbeitungsstufe, als ein ursprünglich konzipierter Teil der Gerüstpartitur verworfen worden war, die beiden leeren halben Takte, die den syntaktischen Verlauf nach dem *quinario doppio* unterbrechen und somit die schreckliche Wirkung der Worte grundlegend verstärken (Noiray/Parker, 1976). Ebenfalls im 1. Akt von *Attila* wurde der Vokallinie des *adagio* (»Allor che i forti corrono«) von Odabellas *cavatina*, die ursprünglich Prosodie und Wortbedeutung jeden einzelnen Verses nachbildete, dadurch ein umfassend neues, besser in den gesamten Melodiebogen eingepaßtes Profil verliehen, daß die begrifflich bedeutsame Phrase »ma noi, noi donne italiche« wieder aufgegriffen wird.

»Addio ... speranza ed anima«, die *cabaletta* im Duett Gilda/Herzog im 1. Akt von *Rigoletto*, wies im Entwurf ein ganz anderes thematisches Profil auf, das dem Rhythmus des Verses nachempfunden war. Um in ihrer endgültigen Form den erregten Charakter zu erreichen, wiederholte Verdi das erste Wort und gewann so zwei Silben hinzu. Eine vorbereitende Skizze für die *canzone* des Herzogs im 3. Akt (»La donna è mobile«), die in E-Dur anstatt im schließlich verwendeten H-Dur steht (siehe das unten stehende Notenbeispiel), zeigt, daß Verdi ursprünglich die absteigende Weiterführung des Kopfmotivs fortsetzen und zudem die punktierte Figuration an einer metrisch anderen Stelle am Beginn des jeweils vorletzten wieder aufnehmen wollte (in diesem Takt ließ die Korrektur dis[1] für h bereits erkennen, daß er den Takt vom vorhergehenden unterscheiden wollte).

In der endgültigen Fassung wurde der zweite Halbsatz so gestaltet, daß der mechanische Charakter der Wiederholung wegfiel. Im *adagio* (»Tacea la notte placida«) von Leonoras *cavatina* im 1. Teil von *Il trovatore* entstand die denkwürdige syntaktische Erweiterung über dem Vers »e versi melanconici« durch die Abkehr von der ursprünglichen, rhythmisch vorhersehbareren und gleichförmigeren Fassung, die die Gerüstpartitur enthielt. In Radamès' *romanza* (»Celeste Aida, forma divina«) war nach den ersten vier gleichartig aufsteigend strukturierten Phrasen eine fünfte vorgesehen, die musikalisch parallel zur ersten Phrase gestaltet war und erst nach der Orchestrierung gestrichen wurde. Dieser unnötigen Symmetrie entledigte sich Verdi, indem er den Text in die jetzige fünfte aufsteigende Phrase verlegte und damit die intensiv vorbereitende Wirkung der vier Kadenztakte unterstrich (Hepokoski, 1986/1987). Bei der Komposition seiner reifen Opern war sich Verdi wahrscheinlich bewußt, daß er mit der Übernahme der Akzentstruktur der vorgegebenen Verse Gefahr lief, seine Musik rhythmisch monoton erscheinen zu lassen, und daß er dem durch intensives Überarbeiten entgegenwirken mußte. Dies erklärt, warum in Verdis späteren Werken das Experimentieren mit beweglicheren und biegsameren metrischen Schemata zu einem zentralen Diskussionspunkt zwischen Komponisten und Librettisten wurde, bis er mit Boito, einem wahren Virtuosen der Metrik, den idealen Partner fand.

Die Analyse der einzelnen Nachbesserungen, die während des Kompositionsprozesses vorgenommen wurden, führt auf weitere wichtige Aspekte wie die bereits anderweitig festgestellte Neigung Verdis, für dieselbe Nummer oder einzelne Abschnitte einer Nummer mit unterschiedlichen Tonarten zu experimentieren. Für ein und dieselbe *cabaletta* in der Arie Linas im 1. Akt von *Stiffelio* bezeugen die Skizzen Versuche in B-Dur, F-Dur, Des-Dur und As-Dur, wobei die in dieser Oper nicht verwendete Skizze in F-Dur schließlich für Gildas einsätzige Arie im 1. Akt von *Rigoletto* (»Caro nome che il mio cor«) verwendet wurde (Gossett, 1993, S. 217–222). Zahlreiche andere Fälle bis hin zum Quartett im 2. Akt von *Otello*, das in H-Dur konzipiert, dann aber nach B-Dur transponiert wurde (Hepokoski, 1989, S. 143), scheinen die Hypothese zu bestätigen, daß eine genaue tonale Planung einer Oper nicht zu den vorrangigen Bemühungen Verdis zählte, daß solche Fragen zumindest nicht zu den unumgänglichen und genau kalkulierten Aufgaben gehörten, die in seinen Augen die Dramaturgie einer Oper von den ersten Schritten des Kompositionsprozesses an prägten.

Bemerkenswert ist auch, daß Verdi anscheinend gewisse Schwierigkeiten hatte, geeignete motivische Grundideen für *cabalette* zu formulieren. Zusätzlich zu dem bereits erwähnten Beispiel aus den Skizzen zu *Stiffelio* ist von Interesse, daß auch für die *cabaletta* (»No, non udrai rimproveri«) der Arie Germonts im 2. Akt von *La traviata* sechs Entwurfsfassungen notwendig waren. Eine Erklärung dafür mag darin zu suchen sein, daß diese Stücke mehr als andere der Opernkonvention geschuldet waren

und für den Kern des Handlungsverlaufs eine eher nebensächliche Bedeutung hatten, weshalb Verdi ja – wie bereits gesagt – die Komposition dieser Stücke gelegentlich erst im letzten Augenblick vornahm, nachdem er die Stimme des Ausführenden kennengelernt hatte. Deshalb entsprangen sie weder dem Prozeß der musikalischen Erfindung, den die Lektüre oder die mentale Rekonstruktion der *posizione* in Verdi auslöste, noch der Vorgehensweise eines emotionalen Sich-Einfühlens. In dieser Hinsicht dürfte er sich freilich in guter Gesellschaft befunden haben: Unter den wenigen bekannten Skizzen zu Opern Donizettis findet sich nämlich eine, die fünf alternative thematische Anregungen für eine *cabaletta* im 1. Akt von *Adelia* (1840) enthält (Parker, i. V.). So zeigt sich, daß die Spontaneität, die von den romantischen italienischen Komponisten so häufig als entscheidender Faktor für die ästhetische Qualität einer Oper beschworen wurde, nachließ, sobald die dramatische Motivation fehlte.

Nach der ›Uraufführung‹: Revisionen, Druckausgaben

Die Aufführung der Oper bedeutete, wie bereits angedeutet, nicht notwendigerweise das Ende des kreativen Prozesses. Häufig überarbeitete Verdi sein Werk während der Aufführungen und anläßlich wichtiger Wiederaufnahmen, so daß Opern wie *La traviata* oder *Falstaff* erst nach und nach ihre endgültige Form annahmen. Dies gilt natürlich noch mehr für Werke, die später radikalen Umarbeitungsprozessen unterzogen wurden, so daß völlig neue Fassungen entstanden. In den ersten Jahren seiner Karriere bis zu *Attila* gab es zudem zahlreiche Fälle »nicht endgültiger« Revisionen, das heißt von Überarbeitungen, die nicht in eine definitive, vom Komponisten gebilligte Fassung eingingen, sondern verfaßt wurden, um den Bedürfnissen der Interpreten bei Wiederaufnahmen in anderen Theatern oder anderen Spielzeiten nachzukommen (Lawton/Rosen, 1974). In diesen Fällen konnte Verdi, je nach Situation und vertraglicher Stellung des Sängers, einfache *puntature* (das heißt Anpassungen und Änderungen der ursprünglichen Vokallinie) vornehmen, ganz neue Musik für denselben Text – wie mit der neuen *preghiera* Fenenas im 2. Teil von *Nabucodonosor* für die Aufführung in Venedig im Dezember 1842 – oder ein in Text und Musik völlig neu gestaltetes Stück komponieren, das für die gleiche Figur an der gleichen Stelle des Dramas das originale ersetzte: So wurde Forestos *romanza* am Beginn 3. Aktes von *Attila* sowohl für Napoleone Moriani als auch für Nicola Ivanoff neu geschrieben, während die *cabaletta* von Jacopos *cavatina* im 2. Akt von *I due Foscari* für Giovanni Maria Mario umgeschrieben wurde. Er konnte aber auch eine ganze Nummer oder den Teil einer Nummer hinzufügen wie im 1. Teil von *Ernani* Silvas *cabaletta* »Infin che un brano vindice«, die die vorher nur einsätzige *cavatina* »Infelice! E tu credevi!« erweitert, oder eine Nummer durch eine andere austauschen, etwa im Fall der für eine Aufführung in Parma 1844 neu komponierten Arie für den Sänger Ivanoff anstelle des Duetts Ernani/Silva am Ende des 2. Teils von *Ernani*.

Wie im Fall der *cabalette*, die einzelnen Sängern im letzten Augenblick passend ›auf die Stimmbänder‹ komponiert wurden, zeugen solche Eingriffe von der zweigleisigen Vorgehensweise Verdis in dieser Phase des Übergangs. Einerseits zielte er auf die Durchsetzung seiner mehr oder weniger endgültig fixierten Opern im Repertoire, andererseits wußte Verdi sehr genau, daß die Karriere seiner Partituren auch vom Erfolg jeder einzelnen Neuinszenierung abhing. Da für diesen Erfolg aber die Qualität der Gesangsleistung der Interpreten von entscheidender Bedeutung war, ist es nicht überraschend, daß er sich bereit fand, diese zufriedenstellen. Nachdem er später eine Machtposition erlangt hatte, die es ihm wie keinem anderen Komponist italienischer Oper vor ihm erlaubte, seine Autorenrechte zu kontrollieren, war Verdi frei von diesen Zwängen, legte die gute Angewohnheit, den Interpreten entgegenzukommen, aber trotzdem nicht ab. So fügte er sogar noch in *Falstaff* zu einem späten Zeitpunkt Quicklys Erzählung in den 2. Akt ein, weil er der Altistin Giuseppina Pasqua zu einem Solo verhelfen wollte (Hepokoski, 1980). Es sei jedoch daran erinnert, daß man zwischen »endgültigen Revisionen« und »Gelegenheitsrevisionen« nicht immer deutlich unterscheiden kann, auch nicht in den Spätwerken. Anläßlich der Pariser Aufführungen von *Otello* und *Falstaff* nahm Verdi Eingriffe vor – zum Beispiel im Aufbau des *concertato* im Finale des 3. Aktes von *Otello* –, die nicht in die offizielle Partitur aufgenommen wurden, obwohl sie (anders als das Ballett für *Otello*) gewiß nicht durch ›örtliche‹ Gegebenheiten bedingt waren. Ihren Status, auch angesichts der Veröffentlichung in einer kritischen Ausgabe, richtig zu beurteilen, stellt ein schwieriges Problem dar. Selbst die späten Hauptwerke Verdis bewahren einen ›offenen‹ Charakter, der nur schwer in einem definitiven Text festzuhalten ist, und dies ist typisch für das italienische Musiktheater des 19. Jahrhunderts allgemein.

Der besondere Status dieser Opern, die einerseits den Zustand eines fixierten und endgültigen Kunstwerks anstreben und andererseits durch den kollektiven, durch die Aufführung bedingten Charakter jeder einzelnen Inszenierung geprägt sind, spiegelt sich auch in der Art ihrer editorischen Überlieferung wider. Im Italien des 19. Jahrhunderts stellte die Veröffentlichung der Klavierauszüge die einzige Form der gedruckten Verbreitung des Opernrepertoires dar. Die Orchesterpartitur hingegen diente allein der professionellen Nutzung; für die Ausleihe reichten wenige Exemplare, so daß es sich nicht lohnte, sie zu stechen. Die Zuverlässigkeit der Klavierauszüge des 19. Jahrhunderts und häufig auch jener, die im 20. Jahrhundert nach zumeist praktisch orientierter Revision wieder aufgelegt wurden, war durch die Art und die Zielsetzung der ersten Veröffentlichung bestimmt. Klavierauszüge mußten von der ›Werbewirkung‹ profitieren, die sich aus dem ersten Aufführungszyklus ergab, und der Verleger setzte alles daran, zumindest einige ›Nummern‹ schon an den ersten Aufführungstagen im Klavierauszug zum Verkauf anbieten zu können. Der Zeitraum zur Herstellung war sehr eng bemessen, da der Klavierauszug für Gesang und Klavier nur aus der orchestrierten Partitur ›ausgezogen‹ werden konnte, und es wurde ja bereits darauf hingewiesen, daß Verdi diese Partitur erst während der Proben in den letzten Wochen vor der Aufführung endgültig fertigstellte. Wenn der Komponist im Verlauf der Proben oder während des Aufführungszyklus eine Überarbeitung vornahm, wurde diese häufig nicht mehr in den Klavierauszug aufgenommen, da dieser aus der kaum beendeten Partitur transkribiert und bereits gestochen worden war. So mußte Verdi beispielsweise im Fall von *Rigoletto* möglicherweise während der Proben oder gar erst während der ersten Aufführungen, in Gildas *cavatina* im 1. Akt an zwei Stellen die Melodielinie ändern. Der von Ricordi verlegte Klavierauszug war jedoch bereits gestochen worden, so daß die gesamte gedruckte Überlieferung dieser Stelle nicht die Fassung letzter Hand wiedergibt.

Normalerweise wurden verschiedene Auszüge für Gesang und Klavier im Querformat als Einzelstücke mit jeweils eigener Druckplattennummer und eigenem Titel veröffentlicht, und nicht alle gleichzeitig auf einmal (Hopkinson, 1973). Ricordi zog es vor, zunächst die Arien zu veröffentlichen, da sie sich besser absetzen ließen, und dann erst Ensembles, Chöre und Ouvertüren. Nachdem schließlich alle Nummern veröffentlicht waren, wurden sie mit neuem Titelblatt und Inhaltsverzeichnis nochmals veröffentlicht, wobei die doppelte Paginierung – fortlaufend für die Oper, aber auch einzeln für jede Nummer – die Doppelstrategie des Verlegers erkennen läßt. Dabei oblag es dem Kunden, ob er den vollständigen Klavierauszug binden lassen wollte oder nicht. Wenn der Komponist später Änderungen vornahm und eine neue Fassung des betreffenden Stückes gedruckt wurde, behielt es die gleiche Plattennummer wie in der vorhergehenden Fassung. Und da die einzelnen Faszikel einer Oper lange Zeit beim Verlagshaus auf Lager liegen konnten, konnten so auch nachträglich einzelne Nummern ausgetauscht werden, so daß ein Klavierauszug, der uns ›vollständig‹ überliefert ist, in Wirklichkeit mehrere Phasen der Entstehung des Notentextes widerspiegeln kann. Da sich Verdi, soweit wir wissen, niemals mit der Korrektur von Probeabzügen befaßte, sollten Klavierauszüge des 19. Jahrhunderts zur Untersuchung seiner Opern nur mit kritischer Distanz verwendet werden.

Eine weitere Schwierigkeit besteht außerdem in der aus kommerzieller Sicht verständlichen Tendenz, die Oper so weit wie möglich aufzusplittern und nicht nur einzelne Nummern separat zu veröffentlichen, sondern sogar einzelne Teile dieser Nummern. Da die Neudrucke des späten 19. und des 20. Jahrhunderts häufig die Bezeichnungen der ursprünglichen Klavierauszüge übernommen haben, kann ein Leser, der die formale Anlage einer Verdi-Oper anhand eines traditionellen Klavierauszugs untersucht, in die Irre geleitet werden. Bis heute unterteilt beispielsweise der gängige Klavierauszug von *Un ballo in maschera* das, was in Verdis Partitur eine einzige Nummer darstellt und das gesamte zweite Bild umfaßt, in *invocazione, scena, scena, scena e terzetto, scena e canzone, scena e quintetto, scena ed inno – finale primo*. Ganz offensichtlich können die letzten drei Teilstücke auf makroskopischer Ebene als die konstitutiven Bestandteile eines höchst konventionellen Finale nach den Regeln der »solite convenienze« interpretiert werden; auf eine einleitende Bühnenmusik folgen *tempo d'attacco, pezzo concertato, tempo di mezzo* und *stretta*. Diese unglückselige Aufstückelung der Herausgeber (Garlato, 1998, S. 39–191) wirkte sich lange Zeit derart erschwerend auf analytische Untersuchungen aus, daß für die italienische Oper des 19. Jahrhunderts typische formale und dramaturgische Funktionen nicht lückenlos erfaßt werden konnten. Erst seit den 1860er Jahren gab Ricordi die Klavierauszüge mit einer einzigen Plattennummer als geschlossene Bände heraus. Von den 1880er Jahren an begann man darüber hinaus damit, alle Klavierauszüge von Verdis Werken im Kontext einer Gesamtausgabe neu aufzulegen, die mehrere Male unter verschiedenen Titeln wiederaufgenommen und neu gedruckt wurde. Abgesehen von einem voreiligen Druck der Partitur von *La traviata* war *Otello* die erste Oper, für deren Aufführung Ricordi eine gedruckte Partitur anstelle eines Manuskripts veröffentlichte (»stampata in lugo di manoscritto«), die also zur Ausleihe bestimmt war. Diese Entscheidung bestätigt die neuen internationalen Ausmaße des Musikmarktes und den kommerziellen Charakter des Aufführungssystems. Wir wissen, daß Verdi im Unterschied zu den Klavierauszügen seiner früheren Werke die Produktion der gedruckten Partituren seiner letzten Opern sehr aufmerksam verfolgte. Die neue ›industrielle‹ Vorgehensweise tritt im Fall von *Falstaff* besonders deutlich hervor (Hepokoski, 1992). Nachdem die Komposition abgeschlossen war, schickte Verdi die Partitur nach Mailand. Aus ihr wurden die Probeabzüge für den Klavierauszug erstellt, mit denen die Sänger ihre Rollen einstudierten. Bei der Korrektur dieser Abzüge nahm Verdi Änderungen vor, die er an Ricordi schickte. Diese Korrekturen wurden wahrscheinlich auf einer nach dem Autograph angefertigten Abschrift festgehalten, die in der Zwischenzeit von Girolamo de Angelis und Giuseppe Magrini, dem Konzertmeister und dem ersten Violoncellisten des Orchesters der Scala mit Verdis Einverständnis auch einer ›technischen‹ Revision unterzogen wurde. Mit Sicherheit diente diese Abschrift anschließend als Stichvorlage für die Platten der gedruckten Partitur. Da nur ein minimaler Teil der ausgeführten Eingriffe in das Autograph übernommen wurde, ist für diese Oper eher die erste gedruckte Partitur und nicht das Autograph als ›Fassung letzter Hand‹ zu betrachten.

Erst 1913 begann das Verlagshaus Ricordi jedoch damit, die Opern Verdis in Studienpartituren kleineren Formats zu veröffentlichen, die bis in unsere Zeit von der gleichen Firma neu aufgelegt und in verschiedenen Formaten von anderen Verlagen reproduziert wurden. Diese Studienpartituren sind nicht ganz zuverlässig (auch nicht jene der letzten Opern, die gegenüber den maßgeblichen Leihpartituren umgestaltet und revidiert wurden) und außerdem nicht als vollständige Reihe erschienen: Sie umfassen nur neun Titel und die *Messa da Requiem*. Die seit langem erwartete kritische Gesamtausgabe der Werke Verdis ist unter der Leitung von Philip Gossett in den 1980er Jahren in Angriff genommen worden und erscheint in Zusammenarbeit des Verlagshauses Ricordi mit The University of Chicago Press unter dem Titel *The Works of Giuseppe Verdi* (allgemein als *WGV* abgekürzt). Von 1983 bis zum Sommer 2000 sind in ihrem Rahmen zehn Bände erschienen. Sie hat nicht nur zum Ziel, die Lesart, die aus den Autographen Verdis hervorgeht, sorgfältig wiederherzustellen (wenngleich in einer ›offenen‹ Gattung wie der Oper nicht ohne weiteres ein Textstatus auszumachen ist, der eindeutig dem Willen des Komponisten entspricht), sondern will auch alle Fassungen und Varianten zugänglich machen. Zudem bildet diese Gesamtausgabe ein unerläßliches Hilfsmittel für die Untersuchung des Kompositionsprozesses bei Verdi, da sie in den kritischen Berichten auch die früheren Kompositionsphasen beschreibt, die in den autographen Partituren noch erkennbar sind.

(Aus dem Italienischen
von Caroline Schneider-Kliemt)

Die optische Dimension: Szenentypen, Bühnenräume, Kostüme, Dekorationen, Bewegung, Tanz

von Arne Langer

Verflucht sei das Theater! (Brief Verdis an Giulio Ricordi vom 6. September 1873)

Als »uomo di teatro«, als Mann des Theaters litt Verdi unter den alltäglichen Unzulänglichkeiten des Bühnenbetriebs. Wie kein Komponist vor ihm suchte er, den ›Produktionsapparat‹ Theater ganz unter seine Kontrolle zu bringen. Sein Augenmerk galt dabei der Aufführung als Ganzem, deren unterschiedliche Elemente – wenn auch nicht unbedingt gleich gewichtet – nur unter eigener Gesamtleitung eine befriedigende Wirkung entfalten konnten. Neben dem musikalischen Bereich sind es also auch die visuellen Ausdrucksmittel der Bühne, denen in Verdis Werk eine besonders sorgfältige Betrachtung gebührt.

Szenisches Komponieren

Schon mit der Wahl eines Stoffes wirken optische Vorstellungen auf die Entstehung einer neuen Opernpartitur ein. Wenn dabei auch der eigentliche Inszenierungsprozeß vom Komponisten und Librettisten noch nicht in den Blick genommen wird, entsteht doch mit dem Libretto bereits ein Inszenierungsgerüst, das Zahl, Charakter und räumliche Dimension der Schauplätze ebenso festlegt wie die Abfolge von Personenkonstellationen. Zwar war es Brauch, daß der Librettist Szenenanweisungen im Libretto formulierte, doch kann im Falle Verdis davon ausgegangen werden, daß der Komponist daran nicht erst in seinen späten Werken aktiv mitwirkte. Durch Verdis intensive Einflußnahme auf die Entstehung der Libretti war es ihm also möglich, auch die szenische Gestalt der Oper bereits in dieser Phase zu beeinflussen. In die Forderung nach exakter Beachtung aller Angaben eines Librettos bezog er die Regieanweisungen ausdrücklich ein:

Wenn man *Stiffelio* wirklich aufführen will, müßte man als erstes die Zensurbehörde davon überzeugen, daß sie [...] das originale Libretto mit allen Worten und der jeweiligen Inszenierung unverändert lassen; man müßte [die Oper] ohne irgendeine Änderung oder Verstümmelung und mit dem größtmöglichen Einsatz aller Beteiligten aufführen. Man muß genau darauf achten, daß in der letzten Szene der Effekt ganz davon abhängt, in welcher Weise die Menge auf der Bühne verteilt ist, und nicht nur wie üblich eine Bühnenprobe machen, sondern zehn, sogar zwanzig, wenn es nötig ist. (Brief Verdis an Giovanni Ricordi vom 5. Januar 1851; Copialettere, 1913, S. 112)

Ist der Rahmen der äußeren Inszenierung durch das Libretto vorgegeben, obliegt es der Musik, Zeitverläufe und -relationen festzulegen und vor allem, den Bühnenfiguren Charakter zu verleihen. Für Verdi war es noch selbstverständlich, die musikalische und szenische Einstudierung seiner Uraufführungen selbst zu überwachen. Die Realisierung seiner in der Musik manifesten szenischen Vorstellungen war damit grundsätzlich gesichert.

Dem heutigen Interpreten stellt sich jedoch das Problem der Überlieferung. Die szenischen Angaben eines Libretto-Erstdrucks sind in der Regel so sparsam, daß außer einem Grundarrangement von Situationen, Auftritten und Abgängen nur wenig zur Rollendarstellung mitgeteilt ist. Zwar lassen sich Regieanweisungen oft zu rhythmisch-melodischen Figuren oder Akzenten in der Musik in Beziehung setzen (Surian, 1987), doch ist für die Probenarbeit ein gewisses Maß an Spekulation nicht vermeidbar. Verdi nährt die oft strapazierte These von der ›Partitur als Regiebuch‹, wenn er den Ausführenden des Duettes Aida/Amonasro im 3. Akt von *Aida* vorschreibt: »Deshalb darf keine musikalische Einzelheit, kein mimisches Detail auch nur im geringsten vernachlässigt werden; die Musik selbst wird die beste Lehrerin der Schauspieler sein, so daß es hier genügen wird, sich auf einfache Angaben zu den Abständen, Schritten usw. zu beschränken.« (*Disposizione scenica*, 1873, S. 46) Es ist also offensichtlich, daß es in Verdis Partituren musikalische Vorgänge gibt, die unzweifelhaft in szenische zu übersetzen sind. Dies betrifft einzelne Gesten, Schritte, Äußerungen der Freude, des Entsetzens, aber auch bühnen- oder lichttechnische Vorgänge, wie etwa Naturerscheinungen (zum Beispiel das Gewitter in *Rigoletto* oder der Sturm in *Otello*).

Zu den avanciertesten damals verfügbaren Stilmitteln gehörte auch die musikalische Erweiterung des Bühnenraums, etwa durch den Einsatz von Musik auf oder hinter der Bühne. Bühnenmusik in Gestalt der *banda* wurde oft von Laienmusikern der örtlichen Kapelle oder einer Militärkapelle realisiert, wobei die Instrumentation den jeweiligen Möglichkeiten angepaßt wurde. Die *banda* konnte als bewegliches Ensemble in die Bühnenhandlung integriert und etwa als Tanzmusik oder als Teil militärischer oder religiöser Zeremonien eingesetzt werden. Durch die Abfolge Musik hinter der Szene – Auftritt – Gang über die Bühne – Abgang – Musik hinter der Szene konnte die szenische Situation in einen größeren räumlichen Kontext eingebunden und als Ausschnitt einer über den Bühnenraum hinausgreifenden Realität sinnfällig gemacht werden. Solche räumlich wirkende Musik, zu der neben der *banda* auch Orgelklang oder Chorgesang hinter der Szene gezählt werden muß, konnte im Rahmen der Handlungslogik als ›reale Musik‹ eingesetzt werden oder aber auf einer höheren Abstraktionsstufe zusätzliche Sinnzusammenhänge stiften (Girardi, 1990).

Inszenierungs- und Ausstattungspraxis der Zeit

Das System der Opernproduktion, in das Verdi hineinwuchs, wies dem Komponisten einen relativ eng begrenzten Aufgabenbereich zu. Er hatte zu einem vorgegebenen Libretto und einer vorgegebenen Sängerbesetzung eine passende Musik zu komponieren, diese am Uraufführungsort einzustudieren und die ersten drei Vorstellungen musikalisch zu leiten. Von der Erfüllung dieser Pflichten hing die Zahlung des Honorars durch den *impresario* ab. Der Librettist dagegen entwarf mit seinem Text Schauplätze und szenische Abläufe. An ihm war es, beim *impresario* seine Vorstellungen von der Bühnendekoration und den Kostümen durchzusetzen und im finanziell vorgegebenen Rahmen zu realisieren. An den italienischen Opernhäusern gab es mit der Position des *poeta del teatro* eine Instanz, die unabhängig vom jeweiligen *impresario* den künstlerischen Betrieb überwachte und zugleich Libretti verfaßte. Verdis Librettisten waren oft die ›offiziellen‹ Textdichter des Uraufführungstheaters.

Der *poeta e concertatore* (»Librettist und Studienleiter«) am Teatro San Carlo in Neapel, Salvadore Cammarano, notierte in seinem als Regiebuch dienendem »zibaldone« (»Sammelsurium«) im Vorfeld der Uraufführung von Verdis *Luisa Miller* (1849) die für ihn wichtigen Details der Inszenierung. Er listete die Dekorationen auf, trug Rollen, Sängernamen und Kostüme ebenso ein wie Notizen zur Kleidung des Chors und der Statisten sowie zu Requisiten. War demnach der Librettist für die szenische Einstudierung verantwortlich, schloß das dennoch die tätige Mitwirkung des Komponisten nicht aus. Zwar haben wir nur sehr wenige Zeugnisse von der Durchführung solcher szenischen Proben. Wir wissen daher kaum etwas über den Umfang der Stell- und Endproben und über Verdis Anteil daran. Man kann jedoch davon ausgehen, daß die Dekorationen und Kostüme erst zur Generalprobe zwei Tage vor der Premiere zur Verfügung standen und damit grundsätzliche Änderungen nicht mehr möglich waren.

In Paris lagen die Verhältnisse anders. Dort maß man der visuellen Komponente der Opernaufführung traditionell besonderes Gewicht bei. Die Aufgaben des Librettisten und des szenischen Leiters (*directeur de la scène*) waren hier deutlich voneinander abgegrenzt. Ein Opernkomponist des frühen 19. Jahrhunderts komponierte somit zunächst einmal in eine in der Phantasie des Librettisten bereits angelegte ›Inszenierung‹ hinein. Sein szenischer Gestaltungsspielraum bezog sich daher hauptsächlich auf die musikalische Charakterisierung der Figuren und die Gestaltung der dramatischen Zeit.

Mit dem steigenden ›Marktwert‹ einzelner Komponisten, wie ihn etwa Meyerbeer und Verdi durchgesetzt hatten, verschoben sich gegen Mitte des 19. Jahrhunderts die Einflußbereiche grundsätzlich. Ein erfolgreicher Komponist konnte zwischen mehreren Aufträgen führender Bühnen auswählen und stellte nun Bedingungen. Er wählte selbst den Librettisten und das Sujet aus. Nicht mehr der Librettist, sondern der Komponist entwarf das Szenarium, die Bilder- und Szenenfolge des Werks und legte die einzelnen Figurenkonstellationen fest. In dem Moment, in dem der Komponist selbst die Grundzüge der visuellen Elemente des Werks gestaltete, wuchs auch sein Interesse an der Bühnenrealisierung. Dieses Interesse erstreckte sich bald nicht nur auf die Uraufführungsinszenierung, sondern auch auf die weitere Verbreitung der Oper.

Von Bedeutung ist zudem, daß Verdi erst in seinen späten Werken unabhängig von einer vorgegebenen Rollenbesetzung komponierte. Die Figuren entstanden somit als Idealbilder, für deren Bühnenrealisierung dann die geeigneten Darsteller gesucht wurden. In den früheren Werken jedoch standen mit der *compagnia di canto* des auftraggebenden Theaters bestimmte Sängerpersönlichkeiten am Anfang aller konzeptionellen Überlegungen. Nicht zuletzt deshalb wurden Meinungsverschiedenheiten mit dem *impresario* in Besetzungsfragen von Verdi schon zu Beginn seiner Karriere mit außerordentlicher Konsequenz durchgefochten. Dabei löste gegen Ende der 1840er Jahre Verdis Verleger Ricordi den Librettisten als Vermittler zwischen Komponist und Bühne ab. Der Librettist wurde fortan meist nach Fertigstellung des Librettos ausbezahlt und war nicht mehr allein für den szenischen Probenprozeß verantwortlich.

Bühnenausstattung im 19. Jahrhundert

In der Bühnenpraxis ging man bis weit ins 19. Jahrhundert von Typendekoration und Funduskostümen aus. Überall dort, wo ein regelmäßiger Theaterbetrieb stattfand, verfügte man über eine Auswahl von Dekorationen für bestimmte, häufig wiederkehrende Szenentypen und über Kostüme im Stil bestimmter Zeiten und Epochen. Der Fundus an Typendekorationen gehörte meist zur Erstausstattung eines Theaterneubaus, der dann im Laufe der Zeit aktuellen Erfordernissen entsprechend ergänzt wurde.

Diese Praxis war nur möglich innerhalb des Systems der Kulissentechnik, das bis zum Ende des 19. Jahrhunderts im Prinzip jeder Bühnengestaltung zugrunde lag. Das Bühnenbild bestand aus einer Folge jeweils rechts und links der Bühne hintereinander aufgestellter bemalter Leinwände auf beweglichen Holzgestellen, den Kulissen, die vor einem großflächigen Rückprospekt standen. Nach oben wurde das Bild durch hängende Leinwandstreifen, die Soffitten, begrenzt. Alle drei Bildelemente konnten durch einen komplizierten Mechanismus in Sekundenschnelle vollständig ausgetauscht werden, so daß ein Bild wie in einer Überblendung durch ein anderes ersetzt wurde. Eine Typendekoration bestand daher aus allen erforderlichen Teilen für einen bestimmten Szenentyp wie zum Beispiel Straße, Saal, Zimmer, Gefängnis, Höhle, Hafen, Wald, Tempel. Auf den vorhandenen Fundus aufbauend wurden nun – je nach finanziellen und personellen Möglichkeiten – zusätzliche Ausstattungsteile angefertigt, bis hin zur kompletten Neuausstattung.

Zwar kann man davon ausgehen, daß an der Pariser Oper und den führenden italienischen Häusern, dem Teatro alla Scala in Mailand, dem Teatro La Fenice in Venedig und dem Teatro San Carlo in Neapel, das Publikum nach jeweils neuen Dekorationen verlangte. Daraus zu folgern, daß dort grundsätzlich neue Ausstattungen angefertigt wurden, wäre jedoch voreilig. Das Beispiel Verdis zeigt, daß viel von dem Stellenwert abhing, den eine Neuproduktion innerhalb einer *stagione* hatte.

Für keine der ersten vier Opern Verdis sind Belege einer Neuanfertigung überliefert. Von *Nabucodonosor* ist bekannt, daß Cavallottis Dekorationen für das gleichnamige Ballett Verwendung fanden, das knapp vier Jahre zuvor, am 27. Oktober 1838, in der Choreographie Antonio Cortesis uraufgeführt worden war. Erst für die Wiederaufnahme 1844, als Verdi bereits beträchtlich an Ansehen gewonnen hatte, ist von einer Neuausstattung die Rede. Die Herstellung lag in der Verantwortung des *impresario*. Üblich war es, die Dekorationen spätestens drei Tage vor der Premiere fertigzustellen, damit sie bei den Endproben zur Verfügung standen. Verantwortlich für die Pflege des Dekorationsfundus und die Neuanfertigung war ein festangestellter *direttore della scenografia*. Für die Herstellung wurden meist mehrere spezialisierte Theatermaler hinzugezogen. Am Teatro San Carlo in Neapel unterschied man bei der Erstaufführung von *Oberto* 1843 zwischen Architektur- und Landschaftsmalerei. Bei der Uraufführung von *Alzira* 1845 sind gar vier Architektur- (»dipintori scene architettura«) und ein Landschaftsmaler (»dipintore scene paesaggio«) genannt (Mancini, 1987, Band III, S. 126). Auch an der Opéra in Paris hatte es Verdi nie mit einem einzigen Ausstatter zu tun, vielmehr gab es unterschiedliche Künstler, die allein oder zu zweit an einer Dekoration arbeiteten, insgesamt bis zu sieben Bühnenmaler.

Von Verdis fünfter Oper *Ernani*, der ersten für Venedig, wissen wir, daß zwar neue Dekorationen vorgesehen waren, diese aber zur Uraufführung nicht pünktlich fertiggestellt werden konnten, so daß auf den Fundus zurückgegriffen werden mußte, wogegen Verdi erfolglos protestierte. Offenbar wurden aber für die venezianischen Erstaufführungen der anderswo uraufgeführten Opern Verdis von Beginn an neue Dekorationen angefertigt. Die Entwürfe Giuseppe Bertojas, ab 1846 Ausstattungsleiter des Teatro La Fenice, wurden Vorbilder auch für andere italienische Bühnen (Viale Ferrero, 1987, S. 197f.).

Allerdings entstanden durch Neuzusammenstellung beziehungsweise partielle Übermalung vorhandener Einzelteile oft nur vermeintlich neue Dekorationen. Am 26. Dezember 1844 konnte man am Teatro Regio in Turin die Erstaufführung von *Ernani* erleben. Ein Dekorationsinventar von 1845 nennt Teile, die wahrscheinlich für *Ernani* angefertigt oder umgearbeitet wurden und nun für andere Werke zur Verfügung standen, etwa die Berglandschaft (»montagna«), der Waffensaal (»sala d'armi«) oder die Gruft (»sotterraneo«). Die einzelnen Teile sind in Qualitätskategorien – »1ª Categoria« bis »4ª Categoria« – eingeteilt, die auf den jeweiligen Verschleißgrad hinweisen (Viale Ferrero, 1980, S. 394). Eine Einflußnahme des Komponisten war so zunächst ausgeschlossen, erst später verlangte Verdi schon bei den Vertragsverhandlungen die Realisierung seiner Vorgaben zur Dekoration, die dem Theater durch den Verlag Ricordi übermittelt wurden.

Eine Betrachtung der stilistischen Entwicklung in der Bühnenausstattung des 19. Jahrhunderts wird dadurch erschwert, daß es nicht immer leicht fällt, zwischen Anforderungen durch neue Schauplätze und der zeitabhängigen Entwicklung der Malweise zu unterscheiden. Die Stoffwelt der Romantik mit ihrer Abgrenzung vom Klassizismus und ihrer Hinwendung zur Geschichte des Mittelalters bediente sich vorzugsweise englischer beziehungsweise schottischer Themen, wie sie seit Walter Scotts Roman *Ivanhoe* (1819) in ganz Europa beliebt geworden waren. Dabei ließen sich neuartige Architekturbilder mit Naturszenarien verbinden, die in ihrer Schroffheit einem antiklassischen Zeitgeist entsprachen. Anders als in den antiken Ideallandschaften konnte die Natur nun auch als Bedrohung gezeigt werden. Das Moment der Ausweglosigkeit und das der Angst vor übersinnlichen Mächten entfaltete gerade am ›Schreckensort‹, im tiefen Wald, in Höhlen oder unzugänglichen Berggegenden seine spezifische Wirkung. Im Fahrwasser der Shakespeare-Begeisterung wichen auch die bisher noch dominierenden Regeln, die im Sinne der pseudoaristotelischen Einheiten zu viele Ortswechsel und Zeitsprünge ausgeschlossen hatten. Die Zahl der Szenenwechsel bei Bühnenwerken konnte unter diesen Prämissen besonders hoch sein, wodurch die einzelne Dekoration an ästhetischem Gewicht verlor.

Mit der Hinwendung zum Mittelalter und dem häufigen Rückgriff auf Nationalhistorisches ging eine Aufwertung der gotischen Architektur einher, die – im 18. Jahrhundert noch als barbarisch abgetan – nun gerade auch auf den Bühnen als neuartiges Motiv rezipiert werden konnte. Aus der italienischen Perspektive erhielten so auch Stoffe aus dem nördlichen Europa neues Interesse, die bislang außerhalb der Wahrnehmung gelegen hatten. Bei der – zensurbedingten – Suche nach einem anderen Schauplatz für *Un ballo in maschera* ließ Verdi erkennen, daß er das mittelalterliche Europa nördlich der Alpen als zusammengehörenden exotischen Raum sah: »Wäre einmal der König in einen Herzog verwandelt, dann würde unser Anckarström ein Graf und Stockholm zu Stettin. [...] Hinsichtlich der Sitten könnten Slawentum, Tartarentum, Teutonentum usw. Bühnenwirksames hergeben.« (Brief Antonio Sommas an Verdi vom 19. November 1857; Luzio, 1935, Band I, S. 227)

Die Suche nach neuartigen Schauplätzen und Stoffen, die im weiteren Verlauf des Jahrhunderts eine bislang ungeahnte Fülle unterschiedlicher Motive hervorbrachte, wurde durch neue Bildmedien, wie illustrierte Zeitschriften und später die Photographie, befördert. Das Reisefieber und der Kolonialismus erschlossen zudem neue Wahrnehmungshorizonte, denen mit den Mitteln des idealisierten Exotismus des 18.

Jahrhunderts nicht mehr beizukommen war. Trotzdem blieb die historische und lokale Fixierung der Opernstoffe bis in die zweite Jahrhunderthälfte hinein weitgehend austauschbar. Wichtig war die geographische und historische Distanz, die die visuelle Attraktivität erhöhte, nicht die konkrete ›Verortung‹. Die musikdramatische Schilderung von Leidenschaften in unterschiedlichsten Verstrickungen ließ sich nun einmal vor einem historischen Hintergrund spektakulärer vorführen. So stieß auch die Idee Verdis, *La traviata* als Gegenwartsstoff in entsprechender Ausstattung zu spielen, lange auf völliges Unverständnis.

Mit der Einführung der Gasbeleuchtung um die Jahrhundertmitte – am Teatro La Fenice 1844, im Jahr der Uraufführung von Verdis *Ernani* – ergaben sich bislang ungeahnte Möglichkeiten einer ausgefeilten Lichtregie. Licht war nun stufenlos regelbar, an beinahe jeder Stelle der Bühne zu installieren und vor allem nicht mehr so teuer wie zu Zeiten der ölbetriebenen Argand-Lampen, die einzeln von Hand befüllt und entzündet werden mußten. Auch gibt es Indizien dafür, daß nicht erst zu Beginn des 20. Jahrhunderts die Beleuchtung des Zuschauerraumes reduziert wurde, um die Wahrnehmung der Inszenierung zu verbessern. Vielmehr nahm man die volle Beleuchtung des Saales zu festlichen Anlässen offenbar damals schon als Ausnahme wahr. Eine besondere Faszination muß so die Gestaltung von Sonnenauf- und -untergängen ausgeübt haben. In Verdi-Partituren dieser Jahre finden sich mehrere derartige Szenen, zum Beispiel im 1. Teil von *Ernani*, dessen erste Szenen »unmittelbar vor Sonnenuntergang« spielen, im Prolog zu *Alzira*, für den »Strahlen der aufgehenden Sonne« vorgeschrieben sind, im Prolog zu *Attila*, der kurz »vor Ende der Nacht« spielt, sowie im 2. Teil von *Il trovatore*, wo vom »Morgengrauen« die Rede ist. Musikalisch ist freilich nur im Prolog zu *Attila* der Sonnenaufgang in besonderer Weise exponiert.

So wie die technischen Möglichkeiten in den Dienst einer immer engeren Annäherung an eine realistische Darstellung genutzt wurden, suchten auch die Bühnen- und Kostümbildner diesem Ziel zu folgen. Gestützt auf das Studium authentischer Bildquellen bemühte man sich um immer mehr Detailgenauigkeit bei der Architekturdarstellung, aber auch bei den Möbeln, Requisiten und Kostümen. Anregungen dafür kamen vor allem aus England, wo die Werke Shakespeares in immer aufwendigeren Inszenierungen diesem Ideal huldigten. Diese höhere Detailgenauigkeit bei den Dekorationen erforderte natürlich einen höheren Aufwand, was der bereits beschriebenen Tendenz zu häufigeren Szenenwechseln entgegenwirkte: »Vergiß nicht, daß es im dritten [Akt von *La forza del destino*] zu viele Szenenwechsel gibt. Es ist eine wahre *Laterna magica*. Versuche es auf zwei, oder höchstens drei Szenen zu reduzieren.« (Brief Verdis an Francesco Maria Piave vom 20. August 1861; Abbiati, 1959, Band II, S. 651)

Hier zeigt sich, daß die tradierte Praxis der Kulissentechnik, die offene Verwandlungen innerhalb eines Aktes vorsah, die Freiheiten der szenischen Gestaltung empfindlich einschränkte. In der Regel konnten nur bis zu drei unterschiedliche Dekorationen eingerichtet werden, die sich vor den Augen des Publikums vollständig umgestalten ließen. Nur in der Aktpause fiel der Vorhang, und die Kulissenwagen konnten neu bestückt werden. Üblich war zudem, den Bildwechsel so zu gestalten, daß sich ›kurze‹ und ›lange‹ Szenen abwechselten, das heißt, daß etwa eine Zimmerdekoration den vorderen Bühnenraum einnahm, während dahinter bereits Teile der nächsten Dekoration aufgebaut werden konnten. Cammaranos Regienotizen zu *Luisa Miller* zeigen, daß dieses Schema auch in umgekehrter Reihenfolge – mit schrittweiser Verkürzung der Bühne – angewandt wurde: 1. Bild: tiefe Bühne, 2. Bild: mitteltiefe Bühne, 3. Bild: kurze Bühne – Aktpause – 4. Bild wie 3.: kurze Bühne, 5. Bild: mitteltiefe Bühne – Aktpause – letztes Bild: kurze Bühne (WGV, Band XV, 1991, S. XXIII f.). Die gedruckten Regiebücher zu *Un ballo in maschera* und zu *Don Carlos* beziehen sich auch auf diese bühnenpraktische Gepflogenheit, erst bei *Aida* sind wegen der Komplexität der Szenen offene Verwandlungen kaum mehr vorstellbar und – nach dem gedruckten Regiebuch zu schließen – auch nicht mehr vorgesehen. Mit dem Aufkommen plastischer und begehbarer Dekorationsteile wurden schließlich größere Umbauten nötig, die jeweils ein Schließen des Vorhanges erforderlich machen. Nach und nach beschränkte man sich, etwa in *Otello*, auf je eine Dekoration pro

Akt, die dann entsprechend aufwendig zu gestalten war.

Kostüme

Neben der Bühnendekoration waren auch die Kostüme ein wichtiges Ausdrucksmittel, um die dramatische Situation zu definieren. Dem Verständnis der Epoche galt die Sinnfälligkeit von Ort und Zeit der Handlung als unverzichtbare Voraussetzung für das Werkverständnis. In den Libretti sind grundsätzlich Ort und Zeit der Handlung angegeben, vom jeweiligen Theater wurde erwartet, daß die dort getroffenen Festlegungen auch im Kostüm realisiert wurden. Diesem Anspruch stand die Gewohnheit erfolgreicher Solisten entgegen, in eigenen Kostümen aufzutreten. Interessenkonflikte blieben daher nicht aus. Die Herstellung einer vollständigen und einheitlichen neuen Kostümausstattung war schon aus Kostengründen nicht in jedem Fall zu erwarten. Da Kostüme im Unterschied zu Dekorationsteilen nicht an die Größenverhältnisse einer einzelnen Bühne gebunden waren, gehörte ein vielseitiger Kostümfundus entweder zum ›Betriebskapital‹ des *impresario* oder aber des Theaters. Darüber hinaus boten spezielle Ateliers neben der Neuanfertigung auch den Verleih kompletter Kostümsätze an.

Da der Bühnenbildner sich offenbar nicht um die Belange des Kostüms zu kümmern hatte, ist für die Kostümausstattung zunächst der Librettist, der dem herstellenden Atelier genaue Angaben machte, als künstlerisch Verantwortlicher anzunehmen. Verdi griff seit *Macbeth* immer wieder in dieses Arbeitsverhältnis ein, indem er zusätzliche Recherchen anregte und Änderungen herbeiführte. Erst im späteren 19. Jahrhundert ging man dazu über, spezialisierte bildende Künstler mit dem Entwurf von Bühnenbild und Kostümen zu beauftragen, wie zum Beispiel für *Falstaff* den aus Sankt Petersburg stammenden Adolf Hohenstein, der vorher schon für Ricordi gearbeitet hatte.

Darüber, inwieweit unter solchen Bedingungen eine stilistische und farbliche Feinabstimmung zwischen Bühnenbild und Kostüm überhaupt möglich war, läßt sich nur mutmaßen. In zeitgenössischen Äußerungen steht im Hinblick auf die Kostüme das Kriterium der ›Richtigkeit‹ im Vordergrund: »In der *Opéra* ist die Inszenierung glänzend, an Richtigkeit der Kostüme und gutem Geschmack allen anderen Theatern überlegen« (Brief Verdis an Opprandino Arrivabene vom 5. Februar 1876; Alberti, 1931, S. 186).

Die Forderung nach historisch exakten Kostümen war schon gegen Ende des 18. Jahrhunderts in Paris laut geworden. Die Diskrepanz zwischen antiken Stoffen und den Bühnenkostümen, die der aktuellen Mode des Rokoko verpflichtet waren, wurde zunehmend als störend empfunden. Einzelne Schauspieler und Sänger, zuerst Antoine Cécile de Saint-Huberty und François-Joseph Talma, hatten seit den 1780er Jahren mit ihren Kostümen für Aufsehen gesorgt, die bis hin zum Schuhwerk an antiken Vorbildern orientiert waren. Das Theaterrepertoire der Romantik brachte dann mit seinen neuen Sujets neue Szenentypen hervor, wobei eine gewisse vereinfachende Typisierung auch auf die Kostüme übertragen wurde. Je weiter entfernt eine Handlung in der Vergangenheit lag, desto spekulativer erfolgte deren Abbildung auf der Bühne. Dennoch wuchs das Streben nach Genauigkeit der Kostüme auf der Grundlage fundierter historischer Informationen. Dieser Prozeß wurde begünstigt durch das wachsende Interesse an historischer Forschung und damit an historischer Ikonographie.

Bisher vernachlässigte Stoffkreise hatten dabei die größte Anziehungskraft, in Londoner Theatern etwa die Schauerromantik als schottisches Spezifikum. Ritterromane, wie Walter Scotts *Ivanhoe* von 1819, beförderten eine wahre Leidenschaft für entsprechende Szenerien und Kostüme. Eine Inszenierung von Shakespeares *King John* (1827) entstand mit dem erklärten Anspruch, erstmals Kostüme zu verwenden, die der Zeit der Handlung entsprachen. Dazu unternahm man umfassende Recherchen, untersuchte zum Beispiel Grabmäler und Siegelbilder. Was zunächst nur bei den Hauptrollen Anwendung fand, wurde später auf alle Details einer Inszenierung bis zu Requisiten und Möbeln übertragen. Aus Verdis Korrespondenz während der Vorbereitungen zur Uraufführung des *Attila* wird deutlich, daß der Komponist sich um Bildquellen für die Gestaltung der Kostüme bemühte und deshalb bei dem römischen Bildhauer Luccardi anfragte: »Ich bitte Dich um einen großen Gefallen! Ich weiß, daß im Vatikan entweder auf den Gobelins oder auf Raphaels Fresken die Begegnung zwischen Attila und Leo dem Großen dargestellt sein muß. Ich bräuchte die Figurine Attilas: Zeichne sie mir also bitte ab und erkläre mir dann mit Worten und Hinweisnummern die Farben seiner Kleidung: Besonders wichtig ist mir die Haartracht.« (Brief Verdis an Vincenzo Luccardi vom 11. Februar 1846; Copialettere, 1913, S. 441)

Dem Florentiner *impresario* Lanari berichtete er von seinen Recherchen für die Kostüme zu *Macbeth*:

Im Lauf der Woche wirst Du den ganzen dritten Akt, den Anfang des vierten und das fertige Libretto bekommen, und hoffentlich auch die Figurinen. Ich wünsche, daß die Figurinen gut ausgeführt werden; Du kannst gewiß sein, daß sie gut gemacht sein werden, denn ich habe angefragt um einige aus London zu bekommen, und ich habe mich für die Epoche und die Kostüme von erstrangigen Experten beraten lassen, und außerdem werden sie von Hayez und den anderen Kommissionsmitgliedern angefertigt werden usw. usw. (Brief Verdis an Alessandro Lanari vom 21. Januar 1847; ebd., S. 447)

Wenn auch nicht für alle Werke bezeugt, behielt der Komponist diese Grundhaltung sein ganzes Leben lang bei. Im Blick auf *Falstaff* sprach Verdi sich zwar gegen eine allzu genauer Recherche aus, betrachtete aber die aktuelle Inszenierungsweise in London – gerade wegen ihrer vermeintlichen historischen Authentizität – doch als Referenz:

Ihr sprecht mir von Bühnenbildern, von Malern, die man nach London schicken will (wozu?), von Kostümen, Maschinerie und Beleuchtung? Um Bühnenbilder für das Theater zu machen, braucht man Theatermaler. Maler, die nicht so eitel sind, vor allem ihr Können auszustellen, sondern dem Drama dienen. Und, um Gottes willen, laß uns nicht wieder so übertreiben, wie wir es für *Otello* auf der Suche nach dem allzu Perfekten gemacht haben. Allenfalls kann man sich aus London die Figurinen zu den [*Lustigen*] *Weibern* kommen lassen, wie sie in London aufgeführt werden. (Brief Verdis an Giulio Ricordi vom 13. Juni 1892; Abbiati, 1959, Band IV, S. 442)

Am Beispiel von *Otello* läßt sich allerdings zeigen, daß das Kriterium der ›Richtigkeit‹ gelegentlich auch zurückzustehen hatte:

Wenn Jago schwarz wie seine Seele gekleidet ist, kann man es nicht besser machen; aber ich verstehe nicht, warum man Otello in venezianischer Tracht kleiden will! Ich weiß genau, daß dieser General namens Otello im Dienst der Stadtrepublik kein anderer als der Venezianer Giacomo Moro war. Aber da Signor Guglielmo [Shakespeare] den riesigen Fehler begangen hat, daraus einen Schwarzen zu machen, laß das Signor Guglielmos Sache sein. Otello in türkischer Kleidung wird nicht gut gehen; aber warum könnte man ihn nicht äthiopisch, ohne den üblichen Turban kleiden? (Brief Verdis an Domenico Morelli vom 24. September 1881; ebd., S. 184)

Verdi war sich offenbar im Klaren darüber, daß das in vielerlei Hinsicht für ihn vorbildhafte Theater der Shakespeare-Zeit, in dem ›Ort und Zeit der Handlung‹ keinen sichtbaren Ausdruck erfuhren, einen schroffen Gegensatz zum historistischen Theater des späten 19. Jahrhunderts darstellte. Sich aber der Praxis und dem Geschmack seiner Zeit zu entziehen, vermochte oder wollte er dennoch nicht.

Die Ausstattungen einzelner Opern Verdis

Aus der Perspektive des bereits erfolgreichen Komponisten machte Verdi drei Tage nach der Mailänder Erstaufführung von *Attila* seinem Ärger über die Inszenierungspraxis an der Scala Luft:

Ich billige den Vertrag, den Du für meine neue Oper *Macbeth* ausgefertigt hast, [...] freilich unter der Bedingung, daß Du keine Aufführung dieses *Macbeth* am kaiserlich-königlichen Theater an der Scala erlaubst. Ich kenne zu viele Beispiele, um überzeugt davon zu sein, daß man hier Opern und insbesondere meine Opern nicht inszenieren kann oder will. Ich kann nicht vergessen, wie scheußlich *I Lombardi*, *Ernani*, *Due Foscari*.... inszeniert worden sind usw... Ein weiteres Beispiel habe ich mit *Attila* vor Augen!... Frage Dich selbst, ob diese Oper trotz eines guten Ensembles noch schlechter inszeniert werden kann?... (Brief Verdis an Giovanni Ricordi vom 29. Dezember 1846; Copialettere, 1913, S. 34 f.)

Die Erinnerungen des Komponisten an die Uraufführung von *Nabucodonosor* (1842) klingen – wohl auch aus der größeren zeitlichen Distanz – freilich versöhnlicher: »Die mehr schlecht als recht zusammengestoppelten Kostüme waren eine wahre Pracht!... Alte Bühnenbilder, vom Maler Perroni wieder gebrauchsfähig gemacht, waren unglaublich wirkungsvoll.« (Pougin, 1881, S. 46)

Über die Inszenierungen der frühen Opern liegen nur wenige gesicherte Informationen vor. Vereinzelt erhaltene Dekorationszeichnungen sind nicht immer eindeutig einer Aufführung zuzuordnen; oft handelt es sich um Entwürfe, deren Realisierung möglicherweise ganz anders ausfiel. Zu den frühesten überlieferten Bildquellen gehören Materialien von der Uraufführung von *Ernani* am Teatro La Fenice in Venedig. Dort wirkte in dieser Zeit Giuseppe Bertoja als festangestellter Bühnenbildner, der zu den wichtigsten Ausstattern der Opern Verdis avancierte (Viale Ferrero, 1988, S. 100–102). Seine Entwürfe zu *Ernani* entstanden wohl im Vorfeld der Uraufführung 1844, wurden allerdings nicht rechtzeitig fertiggestellt, so daß die Premiere in einer Mischung von neuen und Fundusdekorationen über die Bühne gehen mußte.

Bertoja entwarf auch die Dekorationen zur Erstaufführung von *I Lombardi alla prima crociata* am Teatro Regio in Turin am 26. Dezember 1843. Die vierte Szene des 3. und die fünfte Szene des 4. Aktes spielen im Zelt des Arvino. Bertojas Entwurf weicht kaum von Stereotypen des 18. Jahrhunderts ab, doch fallen die auf die Zeltwand gemalten Wappenschilde auf. Neben anderen ist das Wappen des Hauses Savoyen deutlich zu erkennen. Die beiden einzigen großen Fahnen zeigen ebenfalls die piemontesischen Nationalfarben (Abbildung 24a).

Die patriotische Vereinnahmung des Sujets wird im letzten *tableau* noch einmal gesteigert. Das besiegte Jerusalem erscheint in Bertojas Zeichnung ganz von den savoyardischen Farben dominiert. Das rote lombardische Kreuz auf weißem Grund – immerhin ist im Operntitel von *I Lombardi* die Rede – sucht man in der Turiner Inszenierung hingegen vergeblich (Abbildung 24b).

Auch für die nächste Oper, die das Teatro La Fenice in Venedig nach *Ernani* bei Verdi in Auftrag gegeben hatte, für *Attila*, sind Entwürfe Bertojas erhalten, die zum Teil den Vermerk »visto dal maestro Verdi« (»von Maestro Verdi geprüft«) tragen und somit vom Komponisten autorisiert erscheinen (Muraro, 1969, S. 331). Das in Abbildung 28 (siehe unten, S. 268) reproduzierte Bühnenbild wurde als modellhaft angesehen und als Ansicht und Grundriß publiziert.

In Verdis Korrespondenz finden sich während der Vorbereitung von *Macbeth* in Florenz erstmals Anzeichen für ein aktives Interesse des Komponisten an der Inszenierung. Dem *impresario* schreibt er, noch bevor ein fertiges Libretto vorliegt: »Achte auch auf die Maschinerie. Kurzum, die Dinge, die man in dieser Oper besonders beachten muß, sind *Chor und Maschinerie*. [...] Beachte auch, daß ich Tänzerinnen brauche, um am Ende des dritten Aktes ein kleines graziöses Ballett aufzuführen. [...] Wenn Du übrigens möchtest, daß ich Dir Bühnenbildskizzen und die Figurinen für die Kostüme anfertigen lasse, dann werde ich sie anfertigen lassen.« (Brief Verdis an Alessandro Lanari vom 15. Oktober 1846; Abbiati, 1959, Band I, S. 650 f.) Und vier Monate später präzisiert er: »Ich muß Dir auch noch mitteilen, daß mir Sanquirico, als ich mit ihm vor einigen Tagen über den *Macbeth* gesprochen und ihm meinen Wunsch geäußert habe, den dritten Akt mit den Erscheinungen gut auszustatten, so mancherlei vorschlug, doch das schönste ist ohne Zweifel die *Phantasmagorie*. Er versicherte mir, sie würde unbeschreiblich schön und überaus effektvoll werden, und er hat sich erboten, selbst mit dem Beleuchter Duroni zu sprechen, damit er ihm die Maschinerie vorbereitet.« (Brief Verdis an Alessandro Lanari vom 21. Januar 1847; Copialettere, 1913, S. 447)

Vor allem die bühnen- und beleuchtungstechnische Lösung der Geistererscheinung beschäftigte Verdi offenbar weiterhin. Von seinem London-Aufenthalt 1847 brachte er neue Ideen mit, die er Cammarano für die *Macbeth*-Einstudierung in Neapel empfahl: »Im dritten Akt muß man die Erscheinungen der Könige (ich habe das in London gesehen) hinter einem Sichtfenster machen, mit einem nicht zu dichten, *aschenfarbigen* Schleier davor. Die *Könige* sollen keine Puppen sein, sondern acht Menschen aus Fleisch und Blut: Das Podium, auf dem sie vorbeizuziehen haben, muß wie ein kleiner Hügel sein, und man muß sie deutlich hinauf- und herabsteigen sehen. Die Bühne muß vollkommen dunkel sein, besonders, wenn der Kessel verschwindet, und hell nur dort, wo die *Könige* vorbeiziehen.« (Brief Verdis an Salvadore Cammarano, 23. November 1848; ebd., S. 62)

Anläßlich der Einstudierung von *Jérusalem* an der Pariser Opéra lernte Verdi 1847 die Arbeitsweise des in Europa führenden Opernhauses kennen, das vor allem auf dem Gebiet der Inszenierung entscheidende Maßstäbe setzte. Außerordentlich komplizierte Dekorationen, Verwandlungen und eine ausgefeilte

Abbildungen 24a und 24b

Zwei Bühnenbilder aus der Turiner Inszenierung von *I Lombardi alla prima crociata* aus dem Jahre 1843.

Licht- und Personenregie trugen wesentlich zu den Sensationserfolgen der Opéra seit den 1820er Jahren bei. Die Begegnungen mit diesem Theater bestärkten Verdi darin, der Inszenierung größeres Gewicht beizumessen und die Kontrolle über alle Aspekte der Aufführung anzustreben. Doch zunächst war er ständig zu Kompromissen gezwungen, um die Aufführungen seiner neuen Werke nicht ganz zu gefährden: »Als ich den *Trovatore* auf die Bühne brachte [...], konnte ich nur zwei gute Sänger bekommen, höchst kümmerliche Chöre, ein schlechtes Orchester, die erbärmlichsten Dekorationen und Kostüme. Als ich mit dem *Ballo in Maschera* kam [...], hatte ich nur für die männlichen Sänger gute Kräfte, den Rest wie beim *Trovatore*.« (Brief Verdis an Vincenzo Torelli vom 13. September 1872; Abbiati, 1959, Band III, S. 605 f.)

Bei der Entstehung von *La traviata* ergab sich bald das Problem, daß es nicht möglich sein würde, die Oper in der ursprünglich vorgesehenen Form auf die Bühne zu bringen. Analog der Vorlage von Alexandre Dumas dem Jüngeren siedelten der Librettist Francesco Maria Piave und Verdi die Handlung nahe der Gegenwart an: »Ein Gegenstand unserer Zeit. Jemand anderes hätte es vielleicht nicht gemacht, wegen der Kostüme, wegen der Zeit und wegen tausend anderer alberner Skrupel ... Ich mache es jedoch mit dem größten Vergnügen.« (Brief Verdis an Cesare De Sanctis vom 1. Januar 1853; Luzio, 1935, Band I, S. 16 f.) Für den venezianischen Zensor dagegen war die Thematik von *La traviata* als Gegenwartsstoff nicht vertretbar. Verdi kämpfte zwar um sein Vorhaben: »Maestro Verdi wünscht, verlangt und bittet, daß die Kostüme für seine Oper *La traviata* so bleiben, wie sie sind, aus der heutigen Zeit und nicht aus einer entfernten Epoche, wie es der Librettist Piave mit der Zeit Richelieus unterstellt.« (Brief des *impresario* Giovanni Battista Lasina an das Direktorium des Teatro La Fenice vom 11. Januar 1853; Conati, 1983, S. 306) Schließlich mußte er aber doch nachgeben: »Was schließlich die Kostüme angeht, erklärt sich Verdi mit größtem Mißvergnügen damit einverstanden, den Zeitpunkt der Handlung in die Vergangenheit zu verlegen. Perücken läßt er jedoch keinesfalls zu, weswegen Herr De Antoni angewiesen werden muß, Kostüme aus der Zeit unmittelbar vor Einführung der Perücken zu verwenden.« (Brief Francesco Maria Piaves an Carlo Marzari, Präsident des Teatro La Fenice, vom 5. Februar 1853; ebd., S. 316 f.) Der Theaterzettel nennt Giuseppe Bertoja als Urheber der Bühnenbilder, die Kostüme dagegen stammten aus dem Eigentum der *impresa*. Die einmal verbreitete Visualisierung ist lange nicht in Frage gestellt worden: Bis ins 20. Jahrhundert hinein wurden weitere Aufführungen im Stil Louis XIII oder Louis XIV ausgestattet.

Verdis erste neu für Paris komponierte Oper, *Les Vêpres Siciliennes*, zeugt von der Orientierung des Komponisten an den Inszenierungen der Ära Meyerbeer: »Ich wünsche, ich brauche einen großartigen, leidenschaftlichen, originellen Stoff: eine imposante, blendende Inszenierung.« (Brief Verdis an Eugène Scribe vom 26. Juli 1852; Porter, 1978, S. 96) Die Idee Scribes, am Ende des 1. Aktes die Besatzungsarmee vorbeiparadieren zu lassen, wurde von Verdi nicht aufgegriffen, der Komponist bevorzugte die Konzentration auf die beiden Protagonisten: »Einmal mehr zeigen *Les Vêpres Siciliennes* den Komponisten auf dem Weg zur rigorosen Konzentration auf die Darstellung der Gefühle isolierter Figuren, für die das historische Gepränge der kontrastreichen Stoffe und die politischen Implikationen der kunstvoll arrangierten Intrigen eine geringere Rolle spielen.« (Gerhard, 1992, S. 328) Es gab für Verdi – bei allem Interesse an einer wirkungsvollen Inszenierung – doch immer eine Grenze, die die Gefährdung einer primär musikalisch begründeten Werkidee markierte.

Schon während der Revision einer ersten Versfassung des Librettos von *Simon Boccanegra* geht Verdi ungewöhnlich ausführlich auf die Raumkonzeption und gar auf Details der Lichtgestaltung ein:

Arbeite sorgfältig an den Szenenanweisungen. Die Angaben sind ziemlich genau, trotzdem erlaube ich mir einige Bemerkungen. In der ersten Szene muß Fiescos Palast, wenn er seitlich steht, vom ganzen Publikum gut zu sehen sein, weil es nötig ist, daß alle Simone sehen, wenn er in das Haus eintritt, wenn er auf dem Balkon erscheint und die kleine Laterne wegnimmt: ich glaube, eine musikalische Wirkung erzielt zu haben, die ich nicht durch eine schlechte Inszenierung verlieren will. Außerdem möchte ich vor der Kirche von San Lorenzo eine kleine begehbare Treppe mit drei oder vier Stufen und ein paar Säulen haben, an denen sich mal Paolo, mal Fiesco anlehnen und verstecken können usw.... *Dieses Bühnenbild muß eine große Bühnentiefe haben.*

Grimaldis Palast im 1. Akt braucht nicht viel Tiefe zu haben. Statt eines Fensters würde ich mehrere bis zum Fußboden reichende machen, und eine Terrasse. Im Hintergrund würde ich einen zweiten Prospekt mit dem Mond hängen, dessen Strahlen auf das Meer fallen würden, was vom Publikum aus gesehen werden sollte: Das Meer wäre ein funkelnder, schräg aufgehängter Prospekt usw. Wenn ich Maler wäre, würde ich bestimmt ein schönes Bühnenbild machen: einfach und von großer Wirkung.

Ich lege großen Wert auf die letzte Szene: Wenn Doge Pietro befiehlt, die Balkone zu öffnen; muß man eine reiche, große, festliche Beleuchtung sehen, die weiten Raum einnimmt, damit man die Lampen gut sehen kann, die allmählich eine nach der anderen ausgehen, bis beim Tode des Dogen alles in tiefem Dunkel ist. Das ist, wie ich glaube, ein sehr wirkungsvoller Moment, und es wäre ein Jammer, wenn das Bühnenbild nicht gut gemacht wäre. Der erste Prospekt braucht nicht sehr weit entfernt zu hängen, aber der zweite, der Prospekt mit der festlichen Beleuchtung, muß sehr weit hinten sein. (Brief Verdis an Francesco Maria Piave vom 5. November [?] 1856; Abbiati, 1959, Band II, S. 375)

Es wird deutlich, wie stark die Bildvorstellungen das Denken des Komponisten prägten und welche Bedeutung eine entsprechende Bühnenrealisierung für ihn hatte. Sicher war die Arbeit an *Simon Boccanegra* kein Sonderfall, sondern ist einfach nur durch einen glücklichen Zufall so ausführlich bezeugt.

Bei der Vorbereitung der Uraufführung von *La forza del destino* in Sankt Petersburg war es wegen der großen geographischen Distanz unumgänglich, rechtzeitig Anweisungen für die Inszenierung nach Rußland zu senden. Verdi ließ zu diesem Zweck offenbar von Piave parallel zur Entstehung der Oper eine schriftliche Inszenierungsanweisung erstellen: »Mach mit größter Gewissenhaftigkeit die Inszenierung für Petersburg, die recht ausführlich sein sollte, und schicke sie so schnell wie möglich.« (Brief Verdis an Francesco Maria Piave vom September 1861; ebd., S. 658) Für die Dekorationen zeichnete der aus Wien stammende und in Sankt Petersburg ansässige Bühnenbildner Andreas Leonhard Roller verantwortlich. Verdi betont in einem ersten Bericht von der Premiere die Opulenz der Aufführung: »Guter Erfolg. Ausführung sehr gut. Ausstattung und Kostüme äußerst reich.« (Brief Verdis an Tito Ricordi vom 11. November 1862; ebd., S. 709) Die Entwürfe Rollers zeigen je zwei sehr unterschiedliche Lösungen für die einzelnen Szenen; welche davon tatsächlich ausgeführt wurde, ist ungeklärt. Allen Entwürfen ist eine übersteigerte Monumentalität der Architekturmotive zu eigen, die sich deutlich von den ausgewogeneren Bildkompositionen anderer europäischer Bühnen abhebt.

Gestützt auf ein vorteilhaftes Urheberrecht verweigerte Verdi 1869 dem *impresario* des Teatro San Carlo zunächst die Aufführung von *La forza del destino* und *Don Carlo*, da er das führende Opernhaus von Neapel nicht in der Lage sah, diese Werke angemessen aufzuführen. Verdi nennt neben der mangelnden Qualität der vorgesehenen Sänger auch die zu erwartende Inszenierung als Grund für seine Ablehnung. Zwei Jahre später wurde aber *Don Carlo* tatsächlich vorbereitet. »Will man in Neapel wirklich den *Don Carlos* geben? Nun gut, es wird bestimmt eine schlechte Aufführung! [...] Für diese Art von Opern, die sich durch andere Ideen – ob sie nun gut oder schlecht sind – auszeichnen, braucht man für Kostüme, Bühnenbild, Requisiten, Inszenierung usw. einen höheren Grad von Kunstverstand, ganz abgesehen von einer außerordentlichen musikalischen Interpretation. Und all das fehlt Eurem Theater!« (Brief Verdis an Cesare De Sanctis vom 1. Januar 1871; Luzio, 1935, Band I, S. 125) Nach der Neapolitaner Erstaufführung von *Don Carlos* sieht er sich in seiner Haltung bestärkt: »So sehe ich mich immer mehr in meiner Meinung bestätigt, daß Ihr, solange Ihr jenes Personal habt, keine Opern aufführen dürft, die eine charakteristische Inszenierung sowie eine hochrangige musikalische Interpretation des Dramas erfordern; wohlgemerkt eine Interpretation, nicht eine Aufführung.« (Brief Verdis an Cesare De Sanctis vom 22. März 1871; ebd., S. 137)

Die für das Opernhaus von Kairo geschriebene *Aida* unterscheidet sich in mehrfacher Hinsicht von den bisherigen Arbeiten. Der Komponist geht von Beginn an davon aus, nicht selbst die Uraufführung zu überwachen, sondern denkt bereits an eine mustergültige europäische Premiere. Bereits bei der Herstellung der Ausstattung bei Pariser Firmen wurde dies berücksichtigt: »Gebt mir diese Informationen und nehmt die Kostüme ernst. Oh, hier muß man sorgfältig vorgehen und sie wahrheitsge-

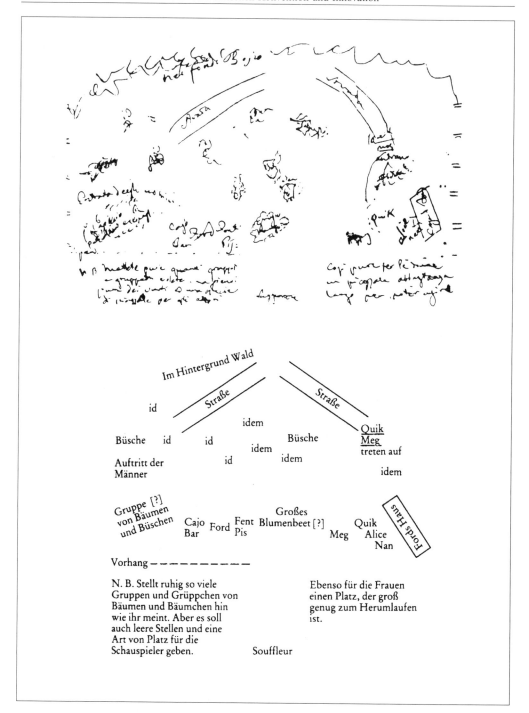

Abbildung 25

Verdis Skizze für das zweite Bild im 1. Akt von *Falstaff*

treu gestalten, weil sie dann auch in Europa gebraucht werden.« (Brief Verdis an Camille Du Locle vom 15. Juli 1870; Günther, 1973, S. 61)

Ungewöhnlich war auch, daß eine Oper mit einem – aus europäischer Sicht – exotischen Sujet für einen ›exotischen‹ Auftraggeber zur Aufführung in unmittelbarer Nähe des eigentlichen Handlungsortes bestimmt war. Das für die Formulierung des Librettos entscheidende Fachwissen des französischen Archäologen Auguste Mariette versprach ein hohes Maß an vermeintlicher Authentizität. Die Belagerung der französischen Hauptstadt während des Kriegs mit Deutschland verhinderte jedoch eine termingerechte Lieferung der Kostüme und Dekorationen, so daß sich die Uraufführung in Kairo bis zum Ende des Jahres 1871 verzögerte. Bezüglich der Anforderungen an die Bühnenausstattung orientierte man sich an den Möglichkeiten der Pariser Opéra; besonders aufwendig und spektakulär waren dabei hinsichtlich der Massenregie der Triumphzug im 2. Akt und hinsichtlich der Bühnentechnik die Herstellung einer zweigeschossigen Bühne im Schlußbild.

Im Folgejahr überwachte Verdi die Erstaufführungen an der Mailänder Scala, in Parma und in Padua. Er setzte dabei Forderungen durch, die auf eine stetige Weiterentwicklung der Inszenierung hin abzielten:

Ich lasse Mailand und Parma beiseite, weil ich dort dabei war, und will Euch nur von Padua sprechen. Für diese Stadt verlangte ich: [...] 4. Eine gewisse Person als Bühnenbildner – ja [;] 5. Eine gewisse Person als Bühnenmeister – ja [;] 6. Die Requisiten von Parma – ja [;] 7. Die Kostüme von Parma – ja [;] 8. Eine gewisse Person als Choreographen – ja [;] usw. usw. usw.... [...] Es braucht mehr, als von den Zeitungen »erstklassiges Theater, erstklassiges Sängerensemble, erstklassiges Orchester, erstklassige Chöre, herrliche Inszenierung!!!!!!!« herausposaunen zu lassen. [...] Der Augenblick wird kommen, daß man diese arme Aida den Händen der ... ausliefern muß. Aber solange will ich, weil sie ja in Neapel gegeben werden muß, daß sie nochmals (ich hoffe es wenigstens) so aufgeführt wird, wie es sich gehört. (Brief Verdis an Vincenzo Torelli vom 13. September 1872; Abbiati, 1959, Band III, S. 605 f.)

Nach diesen drei Inszenierungen an norditalienischen Bühnen war Verdi überzeugt, eine verbindliche Form der Oper und ihrer Inszenierung gefunden zu haben. In dieser Situation entstand wahrscheinlich auch der außergewöhnlich aufwendig gestaltete Druck des Regiebuchs, der *disposizione scenica*. Nach den Musteraufführungen zögerte Verdi zunächst, weiteren Bühnen die Aufführungsrechte zu erteilen:

Rom wird nie ein solches Orchester wie das von Parma haben, nie solche Chöre, nie solche Bühnenbilder, solche Kostüme besitzen und nie eine solche Inszenierung zustande bringen; vor allem wird dort immer das *Feingefühl* für eine gute Aufführung fehlen. [...] In Rom und Neapel seid Ihr auf dem Holzweg, wenn Ihr glaubt, eine angemessene Aufführung von *Aida*, wie sie in Mailand, in Parma und Padua gelungen ist, auf die Bühne bringen zu können. [...] Wie dem auch sei, was geschehen soll, wird eben geschehen. Ich werde nach Neapel kommen; und wenn ich gute Kräfte vorfinde, setze ich mich wie in Mailand und in Parma voll und ganz dafür ein, daß eine gute Aufführung zustande kommt. Wenn nicht, werde ich die Noten einziehen, und sei es während der Generalprobe! Dessen könnt Ihr sicher sein. Niemand wird mich dazu überreden können, *Don Carlos* nochmals so aufzuführen wie beim letzten Mal, und *Aida* so aufzuführen, wie er es mit Euren Opern gewöhnt sei. (Brief Verdis an Vincenzo Torelli vom 22. August 1872; Copialettere, 1913, S. 681 f.)

Nachdem die Inszenierung in Neapel aber doch Verdis Zustimmung gefunden hatte, war der Weg frei für eine Verbreitung auch außerhalb der direkten Einflußmöglichkeiten des Komponisten:

Was die *Aida* angeht, bin ich dafür, sie jetzt populär zu machen. Nach fünf Erfolgen scheint mir die Strenge jetzt allzu groß. Man darf die Dinge nie *übertreiben*, und jetzt könnten Eure Forderungen, wenn sie überspannt sind, zu *Übertreibungen* werden. [...] Seid darum jetzt etwas nachgiebiger mit *Aida*, laßt sie aufführen, wo es Euch am besten scheint (jedoch mit einigen unvermeidlichen Vorsichtsmaßnahmen), und an vielen Bühnen gleichzeitig. [...] *Impresari* und Direktionen verstehen noch immer nicht, daß ich bei *Aida* deshalb dreimal bei den Proben mitgewirkt habe, weil ich sicher war, daß ich sie besser zur Aufführung bringen kann als es jene könnten. So viele Leute glauben (das ist ein alter Blödsinn, mit dem aufgeräumt werden sollte), daß es Menschen gibt, die besser interpretieren und ausführen können, als der Autor es vermag. Dummköpfe sind das alle tausendmal! Bei Gott, für meinen Teil habe ich noch niemals Wirkungen gefunden, die ich mir nicht vorgestellt hatte! Verflucht sei das Theater! (Brief Verdis an Giulio Ricordi vom 6. September 1873; Abbiati, 1959, Band III, S. 648)

Dennoch wurde zunächst durch die Lieferung von Regiebuch, Figurinen und Dekorationsansichten an die einzelnen Bühnen in Europa und auch in Übersee ein bislang unvorstellbares Maß an Vereinheitlichung der Inszenierung angestrebt und anfangs wohl auch durchgesetzt. Aus den drei Inszenierungen war wohl vor allem durch Giulio Ricordi eine ›Musterinszenierung‹ herausdestilliert worden, die einen gewissen Qualitätsstandard sichern helfen sollte, wo immer die Oper aufgeführt wurde.

Nach *Aida* zog sich Verdi für längere Zeit aus dem Theaterbetrieb zurück und betreute nur noch einzelne herausragende Neuproduktionen älterer Werke, die er zum Teil grundlegend revidiert hatte, wie *Simon Boccanegra* 1881 an der Scala. Im Gegensatz zum eben zitierten Brief äußerte er nur wenige Monate später aus einer gewissen Distanz heraus Respekt für die Leistungen des Mailänder Opernhauses: »Ich bin froh, daß nunmehr, da ich nicht mehr anwesend bin, das Theater und die Direktion einen Weg gefunden haben, um über gute Requisiten, eine gute Bühnentechnik, eine gute Bühnenmusik, eine gute Inszenierung zu verfügen, und auf diese Weise jene Wirkung erzielen, die zu finden ich nicht gekonnt noch vermocht hätte.« (Brief Verdis an Giulio Ricordi vom 28. Dezember 1873; ebd., S. 658)

Bei der Vorbereitung seiner beiden letzten Bühnenwerke, *Otello* und *Falstaff*, gefiel sich der Komponist dann in der Pose des zurückgezogenen Liebhabers: »Beim Schreiben von *Falstaff* habe ich weder an Theater noch an Sänger gedacht. Ich habe zu meinem Vergnügen und für mich geschrieben, und ich glaube, statt an der Scala müßte man ihn in Sant'Agata aufführen.« (Brief Verdis an Giulio Ricordi vom 9. Juni 1891; Copialettere, 1913, S. 713) Natürlich kamen diese beide Opern dann doch – unter Verdis reger Anteilnahme und aktiver Aufsicht – an der Scala heraus: »Ich füge hinzu, daß die Klavier- und Bühnenproben lang sein werden, weil es nicht sehr leicht sein wird, [diese Oper] so aufzuführen, wie ich es wünsche – und ich werde sehr anspruchsvoll sein.« (Brief Verdis an Giulio Ricordi vom 13. Juni 1892; Abbiati, 1959, Band IV, S. 443 f.) Ansprechpartner für die Inszenierung war einmal mehr der Verleger Giulio Ricordi, dem er brieflich Monate vor der Premiere detaillierte und von ihm selbst illustrierte Angaben machte:

Ihr stellt einige Fragen zum Auftritt und Abgang der Schauspieler. Nichts ist leichter und einfacher als diese Inszenierung, wenn der Maler ein Bühnenbild macht, wie ich es vor mir sah, als ich die Musik machte. Nichts weiter als ein großer, richtiger Garten mit Wegen, hier und da Gruppen von Büschen und Pflanzen, so daß man nach Belieben sich verstecken, auftauchen und wieder verschwinden kann, wenn das Drama und die Musik es verlangen. Zum Beispiel [Abbildung 25, S. 260] [...] Tito sagte mir, daß Hohenstein vorgeschlagen habe, den Wandschirm ganz an die Seite der Bühne zu stellen »weil es natürlich und logisch ist, daß ein Wandschirm an die Wand gelehnt ist«.. – Durchaus nicht. – Hier handelt es sich um einen Wandschirm, der sozusagen mitspielt, und er muß dorthin gestellt werden, wo die Handlung es verlangt [...]. Das Bühnenbild des zweiten *finale* müßte fast völlig frei sein, damit man sich bewegen kann und die wichtigsten Gruppen deutlich sichtbar werden; diejenigen am *Wandschirm*, am *Korb*, am großen Fenster: [Abbildung 26] (Brief Verdis an Giulio Ricordi vom 18. September 1892; ebd., S. 458 f.)

Wie schon bei *Aida* warteten Verdi und Ricordi auch bei *Otello* die Erfahrungen weiterer Inszenierungen ab, bis sie sich mit einer Form zufriedengaben, die eine weitere Verbreitung erlaubte.

Personenführung

Wie bereits angesprochen, konnte im 19. Jahrhundert von einer Regietätigkeit, wie sie heute im Theater üblich ist, nicht die Rede sein. Zwar bildete sich im Verlauf der Zeit ein bleibendes Repertoire heraus, im Vordergrund des Interesses standen jedoch durchgängig die neuen Werke. Durch die aktive Rolle der Autoren, das heißt des Librettisten und – seit Meyerbeer, Verdi und Wagner – des Komponisten, konnte sich keine zusätzliche Interpretationsebene entfalten. Das heutige Regietheater dagegen entstand aus der Absicht heraus, bekannte ältere Werke durch Neugestaltung der Inszenierung in einen Bezug zur Gegenwart zu setzen.

Die Betrachtung der Personenregie zur Zeit Verdis kann sich daher auf zwei Grundfragen konzentrieren: Welchen Anteil hatten die Sänger an der Personenregie, und wie gestaltete sich die Inszenierung einer neuen Verdi-Oper an anderen Bühnen nach der Uraufführung?

Für die szenische Probenarbeit mit den Sängern gibt es keine direkten und nur wenige indirekte Zeugnisse. Einige Feststellungen läßt die Überlieferung dennoch zu (siehe auch unten, S. 264 f.). Das erste Kriterium bei der

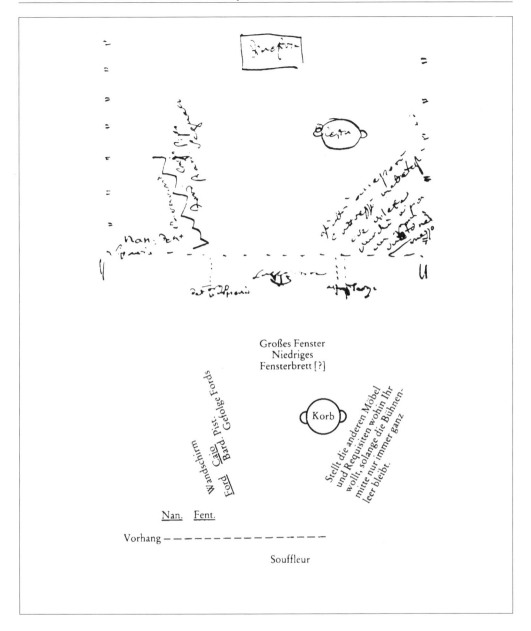

Abbildung 26

Verdis Skizze für das zweite Bild im 2. Akt von *Falstaff*, wie er sie am 18. September 1892 Giulio Ricordi übermittelte.

Wahl eines Sängers war immer die gesangliche Qualität. Im normalen Opernbetrieb wurde das Ensemble für eine ganze *stagione* nach Stimmfächern zusammengestellt und erst danach die passenden Werke für diese Besetzung gesucht oder angefertigt. Erst der Komponist neuen Typs mit seiner überragenden Position, wie sie Verdi für sich durchgesetzt hatte, konnte für Uraufführungspartien seine Wunschsänger fordern. Dabei kam neben dem Gesang auch der Bühnenpräsenz, dem Aussehen und den darstellerischen Fähigkeiten entscheidendes Gewicht zu. Verdi beschrieb zum Beispiel die Sängerin Rosina Penco, die er sich vergebens für die Hauptrolle in *La traviata* gewünscht hatte: »Sie hat eine gute Figur, Seele und nimmt sich auf der Bühne gut aus; hervorragende Eigenschaften für *La traviata*.« (Brief Verdis an Carlo Marzari vom 30. Januar 1853; Conati, 1983, S. 312)

Jahre später äußerte sich Verdi gerade von den darstellerischen Fähigkeiten der Sopranistin Adelina Patti zutiefst beeindruckt: »Die Patti war damals dieselbe, die sie heute ist: vollkommene Gestaltung; vollkommene Balance zwischen der Sängerin und der Schauspielerin; geborene Künstlerin im jeder Hinsicht. Als ich sie zum ersten Mal [1862] in London hörte (sie war 18 Jahre alt), war ich nicht nur von ihrer wunderbaren Darstellung erstaunt, sondern auch von verschiedenen szenischen Details, in denen sich eine große Schauspielerin offenbarte.« (Brief Verdis an Giulio Ricordi vom 6. Oktober 1877; Copialettere, 1913, S. 624 f.)

Man kann davon ausgehen, daß jeder halbwegs erfolgreiche Sänger beziehungsweise jede Sängerin durch die Ausbildung oder nur die Berufspraxis über ein tradiertes Repertoire an szenischen Ausdrucksmitteln verfügte. Dies war unabdingbar, da die knappen Probenzeiten in der Regel keinen Raum ließen, eine Rollendarstellung von Grund auf zu erarbeiten. Man war gewissermaßen darauf angewiesen, daß ein Sänger etwas ›anbot‹, das dann dem Zusammenspiel mit den anderen Bühnenfiguren angepaßt werden mußte. Aus heutiger Perspektive gesprochen: Der inszenierende Librettist konnte nur das Nötigste arrangieren, nicht aber wirklich ›inszenieren‹. Gerade bei den solistischen Passagen hoffte man auf die Fähigkeiten des Sängers, der jederzeit Blickkontakt zu den Orchestermusikern hatte, die damals auf der selben Höhe wie das Publikum saßen.

Bedingt durch die Lichtverhältnisse in der Öllampenzeit, war zudem das raumgreifende Rollenspiel dadurch eingeschränkt, daß nur an der Bühnenrampe, wo als ›Rampenbeleuchtung‹ zusätzliche Lampen in Fußhöhe angebracht waren, das Gesicht einer Figur gut zu erkennen war. Das Zentrum der Bühne blieb – selbst noch in der Gaslichtzeit – der dunkelste Platz innerhalb einer Dekoration. Das oft bemühte Klischee von dem statuarischen Stehen der Solisten an der Rampe und dem ebenso statischen Chor im Halbkreis dahinter ist daher nicht ganz unzutreffend. Momente des szenischen Stillstands, *pezzi concertati* oder auch Chorszenen mögen oft so ausgesehen haben. Dies aber als alleinige Darstellungsform anzunehmen, wäre abwegig. Es besteht kein Zweifel daran, daß bei vielen Dekorationen gerade die Bespielbarkeit von Türen oder Treppen besondere Beachtung erfuhr. Die Regieangaben in den gedruckten Libretti zeugen zudem davon, daß ein Grundgerüst von Bewegungen im Raum, wie etwa Auftritte, Abgänge und körperliche Auseinandersetzungen ebenso wie exponierte Gesten und Reaktionen zum Verständnis des Bühnengeschehens vorgeschrieben wurden, unabhängig davon, ob diese Vorgänge im musikalischen Text eine Entsprechung aufwiesen. Die konkrete Ausgestaltung dieser ›Gerüstinszenierung‹, einschließlich der konkreten Haltungen und Bewegungstempi, oblag dem Gestaltungsvermögen der Sängerinnen und Sänger und entzieht sich der nachträglichen Betrachtung.

Sicherlich hätten die meisten Darsteller der Hauptcharaktere in Verdis Opern ohne ein Mindestmaß an schauspielerischer Überzeugungskraft und Leidenschaft nie den großen Publikumserfolg bewirken können, der seinen Werken vergönnt war. Konflikte konnten dort auftreten, wo eine Interpretin oder ein Interpret nicht bereit war, seine persönliche Auffassung einer Gesamtidee unterzuordnen. Im Vorfeld der *Macbeth*-Uraufführung ist durch einen Brief Verdis belegt, daß sich ein Sänger weigerte, über seine Gesangspartie hinaus auch die stumme Erscheinung der Figur zu spielen: »Es mißfällt mir, daß derjenige, der die Rolle des Banco spielen soll, nicht auch das Gespenst übernehmen will! Und warum nicht?... Die Sänger müssen zum Singen und Spielen verpflichtet werden; überdies ist es an der Zeit, diese Bräuche abzuschaffen. Es würde etwas Ungeheuerliches sein, wenn ein anderer das Gespenst spielte, denn Banco muß auch als Gespenst genau sein Aussehen beibehalten.« (Brief Verdis an Alessandro Lanari vom 21. Januar 1847; ebd., S. 448)

Wie bereits ausgeführt, war es für Verdis Schaffensweise charakteristisch, daß bereits im Frühstadium der Konzeption einer neuen Oper szenische Bilder eine entscheidende Rolle spielten. Dies konnte im Einzelfall dazu führen, daß Verdi einen musikalischen Gedanken im Zusammenhang mit einer Regieanweisung als szenische Handlung skizzierte, bevor ihm der Gesangstext dieser Stelle überhaupt vorlag, wie ein Beispiel aus den Skizzen zu *La traviata* zeigt (siehe oben, S. 237). Im Laufe seiner Karriere zog Verdi deshalb nach und nach die Verantwortung für und die Kontrolle über die szenische Gestaltung an sich. Aus den Briefen, die der Komponist während der *Macbeth*-Proben an einzelne Sänger schrieb, wird deutlich, wie eng für ihn der musikalische Ausdruck mit einer Bildvorstellung vom szenischen Arrangement einherging: »Das Sujet ist einer der größten Tragödien entnommen, deren sich das Theater rühmen kann, und ich habe versucht, daraus getreulich alle *posizioni* (dramatischen Situationen) herauszuziehen, sie in gute Verse bringen zu lassen [...] und sie mit Musik zu versehen, die, soweit es mir möglich war, mit dem Wort und der jeweiligen *posizione* verknüpft ist; und ich wünsche, daß diese meine Idee von allen Sängern gut verstanden wird.« (Brief Verdis an Marianna Barbieri Nini vom 2. Januar 1847; Rosen/Porter, 1984, S. 29) Und noch knapper: »Ich werde nicht aufhören, Dir ständig zu empfehlen, die *posizione* und die Worte gut zu studieren; die Musik kommt von selbst.« (Brief Verdis an Felice Varesi vom 7. Januar 1847; Schlitzer, 1953, S. 395)

Inszenierungsmodelle und ihre Verbreitung

Schon zu Beginn des 19. Jahrhunderts war es vor allem in Paris gängige Praxis, Abbildungen von Kostümen und Dekorationen zu vervielfältigen und zum Kauf anzubieten. Meist waren es nicht die entwerfenden Künstler, sondern Agenturen oder Theaterbeschäftigte, die damit zusätzliche Einnahmen zu erzielen suchten. Diese Praxis wurde in Italien erst recht spät übernommen. Zwar gab es durchaus einen Informationsaustausch zwischen den Theatern, doch ergab sich dieser eher durch private Kontakte. So schickte Verdis Librettist am Teatro San Carlo in Neapel, Salvadore Cammarano, möglicherweise einem Kollegen Hinweise und Zeichnungen zu seiner Inszenierung von Donizettis *Anna Bolena* (Black, 1980, S. 273).

In Italien begann Ricordi gegen 1830 mit der Publikation von Figurinen, die wohl eher als Sammelobjekt für Besucher gedacht waren, als daß sie theaterpraktischen Forderungen entsprochen hätten. Eine neue Figurinenserie von 1847 richtete sich dagegen ausdrücklich an die ausführenden Bühnen. Als Beilage zu mehreren Nummern der Verlagszeitschrift *Gazzetta musicale di Milano* erschienen im November und Dezember 1847 zunächst fünf Figurinen zu Verdis *Macbeth* (Abbildung 27). Wie bereits beschrieben, hatte Verdi gerade bei der Vorbereitung dieses Werks sein Interesse an historisch exakten Kostümen hervorgehoben.

Der konkurrierende Verlag Lucca, der ebenfalls Verträge mit Verdi abgeschlossen hatte, lieferte im selben Zeitraum fünf Figurinen zu Verdis *I masnadieri*. Schon im Juli 1847 hatte die erste Nummer der Hauszeitschrift *L'Italia musicale* »Zeichnungen, die Szenen oder Figurinen von Theaterkostümen darstellen« angekündigt (Rosen/Porter, 1984, S. 414). Lucca beschränkte sich nicht auf Figurinen, sondern lieferte auch Dekorationszeichnungen. Die farbige Tafel zu *Attila* (Abbildung 28) stellt mit der Kombination von Dekorationsansicht und -grundriß ein beachtenswertes Novum dar, wenn auch entsprechende Beispiele in Paris schon aus dem Anfang des 19. Jahrhunderts dokumentiert sind (Langer, 1997, S. 200–207). Sie entspricht weitgehend dem Entwurf Giuseppe Bertojas für die Uraufführung am 17. März 1846 in Venedig. Allerdings wurde noch keine Ausstattungsanleitung für die ganze Oper publiziert; die ausgewählte Szene – »schlammige Gegend (Rio-Alto) in den Lagunen der Adria« – war offenbar aus der Sicht des Szenographen die herausragende der Oper. Dazu mag auch die lichttechnisch neuartige Darstellung des Sonnenaufganges beigetragen haben. Die

Abbildung 27

In Ricordis *Gazzetta musicale di Milano* erschien 1847 diese Lithographie, die Lady Macbeth in der Schlafwandelszene im 4. Akt von Verdis Oper zeigt.

Nachgestaltung dieser Dekoration an anderen Bühnen ist mehrfach nachweisbar (Viale Ferrero, 1987, S. 205).

Nach *Macbeth* erfolgte erst zu *Rigoletto* wieder eine Publikation von Figurinen durch Ricordi (angeboten im Verlagskatalog 1855), diesmal allerdings in der ebenfalls tradierten Form des Bilderbogens, der Kombination von 21 Bildern auf einer Tafel (Abbildung 29).

Ebenfalls im Verlagsangebot von 1855 finden sich zwölf einzelne lithographierte Figurinen zu *Il trovatore* sowie eine ganze Reihe von Szenenbildern zu älteren Opern von Pacini, Bellini und Rossini. Von Verdis Werken werden jedoch keine Dekorationsansichten der einzelnen Szenen, sondern zu jeder Oper nur die Wiedergabe einer Schlüsselszene angeboten.

Einen kaum zu überschätzenden Fortschritt in der Dokumentation der szenischen Aspekte einer Opernaufführung bedeutete dagegen die Veröffentlichung gedruckter Regiebücher, sogenannter *livrets de la mise-en-scène*. Schon seit 1839 hatte der *sous-régisseur* der Pariser Opéra-Comique, Louis Palianti, zunächst als Beilage der Zeitschrift *Revue et gazette des théâtres* Regiepläne zu aktuellen Pariser Inszenierungen publiziert. Später gab er die Hefte einzeln und in Sammelbänden heraus. Palianti war der Redakteur der Hefte, nicht aber der künstlerisch verantwortliche *metteur en scène*. Die *mises-en-scène* von etwa fünf bis fünfzehn Seiten Umfang erschienen meist zwei bis acht Wochen nach der Uraufführung eines Werkes in Paris; Dekorationsabbildungen waren gesondert lieferbar.

Außerhalb der datierbaren Reihen ist eine *mise-en-scène* zur Uraufführung von *Jérusalem* 1847 an der Pariser Opéra überliefert, so daß Verdi möglicherweise schon bei seinem ersten Paris-Aufenthalt diese in Italien unbekannte Praxis an einem eigenen Werk kennenlernte. Ab 1850 erscheinen Paliantis Hefte selbständig, wobei beinahe ausschließlich Werke der Opéra-Comique berücksichtigt wurden. Als einzige Werke der Opéra sind Verdis *Les Vêpres Siciliennes* (1855) und *Le Trouvère* (1857) berücksichtigt. Offenbar war es Verdi, der eine Übernahme dieser Publikationsform in Italien anregte. In einem Brief an Piave lobte er das französische Regiebuch zu *Les Vêpres Siciliennes*: »Es ist wunderschön, und wenn man diesen Band aufmerksam liest, ist es ein Kinderspiel, [die Oper] zu inszenieren. Wenn *I vespri* zu *Gusman* werden, muß man außer den Kostümen nichts ändern. Aber die Inszenierung muß bleiben.« (Brief Verdis an Francesco Maria Piave vom 28. November 1855; Abbiati, 1959, Band II, S. 316)

Man kann daher davon ausgehen, daß das erste Regiebuch des Verlags Ricordi, das zur italienischen Bearbeitung von *Les Vêpres Siciliennes* unter dem Titel *Giovanna de Guzman* erschien, auf Wunsch Verdis entstanden war. Es handelt sich dabei um eine direkte Übersetzung der französischen Vorlage Paliantis. Wie auch bei den späteren vergleichbaren Publikationen ist der Zeitpunkt der Drucklegung nicht mehr exakt feststellbar. Vieles spricht dafür, daß der Druck immer erst nach der Uraufführung, zum Teil sogar nach mehreren Erstinszenierungen erfolgte, um die dabei gewonnenen Erfahrungen in die Kodifizierung eines Inszenierungsmusters einfließen lassen zu können.

Im Fall der ersten Fassung von *Simon Boccanegra* ist keine *disposizione scenica* nachweisbar, für die folgenden Opern jedoch gab Ricordi regelmäßig derartige Publikationen heraus. Die Hefte zu *Un ballo in maschera* (*Disposizione scenica*, 1859) und *Don Carlo* (*Disposizione scenica*, 1867) beziehen sich im Titel unmittelbar auf die Inszenierung der jeweiligen Uraufführung. Bei *La forza del destino* fehlt ein entsprechender Hinweis, doch gehört das Heft zweifellos in die Nähe der Petersburger Uraufführung und entstand nicht erst im Zusammenhang mit der Mailänder Neufassung von 1869.

Mit der *disposizione scenica* zu *Aida* wurde eine neue Darstellungsform eingeführt, für die Giulio Ricordi als Juniorchef des Verlages verantwortlich zeichnete. Während die ersten Hefte in Text und Graphik weitgehend den französischen Vorbildern entsprachen, fallen nun die präziseren graphischen Darstellungen auf, die in Massenszenen jeder Figur, das heißt auch Choristen, Tänzern und Statisten eigene Zeichen zuweisen.

Die Hefte neueren Typs zu *Aida*, *Simon Boccanegra* (1881), *Don Carlo* und *Otello* beginnen mit einer Beschreibung der Bühnenfiguren, die in der Regel auf eine kurze Listenform beschränkt bleibt, von Arrigo Boito jedoch im Falle seiner von ihm selbst komponierten Oper *Mefistofele* und des Li-

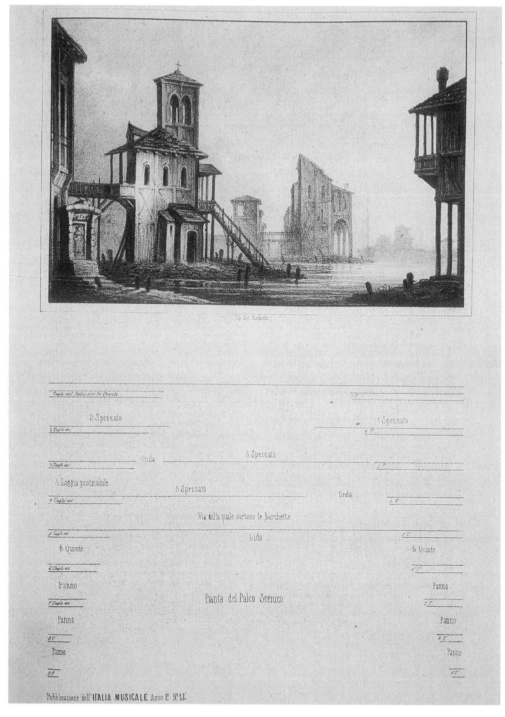

Abbildung 28

Giuseppe Bertojas Bühnenbild zum zweiten Bild im Prolog von *Attila* in einer von Ricordi vertriebenen Lithographie.

Abbildung 29
In einem ›Bilderbogen‹ ließ Ricordi insgesamt 21 Figurinen für Verdis *Rigoletto* verbreiten.

brettos zu Verdis *Otello* zu ausführlichen Charakterstudien genutzt wird. Weiterhin wird eine Zeichenerklärung (»spiegazioni dei segni«) vorangestellt, die die jeweiligen choreographischen Stellvertreterzeichen für Solisten, Choristen, Tänzer, Statisten und Bühnenmusiker entschlüsselt. Bei *Otello* wird hierbei zusätzlich zwischen Chordamen und -herren unterschieden.

Der Hauptteil der Hefte folgt dem etablierten Muster, weist aber in immer dichterer Folge graphische Darstellungen auf. Die Hefte zu *Simon Boccanegra* und *Otello* schließen zusätzlich noch mit einer detaillierten Kostüm- und Requisitenliste sowie einer Beschreibung der separat gedruckten Kostümtafeln. Die *disposizione scenica* zu *Aida* folgt zwar ausdrücklich der Mailänder Erstaufführung von 1872; es ist aber sehr wahrscheinlich, daß die nachfolgenden und von Verdi selbst geleiteten Inszenierungen in Parma und Padua noch berücksichtigt wurden.

Die *disposizione scenica* zu *Simon Boccanegra* verweist auf eine Inszenierung an der Scala. Dabei kann sowohl die Mailänder Uraufführung der Zweitfassung 1881 gemeint sein, die von Verdi betreut wurde, als auch die Wiederaufnahme im folgenden Jahr, die Giulio Ricordi überwachte (Conati, 1993, S. 26 f.). Das neue Heft zu *Don Carlo* bietet die Oper in einer fünfaktigen italienischen Fassung, die Ricordi ab 1886 als *terza edizione* vertrieb. Allerdings wird auf die Inszenierung der Pariser Opéra verwiesen, so daß es sich wohl im wesentlichen um eine Anpassung des älteren Heftes an den neuen Publikationstyp handelt. Im Titel der *disposizione scenica* zu *Otello* ist der Hinweis auf die Uraufführungsinszenierung der Scala eindeutig; in diesem Fall kann jedoch nachgewiesen werden, daß die Drucklegung des Regiebuchs erst mit einigem zeitlichen Abstand – und damit nach weiteren Erstaufführungen – erfolgte.

Über die Entstehung dieser *disposizione scenica* informiert die Korrespondenz zwischen Verleger und Komponist. Dabei wird deutlich, daß zunächst Giulio Ricordi den Text abfaßte, ihn dann an Arrigo Boito weitergab und schließlich Verdi zur Korrektur vorlegte. So schreibt Ricordi am 14. Juli 1887, also nach den Erstaufführungen der neuen Oper in Rom (16. April 1887) und Venedig (18. Mai 1887): »Ich habe die *messa in scena* zu *Otello* vollständig abgeschlossen, und das Manuskript

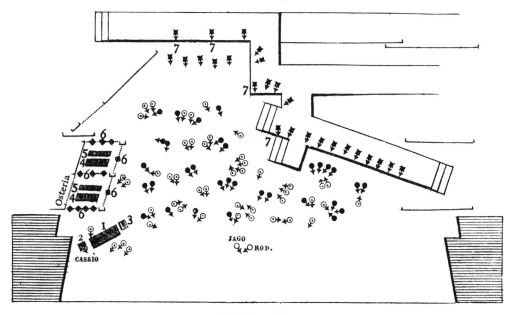

Abbildung 30

Ausschnitt aus der *Disposizione scenica* zu Verdis *Otello*; auf der reproduzierten Seite geht es um den Trinkchor im 1. Akt.

wurde von Boito durchgesehen. Sobald eine korrigierte Fahne vorliegt, schicke ich sie Ihnen zu, so daß Sie sehen können, ob noch Veränderungen vorgenommen werden müssen.« (Brief Giulio Ricordis an Verdi vom 14. Juli 1887; Cella/Petrobelli, 1982, S. 59) Und erst zwei Monate später lagen dann Verdis Korrekturen vor (Brief Giulio Ricordis an Verdi vom 6. September 1887; ebd., S. 62). Freilich endet mit *Otello* die Reihe der überlieferten Regiebücher zu Opern Verdis. Für eine *disposizione scenica* zu *Falstaff* wurde 1893 zwar eine Verlagsnummer vergeben, doch gibt es für eine Drucklegung keinen Beleg.

Über die Verbreitung und den Einfluß derartiger Druckerzeugnisse auf die Theaterpraxis der Zeit fehlen verläßliche Auskünfte. Die Zahl erhaltener Exemplare ist außerordentlich gering, Nachweise über die Berücksichtigung etwa von Dekorationsvorgaben sind eher dürftig. Die emphatische Absicht Verdis und Ricordis, die Erteilung einer Aufführungsgenehmigung an genaue Bedingungen zu knüpfen, wurde mit wachsendem Abstand von einer Uraufführung weniger rigoros gehandhabt. Nach einer gewissen Zeit und einigen als musterhaft erachteten Inszenierungen gab Verdi – wie das Beispiel *Aida* zeigt – ein Werk zur ›Vermarktung‹ frei. Außerdem standen wohl spezifisch italienische Gegebenheiten einer größeren Wirkung der Hefte im Wege: »In Italien fanden die *livrets scéniques* weniger Erfolg, sei es wegen der extremen Unterschiede zwischen dem Produktionssystem aus einem Guß, wie es in Paris und Frankreich galt, und dem Partikularismus des italienischen, sei es wegen des mangelnden Interesses, das man auf der [italienischen] Halbinsel der Inszenierung und deren ›Fixierung‹ bei der Wiederaufnahme der Opern widmete.« (Sala, 1993, S. 118) Die Idee einer ›Autoren-Inszenierung‹ verlor dann spätestens in den ersten Jahrzehnten des 20. Jahrhunderts an Schlagkraft, wenn auch die Praxis des Regiebuch-Drucks in Deutschland durch Richard Strauss und Hans Pfitzner noch einmal neue Impulse bekam (Langer, 1997).

Das Ballett in Verdis Opern

Die Geschichte des Tanzes und diejenige der Oper sind reich an vielfältigen Wechselbeziehungen. Im Theater des 19. Jahrhunderts waren die Gattungen Oper und Ballett durch eine deutliche Abgrenzung des Personals voneinander geschieden. Die Spezialisierung der Sänger und Tänzer schon in der Ausbildung ließ die Überschreitung dieser Grenze durch einzelne Darsteller nicht zu. Davon unabhängig konnte der Tanz innerhalb der Oper durchaus auch dann großes Gewicht besitzen, wenn er von Sängern auszuführen war, wie etwa in Festszenen.

Wie in allen Opernkulturen der Zeit gehörte die Verpflichtung eines Ballettensembles neben dem Opernpersonal zu den Voraussetzungen für den Theaterbetrieb. Der ökonomisch maßgebliche Grund dafür mag gewesen sein, daß beide Ensembles ein Orchester nutzen konnten. Der grundsätzliche Unterschied zwischen der französischen und der italienischen Praxis bestand nun darin, daß in der französischen Oper die Ballette durch eine mehr oder weniger zwingende dramaturgische Motivation in die Opernhandlung integriert waren, in Italien hingegen völlig selbständige Handlungsballette gegeben wurden. Der normale italienische ›Opernabend‹ bestand aus einer Oper und meist mehreren Handlungsballetten, die in den Aktpausen der Oper als sogenannte *entr'actes*, später dann im Anschluß an die Oper zur Aufführung kamen (siehe unten, S. 275–277).

In Turin wurden bis zur Mitte des 19. Jahrhunderts während einer *stagione* die Ballette immer mit einer bestimmten Oper kombiniert, danach wechselte diese Zusammenstellung je nach Bedarf. Meist basierte das erste Ballett auf einem historischen Stoff, das zweite war komischen Charakters. Während die musikalische Gestaltung oft Komponisten minderen Ranges anvertraut wurde oder gar der Choreograph vorhandene Nummern für seine Kreation zusammenstellte, wandte man auf die Ausstattung dieselbe Sorgfalt wie bei der Oper. Im Kontext der Erwartungshaltung des damaligen Publikums, die sich in vielerlei Hinsicht vom heutigen Besucherverhalten unterschied, gab es zu dieser tradierten Kombination von Oper und Ballett keine Alternative. Das Ballett war somit für einen italienischen Opernkomponisten eine Einrichtung eigenen Rechts, die er nicht beeinflussen konnte, die aber offenbar auch nicht als ästhetisches Problem innerhalb des Erlebnisumfeldes Theaterabend empfunden wurde, solange das Ballett im Anschluß an die Oper und nicht zwischen den Akten eingefügt wurde. Die dabei aufeinanderprallenden Kontraste zwischen den Stoffen wirken aus heutiger Sicht allerdings höchst befremdlich. Am Abend der Uraufführung von *Rigoletto* folgte am Teatro la Fenice in Venedig auf die Oper ein *Faust*-Ballett in fünf Bildern. Bei der venezianischen Erstaufführung von *Il trovatore* wurde nach dem 2. Akt der Oper der »gran Ballo fantastico« *Isaura ovvero La figlioccia delle fate* in drei Akten und sieben Bildern zur Aufführung gebracht. Im selben Jahr 1853 zeigte man dort im Anschluß an die Uraufführung von *La traviata* das fünfaktige Ballett *La lucerna meravigliosa*. Opernaufführungen ohne zusätzliches Ballett gab es vereinzelt in der zweiten Jahrhunderthälfte, zur Regel wurden sie erst im 20. Jahrhundert, auch wenn das Ballett schon vorher durch die Positionierung im Anschluß an die Oper wesentlich an künstlerischem Gewicht verloren hatte. Dennoch mußte ein Ballettfreund noch 1878 in Turin bis 23 Uhr warten, um nach vier Stunden *Don Carlos* das neue Ballett sehen zu können (Kuzmick Hansell, 1991, S. 336). Und selbst im Anschluß an die Uraufführung von *Otello* wurden noch Ausschnitte aus einem Ballett mit dem Titel *Rolla* gespielt (Abbildung 31).

Die für Paris spezifische Konvention der Einbindung eines großen mehrteiligen Balletts in das Zentrum der Oper widersprach den Sehgewohnheiten des italienischen Publikums und konnte sich zunächst kaum durchsetzen. Auch Verdi quittierte die französische Praxis mit Unverständnis bis Geringschätzung: »Es ist eine Konzession (eine *Feigheit*), die die Komponisten zu Unrecht der Opéra einräumen; aber künstlerisch gesprochen ist es eine Ungeheuerlichkeit. Das Wüten der Handlung mit einem Ballett unterbrechen?!!! Die Oper muß bleiben, wie sie ist.« (Brief Verdis an Giulio Ricordi vom 25. März 1887; Abbiati, 1959, Band IV, S. 329) Dennoch kam auch Verdi nicht umhin, für die Pariser Adaptionen seiner Partituren nachträglich Ballette einzufügen und bei den Neukompositionen die Tanzeinlagen entsprechend zu berücksichtigen. So entstand für *Jérusalem* 1847 das Ballett der Haremsdamen in der ersten Szene des 2. Aktes. In Verdis erster neu für Paris komponierter Oper *Les Vêpres Siciliennes* (1855) findet man eine getanzte Tarantella und das großartig ausgestattete allegorische Ballett *Les Saisons* (»Die vier Jahreszeiten«), das als Darbietung innerhalb eines Maskenballs nur locker in die Haupthandlung eingebunden ist. Die Tarantella hingegen ist wichtiger Bestandteil einer Szene, die als Verlobungsfeier mit volkstümlichem Tanz beginnt, um mit der Entführung der Bräute durch die feindlichen Franzosen zu enden. Für die 1865 am Théâtre Lyrique uraufgeführte Neufassung von *Macbeth* entwarf Verdi die durchgängig pantomimisch vom Ballett gestaltete zweite Szene des 3. Aktes, in der der Hexentanz durch den stummen – aber nicht getanzten – Auftritt der Nachtgöttin Hekate unterbrochen wird: »Ihr werdet sehen, daß es im Ballett eine kleine Handlung gibt, die sich aufs glücklichste mit dem Rest des Dramas verbindet. [...] Die Erscheinung der Hekate, der Königin der Nacht, ist gut plaziert, weil sie all diese höllischen Tänze unterbricht und einem ruhigen und strengen *adagio* Platz macht. Überflüssig, Euch zu sagen, daß Hekate niemals tanzen darf, sondern nur posieren.« (Brief Verdis an Léon Escudier vom 23. Januar 1865; Copialettere, 1913, S. 452) Keineswegs aber war dem Komponisten an einer durchgängig tänzerischen Ausführung der Hexenchöre gelegen: »Ihr habt mir einmal geschrieben, Ihr wollt während des Hexenchors im 1. Akt tanzen lassen. Tut es nicht; es ist ein Irrtum. Es beraubt das Ballett im dritten Akt seiner Wirkung; und außerdem ist dieser Chor gut, so wie er ist. [...] Manchmal zerstört man, wenn man Effekte zu sehr multiplizieren will, am Ende einen durch den anderen.« (Brief Verdis an Léon Escudier vom 8. Februar 1865; Walker, 1951, S. 261) Die französische Bearbeitung von *Macbeth* wurde einschließlich des Balletts auch für Italien die verbindliche Fassung.

In der ursprünglichen französischen Gestalt besaß auch *Don Carlos* (1867) ein großes allegorisches Ballett im Rahmen eines Festes. Das Ballett *La Pérégrina* im 3. Akt zielt ganz auf den Auftritt der Königin als ideale Schönheit hin. Eine gewisse Doppelbödigkeit entsteht dadurch, daß vorher Elisabeth mit Eboli die Kleider getauscht hat, um dem Fest unbemerkt fernbleiben zu können, und somit die Rivalin allgemeine Verehrung erfährt.

Die italienische Rezeption von französischen Werken der sogenannten *grand opéra*, die

Abbildung 31

Plakat zur Uraufführung von Verdis *Otello*.

zögerlich schon ab den 1830er Jahren einsetzte, tat sich dagegen mit den integrierten Balletten schwer. Oft zeigte man die Ballette nur in den ersten Aufführungen, um sie dann baldmöglichst zu kürzen oder zu streichen. Als sich in den Jahren nach den Umwälzungen von 1848/49 die wirtschaftliche Lage der Theater teils dramatisch verschlechterte, versuchten viele Häuser, Einsparungen beim Ballett vorzunehmen, und die Zahl neuer Choreographien sank. Gleichzeitig wuchs der Zuspruch für die *grand opéra* und damit die Bereitschaft, auch italienische Werke mit Balletteinlagen zu akzeptieren. Das Ballett verlor in der Folge für lange Zeit den Stellenwert einer eigenständigen Kunstform.

Verdi verwendete nun auch in seinen italienischen Werken verstärkt tänzerische Mittel. Das Maskenfest im 2. Akt von *La traviata* sieht zwar kein Ballett vor, doch der Chor der Zigeunerinnen und der Chor der spanischen Stierkämpfer sind ohne choreographierte Aktion nicht vorstellbar, zumal die retardierende Funktion der Szene im Zentrum des Werkes genau dem Vorbild so vieler französischer Opern entspricht. Die Schlußszene von *Un ballo in maschera* vereint Sänger und Tänzer ebenso wie die Anfangsszene des 2. Aktes von *La forza del destino*. Einen entscheidenden Schritt in Richtung auf eine italienische Adaption des französischen Vorbildes bedeutete jedoch erst *Aida*. Durch die rigiden Aufführungsbedingungen des Komponisten beziehungsweise Verlegers wurde durchgesetzt, die Oper immer vollständig – und damit auch mit allen Balletten – aufzuführen. Dazu gehören der *Heilige Tanz der Priesterinnen* im 1. Akt als Teil eines sakralen Einkleidungsrituals und der *Tanz der kleinen Mohrensklaven* im 2. Akt zur Unterhaltung der Amneris in ihren Gemächern. Im unmittelbar an den Triumphmarsch anschließenden *ballabile* im Finale des 2. Aktes präsentieren Tänzerinnen die erbeuteten Schätze. In der *disposizione scenica* zu *Aida* macht Verdi deutlich, daß der Priesterinnentanz im 1. Akt nicht mit dem Bewegungsrepertoire des klassischen Ballettes choreographiert werden soll, sondern vielmehr als Imitation antiker Tänze, »von denen die Orientalen noch gewisse Traditionen bewahrt haben« (*Disposizione scenica*, 1873, S. 16) Die drei Ballettnummern in *Aida* sind zwar musikalisch selbständig, bleiben aber dem dramatischen Zusammenhang untergeordnet. Ihre relativ geringe Ausdehnung und das Fehlen jeglicher solistischer Virtuosität unterscheidet sie von den großen *divertissements* in Verdis französischen Partituren. In den beiden folgenden – auf Shakespeare basierenden – Opern war an eine vergleichbare Einbindung des Balletts freilich nicht mehr zu denken. Allerdings schrieb Verdi noch einmal Balletteinlagen, als er *Otello* an die Pariser Opéra brachte. Verglichen mit den eben genannten Beispielen, handelt es sich dabei – ungeachtet der herausragenden handwerklichen Qualität der Komposition – um eine reine Pflichtübung ohne dramaturgische Notwendigkeit.

Die Ballette in Verdis Opern bewegen sich somit durchweg auf dem Boden der damaligen Konventionen. Es dominieren weibliche Protagonisten, die Fremdartigkeit oder Bedrohlichkeit als besondere nonverbale Ausdrucksformen einbringen. Neben dem exotischen (*Aida*) oder phantastischen Kolorit (*Macbeth*) ist es oft der Rahmen eines Festes, der den Tanz herausfordert, sei es als nationale Folklore wie im 2. Akt von *Les Vêpres Siciliennes* oder im Rahmen eines höfischen Festes wie im 3. Akt derselben Oper oder im 2. Akt von *Don Carlos*. Wenn dort der Tanz als Darbietung innerhalb der Opernhandlung eingeschoben ist, wird die Tatsache, daß der Chor und die Solisten dadurch zu Zuschauern werden, offenbar nicht dramaturgisch nutzbar gemacht; zumindest sind keine derartigen Regieanweisungen überliefert. In dieser Hinsicht war also nur ein Nebeneinander, nicht aber ein kreatives Miteinander der beiden Kunstformen Oper und Ballett möglich. Dennoch zeigt nicht zuletzt die Bereitschaft des greisen Verdi, noch für die Pariser Erstaufführung von *Otello* ein Ballett nachzukomponieren, welchen kaum zu überschätzenden Stellenwert er einer sorgfältigen Umsetzung der optischen Dimension seiner Opern beimaß.

Aufführung und Aufführungspraxis

von Johannes Streicher

»Denn was sonst noch von Paris geredet wird, das ist alles übertrieben; meist dummes Zeug. Was haben sie denn Großes? Opern und Zirkus und Museum, und in einem Saal 'ne Venus, die man sich nicht recht ansieht, weil sie das Gefühl verletzt, namentlich wenn man mit Damen da ist. Und das alles haben wir schließlich auch, und manches haben wir noch besser. So zum Beispiel Niemann und die dell'Era.« (Fontane, 1969, S. 36) Herrn von Czakos Bemerkungen im dritten Kapitel von Theodor Fontanes *Stechlin* sind nicht nur ein beredtes Zeugnis für das deutsche (beziehungsweise Berliner) Selbstverständnis im ausgehenden 19. Jahrhundert, sondern sie werfen auch ein bezeichnendes Licht auf die Ansprüche, die an ein Theater gestellt wurden: Der Wagner-Tenor Albert Niemann und die *prima ballerina* Antonietta Dell'Era, die dazu beitrugen, daß das Königliche Opernhaus dem internationalen Vergleich standhalten konnte, erfüllten anscheinend das Repräsentationsbedürfnis der Reichshauptstadt. Selbst Wien, dessen Burgtheater »seit Beginn der 1880er Jahre in einer tiefen Krise« stak (Mikoletzky, 1992, S. 521), mußte Berlins Aufstieg zur Kenntnis nehmen.

Der internationale Erfolg italienischer Tänzerinnen

Antonietta Dell'Era – 1892 am Mariinskij-Theater in Sankt Petersburg an der Uraufführung von *Der Nußknacker* beteiligt, bereits seit 1880 *étoile* in Berlin (Lo Iacono, 1990, S. 49), wo sie 1901 auch Johann Strauß' *Aschenbrödel* aus der Taufe hob – war nur eine der zahlreichen italienischen Tänzerinnen, die der französischen Konkurrenz im Laufe des 19. Jahrhunderts den Rang abliefen. Maria Taglioni, Fanny Cerrito, Carlotta Grisi im zweiten Viertel des 19. Jahrhunderts, später Claudina Cucchi an der Scala und in Paris, Virginia Zucchi in Rußland, Pierina Legnani, *prima ballerina assoluta* in Sankt Petersburg und gefeierte Odette/Odile in *Schwanensee*, schließlich Carlotta Zambelli, *étoile* an der Opéra in Paris seit 1895, prägten das internationale Ballett nachhaltig, bis Sergej Diaghilews *Ballets russes* gänzlich andere Maßstäbe setzten. Der Export aus Italien hatte sich im 19. Jahrhundert jedoch nicht nur auf Tänzerinnen beschränkt: Die Komponisten Cesare Pugni und Riccardo Drigo, die jahrzehntelang in Sankt Petersburg, ersterer auch in Paris wirkten, die Choreographen Paolo Taglioni und Enrico Cecchetti, beide *maîtres de ballet* in Berlin und London beziehungsweise wiederum am Mariinskij-Theater, Luigi Danesi in Lissabon, Giovanni Pratesi in London, Nicola Guerra in Wien und später Budapest, besonders aber der stürmische Erfolg von Luigi Manzottis allegorischem Ballett *Excelsior* – ein mit der Musik von Romualdo Marenco zunächst 1881 an der Scala, dann in eigens erbauten Theatern wie dem Eden in Paris aufgeführtes Erfolgsstück –, stehen für den hervorragenden Ruf, den italienisches Ballett über weite Strecken des 19. Jahrhunderts genoß. Selbst Richard Wagner zeigte sich beeindruckt von Pasquale Borris *azione mimica* mit dem Titel *Rodolfo di Gerolstein*, eine Bearbeitung von Motiven aus Eugène Sues Roman *Les Mystères de Paris*, die er – ein Jahr nach der Mailänder Premiere – in einer der 33 Aufführungen der *stagione del carnevale* 1859 am Teatro La Fenice in Venedig besucht hatte (Bauer, 1996, S. 216–219).

Ballett und Oper

Auf den Theaterplakaten wurde dem Tanz oft fast ebensoviel Raum gewährt wie der Oper selbst: Wenn die Lettern des *ballo storico Gismonda*, der 1836 bei der Uraufführung von Gaetano Donizettis *Belisario* am Teatro La Fenice zur Aufführung kam, auch deutlich kleiner sind als die des Titels der neuen *tragedia lirica*, so findet sich unter der detaillierten Auflistung der »personaggi« und »attori« – wobei die Tänzer ebensoviel Fläche beanspruchen wie die Sänger – doch Raum für die Ankündigung »Im dritten Akt PAS DE TROIS des Herrn Matthieu mit den Herren Vaque-Moulin und Lunelli« (*Donizetti*, 1997, S. 176). Auf dem Uraufführungsplakat von *Rigoletto* wird *Faust*, der nachfolgende *Ballo grande fantastico* von »Giulio« Perrot mit denselben Lettern und im gleichen Format wie die neue Oper angekündigt, und als Fanny Elssler am Abend der Uraufführung von *Attila* am Teatro La Fenice engagiert war, wurde selbstverständlich jede einzelne Nummer ihres Auftritts im Rahmen des »Divertisment« (sic!) separat aufgeführt (Conati, 1983, Abbildungen 27 und 16 nach S. 256). Bekanntlich konzentrierte sich Feldmarschall Radetzkys Interesse am Theater einzig auf Fanny Elssler: Tanzte sie nicht, so zog der alte Herr es eingestandenermaßen vor, ins Bett zu gehen.

Ein nicht unerheblicher Teil des Publikums scheint derselben Ansicht gewesen zu sein, will man der *Allgemeinen musikalischen Zeitung* Glauben schenken, die über die Frühjahrssaison 1847 an der Scala berichtete, daß trotz eines »für die jetzige musikalische Epoche vortrefflichen Sängerverein[s]: die Tadolini, die Angri, Tenor Mariani, die Bassisten Marini und de Bassini«, trotz einer »ziemlich bedeutende[n] Zahl Opern, darunter drei neue«, »bei alledem [...] die hochberühmte Wiener Tänzerin Elsler [es war], welche die Theaterkasse vom gänzlichen Schiffbruch rettete, denn die Opern zogen sehr wenig Zuhörer und das Ballet sehr viele Zuseher [an]. Es scheint, wenigstens in der Scala, man mag die Opern auch mit den besten Sängern nicht mehr« (Nr. 38 vom 22. September 1847, Sp. 655).

Herkömmliche Chronologien von italienischen Opernhäusern geben leider oft die Abfolge von Oper und Ballett nur unvollständig wieder (oder lassen die Tanzdarbietungen mangels genauer Informationen ganz aus), so daß der Eindruck entsteht, der *ballo* sei nur ein Appendix von geringem Interesse gewesen. Das Gegenteil trifft zu: Wenn auch häufig nur ein Akt einer Oper oder nur bestimmte Szenen aufgeführt wurden, so durfte doch das Ballett nicht fehlen.

Im Frühjahr und Sommer 1838 konnte man

Abbildung 32

Plakat zur Uraufführung von Verdis *Attila*.

beispielsweise am Teatro San Carlo in Neapel durchaus den Eindruck gewinnen, die wahre Konstante eines Opernabends sei das Ballett. Am 23. April 1838 folgte auf *Turandò l'incantatore*, eine »grande accademia di magia egiziana e giochi di prestigio« (also der Auftritt eines Zauberkünstlers), eine *farsa per musica*, Salvatore Sarmientos *Valeria ossia la cieca*, und zuletzt *La finta sonnambula*, ein dreiaktiger *ballo comico* in der Choreographie von Filippo Izzo. Am 25. April waren der 1. Akt von Mario Aspas Oper *I due savojardi*, eine *scena e cavatina* sowie ein Duett aus Rossinis *Semiramide*, die Ouverture zu Hérolds *Zampa*, ein Duett aus Donizettis *Roberto Devereux*, eine *cantata scenica* von Donizetti (*Colombo ossia La scoperta dell'America*) und schließlich wieder *La finta sonnambula* zu sehen und zu hören. Am 24. Mai wurde ein einaktiger *scherzo comico* für Sprechtheater (*Le disgrazie di un bel giovane*) gespielt, der 1. Akt von Rossinis *Il barbiere di Siviglia* und wieder *La finta sonnambula*. Nach einigen Aufführungen von *Alfonso d'Aragona*, einem *componimento drammatico* von Salvatore Sarmiento, das öfters mit *Faust*, einem *gran ballo fantastico* von Salvatore Taglioni, gekoppelt wurde, folgten der Premiere von Bellinis *Beatrice di Tenda* mehrere Abende, die wechselnde Ausschnitte mit dem immergleichen *Faust*-Ballett kombinierten: Am 14. Juni den 1. Akt von Bellinis *La straniera* und die Ouverture zu Meyerbeers *Robert le diable*, am 16. Juni den 2. Akt von *La straniera* und die Ouverture zu Rossinis *Guillaume Tell*, am 17. Juni den 1. Akt von Rossinis *Demetrio e Polibio* und die Ouverture zu Aubers *La Muette de Portici*, und am 19. Juni wiederum nur den 1. Akt von *Beatrice di Tenda* und die Ouverture zu *Semiramide*. Nachdem am 29. Juni der Abend sogar von einem *balletto comico* in zwei Akten, *L'improvvisatore errante ossia Il mago per astuzia* von Fernando Gioja, eröffnet worden war (worauf der 1. Akt von Aspas *I due savojardi* folgte, nebst der Ouverture zu Aubers *Fra Diavolo* und dem unvermeidlichen *Faust*-Ballett), wurde am 15., 17. und 19. Juli mit *Lucia di Lammermoor* kurzer Prozeß gemacht: Es kam jeweils nur der 1. Akt zur Aufführung, dem jedoch an den beiden letzten Daten – nach einer ›Überleitung‹ mit der Ouverture zu *Fra Diavolo* – die *aria finale* des Edgardo folgte; zum Schluß wurde jeweils *Ettore Fieramosca*, ein *gran ballo storico* in der Choreographie Salvatore Taglionis mit der Musik des österreichischen Grafen Wenzel Robert Gallenberg, aufgeführt (Maione/Seller, 1992, S. 292–301).

Otto Nicolai berichtete 1836 von seinem Italienaufenthalt: »Das Ballet gefiel gerade in dieser Zeit in Bologna mehr als die Oper, und es war daher die Idee der Direktion, in der Cantate [zur Gedächtnisfeier der soeben verstorbenen Maria Malibran] Ballet anzubringen; – ich faßte diese Idee auf, da es etwas ganz Neues in Italien war, Ballet mit Gesangsmusik zu vereinigen, denn der Gebrauch, das Ballet in der Oper mitwirken zu lassen, existiert hier noch nicht« (Nicolai, 1924, S. 178 f.). Entsprechend hatte sich der aus Deutschland stammende Komponist zwei Jahre zuvor aus Rom beklagt: »Dabei ist die Oper immer aus 2 Akten zusammengesetzt, und zwischen diesen beiden wird ein Ballet, was einen ganz anderen Charakter vielleicht hat und 2 Stunden dauert, aufgeführt, so daß man nach dem Ballet den ersten Akt längst vergessen hat. Das Theater dauert daher 4 bis 5 Stunden, fängt um 8 an und schließt nach Mitternacht. Oft führt man einen Akt aus *der* Oper auf und einen aus einer andern und macht so ein Mischmasch aus allem zusammen« (ebd., S. 60). Ein Mischmasch, das jedoch charakteristisch für weite Strecken des italienischen Musiklebens war.

Die *spettacoli*

Anläßlich der feierlichen Eröffnung der Eisenbahnstrecke von Turin nach Genua fand am Abend des 20. Februar 1854 in Anwesenheit des eigens aus der Hauptstadt angereisten Königs und des Hofstaats ein Fest im Teatro Carlo Felice in Genua statt; die recht heterogenen, teils von Dilettanten, teils von professionellen Musikern gespielten Darbietungen schlossen selbstredend ein Ballett mit ein, das eine – natürlich nur partiell aufgeführte – Oper auseinanderriß: Auf einen *Inno al rè* von C[arlo?] A[ndrea?] Cambini für Chor und Orchester folgten Potpourris über *La sonnambula* und *I puritani*, in denen der Paganini-Schüler Camillo Sivori auf der Violine brillierte, ein »Volkslied der Arbeiter«, der 1. Teil von Verdis *Il trovatore*, eine weitere instrumentale Einlage – Sivori spielte ein »pezzo strumentale del

›Campanello‹«, wohl den *La campanella* betitelten Finalsatz aus Paganinis zweitem Violinkonzert –, der *ballo* mit dem Titel *Arletta di Normandia* und schließlich der 4. Teil von *Il trovatore* (Bottaro, 1986, S. 170; Vallebona, 1928, S. 125).

Der außergewöhnliche festliche Anlaß mag den *pasticcio*-Charakter dieses Abends noch besonders akzentuiert haben, doch eine heutigen Verhältnissen entsprechende ›reguläre‹, mithin ›monographische‹ Darbietungsform eines einzigen Werks eines einzigen Komponisten, ohne Zusätze irgendwelcher Art, wäre für den Großteil des Publikums (aber auch für viele Fachleute) im 19. Jahrhundert undenkbar gewesen. Sofern Klavier- oder Violinvirtuosen öffentlich (und nicht bei privaten Soireen) auftraten, spielte sich dies, wie im Falle Sivoris, zumeist in Opernhäusern ab, wobei die Aufführung instrumentaler Werke nur eine Bereicherung des Opernabends darstellte, denselben also nicht etwa in Frage stellte. Als Eleonora Neumann, Schülerin Joseph Mayseders und angeblich auch Paganinis, nach Konzerten in Wien und Paris am 2. Juni 1838 im Teatro Gallo a San Benedetto in Venedig eine *accademia* gab, bedeutete dies lediglich, daß sie nach dem 1. Akt von Bellinis *La sonnambula* orchesterbegleitete Bravour-Variationen ihres Wiener Lehrers und nach dem 2. Akt eine *Fantasia brillante* von Karl Józef Lipinski spielte, bevor ein *ballo* mit dem Titel *Le astuzie magiche* das *spettacolo* beschloß.

Wenige Tage später, am 12. Juni 1838, trat im gleichen Theater der nachmals berühmte, damals sechzehnjährige Violoncellist Alfredo Piatti auf, wobei der erste Teil des Konzerts mit einer *sinfonia* für Orchester eröffnet wurde, nach der ein *divertimento* von Piatti erklang, das er auch selbst aufführte; ein *terzetto ballabile* bildete den Schluß. Der zweite Teil wurde ebenfalls durch eine *sinfonia* eingeleitet, worauf Piatti eigene Variationen folgen ließ; schließlich gab man wieder das Ballett *Le astuzie magiche*. Offenbar hatte Piatti großen Erfolg, denn, wie dem Programmheft der *accademia* vom 20. Juni zu entnehmen ist, handelte es sich dabei bereits um seinen dritten Abend in Venedig, der wiederum durch dasselbe Ballett abgerundet, doch durch eine andere Oper geprägt wurde: Nach dem 1. Akt von Luigi Riccis *L'avventura di Scaramuccia* spielte Piatti (wie eine handschriftliche Korrektur auf dem Programmzettel im Besitz der Casa Goldoni dokumentiert) an Stelle einer *aria* von Friedrich August Kummer ein *Rondò brillante*, und nach dem 2. Akt der Oper seine eigenen *Variazioni sopra un tema della »Lucia di Lammermoor«*. Wenn auch der Solist bisweilen die Oper verdrängen konnte (wie am Abend mit Piattis Debüt), so blieb das Ballett eine conditio sine qua non der Aktivitäten eines erfolgreichen *impresario*.

Abwechslungsreichtum scheint oberstes Gebot jedes *spettacolo* (gewesen) zu sein: Nicht umsonst stammt dieser im Italienischen auch heute noch gebräuchliche Ausdruck, mit dem – von der Oper und verwandten Gattungen über Sprech- und Tanztheater, Kino bis hin zur Unterhaltungsmusik – all das, was öffentliche Aufführungen betrifft, auch offiziell bezeichnet wird, aus dem visuellen Bereich; und noch an der Wende zum 21. Jahrhundert wird die für diesen Kulturbereich zuständige italienische Behörde im Ressort des Premierministers als »Dipartimento dello spettacolo« bezeichnet. Die Schaulust weiter Kreise des Theaterpublikums im 19. Jahrhundert, wie sie von populären Formen des Musiktheaters bedient wurde (Sala, 1995), mußte eher gedämpft werden, wenn man Akustisches vermitteln wollte. Otto Nicolai schreibt dazu in einem komisch-verzweifelten Bericht über die Aufführung seiner bereits zitierten Kantate im Dezember 1836: »Beschäftige nie die *Augen* der Italiener zu sehr, wenn du willst, daß sie *hören* sollen! – Wolle dem Publikum nicht etwas ganz Neues auftischen auf einmal; es will langsam gewöhnt und gebogen werden!« (Nicolai, 1924, S. 185)

Die Begeisterung des Publikums scheint sich jedoch dennoch besonders am Tanz entzündet zu haben: »*Im Ballet* schweigt alles still und scheint die Pas und Entrechats der Primadonna *hören* zu wollen; *in der Oper* schwatzt alles wie Kanarienvögel, die je ärger schreien, je lauter man Musik macht!« (ebd.) Dieser halb spöttischen Bemerkung Nicolais steht eine andere aus dem Jahre 1834 gegenüber, aus der immerhin eine gewisse Anerkennung spricht – gepaart mit der gewöhnlich anzutreffenden Überheblichkeit deutscher Musiker, sobald es um Südländer geht: »Das Ballet, welches die beiden Akte der großen Oper in [der] Fenice trennte, wurde mit großer Pracht gegeben. In den Ballets ist die äußere Einrichtung auch nicht so störend als in der Oper, und in diesem Fache kommen sie [die Italiener] uns schon näher, obwohl die übertriebene Heftigkeit der Bewegungen einer italienischen Tänzerin einem Deutschen stets utriert erscheinen muß« (ebd., S. 69). Felix Mendelssohn Bartholdys Ansichten sind dagegen, so witzig die Formulierungen auch sein mögen, ein Musterbeispiel deutscher klischeehafter Vorurteile, weshalb seinen abschätzigen Bemerkungen über die Umstände der Uraufführung von Pacinis *Il corsaro* am römischen Teatro Apollo im Jahre 1831 kein übermäßiger Wert beigemessen werden sollte: Nach dem Vorhang, der am Ende des ersten Aktes »unter großem Tumult« fiel, »kam das große Ballett *barba-bleu* u. dann der letzte Akt der Oper, da sie also einmal im Zuge waren, so pfiffen sie das ganze Ballett von vornehrein aus, u. begleiteten den zweiten Akt ebenfalls mit Zischen u. Gelächter.« (Mendelssohn Bartholdy, 1958, S. 104)

Als in der kleinen Provinzstadt Viterbo, 80 Kilometer von Rom entfernt und einstmals Nebenresidenz des Papstes, am 4. August 1855 das neuerbaute Teatro della Unione mit Verdis *Viscardello*, der zensierten Fassung seines *Rigoletto* eröffnet wurde, war die Hauptattraktion des Abends – ungeachtet der Tatsache, daß die Rolle der Gilda mit Virginia Boccabadati durchaus luxuriös besetzt war – die *ballerina* Augusta Maywood, deren Name denn auch auf dem Plakat besonders hervorgehoben wurde, auf dem wieder einmal den Tänzern von Giuseppe Rotas *Il Fornaretto*, einem vieraktigen *ballo*, genauso viel Raum wie den Sängern der Oper eingeräumt wurde. Das exotische Fluidum, das die amerikanische *ballerina* um sich herum verbreitete, ihre Grazie und natürlich ihre schönen Beine rissen das Publikum zu Begeisterungsstürmen und Huldigungsgedichten hin (Polidori, 1985, S. 542 und 551). Elf Jahre später, 1866, wurde in einem anderen Provinzstädtchen, Ascoli Piceno in den Marken, selbst Giacomo Meyerbeers *Robert le diable* mit *La rosa*, einem Ballett von Ettore Barracani kombiniert (Luna, 1994, S. 62): Der unerschütterliche Enthusiasmus der Anhänger Terpsichores wurde nur durch den Fanatismus übertroffen, mit dem man (unter Umständen) an den Altären der Gesangsstars Opfer darbrachte.

Die Einlagen der gefeierten Sänger an den Abenden ihrer *beneficiate*, deren Einnahmen dem auftretenden Gesangsstar zustanden, waren mannigfaltig, doch gemeinhin paßten sie nicht zu der eigentlich aufgeführten Oper. Um bei Ascoli Piceno zu bleiben: Am 25. November 1876 wurden dort nur drei der vier Akte von *Il Guarany* von Carlo Gomes gespielt, weil die Sängerin des Abends, Virginia Garulli, *La Paloma* und (zusammen mit Arturo Byron und Luigi Medini) das Terzett aus Verdis *I Lombardi alla prima crociata* singen wollte (ebd., S. 90); am 1. Dezember 1875 sang Virginia Pozzi-Ferrari während der letzten Aufführung von Bellinis *Norma* ein *Adagio e valzer* von Luigi Venzano (ebd., S. 88); am 9. November 1873 wurde neben Pacinis *Saffo* das Duett Azucena/Manrico aus dem 2. Teil von *Il trovatore* wiederholt; am 22. November desselben Jahres (am Abend seiner *beneficiata*) sang der Tenor Adolfo Marubini zusätzlich zur Aufführung von Donizettis *Anna Bolena* die *cavatina* aus Verdis *I due Foscari* (ebd., S. 80); am 5. Februar 1867 schließlich erwies sich ein Bassist namens Sassaroli, der während einer Aufführung von Flotows *Martha* eine Arie aus Donizettis *Lucrezia Borgia* gesungen hatte, als veritabler Oboist, der ohne zu zögern auf dem Englisch-Horn ein Solo blasen konnte (ebd., S. 63).

Solche Potpourris sind freilich nicht nur aus der ›Provinz‹ überliefert: Als am 11. März 1860 an der Scala in Mailand wegen der Indisposition eines Sängers die vorgesehene Opernaufführung ersetzt werden mußte, stellte man folgendes Programm zusammen: im ersten Teil die Ouverture zu Donizettis *La Favorite*, eine Arie aus Antonio Cagnonis *Don Bucefalo*, eine *cavatina* aus Rossinis *Bianca e Falliero*, das Terzett aus dessen *L'Italiana in Algeri*, und schließlich (mit den beiden gefeierten Marchisio-Schwestern) das Duett aus dem 1. Akt von dessen *Semiramide*; im zweiten Teil *Un' avventura di carnevale*, ein fünfaktiger *ballo* von Paolo Giorza und P. Borri; im dritten Teil die Ouverture zu Donizettis *Fausta*, ein Walzer von Luigi Venzano (mit Carlotta Marchisio) und am Ende ein weiteres Duett aus Rossinis *Semiramide*, wieder gemeinsam von beiden Schwestern ausgeführt (*Museo teatrale*, 1997, S. 44).

Das Verhalten des Publikums

Gerade unvorhergesehene Zwischenfälle sorgten bei den *spettacoli* für Begeisterung. So berichtet Paul Heyse in seinen Memoiren *Ein Jahr in Italien* von »einer liebenswürdigen Scene im Teatro della Radegonda«, die sich 1852 in Genua zugetragen habe:

> Wir hatten einer trefflichen Aufführung des *Don Pasquale* beigewohnt. Nach dem zweiten Akt wurde ein komisches Duett eingeschoben, ein Gutsbesitzer beklagt sich mit seinem Fattore über die schlechte Ernte des Jahres, die ihn in bittere Noth bringe. Der Verwalter stimmt schwermüthig ein und weiß sich ebenfalls keinen Rath, bis sie endlich Beide auf die Kniee sinken und die Götter des Olymp um Hülfe bitten. Wenn sie auf das Gebet armer Sterblicher hörten, sollten sie es Zechinen regnen lassen. Wirklich geschieht nach ihrem Flehen, aus den Soffiten kommt ein Regen blanker Zahlpfennige herab, denen die Beiden in höchstem Entzücken auf allen Vieren nachlaufen, dann sich aufrichten und eine drollige Dankhymne anstimmen.
>
> Das zahlreiche Publikum wurde von dieser taumelnden Lustigkeit dermaßen angesteckt, daß es wüthend applaudirte und so lange *bis! bis!* schrie, bis das Paar wieder erschien und die Scene noch einmal aufführte. Diesmal aber kam es zu einem noch munteren Schluß. Denn als es wieder Zechinen regnen sollte, brach von allen Seiten, aus den Logen wie aus dem Parquet, ein Regen von werthvollerem Metall über die Duettisten los, daß die armen Teufel anfangs wie versteinert standen, dann aber in hellen Jubel ausbrachen und mit rührend komischen Dankesgeberden den silbernen Segen, der von oben und unten kam, zusammenrafften. (Heyse, 1901, S. 115 f.)

Die Obrigkeit stand jeglicher Unbeherrschtheit des Publikums mit Skepsis, um nicht zu sagen ablehnend gegenüber. Sobald ein Unruheherd ausgemacht wurde, galt es, ihn vorbeugend auszuschalten. Die Polizei publizierte nach den Unruhen während der Aufführungen von *Lucrezia Borgia* an der Scala am 21. Januar 1843 folgenden Erlaß: »Es wird darauf hingewiesen, daß es den Künstlern verboten ist, während des Aktes mehr als drei Mal auf die Bühne zu gehen, um den Applaus des Publikums entgegenzunehmen. Falls trotz dieser großzügigen Regelung darauf bestanden werden sollte, sie [wieder] auf die Bühne zu rufen, wird der Vorhang heruntergelassen, und es ist ihnen nicht mehr erlaubt, sich auf der Bühne zu zeigen.« (Tintori, 1980, S. 97)

Auch im piemontesischen Alessandria scheint es nötig gewesen zu sein, mittels amtlicher Verordnungen den Verlauf eines Abends in geordnete Bahnen zu lenken; nebst einigen Paragraphen, die auf das Verbot hinweisen, im Theater zu pfeifen, selbstverfaßte Gedichte – seien es handschriftliche oder gedruckte – zu verteilen oder aus den Logen herunterzuwerfen beziehungsweise Gegenstände – wie etwa Mäntel – auf den Brüstungen der Ränge zu deponieren, findet sich im Erlaß des 14. Dezember 1842 ein Artikel, der das Wiederholen von Arien oder sonstiger Stücke grundsätzlich als Ausnahmeerscheinung verstanden wissen will: »Die Wiederholung jeglichen Musikstücks, sei es vokal oder instrumental, wie auch irgendeines Stücks aus einem Ballett ist nur im Ausnahmefall erlaubt und keinesfalls mehr als ein einziges Mal für jedes Stück.« (ebd.)

Von e i n e m ausländischen Besucher hingegen werden die beliebten Klischees vom italienischen Publikum zumindest teilweise entkräftet. Jacob Burckhardt schreibt in einem Brief an Max Alioth vom 13. August 1878 aus Bologna:

> Die Italiener sind ganz wie vor Zeiten: gestern nachts im großen Tagestheater unter freiem Himmel bei deliziöser Luft wurde *Norma* vor mindestens tausend Zuschauern gegeben [...]. Es waren sogenannte Sänger dritten Ranges, aber noch immer ganz respektabel, und nun hätten Sie dies Publikum von kleinen Handwerkern, Geschäftsleuten, Wackesen [mundartlich für »Leute mit ungehobelten Manieren«] usw. sehen sollen, wieviel besser es sich benahm, als so oft das Publikum der vornehmen und teuren Theater tut, wo man schwatzt, mit dem Stock den Takt gibt, beliebte Stellen nachsingt usw.; hier war lautlose Stille, mit Ausnahme der Applausstellen; dies geringe Publikum wollte seine alte herrliche Lieblingsoper wirklich hören. (Burckhardt, 1965, S. 357)

Orchesterbesetzungen

Trotz alledem überwog wohl der Wunsch nach Unterhaltung, die nur durch ein facettenreiches Programm gewährleistet werden konnte; ein solches war zwangsläufig eine langwierige Angelegenheit, zu deren Bewältigung oftmals zwei Orchester (oder jedenfalls teilweise alternierende Ensembles) benötigt wurden. Normalerweise gab es drei verschiedene Kategorien von Aufführungen, zu denen italienische Instrumentalisten im 19. Jahrhundert hinzugezogen wurden: *opere serie* mit oder (selten) ohne Ballett, *opere semiserie* beziehungsweise *opere buffe*, und schließlich *veglioni*, also Ballfeste (Conati, 1993, S. 115). Letztere konnten mitunter die ganze Nacht durch dauern: Aus Ascoli Piceno ist überliefert, daß die Musiker einmal um fünf Uhr morgens ihre Instrumente einpacken wollten, doch von der tanzhungrigen Gesellschaft erst um sechs Uhr entlassen wurden (Luna, 1994). Auch durchschnittliche Opernabende stellten indes kein leichtverdientes Brot dar, weshalb zumindest die Konzertmeister während der anstrengenden Veranstaltungen alternierten. So überliefert das Libretto der Erstaufführung von Verdis *Nabucodonosor* am Teatro La Fenice in der Saison 1842/43 verschiedene Namen für den »Ersten Geiger und Leiter des Orchesters« einerseits und den »Ersten Geiger für die *balli*« andererseits. Auch für die Pultkollegen des *maestro concertatore*, für die Stimmführer der zweiten Geigen und der Kontrabässe sind die Funktionen nach Oper und Ballett getrennt. Noch 1893, zur Uraufführung von *Falstaff*, finden sich nicht nur [Violin-]Konzertmeister »für die Oper« und »für den *ballo*«, sondern auch alternierende Solobratschen, Soloviolocelli, Kontrabässe, Soloflöten, Oboen, Klarinetten, Fagotte, sogar eine »erste Trompete für den *ballo*«, ja eine »erste Harfe für die Oper« und eine »für den *ballo*«, das an Verdis Oper anschließende Ballett *Die Puppenfee* von Joseph Bayer.

Die Unterschiede und lokalen Gebräuche waren mannigfaltig, doch kristallisierten sich im Lauf der Jahre bestimmte Tendenzen heraus, die bei Ausländern mitunter auf Kritik stießen. 1808 spielten im Orchester des Teatro Tordinona in Rom acht Violinen (fünf erste, drei zweite), zwei Violen, ein Violoncello, zwei Kontrabässe, eine Flöte, eine Piccoloflöte, eine Oboe, zwei *clarini*, ein Fagott, zwei Hörner, zwei Trompeten, zwei Posaunen, eine Baßposaune und große Trommel, nebst Pauken und Becken (Monaldi, 1909, S. 133 f.). Um 1770 umfaßte das Orchester des Teatro Ducale in Mailand bereits 28 Geigen, sechs Bratschen, zwei Violoncelli und sechs Kontrabässe; 1778 hatte die neueröffnete Scala bereits 30 Violinen, acht Violen und zusammen 13 Violoncelli und Kontrabässe. Die Baßlastigkeit war am selben Theater auch 1814 noch eindeutig festzustellen, mit 25 Geigen, sechs Bratschen, vier Violoncelli und acht Kontrabässen; 1825 waren an der Scala 13 erste Violinen zu hören, 13 zweite, sechs Violen (Conati, 1993, S. 116), sechs Violoncelli (davon eines als »violoncello al cembalo«) und acht Kontrabässe (davon einer als »contrabbasso al cembalo«; Meucci, 1992, S. 145), doppeltes Holz, ein doppeltes Paar Hörner, zwei Trompeten, drei Posaunen, ein tiefes Serpent, ein als »Cembalo« bezeichnetes Klavierinstrument, bei dem es sich aber durchaus um ein Hammerklavier gehandelt haben kann, daneben noch die *banda*, eine Extra-Blaskapelle – mithin also über 65 Instrumentalisten (Conati, 1993, S. 116). Zwischen 1802 und 1856 schwankte die Zahl der Kontrabässe an der Scala immer zwischen acht und neun (gegenüber fünf bis sieben Violoncelli), 1871 waren es gar zehn (und sieben Violoncelli) beziehungsweise zwölf (gegen 28 Geigen, zwölf Bratschen und zwölf Violoncelli; Piperno, Rostagno, 1996, S. 174).

Qualität des Orchesters

Hector Berlioz bemängelte 1831, trotz eines insgesamt guten Eindrucks vom Teatro San Carlo in Neapel, die klangliche Balance:

Dort hörte ich, zum ersten Male seit meiner Ankunft in Italien, Musik. Das Orchester kam mir, verglichen mit denen, die ich bisher kennen gelernt, ausgezeichnet vor. Man kann in Ruhe die Blasinstrumente anhören, von ihrer Seite ist nichts zu fürchten; die Geigen spielen recht gut und die Violoncelli sind schön im Ton, aber zu schwach besetzt. Der in Italien allgemein angenommene Brauch, die Violoncelli stets schwächer zu besetzen, als die Kontrabässe, kann nicht einmal durch das musikalische Genre gerechtfertigt werden, dem sich die italienischen Orchester gewöhnlich widmen. Ich möchte wohl auch dem Kapellmeister das höchst unangenehme Geräusch schenken, mit dem er den Bogen hart auf das Pult schlägt, aber es wurde mir versichert, daß, ohne dies, die »Musiker«, die er dirigiert, manchmal Schwierigkeiten hätten, dem Takt zu folgen ... Dagegen läßt sich nichts einwenden; denn schließlich kann man in einem Lande, wo die Instrumentalmusik fast unbekannt ist, nicht Orchester verlangen, wie die von Berlin, Dresden oder Paris. (Berlioz, 1914, S. 184)

Auch Felix Mendelssohn Bartholdy, zur selben Zeit auf Bildungsreise in Italien, äußert sich eher skeptisch herablassend. Am 17. Mai 1831 schreibt er aus dem allgemein in musikalischen Fragen als führend geltenden Neapel: »Orchester und Chor sind hier, wie in einer untergeordneten Mittelstadt bei uns, nur noch roher und unsicherer: der erste Violonist [sic] schlägt durch die ganze Oper hindurch die vier Viertel des Taktes auf einen blechernen Leuchter, so daß man es zuweilen mehr hört, als die Stimmen (es klingt etwa, wie obligate Castagnetten, nur stärker) und trotzdessen sind Orchester und Sänger nie zusammen: bei jedem kleinen Instrumental Solo kommen altmodische Verzierungen und besonders ein schlechter Ton zum Vorschein, das Ganze ist ohne den geringsten Geist, ohne Feuer und Lust«. (Mendelssohn Bartholdy, 1958, S. 149 f.)

Die Größe der Orchester war sehr variabel, was ein abschließendes Urteil über ihre Qualität schwierig macht. Man wird wohl nicht völlig in die Irre gehen, wenn man annimmt, daß der Standard in etwa demjenigen der heutigen italienischen Durchschnittsorchester entsprochen haben dürfte: Ganz exzellente, dem internationalen Vergleich standhaltende Konzertmeister, Violoncelli und besonders Solobläser finden sich neben oder inmitten einer nicht immer inspiriert wirkenden Menge von Tutti-Streichern, deren Homogenität sehr zu wünschen übrig läßt – sofern nicht ein Ausnahmedirigent am Pult steht, der die Musiker zu motivieren und die enormen Reserven zu aktivieren weiß. Der landläufig geäußerten Meinung aufzusitzen, ein Haufen Individualisten sei eben nicht zu disziplinieren, führt auf Abwege: Es gibt kaum Orchester, die es wie die italienischen verstehen, flexibel auf äußere Gegebenheiten zu reagieren und Ausnahmeleistungen zu erzielen, sofern eben nur der entsprechende Nerv getroffen wird. Auch die im 19. Jahrhundert enorme Fluktuation zwischen den einzelnen Spielorten war ein Faktor, der die Qualitätsstandards beeinflußte: 1830 wurden an 150 Theatern in Italien circa 180 Spielzeiten bestritten, 1840 gar 240, 1858 mehr als 300, mit oftmals von Ort zu Ort reisenden Musikern, die mit ortsansässigen Instrumentalisten teils harmonisch zusammenarbeiteten, teils aber auch in offene Konkurrenz zu ihnen traten: So blieb es ein Ding der Unmöglichkeit, bei diesen Produktionsbedingungen ein Eliteorchester, wie Mendelssohn Bartholdy es sich wohl erwartet hatte, zu formen.

In Bologna sah man 1821 56 Musiker für die die *opera seria* vor: 21 Geigen, vier Bratschen, vier Violoncelli, sieben Bässe, drei Oboen, jeweils zwei *clarini*, Flöten, Fagotte, Trompeten und Posaunen, vier Hörner, schließlich Pauke, große Trommel sowie Becken und Triangel »zur Verstärkung« mit jeweils einem Spieler. 33 Musiker wurden für die Opern ohne *ballo*, 20 für die als *veglioni* bezeichneten Bullfeste (in zwei sich abwechselnden Gruppierungen), 14 für Komödien, 25 für Akademien veranschlagt (Mioli, 1982, S. 323 f.). In den großen Opernhäusern waren vor 1860 kaum jemals mehr als 60 Instrumentalisten in einem Orchester vereint, normalerweise zwischen 50 und 55 (Conati, 1993, S. 116). Die Durchschnittsbesetzung in kleineren Häusern lag vor der italienischen Einheit 1860 bei knapp 40 Mitgliedern (Piperno, Pasquini, 1996, S. 127). In der relativ kleinen Stadt Alessandria zum Beispiel war im Vertrag zwischen der Stadtverwaltung und den *impresari* zwischen 1857 und 1860 ein 40-Mann-Orchester mit 14 Geigen, zwei Bratschen, zwei Violoncelli und drei Kontrabässen, nebst doppeltem Holz, vier Hörnern, zwei Trompeten, drei Posaunen, Ophikleide und Schlaginstrumenten vorgesehen, wobei jedoch betont wurde, der *impresario* habe sich bei der Zusammenstellung des Orchesters der Mitglieder der ortsansässigen *banda* beziehungsweise der Kirchenmusiker der Kathedrale zu bedienen (Beltrami, 1988, S. 66 f.). Alexander Borodin berichtet von seinen Erfahrungen als Aushilfs-Violoncellist am Teatro dei Ravvivati in Pisa 1862, das Orchester sei so klein gewesen, daß der Klarinettist, der auch als Dirigent fungierte, während der *recitativi secchi* einer Donizetti-Oper den Continuo-Part übernahm, indem er eine einzige lang anhaltende Note blies Voskobojnikov, 1994, S. 392).

Die ständige Fluktuation der Musiker, aber auch deren Einsatzplan im Theater machten mitunter wohl das bereits erwähnte laute Taktschlagen nötig; auch Otto Nicolai mokierte sich darüber am 5. März 1834: »Das Orchester spielt ohne Direktor, nur der Vorgeiger gibt zuweilen den Takt an; das geschieht aber in den meisten Theatern auf eine wahrhaft empörende Weise; denn so ein Tölpel von Vorgeiger stampft alsdann mit den Füßen aufs lauteste den Boden, sodaß man den Taktschlag desselben wie bei uns die große Pauke vernimmt! Er ist gewöhnlich lauter als die ganze übrige Musik.« (Nicolai, 1924, S. 59) Aus der Hauptstadt des Kirchenstaates berichtete er wenig später: »Das Publikum ist in Rom etwas anständiger und ruhiger, und auch die Einrichtungen des Orchesters ein wenig vernünftiger, so daß man wenigstens mehr Musik als Taktklopfen und Sprechen hört.« (ebd., S. 85)

Aufstellung des Orchesters

Die Anordnung der Musiker in den repräsentativen Orchestern geht aus verschiedenen Illustrationen und anderen Dokumenten wie Plänen und Zeichnungen hervor, die zumindest partiell übereinstimmen. An der Scala waren beispielsweise zu Zeiten der Orchesterleitung Alessandro Rollas (1802–1833) die Bläser und tiefen Streicher entlang der Bühnenrampe aufgereiht, und zwar von links nach rechts (vom Zuschauer aus gesehen) in folgender Anordnung: *banda turca*, Kontrabässe, »basso e violoncello al cembalo«, Hörner, Fagotte, Oboen, Flöten, Posaunen, tiefe Serpente, Pauken, Violoncelli, Kontrabässe; des weiteren links, entlang der Bläser, sechs zweite Violinen mit dem Rücken zur Bühne, entsprechend rechts die restlichen sechs zweiten Geigen und ein Teil der Bratschen, dazwischen in der Mitte der Stimmführer der zweiten Geigen; den zweiten Violinen gegenüber schließlich saßen links sechs erste Geigen, die dem Publikum den Rücken zuwandten, rechts die anderen sechs ersten Violinen und der Rest der Bratschen; dazwischen war der Leiter plaziert (Bianchi, 981, S. 31; Meucci, 1987/88, S. 41; Cavallini, 1998, Tafel 3; Harwood, 1986, S. 122). Im Teatro San Carlo in Neapel, damals wohl das führende Opernhaus Italiens, waren um 1818 die Kontrabässe, aber auch die Violoncelli, ebenfalls geteilt aufgestellt (Cavallini, 1998, Tafel 3; Harwood 1986, S. 121).

Wie aus einem für die Theaterleitung bestimmten Bericht des Sängers, Gesangslehrers und »Orchesterinspektors« der Scala Francesco Antonio Biscottini hervorgeht, war die Anordnung in Mailand erst 1846 dahingehend geändert worden, daß »alle Streichinstrumente sich zur Linken des Orchesterleiters und alle Blasinstrumente, nur mit drei Kontrabässen, sich zu seiner Rechten« befanden (Meucci, 1987/88, S. 43). Die Bläser und die drei einzelnen Kontrabässe konnten deshalb damals angeblich die Violinen nicht in ausreichendem Maße hören, wodurch es, so entnimmt man dem Dokument, wiederholt zu Ausfällen und falschen Einsätzen gekommen sein muß. Dem Antrag Biscottinis, wieder zur alten Anordnung Rollas zurückzukehren, wurde jedoch nicht stattgegeben. Verdi selbst habe, Biscottini zufolge, die neue Anordnung nicht als Ganzes gutgeheißen, sondern nur die Maßnahme, die Violoncelli zusammenzuführen. Das wäre gut nachvollziehbar, denn der Komponist hat 1858 anläßlich der Einstudierung von *Simon Boccanegra* am Teatro San Carlo im Neapel nachweislich darauf bestanden, Bratschen und Violoncelli nicht aufzuteilen, sondern zusammen aufzustellen (Brief Verdis an Giulio Ricordi vom 4. April 1869; Abbiati, 1959, Band III, S. 262; Harwood, 1986, S. 124): Die Präzision der Einsätze sei andernfalls nicht gegeben, Klangfarbe und -fülle könnten nicht zu seiner Zufriedenheit ausfallen; die altmodische Anordnung rühre noch aus Zeiten her, da die Violen und Violoncelli *unisono* mit den Bässen geführt worden seien, doch bei den zeitgenössischen Partituren (aus den 1850 und 1860er Jahren) – so Verdi – sei es nicht zweckmäßig, dieser anachronistischen Tradition zu folgen.

Nichtsdestoweniger kehrte man in Neapel bald nach der Konzession an Verdis Sonderwünsche zur herkömmlichen Aufstellung zurück. Neben weiteren Vorbehalten, zum Beispiel gegenüber der mäßigen Sängerkompanie, weigerte sich der Komponist deshalb, dem Teatro San Carlo die Aufführungsrechte für *La forza del destino* zu erteilen (ebd.; Conati, 1993, S. 121 f.). Bereits im April 1843 hatte Verdi in Wien beobachtet, wie die gesamte Kontrabaßgruppe einheitlich in der Mitte des Orchesters aufgestellt war, was ihn zunächst befremdete. Im Rückblick berichtete er aber, wie sehr ihn »der kraftvolle Zugriff, die Präzision, die Klangreinheit, die *piani*, die *forti*, etc.« (Brief Verdis an Francesco Florimo vom 23. Juli 1869; Conati, 1993, S. 127) beeindruckt hatten und empfand die italienische Tradition als nicht mehr tragbar. Vermutlich bereits bei den Erstaufführungen von *Simon Boccanegra* in Venedig und Reggio Emilia 1857 ließ er die tiefen Streicher jeweils zusammen aufstellen (ebd., S. 121 f.).

Akustik

Die Frage der Wirkung eines Orchesters hängt freilich nicht nur von der Besetzungsstärke ab, sondern auch von der Plazierung der Musiker im Aufführungsraum und natürlich von der dortigen Akustik. Wie Nikolaus Harnoncourt einleuchtend ausführt, waren im 18. beziehungsweise frühen 19. Jahrhundert in deutschsprachigen Ländern die Besetzungen oftmals sehr variabel – Mozart berichtet am 11. April 1781 aus Wien von nicht weniger als vierzig Geigen, 1787 waren es bei der Aufführung von *Don Giovanni* ganze sechs –, woraus man jedoch keine definitiven Rückschlüsse auf die Wünsche der Komponisten ziehen darf. »Die meisten Musikhörer machen sich ganz falsche Vorstellungen über Lautstärkedifferenzen, die aus der Besetzungsstärke resultieren. Sechs Geigen klingen eben überhaupt nicht doppelt so laut wie drei, sondern nur um zehn Prozent lauter! Erst eine irreal große Geigengruppe klingt tatsächlich doppelt so laut.« (Harnoncourt, 1984, S. 126)

Die italienischen Orchester des 19. Jahrhunderts unterschieden sich nicht nur in der Besetzungsstärke von heutigen Formationen, sondern waren auch anders aufgestellt, wobei es jedoch durch die inzwischen erfolgten gravierenden Eingriffe in die bauliche Substanz der meisten Theater ein Ding der Unmöglichkeit wäre, zu den ›authentischen‹ Aufführungsgegebenheiten zurückzukehren. Der ›Originalklang‹ wird wohl auf immer verloren bleiben, da nicht nur die Stimmen der mythischen Sänger Rossinis, Bellinis, Donizettis und Verdis für immer verstummt sind, sondern auch die Akustik der Orte ihrer Triumphe entstellt worden ist.

Wie anhand diverser Illustrationen belegt werden kann, war im 19. Jahrhundert das Orchester in den meisten Opernhäusern auf derselben Höhe plaziert wie die Zuschauer im Parkett. Dort scharten sich normalerweise Militärs, das Personal der Adligen, denen die Ränge vorbehalten waren, bisweilen auch Besucher aus dem Ausland, also ›Fußvolk‹, weshalb keine allzu große Rücksicht auf diese ›billigen Plätze‹, zumeist Stehplätze, genommen wurde. Abgesehen davon, daß das Orchester noch nicht in der heutigen Art ›versenkt‹ war, reichte die Bühne auch wesentlich weiter in den Zuschauerraum hinein als heute: Der Name der Proszeniumslogen rührt daher, daß man von dort wirklich direkt auf die Vorderbühne sehen konnte, ohne sich den Hals verrenken zu müssen. Das heutzutage als ›Opas Oper‹ oder ›kostümiertes Konzert‹ verschrieene, noch nicht durch das Regietheater veränderte ›Rampentheater‹ beruhte nicht nur auf den Starallüren der den damaligen Betrieb mehr noch als heute beherrschenden führenden Sänger, sondern auch auf akustischen Notwendigkeiten. Es ist offensichtlich, daß ein in der heutigen (viel weiter hinten befindlichen) Bühnenmitte plazierter Sänger wesentlich mehr forcieren muß, um hörbar zu bleiben, als sein Kollege vor hundert Jahren, der noch auf die Resonanz der meist von Kulissen begrenzten Vorderbühne zählen konnte; ein fast in der Saalmitte sitzendes Orchester hatte wohl auch in kleinerer Besetzung ein leichteres Spiel: Bei der Wiedereröffnung des in der Bausubstanz offenbar relativ wenig veränderten Teatro Ventidio Basso in Ascoli Piceno 1994 fiel besonders die Überakustik auf, die bei der Aufführung von *La traviata* aus einem mittleren Ensemble scheinbar ein großes Symphonieorchester mit starkem Blech und Schlagwerk werden ließ.

Eine Ansicht des römischen Teatro Apollo, des im Zuge der Befestigungen des Tiber-Ufers abgerissenen Uraufführungstheaters von Verdis *Il trovatore*, zeigt eine weit in den Zuschauerraum ragende Vorderbühne und einen ungefähr bis auf die Höhe der dritten Loge ausgedehnten Orchesterbereich; das Publikum im Parkett verfügt allerdings, ganz wie heute, über Sitzplätze, wenn auch in weniger zahlreichen Reihen (Gatti, 1941, S. 75). Liszt berichtet 1838 aus der Scala von nur zwanzig Parkettreihen (Liszt, 1988, S. 148; Conati, 1993, S. 121, 126); eine Skizze der Festaufführung zum 100. Geburtstag von Rossini 1892 in der Scala mit Verdi als Dirigenten dokumentiert ebenfalls die in den Saal hineinreichende Vorderbühne, auf der sich links die Harfen und ein Teil des riesigen Chors befinden, und das wiederum etwa bis zur dritten Loge ins Parkett sich erstreckende Orchester (Tintori, 1990, S. 134).

Erst Arturo Toscanini drängte darauf, in der Scala einen Orchestergraben nach (falsch verstandenem) Bayreuther Muster einzurichten; der ›golfo mistico‹ wurde im Sommer 1907 eingebaut, wobei die ersten beiden Parkettreihen zugunsten der Ausdehnung des Grabens geopfert werden mußten. Zudem verschluckte der neue Orchesterraum die Vorderbühne, den *proscenio* – sehr zum Schaden der Akustik, da die ursprünglichen Verhältnisse von Raumgröße und Bühnenraum sowie die daraus resultierenden Resonanzeffekte zerstört wurden (ebd., S. 138). Die ›Versenkung‹ des Orchesters wurde von lebhafter Polemik begleitet, doch *peu à peu* zogen die anderen Theater nach, weshalb heutzutage fast kein italienisches Opernhaus mehr im ursprünglichen Zustand erhalten ist. Der verheerende Brand des Cinema Statuto in Turin 1983, bei dem wegen unzulänglicher Notausgänge mehrere Dutzend Menschen ums Leben kamen, hatte unter anderem zur Folge, daß die Forderung nach ausreichenden Sicherheitsbedingungen wesentlich strikter gehandhabt wurde: Zunächst mußten zahllose Theater zeitweise schließen, um entsprechende Ausgänge einzubauen oder die vorhandenen zu verbessern; in einer zweiten Phase (in den 1990er Jahren) wurden aus Sicherheitsgründen bei Renovierungsarbeiten zahlreicher kleiner Theater aus dem 18. und 19. Jahrhundert die Notausgänge in den Orchesterbereich beziehungsweise unter die Bühne gelegt (um Eingriffe in die Harmonie und Symmetrie des Halbrunds der Logen zu vermeiden), woraus selbstredend gravierende ästhetische, aufführungstechnische und akustische Probleme erwuchsen.

Es trifft zwar zu, daß Verdi in einem Brief an Giulio Ricordi vom 10. Juli 1871 festhielt, die Idee eines ›unsichtbaren Orchesters‹ sei überfällig gewesen: »Die Idee ist nicht von mir, sondern von Wagner: sie ist hervorragend. Es scheint heutzutage unmöglich, daß man unseren elenden *Frack* und weiße Krawatten vermischt mit ägyptischen, assyrischen oder Druiden-Kostümen usw. usw. erträgt; daß man überdies das gesamte Orchester, ›das ein Teil der Fiktion ist‹, sozusagen mitten im Parkett, in der Welt der Pfeifer und Klatscher sieht. Und nun fügt all dem noch den Mißstand hinzu, daß die Hälse der Harfen und der Kontrabässe und der Stab des Dirigenten in das Bühnenbild hineinragen.« (Copialettere, 1913, S. 264 f.) Im Bayreuther Festspielhaus ist das Orchester bekanntlich jedoch wirklich unsichtbar, und zwar völlig und für jedermann, wohingegen das Orchester in den anderen Theatern heute für die Zuschauer im Parkett partiell, für die der Ränge und Galerien sehr gut einsehbar ist. Eine ›mystische‹ Wirkung dürfte dadurch doch wohl sehr beeinträchtigt sein.

Orchesterleitung

Mit gutem Grund befand sich das Orchester im 19. Jahrhundert auf der Höhe des Parketts: Bis in die 1860er und 1870er Jahre hinein war noch die ›geteilte Direktion‹ verbreitet, die die Verantwortung für das Einstudieren einer Oper wesentlich zwei Musikern übertrug: Der *maestro concertatore* beziehungsweise »direttore della musica« war für die Vorbereitungsarbeit mit den Sängern zuständig und spielte zunächst, im frühen 19. Jahrhundert, sowohl während der Proben, als auch bei der Aufführung noch selbst das Klavierinstrument. Bereits Verdi (bei *Giovanna d'Arco* 1845) und Alberto Mazzucato, seit 1854 Dirigent an der Scala, berührten die Tastatur während der Aufführung nicht mehr (Cavallini, 1998, S. 59 f.). Die Verantwortung für das Orchester trug der Konzertmeister. Bisweilen – beispielsweise 1856 in Bologna bei einer Aufführung von Verdis *I due Foscari* – fungierte ein einziger Musiker als »maestro concertatore e direttore d'orchestra«, mithin als Konzertmeister und Dirigent in Personalunion. Auch 1863 war die Verantwortung für das Gelingen von *Un ballo in maschera* am selben Theater auf den *maestro concertatore* und den »primo violino e direttore« gleichermaßen verteilt war (Fairtile, 1997, S. 414; Paganelli, 1966).

Für die Orchesterproben stand normalerweise nur wenig Zeit zur Verfügung: Angeblich habe das Orchester des Theaters in Parma 1852 *Rigoletto* bei der ersten Probe fehlerlos vom Blatt gespielt, was nicht nur erstaunlich, sondern offenbar auch notwendig war: Damals gab es keine Orchesterproben ohne Sänger, und sobald diese einsatzbereit waren, »wurde das Orchester aufgeboten, um die Partitur mit den Sängern zu spielen, und normalerweise war die Oper, auch wenn es sich um ein neues Werk handelte, nach drei Proben zur Aufführung fertig« (Ferrarini, 1940, S. 158). Niccolò Paganini hatte bereits 1835 in Parma für die Personalunion von Probendirigent und Konzertmeister beziehungsweise Aufführungsdirigent plädiert, doch scheint es im wesentlichen erst Angelo Mariani in den 1850er Jahren gelungen zu sein, als – wenn auch von der Geige herkommender – Dirigent ohne Violine in der Hand die Rolle des heutigen, alle Verantwortung in einer Person vereinigenden Pultstars zu schaffen. Von den fast 250 Aufführungen am Teatro Carlo Felice in Genua in den zwei Jahrzehnten nach 1852 leitete Mariani 105 in ›geteilter‹ Direktion mit Uccelli (1852–1860), 141 allein (Martinotti, 1973, S. 322).

Nach neueren Forschungen muß die frühere Aufführungspraxis mit dem mehr oder weniger dirigierenden, jedenfalls noch die Violine spielenden Konzertmeister durchaus auch Vorteile gehabt haben, da sie die Eigenverantwortlichkeit der Orchestermusiker gefördert haben dürfte. Solange der Blickkontakt mit den Sängern noch möglich war – aus dem Orchestergraben war dies ein Ding der Unmöglichkeit –, konnte man enger miteinander musizieren, wodurch sicherlich ein Teil der Probenzeit eingespart werden konnte (Fairtile, 1997, S. 424). Die teilweise noch erhaltenen Drei-System-Stimmen des dirigierenden Konzertmeisters, die die Orchesterpartitur ersetzten, sind aufschlußreich für die noch bis weit in die zweite Hälfte des 19. Jahrhunderts reichende Praxis der ›Violin Directors‹. Diese Dirigenten hatten – wie ihre nachgeborenen Kollegen im Caféhaus die Piano-Direktions-Stimme – eine komplexe, klavierauszugähnliche, auf das rhythmisch-melodisch Wesentliche reduzierte »Violin-Partitur« auf ihren Notenständern stehen, anhand derer sie die »Präzision und Homogenität des Orchesters kontrollieren und bei eventuell ausfallenden Instrumentalsoli helfend einspringen konnten« (ebd., S. 420).

Noch 1869, anläßlich der feierlichen Aufführung von Rossinis *Stabat Mater* in Pesaro, mit der seine Geburtsstadt des vor kurzem verstorbenen Meisters gedachte, spielten neben zahlreichen renommierten Solisten unter den Tutti-Violinen auch 14 »direttori« italienischer Theater im von Angelo Mariani geleiteten Orchester mit, woraus sich schließen läßt, daß sich in diesen Theatern die Institution des »Dirigenten« noch nicht durchgesetzt hatte (Monaldi, 1909, S. 533; Fara, 1926, S. 311–315; Martinotti, 1973, S. 331). In jenen Jahren wuchs der Ruhm Marianis zusehends; 1867 verhalf die von ihm in Bologna geleitete italienische Erstaufführung von *Don Carlo*, Verdis neuester Oper, zu einem durchschlagenden Erfolg (Monaldi, 1909, S. 537). Diese für Paris konzipierte und dort wenig erfolgreiche Oper war es auch, der Verdis besondere Sorgfalt galt:

Die Mailänder Produktion von 1868 sollte eine Musteraufführung werden, bei der der Komponist auf nicht weniger als 100 Orchestermusikern und 120 Chorsängern (darunter allein 46 Bässe für das Finale) bestand; ferner spielten 16 erste Geigen, 14 zweite, zehn Violen, zehn Violoncelli und elf Kontrabässe, woraus sich Verdis Erfahrungen mit dem Orchester der Pariser Opéra ablesen lassen, die ihn dazu veranlaßt haben, die relativen Stärkeverhältnisse der einzelnen Instrumentalgruppen auch in den italienischen Orchestern dem internationalen Standard anzugleichen (Harwood, 1986, S. 115). Eine ähnlich starke Besetzung – mit mindestens 80 Chorsängern – verlangte Verdi auch für die Mailänder Erstaufführung seiner *Aida* (Brief Verdis an Giulio Ricordi vom 7. September 1871; Abbiati, 1959, Band III, S. 479f.). Wie oben bereits erwähnt, galt Verdis besonderes Augenmerk der Kontrabaßgruppe, die keinesfalls geteilt, aber im Verhältnis zu den Violoncelli auch nicht klanglich überwiegen sollte.

Verdis Vorstellung, zwei Opernhäuser – die Mailänder Scala und das Teatro San Carlo in Neapel – mit fest angestelltem Orchester von besonders hoher Qualität als Modelltheater zu führen, sind erst Jahrzehnte später – wenigstens, was die wirtschaftlich-gewerkschaftliche Sicherheit betrifft – realisiert worden. Doch auch die Verstaatlichung der (zwölf) großen Opernorchester (1967 mit dem Gesetz Nr. 800 definitiv untermauert) konnte bekanntlich keine künstlerische Garantie darstellen. Ob die von Verdi 1867 beziehungsweise 1869 verlangte Vereinheitlichung des Kammertons auf 435 Hz (später akzeptierte er zeitweise auch 432 Hz; Conati, 1993, S. 124f.), die von ihm offenbar bevorzugten zügigen Tempi (Chusid, 1991, S. 17) heute noch nachvollzogen werden sollen, das Problem, inwieweit eine auf der Bühne postierte *banda* wirklich als provinziell empfunden wurde, die Frage nach der ›Wahrheit‹ im Gestus der Sänger, nach der Verbindlichkeit von Verdis *disposizioni sceniche* – all das sind letzten Endes Geschmacksfragen, für deren Lösung beziehungsweise adäquate Realisierung nur das persönliche Empfinden der ausführenden Musiker einstehen kann. Die künstlerische Wahrheit muß immer von neuem ›erfunden‹ werden.

Verdis ›Ästhetik‹

von Anselm Gerhard

»Cupo« (»Finster«)

»Cupo è il sepolcro e mutolo« (»Finster ist das Grabmal und stumm«): Eine der unbekanntesten Kompositionen Verdis beginnt mit einem Wort, das für das musikdramatische Denken dieses Theatermusikers, aber auch für viele seiner kompositorischen Detailentscheidungen von zentraler Bedeutung gewesen ist. »Cupo«, ein Wort, das neben der Grundbedeutung »tief« eine schillernde Vielfalt von Bedeutungsnuancen hat – Wörterbücher führen unter anderen die Adjektive »dunkel«, »finster« und »fahl« auf, im metaphorischen Sinn aber auch »dumpf«, »nachdenklich« und »schweigsam«. Und Verdi-Kenner werden sich an den allzuoft zitierten Brief an Cammarano erinnern, in dem der Komponist für die Gestaltung der Lady Macbeth eine »voce cupa«, eine »hohle Stimme« einfordert (siehe oben, S. 168 f.).

Freilich ist das 1843 in Mailand komponierte Albumblatt, das erst im November 2000 im Druck erscheinen sollte, nicht nur unter lexikalischen Aspekten von höchstem Interesse. Das kurze Klavierlied stellt wahrscheinlich Verdis erste Komposition auf einen Text von Andrea Maffei dar, den adligen Gönner in Mailand, dem Verdi gewiß den größten Teil seiner literarischen Bildung verdankte. Denn Maffei war als Übersetzer von Werken Schillers, Heines, Lord Byrons, aber auch Shakespeares für die italienische Literaturgeschichte des 19. Jahrhunderts von entscheidender Bedeutung. Für Verdis Schaffen blieb er immer so etwas wie eine ›graue Eminenz‹: Die einzige deklarierte Zusammenarbeit an der Schiller-Oper *I masnadieri* führte zwar nur zu einem mäßigen Erfolg, wohl vor allem auch, weil kein anderer Librettist von Verdi so respektvoll behandelt worden war wie der gebildete Literat. Aber wenn Verdi bei der Arbeit an irgendeiner seiner Opern nicht weiter wußte, konnte er bei Maffei immer Rat suchen, etwa für einen großen Teil der charakteristischen Verse in seinem *Macbeth*, die Maffei – gleichsam hinter dem Rücken des ›offiziellen‹ Librettisten Piave – beisteuerte.

Auch in ihrer künstlerischen Bedeutung ist die 1843 entstandene Gelegenheitskomposition nicht zu unterschätzen: Das Lied beginnt im *unisono* der Singstimme und beider Stimmen des Klaviers mit einem gravitätisch absteigenden Tonleiterausschnitt in f-Moll, an den sich der *saltus duriusculus* e-des, die aus der musikalischen Rhetorik des Barocks überkommene Chiffre für Leid und Schrecken anschließt. So offensichtlich der Ausgangspunkt der kompositorischen Erfindung in jahrhundertealten Traditionen begründet scheint, so schnell durchbricht freilich Verdi die vorgefundenen Konventionen. Maffeis strophisches Gedicht wird von Verdi zunächst in einem rezitativischen Tonfall aufgebrochen und findet erst im vierten Vierzeiler zu einer auch musikalisch geschlossenen Gestalt, wenn die Singstimme ihre Klage darüber anstimmt, daß es nur in »einer unerforschten Region« die »beständige Ruhe« gibt, »die der Mensch herbeisehnt«, daß »nur jenes finstere Leben« zur »wahren Heimat führt«. Musikalisch verdeutlicht hat Verdi diesen Wunsch eines ganz und gar nicht gläubigen »armen Herzens« nach »requie«, nach »Ruhe« mit einer weitgespannten Melodie in As-Dur, die durch die enharmonischen Modulationen nach Ces-Dur und fes-Moll ihre erschütternde Insistenz erhält.

Der Tod als einziges und unvermeidliches Ziel eines Lebens, dessen flüchtige Freuden ständig bedroht sind: In dem gerade drei Minuten dauernden Klavierlied ist in nuce eine Grundüberzeugung vorformuliert, die in Verdis dramatischem Schaffen – einschließlich *Falstaff* als ebenso sarkastische wie abgrundtief pessimistische Beschreibung der menschlichen Grausamkeiten – genauso wie in seinen ›geistlichen‹ Kompositionen immer von neuem variiert erscheint, ohne daß dem souveränen Musikdramatiker je eine abschließende Antwort auf diese Grundfrage der menschlichen Existenz möglich gewesen wäre.

Theater des Todes

Im Anschluß an die Uraufführung von *Il trovatore* schrieb Verdi, dessen finster wirkender Blick auch noch dem heutigen Betrachter von Photographien auffällt: »Man sagt, diese Oper sei zu traurig und es gäbe zu viele Tote darin. Aber schließlich ist im Leben doch alles Tod? Was lebt schon?...« (Brief an Clara Maffei vom 20. Januar 1853; Abbiati, 1959, Band II, S. 190) Verdi nahm die untrennbare Ambivalenz von Tod und Leben wie kaum ein anderer Künstler wahr, für ihn war der Tod trotz allem Schrecken doch nur die andere Seite des Lebens. So überrascht es nicht, daß an einer der ergreifendsten Stellen von *Il trovatore*, wenn im 4. Teil der Oper Leonora voller Angst hören muß, daß die Totenglocke und das »Miserere« eines Chors hinter der Bühne die bevorstehende Hinrichtung Manricos ankündigen, das Bild des Erschreckens vor dem Tod in einen ebenso eigentümlichen wie unvergeßlichen Klang gefaßt ist (»Quel suon, quelle preci solenni, funeste«): Das ganze Orchester spielt im *tutti* – also einschließlich vier Hörner, zwei Trompeten, drei Posaunen, einem Cimbasso, der Pauke und der großen Trommel – und doch im dreifachen *pianissimo* den charakteristischen anapästischen Rhythmus – hier in zwei Zweiunddreißigsteln und einer Achtel –, den Verdi immer dann einsetzt, wenn es um das Sterben geht (Noske, 1977, S. 171–214). Eine Ausführungsanweisung macht deutlich, wie genau Verdi wußte, wie irritierend der Widerspruch von größtmöglicher Besetzung und kleinstmöglicher Lautstärke aufgefaßt werden mußte: »Questo squarcio deve essere pianissimo benché a piena orchestra« (»Dieser Abschnitt muß äußerst leise sein, obwohl mit vollem Orchester.«)

Leonoras Text gibt der Klang-Chiffre einen Namen: »Cupo terror« (»finsterer Schrecken«). Aber nicht nur das, das Stichwort »cupo« und die gewählte Tonart as-Moll verweisen auch auf die musikalische Wurzel von Verdis Schreckensklang: Im Finale des 1. Aktes von Rossinis *Semiramide* erscheinen im *pezzo concertato* (»Qual mesto gemito«) dieselbe Tonart, derselbe charakteristische Rhythmus (Budden, 1978, Band II, S. 99 f.) und dasselbe Stichwort, wenn die Titelfigur sagt, daß ein »grido funebre« (»Grabesschrei«) »cupo« (»dumpf«) widerhallt. Wie die literarischen Produktionen so vieler seiner Generationsgenossen, die auf die Ästhetik romantischer Manifeste zurückgriffen, um ihren bodenlosen Pessimismus auszudrükken, versucht auch Verdis todessüchtiges Theater letztlich nur, auf verschiedene Arten das in der Konsequenz immergleiche Ende menschlichen Lebens sinnlich erfahrbar zu machen. Schon Bellini hatte ein halbes Jahrzehnt vor Verdis ersten Schritten in die Opernwelt eine lapidare Formel für das zeitgenössische »dramma per musica« gefunden: »Die Oper muß [das Publikum] zum Weinen, zum Entsetzen, zum Sterben durch den Gesang bringen.« (Brief an Carlo Pepoli vom Frühjahr 1834; Cambi, 1943, S. 243)

Im Fokus von Verdis Perspektive steht aber mehr noch als der Tod der Abschied als unausweichliche Notwendigkeit jeder menschlichen Begegnung: Der Komponist, der seine Briefe vorzugsweise mit der lakonischen Formel »addio addio« schloß, hat das Abschiedswort »addio« so oft komponiert wie kein anderer vor und nach ihm (Gerhard, 1992, S. 330 f.). Völlig zu Recht hat ein satirischer und gerade deswegen ernstzunehmender Autor eine Figur in Verdis Opern, Riccardo in *Un ballo in maschera*, als »ewigen Abschiednehmer« bezeichnet (Henscheid, 1979, S. 33). Der Musikdramatiker Verdi, der schon als Mittzwanziger erfahren hatte, was es bedeutete, von Frau und Kindern auf ewig Abschied zu nehmen, fürchtete offenbar den Tod und hat doch die Geste des letzten Abschieds immer mit der ganzen menschlichen Wärme erfüllt, die ihm zu Gebote stand.

Obwohl Verdi den selbstverständlichen Glauben älterer Künstlergenerationen an das Leben anscheinend nicht mehr teilen kann – und doch erst im hohen Alter von 87 Jahren stirbt –, gestaltete er immer wieder die Obsession, dem Schrecken des Todes ins Auge zu sehen. Boito schrieb wenige Wochen nach seinem Tod: »Auch er hat ihn [den Tod] gehaßt, denn er selbst war der kraftvollste Ausdruck von Leben, den man sich vorstellen kann, er haßte ihn, wie er die Trägheit haßte, das Rätsel und den Zweifel.« (Brief an Camille Bellaigue vom 7. April 1901; Medici/Conati, 1978, S. 512)

Theater für die Lebenden

Obwohl in weitestem Sinne Theater des Todes ist Verdis Musiktheater, zu dem hier sehr bewußt auch die *Messa da Requiem*, die *Quattro pezzi sacri* und sogar kleinere Kompositionen wie das *Pater noster* und das *Ave Maria* von 1880 sowie das kurze »Pietà, Signor« von 1894 gezählt seien, doch so lebensprall wie kaum eine andere Musik aus dem mittleren und späten 19. Jahrhundert. Auch wenn es keine Hoffnung für die Liebe gibt, geht es doch immer um den Augenblick und nicht – wie bei Wagner – um nihilistische Visionen vom Weltuntergang oder das selbstzerstörerische Taumeln der Figuren in einen »Liebestod«. In Verdis Opern wird keine überirdische Instanz für die Irrungen der Menschen verantwortlich gemacht – selbst wenn die Figuren noch so oft alle denkbaren Gottheiten um Beistand bitten –, sogar die größten Verbrecher wie Lady Macbeth oder Jago werden mit einem gewissen Grad von Sympathie dargestellt. Und auch wenn im 20. Jahrhundert viele verklärende Finalbilder – wie diejenigen von *Rigoletto* oder *La traviata* – nicht ganz grundlos unter Kitsch-Verdacht gerieten, sind solche Verklärungsszenen doch immer auf die Überlebenden bezogen und allenfalls im Blick auf die ideologischen Voraussetzungen der abgebildeten sozialen Ordnung Ausdruck monomaner »Männerphantasien«, wie sie in Wagners *Der fliegende Holländer* oder *Lohengrin* alle Einzelheiten der Gestaltung durchdringen.

Noch die energischste Vergegenwärtigung von Lebenslust, noch das gleißendste Licht der Weltzugewandtheit steht in Verdis musikdramatischem Kosmos aber in einem untrennbaren Zusammenhang mit dem »cupo«, dem »Finsteren«, »Fahlen« des Todes: Das ekstatische Liebesduett im 2. Akt von *Un ballo in maschera* mit seinen hemmungslosen *fortissimo*-Höhepunkten folgt auf das Selbstgespräch einer zu Tode geängstigten Amelia und im Zeichen des von einer rachsüchtigen Gesellschaft verordneten gewaltsamen Todes: Riccardo und Amelia lieben sich unter dem Galgen vor den Stadtmauern Bostons. Und das nicht weniger anrührende Liebesduett am Ende des letzten Aktes von *Aida* entfaltet sich im abgrundtiefen Dunkel einer Hinrichtungsstätte, in die nie mehr ein Lichtstrahl dringen wird.

Aber auch in *Don Carlos* zeigt sich die fundamentale Bedeutung der gewählten Raum-Metaphern für Verdis Theater-›Ästhetik‹: In dieser Oper ist die Liebe und darüber hinaus jede vertrauensvolle zwischenmenschliche Kommunikation im selben Maß unmöglich geworden wie im Bühnenbild, aber auch in den Klangbildern Verdis, die Kälte steinerner Herzen und Bauten dominiert. Und doch scheint im merkwürdigen Schlußbild im Angesicht des Grabmals Karls V. der Widerstand des Lebens über die Steine auf, wenn aus dem »sepolcro« eine mysteriöse Stimme heraustritt. Arrigo Boito schrieb in Erinnerung an den Tod Verdis am Ostersonntag 1901 über den befreundeten Komponisten: »Er schläft wie ein König von Spanien in seinem Escorial unter einer bronzenen Platte, die ihn völlig bedeckt.« (Brief an Camille Bellaigue vom 7. April 1901; Medici/Conati, 1978, S. 512)

Verdis ›Ästhetik‹?

Verdis ›Ästhetik‹ bündig zu definieren, ist ein Ding der Unmöglichkeit. Schon Alfred Einstein hat mit vollem Recht auf die bewußte Verweigerung jeder öffentlichen theoretischen Selbstbespiegelung durch den italienischen Opernkomponisten hingewiesen: »›Verdi Aesthetik‹, eine Betrachtung mit diesem Titel würde seinen höchsten Ingrimm hervorgerufen haben.« Aber der weitsichtige Musikforscher hielt gleichzeitig fest, daß Verdis »wahre Aesthetik [...], natürlich, ganz aus seinen Werken abzulesen« ist. (Einstein, 1951, S. 82) Der Versuch, den Grundlagen von Verdis Theaterkunst näherzukommen, muß also nicht nur von seinen Werken, sondern auch von solchen einfachsten Kategorien wie Tod und Leben ausgehen, die in allen seinen Kompositionen in immer neuen Facetten gespiegelt werden.

Kontrast

Eine, wenn nicht die zentrale Kategorie von Verdis Umgang mit theatralischen Situationen und darüber hinaus mit jedem Detail der zur Verfügung stehenden Gestaltungsmittel ist die des Kontrasts. Während Wagner erhebliche Anstrengungen machte, um in seinen Bühnenwerken die unvermeidlichen Kontraste durch eine immer weiter perfektionierte »Kunst des Überganges« (Brief Richard Wagners an Mathilde Wesendonck vom 29. Oktober 1859; Golther, 1904, S. 188) abzuschwächen, während Meyerbeer und Berlioz die Vergegenwärtigung der charakteristischen Kontraste ihrer Bilderwelt mit den aufwendigsten technologischen Mitteln perfektionierten, suchte Verdi die Zuspitzung auf möglichst einfache Gegensätze, die in lapidaren Formulierungen auf ihre Substanz reduziert scheinen: Der allgegenwärtige und oft recht krude inszenierte Kontrast von Tod und Leben kann dabei als charakteristisch für das Ganze gelten. Und doch sollten wir uns von den einfach wirkenden Resultaten nicht darüber täuschen lassen, daß auch Verdis Kontrast-Dramaturgie ein ebenso reflektiertes wie konstruktivistisches Verfahren zugrunde liegt. Wenn Leonora im 4. Teil von *Il trovatore* vor der Klangfolie des »Miserere« von ihrem Schrecken singt, wird diese Gesangslinie in eine dreifache Überblendungs-Technik eingebunden, die ohne das Vorbild entsprechender Simultanszenen bei Meyerbeer undenkbar gewesen wäre: Zum »Miserere«-Chor und dem as-Moll von Leonoras Gesang tritt überdies noch Manricos nur von der Harfe begleitetes As-Dur-Solo (»Ah, che la morte ognora«).

Natürlich ist diese Ästhetik des zugespitzten Kontrasts letztlich nur eine Konsequenz der für die ganze ›romantische‹ Generation prägenden Ästhetik des Charakteristischen. Vom Pariser Boulevard-Theater und dem dortigen Siegeszug des melodramatischen Prinzips hatte Verdi die Methode gelernt, Figuren mit überspitzt gestalteten Eigenheiten auf die Bühne zu stellen und aus dem plakativ inszenierten Kontrast solcher extremer Charaktere dramatischen Funken zu schlagen. Nicht zufällig entstammen die Vorlagen, die Verdi auf seinem persönlichen Weg von der konventionellen Routine zum unverwechselbaren Tonfall am stärksten prägten, entweder dem populären Pariser Boulevard-Theater selbst (*Nabucodonosor*, *Stiffelio*, *La traviata* und noch Cormons Vorlage für den Fontainebleau-Akt von *Don Carlos*), dessen Übernahme durch die Opernlibrettistik (*Les Vêpres Siciliennes*, *Un ballo in maschera*), dessen Nobilitierung bei Victor Hugo (*Ernani*, *Rigoletto*) oder spanischen Adepten Hugos (*Il trovatore*, *Simon Boccanegra* und *La forza del destino*).

Dagegen ist Verdis Auseinandersetzung mit allgemein anerkannten Autoren der ›Weltliteratur‹ erst auf der Grundlage dieser Lektion des Boulevards möglich: Sowohl in *I masnadieri* nach Schillers *Die Räuber* wie in *Luisa Miller* nach dessen *Kabale und Liebe* und den Shakespeare-Bearbeitungen *Macbeth* und *Otello* werden die Vorlagen mit den Mitteln einer grellen, im wahrsten Sinn des Wortes melodramatischen Personencharakteristik den Notwendigkeiten der Opernbühne angepaßt. Dabei wird in *Otello* natürlich unendlich differenzierter verfahren als etwa in *Luisa Miller*. Aber dennoch steht Boitos und Verdis Bearbeitung und die ihr zugrundeliegende ästhetische Haltung der spektakulären Wirkungsästhetik des Pariser Boulevard-Theaters weit näher, als es auf den ersten Blick scheinen mag. Verdi war in seinen späten Jahren gewiß nicht blind für den Reichtum und die Vielfalt von Shakespeares Dramaturgie, besonders interessierte ihn der von ihm liebevoll als »Papà« des europäischen Theaters bezeichnete Renaissance-Autor aber als Urahn des populären Melodrams des 19. Jahrhunderts: »Es mag sein, daß Er, der Papà irgendeinem Falstaff begegnet ist, aber kaum wird er einen so verbrecherischen Verbrecher wie Jago gefunden haben, und nie und nimmer Engelsgestalten wie *Cordelia Imogene Desdemona* usw. usw. . . .« (Brief an Clara Maffei vom 20. Oktober 1876; Copialettere, 1913, S. 624)

Insofern ist es kein Zufall, daß zu den eindrücklichsten Figuren von Verdis Opern extreme Gestalten gehören, die eine Provokation für jede Vorstellung von einer »bienséance«, letztlich aber auch für jeden Glauben an eine »vraisemblance« im Theater darstellen: Rigoletto und Azucena (in *Il trovatore*), Ulrica (in *Un ballo in maschera*) und Jago (in *Otello*). Aber nicht nur im Grundcharakter der Figuren ist die überkommene Affektdarstellung der Oper des 18. Jahrhunderts in vorher unvorstellbare Extreme gesteigert, auch innerhalb der Rollen wechseln zugespitzte Charaktere in schärfstem Kontrast. René Kollo hat in der – im Schallplatten-Zeitalter bisher von keinem Sänger wirklich zufriedenstellend gelösten – Aufgabe, die »Rolle« Otellos »zu meistern«, die »Schwierigkeit« gesehen, »den schnellen Affektumbruch [. . .] glaubwürdig zu gestalten. Wagner [entwickelt] das Verhalten seiner Gestalten immer in allmählichen Übergängen aus einem konsistenten Personenkern, während Otello gewissermaßen außengesteuert [ist] und daher so schnell den Affekt [wechselt], daß der Sänger genötigt [ist], bei jeder neuen Szene die vorherige zu vergessen.« (Borchmeyer, 1997, S. 125)

Noch in solchen extremen Wechseln zeigt sich das Ziel von Verdis Komponieren, die Vergegenwärtigung klar herausgemeißelter Charaktere: »Ich sage offen, daß ich meine Noten, seien sie schön oder schlecht, nicht zufällig niederschreibe und daß ich immer danach trachte, ihnen einen Charakter zu geben.« (Brief an Carlo Marzari vom 14. Dezember 1850; Conati, 1983, S. 233) Weit öfter als vom »Charakter« sprach Verdi freilich vom »effetto«, von der »Wirkung«, die als Angelpunkt seiner ›Ästhetik‹ bezeichnet werden kann – kaum verwunderlich angesichts der grundlegenden Wirkungsmechanismen jeder Bühnenkunst. Ziel hinter der Dramaturgie des Effekts bleibt aber immer der in schneidenden Kontrasten präsentierte Charakter: »Lange Erfahrung hat mich in den Ideen bestärkt, die ich immer von der Wirkung auf dem Theater hatte, auch wenn in meinen ersten Werken mir der Mut fehlte, sie mehr als nur zum Teil durchzusetzen.« (Brief Verdis an Antonio Somma vom 22. April 1853; Pascolato, 1902, S. 45)

Einfachheit

Als Mitspieler in einem sehr weitgehend von Konventionen und ökonomischen Zwängen geprägten Opernbetrieb hatte Verdi in den ersten zehn bis zwanzig Jahren seiner Karriere gar keine andere Wahl, als auf allzu aufwendige technische Innovationen und allzu provokante Regelverletzungen zu verzichten. Im Gegensatz zu manchen Kollegen nördlich der Alpen suchte Verdi, das Charakteristische seiner Stoffwelt mit möglichst einfachen Mitteln zu präsentieren. Daß es ihm immer wieder gelang, seine ebenso präzisen wie originellen dramaturgischen Ideen auf einfach wirkende Erscheinungsformen zu reduzieren, sollte allerdings nicht zu dem irrigen Schluß verleiten, die zu dieser Reduktion führenden konzeptionellen und kompositorischen Prozesse seien selbst einfach oder gar unreflektiert gewesen. Im Gegenteil, das Einfache in der Kunst ist in der Regel gerade nicht auf dem einfachen Weg zu erreichen.

Waren solche einfach scheinenden Wege freilich erst einmal zur Routine geworden, konnte sich Verdi nur noch darüber wundern, daß anderen Komponisten nicht dasselbe möglich war; eine seiner ersten Äußerungen über Richard Wagner läßt sich gerade auch in diesem Sinn lesen: »Wagner ist keine wilde Bestie, wie das die Puristen wollen, aber auch nicht ein Prophet, wie ihn seine Apostel gerne sehen würden. Er ist ein hochbegabter Mensch, der sich darin gefällt, die beschwerlichen Wege einzuschlagen, weil er die einfachen und viel direkteren nicht zu finden versteht.« (Brief an Clara Maffei vom 31. Juli 1863; Luzio, 1947, Band IV, S. 83)

Freilich gefiel sich Verdi in der Pose des rustikalen, ohne viel Nachdenken im spontanen Schaffensrausch produzierenden Naturtalents, mit der er mehr, meist aber weniger schmeichelhafte Einschätzungen der zeitgenössischen Kritik nur noch bestätigen mußte. Nur diese Pose erlaubte es ihm, die offensichtlichen Unterschiede seines Musiktheaters von demjenigen eines Meyerbeer und später eines Wagner in einer Weise zu verbrämen, die jedem gutgläubigen Beobachter als radikales Gegenmodell erscheinen mußte. Spielten in Frankreich Zivilisation und Esprit, in Deutschland philosophische Reflexion und handwerkliche Differenzierung eine entscheidende Rolle für die Wahrnehmung durch das jeweilige Opernpublikum und vor allem durch die Fachkritik, versuchte Verdi unbekümmerte Spontaneität und scheinbar ungekünstelte Natürlichkeit als ›Markenzeichen‹ einer längst zur internationalen Handelsware gewordenen italienischen Oper durchzusetzen.

An der Wende zum 21. Jahrhundert kann es nur als erstaunlich bezeichnet werden, wie erfolgreich diese Mystifikation noch heute weiterwirkt. Seit über einem halben Jahrhundert ist bekannt, daß Verdi spätestens seit 1848 detaillierte Verlaufsskizzen zu allen seinen Opern verfertigt hat (siehe oben, S. 241). Aber selbst bei spezialisierten Opernforschern hat sich erst in den späten 1990er Jahren die Erkenntnis durchgesetzt, daß die wenigen bisher freigegebenen dieser Skizzen deutlich zeigen, daß Verdis Kompositionsprozeß nicht weniger Umwege, Reflexionen und verworfene Experimente aufweist als derjenige von Komponisten instrumentaler Musik im deutschen Sprachraum. Ja mehr noch, bereits die zugänglichen Skizzen machen deutlich, daß schon in den frühen 1850er Jahren selbst die Abfolge der einzelnen Werke weit weniger geradlinig verlief, als uns das Verdi und seine Erben glauben machen wollten: In den Skizzen zu einzelnen Opern finden sich regelmäßig musikalische Einfälle, die dann erst bei der Komposition einer anderen Oper wieder aufgegriffen wurden.

In unmittelbarem Zusammenhang mit der Bemühung um möglichst einfach wirkende Formulierungen steht Verdis notorische Bemühung um Konzision. Kein anderer Opernkomponist des 19. Jahrhunderts hat in vergleichbarer Weise derart umständliche und verwickelte Intrigen wie die von *Il trovatore* oder *Simon Boccanegra* in eine derart kurze zeitliche Ausdehnung gezwungen. Die Forderung nach »konzisem Stil« ist nicht nur ›Leitmotiv‹ seines Briefwechsels mit Piave (siehe oben, S. 129 f.), sondern spätestens Ende der 1840er Jahre zum unveräußerlichen Merkmal aller seiner Libretti geworden, die ja immer von Verdi selbst in entscheidender Weise mitgestaltet waren. Selbst Interjektionen störten dabei Verdis literarisches Empfinden nicht, wenn es darum ging, eine Situation noch prägnanter zu erfassen als es mit dem einen herausgemeißelten treffenden Wort, der so oft zitierten *parola scenica*« möglich gewesen wäre (siehe unten, S. 643). Verdi selbst hat das in einem Brief an Antonio Ghislanzoni vom 17. August 1870 in die einfache Formel gefaßt: »Leider ist es für das Theater bisweilen erforderlich, daß die Dichter und Komponisten das Talent haben, weder Dichtung noch Musik zu machen.« (Copialettere, 1913, S. 641) Noch anschaulicher findet sich derselbe Gedanke in Franz Werfels literarischer Überhöhung: »Ach, alles in ihm drängte zum Ausruf, zum Aufschrei, zur Kürze, zur Interjektion! Wäre es möglich gewesen, hätte er Opern komponiert, deren Texte nur Jubelrufe, Freudenlaute, Seufzer, Schmerz- und Racheschreie hätte sein müssen« (Werfel, 1924, S. 120).

Neueste Forschungen haben gezeigt, daß dieser unbedingte und – wie jeder Routinier des Schreibens weiß – alles andere als einfach umzusetzende Wille zur Konzision keineswegs eine selbstverständliche Entwicklung eines prosaischen Zeitalters gewesen war: »Vieles spricht dafür, darin einen Sonderweg zu sehen, denn der für Verdi kennzeichnenden Verdichtung des musikalischen Geschehens, dem Drang zur äußersten Kürze, folgten seine italienischen Zeitgenossen kaum.« (Werr, i. V.)

Gesamtkunstwerk

Im Gefolge der Französischen Revolution von 1789 durchliefen die Gesellschaften der verschiedenen europäischen Staaten einen teils sprunghaft verlaufenden, teils allmählichen Modernisierungsprozeß, der mit der Metapher der »industriellen Revolution« nur unzureichend erfaßt wird. Denn gleichzeitig ereignete sich eine »optische Revolution«, in deren Verlauf der optischen Wahrnehmung im Alltagsleben wie in den Künsten eine immer größere Bedeutung zukam (Gerhard, 1992, S. 139 f.) – bis hin zu der uns beschäftigenden Entwicklung, daß am Ende des 20. Jahrhunderts die Wahrnehmung der Welt durch das Medium von Bildschirmen das Lesen gedruckter Texte zu verdrängen droht.

Angesichts solcher Veränderungen überrascht es kaum, daß sich in der Theatergeschichte des 19. Jahrhunderts allenthalben Tendenzen zu einer Integration sämtlicher menschlicher Wahrnehmungsformen in einem möglichst spektakulären Bühnenereignis finden lassen. Was man bis zur Mitte des 20. Jahrhunderts vorzugsweise mit dem Etikett »Gesamtkunstwerk« zu erfassen suchte, kann im Zeitalter des Videoclip und des Internet anschaulicher mit dem Modewort ›multimedial‹ bezeichnet werden. Gerade wegen des erheblichen Rückstands, das die italienischen Theater des 19. Jahrhunderts in technologischer Hinsicht auf die führenden Bühnen in Paris und teilweise auch in London aufwiesen, ist es freilich bemerkenswert, mit welcher Hartnäckigkeit Verdi versuchte, auch in seinem Heimatland alle ›multimedialen‹ Ingredienzien des synthetischen Ereignisses einer Opernaufführung zu perfektionieren – vom metrischen Detail eines einzigen Verses über die präzise stimmliche Gestaltung seiner Gesangsrollen und eine immer differenziertere Instrumentation bis hin zum Bühnenbild, den Kostümen, der Personenführung und Details der Beleuchtung (siehe oben, S. 249–275).

Obwohl in Fragen der Bühnentechnik und für alle anderen Aspekte der Visualisierung der Bühnenereignisse die ebenso luxuriösen wie arbeitsteiligen Produktionsbedingungen an der Pariser Opéra für Verdi immer das maßgebliche Vorbild sein sollten, hielt er doch an dem gleichsam vorindustriellen Postulat eines Kunstwerks »aus einem Guß« fest (siehe oben, S. 13). Nur eine die ganze Partitur im Sinn von Hugos Dramentheorie durchdringende *tinta musicale* – etwa die auffälligen Septnonenakkorde in *Un ballo in maschera*, die klagende chromatische Wendung vom oberen oder unteren Nebenton in *Don Carlos* – konnte für ihn diese notwendige Einheitlichkeit garantieren, für die von ihm geschätzten Dirigenten war die wichtigste Aufgabe das Erraten des »colore dell'opera«, des Kolorits der einzelnen Oper (Brief Angelo Marianis an Eugenio Tornaghi vom 12. Januar 1862; Abbiati, 1959, Band II, S. 680). Ähnlich wie später als patriarchalischer Herrscher über seine ausgedehnten Ländereien versuchte Verdi mit unglaublicher Hartnäckigkeit, die ausschließliche Kontrolle sämtlicher bei der Produktion des multimedialen Bühnenereignisses Oper anfallenden Arbeitsschritte zu erlangen: Spätestens seit *Macbeth* darf man Verdi getrost als wichtigsten Librettisten seiner Opern bezeichnen, und die gerade erwähnte Einmischung in alle Details der Bühnenrealisierung kann man nicht nur als waches Interesse am ›Schicksal‹ seiner Partituren, sondern auch als tyrannischen Alleinvertretungsanspruch begreifen.

Dies ist deshalb weit irritierender, als es dem heutigen – mit Wagners nicht weniger despotischem Gehabe vertrauten – Betrachter erscheinen mag, weil Verdi – wie Wagner – in einer merkwürdigen Ungleichzeitigkeit auf dem handwerklichen Umgang mit dem Theater, wie er die italienische »Opern-Industrie« am Beginn des 19. Jahrhunderts geprägt hatte, beharrte, und dies auch noch zu einer Zeit, wo allüberall sonst in Europa der Geniekult wucherte. Mit kaum überhörbarem understatement soll er den Ehrentitel eines »musicista«, eines »Komponisten« zurückgewiesen und sich als »uomo di teatro«, als »Mann des Theaters« bezeichnet haben (siehe oben, S. 2). Zu den Traditionen des italienischen Operntheaters hatte aber immer ein hoher Grad an arbeitsteiligen Produktionsweisen gehört, wie sie auch noch zu Verdis Zeiten in der Pariser Opéra – selbstverständlich unter den modernsten Bedingungen einer hochentwickelten kapitalistischen Gesellschaft – immer weiter ausdifferenziert wurden; der Komponist war dabei nur einer und in der langen Geschichte der italienischen Oper keineswegs immer der wichtigste Urheber des ›multimedialen‹ Spektakels. Mit der planmäßigen Zurückdrängung aller anderen Beteiligten vom Librettisten über den Bühnen- und Kostümbildner bis zum Vorläufer des modernen Regisseurs zerstörte Verdi aber in Italien gerade die selbstverständlichen Grundlagen eines bewährten handwerklichen Produktionssystems, während sich in Paris ein Komponist wie Giacomo Meyerbeer, dessen Sensibilität für die multimedialen Anteile der zeitgenössischen Oper gewiß nicht weniger ausgeprägt war, klaglos in die Rolle eines Mitautors fügte, der der Öffentlichkeit zwar als wichtigster Urheber einer Oper galt, aber doch auf die mehr oder weniger gleichberechtigte Zusammenarbeit mit anderen Spezialisten angewiesen war.

Aus dem distanzierten Rückblick auf das 19. Jahrhundert sind die dramaturgischen Konzeptionen eines Meyerbeer, eines Verdi und eines Wagner freilich weit weniger voneinander entfernt, als das eine von Wagners Selbststilisierungen geprägte Geschichtsschreibung wahrhaben wollte. Es spricht nichts dafür, in der offensichtlichen Differenz von Wagners »Gesamtkunstwerk« und Verdis Verwirklichung eines ›multimedial‹ durchorganisierten Musiktheaters mehr zu sehen als einen Unterschied der eingesetzten Mittel, nicht aber des gleichen Ziels.

Weltliteratur

Schon eine 1842 in Mailand publizierte opernästhetische Abhandlung hat auf die allseits bewunderten »gemischten Tragödien« eines »Vittor Ugo« und »Shakspeare« hingewiesen, in denen »niedere und sogar buffoneske Figuren eingeführt sind« (Boucheron, 1842, S. 102). Was vor allem am Beispiel von *Rigoletto* nach Victor Hugos *Le Roi s'amuse* in einem grundlegenden Forschungsbeitrag als »fusion of genres« bezeichnet wurde (Weiss, 1982), ist also durchaus nicht nur als Verdis persönliche Vorliebe zu verstehen, sondern gründet in einer wichtigen, auch in Italien nachweisbaren Strömung der zeitgenössischen ästhetischen Diskussion.

Bei einem Blick auf andere italienische Zeitgenossen des 19. Jahrhunderts bleibt es aber dennoch erstaunlich, mit welch wachem Bewußtsein für deren literarischen Wert Verdi versuchte, Dramen von Autoren wie Shakespeare, Schiller und eben Victor Hugo gerecht zu werden. Schillers *Die Jungfrau von Orléans* hatte dem Librettisten Solera und ihm bei der Komposition von *Giovanna d'Arco* offensichtlich nur als Rohmaterial gedient, in genau derselben Weise, wie alle italienischen Opernlibrettisten vor ihm und noch die meisten italienischen Opernkomponisten nach ihm im ›Steinbruch‹ der verfügbaren literarischen Quellen schürften. Aber schon zwei Jahre später, bei der Arbeit an *Macbeth* war er bereit, ein Maximum an ästhetischen Regelverletzungen zu riskieren, um sich dem verehrten englischen Dramatiker wenigstens so weit wie möglich annähern zu können. Und in *Otello* und *Falstaff*, aber auch schon in den Schillers *Wallensteins Lager* nachgebildeten Szenen in *La forza del destino* und in *Don Carlos*, den Verdi selbst unter die »opere a intenzioni«, also unter die »Ideendramen« rechnete (Brief an Cesare De Sanctis vom 21. Mai 1869; Conati, 1987, S. 254), führt dieser unbedingte Wille, die italienische Gesangsoper auf die ästhetische Höhe der ›Weltliteratur‹ zu heben, zu Lösungen, die die überkommenen Konventionen ständig neuen Zerreißproben aussetzen.

Auch wenn es als »rendez-vous manqué« der italienischen Literatur- und Theatergeschichte bezeichnet werden kann, daß Verdi – außer in später selbst vernichteten Jugendwerken und einem einzigen, freilich höchst eindrücklichen Albumblatt – nie den Mut aufbrachte, Texte des bewunderten Literaten Alessandro Manzoni zu komponieren, prägen doch beide Autoren gleichberechtigt die künstlerische Signatur des italienischen 19. Jahrhunderts. Und angesichts der weitgehend wirkungslosen dramatischen Produktion des erfolgreichen Romanciers und Dichters ist selbst eine italienische Literaturgeschichte ohne die unendlich viel erfolgreicheren dramatischen Schöpfungen Verdis nicht zu denken. Vor der widersprüchlichen Mischung aus konzeptioneller Nähe und – seitens Verdi – grenzenlosem Respekt, die das Nicht-Verhältnis Manzonis und Verdis prägte, erhält Gramscis These, Verdis Opern stünden für den fehlenden Popularroman in Italien (siehe oben, S. 40), eine neue Facette. So oder so bleibt aber festzuhalten, daß es Verdi – gleichzeitig mit Wagner – gelungen war, dem avancierten Musiktheater den künstlerischen Rang zu erkämpfen, den sich auch die Instrumentalmusik erst im Zeitalter Beethovens erstritten hatte – daß die Denkfigur der »Kunstreligion« dabei für die Verdi-Rezeption eine weit geringere Rolle spielte als für die Instrumentalmusik der deutschsprachigen Länder, läßt sich nicht nur mit den grundlegenden Differenzen protestantisch und katholisch geprägter Gesellschaften erklären, sondern auch mit dem radikal antiklerikalen Impetus von Verdis Theater.

Was ist Wahrheit?

Beim Versuch, Verdis Musiktheater auf literarische Strömungen des 19. Jahrhunderts zu beziehen, wird immer wieder der Realismus-Begriff bemüht: »Also ermöglicht Verdis gestische Musikdramatik einen musikalischen Realismus, der den wirklichen Menschen in seiner wirklichen, nämlich sozialen Situation zeigt, der aber auch die innere Wirklichkeit des Menschen, seine falschen und wahren Gefühle – und seien sie rein triebhaft oder sonst unbewußt – sowohl zu durchleuchten vermag, als auch einfühlend ans Licht bringt; in ein Licht, das freilich musikalisch strahlt.« (Schnebel, 1979, S. 66) Und kaum überraschend gilt *La traviata* mit dem unerhörten Wagnis, ein in der unmittelbaren Gegenwart spielendes Drama mit tragischem Ausgang für die italienische Opernbühne zu bearbeiten, bis heute gleichsam als Initial einer Entwicklung, die in Bizets *Carmen*, den grellen Opern des sogenannten *verismo* und Charpentiers *Louise* weitergeführt wird.

Gerade die intensive Diskussion um die höchst problematische Übertragung des literarischen *verismo*-Begriff auf das Musiktheater hat aber gezeigt, daß ein Realismus, der diesen Namen verdient, im Musiktheater noch weniger denkbar ist als in andern Bühnenkünsten.

Selbst dem Autor einer monographischen Studie über den »musikalischen Realismus« blieb nichts als das äußerst zurückhaltende Fazit: »Der musikalische Realismus des 19. Jahrhunderts ist eher ein Idealtypus, an dem verschiedene konkrete Stile in wechselndem Ausmaß und mit immer wieder anderer Gruppierung der Merkmale teilhaben, als daß er in einzelnen Werken eine Gestalt annähme, in der sämtliche Begriffsmomente versammelt sind.« (Dahlhaus, 1982, S. 92)

Auch hier wird aber bei genauerem Hinsehen wieder offensichtlich, daß Verdi allzu voreilige Schlüsse einer breiten Interpreten-Gemeinde willentlich befördert hat. Ihm galt schon ein falsch gesetztes *fortissimo* in Marianis Interpretation von *La forza del destino* als Abgleiten auf »die Straße des Barocken und des Falschen« (Brief an Giulio Ricordi vom 11. April 1871; Abbiati, 1959, Band III, S. 447). Und kein Verdi-Biograph kann darauf verzichten, den vielleicht meist zitierten Brief des Meisters nachzubeten: »Das Wahre kopieren mag ein gute Sache sein, aber *das Wahre erfinden* ist besser, viel besser.« (Brief an Clara Maffei vom 20. Oktober 1876; Copialettere, 1913, S. 624)

Die griffige Formel vom »Erfinden« des »Wahren« droht freilich den Blick dafür zu verstellen, daß Verdis ästhetische Reflexion auch in diesem Punkt weit reflektierter und reservierter gewesen war, als es seine scheinbar spontan hingeworfenen Äußerungen vermuten lassen. Bei der Arbeit an der Neufassung von *Simon Boccanegra* schrieb er: »Ach der Fortschritt, die Wissenschaft, der *verismo* ... Oh weh Oh weh ... Sei ein *verista*, so viel du willst, aber ... Shaespeare war ein *verista*, nur wußte er es nicht. Er war ein *verista* aus Inspiration; wir sind *veristi* aus konstruktivem Kalkül.« (Brief an Giulio Ricordi vom 20. November 1880; Petrobelli, 1988, S. 70)

Und bei einer Auseinandersetzung mit der – auch von Verdi rezipierten – französischen Literatur der ersten Hälfte des 19. Jahrhunderts ist der Schluß unumgänglich, daß Verdis scheinbar so originelle Formulierung – direkt oder indirekt – von Balzacs Roman-Ästhetik beeinflußt ist; im Vorwort zum 1831 publizierten Roman *La Peau de Chagrin* liest man: »Sie [die Poeten] erfinden das Wahre, in Analogie, oder sie sehen den zu beschreibenden Gegenstand, sei es, daß der Gegenstand zu ihnen kommt, sei es, daß sie selbst sich dem Gegenstand nähern.« (Gerhard, 1992, S. 367) Referenzgröße für den literarisch interessierten Komponisten war freilich weit mehr als Balzacs *Comédie humaine* Manzonis Roman *I promessi sposi*: »Er hat nicht nur das bedeutendste Buch unserer Zeit geschrieben, sondern auch eines der bedeutendsten Bücher, die einem menschlichen Gehirn entsprungen sind. Und es ist nicht nur ein Buch, sondern ein Trost für die Menschheit. Ich war sechzehn Jahre alt, als ich es das erste Mal las. [...] Kein Zweifel, daß jenes ein *wahres* Buch ist; so wahr wie die *Wahrheit*. Ach wenn die Künstler für einmal dieses *Wahre* verstehen könnten, dann gäbe es keine *Zukunfts*-Musiker und solche der Vergangenheit mehr; und keine puristischen, realistischen, idealistischen Maler; und keine klassischen und romantischen Dichter; sondern wahre Dichter, wahre Maler, wahre Komponisten.« (Brief an Clara Maffei vom 24. Mai 1867; Luzio, 1927, S. 523)

Es ist wichtig, sich klarzumachen, mit welchem Sarkasmus sich Verdi von den Etikettierungen einer ordnungsbedürftigen Kunstkritik distanzierte; Realismus, Idealismus und Purismus erschienen ihm dabei alle als dümmliche Aufkleber, die die von François Truffaut als »petits commercants de la vraisemblance«, als »Kleinkrämer der Wahrscheinlichkeit« ironisierten Betrachter brauchen mochten, die aber an der Substanz großer Kunst vorbeigingen. Daß ein auf derart einfach wirkende Bilder verknapptes Theater wie das seinige nicht eigentlich »realistisch« sein konnte, dürfte Verdi als Leser historischer Romane sehr genau gewußt haben. Ihm ging es aber nicht um die Außenseite gesellschaftlicher und historischer Prozesse, sondern um die Abbildung mehr oder weniger unbewußt ablaufender psychologischer Entwicklungen – und dort war nur in der idealtypischen Veräußerlichung der Irrungen und Begrenzungen der condition humaine eine höhere »Wahrheit« zu erreichen.

Theater der Gegenwart

Grundlegend für dieses Verständnis von »Wahrheit« ist, daß Verdis Theater – völlig unabhängig von der mehr oder weniger festgeschriebenen Situierung der mehr oder weniger historischen Stoffe – radikal gegenwartsbezogen ist: Eine Oper wie *Il trovatore* wirkt gerade deshalb so wirr und unverständlich, weil die für ein kohärentes Verständnis der Intrige so wichtig scheinende Vergangenheit nicht sichtbar gemacht wird, von Anfang aber das gegenwärtige Handeln der Protagonisten in einer Weise prägt, die durch Verdis eigenwillige Dramaturgie auf überwältigende Weise sinnlich – und eben gerade nicht dem Verstand – erfahrbar gemacht wird. Nach 1850 hat Verdi nur in der fünfaktigen Fassung von *Don Carlos* sowie in *Simon Boccanegra* Vorgeschichte komponiert, bei der Arbeit an *Otello* ließ er den in Venedig spielenden 1. Akt Shakespeares umstandslos streichen. Was das bedeutet, kann wieder nur der Vergleich mit Wagner und mit Meyerbeer veranschaulichen: In *Les Huguenots* wird in drei langen Akten die Vorgeschichte exponiert, die das Massaker der Bartholomäus-Nacht begreiflich machen soll, in *Le Prophète* ist auf ganz ähnliche Weise das Reich der Wiedertäufer nur in den beiden letzten Akten der fünfaktigen Oper präsent. Und Richard Wagner hat die umständliche Vorgeschichte von *Siegfrieds Tod* nicht in drei Akten, sondern gar in drei abendfüllenden Opern ausgebreitet.

Aber selbst die sichtbar gemachte und eindringlich komponierte Vorgeschichte im fünfundzwanzig Jahre vor der eigentlichen Handlung spielenden Prolog von Verdis *Simon Boccanegra* konnte nicht verhindern, daß diese Oper einem großen Teil des Publikum unverständlich scheinen mußte. Obwohl hier die Vorgeschichte ausgebreitet wird, vereinfacht sie letztlich das Verständnis der Intrige nicht, und zwar aus dem einfachen Grund, weil Verdi diese Vorgeschichte genauso kompromißlos gegenwärtige Bühnenrealität werden läßt wie die anschließende Haupthandlung. Kein subtiler Einsatz von Erinnerungsmotiven – wie später im 1. Akt von *Don Carlos* – noch irgendein anderes Mittel in der Gestaltung der Singstimmen und des Orchesters läßt den Zuschauer erahnen, daß ein Vierteljahrhundert zwischen Prolog und 1. Akt liegt, und der Umstand, daß auch der Schauplatz nicht wechselt, erleichtert dem Zuschauer seine Aufgabe nicht. Für wenige Komponisten gilt Carl Dahlhaus' Feststellung, Oper sei »streng genommen ein Drama der absoluten Gegenwart« (Dahlhaus, 1989, S. 31), so unbedingt wie für Verdi.

Mit dem ästhetischen Prinzip der kompromißlosen Vergegenwärtigung kontrastreicher Situationen, wie sie Verdi insbesondere in immer wieder anders zugespitzten Konfrontationen zweier Figuren in Duetten realisiert (siehe oben, S. 191), aufs Engste verknüpft ist das große Gewicht, das der Musikdramatiker ein ganzes Leben lang der rhythmischen Gestaltung seiner Partituren widmete. Das gilt für die kalkulierte Abfolge verschiedener Situationen, die der englische Begriff ›timing‹ am klarsten bezeichnet, ebenso wie für die – in ihrer Bedeutung für Verdis Dramaturgie sträflich unterschätzte – Wahl geeigneter Rhythmen und Metren im zu komponierenden Text (siehe oben, S. 198–217), aber genauso auch für die Rhythmik im engeren musikalischen Sinn. Die Frage, ob Verdi mit diesen Akzentuierungen regionalen Vorlieben des norditalienischen Publikums entgegenkam, wäre eine genauere Prüfung wert, muß aber zukünftigen Forschungen überlassen bleiben.

Immerhin ist es bemerkenswert, daß ein Kritiker der *Gazzetta musicale di Milano* im Jahr 1854 der angeblichen Bevorzugung schmachtender Tempi in Neapel die »entschieden rhythmischen Tendenzen« gegenüberstellt, die die Opernbesucher in Norditalien bevorzugen würden: »Wir wollen Rhythmus um jeden Preis; keinen zögerlichen Rhythmus, sondern klar artikulierten, freimütigen: wir wollen die Konzision des musikalischen Gedankens, die Flinkheit, die Wirkungskraft der Form.« (Werr, i. V.) Schon 1842 hatte Verdi darauf bestanden, daß die Tempi in *Nabucodonosor* »nicht breit sein sollen. Alle sind bewegt« (Brief an Nani Mocenigo vom 19. Dezember 1842; Conati, 1983, S. 28 f.), und ähnliche Äußerungen finden sich in seinen Briefen immer wieder (Cavallini, 1998, S. 222 f.).

Nicht unerwähnt sei in diesem Zusammenhang auch, daß sich in der bereits zitierten opernästhetischen Abhandlung aus dem Jahre 1842 im Zusammenhang mit der aus der mittelalterlichen Rhetorik stammenden Empfehlung »*Motus infine velocior*« (»Die Bewegung sei am Ende [der Rede] schneller«) eine Argumentation findet, die charakteristische Merkmale von Verdis Kompositionsstil in atemberaubender Weise vorwegnimmt: »Jedes Mal wenn die Macht des Lebens sich als Siegerin über die Macht zeigt, die sich ihr widersetzte, erwirbt sie ein Anrecht auf unsere Achtung, auf unser Lob. Wenn dann dieser Kampf ein wenig Zeit dauert und dieselbe lebendige Kraft sich nicht nur siegreich zeigt, sondern voller überbordender Energie genau dann, wenn wir geneigt sind, sie für müde zu halten, dann ruft sie ein Gefühl der Bewunderung hervor, das es niemals daran fehlen lassen wird, sich im lautesten Beifall zu zeigen. Das ist der Inhalt der zitierten Regel, die gleichermaßen auf das moralische und schöpferische Vermögen des Komponisten angewandt werden kann [...]. Ich sage moralisches Vermögen des Komponisten, indem ich es [...] auf manche glückliche Idee beziehe, die vor dem Ende neu eingeführt werden, was niemals seine Wirkung verfehlen wird, wenn die Idee beseelt und ausdrucksvoll ist. Der erregteste Rhythmus oder die Verwendung der lautesten, brillanten und höchst virtuosen Passagen bringen dem Komponisten Applaus ein.« (Boucheron, 1842, S. 116 f.)

Auch wenn das Interesse an rhythmischem ›drive‹ als Konstante von Verdis Œuvre bezeichnet werden darf, sind dessen konkrete Realisierungen doch im Lauf seiner Karriere höchst unterschiedlich. Die stereotypen Begleitformeln der frühen *cabalette* weichen schon an der Wende zu den 1850er Jahren dem kalkulierten Alternieren von langen und kurzen Notenwerten, von Triolen und nicht triolisierten Gestalten. Der eigenwillige Wechsel von Stocken und Fließen, von insistierenden Haltetönen und sich gleichsam selbst überschlagenden, vorwärts drängenden schnellen Noten findet sich in vielen charakteristischen Melodien aus Verdis zweiter Lebenshälfte, etwa in der *invocazione* der Ulrica im 1. Akt von *Un ballo in maschera* (»Re dell'abisso, affrettati«) ebenso wie im Duett Otello/Jago am Ende des 2. Aktes von *Otello* (»Sì, pel ciel marmoreo giuro«), vor allem aber auch noch in der berühmten Schlußfuge von *Falstaff* (»Tutto nel mondo è burla«). Dieses ›letzte Wort‹ des italienischen Musikdramatikers ist nur ein extremes Beispiel für eine ebenso sprunghafte, kontrastreiche und doch fließende Rhythmik, die Verdis pessimistischem Fazit, daß es im Leben vor dem Tod nur Betrogene gibt, ebenso angemessen wie grimmig im Sinne eines Theaters der Gegenwart Konturen verleiht.

DAS WERK

Oberto, conte di S. Bonifacio

(Oberto, Graf von S. Bonifacio)
Dramma in due atti (2 Akte, 4 Bilder)

Text: Antonio Piazza und Temistocle Solera
Uraufführung: Mailand, Teatro alla Scala, 17. November 1839
Personen: Cuniza, Schwester des Ezzelino da Romano (Mezzosopran); Riccardo, Graf von Salinguerra (Tenor); Oberto, Graf von San Bonifacio (Baß); Leonora, Tochter Obertos (Sopran); Imelda, Vertraute Cunizas (Mezzosopran) – Ritter, Hofdamen, Vasallen
Orchester: 2 Querflöten (2. auch Piccoloflöte), 2 Oboen, 2 Klarinetten, 2 Fagotte, 4 Hörner, 2 Trompeten, 3 Posaunen, Cimbasso, Pauken, große Trommel, kleine Trommel, Triangel, Streicher, Harfe
Spieldauer ohne Pausen: ca. 2 Stunden
Autograph: Mailand: Verlagsarchiv Ricordi
Ausgaben: Partituren: Mailand: Ricordi o. J., hrsg. von Gabriele Dotto (mit Alternativ-Nummern, außer dem Duett Leonora/Oberto); Mailand: Ricordi 1996, Nr. 137471 (revidierter Nachdruck einer handschriftlichen Partitur aus dem 19. Jahrhundert ohne die Alternativ-Nummern) – Klavierauszüge: Mailand: Ricordi 1839/42, Nr. 11976 [= 11445] – 11995); Mailand: Ricordi 1841 – Textbücher: Mailand: Truffi 1839; *Tutti i libretti*, 1975, S. 1–13.

Entstehung

Schon 1836 hatte Verdi eine Oper mit dem Titel *Rocester* auf ein Libretto des Mailänder Journalisten Antonio Piazza komponiert, die Pietro Massini, der Direktor des Mailänder Teatro dei Filodrammatici, aufführen wollte. In der Korrespondenz ist auch von einer Oper mit dem Titel *Lord Hamilton* die Rede, wobei bis heute umstritten ist, ob es sich hier um eine von Verdi irrtümlich verwendete Bezeichnung für *Rocester* oder eine zweite, nicht erhaltene Oper handelte. Da Massini die Direktion aufgab, zerschlug sich dieser Plan, und Verdi unternahm vergebliche Anstrengungen, *Rocester* in Parma aufführen zu lassen. Mit Hilfe Massinis versuchte er daraufhin, Bartolomeo Merelli, den *impresario* der Scala, für die Oper zu interessieren, scheiterte zunächst jedoch ebenfalls. Erst nach Verdis Übersiedlung nach Mailand im Frühjahr 1839 wendete sich das Blatt, und Merelli akzeptierte das Werk als Benefizoper für das Pio Istituto Filarmonico. Der *impresario* veranlaßte eine neuerliche Bearbeitung des Librettos durch Temistocle Solera, wobei der Text jedoch möglicherweise bereits zuvor durch Piazza von *Rocester* zu *Oberto* umgearbeitet worden war. Obwohl die Genese der Musik zu *Oberto* heute nicht mehr im Detail nachvollzogen werden kann, ist sich die Verdi-Forschung darin einig, daß der Komponist die Musik zu *Rocester* für *Oberto* wiederverwendete. Eine geplante Aufführung der Oper in der Frühjahrssaison der Scala kam nicht zustande, weil einige Sänger erkrankten, so daß die Uraufführung erst im Herbst 1839 erfolgte. Da die ursprünglich vorgesehene Besetzung – die auch Giuseppina Strepponi, Verdis spätere Lebensgefährtin einschloß – bis auf einige Ausnahmen nicht mehr verfügbar war, mußten die Gesangspartien für die Uraufführung neu eingerichtet werden. Vermutlich auf Vorschlag Merellis fügte Verdi in letzter Minute das Quartett im 2. Akt hinzu.

Handlung

Schloß Ezzelinos und Umgebung in Bassano, im Jahr 1228

Vorgeschichte: Oberto, der Graf von S. Bonifacio, war vom Ghibellinen Ezzelino III. da Romano, einem Verbündeten der Salinguerra, besiegt worden und daraufhin nach Mantua geflohen.

1. Akt, 1. Bild, liebliche Landschaft in der Nähe des Schlosses in Bassano: Ritter, Hofdamen und Vasallen kommen herbei, um Riccardo zu begrüßen. Von dessen bevorstehender Vermählung mit der Fürstin Cuniza, der Schwester Ezzelinos, erhofft man sich Frieden (*Coro d'introduzione*, »Di vermiglia, amabil luce«). Für Riccardo bedeutet die Verbindung mit Cuniza auch größere Macht, die er dazu nutzen möchte, seine Feinde niederzuwerfen (*Cavatina*, »Son fra voi! – Già sorto è il giorno«). Leonora, die trotz eines Eheversprechens von Riccardo verlassen wurde, nähert sich Bassano, um Rache an ihm zu üben (*Cavatina*, »Sotto il paterno tetto«). Auch ihr Vater Oberto, der Leonora beschuldigt, seine Ehre besudelt zu

haben, ist aus dem gleichen Grund zurückgekehrt (*Scena e duetto*, »Guardami! – Sul mio ciglio«). – 2. Bild, prächtiger Saal im Palast Ezzelinos in Bassano: Hofleute begrüßen die Braut Cuniza (*Coro*, »Fidanzata avventurosa«), die Riccardo enthüllt, daß sich eine seltsame Furcht in ihre Freude mische. Es gelingt ihm, ihre Sorgen zu zerstreuen (*Scena e duetto*, »Il pensier d'un amore felice«). Mittlerweile sind Leonora und Oberto heimlich im Schloß eingetroffen. Leonora enthüllt Cuniza, daß Riccardo ihr ewige Liebe geschworen habe. Cuniza, die sich nun auch an Riccardo rächen will, beschwört Oberto, seinen Zorn zu zügeln, um sich nicht in Gefahr zu bringen (*Scena e terzetto*, »Su quella, fronte impressa«). Vor der Hofgesellschaft zur Rede gestellt, behauptet Riccardo, Leonora habe ihn betrogen. Oberto fordert ihn daraufhin zum Duell (*Finale primo*, »A me gli amici! Mira!«).

2. Akt, 1. Bild, Gemach Cunizas: Hofdamen bedauern die unglückliche Cuniza. Sie bestimmt, daß der meineidige Riccardo zu Leonora zurückkehren solle (*Coro, scena ed aria*, »Oh, chi torna l'ardente pensiero«). – 2. Bild, ein abgelegener Ort in der Nähe der Schloßgärten: Ritter versuchen, die betrogene Cuniza zu trösten (*Coro di cavalieri*, »Dov'è l'astro che nel cielo«). Oberto erwartet Riccardo zum Duell (*Scena ed aria*, »L'orror del tradimento«), aber Riccardo verweigert den ungleichen Kampf mit dem Alten, und zieht erst nach maßlosen Provokationen Obertos sein Schwert. Cuniza verhindert den Zweikampf dennoch und verlangt von Riccardo, er solle Leonora heiraten. Dieser fügt sich, doch verabredet er sich gleichzeitig heimlich zu einem erneuten Duell mit Oberto, um seine Ehre zu verteidigen (*Scena e quartetto*, »La vergogna ed il dispetto«). Die Ritter bezweifeln, daß der Streit zwischen Oberto und Riccardo beendet ist, und tatsächlich hören sie plötzlich im Wald das Klirren der Schwerter (*Secondo coro di cavalieri*, »Li vedeste. Ah sì! La mano«). Riccardo erscheint mit dem blutigen Schwert in der Hand und fleht, während man im Hintergrund das Stöhnen des tödlich verwundeten Oberto hört, Gott um Vergebung an (*Romanza*, »Ciel che feci! ... di quel sangue...«). Cuniza sucht unterdessen vergebens nach Riccardo und Oberto, als ihr die Hofgesellschaft die Nachricht vom tödlichen Ausgang des Duells überbringt. Wenig später wird die entsetzte Leonora hereingeführt, die sich die Schuld am Tod ihres Vaters gibt (*Scena ed adagio*, »Vieni, o misera, cresciuta«). Obwohl Riccardo sie in einem Brief um Vergebung bittet und ihr sein Eigentum schenkt, will sie ihr weiteres Leben im Kloster verbringen (*Scena e rondò finale*, »Cela il foglio insanguinato«).

Kommentar

Die italienischen Opernkomponisten der ersten Hälfte des 19. Jahrhunderts begannen ihre Karriere in der Regel weder mit Meisterwerken noch mit sonderlich originellen Opern. In ihren Erstlingen suchten sie erfolgreiche Vorbilder zu imitieren, ohne freilich ihre mangelnde Theaterpraxis kompensieren zu können. Hauptsächlich aus der Unerfahrenheit von Verdi und Piazza erklärt sich auch die dramatische Unzulänglichkeit von *Oberto*: Es fehlt eine explizite Exposition der Vorgeschichte im Handlungsverlauf. Nur das Vorwort zum originalen Libretto enthält die Information über Obertos Niederlage und Flucht. Zwar werden alle anderen relevanten Ereignisse der Vorgeschichte dem Zuschauer im Verlauf des 1. Aktes enthüllt, doch muß ihre Integration in die einzelnen Nummern als dramaturgisch ungeschickt bezeichnet werden. Auch das Finale des 2. Aktes endet recht verblüffend mit der Erklärung Leonoras, ins Kloster gehen zu wollen, während die Situation eher eine Wahnsinnsszene oder den Tod der Protagonistin erwarten ließe. Die Intrige selbst ist altertümlich und läßt – mit Ausnahme des Quartetts im 2. Akt – vor allem jene dramatischen Konfrontationen der Protagonisten vermissen, die in den Opern Donizettis, Mercadantes und Pacinis bereits am Ende der 1830er Jahre zur Regel geworden waren.

Verdis Musik besteht im wesentlichen aus stilistischen Anlehnungen an Rossini, Donizetti und vor allem Bellini, der als nach wie vor beliebtester Komponist in Mailand ein erfolgversprechendes Vorbild scheinen mochte. Auffallend ist jedoch, daß Verdi darauf verzichtet, dessen später von ihm gerühmten »melodie lunghe lunghe lunghe« (Brief Verdis an Camille Bellaigue vom 2. Mai 1898; Copialettere, 1913, S. 416) nachzuahmen. Diese »unendlich langen« Melodien, die aus der Aneinanderreihung von Varianten eines melodischen Motivs unter Vermeidung von Wiederholungen bestehen, finden sich dagegen nicht nur bei Bellini, sondern seltener auch bei Donizetti. Aus der Sicht des Personalstils der späteren Opern Verdis erklärt sich dieses Manko, denn dort orientierte sich der Komponist mehr an jenen Stilmerkmalen Donizettis, die diesen von Bellini unterscheiden: Er setzte vor allem melodisch kürzere, aber dramatisch wirkungsvolle und charakteristische Motive und Melodien ein, die mit Pausen durchsetzt und von größeren Intervallsprüngen geprägt waren. Mit dieser Technik bot sich eine ausgefeiltere Möglichkeit, Emotionen auf plakative Weise musikalisch darzustellen, während der Effekt von Bellinis Melodien mit ihren engen Intervallschritten eher auf musikalischen denn auf dramatischen Qualitäten gründet.

Gerade weil das Quartett des 2. Aktes die musikalisch wie dramaturgisch gelungenste Nummer der Oper ist, kann es als Beispiel für die Kompositionsprobleme des jungen Verdi dienen: Im *tempo d'attacco* (*prestissimo*) findet sich beim Einsatz Riccardos (»Vili all'armi? ... Ah! tu lo vuoi?...«) ein etwas grober, aber durchaus origineller Einsatz der Blasinstrumente: Posaunen und Streicher markieren den jeweiligen Taktbeginn, Hörner und Trompeten schlagen polonaisenartig nach. Der dramatische Impuls des Beginns, der durch einen charakteristischen Rhythmus der Gesangsstimmen und den erwähnten Orchestersatz markiert wird, verliert sich bald in zwar schlagkräftigen, doch formelhaften Terzparallelen der Gesangsstimmen und in einer ebenso formelhaften parallel geführten Begleitung der Streicher, bei der die Bläser nur noch harmonisch stützende Funktion haben. Im *adagio* – beginnend mit Riccardos »La vergogna ed il dispetto« – ist deutlich zu spüren, daß Verdi beabsichtigte, ähnliche Nummern von Donizetti zu imitieren. Es fehlt dem jungen Komponisten jedoch noch eine adäquate Möglichkeit, den Kontrast zwischen Stillstand der dramatischen Zeit einerseits (Riccardo zeigt Reue und Leonora gesteht sich ihre noch andauernde Liebe ein) und situativer Spannung andererseits auszudrücken. Den pochenden Triolen mit Zweiunddreißigstelauftakten steht eine Melodielinie gegenüber, die die Spannung durch Chromatisierung und eingefügte Pausen eher ›lehrbuchmäßig‹ und topisch demonstriert als mit individueller Charakteristik ausdrückt. Verdi gelingt es dabei zwar, das »lacerando« (»Zerrissen-Sein«) Riccardos beziehungsweise »spegnere« (»Erlöschen«) Leonoras durch den Wechsel von g-Moll nach B-Dur sinnfällig zu machen; dies führt aber dazu, daß die Phrase eher überraschend als dramatisch stringent auf einem A-Dur-Sextakkord endet, der notwendig wird, um die von Donizetti abgezogene Melodik und Instrumentation (zwei zur Singstimme parallel geführte Klarinetten, begleitet vom Walzerrhythmus der Streicher) bei »Deh, spalancati, o terreno« in A-Dur etwas gewaltsam zu erreichen. Wenn trotz solcher Schwächen (die als solche nicht im Vergleich zu späteren Opern Verdis, sondern zu zeitgleichen Opern Donizettis zu qualifizieren sind) für die Zeitgenossen der Eindruck einer attraktiven Nummer vorherrschend blieb, dann deshalb, weil die Melodien und der Ensemblesatz der Sänger insgesamt überzeugen können und ansatzweise eine Verdichtung zur dramatisch kontrastreichen und optisch sinnfälligen Szene erreicht scheint.

Nicht nur das Quartett zeigt, daß es Verdi weniger an musikalischen Ideen mangelte als an der Fähigkeit, diese umzusetzen: Der Schlußteil der Ouvertüre basiert auf einem Galopp-Motiv mit einem charakteristischen Querflötentriller, das aus der *cabaletta* der *cavatina* Riccardos im 1. Akt stammt. Es findet sich in ähnlicher Form auch in *Alzira* und *La battaglia di Legnano*, aber erst in der Einleitung des 1. Aktes von *La traviata* wird es endgültig und brillant ausformuliert. Selbst wenn man Julian Buddens These zustimmt, der in den Rollen Leonoras und Obertos bereits Vorahnungen der Leonora aus *Il trovatore* beziehungsweise Rigolettos zu sehen meint (Budden, 1973, Band I, S. 54f.), ist es auffallend, daß Verdi außer diesem Galopp-Motiv kaum andere musikalische Ideen in späteren Opern wieder aufgriff. Das dürfte damit zusammenhängen, daß diese weder einen charakteristischen Personalstil ausprägten noch das Potential hatten, um wirkungsvoll in die Kontrastdramaturgie der Opern ab *Nabucodonosor* eingearbeitet werden zu können: Als Verdi in einem Brief an Arrigo Boito vom 17. Februar 1889 von einer Wiederaufführung der »zwei langen Akte« von *Oberto* abriet, weil sich das Publikum aufgrund veränderter Hörgewohnheiten dabei »langweilen« oder gar seinen Mißfallen zum Ausdruck bringen würde (Medici/Conati, 1978, S. 135), charakterisierte er damit gleichzeitig jene Entwicklung, die er mit seinen Opern der 1840er Jahre selbst vorbereitet hatte.

Mit Ausnahme von »Fidanzata, avventurosa«, das sich jedoch musikalisch ebenfalls an zeitüblichen Mustern orientiert, fehlt den Chören in *Oberto* die dramatische Selbständigkeit; sie erfüllen entweder konventionelle Einleitungsfunktionen oder dienen atmosphärischen Schilderungen und sind insofern nur Staffage für die Auftritte der Solisten. Angesichts der Rolle der Chöre in den späteren Opern ab *Nabucodonosor* scheint dies erstaunlich, wenn auch nicht unlogisch, denn Verdi versuchte bereits in *Oberto*, den dramatischen Rhythmus zu beschleunigen; allerdings konnte er hierfür nicht bei den Chören ansetzen, solange diese eine dramaturgisch sekundäre und musikalisch konventionelle Funktion hatten. Vielmehr dürfte das auffällige Fehlen des *tempo di mezzo* in einigen Nummern wie den *cavatine* Riccardos und Leonoras, dem Duett Cuniza/Riccardo und dem Terzett im 1. Akt als Versuch zu werten sein, die dramatische Spannung durch unmittelbare musikalische Kontraste und eine Zurückdrängung der »solite convenienze« zu erhöhen. Daß Verdi sich mit der Auslassung des *tempo di mezzo* nicht in altertümlicher Weise auf Rossinis Umgang mit solchen Konventionen bezog, sondern eine dramaturgische Absicht verfolgte, läßt sich daran ablesen, daß auch in späteren Opern die Verkürzung des *tempo di mezzo* auf einige Rezitativzeilen zu beobachten ist (Balthazar, 1985, S. 250–254).

Offensichtlich zielte Verdi nicht (wie etwa Donizetti) darauf, das *tempo di mezzo* durch eine ausgedehntere Chorbeteiligung szenisch aufzuwerten; vermutlich hatte er erkannt, daß gerade dadurch der unmittelbare Kontrast des emotionalen Umschlags bei den Protagonisten verhindert wurde. Erst in *Nabucodonosor* wird Verdi erstmals die Konsequenz daraus ziehen und den Protagonisten individualisierte selbständige Chöre gegenüberstellen.

Verdis *Oberto* war, aufs Ganze gesehen, eher rückwärts- als vorwärtsgewandt und zeigte trotz seines Erfolgs keinen Weg aus der Sackgasse der Tradition der 1830er Jahre, zumal die nur schemenhaft erkennbare musikdramatische Konzeption vor allem auf dem Auslassen von Formteilen (*tempo di mezzo*) und Stilmerkmalen (»melodie lunghe lunghe lunghe«) beruhte, diesen Verzicht aber nicht durch musikalisch und dramaturgisch neue Elemente kompensierte. Verdi konnte das ebensowenig verborgen geblieben sein wie die Tatsache, daß traditionelle *opera seria*-Muster nur begrenzte Möglichkeiten zur Weiterentwicklung boten. Daraus zog er ab *Nabucodonosor* mit der Kreation eines monumentalen, im wesentlichen auf einer neuen Rolle der Chöre basierenden Operntyps die Konsequenz. Dies läßt die Vermutung zu, daß *Oberto* auch Verdi selbst ästhetisch unbefriedigend erschienen war.

Wirkung

Die Uraufführung der Oper (Leonora: Antonietta Rainieri-Marini, Oberto: Ignazio Marini, Riccardo: Lorenzo Salvi, Cuniza: Mary Shaw) war ein Erfolg. So fanden in der ersten *stagione* vierzehn Aufführungen statt, und Merelli schloß mit Verdi einen Vertrag über drei weitere Opern ab. Für spätere Aufführungen nahm Verdi einige Änderungen an der Partitur vor: Die *cavatina* der Cuniza und die Alternativfassung des Duetts Cuniza/Riccardo wurden für die Aufführungsserie an der Scala im Herbst 1840 für die Sängerin Luigia Abbadia komponiert. Für die Aufführungen in der *stagione del carnevale* 1841 in Genua komponierte Verdi ein neues Duett für Leonora/Oberto (»Dove corri, o sciagurata«) als Ersatz für das Duett des 1. Aktes. Der Chor »Fidanzata avventurosa« wurde gegen »Sorge un canto e si diffonde« ausgetauscht.

Die Mailänder Kritiker reagierten verhalten positiv auf *Oberto*, bemängelten aber zugleich Verdis fehlenden Erfindungsreichtum. Die Zeitschrift *La fama* kritisierte die Anlehnung an Bellinis Stil und den Gebrauch »schlaffer und monotoner« Melodien an Stellen, an denen »Energie und Leidenschaft« gefordert seien (Abbiati, 1959, Band I, S. 327), was letztlich nichts anderes als den Vorwurf des Unzeitgemäßen bedeutet. Nach der Uraufführung wurde *Oberto* an der Scala 1840 wiederaufgenommen sowie in Turin (1840), Neapel (1841), Genua (1841) und Barcelona (1842) gespielt. Mit Ausnahme Barcelonas (wo die Oper anläßlich einer Benefiz-Veranstaltung für den Sänger Ignazio Marini, den Oberto der Uraufführung, gegeben wurde) sang in allen diesen Vorstellungen Antonietta Raineri-Marini die Leonora. Wahrscheinlich waren die Aufführungen auf ihre Veranlassung hin zustande gekommen, weil sie diese Partie als Paraderolle betrachtete. Abgesehen von Aufführungen in Malta scheint die Oper dann nur noch bei ›Jubiläumsaufführungen‹ an der Scala (1889) und in Busseto und Buenos Aires (1939) gespielt worden zu sein; auch im 20. Jahrhundert wurde sie nur sehr selten aufgeführt (Scala, 1951; Bologna/Parma, 1977/78; San Diego, 1985; Edinburgh Festival, 1993; Opera North, 1994). Zu den Kuriosa der Operngeschichte, die einen gewissen Bekanntheitsgrad von *Oberto* belegen, gehört eine erneute Vertonung desselben Librettos unter dem Titel *I Bonifazi e i Salinguerra* durch Achille Graffigna, die im Frühjahr 1842 am Teatro Gallo di San Benedetto in Venedig herauskam.

Diskographischer Hinweis

Violeta Urmana (Cuniza), Stuart Neill (Riccardo), Maria Guleghina (Leonora), Samuel Ramey (Oberto), Sara Fulgoni (Imelda), London Voices, Academy of St. Martin in the Fields, Neville Marriner (aufgenommen: 1997). (Die Aufnahme enthält im Anhang drei zusätzliche Nummern aus dem Autograph.) Philips 454 472–2

Michael Walter

Un giorno di regno

(König für einen Tag)
Melodramma giocoso in due atti
(2 Akte, 6 Bilder)

Text: Anonyme Bearbeitung des Librettos von Felice Romani zu Alexander Gyrowetz' Oper *Il finto Stanislao* (Mailand 1818), nach der Komödie *Le faux Stanislaus* von Alexandre Vincent Pineux-Duval (Paris 1809)

Uraufführung: Mailand, Teatro alla Scala, 5. September 1840
Personen: Cavaliere von Belfiore, unter dem Namen Stanislao, König von Polen (Bariton); Baron von Kelbar (Baß); Marchesa von Poggio, eine junge Witwe, Nichte des Barons und Geliebte des Cavaliere (Sopran); Giulietta von Kelbar, Tochter des Barons und Geliebte von Edoardo (Sopran); Edoardo di Sanval, ein junger Offizier (Tenor); La Rocca, Schatzmeister der Staaten der Bretagne, Onkel Edoardos (Baß); Graf Ivrea, Kommandant von Brest (Tenor); Delmonte, Diener des falschen Stanislao (Baß) – Kammerdiener, Zimmermädchen, Vasallen des Barons
Orchester: Piccoloflöte, Querflöte, 2 Oboen, 2 Klarinetten, 2 Fagotte, 4 Hörner, 2 Trompeten, 3 Posaunen, Cimbasso, Pauken, große Trommel, kleine Trommel, Triangel, Cembalo, Streicher
Spieldauer ohne Pausen: ca. 2 Stunden
Autograph: Mailand, Verlagsarchiv Ricordi
Ausgaben: Partitur: Mailand: Ricordi [1980], Nr. 125354 – Klavierauszüge: Mailand: Ricordi [1846], Nr. 18021–18046 (als *Il finto Stanislao*); Mailand: Ricordi 1951, Nr. 53708 – Textbücher: Mailand: Truffi 1840; *Tutti i libretti*, 1975, S. 15–31

Entstehung

Nur wenige gesicherte Fakten sind über die Genese von *Un giorno di regno* überliefert. Nach dem Erfolg des *Oberto* schloß Bartolomeo Merelli, der *impresario* der Mailänder Scala, mit Verdi einen Vertrag über drei weitere Opern, deren erste eine *opera buffa* sein sollte. Unter den verschiedenen zur Auswahl stehenden Libretti wählte der Komponist Felice Romanis *Il finto Stanislao* als das seiner Ansicht nach am wenigsten schlechte aus. *Le faux Stanislaus* von Alexandre Vincent Pineux-Duval hatte zuvor bereits als Vorlage für Gaetano Rossis Einakter *Il finto Stanislao re di Polonia* (1812, Musik von Luigi Mosca) gedient, der dem Kontext der venezianischen *farsa* zuzuordnen ist. Verdis Arbeit an der Partitur wurde durch den plötzlichen Tod seiner Gattin Margherita überschattet, die am 18. Juni 1840 einem rheumatischen Fieber erlag. Da zu diesem Zeitpunkt bereits ein Teil der Komposition vorlag und Merelli unter erheblichem Zugzwang stand, lehnte es der *impresario* ab, Verdi mit Rücksicht auf diesen Schicksalsschlag aus seinem Vertrag zu entlassen. So sah sich der Komponist bereits Anfang Juli gezwungen, unter diesen Umständen die Arbeit wieder aufzunehmen und innerhalb von nur etwa sechs Wochen die Partitur zu vollenden. Die Todesfälle seiner beiden kleinen Kinder, die Verdi später ebenfalls unmittelbar mit *Un giorno di regno* in Verbindung brachte, lagen zu diesem Zeitpunkt allerdings bereits einige Zeit zurück und gehören in die Entstehungsgeschichte von *Oberto*.

Handlung

Vorgeschichte: Im Jahre 1733 schickte sich der im französischen Exil weilende ehemalige polnische König Stanislas Leszcynski an, seinen verwaisten Thron wieder zu besteigen. Um seine Gegner zu täuschen und inkognito nach Warschau reisen zu können, beauftragte er den Chevalier de Beaufleur, vorübergehend die Rolle Seiner Majestät anzunehmen.

1. Akt, 1. Bild, Galerie im Schloß des Barons: Anläßlich der noch am selben Tage bevorstehenden Doppelhochzeit herrscht im Hause Kelbars ausgelassene Freude (*Introduzione*, »Mai non rise un più bel dì«). Kelbars Tochter soll mit dem Schatzmeister La Rocca verheiratet werden, und die Marchesa del Pioggio, die verwitwete Nichte des Barons, ist für den Grafen Ivrea ausersehen. Kelbar und La Rocca überhäufen einander gegenseitig mit Glückwünschen (*Duettino*, »Tesoriere garbatissimo«). Kurz darauf wird das Erscheinen Seiner Königlichen Hoheit gemeldet. Belfiore bittet seine Gastgeber, ihn nicht als König, sondern als Freund zu empfangen (*Scena e cavatina*, »Compagnoni di Parigi«), erfährt freilich angesichts dieser Bescheidenheit nur noch größeren Respekt. Als ihm die Namen der Brautleute genannt werden, reagiert er verstört, denn mit der Marchesa ist er insgeheim selbst liiert (*Seguito e stretta dell'introduzione*, »Verrà pur troppo il giorno«). Nachdem sich die Gesellschaft zurückgezogen hat, verfaßt er einen Brief an den Königshof und bittet darum, möglichst rasch von seiner Aufgabe entbunden zu werden. Da tritt Edoardo hinzu, der ebenfalls seine Geliebte zu verlieren droht, und dies ausgerechnet an seinen Onkel. Er bittet den ›König‹, in seine Dienste treten zu dürfen, um so einem ehrenvollen Tod auf dem Schlachtfeld entgegensehen zu können (*Recitativo, scena e duetto*, »Proverò che degno io sono«). Belfiore findet Gefallen an Edoardo, ernennt ihn zu seinem persönlichen Knappen und verspricht, ihn mit nach Polen zu nehmen. Die Marchesa hat beide aus einiger Distanz beobachtet und im ›König‹ ihren anscheinend untreuen Liebhaber erkannt. Nur zum Schein hat sie sich auf die Verbindung mit dem Grafen eingelassen, um Belfiore zu einem Bekenntnis zu bewegen (*Scena e cavatina*, »Grave a core innamorato«). – 2. Bild, im Garten des Schlosses: Giulietta nimmt die freudigen Glückwünsche ihres Gefolges entgegen, gibt sodann aber ihrer Verzweiflung darüber Ausdruck, daß sie La Rocca und nicht Edoardo heiraten soll (*Coro e cavatina*, »Non san quant'io nel petto«). Das Erscheinen des Barons und seines in Aussicht genommenen Schwiegersohns können ihre Stimmung nicht aufhellen. Da erscheint Belfiore in Begleitung seines neuen Knappen. Ungeachtet der Einwände La Roccas bittet der ›König‹ die beiden Herren zu einer militärischen Besprechung, so daß Edoardo mit Giulietta zurückbleibt (*Recitativo e sestetto*, »Cara Giulia, alfin ti vedo!«). Die Marchesa tritt hinzu und verspricht dem jungen Paar ihre Unterstützung (*Recitativo e terzetto*, »Bella speranza invero«). – 3. Bild, wie 1. Bild: Um die Hochzeit mit der Marchesa zu verhindern, ernennt Belfiore La Rocca zum Finanzminister von Polen und stellt ihm eine Heirat mit der vermögenden Prinzessin Ineska in Aussicht. Als der Baron kurz darauf einen Ehevertrag präsentiert, möchte La Rocca von seinen ursprünglichen Heiratsabsichten zurücktreten (*Recitativo e duetto*, »Diletto genero, a voi ne vengo«). Kelbar ist außer sich vor Zorn und fordert den Schatzmeister zum Duell (*Finale primo*, »Tesorier! io creder voglio«).

2. Akt, 1. Bild, wie 1. Akt, 1. Bild: Edoardo hofft auf eine baldige Heirat mit Giulietta, der jedoch vorerst seine Armut im Wege steht (*Coro ed aria*, »Pietoso al lungo pianto«). Belfiore kann La Rocca dazu bringen, seinem Neffen eines seiner Besitztümer zu überlassen. Gleichwohl besteht der Baron weiterhin auf einem Duell und überläßt seinem Rivalen die

Wahl der Waffen (*Recitativo e duetto*, »Tutte l'armi ella può prendere«). – 2. Bild, Veranda, im Hintergrund der Schloßgarten: Endlich gelingt es der Marchesa, Belfiore unter vier Augen zur Rede zu stellen (*Duetto*, »Ch'io non possa il ver comprendere«). Doch Belfiore verweigert weiterhin das überfällige Geständnis, nicht der echte König zu sein. Als der Baron das baldige Eintreffen des Grafen Ivrea meldet, erklärt die Marchesa ihre Absicht, diesen auf der Stelle zu heiraten (*Recitativo, scena ed aria*, »Si mostri a chi l'adora«). Auch Edoardo und Giulietta tragen ihre Konflikte und Sehnsüchte nun offen aus und blicken bald zuversichtlich ihrer Vereinigung entgegen (*Scena e duetto*, »Giurai seguirlo in campo«). – 3. Bild, wie 1. Akt, 1. Bild: Anläßlich des Auftritts Ivreas bekräftigt die Marchesa ihre Heiratsabsicht. Nun läßt Belfiore die Hochzeit angeblich aus Gründen der Staatsraison verbieten und fordert den Grafen auf, ihm nach Polen zu folgen (*Recitativo e settimino*, »A tal colpo preparata«). In die allgemeine Verwirrung fällt das Erscheinen eines Boten, der Belfiore einen Brief überbringt, in dem die Ankunft des ›wahren‹ Stanislas in Warschau gemeldet wird. Belfiore soll anstelle des Königreichs nun den Titel eines Marschalls von Frankreich erhalten. Sofort ordnet er die Hochzeit von Edoardo und Giulietta an, und sobald der Baron sein Einverständnis erteilt hat, offenbart er den Anwesenden den Inhalt des Briefes, gibt sich zu erkennen und fällt der Marchesa in die Arme. Die drei älteren Herrschaften haben das Nachsehen und machen gute Miene zum bösen Spiel (*Finale secondo*, »Sire, venne in quest' istante«).

Kommentar

Un giorno di regno galt der Verdi-Kritik stets als ein nicht ganz geglückter Ausflug in die Sphäre der *opera buffa* auf dem Weg des Komponisten zur sogenannten ›Risorgimento-Oper‹. Tatsächlich mögen zahlreiche äußere Faktoren, darunter gewiß auch der Tod von Verdis Ehefrau, den Entstehungsprozeß negativ beeinflußt und somit letztlich zum Mißerfolg des Werkes beigetragen haben. Die Wahl eines veralteten und obendrein wenig inspirierten Librettos, das auch durch eine einschneidende Bearbeitung dem Zeitgeschmack nicht gänzlich angepaßt werden konnte, in seinem dramaturgischen Aufbau jedoch teilweise beschädigt worden war, bot keine einfachen Voraussetzungen für Verdis Debüt im komischen Genre, das im zweiten Drittel des 19. Jahrhunderts in die Krise geriet. Wir wissen nicht, welche Libretti Verdi zur Auswahl standen, als er sich für das »am wenigsten schlechte« entschied, doch spricht manches dafür, daß es sich bei *Il finto Stanislao* auch um das am wenigsten komische gehandelt haben könnte. Das (pseudo-)historische Sujet mit einem – wenn auch zweifelhaften – Monarchen als Titelgestalt sowie einer Figurenkonstellation, die sich beinahe ausschließlich aus Angehörigen der Aristokratie zusammensetzt, ist in der Tat alles andere als typisch für eine *opera buffa*. Die Textbearbeitung, bei der nicht feststeht, ob und in welchen Anteilen sie von Temistocle Solera (dem damaligen Hausdichter der Scala), von Verdi selbst (der in jedem Fall Einfluß auf sie genommen haben dürfte) oder von dritter Seite vorgenommen wurde, verstärkte diese stofflich bedingten Eigenarten noch erheblich und führte in weiten Teilen zu einer Annäherung an die Konventionen der *opera seria*. Ein zentrales Problem des Werkes liegt zweifellos in der Verwendung von *recitativi secchi* mit Begleitung eines Klavierinstruments, wie sie damals in der *opera buffa* noch durch die Tradition vorgegeben war, keinesfalls aber Verdis musikdramatischen Vorstellungen entsprach. Folglich entfallen die stärksten Eingriffe in die ursprüngliche Textgestalt des Librettos auf die Rezitative, die in Romanis Original breiten Raum eingenommen hatten und für das volle Verständnis der verwickelten Handlung wesentlich sind (Engelhardt, 1992, S. 22–28). Die drastischen Kürzungen dieser Partien in dem von Verdi vertonten Text entziehen dagegen dem Handlungsverlauf nicht nur einen Teil der Situationskomik, sondern mitunter auch seinen logischen Zusammenhang. Besonders die bearbeitete Exposition leidet empfindlich unter dem Verzicht auf die Schilderung der Vorgeschichte und der Handlungsmotivationen Belfiores, Giuliettas, Edoardos und der Marchesa in den auf die *introduzione* folgenden Szenen.

Kompensiert werden diese Einbußen freilich in musikalischer Hinsicht. So sind Ouverture und Introduktionsszene zu einem umfassenden musikalischen Gesamtkomplex vereinheitlicht, dessen interne Kontinuität und Geschlossenheit nur unter Vernachlässigung der im ursprünglichen Text angelegten Vertonungsstrategien sowie durch eine Aufwertung der Rolle des Chores erreicht werden konnte (Parker, 1989, S. 87–90). Die musikalische Figurencharakterisierung ist ebenso plastisch wie kontrastreich angelegt und setzt mehr auf die solistische Isolation der Charaktere in den Arien als auf ihre individuelle Profilierung innerhalb der Ensemblesätze. Als beispielhaft hierfür können die unmittelbar aufeinanderfolgenden *cavatine* der beiden Frauengestalten im ersten Akt gelten. Auch bei dieser eher einer *opera seria* angemessenen, für eine *buffa* jedoch ungewöhnlichen Disposition ist zu berücksichtigen, daß die erste der beiden Arien im ursprünglichen Libretto fehlte; an der entsprechenden Stelle stand ein Duett zwischen der jungen Witwe und Belfiore. Der vokalisenreichen *cavatina* der feinsinnigeren, reiferen Marchesa steht die naive Anmut Giuliettas gegenüber, deren breit ausgeführte Auftrittsnummer vom einleitenden Frauenchor über die schlichte Barcarole bis hin zur abschließenden *cabaletta* ohne Schnörkel auskommt. Verdis Rollenkonzeption der Marchesa und die Aufwertung dieser Figur um eine weitere zweisätzige Arie (in Romanis Originallibretto hat sie eine solche nur im 2. Akt) ist unmittelbar auf die Sängerin Antonietta Rainieri-Marini zugeschnitten, die bereits die Leonora in *Oberto* gesungen hatte. Sie verfügte über einen gewaltigen Tonumfang und eine ausgeprägte Tiefe, war aber vor allem ganz auf *seria*-Partien spezialisiert. Wie Roger Parker (ebd., S. 145–150) gezeigt hat, besitzt fast jede Nummer der Marchesa ein Vorbild in der Rolle Leonoras, wobei die Entsprechungen formale, stilistische und gesangstechnische Aspekte gleichermaßen umfassen. Tatsächlich stellt die Rücksichtnahme auf die Sängerpersönlichkeiten der Uraufführung nicht nur bei dieser Rolle ein entscheidendes Element für die Abweichungen von den Konventionen der *opera buffa* dar. Auch die vier Paradenummern Edoardos, das martialische Duett mit Belfiore und das Terzett mit den beiden Frauen im 1. Akt sowie die *aria con coro* und das Liebesduett im 2. Akt, sind ein Zugeständnis an den bedeutenden Tenor Lorenzo Salvi, der bereits den Riccardo in *Oberto* verkörpert hatte. Die Einführung seiner Arie, die ebenfalls im Originallibretto fehlt und dramaturgisch auch nicht erforderlich ist, wertet seine Partie erheblich auf und bekräftigt die Rollenkonzeption Edoardos als eines jugendlich-sentimentalen Liebhabers von heroischem Zuschnitt.

Die Annäherung an *seria*-Konventionen prägt den musikalischen Stil des Werkes auch sonst in vielfältiger Weise. So mag die aufpeitschende Verve der ungewöhnlich zahlreichen *cabalette* etwas gewaltsam erscheinen für ein Lustspiel, das im empfindsamen 18. Jahrhundert angesiedelt ist, und völlig zu Recht attestiert Julian Budden Verdis frühem *buffo*-Stil im Vergleich etwa zu demjenigen Donizettis »mehr Pferdestärken, doch weniger Anmut« (Budden, 1973, S. 80). Der rabiate Duktus entspricht der instrumentatorischen Sorglosigkeit eines *al fresco*-Stils, der nicht zuletzt der Eile zuzuschreiben sein dürfte, in der Verdi die Partitur zu vollenden hatte. Genuine *buffo*-Elemente prägen allein jene Nummern, in denen der Baron und La Rocca in den Vordergrund treten. Nach ihrem ›plappernden‹ *duettino* aus der *introduzione* kontrastieren sie bereits wirkungsvoll in der großen Ensembleszene am Ende des zweiten Bildes, ehe sie im Duett und dem nachfolgenden Finale des 1. Aktes buchstäblich aneinandergeraten. Die hier schon getroffenen Duellvorbereitungen erfahren eine weitere Steigerung im großen Duett der beiden Buffobässe im 2. Akt, in dem die groteske Erörterung der Waffenwahl nach Art der entsprechenden Szene aus Rossinis *La cambiale di matrimonio* (1810) musikalisch ausgekostet wird. Hier erweist sich Verdi bereits als Routinier der komischen Oper, die ungeachtet ihrer abnehmenden Popularität auch seinerzeit noch unausweichlich den Ausgangspunkt für die Karriere eines jeden italienischen Opernkomponisten bildete.

Wirkung

Das Fiasko der Premiere konnte auch eine glanzvolle Besetzung nicht verhindern, der unter anderen Luigia Abbadia (Giulietta), Antonietta Rainieri-Marini (Marchesa), Lorenzo Salvi (Edoardo) und Raffaele Ferlotti (Belfiore) angehörten. Verdis Behauptung, nach dem Debakel das Komponieren beinahe aufgegeben zu haben, offenbart wie so oft nur einen Teil der Wahrheit. Paradoxerweise trug der Fehlschlag indirekt zur Kontinuität seiner Karriere bei, da *Un giorno di regno* nun durch eine Wiederaufnahme des *Oberto* ersetzt wurde, deren Vorbereitung Verdi auch weiterhin an die Scala band. Unter dem Romanis Libretto von 1818 zugrundeliegenden Titel *Il finto Stanislao* ging das Werk später 1845 in Venedig, 1846 in Rom und 1859 in Neapel mit Erfolg über die Bühne, konnte sich jedoch nicht im Repertoire etablieren. Eine Wiederbelebung leiteten erst die Verdi-Feiern der Jahre 1951 und 1963 mit Aufführungen in Mailand und Parma ein, ehe es in den 1980er und 1990er Jahren zu einer regelrechten Renaissance mit Inszenierungen unter anderem in Genua, San Diego, Wexford, Marseille, Livorno, Dorset, Wien und Kaiserslautern kam.

Diskographischer Hinweis

Ingvar Wixell (Belfiore), Wladimiro Ganzarolli (Kelbar), Fiorenza Cossotto (Marchesa), Jessye Norman (Giulietta), José Carreras (Edoardo), Vincenzo Sardinero (La Rocca), Ambrosian Singers, Royal Philharmonic Orchestra, Lamberto Gardelli (aufgenommen: 1973). Philips 422 429–2

Arnold Jacobshagen

Nabucodonosor

Dramma lirico in quattro parti
(4 Teile, 7 Bilder)

Text: Temistocle Solera nach dem Schauspiel *Nabuchodonosor* (1836) von August Anicet-Bourgeois und Francis Cornu sowie nach dem Ballett *Nabucodonosor* (1838) von Antonio Cortesi
Uraufführung: Mailand, Teatro alla Scala, 9. März 1842
Personen: Nabucodonosor, König von Babylon (Bariton); Ismaele, Neffe Sedecias, des Königs von Jerusalem (Tenor); Zaccaria, Hohepriester der Hebräer (Baß); Abigaille, Sklavin, vermeintliche erstgeborene Tochter Nabucodonosors (Sopran); Fenena, Tocher Nabucodonosors (Sopran); Oberpriester des Baal (Baß); Abdallo, älterer Offizier des Königs von Babylon (Tenor); Anna, Schwester Zaccarias (Sopran) – Levit, zwei Wachen, zwei babylonische Frauen (stumme Rollen) – Juden, Leviten, jüdische und babylonische Frauen und Männer, jüdische und babylonische Krieger, Volk, Soldaten (Magier, Große des Königreiches, Wachen)
Orchester: 2 Querflöten (2. auch Piccoloflöte), 2 Oboen (2. auch Englischhorn), 2 Klarinetten, 2 Fagotte, 4 Hörner, 2 Trompeten, 3 Posaunen, Cimbasso, 2 Harfen, Pauken, Große Trommel, Kleine Trommel, Triangel, Streicher – Bühnenmusik: *banda* (keine Besetzungsangabe)
Spieldauer ohne Pausen: ca. 2 Stunden 30 Minuten
Autograph: Mailand, Verlagsarchiv Ricordi
Ausgaben: Partitur, kritische Ausgabe: WGV I/3, hrsg. von Roger Parker, Chicago: The University of Chicago Press/Mailand: Ricordi 1988 – Klavierauszüge: Mailand: Ricordi [1842], Nr. 13806–13830; Mailand: Ricordi [ca. 1963]; Chicago: The University of Chicago Press/Mailand: Ricordi 1996 – Textbücher: Mailand: Truffi 1842; Mailand: Ricordi 1956; *Tutti i libretti*, 1975, S. 33–48

Entstehung

Nach dem Erfolg von *Oberto* hatte Bartolomeo Merelli, der *impresario* der Scala, Verdi einen Vertrag über drei weitere Opern angeboten, deren zweite *Nabucodonosor* war. Verdis eigene Äußerungen über die Entstehung der Oper sind widersprüchlich (Lessona, 1869, S. 296–298; Pougin, 1881, S. 43–46). Angeblich wollte er nach dem Tode seiner Frau und Kinder sowie dem Mißerfolg von *Un giorno di regno* keine Opern mehr komponieren, doch Merelli habe auf Vertragserfüllung beharrt. Schon kurz nach der *Oberto*-Premiere hatte der *impresario* den Librettisten Gaetano Rossi beauftragt, für Verdi *Il proscritto* zu verfassen. Wohl weil Verdi keinerlei Anstalten zur Vertonung machte, übergab er dieses Libretto jedoch im September 1840 Otto Nicolai zur Komposition. Da Nicolai mit diesem Libretto ebenfalls nicht zufrieden war, erhielt er von Merelli *Nabucodonosor*, entschied vermutlich im Dezember 1840 jedoch, Soleras Libretto nicht zu vertonen, weil es ihm zu blutrünstig und gewalttätig war. Auch Unstimmigkeiten mit seiner Verlobten Emilia Frezzolini, die als *prima donna* für die neue Oper vorgesehen war, spielten in diese Entscheidung hinein, und so nahm Nicolai doch die Vertonung von *Il proscritto* in Angriff.

Verdis romanhafte Erzählungen (siehe auch oben, S. 4) stimmen nur teilweise mit diesen Schilderungen überein: Merelli habe ihm im Januar 1841 berichtet, daß Nicolai das Libretto Soleras zurückgewiesen habe. Daraufhin habe Verdi dem *impresario* das Textbuch zu *Il proscritto* zur Verfügung gestellt, um ihn aus einer Notlage zu befreien, und im Austausch Soleras Libretto erhalten. Da Nicolai bereits am 4. Januar mit der Komposition von *Il proscritto* begonnen hatte, Verdi aber erst nach der Rückkehr aus Genua am 20. Januar das Gespräch mit Merelli geführt haben konnte, ist diese Version unstimmig und verrät zudem deutlich die spätere Perspektive Verdis, denn das Libretto zu *Il proscritto* war nicht von Verdi, sondern noch vom *impresario* in Auftrag gegeben und bezahlt worden, so daß Merelli allein darüber verfügen konnte. Schon deshalb ist der von Verdi behauptete Austausch unwahrscheinlich. Immerhin stimmen die beiden Darstellungen Verdis darin überein, daß Merelli ihm das Libretto zu *Nabudoconosor* regelrecht aufgedrängt habe. Wenn der *impresario* darauf bestand, daß Verdi den Vertrag einhielt, war er in der Tat gezwungen, dem Komponisten ein neues Libretto auszuhändigen. Da die Übergabe des Librettos üblicher Vertragsbestandteil war, hätte Verdi andernfalls argumentieren können, das Libretto, das ihm Merelli übergeben hatte (*Il proscritto*), sei nicht mehr frei, womit der *impresario* den Vertrag gebrochen hätte.

Auch die Angaben über den tatsächlichen Kompositionsbeginn differieren in den beiden Versionen zwischen Ende Januar und Ende Mai 1841, während die Behauptung, Merelli habe die Uraufführung von *Nabucodonosor* auf eine spätere Spielzeit verschieben wollen, weil die Oper auf dem *cartellone* der Karnevalssaison nicht angekündigt wurde, wahrscheinlich auf einem Mißverständnis Verdis beruht: Im Gegensatz zu Merelli faßte der Komponist die *stagione di carnevale e quaresima* (die Karnevals- und Fastensaison) als Einheit auf. Tatsächlich sind Merellis Marketing-Gründe, das heißt der Werbeeffekt eines neuen *cartellone* für eine Ankündigung von *Nabucodonosor* am Ende der Karnevalssaison für die sich unmittelbar anschließende Fastensaison, nachvollziehbar. Verdis angebliche Beteiligung an den Produktionskosten der Oper ist nicht belegt; seinem eigenen Bericht zufolge verwies Merelli auf knappe finanzielle Mittel, um damit zu begründen, daß für *Nabucodonosor* lediglich ältere, bereits vorhandene Kostüme und Dekorationen überarbeitet würden.

Handlung

Jerusalem und Babylon, 587 vor Christus

1. Teil (*Jerusalem*), das Innere des Salomonischen Tempels: Die im Tempel versammelten Hebräer beklagen die drohende Eroberung Jerusalems durch die Assyrer (*Coro d'introduzione*, »Gli arredi festivi giù cadano infranti«). Zaccaria versucht sie mit dem Hinweis auf Gottes Beistand und auf die von ihm als Geisel gehaltene Tochter Nabucodonosors, Fenena, die Ismaele zur Bewachung übergeben wird, zu beruhigen (*Recitativo e cavatina*, »Fremo al timor! v'affidi«). Bevor Ismaele Fenena, die er liebt, zur Flucht verhelfen kann, erscheint plötzlich Abigaille mit einigen als Hebräer verkleideten babylonischen Soldaten. Sie, die Ismaele selbst liebte, verhöhnt das Liebespaar und droht ihm mit dem Tod (*Recitativo e terzettino*, »Io t'amava! . . . Il regno e il core«). Zaccaria versucht, den mittlerweile mit seinen Kriegern erschienenen Nabucodonosor von der Schändung des Tempels abzuhalten, indem er die Erdolchung Fenenas androht. Ismaele kann Fenena jedoch befreien und liefert damit den Tempel an den vor Wut rasenden Nabucodonosor aus (*Finale I*, »Mio furor, non più costretto«).

2. Teil (*Der Frevler*), 1. Bild, Gemächer im königlichen Palast in Babylon: Abigaille erscheint voller Wut mit einem Pergament in der Hand, das Nabucodonosor vor ihr verborgen hatte. Aus dem Schriftstück geht hervor, daß sie die Tochter einer Sklavin ist. Deshalb wird Fenena die Thronerbin sein. Abigaille will Fenena und Nabucodonosor töten, verflucht Assyrien und erinnert sich ihrer unbeschwerten Jugendtage. Als unversehns der Oberpriester erscheint, um ihr die Krone anzubieten, weil Fenena die Hebräer habe fliehen lassen, stimmt

Abigaille zu (*Scena ed aria*, »Anch'io dischiuso un giorno«). – 2. Bild, Nacht, ein schwach beleuchteter Saal im Palast: Zaccaria will Fenena zum israelitischen Glauben bekehren (*Recitativo e preghiera*, »Tu sul labbro dei veggenti«). Während er sich in ihre Gemächer begibt, versammeln sich die Leviten, die Ismaele als Ausgestoßenen abweisen. Zaccaria verkündet jedoch Fenenas Bekehrung und verzeiht Ismaele (*Coro di Leviti*, »Il maledetto – non ha fratelli...«). Plötzlich stürzt Abdallo mit der (falschen) Nachricht von Nabucodonosors Tod und der bevorstehenden Krönung Abigailles herein. Fenena weigert sich jedoch, die Krone der mit ihrem Gefolge auftretenden Abigaille zu übergeben. Überraschend erscheint Nabucodonosor mit seinen Kriegern, setzt sich selbst die Krone auf und erklärt sich zum einzigen Gott der Assyrer und Hebräer. Plötzlich fährt ein Blitz auf ihn nieder, und die Krone wird ihm von einer übernatürlichen Macht entrissen. Nabucodonosor verfällt dem Wahnsinn, während Abigaille die auf den Boden gefallene Krone an sich reißt (*Finale II*, »S'appressan gl'istanti«).

3. Teil (*Die Prophezeiung*), 1. Bild, die hängenden Gärten: Abigaille wird in ihrem Thronsaal von den Assyrern gefeiert (*Coro d'introduzione*, »È l'Assiria una regina«). Sie veranlaßt den wahnsinnigen Nabucodonosor zur Unterschrift unter das Todesurteil für Fenena und die Hebräer. Als Nabucodonosor in einem lichten Moment die Täuschung erkennt und Abigaille als Sklavin bezeichnet, zerreißt diese das Schriftstück, das ihre Herkunft belegt, und läßt Nabucodonosor gefangennehmen (*Scena e duetto*, »Deh, perdona, deh, perdona«). – 2. Bild, die Ufer des Euphrat: Hebräer trauern bei ihrer Zwangsarbeit um die verlorene Heimat. Zaccaria jedoch fordert sie auf, zu den Waffen zu greifen, und prophezeit die baldige Befreiung (*Coro e profezia*, »Va, pensiero, sull'ali dorate« – »Del futuro nel buio discerno...«).

4. Teil (*Das zerbrochene Götzenbild*), wie 2. Teil, 1. Bild: Der in Schlaf versunkene Nabucodonosor wacht auf und sieht aus dem Fenster des verschlossenen Raums die in Ketten gelegte Fenena, kann ihr jedoch nicht zu Hilfe eilen. Daraufhin fleht er Jehova um Beistand und Vergebung an. Zusammen mit den unter Abdallos Führung erscheinenden Kriegern bricht Nabucodonosor zur Rückeroberung des Throns auf (*Scena ed aria*, »Dio di Giuda! l'ara, il tempio«). – 2. Bild, wie 3. Teil, 1. Bild: Fenena vertieft sich vor der bevorstehenden Hinrichtung ins Gebet (*Inno*, »Immenso Jehovah«). In dem Augenblick, als das Todesurteil an den Hebräern vollstreckt werden soll, erscheint Nabucodonosor. Noch bevor seine Krieger die Statue des Baal zerschlagen können, stürzt sie von selbst zusammen; Nabucodonosor schenkt den Hebräern die Freiheit. Schon ihrem Ende nahe erscheint Abigaille, die Gift genommen hat, und fleht mit ihren letzten Worten ihre Gegner und Jehova um Vergebung an (*Scena finale*, »Su me... morente... esanime«).

Kommentar

Das *Nabucodonosor*-Sujet hatte in Italien eine gewisse, wenn auch keine bedeutende literarische Tradition. Sie begann mit Giovanni Agostino Della Legueglias *Nabucco trasformato. Ragionamenti morali* (Mailand 1668 und Venedig 1675) und wurde mit den Tragödien Francesco Ulisse Ringhieris (1770), Erenio Fallarides (1771), Giovanni Battista Niccolinis (1815?) sowie Giuseppe Nicolinis (1832) fortgesetzt. Solera bezog sich allerdings auf keines dieser Stücke. Seine unmittelbaren Stoffvorlagen waren das 1836 am Pariser Théâtre Ambigu-Comique uraufgeführte Schauspiel *Nabuchodonosor* von Auguste Anicet-Bourgeois und Francis Cornu sowie das historische Ballett *Nabuccodonosor* von Antonio Cortesi, das an der Scala am 27. Oktober 1836 uraufgeführt worden war und seinerseits auf dem französischen Schauspiel basierte. Schon in Cortesis Libretto waren einige Nebenfiguren eliminiert und die Intrigenhandlung vereinfacht worden, so daß Solera die dramaturgische Konstellation daraus übernehmen konnte. Freilich fügte er dieser Handlung die Liebe Abigailles zu Ismaele ebenso hinzu wie den Umstand, daß sie selbst das Schriftstück entdeckt, das ihre niedere Abkunft beweist. So ist *Nabucodonosor* ebenso das Drama des assyrischen Königs wie dasjenige der wesentlich aufgewerteten Abigaille. Bei beiden führt der Weg vom Rachedurst über Hybris zur Erlösung im Glauben an Jehova. Abigaille jedoch ist der interessantere Charakter, denn sie muß, indem sie das kompromittierende Schriftstück unterschlägt und versucht, Nabucodonosor zu stürzen, zwei Verbrechen begehen, um an das Ziel ihrer Wünsche zu gelangen. Nabucodonosor dagegen handelt aus eigenem Recht und Überzeugung. Während Nabucodonosors Motivation im Politischen liegt, findet sich Abigailles Motivation im Privaten: Um dem Absturz ins Sklaventum zu entgehen, ist sie gezwungen, mit allen Mitteln den Thron zu erringen. Demgegenüber spielt ihre Eifersucht auf Fenena nur eine untergeordnete Rolle. Nabucodonosor handelt, weil er handeln will; Abigaille handelt, weil sie handeln muß, und wird damit zu einer der großen Heroinen des jungen Verdi. Die traditionelle Liebesgeschichte von Fenena und Ismaele ist wenig mehr als ein Zugeständnis an die zeitgenössische Erwartungshaltung und erhält hinter diesem Drama der Selbsterhöhung des Individuums, dem als effektvoller Kontrapunkt der Glaube Zaccarias gegenübersteht, nur marginale Bedeutung. Während Verdi mit der Rolle der Abigaille und ihren extremen stimmlichen Anforderungen einen neuen Stimmtypus kreierte, war der *basso profondo* des Zaccaria zwar in Italien ungewöhnlich, aber nicht unbekannt. Mit der Bariton-Rolle des Nabucodonosor schloß Verdi an die großen Bariton-Partien an, die Donizetti in *Torquato Tasso* (1833), *Marin Faliero* (1835), *Belisario* (1836) und vor allem in der ebenfalls an der Scala uraufgeführten *Maria Padilla* mit der ebenfalls von Ronconi gesungenen Rolle des Don Pedro eingeführt hatte.

Wie für einen Komponisten in den 1840er Jahren üblich, mußte Verdi den Publikumserwartungen entgegenkommen, um Erfolg haben zu können. Für die großen Komponisten dieser Zeit ist es jedoch kennzeichnend, daß sie diese Erwartungshaltung gleichzeitig als Plattform zur Ausprägung eines eigenen Stils nutzten, um so der Dialektik von einer an der Konvention orientierten Publikumshaltung und der gleichzeitig vom selben Publikum geforderten (und vom Komponisten selbst angestrebten) Originalität gerecht werden zu können. Der Anspruch, unter Wahrung der erwarteten Topoi einen neuen Ton anzuschlagen, zeigt sich in *Nabucodonosor* häufiger im Detail als im Ganzen. So entspricht Zaccarias *cabaletta* »Come notte a sol fulgente« aus dem 1. Teil einem gängigen *cabaletta*-Typus. Der verwendete Melodierhythmus ist ein Musterbeispiel für eine *ottonario*-Vertonung mit Dehnung der beiden Enden der Vershälften und mit der auffälligen Anlehnung an Falieros *cabaletta* »Fosca notte, notte orrenda« im 2. Akt von Donizettis *Marin Faliero* nicht der einzige Bezug zu dieser Oper von 1835 (Basevi, 1859, S. 7).

Verdis melodische Variationstechnik scheint sich ebenfalls an diesem Vorbild zu orientieren, wenn er die bewährte Methode der Spiegelung und Drehung von Motiven zur Anwendung bringt: Donizetti erreicht einen melodischen Steigerungseffekt durch die Quarttransposition von halber Note und rhythmisch auflösender Achtel nach oben, unterläuft aber gleichzeitig die rhythmische Dynamik des Motivs, wenn beim zweiten Auftreten aus dem ›umgekehrten‹ Auftakt eine Pendelbewegung resultiert. Im dritten Takt schließt Donizetti die Phrase mit zwei Viertelnoten und einer sich anschließenden Triolenfigur ab und schafft dabei einen in sich ruhenden symmetrischen Melodiebogen. Damit wird das Hauptmotiv der *cabaletta* eher ein topisches Symbol für die Exaltiertheit Falieros, als daß es auf unmittelbare emotionale Wirkung abzielte, zumal sofort eine Wiederholung einsetzt, die sich lediglich durch eine Schlußvariante vom Beginn unterscheidet. Donizettis halbe Note ist eine Vorhaltsnote über dem zugrundeliegenden C-Dur-Akkord, die sich in der anschließenden Achtelnote auflöst. Die einzelnen Phrasen werden ebenso wie das viertaktige Motiv auch harmonisch jeweils geschlossen, wodurch sich ein ausbalancierter, klassischer Melodiebogen ergibt.

Verdis Melodie ist demgegenüber harmonisch einfacher: Die halbe Note des Motivs ist beim ersten Auftreten der Grundton, beim zweiten Auftreten die Terz des zugrundeliegenden G-Dur-Akkords. Gerade diese Simplizität verleiht dem Motiv aber den unmittelbar wirksamen Furor und erlaubt andererseits seine sequenzartige Steigerung. Denn der mitreißende Schwung der Melodielinie entsteht vor allem dadurch, daß Verdi die Pendelbewegung des Auftakts vor der halben Note vermeidet, diese stattdessen jeweils mit Sekundschritten von oben ansteuert und das Motiv zunächst um eine Terz und dann um eine Sekund nach oben rückt, wobei die Verkleinerung des Abstands die melodische Spannung erhöht und das Mechanische einer ›echten‹ Sequenz vermeidet. Im Gegensatz zu Donizetti beginnt Verdi im dritten Takt nicht, wie zu erwarten wäre, eine zweitaktige Schlußphrase, sondern die dritte Sequenz des Anfangsmotivs, wobei die halbe Note c¹ durch wechselnde Harmonisierungen in eine über den ganzen Takt reichende Spannung eingebunden ist. Harmonisch ergibt sich dadurch zwar für die vier Takte des Motivs die übliche Abfolge zweier zweitaktiger Einheiten, doch infolge der Sequenzierung hat der Hörer den Eindruck einer irregulären Teilung von zweieinhalb plus eineinhalb Takten. Dies läßt eine Variante der zweiten Hälfte dieser vier Takte in der Wiederholung erwarten, die zwar eintritt, jedoch in unüblicher Weise; denn Verdi komponiert eine melodische Schlußphrase, die auf der Terz von G-Dur endet, unterlegt diese Schlußphrase aber zugleich mit Harmonik, die über A-Dur und h-Moll zum e-Moll des »Tu d'Abramo Iddio possente« führt.

Trotz einfacher harmonischer Mittel, der Orientierung an einem gängigen Topos beziehungsweise der Imitation eines konkreten Vorbilds, gelingt es Verdi, schon in den ersten Takten dieser *cabaletta* eine vorwärtstreibende Melodie zu schaffen, die infolge ihrer Dynamik den Zuhörer unmittelbar in den Bann der alttestamentarischen Beschwörung Jehovas zieht. Diese Unmittelbarkeit der Emotion ist das eigentlich Neue an Verdis Opern und hat wesentlich zu ihrer Popularität beigetragen, wobei diese kunstvolle Simplizität allerdings häufig mißverstanden wurde. Prominentestes ›Opfer‹ dieses Mißverständnisses ist der Chor »Va, pensiero, sull'ali dorate« im 3. Teil (Parker, 1997, S. 20–41), dessen ungebrochene Beliebtheit auf seiner Herauslösung aus dem musikdramaturgischen Zusammenhang beruht, wo sich seine Schlichtheit gerade als dramatische Raffinesse erweist. Der Chor, dessen Bühnenpräsenz die Geschlossenheit der von Verdi mit *Coro e profezia* überschriebenen Nummer auch optisch sinnfällig macht, bildet zusammen mit der Prophezeiung Zaccarias eine musikdramaturgische Einheit: Nicht nur geht aus der Notationsweise des Autographs deutlich hervor, daß sich Zaccarias »Oh chi piange? di femmine imbelli« ohne längere Pause an den Chor anschließen soll, sondern es bestehen auch deutliche harmonische und motivische Beziehungen zwischen Chor und Prophezeiung. Der Chor selbst ist von geradezu frappierender Simplizität. Verdi hält sich ohne Abweichung an das vorgegebene metrische Schema des *decasillabo*, gliedert die Melodie in viertaktige Einheiten (die wiederum aus Zweitaktern bestehen), und versieht diese fast alle mit einem rhythmisch identischen Auftakt von punktiertem Achtel und nachfolgendem Sechzehntel zu Beginn. Er führt die Melodie lange im dreiklangsgeprägten *unisono*, und wo er es nicht tut, wird sie lediglich homophon harmonisiert. Die Harmonik ist ebenso schlicht wie die Orchestrierung: Violen, Kontrabässe, Hörner und Cimbasso markieren mit einem walzerartig nachschlagenden Motiv die harmonische Grundierung, die von Sextolen der zweiten Violinen umspielt wird. Violoncelli, Holzbläser und erste Violine werden parallel zur Chormelodie geführt. Der Steigerungseffekt beim Aufbrechen des *unisono* (»Arpa d'or dei fatidici vati«) wird durch schlichte Massierung des homophonen Orchestersatzes – mit Ausnahme der Sextolen von zweiter Violine und Violen – und durch den plötzlichen Ruck vom *sotto voce* ins *forte* erreicht.

Diese Schlichtheit dient jedoch nur als Folie, vor der die kontrastierende Prophezeiung Zaccarias erst ihre Wirkung entfalten kann: Sie beginnt mit einer Beschleunigung des harmonischen Rhythmus, mit rhythmischer Variabilität und dem Kontrast zwischen langen Noten und kurzen punktierten Rhythmen beziehungsweise Triolen, mit einer mehr an Sekundfortschreitungen und deklamierenden Tonwiederholungen orientierten Melodieführung und einem Orchestersatz, der zunächst aus einem triolischen Repetitionsmotiv der um das Fagott ergänzten Blechbläser im *pianissimo* besteht (das bereits im zweiten Takt der Orchestereinleitung des Chores in Akkorden der Holzbläser und Hörner angedeutet worden war), um dann ins *fortissimo* des ganzen Orchesters umzuschlagen. Erst der schwungvoll-heroische Schlußteil (»Niuna pietra ove surse l'altera«) bildet das musikalisch-gestische und damit die Szene als Ganzes abschließende Gegenstück zu den dramatischen *tutti*-Akkorden der Orchestereinleitung des Chors.

Schon Soleras Libretto war von einer neuartigen Dominanz der Chöre geprägt. Das Vorbild von Rossinis *Mosé in Egitto* (1818) ist nicht zu übersehen, in dem ebenfalls das israelitische Volk als dominierendes Handlungselement eingesetzt worden war. Auch andere Modelle für die – freilich auf einige Szenen beschränkte – Einbindung von Chören in die Handlung wären zu nennen, etwa Meyerbeers *Il crociato in Egitto* oder die Kriegsszene in Bellinis *Norma*. Noch nicht einmal der Gebrauch des Chor-*unisono* in Verdis Oper war neu, sondern basierte auf Vorbildern in Donizettis Opern der 1830er Jahre, wie etwa »Zara, Zara, Zara infida!« aus dem 1. Akt von *Marin Faliero*. Verdi verbindet diese unterschiedlichen Vorlagen jedoch zu einem einheitlichen und typischen Stil, indem er den musikalischen Ausdruck der Chöre situationscharakteristisch und individuell gestaltet und zwischen verschiedenen Chorgruppen differenziert. Schon der Beginn des 1. Teils macht dies deutlich: Der durch die Chöre bedingte Anspruch des Monumentalen wird in der deklamatorischen Wucht und dem fast gewalttätigen Orchestersatz des ersten Chors (»Gli arredi festivi giù cadano infranti«) demonstriert, den Verdi aber anschließend in einzelne Gruppen unterteilt: Beim Einsatz der Leviten (»I candidi veli, fanciulle, squarciate«), deren Melodielinie durch kleine Deklamationsintervalle geprägt ist, wird der Orchestersatz auf eine choralartige homophone Begleitung von Blechbläsern und Fagotten reduziert, um so einen größtmöglichen Kontrast zu erzielen. Der nachfolgende Frauenchor (»Gran Nume, che voli sull'ali dei venti«) nimmt den Rhythmus des Beginns wieder auf, steht aber infolge der klangprägenden Begleitung durch die beiden Harfen ebenfalls in scharfem Kontrast zu den beiden vorherigen Abschnitten. Das gibt Verdi die Gelegenheit, den fulminanten Beginn in einem Schlußteil wiederaufzunehmen und den Chor dadurch in einer bislang unüblichen Weise auszudehnen. Durch die sukzessive (auch instrumentatorische) Binnendifferenzierung vermeidet Verdi den in dieser Zeit üblichen kulissenartigen Versatzstückcharakter des Chors.

Für die Rolle der Chöre ist Verdis Kontrastdramaturgie ebenso wesentlich wie die musikalische Gestaltung selbst. So bezieht der Chor der Leviten im 2. Teil »Il maledetto – non ha fratelli...«, in dem ein neuer und für Verdi typischer *staccato*-Tonfall angeschlagen wird, seine Wirkung als aktiver Bestandteil der musikalischen Handlung vor allem aus dem durch den Wechsel des Versmaßes vorgegebenen scharfen rhythmischen und auch instrumentatorischen Kontrast zu Ismaeles »Per amor del Dio vivente«.

Das bereits von Basevi als besonderes Charakteristikum von Verdis Oper dargelegte Kontrastprinzip (Basevi, 1859, S. 13 f.) beschränkt sich nicht auf die Gegenüberstellung von Nummern unterschiedlichen Charakters, sondern ist auch innerhalb der Nummern, manchmal sogar innerhalb einzelner Melodien von konstitutiver Bedeutung. Sein besonderes Kennzeichen ist die Übergangslosigkeit kontrastierender Elemente, sei es durch den Umschlag von *forte* zu *piano*, den Wechsel der Instrumentation oder die Gegenüberstellung kontrastierender Melodien und Melodieteile. Der Preis für diese Kontrastdramaturgie war die plakative Einfachheit der Harmonik, des Rhythmus und der Instrumentation. Daß letztere trotzdem nicht als unterentwickelt abgetan werden kann, zeigt die – an die Ouverture zu Rossinis *Guillaume Tell* anklingende – frappante Begleitung von Rezitativ und Gebet Zaccarias im 2. Teil (»Tu sul labbro de' veggenti«) mit sechs Violoncelli, zu denen später noch ein einzelner Kontrabaß und grundierende *tremoli* der Violen in tiefer Lage hinzutreten. Allerdings ist der angestrebte Effekt auch hier der eines schlagenden Kontrasts zur folgenden Arie Abigailles.

Verdis Melodiebildung, der Gebrauch monumentaler Chöre und die Kontrastdramaturgie dienten einem einzigen Ziel, nämlich die in den 1830er Jahren noch konstitutive Distanz zwischen Publikum und Bühne zu überwinden. Verdi wollte offensichtlich nicht mehr (wie noch in *Oberto*) die Emotionen der Handelnden ästhetisch sublimiert und dadurch nur mittelbar erfahrbar auf die Bühne bringen, sondern er suchte die unmittelbare Wirkung auf ein Publikum, das sich als selbstbewußte, vorwiegend bürgerliche Oberschicht definierte und dessen Verhalten vom Gedanken persönlicher, und sei es nur wirtschaftlicher, Initiative geprägt war. Es ist kein Zufall, daß die Reaktionen der Protagonisten in Verdis Oper nicht mehr durchwegs vom klassischen Zwiespalt zwischen gesellschaftlicher Pflicht und persönlicher Neigung konditioniert scheinen, sondern daß diese selbst aktiv werden und sich wenig um pflichtgemäßes Verhalten bekümmern (wie Ismaele), dieses (wie Abigaille) skrupellos unterlaufen oder (wie Nabucodonosor) fast anarchisch entfesselt sind. Ein Publikum, das zunehmend weniger an politischer wie ästhetischer Sublimation interessiert war, sondern in die eigene Gestaltungskraft und deren Wirkung vertraute, war sicher bereit, eine Opernästhetik zu goutieren, in welcher der Gestaltungswille des Einzelnen (selbst wenn dieser wie im Falle Abigailles und Nabucodonosors scheiterte) und die damit verbundenen Emotionen eine zentrale Funktion zugewiesen bekamen. Es scheint mehr als ein bloßer Zufall zu sein, daß sich innerhalb der ersten beiden Jahre die rasend schnelle Verbreitung von Verdis Oper vor allem auf das vergleichsweise moderne Oberitalien konzentrierte, aber keine Aufführung in Neapel stattfand, dessen Publikum noch dem *ancien régime* verhaftet war.

Daß im übrigen das Opernpublikum in ganz Italien den politischen Glauben Giuseppe Mazzinis an eine (undefinierte) politische Rolle des Volkes nicht teilte, bedeutet nicht, daß die Idee des Volkes, verkörpert durch die Chöre, als romantische Größe nicht ihre Wirkung entfaltet hätte. In Alessandro Manzonis erfolgreichem Roman *I promessi sposi* (1826/27), der eine Modewelle mit zahlreichen Opernversionen auslöste, wurden »individuelle Schicksale und nationale Geschichte aus religiöser Sicht und ganz aus der Perspektive des Volkes« geschildert (Lill, 1988, S. 107), und auch in Donizettis Opern der 1830er Jahre gewann die Darstellung des Volkes an Bedeutung. Verdis *Nabucodonosor* brachte gerade in der Verquickung von Individuum, Volk und Religion, und zwar ohne politische Untertöne anzuschlagen, die italienische Oper auf die Höhe der zeitgenössischen romantischen Strömungen.

Wirkung

Die Uraufführung von *Nabucodonosor* (Nabucodonosor: Giorgio Ronconi; Zaccaria: Prosper Dérivis; Abigaille: Giuseppina Strepponi, Fenena: Giovannina Bellinzaghi; Ismaele: Corrado Miraglia) war außerordentlich erfolgreich, obwohl Giuseppina Strepponi in miserabler stimmlicher Verfassung war. Schon in der dritten Aufführung wurde die Todesszene Abigailles gestrichen, so daß die Oper nun mit dem Chor »Immenso Jeohva« und einem instrumentalen Nachspiel schloß. Mehr als Strepponis stimmliche Verfassung scheint bei der Entscheidung zu dieser Kürzung der fehlende Effekt der Szene eine Rolle gespielt zu haben, denn Verdi verzichtete auch bei der Wiederaufnahme der Oper im August 1842 (mit Teresa De Giuli Borsi in der Rolle der Abigaille) auf eine Aufführung der Todesszene. Für die gleiche Aufführungsserie veränderte er die sogenannte *preghiera* der Fenena (gesungen von Amalia Zecchini) zu Beginn des letzten Finales (»Oh dischiuso è il firmamento!«), eine Passage, die für die Aufführungen in Venedig im Karneval 1842/43 durch eine neu komponierte *romanza* ersetzt wurde. Für die Aufführungen der Oper in Brüssel 1848 komponierte Verdi ein nicht erhaltenes Ballett, das nach dem Eröffnungschor des 3. Teils eingefügt werden sollte.

Da *Nabucodonosor* erst gegen Ende der am 19. März 1842 schließenden *stagione* zur Premiere gelangte, kamen trotz des unbestrittenen Sensationserfolgs nur noch acht Aufführungen zustande. Die Oper wurde aber in der Herbstspielzeit desselben Jahres sofort wieder aufgenommen und brachte es dann auf ungewöhnliche 57 Vorstellungen, die Verdis Ruhm als führender italienischer Opernkomponist der jungen Generation begründeten. Innerhalb von weniger als zwei Jahren wurde die Oper an mehr als vierzig italienischen Opernhäusern gespielt, wobei sich ab 1844 der verkürzte Titel *Nabucco* durchsetzte. Schon 1843 erfolgte die Aufführung am Wiener Kärntnertortheater (unter Donizettis Leitung), weitere außeritalienische Theater zogen nach (1843 Lissabon, 1844 Barcelona, Berlin, Stuttgart, 1845 Marseille, Paris, Kopenhagen, 1846 London, Budapest, 1847 Havanna, 1848 Rio de Janeiro und Brüssel). Wie fast alle frühen Opern Verdis verlor auch *Nabucodonosor* im letzten Viertel des 19. Jahrhunderts an Zugkraft, wurde aber im Rahmen der Verdi-Renaissance der 1920er und 1930er Jahre wiederentdeckt und gehört seitdem zu den am häufigsten aufgeführten Werken Verdis.

Es ist weniger die Funktion der Oper als Initialzündung der Karriere Verdis, die ihr einen fast mythischen Rang in der Rezeption bescherte, sondern die bis heute unterstellten politischen Intentionen des Werks: Insbesondere der Gefangenenchor wurde zur Ikone des verdeckten Ausdrucks risorgimentalen Gedankenguts stilisiert, indem die unterdrückten Hebräer mit dem italienischen Volk des 19. Jahrhunderts gleichgesetzt wurden. Wie Roger Parker zeigen konnte, gibt es jedoch bis zur Jahrhundertmitte keinen Beleg für eine herausgehobene Rezeption dieses Chors (Parker, 1997, S. 33–37), geschweige denn für eine politische oder patriotische Interpretation; erst in den Verdi-Biographien seit 1878 wird »Va, pensiero, sull'ali dorate« zum Bekenntnis eines Komponisten überhöht, der bereits in jungen Jahren visionär die italienische Einheit beschworen habe (ebd., S. 38). Die überzeugendste Interpretation für die merkwürdige Karriere des Chors im ausgehenden 19. und im 20. Jahrhundert hat ebenfalls Parker geliefert: Der Chor sei ein Vehikel nostalgischer Gedanken, weniger die Evokation eines verlorenen Heimatlands als die einer verlorenen Zeit (ebd., S. 40).

Diskographischer Hinweis

Piero Cappuccilli (Nabucodonosor), Placido Domingo (Ismaele), Evgeny Nesterenko (Zaccaria), Ghena Dimitrova (Abigaille), Lucia Valentini Terrani (Fenena), Chor und Orchester der Deutschen Oper Berlin, Giuseppe Sinopoli (aufgenommen: 1987). Deutsche Grammophon 410 512–2

Michael Walter

I Lombardi alla prima crociata

(Die Lombarden auf dem ersten Kreuzzug)
Dramma lirico in quattro atti
(4 Akte, 11 Bilder)

Text: Temistocle Solera, nach dem gleichnamigen Epos von Tommaso Grossi (1826)
Uraufführung: Mailand, Teatro alla Scala, 11. Februar 1843
Personen: Arvino, Führer der lombardischen Kreuzfahrer (Tenor) und Pagano (Baß), Söhne des Folco, Herrn von Rò; Viclinda, Arvinos Frau (Sopran); Giselda, ihre Tochter (Sopran); Pirro, Arvinos Knappe (Baß); Prior der Stadt Mailand (Tenor); Acciano, Tyrann von Antiochia (Baß); Oronte, sein Sohn (Tenor); Sofia, Frau des Tyrannen von Antiochia, heimlich zum Christentum bekehrt (Sopran); Pirro, Abtrünniger (Baß); der Eremit (Baß) – Nonnen, Priore, Mörder, Soldaten in Folcos Palast, persische, medische, damaszenische und chaldäische Botschafter, Kreuzritter, Soldaten, Pilger, Lombardinnen, Haremsdamen, himmlische Jungfrauen
Orchester: Piccoloflöte, Querflöte, 2 Oboen, 2 Klarinetten, 2 Fagotte, 4 Hörner, 2 Trompeten, 2 Posaunen, Cimbasso, Pauken, Schlagzeug (große Trommel, kleine Trommel, Triangel), 2 Harfen, Streicher – Bühnenmusik: Piccoloflöte, 2 Klarinetten, 3 Trompeten, 3 Posaunen, Tuba, Schlagzeug (große Trommel, kleine Trommel)
Spieldauer ohne Pausen: ca. 2 Stunden 15 Minuten
Autograph: Mailand, Verlagsarchiv Ricordi
Ausgaben: Partitur: Mailand: Ricordi [ca. 1965], Nr. 129545 – Klavierauszüge: Mailand: Ricordi [1843], Nr. 14531–14555; Paris: Bureau Central de Musique (später: Escudier) [ca. 1844], Nr. 586; Neapel: Cali [1851], Nr. 126–153; Mailand: Ricordi, Nr. 32106–32130 – Textbücher: Mailand: Truffi 1843; Mailand: Ricordi 1977; *Tutti i libretti*, 1975, S. 49–66

Jérusalem

Opéra en quatre actes (4 Akte, 7 Bilder)

Text: Alphonse Royer und Gustave Vaëz (eigentlich Jean Nicolas Gustave van Nieuwenhuyzen), nach Temistocle Soleras Libretto von 1843
Uraufführung: Paris, Opéra, Salle de la rue le Peletier, 26. November 1847
Personen: Gaston, Vicomte von Béarn (Tenor); der Graf von Toulouse (Bariton); Roger, Bruder des Grafen (Baß); Adhémar von Montheil, Gesandter des Papstes (Baß); Raymond, Gastons Knappe (Tenor); ein Soldat (Baß); ein Herold (Baß); der Emir von Ramla (Baß); ein Offizier des Emirs (Tenor); Hélène, Tochter des Grafen (Sopran); Isaure (Sopran) – Ritter, Damen, Pagen, Soldaten, Pilger, Büßer, arabische Scheichs, Haremsdamen, Volk von Ramla, Ballett
Orchester: 2 Querlöten (2. auch Piccoloflöte), 2 Oboen, 2 Klarinetten, 2 Fagotte, 4 Hörner,

2 Cornets à pistons, 2 Trompeten, 3 Posaunen, Ophikleide, Pauken, Schlagzeug (große Trommel, Becken, kleine Trommel, Triangel, Tamtam), Harfe, Orgel, Streicher – Bühnenmusik hinter der Szene: Trompeten; auf der Szene: kleines Saxhorn, Alt-Saxhorn, Tenor-Saxhorn, Bariton-Saxhorn, Baß-Saxhorn, Kontrabaß-Saxhorn, 4 Hörner, 2 Cornets à pistons, Cornet à cylindre, 3 Posaunen, Ophikleide, kleine Trommel

Spieldauer ohne Pausen: ca. 2 Stunden 45 Minuten

Autograph: Paris, Bibliothèque nationale de France, Ms. 1070/71

Ausgaben: Klavierauszüge: Paris: Bureau Central de Musique [1847], Nr. 1050(1)-1050(21); Textbücher: Paris: Lévy 1847; Paris: Billaudot 1984

Entstehung

Da weder Verdis Verhandlungen mit Bartolomeo Merelli, dem *impresario* der Mailänder Scala, dokumentiert sind noch einschlägige Korrespondenz mit dem Librettisten Temistocle Solera erhalten ist, existieren so gut wie keine Informationen über die Entstehung von *I Lombardi alla prima crociata*. Lediglich über Verdis Bezahlung für die neue Oper ist soviel bekannt, daß er auf Rat seiner späteren Lebensgefährtin, der Sängerin Giuseppina Strepponi, denselben Betrag forderte und bekam, den Bellini für *Norma* (1831) verlangt hatte. Soleras Vorlage, das 1826 veröffentlichte Epos des mit Manzoni befreundeten Tommaso Grossi, hatte dessen Ruf als einer der bedeutendsten italienischen Schriftsteller der Zeit begründet. Es ist ein Tassos *Gerusalemme liberata* nachgebildetes und von Scotts *Ivanhoe* beeinflußtes grandioses Historiengemälde mit patriotischem Einschlag, eine Mischung aus dichterischer Phantasie und geschichtlicher Wahrheit. Eigentliches Thema ist die Beilegung eines Familienzwistes durch die Unterwerfung der Parteien unter eine allgemein anerkannte Moral, wobei Solera zugunsten der Akzentuierung dieser Handlung auf die Ausführung des historischen Hintergrunds weitgehend verzichtet hat.

Wie Verdis späteren Erinnerungen zu entnehmen ist, änderte er am ersten Entwurf Soleras kaum etwas. Lediglich geringfügige Korrekturen wurden durch Eingriffe der kirchentreuen Zensurbehörde erwirkt. Als die Oper ein halbes Jahr nach der Uraufführung in Senigallia wiederaufgenommen wurde, schrieb Verdi für den Tenor Antonio Poggi, den Ehemann von Erminia Frezzolini, eine effektvollere Alternativfassung der *cabaletta* (»Come poteva un angelo!«) im 2. Akt und nahm auch am Finale des 2. Aktes einige Änderungen vor.

Im Mai 1845 wird im Briefwechsel von Emanuele Muzio und Antonio Barezzi erstmals erwähnt, daß der Verleger Léon Escudier bei Verdi wegen eines Werks für die Pariser Opéra angefragt habe (Garibaldi, 1931, S. 202 f.). Doch zu diesem Zeitpunkt war Verdi bereits mit seinen italienischen Verpflichtungen derart unter Zeitdruck, daß die Komposition einer vollständig neuen Oper für ihn nicht in Frage kam. Escudier nennt er deshalb *I Lombardi alla prima crociata* zusammen mit *Ernani* und *Attila* als für Paris geeignete Opern (Brief vom 12. September 1845; Copialettere, 1913, S. 439). Zunächst favorisierte Verdi *Attila*, obwohl das Werk damals noch gar nicht fertigkomponiert war. Wie wieder aus der Korrespondenz Muzios mit Barezzi hervorgeht, war dann spätestens bis Anfang August 1847 die Entscheidung für die Umarbeitung von *I Lombardi alla prima crociata* gefallen (Garibaldi, 1931, S. 349–353), die im November desselben Jahres an der Opéra in Szene gehen sollten. Auch die Besetzung der drei Hauptpartien stand zu diesem Zeitpunkt bereits fest. Daß für die Neufassung des Librettos die Wahl auf Alphonse Royer und Gustave Vaëz, die offiziellen Autoren von Donizettis *La Favorite* (1840), fiel, ging auf einen Vorschlag von Eugène Scribe zurück. Die Oper wurde in Paris positiv aufgenommen, wenn auch nicht enthusiastisch. In finanzieller Hinsicht hingegen war Verdis Gewinn unstrittig, da sein Honorar dem für eine vollständig neue Oper entsprach. Später verkaufte er die Rechte an Ricordi, der die Partitur für Italien unter dem Titel *Gerusalemme* herausbrachte.

Handlung

I Lombardi alla prima crociata

In Mailand, in Antiochia und bei Jerusalem, Ende des 11. Jahrhunderts.

1. Akt (*Die Rache*), 1. Bild, Platz vor der Basilika San Ambrogio in Mailand: Bürger und Frauen unterhalten sich über die Rückkehr Paganos aus dem Exil. Er war vor vielen Jahren verbannt worden, weil er einen Mordanschlag auf seinen Bruder Arvino verübt hatte, damals sein Rivale um die Hand Viclindas. Die Bürger bezweifeln, daß Pagano nunmehr zum Frieden fähig sei (*Coro d'introduzione*, »Oh nobile esempio! Vedeste? nel volto«). Pagano bittet Arvino um Vergebung, die dieser ihm auch gewährt. Aber Arvino mißtraut zu Recht Paganos Versprechungen (*Scena e quintetto*, »T'assale un tremito!... – padre, che fia?«). Ein Prior gibt die Ernennung Arvinos zum Anführer der lombardischen Kreuzfahrer durch den Papst bekannt. Allein mit Pirro, vertraut Pagano diesem an, daß er Viclinda niemals vergessen konnte. Beim Vorhaben, sie zu erobern und Arvino zu töten, wollen ihn Pirro und seine Schergen unterstützen (*Coro di claustrali, scena – aria e coro di sgherri*, »Sciagurata! hai tu creduto«). – 2. Bild, Säulenhalle in Folcos Palast: Auch Viclinda glaubt nicht an Paganos Reue und bittet gemeinsam mit ihrer Tochter Giselda um göttlichen Beistand (*Scena e preghiera*, »Salve, Maria – di grazia il petto«). Arvino, der verdächtige Schritte gehört hat, empfiehlt seinen Vater Folco der Obhut Viclindas. Pagano und Pirro sind mit Schergen ins Haus eingedrungen und legen Feuer. Pagano ermordet den in Arvinos Zimmer Schlafenden im Glauben, es sei sein Bruder, und muß entsetzt erkennen, daß er ihren Vater getötet hat. Die zusammengelaufenenen Hausbewohner verdammen den Vatermörder (*Scena e finale I*, »Ma gli sgherri han sparso il foco!...«).

2. Akt (*Der Höhlenmensch*), 1. Bild, eine Halle in Accianos Palast in Antiochia: Acciano und die bei ihm versammelten Gesandten, Soldaten und Stadtbewohner bitten um Allahs Hilfe im Kampf gegen die Kreuzfahrer, die vor den Toren der Stadt stehen (*Coro di ambasciatori*, »È dunque vero? Splendere«). Oronte ist überglücklich, als ihm seine Mutter Sofia, Accianos Frau, die Nachricht überbringt, daß Giselda, die gefangengehaltene Christin, seine Liebe erwidere. Um Giselda zur Frau zu gewinnen, will sich Oronte zum Christentum bekennen, dessen heimliche Anhängerin seine Mutter bereits ist (*Scena e cavatina*, »La mia letizia infondere«). – 2. Bild, Anhöhen eines Bergs mit dem Eingang einer Höhle: Der hier als Eremit lebende Pagano erwartet sehnlichst die Ankunft der Kreuzfahrer, um im gemeinsamen Kampf mit ihnen seine Schuld zu sühnen. Auch Pirro ist nach Antiochien geflüchtet und hat den moslemischen Glauben angenommen. Ohne Pagano zu erkennen, erscheint er bei ihm, um zu fragen, wie er Verzeihung erlangen könne. Pagano sagt ihm göttliche Vergebung zu, falls er die Kreuzfahrer unterstütze. Darauf verspricht Pirro, diesen nachts die Tore Antiochias zu öffnen. Angeführt von Arvino, nähern sich die Kreuzfahrer der Höhle. Auch Arvino erkennt Pagano nicht und bittet ihn um Rat, wie er seine von den Moslems geraubte Tochter wiederfinden könne. Pagano versichert ihm, er werde nicht nur bald seine Tochter wiedersehen, sondern auch Antiochia erobern (*Scena, marcia de' crociati ed inno*, »Stolto Allah ... sovra il capo ti piomba«). – 3. Bild, das Innere des Harems: Die Frauen verspotten die trauernde Giselda und kündigen ihr den baldigen Tod ihrer Landsleute an (*Coro di schiave*, »La bella straniera che l'alma innamora!«). Giselda fleht im Gebet ihre verstorbene Mutter um Hilfe an. Entsetzt vernimmt sie, daß die in den Palast eingedrungenen Kreuzfahrer Oronte und Acciano getötet haben. Arvino will seine Tochter in die Arme schließen, doch Giselda stößt ihn zurück und klagt ihn als Mörder an. Als der empörte Arvino sie als Gotteslästerin töten will, wird er von Sofia, dem Eremiten und den Rittern zurückgehalten (*Rondò – Finale II*, »No!... giusta causa – non è d'Iddio"*).

3. Akt (*Die Bekehrung*), 1. Bild, Das Tal von Josaphat: Pilger, Kreuzritter und Frauen preisen Jerusalem als heilige Stätte (*Coro della processione*, »Gerusalem ... Gerusalem...! la grande«). Im Lager ihres Vaters begegnet Giselda dem totgeglaubten Oronte, der sie, als Lombarde verkleidet, gesucht hat. Beide beschließen zu fliehen (*Scena e duetto*, »Teco io fuggo! Tu?... che intendo!«). – 2. Bild, Arvinos Zelt: Als Arvino die Flucht seiner Tochter entdeckt, verflucht er sie. Man meldet Arvino, daß

sein Bruder Pagano im Kreuzfahrerlager gesehen wurde. Er befiehlt seine Verfolgung und schwört seinen Tod (*Scena e aria*, »Si!... del ciel che non punisce«). – 3. Bild, das Innere einer Grotte: Der auf der Flucht tödlich verletzte Oronte erhält von Pagano die Taufe, bevor er stirbt (*Preludio – terzetto finale III*, »Qual voluttà trascorrere«).

4. Akt (*Das heilige Grab*), 1. Bild, eine Höhle: In einer Traumvision erscheinen Giselda himmlische Geister und dann Oronte, der ihr ankündigt, daß die Quelle von Siloam den Durst der darbenden Kreuzfahrer stillen werde. Giselda eilt zu ihnen, um ihnen diese Nachricht zu überbringen (*Visione – aria*, »Non fu sogno!... in fondo all'anima«). – 2. Bild, die Zelte der Lombarden nahe dem Grab Rachels: Die dürstenden Kreuzfahrer besingen die Schönheit ihrer lombardischen Heimat (*Coro di crociati e pellegrini*, »O Signore, dal tetto natio«). Giselda, Arvino und der Eremit überbringen die Nachricht von der Quelle. Die von Arvino angespornten Krieger brechen zur Eroberung Jerusalems auf (*Scena, inno di guerra e battaglia*, »Guerra! guerra! s'impugni la spada«). – 3. Bild, Arvinos Zelt: Der beim Angriff auf Jerusalem tödlich verwundete Eremit gibt sich als Pagano zu erkennen. Auf Giseldas Bitte verzeiht Arvino dem Bruder, der im Anblick des befreiten Jerusalems in Frieden stirbt (*Scena e terzettino – inno finale*, »Un breve istante / Solo resta a me di vita«).

Jérusalem

In Toulouse und Palästina, 1095 und 1099

1. Akt, Palast des Grafen von Toulouse, eine Galerie zwischen Palast und Kapelle, im Hintergrund Terrasse und Garten, Nacht: Nach einem nächtlichen Stelldichein verabschiedet sich das Liebespaar Hélène und Gaston. Gaston soll Hélène zur Frau erhalten als Zeichen der Versöhnung mit ihrem Vater, dem Grafen von Toulouse, der einst Gastons Vater tötete (*Récit et duo*, »Non, ce bruit ce n'est rien, mais il faut, mon Hélène«). Hélène betet für eine glückliche Zukunft (*Ave Maria*, »Ave Maria, ma voix te prie«). Vor dem vom Chor gefeierten Aufbruch zum Kreuzzug (*Chœur*, »Enfin, voici le jour propice«) versöhnen sich Gaston und der Graf von Toulouse zum Zorn von Roger, der Hélène heimlich liebt (*Sextuor et chœur*, »Avant que nous partions pour la croisade sainte«). Roger beschließt, den Nebenbuhler aus dem Weg zu räumen und beauftragt einen Soldaten mit der Ermordung Gastons (*Chœur de femmes et air*, »Viens, ô pécheur rebelle«). Aus Versehen wird aber nicht Gaston, sondern der Graf das Opfer des Anschlags. Auf Geheiß Rogers denunziert der Täter Gaston als Anstifter des Mordversuchs. Gaston wird von allen verflucht, außer von Hélène, die an seine Unschuld glaubt. Der päpstliche Legat schickt Gaston in die Verbannung (*Chœur – final*, »Fier soldat de la croisade«).

2. Akt, 1. Bild, die Berge von Ramla bei Jerusalem, eine Höhle, in der Ferne die Stadt Ramla, Jahre später: Roger, der seine Tat tief bereut, hat sich als Eremit in die Wüste zurückgezogen (*Scène et invocation*, »O jour fatal, ô crime!«). An der Höhle treffen Raymond, Gastons Knappe, und Hélène aufeinander, die ihren Vater auf dem Kreuzzug begleitet, um Gaston zu finden. Von Raymond erfährt sie, daß Gaston lebt, aber am Hof des Emirs von Ramla gefangengehalten wird (*Polonaise*, »Quelle ivresse, bonheur suprême!«). Als an der Spitze der Kreuzfahrer der Graf eintrifft, erkennt er Roger nicht (*Chœur des pèlerins*, »O mon Dieu«). Siegesgewiß brechen die Kreuzfahrer auf (*Marche – chœur des croisés*, »Le Seigneur«). – 2. Bild, Palast des Emirs von Ramla: Der gefangene Gaston weiß, daß Hélène in der Nähe ist, und sehnt sich danach, sie wiederzusehen (*Air*, »Je veux encore entendre«). Hélène ist von den Soldaten des Emirs aufgegriffen worden. Der Emir läßt sie mit Gaston allein, da er hofft, etwas über die herannahenden Kreuzritter zu erfahren. Beide beschwören erneut ihre Liebe, aber ihre Flucht wird durch die Soldaten des Emirs verhindert (*Duo*, »Une pensée amère«).

3. Akt, 1. Bild, ein Garten im Harem: Die Frauen des Harems verspotten Hélène (*Chœur dansé*, »O belle captive«). (Das daran anschließende vierteilige Ballett ist handlungslos und hat rein dekorativen Charakter [*Quatre airs de ballet*].) Hélène betet zu Gott und bittet um ihre Befreiung (*Air*, »Mes plaintes, mes plaintes sont vaines«). Der Graf hat mit seinen Truppen Ramla erobert und dringt in den Palast des Emirs ein. Als er Hélène und Gaston antrifft, läßt er Gaston trotz Hélènes Flehen abführen,

da dieser immer noch als Mörder gilt. – 2. Bild, öffentlicher Platz in Ramla mit Richtstätte: Vor versammeltem Volk und Heer verkündet der päpstliche Legat Gastons morgige Hinrichtung, zuvor aber seinen Ausschluß aus Adel und Ritterschaft. Zum Zeichen dieser Schmach werden Gastons Waffen zerbrochen und er wird öffentlich verdammt (*Marche funèbre – grande scène et air*, »O mes amis, mes frères d'armes«).

4. Akt, 1. Bild, das Lager der Kreuzfahrer im Tal Josaphat: Roger hofft im Angesicht der Kreuzfahrer, beim Sturm auf Jerusalem den ersehnten Tod zu finden (*Chœur de la procession*, »Jérusalem la sainte«). Der Legat bittet Roger, Gaston in seinen letzten Stunden Beistand zu leisten. In Gegenwart Hélènes segnet Roger Gaston und übergibt ihm sein Schwert, damit er an der Schlacht um Jerusalem teilnehmen kann (*Trio*, »C'est lui! Je te revois?«). – 2. Bild, Zelt des Grafen: Die Kreuzfahrer haben Jerusalem erobert, Gaston hat sich im Kampf ganz besonders ausgezeichnet (*Bataille*). Der tödlich verwundete Eremit gibt sich als Roger zu erkennen und deckt Gastons Unschuld auf (*Final*, »Un instant ... un instant me reste encore«). Der Graf vergibt dem sterbenden Bruder. Alle vereinen sich in einer Siegeshymne auf Gott.

Kommentar

Die kritische Einschätzung sowohl von *I Lombardi alla prima crociata* als auch von *Jérusalem* ist von Anfang an nicht überaus positiv gewesen. Während im Fall von *I Lombardi alla prima crociata* vor allem das Libretto kritisiert wurde, hatte der Partitur von *Jérusalem* bereits Abramo Basevi vorgeworfen, sie sei »aufgeblasen, zusammenhanglos und ohne Kolorit« (Basevi, 1859, S. 131), und Franco Abbiati verglich sie gar mit »einem zerkochten Linsengericht« (Abbiati, 1959, Band I, S. 730). In beiden Fällen sind diese Urteile inzwischen einer wesentlich objektiveren und deutlich differenzierteren Sicht gewichen.

Aus der immer wieder als abstrus und fragmentarisch gescholtenen Handlung von Soleras Libretto lassen sich im Grunde zwei getrennt verlaufende und nur vorübergehend in Kontakt geratende Handlungsstränge isolieren: Der eine wird dominiert vom Vatermörder Pagano, der dann seine Tat im Exil sühnt, der andere von der Liebesgeschichte zwischen Giselda und Oronte. Der sprunghaft-fragmentarische Charakter der Handlung entsteht auch durch die große zeitliche und geographische Distanz zwischen dem 1. und den folgenden Akten sowie durch nur episodisch auftauchende Nebenfiguren wie Viclinda, Sofia und Pirro. Die drei Protagonisten kommen nur selten miteinander in Berührung, am kontinuierlichsten ist die Präsenz Paganos. Selbst das Liebespaar Giselda und Oronte trifft nur im Duett des 3. Aktes und im darauffolgenden Terzett aufeinander. Dieses Terzett bezeichnet tatsächlich den einzigen Moment, in dem sich die beiden Handlungsstränge kreuzen: die Taufe des ungläubigen Oronte durch den Sünder Pagano.

Der besondere Charakter dieser wichtigen, weichenstellenden Szene mag deshalb auch einen Hinweis darauf geben, daß die Unabhängigkeit der beiden Handlungsstränge keineswegs zufällig ist, sondern vielmehr Voraussetzung für die hier gewollte epische Erzählweise. Gerade weil die sich in unverbundener Gegenüberstellung vollziehenden tragischen Schicksale der Protagonisten nur im Zeichen der Religion, in der Sühne des Sünders und der Taufe des Ungläubigen verknüpft werden können, erhält die Religion eine überhöhte, sinnstiftende Bedeutung, die sie über die Konflikte der Individuen stellt, wobei die Tragödie der Individuen sich zusätzlich im kollektiven Drama des Kreuzzugs reflektiert. Darüber hinaus dürfte das Kreuzzugs-Ambiente mit seinen spektakulären Zügen der Entscheidung Vorschub geleistet haben, *I Lombardi alla prima crociata* im Gefolge der ebenfalls von politisch-religiösen Auseinandersetzungen dominierten ›Prototypen‹ der französischen *grand opéra* wie Halévys *La Juive*, Meyerbeers *Les Huguenots* oder Donizettis *Les Martyrs* auf die Pariser Bühne zu bringen.

Die besondere Leistung der französischen Bearbeiter Royer und Vaëz bestand nun darin, die beiden Handlungsstränge von *I Lombardi alla prima crociata* zu einem einzigen zu verschweißen, wobei es eindeutige Indizien dafür gibt, daß Verdi an diesem Umarbeitungsprozeß entweder unmittelbar beteiligt war oder zumindest genaue Vorgaben festlegte. Die Lösung bestand darin, eine klassische Dreieckssituation zu schaffen: ein Liebespaar, zwischen dem ein Rivale steht. Dies bedeutete zum einen, daß der Baß sich durchgängig in den Rivalen verwandelte, zum andern, daß der Tenor vom Ungläubigen zum Christen werden und von Anfang an in den Mord verwickelt sein mußte. Zwar kamen auch Royer und Vaëz nicht ohne Ungereimtheiten aus, doch ist ihnen generell zu bescheinigen, daß das Libretto merklich an narrativer Stringenz gewonnen hat.

Dies gelang auch durch die Eliminierung verschiedener episodisch auftretender Nebenfiguren und ihre Ersetzung durch durchgängig auftretende wie Gastons Begleiter Raymond oder Hélènes Magd Isaure. Die wichtigste Konsequenz der veränderten Personenkonstellation ist die dadurch bedingte gravierende Veränderung des Verhältnisses von individueller und kollektiver Handlung in *I Lombardi alla prima crociata*. Der Konflikt vollzieht sich in *Jérusalem* nunmehr nur innerhalb der christlichen Gemeinschaft, nicht mehr zwischen verfeindeten Völkern oder sich bekämpfenden Religionen. Damit wird der Kreuzzug zurückgedrängt auf die Funktion des historischen Hintergrunds, als Ausgangspunkt für spektakuläre und dekorative Situationen, ist aber nicht mehr Motor und Movens der Handlung. Das neue Libretto bringt in erster Linie die Dreiecksbeziehung zwischen den Protagonisten zum Tragen und das individuelle Drama eines jeden von ihnen. Dieser Tatsache kommt insofern besondere Bedeutung zu, als es gerade ein unabdingbares Charakteristikum der *grand opéra* ist, daß soziale, ethnische oder religiöse Gruppen unversöhnlich einander gegenüberstehen. Dabei gehört das Liebespaar immer gegensätzlichen Fraktionen an, was bei beiden den Widerstreit zwischen Pflicht und Liebe heraufbeschwört. Der private Konflikt ist hier stets Reflex des sozialen, politischen oder religiösen Konflikts. Dieses Abweichen vom dramaturgischen Kodex der französischen historischen Oper ist insofern von besonderem Interesse, da Verdi auch in Fragen der musikalischen Gestaltung von *Jérusalem* durchaus Eigenständigkeiten erkennen läßt.

Die Partitur von *I Lombardi alla prima crociata* ist von ungleicher Qualität; neben überaus gelungenen Abschnitten stehen konventionell oder gar dürftig geratene. Musikalische Spuren in der Partitur haben Mercadantes *Il giuramento* (1837) und *Il bravo* (1839) hinterlassen, erkennbar etwa im *adagio* Paganos im 1. Akt (»Sciagurata! Hai tu creduto«). Den Einfluß Bellinis zeigen die zahlreichen *cabalette*, während das Vorbild Rossinis zum Beispiel im Duett Arvino/Eremit im 2. Akt deutlich ist. Routinearbeiten – wenn auch nicht ohne Wirkung – sind die instrumentale Einleitung der dritten Szene des 3. Aktes mit Solo-Violine oder Giseldas *cabaletta* in der Visionsszene des 4. Aktes.

Auch das kurze Vorspiel, das Verdi hier erstmals statt einer ausführlichen Ouvertüre verwendet, ist von recht konventioneller Machart. Problematisch ist schließlich der Einsatz zweier Tenöre, von denen Arvino dramaturgisch die wichtigere Rolle darstellt, musikalisch aber eher *comprimario*-Rang besitzt, Oronte dagegen mit der attraktiveren Musik ausgestattet ist, jedoch eine überkommene Liebhaberfigur verkörpert. Ihre stärksten musikalischen Wirkungen bezieht die Oper aus der Vielfalt und der Eindringlichkeit ihrer zahlreichen melodischen Einfälle. Dies gilt sowohl für Chorszenen – am populärsten wurde die an den Chor »Va, pensiero, sull'ali dorate« in *Nabucodonosor* erinnernde Hymne im 3. Akt (»O Signore, dal tetto natio«) – als auch für Solo- und Ensembleszenen wie dem Gebet Giseldas im 1. Akt (»Salve, Maria – di grazia il petto«), dem Duett Giselda/Oronte im 3. Akt (»O belle, a questa misera«), dem Finalterzett des 3. Aktes (»Qual voluttà trascorrere«) oder dem Quintett im 1. Akt (»T'assale un tremito!... padre, che fia?«).

Trotz des erheblich veränderten Librettos wurde von Verdi ein Großteil der Musik aus *I Lombardi alla prima crociata* in *Jérusalem* übernommen. Allerdings wurde ein Gutteil davon umfangreichen und signifikanten Umarbeitungen unterzogen, auch kam völlig neu komponierte Musik hinzu. Das äußerliche Ergebnis war eine um drei Nummern erweiterte Partitur. Von Interesse sind sowohl Art und Grad dieser Modifikationen als auch ihre Motive. Unschwer zu beantworten ist die Frage nach den Veränderungen in den Tonarten. Fast stets sind solistische Passagen wie Arien und Duette davon betroffen, und in sämtlichen Fällen handelt es sich um Transpositionen um einen Halb- oder Ganzton nach unten. Die einleuchtende Erklärung dafür ist, daß Verdi die Gesangspartien an die stimmlichen Möglichkeiten der neuen Sänger in Paris anpassen und bequemer gestalten wollte; Beispiele für eine solche Praxis gibt es auch in anderen Opern Verdis bei einem Wechsel der Besetzung. Nicht völlig auszuschließen sind aber auch Wechsel der Tonart aus expressiven Gründen. Zum Beispiel nimmt der langsame Satz von Gastons *air* im 3. Akt (»Je veux encore entendre«) in der neuen Tonart h-Moll einen stärker meditativen Charakter an, der dem veränderten Inhalt der dramatischen Situation eher korrespondiert.

Die Veränderungen, die Verdi in der Instrumentierung vornahm, ergaben sich schon durch die neuen Möglichkeiten des wesentlich umfangreicheren Pariser Orchesters, das vor allem im Blech und zumal mit den erstmals in einer Oper verwendeten Saxhörnern fülliger besetzt war. Generell ist zu beobachten, daß Verdi darauf Wert legte, den Orchesterklang sonorer und reicher, kompakter und massiver auszugestalten. Man kann darin den Versuch sehen, sich an Meyerbeers klangüppiger, effektvoller Orchestrierung zu orientieren. Derselben Absicht dient die homophonere Schreibweise in den *pezzi concertati* von *Jérusalem* im Vergleich zu *I Lombardi alla prima crociata*, wo die Einzelstimmen unabhängiger geführt sind.

Besondere Aufmerksamkeit verdient begreiflicherweise die für *Jérusalem* völlig neu komponierte Musik, die sich in drei Kategorien einteilen läßt. Große Sorgfalt verwandte Verdi auf alle narrativen Passagen, vor allem Rezitative und *tempi di mezzo* mit Anschluß- oder Überleitungsfunktion. Sie sind mit peinlicher Akkuratesse instrumentiert, meist durch Streicher, und – unter genauer Beachtung der französischen Prosodie – intensiver als in *I Lombardi alla prima crociata* in die jeweilige dramatische Situation eingebunden. Ihre mimetische Ausdruckskraft und rhetorische Prägnanz sind schärfer pointiert.

Zu den von Verdi für *Jérusalem* völlig neu geschaffenen Nummern, die jedoch in der gleichen Funktion wie in *I lombardi alla prima crociata* eingesetzt werden, zählen die instrumentale *introduction*, die *cabaletta* Rogers im 1. Akt (»Ah, viens, démon, esprit du mal« an Stelle von »O speranza di vendetta«) nach dem Motiv der aus *Oberto* in den *Ernani* verlegten *cabaletta* »Infin che un brando vindice«, die *Marche* im 2. Akt, Terzett und Chor „Le Seigneur nous promet la victoire" an Stelle des *inno dei crociati* im 2. Akt sowie eine Ergänzung zur Einleitung des Frauenchors im 3. Akt (»O belle captive«). Ebenfalls Neukompositionen, aber ohne Pendant in *I Lombardi alla prima crociata* sind das Duett Hélène/Gaston im 1. Akt – im Stil Meyerbeers mit stimmungsvoller obligater Hornbegleitung –, die Illustration des Sonnenaufgangs im 3. Akt, die *Quatre airs de ballet* (als unumgängliche Konzession an die Usancen der Pariser Opéra Verdis erstes Ballett überhaupt), das Finale des 3. Aktes mit *Marche funèbre* und *Grande scène et air* für Gaston – gewiß die originärste und effektvollste Ergänzung innerhalb der gesamten Partitur von *Jérusalem* – sowie die Coda am Ende des Terzetts Hélène/Gaston/Roger.

Insgesamt läßt sich als Gemeinsamkeit von Verdis Umarbeitungen und Ergänzungen die deutliche Absicht festhalten, die spektakulären Züge der Oper zu potenzieren. Vor allem die instrumentalen Teile mit dekorativem (Ballett), zeremoniellem (Märsche) und deskriptivem Charakter (Sonnenaufgang, Schlachtenmusik) verfolgen diese Tendenz. Zu fragen ist allerdings, ob es sich hier um äußerliche Zugeständnisse an die Ästhetik der französischen Oper handelt oder ob sie auch eine tatsächliche Weiterentwicklung von Verdis Opernstil und Musiksprache signalisieren. Auffällig ist jedenfalls, daß es auch auf dieser Ebene unübersehbare Unterschiede zwischen Verdis Lösungen und den ästhetischen Traditionen der Pariser Oper gibt. Hierzu zählt der Verzicht auf ein ausführliches, komplex gegliedertes Eröffnungs-*tableau*, in dem in der Regel Chor und Solisten in einer dialektischen Beziehung zueinander gezeigt werden. Stattdessen beginnt *Jérusalem* mit einem intimen Duett von Hélène und Gaston, dessen Zweck ganz offensichtlich darin besteht, den Akzent sofort auf die Liebesgeschichte, also auf den ›privaten‹ Handlungsstrang zu richten. Schon die vorangegangene, in dezenten kontemplativen Farben gehaltene *introduction* mit dem charakteristischen Rhythmus der *marche funèbre* und ihrer verloren wirkenden Violinmelodie ignoriert den kollektiven Handlungsstrang völlig und weist ausschließlich auf Gastons Schicksal voraus.

Ein unübersehbares Indiz für Verdis Distanz zur Ästhetik der *grand opéra* ist weiterhin die formale Disposition der einzelnen Szenen. Hier bleibt Verdi auf dem Boden der italienischen

Konventionen von *adagio*, *cabaletta* sowie *pezzo concertato* und folgt nicht dem Vorbild von Meyerbeers komplexeren, variableren Formen und Strukturen. Allerdings benutzt Verdi diese Konventionen in einer weiterentwickelten, ausgearbeiteten Art und Weise, um Szenen zu kohärenten Einheiten zusammenzuschweißen und damit die narrative Kontinuität über die Grenzen der einzelnen Nummern hinweg zu erhöhen.

Besonders deutlich wird dies an *Grande scène et air* im Finale des 3. Aktes. Tatsächlich entspricht sie einer zweisätzigen Arie mit *adagio* und *cabaletta*, die durch ein *tempo di mezzo* verknüpft sind. Gerade innerhalb dieses Überleitungsabschnitts vollzieht sich die eigentliche Aktion, die zeremonielle Degradierung Gastons. Der ursprünglich nur die Funktion eines Gelenks ausübende Teil erhält also eine in der Tradition der italienischen Oper völlig unübliche Aufwertung und Akzentuierung. Es entsteht gleichsam ein *tableau* im *tableau*, das zum einigenden Zentrum der ganzen Szene wird. Die Besonderheit und Bedeutung dieser Erfindung Verdis drückt sich auch dadurch aus, daß er sie in drei weiteren Opern analog zur Anwendung gebracht hat: im »Miserere« von *Il trovatore*, im Marsch zur Hinrichtung in *Les Vêpres siciliennes* und in der Gerichtsszene von *Aida*. Die dramaturgisch-musikalischen Parallelen sind offenkundig: Im Mittelpunkt des Interesses stehen jeweils Opfer ungerechter oder unverdienter Bestrafung (Manrico, Hélène und Procida, Radamès); den vokalen Hintergrund bildet ein Priesterchor, der ein lateinisches oder nach liturgischem Modell gebautes Gebet intoniert (»Miserere d'un alma già vicina«, »De profundis clamavi«, »Spirto del Nume, sovra noi discendi«); das Opfer wird von einer ihm nahestehenden Figur bemitleidet (Leonora, Henri, Amneris); die szenische oder räumliche Disposition ist von spektakulärer Wirkung (Fernchöre, Marsch); die außergewöhnlichen Dimensionen des im Zentrum stehenden und die eigentliche Aktion tragenden *tempo di mezzo* nehmen ein dominierendes Ausmaß an. Hieran wird die Wirkung von *Jérusalem* für die Weiterentwicklung von Verdis Dramaturgie deutlich. Zwar vollzieht Verdi in der Anreicherung seiner Oper durch spektakuläre Elemente, in der konziseren Kontinuität seiner Erzählweise und auch in der Akzentuierung des individuellen Dramas vor dem kollektiven verschiedentlich Annäherungen an die Muster der Pariser historischen Oper; gleichzeitig wahrt er aber dabei – im Vergleich zu *I Lombardi alla prima crociata* in sichtbar fortgeschrittener, differenzierterer Form – unverkennbar die eigene kompositorische Handschrift.

Wirkung

An den stürmisch gefeierten Erfolg der Uraufführung von *I Lombardi alla prima crociata*, zu dem die exzellente Besetzung mit Erminia Frezzolini (Giselda), Carlo Guasco (Oronte) und Prosper Dérivis (Pagano) entscheidend beigetragen hatte, konnte Verdi mit *Jérusalem* nicht in vollem Umfang anknüpfen, obwohl auch in Paris mit Gilbert Duprez (Gaston), Julian van Gelder (Hélène), Adolphe Alizard (Roger) und Charles Portheaut (Conte de Toulouse) vorzügliche Sänger aufgeboten waren. Auch in der weiteren Rezeptionsgeschichte der beiden Werke zeigte sich *I Lombardi alla prima crociata* der Pariser Version deutlich an Akzeptanz überlegen. Im Jahr der Uraufführung kam *I Lombardi alla prima crociata* an der Scala auf 27 Aufführungen, nur von Donizettis *Lucia di Lammermoor* mit 28 Aufführungen übertroffen. 1850/51 erschien erstmals *Jérusalem* auf dem Spielplan des Mailänder Opernhauses, allerdings italienisch als *Gerusalemme* und mit der Eröffnungsszene von *I Lombardi alla prima crociata*, nicht mit jener der französischen Fassung und brachte es auf insgesamt zwölf Aufführungen, doch schon 1855 kehrte die Scala wieder zu *I Lombardi alla prima crociata* zurück.

Der äußerst wechselhafte Erfolg von *I Lombardi alla prima crociata* an der Scala findet seine Parallele auch in der internationalen Rezeption. Im Gefolge des großartigen Uraufführungserfolgs fand die Oper zunächst rasche Verbreitung: 1843 Venedig und Florenz, 1845 Odessa, Barcelona, Berlin, Cagliari, Bukarest, St. Petersburg und Korfu, 1846 London und Wien, 1847 Kopenhagen, Lissabon, Malta und (als erste Verdi-Oper) New York und Philadelphia, 1849 Stockholm, 1850 Konstantinopel, 1851 Buenos Aires, 1852 Mexico City. Im letzten Drittel des 19. Jahrhunderts ist ein deutlicher Rückgang der internationalen Resonanz zu registrieren. Bis auf wenige Ausnahmen beschränkten sich Aufführungen auf Italien, wo auch in der ersten Hälfte des 20. Jahrhunderts die einzigen bedeutenden Produktionen zustande kamen. Erst in den 1950er und 1960er Jahren hatte *I Lombardi alla prima crociata* ein glanzvolles Comeback zu verzeichnen, das kurioserweise in der englischen Provinz begann, bald aber internationale Dimensionen erreichte. Wesentlich bescheidener nimmt sich dagegen die Bilanz für *Jérusalem* aus: Erst 1963 kam die Oper am venezianischen Teatro La Fenice in der italienischen Fassung zu einer verspäteten und nur vorübergehenden Rehabilitation. 1984, also 137 Jahre nach der Uraufführung, gelang der Pariser Opéra eine vielbeachtete Wiederbelebung von *Jérusalem*. Innerhalb der höchst sporadischen Aufführungsstatistik von *Jérusalem* kommt schließlich der Produktion der Wiener Staatsoper von 1995 besondere Bedeutung zu.

Diskographischer Hinweis

I Lombardi alla prima crociata

Cristina Deutekom (Giselda), Plácido Domingo (Oronte), Ruggero Raimondi (Pagano), Jerome Lo Monaco (Arvino), Ambrosian Singers, Royal Philharmonic Orchestra, Lamberto Gardelli (aufgenommen: 1971). Philips 422 420–2

Sylvia Sass, Giorgio Lamberti, Kolos Kováts, Ezio di Cesare, Chor des Ungarischen Rundfunks und Fernsehens, Lamberto Gardelli (aufgenommen: 1983). Hungaroton HCD 12 498–500–2

June Anderson, Luciano Pavarotti, Samuel Ramey, Richard Leech, Metropolitan Opera Orchestra and Chorus, James Levine (aufgenommen: 1996). Decca 455 287–2

Jérusalem

Marina Mescheriakova (Hélène), Marcello Giordani (Gaston), Roberto Scandiuzzi (Roger), Philippe Rouillon (Le Comte), Simon Edwards (L'Ecuyer), Hélène Le Corre (Isaure), Daniel Borowski (Le Légat), Slobodan Stankovic (L'Émir/Un Héraut), Orchestre de la Suisse Romande, Leitung: Fabio Luisi (aufgenommen: 1998). Decca 462 613–2

Kurt Malisch

Ernani

Dramma lirico in quattro parti
(4 Teile, 5 Bilder)

Text: Francesco Maria Piave nach dem Drama *Hernani ou L'Honneur castillan* (1830) von Victor Hugo
Uraufführung: Venedig, Teatro La Fenice, 9. März 1844
Personen: Ernani, Rebell (Tenor); Don Carlo, König von Spanien, später Kaiser Karl V. (Bariton); Don Ruy Gómez de Silva, Grande von Spanien (Baß); Elvira, seine Nichte und Verlobte (Sopran); Giovanna, ihre Vertraute (Mezzosopran); Don Riccardo, Waffenträger des Königs (Tenor); Jago, Waffenträger Don Ruys (Baß) – Rebellen und Banditen aus den Bergen, Gefolge de Silvas und des Königs, Dienerinnen Elviras, deutsche und spanische Edelleute und Damen, deutsche Kurfürsten und Große des Reichs, deutsche Soldaten
Orchester: Piccoloflöte, Querflöte, 2 Oboen, 2 Klarinetten, Baßklarinette, 2 Fagotte, 4 Hörner, 2 Trompeten, 3 Posaunen, Cimbasso, Pauken, Trommel, kleine Trommel, Harfe, Streicher – Bühnenmusik: *banda*; hinter der Szene: Horn, 6 Trompeten
Spieldauer ohne Pausen: 2 Stunden 15 Minuten
Autograph: Mailand, Verlagsarchiv Ricordi
Ausgaben: Partitur, kritische Ausgabe: WGV I/5, hrsg. von Claudio Gallico, Chicago, London: University of Chicago Press/Mailand: Ricordi 1985 – Klavierauszüge: Ricordi [ca. 1845] Nr. 16221–16241, Ricordi/University of Chicago Press, Mailand/Chicago, 1997, Nr. 133716 – Textbücher: Mailand: Truffi 1844; Mailand: Ricordi 1945; *Tutti i libretti*, S. 67–85

Entstehung

Das vom Präsidenten des Teatro La Fenice in Venedig bestellte Werk war das erste, das Verdi nicht für die Mailänder Scala schrieb. Der große Erfolg der venezianischen Erstaufführung von *Nabucodonosor* am 26. Dezember 1842 bewog die Theaterleitung in dem im Juni 1843 unterschriebenen Vertrag, dem Komponisten nicht nur in Fragen des Honorars entgegenzukommen. Man stand ihm auch das Recht zu, die Sänger aus dem Ensemble zu wählen. Sogar Verdis Wunsch, aus den von ihm bislang gewohnten Bahnen auszubrechen, fand Verständnis. So entschied er sich nach der Diskussion verschiedener Stoffe für die Vertonung eines zeitgenössischen Dramas: Victor Hugos *Hernani*, ein Drama desselben Autors, dessen 1827 – mit dem für die romantische Bewegung in Frankreich stilbildenden Vorwort – veröffentlichtes, aber erst 1957 auf dem Sprechtheater aufgeführtes Drama *Cromwell* von Verdi ebenfalls in Erwägung gezogen worden war.

Mit seiner Begeisterung konnte Verdi auch den ihm empfohlenen jungen Librettisten Francesco Maria Piave – es sollte bis hin zu *La forza del destino* der für ihn wichtigste werden – von der Richtigkeit der Wahl überzeugen. Die im Herbst 1843 zwischen beiden und der Theaterleitung beginnende Korrespondenz bekundet Verdis ungewöhnliches Engagement für Fragen des Libretto und dessen Umsetzung in Musik; auch die Wahl eines Tenors für die Titelrolle statt der im Stil des tradierten *melodramma* vom Theater vorgeschlagenen Altistin Carolina Vietti geht auf sein Konto. Ebenso konnte Verdi sich gegen die deutsche *prima donna* Sophie Loewe durchsetzen, die statt des Finalterzetts im letzten Akt ein *rondò finale* für sich wünschte. So ist *Ernani* unter Verdis frühen Opern eine der geschlossensten und mußte in der frühen Wirkungsgeschichte entsprechend wenig Veränderungen hinnehmen. Für die Scala-Premiere vom 3. September 1844, möglicherweise auch schon für die Wiener Erstaufführung im Juni 1844, stimmte Verdi der Einfügung der *cabaletta* »Infin che un brando vindice«, die ursprünglich für den Baß Ignazio Marini als zusätzliche Arie in *Oberto* 1841/42 nachkomponiert worden war, in Silvas Arie im 1. Teil (»Infelice... E tuo credevi«) zu. Und für die Aufführung in Parma im Dezember 1844 komponierte Verdi auf Bitten Rossinis für den Tenor Nicola Ivanoff anstelle des Schlußduetts im 2. Teil eine schon auf Manricos *cabaletta* im 3. Akt von *Il trovatore* vorausweisende Arie für Ernani mit Chor (»Odi il voto, o grade Iddio«).

Handlung

Deutschland und Spanien 1519

Vorgeschichte: Die Ehe zwischen Königin Isabella von Kastilien und Erbprinz Ferdinand II. von Aragón im Jahre 1469 hat zehn Jahre später zur Vereinigung der beiden Königreiche geführt. Obwohl es bis auf die 1478 eingerichtete Inquisition zunächst keine beiden Kronländern gemeinsame Behörde gab, entwickelte sich aus ihnen der katholische Zentralstaat Spanien. Innenpolitisch wurde das zur Weltmacht aufsteigende territoriale Konglomerat durch die Vertreibung der nicht zur Konversion bereiten Juden und Moslems, durch Eroberung des maurischen Königreichs Granada und durch die Entmachtung des Adels geprägt. Das königliche Paar Isabella-Ferdinand blieb ohne männliche Nachkommen, seine Tochter Johanna (»die Wahnsinnige«) heiratete 1506 den Sohn des Habsburger Kaisers Maximilian I., Philipp den Guten, der nach wenigen Monaten starb. Nach dem Tod Isabellas und Ferdinands fielen alle kastilischen und aragonesischen Territorien an Johanna und deren sechzehnjährigen Sohn, der 1516 als Karl I. zum König von Spanien gekrönt wurde. In der Fiktion des Dramas gehört zu den Opfern des forcierten Zentralismus auch der von Philipp dem Guten entmachtete, verbannte und im Exil gestorbene Vater des Don Juan d'Aragón. Dieser ist zum Banditen geworden und sinnt unter dem Namen Ernani auf Rache.

1. Teil (*Der Bandit*), in den Bergen von Aragonien: In einer schroffen Felsenlandschaft macht eine Gruppe Banditen in der Nähe des im maurischen Stil erbauten Kastells des Herzogs Don Ruy Gómez de Silva Rast. Wein und Spiel sind die einzigen Werte, die den Räubern sicher scheinen, obwohl ihr Hauptmann, in Gedanken versunken, daran keinen Teil nimmt (*Preludio e introduzione*, »Evviva! ... beviamo! – Nel vino cerchiamo«). Ernani bekennt den Grund seiner Trauer und fordert seine Gefolgsleute zur Hilfe auf: Seine Geliebte Elvira soll morgen mit dem alten Silva, einem königstreuen Granden des Landes, verheiratet werden.

Schnell beschließen seine Gefährten Elviras Entführung (*Scena e cavatina*, »Come rugiada al cespite«). – 2. Bild, reich ausgestattete Räume Elviras in Silvas Kastell: Es ist Nacht. Verzweifelt wacht Elvira; in der Burg ihres Oheims fühlt sie sich wie ein Vogel im Käfig eingeschlossen und träumt von der Freiheit mit Ernani. Ihr Unmut vergrößert sich, als Dienerinnen Hochzeitsgeschenke Silvas hereintragen (*Scena e cavatina*, »Ernani!... Ernani, involami«). Der junge König Carlo verschafft sich mit Hilfe Giovannas, der Vertrauten Elviras, Zutritt zu deren Gemächern und bekennt ihr, von Elviras Gefühlen für einen Räuber ahnend, seine Liebe (*Scena e duetto*, »Da quel di che t'ho veduta«). Elvira weist ihn zurück, als er zu ihrer Entführung bereit ist, entreißt sie ihm seinen Dolch und droht, ihn und sich selbst damit zu töten. Plötzlich steht Ernani zwischen beiden. Carlo erkennt in ihm den Räuberhauptmann, der die Region unsicher macht, und Ernani wirft ihm die Ermordung seines Vaters durch Carlos Vater vor. Elvira kann die beiden nur mühsam von einem Duell abhalten (*Scena e terzetto*, »Tu se' Ernani!... nel dice lo sdegno«). Da erscheint Silva (*Finale I*, »Infelice... e tuo credevi«) und ruft empört Gefolgsleute als Zeugen seiner verletzten Ehre herbei. In einem bewegenden Solo bekennt er Verzweiflung über den vermeintlichen Treueverrat Elviras und fordert wütend beide Eindringlinge zum Duell. Erst jetzt offenbart Carlo seine Identität. Die Verwirrung des Alten steigert sich noch, als Carlo sein Kommen damit erklärt, er suche Rat wegen des Tods seines Großvaters sowie der bevorstehenden Kaiserwahl, und Ernani generös als seinen Gefolgsmann ausgibt. Während dieser auf königlichen Befehl unbehelligt die Burg verläßt, wird Carlo dort mit seinem Gefolge die Nacht verbringen.

2. Teil (*Der Gast*), prächtiger Saal mit Ahnengalerie im Kastell Silvas: In ausgelassener Vorfreude wird die Hochzeit Silvas mit Elvira erwartet (*Introduzione – galop con cori*, »Esultiamo!... Letizia ne inondi...«). Silva läßt einen vor der Burg wartenden Pilger unter die Hochzeitsgäste führen und versichert ihn ausdrücklich des Gastrechts. Als Elvira im Brautkleid erscheint, präsentiert der Pilger sein Hochzeitsgeschenk: Er wirft die Kutte ab, und vor Silva und Elvira steht Ernani, der – von den Schergen des Königs verfolgt – das auf ihn ausgesetzte Kopfgeld jedem bietet, der ihn ergreift. Doch Silva besteht auf der Unversehrbarkeit des Gastrechts. Für einen Augenblick mit Elvira allein gelassen, wirft ihr Ernani Treulosigkeit vor, sie aber, der das Gerücht von seinem Tod zugetragen worden ist, zeigt ihm das Messer, mit dem sie Silva vor der Brautnacht ermordet hätte. Die Liebenden umarmen sich, ehe Silva hinzutritt und mörderische Rache verkündet (*Scena e terzetto*, »Oro, quant'oro ogni avido«). Da meldet ein Bote die Ankunft des Königs, der Ernani nach Scharmützeln mit dem Räuberhaufen verfolgt hat. Silva verbirgt den Banditen. Carlo vermutet darin einen Akt der Rebellion und droht Silva mit dem Tod, als Elvira sich mit der Bitte um Gnade zu seinen Füßen wirft. In einem plötzlichen Entschluß, der Silva niederschmettert, nimmt Carlo die Frau als Geisel für Ernani mit (*Gran scena ed aria*, »Lo vedremo, veglio audace«). Wütend reißt Silva die Geheimtür auf, hinter der er Ernani verborgen hat, und fordert ihn zum Duell. Doch der Bandit, der Mitleid mit dem Alten hat, schlägt ihm gemeinsame Rache am König vor. Danach könne Silva über sein Leben verfügen: Er gibt ihm das Horn, das er am Gürtel trägt und schwört, er werde sich den Tod geben, sobald Silva das Horn blase. Gemeinsam verlassen sie die Burg (*Duetto – Finale II*, »Vigili pure il ciel sempre su te«).

3. Teil (*Die Gnade*), Krypta Kaiser Karls des Großen im Dom zu Aachen: Von seinem Waffenträger Riccardo wird Carlo in die unterirdische Grabkammer geführt, wo sich eine auf seinen Tod trachtende Verführerschar treffen will, während die deutschen Kurfürsten im Dom über die Nachfolge des verstorbenen Kaisers Maximilian I. – Carlos Großvater väterlicherseits – beraten. Carlo befiehlt Elvira zu sich, sinniert in Erwartung der Kaiserwürde über sein Leben und bekennt sich zu der ihm auferlegten Verantwortung. Als die Verschwörer nahen, verbirgt er sich im Mausoleum (*Preludio, scena e cavatina*, »Ah de' verd'anni miei«). Unter den Mitgliedern der geheimen Liga befinden sich auch Ernani und Silva. Ein Los soll bestimmen, wer den tödlichen Stoß gegen Carlo führen soll. Es fällt auf Ernani. Silva wäre bereit, ihm das verpfändete Leben zu schenken, würde Ernani die Rache ihm überlassen. Doch Ernani will den Tod seines

Vaters an Carlo rächen (*Congiura*, »Ad augusta! Chi va là?«). Drei Kanonenschüsse verkünden die Wahl Carlos zum Kaiser. In diesem Augenblick öffnet sich das Mausoleum, Carlo tritt mit Bewaffneten hervor und verkündet den Verschwörern in Gegenwart der versammelten Kurfürsten ihr Schicksal: Gefängnis für die Angehörigen der niederen Stände, Tod für die Adligen. Da verlangt auch Ernani, der sich als Herzog von Segovia und Cardona offenbart, den Tod. Als sogar Elvira fleht, mit den Verurteilten sterben zu dürfen, läßt der Kaiser Gnade walten: Unter Berufung auf das verpflichtende Erbe Karls des Großen entsagt Carlo seiner Rache wie seiner der Liebe zu Elvira und führt sie mit Ernani zusammen. Nur Silva bleibt im allgemeinen Jubel unversöhnt (*Scena e finale III*, »Io son conte, duca sono«).

4. Teil (*Die Maske*), Saragossa, Terrasse im Palast Ernanis, der wieder in seine Rechte eingeführt worden ist: Ernani feiert unter seinem adligen Namen Don Giovanni d'Aragona Hochzeit mit Elvira. Die Stimmung der Gäste wird durch einen schwarz Maskierten getrübt (*Festa da ballo*, »Oh come felici – gioiscon gli sposi!«). Im Garten des Palastes sind die Liebenden endlich allein. Da ertönt aus der Ferne ein näherkommender Hornruf. Ernanis Befürchtung bewahrheitet sich, als der Maskierte seine Kapuze ablegt: Vor ihm steht Silva und verlangt unbarmherzig den Vollzug seiner Rache. Selbst das Flehen Elviras, die ebenfalls dem Geschlecht der Silva entstammt, vermag ihn nicht umzustimmen. Ernani ersticht sich mit Silvas Messer, Elvira bricht an seiner Leiche zusammen, Silva genießt leise seine Rache (*Gran scena e terzetto finale*, »Solingo, errante, misero«).

Kommentar

Verdis fünfte Oper markiert in seinem Schaffen einen Wendepunkt. Gewiß bleibt er dem Rahmen des tradierten *melodramma* mit seinem Formenkanon geschlossener Nummern treu. Doch schon die herausragenden Einzelnummern bezeugen einen weiter gespannten Lyrismus als in seinen früheren Werken. Das gilt etwa für das *adagio* (»Come rugiada al cespite«) von Ernanis Auftrittsarie, an der sich auch der Chor beteiligt. Elviras anschließende *cavatina* (»Ernani, Ernani, involami«) folgt demselben Schema, ist aber noch expansiver und in ihrer *cabaletta* eindrucksvoller gestaltet; sie gehört zum Standrepertoire eines *soprano spinto*. An Lyrismen hat Verdi keinen Bariton reicher bedacht als Carlo. Sein Liebesgeständnis gegenüber Elvira im 1. Teil (»Da quel dì che t'ho veduta«) verlangt ebenso eine belcantische Grundierung wie sein emotional breitbandiges Räsonnieren am Grabmal Karls des Großen im 3. Teil (»Ah de' verd'anni miei«). Als *basso cantante* gewinnt Silva schon im 1. Teil mit dem chromatisch schmerzvollen *adagio* (»Infelice ... E tuo credevi«) seiner Arie menschliches Profil, das sich in der folgenden *cabaletta* ins Unversöhnliche verschärft: Kein Schemen, sondern ein Charakter der Widersprüche wird hörbar.

Bedeutsamer für Verdis Fortschritte ist aber etwas anderes. Der Wechsel von seiner bisherigen Wirkungsstätte, der Mailänder Scala, zum intimeren Teatro La Fenice in Venedig führte zu einer Konzentration der musikdramatischen Mittel. Die Bevorzugung der persönlichen Konflikte zwischen den Handelnden zuungunsten grandioser Choreffekte markiert Momente eines Stilwandels, die *Ernani* als Vorläufer der Erfolgstrias aus den frühen 1850er Jahren erscheinen lassen. Das war nicht zuletzt eine Folge der ästhetischen Reflexion in der Auseinandersetzung zwischen Komponist und Textdichter. Daß Verdi zum ersten Mal in seinem Schaffen kein opernspezifisches Libretto, sondern ein zeitgenössisches Drama aus der Höhenlage der Weltliteratur vertonte – Hugos *Hernani* war 1830 unter tumultösen Umständen in der Comédie-Française uraufgeführt worden –, bedeutet den entscheidenden Schritt in Richtung auf jene europäische Bewegung der Romantik, die um 1840 gleichbedeutend mit der Kunstmoderne war. Während in *Hernani* eine durch die gebrochene Vorherrschaft des Alexandriners sowie den Einsatz von *couleur locale* und *couleur historique* angereicherte Stilmischung des Erhabenen und des Grotesken zu einer Form führt, die aus heutiger Sicht der Oper unfreiwillig nahe scheint, weist *Ernani* eine bündige Stileinheit der Theatermittel auf. Das gilt nicht nur für die Funktion des Horns, mit dessen Blasen durch Silva der Bandit Ernani sein Leben verwirkt: Das im Sprechtheater fast absurd wirkende Mittel ist in der Oper ebenso legitim wie wirkungsvoll.

Die historischen Erörterungen und die auf die ersten zwei Teile konzentrierten *coups de théâtre* Hugos sind in *Ernani* eliminiert, die fünf Akte auf vier homogene Teile, der dreifache Selbstmord am Ende auf den des Titelhelden verknappt. Zusätzlich zu solchen Veränderungen des dramatischen Aggregatzustands, die – lange vor der Etablierung der Literaturoper – für den Übergang vom Sprech- zum Musiktheater keineswegs selbstverständlich sind, bringen Verdi und Piave eine andere Farbe ins Spiel. Die von Hugo welthistorisch grundierte Handlung verliert ihren hochfliegenden Anspruch und reduziert sich auf eine Art Familientragödie. Während Hernani auf dem Sprechtheater als Verbrecher aus abgeschnittener Ehre tief in der schwarzen Romantik steckt, seiner Doña Sol im 3. Akt in einer weit ausholenden Suada die – in der Verwandtschaft mit Lord Byrons Manfred wurzelnde – Vernichtungskraft seiner Liebe erklärt, spielt für Ernani diese Motivation kein Rolle; der von ihm bekundete Selbsthaß, wenn er im 2. Teil sein Pilgergewand abstreift, wird in der Handlung nicht weiterentwickelt. An die Stelle seiner grundsätzlichen Unvereinbarkeit mit der Gesellschaft tritt das Rachemotiv: Er will, durch die politische Entwicklung besitz- und vaterlos geworden, in einer Art Sippenhaftung Rache am Herrscher nehmen.

Dahinter verbirgt sich eine Familiarisierung von Hugos weltgeschichtlichem Faltenwurf. So wächst Carlo, wahrscheinlich der jüngste der Protagonisten, in die Rolle des milden Vaters hinein. Schon im Finale des 1. Teils deutet er jene aus dem Fürstenspiegel des *ancien régime* stammende »clemenza« an, die er im Finale des 3. Teils unter seiner neuen Kaiserwürde mit Triebunterdrückung verbindet – daß auch Hernani den König einmal in seiner Gewalt hat und freigibt, wird in der Oper unterschlagen. Auf der anderen Seite steht Silva als Prototyp des unbarmherzigen Vaters. Dabei ist es ebensowenig ein Zufall, daß Carlo ihn bei der Verfolgung Ernanis als Cousin anspricht, wie die Tatsache, daß Elvira in ihrem Flehen um Gnade dem Oheim Silva im 4. Teil ausdrücklich bekundet, aus demselben Geschlecht wie er zu stammen. Selbst die Verschwörer in der Krypta bezeichnen sich nicht nur als Brüder, sondern stimmen sogar in den begeisterten Ruf ein »Siamo tutti una sola famiglia«. Was in *Nabucodonsor* und *I Lombardi alla prima crociata* noch patriotisches Substrat war, hat sich nun im Sinne eines Familiendramas in Richtung auf das realistische bürgerliche Trauerspiel individualisiert.

Dieser Präsenzgewinn einer historischen Tragödie zeigt sich prototypisch im 2. Teil der Oper. Er beginnt mit einer Festszene: der kollektiven Vorfreude auf die bevorstehende Hochzeit Silvas mit Elvira. Der Chorgalopp wird im Wechsel zwischen dem Hauptorchester und der *banda* der Bühnenmusik intoniert. Der Anachronismus zwischen einer zeitgenössischen Tanzmusik und der auf das Jahr 1519 festgelegten Spielzeit ist natürlich ein Verstoß gegen das von Victor Hugo im Vorwort zu *Cromwell* formulierte Gebot des Zeit- und Lokalkolorits. Aber der Verzicht auf das Ausspielen eines Unterschieds der Zeitebenen wird durch ein Raumklang-Kontinuum kompensiert: Der akustisch vermittelte Zusammenhang und Gegensatz von Vorn und Hinten schaltet gegen die Tendenzen des auf normative Werterkenntnis zielenden frühen Historismus die Unterschiede aus, die wir in der Erfahrung von Gegenwart, Vergangenheit und Zukunft machen: »Die Zeiterfahrung des Festes ist vielmehr die *Begehung*, eine Gegenwart sui generis« (Gadamer, 1965, S. 117).

Die Verräumlichung der Ebenen zwischen Spiel- und Erlebniszeit läßt den Zeitcharakter als nebensächlich erscheinen: Hugos *couleur historique* ist in Verdis *tinta* dahingehend verändert, daß Musik das historische Geschehen vergegenwärtigend in ihre eigene Zeitlichkeit zwingt. Sobald Ernani auftritt, hört die Tanzmusik auf. Der Galopp erklingt zitathaft nur noch einmal beim Auftritt der Braut, wo er geradezu unheilverkündend in sich zusammenbricht, so daß ein semantischer Zusammenhang zwischen der festlichen Stimmung des Kollektivs und der Emotion der Hauptakteure entsteht. Dieses Verfahren, das Verdi in der *introduzione* des 1. Aktes von *Rigoletto* und im Schlußakt von *Un ballo in maschera* vervollkommnen wird, hat ihn offenbar so überzeugt, daß er es im 4. Teil von *Ernani* aufgreift. Jetzt handelt es sich um einen Maskenball, tänzerisch durch eine Es-Dur-Polacca realisiert, deren Festcharakter unmittelbar in die finale Katastrophe mündet. Angekündigt wird sie durch die erstmals von Verdi kalkuliert eingesetzte Funktion eines an ein Requisit gebundenen Erinnerungsmotivs: das Horn, das Ernani bei sich trägt und mit dem er Silva sein Leben verpfändet hat. Das Schwurmotiv, mit dem er diese Abmachung im 2. Teil bekundet, erklingt schon am Anfang des Vorspiels, vom Paukenwirbel angekündigt, *unisono* in Trompeten und Posaunen. Ähnlich dem Phantomklang in Webers *Euryanthe* durchgeistert das Motiv die Oper so auffällig, daß es auch in veränderter Form seinen Fanalcharakter vermittelt. Im Finale des 4. Teils gelingt Verdi eine außerordentliche Verdichtung, indem er den Ablauf der von ihm zuvor strikt bewahrten Formen von Rezitativ, Arie, Duett und Terzett fragmentiert und mit den Hornrufen Silvas durchsetzt, bis diese sich in ständiger Beschleunigung der Handlung mit dem Schwurmotiv verbinden und bei Ernanis Selbstmord im Trommelwirbel auflösen. Bevor Elvira mit ihrer Ohnmacht gleichsam den Liebestod erleidet, mischt sich das Horn ihren ekstatischen Klängen bei. Hier dringt Verdi zu einer primär musikalisch determinierten Semantik des Dramatischen vor.

Wirkung

Die Uraufführung mit Carlo Guasco (Ernani), Antonio Selva (Carlo), Antonio Superchi (Silva) und Sophie Loewe (Elvira) brachte Verdi einen ungeschmälerten Triumph ein. Das Werk verbreitete sich schnell an italienischen Bühnen wie im Ausland: Auf Londons His Majesty's Theatre 1845 folgten im selben Jahr 1846 Brüssel (in der französischen Übersetzung von Marie und Léon Escudier), das Königsstädtische Theater in Berlin, das Pariser Théâtre Italien und Budapest (in der deutschen Übersetzung von Joseph von Seyfried). Ein Jahr später wurde die Oper durch die Havana Opera Company erstmals in New York gegeben, 1858 kam sie an der Berliner Hofoper heraus und entwickelte sich, vor allem in Italien, neben *Nabucodonosor* zu Verdis erstem repertoirefähigen Musikdrama. Als sängerisch legendär galt die Einstudierung an der Mailänder Scala von 1881 mit Francesco Tamagno, Victor Maurel, Eduard de Reszke und Anna d'Angeri.

In der Wirkungsgeschichte des Werks im 20. Jahrhundert fällt die deutsche Neufassung von Julius Kapp auf (Staatsoper Berlin 1934 unter dem noch nicht emigrierten Leo Blech in einer glänzenden Besetzung mit Marcel Wittrisch, dem später ebenfalls emigrierten Herbert Janssen, Michael Bohnen und Tiana Lemnitz). Diese Fassung endete mit dem 3. Teil, dem 1933 opportunistischen Lob des absoluten Herrschers. Nach 1945 haben sich neben Dimitri Mitropoulos Riccardo Muti, James Levine und Seiji Ozawa für das Werk eingesetzt.

Diskographischer Hinweis

Mario del Monaco (Ernani), Ettore Bastianini (Don Carlo), Boris Christoff (Silva), Anita Cerquetti (Elvira); Chor und Orchester des Maggio Musicale Fiorentino, Dimitri Mitroupolos (aufgenommen: live 1957). Melodram 27016

Carlo Bergonzi, Mario Sereni, Ezio Flagello, Leontyne Price; Chor und Orchester der RCA Italiana, Thomas Schippers (aufgenommen: 1967). RCA GD 86503

Giorgio Lamberti, Lajos Miller, Kolos Kováts, Sylvia Sass; Chor und Orchestre der Ungarischen Staatsoper, Lamberto Gardelli (aufgenommen: 1982). Philips 446 669

Plácido Domingo, Renato Bruson, Nicola Ghiaurov, Mirella Freni; Chor und Orchester des Teatro alle Scala Mailand, Riccardo Muti (aufgenommen: live 1982). EMI 7470838

Luciano Pavarotti, Leo Nucci, Paata Burchuladze, Joan Sutherland; Chor und Orchester der Welsh National Opera, Richard Bonynge (aufgenommen: 1987) (mit Ernanis Chorstretta im zweiten Finale). Decca 421 412-2

Ulrich Schreiber

I due Foscari

(Die beiden Foscari)
Tragedia lirica (3 Akte, 8 Bilder)

Text: Francesco Maria Piave, nach der *Historical Tragedy The Two Foscari* (1821) von George Gordon Lord Byron

Uraufführung: Rom, Teatro di Torre Argentina, 3. November 1844

Personen: Francesco Foscari, Doge von Venedig, 80 Jahre alt (Bariton); Jacopo Foscari, sein Sohn (Tenor); Lucrezia Contarini, Jacopo Foscaris Frau (Sopran); Jacopo Loredano, Mitglied des Zehnerrats (Baß); Barbarigo, Senator, Mitglied der Ratsversammlung (Tenor); Pisana, Freundin und Vertraute Lucrezias (Mezzosopran); Diener des Zehnerrats (Tenor); Diener des Dogen (Baß) – Chor: Mitglieder des Zehnerrats und der Ratsversammlung, Mägde Lucrezias, venezianische Damen, Volk und verkleidete Männer und Frauen – Statisterie: *Messer grande*, die beiden kleinen Söhne Jacopo Foscaris, Kommandanten, Kerkermeister, Gondolieri, Seeleute, Volk, Verkleidete, Pagen des Dogen

Orchester: Piccoloflöte, Querflöte, 2 Oboen, 2 Klarinetten, 2 Fagotte, 4 Hörner, 2 Trompeten, 3 Posaunen, Cimbasso, Pauken, Schlagwerk (große Trommel, kleine Trommel), Harfe, Streicher – Bühnenmusik: 2 Trompeten, Glocke, *banda*

Spieldauer ohne Pausen: 1 Stunde 45 Minuten

Autograph: Mailand, Verlagsarchiv Ricordi

Ausgaben: Partituren: Mailand: Ricordi o. J., Nr. 128184; [New York]: Kalmus o. J., Nr. A 8144 – Klavierauszüge: Paris: Blanchet/London: Cramer and Beale 1844–1845, Nr. 3638–3641, 3648–3649, 3652, 3660 (erste Version); Mailand: Ricordi 1844, Nr. 16797–16815 (zweite Version); Mailand: Ricordi 1981, Nr. 42307 – Textbücher: Rom: Ajani 1844; *Tutti i libretti*, 1975, S. 87–102

Entstehung

Bereits im Sommer 1843, als Verdi auf der Suche nach einem geeigneten Stoff für das Teatro La Fenice war, spielte er in seiner Korrespondenz mit Domenico Bancalari, dem Librettisten des venezianischen Opernhauses, erstmals mit dem Gedanken, Byrons Lesedrama als Opernsujet heranzuziehen. Doch Verdis Kalkül, daß ein venezianischer Stoff »in Venedig besonders interessieren könnte« (Brief Verdis an Giulio Brenna vom 4. Juli 1843; Conati, 1983, S. 58), ging nicht auf, da das Direktorium nach der Lektüre eines ersten Szenarios aus Rücksicht auf die noch lebenden Nachkommen der an der Handlung beteiligten Familien Bedenken äußerte. Verdi komponierte daraufhin *Ernani* für Venedig.

Im April 1844 kündigte Antonio Lanari, der neue *impresario* des Teatro Argentina in Rom, die Uraufführung einer Oper Verdis an seinem Haus an. Nachdem die päpstliche Zensur den ersten Sujet-Vorschlag, *Lorenzino di Medici*, abgelehnt hatte, griff Verdi auf seinen alten Plan zurück und begann noch im selben Monat mit Piave die Arbeit am Libretto zu *I due Foscari*. Dabei nahm der Komponist besonders auf die Darstellung des Charakters Jacopo Foscaris, des venezianischen Lokalkolorits, sowie auf den dramaturgischen Aufbau des 2. und 3. Aktes starken Einfluß. Ende Mai war der Einleitungschor fertig komponiert, und Verdi schloß die Komposition der gesamten Oper – trotz einer Unterbrechung der Arbeit während des Sommers – Ende September ab. Während der Proben im Oktober in Rom führte er die Orchestrierung aus.

Die Entwurfsskizzen zur achten Szene des 2. Aktes sowie zum Finale des letzten Aktes zeigen, daß Verdi schon bei der Komposition dieses frühen Werkes zu Beginn seines Arbeitsprozesses eine feststehende Vorstellung von der dramaturgisch-musikalischen Grundkonzeption der Szenen hatte. Spätere Änderungen bezogen sich dann nur noch auf Details (Simone, 1934; Petrobelli, 1971; Lawton, 1995). Nicht nur während der Probenarbeit (Biddlecombre, 1983), sondern auch nach der Uraufführung nahm Verdi noch Revisionen an seinem Werk vor: Für die Aufführung in Venedig 1845 schrieb der Komponist die Rolle des Dogen für eine Baßstimme um, und für die Premiere am Pariser Théâtre Italien komponierte er 1846 eine neue *cabaletta* für den Tenor Giovanni Mario in der Rolle des Jacopo (Lawton/Rosen, 1974).

Handlung

Venedig, 1457

Vorgeschichte: Jacopo, letzter überlebender der vier Söhne des Dogen Francesco Foscari, war vom Zehnerrat aus Venedig verbannt worden, da er angeblich Geschenke fremder Fürsten angenommen hatte. Als später eines der Mitglieder des Rats, Ermolao Donato, ermordet wurde, fiel der Verdacht auf Jacopo, da sein Diener kurz zuvor in Venedig gesehen worden war; daraufhin wurde das Strafmaß zu lebenslänglicher Verbannung verschärft. Fünf Jahre später wandte sich Jacopo in einem Brief nach Mailand an Francesco Sforza und bat den Fürsten um Fürsprache in Venedig, damit er in seine Heimat zurückkehren könne. Das Schreiben fiel in die Hände des Zehnerrates, Jacopo wurde des Staatsverrats beschuldigt und – zu seiner dritten Verhandlung – nach Venedig gebracht.

1. Akt, 1. Bild, Saal des Dogenpalastes: Der Zehnerrat versammelt sich zur Verhandlung (*Coro d'introduzione,* »Silenzio... Mistero... Qui regnino intorno«). Loredano dringt auf ein hartes Urteil, um Rache am Dogen zu nehmen, den er für den Mörder seines Vaters und Onkels hält. Jacopo erfreut sich am lange vermißten Anblick seiner Heimatstadt (*Scena e cavatina,* »Dal più remoto esilio«). – 2. Bild, Saal im Palast der Foscari: Lucrezias Mägde halten ihre verzweifelte Herrin davon ab, in den Gerichtssaal zu stürmen. Daraufhin vertieft sich Lucrezia ins Gebet (*Scena, coro e cavatina,* »Tu al cui sguardo onnipossente«). Pisana kommt hinzu und berichtet, das Gericht habe Jacopos Leben aus Milde verschont und ihn zu lebenslangem Exil verurteilt. – 3. Bild, wie 1. Bild: Der Zehnerrat verkündet sein Urteil (*Coro,* »Tacque il reo! Ma lo condanna«). – 4. Bild, Privatgemächer des Dogen: Francesco ist zwischen Vaterliebe und Staatspflichten hin- und hergerissen: Sein Amt verbietet es ihm, für den geliebten Sohn Partei zu ergreifen (*Scena e romanza,* »O vecchio cor, che batti«). Zornentbrannt kommt Lucrezia hinzu, klagt ihn des Verrats am eigenen Sohn an und appelliert an sein Mitleid (*Scena e duetto,* »Tu pur lo sai, che giudice«).

2. Akt, 1. Bild, Staatsgefängnis: In einer Schreckensvision erscheint Jacopo der von seinem Vater Jahre zuvor wegen Staatsverrat zum Tode verurteilte Conte Carmagnola. Von Angst überwältigt verliert er das Bewußtsein (*Preludio, scena e preghiera,* »Non maledirmi, o prode«). Lucrezia kommt hinzu und berichtet vom Urteil des Zehnerrates. Die beiden finden in ihrer Liebe die Zuversicht, den Schmerz des Exils überwinden zu können (*Scena e duetto,* »No, non morrai; ché i perfidi«). Francesco tritt auf und umarmt seinen geliebten Sohn. Jacopo schöpft Zuversicht, Lucrezia ruft den Himmel um gerechte Rache an (*Scena e terzetto,* »Nel tuo paterno amplesso«). Loredano berichtet, es sei Teil der Strafe, daß Lucrezia ihren Mann nicht in die Verbannung begleiten dürfe. Trotz der Bitten des verzweifelten Paars beharren Francesco und Loredano auf der Rechtmäßigkeit ihres Handelns (*Scena e quartetto,* »Ah, sì, il tempo che mai non s'arresta«). – 2. Bild, Saal des Zehnerrates: Der Zehnerrat mahnt die sofortige Vollstreckung seines Urteils an (*Coro,* »Che più si tarda? ... Affrettisi«), das Jacopo von seinem von Gewissensqualen gezeichneten Vater verlesen wird. Selbst die Bitten Lucrezias, die mit ihren beiden Söhnen in den Gerichtssaal gestürmt ist, können Francesco nicht davon abbringen, an seinen Amtspflichten festzuhalten (*Scena e finale II,* »Queste innocenti lagrime«).

3. Akt, 1. Bild, Piazzetta di San Marco: Das Volk tummelt sich bei einem Maskenfest und stimmt eine Barcarole an (*Introduzione e barcarola,* »Tace il vento, è queta l'onda«). Auf dem Weg zur Galeere wünschen sich Jacopo und Lucrezia den Tod, der leichter zu ertragen wäre als diese Strafe (*Scena ed aria,* »All' infelice veglio«). Loredano gibt sich unter einer Maske zu erkennen. Er triumphiert, weil er seine Rachepläne umsetzen konnte. Jacopo wird auf die Galeere geführt, Lucrezia verliert das Bewußtsein. – 2. Bild, wie 1. Akt, 4. Bild: Mitten in der tiefsten Trauer über den Verlust seines Sohnes erhält Francesco die Nachricht, daß das Geständnis des wahren Mörders Ermolao Donatos die Unschuld Jacopos erwiesen hat. Doch die Rettung kommt zu spät: Lucrezia berichtet, daß Jacopo beim Ablegen des Schiffs gestorben ist (*Scena ed cabaletta,* »Più non vive! ... l'innocente«). Loredano überbringt Francesco die Forderung des Zehnerrates nach seinem Rücktritt. Dieser lehnt zunächst entrüstet ab, zumal die Versammlung es zuvor bereits zweimal abgelehnt hatte, ihn von seinem Amt zu entbinden, fügt sich aber schließlich zutiefst verletzt dem Druck (*Scena ed aria finale,* »Questa dunque è l'iniqua mercede«). Als die Glocken von San Marco verkünden, daß bereits ein Nachfolger gefunden wurde, bricht er zermürbt vor Schmach tot zusammen. Loredano triumphiert angesichts seiner gelungenen Rache (*Scena e finale,* »Quel bronzo fatale«).

Kommentar

Vier Jahre nach der Uraufführung hielt Verdi fest, seine Oper »habe eine *tinta*, eine Farbe, die vom Anfang bis zum Ende zu eintönig« sei (Brief Verdis an Francesco Maria Piave vom 22. Juli 1848; Luzio, 1947, Band IV, S. 218); wenig später rechnete er sie gar unter die Opern, die einige hochinteressante Szenen zeigten, aber ohne Abwechslung seien, sozusagen auf »einer Linie, einer gehobenen zwar, wenn ihr wollt, aber doch immer derselben« (Brief Verdis an Antonio Somma vom 22. April 1853; Pascolato, 1902, S. 45). Bis heute stößt sich die Kritik immer wieder an der Uniformität der musikalischen Anlage, die von langsamen Dreierrhythmen und Moll-Harmonien geprägt ist, an den wenig abwechslungsreich gestalteten Rezitativen und nicht zuletzt an der Handlungsarmut des Librettos mit seinen zahllosen Redundanzen. Daß in der Oper beispielsweise nicht weniger als sechs Mal das Urteil über Jacopo Foscari verkündet wird, hat Verdi angesichts der Möglichkeit, mit dem Stoff Neues auf die Bühne bringen zu können, offenbar nicht gestört: Für ihn war wichtig, daß das Sujet sich grundlegend von seinen vorigen Opern unterscheide, »voller Leidenschaft« sei und deswegen »musicabilissimo«, also zur Vertonung geradezu prädestiniert (Brief Verdis an Guglielmo Brenna vom 4. Juli 1843; Conati, 1983, S. 58 f.).

Unter den musikalischen und dramaturgischen Neuerungen, die die Qualitäten des Werkes ausmachen und die Heinrich Heine zwei Jahre nach der Uraufführung als »frischen Lebensatem« gerühmt hatte (Heine, 1974, S. 166), ist zunächst die subtile Instrumentation zu nennen. Durch differenzierten Einsatz, vor allem von Holzbläsern, werden Charakter- und Landschaftsbilder gezeichnet, die in der Verfeinerung des Ausdrucks gerade im Vergleich zum Vorgängerwerk *Ernani* wie eine Kehrtwende anmuten: Dunkel-melancholische Klangfarben von Viola und Violoncello beziehungsweise der Klarinette, charakterisieren Jacopo und Francesco, Flötentremoli schildern die heimatliche Brise in der ersten *scena* Jacopos, extensive Chromatik und murmelnde Streicherpassagen im Einleitungschor vergegenwärtigen das Geheimnisvolle der Lagunenstadt, hohe Holzbläser und Harfe begleiten die lyrischen, hohe Streicher die triolisch vorwärtsdrängenden Auftritte Lucrezias, Blechbläserfanfaren schließlich die Gerichtsbarkeit der Lagunenstadt.

Weit konsequenter als in *Ernani* werden auch die Erinnerungsmotive eingesetzt, welche die Auftritte der Protagonistinnen und Protagonisten fast ausnahmslos begleiten und auch die Faktur der instrumentalen Einleitung prägen. Besonders im 2. Akt werden die formalen Neuerungen deutlich, wenn die einzelnen Nummern durch musikalisch-dramaturgische Verdichtung und formale Steigerung vom Soloauftritt über das Duett und Terzett zum Quartett zur größeren Einheit verschmolzen werden. In ähnlich experimenteller Weise hat keine einzige *cabaletta* eine Orchestereinleitung und kein Finalensemble eine *stretta*. Auch die verkehrte Protagonistenhierarchie, in der die beiden, üblicherweise dominierenden, männlichen Rollen durch introvertiertes Leiden und Passivität auffallen, während die Handlung von der drängenden Aktivität Lucrezias vorwärts getragen wird, läßt erkennen, worin das innovative Potential dieser Oper liegt, und was Verdi musikdramaturgisch umsetzen wollte, als er erstmals auf eine prominente Liebeshandlung zugunsten einer alles überschattenden politischen Thematik verzichtete.

Bei der Beantwortung der Frage nach den konzeptionellen Voraussetzungen von Verdis Innovationen öffnet sich angesichts einer herausragenden Abweichung des Operntextes von Byrons Stoffvorlage eine neue Perspektive. Neben zahlreichen anderen Modifikationen fügten Verdi und Piave in der Visionsszene Jacopos zu Beginn des 2. Aktes eine völlig neue Figur ein: Der Conte Carmagnola, ein *condottiere* des frühen 15. Jahrhunderts, der unter der Herrschaft des Dogen Francesco Foscari unschuldig zum Tode verurteilt und hingerichtet worden war, erscheint dem delirierenden Gefangenen als Phantasma. Nun könnte diese Personalisierung der Vision Jacopos, in der zahlreiche Parallelen zwischen der Situation Jacopos und Carmagnolas Kontur gewinnen – für beider Verurteilung war derselbe Doge, Francesco Foscari, verantwortlich –, einfach als wirksamer Theatereffekt bewertet werden, gäbe es nicht eine Vielzahl an Assoziationen, die sich einem zeitgenössischen Publikum bei der Nennung Carmagnolas, zumal angesichts deren Akzentuierung mit musikalischen Mitteln, geradezu aufdrängen mußte.

Alessandro Manzonis Tragödie *Il conte di Carmagnola* war erstmals 1820 erschienen. Wie wenig später Victor Hugo in seinem Vorwort zu *Cromwell* stellte auch der Mailänder Schriftsteller dieser Veröffentlichung eine grundsätzliche dramentheoretische Reflexion voraus. Ihm ging es um eine Abkehr von klassizistischen Traditionen und eine neue Form des historischen Dramas, in der nicht das Streben nach Liebe, sondern die Leidenschaften, das Leiden und der Schmerz im Mittelpunkt einer politischen Handlung um einen unschuldigen, tragischen, patriotischen Helden dargestellt wird. Angesichts eines unveränderbar mit der menschlichen Existenz verknüpften (schuldlosen) Todes ist die Hoffnung auf jenseitige Gerechtigkeit der einzige Ausweg aus einer existentiellen Krisensituation, womit die proklamierten Handlungsleitlinien von christlicher Moral und nationaler Gesinnung in *Il conte di Carmagnola* beispielhaft umgesetzt erscheinen. Grundlegende Voraussetzung für dieses Konzept ist Manzonis Forderung nach »verosimilitudine«, Wahrscheinlichkeit und Wahrheit der Handlung: Nur wenn das Publikum die Handlung als »wahr« anerkennt, kann es mit kritischem Bewußtsein die allgemein menschliche Dimension und die damit verknüpfte Frage nach der moralischen Verantwortung vor Gott als poetologische Konzeption erkennen. Entscheidend für dieses »Wahre« ist für Manzoni die Verankerung der Dramenhandlung in der Geschichte. In den ebenfalls der Tragödie vorangestellten »Historischen Notizen« referiert er darum ausführlich die geschichtlichen Gegebenheiten, auf denen sein Werk beruht, und schlüsselt im Verzeichnis der *dramatis personae* sorgfältig auf, welche Figuren historisch belegt sind und welche von ihm hinzuerfunden wurden.

Verdis *I due Foscari* lassen nicht nur mit einer Handlung, in der politische Machenschaften um einen unschuldig in den Tod getriebenen, vaterländischen Helden gegenüber der Liebeshandlung dominieren, mit der redundant ausgedrückten Hoffnung auf jenseitige Gerechtigkeit, wo irdische verwehrt ist, und mit der passiven Schicksalsergebenheit des Dogen deutlich die Orientierung an dieser neuen, romantischen Dramenkonzeption erkennen. Auch Piaves Vorwort zum Libretto, in dem die historischen Fakten referiert und Abänderungen unter Hinweis auf die Bühnenwirksamkeit ›entschuldigt‹ werden, scheint sich an Manzonis Beispiel zu orientieren, zumal keinem anderen Libretto für Verdi eine derartige Vorbemerkung beigegeben ist. Daß Verdi sich in dieser Zeit mit den Dramentheorien Manzonis und Hugos auseinandersetzte, unterstreicht seine im Sommer 1843, also nahezu gleichzeitig mit *I due Foscari* in der Korrespondenz mit Piave in Betracht gezogene Vertonung von *Cromwell* und nicht zuletzt der intellektuelle Kontext im Salon der Gräfin Maffei, der Verdi spätestens seit dem Erfolg von *Nabucodonosor* offenstand. Da sich weder Manzonis *Carmagnola* noch Hugos *Cromwell* noch Byrons *The Two Foscari* zur Aufführung eigneten, sondern im Grunde – teilweise sogar ausdrücklich – als Lesedramen konzipiert waren, erscheint Verdis Adaptionsversuch für die Opernbühne jedoch von vornherein ein Stück weit zum Scheitern verurteilt.

Durch rapide Kürzung der Byronschen Vorlage von fünf auf drei Akte entstand eines der kürzesten Opernlibretti, das Verdi je vertonte. Um der wegen der Handlungsarmut drohenden Monotonie gegenzusteuern, forderte Verdi, der Byrons Stoff einen Mangel an »szenischer Großartigkeit« attestierte, daß Piave »ein wenig Getöse« einfügen solle (Brief Verdis an Francesco Maria Piave vom Mai 1844; Abbiati, 1959, Band I, S. 516). Daraus resultierten Theatereffekte wie Lucrezias Auftritt mit ihren Söhnen im Gerichtssaal, die Vision Jacopos oder die Auftritte des im Vergleich zur Vorlage eher platt gestalteten Bösewichts Loredano im 2. und 3. Akt. Aber auch die Integration venezianischen Lokalkolorits mit dem *gondoliere*-Lied in der Duettszene des 2. Aktes und dem Maskenfest zu Beginn des 3. Aktes, die in ihrer Unbeschwertheit die tragische Haupthandlung kontrastieren, sind hier zu nennen. Ebenso wurde die Zeichnung der Charaktere, besonders desjenigen Jacopos, grundlegend verändert: Auf Anregung Verdis gestaltete Piave die Tenorpartie weniger lyrisch-zurückhaltend und namentlich in der *cabaletta* des 1. Aktes härter und fordernder, wohl auch, um den Vorlieben des von *Ernani* begeisterten Publikums in Rom entgegenzukommen (Briefe Verdis an Francesco Maria Piave vom 14. und 22.

Mai 1844; ebd., S. 514 f.; Monaldi, 1928, S. 778).

Auch die handlungsinterne Motivation Jacopos wurde neu nuanciert: Erst im Libretto wird die Strafe dahingehend verschärft, daß Lucrezia ihrem Mann nicht in die Verbannung folgen darf. Bei Byron ist Foscaris Heimatliebe so stark, daß er – auch wenn seine Familie ihn begleitet – lieber sterben als fern der Heimat leben will. Da Piave und Verdi die Härte der Strafe durch die Trennung von der Familie noch unterstreichen, die Vaterlandsliebe auf die Familie rückbeziehen, gewinnt ihre Version an handlungslogischer Glaubwürdigkeit (Stringham, 1970, S. 35). Die Darstellung der Heimatverbundenheit von Vater und Sohn Foscari und ihr Ausgeliefertsein an die geheimnisvolle und zerstörerische Macht Venedigs als die zentrale handlungsbestimmende Größe gewinnt – bei Byron bereits vorgezeichnet – in Verdis Opernversion überwältigende Präsenz. Schon der Einleitungschor (»Silenzio... Mistero... Qui regnino intorno«) beschreibt die betörende Schönheit und schonungslose Grausamkeit der Lagunenstadt Venedig, die im Verlauf des Werks in ihrer Personifizierung als »Mädchen in der Wiege des Meeres«, »Herrin der Meere«, »Königin der Wellen«, »Tochter, Ehefrau, Herrin des Meeres«, der Jacopos Herz »wie einer angebeteten Jungfrau entgegenstrebt«, und andererseits als Gesetzgeberin in der Gestalt des »Löwen von San Marco« textlich und musikalisch zwei Gesichter bekommt: Der Chor der Ratsmitglieder und des Zehnerrates steht – mit eigenem, schleichend aufsteigenden und mit einem Septfall schließenden Erinnerungsmotiv – für die harte offizielle Seite der Stadt, deren betörende Schönheit in den folkloristisch geprägten Szenen und den lyrischen Passagen der beiden heimatverbundenen Foscari zum Ausdruck kommt.

Durch diese Doppelgesichtigkeit Venedigs, die erst durch den Einsatz opernspezifischer Mittel in letzter Konsequenz akzentuiert erscheint, wird die lähmende Passivität der beiden männlichen Protagonisten – sie verhalten sich gegenüber ihrer Heimatstadt nahezu wie die Opfer einer *femme fatale* – überdeutlich. Die tragische Auswegslosigkeit des Konflikts des Dogen zwischen öffentlichem Amt und privater Vaterrolle, in der er sich zwei diametral entgegengesetzten Wertesystemen gegenübersieht, gewinnt dadurch zusätzliches Profil: Für Lucrezia als Repräsentantin der privaten Sphäre liegt Gerechtigkeit in Mitleid und Milde gegenüber dem Angeklagten, der Rat der Zehn dagegen hält sein hartes Urteil für gerecht und milde. Wie sehr Verdi sich dieser Situierung des Interessenkonfliktes im Spannungsfeld zwischen öffentlichem und privatem Raum bewußt war, zeigt nicht zuletzt, daß er Lucrezias ersten Auftritt vom Dogenpalast in den Privatpalast der Foscari verlegen ließ (Brief Verdis an Francesco Maria Piave vom 14. Mai 1844; Abbiati, 1959, Bd. I, S. 514). Er wollte die beiden Sphären klar voneinander abgrenzen, bevor im weiteren Verlauf der Oper deren Konflikt ausagiert wird, der auch für Verdis späteres Werk, nicht zuletzt für *Simon Boccanegra*, so maßgeblich sein sollte. Die antidramatische Grundhaltung von Byrons Vorlage konnten allerdings auch diese Eingriffe nicht vergessen machen.

Wirkung

I due Foscari fand beim Publikum der Uraufführung weniger Anklang als die in Rom kurz zuvor begeistert gefeierte Oper *Ernani*. Zum einen hat dies wohl an den stark angehobenen Eintrittspreisen für den Premierenabend, zum anderen an der Leistung der Sängerinnen und Sänger gelegen, die sich bis auf Achille De Bassini starker Kritik ausgesetzt sahen (Francesco: Achille De Bassani, Jacopo: Giacomo Roppa, Lucrezia: Marianna Barbieri-Nini, Pisana: Giulia Ricci, Loredano: Baldassare Miri, Barbarigo: Atanasio Pozzolini). Schon bei den folgenden beiden, ebenfalls von Verdi dirigierten Vorstellungen fand die Oper großen Beifall und verbreitete sich dann sehr schnell innerhalb Italiens (1845 Florenz, Livorno, Triest und Mailand), aber auch im nahen und fernen Ausland (1845 Wien, 1846 Paris, Konstantinopel, Kopenhagen, 1847 London, Barcelona, St. Petersburg, New York, Boston, 1848 Santiago de Chile, 1849 Rio de Janeiro, 1850 Buenos Aires, 1868 Sydney), bevor sie Anfang der 1870er Jahre völlig in Vergessenheit geriet. Die Radio-Produktion unter Carlo Maria Giulini im Verdi-Jahr 1951 markierte den Beginn eines langsamen Prozesses, der die Oper nach und nach wieder ins Bewußtsein der Programmplaner hob. Wirklich populär wurde das Werk aber auch nicht, nachdem seit 1966 praktisch jährlich Inszenierungen an zumeist italienischen Theatern folgten, die wohl vor allem als Forum für bravouröse Gesangsdarbietungen begriffen werden müssen.

Diskographischer Hinweis

Giangiacomo Guelfi (Francesco Foscari), Carlo Bergonzi (Jacopo Foscari), Maria Vitale (Lucrezia Contarini), Bernardo Lombardo (Jacopo Loredano), Fedora Barbieri (Pisana), Chor und Orchester der RAI Mailand, Carlo Maria Giulini (aufgenommen: live 1951). Fonit Cetra Emozioni

Piero Cappuccilli, José Carreras, Katia Ricciarelli, Samuel Ramey, Elizabeth Connell, Chor und Symphonieorchester der ORF Wien, Lamberto Gardelli (aufgenommen: 1976). Philips 422 426–2

Christine Fischer

Giovanna d'Arco

Dramma lirico in un prologo e tre atti
(Prolog und 3 Akte, 6 Bilder)

Text: Temistocle Solera, nach der »romantischen Tragödie« *Die Jungfrau von Orleans* (1801) von Friedrich von Schiller
Uraufführung: Mailand, Teatro alla Scala, 15. Februar 1845
Personen: Carlo VII, König von Frankreich (Tenor); Giovanna, Giacomos Tochter (Sopran); Giacomo, Schäfer von Domrémy (Baß); Delil, Offizier des Königs (Tenor); Talbot, Oberbefehlshaber der Engländer (Baß) – Offiziere des Königs, Dorfbewohner, Volk von Reims, französische Soldaten, englische Soldaten, auserwählte Geister, böse Geister. Große des Reichs, Herolde, Pagen, Mädchen. Marschalle, Gesandte, Kavaliere und Hofdamen. Magistrate, Hellebardiere, Ehrenwachen.
Orchester: Piccoloflöte, 2 Querflöten, 2 Oboen, 2 Klarinetten, 2 Fagotte, 4 Hörner, 2 Trompeten, 3 Posaunen, Cimbasso, Pauken, große Trommel, Trommel, Glocke in b, Kanonen, Harfe, Streicher – Bühnenmusik (hinter der Szene): 6 oder 9 Trompeten, große Trommel, Triangel, Harmonium, *banda*
Spieldauer ohne Pausen: 2 Stunden
Autograph: Mailand, Verlagsarchiv Ricordi
Ausgaben: Partitur: Mailand: Ricordi, Nr. 128176 – Klavierauszug: Neapel: Girard [um 1845], Nr. 6954–6976; Mailand: Ricordi [1846], Nr. 17171–17191 – Textbücher: Mailand: Truffi [1845]; Mailand: Ricordi 1846; *Tutti i libretti*, 1975, S. 101–117

Entstehung

Mit *Giovanna d'Arco* endet die Zusammenarbeit Verdis mit dem *impresario* Bartolomeo Merelli, die mit *Oberto* und *Un giorno di regno* begonnen hatte und aus der die großen Erfolge *Nabucodonosor* und *I Lombardi alla prima crociata* hervorgegangen waren. Noch einmal suchte Merelli, aus der wachsenden Popularität Verdis Profit zu schlagen. Es sollte Verdis letztes Werk für Merelli und auf lange Zeit auch sein letztes Werk für die Mailänder Scala sein; nach den Neufassungen von *La forza del destino* (1869), *Simon Boccanegra* (1881) und *Don Carlos* (1884) kam es erst wieder 1887 mit *Otello* zu einer Verdi-Uraufführung an der Scala.

Handlung

Domrémy und Reims, 1429–1431

Prolog, 1. Bild, große Halle in Domrémy: Englische Truppen verwüsten Frankreich, Orléans droht zu fallen (*Introduzione*, »Qual v'ha speme? Dal seggio dei padri«). Carlo will abdanken und das Land den Invasoren überlassen. Im Traum war ihm aufgetragen worden, vor einem Marienbild im Wald die Waffen niederzulegen. Gegen die Warnung der Bürger Domrémys macht sich Carlo zu dem verwunschenen Ort auf (*Scena, racconto e cavatina*, »Sotto una quercia parvemi«). – 2. Bild, Wald, eine spärlich beleuchtete kleine Kapelle, eine Eiche, im Hintergrund eine Kaverne. Dunkelheit, Gewitter: Giacomo lauert der Tochter auf, weil er sie im Bunde mit bösen Geistern wähnt (*Scena*, »Gelo! terror m'invade«). Giovanna erscheint bei dem Marienbild; erfüllt vom sehnlichen Wunsch, für Frankreich zu kämpfen, betet sie um Waffen und Rüstung (*Scena e cavatina*, »Sempre all'alba ed alla sera«). Carlo legt Helm und Schwert nieder. Im Widerstreit mit Stimmen gefallener Geister heißt ein Chor erlöster Seelen die vom Schlaf übermannte Giovanna, der irdischen Liebe abzuschwören und sich als Künderin Gottes zur Befreiung Frankreichs zu rüsten. Giovanna erwacht, nimmt Helm und Schwert an sich, die Carlo abgelegt hat, und fordert den von ihr entzückten König auf, mit ihr in den Kampf zu ziehen. Giacomo schließt aus dem Vorgefallenen, das er unerkannt verfolgt hat, Giovanna sei die Geliebte des Königs (*Finale I*, »Tu sei bella«).

1. Akt, 1. Bild, entlegener felsiger Ort bei Reims: Talbots Soldaten stehen unter dem Schock der gescheiterten Entsetzung von Orléans (*Coro*, »Ai lari!... Alla patria! Mio duce, che tardi?«). Giacomo bietet an, seine Tochter, die Ursache dieser Niederlage war, auszuliefern (*Scena e aria*, »Franco son io, ma in core«). Vom Schicksal eines von seiner Tochter verratenen Vaters angerührt, folgen Talbot und die Soldaten dem Alten, um die Verführung von dessen Tochter zu rächen. – 2. Bild, Garten im Schloß von Reims: Giovanna meidet die Siegesfeier, die man ihr für die Errettung von Orléans bei Hof bereitet. Sie möchte nach Hause zurückkehren, doch fühlt sie, daß ihre Mission noch nicht beendet ist (*Scena e romanza*, »O fatidica foresta«). Carlo gesteht ihr seine Liebe. Himmlische Stimmen warnen Giovanna, ihren Gefühlen nachzugeben, woraufhin diese sich aus der Umarmung Carlos befreit. Delil und die Offiziere rufen Carlo zur Krönung. Carlo wünscht sich, Giovanna möge ihm die Krone aufs Haupt setzen. Voller Scham folgt Giovanna Carlo, während die bösen Geister schadenfroh über ihre Seele triumphieren (*Scena e duetto [finale]*, »Dunque, o cruda, e gloria e trono«).

2. Akt, Platz vor der Kathedrale von Reims: Zu den Freudenbekundungen der Bevölkerung bewegt sich der Krönungszug in die Kathedrale, Giovanna schreitet fahneschwenkend dem König voraus (*Gran marcia trionfale*). Giacomo wartet das Zeremoniell draußen ab. Zerrissen zwischen Vaterliebe und der Überzeugung, Gottes Willen auszuführen (*Scena ed aria*, »Speme al vecchio era una figlia...«), stellt er Giovanna vor aller Öffentlichkeit zur Rede und klagt sie an, gegen Gott gefrevelt zu haben. Dreimal fragt er sie, dreimal verweigert sie eine Antwort, die schließlich Donner und Blitze geben als gleichsam göttliche Beweise ihrer Schuld. Der König ist hilflos Zeuge, wie die Bevölkerung Giovanna schmäht und diese sich, in Tränen ausbrechend, in die Arme ihres zürnenden Vaters wirft (*Coro e finale III*, »Te, Dio, lodiam, te confessar n'è vanto«).

3. Akt, das Innere einer Festung im Lager der Engländer: Die Engländer haben Giovanna in Ketten gelegt. Als sich das von ihr wie in Trance imaginierte Kampfgeschehen gegen die Franzosen wendet und sie Carlo in höchster Gefahr sieht, gesteht sie ihrem Vater, einen Augenblick dem Gefühl der Liebe nachgegeben zu haben, doch beteuert sie ihre Reinheit. Giacomo ist nun von der Unschuld der Tochter überzeugt und löst ihre Fesseln (*Scena e duetto*, »Ecco!... Ardite ed ululando«). Giacomo beobachtet aus der Ferne, wie sie die Schlacht zugunsten der Franzosen entscheidet (*Battaglia*). Die Franzosen haben die Anhöhe genommen, doch wurde Giovanna tödlich verwundet. Schmerzerfüllt empfängt Carlo die Bahre mit der Sterbenden (*Scena e romanza*, »Quale più fido amico«) und versucht, sie dem Tod zu entreißen (*Marcia funebre*, »Un suon funereo – d'intorno spandesi«). Giovanna verlangt nach dem Banner, das ihr Carlo reicht. Giacomo bittet die Tochter um Vergebung. Während gefallene Geister und erlöste Seelen ihre widerstreitenden Stimmen hören lassen, bricht Giovanna zusammen. Der Himmel ist erfüllt von Sternenlicht. Die Soldaten senken ihre Standarten über dem Leichnam der ruhmreichen Jungfrau (*Scena – finale IV*, »S'apre il cielo... Discende la Pia«).

Kommentar

Wie in der epischen und der dramatischen Dichtung wurde der Jeanne-d'Arc-Stoff auch in der Oper vielfach behandelt. Von den italienischen Vorläufern der Bearbeitung Soleras sind Gaetano Rossis *Giovanna d'Arco*, ein mit der Musik Nicola Vaccais 1827 in Venedig uraufgeführtes *melodramma romantico* sowie die Verdis Oper noch um drei Jahre näher stehende und ebenfalls für die Scala entstandene *Giovanna d'Arco* von Gaetano Barbieri zu nennen, die mit der Musik von Giovanni Pacini am 14.

März 1830 ihre Premiere hatte. Der Reiz des Sujets lag für die Opernschaffenden der Rossini-Zeit wohl vor allem in der spannungsreichen Mischung aus glanzvoller, tragisch gesteigerter weiblicher Hauptpartie und den Elementen, wie sie ein »soggetto bellico«, ein »kriegerisches Sujet« auszeichneten (Märsche, Schlachtmusiken mit häufiger Verwendung der *banda* und Kanonenschüsse). Verdis Librettist akzentuierte ein drittes Moment, das in den Vorläuferversionen und auch bei Schiller lediglich angedeutet wird, das übernatürliche Einwirken transzendenter Kräfte, zentriert auf die Protagonistengestalt, die so zwischen realer und phantastischer Sphäre agiert.

In ihrer Konzeption geht die allgemein als mißglückte Schiller-Adaption angesehene *Giovanna d'Arco* Verdis im wesentlichen auf Solera zurück, es gibt keine Hinweise auf eine Einflußnahme des Komponisten auf die Ausarbeitung des Librettos, das im übrigen auch in der Einteilung in einen Prolog und drei Akte von der vieraktigen Zählung in Verdis Partitur-Autograph abweicht. Verdi war zur Zeit der *Giovanna d'Arco* noch in keine intensivere Auseinandersetzung mit Schillers Dramen getreten. Bis zu *I masnadieri* auf ein Libretto, das der Schiller-Übersetzer Andrea Maffei für ihn schreiben sollte, sind es noch zwei Jahre, und mit Madame de Staëls *De l'Allemagne*, dessen Lektüre seinen dramaturgischen Vorstellungen wichtige Impulse gab, kam Verdi ebenfalls erst später in Berührung.

Wirtschaftliches Kalkül ließ Theatermanager und Librettisten nach einem patriotischen Stoff greifen. Nur allzu offensichtlich ist die Analogie zwischen dem im Hundertjährigen Krieg von England beherrschten Frankreich und dem Italien der 1840er Jahre. Verdis Eröffnungschor der französischen Offiziere und Bürger von Domrémy spricht denn auch – im Versmaß des charakteristischen *decasillabo* (siehe oben, S. 207 f.) – eine deutliche Sprache gegen den seiner patriotischen Pflicht nicht genügenden Souverän, der das unglückliche Land der »orda immensa di barbari ladri« (»übermächtigen Horde barbarischer Räuber«) überläßt. Risorgimentalem Geist unmittelbar verständlich war auch die Gestalt der Protagonistin, des einfachen Bauernmädchens aus Domrémy, das sich aus reiner Liebe zum Vaterland und in Befolgung des göttlichen Gebots aufmacht, um für Karl zu streiten, ihm zu seiner Krone über ein befreites Land zu verhelfen, und das dieser Mission das eigene Leben opfert. (Wie Rossi und Vaccai folgen auch Solera und Verdi dem Vorbild Schillers mit dem von patriotischem Pathos erfüllten Schlußbild der im Angesicht ihres Königs und unter ihrem Volk sterbenden Jungfrau.) So nachhaltig der traditionelle passive Heroinentypus überwunden scheint, so sehr bleibt das dramaturgische Konzept doch auf die *prima donna* und den von ihr determinierten ›Proporz‹ der Solopartien hin angelegt: Dank massiver Reduktion von Schillers Personenverzeichnis kommt *Giovanna d'Arco* mit zwei Hauptpersonen neben der Protagonistin aus, Carlo (Tenor) und Giacomo (Bariton); jede dieser drei Hauptpartien verfügt über zwei Solonummern, Giovanna und Carlo jeweils über eine *cavatina* und eine *romanza*, Giacomo über zwei Arien, Carlo wie auch Giacomo singen ein Duett mit Giovanna.

Solera hat in einem Brief an den Verleger Giovanni Ricordi 1844 neben Schiller ausdrücklich Shakespeare als eine seiner Inspirationsquellen bezeichnet, nicht ohne zu beteuern, ein wirklich eigenständiges Drama geschaffen zu haben. Von Shakespeares *First Part of King Henry VI*, in dem die Geschichte der Jeanne d'Arc als Nebenhandlung erscheint, könnten Soleras »böse« und »auserwählte Geister« angeregt worden sein, ein signifikantes Element der phantastischen Stoffgestaltung durch Solera, wobei die beiden um Giovanna konkurrierenden Chöre dieser Dämonen anders als bei Shakespeare nicht über das Kriegsglück des streitbaren Mädchens entscheiden, sondern dessen Konflikt zwischen ihrer göttlichen Mission und ihren menschlichen erotischen Neigungen verkörpern.

Shakespeare nicht allzu fern steht auch Soleras Lösung, die ihm ›banal‹ erscheinende Liebe zwischen der Befreierin Frankreichs und dem »Fremden« Lionel durch diejenige zwischen König und Giovanna zu ersetzen. Schließlich könnte Shakespeare Pate gestanden haben bei Soleras Ausführung der Gestalt des Vaters als Widersacher Giovannas. Giacomo ist Verdis erste genuine Vaterfigur und weist auf Rigoletto voraus. Wie dieser ist Giacomo geblendet von einem fanatischen Eifern, das Ausdruck von Liebe ist, aber auch Zeichen ihres Verlustes. Die Überzeugung einer Schuld Giovannas, seiner »figlia traviata«, »vom Weg abgekommenen Tochter«, und der das Tabu familiärer Bindung negierende Zwang, die eigene Tochter dieser Schuld öffentlich überführen zu müssen, treiben Giacomo an die Grenze zum Wahnsinn. Am Ende gewahrt Giacomo Giovannas Unschuld, im Tod der Tochter löst sich die schuldhafte Verstrickung. *Giovanna d'Arco*, deren Textbuch Donizetti zufolge als »libro infame«, als »verruchtes Libretto« eingestuft wurde, erweist sich als eine avancierte musiktheatralische Schöpfung auf der Höhe ihrer Zeit, ja in mancherlei Hinsicht eilt sie dieser voraus. Ihre Fortschrittlichkeit erweist sie vor allem in einer an der französischen *grand opéra* orientierten Vielschichtigkeit ihrer szenischen Organisation, wobei das in dieser Hinsicht besonders signifikante Krönungsbild konzeptionell dem 4. Akt von Meyerbeers *Le Prophète* (1849) vorzugreifen scheint.

Wirkung

Giovanna d'Arco, die Verdi für seine bis dahin gelungenste Oper hielt, erlebte eine erfolgreiche Uraufführung mit Erminia Frezzolini (Giovanna), Antonio Poggi (Carlo) und Filippo Colini (Giacomo) und erlangte, nachdem sie an sechzehn weiteren Abenden gegeben worden war, große Popularität; die Gesänge der Dämonenchöre wurden sogleich ins Repertoire der Mailänder Straßenorgeln aufgenommen. Noch im selben Jahr folgten Aufführungen am Teatro della Pergola in Florenz (mit Marietta Gazzaniga in der Titelrolle), zwei erfolglose als *Orietta di Lesbo* am Teatro Argentina in Rom (Teresa Truffi), am Teatro La Fenice in Venedig (mit Sofia Loewe, für die Verdi eigens eine neue *cavatina di sortita* schrieb) sowie am Teatro Regio in Turin (wieder mit Erminia Frezzolini). In den folgenden drei Jahrzehnten ging die Oper über wenigstens siebzig Bühnen Italiens. In relativ großem Abstand von der Uraufführung brachte sie Merelli 1857 am Kärntnertortheater in Wien heraus, wo sie allerdings bei einer inzwischen mit *Rigoletto* (1851) und *Il trovatore* (1853) vertrauten Presse auf harsche Ablehnung stieß. An ausländischen Aufführungen des 19. Jahrhunderts sind zu nennen diejenigen in Barcelona 1847 (Salvini-Donatelli), St. Petersburg 1850 (Frezzolini), Buenos Aires 1854 (Edelvira) sowie am Pariser Théâtre Italien 1868 (Adelina Patti).

In Deutschland wurde das Werk erstmals 1941 an der Volksoper in Berlin gegeben und diente der antibritischen Propaganda der Nationalsozialisten. Nach dem Krieg machte zunächst Renata Tebaldi auf das inzwischen vergessene Werk aus Verdis früher Schaffensperiode aufmerksam (Neapel, Paris 1951); nach ihr setzten Rita Orlandi-Malaspina (Mailand, Toulouse 1963), Teresa Stratas (New York 1966) und Katia Ricciarelli (Venedig, Rom 1972) die Reihe glanzvoller Interpretinnen der Titelpartie fort. Die englische Erstaufführung fand 1963 in London statt. In den vergangenen zwei Jahrzehnten gab es vereinzelte Aufführungen unter anderem in Parma und Piacenza (1980), Verona und Brescia (1988), Bologna (1989), London (1996) und Ludwigshafen (1998).

Diskographischer Hinweis

Renata Tebaldi (Giovanna), Carlo Bergonzi (Carlo), Rolando Panerai (Giacomo), Chor und Orchester der RAI Mailand, Alfredo Simonetto (aufgenommen: live 1951). Fonit Cetra, Foyer Fo 1040.

Montserrat Caballé, Placido Domingo, Sherill Milnes, Ambrosian Opera Chorus, London Symphony Orchestra, James Levine (aufgenommen: 1973). EMI 653–763 226-2

Markus Engelhardt

Alzira

Tragedia lirica in un prologo e due atti
(Prolog und 2 Akte, 4 Bilder)

Text: Salvadore Cammarano, nach der Tragödie *Alzire ou Les Américains* (1736) von Voltaire [d. i. François Marie Arouet]
Uraufführung: Neapel, Teatro San Carlo, 12. August 1845
Personen: Alvaro, Gouverneur von Peru (Baß); Gusmano, Alvaros Sohn, Gouverneur von Peru (Bariton); Ovando, spanischer Herzog (Tenor); Zamoro, Häuptling eines Inka-Stammes (Te-

nor); Ataliba, Häuptling eines Inka-Stammes (Baß); Alzira, Atalibas Tochter (Sopran); Zuma, Alziras Magd (Mezzosopran); Otumbo, amerikanischer Krieger (Tenor) – Spanische Offiziere und Soldaten, Amerikanerinnen und Amerikaner
Orchester: Piccoloflöte, 2 Querflöten, 2 Oboen, 2 Klarinetten, 2 Fagotte, 4 Hörner, 2 Trompeten, 3 Posaunen, Cimbasso, Pauken, große Trommel, kleine Trommel, Triangel, Harfe, Streicher – Bühnenmusik: *banda* (Bläser, große Trommel)
Spieldauer ohne Pause: ca. 1 Stunde 30 Minuten
Autograph: Mailand, Verlagsarchiv Ricordi
Ausgaben: Partitur, kritische Ausgabe: WGV I/8, hrsg. von Stefano Castelvecchi und Jonathan Cheskin, Chicago, London: University of Chicago Press/ Mailand: Ricordi 1994 – Klavierauszüge: Mailand: Ricordi [1846], Nr. 17771–17786; Paris: Bureau Central de Musique [1846], Nr. 843.1–16; Paris: Escudier [1854?]; Mailand: Ricordi [1897], Nr. 53706, Nachdruck 1975 – Textbücher: Neapel: Flautina 1845; Mailand: Valentini [1847]; Mailand: Ricordi 1967; *Tutti i libretti*, 1975, S. 120–133

Entstehung

Im März 1844 kam Verdi mit Vincenzo Flauto, dem *impresario* des Teatro San Carlo in Neapel, überein, für die darauffolgende Saison eine Oper zu produzieren. Als Textdichter war Salvadore Cammarano vorgesehen, der seinem Libretto Voltaires Tragödie *Alzire ou Les Américains* (1736) zugrundelegte. Anfang 1845 entwarf Cammarano ein Prosaszenar, über das sich Verdi in einem Brief an den Textdichter zufrieden äußerte. Aus diesem Brief vom 23. März (?) 1845 geht hervor, daß Verdi an der Stoffwahl offenbar nicht beteiligt war, da er mit der Lektüre von Voltaires Tragödie erst nach Erhalt des Szenars begonnen hatte (Copialettere, 1913, S. 429). Im Gegensatz zu vielen anderen Sujets, von welchen Verdi sich unmittelbar angeregt und inspiriert zeigte, blieb die Stoffwahl im Falle von *Alzira* ganz Cammarano, dem ›Hausdichter‹ des Teatro San Carlo, anheimgestellt. Mit der Komposition begann Verdi erst Ende Mai 1845; bei der Abreise nach Neapel am 20. Juni war die Partitur fast abgeschlossen, für die Verdi kaum mehr als zwanzig Tage benötigt hatte.

Cammarano hatte seine Oper in einen Prolog und zwei Akte unterteilt und diese – wie auch in anderen Textbüchern – mit Titeln versehen. In dieser Form erschien das Libretto 1845 im Druck. Verdi hingegen überschrieb die einzelnen Aufzüge im Autograph mit *Atto*, also drei Akte ohne Prolog. Die Partiturabschriften folgten dieser Praxis. Die meisten gedruckten Quellen wie die 1846 in Mailand und Paris erschienenen Klavierauszüge folgten hingegen der Einteilung des Librettos. Divergenzen zwischen Partitur und Libretto gibt es auch bei einer Nebenrolle: Die Figur der Zuma ist bei Cammarano als Alziras Magd (*ancella*) ausgewiesen, im Klavierauszug als Alziras Schwester (*sorella*).

Handlung

In Lima und Peru, um die Mitte des 16. Jahrhunderts

Prolog (*Der Gefangene*), weite Ebene am Fluß Rima: Alvaro, der Gouverneur von Peru, ist in die Hände der Inkas gefallen und soll getötet werden. Otumbo, der Stammeshäuptling, hat bereits seine Folterung befohlen (*Introduzione*, »Muoia, muoia, coverto d'insulti«). Plötzlich erscheint Zamoro, der Führer der Inkas, den alle für tot gehalten haben, da er in die Hände der Spanier gefallen war. Zamoro berichtet, wie er Gusmano, Alvaros Sohn, entkommen und so dem sicheren Tod entfliehen konnte. Zamoro will keinen Krieg gegen Greise führen und läßt den alten Spanier frei. Als Zamoro jedoch erfährt, daß sich seine Braut Alzira in spanischer Gefangenschaft befindet, ruft er seine Krieger auf, mit ihm gegen die Spanier zu ziehen und diese aus dem Land zu treiben (*Scena, cavatina e stretta del prologo*, »A costoro quel nume perdoni«).

1. Akt (*Leben um Leben*), 1. Bild, Platz in Lima: Alvaro ist nach Lima zurückgekehrt, wo er von seinen Soldaten gefeiert wird (*Coro d'introduzione*, »Giunse or or, da lido ispano«). Alvaro verkündet, daß er die Statthalterschaft an seinen Sohn Gusmano übergeben wird. Dieser verkündet darauf den Frieden zwischen Spaniern und Inkas. Von Ataliba, der sich ihm unterworfen hat, erbittet er die Hand Alziras.

Da Alzira jedoch Zamoro versprochen war und sie immer noch um den Verlust des Geliebten trauert, bittet der Häuptling Gusmano um Bedenkzeit für seine Tochter (*Scena e cavatina*, »Eterna la memoria«). – 2. Bild, Alziras Schlafgemach im Palast des Gouverneurs: Alzira berichtet von ihrem Traum, in dem sie sich mit ihrem Geliebten Zamaro vereint sah (*Scena e cavatina*, »Da Gusman, su fragil barca«). Ataliba erscheint und versucht, seine Tochter zu überreden, die Ehe mit Gusmano einzugehen. Alzira weigert sich indes standhaft. Plötzlich erscheint der totgeglaubte Zamoro: Die Liebenden fallen sich in die Arme und schören ewige Treue (*Scena e duetto*, »Ah! l'ombra sua!... No, calmati...«). Gusmano überrascht das Paar, läßt Zamoro verhaften und überstellt ihn der Hinrichtung. Alvaro erkennt jedoch in Zamoro seinen Lebensretter und bittet für ihn um Gnade. Als in der Ferne Kriegslärm zu hören ist, entschließt sich Gusmano zur Freilassung, um sich mit Zamoro auf dem Schlachtfeld messen zu können (*Scena e finale I*, »Teco sperai combattere«).

2. Akt (*Die Rache eines Wilden*), 1. Bild, innerhalb der Stadtmauer von Lima: Die Spanier haben die Inkas entscheidend geschlagen und feiern nun ihren Sieg (*Introduzione – brindisi*, »Mesci, mesci... – Vittoria!... Vittoria!...«). Zamoro und Alzira befinden sich wiederum in der Hand der Spanier. Gusmano verurteilt Zamoro zum Feuertod. Alzira wirft sich Gusmano zu Füßen und bittet um Gnade. Gusmano verlangt als Gegenleistung, daß Alzira ihn heirate. Unter Tränen willigt Alzira ein, beklagt ihr Schicksal, während Gusmano seine Liebe gesteht (*Scena e duetto*, »Il pinato... l'angoscia... di lena mi priva...«). – 2. Bild, eine Höhle im Gebirge, in der sich Otumbo und die verbliebenen Inka-Krieger versammelt haben: Zamoro beklagt den neuerlichen Verlust der Geliebten. Von Otumbo erfährt Zamoro schließlich, was der Preis für seine Freiheit war. Bestürzt eilt er davon, um sich an Gusmano zu rächen (*Scena ed aria*, »Irne lungi ancor dovrei«). – 3. Bild, im Palast des Gouverneurs: Die Hochzeitszeremomie ist in vollem Gange (*Coro d'ancelle*, »Tergi del pianto, America«), als plötzlich ein Mann in spanischer Uniform auf Gusmano zustürmt und auf ihn einsticht: Es ist Zamoro, der sich unbemerkt unter die Hochzeitsgesellschaft gemischt hatte. Er gibt sich zu erkennen und fordert die Spanier auf, ihn zu töten. Gusmano jedoch verzeiht seinem Mörder und schenkt ihm und Alzira die Freiheit. Während Gusmano mit dem Tod kämpft und schließlich stirbt, preisen die Umstehenden den Edelmut des Christen (*Scena – aria finale*, »È dolce la tromba che suona vittoria«).

Kommentar

Alzira, das achte Bühnenwerk Verdis, entstand in den sogenannten »Galeerenjahren«, und hier in der konzentriertesten Phase zwischen März 1844 und März 1846, in der Verdi fünf Opern zur Aufführung brachte: *Ernani*, *I due Foscari*, *Giovanna d'Arco*, *Alzira* und *Attila*. In dieser Zeit kam es darüber hinaus zu bedeutsamen Begegnungen, die das weitere musikdramatische Schaffen Verdis nachhaltig beeinflußten: Mit *Ernani* kam Verdi zum ersten Mal mit Piave in Kontakt, mehr aber noch mit der dramatischen Stoffwelt Victor Hugos, mit *I due Foscari* vertonte Verdi erstmals ein Schauspiel von Byron, und mit *Giovanna d'Arco* brachte Solera den Komponisten erstmals mit Schiller in Berührung. *Alzira* indes bescherte Verdi die erste Zusammenarbeit mit Salvadore Cammarano, dem späteren Textdichter von *Il trovatore* (1853).

Bereits die Gattungsbezeichnung *tragedia lirica* zeigt an, daß Cammarano sich mit seiner *Alzira* eher an älteren Modellen der italienischen Oper orientierte, als wirklich neue Wege zu beschreiten. Ungewöhnlich im Vergleich zu den anderen Opern der 1840er Jahre war zweifellos die Stoffwahl: Cammarano griff auf eine Tragödie aus dem Jahr 1736 zurück, die in seinem Textbuch nicht zum ersten Mal der italienischen Opernbühne anverwandelt wurde: 1794 war in Florenz Niccolò Zingarellis *Alzira* produziert worden, zwei Jahre später kam in Genua eine gleichnamige Oper von Giuseppe Nicolini heraus. Beiden Opern lag wahrscheinlich ebenso wie den Vertonungen von Francesco Bianchi (1801 London) sowie von Nicola Manfroce (1810 Rom, Teatro della Valle) ein Libretto von Gaetano Rossi zugrunde. Trotz dieser Präsenz von Voltaires *Alzire* in der italienischen Oper ist es – aus heutiger Sicht – schwer nachzuvollziehen, warum Cammarano noch in den 1840er Jahren eine französische

Tragödie aus dem 18. Jahrhundert heranzog.

Voltaires Tragödie steht in der Tradition des klassizistischen, philosophischen Ideendramas, das sich durch lange Diskurse, sprachliche Ästhetik und dramaturgische Strenge auszeichnet. Voltaires *Alzire* war also alles andere als ›operntauglich‹, da dort Dialog und rhetorische Argumentation im Vordergrund standen, wohingegen in der Oper das Schwergewicht auf Emotion und Affekt liegt. Voltaires Tragödie weist darüber hinaus deutliche Tendenzen eines philosophischen ›Lehrstücks‹ auf: *Alzire* ist geradezu paradigmatisch für sein kulturoptimistisches Konzept, in dem Geschichte als kontinuierliche Selbstbefreiung der menschlichen Vernunft figuriert. Gespiegelt wird dieses Konzept im Kontrast von zivilisierten Europäern und unzivilisierten Wilden, in diesem Falle den Inkas. *Alzire ou Les Américains* steht somit nicht im Kontext der zivilisationskritischen Dramatik des 18. Jahrhunderts, sondern bildet gleichsam die Kehrseite dieses kulturkritischen Exotismus, insofern als Voltaire die abendländische Welt als überlegen ansieht.

Selbstredend konnte Voltaires philosophischer Diskurs in einem Opernbuch, wo es auf Verknappung und Zuspitzung ankommt, keinen Platz finden. Infolgedessen reduzierte sich die Intrige auf das einfache Schema eines Dreieckkonflikts: Zwei Männer lieben dieselbe Frau vor dem Hintergrund einer politischen Auseinandersetzung. Wo Voltaire die Figuren noch mit deutlichen Abschattierungen zeichnete, entsteht unter Cammaranos Händen ein Schwarz-Weiß-Muster: Gusmano verkörpert den christlichen Despoten, und Zamoro wird zum ›edlen Wilden‹. Zwar sind plötzliche Schicksalswendungen auch dem Sprechdrama nicht fremd, aber die abrupte Wandlung eines durchweg despotisch gezeichneten Herrschers (Gusmano) in einen abendländischen Tugendmenschen mutet nicht nur überraschend, sondern vielmehr unglaubwürdig an.

Das Problem von Cammaranos Blockdramaturgie sind weniger strukturelle Stereotypen – diese lassen sich ohne Mühe auch in anderen Opern nachweisen –, sondern vielmehr die Tatsache, daß der von Voltaire gestaltete Kulturkonflikt in der Oper zur Marginalie wird. Dies wiegt umso schwerer, als in der ersten Hälfte des 19. Jahrhunderts die spanische Conquista und die aus ihr resultierenden Konflikte auch auf der Opernbühne thematisiert worden waren. Nicht zuletzt Jouy und Spontini hatten in *Fernand Cortez* (1809) diesen Kulturkontrast im Rahmen einer historischen Intrige gespiegelt. Auch das Fehlen jeglichen Lokalkolorits, auf dessen Grundlage der Kulturkontrast zumindest visuell hätte veranschaulicht werden können, fällt in Cammaranos Text negativ ins Gewicht. Gerade dieses Element hätte Cammaranos starrer Dramaturgie eine sinnfällige Perspektive verliehen.

Trotz dieses Defizits besticht das neapolitanische Libretto in einem Punkt, nämlich in seiner Verknappung und Zuspitzung. Dies zeigt sich insbesondere im Prolog, der im Gegensatz zu dem – weit eher einem vollgültigen Akt entsprechenden – Prolog von *Giovanna d'Arco* äußerst schlagkräftig gestaltet ist. Der Begriff Prolog ist in *Alzira* am richtigen Platz, da hier Vorgeschichte in Szene gesetzt wird, die bei Voltaire narrativ in Erscheinung trat. In diesem Punkt zeigt sich wiederum der fundamentale Unterschied von Tragödie und Oper: Anstatt die Vorgeschichte nach und nach in die laufende Handlung einzustreuen, wird diese buchstäblich in Szene gesetzt. Die Technik, die Geschehnisse gleichsam schlaglichtartig und verknappt zu präsentieren, bestimmt letztlich auch die anderen Akte. Diese genuin opernhafte Dramatisierung einer Schauspiel-Vorlage zählt zweifellos zu Cammaranos Stärken. Die Komprimierung geht allerdings zu Lasten der Handlung, die durch ihren mehrfachen Wechsel des Geschicks in dieser Gedrängtheit eher wie ein Melodram als eine Tragödie anmutet.

Dennoch ist Cammaranos Libretto keineswegs als ein mittelmäßiges Buch zu bezeichnen. Es zeigt vielmehr eine klare dramaturgische Disposition (zum Beispiel einen planvollen Wechsel der Schauplätze), die sich auch in der Verwendung musikdramatischer Konventionen widerspiegelt. Allerdings wirkt die Verwendung dieser konventionellen Modelle mitunter wie aus dem Lehrbuch, was Julian Budden zu der bemerkenswerten Einschätzung führte, Cammarano habe ein gutes Libretto verfaßt, nur sei es für den falschen Komponisten bestimmt gewesen (Budden, 1973, Band I, S. 40). In der Tat gab es in Cammaranos Text kaum dramatische Finessen, die Verdi zu einer spezifischen Individualisierung hätten anregen können. In dieser Hinsicht paßt sich Verdis al fresco-Komposition Cammaranos *Alzira*-Buch an.

Auch Verdi konnte den fehlenden Kulturkontrast in seiner Partitur musikalisch nicht kompensieren. So wurde die Ouverture schon von der zeitgenössischen Kritik nicht als ein Gegenüber von edlen Inkas (im ersten Teil) und brutalen Spaniern (im zweiten Teil) interpretiert, sondern als konventioneller musikalischer Themen-Dualismus aufgefaßt (Garibaldi, 1931, S. 218). Auch das erste Finale, innerhalb dessen der Anstoß für die erneute kriegerische Auseinandersetzung mit den Inkas erfolgt, bleibt im Hinblick auf das Gegeneinander der beiden Parteien relativ blaß. Eine kurze *off-stage*-Musik, welche die nahenden Inkas symbolisiert, kontrastiert zwar harmonisch (a-Moll) mit dem vorausgehenden Geschehen (Des-Dur), für das Finale selbst bleibt sie jedoch Episode. Es ist erstaunlich, daß Verdi bei der Zeichnung des Lokalkolorits so weit hinter seinen Vorgängern zurückbleibt, vor allem hinter Rossinis *Maometto II* (1820), der zumindest in der *banda*-Musik deutliche ›exotische‹ Akzente gesetzt hatte. Dieses Manko läßt sich auch für andere musikdramatische Stilmittel konstatieren: Weder findet sich in *Alzira* eine systematische Zuordnung bestimmter Motive und Themen zu einzelnen Figuren wie in *I due Foscari* noch ist eine Individualisierung der Formmodelle zu beobachten, wie sie Verdi ansatzweise in seiner Oper von 1844 realisiert hatte.

So scheint es kein Zufall, daß die musikalisch stärksten Momente in *Alzira* in Verbindung mit konkreter szenischer Aktion stehen. Wenn zu Beginn des 2. Bildes im zweiten Akt die geschlagenen Inka-Krieger langsam ihr Versteck verlassen, erklingt eine (pantomimische) Musik, die mehr über die augenblickliche Befindlichkeit der Personen aussagt als manche Gesangsnummer. In diesen sechzehn Takten erscheint gleichsam das Schicksal eines ganzen Volkes kondensiert: Über dem lyrischen, dunkel timbrierten Streicherthema in f-Moll schwingt sich allmählich eine Zweiunddreißigstel-Begleitfigur auf, die auf dem dynamischen Höhepunkt kurzzeitig einem heroischen Motiv in neuem tonalen Zusammenhang Platz macht, um dann wieder langsam in das tiefe Register hinabzugleiten. Obwohl das f-Moll-Thema auch die nachfolgende Arie Zamoros einleitet, gewinnt es dort nicht annähernd die Kraft, die aus der Konfrontation von Thema und Begleitfigur im Vorspiel resultiert. Auch wenn der Themeneinsatz der Stimmen etwas schematisch, wenn nicht gar wie die »Improvisation eines gelehrten Organisten« wirkt (Budden, 1973, Band I, S. 240), besitzt dieses Vorspiel doch aufgrund seiner motivischen Gedrängtheit eine dramatische Intensität, die zukunftsweisender ist als die meisten Musiknummern der *Alzira*-Partitur.

Wirkung

Alzira ist zweifellos von allen Bühnenwerken Verdis das unbekannteste geblieben. Dies ist auf die spärliche Rezeption im 19. Jahrhundert zurückzuführen, zu der freilich Verdi selbst erheblich beigetragen haben dürfte, als er der Gräfin Negroni Prati gegenüber äußerte: »Jene Oper ist wirklich häßlich.« (Cornelio, 1904, S. 29) In einer Zeit, in der die Worte des ›Meisters‹ uneingeschränkte Autorität besaßen, kam ein solches Verdikt einem Todesurteil gleich, zumal sich Verdi über keine seiner Opern so abschätzig äußerte wie über *Alzira*.

Obwohl die Premiere zwiespältig aufgenommen wurde, war *Alzira* in absoluten Zahlen gesehen keineswegs ein Mißerfolg: Sie rangierte an Aufführungen an dritter Stelle in der Saison 1845. *Alzira* bestach vor allem auch durch die ausgezeichnete Besetzung: Neben Eugenia Tadolini in der Titelrolle sangen Gaetano Fraschini als Zamoro und Filippo Coletti als Gusmano. Der Erfolg von Neapel setzte sich allerdings nicht fort: Im gleichen Jahr fiel Verdis Oper in Rom durch und wurde auch in der Folgezeit kaum nachgespielt (1846 in Parma und Lugo, 1847 an der Mailänder Scala, in Ferrara und Venedig, sowie 1854 in Turin). Außerhalb Italiens war *Alzira* 1849 in Barcelona und Lissabon zu sehen, 1858 noch einmal auf Malta. Die stoffgeschichtlichen Implikationen verhalfen Verdis Oper schließlich auch zu einer Rezeption in Südamerika: 1850 wurde *Alzira* in Lima und im chilenischen Valparaiso gegeben. Im 20. Jahrhundert gingen dagegen Wiederbelebungsversuche zunächst vom deutschsprachigen Raum aus: 1936 brachten der Österreichische Rundfunk und 1938 der Reichssender Berlin konzertante Aufführungen in deutscher Sprache, wobei letztere vor allem Elisabeth Schwarzkopfs wegen berühmt wurde, die – als Einspringerin – die Partie der Alzira vom Blatt sang. Szenische Aufführungen fanden erst in der zweiten Jahrhunderthälfte statt: 1967 in Rom, 1981 in Parma, Reggio Emilia und Modena sowie eine vielbeachtete Aufführung beim Verdi-Festival 1990 in Parma (Regie: Luciano Damiani). Im Gegensatz zu anderen weniger bekannten Opern aus der frühen Schaffensperiode Verdis fand *Alzira* jedoch auch im 20. Jahrhundert keinen Eingang ins Repertoire.

Diskographischer Hinweis

Marina Mescheriakova (Alzira), Ramon Vargas (Zamoro), Paolo Gavanelli (Gusmano) u. a., L'Orchestre de la Suisse Romande, Fabio Luisi (aufgenommen: 1999) Philips 464 628

Thomas Betzwieser

Attila

Dramma lirico in un prologo e tre atti
(Prolog und 3 Akte, 7 Bilder)

Text: Temistocle Solera und Francesco Maria Piave nach der »romantischen Tragödie« *Attila, König der Hunnen* (1808) von Friedrich Ludwig Zacharias Werner
Uraufführung: Venedig, Teatro La Fenice, 17. März 1846
Personen: Attila, König der Hunnen (Baß); Ezio, ein römischer General (Bariton); Odabella, Tochter des Herrschers von Aquileja (Sopran); Foresto, Ritter aus Aquileja (Tenor); Uldino, ein junger Bretone, Sklave Attilas (Tenor); Leone, ein alter Römer (Baß) – Heerführer, Könige, Soldaten, Hunnen, Gepiden, Ostgoten, Heruler, Thüringer, Quaden, Druiden, Priesterinnen, Volk, Männer und Frauen von Aquileja, Jungfrauen von Aquileja in Kriegsrüstung, Offiziere und Soldaten, Römer, Jungfrauen und Kinder von Rom, Eremiten, Sklaven
Orchester: 2 Querflöten (2. auch Piccoloflöte), 2 Oboen, Englischhorn, 2 Klarinetten, 2 Fagotte, 4 Hörner, 2 Trompeten, 3 Posaunen, Cimbasso, Pauken, Schlagzeug (große Trommel, Becken, kleine Trommel), Harfe, Streicher – Bühnenmusik: 3 Trompeten, Glocke
Spieldauer ohne Pausen: ca. 2 Stunden
Autograph: London, British Library: MS Add. 35 156
Ausgaben: Klavierauszüge: Mailand: Lucca 1846, Nr. 5901–5917; Mailand: Ricordi 1951, Nr. 53700 – Textbücher: Venedig: Molinari 1846; Mailand: Lucca 1847; *Tutti i libretti*, 1975, S. 135–149

Entstehung:

Bereits im Dezember 1843 hatte sich Verdi gegenüber dem venezianischen Teatro La Fenice zur Komposition einer weiteren Oper verpflichtet. Nach einem vorübergehenden Bruch mit dem Verleger Ricordi zur Entstehungszeit von *Giovanna d'Arco* erwarb dessen Konkurrent Francesco Lucca die Rechte an der neuen Oper; allerdings sind weder Verhandlungen mit der Direktion des Teatro La Fenice noch mit Lucca dokumentiert. Im Frühjahr 1844 erscheint der Name *Attila* zum ersten Mal auf einer Liste mit Opernprojekten Verdis. Am 12. April 1844 schickte er an Francesco Maria Piave eine – nicht erhaltene – Handlungsskizze und lobte die »wunderbaren und effektvollen Züge« des Stoffs, den er Werners »romantischer Tragödie« entnommen hatte (Conati, 1983, S. 143). Trotz der literarischen Mittelmäßigkeit und der geringen historischen Authentizität von Werners Stück begeisterte sich Verdi an der Bildkraft der drei Hauptcharaktere Attila, Hildegonde (Odabella) und Aetius (Ezio), an der Wucht der von Werner fast opernhaft eingesetzten Chöre, an der wilden Urwüchsigkeit der Handlung und der Farbigkeit des Lokalkolorits. Im Gegensatz zum gestrafften Libretto war Werners Plot ausladender und figurenreicher – das Geschehen führte dort auch an den römischen Kaiserhof – und vor allem blutrünstiger gewesen: Das Ende des Stücks erlebt dort keine der Hauptfiguren.

Schon im ersten Brief an Piave, in dem von dem neuen Opernprojekt die Rede ist, wird Verdis ungewöhnliches Interesse am historischen Hintergrund und am lokalen Ambiente deutlich; wiederholt empfiehlt er dem Librettisten, Madame de Staëls *De l'Allemagne* zu studieren, welche ihm »entscheidende Erleuchtungen« vermitteln werde. In dieser bedeutenden kulturgeschichtlichen Studie finden sich sowohl ein sehr positives Kurzporträt Werners als auch eine ausführliche Würdigung von dessen *Attila*-Tragödie.

Wie weit Piaves Arbeit am Libretto gediehen war, als ihm Verdi die weitere Ausführung im Sommer 1845 entzog, ist nicht bekannt. Jedenfalls meldete die Zeitung *Il pirata* am 24. Juni 1845, daß inzwischen Temistocle Solera an Piaves Stelle getreten sei (ebd., S. 153). Dieser stellte das Libretto bis Ende August mit Ausnahme des nur skizzierten 3. Aktes fertig. Im Umgang mit Werners Tragödie verfuhr Solera reichlich skrupellos, wenn auch als wirkungsbewußter Theaterpraktiker. So behielt er etwa die beiden dramatisch effektvollsten Szenen bei, allerdings in umgekehrter Reihenfolge: Attilas Ankunft vor den Toren Roms und Hildegondas/Odabellas Rettung Attilas vor dem Gifttrank. Von Solera hinzugefügt wurde die Lagunenszene im Prolog, die – als Reverenz an die Stadt der Uraufführung – den Gründungsmythos Venedigs beschwört.

Die weitere Genese des Textbuchs gestaltete sich kompliziert und ist nicht in allen Phasen exakt nachvollziehbar. Jedenfalls begann Verdi etwa Mitte September 1845 mit der Komposition. Da Solera im Herbst 1845 seine Frau, eine Sängerin, nach Spanien begleitet hatte und daher nicht für notwendige Korrekturen und abschließende Arbeiten zur Verfügung stand, griff Verdi mit Soleras Einverständnis im November 1845 wieder auf Piave zurück, der Soleras Libretto im Blick auf Verdis Wunsch nach konziser Gestaltung einer endgültigen Revision unterzog. Insbesondere der 3. Akt erfuhr dabei gravierende Veränderungen. Auf Verdis Anweisung hin verzichtete Piave auf das von Solera vorgesehene Chorfinale zugunsten einer Konfrontation der vier Hauptfiguren der Oper. Verdi übersandte Solera zwar noch Piaves Version des 3. Aktes, aber mit der Warnung, nicht mehr allzu viel zu ändern, da die wichtigsten Passagen bereits komponiert seien (Brief vom 25. Dezember 1845; Abbiati, 1959, Band I, S. 593 f.). Solera reagierte empört und zugleich verbittert (Brief vom 12. Januar 1846; Luzio, 1947, Band IV, S. 245). Die langjährige erfolgreiche Partnerschaft der beiden war nach *Attila* beendet; als Solera fünfzehn Jahre später Verdi wieder ein Libretto zur Vertonung anbot, ging der Komponist nicht darauf ein.

Die für den 20. Januar 1846 geplante Uraufführung der Oper verzögerte sich wegen einer schweren Erkrankung Verdis noch um fast zwei Monate. Diese Zeit nutzte der Komponist, um auch die szenische Realisierung mit einer bis dahin ungewohnten Präzision vorzubereiten (siehe oben, S. 254 f.).

Handlung

In Italien, Mitte des 5. Jahrhunderts

Prolog, 1. Bild, der Marktplatz von Aquileja: Attilas Heerscharen haben auf ihrem Kriegszug durch Italien die Stadt Aquileja erobert und niedergebrannt. Die Hunnen feiern in den Ruinen der Stadt ihren siegreichen Feldherrn (*Introduzione e coro*, »Urli, rapine«). Odabella, die Tochter des von Attila erschlagenen Herrschers von Aquileja, die mit einer Schar kriegerischer Jungfrauen am Kampf um die Stadt teilgenommen hat, wird Attila als Gefangene vorgeführt. Von ihrer Tapferkeit beeindruckt, schenkt ihr Attila sein eigenes Schwert. Odabella schwört Rache für ihren ermordeten Vater (*Scena e cavatina*, »Allor che i forti corrono«). Danach empfängt Attila den römischen General und kaiserlichen Gesandten Ezio, den er als Feldherrn respektiert. Ezio will Attila bei der Eroberung des römischen Weltreichs gewähren lassen, wenn er ihm nur Italien überlasse (*Duetto*, »Tardo per gli anni, e tremulo«). Diesen Vorschlag betrachtet Attila als Verrat und kündigt die Fortsetzung seines Kriegszugs an. – 2. Bild, schlammige Gegend in der Lagune des adriatischen Meers: Unter der Führung des Ritters Foresto erreichen aus Aquileja geflohene Männer, Frauen und Kinder eine Gegend, in der sie sich niederlassen wollen. Foresto quält der Gedanke, daß seine Geliebte Odabella von Attila gefangengehalten wird (*Scena e cavatina*, »Ella in poter del barbaro!«).

1. Akt, 1. Bild, Wald bei Attilas Lager in der Nähe von Rom: Odabella weint um ihren ermordeten Vater und um den totgeglaubten Foresto (*Scena e romanza*, »Oh! nel fuggente nuvolo«). Dieser erscheint als Hunne verkleidet und wirft Odabella Verrat und Treulosigkeit vor, läßt sich aber von ihr überzeugen, daß sie

unschuldig ist (*Scena e duetto*, »Sì, quell'io son, ravvisami«). – 2. Bild, Attilas Zelt: Attila erwacht plötzlich und ruft seinen Sklaven Uldino zu sich. Er erzählt ihm einen Alptraum: Ein riesiger alter Mann sei ihm auf dem Weg nach Rom entgegengetreten und habe ihm den Rückzug befohlen (*Scena ed aria*, »Mentre gonfiarsi l'anima«). Nachdem Attila seine Fassung wiedergefunden hat, läßt er seine Truppen zum Aufbruch zusammenrufen. Plötzlich nähert sich eine Prozession aus Frauen und Kindern, angeführt von Papst Leo, der Attila mit den Worten des Traums entgegentritt (*Finale I*, »Parla, imponi. L'ardite mie schiere«). Entsetzt erblickt dieser am Himmel zwei riesenhafte Gestalten, die ihn mit flammenden Schwertern bedrohen. Angsterfüllt weicht er zurück.

2. Akt, 1. Bild, Ezios Lager außerhalb von Rom: Verbittert nimmt Ezio von Kaiser Valentinian den Befehl zum Rückzug entgegen. Dieser hat mit den Hunnen einen Waffenstillstand geschlossen. Ezio trauert den ruhmreichen Tagen Roms nach (*Scena ed aria*, »Dagl'immortali vertici«). Als Foresto ihm den geplanten Anschlag auf Attila ankündigt, sagt er ihm die Unterstützung seiner Truppen zu. – 2. Bild, Attilas Lager, wie 1. Akt, 2. Bild, nun festlich geschmückt: Bei einem Bankett soll der Waffenstillstand zwischen Römern und Hunnen feierlich besiegelt werden (*Finale II*, »Del ciel l'immensa vôlta«). Ein plötzlicher Windstoß versetzt die Versammelten in Schrecken. Als Odabella von Foresto erfährt, daß Attilas Becher einen Gifttrank enthält, verhindert sie, daß er daraus trinkt, um sich die Rache an ihm persönlich vorzubehalten. Aber Foresto nimmt die Verantwortung für den Mordanschlag auf sich, so daß Odabella nichts anderes übrig bleibt, als Attila zu bitten, die Bestrafung Forestos ihr zu überlassen. Attila kündigt seine Vermählung mit Odabella an.

3. Akt, wie 1. Akt, 1. Bild: Foresto glaubt sich von Odabella betrogen und wartet auf Gelegenheit zur Rache an ihr und Attila (*Scena e romanza*, »Che non avrebbe il misero«). Während in der Ferne Hochzeitsgesänge ertönen, erscheint Ezio, dessen Truppen zum Überfall bereitstehen, und mahnt Foresto zur Besonnenheit. Die aus dem Lager geflohene Odabella beteuert Ezio ihre Liebe (*Terzetto*, »Te sol, te sol quest'anima«). Auf der Suche nach Odabella erscheint Attila und stellt sie, Foresto und Ezio zur Rede (*Quartetto finale*, »Tu, rea donna, già schiava, or mia sposa«). Im Hintergrund ist der Lärm des Angriffs der römischen Truppen zu hören. Als Foresto Attila durchbohren will, kommt ihm Odabella zuvor und tötet ihn.

Kommentar

Schon die wechselvolle Entstehungsgeschichte des Librettos deutet darauf hin, daß *Attila* in Verdis frühem Opernschaffen gleichsam einen Fermentierungsprozeß spiegelt, eine Übergangsphase der Abkehr und Ablösung von traditionellen Opernkonventionen hin zum Aufbruch zu neuen Formen und Ideen, deren Ausreifung aber noch längst nicht abgeschlossen war. Man könnte sagen, daß Verdis Schwanken zwischen Piave und Solera und den durch diese beiden Autoren repräsentierten, schwer auf einen Nenner zu bringenden Librettotypen auch in der musikalisch-dramatischen Gestaltung der Oper ihren unmittelbaren Niederschlag gefunden hat. Keine Liebeshandlung, wie in den intimeren Dramen, die Piave in der Regel für Verdi konzipiert hatte, steht im Zentrum der Handlung, sondern gemäß den Themen, die Solera vorrangig behandelte, die Konfrontation zwischen Völkern und Religionsgemeinschaften, in die die persönlichen Konflikte eingebettet sind.

Diese Akzentuierung des ›Machtdramas‹ zu Ungunsten des ›Liebesdramas‹ hatte weitreichende Konsequenzen für die Oper und wird schon an der veränderten Personenkonstellation deutlich: Während sonst ein relativ ausgewogenes Dreiecksverhältnis zwischen Tenor, Sopran und Bariton die dramaturgische Balance des Stücks bestimmte, treten hier die weibliche Protagonistin und die Titelfigur in den Vordergrund. An Gewicht verlieren hingegen der Tenor, der zwar auch die Rolle des Liebhabers spielt, aber schwächlich und blaß bleibt, und der Bariton, der noch nicht seine in den späteren Opern Verdis typische Funktion als Rivale oder Vater erreicht hat und ebenfalls wenig Profil entwickelt. Bezeichnenderweise haben die beiden Arien Forestos und auch die Arie Ezios so gut wie keine dramaturgische Funktion, sondern dienen vorrangig dem Zweck, die Figuren mit musikalischem Material zu versorgen – was Verdi nicht daran gehindert hat, insbesondere das *adagio* von Ezios *aria* im 2. Akt sängerisch höchst attraktiv zu gestalten. In der Schlußphrase dieses *adagio* (»Roma nel vil cadavere / Chi ravvisare or può?«) tritt der charakteristische Bogen in der Gesangslinie auf, den Verdi in der Oper immer wieder einsetzt. Ein weiteres prominentes Beispiel dafür ist der berühmte Satz Ezios im Duett mit Attila im Prolog (»Avrai tu l'universo, / Resti l'Italia a me«).

Problematischer scheint die Rollengestaltung Odabellas, die dramaturgisch und musikalisch seltsam inkohärent bleibt. Sie ist zwar zur ebenbürtigen Gegenspielerin Attilas aufgewertet; dementsprechend eindrucksvoll ist ihr erster Auftritt als kriegerisch auftrumpfende Amazone mit hochdramatisch-virtuosem Stimmeinsatz. Sowohl im Rezitativ wie in *adagio* und *cabaletta* ihrer *cavatina* im Prolog wird der Sopranistin jeweils ein spektakulärer Sprung zum c^3 und danach eine über gut zwei Oktaven zum tiefen h absteigende Skala abverlangt. Extremer Umfang, heftige Gestik und drastische Rhythmik ihres Singens verleihen dem martialisch-heroischen Profil der Figur scharfes Relief. Um so schroffer ist der Kontrast zu Odabellas musikalischer Charakteristik im Rest der Oper. Die *romanza* zu Beginn des 1. Aktes (»Oh! nel fuggente nuvolo«) zeigt mit ihrer kammermusikalisch-intimen Instrumentation (Englischhorn, Querflöte, Violoncello, Harfe) und stimmungsvoll-elegischen Melodik eine lyrische, sich vor Sehnsucht nach Foresto verzehrende Frau, die am Ende des daran anschließenden Duetts mit dem wiedergefundenen Geliebten in konventionellen *unisono*-Jubel ausbricht. Auch im Terzett des 3. Aktes ist eine empfindsame, leidende und liebende Odabella zu hören, die versucht, Foresto von ihrer Treue zu überzeugen.

Dieses Terzett, das durch Hinzutreten Attilas zum *Quartetto finale* erweitert wird, markiert den Punkt, wo Verdi und Piave damit experimentieren, gleichsam mit einem Schlag die Brennweite zu verändern: vom Panoramablick auf ein breitflächig angelegtes Historiengemälde der vorangegangenen drei Akte zur Nahaufnahme eines intimen Personendramas. Obwohl, für sich betrachtet, der 3. Akt durchaus überzeugende, ja innovative Züge aufweist – Verdi gelingt es, ein sich stetig aufbauendes *crescendo* mit ständig wachsender dramatischer Intensität zu entwickeln, das sich, ausgehend von Forestos *romanza*, über das Zwiegespräch zwischen Foresto und Ezio zum Terzett und schließlich zum Quartett erweitert –, wirkt dieser Akt im Vergleich zur monumentalen Anlage der Oper insgesamt disproportioniert. Hier dominieren die drei großen *pezzi concertati*, die mehr als die Hälfte der Oper in Anspruch nehmen. Unter den vierzehn Nummern finden sich nur sechs Solonummern, von denen zwei (Odabellas *romanza* im 1. Akt und Forestos *romanza* im 3. Akt) letztlich nur wie Einleitungen zum darauffolgenden Duett beziehungsweise Terzett wirken. Dies entspricht Verdis Forderung: »Und für alle wenig Solos« (Brief an Francesco Maria Piave vom 24. Februar 1845; Abbiati, 1959, Band I, S. 553).

Diese Reduktion der solistischen Szenen fördert die dramatische Wirkung und erhöht zugleich das Tempo der Handlung. Es ist vor allem das Finale des 2. Aktes, in dem Verdis Kunst, ein vielgestaltiges und komplexes *tableau* allmählich aufzubauen, sichtbar wird. Während das *pezzo concertato* im Finale des 1. Aktes kurz und linear gehalten ist, ohne den konventionell mechanistischen Ablauf strophischer Wiederholungen, nutzt Verdi das gewaltige zweite Finale, das fast den ganzen Akt ausfüllt, um ein Maximum an Aktion zu bündeln: Alle Personen bis auf Papst Leo treffen hier beim Bankett zum Friedensschluß zwischen Hunnen und Römern aufeinander. Eröffnet wird dieses Finale durch ein Orchestervorspiel, gefolgt von einem kurzen Soldatenchor. Das Fest hat begonnen, als ein Sturm plötzlich alle Fackeln zum Erlöschen bringt und allgemeines Erschrecken auslöst. Erst in diesem Moment setzt nach einer langen Pause das eigentliche *pezzo concertato* ein. Wie alle Szenen mit geschlossener Form in dieser Schaffensphase Verdis besteht es aus zwei großen Sektionen, mit einem verbindenden Mittelteil als Gelenk. Am Anfang steht ein *adagio* (*andantino*) des Chors, im *staccato* und *sotto voce*. Die Stimmen liegen fast frei und werden nur spärlich vom Orchester gestützt. Nach und nach fallen die Solisten ein, mit einer Serie von getrennten, dialogischen oder *a parte* gesungenen Einwürfen, als letzter Uldino, der Attila den Gifttrank reichen soll. All diese kurzen Einwürfe passen sich an die Hauptmelodie an, gelegentlich treten die heftigen rhythmischen Akzente Odabellas stärker hervor. Einer Generalpause folgt ein Ausruf Attilas, danach vereinen sich die Stimmen von Odabella, Foresto und Ezio in einer Kadenz, der Chor pausiert. Dieser nimmt seine Eingangsmelodie wieder auf, nunmehr vom Orchester durch *tremoli*, Triller und *acciaccature* begleitet. Erneut reihen sich die Solostimmen ein, steigern sich zum *fortissimo*. Schließlich steht nur noch Attila gegen das *unisono* der übrigen, bis auch er am Ende von der Hauptmelodie absorbiert wird.

In der kunstvoll minutiösen Verknüpfung der Einzelstimmen zum komplexen Gefüge des Finalensembles geht Verdi hier bis an die Grenzen der musikalisch-akustischen Realisierbarkeit – und auch darüber hinaus. Das *pezzo concertato* schließt mit einem *tutti*-Ausbruch, bevor das *tempo di mezzo* beginnt, in dem sich die Aktion vollzieht, die während des vorangegangenen Ensembles gereift ist: der Giftanschlag auf Attila, den Odabella vereitelt. Die abschließende *stretta* beginnt mit einem martialischen *allegro* Attilas in Es-Dur, in dessen Gefolge sich nach und nach das Ensemble in Form eines vom Chor überhöhten Marschgesangs aufbaut. Im Gegensatz zur verschachtelten, variantenreichen Struktur des *pezzo concertato* besteht die *stretta* im Grunde aus einem einzigen gewaltigen *unisono*. An Dimension, Raffinement und Komplexität übertrifft dieses Finale alles, was Verdi bis zu diesem Zeitpunkt komponiert hat.

In engem Zusammenhang mit dem Charakter der Oper als monumentalem ›Machtdrama‹ und den hier zum Einsatz kommenden *tableaux* mit großen Chören und Ensembles steht auch Verdis neues Interesse für optische Details und spektakuläre Bildhaftigkeit. Szenisch äußert sich dies darin, daß bis auf Attilas Traumerzählung im zweiten Bild des 1. Aktes die gesamte Handlung im Freien spielt und somit Gelegenheit für eindrucksvolle Naturszenen gibt. Vor allem die Lagunenszene im zweiten Bild des Prologs mit allmählich abklingendem Gewittersturm und daran anschließendem Sonnenaufgang nutzt Verdi zum Einsatz einer für ihn neuen, ebenso gekonnten wie mit einfachsten Mitteln auskommenden Form der musikalischen Naturdarstellung. Verdis Vorbild für die musikalische Schilderung des Sonnenaufgangs ist die sinfonische Ode *Le Désert* von Félicien David gewesen (Brief Emanuele Muzios an Antonio Barezzi vom 17. Juli 1845; Garibaldi 1931, S. 210). Kein Widerspruch dazu, sondern ebenfalls in den Dienst des Plakativen und Illustrativen gestellt sind die für die Partitur typischen heftigen dynamischen Kontraste, die schroffe, oft punktierte Rhythmik, skandierte Melodik und rasanten Tempi, die auch nicht vor derben, kruden Effekten haltmachen. Dieser Stil prägt besonders die häufigen *cabalette*, die der Oper schon zur Uraufführungszeit das pejorative Urteil »Gipfelpunkt des cabalettismo« eingetragen haben. Trotz dieser deutlichen Akzentuierung des Plakativen verzichtete Verdi auf ein Effektmittel wie die *banda*, deren Einsatz ihm etwas »Provinzielles« schien (Brief an Francesco Maria Piave vom 27. November 1845; Abbiati, 1959, Band I, S. 591). Dabei hätte sich für den Einzug Attilas in Rom ein Bühnenauftritt der *banda* durchaus angeboten, doch Verdi steigerte statt dessen die Klangwirkung durch die Erweiterung des Blechbläsersatzes um zwei weitere Trompeten. Wenn es Verdi auch nicht gelungen ist, die auseinanderdriftenden Konzepte von Personendrama und Machtdrama zu einem dramaturgisch homogenen Amalgam zu verschweißen, so zeigt *Attila* im Vergleich zu den Vorgängern *Alzira* und *Giovanna d'Arco* vor allem im Interesse an szenischen Wirkungen und ihrer adäquaten musikalischen Umsetzung eine wesentliche Weiterentwicklung von Verdis Opernstil.

Wirkung

Die Reaktion des Publikums auf die Uraufführung, an der Ignazio Marini (Attila), Natale Costandini (Ezio), Sophie Loewe (Odabella) und Carlo Guasco (Foresto) mitwirkten, war positiver als die der Presse. Diese registrierte nach dem einhellig begeistert aufgenommenen Prolog und insbesondere dem Sonnenaufgang des 1. Aktes einen Spannungsabfall während des 2. Aktes. Nach insgesamt sechs Vorstellungen in Venedig – mit ständig steigendem Erfolg – wurde die Oper von Florenz, Reggio Emilia, Lucca und Livorno übernommen. 1846 wurde die Oper in Bologna und Triest nachgespielt. Für Triest komponierte Verdi auf Betreiben Rossinis für den Tenor Nikolai Ivanoff eine neue – freilich nie gedruckte – *romanza* (»Sventurato! alla mia vita«) anstelle jener im 4. Akt (»Chi non avrebbe il misero«). Auch als *Attila* in der Karnevalssaison 1846/47 an der Mailänder Scala zur Aufführung kam, schrieb Verdi für Napoleone Moriani nochmals eine neue romanza als Ersatz für dieselbe Arie. Weitere Inszenierungen folgten 1846/47 in Parma, 1847 in Genua und Rom, 1848 in Neapel und Turin, 1850 in Modena. In Palermo 1854 und in Catania 1855/56 kam das Werk unter dem Titel *Gli Unni e i Romani* zur Aufführung. Schon 1847 wurde die Oper in Kopenhagen, Madrid und Lissabon gegeben, 1848 in London, 1850 in New York, 1851 in Wien und 1854 in Stuttgart.

Mit dem Abflauen der Risorgimento-Atmosphäre ab etwa 1860 begannen auch die patriotischen Anklänge des *Attila* an Attraktion zu verlieren. Erst ab Mitte des 20. Jahrhunderts, insbesondere initiiert durch die Verdi-Jahre 1951 und 1963 fand die Oper wieder Interesse, etwa am Ort der Uraufführung, wo das Werk unter Carlo Maria Giulini mit Italo Tajo in der Titelrolle konzertant zu hören war, dann 1976 unter Bruno Bartoletti mit Boris Christoff und 1986 unter Gabriele Ferro mit Samuel Ramey. Auch an weiteren Bühnen in und außerhalb Italiens kam es immer wieder zu Neuproduktionen, als feste Größe auf dem Spielplan konnte sich die Oper dennoch bis heute nicht etablieren.

Diskographischer Hinweis

Ruggero Raimondi (Attila), Cristina Deutekom (Odabella), Sherrill Milnes (Ezio), Carlo Bergonzi (Foresto) u. a., Finchley Children's Music Group, Ambrosian Singers, Royal Philharmonia Orchestra London, Lamberto Gardelli (aufgenommen: 1972). Philips 426 115–2

Samuel Ramey, Cheryl Studer, Giorgio Zancanaro, Neil Shicoff, Chor und Orchester der Mailänder Scala, Riccardo Muti (aufgenommen: 1989). EMI 665–749 952–2

Kurt Malisch

Macbeth

Melodramma in quattro atti
(4 Akte, 10 Bilder)

Text: Francesco Maria Piave, mit Ergänzungen von Andrea Maffei, nach *The Tragedy of Macbeth* von William Shakespeare in der italienischen Prosaübersetzung von Carlo Rusconi (1838)

Uraufführung: 1. Fassung: Florenz, Teatro alla Pergola, 14. März 1847 – 2. Fassung (als »Opéra en quatre actes« in der Übersetzung von Charles Nuitter und Alexandre Beaumont): Paris, Théatre-Lyrique, 21. April 1865 (hier behandelt)

Personen: Duncan, König von Schottland (stumme Rolle); Macbeth (Bariton) und Banco (Baß), Anführer des königlichen Heeres; Lady Macbeth, Macbeths Frau (Sopran); Kammerfrau der Lady Macbeth (Sopran); Macduff, schottischer Edler, Herr von Fife (Tenor); Malcolm, Sohn Duncans (Tenor); Fleance, Sohn Bancos (stumme Rolle); Arzt (Baß); Diener Macbeths (Baß); Mörder (Baß); Herold (Baß); Hekate, Göttin der Nacht (Tanzrolle) – Hexen, Boten des Königs, schottische Edle und Flüchtlinge, Mörder, englische Soldaten, Barden, Luftgeister, Erscheinungen

Orchester: Piccoloflöte, Querflöte, 2 Oboen, Englischhorn, 2 Klarinetten (2. auch Baßklarinette), 2 Fagotte, 4 Hörner, 2 Trompeten, 3 Posaunen, Cimbasso, Pauken, Schlagzeug (Große Trommel, Becken, Tamtam), Harfe, Streicher – Bühnenmusik auf der Szene: *banda*; unter der Szene: 2 Oboen, 6 Klarinetten, 2 Fagotte, Kontrafagott

Spieldauer ohne Pausen: 2 Stunden 30 Minuten

Autograph: 1. Fassung: Mailand: Verlagsarchiv Ricordi – 2. Fassung: Paris, Bibliothèque Nationale de France

Ausgaben: Klavierauszüge: (1. Fassung) Mailand: Ricordi [1847], Nr. 19621–19643; (2. Fassung) Paris: Escudier [1865], Nr. 1027; Mailand: Ricordi [ca. 1874], Nr. 42311 – Textbücher: (1. Fassung) Genua: Pagano 1848, Mailand: Valentini 1849; (2. Fassung): Paris: Lévy 1865, Mailand: Ricordi 1979; *Tutti i libretti*, 1975, S. 151–170

Entstehung

Als Verdi im Sommer 1846 mit dem *impresario* Alessandro Lanari, dem langjährigen Pächter des Florentiner Teatro alla Pergola, über die Komposition einer neuen, seiner zehnten Oper verhandelte, zog er drei Stoffe in Erwägung: Shakespeares *Macbeth*, Schillers *Die Räuber* sowie Grillparzers *Die Ahnfrau*. Grillparzers Schicksalsdrama taucht mehrfach unter den Opernplänen der 1840er Jahre auf, blieb aber unvertont. *I masnadieri*, seine Version von Schillers Erstling, schrieb Verdi im Anschluß an *Macbeth* im Frühjahr 1847 für London. Daß die Wahl für Florenz schließlich auf Shakespeares Tragödie fiel, hatte seinen Grund nicht zuletzt darin, daß der Tenor Gaetano Fraschini für die Rolle des Karl Moor nicht zur Verfügung stand. Als Darsteller des Titelpaars von *Macbeth* waren dagegen der Bariton Felice Varesi und die Sopranistin Sophie Loewe auserschen, die dann allerdings durch Marianna Barbieri-Nini ersetzt werden mußte.

Allen drei Stoffen gemeinsam ist, daß sie sich eigentlich den theatralen Formen des italienischen *melodramma* verschließen. Aber Verdi war für Florenz auf der Suche nach einer Oper im »phantastischen Genre« (Brief Verdis an Alessandro Lanari vom 17. Mai 1846; Abbiati, 1959, Band I, S. 636): »Das Sujet der Oper ist weder politisch noch religiös: Es ist phantastisch.« (Brief Verdis an Alessandro Lanari vom 19. August 1846; Copialettere, 1913, S. 26) Im Fahrwasser von Webers *Der Freischütz* und Meyerbeers *Robert le diable*, die beide – 1843 und 1840 – ihre italienische Premiere in Florenz erlebt hatten, feierte mit der Gestaltung des Einbruchs des Numinosen, des Übernatürlichen in die Wirklichkeit auch in Italien ein an der Schauerromantik orientiertes Genre Triumphe. Insbesondere der Einfluß von Meyerbeers ebenso spektakulärer wie erfolgreicher Schaueroper läßt sich bis in die Details der musikalischen Gestaltung und szenischen Präsentation von *Macbeth* verfolgen.

Verdi war sich des Wagnisses bewußt, das er mit der Wahl von Shakespeares damals in Italien so gut wie unbekanntem Stück einging. Die Herausforderung lag zum einen im an sich schon gewagten Verzicht auf die übliche Liebesgeschichte – und damit auf die tragende Tenorrolle –, zum andern in der Düsternis einer Handlung, die der Nachtseite der Natur wie den Abgründen der menschlichen Seele zugewandt ist. Auf der Grundlage von Rusconis Übersetzung erstellte Verdi nicht nur, wie stets, das Szenarium, sondern schrieb einen vollständigen Prosaentwurf, bei dessen Übersendung er seinem Librettisten Francesco Maria Piave einschärfte: »Diese Tragödie ist eine der großartigsten menschlichen Schöpfungen! ... Wenn wir schon keine große Sache daraus machen können, laß uns wenigstens versuchen, eine Sache jenseits des Gewöhnlichen zu machen. Der Entwurf ist unmißverständlich formuliert: ohne Konvention, ohne Umstände und kurz. Ich lege Dir die Verse ans Herz; auch sie müssen kurz sein; je kürzer sie sind, desto mehr Wirkung wirst Du erzielen. [...] Für die Verse denke stets daran, daß es dort kein überflüssiges Wort geben darf: Alles muß etwas ausdrücken, und man muß sich einer erhabenen Sprache befleißigen, mit Ausnahme der Hexenchöre: Jene müssen ordinär, aber doch extravagant und originell sein. [...] Kürze und Erhabenheit!« (Brief vom 4. September 1846; Abbiati, 1959, Band I, S. 646) Verdi war schließlich mit Piaves Libretto so wenig zufrieden, daß er seinen Freund, den Dichter und Schiller-Übersetzer Andrea Maffei um Mitarbeit bat, die sich vor allem auf Teile des 3. und 4. Aktes erstreckte. Schließlich erschien das Libretto ohne Nennung eines Verfassers.

Das Particell – wie üblich die Gesangsstimmen und den Baß umfassend – schließt Verdi Ende Januar 1847 ab; vier Nummern, darunter die *cabaletta* der triumphierenden Lady im 2. Akt (»Trionfai! securi alfine«), entstehen allerdings erst im März in Florenz. Bei der Komposition bedient er sich zwar nicht mehr die Sänger, aber er berücksichtigt doch ihre stimmlichen Möglichkeiten. Ab Anfang Januar übersendet er Varesi und Barbieri-Nini nach und nach ihre Nummern. Die dabei geschriebenen Briefe erlauben nicht nur unschätzbare Rückschlüsse auf Verdis Kompositionsweise, sondern auch auf seine dramatischen Intentionen. Am 16. Februar trifft er, zusammen mit seinem Famulus Emanuele Muzio, in Florenz ein, wo er die Instrumentation der Partitur abschließt und gleichzeitig mit der – in musikalischer wie szenischer Hinsicht – überaus sorgfältigen Einstudierung beginnt. Die Premiere findet am 14. März 1847 statt. Verdi widmet das Werk, das er höher einstuft als seine anderen Opern, seinem langjährigen Gönner und Schwiegervater Antonio Barezzi.

Als Léon Carvalho, der Intendant des Pariser Théatre Lyrique, *Macbeth* im Winter 1864 in einer französischen Bearbeitung herausbringen will, bittet er Verdi um die Nachkomposition der in Paris obligatorischen Ballettmusik sowie um einen das Werk abrundenden Schlußchor. Verdi nimmt sich die Partitur vor und entschließt sich zur Überarbeitung beziehungsweise Ersetzung von Nummern, »die entweder schwach sind oder denen es an Charakter fehlt, was noch schlimmer ist« (Brief an Léon Escudier vom 22. Oktober 1864; Prod'homme, 1928, S. 181) Er retuschiert das Duett Lady/Macbeth im 1. Akt sowie die Szene mit der Erscheinung Bancos im 2. Akt, faßt die Geisterphantasmagorie im 3. Akt weitgehend neu, ersetzt die Soloszene der Lady im ersten Bild des 2. Aktes durch eine neue Arie, Macbeths *cabaletta* am Ende des 3. Aktes durch ein Duett Lady/Macbeth sowie den Chor der schottischen Flüchtlinge zu Beginn des 4. Aktes durch eine Neukomposition und gibt nicht zuletzt dem Schluß eine vollkommen neue Gestalt. Hinzu kommt das große Ballett im 3. Akt, das auf den Hekate-Szenen von Shakespeares Drama beruht. Am 9. Februar 1865 schließt Verdi die Arbeit ab. Die Textergänzungen stammen teils von Piave, teils von Verdi selbst. In der französischen Übersetzung von Charles Nuitter und Alexandre Beaumont erlebt die zweite Fassung von *Macbeth* ihre Premiere am 21. April 1865.

Handlung

Schottland im 11. Jahrhundert, vorwiegend Macbeths Burg. Zu Anfang des 4. Aktes Grenze zwischen England und Schottland

1. Akt, 1. Bild, Wald: Drei Gruppen von Hexen erscheinen nacheinander unter Blitz und Donner. Sie erzählen sich, welches Unwesen sie am Tag getrieben haben. Eine Trommel kündigt die Ankunft Macbeths an (*Introduzione*, »Che faceste? dite sù!«). Banco und Macbeth kehren siegreich aus der Schlacht zurück. Die Hexen weissagen, daß Macbeth Herr von Cawdor und König von Schottland, Banco Vater von Königen sein werde. Danach verschwinden sie. Boten melden, daß Macbeth vom König zum Nachfolger des als Rebellen hingerichteten Herrn von Cawdor erhoben wurde. Banco und Macbeth, die durch die Hexen zutiefst beunruhigt sind, erkennen mit Schauder, daß die Weissagungen zutreffen (*Scena e duetto*, »Due vaticini compiuti or sono...«). Die Hexen kehren zurück. Sie triumphieren: Ihr Schicksalsspruch wird sich erfüllen (*Coro di streghe – stretta dell'introduzione*, »S'allontarono! – N'accozzeremo«). – 2. Bild, Vorhalle in der Burg Macbeths, die in andre Zimmer führt: Die machtgierige Lady Macbeth liest den Brief, in dem Macbeth von den Prophezeiungen der Hexen berichtet. Sie ist entschlossen, den Zögernden zum Königsmord aufzustacheln. Da bringt ein Diener die Nachricht, daß Duncan über Nacht Gast im Schlosse sein wird. Die Lady will die günstige Gelegenheit nutzen und faßt den Entschluß zur Tat (*Scena e cavatina*, »Vieni! t'affretta! accendere«). Als Macbeth auftritt und die unmittelbar bevorstehende Ankunft des Königs ankündigt, überredet sie den Gatten zum Mord. Duncan und sein Gefolge ziehen zu ländlicher Musik ins Schloß ein (*Scena e marcia*, »O donna mia! Caudore!«). – 3. Bild, Nacht: Dem Willen der Lady vermag Macbeth nicht zu widerstehen. Seine Sinne sind von Angstvisionen gepeinigt. Als die Glocke Mitternacht schlägt, ersticht er den schlafenden König. Nach der Tat kommen Macbeth Gewissensbisse. Aber die Lady verhöhnt ihn und vollendet den Plan, indem sie nochmals ins Zimmer des Königs geht, um den Verdacht auf die Wache zu lenken. Mit blutbefleckten Händen kehrt sie zurück. Heftige Schläge ans Burgtor kündigen den Morgen an (*Scena e duetto*, »Fatal mia donna! un murmure«). Macduff entdeckt als erster das Verbrechen. Er ruft das ganze Schloß herbei. Alle – selbst das heuchlerisch einstimmende Paar – verfluchen den unbekannten Mörder und flehen die Rache des Himmels herab (*Scena e sestetto nel finale I*, »Oh, qual orrenda notte!«).

2. Akt, 1. Bild, Burggemach: Macbeth hat das Ziel erreicht und ist König. Der Verdacht des Mordes fiel auf Duncans Sohn Malcolm, der nach England geflohen ist. Noch aber lebt Banco, dessen Erben die Hexen den Thron geweissagt haben. Die Lady überredet ihren Mann, auch Banco und seinen Sohn Fleance zu

beseitigen. Während Macbeth von Reue geplagt ist, stillt die Lady ihr Verlangen an der Wollust der Macht (*Scena ed aria*, »La luce langue, il faro spegnesi«). – 2. Bild, Park: In der Ferne Macbeths Burg. Gedungene Mörder treten auf und verstecken sich (*Coro di sicari*, »Chi v'impose unirvi a noi?«). Auch Banco will aus Schottland fliehen, wo Unglück und Verbrechen herrschen. Doch er fällt den Häschern zum Opfer. Nur Fleance entkommt lebend aus dem Hinterhalt (*Gran Scena*, »Come dal ciel precipita«). – 3. Bild, Prunksaal: Macbeth und die Lady haben zum Bankett geladen. Der unfrohen Stimmung tritt die Lady mit einem Trinkspruch entgegen (*Convito con brindisi nel finale II*, »Si colmi il calice«). Macbeth erhält die Nachricht vom Tod Bancos. Als er dessen leeren Platz an der Tafel einnehmen will, sitzt dort – nur für ihn sichtbar – Bancos Geist. Er reagiert mit wirren Gesten und verräterischen Worten und kommt erst wieder zu sich, als der Geist verschwindet. Die Lady lenkt die Gäste mit einer Wiederholung des zuvor schon erklungenen Trinkspruchs ab. Als der Geist abermals erscheint, bricht Macbeth zusammen (*Apparizione e replica del brindisi*, »Di coi ciò che fece? Che parli? Non dirmi«). Macbeth beschließt, erneut die Hexen aufzusuchen. Die Lady verhöhnt ihn als Schwächling. Macduff will das Land verlassen. Die Ahnungen der Gäste um Macbeths Verbrechen verdichten sich zur Gewißheit (*Quartetto finale II*, »Sangue a me quell'ombra chiede«).

3. Akt, dunkle Höhle: Die Hexen hocken um einen Kessel, in dem es kocht (*Introduzione – incantesimo*, »Tre volte miagola la gatta in collera«). Vor den versammelten Geisterwesen und Hexen erscheint Hekate und macht ihnen deutlich, wie sie sich Macbeth gegenüber verhalten sollen (*Ballo*). Schließlich tritt Macbeth in den Kreis und beschwört die Hexen, ihm die Zukunft zu enthüllen. Drei Erscheinungen weissagen ihm: Vor Macduff solle er sich hüten; keiner, der von einem Weib geboren sei, könne ihm schaden; er bleibe unbesiegbar, bis der Wald von Birnam wie ein Heer gegen ihn anrücke. Der Kessel versinkt. Geheimnisvolle unterirdische Dudelsackmusik ertönt. Sieben Könige aus Bancos Geschlecht ziehen stumm an Macbeth vorüber, als achter und letzter Banco selbst, der einen Spiegel in der Hand hält. Als der verstörte Macbeth mit dem Schwert gegen die Erscheinungen losstürmt, verkünden ihm die Hexen, daß Bancos Nachkommen leben werden. Da erkennt er, daß er verloren ist und bricht ohnmächtig zusammen (*Gran scena delle apparizioni*, »Dalle basse e dall'alte dimore«). Luftgeister bringen ihn ins Leben zurück (*Coro e ballabile*, »Ondine e Silfidi«). Die Lady findet Macbeth in völliger Verstörung. Doch es gelingt ihr, seinen Mut wieder anzufachen. Beide beschließen, Bancos Sohn und Macduffs Familie zu beseitigen. Was mit Blut begann, muß mit Blut enden (*Scena e Duetto – finale III*, »Ora di morte e di vendetta«).

4. Akt, 1. Bild, öde Landschaft an der Grenze von Schottland und England: In der Ferne der Wald von Birnam. Schottische Flüchtlinge haben ihr Lager aufgeschlagen und beklagen ihre in die Hände von Verbrechern gefallene Heimat (*Introduzione – coro di profughi scozzesi*, »Patria oppressa! il dolce nome«). Macduff trauert um seine Familie und schwört dem Tyrannen Rache. Unter Trommelwirbel tritt Malcolm als Anführer einer englischen Streitmacht gegen Macbeth auf. Er befiehlt seinen Soldaten, Äste abzureißen und diese als Deckung beim Sturmangriff vor sich herzutragen (*Scena ed aria*, »Ah, la paterna mano«). – 2. Bild, Zimmer im Schloß Macbeths, Nacht: Der Arzt und die Kammerfrau wachen, um die nachtwandelnde Lady zu beobachten. Ihre Sinne sind verwirrt. Sie ist unter der übergroßen Last ihrer Untaten zusammengebrochen. Wieder und wieder versucht sie, das vom Mord an ihren Händen klebende Blut wegzuwaschen (*Gran scena del sonnambulismo*, »Una macchia è qui tuttora«). – 3. Bild, Burgsaal: Macbeth erkennt die Sinnlosigkeit seines Lebens; der Fluch des Mordes wird ihn bis ins Grab verfolgen (*Scena ed aria*, »Pietà, rispetto, amore«). Auf die Nachricht vom Tod der Lady reagiert er mit verächtlicher Gleichgültigkeit. Die feindliche Armee, mit Ästen des Waldes von Birnam getarnt, rückt vor. Macbeth ahnt, daß die höllische Weissagung wahr gesprochen hat. – 4. Bild, weite Ebene, von Höhen und Wäldern umgeben: Die Bühne füllt sich mit englischen Soldaten. Schlachtenlärm ertönt. Macduff, der vor der Geburt aus dem Schoß seiner Mutter geschnitten wurde, stellt den Tyrannen zum Zweikampf und ersticht ihn hinter der Szene (*Scena e battaglia*, »Via le fronde, e mano all'armi!«).

Alle huldigen Malcolm, dem neuen König (*Inno di vittoria – finale*, »Macbeth, Macbeth ov'è?«).

Kommentar

Macbeth war Verdis bislang konsequentester Versuch eines musikalischen Dramas unter den Voraussetzungen des romantischen *melodramma* und damit ein entscheidender Schritt auf dem Weg zur Überwindung der traditionellen, auf Rossini zurückgehenden Konventionen. Vor die Wahl gestellt, entweder die Vorlage bis zur Unkenntlichkeit dem eingefahrenen szenischen Layout aufzuopfern und damit Shakespeares Geist zu verfehlen oder die »solite convenienze« den Erfordernissen des Dramas anzupassen, entschied Verdi sich im vollen Bewußtsein der zu überwindenden Schwierigkeiten für den zweiten, riskanteren, aber künstlerisch einzig erfolgversprechenden Weg. Die Neuerungen betrafen gleichermaßen die Anlage der Szenen und die Disposition des Ganzen, die planvolle Tonartendisposition, die außerordentlich subtile Instrumentation, nicht zuletzt die ganz im Dienst der Charakterzeichnung stehende vokale Schreibweise. Sie alle tragen zu jenem individuellen Klang, jener *tinta musicale* bei, die Verdi seinen Partituren stets zu geben wußte und die in keiner seiner Opern, selbst nicht im schmerzerfüllten *Simon Boccanegra*, so gespenstisch, so nachtschwarz, ja ausweglos finster ist wie in *Macbeth*.

Gegenüber Shakespeares Schauspiel ist die Handlung auf ihren dramatischen Kern konzentriert. Nicht nur die Form der elisabethanischen Tragödie mit ihren schnellen Szenenwechseln, ihrem Wechsel von Prosa und Vers, ihren abgespaltenen Nebenhandlungen und zahlreichen Personen widersetzte sich der umstandslosen Bearbeitung als Oper. Mehr noch war es die innere Handlung, die psychologische Introspektion dieser Tragödie der Macht mit ihren zahlreichen Selbstgesprächen, die sich dem optischen Spektakel der Bilder wie der musikalischen Rhetorik der italienischen Oper entzogen. Denn Shakespeares *tragedy* über den Königsmörder und verbrecherischen Regenten Macbeth ist – anders als etwa Grillparzers in die engere Wahl gezogene *Die Ahnfrau* – kein Schicksalsdrama, in dem das Fatum blind waltet, sondern bei allem Schauder über die Abgründe des Menschen ein der Rationalität zugewandtes Drama über Schuld und Gewissen.

»In dieser Oper gibt es drei Hauptrollen, und es können nur drei sein: *Lady Macbeth*, *Macbeth* – der *Hexenchor*.« (Brief Verdis an Léon Escudier vom 8. Februar 1865; Walker, 1951, S. 260) Trotz der nötigen Verknappung und Reduzierung hält Verdi sich eng an die Vorlage, nur die obligatorischen, freilich höchst originell behandelten Finalensembles des 1. und 2. Aktes finden bei Shakespeare keine Entsprechung. Von den schottischen Edlen aus Shakespeares Personal bleiben drei übrig: Banco, Malcolm und Macduff. König Duncan und Bancos Sohn Fleance sind stumme Rollen. Die makabre Kontrastfigur des skurrilen Pförtners entfällt. Aber selbst Macduff und Banco – und damit die tragenden Rollen von Tenor und Baß – sind als Nebenfiguren szenisch an den Rand gedrängt. Zwar gehört beiden eine Soloszene, aber, wie es die »convenienze« – die Bühnenregeln, denen Verdi hier folgt – für *comprimari* vorschreiben, nur eine einteilige und keine zweiteilige, durch eine *cabaletta* gekrönte Doppelarie, wobei der anschließende Chor freilich als ›Ersatz‹ für die *cabaletta* verstanden werden kann. So wirkungssicher beide Moll/Dur-Romanzen auch komponiert sind – die Bancos mit schwergängigem Pathos, die Macduffs mit schmerzvoller Erregung –, musikalisch weisen sie nicht über die Praxis des jungen Verdi hinaus und könnten in jeder seiner frühen Opern stehen.

Gleiches gilt teilweise auch für die Hexenchöre. Im schon zitierten Brief an Escudier heißt es weiter: »Die Hexen beherrschen das Drama; alles geht von ihnen aus; grob und geschwätzig im ersten Akt; erhaben und prophetisch im dritten. Sie bilden wirklich eine Persönlichkeit, und zwar eine von allerhöchster Bedeutung.« Gerade an den Hexen aber läßt sich zeigen, wie Verdis Bearbeitung des Stoffs selbst gegen seine erklärte Absicht noch von den Formkonventionen des *melodramma* gelenkt, ja geradezu kanalisiert wird. Bei Shakespeare sind die drei Hexen – er nennt sie in der dritten Szene des 1. Aktes »Unheilsschwestern« – Inkarnationen der Nachtseite der Natur, Zelebrantinnen eines satanischen Spektakels und damit gleichzeitig symbolische wie individuelle Figuren. Bei Verdi sind sie Personifikationen eines amoralischen Destruktionstriebs, also Projektionen des Innern, Emanationen der Abgründe der menschlichen Seele. Musikalisch freilich kann er sie nur in Form eines anonymen, gesichtslosen Chors fassen – und überdies einzig mit den Möglichkeiten, die die italienische Oper seiner Zeit ihm bereitstellte. Die psychologische Introspektion der vokalen Schreibweise, die gleichsam noch die geheimsten Befindlichkeiten eines Charakters erschließt, ermöglicht es Verdi, in *Macbeth* selbst extreme pathologische Bewußtseinszustände und Obsessionen musikalisch zu fassen. Überall dort aber, wo bewegte Massen zu inszenieren waren, bediente er sich noch immer des rhythmischen Elans von Rossini samt dessen Formeln. So klingen denn die Hexenchöre weniger geheimnisvoll als frivol, weniger nach geisterhafter Finsternis denn nach einem Pariser *bal paré* und es war nur konsequent, wenn der Regisseur Hans Neuenfels sie in seiner Frankfurter *Macbeth*-Inszenierung 1976 gleich in Ballkleider kostümierte und den *cancan* auch tanzen ließ. Ihre leichtlebige Musik würde auch in einer Offenbach- oder Gilbert/Sullivan-Operette nicht als Fremdkörper wirken.

Das ist deswegen erstaunlich, weil Verdi das Motto der drei Hexen aus der ersten Szene von Shakespeares Tragödie – »Foul is fair and fair is foul« (»Schön ist häßlich, häßlich schön«) – zwar nicht in sein Libretto übernommen, diese ästhetische Devise aber im Ausdruck und Klang seiner Musik zu imaginieren versucht hat. Daß das Böse von Grund auf häßlich sei, konnte er in August Wilhelm Schlegels *Vorlesungen über dramatische Kunst und Litteratur* (1809–1811) finden, die sein Shakespeare-Verständnis nachhaltig beeinflußt haben. (Carlo Rusconi hatte die entsprechenden Abschnitte im Anhang seiner italienischen Shakespeare-Übersetzung abgedruckt.) Schlegel hebt dort Shakespeares Darstellung der Hexen als »wahrhaft magisch« hervor: »Er hat ihnen in den kurzen Szenen, wo sie auftreten, eine eigene Sprache geschaffen, die, wiewohl aus den gewöhnlichen Elementen zusammengesetzt, dennoch eine Sammlung von Beschwörungsformeln zu seyn scheint, und worin der Laut der Worte, die gehäuften Reime und der Rhythmus der Verse gleichsam die dumpfe Musik zu wüsten Hexentänzen bilden.« Dieses magische Ritual hat Verdi überall dort musikalisch originell und dramatisch überzeugend eingefangen, wo das Drama eine freiere musikalische Gestaltung zugleich erlaubte und erforderte, also in der Weissagung der Hexen an Macbeth und Banco in der *introduzione* des 1. Aktes, in der Beschwörungsszene der geisterhaften Erscheinungen des 3. Aktes, nicht zuletzt im geheimnisvollen Klang der unterirdischen Dudelsackmusik, die die ›dumb show‹, den stummen Aufmarsch der acht Könige, begleitet. Für die ästhetisch problematische, jedenfalls musikalisch zwiespältige Aufspaltung in einen gassenhaften und einen prophetischen Ton hätte Verdi sich immerhin auf Schlegel berufen können: »Unter sich reden die Hexen wie Weiber aus dem Pöbel, denn das sollen sie ja seyn; dem Macbeth gegenüber erhebt sich ihr Ton: ihre Weißagungen, die sie selbst aussprechen, oder von ihren Fantomen aussprechen lassen, haben die dunkle Kürze, die majestätische Feyerlichkeit, wodurch von jeher die Orakel den Sterblichen Ehrfurcht einzuflößen wußten.«

Von musikalisch ungleich bedeutenderem Gewicht ist dagegen der dramaturgisch eher statische Chor der schottischen Flüchtlinge zu Beginn des 4. Aktes. Mit seiner dissonanten Harmonik, sparsamen Instrumentation und beklemmenden Stimmführung gehört er zu den eindrucksvollsten Chorsätzen Verdis; in der schmerzvollen Trauer weist er auf *Don Carlos*, ja auf die *Messa da Requiem* und das *Stabat Mater* der *Quattro pezzi sacri* voraus. Wie die Arie der Lady zu Beginn des 2. Aktes, große Teile des 3. Aktes und fast die gesamte Schlußszene entstammt auch dieser Chor der Pariser Fassung des Jahres 1865, der einschneidendsten Überarbeitung, der Verdi – neben der Revision des *Simon Boccanegra* – je eine seiner Opern unterzogen hat.

Bei dieser Neufassung wurden Teile der Partitur, insbesondere die Bankettszene, revidiert und selbst ganze Szenen neu komponiert. Dabei hat Verdi die strukturellen Elemente – etwa im Duett Lady/Macbeth im 1. Akt oder in Teilen der Bankettszene im 2. Akt – verstärkt und das Orchester durch eine gestenreichere, beweglichere Stimmführung in das dramatische Geschehen mit einbezogen. Innerhalb einer geschlossenen Nummer erreicht er auf diese Weise ein Maximum an Variabilität und Zeichnung der Charaktere. Das dramaturgische Layout, die Handlung und ihre formale Disposition selbst hat er an keiner Stelle grundsätzlich in Frage gestellt. Wie in der Florentiner Urfassung des Jahres 1847 herrscht weiterhin das *scena ed aria*-Prinzip vor, nämlich die Aufteilung der musikalischen Nummer in ein die Handlung vorantreibendes Rezitativ und in eine die Emotion zum Ausdruck bringende beziehungsweise die Psyche der Charaktere reflektierende Arie. Von der durchkomponierten Form der beiden ebenfalls auf Theaterstücke Shakespeares geschriebenen Spätwerke *Otello* und *Falstaff* ist *Macbeth* noch weit entfernt. Diese Unvereinbarkeit von gesprochenem und gesungenem Drama dürfte auch den in den 1850er Jahren mehrfach wiederaufgegriffenen Plan einer Vertonung des *King Lear* endgültig vereitelt haben.

In keiner seiner früheren Opern hat Verdi die musikalische Form mit einer solchen Freiheit behandelt wie in *Macbeth*. Als sich Marianna Barbieri-Nini für die Lady ein *adagio* in der Art von Donizettis *Fausta* erbat, lehnte Verdi unter Hinweis auf den Charakter der Rolle ab: »Sie werden sehen, daß man ein solches nicht komponieren kann, ohne den Charakter zu verraten und dem gesunden Menschenverstand offen den Krieg zu erklären. Im übrigen wäre es eine Entweihung, einen so großartigen, so kraftvollen, so originellen Charakter zu verändern, wie ihn der große englische Tragiker geschaffen hat. [...] Dies ist ein Drama, das nichts mit den anderen gemein hat, und wir dürfen alle keine Anstrengung scheuen, dem Original so gerecht wie möglich zu werden. Außerdem glaube ich, daß es nun an der Zeit ist, die gewohnten Formeln und die gewohnten Modelle aufzugeben, und ich glaube, daß man daraus einen größeren Nutzen ziehen kann.« (Brief vom 31. Januar 1847; Rosen/Porter, 1984, S. 39)

Anders als bei den vorausgegangenen Opern auf Schauspiele Victor Hugos (*Ernani*), Lord Byrons (*I due Foscari*), Friedrich Schillers (*Giovanna d'Arco*) oder Zacharias Werners (*Attila*) ging es Verdi nicht länger um die bloße Umwandlung eines erfolgreichen literarischen Stoffes in ein möglichst wirkungsvolles *melodramma*. Sein Ziel war vielmehr ein musikalisches Drama, das in der Lage sein sollte, originelle Charaktere und außergewöhnliche Leidenschaften in einer neuartigen Sprache zu artikulieren. Diese neue Art der vokalen wie instrumentalen Charakterzeichnung – hörbar und sichtbar zu machen, was die Figuren unsichtbar bewegt – erforderte die Aufgabe der gewohnten Formeln und Darstellungsweisen, vor allem aber die Bereitschaft der Sänger, aus diesem bewußten Verzicht Nutzen zu ziehen. Verdi schafft die Standardformen in *Macbeth* ja keinesfalls ab – für diesen erst mit *Aida* abgeschlossenen Weg benötigt er noch ein gutes Vierteljahrhundert –, aber er modifiziert und belebt sie dergestalt, daß sie nicht mehr hedonistischer Melomanie Vorschub leisten, sondern ihren Sinn aus dem Drama beziehen, dessen Ausdruck sie dienen.

Verdi hat in seinen Briefen an die ersten Darsteller der Lady Macbeth und des Macbeth mehrfach diese grundsätzliche Gleichberechtigung von Drama und Musik, Wort und Melodie betont: »Beachten Sie bitte, daß jedes Wort eine Bedeutung hat und daß man diese unbedingt sowohl im Gesang wie in der Darstellung ausdrücken muß« (Brief an Marianna Barbieri-Nini vom 31. Januar 1847; ebd., S. 40). Immer wieder zitiert wird in diesem Zusammenhang Verdis Brief an Salvadore Cammarano anläßlich der Erstaufführung des *Macbeth* in Neapel, in der Eugenia Tadolini die Lady singen sollte und – gegen des Komponisten ausdrücklichen Rat und Willen – auch tatsächlich sang: »Die Tadolini hat viel zu große Qualitäten, um diese Partie zu singen! Das wird Euch vielleicht als eine Absurdität erscheinen!!... Die Tadolini hat eine schöne und gute Figur, und ich möchte die Lady Macbeth häßlich und böse. Die Tadolini singt vollkommen; ich aber möchte, daß die Lady nicht singt. Die Tadolini hat eine phantastische Stimme, klar, rein, kräftig; und ich möchte für die Lady eine rauhe, erstickte, dumpfe Stimme. Die Stimme der Tadolini hat etwas Engelhaftes; ich möchte, daß die Stimme der Lady etwas Teuflisches hat.« (Brief vom 23. November 1848; Copialettere, 1913, S. 61 f.) Schon zuvor hatte er Marianna Barbieri-Nini beschworen: »Ich wünsche, daß die Sänger mehr dem Dichter als dem Komponisten dienen.« (Brief vom 2. Januar 1847; Rosen/Porter, 1984, S. 29)

Lanari gegenüber hat Verdis Librettist Piave geäußert, daß die Rolle der Lady Macbeth »die am kühnsten konzipierte sein wird, die man je auf der italienischen Opernbühne gesehen hat«

(Brief vom 28. Oktober 1846; Copialettere, 1913, S. 445). Eine annähernd vergleichbar wilde, kraftvolle, die Bahnen des Üblichen verlassende Sopranpartie hatte Verdi zuvor ansatzweise nur mit Abigaille in *Nabucodonosor* versucht. Beide, Abigaille wie die Lady – Sigmund Freud spricht mit Bezug auf Shakespeare von der Tragödie der unfruchtbaren, kinderlosen Frau (Freud, 1982, S. 241) –, sind dem Macht-, nicht dem Geschlechtstrieb verfallen. Beide sind sie neurotische Persönlichkeiten und begründen damit – mit Vorläuferinnen bei Gaetano Donizetti (Catarina Cornaro, Fausta, Gemma di Vergy, Lucrezia Borgia und Maria di Rudenz) – auf der Opernbühne eine Reihe, die mit Richard Strauss' Porträt der Klytämnestra als Hysterikerin in *Elektra* (1909) kulminiert.

Das hat Konsequenzen für die vokale Zeichnung. Ganz im Sinne der zeitgenössischen, von Victor Hugo in seinem Vorwort zu *Cromwell* (1827) zugespitzten Diskussion, inwiefern auch das Häßliche schön sein könne, geht es Verdi um eine Ästhetik des Charakteristischen. Selbst dort, wo er – wie in der Arie des 1. Aktes und im Trinklied des 2. Aktes – zur musikalischen Charakterisierung der Lady noch zu den üblichen Formeln greift, gibt er ihnen musikalischen Sinn und dramatische Bedeutung. Beide Soloszenen sind gespickt mit Läufen, Trillern und Kadenzen – Figuren des *canto filato*, die eine *bel canto*-Schulung erfordern und die erst mit *Simon Boccanegra* zehn Jahre später allmählich aus Verdis vokaler Schreibweise zu verschwinden beginnen. Über das Trinklied schreibt er an Marianna Barbieri-Nini: »Überflüssig Ihnen zu sagen, daß dies leicht, brillant, mit allen *appoggiature*, Trillern und Mordenten usw. vorzutragen ist.« (Brief vom 2. Januar 1847; Rosen/Porter, 1984, S. 29) Das großspurig intonierte Trinklied bringt die gequält-verlogene Fröhlichkeit der Situation – soeben ist an Banco der zweite Mord geschehen – glänzend zum Ausdruck. Durch die szenische Einbindung erhält es, wie später der *brindisi* im 1. Akt von *La traviata*, eine neue, dramatische Funktion. Was Verdi – nicht weniger, aber auch nicht mehr besagt seine Äußerung gegenüber Cammarano – bei der Lady allerdings vermieden sehen wollte, war die narzißtische Selbstbespiegelung der *prima donna*. Nicht sinnentleerter Schöngesang, sondern lebendige, kraftvolle Deklamation des Textes und damit der Vollzug des Dramas durch die Sänger war sein Ziel.

Sowohl die Auftrittsarie der Lady wie der *brindisi* finden sich unverändert in der Partitur der Neufassung. Anders liegt der Fall beim Triumphgesang der Lady zu Beginn des 2. Aktes (»Trionfai! sicuri alfine«), als der Mord an Banco beschlossene Sache ist. Verdi hat die vor kalter Brillanz funkelnde Nummer – einen stimmlichen *tour de force*, der mit seinen atemlosen Triolenketten selbst die Auftrittsarie der Odabella in *Attila* in den Schatten stellt – 1865 durch eine ausdrucksvoll-düstere Arie (»La luce langue, il faro spegnesi«) ersetzt, die mit ihrer klangmalerischen Instrumentation und reichen Harmonik seinen neuen Stil demonstriert und bereits auf *Don Carlos* vorausweist. Sie verzichtet auf jegliche Koloratur, ja jeden im vordergründigen Sinn ›schönen‹ Gesang und läßt mit ihrem brütenden, das tiefe Register der Sopranstimme bevorzugenden Ton jene »Wollust der Macht« Klang werden, an der sich die Lady hier berauscht.

Den Höhepunkt von Verdis vokalem Porträt der Lady stellt aber zweifellos ihre Nachtwandelszene dar, in der wir sie als Opfer ihrer eigenen Verdrängung erleben. Die Szene lehnt sich eng und bis in den Wortlaut hinein an Shakespeare an. Obwohl Verse und Musik strophisch gegliedert sind, nimmt man die metrische Form kaum als solche wahr. Sie wirkt so regellos wie die ungereimte Prosa der Vorlage. Die traditionelle Wahnsinnsarie Bellinis und Donizettis erscheint in dieser Szene, in der die Lady schlafwandelt und im Traum alle begangenen Verbrechen enthüllt, in neuer Gestalt. Die düstere Klage des Englischhorns, die rastlos sich aufbäumende Violoncellofigur im Baß und die abgerissenen Phrasen des Gesangs evozieren das Klangbild einer zerstörten Seele, eines unser Mitleid erheischenden Menschen im Todeskampf – Musik, die bereits auf Otellos Klage »Dio! mi potevi scagliar tutti i mali« vorausweist, in der sich auf ähnlich eindringliche Weise ein Persönlichkeitszerfall artikuliert. Die Lautstärke bewegt sich meistens im *piano*-Bereich und für die Tongebung ist fast durchweg *sotto voce* vorgeschrieben. Die Lady nimmt die sie beobachtenden Personen – den Doktor und ihre Kammerfrau – nicht wahr. Was sie singt, ist ein Selbstgespräch.

Escudier gegenüber erwähnte Verdi die

Schauspielerin Adelaide Ristori, die Shakespeares Nachtwandelszene mit dem »Röcheln des Todes« tragiere: »In der Musik darf und kann man das nicht machen; wie man nicht husten darf im letzten Akt von *La traviata*; und auch nicht lachen bei ›scherzo od è follia‹ in *Un ballo in maschera*. Hier gibt es einen Klagelaut im Englischhorn, der das Röcheln wunderbar ersetzt und viel poetischer ist. Das Stück muß mit der größten Einfachheit gesungen werden und mit einer düsteren Stimme (es geht um eine Sterbende).« (Brief vom 11. März 1865; Rosen/Porter, 1984, S. 110) Selbst bei dieser Schrecken und Mitleid ausdrückenden Szene stellt Verdi sich auf die Seite der Musik. Gesang ist für ihn Formkunst, deren Stilisierung nicht durch einen kruden Naturalismus des Ausdrucks zerstört werden darf. Auch hierin bewährt sich sein künstlerisches Credo, »die Wahrheit zu erfinden« sei besser als sie nachzuahmen (Brief an Clara Maffei vom 20. Oktober 1876; Copialettere, 1913, S. 624).

Verdis musikalisches Psychogramm in dieser kühnsten Szene der Oper scheint die Deutung Sigmund Freuds vorwegzunehmen, der schreibt, daß sich an der Lady erfülle, was Macbeth in seiner Gewissensangst fürchten zu müssen glaubte: »Sie wird die Reue nach der Tat, er wird der Trotz, sie erschöpfen miteinander die Möglichkeiten der Reaktion auf das Verbrechen, wie zwei uneinige Anteile einer einzigen psychischen Individualität und vielleicht Nachbilder eines einzigen Vorbildes.« (Freud, 1982, S. 244) Auffällig bleibt, daß die Wirkung der kurzphrasigen, wie zusammenhanglos sich äußernden vokalen Rede der Lady das genaue Gegenteil des analysierenden Befundes auslöst: den Eindruck einer einzigen, ununterbrochenen, gleichsam unendlichen Melodie.

Shakespeare Titelheld ist – so der italienische Philosoph und Literaturhistoriker Benedetto Croce – »der zugleich Tätige und Erleidende eines Werdevorgangs« (Croce, 1922, S. 208), die Lady und die drei Hexen als Verkörperungen des Bösen sind dagegen nur die motivierenden Faktoren, die seinen geheimsten Wünschen zur Tat verhelfen. Verdi kehrt dieses Verhältnis geradezu um. Er zeichnet Macbeth als Schwächling, ja willenloses Geschöpf, die Lady – seine »fatal donna«, sein Schicksal spielendes Weib – als die eigentlich Handelnde, die den Zögernden zu Mord und Verbrechen erst antreibt: »Während die Hexen und die Lady in der Tragödie nur eine Flamme schüren, die im Innern Macbeths längst brennt, zünden sie in der Oper das Feuer überhaupt erst an.« (Gerhartz, 1968, S. 186) Obwohl man sich Macbeth als »man under influence«, als hörigen Streber vorstellen muß, der allein schon durch sein bloßes Dasein sein gespaltenes Bewußtsein zum Ausdruck bringt, billigt Verdi ihm im Schlußakt dennoch eine tragische Fallhöhe von beklemmender Wirkung zu.

Gemessen an den Erwartungen des italienischen *melodramma* ist der passive Titelheld noch neuartiger, noch origineller konzipiert als selbst die Lady. Gleich seine Auftrittsszene in der *introduzione* formt Verdi entgegen der Tradition in ein Duett mit Banco um. Auf diese Weise konfrontiert die Musik den Zuschauer unmittelbar mit der unterschiedlichen Reaktion der beiden auf die Prophezeiung der Hexen. Man hört, wie die Verlockung der Krone Macbeths Unterbewußtsein erfüllt, hört, wie sich ihm förmlich – wie im Text angesprochen – die Haare sträuben. Banco bleibt demgegenüber zurückhaltender. Ein noch umfassenderes musikalisches Psychogramm durch Gesang entwirft die *Gran scena* Macbeths im zweiten Bild des 1. Aktes, in der sich der Mordentschluß vollzieht. Verdi gestaltet die Halluzination des »Gedankendolchs« (Shakespeare/Schiller) – »der Dolch mutiert hier zum Partner« (Udo Bermbach) – in einem szenisch wie musikalisch gleichermaßen sprechenden Monolog, der auf der vokalen wie instrumentalen Ebene den Gedanken folgt, die Macbeth wälzt: »Ich werde nie aufhören, Dir zu empfehlen, die Situation und die Worte gut zu studieren: die Musik kommt von selbst.« (Brief an Felice Varesi vom 7. Januar 1847; Schlitzer, 1953, S. 7)

»Tutto è finito!« (»Alles ist getan!«); mit diesen Worten gesteht der verstörte Macbeth der hinzukommenden Lady den Mord. Das Duett, das sich aus der chromatischen Reibung der klagenden kleinen Sekunde c/des des Mordgeständnisses – der musikalischen Urzelle der gesamten Partitur! – herauswindet, folgt formal noch dem vierteiligen, auf Rossini zurückgehenden Satz und schließt mit einer *stretta*-artigen Reprise. Verdi, der sich auch hier wieder an den Text Shakespeares hält, bricht die schematische Form aber auf, indem er sie mit dramatischen Gebärden erfüllt und zur psychologischen Auslotung der seelischen Befindlichkeit seiner beiden Protagonisten benutzt. Er findet für den poetischen Dialog Shakespeares musikalische Entsprechungen, sei es durch die vokale Charakterisierung, sei es durch die instrumentale Klangsprache, die von den stöhnenden Klagelauten der Holzbläser bis zu den Sturmschlägen des ganzen Orchesters reicht, in denen die Ermordung Duncans nachbebt. Neuartig an diesem ununterbrochenen Dialog ist, daß jede Wendung im Text auch einen neuen musikalischen Gedanken hervorbringt. Dabei arbeitet Verdi in dieser Schrecken einflößenden Szene mit kontrastiven Gesten den Gegensatz zwischen dem ängstlichen, schuldbewußten Macbeth und der ihn beherrschenden Lady hervor, zu deren Charakterisierung er auch hier zum »höllischen Spott« (Brief Verdis an Léon Escudier vom 23. Januar 1865; Copialettere, 1913, S. 454) der verzierten Figuren greift. Zusammen mit der Nachtwandelszene hielt er dieses Duett für das Zentrum der Oper. In beiden Nummern ist es ihm gelungen, die Essenz von Shakespeares Menschenbild und seiner dramatischen Präsenz in Musik zu transponieren. Verdi, der auf dieses Duett bei der Einstudierung der Florentiner Premiere besonderen Nachdruck legte – nach dem Zeugnis Barbieri-Ninis ließ er es angeblich mehr als 150 mal proben! –, hat seinen Interpreten empfohlen, ›mit Dämpfern‹ zu singen: »Denk daran, daß es Nacht ist: Alle schlafen; und dieses ganze Duett muß *sotto voce* gestaltet werden, aber mit dumpfer, Schrecken einflößender Stimme.« (Brief an Felice Varesi vom 7. Januar 1846; Schlitzer, 1953, S. 7)

Das andere Extrem von Macbeths vokalen Porträt ist dessen einsätzige Arie im 4. Akt (»Pietà, rispetto, amore«), die unmittelbar auf die Nachtwandelszene der delirierenden Lady folgt und wie diese in Des-Dur steht – ein mit warmem Ausdruck zu singendes *adagio cantabile* von retrospektivem Charakter. Hier zieht Macbeth – in Anlehnung an Shakespeares Worte – die Bilanz seines verpfuschten Lebens: »Mitleid, Achtung, Liebe [...] Werden mit keiner Blume Dein weißes Haar bestreuen. [...] Allein der Fluch, ach Elender! Wird dein Klagelied sein.« Man hat in dieser Des-Dur-Arie voller belcantistischer Wehmut einen Fehlgriff des Komponisten sehen wollen, der das Scheusal am Ende seiner verbrecherischen Laufbahn zu Unrecht verkläre. Aber wie im Falle der Lady zeigt Verdi auch hier im Täter das Opfer, im Mörder die bemitleidenswerte Kreatur. Die Musik erbarmt sich des Helden, der in diesem Leben nichts mehr zu hoffen hat.

Die dramaturgisch entscheidende Abweichung der Pariser Zweit- gegenüber der Florentiner Erstfassung erfolgt in der Schlußszene. Verdi scheint hier mit dem Ablauf der Handlung und zugleich mit der Deutung der Titelfigur nicht mehr einverstanden gewesen zu sein. Während die Urfassung die individuelle Tragödie Macbeths – er stirbt auf offener Szene – in den Mittelpunkt rückte, gibt Verdi, im Einklang mit Shakespeare, mit dem neukomponierten Finale der Handlung eine gesellschaftspolitische, die Staatsräson akzentuierende Lösung. Nach einer bewegten Schlachtmusik stirbt Macbeth hinter der Szene. Die Oper schließt mit einer pompösen Siegeshymne, die die Inthronisation des neuen Königs Malcolm verherrlicht. Weil Verdi für den Chor der Barden auf die regelwidrige Endbetonung der Verse zurückgreift, die im Eröffnungschor der Hexen eingeführt worden war, kommt allerdings keine ungetrübte Siegesfreude auf. Eher hat er den finsteren, in der Hexentonart a-Moll stehenden Klängen den Marschtritt der ewigen Soldateska eingeschrieben, die alle Hoffnung auf eine bessere Zukunft niedertrampelt. Pessimistischer, ja abweisender und kälter als dieser jedenfalls ist kaum ein anderer Dur-Schluß der Operngeschichte.

Zweifellos ist der Schluß der Urfassung von Verdis Oper im ganzen angemessener und auch dramaturgisch konsequenter. Dort endet die Oper mit einem *arioso* des sterbenden Macbeth (»Mal per me che m'affidai«): »Aber es wird keiner jener üblichen, süßlichen usw. Tode sein... Du verstehst bestimmt, daß Macbeth nicht sterben darf wie *Edgardo* [in Donizettis *Lucia di Lammermoor*] und *ähnliche* –« (Brief an Felice Varesi vom Ende Januar 1847; Cora Varesi, 1932, S. 438). Der tödlich Getroffene spricht selbst sein Urteil. In seinen letzten Augenblicken erkennt er, daß er sein Leben einem Gaukelbild aufgeopfert hat, der verbrecherischen Krone: »Vil corona!... e sol per te!« Verdi knüpft mit dem rezitativischen Gestus dieses *arioso* an Macbeths Dolch-Monolog aus dem 1. Akt an. Er unterlegt das *declamato* des

Gesangs mit einem fast schon Mahlerschen Orchesterkommentar: Dumpfe Pauken-Schläge und tiefe Blech-Akkorde inszenieren ein Schreckensritual, das noch durch jenen kondukthaften Rhythmus verstärkt wird, der in Verdis Kosmos stets den Tod ankündigt. Musikalisch erfüllt sich auf diese Weise, was mit dem Dolch-Monolog begonnen hatte: »Du wirst aus der Sterbeszene eine große Wirkung herausholen können, wenn du zusammen mit dem Gesang das angemessene Spiel verbindest. [...] Es ist nötig, sie in einer neuen Weise zu behandeln – sie soll pathetisch sein, ja noch mehr als pathetisch, schrecklich [terribile].« (Brief an Felice Varesi vom 4. Februar 1847; ebd., S. 439) Wenige Takte mit der Proklamation Malcolms folgen und bringen die Oper in derselben Tonart f-Moll zu Ende, mit der das Vorspiel begonnen hatte. An ihrem Schluß steht nicht, wie so oft bei Verdi, die versöhnende Verklärung, sondern mit der unerbittlichen Fatalität des Todes die wie in einen Kreis gebannte Ausweglosigkeit des Daseins. Die heute in der Theaterpraxis und auch bei Schallplatten-Gesamtaufnahmen vielfach übliche Einblendung von Macbeths Tod in die Zweitfassung ist nicht nur musikalisch problematisch, sie ist dramaturgisch abwegig. Es sind antagonistische Lösungen, die einander ausschließen.

Verdis *Macbeth* ist die erste Vertonung eines Schauspiels von Shakespeare, die, wenn nicht dem Buchstaben, so doch dem poetischen Geist seiner szenischen Vision standhält. Mit ihrem Versuch, ganz dem Drama zu dienen und den innersten Gemütszustand der Handelnden zu erfassen, stellt die Oper in Verdis Schaffen einen entscheidenden Wendepunkt auf dem Weg vom romantischen *melodramma* zum realistischen Musikdrama dar. In den Einbrüchen der Psyche wie in den Erscheinungen der Geisterwelt hat Verdi bereits jene Tragödie der Neurose komponiert, als die Sigmund Freud Jahrzehnte später Shakespeares Schauspiel lesen sollte. Wie *Simon Boccanegra* und *Don Carlos* gehört auch *Macbeth* zu jenen lange verkannten Schmerzenskindern in Verdis Œuvre, in deren ästhetischen Brüchen unsere Zeit eher ihr Spiegelbild erkennt als in so manchem der fraglos gelungenen Meisterwerke.

Wirkung

Bei der Florentiner Uraufführung am 14. März 1847 hat Verdi zum erstenmal versucht, seine Vorstellungen eines integralen, Musik, Darstellung und Szene umfassenden Dramas zu verwirklichen. Schon die musikalische Einstudierung muß außergewöhnlich sorgfältig gewesen sein. Verdi kümmerte sich aber auch um die szenische Realisierung, weil auch hier Piave seine Erwartungen nicht erfüllte. Er legte Wert auf die historische Genauigkeit der Kostüme und Bühnenbilder, ließ Skizzen und Figurinen in Mailand anfertigen und gab präzise Anweisungen zur Bühnenmaschinerie des 3. Aktes. Für die Erscheinung der Könige wurde dabei eine laterna magica verwendet. Die von Verdi dirigierte Aufführung wurde vom Publikum enthusiastisch aufgenommen. Die Kritik war wohlwollend, aber insgesamt zurückhaltend und bemängelte das Fehlen einer Liebeshandlung, ein Urteil, dem sich noch Abramo Basevi anschließen sollte (Basevi, 1859, S. 100). Die Oper eroberte sehr schnell die Bühnen der alten wie der neuen Welt. Dennoch blieb dem Werk der durchschlagende Erfolg der ›trilogia popolare‹ versagt. Die Pariser Premiere der Neufassung am 21. April 1865 (Macbeth: Jean-Vital Ismael, Lady: Agnès Rey-Balla, Banquo: Jules-Emile Petit, Macduff: Jules Monjauze, Dirigent: Adolph Deloffre) war in Verdis nüchternem Urteil gar ein »Fiasko« (Brief an Léon Escudier vom 3. Juni 1865; Prod'homme, 1928, S. 189). Das Werk konnte sich nicht gegen die eine Woche später stattfindende Uraufführung von Meyerbeers nachgelassener Oper *L'Africaine* behaupten. Während es diese innerhalb eines Jahres an der Pariser Opéra auf 100 Vorstellungen brachte, wurde *Macbeth* am Théâtre Lyrique nur vierzehn Mal gespielt.

In den 1880er Jahren verschwand *Macbeth* allmählich aus den Spielplänen der italienischen Opernhäuser und wurde zwischen 1890 und 1931 so gut wie nicht aufgeführt. Die Oper wurde erst als Folge der von Georg Göhler und Franz Werfel inspirierten deutschsprachigen Verdi-Renaissance wiederentdeckt. Heute gehört sie als einzige der frühen, vor dem *Rigoletto* entstandenen Opern zum Kernbestand des Verdi-Repertoires. In jüngster Zeit – 1999 beim Edinburgh Festival, 2000 bei den Wiener Festwochen – hat man sogar die Florentiner Erstfassung wieder gespielt.

Diskographischer Hinweis

(1.) Fassung) Evgenij Demerdjiev (Macbeth), Iano Tamar (Lady Macbeth), Andrea Papi (Banco), Andrea La Rosa (Macduff), Kammerchor Bratislava, Orchestra Internazionale d' Italia, Dirigent: Marco Guidarini (Livemitschnitt 1997) Dynamic CDS 500 1942/1–2

(2. Fassung) Enzo Mascherini, Maria Callas, Italo Tajo, Gino Penno, Chor und Orchester der Mailänder Scala, Victor de Sabata (aufgenommen: live 1952) EMI Classics 566 447–2

(2. Fassung) Piero Cappuccilli, Shirley Verrett, Nicolai Ghiaurov, Placido Domingo, Chor und Orchester der Mailänder Scala, Claudio Abbado (aufgenommen: 1976) Deutsche Grammophon 449 732–2

Uwe Schweikert

I masnadieri

(Die Räuber)
Melodramma tragico in quattro parti
(4 Teile, 9 Bilder)

Text: Andrea Maffei, nach Friedrich Schillers Schauspiel *Die Räuber* (1781)
Uraufführung: London, Her Majesty's Theatre, 22. Juli 1847
Personen: Massimiliano, Graf von Moor, Regent (Baß); Carlo (Tenor) und Francesco (Bariton), Massimilianos Söhne; Amalia, Waise, Massimilianos Nichte (Sopran); Arminio, Kammerherr der fürstlichen Familie (Tenor); Moser, Pastor (Baß); Rolla, Carlos Gefährte Moor (Tenor) – Chor lasterhafter junger Männer, später Räuber; Frauen, Kinder, Bedienstete
Orchester: Piccoloflöte, Querflöte, 2 Oboen, 2 Klarinetten, 2 Fagotte, 4 Hörner, 2 Trompeten, 3 Posaunen, Cimbasso, Pauken, große Trommel, Becken, Harfe, Streicher
Spieldauer ohne Pausen: 2 Stunden 10 Minuten
Autograph: Mailand, Verlagsarchiv Ricordi

Ausgaben: Klavierauszüge: Mailand: Lucca [1847], Nr. 6531–6550; Mailand: Ricordi [1897], Nr. 53702 – Textbücher: London: Her Majesty's Theatre 1847; Mailand: Lucca 1848; Mailand: Ricordi 1977; *Tutti i libretti*, 1975, S. 171–190

Entstehung

Als erstes Auftragswerk für eine Bühne außerhalb Italiens nimmt *I masnadieri* in Verdis Schaffen eine besondere Stellung ein. Im Frühherbst 1845 unterzeichnete Verdi einen Vertrag mit dem Mailänder Verleger Francesco Lucca, welcher den Kontakt zu Benjamin Lumley, *impresario* am Königlichen Opernhaus in London, vermittelte. Lumley besuchte Verdi Ende Oktober 1845 und verpflichtete ihn für eine neue Oper, die im kommenden Frühjahr aufgeführt werden sollte. Als Stoff wurde Lord Byrons *The Corsair* vereinbart, nachdem Lumley Shakespeares *King Lear* abgelehnt hatte. Verdis Gesundheitszustand verschlechterte sich jedoch bis zur Premiere des *Attila* im März 1846 derart, daß seine Ärzte ihm für sechs Monate jede weitere Arbeit und die Reise nach London untersagten. Im Juli weilte Verdi mit seinem Freund Andrea Maffei, dem renommierten Übersetzer deutscher und englischer Dramen, zur Kur in Recoaro. Dort wurde der Dichter mit der Einrichtung eines Librettos nach Friedrich Schillers erstem Schauspiel *Die Räuber* betraut, das er einige Monate zuvor übersetzt hatte. Maffei stellte das Libretto noch vor Ende Oktober fertig (Brief Emanuele Muzios an Antonio Barezzi vom 9. November 1847; Garibaldi, 1931, S. 291–293), wobei er sich außergewöhnlich streng an die Vorlage hielt: Wie im Vorwort zum Libretto erläutert, sah er es als seine Aufgabe an, »ein riesiges Konzept auf geringe Dimensionen zu reduzieren, ohne die originale Gestalt zu verändern«. Dementsprechend behielt er alle wichtigen Handlungselemente bei, komprimierte sie jedoch auf vier Akte, eliminierte fast sämtliche Monologe und entschärfte Schillers derb-emotionale Sprache. Die beiden Dienerfiguren wurden in der Person Arminios, die bei Schiller individuell gezeichneten Räuber als eine geschlossen agierende Gruppe zusammengezogen. Nahezu alle Verse haben ein Vorbild bei Schiller, einige sind wörtlich übernommen; nur der 3. Akt weicht mit Amalias Flucht in den Wald von der Vorlage ab.

Verdi scheint ungewöhnlich wenig Einfluß auf die Gestaltung des Librettos genommen zu haben, das er als »sehr effektvoll in den Situationen und gewiß ausgezeichnet in Verse gebracht« bezeichnete (Brief Verdis an Léon Escudier vom 12. Januar 1847; Walker, 1951, S. 258); lediglich im 2. Akt wünschte er kleine Änderungen zur Steigerung der Bühnenwirksamkeit (Brief Verdis an Andrea Maffei vom April 1847; Copialettere, 1913, S. 33). Bereits im August zog Verdi neben *Macbeth* und Grillparzers *Die Ahnfrau* auch *I masnadieri* für den neuen Vertrag mit Florenz zum Karneval 1847 in Erwägung und begann mit der Komposition. Die Entscheidung fiel im September jedoch auf *Macbeth*, da Verdis bevorzugter Tenor Gaetano Fraschini für die Rolle des Carlo nicht zur Verfügung stand. Im November nahm Verdi erneut Verhandlungen mit dem in Mailand weilenden Lumley auf, der ihm nicht nur ein lukratives Honorar, sondern auch die Teilnahme von Fraschini und der »schwedischen Nachtigall« Jenny Lind versprach, der gefeiertsten Sopranistin ihrer Zeit. Nachdem es Verdi gelungen war, die für Neapel geplante Oper auf Herbst 1847 zu verschieben, wurde der Londoner Vertrag für Juni geschlossen. Gegen den Willen Luccas und Lumleys setzte Verdi nun *I masnadieri* durch, dessen Text er für wirkungsvoller und den Londoner Verhältnissen angemessener hielt als den mittlerweile im Libretto fertiggestellten *Corsaro*; außerdem hatte er bereits einen beträchtlichen Teil komponiert: In Briefen vom Dezember ist von einem Drittel, gar von »nahezu der Hälfte« die Rede, was wohl übertrieben sein dürfte (Briefe Verdis an Francesco Lucca vom 3. Dezember 1846 und an Benjamin Lumley vom 4. Dezember 1846; ebd., S. 32–34).

Dennoch gestaltete sich nach den komplizierten Verhandlungen auch die Komposition als schwierige Geburt. Nach der Premiere des *Macbeth* am 14. März 1847 nahm Verdi im April die Arbeit an *I masnadieri* wieder auf – der somit einzigen Oper, deren Komposition für längere Zeit zugunsten einer anderen unterbrochen wurde. Im Mai erfuhr Verdi, daß statt Fraschini der in London beliebtere junge Tenor Italo Gardoni singen würde; größere Sorgen bereitete ihm jedoch die Unsicherheit bezüglich Linds Vertrag. Nach der Ankunft in London am 5. Juni zögerte sich die Fertigstellung der Partitur immer weiter hinaus, was Verdi vor allem mit dem deprimierenden englischen Klima begründete. Während er die Orchestrierung vornahm, begannen am 30. Juni die Proben mit den Sängern (Marvin, 1991, S. 85). Am 15. Juli fand die erste Orchesterprobe statt, in deren Verlauf Verdi noch kleine Korrekturen anbrachte. Als Premierendatum bestimmte Queen Victoria schließlich den 22. Juli.

Handlung

Deutschland, zu Beginn des 18. Jahrhunderts, während dreier Jahre

1. Teil, 1. Bild, Schenke nahe der sächsischen Grenze: In die Lektüre Plutarchs vertieft, räsonniert Carlo über das antike Heldenethos, welches ihm die Liederlichkeit seines unsteten Lebens mit den im Nebenzimmer zechenden Kumpanen vor Augen führt. Sehnsüchtig wünscht er sich zum heimatlichen Schloß und zu der von ihm geliebten Cousine Amalia zurück. Seine Gefährten bringen ihm einen Brief, doch statt des erwarteten väterlichen Gnadenschreibens enthält er eine Warnung von Francesco, daß ihn zu Hause als Strafe des unversöhnlichen Vaters der Kerker erwarte. Verzweifelt über seine vergebliche Reue geht Carlo schnell auf den drängenden Vorschlag der Freunde ein, unter seiner Leitung eine Räuberbande zu gründen. Ein Schwur ewiger Treue besiegelt den Pakt (*Scena ed aria*, »O mio castel paterno«). – 2. Bild, Franken, ein Zimmer im Schloß der Moors: Francesco freut sich, wie es ihm gelungen ist, seine ungerechte Behandlung als Nachgeborener zu rächen: Er hat den Reuebrief des verhaßten älteren Bruders abgefangen und diesen bei seinem Vater erfolgreich verleumdet. Nun sinnt er darauf, den Tod Massimilianos zu beschleunigen: Der herbeigerufene Arminio soll dem Alten vorgaukeln, Carlo sei in der Schlacht von Prag gefallen. Triumphierend malt Francesco sich seine Schreckensherrschaft als regierender Graf aus (*Scena ed aria*, »La sua lampada vitale«). – 3. Bild, Schlafzimmer im Schloß: Neben dem im Lehnstuhl schlafenden Massimiliano trauert Amalia um das vergangene Glück ihrer Liebe zum nun ver-

stoßenen Carlo (*Scena e cavatina*, »Lo sguardo avea degli angeli«). Aus einem Traum erwacht, beklagt der Graf die Abwesenheit seines geliebten Sohnes, während Amalia den Tod als Erlösung beschwört (*Duettino*, »Carlo! io muoio ... ed, ahi! lontano«). Francesco tritt mit dem verkleideten Arminio ein, der die erlogene Geschichte von Carlos Tod verkündet. Zum Beweis zeigt er ein Schwert, auf dem eine mit Blut geschriebene Botschaft Amalia von ihrer Bindung an Carlo lossagt und sie Francesco anvertraut. Arminio bereut sogleich seine Tat, während Amalia Trost im Glauben sucht. Francesco frohlockt, als sein Vater, von Gram überwältigt, scheinbar tot zusammenbricht (*Quartetto – finale I*, »Sul capo mio colpevole«).

2. Teil, 1. Bild, Friedhof neben der Schloßkapelle; rechts mehrere gotische Grabsteine, auf einem neueren ist der Name »Massimiliano Moor« zu lesen: Amalia hat sich von dem lärmenden Festbankett Francescos fortgeschlichen, um am Grab ihres Onkels ihre Einsamkeit zu beklagen. Arminio stürzt herbei und gesteht, daß Carlo und Massimiliano leben. Von Freude überwältigt, besingt Amalia ihre wiedergewonnene Liebe (*Scena, coro ed aria*, »Godiam, ché fugaci«). Da kommt Francesco und hält um Amalias Hand an; als sie ihn abweist, droht er, sie zu seiner Hure zu machen. Eine reuevolle Umarmung vortäuschend, gelingt es Amalia, ihm den Degen zu entreißen und sich zu wehren (*Scena e duetto*, »Io t'amo, Amalia! io t'amo!«). – 2. Bild, Wald in Böhmen, in der Ferne Prag: Die Räuber unterhalten sich über Carlos geplante Brandschatzung Prags zur Befreiung des gefangenen Rolla; ein Feuerschein im Hintergrund und eine Schar fliehender Frauen künden vom Geschehen. Rolla erscheint mit Begleitern, die seine Rettung aus den Händen des Henkers schildern. Der nahende Carlo befiehlt den Aufbruch bei Sonnenaufgang (*Scena e coro finale II*, »Tutto quest'oggi le mani in mano«). Allein gelassen betrachtet er den Sonnenuntergang und fühlt sich von der wunderbaren Natur durch sein ehrloses Treiben ausgestoßen; wehmütig gehen seine Gedanken zu Amalia (*Recitativo e romanza*, »Di ladroni attorniato«). Zurückkehrende Räuber unterrichten ihn von der Umzingelung des Waldes, und alle rufen zum Kampf (*Stretta finale II*, »Sù, fratelli; corriamo alla pugna«).

3. Teil, 1. Bild, Einsamer Ort am Waldrand in der Nähe des Schlosses: Amalia hat sich auf der Flucht vor Francesco im Wald verirrt. Entsetzt vernimmt sie die Stimmen der Räuber und bittet den ersten nahenden Mann um Gnade: Es ist Carlo. Die Liebenden erkennen sich und preisen ihr unverhofftes Wiedersehen. Während Carlo versucht, seine Zugehörigkeit zu den Räubern zu verheimlichen, berichtet Amalia von Massimilianos Tod und ihrer eigenen Bedrohung durch Francesco. Zusammen geben sie sich den Träumen einer gemeinsamen glücklichen Zukunft hin (*Scena e duetto*, »Qual mare, qual terra da me t'ha diviso«). – 2. Bild, im Wald, in der Mitte die Ruinen einer alten Festung, Nacht: Am Boden ausgestreckt, besingen die Räuber die Freuden ihres Lebens mit Raub, Vergewaltigung, Brandstiftung und Mord (*Coro di masnadieri*, »Le rube, gli stupri, gl'incendi, le morti«). Carlo kommt und übernimmt die Wache. Verzweifelt darüber, daß er auf immer an die Verbrecherbande gefesselt ist und Amalia falsche Hoffnungen gemacht hat, möchte er sich umbringen; doch sein Stolz siegt über die Qualen des Lebens. Nun schleicht Arminio herbei, um Nahrung für jemanden in die Ruine zu schmuggeln. Carlo verjagt ihn und birgt aus einem unterirdischen Verlies den abgemagerten Massimiliano, in dem er seinen Vater erkennt (*Gran scena e recitativo finale III*, »Tutto è buio e silenzio ... Esci al cancello«). Dieser erzählt dem unerkannten Retter, wie er vor drei Monaten bei der Nachricht vom Tode Carlos zusammengebrochen und in einem Sarg erwacht war; fluchend darüber, daß er noch lebte, hatte Francesco ihn zum Hungertod im Verlies eingeschlossen (*Racconto*, »Un ignoto, tre lune or saranno«). Als er ohnmächtig niedersinkt, weckt Carlo seine Gefährten und läßt sie feierlich Rache an Francesco schwören (*Gran scena eguramento finale III*, »Giuri ognun questo canuto«).

4. Teil, 1. Bild, eine Zimmerflucht im Schloß. Verstört trommelt Francesco seine Diener zusammen und läßt den Geistlichen holen. Dem entsetzten Arminio erzählt er zitternd von seiner Schreckensvision des Jüngsten Gerichts, bei dem ihm keine Gnade zuteil geworden sei (*Sogno*, »Pareami che sorto da lauto convito«). Pastor Moser tritt ein und antwortet auf die Frage nach Francescos größter Sünde bedeutungsvoll: „Vatermord und Brudermord". Mit der Nachricht, das Schloß werde gestürmt,

platzt Arminio herein. Francesco, dem Moser die Absolution verweigert, gelingt es nicht zu beten; Gott lästernd flieht er (*Scena e duetto*, »È la prima!... Odimi, Eterno!...«). – 2. Bild: Wald wie 3. Teil, 2. Bild, bei Tagesanbruch: Massimiliano fleht den Geist Carlos um Vergebung an; der noch immer unerkannte Carlo bittet gerührt um den väterlichen Segen (*Scena e duetto*, »Come il bacio d'un padre amoroso«). Gesenkten Hauptes nähern sich die Räuber und melden, daß Francesco entkommen ist. Statt dessen haben sie Amalia gebracht, die Carlo als Bräutigam um Schutz bittet. Nun muß er Massimiliano und Amalia seine Beziehung zu den Räubern gestehen. Trotz ihres Entsetzens möchte Amalia bei ihm bleiben; aber die Räuber treten zwischen die Liebenden und gemahnen Carlo an seinen Treueschwur. Verzweifelt verlangt Amalia von Carlo, sie lieber zu töten als sie nochmals zu verlassen. Kurzentschlossen ersticht er sie und stürzt davon, um sich der Gerechtigkeit zu überantworten (*Gran scena e terzetto – finale ultimo*, »Caduto è il reprobo! l'ha colto Iddio«).

Kommentar

Vermutlich war es Maffei, der Verdi zur Beschäftigung mit Schillers ›Sturm und Drang‹-Stoff anregte. Im Vorwort zum Libretto schrieb der renommierte Schriftsteller, dieses großartige Drama biete trotz jugendlich-leichtsinniger Empfindung eine so kontrastreiche Palette von effektvollen Ereignissen und Emotionen, daß es sich in einmaliger Weise zur Vertonung eigne. Die für die Handlung konstitutiven, äußerst konfliktreichen Vater-Sohn-Beziehungen sowie das romantische Kolorit eines seiner bevorzugten Dichter dürften auch Verdi besonders gereizt haben. Dennoch ist in der Literatur gerade das Libretto für viele Schwächen der Komposition verantwortlich gemacht worden. Ganz anders als bei seinen üblichen Librettisten hat Verdi dem älteren und hochgeschätzten Dichter, dessen literarische Qualifikation er bedingungslos anerkannte, weitgehend freie Hand gelassen. Zwar bewegt sich die gewissenhafte Verknappung des Dramas poetisch auf höherem Niveau als in anderen zeitgenössischen Libretti; doch scheint sich der dramaturgisch völlig unerfahrene Maffei eng an formale Konventionen gehalten zu haben, indem er den Akzent auf die Arien setzte, dramatische Konfliktsituationen dagegen möglichst kurz gestaltete. Auch die Handlungsstruktur selbst wies einige Nachteile auf. So führte die notwendigerweise getrennte Exposition der beiden Brüder, deren Auftritte von Maffei im Blick auf den Einsatz des Chors umgestellt wurde, im 1. Teil zu einer Reihung von konventionellen mehrteiligen Auftrittsarien, die Verdi wenig Angriffsfläche für dramatische Konfrontation bot. Problematisch bleibt auch die Ermordung Amalias: Im Drama doppelt motiviert durch den im 3. Akt erneuerten Treueschwur Karls und die abschließende ›Wiederherstellung‹ der Gerechtigkeit, sind im turbulenten Opernfinale mit seinem irritierenden Schluß in Des-Dur die einzig erklärenden Worte »Nun zum Galgen!« kaum vernehmbar.

Auf der anderen Seite mußte Verdi auch die individuellen Gegebenheiten der Uraufführung in besonderem Maße berücksichtigen, allen voran die Beteiligung Jenny Linds, deren außergewöhnliche Virtuosität (sie war vor allem für eine perfekte Technik und ihr hohes Register, ihre Triller und improvisierten *fioriture* berühmt) genügend zur Geltung kommen sollte. Verdi hörte die Sopranistin erstmals nach seiner Ankunft in London; Muzio zufolge fehlte es ihrer Stimme besonders in der Tiefe an der für Verdi wichtigen dramatischen Kraft, während er ihre Verzierungskunst als veraltet empfand (Brief Emanuele Muzios an Antonio Barezzi vom 16. Juni 1847; Garibaldi, 1931, S. 329). Dies erklärt die gegen Verdis Gewohnheit nicht ausgeschriebenen Kadenzen im ungewöhnlich dekorativen Part Amalias, welcher, in London mehrfach überarbeitet, der Lind auf die Stimme maßgeschneidert gewesen zu sein scheint (Brief Muzios an Barezzi vom 19. Juli 1847; ebd., S. 343): So setzt sich ihre *cavatina* im 1. Teil (»Lo sguardo avea degli angeli«) – nicht nur durch die delikate Holzbläserumspielung auf Gildas Arie im 1. Akt von *Rigoletto* (»Caro nome che il mio cor«) vorausdeutend – über gewohnte Normen hinweg, indem virtuose melodische Gedanken jeweils mit reich verzierter Wiederholung und fast ohne formale Verklammerung aneinandergereiht werden; bedingt durch die szenische Anlage bleibt sie ohne *cabaletta*. Die geradezu floskelhaft jubilierende *cabaletta* im 2. Teil (»Carlo vive?... O caro accento«) kontrastiert stark mit dem vorausgehenden, rührend schlichten *adagio* (»Tu del mio Carlo al seno«) und scheint trotz ihrer dramatischen Motivation als Schaustück für Lind aus dem Kontext zu fallen. So bleibt wie bei Schiller die Zeichnung Amalias zwischen lyrischem Ausdruck und rein äußerlicher Ornamentik eigenartig blaß.

Auf die Londoner Gegebenheiten war auch das kurze instrumentale Vorspiel zugeschnitten, eine ausgesprochen elegische Violoncello-Romanze, die Verdi für den berühmten, seit kurzem am Opernhaus tätigen Violoncellisten Alfredo Piatti schrieb. Ohne direkten thematischen Bezug zum Geschehen der Oper etabliert sie die tragisch-melancholische Grundstimmung, wie sie vor allem in Amalias Szene zu Beginn des 2. Teils widergespiegelt wird.

Eine weitere Schwierigkeit bereitete die musikalische Umsetzung des Menschlich-Bösen, insbesondere des diabolischen Charakters Francescos. Dessen erstes Auftreten wird begleitet von drohenden Oktavschlägen, geschäftigen Streicherfiguren und einem aufsteigenden arpeggierten verminderten Akkord, der auch in anderen Szenen – in Massimilianos *racconto* im Finale des 3. Teils wie in seinem Albtraum vom Jüngsten Gericht im 4. Teil – Francescos Verruchtheit andeutet. Im *adagio* seiner Arie im 1. Teil (»La sua lampada vitale«) lassen jedoch nur die ungewöhnliche Besetzung mit Trompeten und Hörnern, das permanente Insistieren auf kleingliedriger Melodik und punktierten Rhythmen sowie schnelle Wortwiederholungen im hohen Baritonregister Francescos obsessive Natur erahnen. Ähnlich gewinnt die schwungvolle *cabaletta* (»Tremate, o miseri, – voi mi vedrete«) ihren zwingenden Impetus hauptsächlich aus einem punktierten Synkopenmotiv. Francescos Traumerzählung im 4. Teil zeigt eine drohendere Atmosphäre und einen größeren Reichtum an dramatischen Mitteln durch die formal freie, am Text orientierte Anlage mit deklamatorischen Passagen und stärkerer Beteiligung des Orchesters; die Klimax bildet Francescos folgende Auseinandersetzung mit dem tiefen Baß Mosers, die in dessen eindrucksvoll absteigender Dreiklangslinie über anderthalb Oktaven gipfelt. Aufsteigende chromatische Motive und in Oktaven schmetternde Posaunen weisen bereits auf die Figur des Jago in *Otello* und die *Messa da Requiem*.

Carlo ist musikalisch als edler Charakter gezeichnet, dessen reflektierende Eigenständigkeit und tenorale Kraft bereits in der ersten – wie später Amalia von einzelnen Holzbläsern begleiteten – Arie im Gegensatz zum Chor herausgestellt wird. Daß seine Emotionen nie ganz der Verbrecherwelt angehören, bringt die ergreifende *romanza* im Finale des 2. Teils (»Di ladroni attorniato«) in weitausholenden wehmütigen Phrasen zum Ausdruck. Im Kontext von Verdis Frühwerk bemerkenswert sind einige Ensembles mit kompakter Stimmführung, individueller Personencharakteristik und dramatischer Steigerung. Im *quartetto finale* des 1. Teils werden nach der – musikalisch durch pathetisch langsame, doppelpunktierte Tonrepetitionen ›entlarvten‹ – Lügenerzählung Arminios alle vier Personen im Auf und Ab ihrer Gefühle zusammengeführt, wobei sich nahezu die gesamte Szene als schlüssig durchkomponiert darstellt. Ähnlich gestaltet ist das Schlußterzett des 4. Teils, in welchem der Chor die Rolle eines zusätzlichen Protagonisten übernimmt. Auch die beiden Dialoge Massimilianos mit Amalia im 1. und mit Carlo im 3. Teil überzeugen in Ausdruck und Abgrenzung der Stimmcharaktere; im letzteren wird die in der Handlung verweigerte Symbiose Carlos mit seinem Vater musikalisch erreicht. Dagegen läßt das Duett Amalia/Francesco im 2. Teil die dramaturgisch wie stimmlich zwischen Sopran und Bariton angelegte Spannung ungenutzt und löst sich allzu schnell in einmütige Terzparallelen auf. Amalias und Carlos überraschend schnell herbeigeführtes Liebesduett im 3. Teil beginnt durchaus schlüssig mit einem triumphierenden *tempo d'attacco* (»T'abbraccio, o Carlo, abbracciami«), das wie eine vorweggenommene *cabaletta* wirkt, um sich erst im anschließenden dialogischen Wechselgesang der problematischen Vergangenheit zu stellen; die abschließende *cabaletta*, deren Duktus Amalias *adagio* entlehnt scheint, läßt dem Illusorischen der Zukunftsvision jedoch keinen Raum.

I masnadieri ist die einzige der frühen Opern Verdis, welche auf einen eröffnenden Chor verzichtet. Stattdessen fällt schon in der ersten Szene die charakteristische Verwendung von *off stage*-Chören auf (Engelhardt, 1988, S. 100), welche zum Lokalkolorit beitragen, das Geschehen akustisch illustrieren und eine effektvolle Kontrastfolie für die Protagonisten bilden. Geschickt setzt Maffei so zu Beginn des 2. Teils einen bei Schiller nicht vorgebildeten Chor der Festgäste ein, um Amalias zürnende Kommentare schneidend zu kontrastieren. Ähnliche Effekte erzielen der Chor flüchtender Frauen im nächsten Bild, der Amalia erschreckende Räuberchor im 3. Teil und die schreiende Dienerschar im ersten Bild des 4. Teils. Die bereits nach der Uraufführung kritisierten umfangreichen Räuberchöre mit ihren charakteristischen Rhythmen, akzentuierten Synkopen und *unisono*-Führungen lassen allerdings häufig den eingängigen Schwung von Verdis früheren Opernchören vermissen.

Zu den auffälligen Merkmalen der Oper gehört schließlich eine zunehmend differenzierte Orchesterbehandlung, die mehrfach mit überraschenden instrumentalen Effekten aufwartet. Insgesamt erscheint *I masnadieri*, zumal neben und nach *Macbeth*, musikalisch unausgewogen. Neben konventionellen Partien und aus der Gesamtkonzeption herausfallenden Teilen bietet die Partitur jedoch eine Fülle besonders gelungener Momente; sie verbinden sich vor allem in den letzten Akten zu großangelegten, dramaturgisch überzeugenden und zukunftsweisenden Komplexen und machen *I masnadieri* zu einer interessanten und aufregenden unter den unbekannteren Opern Verdis.

Wirkung

Die englische Öffentlichkeit blickte mit großen Erwartungen auf Verdis lang angekündigtes Auftreten und die erste eigens für London komponierte Oper seit Webers *Oberon* (1826); gleichzeitig war sie aber durch die Konkurrenzsituation mit der neugegründeten Covent Garden Opera, überdies wegen Lumleys nicht erfüllten Versprechens einer eigens komponierten Oper Felix Mendelssohn Bartholdys sowie der verspäteten Ankunft Linds und Verdis teilweise skeptisch voreingenommen. In Anwesenheit der Königin, des Prinzen Albert und weiterer Mitglieder der königlichen Familie geriet die Premiere vor vollem Hause zu einem Gala-Ereignis ersten Ranges. Auf der Bühne standen einige der besten Sänger: neben Jenny Lind (Amalia) Italo Gardoni (Carlo), Filippo Coletti (Francesco), der große Bassist Luigi Lablache (der die Rolle des Grafen schon 1836 in Mercadantes wenig erfolgreicher *Räuber*-Bearbeitung *I briganti* kreiert hatte) sowie Leone Corelli (Arminio) und Lucien Bouché (Moser). Verdi ließ sich dazu überreden, die Premiere selbst zu dirigieren, und wurde begeistert empfangen. Doch der zu erwartende große Triumph blieb aus; wegen des nahen Endes der Spielzeit wurden nur noch drei weitere Vorstellungen gegeben, die Presse nahm die neue Oper im allgemeinen reserviert auf. Gelobt wurden das Libretto als gelungene Adaptation des in England überaus beliebten Schillerschen Dramas und vor allem die Leistung Linds. Jedoch waren nicht nur eingeschworene Verdi-Gegner der Meinung, daß *I masnadieri* »eine der schlechtesten Opern selbst Verdis« und das »Versagen allein auf ihre eigenen Schwächen zurückzuführen sei« (*The Musical World* vom 4. September 1847, S. 566, und vom 31. Juli 1847, S. 491). Auch Lumley machte keinen Hehl daraus, daß er die Oper als Fiasko und für sein Theater als ungeeignet ansah; denn »das Interesse, das sich auf Mademoiselle Lind hätte konzentrieren sollen, richtete sich auf Gardoni, während Lablache [...] so ungefähr das einzige tun mußte, was er nicht perfekt beherrschte – einen fast verhungerten Mann darstellen« (Lumley, 1864, S. 193). Ein ursprünglich in Erwägung gezogener mehrjähriger Vertrag mit Verdi kam nicht zustande.

In Italien war der Oper zunächst mehr Glück beschieden: Im Dezember 1847 war sie in Triest, Verona und Bergamo zu sehen, 1848 unter anderem in Rom (Teatro Apollo) und Florenz; 1849 folgten Venedig (La Fenice), 1850 Neapel (San Carlo) und 1853 Mailand (Scala). Ab 1851 verdrängte indes der populäre *Rigoletto* allmählich das zunächst an fast allen Provinztheatern nachgespielte – dabei häufig durch die Zensur veränderte – Werk allmählich aus dem Repertoire; Wiederbelebungsversuche 1891 in Bergamo und 1903 in Mailand (Teatro Fossi) blieben erfolglos. Außerhalb Italiens erreichte die Oper unter anderem 1848 Barcelona, 1849 Madrid, 1849 Rio de Janeiro, 1850 Brüssel, 1852 Budapest und Athen, 1853 Bukarest, Odessa und Buenos Aires, 1854 Wien, 1856 Mexiko und 1860 New York; 1853 wurde sie in Budapest in ungarischer, 1870 in Paris und Lille in französischer Übersetzung gegeben; die

Erstaufführung in deutscher Sprache erfolgte 1928 in Barmen (heute Wuppertal).

In den letzten Jahrzehnten gab es immer wieder vereinzelte Aufführungen, etwa 1952 bei der Radiotelevisione Italiana Mailand, 1963 beim Maggio Musicale Florenz (inszeniert von Erwin Piscator), 1972 in Rom, 1978 an der Mailänder Scala, 1979 in Sydney, 1982 in Zürich, 1992 und 1993 in Inszenierungen Johannes Felsensteins (Bremerhaven und Dessau) und 1998 als Produktion der Covent Garden Opera in Baden-Baden, Savonlinna und Edinburgh; doch gehört *I masnadieri* bis heute zu den kaum bekannten und nur selten gespielten Opern Verdis.

Diskographischer Hinweis

Samuel Ramey (Massimiliano), Franco Bonisolli (Carlo), Matteo Manuguerra (Francesco), Joan Sutherland (Amalia), Arthur Davies (Arminio), Simone Alaimo (Moser), John Harris (Rolla), Orchester und Chor der Welsh National Opera, Richard Bonynge (aufgenommen 1983): Decca 433 854-2

Ruggero Raimondi, Carlo Bergonzi, Piero Cappuccilli, Montserrat Caballé, John Sandor, Maurizio Mazzieri, William Elvin, Ambrosian Singers, New Philharmonia Orchestra, Lamberto Gardelli (aufgenommen 1974): Philips 422 423-2

Gundula Kreuzer

Il corsaro

(Der Korsar)
Melodramma tragico in tre atti
(3 Akte, 7 Bilder)

Text: Francesco Maria Piave nach dem Poem *The Corsair. A Tale* (1814) von Lord Byron in der italienischen Übersetzung (1824) von Giuseppe Nicolini
Uraufführung: Triest, Teatro Grande, 25. Oktober 1848
Personen: Corrado, Kapitän der Korsaren (Tenor); Giovanni, ein Korsar (Baß); Medora, Corrados junge Geliebte (Sopran); Gulnara, die Lieblingssklavin des Seid (Sopran); Seid, Pascha von Koroni (Bariton); Selimo, ein Aga (Tenor); ein schwarzer Eunuch (Tenor); ein Sklave (Tenor) – Korsaren, Wachen, Türken, Sklaven, Odalisken (Haremsdamen), Medoras Zofen
Orchester: 2 Querflöten (2. auch Piccoloflöte), 2 Oboen, 2 Klarinetten, 2 Fagotte, 4 Hörner, 2 Trompeten, 3 Posaunen, Cimbasso, Pauken, große Trommel, Becken, Triangel, Kanonen, Donnermaschine, Harfe, Streicher
Spieldauer ohne Pausen: ca. 1 Stunde 30 Minuten
Autograph: Mailand, Verlagsarchiv Ricordi
Ausgaben: Partitur, kritische Ausgabe: WGV I/13, hrsg. von Elizabeth Hudson, Chicago: University of Chicago Press/Mailand: Ricordi 1998 – Klavierauszüge: Mailand: Lucca [1849], Nr. 7101–7114; Mailand: Ricordi [ca. 1902], Nr. 53714 – Textbücher: Mailand: Lucca 1848; *Tutti i libretti*, 1975, S. 191–203

Entstehung

Die Entstehungsgeschichte von *Il corsaro* gliedert sich in zwei, durch eine mehr als einjährige Pause getrennte Phasen. 1845 hatte Verdi mit dem Verleger Francesco Lucca zwei Verträge geschlossen, die die Komposition einer neuen Oper regelten, welche im Frühjahr des folgenden Jahres in London zur Aufführung gelangen sollte. Die Wahl des Stoffes fiel nicht leicht, denn der von Verdi ins Gespräch gebrachte *King Lear* stieß bei Benjamin Lumley, dem Londoner *impresario*, auf Widerstand. Man einigte sich schließlich auf Byrons *The Corsair*, den Verdi bereits 1843 als Opernvorlage in Erwägung gezogen hatte. Lucca schlug als Librettisten den in London ansässigen Manfredo Maggioni vor, der sogleich mit der Erstellung des Szenars begann. Verdi hatte sich seinerseits jedoch bereits mit seinem bewährten Mitarbeiter Francesco Maria Piave geeinigt und war lediglich bereit, Maggioni für eventuell notwendige Korrekturen vor der Uraufführung hinzuziehen. Zwar hatte *The Corsair* bereits für eine Reihe anderer italienischer Bühnenwerke als Grundlage gedient, so unter anderem für Giovanni Pacinis *Il corsaro* (Rom 1831). Von diesen Werken hatte aber allein ein Ballett von Giovanni Galzerani aus dem Jahre 1826 breitere Resonanz gefunden, so daß die Vorlage als Opernstoff noch ›unbesetzt‹ war.

Byrons Verserzählung hatten Verdi und Piave in einer italienischen Übersetzung von Giuseppe Nicolini aus dem Jahre 1824 rezipiert, wobei sie vielfach dessen Formulierungen einfach paraphrasierten. Piave hat sich grundsätzlich eng an die Vorlage gehalten und nur einige kleinere Szenen eingefügt, die die türkische *couleur locale* bühnenwirksam hervorheben. Außerdem wurde der Schluß operngerecht zugespitzt, indem Piave Medora statt vor Corrados Rückkehr erst direkt danach sterben läßt, was ein Finalterzett ermöglichte. Überschattet wurde das Projekt von Unstimmigkeiten zwischen Verdi und dem Verleger Lucca, der den Komponisten immer wieder unter Druck setzte und keinerlei Rücksichtnahme auf dessen Belange erkennen ließ; nach Vollendung der Oper sollte Verdis Zusammenarbeit mit Lucca für immer enden.

Piaves Ausarbeitung des Librettos ging zügig voran, aber Verdis durch die rastlose Tätigkeit der »Galeerenjahre« angegriffener Gesundheitszustand ließ die für Mai 1846 angesetzte Premiere platzen. Das Projekt schien endgültig begraben, so daß Piave das fertige Textbuch gerne dem Komponisten Federico Ricci überlassen hätte, um eine dringende Verpflichtung zu erfüllen. Verdi bekräftigte aber gegenüber Piave sein anhaltendes Interesse und gab an, schon einige Nummern entworfen zu haben. Als wenig später der Verleger Lucca und der *impresario* Lumley auf der Erfüllung der Verträge beharrten, äußerte Verdi plötzlich Bedenken an der Bühnenwirksamkeit des Stoffes und schrieb schließlich *I masnadieri* für das Londoner Theater. Erst im November 1847 wandte sich Verdi wieder *Il corsaro* zu und stellte die Oper nun bis zum Februar 1848 fertig. Die fertige Partitur sandte Verdi dem Verlagshaus Lucca, dem er alles weitere überließ; dieses einigte sich schließlich mit dem Teatro Grande in Triest, das die einzige Uraufführung einer Oper Verdis übernahm, bei der der Komponist nicht anwesend war.

Handlung

Die Insel der Korsaren in der Ägäis und in Koroni; am Beginn des 19. Jahrhunderts.

1. Akt, 1. Bild, die felsige Insel bei Sonnenaufgang: Die Korsaren feiern ihr zügelloses Leben (*Coro*, »Come liberi volano i venti«). Ihr Anführer Corrado erinnert sich, wie ihn das Schicksal einst zu einem Gesetzlosen gemacht hat. Als ihm ein Brief überbracht wird, erkennt er die günstige Gelegenheit, die Türken zu überfallen, und ruft seine Leute zum Kampf zusammen (*Scena ed aria*, »Tutto parea sorridere«). – 2. Bild, Medoras Kammer im alten Turm: Düstere Gedanken plagen Medora, während sie auf ihren Geliebten Corrado wartet (*Romanza*, »Non so le tetre immagini«). Er erscheint, um sich von ihr zu verabschieden und läßt sich auch durch ihre Bitten nicht zum Bleiben bewegen (*Scena e duetto*, »No, tu non sai comprendere«).

2. Akt, 1. Bild, im Harem des Seid: Die Odalisken malen Gulnara die Freuden aus, die sie als Favoritin des Paschas erwarten (*Coro*, »Oh qual perenne – gaudio t'aspetta«). Gulnara verachtet jedoch Seid und träumt von einem besseren Leben (*Cavatina*, »Vola talor dal carcere«). – 2. Bild, ein Pavillon im Hafen von Koroni: Seid und seine Krieger loben Allah (*Coro ed inno*, »Salve, Allah!... tutta quanta la terra«). Der als Derwisch verkleidete Corrado wird hereingeführt und spiegelt Seid vor, daß er den Fängen der Korsaren entkommen sei (*Recitativo e duettino*, »Di': quei ribaldi fremono«). Die Türken merken, daß sie hintergangen worden sind, als plötzlich die Flotte und der Palast in Flammen stehen. Der großmütige Corrado reißt sich die Verkleidung herunter und will die Frauen des Pascha retten; zusammen mit einigen seiner Männer wird er aber gefangengenommen. Auch die Bitten von Gulnara und den anderen Odalisken können den Zorn von Seid nicht besänftigen, der Corrados Hinrichtung für den folgenden Tag anordnet (*Finale II*, »Ma qual luce diffondesi intorno?«).

3. Akt, 1. Bild, in Seids Gemächern: Der Pascha ist eifersüchtig auf Corrado; sollte Gulnara diesen lieben? (*Recitativo ed aria*, »Cento leggiadre vergini«). Er läßt seine Favoritin rufen, die seine Befürchtungen bestätigt, als sie erneut um Gnade für Corrado bittet. Wutentbrannt droht er ihr ein schreckliches Schicksal

an (*Duetto*, »Sia l'istante maledetto«). – 2. Bild, im Innern eines Turms: Corrado denkt an Medora und schläft ein. Gulnara will ihn retten; als sich Corrado weigert, Seid im Schlaf zu ermorden, greift Gulnara selber zum Dolch und ersticht den Pascha; sie fliehen (*Scena e duetto*, »Seid la vuole: inutili«). – 3. Bild, die Insel der Korsaren: Medora hat sich vergiftet, da sie ihren Geliebten tot glaubt. Plötzlich trifft Corrado ein und wird von den Korsaren stürmisch begrüßt. Nachdem er Gulnaras Situation erklärt hat, stirbt Medora in seinen Armen. Verzweifelt stürzt sich Corrado ins Meer (*Terzetto finale*, »Per me infelice – vedi costei«).

Kommentar

Schwer lastet auf *Il corsaro* das offensichtliche Desinteresse, daß Verdi selbst dem Werk entgegengebracht hat. Im Gegensatz zu anderen, ebenfalls vom Bühnenleben vernachlässigten Opern setzte sich Verdi nie für die Verbreitung dieser Oper ein, sondern riet sogar dezidiert von einer Wiederbelebung ab. Viele Kommentatoren haben dies zum Anlaß genommen, sehr kritisch über das Werk zu richten; für Francis Toye ist *Il corsaro* gar – zusammen mit *Alzira* – das schwächste Werk, das der Komponist überhaupt komponiert habe (Toye, 1951, S. 78). Abramo Basevi sah in der Nachahmung des in den vorhergehenden Opern entwickelten musikdramatischen Vokabulars das vorherrschende Moment von *Il corsaro* und stellte fest, daß Verdi die fehlende Inspiration durch künstliches *brio* überdecken wolle (Basevi, 1859, S. 136 und 141).

Wenngleich man dieses Urteil heute nicht mehr in seiner ganzen Schärfe stehen lassen will, so enthält das Bild der in Eile hingeworfenen Oper, mit der Verdi in erster Linie den lästigen Vertrag mit dem ungeliebten Lucca erfüllen wollte, doch ein Körnchen Wahrheit. Die schematische Gestaltung vieler Nummern, wobei nochmals der Effekt energischer *cabalette* mit starker Beteiligung des Chores im Vordergrund steht, ist offensichtlich. Daneben finden sich jedoch einige Momente – vor allem im 3. Akt –, die den Vergleich mit den erfolgreichen Opern nicht scheuen müssen. Die sorgfältige Instrumentation der Einleitung zur Kerkerszene und das anschließende, großartige Duett Gulnara/Corrado sind hier ebenso hervorzuheben wie das Finalterzett Medora/Gulnara/Corrado. Trotz einiger Schwächen ist *Il corsaro* daher ein Werk, das mehr Beachtung als bisher verdient. Zum Teil erklärt sich die – im Vergleich mit den zeitlich benachbarten Opern Verdis – stilistische Rückwärtsgewandtheit auch einfach aus der Tatsache, daß die Grundkonzeption des Werkes bereits einige Jahre alt war, als der Komponist es endlich fertigstellte.

Die Wahl eines englischen Poems als Vorlage eines ausdrücklich für London komponierten Bühnenwerks war naheliegend gewesen. Dies wird auch nachdrücklich durch die Tatsache unterstrichen, daß Lumley von der Stoffänderung der für ihn bestimmten Oper überhaupt nicht begeistert war und lieber *The Corsair* als Schillers *Die Räuber* im Königlichen Opernhaus gesehen hätte. Die Stücke haben allerdings einiges gemeinsam, wenngleich bei Byron alles romantisch gesteigert ist: Karl Moor und Conrad (Corrado) verkörpern beide den Typ des vom Schicksal Gezeichneten, den das Unrecht zum außerhalb der Gesellschaft stehenden Kriminellen gemacht hat. Conrad weist darüber hinaus die typischen Merkmale des innerlich zerrissenen romantischen Helden auf, wie »die geheimnisvolle Herkunft, hinter der sich hohe Ahnen vermuten lassen, die Spuren erloschener Leidenschaften, der Verdacht einer furchtbaren Schuld, das melancholische Verhalten, das bleiche Antlitz, die unvergeßlichen Augen« (Praz, 1988, S. 73). Basevi machte das Libretto für den Mißerfolg mitverantwortlich, da es überhaupt nicht geeignet gewesen sei, die Phantasie des Komponisten anzuregen (Basevi, 1859, S. 137). In der Tat scheint Verdi im Jahre 1848 von dem Stoff nicht mehr in dem Maße begeistert gewesen zu sein, wie noch wenige Jahre zuvor. Mit *I due Foscari* hatte er zwar bereits eine Oper nach Lord Byron geschrieben, daneben hatte er auch erwogen, *The Bride of Abydos* (Brief Verdis an Nani Mocenigo vom 6. Juni 1843; Conati, 1983, S. 53) und *Cain: A Mystery* (undatierte Notiz Verdis; Copialettere, 1913, nach S. 422) als Opernstoffe zu verwenden. Die Faszination der Byronschen Romantik auf Verdi ließ aber offensichtlich nach, und Verdis Interesse verlagerte sich immer stärker auf die moderne französische Literatur eines Victor Hugo oder Alexandre Dumas.

Wirkung

Die Uraufführung im Teatro Grande in Triest am 25. Oktober 1848 war trotz der hervorragenden Besetzung mit dem berühmten Tenor Gaetano Fraschini (Corrado), Marianna Barbieri-Nini (Gulnara) und Achille De Bassini (Seid) sowie einer vielversprechenden jungen Künstlerin, Carolina Rapazzini (Medora), ein Mißerfolg. Nach nur drei Vorstellungen verschwand *Il corsaro* vom Spielplan des Theaters. Eine Ursache für das Fiasko dürfte die Abwesenheit Verdis gewesen sein: Der Komponist war in Paris geblieben und hatte die musikalische Einstudierung seinem Schüler Emanuele Muzio überlassen, der aber nicht rechtzeitig in Triest eintraf, so daß die Vorbereitungen der Uraufführung schließlich vom Komponisten Luigi Ricci geleitet wurden. Was wahrscheinlich in Verdis angespanntem Verhältnis zum Verleger Lucca und in der immer noch angegriffenen Gesundheit des Komponisten begründet war, wertete ein Teil des Publikums als Affront und reagierte entsprechend ablehnend. Die Kritiken waren überwiegend vernichtend; ein Rezensent riet Verdi, doch noch länger in der französischen Metropole zu bleiben, um dort die klassischen Meister zu studieren, damit er lernen könne, daß der Wert einer Oper nicht nur auf guten *cabalette* gründe, und daß ein Duett nicht nur aus dem *unisono* zweier Stimme bestehen müsse (WGV, I/13, S. XXI).

Nach einigen Produktionen an Provinztheatern in Cagliari (1849/50), Modena (1852), Novara (1853), Piacenza (1852/53) und Vercelli (1853), sowie weniger bedeutenden Theatern größerer Städte wie dem Teatro Carcano in Mailand und dem Teatro Carignano in Turin (beide 1852), sollte es bis zum Februar 1853 dauern, daß sich – mit dem Teatro La Fenice in Venedig – erstmals eine führende Bühne Italiens der Oper widmete. In das Repertoire ging *Il corsaro* dadurch aber ebensowenig ein wie nach einer Aufführungsserie am Teatro San Carlo in Neapel im folgenden Jahr. Im Gegenteil, die Oper fiel nach nur wenigen weiteren Einstudierungen an ausschließlich zweitklassigen Häusern in Florenz (Teatro Borgognisanti, 1856) und Lodi (1860) allmählich in völlige Vergessenheit. Im Ausland sind nur an drei Orten Aufführungen von *Il corsaro* belegt, im chilenischen Valparaiso (1852), auf Malta (1854) und im portugiesischen Oporto (1864). Wiederentdeckt wurde die Oper erst nach dem Zweiten Weltkrieg und insbesondere in den 1970er und 1980er Jahren setzte, getragen von Sängern wie Katia Ricciarelli und Carlo Bergonzi, eine etwas breitere Rezeption ein. Aus dem Schatten der erfolgreicheren Werke Verdis konnte *Il corsaro* aber bis heute nicht treten.

Diskographischer Hinweis

José Carreras (Corrado), Montserrat Caballé (Gulnara), Jessye Norman (Medora), Gian-Piero Mastromei (Seid), New Philharmonia Orchestra, Ambrosian Singers Lamberto Gardelli (aufgenommen: 1975): Philips CD 426 118-2

Sebastian Werr

La battaglia di Legnano

(Die Schlacht von Legnano)
Tragedia lirica in quattro atti
(4 Akte, 7 Bilder)

Text: Salvadore Cammarano, nach dem Schauspiel *La Bataille de Toulouse* (1828) von François Joseph Méry
Uraufführung: Rom, Teatro di Torre Argentina, 27. Januar 1849
Personen: Federico (Friedrich) Barbarossa (Baß); Erster und Zweiter Konsul von Mailand (Bässe); Bürgermeister von Como (Baß); Rolando, mailändischer Heerführer (Bariton); Lida, Rolandos Frau (Sopran); Arrigo, veronesischer Krieger (Tenor); Marcovaldo, deutscher Gefangener (Bariton); Imelda, Dienerin Lidas (Mezzosopran); ein Schildträger (Tenor; nur in der Partitur, im Libretto der Uraufführung ohne eigenen Text); ein Herold (Tenor) – Todesritter, Magistrat und Heerführer von Como, Dienerinnen Lidas, Volk von Mailand, Mailänder Senatoren, Krieger aus Verona, Brescia, Novara, Piacenza und Mailand, das deutsche Heer
Orchester: Piccoloflöte, Querflöte, 2 Oboen, 2 Klarinetten, 2 Fagotte, 4 Hörner, 2 Trompeten, 3 Posaunen, Cimbasso, Pauken, Schlagzeug (große Trommel, Becken, kleine Trommel,

Glocke), Harfe, Streicher – Bühnenmusik: 6 Trompeten, 4 Posaunen, kleine Trommel
Spieldauer ohne Pausen: ca. 1 Stunde 45 Minuten
Autograph: Mailand, Verlagsarchiv Ricordi
Ausgaben: Klavierauszüge: Mailand: Ricordi [ca. 1850], Nr. 21571, 21542–21559; Mailand: Ricordi [ca. 1849], Nr. 21571, 21642–21659 (als *L'assedio di Arlem*); Paris: Choudens [1887], Nr. 7572 (als *Patria*) – Textbücher: Rom: Puccinelli 1849; *Tutti i libretti*, 1975, S. 205–222

Entstehung

Verdi hatte sich bereits während der Verhandlungen über die Komposition von *Alzira* (1844) verpflichtet, eine weitere Oper für das Teatro San Carlo in Neapel zu schreiben, wobei als Textdichter wiederum Salvadore Cammarano vorgesehen wurde. Anfangs war die Uraufführung für das Frühjahr 1847 geplant, wurde jedoch auf den Herbst 1848 verschoben. Diese Verzögerung verärgerte Giovanni Ricordi, da dessen eigener Vertrag mit dem Teatro San Carlo bereits im Frühjahr 1848 endete und somit die Gefahr bestand, daß die neue Oper Verdis von einem anderen Verleger veröffentlicht werden würde.

Im April 1847 schlug Ricordi Verdi vor, eine Oper ohne konkreten Auftrag eines Theaters für den Verlag zu komponieren und die Wahl eines für die Uraufführung geeigneten Theaters diesem zu überlassen. Zu diesem Zeitpunkt hofften beide darauf, daß sich der Komponist von den Verpflichtungen gegenüber Neapel befreien könne, was Verdi aus persönlicher Solidarität gegenüber Cammarano jedoch nicht riskierte. Schließlich entstand zunächst mit *La battaglia di Legnano* die Oper für Ricordi, und erst anschließend erfüllte Verdi mit *Luisa Miller* den Auftrag für Neapel.

Verdi hatte zunächst an verschiedene andere Sujets gedacht, so an eine Vertonung von *Cola di Rienzi*. Cammarano äußerte jedoch Einwände gegen dieses Projekt und schlug statt dessen den Kampf des Lombardischen Städtebundes gegen Kaiser Barbarossa vor. Später brachte Cammarano auch die Idee ein, Personen und Handlung für *La battaglia di Legnano* nach dem Drama *La Bataille de Toulouse* von François Joseph Méry zu entwerfen, das er durch die erfolgreichen Aufführungen am Teatro Fiorentini in Neapel kennengelernt hatte.

Verdi komponierte die Oper im Herbst 1848 in Paris, wobei er die politische Entwicklung in Italien fortwährend aufmerksam verfolgte. Im November stand dann Rom als Ort der Uraufführung fest – Papst Pius IX. hatte im selben Monat vor den dortigen Aufständen fliehen müssen – und für die Besetzung der Hauptrollen hatte man Teresa De Giuli-Borsi (Lida), Gaetano Fraschini (Arrigo) und Filippo Colini (Rolando) gewinnen können. Im Dezember schloß Verdi die Komposition ab, nachdem er noch kurz zuvor letzte Änderungen am Libretto verlangt hatte, und reiste zu den Proben nach Rom. Wenige Tage vor der Uraufführung hatten in Rom Wahlen stattgefunden, wenige Tage danach, am 5. Februar, wurde die römische Republik ausgerufen.

Handlung

Mailand und Como, im Jahr 1176

1. Akt *(Er lebt!)*, 1. Bild, Teil des wiederaufgebauten Mailand, in der Nähe der Stadtmauer: Die Bewohner der norditalienischen Städte vereinen sich zum gemeinsamen Kampf gegen Kaiser Barbarossa (*Coro d'introduzione*, »Viva Italia! sacro un patto«). Unter den Kriegern befindet sich der Veroneser Arrigo, der nach einer schweren Verwundung und langer Gefangenschaft zurückgekehrt ist (*Scena e cavatina*, »La pia materna mano«). Er trifft auf seinen Freund Rolando, der ihn tot geglaubt hat (*Scena e romanza*, »Ah! m'abbraccia... d'esultanza«). Gemeinsam mit den Konsuln und Soldaten schwören sie, für die Befreiung Italiens zu kämpfen (*Giuramento*, »Tutti giuriam difenderla«). – 2. Bild, schattiger Platz in der Nähe des Wassergrabens der Stadtmauer: Arrigos Geliebte, Lida, hat nach der Nachricht von dessen Tod auf Wunsch ihres sterbenden Vaters Rolando geheiratet, mit dem sie inzwischen ein Kind hat. Ihre Dienerinnen versuchen, die noch immer um Eltern, gefallene Brüder und den Geliebten Trauernde aufzuheitern (*Coro di donzelle*, »Plaude all'arrivo Milan dei forti«). Als Lidas Vertraute Imelda berichtet, daß Rolando in Begleitung Arrigos nach Hause komme, verwandelt sich ihre Trauer in Freude

(*Scena e cavatina*, »Quante volte come un dono«). Der deutsche Kriegsgefangene Marcovaldo, der Lida vergeblich nachgestellt hat, bemerkt ihre Verwirrung beim Wiedersehen mit Arrigo und schöpft Verdacht. Ein Herold verkündet das Nahen des feindlichen Heers, worauf Rolando davon eilt. Arrigo wirft Lida vor, durch ihre Ehe den Treueschwur ihm gegenüber gebrochen zu haben. Ihren Rechtfertigungen schenkt er keine Beachtung (*Scena e duetto – finale I*, »T'amai, t'amai qual angelo«).

2. Akt (*Barbarossa*), 1. Bild, prächtiger Saal im Rathaus von Como: Die Führer der Stadt Como haben sich versammelt, um mit Rolando und Arrigo, den Gesandten Mailands, zu verhandeln (*Coro d'introduzione*, »Udiste? La grande, la forte Milano«). Diese beschwören die Bürger Comos, den langjährigen Konflikt zwischen den beiden Städten zu beenden und sich dem Bund gegen die Deutschen anzuschließen (*Scena e duetto nel finale II*, »Ben vi scorgo nel sembiante«). Überraschend tritt Barbarossa auf (*Quartetto nel finale II*, »A che smarriti e pallidi«). Er droht Como mit seinem übermächtigen Heer, das bereits vor den Toren der Stadt steht. Arrigo und Rolando bekräftigen ihren Willen zum Kampf (*Scena e stretta del finale II*, »Il destino d'Italia son io«).

3. Akt (*Die Schande*), 1. Bild, unterirdische Gewölbe der Basilika S. Ambrogio in Mailand: Arrigo, der aufgrund seiner unglücklichen Liebe zu Lida den Tod ersehnt, schließt sich dem Bund der Todesritter an. Gemeinsam mit ihnen schwört er, bis zum Ende für das Vaterland zu kämpfen (*Introduzione, scena e giuramento*, »Giuriam d'Italia por fine ai danni«). – 2. Bild, Gemächer in Rolandos Burg: Lida hat von Arrigos Bund mit den Todesrittern erfahren und ihm einen Brief geschrieben, in dem sie ihn um ihrer alten Liebe willen bittet, sich nicht bewußt in den Tod zu stürzen. Rolando kommt, um sich von seiner Frau und seinem Sohn zu verabschieden (*Scena e duettino*, »Digli ch'è sangue italico«). Er bittet Arrigo, sich um seine Familie zu kümmern, falls er im Kampf fallen sollte. Marcovaldo beschuldigt Lida gegenüber Rolando des Ehebruchs und übergibt ihm als Beweis den abgefangenen Brief an Arrigo (*Scena ed aria*, »Se al nuovo dì pugnando«). – 3. Bild, Zimmer im Turm der Burg: Lida beschwört Arrigo nochmals, nicht im Kampf den Tod zu suchen. Sie gesteht, ihn immer noch zu lieben. Rolando überrascht die beiden. Er verriegelt die Tür, um Arrigo zu hindern, am Kampf teilzunehmen und ihm so die Ehre zu nehmen. Der verzweifelte Arrigo stürzt sich daraufhin aus dem Fenster (*Scena e terzetto – finale III*, »Ah! d'un consorte, o perfidi«).

4. Akt (*Sterben für das Vaterland*), 1. Bild, Platz in Mailand, vor dem Vorhof einer Kirche: Lida und die anderen Frauen beten für einen guten Ausgang der Schlacht (*Introduzione e preghiera*, »O tu che desti il fulmine«). Endlich trifft die Nachricht vom Triumph der Italiener ein. Arrigo hat den Sprung vom Turm überlebt und Barbarossa im Kampf besiegt, wurde dabei aber schwer verwundet. Sterbend beteuert er vor allen Lidas Unschuld und versöhnt sich mit Rolando (*Gran scena, terzettino ed inno di vittoria*, »Per la salvata Italia...«).

Kommentar

Mehr als alle anderen Opern Giuseppe Verdis steht *La battaglia di Legnano* unmittelbar mit dem *risorgimento* in Zusammenhang, und in dieser Verbindung sind auch die Gründe dafür zu suchen, daß dieses Werk von vielen Autoren, namentlich in Italien, als Gelegenheitswerk abgetan wurde. Der kurzfristig erfolgreiche Aufstand gegen die Österreicher, die »cinque giornate« in Mailand, also dort, wo die Handlung der Oper spielt, stand mit am Beginn der Revolutionen von 1848/49. Die drohende Niederlage gegen die Österreicher unter General Radetzky im Sommer 1848 veranlaßte den Komponisten, eine Petition an den französischen General Cavaignac mit zu unterzeichnen, in der Frankreich – erfolglos – zum Eingreifen in Norditalien aufgefordert wurde. Zur Zeit der Uraufführung von *La battaglia di Legnano* war Rom einer der wenigen Orte in Italien, an denen die Revolution noch nicht beendet war. Die Suche nach einem »italienischen und freiheitlichen Sujet« (Brief Verdis an Francesco Maria Piave vom 22. Juli 1848; Luzio, 1947, Band IV, S. 217) ist vor dem Hintergrund dieser Ereignisse zu verstehen und damit auch die Komposition von *La battaglia di Legnano* als Reaktion Verdis auf die politische Situation in seinem Land.

Das Sujet entspricht der in diesen Jahrzehnten in Italien zu beobachtenden Tendenz, für Romane und Opern Themen aus der Geschichte der Stadtrepubliken des Mittelalters und der Renaissance zu wählen. Die historischen Ereignisse um die Schlacht von Legnano, bei der am 29. Mai 1176 die Truppen der Lombardischen Liga das kaiserliche Heer Friedrich I. (»Barbarossa«) besiegten, waren in der italienischen Literatur bereits seit Jahrzehnten mehrfach aufgegriffen und im Sinne der Einigungsbewegung instrumentalisiert worden: So beschäftigten sich Giovanni Berchet, Cesare Balbo und Massimo D'Azeglio mit diesem Sujet. Der Bund der lombardischen Städte, der sich wiederum mit dem einige Jahre zuvor entstandenen Veroneser Bund vereint hatte – nicht zufällig stammt der Protagonist Arrigo aus Verona –, galt als Vorbild. Aus dem Sieg bei Legnano zog man die Lehre, daß Italien imstande sei, auch einen übermächtigen Feind zu besiegen, sofern es nur verbündet vorgehe. Historische Aspekte wie zum Beispiel die Tatsachen, daß der Bund keineswegs gesamtitalienische, sondern vor allem kommunale Interessen vertrat und daß unter Friedrich I. auch viele Italiener kämpften, wurden dabei unterschlagen.

Trotz des insgesamt relativ freien Umgangs mit dem Stoff scheint Cammarano zuweilen Wert auf historische Details gelegt zu haben. So war Barbarossa nach der Schlacht bei Legnano einige Tage verschollen und galt als tot, worauf der Librettist möglicherweise anspielt, wenn es im letzten Akt heißt, der Kaiser sei »tot oder verwundet«. Zudem ist im Finale der Oper in den Regieanweisungen vorgesehen, den »carroccio«, einen von Ochsen gezogenen, mit Fahnen und einem Kreuz geschmückten Wagen, auf die Bühne zu bringen, der im Mittelalter das traditionelle Symbol für die Freiheit der italienischen Kommunen darstellte und von dem aus mit einem Glockensignal der Beginn einer Schlacht angezeigt wurde. Diese Symbolik wurde damals wie heute von einem italienischen Publikum verstanden.

Die Vorlage der Oper, das Schauspiel *La Bataille de Toulouse*, spielt zur Zeit der napoleonischen Kriege, die Vorbilder von Arrigo und Rolando, Gaston und Duhoussais, sind französische Offiziere, die sich auf die Schlacht gegen Wellington vorbereiten. Die historischen Ereignisse bilden in Mérys Stück lediglich den Hintergrund für den privaten Konflikt. Für keine der patriotischen Szenen in *La battaglia di Legnano*, weder für den Schwur im 1. Akt, noch für den gesamten 2. Akt oder für das Ritual der Todesritter gibt es bei Méry eine Vorlage. Ebenso geht der Schlußakt mit Arrigos heroischem Tod für das Vaterland allein auf Cammarano und Verdi zurück. Bei Méry endet das Stück mit dem tödlichen Sprung des Helden vom Balkon. Einzig die Szene, in der Isaure (Lida) mit Gaston von Duhoussais im Turmzimmer überrascht wird und der entehrte Ehemann die Tür verriegelt, wurde von Cammarano zum Teil wortgetreu aus der Vorlage übernommen.

Im Vordergrund von Mérys Stück steht das Schicksal der Spanierin Isaure, deren Familie von den Franzosen getötet wurde, so daß die Ehe mit Duhoussais nicht zuletzt als Versuch erscheint, dieses Unrecht wieder gut zu machen. Dementsprechend teilt Isaure keineswegs den Patriotismus der Lida aus *La battaglia di Legnano*, sondern sie betont die Auswirkung des Krieges auf das private Schicksal insbesondere von Frauen. Das direkte Aufeinandertreffen von Arrigo und Lida nach dessen Rückkehr, aus dem Verdi das auf die stimmlichen Fähigkeiten des dramatischen »tenore della maledizione«, Gaetano Fraschini, zugeschnittene Duett am Ende des 1. Aktes gestaltet, hat bei Méry ebenfalls keine Vorlage. Die Rolle der Lida erscheint im Vergleich zu derjenigen Isaures eher blaß, was Verdi veranlaßte, noch wenige Wochen vor der Uraufführung von Cammarano eine zusätzliche Szene zu fordern: »Da mir die Partie der [*prima*] *donna* nicht die Bedeutung zu haben scheint, die die beiden anderen haben, möchte ich, daß Sie nach dem Todes-Chor ein großes, sehr bewegtes Rezitativ einfügen, in dem sie ihre Liebe auszudrücken hat, ihre Verzweiflung, Arrigo todgeweiht zu wissen; die Furcht entdeckt zu werden usw... usw...« (Brief Verdis an Salvadore Cammarano vom 23. November 1848; Copialettere, S. 60) Frits Noske machte darauf aufmerksam, daß die Rolle der Lida in hohem Maße durch die Verwendung eines traditionellen musikalischen Todestopos charakterisiert ist (Noske, 1974, S. 239). Die Todessehnsucht ist ein wesentliches Kennzeichen sowohl Lidas als auch Arrigos, was nicht zuletzt den Auftrittsarien beider Partien zu entnehmen ist.

In *La battaglia di Legnano* erscheint der

private Konflikt der drei Hauptfiguren untrennbar mit dem politischen Hintergrund verbunden: Die Freundschaft der beiden Männer beruht in erster Linie auf der Erfahrung des gemeinsamen Kampfes für das Vaterland; Arrigo läßt sich von Lida durch das Argument, sie habe geheiratet, da sie ihn tot glaubte, nicht beschwichtigen, und erinnert sie an ihren Schwur, »dem Verteidiger Italiens stets zu folgen«. Auch das entscheidende Argument, das Rolando schließlich von der Unschuld Lidas und Arrigos überzeugt, ist ein patriotisches: »Wer für das Vaterland stirbt, dessen Seele kann nicht wirklich schuldig sein«. Mit diesem Satz, der von allen Solisten sowie vom Chor nochmals bekräftigt und damit geradezu zum Resümee des Stücks erhoben wird, leitet Arrigo das Finale der Oper ein, bei dem zum italienischen Text des Chors aus der Kirche das *Te Deum* erklingt. Auch zu Anfang des Aktes, beim Gebet Lidas, intonieren die Baß-Stimmen des Chors hinter der Bühne den 82. (83.) Psalm. Die Idee, im letzten Akt liturgisch-lateinischen mit italienischem Text zu kombinieren, stammt ebenfalls von Verdi und wurde vielleicht nicht zufällig in einer Oper verwendet, die am Sitz der katholischen Kirche, in Rom, uraufgeführt werden sollte. Der Kampf für das Vaterland wird damit durch die Religion legitimiert, Arrigos Sterben im letzten *tableau* zum Märtyrertod stilisiert.

Die für das Risorgimento gerade in den Jahren vor 1848 so charakteristische enge Verbindung zwischen Patriotismus und Katholizismus wird auch im *duettino* des 3. Aktes thematisiert. Hier bittet Rolando Lida, daß sie, sollte er im Kampf fallen, seinen Sohn lehren soll, Gott stets zu ehren und unmittelbar »nach Gott das Vaterland«. Die Szene schließt mit einem Gebet Lidas und Rolandos, so daß die patriotische Thematik damit sogar in dieser vielleicht intimsten Nummer des Stücks präsent bleibt.

Die patriotischen Szenen bilden die dramaturgische Klammer in *La battaglia di Legnano*, sie vor allem verleihen dem Werk seine spezifische *tinta*. Das Marschthema, mit dem die Ouvertüre beginnt, und das besonders aufgrund seiner rhythmischen Gestalt als musikalische Chiffre der Lega Lombarda interpretiert werden kann, kehrt im Laufe der Oper mehrfach wieder, so im ersten, *a cappella* gesungenen patriotischen Chor gleich nach der Ouvertüre, beim Auftritt Arrigos und Rolandos vor dem Rat von Como und auch im Chor des 4. Aktes (»Dall'Alpi a Cariddi«), der die Ankunft des siegreichen lombardischen Heeres ankündigt. Für die machtvolle Schwurszene des 1. Aktes hat sich Verdi erkennbar die entsprechenden Szenen aus den französischen Opern Gioachino Rossinis zum Vorbild genommen, namentlich den berühmten »Rütli-Schwur« aus *Guillaume Tell*.

Die Idee, Barbarossa im 2. Akt als *colpo di scena* vor dem Finale persönlich auftreten zu lassen und mit den beiden Helden Arrigo und Rolando zu konfrontieren, geht – wie die Einfügung eines Schildträgers Arrigos in der *introduzione* im 1. Akt – auf den Komponisten zurück. Deutlicher als in den anderen Akten der Oper ist hier der Bezug zur aktuellen Situation Italiens hergestellt, etwa wenn Rolando in seiner Ansprache vor dem Magistrat von Como betont, sie hätten nur einen gemeinsamen Feind und ein Vaterland: Der Feind sei »der Deutsche«, das Vaterland Italien. In Rolandos Aussage »Ein Volk, daß sich für die Freiheit erhebt, werden sie nicht besiegen« zeigt sich ein patriotischer Enthusiasmus, der sich auch in einem Brief Verdis aus dieser Zeit findet: »Die Stunde seiner [von Italiens] Befreiung hat geschlagen, davon sei überzeugt. Das Volk will es so; und gegen den Willen des Volkes kann keinerlei Macht bestehen.« Und der martialische Tonfall des Finales dieses Aktes läßt an folgende Worte des Komponisten aus demselben Brief denken: »Es gibt, es darf nur eine Musik geben, die den Ohren der Italiener von 1848 gefällt: die Musik der Kanonen« (Brief Verdis an Francesco Maria Piave vom 21. April 1848; Abbiati, 1959, Band I, S. 745; siehe auch oben, S. 18).

La battaglia di Legnano gehört zu den Opern, die zwischen *Macbeth* und *Rigoletto* komponiert wurden, also in der Zeit, als Verdi nach den ersten Auseinandersetzungen mit Schiller und Shakespeare einerseits sowie mit der Pariser *grand opéra* andererseits verstärkt neue Wege suchte. In diesen Jahren wurde in den Musikzeitschriften der Halbinsel teilweise bemängelt, sein Stil sei nicht mehr italienisch genug. Die Musik zu *La battaglia di Legnano* zeugt von diesem Stilwandel. Varianten bei den traditionellen Formen, beispielsweise wenn die fehlende *cabaletta* zu Arrigos Auftrittsarie durch Rolando in dessen *romanza* gewissermaßen »nachgeliefert« wird, die Gestaltung der Schwurszene der Todesritter als geschlossenes Bild zu Beginn eines Aktes, das große Finale im Stil eines *tableau* in der Art der *grand opéra* sowie eine im Vergleich zu den vorigen Opern verfeinerte Instrumentation zeigen deutlich Verdis Ringen um musikalischen Fortschritt. Es ist deshalb nicht gerechtfertigt, die Oper als simples Gelegenheitswerk abzutun, wenngleich die Handlung und der überschwengliche, häufig allzu plakativ dargestellte Patriotismus befremden mögen.

Verdi selbst schien *La battaglia di Legnano* durchaus hoch zu schätzen. In einem bekannten Brief aus dem Jahr 1854 schreibt er, daß unter seinen wenig erfolgreichen Werken zwei seien, die er nicht vergessen wissen wolle und er plane von beiden, *Stiffelio* und *La battaglia di Legnano*, Neubearbeitungen (Brief an Cesare De Sanctis vom 6. Juli 1854; Luzio, 1935, Band I, S. 25). Für eine Überarbeitung von *La battaglia di Legnano* setzte er sich mit Emanuele Bardare in Verbindung, der bereits für den 1852 verstorbenen Cammarano *Il trovatore* beendet hatte – allerdings ohne konkretes Ergebnis.

Wirkung

Die Uraufführung von *La battaglia di Legnano* in Rom war ein spektakulärer Erfolg, der nicht zuletzt mit der aufgeheizten Stimmung im Italien der Jahre 1848/49 zusammenhing: Der letzte Akt mußte – wie auch bei den folgenden Aufführungen – wiederholt werden und Verdi wurde bereits nach der Generalprobe, zu der das Publikum den Eintritt erzwungen hatte, zwanzig Mal vor den Vorhang gerufen wurde. Zum Zeitpunkt der Premiere war die Niederlage der revolutionären Kräfte jedoch schon abzusehen, und bei Aufführungen an anderen Theatern mußten daher verstärkt Schwierigkeiten mit der Zensur befürchtet werden. Verdi selbst und sein Verleger Ricordi waren sich dessen bewußt. Giovanni Ricordi wandte sich bereits mehr als einen Monat vor der Uraufführung an Librettisten und Komponisten des Werks, um vorzuschlagen, eine zweite Fassung der Oper zu erstellen, bei der Ort und Zeit der Handlung sowie einige brisante Textstellen verändert werden sollten (Brief Giovanni Ricordis an Verdi vom 15. Dezember 1848; Jensen, 1989, S. 115). Unter dem Titel *L'assedio di Arlem* erschien diese Version bei Ricordi im Klavierauszug und als Libretto. Die Handlung wurde in dieser Überarbeitung in die Niederlande zur Zeit des Aufstands gegen die spanische Herrschaft verlegt, aus Kaiser Barbarossa wurde der Herzog Alba.

Weder in seiner originalen Gestalt noch in der veränderten Fassung konnte das Werk den Erfolg der römischen Aufführungen wiederholen. In den Monaten nach der Uraufführung wurde es lediglich in Florenz und Ancona nachgespielt. Obwohl sich der Tenor Gaetano Fraschini offenbar für das Werk einsetzte – er sang auch in Florenz den Arrigo –, kam es in den folgenden Jahren nur zu vereinzelten Aufführungen, so zum Beispiel 1850 in Genua unter dem Originaltitel. Freilich wurde die Verbreitung von *La battaglia di Legnano* auch durch die ungünstigen wirtschaftlichen Bedingungen der Jahre um 1848 und die beträchtlichen finanziellen Forderungen Verdis und Ricordis behindert (siehe oben, S. 58 f.).

In den Jahren der italienischen Einigung um 1860 nahmen einige Bühnen das Werk in den Spielplan, darunter die Opernhäuser von Mailand, Neapel, Bologna, Parma und Piacenza, wo die Aufführungen nur zwei Monate nach dem Abzug der österreichischen Truppen stattfanden. 1916, also zu der Zeit, als Italien im Ersten Weltkrieg gegen Deutschland und Österreich-Ungarn kämpfte, kehrte *La battaglia di Legnano* an den Schauplatz der Uraufführung, Rom, zurück und wurde außerdem in Mailand und Florenz gespielt. Mehrere andere Wiederaufnahmen des Stücks in Italien sind als ›Jubiläumsaufführungen‹ zu betrachten: In den Jahren 1948–1951 dirigierte Fernando Previtali die Oper bei Aufnahmen des italienischen Rundfunks, 1959 wurde sie in hervorragender Besetzung beim Maggio Musicale in Florenz, zwei Jahre später an der Mailänder Scala gespielt. Durch keine dieser Aufführungen konnte sich das Stück jedoch im Spielplan der Opernhäuser etablieren, sie festigten im Gegenteil eher den Ruf von *La battaglia di Legnano* als unmittelbar an eine bestimmte politische Situation gebundenes Werk.

Im Ausland kam es ebenfalls nur vereinzelt zu Produktionen, so im 19. und zu Anfang des 20. Jahrhunderts in mehreren Städten Südamerikas, außerdem in Malta und Portugal als *L'assedio di Arlem*. Später wurde die Oper unter anderem 1960 in Cardiff, 1976 in New York, 1983 am Teatro dell'Opera in Rom und 1995 konzertant in London gegeben. In Deutschland stand das Werk 1932 in Augsburg als *Die Schlacht von Legnano* sowie 1937 in Bremen unter dem Titel *Das heilige Feuer* auf dem Spielplan.

Diskographischer Hinweis

Franco Corelli (Arrigo), Ettore Bastianini (Rolando), Antonietta Stella (Lida), Chor und Orchester der Mailänder Scala, Gianandrea Gavazzeni (aufgenommen: live 1961): Myto Records 89010 (Im Anhang finden sich die Szenen der Lida, gesungen von Leyla Gencer, 1959).

José Carreras, Matteo Manuguerra, Katia Ricciarelli, Chor und Orchester des Österreichischen Rundfunks, Lamberto Gardelli (aufgenommen: 1976) Philips 422 435-2

Martina Grempler

Luisa Miller

Melodramma tragico in tre atti
(3 Akte, 7 Bilder)

Text: Salvadore Cammarano nach dem »bürgerlichen Trauerspiel« *Kabale und Liebe* (1783) von Friedrich Schiller
Uraufführung: Neapel, Teatro San Carlo, 8. Dezember 1849
Personen: Graf von Walter (Baß); Rodolfo, Walters Sohn (Tenor); Federica, Herzogin von Ostheim (Mezzosopran); Wurm, Walters Burgverwalter (Baß); Miller, ein alter Soldat außer Diensten (Bariton); Luisa, seine Tochter (Sopran); Laura, ein Bauernmädchen (Mezzosopran); ein Bauer (Tenor) – Damen im Gefolge der Herzogin, Pagen, Bedienstete, Leibwachen, Dorfbewohner
Orchester: Piccoloflöte, 2 Querflöten, 2 Oboen, 2 Klarinetten, 2 Fagotte, 4 Hörner, 2 Trompeten, 3 Posaunen, Cimbasso, Pauke, große Trommel, Harfe, Streicher – Bühnenmusik: 4 Hörner, Glocken, Orgel
Spieldauer: ohne Pausen 2 Stunden 15 Minuten
Autograph: Mailand, Verlagsarchiv Ricordi
Ausgaben: Partitur, kritische Ausgabe: WGV I/15, hrsg. von Jeremy Kallberg, Chicago: University of Chicago Press/Mailand: Ricordi 1991 – Klavierauszug: Mailand: Ricordi [1850], Nr. 22191–22214 – Textbücher: Neapel: Flautina 1849; Mailand: Ricordi 1976; *Tutti i libretti*, 1975, S. 223–244

Entstehung

Schon nach *Alzira*, seiner ersten Arbeit für das Teatro San Carlo in Neapel hatte Verdi den dort gewonnenen Freunden eine zweite Oper versprochen. Angesichts der politischen Entwicklung mit dem Einmarsch des französischen Heeres und dem Zusammenbruch der Republik in Rom im Frühjahr 1849 als negativen Höhepunkten hätte Verdi dieses Versprechen am liebsten mit einer erneuten und möglichst schlagkräftigen patriotischen Demonstration eingelöst. Jedenfalls skizzierte er selbst ein Szenarium *L'assedio di Firenze* (*Die Belagerung von Florenz*) nach dem gleichnamigen ›Risorgimento-Roman‹ von Francesco Domenico Guerrazzi (1804–1873), der das Ende der Republik in Florenz 1529/30 schildert und 1836 unter dem Pseudonym Anselmo Gualandi in Paris publiziert worden war. In seinem Kommentar zu diesem Entwurf formulierte Verdi zwar einen der wichtigsten Grundsätze seiner am *effetto* orientierten Theaterdramaturgie. Mögliche Beanstandungen antizipierend schrieb er am 24. März 1849 seinem neapolitanischen Librettisten Salvadore Cammarano: »Natürlich wird man viel Kritisches einwenden können. Eine so lange Agonie!!... In einem Vorzimmer?... Auf einer Bahre? usw. usw... Doch wenn Sie glauben, daß die Szene wirksam sein kann, werden Sie auch einen Weg finden, sie logisch [!] zu machen.« (Abbiati, 1959, Band II, S. 6) Aber von dieser für den Verdischen Operntyp zentralen Feststellung abgesehen blieb *L'assedio di Firenze* ein bloßer Plan. Die in Neapel besonders unnachgiebig herrschende Zensur wollte von einer Revolutionsoper nichts wissen. Auch darf vermutet werden, daß der kluge und erfahrene, aber eher konservative und traditionellen Theateridealen verpflichtete Cammarano trotz *La battaglia di Legnano* in Rom einen ›Nabucco für Neapel‹ nicht unbedingt für besonders geeignet und reizvoll hielt.

Luisa Miller wird mithin erst einmal deshalb komponiert, weil die Obrigkeit *L'assedio di Firenze* nicht erlaubt. Aber auch der Gegenvorschlag kommt von Verdi selbst. Bereits vor den Diskussionen um diesen Stoff hatte er Cammarano als mögliche neue Oper für Neapel eine Bearbeitung von Schillers *Kabale und Liebe* vorgeschlagen. Daß die Anregung von Verdi ausgeht, kann aus einem Brief Cammaranos geschlossen werden: »Ich möchte Ihnen sagen, daß ich Schillers *Kabale und Liebe*, das Sie mir vorgeschlagen haben, eifrig studiert habe.« (Brief Salvadore Cammaranos an Verdi vom 22. Dezember 1847; Gerhartz, 1968, S. 405) Als dann *L'assedio di Firenze* immer unwahrscheinlicher wird, greift Verdi die alte Idee wieder auf. Die Quintessenz der Debatte hatte er im übrigen schon ein Jahr zuvor in einem Brief an Cammarano im Blick auf die Verhältnisse in Neapel durchaus realistisch vorweggenommen: »Was die Sujets angeht, so habe ich verschiedene im Blick, aber gegen alle hätte Ihre Zensur etwas vorzubringen; auch wenn einer durchgehen könnte: *Kabale und Liebe* von Schiller.« (Brief vom 15. September 1848; Abbiati, 1959, Band I, S. 770)

Mit einem Szenarium, das Cammarano am 3. Mai 1849 Verdi nach Paris schickt, beginnt die eigentliche Arbeit. Das Libretto wird noch während des Paris-Aufenthalts des Komponisten fertig. Nachdem er und Giuseppina Strepponi mit der Umsiedlung nach Busseto ihre Entscheidung für eine gemeinsame Zukunft öffentlich gemacht haben, stürzt Verdi sich förmlich auf die möglicherweise schon in Paris angefangene Komposition, die er sechs Wochen später abschließt. Am 3. Oktober macht er sich zusammen mit Antonio Barezzi, dem Vater seiner ersten Frau, auf den Weg nach Neapel. Er ist ungewohnt beschwerlich. Wegen der revolutionären Ereignisse ruht der Seeverkehr, für den Landweg aber benötigen Verdi und Barezzi mehr als drei Wochen. Als sie am 27. Oktober endlich in Neapel eintreffen, sind die Widrigkeiten noch keineswegs überstanden. Das Teatro San Carlo steckt in großen finanziellen Schwierigkeiten und kann das bei Ablieferung des Particells fällige Resthonorar nicht zahlen. Verdi droht mit dem Ausstieg aus dem Vertrag. Der Pionier für eine gerechte und angemessene Behandlung von Autoren im Sinne einer modernen Urheberrechtspraxis ist sogar dazu bereit, auf einem feindlichen französischen Schiff Schutz vor der möglichen Willkür neapolitanischer Behörden zu suchen! Schließlich wird ein Kompromiß gefunden, und die Premiere geht am 8. Dezember 1849 über die Bühne: mit einem freundlichen, keineswegs aber mit einem spektakulären Erfolg.

Die Monate der Vorbereitung von Verdis dritter Oper nach einem Schauspiel von Friedrich Schiller werden von einem bemerkenswerten Dialog zwischen dem erfahrenen Cammarano und dem unermüdlich nach Neuem suchenden Verdi begleitet. Der von Verdi hochgeschätzte Librettist vertritt und verteidigt die Traditionen, gelegentlich auch die Konventionen des Teatro San Carlo. Die Hierarchie im Sängerensemble ist ihm ganz selbstverständlich wichtiger als Schillers Drama. Vor allem versteht sich das Mitglied einer berühmten neapolitanischen Familie, die über vier Generationen die Theater in der Stadt am Golf mit Schauspielern, Bühnenbildnern, ›Regisseuren‹, Sängern, Poeten und Komponisten versorgte, als Anwalt der Theater- und Opernpraxis der ersten Hälfte des 19. Jahrhunderts. Verdi begegnet dem »qualifiziertesten Sachwalter einer sehr lebendigen, blühenden und ganz und gar volkstümlichen Theatertradition« (Viviani, 1948, S. 29) mit großem Respekt, aber auch immer wieder mit ungeduldigen Fragen. Unbestritten verbindet sich da sehr Verschiedenes: der Blick zurück und der Blick nach vorn, Spiel als Spiel und Spiel als Zweck, die spätneapolitanische Tradition und die Zukunft eines gerade sich bildenden neuen Operntyps.

Wenn man versucht, sich den Inhalt der Oper *Luisa Miller* im engen Kontext mit seiner szenischen und musikalischen Erscheinung zu vergegenwärtigen, ist bereits hier einiges von der Präsenz dieser beiden Ebenen und den aus ihrem Beieinander sich ergebenen Konsequenzen und Problemen zu spüren.

Handlung

Tirol in der ersten Hälfte des 18. Jahrhunderts
1. Akt (*Die Liebe*), 1. Bild, Dorfplatz mit dem bescheidenen Haus Millers und einer ländlichen Kirche: Im Hintergrund erkennt man über den Bäumen des nahen Waldes die Turmspitzen der Burg des Grafen Walter. Vor dem Hause des ausgedienten Soldaten Miller feiern die Bewohner des Dorfes den Geburtstag seiner Tochter Luisa (*Introduzione*, »Ti desta, o Luisa, regina de' cori«). Als Miller mit ihr zu den Gratulanten tritt, sucht Luisa unruhig, aber vergebens ihren Verlobten Carlo. Vater Miller traut dem im Dorf unbekannten »Jäger Carlo« nicht so recht, aber Luisa ist sich der Wahrhaftigkeit seines Gefühls ganz sicher (*Scena e romanza*, »Lo vidi, e il primo palpito«). Als Carlo endlich erscheint, gestehen er und Luisa sich freudig ihre Liebe; Miller jedoch fürchtet unverändert, seine Tochter könnte das Opfer eines Verräters werden (*Scena, terzetto e stretta dell'introduzione*, »T'amo d'amor ch'esprimere«). Alle gehen in die Kirche, nur Miller, der als letzter folgen will, wird aufgehalten. Wurm, der Burgverwalter im gräflichen Schloß, tritt ihm in den Weg. Er hat die kleine Geburtstagsfeier heimlich beobachtet und rast vor Eifersucht. Seit einem Jahr wirbt er um Luisa und hofft dabei auf Millers Unterstützung. Vater Miller lehnt es jedoch entschieden ab, Liebe oder Ehe zu erzwingen. Wütend klärt Wurm Miller daraufhin darüber auf, wer der unbekannte »Jäger Carlo« in Wirklichkeit ist: Rodolfo, der Sohn des neuen Grafen Walter! Miller glaubt seinen Argwohn bestätigt. Er ist fest entschlossen, alles zu tun, um sein einziges Gut vor Betrug zu schützen (*Scena ed aria*, »Sacra la scelta è d'un consorte«). – 2. Bild, Saal in der Burg des Grafen Walter: Hinten in der Mitte ein prächtiges Portal. Wurm berichtet Walter von der Liebe Rodolfos zu Luisa. Empört befiehlt der Graf seinen Sohn zu sich. Er hat viel gewagt, um ihm eine glanzvolle Karriere zu ermöglichen. Das soll zwar Rodolfo nie erfahren, aber er will es unter gar keinen Umständen dulden, daß dieser seine ehrgeizigen Pläne durchkreuzt (*Scena ed aria*, »Il mio sangue, la vita darei«). Deshalb teilt Walter Rodolfo auch unmißverständlich mit, seine Anweisungen als Befehle zu betrachten. Rodolfo soll die Herzogin von Ostheim heiraten und sich damit das Tor zu einer großen Zukunft öffnen. Jeden Versuch Rodolfos, dem Vater die anderweitigen Bindungen seines Herzens zu offenbaren, erstickt der Graf im Keim und konfrontiert ihn unerbittlich mit Federica von Ostheim, die durch das Portal die Burg betritt und von der Dienerschaft des Hauses mit einem Preislied begrüßt wird (*Scena e coro*, »Quale un sorriso d'amica sorte«). Rodolfo sieht seine einzige Chance in der Wahrheit und gesteht Federica seine Liebe zu Luisa. Die Herzogin von Ostheim kann es jedoch nicht akzeptieren, wegen eines Bürgermädchens von dem Sohn eines Grafen abgewiesen zu werden. Sie will um Rodolfos Hand und Liebe kämpfen (*Scena e duetto*, »Dall'aule raggianti di vano splendore«). – 3. Bild, im Innern des Hauses Miller: Während draußen Hörner und Chorrufe von der Jagd der Burggesellschaft künden, wartet Luisa auf ihren Geliebten. Statt dessen erscheint ihr Vater und enthüllt Luisa die wahre Identität des vermeintlichen »Jägers Carlo«. Der erregt hereinstürzende Rodolfo beteuert jedoch leidenschaftlich, treu zu seiner Liebe zu stehen. Schließlich kennt er ein Geheimnis, mit dem er glaubt, auch die Härte des Vaters brechen zu können. Kaum ist der Name des Grafen gefallen, da steht dieser auch schon selbst in Millers Haus und beschimpft Luisa als Hure. Soldat Miller weist diese Ehrverletzung aufgebracht zurück, und Graf Walter befiehlt daraufhin seinen Leibwachen, den aufsässigen Alten samt seiner Tochter zu arretieren. Alle Versuche Rodolfos, den Vater von seiner Entscheidung abzubringen, scheitern. Erst als er ihm mit unterdrückter schrecklicher Stimme ins Ohr »schreit«, er wolle notfalls allgemein bekannt machen, »wie man Graf wird«, gibt Walter nach. Er läßt Miller und Luisa frei und folgt erschrocken seinem forteilenden Sohn (*Coro di cacciatori e finale I*, »Sciogliete i levrieri ... – spronate i destrieri ...«).

2. Akt (*Die Intrige*), 1. Bild, im Innern des Hauses Millers wie 1. Akt, 3. Bild: Laura und andere Freundinnen aus dem Dorf berichten Luisa von der doch noch vollzogenen Verhaftung ihres Vaters. Luisa will sofort zur Burg, um bei Graf Walter um Gnade zu flehen (*Introduzione*, »Al villaggio dai campi tornando«). Als sie jedoch die Schwelle des Hauses erreicht hat, stellt Wurm sich ihr in den Weg. Er nennt Luisa das einzige Mittel, den Vater zu retten.

Nur wenn sie ihm einen Brief schreibt und darin bekennt, Rodolfo nie, sondern immer nur ihn – Wurm! – geliebt zu haben, kann sie Miller aus dem Gefängnis befreien. Unter furchtbaren Qualen läßt sich Luisa den fatalen Brief diktieren. Danach muß das fromme Mädchen beim Haupte des Vaters einen heiligen Eid schwören, das erzwungene falsche Liebesgeständnis freiwillig geschrieben zu haben. Auf der Burg soll sie darüber hinaus einer fremden Dame nochmals bestätigen, daß Rodolfo ihr immer gleichgültig gewesen ist (*Scena ed aria*, »Tu puniscimi, o Signore«). – 2. Bild, in der Burg und den Räumlichkeiten des Grafen: Wurm berichtet Walter von dem Erfolg seiner Intrige. Walter gesteht Wurm umgekehrt, daß er bei seiner Auseinandersetzung mit Rodolfo im Hause Miller hat erfahren müssen, daß sein Sohn das Verbrechen kennt, dem sie beide ihre Positionen verdanken. Gemeinsam erinnern sich der Graf und sein Burgverwalter an die Untat, die sie – bekannt gemacht – dem Galgen ausliefern würde (*Scena e duetto*, »L'alto retaggio non ho bramato«). Bei der Gegenüberstellung mit Federica von Ostheim kann Luisa ihre wahren Gefühle kaum unterdrücken, die Herzogin aber begrüßt Luisas falsches Geständnis, immer nur Wurm geliebt zu haben, als Sieg im Kampf um Rodolfo. Auch Walter und Wurm glauben ihr Spiel gewonnen (*Scena e quartetto*, »Come celar le smanie«). – 3. Bild, in den hängenden Gärten der Burg: Ein Bauer überbringt Rodolfo den Brief Luisas an Wurm. Bestürzt erkennt er die Handschrift der Geliebten und beklagt den Verlust seiner großen Liebe. Den herbeizitierten Wurm fordert er zum Duell. Um sein Leben zu retten, schießt der vor Angst zitternde Burgverwalter in die Luft und ruft damit den Grafen und sein Gefolge herbei. Walter bittet den Sohn um Verzeihung und erlaubt ihm scheinbar eine Ehe mit Luisa. Als Rodolfo ihm daraufhin von dem vermeintlichen Verrat Luisas berichtet, fordert der Vater ihn allerdings um so entschiedener auf, so schnell wie möglich die einzig denkbare Konsequenz zu ziehen. Noch heute soll er die Herzogin von Ostheim heiraten. Rodolfo tut so, als sei er einverstanden. In Wirklichkeit aber kennt der so empfindsam Liebende nur noch Todessehnsucht und Schmerz (*Scena ed aria*, »Quando le sere al placido«).

3. Akt (*Das Gift*), im Haus Millers: Durch das Fenster sieht man die festlich erleuchtete Kirche. Laura und die Dorfmädchen besingen das traurige Schicksal ihrer Freundin. Den Grund aber für den feierlichen Schmuck der nahen Kirche verschweigen sie. Denn dort soll schon bald der Bund zwischen Federica von Ostheim und Rodolfo geschlossen werden (*Introduzione*, »Come in un giorno solo«). Unterdessen kehrt der alte Miller aus dem Gefängnis zurück. Von Wurm hat er erfahren, was Luisa für seine Befreiung getan hat. Aus einem Abschiedsbrief Luisas an Rodolfo erkennt der alte Soldat die Selbstmordabsichten der Tochter. Es gelingt dem Vater, Luisa von ihren Plänen abzubringen und dazu zu bewegen, mit ihm die Heimat zu verlassen. Gemeinsam beweinen Vater und Kind ihr künftiges Geschick als Bettelleute in der Fremde (*Scena e duetto*, »La tomba è un letto sparso di fiori«). Während aus der Kirche Orgelmusik herübertönt, versinkt Luisa allein zurückgeblieben in tiefe Andacht. Rodolfo tritt zu der Betenden und gießt, bevor er bemerkt wird, Gift in eine auf dem Tisch stehende Tasse. Als Luisa den Liebesbrief an Wurm bestätigt, veranlaßt er Luisa, mit ihm zusammen aus der Tasse zu trinken. Aber auch weiterhin vermag keine Beschimpfung, sie dazu zu bewegen, den geleisteten heiligen Eid zu brechen. Erst als Rodolfo ihr ihren baldigen Tod ankündigt, fühlt sie sich glücklich von allen Eiden des Lebens befreit und enthüllt Rodolfo die Wahrheit über Wurms und Walters Intrige. Rodolfos Verzweiflung kennt keine Grenzen, auch Luisa kann ihn zunächst weder trösten noch besänftigen. Schließlich aber siegt doch die Kraft von Luisas Liebe (*Scena, preghiera e duetto*, »Piangi, piangi... il tuo dolore«). Während der aus seinem Zimmer zurückgekehrte Miller den Verlust seines Kindes beweint, feiern die Liebenden im Augenblick des Todes die Größe und die Schönheit ihres nun der Welt und der Gesellschaft entrückten Glücks. Walter, Wurm, die Gefolgschaft des Grafen und die Dorfbewohner stürzen in Millers Haus. Der sterbende Rodolfo ersticht Wurm, dem Vater aber ruft er, indem er neben der toten Luisa niedersinkt, zu: »La pena tua... mira...« – frei und dem Sinne nach: »Das tote Glück hier sei deine Strafe!« (*Scena e terzetto finale*, »Padre... ricevi l'estremo... addio...«).

Kommentar

Auf dem Weg zur Meisterschaft waren für den jungen Verdi drei Opernhäuser seine eigentlichen Lehrstuben. Natürlich sammelte er auch in Rom, Florenz, London, Paris und Triest wichtige Erfahrungen, aber nur die Mailänder Scala, das Teatro La Fenice in Venedig und das Teatro San Carlo in Neapel stehen im Rang prägender Stationen. Nicht zuletzt auch deshalb, weil in diesen Häusern die Zusammenarbeit mit seinen ersten wichtigen persönlichen Mitarbeitern begann. In Mailand liefert ihm Solera die notwendigen Reizworte für die Komposition weitgespannter und kraftvoller Melodien, in Venedig hilft ihm Piave – insgeheim, aber ungewollt unterstützt von Theorie und Praxis des französischen Dichters Victor Hugo – bei der Entdeckung der »varietà«, und in Neapel konfrontiert ihn Salvadore Cammarano mit den Regeln und dem Wesen einer großen italienischen Operntradition. Tatsächlich könnte das, was diese drei Opernpoeten in die Entwicklung Verdis einbringen und bei ihm auslösen, verschiedener nicht sein. Der ebenso geniale wie arbeitsscheue Solera schafft eher zufällig genau die Konstellation, in der die Inspiration Verdis explodieren kann. Der gehorsame Piave ist als Vollzugsbeamter der Anweisungen des jungen *maestro* sein idealer Assistent. Mit Cammarano trifft er dagegen erstmals einen gestandenen Fachmann und damit einen gleichberechtigten Gesprächspartner. Sehr bewußt beginnt Verdi mit ihm die Diskussion über eine mögliche Shakespeare-Oper *Rè Lear*. Wer weiß, was alles möglich gewesen wäre, wenn nicht Cammaranos früher Tod noch vor der Vollendung von *Il trovatore* die gemeinsamen Projekte beendet hätte?

Bei *Luisa Miller* freilich gelingt die Zusammenarbeit weitgehend nicht. Müßte man das Prinzip der Metamorphose von Schillers Tragödie in ein italienisches Opernspiel mit einem Wort ausdrücken, hieße das Verharmlosung. Um Vater Millers Empörung über die Beschimpfung seiner Tochter als Hure so lapidar wie möglich begründen zu können, macht Cammarano aus Schillers Stadtmusikanten einen ausgedienten Soldaten, für den es eine mit einem Schlagwort abzurufende Berufspflicht ist, sich gegen solch eine Ehrverletzung zur Wehr zu setzen. Die Karriereperspektiven bei einer Ehe mit der stadtbekannten Maitresse des Fürsten hätten ausführlicher Erläuterungen bedurft, sehr viel einfacher und unmittelbar plausibler war es da, einem Grafensohn die Heirat mit einer unbescholtenen Herzogin zu befehlen. Erst recht kompliziert ist eine absolutistisch regierte deutsche Residenzstadt. Der alle beherrschende Fürst, seine führenden Beamten und seine Geliebte, seine Bediensteten und seine Hofschranzen, seine Macht und seine Willkür sorgen für ein vielschichtiges Netz von Beziehungen und Abhängigkeiten, Ambitionen und Intrigen. Viel zu schwierig für eine Oper! Also wird der ursprüngliche Spielort durch einen einfacheren ersetzt: die Kulisse eines – wie es im Libretto wörtlich heißt – »anmutigen Gebirgsdorfs« beschert schlichtere und leichter zu behandelnde Verhältnisse.

Cammarano legt auf Schillers Stück die Schablonen der spätneapolitanischen Oper, mit großem Geschick und bemerkenswerter dramaturgischer Konsequenz. Von daher könnte man sein *Luisa Miller*-Textbuch als ein kleines Lehrbuch dieser Gattung bezeichnen. Aber die radikale Umwandlung hat einen beachtlichen Preis. Wie schon die Handlung verdeutlicht, mutiert der ursprünglich so gewichtige Inhalt zum Vorwand für eine Folge von musikalischen ›Nummern‹. Der Konflikt ist mit zwei Sätzen aus dem Werkstattgespräch zwischen Verdi und Cammarano zu beschreiben. »Ich habe soeben das Programm [für *Luisa Miller*] erhalten, und ich bekenne Ihnen, daß ich sehr gerne zwei *prime donne* gehabt hätte und mir die Favoritin des Fürsten in der ganzen Dimension ihres Charakters gefallen hätte, genau so wie Schiller sie gestaltet hat.« (Brief Verdis an Salvadore Cammarano vom 17. Mai 1849; Copialettere, 1913, S. 470) »Selbst wenn wir die Favoritin beibehielten und die Anzahl ihrer Stücke vermehrten, würde nie eine andere *prima donna* die Partie übernehmen, weil keine Anstrengung es vermöchte, dieser Partie in der melodramatischen Organisation eine Wirkung zu geben, die derjenigen der vorherrschenden Partie Luisas gleichkäme.« (Brief Cammaranos an Verdi vom 11. Juni 1849; ebd., S. 473)

Ohne Frage gründen viele Schwächen von Verdis dritter Schiller-Oper in dem von Cammarano eisern und erfolgreich verteidigten Festhalten an den Gesetzen der spätneapolitanischen Tradition. Wo zwei *prime donne* schon begrifflich ein Ding der Unmöglichkeit sind, darf es sie auch nicht geben. Wo der Text vor allem anderen Voraussetzung ist für Gesang, ist allzuviel Gewicht auf inhaltlichen Aspekten fehl am Platz. Wo es schließlich in erster Linie darum geht, Sängern in einer festgelegten Hierarchie die Möglichkeit zu geben, mit ihrer Kunst zu glänzen, ist die erste und wichtigste Aufgabe, mit Blick auf dieses Ziel Arien, Duette und andere ›Nummern‹ mit Geschick und Bedacht aneinanderzureihen.

In der dramaturgischen Organisation der *Luisa Miller* fällt in solchen Zusammenhängen auf, daß auch dort Arien zur eigentlichen Hauptsache gemacht werden, wo man von der Dramaturgie her nun wirklich anderes erwartet hätte. Im Finale des 2. Aktes bleibt das bewegte Geschehen bloßes Beiwerk im Vergleich zu Rodolfos grandioser Arie (»Quando le sere al placido«), mit der er den vermeintlichen Verrat Luisas beweint. Wurms Erpressung eines Liebesbriefes an sich selbst, wahrlich ein starkes und dramatisches Stück, wird in primär rezitativischen Partien abgewickelt. Anschließend darf Luisa ihrem Schmerz und ihrer Qual in einer Arie freien Lauf lassen. Das Quartett, in dem Luisa erzwungenermaßen Federica erklären muß, immer nur Wurm geliebt zu haben, gerät dramaturgisch und musikalisch zur Verlegenheitslösung. Knapp zwei Jahre vor der genialen Übereinanderschichtung von vier grundverschiedenen melodischen Gesten im Quartett des 3. Aktes von *Rigoletto* bilden – wiederum, nachdem alle wichtigen Elemente der Handlung weitgehend im *parlando*-Stil erledigt worden sind, – eine Kantilene der gefolterten Luisa und drei vorwiegend begleitende Stimmen (Federica, Wurm und Walter) ein madrigalähnliches *a cappella*-Ensemble, das nur schwer wirklich gut zu realisieren, aber leicht und ohne großen Verlust fürs Ganze zu streichen ist. Was im übrigen auch bei vielen Aufführungen geschieht.

Man kann mit Beispielen aus *Luisa Miller* in vielen Punkten exemplarisch auflisten, was der Verdi-Oper alles eher nicht bekommt. Chöre zum Beispiel, die keine andere Funktion haben als die, ein Bild oder einen Auftritt dekorativ zu eröffnen. Drei wichtige tiefe Männerstimmen, von denen zwei auch noch Väter sind, die einer nach dem anderen in ihren Arien des 1. Aktes ohne große affektive Unterschiede die Neigung zum jeweils eigenen Kind bekennen. Zu viele Bilder, die klare Strukturen und einen Bogen insgesamt eher verhindern.

Zeitüblich geben Cammarano und Verdi den drei Akten der *Luisa Miller* jeweils einen Titel. Der letzte trägt die Überschrift »Il veleno« (»Das Gift«), was man getrost als Synonym für Tod verstehen darf. Während aber für die ersten beiden Akte jeweils drei Bilder benötigt werden, sind im letzten Aufzug Akt und Bild identisch. Hier gelingt denn auch eine thematische Konzentration, die zuvor fast völlig fehlt. Vor allem erreicht Verdi im Schlußakt von *Luisa Miller* eine gespannte Gesamtform, in der die ›Nummern‹, statt schematisch aufeinander zu folgen, aus einer fortlaufenden Bewegung erwachsen und von ihr getragen werden. Was in den ersten beiden Akten auseinandergefaltet wird, greift nun ineinander, teilweise mit hinreißenden *Rigoletto*-Antizipationen.

Am allerwenigsten allerdings bekommt dem Verdischen Operntyp die Grundkulisse der heimatfilm-ähnlichen alpinen Dorf-Folklore. Gerade mit Tirol als Ort der Handlung macht *Luisa Miller* eines ganz deutlich: Der Verdische Operntyp findet weder auf naturalistischen noch auf »anmutigen« Wegen zu sich. Er lebt von der Metapher in der spektakulären Übertreibung. Vergrößern und verkleinern ist sein Metier, seine Wahrheit liegt in der Präsenz und in der Wirksamkeit auf der Bühne. Ein ausschweifend obszönes Fest mit alten Tänzen und aktuellen Expressionen wie im Eröffnungsbild von *Rigoletto* kann Verdis Musik freisetzen, nicht aber eine Geburtstagsfeier auf einem lieblichen Dorfplatz in den Alpen.

Aber *Luisa Miller* hat auch Stärken. In vielen Details markiert insbesondere die Partitur in der Werkreihe Verdis unüberhörbar die Schwelle zur Meisterschaft. Paradoxerweise liegen die Ursachen hierfür gelegentlich ebenfalls im generellen Blick des Werks zurück in die Vergangenheit. Selten zuvor hat sich Verdi jedenfalls so intensiv auf die Sensibilität seiner Vorgänger eingelassen, selten auch eine so helle und lebendige, ja leicht vorwärtsdrängende Musik geschrieben, und selten ist bei ihm eine so unbeschwerte und ungebrochene Freude zu hören wie etwa im Liebesbekenntnis von Luisa und Rodolfo in der *stretta* der *introduzione*. Cammarano, der Librettist von immerhin acht Donizetti-Opern, darunter auch

Lucia di Lammermoor, beschert ihm neben so mancher eigenen Sturheit eben auch über die Brücke einer Verdi im Grunde zutiefst fremden Alpenidylle die emotionale Beweglichkeit seines wichtigsten Komponisten Gaetano Donizetti. *L'assedio di Firenze* hätte wohl nur den Standard von *La battaglia die Legnano* wiederholt und bestätigt. Mit der radikalen Reduktion von *Luisa Miller* aber erobert sich Verdi die Welt des Privaten. Bellini weist ihm den Weg, seine melodischen Bögen öffentlich zu machen, mit dem Rekurs auf Donizetti werden sie auch individuell.

Wie bei vielen anderen Verdi-Opern vor *Rigoletto* ist mithin auch in *Luisa Miller* das, was für die eigene Entwicklung gewonnen wird, wichtiger als das, was die Oper selbst erreicht. Im verkrampft eingeschränkten ›Reden‹ Wurms, der entweder seinem Herrn hinterhersingt oder sich in engen Tonschritten bewegt, oft genug auch in bloßen Repetitionen ein und desselben Tones, stecken – wie bescheiden auch immer – Ansätze, die bis zum Jago des *Otello* reichen. Von Vater Millers in starren Formeln verharrendem (und deshalb zu befreienden Grenzüberschreitungen unfähigem) Schimpfen, Sich-Sorgen und Klagen führt ein Weg über den alten Germont (*La traviata*) bis hin zu Amonasro (*Aida*). Luisas grandioser *soprano spinto* und seine offenen und damit zu Utopien sich öffnenden Kantilenen – ebenfalls zukunftsträchtig mit einem Instrument (hier der Klarinette) verbunden – sind Keimzellen für viele große Frauengestalten bei Verdi, zum Beispiel Gilda (*Rigoletto*), Violetta Valéry (*La traviata*), Leonora (*Il trovatore*), die beiden Amelien (*Un ballo in maschera* und *Simon Boccanegra*), Aida oder Desdemona (*Otello*). Auch typische Konstellationen des Verdi-Theaters sind der Alpenidylle zum Trotz zumindest als Skizze ahnbar. So lebt etwa in dem Duett des letzten Aktes, in dem Miller die Tochter dazu bewegt, die Heimat zu verlassen, schon einiges, wenn auch ohne den dortigen scharfen Kontrast, von der Vater/Tochter-Begegnung im 3. Akt von *Aida*. Erst recht sind im Schlußbild, dem gewiß eindrucksvollsten Teil von *Luisa Miller*, Anlage, Inhalt und Idee von einigen der schönsten und charakteristischsten Finalszenen Verdis vorformuliert, zum Beispiel mit Luisas Gebet (*Otello*) und Verklärung (*Rigoletto*) und dem Tod als Voraussetzung des Glücks (*Aida*).

Ein Stück im insgesamt eher problematischen ›Nummern‹-Reigen von *Luisa Miller* ist allerdings keineswegs Vorbereitung oder Keimzelle, sondern ein Edelstein an sich. Die Arie, mit der Rodolfo – im übrigen eine der schönsten und eine der wenigen auch unter der Oberfläche ›positiven‹ Tenorpartien Verdis – auf die Nachricht von Luisas vermeintlichen Verrat reagiert, ist eine der hinreißendsten Huldigungen Verdis an Geist und Atmosphäre der Tradition Neapels. In seiner weltschmerzlichen Empfindsamkeit und seinem emotionalen Facettenreichtum von Liebe und Enttäuschung könnte dieses strophische *adagio* (»Quando le sere al placido« / »Wenn wir am Abend bei lauem Wind«) auch ein Lied von Schubert sein. Damit ist in der Arie durchaus etwas für *Luisa Miller* allgemeines fokussiert. Denn mit keiner Oper nähert sich Verdi, auch durch die für ihn einigermaßen untypische Behandlung der Chöre, so sehr der frühen deutschen Romantik wie mit seiner dritten Oper nach einer Vorlage des deutschen Klassikers Friedrich Schiller. Nirgendwo wird freilich zugleich auch klarer, wie weit sein realistischer Operntyp generell davon und auch von der Welt Donizettis entfernt ist. *Luisa Miller* ist ja möglicherweise die schönste Donizetti-Oper Verdis. Zu den eigenen Meisterstücken jedoch vollzieht sie ›nur‹ den letzten und entscheidenden Schritt.

Wirkung

Die von Verdi und Cammarano einstudierte Uraufführung mit Marietta Gazzaniga (Luisa), Settimio Malvezzi (Rodolfo), Achille de Bassini (Miller), Antonio Selva (Walter), Teresa Salandri (Ferderica) und Marco Arati (Wurm) errang nur einen Achtungserfolg. Dennoch wurde die Oper in den 1850er Jahren in allen größeren italienischen Opernhäusern nachgespielt. 1853 erreichte sie Paris, 1858 London. In den 1870er Jahren allerdings verschwand sie aus den Spielplänen und wurde auch nach der Jahrhundertwende nur vereinzelt aufgeführt, unter anderem 1903 durch Arturo Toscanini an der Mailänder Scala. Erst seit den 1960er Jahren gehört sie wieder zu den häufiger aufgeführten, wenn auch nicht gerade populären Opern aus Verdis Frühzeit. Vergessen ist also Verdis dritte Schiller-Oper nicht, dennoch kann von einer wirklichen Inszenierungs- und Interpretationsgeschichte ernsthaft nicht die Rede sein. Ihre größte Bedeutung liegt eben vor allem in dem, was sie in der künstlerischen Entwicklung des jungen Opernkomponisten selbst bewirkt. Denn mit *Luisa Miller* gelingt es Verdi besonders eindrucksvoll, Bellinis weitgespannte melodische Bögen und Donizettis sensible Beweglichkeit, Öffentlichkeit und Individuum, zu seinem ureigenen *cantabile* und *parlando* zu verschmelzen. Damit wird das gewaltige Potential, das lange unter den Schemata der Tradition brodelte, definitiv freigesetzt. Wenn so auch die Oper *Luisa Miller* praktisch vom Tag der *Rigoletto*-Premiere an im Schatten der Meisterwerke stand und bis heute steht, deren wichtigster Geburtshelfer sie war, sind dennoch einzelne ihrer ›Nummern‹ populär geblieben, allen voran natürlich Rodolfos Arie aus dem 2. Akt (»Quando le sere al placido«), auf die kein italienischer Tenor in seinem Repertoire verzichtet. Auch die empfindsam leichte und tempogeladene, monothematische *sinfonia*, eines der schönsten Opernvorspiele Verdis, taucht immer mal wieder in Konzertprogrammen auf. Die meisten anderen musikalischen Schätze sind dagegen nur auf Tonträgern ständig präsent. Wegen ihrer attraktiven Solistenpartien (vornehmlich natürlich Luisa und Rodolfo), ihrem unbestrittenen Reiz auch für Dirigenten und nicht zuletzt auch angesichts ihrer vielen musikalischen Schönheiten verfügt die Oper *Luisa Miller* über eine zwar nicht übermäßig große, gleichwohl aber durchaus bemerkenswerte Diskographie.

Diskographischer Hinweis

Anna Moffo (Luisa), Carlo Bergonzi (Rodolfo), Shirley Verrett (Federica), Cornell MacNeil (Miller), Giorgio Tozzi (Walter), Ezio Flagello (Wurm), RCA Italiana Opera Orchestra and Chorus, Fausto Cleva (aufgenommen: 1964): BMG/RCA GD 86646–2

Maria Cebotari, Helena Rott, Hans Hopf, Josef Hermann, Kurt Böhme, Georg Hann, Chor der Staatsoper Dresden, Sächsische Staatskapelle, Karl Elmendorff (aufgenommen in deutscher Sprache: 1943): Naxos 90055–2

Montserrat Caballé, Anna Reynolds, Luciano Pavarotti, Sherrill Milnes, Bonaldo Giaotti, Richard van Allan, London Opera Chorus, National Philharmonic Orchestra, Peter Maag (aufgenommen: 1975): Decca 417420–2

Katia Ricciarelli, Elena Obraztsova, Placido Domingo, Renato Bruson, Gwynne Howell, Wladimiro Ganzarolli, Chorus and Orchestra of the Royal Opera House Covent Garden, Lorin Maazel (aufgenommen: 1979): Deutsche Grammophon 423 144–2

Leo Karl Gerhartz

Stiffelio

Dramma lirico in tre atti
(3 Akte, 5 Bilder)

Text: Francesco Maria Piave, nach dem Drama *Le Pasteur ou L'Évangile et le foyer* von Émile Souvestre und Eugène Bourgeois (uraufgeführt 1849) in der Übersetzung von Gaetano Vestri als *Stifellius* (1848).
Uraufführung: Triest, Teatro Grande, 16. November 1850
Personen: Stiffelio, ein ahasverianischer Geistlicher (Tenor); Lina, Stiffelios Frau (Sopran); Stankar, ein alter Oberst und Reichsgraf, Linas Vater (Bariton); Raffaele, Edler von Leuthold (Tenor); Jorg, ein alter Geistlicher (Baß); Federico di Frengel, Linas Vetter (Tenor); Dorotea, Linas Base (Mezzosopran) – Fritz, ein Diener (stumme Rolle) – Freunde des Grafen, Schüler von Stiffelio, Ahasverianer
Orchester: Piccoloflöte, Querflöte, 2 Oboen, Englischhorn, 2 Klarinetten, 2 Fagotte, 4 Hörner, 2 Trompeten, 3 Posaunen, Cimbasso, Pauken, große Trommel, kleine Trommel, Orgel, Streicher
Spieldauer: ca. 1 Stunde 45 Minuten
Autograph: Die wiederverwendeten Teile gingen in die Partitur von *Aroldo* ein; die nicht übernommenen Teile befinden sich überwiegend im Privatbesitz der Familie Carrara-Verdi auf Sant'Agata.
Ausgaben: Klavierauszug: Mailand: Ricordi [1852], Nr. 22941–22961 – Textbuch: Mailand: Ricordi 1850

Aroldo

Dramma lirico in quattro atti
(4 Akte, 5 Bilder)

Text: Francesco Maria Piave
Uraufführung: Rimini, Teatro Nuovo, 16. August 1857
Personen: Aroldo, sächsischer Ritter (Tenor); Mina, Aroldos Frau (Sopran); Egberto, Minas Vater, älterer Ritter und Lehnsmann von Kent (Bariton); Briano, ein Eremit (Baß); Godvino, Glücksritter, Gast Egbertos (Tenor); Enrico, Minas Vetter (Tenor); Elena, Minas Base (Mezzosopran) – Jorg, Diener Aroldos (stumme Rolle) – Kreuzritter, Edelmänner und -damen von Kent, Schildknappen, Pagen, Herolde, Jäger, Sachsen, schottische Landleute
Orchester: Piccoloflöte, Querflöte, 2 Oboen, Englischhorn, 2 Klarinetten, 2 Fagotte, 4 Hörner, 2 Trompeten, 3 Posaunen, Cimbasso, Pauken, große Trommel, kleine Trommel, Glocke in Es, Orgel, Streicher, Bühnenmusik: *banda* (ohne Besetzungsangabe)
Spieldauer: ca. 2 Stunden
Autograph: Mailand, Verlagsarchiv Ricordi
Ausgaben: Klavierauszüge: Mailand: Ricordi [1858], Nr. 29911–29930; Mailand: Ricordi, 1997 – Textbücher: Mailand: Ricordi 1857; *Tutti i libretti*, 1975, S. 351–368

Entstehung

Im Jahre 1850 sah sich Verdi gleich mit zwei Aufträgen konfrontiert: Eine Oper war vom Verlagshaus Ricordi bestellt worden, eine weitere vom Teatro La Fenice in Venedig. Der Komponist und sein Librettist Francesco Maria Piave diskutierten eine Vielzahl von Stoffen, aus denen schließlich zwei französische Dramen ausgewählt wurden: Victor Hugos *Le Roi s'amuse*, von Verdi ins Gespräch gebracht, fand für Venedig Verwendung und sollte unter dem Titel *Rigoletto* einer seiner größten Erfolge werden. Von Piave stammte der Vorschlag, der schließlich bei dem Auftragswerk für Ricordi Berücksichtigung fand: *Le Pasteur ou L'Évangile et le foyer* von Émile Souvestre und Eugène Bourgeois. Das ein Jahr zuvor mit nur wenig Erfolg am Pariser Théâtre de la Porte-Saint-Martin uraufgeführte Theaterstück, das wiederum auf Souvestres Novelle *Le Pasteur d'hommes* (1838) basiert, lag als *Stifellius* zuvor bereits in einer italienischen Übersetzung von Gaetano Vestri vor (1848).

Verdi arbeitete an *Stiffelio* von Juni bis Oktober 1850, anschließend an *Rigoletto*, wobei die zeitliche Nähe dazu führte, daß musikalisches Material des einen in das andere Werk übernommen wurde: Wie erst jüngst nachgewiesen werden konnte, fand ein letztlich nicht berücksichtigter Entwurf für Linas *cabaletta* im 2. Akt von *Stiffelio* schließlich Verwendung für Gildas Arie im 1. Akt von *Rigoletto* (»Caro nome che il mio cor«; Gossett, 1993, S. 221 f.). Da die Oper in Italien nur geringe Verbreitung erfahren hatte, wobei meist wegen Vorbehalten der Zensur eine verfälschende Bearbeitung mit dem Titel *Guglielmo Wellingrode* zur Aufführung gekommen war, beschloß Verdi im Februar 1856, eine neue Oper auf der Grundlage der alten Partitur zu komponieren. Gleichzeitig zog er das alte Werk zurück, indem er seinen Verleger Ricordi bat, den Verleih des Materials und den Verkauf der Klavierauszüge einzustellen. Nachdem Piave das Libretto überarbeitet hatte, begann Verdi im Juli 1856 mit der Revision der Partitur des Werks mit dem neuen Titel *Aroldo*, die sich, immer wieder verzögert durch die gleichzeitige Arbeit an der französischen Fassung von *Il trovatore* und der Komposition von *Simon Boccanegra*, bis Juli 1857 hinzog.

Handlung

Stiffelio

Schloß des Grafen von Stankar, Ufer der Salzach und Umgebung, Anfang des 19. Jahrhunderts

1. Akt, 1. Bild, Saal im Schloß des Grafen Stankar: Stiffelio erzählt seiner Frau und den Gästen von einer sonderbaren Begebenheit, die ihm zugetragen wurde: Acht Tage zuvor wurde ein Mann gesehen, der unter den Augen einer verängstigten Frau fliehend aus dem Fenster sprang und dabei seine Brieftasche verlor (*Introduzione e racconto*, »Di qua varcando sul primo albore«). Lina und Raffaele, die beiden heimlich verliebten Akteure dieser Episode, zit-

tern vor Angst, daß man ihr Geheimnis entdeckt. Stiffelio, dem die Schriften aus der verlorenen Börse übergeben wurden, wirft die Briefe aus Pietät jedoch ungelesen ins Feuer. Stankar sieht seinen Verdacht, daß Lina ihren Gatten betrügt, bestätigt (*Scena e settimino*, »Colla cenere disperso«). Stiffelio wird von seinen Freunden und Anhängern gefeiert (*Seguito e stretta dell'introduzione*, »A te Stiffelio un canto«). Lina und Stiffelio bleiben zurück; er bemerkt, daß sie den Ring nicht mehr trägt, den er ihr einst schenkte (*Scena ed aria*, »Vidi dovunque gemere«). Alleingelassen betet Lina zu Gott und bittet verzweifelt, ihren Fehltritt ungeschehen zu machen (*Scena e preghiera*, »A te ascenda, o Dio clemente«). Sie möchte Stiffelio den Ehebruch gestehen, wird aber von ihrem Vater zurückgehalten, der selbst die Ehre der Familie wiederherstellen will (*Scena e duetto*, »Dite che il fallo a tergere«). Raffaele versteckt einen Brief für Lina in einem auf dem Tisch liegenden Buch, das irrtümlich Stiffelio gebracht wird (*Scena*, »M'evitan!... ma il colloquio«). – 2. Bild, ein festlich geschmückter Empfangssaal im Schloß: Stiffelios Rückkehr wird gefeiert (*Coro nel finale I*, »Plaudiam! Di Stiffelio – s'allegri il soggiorno«). Jorg macht Stiffelio auf den im Buch versteckten Brief aufmerksam, und bezichtigt fälschlicherweise Federico, der Ehebrecher zu sein (*Seguito del finale I*, »Non solo all'iniquo ch'a il Maestro venduto«). Stiffelio fordert Lina auf, das verschlossene Buch zu öffnen (*Largo del finale I*, »Oh qual m'invade gioia«). Als sie zögert, bricht er das Schloß auf, und Raffaeles Brief fällt heraus. Stankar weigert sich, das Schreiben Stiffelio zu geben (*Stretta del finale I*, »Chi ti salva, o sciagurato«).

2. Akt, 1. Bild, ein alter Friedhof, im Hintergrund Stankars Schloß: Lina betet am Grab ihrer Mutter (*Scena ed aria*, »Ah dagli scanni eterei«). Raffaele gesteht Lina erneut seine Liebe, wird jedoch zurückgewiesen. Die beiden werden von Stankar überrascht, der Raffaele zum Duell fordert (*Scena e duetto*, »Scegli... Un duello? Sì, mortale...«). Stiffelio tritt aus der Kirche und fordert die Streitenden auf, einander zu vergeben. Wutentbrannt erklärt ihm Stankar, daß Lina ihn mit Raffaele betrogen habe (*Scena e quartetto*, »Era vero?... ah no! ...è impossibile!...«). Während in der Kirche die Gläubigen beten, vergißt sich Stiffelio und verflucht seine Frau (*Preghiera e finale II*, »Non punirmi, Signor, nel tuo furore«).

3. Akt, 1. Bild, Vorzimmer im Schloß: Stankar will sich erschießen, um der Schande zu entgehen, die seine Tochter über die Familie gebracht hat. Als er von Raffaeles baldiger Ankunft erfährt, beschließt er jedoch, Rache an ihm zu üben (*Scena ed aria*, »Lina, pensai che un angelo«). Stiffelio zwingt Raffaele, aus dem Nebenzimmer seinem Gespräch mit Lina zuzuhören (*Scena*, »Dite ai fratei che al tempio«). Stiffelio legt Lina eine Scheidungsurkunde vor, die sie unterzeichnen soll. Da er ihr als Geistlicher die Beichte abnehmen muß, auch wenn er sie sonst nicht sprechen will, bekommt Lina die Gelegenheit, Stiffelio zu versichern, ihre Liebe sei stark wie zuvor, nur in einem Moment der Schwäche habe sie sich Raffaele hingegeben (*Scena e duetto*, »Opposto è il calle che in avvenire«). Plötzlich kommt Stankar mit blutigem Schwert hinzu: Er hat Raffaele getötet. – 2. Bild, im Innern einer gotischen Kirche: Die Gläubigen, unter ihnen Lina und Stankar, haben sich zum Gottesdienst versammelt (*Preghiera*, »Confido in te«). Stiffelio beginnt seine Predigt, als er plötzlich Lina erblickt. Er schlägt die Bibel auf und trägt die Geschichte der Ehebrecherin vor: »Wer unter Euch ohne Sünde ist, der werfe den ersten Stein auf sie«, verkündet er seiner Gemeinde und verzeiht Lina (*Scena ultima*, »Stiffelio? Eccomi... Udirlo«).

Aroldo

Burg Egbertos bei Kent und der Loomond-See in Schottland, um 1200

1. Akt, 1. Bild, ein Saal in Egbertos Burg: Die Hofleute feiern die Rückkehr Aroldos vom Kreuzzug (*Coro d'introduzione a voce sola*, »Tocchiamo!... a gaudio insolito«). Reue plagt seine Frau Mina, die ihn während seiner Abwesenheit betrogen hat (*Scena e preghiera*, »Salvami tu, gran Dio!!«). Als Aroldo bemerkt, daß Mina den Ring, den er ihr einst schenkte, nicht mehr trägt, stellt er sie zur Rede (*Scena e cavatina*, »Sotto il sol di Siria ardente«). Egbertos Verdacht, daß seine Tochter Aroldo mit Godvino betrügt, bestätigt sich. Mina will ihrem Gatten den Fehltritt in einem Brief gestehen, wird aber vom Vater zurückgehalten, der die Familienehre selbst wiederherstellen

will (*Scena e duetto*, »Dite che il fallo a tergere«). – 2. Bild, eine festlich geschmückte Zimmerflucht: Briano überrascht Godvino, wie er einen Brief in Minas verschlossenes Buch schiebt (*Scena e coro nel finale I*, »È bello di guerra dai campi cruenti«). Aroldo kommt hinzu (*Scena e racconto nel finale I*, »Vi fu in Palestina tal uomo che indegno«) und fordert Mina auf, es zu öffnen (*Settimino nel Finale I*, »Oh qual m'invade ed agita«); als sie zögert, bricht er es auf und der Brief fällt heraus. Egberto versteckt das Schreiben vor Aroldo (*Stretta del finale I*, »Che ti salva, o sciagurato«).

2. Akt, 1. Bild, der alte Friedhof der Burg von Kent: Mina betet am Grab ihrer Mutter (*Scena ed aria*, »Ah dagli scanni eterei«). Godvino gesteht Mina erneut seine Liebe, wird jedoch zurückgewiesen. Die beiden werden von Egberto überrascht, der Godvino zum Duell fordert (*Scena e duetto*, »Scegli … Un duello? Sì, e mortale«). Aroldo bittet sie, an diesem geweihten Ort den Streitigkeiten zu entsagen. Daraufhin erklärt ihm Egberto, daß Lina ihn mit Godvino betrogen habe (*Scena e quartetto*, »Era vero?… ah no!… è impossibile«). In der Kirche beten die Gläubigen. Briano versucht, Aroldo zu beruhigen, kann aber nicht verhindern, daß dieser Mina verflucht (*Preghiera e finale II*, »Non punirmi, o Signor, nel tuo furore«).

3. Akt, 1. Bild, Vorzimmer in Egbertos Burg: Egberto will sich im Angesicht der Schande das Leben nehmen, beschließt dann jedoch, an Godvino Rache zu üben (*Scena ed aria*, »Mina, pensai che un angelo«). Aroldo zwingt Godvino, aus dem Nebenzimmer seinem Gespräch mit Mina zuzuhören. Er fordert die Scheidung, in die Mina schließlich einwilligt. Dennoch gesteht sie Aroldo ihre fortwährende Liebe, nur in einem Moment der Schwäche habe sie sich Godvino hingegeben (*Scena e duetto*, »Opposto è il calle che in avvenire«). Egberto tritt mit blutigem Schwert aus der Tür: Er hat Godvino getötet.

4. Akt, 1. Bild, ein Tal am Ufer des Loomond-Sees: Die Hirten, Landfrauen und Jäger kehren aus den Bergen zurück (*Coro d'introduzione*, »Sulle roccie più scoscese «). Briano und Aroldo, die sich in die Einsamkeit zurückgezogen haben, beten zu Gott (*Scena e preghiera a voci sole*, »Angiol di Dio, – Custode mio«). Es ist inzwischen Nacht geworden, ein Sturm zieht auf. Ein Boot strandet am Ufer, aus dem Mina und Egberto steigen (*Burrasca*, »Al lago! Al lago! Al lago!«). Zufällig suchen sie Unterkunft im Haus von Aroldo und Briano. Als Briano Aroldo zu verzeihen auffordert und auf die Geschichte von der Ehebrecherin aus der Bibel hinweist, ist sein Zorn beschwichtigt: Aroldo vergibt seiner Frau (*Scena e terzetto – quartetto finale*, »Ah da me fuggi, involati«).

Kommentar

»Von meinen Opern, die nicht im Umlauf sind, habe ich einige aufgegeben, weil ihre Sujets falsch waren«, stellte Giuseppe Verdi im Jahre 1854 fest, »aber zwei davon möchte ich nicht vergessen wissen, und zwar *Stiffelio* und *La battaglia di Legnano*« (Brief an Cesare De Sanctis vom 6. Juli 1854; Luzio, 1935, Band I, S. 25). Der Mißerfolg von *Stiffelio* hatte verschiedene Ursachen, insbesondere jedoch war der ungewohnte Stoff auf Widerspruch gestoßen. »Merkwürdig« erschien etwa dem Kritiker Abramo Basevi ein verheirateter Priester, und er fragte sich weiter, wie ein Publikum durch Affekte gerührt werden könne, die wegen des von der Opernfigur ausgeübten Amtes als skandalös angesehen werden müßten (Basevi, 1859, S. 172). Als künstlerischen Fehlschlag wollte Verdi die Oper jedoch nicht gelten lassen. Sie lag dem Komponisten so sehr am Herzen, daß er sie sieben Jahre nach der Uraufführung völlig überarbeitete und unter dem Titel *Aroldo* erneut zur Diskussion stellte.

Unmittelbar vor der populären Trilogie (*Rigoletto*, *La traviata* und *Il trovatore*) entstanden, gehört *Stiffelio* musikalisch und stofflich sicherlich zu den interessantesten Werken des Komponisten. Die im Spannungsfeld von Ehebruch, Eifersucht und christlicher Vergebung lokalisierte Handlung um einen protestantischen Pfarrer (der zum Sektenführer abgemildert worden war) war für das italienische Musiktheater mehr als ungewöhnlich. Die Oper endet wie die Pariser Vorlage mit dem *coup de théâtre* einer Bibellesung: Stiffelio trägt die Geschichte von der Ehebrecherin aus dem Neuen Testament (Johannes 8, 7) vor.

Die zeitgenössische französische Literatur ging oft bewußt bis an die Grenzen des Normensystems, um emotionale Extremwerte zu erreichen. In der ersten Hälfte des 19. Jahrhunderts etablierte sich dabei das ›Unmoralische‹ ehebrecherischer Beziehungen oder des Verkehrs mit Kurtisanen als die (klein-)bürgerliche Variante des ›grandios Bösen‹ der Romantik. Die Untaten von Tyrannen und Ausnahmenaturen wichen einer das ›neue‹, zumeist bürgerliche Publikum eher zur Identifikation einladenden Lebenswelt und ihren Verfehlungen. Für Klaus Heitmann findet diese Entwicklung unter anderem darin ihren Niederschlag, daß Gustave Flauberts Emma Bovary zwar eine Sünderin, aber keine geographisch, historisch und moralisch im Entfernten anzusiedelnde Kleopatra ist (Heitmann, 1970, S. 250). Oft wollten die Stücke dabei keineswegs die bürgerliche Moral in Frage stellen, sondern ganz im Gegenteil die Wertvorstellungen eines konservativen Publikums bestätigen. So auch das Pariser Boulevard-Drama von 1849, in dem Ehebruch ausdrücklich verurteilt wird, was sich unter anderem in der für das romantische Theater ungewöhnlichen Konstellation von der ›wahren Liebe‹ innerhalb der Ehe niederschlägt (üblicherweise wird die Ehe durch ›wahre Liebe‹ gesprengt). Insbesondere in Kombination mit der religiösen Sphäre, die von Souvestre und Bourgois sicherlich nicht als Provokation gedacht war, kollidierte dies mit den im katholisch geprägten Italien zu dieser Zeit herrschenden gesellschaftlichen Normen. Zwar ist die christliche Botschaft in *Stiffelio* sehr ausgeprägt, aber sie war in dieser Form in Italien nicht zu vermitteln.

Eine Neufassung von fremder Hand unter dem Titel *Guglielmo Wellingrode*, die nicht zuletzt unter dem Einfluß der Zensur die ›moralische Fragwürdigkeit‹ des Originals unbedingt zu vermeiden suchte, wurde von Verdi strikt abgelehnt. So wurde es erforderlich, daß Verdi der Handlung selbst einen Rahmen gab, in dem die Thematisierung von christlicher Vergebung als angemessen angesehen wurde: »Ich hätte gerne einen völlig neuen Stoff, der genauso interessant ist und den gleichen Charakter hat [...]. Das Libretto muß so bleiben wie es ist (für den formalen Aufbau wohlverstanden), mit Ausnahme einiger Stellen, der Rezitative, und auch mancher ›Nummer‹, wenn es der neue Stoff erfordert. [...] Es versteht sich, daß der neue Stoff an allen Orten von der Zensur erlaubt werden muß; das ist der Grund für die Bearbeitung.« (Brief an Cesare De Sanctis vom 6. Juli 1854; Luzio, 1935, Band I, S. 26). Die wesentlichsten Änderungen waren: Die Zeit der Handlung wurde aus der Gegenwart ins Mittelalter verlegt, der Schauplatz aus Mitteleuropa nach Schottland; der von seiner Gattin betrogene Protagonist wird von einem nicht-katholischen, verheirateten Priester zu einem angelsächsischen Edelmann; die christliche Vergebung thematisierende Finalszene wird vom Ort des Vergehens deutlich getrennt; sie findet nicht in einer Kirche, sondern am Lake Loomond statt, und das Evangelium verkündet nicht der Ehemann in seiner Funktion als Pfarrer von der Kanzel, sondern ein Eremit in privatem Rahmen (Lavagetto, 1979, S. 186 f.). Stiffelio mußte durch eine Figur ersetzt werden, die mit ihrer Gläubigkeit die religiöse *tinta* der Oper rechtfertigen und gleichzeitig verheiratet sein konnte; eine halbwegs plausible Möglichkeit war ein Kreuzfahrer, der sein Leben im Heiligen Land für das Christentum aufs Spiel setzt. Die Namen der Protagonisten entnahmen Piave und Verdi dabei Edward George Bulwer-Lyttons Roman *Harold, the last of the Saxon Kings* (1848). Verdi, den wohl mehr die humanistische als die religiöse Seite interessiert haben mag, übernahm allein das Bibelzitat, an dem ihm offenbar besonders gelegen hatte, in den ansonsten völlig neu komponierten Opernschluß von *Aroldo*. Um nicht erneut Widerspruch wegen des Textes aus der Heiligen Schrift hervorzurufen, fügte er den geistliche Autorität ausstrahlenden Eremiten Briano in die Opernhandlung ein. Er ist es, der Aroldo mit eben diesen Bibelworten auffordert, Mina zu verzeihen. Möglicherweise haben Piave und Verdi Anregungen zum letzten Akt aus Walter Scotts 1810 erscheinener Verserzählung *The Lady of the Lake* (wo es einen Eremiten Brian sowie einen ähnlichen Schauplatz gibt) geschöpft; dennoch könnte man die Figur des Eremiten im Kontext der Auseinandersetzungen um *Stiffelio* eher als Versuch werten, den Bezug zur katholisch-liberalen Literatur Italiens herzustellen. Ein Vorbild mag dabei Padre Cristoforo aus Alessandro Manzonis Roman *I promessi sposi* (1825/26) gewesen sein; weiterhin finden sich ein Kreuzfahrer und ein plötzlich in die Handlung eingreifender Eremit auch in Verdis Oper *I Lombardi alla prima crociata*, die auf dem gleichnamigen Versepos von Tommaso Grossi beruht, einem weiteren bedeutenden Vertreter der katholischen italienischen Schriftsteller dieser Zeit.

Die Revision von *Stiffelio* betraf aber nicht nur das Libretto. Am neuen Finale fällt auf, daß mit dem Schluß-*tableau* der Bibellesung in der Kirche (das dem populären *mélodrame* verpflichtet ist) auch die typisch französischen musikalischen Elemente wie der wiederholt eingeblendete Miserere-Chor eliminiert wurden. Und tatsächlich war Verdi in der Uraufführungskritik zu *Stiffelio* vorgeworfen worden, die Oper sei zu sehr der französischen Schule verhaftet (*L'Italia musicale*, 20. November 1850; Medici, 1968, S. 117). An manchen Stellen hat Verdi unzweifelhaft Neuerungen vorgenommen, an anderen Stellen aber offenbar ganz bewußt eher rückwärtsgewandte Lösungen integriert. Die einleitende Szene zu *Aroldo* stammt dabei, wie das auf Sant'Agata aufbewahrte Autograph des Librettos belegt, auch was den Text betrifft, teilweise von Verdi selbst: Eine sich näher an *Stiffelio* haltende Passage in Piaves Schrift ist vom Komponisten durchgestrichen worden, der selbst den Text des Trinkchors hinzufügte (Chusid, 1987, S. 286). Der neu komponierte 4. Akt mit Hirtenszene an einem schottischen See und einer Sturmszene ruft zudem bewährte Topoi der romantischen Oper auf, die nachdrücklich die Abwendung vom ursprünglich zeitgenössischen Stoff unterstreichen.

Wirkung

Der Uraufführung von *Stiffelio* am 16. November 1850 im Teatro Grande in Triest mit Marietta Gazzaniga (Lina), Gaetano Fraschini (Stiffelio), Filippo Colini (Stankar), Amalia Viezzoli De Silvestrini (Dorotea), Raineri Dei (Raffaele), Giovanni Petrovich (Federico) und Francesco Reduzzi (Jorg) war nur ein mäßiger Erfolg beschert. Bereits wenig später wurde die Oper am Teatro Apollo in Rom nachgespielt, wobei allerdings die Zensurbearbeitung mit dem Titel *Guglielmo Wellingrode* zur Aufführung gelangte, die auch in Catania, Florenz, Neapel und Palermo Verwendung fand. Die Originalfassung wurde in Italien außer in Triest nur noch im Teatro La Fenice in Venedig gespielt, daneben auf einigen Bühnen der iberischen Halbinsel (Barcelona, Malaga, Oporto) und auf Korfu. Nachdem Verdi die Überarbeitung *Aroldo* vorgestellt hatte, verschwand *Stiffelio* vom Spielplan und wurde erst wiederaufgeführt, nachdem 1968 Abschriften der bis dahin verloren geglaubten Oper im Konservatorium von Neapel aufgefunden worden waren.

Aroldo wurde am 16. August 1857 mit Marcellina Lotti Della Santa (Mina), Emilio Pancani (Aroldo), Gaetano Ferri (Egberto), Giovanni Battista Cornago (Briano), Salvatore Poggiali (Godvino), Napoleone Senigaglia (Enrico) und Adelaide Panizza (Elena) im Teatro Nuovo in Rimini uraufgeführt. Obgleich die Oper nie zu Verdis großen Erfolgen zählte, wurde sie zwischen dem Ende der 1850er bis zum Beginn der 1870er Jahre fast an allen wichtigen Bühnen Italiens zumindest einmal auf den Spielplan gesetzt. Vereinzelte Produktionen fanden auch im Ausland statt, so bereits 1858 in Wien oder 1863 in New York, daneben auch auf der iberischen Halbinsel und in Südamerika. Einige Aufführungen fielen in die Zeit nach dem Zweiten Weltkrieg, im heutigen Bühnenleben steht *Aroldo* jedoch im Schatten von *Stiffelio*.

Diskographischer Hinweis

Stiffelio

José Carreras (Stiffelio), Sylvia Sass (Lina), Matteo Manuguerra (Stankar), Wladimiro Ganzarolli (Jorg), Chor und Symphonie-Orchester des Österreichischen Rundfunks, Wien, Lamberto Gardelli (aufgenommen: 1979): Philips 422 432–2

Aroldo

Gino Penno (Aroldo), Antonietta Stella (Mina), Aldo Protti (Egberto), Ugo Novelli (Briano), Chor und Orchester des Maggio Musicale Firenze, Tullio Serafin (aufgenommen: live 1953): MEL 27 014

Neil Shicoff, Carol Vaness, Roberto Scandiuzzi, Anthony Michaels-Moore, Chor und Orchester des Maggio Musicale Fiorentino, Fabio Luisi: Philips 462 512-2

Sebastian Werr

Rigoletto

Melodramma in tre atti
(3 Akte; 4 Bilder)

Text: Francesco Maria Piave, nach dem Versdrama *Le Roi s'amuse* (1832) von Victor Hugo
Uraufführung: Venedig, Teatro La Fenice, 11. März 1851
Personen: der Herzog von Mantua (Tenor); Rigoletto, Hofnarr des Herzogs (Bariton); Gilda, Tochter Rigolettos (Sopran); Sparafucile, ein Räuber (Baß); Maddalena, Sparafuciles Schwester (Alt); Giovanna, Gildas Gouvernante (Mezzosopran); der Graf von Monterone (Baß); Marullo, Kavalier (Baß); Matteo Borsa, Höfling (Tenor); der Graf von Ceprano (Baß); die Gräfin, Gemahlin des Grafen von Ceprano (Mezzosopran); Amtsdiener bei Hofe (Tenor); Page der Herzogin (Mezzosopran) – Kavaliere (Chor: Tenor, Baß), Damen, Pagen, Hellebardiere
Orchester: 2 Querflöten (2. auch Piccoloflöte), 2 Oboen (2. auch Englischhorn), 2 Klarinetten, 2 Fagotte, 4 Hörner, 2 Trompeten, 3 Posaunen, Cimbasso, Pauken, große Trommel, 2 Glocken, Streicher – Bühnenmusik: *banda* (ohne Besetzungsangabe); Streicher; große Trommel
Spieldauer ohne Pausen: ca. 2 Stunden
Autograph: Mailand, Verlagsarchiv Ricordi
Ausgaben: Partitur, kritische Ausgabe: WGV I/17, hrsg. von Martin Chusid, Chicago: University of Chicago Press/Mailand: Ricordi 1983 – Klavierauszüge: Mailand: Ricordi [1852], Nr. 23071–23090; Chicago/London: University of Chicago Press, Mailand: Ricordi 1983 – Textbücher: Mailand: Ricordi 1851; *Tutti i libretti* 1975, S. 245–267; Mailand: Ricordi 1997

Entstehung

Wann Verdi Hugos Drama erstmals als Vorlage einer Oper ins Auge faßte, ist unbekannt. Die erste konkrete und genau datierte Erwähnung findet sich in seinem Brief an den neapolitanischen *impresario* Vincenzo Flauto vom 7. September 1849 (Copialettere, 1913, S. 85). Da aus den Plänen für Neapel nichts wurde, blieb das Projekt jedoch liegen. Ende April 1850 schloß Verdi mit dem Teatro La Fenice in Venedig einen Vertrag über die Karnevalsoper für die Saison 1851 ab. Danach versuchte er, den Hauslibrettisten dieses Theaters, Francesco Maria Piave, für Hugos Drama zu begeistern und Piaves Einfluß bei der Zensurbehörde gegen etwaige Einwände zu nutzen. Als Darsteller des buckligen Hofnarren stellte er sich schon zu diesem Zeitpunkt Felice Varesi vor, der die Titelrolle schließlich auch kreierte. Ende Juli 1850 wurde offiziell der Auftrag zur Verfertigung des Librettos erteilt, und schon am 5. August lieferte Piave – bezeichnenderweise von Busseto, Verdis Wohnort, aus – ein Szenario (*programma*) mit dem Titel *La maledizione*. Bis Ende Oktober schrieb er das Libretto. Verdi dürfte nach dem 20. November, dem Datum seiner Rückkehr aus Triest, wo er die Premiere von *Stiffelio* geleitet hatte, mit dem Entwurf der Oper begonnen haben. Die befürchteten Einwände der Zensur gegen das Libretto blieben nicht aus. Ende November 1850 verbot der Gouverneur von Venedig die Aufführung von *La maledizione*. Piave verfaßte sogleich eine neue Version mit dem Titel *Il duca di Vendome*, die Verdi jedoch strikt ablehnte, weil sie sich allzu sehr von der Vorlage Hugos entfernte. Eine weitere Umarbeitung, vorgenommen um die Jahreswende 1850/51 in Busseto, also unter Verdis Augen, stellte schließlich sowohl den Komponisten als auch die Zensur zufrieden. Mitte Januar 1851 erhielt die neue Oper ihren endgültigen Titel *Rigoletto*, und am 5. Februar beendete Verdi die Komposition in der Skizze. Ab 19. Februar leitete er die Proben am Teatro La Fenice, nebenher besorgte er die Instrumentation und schrieb das *preludio* (siehe auch Chusids Introduction, in: WGV I/17, S. XI–XXII).

Handlung

Mantua und Umgebung, 16. Jahrhundert

1. Akt, 1. Bild, prächtiger Saal im herzoglichen Palast: Bei einem Hoffest (*Introduzione*, »Della mia bella incognita borghese«) präsentiert sich der Herzog als Frauenheld (*Ballata*, »Questa o quella per me pari sono«); er macht der Gräfin Ceprano den Hof (*Minuetto e perigordino dell'introduzione*, »Partite?... crudele! Seguire lo sposo«) und verfolgt zugleich ein

Abenteuer mit einem ihm unbekannten Bürgermädchen. Rigoletto stachelt ihn auf, sich des Grafen Ceprano zu entledigen, um der Gräfin habhaft zu werden. In Gegenwart des Grafen schlägt er vor, diesen festzusetzen oder gar hinrichten zu lassen. Um sich zu rächen, beschließen Ceprano und die Höflinge, Rigolettos Tochter, die sie für dessen Geliebte halten, zu entführen (*Coro dell'introduzione*, »Vendetta del pazzo ... Contr'esso un rancore«). Graf Monterone, dessen Tochter der Herzog entehrt hat, verlangt Gehör, doch bevor er zu Wort kommen kann, verspottet ihn Rigoletto. Monterone verflucht ihn und den Herzog (*Seguito e stretta dell'introduzione*, »O tu che la festa audace hai turbato«). – 2. Bild, das öde Ende einer Sackgasse, Nacht: Rigoletto, auf dem Weg zu seiner Tochter, kann den Gedanken an den Fluch Monterones nicht loswerden (*Duetto*, »Quel vecchio maledivami!«). Der Räuber Sparafucile bietet ihm seine Dienste als gedungener Mörder an. Rigoletto sieht in ihm sein Spiegelbild (*Scena e duetto*, »Pari siamo!... io la lingua, egli ha il pugnale«). Er beklagt sein Schicksal: häßlich zu sein und den Narren spielen zu müssen. Sein einziges Glück ist seine Tochter Gilda, mit der er nun zusammentrifft (*Scena e duetto*, »Figlia!... Mio padre! A te d'appresso«). Seine ganze Sorge ist, wie er Gilda vor der Welt verborgen halten kann. Doch noch während Rigoletto seine Vorsichtsmaßnahmen einer Prüfung unterzieht, schlüpft der Herzog verkleidet in den Hof. Gilda ist nämlich jenes Bürgermädchen, dem er seit langem nachstellt. Als Rigoletto gegangen ist, macht sich Gilda Vorwürfe, dem Vater ihre Liebe zu einem jungen Mann verschwiegen zu haben, den sie in der Kirche gesehen hat – sie weiß nicht, daß es sich um den Herzog handelt (*Scena e duetto*, »Signor né principe io lo vorrei«). Dieser tritt nun hervor und macht Gilda eine Liebeserklärung. Das Glück der beiden wird gestört durch die Höflinge, die Gildas Entführung vorbereiten. Der Herzog enteilt, Gilda aber träumt ihrem Geliebten nach, der sich ihr als Gualtier Maldè vorgestellt hat (*Scena ed aria*, »Caro nome che il mio cor«). Rigoletto kehrt noch einmal zurück. Da die Höflinge ihn glauben machen, ihre Unternehmung gelte der Gräfin Ceprano, die im Hause gegenüber wohnt, hilft Rigoletto bei der Entführung der eigenen Tochter mit, bemerkt dies aber erst, als es zu spät ist (*Scena e finale I*, »Zitti, zitti, muoviamo a vendetta«).

2. Akt, 1. Bild, Salon im Palast des Herzogs: Der Herzog ist voller Zorn darüber, daß man seine Geliebte entführt hat. Er entdeckt seine Liebe zu ihr (*Scena ed aria*, »Parmi veder le lagrime«). Die Höflinge berichten ihm von der Entführung der vermeintlichen Geliebten Rigolettos, in der er die eigene Geliebte erkennt. Sogleich eilt er zu ihr. Auf der Suche nach seiner Tochter erscheint Rigoletto, scheinbar scherzend, vor den Höflingen. Sie stellen sich dumm. Als sie dem Pagen der Herzogin den Zutritt zum Gemach des Herzogs verwehren, wird Rigoletto klar, was mit seiner Tochter geschehen ist. Wütend klagt er die Höflinge an, die sich jedoch weder von seiner Wut noch von seinen Tränen rühren lassen (*Scena ed aria*, »Cortigiani, vil razza dannata«). Schließlich stürzt Gilda herein. Die Höflinge, von Rigoletto dazu aufgefordert, entfernen sich. Allein mit ihrem Vater deutet Gilda an, was geschehen ist. Rigoletto tröstet sie, sinnt dann jedoch auf Rache, in die er Monterone, der zur Hinrichtung über die Szene geführt wird, miteinschließt (*Scena, coro e duetto*, »Tutte le feste al tempio«).

3. Akt, 1. Bild, das rechte Ufer des Mincio, links ein verfallenes Wirtshaus: Nacht. Rigoletto will Gilda von ihrer Liebe zum Herzog heilen, indem er ihn in den Armen einer anderen zeigt. Der Herzog erscheint – angelockt von dessen Schwester Maddalena – in Sparafuciles Wirtshaus. Er singt ein Lied auf die untreuen Frauen (*Scena e canzone*, »La donna è mobile«) und bandelt dann mit Maddalena an, was von Gilda und Rigoletto beobachtet und kommentiert wird (*Quartetto*, »Un dì, se ben rammentomi«). Rigoletto befiehlt Gilda, nach Verona zu gehen; er will ihr wenig später folgen. Sparafucile gibt er den Auftrag, den Herzog zu töten. Um Mitternacht will er dessen Leichnam in Empfang nehmen. Gilda kehrt noch einmal zurück und wird Zeuge einer Auseinandersetzung zwischen Sparafucile und Maddalena, die nicht zulassen will, daß der Herzog, der ihr gefällt, getötet wird. Sie einigen sich darauf, anstelle des Herzogs den ersten umzubringen, der vor Mitternacht ins Wirtshaus kommt. Während ein heftiges Gewitter niedergeht, klopft Gilda an die Tür (*Scena, terzetto e tempesta*, »Se pria ch'abbia il mezzo

la notte toccato«). Um Mitternacht erscheint Rigoletto. Er nimmt das in einen Sack gehüllte Mordopfer entgegen, doch kaum hat er begonnen, seinen Triumph auszukosten, vernimmt er in der Ferne die Stimme des Herzogs, der sein Lied auf die untreuen Frauen trällert. Verschreckt und irritiert öffnet er den Sack und erkennt, daß Gilda das Opfer ist. Sie stirbt, Rigoletto bricht zusammen (*Scena e duetto finale*, »V'ho ingannato ... colpevole fui ...«).

Kommentar

Es ist stets mit Nachdruck darauf hingewiesen worden, daß das Libretto von *Rigoletto* seiner Vorlage, Victor Hugos Drama *Le Roi s'amuse*, bis in die Einzelheiten hinein folgt. Die Tatsache als solche ist unbestreitbar; dennoch liegt keine ›Literaturoper‹ vor, was nicht zuletzt an der Differenz der Titel der Werke deutlich wird. Diese ist nicht äußerlich, sondern entspricht einer inneren Differenz. Erstaunlich ist allerdings, mit welch geringen Änderungen im Äußeren die Unterschiede im Innern erreicht werden. Daß die Auffassung von Hugos Stück bei Verdi und Piave von vornherein eine andere war als die durch Hugos Titel suggerierte, wird daran deutlich, daß eine Übernahme des Vorlagentitels nie in Erwägung gezogen wurde. *La maledizione* und *Rigoletto* legen den Schwerpunkt unmißverständlich auf andere Aspekte, *Il duca di Vendome* macht aus Hugos tendenziös-aussagekräftiger Überschrift einen gänzlich neutralen Titel.

Wie wichtig den Autoren der Oper das Motiv des Fluches war, zeigt die peinlich genaue Übernahme sämtlicher Stellen aus Hugos Drama, an denen der Fluch vorkommt, mehr noch die Tatsache, daß sie, über Hugo hinausgehend, Rigoletto auch am Schluß der Oper noch auf den Fluch Bezug nehmen lassen. Während sich Hugos Triboulet am Ende des Fluchs nicht mehr zu entsinnen scheint, die Schuld am Tod seiner Tochter vielmehr sich selbst gibt, ist für Rigoletto der Fluch der alleinige Grund des Verhängnisses, das ihn getroffen hat. Zumindest äußerlich steht dieser Schluß bei Verdi und Piave in seinem unverhohlenen Pathos in der Tradition von Schicksalsdrama und romantischer Oper. Dieser Eindruck scheint noch durch die Tatsache bestätigt zu werden, daß der nachdrückliche musikalische Bezug auf den Fluch ganz am Ende unüberhörbar einen Bogen zurück zum Anfang schlägt, nämlich zum Vorspiel der Oper, dem *preludio*, in dessen Zentrum ebenfalls der Fluch steht.

Dessen musikalische Formulierung betrifft jedoch nicht die Realität, jenen Fluch also, den Monterone tatsächlich ausspricht, sondern Rigolettos Erinnerung daran. Verdi scheint ganz bewußt zwischen dem Fluch selbst und Rigolettos Bezug darauf unterschieden zu haben. Auf diese Weise wird deutlich, daß es nicht der Fluch Monterones ist, der Rigoletto schicksalhaft verfolgt, sondern allein seine eigene Reaktion auf die Verfluchung, die ihn schokkiert. So unentrinnbar und unerbittlich das Motiv, das diese Reaktion beschreibt, in seiner Fixierung auf Tonrepetition und punktierten Rhythmus also anmutet, ist es dennoch nicht Symbol oder Ausdruck einer von außen eingreifenden Macht, sondern Zeichen eines Geschehens, das nur mit Rigoletto selbst zu tun hat, das allein seiner eigenen Vorstellung und Befindlichkeit entspringt. So betrachtet führt der äußere Schein von Schicksalsdrama und romantischer Oper in die Irre.

Verdis Verständnis folgend, der die Verfluchung unter einem moralischen Aspekt sah, ließe sich der Gedanke an den Fluch, der Rigoletto wie eine *idée fixe* nicht mehr losläßt, als Mahnung oder Warnung auffassen, auch als schlechtes Gewissen. Von entscheidender Bedeutung aber ist, daß Rigoletto die Erinnerung an den Fluch, die ihn verfolgt und bedrängt, nicht begreift. Sie ängstigt und beunruhigt ihn zwar, veranlaßt ihn jedoch zu keiner Änderung seines Verhaltens. So blind nämlich, wie er äußerlich am Ende des 1. Aktes ist, als ihm die Höflinge die Augen verbinden, so blind ist er im Innern, gegenüber sich selbst und seinem Tun. Er glaubt seine Doppelexistenz als Vater einer Tochter geheimhalten zu können, dabei wissen mehr oder weniger alle Bescheid – wenn sie auch die Tochter für die Geliebte halten: der Herzog, der schon in der Eröffnungsszene davon spricht, die Höflinge, die darauf ihren Racheplan bauen, und schließlich Sparafucile, der Rigoletto nur deshalb anspricht. Es zeugt ferner von Blindheit, daß er seine gerade erwachsen werdende und offenkundig schöne Tochter in eine Stadt geholt hat, in der keine Frau vor den Nachstellungen des dort herrschenden Herzogs sicher sein kann. Geradezu paradox mutet es an, daß Rigoletto ausgerechnet dieser Person, die ihm Gefahr bringt wie keine zweite, vertraut; im 1. Akt stellt er sich ausdrücklich unter den Schutz des Herzogs.

Als blind gegenüber der Realität erweist sich Rigoletto auch darin, daß er glaubt, er könne Gilda von ihrer Liebe heilen, indem er ihr ihren Geliebten in den Armen einer Kurtisane zeigt. Rigoletto ist vor allem jedoch blind gegenüber der eigenen Person. Im Monolog nach der Begegnung mit Sparafucile weist er die Schuld für seine Situation und sein Verhalten allein der Natur und der Gesellschaft zu, die ihn zu dem gemacht hätten, was er ist. Die Rolle seines eigenen Zutuns kommt ihm nicht in den Sinn. In diesem Zusammenhang ist eine geringfügig erscheinende Abweichung des Librettos von Hugos Drama bemerkenswert. Als Rigoletto dem Herzog, der sich der schönen Gräfin Ceprano bemächtigen möchte, vorschlägt, ihren Mann kurzerhand köpfen zu lassen, weist der Herzog seinen Hofnarren zurecht; er hält ihm vor, er treibe seine Scherze immer auf die Spitze und bedenke nicht, daß der Zorn, den er wecke, ihn selbst treffen könne. Was der Herzog hier benennt, ist ein zentraler Charakterzug Rigolettos: seine Maßlosigkeit. Daß es ausgerechnet der Herzog ist, der davon spricht, jene Figur also, die – zumindest nach traditionellem Verständnis des Stücks – die Maßlosigkeit repräsentiert, gibt der Äußerung zusätzliches Gewicht.

Rigolettos Maßlosigkeit läßt sich als Ausdruck eines Herrschaftsanspruchs lesen, der jener bereits erwähnten Vorstellung entspringt, von der Natur und der Gesellschaft ungerechtfertigt benachteiligt zu sein, sowie im Eindruck gründet, vom Herzog unterdrückt zu werden. Gerade in Bezug auf den Herzog spielt die Dialektik von Herr und Knecht eine maßgebliche Rolle. Das zeigt nachdrücklich die achte Szene des 3. Aktes, wenn Rigoletto vermeintlich die Leiche seines Herrn vor sich hat. Von Sühne der Schande, die der Herzog über Gilda gebracht hat, ist mit keinem Wort mehr die Rede. Was Rigoletto äußert, zeigt ausschließlich seine eigenen Rachegedanken, vor allem aber seine Genugtuung über die Umkehrung der Machtverhältnisse, die eigene Erhebung zur Größe und demütigende Erniedrigung des vormals Mächtigen, dem auch noch das Grab zu verwehren, seine Stimme geradezu frohlocken läßt. Rigoletto schwingt sich nicht nur zum Herrn auf, sondern auch zum Richter. Die bloße Rache am Herzog genügt ihm nicht, er gibt sie vielmehr als Vollzug von Recht und Gerechtigkeit aus, indem er gegenüber Sparafucile den Namen des Herzogs als »delitto« (»Verbrechen«) und den eigenen als »punizion« (»Strafe«) angibt.

Maßlosigkeit und Herrschaftsanspruch fehlen auch im Verhältnis Rigolettos zu seiner Tochter nicht. Gilda muß ihren Vater für all das gleichsam entschädigen, was er in der Welt, in der er sonst lebt, entbehrt. Damit aber nicht genug: Gilda ist für Rigoletto Ersatz für Religion, Familie und Heimat (»Culto, famiglia, patria«). Die Melodie, in die dies gegossen ist, drückt in Pathos, Energie und Großartigkeit Rigolettos Anspruch unüberhörbar aus, und so sehr Gilda als Reaktion darauf beteuert, wie sehr es sie freue, dem Vater so viel zu sein, so unmißverständlich ist, daß sie diesem Anspruch nicht genügen kann und will. Der Bedeutung entsprechend, die sie für ihn hat, darf Gilda nur für Rigoletto da sein. Darum verschließt er sie vor der Welt, indem er sie wie in einem Käfig hält.

Zugleich hält er sie in Unwissenheit, indem er ihr verschweigt, wer er ist und woher er kommt. Allein daß er ihr Vater ist, darf sie wissen, und das einzige, was sie ihm darüber hinaus zu entlocken vermag, ist, daß ihre Mutter, die ihren Vater aus Mitleid liebte, gestorben ist. Daß Gildas Fragen nach ihrer Herkunft einem ganz natürlichen Bedürfnis entspringen, hat Verdi durch den unterlegten Hornquintensatz verdeutlicht. Ein eigenes Leben gestattet Rigoletto seiner Tochter nicht. Ihre schüchternen Versuche, Freiraum für sich zu gewinnen wie bei der A-Dur-Stelle »Già da tre lune son qui venuta«, werden abrupt und durchaus herrisch im Keim erstickt. Auch hier erweist sich Rigoletto im übrigen in seinem Glauben, er könne über seine Tochter wie über einen Besitz verfügen, als blind. Ihrer unübersehbar starken Bindung an den Vater zum Trotz verliebt sich Gilda und hält dies vor dem Vater geheim, was nur allzu menschlich ist.

Daß Rigoletto ein falsches Bewußtsein hat,

wie man seine Blindheit auch nennen könnte, zeigt anschaulich eine Phrase in seinem Monolog vor dem Duett mit Gilda im 1. Akt. Zu seiner Behauptung, hier, in der Welt Gildas, verwandle er sich in einen anderen Menschen (»Ma in altr'uom qui mi cangio! ...«), wendet sich die Musik plötzlich und überraschend aus der E-Dur-Sphäre, die für die Welt Gildas steht (wie in ihrer Arie »Caro nome, che il mio cor«), mit einem Trugschluß nach C-Dur, das die lichte Atmosphäre des E-Dur trübt und nach gleichsam zögerndem Gang schließlich auf einem Sekundakkord abbricht, was alles andere darstellt als eine Bestätigung der ausgesprochenen Worte. Die unmittelbar anschließende Erinnerung an den Fluch wirkt danach wie das Zeichen eines verborgenen, unbewußten Wissens um das falsche Leben, das Rigoletto führt.

Die zentrale Abweichung des Librettos von Hugos Drama betrifft den Beginn des 2. Aktes. Aus Zensurgründen mußte hier jene Szene unterbleiben, in der – auf die Oper übertragen – Gilda vor den Nachstellungen des Herzogs ausgerechnet in dessen Schlafgemach flieht, wo dieser sich ihrer bemächtigt. Verdi scheint mit dieser Lösung nicht zufrieden gewesen zu sein, wie seinem Brief an Carlo Antonio Borsi vom 8. September 1852 zu entnehmen ist (Abbiati, 1959, Band II, S. 175; siehe oben, S. 191). Darin schrieb er, es sei notwendig, Gilda und den Herzog in dessen Schlafzimmer zu zeigen. Entsprechende Modifikationen nahm Verdi jedoch nie vor, so daß Zweifel bleiben, ob es ihm tatsächlich ernst damit war. Es mag sein, daß Verdi ursprünglich die Idee hatte, Hugos Drama möglichst unverändert auf die Opernbühne zu übertragen. Tatsächlich aber zeigt das Libretto, wie schon die bereits erwähnten Änderungen darlegen, daß von dieser Idee mehrfach abgewichen wurde, und zwar bedeutsam und unabhängig von der Zensur.

Zudem fügt sich die so auffällige Änderung zu Beginn des 2. Aktes durchaus in den Zusammenhang der anderen Modifikationen ein. Auf den ersten Blick und vor allem vor dem Hintergrund von Hugos Drama paßt es freilich nicht ins Bild, daß der Herzog in dieser Szene als wahrhaft Liebender dargestellt ist. Daß seine Gefühle falsch seien, er sie sich selbst einrede, wird von der Musik in keiner Weise bestätigt (Döhring, 1986, S. 245). Das liedhaft-schlichte F-Dur im Rezitativ (»colei che prima potè in questo core«) wirkt ebenso überzeugend wie das *cantabile* (»Parmi veder le lagrime«), dessen entlegene Tonart Ges-Dur allein schon verdeutlicht, daß hier etwas Besonderes zum Ausdruck kommt. Man muß also annehmen, daß der Herzog tatsächlich der sein soll, als welcher er hier präsentiert wird.

Im übrigen mußte der Ersatz für die beanstandete Schlafzimmerszene nicht zwangsläufig eine Soloszene des Herzogs sein. Die gesamte erste Nummer des 2. Aktes hätte sich leicht als reine Chorszene der Höflinge gestalten lassen, so daß man einerseits der Zensur Genüge getan hätte, und andererseits der Herzog nicht ins Zwielicht einer widersprüchlichen Figur geraten wäre. Es muß demnach in der bewußten Absicht der Autoren gelegen haben, die Beziehung des Herzogs zu Gilda anders darzustellen als seine Frauenbeziehungen zuvor und sonst. Gilda bedeutet für den Herzog ein Erlebnis von anderer Qualität, als er es bis dahin hatte. Er merkt, daß es auch noch etwas anderes gibt als das flüchtige Abenteuer. Gilda fasziniert ihn durch ihre Andersartigkeit – die Ferne zur Welt und zur Gesellschaft, in der sie lebt – und vor allem durch ihre moralische Integrität. Daß er überhaupt fähig ist, dies wahrzunehmen, zeigt eine Sensibilität, die dem Vorbild der Rolle, Hugos Franz I., gänzlich fehlt. Entsprechend ist er auch nicht so skrupellos und zynisch wie jener. Die erwähnte Zurechtweisung Rigolettos im 1. Akt veranschaulicht das.

Wäre der Herzog tatsächlich so skrupellos, wie er es nach allgemeiner Auffassung ist – und nach Hugo sein müßte, dessen Darstellung hier jedoch nicht frei von Inkonsequenzen erscheint –, dann stiege er Gilda nicht so ausdauernd-geduldig nach wie ein schüchtern Verliebter (von drei Monaten ist die Rede). Ein Herrscher, der keine Skrupel kennt, schlägt andere Wege ein, wenn er einer schönen Frau wie der Gräfin Ceprano habhaft werden will. Der Herzog aber versteckt seine Liebeserklärung, ganz die Form wahrend, hinter Menuett-Galanterie. Damit nicht genug: Das Menuett spielt unüberhörbar auf jenes im ersten Finale von Mozarts *Don Giovanni* an, auf jene Situation also, in der der Titelheld versucht, sich hinter der Szene Zerlinas mit Gewalt zu bemächtigen. Indem Verdi die Erinnerung an diese Szene mit einem Geschehen konfrontiert, das in der Wahrung von Form und Anstand das Gegenteil zu jenem der erinnerten Szene ist, weist er den Herzog als jemanden aus, der bei aller Ähnlichkeit eben doch kein Don Juan ist und sich entsprechend – wenn er es vielleicht auch insgeheim möchte – nicht wie jener verhält. Der schmachtend-larmoyante Ton, der das Menuett ins Trivial-Sentimentale zieht, zeigt den Herzog als eher harmlosen Schwerenöter, der kein besseres Mittel kennt.

Auch die sogenannte *ballata* »Questa o quella per me pari sono« (›sogenannt‹, weil sich die Bezeichnung in Verdis Partitur nicht findet) zeigt in ihrem musikalischen Charakter, der heiter-gelöst ist und frei von aller Hintergründigkeit, kein Wesen, in dessen Seele sich Abgründe auftun. Die Musik ist viel zu einfach, als daß sie komplexe Charakterzüge zu spiegeln vermöchte. Zugleich aber eignet ihr ein Charme, über dem die doch so unmißverständlich ausgesprochene prinzipielle Treulosigkeit völlig in Vergessenheit gerät. Der Herzog ist ein leichtgewichtiger Abenteurer, den die Aura allerdings hemmungs- und bedenkenloser Lebenslust umgibt. Auch die berühmte *canzona* im 3. Akt (»La donna è mobile«) – dramaturgisch Theatermusik, nämlich ein Lied, das der Herzog singt, um sich die Zeit zu vertreiben, und keine bekenntnishafte Arie – ist kein Ausweis von Zynismus. Sie gehört zum Ort, an dem sie gesungen wird, einem Ort prinzipieller Promiskuität, wenn man nicht von Prostitution reden will. Dort aber sind die Frauen gleichsam naturgemäß untreu. Die Deutung der *canzona* als Projektion (die sie in der Sache selbstverständlich auch ist) oder gar als Resultat eigener böser Erfahrungen des Herzogs erscheint als Überinterpretation (Schnebel, 1979, S. 79f; Wapnewski, 1989, S. 183 f.).

Bruder Leichtfuß, der der Herzog ist, sind ihm die entsprechenden Erfahrungen und Reaktionen kaum zuzutrauen. Franz I., des Herzogs Pendant in Hugos Drama, nimmt sich, was er begehrt, und zwar rücksichtslos und notfalls mit Gewalt. Davon kann in der Oper keine Rede sein. Der Herzog hat es nicht nötig, zumindest den Frauen gegenüber, Gewalt anzuwenden. Er besitzt offenkundig Attraktivität genug, um auch ohne das zum Ziel zu kommen, und die Musik umgibt ihn mit dem Charme des jugendlichen Verführers. Auch hier ist die Oper plausibler als Hugos Drama, in dem sowohl die Liebe Gildas als auch die Zuneigung Maddalenas sinnlich-physiognomisch unbegründet bleiben. Es ist, als hätten Verdi und Piave den Herzog tatsächlich als jenen Apoll zeichnen wollen, als den Maddalena ihn in der Szene nach dem Quartett des 3. Aktes charakterisiert, eine charismatische Persönlichkeit, die trotz aller charakterlichen Fehler für sich einnimmt – nicht zuletzt auch Zuschauer und Hörer.

Der beschriebene Unterschied zwischen Hugos Franz I. und dem Herzog der Oper macht einerseits glaubhaft, daß sich der Herzog tatsächlich in Gilda verliebt, und schließt andererseits nicht aus, daß er dennoch in sein altes Leben zurückfällt, was im übrigen gleichsam natürlich ist; denn welche andere Lösung gäbe es? Wie könnte in einer Gesellschaft wie derjenigen, in der er lebt, eine ernsthafte Beziehung zu Gilda, der Tochter seines Hofnarren, aussehen? Den Komplikationen, die das mit sich brächte, geht jemand wie der Herzog selbstverständlich aus dem Wege. Darum besteht Gildas Tragik nicht in äußerer Schande, sondern darin, daß der Herzog unfähig ist, seine Liebe zu ihr in eine andere Form als die der bloßen Sexualität zu bringen. Wie sehr er dieser verfallen ist, demonstriert geradezu drastisch der 3. Akt, dessen Geschehen darum für Gilda umso schmerzlicher ist. Der Herzog geht der Liebe aus dem Weg.

Erweist sich die Widersprüchlichkeit seines Charakters also als scheinbar, so besteht doch kein Zweifel, daß der Herzog im Unterschied zu Franz I. in Hugos Drama keine politische Figur ist. Das, was er tut, ist mehr in seinem individuellen Charakter begründet als in den gesellschaftlichen oder gar politischen Verhältnissen. Die Angriffspunkte, die er bietet, sind nicht geeignet, eine schlechte Obrigkeit zu repräsentieren wie in Hugos Drama, dessen in der Oper folgerichtig vermiedener Titel schon diesbezüglich eine deutliche Sprache spricht.

Auch Gilda ist gegenüber der entsprechenden Figur bei Hugo verändert. Im ersten Duett mit dem Vater bekennt sie, daß das Leben für sie Freude bedeute (»Gioia è la vita a me!«), ein wichtiges Detail, das bei Hugo fehlt. Es bringt sie nämlich in Gegensatz zu Rigoletto, der diese Lebensauffassung weder teilt noch gestattet und durch seine strikten Verbote deren Übertretung geradezu provoziert. Zugleich begründet die Sehnsucht nach Lebensfreude und Lebensglück das Angezogensein durch den Herzog, der im Gegensatz zum düster-verschlossenen Vater wie die Verkörperung der Lebenslust erscheint. Gildas Liebe zu ihm, vor allem deren Fortdauern, ist darüber hinaus in der Gegenliebe des Herzogs begründet, anders als bei Hugo, wo es keine Erklärung dafür gibt.

Wenn Gilda im 3. Akt behauptet, der Herzog liebe sie, so erscheint das nicht so aus der Luft gegriffen und illusionär wie bei Hugo, was im übrigen auch die Vertonung in ihrer schnörkellosen Kantabilität nahezulegen scheint. Diese nämlich kontrastiert auffällig zum Stil von Gildas berühmter Arie im 1. Akt. Dort ist die Gesangslinie von Beginn an durch Pausen gleichsam zersetzt und in der Folge dann durch Triller, Melismen und allerhand variierendes Figurenwerk in eine Künstlichkeit erhoben, die den Boden der Tatsachen längst verlassen hat. Sie entspricht damit den illusionären Vorstellungen, die sich Gilda macht (Döhring, 1986, S. 241 f.). Sie hängt ihr Herz an einen Namen, der eine Fiktion ist, und einzig um diesen falschen Namen dreht sich die gesamte Arie. Dieser Name ist allem Anschein nach überhaupt der erste, der ihr auf eigenes Fragen hin anvertraut wird; denn außer dem eigenen Namen kennt sie offenkundig nur denjenigen ihrer Gouvernante. Er bedeutet für sie darum nicht allein, daß sie denjenigen beim Namen nennen kann, den sie liebt, sondern auch und vor allem, daß ihr jemand Vertrauen entgegenbringt. Dieses Vertrauen schenkt ihr sonst niemand, nicht einmal der Vater, der ihr seinen Namen konsequent verschweigt. Um so bitterer ist die Enttäuschung für sie, als sich herausstellt, daß der Geliebte einen falschen Namen genannt, ihr das für sie so wichtige Vertrauen gerade nicht gewährt, sondern sie im Gegenteil darum betrogen hat. Gilda wird nicht nur in ihrer Sehnsucht nach Liebesglück enttäuscht, sondern in ihrem Selbstwertgefühl, ihrer Identität geschädigt.

Im Unterschied zum Drama Hugos bleibt in der Oper offen, ob der Herzog, bevor er sich Gildas bemächtigt, sich als derjenige zu erkennen gibt, der er tatsächlich ist. Denkbar oder sogar wahrscheinlich ist eine durchaus von aller Gewalt freie Verführungsszene, wie sie schon im Anschluß an das Duett im 1. Akt, ein Liebesduett (ebd., S. 245), vorstellbar wäre. Auf diese Weise wird nicht nur die zynische Brutalität Franz I. bei Hugo ausgeklammert, sondern zugleich auch Gildas Rolle in ein anderes Licht gerückt. Die Schande, von der sie im Rezitativ vor dem Duett des 2. Aktes spricht, betrifft notwendig nicht mehr allein, vermutlich nicht einmal vornehmlich die Entehrung, als die Rigoletto sie auffaßt, sondern drückt die Scham über ihre Hingabe aus, hat also weniger mit der Tat des Herzogs zu tun als mit Gildas eigenem Verhalten. Ihrem strengen Vater gegenüber muß sie selbstverständlich von »Schande« sprechen, und um ihre eigene Rolle zu verbergen, stellt sie es so dar, als hätten die Höflinge sie nur entführt, um sie dem Herzog auszuliefern. Von der Gewalt, die ihr den Worten nach widerfahren ist, weiß die Musik jedoch nichts. Den Worten »E a forza qui m'addussero / Nell'ansia più crudel« steht sie in ihrer Wendung zum hellen C-Dur und mit dem Aufschwung der Singstimme zu fast jubelndem Ausdruck diametral entgegen, deutet damit versteckt auf ein erfahrenes Glück, das gleichsam offiziell einzugestehen sich verbietet.

Gilda ist nicht nur geprägt durch ihre Liebe zum Herzog, die über alle Enttäuschung hinweg weiterbesteht, sondern auch durch die Bindung an ihren Vater. Obwohl diese Beziehung von Seiten des Vaters eine erzwungene ist, akzeptiert die Tochter sie. Mag Rigoletto sie noch so sehr allein für sich in Anspruch nehmen, sie wertet es als Zeichen seiner großen Liebe zu ihr. Auch hier basiert ihre Beziehung nicht zuletzt auf der Liebe, die ihr entgegengebracht wird; sie ist ein Teil ihrer Identität. Das Geschehen im 3. Akt ist vor diesem Hintergrund zu betrachten. Es bringt Gilda in doppeltem Sinn in eine ausweglose Lage. Zum einen kann sie nicht zulassen, daß ihr Geliebter getötet wird, zum anderen nicht ertragen, daß ihr Vater der Auftraggeber des geplanten Mordes ist. Indem sie sich selbst opfert, rettet sie nicht nur ihren Geliebten, sondern sühnt auch den Mordauftrag des Vaters. Bezeichnenderweise sind ihre Schlußworte gekennzeichnet vor allem durch den Vorsatz, im Himmel Fürbitte für den Vater leisten zu wollen. Rigoletto begreift seine Tochter jedoch nicht, wie seine Einwürfe (»Non morir... mio tesoro... pietate...« und »Se t'involi... qui sol rimarrei...«) zeigen, die einen ganz anderen Ton anschlagen. Er sieht nur sich und den vermeintlich über ihn verhängten Fluch.

Zwei Nebenpersonen der Handlung treten in der Oper durch Verdis musikalische Gestaltung besonders hervor: Sparafucile und Monterone. Dabei fällt auf, daß Sparafucile im 3. Akt keine Physiognomie hat, die über den allgemeinen Standard hinausgeht, wie ihn die Gestaltung etwa Maddalenas repräsentiert, bei seinem Auftritt im 1. Akt aber in einem ganz eigentümlichen Licht erscheint. Die Musik des Duetts mit Rigoletto – von jeher als ein besonderes Meisterstück Verdis gepriesen und sicherlich das unkonventionellste Stück der gesamten Oper – ist in ihrer Konzentration auf dunkle Farben und kammermusikalische Feinheit von einer solchen Intimität, daß man sie kaum mit einer Straßenszene und der Begegnung zwischen zwei Unbekannten in Verbindung bringt. Vielmehr entsteht der Eindruck, als spiele diese Szene an ganz anderem Ort und zwischen Personen, die einander vertraut sind. Man mag es für Überinterpretation halten, aber die Musik scheint eher ein Selbstgespräch Rigolettos zu suggerieren oder gar einen inneren Monolog als ein tatsächliches Geschehen auf der Straße.

Monterone, aufgrund der Kürze seiner Auftritte äußerlich noch weniger präsent als Sparafucile, wird durch die Prägnanz der musikalischen Gestaltung zur markanten Persönlichkeit. Einerseits ist er voller Leidenschaft, wie das flammende f-Moll-*andante* innerhalb seines Auftritts in der *introduzione* beweist; andererseits haftet ihm durch sein insistierendes Repetieren des gleichen Tons c^1 etwas Starr-Unerbittliches und Ehernes an. Das entspricht seiner Funktion im Stück. Monterone ist die Verkörperung des Gewissens. Nicht zufällig wird seine Anklage vom Herzog bei dem Wort »Dio« (»Gott«) unterbrochen, bei der Nennung einer Instanz also, an die sich der Herzog nicht gern erinnern läßt. Das dem Fluch folgende »Oh tu che la festa audace hai turbato« drückt weniger den Affekt der gesprochenen Worte aus als vielmehr den Schrecken, in den Monterone die gesamte Gesellschaft versetzt. Die leicht archaisierende Handhabung der Molltonleiter in Verbindung mit der Tonart des-Moll, der einförmige Rhythmus und das *unisono* im Klang des *sotto voce* erzeugen eine Atmosphäre wie bei drohendem Unglück, lauernder Gefahr. Es ist der Vorausverweis auf jenes Unheil, das im 3. Akt geschieht; denn die d-Moll-Strophe im dortigen Terzett greift melodisch auf das Ensemble im 1. Akt zurück (Dallapiccola, 1970, S. 35).

In der Rolle eines Vaters, der den Entehrer seiner Tochter konfrontiert, erinnert Monterone an den Komtur in Mozarts *Don Giovanni*, der dort im übrigen auch die Instanz des Gewissens repräsentiert. Aber auch musikalisch stehen sich Monterone und der Komtur nicht fern. Die Kadenzwendung bei »Felice pur anco, o duca, vivrai...« im 2. Akt scheint zumindest melodisch auf »lascia a' morti la pace« in der Friedhofsszene von *Don Giovanni* anzuspielen. Daß diese Wendung ihre Bedeutung hat, zeigt auch das *preludio*, in dem sie zweimal auftritt (Takt 25–28), sogar in noch deutlicherer Anspielung auf die Oper Mozarts. Die damit angedeutete Gemeinsamkeit könnte darin bestehen, daß Monterone wie der Komtur in der Friedhofsszene auf das Lachen seines Widerparts reagiert, das Lachen der Verachtung und des Verächtlichmachens, das tiefer trifft als jede Beleidigung. Dieses Lachen nämlich ist es, das dort den Komtur aus seiner Starrheit weckt und hier Monterone seinen Fluch gegen Rigoletto bekräftigen läßt. Im übrigen hebt Monterone – mögen seine Worte dies auch noch so sehr behaupten – seinen Fluch gegen den Herzog nicht auf; die Musik seines letzten Auftritts spricht eine ganz andere Sprache.

Zu den bedeutsamen Nebenrollen gehören auch die Höflinge, die jedoch – anders als bei Hugo – nicht als Einzelpersonen relevant sind, sondern als Gruppe. In dieser Form haben sie aber ein Gewicht, das ihnen bei Hugo fehlt. Der Chor, der stets in besonderem Maße Gesellschaft repräsentiert, steht hier für die Hofgesellschaft. Wie weit deren Einfluß reicht, zeigt sich daran, daß der Herzog ihre Machenschaften, nämlich die Entführung Gildas, zu akzeptieren scheint, jedenfalls ungestraft läßt, auch wenn sie ihn erzürnen. Rigoletto kommt erst gar nicht auf den Gedanken, sich in der Angelegenheit, die ein krimineller Akt ist und kein Kavaliersdelikt, an den Herzog zu wenden, der nominell der Herrscher ist und den längeren Arm haben müßte. In seiner Soloszene im 2. Akt erscheint Rigoletto den Höflingen wie auf Gedeih und Verderb ausgeliefert. So ernst er und die anderen es mit den Geschehnissen nehmen, so betont leicht, lässig und heiter geben sich die Höflinge, deren Ton nicht zufällig ins Frivole und Zynische spielt. Sie bilden die Welt, aus der der Herzog kommt. Daß er in seiner Liebe zu Gilda schließlich in die Verhaltensweisen dieser Welt zurückfällt, überrascht nicht, da ihm Gilda von den Höflingen gleichsam nach bewährtem Muster als Geliebte zugespielt und damit die Liebesbeziehung gerade in jene Bahnen gelenkt wird, von denen sie wegführen sollte. Bezeichnenderweise fehlen im Chor der Höflinge die Frauen; sie haben nicht mitzureden in einer Gesellschaft, die von den Männern beherrscht wird.

Im 3. Akt treten die Höflinge zwar als solche nicht mehr in Erscheinung, ihre Stimmen aber, nämlich die des Männerchors, sind in der Gewitter- und Mord-Szene in Vokalisen weiterhin präsent. Daß es die Gesellschaft ist, die den Ton angibt, hat Verdi im übrigen bereits zu Beginn der *introduzione* unmißverständlich und auf anschauliche Weise zum Ausdruck gebracht: Die Dominanz der Tanzmusik auf der Bühne ist von solcher Ausschließlichkeit, daß sich ihr auch der Dialog der handelnden Personen unterordnen muß.

So zweifelsfrei *Rigoletto* eine Nummernoper ist, so unübersehbar ist die Vielfalt der Durchbrechung von deren konventionellen Mustern und Modellen. Der Versuch, die Nummern auf das traditionelle Schema der *scena ed aria* zurückzuführen, gelingt nur gewaltsam (Danuser, 1985, S. 19–44). Am klarsten ausgeprägt erscheint das Modell in der Arie des Herzogs zu Beginn des 2. Aktes, aber auch hier ist der zwischen *cantabile* (»Parmi veder le lagrime«) und der oft gestrichenen *cabaletta* (»Possente amor mi chiama«) vermittelnde Formteil, das *tempo di mezzo* (Chor: »Scorrendo uniti remota via«), ungewöhnlich ausgeweitet – Konsequenz der Tatsache, daß die *cabaletta* über den veränderten Affekt hinaus eine veränderte Haltung demonstrieren muß, nämlich des Herzogs Rückfall in seine alten Verhaltensmuster; das aber bedarf der besonderen Begründung, die der Chor der Höflinge liefert. Maßgabe der Änderungen an Mustern und Modellen ist stets die Dramaturgie.

Die Nummern werden gleichsam von der Handlung aufgebrochen, diese ragt in sie hinein – wie am Ende von Gildas Arie (»Caro nome, che il mio cor«). Zugleich werden auf diese Weise die Nummern miteinander verknüpft, die Übergänge fließend, und es ergeben sich *tableau*-artige Formen wie in der *introduzione* und der Gewitterszene. Sieht man von den beiden Kanzonen des Herzogs ab, einfachen Strophenliedern, dann gibt es nur drei Arien, je eine für Rigoletto, Gilda und den Herzog. Aufwendig-spektakuläre *finali* fehlen völlig, es sei denn, man faßte die *introduzione* des 1. Aktes als Finale auf, was formal gesehen nicht abwegig ist; *Rigoletto* wurde denn auch bisweilen als vieraktig betrachtet, mit dem Straßenbild als 2. Akt. Die dominierende Form ist das Duett. Auch das berühmte Quartett und das Gewitter-Terzett sind im Kern Duettszenen und keine traditionellen Ensemblesätze, was selbstverständlich dramaturgisch bedingt ist. Besonders bemerkenswert ist die Dominanz der Nachtszenen. Deren musikalisches Pendant ist die Bevorzugung von b-Tonarten, die von jeher Symbol für das Dunkle waren, und eine unverkennbare Tendenz zu dunklen Orchesterfarben (Leibowitz, 1969).

Rigoletto gilt allgemein als Verdis erstes Meisterwerk. Daß er mit dieser Oper seinen Weltruhm begründete, steht außer Zweifel. Verdi selbst zählte das Werk zu seinen besten Arbeiten. Der Fortschritt gegenüber den vorangehenden Werken besteht vor allem in der außerordentlichen Flexibilität, mit der die musikalischen Mittel gehandhabt werden, und zwar sowohl im Großen der Relation zwischen Form und Dramaturgie als auch im Kleinen des Verhältnisses zwischen Rezitativ und Arioso. *Rigoletto* zählt, von Abramo Basevi bis Andrew Porter, zur sogenannten ›intimen‹ Phase von Verdis Schaffen. Die Charakterisierung erscheint glücklich gewählt; denn wie das Fehlen aller Haupt- und Staatsaktionen und die Dominanz der Duettszenen zeigen, geht es nahezu ausschließlich um unmittelbar-zwischenmenschliche Beziehungen, die primär von den Charakteren der beteiligten Personen bestimmt werden. Ob es daher berechtigt ist, *Rigoletto* an der zeitgenössischen französischen Oper und deren dramaturgischer Fortgeschrittenheit zu messen (Döhring, 1986, S. 241), ist fraglich, ganz abgesehen davon, daß das Kriterium der Avanciertheit nicht immer über den ästhetischen Rang entscheidet.

Die besondere Bedeutung von *Rigoletto* liegt in der Umwertung und Neubelichtung der Tradition der italienischen romantischen Oper, an die das Werk äußerlich anknüpft. Das Neue besteht im Einbruch des Realismus oder gar Naturalismus in die Romantik. Daß das Wahre nicht automatisch auch das Schöne ist, war zwar 1850 keine neue Erkenntnis mehr, es aber in die Form einer italienischen Oper zu bringen, in eine Form also, zu deren Basis und Selbstverständnis die Popularität gehört, war neu, wenn nicht revolutionär. *Rigoletto* zielt bewußt auf Popularität und konfrontiert das Publikum zugleich mit der Realität des Häßlichen. Nicht von ungefähr zählt *Rigoletto* zu den Ahnherren des *verismo*.

Wirkung

Bei der erfolgreichen Uraufführung am 11. März 1851 sangen Raffaele Mirate (Herzog), Felice Varesi (Rigoletto), Teresina Brambilla (Gilda), Feliciano Pons (Sparafucile) und Annetta Casaloni (Maddalena). Die Oper wurde umgehend zu einem Welterfolg: Bis 1861 ging sie über die Bühne von rund 250 Opernhäusern. Zunächst folgten Bergamo, Treviso, Rom, Triest und Verona, im folgenden Jahr 1852 Turin, Florenz, Genua, Bologna und mehrere kleinere italienische Orte, aber auch schon Wien und Budapest. 1853 hielt das Werk an der Mailänder Scala seinen Einzug sowie in Stuttgart, Prag, St. Petersburg, London, Warschau, Madrid und Athen; 1854 war es in Tiflis, Lissabon, Konstantinopel, Bukarest, München, Odessa, San Francisco und Alexandria zu sehen, 1855 schlossen sich Aufführungen in New York, Neapel, Boston, Buenos Aires, Havanna, Montevideo, Hamburg und Palma de Mallorca an. Auch entlegenere Orte wurden erreicht: 1860 New Orleans und Port-au-Prince, 1865 Bombay, 1867 Manila, Batavia (heute Jakarta) und Kalkutta. Daß die Oper in Paris erst 1857 herauskam, war die Folge eines Urheberrechtsstreits mit Victor Hugo, der dem Werk aber schließlich seine Bewunderung nicht versagte. *Rigoletto* ist weltweit nie aus dem Repertoire verschwunden.

Diskographischer Hinweis

Robert Merrill (Rigoletto), Alfredo Kraus (Herzog), Anna Moffo (Gilda), Rosalind Elias (Maddalena), Chor und Orchester der RCA Italiana Rom, Georg Solti (aufgenommen: 1963): BMG GD 86506

Tito Gobbi, Giuseppe di Stefano, Maria Callas, Adriana Lazzarini, Chor und Orchester der Mailänder Scala, Tullio Serafin (aufgenommen: 1955): EMI 556 327 2

Robert Merrill, Jussi Björling, Roberta Peters, Anna Maria Rota, Chor und Orchester der Oper Rom, Jonel Perlea (aufgenommen: 1957): BMG GD 60172

Piero Cappuccilli, Placido Domingo, Ileana Cotrubas, Elena Obrasztova, Chor der Wiener Staatsoper, Wiener Philharmoniker, Carlo Maria Giulini (aufgenommen: 1979): Deutsche Grammophon 457 753 2

(Nur 3. Akt): Leonard Warren, Jan Peerce, Zinka Milanov, NBC Symphony Orchestra and Chorus, Arturo Toscanini (aufgenommen; live: 1943)

Egon Voss

Il trovatore

(Der Troubadour)
Dramma in quattro parti (4 Teile, 8 Bilder)

Text: Salvadore Cammarano, mit Ergänzungen von Leone Emanuele Bardare, nach dem Drama *El trovador* (1836) von Antonio García Gutiérrez
Uraufführung: Rom, Teatro Apollo, 19. Januar 1853; Pariser Fassung in der Übersetzung von Emilien Pacini als *Le Trouvère*: Paris, Opéra, Salle de la rue Le Peletier, 12. Januar 1857
Personen: Graf Luna (Bariton); Leonora (Sopran); Azucena (Mezzosopran); Manrico (Tenor); Ferrando (Baß); Ines (Sopran); Ruiz (Tenor); ein alter Zigeuner (Baß); ein Bote (Tenor) – Weibliche Bedienstete Leonoras, Nonnen, Diener und bewaffnete Gefolgsleute des Grafen Luna, Soldaten, Zigeuner und Zigeunerinnen – In der Pariser Fassung Ballett im 3. Akt: zwei Zigeunerinnen, eine Marketenderin, ein Soldat, eine Kartenleserin, Zigeunerinnen, Zigeuner, Marketenderinnen, Soldaten, Mohrenknaben
Orchester: Piccoloflöte, Querflöte, 2 Oboen, 2 Klarinetten, 2 Fagotte, 4 Hörner, 2 Trompeten, 3 Posaunen, Cimbasso, Pauken, Trommel,

Triangel, Glocke, Hämmer auf Ambossen, Harfe, Streicher – Bühnenmusik: 2 Hörner, kleine Trommeln, Orgel
Spieldauer ohne Pausen: ca. 2 Stunden 15 Minuten
Autograph: Mailand, Verlags-Archiv Ricordi
Ausgaben: 1. Fassung. Partitur: Mailand: Ricordi 1955, Nr. 153; kritische Ausgabe: WGV I/18A, hrsg. von David Lawton, Chicago/London: University of Chicago Press, Mailand: Ricordi 1993 – Klavierauszug: Ricordi [1853], Nr. 24842–24863 – Textbücher: Mailand: Pirola 1856; *Tutti i libretti*, 1975, S. 269–291; Mailand: Ricordi 1997 – 2. Fassung: Klavierauszug: Paris: Escudier [1857], Nr. 1648 – Textbuch: Paris: Lévy 1857.

Entstehung

Nach *Alzira* (1845), *La battaglia di Legnano* (1849) und *Luisa Miller* (1849) ist *Il trovatore* die vierte und letzte Oper in der Zusammenarbeit zwischen Giuseppe Verdi und Salvadore Cammarano. Verdi schlug seinem Librettisten das fünfaktige Drama *El trovador* von Antonio García Gutiérrez erstmals am 2. Januar 1851 als mögliches Sujet für ein nächstes gemeinsames Opernprojekt vor. Er hatte das am 1. März 1836 am Teatro del Príncipe in Madrid mit sensationellem Erfolg uraufgeführte Schauspiel, das rasch zum Modell romantischer Bühnenkunst in Spanien avancierte, wohl durch eine Anfang der 1840er Jahre in Paris veröffentlichte vierbändige Ausgabe spanischer Theaterstücke kennengelernt. Fasziniert von der »Neuartigkeit und Bizarrerie des spanischen Dramas« (Brief Verdis an Cammarano vom 9. April 1851; Copialettere, 1913, S. 118) übersandte er dem Librettisten Ende Februar/ Anfang März eine vermutlich von Giuseppina Strepponi angefertigte Übersetzung. Cammarano reagierte zunächst nicht auf den Vorschlag und zeigte sich auch in der Folge wenig begeistert von dem Sujet. Dennoch schickte er Anfang April 1851 ein komplettes Szenarium an den Komponisten. Verdi war von diesem Entwurf enttäuscht, denn während in seiner Interpretation des Stückes Azucena im Zentrum der dramatischen Verwicklungen stand, sah er bei Cammarano alle »Fremdartigkeit und Neuartigkeit ihres Charakters« ausgemerzt (Brief Verdis an Cammarano vom 9. April 1851; ebd.). Verdi fertigte daraufhin selbst eine Handlungsskizze an, die im wesentlichen die Grundzüge der späteren Oper fixiert: Die fünf Akte der literarischen Vorlage – *jornadas* (»Tage«) überschrieben und in Anlehnung an Victor Hugos *Hernani* mit erläuternden Titeln versehen (1. *Das Duell*, 2. *Das Kloster*, 3. *Die Zigeunerin*, 4. *Die Enthüllung*, 5. *Die Folter*) – wurden auf vier Teile kondensiert; Handlungsgerüst und Hauptcharaktere blieben weitgehend unangetastet, wobei Verdi den konkreten historisch-politischen Hintergrund weniger detailliert gestaltete, die Schilderung der ritterlichen Erziehung Manriques eliminierte, die Erbfolge umkehrte und im Gegensatz zur Vorlage Luna in den Rang des erstgeborenen Sohnes des alten Grafen erhob und schließlich als neues Motiv die geplante Eheschließung Manriques mit Leonor einführte, die in der literarischen Vorlage nicht thematisiert ist.

Nach Cammaranos Einwilligung in die Zusammenarbeit gestaltete sich die weitere Genese des Librettos problematisch und war von grundsätzlichen Differenzen begleitet. Die Frage der Wahrscheinlichkeit und Kohärenz der Handlung stand ebenso zur Debatte wie die Konzeption Azucenas als Figur im Widerstreit zwischen der Liebe zu ihrem Sohn Manrico und dem Racheschwur für die Mutter; auch die Verwundung Manricos war insofern Gegenstand kontroverser Diskussionen, als Cammarano für eine Verwundung im Duell plädierte, während Verdi auf der heroischen Niederlage Manricos in der Schlacht beharrte und sich mit dieser Idee schließlich durchzusetzen vermochte. Trotz der schier unüberwindbar scheinenden Gegensätze fanden Komponist und Librettist dennoch zueinander. Nachdem Verdi Teile des Libretto erhalten hatte, spornte er Cammarano an: »Setzen Sie den *Trovatore* so fort, wie Sie es in der *introduzione* gemacht haben, und ich werde mich unendlich glücklich schätzen.« (Brief Verdis an Cammarano vom 25. Juni 1851; Abbiati, 1959, Band II, S. 135)

Am 17. Juli 1852 starb Cammarano, noch bevor er das Libretto fertigstellen konnte. Da der neapolitanische Publizist Leone Emanuele Bardare bereits seit August 1851 dem schwerkranken Librettisten zur Seite gestanden hatte, wurde er mit der endgültigen Ausarbeitung des Textes beauftragt. Verdi nahm nun noch grundsätzliche Änderungen vor, die eine Umgewichtung der Figuren nach sich zog. Die Partie Leonoras erfuhr mit der Einfügung eines *adagio* (»Tacea la notte placida«) in die mit der *cabaletta* (»Di tale amor che dirsi«) schließenden Arie des 1. Teils und einer weiteren Arie im 4. Teil eine prinzipielle Aufwertung, so daß sie als gleichberechtigte Figur neben Azucena tritt. Weitere Änderungen bezogen sich auf Lunas Arie (»Il balen del suo sorriso«), die vom 3. in den 2. Teil verlegt wurde, und auf Modifikationen in Azucenas *canzone* im 2. Teil (»Stride la vampa! – la folla indomita«). Verdi strich darüber hinaus die den 2. Teil abschließende *stretta* und kürzte das Finale.

Bereits vor der Übereinkunft mit Cammarano hatte Verdi *Il trovatore* am 18. März 1851 dem *impresario* des Teatro Comunale in Bologna, Alessandro Lanari, angeboten. Die Verhandlungen schlugen hier indes ebenso fehl wie später diejenigen mit Neapel, denn Verdi machte die definitive Zusage von der Qualität der ihm zur Verfügung stehenden Sänger abhängig. Die Hauptrollen, insbesondere die Rolle der Azucena, sollten bei der Uraufführung mit den besten Kräften besetzt sein. Erst im Juni 1852 glaubte Verdi ideale Bedingungen am Teatro Apollo in Rom gefunden zu haben. Er nahm Kontakt mit dem *impresario* Vincenzo Jacovacci auf und unterzeichnete nach der Genehmigung des Librettos durch die römische Zensur im November 1852 den Vertrag.

Verdi hatte mit den Skizzen für *Il trovatore* im September 1852 begonnen; in den Herbstmonaten widmete er sich der Ausarbeitung der Partitur, und noch vor seiner Abreise Anfang Dezember 1852 zur Vorbereitung der Uraufführung in Rom war die Oper fertiggestellt. Letzte Korrekturen an der Partitur wurden während der Proben am Teatro Apollo ausgeführt.

Handlung

In der Biskaya und in Aragonien, 1409
1. Teil (*Das Duell*), 1. Bild, Halle im Palast von Aliaferia; eine Seitentür führt zu den Gemächern des Grafen Luna: Ferrando und zahlreiche Bedienstete des Grafen ruhen sich aus, einige Soldaten gehen im Hintergrund umher: Der Hauptmann Ferrando erwartet die Rückkehr des Grafen Luna (*Coro d'introduzione*, »All'erta, all'erta! Il Conte«). Er fordert die Bediensteten und Soldaten zur Wachsamkeit auf, denn der Graf durchstreift des Nachts, von Eifersucht auf einen unbekannten Troubadour getrieben, die Gärten unter den Fenstern seiner Angebeteten Leonora. Um die Soldaten wach zu halten, erzählt Ferrando eine düstere Geschichte, die sich vor vielen Jahren in der Familie des Grafen zugetragen hat: Der alte Graf Luna hatte zwei Söhne. An der Wiege des Jüngeren fand man beim Morgengrauen eine Zigeunerin, die vorgab, dem Kind die Zukunft voraussagen zu wollen. Als das Kind erkrankte, machte man die Zigeunerin verantwortlich und verbrannte sie auf dem Scheiterhaufen. Die Tochter der Zigeunerin schwor Rache und raubte den Jungen. Wenig später fand man die glimmenden Knochen eines Kindes an jener Stelle, an der auch die alte Zigeunerin den Tod gefunden hatte (*Racconto*, »Di due figli vivea padre beato«). Ferrando würde die Mörderin trotz all der Jahre, die seither vergangen sind, wiedererkennen. Er dürstet nach Rache für die ungeheure Tat; gemeinsam verflucht man die Frau, die der Familie Unheil und Tod brachte (*Seguito e stretta dell'introduzione*, »Su l'orlo dei tetti alcun l'ha veduta«). – 2. Bild, Gärten des Palastes, rechts eine Marmortreppe, die zu den Gemächern führt, zu vorgerückter Stunde: Leonora erwartet im Garten ihren Geliebten Manrico. Sie erzählt der Vertrauten Ines, wie sie Manrico bei einem Turnier kennen- und liebengelernt hat (*Scena e cavatina*, »Tacea la notte placida«). Ines' Versuch, Leonora vor dieser Liebe zu warnen, ist vergeblich. Graf Luna nähert sich den Gemächern Leonoras. Er will ihr seine Liebe gestehen, wird aber von Manrico gestört, der Leonora aus der Ferne ein Liebeslied darbringt (*Scena e romanza*, »Deserto sulla terra«). Leonora eilt in der Dunkelheit – im Glauben, es sei Manrico – auf Luna zu. Rasch erkennt sie ihren Irrtum, doch Luna fordert den Namen des Nebenbuhlers. Als Manrico sich zu erkennen gibt, muß Luna erfahren, daß sein Rivale um die Gunst Leonoras zugleich sein politischer Gegner ist. Manrico steht auf der Seite von Graf Jaime von Urgel, der nach dem Tod des Königs im Erbfolgestreit gegen den Kronprinzen Fernando von Kastilien, zu dessen Gefolge Graf Luna zählt, kämpft. Leonoras Versuch zu schlichten, schlägt fehl. Ein Duell ist nicht zu verhindern

(*Scena e terzetto*, »Qual voce! ... Ah, dalle tenebre«).

2. Teil (*Die Zigeunerin*), 1. Bild, eine verfallene Hütte am Abhang eines Berges an der Biskaya, im Hintergrund brennt ein großes Feuer, Morgengrauen: Azucena sitzt beim Feuer; ausgestreckt neben ihr auf einem Lager Manrico in seinen Mantel gehüllt, den Helm zu seinen Füßen und in den Händen das Schwert, auf das er unbeweglich den Blick gerichtet hält; um sie verstreut eine Gruppe von Zigeunern. Die Zigeuner begrüßen freudig den neuen Tag (*Coro di zingari*, »Vedi! le fosche notturne spoglie«). Azucena erzählt von der Hinrichtung ihrer Mutter auf dem Scheiterhaufen (*Canzone*, »Stride la vampa! – la folla indomita«); die Zuhörer besingen nach dem traurigen Lied das Zigeunerleben (*Coro*, »Chi del gitano i giorni abbella?«). Als Azucena mit Manrico allein ist, berichtet sie von weiteren Einzelheiten der damaligen Ereignisse, vor allem vom Racheschwur, den die sterbende Mutter von ihr gefordert hat (*Racconto*, »Condotta ell'era in ceppi al suo destin tremendo«). Unter dem Druck dieser Pflicht und von Wahnvorstellungen getrieben, warf sie irrtümlich den eigenen Sohn in das Feuer. Beiläufig fragt Manrico, ob er nicht ihr Sohn sei; Azucena gibt zur Antwort, daß sie immer eine gute Mutter war, noch zuletzt als er schwer verwundet nach der Schlacht bei Pelilla heimkehrte und sie ihn gesund pflegte. Manrico mußte sich in dieser Schlacht geschlagen geben, da Graf Luna dem Feind zur Hilfe geeilt war. Nun erinnert er sich an das Duell mit seinem Rivalen nach dem Zusammentreffen bei Leonora: Manrico hatte ihn besiegt, als er ihm aber das Schwert in den Leib stoßen wollte, sagte eine innere Stimme zu ihm: »Töte ihn nicht!« Jetzt schwört er, diese Schwäche kein zweites Mal zu zeigen. Azucena fordert von ihm Rache an Graf Luna. Ein Bote überbringt die Nachricht, daß Leonora den Schleier nehmen will, da sie glaubt, Manrico sei im Kampf gefallen. Obwohl Manrico noch nicht geheilt ist und Azucena ihn hindern will, bricht er auf, um Leonora von ihrem Schritt abzuhalten (*Scena e duetto*, »Mal reggendo all'aspro assalto«). – 2. Bild, Vorhalle eines Klosters in der Nähe von Castellor, Bäume im Hintergrund; es ist Nacht: Der Graf, Ferrando und einige Gefolgsleute, in ihre Mäntel gehüllt, nähern sich vorsichtig. Graf Luna will Leonoras Eintritt ins Kloster zuvorkommen. Er plant ihre Entführung und will sie zur Frau nehmen. Nicht länger kann er ihrer Schönheit widerstehen, und auch beleidigter Stolz fordert seinen Tribut (*Scena ed aria*, »Il balen del suo sorriso«). Die Nonnen begrüßen Leonora als neues Mitglied des Ordens. Als Graf Luna den Frauen entgegentritt, um die Hand Leonoras zu fordern, erscheint Manrico. Er entwaffnet den Rivalen und entflieht mit Leonora (*Finale II*, »Ah!... se l'error t'ingombra«).

3. Teil (*Der Sohn der Zigeunerin*), 1. Bild, ein Lager, rechts das Zelt des Grafen Luna, in der Ferne die Burg Castellor: Ferrando und die Soldaten Graf Lunas bereiten die Erstürmung der Burg vor, auf der sich Manrico mit Leonora verschanzt hat (*Coro d'introduzione*, »Or co' dadi, ma fra poco«). Luna empfindet angesichts der Vorstellung, daß Leonora sich in den Armen Manricos befindet, Höllenqualen. Auf der Suche nach Manrico wurde Azucena in der Nähe des Lagers aufgegriffen. Man verdächtigt sie zunächst als Spionin, doch Ferrando erkennt in ihr jene Zigeunerin wieder, die vor fünfzehn Jahren den Sohn des alten Grafen entführt hat. Während Azucena voller Verzweiflung nach Manrico ruft, hält Luna nun die Möglichkeit in Händen, den Tod seines Bruders zu rächen und den Rivalen Manrico im Innersten zu treffen. Er beschließt die Hinrichtung Azucenas (*Scena e terzetto*, »Giorni poveri vivea«). – 2. Bild, Saal neben der Kapelle auf Castellor, im Hintergrund ein Balkon: Leonora und Manrico wollen heiraten. Manrico versichert Leonora seiner Liebe: Sie wird ihm Kraft geben im Kampf gegen den Feind (*Scena ed aria*, »Ah! sì, ben mio, coll'essere«). Als Ruiz die Nachricht von der Verhaftung Azucenas überbringt, ruft Manrico seine Anhänger zu den Waffen: Azucena soll befreit werden.

4. Teil (*Die Hinrichtung*), 1. Bild, ein Flügel des Palastes Aliaferia, in der Ecke ein Turm, dessen Fenster mit Eisengittern versehen sind, finstere Nacht: Zwei in Mäntel gehüllte Personen kommen näher, es sind Ruiz und Leonora; Manrico wurde gefangengenommen und Castellor ist von Luna erobert. Leonora will Manrico retten, selbst wenn sie ihre Tat mit dem Leben bezahlt (*Scena ed aria*, »D'amor sull'ali rosee«). Die Mönche kündigen die Hinrichtung an, während von Ferne ein Liebeslied Manricos an Leonora erklingt. Graf Luna verkündet die

Todesurteile. Leonora tritt ihm entgegen und bittet um Gnade für Manrico. Sie bietet ihr eigenes Leben an, doch Luna willigt erst ein, Manrico das Leben zu schenken, als sie schwört, seine Frau zu werden. Heimlich nimmt Leonora Gift aus ihrem Ring (*Scena e duetto*, »Qual voce!... come!... tu, donna? Il vedi«). – 2. Bild, furchterregender Kerker, in einer Ecke ein Fenster mit Eisengittern, Tür im Hintergrund, ein mattes Licht hängt vom Dekkengewölbe herab: Azucena liegt auf einem harten Lager, Manrico sitzt neben ihr. Azucena und Manrico erwarten ihre Hinrichtung (*Finale ultimo*, »Sì, la stanchezza m'opprime, o figlio...«). Leonora betritt den Kerker und fordert Manrico zur Flucht auf. Da sie ihm nicht folgen will, glaubt Manrico sich verraten und verflucht die Geliebte. Erst als das Gift Wirkung zeigt, erkennt Manrico seinen Irrtum und bittet die sterbende Leonora um Verzeihung. Luna betritt den Kerker und muß erkennen, daß er getäuscht wurde. Er läßt Manrico zur Hinrichtung führen und zwingt Azucena, die grauenvolle Tat anzusehen. Nun enthüllt sie die Wahrheit, daß Manrico Lunas Bruder war. Azucena hat ihre Mutter gerächt.

Kommentar

Neben Shakespeare und Schiller galt Verdis besonderes Interesse der spanischen Schauerromantik in der Nachfolge Victor Hugos: Hier fand er nach der Vertonung von Hugos Spaniendrama *Hernani* nicht nur die literarische Vorlage für *Il trovatore*, sondern in den folgenden Jahren auch die Quellen für *La forza del destino* (nach Ángel de Saavedra, Herzog von Rivas) und *Simon Boccanegra* (ebenfalls nach Antonio García Gutiérrez). Daß Verdi 1851 erstmals den direkten Bezug auf die Literatur der spanischen Romantik suchte, dabei dem Drama *El trovador* von García Gutiérrez verfiel und diesen Plan gegen den anfänglichen Widerstand seines Librettisten durchsetzte, war doppelt motiviert. Einerseits zeigte sich Verdi vom Inhalt dieses Schauspiels fasziniert. Das romantische Drama mit seiner dialektischen Verschränkung von Liebes- und Rachehandlung, die beide im Tod enden – die Liebeshandlung bringt Leonora den Tod, die Rachehandlung kulminiert in Manricos Hinrichtung –, erschien ihm opernwürdig, und es bot darüber hinaus mit Azucena eine außergewöhnliche Frauenfigur, deren unaufhebbarer innerer Widerspruch zwischen den »beiden großen Leidenschaften« der »Kindesliebe« (zu Manrico) und der »Mutterliebe« (zu ihrer auf dem Scheiterhaufen verbrannten Mutter) Verdi von Anbeginn in den Bann schlug (Brief Verdis an Cammarano vom 9. April 1851; Copialettere, 1913, S. 118).

Andererseits erkannte Verdi die strukturelle Neuartigkeit und Originalität des Dramas, das ihm eine Fülle außerordentlicher Situationen bot. Insofern hoffte er, von seinem Textdichter ein Libretto zu erhalten, das nicht nur die Konventionen der italienischen Oper hinter sich ließe, sondern in gleichem Maße auch eine »Neuheit und Freiheit der Formen« realisieren würde (Brief Verdis an Cesare De Sanctis vom 29. März 1851; Luzio, 1935, Band I, S. 4). Explizit formulierte Verdi gegenüber dem Librettisten: »Was die Verteilung der Nummern betrifft, möchte ich Euch sagen, daß für mich, wenn ich auf Poesie treffe, die man in Musik setzen kann, jede Form, jedes Arrangement gut ist; mehr noch, je neuartiger und ausgefallener diese sind, um so glücklicher bin ich. Wenn es in den Opern weder *cavatine* noch Duette und Terzette, weder Chöre noch Finali usw. usw. gäbe und die ganze Oper (sozusagen) nur eine einzige Nummer wäre, dann würde ich das für vernünftiger und richtiger halten.« (Brief Verdis an Cammarano vom 4. April 1851; Abbiati, 1959, Band II, S. 122) Was Cammarano indes schließlich formal und inhaltlich entwarf, stand in denkbar schroffem Widerspruch zu Verdis Erwartungen. Das Libretto gründet in streng symmetrischem Verlauf auf vier Teilen, die ihrerseits je zwei Einzelbilder umfassen, wobei das Eröffnungsbild – mit Ausnahme des 1. Teils – jeweils breiter als das Schlußbild angelegt ist. Dieser großformalen Lösung entspricht intern Cammaranos Verzicht, die konventionelle Schematik der musikalischen Nummern aufzubrechen: Er benutzt beinahe ausschließlich – eine Ausnahme bilden die Nummern von Azucena – die tradierten geschlossenen Formen Arie, Duett, Terzett, Chor und Finale und bleibt überdies dem zweiteiligen Schema aus *adagio* und *cabaletta* verhaftet.

Vollends in der Tradition des italienischen *melodramma* steht die Figurenkonzeption, die nicht auf eine psychologische Profilierung der Personen zielt, sondern die Protagonisten als Träger stereotyper Affekte vorstellt. Daß sich Verdi im Verlauf der Genese von *Il trovatore* nie gegen den seinen ursprünglichen Intentionen widersprechenden Zuschnitt des Librettos zur Wehr gesetzt hat, mag erstaunen, läßt sich jedoch angesichts der endgültigen dramaturgischen Konzeption begründen. Verdi hatte wohl erkannt, daß er sich von den innovativen Möglichkeiten des Dramas, die sein Interesse geweckt und den Rezeptionsprozeß bestimmten hatten, nicht verabschieden mußte. Wenn nicht – wie geplant – in der Form der musikalischen Nummern oder der Figurencharakteristik, so ließ sich mit Cammaranos Libretto das fortschrittliche Moment dennoch auf anderer Ebene verankern: *Il trovatore* geriet zum Paradigma der szenischen Opernkonzeption Verdis. Die Oper formuliert eine Ästhetik der szenischen Prägnanz, der grell leuchtenden Ereignisse, des Kontrastreichtums in Personal, Aktionen und Schauplätzen. Pointiert formuliert, realisiert *Il trovatore* – und dies in bewußter Anlehnung an Shakespeare – eine Ästhetik der »varietà«.

Die Oper verzichtet – wie später *La forza del destino* – auf eine sich kontinuierlich entfaltende Handlung zugunsten einer Reihung geschlossener und autonomer Bilder, deren zeitlich-räumliche Dimensionen genau kalkuliert sind und die darin eminente szenische Schlagkraft und suggestive Wirkung besitzen. Zum einen findet das tragische Geschehen in einer zeitlichen Fixierung der Bilder sein Äquivalent: Mit der Dominanz dunkler und schattenhafter Stimmungen konstituiert sich *Il trovatore* als Nachtstück. Zum anderen wechseln offene und geschlossene Räume sinnfällig einander ab; Orte, die nicht mehr bloß pittoreskes Beiwerk sind, sondern Spiegel emotionaler Zustände und in gleichem Maße szenische Chiffren für die gesellschaftlichen Konstellationen, mit denen die Protagonisten konfrontiert sind.

In ihrer aphoristischen Knappheit und kontrastierenden Abfolge erweisen sich diese Bilder als die dramaturgisch relevante Formeinheit. Sie gerinnen zu *tableaux*, zu blitzlichtartigen Momentaufnahmen, die angesichts der formalen Kürze eine psychologisch differenzierte und dramaturgisch plausible Entfaltung der Individuen nicht erlauben, sondern die Figuren gleichsam als Opfer der eingeschliffenen Affekte Liebe, Eifersucht, Haß und Rachegefühl exponieren. Diese Figurenkonzeption zielt indes nicht auf eine Restituierung überkommener Opernklischees, sie ist vielmehr inhaltlich-thematisch motiviert. Die Protagonisten der Handlung sind nicht mehr Herr ihrer selbst. Sie befinden sich einerseits in einer politisch-gesellschaftlich ungewissen Situation, die vorab den Konflikt zwischen Manrico und Luna schürt, ohne daß die eigentlichen Initiatoren – Graf Jaime von Urgel und Kronprinz Fernando von Kastilien – je auf der Bühne erscheinen. Offenkundig ist es andererseits den Figuren nicht gegeben, ihre Gegenwart zu gestalten: Sie versagen an der Bewältigung von Realität, flüchten sich aus dem Hier und Jetzt in Erinnerungen und Phantasieräume; sei es nun in Leonoras Erzählung vom ersten Zusammentreffen mit Manrico im 1. Teil, in Manricos Vision vom Feuer, das Azucena zu verschlingen droht, und ihrer Befreiung im 3. Teil oder in Azucenas fiktivem Entwurf einer glücklichen Zukunft mit Manrico im 4. Teil.

Letzten Endes entscheidend für die dramaturgische Gesamtstruktur von *Il trovatore* ist jedoch die Vorgeschichte der Handlung. Sie legt sich wie ein blindes Fatum über die Gegenwart, beraubt die Figuren ihrer Selbstbestimmung, drängt als unheilvolles Agens in ihr Leben und bemächtigt sich ihrer als psychische Obsession. Daß die Ereignisse um den alten Grafen Luna und Azucenas Mutter das Handeln und Fühlen der Figuren im Innersten determinieren, ist zumal an den zahlreichen Erzählungen ablesbar: Die Vergangenheit bestimmt nicht nur die *introduzione*, die gänzlich untypisch für das italienische Musiktheater unter Verzicht auf ein Vorspiel den Beginn der Oper markiert und insofern die alptraumhaft aufsteigende Historie in die Gegenwart hineinholt beziehungsweise erstmalig den obsessiven Charakter der Ereignisse thematisiert, sie ist auch explizit Thema von Azucenas *canzone* (»Stride la vampa! – la folla indomita«) und *racconto* im 2. Teil (»Condotta ell'era in ceppi al suo destin tremendo«). Erst in der letzten Szene findet die Vorgeschichte zu ihrem Ende, denn erst mit dem Tod Manricos durch die Hand des Bruders ist der Tod von Azucenas Mutter gerächt. Daher konnte Verdi ausdrücklich festhalten: »Der wichtigste Teil des Dramas [...] verbirgt sich

[...] in einem einzigen Wort ... ›vendetta‹ [Rache]!« (Brief an Cesare De Sanctis vom 1. Januar 1853; Luzio, 1935 Band I, S. 16)

Während sich die vergangenen Geschehnisse mit Vehemenz in die Gegenwart drängen, sind dagegen zahlreiche handlungsrelevante Ereignisse – etwa das Duell zwischen Manrico und Luna, die Schlacht und die Gefangennahme Manricos – in die Pausen zwischen den Teilen verlegt, so daß sie wie schon die Vorgeschichte erzählend vermittelt werden müssen. Insgesamt lassen die Flucht aus der Gegenwart und die Allmacht der lastenden Vergangenheit mit ihrer Dominanz der erzählenden Passagen die eigentliche szenische Handlung in den Hintergrund treten. Der daraus resultierende Dualismus von Retrospektion und Antizipation nimmt die Figuren gefangen und treibt zugleich die unaufhörliche Gefühlsemanation hervor: der Vergegenwärtigung des Nicht-Gegenwärtigen entspringen die musikalischen Nummern der Oper.

Verdi fand für die dramatische Formung von *Il trovatore* eine kongeniale musikalische Konzeption, die wie schon das Libretto dem ästhetischen Prinzip der »varietà« gehorcht. Trotz einzelner retrospektiver Elemente (das Orchester fungiert durchaus traditionell als Begleiter des Gesangs; das Rezitativ als Ort musikalisch-dramatischer Entwicklung wird im Unterschied zu *Rigoletto* wieder in den Hintergrund gedrängt) erweist sich die Oper aufs Ganze gesehen als bahnbrechendes und zugleich singuläres Werk im Schaffen Verdis. Bereits die Fülle der motivischen Einfälle und thematischen Formulierungen sichert der Partitur eine Ausnahmestellung.

Signifikant ist, daß dieser Einfallsreichtum nicht in Bahnen gelenkt wird, sondern sich gleichsam ungehindert ausbreiten kann, indem Verdi das motivisch-thematische Material parataktisch exponiert, nicht aber verarbeitet. Dies ist vorab in den Ensemblesätzen und Duetten evident, wenn etwa die Soli Azucenas in den Duetten mit Manrico eine eigene Motivik aufweisen (wie bei »No, soffrirlo non poss'io ...« im 2. Teil) oder in den Duetten den Figuren unterschiedliches Material zugeordnet wird (wie bei Lunas »Ah! ... dell'indegno rendere« im *adagio* oder bei »Fra te che parli? ... ah! volgimi« in der *cabaletta* des Duetts mit Leonora im 4. Teil). Folgerichtig tritt die motivisch-thematische Durcharbeitung und damit die semantische Aufladung der Musik durch Rück- und Querbezüge, wie sie Verdi in *Rigoletto* realisiert hat, zurück. Das Prinzip der »varietà« mit seiner Kontrastierung und wechselseitigen Schärfung der Elemente findet jedoch nicht nur in der paratatischen Reihung schillernd-kontrastierender Motive seinen Niederschlag – einer Reihung, die einen energischen, zuweilen explosiven Ausdruck hervortreibt –, sondern dringt bis ins musikalische Detail, in die musikalische Mikrostruktur vor. Wie in keiner anderen Oper Verdis werden die melodischen Formulierungen rhythmisch aufgebrochen, durch *spezzature*, Synkopen, Asymmetrien und Akzentverlagerungen variiert wie in Ferrandos *racconto* im 1. Teil (»Abbietta zingara, fosca vegliarda!«), in Azucenas »Giorni poveri vivea« im *adagio* des Terzetts im 3. Teil oder in der *cabaletta* von Lunas Arie im 2. Teil (»Per me ora fatale«).

Trotz des Reihungsprinzips, der bis ins Extrem getriebenen Variation und der Knappheit der musikalischen Diktion realisiert Verdi übergreifende musikalische Zusammenhänge. Insbesondere hinsichtlich der musikalischen Gestik der beiden Frauengestalten Leonora und Azucena gelingt ihm eine sinnfällige und sich durch die gesamte Oper ziehende Abstufung. Während Azucena in ihrer *canzone* und dem *racconto* mit kurzen, rhythmisch prägnanten Formulierungen und schroffen dynamischen Kontrasten assoziiert wird, ist Leonora eine vorab im Ausdrucksspektrum der lyrischen Emphase angesiedelte Figur, deren vokale Linie den klassischen *canto spianato* zu beispielloser Brillanz steigert – etwa im *adagio* von Leonoras Arie im 1. Teil (»Tacea la notte placida«).

Darüber hinaus wird die Differenzierung der beiden Frauenfiguren mit Hilfe spezifischer Tonarten und harmonischer Leitklänge, aber auch des Metrums fundiert. Leonora bewegt sich im Tonraum von As-Dur, Des-Dur und verwandter Tonarten; Azucena sind die Tonräume e-Moll und G-Dur beziehungsweise C-Dur und a-Moll zugewiesen, wobei ihr ambivalenter Charakter zudem mit der Verankerung der Rachethematik in e-Moll und der Liebe zu Manrico in G-Dur musikalisch sinnfällig wird – exemplarisch prallen die beiden Tonarten in der *canzone* aufeinander und vergegenwärtigen insofern den von Azucena erlebten Widerstreit ihrer Gefühle. Verdi unterstreicht die Differenz, indem er für Leonoras Musik vornehmlich den 4/4-Takt, für die Azucenas aber den Walzerton des 3/4-Taktes, wenn nicht den volkstümlichen 3/8-Takt wählt. Demzufolge verankert Verdi die Polarität der Frauenfiguren in divergierenden musikalischen Welten, während er die einzelne Figur jenseits des Prinzips der »varietà« als übergreifende dramaturgisch-musikalische Einheit konstituiert.

Welches Niveau die Durchkonstruktion trotz des Kontrast- und Variationsreichtums erreicht, zeigt das erste Bild des 4. Teils – eine Szene, die von der Kritik einhellig als die überzeugendste der Partitur gewürdigt wird. Hier entwickelt Verdi eine »Raumklangästhetik« (Schreiber, 1991, Band II, S. 613), in der sich die innovatorischen Elemente der Partitur idealtypisch verschränken. Die Szene wird durch das *adagio* von Leonoras zweiter Arie (»D'amor sull'ali rosee«) eröffnet, das mit seinem schmerzlich-sehnsüchtigen Lyrismus und dem allmählichen Zerfall der Gesangsmelodik als Paradigma des *canto spianato* gelten kann. Nun schließt Verdi Leonoras Klage nicht – wie es der Konvention entsprechen würde – die rasche *cabaletta* oder ein zu ihr hinführendes *tempo di mezzo* an, sondern ein chorisches *Miserere*. Diese Chorsektion öffnet den szenischen Raum und stellt dem Geschehen im Vordergrund einen musikalisch beleuchteten Hintergrund zur Seite: Das *Miserere* erklingt ohne Orchesterbegleitung *a mezza voce* und wird lediglich von einer Totenglocke in es begleitet. Die gleichsam gespenstische Diktion des Chors erscheint nachhaltig akzentuiert, wenn das Tutti-Orchester in dreifachem *pianissimo* einsetzt und ein Trauermarsch Leonoras düstere Gedanken fundiert. Überaus beredt zwängt das rhythmisch profilierte und im *unisono* intonierte Marschmotiv die vokale Linie Leonoras ein, bis diese – als Sinnbild ihrer Schicksalsergebenheit – in Seufzervorhalten und Sekundschritten zum Grundton as niedersinkt.

Zwar ist damit ein harmonischer Abschluß gesetzt, doch die *cabaletta* wird erneut hinausgezögert. Schroff kontrastierend erklingt aus dem Kerker die Stimme Manricos. Sein Abschiedslied ist dramaturgisch in zweifacher Hinsicht bedeutsam, denn Verdi setzt die solistische Harfe als Begleitung ein – jenes Instrument, das in der Szene bisher ausgespart blieb – und bindet insofern Manricos Abschied zurück an sein Liebeslied im zweiten Bild des 1. Teils, das ebenfalls nur von der Harfe begleitet wurde. Darüber hinaus ist das aus der Ferne erklingende Lied über die äquivalente Klangwirkung mit dem *Miserere* assoziiert. Liebe und Tod fallen in eins und zeigen rückblickend, daß die Beziehung zwischen Manrico und Leonora von Anbeginn zum Scheitern verurteilt war. Leonoras entsetzte und stockende Reaktion auf Manricos Gesang wird vom erneuten Einsatz des *Miserere* und des Trauermarsches unterbrochen. Doch nunmehr hat Leonora ihr Schicksal angenommen: Ihre Stimme verschränkt sich alternierend mit dem *Miserere*. Nach der zweiten Strophe von Manricos Lied verbinden sich die disparaten Raumklänge, allerdings in einer rhythmischen Abstufung, die den Kontrast zwischen Vorder- und Hintergrund nicht aufhebt, sondern deutlich hervorkehrt. Eine Harmonisierung ist nicht mehr möglich, das Geschehen treibt dem tödlichen Ende zu.

Die für Paris angefertigte Überarbeitung von *Il trovatore* bezog sich auf acht der insgesamt vierzehn Nummern. Verdi griff indessen zumeist kaum in die musikalische Substanz ein: Er fügte Erweiterungen und Überleitungen hinzu, komponierte neue Kadenzen, nahm Transpositionen vor und änderte Details in Instrumentierung und Orchestersatz. Gravierend waren hingegen die Eliminierung der *cabaletta* von Leonoras Arie im 4. Teil (»Tu vedrai che amor in terra«), die Erweiterung des Finales um dreißig Takte unter Rückgriff auf das *Miserere* und schließlich die Einfügung eines Balletts im 3. Teil zwischen Soldatenchor und Terzett, das partiell musikalisches Material aus den Zigeunerszenen des 2. Teils nutzt. Mit dieser Einfügung huldigte Verdi den Konventionen der Pariser Oper; gegenüber dem Direktor der Opéra hielt er fest: »Der *Trovatore* muß als *grand opéra* behandelt werden und einen ganzen Abend ausfüllen. Um das zu erreichen, werde ich 15 oder 20 Minuten Musik für das Ballett oder andere hinzufügen usw. usw.« (Brief Verdis an Francois-Louis Crosnier vom März 1856; Abbiati, 1959, Band II, S. 352)

Bei aller musikdramaturgischen Modernität erweist sich *Il trovatore* als ein für Verdi typisches Werk. Wie *Rigoletto* und *La traviata*, mit denen sich *Il trovatore* zur sogenannten »trilogia popolare« vereint, steht auch hier ein gesellschaftliches Thema zur Diskussion. Die traditionelle Dreieckkonstellation problematisiert die Rivalität zweier Männer um die Liebe einer Frau, ist aber sowohl mit dem Bild von den feindlichen Brüdern als auch mit dezidert politischen Implikationen verknüpft. Der Kampf zwischen Manrico und Luna ist einer um die politische Macht. Daß Luna diesen Kampf gewinnt, verschlägt angesichts der Niederlage in der Gunst Leonoras wenig. Die Sympathien gelten der Rebellion Manricos, der auf der Seite des unterdrückten Volkes steht. Da Manrico durch sein Künstlertum und seine scheinbare Zugehörigkeit zu den Zigeunern ein Außenseiter ist, gerät *Il trovatore* zur »Parabel über die Unterdrückung von Minderheiten« (Schreiber, 1991, Band II, S. 616).

In gleichem Maße verquicken sich in der Figur Azucenas individuelles Schicksal und gesellschaftlicher Rang: Verdi zeigt eine zerrissene Frau, deren unaufhebbarer innerer Konflikt zwischen den antagonistischen Gefühlen von Liebe und Rache letzten Endes gesellschaftliche Ursachen hat. Azucena ist die Tochter einer Zigeunerin, von der Gesellschaft ausgegrenzt wie der Narr und Bucklige Rigoletto oder die Prostituierte Violetta Valéry. Insgesamt formuliert Verdis Oper *Il trovatore* ein pessimistisches Credo. Die Befreiung von politischen und individuellen Zwängen schlägt fehl. Mit Macht versuchen zwar die Figuren, sich aus den Verwerfungen von Gesellschaft und Schicksal zu befreien, doch sie zerbrechen mit ihren widerstrebenden Emotionen, Wünschen und Bedürfnissen an einer Wirklichkeit von Krieg, Elend, Verfolgung und Unrecht. Azucena, Luna, Manrico und Leonora ziehen konzentrische Kreise um eine dunkle Mitte, von der sie sich nicht lösen können und an der sie schließlich zerschellen.

Wirkung

Die Uraufführung von *Il trovatore* war für Verdi – trotz einer Indisposition von Giovanni Guicciardi (Luna) – ein triumphaler Erfolg: Die beiden Stars des Abends, Carlo Baucardé (Manrico) und Rosina Penco (Leonora), aber auch Emilia Goggi (Azucena) sicherten der Oper die ungeteilte Anerkennung von Presse und Publikum. Innerhalb weniger Jahre wurde *Il trovatore* weltweit an allen bedeutenden Bühnen nachgespielt: 1853 in Mailand (Teatro alla Scala) und Triest; 1854 in Madrid, Athen, Wien, Warschau, Rio de Janeiro, Lissabon, Paris (Théâtre-Italien), London und St. Petersburg; 1855 in Buenos Aires, Alexandria, New York, London (Covent Garden) und Dublin. Noch in den 1850er Jahren folgten Übersetzungen ins Deutsche (Braunschweig 1855), Englische (London 1856) und Russische (St. Petersburg 1859).

Im Dezember 1854 gab das Pariser Théâtre-Italien mit dem Tenor Lodovico Graziani und der Altistin Adelaide Borghi-Mamo Vorstellungen in italienischer Sprache, die von Verdi überwacht wurden. Am 12. Januar 1857 folgte die Produktion in französischer Sprache an der Pariser Opéra mit Pauline Gueymard (Léonore), Louis Gueymard (Manrique), Adelaide Borghi-Mamo (Azucena) und Marc Bonnehée (Luna). Aus diesem Anlaß hatte Verdis Pariser Verleger Léon Escudier durch Emilien Pacini eine Übersetzung anfertigen lassen, und Verdi selbst legte eine zweite Fassung seiner Oper vor: *Le Trouvère* ging mit großem Erfolg über die Bühne (die Choreographie stammte von Lucien Petipa) und hielt sich bis ins 20. Jahrhundert im Repertoire der Opéra. Parma stellte 1990 in einer konzertanten Aufführung die zweite Fassung erneut zur Diskussion, allerdings ohne das Ballett.

Enrico Caruso soll gesagt haben, es sei ganz einfach, *Il trovatore* auf die Bühne zu bringen: Man benötige dazu nur die vier besten Sänger der Welt. Obwohl die Aufführungsgeschichte der Oper einem Defilé der großen Sänger gleichkommt und die zahllosen Inszenierungen mehr ein Fest der schönen Stimmen als das Stück erhellende Regiekonzepte boten, zählt *Il trovatore* zu den populärsten und am häufigsten gespielten Werken des italienischen Repertoires. Entgegen der immer wieder artikulierten Kritik der Fachwelt an dem vermeintlich bizarren, dramaturgisch unlogischen und widersinnigen Stoff avancierte *Il trovatore* zu einem der bedeutendsten Werke im internationalen Opernbetrieb.

Diskographischer Hinweis

Zinka Milanov (Leonora), Fedora Barbieri (Azucena), Jussi Bjoerling (Manrico), Leonard Warren (Luna), Nicola Moscona (Ferrando), Robert Shaw Chorale, RCA Victor Orchestra, Renato Cellini (aufgenommen: 1952): BMG/RCA GD 86643

Maria Callas, Fedora Barbieri, Giuseppe di Stefano, Rolando Panerai, Nicola Zaccaria, Chor und Orchester der Mailänder Scala, Herbert von Karajan (aufgenommen: 1956): EMI 5 56333 2

Gabriella Tucci, Giulietta Simionato, Franco Corelli, Robert Merrill, Chor und Orchester des Opernhauses Rom, Thomas Schippers (aufgenommen: 1964): EMI CMS 7 636402

(Französische Fassung: *Le Trouvère*) Iano Tamar, Sylvie Brunet, Warren Mock, Nikola Mijailovic, Orchestra Internazionale d'Italia, Marco Guidarini (aufgenommen: 1998): Dynamic Records CDS225

Hans-Joachim Wagner

La traviata

Melodramma in tre atti
(3 Akte, 4 Bilder)

Text: Francesco Maria Piave, nach dem Drama *La Dame aux camélias* (1852) von Alexandre Dumas dem Jüngeren, entstanden nach dem gleichnamigen, 1848 erschienenen Roman desselben Autors
Uraufführung: Venedig, Teatro La Fenice, 6. März 1853
Personen: Violetta Valéry (Sopran); Flora Bervoix (Mezzosopran); Annina, Violettas Dienerin (Sopran); Alfredo Germont (Tenor); Giorgio Germont, Alfredos Vater (Bariton); Gastone, Visconte de Letorieres (Tenor), Barone Douphol (Bariton); Marchese d'Obigny (Baß); Doktor Grenvil (Baß); Giuseppe, Diener Violettas (Tenor); ein Diener Floras (Baß); ein Bote (Baß) – Freunde und Freundinnen von Violetta und Flora, Diener von Violetta und Flora, Masken, Matadore, Picadore, Zigeunerinnen
Orchester: 2 Querflöten (2. auch Piccoloflöte), 2 Oboen, 2 Klarinetten, 2 Fagotte, 4 Hörner, 2 Trompeten, 3 Posaunen, Cimbasso, Pauken, große Trommel, Becken, Triangel, Harfe, Streicher – Bühnenmusik hinter der Szene: *banda* (ad libitum); Tamburine und Lanzen auf der Bühne; Bühnenmusik hinter der Szene im *Coro baccanale* im 3. Akt: 2 Piccoloflöten, 4 Klarinetten, 2 Hörner, 2 Posaunen, Kastagnetten, Tamburine
Spieldauer ohne Pausen: ca. 2 Stunden 15 Minuten
Autograph: Mailand, Verlags-Archiv Ricordi
Ausgaben: Partituren: WGV I/19, hrsg. von Fabrizio Della Seta, Chicago: The University of Chicago Press/Mailand: Ricordi 1997; Mailand: Ricordi 1973, Nr. 157 – Klavierauszüge: Paris: Blanchet 1853; Mailand: Ricordi [1855], Nr. 21366–21376 – Textbücher: Mailand: Ricordi 1853; *Tutti i libretti*, 1975, S. 293–320; kritische Ausgabe, hrsg. von Eduardo Rescigno, Mailand: Ricordi 1993

Entstehung

Kurz nach der triumphalen Uraufführung von *Rigoletto* im führenden venezianischen Opernhaus trat die Direktion dieses Teatro La Fenice mit der Frage an Verdi heran, ob er für die kommende Saison 1851/52 eine weitere Oper komponieren könne. Verdi lehnte zunächst ab: Einerseits wollte er nicht innerhalb von zwei Jahren zwei Opern für die gleiche Stadt schreiben; andererseits fürchtete er wie im Fall von *Rigoletto* eine erneute Konfrontation mit der Zensur; darüber hinaus hielt er sich zurück, da er ohne exakte Informationen über das ihm zur Verfügung stehende Ensemble keinen Auftrag anzunehmen gedachte (Brief Verdis an Carlo Marzari vom 4. Februar 1852; Conati, 1983, S. 272). Intensive Verhandlungen mit dem Sekretär des Teatro La Fenice, Guglielmo Brenna, mündeten schließlich trotz der Vorbehalte Verdis am 4. Mai 1852 in einen Vertragsabschluß, allerdings für die Saison 1852/53.

Erste Gespräche über ein mögliches Sujet führte Verdi ab Mitte Juni mit Francesco Maria Piave. Die Suche nach einem geeigneten Stoff war indes schwierig, und noch im August notierte der Komponist: »Du wirst denken, daß ich scherze, aber tatsächlich haben weder ich noch Piave unter tausend Sujets eines gefunden, das mir zusagen würde.« (Brief Verdis an Felice Varesi vom 5. August 1852; ebd., S. 298) Weitere sechs Wochen vergingen, bis erstmals *La Dame aux camélias* von Alexandre Dumas dem Jüngeren ins Zentrum der Überlegungen Verdis rückte. Verdi schrieb an den Verleger Léon Escudier in Paris: »Bitte verzeihen Sie, wenn ich Sie mit der Bitte belästige, mir so schnell als möglich per Post (unter Verschluß) das Drama *La Dame aux Camelias* zu senden ... Je rascher Sie meiner Bitte nachkommen, um so mehr bin ich Ihnen zu Dank verpflichtet.« (Brief Verdis an Léon Escudier vom 18. September 1852; WGV I/19, S. XLVII) Piave, der an einem Libretto arbeitete, dessen Ursprung und Konzeption nicht überliefert sind, war über diesen Schritt Verdis nicht informiert, und als sich der Komponist Mitte Oktober 1852 endgültig für *La Dame aux camélias* entschied, bemerkte er: »Das Libretto war bereits fix und fertig, und ich war dabei, meine Rückreise vorzubereiten, als sich Verdis Interesse an einem anderen Stoff entzündete, und ich ... und ich mußte still und leise innerhalb von fünf Tagen das Szenarium ausarbeiten; gerade bin ich dabei, die Kopie fertig abgeschrieben zu haben, die Verdi morgen an die Verwaltung schicken wird, um alles genehmigen zu lassen. [...] Ich glaube, Verdi wird daraus mit Sicherheit eine schöne Oper machen, denn ich sehe, wie sehr er begeistert ist.« (Brief Francesco Maria Piaves an Guglielmo Brenna vom 20. Oktober 1852; Conati, 1983, S. 301)

Verdi kannte Dumas' Roman seit seinem Erscheinen im Jahre 1848 und hatte vermutlich eine Aufführung der Dramatisierung am Théâtre Vaudeville (Uraufführung am 2. Februar 1852) während seines Paris-Aufenthaltes im Februar 1852 gesehen. Die Beweggründe aber, die Verdi gleichsam unvermittelt zu dem Entschluß führten, *La Dame aux camélias* zu vertonen, lassen sich nicht mehr rekonstruieren. Insgesamt fügt sich die literarische Vorlage und die Librettobearbeitung jedoch in das berühmte Plädoyer für »neue, grandiose, schöne, abwechslungsreiche, gewagte Stoffe ... [...] und gleichzeitig doch komponierbar« (siehe oben, S. 197). Mit Blick auf *La traviata* bemerkte Verdi in diesem Zusammenhang: »Für Venedig mache ich die *Dame aux camélias*, die vielleicht *Traviata* als Titel haben wird. Ein zeitgenössischer Stoff. Ein anderer würde ihn vielleicht nicht gemacht haben, wegen der Sitten, wegen der Zeiten und wegen tausend anderer blöder Skrupel... Ich mache ihn mit dem größten Vergnügen.« (Brief Verdis an Cesare De Sanctis vom 1. Januar 1853; Luzio, 1935, Band I, S. 16 f.)

Verdi und Piave erarbeiteten das Libretto in großer innerer Nähe zur Schauspielfassung von Dumas' Novelle. Sie eliminierten den 2. Akt des Dramas, wo das kurze Glück von Marguerite und Armand in Paris dargestellt wird, und transformierten die vier verbleibenden Akte in vier Bilder. Grundsätzlich zielte ihre Bearbeitung auf eine Konzentration, die das vielschichtige soziale Panorama der Vorlage zugunsten der Dreieckskonstellation Violetta/Alfredo/Germont zurückdrängt und insofern eine Zentrierung und Fokussierung der Handlung auf drei Protagonisten verfolgt. Während sich die Fertigstellung des Librettos parallel zur Ausarbeitung von *Il trovatore* vollzog und letzte Änderungen am Text bis zur Uraufführung durchgeführt wurden, komponierte Verdi die Musik zu *La traviata* zwischen Ende Januar bis Anfang März 1853.

Eine Einigung Verdis über die endgültige Besetzung war zu diesem Zeitpunkt allerdings noch nicht erzielt. Verdi insistierte nochmals auf seiner Weigerung, die Titelpartie der am Teatro La Fenice verpflichteten Sopranistin Fanny Salvini-Donatelli zu überlassen, und schlug statt dessen erneut Rosa Penco vor: »Sie hat eine gute Figur, Seele und nimmt sich auf der Bühne gut aus; hervorragende Eigenschaften für die *Traviata*.« (Brief Verdis an Carlo Marzari vom 30. Januar 1853; Conati, 1983, S. 312) Mit der Forderung nach einer schauspielerisch versierten Sängerin konnte sich Verdi allerdings nicht durchsetzen. Die Uraufführung fand wie geplant mit Fanny Salvini-Donatelli in der Titelrolle statt.

Handlung

Paris und Umgebung, um 1850

1. Akt, Salon in Violettas Haus: Die junge Kurtisane Violetta Valéry gibt anläßlich ihrer scheinbaren Genesung von der Schwindsucht für Freunde und Verehrer ein Fest. Gastone stellt ihr Alfredo Germont vor, der sie seit geraumer Zeit heimlich verehrt (*Introduzione*,

»Dell'invito trascorsa è già l'ora«). Violettas Liebhaber Barone Douphol beobachtet Alfredo mit Argwohn, denn er spürt die Attraktion, die der junge Mann für die Kurtisane besitzt. Schüchtern nähert sich Alfredo, Violetta weiß seine Scheu zu brechen (*Brindisi dell'introduzione*, »Libiam ne' lieti calici«). Violetta lädt die Gesellschaft zum Tanz in die Nebenräume, bleibt selbst aber zurück, da sie ein plötzliches Unwohlsein überfällt. Alfredo nutzt die Gelegenheit und gesteht seine Liebe. Violetta ist zunächst amüsiert, doch Alfredo überzeugt sie von der Echtheit seiner Gefühle. Sie schenkt ihm eine rote Kamelie, die er zurückbringen soll, wenn sie verwelkt ist. Überglücklich verabschiedet sich Alfredo (*Valzer e duetto*, »Un dì, felice, eterea«). Die Gäste begrüßen freudig den neuen Tag (*Stretta dell'introduzione*, »Si ridesta in ciel l'aurora«). Violetta kann Alfredos Liebe kaum verstehen: Sie schwankt zwischen der aufkeimenden Liebe und dem ihr vertrauten Lebensstil. Schließlich bekennt sie sich zu Lust und Freiheit; selbst Alfredos Gesang, der aus der Ferne herüberklingt, kann sie nicht umstimmen (*Scena ed aria*, »Ah, fors'è lui che l'anima«).

2. Akt, 1. Bild. Landhaus bei Paris; Gartenzimmer: Alfredo glaubt, im Paradies zu sein. Violetta hat der Pariser Halbwelt den Rücken gekehrt und lebt nun mit ihm seit drei Monaten abgeschieden auf dem Land. Als er erfährt, daß Violetta ihren Besitz verkauft, um das gemeinsame Leben finanzieren zu können, ist er beschämt. Alfredo will nicht von einer Frau ausgehalten werden und beschließt, in Paris Geld zu beschaffen (*Scena ed aria*, »De' miei bollenti spiriti«). Giorgio Germont, Alfredos Vater, zerstört die Idylle. Er verlangt, daß die Kurtisane auf seinen Sohn verzichtet. Violetta verteidigt ihre Liebe, doch Germont insistiert: Die Familienehre, aber auch die bevorstehende Hochzeit von Alfredos jüngerer Schwester sind durch die Mesalliance gefährdet (*Scena e duetto*, »Pura siccome un angelo«). Violetta willigt ein. Aus dem Opfer bezieht sie die Gewißheit, moralisch gesiegt zu haben, und sie fordert, daß Alfredo einst von ihrem selbstlosen Verzicht erfährt. Alfredo kann sich Violettas gewandeltes Verhalten nicht erklären, und erst die erneute Versicherung ihrer Liebe beruhigt ihn (*Scena e duettino*, »Dammi tu forza, o cielo«). Violetta verläßt heimlich das Haus. Als Alfredo ihren Abschiedsbrief in Händen hält, erscheint sein Vater, um ihn zu trösten und zur Rückkehr in die Familie zu bewegen (*Scena ed aria*, »Di Provenza il mar, il suol – chi dal cor ti cancellò?«). Der Appell an die Familienehre trifft indes ins Leere: Alfredo entdeckt eine Einladung Floras an Violetta und folgt seiner Geliebten nach Paris, um die vermeintliche Schmach zu rächen. – 2. Bild, Salon in Floras Palast: Flora gibt ein Fest (*Finale II*, »Avrem lieta di maschere la notte«). Die Gäste vergnügen sich in den Masken von Zigeunerinnen (*Coro di zingare*, »Noi siamo zingarelle«) und Stierkämpfern (*Coro di mattadori spagnoli*, »Di Madride noi siam mattatori«). Alfredo trifft auf Violetta, die in Begleitung von Baron Douphol erscheint. Während er im Spiel große Geldsummen gewinnt, drängt ihn Violetta, das Fest zu verlassen: Sie fürchtet einen Eklat. Alfredo weigert sich, fordert Klärung, und als Violetta vorgibt, den Baron zu lieben, beschwört er – im Glauben, sie habe ihn wegen des Geldes verlassen – einen Skandal herauf: Er schleudert Violetta Geld vor die Füße, als ›Lohn‹ für ihre Liebesdienste (*Seguito del finale II*, »Qui desiata giungi. Cessi al cortese invito«). In diesem Augenblick erscheint Giorgio Germont, der entsetzt den Sohn in die Schranken weist. Obwohl Alfredo sein Verhalten bereut, fordert ihn Douphol zum Duell. Violetta hingegen bekennt sich zu Alfredo bis in den Tod: Sie prophezeit, daß er eines Tages die Wahrheit über sie erfahren wird (*Largo del finale II*, »Di sprezzo degno se stesso rende«).

3. Akt, Violettas Schlafzimmer: Violetta ist vom Tod gezeichnet. Letzten Halt findet sie in einem Brief von Germont, dem sie entnimmt, daß Alfredo nach dem Duell ins Ausland fliehen konnte, nun aber um Violettas Opfer weiß und zurückkehren wird. Die aufkeimende Zuversicht schlägt rasch in Resignation um: Violetta spürt den nahen Tod und bittet Gott um Vergebung (*Scena ed aria*, »Addio, del passato bei sogni ridenti«). Das bunte Treiben des Karnevals kann die düstere Stimmung nicht aufhellen (*Coro baccanale*, »Largo al quadrupede«). Erst das Wiedersehen mit dem Geliebten und der Schwur, für immer bei ihr zu bleiben, scheinen Violetta neue Kraft zu geben. Aber der Traum von der gemeinsamen Zukunft ist kurz. Als Violetta einen Schwächeanfall erleidet, erkennt Alfredo ihren wahren Zustand

(*Scena e duetto*, »Parigi, o cara, noi lasceremo«). Und auch Germont, der gekommen ist, um Verzeihung zu erbitten, muß der Wahrheit ins Auge blicken (*Scena finale*, »Prendi; quest'è l'immagine«). Zum Abschied schenkt Violetta ihrem Geliebten ein Bildnis: Er soll es einst seiner Frau geben, zur Erinnerung an jene, die im Himmel für das junge Glück betet. Violetta stirbt mit dem Wunsch, nie vergessen zu werden.

Kommentar

Alexandre Dumas der Jüngere begründete mit der Dramatisierung seiner Novelle *La Dame aux camélias* ein Unterhaltungstheater, das zum einen den aus der Romantik stammenden Typus der ›edlen Kurtisane‹ beziehungsweise ›selbstlosen Sünderin‹ fortsetzt und für die zweite Jahrhunderthälfte paradigmatisch formuliert, und zum anderen durch seine inhaltliche Stoßrichtung auf eine Legitimierung bürgerlicher Moralvorstellungen abzielt. Gleich zweifach gerät in diesem *drame bourgeois* die Schilderung der ehrbaren Dirne und der Pariser Halbwelt zum Ort der Verklärung bürgerlicher Werte: Armand erfährt in der zeitlich begrenzten emotionalen Bindung an die Prostituierte Marguerite eine »éducation sentimentale«, die ihn für die Ehe tauglich macht; Marguerite ihrerseits bestätigt nach kurzer Auflehnung die bürgerlichen Normen in einem heroischen Akt des Verzichts, der sich selbst letztlich als Ausdruck bürgerlichen Moral- und Standesdenkens offenbart. Dumas' Drama ist insofern mit seiner erotischen Pikanterie ein Ort der Evasion, mit dem Plädoyer für die Institutionen Ehe und Familie ein Ort staatstragender Ideologie, wie sie zumal seit der Machtergreifung von Napoléon III im Dezember 1851 ausdrücklich proklamiert wurde.

Daß *La Dame aux camélias* angesichts dieser inhaltlichen Dimensionen wiederholt als Prototyp des Realismus in Literatur und Theater bewertet wurde, zeugt von einem prinzipiellen Mißverständnis, denn Dumas verzichtet zwar auf ein historisches oder mythologisches Thema – also auf eine im französischen Theater der Zeit gängige thematische Ausrichtung – zu Gunsten eines in der unmittelbaren zeitgenössischen Wirklichkeit verankerten Stoffs. Zeitgenossenschaft allein treibt indes keinen Realismus hervor: Aktualität ohne Kritik des Dargestellten ist affirmativ, sie gerät wie im Falle von *La Dame aux camélias* zur bloßen Unterhaltung und vermag einzig die Bedürfnisse und Erwartungen des bürgerlichen Publikums zu bedienen.

Die Adaption von Dumas' Schauspiel durch Francesco Maria Piave und Giuseppe Verdi markiert für die italienische Oper des 19. Jahrhunderts eine Durchbrechung überkommener Normen: Erstmals gelangt mit *La traviata* ein zeitgenössischer Stoff im Kontext einer tragischen Handlung auf die Opernbühne, und im Zentrum der Oper steht mit Violetta Valéry eine gesellschaftlich ausgegrenzte Figur, die durch die Verstrickung in ein tragisches Schicksal gleichsam nobilitiert wird. Der Realismus, den man *La traviata* – der »vom rechten Weg Abgekommenen« – attestiert hat, ist indes weder auf die Aktualität der Handlung, noch auf die Protagonistin oder die mit ihr verknüpften biographischen Implikationen zu reduzieren, die für Dumas und Verdi gleichermaßen von Bedeutung waren (Vorbild Marguerites war die Prostituierte Marie Duplessis, eigentlich Alphonsine Plessis, mit der Alexandre Dumas eng befreundet war; Verdi lebte über Jahre mit Giuseppina Strepponi in einer nicht legitimierten Beziehung). Der Realismus wird in *La traviata* vielmehr durch einen musikdramaturgischen Diskurs garantiert, der vorab die Emotionen der Figuren, ihr individuelles Handeln ebenso wie ihre individuelle Tragik vergegenwärtigt und zugleich in Korrelation zum gesellschaftlichen Umfeld präzisiert. Verdi vermag diesen für *La traviata* fundamentalen Realismus in mehrfacher Weise umzusetzen, indem er einen zeitlich wie räumlich genau kalkulierten Wechsel des musikalischen Tonfalls auskomponiert, die Formtraditionen der Oper seiner Zeit produktiv nutzt und darüber hinaus eine semantische Funktionalisierung einzelner Motivbereiche betreibt.

Für die beiden Ebenen der gesellschaftlichen Außenseite und der individuellen Selbstkundgabe findet Verdi je charakteristische musikalische Chiffren, die in gegenläufiger Gewichtung die drei Akte der Oper durchziehen: Die Dimension des Außen beherrscht die *introduzione* des 1. Aktes, das Finale des 2. Aktes und als fernes Menetekel im Todeskampf Violettas den *coro baccanale* im 3. Akt, während die Emanation individueller Empfindungen nach Violettas Arie im 1. Akt (»Ah, fors'è lui che l'anima«) in den Folgeakten – zumal in ihren Duetten mit Germont im 2. Akt und mit Alfredo im 3. Akt – immer weiter in den Vordergrund rückt.

Wie Verdi die beiden Ebenen zueinander in Relation setzt, zeigt dabei gleichsam paradigmatisch die eröffnende *introduzione*. Hier dominiert eine tosende, sich überstürzende Musik, die das Lebensgefühl der Pariser *demimonde*, den Taumel des Vergnügens, prägnant formuliert. Dieser Schicht des Außen werden Dialogsequenzen und knappe Replikenwechsel vorgeblendet, in denen jedoch ein persönlich gefärbter Ton des Innen keinen Platz findet. Auch der *brindisi* – als zitathaftes Lied mit strophischer Gliederung, *allegretto*-Tempo und Walzer-Gestus ein dramaturgisch konventionelles Element – ist nicht der Ort individueller Selbstkundgabe. Erst im folgenden Abschnitt (*Valzer e duetto*) gelangt die private Ebene zum Durchbruch, um zugleich in ihrer Verzahnung mit dem gesellschaftlichen Außen sinnfällig zu werden. Die *banda* hinter der Szene intoniert einen quasi öffentlichen Walzer, dessen Funktion es ist, die erste zaghafte Selbstkundgabe von Alfredo und Violetta zu fundieren.

Dieser tastende Dialog kulminiert in der Liebeserklärung »Un dì felice, eterea«: Zwar blendet Verdi nun die öffentliche Musik der *banda* aus, um das Duett vom Orchester begleiten zu lassen, der prinzipielle Gestus aber bleibt mit dem 3/8-Takt und der wiegenden *andantino*-Begleitung dem Walzer verhaftet, und es läßt Alfredo in einem zwiespältigen Licht erscheinen, daß er bei der ersten privaten Begegnung mit Violetta einen durchaus konventionellen Ton anschlägt, in dem sich die Gefühlsemanation musikalisch hinter einer gesellschaftlich vermittelten Geste zurückzieht. Violetta reagiert nicht weniger uneigentlich beziehungsweise distanziert in einem virtuos-koloratursättigten Gesang, der Alfredos Emphase kaum ernst zu nehmen scheint. Raum für die Vergegenwärtigung wahrer Gefühle, die Ausdruck der innersten Empfindung wären, bleibt nicht, denn die *banda*-Musik setzt mit dem Walzer als Chiffre der vergnügungssüchtigen Gesellschaft erneut ein, und nach Alfredos Abschied von Violetta kulminiert die Szene in einer gänzlich auf den lärmenden Tonfall des Aktbeginns abgestellten *cabaletta*.

Daß *La traviata* in großformaler Hinsicht den Traditionen der Nummernoper näher steht als die vorausgegangenen Opern *Rigoletto* und *Il trovatore*, resultiert nicht aus einem Rückfall Verdis in längst überwundene Konventionen, sondern ist das Ergebnis eines Entstehungsprozesses, in dem die einzelnen ›Nummern‹ der Partitur unabhängig und in ungeordneter Folge komponiert wurden. Die interne musikalische Form aber bleibt nicht der Tradition verpflichtet, sondern wird von Innen heraus gesprengt und avanciert zum Ort der musikalischen Vergegenwärtigung psychologischer Prozesse. Das Duett Violetta/Germont im 2. Akt legt als Zentrum und Peripetie der Oper zugleich von diesem Verfahren beredt Zeugnis ab: Violetta sieht sich mit den rigiden Moralvorstellungen bürgerlichen Denkens konfrontiert, erfährt darin den unaufhebbaren Widerspruch zu ihren eigenen Sehnsüchten und übt schließlich in einem Akt der Selbstaufopferung Verzicht.

Dieses komplexe psychologische Geschehen erfährt insofern einen musikalischen Rückhalt, als das Duett – Ort des Konfliktes und der dialogisch ausgetragenen Konfrontation zwischen Violetta und Germont – nicht der Gattungstradition, also der Entfaltung anmutiger Melodien im Rahmen von *cantabile* und *cabaletta* verpflichtet ist, sondern in einer normdurchbrechenden Gesamtkonzeption aufgeht. Verdi ordnet zunächst im ersten Teil des Duetts die konventionellen Gestaltungselemente neu, indem er die Tempi austauscht, die mit der traditionellen Form verknüpften musikalischen Charaktere aber weiterhin nutzt. Nach der Rezitativ-Einleitung hebt das Duett nicht im langsamen Tempo, sondern *allegro moderato* an, wobei Germonts »Pura siccome un angelo« mit der Vortragsanweisung *cantabile dolcissimo* explizit den Charakter eines *cantabile* trägt. Violettas Reaktion auf Germonts Forderungen kulminiert in einem vorwärtsdrängenden *vivacissimo*-Abschnitt (»Non sapete quale affetto«), die Fortsetzung aber ist ein *andantino piuttosto mosso* und *con semplicità* überschriebener Abschnitt (»Un dì, quando le veneri«), der angesichts seiner rhythmisch akzentuierten und bewegten Melodik wie eine *cabaletta* in langsamem Zeitmaß wirkt (Dahlhaus, 1982, S. 86). Im zweiten Teil dominiert dann mit einem erkennbaren *adagio* mit der Tempoanweisung *andantino* (»Dite alla giovine – sì bella e pura«) und einer *cabaletta* im *allegro moderato* (»Morrò! . . . la mia memoria«) zwar erneut die Konvention, aber auch dieser Teil weist zwei außergewöhnliche Kunstgriffe auf: Einerseits werden das *andantino* – Ergebnis eines inneren Kampfes und als Ausdruck von Violettas Verzicht die Peripetie des Dramas – und das *allegro moderato* mit einem *tempo di mezzo* verbunden, das nicht nur aufgrund seiner Ausmaße, sondern auch inhaltlich von herausgehobener Bedeutung ist, da hier die für den Handlungsfortgang zentralen Modalitäten der Trennung von Violetta und Alfredo vereinbart werden. Andererseits erfüllt sich in der *cabaletta* unvermittelt eine Konvention, wenn Germont mit Violettas »Morrò! . . . la mia memoria« die Musik seines Gegenübers aufgreift.

Daß die Duettstimmen identisches thematisches Material nutzen, ist jedoch nicht bloße Konvention, sondern hat insofern dramaturgische Bedeutung, als die *cabaletta* Ausdruck des Einverständnisses zwischen Violetta und Germont ist. Vollends außerhalb der formalen Traditionen befindet sich schließlich die Finalgestaltung der Nummer: Das Duett verzichtet auf eine brillante Schlußkadenz und mündet in eine gleichsam stammelnde und mit Pausen durchsetzte Abschiedsgeste, bei der sich Violetta und Germont Glück für ihr weiteres Leben wünschen. Insgesamt steht das Duett im Zeichen eines produktiven Umgangs mit der Tradition; *adagio* und *cabaletta* bilden zwar den abstrakten formalen Rückhalt des Duetts, entscheidend aber ist die aus der tradierten Form hervorgetriebene Dramaturgie, die mit raschen, musikalisch fundierten Replikenwechseln das Aufeinanderprallen der unterschiedlichen Emotionen beredt vergegenwärtigt: Das Duett gerät zum ›realistischen‹ Dialog.

Giuseppe Verdi hat bei der Konzeption von *La traviata* an einem dramaturgisch zentralen Gestaltungsprinzip der Schauspielvorlage festgehalten und es zugleich forciert: Die äußere szenische Aktion tritt zugunsten einer primär dialogisch vermittelten Handlung in den Hintergrund, und in gleichem Maße verliert die für das italienische *melodramma* signifikante Darstellung extremer Affekte und Leidenschaften an Bedeutung, um einem reflektierenden Gestus der Gefühlsemanation, einem beredten Nachvollzug psychologischer Prozesse, zu weichen (Döhring, 1997, S. 188).

Daß dieses Verfahren weitreichende Konsequenzen hat, wird zumal an Violettas Arie im 1. Akt evident, die als dramaturgisch herausgehobene und für die Gesamtpartitur charakteristische Soloszene unmittelbarer Reflex der hektisch-lärmenden *stretta* der *introduzione* ist, zugleich aber im Widerspruch zu dieser steht. Das einleitende Rezitativ vergegenwärtigt dabei zunächst die emotionale Verwirrung Violettas angesichts der Begegnung mit Alfredo und der von ihm wachgerufenen Gefühle. Dem tastenden Gestus des Rezitativs schließt sich eine zweiteilige Finalarie an, die das konventionelle Arienschema aufbricht und zu einer außergewöhnlichen Form vordringt: Verdi komponiert nicht einen einfachen Affektgegensatz innerhalb des zweiteiligen Verlaufs aus, sondern zeigt einen Erkenntnisprozeß, der den für Violetta unaufhebbaren Widerspruch zwischen gelebter Realität und utopischer Hoffnung zum Thema hat. Das *adagio* im Tempo eines *andantino* – ein Satz von bestechender Simplizität – nutzt die strophische Anlage mit identischem Refrain und ersetzt die Affektdarstellung in den Strophen durch Bilder der Erinnerung an vergangene Zeiten. Der Refrain aber rekurriert auf Alfredos Motiv im Duett (»Un dì, felice, eterea«).

Diesem Rückgriff, der harmonisch durch den abrupten Umschwung von f-Moll nach F-Dur gestützt wird, haftet ein Moment des Zweifels und der Unentschiedenheit an: Violetta findet nicht die Worte für eine direkte Aussprache ihrer Emotionen, sondern bedarf einer zitierten, gleichsam uneigentlichen Sprache, die bereits Teil der übergreifenden Erinnerungsstruktur ist. Zudem thematisiert sie eine abstrakte, ins Universelle gesteigerte und in ihrer Irrealität perspektivlose Liebe. Die *cabaletta* im *allegro brillante* (»Sempre libera degg'io«) – über ein *tempo di mezzo* erreicht, in dem Violetta die wahre Wirklichkeit erkennt und antizipierend ihren künftigen Verzicht formuliert, – ist folgerichtig ein Hymnus auf die Freiheit, die Ungezwungenheit und das Vergnügen, gleichsam Abbild der Rückkehr in die tatsächliche Realität. Und obwohl Violettas Hymne nun nicht länger mittelbar, sondern real von Alfredos *da lontano* gesungenem »Di quell'amor ch'è palpito« unterbrochen wird, dringt die Melodie nicht mehr zu ihr vor: Violetta übersingt sie mit einer hektisch-exaltierten, durch Triller und virtuose Koloraturen aufgespreizten Gesangslinie.

Daß die von Alfredo artikulierte Liebe eine utopische ist und von Anbeginn im Bannkreis gesellschaftlicher Konvention steht, zeigt sich an der fortschreitenden semantischen Aufladung der Melodie »Di quell'amor ch'è palpito«, die aus dem walzerhaften *duetto* des 1. Aktes in Violettas Arie eingedrungen ist. Das Motiv kehrt gleichsam als Leitmotiv zu Beginn des Schlußaktes wieder, wenn Violetta vom Tod gezeichnet jenen Brief liest, in dem sich Germont für den von Violetta geübten Verzicht bedankt, Alfredos und sein Kommen ankündigt und mit der zynischen Empfehlung schließt: »Kuriert Euch aus ... Ihr verdient eine bessere Zukunft.« Ein letztes Mal taucht das Motiv im Anschluß an einen das Ende Violettas ankündigenden Trauermarsch auf, um nun den Todeskampf der Protagonistin zu fundieren: Violetta hat Visionen, und das Thema von Alfredos »Di quell'amor ch'è palpito« wird von den geteilten Violinen im vierfachen *pianissimo* intoniert.

Die Liebe erweist sich insofern in doppelter Hinsicht – einerseits mit Blick auf den szenischen Kontext, andererseits angesichts der Instrumentierung – als in ferne Sphären entrückt, letztlich als eine nie reale. Verdi fokussiert den Tod Violettas mithin auf die mit dem Motiv der Liebe verknüpften inhaltlichen Dimensionen. Darüber hinaus aber akzentuiert er eine weitere Sinnebene: Die Sterbeszene schlägt eine zeitliche Brücke zurück zum *preludio*, in dem bereits die ätherisch-irreale Sphäre des Schlusses, die weniger für das Dahinscheiden Violettas als für ihre Vision von einer anderen Liebe steht, exponiert wird. Das *preludio* antizipiert den Tod Violettas und läßt in der Verbindung mit dem Finale zugleich den utopischen Charakter des gesamten Handlungsfortgangs deutlich werden. Die musikdramatische Konzeption von *La traviata* zeigt die Utopie von Liebe und das Scheitern dieser Utopie an den Schranken des gesellschaftlichen Werte- und Normensystems.

Giuseppe Verdi wollte Dumas' Schauspiel *La Dame aux camèlias* ursprünglich unter dem Titel *Amore e morte* veröffentlichen. Liebe und Tod als die beiden Schlüsselbegriffe der Handlung rücken die Prostituierte Violetta Valéry in den Mittelpunkt der Oper: Ihr tragisches Schicksal, ihre Liebe, die im Verzicht und schließlich im einsamen Tod endet, findet dabei Rückhalt in einer singulären Dramaturgie. Verdi gelingt mit der musikalischen Vermittlung von individuellem Empfinden und gesellschaftlicher Determiniertheit und der psychologischen Differenzierung, die letztlich aus dem produktiven Umgang mit den Traditionen des Musiktheaters entspringt, eine Dramaturgie des musikalischen Realismus.

Der Realismus der Partitur ist indes ein gefährdeter, denn er bedarf eines szenischen Korrelats. Wie die Rezeptionsgeschichte von *La traviata* zeigt, verliert der musikalische Realismus Verdis seine kritische Stoßkraft, wenn die szenische Realisierung auf eine Präzisierung der Dialektik von individuellem Empfinden und gesellschaftlicher Dimension verzichtet. Unvermittelt schieben sich der pittoreske Reiz einer anrüchigen Demimonde, der in der Handlung durchaus enthaltene affirmative Impuls und schließlich der Mitleidseffekt in den Vordergrund und verdrängen die von Verdi auskomponierte Kritik am verkrusteten Werte- und Normensystem seiner Zeit.

Wirkung

Die Uraufführung von *La traviata* am 6. März 1853 mit Fanny Salvini-Donatelli (Violetta), Ludovico Graziani (Alfredo) und Felice Varesi (Germont) war kein Erfolg; von Verdi selbst wurde sie als Desaster empfunden: »*La traviata* war ein großes Fiasko; noch schlimmer, sie [das Auditorium] lachten. Aber was willst Du? ich lasse mich davon nicht stören. Habe ich Unrecht, oder haben sie Unrecht? Ich für meinen Teil glaube, daß das letzte Wort über die *Traviata* gestern nicht gesprochen wurde. Sie werden sie wiedersehen ... und wir werden weiter sehen! Bis dahin, lieber Mariani, nimm das Fiasko zur Kenntnis.« (Brief Verdis an Angelo Mariani vom 7. März 1853; Monaldi, 1913, S. 90) Verdi beharrte auf der von ihm bereits im Vorfeld der Uraufführung mehrfach geäußerten Kritik an der weiblichen Protagonistin, obwohl Zeitschriften wie die *Gazzetta privilegiata di Venezia* berichteten, gerade Fanny Salvini-Donatelli sei – zumindest im 1. Akt – ein grandioser Auftritt gelungen. Einhellig war demgegenüber die Kritik an der mangelhaften sängerischen Leistung von Ludovico Graziani und Felice Varesi. Der Uraufführung folgten bis zum Saisonende am Teatro La Fenice lediglich neun weitere Vorstellungen. Trotz der zwiespältigen Aufnahme gingen von der Uraufführungsproduktion wichtige Impulse aus: Mit ihrer historisierenden Ausstattung und der Verlagerung der Handlung ins frühe 18. Jahrhundert – zwei gegen den ausdrücklichen Wunsch von Verdi realisierte szenische Elemente – wurde eine Tradition begründet, die in Italien bis zum Ende des 19. Jahrhunderts Bestand hatte.

Obwohl zahlreiche Theater Interesse an der neuen Oper für die kommende Spielzeit bekundeten, ging Verdi erst mit dem venezianischen Teatro di San Benedetto für die Saison 1853/54 eine Vereinbarung für die Neueinstudierung ein; die in Aussicht gestellte Besetzung mit Maria Spezia-Aldighieri (Violetta), Francesco Landi (Alfredo) und Filippo Coletti (Germont) hatte Verdi überzeugt. Anläßlich der Neuproduktion nahm Verdi eine Revision der Partitur vor, die sich nicht nur auf marginale Zusätze und Transpositionen bezog, sondern auch in die musikalische Substanz eingriff (WGV I/19, S. XXIII–XXVII). In dieser Neufassung erlebte *La traviata* am 6. Mai 1854 einen triumphalen Erfolg, der eine Flut von Inszenierungen nach sich zog: Bis 1858 folgten allein in Italien – wo zumeist eine zensierte Version unter dem Titel *Violetta* aufgeführt wurde – 143 Produktionen, außerhalb Italiens 57 (ebd., S. XXVII). 1855 folgte Wien, 1856 Paris, London und St. Petersburg; am 27. Oktober 1864 zeigte das Théâtre Lyrique in Paris erstmals eine von Verdi autorisierte Fassung in französischer Sprache. An der Metropolitan Opera fand *La traviata* 1883 Eingang ins Repertoire, 1886 schloß sich die Opéra Comique in Paris an.

Zunächst wurde *La traviata* vor allem als Oper für *prime donne* – im 19. Jahrhundert unter anderen Adelina Patti, Christine Nilsson, Nellie Melba und Gemma Bellincioni, im 20. Jahrhundert folgten alle Sängerinnen von Rang – wahrgenommen, insofern mit der Rezeption von Dumas' Schauspiel vergleichbar, die nicht zuletzt von Sarah Bernhardt und Eleonora Duse, aber auch von Greta Garbo 1936 im Film geprägt wurde. Dennoch avancierte *La traviata* zum Gegenstand des modernen Regietheaters. Einen Wendepunkt innerhalb der Aufführungs- und Rezeptionsgeschichte von *La traviata* markierte Maria Callas: Sie eröffnete dem Werk sowohl sängerisch als auch darstellerisch in zahlreichen Inszenierungen neue Dimensionen. Für Walter Felsenstein war *La traviata* 1960 in Hamburg und 1961 an der Komischen Oper in Berlin ein zentrales Werk im Kontext der Verwirklichung seiner Idee eines realistischen Musiktheaters. Heute zählt *La traviata* zum Kernbestand des Repertoires an allen kleinen und großen Opernhäusern.

Diskographischer Hinweis

Maria Callas (Violetta Valéry), Alfredo Kraus (Alfredo), Mario Sereni (Giorgio Germont), Chor und Orchester des Teatro Nacional de Sao Carlos, Lissabon, Franco Ghione (aufgenommen live: 1958): EMI Classics 5 56330 2

Licia Albanese, Jan Peerce, Robert Merrill, NBC Sinfonieorchester und Chor, Arturo Toscanini (aufgenommen: 1946): RCA GD 60303

Rosa Ponselle, Frederick Jagel, Lawrence Tibbett, Chor und Orchester der Metropolitan Opera, New York, Ettore Panizza (aufgenommen live: 1935) Naxos 8.110032–33

Hans-Joachim Wagner

Les Vêpres Siciliennes

Die sizilianische Vesper
Opéra en cinq actes (5 Akte, 6 Bilder)

Text: Eugène Scribe und Charles Duveyrier, nach ihrem Libretto *Le Duc d'Albe* (1839)
Uraufführung: Paris, Opéra (Académie Impériale de Musique), 13. Juni 1855
Personen: Guy de Montfort, Gouverneur von Sizilien unter Charles d'Anjou, König von Neapel (Bariton); Sire de Béthune, französischer Offizier (Baß); Graf de Vaudemont, französischer Offizier (Baß); Henri, junger Sizilianer (Tenor); Jean Procida, sizilianischer Arzt (Baß); Herzogin Hélène, Schwester des Herzogs Friedrich von Österreich (Sopran); Ninetta, ihre Kammerzofe (Contralto); Danieli, Sizilianer (Tenor [léger]); Thibault, französischer Soldat

(Tenor); Robert, französischer Soldat (Baß); Mainfroid, Sizilianer (Tenor) – [Chor:] Sizilianer, Sizilianerinnen, [französische Soldaten] – Statisterie: ein Fischer, französische Soldaten, französische Offiziere, sizilianische und französische Adlige, Pagen, ein Zeremonienmeister, ein Henker, Mönche – Ballett: Sizilianerin, Sizilianer, Janus, Winter, Frühling, Herbst, Faun; Corps de ballet: Sizilianerinnen, Sizilianer, Zephire, Satyrn, Blumenmädchen, Najaden, Bacchantinnen, Faune
Orchester: Piccoloflöte, Querflöte, 2 Oboen, 2 Klarinetten, 2 Fagotte, 4 Hörner, 2 Trompeten, 2 Ventiltrompeten, 3 Posaunen, Ophikleide, Pauken, Schlagzeug (große Trommel, Becken, kleine Trommel), Streicher – Bühnenmusik: Schlagzeug (Trommel, Kastagnetten, Glocke in e), Harfe
Spieldauer ohne Pausen: ca. 3 Stunden 15 Minuten
Autograph: Paris, Bibliothèque nationale de France, Département de la Musique, Ms. 1079–1081
Ausgaben: Klavierauszüge: Escudier: Paris [1855], Nr. 1500, Faksimile-Nachdruck: Musik-Edition Lucie Galland: [Heilbronn] 1995; Escudier: Paris [1863], Nr. 1578 [ergänzt um die 1863 für Pierre François Villaret nachkomponierte Romanze »O toi che j'ai cherie«] – Textbücher: Paris: Lévy 1855; Paris: Billaudot 1979

Entstehung

Im August 1850 wurde über die Librettisten Gustave Vaëz und Alphonse Royer an Verdi herangetragen, daß Nestor Roqueplan, der Direktor der Pariser Opéra, von ihm eine neue, eigens für sein Haus geschriebene Oper wünsche. Nachdem Verdi durchsetzen konnte, daß der renommierte Scribe (eventuell unter Einbeziehung eines Mitarbeiters) ihm das Libretto schreiben sollte, kam Anfang 1852 ein Vertrag zustande, der die Uraufführung des neuen Werks auf Ende November/Dezember 1854 festlegte. Im Sommer 1852 tauschten sich Verdi und Scribe über das Sujet aus, indes ohne Erfolg: Die von Scribe vorgeschlagenen Szenarien *Les Circassiens* und *Vlaska* wies der Komponist zurück. Nachdem er ein Jahr lang weder von Scribe noch von Roqueplan etwas gehört hatte, bot er Roqueplan im August 1853 die Auflösung des Vertrags an. Wie aus einem Brief Scribes an seinen Mitarbeiter Duveyrier vom 3. Dezember 1853 hervorgeht, muß unmittelbar zuvor der Kontakt zwischen Scribe und Verdi wieder aufgenommen und dabei der Vorschlag unterbreitet worden sein, mit *Le Duc d'Albe* ein 1838 von Scribe zunächst für Halévy geplantes, dann für Donizetti eingerichtetes Libretto ›auszugraben‹, dessen Vertonung 1839 abgebrochen worden war.

Am 31. Dezember 1853 quittierte Verdi den Empfang des vollständigen Textbuchs. Nach Scribe soll er über die »Abenteuer des Verstorbenen«, wie er sich ausdrückte, umfassend informiert gewesen sein. Dies zu betonen ist wichtig, da Verdi später behauptete, erst nach Abschluß der Komposition erfahren zu haben, daß Scribe einen ›Ladenhüter‹ überarbeitet hatte. Deutlich wird zugleich, daß Verdi sich offenbar bewußt auf ein überkommenes ästhetisches Konzept einließ, ungeachtet seines gegenüber Scribe formulierten Wunsches, von ihm solche »Wunder« zu bekommen wie die Krönungsszene aus Meyerbeers *Le Prophète*, die ihm ja gewohnheitsmäßig gelängen.

Erwecken diese und andere hymnische Bemerkungen über *Le Prophète* den Eindruck, Verdi habe die Geschichte der *grand opéra* fortschreiben wollen, so lassen allein die Tatsache, daß er die Vertonung des im Kern kaum veränderten, lediglich um einen 5. Akt erweiterten *Le Duc d'Albe* in Angriff nahm, vor allem aber auch seine in zahlreichen Briefen an Scribe niedergelegten Beobachtungen und Bearbeitungsvorschläge einen anderen Schluß zu: Sollte seine künstlerische Inspirationskraft geweckt werden, benötigte der italienische Komponist Personen und Situationen von primär melodramatischem Profil.

Von Januar bis Oktober 1854, als die Proben beginnen sollten, war Verdi, der zu dieser Zeit in Paris lebte, hauptsächlich mit der Vertonung befaßt, wobei auf seine Anregung hin zahlreiche textliche und dramaturgische Eingriffe vorgenommen wurden. Die Uraufführung verzögerte sich infolge eines Direktionswechsels an der Opéra im November 1854. Einem ausführlichen Schreiben Verdis an den neuen Direktor, François Louis Crosnier, vom 3. Januar 1855 ist zu entnehmen, daß zu dieser Zeit die Proben, die sich an der Opéra in der Regel über mehrere Monate hinzogen, begonnen hatten. Aus diesem Brief geht weiterhin hervor, daß Verdi am Erfolg des Werks zweifelte und Crosnier vorschlug, das Projekt aufzugeben (Copialettere, 1913, S. 157–159). Fest steht, daß noch während dieser Probenmonate zahlreiche Änderungen vorgenommen wurden und im April die Ballettmusik zu *Les Saisons* im 3. Akt komponiert wurde (Jürgensen, 1995, S. 36). Inwieweit für Verdi kompositorisch bedeutsam war, daß ihm mit Sofia Cruvelli, deren Rollendebüt mit Valentine in Meyerbeers *Les Huguenots* im Januar 1854 an der Opéra Begeisterungsstürme ausgelöst hatte, eine ›Starsängerin‹ zur Verfügung stand, die ebenso wie der in Paris hochgeschätzte Louis Guéymard Garantin eines Erfolgs an diesem Haus war, geht aus den überlieferten Dokumenten nicht hervor.

Handlung

Palermo, 1282

1. Akt, der große Platz in Palermo: Zechende französische Soldaten, die einen Toast zum Lobpreis Frankreichs und Guy de Montforts, des Gouverneurs, anstimmen, provozieren die Sizilianer, ihren Haß auf die Unterdrücker sowie den Wunsch zum Ausdruck zu bringen, sich von den Tyrannen zu befreien (*Introduction*, »Beau pays de France!«). Als Hélène in Begleitung ihrer Zofe Ninetta den Platz überquert, erregt sie aller Aufmerksamkeit: Ihr Bruder, Herzog Friedrich, geriet auf Befehl Montforts unter das Henkersbeil; nun, so mutmaßen Béthune und Vaudemont, wird sie Gott um Rache bitten. Von Robert gezwungen, ein Lied vorzutragen, stimmt sie einen Gesang an, der metaphorisch im Namen Gottes zum Aufstand gegen die Unterdrücker aufruft und unmittelbar Wirkung zeigt: Die Sizilianer erheben sich gegen die Soldaten (*Scène, air et chœur*, »Viens à nous, Dieu tutélaire!«). Dem Treiben wird mit dem Erscheinen Montforts Einhalt geboten: Soldaten und Sizilianer ergreifen die Flucht, zurück bleiben Hélène, Ninetta und Danieli, die ihrer Furcht Ausdruck verleihen, sowie Montfort, der sich über die Angst der Sizilianer mokiert (*Quatuor*, »Quelle horreur m'environne!«). Henri, glühend vor Haß auf die Franzosen, macht auch vor Montfort nicht Halt und bekennt sich als treuer Anhänger Herzog Friedrichs. Montfort ergreift eine geheimnisvolle Zuneigung zu dem ihm Unbekannten, der sich über seine väterliche Herkunft im unklaren ist. Er läßt den Sizilianer unbehelligt ziehen, befielt ihm jedoch, Hélène zu entsagen (*Duo final*, »Punis mon audace!«).

2. Akt, liebliches Tal in der Nähe von Palermo, im Hintergrund das Meer: Procida ist nach dreijährigem Exil in die Heimat zurückgekehrt, die er wehmutsvoll begrüßt; seine Anhänger ruft er zum Kampf gegen die Unterdrücker auf (*Entr'acte, air et chœur*, »Et toi, Palerme, ô beauté qu'on outrage«). Er teilt Henri und Hélène mit, daß eine andere Macht, zum Beispiel der König von Aragonien, den Sizilianern nur dann zu Hilfe kommen wird, wenn diese sich selbst erheben, plant die Verschwörung und bestimmt Henri zu ihrem Anführer. Henri gesteht Hélène seine Liebe. Sie verspricht, seine Gefühle zu erwidern, sofern er ihren Bruder rächt (*Récit, scène et duo*, »Près du tombeau peut-être où nous allons descendre«). Béthune überbringt Henri die Einladung Montforts zu einem Ball, die er verächtlich ablehnt, worauf er abgeführt wird. Procida verfolgt seine Pläne unbeirrt weiter. Anläßlich eines Tanzfestes sizilianischer Brautpaare gelingt es ihm, französische Soldaten dazu zu bewegen, die Bräute zu entführen. Zusammen mit Hélène stachelt er die Wut der aufgebrachten Sizilianer noch an; beim Anblick einer Barke, die vornehm gekleidete Sizilianerinnen und Franzosen zum Ball Montforts nach Palermo bringt, beschließt Procida, sich unter die Gäste zu mischen und Montfort auf dem Fest zu ermorden (*Récit et final*, »Vivent les conquêtes!«).

3. Akt, 1. Bild, Montforts Arbeitszimmer in Palermo: Gedankenversunken liest Montfort den Brief einer Sizilianerin, die er vor achtzehn Jahren entehrte und die ihm unmittelbar vor ihrem Tod offenbarte, daß sein ärgster Feind, Henri, ihr gemeinsamer Sohn sei, dessen Leben er schonen möge. Montfort spürt die Einsamkeit des Mächtigen und will nun versuchen, Henris Liebe zu gewinnen (*Entr'acte et air*, »Au sein de la puissance«). Als Henri erfährt, daß er Montforts Sohn ist und dieser ihm alle Ehren verspricht, sofern er ihn als Vater annimmt, reagiert er abweisend: Er weiß, daß er Hélène und seine Freunde verlieren, vor allem aber seine Mutter verraten würde, und ergreift

die Flucht (*Duo*, »Quand ma bonté toujours nouvelle«). – 2. Bild, Ballsaal: Zu Ehren seiner Gäste, unter ihnen zahlreiche Maskierte, läßt Montfort das Fest mit einem Ballett der Vier Jahreszeiten beginnen (*Marche et ballet* »*Les Saisons*«). Im weiteren Verlauf der Festlichkeiten gelingt es Procida und Hélène, Henri unbemerkt davon in Kenntnis zu setzen, daß sich unter den Gästen die sizilianischen Verschwörer befinden und Montfort ermordet werden solle. Henri versucht vergebens, Montfort zu warnen. Als Hélène den Mordanschlag auf Montfort ausführen will, wirft Henri sich dazwischen. Hélène, Procida und alle anderen sizilianischen Verschwörer zeihen Henri des Verrats, Montfort ist gerührt über die Sohnesliebe, Henri zutiefst verzweifelt (*Final*, »O fête brillante!«).

4. Akt, Hof einer Festung: Henri, der unter dem Haß Hélènes und seiner Gesinnungsgenossen leidet, hat sich Zugang zu den Gefangenen verschafft (*Entr'acte, récit et air*, »O jour de peine et de souffrance«). Nachdem er Hélène seine verzweifelte Lage offenbart und sie begriffen hat, daß Henri als Montforts Sohn in seinem Handeln nicht frei war, verzeiht sie ihm, zumal Henri versichert, daß er nun seine Sohnespflicht erfüllt habe und den Kampf wieder aufnehme. Das Paar schwört sich Treue bis in den Tod (*Duo*, »Malheureux et non coupable«). Procida hat erfahren, daß ein mit Waffen beladenes Schiff aus Aragon sich Palermo nähert. Henris Rechtfertigungen kann er im Unterschied zu Hélène nicht anerkennen (*Récit*, »Par une main amie, et pour sécher vos larmes«). Montforts Ankündigung der Exekution löst unterschiedliche Gefühle aus (*Quatuor*, »Adieu, mon pays, je succombe«). In seiner Verzweiflung bittet Henri Montfort um Gnade. Dieser gewährt sie unter der Bedingung, daß ihn Henri öffentlich als seinen Vater bezeichne. Hélène verwahrt sich gegen dieses Ansinnen, doch im Angesicht des Henkers sowie Hélènes und Procidas Gang zum Schafott geht Henri in höchster Verzweiflung auf die Bedingung ein. Daraufhin ordnet Montfort zum Zeichen der Versöhnung Henris und Hélènes Hochzeit an. Als Hélène sich zu widersetzen sucht, beschwört Procida sie, die Verbindung einzugehen. Trotz der festlichen Stimmung hoffen Procida und seine Anhänger auf die Erfüllung ihrer Ziele (*Final*, »De profundis clamavi«).

5. Akt, prächtige Gärten im Palast Montforts in Palermo: Die Hochzeitsvorbereitungen sind im vollen Gange (*Entr'acte et chœur*, »Célébrons ensemble«). Hélène, bereits im Brautgewand, dankt den jungen Sizilienerinnen, die dem Frieden zwischen Sizilien und Frankreich froh entgegensehen (*Sicilienne*, »Merci, jeunes amies«); Henri freut sich seines Liebesglücks (*Mélodie*, »La brise souffle au loin, plus légère et plus pure«). In diese Idylle dringt Procida mit der geheimen Nachricht für Hélène ein, daß das Läuten der Glocken als Zeichen der vollzogenen Hochzeit zugleich das Zeichen zur Eröffnung des Massakers an den Franzosen sei (*Récit et scène*, »A ton dévouement généreux«). In ihrer Verzweiflung kommt Hélène auf die Idee, Henris Hand unter dem Vorwand, der Schatten ihres Bruders sei ihr erschienen, auszuschlagen, woraufhin dieser sich ebenso wie Procida bitter verraten sieht (*Trio*, »Sort fatal! ... Que dire? que faire?«). Montfort versichert, Hélènes wahre Gefühle zu kennen und vollzieht die Trauung. Daraufhin stürzen die sizilianischen Aufständischen herbei und metzeln alle Franzosen sowie Hélène und Henri nieder (*Scène et chœur final*, »Oui, vengeance! vengeance!«).

Kommentar

Les Vêpres Siciliennes stehen, sieht man von den französischen Bearbeitungen einiger seiner italienischen Opern ab, am Anfang der Zusammenarbeit Verdis mit der Pariser Opéra. Wie fremd ihm dieses Milieu war, in dem ästhetische Richtungskämpfe, konkurrierende Verlegerinteressen und eine mächtige Presse ein Minenfeld darstellten, dem ein Unerfahrener nur zum Opfer fallen konnte, dokumentieren seine bitteren Beschwerden über halböffentliche Kritik bereits im Vorfeld der Einstudierung des neuen Werks (Brief Verdis an François Louis Crosnier vom 3. Januar 1855; Copialettere, 1913, S. 157–159). Dabei hatte er in den Verlegerbrüdern Marie und Léon Escudier, denen er 1845 die französischen Exklusivrechte an seinen Opern verkauft hatte, eine mächtige Instanz, die sogenannte ›Italiener-Partei‹, im Rücken. Diese hatte in Paris seit 1850 immer mehr an Boden gewonnen und warb in ihrem Zentralorgan, *La France musicale*, wirkungsvoll und unermüdlich für Verdi, zuweilen rücksichtslos im Umgang mit tatsächlichen oder vermeintlichen Gegnern.

Begünstigend kam hinzu, daß bereits in der Frühphase des Zweiten Kaiserreichs auch im Bereich des Musiktheaters ein Geschmackswandel zu verzeichnen ist, der die Opéra in eine tiefe Krise riß. Nach dem sensationellen Erfolg von Meyerbeers *Le Prophète* (1849) konnte über viele Jahre an der traditionell führenden Institution kaum ein Werk mehr reüssieren. Lag dies ohne Zweifel auch daran, daß »nach *Le Prophète* das innovative Potential der großen historischen Oper in fünf Akten weitgehend erschöpft war« (Gerhard, 1997, S. 452), so ist damit doch nur die halbe Wahrheit ausgesprochen. Im Zuge des sich mit dem Jahreswechsel 1852/53 schlagartig ändernden kulturellen Klimas waren die musikdramatischen Erfolgswerke der Saison *opéras comiques* wie Victor Massés *Les Noces de Jeannette*: kurze, in einem melodisch liedhaften, insgesamt gefälligen und leicht faßlichen Stil gehaltene Opern. Die Zukunft gehörte Werken dieser Institution, vor allem jedoch der *opéra bouffe* Jacques Offenbachs, der in Napoléon III einen glühenden Verehrer und Förderer besaß.

An der Opéra waren die ›Vorzeigeobjekte‹ der Saison ›Veteranen‹ wie Rossinis *Moïse* (1827) und Meyerbeers *Les Huguenots* (1836), diese in ministeriell verordneten Kurzfassungen. Der Aufstieg der ›Italiener‹ an der Opéra (zu den insgesamt nur vier Erstaufführungen des Jahres 1853 zählten Donizettis *Betly* und Verdis *Luisa Miller* in französischer Bearbeitung) ist mithin auch, wenn nicht vor allem unter dem Aspekt dieses Geschmackswandels zu sehen; und dies gilt ebenso für die allenthalben zu beobachtende Entfernung von dem Modell der historischen Oper. Die immer wieder erörterte Frage, warum Verdi das obsolete Libretto zu *Les Vêpres Siciliennes* vertonte und ob er den Ansprüchen der *grand opéra* genügt habe, ob der nicht alles andere als sensationell zu nennende Erfolg des Werks nicht auch darauf zurückzuführen sei, daß Verdi an seinem Anspruch scheiterte, eine Oper in der Nachfolge von *Le Prophète* zu komponieren, erscheint so in einem anderen Licht.

Fest steht, daß die Integration von Balletten – der *Tarantelle et scène* im Finale des 2. Aktes und der *Quatre saisons* im Finale des 3. Aktes – sowie die Erweiterung des ursprünglich auf vier Akte angelegten Werks um einen 5. Akt die einzigen Merkmale sind, die im Zuge der Überarbeitung auf eine Orientierung an den traditionellen Mustern der *grand opéra* hindeuten (Donizettis *Le Duc d'Albe* war ja ebenfalls ein Auftragswerk der Opéra gewesen). In dramaturgischer Hinsicht stehen *Les Vêpres Siciliennes* dagegen dem Modell der historischen Oper fern: So nimmt der Text zwar Bezug auf ein historisches Ereignis, das Massaker an den französischen Besatzern in Palermo am 30. März 1282, einem Ostermontag, auch bemühte sich Verdi (vergeblich) darum, im Blick auf ein getreues Lokalkolorit ein ›originales‹ sizilianisches Lied zu verwenden, doch fehlt dem Werk ein dramaturgisches Moment, das für die Gattung der historischen Oper essentiell war: die Vermittlung von privater und öffentlicher (politischer) Handlung. Der ›historische‹ Hintergrund ist beliebig, wie die Umarbeitung von *Le Duc d'Albe* (Freiheitskampf unter Wilhelm von Oranien im Jahre 1573) zu *Les Vêpres Siciliennes* (Freiheitskampf der Sizilianer im Jahre 1282) beweist, die sich im Grunde auf den Austausch der Namen und des Ortes beschränkt. Henri und Hélène sind keine historischen Personen, folglich haben auch die handlungstragenden Konflikte, die Vater/Sohn-Beziehung und die Liebe zwischen Henri und Hélène keinen Bezug zum historischen Ereignis.

Die gattungsspezifische Überblendung der Konflikte von Individuen zu ›historischen‹ Ereignissen im Medium der Oper war damit von vornherein ausgeschlossen. Die neben Montfort einzig ›historische‹ und bei der Überarbeitung von *Le Duc d'Albe* neu eingeführte Person, Procida, bleibt in ihrer Rolle als Freiheitskämpfer musikdramaturgisch blaß. In Procidas einziger Arie am Anfang des 2. Aktes steht ein *adagio* im Zentrum, das wehmütig seiner Vaterlandsliebe Ausdruck verleiht; *tempo di mezzo* und *cabaletta* ermutigen unspezifisch zur Rache. Es stellt sich in diesem Zusammenhang zwingend die Frage, ob Scribe und Verdi in dieser Zeit tatsächlich eine ›historische‹ Oper in der musiktheatralischen Szene des Paris des Zweiten Kaiserreichs präsentieren wollten. Der hier immer wieder ins Feld geführte Brief Verdis an Scribe vom 26. Juli 1852 (Porter, 1978/79, S. 96) läßt durchaus eine andere Lesart zu: Was Verdi an der Krönungsszene aus *Le Prophète* so überaus faszinierte, war Meyerbeers Fähigkeit, innerhalb des spektakulären Vorgangs der Zeremonie den Mutter/Sohn-Konflikt außergewöhnlich leidenschaftlich zum Ausbruch kommen zu lassen. »Passioné« (»Leidenschaftlich«) – das ist Verdis Zauberwort nicht nur im Blick auf diese Szene.

Vor diesem Hintergrund wird auch verständlich, daß die einzig wirklich ›neue‹ Nummer, die Scribe – mit Ausnahme des 5. Aktes – unter Berücksichtigung von Änderungswünschen Verdis (Gerhard, 1997, S. 329 f.) für *Les Vêpres Siciliennes* schuf, das Finale des 4. Aktes ist. Vor dem Hintergrund der Vorbereitungen zur Hinrichtung Hélènes und Procidas, deren musikalische Chiffre das »De profundis clamavi« der Mönche ist, ist die von Montfort getragene szenische Beschleunigung der Vorgänge verknüpft mit dem inneren Konflikt Henris, der erst unter äußerstem seelischen Druck das erlösende »mon père« ausspricht. Auch alle weiteren Bemerkungen und Einwände, die Verdi gegenüber Scribe vorbrachte (Porter, 1978/79), lassen sich nicht mit dem Gedanken an eine historische Oper im Gefolge von *Le Prophète* in Verbindung bringen (so sehr Verdi das Werk auch bewundert haben mag), sondern mit der Verbesserung der melodramatischen Konzeption im allgemeinen sowie der Tilgung dramaturgischer Schwächen und Lösung prosodischer Probleme im besonderen.

Die Würdigung des Werks hat sich mithin an den Opern des mittleren Verdi zu orientieren, die um diese Zeit in Paris (vorwiegend am Théâtre Italien) wahre Triumphe feierten. Hier nun ist zuallererst anzumerken, daß die Oper dramaturgisch hinter *Rigoletto* zurückgreift. Waren die Großszenen im *Rigoletto* Dreh- und Angelpunkt des dramatischen Geschehens gewesen, sind sie hier – mit Ausnahme des erwähnten Finales des 4. Aktes – konventionelleren Zuschnitts: Dies gilt nicht nur für die *introduction* mit dem Genrechor zu Beginn und dem durch Hélènes Gesangvortrag als ›Auslöser‹ provozierten Aufruhr, sondern auch für die Disposition der *coûps de théâtre* während des Tanzes im 2. sowie auf dem Ball im 3. Akt, die hier ohne Abstriche dem Topos des ›gestörten‹ Festes verpflichtet sind, wie er in der italienischen Oper seit der Ära Rossinis begegnet war.

Verdis kompositorisches Interesse richtete sich zuerst und vor allem auf jene Szenen, welche die emotionalen Konflikte und Beziehungen der Protagonisten vergegenwärtigen: die Vater/Sohn-Begegnung im 1. Akt, das Liebesduett Hélène/Henri im 2. Akt, die seelische Krise Montforts in dessen Arie des 3. Aktes und die anschließende gefühlsgesättigte Begegnung mit seinem Sohn im 3. Akt, die analog zum 3. Akt disponierte seelische Krise Henris in der Arie des 4. Aktes, wieder mit anschließender emotionsgeladener Begegnung zwischen Hélène und Henri. Dabei ignorierte er Aspekte wie Wahrscheinlichkeit der Handlung – warum beschleichen Montfort beim Anblick seines erklärten ärgsten Feindes, der lediglich seinen Vornamen »Henri« nennt, am Ende des 1. Aktes unerklärliche Gefühle der Zuneigung, während er schon wenig später absolut sicher ist, daß es sich bei dem ihm Unbekannten um jenen Henri Nota handelt, der ihm in einem Brief, den er ein Jahr zuvor erhalten haben muß, als sein Sohn bezeichnet wird? – ebenso wie eine plausible psychologische Anlage der Charaktere: Hélène knüpft ihre Liebe zu Henri zunächst an ›Bedingungen‹, während sich dann merkwürdigerweise erst unter der Belastung des Verrats eine ›reine‹ Liebe einstellt.

Lassen sich derartige dramaturgische Schwächen zum großen Teil darauf zurückführen, daß es Scribe und Verdi vor allem auf die Zurschaustellung isolierter Gefühle ankam, so gilt dies ohne Zweifel nicht für den von Verdi noch während der Proben als verbesserungswürdig empfundenen 5. Akt. Dieser zielt ästhetisch auf traditionelle Kontrastwirkungen, wie sie dem *melodramma* seit jeher eigen waren. Der lockeren Folge von Genreszenen zu Aktbeginn, die wesentlich naturmetaphorisch die Idylle der bevorstehenden Hochzeit zwischen Hélène und Henri vermitteln (*Entr'acte et chœur*, *Sicilienne* Hélènes, *Mélodie* Henris), wird – mit dem *Trio* (»Sort fatal! ... Que dire? que faire?«) und dem kurzen *Récit* (Vollzug der Hochzeit) als ›Gelenkstücken‹ – das äußerst knappe Finale mit dem Aufruhr und Massaker grell gegenübergestellt. Anders mithin als in der historischen Oper der 1830er Jahre, die auf eine weitgehend ›getreue‹ Vergegenwärtigung der Bühnenereignisse zielt, auf Wiedergabe eines imaginären geschichtlichen Ereignisses, ist dieser Akt einem älteren, nach 1850 offenbar wieder aktuellen dramaturgischen Prinzip verpflichtet.

Betrachtet man Verdis *Les Vêpres Siciliennes* nicht unter dem Aspekt der historischen Oper, so sehr das aus heutiger Sicht auch naheliegt, sondern aus der Perspektive des avancierten *melodramma* italienischer Provenienz, so fallen die Sologesänge und Duette ins Gewicht, die durchweg ingeniös disponiert sind. Das gilt zum Beispiel für das Duett Henri/Montfort im 3. Akt, das als melodramatische Schlüsselszene der gesamten Oper anzusehen ist: die Entfaltung der Liebesgefühle Montforts gegenüber seinem Sohn einerseits, der verzweifelten Reaktion Henris auf diese Offenbarung andererseits. Das Duett gliedert sich in fünf Abschnitte: *cantabile* in f-Moll, *cantabile* in Des-Dur, Zwischensatz *allegro assai* in a-Moll, *adagio* in Des-Dur und *allegro agitato* in F-Dur. Deutlich lassen sich die Strukturen des traditionellen Duetts erkennen, das – hier in erweiterter Form – nach zwei Sätzen im *cantabile*, einem *tempo di mezzo* und einem kontemplativen langsamen Satz einen schnellen Schlußsatz (*cabaletta*) vorsieht.

Verdi paßt nun dieses Modell der spezifischen dramatischen Situation genau an, wenn er in einem Duett, das parallel konträre Reaktionen auf ›große‹ Gefühle vermittelt, die Stimmen differenziert: Montfort wird sich seiner väterlichen Gefühle, vielleicht auch seines Verrats an seiner verlassenen Geliebten, Henris Mutter, bewußt, Henri seiner ausweglosen Lage angesichts dieser Entdeckung, vielleicht schon hier der Zerstörung seines Feindbildes. Das Duett entwickelt sich gleichsam aus sich selbst heraus, wenn Montfort zunächst im knapp und rhetorisch gefaßten Melos die Züge Henris als Auslöser seiner väterlichen Gefühle beschreibt und Henri seiner Ratlosigkeit und Verwirrung lediglich mit rezitativischen Floskeln Ausdruck verleiht. Erstmals im dritten Abschnitt, als beide Protagonisten sich ratlos zeigen, verknüpft Verdi die Stimmen mittels scheinimitatorischer Führung, schließlich – jeweils nur über wenige Takte – parallel im Terzenabstand. Verdi wiederholt hier jenes dramaturgische Konzept, welches er wohl erstmals in *Ernani* erprobt hatte: die Zuspitzung des melodramatischen Höhepunkts auf prägnante, melodramatisch äußerst konzis gefaßte Floskeln. Die *prière* Montforts im vierten Abschnitt ist wiederum – vergleicht man sie mit älteren Modellen – extrem knapp gefaßt; auch hier wird Henris Stimme nicht parallel geführt, sondern beschränkt sich wesentlich auf gestisch konzipierte, kontrastierende Floskeln. Erstmals am Schluß, in der *cabaletta*, vereinen sich sukzessive die Stimmen, wird mithin das zuvor obwaltende dialogische Prinzip aufgehoben und entfaltet sich die Nummer erst eigentlich zum Duett.

Mithin zeigt sich am Beispiel dieses Duetts einmal mehr, daß Verdi das *melodramma*, an das er als italienischer Opernkomponist selbstverständlich anknüpfte, nicht mittels spektakulärer ›Reformen‹ oder Assimilation anderer Gattungstraditionen weiterentwickelte, sondern es äußerst sublim von ›innen‹ heraus aushöhlte. Ästhetischer Parameter war die ›Wahrheit‹ der privaten Gefühle, nicht die Widerspiegelung historischer Ereignisse. Mit diesem Konzept, so fern es der französischen Oper der 1830er und auch noch der 1840er Jahre stand, verwirrte er möglicherweise einige der Pariser Zeitgenossen (das mag der Auslöser für die verhaltene Rezeption sein), doch bildete es eine wichtige Etappe innerhalb seines eigenen melodramatischen Œuvre. An die Gattungstradition der historischen Oper sollte er hingegen ein Jahrzehnt später mit *Don Carlos* erstmals anknüpfen.

Wirkung

Das Werk wurde bei der Uraufführung beifällig aufgenommen. Mit Sofia Cruvelli (Hélène) stand Verdi der damalige Star der Pariser Opernszene zur Verfügung, mit Louis Guéymard der seinerzeit äußerst beliebte Tenor der Opéra. Die anderen Hauptrollen sangen Marc Bonnehée (Montfort) und Louis Henri Obin (Procida). Nachdem die Oper im Anschluß an die Premiere fünfzigmal gespielt wurde, wurde sie nach der Sommerpause im Herbst noch weitere zwölfmal gegeben und verschwand sodann für viele Jahre vom Programm. Man erkannte zwar Verdis Bemühen an, sich dem französischen Stil anzupassen, stand zu dieser Zeit ohnehin dem italienischen Opernstil genereller aufgeschlossener gegenüber, als dies in den Jahren zuvor der Fall gewesen war, und doch konnte sich gerade dieses Werk in Paris nicht durchsetzen. Gleiches gilt für das Théâtre de la Monnaie in Brüssel, wo die in Anwesenheit von Scribe und Verdi geprobte Oper am 18. November 1856 Premiere hatte. Hier störte man sich auch an Anachronismen des Librettos.

Erst 1863 kam es zu einer Wiederaufnahme an der Opéra mit den damals äußerst anerkannten Marie Sass als Hélène und Pierre François Villaret als Henri. Für Villaret, der in Paris 1863 als Arnold in Rossinis *Guillaume Tell* Furore gemacht hatte, beabsichtigte Verdi zunächst, mehrere Stücke nachzukomponieren (Brief Giacomo Meyerbeers an Louis Brandus vom 23. Juni 1863); schließlich ist es bei der *Romance* am Anfang des 4. Aktes (»O toi che j'ai chérie«) geblieben, die in der zweiten Ausgabe des Klavierauszugs veröffentlicht wurde. Danach bricht nicht nur die Rezeption an diesem Haus ab, sondern generell die Aufführung des Werks in der französischen Originalsprache.

Die Oper wurde zu Verdis Lebzeiten vor allem in Italien gespielt, wobei sie aus Gründen der Zensur ›umgedichtet‹ werden mußte: Scribe verlagerte die Handlung nach Lissabon und Umgebung ins 17. Jahrhundert, Arnaldo Fusinato übersetzte den Text ins Italienische, der Titel wurde zu *Giovanna de Guzman* geändert. Unter den bemerkenswerten Aufführungen in diesem Kontext ist nach der italienischen Erstaufführung am 26. Dezember 1855 im Teatro Ducale in Parma jene am Teatro La Fenice in Venedig zu zählen, die mit der seinerzeit anerkannten polnischen Sängerin Luigia Lesniewska in der Titelrolle im Februar 1856 stattfand und – wie Meyerbeer, welcher der Premiere beigewohnt hat, in sein Tagebuch eintrug – szenisch und musikalisch kaum schlechter als in Paris gewesen sei. In einer weiteren Übersetzung von Eugenio Caimi war das Werk ebenfalls unter dem Titel *Giovanna de Guzman* im Februar 1856 in Mailand gespielt worden (diese Übertragung setzte sich schließlich durch), in anderen stofflichen Parodien in Neapel (als *Giovanni di Sicilia* 1857 im Teatro Nuovo; ebenfalls 1857 als *Batilde di Turenna* am Teatro San Carlo).

Der eher verhaltenen Rezeption des Werks in Italien entsprach eine ebenso zurückhaltende im übrigen Europa sowie in Amerika und Australien (Sydney 1870): In Deutschland gab es im März 1857 Aufführungen in Darmstadt mit Eugenie Nimbs als Helene und Francesco Maria Dalle Aste als Procida und im November 1857 in Wien; nach einzelnen Einstudierungen 1856 in Barcelona, 1857 in Lissabon und Sankt Petersburg folgte mit der Londoner Erstaufführung am Drury Lane Theatre wiederum eine Aufführung mit einer renommierten Sängerin: Therese Tietjens, bis 1858 *prima donna* an der Wiener Hofoper. Gegenüber Verdis in den späten 1850er und 1860 Jahren vielgespielten Opern *Ernani*, *La traviata* und vor allem *Il trovatore* vermochten sich *Les Vêpres Siciliennes* freilich auch in der italienischen Version nicht zu behaupten. Seit den 1870er Jahren wurde das Werk kaum mehr gespielt.

Diskographischer Hinweis

(italienisch als *I Vespri siciliani*) Martina Arroyo (Elena), Placido Domingo (Arrigo), Ruggiero Raimondi (Procida), Sherrill Milnes (Monforte), John Alldis Choir, New Philharmonic Orchestra, James Levine (aufgenommen: 1973): BMG RD 80370

Sabine Henze-Döhring

Simon Boccanegra

Melodramma in un prologo e tre atti
(Prolog und 3 Akte, 5 Bilder)

Text: (1. Fassung) Francesco Maria Piave, mit Ergänzungen von Giuseppe Montanelli, nach dem Drama *Simón Bocanegra* (1843) von Antonio García Gutiérrez – (2. Fassung) Neufassung von Arrigo Boito
Uraufführung: (1. Fassung) Venedig, Teatro La Fenice, 12. März 1857; (2. Fassung) Mailand, Teatro alla Scala, 24. März 1881 (hier behandelt)
Personen: (Prolog) Simon Boccanegra, Korsar im Dienst der Republik Genua (Bariton); Jacopo Fiesco, Adliger Genueser (Baß); Paolo Albiani, Goldwirker aus Genua (Baß); Pietro, Bürger von Genua, Anführer der Volkspartei (Bariton); Seeleute, Volk, Diener des Fiesco – (Drama) Simon Boccanegra, Erster Doge von

Genua (Bariton); Maria Boccanegra, Simones Tochter, die unter den Namen Amelia Grimaldi lebt (Sopran); Jacopo Fiesco, unter den Namen Andrea (Baß); Gabriele Adorno, Adliger Genueser (Tenor); Paolo Albiani, Favorit unter den Höflingen des Dogen (Baß); Pietro, Höfling (Bariton); ein Hauptmann der Armbrustschützen (Tenor); eine Dienerin Amelias (Mezzosopran) – Soldaten, Seeleute, Volk, Senatoren, Hofstaat des Dogen

Orchester: Piccoloflöte, Querflöte, 2 Oboen, 2 Klarinetten, Baßklarinette, 2 Fagotte, 4 Hörner, 2 Trompeten, 3 Posaunen, Cimbasso, Pauken, Schlagzeug (Große Trommel, kleine Trommel, Tamtam), Harfe, Streicher – Bühnenmusik hinter der Szene: Harfe; Bühnenmusik auf der Szene: 4 Trompeten, 4 Posaunen, 2 Tamburine, Glocken

Spieldauer ohne Pausen: 2 Stunden 20 Minuten

Autograph: 2. Fassung (mit hierin aufgegangener 1. Fassung): Mailand, Verlagsarchiv Ricordi; Abschrift der 1. Fassung: Venedig, Archiv des Teatro La Fenice

Ausgaben: Partitur (2. Fassung), Mailand: Ricordi 1993, Nr. 152 – Klavierauszüge: (1. Fassung) Mailand: Ricordi 1857, Nr. 29431–29455), Paris: Escudier 1858, Nr. L. E. 1720; (2. Fassung) Mailand: Ricordi 1881, Nr. 47372 – Textbücher: (1. Fassung) Venedig: Gattei 1857; (2. Fassung) Mailand: Ricordi 1881; *Tutti i libretti*, 1975, S. 473–497; kritische Ausgabe, hrsg. von Eduardo Rescigno, Mailand: Ricordi 1997; Faksimile-Reprints der Textbücher beider Fassungen auch in: *Simon Boccanegra* di Giuseppe Verdi, hrsg. von Marcello Conati und Natalia Grilli, Mailand: Ricordi 1993

Entstehung

Verdi, der am 23. Dezember 1855 nach über zweijährigem Aufenthalt aus Paris nach Busseto zurückgekehrt war, beschäftigte sich in der ersten Hälfte des Jahres 1856 mit mehreren Plänen, von denen aber nur die Überarbeitung des *Stiffelio* – unter dem neuen Titel *Aroldo* – zur Ausführung kam. Mitte März weilte er in Venedig, um die Neueinstudierung von *La traviata* am Teatro La Fenice zu leiten. Bei diesem Besuch scheint man ihn zur Komposition einer neuen Oper für die Karnevals-Saison 1856/57 aufgefordert zu haben; der entsprechende Vertrag wurde am 15. Mai 1856 unterzeichnet. Als Librettist war wohl von vornherein Verdis langjähriger Mitarbeiter Francesco Maria Piave, *direttore di scena* des Teatro La Fenice, vorgesehen. Nachdem anfangs auch das Schauspiel *Alvaro o la fuerza del sino* des Herzogs von Rivas – später für *La forza del destino* verwendet – zur Diskussion stand, entschloß Verdi sich im Lauf des Sommers zur Vertonung des Schauspiels *Simón Bocanegra* von Antonio García Gutiérrez (1813–1884), eines Dramas »von überdeutlich konservativem, wenn nicht reaktionärem ideologischen Zuschnitt« (Puccini, 1985, S. 124). Der spanische Romantiker hatte mit seinem Schauspiel *El trovador* bereits die Anregung zu *Il trovatore* gegeben. Verdi ließ das Stück des in Italien gänzlich unbekannten Autors – vermutlich durch Giuseppina Strepponi – übersetzen und entwarf selbst eine vielfach von der Vorlage abweichende Prosafassung des Librettos, die er im August an Francesco Maria Piave schickte: »Dieser *Simon* hat etwas Originelles, darum muß der Zuschnitt des Librettos, der ›Nummern‹ usw. usw. so originell wie möglich sein.« (Brief Verdis an Francesco Maria Piave vom 3. September 1856; Conati, 1983, S. 382 f.)

Zu diesem Zeitpunkt befand er sich bereits wieder in Paris, wo er die französische Premiere von *Le Trouvère* vorbereitete, was die Zusammenarbeit mit Piave erschwerte. Schließlich war er mit dessen Versifizierung so unzufrieden, daß er den in Paris im Exil lebenden Politiker und Juristen Giuseppe Montanelli (1813–1862) um nachträgliche Kürzungen und Verbesserungen bat. Einige der zentralen Momente der Oper wie die Erkennungsszene zwischen Boccanegra und seiner Tochter oder die Todesszene des Dogen stammen von Montanelli. Das gedruckte Libretto wurde jedoch (wie das der 2. Fassung) unter dem Namen Piaves allein veröffentlicht. Verdi schloß nach der Rückkehr aus Paris (13. Januar 1857) die Komposition ab, ehe er sich am 19. Februar zur Vorbereitung der Uraufführung nach Venedig begab. Während die Proben bereits begannen, beendigte er dort die Instrumentation.

Die Premiere am 12. März 1857 war, wie die von *La traviata* vier Jahre zuvor am selben Haus, ein Mißerfolg. Verdi selbst sprach von einem »Fiasko«: »Ich glaubte, etwas Passables geschaffen zu haben, aber es scheint, daß ich mich geirrt habe. Später werden wir sehen, wer Unrecht hat.« (Brief Verdis an Vincenzo Torelli vom 13. März 1857; Abbiati, 1959, Band II, S. 393) *Simon Boccanegra* feierte aber keine triumphale Auferstehung wie *La traviata*, sondern gehörte schon in den 1860er Jahren zu den selten gespielten Opern. Das Werk enthielt keine eingängigen, populären Melodien, war von düsterer Stimmung und zudem durch eine schwer durchschaubare Handlung beeinträchtigt. Dennoch glaubte Verdi an den Wert dieser Oper. Giulio Ricordi drängte ihn in der Folge mehrfach vergeblich zu einer Überarbeitung.

Erst als das Werk zur Aufführung in der Spielzeit 1880/81 an der Mailänder Scala vorgesehen war, gab Verdi Ricordis Wunsch nach. Zusammen mit Arrigo Boito, der damals schon an *Otello* arbeitete, machte Verdi sich an die Neukonzeption des Werkes. In wenigen Wochen – von Anfang Dezember 1880 bis Mitte Februar 1881 – entstand dabei nicht nur eine teilweise dramaturgische Neukonzeption des Librettos, sondern eine grundlegende Revision der Musik, bei der ein Drittel der Partitur neu- oder umgeschrieben wurde. Damit ist *Simon Boccanegra* – trotz *I Lombardi alla prima crociata/Jérusalem*, *Macbeth*, *Stiffelio/Aroldo* und *Don Carlos* – die radikalste Überarbeitung, die Verdi je einem älteren Werk angedeihen ließ.

Über diese ›Reparatur‹ sind wir durch Verdis Briefwechsel mit Boito und Ricordi umfassend unterrichtet: »Das Drama, das uns beschäftigt, ist verbogen, es scheint wie ein Tisch, der wackelt, man weiß nicht, auf welchem Bein; und so sehr man ihn auch aufzurichten sucht, er wackelt noch immer. [...] Es gibt da viel Intrige und nicht viel Zusammenhang.« (Brief Boitos an Verdi vom 8. Dezember 1880; Medici/Conati, 1978, S. 11) Boito hat wesentliche Züge der Handlung konziser, wenn auch nicht immer verständlicher motiviert und darüber hinaus zahlreiche holprigen Verse verbessert oder neu gefaßt. Ganz neu ist die – eine Idee Verdis aufgreifende – große Ratsszene als Finale des 1. Aktes, die das ursprünglich an dieser Stelle stehende Fest aus Anlaß des 25. Regierungsjubiläums des Dogen ersetzt. Sie gibt der Handlung, dem Drama und den dieses verkörpernden Figuren, allen voran Simone, aber auch dem Intriganten Paolo, eine vollkommen neue Dimension. Szenisch wie musikalisch knüpft sie an die Triumphszene in *Aida* an und nimmt bereits Verdis Spätstil des *Otello* vorweg.

Aber auch sonst hat Verdi massiv in die Musik eingegriffen. Neu ist das chronikartig, geradezu an Musorgskij gemahnende Vorspiel zum Prolog; neu ist aber auch die orchestrale Einleitung zur Auftrittsszene Amelias im 1. Akt sowie das kurze Duett Gabriele/Fiesco mit seinem getragenen, religiösen Tonfall. Aber auch in die Disposition der einzelnen Nummern hat Verdi eingegriffen, indem er *cabalette* strich oder – wie im Duett Amelia/Simone im 1. Akt – wenigstens beträchtlich kürzte. Ohne Änderungen blieben nur wenige Nummern, so die Romanze des Fiesco im Prolog und die Arie des Gabriele im 2. Akt. »Konsequenter Bau, Konturierung der Bauelemente, stilisierte und präzisierte Gestik, dramatische und musikalische Beziehungen (nicht mehr lediglich dramatischer und musikalischer Ausdruck), sprechende Motivik, konstruktiver Rhythmus, konstruktive Melodieführung, verschiedenartige (nicht nur harmonische) Klangtechniken« – diese Merkmale kennzeichnen Verdis Vorgehen bei der Überarbeitung der 26 Jahre alten Partitur (Osthoff, 1963, S. 89). Abgeschlossen wurde die Arbeit an der Neufassung am 21. Februar 1881. Am 24. Februar reiste Verdi nach Mailand, wo er die Proben der Uraufführung überwachte, die am 24. März 1881 stattfand.

Handlung

In Genua und Umgebung um die Mitte des 14. Jahrhunderts. Zwischen Prolog und Drama liegen 25 Jahre

Vorgeschichte: Simon Boccanegra, Korsar im Dienst der genuesischen Republik, liebt Maria, die Tochter Jacopo Fiescos, des Anführers der Adelspartei. Fiesco verweigert dem Plebejer die Hand seiner Tochter, die er gewaltsam in seinen Palast bringen läßt und dort gefangen hält. Nach drei Monaten stirbt Maria. Die Umstände ihres Todes bleiben verborgen. Simone hat das gemeinsame Kind, das ebenfalls Maria heißt, aus Angst, Fiesco könnte auch die Enkelin entführen, einer alten Frau namens Giovanna in Pflege gegeben. Eines Tages findet er das Haus verlassen und Giovanna tot vor. Das Kind bleibt spurlos verschwunden. Es wurde in ein Kloster bei Pisa gebracht. Am selben Tag stirbt dort die gleichaltrige Tochter der Grimaldis, eines genuesischen Patriziergeschlechts. Um die Erbschaftsansprüche der ins Exil geflohenen Grimaldis aufrechtzuerhalten, wird das Kind Maria Boccanegra für Amelia Grimaldi ausgegeben und in den Palast der Grimaldis gebracht.

Prolog, ein Platz in Genua, im Hintergrund die Kirche San Lorenzo, rechts der Palast der Fieschi: Es ist Nacht. Patrizier und Plebejer kämpfen um die Macht in der Stadt. In einem Gespräch überredet Paolo den Anführer der Volkspartei, Pietro, Simon Boccanegra zum Dogen zu wählen. Er hat die afrikanischen Seeräuber besiegt und wird der Stadt ihren alten Ruhm zurückgeben. Als Belohnung erwarten Pietro »Reichtum, Macht, Ehre«. Für diesen Preis ist er bereit, die Gunst des Volkes zu verkaufen. Paolo hat Simone von Savona herbeirufen lassen. Als dieser zögert, in den Plan einzuwilligen, überredet Paolo ihn mit dem Hinweis auf Maria. Simone hofft, auf diese Weise doch noch den Starrsinn Fiescos zu brechen (*Introduzione – scena*, »Che dicesti?... all'onor di primo abate«). Pietro ruft die Seeleute und Handwerker zusammen. Paolo schildert ihnen die unglückliche Lage der von ihrem Vater gefangen gehaltenen Maria. Das Volk ist bereit, einstimmig Simone zu wählen (*Coro e scena*, »L'atra magion vedete? de' Fieschi è l'empio ostello«). Nachdem sich alle zurückgezogen haben, tritt Fiesco aus seinem Palast. Er beklagt den Tod seiner soeben verstorbenen Tochter und verflucht den Verführer (*Aria*, »Il lacerato spirito«). Der zurückkehrende Simone trifft auf Fiesco. Er bittet seinen Todfeind um Barmherzigkeit und Frieden. Fiesco will die Verzeihung gewähren, wenn Simone bereit ist, ihm das Kind seiner »unreinen Liebe« zu überlassen. Simone berichtet, wie seine Tochter bei einer alten Frau in Pflege aufwuchs und nach deren Tod spurlos verschwand. Obwohl er seither die Suche nicht aufgegeben hat, konnte er sie nicht finden. Da Simone den Wunsch seines Widersachers nicht erfüllen kann, verweigert Fiesco die Hand zum Frieden (*Duetto*, »Del mar sul lido tra gente ostile«). Fiesco entfernt sich und bleibt beobachtend an der Seite stehen. Währenddessen betritt Simone den leeren Palast der Fieschi. Man hört seinen gellenden Schrei, als er im Innern auf die aufgebahrte Tote trifft. Während Simone noch unter dem Eindruck der entsetzlichen Entdeckung steht, erklingen Stimmen, die seinen Namen ausrufen. Das Volk hat ihn zum Dogen gewählt (*Scena e Coro – finale del prologo*, »Doge il popol t'acclama! Via fantasmi!«).

1. Akt, 1. Bild, Garten der Familie Grimaldi außerhalb von Genua am Meer: Amelia Grimaldi erwartet in den frühen Morgenstunden ihren Geliebten. Sie erinnert sich ihrer einsamen Kindheit und der im Sterben liegenden alten Frau (*Preludio e aria*, »O altero ostel, soggiorno«). Da erscheint Gabriele Adorno. Amelia gesteht ihm ihre Ängste: Sie hat erfahren, daß Gabriele und der unter dem Namen Andrea untergetauchte Fiesco eine Verschwörung gegen Simone planen. Amelia möchte Gabriele von diesem Vorhaben abhalten. Pietro kündigt die überraschende Ankunft des Dogen an, der das Haus der Grimaldi besuchen möchte. Für seinen Günstling Paolo will er um Amelias Hand anhalten. Die Liebenden wollen seiner Absicht durch eine schnelle Hochzeit zuvorkommen (*Scena e duetto*, »Vieni a mirar la cerula«). Der abgehende Gabriele trifft auf Fiesco. Dieser entdeckt ihm das Geheimnis, daß Amelia nicht die Tochter der Grimaldi, sondern eine adoptierte Waise ist. Gabriele ist dennoch bereit, sie zu heiraten und Fiesco segnet diesen Entschluß (*Scena e duetto*, »Vieni a me, ti benedico«). Der Doge tritt mit seinem Gefolge auf. Als er mit Amelia allein ist, wirbt er für Paolo. Amelia gesteht ihm, daß sie nicht adlig, keine Grimaldi, sondern eine Waise ist. Ihr Bericht über ihre Kindheit gibt dem erschütterten Simone die Gewißheit, daß er in Amelia seine verlorene Tochter Maria wiedergefunden hat. Vater und Tochter fallen sich in die Arme. Schließlich kehrt Amelia in den Palast zurück. Dem wiederauftretenden Paolo teilt Simone ohne Angabe von Gründen mit, er möge jede Hoffnung aufgeben. Paolo und Pietro beschließen daraufhin, Amelia gewaltsam zu entführen (*Scena e duetto*, »Orfanella il tetto umile«). – 2. Bild, Ratssaal im Palast: Der Rat, dem auch Paolo und Pietro angehören, stimmt Simones Vorschlag zu, mit den Tataren Frieden zu schließen. Einen weitergehenden Friedensschluß mit Venedig, zu dem auch Francesco Petrarca aufgerufen hat, lehnen die Senatoren dagegen ab. Als der Doge daran erinnert, daß

Adria und Ligurien zu einem gemeinsamen Vaterland gehören, hört man von außen die Rufe einer aufgebrachten Menschenmenge. Vom Fenster aus beobachtet Simone, wie Gabriele Adorno vom Pöbel verfolgt wird und Paolo, der seinen Plan entdeckt sieht, sich wegstehlen will. Er läßt den Saal abriegeln. Die Menge fordert den Tod der Patrizier und des Dogen. Daraufhin läßt dieser die Türen des Palasts öffnen und stellt sich der eindringenden Meute der Aufrührer. Gabriele hat Lorenzino erschlagen, weil dieser Amelia entführt hatte. Der Sterbende gestand, daß ein mächtiger Mann ihn zu dem Verbrechen angetrieben habe. Für Gabriele besteht kein Zweifel, daß es Simone ist. Als er sich mit dem Schwert auf den Dogen stürzt, wirft Amelia sich zwischen die beiden und rettet Simone das Leben (*Finale I – scena del consiglio – sommossa*, »Messeri, il re di Tartaria vi porge«). Sie bittet für Gabriele und berichtet den Ablauf der Entführung. Nur den Namen des Entführers verschweigt sie, während sie Paolo fixiert (*Racconto*, »Nell'ora soave che all'estasi invita«). Die erregten Gruppen der Patrizier und Plebejer bedrohen einander gegenseitig. Doch der Doge beschwört sie in leidenschaftlichen – von Petrarca geborgten – Worten, vom Brudermord abzulassen. Gabriele überreicht dem Dogen sein Schwert, der ihm jedoch vertraut und ihn und Fiesco nur bis zur völligen Aufklärung des Komplotts gefangen halten will (*Pezzo d'assieme*, »Plebe! Patrizi! – Popolo«). Simone ruft Paolo mit schrecklicher Stimme aus der Menge hervor. Ohne den Schuldigen beim Namen zu nennen, spricht er ihm sein Urteil und zwingt Paolo, in seine eigene Verfluchung einzustimmen (*Maledizione*, »Ecco la spada. Questa notte sola«).

2. Akt, Zimmer des Dogen im Dogenpalast zu Genua, es wird Nacht: Paolo beauftragt Pietro, Gabriele und Fiesco aus dem Gefängnis zu holen. Paolo, der noch unter dem Eindruck des Fluchs steht, beschließt, Simone zu töten. Er träufelt Gift in das auf dem Tisch stehende Glas des Dogen (*Scena e recitativo*, »Me stesso ho maledetto!«). Fiesco, der aus dem Gefängnis herbeigeführt wird, weist es von sich, Simone während des Schlafs meuchlings zu ermorden (*Scena e duetto*, »Prigioniero in qual loco m'adduci«). Als Gabriele dem abgehenden Fiesco folgen will, wird er von Paolo zurückgehalten. Dieser weckt seine Eifersucht mit der Behauptung, Amelia sei die Geliebte des Dogen. Gabriele wird von widerstreitenden Gefühlen hin- und hergerissen (*Scena ed aria*, »Sento avvampar nell'anima«). Amelia betritt das Zimmer und ist überrascht, Gabriele hier zu begegnen. Weil sie das Geheimnis noch nicht enthüllen kann, das sie mit dem Dogen verbindet, kann sie die Zweifel ihres Verlobten nicht zerstreuen. Als Simone naht, versteckt sie Gabriele auf dem Balkon (*Scena e duetto*, »Parla in tuo cor virgineo«). Sie eröffnet ihrem Vater, daß sie Gabriele liebt, der sich mit dem Aufständischen verschworen hat. Wenn der Doge ihn hinrichten läßt, will sie gemeinsam mit Gabriele sterben. Simone bleibt verzweifelt zurück: »Eine Tochter finde ich wieder, und ein Feind nimmt sie mir weg...« Er trinkt von dem vergifteten Wasser und schläft erschöpft ein. Gabriele tritt vorsichtig wieder ein, wird aber von der dazwischentretenden Amelia gehindert, den Schlafenden zu ermorden. Der erwachende Doge gibt sich als Vater Amelias zu erkennen. Dies ändert auf einen Schlag die Situation. Gabriele ist jetzt bereit, an der Seite Simones als Vermittler zwischen die Bürgerkriegsparteien zu treten, deren Kampfesrufe zum Dogenpalast heraufdringen (*Scena e terzetto*, »Perdono, Amelia – Indomito«).

3. Akt, das Innere des Dogenpalastes, große Öffnungen, durch die man das festlich erleuchtete Genua erblickt, im Hintergrund das Meer: Der Doge hat gesiegt, die Adelspartei ist vernichtet. Ein Hauptmann entläßt den bis jetzt gefangen gehaltenen Fiesco in die Freiheit. Währenddessen führen Wachen Paolo zur Hinrichtung. Er gesteht Fiesco, Simone vergiftet zu haben. Aus der Ferne erklingen die Hochzeitsgesänge für Amelia und Gabriele. Fiesco ist entsetzt: Dies ist nicht die Rache, die er sich gewünscht hat (*Scena e recitativo*, »Libero sei: ecco la spada. E i Guelfi?«). Ein Hauptmann verkündet im Namen des Dogen den Frieden. Der an der Vergiftung dahinsiechende Simone tritt auf. Die Brise des Meeres fächelt ihm Erfrischung zu. Da nähert sich ihm wie ein Phantom aus der Vergangenheit Fiesco und sagt ihm den Tod voraus. Langsam beginnen die Lichter auf dem Platz zu erlöschen; beim Tod des Dogen wird keines mehr brennen. Simone erinnert den Alten an die Verzeihung, die er vor 25 Jahren in Aussicht gestellt hat: Amelia Gri-

maldi ist die verlorene Waise, ist Simones Tochter und Fiescos Enkelin (*Scena e duetto*, »Come fantasima«). Doch die Versöhnung kommt zu spät. Simone segnet das neuvermählte Paar und fühlt sein Ende nahe. Verzweiflung befällt alle Umstehenden: »Jede irdische Freude ist trügerischer Zauber.« Bevor er stirbt, übergibt Simone die Dogenwürde Gabriele Adorno. Fiesco verkündet dem Volk Simones letzten Wunsch mit der Aufforderung, für den Toten um Frieden zu bitten (*Scena e quartetto finale*, »Gran Dio, li benedici«).

Kommentar

Mit *Simon Boccanegra* kehrte Verdi nach den für Paris komponierten *Les Vêpres Siciliennes* auf die italienische Opernbühne zurück. Das Werk gehört – wie *Macbeth*, *La forza del destino* und *Don Carlos* – zu den experimentellen Opern, die erst nach einer grundlegenden Überarbeitung ihre endgültige Gestalt gefunden haben. Da die Zeitspanne, die zwischen der Erst- und der Neufassung von *Simon Boccangera* liegt, mit 24 Jahren länger ist als bei allen anderen Bearbeitungen, sind die stilistischen Brüche – vor allem im 2. Akt – deutlich hörbar.

Mit dem Stoff des spanischen Dramatikers García Gutiérrez knüpfte Verdi an die Erfolgsoper *Il trovatore* an: Wie dort dürfte ihn auch hier die Mischung aus grellen Effekten, geheimnisvollen Verwicklungen und leidenschaftlichen, neuartigen Charakteren angezogen haben. Seit *Rigoletto* erwartete er von einem vertonbaren Stoff »äußerst machtvolle Situationen, Mannigfaltigkeit, Feuer, Pathos« (Brief Verdis an Antonio Somma vom 22. April 1853; Pascolato, 1902, S. 46). Anders als die konventionelle Geschichtsdramaturgie Eugène Scribes in *Les Vêpres Siciliennes* kam das romantische, in der Nachfolge Victor Hugos stehende spanische Drama Verdis Suche nach »*neuen, grandiosen, abwechslungsreichen, kühnen* Stoffen« (Brief Verdis an Cesare De Sanctis vom 1. Januar 1853; siehe oben, S. 197) entgegen. Hier wie dort ist der politische Aufruhr mit den subjektiven Leidenschaften, die geschichtliche mit der individuellen Tragödie verwoben – in einem Libretto, das von fast allen Verdimonographien seit Abramo Basevi als verworren, ja dumm gescholten wird, das aber die Musik klärt.

Stoff ist in Verdis Theater stets nur der an der Oberfläche der Handlung ablaufende Vorgang, musikalisches Drama, was im Gewebe, im Austausch von Gesten und Emotionen sich abspielt, also auf das Innere der Figuren verweist. Anders als in der *grand opéra* bilden die bürgerkriegsartigen Auseinandersetzungen zwischen Guelfen und Ghibellinen, der Adels- und der Bürgerpartei im Stadtstaat Genua zur Mitte des 14. Jahrhunderts, aber nur die Folie für ein Drama um Schuld und Sühne, in das fünf Menschen verwickelt sind. Arrigo Boito hat bei der Überarbeitung des alten Librettos »etwas historische und lokale Farbe« (Brief Boitos an Verdi vom 8. Dezember 1880; Medici/Conati, 1978, S. 11) in die Handlung zu bringen versucht. Aber die neue Ratsszene als Finale des 1. Aktes ist trotz der in ihr eruptiv zum Ausbruch kommenden emotionalen Gegensätze keine wirklich konkrete gesellschaftliche und historische Fundierung der Handlung im Sinne der von Scribe und Meyerbeer in *Les Huguenots* und *Le Prophète* entfalteten Geschichtspanoramen. Meyerbeers Protagonisten sind Ohnmächtige angesichts einer sie überrollenden Geschichtsmaschinerie; Verdis Helden und Heroinen unterliegen dagegen einer individuellen Schuld, an deren Ende stets der Tod steht.

Was Verdi am Sujet des spanischen Dramas fesselte, erzählt seine Musik: die Konfrontation von Simon Boccanegra und seinem Todfeind Jacopo Fiesco, der den niedriggeborenen Seeräuber, den Verführer seiner Tochter Maria, mit unauslöschlichem Haß verfolgt; die Liebe von Amelia und Gabriele Adorno, die schließlich die feindlichen Lager versöhnt; nicht zuletzt die Suche eines Vaters nach seiner Tochter und ihr von der Musik geradezu ekstatisch illuminiertes Wiederfinden – jenes emphatische Motiv also, das bis zur *Aida* zu den emotiven Grundpfeilern von Verdis theatraler Figurenkonstellation gehört. In *Simon Boccanegra* dominiert sogar die väterliche Liebe über die Geschlechtsliebe – ein Zug, der den vom Libretto ohnehin schon arg stiefmütterlich behandelten jugendlichen Heißsporn Gabriele in seiner Ausstrahlung noch mehr zurückdrängt.

Amelia ist, wie die meisten Heroinen Verdis, der leidende, passive ›Engel‹ (als »junge

Nonne« charakterisiert er sie in einem Brief an Giulio Ricordi vom 20. November 1880; Petrobelli, 1988, S. 70) – ganz im Gegensatz übrigens zur Stoffvorlage, in der Susana (wie sie bei García Gutiérrez heißt) im Zentrum der von ihr aktiv vorangetriebenen Handlung steht. So beruht die dramatische Schlagkraft der Oper fast ganz auf dem Gegensatz von Simone und Fiesco. Fiesco ist – wie Azucena in *Il trovatore* – ein neuartiger Charakter im Werk Verdis und der Anti-Held Simone beileibe keine Wiederholung Rigolettos. »Ruhe [...], Gesetztheit und [...] szenische Autorität« verlangte Verdi vom Darsteller des Simone, für Fiesco »eine Grabesstimme, in der etwas Unabwendbares, Prophetisches ist« (ebd.). Die granitartige Unerbittlichkeit Fiescos wird zum Vorbild für die Klangfarbe von Verdis späteren Baßpartien, Padre Guardianos in *La forza del destino,* des Großinquisitors in *Don Carlos* und seines ägyptischen Kollegen Ramfis in *Aida*. Von den zahlreichen Nebenfiguren Gutiérrez' – darunter dem in der Oper nur erwähnten, in der Vorlage aber wichtigen Lorenzino – übernahm Verdi Paolo, der vor allem in der Neubearbeitung an Gewicht gewinnt.

Daneben scheint Verdi von Anfang an von der düsteren Atmosphäre, epischen Schwere und quälenden Entwicklungslosigkeit des fatalistischen Stoffes angezogen gewesen zu sein. Schon in seinen Opern der 1840er Jahre – man denke nur an *I due Foscari* und *Macbeth* – hat er es verstanden, die Abgründe der menschlichen Seele musikalisch zu beleuchten. In *Simon Boccanegra* macht er einen vertieften Gebrauch von der Fähigkeit seiner psychologischen Orchestersprache, mit Klang auszudrükken, was die Menschen in der Tiefe ihres Seins bewegt. Von den ersten Takten des Vorspiels an ist das musikalische Kolorit, die *tinta musicale*, von einem Ton lastender Schwermut erfüllt, dem in der Meeresstimmung des 1. und 3. Aktes eine Prise salziger und zugleich visionärer Herbheit beigemischt erscheint – angefangen von der Einleitung zu Amelias *cavatina* (in der Fassung von 1881) bis zu Simones *arioso* im 3. Akt (»Oh! rifrigerio!... la marina brezza!...«), in dem die von Streichern und Holzbläsern musikalisch eingefangene Meeresluft ihm Kühlung zufächelt. Luigi Dallapiccola nannte die kurze Passage »eins der größten Beispiele von Landschaftsmalerei oder ›Naturlaut‹, die man in der Geschichte der italienischen Oper finden kann« (Dallapiccola, 1980, S. 106). Umgekehrt zügelt Verdi in der Partitur des *Simon Boccanegra* die melodische Begeisterung, die etwa *Il trovatore* erfüllt und hält seine schlagende lyrische Erfindungskraft zurück – eine bewußte Konzentration auf den inneren Ausdruck einer musikalischen Psychoanalyse, die ihm zu Unrecht, aber – gemessen an den zeitgenössischen Erwartungen an ein *melodramma* – verständlicherweise Basevis heftige Kritik eintrug, »häßliche, schlecht entwickelte Melodien« (Basevi, 1859, S. 279) erfunden zu haben.

»Das Stück«, schrieb Verdi während der Arbeit an der Neufassung, »ist düster, weil es düster sein muß, aber es ist fesselnd« (Brief an Opprandino Arrivabene vom 2. Februar 1881; Alberti, 1931, S. 286). Verdi muß extreme, fast schon rituelle, ritualhaft sich wiederholende Situationen suchen, muß emotionale Gesten wie rhetorische Signale setzen, die seiner musikalischen Dramaturgie die Möglichkeit schaffen, das innerste Wesen in eins mit dem äußersten Leiden der Menschen, das in ihren Handlungen sich ausdrückt, sinnlich erfahrbar, akustisch hörbar zu machen. Fast scheint es, als könnten Handlung und Musik in *Simon Boccanegra* nur noch die Bruchstücke sammeln, nachdem Simones Leben im Prolog durch den Tod Marias gleichsam »in Stücke geschlagen« wurde (Budden, 1978, Band II, S. 329). Wie unter einem rituellen Zwang memorieren Handlung und Musik darum dieselben Gesten und Zeichen: Zweimal kehrt Simone aus Savona zurück, zweimal rettet Amelia ihn vor dem Schwert Gabrieles, dreimal entblößt Simone seine Brust, um den erwünschten Tod zu finden, dreimal erfahren wir, wie das uneheliche Kind Simones und Marias nach dem Tod der Amme spurlos verschwand, und dreimal wird Amelias wahre Identität enthüllt. Eine solche Häufung von Wiederholungen kann kein Zufall sein. Und noch weniger ist es jener die Handlung überhaupt erst motivierende Zug, daß zweimal eine Tochter zwischen Vater und Geliebtem steht.

Der Eigenart der szenischen entspricht ein Wandel der musikalischen Dramaturgie. Schon mit *Rigoletto*, *Il trovatore* und *La traviata* hatte Verdi damit begonnen, sich endgültig von den überkommenen Konventionen des italienischen *melodramma* zu lösen. Der Ruf nach Neuartigkeit und Abwechslung sowohl der Stoffe wie der Formen durchzieht seine Briefe der 1850er-Jahre und gesellt sich von da an dem Ruf nach Kürze hinzu, den er Francesco Maria Piave seit der Zusammenarbeit an *Ernani* als oberste Maxime für den Librettisten geradezu eingehämmert hatte. In keiner seiner vorausgegangenen Opern hat Verdi einen so entschiedenen Schritt hin zur szenenübergreifenden, das ganze Bild oder gar den ganzen Akt in den Blick fassenden Gestaltung gemacht. Dies gilt nicht erst für die im Sog des geplanten *Otello* entstandene Neufassung, die am Beginn seines Spätstils steht, sondern schon für die 1857 in Venedig erstaufgeführte Version.

Zwar folgt die Gliederung – dies bestätigt auch die Nummerneinteilung des Klavierauszugs – noch den traditionellen Formen der italienischen Oper. Außergewöhnlich an der szenisch-musikalischen Disposition ist aber bereits hier die starke Zurückdrängung der Arien. Nur drei der vier Protagonisten – Amelia, Gabriele und Fiesco – besitzen Soloszenen. Zwei davon sind Doppelarien. Fiescos einsätzige *romanza* (»A te l'estremo addio«) im Prolog ist – als Totenklage und Trauerkondukt für die verstorbene Tochter, in die der Chor einstimmt – über die monologische Selbstaussprache hinaus zugleich szenische, die Handlung begleitende Musik. Sie wurde 1881 unverändert in die Neufassung übernommen. Die Auftrittsarie Amelias (»Come in quest'ora«) wurde auf der Basis des alten melodischen Materials neu gefaßt, die virtuose *cabaletta* – »ziemlich häßlich« nannte sie Verdi im Brief an Boito vom 8. Januar 1881 (Medici/Conati, 1978, S. 15) – durch ein kurzes *allegro agitato* ersetzt, ein Verfahren, das er auch im anschließenden Duett Amelia/Gabriele anwandte, wo er die *cabaletta* gegen eine knappe *stretta* austauschte. Die Neufassung der Musik ändert zugleich den dramatischen Stellenwert der Auftrittsarie und damit auch die Charakterzeichnung der Figur. Die neue Orchestereinleitung, deren wellenartige Bewegung Verdi auch den beiden Strophen des *adagio* unterlegt, setzt Amelia zum Meer und damit zu Simone in Beziehung – ein Zug, der zugleich ihre Empfindungstiefe bereichert und ihren Ernst jenseits aller flitterhaften Vokalgestik unterstreicht. Völlig unverändert schließlich blieb Gabrieles Eifersuchtsarie im 2. Akt (»Sento avvampar«) – ein erregtes Stück mit heftiger Begleitung in Verdis mittlerem Stil. Konventionell wird man das Stück mit seiner originellen Umkehrung der traditionellen Satzfunktionen einer zweiteiligen Arie, in der die schnelle *cabaletta* gleichsam vor das *adagio* plaziert wird, nicht nennen können.

Die Titelfigur selbst besitzt keine Arie, ja nicht einmal einen musikalisch durchgeformten Monolog, der Macbeths »Mi si affaccia un pugnal?« oder Rigolettos »Pari siamo!... Io la lingua, egli ha il pugnale« jeweils im 1. Akt vergleichbar wäre. Diese ungewöhnliche Behandlung ist einmalig in Verdis gesamtem Opernschaffen. Verdi hat an Simone vor allem die resignativen, die schmerzvollen, die tragischen Züge hervorgehoben, etwa in der kurzen Traum-Szene des 2. Aktes (»Doge! ancor proveran la tua clemenza«) sowie beim Auftritt des bereits tödlich Gezeichneten im 3. Akt (»M'ardon le tempia... un atra vampa sento«) – *parlando*-Passagen, die sich in der freizügigen Behandlung der Form am ehesten einem *arioso* nähern. Erst die nachkomponierte große Ratsszene gab Verdi die Gelegenheit, Simone mit seinem Eingreifen in die drohende Auseinandersetzung zwischen Bürgern und Patriziern (»Plebe! Patrizi! – Popolo«) musikalisch aufzuwerten und ihn überdies als handelnden Staatsmann zu zeigen, dessen einziges Streben es ist, die Streitenden zu versöhnen und den Frieden zu wahren. Aber auch dieses Solo mit seinem autoritativen Gestus hat keine selbständige formale Funktion; wie der Auftritt des besiegten Äthiopierkönigs Amonasro in der Triumphszene von *Aida* (»Quest'assisa ch'io vesto vi dica«) leitet es über zum machtvollen *pezzo concertato*.

Simon Boccanegra ist wie *Rigoletto* und *Aida* eine Oper der Duette. Verdi hat die Gestalt des unglücklichen, von seiner Liebe zerrissenen Dogen in der Auseinandersetzung mit dessen Gegenspielern entwickelt. Die beiden Duette Simone/Fiesco – das erste im Prolog, das zweite im 3. Akt – bilden gewissermaßen die dramatische wie musikalische Klammer der Handlung. Von gleicher Bedeutung ist die große, dreiteilige, vor allem in der geringfügigen Überarbeitung der Neufassung formal noch freier behandelte Wiedererkennungsszene zwischen Simone und Amelia, Vater und Tochter also, im ersten Bild des 1. Aktes. Verdi gestaltet hier keine dramatische Konfrontation wie in den vergleichbaren Sopran/Bariton-Duetten in den 2. Akten von *Rigoletto* und *La traviata*, sondern chiffriert in der musikalischen eine seelische Öffnung, ja Übereinstimmung. Auch hier hat er bei der Überarbeitung die *cabaletta* (»Figlia!... a tal nome palpito«) verkürzt und dem Schluß im orchestralen Nachspiel jenes von Harfenarpeggien gestützte ekstatische Ausschwingen, jene Verzückung Simones hinzugefügt, die in dem einen Wort »Figlia« (»Tochter«) die Erschütterung des Vaters zusammenfaßt, der seine längst tot geglaubte Tochter und damit die einzige Erinnerung an seine verstorbene Geliebte überraschend wiederfindet. Ähnliches musikalisches Gewicht wie diese drei Duette besitzen nur noch die großen Ensembleszenen am Ende des 1. und 3. Aktes, während die Duette Amelia/Gabriele im 1. und 2. Akt demgegenüber deutlich zurückgesetzt erscheinen. Das nachkomponierte *duettino* Gabriele/Fiesco im 1. Akt, das das reichlich platte Racheduett der Erstfassung ersetzt, mildert Fiescos Charakter und läßt durch seinen archaischen Tonfall aufhorchen: »Das Stück hat stillen, feierlichen, ein wenig religiösen, ein wenig altmodischen Charakter.« (Brief Verdis an Boito vom 11. Januar 1881; ebd., S. 27)

Eine musikalische Aufwertung erfährt in *Simon Boccanegra* – und dies schon in der Erstfassung – der dramatische Dialog. Der Beginn des Prologs versetzt den Zuschauer mitten in die Handlung: Er wird scheinbar wie zufällig zum Zeugen eines heimlichen Gesprächs, das bereits im Gange war, noch bevor sich der Vorhang hob (»Che dicesti?« – »Was sagtest du?«). Beim Vergleich der Neu- mit der Erstfassung läßt sich hier wie an ähnlichen Passagen die Tendenz beobachten, den deklamatorischen Tonfall im Sinne eines *parlando* musikalisch geschmeidiger zu gestalten. Wo Verdi die Dialoge neu gefaßt hat – wie zu Beginn des Prologs oder zu Beginn des 3. Aktes –, da hat er nicht nur im psychologischen Orchesterkommentar den Rahmen konturiert, sondern auch die vokale Diktion im Sinne einer konziseren Wortmelodik geschärft. Ariosen Charakter besitzen auch die schon erwähnten beiden kurzen Monologe, in denen wir Simone alleine sehen – frei durchkomponierte Szenen, die sich keiner geschlossenen Form mehr fügen und doch zugleich jede Erinnerung an das konventionelle, ›trockene‹ Rezitativ abgestreift haben.

Die musikalisierte Rede ist aber vor allem die Domäne Paolos. Der abtrünnige Gefolgsmann Simones, den erst Boito vom gewöhnlichen Schurken zum machtgetriebenen Intriganten, zum Verräter aus verschmähter Liebe gemacht hat, wird überall dort, wo er nach dem Prolog szenisch im Mittelpunkt steht – am Ende der Ratsszene, bei der Vergiftung des Dogen und beim Gang zum Richtblock – durch jenes Erinnerungsmotiv fixiert, das seine Verfluchung durch Simone begleitet: eine in verminderten Sekundschritten chromatisch absteigende Achtelbewegung, die durch die Klangfarbe der Baßklarinette vollends ins Lauernd-Hinterhältige verzerrt erklingt. Wenn Paolo am Beginn des 2. Aktes das Gift heimlich in Simones Trinkgefäß träufelt – ein Vorgang, den erst die Neufassung zeigt –, erklingt der schleichende Gestus dieses Motivs nicht nur zeitlich verlangsamt, sondern synkopisch akzentuiert auf die unbetonten Taktteile gesetzt, während der gezupfte Kontrabaß und die große Trommel dreimal auf die Betonung fallen; der vierte Schlag endlich pausiert – als halte die Musik über dem Geschehen den Atem an. Das Motiv erklingt auch zum Auftritt des vergifteten Simone im 3. Akt, jetzt allerdings in umgekehrter Gestalt. In seiner Grundgestalt, die die Baßklarinette zur Verfluchung intoniert, ist es unmittelbar aus jenem Melisma abgeleitet, mit dem Amelia ihre Bitte um »Pace« (»Frieden«) im *pezzo concertato* der Ratsszene umspinnt. Auf diese Weise erklingen Liebe und Haß einander verschwistert – ein Beispiel dafür, bis in welche Schichten des Unterbewußtseins Verdi die Beziehungen der Figuren auf musikalische Weise zu knüpfen weiß. Amelias Melodik besitzt am meisten Weite, imaginiert den ausgedehntesten Raum, schwingt sich, im Vorspiel zum 1. Akt wie im orchestralen Gewand ihres Gesangs, über Himmel und Meer, während Paolos Musik der engste Kreis gezogen ist.

Als sich Boito auf Verdis Wunsch Piaves Libretto zum *Simon Boccanegra* vornahm, bemängelte er vor allem, daß es »kein einziges Geschehnis [gibt], das wirklich *verhängnisvoll* ist, das heißt unerläßlich und stark, vom unabwendbar tragischen Schicksal erzeugt. [...] Es gibt da viel Intrige und nicht viel Zusammenhang. Alles ist oberflächlich in diesem Drama, alle diese Geschehnisse scheinen auf der Stelle, im Augenblick erfunden zu sein, um plump die Bühne zu füllen; sie haben weder tiefe Wurzeln noch starke Bindungen, sie sind nicht das Resultat von Charakteren, sie sind *äußerliche Erscheinungen der Geschehnisse*. Um ein derartiges Drama zu korrigieren, muß man es ändern.« (Brief Boitos an Verdi vom 8. Dezember 1880; ebd., S. 11)

Piaves ursprüngliches Libretto hatte nach operntypischen Musizieranlässen gesucht, zu denen auch die große Finalnummer gehörte. Eine solch pragmatische Beschränkung konnte Boito und Verdi, die damals bereits damit beschäftigt waren, aus Shakespeares *Othello* ein musikalisches Drama zu komprimieren, nicht mehr genügen. So haben Boito dem Drama der Handlung und Verdi dem Drama der Musik durch die Erfindung und Neukomposition der großartigen Ratsszene eine vollkommen neue Wendung gegeben. Sie ersetzt am Ende des 1. Aktes die ursprünglich vorgesehene Festszene. Dramaturgisch und musikalisch nicht ungeschickt hatten Piave und Verdi dabei Chöre und Tänze zu einem festlichen Bild gemischt, das durch die Entführung Amelias und dem damit verbundenen Aufruhr abrupt gestört wird. Indem Boito und Verdi stattdessen eine Szene erfanden, deren zur Entladung drängenden Antagonismen nicht mehr allein auf Intrigen, sondern auf ideellen und tragischen Gegensätzen beruhen, schufen sie eine kategorial andere Ausgangssituation für den weiteren Ablauf des musikalischen Dramas. Dabei hat ihnen offensichtlich das große Finale des 3. Aktes von *Otello*, das Boito im Sommer 1880 entworfen hatte, als Muster vorgeschwebt. Wie dort steht auch hier im Zentrum der Handlung ein wirklicher Konflikt – der Ausbruch des Bürgerkriegs zwischen der Adels- und der Plebejerpartei, für den die mißglückte Entführung Amelias nur der Anlaß, nicht die Ursache ist.

Die im Stil des *Otello* vollständig durchkomponierte Szene befreit sich von allen Fesseln der Konvention. Wie im Prolog sind die einzelnen Formteile – die eigentliche Ratsszene, der Aufstand, Amelias *racconto*, das *arioso* Simones und das mächtige *pezzo concertato*, das seine musikalische Klammer um Freund und Feind spannt – zwar in ihren Umrissen noch erkennbar, folgen aber mit innerer Logik und Konsequenz aufeinander. Und wie das Finale des 3. Aktes von *Otello* schließt auch dieses Finale nicht mit einer statischen *stretta*, sondern mit einem *coup de théâtre*: der Verfluchung des von Simone durchschauten Paolo, in die einzustimmen er diesen zwingt. Der in der Erstfassung noch blasse Handwerker gewinnt in der mit der Kraft des ganzen Orchesters *tutta forza* herausgehämmerten, *unisono* über zweieinhalb Oktaven in einen brodelnden, lang ausgehaltenen Triller abstürzenden Fluchformel fast schon dämonische Züge – eine Erfindung Boitos, für die zweifellos der Jago des *Otello* Pate gestanden hat. Der Fluch wird auf diese Weise zum Movens der Katastrophe, die er mit folgerichtiger Konsequenz auslöst.

In seiner bildhaften Kontrastdramaturgie schließt das neue Finale des 1. Aktes unmittelbar an den Prolog an und schlägt den Bogen hinüber zum letzten Akt. Man versteht die Handlung und das mit ihr inszenierte musikalische Drama nicht, wenn nicht deutlich wird, daß der Schlußakt auf den »wirklich schönen und in seiner gänzlichen Finsternis starken, wie ein Stück Basalt harten und finstern« Prolog (Brief Boitos an Verdi vom 8. Dezember 1880; ebd.) – zurückverweist. *Simon Boccanegra* endet nicht nur, sondern beginnt schon – wie in Verdis Œuvre nur noch *La forza del destino* – mit Tod, dem Tod einer Abwesenden, die die Szene des Prologs beherrscht und deren Schatten sich auf die gesamte Handlung legt: dem unsichtbaren Leichnam Marias, der Tochter des Patriziers Fiesco, Geliebten des plebejischen Emporkömmlings Simone und Mutter Amelias. Ihrem Tod, in den sich die Antagonismen einer von männlich-kriegerischen Vorstellungen beherrschten Welt buchstäblich eingeschrieben haben, gilt die vom »Miserere« des Chors begleitete *romanza* Fiescos: Rachearie und Grabgesang in einem. Als Simone nach der Auseinandersetzung mit Fiesco, einem Duett, in dem sich die Stimmen einander unversöhnlich gegenüberstehen, in den Palast der Fieschi eindringt, findet er dort nur den Katafalk der Toten. Das unerbittliche Fatum, das Größe wie Tragik des Anti-Helden Simone und damit den Gang der Oper bestimmt, äußert sich am Ende des Prologs in einem aus nur vier Wörtern bestehenden Dialog. Simone flieht voller Entsetzen aus dem leeren Palast der Fieschi, gleichzeitig stürmt Paolo mit der Volksmenge herbei, um Simone seine Wahl zum Dogen zu verkünden – »un trono« lautet der Ausruf des Handwerkers, »una tomba« die Entgegnung des Korsaren! Der »Thron« als »Grab« – in dieser verbalen Zuspitzung einer tragischen Konstellation haben wir ein instruktives Beispiel für die von Verdi immer wieder beschworene *parola scenica*, jenes treffende Bühnenwort, das eine Situation mit einem Schlag deutlich und sichtbar zu machen vermag. Der zerreißende Dualismus von Thron und Grab wird zum Motor der inneren Tragik, der innersten Wünsche Simones und wird seine grausame Wahrheit im Schlußakt entfalten.

Wie der Prolog so steht auch der letzte Akt von *Simon Boccanegra* im Zeichen des Todes. Im Gegensatz zur explosiven Handlung in den vorangegangenen Bildern des 1. und 2. Aktes ist er fast handlungslos, ja statisch – eine lähmende Ruhe, die nach und nach die Musik zum Stocken bringt. Nach dem lärmenden *presto* des kurzen Orchestervorspiels verlangsamt sich das Tempo der Musik, bis sein Puls im *andante sostenuto assai* des letzten Finales zum Stillstand kommt. Andreas Sopart hat darauf hingewiesen, daß sich die letzten Szenen »entweder qualvoll in die Länge ziehen oder – in permanenter Wiederholung – zur Stagnation tendieren« (Sopart, 1988, S. 186). Verdi und Boito haben bei der Überarbeitung der Oper in diesem Akt mit wenigen, aber entscheidenden Korrekturen einerseits die Rückbezüge zur vorangegangenen Handlung, andererseits den fatalistischen Endspielcharakter verstärkt.

Wenn sich der Vorhang hebt, hören wir in die wiederaufklingende Schlachtmusik hineintönend die Siegesrufe des Volkes. Paolo, der als Aufrührer zum Tode verurteilt wurde, betritt die Szene – die auftaktige Figur, mit der das Orchester ihn ankündigt, evoziert den Schlag des Fallbeils, das ihn erwartet. Meisterhaft die fahle Szene kontrastierend, hat Verdi als auflichtendes Dur-Trio den Hochzeitschor für Amelia und Gabriele Adorno in Paolos Gang zur Hinrichtung verwoben. Chromatisch auf- und absteigende Sexten der Streicher begleiten den Auftritt Simones: musikalische Konfiguration des schleichenden Todes, dem er, ohne es noch zu ahnen, bereits verfallen ist. Der Doge sehnt sich nach dem Meer, der Freiheit. Flirrende Zweiunddreißigstelfiguren in den Streichern sowie schier endlose Flötentriller evozieren einen geradezu vibrierenden Klangraum, über den der Gesang Simones wie eine Brise dahinschwebt. Die Stimme fällt dabei vom f^1, dem höchsten Ton, über anderthalb Oktaven ab bis zum c: Mit dem Wort »tomba« (»Grab«) wird auf diesem Ton gleichzeitig das Schlüsselwort des gesamten Aktes erreicht, jener Todeswunsch, der schon am Ende des Prologs Simones einziger Kommentar zu seiner Dogenwahl gewesen war. Es ist zugleich das Stichwort für den bisher im Hintergrund lauernden Fiesco, der nun zu einer letzten Auseinandersetzung hervortritt.

Für Boito war diese Szene »die schönste des Dramas« (Brief Boitos an Verdi vom 7. Februar 1881; Medici/Conati, 1978, S. 42), weil sich hier die zwei Widersacher erstmals seit den 25 Jahre zurückliegenden Geschehnissen des Prologs von Angesicht zu Angesicht gegenüberstehen, »als Herren ihrer Handlungen und ihrer Worte, isoliert und frei von äußeren Einflüssen, äußeren Episoden« (Brief Boitos an Verdi vom 15. Februar 1881; ebd., S. 46). In diesem dreiteiligen Duett – zwei gemessene *largo*-Sätze umschließen ein in hektischer Figuration dahinstürzendes *allegro assai* voll tragischer Ironie – erklingt zu Fiescos Worten »O Schmerz! Schon lauert der Tod … ein Verräter / Hat dir Gift gereicht« die bereits aus dem Finale von *La traviata* oder dem »Miserere« im 4. Teil von *Il trovatore* bekannte markante Todesfigur, die lastend ins Herz der Musik schneidet. Gleichzeitig beginnen – in einer von Verdi genau konzipierten Lichtdramaturgie (siehe oben, S. 258 f.) – alle Lichter nach und nach zu verlöschen, bis beim Tode des Dogen die Szene in völliger Dunkelheit liegt. Blockhafte *ostinato*-Akkorde über dem Fundament der tiefen Streicher und dem erzenen Klang des Cimbasso, des Bläserfundaments, das an eine Totenglocke gemahnt, läuten das abschließende *pezzo concertato* ein.

In dieser Abschiedsszene vereinen sich, über dem Gesang des Chors, ein letztes Mal die Stimmen des sterbenden Dogen und die der über seinem Dahinscheiden vereinten Liebenden Amelia und Gabriele – ein handlungsloses Bild, in dem die Zeit stillsteht und ganz in Emotion, in Musik aufgelöst ist. Simone stirbt mit dem Namen »Maria« auf den Lippen, womit sich der Todeszirkel der Handlung schließt. Wie Verdis 1874 entstandene Totenmesse endet auch diese Oper *pianissimo* und in kraftlosem

Schweigen. Die Schläge der Totenglocke und schmerzvoll betonte Moll-Vorhalte auf den leichten Taktteilen trüben den Klang zudem fast bis zum Schlußakkord. Fahler, finsterer als dieses im offenen Ausgang mit leeren Quinten schließende Finale ist in der Operngeschichte zuvor noch kein Werk verklungen.

Der kompromißlose Ernst von Verdis Theater des Todes hat eine Breitenwirkung von *Simon Boccanegra* wie zuvor schon von *Macbeth* verhindert. Bis heute ist es eine Oper für Kenner geblieben. In der Entwicklung des Komponisten stellt *Simon Boccanegra* einen entscheidenden Schritt von der überkommenen Nummeroper zu einem Musikdrama dar, das sich nicht mehr an vorgegebenen Formen orientiert, sondern seine ästhetischen Normen aus sich selbst setzt.

Wirkung

Die Uraufführung, die Verdi selbst leitete, wurde ein herber Mißerfolg (Simon Boccanegra: Leone Giraldone, Jacopo Fiesco: Giuseppe Echeverria, Paolo Albiani: Giacomo Vercellini, Amelia: Luigia Bendazzi, Gabriele Adorno: Carlo Negrini). Das Presseurteil war durchweg ablehnend. Eine Ausnahme stellte nur die *Gazetta priviligata di Venezia* vom 15. März 1857 dar: »Die Musik des *Boccanegra* gehört zu denen, die nicht sofort Wirkung erzielen. Sie ist sehr sorgfältig gearbeitet, mit der auserlesensten Raffinesse ausgeführt, und man muß sie in ihren Details studieren. Daraus ergab sich, daß sie bei der Premiere nicht völlig verstanden wurde und einige ihr Urteil überstürzt abgaben; ein hartes, feindseliges Urteil einem Manne gegenüber, der Verdi heißt, einem der wenigen, der den Ruhm der italienischen Kunst im Ausland hochhält. Was diesen ersten und schiefen Eindruck irgendwie zu erklären vermag, das ist die vielleicht zu ernste und strenge Art der Musik und der melancholische Grundton, der die Partitur und insbesondere den Prolog beherrscht.« (Valeri, 1951, S. 54 f.) Kritisiert wurde vor allem das Libretto, kein Text einer Verdi-Oper wurde feindseliger aufgenommen. Abramo Basevi will das Libretto sechsmal gelesen haben, ehe er verstanden habe, was vorgeht (Basevi, 1859, S. 259).

Verdi betreute auch die nachfolgenden Inszenierungen in Reggio Emilia (1857) und in Neapel (1858). Für die Aufführung in Reggio, über die wir besonders gut unterrichtet sind (Conati, 1984), nahm er kleinere Veränderungen vor und verlegte die ersten fünf Szenen des 1. Aktes vom Innern in einen »Garten der Grimaldi außerhalb Genuas«, was Boito für die 2. Fassung beibehalten hat. Erfolglos blieb auch die erste Aufführung des Werks an der Mailänder Scala am 2. Februar 1859: »Und dennoch ist trotz allem, was Freunde oder Feinde sagen mögen, der *Boccanegra* nicht schlechter als viele andere meiner glücklicheren Opern, denn für ihn ist vielleicht eine sorgfältigere Aufführung vonnöten und ein Publikum, das zuhören will. Eine traurige Angelegenheit ist das Theater!!« (Brief Verdis an Tito Ricordi vom 4. Februar 1859; Copialettere, 1913, S. 557) Trotz ihrer musikalischen Schönheiten konnte sich die Oper nicht durchsetzen und wurde nur selten gespielt. Ricordi drängte daher seit 1868 auf eine Revision.

Verdi hat die erste Aufführung der Neufassung sorgfältig vorbereitet. Wie üblich war er vor allem um die Auswahl der richtigen Sänger besorgt: »In der *Forza* sind die Partien gemacht; in *Boccanegra* sind sie alle zu machen. Deshalb große Darsteller vor allem anderen. Eine Stimme aus Stahl für den *Fiesco*. Eine bescheidene, ruhige, schlanke und zarte junge [Stimme] für Amelia. Eine leidenschaftliche, höchst feurige und stolze Seele, ruhig, würdevoll und feierlich in der äußeren Erscheinung (sehr schwer zu verwirklichen) für den *Boccanegra*.« (Brief Verdis an Giulio Ricordi vom 2. Dezember 1880; Petrobelli, 1988, S. 84). Verdi kümmerte sich aber auch um die Einzelheiten der Inszenierung und besorgte die Einstudierung selbst. Mit Ausnahme Victor Maurels, der die Titelpartie verkörperte, war er mit der Besetzung der Mailänder Premiere vom 24. März 1881 vor allem in darstellerischer Hinsicht dennoch nicht zufrieden (Fiesco: Edouard de Reszke, Paolo: Federico Salviati, Gabriele: Francesco Tamagno, Amelia: Anna d'Angeri, Dirigent: Franco Faccio). Die Aufführung ist durch die 1883 erschienene und von Giulio Ricordi verfaßte *disposizione scenica* in allen Einzelheiten dokumentiert. Auch bei der Premiere an der Wiener Hofoper am 18. November 1882 hatte das Werk wenig Glück.

Wieder stand die wirre Handlung, die durch Boitos Überarbeitung nicht geklärt wurde, sondern in seiner Version eher noch dunkler und unlogischer ist, im Zentrum der Kritik: »Die Hauptpersonen, welche diese unsinnige Handlung ruckweise vorwärtsschieben, sind schön kostümierte Holzpuppen ohne Fleisch und Knochen.« (Hanslick, 1989, S. 139)

Wie die beiden anderen düsteren Verdi-Opern, *Macbeth* und *Don Carlos*, konnte sich *Simon Boccanegra* auch in der Neufassung nicht durchsetzen und verschwand im ersten Drittel des 20. Jahrhunderts fast ganz von der Bühne. Erst im Zuge der deutschen Verdi-Renaissance wurde man wieder auf das Werk aufmerksam. Franz Werfels erfolgreiche deutschsprachige Bearbeitung, die 1930 unter anderem in Wien, Berlin und Frankfurt am Main gegeben wurde, lenkte das Interesse wieder auf die italienische Originalversion. Populär ist *Simon Boccanegra* auch in der Folge nicht geworden, gehört heute aber doch zum unbestrittenen Verdi-Kanon an den Opernhäusern der Welt.

Diskographische Empfehlung

Lawrence Tibbett (Simon Boccanegra), Elisabeth Rethberg (Amelia), Ezio Pinza (Fiesco), Giovanni Martinelli (Gabriele), Leonard Warren (Paolo), Chor und Orchester der Metropolitan Opera New York, Ettore Panizza (aufgenommen live: 1939): Arkadia 2CD 50005

Tito Gobbi, Victoria de los Angeles, Boris Christoff, Giuseppe Campora, Walter Monachesi, Chor und Orchester des Opernhauses Rom, Gabriele Santini (aufgenommen: 1957): EMI 653–763513–2

Piero Cappuccilli, Mirella Freni, Nicolai Ghiaurov, José Carreras, José van Dam; Chor, und Orchester des Teatro alla Scala, Claudio Abbado (aufgenommen: 1977): DG 449 752–24

(Fassung 1857) Vittorio Vitelli, Annalisa Raspagliosi, Francesco Ellero D'Artegna, Warren Mok, Nikola Mijailovic, Bratislava Chamber Choir, Orchestra Internationale d'Italia, Renato Palumbo (aufgenommen: 1999): Dynamic CDS268.

Uwe Schweikert

Un ballo in maschera

(Ein Maskenball)
Melodramma in tre atti (3 Akte, 6 Bilder)

Text: Antonio Somma, nach dem Libretto *Gustave ou Le Bal masqué* von Eugène Scribe (Paris 1833, Musik: Daniel-François-Esprit Auber)
Uraufführung: Rom, Teatro Apollo, 17. Februar 1859
Personen: Riccardo, Graf von Warwick und Gouverneur von Boston (Tenor); Renato, ein Kreole, Riccardos Sekretär (Bariton); Amelia, Renatos Frau (Sopran); Ulrika, eine Wahrsagerin schwarzer Hautfarbe (Alt); Oscar, Page (Sopran); Silvano, Seemann (Baß); Samuel (Baß) und Tom (Baß), Feinde des Grafen; ein Richter (Tenor); ein Diener Amelias (Tenor) – Abgeordnete, Offiziere, Seeleute, Wachen, Männer, Frauen und Kinder aus dem Volk, Adlige, Anhänger Samuels und Toms, Diener, Maskierte und tanzende Paare
Orchester: 2 Querflöten (2. auch Piccoloflöte), 2 Oboen, Englischhorn, 2 Klarinetten, 2 Fagotte, 4 Hörner, 2 Trompeten, 3 Posaunen, Cimbasso, Pauken, große Trommel, Becken; Harfe, Streicher – Bühnenmusik – *banda*, kleines Orchester (Streicher), Glocke
Spieldauer ohne Pausen: ca. 2 Stunden 15 Minuten
Autograph: Mailand, Verlags-Archiv Ricordi
Ausgaben: Partitur: Mailand: Ricordi 1959, Nr. 159 – Klavierauszug: Mailand: Ricordi [1860], Nr. 31031–31059 – Textbuch: Mailand: Ricordi 1861; *Tutti i libretti*, 1975, S. 369–392; kritische Ausgabe, hrsg. von Eduardo Rescigno, Mailand: Ricordi 1997

Entstehung

Bereits 1853 bahnte sich eine Zusammenarbeit zwischen Verdi und dem befreundeten venezianischen Rechtsanwalt Antonio Somma an, einem erfolgreichen Bühnenautor, der jedoch bis dahin noch keine Opernlibretti geschrieben hatte und von Verdi erst intensiv in alle Bereiche des Metiers eingewiesen werden mußte. Nachdem Verdi einige zunächst diskutierte Projekte, darunter *Sordello* und *Ruy Blas*, schließlich fallengelassen hatte, schlug er Somma das

Sujet von Shakespeares *King Lear* vor, über das beide zwei Jahre lang korrespondierten, ehe Somma im Sommer 1855 eine erste und bald darauf eine zweite Librettofassung fertigstellen konnte. Im Frühjahr 1856 verhandelte Verdi erstmals mit Vincenzo Torelli, dem Sekretär des Teatro San Carlo in Neapel, und unterzeichnete schließlich einen Vertrag für eine Premiere Anfang 1858. Allerdings zögerte er die Komposition zunächst noch hinaus, da eine seinen Wünschen entsprechende Sängerbesetzung für *Rè Lear* nicht in Aussicht stand und keine der beide Librettofassungen seine ungeteilte Zustimmung fand.

Zur gleichen Zeit erörterten Komponist und Librettist bereits mögliche Alternativen. Hierbei stieß man auch auf Scribes *Gustave III ou Le Bal masqué*, einen Stoff, der nach seiner Originalvertonung durch Daniel-François-Esprit Auber (1833) bereits auf italienischen Bühnen – wenngleich mit verändertem historischen Gewand – in den Opern von Vincenzo Gabussi (*Clemenza di Valois*, Venedig 1841) und Saverio Mercadante (*Il reggente*, Turin 1843) erfolgreich in Szene gesetzt worden war. Verdi hegte zunächst starke Vorbehalte gegen das Sujet und seine »konventionellen Muster wie in allen Opern«, die ihm immer schon mißfallen hätten, nun aber unerträglich geworden seien (Brief Verdis an Vincenzo Torelli vom 19. September 1857; Copialettere, 1913, S. 562). An der Bearbeitung und Straffung des Scribeschen Librettos auf fast die Hälfte seiner ursprünglichen Länge war Verdi unmittelbar beteiligt; er verlangte von Somma zum Teil einschneidende Änderungen und überwachte die Versifikation in ihren einzelnen Stadien. Die Forderung der neapolitanischen Theaterleitung nach einer Verlegung von Ort und Zeit der Handlung wurde von den Autoren zunächst akzeptiert, auch wenn Verdi es sehr bedauerte, »auf den Pomp eines Hofes wie jenes von *Gustav III*. verzichten zu müssen« (Brief Verdis an Vincenzo Torelli vom 14. Oktober 1857; ebd., S. 563).

Unter dem Titel *Una vendetta in domino* sollte das Stück nun im 17. Jahrhundert in Pommern spielen; Somma verbarg sich unter diesen Umständen allerdings hinter dem Anagramm Tommaso Anomi. Die Komposition wurde auf dieser Textgrundlage bis auf die Instrumentierung im Januar 1858 abgeschlossen. Nachdem die Polizeibehörde auch das veränderte Textbuch abgelehnt hatte und der *impresario* Luigi Alberti das Drama daraufhin durch einen Literaten (vermutlich Domenico Bolognese) unter dem Titel *Adelia degli Adimari* in den historischen Kontext der Kämpfe zwischen Guelfen und Ghibellinen nach Florenz um 1385 versetzen ließ, kam es zwischen Verdi und der Theaterleitung zum Prozeß, der mit einem Vergleich endete. In einer knapp neunzigseitigen Verteidigungsschrift ließ Verdi durch seinen Anwalt Ferdinando Arpino darlegen, daß diese Eingriffe mit der Werkkonzeption unvereinbar seien, da sie dem Drama und der Musik den Charakter entzögen und das musikalische Kolorit verfälschten.

Schon vor Prozeßbeginn hatte er mit dem *impresario* Vincenzo Jacovacci einen Vertrag für eine Premiere am Teatro Apollo in Rom im Frühjahr 1859 abgeschlossen. Der Auflage der päpstlichen Zensur, einen Schauplatz außerhalb Europas zu wählen, fügten sich die Autoren und verlegten die Handlung nach Nordamerika, jedoch gestattete Somma nicht, daß diese ›Bostoner Fassung‹ unter seinem Namen erschien.

Handlung

In Boston und Umgebung, Ende des 17. Jahrhunderts

1. Akt, 1. Bild, ein Saal in Riccardos Haus, am Morgen: Gesandte, hohe Herren, Beamte und Soldaten preisen die Güte ihres Gouverneurs und erwarten dessen Erscheinen zur Morgenaudienz (*Coro d'introduzione*, »Posa in pace, a' bei sogni ristora«). Doch unter den Anwesenden befinden sich auch die Verschwörer Samuel und Tom sowie einige von deren Anhängern, die Riccardo nach dem Leben trachten. Der Page Oscar überbringt die Gästeliste des für denselben Abend geplanten Maskenballs. Unter ihnen befindet sich zu Riccardos Freude auch Amelia, seine heimliche Geliebte (*Scena e sortita*, »La rivedrà nell' estasi«). Ihr Gatte Renato erscheint, um seinen Herrn vor einer Verschwörung zu warnen (*Scena e cantabile*, »Alla vita che t'arride«). Der oberste Richter legt Riccardo ein gegen die Wahrsagerin Ulrica verhängtes Verbannungsdekret zur Unterschrift vor. Um eine Stellungnahme gebeten, tritt Oscar leidenschaftlich für Ulrica ein und erweckt damit Riccardos Inter-

esse (*Scena e ballata*, »Volta la terrea«). Der Gouverneur lädt alle Anwesenden ein, ihn am selben Abend in Verkleidung zu einem Besuch bei der Prophetin zu begleiten (*Seguito e stretta dell'introduzione*, »Ogni cura si doni al diletto«). – 2. Bild, die Hütte der Wahrsagerin: In Erwartung einer besseren Zukunft hat sich zahlreiches Volk bei Ulrica eingefunden, die die Mächte der Hölle heraufbeschwört (*Invocazione*, »Re dell'abisso, affrettati«). In der Verkleidung eines Seemanns tritt Riccardo hinzu. Dem Matrosen Silvano, dem Ulrica gesellschaftlichen Aufstieg und Wohlstand in Aussicht gestellt hat, steckt er ein Beförderungsschreiben in die Tasche und führt so die sofortige Erfüllung der Prophezeiung herbei. Ein Diener Amelias bittet für seine Herrin um ein ungestörtes Gespräch mit Ulrica. Die Menge verläßt den Raum, nur Riccardo gelingt es, die Unterredung zu belauschen, in der Amelia um ein Heilmittel gegen eine verbotene Liebe bittet. Ihr wird geraten, um Mitternacht auf dem Galgenfeld eine Zauberwurzel zu pflücken, die ihrem Herzen wieder Kraft gebe. Riccardo ahnt, wem die heimliche Liebe gilt, und beschließt, ihr an diesen Ort zu folgen (*Scena e terzetto*, »Della città al'occaso«). Nach Amelias Abgang durch eine Geheimtür gewährt Ulrica der Hofgesellschaft Eintritt durch das Haupttor. Riccardo läßt die Wahrsagerin aus der Hand lesen (*Scena e canzone*, »Di' tu se fedele«). Widerstrebend prophezeit ihm Ulrica, daß er bald sterben werde, und zwar durch den Freund, der ihm als nächster die Hand reichen werde. Während die übrigen erschrocken zurückweichen, bricht Riccardo in Gelächter aus (*Scena e quintetto*, »È scherzo od è follia«). Als Renato hinzutritt und Riccardo mit Handschlag begrüßt, gibt sich der Gouverneur zu erkennen und spricht Ulrica frei, deren Prophezeiung ganz offensichtlich falsch sei. Alle preisen erleichtert seine Güte, nur Ulrica hält an ihren bösen Ahnungen fest (*Scena ed inno – finale I*, »O figlio d'Inghilterra«).

2. Akt, einsame Gegend in der Nähe von Boston: Amelia sucht zu mitternächtlicher Stunde nach der Zauberwurzel und sinkt zum Gebet auf die Knie (*Preludio, scena ed aria*, »Ma dall'arido stelo divulga«). Da überrascht sie Riccardo mit seinen leidenschaftlichen Liebesbeteuerungen und entlockt ihr hierdurch ebenfalls ein Geständnis (*Duetto*, »Non sai tu che se l'anima mia«). Als sie Renato kommen sehen, verschleiert sich Amelia rasch (*Scena e terzetto*, »Tu qui! Per salvarti da lor, che celati«). Renato warnt Riccardo vor den Verschwörern und fordert ihn zum Kleidertausch auf, damit er unerkannt fliehen könne. Er selbst verspricht, die ›unbekannte‹ Dame verschleiert zum Stadttor zu geleiten. Renato und Amelia werden von den Verschwörern gestellt, die jedoch schnell gewahr werden, nicht den Gouverneur vor sich zu sehen. Als sie auch die Identität der Begleiterin erfahren wollen, kommt es deswegen zum Kampf, und Amelia muß ihren Schleier lüften, um den Gatten zu retten (*Scena e coro nel finale II*, »Avventiamoci su lui«). Belustigt erkennen die Verschwörer die Frau Renatos. Dieser schwört Rache und bittet Samuel und Tom für den nächsten Morgen zu einer Unterredung in sein Haus (*Quartetto finale II*, »Ve', se di notte qui colla sposa«).

3. Akt, 1. Bild, Arbeitszimmer in Renatos Haus: Trotz aller Versicherungen Amelias, ihn nicht betrogen zu haben, will Renato sie töten. Erst ihre Bitte, noch einmal ihren gemeinsamen kleinen Sohn sehen zu dürfen (*Scena ed aria*, »Morrò, ma prima in grazia«), bringt ihn von seinem Vorsatz ab und bekräftigt ihn stattdessen in dem Entschluß, daß Riccardo statt ihrer sterben müsse (*Scena ed aria*, »Eri tu che macchiavi quell'anima«). Als Samuel und Tom eintreffen, konfrontiert er sie mit Beweisstücken ihrer Verschwörung, fügt jedoch hinzu, selbst an dem geplanten Attentat teilnehmen zu wollen. Gemeinsam schwören sie Rache an Riccardo (*Congiura, terzetto e quartetto*, »Dunque l'onta di tutti sol una«). Die Entscheidung darüber, wer den Mord begehen dürfe, wird dem Los überlassen, das die hinzutretende Amelia ziehen muß, nicht ahnend, daß sie damit das Schicksal ihres Geliebten besiegelt. Das Los fällt auf Renato. Oscar überbringt die Einladung zum abendlichen Maskenball (*Scena e quintetto*, »Di che fulgor, che musiche«). – 2. Bild, Kabinett des Gouverneurs: In der Annahme, Amelia sei unerkannt nach Hause gelangt, entsagt Riccardo seiner Liebe und fertigt ein Schreiben aus, durch das Renato in Begleitung seiner Frau in ein hohes Amt nach England versetzt werden soll (*Scena e romanza*, »Ma se m'è forza perderti«). Da erscheint Oscar mit dem Brief einer Unbekannten, die Riccardo vor einem Attentat warnt. Gleichwohl

will dieser zum Ball gehen, um Amelia ein letztes Mal zu sehen. – 3. Bild, im Ballsaal: Während sich die Gesellschaft amüsiert (*Festa da ballo e coro*, »Fervono amori e danze«), gelingt es Renato, von Oscar die Verkleidung Riccardos zu erfahren (*Seguito del finale III*, »Saper vorreste«). Als Amelia, die ihn ebenfalls erkannt hat, Riccardo vergeblich zur sofortigen Flucht drängt (*Scena e duettino*, »T'amo, sì, t'amo, e in lagrime«), wird dieser von Renato erdolcht. Sterbend bekräftigt er Amelias Unschuld und übergibt das Schreiben, das den Konflikt hätte lösen sollen. Zu spät erkennt Renato seinen Irrtum, doch Riccardo verzeiht seinem Mörder (*Scena finale*, »Ella è pura: in braccio a morte«).

Kommentar

Un ballo in maschera gehört aufgrund der langwierigen und konfliktreichen Entstehung zu jenen Opern Verdis, über die sich besonders viele und grundsätzliche Äußerungen des Komponisten zur Ästhetik und Dramaturgie erhalten haben und die somit einen tiefen Einblick in seine Werkstatt erlauben. Ungeachtet der Vorbehalte, die Verdi gegen die herkömmlichen Züge des Textes hegte, ließ er sich doch gerade für dieses Libretto auf einen beharrlichen Kampf mit den Zensurbehörden ein. Die Wahl einer Stoffvorlage aus der Tradition der französischen *grand opéra* mit ihrer Vorliebe für zugespitzte Kontraste erklärt sich aus Verdis Kritik am zeitgenössischen italienischen *melodramma*, das sich so sehr »durch übertriebene Eintönigkeit versündigt« habe, »daß ich mich heute weigern würde, Stoffe in der Art von *Nabucco Foscari* usw. usw. zu komponieren« (Brief Verdis an Antonio Somma vom 22. April 1853; Pascolato, 1902, S. 46).

Obwohl Sommas Libretto der »opéra historique« Eugène Scribes im äußeren Handlungsverlauf sehr eng folgt, lassen sich die konzeptionellen Unterschiede gegenüber der Vorlage keineswegs nur auf die Willkür von Zensureingriffen zurückführen, sondern zeugen von grundverschiedenen Auffassungen über die Natur des musikalischen Dramas. Die Kürzungen an Scribes Text gingen vor allem zu Lasten der historischen Details und der *couleur locale*, die für eine französische *grand opéra* zentral, für Verdis dramaturgische Intentionen jedoch höchstens sekundär waren, und schufen Raum für die Intensivierung der Leidenschaften, in denen sich die Protagonisten befangen zeigen. Verdis intensive Auseinandersetzung mit dem Libretto *Adelia degli Adimari* in der Verteidigungsschrift und die Korrespondenz mit Somma offenbaren die Vollkommenheit, mit der er sämtliche Dimensionen des Dramas und seiner Interpretation zu beurteilen verstand.

Die großformale Anlage des Werkes ist von außerordentlicher Klarheit. Sie besteht aus einer spiegelsymmetrischen Disposition von fünf Bildern, in deren Zentrum der ohne Dekorationswechsel auskommende zweite Akt steht. Er wird von zwei Szenen gerahmt, in denen das Schicksal des Herrschers rituell besiegelt wird: zunächst in der Prophezeiung Ulrikas (1. Akt, 2. Bild), sodann in der Verschwörung und der Auslosung des Attentäters (3. Akt, 1. Bild). Den äußeren Rahmen bilden die Szenen des gesellschaftlichen Lebens am Hofe (1. Akt, 1. Bild und 3. Akt, 2. Bild). Zwischen zwei Akten, in denen die Intrige entwickelt wird, steht der geradlinige 2. Akt als einzige gewaltige Steigerung von der Arie Amelias über ihr Duett mit Riccardo, dem Terzett mit Renato hin zum Quartett mit Chor zwischen Amelia, Renato und den Verschwörern. Gegenläufig hierzu verläuft indes die Entwicklung der musikalischen Ausdrucksbereiche, die mit einer Introduktion von außerordentlich düsterer Gefühlsintensität beginnt und mit der Antiklimax des in der Ferne verklingenden Spottchors endet.

Abgesehen vom zentralen Dreieckskonflikt ist die Figurenkonstellation dieser Oper für Verdi eher untypisch, insbesondere wegen des Fehlens einer autoritären Vaterfigur, aber auch aufgrund der ambivalenten Tenorpartie des Riccardo, die quer zu den Rollenklischees des *melodramma* steht und in Verdis Œuvre nur im Herzog aus *Rigoletto* ein Gegenstück besitzt (nicht zufällig stammt auch letztere Figur aus einem jüngeren französischen Drama und teilt mit Riccardo das Schicksal, aus Zensurgründen in der Oper den königlichen Status eingebüßt zu haben). Darüber hinaus begegnen mit Oscar und Ulrica zwei weitere *primarii*, die im Œuvre des Komponisten singulär dastehen. Ulrica bildet die erste Verkörperung einer großen Altpartie in Verdis Opern. Die Figur des Oscar und mit ihm die Tradition der Pagenrollen stammt aus der französischen Oper, wo sie weniger in Aubers gleichnamiger Gestalt als vielmehr im Urbain aus Giacomo Meyerbeers *Les Huguenots* ein prägendes Vorbild besitzt. Sowohl Ulrica als auch Oscar sind nicht unmittelbar an der Haupthandlung beteiligt, tragen aber durch ihre jeweilige Funktion als Prophetin respektive Zeremonienmeister indirekt dazu bei, die Katastrophe zu besiegeln. Außergewöhnlich ist jedenfalls, daß Verdi zwei große Gesangspartien für Figuren geschrieben hat, die nicht unmittelbar am zentralen Konflikt beteiligt sind (Preziosilla und Melitone in *La forza del destino* sind weitere Beispiele für diese nur in der mittleren Schaffenszeit Verdis feststellbare Tendenz).

Die beiden anderen Protagonisten, die als Geliebte (Amelia) und Rivale (Renato) traditionellen Schemata zu entsprechen scheinen, stimmen doch keineswegs gänzlich mit diesen überein. Amelia verstrickt sich in einen immer schärferen Konflikt zwischen ihrer Liebe und der Schuld des Ehebruchs; Renato wandelt sich im Lauf des Dramas vom selbstlosen Beschützer zum blindwütigen Vernichter seines Herrn.

Allerdings berechtigt nichts zu der Annahme, daß diese Abweichungen von konventionellen Rollentypen mit einer Individualisierung oder psychologischen Vertiefung der Charaktere einhergingen. Tatsächlich gibt es wohl kaum eine zweite Oper Verdis nach 1850, in der die Charakterisierung der Figuren so schemenhaft bleibt wie in dieser. Deren Anonymität erweist sich als Konsequenz der »rigorosen Einbindung aller Aktionen in eine Dramaturgie der Maskerade« (Gerhard, 1992, S. 388). Anders als bei Scribe und Auber, wo sich die Verkleidung auf den Ball als Kulminationspunkt der dramaturgischen Anlage beschränkt, wird die Maskierung der Figuren bei Verdi zur durchgängigen Metapher eines sozialen Entfremdungsprozesses, der zugleich hinter der musikalischen Fassade des brillanten *divertissement* die Abgründe erahnen läßt, aus denen die tragischen Verstrickungen hervorgehen.

Schon im 1. Akt verkleidet sich die ganze Hofgesellschaft, um sich inkognito in soziale Niederungen begeben zu können, und Riccardos *canzone* (»Di' tu se fedele«) trägt als Barkarole auch musikalisch das schlichte Fischergewand des von der Wahrsagerin noch unerkannten Herrschers. Im 2. Akt tauschen Riccardo und Renato ihre Kleider, während Amelia sich hinter ihrem Schleier verbirgt und schließlich demaskiert wird. Die Verkleidung des Äußeren ist wiederum nur sichtbares Symbol für die auf Verstellung gründenden Umgangsformen, derer man sich in dieser dekadenten Hofgesellschaft durchgängig bedient.

Eine vergleichbare Ambivalenz prägt auch Verdis musikalischen Stil, der hier zum ersten und wohl auch einzigen Mal in der permanenten Durchdringung von Tragik und Komik als konsequent doppelbödig bezeichnet werden kann (in den beiden italienischen Bearbeitungen desselben Stoffs durch die Komponisten Gabussi und Mercadante waren die komischen Elemente der Vorlage gemäß der Tradition des italienischen *melodramma* dagegen nahezu vollständig eliminiert worden). Die viel zitierte Leichtigkeit, die die musikalische Sprache in *Un ballo in maschera* von vorausgegangenen Werken wie *Il trovatore* oder *La traviata* grundsätzlich unterscheidet, verbindet sich dabei gerade mit jenen von Verdi selbst als unerträglich empfundenen konventionellen Zügen des Librettos, die ihn zunächst zögern ließen, das Werk überhaupt in Angriff zu nehmen. Zählt die Tendenz zu einer »Mixtur des Komischen und des Furchtbaren (in der Art Shakespeares)« (Brief Verdis an Salvadore Cammarano vom 24. März 1849; Abbiati, 1959, Band II, S. 4) generell zu den wichtigsten Entwicklungslinien des mittleren Verdi, so wird sie hier dadurch potenziert, daß Komik und Entsetzen unauflöslich miteinander verbunden sind. So erweist sich *Un ballo in maschera* als komplementäres Gegenstück zu *La forza del destino*, denn während in letzterem Werk Komik und Tragik überwiegend alternieren, vollziehen sie sich in *Un ballo in maschera* vorzugsweise in der Gleichzeitigkeit.

Musikalisch wird diese in der Maskerade versinnbildlichte Ambivalenz in eine tänzerische Feinmotorik übersetzt, die die Figuren wie im Rausch auf das Verhängnis zutreibt. Die mondäne Frivolität des gesellschaftlichen Lebens, die im Schlußtaumel des eröffnenden *tableau* bereits mit Stilmitteln auskomponiert ist, die dem zeitgenössischen Pariser Unterhaltungstheater eines Jacques Offenbach zu entstammen scheinen, ist dabei mehr als nur der äußere Rahmen für eine tragisch endende Privataffäre. Die gesamte *introduzione* mit ihrem allen Anschein nach konservativen Aufbau aus rahmenden Chor-Blöcken und zwischengeschalteten Soli mag insofern erstaunen, als Verdi sich zuvor ausdrücklich gegen die Konvention gewandt hatte, alle Opern mit Chören zu beginnen, und konsequenterweise auch in *Simon Boccanegra* auf einen entsprechenden Szenenkomplex verzichtet hatte. Doch die Anlage der einzelnen Komponenten dieser *introduzione* macht deutlich, daß es sich nicht um einen bloßen Rückfall in überkommene Traditionen handelt, sondern daß Verdi hier »eher die destillierte Essenz der traditionellen Formen als diese Formen selbst« verwendet hat (Budden, 1978, Band II, S. 381).

Schon dem ruhevollen Eingangschor wird durch die unheilverkündenden Interventionen der Verschwörer mit einfachen Mitteln ein prägnanter Kontrast eingefügt, der anschließend auch in der simultanen Überblendung beider Vokalgruppen erhalten bleibt. Eine ähnliche Konzision und Verdichtung der musikalischen Mittel, nun im Gewande dezenter Eleganz, kennzeichnet auch die äußerst knappe *sortita* Riccardos, die gleichzeitig den lyrischen Ausdruck eines *adagio* mit dem pulsierenden Duktus der *cabaletta* in sich vereint. Entsprechendes gilt auch für die anschließende einteilige Auftrittsarie Renatos, deren *espressivo*-Melodie von den Streichern polonaisenartig grundiert wird und somit ebenfalls das über Bord geworfene Formmodell nur noch als Reminiszenz anklingen läßt. Oscars strophische *ballata* (»Volta la terrea«) übernimmt aus der *opéra comique* neben ihren Stilmitteln auch ihre dramaturgische Funktion, nämlich die Mitteilung wichtiger Ereignisse aus der Vorgeschichte der Handlung. Vor allem aber die anschließende *stretta* bestätigt Verdis Absicht, den »brillanten und etwas französischen Charakter Gustavs« und seines Hofes zu porträtieren. Trägt schon ihr Eröffnungsmotiv (»Ogni cura si doni al diletto«) mit seinem anapästischen Rhythmus und dem Akzent auf der letzten Silbe französisches Kolorit, so orientiert sich ihre Hauptmelodie (»Nell'antro dell'oracolo«) ganz offensichtlich am zeitgenössischen Pariser Varietétanz par excellence, dem Cancan. Der Page Oscar, der außer in dieser Szene noch mit einer weiteren französisch inspirierten Strophenarie bedacht ist, nämlich der aus geringfügigen motivischen Zellen additiv gebauten ironischen *canzone* (»Saper vorreste«), verkörpert ebenso wie auch Riccardo diese helle Sphäre tollkühner Unbeschwertheit.

Hierzu kontrastiert aufs schärfste die von dissonanten Akkordschlägen eingeleitete Szene um Ulrica, deren konsequente Entwicklung aus einem »pentatonischen Materialkern« etwas »adäquat Archaisches« innewohnt (Schnebel, 1979, S. 91). Ulrica wie auch der als »Kreole« bezeichnete Renato erscheinen zudem in der endgültigen ›Bostoner Fassung‹ durch ihre dunkle Hautfarbe als Gegenpole zu den Lichtgestalten Riccardo und Oscar. Ähnlich düster beginnt der mitternächtliche 2. Akt auf dem Galgenfeld, der ganz und gar von dem verhängnisvollen Dreieckskonflikt mit seinen Extremen der Liebe und der Eifersucht geprägt ist und insofern endlich den Normen der italienischen Oper zu gehorchen scheint. Zwar entspricht der Aktbeginn mit einer *Scena ed aria* der allein auf der Bühne befindlichen weiblichen Hauptrolle ebenfalls diesen Erwartungen, doch bleibt auch Amelias Auftrittsarie auf eine einteilige Anlage beschränkt, wie überhaupt Verdi in *Un ballo in maschera* erstmals gänzlich auf die traditionelle Anlage aus *adagio* und *cabaletta* verzichtet. Amelias Arie stellt »eine Mischform dar, in der sich Elemente verschiedener Arientypen überlagern« (Ross, 1983, S. 145). Prägend ist dabei auch hier wiederum die aus der französischen Oper übernommene Strophenarie, deren Form allerdings durch die Flexibilität der Vertonung verschleiert wird.

»Verdis Unterfangen, die italienische Oper durch Anleihen bei der französischen zu erneuern« (Döhring, 1997, S. 60), offenbart sich nicht zuletzt in einer ausgefeilteren Orchestertechnik und einer Liebe zum instrumentatorischen Detail, die seine früheren Opern mitunter vermissen ließen. Schon das *preludio* zeichnet sich durch den bei Verdi erstmaligen Gebrauch von Flageolett-Tönen in den Violinen aus, die im Verbund mit den *pizzicati* der übrigen Streicher eine in Oktavparallelen gesetzte Holzbläserkantilene begleiten (die Melodie von Riccardos *sortita*) und dieser trotz ihrer Vortragsangabe *con espressione e sempre sotto voce* zugleich eine charakteristische Schwerelosigkeit verleihen. Auch die ausdifferenzierte Besetzungsstaffelung der Schlußszene mit drei räumlich getrennten Klangkörpern, wobei neben das Hauptorchester und die *banda* noch eine kleine Streicherformation auf der Bühne für die Mazurka hinzutritt, spiegelt die Auseinandersetzung mit der *grand opéra*.

Die französische Prägung des musikalischen Idioms begründet indes nicht nur ein Spannungsfeld zur älteren Tradition der italienischen Oper, sondern zugleich auch zu einer etwaigen *couleur locale* der verschiedenen ins Auge gefaßten Schauplätze. Zahlreiche Inszenierungen der letzten Jahrzehnte haben sich auf die sogenannte ›schwedische Urfassung‹ der Oper berufen und ein dem Hofe Gustav III. angemessenes Ambiente abzubilden versucht. Allerdings ist nicht zu übersehen, daß Verdis Reaktionen auf die von der Zensur geforderten Eingriffe in die dramaturgische Grundstruktur zwar unerbittlich, hinsichtlich der genauen Lokalisierung und Datierung jedoch eher halbherzig waren. Und so überrascht es kaum, daß der Komponist auch bei späteren Aufführungen, die ohne Zensureinschränkungen stattfanden, keinerlei Interesse an einer Wiederherstellung des ursprünglichen Rahmens zeigte. Von einem musikalischen Kolorit, daß sich mit Schweden in Verbindung bringen ließe, kann in seinem Werk keine Rede sein, und enge stilistische Beziehungen gibt es nur zum Paris von Napoléon III, mitnichten aber zum gustavianischen Stockholm.

Indes dürfte es kaum ein Zufall gewesen sein, daß Verdi und Somma, nachdem sie zwei Jahre lang vergeblich um den *Rè Lear* gerungen hatten, sich erneut einem (wenngleich völlig anders strukturierten) Königsdrama zuwandten. Und ein Königsdrama ist *Un ballo in maschera* zumindest latent auch geblieben, wenngleich äußere Umstände dazu führten, daß der Protagonist degradiert und die Oper zunächst als ›heidnische‹ Ostseetragödie, sodann als mittelalterliche Patrizierfehde und schließlich als puritanisches Siedlerstück ausstaffiert wurde. Diese nachträglich erzwungenen Verkleidungen haben höchstens insofern ihren Reiz, als sie einerseits das Grundprinzip der ungewissen Identität auf eine weitere, dem inneren Kommunikationssystem des Dramas vorgelagerte Ebene expandieren, und andererseits die zur Entstehungszeit herrschenden kategorischen Imperative der Opernästhetik von *couleur locale* und *couleur historique* ad absurdum führen.

Wollte man allen Ernstes eine dem Geist des Historismus verpflichtete Aufführung in Boston um 1680 spielen lassen, so wäre störender noch als die völlige Unverträglichkeit zwischen dem in der Oper auch musikalisch reich entfalteten Hofzeremoniell und der tatsächlichen Lebenswelt puritanischer Einwanderer in der kolonialen Frühzeit Nordamerikas die Tatsache, daß ein solch sittsamer wie trostloser Rahmen kaum Anhaltspunkte für die ironisch distanzierte Doppelbödigkeit bieten würde, die den einzigartigen Charakter gerade dieser Oper ausmacht. Daß Verdi sich auf diesen unglücklichen Kompromiß mit der Zensur einließ, offenbart seine nur sehr vagen Vorstellungen über die Geschichte Amerikas im 17. Jahrhundert. Reduzierte man das Drama indes auf den tragischen Konflikt um die Liebe eines Mannes zur Gattin seines einzigen Freundes und damit auf ein bürgerliches Eifersuchtsdrama, so bliebe zumal der Schluß mit seiner »ausführlichen Entlarvung Riccardos als verblendeten Monomanen« (Gerhard, 1992, S. 403) höchst befremdlich, der die Herrschaftsverhältnisse des Absolutismus und des Gottesgnadentums vorauszusetzen scheint.

Für heutige Regisseure ergeben sich aus dieser verwickelten Sachlage jedoch auch mannigfache und selten erschlossene Interpretationsmöglichkeiten, die nur dann am Wesen des Werkes vorbeizugehen drohen, wenn sie Riccardos Stellung als erhabener Herrscher, die charakteristische Rolle des Pagen als Exponent und Vermittler der Distanz zwischen Souverän und Gesellschaft sowie die symbolische Bedeutung des Maskenballs selbst als Ausdruck hochgradig verschlüsselter Kommunikationsformen der herrschenden Eliten gänzlich ignorieren.

Wirkung

Die Premiere unter der Leitung von Emilio Angelini mit Gaetano Fraschini (Riccardo), Eugenia Julienne-Dejean (Amelia), Leone Giraldoni (Renato), Pamela Scotti (Oscar) und Zelinda Sbriscia (Ulrica) wurde ein großer Erfolg, wenngleich Verdi mit den Leistungen der drei zuletzt genannten Sänger nicht zufrieden war und eine angemessene Besetzung für Oscar und Ulrica auch an anderen italienischen Bühnen vor allem in den Anfangsjahren große Schwierigkeiten bereitete. Gleichwohl verbreitete sich das Werk schnell in Italien wie im Ausland; es gehört zu den wenigen Opern Verdis, die sich seit ihrer Uraufführung ununterbrochen im internationalen Repertoire behauptet haben. 1860 gab es Erstaufführungen in Turin und Lissabon, 1861 in Paris, London, New York, Berlin und Sankt Petersburg, in den folgenden Jahren unter anderem in Mailand, Stuttgart, Buenos Aires, Lima, Budapest, Wien, Brüssel, Valparaiso, Warschau, Prag, New Orleans, Sydney, Riga und Kairo.

Verständlicherweise ließ man schon 1861 am Pariser Théâtre-Italien und an der Londoner Covent Garden Opera das Stück nicht in Nordamerika spielen. In beiden Fällen verlegte man es im Blick auf die Barcarole des als Seemann verkleideten Gouverneurs (verkörpert jeweils durch Mario [Giovanni Cavaliere de Candia]) nach Neapel, ein besonders beliebter Schauplatz, der zudem seit Aubers *La Muette de Portici* für die Darstellung von Sujets mit zweifelhaften Umsturzversuchen prädestiniert war.

In der in den 1920er Jahren einsetzenden sogenannten »Verdi-Renaissance« spielte das Werk zunächst keine zentrale Rolle. In Kopenhagen wurde 1935 erstmals eine am schwedischen Königshof Gustavs III. spielende Fassung gezeigt und damit ein Trend begründet, dem sich London und Paris 1952 sowie Stockholm 1958 anschlossen und der seither zahlreiche Nachfolger gefunden hat. Die Orientierung an der Biographie des historischen Monarchen, der in Wirklichkeit homosexuell war, ein inniges Verhältnis zu seinen Pagen pflegte und seinen Hof gern in ausgefallenen Verkleidungen überraschte, bot dabei zusätzliche Anhaltspunkte, die Rollen- und Versteckspiele noch weiter zu treiben. Vor allem aber seiner konzisen Dramaturgie und der eingängigen Musik verdankt *Un ballo in maschera* seine bis heute ungebrochene Popularität.

Diskographischer Hinweis

Zinka Milanov (Amelia), Stella Andreva (Oscar), Bruna Castagna (Ulrica), Jussi Bjoerling (Riccardo), Alexander Sved (Renato), Chor und Orchester der Metropolitan Opera New York, Ettore Panizza (aufgenommen: live 1940): Myto RY 49.50

Walburga Wegner, Anny Schlemm, Martha Mödl, Lorenz Fehenberger, Dietrich Fischer-Dieskau, Chor und Orchester des Kölner Rundfunks, Fritz Busch (aufgenommen: 1951): Calig CAL 50 946/47 (in deutscher Sprache)

Herva Nelli, Virginia Haskins, Claramae Turner, Jan Peerce, Robert Merrill, Robert Shaw Chorale, NBC Symphony-Orchestra, Leitung, Arturo Toscanini (aufgenommen: 1954): zur Zeit nicht lieferbar

Maria Callas, Eugenia Ratti, Fedora Barbieri, Giuseppe di Stefano, Tito Gobbi, Chor und Orchester der Mailänder Scala, Antonino Votto (aufgenommen: 1956): EMI Classics 556 320 2

Leontyne Price, Reri Grist, Shirley Verrett, Carlo Bergonzi, Robert Merrill, Chor und Orchester der RCA Italiana, Erich Leinsdorf (aufgenommen: 1966): BMG/RCA GD 86645

Arnold Jacobshagen

La forza del destino

(Die Macht des Schicksals)
Opera in quattro atti (4 Akte, 8 Bilder)

Text: Francesco Maria Piave, nach dem Drama *Don Álvaro o La fuerza del sino* (1835) von Ángel de Saavedra y Ramírez de Baquedano, Duque de Rivas, unter Einbezug des ersten Teils, *Wallensteins Lager* (1798), aus Friedrich Schillers dramatischem Gedicht *Wallenstein* in der italienischen Übersetzung Andrea Maffeis; Veränderungen und Ergänzungen der zweiten Fassung von Antonio Ghislanzoni
Uraufführung: (1. Fassung) St. Petersburg, Bolschoi-Theater, 10. November 1862; (2. Fassung) Mailand, Teatro alla Scala, 27. Februar 1869 (hier behandelt)
Personen: Der Marchese von Calatrava (Baß); Donna Leonora (Sopran) und Don Carlo di Vargas (Bariton), seine Kinder; Don Alvaro (Tenor); Preziosilla, junge Zigeunerin (Mezzosopran); Padre Guardiano (Baß) und Fra Melitone (Bariton), Franziskaner; Curra, Leonoras Zofe (Mezzosopran); ein Alkalde (Baß); Mastro Trabuco, Maultiertreiber, später Marketen-

der (Tenor); ein Chirurg des spanischen Militärs (Baß) – Chor: Maultiertreiber, spanische und italienische Landleute, spanische und italienische Soldaten jeder Waffengattung, jeweilige Ordonnanzen, italienische Rekruten, Franziskanermönche, arme Bettlerinnen und Bettler, Marketenderinnen – Ballett: spanische und italienische Landleute, Marketenderinnen und Soldaten – Statisten: Wirt, Wirtin, Bedienstete in der Schenke, Maultiertreiber, italienische und spanische Soldaten jeder Waffengattung, Trommler, Trompeter, Landvolk und Kinder beider Nationen, Seiltänzer, Verkäufer jeder Art

Orchester: 2 Querflöten (beide auch Piccoloflöte), 2 Oboen, 2 Klarinetten (2. auch Baßklarinette), 2 Fagotte, 4 Hörner, 2 Trompeten, 3 Posaunen, Cimbasso, Pauken, große und kleine Trommel, Becken, Orgel, 2 Harfen, Streicher – Bühnenmusik auf der Szene: 2 kleine Trommeln; hinter der Szene: 6 Trompeten, 4 kleine Trommeln

Spieldauer ohne Pausen: ca. 2 Stunden 45 Minuten

Autograph: Mailand, Verlagsarchiv Ricordi

Ausgaben: (1. Fassung): Klavierauszug: Mailand: Ricordi [1863], Nr. 34681–34751; Textbuch: St. Petersburg: Stillovsiago [1862] – (2. Fassung): Partitur: Mailand Ricordi [ca. 1895, ca. 1910], Nr. 98646 – Klavierauszüge: Mailand: Ricordi [1869], Nr. 41381; Mailand: Ricordi [1869], Nr. 41312–41346 – Textbücher: Mailand: Ricordi 1869; *Tutti i libretti*, 1975, S. 393–423; kritische Ausgabe, hrsg. von Eduardo Rescigno, Mailand: Ricordi 1998

Entstehung

Nach der Premiere von *Un ballo in maschera* am 17. Februar 1859 zog Verdi sich für die bis dahin längste Zeit vom Theater zurück. Erst im Dezember 1860 – während der Verhandlungen mit Camillo Cavour über seine zukünftige Rolle als Abgeordneter des italienischen Parlaments – reizte ein Brief aus St. Petersburg erneut seine kompositorische Ader: Der berühmte Tenor Enrico Tamberlik bat ihn im Auftrag des Kaiserlichen Theaters um eine neue Oper für den Winter 1861/62; konkrete Bedingungen und Wahl des Stoffes waren ihm freigestellt. Verdi schlug Victor Hugos *Ruy Blas* vor, der jedoch von der Zensur zunächst abgelehnt und später von Verdi selbst als problematisch verworfen wurde. Nach einem Besuch von Tamberliks Bruder Achille in Turin im April 1861 entschied sich Verdi schließlich für das Drama in Versen und Prosa *Don Álvaro o La fuerza del sino* des durch Hugo beeinflußten spanischen Romantikers Ángel de Saavedra, Duque de Rivas; in der italienischen Übersetzung von Faustino Sanseverino (Mailand 1850) hatte er es bereits 1852 und 1856 für Venedig in Erwägung gezogen.

Am 3. Juni 1861 unterzeichnete Verdi den Vertrag, und gegen Ende des folgenden Monats begann mit seinem alten Librettisten Francesco Maria Piave die Arbeit am Libretto, das bis Oktober fertiggestellt war. Unter der gewohnt strikten Anleitung Verdis reduzierte Piave das enorm ausladende fünfaktige Stück geschickt auf die Kernzüge der Haupthandlung. Die Genrebilder des 3. Aktes indes behielt er nicht nur bei, sondern erweiterte sie sogar auf Wunsch Verdis um Elemente aus Schillers *Wallensteins Lager*; insbesondere übernahm er Abschnitte der Kapuzinerpredigt nahezu wörtlich aus der Übersetzung Andrea Maffeis. Die Komposition war, wie üblich bis auf die Orchestrierung, am 22. November beendet. Im Dezember begab sich Verdi gemeinsam mit Giuseppina, nunmehr seiner Gattin, nach St. Petersburg. Wegen Erkrankung der *prima donna* Emma La Grua verzögerten sich jedoch die Proben, und die gesamte Aufführung mußte schließlich auf den folgenden Winter verschoben werden.

Nach der Komposition und Aufführung seines *Inno delle nazioni* in London kehrte Verdi im September 1862 mit der inzwischen orchestrierten Partitur nach St. Petersburg zurück, wo er im Verlauf der Proben noch kleinere und größere Veränderungen – letztere vor allem in den Tenor- und Bariton-Partien des 3. Aktes – vornahm (Holmes, 1990). Am 10. November fand die Premiere mit einer erstklassigen Besetzung statt: Caroline Barbot – von Verdi vorgeschlagen – in der Rolle der Leonora, Francesco Graziani (Carlo), Enrico Tamberlik (Alvaro), Constance Nantier-Didiée (Preziosilla) und Achille De Bassini – ebenfalls auf Wunsch Verdis – als Fra Melitone, ferner Gian-Francesco Angelini (Padre Guardiano). Verdi selbst betrachtete die Oper als Erfolg; weitere Aufführungen riefen jedoch teils negative Reaktionen hervor. Anfang Januar 1863 reiste Verdi nach Madrid, wo er die Einstudierung am Teatro Real für die Premiere am 21. Februar übernahm. Trotz der Beteiligung von Gaetano Fraschini (Alvaro) und Anne Caroline de Lagrange (Leonora) sowie anhaltenden Zuspruchs des Publikums war Verdi von der Aufführung und den kritischen Meinungen (darunter derjenigen des Duque de Rivas) enttäuscht; kurz zuvor hatte auch die erste italienische Aufführung in Rom – in einer durch die Zensur veränderten Fassung als *Don Alvaro* – keinen durchschlagenden Erfolg erzielt.

Ungewöhnlich irritiert durch die hartnäckige Kritik an Länge und fatalem Ausgang der Oper erwog Verdi erstmals im Herbst 1863, den 3. Akt und die Schlußszene umzugestalten. Die von Piave erbetene Neufassung derselben stellte ihn indes ebensowenig zufrieden wie Tito Ricordis Vorschlag, den Part Melitones zu streichen. Für eine zwischen Juni 1864 und Dezember 1865 mit verschiedenen Personen diskutierte französische Bearbeitung lieferte Achilles de Lauzières einen glücklichen Ausgang, den Verdi als mit dem Charakter des Werkes unvereinbar betrachtete. Das Projekt scheiterte schließlich auch an den für die Pariser Opéra erforderlichen großformatigen Ergänzungen und führte statt dessen im Dezember 1865 zum Abschluß des Vertrags für *Don Carlos*.

Erst im Herbst 1868 gelang es Tito Ricordi, Verdi anläßlich einer für den Karneval des folgenden Jahres geplanten Aufführung am Teatro alla Scala in Mailand erneut für eine Revision der Oper zu interessieren. Giulio Ricordi vermittelte den Kontakt zu Antonio Ghislanzoni, der statt des durch einen Schlaganfall gelähmten Piave gemeinsam mit Verdi bis Ende des Jahres das Libretto überarbeitete. Die kompositorischen Neuerungen bezogen sich – neben der Neufassung und Verfeinerung einiger Gesangspartien sowie anderer kleinerer Änderungen – vor allem auf das nunmehr versöhnlicher scheinende Finale, Umstellungen im 3. Akt und das zur Ouvertüre erweiterte Vorspiel. Am 25. Januar 1869 leitete Verdi die erste Probe in Mailand; in seiner Anwesenheit geriet die Premiere der revidierten Fassung am 27. Februar zum durchschlagenden Erfolg.

Handlung

In Spanien und Italien, um die Mitte des 18. Jahrhunderts.

1. Akt, Sevilla, ein etwas heruntergekommener Saal mit Damasttapeten, Familienportraits und Wappen. Der Marchese wünscht seiner unruhigen Tochter Leonora bewegt gute Nacht und hofft, daß sie ihren unwürdigen Liebhaber vergessen habe (*Introduzione e scena*, »Buona notte, mia figlia ... Addio, diletta«). Als er gegangen ist, drängt Curra zur Vorbereitung der geplanten Flucht mit Alvaro, dem vom Marchese zurückgewiesenen Geliebten Leonoras, während Leonora die bevorstehende Trennung von ihrem Vater beklagt und ihrer Heimat schmerzvoll Lebewohl sagt (*Recitativo e romanza*, »Me pellegrina ed orfana«). Über den Balkon tritt Alvaro gespornt herein, wirft sich Leonora in die Arme und malt die Freuden der baldigen Hochzeit aus. Doch Leonora zögert und bittet ihn, die Flucht um einen Tag zu verschieben. Als Alvaro an ihrer Liebe zweifelt und sie aus dem Verlöbnis entlassen will, überwindet Leonora Angst und Trauer; gemeinsam besingen sie ihre unerschütterliche Liebe (*Scena e duetto*, »Pronti destrieri di già ne attendono«). Der zurückkehrende Marchese überrascht die beiden und befiehlt seinen Dienern, Alvaro zu ergreifen. Dieser beteuert Leonoras Unschuld und möchte sich seiner noblen Abkunft halber nur dem Marchese selbst ergeben. Zum Zeichen der Unterwerfung schleudert er seine Pistole von sich, aus der sich versehentlich ein Schuß löst. Tödlich getroffen, verflucht der Marchese Leonora; verzweifelt zerrt Alvaro sie mit sich zum Balkon (*Scena – finale I*, »Vil seduttor! ... infame figlia! No, padre mio ...«).

2. Akt, 1. Bild, das Dorf Hornachuelos und Umgebung; eine große Küche in der Schenke: Landleute und Maultiertreiber preisen den Feierabend (*Coro – ballabile*, »Holà, holà, holà!«). Unter den Gästen befindet sich der als Student getarnte Carlo; er ist auf der Suche nach seiner Schwester und ihrem Geliebten, um den Tod des Vaters zu rächen. Auch Leonora, die auf der Flucht von Alvaro getrennt wurde, hält sich als Mann verkleidet in der Gastwirtschaft auf. Während die anderen die Mahlzeit loben, erkennt sie entsetzt ihren Bruder und zieht sich auf ihr Zimmer zurück (*Scena*, »La cena è

pronta . . . A cena«). Die junge Zigeunerin Preziosilla tritt ein; mit einem Loblied auf die Soldatenehre ruft sie dazu auf, den Krieg der Italiener gegen die Deutschen zu unterstützen. Sie nimmt Carlo nicht ab, daß er ein Student ist, und sagt ihm eine düstere Zukunft voraus (*Recitativo e canzone*, »Al suon del tamburo«). Eine Schar singender Pilger zieht vorüber; kniend stimmen alle in das Gebet um Gnade und Vergebung ein (*Preghiera*, »Su noi prostrati e supplici«). Carlo fragt den Maultiertreiber Trabuco nach der mit ihm angekommenen Person aus, welche nicht an der Mahlzeit teilnehme. Als er aufdringlich wird, möchte der argwöhnische Alkalde lieber dessen eigene Geschichte erfahren. Carlo gibt sich als Student Pereda aus: Er habe seinem Freund Vargas helfen wollen, dessen Schwester und ihren Liebhaber zu suchen, welcher seinen Vater ermordet habe. Die Schwester sei jedoch gemeinsam mit dem Vater umgekommen, und Carlo verfolge nun allein den nach Amerika gesegelten Verführer; deshalb habe er, Pereda, nun seine Studien fortgesetzt (*Scena e ballata*, »Son Pereda, son ricco d'onore«). Preziosilla glaubt ihm nicht, doch die anderen verabschieden sich beeindruckt (*Scena, coro e ripresa della danza*, »Sta bene. Ucciso – fu quel Marchese?«). – 2. Bild, kleine Ebene am Rande eines steilen Gebirges, in der Mitte die Kirche Madonna degli Angeli, links die Pforte des Konvents mit einem kleinen Fenster und Glockenzug, im Hintergrund Berge und das Dorf Hornachuelos, helles Mondlicht: Müde schleppt sich Leonora in Männerkleidern heran und dankt dem Himmel für die gelungene Flucht aus der Schenke. Erschüttert über die Neuigkeit, Alvaro habe sie verlassen, findet sie Trost im Gesang der Mönche aus der Kirche (*Aria*. »Madre, pietosa Vergine«). Nach einigem Zögern läutet sie an der Pforte und bittet den launischen Melitone, Padre Guardiano sprechen zu dürfen. Diesem allein vertraut sie ihre Identität an und bittet ihn, sie als Einsiedlerin in einer nahen Höhle Frieden finden zu lassen. Guardiano warnt sie vor den harten Konsequenzen einer vielleicht voreilig getroffenen Entscheidung und schlägt einen Konvent vor, gibt Leonoras Drängen aber schließlich nach (*Scena e duetto*, »Più tranquilla l'alma sento«). Er läßt die Mönche in der Kirche versammeln und schwören, den Ort des büßenden Sünders zu meiden; wer dessen Frieden störe, sei verflucht. Feierlich wird Leonora eingesegnet und auf den Weg geschickt (*Finale II*, »Il santo nome – di Dio Signore«).

3. Akt, 1. Bild, Italien, in der Nähe von Velletri; ein Wald, dunkle Nacht: Von Ferne vernimmt man die Stimmen spielender Soldaten. Alvaro, als Don Federico Herreros inzwischen gefeierter Hauptmann der spanischen Königsgrenadiere, resümiert sein unglückliches Schicksal: Sein Vater habe durch die Heirat mit der letzten Inka-Prinzessin umsonst versucht, seinem unterdrückten Land Frieden zu bringen und die Krone zu erlangen. Im Kerker geboren, sei er selbst nur am Leben, da er seine Herkunft verheimliche. Leonora, die er tot und im Himmel wähnt, fleht er an, sich seiner zu erbarmen und ihm den erlösenden Tod zu schicken (*Scena e romanza*, »O tu che in seno agli angeli«). Durch einen Streit gestört, rettet er einen unbekannten Soldaten – Carlo – vor den Degen aufgebrachter Spielgenossen. Unter falschen Namen schwören sich beide ewige Freundschaft, bevor sie erneut in den Kampf gerufen werden (*Scena e duettino*, »Amici in vita e morte«). – 2. Bild, Salon im Quartier eines höheren spanischen Offiziers in der Nähe von Velletri, am Morgen: Ordonnanzen beobachten das siegreiche Gefecht, in welchem der schwer verwundete Alvaro von Carlo gerettet wird (*Scena e battaglia*, »Con voi scendere al campo d'onor«). Carlo bringt ihn zum Feldarzt und verspricht ihm im Falle der Genesung den Orden von Calatrava. Erschreckt lehnt Alvaro ab und vertraut dem Freund eine Schatulle mit einem versiegelten Bündel von Briefen an, welches sein Geheimnis berge und nach seinem Tod vernichtet werden solle (*Scena e duettino*, »Solenne in quest'ora giurarmi dovete«). Wieder allein, kann der durch Alvaros Reaktion mißtrauisch gewordene Carlo der Versuchung nicht widerstehen und untersucht das Bündel: Ein Porträt Leonoras verrät Alvaros Identität. Als der Chirurg dessen geglückte Operation meldet, fiebert Carlo der Rache entgegen (*Scena ed aria*, »Urna fatale del mio destino«). – 3. Bild, verlassenes Militärlager in der Nähe von Velletri, Krämer- und Lebensmittelläden, bei Nacht: Eine Patrouille kontrolliert das Lager (*Ronda*, »Compagni, sostiamo«). Bei Anbruch der Morgendämmerung kommt Alvaro gedankenverloren heran und beklagt, daß ihm kein Frieden vergönnt sei. Der nahende Carlo

erkundigt sich scheinheilig nach Alvaros Gesundheit, gibt sich dann zu erkennen und fordert ihn zum Duell auf. Alvaro beteuert Leonoras Unschuld und erzählt, wie er auf der Flucht schwer verletzt wurde; nach seiner Heilung habe er Leonora ein Jahr lang gesucht, bis man ihm sagte, sie sei verstorben. Carlo enthüllt, daß Leonora zunächst bei einer alten Verwandten untergeschlüpft und dann vor ihm geflohen sei. Überglücklich schlägt Alvaro vor, die Lebende gemeinsam zu suchen. Erst als Carlo schwört, sie umzubringen, läßt Alvaro sich zum Duell hinreißen. Doch die Wache trennt die beiden und führt Carlo ab. Verzweifelt beschließt Alvaro, in einem Kloster Vergessen und Frieden zu suchen (Scena e duetto, »No, d'un imene il vincolo«). Bei Sonnenaufgang erklingt der Weckruf: Das Lager füllt sich mit Waffen putzenden Soldaten und Marketenderinnen, unter denen sich Preziosilla als Wahrsagerin anpreist. Gemeinsam besingen alle die Freuden des Krieges (Coro e strofe, »Venite all'indovina«). Trabuco bietet Trödelware feil und erzielt mit Ankäufen gute Gewinne (Scena ed arietta, »A buon mercato chi vuol comprare«). Bauern mit ihren Kindern betteln um Almosen, einer Gruppe ängstlicher Rekruten redet Preziosilla das Heimweh aus und verspricht Freundschaft und Liebesglück (Coro, »Pane, pan per carità«). Marketenderinnen und Rekruten beginnen einen fröhlichen Tanz (Coro – tarantella, »Nella guerra è la follia«). Aus Spanien kommend, um geistlichen Beistand zu leisten, wütet Melitone entsetzt gegen das unerwartet gottlose Treiben. Erbost gehen italienische Soldaten auf ihn los, die Spanier verhelfen ihm zur Flucht (Predica, »Toh! toh!... Poffare... il mondo! o che tempone«). Mit ihrer Trommel stimmt Preziosilla zum Kriegsgesang an (Rataplan, »Rataplan, rataplan, della gloria«).

4. Akt, 1. Bild, Umgebung von Hornachuelos, ein baufälliger Hof im Inneren des Klosters der Madonna degli Angeli: Mißmutig verteilt Melitone Suppe an junge und alte Bettler. Padre Guardiano ermahnt ihn zu Nachsicht und Barmherzigkeit; doch als alle die Gutmütigkeit Padre Raffaeles loben, verliert Melitone die Geduld und vertreibt die Männer und Frauen (Coro ed aria buffa, »Il resto a voi, prendetevi, – non voglio più parole...«). Allein unterhalten sich die beiden Franziskaner über Raffaele, dessen eigenartiges Verhalten Melitone befremdet; doch Guardiano erklärt, dies sei durch strenges Beten und Fasten bedingt (Scena e duetto, »Del mondo i disinganni«). Jemand klopft, und Melitone öffnet Carlo die Tür, der Padre Raffaele zu sprechen wünscht: Raffaele ist kein anderer als Alvaro, den Carlo fünf Jahre lang mit unverändertem Rachedurst gesucht hat und jetzt, unbeeindruckt von der Mönchskutte, erneut zum Duell auffordert. Alvaro läßt alle Beleidigungen über sich ergehen, beteuert seine ernsthafte Buße und kniet schließlich vor Carlo, um ihn zur Nachsicht zu bewegen. Doch als dieser ihn durch eine Ohrfeige demütigt, kann Alvaro sich nicht mehr beherrschen. Er ergreift den Degen, welchen er schon vorher genommen, dann aber von sich geworfen hatte. Sich gegenseitig den Tod schwörend, stürzen die beiden davon (Scena e duetto, »Le minacce, i fieri accenti«). – 2. Bild, unzugängliches Tal zwischen Felsen, von einem Bach durchflossen; links eine Höhle, über deren Tür eine Glocke; bei Sonnenuntergang: Bleich und entstellt tritt Leonora aus der Höhle. Sie hat ihre Liebe noch immer nicht vergessen können und bittet aufgewühlt um Frieden. Dann holt sie das Essen ab, welches Guardiano ihr in der Nähe bereitgestellt hat. Von nahendem Degenklirr aufgeschreckt, zieht sie sich schnell in die Höhle zurück (Melodia, »Pace, pace, mio Dio; cruda sventura«). Im Duell ist Carlo tödlich verwundet worden und möchte die letzte Beichte ablegen. Alvaro aber fühlt sich zu schuldig und weiß keinen anderen Ausweg, als den Einsiedler aus der Höhle zu rufen. In höchster Not läutet Leonora die Alarmglocke und kommt schließlich, den Eindringling vor dem Fluch warnend, hervor. Verwundert erkennen sich beide, aber Alvaro weist sie wegen seiner Sünde von sich und gesteht den Mord an Carlo. Leonora läuft entsetzt zu ihrem Bruder, der sie, im Tod noch unversöhnlich, niedersticht. Beim Anblick der Sterbenden, die vom herbeigeeilten Guardiano gestützt wird, verflucht Alvaro sein Schicksal. Doch Guardiano ermahnt ihn zur Demut, und Leonoras Drängen auf Vergebung kann Alvaro sich nicht verschließen. Er kniet zu den Füßen Leonoras nieder, die mit seinem Namen auf den Lippen das Leben aushaucht: Im Himmel wird sie auf ihn warten (Scena e terzetto Finale, »Non imprecare, umiliati«).

Kommentar

La forza del destino stellt in Verdis Schaffen einen Einzelfall dar aufgrund der enormen geographischen wie zeitlichen Ausdehnung, der Mischung von Tragik und Komik, Ernst und Heiterkeit, *memento mori* und *carpe diem* sowie der krassen Durchsetzung der – an sich schon ausladenden – Handlung mit nur im weitesten Sinne auf diese bezogenen Genreszenen. Gerade nach *Un ballo in maschera*, durch dramatische Konzentration und formale Ausgewogenheit musikalisch ungleich einheitlicher, bedeutete dies ein Experimentieren mit einem breiter angelegten Verständnis von musikalischem Drama, ja einen entscheidenden Vorstoß in die Richtung der *grand opéra*, deren Dramaturgie in *Don Carlos* erneut aufgegriffen wurde. In dieser Hinsicht stellte Ángel de Saavedras Drama, die klassischen Einheiten von Ort und Zeit radikal sprengend, eine große Herausforderung dar. Von Verdi als »wirkungsvoll, einzigartig und äußerst weitgespannt, [...] mit Sicherheit etwas Außergewöhnliches« beschrieben (Brief an Léon Escudier vom 20. August 1861; Prod'homme, 1928, S. 22), bot es einen fragmentarischen, eher kaleidoskopisch aneinandergereihten denn strikt linearen Handlungsverlauf und eine Fülle von charakteristischen Genrebildern.

Die Übernahme solcher Genrebilder in die Oper war an sich schon ungewöhnlich; wie sehr jedoch Verdi an szenischer Vielfalt gelegen war, zeigt seine kühne Erweiterung des Feldlagers in Saavedras 3. Akt um Elemente aus *Wallensteins Lager* – einem ungewöhnlich epischen Stück Schillers, das Verdi bereits 1849 für eine zeitweilig diskutierte Oper *L'assedio di Firenze* hatte verwenden wollen (Brief an Salvatore Cammarano vom 24. März 1849; Abbiati, 1959, Band II, S. 5). Damit nicht genug, weitete Verdi auch die sakrale Sphäre der Oper bühnenwirksam um den an der Schenke vorbeiziehenden Pilgerchor und die feierliche Investitur Leonoras in der Kirche aus. Durch dieses abwechslungsreiche, bunte Geschehen bot sich ihm die Möglichkeit großer Ausstattungsszenen mit Chor-*tableaux* und Tanzeinlagen wie in der *grand opéra* Meyerbeers. Die von Schiller inspirierte Lagerszene bewirkte außerdem die Transformation dreier in die Oper übernommener Nebenfiguren Saavedras zu individuell ausgeprägten Charakteren: Die Zigeunerin Preziosilla, die bei Saavedra nur ganz kurz in Erscheinung tritt, wird zur treibenden Kraft der ausgelassenen Massenszenen und zum lebensfrohen Gegenbild Leonoras; der gewitzte Laienbruder Melitone, bereits im Drama als komischer Charakter angelegt, gerät durch die ihm in den Mund gelegte Kapuzinerpredigt vollends zu einer *buffa*-Figur Rossinischen Typus' (gleichwohl mit flexiblerer, zur Dramatik fähiger Stimmführung), wie sie bei Verdi bisher nur ansatzweise – vor allem mit Oscar in *Un ballo in maschera* – vertreten war; und der Maultiertreiber Trabuco verwandelt sich in der Lagerszene in einen jüdischen Händler, dessen musikalisch fremdartiges Porträt mit kurzen Phrasen, *staccati* und Trillern Verdi besonders reizte (Brief an Francesco Maria Piave vom September 1861; ebd., S. 658).

Unverkennbar ist Verdis Bestreben, ähnlich wie in den großen Historiendramen Shakespeares den von den Protagonisten ausgetragenen tragischen Konflikt und ihre zunehmende Entfremdung von der Welt um die realistischere Perspektive des einfachen Volkes zu bereichern und mit dieser zu kontrastieren. Die Tragödie der verarmten, doch an ihrer Ehre festhaltenden Adelsfamilie Calatrava erwächst so im 1. Akt – unter Auslassung von Saavedras vorbereitender Volksszene – allein aus der Begegnung der beiden Liebenden und Leonoras Vater; äußerlich durch den viel kritisierten zufälligen Pistolenschuß in Gang gesetzt, ist die schicksalhafte Entwicklung der Liebesgeschichte innerlich bereits durch die fatale Verstrickung der Protagonisten in ihre sozialen Positionen mit den entsprechenden Verhaltenskodices angelegt. Am Ende dieses schnell bewegten Aktes getrennt, treffen sich die Liebenden erst im letzten Bild der Oper in einer ähnlich absurden Situation wieder; hier bewirkt Guardiano als Gegenpart zum Marchese ihre abschließende Aussöhnung mit dem Schicksal. Dazwischen wird ihr Lebensweg einzeln – im 2. Akt derjenige Leonoras, im 3. derjenige Alvaros – vor dem Hintergrund lokaler Genreszenen dargestellt, wobei Carlo (in der Oper aus den Rollen zweier Söhne des Marchese zusammengezogen) als Verkörperung des auf ihnen lastenden Fluches fungiert: Er ist es, der die eigentliche Handlung vorantreibt und durch notwendige Erzählungen sowohl die anderen Charaktere auf der Bühne als auch das Publikum immer wieder über die inzwischen verflossene Zeit und die Geschicke des Paars aufklärt.

Diese großformatige Anlage stellte Verdi vor allem in den letzten beiden Akten vor dramaturgische Schwierigkeiten, die nicht nur ihn noch lange beschäftigen sollten. Waren die von Publikum und Kritik gleichermaßen bemängelte Länge der Oper, das Zufällige des Geschehens (vor allem des fatalen Pistolenschusses) und das lange Verschwinden der *prima donna* von der Bühne im Grundsatz nicht zu ändern, so bildete die schließlich im Herbst 1868 vorgenommene Neugestaltung des »verfluchten Endes« (Brief an Giulio Ricordi vom 8. September 1864; ebd., S. 798) den Ausnahmefall einer grundlegenden Revision nicht aus musikalischen Gründen, sondern aufgrund der vehementen und insistierenden Kritik am Sujet.

In der ursprünglichen Version hatten Piave und Verdi das apokalyptische, der Schauerromantik verhaftete Finale Saavedras beibehalten: Nach Leonoras unterbrochenem Gebet fechten Alvaro und Carlo ihr Duell auf offener Szene vor der Höhle aus. Während ein Gewitter heraufzieht, holt Alvaro wie 1869 den ›Einsiedler‹ als Beichtvater. Sich erkennend, besingen Leonora und Alvaro kurz ihre Liebe, bevor der tödlich verwundete Carlo im Glauben, das Paar habe all die Jahre schändlich zusammengelebt, seine Schwester zu sich ruft und ersticht. Mit Ausbruch des Gewitters eilen die ein *Miserere* singenden Mönche herbei; Padre Guardiano ruft entsetzt nach Alvaro, der ihn – zur Genugtuung Melitones – verhöhnt und sich mit einem schrecklichen Fluch auf die Menschheit von einem nahen Felsvorsprung stürzt. Gegenüber diesem von Verdi ursprünglich gelobten »gewaltigen«, für das Publikum ungewohnt brutalen Ende mit dem Tod aller drei Protagonisten auf offener Bühne ist die spätere Fassung von einem humanitären Versöhnungsgedanken getragen, wie er paradigmatisch in Alessandro Manzonis berühmtem Geschichtsroman *I promessi sposi* von 1827 proklamiert wurde.

Ob die neue Auflösung Verdis eigene Idee war und möglicherweise unter dem Eindruck der ersten Begegnung mit dem großen Dichter im Sommer 1868 entstand, oder ob sie durch Ghislanzoni angeregt wurde, der etwa zeitgleich Manzonis bekanntestes Werk als Libretto bearbeitete, läßt sich nicht feststellen (Brown, 1983, S. 43–48). Da Verdi jedoch eine Versöhnung zwischen Carlo und den Liebenden aufgrund der die Oper motivierenden Idee völlig ausschloß, scheinen die »christlichen Verse« mit der Bekehrung Alvaros zum »*lieben Jungen*« für den Agnostiker Verdi die einzige Möglichkeit eines gemilderten Endes gewesen zu sein (Briefe Verdis an Giulio Ricordi vom 11. und 20. Januar 1869; Abbiati, 1959, Band III, S. 243 und 246); im Kontext des Dramas sind beide Versionen der Oper gleichermaßen schlüssig.

Weniger geglückt erscheint dagegen die szenische Disposition des 3. Aktes. In der St. Petersburger Fassung folgte die Lagerszene direkt auf Carlos Arie (»Urna fatale del mio destino«) und die Nachricht von der gelungenen Operation Alvaros. Die Konfrontation der beiden Männer fand erst im Anschluß statt, wobei Alvaro nach erfolgreich ausgetragenem Duell sein Entsetzen über den vermeintlichen Mord an Carlo bekundete; erneut in den Kampf gerufen, beendete er den Akt mit einer *cabaletta*, in welcher er wünschte, im Gefecht zu sterben oder andernfalls sein Leben Gott zu weihen. Ein Nachteil dieser Version war, daß Carlos überraschendes Auftreten im nächsten Akt – bei Saavedra ist es Don Alfonso, ein zweiter Bruder Leonoras – erst erklärt werden mußte; das neue Ende der Oper erforderte außerdem, Alvaros Verlangen nach religiöser Sühne stärker hervorzuheben.

Die Feldlager-Szene bewirkte in der Version von 1862 allerdings nicht nur eine effektvolle Auflockerung der düsteren Auseinandersetzung der beiden Helden, sondern auch den für Alvaros Genesung benötigten Eindruck zeitlicher Distanz. In der späteren Fassung ist der hinzukomponierte kurze Chor der Wachen kaum in der Lage, diesen zu erzielen, während die Lagerszene am Ende des Aktes für das übrige Geschehen funktionslos bleibt. Daß außerdem zwei der drei großen Tenor/Bariton-Duette dicht aufeinander folgen, wird bis heute häufig zum Anlaß genommen, das zweite zu streichen. Während eine französische, 1883 erstmals in Antwerpen aufgeführte und möglicherweise von Verdi autorisierte Bearbeitung den Akt – unter anderem durch Streichung des *duettino* (»Solenne in quest'ora giurarmi dovete«) und der Szenen Trabucos und Melitones – wie die gesamte Oper radikal kürzte (Budden, 1978, Band II, S. 515–519), schlug Franz Werfel in seiner berühmt gewordenen freien Nachdichtung von 1926 eine Kombination beider Fassungen vor: Wie 1862 ließ er die Rettung Alvaros von der Lagerszene folgen und eliminierte die neue *ronda* der Wachen; das zweite Streit-Duett plazierte er wieder an das Ende des Aktes, behielt jedoch die spätere Fassung mit dem verhinderten Duell bei. Diese Vertauschbarkeit ganzer Nummern und Szenen der Oper ist Ausdruck ihrer geradezu mosaikhaften Dramaturgie, die in eigenartiger Weise Charakteristika der russischen Oper vorwegnimmt und, nicht zuletzt auch durch die auffällige Mischung nationaler und religiöser Elemente, ein Vorbild für Musorgskijs *Boris Godunow* gewesen sein mag.

Mit *La forza del destino* wollte Verdi keine »Oper der Duette und *cavatine* usw. usw.«, sondern eine »Oper der *Absichten*« schaffen (Brief Verdis an Cesare De Sanctis vom 21. Mai 1869; Luzio, 1935, Band I, S. 111). Daß also nicht die Erfüllung konventioneller Erwartungshaltungen, sondern ein dramatisch leitender Gedanke im Vordergrund stand, drückt schon Verdis Bevorzugung von Saavedras Untertitel aus – in seiner abstrakten Allgemeinheit bei Verdi ein Einzelfall. Zur Umsetzung dieser Idee nutzte Verdi alle ihm zur Verfügung stehenden Mittel und bediente sich je nach dramatischen Erfordernissen an konventionellen wie zukunftsweisenden Formen. Bemerkenswert ist vor allem der Versuch, die disparate Handlung musikalisch durch die ungewöhnlich ausgeprägte, weit über ähnliche Verfahren in *Rigoletto* hinausgehende Verwendung wiederkehrender Motive und melodischer Verwandtschaften zusammenzubinden. Die Oper begann 1862 mit einem kurzen Vorspiel, welches in dichter Folge drei später bedeutsame Themen exponierte und in geradezu Beethovenscher Manier entwickelte; für Mailand erweiterte Verdi diese inzwischen unmodern gewordene Form unter Einbezug weiteren thematischen Materials der Oper zu einer Ouvertüre symphonischen Formats, die bis heute im Konzertsaal die beliebteste derartige Schöpfung Verdis ist.

Preludio und Ouvertüre heben mit drei Aufmerksamkeit erheischenden lauten *unisono*-Akkorden der Blechbläser auf e an, die anschließend von einem agilen leisen Streicher-motiv aufgenommen werden. Oft als »Schicksalsmotiv« bezeichnet, taucht diese rhythmisch drängende und harmonisch doppeldeutige Figur im Verlauf der Oper wiederholt im Zusammenhang mit einem für Leonora tragischen Geschehen auf: Sie begleitet die Vereitelung der Flucht im 1. Akt, Leonoras Ankunft im Kloster und ihre ängstlichen Zweifel im 2. sowie ihr erstmaliges Erscheinen und das Nahen der Eindringlinge im letzten Akt. Das elegische zweite Thema der Ouvertüre entstammt Alvaros letztem Duett mit Carlo, in welchem er seine ernsthafte Buße beteuert. Die aufsteigende Sexte mit anschließend abfallendem Sekundschritt, mit der jede seiner Phrasen anhebt, ist durchweg für die Musik Alvaros charakteristisch und markiert darüber hinaus den Tonumfang vieler bedeutender Passagen in Leonoras Melodieführung sowie ihre letzten Worte in der früheren Fassung, stellt also ein wichtiges, die beiden Liebenden verbindendes Element dar (Várnai, 1966, S. 2120–2133).

Sie prägt auch das dritte im Vorspiel zitierte Thema aus dem zweiten Teil ihrer Arie im 2. Akt und tritt vor allem – in Form zweier verschränkter Quartschritte, welche aus Alvaros Liebeserklärung im ersten Akt herrühren – in Alvaros großer *romanza* des 3. Aktes (»O tu che in seno agli angeli«) in den Vordergrund; das Schicksal beklagend, gibt Alvaro hier das Geheimnis seiner Herkunft preis. Seine qualvollen Erinnerungen an die Katastrophe des 1. Aktes werden von einem ungewöhnlich langen und melancholischen Klarinettenvorspiel eingeleitet, das Verdi für Ernesto Cavallini, den aus Studienzeiten befreundeten Soloklarinettisten des St. Petersburger Theaters, schrieb (Lawton, 1966). Die Anfangsphrase dieser Introduktion wird zu Beginn des Streitduetts im gleichen Akt von der Klarinette wieder aufgenommen und bildet so den Grundstein einer beginnenden semantischen Verwendung einzelner Instrumente: Mit Alvaro assoziiert, begleitet die Klarinette auch seine entscheidenden Passagen im letzten Duett mit Carlo und erscheint außerdem an markanten Stellen in Verbindung mit Leonora, so bei ihrem bangen Warten auf Guardiano im 2. Akt und in ihrer Todesszene, in welcher sie vor allem in der ersten Fassung Leonoras ersterbenden Atem ausfüllt.

Für Leonora allein ist die Harfe reserviert:

Symbol ihrer Reinheit und religiösen Läuterung, erklingt das Instrument erstmals zu Beginn des hinzukomponierten zweiten Teils der Ouverture sowie gegen Ende des Duetts mit Guardiano bei dem in der Ouverture zitierten Dankesthema Leonoras; später begleitet es ihren Auszug aus der Kirche, ihre ergreifende *melodia* und, in der zweiten Version, die Bekehrung Alvaros im 4. Akt.

Ein drittes musikalischen Zusammenhalt förderndes Bezugselement bildet die charakteristische Verwendung von Tonarten. So bewegt sich Carlo in Verbindung mit seinen Rachegedanken – in seiner *cabaletta* des 3. Aktes, im Monolog vor der Begegnung mit Alvaro im 4. Akt sowie in weiten Partien der beiden Streitduette – stets in E-Dur, dem tonalen Bereich der Ouverture. Konsequenterweise schließt die Oper nach Carlos vollzogener Rache in der ersten Version mit den Anfangsakkorden in e, wodurch sich eine außergewöhnliche harmonische Geschlossenheit ergibt. Für Leonora verwendet Verdi eine reichere Palette von einfacheren Tonarten wie h-Moll, B-Dur und vor allem F-Dur; lediglich der letzte Teil des Duetts mit Guardiano steht in E-Dur.

Alvaro dagegen ist vorwiegend durch weichere b-Tonarten gezeichnet: Seine Romanze und das Freundschaftsduett im 3. Akt stehen in As-Dur, der Tonart, in welcher er Carlo in beiden Auseinandersetzungen zu beschwichtigen sucht und in der späteren Fassung seine religiöse Versöhnung erlebt; entsprechend endet die Oper 1869 in As-Dur. Wenn sich damit in beiden Versionen verschiedene tonale und motivische Bezüge ergeben, verdeutlicht dies, daß es sich bei den verbindenden Elementen keinesfalls um ein gezielt eingesetztes semiotisches System, sondern vielmehr um ein interpretatives Bezugsnetz handelt, welches sich assoziativ über diese episodische Oper erstreckt (Parker, 1997, S. 97).

Der tonal geschlossene 1. Akt, von ungewohnt ausführlichen und detaillierten Regieanweisungen begleitet, ist einer der dramatisch kompaktesten in Verdis Gesamtwerk. Verdi stellt eine *Introduzione – scena* an den Anfang, welche statt eines *Coro d'introduzione* oder einer großen Szene mit Arie die Oper – wie bereits in *Simon Boccanegra* und später in *Aida* – inmitten einer Unterhaltung mit einem realistisch flexiblen Rezitativ beginnen läßt. Aus dieser Alltagssituation entwickelt sich das Drama bis zum Ende des Aktes in rascher Folge ohne überflüssige Elemente zur Tragödie, wobei die sich streng nach der dramatischen Situation richtende Musik das Geschehen vorantreibt. So verzichtet Leonoras bewegende zweiteilige *romanza* (»Me pellegrina ed orfana«), deren Text Antonio Sommas *Rè Lear*-Libretto entlehnt ist, der emotionalen Wandlung entsprechend auf eine großangelegte motivische Reprise.

Bei seiner Ankunft beginnt Alvaro ohne vorausgehendes Rezitativ sofort ein stürmisches Liebesduett – eine zusätzliche Herausforderung dieses extrem anspruchsvollen, an den gewaltigen stimmlichen Ressourcen Tamberliks orientierten Tenorparts. Das viersätzige Duett transzendiert mit den deklamatorischen Passagen, in welchen Leonoras innerer Konflikt ausgetragen wird, und mit der durch die Geräusche des nahenden Marchese unterbrochenen kurzen Coda, welche bereits den Fortgang der Handlung umfaßt, von innen heraus die scheinbar traditionelle Form. Leonoras Liebesbeteuerung zu abgerissen schluchzenden Halbtonmotiven lassen musikalische und textliche Aussage in krassen Widerspruch treten: Ebenso wie durch eine unerwartete Modulation im Gespräch mit dem Vater verrät die Musik hier die wahren Gefühle der Protagonistin. In beiden Szenen fällt ein ›sprechender‹, prägnanter Gebrauch des Orchesters auf, welches nicht nur die Atmosphäre, sondern auch Gedanken und Emotionen der Charaktere evoziert und – beispielhaft in Alvaros *romanza* und Leonoras Sterbeszene – den Einsatz der Singstimmen vorbereitet, weiterträgt und ergänzt.

Dies gilt inbesondere für Alvaro und Leonora, deren Darsteller nach Verdi weniger virtuos als beseelt und mit expressivem Verständnis der Worte singen sollten (Brief an Vincenzo Luccardi vom 17. Februar 1863; Copialettere, 1913, S. 612); der zunehmenden Verinnerlichung beider Liebenden und ihrem Umgang mit der einzig verbleibenden Erinnerung entspricht ihre formal flexible Musik. Während Leonoras Arie im 2. Akt (»Madre, pietosa Vergine«) eine zweiteilige, sich nach Dur wendende Romanzenform erkennen läßt, ist ihre nicht minder berühmte *melodia* des letzten Aktes völlig frei gestaltet. Seit Filippo Filippis Rezension der Mailänder Uraufführung gelegentlich mit Schuberts *Ave Maria* verglichen, verbindet sie lyrische, in ihrer Länge an Bellini erinnernde Melodiebögen mit deklamatorisch expressiven Passagen zu einem ausdrucksstarken Beispiel für Verdis die Konventionen graduell transformierende, progressive Schreibweise. Ähnlich werden in Alvaros *romanza* die anfänglich wiederholten Phrasen, seinem assoziativen Gedankengang angemessen, frei weiterentwickelt. Leonoras vielgliedriges großes Duett mit Padre Guardiano zeichnet treffend nach, wie sie sich langsam beruhigt und in der Auseinandersetzung mit Guardianos würdigem, sicherem und sich in kleinen Tonschritten bewegendem Baß allmählich zu einer neuen inneren Stärke und Hoffnung findet; dennoch behalten beide Charaktere ihre musikalische Eigenständigkeit bei. Carlo dagegen erfährt keine musikalische Entwicklung und paßt sich mit der leichtherzigen Melodik in der Schenke sowie in der Auseinandersetzung mit Alvaro eher seiner Umgebung an; in der späteren Fassung des letzten Duetts äfft er sogar höhnisch Alvaros Beteuerung der Buße nach.

Die scharf punktierten Tonrepetitionen seiner Arie im 3. Akt (»Urna fatale del mio destino«), dem Wendepunkt des Dramas, verrät seine zutiefst obsessive Natur, die hier über seine noblere Seite siegt. Nach Streichung von Alvaros letzter Arie des 3. Aktes kommt Carlo in der Mailänder Fassung die einzige solistische *cabaletta* zu, deren eckige Melodik Verdi 1862 noch während der Proben vollständig neu komponierte; 1869 bereits eine eher seltene Form, kann sie als passender Ausdruck von Carlos altmodisch überzogenem Rachegefühl verstanden werden.

Hatte Saavedra die Sphären des Adels und des einfachen Volkes durch die Verwendung gereimter Verse und Prosa unterschieden, so bedachte Verdi die Träger der Massenszenen überwiegend mit populären strophischen Formen und chorischen Ritornellen. Die umfangreiche Lagerszene stellt eine rasche und kontrastierende Abfolge von in sich geschlossenen Abschnitten mit Tänzen und Chören sowie locker verbundenen Szenen dar. Vor allem die einfach beschwingten charakteristischen Lieder Preziosillas, einer in der Musik noch lachenden Nachfahrin von Donizettis *Fille du régiment*, liefern exotisches Lokalkolorit und folkloristische *tinta*. Einige Chorpartien sind dagegen eher konventionell gehalten. Namentlich der beliebte *rataplan*, eine im Anklang an Meyerbeers *Les Huguenots* und Donizettis *La Fille du régiment* ausgeführte Idee Piaves, erzielt jedoch mit musikalisch einfachen Mitteln und onomatopoetischer Sprache einen großen Effekt.

Haupt- und Nebenhandlung sowie kriegerische und religiöse Emotionen treffen in besonders geglückter Weise im ersten Bild des 2. Aktes aufeinander, das nach einem ausgelassenen Tanz und Preziosillas stilisiertem Kriegslied im andächtigen Gebet der Pilger gipfelt, zu dessen volksliedhaft schlichter Melodik Leonora aus ihrem Versteck ergreifende Phrasen der Verzweiflung beisteuert. In der anschließenden *ballata* tischt der sich als Student ausgebende Carlo – bei Saavedra war er tatsächlich ein Student – eine teils erlogene Geschichte auf, die für das Publikum der Oper kaum durchschaubarer ist als für die Zuhörer auf der Bühne. Durch die Form eines variierten Strophenliedes mit textlich wie musikalisch angedeutetem Refrain und überzeugendem Impetus läßt Carlo sich ganz auf seine angenommene Identität und das Ambiente der Schenke ein; doch bei der Schilderung von Alvaros und Leonoras Schicksal bricht die Musik aus diesem Schema aus und verrät seine wahre Herkunft und innere Erregung.

Von großartiger Leichtigkeit sind die beiden Szenen des *buffo*-Tenors Trabuco und die humorvoll gelungene, auf *Falstaff* vorausweisende Zeichnung Melitones. Diese speziell auf den Bariton Achille De Bassini zugeschnittene reine *buffo*-Figur, deren neuartig-origineller Charakter sich in der Bezeichnung als *baritono brillante* im Personenverzeichnis der Partitur niederschlug (im Libretto wird er dagegen als *basso comico* bezeichnet), gefällt sich in *parlandi*, schnellen Wortwiederholungen im hohen Baritonregister und flexibler, sprunghafter Melodik und wendet die Musik stets ins Komödienhafte. Im Gespräch mit Guardiano etwa äußert er einen ironischen Kommentar zu absteigend hüpfenden Achteln, die als Streichermotiv sein nächstes Auftreten wortlos untermalen und die Stimmung aufheitern.

Daß Verdi die komplementären komischen Charaktere Melitones und Preziosillas besonders am Herzen lagen, wird aus der extremen Fürsorge ersichtlich, mit welcher er sich um die stets schwierige Frage einer angemessenen Besetzung kümmerte. So verbinden sich in *La forza del destino* traditionelle und experimentelle, lang erprobte und neuartige Elemente zu einem einmaligen Reichtum an szenischer *varietà* und musikalischer Gestaltung. Das episodische Libretto inspirierte Verdi zu einigen seiner schönsten Eingebungen, regte ihn zu einer bisher gemiedenen buffonesken Schreibweise an und ließ ihn Erfahrungen mit einer erweiterten dramatischen Perspektive sammeln, die in *Don Carlos* und *Aida* neue Ergebnisse ermöglichen sollte. Die nicht immer aufgelösten Brüche, starken Kontraste, Uneinheitlichkeiten und eine gelegentliche Überladenheit der Partitur stellen für den heutigen, an filmische Effekte gewohnten Betrachter weniger ein Problem dar als vielmehr den besonderen Reiz dieser vielleicht vielseitigsten und herausforderndsten Oper Verdis.

Wirkung

Nach den Premieren in St. Petersburg, Rom und Madrid war *La forza del destino* jeweils in den folgenden Spielzeiten in der unveränderten Fassung erneut zu sehen; außerdem wurde sie 1865 in New York und sechs weiteren amerikanischen Städten sowie in Wien, 1866 in Buenos Aires und 1867 in London und Montevideo nachgespielt. In Italien brachte sie es außerhalb Roms bis 1869 jedoch nur auf wenige weitere Einstudierungen in Reggio Emilia, Senigallia, Triest, Florenz und Genua, wobei letztere ein großes Fiasko war. Anderen Theatern, insbesondere in Neapel und Turin, untersagte Verdi die Produktion mit Hinweis auf die extremen Anforderungen an die Sänger und die schlechten Aufführungsstandards.

In der zweiten Fassung erzielte *La forza del destino* in Mailand unter der Leitung Eugenio Terzianis einen großen Erfolg und markierte Verdis triumphale Rückkehr an das von ihm seit den späten 1840er Jahren im Streit gemiedene wichtige Opernhaus. Die von Verdi sorgfältig ausgesuchten Sänger, allen voran die böhmische Sopranistin Teresa Stolz in der Rolle der Leonora, übertrafen seine höchsten Erwartungen; es waren Luigi Colonnese (Carlo), Mario Tiberini (Alvaro), Ida Benza (Preziosilla), Antonio Tasso (Trabuco), Marcel Junca (Padre Guardiano) und Giacomo Rota als Melitone. Von Publikum und Kritik gleichermaßen begeistert aufgenommen, erlebte *La forza del destino* noch dreizehn Aufführungen. Zwei weitere Produktionen unter Angelo Mariani in Vicenza (August 1869, wieder mit Stolz) und Bologna (1870) verliefen erfolgreich, bevor die – vom künstlerischen Standpunkt her weniger gelungene – zweite Einstudierung an der Scala zur Eröffnung der Spielzeit 1871/72 der Oper zum eigentlichen Durchbruch verhalf.

Angefangen mit einer phänomenalen Aufführung in Brescia im August 1872 unter der Leitung Franco Faccios (mit Teresa Stolz, Maria Waldmann und Giuseppe Fancelli) ging *La forza del destino* in den 1870er Jahren in das italienische Repertoire ein und wurde auch außerhalb Italiens zunehmend gespielt; wichtige internationale Stationen waren 1869 Buenos Aires, 1872 Barcelona und Odessa, 1873 unter anderem Kairo, Lissabon, Nizza und Santiago de Chile, 1874 Genf und Kalkutta, 1875 Budapest und 1876 endlich die (wenig erfolgreiche) Pariser Erstaufführung am Théâtre Italien. Die Erstaufführung in Deutschland erfolgte 1878 in einer italienischsprachigen Produktion am Krollschen Theater Berlin.

Trotz weiterer vereinzelter Erstaufführungen der Mailänder Fassung bis zur Jahrhundertwende – so etwa in London 1880, Zagreb 1882, Antwerpen 1883 und Amsterdam 1897 – ließ die Beliebtheit von *La forza del destino* seit den 1880er Jahren deutlich nach. Lediglich in Rom, an kleineren italienischen Theatern sowie in Südamerika blieb das Werk bekannt; ein Wiederbelebungsversuch 1908 an der Scala durch Arturo Toscanini (der die Oper erstmals 1888 am Teatro Dal Verme in Mailand dirigiert hatte) endete mit einem Fiasko. In den USA begann durch die legendäre Produktion an der New Yorker Metropolitan Opera 1918 mit Rosa Ponselle, Enrico Caruso, Giuseppe De Luca und José Mardones eine neue Aufführungstradition; in den folgenden Jahren erlebte die Oper auch vereinzelte italienische Neueinstudierungen.

Begünstigt durch eine Abkehr vom Wagnerismus und das Vordringen filmischer Ästhetiken und neuer Regiekonzepte, setzte sich *La forza del destino* europaweit jedoch erst im Zuge der sogenannten deutschen »Verdi-Renaissance« wieder durch: Von Georg Göhler in einer Neuübersetzung erstmals 1913 an der Hamburger Neuen Oper und 1925 in Altenburg gegeben, bildete sie den Auftakt einer Reihe von Wiederentdeckungen unbekannter Opern Verdis. Berühmt wurde das Werk dann als *Die Macht des Schicksals* in der frei übersetzten Bearbeitung in einem Vorspiel und drei Akten von Franz Werfel, die unter Fritz Busch in Dresden mit Meta Seinemeyer, Robert Burg und Tino Pattiera 1926 einen sensationellen Erfolg erlebte. In den folgenden Jahren wurde Werfels Bearbeitung von nahezu allen deutschen Theatern übernommen und avancierte zu einer der meistgespielten Opern des Komponisten; teils in andere Sprachen übersetzt, war sie außerdem auf vielen internationalen Bühnen zu sehen (so etwa in Wien 1926, Basel, Prag und Zürich 1927 sowie – in Übersetzung – in Stockholm 1928, Budapest und Lemberg 1929, Laibach 1930, Riga 1931, Sofia 1934, Leningrad 1935 und Prag 1937).

Dieser Erfolg beeinflußte auch die enthusiastische Aufnahme der zweiten Aufführung durch Toscanini an der Scala 1928; englische und französische Produktionen folgten 1930 in London und 1931 in Brüssel. Seither hat *La forza del destino* – in der Fassung von 1869, häufig mit Streichung des zweiten Tenor/Bariton-Duetts im 3. Akt – im internationalen Repertoire kleinerer wie größerer Theater einen festen Platz und gehört zu den regelmäßiger gespielten Opern Verdis; durch die Massenszenen eignet sie sich außerdem hervorragend für große Festspielbühnen. Nach einer konzertanten Aufführung durch die BBC 1981 ist seit den frühen 1990er Jahren ein neues Interesse für die erste Fassung der Oper zu verzeichnen.

Diskographischer Hinweis

(1. Fassung) Askar Abdrazakov (Marchese), Galina Gorchakova (Leonora), Nikolai Putilin (Don Carlo), Gegam Grigorian (Alvaro), Olga Borodina (Preziosilla), Mikhail Kit (Padre Guardiano), Georgy Zastavny (Fra Melitone), Lia Shevtzova (Curra), Gennady Bezzubenkov (Alkalde), Nikolai Gassiev (Trabuco), Yuri Laptev (Chirurg), Chor und Orchester der Kirov-Oper St. Petersburg, Valery Gergiev (aufgenommen: 1995): Philips 446 951–2PH3

(2. Fassung) Giorgio Surian, Mirella Freni, Giorgio Zancanaro, Plácido Domingo, Dolora Zajic, Paul Plishka, Sesto Bruscantini, Francesca Garbi, Silvestro Sammartino, Ernesto Gavazzi, Frank Hadrian, Chor und Orchester des Teatro alla Scala, Mailand, Riccardo Muti (aufgenommen: 1986): EMI CDS7 4785–8

Ernesto Dominici, Maria Caniglia, Carlo Tagliabue, Galliano Masini, Ebe Stignani, Tancredi Pasero, Saturno Avogadro, Liana Avogadro, Dario Caselli, Giuseppe Nessi, Orchestra sinfonica e Coro della RAI Turin, Gino Marinuzzi (aufgenommen: 1942): Frequenz 043–023

Gundula Kreuzer

Don Carlos

Opéra en cinq actes
(5 Akte, 10 Bilder)

Text: François Joseph Pierre Méry und Camille Du Locle, nach dem »dramatischen Gedicht« *Don Karlos, Infant von Spanien* (1787) von Friedrich Schiller und dem »drame« *Philippe II, roi d'Espagne* (1846) von Eugène Cormon.
Uraufführung: Paris, Opéra (Théâtre Impérial de Musique), 11. März 1867
Personen: Philippe II, König von Spanien (Baß); Don Carlos, Infant von Spanien (Tenor); Rodrigue, Marquis von Posa (Bariton); der Großinquisitor, blind, 90jährig (Baß); ein Mönch (Baß); Elisabeth von Valois (Sopran); Prinzessin Eboli (Mezzosopran); Thibault, Page Elisabeths (Sopran); Stimme aus der Höhe (Sopran); Gräfin von Aremberg (stumme Rolle); [eine Frau in Trauer (stumme Rolle)]; Graf von Lerme (Tenor); ein königlicher Herold (Tenor); 6 flämische Gesandte (6 Bässe); 6 Inquisitoren (6 Bässe) – Herren und Damen des französischen und des spanischen Hofes, [Holzfäller mit ihren Frauen und Kindern, Jäger], Volk, Pagen, Wachen Heinrichs II. und Philipps II., Mönche, Mitglieder des Heiligen Offiziums, Soldaten, Magistraten, Abgeordnete der Provinzen des spanischen Reiches – Ballett: Elisabeths Hofballett (die schwarze Perle; die rosa Perle; die weiße Perle; der Fischer [= der Genius]; ein Page Philipps II.; die Königin der

Wasser [= der Gott Korail]; Perlen; Wellen; Soldaten der Königin)
Orchester: 3 Querflöten (3. auch Piccoloflöte), 2 Oboen (2. auch Englischhorn), 2 Klarinetten, 4 Fagotte (4. auch Kontrafagott), 4 Hörner, 2 Trompeten, 2 Cornets à pistons, 3 Posaunen, Ophikleide, Pauken, große Trommel, Becken, Triangel, Glocken in fis und es, Harfe, Streicher – Bühnenmusik auf und hinter der Szene: *banda* (nicht spezifiziert); Kanone, Kastagnetten, Tamburin, Tamtam, Harmonium (oder Orgel), Harfe
Spieldauer ohne Pausen: ca. 3 Stunden 30 Minuten
Autograph: Paris, Bibliothèque Nationale de France, Département de la musique, Rés. mss. 1072, 1073, 1074
Ausgaben: Partitur: Mailand: Ricordi 1974, Nr. 132210 (zusammen mit *Don Carlo*); Klavierauszug: Mailand: Ricordi 1980, Nr. 132213 (zusammen mit *Don Carlo*) – Klavierauszug: Paris: Escudier, 1867, Nr. 2765–2766 (1–21) – Textbuch: Paris: Lévy, Escudier, Jonas, Ricordi 1867

Don Carlo

Opera in quattro atti
(4 Akte, 7 Bilder)

Text: Camille Du Locle, nach seinem Libretto zu *Don Carlos*; italienische Übersetzung: Achille de Lauzières-Thémines und Angelo Zanardini
Uraufführung: Mailand, Teatro alla Scala, 10. Januar 1884
Personen: Filippo II, König von Spanien (Baß); Don Carlo, Infant von Spanien (Tenor); Rodrigo, Marquis von Posa (Bariton); der Großinquisitor, blind, 90jährig (Baß); ein Mönch, auch Kaiser Carlo V. (Baß); Elisabetta von Valois (Sopran); Prinzessin Eboli (Mezzosopran); Tebaldo, Page Elisabeths (Sopran); Stimme vom Himmel (Sopran); Gräfin von Aremberg (stumme Rolle); Graf von Lerma (Tenor); ein königlicher Herold (Tenor); 6 flämische Gesandte (6 Bässe); 6 Inquisitoren (6 Bässe); 4 Mitglieder des Heiligen Offiziums (4 Bässe) – Herren und Damen des spanischen Hofes, Volk, Pagen, Wachen Philipps II., Mönche, Mitglieder des Heiligen Offiziums, Soldaten, Magistraten, Abgeordnete der Provinzen des spanischen Reichs
Orchester: 3 Querflöten (3. auch Piccoloflöte), 2 Oboen (2. auch Englischhorn), 2 Klarinetten, 4 Fagotte (4. auch Kontrafagott), 4 Hörner, 2 Trompeten, 2 Cornets à pistons, 3 Posaunen, Ophikleide, Pauken, große Trommel, Becken, Triangel, Tamtam, Glocken in fis und es, Harfe, Streicher – Bühnenmusik auf der Szene: *banda* (nicht spezifiziert); hinter der Szene: Harmonium (oder Orgel), Harfe
Spieldauer ohne Pausen: ca. 3 Stunden
Autograph: Mailand, Verlagsarchiv Ricordi
Ausgaben: Partitur: Mailand: Ricordi 1974, Nr. 132210 (zusammen mit *Don Carlos*); Klavierauszüge: Mailand: Ricordi 1980, Nr. 132213 (zusammen mit *Don Carlos*); Mailand: Ricordi 1883, Nr. 48552; Mailand: Ricordi 1886, Nr. 51104 [Fassung Modena] – Textbücher: Mailand: Ricordi 1884; *Tutti i libretti*, 1975, S. 425–448

Entstehung

Seit den 1850er Jahren trat Paris, insbesondere die Opéra als führende Musiktheaterbühne der Metropole, immer stärker in den Mittelpunkt von Verdis künstlerischen Aktivitäten. Zuletzt betreute er dort 1863 die Wiederaufnahme der von ihm 1855 für dieses Haus komponierten *Les Vêpres Siciliennes*. Bald darauf (1865) schuf er für das aufstrebende Théâtre-Lyrique eine Neufassung seines *Macbeth* (1847). Beide Produktionen erzielten zwar nur Achtungserfolge, festigten jedoch Verdis Stellung innerhalb der Pariser Musikszene. Noch während der Arbeit an *Macbeth*, im Sommer 1864, erreichte Verdi das Angebot des Direktors der Opéra, Émile Perrin, zur Komposition einer neuen großen Oper; Verdi reagierte zustimmend, wenngleich er das ihm angebotene Libretto (Eugène Scribes *Judith*, an der sich zeitweilig auch Meyerbeer versucht hatte) als für ihn ungeeignet zurückwies. Die Entscheidung für *Don Carlos* – und gegen *King Lear* und *Cléopâtre*, die kurzzeitig ebenfalls in Erwägung gezogen worden waren, – fiel dann im Sommer 1865 auf der Grundlage eines von Méry und Du Locle verfaßten Szenarios, das auf die Dramen Schillers und Cormons zurückging. Als Vermittler zwischen der Direktion der

Opéra und Verdi fungierte der französische Verleger des Komponisten, Léon Escudier, demgegenüber Verdi mit bemerkenswerter Offenheit sein Interesse an dem Kompositionsauftrag bekundete, wie seine Briefe an Escudier und dessen Briefe an Perrin belegen.

Obwohl der im italienischen *stagione*-Betrieb verwurzelte Verdi dem an der Opéra gepflegten modernen arbeitsteiligen Produktionssystem stets reserviert gegenüberstand, konnte er doch nicht umhin, den auf diese Weise erreichten hohen künstlerischen Standard anzuerkennen, dem damals keine andere Bühne auch nur nahezukommen vermochte, am wenigsten im krisengeschüttelten Italien. Auch dürfte es Verdi gereizt haben, das durch Meyerbeers Tod 1864 entstandene künstlerische Vakuum an der Opéra mit seinem neuen Werk möglicherweise schließen zu können. Daß er dabei ausdrücklich an Meyerbeer, insonderheit dessen *Le Prophète* (1849), Maß nahm, geht aus verschiedenen seiner Äußerungen während der Entstehungszeit von *Don Carlos* wie aus dem fertigen Werk selbst unzweideutig hervor. Vor allem die Krönungsszene aus *Le Prophète* mit der Mutter-Sohn-Begegnung, die ihm schon bei der Arbeit an *Les Vêpres Siciliennes* vor Augen gestanden hatte, galt Verdi, wie Escudier bezeugt, nach wie vor als Modell für die von ihm angestrebte Verbindung von »spectacle« und »drame«. Das Ergebnis ist schließlich das Autodafé auf dem Platz vor der Kathedrale von Valladolid, wohin die ursprünglich während eines Hoffestes in Aranjuez stattfindende Begegnung Philippe/Carlos und die darauffolgende Verhaftung des Infanten nunmehr verlegt wurde: nach dem Selbstzeugnis des Komponisten »ohne jeden Zweifel das beste Stück der Oper« (Brief an Giulio Ricordi vom Oktober 1869; Abbiati, 1959, Band III, S. 327).

In enger Zusammenarbeit zwischen dem Komponisten und den Librettisten (nach dem krankheitsbedingten Ausfall des kurz darauf gestorbenen Méry nur noch mit Du Locle) entstand der Text, wobei der 5. Akt die meisten Schwierigkeiten bereitete und erst spät seine definitive Gestalt erhielt: Am Beginn wurde eine kontemplative Szene des Carlos durch eine solche der Elisabeth ersetzt, am Schluß der Auftritt Philippes, des Großinquisitors und der Mönche zu einer Art von ›Tribunal‹ über Carlos erweitert. Probleme gab es mit der Sängerbesetzung, da die zunächst für die Rolle der Eboli verpflichtete Altistin Rosine Bloch durch die hohe Mezzosopranistin Pauline Gueymard-Lauters ersetzt wurde, was Korrekturen am Stimmprofil der Partie nach sich ziehen mußte.

Als die Proben mit den Sängern begannen, hatte Verdi die Komposition der ersten vier Akte weitgehend abgeschlossen; Anfang Dezember 1866 lag die Partitur des gesamten Werkes mit Ausnahme des Balletts fertig vor. Als dessen Choreograph war Arthur Saint-Léon vorgesehen gewesen, der jedoch durch Auslandsverpflichtungen an der rechtzeitigen Aufnahme der Proben gehindert wurde. An seine Stelle trat Lucien Petipa, der am 28. Januar 1867 seine Arbeit aufnahm. Zu diesem Zeitpunkt hatte Verdi auch die Komposition der Ballettmusik abgeschlossen, abgesehen von der erst im Verlauf der Proben erfolgten Umschrift des Viola d'amore-Solos in ein solches der Violine. Auf den Choreographen-Wechsel dürften wohl Änderungen im Personenverzeichnis des Ballettszenarios zurückzuführen sein: Der Genius wurde durch den Fischer, der Gott Korail durch die Königin der Wasser ersetzt; der Page, zunächst alter ego des Genius, mutierte zu einer selbständigen Figur.

Wegen der Überlänge der Oper, aber auch aus Besetzungsgründen, kam es noch vor der Uraufführung zur Streichung von acht Passagen, darunter fünf von erheblicher musikalischer und dramaturgischer Relevanz, die in der folgenden Handlungsübersicht in eckige Klammern gefaßt sind. Der Uraufführung schloß sich eine fast zwanzigjährige Bearbeitungsgeschichte an, die keine einheitliche Tendenz erkennen läßt. Ursula Günther unterschied, beginnend mit der Werkgestalt während der ersten Proben, nicht weniger als sieben Fassungen, von denen allerdings die zweite (Generalprobe am 24. Februar 1867), die dritte (Uraufführung) und die vierte (zweite Aufführung vom 13. März 1867) kein eigenständiges Profil aufweisen, sondern lediglich einzelne Phasen eines fortschreitenden Kürzungsprozesses festhalten (Günther, 1974). Gestalterische Eingriffe in die Werksubstanz unternahm Verdi erstmals für die italienischsprachige Einstudierung in Neapel am 2. Dezember 1872: eine teilweise Neukomposition des Duetts Filippo-Rodrigo im zweiten Bild des 2. Aktes (Text:

Antonio Ghislanzoni) und eine Kürzung im Duett Elisabetta/Carlo im 5. Akt. In seiner Grundgestalt blieb das Werk unangetastet.

Dies änderte sich erst mit der Mailänder Einstudierung vom 10. Januar 1884, für die Verdi eine tiefgreifende Umarbeitung und Straffung durchführte: Es entfiel der 1. Akt mit Ausnahme der Arie des Carlos, die – leicht verändert und um einen Ton tiefer transponiert – in das erste Bild des 2., nunmehr 1. Aktes versetzt wurde; aus den ersten drei Bildern des 3. Aktes entstand unter Wegfall des Balletts ein neues erstes Bild des 2. Aktes; im ersten Bild des neuen 3. Aktes wurde Ebolis Bekenntnis gegenüber Elisabetta aus der Pariser Probenfassung als Neukomposition auf einen veränderten Text wieder eingefügt; der Aufruhr (*sommossa*) im zweiten Bild des neuen 3. Aktes sowie der Auftritt Filippos und des Großinquisitors im neuen 4. Akt erfuhren einschneidende Kürzungen; am Anfang und am Schluß der Oper erfolgte eine unzweideutige Identifikation des Mönchs mit dem Kaiser; dazu kamen zahlreiche weitere teils gravierende musikalische Änderungen, darunter eine neuerliche Umgestaltung des Duetts Filippo/Rodrigo. Die Mailänder Fassung entstand in Zusammenarbeit mit Du Locle auf einen französischen Text; die italienische Übersetzung der neuen Passagen verfaßte Zanardini, der bei dieser Gelegenheit auch etliche Änderungen an de Lauzières Übersetzung der fünfaktigen Fassung vornahm.

Für eine Aufführung in Modena am 29. Dezember 1886 akzeptierte Verdi die Restitution des Fontainebleau-Aktes in Verbindung mit der Mailänder Neufassung und ließ diese Version auch bei Ricordi publizieren. So empfiehlt sich die Unterscheidung von zwei ›Hauptfassungen‹: der fünfaktigen französischsprachigen Uraufführungsfassung unter fakultativer Einbeziehung von Teilen der Probenfassung, sowie der vieraktigen italienischsprachigen (wenngleich ebenfalls auf einem französischen Text basierenden) Mailänder Fassung.

Handlung

Don Carlos

In Frankreich und Spanien, um 1560 (nur in der Probenfassung enthaltene Partien in eckigen Klammern)

1. Akt, Wald bei Fontainebleau, im Hintergrund das Schloß, Winterabend: [Während sie ihrer Arbeit nachgehen, beklagen Holzfäller und ihre Frauen die Entbehrungen des Winters, vor allem aber die Leiden des Krieges, den Frankreich und Spanien gegeneinander führen. Hörnerklang und Rufe von Jägern kündigen das Nahen der königlichen Jagd an. Da erscheint zu Pferde, begleitet von ihrem Pagen, Elisabeth von Valois, Tochter Heinrichs II. von Frankreich. Einer Holzfällerwitwe, deren Söhne im Krieg gefallen sind, schenkt sie ihre goldene Kette und weckt mit der Nachricht, daß soeben eine Gesandtschaft des spanischen Königs eingetroffen sei, Hoffnungen auf ein bevorstehendes Ende des Krieges (*Prélude et introduction*, »L'hiver est long!«).] Aus dem Wald tritt Carlos hervor [, der heimlicher Zeuge dieser Begegnung geworden ist]. Aus Liebe zu Elisabeth hat sich der Infant inkognito der spanischen Gesandtschaft angeschlossen (*Récit et romance*, »Je l'ai vue et dans son sourire«). Da erscheint Elisabeth in Begleitung ihres Pagen; wegen der Dunkelheit haben sie im Walde die Orientierung verloren. Carlos bietet Elisabeth seinen Schutz an, während sich der Page auf den Weg nach Fontainebleau macht, um Hilfe zu holen. Im Gespräch gibt sich Carlos der Geliebten als Infant von Spanien und künftiger Bräutigam zu erkennen. Beide versichern sich ihrer Liebe. Ein Kanonenschuß vom Schloß verkündet den soeben vollzogenen Friedensschluß (*Scène et duo*, »De quels transports poignants et doux«). Der zurückkehrende Page bringt die Nachricht, daß Elisabeth auf Geheiß ihres Vaters nicht den Infanten, sondern dessen Vater Philippe ehelichen solle. Ein Festzug naht, um die Braut in einer Sänfte nach Fontainebleau zu holen. Resigniert fügt sich Elisabeth in ihr Schicksal, Carlos bleibt verzweifelt zurück (*Scène et morceau d'ensemble final*, »O chants de fête et d'allegresse«).

2. Akt, 1. Bild, Kreuzgang im Kloster Saint-Just, rechts eine Kapelle mit dem Grabmal von Charles V; Morgendämmerung: Vor dem Grabmal des verstorbenen Kaisers beten Mönche für dessen Seelenheil. Carlos, der sich auf der Suche nach Linderung für seine Qualen an diesen Ort begeben hat, wird von einem Mönch auf Gott als einzige Quelle inneren Friedens verwiesen. Stimme und Erscheinung des Mönchs gemahnen Carlos an den verstorbenen Kaiser

(*Scène et prière*, »Charles-Quint, l'auguste Empereur«). Rodrigue, soeben von einer Reise nach Flandern zurückgekehrt, sucht Carlos zu bewegen, sich vom König in die unter spanischer Herrschaft stehende Provinz entsenden zu lassen. Carlos entdeckt ihm seine heimliche Liebe zur Königin, die sich gerade an der Seite ihres Gatten zum Morgengebet in die Kapelle begibt. Carlos und Rodrigue schwören sich Freundschaft bis zum Tod (*Scène et duo*, »Dieu, tu semas dans nos âmes«). – 2. Bild: Garten vor den Toren des Klosters Saint-Just. Im Kreis der Hofdamen singt die Prinzessin Eboli ein maurisches Lied von einer verschleierten Dame, der der König den Hof macht, bis er in ihr seine Gattin erkennt (*Chœurs des dames et chanson du voile*, »Au palais des fées«). Rodrigue erscheint vor der Königin. Während er ihr einen Brief ihrer Mutter überreicht, steckt er ihr heimlich einen Brief von Carlos zu, in dem dieser sie an ihre gemeinsame Vergangenheit erinnert. Von der Königin ermutigt, sich eine Gunst zu erbitten, verwendet sich Rodrigue für Carlos: Elisabeth möge ihn empfangen. Eboli, die schon seit längerem die Befangenheit des Infanten bemerkt hat, diese jedoch als heimliche Zuneigung ihr gegenüber mißversteht, macht sich Hoffnungen auf ein Liebesabenteuer (*Scène et ballade*, »L'Infant Carlos, notre espérance«). Carlos tritt vor Elisabeth: Gefaßt erbittet er ihre Unterstützung beim König für seine geplante Reise nach Flandern, wird dann aber von seiner Leidenschaft überwältigt. Obwohl Elisabeth seine Gefühle erwidert, weist sie aus Pflichtgefühl sein Werben zurück. Verzweifelt stürzt Carlos davon (*Duo*, »Prince, si le Roi veut se rendre«). Der König erscheint; überrascht und ungehalten, die Königin ohne Begleitung von Hofdamen anzutreffen, entläßt er die dafür verantwortliche Gräfin Aremberg und fordert sie zur sofortigen Heimreise nach Frankreich auf. In bewegten Worten verabschiedet sich Elisabeth von der Freundin (*Scène et romance*, »O ma chère compagne«). Der König sucht das Gespräch mit Rodrigue, dessen selbstbewußte Persönlichkeit ihm imponiert. Sogleich nutzt dieser die Gelegenheit, Philippe das spanische Schreckensregiment in Flandern vorzuhalten und Freiheit für die Unterdrückten einzufordern. Der König weist solche Reden als Schwärmerei zurück, fühlt sich jedoch als Mensch angesprochen. Er warnt den Marquis vor dem langen Arm des Großinquisitors [und offenbart ihm den Verdacht, das seine Frau ein Verhältnis mit seinem Sohn unterhalte]. Zum ersten Mal in seinem Leben glaubt er, einen Freund gefunden zu haben, dem er sich anvertrauen könne; er gewährt dem Marquis zu jeder Zeit privaten Zutritt (*Duo*, »O Roi! J'arrive de Flandre«).

3. Akt, 1. Bild, Gärten der Königin, Nacht: Die Hofgesellschaft ist zu einem Maskenfest versammelt, in dessen Mittelpunkt eine Vorführung des Balletts der Königin stehen soll. Elisabeth, des ausgelassenen Treibens müde, fordert Eboli auf, in Kostüm und Maske der Königin ihre Rolle auf dem Fest zu übernehmen. Berauscht von der geliehenen Macht sieht sich Eboli in der Situation der verschleierten maurischen Schönen in dem von ihr vorgetragenen Lied. Sie verfaßt eine Nachricht für Carlos, den sie zu sich in den Park bestellt (*Introduction*, »Que de fleurs et que d'étoiles«). – 2. Bild, Dekoration einer Grotte im Indischen Ozean: Ein Fischer wirbt um die weiße Perle, die schönste unter ihren Geschwistern, und wird endlich von ihr erhört. Von den übrigen Perlen herbeigerufen, naht mit ihrem Gefolge die Königin der Wasser, die Hüterin der Meeresschätze, und setzt den Fischer gefangen. Da erscheint ein Page, der das Wappen und die Farben König Philippes trägt; alle verneigen sich vor ihm. Für seinen Herrn, den König, fordert der Page von der Königin die schönste Perle der Welt. Aus Verlegenheit, sich entscheiden zu müssen, läßt die Königin die Schönheit aller Perlen in einer einzigen verschmelzen, der weißen Perle, der »Pérégrina«. Deren Muschel verwandelt sich in einen Prunkwagen, auf dem zu den Klängen der spanischen Hymne und umgeben von der Hofgesellschaft die Königin erscheint: tatsächlich Eboli in Kostüm und Maske Elisabeths (*Le Ballet de la Reine »La Pérégrina«*). – 3. Bild, wie 1. Bild: Aufgrund der Nachricht, als deren Absender er die Königin vermutet, hat sich Carlos im Park eingefunden. Die verkleidete Eboli für Elisabeth haltend, empfängt er sie sogleich mit leidenschaftlichen Liebesschwüren. Erst als diese ihre Maske lüftet, klärt sich das beiderseitige Mißverständnis: Carlos sieht seine Liebe zu Elisabeth bloßgestellt, Eboli die ihrige zu Carlos von diesem verschmäht. Der hinzutretende Rodrigue erkennt die Gefahr für den Infanten und

die Königin. Nachdem sich Eboli unter Drohungen entfernt hat, fordert er Carlos auf, ihm unverzüglich alle Dokumente auszuhändigen. Nach kurzem Zögern, ob er dem Freund noch vertrauen könne, tut Carlos, wie ihm geheißen. Erneut versichern sich beide ihrer unverbrüchlichen Treue (*Duo et trio*, »Hélas! votre jeunesse ignore«). – 4. Bild, großer Platz vor der Kathedrale von Valladolid, rechts die Kirche, zu der eine Treppe hinaufführt, links der Palast; im Hintergrund führt eine weitere Treppe auf einen tiefer gelegenen Platz: Das Volk versammelt sich in Erwartung eines Autodafés. Mönche geleiten die Verurteilten des Inquisitionstribunals auf den unteren Platz, wo der Scheiterhaufen errichtet ist. In feierlichem Zug begibt sich der Hofstaat vom Palast zur Kirche, aus deren Portal der König im Krönungsornat tritt, um die Huldigungen der Menge entgegenzunehmen. Als er sich an der Spitze des Zuges zum Richtplatz begeben will, erscheinen unter Führung von Carlos flandrische Gesandte. Sie flehen den König um Frieden für ihr Volk an, werden aber von diesem als Rebellen und Ketzer zurückgewiesen. Daraufhin kündigt Carlos seinem Vater den Gehorsam auf und erklärt sich mit gezücktem Degen im Namen Gottes zum Beschützer Flanderns. Der Aufforderung des Königs, den Infanten zu entwaffnen, kommt allein Rodrigue nach: Er fordert und erhält von Carlos den Degen, den er dem König überreicht; dieser ernennt ihn zum Herzog. Während der Festzug zum Richtplatz aufbricht, verkündet eine Stimme aus der Höhe den Todgeweihten den Frieden Gottes (*Final*, »Ce jour heureux est plein d'allégresse!«).

4. Akt, 1. Bild, Kabinett des Königs, Morgendämmerung: In grüblerischen Gedanken über die Vergänglichkeit alles Irdischen und die Einsamkeit des Herrschers, sowie in der Erkenntnis, von seiner Frau niemals geliebt worden zu sein, hat Philippe die Nacht verbracht (*Scène et cantabile*, »Elle ne m'aime pas! non! son cœur m'est fermé«). Der Großinquisitor, von Philippe deswegen um Rat gebeten, fordert ihn zu unbarmherziger Härte gegenüber dem Sohne auf, doch interessiert sich der Kirchenfürst für Don Carlos nur am Rande. Längst nämlich hat er als seinen eigentlichen Gegenspieler Rodrigue erkannt, dessen freiheitlicher Geist die Macht der Kirche untergrabe, und so verlangt er denn von Philippe den Kopf des Marquis. Zwar begehrt der König auf, wird jedoch vom Großinquisitor mit der Androhung, auch ihn vor das Inquisitionstribunal zu stellen, in seine Schranken verwiesen (*Scène*, »Le Grand Inquisiteur! Suis-je devant le roi . . .?«). Elisabeth beschwert sich bei Philippe über den Diebstahl ihrer privaten Schatulle. Der König präsentiert ihr das Kästchen und bricht es in ihrer Gegenwart auf. Als darin ein Bildnis des Infanten zum Vorschein kommt, beschimpft Philippe seine Frau ungeachtet ihrer Unschuldsbeteuerungen als Ehebrecherin. Gegenüber Rodrigue und Eboli bedauert er seine Unbeherrschtheit (*Scène et quatuor*, »Maudit soit le soupçon infâme«). Nach dem Weggang Philippes und Rodrigues wirft sich Eboli der Königin zu Füßen und legt ein Geständnis ab: Sie selbst habe die Schatulle entwendet und dem König übergeben, aus Eifersucht gegenüber Elisabeth und verletzt wegen ihrer unerwiderten Liebe zu Carlos. [Die Königin empfindet Mitleid, ihre Bereitschaft zu verzeihen erlischt jedoch, als Eboli bekennt, ein ehebrecherisches Verhältnis mit dem König zu unterhalten. Konsterniert entfernt sich die Königin; in ihrem Auftrag fordert der Graf von Lerma von Eboli ihr Kreuz zurück und stellt sie vor die Wahl zwischen Kloster und Verbannung.] Die Königin fordert von Eboli ihr Kreuz zurück und stellt sie vor die Wahl zwischen Kloster und Verbannung. Von Reue gepeinigt verflucht Eboli ihre Schönheit und Leidenschaft. Bevor sie den Weg ins Kloster antritt, will sie Carlos beistehen, dessen Leben sie in Gefahr weiß (*Scène et air*, »O don fatal et détesté«). – 2. Bild, Gefängnis; im Hintergrund, durch eiserne Gitter abgetrennt, ein höhergelegener Hof, auf den eine Treppe vom Palast hinabführt: Rodrigue besucht den inhaftierten Carlos, um von ihm Abschied zu nehmen: Er habe dessen Papiere als die seinigen ausgegeben und müsse nun in Kürze mit Verhaftung und Tod rechnen. Während er den Freund auf die Befreiung Flanderns als gemeinsames politisches Vermächtnis verpflichtet, trifft ihn der tödliche Schuß. Sterbend übermittelt er Carlos noch die Botschaft Elisabeths, sie am folgenden Tage im Kloster Saint-Just zu treffen (*Scène et air*, »Oui, Carlos, c'est mon jour suprême«). Philippe erscheint mit Gefolge, um dem Sohn zu vergeben, doch Carlos weist sein Ansinnen brüsk zurück: Er gesteht dem Vater

seine Seelenfreundschaft mit Rodrigue, der sich für ihn geopfert habe, und weigert sich, dereinst die blutige Krone zu übernehmen. [Tief bewegt beklagt Philippe den von ihm verschuldeten Tod Rodrigues, dem nach wie vor seine Zuneigung gehört; Carlos schwört, den Idealen des Freundes sein Leben zu opfern.] Das Volk hat sich erhoben, um den Infanten zu befreien. Schon hat es den Palast gestürmt und dringt gegen das Gefängnis vor. [Inmitten des Tumults nähert sich Eboli, als Page verkleidet, der Königin und gesteht ihr, daß sie, um das Leben von Carlos zu retten, den Aufstand angezettelt habe.] Das Erscheinen des Großinquisitors läßt die Revolte zusammenbrechen, gehorsam sinkt das Volk vor dem König auf die Knie. Elisabeth reicht Eboli die Hand zum Zeichen ihrer Vergebung (*Final*, »Mon fils, reprenez votre épée«).

5. Akt, Kreuzgang im Kloster von Saint-Just (wie 1. Akt, 2. Bild), Mondschein: Vor dem Grabmal des verstorbenen Kaisers wartet Elisabeth auf Carlos. Sie ist hierher gekommen, um für immer Abschied von dem Geliebten zu nehmen, dessen politischer Zukunft sie nicht im Wege stehen möchte (*Scène*, »Toi qui sus le néant des grandeurs de ce monde«). Auch Carlos hat sich dazu durchgerungen, dem Beispiel Rodrigues zu folgen und sein Leben in den Dienst der Befreiung Flanderns zu stellen. Elisabeth bestärkt ihn in seinem Entschluß. Feierlich nehmen sie voneinander Abschied für ihr irdisches Leben (*Duo*, »J'avais fait un beau rêve ... il fuit! ... et le jour sombre«). Da erscheint Philippe in Begleitung des Großinquistors und der Mitglieder des Inquisitionstribunals, um Carlos der Jurisdiktion der Kirche zu überantworten. Gegen den Fluch Philippes, des Großinquisitors und der Mönche auf den »Ketzer, Rebellen und Verräter« rufen Carlos und Elisabeth Gott als Richter an. Plötzlich öffnet sich das Gitter zum Grabmal von Charles V: Der Mönch, in dem die Umstehenden den verstorbenen Kaiser zu erkennen glauben, zieht Carlos zu sich ins Kloster und empfiehlt ihn dem Frieden Gottes (*Final*, »Qui, pour toujours ... il faut un double sacrifice«).

Don Carlo

In Spanien, um 1560

1. Akt wie *Don Carlos*, 2. Akt. Im Gespräch mit Rodrigo offenbart der König seinen Verdacht, daß Elisabetta und Carlo ein Verhältnis unterhalten.

2. Akt wie *Don Carlos*, 3. Akt, unter Wegfall des 1. und 2. Bildes.

3. Akt wie *Don Carlos*, 4. Akt. Nach Ebolis Geständnis ihres ehebrecherischen Verhältnisses mit dem König fordert Elisabetta von ihr das Kreuz zurück und stellt sie vor die Wahl zwischen Kloster und Verbannung.

4. Akt wie *Don Carlos*, 5. Akt. Unmittelbar nach dem Erscheinen Philippes und des Großinquisitors, dessen Gefolge aus vier Mitgliedern des Heiligen Offiziums besteht, nimmt der Mönch – Carlo V im Gewand und mit der Krone des Kaisers – den Infanten in die Obhut des Klosters.

Kommentar

Dem zweiten Versuch Verdis, auf der Bühne der Opéra mit einer historischen Oper zu reüssieren, haftet in mehrfacher Hinsicht etwas Unzeitgemäßes an. Letztmals vor fast zwei Jahrzehnten war mit Meyerbeers *Le Prophète* die historische Oper als musikdramatische Leitgattung bestätigt, damit zugleich aber in ihren Entwicklungsmöglichkeiten weitgehend ausgeschöpft worden. Gattungsgeschichtlich bedeutete dieses Werk das Ende einer Epoche, obwohl die Rezeption der historischen Oper noch lange nicht abgeschlossen war, vielfach erst jetzt – wie nicht zuletzt das Beispiel Verdis zeigt – in vollem Umfang einsetzte. In der tonangebenden Pariser Musiktheaterszene freilich hatte seit dem Beginn des Zweiten Kaiserreiches und infolge der mit ihm verbundenen gesellschaftlichen Umwälzungen ein Geschmackswandel stattgefunden, der neue Gattungspräferenzen entstehen ließ. Das Interesse an historischen Themen war erschöpft, stattdessen wünschte man sich märchenhaft-fantastische Stoffe vorzugsweise orientalischer Provenienz, erhöhte Aufmerksamkeit richtete sich auf das Ballett sowohl als selbständige Gattung wie als Operneinlage. Die große fünfaktige Oper büßte ihre einstige Vorrangstellung ein;

man goutierte sie, wenn überhaupt, nur noch in der Form der »féerie«.

Im Repertoire der Opéra hat diese Entwicklung tiefe Spuren hinterlassen. Zwar spielte man weiterhin die großen Opern Aubers, Rossinis, Halévys und vor allem Meyerbeers, dazu Donizettis *La Favorite* (1840), allerdings zunehmend mit einschneidenden Kürzungen; unter den Neuproduktionen überwogen jedoch knappe ein- bis dreiaktige Stücke, Ballette sowie Adaptionen italienischer Opern, darunter Verdis *Le Trouvère*, seit der Erstaufführung 1857 eines der meistgespielten Werke in diesem Hause. Neue große Opern im historischen Genre kamen nur noch selten heraus, zudem stammten sie von Komponisten zweiten Ranges wie Poniatowski und Mermet; die übrigen großen Opern – von Auber, Gounod, Halévy und David – tendierten mehr oder weniger zur »féerie«, allesamt errangen sie nur Achtungserfolge, die selten über eine Saison hinausreichten. Selbst Meyerbeer konnte und wollte sich dem neuen Trend nicht verschließen, wie der lange, von künstlerischen Selbstzweifeln durchzogene Entstehungsprozeß von *L'Africaine* (1865) und schließlich das Werk selbst in seiner gattungsästhetischen Unentschiedenheit zur Genüge bezeugen.

Verdis neuerliche engagierte Hinwendung zur historischen Oper, aus Pariser Sicht ein Anachronismus, wird nur verständlich vor dem Hintergrund seiner persönlichen künstlerischen Entwicklung, die ihn erst jetzt dazu bestimmte, radikal neue Wege abseits des italienischen *melodramma* zu beschreiten. Dabei erschien ihm die historische Oper, dessen Gattungsanforderungen er mit *Les Vêpres Siciliennes* nur in einem äußerlichen Sinne gerecht geworden war, nach wie vor als lohnende Option. Auch mag ihn, den antiklerikalen Agnostiker, die Ideenwelt des Stoffes mit der Konfrontation von religiösem Obskurantismus und aufklärerischem Freiheitspathos, die in den aktuellen Debatten um das Verhältnis der katholischen Kirche zum modernen Nationalstaat eine zeitgemäße Entsprechung fand, besonders angezogen haben. Anders als in *Les Vêpres Siciliennes* wird in *Don Carlos* das historische Geschehen nicht zur bloßen Folie des Privatkonflikts herabgestuft, sondern zu markanten Szenen von großer Theaterwirksamkeit verdichtet.

Erscheint mithin *Don Carlos* durchaus als eine ›politische‹ Oper in der Tradition der musikalischen Ideendramen Meyerbeers, so enthält das Werk doch auch Elemente des modischen »genre fantastique«, die im Kontext der historischen Oper als Fremdkörper wirken: die Erscheinung des Mönch-Kaisers am Anfang des 2. und am Schluß des 5. Aktes, sowie die Stimme aus der Höhe am Schluß des 3. Aktes, – ein Umstand von erheblicher Relevanz für die Dramaturgie und vor allem die Poetik des Stückes. Für das erste Motiv gibt es einen Anknüpfungspunkt bei Schiller: Dort heißt es, der Geist Karls V. sei in den Gängen des Palastes gesehen worden, und Carlos macht sich dieses Gerücht zunutze, um in der Maske des verstorbenen Kaisers Zugang zu den Gemächern Elisabeths zu finden. Aus der berichteten beziehungsweise fingierten Erscheinung im Drama wird in der Oper eine reale, handelnde Person. Allerdings läßt der Wortlaut des Textes offen, ob es sich tatsächlich um den Geist des Kaisers handelt oder um »ein[en] Mönch«, so die durchgehende Bezeichnung der Figur in den textlichen Quellen, den die Umstehenden lediglich für den Geist des Kaisers halten. Daß die Gestalt jedenfalls nicht der wirkliche Kaiser ist, geht unmißverständlich aus den Worten des unsichtbaren Chors der Mönche hervor, der ihren Auftritt im 2. wie im 5. Akt begleitet: »Karl der Fünfte, der erhabene Kaiser, ist nur noch Staub und Asche.«

Die geheimnisvolle Erscheinung des Mönch-Kaisers war die Idee Du Locles, und auf ihn ist es zurückzuführen, daß ihre phantasmagorischen Züge in der Mailänder Neufassung noch deutlicher herausgearbeitet wurden. Nun heißt es am Schluß der Oper von dem »Mönch«, der Carlos zu sich in den Schutz des Klosters zieht: »Es ist [!] Karl V. im Gewand und mit der Krone des Kaisers.« Zusätzliches Gewicht erhalten die Auftritte des Mönch-Kaisers durch die Streichung des Fontainebleau-Aktes, bilden sie doch nun, am Anfang und am Schluß der Oper stehend, den Rahmen der Handlung, die dergestalt eine Überhöhung ins Metaphysische erfährt. Dies fügte sich zwar nicht in die skeptizistische Weltsicht Verdis, dem die Figur im Grunde suspekt war und der deshalb vorschlug, sie auf eine eindeutig reale Ebene zu stellen, etwa als »Mitbruder des vor Jahren verstorbenen Karls V.« (Brief an Charles Nuitter vom 9.

Juni 1882; Günther, 1975, S. 349). Dennoch hat der Komponist ihre Zweideutigkeit – »halb Schatten, halb menschliches Wesen« – letztlich akzeptiert und an ihr in allen Fassungen der Oper festgehalten. Daß Verdi offenbar zu keiner Zeit in Erwägung gezogen hat, den Schillerschen Schluß (die Überstellung Carlos' in die Gewalt des Großinquisitors) in die Oper zu übernehmen, kann nicht nur in der Bevorzugung des neuen Ausgangs gelegen haben. Vielmehr stand ihm der rätselhafte Mönch-Kaiser, »der die Nichtigkeit des Glanzes dieser Welt erkannt hat« (so Elisabeth vor seinem Grabmal am Beginn des 5. Aktes), für den vanitas-Gedanken als zentralen Bezugspunkt auch und gerade der politischen Handlung des Stückes.

Eine Zutat des Komponisten und seiner Librettisten ist die »Stimme aus der Höhe« am Schluß des Autodafé-Bildes. Auch hier hat sich Verdi um eine Rationalisierung bemüht: Als eine trostspendende innere Stimme der Verurteilten, die allein von ihnen wahrgenommen wird, wollte er sie verstanden wissen. Dem steht freilich die Objektivität des Theatereindrucks entgegen, der eine klangräumliche Verortung als »Stimme vom Himmel« (so ihre Bezeichnung in der Mailänder Fassung) unabweisbar macht. Die Deutung der Stelle als Freispruch der zum Tode Verurteilten im Sinne einer utopischen »Gegengeschichte« (Schreiber, 1997, S. 99) läßt freilich den musikdramatischen Kontext außer acht: Den Worten der Stimme aus der Höhe (»Schwingt euch empor zum Herrn, schwingt euch empor, ihr armen Seelen! / Kommt, den Frieden vor Gottes Thron zu schmecken!«) ist nämlich jene Melodie unterlegt, die beim Einzug der Verurteilten dem Mönchschor zugeordnet war (»Aber die Vergebung folgt der Verdammung, wenn der erschrockene Sünder in der letzten Stunde an der Schwelle der Ewigkeit seine Schuld bereut.«). So wird vom Anfang zum Schluß der Szene nicht nur eine musikalische, sondern auch eine Ideenverbindung hergestellt: Die Vergebung ist an das Eingeständnis der Schuld geknüpft, und sie wird den reuigen Sündern erst »vor Gottes Thron«, also im Tode, zuteil; der verheißene Frieden ist der Frieden der Kirche. Die tröstenden Worte aus dem Jenseits setzen denn auch das Ritual des Schreckens nicht außer Kraft, sondern tauchen es in ein verklärendes Licht. Wie die Gestalt des Mönch-Kaisers bleibt auch die Stimme aus der Höhe der Sphäre des Sakralen verhaftet, die damit eine Erweiterung ins Mystisch-Fantastische erfährt.

Das Herzstück des Ideendramas bildet die Szene Philippe/Großinquisitor im 4. Akt. Ihre dramaturgische Funktion ist eine andere als bei Schiller, was sich schon am Wechsel ihrer Stellung innerhalb der Handlung erkennen läßt: Im Schauspiel kommt es zu dem Gespräch erst nach Rodrigues Tod, der von Philippe allein verantwortet wurde, was ihm den Vorwurf des Großinquisitors einträgt, den »Ketzer« dem strafenden Arm der Kirche entzogen zu haben. In der Oper ist zum Zeitpunkt der Begegnung Rodrigues Stellung als Günstling des Königs noch unangefochten und ebendies bildet den Stein des Anstoßes für den Großinquisitor, der vom zunächst widerstrebenden Philippe den Kopf des Marquis fordert. Damit rückt Rodrigue und die von ihm verkündete Freiheitsbotschaft ins Zentrum des Machtdiskurses.

Allerdings geht es dabei nur vordergründig um den Konflikt zwischen Thron und Altar, denn der König vertritt gegenüber dem Kirchenfürsten nicht die Interessen des Staates, sondern sein persönliches Menschenrecht, das ihm der Großinquisitor unter Berufung auf die Staatsraison bestreitet (»Was heißt ein Mensch? Und mit welchem Recht nennt Ihr Euch König, Sire, wenn es jemanden Euresgleichen gibt?«). Im Widerspruch des Monarchen erkennt er richtig den Einfluß des »Geistes der Neuerer«, der den Staat in seiner bisherigen Form und mit diesem das Machtfundament der Kirche bedroht. Eigentlicher Gegenspieler des Großinquisitors ist daher nicht Philippe, der ihm lediglich als Werkzeug dient, sondern Rodrigue. Gleichwohl kommt es an keiner Stelle der Oper zu einer direkten Konfrontation der beiden Ideenträger, auch nicht beim Autodafé, das dafür den dramatisch wie szenisch perfekten Rahmen geboten hätte. Tatsächlich tritt an diesem Orte der höchsten kirchlichen Machtdemonstration der Großinquisitor überhaupt nicht in Erscheinung, auch nicht mit einem stummen Auftritt, und Rodrigue ist zwar anwesend, agiert aber nicht als Politiker, sondern als Regisseur der privaten Intrige.

Als Erklärung für diesen auf den ersten Blick befremdlichen Sachverhalt bietet sich die spezifische Dramaturgie des *Don Carlos* an, die diesen von anderen historischen Opern unterscheidet. Die Handlung vollzieht sich hier ausschließlich auf der privaten Ebene, das politische Geschehen – der Friedensschluß zwischen Spanien und Frankreich, der spanische Unterdrückungsfeldzug in Flandern – bleibt demgegenüber ausgespart, erscheint jedoch höchst präsent im philosophischen Diskurs sowie in den Wirkungen, die es auf die Schicksale der Personen ausübt. Vom Anfang bis zum Schluß der Oper agieren alle Personen im Bezugsrahmen der Politik, aber aus privaten Motiven. Trotz seines mächtigen Einflusses auf die Menschen erhält das politische Geschehen, da es nicht als solches, sondern allein in seinen Folgen in Erscheinung tritt, Züge des Uneigentlichen, Irrealen. So bleiben die Plädoyers von Rodrigue und Carlos für die Menschenrechte seltsam abstrakt und deklamatorisch, treten jedenfalls in der Intensität des Eindrucks weit zurück hinter ihren Liebes- und Freundschaftsbeteuerungen.

Damit einher geht eine subtile Verschiebung der dramatischen Gewichte mit der Folge, daß selbst eine Großszene wie das Autodafé, unbeschadet aller durchaus gewollten spektakulären Wirkungen, einen Zug ins Intime erhält. Der politische Konflikt wird durch den Auftritt des Carlos an der Spitze der flandrischen Gesandtschaft zwar exponiert, aber sogleich ins Private abgebogen. Im Zentrum steht nicht der Freiheitsappell, sondern die Irritation, die er in den zwischenmenschlichen Beziehungen auslöst. Verstärkt wird dieser Eindruck durch die Problematisierung der öffentlichen Sphäre als von Grund auf menschenfeindlich, so vor allem in der großen Szene Philippes am Beginn des 4. Aktes: Der ungeliebte, von Verrätern umgebene König sehnt den ewigen Schlaf herbei, der ihm Befreiung von der Last des Herrschens bringen soll. Die Nähe der Gedankenwelt des *Don Carlos* zu den machtkritischen Diskursen der historischen Opern Meyerbeers ist offensichtlich, nur daß das, was dort seine Darstellung im spannungsvollen Gegeneinander der gesellschaftlichen Kräfte erfährt, hier ins Reflexive gewendet erscheint. Von daher erschließt sich denn auch der dramatische Stellenwert der Figur des Mönch-Kaisers, der der Macht entsagte und sich ins Kloster zurückzog. In seiner schattenhaften Existenz erscheint er geradezu als Symbolfigur für die Nichtigkeit politischen Handelns.

Für den Komponisten bedeutete diese Dramaturgie eine besondere Herausforderung, stellte sich ihm doch damit die Aufgabe einer musikdramatischen Vermittlung von Gedanken statt – wie in der Oper im allgemeinen üblich – von Empfindungen. Teils hat er sich damit sehr schwer getan, wie im Falle des Duetts Philippe/Rodrigue am Schluß des 2. Aktes, von dem er nicht weniger als vier Fassungen erstellte (Rosen, 1971; Budden, 1981, Band III, S. 80–98), teils gelang es ihm, so bei der Szene Philippe/Großinquisitor, offenbar auf Anhieb. Wie Meyerbeer und Wagner an vergleichbaren Stellen meisterte auch Verdi die Schwierigkeit, ›Ideenmusik‹ zu schreiben, durch den Kunstgriff der Personalisierung und Emotionalisierung. So schildert die Musik nicht die Verzweiflung der gepeinigten Flamen, sondern die Erregung Rodrigues über das von ihm berichtete Geschehen und nicht den Machtanspruch der Kirche, sondern die Bedrohung, die von ihm ausgeht. Eröffnete sich der Musik hier grundsätzlich vertrautes Terrain, so erforderte doch die Eigenart des Stoffes eine Erweiterung ihrer Ausdruckspalette in der Entwicklung und Ausdifferenzierung dunkler und gedeckter Klänge. Darauf vor allem beruht der ganz einmalige ›Ton‹, die spezifische *tinta*, des *Don Carlos*.

So findet Verdi für den Auftritt und den Abgang des Großinquisitors eine Klangchiffre der tiefen Streicher und Bläser (mit dem nur an dieser Stelle der Oper verwendeten Kontrafagott) in der Tradition der schwarzen Romantik. Zur Darstellung von Weltschmerz und Entrückung bedient er sich sakralmusikalischer Formeln wie Choral und *preghiera*. Auf weite Strecken enthält sich Verdi völlig des herkömmlichen Arienmelos zugunsten einer freien Deklamation von herber Spröde, wobei er teils ältere Formen beibehält wie im Duett Philippe/Rodrigue, teils durch neue individuelle Bildungen ersetzt. Letzteres deutet er zumeist schon in den Nummernbezeichnungen an, so *Scène* für den Dialog Philippe/Großinquisitor oder das den 5. Akt eröffnende große Solo Elisabeths (das durchaus arienhafte Züge enthält, aber einen freien Formaufriß aufweist), oder *Scène et cantabile* für Philippes Monolog zu Beginn des 4. Aktes mit seinem unkonventionellen Changieren zwischen rezitativischen, ariosen und arienhaften Bildungen.

Daneben gibt es einen Traditionsüberhang von eher konventionellen, wenn auch auf den spezifischen Werkstil eingestimmten Formen und Typen, denen aber gerade in dieser Eigenschaft eine wichtige dramaturgische Funktion zukommt, nämlich die strenge Eleganz der höfischen Welt als zeremonielle Folie der seelischen Katastrophen klingende Gestalt werden zu lassen. Hierzu zählen die einfachen Lied- und Strophenformen französischer Provenienz: die *romance* des Carlos im 1., die *ballade* Rodrigues und die *romance* Elisabeths im 2. Akt, aus demselben Akt die *chanson du voile* der Eboli mit ihren virituosen »cante hondo«-Kadenzen (von Verdi in siebenfacher Ausführung vorgelegt), sowie – ebenfalls aus dem 2. Akt – das populäre Duett Carlos/Rodrigue als Reminiszenz an den Typus des heroischen Marschduetts à la Spontini. Auf einer mittleren Linie zwischen Tradition und Innovation liegen die Arien Ebolis und Rodrigues im 4. Akt, beide über die Charaktere zwar noch der höfischen Szene verhaftet, gleichwohl diese emotional aufbrechend. Erscheint in Rodrigues Arie das Modell der mehrteiligen italienischen Arie mit *adagio* und *cabaletta* noch einmal (in Verdis Œuvre zum letzten Mal in einer Solonummer) vollständig ausbuchstabiert, so schrumpft es in Ebolis Arie zu einer Folge von musikdramatischen Ausdrucksgesten zusammen.

Zur höfischen Sphäre gehört auch das Ballett, und zwar ganz direkt im Kontext der Handlung, wird es doch eingeführt als Darbietung des Hofballetts der Königin. Das ist zwar historisch nicht korrekt, denn ein solches gab es damals in Spanien noch nicht, erlaubt aber nicht nur die für dieses Genre übliche Integration in die Handlung, sondern auch den inhaltlichen Bezug zum Souverän. So schließt das Ballett hier mit einer Apotheose der spanischen Königin als der »weißen Perle«, der schönsten Perle der Welt, zum Erklingen der (fingierten) spanischen Nationalhymne. Die dramatische Pointe besteht nun darin, daß durch den vorangegangenen Kleidertausch Eboli die Rolle der Königin übernommen hat und an Elisabeths Stelle die Huldigungen des Hofes entgegen nimmt; umso tiefer wird dann später ihr Absturz aus der Illusion des Festes in die ernüchternde Realität sein. Zudem erschließt das Perlenmotiv noch eine weitere Bedeutungsebene, auf der ein direkter Bezug von der Zeit der Handlung des Stücks zur Zeit seiner Uraufführung hergestellt wird: *La Pérégrina*, so der Titel des Balletts, ist nämlich der Name einer tatsächlich existierenden Perle von herausragender Schönheit, die einst im Besitz Philipps II. und später von Napoléon III. war, der bei der Premiere zusammen mit seiner Gattin Eugénie im Zuschauerraum der Opéra saß. Das komplizierte Beziehungsgeflecht zwischen realer Geschichte, ihrer Darstellung im Stück und dessen Rezeption, wie es im *La Pérégrina*-Ballett Gestalt gewinnt, lenkt in exemplarischer Weise den Blick auf den Gesamtkunstwerk-Charakter der großen Oper, zu dessen ästhetischer Mehrdimensionalität ganz wesentlich auch das Ballett gehört. Verdi empfand es keineswegs als eine ›quantité négligéable‹ und hat hier (zusammen mit Méry, von dem die Idee ausging) für die Integration des Balletts in die Handlung eine originale dramaturgische Lösung gefunden, die bei größerer musikalischer Einfallsdichte noch überzeugender hätte ausfallen können.

Nur widerstrebend hat sich Verdi zu Kürzungen des *Don Carlos* entschlossen, wohl wissend, daß dies in letzter Konsequenz auf eine durchgreifende Bearbeitung des Werks hinauslaufen mußte. Aber auch nachdem er diese für Mailand 1884 endlich erstellt hatte, galt ihm doch die fünfaktige französische Originalfassung als erste Wahl, und in der neueren Forschung – und zunehmend auch Theaterpraxis – wächst die Bereitschaft, sich dieser Meinung anzuschließen. Zwar zeichnet sich die Mailänder Fassung durch größere Geschlossenheit und dramatische Abrundung aus, aber der Preis dafür ist hoch. Durch den Wegfall des Fontainebleau-Aktes fehlt der privaten wie der politischen Handlung die Exposition mit tiefgreifenden Folgen für die psychologische Schlüssigkeit der Charaktere von Elisabeth und Carlos. Dazu kommt, daß die Bedeutung einiger wichtiger musikalischer Motive als Reminiszenzen an das Duo aus dem 1. Akt nicht mehr unmittelbar deutlich wird. Der 3. Akt entfaltet seine volle dramatische Vielschichtigkeit nur in der Pariser Fassung mit Ballett. Fällt dieses weg, so verliert die vorausgehende *scène-à-faire* des Kleidertausches zwischen Elisabeth und Eboli ihre dramatische Funktion. Streicht man auch sie – und Verdi hat für Mailand so verfahren –, dann bleibt vom gesamten Hoffest nur noch ein

Torso, der den Intrigenmechanismus der Handlung mit störender Offenheit herausstellt.

Auch beim Vergleich der Schlüsse erweist sich die Überlegenheit der Originalfassung: Der im *pianissimo* verklingende Mönchschor erscheint der mystischen Aura des legendären Kaisers ungleich angemessener als der grelle orchestrale *fortissimo*-Akzent, den Verdi später an dieser Stelle setzte. Auf der Haben-Seite der Pariser Fassung zu verbuchen ist schließlich die größere idiomatische Genauigkeit in den in französischer Sprache vertonten Gesangstexten, die von gelegentlichen Deklamationsmängeln nur unwesentlich beeinträchtigt wird.

Ein anhaltender Erfolg ist *Don Carlos* zu Lebzeiten Verdis versagt geblieben. In der französischen Oper hinterließ das Werk keinerlei Spuren und in der italienischen Oper gelangte es über eine Außenseiterstellung zunächst nicht hinaus. Vollends verblaßte es nach dem Triumph von *Aida*, einem Werk, das die Auseinandersetzung des Komponisten mit der französischen großen Oper auf ungleich schlagkräftigere Weise dokumentiert. Verdis Vergleich zwischen den beiden Werken gegenüber Ferdinand Hiller zeigt, daß er sich der unterschiedlichen Profile der Opern sehr wohl bewußt war: »Im *Don Carlos* gibt es wohl hier eine Stelle, dort ein Stückchen, das wertvoller ist als alles in *Aida*; aber *Aida* hat mehr Biß und [...] mehr Theatralik.« (Brief vom 7. Januar 1884; Budden, 1987, S. 281) Erweist sich *Don Carlos* auch nicht als Verdis perfekteste Oper, so doch vielleicht als seine persönlichste. Nie wieder in seiner langen Karriere als Musikdramatiker hat sich Verdi auf der Suche nach neuen Lösungen von den gattungsgeschichtlichen Voraussetzungen seines Schaffens so radikal entfernt wie mit diesem Werk. Es steht am Ende eines bereits in den späten 1840er Jahren einsetzenden kompositorischen Entwicklungsprozesses in Richtung eines europäisch-kosmopolitischen Stilidioms, den Verdi in seinen folgenden Opern nicht weitergeführt, aber auch nicht widerrufen hat.

Wirkung

Die Uraufführung, am Vorabend der neuen Pariser Weltausstellung als glanzvolles gesellschaftliches Ereignis begangen, bescherte dem Werk einen beachtlichen, wenngleich nicht dauerhaften Erfolg: Nach 43 Aufführungen verschwand *Don Carlos* noch im selben Jahr aus dem Spielplan der Opéra und wurde dort erst 1963 wiederaufgeführt. Von den Interpreten der Uraufführung fanden Jean-Baptiste Faure (Rodrigue), Marie-Constance Sass (Elisabeth), Pauline Gueymard-Lauters (Eboli), mit Einschränkungen auch Louis-Henri Obin (Philippe), anerkennende Aufnahme seitens des Publikums und der Kritik; Jean Morère (Carlos) wurde gesanglich wie darstellerisch als unzureichend empfunden. Zwiespältige Eindrücke hinterließ auch das Ballett: Anerkennung, ja Bewunderung zollte man den tänzerischen Leistungen (vor allem Léontine Beaugrand als weißer Perle) und der prächtigen Inszenierung mit sensationellen elektrischen Lichteffekten, während das Sujet und seine choreographische Umsetzung (Lucien Petipa) allgemein als altmodisch und uninspiriert angesehen wurden. Uneingeschränkte Zustimmung fanden dagegen die souveräne musikalische Leitung George Hainls sowie die perfekte Inszenierung und Ausstattung (Bühnenbild: Charles Cambon, Joseph Thierry [1. und 3. Akt]; Jean-Baptiste Lavastre, Edouard Despléchin [2. und 5. Akt]; Joseph Nolau, August Rubé, Philippe Chaperon [4. Akt]; Kostüme: Alfred Albert). Die Ansichten über das Werk waren geteilt: Eine einhellig negative Beurteilung erfuhr das Libretto, dem man Gedankenlastigkeit und Mangel an emotional packenden Situationen, dazu handgreifliche dramaturgische Schwächen bescheinigte. Die Musik fand zwar vereinzelte Bewunderer (Théophile Gautier, Ernest Reyer), jedoch überwogen bei weitem die negativen Stimmen. Verdi habe, so die vorherrschende Meinung, den bewährten Stil seiner früheren Werke aufgegeben und einen neuen, ihm eigenen noch nicht gefunden, sei statt dessen zum Epigonen Meyerbeers und Wagners geworden.

Andernorts fand *Don Carlos* eine vielfach positive Resonanz, so daß Verdi eine zeitlang die Hoffnung hegen konnte, das Werk, in dem er selbst die Krönung seiner Laufbahn als Musikdramatiker erblickte, werde sich schließlich doch noch durchsetzen. Dies galt etwa für die italienischsprachigen Einstudierungen in London und Bologna 1867. Hatte dort der Dirigent Michael Costa, selbst Komponist eines *Don Carlos* (London 1844), das Werk durch eigenmächtige Kürzungen in etwa auf die Proportionen der späteren Mailänder Fassung gebracht, so hielt sich hier Angelo Mariani als musikalischer Leiter und Sachwalter des Komponisten strikt an das Original. Beide Aufführungen warteten mit vorzüglichen Besetzungen auf, in London mit Pauline Lucca (Elisabetta), Antonietta Fricci (Eboli), Emilio Naudin (Carlo), Petit (Filippo) und Francesco Graziani (Rodrigo), in Bologna mit Teresa Stolz, Antonietta Fricci, Giorgio Stigelli, Giovanni Capponi und Antonio Cotogni. Für Bologna schuf der Altmeister der italienischen Tanzszene, Carlo Blasis, eine erfolgreiche neue Choreographie für das *La Pérégrina*-Ballett.

Es folgten Einstudierungen unter anderem in Brüssel, Budapest, Darmstadt, Rom und Mailand 1868, St. Petersburg, Barcelona und Prag 1870, Neapel und Lissabon 1871, Madrid 1872, Buenos Aires 1873. Nachdem Verdi für die Wiederaufnahme von 1872 in Neapel (Teresa Stolz, Maria Waldmann, Filippo Patierno, Ladislao Miller, Virgilio Collini; Dirigent: Giuseppe Puzone) erstmals seit der Uraufführung kleinere kompositorische Eingriffe in die Partitur vorgenommen hatte, begann er 1875 im Zusammenhang mit einer geplanten Wiener Einstudierung mit dem Gedanken an eine grundlegende und gestraffte Neubearbeitung des *Don Carlos* zu spielen, von der er sich größere Aufführungschancen für das Werk versprach. Es sollten dann noch sieben Jahre vergehen, ehe er seinen Plan realisieren konnte. Das Ergebnis war die neue vierakteige Fassung, die 1884 an der Mailänder Scala herauskam (Abigaille Bruschi-Chiatti, Giuseppina Pasqua, Francesco Tamagno, Alessandro Silvestri, Paul Lhérie; Dirigent: Franco Faccio); sie wurde 1886 für Modena (Maria Peri, Eugenia Mantelli, Francesco Signorini, Alfonso Mariani, Agostino Gnaccarini; Dirigent: Guglielmo Zuelli) durch Rückkehr zur Fünfaktigkeit wiederum der Uraufführungsfassung angeglichen. Trotz dieser Bemühungen blieb dem Werk der große und einhellige Erfolg lange Zeit versagt.

Dies änderte sich erst im Zuge der Verdi-Renaissance seit den 1920er-Jahren, als *Don Carlos*, wenn auch zunächst in fragwürdigen Mischfassungen und Bearbeitungen, allmählich repertoirefähig wurde. Seit der Erschließung der bisher unbekannten Pariser Quellen, erstmals umfassend dokumentiert in Ursula Günthers Ricordi-Edition (1974) und inzwischen in zahlreichen Aufführungen erprobt, avancierte *Don Carlos* auch im Bewußtsein der breiten musikalischen Öffentlichkeit zu einem, wenn nicht dem Schlüsselwerk in Verdis musikdramatischem Oeuvre.

Diskographischer Hinweis

Fassung Paris 1867

José van Dam (Philippe), Roberto Alagno (Carlos), Thomas Hampson (Posa), Eric Halfvarson (Großinquisitor), Karita Mattila (Elsisabeth), Waltraud Meier (Eboli); Choeur du Théatre du Chatelet, Orchestre de Paris, Antonio Pappano (aufgenommen: 1996): EMI Classics 5 561 522

Fassung Mailand 1884

Ruggero Raimondi, Placido Domingo, Sherrill Milnes, Giovanni Foiani, Montserrat Caballé, Shirley Verrett, Ambrosian Opera Chorus, Orchestra of the Royal Opera House Covent Garden London, Carlo Maria Giulini (aufgenommen: 1970): EMI 5 67 401 2

Fassung Modena 1886

(frz., mit Szenen aus der Probenfassung 1867) Ruggero Raimondi, Placido Domingo, Leo Nucci, Nicolai Ghiaurov, Katia Ricciarelli, Lucia Velentini-Terrani, Coro e Orchestro del Teatro alla Scala di Milano, Dirigent: Claudio Abbado (aufgenommen: 1983/84): Deutsche Grammophon 415 316–2

(ital.) Boris Christoff, Flaviano Labò, Ettore Bastianini, Ivo Vinco, Antonietta Stella, Fiorenza Cossotto, Coro e Orchestra del Teatro alla Scala di Milano, Gabriele Santini (aufgenommen: 1961): Deutsche Grammophon: zur Zeit nicht lieferbar

(ital.) Roberto Scandiuzzi, Richard Margison, Dmitri Hvorostovsky, Robert Lloyd, Galina Gorchakova, Olga Borodina, Chorus and Orchestra of the Royal Opera House Covent Garden, Bernard Haitink (aufgenommen: 1996): Philips 454 463–2

Sieghart Döhring

Aida

Opera in quattro atti
(4 Akte, 7 Bilder)

Text: Verse von Antonio Ghislanzoni, nach einem Handlungsentwurf von Auguste Mariette und einem Szenarium von Camille Du Locle und Giuseppe Verdi
Uraufführung: Kairo, Dar Elopera Al Misria, 24. Dezember 1871
Personen: Aida, eine äthiopische Sklavin (Sopran); Amneris, Tochter des Königs von Ägypten (Mezzosopran); Radamès, Hauptmann der Palastwache (Tenor); Amonasro, König von Äthiopien und Vater Aidas (Bariton); Ramfis, Oberpriester (Baß); der König von Ägypten, Vater von Amneris (Baß); eine Oberpriesterin (Sopran); ein Bote (Tenor) – Wachen, Minister, Priester, Priesterinnen, Hauptleute, Sklavinnen, Volk von Ägypten, ägyptische Krieger, Offiziere, äthiopische Gefangene, Fächerträger, Standartenträger – Ballett: Priesterinnen, kleine Mohrensklaven, Tänzerinnen
Orchester: 3 Querflöten (3. auch Piccoloflöte), 2 Oboen, Englischhorn, 2 Klarinetten, Baßklarinette, 2 Fagotte, 4 Hörner, 2 Trompeten, 3 Posaunen, Cimbasso, Pauken, Schlagzeug (große Trommel, Becken, Triangel, Tamtam), 2 Harfen, Streicher – Bühnenmusik auf der Szene: 6 »ägyptische« Trompeten, 2 Harfen, *banda*; unterhalb der Szene: 4 Trompeten, 4 Posaunen, große Trommel
Spieldauer ohne Pausen: ca. 2 Stunden 45 Minuten
Autograph: Mailand, Verlags-Archiv Ricordi, Mailand; Ouvertüre: Sant' Agata, Villa Verdi
Ausgaben: Partituren: Mailand: Ricordi 1890, Nr. 97825; Mailand: Ricordi 1953, Nr. 153 – Klavierauszug: Mailand: Ricordi 1872, Nr. 42602/04 – Textbücher: Mailand: Ricordi 1872, Nr. 133768; *Tutti i libretti*, 1975, S. 449–471; kritische Ausgabe, hrsg. von Eduardo Rescigno, Mailand: Ricordi 1985.

Entstehung

Nach der Komposition von *Don Carlos* und den der Premiere vorausgehenden monatelangen zermürbenden Proben hatte Verdi sich zunächst vom Theater zurückgezogen. Im Winter 1868/69 überarbeitete er *La forza del destino* zur Aufführung an der Mailänder Scala; im August 1869 schrieb er das »Libera me« der dann nicht zur Aufführung gelangten *Messa per Rossini*. Im Winter 1869/70 suchte ihn Camille Du Locle, Librettist des *Don Carlos*, Sekretär der Pariser Opéra und designierter Co-Direktor der Opéra Comique, zur Komposition einer komischen Oper zu bewegen. Doch konnte sich Verdi für keinen der vorgeschlagenen Stoffe erwärmen.

Du Locle fungierte gleichzeitig seit Dezember 1869 als Mittelsmann für den Kompositionsauftrag von *Aida*. Bereits im August 1869 hatte sich Paul Draneth, der Direktor des neu erbauten Opernhauses von Kairo, an Verdi mit der Bitte gewandt, zur Eröffnung des Suez-Kanals eine Hymne zu komponieren. Verdi lehnte ab, »weil es nicht meine Gewohnheit ist, *Gelegenheitsstücke* zu schreiben« (Brief vom 9. August 1869; Abdoun, 1971, S. 15). Das Opernhaus von Kairo wurde dann am 1. November 1869 mit *Rigoletto* eröffnet. Am 14. Mai 1870 schickte Du Locle Verdi einen Handlungsentwurf des französischen Ägyptologen Auguste Mariette, der im Auftrag des Khediven (Vizekönigs) von Ägypten, Ismail Pascha, handelte. Eine erste Offerte hatte Verdi im Dezember 1869 noch abgelehnt. Diesmal zeigte er sich interessiert. Von diesem Zeitpunkt an ging alles sehr schnell, so daß Direktiven des Khediven, im Falle einer erneuten Absage Verdis Charles Gounod oder Richard Wagner zu gewinnen, fallen gelassen werden konnten.

Zunächst nahm Verdi, mit Hilfe seiner Frau Giuseppina, eine Übersetzung des Entwurfs ins Italienische vor. Danach beauftragte er Camille Du Locle, ein detailliertes französisches Szenarium zu entwerfen, das bei einem Besuch Du Locles in Sant'Agata in der zweiten Junihälfte nochmals überarbeitet wurde. Wesentliche Änderungen an Mariettes Entwurf, den Jean Humbert 1976 wiederentdeckt hat, gehen auf Verdi selbst zurück, so Introduktion und Romanze des Radamès im 1. Akt, die Zweiteilung des 2. Aktes, Anfang und Schluß des 3. Aktes sowie die Zweiteilung der Bühne im Schlußbild. Und erst Verdi gab Amneris die letzten Worte. Antonio Ghislanzoni, den Verdi auf Vermittlung Giulio Ricordis als Mitarbeiter gewann – er hatte schon die Ergänzungen zur Neufassung von *La forza del destino* textiert –, übernahm die Versifizierung: »Es ist keine Original-Arbeit, erklärt ihm das genau: es geht lediglich darum, die Verse zu machen.« (Brief Verdis an Giulio Ricordi vom 25. Juni 1870; Copialettere, 1913, S. 636) Die Erstausgabe des Klavierauszugs weist Ghislanzoni denn auch nicht das »Libretto«, sondern nur die *versi* zu.

Während Verdi sich sofort an die Arbeit machte, hat Du Locle mit Mariette die vertraglichen Vereinbarungen geregelt, die am 26. August von Verdi unterzeichnet wurden: Die Uraufführung wurde auf Januar 1871 festgesetzt; Verdi trat dem Auftraggeber nur die Rechte zur Aufführung in Ägypten ab; alle übrigen Rechte an Libretto und Partitur verblieben bei ihm. Im Gegenzug erhielt er ein Honorar von 150 000 französischen Goldgulden, fast das Vierfache der von der Pariser Opéra für *Don Carlos* bezahlten Summe. Dennoch scheint den harten Geschäftsmann Verdi die Scham beschlichen zu haben, wenn er seinen Partnern einschärfte, die Höhe der Summe geheimzuhalten (siehe oben, S. 7).

Über den Fortgang des Librettos und des Kompositionsentwurfs sind wir durch Verdis Briefwechsel mit Ghislanzoni genauestens unterrichtet. Er gewährt Einblick nicht nur in viele Details über Entscheidungen der szenischen Struktur und musikalischen Anlage, sondern auch in die Prinzipien von Verdis musikdramatischen Vorstellungen, die er Ghislanzoni erläutert. Szenische Schlagkraft und Originalität der Situationen sind dabei die wichtigsten Kriterien. Im Zusammenhang mit der Arbeit an *Aida* fällt auch die viel zitierte Definition der *parola scenica*: »Ich verstehe darunter das Wort, das die Situation erfaßt und sie klar und deutlich wiedergibt« und somit dem Sänger die Möglichkeit zu einer Aktion bietet (Brief Verdis an Antonio Ghislanzoni vom 17. August 1870; ebd., S. 641). Verdi greift immer wieder in die Anlage des Librettos und in die Gestalt der Verse ein und beschwört Ghislanzoni: »Ob es diese oder andere Worte sind, darauf kommt es nicht an; aber es muß eine Wendung sein, die erschüttert, die theatralisch ist.« (Brief vom 8. Oktober 1870; ebd., S. 652) Daneben läßt er sich über Du Locle und Ricordi historische und geographische Auskünfte besorgen und beschäftigt sich mit der Religion und der Musik der alten Ägypter, hat davon aber letzten Endes außer der sogenannten Aida-Trompete, die eigens nach seinen Angaben für die Bühnenmusik des Triumphmarsches konstruiert wurde, nichts für den Lokalkolorit der Oper verwendet.

Verdi begann mit der Komposition wohl erst Anfang August 1870 und schloß den Entwurf Mitte November ab. Mit der Instrumentierung und damit der Fertigstellung der Partitur ließ er sich Zeit bis zum Januar 1871. Inzwischen war im Juli 1870 der preußisch-französische Krieg ausgebrochen – dessen für die Franzosen ungünstigen Verlauf Verdi mit bitteren Kommentaren über die Deutschen und den Papst begleitet; Du Locle und Mariette waren im belagerten Paris eingeschlossen. An eine rechtzeitige Fertigstellung der in Paris ausgeführten Dekorationen und Kostüme und damit an den ursprünglichen Aufführungstermin war daher nicht mehr zu denken: »Sämtliche Arbeiten an der *Aida* sind wegen Mangel an Arbeitern eingestellt worden: es gibt jetzt nur noch eine einzige Beschäftigung in Paris: die Garde aufstellen.« (Zitat eines Briefs von Camille Du Locle an Verdi in einem Brief Verdis an Giulio Ricordi vom 30. November 1870; Abbiati, 1959, Band III, S. 410) Die verschobene Uraufführung verhinderte auch jede Aufführung an einem anderen Ort. Dies ließ Verdi Zeit, im August 1871 nochmals kleinere Korrekturen an der Musik sowie eine wesentliche Ergänzung – die Nachkomposition von Aidas dramatisch bedeutsamer Romanze zu Beginn des 3. Aktes (»O cieli azzurri ... o dolci aure native«) – vorzunehmen, ehe er die fertiggestellte Partitur im September Ricordi und Draneth übergab. Für die gleichzeitig mit der ägyptischen Uraufführung vorbereitete europäische Premiere an der Mailänder Scala nahm Verdi nochmals kleinere Veränderungen vor und komponierte eine ausgedehnte Ouverture, die er aber noch während der Proben wieder zurückzog. Für die Erstaufführung des Werkes in französischer Sprache an der Pariser Opéra am 22. März 1880 erweiterte er die Ballettmusik in der Triumphszene. Damit war der Entstehungsprozeß von Verdis wohl populärster Oper endgültig abgeschlossen.

Handlung

In Memphis und Theben zur Zeit der Herrschaft der Pharaonen

1. Akt, 1. Bild, Saal im Königspalast zu Memphis: Der Oberpriester Ramfis informiert Radamès, den jungen Hauptmann der Palastwache, über die Bedrohung Ägyptens durch die Äthiopier. Die Göttin Isis hat den Heerführer bereits benannt (Introduzione – scena, »Sì: corre voce che l'Etiope ardisca«). Radamès hofft, daß ihn das Orakel zum Anführer bestimmt hat. Wenn sein Traum sich erfüllt, so will er den Siegerkranz auf Aidas Haar setzen, einer äthiopischen Sklavin am Pharaonenhof, die er heimlich liebt (Romanza, »Celeste Aida, forma divina«). Aber auch die ägyptische Königstochter Amneris, die ihn in zuversichtlicher Stimmung trifft, liebt ihn. Mißtrauisch und eifersüchtig argwöhnt sie, Aida, der Radamès verstohlene Blicke zuwirft, könnte ihre Rivalin sein (Duetto, »Forse... l'arcano amore«). Beide Frauen verstellen sich, Radamès aber fürchtet die Entdeckung seiner Liebe (Terzetto, »Trema! o rea schiava, ah! trema«). Der Hof versammelt sich: Ein Bote überbringt die Nachricht, daß die Äthiopier brandschatzend in Ägypten eingefallen sind und auf Theben vorrücken. Der König verkündet den Krieg und ernennt Radamès zum Heerführer. Kriegsbegeisterung flammt auf. Ramfis, Radamès und die Priester brechen zum Vulkantempel auf. In den Ruf von Amneris, Radamès möge als Sieger heimkehren, stimmen alle ein, auch Aida (Scena e pezzo d'assieme, »Su! del Nilo al sacro lido«). Aida bleibt allein zurück und wird sich des furchtbaren Konflikts zwischen ihrer Liebe zu Radamès und zu ihrem Vaterland bewußt. Sie begreift, daß nur der Tod sie aus ihrer ausweglosen Lage befreien kann (Scena e romanza, »Numi, pietà! – del mio soffrir!«). – 2. Bild, im Innern des Vulkantempels zu Memphis: Aus dem Innern hört man den von Harfenklängen begleiteten Gesang der Priesterinnen. Ramfis und Radamès beten zum Gott Pthà. Radamès tritt zum Altar, begleitet vom heiligen Tanz der Priesterinnen, und schwört, der Hüter und Rächer Ägyptens zu sein. Während er die heiligen Waffen erhält, wiederholen die Priesterinnen und Priester ihr Gebet und den mystischen Tanz (Gran scena della consacrazione e finale I, »Possente Fthà, del mondo«).

2. Akt, 1. Bild, Saal in Amneris' Gemächern: Die Äthiopier wurden vom ägyptischen Heer besiegt. Amneris ist von Sklavinnen umgeben, die sie zur Siegesfeier ankleiden. Während sie sich an ihrer Liebe zu Radamès berauscht, tanzen junge Mohrensklaven. Als Aida hinzutritt, erwacht erneut ihre Eifersucht (Introduzione – scena, coro di donne e danza degli schiavi mori, »Chi mai fra gl'inni e i plausi«). Amneris verstellt sich mit geheucheltem Mitgefühl und entlockt Aida das Geheimnis ihrer Liebe zu Radamès. In der Verwirrung nimmt Aida die Herausforderung an, Rivalin der Pharaonentochter zu sein, ehe sie sich Mitleid heischend wieder beherrscht. Klänge hinter der Szene kündigen die Siegesfeier an, zu der die Sklavin Amneris begleiten muß (Scena e duetto, »Amore, amore! – gaudio ... tormento ...«). – 2. Bild, vor einem Tor der Stadt Theben: Die Bühne ist mit Menschen überfüllt, die die Rückkehr von Radamès und seinen Truppen feiern. Unter Fanfarenklängen marschiert das siegreiche Heer am König und dem Hofstaat vorbei. Tänzerinnen führen ein Ballett auf (Gran finale II – inno, marcia trionfale e danze, »Gloria all'Egitto, ad Iside«). Der König begrüßt Radamès als »Retter des Vaterlandes« und Amneris reicht ihm den Siegeskranz. Zum Dank für seinen Sieg schwört der König, ihm an diesem Tag jeden Wunsch zu erfüllen. Radamès läßt zunächst die dem Tode geweihten Gefangenen vorführen, unter denen Aida ihren Vater Amonasro erkennt. Dieser warnt sie davor, seine Identität preiszugeben. Es gelingt ihm, sich als einfachen Krieger auszugeben und den ägyptischen König davon zu überzeugen, daß der König der Äthiopier gefallen ist – Grund genug, Milde und Erbarmen walten zu lassen. In die Bitte der Gefangenen um Freiheit stimmt endlich auch das ägyptische Volk ein. Nur die Priester fordern unerbittlich den von den Göttern gewollten Tod der Feinde. Radamès erinnert den König an sein Versprechen und bittet um Leben und Freiheit für die Gefangenen. Der König folgt dem Rat von Ramfis, Aida und Amonasro als Geiseln zurückzubehalten, alle übrigen aber freizulassen. Als Lohn für seine Dienste verspricht der König Radamès die Hand seiner Tochter Amneris. Vom allgemeinen Jubel ausgeschlossen sind

nur Aida, Amonasro und Radamès: Aida sieht sich am Ende aller ihrer Hoffnungen, Amonasro sinnt auf Rache, Radamès hält an seiner Liebe zu Aida fest (*Gran finale II – pezzo d'assieme e stretta*, »Quest'assisa ch'io vesto vi dica«).

3. Akt, am Ufer des Nils, oben auf den Felsen der Tempel der Isis, sternenhelle Nacht: Amneris wird von Ramfis zum Isistempel geleitet, in dem sie am Vortag ihrer Hochzeit um den Segen der Göttin beten will. In unmittelbarer Nähe erwartet Aida Radamès. Sollte ihre Befürchtung eines letzten Abschieds zutreffen, so ist sie entschlossen, sich in den Nil zu stürzen. Mit Wehmut gedenkt sie ihrer Heimat, die sie nicht wiedersehen wird (*Introduzione, preghiera – coro*, »O tu che sei d'Osiride«). Statt des erwarteten Geliebten tritt überraschenderweise ihr Vater auf. Er plant einen neuen Heerzug gegen Ägypten. Er will Aida, deren Liebe zu Radamès er erkannt hat, dazu benutzen, diesem die ägyptischen Marschpläne zu entlocken. Als Aida sich weigert, verflucht er sie. Im Gedenken an das besiegte und erniedrigte Vaterland willigt sie schließlich ein (*Duetto*, »Rivedrai le foreste imbalsamate«). Als Radamès auftritt, versucht sie ihn von der Unmöglichkeit ihrer Liebe zu überzeugen. Aber Radamès glaubt, nach einem erneuten Sieg den ägyptischen König um die Hand Aidas bitten zu können. Aida deckt ihm die Naivität dieses Plans auf und überredet den Zögernden, gemeinsam mit ihr zu fliehen (*Duetto*, »Fuggiam gli ardori inospiti«). Um ihm die Rückkehr abzuschneiden, bringt sie ihn dazu, den Marschweg der ägyptischen Truppen preiszugeben. Auf dieses Stichwort tritt Amonasro aus seinem Versteck hervor und gibt sich als König der Äthiopier zu erkennen. Voller Bestürzung sieht Radamès, daß er sein Land verraten und seinen Eid gebrochen hat. Ehe Aida und Amonasro ihn mit sich ziehen können, kommen Ramfis und Amneris aus dem Tempel zurück. Radamès hindert Amonasro daran, Amneris zu ermorden. Er verhilft Aida und Amonasro zur Flucht, dann stellt er sich freiwillig den Wachen (*Scena – finale III*, »Ah no! ti calma... ascoltami«).

4. Akt, 1. Bild, Saal im Königspalast, links eine große Tür, die in einen unterirdischen Gerichtssaal führt: Radamès ist des Hochverrats angeklagt. Amneris, die ihn noch immer liebt, unternimmt einen letzten Versuch, ihn vor dem Tod zu retten. Aber Radamès, der sich seines Verrats bewußt ist, sieht keinen Sinn mehr im Leben. Nachdem er erfährt, daß Aida lebt und nur Amonasro auf der Flucht getötet wurde, ist er entschlossen, für seine Liebe zu sterben (*Scena e duetto*, »Già i sacerdoti adunansi«). Während die Priester ihre Vorbereitungen zum Gericht treffen, verwünscht Amneris ihre Eifersucht. Da Radamès zu allen Fragen des unterirdisch tagenden Gerichts schweigt, wird er zum Tod durch Einmauern verurteilt. Amneris beschimpft die aus dem Gewölbe zurückkehrenden Priester (*Scena del giudizio*, »Spirto del Nume, sovra noi discendi!«). – 2. Bild, die Bühne ist in zwei Stockwerke geteilt – oben das Innere des Vulkan-Tempels, unten ein unterirdisches Gewölbe: Radamès ist von den Priestern lebendig eingemauert worden und erwartet den Tod. Seine letzten Gedanken gelten Aida. Da hört er Seufzer und Geräusche. Es ist Aida, die sich in dem Gewölbe versteckt hat, weil sie gemeinsam mit Radamès sterben will. Verzweifelt und vergeblich versucht er, den Stein zu verrücken. Unter den Gesängen der Priesterinnen, die aus dem Innern des Tempels erklingen, nehmen Aida und Radamès Abschied vom Leben. Von oben wirft Amneris sich auf den Stein, der das Gewölbe verschließt, und fleht mit tränenerstickter Stimme um Frieden für Radamès (*Scena e duetto – finale ultimo*, »Morir! si pura e bella!«).

Kommentar

»Ich habe den ägyptischen Entwurf gelesen. – Er ist gut gemacht, hervorragend für die Inszenierung, und es gibt zwei, drei gewiß sehr schöne, wenn auch nicht gänzlich neue Situationen darin.« (Brief Verdis an Camille Du Locle vom 26. Mai 1870; Prod'homme, 1929, S. 110) Der Prosa-Entwurf des berühmten französischen Ägyptologen Auguste Mariette belegt nicht nur dessen wesentlichen Anteil an der Oper, sondern macht auch verständlich, warum Verdi, der zuvor dem ägyptischen Auftrag ablehnend gegenübergestanden hatte, sich nun innerhalb weniger Tage zur Annahme entschloß. Blitzartig scheint ihm klar geworden zu sein, daß sich ihm hier die einmalige Chance bot, ein »Werk aus einem Guß« zu schaffen,

»ein wahres Kunstwerk, das universal sein muß« (Brief Verdis an Camille Du Locle vom 8. Dezember 1869; Copialettere, 1913, S. 221). Der Auftrag des Khediven ließ ihm erstmals in seiner gesamten bisherigen Theaterlaufbahn freie Hand, eine Oper nach seinen eigenen Vorstellungen und Wünschen zu schaffen – ohne Rücksicht auf Theaterdirektoren, Zensureingriffe, tatsächliche Sänger- und angebliche Publikumswünsche, also genau jener Kompromisse, die ihm die Fertigstellung und Aufführung des *Don Carlos* in Paris schließlich zur Qual hatten werden lassen, und die noch in den Äußerungen gegenüber dem Vermittler des ägyptischen Auftrags nachklingen, wenn Verdi begründet, warum er nicht mehr für die Pariser Opéra schreiben wolle: »Ich bin mir bewußt, daß ein wirklicher Erfolg für mich nur dann möglich ist, wenn ich so schreibe, wie ich fühle, frei von jedwedem Einfluß und ohne zu überlegen, ob ich für Paris schreibe statt für die Welt des Mondes. Außerdem ist es sinnvoll, [...] daß schließlich alles von mir abhängt, daß ein Wille allein alles beherrscht: der meine. Das mag Euch ein wenig tyrannisch erscheinen... und vielleicht ist es wahr; aber wenn das Werk aus einem Wurf ist, gibt es nur eine Idee, und alles muß zusammenwirken, um dieses *Eine* zu bilden.« (Brief an Camille Du Locle vom 8. Dezember 1869; ebd., S. 220 f.)

Hinzu kam, daß er von der szenischen Wirkung und Originalität sowie der musiktheatralischen Eignung des Sujets sofort überzeugt war. Das scheint überraschend und zunächst wenig verständlich, wenn man die Entwicklung seines Schaffens in den 1850er und 1860er Jahren überblickt. Nach den kühnen, neuartigen Stoffen von *Simon Boccanegra*, *La forza del destino* und *Don Carlos* mit ihrer verwickelten, komplexen Handlung überrascht die Wahl des *Aida*-Sujets, dessen konsequenter, schlüssiger Ablauf nicht zufällig an die rationale Logik der metastasianischen *opera seria*-Libretti erinnert. Mit seinem unerbittlichen Gegensatz von Liebe und Gesetz, seinem ausweglosen Zusammenstoßen des individuellen Glücksverlangens mit dem »Machtkartell« von »Staat und Kirche« (Schreiber, 1985, S. 19), seiner Zwickmühle einer doppelten Beziehungsfalle – Radamès einerseits zwischen Aida und Amneris, Aida andererseits zwischen Radamès und Amonasro stehend – erscheint der *Aida*-Stoff wie der Schlußstein jener dramatischen Konstellation, jenes ›ewigen Dreiecks‹, das Verdi seit seinen ersten Schritten auf der Opernbühne in immer neuen Anläufen, immer neuen Abwandlungen gestaltet hat.

Werkgeschichtlich schließlich bedeutet *Aida* – nach dem französischen *Don Carlos* (1867) und der Revision von *La forza del destino* (1869) – die endgültige Synthese von italienischem *melodramma* und französischer *grand opéra*. Hier ist es Verdi gelungen, die *tableaux* der Massen- und Ballettszenen der französischen Form bruchlos mit der Individualdramaturgie der italienischen Nummernoper zu verschmelzen. Die bewußte Konkurrenz mit Meyerbeers letztem Welterfolg, der 1865 postum uraufgeführten *L'Africaine*, die tiefe Spuren in *Aida* hinterließ, scheint dabei nicht nur wegen ihres ebenfalls orientalischen Kolorits ein zusätzliches Stimulans für Verdi gewesen zu sein.

Für die Gebildeten unter ihren Verächtern – von »Indianermusik« sprach herablassend der junge Richard Strauss (siehe oben, S. 13) – war *Aida* mit ihrem Schwanken zwischen introvertierter Todessehnsucht und plakativer Theatralik seit jeher ein besonderer Stein des Anstoßes. Verdi hat freilich auch in dieser seiner wohl bekanntesten, populärsten Oper nicht zynisch um des leeren Effektes willen komponiert, sondern seine Musik in den Dienst der dramatischen Idee gestellt. Die nahtlose Einheit von Musik und Szene ist es, die *Aida* unter den Opern der mit *Les Vêpres Siciliennes* 1855 anhebenden dritten Schaffensperiode hervorhebt und zu einem darin vergleichslosen Meisterwerk macht. Wie stets hat Verdi auf die zwingende Motivierung der szenischen Situation den allergrößten Wert gelegt.

Hier ist ein Vergleich der Vorstufen mit dem endgültigen Libretto besonders lehrreich. Mariettes Entwurf beginnt mit einem Chor der im Königssaal versammelten Offiziere, Priester und Würdenträger. Von Ramfis und Radamès heißt es lediglich, sie seien »in der Menge verborgen« (Mariette, 1985, S. 97). Doch bereits im französischsprachigen Prosaszenarium taucht der traditionelle Eröffnungschor, wie Verdi ihn noch in der Introduktion von *Un ballo in maschera* und *Don Carlos* verwendet, nicht mehr auf. Stattdessen wird der Zuschauer – wie in *Simon Boccanegra* und *La forza del destino*

– umstandslos durch einen kurzen Dialog zwischen Ramfis, dem Oberpriester, und Radamès, dem jungen Hauptmann der Palastwache, in das Geschehen einbezogen: ein neuer Krieg mit Äthiopien steht bevor und Isis hat den Heerführer schon benannt. Die sich unmittelbar anschließende *romanza* des Radamès (»Celeste Aida, forma divina«) ist ebenfalls auf Verdis Veranlassung in die Handlung eingefügt worden.

Überblickt man das das gesamte Drama exponierende erste Bild der Oper in Verdis endgültiger Ausarbeitung, so fällt auf, mit welchem Reichtum an Differenzierung es bei aller Ökonomie der Gestaltung die zentralen Handlungsmotive, nämlich Radamès' Schwanken zwischen Pflicht und Neigung einerseits und den starren Gegensatz von Gesellschaft und Individuum andererseits, betont und hervorhebt. 32 Takte rezitativischen Dialogs genügen Verdi nach dem Öffnen des Vorhangs, um den enthusiastischen Radamès in den Bannkreis des autokratischen, grausamen Ramfis geraten zu lassen, an dessen unerbittlicher Härte sich schließlich am Ende der Oper sein und Aidas Schicksal erfüllt. Mit simplen, aber souverän austarierten Mitteln der Steigerungstechnik – zu denen auch gehört, daß die vier Protagonisten Ramfis, Radamès, Amneris und Aida nach aufsteigenden Stimmfächern in die Handlung eingreifen – zieht er die Zuschauer über die *introduzione*, die Soloszene des Radamès, das Duett Amneris/Radamès und das Terzett Aida/Amneris/Radamès in die erste große Massenszene, den Aufmarsch des ägyptischen Hofes hinein, der in dem Ausruf von Amneris gipfelt, Radamès möge als Sieger heimkehren (»Ritorna vincitor!«). Daß auch Aida, die äthiopische Sklavin der Pharaonentochter Amneris, in diesen Wunsch einstimmt, wird zum Auslöser der leidenschaftlichen Aussprache ihres zerrissenen Herzens, einer formal recht frei behandelten mehrteiligen *scena*, deren Ende bereits in jene resignative Todesergebenheit mündet, die zum Finale der Oper hinüberweist.

Der die Handlung der Oper bestimmende Antagonismus von Liebe und Macht klingt unüberhörbar schon im instrumentalen Vorspiel an. Auf knappstem Raum konfrontiert Verdi hier das sehnsüchtig in sehrender Chromatik sich aufschwingende Liebesverlangen, das ›Aida-Motiv‹, mit einer streng im Quartgang der Streicher absteigenden Figur, die im 4. Akt den Auftritt der Priester in der Gerichtsszene begleiten wird. Der kanonische Einsatz der Stimmen verleiht dem von Ramfis vertretenen starren, lebensfeindlichen Prinzip zusätzlichen Nachdruck. Im herausgemeißelten *fortissimo*-Ausbruch des gesamten Orchesters setzt Verdi die beiden kontrastierenden – und wie Roger Parker gezeigt hat, diastematisch verwandten (Parker, 1989, S. 224) – Themen kontrapunktisch gegeneinander, bis erneut der schweifend suchende Aida-Gedanke sich herauslöst, um schließlich in höchster Lage im *pianissimo* zu verklingen. Bereits das Vorspiel antizipiert dergestalt den Gang des Dramas, in dem sich die Liebe nur um den Preis des Todes erfüllen kann.

Wie zur Bestätigung dieser düsteren Ahnung hat Verdi die melodisch kaum eigengeprägte Vertonung der *versi sciolti* des rezitativischen Dialogs zwischen Ramfis und Radamès mit einer strengen Form unterlegt: Die Violoncelli stimmen einen dreistimmigen Kanon in der Oktave an. Der bewegte Dialog ist damit von Anfang an in ein musikalisches Gesetz gebannt, das sich gleich einem Verhängnis über Radamès zusammenzieht. Noch ehe dieser in seiner *romanza* seine individuellen Gefühle artikulieren kann, ist er zum Objekt im Machtspiel des Priesters geworden. Auch diese Arie, als Wunschkonzertnummer wie die *canzone* des Herzogs in *Rigoletto* zum sinnentleerten Schöngesang verkommen, ist in jedem Takt durchgeformte szenische Musik: Drama, das, wie stets bei Verdi, in und durch Gesang stattfindet. Radamès ähnelt dabei den schwächlichen Helden der Meyerbeerschen *grands opéras*, nicht zuletzt Vasco da Gama in *L'Africaine*, dessen Arie »O paradis sorti de l'onde« Verdi zu »Celeste Aida, forma divina« angeregt haben mag.

Gleich bei seinem ersten Auftreten wird der ägyptische Heerführer als ein schlafwandelnder, der Wirklichkeit enthobener Träumer charakterisiert. Die beiden Leidenschaften seines Lebens, der Kampf und die Liebe zu Aida, spiegeln sich in der Musik wider. Die in den einleitenden Rezitativversen ausgesprochene Hoffnung, als Heerführer zu siegen und zu Aida mit dem Lorbeerkranz zurückzukehren, wird von martialischen Blechfanfaren intoniert, die im sordinierten f³ zweier solistischer Violinen verklingen. Radamès' soldatischer Ehrgeiz, die Äthiopier und damit Aidas Volk zu besiegen, kann man bereits als Ausdruck seines blinden Wahns, ja seines latenten Todeswunsches lesen. Seine ekstatische Huldigung an Aida kleidet Verdi in eine sehnsuchtsvolle Melodie, die ihren Spitzenton auf der Silbe »tu« erreicht und von einer geheimnisvoll tief klingenden Flöte sowie sparsamsten Streichereinwürfen umwoben ist. Der visionäre Tonfall der Musik vermag es, den »mystischen Kranz aus Licht und Blumen«, von dem Radamès singt, als klanggewordene Fata Morgana zu evozieren. Die Moll-Episode, die den Gedanken an Aidas äthiopische Heimat gilt, wird vom klagenden Ton der Oboe und des Fagotts beherrscht. Reicher instrumentiert und sanft vorwärtsdrängend wiederholt Verdi die beiden Strophen, deren Dynamik nur zweimal im *forte* die *piano*-Region überschreiten. Verdi, der die selbstverliebte Eitelkeit der Tenöre kannte, hat als Lautstärke während der ganzen *dolce*, also mit zurückgenommener Kraft zu singenden Arie fast durchwegs drei-, ja vierfaches *pianissimo* vorgezeichnet! Der letzte Ton der Melodie verklingt pianissimo auf dem hohen b¹, als wolle der vokale Effekt des Oktavaufstiegs den von Radamès erträumten Sonnenthron allein durch klangliche Magie herbeibeschwören — ein Kunstgriff, den Verdi im Schlußduett bei Aidas »Già veggo il ciel dischiudersi...« (»Schon sehe ich den Himmel sich öffnen...«) wiederholt.

Indem Radamès – wie es dem Funktionswandel der bürgerlichen Öffentlichkeit im 19. Jahrhundert entspricht – sein privates Glück von seiner gesellschaftlichen Stellung abzuspalten versucht, erliegt seine Sehnsucht erst recht der Entfremdung. Als Soldat bewährt er sich und erringt das Vertrauen von Thron und Altar; als Liebhaber aber »trägt er seinen Kopf in den Wolken« (Godefroy, 1977, Band II, S. 189). Genau diese verhängnisvolle Abspaltung des Liebhabers vom Soldaten hat Verdi vertont. Zerrissen zwischen Pflicht und Neigung, zwischen Vorsicht und Gefühlsaufwallung muß Radamès – nicht anders als Aida – seine Liebe am Pharaonenhof verbergen, wo ihn Amneris mit wachsamem Auge verfolgt.

In Mariettes Entwurf ist die Pharaonenprinzessin eine Furie, bei Verdi, der ihre Figur aufgewertet hat – schließlich macht sie als einzige der Hauptpersonen eine Entwicklung durch – eine liebende, nicht minder von Angst und Qualen heimgesuchte Frau als Aida. Wie Radamès unterliegt auch sie der tragischen Selbstverblendung der Liebe. Ihr Dämon ist die Eifersucht, die Radamès schließlich in die Hände der Priester fallen läßt, denen sie ihn nicht mehr entreißen kann. Weil sie eine »Meisterin der Verstellung« (Budden, 1981, Band III, S. 204) ist, muß das Orchester ausdrücken, was ihr Gesang verschweigt. Ruhelos schweifende Triolenketten charakterisieren ihre geheuchelte Zärtlichkeit für Aida, ein heftiges, auf engzirkuliertem Raum wie im Kreis sich drehendes *agitato* in e-Moll ihre argwöhnische Eifersucht. Die das Duett Amneris/Radamès wie das Terzett Aida/Amneris/Radamès übergreifende Rondo-Form öffnet sich für einen kurzen Augenblick, wenn die Klarinette mit dem bereits aus dem Vorspiel bekannten aufsteigenden Sehnsuchtsmotiv das Auftreten Aidas ankündigt. Amneris möchte ihr die Ursache ihrer Tränen entlocken, aber Aida antwortet ausweichend, diese gälten nur dem »unglücklichen Vaterland«. Zur einschüchternden Widerrede von Amneris greift die Begleitung erneut das heftig erregte e-Moll-*agitato* auf, ehe dieses nach E-dur moduliert. Über die kurzgliedrigen Phrasen von Amneris und Radamès legt sich Aidas in großen Notenwerten weit ausschwingende Melodie, die die »Tränen unglücklicher Liebe« beschwört. Verdi faßt hier die widersprüchlichen Emotionen, die widersprüchlichen musikalischen Gebärden der drei Figuren in einem Satz zusammen. Während zu Amneris' und Radamès' unterdrückten Gefühlen die erregte Figuration in den Streichern weiterpulsiert, findet Aidas leidenschaftlicher Ausbruch seinen Widerhall in den Holzbläsern, seinen Widerpart aber im grundierenden Todesrhythmus des Schlagzeugs, der dem Ganzen eine gleichsam stockende, sich aufstauende Bewegung verleiht. Eine kurze Coda in e-Moll führt das Terzett zu einem schnellen Schluß.

Mächtige, schließlich vom gesamten Orchester unterstützte Blechfanfaren leiten zur ersten großen Massenszene der Oper über. Bewundernswert auch hier Verdis phantasievolle Gliederung und musikalische Zeichnung im Detail: für den (namenlosen) König gravitätisch gezupfte Viertel der Violoncelli und Kontrabässe;

der Unglücksbote angekündigt von klagenden Rufen der Holzbläser; für die Kriegsrufe rhythmisch sich verhakende Hektik der Streicher. Endlich, nachdem der König Radamès zum Heerführer ernannt hat, die martialische Kriegshymne, die Verdi mit der »Marseillaise« verglichen hat (Brief an Ghislanzoni vom 22. August 1870; Copialettere, 1913, S. 642). Aber selbst dieses Ensemble, das dem individuellen Ausdruck wenig Raum zu geben scheint, erschöpft sich nicht in vierschrötiger Plumpheit, sondern ist sorgfältig durchgezeichnet. Die erste Strophe gehört dem König, die zweite Ramfis, die dritte den Ministern und Hauptleuten. Die vierte stimmt Radamès an; auch sein *grandioso* mündet in den allgemeinen Schlachtruf »Guerra e morte allo stranier!« (»Krieg und Tod dem Fremden!«) Mit zaghafter Stimme – *pianissimo* – setzt Aida zu dessen C-Dur ihre Gegenmelodie in der Paralleltonart a-Moll (»Per chi piango? Per chi prego? . . .«). Diese in kühner Synkopierung in- und gegeneinander verfugte bitonale, achttaktige Phrase gehört zu den genialsten Eingebungen der *Aida*-Partitur, weil Verdi hier an versteckter Stelle zum Ausdruck bringt, daß Aida und Radamès auch im tragischen Zwiespalt zusammengehören, aber Radamès' Grandiosität das gemeinsame Glück zunichte macht. Erfüllbar wird ihre Liebe, die die Realität zugleich negiert und überschreitet, wie die Tristans und Isoldes einzig in der Utopie des gemeinsamen Todes. Amneris lenkt mit der fünften Strophe die Kriegshymne wieder in die festen Bahnen der Grundtonart A-Dur zurück. Sie ist es auch, die als erste die Siegesdevise »ritorna vincitor!« (»als Sieger kehre zurück!«) ausruft. Alle, auch Aida, werden von der Begeisterung mitgerissen und stimmen in diesen Wunsch ein, ehe ein achttaktiges Nachspiel des Orchesters die Szene zum machtvollen Abschluß bringt.

Verdi beläßt es nicht bei dem verbalen Schlagwort – dem in *Aida* wohl eindrucksvollsten Beispiel dessen, was er *parola scenica* nennt –, sondern kleidet dieses in eine musikalische Devise, eine diatonisch aufsteigende Sechstonfigur, die die verbale Emphase mit großer Kraft zum Ausdruck bringt. Wenn Amneris sie zum erstenmal singt, ist sie spontane Eingebung des Augenblicks, wenn alle sie wiederholen, trunkener Siegeswunsch, wenn Aida sie wie ein ihr auf den Lippen gefrorenes Echo erneut aufgreift, Ausdruck ihrer tödlichen Verzweiflung, damit die Niederlage ihres Vaterlandes, den Tod ihrer Brüder und Schwestern gewünscht zu haben. Sie wiederholt sie auf derselben Stufe wie Amneris, nun allerdings in Moll statt in Dur und ohne die selbstbewußte rhythmische Deklamation der Pharaonentochter. Die Devise kehrt später an zahlreichen Stellen der Partitur sowohl in der aufsteigenden Grundgestalt als auch in der absteigenden Umkehrung wieder und artikuliert auf plakative Weise den tragischen Widerspruch zwischen Liebe und Gesetz, zwischen Hoffnung und Wirklichkeit, der schließlich zum Untergang von Aida und Radamès führt.

Die schockhafte Wiederholung markiert zugleich den Beginn von Aidas großer Soloszene, mit der das erste Bild schließt und die sich im Unterschied zu Radamès' *romanza* bereits im Entwurf Mariettes gefunden hatte: »Aida bleibt allein zurück und verleiht ihren Qualen Ausdruck, zerrissen von ihrer Liebe zu den beiden Heerführern, die sich auf dem Schlachtfeld begegnen werden. Ob sich der Sieg für ihren Vater entscheidet oder ob er die Anstrengungen ihres Geliebten krönt, wie immer auch der Ausgang des Kampfes sei, für die arme, von den Göttern verlassene Sklavin bleibt nichts als Schmerz und Tränen.« (Mariette, 1985, S. 98)

»Schmerz und Tränen« – Ghislanzoni hat sie in Verse gebracht, Verdi sie in Musik gesetzt. Die Szene gliedert sich in fünf Abschnitte. Das einleitende Rezitativ gilt der geradezu hysterischen Verzweiflung Aidas, mit ihrem Einstimmen in den Siegeswunsch die Niederlage und Gefangenschaft des Vaters heraufbeschworen zu haben. Heftig dreinfahrende Streicherakkorde und eine das Stöhnen nachzeichnende chromatische Figur in den durch Oboe und Fagott unterstützten Violoncelli geben Aidas Obsessionen klanglichen Nachdruck. Auch der erste Abschnitt der eigentlichen Arie (»L'insana parola«) gilt noch Aidas angstvoller Vision: über anderthalb Oktaven steigt ihre von den tiefen Streichern verdoppelte, meist in ganzen Vierteln vorgetragene Melodie auf, die überdies von der synkopischen Gegenmelodie der Violinen gestört wird. Ein ruhigerer Mittelabschnitt (»Sventurata« che dissi?... e l'amor mio?«), den die Klarinetten mit dem vagierenden Aida-Motiv einleiten, lenkt Aidas traurige Gedanken zu Radamès zurück. Aber auch der »Sonnenstrahl« der Liebe kann ihr keine Ruhe geben. Die Gewißheit, weder den Namen des Vaters noch den des Geliebten nennen, weder um sie weinen noch für sie beten zu können, führt zu bestürzender Einsicht (»I sacri nomi di padre ... di amante«): Schmerzvoll erregte Triolen in den Streichern und klagende Holzbläserakkorde begleiten Aidas wachsende Verstörung, die in den Todeswunsch mündet.

An dieser Stelle hätte noch der mittlere Verdi eine rhetorisch fulminant die Szene zusammenfassende *cabaletta* geschrieben. Nichts unterstreicht seine künstlerische Entwicklung seit den frühen 1850er Jahren und damit seine Freiheit gegenüber den einst verpflichtenden Formkonventionen des *melodramma* überzeugender als das breite, gebetsartige *cantabile*, mit dem er hier Aidas Solo und mit ihr zugleich das erste Bild beschließt. Über einem hauchzarten Streichertremolo erhebt sich Aidas weit ausschwingende, in großen Bögen deklamierte Melodie, die mit einer kleinen Verzierung, einem *gruppetto* auf das Wort »soffrir« (»Leiden«) abbricht. Die letzten vier Takte – »Numi, pietà – del mio soffrir!« (»Götter, Erbarmen – für mein Leiden!«) – sind mehr erschöpftes Schluchzen als Gesang: Schmerz und Tränen, in die schon Mariette die Szene münden ließ. Die ins Nichts verklingende Kantilene der Violoncelli läßt den Vorhang über Aida fallen – eine verschwindende, sich in sich selbst zurückziehende Musik, die den Weg in den Tod weist.

Die anschließende Weiheszene, in der Radamès die heiligen Waffen erhält, gibt dem ersten Akt nach den dramatischen Entwicklungen des ersten Bildes einen feierlich-numinosen Abschluß. Zur Handlung und Charakterisierung der Personen trägt sie nichts Wesentliches bei, wohl aber zur Atmosphäre des Ganzen und zum Kolorit der Musik. »So bedeutungsvoll und feierlich wie möglich« sollte die rituell-sakrale Handlung nach den Vorstellungen Verdis werden: »Das Stück wäre zusammengesetzt aus einer von den Priesterinnen intonierten *Litanei*, der die Priester respondieren; aus einem heiligen Tanz mit einer langsamen und traurigen Musik; aus einem kurzen Rezitativ, kräftig und feierlich wie ein biblischer Psalm; und aus einem Gebet in zwei Strophen, vom Priester gesprochen, dann von allen wiederholt. Und ich möchte, daß besonders die erste Strophe einen pathetischen und ruhigen Charakter hat, um die Ähnlichkeit mit anderen Chören am Ende der *introduzione* und im zweiten Finale zu vermeiden, die ein bißchen sehr nach der Marseillaise klingen.« (Briefe an Ghislanzoni vom 14. und 22. August 1870; Copialettere, 1913, S. 639 und 642) Die hier entwickelte und im Wesentlichen auch so ausgeführte Mischung aus Litaneien, Gebeten und den nötigen Rezitativversen im Verein mit der »langsam-traurigen Musik« des Opfertanzes fügt der Partitur eine Farbe diaphaner Schwermut hinzu, die Verdi in der stimmungsvollen *introduzione* des 3. Aktes und in der Finalszene des 4. Aktes wieder aufgreifen wird. Anklänge an die orientalisierende Mode sind in der instrumentalen, vokalen wie harmonischen Koloristik nicht zu überhören. Die Gebete selbst sind gut europäisch und folgen der Praxis des responsorialen Wechselgesangs des katholischen Ritus.

Die Weiheszene bindet das Individuum ein in den Kosmos der Schöpfung, in den ewigen Kreislauf von Werden und Vergehen. Macht- und prunkvoll verkörpert sie das Gesetz, dem Radamès sich mit der Initiation endgültig unterordnet. Das Numinose besitzt in Verdis musikalischer Gestaltung gleichermaßen faszinierende wie erschreckende, mystische wie zerstörerische Züge. So korrespondiert der heiligen Erotik der Weiheszene der transzendentale Terror der *scena del giudizio* im 4. Akt: das Todesurteil, das dieselben Priester an Radamès nach seinem Verrat vollstrecken. So wie Verdi hier in der Weiheszene die lebensspendenden Elemente der Religion gestaltet hat, so hat er dort auch das lebensverneinende, ja vernichtende Ritual der unterirdischen Gerichtsszene in wahrhaft finsterer Weise zu musikalisieren verstanden.

Die pièce de resistance der musikalischen Gesellschaftsanalyse allerdings ist die große Triumphszene, die das gesamte zweite Bild einnehmende Finalszene des 2. Aktes. Seit seiner Begegnung mit der *grand opéra*, vor allem mit Meyerbeers 1849 uraufgeführtem *Le Prophète*, hatte Verdi versucht, in den großen Finalszenen seiner Opern *spectacle* und *drame*, das grandiose szenische Spektakel der französischen Form mit dem individuellen dramatischen Augenblick des italienischen *melodramma* zu verbinden. Das Schlußbild des 3. Aktes von *Don Carlos* mit der Konfrontation des Titelhelden mit seinem Vater Philippe vor dem Hintergrund des finsteren Schauspiels einer Ketzerverbrennung schien in dieser Hinsicht eine letzte Steigerung zu bedeuten. An die herausgehobene musikdramatische Bedeutung dieser Szene – für Verdi war es die schönste in *Don Carlos* – schließt die Triumphszene in *Aida* an.

Wieder stellt das Spektakel – die Siegesfeier für die ägyptischen Truppen und ihren Feldherrn Radamès – den Rahmen für einen herausgehobenen Augenblick des individuellen Dramas: die Wiederbegegnung Aidas mit ihrem gefangen genommenen Vater Amonasro. Dabei übertreffen der szenische Prunk wie der musikalische Aufwand des Triumphmarsches selbst den der Autodafé-Szene in *Don Carlos*. Eigens aus diesem Anlaß ließ Verdi die sechs ägyptischen Aida-Trompeten konstruieren, die auf der Bühne geblasen werden. Bei aller Affirmation der Musik aber darf der einkomponierte kritische Widerhaken nicht übersehen und überhört werden: Der Triumphmarsch ist zugleich ein Antitriumph-Marsch, bei dem der Komponist – wie in der gesamten Oper – auf seiten der Äthiopier und nicht der Ägypter steht (Said, 1993; Robinson, 1994). Und anders als in *Don Carlos* nimmt das Volk aktiv Anteil an der von Radamès gewünschten Begnadigung der Gefangenen. Nur Ramfis und die Priester bleiben abseits – ihr selbstgerechter Dank an die göttliche Vorsehung erinnerte Verdi an die großsprecherischen »Telegramme des Königs Wilhelm« anläßlich des preußischen Siegs bei Sedan, bei dem ebenfalls ein Herrscher – Napoléon III – mit seinen Truppen gefangen genommen wurde (Brief an Ghislanzoni vom 8. September 1870; Copialettere, 1913, S. 644). Als einziger unter den schreibenden Zeitgenossen scheint der Wiener Kritiker Eduard Hanslick den unfröhlichen, finsteren Unterton der Triumphszene herausgehört zu haben (Hanslick, 1989, S. 275 f.).

Dramatischer Höhepunkt der Triumphszene ist die Anagnoresis, die Wiederbegegnung von Aida und Amonasro. Für Verdi war dies – neben der Schlußszene des 3. Aktes – die entscheidende dramatische Gelenkstelle der Oper, um deren szenische Prägnanz und Wirkung er bis unmittelbar vor Abschluß der Partitur im August 1871 gerungen hat: »Es handelt sich um eine einfache Umstellung der Worte; aber da die Situation so wichtig ist, wehe, wenn die Worte nicht an ihrem Platz sind, oder wenn es eines zuviel gibt.« (Brief an Ghislanzoni vom 28. Dezember 1870; Copialettere, 1913, S. 671 f.) Die endgültige Version, die weitgehend seinen Vorschlägen folgt, beteiligt alle, Aida, Amneris, Amonasro, den König wie den Chor, mit knappen Ausrufen an der Situation. Dabei fällt dem König die entscheidende Frage zu, die Amonasro mit der Bestätigung beantwortet, »suo padre«, nämlich Aidas Vater zu sein. Verdi ging es an dieser Stelle darum, die Überraschung Aidas, das Erstaunen des Volks, den Triumph der Amneris sowie die Angst Amonasros, erkannt zu werden, deutlich zu machen. Musikalisch teilen die rezitativischen Verse das *Gran finale secondo* in zwei Hälften. Der kurze, eindringliche Monolog Amonasros leitet über zu seiner Bitte um Gnade und damit zum Largo-Teil des *pezzo concertato*, ehe das Finale mit der Wiederholung des Triumphmarschs schließt. (Verdi sollte diese formale Gewichtsverteilung in der Ratsszene der Zweitfassung von *Simon Boccanegra* wiederholen, dort allerdings das Spektakel ganz in Drama auflösen.)

Ähnliche Sorgfalt verwandte Verdi auf die dramatischen Höhepunkte des 3. Aktes (Aidas ›Nil-Arie‹ selbst, die schon im Entwurf erwogen und dann wieder fallen gelassen worden war, wurde als letzte Nummer der Partitur im August 1871 nachkomponiert). Neben der Szene im Arbeitszimmer des Königs am Beginn des 4. Aktes von *Don Carlos* und der 1881 neu komponierten Ratsszene der Zweitfassung von *Simon Boccanegra* gehört der Nil-Akt – Verdi selbst hielt ihn, dramatisch genommen, für den besten – zu den geschlossensten Szenen, die er als Musikdramatiker geschaffen hat. Nach den spektakulären Massenszenen der beiden ersten Akte konzentrieren Handlung und Musik sich in den beiden Schlußakten fast ganz auf die Innenwelt, die Psyche der Figuren. Von der flirrenden Klangfarbenkunst, mit der Verdi zu Beginn die Stimmung einer Mondnacht am Nilufer andeutet – Musik, in der man »den Duft Ägyptens« spüren soll (Brief Verdis an Ghislanzoni vom 16. Oktober 1870; ebd., S. 654) –, bis zum erregten Ende spannt sich ein ununterbrochener musikalischer Bogen, der die einzelnen Formen und Nummern geradezu aufsaugt. Daß der ganze 3. Akt – wie Verdi Giulio Ricordi gegenüber behauptete – »eine einzige Szene, und folglich eine einzige ›Nummer‹« sei (Brief vom 26. August 1871; Abbiati, 1959, Band III, S. 477) stimmt freilich nicht.

Nach der einleitenden Szene und Aidas *romanza* besteht der 3. Akt aus zwei ausgedehnten Duetten, einem zwischen Aida und Amonasro (das die Standardform vermeidet) und einem zwischen Aida und Radamès (das ihr folgt) sowie einer kurzen Schlußszene. Das Duett Aida/Amonasro ist das letzte zwischen Vater und Tochter in Verdis Œuvre – eine emotionale Situation, auf die Verdi wie stets mit einer besonders originellen Musik antwortet, aus der alle Konventionen aus Gründen des dramatischen Ausdrucks verbannt sind. Amonasro, der die Unterstützung seiner Tochter für seine Pläne braucht, zwingt sie zum Verrat an Radamès und zur Flucht. Der zunächst Widerstrebenden begegnet er mit psychischem Terror, den Verdi in einem eindrucksvollen Ausbruch der Musik nachzeichnet. An dieser Stelle verweigert Verdi den traditionell eine Szene zusammenfassenden schnellen Schlußsatz, die *cabaletta*, mit Argumenten, die zeigen, daß es ihm vor allem um die Vergegenwärtigung von Aidas auswegloser Situation ging (siehe oben, S. 137).

Nach der erregten Steigerung der Widerstreitenden kommt die furchtbare Schmähung Amonasros »Du bist die Sklavin der Pharaonen« wie ein Hammerschlag – und unbegleitet, denn diese Worte müssen unbedingt gehört und verstanden werden. Den Zusammenbruch Aidas hat Verdi in eine beklemmende Musik gefaßt, wobei ein in den Violinen über sechzehn Takte hinweg auf dem Ton as liegenbleibendes Herzklopfmotiv von klagenden Phrasen der tiefen Streicher und des ersten Fagotts eingerahmt wird. Die Bewegung steigert sich und kommt in sechzehn weiteren Takten zum Abschluß, wobei Aida genau die von Verdi gewünschten Worte »O patria! o patria ... quanto mi costi!« (»Oh, Vaterland! oh, Vaterland ... wie teuer kommst Du mir zu stehen!«) singt. Man versteht, wenn Verdi an dieser Stelle keine konventionelle *cabaletta* mehr wünschte, sondern nach einer neuartigen Lösung des Abschlusses dieses Duettes suchte, das dann ohne formale Abrundung in die Begegnung Aida/Radamès übergeht. Dieses vierteilige Standardduett, mit dem der Komponist nicht ganz zufrieden war, schließt dagegen mit einer schulgerechten *cabaletta* – die Bestätigung einer früheren Äußerung gegenüber Ghislanzoni: »Zweifeln Sie nicht daran, ich verabscheue die *cabalette* nicht, aber ich will, daß es dafür einen Inhalt und einen Anlaß gibt.« (Brief vom 22. August 1870; Copialettere, 1913, S. 642) Auch die Duette Aida/Amneris im 2. Akt und Amneris/Radamès im 4. Akt – letzteres mit einer eigenen Melodie für Radamès' Strophe – erfüllen diese Norm. Und selbst im Schlußduett nehmen Aida und Radamès mit einer langsamen, ätherischen *cabaletta* (»O terra, addio; addio, valle di pianti ...«) von der Welt Abschied!

Wenig später wies Verdi noch auf eine zweite dramatische Gelenkstelle des Nil-Akts hin: den Moment, in dem Amonasro zwischen Aida und Radamès tritt und dieser erkennt, daß er einen Verrat begangen hat: »Hier muß Radamès fast allein die Szene halten und beherrschen, mit seltsamen, verrückten, sehr exaltierten Worten.« (Brief an Ghislanzoni vom 28. September 1870; ebd., S. 646) Gemeint sind die von Radamès »äußerst erregt« gestammelten Worte und abgebrochenen Phrasen: »Tu! Amonasro! ... tu il Re? Numi! che dissi? / No! ... non è ver! ... sogno ... delirio è questo ...« (»Du! Amonasro! ... Du, der König? Götter! was sagte ich? / Nein! ... das ist nicht wahr! ... ein Traum ... ein Fieberwahn ist dies ...«). Radamès ist nur noch unzusammenhängender Schreie mächtig, die die Streicher mit erregten Sechzehntelfiguren unterstreichen. Und deklamatorisch scheint der Akt in der ursprünglichen Vertonung auch zu Ende gegangen zu sein, die Verdi noch im August 1871 ein letztes Mal und jetzt endgültig geändert hatte: »Kein Terzett [dies war Ghislanzonis Vorschlag gewesen], sicherlich, aber ein paar Phrasen für die *drei* [Aida, Amonasro, Radamès], um die Wechselrede aufzubrechen, ohne dabei die Bewegung und das Tempo der Handlung zu hemmen.« (Brief an Ghislanzoni vom 6. August 1871; Stefani, 1951, S. 128)

Vergleicht man die beiden Textfassungen, so hat Ghislanzoni diese kleine *stretta* genau um die fünf von Verdi gewünschten Zeilen ergänzt. Erst jetzt erhält Amonasro die entscheidende Textzeile »No: tu non sei colpevole« (»Nein: du bist nicht schuldig«), die auf Radamès' Ausruf »Io son disonorato ...« (»Ich bin entehrt ...«) antwortet. Verdis Musik hält die zur Flucht

Bereiten damit genau für jene entscheidenden Sekunden auf, die Amneris und Ramfis die Entdeckung des Betrugs ermöglicht.

Theatralischer Wirkung entspringt auch die *scena divisa*, die zweigeteilte Bühne im Schlußakt, die Ghislanzoni auf Verdis Anweisung für die Gerichtsszene entworfen hat und die, gewissermaßen um eine Etage höher versetzt, im Schlußbild wiederkehrt. Nach der leidenschaftlich-glühenden Auseinandersetzung von Amneris und Radamès gestaltet Verdi mit der unterirdischen, also nur hör- und nicht sichtbaren Vernehmung und Verurteilung von Radamès durch das Priestergericht ein düsteres Ritual. Die Musik beschränkt sich hier ganz auf die akustische Zeichenfunktion. Es ist der Moment in *Aida*, auf den Verdis Überzeugung zutrifft, aus Gründen der theatralischen Wirkung müsse der Komponist manchmal gänzlich auf Musik verzichten. Dennoch ist der Eindruck, der sich dem Zuschauer nicht zuletzt durch die Reaktionen von Amneris vermittelt, außerordentlich. Terror und Schrecken gehören seit der Antike zu den legitimen Mitteln des Theaters, um das Mitleid des Zuschauers zu erregen. Die Szene endet mit der leidenschaftlichen Verfluchung der Priester durch Amneris, die Verdi mit einem Ausbruch des gesamten Orchesters unterstützt.

Auch diese Lösung geht auf den Komponisten zurück. Ursprünglich sollte an dieser Stelle eine Soloszene für Amneris stehen, mit der Verdi nicht glücklich war: »Die Soloszene für *Amneris* ist kalt, und diese Art Arie in diesem Augenblick ist unmöglich. Ich hätte einen Einfall, den Sie vielleicht zu gewagt und gewaltsam finden werden... Ich würde die Priester auf die Bühne zurückkehren lassen; wenn Amneris sie sieht, würde sie wie eine Tigerin die bittersten Worte gegen Ramfis erheben. Die Priester würden einen Augenblick innehalten und antworten: ›Er ist ein Verräter! er wird sterben!‹; darauf würden sie ihren Weg fortsetzen. *Amneris*, die allein zurückbleibt, würde in nur zwei Versen von entweder zehn oder elf Silben herausschreien: ›Grausame, unerbittliche Priester, seid verflucht in alle Ewigkeit!‹. Hier würde die Szene enden.‹ (Brief an Ghislanzoni vom 4. November 1870; Copialettere, 1913, S. 665)

Der klassischen Dramaturgie der *Aida* entspricht der Liebestod des Finales, der die Handlung auf die einfachste Struktur reduziert. Auch hier ist die Verwendung der geteilten Bühne ein äußerst wirkungsvoller Kunstgriff. Musikalisch ist die Szene, mit der Verdi »den hergebrachten Todeskampf vermeiden« will, in ihrer ganz einfachen, additiven und kaum variierten Form von großer Schönheit und Kühnheit: »Ich möchte etwas Süßes, Duftiges, einen ganz kurzen Gesang *zu zweit*, einen *Abschied vom Leben*. Aida würde sanft in die Arme des Radamès sinken. Inzwischen hätte Amneris, auf dem Stein des Gewölbes kniend, ein *Requiescant in pacem* zu singen usw.« (Brief an Ghislanzoni vom 12. November 1870; ebd., S. 669) So mündet die Oper im ›Veratmen‹ der Liebenden und in den Exequien Amneris' in den unerbittlichen Vollzug eines kultischen Todes, der ägyptisch und verdisch in einem ist.

Nicht nur der Wirkung wegen ist *Aida* Verdis ungewöhnlichstes Werk. Außergewöhnlich ist gewiß die sofortige und bis heute anhaltende Popularität dieser Oper. Außergewöhnlich ist aber auch die Stimmigkeit der musikalischen Gestalt, ja die Bruchlosigkeit, mit der sie ein geschlossenes, gleichsam durchkomponiertes Werk vorspiegelt. Man hat deswegen *Aida* immer wieder mit Wagner verglichen. Aber die zahlreichen wiederkehrenden Motive haben trotz der strukturellen Verdichtung, mit der Verdi sie behandelt, mit Wagners Leitmotiven und ihrer musikalischen Verarbeitung nichts gemein, sondern sind Erinnerungsmotive, wie sie die Operngeschichte seit dem Ausgang des Barock kennt. *Aida* ist darum – wie zahlreiche neuere Untersuchungen (Gossett, 1974; Lawton, 1989; Parker, 1989; Della Seta, 1991; Robinson, 1994) bestätigen – noch immer eine traditionelle Nummernoper, die selbst vor den »verdammten *cabalette*« nicht zurückschreckt. Gewiß, Verdi dehnt die überkommenen Formen und behandelt sie oft in freier, phantasievoller Form, die sich dem dramatischen Augenblick unterordnet. Im ganzen aber weisen der musikalische Bau der einzelnen Bilder und die formale Durchstrukturierung der einzelnen Nummern – von sechs Duetten etwa folgen vier der vierteiligen, auf Rossini zurückgehenden Disposition – eher auf *Rigoletto*, *Il trovatore* und *La traviata* zurück, als auf das Alterswerk von *Otello* und *Falstaff* voraus. In *Aida* vollzieht Verdi die endgültige, abschließende Synthese von französischer *grand opéra* und italienischem *melodramma*. Damit ist dieses Werk zugleich der Kulminationspunkt der romantischen italienischen Oper.

Wirkung

Die Produktion in Kairo wurde auf Veranlassung des Khediven mit großem Aufwand vorbereitet. Auguste Mariette, der 1867 den ägyptischen Pavillon auf der Pariser Weltausstellung entworfen hatte, verwirklichte mit der Szenographie, den Bühnenbildern und Kostümen die zeitgenössischen Vorstellungen des alten Ägypten. Die Szene sollte – ganz im Sinne des Khediven, daß die »Oper in genauem ägyptischem Stil komponiert und aufgeführt würde« (Brief Auguste Mariettes an Paul Draneht vom 19. Juli 1870; Abdoun, 1971, S. 5) – eine Wiederbelebung der Antike sein. Seit der im Auftrag Napoléons ab 1809 veröffentlichten *Description de l'Egypte* waren Illustrationen der Ausgrabungen und ihrer Funde in ganz Europa verbreitet; auch Verdi dürfte sie gekannt haben. In dieser Hinsicht ist *Aida* gewiß ein Produkt der europäischen Ägyptomanie, des kulturellen Imperialismus im wissenschaftlich-archäologischen Gewande.

Die Uraufführung am 24. Dezember 1871 – Verdi, der nicht anwesend war, hat sich von dem Presserummel distanziert – war ein triumphaler Erfolg (Aida: Antonietta Anastasi-Pozzoni, Amneris: Eleonora Grossi, Radamès: Pietro Mongini, Amonasro: Francesco Steller, Ramfis: Paolo Medini, Dirigent: Giovanni Bottesini). Der einflußreiche, Verdi keineswegs immer wohlgesonnene Kritiker Filippo Filippi schrieb in seinem Bericht aus Kairo: »Verdi setzt seinen Weg des künstlerischen Fortschritts fort, den er schon in *Don Carlos* begonnen hat und zwar immer, ohne auf die Vergangenheit zu verzichten: Der alte und der neue Verdi verschmelzen auf wunderbare Weise miteinander.« (Abbiati, 1959, Band III, S. 527f.) Verdi selbst bereitete die europäische Erstaufführung der Oper an der Mailänder Scala am 8. Februar 1872 (Aida: Teresa Stolz, Amneris: Maria Waldmann, Radamès: Giuseppe Fancelli, Amonasro: Francesco Pandolfini, Dirigent: Franco Faccio), von der er sich »*eine wahrhaft künstlerische Aufführung*« versprach (Brief an Giulio Ricordi vom 10. Juli 1871; Copialettere, 1913, S. 264), mit aller Energie vor und kümmerte sich um jede musikalische wie szenische Einzelheit. Auch diese Premiere – die von Giulio Ricordi 1873 herausgegebene *Disposizione scenica* hält die Inszenierung und Personenführung fest – endete mit einem Triumph für Werk und Aufführung: »Letzten Abend: *Aida* ausgezeichnet; Ausführung der Ensembles und der Einzelpartien sehr gut; Inszenierung ebenso; Stolz und Pandolfini sehr gut. Waldmann gut. Fancelli, schöne Stimme und sonst nichts. Die anderen gut, Orchester und Chöre sehr gut. [...] Das Publikum reagierte zustimmend. Ich will Dir keine Bescheidenheit vorspielen, aber diese [Oper] ist gewiß nicht eine meiner schlechtesten. Die Zeit wird ihr später den Platz zuweisen, den sie verdient.« (Brief Verdis an Opprandino Arrivabene vom 9. Februar 1872; Alberti, 1931, S. 138)

Verdi erlaubte weitere Aufführungen zunächst nur an Theatern, von denen er sich sicher war, daß sie über die orchestralen, chorischen und szenischen Voraussetzungen für diese Oper verfügten. Er selbst studierte das Werk in Parma (20. April 1872) und Neapel (30. März 1873) ein. Bei allen diesen Aufführungen wirkten Stolz und Waldmann mit. Später dirigierte er Aufführungen an der Wiener Hofoper (1875), am Théatre Italien in Paris (1876) sowie an der Pariser Opéra (1880).

Längst hatte *Aida* ihren Siegeszug auf den Opernbühnen der Welt angetreten, der bis heute ungebrochen anhält. Auf eine der Rezeption der Oper nicht immer förderliche Weise hat sich dabei die von Mariette inaugurierte szenische Ägyptomanie mit der Musik Verdis verbunden, der man unterstellte, »daß es nicht so sehr ein Werk *über* als vielmehr *der* imperialen Herrschaft ist« (Said, 1993, S. 169). Daß Verdis musikalische Dramaturgie selbst schon auf kritische Weise sich mit dem impliziten Exotismus des Sujets auseinandersetzt, haben zuerst die beiden Inszenierungen von Wieland Wagner (Deutsche Oper Berlin, 1961) und Hans Neuenfels (Frankfurt am Main, 1981) aufgezeigt, und damit der Rezeption ganz neue Wege jenseits der pseudohistorischen Ausstattungsorgie gewiesen.

Diskographischer Hinweis

Dusolina Giannini (Aida), Irene Minghini-Cattaneo (Amneris), Aureliano Pertile (Radamès), Giovanni Inghilleri (Amonasro), Luigi Manfrini (Ramfis), Chor und Orchester der Mailänder Scala, Carlo Sabajno (aufgenommen: 1928): Fono PH 5004/5

Herva Nelli, Eva Gustafsson, Richard Tukker, Giuseppe Valdengo, Norman Scott, The Robert Shaw Chorale, NBC Symphony Orchestra, Arturo Toscanini (aufgenommen: 1949): BMG/RCA GD 60300

Zinka Milanov, Fedora Barbieri, Jussi Bjoerling, Leonard Warren, Boris Christoff, Chor und Orchester des Opernhauses, Rom, Jonel Perlea (aufgenommen: 1955): BMG/RCA GD 86652

Maria Callas, Fedora Barbieri, Richard Tukker, Tito Gobbi, Giuseppe Modesti Chor und Orchester der Mailänder Scala, Dirigent: Tullio Serafin (aufgenommen: 1955): EMI 667–566316-2

Uwe Schweikert

Otello

Dramma lirico in quattro atti
(4 Akte)

Text: Arrigo Boito, nach der Tragödie *Othello* (1604) von William Shakespeare
Uraufführung: Mailand, Teatro alla Scala, 5. Februar 1887
Personen: Otello, ein Mohr, General der venezianischen Flotte (Tenor); Jago, Fähnrich (Bariton); Cassio, Hauptmann (Tenor); Roderigo, venezianischer Edelmann (Tenor); Lodovico, Gesandter der Republik Venedig (Baß); Montano, Vorgänger Otellos als Gouverneur von Zypern (Baß); ein Herold (Baß); Desdemona, Otellos Gattin (Sopran); Emilia, Jagos Gattin (Mezzosopran) – Soldaten und Matrosen der Republik Venedig; adlige Damen und Herren aus Venedig; zypriotisches Volk beiderlei Geschlechts; griechische, dalmatinische und albanische Soldaten; zypriotische Kinder; ein Schankwirt mit vier Gehilfen; Bootsmannschaft

Orchester: 3 Querflöten (3. auch Piccoloflöte), 2 Oboen, Englischhorn, 2 Klarinetten, Baßklarinette, 4 Fagotte, 4 Hörner, 2 Kornette, 2 Trompeten, 3 Posaunen, Baßposaune, Pauken, Schlagzeug (2 große Trommeln, Becken, Tamtam), 2 Harfen, Streicher – Bühnenmusik: Mandoline, Gitarre, Sackpfeife oder 2 Oboen, Tamburelli (auf der Szene); 2 Pistons in Es oder Kornette in C, 6 Kornette in B, 2 Trompeten in Es, 3 Althörner in Es, 3 Posaunen, Orgel, Kanone (hinter der Szene)
Spieldauer ohne Pausen: ca. 2 Stunden 10 Minuten
Autograph: Mailand, Verlagsarchiv Ricordi
Ausgaben: Partitur: Mailand: Ricordi 1913, Nr. 113955; Mailand: Ricordi 1918, Nr. 155 – Klavierauszüge: Mailand: Ricordi 1887, Nr. 51203; Mailand: Ricordi 1894, Nr. 512635 [mit Ballett] – Textbücher: Mailand: Ricordi 1887; *Tutti i libretti*, 1975, S. 499–530; kritische Ausgabe, hrsg. von Eduardo Rescigno, Mailand: Ricordi 1998

Entstehung

Nach *Aida* (1871), seinem letzten Auftragswerk, hatte Verdi den Entschluß geäußert, sich von der Opernbühne zurückzuziehen. Durch die Vermittlung seines Verlegers Giulio Ricordi kam es dann aber doch zu einer späten Zusammenarbeit mit Arrigo Boito, der insofern ein Glücksfall für Verdi war, als er nicht nur ein erfahrener Theaterpraktiker, Dichter und Librettist mit besonderen dramaturgischen und poetischen Ansprüchen war, sondern auch ein, wenn auch nicht so erfolgreicher Komponist. Er war es jedenfalls, der Verdis lebenslange Beschäftigung mit dem Theater Shakespeares zu zwei Höhepunkten im Bereich der Oper brachte, indem er ihm die neuartigen Libretti für *Otello* und *Falstaff* schrieb. Ihre Entstehung ist durch einen umfangreichen Briefwechsel belegt, der Auskunft gibt über die Art und das Ausmaß der Zusammenarbeit bei dem Versuch, den ›Geist‹ und nicht den Buchstaben Shakespeares sinngemäß auf die Belange der Oper zu übertragen. Boito war es auch, der den späten Verdi dazu anregte, seine bereits früher geäußerten Ideen von einem durchkomponierten musikalischen Drama in die Tat umzusetzen. Da sich Verdi nicht durch äußere Umstände zwingen lassen wollte, begann die Zusammenarbeit beiläufig, fast zufällig. Boito und Verdi verkehrten im Mailänder Salon der Gräfin Clarina Maffei, und Verdi resümierte die ersten Gespräche über *Otello* am 4. September 1879: »Ihr wißt, wie dieses Schokoladen-Projekt entstanden ist. Ihr wart mit mir und Faccio beim Mittagessen. Man sprach von *Otello*, man sprach von Boito. Am nächsten Tag schleppte mir Faccio Boito an: Drei Tage später brachte mir Boito die Skizze von *Otello*. Ich las sie und befand sie für gut. Ich sagte, macht die Dichtung dazu, sie wird für Euch, für mich, für einen anderen immer etwas bringen usw. usw. ...« (Brief Verdis an Giulio Ricordi; Copialettere, 1913, S. 311)

Boito schrieb in kürzester Zeit ein erstes Libretto, das Verdi im November 1879 erwarb, ohne sich zunächst auf die Komposition festlegen zu lassen. Die intensive Zusammenarbeit mit Boito erstreckte sich in den folgenden fünf Jahren, von den Neufassungen von *Simon Boccanegra* (ebenfalls mit Boito) und *Don Carlos* unterbrochen, auf Details der Dramaturgie und der Versifizierung, bevor Verdi im März 1884 mit der Komposition der Musik begann. Wie sehr sich Verdi mit den ›gemischten‹ Charakteren Shakespeares befaßt hat, zeigen seine Briefe über die Figur des Jago an den Maler Domenico Morelli, von dem er sich vergeblich eine bildliche Gestaltung jener Szene erhoffte, in der Jago über den ohnmächtigen Otello triumphiert. Ursprünglich sollte die Oper *Jago* heißen, doch schien dies Verdi schließlich doch unangemessen: »Man spricht und schreibt mir immer von *Jago*!!! [...] Er ist (das ist wahr) der Dämon, der alles bewegt; aber Otello ist der, der handelt – *Er liebt, ist eifersüchtig, tötet und tötet sich selbst.*« (Brief an Boito vom 21. Januar 1886; Medici/Conati, 1978, S. 99) Wegen der Neuartigkeit der Charaktere in Shakespeares Drama und ihrer ungewöhnlichen Erscheinung auf der Opernbühne verfaßte Boito ein Vorwort zur *Disposizione scenica* (1887), einer Art Regiebuch, das Giulio Ricordi herausgab, in dem er, in Schillerscher Manier, die Hauptfiguren in zugespitzter Form charakterisierte.

Verdi schloß die Komposition am 1. November 1886 ab und übergab am 16. Dezember die fertige Partitur seinem Verleger. Anfang Januar 1887 fuhr er nach Mailand, um die Proben für die Uraufführung zu überwachen. Für die darstellerisch anspruchsvolle Partie des Jago war der französische Bariton und hervorragende Schauspieler Victor Maurel vorgesehen, der allerdings so von sich eingenommen war, daß er versuchte, Verdi dazu zu überreden, diese Partie einzig für ihn zu reservieren. Bereits am 30. Dezember 1885 hatte ihm Verdi jedoch mitgeteilt, daß von einer Exklusivrolle nicht die Rede sein könne.

Handlung

Eine am Meer gelegene Stadt auf der Insel Zypern, Ende des 15. Jahrhunderts

Vorgeschichte: Otello, ein afrikanischer Mohr aus vornehmer Familie, ist im Dienst der Republik Venedig zum General und Befehlshaber der Flotte aufgestiegen. Wegen seiner militärischen Umsicht und aus eigenem Interesse hat es der Senat geduldet, daß der durch seine Hautfarbe und Herkunft beargwöhnte Außenseiter die Tochter Brabantios, eines der Senatoren, heiratet, und zwar gegen die Konvention und den heftigen Einspruch des Vaters. Kurzfristig wird Otello zum Gouverneur der Insel Zypern, eines Stützpunktes der venezianischen Seemacht, ernannt, um dort den bevorstehenden Angriff der Türken abzuwehren. Ohne Otellos Wissen und noch vor dem Ausgang der Seeschlacht steht fest, daß der Mohr nach Venedig zurückberufen und auf Zypern durch seinen Leutnant Cassio ersetzt werden soll.

1. Akt, ein Platz vor der Festung: Während eines Sturms erwartet eine Menschenmenge die Rückkehr Otellos von der Seeschlacht. Wegen des Unwetters befürchtet man, er könne in Seenot geraten. Otellos Fähnrich Jago und der venezianische Edelmann Roderigo dagegen wünschen ihm den Untergang. Nachdem Otello als Sieger gelandet und der wartenden Desdemona entgegengeeilt ist, beschließen Jago und Roderigo, das Glück des Helden zu zerstören. Jagos Motiv ist der verletzte Ehrgeiz, weil ihm bei der fälligen Beförderung Cassio vorgezogen wurde, während Roderigo durch Jagos Intrige sich Hoffnungen macht, als Anbeter Desdemonas doch noch Gehör zu finden, nachdem er in Venedig erfolglos war. Das Unwetter hat sich inzwischen verzogen, die Be-

wohner der Insel entzünden ein Siegesfeuer, und Jago nutzt die Stimmung aus, um einen Streit vom Zaun zu brechen: Bei dem beginnenden Gelage drängt er Cassio, der keinen Wein verträgt, einen Becher auf. Montano, Otellos Vorgänger als Gouverneur der Insel, greift in den durch Roderigo provozierten Streit mit Cassio ein und wird dabei verwundet. Das ist der Augenblick, bei dem Jago den Aufruhr ausrufen kann, als sei er der Helfer in der Not und nicht der Urheber des Streits. Wie von Jago beabsichtigt, erscheint der aufgestörte Otello, schlichtet den Streit und degradiert den völlig betrunkenen Cassio. Jago triumphiert, steht doch damit seine eigene Beförderung in greifbarer Nähe. Der Aufruhr hat auch Desdemona auf den Plan gerufen, und Otello gedenkt mit ihr nach der wiederhergestellten Ruhe ihrer ungleichen Schicksale. Das Glück ihrer Liebe erscheint ihnen unfaßbar.

2. Akt, ein Saal zu ebener Erde in der Festung: Jago gibt Cassio den hinterhältigen Rat, sich an Desdemona um Fürsprache zu wenden, damit Otello die Degradierung zurücknehme. Jago betrachtet sich dann in triumphaler Selbstbespiegelung als Urheber eines Vernichtungsschlages, der Cassios Bitte nur als Mittel benutzt, um Otellos Seele zu zerstören. Der Zufall begünstigt seinen Plan: Jago kann die Begegnung Cassios mit Desdemona bei Otello ins Zwielicht rücken und weckt mit Andeutungen den ersten Argwohn, bis er mit der Einführung des Stichworts »Eifersucht« den wunden Punkt Otellos trifft: Als letzte Möglichkeit der Rettung vor Jagos Plan erscheint im Hintergrund Desdemona, der von der Bevölkerung Zyperns gehuldigt wird. Die friedliche Szene überwältigt Otello derart, daß er (noch) an keinen Betrug Desdemonas glauben will. Doch als Desdemona sich an Otello wendet, um für Cassio zu bitten, wird dieser wütend und schleudert das ihm gereichte Taschentuch zu Boden. Emilia, Jagos Frau, hebt es auf, Jago reißt es an sich und plant damit eine perfide Beweisführung zu Lasten Desdemonas. Otello ist sich inzwischen sicher geworden, daß Desdemonas Bitten für Cassio Ausdruck ihrer Liebe zu diesem sind und sieht seine gesamte Laufbahn zerstört. Noch aber ist sein Verstand so intakt, daß er von Jago stichhaltige Beweise für Desdemonas Vergehen fordert. Jago erfindet einen Traum Cassios, den er gehört haben will: Cassio habe hier im Schlaf seine Liebe zu Desdemona ausgeplaudert. Um der erfundenen Geschichte den Anschein von Wahrscheinlichkeit zu geben, spricht Jago den Verdacht nur unter Vorbehalt aus. Doch damit Otello Zeuge einer Beweiskette werden kann, führt Jago einen Indizienbeweis: Das Taschentuch, das Otello Desdemona als Liebespfand überlassen habe, sei in den Händen Cassios gesehen worden. Otello fühlt sich daraufhin zu einem Rache-Schwur aufgerufen, in den Jago heuchlerisch einstimmt.

3. Akt, der große Saal der Festung: Otellos Bewußtsein beginnt sich zu trüben, weil er nur noch an der Beweisführung für Desdemonas Schuld interessiert ist; die Nachricht vom Eintreffen der venezianischen Gesandtschaft scheint er fast zu überhören. Jago stellt eine Unterredung mit Cassio in Aussicht, bei der Otello als versteckter Zeuge mitwirken solle, während Cassio mit dem Taschentuch als Beweisstück überführt werde. In einer immer heftiger werdenden Auseinandersetzung mit Desdemona, bei der ihre Bitten um Verzeihung für Cassio und der Verlust des Taschentuchs die Hauptmotive bilden, verliert Otello seine Beherrschung, treibt Desdemona in Angst und Entsetzen und wirft ihr zuletzt vor, eine Hure zu sein, die sich Otellos Gattin nennt. Allein zurückgeblieben, überläßt er sich seiner Verzweiflung aus tiefster Enttäuschung über Desdemonas Schuld. Wie von Jago geplant, belauscht er dann, wie Cassio in die Falle Jagos gerät. Jago lenkt das Gespräch so, daß Otello, der nur Wortfetzen versteht, die Bemerkungen Cassios über seine Liebe zu Bianca auf Desdemona beziehen muß. Als das ›Beweisstück‹ des Taschentuchs von Cassio demonstriert wird, ist für Otello der Tod Desdemonas beschlossene Sache. Jago rät ihm sogar, auf den ›natürlichen‹ Mord durch Gift oder Erdolchen zu verzichten und statt dessen den direkten körperlichen Kontakt des Erwürgens zu wählen, und zwar in Desdemonas Stätte der Verfehlung: ihrem eigenen Bett. Die Beseitigung Cassios dagegen sei seine, Jagos Sache. Das gibt Otello den Grund, den Fähnrich zu befördern. Vor aller Öffentlichkeit stoßen nun private und politische Interessen zusammen: Lodovico, ein Gesandter Venedigs, überreicht Otello die Nachricht des Dogen, daß Cassio sein Nachfolger auf Zypern werde. Otello, inzwischen nicht mehr Herr seiner Sinne, deutet Cassios förm-

liche Reaktion und Desdemonas Traurigkeit als Zeichen deren Trennungsschmerzes. In äußerster Wut schleudert er Desdemona zu Boden und demütigt sie damit vor allen. Desdemonas verständliche Klage löst bei den Umstehenden tiefstes Mitgefühl aus, während Jago, durch die unerwartete Nachricht von der Absetzung Otellos in Zeitnot geraten, rasch handeln muß: Heimlich stiftet er Roderigo zum Mord an Cassio (in der Nacht) an. Otello verjagt alle Umstehenden und verflucht Desdemona in höchster Verblendung. Gleichzeitig mit dem Jubel vor der Festung über den »Löwen von Venedig« bricht Otello endgültig zusammen, stammelt Jagos Worte des Verdachts gegen Desdemona wie im Delirium und erscheint nun als Opfer des Intriganten.

4. Akt, Desdemonas Gemach: In der Vorahnung ihres Todes erinnert sich Desdemona im Beisein Emilias an das »Lied von der Weide«, das eine Magd ihrer Mutter einst aus verlassener Liebe gesungen hat. Während ihres Vortrags bezieht Desdemona, von ihrem Schmerz überwältigt, den Inhalt des Lieds auf ihre eigene Situation mit Otello und bricht in einen Schrei der Verzweiflung aus, der ihren Todesschrei vorwegnimmt. Nach dem Abschied von Emilia richtet Desdemona ein Gebet an die Jungfrau Maria und legt sich zu Bett. Wie aus dem Orkus heraufkommend betritt Otello den Raum und betrachtet die schlafende Desdemona. Als er sie dreimal küßt, erwacht sie und muß nun aus seinem Munde ihren nahen Tod vernehmen, der das Verbrechen des Ehebruchs sühnen soll. Umsonst weist sie alle Schuld von sich und ruft als Zeugen Cassio herbei. Otello geht davon aus, daß dieser bereits von Jago ermordet sei und stellt ihn deshalb der entsetzten Desdemona als Toten hin. Im blinden Vollzug ereignet sich dann der Mord an Desdemona. Emilia bringt jedoch die Nachricht, Cassio habe seinerseits den ihn angreifenden Roderigo getötet. Die sterbende Desdemona entlastet Otello, indem sie die Schuld auf sich nimmt und von Selbstmord spricht, woraufhin Otello seine Mordtat eingesteht. Auf Emilias Veranlassung wird das Intrigennetz Jagos aufgedeckt: Montano berichtet vom Geständnis des sterbenden Roderigo und bestätigt die Machenschaften Jagos, der sich der drohenden Verhaftung durch Flucht entzieht. Otello zieht heimlich einen Dolch und ersticht sich selbst. Sterbend kommt er der geliebten Desdemona noch einmal in einem Kuß ganz nahe.

Kommentar

Nach Boitos Ansicht wäre es der traditionellen Librettistik, gegen die er bereits am 13. September 1863 in der Zeitschrift *La perseveranza* polemisiert hatte, nicht möglich gewesen, aus Shakespeares Tragödie *Othello* eine Oper zu machen. Selbst er, der neue Wege bei der Abfassung von Libretti beschreiten wollte, bezweifelte zunächst, daß sich *Othello* in eine Oper umsetzen ließe, begründete dann aber, warum es ihm doch gelingen konnte: »Wenn ich die ungeheure Musikträchtigkeit der Shakespeareschen Tragödie, die ich anfänglich nicht empfand, begreifen lernte und wenn ich das durch die Tat in meinem Libretto beweisen konnte, dann deshalb, weil ich mich in den Gesichtspunkt der Verdischen Kunst versetzt habe; deshalb, weil ich beim Schreiben jener Verse hörte, was Sie hören müssen, wenn Sie sie in der anderen tausendmal intimeren und mächtigeren Sprache des Klanges verdeutlichen.« (Brief an Verdi vom 19. [?] April 1884; ebd., S. 72) Ganz im Sinne der Vorstellungen Boitos von einem Libretto, das sowohl der Musik Verdis angemessen wäre als auch dem Anspruch der Tragödie Shakespeares gerecht würde, berichtete Giuseppina Verdi ihrer Freundin Giuseppina Morosini von einer Unterhaltung über Shakespeares »wunderbares Drama« und vor allem darüber, wie »es irgendein Stümper [...] zum Bühnengebrauch reduziert habe in einer Weise, die nicht im geringsten poetisch und überhaupt nicht dramatisch und noch weniger shakespearisch ist« (Brief vom 18. Dezember 1879; ebd., S. XXIX f.). Gemeint war der Marquis Francesco Berio di Salsa, der Librettist von Rossinis am 4. Dezember 1816 in Neapel uraufgeführter Oper *Otello ossia Il Moro di Venezia*, in dessen Libretto seinerzeit Lord Byron, als er die Oper im Februar 1818 in Venedig sah, mit Entsetzen Shakespeares Werk »gekreuzigt« fand, weil er die wichtigsten Szenen des Dramas vermißte.

Trotz aller Einwände – Meyerbeer rügte etwa Rossinis Art des ›Selbst-Abschreibens‹ – hielt sich diese Oper sehr lange im Repertoire, und selbst Boito hat sich noch bei der Abfassung seines Schlußaktes an der Dramaturgie des entsprechenden Aktes in Rossinis Oper orientiert, insbesondere an der ungewöhnlichen Entscheidung für den Verzicht auf den opernspezifischen glücklichen Ausgang, den Rossini im übrigen, sich der übermächtigen Konvention doch noch beugend, anläßlich einer Aufführung in Rom im Jahr 1820 an Stelle des tragischen Schlusses vorsah. Dieser Umgang mit der Konvention kam für Boito (und auch für Verdi) nicht mehr in Betracht; sie erhoben vielmehr den Anspruch, im ›Geiste‹, wenn auch nicht im ›Buchstaben‹ des Dramas vorzugehen, die Vorlage also nicht als Stofflieferant oder gar als Steinbruch zu behandeln, sondern ihrer Qualität, so weit es die Gesetze der Operndramaturgie erlaubten, gerecht zu werden.

Freilich waren der Annäherung an das Drama von vornherein opernspezifische Grenzen gesetzt, die vor allem den diskursiven Anteil des Schauspiels an der Durchführung der Charaktere und Handlungsmotive betrafen, aber auch die Ausführlichkeit des Textes. Boito sah sich demnach der schwierigen Aufgabe ausgesetzt, zwischen den Arten der Anlehnung an die Vorlage und der Respektierung des unvermeidlichen Abstands zu ihr in möglichst geschickter Weise zu vermitteln. Allerdings waren die Freiheiten, die er sich bei der dramaturgischen Einrichtung und bei der Formulierung seines Librettos nahm, doch so eng aus der Vorlage heraus entwickelt, daß es angebracht erscheint, bei der Bewertung seiner literarischen Leistung immer wieder Bezug auf den Text Shakespeares zu nehmen, um die Eigenart des Librettos würdigen zu können. Es ist dabei weder angemessen, die Freiheiten des Librettisten als willkürliche Maßnahmen zu kritisieren, noch eine zu große Anlehnung an Shakespeares Tragödie zu postulieren, die gar nicht prätendiert wurde. Denn es handelt sich auch hier noch immer um eine Oper *nach* Shakespeare, noch nicht um eine »Literaturoper« im späteren, strikten Sinn des modernen Musiktheaters. (Erst beim Libretto *Falstaff* kann von einer Erweiterung, Vertiefung, letztlich sogar Überhöhung Shakespeares die Rede sein, von einer Überführung der Vorlage ins Welttheater.) Dennoch scheinen sowohl Boito als auch Verdi bei ihrem Griff zu *Otello* nichts weniger im Sinn gehabt zu haben, als mit Hilfe des hohen literarischen Anspruchs der Vorlage eine neue Opernform zu schaffen.

Das war alles andere als selbstverständlich, denn die Macht der Opernkonvention erwies sich selbst noch beim späten Verdi als zunächst unverzichtbare Ausgangsposition. Im Anfangsstadium der langjährigen Entstehungszeit des *Otello* machte Verdi an der kritischen Stelle der Handlung, am Ende des 3. Aktes nach der öffentlichen Demütigung Desdemonas durch den zum blindwütigen Unmenschen verwandelten Otello, den Vorschlag, ein »szenisches Stück« anzuschließen, das zwar nicht bei Shakespeare vorgegeben sei, dem Musiker aber erlaube, ein traditionelles Ensemble einzuschieben (Brief an Boito vom 15. August 1880; ebd., S. 1).

Ganz im Sinne der Dramaturgie der *grand opéra* schilderte Verdi in jenem Brief an Boito seine szenische Idee, die Umstehenden auf den ungeheuerlichen Vorgang kurz reagieren zu lassen, um dann, mit der Plötzlichkeit des konventionellen *colpo di scena*, einen unerwarteten, weiteren Angriff der Türken zu inszenieren, damit sich Otello, obwohl er bereits seinen seelischen Absturz erreicht hat, noch einmal als Held präsentieren könne: »*Otello* reißt sich zusammen und richtet sich auf wie ein Löwe«, bereit die Feinde nochmals zu besiegen. Während man im Hintergrund das Kriegsgeschrei höre, blieben Otello und Desdemona allein auf der Bühne zurück, und Desdemona »in der Mitte der Bühne, isoliert, regungslos, betet für Otello, die Augen zum Himmel gerichtet« (ebd.). Gegen diesen Einfall brachte Boito den ernstzunehmenden dramaturgischen Einwand vor, daß der geplante erneute Angriff der Türken in diesem kritischen Moment der Handlung nicht nur die tragische Situation Otellos und Desdemonas zerstöre, sondern damit ein zwar wirkungsvoller Aktschluß gefunden sei, aber »auf Kosten der Wirkung der Katastrophe am Schluß« des letzten Aktes. Boito machte die »überstrenge und *verhängnisvolle* Logik« des Dramas, die Notwendigkeit des unerbittlichen Fortgangs der Handlung, dafür verantwortlich, daß es hier um mehr gehen müsse als um die Frage des effektvollen Aktschlusses. Da der Angriff der Türken, als direkte Aktion, ein Ereignis herbeiführe, das außerhalb von Jagos Strategie liege, Otello ganz zu zerstören, sei er verzichtbar, ja geradezu überflüssig: »Otello handelt nach diesem gänzlich neuen und unerwarteten Geschehnis nicht mehr unter der unablässigen Beherrschung durch Jago.« (Brief Boitos an Verdi vom 18. Oktober 1880; ebd., S. 5)

Die endgültige, von Verdi auch komponierte Fassung behielt zwar das konventionelle, statische Bild der betroffenen Reaktion der Umstehenden bei, erweiterte es aber mit dem Handlungselement der beiden, aus Shakespeares 4. Akt entnommenen Dialogeinschübe Jagos (mit Otello und Roderigo), die auf den Fortgang der Handlung in der von Boito gestrichenen ersten Szene des 5. Aktes der Vorlage verweisen und so das statische Modell des *pezzo concertato* mit einem dynamisch gerichteten, inhaltlich motivierten Prozeß verknüpfen. Diese Überlagerung lyrischer und dramatischer Ebenen war ein Kunstgriff Boitos, sowohl den Gesetzen der Operndramaturgie zu entsprechen, als auch unter dem Gesichtspunkt des dramatischen Fortgangs und damit im Geist der Vorlage zu handeln.

Die Einfügung von Jagos »Credo« indessen, für das es bei Shakespeare kein Vorbild gibt (es sei denn, man faßte es als Kompensation der von Boito gestrichenen Monologe auf), erfolgte ausdrücklich auf Wunsch Verdis, der sich diese Selbstdarstellung Jagos – Boito spricht von einem »*verbrecherischen Credo*« (Brief an Verdi vom Ende April 1884; ebd., S. 74) – in einer mehr gespalteten, weniger lyrischen (Arien-)Form vorstellte. Auf Boitos gebrochene, unsymmetrische Versfassung antwortete er mit einer Auflösung der musikalischen Form, die als Akt der gezielten Dekomposition zu beschreiben wäre, deren Ergebnis wie die Trümmer der einstigen Arienform wirken. Die Zweideutigkeit dieses nihilistischen Bekenntnisses zum Prinzip des Bösen als Natur der menschlichen Welt, vorgetragen im Wechsel von triumphalem Gestus und betroffener Erkenntnis, erscheint in Verdis Musik als Ausdruck des Negativen schlechthin und ist insofern ein Porträt von Jagos Charakterprofil, zumindest von seiner sonst verborgenen Innenseite, denn sein zweideutiger Charakter äußert sich nur in seinem Spiel mit Masken und Tonfällen, in seinen Manipulationen, die stets das Ziel der Zerstörung von Glück und Harmonie in sich tragen.

In gewisser Weise enthüllt er in diesem blasphemischen Glaubensbekenntnis, in Umkehrung des kirchlichen, die Gründe für seine Handlungen und gibt gleichsam die Antwort darauf, warum er – freilich nur im 1. Akt von Shakespeares Drama – von sich sagt: »I am not what I am.« (»Ich bin nicht, was ich bin.«) Er hat Recht mit seiner negativen Einschätzung der Welt, aber er ist auch ein Schuft, der nur demjenigen als »Dämon« erscheint, der seine Manipulationen nicht durchschaut. Daß der Mensch nur Spielball des tückischen Zufalls sei, wie Jago in seinem »Credo« sagt, ist nur die Außenseite des nihilistischen Fazits: »La Morte è il Nulla / E vecchia fola il Ciel.« (»Der Tod ist das Nichts und der Himmel ein altes Märchen.«) Es gibt nur die ganz realistische Dimension, ruchlos zu sein, weil man ein Mensch – kein »Dämon« – ist. Der Vorwurf, Boito habe die bei Shakespeare ungleich komplexer und in sich widersprüchlicher angelegte Figur aufs ›Dämonische‹ reduziert, erweist sich bei genauerer Betrachtung des Textes und der musikalischen Deutung Verdis als ziemlich voreilig.

Die Bemerkung Verdis, dieses »Credo« sei »in jeder Hinsicht im Geiste Shakespeares« (Brief an Boito vom 3. Mai 1884; ebd., S. 76), wirft allerdings die Frage auf, woran sich Boitos Phantasie bei der Abfassung des Textes konkret hätte entzünden können, außer auf den Ausruf Jagos »Divinity of Hell!« (»Gottheit der Hölle!«) in der dritten Szene des 2. Aktes. Ansonsten bewegen sich nämlich die Argumente Jagos bei Shakespeare auf der Ebene der pragmatisch ausgerichteten Präzision, seine Beweggründe dafür umso mehr im Dunkel des Vieldeutigen. Bei Shakespeare ist Jago kein »Dämon«, sondern ein – wenn auch frustrierter – Aufsteiger, ja Karrierist, der mit dem Mittel der Verstellung und Lüge seine Interessen verfolgt. In Boitos (und Verdis) Sicht wird er greifbar als eine Musikgestalt, die weit über eine Opernfigur wie die des notorischen ›Bösewichts‹ hinausreicht, ohne die Dimension der bei Shakespeare ausgebreiteten Charakter- und Handlungszüge zu erreichen.

In der Oper erscheint er zumindest, jenseits der Konvention, als ›gemischter‹ Charakter, als ein schillerndes Phantom, dessen ›Dämonie‹ nur eines seiner Mittel ist, sich – im buchstäblichen Sinne – in Szene zu setzen. Darin berührt er sich durchaus mit der Figur, wie sie

Shakespeare gestaltet hat. Was ihm jedoch fehlt, ist die bei Shakespeare thematisierte Ebene der »zynisch-materialistischen Lebensphilosophie« (Hamblock, 1985, S. 257), mit deren Hilfe es Jago immer wieder gelingt, sein Zerstörungswerk in Gang zu setzen. In der Oper erscheint er einzig als Urheber von Otellos psychischem Verfall, damit aber in Großaufnahme, so, als werde an einem konkreten Fallbeispiel seine Daseinsregel des Zerstörens um des Zerstörens willen demonstriert. Das mag denn auch im ›Geiste‹ Shakespeares sein. Hans Busch hat auf Macbeths Worte nach dem Tod der Lady im 5. Akt von Shakespeares Drama hingewiesen, die sich Boito bezeichnenderweise in seinem Exemplar der französischen Übersetzung von François-Victor Hugo, nach der er stets arbeitete, angestrichen hat – »Life's but a walking shadow« (»Leben ist nichts als ein wandernder Schatten«) – und setzt sie in Beziehung zu den entsprechenden Worten der dritten Szene des 4. Aktes im Libretto von Verdis *Macbeth* (»La vita! Che importa? ... Vento e suono che nulla dinota!«), um den Beweis für Boitos Arbeit im »Geiste« Shakespeares zu erbringen (Busch, 1986, S. 637).

Zugleich aber ist die freie Einfügung von Jagos »Credo« eine der etlichen, weitreichenden Konsequenzen, die auf der Entscheidung des Librettisten beruhen, auf den ersten, in Venedig spielenden Akt der Tragödie Shakespeares weitgehend – außer einigen unerläßlichen Texteinblendungen an geeigneter Stelle – zu verzichten. Carl Dahlhaus betrachtet das als einen tiefen Eingriff in die Vorlage, der in Gegensatz zu dem Enthusiasmus stehe, mit dem sich Boito und Verdi dem Theater Shakespeares grundsätzlich genähert hätten. Die Streichung des Venedig-Aktes habe eine Verzerrung der tragischen Dialektik nach sich gezogen, die auf der Umformung des Dramas in eine *pièce bien faite* beruhe: »Darüber, daß im Dogenpalast der Grundstein zu dem Konflikt gelegt wurde, den Otello später in sich selbst austrägt, setzten sich Boito und Verdi hinweg. Die Konsequenz war, daß Jago, der bei Shakespeare eine Eifersucht ans Licht bringt, die in Otello längst vorgezeichnet ist«, – davon wird noch die Rede sein – »in der Oper als deren Urheber erscheint und darum dämonisiert werden muß: Jagos Credo ist dramaturgisch, pointiert ausgedrückt, der ›Ersatz für den Venedig-Akt‹.« (Dahlhaus, 1980, S. 178)

Die Prämisse von Otellos »Eifersucht« bleibt in der Oper unausgesprochen; sie wird nur im 1. Akt des Dramas entfaltet: Otellos Spaltung in den Feldherrn im Dienste der Republik Venedig, die ihm für seine unstreitigen Verdienste Achtung zollt, und in den (schwarzen) Außenseiter, dem man mit Mißtrauen begegnet, weil man glaubt, er habe Desdemona nur durch Zauberei für sich gewinnen können. Brabantio, ihr Vater, unterstellt dem ihm unverständlichen Verhältnis eine Verirrung der Natur, die ohne Hexerei gar nicht hätte zustande kommen können und zieht sogar in Zweifel, daß sich Desdemona in etwas hätte verlieben können, das sie im Grunde fürchtete anzusehen. Dennoch bekennen sich bei Shakespeare in der Szene vor dem Dogen sowohl Otello als auch Desdemona sehr souverän und einleuchtend zu ihrer Liebe, deren Voraussetzungen im übrigen ebenfalls enthüllt werden.

Der diskursive Ablauf dieser Szene wie des gesamten 1. Aktes kam für die Exposition der Oper natürlich nicht in Betracht. Boito wählte, als opernspezifische Alternative, einen eher atmosphärischen Einstieg, der die inhaltlichen Konturen erst allmählich hervortreten läßt und vor allem szenisch-anschaulich verfährt. Während Shakespeares Drama mit einem offenen, fast beiläufigen Dialog zwischen Jago und Roderigo beginnt, in dem Jagos verletzter Ehrgeiz als eines der Haßmotive gegen Otello zur Sprache kommt, wird in der Oper – insbesondere durch Verdis Musik – mit einem Aufschrei der Natur, einem explosionsartigen, elementaren Kraftausbruch von unberechenbarer Gewalt und chaotischer, erschreckender Wirkung ein Geschehen in Gang gesetzt, dessen Umrisse vorerst undeutlich bleiben und eine Erwartungshaltung aufbauen, die mit dem ersten Auftritt Otellos als Sieger im Kampf gegen die Türken ihre kurze, aber äußerst prägnante Erfüllung findet.

Bereits mit diesem Auftritt wird deutlich, daß Boito sich zwar an die Tradition der *introduzione* hielt, dem Helden aber die konventionelle Auftrittsarie verweigert. Der dramatische Fortgang ist entscheidend, und er führt in zwei parallelen Schüben jeweils vom Aufruhr zur Ruhe, zunächst vom Sturm der Naturkräfte zur Gewißheit der Siegesnachricht – hier endet denn auch jener drohende Orgelcluster, mit dem Verdi diesen ersten Bogen umspannt –, dann vom Aufruhr unter den Menschen bis zum Stillstand der Zeit in der Liebesszene zwischen Otello und Desdemona, die ihrerseits den extremen Kontrast zum explosiven Anfang des Aktes bildet. Während der anfängliche Ausbruch der Naturkräfte unberechenbar wirkt, wenngleich als vorgreifende Allegorie des späteren Sturms unter den Menschen, erscheint der von Jago angezettelte Streit als berechen- und durchschaubare menschliche Aktion, die – im Gegensatz zum Drama – ausdrücklich auf der Bühne stattfindet.

Das Verstummen des Orgelclusters macht zunächst der Exposition von Jagos Gegenhandlung Platz, einer Texteinblendung Boitos aus dem 1. Akt Shakespeares, reduziert freilich auf den Haß Jagos gegen Cassios Beförderung durch Otello, um dann Jagos Außenseite, in einer Art Probefall zum Ernstfall seines Umgangs mit Otello in den Mittelakten, ins Spiel zu bringen: Das Trinklied, das Jago, als Schauspieler und Regisseur in einem, gewissermaßen (anders als im Drama) inszeniert, erweist sich sehr rasch – auch durch Verdis musikalische Steigerung – als Falle, denn aus ihm entsteht genau der Streit zwischen Cassio, Roderigo und Montano, der sich bei Shakespeare zum größten Teil hinter der Bühne abspielt und den erneuten – diesmal autoritären, ja cholerischen – Auftritt Otellos hervorruft, der ihn zu seiner ersten Tat aus Verblendung heraus reizt. Er degradiert unverzüglich den von Jago trunken und streitbar gemachten Cassio. Jago hat zweierlei erreicht: Seine eigene Beförderung rückt nun in greifbare Nähe – sie wird in der sechsten Szene des 3. Aktes der Oper, also später als im Drama, vollzogen –, und der Aufruhr erweist sich als sicheres Mittel, sowohl Otellos Liebesnacht zu stören als auch eine erste deutliche Verstörung des Helden herbeizuführen.

Der Schatten, der damit auf das Glück Otellos fällt, wurde von Jago bewußt einkalkuliert, und genau dieser Schatten ist es auch, der die nachfolgende Liebesszene verdunkelt. Im Gegensatz zum Drama tritt erst hier Desdemona zum ersten Mal auf, und die Insel der Ruhe, die sich nun ausbreitet, wird in der gesamten Handlung niemals wiederkehren. Denn es ist eine durchaus trügerische Ruhe, die Stille vor dem nächsten Sturm, dann ausdrücklich der Gefühle, den Jago in den Mittelakten auf psychologischer Ebene führen wird. Doch selbst in dieser Liebesszene – von ›Liebesduett‹ zu sprechen, erscheint kaum angemessen –, einem entscheidenden Moment in der inneren Entwicklung der Handlung, das von Boito ohne Shakespeares Vorgabe eingefügt wurde, hat der Librettist einige signifikante Textstellen aus dem Venedig-Akt einfließen lassen, um den Schatten, den die nachfolgende Tragödie bereits hier vorauswirft, konkret zu benennen: Der so lyrische wie entrückte, der Zeit enthobene Ausklang des 1. Aktes steht im Zeichen einer unausgesprochenen Gegenwart, die nur in Erinnerungen und in bangen Fragen an die Zukunft greifbar wird, in gegenseitigen Bekundungen eines im Grunde ungleichen Paares. (Durch Boitos Textbearbeitung ist der unüberbrückbare Gegensatz zwischen der jungen, unschuldigen Desdemona und dem alternden, vom soldatischen Lebenskampf gezeichneten Titelhelden noch schroffer geworden.)

Die Motive der Erinnerungen, bezeichnenderweise von Desdemona angestimmt, deren Liebe zu Otello sich als ödipal motiviert erweist, stammen aus der dritten Szene des Venedig-Aktes: Es sind Otellos Worte der Verteidigung seiner, den anderen unverständlichen Liebe zu Desdemona gegenüber dem Dogen von Venedig. Das Motiv der ungewissen Zukunft dagegen stammt aus der ersten Szene von Shakespeares 2. Akt, der in der Haupthandlung dem 1. Akt der Oper entspricht. Ebenso wie Verdi die Exposition der Handlung als mehrfach – auch räumlich – geschichtete und mit Tiefendimensionen erfüllte Introduktion komponiert und damit die Konvention des *tableau* im Sinne der *grand opéra* verlassen hat zugunsten einer neuartigen, durchkomponierten Gesamtstruktur – selbst der Operntopos des *brindisi* ist hier handlungsmäßig umgedeutet –, setzt sich auch Boito in seiner Konzeption der Liebesszene über die Erwartung der traditionellen Opernform, diesmal des ›Liebesduetts‹ kühn hinweg, indem er den Verlust der erfüllten Gegenwart in dem ausdrücklichen Verzicht auf den reinen Zwiegesang erfaßt, statt dessen mit sprachlichen Antithesen arbeitet, um die gegenseitige Projektion der beiden Liebenden kenntlich zu machen. Verdi antwortete darauf mit einer musikalischen Form, die nicht minder kühn sich über alle Modelle hinwegsetzt und mit mosaikartig zusammengefügten Abschnitten verfährt, ohne einen geschlossenen musikalischen Zusammenhang zu suggerieren. Der traditionelle Wechsel zwischen festgefügten und freier konzipierten rezitativischen oder ariosen Partien ist zwar nicht völlig aufgehoben, zielt jetzt aber nicht mehr auf die unvermeidliche *cabaletta*, jenen virtuosen Schlußteil jeder ›Nummer‹ im stereotypisierten *melodramma*.

Es scheint sogar, als habe Verdi auf eigene Weise Boitos Verzicht auf den Venedig-Akt kompensieren wollten, indem er in den ersten, regelmäßig phrasierten *cantabile*-Abschnitt, mit dem Desdemonas Erinnerungen anheben, in den gleichmäßigen Arpeggien der Harfe eine deutliche musikalische Evokation der venezianischen Atmosphäre einfügte. So lokalisierte er wenigstens durch die Musik die Voraussetzungen einer Liebe, die bereits den Keim der Tragödie, der bei Shakespeare in der Exposition der Vorgeschichte thematisiert wird, in sich trägt. Daß der Mohr, der im übrigen im Drama auch aus poetischen Gründen schwarz ist – als Gegensatz zur weißen Desdemona –, Cassio im Zorn degradierte, daß er Jago die fällige Beförderung versagt hat, der sich dadurch zur Rache aufgefordert fühlt, ist ebenso ein Zeichen seiner Schwäche, des Befangenseins im Dunkel des gelebten und gefühlten (wenn auch nicht durchschauten) Augenblicks, wie der Ausdruck von Angst, zumindest von Mißtrauen einer ungewissen Zukunft gegenüber, die seiner Außenseiterrolle entspringt. Sie ist zwar im Drama deutlicher exponiert, aber in der Oper ein Hinderungsgrund, über sich und die Art seiner Liebe zu Desdemona nachzudenken. Bei Shakespeare fühlt er im 3. Akt das Chaos, das ihm ohne die Zuwendung Desdemonas drohen würde: »And when I love thee not, / Chaos is come again.« (»Und wenn ich Dich nicht liebte, würde das Chaos wiederkommen.«)

Als Soldat, der seine ganze Identität auf Kriegsruhm gründet, kennt er nur blinden Wagemut, keine Erkenntnis der komplexen und in sich widersprüchlichen Realität, rasch aufbrausende Gefühle oder eben den Halt in einer Liebe, die ihm nicht Selbstzweck ist, sondern Ersatz für den Sinn des Lebens. Die durchaus offene Form der Liebesszene entspricht genau den gegenseitigen Projektionen, in denen die beiden Liebenden befangen, ja gefangen sind:

Desdemona bewundert den einsamen Krieger, und Otello liebt sie einzig wegen ihrer Fähigkeit, ihn zu bemitleiden. Das aber ist keine echte Basis für ein Liebesverhältnis, was man auch ohne tiefenpsychologische Deutungen feststellen kann. Die entscheidenden Worte für diese Art der Liebe aus der dritten Szene des Venedig-Aktes – »She lov'd me for the dangers I had pass'd / And I lov'd her that she did pity them« (»Sie liebte mich für die Gefahren, die ich erlebt hatte, und ich liebte sie, weil sie dafür Erbarmen hatte«) – hat Boito – man möchte sagen: klugerweise – nahezu wörtlich in die ansonsten weitgehend frei gedichtete Szene übernommen, um den wahren Charakter dieser Beziehung zu enthüllen, einer Liebe jedenfalls, die nicht in erster Linie auf Zuneigung beruht. Denn selbst im Moment des Friedens müssen die alten Heldentaten beschworen werden, durch deren Brille Desdemona ihre Zuwendung beschreibt, und Otello selbst erwartet nur Trost und Mitleid für sein Außenseitertum. Er ist sogar so überwältigt von seinem Gefühl für Desdemona, daß er im Augenblick der höchsten Ekstase – wie Tristan – sterben will. Boito mag zwar durch Wagner zu diesem Ausruf angeregt worden sein – er war auch der italienische Übersetzer von Wagners *Tristan und Isolde* –, doch findet sich die Vorlage für Boitos »Venga la morte!« (»Der Tod möge kommen!«) bereits in der ersten Szene des 2. Aktes aus Shakespeares Drama: »If it were now to die, / 'T were now to be most happy« (»Wenn jetzt die Zeit zu sterben wäre, dann wäre es jetzt die Zeit, am glücklichsten zu sein«)

Jago kennt die dunkle Seite in Otello, die dünne Schicht, auf der sich sein Heldentum gründet, er kennt aber auch Otellos Leichtgläubigkeit, nicht zwischen Sagen und Meinen unterscheiden zu können, den bloßen Anschein für die Wahrheit zu nehmen, und schließlich seine aus Unsicherheit erwachsende Anfälligkeit für Einflüsterungen und Täuschungen. Während Desdemonas Irrtum darin besteht, die drohende Gefahr nicht zu erkennen – bei Shakespeare wendet sie sich ausgerechnet an Jago um Aufklärung über die Veränderung in Otellos Verhalten –, resultiert Otellos Irrtum aus seiner Angst, Desdemona zu verlieren, denn er ist von ihr, wie auch von Jago, innerlich völlig abhängig. Das macht sich Jago denn auch zunutze: Er entwickelt einen Stufenplan, der schrittweise Otellos Selbstbewußtsein zerstört, bis dieser seiner Sinne nicht mehr mächtig ist.

Am Ende von Shakespeares Drama weist Jago alle Schuld am Versagen seines Opfers mit dem Hinweis zurück: »I told him what I thought, and told no more / Than what he found himself was apt and true.« (»Ich erzählte ihm, was ich dachte, und nichts mehr / Denn was er selbst fand, war recht und wahr.«) Die Schuld Jagos besteht also nur darin, die dunkle Seite in Otello ans Licht gebracht zu haben, und zwar mit Mitteln, die einerseits – äußerlich besehen – immer fadenscheiniger werden, andererseits aber genügen, um den Mohren in die tiefste Verzweiflung zu stürzen, die ihm am Ende gar keine andere Wahl läßt, als Desdemona (und sich selbst) zu töten. Seine tiefliegende Enttäuschung über Desdemonas (angebliche) Untreue ist es, die den Verfallsprozeß beschleunigt, der das Thema der Oper (und auch des Dramas) bildet, nicht etwa die ›Eifersucht‹, die nur dessen Außenseite darstellt, ein bloßes Stichwort, das Jago in der dritten Szene des 2. Aktes der Oper, ausgehend von Shakespeare, gleichsam beiläufig, wenn auch äußerst suggestiv in das Gespräch mit Otello einbringt, indem er ganz dicht an ihn herantritt und ebenso leise wie eindringlich zu ihm spricht; die von Boito hinzugefügte Regieanweisung hat Verdi musikalisch umgesetzt.

Jago warnt vor der Eifersucht, die Otello noch gar nicht kennt, um sie dadurch erst recht zu wecken. Freilich reagiert Otello in diesem Augenblick mit der noch unverletzten rationalen Bewältigung des ihm durchaus vage erscheinenden Verdachts und fordert die Untersuchung, um nach dem Beweis Liebe und Eifersucht gleichermaßen fahren lassen zu können. Dieser Vorsatz macht Jago noch dreister; dies eine kurze, aber charakteristische Hinzufügung Boitos zu Shakespeares Text – »Un tal proposto spezza di mie labbra il suggello« (»Ein solcher Vorsatz sprengt von meinen Lippen das Siegel«). An der entsprechenden Stelle in der dritten Szene von Shakespeares 3. Akt findet sich ein wichtiger Hinweis Jagos auf die mögliche Untreue Desdemonas – »She did deceive her father, marrying you« (»Sie enttäuschte ihren Vater durch die Heirat mit Dir«) –, der in deutlichem Zusammenhang steht mit Brabantios Worten in der dritten Szene des Venedig-Aktes, als dieser Otello warnt: »She has deceiv'd her father, may do thee«. Außerdem hat Jago ohnehin – ebenfalls in dem von Boito gestrichenen 1. Akt des Dramas – bereits früh in Betracht gezogen, daß sich Desdemonas Liebe zu Otello bald erschöpfen würde, nicht aus Gleichgültigkeit, sondern aus Gründen der natürlichen Abwechslung. Er warnt also Otello mit gutem Grund; er weiß (jedenfalls bei Shakespeare), daß Desdemona ebenso gehorsam wie hartnäckig ist, schließlich sogar das Opfer ihrer eigenen Leidenschaft wird, ihrer unbedingten Liebe zu Otello. Gerade die Wendung in ihrer Beziehung zu Otello, äußerlich durch Jagos Manipulationen hervorgerufen, aber in Otellos innerem, tiefliegenden Mißtrauen begründet, läßt ihre Liebe noch intensiver werden, während Otello immer größere Fremdheit zwischen sich und Desdemona verspürt: »Es ist, wie wenn Otello plötzlich vor Desdemona zurückschrecken würde.« (Kott, 1989, S. 125).

Dennoch ergibt sich am Ende der dritten Szene des 2. Aktes der Oper eine (letzte) Möglichkeit der Versöhnung Otellos mit Desdemona, als im Hintergrund der Bühne, in geschickter Überblendung mit Jago und Otello im Vordergrund, ein Frauen- und Kinderchor mit Desdemona erscheint, um ihr zu huldigen. Dieser »Lichtstrahl inmitten all der Finsternis« (Brief Verdis an Boito vom 23. Juni 1881; Medici/Conati, 1978, S. 57) ist von Boito frei hinzugefügt worden – bei Shakespeare gibt es lediglich einen Hinweis auf Desdemonas Singen und Tanzen – und enthält als zentrale Stichworte den Vergleich Desdemonas mit einem Heiligenbild, mit dem Altar der Keuschheit und mit der Gestalt der Madonna. Otello fühlt sich »auf zärtliche Weise bewegt« von diesem Gesang und von der Erscheinung Desdemonas derart überwältigt, daß er nicht an Betrug glauben will. Jago jedoch nutzt dieses retardierende Moment der inneren Handlung zu einer, von Boito interpolierten Bemerkung aus Shakespeares erster Szene des 2. Aktes, er werde diese Eintracht aus Schönheit und Liebe zerstören.

Den geeigneten Ansatzpunkt zum alsbald tatsächlich gestörten Versöhnungsgestus bietet ihm im nachfolgenden Quartett-Ensemble, in dem Boito zwei weiter auseinanderliegende Abschnitte aus der komplexen dritten Szene des

3. Aktes von Shakespeare zusammen-, ja übereinanderschiebt, Otello selbst: Anstatt auf Desdemonas Bitte um Verzeihung zu reagieren, äußert dieser (beiseite) seine grundsätzlichen Zweifel an sich selbst, spricht von der in ihm angelegten Unsicherheit, die auf seiner Unfähigkeit beruht, die »Verlockungen raffinierter Liebe« zu bieten, und von seinem fortschreitenden Alter, zuletzt sogar – als Ausdruck seiner »Mohrenangst« (Max Frisch) – von der finsteren Düsternis auf seinem Gesicht, die den Verlust Desdemonas hervorrufen könnte. Zugleich ist Boito mit der Textmontage aus Otellos Selbstzweifeln, Desdemonas Bitte um Verzeihung (für sich, nicht mehr für Cassio) und dem beiseite eingeschalteten, die Handlung vorantreibenden Dialog zwischen Jago und Emilia um das von Otello – im Gegensatz zu Shakespeare – zu Boden geschleuderte Taschentuch eine dramatische Umdeutung des traditionellen Musizieranlasses gelungen, der an dieser Stelle ein »kontemplatives Ensemble« nahegelegt hätte. In Boitos Textfassung ist daraus ein dramaturgisch zwingendes Ensemble geworden.

Jagos perfides, im Grunde nur trickreiches Spiel mit dem Taschentuch als Indizien-›Beweis‹ für Desdemonas Untreue nutzt Boito in seiner Textfassung, um über Shakespeare hinaus eine Verschärfung des Kontrastes zwischen Jagos immer fadenscheiniger werdender Beweisführung und Otellos Verlust an Selbstbeherrschung und rationaler Kontrolle vorzunehmen. (Damit bot er zugleich Verdi die Möglichkeit, die Verschärfung auf musikalischer Ebene, also emotional verdichtet durchzuführen.) Das Taschentuch spielt in Jagos Intrige sozusagen die Rolle des Jokers zwischen den Männern, denen es um Desdemona geht, die nur das Opfer dieses Spiels ist. Abgesehen davon, daß es als ›Beweis‹ für Desdemonas Untreue eher unwahrscheinlich wirkt, erfüllt es doch indirekt die Funktion, als Symbol für die Defloration Desdemonas zu dienen. Deshalb spricht auch Otello bei seiner Erläuterung in der zweiten Szene des 3. Aktes der Oper, der zentralen Auseinandersetzung zwischen ihm und Desdemona, von einem Liebespfand, das magische Kräfte besitze und nicht verlorengehen dürfe.

Im Gegensatz zum Drama, wo diese Erklärung verdächtig ausführlicher ausgefallen war, flößt er hier Desdemona ausdrücklich Angst ein, auf die sie – ebenfalls unabhängig von Shakespeare – mit Entsetzen und Tränen antwortet. Die emotionale Ebene der Auseinandersetzung ist also weitaus zugespitzter und tiefer als in dem entsprechenden Dialog Shakespeares, wohl auch deshalb, weil Boito in seiner Szene zwei längere Passagen aus der vierten Szene von Shakespeares 3. und aus der zweiten Szene des 4. Aktes ineinandergeschoben hat, um die Konfrontation der beiden Partner existentieller und damit musikträchtiger aufeinanderprallen zu lassen. Shakespeares gleichsam windschiefe Gesprächsführung mit hartnäckiger Wiederholung, ja dem obsessiven Insistieren Desdemonas auf dem Thema von Cassios Begnadigung erfährt in Boitos Redaktion eine Verschiebung ins Grundsätzliche, Elementare und Erschreckende: Die Auseinandersetzung um den Verlust des Taschentuchs ist nur die Oberfläche der tieferliegenden Fremdheit zwischen Otello und Desdemona. Bei Shakespeare bleibt Desdemona gerade in dieser Szene selbstbewußt und emotional sicher, weil sie die Frage nach dem Taschentuch als Ablenkung empfindet. Bei Boito dagegen sagt sie nicht mehr – wie noch bei Shakespeare –, sie wolle es jetzt nicht holen, sondern weicht mit gespielter Lustigkeit aus, um selber von dem drohenden Charakter der Auseinandersetzung, wenigstens für einen Moment, abzulenken, verfällt dann aber umso mehr in Angst, als Otello sich als unnachgiebig erweist. Die zentrale Frage, was denn ihr Vergehen sei, stellt sie in Boitos Szene erst ziemlich am Ende, um darauf von Otello mit dem ungeheuerlichen Vorwurf belastet zu werden, sie sei eine Hure. Otello hat sich damit die Sichtweise Jagos zu eigen gemacht.

Jagos Spiel mit dem Taschentuch gerät in der bereits bei Shakespeare arrangierten Belausch-Situation ins Frivole: Er benutzt Cassio als arglose Marionette, um den im Abseits lauschenden Otello von der Funktion des Taschentuchs zu überzeugen. Der fadenscheinige Charakter der ›Beweisführung‹ wird bei Boito noch dadurch verschärft, daß hier die Szene (im doppelten Sinn verstanden) zu einer Falle für Cassio und Otello wird, deren Gründe und Erscheinungsweise beide nicht ahnen. Jagos Stichwort »Quest'è una ragna«, das in Boitos Text auf das »Spinnengewebe« verweist, erhellt Jagos Absicht: Beide sollen sich darin verfangen. Außerdem ist die Terzett-Situation ein Scherzo auf Kosten Otellos, genauer: auf Otellos Leiden, die in schroffem Kontrast zu jenem leichten Konversationsstil stehen, mit dem Jago den arglosen Cassio zum Sprechen bringt. Otellos immer heftiger werdende Ausbrüche wirken auf dem Hintergrund der zynischen Gesprächssituation fast komisch, zumindest unverhältnismäßig übertrieben, und sie wurden von Boito eigens hinzugefügt. (In Shakespeares Szene dagegen macht sich Otello mit höhnischen Worten, denen es freilich auch an bitterer Ironie nicht fehlt, über Cassios Antworten lustig.) Um der szenischen Verdeutlichung willen hat Boito – wohl auch deshalb, weil er auf Shakespeares Auftritt Biancas verzichtete – das Taschentuch als Beweismittel in die Hände Cassios und Jagos gelegt, damit Otello (und das Publikum) es deutlich sehen können. Der Kontrast zwischen dem zynischen Trick und dem existentiellen Ausbruch Otellos erscheint dadurch weit grotesker als in Shakespeares Szene.

Der Tod Desdemonas ist nach dieser ›Beweisführung‹ beschlossene Sache; nur die Art des Todes wird von Jago vorgeschlagen: Der Mord soll nicht konventionell durch Gift oder Dolch vollzogen werden, sondern in sexueller Konnotation durch Erwürgen. Warum aber tötet Otello Desdemona (und nach der Auflösung von Jagos Spiel auch sich selbst)? Otellos (erster) Zusammenbruch nach der großen Auseinandersetzung mit Desdemona hat ihn in Verzweiflung aus Enttäuschung über den Verlust der Geliebten zurückgelassen, während er musikalisch im Monolog »Dio! mi potevi scagliar tutti i mali« weiter an Desdemona denkt. Doch der 4. Akt der Oper zeigt ihn als Unmenschen, der im blinden Vollzug den Mord verübt. Jan Kott hat argumentiert, Otello brauche Desdemona nicht zu töten: »Wenn er in diesem letzten und entscheidenden Augenblick wegginge« – in der Oper betrachtet er, anstelle des Monologs bei Shakespeare, stumm die schlafende Desdemona mit sprechender Orchesterbegleitung –, »wäre das Stück grausamer« (Kott, 1989, S. 130). Es gibt aber zwingende Gründe, daß Otello Desdemona töten muß; auch darauf hat Jan Kott aufmerksam gemacht: »Othello tötet Desdemona, um die moralische Ordnung zu retten. Damit Liebe und Treue wiederkehren. Er tötet Desdemona, um ihr verzeihen zu können. Damit die Rechnungen sich ausgleichen und die Welt zur Norm zurückfindet. Othello stammelt nicht mehr. Verzweifelt will er den Sinn des Lebens, den Sinn seines Lebens retten, vielleicht gar den Sinn der Welt.« Aber: »Othellos Tod vermag nichts mehr zu retten.« (ebd., S. 130 f.) Zurück bleibt Jagos Schweigen, weil ihm alle Argumente gehören. Während er bei Shakespeare mit Folter bestraft wird, kann er in der Oper schließlich fliehen. Und die Schlußansprache Otellos mit dem Hinweis auf seine Verdienste um die Republik Venedig ist in der Oper ersetzt durch seine, wenigstens musikalische, Wiederkehr zur Menschlichkeit, indem er mit dem Kuß auf Desdemonas Lippen stirbt, der am Ende des 1. Aktes das Zeichen des Glücks war.

Wirkung

Die von Verdi szenisch und musikalisch überwachte Uraufführung des *Otello* fand unter der musikalischen Leitung von Franco Faccio am 5. Februar 1887 am Teatro alla Scala in Mailand statt und wurde von Publikum und Presse gleichermaßen als höchstes Ereignis gefeiert. Der mit Boito befreundete Dichter Antonio Fogazzaro äußerte nach der Uraufführung: »Verdi hat der Kunst den großen Dienst erwiesen, daß es von nun an unmöglich sein wird, minderwertige Dramen und jämmerliche Verse zu vertonen.« In der Besetzung der Uraufführung sangen: Francesco Tamagno (Otello), Victor Maurel (Jago), Giovanni Paroli (Cassio), Vincenzo Fornari (Roderigo), Francesco Navarrini (Lodovico), Napoleone Limonta (Montano), Angelo Lagomarsino (Herold), Romilda Pantaleoni (Desdemona) und Ginevra Petrovich (Emilia). Das Bühnenbild stammte von Carlo Ferrario, die Kostüme von Alfredo Edel. Bereits im Januar 1888 fand die deutsche Erstaufführung in Hamburg statt, für die Max Kalbeck eine (heute als problematisch eingeschätzte) deutsche Textfassung erstellt hatte. Tamagno und Maurel hatten sich als ideale Besetzung der beiden Hauptrollen erwiesen und sangen sie alsbald weltweit. Unter den zahlreichen Aufführungen in Italien, im europäischen und im außereuropäischen Ausland hatte die Pariser Erstaufführung am 12. Oktober 1894 (an der Opéra) in der französischen Übersetzung durch Boito und Camille Du Locle besondere Bedeutung, weil Verdi hierfür nicht nur eine Balletteinlage für die siebte Szene des 3. Aktes komponierte, sondern auch in die Struktur des großen *pezzo concertato* eingriff, um die beiseite gesungenen Dialog-Einschübe Jagos mit Otello und Roderigo noch deutlicher hörbar zu machen.

Diskographischer Hinweis

Ramon Vinay (Otello), Giuseppe Valdengo (Jago), Virginio Assandri (Cassio), Nicola Moscona (Lodovico), Herva Nelli (Desdemona), Nan Merriman (Emilia), NBC Symphony Orchestra and Chorus, Arturo Toscanini (aufgenommen: 1947): BMG/RCA GD60302.

Ramon Vinay, Leonard Warren, John Garris, Nicola Moscona, Licia Albanese, Martha Lipton, Chor und Orchester der Metropolitan Opera New York, Fritz Busch (aufgenommen: live 1948): Preiser

Dietmar Holland

Falstaff

Commedia lirica in tre atti
(3 Akte, 6 Bilder)

Text: Arrigo Boito, nach *The Merry Wives of Windsor* (1597) und Passagen aus *King Henry IV* (1597) von William Shakespeare
Uraufführung: Mailand, Teatro alla Scala, 9. Februar 1893
Personen: Sir John Falstaff (Bariton); Ford, Alices Ehemann (Bariton); Fenton (Tenor); Dr. Cajus (Tenor); Bardolfo (Tenor), Pistola (Baß), in Falstaffs Diensten; Mrs. Alice Ford (Sopran); Nannetta, Tochter von Alice und Ford (Sopran); Mrs. Quickly (Mezzosopran); Mrs. Meg Page (Mezzosopran); der Wirt vom »Gasthof zum Hosenband«; Robin, Page Falstaffs; ein kleiner Page Fords – Bürger und Leute aus dem Volk, Diener Fords, Masken von Kobolden, Feen, Hexen usw.
Orchester: 3 Querflöten (3. auch Piccoloflöte), 2 Oboen, Englischhorn, 2 Klarinetten, Baßklarinette, 2 Fagotte, 4 Hörner, 3 Trompeten, 3 Posaunen, Baßposaune, Pauken, Schlagzeug (Triangel, Becken, große Trommel), Harfe, Streicher – Bühnenmusik: Gitarre, Naturhorn in tiefem As, Glocke in F
Spieldauer ohne Pausen: ca. 2 Stunden
Autograph: Mailand, Verlagsarchiv Ricordi Mailand (Faksimile-Nachdruck: Mailand: Ricordi 1951)
Ausgaben: Partitur: Mailand: Ricordi 1954, Nr. 154 – Klavierauszug: Mailand: Ricordi 1893, Nr. 96000 – Textbücher: Mailand: Ricordi 1893; *Tutti i libretti*, 1975, S. 531–575; kritische Ausgabe, hrsg. von Eduardo Rescigno, Mailand: Ricordi 1991; *Libretti d'opera italiani dal Seicento al Novecento*, hrsg. von Giovanna Gronda und Paolo Fabbri, Mailand: Mondadori 1997, S. 1487–1569

Entstehung

Verdi suchte nach eigenem Bekunden immer wieder nach einem geeigneten Libretto für eine komische Oper. 1850 war Shakespeares *The Tempest* im Gespräch, 1868 Molières *Le Tartuffe*. Dennoch scheint es, als sei die Triebfeder für *Falstaff*, zumindest anfangs, weniger Verdi selbst gewesen als vielmehr Boito. Jedenfalls fehlt jedes Zeugnis dafür, daß Verdi die Librettoskizze, die ihm Boito Ende Juni 1889 schickte, in Auftrag gegeben hatte. Das Libretto selbst schrieb Boito zwischen dem 2. August 1889 und dem 8. März 1890, was aber nicht besagt, daß nicht auch noch später am Text gearbeitet worden wäre; den Text für die Schlußfuge beispielsweise übermittelte Boito Verdi am 21. Mai 1890. Wann genau Verdi mit der Komposition begann, ist nicht bekannt, doch der durch Boitos Skizze ausgelöste Enthusiasmus deutet darauf hin, daß Verdi zumindest einzelne Vorskizzen bereits im Herbst 1889 niederschrieb. Den Librettotext des 1. Aktes hatte er spätestens im Oktober 1889 in Händen. Mit dessen Komposition wurde er am 17. März 1890 fertig. Danach setzte eine der großen Pausen ein, die für den Entstehungsprozeß der Komposition des *Falstaff* charakteristisch sind. Wie es scheint, schrieb Verdi das Werk nicht aus souveräner Haltung heraus und mit lockerer Hand. Ob die Gründe dafür nur in seinem hohen Alter zu suchen sind, muß offenbleiben, doch zweifelte Verdi immer wieder daran, daß er das Werk zum Abschluß bringen werde. Daß ihm die Arbeit nicht leicht fiel, ist auch an der Sprunghaftigkeit, mit der sie sich vollzog, ablesbar. Anfang Oktober 1890 ließ Verdi den 2. Akt liegen und schrieb statt dessen den zweiten Teil des 3. Aktes. Dann trat wieder eine mehrmonatige Pause ein, und bevor die übrigen Teile komponiert wurden, machte sich Verdi bereits an die Niederschrift der Partitur. Diese kam im Herbst 1892 zum Abschluß. Einzelnes wie die Hinzufügung der Singstimmen im zweiten Teil des 3. Aktes zwischen Ziffer 34 und 35 kam erst im Zusammenhang mit der französischen Übersetzung des Werks im Januar 1894 in die Partitur. Verdi stellte es schon während der Arbeit immer wieder so dar, als schreibe er die Oper nur für sich und denke nicht an deren Aufführung. Daß er sehr wohl daran dachte und – wie fast stets zuvor – bei der Gestaltung der Rollen bestimmte Sänger vor Augen hatte, beweist die Tatsache, daß das Solo der Mrs. Quickly zu Beginn des zweiten Teils des 2. Aktes (»Giunta all'Albergo della *Giarrettiera*«) eigens für deren erste Darstellerin Giuseppina Pasqua eingefügt wurde. Auch bestehen wenig Zweifel daran, daß für Falstaff von Anfang an Victor Maurel vorgesehen war.

Handlung

Windsor, Regierungszeit Heinrichs IV. von England

1. Akt, 1. Bild, Innenraum des »Gasthofs zum Hosenband«: Sir John Falstaff, ein Ritter, der sein lustbetontes ausschweifendes Leben auf Kosten anderer zu führen pflegt, hat sich in Windsor niedergelassen, und schon sind seine Diener Bardolfo und Pistola, die ihm nacheifern, mit den Einheimischen in Konflikt geraten. Der Arzt Dr. Cajus beschwert sich soeben, sie hätten ihn betrunken gemacht und ihm dann die Taschen ausgeleert. Falstaff verhört seine Diener, die selbstverständlich leugnen, was Falstaff als Beweis für ihre Unschuld nimmt und als Vorwand, Dr. Cajus' Beschwerde abzuweisen. Die Diener jedoch tadelt er, da sie seine Maxime, mit Anstand und zur rechten Zeit zu stehlen, offenkundig mißachtet haben. Die Rechnung, die der Wirt präsentiert, offenbart, daß Falstaffs Mittel wieder einmal aufgebraucht sind. Doch die Furcht, man könne das Leben nicht wie bisher fortsetzen und insbesondere der Bauch, Falstaffs besonderer Stolz, könne seine imponierende Fülle einbüßen, wird schnell beschwichtigt durch den Plan, Liebesbeziehungen zu zwei schönen Frauen in Windsor, Alice Ford und Meg Page, anzuknüpfen, Frauen, von denen bekannt ist, daß sie über das Geld ihrer reichen Ehemänner verfügen können. Die entsprechenden Briefe an die Frauen hat Falstaff bereits geschrieben. Nun sollen die Diener sie zustellen. Doch sie weigern sich und berufen sich auf die Ehre, die dergleichen verbiete. So muß Falstaffs Page Robin die Sache übernehmen. Seinen Dienern aber verweist er die Berufung auf einen so fragwürdigen und leeren Begriff wie den der Ehre, um sie schließlich davonzujagen. – 2. Bild, Garten, links Fords Haus: Im Beisein von Nannetta, Alices Tochter, und Mrs. Quickly teilen sich Alice und Meg gegenseitig mit, von Falstaffs exakt gleiche Briefe erhalten zu haben, was sie ebenso belustigt wie erbost. Sie sinnen auf Rache. Unterdessen schildert Dr. Cajus, der sich Hoffnungen auf die Hand Nannettas macht, Ford seinen Eindruck von Falstaff, den er in den schwärzesten Farben malt, und die von Falstaff aus dem Dienst gejagten Bardolfo und Pistola klären Ford über Falstaffs Pläne auf. Fenton und Nannetta nutzen die allgemeine Aufregung, um Zärtlichkeiten auszutauschen. Die Frauen beschließen, daß Mrs. Quickly Falstaff zum Rendezvous einladen soll. Ford, als äußerst eifersüchtiger Ehemann in die Unternehmung der Frauen nicht eingeweiht, will sich unter falschem Namen bei Falstaff vorstellen und ausfindig machen, worauf dieser hinauswill.

2. Akt, 1. Bild (wie 1. Akt, 1. Bild): Bardolfo und Pistola heucheln Reue und werden von Falstaff wieder in Dienst genommen. Sie kündigen sogleich den Besuch einer Dame an, Mrs. Quickly, die Falstaff von der angeblichen Verliebtheit der beiden Briefempfängerinnen berichtet und zugleich die für ein Rendezvous günstigste Zeit zwischen zwei und drei Uhr nachmittags mitteilt. Kaum ist sie fort, melden die Diener den Besuch von Ford, der sich als Signor Fontana präsentiert und Falstaff sogleich durch einen Beutel mit Geld für sich einnimmt. Ford spiegelt vor, in Alice Ford verliebt zu sein, aber mit all seinen, nicht zuletzt kostspieligen Versuchen, sie zu gewinnen, auf keinerlei Gegenliebe gestoßen zu sein. Nun soll Falstaff, von dessen Unwiderstehlichkeit sich Fontana

alias Ford überzeugt zeigt, das Eis brechen; die einmal Verführte werde danach auch ihn ans Ziel seiner Wünsche gelangen lassen. Falstaff macht kein Hehl daraus, daß er soeben die Einladung zum Stelldichein mit Alice erhalten habe und sich darauf freue, ihrem Ehemann gehörige Hörner aufzusetzen. Während er sich zurückzieht, um sich für das Rendezvous herauszuputzen, überfallen Ford alle Furien der Eifersucht, denen er hilflos ausgesetzt ist, doch muß er, als Falstaff zurückkehrt, seine Rolle zu Ende spielen. – 2. Bild, Halle in Fords Haus: Mrs. Quickly berichtet von ihrer erfolgreichen Mission, so daß nun die Vorbereitungen für den Streich, den man Falstaff spielen will, getroffen werden können. Nannetta vermag an der allgemeinen Fröhlichkeit nicht teilzuhaben, da sie nach Fords Willen Dr. Cajus heiraten soll; doch hat sie, wie sich zeigt, in ihrer Mutter eine Verbündete. Kaum sind die Einrichtungen für das folgende Spiel installiert, da erscheint auch schon der Liebhaber. Zunächst taktvoll-galant, läßt er sein Ziel nicht aus den Augen. Als er zudringlich wird, eilt, wie verabredet, Mrs. Quickly herbei und meldet das Erscheinen Meg Pages. Falstaff muß sich hinter dem für diesen Zweck bereitgestellten Wandschirm verbergen. Nun tritt Meg auf und gibt vor, Alices Mann sei auf dem Weg nach Hause, wo er einem Mann an die Kehle wolle. Dann wird aus dem Spiel Ernst, denn Mrs. Quickly meldet, daß Ford tatsächlich im Erscheinen begriffen sei. Ford tritt auf, wütend auf der Suche nach dem Liebhaber seiner Frau, in seinem Gefolge Dr. Cajus, Bardolfo, Pistola und einige andere Männer. Während sie das Haus durchstöbern, muß sich Falstaff in einen bereitgestellten Korb mit Wäsche zwängen, den Ford zuvor schon untersucht hat. Den hinter dem Wandschirm freigewordenen Platz nutzen Fenton und Nannetta für ihre Liebkosungen. Ein lauter Kuß, der ausgerechnet in einen Augenblick plötzlicher Stille in all der Aufregung fällt, lenkt die Aufmerksamkeit auf den Wandschirm, hinter dem man nun Falstaff mit Alice vermutet. Als man den Wandschirm schließlich umstürzt, sind Enttäuschung und Verblüffung groß. Ford jagt Fenton davon und beginnt die Suche nach dem Liebhaber aufs Neue. Unterdessen läßt Alice den Wäschekorb unter großem Jubel in den Wassergraben entleeren und zeigt Ford vom Fenster aus, was der Korb enthielt.

3. Akt, 1. Bild, großer Platz, rechts der »Gasthof zum Hosenband«: Falstaff ist empört über das, was ihm geschehen ist, und sinniert über die Schlechtigkeit der Welt. Ein Glühwein weckt seine Lebensgeister jedoch zu alter Lebendigkeit. Als Mrs. Quickly erscheint, ist Falstaff zunächst ungehalten, glaubt dann aber doch ihrer Darstellung, nach der alles nur die Folge einer Verkettung unglücklicher Umstände gewesen sei, und geht auf die neuerliche Einladung zu einem Stelldichein um Mitternacht im Park von Windsor ein, wo er sich in der Maske des Schwarzen Jägers mit einem Hirschgeweih auf dem Kopf bei der Eiche des Herne einfinden soll. Die Unterredung, zu deren Fortführung sich Falstaff mit Mrs. Quickly schließlich in den Gasthof zurückzieht, wird von Alice, Meg, Nannetta, Ford, Dr. Cajus und Fenton beobachtet, die nun, nachdem sie gesehen haben, daß Falstaff abermals in die Falle gegangen ist, ihre Vorbereitungen treffen. Ford vertraut Dr. Cajus an, daß er die Maskierung dazu nutzen wolle, ihn mit Nannetta zusammenzugeben, was die von ihrer Unterredung mit Falstaff zurückkehrende Mrs. Quickly mitanhört. – 2. Bild, der Park von Windsor, Nacht: Fentons Liebeslied ruft Nannetta herbei. Sie wird begleitet von Alice, die Fenton gerade noch als Mönch verkleiden kann, bevor es Mitternacht schlägt und Falstaff erscheint. Wieder umwirbt er Alice mit äußerster Heftigkeit und wieder wird sein brünstiger Ansturm gestört. Die – von der maskierten Nannetta dargestellte – Feenkönigin tritt mit Gefolge auf, was zur Folge hat, daß Falstaff, der an den todbringenden Anblick der Geister glaubt, sich mit dem Gesicht nach unten auf den Boden wirft und regungslos liegen bleibt. Nun treten auch alle anderen auf, bis auf Ford sämtlich verkleidet. Kinder in den Masken von Kobolden und Teufeln werden angestachelt, Falstaff gehörig zu zwicken und zu zwacken. Bardolfo züchtigt ihn mit einem Stock. Man verlangt Reue von ihm und die Änderung seines Lebenswandels. Als Bardolfo im Eifer die Kapuze herunterrutscht, erkennt Falstaff, was gespielt wird und daß er abermals der Geprellte ist. Doch schließlich erweist sich, daß er nicht der einzige ist, der sich überlisten ließ. Fords Plan nämlich, Nannetta mit Dr. Cajus zu verbinden, scheitert, da die Frauen die Masken vertauscht haben. Infolgedessen gibt Ford Dr. Cajus mit Bardolfo

zusammen, und da Alice wie beiläufig darum bittet, noch ein weiteres Paar zu vereinen, auch Nannetta und Fenton. So ist das Gelächter wieder auf Falstaffs Seite, der schließlich zum Schlußchor über die Lächerlichkeit des Menschen auffordert.

Kommentar

Wäre der Terminus nicht durch die Entwicklung, die die Operngeschichte im 20. Jahrhundert genommen hat, bereits besetzt, man müßte *Falstaff* eine Literaturoper nennen, freilich in einem anderen Sinne; denn das Kennzeichen ist hier nicht die gleichsam buchstabengetreue Übernahme eines Schauspieltextes – das geschieht gerade nicht –, vielmehr ist, pointiert formuliert, die Literatur selbst Gegenstand der Oper. Die Autoren, insbesondere Boito, hatten nicht nur ein Werk auf der Grundlage eines Shakespeareschen Textes im Sinn, als wäre Shakespeare nur ein Sujetlieferant wie jeder andere, sondern sie wollten auch ein Werk schaffen, das der literarischen Größe Shakespeares, seinem Rang als Exponent von Welttheater entsprechen sollte. Nicht zuletzt deshalb zog Boito die Historie *King Henry IV* mit heran; denn es dürfte weder Boito noch Verdi entgangen sein, daß die Komödie *The Merry Wives of Windsor* nicht zu Shakespeares ganz großen und die gesamte Palette seiner Kunst zeigenden Werken gehört. Falstaff sollte Geist haben und kein fettleibiger Säufer sein, wie Verdi an Boito schrieb (Brief vom 21. März 1891; Medici/Conati, 1978, S. 180). Die Forderung des Geistvollen bezog Boito offenkundig nicht allein auf die Titelgestalt. Er stattete auch Nebenfiguren mit Geist aus. Daß Pistola im ersten Bild des 1. Aktes seine Ablehnung von Falstaffs Auftrag, einen von dessen Liebesbriefen zu überbringen, damit begründet, er sei kein »Messer Pandarus« – eine Anspielung auf Shakespeares *Troilus and Cressida* –, belegt das anschaulich. Zugleich aber ist dem Diener als realer Person eine solche Begründung nicht zuzutrauen, da sie nicht seinem sozialen Stand entspricht. Er ist mithin nicht nur eine reale, sondern auch eine fiktive, eine gleichsam literarische Gestalt.

Geradezu als Literat erscheint demgegenüber Fenton. Der Text seiner Soloszene zu Beginn des zweiten Bildes des 3. Aktes hat die Form des Sonetts. Wer sich einer derart ungewöhnlichen und artifiziellen Kunstform bedient, ist entweder literarisch äußerst bewandert oder selbst ein Dichter. Äußerlich ist Fenton zwar weder als das eine noch als das andere ausgewiesen, aber offenkundig geht er nicht darin auf, der Liebhaber Nannettas zu sein. Im zweiten Bild des 1. Aktes zitiert er den ersten Vers des zweiten Terzetts aus dem Sonett, und Nannetta ergänzt, in offenkundiger Kenntnis des Textes, den zweiten Vers. So ist der Vortrag des gesamten Sonetts zu Beginn des zweiten Bildes des 3. Aktes keine spontane Äußerung, sondern Reproduktion von Literatur. Daß es sich sogar im buchstäblichen Sinne so verhält, beweist die Tatsache, daß die beiden bereits im zweiten Bild des 1. Aktes zitierten Verse »*Bocca baciata non perde ventura / Anzi rinnova come fa la luna*« (»Geküßter Mund verliert nie sein Glück / Wird vielmehr stets voll, wie es der Mond macht«) ein Zitat aus der siebten Novelle der zweiten *giornata* von Boccaccios *Il Decamerone* sind. Die Liebe zwischen Fenton und Nannetta erscheint also als eine über die Literatur vermittelte. Bezeichnenderweise wirkt auch die Vertonung der zitierten Zeilen in ihrer populär-einfachen und archaisierenden Struktur zitathaft.

Die Rolle literarischer Zitate spielen zwei weitere Textstellen, die auffallen, weil sie ebenfalls durch Kursivdruck hervorgehoben sind: Falstaffs »*L'amor, l'amor che non ci dà mai tregue*« im ersten Bild des 2. Aktes ist ebenso wie sein »*Alfin t'ho colto*« im zweiten Bild desselben Aktes eine wörtliche Übernahme aus Shakespeares *The Merry Wives of Windsor*. Neben Falstaff erweist sich auch Ford als literarisch versierte Person. Boito bezog sich möglicherweise auf eine der Quellen von Shakespeares Komödie. Bezeichnenderweise schrieb er unmittelbar nach der Uraufführung der Oper, die Shakespearesche Burleske sei durch das Wunder der Töne auf ihre toskanische Quelle des Ser Giovanni Fiorentino zurückgeführt worden (Brief an Camille Bellaigue vom 16. Februar 1893; Nardi, 1942, S. 623 f.). Wenn ihm bekannt war, daß Shakespeares Komödie – neben anderen Quellen – auf die zweite Novelle aus der erste *giornata* von Ser Giovanni Fiorentinos *Il Pecorone* zurückgeht, dann liegt die Vermutung nahe, daß das Libretto von diesem

Hintergrund beeinflußt wurde; der genaue Nachweis dafür wäre jedoch noch zu erbringen.

Daß der Literat Boito seine literarische Versiertheit in das Libretto einfließen ließ, zeigt sich beispielsweise darin, daß Fentons Sonett von Shakespeare angeregt und geprägt ist (Osthoff, 1977). Der besondere Bezug der Oper zur Literatur, weniger freilich zu erkennen für den Hörer bei der Aufführung als vielmehr für den Leser des Librettos, manifestiert sich in der artifiziellen Gestaltung von Form und Inhalt des Textes. Peter Ross hat gezeigt, wie kunstvoll und sinnreich die unterschiedlichen Versformen Verwendung finden, daß etwa der *alessandrino*, in dem Falstaff sich auszudrücken pflegt, »den gespreizt-vornehmen Sprechstil des heruntergekommenen Adligen als selbstgefällige Schwätzerei« entlarvt (Ross, 1997, S. 493). Entsprechendes gilt für die Wortwahl: Man denke an die Parodie einer Litanei in der Parkszene des 3. Aktes, in der die lateinische Anrufung »domine« (»Gott«) und »addomine« (»Bauch«) zum Reim gezwungen werden. Boito scheint unerschöpflich im Auffinden ungewöhnlicher Worte, insbesondere wenn es ums Schimpfen geht, das seine ganz besondere Rolle spielt. In keiner Oper wohl wird so häufig, vor allem aber so phantasievoll und witzig geschimpft wie im *Falstaff*.

Der Unter- oder Gattungstitel der Oper lautet *commedia lirica*, nicht *opera buffa*. Man kann darin ein Programm sehen; denn eine komische Oper im traditionellen Sinne ist *Falstaff* nicht. Daß dies insbesondere musikalisch-formal gilt, liegt auf der Hand, aber auch inhaltlich gibt es wesentliche Differenzen. Äußerlich hat man es mit einer Verbindung von Charakter-, Situations- und Typenkomödie zu tun. Einige Nebenfiguren wie Dr. Cajus, Falstaffs beide Diener, Mrs. Quickly in ihrer Funktion als kuppelnde Alte gehören zu den Typen, wenngleich sich fragen läßt, ob nicht die ostinatohafte Wiederkehr von »Reverenza« und »Povera donna« Mrs. Quickly zum Charakter werden läßt, unabhängig davon, daß es sich um gespielte Äußerungen handelt. Als Situationskomödie operiert die Oper mit traditionellen Konstellationen: ein Liebhaber, der bei seiner Angebeteten vom Ehemann überrascht wird und sich verstecken muß; ein Vater, der seine Tochter nicht demjenigen geben will, den sie liebt, aber schließlich durch ein Verkleidungsspiel überlistet wird. Dominant ist fraglos die Charakterkomödie; denn es dreht sich alles um die Person Falstaffs, der schon als Gestalt durch die Inkongruenz von Anspruch und Wirklichkeit komisch ist, eine heroische Figur in gänzlich unheroischer Erscheinung.

Falstaffs Größe im buchstäblichen Sinne ist lächerlich. Als Ritter in einer bürgerlichen Gesellschaft haftet die Komik des Anachronismus an ihm, was ihn ein wenig an Don Quijote gemahnen läßt. Komisch ist Falstaff aber vor allem als Subjekt, das gegen die Norm verstößt und blind in die Falle tappt, die man ihm daraufhin stellt. Entspricht dies alles durchaus traditionellen Vorstellungen von der Komödie, so geht der Schluß der Oper andere Wege. Wenn die Grundlage der Komödie gemeinhin der Glaube an eine Ordnung ist, sei sie metaphysischer oder auch nur diesseitig-gesellschaftlicher Art, die im Verlauf der Handlung zwar gestört, am Ende aber wiederhergestellt wird, dann sind bei *Falstaff* Zweifel geboten, ob es sich überhaupt um eine Komödie handelt. Weder läßt sich behaupten, daß Falstaff als der Störer der Norm am Ende geheilt oder gebessert sei, noch, daß man sich zu mehr als zu einer augenblicklichen Versöhnung zusammenfinde. Der Gegensatz zwischen Falstaff und den übrigen bleibt bestehen – noch das »Tutti gabbati« kurz vor dem Ende wird von Falstaff und den übrigen getrennt gesungen –, und die am Ende übliche Harmonie kommt nur zustande, weil Falstaff sie geradezu anordnet: »Un coro e terminiam la scena« (»Ein Chor und wir beenden die Schauspielerei«). Daß sie sich nicht spontan ergibt, zeugt ebensowenig von ihrer tatsächlichen Wiederherstellung, wie die Tatsache, daß Falstaff die Situation offensichtlich schnell hinter sich bringen will.

Die übliche Demonstration von Harmonie am Ende ist jedenfalls inszeniert. Da die Harmonie, die man so gern hätte, in der Wirklichkeit nicht existiert, flüchtet man ins Künstliche und sucht die Harmonie in einer besonders kunstvollen Form, der Fuge. Musikalisch-künstlerisch wird dabei zwar Harmonie demonstriert, der gesungene Text aber steht dem entgegen. Statt von Gemeinsamkeit ist darin vom Gegeneinander die Rede, vom Spott, dem jeder einzelne ausgeliefert ist, den der eine dem anderen zufügt, und vom Lachen dessen, der zuletzt lacht. Das klingt vordergründig harmlos und heiter, ist es aber nicht. Auffälligerweise bedient sich die Vertonung von »Tutti gabbati!« kurz vor Schluß (*tutti* außer Falstaff) der gleichen absteigenden Tonfolge, die zu Beginn des 3. Aktes Falstaffs Worte »Mondo ladro. – Mondo rubaldo. / Reo mondo!« (»Welt voller Diebe! – Welt voller Schurken. / Verbrecherische Welt!«) begleitet. Die Wendung ist bar aller Komik und durch ihre dunkle Instrumentation von fast bitterem Ernst. In deutlicher zeitlicher Nähe zur Komposition dieser Stelle zitierte Verdi die Worte Falstaffs und kommentierte: »Ich weiß das, und leider weiß ich das dreißig Jahre länger als Ihr.« (Brief an Boito vom 6. Oktober 1890; Medici/Conati, 1978, S. 176f.) Verdi betrachtete Falstaffs »Mondo ladro [...]« also offenkundig nicht als komische Übertreibung.

Die Oper trägt Züge des Grotesken und Absurden, was sie zusätzlich zum bereits Dargelegten aus den realistischen Tendenzen der *opera buffa*-Tradition heraushebt. Wirkt schon am Beginn des 1. Aktes die Ansammlung unterschiedlicher Währungen auf der Rechnung des Wirts und in Falstaffs Börse (»scellini«, »lire«, »mark«, »penny«) in ihrer Realitätsferne zumindest kurios, so erscheint die Rechnung selbst mit der neben sechs Hühnern, drei Truthähnen und dreißig Krügen Wein separat aufgeführten einzelnen Sardelle absurd, und dieses Ungleichgewicht hat Verdi in die Komposition übernommen, indem er der »acciuga« durch einen langgehaltenen Ton besondere Aufmerksamkeit zukommen läßt. In dieser Art gibt es zahlreiche Details in der Partitur, die die im Libretto angelegten Züge anschaulich verstärken, wie denn überhaupt Verdi in keinem anderen Werk eine vergleichbare Detailbezogenheit der Musik entwickelt hat. Meist zeichnet sich dieses Verstärken durch eine ungemein bildhafte Drastik der Gestaltung aus, die die Komik des Librettos ins unverblümt Groteske hinüberzieht und damit über das bloß Lächerliche hinaustreibt.

Das Groteske ist ebensowenig nur heiter wie das Absurde. Dem entspricht, daß *Falstaff* auch im übrigen nicht auf das bloß Heitere angelegt ist. Insbesondere die Musik schlägt oft Töne an, die den Text gleichsam Lügen strafen, oder zumindest für einen Augenblick das Gegenteil dessen, wovon der Text spricht, in den Bereich des Möglichen rücken. Das zeigt überaus eindrucksvoll die Lektüre von Falstaffs Brief durch die Frauen im zweiten Bild des 1. Aktes. So sehr sich die Frauen über Falstaffs Liebeserklärungen auf der Szene erheitern und belustigen, die Musik zielt in ihrer Tendenz zur großen Kantilene, wie man sie von Verdi gewöhnt ist, uneingeschränkt auf den Ausdruck der Liebesaffekte, von denen in Falstaffs Brief die Rede ist. Zwar wird durch die Vorschrift »con caricatura« (»karikierend«) bei »... e il viso tuo su me risplenderà« (»... und Dein Antlitz wird über mir erstrahlen«), durch den parodistischen Triller am Schluß und das gemeinsame Gelächter danach die Echtheit dieses Ausdrucks in Frage gestellt, der große affektive Gehalt der Musik wird dadurch jedoch nicht aufgehoben. Einerseits also amüsieren sich die Frauen über Falstaffs Liebesbriefe, andererseits aber träumen sie, zumindest für einen kurzen Augenblick, insgeheim oder unbewußt davon, solche Liebesbriefe für echt halten zu dürfen.

Das befände sich im übrigen in Übereinstimmung mit einer der Quellen der Shakespeareschen Komödie, nämlich der erwähnten Novelle aus Fiorentinos *Il Pecorone*. Das Pendant findet sich in der Szene zwischen Ford und Falstaff im ersten Bild des 2. Aktes. So fingiert Fords Erklärung über die unerwiderte Liebe Alices äußerlich auch ist, sie erhält in der Vertonung durch die Intensität der Kantilene (»Per lei sprecai tesori, gittai doni su doni«), vorzutragen *con espressione* (»mit Ausdruck«), zumindest eine Spur von Wahrheit. Hier wie dort schimmert hinter der Fassade von Spiel und Heiterkeit der Ernst hervor. Die Musik zeigt dem Hörer Alice und ihren Mann nicht als harmonisches Ehepaar, sondern jeden für sich auf der Suche nach Liebe. So betrachtet wäre Fords Eifersucht, eine Leidenschaft, unter der er offenkundig leidet und deren Darstellung durch Verdis Musik alles andere als komisch ist, begründet und verständlich, zumindest was den Eindruck anbetrifft, der im ersten Bild des 2. Aktes vermittelt wird. Im folgenden zweiten Bild dann erscheint Fords Eifersucht allerdings tatsächlich komisch verzerrt und lächerlich. Die ernsten Töne sind auch Fenton und Nannetta beigegeben, obwohl, wie Boito an Verdi schrieb, ihre Liebe »die heiterste« sei (Brief vom 7. Juli 1889; ebd., S. 145). Zwar hat Verdi diese Liebe freigehalten von großer, emphatischer Leidenschaft, so daß sie auch frei ist von jeglichem Pathos, doch sind die kurzen Duettszenen im 1. Akt in ihrer Ruhe und lyrischen Verhaltenheit auch nicht frei von melancholischen Trübungen. Von gänzlich unbeschwerter oder gar ausgelassener Heiterkeit, wie man sie aus den opere buffe Rossinis kennt, kann jedenfalls keine Rede sein.

Falstaff, die Titelfigur, ist – anders als gewöhnliche Opernfiguren, die in der Regel ausschließlich in ihren Affekten gezeigt werden –, auch und vor allem körperlich präsent. Der »Schmerbauch« (»pancione«), wie Boito und Verdi ihren ›Helden‹ während der Entstehung der Oper zu nennen pflegten, wird ebenso anschaulich wie drastisch porträtiert. Falstaff treibt mit seinem Bauch einen Kult, und daraus erwächst ein Großteil seiner Komik. Der Bauch wird gefeiert, etwa im 1. Akt bei »Falstaff immenso! Enorme Falstaff!« mit emphatischem Ges-Dur und der hörbaren Anspielung auf den Ausruf »Immenso Ftha!...« am Ende des 1. Aktes von *Aida*. Für Falstaff ist sein Bauch ein wesentlicher Teil seiner Identität. Sein Bauch ist sein Königreich, das es zu erweitern gilt, und auf seinen Bauch setzt er im 1. Akt seine Eroberungshoffnungen bei den Frauen von Windsor. Daß er bei dem Streich, den ihm die Frauen im 2. Akt gespielt haben, nicht ertrunken ist, verdankt er nach seiner Meinung allein seinem Bauch. Dieser Bauch will gepflegt sein, er bedarf der Speisen und Getränke, was Kosten verursacht, die wiederum gedeckt sein wollen. Im Grunde also ist der Bauch der Auslöser des Geschehens, und er ist es auch, so könnte man sagen, der am Ende ans Ziel kommt; denn bevor Falstaff die Schlußfuge anstimmt, lädt Ford ihn ausdrücklich zum Essen ein. Allerdings ist Falstaff das Trinken noch wichtiger als das Essen. Er liebt den Wein, und zwar in großen Mengen – man zähle nach, wie viele Flaschen im ersten Bild des 1. Aktes geordert werden –, und er liebt die Wirkung des Weins, wie das erste Bild des 3. Aktes vor allem musikalisch überaus plastisch vorführt.

Zur körperlich außerordentlichen Statur gesellt sich ein entsprechendes Temperament, das ihn im 3. Akt auch mit der Faust auf den Tisch hauen läßt. Falstaff ist gern laut, gebärdet sich als Polterer, vor allem ist er ein Meister im Schimpfen und vom Austeilen von Grobheiten. Verdis Musik aber kann sich nicht genug darin tun, dem auf möglichst grelle und drastische Weise zu entsprechen. Falstaff ist eine ausgeprägte Persönlichkeit, gegen deren Stärke und Kraft schwer anzukommen ist. Das muß Dr. Cajus bereits zu Beginn schmerzlich erfahren. Obwohl äußerlich im Recht, vermag er gegen Falstaff als seinen Gegner nichts auszurichten, macht sich vielmehr sogar selbst lächerlich. Falstaff vertritt sein Abweichen von den allgemeinen Normen des Lebens und der Gesellschaft nicht nur mit Überzeugung, sondern mit der gesamten Fülle seiner leibhaftigen Person. Darin liegt seine Glaubwürdigkeit, an der die Halbherzigkeit und Verlogenheit der anderen abprallt. Nichtsdestoweniger ist er das, was man einen Schelm nennt. Die Maxime, der er folgt, veranschaulicht das: »Rubar con garbo e a tempo« (»Mit Anmut stehlen und zur rechten Zeit«).

Wenn seine Diener Dr. Cajus betrunken machen, um dann dessen Taschen zu leeren, so ist das, da Dr. Cajus offenkundig gemerkt hat, was vorgegangen ist, ein Beispiel dafür, wie man es nicht machen soll. Das Gegenbeispiel ist Falstaffs Versuch, den Ehemännern von Alice und Meg das Geld aus der Tasche zu ziehen, indem er mit den Frauen Liebesverhältnisse eingeht. Daß dieser Versuch scheitert, liegt daran, daß in diesem Falle auch Falstaff seine Maxime nicht genau befolgt. Das »e a tempo« hätte ihm raten müssen, in einer Kleinstadt nicht mit zwei Frauen auf einmal anzubandeln. Was er unter »garbo« versteht, zeigt sich darin, daß er die Liebesverhältnisse, die doch nach der Intention nur Mittel zum Zweck sind, ernst nimmt; vom Geld, das sie ihm bringen sollen, ist in den Begegnungen mit Alice nie die Rede. Vielmehr erscheint Falstaff, ob gespielt oder ernsthaft, als formvollendeter Liebhaber, und in dieser Rolle stehen ihm auch die zarten und anmutigen Töne zur Verfügung, wie nicht zuletzt sein schon bei der Uraufführung besonders erfolgreiches Solo im 2. Akt (»Quand'ero paggio«) belegt. Daß Falstaff diese Rolle gern spielt, hat allerdings auch damit zu tun, daß ihm die Aussicht, dem Ehemann Alices Hörner aufzusetzen, offenkundig ganz besondere Freude macht. Gegen diesen Ehemann entwickelt er Wut und geradezu bösartige Aggression. Der Lust, die Frau zu besitzen, scheint die Lust, den Mann zu betrügen, nicht nachzustehen.

Falstaff ist ein Prahlhans, er strotzt vor

Selbstgefälligkeit. Der Glaube an seine Unwiderstehlichkeit bei den Frauen müßte, so sollte man annehmen, nach dem, was im 2. Akt geschehen ist, längst gebrochen sein, doch er zeigt sich unberührt. Die Schuld für sein Mißgeschick nämlich sieht er nicht bei sich, er lastet sie den anderen an. Ausgerechnet er, der einen massiven Angriff auf die Tugend startete, beklagt nach dessen Fehlschlagen, daß es keine Tugend mehr gebe. Eine ähnlich dreiste Verkehrung der Verhältnisse nimmt er am Ende vor. Als offenbar ist, daß er ein weiteres Mal düpiert und der Lächerlichkeit preisgegeben wurde, zieht er sich mit der sophistisch-dialektischen Volte aus der Affäre, ohne ihn und seinen Witz (»arguzia«) wäre niemand auf die Idee gekommen, ihn in dieser Weise hereinzulegen – als müsse man dem Dieb für die Erfindung des Türschlosses dankbar sein. Zwar begreift er durchaus, daß er sich wie ein Esel verhalten hat, doch daß man deshalb über ihn lacht, erträgt sein Selbstverständnis nicht. Freilich bestätigt die Tatsache, daß er für seine haarsträubende Argumentation allgemeinen Beifall erhält, die Richtigkeit seines Tuns. Auch hier setzt sich seine Persönlichkeit durch. Was also hätte Falstaff für Gründe, an seiner Unwiderstehlichkeit zu zweifeln?

Im Zentrum des Stücks steht die Konfrontation von Adel und Bürgertum. Falstaff, der Ritter, hat es mit lauter Bürgerlichen zu tun. Auf diese müßte er sich nicht einlassen, wäre sein Adel noch intakt, nämlich zahlungsfähig. Die Zeit der allgemeinen Herrschaft des Adels aber scheint vorüber. Das Geld besitzen inzwischen die Bürger, und dies ist der Grund, warum sich der Adlige mit ihnen befassen muß. Das Geld ist die gemeinsame Achse, wie die Szene mit Ford im ersten Bild des 2. Aktes zeigt. Das Angewiesensein auf die Bürger ändert jedoch nichts am Dünkel und an der Herablassung, mit denen der Adlige dem Bürger begegnet. Es ist der Ritter in Falstaff, der meint, jede Bürgerfrau brenne nur darauf, das Augenmerk des Adligen auf sich gerichtet zu sehen. Auf der anderen, nämlich der bürgerlichen Seite scheint der Gedanke, sich mit einem Ritter einzulassen, nicht gänzlich abwegig; denn das Motiv für die Reaktion der Frauen ist nicht der Antrag als solcher, sondern daß er zugleich und gleichlautend an zwei Frauen gestellt wird, was selbstverständlich vorab deren Eitelkeit kränkt. Wäre Falstaffs Ansinnen für Alice nur eine Frage der Moral, sie brauchte nicht heimlich zu tun damit.

Der Dünkel des Adligen zeigt sich einerseits im meist herrischen Umgang mit Dienern und Bediensteten, andererseits in der Forderung von Respekt. Falstaff ist daher außerstande zu verstehen, daß man es wagen konnte, ihn, nachdem man ihm schon zugemutet hatte, sich in einem Wäschekorb zu verstecken, in den Fluß zu werfen. Seine Entrüstung zeigt der Monolog zu Beginn des 3. Aktes, in dem er in selbstgefälliger Verblendung von seinem edlen und tapferen Leben spricht, was in krassem Gegensatz zur Wirklichkeit steht; denn es ist ja nur allzu offenkundig, daß er das Leben eines Schmarotzers führt. Auch am Ende – und dies zeigt, daß er seine Lektion nicht gelernt hat, – pocht er auf seine Sonderrolle. Alle anderen sind in seinen Augen Dutzendmenschen (»gente dozzinale«), zu denen er selbstverständlich nicht gehört. Nicht zuletzt vom Dünkel geht der Konflikt mit den Bürgern aus. Mochte es vormals hingenommen werden, daß der Adlige sich seine Mätressen unter den Nichtadligen suchte, Falstaff macht seine Anträge zu einer Zeit, da das Bürgertum sich derartige Verstöße gegen seine Lebensformen nicht mehr gefallen läßt, zumal Falstaff schon äußerlich den Vorstellungen eines attraktiven Mannes, den man um seiner selbst willen liebt und nicht, weil er adlig ist, ganz und gar nicht entspricht.

Die Konsequenz ist, daß man dem unliebsamen Störer eine Lektion erteilt in Gestalt eines verkappten Rügegerichts; denn um nichts anderes handelt es sich bei der Windsorparkszene. Treffendes Indiz sind die Klappern, mit denen einige Personen auftreten. Daß es kein privates Gericht ist, bezeugt die ausdrückliche Gegenwart von »einigen Bürgern«, die mit der Handlung im engeren Sinne nichts zu tun haben. Die Bestrafung des Sünders ist derb; Verdi verlangte ausdrücklich, daß Falstaff »recht tüchtig verprügelt« würde (Brief an Boito vom 6. Juli 1889; ebd., S. 142). Falstaff läßt es über sich ergehen und bekundet Reue, jedoch nur solange er im Glauben ist, die Aktion gehe von überirdischen Mächten aus. Als er erkennt, was gespielt wird, ist von Reue nicht mehr die Rede. Der Gegensatz von Adel und Bürgertum erscheint in der Bestrafungsszene als Kontrast zwischen alter und neuer Zeit. Falstaff erweist sich als unaufgeklärt; denn er glaubt an das mythische Theater, das man ihm vorspielt, und der Litaneiton tut ein übriges, ihn zu beeindrucken.

Alle übrigen dagegen sind aufgeklärte Menschen, die nach Alices Worten in den Mythen nur noch »Märchen« sehen, die »die Großmütter den Kindern erzählen« (3. Akt, 1. Bild). Ganz büßt Falstaff seinen Realitätssinn jedoch nicht ein. Daß Bardolfo, der ihn zur Änderung seines Lebens aufruft, nach Schnaps riecht, entgeht ihm nicht; dabei ergibt sich der treffende Reim: »Riforma la tua vita! / Tu puti d'acquavita.« (»Ändere Dein Leben! / Du stinkst nach Schnaps!«). Als lebender Anachronismus ist Falstaff nicht nur blind gegenüber den eingetretenen Veränderungen, sondern zudem auch noch borniert genug, auf seiner Blindheit zu bestehen. Andererseits ist er es, der kraft seiner Persönlichkeit den Ton angibt, ganz buchstäblich am Schluß, wenn er das Fugenthema vorgibt, in das alle einstimmen müssen. Möglicherweise auch muß man das zuvor zur Vermählungszeremonie erklingende Menuett als Sympathiebekundung für Falstaff und die Zeit, aus der er stammt, betrachten. Genuine Formen des modernen Bürgertums sind Fuge und Menuett jedenfalls nicht.

Falstaff ist auch eine Verkleidungskomödie, und zwar sowohl im buchstäblichen Sinne, wie besonders die Parkszene zeigt, als auch im übertragenen. Die Intrigen werden über Verkleidungen oder falsche Rollen gesponnen und auch wieder gelöst. Schon die Liebesbriefe, die Falstaff an Alice und Meg schreibt, täuschen etwas vor, und das Eingehen der Frauen darauf ist ebenfalls scheinbar. Mrs. Quickly ist bei ihren Auftritten bei Falstaff nicht sie selbst, sondern sie spielt eine Rolle, nicht anders als Ford, der sich bei Falstaff als Signor Fontana vorstellt. Das Inszenieren von Auftritten und ganzen Szenen gipfelt im Schlußteil. Hier erscheinen nicht nur alle Personen maskiert (mit Ausnahme übrigens von Ford), sondern auch der romantische Naturzauber ist eine Veranstaltung. Der Wechsel zwischen echter und fiktiver Rolle verwischt die Grenze zwischen Sein und Schein, zwischen Ernst und Spiel, was immer wieder zu Ambivalenzen führt. Auf sie aber scheint es angelegt zu sein.

Dramaturgisch-formal eignet dem Werk eine Ausgewogenheit, die es fast klassizistisch anmuten läßt. Die Einheit der Zeit ist streng gewahrt, die der Handlung nahezu erfüllt, da es nur eine einzige Nebenhandlung gibt (Fenton/ Nannetta/Dr. Cajus), noch dazu eine, die wie unscheinbar nebenherläuft. Lediglich die Schauplätze wechseln, so daß von einer Einheit des Ortes nicht die Rede sein kann. Dennoch herrscht auch hier keine bloße Buntheit, sondern das Prinzip der variierten Wiederholung. Die je ersten Teile der drei Akte bilden in diesem Sinne eine Einheit, sie spielen jeweils in der unmittelbaren Umgebung Falstaffs und sind dadurch ausgezeichnet, daß die Szene, und zwar stetig zunehmend, durch die Personen der Gegensphäre, der Welt Alices und der Bürger von Windsor, bevölkert wird (1. Akt: Dr. Cajus, 2. Akt: Mrs. Quickly und Ford, 3. Akt: alle).

Eine ähnliche, jedoch quantitativ bedeutsamere Steigerung charakterisiert auch die je zweiten Teile der Akte, dabei stehen die Schauplätze der ersten zwei Akte wiederum im Verhältnis der variierten Wiederholung zueinander. Die Wahl eines davon gänzlich geschiedenen Ortes für den Schlußteil, an dem sich als Höhepunkt der Steigerungen die größte Anzahl an Personen überhaupt einfindet, ist die Konsequenz der Handlung. Die Lektion, die Falstaff erteilt werden soll, bedarf als gleichsam öffentliche Strafaktion des öffentlichen Ortes. Da es sich andererseits nicht um legale Gerichtsbarkeit handelt, muß der Vorgang sich in der Nacht und im Freien abspielen. So bilden auch die Schauplätze der Handlung einen engen Zusammenhang. Bemerkenswert im Sinne klassischer Ausgewogenheit ist die Knappheit der zweimal drei Teile, die jeweils nur eine Dauer von fünfzehn bis dreißig Minuten haben. Wenn Boito Verdi attestierte, er besitze »das Geheimnis *der rechten Note im rechten Moment*« (Brief vom 17. April 1892; ebd., S. 205), so ist hinzuzufügen, daß er auch im Besitz des Geheimnisses war, keine Note zuviel zu schreiben.

Musikalisch hat *Falstaff* eine Form sui generis. Die traditionellen Gestaltungsmodelle der Oper sind aufgelöst, und zwar im Sinne einer Loslösung ihrer Elemente aus ihren ursprünglichen Zusammenhängen. Nicht mehr die Modelle dienen dem Ausdruck und der Gestaltung, sondern die ihnen zugrundeliegenden Faktoren und Prinzipien. Diese werden, damit sie in jedem Augenblick auf der Höhe des dramatischen Verlaufs sind, mit äußerster Flexibilität und auf engstem Raum gehandhabt. Auf diese Weise ist es möglich, sowohl der feinsten Nuance als auch dem schnellen Wechsel der Affekte und Stimmungen gerecht zu werden. Rezitativische Deklamation, *arioso* und Kantilene nebst Übergangsformen erscheinen reduziert auf kleine Partikel, die in rascher Folge wechseln, was aber nicht heißt, daß es nicht immer wieder auch Relikte alter Formschemata gibt, Wiederholungen und Korrespondenzen, wie etwa in Falstaffs Ehre-Monolog am Ende des ersten Teils des 1. Aktes.

Diesem veränderten Umgang mit den Formelementen entspricht, daß die »frühere Verskomposition« durch eine »flexiblere Sprachvertonung ersetzt« ist, sich die herkömmliche »Periodik verliert« und die »Vokalphrasen dem natürlichen Tonfall« folgen (Ross, 1997, S. 494). Die einzige Verbindung zur Tradition der *opera buffa* wird durch das charakteristische *parlando* gezogen, mit dem Unterschied allerdings, daß der aufgelockerten Diktion der Singstimmen ein selbständiger Orchestersatz gegenübertritt, den die *opera buffa* so nicht kennt. Auffällig ist das Singen auf gleichbleibendem Ton, als handele es sich um liturgische Lektion, was dem Vortrag einen parodistischen Zug verleiht. Parodie ist überhaupt von zentraler Bedeutung. Bardolfos vom Alkohol gerötete Nase wird im ersten Bild des 1. Aktes lyrisch-liedhaft, ja pathetisch besungen, als sei es der Mond in romantischer Nacht. Zu Dr. Cajus' feierlichem Schwur, sich nicht mehr mit Gesellen wie den Dienern Falstaffs an einen Tisch zu setzen, erklingen fanfarenartige Posaunen, und als er beendet ist, besiegeln besagte Diener den Schwur mit einem »Amen«-Kanon. Aus solcher Diskrepanz zwischen einem Gegenstand und seiner musikalischen Darstellung zieht die Oper immer erneut ihren Witz. Das Pendant zum »Amen«-Kanon, der zugleich eine Parodie auf den Stil traditioneller alter Kirchenmusik ist, bildet die Litaneiformel bei der Strafaktion gegen Falstaff im Schlußteil, die ihre Wirkung nicht nur aus der Tatsache bezieht, daß es sich um die seinerzeit geläufigste Formel in Italien handelt, sondern auch aus dem Effekt, daß sie aufreizend penetrant repetiert wird, aller musikalisch-künstlerischen Ökonomie zuwiderlaufend.

Falstaff ist – und dies hat man dem Werk oft und von Beginn an zum Vorwurf gemacht – auch eine Orchesteroper, was besagt, daß das Orchester seine eigene Stimme hat und diese bisweilen wichtiger ist als die Singstimme. Das Orchester entwickelt seine eigenen Motive und diese prägen, wie beispielsweise gleich zu Beginn der Oper, ganze Szenen. Man hat in dieser veränderten Rolle des Orchesters einen Einfluß Richard Wagners sehen wollen, was in bezug auf jene, bestimmte Szenen prägenden Motive seine Richtigkeit haben mag, doch das weitaus charakteristischere Symptom Wagnerschen Einflusses wäre das Operieren mit Leitmotiven gewesen, das sich im *Falstaff* jedoch nicht findet. Die musikalischen Beziehungen zwischen den Akten und Teilen beruhen einerseits auf der Wiederholung von Floskeln und Phrasen, die durch den Text vorgegeben sind, oder bestehen gleichsam subkutan, weniger in der geprägten musikalischen Gestalt, wie die Partitur sie festhält, als vielmehr in Charakter und Tonfall. Beispiele für das eine sind Falstaffs »Caro Signor Fontana!«, Mrs. Quicklys »Reverenza« und »Ahimé! Povera donna!« oder Fentons »Bocca baciata non perde ventura«, ein Beispiel für das andere bietet die Stelle bei Falstaffs »V'è noto un tal, qui del paese / Che ha nome Ford?«, die – nicht zuletzt durch die Tonart – wie eine Vorausdeutung auf die Orchestereinleitung des zweiten Bildes des 1. Aktes erscheint. Freilich bewegt man sich bei solchen Feststellungen auf unsicherem Terrain. Sicher dagegen ist, daß die Einheit des Ganzen wesentlich auf der Tonart C-Dur beruht, in der das Werk beginnt und in der es schließt.

Das Werk scheint ohne Vorbild und Vorläufer zu sein. Jedenfalls hat man bislang keinen schlüssigen Beweis dafür erbringen können, daß es von irgendeinem Muster abhängig sei. Es verdankt sich, wie es scheint, allein Verdis Originalität. Die mit dem Stück vollzogene Erneuerung der komischen Oper, noch dazu auf solch hohem künstlerischen Niveau, blieb nicht ohne Einfluß. Puccinis Gianni Schicchi wie der Baron Ochs auf Lerchenau von Hugo von Hofmannsthal und Richard Strauss haben in Falstaff einen Ahnen, und auch Ermanno Wolf-Ferrari verdankt, so sehr er den Weg zurück zur *opera buffa* suchte, Verdis Alterswerk wesentliche Impulse.

Wirkung

Die Mailänder Uraufführung war in Anbetracht der Berühmtheit und des Alters des Komponisten, aber auch aufgrund des anderen Genres, das man Verdi nicht zutraute, ein ganz besonderes Ereignis. Von Verdi einstudiert, sangen in den Hauptrollen: Victor Maurel (Falstaff), Antonio Pini-Corsi (Ford), Edoardo Garbin (Fenton), Emma Zilli (Alice), Adelina Stehle (Nannetta) und Giuseppina Pasqua (Mrs. Quickly). Die musikalische Leitung hatte Edoardo Mascheroni. Das Werk wurde einerseits bewundert; denn man spürte Verdis ungebrochene künstlerische Potenz. Andererseits stieß seine eigentümlich-eigenständige Gestalt auf ästhetische Bedenken, besonders bei denen, die schon immer gemeint hatten, Verdi habe sich im Alter zunehmend Richard Wagner angenähert. In Mailand gab es 22 Aufführungen, dann ging das Ensemble auf Tournee und stellte das Werk in Genua und Rom, Venedig und Triest, Wien und Berlin vor. Noch 1893 kam es in Turin heraus, im Jahr darauf in Neapel, Florenz und Bologna. 1893 spielte man die Oper in Stuttgart erstmals in deutscher Sprache, im gleichen Jahr in Prag tschechisch, 1894 an der Opéra Comique in Paris französisch und 1896 in London englisch. Schon 1893 hatte das Werk seinen Einzug in Südamerika gehalten, 1895 zog Nordamerika nach. Dazwischen gab es die ersten Aufführungen in St. Petersburg, Madrid, Lissabon, Dresden, Hamburg, Leipzig und München. Die Mailänder Scala brachte bereits 1899 eine Neuinszenierung heraus, dirigiert von Arturo Toscanini, der das Stück zuvor schon in Treviso, Genua und Pisa geleitet hatte.

Diskographischer Hinweis

Giuseppe Valdengo (Falstaff), Frank Guarrera (Ford), Antonio Madasi (Fenton), Herva Nelli (Alice), Teresa Stich-Randall (Nannetta), Cloe Elmo (Mrs. Quickly), Robert Shaw Chorale, NBC Symphony Orchestra, Arturo Toscanini (aufgenommen: 1950): BMG/RCA 74321 72372 1

Tito Gobbi, Rolando Panerai, Luigi Alva, Elisabeth Schwarzkopf, Anna Moffo, Fedora Barbieri, Philharmonia Orchestra und Chor, Herbert von Karajan (aufgenommen: 1956): Angel Records 67162

Geraint Evans, Robert Merrill, Alfredo Kraus, Ilva Ligabue, Mirella Freni, Giulietta Simionato, Chor und Orchester der RCA Italiana Rom, Georg Solti (aufgenommen: 1963): zur Zeit nicht lieferbar

Egon Voss

Messa da Requiem

Per l'anniversario della morte
di Manzoni 22 maggio 1874
(Zum Todestag Manzonis am 22. Mai 1874)

Text: Römisch-katholische Liturgie des Totengottesdienstes. Verdi hat von den neun üblicherweise vertonten Teilen der Liturgie zwei (*Graduale* und *Tractus*) nicht komponiert; zusätzlich vertont hat er das *Responsorium ad absolutionem* »Libera me«.
Uraufführung: Mailand, San Marco, 22. Mai 1874
Besetzung: Solisten: Sopran, Mezzosopran, Tenor, Baß – Chor: Sopran, Alt, Tenor, Baß – Orchester: 2 Querflöten, Piccoloflöte, 2 Oboen, 2 Klarinetten, 4 Fagotte, 4 Hörner, 4 Trompeten, 3 Posaunen, Ophikleide, Pauken, Große Trommel, Streicher – 4 Trompeten hinter der Bühne
Spieldauer: ca. 1 Stunde 30 Minuten
Autograph: Mailand, Museo teatrale alla Scala (Faksimile – Nachdruck: Mailand: Ricordi 1941)
Ausgaben: Partituren: WGV III/1, hrsg. von David Rosen, Chicago: University of Chicago Press/Mailand: Ricordi 1990; Mailand: Ricordi 1913, Nr. 160 – Klavierauszug: Mailand: Ricordi 1996, Nr. 134164

Entstehung

Als mit Gioachino Rossini der bedeutendste italienische Opernkomponist des frühen 19. Jahrhunderts am 13. November 1868 in Paris starb, regte Verdi eine Ehrung an, wie sie beispiellos war in den Annalen der Musikgeschichte. Die angesehensten italienischen Komponisten sollten gemeinsam eine Totenmesse schreiben, die dann am ersten Jahrestag von Rossinis Tod in der Kirche San Petronio zu Bologna aufzuführen wäre. Und diese Huldigung sollte frei von jedem kommerziellem Zweck sein. Keiner der Beteiligten, weder die Komponisten noch die ausübenden Künstler, sollten für ihr ›Opfer‹ ein Honorar erhalten. Auch die Nachwelt blieb vom Gewinn ausgeschlossen: Die Partitur sollte nach erfolgter Aufführung im Konservatorium von Bologna versiegelt werden. Um den Plan durchzuführen, wurde eine Kommission eingesetzt, die die Komponisten aussuchen, die Stücke verteilen, den Entstehungsprozeß des Werkes begleiten und seine einmalige Aufführung überwachen sollte. Ausschließlich ideelle Zwecke also leiteten Verdi, den Initiator dieser »vaterländischen Feier«. Die einschließlich Verdi insgesamt dreizehn auserwählten Komponisten lieferten rechtzeitig die ihnen zugedachten Teile ab. Das Werk selbst kam also zustande. Die Aufführung allerdings scheiterte an den Animositäten, Eitelkeiten und Intrigen der lokalen Autoritäten in Bologna wie der in Aussicht genommenen Künstler. Die *Messa per Rossini* verschwand im Archiv und wurde erst am 11. September 1988 in Stuttgart uraufgeführt.

Verdi hat für dieses Gemeinschaftswerk, das ansonsten einem Flickenteppich zeitgenössischer Mediokritäten gleicht, zwischen dem 1. und 20. August 1868 das abschließende *Responsorium* »Libera me« komponiert, das nicht zwingender Bestandteil der feierlichen Totenmesse ist. Damit hatte er immerhin zwei weitere Teile einer vollständigen Vertonung des liturgischen Textes vorweggenommen, nämlich den einleitenden *Introitus* (»Requiem aeternam«) sowie den Beginn der *Sequenz* (»Dies irae, dies illa«), da beide Textteile im *Responsorium* erinnernd aufgegriffen werden. Als ihn im Februar 1871 Alberto Mazzucato, ein Mitglied der damaligen Kommission, an diesen Satz erinnerte, erwog Verdi die Möglichkeit, »später die *Messa* als Ganzes zu schreiben« und schloß: »Ich liebe die unnützen Dinge nicht. – *Totenmessen* gibt es so viele, viel zu viele!!! Es ist unnötig, ihnen noch eine weitere hinzuzufügen.« (Brief Verdis an Alberto Mazzucato vom 4. Februar 1871; Copialettere, 1913, S. 243 f.) Immerhin, Verdi ließ sich am 21. April 1873 über Ricordi das Autograph des »Libera me« zurückgeben, das bei den Unterlagen der Kommission verblieben war. Ob er schon zu diesem Zeitpunkt und damit noch vor dem Tod Manzonis den Entschluß gefaßt hatte, nun doch eine vollständige Totenmesse zu schreiben, muß offenbleiben.

Zum Auslöser für Verdis Komposition wurde erst der Tod Alessandro Manzonis am 22. Mai 1873. Und damit lebte erneut, wie nach dem Tod Rossinis, der Gedanke eines persönlichen Opfers, aber auch der nationalen Huldigung auf. Nur wollte Verdi jetzt das ganze Werk alleine schreiben. In Rossini und Manzoni sah er die beiden herausragendsten Vertreter eines geistigen Italiens, das die Gegenwart mehr und mehr zu verspielen im Begriff war. Die Ehre galt dem Schriftsteller, dem Menschen, dem Patrioten Manzoni.

Alessandro Manzoni (1785–1873) war durch seinen Roman *I promessi sposi* (*Die Verlobten*, 1825/26) zu einem der Leitbilder des Risorgimento, der italienischen Befreiungs- und Einigungsbewegung geworden. Verdi hatte ihn über alle Maßen geschätzt und verehrt, seit er im Alter von sechzehn Jahren zum ersten Mal *I promesso sposi* las. Damals vertonte er Manzonis Hymne auf den Tod Napoléons (*Il cinque maggio*) sowie Chöre aus den Dramen *Adelchi* und *Il conte di Carmagnola* und in den 1840er Jahren erwog er zumindest einmal den Plan einer Oper nach *I promessi sposi*. Begegnet sind sich diese beiden berühmtesten Künstler der italienischen Romantik nur ein einziges Mal, am 30. Juni 1868 in Mailand: »Was kann ich von Manzoni sagen? Wie die wunderschöne, undefinierbare, neue Empfindung beschreiben, die die Gegenwart dieses *Heiligen*, wie Ihr ihn nennt, in mir bewirkt hat. Ich hätte vor ihm auf die Knie fallen mögen, wenn es uns erlaubt wäre, Menschen anzubeten. Man sagt, daß man es nicht darf, und das mag so sein: obwohl wir viele auf die Altäre erheben, die weder das Talent noch die Tugend von Manzoni gehabt haben und vielmehr Gauner gewesen sind.« (Brief Verdis an Clara Maffei vom 7. Juli 1868; Luzio, 1927, S. 525)

Verdi verehrte in Manzoni den Künstler und Menschen, der unerbittlich der Wahrheit verpflichtet war. Manzonis Bekenntnis, die Aufgabe des Dichters sei es, das Erhabene mit dem Trivialen und das Vernünftige mit dem Verrückten zu vermischen, weil dies die große wie die kleine Welt beherrsche, hätte auch sein eigenes sein können. Es trifft auf Shakespeares Stücke nicht weniger zu als auf Verdis Opern. In einem entscheidenden Zug allerdings – und er findet sich in der Musik der *Messa da Requiem* gespiegelt – unterschied Verdi sich von Manzoni: Er war kein praktizierender Katholik. Manzonis Abneigung galt dem Klerus, nicht dem Glauben. Verdi, die quälend-abgründige Melancholie seiner Musik macht es unüberhörbar, aber war Agnostiker, vielleicht sogar, wie Giuseppina einmal in einem Briefentwurf andeutet, Atheist (Brief Giuseppina Verdis an Cesare Vigna vom 9. Mai 1872; Copialettere, 1913, S. 501).

Verdi hat an der Beerdigung Manzonis nicht teilgenommen, sondern ein paar Tage später allein am Grab Zwiesprache mit dem Toten gehalten. Und Zwiesprache, ohne die Vermittlung eines Priesters oder Gottes, wollte auch seine musikalische Totenmesse sein. Verdi hat die Komposition am 15. April 1874 abgeschlossen; die erste Fassung des »Liber scriptus« aus der *Sequenz*, eine vierstimmige Fuge für Chor, hat er später durch ein im Januar 1875 nachkomponiertes Solo für Mezzosopran ersetzt. Auch wenn sich das Werk längst von seinem Anlaß gelöst hat, so sollte man sich doch beim Hören in Erinnerung rufen, wie sehr Verdi der Tod Manzonis erschütterte und mit welch zielstrebigem Ernst er die diesmal glückliche Aufführung zur ersten Wiederkehr des Todestages am 22. Mai 1874 in der Mailänder Kirche San Marco betrieb. Die Solisten waren Giuseppe Capponi (Tenor), Ormondo Maini (Baß), Teresa Stolz (Sopran) und Maria Waldmann (Mezzosopran). Unmittelbar danach aber schenkte Verdi das Werk der Welt, mit Aufführungen an der Scala und in Paris, denen sich im folgenden Jahr eine Tournee nach Paris, London und Wien, die Kölner Aufführung vom 21. Mai 1877 und endlich das Mailänder Wohltätigkeitskonzert vom 29. Juni 1879 – alle unter seiner Leitung – anschlossen.

Kommentar

Für George Bernard Shaw war die *Messa da Requiem* Verdis größte Oper. Wie *The Messiah* Händel, so würde die Totenmesse Verdi unsterblich machen, prophezeite der englische Spötter. Die musikalische Sprache der *Messa da Requiem* unterscheidet sich in der Tat nicht von Verdis vorausgegangenen Opern *Don Carlos* und *Aida*. Und sie nimmt vieles aus *Otello*, ja selbst aus *Falstaff* vorweg. Einzigartig unter allen geistlichen Kompositionen des 19. Jahrhunderts – darin hörten die Zeitgenossen durchaus richtig – ist Verdis *Messa da Requiem* nicht zuletzt, weil seine Musik in keinem Takt den Dramatiker verleugnet. Dennoch ist die Messe nicht opernhaft, allein schon deswegen, weil Verdi keine aus der Oper bekannten Formen verwendet.

Dieses eine, einzige Mal hatte Verdi es mit dem Text, einer feststehenden Liturgie, allein zu tun. Kein Librettist stand ihm bei, mußte aber auch nicht erst mühsam dazu gezwungen werden, die richtigen, passenden Bühnenworte zu finden. Verdi erfaßt instinktiv das ›Drama‹ dieses Textes. Und er inszeniert das liturgische Geschehen, allem voran natürlich den »Tag des Zornes« (»Dies irae«) und das ausklingende »Libera me« auf einer imaginären Bühne. Er – und eigentlich nur er allein unter den zahllosen Komponisten der Totenmesse – erfaßt mit dem geschulten Blick des Dramatikers das szenische Potential dieser Texte, die sich mit dem größten Geheimnis und Skandal des menschlichen Lebens auseinandersetzen – dem Tod. Wiederholt, insbesondere in der jüngeren Verdi-Literatur, hat man auf den agnostischen, weltlichen und darum dramatischen Geist dieser Musik hingewiesen.

Wie kann Musik einen solchen Eindruck bewirken? Zunächst auf die scheinbar nebensächlichste, selbstverständlichste, aber doch folgenreiche Weise: Der gesungene Ton ›hebt‹ immer das Wort; Sprach- und Tongestus sind eins. Man kann, man muß in dieser Totenmesse buchstäblich jedes Wort verstehen; ein gegebenenfalls abweichender Eindruck geht in jedem Fall auf das Konto der Interpreten. Das ist nicht allein, gar zwangsläufig eine Folge der überwiegend syllabischen Deklamation und des vielfach homophonen Chorsatzes. Mit sicherem Griff verteilt Verdi zunächst einmal den Text auf Chor-, Ensemble- und Soloszenen. Allein schon dadurch entsteht ein quasi dramatisches Gefüge. In Mozarts *Requiem* etwa treten die Solisten nur im Ensemble hervor, Luigi Cherubini verwendet in seinem 1817 dem Andenken des während der Revolution hingerichteten französischen Königs Ludwig XVI. geweihten *Requiem* in c-Moll ausschließlich den Chor und selbst die Tenorpartie im *Sanctus* von Hector Berlioz' *Grande Messe des morts* besitzt eher instrumentalen Charakter denn ein individuelles Gesicht. Verdi dagegen setzt die vier Solisten – Sopran, Mezzosopran, Tenor und Baß – stimmtypologisch ein und ermöglicht dadurch ein menschliches Drama, das er durch den Chor zum Menschheitsdrama erweitert.

Aber auch innerhalb der so gegliederten Text- und Musikblöcke disponiert er szenisch. Das ohrenfälligste Beispiel dafür ist die dreimalige Rekapitulation des »Dies irae«-Aufschreis, der Vertonung der ersten Terzine der *Sequenz*. Aber es gibt auch feiner berechnete Wirkungen wie den geflüsterten Chor-Einschub der beiden vereinzelten Worte »Dies irae« in der »Liber scriptus«-Arie; die im musikalischen Kontrast in- und gegeneinander gesetzten Textzeilen des gezackt abwärtsstürzenden »Rex tremendae majestatis« und des flehentlich sich aufschwingenden »Salva me«; den zu den Worten »sed signifer sanctus Michael« ätherisch entschwebenden Sopran; nicht zuletzt die dringliche Gestaltung des »Libera me« mit der Repetition des geradezu erregt gestammelten, schließlich nurmehr gemurmelten Erlösungswunsches.

Die Klangrede der Instrumente steht dahinter nicht zurück. Überwältigend der Eindruck des »Dies irae«-Satzes – nicht nur wegen der erschlagenden Klangmassen, sondern weil noch in der äußersten Anspannung das Recht jeder einzelnen Stimme gewahrt bleibt. Die Kunst der Instrumentation – das konnte Verdi von Giacomo Meyerbeer lernen – besteht in der Reduktion, im Aussparen und Weglassen. So verwendet Verdi die hart gespannte Große Trommel in den wuchtigen Schlägen des »Dies irae« stets allein und gegen den Takt; erst diese Isolierung im *off-beat* gibt den wuchtigen, trockenen Schlägen ihren finsteren Ausdruck. Gerade der Holz- und Blechbläsersatz ist mit der Erfahrung des wirkungssicheren Musikdramatikers ausgehört. Der fahle Klang der Querflöten in tiefster Lage etwa ist das instrumentale Echo der Furcht, die sich die Sopransolistin im »Tremens«-*arioso* des »Libera me« von der Seele singt. Und welche unheimlich-unheilvolle Stimmung steuert das Fagott mit seiner Begleitfigur zum Terzett »Quid sum miser« bei, wie finster gar ist der Klang der vierstimmigen Fagottüberleitung vom ersten Rezitativ des »Libera me« zum *arioso*. Nicht minder sprechend und gebärdenvoll sind die vielen Farbtupfer, die man bei der ersten Begegnung mit dem Werk überhören mag: das glöckchenartige Echo von Querflöte und Oboe im »Recordare«; die einstimmende Fürbitte von Fagott und Kontrabässen im »Confutatis« (die zugleich die Tonika bestätigt); nicht zuletzt die aus *Don Carlos* bekannten – und von dort auch herrührenden – klagenden Vorschlagsakzente der Oboe und Klarinette im »Lacrymosa«, die das in Einzeltöne zerbrochene Lamento von Sopran und Mezzosopran begleiten. Das flirrende Passagenwerk der Violinen und Holzbläser im *Sanctus* und die *staccato*-Begleitung des *Osanna* andererseits nehmen in ihrer dahintänzelnden Frechheit schon die lakonische Trockenheit des *Falstaff*-Orchestersatzes vorweg.

Der auffälligste orchestrale Effekt der Partitur der *Messa da Requiem* ist aber zweifellos der Bläsersatz, der am Jüngsten Tag die Toten vor das ewige Gericht ruft. Mozart begnügte sich an dieser Stelle mit der einen Posaune, von der der Text spricht. François-Joseph Gossec und dann Hector Berlioz hatten das Totengericht durch ein massives Bläserfernensemble vergegenwärtigt. Auch Verdi greift zu einer Verräumlichung des Klangs. Zunächst ertönen die Trompeten aus weiter Ferne. Mit der zunehmenden Steigerung von Klangfülle und Lautstärke entsteht ein Gefühl insistierender Bedrohung, die immer näher rückt: die Ausweglosigkeit der Verdammten, die am Jüngsten Tag vor den ewigen Richter gerufen werden. Der italienische Komponist Ildebrando Pizzetti hat 1941 in seinem Vorwort zum Faksimile von Verdis Partiturautograph diese beklemmende Totenbeschwörung mit Michelangelos Wandgemälde in der Sixtinischen Kapelle verglichen (Pizzetti, 1941, S. 212). Verdi hatte aber wohl eher die stereophonen Blechfanfaren der Autodafé-Szene aus *Don Carlos* und den Triumphmarsch aus *Aida* im Sinn, deren martialischen Prunk er hier zu einem wahren Terror der Seele verdichtet.

Daß dem Chor entscheidende Aufgaben zukommen, versteht sich bei einer Totenmesse von selbst. Noch Eduard Hanslick wollte in Verdis Observanz der Kontrapunktik den schwächlichsten Teil des Werkes sehen. Aber es sind wohl eher die Vorbehalte, ja Vorurteile der gelehrten deutschen Tradition gegenüber einer angeblich nur der Sinnlichkeit verpflichteten *italianità*. Selbst nach den eindrucksvollen Chorpartien von *Don Carlos* und *Aida* durfte man diese Souveränität nicht erwarten, die vom unbegleiteten *a cappella*-Satz bis zur virtuosen Doppelfuge des *Sanctus* reicht. Man muß bei Verdis Umgang mit der Kontrapunktik die barocke Praxis vergessen. Völlig eigenständig, wie vor ihm einzig Ludwig van Beethoven in der *Missa solemnis* und Hector Berlioz in der *Grande Messe des morts*, verwendet er sie als Ausdrucksmittel, gegen das die deutsche Gelehrsamkeit eines Felix Mendelssohn Bartholdy, Robert Schumann und selbst Johannes Brahms leicht altväterlich, gar abgestanden schulmeisterlich wirkt. Die Doppelfuge des *Sanctus* beschwört eine ganz andere, aber nicht weniger irreale, verrückte Welt als bei Johann Sebastian Bach oder Beethoven in ihren Vertonungen desselben Textes. Und die mit allen kontrapunktischen Künsten gewürzte große Fuge im »Libera me« ist gerade in ihrer sich steigernden Schroffheit – mit lichten Atempausen! – von einem drängenden, dringlichen Ausdrucksfuror erfüllt, der jeden Gedanken an »Schul' oder Lehr'« vergessen macht. Man versteht Verdis Mahnung an Giulio Ricordi, »daß diese *Messa* nicht wie eine Oper gesungen werden darf« (Brief Verdis an Giulio Ricordi vom 26. April 1874; Abbiati, 1959, Band III, S. 688). Und man versteht auch, warum er seine Anforderungen an Chor und Orchester erst in Wien 1875 und in Köln 1877 erfüllt fand.

Die *Messa da Requiem* gliedert sich in sieben Teile. Allein schon des Umfangs wie des Anspruchs wegen ragen die beiden als große dramatische Szenen einer imaginären Bühne gestalteten Sätze, nämlich die *Sequenz* (»Dies irae, dies illa«) und das Totengebet »Libera me«, heraus. Diese Proportionierung rückt die übrigen Sätze musikalisch nicht unbedingt in den Hintergrund. Sie zeigt nur, welche Emotionen und Empfindungen der Text der Totenmesse in Verdi ausgelöst hat und wie er ihnen musikalisch Raum gibt. Im Zentrum steht der Schrecken des Todes, der – und darin manifestiert sich der musikalische Realist Verdi – ja keinen Schrecken für die Toten, sondern für die Lebenden darstellt. Trotz vieler Aufhellungen, vor allem im lichtdurchfluteten *Offertorium*, spricht Verdis Musik kein verklärtes »Amen«, verspricht sie nicht die Gewißheit eines gnädigen Gottes. Auch hier ist ein geistiger Brückenschlag zu Beethoven erlaubt, der in seiner *Missa solemnis* das Leben der zukünftigen Welt – »Et vitam venturi saeculi« – mit nicht endenwollender Dringlichkeit beschwört, als könne die Bitte vergeblich sein.

Verdis *Messa da Requiem* beginnt mit einem Streichersatz, zu dem der Chor mit unterdrückter Stimme, an der Schwelle der Hörbarkeit, die Fürbitte um ewige Totenruhe deklamiert. Jeder Ton, mit dem die Musik an diesem Anfang gleichsam wie aus dem Nichts entsteht, ist von äußerster Beredtheit und zugleich von äußerster Ökonomie der Mittel. Pizzetti hat in seinem schon erwähnten Vorwort die Wirkung dieser ersten 28 Takte der Partitur präzise vergegenwärtigt: »Mit diesem ›requiem‹, das von einer unsichtbaren Menge über der langsamen Wellenbewegung weniger Grundakkorde geflüstert wird, fühlt man unmittelbar die Furcht und die Trauer jener Menge angesichts des Geheimnisses des Todes: und auch in jener anschließenden Modulation, bei ›lux perpetua‹, nach A-Dur, wo sich der Gesang zum hohen fis entfaltet, bevor er wieder in sich zusammensinkt [...], wird die Sehnsucht der Menge nach Trost und ewigem Frieden hörbar [...]. Ich sage nicht, daß man eine bestimmte Landschaft oder eine bestimmte Menge sehen müsse. Aber man *sieht* förmlich zunächst einen undurchdringlichen Schatten und dann ein klares, sanftes Licht: und in jenem Schatten menschliche Wesen, die sich in Schmerz und Furcht krümmen; und in jenem Licht recken sie dann ihre Arme gen Himmel, um Milde und Verzeihung zu erflehen. Auf diese Weise ist die Musik mehr als ein rein lyrischer Ausdruck, sie ist Vergegenwärtigung von Trauer und Hoffnung.« (Pizzetti, 1941, S. 212)

Mit dem bewegteren »Kyrie«, das als große Ensembleszene gefaßt ist, weitet sich der Raum. Nachdem es zur Ruhe gekommen ist, bricht mit aller Wucht das »Dies irae« los. Verdi hat bei der Vertonung dieser ersten Terzine der *Sequenz* keinen Effekt gescheut, aber er ordnet alle Effekte der entfesselten Blechbläser, des dröhnenden Schlagwerks, der erregten Violinpassagen und des machtvollen Chorklangs dem einen Ausdruckswillen unter: Den Anbruch des ewigen Gerichts mit all seinen Schrecken vor dem Hörer erstehen zu lassen. Wie dieser Donner des Jüngsten Tags wird später im *Otello* der Gewittersturm losbrechen und das Drama der Eifersucht aus dem Aufschrei der Elemente geboren.

»Quantus tremor«, die zweite Terzine der *Sequenz*, wird vom Chor *unisono*, fast stockend geflüstert, um schon nach wenigen Takten in die eruptive Klangentfesselung des »Tuba mirum« zu münden. Die Blechfanfaren, die die Toten aufwecken und vor den Thron des ewigen Richters rufen, tönen in alle Himmelsrichtungen des Universums. »In die folgende Stille hinein meditiert der Bassist, gleichsam als blicke er in einen Abgrund, über das Entsetzen des Todes und der Natur, dieweil jedes Geschöpf zur Rechtfertigung aufgerufen wird.« (Budden, 1987, S. 333) In ihrer Konzentration von Ton und Klang ist diese kurze Passage ein beklemmendes Beispiel gestischen Ausdrucks. Die Streicher repetieren ein sich wie verhakendes rhythmisches *ostinato*, hinter das die jetzt locker gespannte Große Trommel jeweils auf den leichten Taktteil ihre Bestätigung setzt. Das Schaudern der Natur wird durch Schweigen beredt – vier von den insgesamt nur 22 Takten dieser Terzine pausieren, um beim Wort »mors« (»Tod«) gänzlich in Leere und Stillstand zu versacken.

Mit dem »Liber scriptus« des Mezzosoprans ist das erste Solo erreicht. Die Arie, die Verdi dem Engel des Gerichts in den Mund legt, wurde im Januar 1875 für Maria Waldmann nachkomponiert und ersetzt die ursprünglich an dieser Stelle stehende Chorfuge. Der Austausch trägt sicher nicht nur Verdis Unbehagen über diesen Chorsatz Rechnung, sondern wird auch der Proportionierung und damit der musikalischen Dramaturgie besser gerecht. Das Mezzosopran-*timbre* jedenfalls entspricht dem majestätischen Charakter des Textes, der verkündet, daß alle Taten des Auferstandenen im Buch der Sünden festgehalten sind. Die emphatisch deklamierte Melodik dieser Arie – auch sie eine Variante des abfallenden »Requiem aeternam«-Motivs aus dem ersten Satz –, die zu den stärksten Eingebungen des späten Verdi gehört, versackt schließlich im Sprechgesang, der im Wort »nil« (»nichts«) wiederum die stockende Leere umkreist. Eine energische Kadenz leitet über zur ersten, sehr verkürzten Wiederholung des »Dies irae«-Chores.

Seufzerterzen der beiden Klarinetten – ein »Idiogramm des Schmerzes« (ebd., S. 335) – eröffnen das vom Fagott rastlos klagend umspielte Vokalterzett »Quid sum miser«. Die bange Frage des Menschen um Beistand und Hilfe wird zunächst vom Mezzosopran allein angestimmt und dann als Terzett wiederholt. Das einleitende Solo wird oft, entgegen der Partitur, dem Sopran statt dem Mezzosopran übertragen – eine eigenmächtige Abweichung, die das Gefüge des Satzes empfindlich stört.

»Rex tremendae majestatis«, die folgende Terzine, wird wieder zum Anlaß eines mächtig ausgreifenden Ensembles. Der abstürzenden, scharfkantigen Figur der »schreckenerregenden Majestät« im Chorbaß und in den Kontrabässen steht die ausladende Bitte aller übrigen Stimmen nach Gnade entgegen. Verdi faßt die Antithese in einer Weise dramatisch auf, die durchaus an die Konfrontation von Priesterschaft und Volk in der Autodafé-Szene aus *Don Carlos* oder an die Triumphszene in *Aida* denken läßt.

Die Anrufung Christi im »Recordare« hat Verdi als Duett für Sopran und Mezzosopran vertont. Hoffnungsfroh sorgt es für eine kurze Aufhellung der düsteren Stimmung, ebenso der fast zärtlich um Vergebung flehende Tenor in seiner unmittelbar anschließenden Arie »Ingemisco, tamquam reus«. Die zwischen Höllenflammen und zerknirschter Buße vermittelnde Baßarie »Confutatis maledictis« wird von der zweiten, jetzt umfangreicheren Reprise des »Dies irae«-Chors beantwortet, ehe das die Sequenz abschließende »Lacrymosa« gleichsam den Stein über das Grab der Schmerzen wölbt. Dieser so schwere wie schwermütige *largo*-Satz transzendiert das *pezzo concertato* des Opernfinales – jenen Augenblick der Reflexion, der stillgestellten Zeit, die unmittelbar auf die Konfrontation in der Handlung folgt, – ins Oratorische. Er beschließt das gewaltige Drama des Jüngsten Gerichts – und er schließt in fahlem, erschöpftem Dur. Verdi hat die schmerzvolle Melodie übrigens aus der französischen Urfassung von *Don Carlos* herübergerettet. Dort gilt sie Philippes Klage um den toten Rodrigue, der der Inquisition zum Opfer fiel.

Dem Tag des Gerichts folgt, mit »fast unbeschwerter Heiterkeit« (ebd., S. 339), das *Offer-*

torium. Es ist der lichteste, im *dolcissimo* der Holzbläser, dem *sordino* der Geigen und dem ekstatischen »Hostias« des Tenors fast schon überirdisch aufgehellte Satz der Totenmesse. Nur das taktfeste »Quam olim Abrahae« des Chors erinnert mit seiner energischen Homophonie an den Schauder des Vorausgegangenen. Diese Irrealität weitet sich noch in der Chordoppelfuge des *Sanctus*. Pizzetti sah in dieser Musik »eine himmlische Grenzenlosigkeit in Licht der Morgendämmerung erstrahlen« (Pizzetti, 1941, S. 212). Wie ein Kontrast wirkt dagegen das »Agnus dei«: diatonisch in der Melodik, archaisch im Gestus, statisch im Klang. Die beiden Frauenstimmen bewegen sich im Abstand einer Oktave – das erstemal ohne jede Begleitung, die weiteren Male nach und nach vom ebenso altertümlich gesetzten Chor und den Instrumenten sparsam umhüllt. Mit jeder Wiederholung wechselt die Klangfarbe und jede eröffnet einen anderen Raum. Der Hörer hat den Eindruck, einer Prozession beizuwohnen.

Unter den Sätzen der *Messa da Requiem* besitzt das »Lux aeterna« am entschiedensten einen rituellen Charakter. Alle Todesszenen aus Verdis Opern werden gleichsam wie in einer sakralen Handlung aufgehoben. Am stärksten fühlt man sich in der dramatischen wie musikalischen Aussage an das Finale von *La forza del destino* sowie an das Verhör und die Schlußszene von *Aida* erinnert. Alle musikalischen Zeichen fließen zu einer Semiotik des Todes zusammen. Trotz der ätherischen, von Streichern und Querflöten weich umspielten Fürbitte der drei Solostimmen wird das klangliche Gewand dieses Satzes bestimmt von den Priestergesängen des Chors und der konduktstrengen Todesfigur in den Bläsern über dem Erzittern des Paukenwirbels.

Bleibt als letzter Satz das »Libera me«. Verdi konnte die Vertonung des Totengebets im wesentlichen unverändert aus der *Messa per Rossini* übernehmen. Er hat lediglich die ersten dreißig Takte der »Dies irae«-Reminiszenz herausgestrichen und durch die neukomponierte Version ersetzt, dem Solosopran eine ganz und gar eigenständige Funktion zugewiesen – und dies sicher nicht nur Teresa Stolz zuliebe –, im Übrigen aber an zahlreichen Stellen korrigierend eingegriffen. Das »Libera me« ist auf eine ähnlich kalkulierte, stimmige Weise musikdramatisch strukturiert wie die Sequenz. Das einleitende Rezitativ, ein freies, psalmodierendes *declamato* erst der Solistin und dann des Chors auf einer einzigen Note, wird im weiteren Verlauf des Satzes noch zwei Mal wiederholt. Im übrigen demonstriert dieser Satz fast übergangslos und auf konzentriertestem Raum die Vielfalt der musikalischen Gebärdensprache und ihrer Ausdrucksmittel, über die Verdi gebot. Ein letztes Mal, und nun vollständig – allerdings mit variiertem Ausklang –, wird hier das furchteinflößende »Dies irae« aus der Sequenz wiederholt. Dieser expansiven Vergegenwärtigung des Todes folgt die gleichsam invertierte Klage an der Schwelle der Hörbarkeit, ein für die Stimmen allein gesetztes »Requiem aeternam« von fast überirdischer, schmerzvoller Schönheit. Ausladender als im Einleitungssatz angelegt, wirkt es »wie das fertige Gemälde gegenüber der vorbereitenden Skizze« (Budden, 1987, S. 343). Die in der wiederholten *scena* des Rezitativs erregt herausgestoßene Todesangst des Einzelnen führt zur ausgedehnten Chorfuge, die mehr und mehr vom Orchester bekräftigt wird und in einer schroff sich steigernden *stretta* gipfelt. Aber diese Finalwirkung führt zu keinem Ende. Ein letztes Mal löst sich aus der ersterbenden Musik der Sopran, um tonlos seinen Erlösungswunsch zu murmeln – wie die betende Amneris über dem geschlossenen Grab am Ende von *Aida*.

Kein erlösendes Heilsversprechen, sondern Unsicherheit, nicht Glaubensgewißheit, sondern kraftlose, tonlose Verzweiflung steht am Ende dieser Totenmesse. Verdis Musik spendet keinen Lichtschein in die Finsternis, breitet kein verklärendes Amen über die Trostlosigkeit des Todes. Gott schweigt in einer Welt der Ungewißheit und Finsternis. »Man sagt« – schrieb Verdi nach der Uraufführung von *Il trovatore* –, »diese Oper sei zu traurig und es gäbe zu viele Tote darin. Aber schließlich ist im Leben doch alles Tod? Was lebt schon? ...« (Brief an Clara Maffei vom 20. Januar 1853; Abbiati, 1959, Band II, S. 190)

Wirkung

Von Anfang an war Verdis *Messa da Requiem* gerade bei den Kennern unter ihren Verächtern umstritten. Noch bevor das Werk überhaupt erklungen war, wußte der Dirigent Hans von Bülow am 21. Mai 1874 zu berichten, daß der »allgewaltige Verderber des italienischen Kunstgeschmacks« eine »Oper im Kirchengewande« geschrieben habe (Bülow, 1896, S. 340 f.). Als Richard Wagner das Werk 1875 in Wien hörte, vermerkte Cosima – wie stets die Stimme ihres Herrn – in ihrem Tagebuch, daß darüber »nicht zu sprechen entschieden das beste ist« (Eintrag vom 2. November 1875; Wagner, 1976, Band II, S. 946). Brahms dagegen soll nach dem Zeugnis seines Freundes Josef Victor Widmann gesagt haben: »Bülow hat sich unsterblich blamiert, so etwas kann nur ein Genie schreiben.« (Widmann, 1898, S. 132) Eduard Hanslick, als Kritiker der Bannerträger von Brahms und Antipode Wagners, hat dagegen gleich die Besonderheit und Bedeutung des Werks erkannt, wenn auch bei aller Verteidigung von dessen dramatischer Leidenschaft und kompositorischer Individualität eine gewisse Distanz gegenüber einer derart sinnlichen Ausgießung des musikalischen Geistes nicht zu überhören bleibt. Aber daß er seine Musik nicht für den Betsaal, sondern für freie Menschen geschrieben habe – um eine Rechtfertigung Robert Schumanns aus ähnlichem Anlaß zu übernehmen –, hat Hanslick dem italienischen Meister ohne weiteres zugebilligt: »Auch die religiöse Andacht wechselt in ihrem Ausdruck; sie hat ihre Länder, ihre Zeiten. Was in Verdi's Requiem zu leidenschaftlich, zu sinnlich erscheinen mag, ist eben aus der Gefühlsweise *seines* Volkes heraus empfunden, und der Italiener hat doch ein gutes Recht, zu fragen, ob er denn mit dem lieben Gott nicht Italienisch reden dürfe?« (Hanslick, 1989, S. 23)

Daß der Streit, ob Verdis Musik den schicklichen Ton der Kirche nicht verfehle, gerade in Wien entflammt sein muß, kann man indirekt auch einem – einen Tag nach der ersten Wiener Aufführung des Requiems – geschriebenen Brief Giuseppina Verdis entnehmen: »Man hat viel über den mehr oder weniger religiösen Geist dieser sakralen Musik gesprochen, und daß sie nicht dem Stil [*idea tipo*] Mozarts, Cherubinis usw. usw. gefolgt sei. Ich sage, daß ein Mann wie Verdi wie Verdi schreiben muß, also dem entsprechend, wie er den Text empfindet und versteht. Und wenn die Religionen selbst einen Beginn, eine Entwicklung, Veränderungen oder Transformationen usw. je nach den Epochen und nach den Völkern besitzen, muß offensichtlich der religiöse Geist wie die Werke, die ihn ausdrücken, den Stempel ihrer Zeit und – mit Verlaub – der Individualität tragen. Eine *Messa* von Verdi, die nach dem Modell von A, B oder C geschrieben wäre, hätte ich einfach abgelehnt!!« (Brief an Cesare Vigna vom 12. Juni 1875; Abbiati, Band III, S. 753)

Hinter den Zweifeln an der Kirchlichkeit von Verdis *Messa da Requiem* versteckt sich die grundsätzliche Modernismusabwehr der cäcilianischen Reformbewegung des 19. Jahrhunderts. Die gesamte europäische Neuzeit hindurch – von der Renaissance über den Barock bis zur Wiener Klassik – hat man Musik ausschließlich dem Zweck, nicht dem Stil nach unterschieden. Erst der hinter die Klassik zurückgehende Historismus sanktionierte den Palestrina-Stil als den alleinseligmachenden Weg zum Lobgesang Gottes. Verdi wiederum hat sich nicht anders verhalten als jeder große Musiker vor ihm: Er vertonte den liturgischen Text mit den Mitteln seiner Zeit und seiner Kunst. Daß er dabei allerdings auch den Geist der Religion, seinem eigenen Gewissen folgend, verrückt hat, dürfte den wahren Stein des Anstoßes dargestellt haben.

Man übertreibt wohl nicht, wenn man in der *Messa da Requiem* – trotz Mozarts, Cherubinis und Berlioz' Vertonungen desselben Textes – die musikalisch eindrucksvollste, wirkungsmächtigste Totenmesse seit dem Ausgang der Renaissance sieht. Nicht ohne Grund gehört sie weltweit zu den meistgespielten oratorischen Großwerken der Chorliteratur.

Diskographischer Hinweis

Herva Nelli, Fedora Barbieri, Giuseppe di Stefano, Cesare Siepi, Robert Shaw Chorale, NBC Symphony Orchestra, Arturo Toscanini (aufgenommen: 1951): BMG GD 72372 2

Elisabeth Schwarzkopf, Christa Ludwig, Nicolai Gedda, Nicolai Ghiaurov, Philharmonia Orchestra and Chorus, Carlo Maria Giulini (aufgenommen: 1964): EMI Classics CDS 7 47257 8

Luba Orgonasova, Anne Sofie von Otter, Luca Canonici, Alastair Miles, Monteverdi Choir, Orchestre Révolutionnaire et Romantique, John Eliot Gardiner (aufgenommen: 1992) Philips 442 142–2

Uwe Schweikert

Quattro pezzi sacri

(Vier geistliche Stücke)

Uraufführung: (Nr. 1) Parma, Konservatorium, 28. Juni 1895 – (Nr. 2–4) Paris, Opéra, 7./8. April 1898 – (Nr. 1–4, erste Gesamtaufführung) Wien, 13. November 1898
Autograph: (Nr. 1, erste Fassung): Parma, Konservatorium – (Nr. 1, zweite Fassung, Nr. 2 und 3): Mailand, Verlags-Archiv Ricordi
Ausgaben: Partitur: London: Eulenburg 1973, Nr. 1000; *Ave Maria* (1. Fassung): Conati, 1978, S. 308–311 – Klavierauszug: Mailand: Ricordi 1898, Nr. 101729

Am Ende seines Lebens, mit den zwischen 1889 und 1897 entstandenen *Quattro pezzi sacri*, kehrte Verdi an den Ausgangspunkt seiner Laufbahn, die er als Zwölfjähriger in der Dorfkirche von Le Roncole begonnen hatte, nämlich zur Komposition geistlicher Musik zurück. Die große oratorische *Messa da Requiem* entstand 1873/74. Kleinere Werke wie die beiden 1880 für ein Wohltätigkeitskonzert geschriebenen *Ave Maria* und *Pater Noster* sowie das 1894 als Albumblatt entstandene Bittgebet *Pietà signor* folgten in größeren Abständen (siehe unten, S. 518). Ungleich bedeutender als diese Gelegenheitskompositionen sind die vier Werke unterschiedlicher Besetzung, die Verdi 1898 unter dem zusammenfassenden Titel *Quattro pezzi sacri* erscheinen ließ, der anzeigt, daß wir es hier mit keinem geschlossenen Werk, sondern mit einer losen Sammlung ursprünglich nicht zusammengehöriger Stücke zu tun haben.

Ob die Veröffentlichung Verdis eigenen Intentionen entsprang oder ob er den Wünschen seines Freundes Boito und seines Verlegers Ricordi nachgab, muß bei der gegenwärtigen Quellenlage offen bleiben. Noch am 11. Juni 1897 beschied er Ricordi: »Es ist besser, [sie] schlafen zu lassen.« (Abbiati, 1959, Band IV, S. 611) Aber Ricordi ließ nicht locker und so unterzog Verdi die Partituren einer letzten Durchsicht, ehe er am 21. Oktober 1897 *Ave Maria* und *Te Deum*, vier Tage später *Laudi alla Vergine Maria* und *Stabat Mater* an Ricordi schickte – »... mit unendlichem Schmerz! Solange sie nur auf meinem Schreibtisch existierten, sah ich sie doch manchmal mit Wohlgefallen an, und sie schienen mir zu gehören! Jetzt gehören sie nicht mehr mir!! [...] Es ist ein wirklicher Schmerz!« (Brief Verdis an Giulio Ricordi vom 25. Oktober 1897; ebd., S. 616)

Verdis erneute Beschäftigung mit religiöser, allerdings nicht kirchlich gebundener Musik im Alter wird begleitet von einer prononcierten verbalen (und wohl auch studienmäßigen) Hinwendung zum *stilo antico*, der sich für ihn – wie für das 19. Jahrhundert insgesamt – hauptsächlich im Schaffen Palestrinas verkörperte. Die erste Erwähnung Palestrinas fällt im Brief vom 4. Januar 1871 an Francesco Florimo, in dem er für den Konservatoriumsunterricht empfiehlt, sich im Fugensatz zu üben und Palestrina zu studieren und in dem sich auch der viel zitierte, explizit gegen die Dominanz der deutschen Instrumentalmusik gerichtete Satz findet: »Tornate all'antico, sarà un progresso!« (»Kehrt zum Alten zurück, es wird ein Fortschritt sein.«; siehe unten, S. 538). Verdi wiederholt diese Überzeugung in zahlreichen Briefen der nächsten beiden Jahrzehnte, unter anderem auch in einem Brief vom 15. November 1891 an den Kirchenkapellmeister Giuseppe Gallignani, der 1895 für die erste, halböffentliche Aufführung des *Ave Maria* verantwortlich war. Dort bezeichnete Verdi Palestrina als »wahren Fürsten der Kirchenmusik« und »Ewigen Vater der Italienischen Musik« (Abbiati, 1959, Band IV, S. 417). Ähnlich äußerte er sich noch am 16. August 1900, ein knappes halbes Jahr vor seinem Tod, brieflich gegenüber der Gräfin Negroni, der er mitteilte, daß er nicht mehr im Stande sei, das Gebet zu vertonen, das die Königin Margherita auf den Tod ihres von Anarchisten ermordeten Mannes, König Umberto I., geschrieben hatte (Copialettere, 1913, S. 723). Bezeugt ist auch durch zahlreiche Briefe, daß er in den frühen 1890er Jahren Johann Sebastian Bachs *Messe in h-Moll* studiert hat.

Verdi geht es bei der rückwärtsgewandten Prophetie Palestrinas nicht um eine Kopie des *stilo antico*, sondern um eine musikpolitische

Wende im Kampf gegen die Vorherrschaft der deutschen Instrumentalmusik. Zwar gibt es in der *Messa da Requiem* Partien wie das »Te decet hymnus«, das »Quam olim Abrahae«, das »Hostias« und das »Lux aeterna«, die von einer schöpferischen Auseinandersetzung mit dem polyphonen Stil Palestrinas zeugen. Aber gerade die *Quatrro pezzi sacri* sind – mit Ausnahme vielleicht der *Laudi alla Vergine Maria* – weitgehend frei von jedem Anklang an Palestrina. Gerade wo man ihn am ehesten erwartet hätte, in der harmonischen Aussetzung der manieristischen »scala enigmatica«, der »enigmatischen Tonleiter« mit ihren Halb- und Ganztonschritten, findet man ihn nicht. So sind die vier unterschiedlichen Stücke der *Quattro pezzi sacri* ein letztes, eindrucksvolles Zeugnis für Verdis lebenslange Auseinandersetzung mit der Tradition und zugleich ein letztes Dokument seines eigenen musikalischen Weges.

Dies gilt vor allem für die großbesetzten Stücke *Stabat mater* und *Te Deum*. Beide sind Meisterwerke – das *Te Deum* in seiner Konzentration auf eine einzige, auf den zitierten *cantus firmus* zurückgehende motivische Zelle, das *Stabat Mater* in seinem radikalen Verzicht auf jegliche Textausdeutung –, auch wenn man das lange verkannt hat. Noch Ildebrando Pizzetti bescheinigte den Stücken in seinem Verdi-Artikel der *Enciclopedia della musica*, daß sie »keinen großen Wert haben«. Inzwischen hat sich die Überzeugung Hans Gáls durchgesetzt: »Sie sind persönlichste Aussage und so nach innen gekehrt, daß eine konzentrierte Einfühlung dazu gehört, ihre Mitteilung zu empfangen.« (Gál, 1982, S. 64)

Nr. 1 *Ave Maria*
Scala enigmatica, armonizzata a quattro voci miste, sole

Text: Gebet der katholischen Liturgie (nach Lukas 1, 28 und 42 und einer im 15. Jahrhundert hinzugefügten Bitte) aus dem *Liber usualis*
Besetzung: Sopran, Alt, Tenor, Baß (solistische Stimmen)
Entstehung: (1. Fassung) März 1889, (2. Fassung) Juni 1897
Spieldauer: ca. 6 Minuten

Verdi hat das *Ave Maria* als »Scharade« (Brief an Giulio Ricordi vom 4. Juni 1897; Abbiati, 1959, Band IV, S. 611) bezeichnet. Die chromatische Tonleiter mit den Tonschritten c-des-e-fis-gis-ais-h-c geht auf Adolfo Crescentini (1854–1921), Professor am Konservatorium in Bologna zurück, der die »scala enigmatica«, die »enigmatische Tonleiter« am 5. August 1888 als musikalisches Rätsel in Ricordis *Gazzetta musicale di Milano* einrücken ließ und die Leser aufforderte, sich an einer Harmonisierung zu versuchen. Der Aufruf hatte ein großes Echo und zahlreiche Einsender versuchten sich mit einer meist konventionellen Lösung. Es reizte Verdi offensichtlich, »jene so unselige Tonleiter« (Brief an Arrigo Boito vom 6. März 1889; Medici/Conati, 1978, S. 138) aus chromatischen, diatonischen und übermäßigen Schritten auszusetzen. Verdi wollte seinen für vier solistische Stimmen *a cappella* auf den Text des marianischen *Ave Maria*-Gebets gesetzten Versuch nicht als ernstzunehmende Komposition, sondern als Kuriosität verstanden wissen und darum weder gedruckt noch aufgeführt sehen: »Es war ein Scherz und ist fast eine rein scholastische Übung. Wenn es etwas Gutes darin geben könnte, wäre es in der Disposition der Stimmen; aber heutzutage bewundert, ich würde sogar sagen, versteht man das nicht! . . .« (Brief an Giulio Ricordi vom 19. Juli 1895; ebd., S. 465)

Er läßt die auf- und absteigende Reihe – wobei er im Abstieg f statt fis setzt – in ganztaktigen Notenwerten durch die Stimmen wandern, so daß sie nacheinander im Baß, im Alt, im Tenor und schließlich im Sopran erklingt. Den *cantus firmus* bettet er in einen strengen vierstimmigen Satz ein, der sich zwar keiner kontrapunktischen Techniken bedient, sondern gleichsam *choraliter* ausharmonisiert ist. Dabei arbeitet er vor allem mit zahlreichen enharmonischen Verwechslungen. In beiden Doppelstrophen – denen noch ein sechstaktiges abschließendes »Amen« angefügt ist – stellt die Skala niemals die Melodie dar; diese liegt vielmehr in der Harmonie selbst! Boito hat die stille, introvertierte, aber spannungsreich die extremen harmonischen Stufen der Oktave ausreizende Musik als »ein Wunder der Poesie, der Religiosität und der Technik« bezeichnet (Brief an Camille Bellaigue vom 25. Oktober 1910; De Rensis, 1932, S. 3). Fast hundert Jahre später hat Luigi Nono die »scala enigmatica« als Materialbasis für sein Streichquartett *Fragmente – Stille, An Diotima* übernommen: »Sie ist eine nicht unmittelbar hörbare Tiefenschicht, eine andere ›geheimere Welt‹ des rätselhaften Werks.« (Stenzl, 1998, S. 97)

Nr. 2 *Stabat mater*
per coro a quattro voci miste ed orchestra

Text: mittelalterliches Reimgebet, Jacopone da Todi (1230–1306) zugeschrieben
Besetzung: Chor: Sopran, Alt, Tenor, Baß – Orchester: 3 Querflöten, 2 Oboen, 2 Klarinetten, 4 Fagotte, 4 Hörner, 3 Trompeten, 4 Posaunen, Schlagzeug (Pauke, Große Trommel), Harfe, Streicher
Entstehung: 1896/97
Spieldauer: ca. 12 Minuten

Das *Stabat mater* hat seinen Ursprung in der franziskanischen Passions- und Marienfrömmigkeit und war seit dem späten Mittelalter als Gebet für die private Andacht weit verbreitet. Zahlreiche größere, oratorische Vertonungen – unter anderem von Alessandro Scarlatti und Giovanni Battista Pergolesi – sind vor allem aus dem 18. Jahrhundert überliefert. Verdi kannte die Versionen Palestrinas und Pergolesis und natürlich auch die ausladende, für Soli, Chor und Orchester gesetzte Fassung Rossinis. Seine eigene, streng durchkomponierte, aufs knappste konzentrierte Vertonung der zwanzig gereimten Terzinenstrophen in zumeist syllabischer Wortausdeutung – ohne jegliche Wort- oder Textwiederholung – folgt streng der strophischen Textstruktur. Mit kleinen Sekundvorhalten und kleinen Sekundschritten betont Verdi vom ersten Takt an den schmerzlichen Ausdruck der Klage der Gottesmutter über den Tod ihres Sohns. Gestische Wortvertonung geht mit reichhaltiger Chromatik Hand in Hand. Es ist bewundernswert, wie Verdi im kleinen zu gliedern weiß: arienhafte Melodik (»Quae morebat«) steht neben *a cappella*-Passagen (»Eia mater«), dramatische Ausbrüche – wie das »crucifixi« oder das in ganze sieben Takte kondensierte Ritual des »Quando corpus morietur« – neben hymnischen Aufschwüngen wie der Transfiguration des Schlusses (»Paradisi gloria«), ehe der Schmerz in den tiefen Streichern erstirbt. Das kleine Werk – so Andrew Porter – »enthält auf engstem Raum die Essenz einer Passion (sowohl was die dramatische Schilderung als auch die meditative Versenkung angeht)« (Porter, 1980, S. 659).

Nr. 3 *Laudi alla Vergine Maria*
per quattro voci femminile, sole

Text: Dante Alighieri (*Divina Commedia*, Paradiso, 33. Gesang, Verse 1–21)
Besetzung: vier solistische Frauenstimmen (Sopran I, Sopran II, Alt I, Alt II)
Entstehung: 1890 (?), zwischen *Otello* und *Falstaff*
Spieldauer: ca. 6 Minuten

Die *Laudi alla Vergine Maria* auf einen Text aus dem Schlußgesang von Dantes *Paradiso* sind das vielleicht am meisten dem Zeitgeschmack verhaftete der *Quattro pezzi sacri*. Bei der Uraufführung hatte das eingängige, kurze Gebet den größten Erfolg und mußte wiederholt werden. Der emphatische entrückte, innige Tonfall sprach unmittelbar an. Der am Anfang ganz diatonisch gehaltene, später mit imitatorischen Abschnitten durchsetzte Satz bedient sich noch am ehesten der kontrapunktischen Technik der Renaissance-Polyphonie. Auch der ruhige, zarte Gestus der fast schmucklosen Komposition besitzt retrospektiven Charakter.

Nr. 4 *Te Deum*
per doppio coro a quattro voci miste ed orchestra

Text: Der »ambrosianische« Lobgesang der römisch-katholischen Liturgie
Besetzung: Doppelchor: Sopran, Alt, Tenor, Baß; Sopransolo – Orchester: 3 Querflöten, 2 Oboen, Englischhorn, 2 Klarinetten, Baßklarinette, 4 Fagotte, 4 Hörner, 3 Trompeten, 4 Posaunen, Schlagzeug (Pauken, Große Trommel), Streicher
Entstehung: 1895/96
Spieldauer: ca. 15 Minuten

Das *Te Deum* ist heute das am meisten aufgeführte und darum das bekannteste der *Quattro pezzi sacri*. In seinem hymnischen, ekstatischen

Charakter transzendiert es die Schlußfuge des *Falstaff* in die religiöse Sphäre. Verdi hat sich vor der Komposition ausführlich mit älteren Vertonungen des Textes, unter anderem von Tomás Luis da Victoria und Henry Purcell befaßt, suchte jedoch nach weiteren Vorbildern, so eine Vertonung durch Vallotti, auf die er durch einen Hinweis in einer der Schriften des in Parma wirkenden Kirchenmusikers Giovanni Tebaldini gestoßen war: »Ich kenne einige alte *Te Deum* und habe ein paar andere moderne gehört, und ich bin nie von der Interpretation – vom musikalischen Wert einmal abgesehen – dieses Canticum überzeugt gewesen. Es wird gewöhnlich bei den großen, feierlichen, lärmenden Festen aufgeführt, oder für einen Sieg, oder für eine Krönung, usw. Der Anfang eignet sich dazu, denn Himmel und Erde jubeln: *Sanctus sanctus Deus Sabaoth*; aber zur Mitte hin ändern sich Farbe und Ausdruck. *Tu ad liberandum*: Das ist der Christus, der von der Jungfrau geboren wird und der Menschheit *Regnum coelorum* öffnet. Die Menschheit glaubt an den *Judex venturus*; sie fleht ihn an: *Salvum fac*, und endet mit einem Gebet: *Dignare Domine die isto*, das aufwühlt, traurig ist, bis zum Schrecken. All das hat nichts mit Siegen und Krönungen zu tun; und darum wünsche ich zu wissen, ob Vallotti, der in einer Epoche lebte, in der er über ziemlich reiche Orchester und Harmonien verfügen konnte, andere Farben und Arten des Ausdrucks fand und ob er andere Absichten hatte als viele seiner Vorgänger.« (Brief an Giovanni Tebaldini vom 18. Februar 1896; Copialettere, 1913, S. 412) Als Verdi schließlich im Juni 1897 ein *Te Deum* des von ihm »ungemein geschätzten« (Brief vom 18. Februar 1896 an Avrigo Boito; Medici/Conati, 1978, S. 243) Padre Francesco Antonio Vallotti (1697–1780) erhielt, war sein eigenes *Te Deum* freilich bereits komponiert.

Zum großen Orchester, das stellenweise mit einer an die *Messa da Requiem* erinnernden Heftigkeit dreinfährt, tritt ein Doppelchor, der Verdi zu äußerster Virtuosität und Konzentration der Mittel gleichzeitig antreibt. Alles ist lakonisch und knapp und dennoch von einer Intensität des Ausdrucks, die – ganz im Sinne der Zeilen an Tebaldini – stets dem Text dient. Das Werk beginnt mit einem gregorianischen *cantus firmus* (»Te Deum laudamus, te dominum confitemur«), der in einem responsorialen *a cappella*-Satz der Männerstimmen weitergeführt wird (»Te aeternum Patrem omnis terrae venerantur«), ehe zu den ekstatischen »Sanctus«-Rufen der volle Chor und das volle Orchester einstimmen. Verdi findet und erfindet eine Fülle an kleinen, oft nur wenige Takte währenden Gesten und Phrasen – zum Beispiel. den sublimen Holzbläsersatz im »Te gloriosus« – im Sinne einer gleichsam musikdramatisch ausgehörten und ausmusizierten Textexegese –, ehe sich aus dem emphatischen Bekenntnis »In te speravi, non confundar in aeternum« die zaghafte, nicht sichtbare Stimme einer einzelnen Sopranistin herauslöst.

Verdi wollte diese Stimme aus dem Chor und nicht, wie zumindest in Schallplatteneinspielungen vielfach praktiziert, mit einer Solistin besetzt haben: »Das ist die [Stimme der] Menschheit, die Angst vor der Hölle hat«, soll er gesagt haben (Depanis, 1915, Band II, S. 240). Wie das »Libera me domine«, die abschließende Fürbitte der *Messa da Requiem*, verklingt auch das *Te Deum* mit seinen plagalen Schlußakkorden in Kraftlosigkeit – so als wollte der Agnostiker Verdi hinter das »In te speravi« ein großes Fragezeichen setzen, »das einem Angst machen kann«. So endet auch Verdis letztes Werk nicht in triumphaler Heilsgewißheit, sondern im Zweifel. Er wünschte angeblich, daß ihm die Partitur des *Te Deum* mit ins Grab gelegt wurde.

Wirkung

Die Uraufführung von dreien der vier *Quattro pezzi sacri* – *Stabat Mater*, *Laudi alla Vergine Maria* und *Te Deum* – fand im Rahmen eines Konzerts der Société des Concerts du Conservatoire in der Pariser Opéra statt. Chor und Orchester bestanden aus zusammen 200 Mitwirkenden – Verdi forderte »120 Stimmen, allenfalls mit einigen zusätzlichen Bässen« (Brief Verdis an Giuseppe Depanis vom 18. April 1898; Medici/Conati, 1978, S. 490). Dirigent war Paul Taffanel (1844–1908), die Interpretinnen der *Laudi alla Vergine Maria*, auf dessen solistische Besetzung Verdi großen Wert legte, Solistinnen der Opéra: Aino Ackté, Louise Grandjean, Meyriane Héglon und Marie Delna. Da Verdi im Jahr zuvor einen leichten Schlaganfall erlitten hatte, von dessen Folgen er sich allerdings rasch erholte, konnte er nicht nach Paris reisen und die Einstudierung selbst überwachen. Er hat die Stücke nie gehört. Als seinen Vertreter schickte er Arrigo Boito, den er zunächst mündlich, dann brieflich über seine Vorstellungen und Wünsche genau instruierte. Es sind wichtige aufführungspraktische Winke für jeden heutigen Interpreten. Für die Aufführungszeiten ging Verdi allerdings von Tempi – »*Te Deum* weniger als 12 Minuten, *Stabat mater* weniger als 10 Minuten, [*Laudi alle Vergine Maria*] weniger als 5 Minuten« (Brief Verdis an Arrigo Boito vom Januar 1898; ebd., S. 254) – aus, die vor allem im Falle des *Te Deum* wohl unrealisierbar sind. Als Arturo Toscanini die italienische Erstaufführung – am 26., 28. und 30. Mai 1898 in Turin – vorbereitete, ließ er sich von Verdi persönlich instruieren – ein Treffen, über das wir durch den Bericht des Turiner *impresario* Giuseppe Depanis ausführlich unterrichtet sind (Depanis, 1915, S. 239 f.). Die erste deutsche Aufführung fand unter Franz Wüllner im September 1898 in Köln statt. Bei der Wiener Erstaufführung unter Richard von Perger am 13. November 1898 standen erstmals alle vier *Pezzi sacri* auf dem Programm; die beiden kürzeren a cappella-Stücke wurden von einem Chor gesungen. Gegen Verdis und Boitos ausdrücklichen Wunsch setzte Toscanini am 16. April 1899 auch eine Aufführung an der Mailänder Scala durch, die nicht sehr erfolgreich war. Heute begegnet man im Konzertsaal vor allem dem *Te Deum*, während komplette Aufführungen aller vier Stücke selten sind.

Diskographischer Hinweis

Monteverdi Choir, Orchestre Révolutionnaire et Romantique, John Eliot Gardiner (aufgenommen: 1992): Philips 442 142-2

(Nur »Te Deum«): Robert Shaw Chorale/NBC Symphony Orchestra, Arturo Toscanini (aufgenommen: 1954): BMG Classics 74321 72373 2

Uwe Schweikert

Kleinere geistliche Kompositionen

»Libera me« für die *Messa per Rossini*

Text: liturgisch, *Responsorium ad absolutionem* – Besetzung: Sopran solo – Chor: Sopran, Alt, Tenor, Baß – Orchester: 2 Querflöten, Piccoloflöte, 2 Oboen, 2 Klarinetten, 4 Fagotte, 4 Hörner, 4 Trompeten, 3 Posaunen, Ophikleide, Pauken, Große Trommel, Streicher – Entstehung: August 1869 – Uraufführung: Stuttgart, Liederhalle, 11. September 1988 – Spieldauer: ca. 14 Minuten – Autograph: Sant'Agata, Villa Verdi (Faksimile: Parma: Istituto di studi verdiani 1988) – Ausgabe: WGV III/1, hrsg. v. David Rosen, Chicago/London: University of Chicago Press, Mailand: Ricordi 1990, S. 277–338

Pater noster volgarizzato da Dante

Text: liturgisch; anonyme italienische Übersetzung aus dem späten 14. Jahrhundert – Besetzung: Chor: Sopran I, Sopran II, Alt, Tenor, Baß – Entstehung: vor 1879 – Uraufführung: Mailand, Teatro alla Scala, 18. April 1880 – Spieldauer: ca. 6 Minuten – Autograph: Mailand, Verlags-Archiv Ricordi – Ausgabe: Partitur: Mailand: Ricordi [1880]; Nr. 46821

Ave Maria volgarizzata da Dante

Text: liturgisch; anonyme italienische Übersetzung aus dem späten 14. Jahrhundert – Besetzung: Sopran solo, Streicher (2 Violinen, Violen, Violoncelli) – Entstehung: vor 1880 – Uraufführung: Mailand, Teatro alla Scala, 18. April 1880 – Spieldauer: ca. 4 Minuten – Autograph: Mailand, Verlags-Archiv Ricordi – Ausgabe: Klavierauszug: Mailand: Ricordi [1880]; Nr. 46854

»Pietà, Signor, del nostro error profondo«

siehe unten, S. 518.

Als Verdi anregte, den ersten Todestag Rossinis mit einer Totenmesse zu zelebrieren, deren einzelne Teile den wichtigsten damals tätigen italienischen Komponisten übertragen wurden, wünschte der unzweifelhaft prominenteste aller Beteiligten, daß ihm der abschließende Abschnitt vorbehalten bliebe. Freilich scheiterte die geplante Aufführung an der mangelnden Kooperationsbereitschaft des Theaters in Bologna; wie ein Teil der zwölf anderen Komponisten auch verwendete Verdi den Beitrag für die Gemeinschaftsarbeit in einem vollständig von ihm komponierten Requiem wieder, wobei er selbstverständlich Modifikationen und Retuschen vornahm. Im Großen und Ganzen entspricht aber der Schluß-Teil seiner *Messa da Requiem* (siehe oben, S. 502) der ersten Fassung von 1869, die erst im Jahre 1988 zur Uraufführung gelangen sollte.

Auffällig ist, daß der an Verträge mit Opernhäusern gewohnte Komponist beim Arbeiten fast immer von konkreten Aufführungsgelegenheiten ausging: Das Gedenken an Rossini war Anlaß für die sogenannte *Messa per Rossini*, das an Manzoni Anlaß für die *Messa da Requiem*. Nur das *Pater noster* und das *Ave Maria* von 1880, mithin Verdis erste Kompositionen nach der Totenmesse für Manzoni, scheinen ohne konkreten Anlaß; jedenfalls behauptet Verdi in einem Brief, die beiden Stücke seien schon »vor langer Zeit« komponiert worden (Brief an Giulio Ricordi vom 7. Januar 1880; Petrobelli, 1988, S. 6). Wie dem auch sei, aufgeführt wurden sie zu einem sehr präzisen Anlaß: Im Zusammenhang mit der Enthüllung einer Büste Verdis im Foyer der Scala wurden in einem Vokalkonzert unter der Leitung von Franco Faccio geistliche Kompositionen älterer – Palestrina, Lotti, Stradella, Pergolesi – und neuerer – unter anderen Cherubini, Rossini und eben Verdi – italienischer ›Meister‹ aufgeführt.

Die heutige Forschung weiß, daß die poetischen Texte in *endecasillabi* erst am Ende des 14. Jahrhunderts entstanden sind; zu Verdis Zeit war man aber überzeugt, es hier mit literarischen Leistungen des großen Dichters Dante Alighieri zu tun zu haben. Insofern sind auch Verdis Kompositionen mit dem im Titel hervorgehobenen Bezug auf Dante den Selbstfindungstendenzen einer ›verspäteten‹ Nation zuzurechnen: Nach der nationalen Einigung lag es nahe, an die monumentalen Vorbilder der spätmittelalterlichen und frühneuzeitlichen Kultur in Italien anzuknüpfen; was Dante für die Literaturgeschichte darstellte, war Palestrina für die Musikgeschichte.

So zeigt sich in Verdis Komposition des italienischen *Pater noster* schon in der fünfstimmigen Disposition, vor allem aber in dem für das 19. Jahrhundert typischen Beharren auf einer rein vokalen Besetzung eine deutliche Anknüpfung an den Komponisten, der in ganz Europa als Hauptvertreter einer ›reinen‹ katholischen Kirchenmusik, in Italien aber als Gründervater der nationalen Musikgeschichte wahrgenommen wurde. In der Stimmführung und vor allem in der harmonischen Gestaltung des *a cappella*-Satzes begegnen dagegen Freiheiten, die wohl selbst von den liberalsten Zeitgenossen nicht als Palestrina-Stil aufgefaßt werden konnten: Von mediantischer Harmonik über Trugschlüsse in Sekundakkorde bis zu dem refrainartig und damit strukturbildend eingesetzten Dominantseptnonenakkord macht sich Verdi das ganze harmonische Vokabular seiner Zeit für eine ebenso kontrastreiche wie dramatisch zugespitzte Interpretation des Gebets zunutze, das er auch folgerichtig mit einem geradezu gigantischen Chor von 210 Stimmen besetzt haben wollte (Brief an Giulio Ricordi vom 30. Januar 1880; ebd., S. 20); in der Uraufführung sangen dann sogar 370 Choristen.

Umgekehrt muß freilich festgehalten werden, daß Verdi sehr wohl versuchte, dem Ideal der Vokalpolyphonie des 16. Jahrhunderts auf seine Weise gerecht zu werden: Das Verfahren der Vorimitation in zwei oder drei Stimmen vor der Rückkehr zum vollen fünfstimmigen Satz oder die fließende Deklamation zeigen, daß Verdi für seine Zeit über eine erstaunlich gute Kenntnis der ›Alten Meister‹ verfügte. Gegen den Widerstand des Verlegers setzte er auch die Veröffentlichung der Partitur in alten Schlüsseln und ohne hinzugefügten Klavierauszug durch, und mit ganz seltenen Ausnahmen kommt seine Komposition ohne die Verwendung von Hilfslinien aus, respektiert also den ›normalen‹ Umfang der fünf Stimmen. In einem Wort des zeitgenössischen Musikjournalisten Filippo Filippi ist diese Komposition zwar im »strengen Stil, aber im Kern doch verdianisch« (ebd., S. 256).

Das *Ave Maria* schien dem führenden Mailänder Kritiker dagegen ein »ganz modernes Stück« (ebd.); wie das spätere »Ave Maria« im

4. Akt von *Otello* entlehnt Verdi der liturgischen Tradition nur das fast resigniert wirkende Rezitieren des Textes auf einem Deklamationston, und überläßt weitgehend dem dynamisch sehr zurückgenommenen, harmonisch aber um so reicheren Streichersatz mit dreifach geteilten Violoncelli die Aufgabe, das ›stille‹ Gebet effektvoll zu präsentieren. Dabei finden sich bisweilen dieselben überraschenden Wendungen wie im *Pater noster* – etwa Trugschlüsse in Sekundakkorde –, und wie für die Vokalkomposition wünschte auch hier Verdi eine sehr massive Besetzung mit insgesamt 76 Streichinstrumenten (Brief an Ferdinand Hiller vom 5. Mai 1880; Abbiati, 1959, Band IV, S. 125). Für den Verteidiger der nationalen musikalischen Traditionen Italiens gehörten die beiden Kompositionen denn auch trotz der so unterschiedlichen Besetzung zusammen: »Ich möchte, daß das *Pater* und das *Ave* hintereinander gesungen werden, als ob sie ein einziges Stück wären.« (Brief an Giulio Ricordi vom 30. Januar 1880; ebd., S. 21)

Diskographischer Hinweis

»Libera me«: Gabriela Beňačková-Cap, Gächinger Kantorei Stuttgart, Prager Philharmonischer Chor, Radio-Sinfonieorchester Stuttgart, Helmuth Rilling (aufgenommen: 1988): Hänssler Classic 98 949–2

Pater noster: Groupe vocal de France, John Poole (aufgenommen: 1994): EMI 555 150–2

Ave Maria: Zara Dolukhanova, Moskauer Philharmonie, Grigorij Stolarov (aufgenommen: 1954): Russian Disc 15 023

Anselm Gerhard

Kompositionen aus der Studienzeit

Messa di Gloria

Text: liturgisch aus der *Messa* (Kyrie und Gloria) – Besetzung: Sopran solo, Tenor I solo, Tenor II solo – Chor: Sopran, Alt, Tenor, Baß – Orchester: 2 Querflöten, 2 Oboen, Fagott, 2 Hörner, 2 Trompeten, Streicher – Entstehung: vor Juni 1833, gemeinsam mit Ferdinando Provesi – Uraufführung: Busseto, Kirche San Bartolomeo, 15. September 1835 – Spieldauer: ca. 20 Minuten – Autograph: Busseto – unpubliziert

Sinfonia, C-Dur

Besetzung: Orchester: Querflöte, Oboe, 2 Klarinetten, Fagott, 2 Hörner, 2 Trompeten, 2 Posaunen, Ophikleide, Streicher – Entstehung: vermutlich vor 1834 – Uraufführung: Busseto, Salon im Haus von Antonio Barezzi, 12. Oktober 1834 (?) – Spieldauer: ca. 4 Minuten – Autograph: Privatbesitz – letzter Nachweis: Antiquariats-Katalog Drüner, Stuttgart, Juli 2000 – unpubliziert

Sinfonia, D-Dur

Besetzung: 2 Querflöten, 2 Oboen, 2 Klarinetten, 2 Fagotte, 2 Hörner, 2 Trompeten, 3 Posaunen, Pauken, Streicher – Entstehung: vor 1836 – Uraufführung: Salon im Haus von Antonio Barezzi, 12. Oktober 1834 (?) – Spieldauer: ca. 9 Minuten – Autograph: Mailand, Museo teatrale della Scala – Ausgabe: Partitur: *Gli autografi del Museo Teatrale alla Scala*, hrsg. von Roberta Montemorra Marvin, Mailand: Museo Teatrale alla Scala/Parma: Istituto Nazionale di Studi Verdiani 2000

Scena lirica (»Io la vidi e a qual'aspetto«)

Text: Calisto Bassi, Arie im Libretto *Il solitario* (Mailand, Teatro alla Scala, 20. April 1829) – Besetzung: Tenor [I] solo, Tenor II solo – Orchester: 2 Querflöten, 2 Oboen, 2 Klarinetten, 2 Fagotte, 2 Hörner, 2 Trompeten, 3 Posaunen, Streicher – Entstehung: vor 1835 – Uraufführung: unbekannt – Spieldauer: ca. 9 Minuten – Autograph: New York, Pierpont Morgan Library – Ausgabe: Klavierauszug: *Inediti per tenore*, hrsg. von Pietro Spada, Mailand: Suvini Zerboni 1977, S. 15–28

Tantum ergo

Text: Schlußstrophen des mittelalterlichen Fronleichnam-Hymnus »Pange lingua«, verwendet als Schlußsegen in festlichen Messen – Besetzung: Tenor solo – Orchester: Querflöte, 2 Klarinetten, Fagott, 2 Hörner, 2 Trompeten, Posaune, Streicher, Orgel – Entstehung: datiert: November 1836 – Uraufführung: Busseto, Kirche San Bartolomeo, 1. Januar 1837 – Spieldauer: ca. 6 Minuten – Autograph: Mailand, Museo teatrale della Scala – Ausgabe: Partitur: *Gli autografi del Museo Teatrale alla Scala*, hrsg. von Dino Rizzo, Mailand: Museo Teatrale alla Scala/Parma: Istituto Nazionale di Studi Verdiani 2000

Das *Tantum ergo* von 1836 hat sich nur erhalten, weil der Tenor der Uraufführung, Luigi Macchiavelli eine Abschrift bei sich behielt. Als diese Verdi am 1. Januar 1893 vorgelegt wurde, notierte dieser: »Leider muß ich eingestehen, vor etwa sechzig Jahren dieses *Tantum Ergo* in Musik gesetzt zu haben!!! Ich empfehle dem Besitzer dieser unglücklichen Komposition, sie ins Feuer zu werfen. Diese Noten haben nicht den geringsten musikalischen Wert und nicht den Schatten religiösen Kolorits!!« (Hopkinson, 1973, Band I, S. 84)

Natürlich gilt diese Einschätzung mehr oder weniger für alle Kompositionen, die sich aus Verdis Studienzeit erhalten haben. Wie Jean-Philippe Rameau, Richard Wagner oder Anton Bruckner war auch Verdi in kompositionstechnischer Hinsicht ein ›Spätentwickler‹, in dessen ersten Arbeiten so gut wie keine Anzeichen für das spätere Genie zu entdecken sind. So können wir davon ausgehen, daß Verdi die Vernichtung dieser Frühwerke nicht nur anderen empfohlen, sondern auch selbst tatkräftig betrieben hat. Denn ein handschriftlicher Bericht aus dem Jahre 1853 listet nicht nur »eine Messe für großes Orchester«, sondern auch »mehrere Tantum ergo«, ein »Domine ad adjuvandum« sowie ein »Stabat mater« auf, also über die erhaltenen zwei Kompositionen hinaus eine Fülle von geistlichen Gebrauchskompositionen (Demaldé, 1976, S. 8), die teilweise – wie die *Messa di Gloria* – in Gemeinschaftsarbeit mit dem Lehrer Provesi entstanden sein dürften. Wie überall im Italien des frühen 19. Jahrhunderts unterscheiden sich diese Kompositionen kaum vom vorherrschenden Opernstil, im überlieferten *Tantum ergo* ist deutlich die zweiteilige Anlage der standardisierten Opernarie mit *adagio* und *cabaletta* (»Genitori genitoque«) zu erkennen.

Ähnliches gilt für die beiden überlieferten »Symphonien«, die ebenfalls nur einen zufälligen Rest der tatsächlich vor 1840 komponierten Orchesterkompositionen Verdis darstellen dürften; der italienische Begriff *sinfonia* bezeichnete auch im frühen 19. Jahrhundert noch unterschiedslos (mehrsätzige) Konzert-Symphonie und (einsätzige) Opern-Ouverture. Beide Kompositionen, die wie die *Messa di Gloria* mehr als einen Autor gehabt haben dürften, sind einsätzig und eigneten sich somit nicht nur für die Konzerte der Amateurmusiker von Busseto, sondern auch zur Wiederverwendung in Opernaufführungen, und so findet sich in der Tat etwa ein Drittel der *Sinfonia* C-Dur in der Ouverture zu *Un giorno di regno* wieder. Die *Sinfonia* D-Dur dagegen verrät mit ihrer hoch virtuosen Querflöten-Partie die Bestimmung für das Orchester von Busseto, in dem Verdis Schwiegervater Antonio Barezzi dieses Instrument spielte. Während der Seitensatz ganz der Querflöte überlassen, die Durchführung extrem knapp, die Coda dagegen um so lärmender gehalten ist, zeigt die thematische Erfindung des Hauptthemas mit ihrer – der sogenannten ›Mannheimer Schule‹ der 1760er Jahre zugeschriebenen – raketenhaften Dreiklangsbrechung weit ins 18. Jahrhundert zurück. Welche der beiden *sinfonie* am 12. Oktober 1834, dem Datum der ersten nachgewiesenen Aufführung einer Komposition Verdis in Busseto, gespielt wurde, wird sich wahrscheinlich ebensowenig klären lassen wie die Frage, ob eine der beiden *sinfonie* mit der *sinfonia* identisch ist, die – gegen den Willen Verdis – unter dem Titel *La capricciosa* zur Einweihung des Teatro Verdi in Busseto am 16. August 1868 aufgeführt wurde.

Den ersten nachweisbaren Schritt in die Opernkomposition dokumentiert die *Scena lirica* auf einen Text des Librettisten Bassi, die wohl kaum als Alternative für eine konkrete Aufführung der 1829 von Giuseppe Persiani komponierten Oper, sondern allein als Kompositionsstudie geschrieben worden sein dürfte. Wie beim *Tantum ergo* handelt es sich um eine zweiteilige Arie für Tenor, diesmal freilich mit einem zusätzlichen *pertichino*. Trotz der auffällig konservativen Züge der melodischen Erfindung, scheint doch bemerkenswert, daß Verdi bereits in diesem frühen Versuch mit dem gerade erst von Donizetti eingeführten Verfahren experimentiert, die Arie mit einer extrem langsamen *cabaletta* zu beschließen; die Tempo-Anweisung verlangt nach dem *allegro* des *tempo di mezzo* ausdrücklich ein *meno mosso* für »Quand'Ella andasse a stringere«.

Anselm Gerhard

Zu Lebzeiten veröffentliche kleinere Kompositionen

Inno popolare (»Suona la tromba«)

Textdichter: Goffredo Mameli – Besetzung: Chor (Tenor I, Tenor II, Baß), Klavier – Entstehung: 1848 – Spieldauer: ca. 6 Minuten – Autograph: unbekannt – Ausgabe: Mailand: De Giorgi [1848], Nr. 144

Inno delle nazioni

Textdichter: Arrigo Boito – Besetzung: Ein Barde (Tenor solo) – Chor: Sopran, Alt, Tenor, Baß – Orchester: 2 Querflöten, Piccoloflöte, 2 Oboen, 2 Klarinetten, 2 Fagotte, 4 Hörner, 2 Trompeten, 3 Posaunen, Cimbasso, Pauken, Große Trommel, Schlagzeug (nicht spezifiziert), 2 Harfen, Streicher – Entstehung: 1862 – Uraufführung: London, Her Majesty's Theatre, 24. Mai 1862 – Spieldauer: ca. 11 Minuten – Autograph: London, British library – Ausgaben: Klavierauszug: London: Cramer, Beale & Wood, Nr. 8027; Mailand: Ricordi [1862], Nr. 34275

Als 1848 ein Erfolg der revolutionären Erhebungen in Italien absehbar schien, fühlte sich der in Paris lebende Verdi auf Veranlassung des ebenfalls dort wirkenden italienischen Exilpolitikers Giuseppe Mazzini bemüßigt, mit einem patriotischen Gesang die Ziele des Risorgimento zu unterstützen. Die Tatsache, daß das Titelblatt der Erstausgabe den wenig erfolgreichen Opernkomponisten Angelo Graffigna als Verantwortlichen für die Klavierbegleitung ausweist, wirft freilich die Frage auf, ob etwa nur die Singstimmen auf Verdi zurückgehen, was ein Indiz dafür sein könnte, daß diese Hymne mit großer Eile und vielleicht nicht ganz so großem Engagement skizziert wurde. Der Text Mamelis, der kurz zuvor auch die noch heute gültige italienische Nationalhymne (»Fratelli d'Italia«) in Umlauf gebracht hatte, besteht aus fünf martialischen Strophen und läßt keinen Zweifel daran, daß man 1848 die nationale Einigung vor allem als militärische Aufgabe betrachtete. Dem entspricht Verdis lärmende Melodie mit den – seit der *Marseillaise* sozusagen obligatorischen – scharfen Punktierungen, die gleichwohl hinter der Schlagkraft der später populären Chöre in *Nabucodonosor*, *I Lombardi alla prima crociata* und *Ernani* zurückbleibt. So kann man es durchaus als Ironie der Rezeptionsgeschichte begreifen, daß im selben Jahr 1848 in Neapel – sicherlich ohne Verdis Einverständnis – eine von einem gewissen Michele Cucciniello zu royalistischen Zwecken verfaßte Umtextierung des berühmten Chors aus dem 3. Teil von *Ernani* (»Si ridesti il Leon di Castiglia«) unter dem Titel *La patria. Inno nazionale a Ferdinando II* erschien, die in manchen Veröffentlichungen noch heute als Komposition Verdis firmiert.

Der *Inno delle nazioni* dagegen zielte nicht auf die politisch interessierten Eliten des revolutionären Italien, sondern auf ein internationales Publikum, dem ein Jahr nach der Proklamation des Königreichs Italien die junge Nation als vollwertiges Mitglied der Völkerfamilie präsentiert werden sollte. Die Veranstalter hatten je einen aus Deutschland (Meyerbeer), Frankreich (Auber), Großbritannien (Sterndale Bennett) und Italien (Rossini) stammenden Komponisten um eine festliche Komposition gebeten, nach Rossinis Absage fiel die Wahl naheliegenderweise auf Verdi. So spricht es nicht nur für Verdis kontrapunktische Experimentierlust, daß er tatsächlich den par force-Akt versuchte, die Nationalhymnen des Vereinigten Königreichs (»God save the Queen«), der Französischen Republik (»Allons, enfants de la patrie«) und des Königreichs Italien (»Fratelli d'Italia«) nicht nur nacheinander zu präsentieren, sondern auch in einer rudimentären Form von Polyphonie übereinanderzuschichten. Was zunächst als Versuch erscheint, Meyerbeers hoch artifizielle Verfahren im Finale des 2. Aktes von *L'Étoile du Nord* (1855) und in der (zurückgezogenen, aber 1850 publizierten) Ouverture zu *Le Prophète* (1849) noch zu übertrumpfen, erscheint im Rückblick natürlich vor allem als Vorstudie zum Finale des 2. Aktes von *Aida*, zumal das *fortissimo*-Motiv der Bässe im Eingangschor (»Gloria, i venturi popoli«) dem ersten Einsatz der Priester (»Della vittoria agli arbitri«) in der Triumph-Szene des 2. Aktes von *Aida* sehr nahe kommt.

Aber Verdis Gelegenheitswerk ist auch insofern von Interesse, weil es sich um die erste Zusammenarbeit des Komponisten mit dem – damals gerade 20jährigen – Dichter Arrigo Boito handelte: Freilich liegen die Umstände dieses ersten Kontaktes völlig im Dunkeln, und es fällt auch auf, daß sich der von Verdi komponierte Text nicht unwesentlich von Boitos erstem Entwurf (Abbiati, 1959, Band II, S. 692) unterscheidet. Der Barde sollte in Boitos Konzeption nicht nur zur Verbrüderung aller Völker aufrufen, sondern auch mit einer höchst weihevollen »Ode an die Kunst« die Rolle einer idealischen Kunstreligion für das Konzert der Völker unterstreichen.

Obwohl es sich um einen offiziellen Auftrag der Königlichen Kommission für die Londoner Weltausstellung handelte und obwohl Meyerbeers und Aubers Konzert-Ouverturen ebenso wie Sterndale Bennetts Ode am 1. Mai 1862 im Kensington Palace aufgeführt wurden, verweigerte man eine Aufführung von Verdis Hymne in diesem Rahmen unter fadenscheinigen Vorwänden; der italienische Beitrag kam erst in einem zusätzlich angesetzten Konzert im Königlichen Opernhaus zur Aufführung, in dem statt des ursprünglich vorgesehenen Star-Tenors Enrico Tamberlick die Sopranistin Therese Tietjens unter Leitung von Luigi Arditi sang. Die Gründe für diese Verschiebung liegen im Dunkeln. Zu prüfen wäre, ob diplomatische Rücksichtnahmen auf das Kaiserreich von Napoléon III eine Rolle spielten, denn die Präsentation Frankreichs mit der revolutionären und eindeutig republikanisch konnotierten *Marseillaise* an Stelle der offiziellen Kaiserhymne wäre von Paris mit einiger Wahrscheinlichkeit als Affront aufgefaßt worden – zwar setzt Verdi diese Hymne nur instrumental, also ohne Text ein, was aber den ›subversiven‹ Charakter des Bezugs auf die Französische Revolution eher noch unterstreicht. Aber auch im 20. Jahrhundert wurde versucht, den antitotalitären Elan der Komposition auf die aktuelle Politik zu beziehen: Arturo Toscanini erweiterte in einem – auch diskographisch dokumentierten – New Yorker Konzert vom 25. Mai 1944 Verdis Komposition und ließ im Anschluß an die Hymnen des Vereinigten Königreichs, Frankreichs und Italiens auch noch die US-amerikanische Nationalhymne (*The star-spangled banner*) und *Die Internationale*, damals die offizielle Hymne der Sowjetunion erklingen, um neben dem eigenen »verratenen« Heimatland alle vier Alliierten des Zweiten Weltkriegs vertreten zu sehen.

* * *

Sei romanze
1. »Non t'accostare all'urna« – 2. »More, Elisa, lo stanco poeta« – 3. »In solitaria stanza« – 4. »Nell'orror di notte oscura« – 5. »Perduta ho la pace, ho in cor mille guai« – 6. »Deh, pietoso, oh Addolorata«

Textdichter: 1. und 3. Jacopo Vittorelli; 2. Tommaso Bianchi; 4. Carlo Angiolini; 5. und 6. Johann Wolfgang Goethe (»Meine Ruh' ist hin« und »Ach neige, Du Schmerzensreiche« aus *Faust. Der Tragödie erster Teil*, 1808; italienische Übersetzungen von Luigi Balestra) – Besetzung: Sopran oder Tenor, Klavier – Entstehung: vor 1838 – Spieldauer: ca. 25 Minuten – Autograph: New York, Pierpont Morgan Library – Ausgaben: Mailand: Canti [1838], Nr. 387; *Composizioni da camera per canto e pianoforte*, Mailand: Ricordi 1935, Nr. 123381, S. 22–45

Notturno
(»Guarda che bianca luna«)

Textdichter: Jacopo Vittorelli – Besetzung: Sopran, Tenor, Baß, obligate Querflöte, Klavier – Entstehung: datiert: 26. Februar 1839 – Spieldauer: ca. 4 Minuten – Autograph: Mailand, Museo teatrale alla Scala – Ausgabe: Partitur: Mailand: Canti [1839], Nr. 392

L'esule
(»Vedi! la bianca luna«)

Textdichter: Temistocle Solera – Besetzung: Sopran oder Tenor, Klavier – Entstehung: vor 1839 – Spieldauer: ca. 9 Minuten – Autograph: unbekannt – Ausgaben: Mailand: Canti [1839], Nr. 393; *Composizioni da camera per canto e pianoforte*, Mailand: Ricordi 1935, Nr. 123381, S. 1–9

La seduzione
(»Era bella com'angiol del cielo«)

Textdichter: Luigi Balestra – Besetzung: Sopran oder Tenor, Klavier – Entstehung: vor 1839 – Spieldauer: ca. 3 Minuten – Autograph: unbekannt – Ausgaben: Mailand: Canti [1839], Nr. 393; *Composizioni da camera per canto e pianoforte*, Mailand: Ricordi 1935, Nr. 123381, S. 10–13

Sei romanze
1. *Il tramonto* (»Amo l'ora del giorno che muore«) – 2. *La zingara* (»Chi padre mi fosse, qual patria mi sia«) – 3. *Ad una stella* (»Bell'astro della terra«) – 4. *Lo spazzacamino* (»Son d'aspetto brutto e nero«) – 5. *Il mistero* (»Se tranquillo a te daccanto«) – 6. *Brindisi* (»Mescetemi il vino!«)

Textdichter: 1., 3. und 6. Andrea Maffei; 2. und 4. Manfredo Maggioni; 5. Felice Romani – Besetzung: Sopran oder Tenor, Klavier – Entstehung: vor 1845 – Spieldauer: ca. 18 Minuten – Autograph: Mailand, Verlags-Archiv Ricordi – Ausgaben: Mailand: Lucca [1845], Nr. 5640–5645; *Composizioni da camera per canto e pianoforte*, Mailand: Ricordi 1935, Nr. 123381, S. 46–79

Il poveretto
(»Passager, che al dolce aspetto«)

Textdichter: Manfredo Maggioni – Besetzung: Sopran oder Tenor, Klavier – Entstehung: vor 1847 – Spieldauer: ca. 3 Minuten – Autograph: unbekannt – Ausgaben: Mailand: Lucca [1847], Nr. 6162; *Composizioni da camera per canto e pianoforte*, Mailand: Ricordi 1935, Nr. 123381, S. 14–17

L'Abandonnée
(»Beaux jours que le cœur envie«)

Textdichter: Marie und Léon Escudier – Besetzung: Sopran, Klavier – Entstehung: 1849 – Spieldauer: ca. 3 Minuten – Autograph: unbekannt – Ausgaben: Paris: Escudier [1849?; kein Exemplar nachweisbar]; Mainz: Schott [1849], Nr. 10211.2; Paris: Heugel [1882], Nr. 5507 – Faksimiles in: Frank Walker, *»L'Abandonnée«: A Forgotten Song*, in: *Bollettino quadrimestrale dell'Istituto di studi verdiani* 1 (1960), S. 785–789 und 1069–1076

Il cielo d'Italia.
Romanza senza parole, F-Dur

Besetzung: Klavier – Entstehung: November 1844 – Spieldauer: ca. 1 Minute 30 Sekunden – Autograph: Privatbesitz – Ausgabe in: *Album musicale*, Mailand/Florenz: Canti [1866], Nr. 6470, S. 76 f. (gleichzeitig Einzelausgabe mit Nr. 6486) – Für weitere Angaben siehe unten, S. 517.

Stornello
(»Tu dici che non m'ami ... anch'io non t'amo«)

Text anonym – Besetzung: Sopran oder Tenor, Klavier – Entstehung: 1869 – Spieldauer: ca. 2 Minuten – Autograph: unbekannt – Ausgaben in: *Album per canto di Auber – Cagnoni – Mercadante – Ricci – Thomas – Verdi a benefizio del poeta F. M. Piave*, Mailand: Ricordi [1869], Nr. 41736, S. 23–26; *Composizioni da camera per canto e pianoforte*, Mailand: Ricordi 1935, Nr. 123381, S. 18–21

Daß ein junger italienischer Komponist, dem der Sprung ins Operngeschäft noch nicht gelungen war, mit ›Liedern‹ für Singstimme und Klavier debütierte, darf als durchaus üblich bezeichnet werden. Überraschend ist dagegen bei Verdis ersten Veröffentlichungen der hartnäckige Versuch, das Publikum mit allen Mitteln auf sich aufmerksam zu machen: Nicht eine, sondern gleich drei Publikationen ließ der 25jährige in dichter Folge bei einem Mailänder Verleger drucken, und den sechs Romanzen wurde überdies ein Portrait des jungen Komponisten vorangestellt. Die Wahl der Textvorlagen verrät einerseits den konservativen Geschmack, der in einer Provinzstadt wie Busseto vermittelt worden war: Jacopo Vittorelli (1749–1835), einer der letzten ›Arkadier‹ war durch anakreontische Dichtung populär geworden, an der sich auch der junge Franz Schubert im Januar 1820 versuchte, übrigens mit »Non t'accostar all' urna« und »Guarda, che bianca luna« auf genau zwei der auch von Verdi verwendeten Texte. Für regionale Vorlieben Mailänder literarischer Zirkel stehen der in Como tätige Priester Tommaso Bianchi, seit seinem Tod 1835 als politischer Häftling in einem österreichischen Gefängnis ein ›Märtyrer‹ des Risorgimento, und der eher durch seine Dialekt-Dichtungen – darunter 1834 Verse zu Ehren der Sängerin Maria Malibran – bekannte Carlo Angiolini. Temistocle Solera und – später – Felice Romani verraten dagegen Verdis Vertrautheit mit den führenden Librettisten seiner Zeit. Erstaunlich ist jedoch die Wahl zweier Texte aus Goethes *Faust*, der erst 1835 in italienischer Übersetzung erschienen war, und zwar auch deshalb, weil die Tatsache, daß sie Verdi in nie publizierten Übersetzungen des Bussetaner Rechtsanwalts Luigi Balestra verwendete, zeigt, daß man auch in Busseto ein waches Auge für ›Weltliteratur‹ hatte.

Nicht auszuschließen ist freilich, daß Balestra, der in seinem ganzen Leben weder eigene noch übersetzte Poesie publizieren sollte, auf dem Umweg über Musikdrucke mit Goethes Dichtung bekannt geworden war. Ob Verdi (und Balestra) Schuberts bekanntes Lied *Gretchen am Spinnrad* von 1814 gekannt haben? Die 1821 in Wien publizierte Erstausgabe war gewiß auch in Mailand greifbar, und Verdis Entscheidung für dieselbe Tonart d-Moll, denselben 6/8-Takt, eine ähnliche Disposition des Textes in einer freien Rondo-Form und vergleichbare harmonische Extravaganzen wie die Einführung der fünften Stufe in Moll sind Indizien für die unbeweisbare Hypothese, Schuberts opus 2 sei bis nach Busseto gelangt.

In jedem Fall darf man Verdis Fassung von Goethes »Meine Ruh' ist hin« als das bemerkenswerteste Produkt seiner 1838 veröffentlichten Vokalkompositionen begreifen; schon hier gelingt ihm in der Auseinandersetzung mit ›großer‹ Literatur eine Balance von poetischer Konzentration und dramatischer Zuspitzung, die zwar nicht an Schuberts Komposition desselben Textes heranreicht, aber doch aus der italienischen Dutzend-Produktion der 1830er Jahre herausragt. Weniger originell sind dem jungen Debütanten dagegen die zwischen Larmoyanz und Ironie changierende Geschichte Balestras von einer »Verführung« (*La seduzione*), die in einem ›Doppelheft‹ mit dieser ›Ariette‹ publizierte kleine Opernarie um einen »Verbannten« (*L'esule*) – die einzige Komposition Verdis für Singstimme und Klavier, die der vierteiligen Anlage mit *scena*, *adagio*, *tempo di mezzo* und *cabaletta* folgt –, sowie das eher für die Unterhaltung im Salon bestimmte *Notturno* gelungen, dessen hoch virtuose Querflöten-Partie gewiß für den ersten Flötisten der *Società filarmonica* von Busseto, also für Verdis Schwiegervater Antonio Barezzi bestimmt gewesen war.

Zeigte die Romanzen-Sammlung von 1838 als erste ›Visitenkarte‹ des jungen Komponisten schon dessen frühe Vorliebe für den hoch pathetischen Ton tragischer Verzweiflung, scheint es dem bereits arrivierten Opernkomponisten in der zweiten Romanzen-Sammlung von 1845 eher darum gegangen zu sein, unter Beweis zu stellen, daß ihm auch eine leichtere Tonlage zugänglich war. Nirgends in seinem Werk kam Verdi dem spritzigen *buffo*-Ton eines Donizetti so nahe wie in seinem Porträt eines »Schornsteinfegers« (*Lo spazzacammino*), der wohl populärsten seiner Kammerkompositionen. Aber auch der »Trinkspruch« (*Brindisi*), von dem sich eine stark abweichende erste handschriftliche Fassung erhalten hat, und der Auftritt einer »Zigeunerin« (*La zingara*) machen überdeutlich, daß Verdi dem kleinstädtischen Ambiente der Provinz bei Parma entwachsen war und sich inzwischen sicher in den aristokratischen Salons Mailands bewegte. Einer seiner wichtigsten Gesprächspartner in diesen Salons, Andrea Maffei, hatte denn auch drei der sechs Gedichte beigesteuert – neben dem *Brindisi* ein melancholisches Bild vom »Sonnenuntergang« und eine wehmütige Ansprache an den »Abendstern« (*Ad una stella*). Während

Felice Romani, in dessen Poem es um das »Geheimnis« (*Il mistero*) eines Verliebten geht, als einer der wichtigsten Librettisten der 1820er und 1830er Jahre auch heute noch allgemein bekannt ist, weiß man fast nichts über Manfredo Maggioni: Der gebürtige Italiener brachte einen guten Teil seines Lebens in London damit zu, französische Opern für Aufführungen am Königlichen Opernhaus ins Italienische zu übersetzen und von diesen wie von original italienischen Opern zweisprachige Libretti für das englische Publikum vorzulegen. Verdi pflegte in den 1850er und 1860er Jahren einen vertrauten Umgang mit dem Londoner Gewährsmann, war aber möglicherweise schon vor seiner ersten London-Reise mit ihm bekanntgeworden.

Für die melancholischeren Romanzen in der Sammlung von 1845 gilt wie für die meisten von 1838 und auch für das Lied von einem vom Soldaten zum »Bettler« (*Il poveretto*) herabgesunkenen alten Mann die sarkastische Feststellung Julian Buddens, daß deren Texte »auf jenen ermüdenden Klischees« beruhen, »die höchstens im Opernkontext ein gewisses Gefühl von Größe vermitteln können« (Budden, 1987, S. 312). So überrascht es nicht, daß für Verdis Auftritt gegenüber der musikalischen Öffentlichkeit die *romanza da camera* nach 1845 überhaupt keine Rolle mehr spielte. Die 1849 in Paris veröffentlichte Komposition auf ein Gedicht der beiden Brüder Escudier, die als Verdis Verleger in Paris wirkten, verdankt sich offensichtlich dem Austausch mit Giuseppina Strepponi, die ja in der französischen Metropole als Gesangslehrerin lebte. Im Untertitel ist die musikalische Umsetzung eines Selbstgesprächs einer »Verlassenen« (*L'Abandonnée*) als *andante-étude pour soprano* ausgewiesen, hinter all den delikaten Registerwechseln und virtuosen *fioriture* ist wenig musikalische Substanz, dafür aber erstaunlicherweise eine bedenklich ungeschickte Deklamation des französischen Textes zu erkennen. Zu erwähnen ist im Zusammenhang mit dem Verlagshaus Escudier auch, daß dort bereits 1846 eine *mélodie* unter dem Titel *L'Attente* (»Die Erwartung«) erschienen war, die die Verdi-Forschung bis vor kurzem vor ein unlösbar scheinendes Rätsel gestellt hat, weil kein Exemplar des Drucks zu finden war; inzwischen konnte diese Publikation freilich als französische Umtextierung der *romanza* des Riccardo im 2. Akt von *Oberto* (»Ciel che feci!... di qual sangue«) identifiziert werden (Castellani, 1999, S. 149).

Während man davon ausgehen kann, daß ein 1844 als privates Albumblatt entstandenes »Lied ohne Worte« (*Romanza senza parole*) nur ohne Verdis Einverständnis eine zweite Karriere als Abschlußstück eines Neujahrsgeschenks für die Abonnenten der Zeitschrift *Il trovatore* machen konnte – im selben Heft finden sich Kompositionen fünfzehn anderer italienischer Zeitgenossen, unter denen Catelani, Marchetti und Pedrotti noch zu den bekanntesten zählen –, gab Verdi 1869 ein letztes Mal ein Klavierlied zum Druck: Nachdem Francesco Maria Piave, der wichtigste Librettist Verdis, am 5. Dezember 1868 durch einen Schlaganfall schwer gelähmt worden war, lancierte Verdi die Idee eines Albums mit einigen Liedern, dessen Verkaufserlös allein der Familie des alten Mitarbeiters zugute kommen sollte. Leider wurde Verdis Vorschlag, Richard Wagner für das Projekt zu gewinnen (Brief an Giulio Ricordi vom 29. März 1869; Abbiati, 1959, Band III, S. 314), nicht realisiert, aber es gelang doch, einige der prominentesten italienischen und französischen Opernkomponisten zu versammeln. Verdis Beitrag ist ein bewußter Ausflug in die toskanische ›Volks‹-Poesie, die ihm die von Giuseppe Tigri (1806–1882) betreute und erstmals 1856 erschienene Sammlung von *Canti popolari toscani* vermittelt hatte (ebd., S. 313). Das von Verdi komponierte Plädoyer für ein Liebesleben jenseits monogamer Zwänge in der poetischen Form eines *stornello* ist darüber hinaus vor allem als Versuch bemerkenswert, bei der Komposition von *endecasillabi* einen neuen Weg zwischen lockerem Konversationston und lange geschwungenen Melodien zu finden, der insofern schon auf den späten *Falstaff* vorausweist.

Diskographischer Hinweis

Inno delle nazioni: Luciano Pavarotti, Chor, Royal Philharmonia Orchestra (aufgenommen: 1995): Decca 448 700-2

Complete Songs: Renata Scotto (Sopran), Paolo Washington (Baß), Vincenzo Scalera (Klavier) (aufgenommen: 1990): Nuova Era 7285 [enthält alle hier besprochenen Kompositionen mit Ausnahme des *Notturno* und von *Il cielo d'Italia*]

Otto romanze: José Carreras, English Chamber Orchestra, Luciano Berio: Philips 432 889–2 [Bearbeitungen Berios für Tenor und Orchester (1990) von folgenden acht *romanze*: »In solitaria stanza« (1838, Nr. 2), *Il poveretto* (1847), *Il mistero* (1845, Nr. 5), *L'esule* (1839), »Deh, pietoso, oh addolorata« (1838, Nr. 6), *Il tramonto* (1845, Nr. 1), *Ad una stella* (1845, Nr. 3), *Brindisi* (1845, Nr. 6)]

Anselm Gerhard

Nicht veröffentlichte Gelegenheitskompositionen

»Chi i bei dì m'adduce ancora«

Textdichter: Johann Wolfgang Goethe (*Erster Verlust*; »Ach! wer bringt die schönen Tage«, 1789) – italienischer Übersetzer: unbekannt (Luigi Balestra?) – Besetzung: Sopran, Klavier – Entstehung: Albumblatt für die Gräfin Sofia de' Medici di Marignano; datiert: Mailand, 6. Mai 1842 – Spieldauer: ca. 2 Minuten – Autograph: unbekannt – Ausgaben: Frank Walker, *Goethe's »Erster Verlust« set to music by Verdi: An Unknown Composition*, in: *The Music Review* 9 (1948), S. 13–17; Frank Walker, *Ein unbekanntes Goethe-Lied von Giuseppe Verdi*, in: *Schweizerische Musikzeitung* 91 (1951), S. 9–13; Franco Schlitzer, *Mondo teatrale dell'Ottocento. Episodi, testimonianze, musiche e lettere inedite*, Napoli: Fiorentino 1954, S. 125–129

»Cupo è il sepolcro e mutolo«

Textdichter: unbekannt (Andrea Maffei?) – Besetzung: Tenor, Klavier – Entstehung: Albumblatt für den Grafen Ludovico Belgiojoso; datiert: Mailand, 7. Juli 1843 – Spieldauer: ca. 3 Minuten – Autograph: Mailand, Museo teatrale alla Scala – Ausgabe: Mailand: Museo teatrale alla Scala/Parma: Istituto Nazionale di Studi Verdiani 2000

»È la vita un mar d'affanni«

Textdichter: unbekannt – Besetzung: Sopran, Klavier – Entstehung: Albumblatt für Cristina (?) Ferretti; datiert: Rom, 5. Novembre 1844 – Spieldauer: ca. 1 Minute – Autograph: Rom, Privatbesitz – Ausgabe: Adriano Belli und Ceccarius, *Verdi e Roma. Celebrazione verdiana 27 gennaio 1951*, Roma: Teatro dell'Opera 1951, S. 46

»Era bella, ancor più bella«

Textdichter: unbekannt – Besetzung: Sopran, Klavier – Entstehung: Albumblatt; datiert: Rom, 5. November 1844 – Spieldauer: ca. 30 Sekunden – Autograph: Privatbesitz; letzter Nachweis: Antiquariats-Katalog Stargardt, Marburg an der Lahn 1974 – unveröffentlicht

Romance sans paroles, F-Dur

Besetzung: Klavier – Entstehung: Albumblatt für die Prinzessin Teresa Torlonia, geb. Colonna; datiert: [Rom], 20. November 1844 – Spieldauer: ca. 1 Minute 30 Sekunden – Autograph: Privatbesitz – Ausgabe: siehe oben, S. 514.

»Amo l'ora del giorno che muore«

Textdichter: Andrea Maffei – Besetzung: Sopran, Klavier – Entstehung: Albumblatt; datiert: Mailand, 1. Juni 1845 – Spieldauer: ca. 3 Minuten – Autograph: New York, Pierpont Morgan Library – unveröffentlicht

»Fiorellin che sorge appena«

Textdichter: Francesco Maria Piave – Besetzung: Tenor, Klavier – Entstehung: Albumblatt für Giovanni Severi; datiert: Triest, 19. November 1850 – Spieldauer: ca. 1 Minute – Autograph: Privatbesitz – Faksimile: Nullo Musini, *Giuseppe Verdi a Trieste. Una »berceuse« inedita del Maestro*, in: *Aurea Parma. Rivista di lettere, arte e storia* 25 (1951), S. 199–203

La Fiorara
(»Voleu che quei do ocieti«)

Textdichter: E. Buvoli – Besetzung: Sopran oder Tenor, Klavier – Entstehung: Albumblatt für Antonio Barezzi; datiert: Paris, 23. Oktober 1853 – Autograph: unbekannt (Sant'Agata, Villa Verdi?) – Nicht zugänglich; einziger Nachweis mit Abdruck des Textes (ohne Musik): Alessandro Luzio, *Carteggi verdiani*, Band IV, Roma: Accademia nazionale dei Lincei 1947, S. 222 f.

»Sgombra, o gentil, dall'ansia«

Textdichter: Alessandro Manzoni (Chor im 4. Akt der Tragödie *Adelchi*) – Besetzung: Sopran oder Tenor, Klavier – Entstehung: Albumblatt für Melchiorre Delfico; datiert: Neapel, 20. April 1858 – Spieldauer: ca. 1 Minute 30 Sekunden – Autograph: Privatbesitz; letzter Nachweis: Antiquariats-Katalog Schnase, Scarsdale/N. Y. 1990 – Faksimile und Ausgabe: Fortunato Ortombina, *»Sgombra, o gentil«. Un dono di Verdi all'amico Delfico*, in: *Studi verdiani* 8 (1992), S. 104–118

La preghiera del poeta
(»Del tuo celeste foco, eterno Iddio«)

Textdichter: Nicola Sole – Besetzung: Bariton, Klavier – Entstehung: Albumblatt für Nicola Sole; wahrscheinlich Neapel, Frühjahr 1858 – Spieldauer: ca. 1 Minute – Autograph: Senise (Provincia di Potenza), Privatbesitz – Ausgabe: Paolo De Grazia, *Una musica di G. Verdi*, in: *Rivista musicale italiana* 45 (1941), S. 230–232

Il brigidino. Stornello
(»E lo mio damo se n'è ito a Siena«)

Textdichter: Francesco Dall'Ongaro – Besetzung: Sopran, Klavier – Entstehung: Albumblatt für Giuseppe Piroli; datiert: Turin, 24. Mai 1862 (komponiert wahrscheinlich schon im März 1861) – Spieldauer: ca. 1 Minute – Autograph: Privatbesitz – Faksimile: Giuseppe Dall'Ongaro, *I tordi e il professore. Lettere inedite di Verga, Capuana, Rapisardi e altri*, Roma: Altana 1997, S. 97–107 – Ausgabe: Mailand: Sonzogno 1948

Valzer, F-Dur

Besetzung: Klavier – Entstehung: Albumblatt (?); undatiert – Spieldauer: ca. 2 Minuten – Autograph: Privatbesitz – Faksimile: Gioacchino Lanza Tomasi, *Verdi al ballo del Gattopardo*, in: *Discoteca* März/April 1963, S. 18 f. – Ausgabe: Quincy, Massachusetts: Musica obscura 1986 (*The »Gattopardo« Waltz*)

»Pietà, Signor, del nostro error profondo«

Textdichter: Arrigo Boito nach dem liturgischen »Agnus Dei« aus der Messe – Besetzung: Sopran, Klavier – Entstehung: Albumblatt; datiert: [Genua], 6. Dezember 1894 – Spieldauer: ca. 2 Minuten – Autograph: Privatbesitz (Sant' Agata, Villa Verdi?) – Faksimile: *Fata Morgana*, Numero unico (1894); Julian Budden, *Verdi. Leben und Werk*, Stuttgart: Reclam 1987, S. 347

Wie alle Komponisten des 19. Jahrhunderts wurde auch Verdi regelmäßig zur Verfertigung von Albumblättern genötigt: Vor allem in späteren Jahren zog er dabei die Abschrift charakteristischer Nummern aus seinen Opern vor; in den 1840er Jahren, gelegentlich aber auch noch später verfaßte er jedoch einige Originalkompositionen. Die Anlässe für diese Gelegenheitskompositionen sind vielfältig: Die Goethe-Vertonung von 1842 und die vermutlich erste Vertonung eines Textes von Andrea Maffei aus dem Jahre 1843 sind Verdis Umgang in den aristokratischen Salons Mailands zuzuschreiben. Insgesamt drei Albumblätter entstanden im November 1844 in Rom im Anschluß an die Uraufführung von *I due Foscari*, das letzte der drei wohl im Haus des aristokratischen Bankiers Alessandro Graf Torlonia, der vor Verdis Abreise ein großes Bankett zu dessen Ehren gab. Das Geschenk für den Triestiner Kaufmann Severi – zur Geburt von dessen Sohn Gabriele – wurde drei Tage nach der Uraufführung von *Stiffelio* verfaßt, die beiden Kompositionen von 1858 im Zusammenhang mit den Vorbereitungen zur gescheiterten Uraufführung von *Un ballo in maschera* in Neapel. *Il brigidino* schließlich war das Ergebnis freundschaftlicher Diskussionen mit namhaften Berufspolitikern in den Wandelhallen des Turiner Parlaments.

Auch die Übergänge von unpublizierten, strikt privaten Freundschaftsbezeugungen zu veröffentlichten Einzelkompositionen sind durchaus fließend: »Amo l'ora del giorno che muore« findet sich wenig später in einer tiefgreifenden Überarbeitung als erste Nummer der zweiten Sammlung von sechs Romanzen, wobei die erste Fassung in G-Dur (statt A-Dur) mit einer weit weniger aufwendigen Klavierbegleitung gerade wegen des konziseren Charakters und der Nähe zu einem lapidaren, rezitativischen Tonfall ihren eigenen Reiz hat. Die *Romance sans paroles* wurde mit Einverständnis der Widmungsträgerin zwei Jahrzehnte später für die Veröffentlichung in einem Album mit Klavierwerken von insgesamt sechzehn italienischen Komponisten freigegeben; unter dem Titel *Il cielo d'Italia* kam Verdis »Lied ohne Worte« der ›krönende‹ Abschluß zu. Um eine merkwürdige Zwischenform zwischen Albumblatt und Publikation handelt es sich schließlich bei der Komposition einer italienischen Paraphrase des liturgischen »Agnus Dei«: Verdi stimmte der Abbildung eines Faksimiles des einseitigen Manuskripts in einer Publikation zu, die zu Gunsten der Opfer des schweren Erdbebens verkauft wurde, das Kalabrien und Sizilien am 16. November 1894 heimgesucht hatte; in einer eigentlichen Druckausgabe ist die höchst bemerkenswerte Komposition dagegen bis heute nicht erschienen.

Nicht nur im Blick auf diese Schöpfung aus den letzten Lebensjahren tut man gut daran, diese vermischten Albumblätter nicht voreilig als belanglose Gefälligkeiten abzutun. Natürlich finden sich unter den bisher zugänglichen Gelegenheitskompositionen – von der Existenz weiterer unbekannter Quellen dieser Art in Privatsammlungen ist auszugehen – hastig niedergeschriebene Pflichtübungen ohne erkennbaren kompositorischen Anspruch. Dies gilt nicht nur für das 1850 gemeinsam mit Piave skizzierte Wiegenlied für den Neugeborenen seines Triestiner Gastgebers und die beiden Blätter vom 5. November 1844, sondern vor allem für die beiden Klavierkompositionen. Dort fällt noch mehr als im Klavierpart der Liedbegleitungen auf, über wie wenig Routine – oder Interesse? – für klavierspezifische Komposition der Opernkomponist verfügte; beide Stücke wirken wie lieblos hingeworfene Klavierauszüge eines Orchestersatzes. Insofern ist es folgerichtig, daß der *Valzer*, dessen Entstehungszeit im Dunkeln liegt – für die vom Herausgeber der Erstveröffentlichung vorgeschlagene Datierung auf 1859 spricht nicht mehr als eine gewisse äußerliche Nähe zum Geist der Tanzszenen in *Un ballo in maschera* – vor allem in einer Bearbeitung für Orchester zu einiger Popularität gekommen ist: Nino Rota verwendete ihn für die Filmmusik zu Viscontis *Il gattopardo* (1962). Verdis »Lied ohne Worte« zeigt dagegen kaum überhörbare Anklänge an Rossinis Erfolgsnummer »Di tanti palpiti« aus *Tancredi* (1813), die freilich in den klingelnden Arpeggien der Coda verschwinden.

Während die Komposition eines Gedichts in venezianischem Dialekt, das unter dem Titel *La Fiorara* einem Brief an den Schweigervater Antonio Barezzi beigelegt wurde, offenbar von niemandem außer Alessandro Luzio eingesehen werden konnte, fällt auf, daß sechs dieser Albumblätter durchaus von kompositorischem Gewicht sind, ja sogar über das Niveau der veröffentlichten Kompositionen für Singstimme und Klavier hinausgehen: Schon in der reizvollen Vertonung eines Textes Goethes, den dieser ursprünglich als Arie im 2. Akt seines fragmentarischen Singspiels *Die ungleichen Hausgenossen* (1785/86) konzipiert hatte, zeigt sich nicht nur Verdis frühes Interesse an herausragenden Autoren der ›Weltliteratur‹, sondern auch die Suche nach prägnanten Formulierungen einer melodischen Idee: Die Wendung nach Dur wird durch eine Melodie markiert, die kaum verändert in Alfredos »Di quell'amor che è palpito« im 1. Akt von *La traviata* wieder aufgegriffen wird.

»Cupo è il sepolcro e mutolo« beeindruckt nicht nur durch das konsequente Aufbrechen des strophischen Gedichts zu einer extrem stringenten Abfolge einer rezitativischen Einleitung und einer ebenso weitgeschwungenen wie in der Begleitung extrem chromatisierten Melodie. Das Albumblatt für Delfico ist nichts weniger als die einzige erhaltene Komposition Verdis auf einen Text des verehrten Alessandro Manzoni: Die beiden Chöre in dessen historischer Tragödie *Adelchi* (1822) werden noch heute für ihre lyrischen Qualitäten gerühmt, der von Verdi ausgewählte kommentiert in der ersten Szene des 4. Aktes das Martyrium und den Tod von Ermengarda, der verstoßenen Gattin Karls des Großen. Verdi machte aus dem kommentierenden Chor des Schauspiels ein kurzes kontemplatives Solo, das in vielen Details schon das *Ave Maria volgarizzata da Dante* von 1880 vorwegnimmt, in der Dur-Apotheose aber auch den Tonfall von »Deh! non m'abbandonar« in Leonoras Arie im 2. Akt von *La forza del destino* (»Madre, pietosa Vergine«) anklingen läßt.

La preghiera del poeta (»Das Gebet des Dichters«) belegt mit dem feierlichen, bardenhaften Ton das Interesse, das Verdi an dem jungen süditalienischen Dichter Nicola Sole gewonnen hatte; eine geplante Zusammenarbeit für ein Opernlibretto verhinderte freilich dessen früher Tod. Soles Gedicht steht aber auch zusammen mit *Il Brigidino* (»Die Kokarde«) und dem publizierten *Stornello* (siehe oben, S. 514) für Verdis Versuch in den 1860er Jahren, über das Experiment mit längeren Versmaßen – hier der *endecasillabo* als ›klassischer‹, im Opernlibretto aber fast nur in Rezitativen gebrauchter Vers der italienischen Dichtung – einen Weg zu finden, längere und vor allem unsymmetrisch aufgebaute Melodien in kantablen Zusammenhängen zu gestalten. Wie der auf mündlicher Überlieferung beruhende *Stornello* von 1869, ist auch das 1847 entstandene Gedicht des bedeutenden Literaten Francesco Dall'Ongaro (1808–1873) dem Tonfall und der vorherrschenden strophischen Form der toskanischen ›Volks‹-Poesie nachempfunden. Verdi hat für seine kurze Komposition, die offenbar während der Sitzungsperiode des Turiner Parlaments im März 1861 konzipiert wurde, einen leichten Tonfall gefunden, der den besten französischen *chansons* des späteren 19. Jahrhunderts nahe kommt. Politisch ist dieser beeindruckende Ausflug in ein nur scheinbar ›leichteres‹ Genre aber nicht nur im Blick auf die Entstehung aus der Langeweile eines desinteressierten Parlamentariers und im Blick auf den Widmungsträger Giuseppe Piroli, den führenden Vertreter der Stadt Parma im italienischen Parlament; politisch ist vor allem die Aussage des Gedichts, das mit einer belanglosen Liebesgeschichte beginnt und im Lobpreis der italienischen Trikolore gipfelt: »Und ich werde ihm sagen, daß Rot, Weiß, Grün eine Dreiheit bilden, mit der gespielt wird, die man aber nicht verlieren darf.«

Die späte Gemeinschaftsarbeit mit Boito schließlich treibt die Reduktion des musikalischen Materials und die Konzentration des harmonischen Ablaufs auf wenige, oft unvermittelte Schritte in ein neues Extrem. Obwohl Verdi sich anscheinend nur vier Tage lang mit diesem Text beschäftigte, feilte er an jedem poetischen und musikalischen Detail, wie die im Brief an Boito vom 5. Dezember 1894 überlieferte Frühfassung erkennen läßt (Medici/Conati, 1978, S. 237 f.). Die weitgehend im *tremolo* aufgelöste Klavierbegleitung und die ebenso schlichte wie ausdrucksstarke Gesangslinie, in der Intervallsprünge fast keine Rolle mehr spielen, steht für eine der eindrucksvollsten Kompositionen, die sowohl der Liedkomponist wie der geistliche Komponist Verdi hinterlassen hat.

Diskographischer Hinweis

Complete Songs: Renata Scotto (Sopran), Paolo Washington (Baß), Vincenzo Scalera (Klavier) (aufgenommen: 1990): Nuova Era 7285 [enthält alle hier besprochenen Kompositionen mit Ausnahme der beiden Klavierstücke, von »Cupo è il sepolcro mutolo«, »Era bella, ancor più bella«, »Amo l'ora del giorno che muore« und natürlich *La Fiorara*]

Anselm Gerhard

Quartetto in Mi minore

(Streichquartett in e-Moll)

Uraufführung: Neapel, 1. April 1873 (Privataufführung im Empfangssaal des »Albergo delle crocelle«)
Satzbezeichnungen: Allegro – Andantino con eleganza – Prestissimo – Scherzo. Fuga. Allegro assai mosso
Spieldauer: ca. 24 Minuten
Autograph: Neapel, Conservatorio di Musica S. Pietro a Majella

Ausgaben: Partitur: Mailand: Ricordi [1876], Nr. 44903; Mailand: Ricordi 1951, Nr. 538; Zürich: Eulenburg [o. J.], Nr. 2079 – Stimmen: Mailand: Ricordi 1876, Nr. 44912

Entstehung

Das zwischen *Aida* und *Messa da Requiem* komponierte Streichquartett entstand in den Wochen vor der neapolitanischen *Aida*-Erstaufführung am Teatro San Carlo vom 30. März 1873 »nei momenti d'ozio« (»in Mußestunden«; Brief Verdis an Opprandino Arrivabene vom 16. April 1873; Alberti, 1931, S. 156). Verdi war mit seiner Frau im November 1872 nach Neapel gereist, um die Opernproben zu überwachen. Durch eine Indisposition von Teresa Stolz, der Interpretin der Titelrolle, verlängerte sich dieser Aufenthalt bis zum Frühling 1873. Zwei Tage nach der Premiere von *Aida* erfolgte die Uraufführung des Quartetts im privaten Freundeskreis. Erst drei Jahre später konnte sich Verdi zur Veröffentlichung entschließen, nachdem eine weitere private Aufführung vor großem, geladenem Publikum am 1. Juni 1876 im Pariser Hôtel de Bade zum Erfolg geworden war. Das Quartett erschien noch im selben Jahr bei Ricordi sowie bei Schott (Mainz) und Escudier (Paris).

Kommentar

Das vielfach als Gelegenheitswerk eingestufte Streichquartett hat in Verdis Œuvre einen schweren Stand; selbst der Komponist scheint dem Werk keine große Bedeutung beigemessen zu haben (Brief Verdis an den Präsidenten der *Società del Quartetto di Milano* vom Februar 1878; Abbiati, 1959, Band III, S. 628). Dennoch ist Verdis Quartett das einzige italienische Kammermusikwerk des 19. Jahrhunderts, das sich bis heute im Konzertrepertoire halten konnte. Das Stück steht einsam zwischen Verdis monumentalen Musiktheater- und Vokalwerken und verweist damit auf den für das 19. Jahrhundert zentralen Konflikt zwischen der Gattung Oper – als einer Italien zugeschriebenen musikalischen Ausdrucksform – einerseits und ›reiner‹ Instrumentalmusik andererseits, die dem deutschsprachigen Kulturraum zugeordnet wurde. Die stark von nationalen Ideen geprägte Diskussion um die Vorherrschaft unter den musikalischen Gattungen beeinflußte auch Verdi. Seiner Ansicht nach war das Streichquartett »in Italien wie eine Pflanze außerhalb ihres Klimas« (ebd.). Der musikalische Charakter der beiden Nationen gipfelte Verdi zufolge in den beiden Extremen Johann Sebastian Bach und Giovanni Pierluigi da Palestrina, die jeweils für die instrumentale beziehungsweise vokale Kunst einstünden. Die Überlegung, warum Verdi ein Streichquartett komponierte, auch wenn er die Hinwendung eines italienischen Musikers zur deutschen Musik als Traditionsbruch empfand, wird somit für die ästhetische Bewertung des Werkes zur zentralen Ausgangsfrage.

Verdi besaß in seiner Bibliothek in Busseto neben den Klavierwerken Johann Sebastian Bachs unter anderem auch die Partituren sämtlicher Streichquartette von Joseph Haydn, Wolfgang Amadeus Mozart und Ludwig van Beethoven, die er rege studierte (Petrobelli, 1993, S. 87 f. und 96 f.). In der Wiener Klassik sind – nahezu selbstredend – auch die Vorlagen für sein eigenes Quartett zu suchen, namentlich für die großformale Anlage der vier Sätze – Verdi plaziert das Scherzo wie Beethoven an dritter Stelle –, die mit der abschließenden Fuge an Haydns op. 20 und Beethovens op. 59 anknüpft. Dieser fugierte Schlußabschnitt zeugt von den kontrapunktischen Studien, die der junge Komponist bei Vincenzo Lavigna absolviert hatte und deutet zudem auf die Kontrapunktik der *Messa da Requiem*, in der Schlußszene von *Falstaff* und im *Ave Maria* der *Quattro pezzi sacri* voraus.

Auch die Technik der motivisch-thematischen Entwicklung findet Anwendung. Vokal- und instrumentaltypische Satztechniken lassen sich aber nicht eindeutig trennen: Der von Haydn erprobte und für die Quartett-Schreibweise typische durchbrochene Satz kann nämlich auch in Opern Verdis gefunden werden, während andererseits im Quartett Elemente auftauchen, die an musikdramatische Werke erinnern, wie einzelne Figuren in den Begleitstimmen oder die Violoncello-Kantilene im Trio des dritten Satzes. Verdi entzog sich dem ästhetischem Konflikt zwischen Oper und Instrumentalmusik ganz bewußt: »Ob das Quartett schön oder häßlich ist, weiß ich nicht ...

ich weiß aber, daß es ein Quartett ist!« (Brief Verdis an Opprandino Arrivabene vom 16. April 1873; Alberti, 1931, S. 156). Verdi unterstrich immer wieder seine Verbundenheit mit der Vokalmusik und wollte nicht in die Diskussion um die Wiedergeburt der Quartettkunst in Italien einbezogen werden, wie sie sich durch die Gründung der ersten *Società del Quartetto* (Quartettgesellschaft) 1861 in Florenz oder in Kompositionswettbewerben manifestierte.

Sein Werk kann als Ausdruck einer Polemik verstanden werden, mit der er den jungen italienischen Komponisten, die den deutschen Vorbildern nacheiferten, zeigen wollte, daß persönliche Ansichten über die nationale Gebundenheit von Musik nicht mit den eigenen kompositorischen Grenzen verwechselt werden dürfen. Sein Quartett erscheint zwar als Reverenz an die Werke der deutschsprachigen Komponisten, die die Gattung prägten, es entzieht sich aber der Schwere der Tradition. Daß Verdi auch nicht an der Diskussion über ›reine‹ Instrumentalmusik interessiert war, belegt seine Bereitschaft, das Werk in London mit einer Besetzung von je zwanzig Streichern pro Stimme aufführen zu lassen, was »gut wirken sollte, weil es Phrasen gibt, die eher einen vollen und *fetten* Klang verlangen als den *dünnen* einer einzigen Violine« (Brief Verdis an Opprandino Arrivabene vom 21. März 1877; ebd., S. 200).

Diskographischer Hinweis

Vogler Quartett (aufgenommen: 1991): RCA RD 60 855

Juilliard Quartett (aufgenommen: 1992): Sony SK 48 193

Hagen Quartett (aufgenommen: 1995): DG 447 069-2

Norbert Graf

Briefe

Einer der ersten, die das Briefwerk Verdis mit einiger Vollständigkeit und Systematik erforschen konnten, war der italienische Musikhistoriker Franco Abbiati. Da er im Auftrag des Hauses Ricordi arbeitete, taten sich ihm alle Türen auf. Man richtete ihm ein Zimmer in der Villa von Sant'Agata ein, wo er die Briefautographen um sich lagern konnte: Es waren viele Tausend an der Zahl, beschrieben mit einer zierlichen, locker dahinfließenden Schrift, gehalten in einem schlichten, aber auch noblen nördlichen Italienisch, durchsetzt von der schon zu Lebzeiten des Maestros veralteter Orthographie, von französischen Bonmots und ein wenig heimatlich emilianischem Dialekt.

Das sehr umfangreiche Briefkorpus ließ sich wenigstens teilweise in einzelne ›Bündel‹ trennen: nämlich in die *carteggi* (Briefwechsel), die Verdi mit Personen führte, die in seinem Leben eine besondere Rolle spielten. Als erstes sind hier die Verleger Giovanni, Tito und Giulio Ricordi zu nennen. Der *carteggio Ricordi* umfaßt allein schon mehrere tausend Briefe. Etwa dreihundert schrieb der schon greise Verdi an Arrigo Boito, den Librettisten von *Otello* und *Falstaff*. Ein weiteres ›Bündel‹ war an den wichtigsten Librettisten Verdis in den 1840er und 1850er Jahren, Francesco Maria Piave gerichtet; eines an den Freund Graf Opprandino Arrivabene, ein weiteres an die Gräfin Clara Maffei, und so weiter. Die Adressaten, die Verdi im Laufe seines Lebens anschrieb, sind ungezählt, doch dürfte ihre Gesamtzahl ebenfalls in die Hunderte gehen.

Ausgaben und Übersetzungen

Als Abbiati sich an die Arbeit machte, waren bereits einige Sammlungen des Verdischen Briefwerkes erschienen, allerdings zum größten Teil in einer Form, die einen Historiker kaum zufriedenstellen konnte. 1913 waren die *Copialettere* erschienen, ein Abdruck der Briefabschriften und Briefentwürfe, die Verdi selbst angefertigt hatte und die in fünf einfachen Quartheften in Sant'Agata aufbewahrt werden. Fünf weitere solche Hefte enthalten Briefabschriften von der Hand Giuseppina Strepponis. 1931 erschien, unter dem verheißungsvollen Titel *Verdi intimo*, der Briefwechsel mit dem Freund Arrivabene (Alberti, 1931): Er spiegelt die jahrzehntelange Freundschaft zweier bemerkenswerter italienischer Herren wider, gibt aber weniger ›Intimes‹ preis, als der Titel verspricht. 1935 brachte die Reale Accademia d'Italia eine Ausgabe namens *Carteggi Verdiani* in zwei Bänden heraus, 1947 wurde sie von der Accademia Nazionale dei Lincei in Rom um zwei weitere Bände ergänzt (Luzio, 1935; Luzio, 1947); die Ausgabe stiftete jedoch wegen ihrer willkürlichen Auswahl, der ebenso willkürlichen Kürzungen und Säuberungen, der viel zu reichhaltigen und schlecht abgesicherten Kommentare entschieden mehr Verwirrung als Klarheit. 1978 erschien der für die Verdi-Forschung bedeutsame *carteggio* mit Arrigo Boito in zwei Bänden, wobei der erste Band den Text wiedergibt, der zweite einen immerhin annähernd historisch-kritischen Kommentar bringt (Medici/Conati,1978).

Erst in jüngster Zeit kündigte das Istituto Nazionale di Studi Verdiani in Parma eine historisch-kritische Gesamtausgabe der erhaltenen Briefe Verdis an und begann mit der sehr gründlichen Herausgabe des *Carteggio Verdi-Ricordi*, von dem bisher zwei Bände erschienen sind (Petrobelli, 1988; Cella, 1994). Die weiteren Bände lassen auf sich warten. Nach Auskunft des Istituto Nazionale di Studi Verdiani – es besitzt einen Zettelkatalog, der über 15 000 Verdi-Briefe nachweist, sowie Kopien der zugänglichen Original-Quellen – soll die Reihe mit zwei weiteren Bänden des Briefwechsels Verdi-Ricordi fortgesetzt werden (*1886–1888* und *1889–1890*), später sollen dann die Briefwechsel mit Salvadore Cammarano und den Brüdern Escudier folgen – und so fort.

Franz Werfel war 1926 der Herausgeber der ersten Briefsammlung in deutscher Sprache (Werfel, 1926). Erst Jahrzehnte später folgten weitere Ausgaben ausgewählter Briefe (Büthe/Lück-Bochat, 1963; Busch, 1979; Otto, 1983). 1986 gab Hans Busch eine sehr ausführlich kommentierte Ausgabe des Briefwechsel Verdi-Boito heraus (Busch, 1986). Außer dieser letzteren sind alle deutschen Ausgabe von Verdi-Briefen vergriffen.

Ein ›verborgenes‹ Privatleben

So ist das 1959 bei Ricordi erschienene vierbändige Werk von Franco Abbiati bis heute die reichhaltigste und übersichtlichste Briefsammlung Verdis geblieben, auch wenn es sich eigentlich um keine Briefsammlung handelt, sondern um eine sich an (oft ohne Datum und mit vielen Lesefehlern wiedergegebenen) Briefen entlang entwickelnde Dokumentar-Biographie. Freilich sah Abbiati sich dabei einer zwar ehrenwerten, aber für einen Biographen auch hinderlichen Eigenschaft Verdis gegenübergestellt: nämlich seiner beispiellosen Diskretion. Verdi war offenbar ganz und gar nicht daran interessiert, seine privaten Angelegenheiten in Briefen darzulegen. Über das Drama seiner jüngeren Jahre, als er innerhalb von knapp zwei Jahren seine beiden kleinen Kinder und seine erste Ehefrau verlor, erfahren wir in seinen Briefen kein Wort, weder in der Zeit, als das Unglück geschah, noch in den sechs Jahrzehnten, die Verdi danach noch erleben sollte. Auch sonst läßt er intime Gefühle, Liebe, Leben, Sorgen und Schicksalsschläge beim Briefschreiben gewöhnlich beiseite – es sei denn, sie betreffen den Mißerfolg einer Uraufführung oder den immer wiederkehrenden Ärger mit der Zensur oder der Presse.

Einen Briefwechsel mit seiner zweiten Frau Giuseppina Strepponi hat es vermutlich gegeben, zumal Giuseppina sich zu Beginn ihrer Gemeinsamkeit in Paris aufhielt, er ist aber nicht erhalten. Zumindest von einem dieser Briefe an Giuseppina heißt es, sie habe ihn mit ins Grab genommen, und möglicherweise ist dies der Weg, den auch die übrigen Briefe an sie gegangen sind. Der berühmte und vielzitierte Brief, den Verdi am 21. Januar 1852 an den Vater seiner ersten Frau schrieb und in dem er sich mit gebührendem Respekt, aber unnachgiebig zu seiner intimen Beziehung mit der »freien und unabhängigen Dame« Strepponi bekennt (Copialettere, 1913, S. 130), ist mithin die einzig erhaltene ›indirekte‹ Liebeserklärung an seine Lebensgefährtin über gut fünfzig Jahre.

Verdi als Briefschreiber

Verdi der Briefschreiber tritt uns als arbeitsamer, ja arbeitsbesessener Solitär entgegen. Er wirkt deshalb nicht weniger menschlich, im Gegenteil. Seine Briefe zeichnen sich durch eine ganz außerordentliche Lebendigkeit und Freimütigkeit aus und, vor allem im Vergleich mit dem damals in Italien üblichen Briefstil, durch einen erfrischenden Mangel an Umständlichkeit und Rhetorik. Dieser berüchtigte italienische Briefstil läßt sich etwa an einer Schlußklausel des Ricordi-Prokuristen Tornaghi erkennen: »Sempre pronto a di Lei ambiti comandi ho l'onore di rassegnarmi colla più distinta stima e considerazione, di Lei devot.mo Eug. Tornaghi« (»Stets für Ihre Wünsche und Befehle bereitstehend, habe ich die Ehre, mich mit meiner hochachtungsvollsten Ehrfurcht und Wertschätzung zu empfehlen, der Ihnen sehr ergeb. Eug. Tornaghi«).

Verdi dagegen schreibt in den meisten Fällen nichts als ein »Addio, addio« unter seine Briefe (wobei er auch das oft noch abkürzt auf »Ad. ad.«). Offenbar schrieb er Briefe so, wie sie ihm aus der Feder flossen: ohne Umschweife, ohne Zierden und Schnörkel; kein ›Salonton‹. Vielmehr gelingt es ihm in beinahe jedem Brief, im Handumdrehen ein sehr direktes Gespräch mit dem Adressaten herzustellen. Er nennt ihn immer wieder beim Namen (»Hört, mein lieber Giulio!«), er packt ihn gewissermaßen am Revers, er schildert, argumentiert, fragt (»Soll ich? Soll ich nicht?«), scheint schriftlich zu gestikulieren, er ruft, nein schreit seinen Adressaten an, mit vier, sechs, sieben, acht Ausrufezeichen, und verliert nie gänzlich die ihm angeborene Ironie. Er schreibt seine Briefe stets mit großer Konzentration, bis ins hohe Alter hinein, und ausnahmslos schreibt er in der Jetztzeit. Reflexionen, Reminiszenzen und historische Betrachtungen sind ihm gänzlich fremd. Fast nie schreibt er einen Brief, ohne einen konkreten Anlaß oder, eher noch, eine Mitteilung oder ein Anliegen zu haben. Selbst der berühmte Brief an Ricordi, in dem er Wagners Tod bedauert (»Triste! Triste! Triste! Vagner è morto!!!« – »Traurig! Traurig! Traurig! Vagner ist tot!!!«; Brief Verdis an Giulio Ricordi vom 15. Februar 1883; Cella, 1994, S. 86), beginnt mit einer Bitte um ein bestimmtes Notenpapier.

Zuweilen wurde die lakonische Ungeziertheit und der oft polternd direkte Schreibstil des illustren Maestro schlicht als Mangel an Bildung interpretiert; und insbesondere sein Umgang mit ›ausländischen‹ Namen schien diesen Verdacht zu bestätigen. Tatsächlich schreibt Verdi stets von »Vagner«, er hört dessen »Loingrin« und die Ouvertüre vom »Tannauser«, er erwähnt den »Freychutz« – leider ohne näher auf ihn einzugehen – und erkundigt sich anläßlich eines enthusiastischen Briefes, den der junge Richard Strauss ihm 1895 zukommen ließ, nachdem er *Falstaff* gehört hatte, ob es sich bei diesem um den Komponisten der »Valtzer« handle. Erstaunlicher noch ist, daß Verdi den von ihm so über alles geschätzten Shakespeare stets »Shaespeare« oder, einfacher noch, »Shaspeare« nennt. Wenn es nach ihm gegangen wäre, so hätte er keinen *Macbeth* geschrieben, sondern einen »Macbet«; und selbst aus seinem getreuen Hühnerhund namens Black wird ein »Blach«. Mit anderen Worten, der Maestro schreibt italienische Lautschrift, wenn ihm etwas ›Germanisches‹ unter die Feder kommt (denn das Französische beherrschte er erstaunlich gut).

Zu seiner Entlastung sei gesagt, daß er gewiß nicht der einzige war: Der Name Shakespeares scheint der italienischen Nation so viel Schwierigkeiten bereitet zu haben, daß sie schließlich das Adjektiv »scespiriano« (für »shakespearianisch«) schuf, es wird von den modernen Sprachlexika als genuin italienisches Wort geführt. Doch auch sonst spricht der freie Umgang Verdis mit germanischen Namen keineswegs für Unbildung; vielmehr war ihm vermutlich, während er Briefe schrieb, das Heraussuchen der richtigen Schreibweise schlicht zu lästig und zeitraubend. »Hauptsache ist, daß Sie es verstehen können«, schrieb er 1855 in einem französisch verfaßten Brief an François Louis Crosnier, den Direktor der Pariser Opéra (Brief vom 3. Januar 1855; Copialettere, 1913, S. 159); und dies blieb sein Grundsatz bei der Niederschrift eines jeden Briefes.

Gewiß verschwendete er als Briefschreiber keinen Gedanken an die Nachwelt. Als 1880 einige Briefe Vincenzo Bellinis an die Öffentlichkeit gerieten, findet er dies geradezu abstrus: »Aber welche Notwendigkeit besteht denn, die Briefe eines *maestro di musica* hervorzukramen? Briefe, die immer in Eile geschrieben worden sind, ohne Sorgfalt, ohne Belang, weil der *maestro* weiß, daß er nicht den Ruf des Literaten wahren muß. Reicht es nicht, daß man ihn wegen der Noten auspfeift? No signore! Auch noch die Briefe!« (Brief an Opprandino Arrivabene vom 18. Oktober 1880; Alberti, 1931, S. 261) Sehr wahrscheinlich ahnte er in diesem Moment, daß ihm und seinen Briefen notwendig das gleiche Schicksal blühen würde. Dieser Gedanke veranlaßte ihn jedoch zu keinerlei Reflexion oder Vor-Sicht:

Er schrieb seine Briefe weiterhin so, wie er sie eben schrieb, nämlich blank aus der Situation heraus und sich ebenso blank die Person vor Augen haltend, an die sein Schreiben gerichtet war.

Briefe rund um das Werk

Zum größten Teil begleiten die Briefe sein musikalisches Werk, und zwar als vorwiegend praktischer Kommentar sowohl zur Genese der Opern als auch zu deren Aufführungen. Dementsprechend sind seine Briefe voller ästhetischer Urteile, die jedoch meist eng an sein ›Material‹ und die jeweils aktuelle Arbeit gebunden sind. Summarische Urteile über Kunst und Musik liegen ihm weniger. Anfragen dieser Art weist er weit von sich und zieht sich hinter einen denkbar schlichten Subjektivismus zurück wie hinter den Ofen: »Oft bin ich Gedichten begegnet, die mir gefielen, einer Menge Bilder, die mich entzückten, [...] manchmal stieß ich auf ein paar Takte Musik, die mich interessierten, nie wußte ich aber etwas anderes darüber zu sagen als: ›Es gefällt mir‹.« (Brief Verdis an Achille Torelli vom 7. November 1878; Copialettere, 1913, S. 517) Um so dezidierter äußert er sich, wenn es um die Darstellung und Durchsetzung seiner künstlerischen Vorstellungen geht. Sein Verleger und *impresario* Giulio Ricordi bekommt, bei aller Freundschaft, einen wenig diplomatischen, vielmehr kategorischen und beinahe autoritären Verdi-Ton zu hören: »Mir liegt wenig an der sogenannten Feinheit des Gesangs; ich liebe es, die Partien so singen zu lassen, wie ich es will [...]. Seid durchaus gewiß, mein lieber Giulio, daß, wenn ich nach Mailand komme, dies nicht aus Eitelkeit geschieht, um eine Oper von mir zu geben; es geschieht, um eine wahre künstlerische Aufführung zu erreichen. Damit dies gelingt, muß ich die erforderlichen Darsteller haben, und ich bitte Euch, mir außer [Mitteilungen über das] Sängerensemble kategorisch [folgende Fragen] zu beantworten«. Es folgt eine lange Liste von sehr detaillierten Bedingungen, die mit einer erneuten Aufforderung, Ricordi möge ihm »kategorisch und entschieden« antworten, endet (Brief Verdis an Giulio Ricordi vom 10. Juli 1871; Abbiati, 1959, Band III, S. 461 f.).

Verdis Taktik, wenn es ums ›Verhandeln‹ in künstlerischen und aufführungspraktischen Dingen geht, besteht in erster Linie in großer Genauigkeit; und darin, das, was er auszusetzen hat, ohne Umschweife beim Namen zu nennen. Mehr und mehr macht er es sich zur Angewohnheit, seinem Briefpartner – nicht ohne ironisch-dramatische Steigerung und verschwenderischen Umgang mit Ausrufezeichen – den Sachverhalt vor Augen zu halten, um ihn sozusagen dorthin zu bringen, von selbst einsehen zu müssen, daß er, Verdi, recht habe. Er strukturiert seine Briefe dialogisch-dialektisch, bei jeder seiner Aussagen ist der andere, den es zu überzeugen gilt, mit seiner möglichen Widerrede präsent. Dabei aber bleibt stets er, Verdi, der ›Dirigent‹: Das Gespräch, auch dort, wo es zum Dialog wird, bestimmt er – nach Gang- und Tonart wie auch nach Inhalten, Haupt- und Nebenthemen. Trotzdem scheint er seine unermüdlichen Bemühungen um eine »wahre künstlerische Aufführung« als einen lebenslangen, vergeblichen Kampf empfunden zu haben, und manchmal steigert sein Verdruß sich zur Entrüstung, wenn nicht Verzweiflung: »Und ich für meine Person erkläre, daß nie, nie, nie irgend jemand je alle von mir erdachten Wirkungen herauszuholen gekonnt noch verstanden hat... NIEMAND!! Nie, nie... weder Sänger noch Dirigenten!!...« (Brief Verdis an Giulio Ricordi vom 8. April 1875; ebd., S. 748).

Publikum und Kritiker

Mit ähnlichem Verdruß und mit ähnlich vielen Exklamationen äußert er sich auch über Publikum und Kritiker (was ihn allerdings nicht hinderte, das italienische Publikum besser zu finden als das französische, das französische besser als das deutsche): »Das Publikum soll sich nicht um Mittel kümmern, deren sich der Künstler bedient!... Wenn es schön ist, soll es applaudieren. Wenn häßlich, soll es pfeifen!... Das ist alles.« (Brief Verdis an Cesare De Sanctis vom 17. April 1872; Luzio, 1935, Band I, S. 150) Beschwichtigungsversuchen gegenüber – etwa von Seiten Ricordis, der ihn auf seine Erfolge hinweist – zeigt er sich ärgerlich, wenn nicht höhnisch: »Ihr sprecht mir von *erzielten Erfolgen*!!!!!!!! Von welchen?...

[...] Nach der *Aida* endloses Geschwafel [...]: daß ich nicht für Sänger zu *schreiben verstanden* hätte; daß höchstens im 2. und vierten Akt etwas Passables gewesen wäre (im dritten nichts); und schließlich, daß ich ein Vagner-Imitator sei!!! Ein schöner Erfolg, nach 35jähriger Karriere als *Imitator* zu enden!!!« (Brief Verdis an Giulio Ricordi vom 4. April 1875; Abbiati, 1959, Band III, S. 748 f.) Eine beliebte Drohgebärde, die er vor allem Ricordi gegenüber gern wiederholt, ist die, daß er, Ricordi, seine Partituren ruhig zurückziehen solle, daß er, Verdi, besser daheim in Le Roncole der Bauer oder Dorforganist geblieben wäre ... und so weiter. Und mit Vorliebe beginnt Verdi seine Briefe mit dem Ausruf »Ahimé! Ahimé!«, in dem Sinne: Ich Unglückseliger, der ich mich für diese eitle Theaterwelt aufreiben muß. Mit anderen Worten, er spielte den Schwierigen. Gewiß keine sonderlich originelle Art, um seine Autorität ins Spiel zu bringen und sich Respekt zu verschaffen – aber eine andere kannte er offensichtlich nicht. Er war ein stabiler, väterlich-autoritärer Charakter und darin durchaus schlicht, ohne verfeinerte Reflexion auf die eigene Identitätsstruktur. Im Gegenteil: Immer wenn Verdi »Ich« schrieb und eine allgemeine Selbsterkenntnis oder persönliche Lebensweisheit daranhängte, kam etwas Fragwürdiges dabei heraus. Wenn das »Ich« hingegen im Dienst der Arbeit stand, die es gemeinsam mit dem Adressaten zu bewältigen galt, sprach es präzise, geistreich, dialektisch und ausgesprochen realistisch.

Selbstdarstellung

Von seiner eigentlichen Arbeit, seinem Komponieren, machte Verdi keinerlei Aufhebens. Wenn er sich dazu hinreißen läßt, sich selbst darzustellen, dann am liebsten so: »Sperrt also die Ohren auf, haltet den Atem an und hört zu: Seitdem ich keine Noten mehr fabriziere [...], habe ich mich der Jagd ergeben!!!!!!! Mit anderen Worten, wenn ich einen Vogel sehe, *Punf!* schieße ich.« (Brief Verdis an Léon Escudier vom 10. Februar 1860; Abbiati, 1959, Band II, S. 568) Kaum jemals beschreibt er sich als Komponierenden, niemals schreibt er über seine Fähigkeiten oder gar sein Genie. Über das große innere »Ich« Verdis, das, aus dem seine Musik heraufstieg, erfahren wir nichts. Verdi besaß kein ›Konzept‹ für seine Kunst, das er in Sprache hätte fassen können oder wollen. Er gehört zu jenen Tonschöpfern, die sich damit begnügen zu sagen: Es ist eben Musik! Und er bietet dieses Wort seinen Briefpartnern an, als sei damit alles gesagt. Wenn die Gelegenheit sich ergab, konnte er sehr genau begründen, was gute und was schlechte Musik sei, aber er tat dies eben nur bei Gelegenheit und nur am lebendigen Beispiel. Über seine Gefühle beim Komponieren wollte oder konnte er seinen Adressaten nichts sagen. Er schrieb ihnen lediglich: Ich arbeite, oder: Ich arbeite nicht, ich habe mich in der Pariser Opéra gelangweilt, ich sehne mich nach Hause. Wie es ihm beim Komponieren erging, ob es ihn erschütterte, aus welchen Ressourcen er schöpfte, hielt er nicht für erwähnenswert. Sein kreatives Ich hält der Briefschreiber Verdi so geheim wie sein intimes.

Vielgesichtigkeit der Tonlagen

Wenngleich im gesamten Briefwerk ein charakteristischer Verdi-Grundton zu erkennen ist – eben ein ›sprechender‹, stets auf das Jetzt konzentrierter Ton, den er freimütig aus der Feder aufs Papier fließen läßt –, zeigt er sich dennoch, je nach Thema, Inhalt und Adressat des Briefwechsels, von verschiedenen Seiten. Im *carteggio* mit Ricordi zeigt sich sein taktisches Geschick, in dem mit Boito spiegelt sich sein dramaturgisches Genie; beim Schreiben an den Maler und Kostümbildner Domenico Morelli zeigt sich seine bildnerische Vorstellungsgabe, und man beginnt zu ahnen, daß das Visuelle bei seiner Inspiration eine nicht geringe Rolle spielte: »Aber wenn ich Schauspieler wäre und Jago darzustellen hätte, dann möchte ich lieber eine hagere und schlanke Figur haben, schmale Lippen, kleine Augen, nahe bei der Nase liegend wie bei den Affen, eine hohe, nach hinten fliehende Stirn und einen ausgeprägten Hinterkopf, ein zerstreutes, *nonchalantes*, gleichgültiges, allem gegenüber sarkastisches Gehabe ...« (Brief Verdis an Domenico Morelli vom 24. September 1881; Copialettere, 1913, S. 317 f.).

Ein wichtiger Grund für die eklatante Lebendigkeit von Verdis Briefen liegt eben darin, daß in ihnen nicht nur er selbst, der Verfasser, präsent wird, sondern auch der Adressat. Als musikalischer Menschenkenner findet er stets einen anderen und stets den passenden ›Ton‹ für sein Gegenüber. Der Salondame Gräfin Clara Maffei gegenüber schlägt er deutlich galantere Töne an (»Ich danke Euch, meine reizende, beste Clarina, für Euren lieben Brief«; 10. Januar 1867; Abbiati, 1959, Band III, S. 116); dem lebenslangen Freund Arrivabene zuliebe, einem in Rom lebenden Politiker und Schriftsteller, läßt er sich manchmal dazu herab, ein wenig über Musik zu philosophieren – »In Sachen musikalischer Anschauung muß man weitherzig sein« (Brief vom 15. März 1883; Alberti, 1931, S. 300) – oder über die Politik: »Ich antworte Dir nicht in bezug auf die Wahlreform, auf den Senat, auf die Kammer usw... Das sind Dinge, die einen schaudern machen!... und was mich betrifft, ich hoffe auf nichts mehr« (Brief vom 23. Dezember 1881; ebd., S. 294).

Der Librettist Francesco Maria Piave, den er offenbar als Menschen sehr gern hatte, erscheint gleichwohl als ein *buffone*, über dessen Tun man nur die Hände zusammenschlagen kann: »Wie, Du sprichst mir schon vom dritten Akt? Ist denn der zweite fertig? Warum schickst Du ihn nicht?... Du arbeitest viel zu schnell, und ich sehe wieder Unheil voraus! Basta! Wie kann man nur in so kurzer Zeit einen Akt von der Sublimität des 2. Aktes von *Macbet* [schreiben]? [...] Zum Teufel, Du weißt nicht, was die Hexen sagen sollen, nachdem Macbet in Ohnmacht gefallen ist?... Ja, steht denn da nichts bei Shaespeare? Ist denn da kein Satz, der den *Geistern der Luft* helfen kann, ihn wieder zur Besinnung zu bringen?... Oh, ich Armer!!... Addio! Addio!« (Brief Verdis an Francesco Maria Piave vom 29. Oktober 1846; Abbiati, 1959, Band I, S. 652)

Ganz anders, nämlich hochachtungsvoll benimmt er sich Arrigo Boito gegenüber: »Habt Ihr beim Entwurf von *Falstaff* je an die enorme Zahl meiner Jahre gedacht? Ich weiß wohl, Ihr werdet mir antworten, indem Ihr meinen guten, hervorragenden, robusten Gesundheitszustand übertreibt... Und selbst wenn er so wäre: Ihr werdet mir trotzdem zugeben, daß ich großer Kühnheit beschuldigt werden könnte, wollte ich eine so große Aufgabe übernehmen! – Und wenn ich der Mühe nicht standhielte?! – Wenn ich die Musik nicht zu Ende schreiben könnte? – Dann hättet Ihr Zeit und Kraft vergeblich verschwendet! Um alles Gold in der Welt möchte ich das nicht haben. Diese Idee ist mir unerträglich. [...] Aber welche Freude, zum Publikum sagen zu können: ›*Wir sind noch da!! Seht her zu uns!!*‹ Addio, addio.« (Brief vom 7. Juli 1889; Medici/Conati, 1978, S. 143)

Im *carteggio* mit Boito begegnet uns ein gewandelter Verdi. Verschwunden ist der oft verdrießliche, manchmal etwas beißend ironische Ton, den er seinen anderen Mitarbeitern gegenüber anschlug; Verdi wird vielmehr ruhig, ausgeglichen, bescheiden, sogar bittend. Dies liegt gewiß nicht an seinem inzwischen recht hohen Alter, sondern vielmehr daran, daß ihm in Boito zum erstenmal im Leben eine Persönlichkeit gegenübersteht, die er nach kurzen anfänglichen Zweifeln als ebenbürtig und in Bildungsfragen sogar als überlegen empfindet. Der alte Maestro bemüht sich, es dem um 30 Jahre Jüngeren recht zu machen (»Bei dem Wort Falstaff wollt Ihr die Betonung auf der ersten oder der zweiten Silbe?«; Brief vom 17. März 1890; ebd., S. 163), er freut sich fast rührend über jeden Besuch Boitos (»Divinamente bene! Auf Wiedersehen also am 18.!, dann werden wir von so vielem sprechen!«; Brief vom 6. Oktober 1890; ebd., S. 176), er wird zuweilen unsicher und apologetisch (»Wenn ich's nicht gut gesagt habe; wenn ich zuviel gesagt habe ... soll's nicht gesagt sein! ... Ihr wißt, daß alte Leute Schwätzer und Grantler sind.«; Brief vom 6. August 1892; ebd., S. 208); und am Ende eines jeden Briefes drückt er ihm »herzlich die Hände«.

So wurde Verdi am Ende mild. Aber auch aus seinen früheren Briefen kann man zwischen den Zeilen herauslesen, daß er nicht wirklich so unnachgiebig und verdrossen war, wie er sich oft gab. An Clarina Maffei hatte er einst geschrieben: »Nebenbei, ich bin ein Tyrann, der am Ende immer das tut, was ich nicht will« (Brief vom 18. Mai 1872; Luzio, 1927, S. 531), und dies ist eine der wenigen ›Ich‹-Behauptungen, mit denen er auf witzige Weise den Nagel auf den Kopf getroffen hat. Er erkannte stets, was möglich war, und er setzte seine Autorität als Briefschreiber ein, um das Bestmögliche zu erreichen (»Ich wünsche nichts anderes, als daß alles gut geht und daß man mir das nötige Rüstzeug gibt«; Brief Verdis an Cesare De Sanctis vom 25. Februar 1872; Luzio, 1935,

Band I, S. 144). Er verschonte seine Adressaten nicht, aber noch weniger schonte er sich selbst. Es war ihm kein Anlaß zu gering, um sich, neben allem Komponieren, Reisen, Proben, hinzusetzen und seine Mitarbeiter und Freunde durch einen Brief wissen zu lassen, daß er sich Gedanken gemacht hat – oder daß er sich soeben Gedanken macht: Denn außer im strikt Musikalischen waren Briefschreiben und Gedankenklärung für ihn meistens ein und derselbe Vorgang.

Viel mehr als ein Tyrann war er ein Realist – oder einfacher: ein stets praktisch denkender Mensch. Das zeigt sich schon allein darin, daß er stilistisch zwischen den Dingen der musikalischen Arbeit und denen des Alltags keinen Unterschied macht. Gleich, ob es um Verse geht oder um Pferde, um die Organisation einer Probe oder einer Reise, um die Höhe eines Honorars oder die Besetzung einer Rolle oder um ein humanitäres Werk: Er wendet sich allem mit gleicher Intensität und gleichem Nachdruck zu; einen Unterschied in seinem psychologischen Haushalt scheint es bei all diesen Dingen nicht gegeben zu haben. Er behält seinen praktischen, direkten Ton, er fordert und begründet, er ist nicht verletzend, aber auch nicht nachgiebig.

Ausgespart blieben aus seinen Briefen alle Peinlichkeiten, alle Unarten, alle Indiskretionen, alle persönlichen Belange und intimen Gefühle. Mit unbewußter Strategie schaffte Verdi es, über viele tausend Briefe hinweg ein Kunstgeschöpf aus sich selbst zu machen – eines, das dem Kunstideal seiner Opern durchaus entspricht: den noblen bürgerlichen Charakter. Die Leichtigkeit, Reichhaltigkeit und untrügliche Sicherheit, mit der er sich selbst in seinen Briefen auftreten läßt, verraten einmal mehr das Genie ihres Verfassers.

Sabina Kienlechner

WIRKUNG

Paradigmen der Verdi-Rezeption

von Hans-Joachim Wagner

Die Verdi-Rezeption des 20. Jahrhunderts gründet auf einem kaum zu entwirrenden Konglomerat wechselseitig sich durchdringender und widersprechender Urteile, und der Versuch, Grundzüge einer Rezeptionsgeschichte des Verdischen Œuvres zu rekonstruieren, hat sich grundsätzlich dieser Heterogenität der Urteile zu stellen. Es wäre verfehlt, eine objektive, zeitlos gültige Rezeptionshaltung vorauszusetzen, in der sich ein einmal formulierter, vermeintlich feststehender Werksinn kundtun würde, denn Verdis Opern sind – wie Kunstwerke überhaupt – keine monolithischen, für sich stehenden Objekte, die zeitenthoben jedem Rezipienten den gleichen Anblick bieten, sondern sie sind Teil eines Dialogs: Sie erfahren im Akt der Rezeption eine Aktualisierung, und die gefällten Urteile sind – wie Hans Robert Jauß mit Blick auf die Rezeption von Literatur festgehalten hat – »die sukzessive Entfaltung eines im Werk angelegten, in seinen historischen Rezeptionsstufen aktualisierten Sinnpotentials« (Jauß, 1994, S. 186). Da die Grenzen und Möglichkeiten des Verstehens im Prozeß der Rezeption zum rezipierten Werk selbst gehören, kann es nicht Aufgabe sein, die Tendenzen und Strömungen der Verdi-Rezeption im 20. Jahrhundert auf ihre Stimmigkeit beziehungsweise einen vermeintlich objektiven ›Wahrheitsgehalt‹ hin abzuklopfen, sondern es ist danach zu fragen, welche Funktionen sie erfüllen. Im Prozeß dieser Funktionalisierung lassen sich übergreifende Kategorien der Wirkung und Rezeption Verdis festhalten, die im Spannungsfeld zwischen einem politisch-historischen und einem ästhetisch-kompositionsgeschichtlichen Diskurs zu orten sind. Der Komponist Verdi wurde – und darin offenbart sich die Bedeutung ebenso wie der Rang seines Œuvres – in der Debatte über Tradition und Fortschritt in der Kunst des 20. Jahrhunderts funktionalisiert, wobei sich in groben Zügen vier dialektisch vermittelte Perspektiven der Rezeption rekonstruieren lassen: einerseits die Ineinssetzung der politischen Ideen Verdis mit dem Risorgimento – ein Konstrukt, das die politische Funktionalisierung Verdis in Italien fundierte –, andererseits die Proklamation Verdis zum Vollender des italienischen *melodramma* beziehungsweise der italienischen Gesangsoper mit ihrem Primat der Melodie sowie drittens die Vorbildfunktion des späten Verdi für die Librettistik des 20. Jahrhunderts; und viertens schließlich die Dichotomie Wagner/Verdi, die sich im Rückblick und angesichts der neueren Verdi-Forschung zwar als fragwürdig erweist, musikhistorisch indes ungemeine Wirksamkeit besaß und das Fundament der Verdi-Rezeption im 20. Jahrhundert bildete.

Daß im folgenden vorab die von Komponisten getragene ästhetische und kompositionstechnische Verdi-Rezeption in den Blick gerät, mag insofern eine Verkürzung des Rezeptionsprozesses darstellen, als nicht allein die Meinung der Komponisten, sondern auch die Reaktionen des Publikums und der Kritik sowie die Aufführungsgeschichte der Werke selbst zur Konstituierung einer umfassenden Rezeptionsgeschichte beitragen. Franz Werfels *Verdi. Roman einer Oper* (1924), Thomas Manns *Zauberberg* (1924) oder auch Ingeborg Bachmanns Reflexionen über Verdi haben ebenso entscheidend zum Verdi-Bild des 20. Jahrhunderts beigetragen wie die von Fritz Busch während der 1920er Jahre in Dresden geleiteten Verdi-Aufführungen, die Regiearbeiten von Walter Felsenstein, die durch Maria Callas initiierte ›Renaissance‹ der italienischen Oper des 19. Jahrhunderts oder die für die wissenschaftliche Verdi-Rezeption bedeutenden Publikationen von Paul Stefan, Paul Bekker, Ferruccio Bonavia, Francis Toye, Francesco Abbiati, Leo Karl Gerhartz oder Julian Budden. Dennoch verspricht die Beschränkung auf den produktionsästhetischen Aspekt der Rezeption besonderen Gewinn, da sich die Paradigmen der Verdi-Rezeption auf gleichsam prototypische Weise in den Reflexionen der Komponisten über die ästhetischen und technischen Grundlagen ihres Tuns offenbaren. Von hier aus indes auf eine übergreifende Relevanz Verdis für die Kompositionsgeschichte des 20. Jahrhunderts zu schließen, griffe zu kurz, denn sein Werk besaß kompositionsgeschichtlich weniger direkten Referenzcharakter als vielmehr eine zuweilen bloß proklamierte Modellfunktion.

Zeitgenossen und *verismo*

Die italienische Verdi-Rezeption bis 1945 fand im Horizont der Debatte um die Zukunft der italienischen Kunst statt, das heißt sie war Teil des ästhetischen und politischen Diskurses über den italienischen Wagnerismus, den *verismo*, den Futurismus, den Neoklassizismus und mündete schließlich in eine Funktionalisierung Giuseppe Verdis für die Belange des Faschismus. Die tragenden Denkmuster der Rezeption etablierten sich dabei schon bei Verdis Zeitgenossen. Arrigo Boito zählte als führender Kopf der Mailänder *scapigliatura* zu den ersten Künstlern Italiens, die eine produktive und zugleich kritisch-würdigende Auseinandersetzung mit dem Werk Verdis etablierten. Getragen von eine radikalen Absage an überkommene Traditionen und einer politischen Haltung, in der sich patriotisches Gedankengut und internationale Orientierung verschränkten, zielten Arrigo Boitos Ideen auf eine Reform der italienischen Oper; auf eine Neubestimmung, die eine Synthese von *melodramma* und Musikdrama anstrebte. Vom ästhetischen Denken der Romantik beeinflußt, proklamierte Boito einerseits die Einheit der Künste, um in diesem utopischen Entwurf die sozialen und politischen Widersprüche seiner Zeit aufzuheben, und andererseits stellte er mit dem Rekurs auf Richard Wagner und mit dem Bekenntnis zur deutschen Instrumentalmusik die in Verdis Œuvre letztmalig formulierten Traditionen des italienischen *melodramma* grundsätzlich in Frage: »Solange wir in Italien die Oper kennen, haben wir niemals eine wirkliche Form gehabt, immer nur die Verkleinerungsform, die Formel. Ausgehend von Monteverdi, haben wir diese Formel über Peri, Cesti, Sacchini, Paisiello, Rossini, Bellini und Verdi weitergegeben, die viel an Kraft, Entwicklung und Verschiedenheit hinzugefügt haben – aber es ist dennoch immer Formel geblieben.« (Damm, 1990, S. 32) Diese Formelhaftigkeit des *melodramma* suchte Boito durch die enge Zusammenarbeit von Dichter und Komponist, die inhaltliche und formale Neubestimmung der Dichtung für Musik, die Ablehnung stereotyper Muster von Melodik, Harmonik und Rhythmus, die Aufwertung des Orchesters und die Negation der traditionellen Nummernoper zu überwinden. Insgesamt unterstellte Boito mit diesem Programm den Komponisten Verdi, der im Bewußtsein der Zeitgenossen den Höhepunkt der traditionsreichen Geschichte des *melodramma* markierte, dem Verdikt des kruden Traditionalismus. In der Zielsetzung der Reform indes unterschied sich Boito trotz der ästhetischen Distanz und der Hinwendung zum Musikdrama Richard Wagners letzten Endes nicht von Verdi: Die italienische Oper sollte nicht eliminiert, sondern in ihrer Vorrangstellung innerhalb der Gattungshierarchie gestärkt werden. Dieses charakteristische Schwanken zwischen Tradition und Fortschritt fand in Boitos Musiktheater eine spezifische Ausformung. Während *Mefistofele* (erste Fassung 1868, zweite Fassung 1875) mit der engen Bindung an Goethes *Faust* den ersten Versuch einer Literaturvertonung in Italien darstellt und die unvollendet hinterlassene Oper *Nerone* schon allein durch die Separatpublikation des Librettos im Jahre 1901 den hohen literarischen Anspruch der Arbeit dokumentiert, blieb Boito musikalisch den Grundprinzipien der italienischen Oper verhaftet. Zwar weist der Gebrauch von figurenspezifisch und szenenübergreifend eingesetzten Leitklängen beziehungsweise Leitmotiven auf den Einfluß Richard Wagners, und auch Harmonik und Instrumentation sind nicht nur an Meyerbeer, sondern mehr noch an Wagner geschult, die vorwaltende Kantabilität jedoch – vorab in den knappen, häufig strophisch gegliederten und trotz auskomponierter, fließender Übergänge geschlossenen Arien und Ensemblesätzen – dokumentiert Boitos Verpflichtung gegenüber den Traditionen des *melodramma*. Nicht zuletzt diese Offenheit des musikdramaturgischen Entwurfs – seine Verknüpfung von Fortschritt und *italianità* – bildete die Voraussetzung für die kongeniale Zusammenarbeit mit Verdi, nachdem dieser seine Ressentiments gegenüber dem ehedem bilderstürmenden Literaten abgelegt hatte.

Wie Arrigo Boito betrieb auch Giacomo Puccini eine Reflexion über die Traditionen des italienischen *melodramma* gleichsam durch Verdi hindurch, und wie Boito setzte Puccini die Verdi-Rezeption neben die Auseinandersetzung mit Richard Wagner und der französischen Oper. Dennoch galt ihm Verdi als Idol, auf dessen Bedeutung für seine kompositorische Entwicklung Puccini immer wieder hingewiesen hat. Zumal die Erfahrung einer *Aida*-Aufführung 1876 kam einem Initialerlebnis gleich: »Als ich in Pisa die *Aida* gehörte hatte, spürte ich, daß ein musikalisches Fenster für mich aufgegangen war.« (Carner, 1996, S. 50) Puccini erkannte, daß sich an die Traditionen des *melodramma* und ihre Formulierung bei Verdi mit Erfolg anschließen ließ. Er adaptierte in seinem Erstling *Le Villi* (1884) das Prinzip der Nummernoper und hielt trotz radikaler Modifikationen und unter Einschluß dramaturgischer Entwürfe, die von den aktuellen Tendenzen des Schauspiels beeinflußt waren, bis *Turandot* an ihm fest, auch wenn die Nummer nur mehr den abstrakten Rückhalt der Dramaturgie bildete. Zudem knüpfte Puccini in der grundsätzlichen Akzeptanz der italienischen Oper als Gesangsoper mit dem Vorrang der Melodie, in der sich die Emotion der handelnden Figur offenbart, bei Verdi an. Und schließlich übernahm er die primären Elemente der Verdischen Opernästhetik: die Konzentration der Handlung, die Evidenz der Situation, die Kategorie der *parola scenica*, in der sich eine Situation schlaglichtartig offenbart, die Unmittelbarkeit des Ausdrucks und die Dominanz der Atmosphäre. Trotz dieser greifbaren Nähe zu Verdi ist die Rezeptionshaltung Puccinis nicht epigonal. Puccini verfolgte vielmehr einen kompositorischen Ansatz, in dem sich die italienische Operntradition mit Elementen des französischen und deutschen Musiktheaters (›grand opéra‹, *drame lyrique*, Musikdrama) strukturell verband. Puccinis Deklamation – etwa in *La bohème* (1896) – ist in Stil und Duktus an der gesprochenen Alltagssprache orientiert und geht mit ihrer kleingliedrigen, zugleich lyrisch-expressiven und flexiblen Gestaltung weit über den Konversationsstil von Verdis *Falstaff* hinaus. Verdis großdimensionierte Arien, Duette und Ensembles weichen einem kaleidoskopartigen Verlauf, der in Melos, Harmonik, Rhythmus und Artikulation kontrastierende Segmente mosaikartig reiht. Und das Orchester ist im Unterschied zu Verdi insofern ein zentraler Teil der Gesamtdramaturgie, als es einen psychologischen Kommentar beziehungsweise eine psychologische Metaebene zur dramatischen Handlung formuliert. Insbesondere diese mit der Aufwertung des Orchesters verbundene ›symphonische‹ Opernkonzeption Puccinis wurde von den Zeitgenossen als Neuheit empfunden; daß sie jedoch zugleich einen Bruch mit der Tradition implizierte, wurde selbst von Verdi beklagt: »Ich habe viel Gutes über den Musiker Puccini gehört. [...] Er folgt den modernen Tendenzen, und das ist natürlich, aber bleibt doch der Melodie verbunden, was weder modern noch alt ist. Es scheint jedoch, daß das symphonische Element bei ihm überwiegt! Das ist nicht weiter schlimm. Nur muß man damit vorsichtig umgehen. Oper ist Oper; Symphonie ist Symphonie, und ich glaube nicht, daß es schön ist, in der Oper ein symphonisches Stück zu machen, nur um den Spaß zu haben, das Orchester zum Tanzen zu bringen.« (Brief Verdis an Oprandino Arrivabene vom 10. Juni 1884; Alberti, 1931, S. 311)

Giacomo Puccinis Zeitgenossen Pietro Mascagni, Umberto Giordano und Francesco Cilea, die unter dem Etikett des *verismo* beziehungsweise der *Giovane scuola italiana* firmierten, standen Giuseppe Verdi grundsätzlich weniger nahe, als ein bloß flüchtiger Blick auf ihre Opernproduktion offenbart. Zwar hatte im Bewußtsein der Zeitgenossen Pietro Mascagni – und nicht etwa Giacomo Puccini – das Erbe Verdis angetreten, denn dieser hatte offenbar die Sujets von dessen mittlerer Schaffensperiode zum Vorbild genommen und in die Gegenwart transformiert, auch wenn Hans von Bülow nach der Lektüre der *Falstaff*-Partitur meinte, Mascagni habe in seinem Vorgänger Verdi einen vernichtenden Nachfolger gefunden. Genau dieser proklamierte Traditionsvollzug widerspricht aber der tatsächlichen Situation. Bereits Verdis oft zitiertes Credo »Das Wahre kopieren, mag eine gute Sache sein, aber das *Wahre erfinden*, ist besser, viel besser« (Brief an Clara Maffei vom 20. Oktober 1876; Luzio, 1927, S. 536), offenbart insofern die ästhetische Distanz zum *verismo*, als die veristischen Komponisten den Versuch unternahmen, gerade durch den Rekurs auf die realistisch-naturalistische Grundhaltung des literarischen *verismo* ein zeitgenössisches Opernrepertoire im emphatischen Sinne herauszubilden. Sie wandten sich dabei sowohl gegen die Idee des Wagnerschen Gesamtkunstwerks und dessen Rezeption in Italien – Ruggero Leoncavallos *Medici*-Projekt steht einzig in der Geschichte des *verismo* und blieb Fragment – als auch gegen die Hegemonie französischer und deutscher Opern und entwickelten im Zuge der Verschmelzung italienischer Operntraditionen jenseits von Verdi mit den aktuellen Tendenzen in Literatur beziehungsweise Theater eine eigenständige Dramaturgie und Stilistik. Dabei sind weder die Thematik und Figurenkonstellation noch die Reduktion der musikalischen Form und die dramaturgisch relevante Montage musikalisch schroff kontrastierender Nummern präfiguriert, weder die Zitattechnik, die sich auf Volkslieder, Volkstänze und Kirchenmusik, auf exotische Melodien und historische Modelle bezieht, noch der übergreifende Rekurs auf Formen, Techniken und Gesten der Opernhistorie in Giuseppe Verdis Dramaturgie. Indes begründete gerade die Technik des Zitats und der Allusion in den veristischen Opern ein Moment der *italianità*, das im Sinne nationaler Selbstvergewisserung gedeutet wurde und es erlaubte, die veristischen Komponisten in die Nachfolge Verdis einzurücken.

Bis zum Zweiten Weltkrieg

Um die Jahrhundertwende geriet Giuseppe Verdi zunehmend ins Kreuzfeuer der Kritik. Während das Publikum vor allem die »trilogia popolare« goutierte und Musiker wie Kritiker gleichermaßen die ›Musikdramen‹ *Otello* und *Falstaff* gegen das übrige Schaffen Verdis ausspielten – zum einen unter der Maxime, Verdi sei durch den Rekurs auf Wagner gleichsam zu sich selbst gekommen, zum anderen mit dem Hinweis, Verdi habe durch seine Wagnerismen die Tradition des italienischen *melodramma* verraten –, subsumierte die junge Komponistengeneration Verdi ihrem Verdikt über die Oper als Kunstform im allgemeinen. Der Futurismus formulierte mit seiner »systematische[n] Denunziation des Antiken, des Alten, des Langsamen, des Gelehrten und des Professoralen« (Marinetti, 1966, S. 37) eine vehemente Absage an die traditionelle Oper und bezog in seine Polemik gegen die Tradition Giuseppe Verdi ein. Balilla Pratella erkannte im italienischen *melodramma*, jenem »schwerfälligen und erstickenden Kropf der Nation« (Balilla Pratella, 1910, S. 1009), nurmehr eine absurde und a-musikalische Form, deren Inferiorität bei Rossini, Bellini und Verdi offen zutage liege. Die Oper müsse sich entgegen der Verdischen Floskel von der Rückkehr zum Alten – »Tornate all'antico« (siehe unten, S. 538) – der zeitgenössischen Avantgarde öffnen, und daher forderte er konsequent die Zerstörung der Quadratur und der Melodie, den Einsatz von freiem Rhythmus und Atonalität sowie eine Polyphonie als Fusion von Harmonik und Kontrapunkt. Daß das Aufbegehren des Futurismus letztlich jedoch historisch gebunden blieb, wird in der Bestimmung der zukünftigen Opernform evident: Die Oper kann in den Augen Balilla Pratellas nur dann überleben, wenn sie symphonische Formen adaptiert.

Die Polemik des Futurismus ging musikhistorisch ins Leere. Als wirkungsvoller erwies sich Fausto Torrefranca, der seinen auf Puccinis Opernschaffen gemünzten Vorwurf des Internationalismus in eine Generalabrechnung mit der italienischen Oper münden ließ. Torrefranca formulierte dabei in seinem Pamphlet eine Denkfigur, die für die Neoklassik in Italien zum ästhetischen Paradigma werden sollte: Die italienische Musik besitzt ihre große Tradition nicht in der Oper, sondern in der Instrumentalmusik des 17. und 18. Jahrhunderts, und eine Erneuerung der Musik kann nicht vom Musiktheater ausgehen, da es als Gattung keine nationale Identität besitzt. Dieser Meinung schloß sich die *Generazione dell'ottanta* grundsätzlich an, versäumte aber nicht, über die Möglichkeiten eines avancierten Musiktheaters zu reflektieren. Alfredo Casella suchte den Spagat zwischen nationalem Idiom und der Einbindung internationaler Tendenzen, indem er sich gegen das *melodramma*, den *verismo* wie auch gegen Richard Wagner wandte und durch den Rückgriff auf Claudio Monteverdi und die *commedia dell'arte* – *La donna serpente* (1932), *La favola di Orfeo* (1932) – ein singuläres Musiktheater schuf. Verdi war dem Komponisten indes insofern ein Problem, als er im Jahre 1930 dessen Popularität zu ergründen suchte: »Verdi schrieb Opern, um den Menschen, in deren Mitte er war, Vergnügen zu bereiten [...], Menschen, die eine Kunst verlangten, die ihnen Freude bringen und keine Pseudo-Religion sein sollte. [...] [Das Publikum] zieht gelehrten Wendungen, die immer gezwungen tiefgründig und intellektuell sind, die große Geste der Handlung vor, die auf elementaren, gemeinsamen und allen zugänglichen Gefühlen beruht, eine Handlung also, die ein feinerer Geist sicherlich ›banal‹ nennen würde. Und deswegen hat Verdi heute mehr denn je Erfolg: wegen der Einfachheit, der Elementarität seines *melodramma*.« (Nicolodi, 1984, S. 255, Anm. 309) Hingegen scheute Casella nicht den Vergleich mit Verdi, um der zeitgenössischen Kunst durch die Partizipation am Vorbild historische Legitimät zu verleihen: »Die Musik ist Mathematik, und wie diese ist sie eine Phantasie über Zahlen, und kann deswegen nur im Idealen und Abstrakten leben. [...] In den jüngsten Theaterwerken von Hindemith, Milhaud oder auch Křenek [...] leben die Worte in perfektem Gehorsam gegenüber der Musik und haben sichtbar keine andere Funktion als die Deklamation mit einem einfachen, linearen und rhythmischen Gerüst auszustatten. Genauso [...] wie es gewesen war zu den Zeiten von Verdis *La traviata* und *Il trovatore*.« (ebd.)

Die strikte Ablehnung der Traditionen des 19. Jahrhunderts war insgesamt für die italienischen Komponisten der Neoklassik kennzeichnend, und an ihr entzündete sich schließlich im Faschismus die politisch motivierte Kontroverse über das *melodramma*. Bereits 1921 war es zwischen Gian Francesco Malipiero und Ildebrando Pizzetti zur öffentlichen Auseinandersetzung um die Zukunft der italienischen Musik gekommen. Malipiero hatte eine Besinnung auf den gregorianischen Choral, die Lauda, Monteverdis Madrigalkunst und die barocke Instrumentalmusik gefordert und darin die Möglichkeit gesehen, der italienischen Musik jenseits der Romantik einen Weg in die Zukunft zu weisen. Pizzetti wies dieses Ansinnen zurück und zieh Malipiero einer Diffamierung der italienischen Musik des vergangenen Jahrhunderts. Am 17. Dezember 1932 erschien dann ein unter anderem von Pizzetti, Ottorino Respighi und Riccardo Zandonai unterzeichnetes Manifest, in dem nicht nur ein Plädoyer für die Romantik formuliert wurde, sondern auch die Funktionalisierung Verdis im Kontext des Faschismus evident wird: »Deshalb haben wir nicht das Bedürfnis, irgendetwas aus unserer Vergangenheit ablehnen zu müssen oder abzulehnen. Nichts von ihr ist des künstlerischen Geistes unserer Rasse unwürdig, nichts ist ihm nicht zugehörig. Die Gabriellis und die Monteverdis, die Palestrinas und die Frescobaldis, die Corellis, die Scarlattis, die Paisiellos, die Cimarosas, die Rossinis, die Verdis und die Puccinis sind verschiedene und unterschiedliche Zweige desselben Baums: Sie sind die glänzende, vielstimmige Blüte der italienischen Musikalität. Jawohl, meine Herren. Auch an Verdi und Puccini möchten wir glauben und wünschen es, ihre direkten Nachfahren zu sein.« (ebd., S. 142) Verdis Opern erschienen dem gleichermaßen populistischen wie nationalistisch motivierten Anti-Modernismus der faschistischen Ideologie als die Inkarnationen italienischer Musik, deren unsterbliche Melodien dem Volk aus dem Herzen sprechen. »Verdi wird – mit der Ausnahme des *Falstaff*, jenem Werk, dem die Vertreter der Neuen Musik stets zugetan waren – zum Komponisten in erster Linie des *Trovatore*. Hier findet sich das feurige Temperament und jene virile Mediterraneität, mit welchen gegen den dekadenten nordischen Wagner und die Maschinenkultur der Moderne ein heroischer Sieg zu erringen war.« (Stenzl, 1990, S. 81) Im Opernschaffen Verdis sah der Faschismus die Wünsche und Sehnsüchte der Nation verkörpert. Verdis *italianità* galt es zu huldigen, denn sie setzte dem international verbreiteten Stil der ›zerebralen‹ und ›objektiven‹ Neoklassik eine Musik entgegen, die aus tiefer nationaler Verwurzelung entstanden war und Teil nationaler Identität ist.

Nach dem Zweiten Weltkrieg

Gegen die politische Funktionalisierung Giuseppe Verdis im Faschismus setzten sich die italienischen Komponisten nach dem Zweiten Weltkrieg vehement zur Wehr. Vorab Luigi Dallapiccola artikulierte eine Verdi-Exegese fernab von trivial-populistischen Sichtweisen und reklamierte für Verdis Œuvre kompositorische, ästhetische und wirkungsgeschichtliche Qualitäten, auf die er sich explizit berufen konnte: Fortschrittlichkeit, streng logische Ausarbeitung kompositorischer Strukturen und politisches Engagement bilden die Kriterien der Arbeit Verdis, die Vorbildfunktion besitzen. Verdi galt Dallapiccola neben Dante Alighieri als derjenige Künstler, der zum Selbstverständnis der italienischen Kultur am nachhaltigsten beigetragen habe. Als Komponist erfüllte er die Oper zunächst in der Form, um ihr dann unter der Kategorie des Fortschritts, unbeirrt von allen Anfeindungen und selbst auf die Gefahr hin, das Publikum zu verlieren, neue Wege zu eröffnen. Entgegen der Stilisierung im Faschismus folgte Verdi für Dallapiccola nicht der Maxime, dem Volk entgegenzukommen, sondern forderte das Publikum auf, seinen Ideen von einer Musik der Zukunft zu folgen. »Und es ist der moralische Einfluß Verdis, der – unabhängig von seinem musikalischen – in uns wirksam sein kann und muß.« (Anonym, 1951, S. 36) Darüber hinaus berief sich Dallapiccola auf die streng logische Formung der Makro- und Mikrostrukturen der Verdischen Werke, um sie auf gleicher Ebene mit der Dodekaphonie und dem Strukturalismus Ludwig van Beethovens gegen die improvisatorischen Tendenzen in der zeitgenössischen Musik als Vorbild für sein eigenes Schaffen zu reklamieren. Und schließlich hob er dezidiert auf die politische Bedeutung Verdis ab: »Das Phänomen Verdi ist nicht ohne das Risorgimento vorstellbar. Dabei verschlägt es für unsere Erörterung wenig oder nichts, ob er an der Bewegung aktiv beteiligt war. Ihre Allüre und ihr Ton gingen in ihn ein [...]. Verdi ist der wahre Sohn des Risorgimento: die Ideale, die er in seiner Jugend einsog und sich zu eigen machte, beeinflussen sein ganzes Leben.« (Dallapiccola, 1979, S. 3) Verdis Theater gründet wirkungsgeschichtlich insofern auf dem Phänomen der Identität, als die Zeitgenossen seit *Nabucodonosor* – jenem Werk, das mit dem Plädoyer für moralische und politische Autonomie die Ideale des Risorgimento idealtypisch formulierte – in seinen Opern ein kollektives Unbewußtes wiedererkannten. Die wirkungsgeschichtlich relevante Kategorie der Identität ist für Dallapiccola dabei zweifach durch einen Formelstil in Sprache und Musik begründet, von dem aus die Dramaturgie der Opern entschlüsselt werden konnte. Verdi entwickelte einen »Stil des fixen Epithetons« (ebd., S. 11), der sich dem Rezipienten unmittelbar mitteilt: Der Vierzeiler mag zwar eine absurde Sprache verwenden, gibt aber die dramatische Situation vor und begründet in Einheit mit der Musik die theatralische Eloquenz der Opern Verdis. Nach einem feststehenden Bauprinzip (Einleitung, emotionales Crescendo mit erregter Syllabik und vorwärtstreibender Begleitung, emotionales Diminuendo unabhängig von der musikalischen Dynamik) wird er in Musik gefaßt. Entscheidend an diesem Befund ist weniger die analytische Stichhaltigkeit als vielmehr die kompositorische Konsequenz, die zu ziehen ist, denn Dallapiccola erkannte in Verdis Formelstil den Garanten für die kommunikativen Qualitäten der Musik. Einem zeitgenössischen Komponisten, der Musik nicht allein als tönende Mathematik begreift, gerät Verdis Musik mit ihrer Sprachhaftigkeit zum Modell.

Während Dallapiccola noch den inneren Zusammenhang zwischen Verdis Dramaturgie und den politischen Entwicklungen Italiens im 19. Jahrhundert thematisiert, heben andere Komponisten das Thema »Verdi und die Politik« auf eine allgemeine Ebene. Rolf Liebermann diagnostizierte die Krise der Oper nach dem Zweiten Weltkrieg als eine Krise des Librettos und forderte, daß sich die Oper mit der Gegenwart, der aktuellen Politik auseinanderzusetzen und die Probleme der Zeit zur Diskussion zu stellen habe. Auf welchem Niveau sich dieser Anspruch realisieren ließe, habe Verdi modellhaft gezeigt. Dmitrij Schostakowitsch argumentierte ähnlich und verifizierte seine Verdi-Deutung anhand von *Aida* – jenem Werk, das Peter Tschaikowsky des bloßen Effektes, der Gegenwartsflucht und vagen Exotik bezichtigt hatte. Schostakowitsch hingegen deckte die Gegenwartsbindung von *Aida* auf, indem er ihre Thematik in direkter Nähe zum Deutsch-Französischen Krieg diskutierte. Verdi hatte von seinem Librettisten als Vorbild für die Charakteristik der Priester in der Triumphszene des 2. Aktes jene Mischung von Heuchelei und Chauvinismus verlangt, wie sie bei Kaiser Wilhelm zutage trat: »›Wir haben mit der Hilfe der göttlichen Vorsehung gesiegt. Der Feind hat sich ergeben. Gott möge uns auch in der Zukunft beistehen.‹ (Siehe die Telegramme des Königs Wilhelm).« (Brief Verdis an Antonio Ghislanzoni vom 8. September 1870; Copialettere, 1913, S. 644) Schon allein aus dieser Forderung resultierte für Schostakowitsch der genuin politische Charakter der Oper, insofern, als sie die politischen Machthaber entlarvt und dem Motto folgt, das sich die revolutionäre Zeitschrift »Junges Italien« auf die Fahnen geschrieben hatte: »Tötet unsere Unterdrücker durch die Wahrheit«. Der politische Gehalt von *Aida* wie auch der übrigen Opern Verdis ist nach Schostakowitsch jedoch nicht allein durch die Spezifik der Libretti garantiert, sondern vor allem durch die Musik. Verdis Musik öffnet sich im Akt der Rezeption aufgrund ihrer Verständlichkeit den breiten Volksmassen: Sie ist schlicht, drückt menschliche Gefühle aus, ist einem Realismus der Charakterdarstellung verpflichtet, gründet auf nationalen Traditionen, und es ist vor allem die Einbindung nationalsprachlicher Charaktere wie des Volksliedes in die Konzeption des Gesanges, die Schostakowitsch das Modell für eine politisch begriffene musikalische Ästhetik lieferte.

Während Dallapiccola die politische Haltung Verdis in der Sprachhaftigkeit seiner Musik verankerte und Schostakowitsch sie auf die Adaption nationalsprachlicher Intonationen bezog, interpretierte Dieter Schnebel Verdis Opernwerk im Horizont der Kategorie des Realismus, um von hier aus die politische Dimension der Werke zu erschließen. Verdis musikalische Dramaturgie der »artikulierenden Darstellungsweise« und der szenisch wie musikalisch stets gegenwärtigen Handlung begründet bis ins satztechnische Detail eine gestische Sprache, die in den Augen Schnebels Individuelles wie Gesellschaftliches gleichermaßen thematisiert (Schnebel, 1983, S. 65). Der Realismus des Komponisten ist daher zweifach fundiert: Verdi zeigt »den wirklichen Menschen in seiner wirklichen, nämlich sozialen Situation« und er dringt zu einem psychologischen Realismus vor, indem er »die innere Wirklichkeit des Menschen, seine falschen und wahren Gefühle – und seien sie rein triebhaft oder sonst unbewußt« (ebd., S. 66) – ins Bewußtsein des Rezipienten rückt. Mit diesem doppelt begründeten Realismus, der jenseits bloßer Abbildung ein Realismus der Musik ist, gelingt es Verdi, die Wahrheit auf die Opernbühne zu bringen: Verdis Menschen sind wahrhaftig, und ihre Wahrheit ist eine gesellschaftliche.

Libretto

Zu den Paradigmen der Verdi-Rezeption im 20. Jahrhundert zählt die Debatte über die Gestaltung und Funktion des Opernlibrettos. Daß in diesem Kontext Arrigo Boitos Libretti zu *Otello* und *Falstaff* vielfach gegen die vermeintlich krude Konzeption der Libretti des frühen und mittleren Verdi ausgespielt wurden, zählt zu den gängigen Stereotypen der Verdi-Exegese. Und während Boitos Arbeiten im Zusammenhang mit einer Emanzipation des Librettos beziehungsweise hinsichtlich ihres Modellcharakters für eine Literarisierung der Oper diskutiert wurden, setzte sich erst allmählich die Erkenntnis durch, daß ein Libretto weniger nach literarischen Maßstäben zu messen sei als vielmehr nach seiner Funktion für das Theaterereignis. Evidenz der Handlung, szenische Prägnanz und *varietà* wurden als besondere Qualitäten der Verdischen Libretti erkannt und auf ihre mögliche Vorbildfunktion hin befragt. Theodor W. Adorno war wohl einer der ersten, der diesen grundsätzlich neuen Blick auf die Libretti der mittleren Verdi-Opern formulierte: »Es sind jene Texte allein die blinkend geschlossene Klaviatur, die die Saiten der Affekte bewegt, deren jeder vom anderen übergangslos getrennt ist. [...] Gegen das schicksalswütige *Forza*-Buch läßt sich dramaturgisch alles Erdenkliche einwenden. Aber wie dieses Buch stumme Bewegungen über den Köpfen der Figuren vollführt, bringt es die Sterne zum Klingen, die in dürftiger Astrologie von den Figuren dargestellt werden. Kaum in einer anderen Oper Verdis hat das lyrische Selbst die objektiven Wahrheitscharaktere unvermittelter und konkreter getroffen als in der *Forza*.« (Adorno, 1928, S. 302)

Ferruccio Busoni lehnte Verdis Opernlibretti angesichts seines Plädoyers für eine Ästhetik des Übernatürlichen beziehungsweise Unnatürlichen in der Oper grundsätzlich ab. Weder der in *La traviata* vollzogene Rekurs auf die Wirklichkeit noch die Vertonung von ›großer‹ Literatur in *Otello* wurden von Busoni als Möglichkeiten der Librettistik akzeptiert. Denn einerseits fordere die Abschilderung des Lebens auf der Bühne einen naturalistischen, auf Rhetorik und Deklamation beruhenden Tonfall, der dem Wesen der Oper, das heißt dem Primat des Gesanges, widerspricht, und andererseits bedürfe ein bereits existierendes Schauspiel nicht der Musik. In Verkennung des interpretatorischen Zugriffs auf ein Drama im Prozeß der Umwandlung in ein Libretto konstatierte Busoni, Verdi habe *Otello* instinktiv fast noch zur

Oper umgebogen, indem er musikalische ›Einlagen‹ wie das Trinklied, das Mandolinenkonzert, das Nachtgebet und die Romanze komponierte (Busoni, 1922, S. 322 f.). Mit dieser generellen Absage an die Verwendung literarischer Werke formulierte Busoni ein Verdikt, das insofern quer zur Operngeschichte des 20. Jahrhunderts steht, als gerade in der Literarisierung des Librettos und der Literaturvertonung eine mögliche Perspektive für die Zukunft der Oper erkannt wurde. Die Arbeiten Verdis und Boitos avancierten in diesem für die Ästhetik der Oper grundlegenden Entwicklungsprozeß zum normbildenden Modell.

Der Schweizer Komponist Heinrich Sutermeister bezog sich in seinen Arbeiten für das Musiktheater hingegen grundsätzlich auf Verdi. Er nutzte die Formen des *melodramma* als je von innen heraus neu zu gestaltende Geste, »um den Effekt, den ›effetto‹ im Verdischen Sinne – das heißt die möglichst reine künstlerische Wirkung, bei welcher die Materie vollkommen von den Strahlen der Substanz aufgesogen wird –, klar hervortreten zu lassen.« (Sutermeister, 1969, S. 388) Er setzte eine an Verdi geschulte, klare und präzise Instrumentation ein und berief sich schließlich explizit auf Verdis Shakespeare-Vertonungen: Sutermeisters *Romeo und Julia* (1940) orientiert sich an der Dramaturgie von *Otello*, die *Falstaff*-Bearbeitung gab das Vorbild ab für die Transformation des komplexen Handlungsverlaufes von *The Tempest* in das Libretto der *Zauberinsel* (1942), und selbst die musikalische Konzeption der *Zauberinsel* ist nicht nur von Mozarts *Die Zauberflöte*, sondern vor allem von *Falstaff* inspiriert. Daß Verdi der herausragende musikhistorische Bezugspunkt für Sutermeister war, zeigt sich letztlich an einem Orchesterwerk: Sutermeister komponierte 1949 eine *Orazione per Giuseppe Verdi*.

Modellcharakter besaßen die Shakespeare-Bearbeitungen von Verdi und Boito auch für Wolfgang Fortner. Er leitete aus ihnen die Prinzipien ab, wie ein Drama in ein praktikables Libretto zu übertragen sei, praktikabel im Hinblick auf eine Musik, die im Anschluß an Verdi einem streng geschlossenen Zuschnitt gehorcht und als absolute Form die dramatische Handlung trägt und psychologisch aufschlüsselt. Allerdings trieb Fortner die Funktionalisierung Verdis ins Extrem, wenn er die ästhetische Differenz zwischen Literaturadaption und Literaturoper aufhob und eine musikhistorische Entwicklungslinie von Verdi über Claude Debussys *Pelléas et Mélisande*, Richard Strauss' *Salome* und Alban Bergs *Wozzeck* konstruierte, um zuletzt seine Oper *Bluthochzeit* nach García Lorca in diesen Prozeß einzureihen.

Die Shakespeare-Bearbeitungen Giuseppe Verdis und Arrigo Boitos konnten somit bis in die letzten Jahre des ausgehenden 20. Jahrhunderts ihren Vorbildcharakter für das zeitgenössische Musiktheater gewahren. Aribert Reimanns Literaturvertonungen – zumal der *Lear* nach Shakespeare in der Fassung von Claus H. Henneberg – wie auch die beiden Opern *Enrico* (1991, nach Pirandello) und *Was ihr wollt* (1997) von Manfred Trojahn sind ohne Verdi nicht denkbar. Während sich *Enrico* dramaturgisch am Prinzip der Nummernoper orientiert und aus der Synthese unterschiedlicher Stilebenen speist, ist *Was ihr wollt* mit dem Libretto von Claus H. Henneberg entschieden an Verdis *Falstaff* geschult: sei es in der Personenkonstellation, in der Ausarbeitung des Modus der Verkleidung als Grundthema der Oper und Agens der Handlung, sei es in der Akzentuierung des szenischen Witzes oder in den stilistischen Allusionen, sei es in der Adaption der Dreiaktigkeit, die eine spezifische Dramaturgie nach sich zieht, in der bis auf den Schlagzeugapparat identischen Orchesterbesetzung oder im Spiel mit musikalischen Gesten. Trojahns *Was ihr wollt* zeigt, daß Verdis Opern auch nach mehr als hundert Jahren ihre Vorbildfunktion nicht verloren haben.

Verdi versus Wagner

Neben der politisch-ideologisch motivierten Debatte um Verdi und der Diskussion über den Rang der Libretti kristallisierte sich im 20. Jahrhundert ein ausdrücklicher und vielfältiger Rückbezug auf Verdi und die italienische Gesangsoper heraus, wobei dieser Rezeptionsstrang gleichsam dialektisch mit einer Ablehnung des Wagnerschen Gesamtkunstwerkes verknüpft ist. So forderte 1925 Franz Schreker von der italienischen Oper mit ihrer strengen Scheidung zwischen Rezitativ und geschlossener Nummer die »*Wiedereinsetzung der menschlichen Stimme in ihre Alleinherrschaft,* soweit es die Kunstform der *Oper* anbelangt« (Schreker, 1925, S. 53). Gegen die unendliche Melodie, die Durchkomposition, den ›Sprechgesang‹ und die Orchesterpolyphonie bei Richard Wagner polemisierend, galt es Schreker, die Melodie beziehungsweise den selbstverständlich ausströmenden Gesang und damit den darstellenden Sänger wieder in sein Recht zu setzen. Schreker plädierte im Anschluß an Gioachino Rossini, Verdi und Giacomo Puccini für die deutsche *bel canto*-Oper.

Diese musikhistorisch bedeutsame Dichotomie Verdi/Wagner, die in Franz Werfels Roman ihre literarische Formulierung gefunden hat, wurde von Igor Strawinsky gleichsam ins Extrem getrieben: Strawinsky funktionalisierte Verdi im Kontext seiner Überlegungen zum Neoklassizismus, indem er seine Ästhetik mit Verdi und gegen Wagner konkretisierte. Musik wird in Strawinskys Denken als Architektur mit exakten raum-zeitlichen Dimensionen bestimmt. Sie konstituiert sich durch eine abgegrenzte und zugleich gesangliche Melodie, der in der Hierarchie der Satzebenen der oberste Platz gebührt. Während nun in den Opern Verdis die logische Folge von Arien und Ensembles die musikalische Zeit konstruktiv gliedere und ihr insofern Ordnung verleihe, herrsche in Richard Wagners System der unendlichen Melodie ein Mangel an Ordnung, nämlich Improvisation, ja Chaos: »Es ist eine Musik des dauernden Werdens, die weder einen Grund hat anzufangen noch aufzuhören. So erscheint die unendliche Melodie als eine Herausforderung an die Würde, ja selbst an die Funktion der Melodie, die [...] der musikalische Gesang einer taktmäßig abgegrenzten Periode ist.« (Strawinsky, 1949, S. 44) Schwerer noch als die Mißachtung der Melodie bei Wagner wiegt für Strawinsky die Tatsache, daß das Musikdrama weder Tradition noch Form besitze: »Kunst ohne Kanon hat für mich keinerlei Interesse. [...] Was auch Vorbedingung dafür ist, wirklich frei zu sein; man erlangt die Freiheit nicht, wenn man keine Beschränkung annimmt, wenn man nicht innerhalb fest bestimmter Grenzen arbeitet, zwischen einem Anfang und einem Ende. Das Vage, Unbestimmte ist verdächtig.« (Strawinsky, 1982, S. 275) Verdis ästhetische Prämisse »Tornate all'antico, sarà un progresso« (»Kehrt zum Alten zurück, es wird ein Fortschritt sein«, Brief Verdis an Francesco Florimo vom 4. Januar 1871; Copialettere, S. 232; durch diese Ausgabe hat sich die falsche Lesart »Torniamo« durchgesetzt: Es handelt sich aber nicht um eine Wir-Aussage, sondern um eine Aufforderung an den Nachwuchs; vgl. Oberdorfer, 1981, S. 412) hingegen formuliert den expliziten Gegensatz zu Wagner: Verdi gründet auf den Traditionen der *italianità*, seine Musik bezieht ihre Schönheit aus einer präzisen, in der Melodie gegenwärtigen musikalischen Architektur. Beispielhaft sah Strawinsky den Rang Verdis in der »trilogia popolare« verkörpert – in jenen Werken, denen Georges Bizet und Hans Pfitzner Stillosigkeit vorgeworfen oder die sie als »Leierkastenmusik« denunziert hatten. So erkannte Strawinsky in des Herzogs »La donna è mobile« in *Rigoletto* »mehr wahre Erfindung [...] als in dem rhetorischen Redeschwall der Tetralogie«. Vom Spätwerk indes glaubte er damals noch, Verdi sei dem »Gift Wagners« erlegen. Doch auch mit Blick auf *Otello* spielte Strawinsky die Dichotomie Verdi/Wagner aus: »vorausgesetzt, daß man ihn nicht für das beste Werk Wagners hält, [ist er] keineswegs die beste Oper von Verdi« (Strawinsky, 1949, S. 43).

Form

Die Zeit nach dem Zweiten Weltkrieg war durch eine generelle Ablehnung der bürgerlichen Institution Oper gekennzeichnet. Insbesondere während der 1950er und 1960er Jahre stand die Oper immer wieder im Kreuzfeuer der Kritik, und eine Polemik wie diejenige von Pierre Boulez gegen das museale Repertoire der Opernhäuser und das bürgerliche Publikum gab Verdis Opern der Lächerlichkeit preis: *La forza del destino* sei wertlos, *Rigoletto* idiotisch. Auch Mauricio Kagels *Staatstheater* (1971) kam in der Analyse des Theaterbetriebes, die eine Karikatur bestehender Verhältnisse formuliert, insofern nicht ohne den ironischen Seitenhieb auf Verdi aus, als zur Realisierung des Werkes unter den Solisten charakteristische Stimmfächer der Opernliteratur vorausgesetzt und explizit ein *Aida*-Sopran und der Herzog-Tenor aus *Rigoletto* verlangt wurden. Jenseits der ostentativen Absage der »Neuen Musik« an die Oper ist indes weiterhin eine intensive Beschäftigung mit der Gattung erkennbar, und jene Komponisten der mittleren und jüngeren Generation, die sich nach 1945 mit den Möglichkeiten eines zeitgenössischen Musiktheaters beschäftigten, suchten explizit den Rekurs auf Giuseppe Verdi.

Als prinzipielle Denkfigur blieb zunächst die ästhetisch wie strukturell begründete Dichotomie Wagner/Verdi für die Rezeption prägend. Während Gian Carlo Menotti in seinen Opern zu Modellen der geschlossenen Nummernoper griff, um sie zur Gliederung des dramatischen Verlaufes beziehungsweise als Ort emotionaler Höhepunkte zu nutzen, und sich darüber hinaus formal an Verdi anschloß – die Szene Magda Sorels im 2. Akt der Oper *Der Konsul* (1950) rekurriert auf die Abfolge von *cavatina* und *cabaletta* und erweitert sie in Anlehnung an Verdi durch eine ausgedehnten Brückensektion (*tempo di mezzo*) –, formulierte Benjamin Britten ein übergreifendes Bekenntnis zu Verdi und der italienischen Oper: Verdis Opern gerieten ihm mit der »Tiefe der Empfindungsbereiche« und der »Kraft ihrer musikalischen Aussage« zum Vorbild (Britten, 1969/70). Britten fühlte sich der ausbalancierten Architektur Verdischer Opern, die zunächst im Horizont einer Zeitkonvention entstanden waren, sich aber kontinuierlich von dieser Konvention entfernten und zu je singulären Ereignissen avancierten, verpflichtet. Darüber hinaus entschied er sich – etwa in *Peter Grimes* – explizit gegen Wagners Musikdrama und für die Nummernoper, deren Struktur die aus der dramatischen Situation erwachsenen seelischen Zustände der Figuren musikalisch zu präzisieren vermag. Zudem adaptierte Britten den grundsätzlichen Primat der Singstimme, dem das Orchester einen detaillierten und farbenreichen Hintergrund zur Seite stellt. Und schließlich zeigte er sich neben der harmonischen Originalität vor allem von der melodischen Erfindungskraft Verdis beeindruckt: von der unmittelbaren Prägnanz der Melodik und ihrer Fähigkeit, sowohl dramatische Steigerungen wie auch deren Höhepunkte musikalisch zu vergegenwärtigen.

Ein ähnlich überschwengliches Plädoyer für die italienische Oper Verdischer Provenienz formulierte Giselher Klebe, der in Verdi das Ideal und »absolute Maß« der Operngeschichte erkannte. Diese unerreichbare Qualität Verdis lag für Klebe in der Tatsache begründet, daß er die Grenzen der jeweiligen Oper respektierte und zugleich innerhalb dieser Grenzen aufzeigte, welche Möglichkeiten die Gattung besitzt: In diesem dialektischen Bezug zwischen Traditionsbeachtung und Traditionserweiterung avanciert Verdi zum Modell. Während Wagner im Gesamtkunstwerk die Grenzen der Oper auflöste, das Orchester zur symphonischen Analyse der dramatischen Entwicklung ausbaute, die Hierarchie zwischen Gesang und Orchester negierte und die fest umrissene Form zugunsten der Durchkomposition aufgab, ging Verdi einen grundsätzlich anderen Weg. Einerseits hebt Klebe hervor, wie Verdi modellhaft die Architektur der Nummernoper formulierte und ein Formprinzip ausbildete, das zunächst musikalisch durch Rhythmus und Tempo eindeutig abgrenzbare Bauelemente in eine übergeordnete Szenenform einbinde, darüber hinaus aber – wie in *Il trovatore*, *Un ballo in maschera* und *Aida* – auch dramaturgische Funktion besitzt, insofern die Form zur Charakterisierung und Differenzierung des Ausdrucks beitrage. Andererseits habe Verdi an der Bestimmung der Oper als Gesangsoper festgehalten. Er habe keine Synthese der Elemente gesucht, die ihrer Bestimmung nach in der Oper getrennt bleiben sollen, sondern auf den Ausdruck der menschlichen Stimme vertraut. Im Unterschied zu Wagner dominiere das – zwar wandlungsfähige und dem dramatischen Ausdruck dienende – Orchester nie über den singenden Darsteller auf der Bühne, und erst durch die Trennung von Orchester und Stimme werde es – so Klebe – möglich, dem dramatischen Ausdrucksgehalt zu seinem Recht zu verhelfen. Die klare, architektonische Form und der Vorrang der Singstimme als Trägerin des Ausdrucks bilden jene Tradition, in die sich Klebe als zeitgenössischer Komponist explizit einrückte.

Eine neue Dimension der Verdi-Rezeption im 20. Jahrhundert wurde durch Hans Werner Henze erschlossen, der – von einer prinzipiellen Affinität zur italienischen Kunst und Kultur getragen – unentwegt die ästhetische und kompositorische Reflexion auf Verdi betrieb; auf einen Komponisten, dessen »harte[s] Pathos« (Henze, 1984a, S. 68) und »unsentimentale, pure Sensibilität« (ebd., S. 70), dessen dominierende Vokalität und melodische Ausdruckskraft ihm immer wieder Anlaß für eine vertiefende Beschäftigung boten. Sei es im *König*

Hirsch oder in der *Elegie für junge Liebende*, die beide die Traditionen der Nummernoper nutzen, sei es in der Komödie *Der junge Lord*, die *Falstaff* als Vorbild reklamiert: Verdis Opern haben Modelle geschaffen, die Henze adaptierte und in einem Prozeß der produktiven Anverwandlung auf ihre Bedeutung für heute befragte. Gleichsam paradigmatisch hat Henze diese Haltung im *Prinz von Homburg* realisiert. *Homburg* ist eine »Oper an sich« (Henze), weil er thematisch wie formal explizit auf die Formulierungen des italienischen *melodramma* im 19. Jahrhundert rekurriert: »Die engelhafte Melancholie Bellinis, das funkelnde Brio Rossinis, die schwere Leidenschaftlichkeit Donizettis, das alles vereint, zusammengerafft in Verdis robusten Rhythmen, seinen harten Orchesterfarben und im Ohr brennenden melodischen Linien, das waren Dinge, die mich seit Jahren schon gefangengenommen hatten« (ebd., S. 77). Die Formen- und Ausdruckswelt der italienischen Oper wird indes nicht gleichsam zweckfrei zitiert oder ironisch gebrochen beziehungsweise parodiert, sondern bildet den Rückhalt für eine musikalisch exakte Umsetzung der dramatischen Handlung. Die überlieferten Formen des operndramaturgischen Diskurses und deren sedimentierte Inhalte werden bei Henze in eine zeitgenössische Musiksprache transformiert. Das Rezitativ dient der sprachlichen Vermittlung tragender Handlungsabläufe, die Arie – »Krönung aller Musik: Das Kunstvollste hat in ihr die Gestalt der äußersten Vereinfachung gefunden, und alles, was an Noblesse der Empfindung aufgeboten werden kann, gibt sich in dieser reinen Form preis« (Henze, 1965, S. 4) – der Emanation des Gefühls; das Duett fungiert als formaler Rahmen für den Ausdruck von Zuneigung und Liebe; der musikalische Dialog setzt den sprachlichen Diskurs und die Auseinandersetzung um; das Ensemble bindet zumal am Aktschluß sowohl den allgemeinen Konsens als auch das Zusammenprallen unterschiedlicher Meinungen und Gefühle zu einer geschlossenen Form. Dieser Umgang mit tradierten Formen und Ausdruckslagen bildet das Fundament von Henzes Musik und verbürgt zugleich die Möglichkeit zur Verwirklichung des Ideals einer »Musik als Sprache«. Verdis Musik hat Formen, Gesten und Charaktere hervorgebracht, die eindeutige, dem Hörer vertraute Inhalte besitzen. Sie erscheinen in Henzes Musik als Zeichen und Chiffren, als Wegmarken und Möglichkeiten der Kommunikation.

Postmoderne

Von Henzes Position der produktiven Traditionsaneignung aus gewinnt die Verdi-Rezeption im ausgehenden 20. Jahrhundert eine neue Qualität: Verdi avanciert im Kontext der im weitesten Sinne als postmodern zu bezeichnenden musikhistorischen Entwicklung zum expliziten Bezugspunkt einer kompositorischen Reflexion, deren Modi vom direkten Zitat über die Allusion bis hin zur Bearbeitung reichen. Friedrich Goldmann arbeitete in *R. Hot* beziehungsweise *Die Hitze* (1973/74) – einer Opernphantasie in über einhundert dramatischen, komischen, phantastischen Posen – mit tradierten Gattungsmodellen und nutzte dabei für die Figurenkonstellation wie die vokale Haltung der Figuren Verdis *La traviata* als Ausgangspunkt. »Die Prinzessin Armida mit ihren silberhellen bis eiskalten Fioituren ist als Liebende *und* als Buhlerin am großen Modell selbst, an der Kameliendame Violetta, geschult; Vater Hot mit seinem leiernden Sermon und in seiner totalen Abhängigkeit von gesellschaftlichem Wohlverhalten trägt Züge von Vater Germont.« (Neef, 1992, S. 186) Entscheidend für den dramaturgischen Grundriß und damit für den Modus der Rezeption ist indes jenseits der bloßen Adaption des Modells dessen Funktion: Goldmann nimmt das Modell ernst, überantwortet es nicht der Parodie, sondern reflektiert dessen geschichtliches Herkommen und mögliche Relevanz für die Gegenwart.

Daß Traditionen und Gattungsmodelle den zeitgenössischen Komponisten auch als Problem aufgegeben sind, hat Luciano Berio in *La vera storia* (1977/81) nach einem Text von Italo Calvino thematisiert. Die Ausdrucks- und Gefühlswelt der italienischen Oper des 19. Jahrhunderts – exemplarisch dargestellt im Rückgriff auf Verdis *Il trovatore* – sei im Verlauf eines nahezu hundertjährigen Rezeptionsprozesses zum Klischee verkommen und nur mehr unbrauchbarer Schutt. Ihn gelte es zu tilgen, um aus der Zertrümmerung von Tradition Kunst neu entstehen zu lassen. Berio realisiert diesen kritischen Blick auf Tradition, indem er das Opernklischee in einem multimedialen Ereignis auflöst, das die gängigen Parameter des Musiktheaters wie szenische Aktion, erzählbare realistische Handlung, Exposition von individuellen Charakteren und psychologische Analyse außer Kraft setzt. Berios Kritik richtet sich dabei weniger auf die exemplarisch gewählte Oper *Il trovatore*, als auf ein Bewußtmachen verkrusteter Strukturen der Rezeption. Nicht ohne Grund suchte Luciano Berio 1990 die Nähe zu Verdi, als er dessen *Sei romanze* für Tenor und Orchester bearbeitete.

Die Verdi-Rezeption des ausgehenden 20. Jahrhunderts ist Teil der Debatte über die Bedeutung der Tradition für das zeitgenössische Komponieren, und sie mündet in den Prozeß einer selbstreflexiven Musik: Verdis Œuvre wird zur Grundlage einer Musik über Musik. Beispielhaft wird dieses Ereignis im Werk von Dieter Schnebel evident. Neben den beiden Werkreihen *Bearbeitungen* (1972–1980) und *Tradition* (seit 1975), die sich mit exemplarischen Werken der Musikgeschichte auseinandersetzen, entstanden zwischen 1973 und 1989 die *Re-Visionen I* und *II* – ein Zyklus, dessen Stücke, jeweils *Moment* genannt, sich in nur wenigen Takten auf besondere Augenblicke aus Werken von Mahler, Mozart, Janáček, Schumann und Verdi beziehen. Es sind Momente, die die Aura eines Werkes heraufbeschwören, unerwartete Begegnungen, oder wie Schnebel mit Blick auf den *Verdi-Moment* formulierte: »Klangfragmente, einfach, und an alles Mögliche erinnernd, wiederum in der Ferne, mal da, mal dort, dann näher und zusammenkommend; schließlich im schreienden Moment von Koinzidenz und Konsonanz ein berühmter Anfang Verdis (Beginn der Oper *Falstaff*).« (Schnebel, 1998, S. 7)

Wenn sich der Rang eines Komponisten und seines Œuvres in der Rezeptionsgeschichte offenbart – woran nicht zu zweifeln ist –, zählt Giuseppe Verdi zu den bedeutendsten Komponisten des 19. Jahrhunderts. Er hat den ästhetischen Diskurs über das Musiktheater entscheidend beeinflußt, und selbst wenn er kompositionsgeschichtlich weniger von Belang war als Richard Wagner, haben doch zahlreiche Komponisten des 20. Jahrhunderts ihren Standort mit ihm und durch ihn präzisiert. Der Streit darüber, ob Verdi in seiner Zeit ein Neuerer oder ein Traditionalist war, der mit Rossini, Meyerbeer oder Wagner nicht zu vergleichen sei, verblaßt angesichts seiner bis in die jüngste Zeit andauernden Wirkung. Verdi hat das Modell geliefert, von dem aus ein zeitgenössisches Musiktheater entwickelt werden konnte.

Sänger und Dirigenten

von Kurt Malisch

Im Gegensatz zu Rossini, der öfter der Gesangskunst der Vergangenheit nachtrauerte, insbesondere den Kastraten als den Begründern des »canto che nell'anima si sente« (des »Gesangs, den man in der Seele spürt«), blickte Verdi nach vorn, erwartete von den modernen Sängergenerationen neue Ausdrucksmöglichkeiten für die Interpretation seiner Musik. Am 20. Oktober 1858 charakterisierte Verdi die Sopranistin Rosina Penco, die erste Leonora in *Il trovatore*: »Sie ist nicht mehr die gleiche, die sie vor fünf Jahren in der Zeit des *Trovatore* war. Damals hatte sie Gefühl, Feuer, Leidenschaft; jetzt möchte sie so singen, wie man vor dreißig Jahren gesungen hat, ich aber möchte gerne, daß sie so singen könnte, wie die Künstler in dreißig Jahren singen werden.« (Brief an Léon Escudier; Prod'homme, 1928, S. 20)

Ob Verdi diesen Wunsch auch noch um die Jahrhundertwende so geäußert hätte, darf füglich bezweifelt werden. Denn die Folgen des nach 1890 aufgekommenen *verismo* waren für den Gesang noch weitaus einschneidender als jene, für die – ob nun zu Recht oder Unrecht – Verdi als »Attila der Stimmen« verantwortlich gemacht worden war. Die realistische und oft proletarische Drastik der *verismo*-Stoffe, ihre damit verbundene extreme Polarisierung und Profanierung der Gefühle hatten nicht minder drastische Auswirkungen auf den Gesang: An die Stelle von stimmtechnischer Verfeinerung traten jetzt die vordergründige Emotionalisierung des Singens und Vergröberung des Darstellens; heftige, plakative Rhetorik ersetzte mehr und mehr stimmliches Können. Einer der wichtigsten Wegbereiter des *verismo*, Pietro Mascagni, beschrieb am Beispiel seines *Piccolo Marat* den angestrebten musikalischen und gesanglichen Stil dieser Oper: »Such keine Melodie in ihr, such keine Kultur.« Und an anderer Stelle: »*Il piccolo Marat* ist kräftig, hat Muskeln aus Stahl. Seine Kraft ist in seiner Stimme: Er spricht nicht, singt nicht: er schreit, schreit, schreit!« (Brief an Giovanni Orsini vom 2. November 1919; Morini, 1997, Band II, S. 68) Auswirkungen dieses gravierenden gesangsästhetischen Wandels auf die Verdi-Interpretation und die Verdi-Sänger waren unvermeidlich. Vortrags- und Gestaltungskultur und ihre Ausdrucksmittel wie *rubato*, *portamento*, *mezzavoce*, *messa di voce* wurden nun als hedonistisch verbannt. Mangelnder Respekt für die Vortragsbezeichnungen des Komponisten wurde ebenso zur Norm wie die Neigung zu Dauerforte und martialisch-greller Darstellung. Da Koloraturen nur noch beim leichten, kindlich hell klingenden Sopran akzeptiert wurden, führte dies in Rollen wie Gilda und Violetta zur heute noch gängigen, fragwürdigen Besetzungspraxis. Die negativen Nachwirkungen des *verismo*-Stiles lassen sich deutlich bis in die 1960er Jahre, ja bis heute registrieren.

Allerdings muß festgestellt werden, daß die Auswirkungen des *verismo* auf die Gesangskunst bereits auf Entwicklungen trafen, die in dieselbe Richtung zielten und sich bereits im letzten Viertel des 19. Jahrhunderts abgezeichnet hatten. Dies läßt sich belegen anhand der seit Beginn des 20. Jahrhunderts vorliegenden Tondokumente.

Aufführungspraxis

Doch vor diesem Blick auf die vorhandenen frühen Verdi-Aufnahmen ist zu klären, wie der Komponist selbst aufführungspraktischen Fragen gegenüberstand, das heißt jeder Art von Veränderungen am Notentext der Partitur – Verzierungen, Transpositionen, Umstellungen, Strichen, Ausführungen von Kadenzen. Verdis Bemerkungen hierzu lassen an Deutlichkeit nichts zu wünschen übrig. Er verwahrte sich gegen jegliches »schöpferische Tun« der Ausführenden, bezeichnenderweise unter Berufung auf den romantischen Zentralbegriff der »verità«, der »Wahrheit«: »Das ist ein Prinzip, das zum Barocken und zum Unwahren führen muß. Es ist genau der Weg, der die Musik am Ende des vorigen Jahrhunderts und in den ersten Jahren unseres Jahrhunderts zum Barocken und zum Unwahren geführt hat, als sich die Sänger herausnahmen, ihre Partien – wie die Franzosen noch heute sagen – zu ›kreieren‹ und folgerichtig jede Art von Mischmasch und Unfug anbrachten. Nein: Ich will einen einzigen Schöpfer und ich bin damit zufrieden, wenn man einfach und genau das ausführt, was geschrieben steht: Das Unglück ist, daß man nie das ausführt, was geschrieben steht! [...] Ich gestehe weder Sängern noch Dirigenten die Fähigkeit zur ›Kreation‹ zu.« (Brief Verdis an Giulio Ricordi vom 11. April 1871; Copialettere, 1913, S. 256). Noch schärfer äußerte sich Verdi an anderer Stelle: »Wir haben es nicht nötig, daß Dirigenten und Sänger neue Effekte entdecken; und ich für meinen Teil erkläre, daß es nie, nie, nie jemandem gelungen ist, *alle* von mir beabsichtigten Effekte herauszuholen ... *Niemandem!* nie, nie ... weder Sängern noch Dirigenten!! ...« (Brief an Giulio Ricordi vom 25. März 1875; Abbiati, 1959, Band III, S. 748)

Durch Dirigenten von Arturo Toscanini bis Riccardo Muti sind solche Bemerkungen Verdis zur Maxime eiserner Partiturtreue kanonisiert worden. Daraus abzuleiten, Verdi habe eine sklavische Befolgung des schieren äußerlichen Erscheinungsbildes seiner Partituren gewollt, würde aber ein Verkennen der Tatsache bedeuten, daß selbst noch zu Verdis Zeiten Partituren gewisse ›Signale‹ enthielten, die – für heutige Musiker nicht mehr erkennbar, aber damals selbstverständlicher Usus – dem Interpreten individuelle Freiräume eröffneten. Dazu zählen vor allem die Kadenzen am Ende oder innerhalb eines *cantabile*, ob sie nun ausgeschrieben oder *ad libitum* oder *a piacere* auszuführen sind; dann der Gebrauch von melodischen Varianten in den Wiederholungen der Arien und vor allem den *cabalette*, *acciaccature* zur Hervorhebung von Höhepunkten, Hinzufügungen von *appoggiature* am Ende des Rezitativs vor einer Arie. Die Tatsache, daß gerade auf den frühesten Schallplatten mit Verdi-Aufnahmen solche ›Freizügigkeiten‹ gang und gäbe sind, sprechen auch dafür, daß das heutige Verständnis von ›Partiturtreue‹ durchaus nicht der damaligen – von Verdi akzeptierten – Aufführungspraxis entspricht.

Auffällig ist allerdings, daß es kaum Äußerungen Verdis zu diesen Fragen gibt, was den Schluß nahelegt, daß er die damals angewandte Verzierungspraxis der Sänger für selbstverständlich hielt, zumal wenn man bedenkt, daß Verdi, wenn anderweitige Eingriffe in seinen Notentext drohten, äußerst schnell und rigide reagierte. In einem Vertragsentwurf von 1847 verweigerte er »jede Einfügung, jede Verstümmelung oder jegliche Transpositionen; kurz alles, was auch nur die kleinste Veränderung in der Instrumentation erfordern würde « (Brief an Giulio Ricordi vom 20. Mai 1847; Copialettere, 1913, S. 39). Solange die letztgenannte Bedingung nicht tangiert wurde, zeigte sich Verdi durchaus bereit, Sängern Zugeständnisse zu machen: So ließ er etwa während seines gesamten Schaffens *puntature* zu, vor allem, wenn ein Sänger extreme Lagen nicht bewältigte; eines der bekanntesten Beispiele ist das hohe b am Ende der *romanza* des Radamès »Celeste Aida«, für das er eine ›bequemere‹ Alternative schuf. Andere Beispiele sind die Spitzentöne in den Arien von Fiesco in *Simon Boccanegra* und Eboli in *Don Carlos*. Auch im umgekehrten Fall, bei der Interpolation hoher Töne durch den Sänger – wie dem berühmten hohen C in der *cabaletta* des Manrico »Di quella pira« –, zeigte sich Verdi einverstanden, mit dem Vorbehalt, daß der Ton sicher und gut klingen müßte. Wenn er ausdrücklich den gängigen Usus unterbinden wollte, dann äußerte er sich auch ganz dezidiert: »ohne die gebräuchlichen *appoggiature*« oder »die Sänger werden gebeten, nicht die gebräuchlichen Kadenzen anzubringen«. Die Grundlagen für eine musikalische Interpretation ›im Geiste‹ des Schöpfers hätten nach Verdis Ansicht bereits in der Ausbildung der Sänger gelegt werden müssen, in einer Ausbildung zu einem eigenverantwortlichen, ›mündigen‹ Künstler. Verdi forderte: »Dann möchte ich, daß der angehende Sänger, wenn er sich – und zwar, ohne daß ihm der Lehrer den manierierten Gesang beigebracht hat, – musikalisch sicher fühlt, sein Organ geübt und geschmeidig ist, einfach so singt, wie es ihm sein Gefühl eben eingibt. Das wäre kein Schulgesang, sondern wirklich inspirierter Gesang. Der Künstler wäre eine Persönlichkeit; er wäre er selbst, oder, noch besser, er wäre in der Oper die Person, die er darstellen soll.« (Brief Verdis an Giuseppe Piroli vom 20. Februar 1871, Copialettere, 1913, S. 250)

Frühe Aufnahmen

Tondokumente von Verdi-Sängern sind bereits für das erste Jahrzehnt des 20. Jahrhunderts in repräsentativem Umfang vorhanden. In Roberto Bauers *Historical Records 1898–1908/9* (1947) sind für diese Zeit 1 633 Verdi-Aufnahmen von 469 Sängern aufgelistet. Dabei ist dieser Katalog weit davon entfernt, vollständig zu sein, und müßte inzwischen wahrscheinlich um Hunderte von Titeln ergänzt werden. Versucht man diese Sänger nach ihren Geburtsdaten chronologisch zu ordnen, dann lassen sich Entwicklungstendenzen im Interpretationsstil deutlich erkennen. Greift man etwa die bedeutendsten Baritone heraus, dann zeigt sich, daß die Gruppe der am frühesten Geborenen (Alberto De Bassini *1847, Giuseppe Kaschmann *1850, Antonio Magini-Coletti *1855 und Francesco d'Andrade *1859) im Vergleich zur etwa eine Generation jüngeren Gruppe (Riccardo Stracciari *1875, Giuseppe de Luca *1876, Titta Ruffo *1877 und Pasquale Amato *1878) einen merklich subtileren, hoch nuancierten, am ehemaligen *bel canto* orientierten Stil pflegten, mit viel mehr Freiheiten in Rhythmik und Tempowahl, im Gebrauch von *rubato* und *portamento*, im Umgang mit Fermaten und im Einsatz von Verzierungen. Der unbestritten auffälligste Sänger dieser Gruppe ist Mattia Battistini (*1856), der sich sogar innerhalb seiner stilistischen ›Gesinnungsgenossen‹ noch ausnimmt wie ein überkommenes Relikt des Ottocento. Dabei ist anzumerken, daß Verdi selbst Battistini weniger geschätzt hat, vor allem wegen der nach seinem Geschmack zu »süßlich«, also geziert wirkenden Gestaltung (Brief an Giulio Ricordi vom 11. November 1886; Abbiati, 1959, Band IV, S. 299).

Der Stil der jüngeren Sänger ist deutlich geprägt von geradlinigerem, auch dynamisch undifferenzierterem Singen – zugunsten von mehr Forte-Einsatz – und weitgehendem Zurückdrängen von Koloraturen. Ganz deutlich ist erkennbar, daß diese Sänger, obwohl sie natürlich einiges vom technischen Können der älteren Kollegen konserviert haben, einen neuen Interpretationsansatz repräsentieren. Zeitlich und stilistisch zwischen dieser und der ältesten Gruppe liegen die in den 1860er Jahren geborenen Baritone wie Mario Ancona (*1860), Francesco Maria Bonini (*1865), Antonio Scotti (*1866) und Ferruccio Corradetti (*1866).

Eine ähnliche Sonderstellung wie Battistini unter den Baritonen – auch im Hinblick auf die Vielzahl der von ihm hinterlassenen Schallplatten – nimmt Fernando De Lucia (*1860) unter den Tenören ein: Wie sein Baritonkollege scheint er eher eine vokale Reminiszenz an *bel canto*-Zeiten zu sein als ein Vertreter der Generation Enrico Carusos (*1873), der er de facto angehört. Natürlich gibt es auch nach De Lucia noch Sänger, die Ausnahmen von der Regel sind, wie etwa Giuseppe Anselmi (*1876), dessen Stil seinem Vorgänger De Lucia näher steht als seinem Zeitgenossen Caruso.

Es überrascht kaum, daß auch die Aufnahmen der Sänger, die in Ur- oder Erstaufführungen Verdis mitgewirkt haben, mehr oder weniger Affinität zur *bel canto*-Schule zeigen, vor allem in rhythmischen Freiheiten und in der Vielfalt von dynamischen und koloristischen Nuancen. Die wichtigsten dieser auf Platte dokumentierten Interpreten der ersten Stunde sind: Francesco Tamagno (*1850) als Otello, Don Carlos und Gabriele Adorno (*Simon Boccanegra*), Victor Maurel (*1848) als Jago und Falstaff, Francesco Navarrini (*1853) als Lodovico (*Otello*), Großinquisitor (*Don Carlos*), Antonio Pini-Corsi (*1858) als Ford (*Falstaff*), Edoardo Garbin (*1865) als Fenton (*Falstaff*), Edouard de Reszke (*1853) als Fiesco (*Simon Boccanegra*) und Vittorio Arimondi (*1861) als Pistola (*Falstaff*). Die beiden prominentesten unter diesen Sängern sind Francesco Tamagno und Victor Maurel. Von beiden existieren hochinteressante Aufnahmen der von ihnen kreierten Rollen. Tamagnos *Otello*-Szenen sind allerdings erst nach seinem krankheitsbedingten Rückzug von der Bühne aufgenommen worden, kurz vor seinem Tod 1905. Obwohl er gesundheitlich angeschlagen war, überraschen Brillanz und Kraft seiner Tongebung, die durch ein enges, schnelles Vibrato gekennzeichnet ist. Besonders beeindruckend ist in der Todesszene (»Niun mi tema«) die Grandeur seiner Gestaltung, auch dank seiner klaren Diktion und expressiven Deklamation. An Maurels Aufnahmen von Jagos Traumerzählung (»Era la notte«) und Falstaffs Rondo (»Quand'ero paggio«) werden trotz des ebenfalls vorgerückten Alters des Baritons denn doch die Qualitäten seines Singens deutlich: sorgfältige Artikulation, wohlabgewogene Phrasierung, rhetorische und dramatische Intensität, darstellerische Suggestivität.

Von besonderer Bedeutung ist die Sängerin, für die Verdi seine Wertschätzung wohl am nachdrücklichsten überhaupt ausgesprochen hat: Adelina Patti (*1843). Sie hat zwar keine Verdi-Aufnahmen hinterlassen, aber sie ist die einzige nennenswert dokumentierte Sängerin, deren Karriere bis zur mittleren Schaffensperiode Verdis zurückreicht. Nur wenige Jahre nach den Uraufführungen von *Rigoletto*, *Il trovatore* und *La traviata* ist sie als Gilda, Leonora und Violetta aufgetreten. Zieht man ersatzweise Pattis Aufnahmen von Bellini-Arien heran, dann finden wir dort genau den Stil der frühesten, bereits genannten Verdi-Sänger, für den wir wohl Verdis Zustimmung annehmen können.

Dirigenten

Wie bereits gesagt, begann dieser ›belcantistisch‹ orientierte Verdi-Stil sich mehr und mehr zu verlieren, je stärker die Sängerinnen und Sänger unter den Einfluß des *verismo* gelangten. Eine andere höchst einflußreiche Instanz meldete sich wenig später zu Wort: Arturo Toscanini. Als künstlerischer Direktor der Mailänder Scala (1898–1903 und 1920–1929) und – ohne offiziellen Titel – der New Yorker Metropolitan Opera (1908–1915) veränderte und prägte er wie kein anderer Dirigent die Verdi-Interpretation und damit auch den Verdi-Gesang des 20. Jahrhunderts bis heute. Sein zum Dogma erhobenes künstlerisches Prinzip war die absolute Partiturtreue und damit auch die Ablehnung der ›stillschweigend‹, ›zwischen die Noten‹ hineingelesenen Interpretationspraxis. Sein ebenso als ›modern‹ gepriesener wie als ›Mißverständnis‹ abgelehnter Ansatz fußte darauf, den mittleren Verdi aus der Sicht des Spätwerkes zu betrachten und dementsprechend zu interpretieren, wobei ›interpretieren‹ schon fast zu viel gesagt ist, richtiger wäre: den Willen des Komponisten zu vollziehen. Die Folgen dieser ›Reinigung im Geist des Schöpfers‹ für die Sänger war die Beseitigung sämtlicher traditioneller Formeln zugunsten einer Vereinfachung der gesanglichen Grammatik, zugespitzter Diktion, scharfer Akzente, häufig forcierter Tempi, rhetorisch-emphatischer Vortragsweise von expressiver Eindringlichkeit und Hochspannung. Auffällig ist allerdings, daß sich Toscanini, wie seine Aufnahmen belegen, durchaus Eigenwilligkeiten in der Wahl der Tempi und der Dynamik und sogar durch die Anbringung von Strichen leistete, die seinem Dogma keineswegs entsprachen. So sehr Toscaninis Innovationen später als nicht authentisch und nicht historisch angegriffen wurden, so wirkungsreich und stilbildend waren sie während seiner extrem langen Karriere. Zumal an den Aufnahmen seiner ›Lieblingssänger‹ läßt sich der von Toscanini initiierte Verdi-Gesang eindrucksvoll nachvollziehen. Hierzu zählt der Tenor Aureliano Pertile (1885–1951), der unter Toscaninis Ägide an der Mailänder Scala in 35 Rollen zu hören war und zumindest in Europa als der repräsentative Verdi-Tenor der beiden Jahrzehnte zwischen 1920 und 1940 gelten darf. Für heutige Begriffe wirkt Pertiles Vortragsstil allerdings rhetorisch stark überfrachtet; die Suche, ja mitunter Sucht nach Ausdruck gerät bei ihm häufig in Konflikt mit der Aufrechterhaltung der Gesangslinie. Gewissermaßen Nachfolger Pertiles als tenoraler Favorit Toscaninis war dann später der Amerikaner Jan Peerce (1904–1984), der in mehreren der berühmten Opernproduktionen Toscaninis mit dem NBC-Orchestra zum Einsatz kam. Zu den von Toscanini während seiner längsten Wirkungszeit an einem Ort, der zweiten Direktionsära an der Mailänder Scala, häufig eingesetzten Sängerinnen zählen die Soprane Toti dal Monte, Gilda dalla Rizza, Rosa Raisa, Rosetta Pampanini, Carmen Melis, Claudia Muzio und Giannina Arangi-Lombardi; die Mezzosoprane Bruna Castagna, Elvira Casazza und Ebe Stignani; die Tenöre Giacomo Lauri-Volpi, Nino Piccaluga, Francesco Merli und Franco Lo Giudice; die Baritone Mariano Stabile, Carlo Galeffi, Riccardo Stracciari, Benvenuto Franci, Giacomo Rimini und Armando Borgioli; die Bässe Nazzareno de Angelis, Ezio Pinza, Tancredi Pasero und Marcel Journet. Eine Hervorhebung aus dieser Gruppe verdient Claudia Muzio, die als ›Duse des Gesangs‹ gefeiertste Sopranistin ihrer Zeit. Sie faszinierte dabei weder durch außergewöhnliche Stimmqualität noch durch gesangstechnische Makellosigkeit, sondern vielmehr durch die Aufrichtigkeit und Direktheit, Unverstelltheit und Ausdrucksstärke ihrer Gestaltung. Ihr Sängerkollege Giacomo Lauri-Volpi hat ihre Stimme treffend charakterisiert als »gemischt aus Tränen und Seufzern und einem verhaltenen inneren Feuer«.

Schon damals, in der Zeit zwischen den Weltkriegen, gab es zahlreiche Überschneidungen zwischen dem Ensemble der Mailänder Scala und der New Yorker Metropolitan Opera. Die renommierteste und am besten zahlende Bühne der Welt versuchte natürlich gerade für Verdi-Aufführungen hochkarätige Sängerinnen und Sänger aus Italien zu gewinnen, und dies bedeutete fast zwangsläufig den Rückgriff auf das Ensemble der Scala. Aber eine ganze Reihe von führenden Verdi-Gesangsstars der Met kam auch aus dem eigenen Land oder über andere Opernhäuser dorthin: die Soprane Geraldine Farrar, Rosa Ponselle, Elisabeth Rethberg und Zinka Milanov; die Mezzosoprane Margaret Harshaw, Jennie Tourel und Risë Stevens; die Tenöre Jussi Björling, Jan Peerce und Richard Tucker; die Baritone Antonio Scotti, Lawrence Tibbett, Leonard Warren und Robert Merrill; die Bässe José Mardones und Alexander Kipnis.

Interpretinnen und Interpreten in der Langspielplatten-Ära

Fast gleichzeitig mit dem Beginn der Ära der Langspielplatte um die Mitte des 20. Jahrhunderts betraten einige Sängerinnen und Sänger die Bühnen und Aufnahmestudios, die zu den hochrangigsten Verdi-Interpreten überhaupt zählen: Renata Tebaldi, die vor allem in den Partien zwischen *Il trovatore* und *Otello* in Erscheinung trat. Gleichzeitig mit ihr begann die Karriere von Maria Callas, die sowohl im Fach des dramatischen Koloratursoprans (Abigaille, Lady Macbeth und Violetta) als auch des *soprano spinto* erfolgreich war (Amelia, Elisabeth und Aida). Von ähnlicher Vielseitigkeit zeigte sich die hauptsächlich in Italien wirkende Türkin Leyla Gencer. Weitere bedeutende Verdi-Soprane dieser Zeit waren Antonietta Stella und Anita Cerquetti. Beide wurden jedoch übertroffen von Leontyne Price, die nach dem Zweiten Weltkrieg in den spinto-Partien, vor allem als Amelia, Leonora (*La forza del destino*) und Aida, die führende Sängerin gewesen ist.

Etwa ab den 1970er Jahren zeigte sich eine Tendenz, auch die dramatischen Sopranpartien mit lyrischeren Stimmen zu besetzen. Gründe dafür sind im Rückgang hochdramatischer Stimmtalente zu sehen, in der ›Renaissance‹ anderer Opernepochen wie der Georg Friedrich Händels und Gioachino Rossinis, die andere Stimmtypen favorisierten, und auch in spezifischen Vorlieben bestimmter einflußreicher Dirigenten wie Herbert von Karajan. Seitdem übernahmen auch lyrische Sopranistinnen wie Renata Scotto, Mirella Freni, Montserrat Caballé oder Katia Ricciarelli zunehmend dramatische Aufgaben. Das Erbe von Ebe Stignani und Gianna Pederzini im Fach des Mezzosoprans traten Fedora Barbieri, Giulietta Simionato, Fiorenza Cossotto, dann Shirley Verrett und Grace Bumbry an, wobei die beiden letztgenannten sich auch in der Sopranlage versucht haben.

Unter den Verdi-Tenören nach dem Zweiten Weltkrieg ist zweifellos Carlo Bergonzi der feinste Stilist gewesen, während seine größten Rivalen Giuseppe di Stefano, Franco Corelli und Mario del Monaco eher auf publikumswirksame Expressivität als auf musikalische Feinheit setzten. Auch unter den Tenören, deren Karriere in den 1970er Jahren und danach verlief, ist parallel zu den Sopranen zu beobachten, daß immer häufiger lyrische Stimmen in dramatischen Partien eingesetzt wurden, zum Beispiel José Carreras als Radamès (in *Aida*) und Alvaro (in *La forza del destino*), aber auch Luciano Pavarotti (Don Carlos, Otello) und letztlich auch Plácido Domingo, der Partien wie Alvaro, Radamès und Otello dank seiner sängerischen Intelligenz bewältigte, ohne das stimmliche und dramatische Format seiner Vorgänger zu erreichen.

Das Fach des Verdi-Baritons hat der Amerikaner Leonard Warren wie kein anderer Bariton der Langspielplatten-Ära geprägt. Etwas lyrischer im Stimmcharakter ist sein Landsmann und Rivale Robert Merrill gewesen. Unter den italienischen Verdi-Baritonen der Nachkriegszeit ragten der Stimmathlet Gino Bechi, der überragende expressive Darsteller Tito Gobbi, dann auch die klangschöne, dunkle Stimme von Giuseppe Taddei und die robuste, energische von Aldo Protti heraus. Ein vokales

Ausnahmetalent – mit darstellerischen Grenzen – ist Ettore Bastianini gewesen, während Giuseppe Valdengo fast der Gegentyp dazu, ein Sänger von faszinierender Bühnenpräsenz, aber mit mäßigen stimmlichen Voraussetzungen war. Unter den Verdi-Baritonen der letzten Jahrzehnte übertraf zweifellos Piero Cappuccilli seine Kollegen Sherrill Milnes, Matteo Manuguerra, Renato Bruson und Giorgio Zancanaro.

Die Baßstimmlage wurde seit Beginn der Langspielplatten-Ära dominiert von den beiden Bulgaren Boris Christoff und Nicolai Ghiaurov sowie dem Italiener Cesare Siepi. Zeitgenössische Konkurrenten wie Nicola Ghiuselev, Raffaele Ariè und Nicola Rossi-Lemeni verblassen daneben ebenso wie die Rivalen der jüngeren Gegenwart Ruggero Raimondi und Samuel Ramey.

Die letzten beiden Jahrzehnte: Geänderte Entwicklungsbedingungen

Überblickt man die Entwicklungstendenzen im Verdi-Gesang der letzten beiden Jahrzehnte, dann zeigt sich ein geradezu eklatanter Rückgang an dramatischen Stimmen in allen männlichen und weiblichen Stimmlagen, während parallel zur Rossini-Renaissance die leichten, lyrischen Stimmen zumal in den Fächern des *tenore di grazia* und des *mezzosoprano d'agilità* einen noch nie dagewesenen Aufschwung erlebt haben. Hingegen sind ein exzellenter Graf Luna oder Renato heute so selten wie ein hochklassiger Radamès oder Otello, eine herausragende Amelia oder Aida wird ebenso dringend benötigt wie eine vorzügliche Eboli oder Amneris. Die Ursachen dafür können indes nicht darin zu suchen sein, daß Verdi zu wenig oder mit zu wenigen seiner Werke zur Aufführung kommt, sondern – da die gleichen Defizite auch im Wagner-Gesang zu diagnostizieren sind – in den fatalen Entwicklungsbedingungen, die der heutige internationale Opernbetrieb insbesondere jungen, dramatischen Stimmtalenten auferlegt: zu wenig Zeit zu reifen und um Erfahrungen und Repertoire zu erarbeiten, zu frühe und falsche Angebote, schneller Verschleiß durch den internationalen Gastzirkus.

In der ersten Hälfte des 20. Jahrhunderts hingegen hatten die damals noch intakten Opernensembles ideale Voraussetzungen für die stetige, allmähliche Heranbildung geeigneter dramatischer Stimmen geboten, auch weil solche Ensembles in der Regel unter der Obhut eines dort – und nur dort – langjährig wirkenden Chefdirigenten oder musikalischen Direktors standen. An der New Yorker Met etwa folgte Tullio Serafin als verantwortlicher Betreuer des italienischen Repertoires auf Toscanini und wurde dort zum Mentor für heranreifende Verdi-Talente wie die Sopranistin Rosa Ponselle, einer überragenden Protagonistin als Aida, Leonora (*La forza del destino* und *Il trovatore*), Violetta (*La traviata*), Elvira (*Ernani*), Luisa (*Luisa Miller*) und Elisabeth (*Don Carlos*), sowie den Bariton Lawrence Tibbett, der jahrzehntelang die Partien des Germont (*La traviata*), Rigoletto, Amonasro (*Aida*) und Jago beherrschte und der erste Simon Boccanegra der Met gewesen ist. Serafin blieb bis 1934 in New York und kehrte dann als künstlerischer Direktor der römischen Oper nach Italien zurück, wo er bereits von 1909 bis 1914 und 1917/18 Chefdirigent der Scala gewesen war. Ebenfalls ein langjähriger Kollege Toscaninis an der Scala, der Argentinier Ettore Panizza, wurde Nachfolger Serafins an der Met (bis 1942). Als Hauptdirigent der italienischen Opern wurde 1950 Fausto Cleva an die Met berufen, eine Funktion, die er bis 1971 innehatte.

Der nach Toscanini wichtigste Dirigent und Betreuer der Verdi-Opern an der Mailänder Scala ist sicherlich Victor de Sabata gewesen, der dort ab 1930 tätig war und das Haus insgesamt fast drei Jahrzehnte künstlerisch prägte. Zeitlich parallel zu Toscanini und de Sabata, war Gino Marinuzzi zwischen 1914 und 1945 einer der maßgeblichen Verdi-Dirigenten der Scala. Auf de Sabata folgte für kurze Zeit Carlo Maria Giulini als musikalischer Leiter der Scala; auch nach dem Verzicht auf seine feste Verpflichtung im Jahre 1956 kehrte er als freier Dirigent häufig dorthin zurück. Während Gianandrea Gavazzeni noch zur Zeit Giulinis Verdi-Aufführungen an der Scala leitete, zählen Claudio Abbado, Giuseppe Patanè und Riccardo Muti bereits zur folgenden Dirigentengeneration, die dort für die Verdi-Pflege verantwortlich zeichnete und zeichnet.

Deutschsprachige Länder, Paris und London

Im Gegensatz zu Italien und den USA können die deutschsprachigen Länder für lange Zeit nur als Provinz der Verdi-Pflege betrachtet werden. Die im Vergleich zu Richard Wagners Präsenz erheblich geringere Präsenz Verdis im Repertoire deutscher Bühnen zu Beginn des 20. Jahrhunderts änderte sich erst durch die Initiative des Dirigenten, Komponisten, Kritikers und Musikwissenschaftlers Karl Georg Göhler im Zusammenhang mit Verdis 100. Geburtstag. Er brachte 1913 die in Deutschland so gut wie unbekannte Oper *La forza del destino* in eigener Übersetzung in Hamburg auf die Bühne. Der entscheidende Durchbruch des in Deutschland wenig bekannten Verdi war dann Franz Werfels signalgebendem Buch *Verdi. Roman der Oper* (1924) zu verdanken und auch seinen Libretto-Nachdichtungen von *La forza del destino* (1925/26), *Simon Boccanegra* (1929/30) und *Don Carlos* (1932). Auf die Bühne gelangte Werfels Fassung von *La forza del destino* erstmals 1926 in Dresden unter der Leitung von Fritz Busch, mit Meta Seinemeyer (Leonora), Tino Pattiera (Alvaro) und Robert Burg (Carlo di Vargas). Schon in der folgenden Spielzeit brachten Dirigenten wie Karl Böhm in München und Franz Schalk in Wien Werfels Version heraus. Die nächsten entscheidenden Schritte für die Durchsetzung unbekannter Verdi-Opern unternahmen 1927 der Dirigent Fritz Zweig an der gerade neu eröffneten Berliner Kroll-Oper, wo in Göhlers Übersetzung *Luise Miller* herauskam, dann im Jahr darauf der für den erkrankten Fritz Busch eingesprungene Hermann Kutzschbach an der Dresdner Oper, die – ebenfalls in Göhlers Übersetzung – *Macbeth* herausbrachte. Weitere Dirigenten, die sich neben Fritz Busch und Bruno Walter um die Entdeckung Verdis in Deutschland verdient machten, waren Fritz Stiedry mit der Berliner *Macbeth*-Aufführung von 1931 und Hans Knappertsbusch ebenfalls mit *Macbeth* 1933 in München.

Auch die Wiener Staatsoper war mit vier wichtigen Erstaufführungen an der Verdi-Renaissance der 1920er und 1930er Jahre beteiligt. Nachdem bereits 1926 Franz Schalk *La forza del destino* dirigiert hatte, gingen die weiteren Initiativen maßgeblich von Schalks Nachfolger als Musikdirektor der Wiener Staatsoper, Clemens Krauss, sowie dem Regisseur Lothar Wallerstein und dem Bühnenbildner Alfred Roller aus. 1930 brachten sie *Simon Boccanegra* heraus, 1932 folgte *Don Carlos* und 1933 *Macbeth*. Zu den führenden Sängerinnen und Sänger dieser Wiener Premieren zählten die Sopranistinnen Maria Nemeth, Viorica Ursuleac und Gertrude Rünger, die Tenöre Alfred Piccaver, Koloman von Pataky und Franz Völker, die Baritone Emil Schipper, Wilhelm Rode und Alfred Jerger, die Bässe Richard Mayr und Josef von Manowarda.

Solche Bemühungen um die Eingliederung der weniger populären Opern Verdis in das Repertoire, wie sie im deutschsprachigen Raum zu beobachten sind, gab es an den anderen führenden europäischen Bühnen überhaupt nicht oder nur ansatzweise. Der Spielplan der Pariser Opéra zwischen 1870 und 1960 ist geradezu von einer auffälligen ›Verdi-Abstinenz‹ gekennzeichnet; nur acht Werke kamen dort während dieses Zeitraumes zur Aufführung, wobei der Löwenanteil auf *Rigoletto*, *La traviata*, *Il trovatore* und *Aida* entfiel. Schon wegen dieser höchst rudimentären Verdi-Pflege können die dabei zum Einsatz gekommenen Sängerinnen und Sänger nicht als Verdi-Spezialistinnen und -spezialisten betrachtet werden. Hinzu kommt der generell zu beobachtende Niedergang der französischen Gesangsschule zwischen Erstem und Zweitem Weltkrieg. Nach 1945 sind aus Frankreich kaum noch hochkarätige Sänger hervorgegangen. Französische Verdi-Interpreten von internationalem Ruf sucht man seither vergebens.

Wesentlich mehr Interesse für Verdi als in Paris hat man während des gleichen Zeitraumes am Londoner Covent Garden aufgebracht. Immerhin fünfzehn Opern des Komponisten erschienen dort zwischen 1847 und 1965 auf dem Spielplan, die komplette Werkreihe von *Rigoletto* bis *Falstaff*. Allerdings praktizierte man ähnlich wie an der New Yorker Met das Prinzip, für italienische Opern – auch für Verdi – überwiegend italienische Gastsolisten einzusetzen. Die in London zu hörenden Stimmen hätte man zur gleichen Zeit auch an der Mailänder Scala oder an der Met erleben können: Gilda dalla Rizza, Gina Cigna, Enrico Caruso, Giovanni Martinelli, Francesco Merli, Aureliano Pertile, Antonio Scotti, Mario Sammarco, Tancredi Pasero. Herausragende britische Verdi-Sänger zählen zu den Raritäten. Zu nennen wären allenfalls der als »Caruso von Lancastershire« bekannt gewordene Tom Burke oder die hochdramatischen Soprane Margaret Sheridan und Eva Turner. Auch die musikalische Leitung der Verdi-Opern wurde am Covent Garden überwiegend italienischen Dirigenten anvertraut.

Überblickt man die Verdi-Pflege weltweit, dann ist es für die internationale Geltung seines Werkes geradezu symptomatisch, daß sich kein spezifisches oder gar ausschließlich seinen Opern vorbehaltenes ›Zentrum‹ herausgebildet hat. Ein von Eduard Hanslick auf Giacomo Meyerbeer gemünztes und gegen Wagner gerichtetes Wort ließe sich auf Verdi übertragen: »Er brauchte keine Vereine zu gründen und keine eigenen Theater zu bauen; das ganze Publikum war sein Verein und Europa sein Bayreuth.« (Hanslick, 1892, S. 104)

›Regietheater‹ und Film. Zur Wirkungsgeschichte von Verdis Opern

von Wolfgang Willaschek

Plädoyer für die Beseitigung eines krassen Fehlurteils

»Also müssen diese Werke auch immer anders und neu aufgeführt werden, wenn sie da sein sollen.« (Bloch, 1974, S. 262) Dieser kategorische Imperativ Ernst Blochs gilt nicht nur für Mozarts *Die Zauberflöte*, sondern erst recht für die Opern Verdis, die als faszinierende Zusammenfassung die Rettung des »unmöglichen Kunstwerkes« Oper aus dem Geist des *melodramma* versinnbildlichen. Oper ist stets Gegenwartskunst. Ihre Berechtigung erwächst primär nicht aus der Institution, die zur Realisierung unverzichtbar ist, sondern aus der Überlebensnotwendigkeit des Menschen, der in den Erfahrungen eines singenden Spiegelbildes dem Mythos von Eros und Tod begegnet. Seit ihrer Erfindung, da sie von Künstlern erklärt und von Mächtigen verklärt wurde, ist die Oper Theater aus dem Geist der Aufklärung. Wenige Autoren haben sich dieser Maxime so kompromißlos verschrieben wie Giuseppe Verdi. Von Monteverdis *L'Orfeo* bis zu Bergs *Wozzeck* ist Oper lautstarkes Postulat gegen die drohende Zerstörung und Selbstentfremdung des Menschen. Im Zentrum dieses Fadenkreuzes steht nicht zufällig Verdis *Rigoletto*. Verdi erringt sich nach den schwierigen Erfahrungen seiner »Galeerenjahre« in der Mitte des 19. Jahrhunderts, da der Traum von nationaler Befreiung und den Segnungen des technischen Zeitalters endgültig zum Albtraum zu werden droht, den Durchbruch zum unverwechselbaren Stil: »Ich finde es gerade wunderschön, diese äußerlich mißgestaltete und lächerliche, doch innerlich leidenschaftliche und liebevolle Person zu gestalten.« (Brief Verdis an Carlo Marzari vom 14. Dezember 1850; Copialettere, 1913, S. 110f.) Für die Vergegenwärtigung des Zusammenhangs von innen und außen, von Handlung und Subtext, wie ihn so vollendet keine andere Kunstgattung zu leisten vermag, sind das Theater und die Szene unverzichtbar. Oper und ›Regietheater‹: Man kann nicht trennen, was zusammengehört.

Dabei geht es bei der Symbiose von Wort, Ton und Szene nicht um willkürliche Interpretation, sondern um den für jede neue Gegenwart unverzichtbaren Nachweis zur Existenzberechtigung eines Werkes aus dem Spannungsraum der Partitur. Um kompromißlos einem gängigen Vorurteil im Vorfeld der Diskussion über Notwendigkeit und Dilemma von ›Regietheater‹ vorzubeugen, gilt es festzuhalten: Je genauer die Zeichen einer Partitur festgelegt sind, desto größer – nicht desto kleiner – ist die Freiheit und damit die Verantwortung der Interpreten. Der größte Irrtum in der Aufführungsgeschichte ist die Meinung, in der Partitur stünde eindeutig, wie ›es‹ auf der Bühne zu klingen und auszusehen habe; eine Meinung, die zwischen der Selbstherrlichkeit der Macher, der Anmaßung der Kritik und des Dünkels eines Publikums im schlimmsten Fall rasch zur Ideologie wird. Wer Erkennung mit Wiedererkennung verwechselt, entzieht sich dem Abenteuer der Entdeckung, das auf der Bühne nur zu haben ist, wenn es durch die Faszination der »hergestellten Spontaneität« (Hans Neuenfels) so zusammenwächst, daß ein Ganzes entsteht, ohne daß dabei die Autonomie der einzelnen Teile zerstört wird. Diese Herausforderung gleicht einer Quadratur des Kreises, wie sie Verdi als Ideal stets anstrebt: »Ich will die *Kunst*, in welcher Erscheinungsform auch immer, nicht das *amusement*, das *Künstliche* und das *System*, das Ihr [in Paris] vorzieht.« (Brief Verdis an Camille Du Locle vom 7. Dezember 1869; ebd., S. 221)

Was aber sollen die Werke heute sein? Das Dilemma ihrer Deutung liegt auf der Hand, auch jenseits der dann und wann im Streit von Intendanten und Regisseuren heftig ans Licht der Öffentlichkeit gezerrten Frage nach dem Urheberrecht. Regie schafft eine Inszenierung als ein In-Szene-Setzen. Solche Deutung lebt einzig für jene Augenblicke, in denen sie sich ereignet. Ihre Hinfälligkeit ist zugleich ihr höchster Wert. Dies gilt mehr denn je in einer vom Fertigprodukt und von der immer perfekter werdenden Reproduzierbarkeit des Kunstwerks bestimmten Kultur- und Mediengesellschaft. ›Regietheater‹ ist im besten Fall ein hochwertiges und unverzichtbares Abfallprodukt. Nicht lange nach dem Tod von Ruth Berghaus mehren sich beispielsweise Würdigungen, Ausstellungen und Publikationen über ihr Leben und Werk. Aber das, was sie am meisten auszeichnete, die choreographisch wie dramatisch bestechende, Nerven aufwühlende und unter die Haut gehende Versinnlichung und Versinnbildlichung von Partituren, ist kaum noch mitzuerleben. Eine Videoaufnahme schafft da wenig Ersatz, weil fehlt, was auf der Bühne die Realisation erst vollendet, nämlich die über den Orchestergraben hinweg in den Zuschauerraum dringende Spannung des Geschehens. Obwohl eine Choreographie zum *Rigoletto* in der Inszenierung von Joachim Herz im September 1951 an der Landesbühne Sachsen ihr erstes öffentliches Wirken markiert, kam Ruth Berghaus erst recht spät nach Interpretationen unter anderem von Werken Mozarts, Wagners und von Richard Strauss zu Verdi. In Basel inszenierte sie *Don Carlo* (1992) als ein »ständiges Aneinandervorbeigreifen« der Figuren in einem »unfaßbaren Druckapparat«. Und sie zeigte, was in der Musik ineinander übergeht: »Inzestvorwurf und Autodafé« (Kaiser, 1992). 1994 inszenierte Ruth Berghaus in Zürich *Otello*. Davor und danach erarbeitete sie Verdi exemplarisch in Stuttgart, 1993 *La traviata* und 1995 *Macbeth*.

Erste Annäherung an den untrennbaren Zusammenhang von Werk und ›Regietheater‹ mag vordergründig professionelle Kritik leisten, die im seriösen Fall die Verlautbarung einer kollektiven Wahrnehmung zu sein hätte. Die Deutung des *Macbeth* in der Inszenierung von Ruth Berghaus als ein von »bizarren Unverständlichkeiten überbordendes Experimentiertheater« (Malisch, 1997, S. 417) steht nicht etwa in einer Zeitungskritik, sondern am Ende des Abschnitts »Wirkung«, mit dem die Betrachtung dieser Oper im 1997 erschienenen sechsten Band von *Pipers Enzyklopädie des Musiktheaters* schließt, einem verdienstvollen Standardwerk, in dem bewußt der schwierige Versuch unternommen wird, Entstehungs- und Aufführungsgeschichte einer Oper als Kontinuität zu bewerten. Aber was bedeutet, über den Einzelfall hinaus, die Gleichsetzung von »Experimentiertheater« und »Unverständlichkeit«, ja keine selten zu hörende Floskel, wenn es sich um Sinn oder Unsinn von ›Regietheater‹ handelt? Bei *Macbeth* geht es nicht um persönliche Antipathien oder Sympathien, sondern einzig darum, daß ein solches, in diesem Fall negatives Urteil ohne jede Begründung und ohne jede Veranschaulichung gegeben wird. Dabei müßte doch das Wort, das dem Phänomen Oper gerecht zu werden versucht, Verlängerung jenes Eindrucks sein, der sich aus dem ergibt, was man hört und sieht. Kein Wort also in diesem Fall von den Flucht-Räumen, in denen Menschenschicksale wie im Schneesturm zerstieben. Kein Wort von den unterirdischen Gewölben, aus denen die Hexen wie Urgestalten nach oben drängen. Dabei wird auf der Szene – durch die Regie – vergegenwärtigt, um welche Befindlichkeiten es Shakespeare und Verdi geht, gleichgültig ob die gewählte Ästhetik nun Gefallen findet oder Ablehnung hervorruft: »aus dem Mutterleib geschnitten.« Und wenn Erich Wonder, der Bühnenbildner der Aufführung, den Gang durch eine gegenwärtige Welt, durch einen »Laborraum der Obsessionen«, mit dem Fazit »Trau keinem Auge« zusammenfaßt, benennt er jenseits ästhetischer Kriterien eine spannende und verblüffende Analogie zur Partitur Verdis: Trau keinem Ohr (Wonder, 1995). Man unterschätze nicht die Gratwanderungen im Inneren des Kraftwerkes Oper. Es geht dabei nicht, wie viele meinen, um Geschmacksfragen, die sich jeder leisten mag, sondern um objektive Aspekte, durch die das vermeintlich leblose Schwarz-Weiß-Bild der Partitur mit der dargestellten Wirklichkeit auf der Bühne in Verbindung gebracht wird: Oper – Regie – Theater.

Bild-Eindrücke – Bekenntnis zur eigenen Wahrnehmung

Spannungen in Zeit und Raum wirken nur, wenn sie bei einem Zuschauer auf Neugierde treffen, wenn Überraschung auch zugelassen und erwünscht wird. Dies mindert nicht den Unterhaltungswert, sondern erhöht ihn, da es zur Bewußtseinserweiterung führt oder, was im Hinblick auf das Kunstwerk Oper gerechtfertigter erscheint, zu einer aus der Musik gespeisten ›Unterbewußtseinserweiterung‹. Werden beide – Oper und ›Regietheater‹ – für untrennbar angesehen, erübrigen sich zwangsläufig höchst fragwürdige Kriterien von einer guten beziehungsweise schlechten Inszenierung, wenn man darunter lediglich vermeintlich konventionell oder anscheinend modern versteht. Es geht um anderes. In der *Macbeth*-Inszenierung von Ruth Berghaus besteigt der sterbende Titelheld am Ende jenen Tisch, an dem zuvor die Lady geistesabwesend ihre Suppe auslöffelte, wie jemand, der dem Leben längst abhanden gekommen ist. Beider Schicksal vollendet sich im Auslöschen jeglicher Individualität. Die Musik Verdis und die Szene leben gleichermaßen vom unverwechselbaren Zeichen in einer unverwechselbaren Situation. Der weiße Tisch wird zum schwarzen Grab. Derselbe Augenblick war in der Frankfurter Inszenierung von Hans Neuenfels (1976) völlig konträr gesehen worden. Kaum gestorben, steht Macbeth wieder auf, geht wie der Interpret einer Rolle, mit der er nichts zu tun hat, zu jener »Schandkiste« (Gerhartz, 1980), in der bereits die Lady liegt. Einfühlung bei Ruth Berghaus und Verfremdung bei Hans Neuenfels, zugleich die jeweilige Umkehrung: Beides ist möglich, ohne dadurch willkürlich zu sein. Beides ist, jeweils extrem und konsequent gedeutet, Verlängerung eines musikalisch-dramatischen Bildes. Lebenswirklichkeit entsteht direkt aus den Noten. Peter Konwitschny benennt eine wesentliche Intention seiner Grazer Neuinszenierung von *Macbeth* (1999) – Fortsetzung seiner mit *Aida* (1994) am selben Theater begonnenen Arbeit – mit der Absicht, Macbeth und Lady Macbeth als Liebespaar zu zeigen: »Die Schlußarien von beiden stehen in Des-Dur. [...] Positives Liebespotential« wird in der Welt »verdreht«. Mechanismus und Motorik des Dramas aus dem 19. Jahrhundert schlagen unmittelbar in Gegenwart um: »Das ist ja häufig so. Es gibt Frauen, die sehr männlich werden, weil sie in der Männergesellschaft mithalten wollen. Das kann bis zur Pervertierung gehen.« (Mösch, 1999).

Im ersten Bild von *La traviata* in der Stuttgarter Inszenierung von Ruth Berghaus (1993) sieht man, was man stets zu hören glaubte und sich doch nicht als dramatisches Ereignis vergegenwärtigte. In der ersten Strophe des berühmten Trinkliedes »Libiam ne' lieti calici« bleibt unter der Stimmführung Alfredos eine Männergesellschaft völlig isoliert. In ihrer Solostrophe geht Violetta aus der entgegensetzten Richtung auf Alfredo zu, hebt die gesellschaftliche Trennung selbstbewußt auf, bis beide, Mann und Frau, in der dritten Strophe durch gemeinsames Singen zueinander finden. Drama aus dem Geist der Musik: Das ist strukturell genau empfunden und dramatisch schlagkräftig wiedergegeben. Das musikalische Bild wird zum Wahrzeichen und Signal jener außergewöhnlichen Beziehung, die Verdi im einzigen tatsächlichen Gegenwartsdrama, das er verfaßt, anpeilt, da er zwar die realistische Geschichte aus der Pariser Halbwelt in Musik überhöht, ihr jedoch als Parabel der Abhängigkeit von Vater/Kurtisane/Sohn eine andere Form von Wirklichkeit verleiht. Die Regisseurin denkt wie der Komponist in (Spiegel-)Bildern. Der Preis für Violettas Tabubruch ist hoch. Zuletzt wird sie in irritierend gegenwärtiger Endzeitlandschaft, wie auf einem verlassenen U-Bahnhof, völlig auf sich zurückgeworfen. Aber gerade dann weigert sie sich, absolut im Einklang mit Verdis musikalischen Fieberkurven, ein willenloses Opfer zu sein. Sie wehrt sich wie ein verwundetes Tier gegen jeden Körperkontakt, selbst – dies ist atemberaubend auf der Bühne mitzuverfolgen – gegen die Annäherungen jenes Mannes, den sie liebt. Solche Augenblicke sind aus der Erinnerung heraus unvergeßlich, da nicht mehr zu trennen ist, was zur Musik, zur Regie oder zum eigenen Bewußtsein gehört.

Systematik der Begriffe – ein »weites Feld«

Eine Studie über den Zusammenhang und über die Dialektik von Oper und ›Regietheater‹ läßt sich letztlich, gerade bei den Opern Verdis, einzig durch die eigene Beobachtung im Umgang mit Situationen, Gesten, Bildern und Zeichen begründen. Erst nach einem subjektiven, aber höchst lohnenden ›Einfinden‹ in Verdis Partituren, wird die Unübersichtlichkeit, auch die Fragwürdigkeit des Themas durch den Blick auf ein ›weites Feld‹ verständlich. Worüber schreiben, was gewichten: Die Entstehung des ›Regietheaters‹ im von ganz anderen Traditionen bestimmten Italien der Nachkriegszeit – Luchino Visconti, Maria Callas, Giorgio Strehler? Rückblick auf die 1920er und 1930er Jahre und die sich daran anschließende Renaissance, als Franz Werfel über Verdi schreibt und Fritz

Busch dessen Werke unvergleichlich, da akribisch einstudiert, dirigiert? Nachlesen, wie man sich 1929 am Hessischen Landestheater im »avantgardistischen Musiktheater der Weimarer Republik« mit *Il trovatore* auseinandersetzt? Was vermitteln einem über historische Aspekte hinaus heute noch die stereotypen Gesten der Sänger in einem beeindruckend expressionistischen Raum oder die Beobachtung, Verdis Handlung sei in »Form eines dynamischen Kräftespiels« wiedergegeben worden, wenn es andererseits heißt, man habe den Charakter eines »Mantel-und-Degen-Stückes« an den Posen von Douglas Fairbanks angelehnt? (Peusch, 1984) Wie ließe sich beispielsweise einigermaßen objektiv der Zusammenhang beleuchten zwischen singulärem Werk und dem inzwischen längst Historie gewordenen Aufbruch des sogenannten deutschsprachigen ›Regietheaters‹ in den 1970er und 1980er Jahren?

Jede Auflistung wäre willkürlich: Rabenalt, Wallerstein, Ebert, Felsenstein, Visconti, Strehler, Wieland Wagner, Ronconi, Pizzi, Rennert, Herz, Ponnelle, Friedrich, Kupfer, Berghaus, Bondy, Stein, Schaaf, Hermann, Schroeter, Neuenfels, Wernicke, Homoki, Lievi, Dew, Lehnhoff, Carsen, Krämer, Konwitschny... Zu ergänzen durch Bühnen- und Kostümbildner, soweit diese nicht zugleich ihre eigenen Regisseure sind: von Neher bis Frigerio, von Otto bis Wonder, Rose, Pilz oder von der Thannen... Es fällt übrigens auf, daß im erst einmal wahllos zusammengefügten Reigen des ›Regietheaters‹ zwei entscheidende Handschriften fast völlig fehlen. Robert Wilson hat sich neben Salome, Alceste, Medea, Ödipus, Faust, Lohengrin, Parsifal oder Einstein nie mit einer zentralen Gestalt Verdis beschäftigt. Das mag Absicht oder Zufall sein. Zu vermuten ist, daß die formale Strenge Verdis und die choreographische Strenge Wilsons einander widersprechen, gerade weil sie strukturell eng verwandt erscheinen. Und auch Achim Freyer hat in seiner unterschiedliche Entwicklungen und Methoden miteinander verbindenden Arbeit der »Bilder und Zeichen« seit 1969 nur ein einziges Mal direkt Bezug auf Verdi genommen, nicht zufällig 1992 unter einem Titel, der erhellende Umwege ermöglicht: *Freyer und Toscanini proben Traviata*. Die Zusammenstellung von Namen und Ereignissen wird jedenfalls dem Subtext des Themas – Untrennbarkeit von Werk und Deutung – ebensowenig gerecht wie der Versuch, historische Epochen und unterschiedliche Stile einfach Revue passieren zu lassen. Da ist es nützlicher, direkt Bezug zu Verdi zu nehmen, nach Wegen und Vergleichen in seinen Partituren zu suchen, unter Zuhilfenahme seiner Dramaturgie. Von zwei unterschiedlichen Standpunkten aus – unmittelbare Gegenwart im Kontrast zu Verdis Zeit – müßte es möglich sein, kritisch, analytisch und einfühlend dem Phänomen des ›Regietheaters‹ in Sachen Verdi auf die Spur zu kommen; zum einen bewußt ausgehend vom Theateralltag, das andere Mal jedoch von der kompromißlosen, unerbittlichen und stets an den Gesetzen der Realität orientierten Ästhetik Verdis, die beim Kasperletheater beginnt und beim Film endet.

Ein statistisches Experiment im ›Hier und Jetzt‹

Hier: Deutschland. Jetzt: Beginn des Jahres 2000. Wann und wie spielt man im ›Regietheater‹ Verdi? Zwischen dem 18. und 31. Januar 2000 finden zwischen Aachen und Zwickau von 159 Premieren 29 in der Sparte »Musikalisches Theater« statt, von der Oper über Operette, Musical und das Kinderstück bis zum zeitgenössischen Werk, der Uraufführung, der Kammeroper (*my/Theaterkorrespondenz*, 2000). Zwei dieser Neuinszenierungen sind Opern Verdis gewidmet, *Otello* in Greifswald/Stralsund und *Un ballo in maschera* in Heidelberg. Es hat nichts mit dem ungerechtfertigten Vorurteil gegen angebliche Theater-Provinz zu tun, wenn man daraus zunächst den Schluß zieht, daß Verdis Opern zur Grundausstattung des Repertoires und zum Grundbedürfnis der Abonnenten zu gehören scheinen. Die rund 7% Anteil am Programmangebot weiten sich rasch aus, bedenkt man, was in der Dunkelkammer der Gattung zwischen gestern, heute und morgen alles unberücksichtigt bleibt. Im erwähnten Zeitraum sind die Werke Verdis eingebettet in ›Klassiker‹ wie *Der Wildschütz, Don Pasquale, Eugen Onegin* oder *Tosca*. Der Zufall sorgt gleichzeitig für die ideale Proportion zwischen Deutschem, Italienischem und Russischem. Zudem gibt es, stellt man die aus ganz anderen historischen Zusammenhängen rührende Forderung Verdis nach Zeitgenossenschaft daneben, zwischen dem 18. und 31. Januar 2000 Neueinstudierungen von zwei Werken unserer Gegenwart: Adriana Hölszkys *Die Wände* und *Nixon in China* von John Adams. Außergewöhnlich sind die Premiere einer Barockoper von Alessandro Scarlatti und, erstaunlicherweise zweimal, der Versuch, Schuberts *Die Winterreise* zu dramatisieren. Die einzigen Werke, die gleich zweimal in diesem kurzen Zeitraum neu inszeniert werden, sind *Die Zauberflöte* und *Die lustige Witwe*. Das ist sicher zufällig, was den Zeitraum angeht, aber alles andere als zufällig, was die minutiösen Feinabstimmungen im Spielplan betrifft, wo Minderheiten dann zum Zuge kommen, wenn großflächig Ausgewogenheit herrscht.

In der Spielzeit 1999/2000 sind von etwas mehr als 550 Premieren an 84 Theatern in Deutschland – wiederum von Aachen bis Zwickau – insgesamt 38 Premieren, etwa 8 %, Opern von Verdi vorbehalten (Anonym, 1999). Die meisten Neuinszenierungen – fünf, verteilt auf Leipzig, Kassel, Gelsenkirchen, Flensburg und Nordhausen – vereint dabei *Macbeth* auf sich. Dies verblüfft, was die Wirkung im Gesamtwerk Verdis zwischen *Rigoletto* und *Falstaff* angeht. Weit weniger erstaunlich ist diese Tatsache, berücksichtigt man die Verbindung zwischen der Ausnahmestellung, die Verdi selbst dieser Oper als einem Grundmodell seiner Dramaturgie einräumt, und dem Versuch zahlreicher Regisseure, gerade dieses »Märchen von Macht und Einsamkeit« (Hans Neuenfels, 1976) in den letzten Jahrzehnten zwischen krudem Realismus und übersteigertem Melodram zu deuten. In Stil und Ästhetik unterschiedliche, in der Vermittlung des bruchstückhaften Charakters dieser Machtparabel der Moderne jedoch nicht unähnliche Deutungen etwa von Hans Neuenfels (Frankfurt 1976), Ruth Berghaus (Stuttgart 1995) oder Peter Konwitschny (Graz 1999) wirken sich demnach langfristig auf den Repertoirealltag aus – will man nicht allein mutmaßen, daß vermehrte Nachfrage, beispielsweise in den Sängeragenturen, zwangsläufig zu vermehrtem Angebot führt. Und es ist nur zu begrüßen, daß vermehrt Dirigenten gerade in dieser Oper ein exemplarisches Beispiel für Verdis Musikdrama sehen. Aus der jüngeren Generation jener Regisseure, denen es zunehmend um die Deutung des Spannungsraums zwischen Partitur und Gegenwart zu tun ist, hat Jossi Wieler diese Oper im Mai 2000 in Basel inszeniert.

Hinter *Macbeth* rangieren *La traviata*, *Don Carlo* und *Un ballo in maschera* mit je vier Neuinszenierungen. Viermal geplant ist aber auch *Nabucco*, für Berlin, Saarbrücken, Koblenz und Hagen – jenes Durchbruchswerk Verdis, das Luca Ronconi, der Ende der 1970er Jahre in Italien Verdis Opern als gesellschaftliche Bestandsaufnahmen zu deuten beginnt, ein Stück aus einer »mittelmäßigen, anmaßenden, provinziellen Kultur« nennt. An der Deutschen Oper Berlin setzte Hans Neuenfels Ende Februar 2000 mit *Nabucco* seine über Jahrzehnte entwickelte Auseinandersetzung mit Verdis Opern fort: nach *Macbeth* (Frankfurt am Main 1976), *Aida* (Frankfurt am Main 1981), *La forza del destino* (Berlin 1982) *Rigoletto* (Berlin 1986) und *Il trovatore* (Nürnberg 1979 und Berlin 1996). Seine Arbeit, nicht zuletzt durch spannend und erhellend zu lesende Reflexionen fundiert, ist bis heute unabhängig von ästhetischen oder stilistischen Kontroversen (aber gerade diese halten Verdis Theater ja lebendig!) der bedeutendste Versuch, die unterschiedlichen Aspekte dieser Opern – unter anderem die Parteinahmen für Außenseiter, der grelle Kolportagecharakter, die Eigenschaft, wie Neuenfels es nennt, »Topographien der menschlichen Existenz« zu sein – unmittelbar aus den Partituren zu erschließen und zwar als Spiegelbilder gesellschaftlicher Mißverhältnisse.

Vervollständigt wurde in der Spielzeit 1999/2000 die Auseinandersetzung mit dem Frühwerk durch eine Neuinszenierung von *Luisa Miller* (ein Stück, dem unter anderen Werner Schroeter in Amsterdam 1992 und Christopher Marthaler in Frankfurt 1996 neuen Stellenwert verliehen), durch zwei Inszenierungen und eine konzertante Aufführung von *Attila*, durch eine endlich einmal inszenierte Aufführung von *Giovanna d'Arco* in Dessau sowie durch eine als deutsche Erstaufführung bezeichnete Interpretation des frühen *Oberto* in Passau. Hinzu kommt noch eine konzertante Aufführung von *Ernani*, obwohl Werner Schroeter schon in seinem Film *Fitzcarraldo* (1981/82) mit einem Ausschnitt aus dieser Oper sinnfällig untermauert hat, wie sinnlos es ist, sie nicht szenisch zu bringen. Zu wünschen wäre, daß es bei dieser erstaunlichen, nun schon längere Zeit anhaltenden ›Regietheater-Renaissance‹ des Frühwerks nicht allein um wissenschaftliche Akribie oder um Raritätensucht geht, sondern um eine aufregende Versinnbildlichung von Verdis lebenslangem Kampf um die Einheit von Drama und Bühnenwirkung. Diese erreicht man nicht durch die Manie von Verdi-Zyklen, sondern einzig unter der Berücksichtigung der Dialektik zwischen dem einen unvergleichlichen Werk und seiner Stellung im Gesamtschaffen.

Die abenteuerliche, vielfältige Reise durch das ›Regietheater‹ 1999/2000 ist damit aber noch nicht beendet. Zweimal wurde *La forza del destino* neu inszeniert, jeweils dreimal *Rigoletto* und *Otello*. Berücksichtigt man bei fünfzehn neu inszenierten Werken aus einem Gesamtwerk von 26 Opern (Be- und Umarbeitungen nicht eingerechnet) die sicherlich hohe Anzahl von Wiederaufnahmen und Repertoireaufführungen der anderen elf Stücke, so wird allein durch die statistische Bestandsaufnahme dennoch deutlich, daß fundamentale Stücke fehlen, die gerade in den letzten Jahren und Jahrzehnten durch stilbildende Inszenierungen in ein völlig neues Licht gerückt worden sind. Ihre sicherlich kurzzeitige Abstinenz im Reigen der Neuinszenierungen zeigt, wie kompliziert, da engmaschig das verworrene Netz zwischen einem Werk selbst und seiner unverzichtbaren Erneuerung durch das sogenannte ›Regietheater‹ ist. Dahinter steht vor allem die gigantische »Maschine Oper« mit ihrem Geflecht aus Verhandlungen, Konzepten, Einstudierungen, Besetzungsproblemen, Probenengpässen, Schließtagen und so weiter. Und hinter der Frage, was, warum und wann berücksichtigt wird und was nicht, steckt häufig auch eine Auseinandersetzung um Kunstanspruch und Eitelkeit vom Intendanten, Dirigenten über den Regisseur und Ausstatter bis zu den Darstellern und zum Publikum, das gerade in Sachen Verdi oder Puccini unermüdlich um Glanz und Elend ›seiner‹ Stars ringt. Man könnte sagen, es ist manchmal wie in einer Oper Verdis, so abgründig wie grotesk.

Was fehlte an Neuem 1999/2000? Erstaunlicherweise *Simon Boccanegra*, unter anderem als ›opus summum‹ wieder entdeckt durch Giorgio Strehler in Mailand 1971, Herbert Wernicke in Basel 1984, Matthias Langhoff in Frankfurt 1994, Johannes Schaaf in Stuttgart 1995, Marco Arturo Merelli in Zürich 1996 oder Andreas Homoki in Freiburg 1995, im zuletzt genannten Fall sogar in der höchst selten gespielten Urfassung von 1857. Einmal abgesehen von *Rigoletto* und *Don Carlos* durchdringen sich in kaum einer anderen Oper Verdis Privates und Politisches so stark. Über Historie und Sujet hinaus versinnbildlicht gerade diese Oper, was der Komponist anstrebt, nämlich ein radikales Sänger-Schauspieler-Theater, bei dem sich die künstlich herbei geredete Diskrepanz zwischen Musik und Drama, zwischen Partitur und Deutung, zwischen Gesang und Regie von selbst erübrigt. *Simon Boccanegra* ist eines der großartigsten Beispiele für Verdis unerbittliche Bestandsaufnahme von der Gebrochenheit menschlicher Existenz.

Keine Neuinszenierung gibt es 1999/2000 auch von *Falstaff*. Dabei ist – und das ist nicht zuletzt ein Verdienst des ›Regietheaters‹ der letzten Jahrzehnte – längst das Fehlurteil ausgeräumt, Verdi habe mit dieser Komödie dem Schauerstück Adieu gesagt und nach Richard Wagners Musikdrama und dem sich ankündigenden *verismo* gescheitelt. Im Gegenteil, das Alterswerk ist ein fulminantes Jugendstück: ökonomisch, expressionistisch, avantgardistisch. Die lange mißtrauisch, zumindest aber beiläufig angesehene Komödie hat sich als kammerpsychologisches, zunehmend daher auch als kammermusikalisches Meisterwerk im Repertoire durchgesetzt. Dies wäre ohne eine überzeugende Symbiose von Musik und Regie nicht möglich gewesen. Die Synkopen aus Wagners *Parsifal* und die strukturelle, zuweilen, man möge diesen Hinweis bewußt nicht mißverstehen, ›serielle‹, da auf ›tonalen Reihen‹ aufgebaute Kompositionsweise von *Falstaff* stoßen das Tor einer Endzeit-Romantik weit in die Moderne auf. Bei der Vermittlung solcher Bezüge, die einzig durch sinnfälliges Spiel deutlich werden können, ist das ›Regietheater‹ nicht als Zusatz, sondern als ausschlaggebendes Instrumentarium gefragt – womit endgültig der enge Rahmen von Spielplan und Neuinszenierung gesprengt wäre. Die Dialektik zwischen Oper und Regie verweist in großen mythischen Kreisläufen auf faszinierende Aspekte in den Partituren selbst. In Zeit und Raum.

Der Regisseur: Von der Erfindung dessen, was es immer schon gab

Den Regisseur, der entgegen landläufiger Meinung nicht sagt, ›wie‹ man es macht, da er damit gegen die Mündigkeit seiner Mitwirkenden verstoßen würde, sondern der stattdessen versucht, das Gesamtereignis Oper im Auge zu behalten, dort anzuregen, hier zu kontrollieren, diese anscheinend moderne, radikal gegen die Tradition der Institution Oper verstoßende Einrichtung eines reflektierenden Beobachters gibt es zu Verdis Zeiten nicht. Und doch ist Verdi geradezu der Archetypus dieser omnipräsenten Figur. Nicht, weil er es sich als Komponist anmaßt, sein Werk autoritär durchzusetzen, sondern weil er als Theaterpraktiker weiß, daß es einer ordnenden Zentralgewalt gerade in Sachen Darstellung bedarf. Zu seinen Thesen über eine Reform von Musikstudien und Konservatorien, die er 1871 entwirft, um im gleichen Atemzug zu bekennen, daß er, der Desillusionierte, der letzte wäre, sie auch in der Praxis umzusetzen, gehört die kategorische Forderung: »Für jedes Theater ein einziger musikalischer Leiter und Dirigent des Orchesters, verantwortlich für den ganzen musikalischen Teil. Nur ein *Regisseur*, von dem alles abhängt, was die Inszenierung betrifft.« (Thesenpapier vom Frühjahr 1871; Copialettere, 1913, S. 249) Da es die Tradition – vornehmlich in Italien, aber nicht nur dort – aus einem anderen Grundverständnis heraus dem Chorleiter, dem Inspizienten, dem Souffleur, dem Korrepetitor und manch anderem lange Zeit überläßt, Regie zu ›arrangieren‹ statt zu führen, reißt Verdi, wenn es nicht anders geht, die völlige Autorität an sich: »Wenn ich nach Mailand komme, dann nicht *wegen der Eitelkeit, eine meiner Opern zu geben: Es geht darum, eine wirklich künstlerische Aufführung zu erzielen.*« (Brief Verdis an Giulio Ricordi vom 10. Juli 1871; ebd., S. 264) Mit Francesco Tamagno, der eine durchdringende Stimme, aber wenig schauspielerische Begabung besitzt, studiert Verdi die Titelpartie des *Otello* persönlich ein. Die Linie vom Gesang zur Szene ist seinem Selbstverständnis nach stets fließend.

Wie ideal käme der unermüdlich am Zustandekommen der Oper als Theaterereignis arbeitende Komponisten-Regisseur Verdi dem heutigen Wunschbild nach Kompetenz, Autorität, Phantasie, aber auch Begabung für Management und Marketing entgegen. Allerdings würde er denen, die den »Pomp der Oper« immer stärker funktionalisieren, um so Karrieren zu machen und Positionen zu besetzen, gnadenlos die Leviten lesen: »Journalisten, Solisten, Choristen, Direktoren, Professoren usw. usw... Alle müssen sie ihren Gedenksteine zum Gebäude der Reklame tragen und damit einen Rahmen aus elenden Nichtigkeiten formen, die das Verdienst einer Oper nicht im geringsten vermehren, sondern ihren wahren Wert, falls sie den hat, sogar vermindern. Das ist beklagenswert... mehr als beklagenswert!« (Brief Verdis an Filippo Filippi vom 9. Dezember 1871; ebd., S. 273) Bis zur Betreuung der Abonnenten nimmt Verdi alles selbst in die Hand. In einem Brief an Giulio Ricordi bittet er 1872 um die Erstattung von Auslagen eines Besuchers einer Aufführung von *Aida* in Parma. Jener hat sich an Verdi gewandt, da ihm das Werk völlig mißfiel, und er prophezeite, es werde in den Archiven verstauben. Verdi ist bereit, die Eisenbahnfahrten und die Eintrittskarte zu bezahlen, weigert sich jedoch, weitere Auslagen zu übernehmen: »... ihm auch noch das Abendessen zahlen!... das nicht. Er hätte gut zu Hause zu Abend essen können!!!!!« (Brief an Giulio Ricordi vom 10. Mai 1872; Abbiati, 1959, Band III, S. 571)

Und wie sah (sieht?) in Italien die Realität lange nach Verdis Tod aus? Luciano Alberti fordert endlich einen Einschnitt und den Bruch mit der Tradition, plädiert daher für die Durchsetzung von ›Regietheater‹ als eigenständiger Disziplin: »Trotzdem leuchtet ein positives Element auf, das mit der Person des Regisseurs verbunden ist: Es geht darum, Ordnung zu schaffen in einer so komplexen Aufführung wie der Oper, man will also den vielfältigen Elementen, aus denen sie besteht, Bedeutung, Ausdruck und Einheitlichkeit geben.« (Alberti, 1957) Recht hat er, wobei erstaunt, wann er dies äußert: 1957. Bis weit in die 1960er Jahre hinein sind unter anderem am Teatro Massimo in Palermo und am Teatro Bellini in Catania feste Hausspielleiter tätig, die aus einer alten Kapellmeistertradition stammen und sich vornehmlich um Zeitgenössisches kümmern müssen, da für das traditionelle Repertoire ohnehin ein einheitlicher Stil vorgegeben ist, dem sich Macher wie Publikum gleichermaßen verpflichtet fühlen. Es gilt nicht zu rechten oder überheblich die Nase über alte Zöpfe zu rümpfen, sondern die Realität eines vollkommen anderen Theaterverständnisses zu registrieren.

Der Bruch kommt zwangsläufig, da eine an die Werke gebundene Tradition mehr und mehr verblaßt und irgendwann zwangsläufig gegen die Zeichen der Partitur verstößt. Die lange hinausgeschobene, aber nicht aufzuhaltende Revolution im italienischen Operntheater läßt sich auf den Tag genau benennen. Mit dem 28. Mai 1955 beginnt das Zeitalter der Regie (auch) in Italien. Luchino Visconti, der seine Erfahrungen mit dem *melodramma* im Film gesammelt hat, inszeniert an der Mailänder Scala *La traviata*, nachdem er dort als Vorstufen für den geplanten Durchbruch Gaspare Spontinis *La vestale* und Vincenzo Bellinis *La sonnambula* herausgebracht hat. Die Kritik ist gespalten, aber einig in der Beurteilung der neuen Methode. *La traviata*, Verdis Gegenwartsoper, wird, so lauten die Urteile, von Visconti in eine neue Form des Realismus überführt, einerseits bezogen auf die Sozialkritik der Vorlage von Alexandre Dumas dem Jüngeren, andererseits gedeutet als psychologisches Drama, analog zur ersten noch vorsichtigen Abkehr Verdis vom sturen Schema der Nummernoper. Szene und Musik zeigen gleichbedeutend diesen Bruch. Vor Violettas euphorischem Ausbruch in ihrer großen *cabaletta* »Sempre libera degg'io« räumt eine Zofe auf. Wenige Augenblicke später wird diese Ordnung von Violetta im Freudentaumel hysterisch zerstört. Ein Ton wird zum Bild.

Freilich ist dabei eines nicht zu vergessen: Die Darstellerin heißt Maria Callas. Für die historische Einordnung bleibt wesentlich, daß Viscontis Regie allgemein nicht als Aufbruch in die Moderne gedeutet, sondern als der »ruhige Rückgriff auf in Vergessenheit geratene Werke« (Anonym, 1955) gewertet wird. Man gibt sich der Illusion hin, etwas wiederzuerkennen, was man längst zu besitzen glaubte, freilich auch besaß, aber oft genug vergaß: die Genauigkeit einer Partitur, in der Wort, Ton und Geste gleichwertig sind.

Es ist Giorgio Strehler, der neue Stile schafft und Maßstäbe setzt für die radikale Beseitigung des Fehlurteils, Musik und Szene gehörten nicht zusammen. Aus der Praxis heraus wird eine Theorie formuliert, die wieder zur Praxis zurückführt – wie in den Opern, um die es geht. Amüsiert berichtet Strehler, der bei Verdi die große Herausforderung im Problem einer Darstellung von »Situation – Musik« sieht, wie ihm der Bariton Felice Schiavi bei den Proben zu *Simon Boccanegra* (Mailand, 1971) die Frage stellt: »Ich lese gerade Brecht, aber wie soll der Sänger sich verhalten? Ist er in der Rolle, oder steht er neben oder hinter der Rolle?« Strehlers Antwort: »Eine menschliche und intelligente Frage, doch schwierig zu beantworten.« (Strehler, 1977, S. 147) Realistisch und episch, oder keines von beiden oder beides zusammen? Man lege sich die Partitur von Verdis großer politischer Oper *Simon Boccanegra* zur Beantwortung daneben.

Die Liste der Verdi-Inszenierungen Strehlers spiegelt das faszinierende Panorama eines Musiktheaters der gespaltenen Persönlichkeiten wider: *La traviata* (1947), *Simon Boccanegra* (1971), *Macbeth* (1975), *Falstaff* (1980). Im unvergleichlich Speziellen liegt der Keim zum Allgemeingültigen: »Die Oper ist ein fabelhaftes Mißverständnis, das uns zwar seit Jahrhunderten Meisterwerke geschenkt hat, aber doch immer seine Jugendsünden hinter sich herschleppt. In mir, dem Theatermann, hat die Oper immer ein ›Unbefriedigtsein‹ hinterlassen, eine Verzweiflung über die Unmöglichkeit, sie im gleichen Maß musikalisch und darstellerisch zu bewältigen. Auf der einen Seite die Abstraktion ›ohne Ziel‹ der Musik, auf der anderen das Konkrete ihres dramatischen Ziels, ihrer Handlung, des Theaters.« (ebd., S. 145) Diese Sichtweise führt auch zu einer völlig unsentimentalen Annäherung an den Mann, der solche Werke verfaßt, bei Verdi ja nicht wie bei Wagner der Prozeß einer bewußten biographischen Verschleierung, sondern die Erkenntnis einer kompromißlosen Lebenseinstellung, die im Werk stets das Material, nicht die Erfüllung allen Seins sieht: »Verdi war ein Ungeheuer; er benutzte die Libretti wie Toilettenpapier und irrte nie. Er hatte immer recht.« (ebd., S. 153) Und sie führt bei Strehler auch zur tieferen Erkenntnis über das Mysterium jener Gattung, der man bei aller zuweilen aufkommenden Hilf- und Haltlosigkeit wie einem Fieber und einer lebenslang nicht mehr aufhörenden Sucht verfällt. »Es ist nicht leicht, die Oper zu lieben. Weder ihre Form, noch ihre konkreten Möglichkeiten. Es ist nicht leicht, Opern-Regie zu

Abbildung 33

»Nabucco« in der Inszenierung von Hans Neuenfels an der Deutschen Oper Berlin (2000): Susan Neves (Abigaille), Alexandru Agache (Nabucco)

Abbildung 34
»Rigoletto« in der Inszenierung von Johannes Schaaf an der Staatsoper Stuttgart (1994): Wolfgang Schöne (Rigoletto), Catriona Smith (Gilda)

lieben. [...] Alle Opern [...] erwarten etwas. Etwas, das manchmal Ereignis wird. Und in dieser Hoffnung mache auch ich weiterhin Opern-Regie.« (ebd.) Eine solche Obsession muß, konsequent in Töne und Bilder verwandelt, Folgen haben, vor allem für das Publikum. »Die Verdi-Oper rührt an Traumbilder in einem selbst. Je konkreter man sich auf sie einläßt, desto härter und brutaler wird sie«, sagt der Regisseur Hans Neuenfels (Gerhartz/Neuenfels, 1986).

Die Einstudierung – Von der Verwurzelung der Stimmen im Drama

»Ich werde nie aufhören, Dir nahezulegen, die dramatische Situation gut zu studieren, und auch den Text; die Musik kommt von selbst. [...] Merke; es ist Nacht: Alles schläft; dies ganze Duett muß *sotto voce* gesprochen werden, aber mit dunkler Stimme, die Entsetzen einflößt.« (Brief Verdis an Felice Varesi vom 7. Januar 1847; Schlitzer, 1953, S. 7) Kein Regisseur sagt dies, sondern der Komponist, und es handelt sich dabei weder um Altersweisheit noch um die Bilanz einer jahrelangen Auseinandersetzung mit der Oper. Verdi ist erst 33 Jahre alt, als er dem Bariton Felice Varesi einschärft, wie identisch musikalische und szenische Darstellung in *Macbeth* sein müssen. Eine derart radikale Einsicht in die Subtexte des musikalischen Dramas kann nur derjenige gewinnen, der diese Maximen für sich selbst verinnerlicht. Während der Arbeit an *Il Corsaro* schreibt Verdi seinem Librettisten Francesco Maria Piave: »Erinnere Dich, daß ich ein sehr ausführliches Szenarium liebe, weil ich meine Bemerkungen zu machen habe; nicht, daß ich mich für imstande hielte, eine solche Arbeit zu beurteilen, sondern weil es unmöglich ist, gute Musik zu machen, wenn ich das Drama nicht verstanden habe und nicht von ihm überzeugt bin« (Brief Verdis an Francesco Maria Piave vom 22. Juli 1848; Luzio, 1947, Band IV, S. 217). Zum Leitbegriff wird Verdis schlagkräftiges Sinnbild der »parola scenica«. Aber gerade er weiß, wie schwierig es ist, diese Vokabel so sinnfällig zu übersetzen, daß sie auch auf der Bühne wirkt: »Ich weiß nicht, ob ich mich verständlich mache, wenn ich ›szenisches Wort‹ sage; aber ich meine jenes Wort, das die Situation mit einem Schlag klar und offensichtlich macht.« (Brief an Antonio Ghislanzoni vom 17. August 1870; Copialettere, 1913, S. 641) Das unermüdliche Ringen um eine ideale Durchsetzung seiner Intentionen begleitet Verdi ein Leben lang: »Im übrigen ist es angebracht, daß die Sänger nicht auf ihre Weise singen, sondern auf meine« (Brief Verdis an Camille Du Locle vom 7. Dezember 1869; ebd., S. 221). Böse und häßlich, innerlich zerfressen muß die Lady Macbeth gestaltet sein, daher mehr sprechen als singen. Und Otello soll am Ende vor lauter Erschöpfung zwar »mit einer zur Hälfte verlöschten, verschleierten Stimme singen«, in der Tongebung aber doch »sicher«. (Brief Verdis an Giulio Ricordi vom 22. Januar 1886; Abbiati, 1959, Band IV, S. 274) »›Entweder die Oper für die Sänger: Oder die Sänger für die Oper.‹ Ein alter Grundsatz, den kein *impresario* jemals in die Praxis umzusetzen vermocht hätte, ohne den es aber keinen Erfolg beim Theater gibt.« (Brief Verdis an Giulio Ricordi vom 20. November 1880; Petrobelli, 1988, S. 69) Hans Neuenfels macht sich dieses Prinzip als Motiv der Regiearbeit zu eigen: »Ich rebelliere gegen die Tatsache, daß ein Großteil des Publikums in allen Opernhäusern meint, jemand, der singt, das sei an sich schon musikalisch« (Gerhartz, 1980).

Fritz Busch leitet in Dresden zwischen 1922 und 1933 siebzehn Uraufführungen, darunter Ferruccio Busonis *Doktor Faust* und Paul Hindemiths *Cardillac*. Das hat Rückwirkung auf die Auseinandersetzung mit der Tradition. Auch im Punkt »Einstudierung« (wie sie sein sollte) läßt sich die Wende in der Rezeptionsgeschichte auf den Tag genau festlegen, auf den 28. September 1932: Fritz Busch und Carl Ebert interpretieren an der Semperoper Verdis *Un ballo in maschera*. Sie entwickeln jenen Stil, der später voller Bewunderung »Verdi-Renaissance« genannt wird. »Es ist die vollkommenste und überzeugendste Durchdringung einer Partitur, die uns an diesem Abend wie neugeboren erscheint.« (*Fritz Busch in memoriam*, 1990) Das Einzigartige ist in erster Linie Ergebnis einer – wäre es denn stets so – völlig ›normalen‹ Organisation, die freilich erst entsteht, wenn sich die Arbeit zentral auf das Werk und nicht auf die Institution bezieht. Sechs Monate vor Probenbeginn spielt Fritz Busch die Partitur dem Leitungsteam Caspar

Neher und Carl Ebert vor, »damit sich alle über den musikalisch-dramatischen Sinn« klar werden. Bereits in dieser frühen Phase ist jener Korrepetitor anwesend, der später für die gesamte Einstudierung verantwortlich zeichnet. In Kenntnis heutiger Verhältnisse muß man attestieren: Schon dies ist ein kleines Wunder. Die lange im Vorfeld sorgsam ausgesuchten Solisten müssen sich verpflichten, während der gesamten Probenzeit anwesend zu sein. (Das Wunder wird immer größer.) Doppelbesetzungen sind Pflicht. Auch nach der Premiere werden vor jeder Aufführung kritische Stellen wiederholt. Doch das Wunder schlägt bald in einen Albtraum um. Am 9. März 1933 berichtet die *Sächsische Volkszeitung*: »Ein Aufsehen erregender Zwischenfall ereignete sich am Dienstag in der hiesigen Oper. Generalmusikdirektor Fritz Busch hielt um 18.30 Uhr eine Probe zum *Rigoletto* ab. Als sie beginnen sollte, bat ein SA-Mann [...] um Urlaub für die Sänger auf 10 Minuten. Nach Rückkehr der Sänger begann die Probe, aber kaum hatte sie begonnen, als ein anderer SA-Mann erschien und Busch bat, auf die Bühne zu kommen. Dort stand eine Staffel SA-Leute (ca. 50 Mann), außerdem noch etwa 50–60 Personen...« (ebd.) Die neue Gewalt handelt rasch und rücksichtslos. Proteste verhallen wirkungslos. Fritz Busch geht in die Emigration. Auch dies ist, zynisch gesagt, ein perfekt in Szene gesetztes ›Regietheater‹ im dafür schändlich mißbrauchten Namen Verdis. Doch der schlägt fulminant zurück: *Rigoletto*, 2. Akt, zweite Szene, Männerchor. Die Höflinge berichten dem Herzog von der Entführung Gildas. Eine fröhlich vor sich hin tänzelnde Melodie demaskiert die stumpfsinnige Dreistigkeit der Rotte als Verlogenheit, Dummheit und Spießertum. Welche entlarvende Begleitmusik zur Vertreibung von Fritz Busch!

Götz Friedrich geht es an der Deutschen Oper Berlin bei der Deutung von *Un ballo in maschera* (1993) weniger um ein Historien- als um ein Künstlerdrama. »Der Regentenmord am Ende der Oper ist ein Attentat auf einen Träumer unter den Monarchen«, schreibt der Kritiker Frieder Reininghaus (Reininghaus, 1993). Nun ist aller Genauigkeit zum Trotz gerade Verdis Oper allzu oft und allzu leicht im ›Regietheater‹ ein Tummelplatz für ohnehin wirkungslose Allgemeinplätze: ›Künstlerdrama‹. Wenn korrekt, bedarf es eines konkreten Bildes. Zu Beginn der Oper wird der König im lasziven Spiel zum Gaudium seines Hofes ins Narrenkostüm gesteckt, das am Ende im Trubel der Maskerade das Totenkleid sein wird. Der Monarch entkommt der tödlichen Spirale nicht. Der auf der Szene vergegenwärtigte Kreislauf zwischen Lust und Tod, der besonders einem sinfonischen Gestus entspringt, den Verdi in diesem Stück wie in keiner vorangegangenen Oper berücksichtigt, konkretisiert sich in dieser Deutung weder in einem historischen, einem naturalistischen oder rein symbolischen Bühnenbild, sondern in »Lichträumen mit geometrischen Objekten und nur angedeuteten Architekturen« von Gottfried Pilz (Scholz, 1993). Ulrica sitzt auf einer grell erleuchteten Weltkugel, die abgedunkelt wird, sobald sie mit ihrer ›wahren‹ Weissagung beginnt, die mitten in die Hybris des Stückes trifft. Man muß daran denken, daß Verdi über ihre ›Schwester‹ Azucena in *Il trovatore* sagt, sie sei nicht »wahnsinnig« oder »verrückt«, sondern vor Müdigkeit, Schmerz, Schrecken« so »niedergeschlagen«, daß »ihre Sinne bedrückt« sind (Brief an Salvadore Cammarano vom 9. April 1851; Copialettere, 1913, S. 120). Menschen-Darstellungen oder Menschen-Bilder? Gegensätzlicher läßt es sich nicht denken: 1999 wird Verdis Opern-Kolportage *Un ballo in maschera* – Vorläufer der noch wahnwitzigeren Entblößung eines »Lust-Krieges« in *La forza del destino* – auf der Bregenzer Seebühne bewußt plakativ ausgestellt. Anthony McDonald und Richard Jones lassen die Oper zwischen einem riesigen Manual (einem mittelalterlichen Totentanzzyklen entlehnten »Buch der Schnitte«), einer überdimensionalen Krone und einem riesigen Skelett als Tanzdrama vorführen. Die Frage ist nicht, was dabei einer Partitur eher ent- oder widerspricht, sondern wie überzeugend die dafür notwendigen Theatermittel eingesetzt werden. Geht es um die Verlebendigung von Partituren, muß dies bei Verdi zwangsläufig heißen: grotesk, bewußt überzogen, unerbittlich, skurril und, wären die Vokabeln nicht zu häufig gerade in diesem Zusammenhang denunziert worden: modern und heutig.

Der Raum – Von der Genauigkeit eines Hör-Dramas

Abstrakte, gar allgemeingültige Definitionen über den Raum als Ort des Spiels – realistisch oder expressionistisch – bekommt man von Verdi nicht zu hören. Beschäftigt er sich mit diesem unverzichtbaren Bestandteil des Gesamtkunstwerkes Oper, dann so pragmatisch wie mit allen Details, die für ihn zwangsläufig zum Drama gehören. Für die Umsetzung von *Simon Boccanegra* fordert er »doppelte und dreifache Prospekte und *Podeste*, nicht Schemel wie jene in *Guglielmo Tell*, sondern richtige Podeste« (Brief Verdis an Francesco Maria Piave vom 3. September 1856; Conati, 1983, S. 383). Die Konzeption eines Raumes ist ständiger Veränderung unterworfen, daher nicht abzutrennen von der Bedeutung des Lichts, das Verdi, worin er Konzepte und Modelle des 20. Jahrhunderts voraussahnt, bereits ungeheuer modern als »Klang-Farbe« assoziiert: »Ich lege Dir die letzte Szene ans Herz. Wenn der *Doge* dem *Pietro* die Balkone zu öffnen befiehlt, muß man eine reiche, große, festliche Beleuchtung sehen, die einen weiten Raum einnimmt, damit man die Lichter gut sehen kann, die allmählich eins nach dem anderen erlöschen, bis beim Tode des Dogen alles in tiefem Dunkel ist.« (Brief Verdis an Francesco Maria Piave von Anfang Februar 1857; ebd., S. 401)

»Es war ein außergewöhnlicher Opernabend. Auch hier fesselte eine mit hinreißenden theatralischen Bildern überzeugende Regie-Konzeption, mit scharfen Akzentuierungen und detaillierten Beobachtungen« (Fabian, 1986). Es handelt sich um eine Beurteilung der Neuinszenierung von *Otello* durch Peter Stein in Cardiff (1986). Die Frage, was Kritik bei der Konkretisierung von Theaterereignissen eigentlich zu leisten hätte, zeigt, wie verfehlt es gerade bei Verdis Opern ist, die Illusion zu erwecken, allein ›der‹ renommierte oder berühmte Regie-Name garantiere Qualität. Diese entsteht einzig in einem komplexen und schwierigen Prozeß dramatischer wie stilistischer Durchdringung. Verdi empfindet dies, man entnimmt es seinen Briefen, stets, ungeachtet seiner wachsenden Routine und Erfahrung. Peter Stein erläutert ein Raum-Konzept im Zentrum seiner Idee: »Wir waren der Ansicht, auf Kulissen oder Vorhänge an der Seite verzichten zu können, wenn wir eine gewaltige Schräge mit Stufen in alle Richtungen bauen würden. Die Akteure könnten ungehindert und rasch von allen Seiten erscheinen«. Verdi deutet Gegenwart im Raum als Zusammenballung von Vergangenheit und Zukunft, exakt die theatralische Erfüllung von Wagners Maxime »Zum Raum wird hier die Zeit«. Peter Stein siedelt den unvergleichlichen Ort des Dramas *Otello* im Schnittpunkt von Renaissance und Utopia an. Er spricht von einer für ihn wichtigen Heraldik: dem Kopf des Mohren auf einem Wappen. Daraus entwickelt er einen »choreographierten« Raum, im Aufriß nicht anderes als in Verdis Partitur: »1. Akt ein offener Raum, der 2. Akt ein halb offener, ein halb geschlossener Raum, der 3. Akt ein offizieller Saal, der 4. Akt ein kleiner, privater Raum.« Architektur gibt die Entwicklung einer Tragödie »von grenzenlosen Möglichkeiten im Öffentlichen zu einem privaten Chaos« wieder (Sherlock/Peattie, 1986).

Nimmt man solche räumlichen Kriterien ernst, wird deutlich, wie stark Verdis Realismus in der Zertrümmerung all dessen besteht, was man gemeinhin für die Wirklichkeit des Theaters hält. Gerade der Raum ist Spiegelbild eines inneren Vorgangs. Desdemona und Otello drohen schließlich an der Enge um sich und in sich zu ersticken. Raum und Zeit passen sich der Musik an: Diese für Verdis Dramaturgie essentielle Qualität stellt eine besondere, aber auch besonders reizvolle Herausforderung für das ›Regietheater‹ der Gegenwart dar.

Otello: Öffnet sich der Vorhang, wird das Drama nicht wie im Schauspiel Shakespeares durch die genaue Schilderung eines schwankenden Sozialgefüges vergegenwärtigt: der Mohr als Außenseiter in Venedig. Stattdessen werden Spiel- wie Zuschauerraum durch ein Hör-Drama – Sturm in Orchester und Chor – von einer Sekunde zur nächsten Bestandteil jener tosenden Naturgewalten, die sich im Verlauf der Intrige wie eine ätzende Tinktur über das Bewußtsein der Figuren legen. Der auf dem Meer tobende Krieg ist Abbild der im Inneren von Menschen wühlenden Triebe. Peter Stein überträgt diese Konstellation auf ein Menschen-Bild und auf die Situation im Theater: »Jeder Chor weiß, daß er die Solisten übersingen kann – das ist eine heimliche Arroganz. Aber im *Otello* mußten die Choristen zunächst

Abbildung 35

»Macbeth« in der Inszenierung von Ruth Berghaus an der Staatsoper Stuttgart (1995) – Bühnenbild: Erich Wonder. Der Hexenchor (1. Akt 1. Bild)

einmal lernen, selbst das Zentrum zu besetzen, so wie Verdi es ihnen abverlangt«. Mit dieser verblüffenden, der Partitur ideal entsprechenden Umkehrung eines Menschen-Raumes (die Masse als herausragender Solist) beginnt Peter Steins Deutung. Die Frage nach der Realisierung stellt sich dem Regisseur auf den Proben nicht abstrakt, sondern konkret und existentiell, auch als Überwindung der Angst vor und auf der Bühne: »Wie kann ich siebzig Personen dafür interessieren, individuellen Gefühlen nachzugehen und ein selbstkritisches Bewußtsein ihrer Gegenwärtigkeit im theatralischen Raum zu entwickeln?« Am Ende kommen Emilia, Cassio, Montano und Lodovico in das Schlafzimmer, in dem sich das private Drama von Otello und Desdemona abgespielt hat. Im logischen Umkehrschluß wird Desdemona durch die ungeheure dramatisch-musikalische Präsenz, die Verdi in der Partitur anlegt, zu einer öffentlichen Figur, die Gesellschaft und Masse authentisch repräsentiert wie ein Chor. Gemeint ist die räumliche Vergegenwärtigung zuletzt auch als direkte Aufforderung an ein Publikum, das »saß, schaute und trauerte [...] und unmöglich dagegen angehen« kann (ebd.). Das Drama ist in jedem von uns.

Die Szene – »Wie bewältige ich den Triumphmarsch?« – oder: Die Kunst der Ausgrabung

Aida in der Arena von Verona: Sinnbild von der Großen Oper als monumentalem Theater. Dies ist gewiß nicht ohne Reiz, auch nicht ohne Berechtigung, irgendwo auch Anlaß zur Hoffnung, Menschen, die dem Phänomen der Oper auf diesem touristischen Weg begegnen, könnten neugierig geworden sein, könnten zu Widersprüchen angeregt werden. Kulinarik oder Bewußtseinserweiterung? Man kann sich ja jederzeit mit dem staunenden Blick auf die Monumente der Vergangenheit begnügen, vor allem im »Museum Oper«. Man kann sich ihnen aber auch, gerade als Zuschauer, als Archäologe nähern, aufgefordert zur Ausgrabung. Wieland Wagner wagt 1961 bei seiner Berliner Neuinszenierung von *Aida* den Schritt in eine »afrikanische Urlandschaft« und muß unentwegt die Frage beantworten, warum er in seiner praktischen Arbeit mehr Ähnlichkeiten als Unterschiede zwischen Wagner und Verdi entdeckt. »Weg vom ägyptischen Kunstgewerbe und der falschen Opernmonumentalität, weg von der Historienmalerei der Hollwood-Filme, zurück ins Archaische – wenn Sie wollen ägyptologisch gesprochen –: ins Prae-Dynastische.« (Bauer, 1991)

Als unvergleichliches Meisterwerk ist *Aida* das Lehrstück einer ganzen Gattung, die davon handelt, den Mythos vom zu überwindenden Verlust des Unwiederbringlichen neu zu beleben; ein künstlerischer, auch sakraler, aber vor allem artifizieller Prozeß der Verwandlung, an dessen Ende die Utopie einer wirklichen, da auf dem Theater möglichen Erlösung steht. Kein anderer Komponist in der gesamten Entwicklungsgeschichte der Oper hat diesen ebenso vertrackten wie faszinierenden Transformationsprozeß so radikal in lebendiges Theater übergeführt wie Verdi. Und in keinem anderen Werk der Gattung wird dieser Prozeß einer Verwandlung derart hautnah vergegenwärtigt wie in *Aida* – dem Stück, das mit der Geburt eines strahlenden Helden beginnt und mit der Vollstreckung eines Todesurteils endet. Man muß sich diese exemplarische Bedeutung eines einzelnen Werkes ins Bewußtsein rufen, um jenseits von jeder Parteinahme die Tragweite des Skandals zu begreifen, den 1981 an der Frankfurter Oper eine Neuinszenierung von *Aida* durch Hans Neuenfels hervorruft – bis heute einmalig geblieben in der Nachkriegsgeschichte der Oper. Wer heftig gegen die Ausgrabung aufbegehrt und anschreit (Zerrbild des *bel canto*), offenbart zugleich, aus welchen Motiven auch immer und welcher Partei oder Fraktion im Opernkampf zugehörig, all die Vehemenz und Aggressivität, mit der er sich um keinen Preis den falschen, aber schönen Schein ›seiner‹ Oper rauben lassen will. Taugt doch gerade Oper unter Umständen vortrefflich zur Verschleierung einer Lebenslüge, nur nicht in den Partituren, da dort das strikte Gegenteil von unreflektiertem Genuß schwarz auf weiß steht. Dabei trägt Hans Neuenfels durch seine Entmumifizierung lediglich Schicht für Schicht jene Verklärungen und Verharmlosungen ab, denen ein Werk im Verlauf seiner Entwicklungsgeschichte ausgeliefert sein kann, um darunter den Subtext von Wort, Ton und Szene aufzuspüren. Mehr ist nicht geschehen, aber eben dies macht den Skandal aus.

Dabei liegt der Ausgangspunkt für die außergewöhnliche Wirkung zunächst in akribischer Forschungsarbeit. *Aida* wird, so der an der Konzeption verantwortlich beteiligte Dramaturg Klaus Zehelein, als widersprüchliches Produkt zwischen Weltausstellung, Kriegswahn und Massenhysterie begriffen. Diese Einordnung in historische Prozesse ist zugleich der Rahmen für eine lebensgefährliche, daher im höchsten Maß erregende Archäologie, bei der »das Graben« zum Synonym für »das Leben« wird. Tod erscheint als ein alle Wirklichkeit überstrahlendes Fanal der Utopie – auf der Bühne, wo jede Illusion zerstört wird, es handle sich beim Grab lediglich um Kulisse, ebenso wie in Verdis Tönen am Ende der Oper. Beides hat nichts Verklärendes an sich und dokumentiert stattdessen, welche übermenschliche Arbeit – der Stimmen, der Körper, der Seelen – geleistet werden muß, um eine Verwandlung vom Sterben zum Leben möglich zu machen. Die durch Musik bewerkstelligte Verklärung eines unaussprechlich grausamen Todes – lebendig begraben – wird mit den Mitteln des Theaters (des ›Regietheaters‹!) ins strikte Gegenteil verkehrt. Deutlich wird die Einforderung von Utopie und Humanität in einer Gegenwart, in der die Begriffe dafür endgültig abhanden gekommen sind. »Märchen werden zu Pyramiden, zum ›Kristall des Todes‹ (Bloch), weil keine Erfüllung denkbar ist, weil sie nur als Begrabene die Sehnsucht wach halten, die die konkrete sinnliche Begegnung mit ihnen zerstören, den Zauber zum Fiasko werden lassen könnte, endlich – vor Enttäuschung bewahrt.« (Zehelein, 1981).

Der faszinierende, rational eigentlich nicht mögliche Umkehrschluß gilt in diesem Fall für Werk und Interpretation, wobei der Ausnahmefall gleichzeitig die Notwendigkeit der Regel beinhaltet: keine Operninszenierung ohne ›Regietheater‹. Gerade wegen ihrer extrem kurzen Verfallszeit wird diese Inszenierung in Erinnerung bleiben. Hans Neuenfels: »Bei *Aida* war für mich eine entscheidende Frage: ›Wie bewältige ich den Triumph-Marsch?‹« (Gerhartz/ Neuenfels, 1986). Dies kann nur meinen: Wie vergegenwärtigt man in einer Synthese aus Musik und Szene, daß das dröhnende Klanggemälde in Wahrheit ein Antikriegsappell ist? Die äthiopischen Gefangenen werden vor den Augen reicher Ägypter – das Publikum wird in Logen auf der Bühne gesetzt – gezwungen, mit Messer und Gabel zu essen. Es läßt sich keine größere Demütigung vorstellen als der auf die Besiegten ausgeübte Zwang, die (Un-)Sitten einer sie quälenden Herrenrasse anzunehmen: ein einmaliger, ungeheuer charismatischer Augenblick in der Geschichte des ›Regietheaters‹ – so unvergeßlich, da unvermindert provozierend.

›Regietheater‹ bleibt niemals stehen, vorausgesetzt, seine Initiatoren fühlen sich der Verwandlungsfähigkeit und Lebendigkeit der Partituren verpflichtet, die stets neu »sein sollen« (Ernst Bloch), ja müssen. Der Dirigent Nikolaus Harnoncourt, der Regisseur Johannes Schaaf und der Bühnen- und Kostümbildner Reinhard von der Thannen – Raumgestalter bei den Inszenierungen *Il trovatore* und *Nabucco* von Hans Neuenfels – vergegenwärtigen 1997 am Opernhaus Zürich *Aida* als ein »Räderwerk der Geschichte«, das Menschen gnadenlos zermalmt. Die Handlung beginnt heute. Vor einem brennenden Touristenbus besiegeln die Ägypter ihren geplanten Angriffskrieg, den sie unter anderem mit monumentalen Heldenbildern des dafür instrumentalisierten Radamès feiern. Auch Amneris fällt der Obsession zum Opfer, ein Abbild zu lieben, ohne dabei ihre Lebenslüge zu begreifen, daß Macht und Eros einander bedingen, aber den einzelnen Menschen nicht aus seinem inneren Gefängnis befreien. Die Soldateska wird in grellem Weiß am Ende des ersten Aufzuges auf jenen überdimensionalen Gerüsten postiert, in denen sich im Nil-Akt – ein einziger Aufschrei gegen Entmündigung – die hilflosen Menschen des Liebesdramas wie verängstigte Nachtschattengewächse verlieren. »*Aida* ist ein politisch sehr hartes Stück [...] Verdis Ägypten kann überall sein; die Äthiopier als das fremde, exotische Element verweisen auf das Wilde, Ungezügelte, Naturhafte« (Harnoncourt, 1997, S. [5]). So sieht nicht allein der Regisseur Johannes Schaaf das Stück, sondern so hört es, in beabsichtigter Symbiose, vor allem der Dirigent Nikolaus Harnoncourt, der Verdis kalkulierte Methode musikalischer Verfremdung ganz bewußt in die Nähe von Offenbachs Kolportagen und Operetten-Verrücktheiten rückt und dann auch so dirigiert. Plötzlich wird Verdis Partitur ernst genommen, und schlagartig wird aus einem Triumphmarsch ein Anti-Triumphmarsch.

Oper und ›Regietheater‹. Es geht nicht nur

darum – sieht man im speziellen Werk ein Instrument der Aufklärung –, eine Oper wie *Aida* auszugraben und dem Ein- oder Allerlei des Repertoiretheaters zu entreißen, gleichgültig ob es dort verstaubt oder vordergründig aktualisiert wird. Es handelt sich stattdessen darum, Partitur und Inszenierung zu einem Gesamtbild zusammenzuschweißen, das dokumentiert, wie man überall und zu jeder Zeit Helden macht, Helden kürt, Helden in den Krieg schickt und sie, wenn man sie nicht mehr braucht, zum Tod verurteilt. *Aida* ist eine der ersten Partituren, die nach dem Ende eines aufgeklärten und auf dem Höhepunkt eines technischen Zeitalters die Vermassung und Verelendung des Menschen der Gegenwart zum Thema hat, da Verdis Musik mit ihrer Suggestionskraft weit in die Zukunft weist. Solcher Prophetie ist das ›Regietheater‹ verpflichtet. Es muß nicht stets neu erfunden werden. Man muß es nicht immer wieder als notwendiges Übel gegen zumeist mit einem »Fest schöner Stimmen« zufriedene Zuhörer verteidigen. Es ist als offensive Gegenkraft gegen die Verharmlosung der Werke auf der Bühne ohnehin unverzichtbar. Ein Plädoyer für die Regie ist daher auch stets ein Bekenntnis zur Partitur.

Das Bild – Von der Faszination des Dialektischen

Aida ist ein »mörderischer Kampf zweier Völker«, der sich mit den Mitteln der Oper einzig »als Liebesgeschichte« beschreiben läßt. So sieht es der Filmemacher Alexander Kluge und nennt die Gattung Oper ein im 19. Jahrhundert entstandenes »Projekt eines Kraftwerks der Gefühle« (Kluge, 1984). Die Dramaturgie dieses Kraftwerkes ist leicht zu begreifen: »Die großen Opern beginnen vielversprechend mit gesteigertem Gefühl, und im 5. Akt zählen wir die Toten.« (ebd.) Gerade die absolute Hingabe an dieses Phänomen zwingt, so Kluge, zum Widerstand, fordert die Sinne zur Gegenleistung heraus, setzt das Bild in Marsch gegen die Dominanz des Tons: »Seit Jahren versuche ich mit literarischen und filmischen Mitteln die Opernerzählung zu ändern: Abrüstung der fünften Akte. Die Gefühle sollen sozusagen nicht wie naive Zivilisten umherirren, um schließlich in der dramatischen Verwicklung gefangen und geköpft zu werden. Vielmehr sollen die Gefühle sich bewaffnen und den tragischen Ausgang zu bekämpfen lernen. Man muß hierzu einen *imaginären Opernführer* entwickeln, der sozusagen eine alternative Opernwelt vorführt. Die fröhliche Musik Verdis müßte man dafür nicht ändern. Je tragischer das Geschehen, desto beschwingter die Melodien.« (ebd.) Nicht zuletzt Regisseure wie Hans Neuenfels, Ruth Berghaus oder Peter Konwitschny setzen diese Bemerkung Kluges in Bühnenwirklichkeit um. Hexen oder Soldaten benehmen sich in Verdis Opern wie außer sich geratene Besucher einer Maskerade, oder wie Figuren in einer Aufführung eines Stückes von Jacques Offenbach oder Gioachino Rossini.

Da Verdi gerade während der Arbeit an *Aida* fordert, *cabalette*, diese fulminanten »Schlußteile italienischer Opernarien und -duette mit rhythmisch prägnanter Steigerung« (Hirsch, 1979), nicht auszuschließen, nur weil sie gerade aus der Mode kämen, ist das Thema »Verdi-Oper und die Auswirkungen auf das Medium Film« als eine solche *cabaletta* darstellbar. Mit der wohl berühmtesten *cabaletta* Verdis, Manricos »Di quella pira l'orrendo foco« aus *Il trovatore*, beginnt denn auch Luchino Viscontis Film *Senso* (*Sehnsucht*). 1954 wird er in Italien als Zeichen begriffen, eine im Film längst eingebürgerte neue Ästhetik auf die veralteten Traditionen der Opernbühne zu übertragen. Die Kürze der Betrachtung »Oper und/oder Film« liegt dabei weniger im gesteckten Rahmen begründet, in dem der Sicht auf das ›Regietheater‹ Vorrang gebührt, als vielmehr in der von Alexander Kluge trefflich beschriebenen Wechselwirkung: Nicht mit-, sondern vor allem gegeneinander profitieren die Genres voneinander.

Es bedarf eines Kinobesuchs, um unabhängig von Geschmacksfragen bei Filmen wie Franco Zeffirellis opulenter Version von *La traviata* (1982) tatsächlich festzustellen, daß ein Bild paradoxerweise zur Aufhebung dessen führen kann, was die Ästhetik der Gattung Oper und speziell bei Verdi die Bild- und Zeichenhaftigkeit eines Stückes eigentlich ausmacht. Das nimmt ja niemandem die Freiheit, seinem Ideal vom schönen Schein bei solchen Monumentalvergrößerungen mit Starbesetzung zu frönen. Tatsache bleibt: Die Großaufnahme zerstört nicht nur die Totalität des Bühnenerlebnisses, sondern verzerrt, zumindest wenn sie nicht bewußt als dialektisches Mittel eingesetzt ist, die Illusion von der Utopie des singenden Menschen. Im Film wirkt widersinnig, was auf der Bühne unverzichtbar ist: die Mechanik des Organs. Ein Verleih nennt Zeffirellis *La traviata* in einem Atemzug »Liebesfilm, Melodram, Musikfilm«. Wo bleibt die Oper? Und wenn die im Verhältnis 1:1 abgefilmte Musik Oper ist, dann sind dies, was Rahmen, Ausstattung und Aura angeht, auch Zeffirellis Verfilmungen von *Romeo und Julia* oder *Jane Eyre*, ohne daß dabei Opernpartituren Pate stehen. Jeder suche sich aus, was er bevorzugt. Dann schon lieber die wunderbar opernhafte Filmmusik von Nino Rota, nicht zuletzt in Fellinis *Casanova* (1976).

Zumindest unter dem Aspekt der Werbewirksamkeit erscheint es aufrichtiger, das Bild zu funktionalisieren, das heißt mit Opernzitaten zu unterlegen, die selbst dann, wenn es um bewußt kalkulierte Wiedererkennung geht, andere Bezüge schaffen. Welches Werk wäre auch in diesem Zusammenhang geeigneter als *La traviata*? Von diversen *Kameliendamen* über Garry Marshalls *Pretty Woman* (1990) bis zu *Das Mädchen Rosemarie* (1996) verfehlen Verdis vermeintliche Todeskantilenen selten ihre voraus berechnete Wirkung. Dabei wäre zu untersuchen, ob nicht gerade in diesem Fall die Veroperung des Films den Intentionen Verdis völlig zuwider läuft. Man illustriert Aufstieg und Fall einer Prostituierten, schließlich deren Tod in Larmoyanz, anstatt die Verwandlung zur individuellen Persönlichkeit zu charakterisieren. Inhaltlichen Bezug zum Charakter Violettas schafft Bernardo Bertolucci 1979 in *La luna*, einem Film, in dem eine *prima donna* der Drogensucht ihres minderjährigen Sohnes hilflos gegenübersteht, da sie einzig für die eigene Sucht nach der perfekten Stimme lebt. Der Regisseur gibt in diesem Zusammenhang einen subtilen Hinweis auf die Bedeutung des *bel canto*, da er ausschließlich Zitate aus Opern Verdis und Puccinis verwendet und einzig der Begegnung der Sängerin mit ihrem inzwischen fast erblindeten Gesanglehrer das Terzett »Soave il vento« aus Mozarts *Così fan tutte* unterlegt. Hier wird eine vermittelnde Brücke vom Barock zur Romantik des Bürgertums geschlagen, die manchem Opernführer gut anstünde.

Wirkungsvoll ist filmische Umsetzung von Verdis Musik immer dann, wenn die Eigenständigkeit unterschiedlicher Dramaturgien nicht geleugnet, sondern im Gegenteil als Potential eingesetzt wird. In Bernardo Bertoluccis opernhaftem Epos *1900 (Novecento)* irrt ein alter Diener mit Rigolettos Fluch über die Felder des *padrone*, des Großgrundbesitzers. Im tönenden Bild kündigt sich ein unumgänglicher Wandel an. Zehn Regisseure verfilmen 1987 unter dem Titel *Aria* zehn Opernszenen. In Julien Temples Annäherung an *Rigoletto* wird der Konflikt von Eros und Gewalt ohne substantiellen Verlust in eine künstliche Neonwelt verpflanzt: Aktualisierung ohne Abstriche an der Musik. Selten zuvor wurde die schwierige und für die Schlußszene von *Rigoletto* essentielle Frage »Wo kommt Gilda her?« derart schlüssig beantwortet wie in Alexander Kluges *Macht der Gefühle* von einer Garderobiere: »Die kommt hier aus der Tür raus und es ist ziemlich dunkel hier, das ist sehr schwierig. In dem die Tür aufgeht, gehen die Scheinwerfer an.« (Kluge, 1984) Klarer läßt sich die Verklammerung von Handlung, Bewegung und Wirkung nicht darstellen. Federico Fellini schafft im selben Jahr mit *E la nave va* (*Schiff der Träume*, 1984) das mediterrane Pendant zu Kluges erhellender Aufklärung in Sachen Operndramaturgie. Noch eindrucksvoller als ein zum Opernpopanz gemachter Fürst oder die als Zigeunerchor aus *Il trovatore* erscheinenden Flüchtlinge versinnbildlicht eine Szene im Maschinenraum die jeweils unvergleichbare Ästhetik von Oper und Film. Das Bild ermöglicht neue, bislang nicht gehörte/ gesehene Assoziationen über das Phänomen des Tons als szenisch-gestisches »Zeichen«. Vor den gebannt nach oben blickenden Heizern, deren verschmierte Oberkörper den Eindruck extremer Anstrengung – ob Muskelkraft oder Stimmband – noch erhöhen, veranstalten jene Starsänger, die zusammen gekommen sind, um die Asche einer verstorbenen Kollegin ins Meer zu streuen, einen skurrilen Wettstreit um die wirkungsvollsten Spitzentöne. Der unbarmherzige Blick von Fellinis Kamera hakt sich förmlich in den Kehlen fest, wobei die Tatsache, daß man vor lauter Maschinenlärm die Koloraturen kaum hört, die gewollte Absurdität der Szene noch erhöht.

Will man erfahren, was Oper im Wesenskern ausmacht und will man zugleich den charismatischen Augenblick ergründen, in dem Sprache nicht mehr an die Intensität von widerstreitenden Gefühlen heranreicht, sollte man sich eine kleine, vermeintlich unbedeutende Szene aus Alain Resnais' Film *La Vie est un roman* (*Das Leben ist ein Roman*, 1983) ansehen, in dem Ruggero Raimondi eindrucksvoll die Rolle eines zwielichtigen Adligen im Stil eines großen Opernstars verkörpert, ohne Arien zu singen. In diesem Film soll eine junge Lehrerin, die graue Maus im Liebesreigen, vor einem Kreis selbstbewußter Erwachsener ein Thema aus dem Bereich Geographie erläutern. Vor Angst zittern ihr die Knie. Sie gerät ins Schwitzen und ihr versagt die Stimme. Die anderen sind peinlich berührt oder lachen ungeniert. Plötzlich beginnt das junge Mädchen zu singen. Niemand lacht mehr. Jeder versteht ohne Worte, und jeder verliebt sich von einer Sekunde auf die andere in diese Prinzessin. Diese Sequenz wirkt in keinem Moment sentimental oder kitschig. Sie entspricht stattdessen ideal Verdis Maxime, daß einzig der unvergleichliche Augenblick über Eindruck und Wirkung entscheidet.

Epilog – Von der Faszination des Unsichtbaren

Die Leidenschaft für Verdis »Experimente am offenen Herzen« wurde beim Autor nicht zuletzt durch die Mitarbeit bei Inszenierungen von Opern Verdis durch Johannes Schaaf vertieft (*Rigoletto*, Stuttgart 1994 – *Simon Boccanegra*, Stuttgart 1995 – *Falstaff*, Stuttgart 1996 – *Aida*, Zürich 1997 – *Otello*, Stockholm 1998). Ausgangspunkt für gemeinsame Untersuchungen war neben einem bewußten Vergleich von Verdis Dramaturgie mit Opern von Wolfgang Amadeus Mozart, Modest Mussorgsky, Alban Berg oder Dimitrij Schostakowitsch das gemeinsame Kennenlernen bei einer geplanten Neuinszenierung von Verdis *Rigoletto* 1986 an der Hamburgischen Staatsoper. Die Premiere kam nicht zustande. Die Erörterung über etwas, was nie auf dem Theater zu sehen war, wäre müßig und sinnlos, lieferten die Ereignisse nicht einen geradezu parabelhaften Aufschluß über eine mögliche Praxis im ›Regietheater‹ – ein extremer, gleichwohl nicht ganz untypischer Fall. Ein Premierentermin wird bestimmt. Ein Intendant engagiert ein Leitungsteam. Interne Probleme beginnen, als zunächst kein Bühnenbild und keine Kostüme zustande kommen, die den Vorstellungen des Regisseurs von den Spannungsverhältnissen in der Partitur entsprechen: Oper und ›Regietheater‹. Als die Problematik durch konstruktive Teamarbeit gelöst scheint, führt vermeintlich die Weigerung des Darstellers von Rigoletto, Konzept, Szene und Raum zu akzeptieren, zum Eklat. Die Nachricht wird von den Medien gerne aufgenommen und euphorisch begrüßt von manchen Abonnenten, die endlich eine Chance sehen, ihre Abrechnung mit dem ›Regietheater‹ aufzumachen. Von diesem Zeitpunkt an folgen die Ereignisse einer Eigendynamik, so zwangsläufig wie bestimmte Strukturen in Verdis Musik. Die mit Stardirigent und Starsängern besetzte Premiere muß unter allen Umständen gerettet werden. Operndirektor und Intendant schicken, das kleinste Übel, den Regisseur in die Wüste. Zwar mit Bedauern, aber kompromißlos. Hinter den Kulissen spielen sich Szenen ab wie aus Verdis Briefen: Tenöre kommen und gehen, Bühnenbilder und Kostüme werden wahllos zusammengekauft, Proben beliebig abgehalten, Details indiskret an die Öffentlichkeit gegeben. Die Hauptsache ist, der Vorhang geht hoch! Nichts verabscheut Verdi mehr als schale Routine, und nichts verdeutlicht krasser das absolute Gegenteil von ›Regietheater‹, so ambivalent dieser Begriff auch sein mag. Man täusche sich nicht: Zeit und Raum unterliegen merkwürdigen Konstellationen. Es kann unter Umständen sein, daß man plötzlich von Verdis Gegenwart eingeholt wird: »Verflucht sei das Theater!« (Brief Verdis an Giulio Ricordi vom 6. September 1873; Abbiati, 1959, Band III, S. 648)

Die wenigen, vor dem Abbruch unter Leitung von Johannes Schaaf stattfindenden Proben zum Hamburger *Rigoletto* stellen unter Beweis, wie Wort und Ton unter noch so widrigen Umständen zusammenwachsen. Die Darstellerin der Gilda, deren Scheu und Unvoreingenommenheit im Gegensatz zur Nachricht in der Presse steht, sie sei die »neue Callas«, tastet sich vorsichtig an ihre Szene und Arie »Gualtier Maldè, nome di lui sì amato« heran, sehnsüchtige Vergewisserung, daß ihre ganze Existenz von den Schwüren jenes Mannes abhängt, der soeben von ihr fortging, der erste und damit einzige. Alle Lust will Ewigkeit. Die Szene spielt – plakativ wie schlüssig – in einem Käfig, im Gefängnis von Gildas Sehnsüchten. Ein fest umgrenzter Raum, darin ein verlorener, sich selbst überlassener Mensch. Zunächst kaum auf ihre Befindlichkeit konzentriert, besetzt von den extremen technischen Schwierigkeiten – ein Singen auf des Messers Schneide, auf Leben und Tod –, probiert die Darstellerin wenige Gesten aus, Haltungen der Arme, Positionswechsel, eher larmoyante Gesichtsausdrücke und so weiter, da sie meint, die Musik sei traurig. Der Regisseur korrigiert nicht die Choreographie. Er bemängelt keine Konvention. Er gibt keine Ratschläge, was man besser oder anders machen könnte. Er spricht stattdessen intensiv über die Situation, in der sich ein Mensch befindet, dessen Töne, daher dessen Sprache brüchig, filigran wirken und doch so beharrlich und selbstbewußt klingen. Von einer Melodie ist zwischen Regisseur und Darstellerin die Rede, deren Gestus so weit ausschreitet, daß man unmittelbar hört, wie ein Mensch jede Begrenzung, jede Einengung hinter sich läßt. Er ist von nun an auf Gedeih und Verderb an den Namen »Gualtier Maldé« gebunden, der, weil ausgedacht und erlogen, zum Inbegriff aller Hoffnung wird, solange, bis Verdi diese Melodie nahtlos an die Musik der sich anschleichenden Entführer fügt.

In äußerer Handlung ist dies völlig absurd, nicht jedoch als Abbild der Empfindungen Gildas, die kein Gespür, daher auch kein Gehör mehr für ihre Außenwelt hat. Der Regisseur unterhält sich mit der Darstellerin über Erinnerungen an erste, wenn auch noch so kindliche Liebeserlebnisse. Was empfindet man, Sekunden nachdem man von einem Menschen verlassen wird, den man so gut wie nicht kennt, dem man sich dennoch völlig ausgeliefert fühlt, dem man am liebsten hinterherlaufen möchte? Die Szene wird ein zweites Mal geprobt. Auf dem Requisitentisch liegt ein verstaubter Plastikblumenstrauß. Die Sängerin nimmt ihn. Unbewußt beginnt sie einige der Blumen in die Maschen des Käfigs zu stecken. Erst langsam, vorsichtig, dann immer entschlossener, endlich belustigt, euphorisch. Was sie tut, zeigt, was sie empfindet. Was sie empfindet, folgt wie auf einer geheimen Tonbandspur, die ›Regietheater‹ sichtbar machen kann, der Struktur von Verdis Musik. Es ist der hoffnungslose, daher so unsentimentale, unheimlich berührende Versuch einer Befreiung. Nichts an der Bewegung wirkt einstudiert. Keine Trauer dämpft die Musik. Die Darstellerin der Gilda lacht, ist fröhlich, glaubt, was sie fühlt. Dies ist ein Vorgang aus dem ›Regietheater‹ und zugleich weit mehr: die nicht gewaltsam zu erzwingende, aber aus dem Geist der Partitur mögliche Symbiose von Musik und Spiel.

»Das Wahre kopieren kann eine gute Sache sein, aber *das Wahre erfinden* ist besser, viel besser. Es scheint, es gäbe einen Widerspruch in diesen drei Worten: *das Wahre erfinden*, aber fragt den Papa [Shakespeare] danach. Es mag sein, daß er, der Papa, irgend einem Falstaff begegnet ist, aber er wird schwerlich einem solchen Bösewicht wie Jago begegnet sein und nie und nimmer solchen Engeln wie *Cordelia, Imogene, Desdemona* usw. usw. . . . und doch sind sie alle so wahr! . . . Das Wahre kopieren ist eine schöne Sache, aber es bleibt Fotografie, nicht *Malerei*.« (Brief Verdis an Clara Maffei vom 20. Oktober 1876; Luzio, 1927, S. 536) Verdis Opern handeln von Bewußtseinsspaltung, von einer anderen Wirklichkeit im Inneren von zerrissenen Menschen. Luigi Dallapiccola, italienischer Komponist des 20. Jahrhunderts, blickt zurück auf das Einzigartige und Unverwechselbare im Stil eines italienischen Komponisten, der das gesamte 19. Jahrhundert wie eine Fieberkurve durchmißt: »Daß die Oper sich der Lächerlichkeit preiszugeben riskiert, wissen wir seit langem. Aber wir wissen auch (und schon viel länger), daß in der Kunst wie im Leben gerade dieses äußerste Risiko die Feuerprobe für die Sublimität des Stils darstellt. (Und genau dies geschieht bei Verdi.)« (Dallapiccola, 1979, S. 5) Sagen läßt sich dies auch mit den Worten des Regisseurs Hans Neuenfels: »Es gibt da eine Vitalität an Verstörung und Zerstörung. Das ist alles viel weniger idealistisch, als wir denken. Es ist Wirklichkeit, die erfunden ist, weil sie etwas beschwört.« (Gerhartz/Neuenfels, 1986).

Abbildung 36

»Macbeth« in der Inszenierung von Jossi Wieler/Sergio Morabito am Theater Basel (2000) – Bühnenbild: Anna Viebrock. 4. Akt, 1. Bild: Chor der schottischen Flüchtlinge

Popularisierung und Literarisierung eines Mythos

von Simone De Angelis

Trivialisierungen des Verdi-Mythos um und nach 1900 im Kontext der Entwicklung neuer Formen audiovisueller Kultur und Kommunikation

Verdi – bereits zu Lebzeiten ein Mythos – wurde in der Endphase seines Lebens auch schon mit der Popularisierung seines Mythos konfrontiert. Begriff und Geschichte des Verdi-Mythos im Zusammenhang mit seiner Umfunktionalisierung zu einem politischen Mythos werden von Birgit Pauls als Resultat rezeptiver Modifikation eines Erzählstoffes diskutiert, der den Prozeß der nationalen Einigung Italiens begleitet hat und im kollektiven Bewußtsein bis heute wirkt (1996). Die hier nur ansatzweise darstellbare Rezeption des Verdi-Mythos im 20. Jahrhundert betrifft die Ausgliederung von Materialelementen aus Verdi-Musik, Verdi-Theater und Verdi-Biographie sowie deren technische Reproduktion, Transformation und Irradiation durch Medien der Massenkommunikation, die um und nach 1900 die Funktion der Popularisierung des Verdi-Mythos in einem allgemeineren Sinne übernehmen. Die im Medium der Literatur vorhandenen Adaptionen des Mythos – etwa in Werfels Verdi-Roman (1924) oder in der Parodie des *Falstaff*-Librettos *Il vero Taff* (1893) – stellen eine weitere Form dieses Rezeptionsmechanismus dar. Phänomene der Trivialisierung einzelner Elemente des Verdi-Theaters und generell des Mythos Verdi am Ende des 19. Jahrhunderts sind mit der historischen Phase der rezeptiven Modifikation des politischen Mythos Verdi verknüpft. In dieser Zeit wurden die Person Verdis, sein persönlicher Kunstmythos sowie Bestandteile seiner Opern – wie etwa der Chor der Hebräer aus *Nabucodonosor* – in den Grundmythos der Nation eingegliedert. Verdi fungierte als italienische Identifikationsfigur nicht nur für eine exklusive Minderheit – die am Nationsdiskurs interessierten Opernbesucher der reichen Hochbourgeoisie des 19. Jahrhunderts –, sondern auch für eine breitere Bevölkerungsschicht des geeinten Italiens (Pauls, 1996, S. 151–170 und 175–178).

Vermarktung der Werke

Die Inanspruchnahme des Verdi-Mythos für die Vermarktung von Massenkonsumwaren durch die neuen Opernmäzene von Industrie und Kapital stellt gleichsam den wirtschaftsgeschichtlichen Aspekt dieser Phase dar. Einige Quellen belegen, daß der ältere Verdi um 1890 diesen Aspekt der Rezeption seiner Person und seines Werkes als besonders unangenehm empfunden hat. Die Vermarktung von Opern folgt bereits zu dieser Zeit Gesetzen, die sich als eigene Wert- und Interessensphären oft über die ›Opernindividualität‹ hinwegsetzen. Gerade für die Musiktheaterautoren war jedoch die Berücksichtigung einzigartiger Strukturmerkmale des Werkes von fundamentaler Bedeutung. Interessen des Marktes und persönliche Welt des Künstlers drifteten daher weit auseinander. Die Vermarktung seiner letzten Oper *Falstaff* durch Theatermanagements und den Verleger, welche diese gemeinsam mit Puccinis erster internationaler Erfolgsoper *Manon Lescaut* dem Publikum anpriesen und weltweit in den Operntheatern fast gleichzeitig aufführen ließen, rief Irritation bei Verdi hervor: »Ich habe *Falstaff* und *Manon* in Brescia angekündigt gesehen [...] Es ist ein Irrtum! Die eine wird die andere töten! Spielt nur die *Manon* allein. Ich brauche keine Karriere zu machen und ich genieße es, wenn andere profitieren!« (Brief Verdis an Giulio Ricordi vom 29. März 1893; Abbiati, 1959, Band IV, S. 503). In London wurde 1894 von Ricordi sogar eine Broschüre herausgegeben, die Presserezensionen zu beiden Opernwerken zusammenfaßte (Pinzauti, 1975).

Verdis Bangen, die gleichzeitige Präsenz des Erfolgswerks des jüngeren Komponisten könnte sein Meisterwerk *Falstaff* in den Schatten stellen, ist durchaus verständlich; denn die fast gleichzeitig stattfindenden Erstaufführun-

Abbildung 37
Standardisiertes Phantombild

gen beider Opern – *Manon* am 1. Februar 1893, *Falstaff* am 9. Februar 1893 – lösten einen Gleichschaltungsmechanismus in der Rezeption durch Publikum und Presse aus, der – wie es Verdi ein Jahr später in einer bitteren Stichelei gegenüber Ricordi bezeichnen sollte – ein »connubio« (»Ehegemeinschaft«) sanktionierte, die sich dem Willen der Autoren entzog. Die kollektive Arbeit der Öffentlichkeit an der Verschmelzung der beiden Opern zu einem einheitlichen Symbol erhält jedoch in operngeschichtlicher Hinsicht weitreichende Bedeutung: Das Symbol ›Manon-Falstaff‹ war Ausdruck der Wiederbelebung der italienischen Oper nach einer Zeit der tiefen Krise, die immerhin so weit geführt hatte, daß man in den späten 1880er Jahren die Schließung der Scala erwog. Im Jahre 1893 bewies sich also, zumindest im Nachhinein, die Lebenskraft dieser Gattung, wenn der führende Vertreter des italienischen 19. Jahrhunderts seine langjährigen Erfahrungen zusammenfaßte und ein zukunftsweisendes Werk schuf und zugleich ein jüngerer mit seiner Oper für die künftige Weltgeltung der Gattung im 20. Jahrhundert einstand. Man kann sich jedoch des Eindrucks einer gewissen Ironie der Operngeschichte nicht erwehren, wenn man die Konstellation soziokultureller Phänomene und die durch sie angezeigten Entwicklungstendenzen, die sich in den Jahren 1893/94 in der Opernwelt manifestierten, in die Betrachtungsweise einbezieht. Zum Zeitpunkt des Generationenwechsels Verdi/Puccini nahmen durch das künstlich hergestellte »connubio« Opernproduktionen erstmals spürbaren Einfluß auf den banalen Alltag: Jüngere Industriezweige und private Firmen reagierten sensibel auf die Symbolbildung und nutzten die Etikette ›Manon-Falstaff‹ werbetechnisch für Produkte des Massenkonsums wie Parfüms, Seifen, Kekse oder Saucen. Wie sich dieser Phänomenkomplex auf die psychologische Situation des Künstlers Verdi auswirkte, zeigt ein Brief aus dem Vorfeld der Aufführungen beider Opern am Londoner Covent Garden (14. und 19. Mai 1894): »Ich habe Saucen ›Manon Falstaff‹ ... Fächer ›*Falstaff Manon*‹ ... Kekse ›*Manon Falstaff*‹ ... Bonbons *Giacosa Falstaff Manon* gesehen! Hervorragend und hochwillkommen diese Ehegemeinschaft: Manon, die mit Falstaff Arm in Arm geht! So als werde Falstaff, torkelnd noch ein Stück Weg durchlaufen und in Manon eine mächtige Stütze finden, die ihn aufrecht halten und ihm das Leben erleichtern wird!« (Brief Verdis an Giulio Ricordi vom 10. Mai 1894; Abbiati, 1959, Band IV, S. 541)

Der Popularisierungsschub, der mit der Kommerzialisierung des Verdi-Mythos einherging, spielte sich bereits zu diesem Zeitpunkt auch auf den Ebenen des Trivialen und Banalen ab. Daß es sich bei den Mechanismen der Banalisierung von Kunst um eine Tendenz der Kunstrezeption und -reproduktion in der Industriekultur im allgemeinen handelt, kann am Beispiel von Piet Mondrian im Bereich der bildenden Kunst seit der frühen Moderne gezeigt werden: Auch aus seinem Werk werden Stilmerkmale von Kunstkonzepten und Kunstobjekten – Farben, Formen, Kompositionstechnik und Bildsprache – in Dekors und Designelementen von Haushaltswaren, Uhren, Sportartikeln und Souvenirs in Serienfertigung übernommen (Weinberg-Staber, 1990). In Verdis pointiert ironischer Bemerkung, in die sich neben der berechtigten Enttäuschung vielleicht auch ein bißchen Neid und Eifersucht auf den jüngeren Komponisten mischt, steckt zugleich, ganz besonders in der Vorstellung des »alten« Falstaff, der nur noch torkelnd und gestützt von der jungen Manon zu gehen vermag, eine Metapher für die sich anbahnende operngeschichtliche Entwicklung. Daß der Mythos Verdi zu diesem Zeitpunkt bereits eine wahrnehmbar banalisierte Realität geworden war, bestätigt auch das folgende Werbeinserat, das wohlgemerkt schon vor der Uraufführung von Verdis Oper gedruckt vorlag: Eine Mailänder Parfümerie namens »Falstaff-Migone« machte durch ein Inserat auf der Reklameseite des *Numero speciale della Illustrazione Italiana*, dem illustrierten Begleitjournal zur Uraufführung von *Falstaff*, die Leserschaft auf ihr Kosmetiksortiment aufmerksam: »Parfümerie Falstaff-Migone. Eine Zusammenstellung von Falstaff-Extrakt, Falstaff-Seife und Lachpulver Falstaff in einer eleganten Schachtel im Sortiment der Parfümerie Falstaff« (Verdi e il Falstaff). Im Zuge des Verdi-Kultes produzierte die Firma Rizzoli aus Parma »Falstaff-Sardellen« mit Abbildungen des tafelfreudigen Ritters John auf der Packung (Bianconi/Pestelli, 1992, Band VI, S. 320). Das wohl bekannteste Beispiel einer Verbindung von Vermarktung und technisch reproduzierter Kunst, mit dem ein Popularisierungsphänomen des Verdi-Mythos durch visuelle Kultur vermittelt wird, sind aber die Reklame-Sammelbilder des Fleischextraktfabrikanten Justus Liebig, die ursprünglich (ab 1872) vereinzelt als Bilderbeigaben zum »Vero estratto di carne Liebig« verwendet wurden. Sie hatten jedoch schon um 1890 dank großer Nachfrage seitens der Sammler die Wichtigkeit des Produkts selbst überstiegen und Auflagen in Millionenhöhe erreicht (Lorenz, 1980, S. 4–7).

Die jeweils sechs Bilder umfassenden Serien zu *Otello* (1888), *Aida* (1891) und dem Thema »Verdi und seine Werke« (1905) sind Illustrationen von Opernszenen – etwa *Aida*, 2. Akt, 1. Szene, »Vieni, amor mio, m'inebria« oder *Otello*, 4. Akt, »Otello contempla Desdemona« –, die nach einem komplexen Druckverfahren – Chromlithographie in zwölf Farben zuzüglich Gold oder Silber – hergestellt wurden. Die hochstehende Druckqualität der Bilder stimuliert die ästhetische Erfahrung des Betrachters und läßt das Verdi-Theater in seine Vorstellungswelt eindringen. Ferner wurden um die Jahrhundertwende von Ricordi autorisierte Postkarten im Schwarz-Weiß-Druck verkauft, auf denen Sujets und Protagonisten aus Verdis Opern zu sehen sind; eine Serie dieser Kartenbilder bildet beispielsweise Schlüsselszenen der Oper *Un ballo in maschera* ab. Am Kartenrand sind Versfragmente und sogar die entsprechenden Notenincipits zur jeweiligen Szene abgedruckt, zum Beispiel das Duett zwischen Riccardo (»Teco io sto«) und Amelia (»Gran Dio«) aus dem 2. Akt. Die Eignung des italienischen *melodramma* zur serienhaften bildlichen Darstellung gründet auf seinem formalen Nummernaufbau und der Kumulierbarkeit der Handlung in Kernszenen (Bianconi/Pestelli, 1992, Band VI, S. 320).

Ein weiterer Ausdruck der Präsenz des Mythos Verdi in der Endphase des Schaffens des Opernkomponisten sind Gegenstände der Devotionalisierung wie zum Beispiel Gedenkmünzen, die unter anderem bereits zur Uraufführung von *Otello* und *Falstaff* erschienen. Sie tragen als Gravuren Datum der Uraufführung und Titel der Oper (Tintori, 1974, S. 587–606). Diese Objekte des Verdi-Kultes und Verdi-Kitsches, welche die um 1900 einsetzende Herausbildung und Popularisierung der verdianischen Mythologie dokumentieren (Benedetti/Dall'Acqua, 1985, S. 93–96 und Tafeln 103–108), sind neben den zur Mythologisierung der Person Verdis beitragenden Ergüssen biographischer und national politisierender Kunstpublizistik zu nennen, wie zum Beispiel Gino Monaldis Buch *Verdi nella vita e nell'arte (Conversazioni verdiane)* von 1913.

Ikonographie

Der Verdi-Kult hat sich hinsichtlich der bildlichen Reproduktion der Person stets eines standardisierten Phantombildes – eines sogenannten ›identikit‹ – bedient, das hinsichtlich der Charakterisierung von Gesichtsausdruck und Aussehen des weißbärtigen und weißhaarigen Komponisten nach der Vorlage des Ölporträts von Giovanni Boldoni ausgebildet wurde: Dieses Bildnis (»Giuseppe Verdi im Jahre 1886«) befindet sich heute in dem von Verdi selbst gegründeten Mailänder Altersheim für Tonkünstler. Die Wirkungsgeschichte dieses typisierten Erscheinungsbildes reicht bis in die Personengestaltung des heutigen Kinofilms hinein: Ein Protagonist des Films *La Estrategia des Caracól* (*Die Strategie der Schnecke*) von Sergio Cabrera (1999) läßt nicht nur in einigen Filmsequenzen Plattenaufnahmen von Verdi-Opern aus seiner Wohnung durch das ganze Haus erschallen, sondern tritt auch mit Frisur und Bart auf, die das typische Erscheinungsbild des Komponisten reproduzieren.

Technologisierung

Der im ›Mythos Nation‹ integrierte ›Mythos Verdi‹, dessen Etiketten sowie die kommerziellen Interessen von Industrie und Gewerbe materialisieren sich somit im Massenprodukt. Damit popularisiert dieses Produkt als Transportmittel von Opernsymbolen nicht in erster Linie die Oper selbst, die um 1900 nach wie vor über die Theater ihren Einfluß ausübt, sondern stellvertretend deren mythisierte Symbole in Form von Namen von Werken und Figuren, Librettoversen und Opernszenen – später auch in der Kombination von Text, Bild und Ton im Film. In der durch Werbetechnik und Vermarktungsstrategien erfolgenden Assoziation beziehungsweise Identifikation von Massenwaren

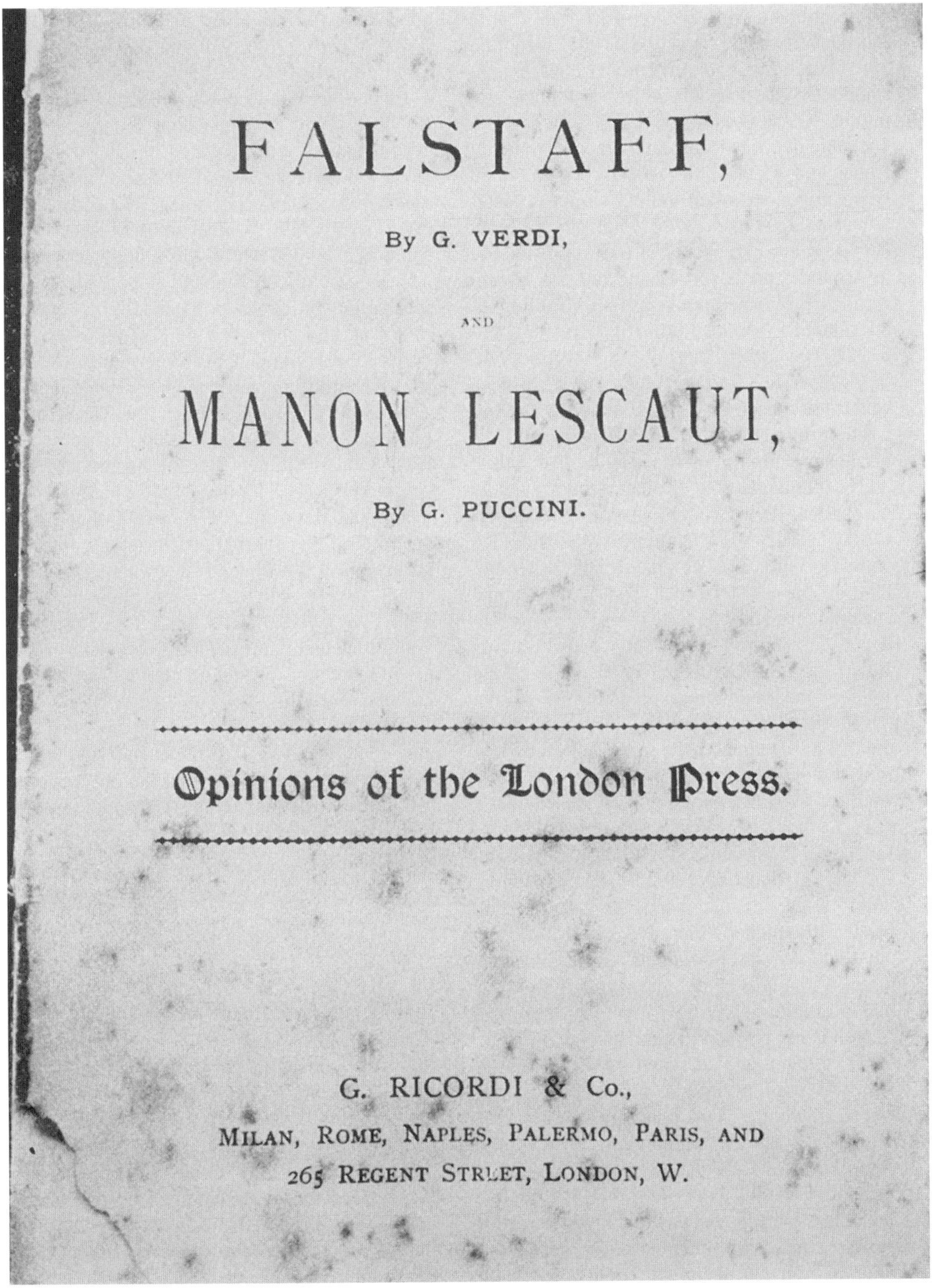

FALSTAFF,

By G. VERDI,

AND

MANON LESCAUT,

By G. PUCCINI.

Opinions of the London Press.

G. RICORDI & Co.,
MILAN, ROME, NAPLES, PALERMO, PARIS, AND
265 REGENT STREET, LONDON, W.

Abbildung 38

und Symbolen wird der Verdi-Mythos um die Jahrhundertwende, meist über die Schaffung und Gestaltung konkreter materieller Gegenstände (Mythopoiesis), objektsprachlich vermittelt. Dabei kommt neuen Techniken und Technologien der Reproduktion von bildender Kunst und Musik eine zentrale Funktion zu. Denn dieser soziokulturelle Charakter gestalterischer Phänomene wird einerseits aufgrund der Beziehung zwischen Kunst und Technologie, andererseits mit Bezug auf ein System sinnlicher Wahrnehmung, das an visuelle Kultur gebunden ist, bestimmt (Silbermann, 1986, S. 22). Die außertheatralische Rezeption des Verdi-Mythos – gerade wenn diese zugleich außermusikalisch ist – zeigt in ihrer Breitenwirkung um 1900 also eine Tendenz zur Verbildlichung im Rahmen visueller Darstellung und Kommunikation: Kunstprodukte werden geschaffen, deren technologisches Konstituens Bestandteil des Wahrnehmungssystems des Rezipienten wird. Dies geschieht nicht von ungefähr in einer historischen Phase, in der sich auch die musikalische Rezeption durch die Medien technologisch vermittelter Musik zu verändern beginnt. Der von Thomas Alva Edison 1877 erfundene Phonograph steht hier am Anfang. Mit der Entwicklung der Schallplatte durch Emil Berliner 1896 und der Elektrifizierung der Schallaufnahme (von 1925 an), später auch der Schallwiedergabe, wird ein Wandel in der musikalischen Praxis hervorgerufen, der seit den 1950er Jahren in wachsender Stärke fühlbar ist (Blaukopf, 1996, S. 183 f.). Während um 1900 der Musikkonsum durch den Einfluß großer öffentlicher Konzerte geprägt war, ist es am Ende des 20. Jahrhunderts aufgrund digitaler Aufnahmetechnologien möglich, Bild- und Klangreproduktionen von Opernaufführungen in der eigenen Privatsphäre auf CD oder DVD zu hören und zu sehen. In der Tonträgerindustrie wird bezüglich der Akzeptanz von Opernaufnahmen beim italienischen Publikum der 1960er bis zu Beginn der 1970er Jahre folgende Grundtendenz registriert, die derjenigen der Verdi-Theaterproduktion im selben Jahrzehnt folgt: »Auf das bekannte Verdi-Repertoire, auf den populärsten und meistaufgeführten Verdi, der in einigen Titeln bereits mehrere Zehnfach-Editionen erreicht hat, folgt heute allmählich die Plattenaufnahme des unbekannten Verdi« (Zanuso-Mauri, 1974, S. 607–611). Dies gilt vor allem für die frühen Opern *Nabucodonosor, I Lombardi alla prima crociata, Ernani, Attila, Macbeth* und *Luisa Miller*. Wird darüber hinaus die Schallplatte (oder CD) als Instrument musikalischer Erfahrung und Bildung, »als eine Erweiterung des Bewußtseins von Musik« aufgefaßt, dann bildet sich auch die materielle Grundlage der Einsicht in den historischen Wandel musikalischer Geschmacks- und Bewußtseinsbildung – »soweit sich geschichtliche Konstellationen abgelagert und umgesetzt haben in musikalische Formen, in vokale und instrumentale Konventionen und deren Ausarbeitungen, in Hörgewohnheiten und in Klangdifferenzierungen« (Heißenbüttel, 1974, S. 589 f.). Eine Aussage über die Verbreitung von Verdis Musik läßt somit indirekt auch Rückschlüsse auf den Bewußtseinsgrad des mit seiner Musik verknüpften Mythos beim Konsumentenpublikum zu. 1997 veröffentlichte beispielsweise der international bekannte italienische Popstar Zucchero (Sugar) Fornaciari auf seiner Greatest-Hits-CD einen Song mit dem Titel »Va, pensiero«. Es handelt sich um eine von ihm selbst und Luciano Luisi elektronisch produzierte und arrangierte Adaption der bekannten Melodie des Gefangenenchores aus Verdis Oper *Nabucodonosor*. Im Songtext bilden die Verse »Va, pensiero, sull'ali dorate« den Beginn des Refrains, wobei im weiteren Verlauf die ursprüngliche Chormelodie auf einen englischen Text von Mino Vergnaghi gesungen wird.

Popularisierung

Im Übergang vom 19. zum 20. Jahrhundert findet somit generell eine Veränderung des Perzeptionssystems statt, also des referentiellen Rahmens, in dem das Verhalten der Rezipienten im Hinblick auf Relation von Kunst und Technologie und ihren Wirkungen analysiert und beobachtet werden kann (Silbermann, 1986, S. 16; Stange, 1989). Diese Veränderung der Perzeptionsmodi, verstanden als psychische Fakten auf der Basis ästhetischer Wahrnehmung, wird daher aus einem soziologischen Blickpunkt relevant: einerseits hinsichtlich der Beziehung zwischen visueller Botschaft und Rezipient, andererseits hinsichtlich der Frage, ob die visuell vermittelte Popularisierung von

Opernsymbolen auch für eine Popularisierung der Gattung Oper einsteht. »Das vielzitierte Volk, das sich in den Opern des mittleren 19. Jahrhunderts, in den Opern eines Rossini oder Verdi getummelt haben soll, war ein Volk von Adligen, von Großbürgern und zunehmend auch von wohlhabenden Kaufleuten. Dieser ›popolo grasso‹ ging auch nicht nur zu den Premieren ins Opernhaus, sondern mindestens zweimal die Woche. Die einfache Bevölkerung hätte sich kaum eine Eintrittskarte leisten können, geschweige denn die passende Kleidung, um nicht gleich vom Ordnungspersonal aus den geheiligten Hallen wieder herausgetrieben zu werden. Die Popularisierung der Oper für breite Schichten begann erst zum Ende des 19. Jahrhunderts und dauerte gerade einmal bis zur Erfindung des Kinos an.« (Pauls, 1997, S. 21; Rosselli, 1984; Leydi, 1992, S. 323–328)

Die Popularisierung der Oper und ihrer Mythen bleibt somit außertheatralisch und ist auf die Konstituierung und Etablierung von Massenkultur angewiesen, deren distinktives Kriterium ist, daß in die Beziehung zwischen Kunst und Kommunikation ein Prozeß der Distribution (durch Massenmedien) eingeschaltet ist (Silbermann, 1986, S. 14). Trotz Umstrukturierungsprozessen im Sozialgefüge – die komplexe Konstituierung der verschiedenen Schichten des Bürgertums im vereinten Italien – und der räumlichen Ausdehnung kultureller Kommunikation um 1900 muß zumindest bis zur Mitte des 20. Jahrhunderts davon ausgegangen werden, daß selbst die segmentale Erweiterung der Rezeption kultureller Phänomene aus dem Bereich der Oper grundsätzlich auf ein bürgerliches, also wohlhabendes Publikum beschränkt geblieben ist. Den Mythos einer ›volksnahen‹ oder ›volkstümlichen‹ italienischen Oper im 19. und frühen 20. Jahrhundert hat die Forschung anhand der Analyse von historischem Quellenmaterial der außertheatralischen Rezeption widerlegt (Leydi, 1992, S. 321–369). Für die Bauern und Arbeiter, welche die Anfänge der von den Einheitspolitikern forcierten kapitalistischen Entwicklung des Agrarlandes Italien, speziell in der ökonomisch instabilen Phase nach 1880 bis zur Konsolidierung 1900, in existentieller Hinsicht zu bezahlen hatten, galten auch noch nach 1900 grundsätzlich andere Kultur- und Lebensbedingungen.

Film

In Italien, dem Land mit der stärksten Opernfilmtradition, stellt Verdi einen beliebten Filmstoff dar: Die Dramenverfilmung von Alexandre Dumas' *La Dame aux camélias* mit Francesca Bertini in der Hauptrolle kam 1919 unter dem Operntitel *La traviata* heraus. Carmine Gallones wiederholte Zusammenarbeit mit Benjamino Gigli und Maria Cebotari in den 1930er Jahren sowie seine Verfilmungen von *Rigoletto* (1946) und *La forza del destino* (1948) sind Ausdruck seines durch Opernadaptionen geprägten Schaffens. Im faschistischen und postfaschistischen Italien wurden ferner Komponistenbiographien gedreht, in denen die jeweilige Musik des Tonkünstlers eingesetzt wurde: Carmine Gallone (1938) und Raffaello Matarazzo (1954) lieferten mit *Giuseppe Verdi* die ersten italienischen biographischen Filme zu Verdi (Bawden, 1978, S. 479). In Gallones Film konnte sich die berühmte Etikette des Verdi-Mythos »Viva V. E. R. D. I.« als Geschrei kämpferischer Italiener in Ton und bewegten Bildern materialisieren; in dieser Zeit wurde der Mythos Verdi auch zu politischen Zwecken eingesetzt (Pauls, 1996, S. 305–310). Franco Zeffirellis Inszenierungen der Opern *Falstaff* (1964) und *La traviata* (1982) für den Kinofilm bezeugen die Kontinuität dieses Filmgenres in Italien noch bis in die jüngste Vergangenheit.

Verdis Opernmusik wird zudem – oft in Kombination mit einer Interpretation seines politischen Mythos durch die Regisseure – auch bei der Gestaltung von Kinofilmszenen verwendet. Aus filmsemiotischer Perspektive ist die Verwendung von Opernausschnitten im Film dem musikalischen Kontrafakturverfahren gleichzusetzen: Auch hier werden einer bekannten Melodie andere Worte – oder Bilder – unterlegt und schaffen so einen neuen Bedeutungszusammenhang (Chion, 1995, S. 23 f.; de la Motte-Haber/Emons, 1980, S. 71–113). Für den aus Parma stammenden Regisseur Bernardo Bertolucci stellt Verdi den Inbegriff von Volkstümlichkeit dar (Pauls, 1996, S. 290). Dies wird in seinem Monumentalfilm *Novecento* (1976) deutlich, wo ein als Rigoletto verkleideter betrunkener Buckliger die zweite Episode mit dem dreifachen Ruf »Verdi ist tot« einleitet. Es folgt ein Teil des Vorspiels zu

Rigoletto, der zur Handlung überleitet: Die »im Todesjahr [Verdis] geborenen Filmprotagonisten Olmo und Alfredo werden im Mythos Verdi angelegte Antagonismen leben – einer wird Landarbeiter und einer Landesherr« (ebd., S. 289). Auch die Grundstruktur der Filmhandlung, die in der Lebensgeschichte von Olmo und Alfredo die Geschichte Italiens zwischen 1901 und 1945 reflektiert, beruht auf dem Gegensatz zwischen Bauern (»contadini«) und Herren (»padroni«). Olmo, der Bauer, erklärt am Schluß, die »padroni« seien es gewesen, die sich mit den Faschisten verbündet hätten, um ihre Interessen gegenüber den Rechten der Landarbeitermassen und ihrer politischen Vertreter zu sichern. Mit seiner Privilegierung des ›volkstümlichen‹ Verdi scheint Bertolucci jedoch jener Seite des politischen Mythos Verdi zu huldigen, die den Komponisten bereits am Ende des 19. Jahrhunderts und speziell nach seinem Tod in der Funktion des ›Stellvertreters des Volkes‹ darstellte: Biographen und Anhängerschaft wußten die sowohl dem selbststilisierenden Kunstmythos der Person Verdis als auch dem Nationsbildungsmythos angehörende Vignette des ›Bauern des Risorgimento‹ auszunutzen (ebd., S. 265–272). Bertoluccis Film fällt nicht zufällig in eine Epoche der jüngeren politischen Geschichte Italiens, in der sich der berühmte ›historische Kompromiß‹ zwischen der konservativen Democrazia cristiana Aldo Moros und der Kommunistischen Partei Enrico Berlinguers abzeichnete und der die folgenschweren ›bleiernen Jahre‹ des Terrorismus der extremen Linken folgten. Die Konzeption von Bertoluccis *La strategia del ragno* (*Die Strategie der Spinne*, 1970), ein Film, auf den das bereits erwähnte Werk Cabreras im Titel anspielt, und von *La luna* (*Der Mond*, 1978) basiert auf den Opern *Rigoletto*, *Il trovatore* und *Un ballo in maschera*. Im erstgenannten Film hat eine Aufführung von *Rigoletto* Schlüsselfunktion. Ein viermal wiederholtes Zitat aus dem Vorspiel der patriotisch geprägten Oper *Attila* gewinnt ebenfalls Bedeutung (Caldwell, 1994, S. 229). In *La luna* dagegen sind zwei ausgedehnte Sequenzen aus den beiden anderen Opern sowie der Beginn des 3. Aktes von *La traviata* verarbeitet. Bertolucci selbst hat sich – bezugnehmend auf eine Figur aus dem Film *La strategia* – über sein Verhältnis zu Verdi wie folgt geäußert: »Verdi verbindet sich für mich und damit für den Sohn des Athos Magnani [ein Protagonist des Films] mit einer mythischen Dimension, die mit dem mythischen Status des Vaters optimal zusammenpaßt; mythische Musik für einen mythischen Charakter.« (Caldwell, 1994, S. 249). In beiden Filmen gewinnt die Oper jenseits ihrer Funktion zur Erzeugung von Theatralität und Intensität, die in diesen Filmen für *italianità* und italienischen Charakter stehen, Bedeutung: Die Verbindung zwischen Italien und der psychischen Organisation familiärer Verhältnisse wird erkundet. In Bertoluccis Verwendung von Verdis Musik spiegelt sich die Verbindung, die der Regisseur zwischen der emotionalen und psychologischen und der persönlichen und nationalen Dimension der Charaktere sieht. Daraus resultiert die Suggestion einer Reihe von Vorstellungen über ›das Italienische‹ und ihrer Repräsentation (Caldwell, 1994, S. 249).

In *Il gattopardo* (1963), einem Film von Luchino Visconti nach dem gleichnamigen Roman von Giuseppe Tomasi di Lampedusa (1954), nimmt eine Szene, in die Tonmaterial mit sowohl syntaktischer als auch semantisch-konnotativer Funktion montiert ist (Maas, 1993, S. 205), symbolisch die bevorstehende Entwicklung gesellschaftlicher Ereignisse und deren sozialpolitische Bedeutung in der Zeit des Risorgimento vorweg: Es ist die Szene, in der die Familie des sizilianischen Fürsten von Salina nach ihrer Ankunft in Donnafugata, dem Ort ihres Landsitzes und Großgrundbesitzes, gemeinsam mit dem Bürgermeister und Vertretern des Mittelstandes in einem feierlichen Zug die Kirche betritt. Zur Begleitung spielt der Organist die Melodie, die Violetta im 2. Akt von *La traviata* zu den berühmten Versen »Amami, Alfredo, quant'io t'amo ... Addio« (»Liebe mich Alfredo, wie ich dich liebe ... Adieu«) singt. Der Schauplatzwechsel außen/innen ist durch einen Wechsel der Tonkulissen verdeutlicht: von lauter *banda*-Musik vor der Kirche zur rührenden Verdi-Melodie im Gotteshaus. Im weiteren Verlauf des Films wird der von Resignation gezeichnete Don Fabrizio die Vermählung seines Neffen Tancredi mit der schönen Tochter Don Calogeros, der sich mit der Verwaltung der Lehensgüter der Adelsfamilie bereichert hat, nicht zuletzt aus taktischen Gründen unterstützen: Die Ehe ermöglicht Tancredi finanziell das Überleben sowie die Behauptung in den Gesellschaftskreisen und Institutionen des neuen Staates, in dem der aufstrebende Mittelstand, die »Geier«, die politsch-ökonomische Führung übernehmen wird. Damit stellt Viscontis Film auch thematisch eine Verbindung zur sozialen Dimension von *La traviata* her, nämlich der konfliktgeladenen Begegnung zwischen Mitgliedern unterschiedlicher Gesellschaftsklassen: In der Oper stellt Alfredos Vater die Gefährdung der Heirat zwischen dessen jüngerer Schwester und einem Adligen als Haupthinderungsgrund für die Liebe zur ehemaligen Kurtisane Violetta dar. Auch die im Film Viscontis von der *banda municipale* gespielte Musik ist *La traviata* entnommen: Als die Fürstenfamilie im ärmlichen sizilianischen Dorf ankommt, stimmt die Blasmusik, nachdem die auf dem Marktplatz versammelte Bevölkerung die Ehrenbezeugung gegenüber dem Feudalherrn vermissen ließ, mit größtem Eifer den Chor »Wir sind Zigeunerinnen« (»Noi siam zingarelle«) aus dem 2. Akt von Verdis Oper an. Visconti ist in dieser Szene wiederum der Romanvorlage des Films gefolgt, in der ein fiktives, literarisches, aber kennzeichnendes Beispiel für die Verbreitung von Opernmusik – speziell in den unteren Bevölkerungsschichten – durch die Blaskapellen der Gemeinden beschrieben wird (Cecchi, 1995; Girardi, 1995).

Werbung

Wiederum im Zusammenhang mit der Vermarktung von Massenprodukten findet Verdis Opernmusik auch als Gestaltungsmittel in der heutigen Filmwerbung Verwendung. Neuere werbewissenschaftliche Forschung kam zur Erkenntnis, daß unter bestimmten Bedingungen das Werbemittel selbst und die gegenüber diesem gebildete Einstellung – neben dem sprachlich vermittelten informativen Gehalt – starke Einwirkung auf den Beeinflussungserfolg hat. Durch Musik beeinflußte Werbemittelwahrnehmung kann also direkt auf die kognitive Repräsentation des beworbenen Meinungsgegenstandes wirken (Tauchnitz, 1990, S. 94). Der Einbezug neurophysiologischer und physiologischer Forschungsergebnisse zeigte zudem, daß Musik in besonderem Maße emotionale Prozesse stimuliert. Das begrifflich-deskriptive Instrumentarium semiotischer Modelle verdeutlicht, daß Musik vor allem auf einer konnotativen, emotionalen Ebene durch strukturelle Merkmale Bedeutungen kommuniziert. Es ist dieser in der Musik angelegte Kommunikationscharakter, der in der Werbung ausgenutzt werden kann (Tauchnitz, 1990, S. 119). So hat beispielsweise das Produktmanagement eines weltbekannten Schokoladenproduzenten in Deutschland für die Vermarktung von Schokoladenhäppchen namens »Choco Crossies« einen Werbespot drehen lassen, dessen Tonmaterial fast ausschließlich aus der Wiedergabe der Melodie zu »La donna è mobile« aus dem 3. Akt von *Rigoletto* besteht. Über die ursprüngliche italienische Librettoversion wurde ein neuer, polyglotter Text gelegt. Die weitverbreitete Überzeugung, daß die universelle Sprache der Musik Menschen unterschiedlichster Zunge auf dieser Erde verbindet, war der Leitgedanke für die szenische Gestaltung des Spots: Auf einem internationalen Kongreß hält ein japanischer Teilnehmer einen Vortrag, dem die Kollegen über Kopfhörer in Simultanübersetzung folgen. Desinteresse macht sich breit, bis der deutsche Delegierte seiner Langeweile mit dem Genuß eines »Choco Crossie« ein Ende setzt. Während er die Schokolade genießt, beginnt er mit geschlossenen Augen die Melodie der ersten beiden Verse aus der Verdi-Oper laut vor sich hinzusummen. Der Redner und sämtliche Kollegen – zuvorderst der italienische – horchen auf. Völkerverbindend reicht darauf der Deutsche die Schachtel weiter, wobei jeder Delegierte die Schokolade in seiner Muttersprache zu preisen beginnt. Zum Höhepunkt der Spotinszenierung wird die Schlußszene, in der die Kongreßteilnehmer ihre starre Sitzordnung aufbrechen, um sich um den Japaner in einer chorartigen Konstellation neu zu gruppieren und das Verdi-Zitat in einem großartigen ›Ensemble-Finale‹ mit den Worten »unwiderstehlich – Choco Crossies« in Opernsängerpose zu beenden. In der Umtextierung wird mit einer Anspielung auf die deutsche Übersetzung des italienischen Originaltexts »Oh wie so trügerisch sind Weiberherzen« gearbeitet, denen man(n) – ebenso wie den »Choco Crossies« – angeblich nicht widerstehen kann. Mit dem Einsetzen der Verdi-Melodie geht eine Akzeleration in Dynamik und Bilderfolge des Spots einher, welche die Wahrnehmung des Zuschauers beziehungsweise der Zuhörerin auf das hohe Wiedererkennungswerte versprechende musikalische Werbemittel lenkt (Kleinen, 1980, S. 331).

Daß nicht nur Werbung, sondern auch öffentliche Lokale musikalisch gestaltet werden können, ist einem anderen aktuellen Beispiel von Kommerzialisierung des großen Popularmythos Verdi zu entnehmen. In den mit rustikaler Inneneinrichtung ausgestatteten Räumlichkeiten des »Ristorante Verdi« in der Berner Altstadt, in dem italienische Küche serviert und italienisches Ambiente gepflegt wird, werden Verdi-Opern und andere ›klassische‹ Stücke als Hintergrundmusik für die Gäste gespielt. An den Wänden hängen Originalbilder und Reproduktionen von Opernaufführungsplakaten um 1900 sowie Abbildungen des Komponisten, die der Lokalbesitzer teilweise bei einem Sammler in Busseto gekauft hat. Als besondere Attraktion des Lokals gilt die »tavolata musicale«, bei der die Gäste während des Essens mit ›live‹ vorgetragenen Verdi-Arien unterhalten werden.

Popularisierung als (nationales) Massenphänomen

Die These von der Verwurzelung des Verdi-Mythos in einer breiten Bevölkerungsschicht der modernen italienischen Gesellschaft, mit der die Phänomene der Popularisierung und Verbreitung von Verdis Opernmusik und Theater in unterschiedlichen sozialen Milieus erklärt werden können, kann heute bestimmt mit größerer Gewißheit aufrechterhalten werden als noch zu Beginn des 20. Jahrhunderts. Die Popularisierung reicht heute mit Operntiteln wie *Aida* und *Ernani* bis ins Kreuzworträtsel hinein. Darüber hinaus dienen Verdis Opern am Ende des 20. Jahrhunderts nicht nur kunstschaffenden Intellektuellen wie dem Filmemacher Bertolucci als Stoff für stereotype Assoziationen kollektiver Identität in individuell-künstlerischen Sinnstiftungsverfahren, zu deren Entschlüsselung es eines (nicht nur musikalisch) gebildeten Publikums bedarf; sondern sie erfahren in Zusammenhang mit ihrer Assoziierung zu kollektiven nationalen Identifikationsmustern eine Rezeption, die in unterschiedlichsten Bereichen der Kultur und Öffentlichkeit zu Popularisierungsphänomenen führt. Die Funktion der Massenmedien, speziell des Fernsehens, ist hierin nunmehr eine doppelte: Einerseits wird Verdis Opernmusik durch ihre Nutzung in bisher nicht gekanntem Ausmaß verbreitet, andererseits sind sie darstellendes Medium von Popularisierungsphänomenen des Massenkollektivs. Handelt es sich beim Kollektiv um ein italienisches Publikum, so will dieses nach wie vor durch Verdis Opernmusik sein Zugehörigkeitsgefühl zur italienischen Nation zum Ausdruck bringen. Hierzu ein sprechendes Beispiel: Im März 1999 wurden in Hollywood dem italienischen Schauspieler und Filmemacher Roberto Benigni die »Oscars« für den besten ausländischen Film (*La vita è bella*, 1998) und für den besten Schauspieler in der Hauptrolle desselben Filmes verliehen. In Vergaio, einem kleinen Dorf bei Prato in der Toskana, wo Benignis Eltern wohnen, standen in dieser Nacht so gut wie alle 3 000 Einwohner vor einer Riesenleinwand, die den Anlaß in Hollywood auf die Piazza übertrug. Als der große Moment kam und Sofia Loren »Robertoooo!« rief, legte die *banda* mit dem Triumphmarsch aus *Aida* los (Hartmann, 1999, S. 2). Über das reale Medium des Fernsehens war Radamès-Benigni triumphierend und auf recht irreale Weise in sein Dorf zurückgekehrt.

Ägypten

Eigenartigerweise wird der »Triumphmarsch« aus *Aida* nicht nur in Italien mit nationalen Identitätsvorstellungen verbunden. Seit den 1870er Jahren bis weit ins 20. Jahrhundert hinein ist das Stück auch mit der nationalen und politisch-kulturellen Geschichte Ägyptens verknüpft gewesen. In der Zeit nach der Uraufführung der Oper in Kairo im Dezember 1871 anläßlich der Eröffnung des Suezkanals und des neuerbauten italienischen Opernhauses beschlossen die ägyptischen Autoritäten, den Triumphmarsch zur Nationalhymne ihres Landes zu erwählen, das sich vor der Eingliederung ins britische Kolonialreich noch osmanisches Vize-Königreich nannte. Die Entscheidung für den Triumphmarsch als ägyptische Nationalhymne hat diverse Beweggründe. Überhaupt ermöglicht wurde sie durch Camille Du Locle, der als Handlungsbevollmächtigter des Vizekönigs gegenüber Verdi, der sich anfänglich bezüglich der Stoffbearbeitung zurückhaltend verhielt, im Vorfeld der Opernentstehung große Überzeugungsarbeit geleistet hatte. Den Ausschlag gab letztlich zum einen der große internationale Erfolg der Oper und der ägyptische Stoff. Zum anderen ist es aber durchaus denkbar, daß der politische Mythos Verdi in der Zeit nach der italienischen Einigung auch außerhalb Italiens rezeptiv zu wirken begann und auf die ägyptische Situation übertragen wurde – zumal Verdi als Opernkomponist mit *Rigoletto*, *Il trovatore* und *La traviata* bereits zu Beginn der 1850er Jahre zu Weltruhm gekommen war. In der Zeit nach der ägyptischen Revolution von 1952 bekam das 1953 zur Republik proklamierte Ägypten, in dem Gamal Abd el-Nasser 1954 die Macht übernahm, eine neue Nationalhymne: Der Triumphmarsch aus *Aida* wurde durch ein ägyptisches Liedthema ersetzt, das – so der nationale Mythos – ein ägyptischer Musiker in der Zeit nach der Erklärung Ägyptens zum unabhängigen Königreich im Jahre 1922 gesungen haben soll (der Verfasser dankt den Verantwortlichen des *Bureau de presse* des ägyptischen Konsulats in Lausanne für diese Information). Dennoch stellt Verdis Oper *Aida* in Ägypten bis heute einen wichtigen kulturellen Wert dar; dies ist nicht zuletzt daran zu sehen, daß diese Oper jährlich im Oktober in Kairo bei der Sphinx am Fuß der Pyramiden aufgeführt wird.

Comic

Die Popularisierung der Verdi-Opern findet heute auch durch Medien statt, die sich zu Trägern neuer Kunst- und Literaturformen machen, wie zum Beispiel den Comic. Wenn es generell »in Betracht zu ziehen [gilt], daß eine Opernkomposition als Musik für Theater sich mit einem Text verbindet, der auf szenische Darstellung abzielt« (Ross, 1983, S. 126), so ist im Horizont moderner Entwicklungen ästhetisch-visueller Kulturvermittlung auch richtig, daß die Opernbühne längst nicht mehr der einzige reale Ort ist, an dem ein Librettotext szenisch dargestellt werden kann. Läßt man die musikalische Ebene der Opernkomposition beiseite, so kann die szenische Aktion – der Handlungsbezug eines Librettotextes – durch Verwendung unterschiedlicher Zeichentechniken (mit Bleistift, Tusche, Farbe) auch abgebildet, mit Text versehen und gedruckt in Buchform herausgegeben werden. Dies geschieht in der »Literaturform der gezeichneten Bilderfolge«, dem Comic, dem zugeschrieben wird, ein »inniges Zusammenspiel [eines visuellen und verbalen Zeichensystems]« zu sein, »welches sich in der durchgängigen Verwendung in das Bild integrierter Textformen – sei es als Inserttext, Blockkommentar, Blasentext oder onomatopoetische Graphik – ausdrückt« (Dolle-Weinkauff, 1990, S. 14b–15a). Handlung wird im Comic in erzählerisch aufeinanderbezogenen Panels dargestellt (Mey, 1994, S. 612a–b). Allerdings bildet die Grundlage für die Reproduktion und Transformation der szenischen Aktion in die moderne ›Sprache‹ des Comics – wie für die Oper selbst – die dramaturgische Ebene des Librettotextes. Als »wesentliche Merkmale, wenn einzelne Szenen oder Szenenkomplexe ins Auge gefaßt werden«, stehen dabei »die Situationsdramatik und Personencharakteristik im Vordergrund« (Ross, 1983, S. 127). Historisch entwickelt sich der Comic aus der Illustrierung, der Karikatur und der illustrierten Literatur, die bereits zu Verdis Zeiten existieren: Dafür stehen beispielsweise zeitgenössische Verdikarikaturen ein – wie das Aquarell von Melchiorre Delfico »Verdi mit seinen Kreaturen«, auf dem ein mit Heiligenschein abgebildeter Verdi in gelbem Gewand, weißer Tunika und ›Jesussandalen‹, der einen jubelndbesoffenen Mini-Falstaff in der rechten Faust trägt, im Vordergrund steht. Ferner sind auch Karikaturen zu Opernszenen (*Jérusalem*), Opernsatiren (*Don Carlos*), Illustrationen von Opernszenen (*Luisa Miller*) sowie Alfredo Edels Aquarelle zu Kostümentwürfen der Verdi-Theaterfiguren erhalten (Benedetti/Dell' Aqua, 1985, Tafeln 6, 7, 23, 31, 34, 47, 52–55, 56, 66–67, 84–85, 89). Auf den Titelseiten der Sondernummern der *Illustrazione italiana* zu den Premieren von *Otello* und *Falstaff* sind ferner farbige Illustrationen der kostümierten Titelhelden in typischen Posen abgedruckt (Orlandi/Pugnatti, 1967, S. 66). Seit 1985 veröffentlicht Azzali Editori aus Parma unter der Leitung von Gustavo Marchesi eine Reihe mit dem Titel *Le opere a fumetti. I libretti di Giuseppe Verdi illustrati* (Opern in Comics. Giuseppe Verdis illustrierte Opernlibretti), deren erste Nummer dem Libretto *I due Foscari* gewidmet ist. Die Bücher enthalten neben dem im Schwarz-Grau-Weiß-Druck hergestellten Comic eine Zusammenfassung des Librettoinhaltes und den Libretto-Originaltext. An der Entstehung des Comics ist neben dem Zeichner (»disegno«) auch ein Drehbuchautor (»sceneggiatura«) beteiligt. Gegenüber der eher starren Anordnung des szenischen Bildes auf der Opernbühne ermöglicht die Comic-Realität eine konzentrierte Wahrnehmung der visuell-verbalen Darstellung der Handlung in der fiktiven Welt des Librettotextes. Dabei ist ein Charakteristikum der Comicsprache, daß sie mit anderen ›Sprachen‹ – etwa Malerei, Photographie, Graphik – übereinstimmt oder sich wiederum an andere Ausdrucksformen, wie zum Beispiel filmische, anpassen kann. Die Übernahme von Filmsprache – beispielsweise die Zoomtechnik – erfolgt durch die expressiven Mittel des Comics (Barbieri, 1991, S. 4 f.). So fertigt der Zeichner Paolo Bonanno in *I due Foscari* auf einzelnen Panels Detailzeichnungen von Personengesichtern (Lucrezia Contarini, Jacopo Foscari) und Händen (Doge Francesco Foscari) an, in denen dem psychisch-emotionalen Zustand der Figuren in einigen dramatischen Situationen des Stückes – hier in den Verzweiflungsszenen Jacopos, Lucrezias und Francescos beziehungsweise in der Abdankungsszene des Dogen am Schluß – stilistisch wirkungsvoll Ausdruck verliehen wird (vgl. Abb. 39, S. 584).

Dabei hängt zeichentechnisch die emotive Wirkung des Dargestellten grundsätzlich von der kontrastreichen Gestaltungsweise der Konturlinien und der gewobenen Linien (durch Schraffur bewirkte Helldunkel-Effekte) ab (Barbieri, 1991, S. 15–34). Durch diese emotionale Einflußnahme kann der Comic-Leser in höherem Maße in das textweltliche Geschehen des Opernlibrettos einbezogen werden, als dies allein durch die Lektüre des komplex versifizierten originalsprachlichen Textes, in dem auf stark kodifiziertes poetisches Vokabular zurückgegriffen wird, möglich ist. Entsprechend ist der Blasentext – in heutigem Italienisch geschrieben – bei *I due Foscari* spärlich eingesetzt, und zwar zugunsten der Bilder, welche die düstere Atmosphäre des Werkes vermitteln. Es sind Bilder von kostümierten Personen in den Innenräumen der Paläste der Lagunenstadt Venedig im Jahre 1457, in denen sich die Kernszenen einer Familientragödie abspielen. In bewußter Abkehr von diesem ›realistischen‹ Stil setzt der Zeichner Enzo Bioli im Comic zu *Falstaff* (1986) seine Ausdrucksmittel ein, um den grotesk-komischen und humoresk-phantastischen Zügen des Stückes auch in zeichnerischer Hinsicht zu entsprechen. Er legt sein Hauptaugenmerk auf Konturlinien; gewobene Linien werden wenig verwendet und oft durch volles Schwarz ersetzt, was eine kontraststarke Schwarz-Weiß-Wirkung erzeugt, welche die Figuren kaum plastisch hervortreten und zu ›irrealen‹ Comiccharakteren werden läßt. Ein im Rahmen der Bilderfolge zu den Mitternachtsszenen im Windsor-Park (3. Akt, zweites Bild) gezeichnetes Panel zeigt beispielsweise den in der ›Folterszene‹ ausgestreckt am Boden liegenden Falstaff. Er ist mit einem Hirschgeweih ›gehörnt‹ und den Attacken der zuvor in magisch-phantastischer Atmosphäre heraufbeschworenen Waldgeister, Kobolde, Vampire und flinken Insekten ausgesetzt, die mit langen Nadeln auf ihn einstechen, während ihn die maskierte Kompanie karussellartig tanzend umschließt. In der Mitte und am Rande des Panels eingefügter Blasentext und auch kreisförmig um die Falstaff-Figur angeordnete Worte zitieren charakteristische Textfetzen des Librettos.

Auch zu weiteren Verdi-Opern sind im selben Verlag Comics in neuer Auflage erschienen: *Aida, Rigoletto, Attila, Il trovatore, Gerusalemme, Luisa Miller, Macbeth, Un ballo in maschera, Alzira, Ernani*. In der Sammlung *I Grandi Classici Disney* ist bei Mondadori 1982 eine Parodie des *Aida*-Librettos in Comicform mit dem Titel *Paper-Damès e Celest'Aida* erschienen. Donald Duck und Daisy treten als Radamès und Aida auf, Onkel Dagobert in der Rolle des Pharaos.

Abbildung 38

»Falstaff«-Comic

Abbildung 39
»I due Foscari« als Comic

Zur Literarisierung eines Mythos in Librettistik und Prosa: Parodie und Roman

Parodie

Dem Mythos der Verdischen Oper als ›volksnahe Kunst‹ steht unter anderem die Tatsache entgegen, daß die Sprache der Opernlibretti alles andere als ›populär‹ ist. Der komplexen Versifikation und der Wortwahl der Librettosprache – oft auch aus dem Repertoire des *linguaggio poetico* der italienischen Lyriktradition – ist zumindest das Merkmal gemeinsam, daß sie in der Regel von der ›prosaischen‹ Alltagssprache weit entfernt sind. Die singulären Merkmale in der Gestaltung des *Falstaff*-Librettos im Bereich der metrischen Strukturen durch den sprachvirtuosen Librettisten Arrigo Boito haben um 1900 besonders die Aufmerksamkeit der literarisch gebildeten Kreise erregt; zumal dem Librettotext auch Innovationen in Verdis Kompositionsstil korrespondieren: »Eine flexiblere Sprachvertonung ersetzt die frühere Verskomposition« (Ross, 1997, S. 494). Die Trivialisierungen des Verdi-Mythos machten sich nun auch auf literarischem Gebiet bemerkbar, wobei ein Beispiel in der in Paris bereits im frühen 19. Jahrhundert verbreiteten Tradition der Opernparodie durch seine parodistische Form gerade auf der Ebene des Wortmaterials besonders auffällt: Bereits drei Tage nach der Uraufführung der Oper *Falstaff* an der Mailänder Scala, am 12. Februar 1893, erscheint eine Parodie des *Falstaff*-Librettos mit dem Titel: *Il Vero Taff*. Als Autor ist ein fiktiver »Tobia Scèspir« genannt, dessen Vorname auf Boitos anagrammatisches Pseudonym Tobia Gorrio anspielt, während der Nachname einer phonetischen Transkription des Namens »Shakespeare« ähnelt. Der Name »Giuseppe Verdi« ist nicht mit alphabetischen Symbolen, sondern mit zu Buchstabensymbolen umfunktionierten Musikinstrumentenzeichnungen gemalt: Das »V« von »Verdi« ist beispielsweise durch eine Harfe repräsentiert. Die Frontispiz-Parodie des Büchleins ist mit folgenden syntaktischen Umkehrungen und Anspielungen – unter anderem auf Shakespeares Dramen *King Henry IV.* und *The Merry Wives of Windsor* (italienisch *Le allegre comari di Windsor*) – gestaltet: »Falstaff / Akt dreier Komödien von Arrigo IV. Boito und Allegro Comari / Teatro alla scala / Impresa Nobile e C. / Milano / G. Ricordani & Colombo, Herausgeber von ›Guerino‹ [...] Via Solferino, N. 7, Erdgeschoß«. Auch Namen und Berufsbezeichnungen der im parodierten Stück vorkommenden »PER-SONAGGI« sind verunstaltet: so wird Vero-Taff als »Ritter des industriellen Untergrunds« bezeichnet, Finton ist Klient von Ninetta und Dottore Cajus kümmert sich um Pediküre. Der Handlungsablauf der Parodie, in der nur die Hauptszenen wiedergegeben sind, entspricht – auch in der formalen Aufteilung in drei Akte zu je zwei Bildern – der originalen Textvorlage. Besonderheit des Textes ist zum einen, daß die Parodievorlage selbst keiner ›hohen‹ literarischen Gattung entstammt, sondern als Opernlibretto einem literarischen Genre angehört, dem am Ende des 19. Jahrhunderts immer noch das Etikett einer »minderwertigen Dichtung« (»poesia minore«) anhaftete. Zum anderen ist die Vorlage ein *commedia*-, ja sogar ein *buffa*-Stoff, dem das Komische – zum Beispiel durch einen dominanten niedrig-komischen Stil und das auftretende Personal – bereits konstitutiv gegeben ist. Der Parodietext, der durch sprachliche Stilvariation gestaltet ist, was eine zusätzliche Stilsenkung bewirkt, verstärkt die ›komischen Effekte‹ des Stückes. Grundsätzlich ist die Sprache des Parodietextes trotz Beibehaltung von Vers- und Reimstrukturen hinsichtlich von Wortwahl und Satzbau stärker an der Alltagssprache orientiert. Damit wird der Eindruck erweckt, das parodistische Stück sei in ein ›realeres‹ Milieu einer vertrauten Epoche versetzt, die der zeitgenössische Leser wohl auch wiederzuerkennen in der Lage gewesen ist. In der Art einer metapoetischen Aussage, die den zu verwendenden sprachlichen Code selbst thematisiert, formuliert Dottore Cajus beispielsweise: »Da ich das Singen nötig habe / Will ich in neuestem Stil sagen / Dieb, Hund, Feigling, Schurke / was dem äußerst Berüchtigten [»illustrissimo«; gemeint ist Falstaff] gleichkommt« (Scèspir, 1893, S. 10), wobei mit dem Wort »illustrissimo« auf den *stile illustre* der italienischen Tradition der volkssprachlichen Dichtung seit Dante ironisch angespielt wird. Das Zitat ist auch als Parodie von Boitos preziös-elitärem Vokabular zu verstehen. Zu den Strategien des parodistischen Verfahrens gehören unter anderem spielerische

Wortvariationen auf lautlich-semantischer Ebene; zum Beispiel wird das bereits in der Textvorlage von Boito zentrale Wort »onore« (Ehre) am Schluß des ersten Bildes in der Parodie mit »ventre« (Bauch) ersetzt und von Bardolfo und Pistola als Hinderungsgrund für die Übergabe des fingierten Liebesbriefes von Falstaff an Alice und Meg angegeben: »Verzeihen Sie, aber unser Bauch kann es uns nicht erlauben. / Wir wollen den Bauch [»pancia«] für die Feigen [»fichi«] retten, / und nicht riskieren, mit gutem Holz Schläge zu kriegen ... als Trinkgeld.« (ebd., S. 7) Die Auswahl des in der Parodie als poetisches Kunstmittel verwendeten Vokabulars stammt aus folgenden sprachstilistischen Kategorien: Umgangssprache, technisches Vokabular (Realitätsbezug), populäre Redewendungen, Dialekt, ›Gassenslang‹, derbes Vokabular (auch mit Anspielungen auf erotisch-sexueller Ebene), Wortverballhornungen, *linguaggio poetico* (auch aus dem Jargon der petrarkistischen Liebeslyrik, deren Topik in antipetrarkistischer Manier durch Stilsenkung ins Lächerliche gezogen wird), Latinismen, Gallizismen, Wort- und Klangspiele (Reime). Somit ähnelt das in der Librettoparodie adoptierte sprachliche Verfahren dem »literarischen Expressionismus« (Contini, 1988, S. 102–104; Segre, 1979, S. 41–105), der als Stilmerkmal seit dem 16. Jahrhundert die literarische Produktion Italiens geprägt und – als Zeichen ihres Variationenreichtums – sich eigenständig und gleichzeitig neben den literarischen Gattungen des hohen Stils entwickelt hat. Auch in der Literatur der Moderne – etwa in der *scapigliatura* sowie in weiten Teilen der Literatur des 20. Jahrhunderts – blieb es wirksam. In der parodierten Librettoversion greifen ›expressionistische‹ Sprachverfahren bis in die Mikrostruktur des ursprünglichen Verstextes hinein: So wird zum Beispiel von den dreisilbigen *versi sdruccioli* in der ›Folterszene‹ des Librettooriginals »Pizzica, pizzica, / Pizzica, stuzzica, / Spizzica, spizzica, / Pungi, spilluzzica« (3. Akt, 2. Bild, verschiedene Verben für zupfen, knabbern, stechen) nur noch das Syntagma »-izzi-« als Endsilbe aufbewahrt und mit einem neuen Wortstamm kombiniert, was einen variierten lautmalerischen Effekt erzeugt: »Invernizzi, / Schilizzi, / Opizzi, / Rizzi, / Cavalier filo-drammatico Brizzi« (Spiel mit bekannten Personennamen). Aus der Zersetzung und Auflösung ursprünglicher Versstrukturen und aus der Verselbständigung des Wortmaterials, die durch das Wegfallen von dessen Vertonungsfunktion verstärkt wird, entsteht somit ein eigenständiger literarischer Text; seinen eigenen ästhetischen Wert verleiht ihm aber erst die Dialogizität mit der Vorlage.

Roman

Die erfolgreiche Veröffentlichung von Franz Werfels Buch *Verdi. Roman der Oper* im Jahre 1924, von dem 1926 bereits 51 000 Exemplare gedruckt waren und der 1930 in einer sprachlich neubearbeiteten Sonderausgabe – der »Volksausgabe« – in zweiter Auflage erschien, kann generell gewiß unter die Phänomene der Popularisierung des Verdi-Mythos in literarischer Darstellungsform subsumiert werden. In Zusammenhang mit der Bedeutung Werfels für die sogenannte »Verdi-Renaissance« in Deutschland führte dies zu einer differenzierten historischen Erörterung in der musik- und literaturwissenschaftlichen Forschung mit interdisziplinär-rezeptionsgeschichtlichem Ansatz. Hendrikje Mautner zufolge ist der Begriff »Verdi-Renaissance«, als deren Initiator Werfel durch die Romanpublikation, Libretto-Übersetzungen (1926) und die Edition von Verdis Briefen (1926) gilt, vor dem Hintergrund einer Diskrepanz in der Rezeptionssituation der Verdi-Musik in Deutschland im frühen 20. Jahrhundert zu verstehen: Verdis Musik ist beim Publikum (auch dem deutschen) beliebt, wird von den musikalisch Gebildeten und der Kritik hingegen, die eine wertende Opposition zu Richard Wagners musikdramatischer »Kunst« und »Esoterik« herstellen, grundsätzlich als ›trivial‹ und ›geistlos‹ beurteilt. Verdis Spätwerk (*Aida*, *Otello*, *Falstaff*) haftet hingegen das Etikett der Wagner-Epigonalität an. Diese ›negative‹ historische Einschätzung von Verdis Musik und deren Vorgeschichte in der deutschsprachigen musikästhetischen Diskussion des 19. Jahrhunderts sowie deren Verfestigung in der – zum Teil von nationalen Musikstilen aus denkenden – Musikpublizistik um 1900 ergeben die Prämissen für Werfels Auseinandersetzung mit dem Verdi-Bild (Mautner, 2000). Von Bedeutung ist dabei das dichotomische Denkmodell, das sich in der Musikkritik des 19. Jahrhunderts in Zusammenhang mit der Gegenüberstellung von Rossini und Beethoven konstituiert und erhalten hat und das eine Reihe gegensätzlicher begrifflicher Kategorien des musikästhetischen Urteils herausbildet, die im Denken und Schreiben über Musik auch noch im frühen 20. Jahrhundert Anwendung finden: zum Beispiel die Gleichsetzung italienischer Musik mit Vokalmusik, Melodie, Sinnlichkeit, Schönheit als Antithese zur deutschen Musik, die mit Instrumentalmusik, Harmonie, Wahrheit, Geist gleichgesetzt wird. Die Konfrontation von Wagner und Verdi weitet sich um 1900 im Rahmen der Idee einer Hegemonie der deutschen Musik, der eine Reihe gelehrter deutscher Musiker und Kritiker beipflichten, zu einem Kulturgegensatz aus. Werfels Verdi-Roman, der ein Jahr vor der Uraufführung von Alban Bergs *Wozzeck* erscheint, steht inmitten eines Nebeneinander unterschiedlicher musikalischer Stilrichtungen und Einflüsse in der internationalen Musik-(theater)szene der 1920er Jahre: Postwagnerismus, veristische Oper, Musik und Oper des 16. und 17. Jahrhunderts (Claudio Monteverdi), Neoklassizismus, Strawinsky, Neue Musik (Schönberg, Berg, Webern), Debussyismus und Jazz stehen neben dem traditionellen Opern- und Instrumentalmusikrepertoire des 18. und 19. Jahrhunderts, während die konservative Musikpublizistik gleichzeitig über eine sogenannte Opernkrise debattierte. Werfels Roman wirkt in dieser Situation richtungsweisend: Er stellte mit der Reflexion verfestigter ästhetischer Urteile und starrer Topoi, sowie deren Ausagierung in der fiktiven Erzählsituation – der Antagonismus Verdi-Wagner im Jahre 1882 in Venedig bildet beispielsweise eine thematische Grundstruktur des Romans – einen wichtigen Beitrag zur Revision des Verdi-Bildes dar. Dies hatte beträchtliche Auswirkungen und führte zur Wiederentdeckung und Neueinstudierung von Opern wie *La forza del destino* (1926 erscheint Werfels Nachdichtung in deutscher Sprache), *Don Carlos* (deutsch 1932), *Simon Boccanegra* (deutsch 1930) und *Macbeth* sowie zur deren Aufnahme – oft in Werfels Libretto-Nachdichtungen – in das deutsche Opernrepertoire.

Eine Passage der Monteverdi-Episode in Werfels Roman blendet in die Zeit der Entstehung der Gattung Oper aus dem Versuch einer Wiederbelebung der antiken Tragödie in Florenz zurück. Das konstitutive Moment der Oper wird als irrtümliche Strategie der populären Geschichte dargestellt, welche sich über die Stubengelehrsamkeit der Gebildeten hinwegsetzt. Werfel scheint aus der Situation der Figur des greisen Monteverdi, die stellvertretend für diejenige von Verdi steht, den Mythos der Oper als ›populäre Kunst‹, die bei der großen Masse des ›Volkes‹ Anklang findet, aufzugreifen: »Hier unten! Hier unten! Ach, wir waren Gelehrte, wir haben geirrt. Das Leben allein korrigiert. Nicht ich habe recht, sondern hier unten diese vielen, dieses Volk. Synergismus! Dies ist die Entwicklung! Sechs Jahrzehnte lang habe ich geglaubt, daß es in den Künsten auf die Zustimmung der Auserlesenen, der Superklugen ankomme. Aber weit gefehlt! In meinem sechsundsiebzigsten Jahre, heute, habe ich gelernt, daß die Mehrheit, die Gesamtheit das Heil ist. Sie ist eine tiefere, eine magischere Größe als das Individuum, das immer nur Eitelkeit bleibt, als die Minorität, die sich zum Refugium der einzelnen Eitelkeiten bestellt.« (Werfel, 1997, S. 284 f.)

Obwohl die Beziehung der Musik Verdis zum ›Volk‹ – wie dies auch der politische Mythos in Zusammenhang mit der Bewegung des »Risorgimento« erzählt – von der bisher erforschten Materiallage weitgehend dementiert worden ist, drängen sich dennoch zwei Fragen auf: diejenige nach der Beziehung der Opern Verdis zu politisch-gesellschaftlichen Entwicklungen seiner Zeit und diejenige nach den Umständen, unter denen Werfel eine solche Beziehung annehmen und im Roman – speziell in den beiden letzten Kapiteln – zum Ausdruck bringen konnte. Mit Werfels *Verdi* konstituiert sich in der deutschen Literatur des 20. Jahrhunderts nach dem Vorbild von Romain Rollands *Jean Christophe* ein neuer Romantypus, in dem der Musiker als ›Held‹ auftritt und in dem die Reflexion des Verhältnisses von Musik und historischen Epochen, Gesellschaft und Politik in Verbindung mit der Analyse der Entwicklung psychosozialer Faktoren im Prozeß der Geschichte zu einem konstitutiven Prinzip wird: Neben Werfels *Verdi* sind Thomas Manns *Doktor Faustus* (1947) und Wolfgang Koeppens *Tod in Rom* (1954) Beispiele dafür. Die Annäherung an die Inhalte des politischen Mythos – zum Beispiel die große Massenwirkung der Verdischen Opern –, die im öffentlichen Bewußtsein um 1900 vorhanden gewesen sind und deren Hervorhebung (auch in Werfels Roman) einer rechtfertigenden Argumentationsstrategie gegen die Banalisierung der Verdischen Musik gedient haben, schafft jedoch Verwirrung (Mautner, 2000; Pauls, 1996, S. 282). Man kann zunächst die Frage stellen, welche Funktion der Monteverdi-Episode (1643) innerhalb der fiktiven Darstellung des Romans zukommt. Durch die aktuelle Situation des Romans im Jahre 1882, in der die Figuren Verdi, Wagner und Fischböck vorkommen, und durch die musikgeschichtliche Situation der 1920er Jahre, vor deren Hintergrund Werfel schreibt, läßt sich ein Neben- und Miteinander verschiedener Zeitschichten feststellen, die – auf einer imaginären diachronen Achse dargestellt – eine Fortentwicklung von Musik beziehungsweise von musikgeschichtlichen Epochen suggeriert. Es handelt sich also bei dieser Darstellung um eine geschichtsphilosophische Konstruktion, bei der das Verhältnis zwischen dem Wandel musikgeschichtlicher Epochen und politisch-gesellschaftlichen sowie zivilisatorischen Prozessen reflektiert wird und für die Werfel in den Quellen des Verdi-Romans ein Modell vorgefunden hatte: Giuseppe Mazzini hatte im zweiten Teil seiner musiktheoretischen Schrift *Filosofia della musica e Estetica musicale del primo Ottocento* von 1835 (Mautner, 2000), ausgehend von der Analyse der italienischen Musik, die ihm zufolge – noch dem falschen klassizistischen Ideal beipflichtend – jede historische Realität negiere, eine Emanzipation von der Epoche Rossinis für höchst dringlich gehalten. Er entwirft ein musikästhetisches Programm für eine zukünftige Musik, speziell des *dramma musicale*, für das er explizit eine soziale Funktion einfordert: »Und warum übersetzt man den Gedanken einer Epoche, wenn man ihn einmal erfaßt hat, nicht in Noten [...]. Gewiß, das historische Element, das auch neue und stets variationsreiche Quelle musikalischer Inspiration ist, muß bei jedem Versuch, das Drama zu rekonstituieren, essentielle Basis sein; gewiß, wenn das Musikdrama mit dem Zivilisationsprozeß in Einklang gehen und ihm auf seinen Wegen folgen oder ihm diese öffnen und die soziale Funktion ausüben soll, muß es zuallererst in sich selbst die historischen Epochen reflektieren, die es sich zu beschreiben vornimmt, wenn es in jenen seine Darsteller sucht.« (Mazzini, 1954, S. 165 f.) Dieses Programm wird in Italien von den Opern Giuseppe Verdis eingelöst, der im Sinne der ›nationalen Romantik‹ zwischen 1842 und 1871 nicht zufällig auf Opernstoffe von William Shakespeare, Friedrich Schiller, Victor Hugo und Alexandre Dumas zurückgriff. Auch Alessandro Manzonis historisches Drama *Il conte di Carmagnola* (1819) und die dazu formulierten ästhetischen Überlegungen zur Gestaltung historischer Stoffe in der »Vorrede« zu diesem Stück wirkten hierbei modellbildend (De Angelis, 1996; Mautner, 2000). Mazzini bezeichnet den Friedrich Schiller des *Wallenstein* als »Initiator des historischen Dramas der neuen Epoche« und bezieht sich auf eine zukünftige Zeit der Aufführung von Schillers Dramen und des *dramma musicale*, der – im Sinne der Schillerschen Kunstkonzeption in der klassizistischen Periode um 1800 – die Funktion der moralischen Erziehung des Publikums durch die Kunst zukommen werde (Mazzini, 1954, S. 165 und 172). Im Gegensatz zu Wagner, der im *Ring des Nibelungen*, in *Tristan und Isolde* sowie in *Parsifal* den Mythos als inhaltliche Grundlage auf die Bühne bringt und in ihm die Einheit von »Volksgeist« und »Nation« sakralisierend zelebriert, läßt sich in Verdis Opernstoffen – bezeichnenderweise deutlich im *Aida*-Stoff (1871) – eine Entmythisierung und Entsakralisierung der Ideale des »Risorgimento« feststellen. Damit stellt er sich auch gegen Mazzinis philosophisch-politische Schriften, in denen die Mythisierung des Volksbegriffes zuvor konstituiert worden war: Im 3. Akt von *Aida* gelingt bekanntlich die ›Wiedererstehung‹ des – hier äthiopischen – Volkes und dessen Revanche an den Ägyptern nur durch einen Täuschungsakt Aidas gegenüber ihrem Geliebten Radamès. Diese Handlungsweise, mit der sie den Überredungsversuchen des Vaters und ihren Heimweh- und Schuldgefühlen nachgibt, wird sie mit ihrem und Radamès' Tod am Schluß teuer bezahlen. Im Hinblick auf eine Desavouierung der zentralen Begriffe des »Risorgimento«-Ideals durch Verdi ist dabei die von ihm und dem Librettisten Antonio Ghislanzoni vorgenommene Konzentration der Wörter »popolo« (Volk), »risorgere« (auferstehen), »patria« (Vaterland) am Ende der Überredungsszene signifikant: »Amonasro: ›Pensa che un popolo vinto, straziato, / Per te soltanto risorger può...‹ / Aida: ›O patria! ... quanto mi costi!‹« (»Amonasro: ›Denke, ein Volk, besiegt und zerschlagen, / Es kann sich retten durch dich nur allein.‹ – Aida: ›O Vaterland, o Vaterland ... wie teuer kommst du mir zu stehen!‹«)

Die Popularisierung von *Aida*-Versatzstücken – unter anderem des Duetts Aida/Amonasro – durch eine *banda municipale* nimmt Werfel im Roman zum Anlaß, um ironisch auf den Antagonismus zwischen Verdi und Wagner anzuspielen: Die Verdi-Figur verfolgt aus der Distanz mit »Enttäuschung und Bitterkeit«, wie die *banda*-Musik die laute Stimme des deutschen Komponisten, der vor »den lauschenden Verehrern mit weiten Gebärden eine philosophische Gedankenfolge« vorträgt und auch die köstlichsten Passagen gar nicht wahrzunehmen scheint, nicht zu übertönen vermag. Die Musik bleibt wirkungslos, bis sie schließlich sogar von Wagner durch eine »sehr abfällige Handbewegung« abgetan wird (Werfel, 1997, S. 296–298). In einer weiteren wichtigen Romanszene, kurz bevor Verdi im Teatro Rossini dem zweiten Akt von *La forza del destino* beiwohnt, erwähnt Werfel – in Verklammerung von sozialpolitischer und künstlerischer Dimension des Romans – explizit die Enttäuschung über den Ausgang der nationalen Einigung aus der Perspektive der Figuren Verdis und des Senators: »Es war immer das gleiche italienische Elend. Der Staat verweigerte Subventionen, Theater und Orchester waren dem Untergang geweiht. Was der Senator auf politischem und gesellschaftlichem Gebiet immer wieder mit tiefer Bitterkeit empfand, das erlebte der Maestro mit gleicher Bitterkeit auf dem Gebiet der darstellenden Kunst: den schlaffen unerfreulichen Ausgang der nationalen Einigung.« (ebd., S. 353)

Die These von einer Verarbeitung des Verdi-Mythos beziehungsweise der politischen Funktion der Opern Verdis in Werfels Roman kann somit auf der Folie von Mazzinis Deutungen zur Erneuerung der italienischen Oper präziser gefaßt werden. Mazzinis Überlegungen zur Funktion der Chöre im modernen *dramma musicale* als »Repräsentanz des populären Elementes« (Mazzini, 1957, S. 169) finden zum Beispiel in der Rede des Senators im zehnten Kapitel von Werfels Roman ein Echo und werden als konzeptioneller Bestandteil der Verdischen Kunst verstanden: »Und seine Chöre? Sie sind sein Größtes!! Die Chorgesänge der ersten Opern sind erstaunliche Wundertaten. Als Einziger seiner Zeit hat er Massen gefühlt und so seine ungeheuren Chöre geschrieben! Denn er ist nicht Einer, er ist Alle. Dies ist der Schlüssel zur Kunst! [...] Die moderne Kunstanschauung versucht, das Banale, damit man es nicht durchschaue, zu komplizieren. Unser Maestro aber hat das Gewaltigste und Komplizierteste vereinfacht. Er ist der letzte Volks- und Menschheitskünstler, ein herrlicher Anachronismus des Jahrhunderts.« (Werfel, 1997, S. 420)

Die These, daß Mazzinis Schrift für diejenige Dimension des Werfel-Romans eine strukturbildende Funktion hat, die das Verhältnis von Kunst beziehungsweise Musik zu Geschichte, Gesellschaft (›Volk‹) und Politik (›Nation‹) reflektiert, wäre – hier nur ansatzweise skizziert – noch weiterzuverfolgen. Jenseits von Verdis Werk wird dieser Reflexionsansatz auch in der Erzählgegenwart deutlich, wenn in den ›Kunstgesprächen‹ der Romanfiguren die Diskussion über Merkmale der modernen Kunst – zum Beispiel den abstrakten Konstruktivismus der Neuen Musik (Atonalität, Podekaphonie) – sowie über gegensätzliche Künstlertypen – Wagner, Fischböck, Verdi – einbezogen wird.

›Geistlos‹ konnte somit – spätestens nach Franz Werfels Leistung – nur noch das Schreiben über Verdis Musik sein, bestimmt nicht mehr die Musik Verdis selbst.

ANHANG

Zeittafel

von Christine Fischer

1813

URAUFFÜHRUNGEN: *Les Abencérages* von Luigi Cherubini (Paris); *Le Prince de Catane* von Nicolas Isouard (Paris); *Medea in Corinto* (Neapel) und *La rosa bianca e la rosa rossa* (Genua) von Simone Mayr; *Le Prince troubadour* von Étienne Nicolas Méhul (Paris); *Il Signor Bruschino* (Venedig), *Tancredi* (Venedig), *L'italiana in Algeri* (Venedig) und *Aureliano in Palmira* (Mailand) von Gioachino Rossini

22. Mai: Richard Wagner wird in Leipzig geboren.

9. oder 10. Oktober: Verdi kommt in Le Roncole nahe Busseto als einziger Sohn des Schankwirts Carlo Verdi (1785–1867) und seiner Frau Luigia geborene Uttini (1787–1851) zur Welt.

11. Oktober: Taufe Verdis in der Kirche San Michele Arcangelo. Da das Herzogtum Parma als Folge der napoleonischen Kriege französisches Departement ist, lautet die französischsprachige Geburtsurkunde auf die Namen Joseph Fortunin François.

16. bis 19. Oktober: Völkerschlacht bei Leipzig und Rückzug Napoléons über den Rhein

1814

URAUFFÜHRUNGEN: *Joconde ou Les Coureurs d'aventures* und *Jeannot et Colin* von Nicolas Isouard (Paris); *Il turco in Italia* von Gioachino Rossini (Mailand)

Ende Februar/Anfang März wird Gordon Lord Byrons *The Corsair* in London erstmals veröffentlicht und findet sofort reißenden Absatz. Das Werk sollte als Stoffvorlage für Verdis *Il corsaro* herangezogen werden.

Anfang März: Im Kampf gegen Frankreich ziehen Truppen durch Le Roncole. Luigia Verdi soll sich mit ihrem Sohn auf dem Glockenturm von San Michele vor den Soldaten versteckt haben.

31. März: Einzug der Alliierten in Paris

6. April: Abdankung Napoléons und Beginn seines Exils auf Elba

20. April: Ermordung des Finanzministers Prina in Mailand. Eugène Beauharnais verliert seinen Einfluß und die Lombardei kommt wieder unter habsburgische Herrschaft.

April: Margherita Barezzi kommt in Busseto zur Welt.

September: Beginn des Wiener Kongresses

1815

URAUFFÜHRUNGEN: *Clotilda* von Carlo Coccia (Venedig); *Elisabetta regina d'Inghilterra* (Neapel) und *Torvaldo e Dorliska* (Rom) von Gioachino Rossini

Alessandro Manzonis *Inni sacri* erscheinen in Mailand.

8. September: Giuseppina Strepponi kommt in Lodi zur Welt.

März: Landung Napoléons in Cannes und Einzug in Paris

Juni: Endgültige Niederlage Napoléons bei Waterloo; er wird nach St. Helena deportiert. Mit der Wiener Kongreßakte gelangen alle durch Napoleon abgesetzten Dynastien wieder in den Besitz ihrer Territorien in Italien.

1816

URAUFFÜHRUNGEN: *I baccanti di Roma* von Pietro Generali (Venedig); *Les deux Maris* von Nicolas Isouard (Paris); *La Journée aux aventures* von Étienne Nicolas Méhul (Paris); *Almaviva ossia L'inutile precauzione* (später: *Il barbiere di Siviglia*, Rom) und *Otello ossia Il moro di Venezia* (Neapel) von Gioachino Rossini; *Faust* von Louis Spohr (Prag)

20. März: Geburt von Giuseppa Francesca, der einzigen Schwester Verdis. Sie war möglicherweise geistig behindert und stirbt am 10. August 1833.

1817

URAUFFÜHRUNGEN: *Les Rosières* und *La Clochette* von Ferdinand Hérold (Paris); *Romilda e Costanza* von Giacomo Meyerbeer (Padua); *Adelaide e Comingio* von Giovanni Pacini (Mailand); *La cenerentola* (Rom), *La gazza ladra* (Mailand) und *Armida* (Neapel) von Gioachino Rossini; *Maometto II* von Peter von Winter (Mailand)

Der knapp vierjährige Verdi erhält ersten Lese- und Schreibunterricht sowie Lateinstunden bei Don Pietro Baistrocchi, einem mit der Familie befreundeten Geistlichen, der ihn wahrscheinlich auch mit dem Klavier und der Orgel vertraut macht.

1818

URAUFFÜHRUNGEN: *Enrico di Borgogna*, die erste Oper Gaetano Donizettis (Venedig); *Il finto Stanislao* von Adalbert Gyrowetz (Mailand); *Gianni di Parigi* von Francesco Morlacchi (Mailand); *Il barone di Dolsheim* von Giovanni Pacini (Mailand); *Mosé in Egitto* (Neapel) und *Ricciardo e Zoraide* (Neapel) von Gioachino Rossini

Il conciliatore, eine Zeitschrift lombardischer und piemontesischer Intelektueller, wird gegründet.

Alessandro Manzonis Schrift *Osservazioni sulla morale cattolica* erscheint.

17. Juni: Charles Gounod wird in Paris geboren.

1819

URAUFFÜHRUNGEN: *Emma di Resburgo* von Giacomo Meyerbeer (Venedig); *Eduardo e Cristina* (Venedig), *La donna del lago* (Neapel) und *Bianca e Falliero ossia Il consiglio dei tre* (Mailand) von Gioachino Rossini; *Zemire und Azor* von Louis Spohr (Frankfurt am Main); *Olimpie* von Gaspare Spontini (Paris)

20. Juni: Jacques Offenbach wird in Köln geboren.

1820

URAUFFÜHRUNGEN: *La Bergère Châtelaine* von Daniel-François-Esprit Auber (Paris); *Margherita d'Anjou* von Giacomo Meyerbeer (Mailand); *La schiava in Bagdad* (Turin) und *La gioventù di Enrico V* (Rom) von Giovanni Pacini; *Maometto II* von Gioachino Rossini; *Die Zwillingsbrüder* und *Die Zauberharfe* von Franz Schubert (Wien)

Il conte di Carmagnola von Alessandro Manzoni erscheint in Mailand.

Carlo Verdi kauft seinem Sohn ein altes Spinett. Verdi beginnt, gelegentlich Don Baistrocchi als Organist von San Michele in Le Roncole zu vertreten.

1./2. Juli: Revolte in Nola bei Neapel gegen die habsburgische Besatzung. Kurz darauf wird Ferdinand I., dem König von Neapel, eine Verfassung abgezwungen. Die italienische Nationalbewegung greift auf das Königreich Sardinien-Piemont und andere norditalienische Territorien über.

1821

URAUFFÜHRUNGEN: *Emma ou La Promesse imprudente* von Daniel-François-Esprit Auber (Paris); *Elisa e Claudio ossia L'amore protetto dall'amicizia*, die erste Oper Saverio Mercadantes (Mailand); *Le Maître de chapelle* von Ferdinando Paër (Paris); *Mathilde di Shabran* von Gioachino Rossini (Rom); *Preziosa* und *Der Freischütz* von Carl Maria von Weber (Berlin)

Als Reaktion auf den Tod Napoléons verfaßt Alessandro Manzoni die Ode *Il cinque maggio*.

März: Im Zuge der Erhebungen im Piemont tritt Vittorio Emanuele I. zurück und flieht nach Nizza.

April: Österreichische Truppen marschieren in Turin ein und beenden den Aufstand der revolutionären Kräfte.

Dezember: *The Two Foscari* von Gordon Lord Byron, die Stoffvorlage für Verdis *I due Foscari*, wird in London veröffentlicht.

1822

URAUFFÜHRUNGEN: *Zoraida di Granata* von Gaetano Donizetti (Rom); *Aladin ou La Lampe merveilleuse* von Nicolas Isouard (Paris); *Valentine de Milan* von Étienne Nicolas Méhul (Paris); *Tebaldo e Isolina* von Francesco Morlacchi (Venedig); *Zelmira* von Gioachino Rossini (Neapel); *Nurmahal* von Gaspare Spontini (Berlin)

Die historische Tragdie *Adelchi* von Alessandro Manzoni erscheint in Mailand, gelangt aber erst 1843 in Turin zur Uraufführung.

Verdi tritt die Nachfolge Baistrocchis als Organist von Le Roncole an. Seinen Latein- und Italienischunterricht erhält er fortan bei Don Giuseppe Bassi in Busseto.

1823

URAUFFÜHRUNGEN: *Leicester* und *La Neige* von Daniel-François-Esprit Auber (Paris); *Le Muletier* von Ferdinand Hérold (Paris); *Semiramide* von Gioachino Rossini (Venedig); *Euryanthe* von Carl Maria von Weber (Wien)

Aufgrund der besseren Ausbildungsmöglichkeiten siedelt Verdi nach Busseto über und lebt dort im Hause des Schusters Pugnatta. Er arbeitet weiter als Organist in Le Roncole und singt im dortigen Kirchenchor.

November: Verdi wird ins Gymnasium von Busseto aufgenommen, wo er in italienischer Grammatik von Don Pietro Seletti und in klassischer Literatur und Rhetorik von Carlo Carotti und Don Giacinto Volpini unterrichtet wird.

1825

URAUFFÜHRUNGEN: *Le Maçon* von Daniel-François-Esprit Auber (Paris); *Adelson e Salvini*, die erste Oper Vincenzo Bellinis (Neapel); *Der Holzdieb* von Heinrich Marschner (Dresden); *L'ultimo giorno di Pompei* von Giovanni Pacini (Neapel); *Il viaggio a Reims* von Gioachino Rossini (Paris); *Alcidor* von Gaspare Spontini (Berlin); *Giulietta e Romeo* von Nicola Vaccai (Mailand)

Die ersten beiden Bände von Alessandro Manzonis Roman *I promessi sposi* erscheinen in Mailand.

Herbst: Verdi beginnt Kontrapunkt- und Kompositionsunterricht bei Ferdinando Provesi, dem Musikdirektor in Busseto.

1826

URAUFFÜHRUNGEN: *Fiorella* von Daniel-François-Esprit Auber (Paris); *Bianca e Fernando* von Vincenzo Bellini (Neapel); *Olimpia* von Carlo Conti (Paris); *Marie* von Ferdinand Hérold (Paris); *Caritea, regina di Spagna* von Saverio Mercadante (Venedig); *Oberon* von Carl Maria von Weber (London)

Der dritte Band von Alessandro Manzonis *I promessi sposi* wird veröffentlicht.

Tommaso Grossis Epos *I Lombardi alla prima crociata* erscheint in Mailand, ein Werk, das als Stoffvorlage für Verdis gleichnamige Oper herangezogen werden sollte.

5. Juni: Carl Maria von Weber stirbt in London.

1827

URAUFFÜHRUNGEN: *Il pirata* von Vincenzo Bellini (Mailand); *Olivo e Pasquale* (Rom), *Gli esiliati in Siberia* (Neapel) und *Il borgomastro di Saardam* (Neapel) von Gaetano Donizetti; *Die Hochzeit des Camacho* von Felix Mendelssohn Bartholdy (Berlin); *Gli Arabi nelle Gallie ossia Il trionfo della fede* von Giovanni Pacini (Mailand); *Pietro von Abano* von Louis Spohr (Kassel)

26. März: Ludwig van Beethoven stirbt in Wien.

1828

URAUFFÜHRUNGEN: *La Muette de Portici* von Daniel-François-Esprit Auber (Paris); *L'esule di Roma ossia Il proscritto* (Neapel) und *La regina di Golconda* (Genua) von Gaetano Donizetti; *Der Vampyr* von Heinrich Marschner (Leipzig); *Gabriella di Vergy* von Saverio Mercadante (Lissabon); *Colombo* von Francesco Morlacchi (Genua); *Le Comte Ory* von Gioachino Rossini (Paris);

François Joseph Méry tritt mit *La Bataille de Toulouse*, der Stoffvorlage für Verdis *La battaglia di Legnano*, an die Öffentlichkeit.

Verdi komponiert unter anderem eine Ouvertüre zu Rossinis *Il barbiere di Siviglia*, eine Ouvertüre für banda und eine Kantate für Bariton und Orchester, *I deliri di Saul*, nach Texten Vittorio Alfieris; alle Kompositionen sind nicht erhalten. Frühere Kompositionsversuche sind belegt, nicht aber deren Titel.

19. November: Franz Schubert stirbt in Wien.

1829

URAUFFÜHRUNGEN: *La Fiancée* von Daniel-François-Esprit Auber (Paris); *La straniera* von Vincenzo Bellini (Mailand); *La dilettante d'Avignon* von Jacques Fromental Halévy (Paris); *Der Templer und die Jüdin* von Heinrich Marschner (Leipzig); *Guillaume Tell* von Gioachino Rossini (Paris); *Agnes von Hohenstaufen* von Gaspare Spontini (Berlin)

Verdi komponiert zahlreiche Instrumentalstücke.

April: *Le lamentazioni di Geremia* und einige andere Werke für die Gottesdienste der Karwoche in Busseto entstehen.

24. Oktober: Verdi bewirbt sich trotz Provesis Empfehlung vergeblich um den Posten des Organisten im nahegelegenen Soragna.

Herbst: Provesi bestellt Verdi zu seinem Assistenten in Busseto, eine Stelle, die er bis 1832 innehat.

1830

URAUFFÜHRUNGEN: *Fra Diavolo* und *Le Dieu et la bayadère* von Daniel-François-Esprit Auber (Paris); *I Capuleti e i Montecchi* von Vincenzo Bellini (Venedig); *Anna Bolena* von Gaetano Donizetti (Mailand)

18. Februar: Anläßlich einer von der Philharmonischen Gesellschaft Busseto veranstalteten feierlichen Aufführung von Kompositionen seines Schülers erklärt Provesi, Verdi werde »bald der schönste Schmuck des Vaterlandes« sein.

25. Februar: Victor Hugos *Hernani ou L'Honneur castillan* wird an der Pariser Comédie-Française uraufgeführt. Das Stück diente Verdi als Stoffvorlage für *Ernani*.

Ostern: Zur Karfreitagsprozession in Busseto erklingen vier Märsche Verdis.

1831

URAUFFÜHRUNGEN: *Le Philtre* von Daniel-François-Esprit Auber (Paris); *Norma* und *La sonnambula* von Vincenzo Bellini (Mailand); *Zampa* von Ferdinand Hérold (Paris); *Robert le diable* von Giacomo Meyerbeer (Paris); *Chiara di Rosemberg* von Luigi Ricci (Mailand)

Giuseppe Mazzini gründet den Intellektuellen- und Künstlerbund *Giovine Italia*.

14. Mai: Verdi zieht in das Haus seines Mentors Antonio Barezzi, eines wohlhabenden Kaufmanns und Musikenthusiasten in Busseto, ein. Er unterrichtet dessen Tochter Margherita in Klavierspiel und Gesang.

1832

URAUFFÜHRUNGEN: *Le Serment* von Daniel-François-Esprit Auber (Paris); *Fausta* (Neapel) und *L'elisir d'amore* (Mailand) von Gaetano Donizetti; *Le Pré aux clercs* von Ferdinand Hérold (Paris); *Des Falkners Braut* von Heinrich Marschner (Leipzig); *I Normanni a Parigi* von Saverio Mercadante (Turin); *Il nuovo Figaro* von Luigi Ricci (Parma)

22. November: Victor Hugos *Le Roi s'amuse*, die Textvorlage zu Verdis *Rigoletto*, gelangt in Paris an der Comédie Française zur Uraufführung.

14. Januar: Auf Antrag seines Vaters wird Verdi ein vierjähriges Stipendium der Stadt Busseto bewilligt.

22. Mai: Reise nach Mailand mit dem Vater und Provesi

Juni: Verdi bereitet sich im Hause Giuseppe Selettis in Mailand auf die Aufnahmeprüfung des Konservatoriums vor.

22. bis 24. Juni: Bewerbung um Aufnahme ins Mailänder Konservatorium (Prüfungen bei Gaetano Piantanida in Komposition, Antonio Angeleri im Fach Klavier und Alessandro Rolla im Fach Violine)

3. Juli: Verdis Bewerbung wird abgelehnt mit der Begründung, er liege vier Jahre über dem Altersdurchschnitt, lebe nicht in der Lombardei und habe eine schlechte Klavierprüfung abgelegt.

August: Beginn des privaten Kompositionsunterrichts beim Komponisten und Dirigenten Vincenzo Lavigna (1776–1836) in Mailand (bis Sommer 1835). Seine Assistentenstelle bei Provesi in Busseto gibt Verdi auf.

1833

URAUFFÜHRUNGEN: *Beatrice di Tenda* von Vincenzo Bellini (Mailand); *La Prison d'Édimbourg* von Michele Carafa (Paris); *Ali Baba* von Luigi Cherubini (Paris); *Il furioso nell'isola di San Domingo* (Rom), *Parisina* (Florenz), *Torquato Tasso* (Rom) und *Lucrezia Borgia* (Mailand) von Gaetano Donizetti; *Ludovic* von Ferdinand Hérold (Paris); *Hans Heiling* von Heinrich Marschner (Berlin)

Vermutlich in diesem Jahr entsteht Verdis erste erhaltene Vokalkomposition, die Opernszene »Io la vidi e a qual'aspetto« für Tenor und Orchester auf einen Text von Calisto Bassi.

27. März: In Paris wird Daniel-François-Esprit Aubers Oper *Gustave ou Le Bal masqué* auf ein Libretto von Eugène Scribe an der Opéra uraufgeführt. Verdi sollte den Stoff in *Un ballo in maschera* vertonen.

17. Mai: Johannes Brahms kommt in Hamburg zur Welt.

10. bis 22. Juni: Aufenthalt in Busseto

26. Juli: Provesi stirbt. Seine Stelle als Organist und Musikdirektor von Busseto ist somit vakant.

10. August: Tod von Verdis 1816 geborener Schwester Giuseppa Francesca.

22. November: Giovanni Ferrari aus Guastalla (bei Parma) bewirbt sich neben drei anderen Musikern um den Organistenposten in Busseto. Verdi, der sich noch im Studium befindet, bewirbt sich nicht offiziell, sondern wartet auf die Ausschreibung des Probespiels.

11. Dezember: Lavigna beantragt eine Verlängerung von Verdis Stipendium.

1834

URAUFFÜHRUNGEN: *Le Chalet* von Adolphe Adam (Paris); *Lestocq* von Daniel-François-Esprit Auber (Paris); *Gemma di Vergy* von Gaetano Donizetti (Mailand); *Un Caprice de femme* von Ferdinando Paër (Paris); *Un'avventura di Scaramuccia* (Mailand), *Gli esposti* (Turin) und *Chi dura vince* (Rom) von Lugi Ricci

Verdi komponiert als Auftragswerk für eine Hochzeit im Hause des Grafen Renato Borromeo eine Kantate für Singstimmen und Orchester.

April: Verdi wirkt als *maestro al cembalo* bei einer Aufführung von Joseph Haydns *Die Schöpfung* in Mailand. Dort trifft er Pietro Massini, den Direktor der dortigen Philharmonischen Gesellschaft, der ihm weitere Dirigate vermittelt.

5. Juni: Teresa Stolz kommt in Elbekosteletz (heute Kostelec nad Labem) bei Prag zur Welt.

18. Juni: Giovanni Ferrari wird in Busseto zum Organisten ernannt. Das Verdi versprochene Probespiel fand nicht statt. Daraufhin kehrt Verdi nach Busseto zurück.

20. Juni: Verdi bewirbt sich nachträglich und erfolglos um die Nachfolge Provesis.

Während seines bis zum 15. Dezember dauernden Aufenthaltes in Busseto leitet er Konzerte des dortigen Philharmonischen Orchesters.

31. August: Amilcare Ponchielli kommt in Paderno (bei Cremona) zur Welt.

1835

URAUFFÜHRUNGEN: *Le Cheval de bronze* von Daniel-François-Esprit Auber (Paris); *La pazza per amore* (Rom) und *Gli Illinesi* (Turin) von Pier Antonio Coppola; *Marino Faliero* (Paris), *Maria Stuarda* (Mailand) und *Lucia di Lammermoor* (Neapel) von Gaetano Donizetti; *I puritani* von Vincenzo

Bellini (Paris); *La Juive* und *L'Éclair* von Jacques Fromental Halévy (Paris)

Mit *Don Alvaro o La fuerza del sino* von Ángel de Saavedra, Herzog von Rivas, erscheint in Madrid eine der Stoffvorlagen zu Verdis *La forza del destino*.

Januar: Ferrari wird als Organist von Busseto in seinem Amt bestätigt. Die Stelle des *maestro di musica* wird jedoch nochmals ausgeschrieben.

April: Verdi dirigiert mit Massini Rossinis *La cenerentola*.

Juli: Verdi beendet sein Studium bei Lavigna und kehrt nach Busseto zurück.

23. September: Vincenzo Bellini stirbt in Puteaux nahe Paris.

11. Oktober: Trotz der Empfehlung Lavignas bewirbt sich Verdi vergeblich um die Stelle des Kapellmeisters und Organisten in Monza.

1836

URAUFFÜHRUNGEN: *Le Postillon de Longjumeau* von Adolphe Adam (Paris); *Actéon* und *L'Ambassadrice* von Daniel-François-Esprit Auber; *Enrichetta Baienfeld* von Pier Antonio Coppola; *Belisario* (Venedig), *Il campanello di notte* und *Betly* (Neapel) von Gaetano Donizetti; *Das Schloß am Ätna* von Heinrich Marschner (Leipzig); *I briganti* von Saverio Mercadante (Paris); *Les Huguenots* von Giacomo Meyerbeer (Paris); *Das Liebesverbot* von Richard Wagner (Magdeburg)

García Gutierrez' Drama *El trovador* erscheint in Madrid (Librettovorlage zu Verdis *Il trovatore*).

Nabuchodonosor, ein Drama von Auguste Anicet-Bourgeois und Francis Cornu, das eine der Stoffvorlagen zu Verdis *Nabucodonosor* darstellt, wird in Paris uraufgeführt.

Januar: Verdi beginnt mit der Komposition seiner ersten Oper *Rocester* nach einem Libretto von Antonio Piazza für Pietro Massini, den Direktor des Teatro dei Filodrammatici in Mailand. Das Stipendium läuft aus.

23. Januar: Die Stadt Busseto eröffnet einen Wettbewerb um den Posten des Musikdirektors und Leiters der Philharmonischen Gesellschaft.

Anfang Februar verbringt Verdi einige Zeit in Mailand.

27. bis 28. Februar: Verdi unterzieht sich der Prüfung für die Stelle in Busseto, die in Parma vom Hoforganisten Giuseppe Alinovi durchgeführt wird. Ferrari tritt nicht an.

5. März: Ernennung Verdis zum Nachfolger Provesis als Musikdirektor von Busseto. Ferrari bleibt der Organistenposten. In den Jahren bis 1838 entstehen im Rahmen seines Dienstes zahlreiche weltliche und geistliche Kompositionen, die fast sämtlich verschollen sind.

6. April: Verlobung mit Margherita Barezzi

20. April: Verdi unterschreibt den Arbeitsvertrag mit der Stadt Busseto. Zu seinen Pflichten gehören Gesang-, Kompositions- und Instrumentalunterricht sowie die Leitung der Philharmonischen Konzerte.

4. Mai: Heirat mit Margherita Barezzi und kurze Hochzeitsreise nach Mailand. Aus der Ehe sollten zwei Kinder hervorgehen: Virginia Maria Luigia (1837–1838) und Icilio Romano Carlo Antonio (1838–1839).

Mai: Das Ehepaar Verdi lebt in Busseto im Palazzo Tebaldi. Verdi gibt Privatstunden, leitet Konzerte und unterrichtet bei der Philharmonischen Gesellschaft. Neben diversen Werken (Märsche, *sinfonie*, Vokalstücke, eine Messe, ein Zyklus Vesprvertonungen) entsteht die (nicht erhaltene) Vertonung von Alessandro Manzonis Ode *Il cinque maggio*.

16. September: Verdi vollendet *Rocester*.

November: Für den Neujahrsgottesdienst entsteht das zufällig erhaltene *Tantum ergo* für Tenor und Orchester.

1837

URAUFFÜHRUNGEN: *Le Domino noir* von Daniel-François-Esprit Auber (Paris); *Roberto d'Evereux* von Gaetano Donizetti (Neapel); *Die beiden Schützen* und *Zar und Zimmermann* von Albert Lortzing (Leipzig); *Il giuramento* von Saverio Mercadante (Mailand); *La double Échelle* von Ambroise Thomas (Paris)

1. Januar: Aufführung von Verdis *Tantum ergo* in der Kirche San Bartolomeo in Busseto

22. Januar: Verdi leitet ein Konzert der Philharmonischen Gesellschaft, in dem unter anderem eine *sinfonia* und eigene kleinere Vokalkompositionen zur Aufführung kommen.

26. (29.?) März: Geburt der Tochter Virginia

16. September: Die Pläne zur Aufführung von *Rocester* am Teatro dei Filodrammatici scheitern wegen Massinis Ausscheiden aus der Direktion. Verdi versucht, eine Aufführung in Parma zu arrangieren.

Oktober: Treffen mit dem *impresario* des Teatro Ducale in Parma, der eine Aufführung von *Rocester* ablehnt.

3. November: Verdis und Massinis gemeinsamer Versuch, *Rocester* an der Mailänder Scala zur Aufführung zu bringen, scheitert. Temistocle Solera wird mit der Umarbeitung des Librettos beauftragt.

1838

URAUFFÜHRUNGEN: *Le fidèle Berger* und *Le Brasseur de Preston* von Adolphe Adam (Paris); *Benvenuto Cellini* von Hector Berlioz (Paris); *Maria di Rudenz* von Gaetano Donizetti (Venedig); *Guido et Ginèvra* von Jacques Fromental Halévy (Paris); *La prigione d'Edimburg* von Federico Ricci (Triest); *Le Perruquier de la régence* von Ambroise Thomas (Paris)

Emile Souvestre veröffentlicht seine Novelle *Le Pasteur d'hommes*, eine der Stoffvorlagen zu Verdis *Stiffelio*.

In Mailand erscheint mit Verdis *Sei romanze* für Gesang und Klavier dessen erste veröffentlichte Komposition.

4., 18. und 25. Februar: Verdi leitet Konzerte der Philharmonischen Gesellschaft Busseto, in denen eigene Werke zur Aufführung kommen, darunter mehrere *sinfonie*, Arien, ein Duett, sowie ein Divertimento für Trompete, ein Capriccio für Horn und ein Solostück für Fagott. Wahrscheinlich hat sich keines der Werke erhalten.

Mai: Kurzer Mailandaufenthalt

11. Juli: Geburt des Sohnes Icilio Romano

12. August: Tod der Tochter Virginia

September/Oktober: Verdi bemüht sich erneut vergeblich um eine Aufführung von *Rocester* an der Scala.

25. Oktober: Georges Bizet kommt in Paris zur Welt.

26. Oktober: An der Mailänder Scala wird erstmals Antonio Cortesis Ballett *Nabuchodonosor*, eine der Vorlagen von Verdis *Nabucodonosor*, aufgeführt.

28. Oktober: Rücktritt Verdis vom Posten des Musikdirektors in Busseto

1839

URAUFFÜHRUNGEN: *Régine* und *La Reine d'un jour* von Adolphe Adam (Paris); *Le Lac des fées* von Daniel-François-Esprit Auber (Paris); *Gianni di Parigi* von Gaetano Donizetti (Mailand); *Le Shérif* von Jacques Fromental Halévy (Paris); *Romilda* von Ferdinand Hiller (Mailand); *Der Bäbu* von Heinrich Marschner (Hannover); *Il bravo* von Saverio Mercadante (Mailand); *Le Panier fleuri* von Ambroise Thomas (Paris)

Gaetano Donizetti beginnt mit der Vertonung von *Le Duc d'Albe*, einem Libretto von Eugène Scribe und Charles Duveyrier, das ursprünglich für Fromental Halévy konzipiert wurde. Donizetti sollte die Komposition nicht vollenden. Scribe arbeitete das Libretto später für Verdis *Les Vêpres Siciliennes* um.

6. Februar: Umzug der Familie Verdi von Busseto nach Mailand

April: Der Mailänder Verleger Giovanni Canti veröffentlicht zwei Lieder Verdis (*L'esule* auf einen Text von Temistocle Solera und *La seduzione* auf einen Text von Luigi Balestra), sowie ein *Notturno* für Sopran, Tenor und Baß mit obligater Querflöte (Text von Jacopo Vittorelli).

Im Frühjahr beginnen die Proben zu *Oberto*. Giuseppina Strepponi war zunächst für die Partie der Leonora vorgesehen, mußte wegen einer Verzögerung der Uraufführung die Rolle aber abgeben.

September: Die junge Familie Verdi befindet sich in finanziellen Schwierigkeiten.

22. Oktober: Tod des Sohnes Icilio

17. November: Uraufführung von *Oberto, conte di San Bonifacio*, vermutlich eine Umarbeitung von *Rocester*, an der Scala. Das Werk wird mit Wohlwollen aufgenommen. Bartolomeo Merelli, der *impresario* der Scala, bietet Verdi einen Vertrag für drei weitere Opern an, den der Komponist annimmt.

1840

URAUFFÜHRUNGEN: *Zanetta* von Daniel-François-Esprit Auber (Paris); *Giovanna Prima, Regina di Napoli* von Pier Antonio Coppola (Lissabon); *La Fille du régiment*, *Les Martyrs* und *La Favorite* von Gaetano Donizetti (Paris); *Hans Sachs* von Albert Lortzing (Leipzig); *La vestale* von Saverio Mercadante (Neapel); *Il templario* von Otto Nicolai (Turin); *Saffo* von Giovanni Pacini (Neapel); *Don Desiderio* von Józef Poniatowski (Pisa)

März: Beginn der Arbeit an *Un giorno di regno* nach einem Libretto von Felice Romani, das Verdi als das »am wenigsten schlechte« unter den ihm angebotenen einschätzt. Wegen einer Angina muß Verdi die Arbeit frühzeitig unterbrechen.

18. Juni: Nach zweiwöchigem Leiden stirbt Margherita Verdi an Hirnhautentzündung.

22. Juni: Beginn eines Aufenthalts in Busseto

Juli: Da Merelli es abgelehnt hatte, Verdis Bitte um Auflösung des Vertrags zu entsprechen, kehrt dieser eher widerwillig nach Mailand zur Beendigung von *Un giorno di regno* zurück.

5. September: Die Uraufführung von *Un giorno di regno* an der Scala wird zum Debakel.

17. Oktober: *Oberto* wird unter Verdis Leitung an der Scala aufgeführt.

Dezember: Verdi leitet Proben zu *Oberto* am Teatro Carlo Felice in Genua.

1841

URAUFFÜHRUNG: *Les Diamants de la Couronne* von Daniel-François-Esprit Auber (Paris); *Adelia* (Rom) und *Maria Padilla* (Mailand) von Gaetano Donizetti; *Le Guitarréro* und *La Reine de Chypre* von Jacques Fromental Halévy (Paris); *Johanna d'Arc* von Johann Hoven (Johann Vesque von Püttlingen) (Wien); *Casanova* von Albert Lortzing (Leipzig); *Il proscritto* von Otto Nicolai (Mailand); *Luigi Rolla e Michelangelo* (Florenz) und *Corrado de Altamura* (Mailand) von Federico Ricci

9. Januar: Eine überarbeitete Version von *Oberto* wird in Genua mit mäßigem Erfolg aufgeführt. Verdi ist anwesend, dirigiert wahrscheinlich sogar. Wohl in der Woche darauf Rückkehr nach Mailand, wo ihm Merelli das von Solera verfaßte Libretto zu *Nabucodonosor* überreicht.

Februar/März: Häufige Treffen mit Solera im Zuge der Arbeit an *Nabucodonosor*

Oktober: Verdi beendet die Arbeit an *Nabucodonosor* und macht sich auf die Suche nach geeigneten Sängern.

22./23. Dezember: Verdi trifft sich mit Giuseppina Strepponi, um die für sie vorgesehene Rolle der Abigaille mit ihr durchzugehen. Er bittet Strepponi um Fürsprache bei Merelli, um die Uraufführung des Werkes in der kommenden Spielzeit zu ermöglichen.

1842

URAUFFÜHRUNGEN: *Le Roi d'Yvetot* von Adolphe Adam (Paris); *Le Duc d'Olonne* von Daniel-François-Esprit Auber (Paris); *Linda di Chamounix* von Gaetano Donizetti (Wien); *Der Wildschütz* von Albert Lortzing (Leipzig); *La fidanzata corsa* von Giovanni Pacini (Neapel); *Cola Rienzi, der letzte der Tribunen* von Richard Wagner (Dresden)

Februar: Beginn der Proben zu *Nabucodonosor*

24. Februar: Arrigo Boito kommt in Padua zur Welt.

9. März: Uraufführung von *Nabucodonosor* an der Scala. Die Aufführung wird trotz stimmlicher Indisponiertheit Giuseppina Strepponis in der Rolle der Abigaille zu einem überwältigenden Erfolg. In der Herbstspielzeit sollte das Werk einen Rekord von 57 Aufführungen erzielen.

15. März: Luigi Cherubini stirbt 81-jährig in Florenz.

31. März: Ricordi veröffentlicht den Klavierauszug zu *Nabucodonosor*.

April/Mai: Durch den Erfolg seiner Oper öffnen sich Verdi die Mailänder Salons. Die Freundschaften mit Clara Maffei, Emilia Morosini und Giuseppina Appiani beginnen.

Juni: Besuch bei Rossini in Bologna

Juli: Aufenthalt in Busseto

21. Juli: Rückkehr nach Mailand

9. bis 17. September: Aufenthalt in Busseto

18. September: Rückkehr nach Mailand

26. Dezember: *Nabucodonosor* wird am Teatro La Fenice in Venedig aufgeführt. Auf Wunsch der *prima donna* Sophie Loewe nimmt Verdi leichte Änderungen in der Partie der Abigaille vor.

1843

URAUFFÜHRUNGEN: *La Part du diable* von Daniel-François-Esprit Auber (Paris); *Don Pasquale* (Paris), *Maria di Rohan* (Wien), *Dom Sébastien* (Paris) von Gaetano Donizetti; *Charles VI* von Jacques Fromental Halévy (Paris); *Medea* von Giovanni Pacini (Palermo); *Der fliegende Holländer* von Richard Wagner (Dresden)

García Gutierrez tritt mit *Simón Bocanegra*, einem Drama, das Verdi als Stoffvorlage zu seiner gleichnamigen Oper dienen sollte, an die Öffentlichkeit.

Januar: Aufenthalt in Busseto

11. Februar: Großer Erfolg der Uraufführung von *I Lombardi alla prima crociata* an der Scala, eine Oper über deren Entstehung – bis auf Probleme mit der kirchlichen Zensurbehörde – so gut wie nichts bekannt ist.

20. März: Abreise nach Wien zur Einstudierung von *Nabucodonosor* am Kärntnertor-Theater, der ersten Aufführung einer Verdi-Oper außerhalb Italiens.

4. April: Wiener Erstaufführung von *Nabucodonosor* unter Verdis Leitung

9. April: Kurzaufenthalt in Udine, wo Verdi Kontakt mit Graf Nani Mocenigo, dem Präsidenten des Teatro La Fenice in Venedig, aufnimmt.

10. bis 13. April: in Busseto

17. April bis 30. Mai: Zur dortigen Erstaufführung von *Nabucodonosor* hält sich Verdi in Parma auf. Giuseppina Strepponi singt erneut die Abigaille. Hier trifft Verdi nochmals auf Rossini, der sich auf der Durchreise befindet.

Ende April verbringt Verdi einige Tage in Bologna, wo er Vorstellungen von Gaetano Donizettis *Linda di Chamounix* und *Marino Faliero* besucht.

18. bis 21. Mai: Besuch in Busseto

31. Mai: Abreise nach Mailand. Während seines Aufenthaltes erwägt Verdi die Vertonung von *Re Lear* für Venedig.

16. Juni: Piave schlägt Verdi eine gemeinsame Oper *Cromwell* nach Victor Hugo vor.

10. Juli bis 1. August: Aufenthalt in Senigallia (bei Ancona) zur Einstudierung der dortigen Erstaufführung von *I Lombardi alla prima crociata* am 29. Juli.

1. August: Rückkehr nach Mailand

5. bis 29. September: Auf Anregung Nani Mocenigos erste Pläne zur Vertonung von Victor Hugos *Hernani*

8. Oktober: Verdi ist zur Erstaufführung von *Nabucodonosor* im Teatro Comunale in Bologna.

10. bis 15. Oktober: Aufenthalt mit der Familie Della Somaglia in Cassano d'Adda (bei Bergamo), dann Rückkehr nach Mailand

15. November: Die Arbeit an den ersten drei Teilen von *Ernani* ist beendet.

2. Dezember: Verdi nimmt den Auftrag zu *Giovanna d'Arco* für die Scala-Saison 1844/1845 an.

Am 3. Dezember beginnen die Proben zu *I Lombardi alla prima crociata* am Teatro La Fenice in Venedig.

26. Dezember: Erfolglose venezianische Premiere von *I Lombardi alla prima crociata*.

1844

URAUFFÜHRUNGEN: *La Sirène* von Daniel-François-Esprit Auber (Paris); *Leonora* von Saverio Mercadante (Neapel); *Ein Feldlager in Schlesien* von Giacomo Meyerbeer (Berlin)

Januar: Verdi reist gemeinsam mit Strepponi zu *Nabucodonosor*-Proben nach Verona.

5. Februar: Vollendung von *Ernani*

28. Februar: Verdi beendet die Orchestrierung von *Ernani*.

29. Februar: Vertragsabschluß mit Alessandro Lanari, dem *impresario* des Teatro Argentina, Rom, für eine Oper (*I due Foscari*)

9. März: Erfolgreiche Uraufführung von *Ernani* im Teatro La Fenice, Venedig

15.–17. März: Aufenthalt in Busseto

17. März: Rückkehr nach Mailand

21. März: Verdi nimmt den Auftrag Vincenzo Flaùtos, *impresario* am Teatro San Carlo, Neapel, für *Alzira* an. Die Uraufführung ist für die kommende Saison geplant.

April: Verdi erwirbt Il Pulgaro, ein Gehöft bei La Madonna dei Prati in der Nähe von Le Roncole.

12. April: Verdi sendet einen gemeinsam mit Andrea Maffei erstellten Entwurf zu *Attila* an seinen Librettisten Francesco Maria Piave. Die Vertonung des Werks, des zweiten Auftrags des Teatro La Fenice, wird vorerst zurückgestellt.

15. April: Emanuele Muzio, Verdis einziger ernsthafter Kompositionsschüler, beginnt seine Studien beim *maestro*.

14. Mai: Verdi erhält von Piave das fertige Libretto zu *I due Foscari*.

Mitte Mai erhält Verdi von Cammarano ein Exposé zu *Alzira*.

Im Sommer: Verhandlungen mit dem Teatro San Carlo, Neapel, über ein neues Opernprojekt (*Luisa Miller*). Es kommt zum Vertragsabschluß.

August: Aufführung von *Ernani* in Bergamo unter Verdis Leitung und mit Strepponi als Elvira.

Mitte August: Aufenthalt in Busseto, wo Verdi an *I due Foscari* arbeitet.

14. September: Rückkehr nach Mailand

27. September: Premiere von *Nabucodonosor* in deutscher Sprache am Stuttgarter Hoftheater (Übersetzung: Heinrich Proch)

30. September: Zur Einstudierung von *I due Foscari* reist Verdi nach Rom.

3. November: Uraufführung von *I due Foscari* am römischen Teatro Argentina, die Verdi als »mezzo-fiasco« bezeichnet.

12. November: Zurück in Mailand. Unterwegs komponiert Verdi die Einleitung zu *Giovanna d'Arco*, einem Auftragswerk für die Scala nach einem Libretto von Solera.

Dezember: Gemeinsam mit Solera beginnt die Arbeit an *Giovanna d'Arco*.

Mitte Dezember Probenarbeit zu *I Lombardi alla prima crociata* an der Scala

26. Dezember: Verdi gibt seiner Unzufriedenheit mit der *compagnia di canto* Ausdruck, indem er der Aufführung von *I Lmbardi alla prima crociata* in Mailand fernbleibt. Dennoch wird der Abend zum Erfolg.

1845

URAUFFÜHRUNGEN: *La Barcarolle* von Daniel-François-Esprit Auber (Paris); *Der Traum in der Christnacht* von Ferdinand Hiller (Dresden); *Undine* von Albert Lortzing (Magdeburg); *Kaiser Adolph von Nassau* von Heinrich Marschner (Dresden); *Lorenzino de' Medici* (Venedig) und *Buondelmonte* (Florenz) von Giovanni Pacini; *Die Kreuzfahrer* von

Louis Spohr (Kassel); *Tannhäuser und der Sängerkrieg auf der Wartburg* von Richard Wagner (Dresden)

12. Januar bis Mitte Februar: Arbeit an der Orchestrierung von *Giovanna d'Arco*

15. Februar: Erfolgreiche Uraufführung von *Giovanna d'Arco* an der Mailänder Scala

März: Arbeit an den *Sei romanze*, die bei Lucca in Mailand veröffentlicht werden. Zudem leitet Verdi Proben zu *I due Foscari* am Teatro La Fenice, Venedig.

April: Zurück in Mailand. Bruch mit Merelli und der Scala wegen schwerwiegender künstlerischer und geschäftlicher Differenzen.

12. bis 26. Mai: Léon Escudier hält sich in Mailand auf, um über die Rechte an Verdis Werken für Frankreich zu verhandeln.

26. Mai: Beginn der Arbeit an *Alzira*

Vermutlich **Ende Mai** hält sich Verdi in Venedig auf. Er hat gesundheitliche Beschwerden.

Juni: Piave wird die Libretto-Ausarbeitung zu *Attila* entzogen. Solera erhält den Auftrag zur Fertigstellung des Operntextes.

20. Juni: Abreise von Mailand nach Neapel. Im Gepäck hat Verdi die nahezu vollendete Partitur von *Alzira*.

Juli/August: Abschließende Orchestrierungsarbeiten an *Alzira*. Da das Werk als zu kurz erschien, verfaßt Verdi auf Bitten des Theaters hin eine Ouvertüre.

12. August: *Alzira* wird am Teatro San Carlo in Neapel mit mäßigem Erfolg aufgeführt.

Am **25. August** kehrt Verdi nach Mailand zurück.

Ende August vollendet Solera das Libretto zu *Attila*.

3. September: Beginn eines Aufenthalts in Busseto und der Arbeit an *Attila*

Mitte September kehrt Verdi nach Mailand zurück und arbeitet mit Solera an der neuen Oper.

6. Oktober: Verdi kauft von Contardo Cavalli den Palazzo Dordoni (heute Palazzo Orlandi) in Busseto.

11. Oktober: Die Aufführung von *Un giorno di regno* als *Il finto Stanislao*, dem ursprünglichen Titel von Romanis Libretto, am venezianischen Teatro San Benedetto wird zu Verdis Überraschung zum Erfolg.

16. Oktober: Verdi schließt mit dem Verleger Lucca den Vertrag zu *Il corsaro* ab.

17. bis 25. Oktober: Ferienaufenthalt in Clusone (bei Bergamo)

26. bis 29. Oktober: Verdi ist wieder in Mailand und trifft sich mit dem *impresario* Benjamin Lumley aus London. Er verhandelt über einen Vertrag zu einer Oper am Haymarket Theatre (*I masnadieri*). Auch mit Escudier aus Paris trifft er sich zu Vertragsverhandlungen für die nächste Saison. Escudier erwirbt die Rechte an Verdis Werken in Frankreich.

Mitte November: Da Solera außer Landes ist, bittet Verdi Piave um Mithilfe beim *Attila*-Libretto. Solera äußert sein Mißfallen über die vorgenommenen Änderungen.

November/Dezember: Aufenthalt in Venedig. Trotz gesundheitlicher Probleme vervollständigt Verdi die Orchestrierung von *Attila* und leitet die Proben zur Uraufführung der Oper.

15. Dezember: Premiere der französischen Übersetzung von *Ernani* (Marie und Léon Escudier) am Brüsseler Théâtre Royal de la Monnaie

26. Dezember: *Giovanna d'Arco* wird in Venedig am Teatro La Fenice gegeben. Verdi nimmt auf Wunsch der *prima donna* Loewe Änderungen vor.

1846

URAUFFÜHRUNGEN: *Les Mousquetaires de la Reine* von Jacques Fromental Halévy (Paris); *Der Waffenschmied* von Albert Lortzing (Wien); *Gli Orazi e i Curiazi* von Saverio Mercadante (Neapel); *La regina di Cipro* von Giovanni Pacini (Turin)

In Paris gelangt das Drama *Philippe II, Roi d'Espagne* von Eugéne Cormon und Pierre-Etienne Piestre zur Uraufführung. Es diente als eine der Stoffvorlagen für Verdis *Don Carlos*.

17. März: Uraufführung von *Attila* unter Verdis Regie am Teatro La Fenice in Venedig. Mäßiger Erfolg.

22. März: zurück in Mailand. Die Ärzte verordnen Verdi sechs Monate Ruhe wegen einer Magenkrankheit.

10. April: Ein ärztliches Attest über Verdis Gesundheitszustand wird nach London geschickt, um die Verzögerung des neuen Werkes zu rechtfertigen.

5. Mai: Lumleys Bruder versucht erfolglos, Verdi zum Aufbruch nach London zu bewegen.

16. Juni: Verdi ist Zeuge bei der offiziellen Trennung von Clara und Andrea Maffei.

Juli: Beginn eines Kuraufenthaltes in Recoaro (bei Vicenza) gemeinsam mit Andrea Maffei. Durch Maffei entdeckt Verdi die Werke Schillers und Shakespeares als Opernstoffe für sich.

Wegen *Il corsaro* trifft sich Verdi Mitte des Monats mit Francesco Maria Piave in Venedig.

6. August: Deutschsprachige Premiere von *Ernani* am Deutschen Theater in Budapest (Übersetzung: Joseph von Seyfried)

27. Juli: Rückkehr nach Mailand

August: Überlegungen zu einer neuen Oper für die kommende Saison in Florenz (*Macbeth*)

8. bis 10. September: Aufenthalt in Varese

Mitte September schickt Verdi eine Inhaltsangabe zum *Macbeth*-Libretto an Piave. Daraufhin kommt Piave nach Mailand.

Oktober: Mit Piave in Como. Verdi zieht – mit Piaves Arbeit unzufrieden – schließlich Andrea Maffei zur Bearbeitung des Textes hinzu.

Mitte Oktober: Beginn der Arbeit an *Macbeth*

Ende Oktober ist der 1. Akt von *Macbeth* vollendet.

11. November: Lumley kommt nach Mailand, um über eine neue Oper für London zu verhandeln. Man einigt sich auf den Schiller-Stoff *Die Räuber* (*I masnadieri*).

17. Dezember: Pariser Aufführung von *I due Foscari* am Théâtre-Italien, für die Verdi eine neue Nummer komponiert.

Ende Dezember: Verdi vollendet den 2. Akt von *Macbeth*.

1847

URAUFFÜHRUNGEN: *Haydée* von Daniel-François-Esprit Auber; *Der Troubadour* von Alexander Ernst Fesca (Braunschweig); *Konradin, der letzte Hohenstaufen* von Ferdinand Hiller (Dresden); *Zum Grossadmiral* von Albert Lortzing (Leipzig); *Il birraio di Preston* von Luigi Ricci (Florenz)

Verdis Lied *Il poveretto* nach einem Text von Manfredo Maggioni wird bei Lucca verlegt.

15. Februar: Abreise mit Emanuele Muzio nach Florenz

19. Februar: Ankunft in Florenz, wo die Proben zu *Macbeth* beginnen

14. März: Verdi dirigiert die Uraufführung von *Macbeth* am Teatro della Pergola, Florenz. Das Publikum nimmt das Werk enthusiastisch auf.

25. März: Verdi eignet Antonio Barezzi *Macbeth* zu.

Um den 26. März kommt Verdi in Mailand an.

17. Mai: Fertigstellung des Kompositionsentwurfs von *I masnadieri*

26. bis 31. Mai: Verdi reist mit Muzio von Mailand nach London über den Gotthard, Luzern, Basel, Straßburg, Kehl, Karlsruhe, Mannheim, Mainz, Koblenz, Bonn, Köln, Brüssel und Paris.

1. Juni: Verdi besucht die Opéra in Paris. Muzio fährt nach London voraus.

4. Juni: Abreise Verdis nach London

6. oder 7. Juni: Ankunft in London, wo Verdi neben anderen exilierten Landsleuten Giuseppe Mazzini trifft.

20. Juni: Fertigstellung der Partitur zu *I masnadieri*

30. Juni: Probenbeginn

22. Juli: Verdi dirigiert die Uraufführung von *I masnadieri* am Her Majesty's Theatre in Gegenwart von Königin Victoria. Die Aufführung ist ein Erfolg.

Da Francesco Lucca auf Erfüllung des am 16. Oktober 1845 geschlossenen Vertrags (*Il corsaro*) beharrt, kommt es zum Bruch mit dem Verleger.

27. Juli: Ankunft Verdis in Paris bei Giuseppina Strepponi, die sich dort als Gesangslehrerin etabliert hat. Nach Regelung des Vertraglichen mit der Opéra stellt Verdi *Jérusalem*, die weitgehend eigenständige französische Fassung von *I Lombardi alla prima crociata*, fertig. Alphonse Royer und Gustave Vaëz übersetzten und bearbeiteten das Libretto.

22. September: Probenbeginn

4. November: Felix Mendelssohn Bartholdy stirbt in Leipzig.

26. November: Uraufführung von *Jérusalem* an der Académie Royale de Musique. Das Werk wird positiv aufgenommen.

26. Dezember: Italienische Erstaufführungen von *I masnadieri* in Bergamo, Triest und Verona

1848

URAUFFÜHRUNGEN: *Le Val d'Andorre* von Jacques Fromental Halévy (Paris)

Alexandre Dumas des Jüngeren Roman *La Dame aux camélias* erscheint in Paris und wird später zur Vorlage von Verdis *La traviata*.

Anfang Februar: Verdi unterzeichnet den Vertrag mit der Pariser Opéra über ein neues Werk für 1849.

12. Februar: Piaves Libretto und die Partitur von *Il corsaro* werden dem Verleger Lucca übersandt. Verdi hat damit seine Vertragspflichten – wenn auch widerwillig – erfüllt.

22. bis 24. Februar: Verdi erlebt die Februar-Revolution mit der Abdankung Louis Philippes und der

Proklamation der Zweiten Französischen Republik in Paris.

18. bis 22. März: »Cinque giornate« des zunächst erfolgreichen Mailänder Aufstands gegen die österreichische Herrschaft

23. März bis August: Die Kriegserklärung von Piemont an Österreich bedeutet den Ausbruch des ersten Unabhängigkeitskrieges (»guerra santa«), den Piemont nach anfänglichen Erfolgen verlieren sollte. Garibaldi entkommt in die Schweiz.
Noch in Paris macht sich Verdi gemeinsam mit Cammarano Gedanken zu einem revolutionären Opernstoff.

5. April: Rückkehr Verdis nach Mailand

8. April: Gaetano Donizetti stirbt in Bergamo.

Anfang Mai: Beginn eines Aufenthalts in Busseto

25. Mai: Verdi erwirbt das Landgut Sant'Agata nahe Busseto.

31. Mai bis Anfang Juni: Rückreise über die Schweiz nach Paris

Ende Juli bis Ende August: Sommeraufenthalt mit Giuseppina Strepponi in Passy (heute Stadtteil von Paris). Die Arbeit an *La battaglia di Legnano* beginnt. Verdi unterzeichnet eine Petition an den französischen General Cavaignac, in der Frankreich aufgefordert wird, militärisch in Norditalien einzugreifen, um die drohende Niederlage gegen die Österreicher unter General Radetzky abzuwenden.

August: Verdi versucht aus dem mit Neapel im Sommer 1844 geschlossenen Opernvertrag auszusteigen. Auf Bitten seines Librettisten Cammarano läßt sich Verdi doch zur Komposition überreden (*Luisa Miller*).

Ende September: Rückkehr nach Paris

Am 18. Oktober schickt Verdi die Schlachthymne »Suona la tromba« für dreistimmigen Männerchor auf einen Text von Goffredo Mameli an Giuseppe Mazzini. Das Werk wird noch im selben Monat vom Mailänder Verleger Paolo de Giorgio publiziert.

25. Oktober: Die Uraufführung von *Il corsaro* am Teatro Grande in Triest wird zum Fiasko. Verdi blieb der Aufführung wegen der Unstimmigkeiten mit seinem Auftraggeber Lucca fern.

29. November: Aufführung von *Nabucodonosor* am Brüsseler Théâtre Royal de la Monnaie, für die Verdi eine nicht erhaltene Ballettmusik nachkomponierte.

Mitte Dezember: Fertigstellung des Particells zu *La battaglia di Legnano*

20. Dezember: Abreise von Paris nach Rom zu den Proben für *La battaglia di Legnano*

1849

URAUFFÜHRUNGEN: *Le Toréador* von Adolphe Adam (Paris); *La Fée aux Roses* von Jacques Fromental Halévy (Paris); *Rolands Knappen* von Albert Lortzing (Leipzig); *Le Prophète* von Giacomo Meyerbeer (Paris); *Die lustigen Weiber von Windsor* von Otto Nicolai (Berlin); *Il domino nero* von Lauro Rossi (Mailand); *Le Caïd* von Ambroise Thomas (Paris)

Le Pasteur ou L'Evangile de le foyer, ein Drama von Emile Souvestre und Eugène Bourgeois wird in Paris uraufgeführt. Verdi nutzte das Stück als Stoffvorlage zu *Stiffelio*.

7. Januar: Escudier veröffentlicht das Giuseppina Strepponi gewidmete Lied *L'Abandonnée* in Paris.

18. Januar: Probenbeginn zu *La battaglia di Legnano*

27. Januar: Verdi dirigiert die umjubelte Uraufführung von *La battaglia di Legnano* am Teatro Argentina in Rom, bei der er auch Regie führt. Nicht zuletzt dieser Erfolg machte Verdi zu einer Symbolfigur der Einheitsbestrebungen der italienischen Patrioten.

Anfang Februar: Reise mit Giuseppina Strepponi nach Paris

5. Februar: Proklamation der römischen Republik. Der von den Einheitsbestrebungen bedrohte Papst Pius IX. flieht und bittet Österreich, Frankreich und Neapel um Hilfe.

März: Der Unabhängigkeitskrieg beginnt erneut.

29. März: Vittorio Emanuele II. wird König von Piemont-Sardinien.

12. Mai: Verdis Eltern beziehen Sant'Agata.

17. Mai: Verdi erhält Cammaranos ersten Entwurf zu *Luisa Miller*.

14. Juli: Garibaldi versucht erfolglos, Rom in der Schlacht an der Porta di San Pancrazio zu verteidigen. Nach der Niederlage ziehen französische Truppen in Rom ein. Damit ist die Macht des Papstes wiederhergestellt. Garibaldi flieht nach San Marino.

29. Juli: Abreise aus Paris nach Busseto

August bis September: Verdi und Strepponi beziehen den Palazzo Dordoni-Cavalli in Busseto.

15. August: Cammarano übersendet das vollendete Libretto zu *Luisa Miller* und Verdi beginnt mit der Vertonung.

Anfang Oktober: Fertigstellung des Particells zu *Luisa Miller*

3. Oktober: Gemeinsam mit Antonio Barezzi Abreise nach Neapel zu den Proben für *Luisa Miller*

4. bis 6. Oktober: Aufenthalt in Genua

14. bis 25. Oktober: Verdi muß wegen Quarantäneauflagen im Zuge der Bekämpfung der Cholera einen Zwischenaufenthalt in Rom einlegen. Dort bekommt er einen Eindruck von der französischen Besatzung: »Italien ist ein großes und schönes Gefängnis.«

27. Oktober: Ankunft in Neapel

Anfang November kommt es zu heftigen Auseinandersetzung mit dem Teatro San Carlo: Verdi erhält seine erste Zahlung für *Luisa Miller* nicht und droht, den Vertrag aufzulösen.

3. November: Verdi und Barezzi machen einen Ausflug nach Herculaneum.

Am 7. November besichtigen sie Pompeji.

8. Dezember: Verdi dirigiert die widersprüchlich beurteilte Uraufführung von *Luisa Miller* am Teatro San Carlo in Neapel.

13. Dezember: Abreise aus Neapel über Genua Richtung Busseto

1850

URAUFFÜHRUNGEN: *Giralda* von Adolphe Adam (Paris); *L'Enfant prodigue* von Daniel-François-Esprit Auber (Paris); *La tempesta* von Jacques Fromental Halévy (London); *Crispino e la comare* von den Gebrüdern Ricci (Venedig); *Genoveva* von Robert Schumann (Leipzig); *Le Songe d'une nuit d'eté* von Ambroise Thomas (Paris); *Lohengrin* von Richard Wagner (Weimar)

2. Januar: Verdi schlägt Cammarano verschiedene neue Stoffe, darunter Garcia Gutierrez' *El trovador* für ein neues Libretto vor.

Januar/Februar: Pläne zur Vertonung von *Re Lear* werden diskutiert.

28. Februar: Cammarano erhält Verdis Inhaltsentwurf zu *Re Lear*.

9. März: Carlo Marzari, der Präsident des venezianischen Teatro La Fenice, beauftragt Verdi mit einem neuen Werk (*Rigoletto*).

14. März: Verdi nimmt den Auftrag an.

April: Tito Ricordi beauftragt Verdi, eine Oper zur Aufführung im Herbst zu liefern. Dieser erklärt sich bereit und bittet Piave, von dem der Themenvorschlag *Stiffelio* stammt, um einen Inhaltsentwurf.

28. April: Verdi unterzeichnet den von Marzari vorbereiteten Vertrag mit dem Teatro La Fenice und schlägt als Stoff Victor Hugos *Le Roi s'amuse* vor.

Mitte Juni bis Anfang August: Piave besucht Verdi in Busseto. Arbeit an *Stiffelio*.

Sommer: Die Zensurbehörde in Triest verlangt Änderungen am *Stiffelio*-Libretto.

28. September bis 8. Oktober: Aufenthalt Verdis in Bologna, wo er eine Aufführung von *Macbeth* am Teatro Comunale leitet und inszeniert.

Um den 13. Oktober: Nach der Rückkehr nach Busseto nimmt Verdi die Arbeit an *Stiffelio* wieder auf.

22. Oktober: Verdi erhält Piaves Text zu *La maledizione* (*Rigoletto*).

Um den 28. Oktober trifft Verdi in Venedig ein.

31. Oktober bis 20. November: Gemeinsamer Aufenthalt mit Piave in Triest für die Proben zu *Stiffelio*

16. November: Uraufführung von *Stiffelio* am Triester Teatro Grande unter Verdis Leitung. Mäßiger Erfolg

Am 17. November sendet Verdi das Libretto zu *La maledizione* (*Rigoletto*) an das Teatro La Fenice nach Venedig.

20. November: Verdi reist von Triest nach Busseto und versucht bei einem Zwischenhalt in Venedig, die Zustimmung der Zensur für *La maledizione* einzuholen. Sie wird ihm verweigert, was den Beginn einer langen Auseinandersetzung bedeutet.

9. Dezember: Piave deponiert *Il duca di Vendôme*, die redigierte Fassung von *La maledizione* im venezianischen Zensurbüro.

20. Dezember: Zustimmung der Zensur zu *Il duca di Vendôme*

26. Dezember: *Gerusalemme*, die italienische Fassung von *Jérusalem*, hat an der Mailänder Scala Premiere.

30. Dezember: Verdi, Piave und der Sekretär des La Fenice, Guglielmo Brenna, einigen sich auf eine weitere neue Librettofassung von *Il duca di Vendôme* unter dem Titel *Rigoletto*. Der vom Stoff begeisterte Verdi komponiert den Text in ungewöhnlich kurzer Zeit.

1851

URAUFFÜHRUNGEN: *Zerline* von Daniel-François-Esprit Auber (Paris); *La Perle du Brésil* von Félicien David (Paris); *Sapho* von Charles Gounod (Paris); *Die vornehmen Dilettanten* von Albert Lortzing (Frankfurt); *Raymond* von Ambroise Thomas (Paris); *Fiorina* von Carlo Pedrotti (Verona); *Le precauzioni* von Errico Petrella (Neapel)

Januar: Zwischen Verdi und seinem Vater treten Spannungen auf.

10. Januar: Richard Wagner vollendet seine Schrift *Oper und Drama*.

24. Januar: Gaspare Spontini stirbt in Maiolati bei Ancona.

25. Januar: Zustimmung der venezianischen Zensur zu *Rigoletto*

5. Februar: Fertigstellung von *Rigoletto* bis auf die Instrumentation

19. Februar: Ankunft in Venedig für die Proben von *Rigoletto*

23. Februar: Die von Mario Lanari überarbeitete Version von *Stiffelio* kommt unter dem Titel *Guglielmo Wellingrode* am Teatro Apollo in Rom zur Aufführung. Verdi distanziert sich.

11. März: Die Uraufführung von *Rigoletto* am Teatro La Fenice unter Verdis Stabführung wird zu einem triumphalen Erfolg.

Noch in Venedig fragt Verdi Cammarano erneut für ein Libretto nach *El trovador* von Gutierrez an. Die Uraufführung wäre im Herbst 1851 in Bologna geplant gewesen. Cammarano reagiert zunächst nicht – wohl aufgrund des Stoffs –, so daß der Vertrag nicht eingehalten wird.

Um den 15. März kehrt Verdi nach Busseto zurück. Während seines Aufenthalts dort bezieht er mit Giuseppina Strepponi das Landhaus auf Sant'Agata.

Ende März/Anfang April schickt Verdi einen eigenen Inhaltsabriß zu *Il trovatore* an Cammarano. Der Dichter hatte sich schließlich von dem Stoff überzeugen lassen, Cammaranos Entwurf sagte Verdi jedoch nicht zu. Cammarano nimmt die Arbeit erneut auf.

April: Verdis Eltern verlassen Sant'Agata und ziehen nach Vidalenzo. Ende des Monats legen Verdi und sein Vater in einem schriftlichen Abkommen ihre Finanzstreitigkeiten bei.

28. Juni: Verdis Mutter, Luigia Uttini Verdi, stirbt. Sie wird in Vidalenzo nahe Busseto beigesetzt.

Sommer: Auf Sant'Agata beginnen Renovierungsarbeiten.

Juli: Verdi lehnt einen Kompositionsauftrag aus Madrid ab.

September: Die Direktion des Teatro La Fenice nimmt Kontakt mit Verdi auf. Es geht um die Eröffnungsoper für die *stagione del carnevale* 1852/53 (*La traviata*).

28. September bis 8. Oktober: Verdi ist erneut in Bologna, um Aufführungen von *Macbeth* und *Luisa Miller* am Teatro Comunale zu betreuen.

10. Dezember: Strepponi und Verdi brechen von Busseto aus gemeinsam nach Paris auf. Die Reise stellt wohl auch eine Art Flucht vor Unannehmlichkeiten dar, mit denen sich das in ›wilder Ehe‹ lebende Paar in Busseto konfrontiert sah.

1852

URAUFFÜHRUNGEN: *La Poupée de Nuremberg*, *Le Farfadet* und *Si j'étais Roi* von Adolphe Adam (Paris); *Marco Spada* von Daniel-François-Esprit Auber (Paris); *Il marito e l'amante* von Federico Ricci (Wien)

21. Januar: Verdi schreibt einen langen Brief an Antonio Barezzi, in dem er sich gegen die Hetzkampagne der Bussetaner wegen seiner ›wilden Ehe‹ mit Giuseppina Strepponi (in die sich auch Barezzi verwickeln ließ) zur Wehr setzt und Respekt für die freie und unabhängige Dame, die in seinem Haus wohnt, einfordert.

2. Februar: Die Uraufführung von Alexandre Dumas des Jüngeren *La Dame aux camélias* am Théatre Vaudeville wird zu dem Theaterereignis der Pariser Saison schlechthin. Das Stück sollte als Stoffvorlage zu *La traviata* herangezogen werden.

28. Februar: Verdi schließt mit dem Direktor der Pariser Opéra, Nestor Roqueplan, den Vertrag über eine neue, im Dezember 1854 aufzuführende Oper ab (*Les Vêpres Siciliennes*).

7. bis 18. März: Reise Strepponis und Verdis von Paris nach Busseto

April: Cavour wird Ministerpräsident von Piemont-Sardinien und entwirft ein Programm zur nationalen Einigung Italiens unter piemontesischer Führung.

4. Mai: Guglielmo Brenna und Carlo Marzari vom Teatro La Fenice treffen mit dem Vertrag zur neuen Oper (*La traviata*) bei Verdi in Busseto ein. Verdi unterschreibt.

Juni: Verhandlungen mit Vincenzo Jacovacci, dem *impresario* des Teatro Apollo in Rom, über eine dortige Aufführung von *Il trovatore*

17. Juli: Cammarano stirbt in Neapel. Das Libretto zu *Il trovatore* hinterläßt er als Fragment, das der neapolitanische Dichter Leone Emanuele Bardare später vervollständigen sollte. Zur Weiterentwicklung des *Re Lear*-Projektes wendet sich Verdi an Antonio Somma.

2. August: *I masnadieri* werden erstmals in deutscher Sprache am Budapester Deutschen Theater aufgeführt.

Anfang August: Möglicherweise hält sich Verdi kurz in Rom auf.

10. August: Der Präsident der Französischen Republik, Louis Bonaparte, ernennt Verdi zum Ritter der Ehrenlegion und schickt Escudier nach Italien, um die Auszeichnung zu überbringen.

September: Auseinandersetzung mit Tito Ricordi über die Übersetzungsrechte an *Luisa Miller*

29. September: Verdi verpflichtet Bardare zur Vervollständigung von Cammaranos Libretto zu *Il trovatore*.

Oktober: Verdi liest Alexandre Dumas des Jüngeren *La Dame aux camélias*. Begeistert beschließt er, die Oper für das Teatro La Fenice nach diesem Stoff zu gestalten.

Ende Oktober und Anfang November ist Piave in Busseto, um das Libretto zu *La traviata* auszuarbeiten. Verdi unterschreibt einen Vertrag mit dem Teatro Apollo in Rom für *Il trovatore*.

20. Dezember: Verdi bricht von Sant'Agata nach Rom zu den Proben für *Il trovatore* auf. Strepponi begleitet ihn bis Livorno.

Um den 25. Dezember trifft Verdi in Rom ein.

1853

URAUFFÜHRUNGEN: *Le Sourd* und *Le Bijou perdu* von Adolphe Adam (Paris); *Pepito* von Jacques Offenbach (Paris)

19. Januar: Verdi leitet die Uraufführung von *Il trovatore* am Teatro Apollo in Rom, die zu einem triumphalen Erfolg wird.

22. Januar: Abreise aus Rom nach Busseto

Ende Januar bis Mitte Februar: Arbeit an *La traviata* in Busseto

2. Februar: Französischsprachige Erstaufführung von *Louise Miller* an der Pariser Opéra in der Übersetzung von Benjamin Alaffre und Emilien Pacini. Verdi distanziert sich.

Anfang Februar kommt Piave zu einer Überarbeitung des Librettos von *La traviata* nach Busseto.

Um den 10. Februar sind die Arbeiten an *La traviata* – bis auf die Instrumentation – abgeschlossen und Verdi bricht nach Venedig auf.

21. Februar: Beginn des Aufenthalts in Venedig. Die Arbeiten an der Instrumentation von *La traviata* beginnen.

Anfang März ist die Instrumentation abgeschlossen.

6. März: Die Uraufführung von *La traviata* am Teatro La Fenice unter Verdis Leitung bezeichnet der Komponist als Fiasko.

10. bis 12. März: Reise von Venedig nach Sant' Agata

22. April: Verdi nimmt wegen eines Librettos zu *Re Lear* Kontakt zu Antonio Somma auf. Es entwickelt sich eine rege Korrespondenz über das Projekt.

Im Mai sendet Somma ein Szenario zu *Re Lear* an Verdi.

15. Oktober: Verdi und Strepponi brechen nach Paris auf.

Am 31. Dezember erhält Verdi die Endfassung des Librettos zu *Les Vêpres Siciliennes* von Eugène Scribe.

1854

URAUFFÜHRUNGEN: *La Nonne sanglante* von Charles Gounod (Paris); *Der Advokat* von Ferdinand Hiller (Köln); *Alfonso und Estrella* von Franz Schubert (Weimar); *Marco Visconti* von Errico Petrella (Neapel)

In Wien erscheint Eduard Hanslicks Abhandlung *Vom Musikalisch Schönen*.

12. Februar: Erstaufführung der deutschen Übersetzung von *Attila* am Stuttgarter Hoftheater

16. Februar: Verdi besucht in Paris die Uraufführung von Giacomo Meyerbeers *L'Ètoile du nord* an der Opéra-Comique.

Anfang März beginnt er mit der Arbeit an *Les Vêpres Siciliennes*.

Im März protestiert Verdi auf Veranlassung Ricordis heftig gegen ein geplantes Urheberrechtsgesetz in England, das ausländischen Komponisten Tantiemen an in England aufgeführten Werken verweigert. Im Verlauf der Auseinandersetzung reist Verdi zweimal nach London, auch um weitere dortige Aufführungen seiner Werke zu verhindern.

6. Mai: Die überarbeitete Version von *La traviata* wird erfolgreich am Teatro San Benedetto in Venedig aufgeführt.

Den Sommer verbringen Strepponi und Verdi in einem gemieteten Landhaus in Mandres bei Paris.

Anfang September sind bereits vier Akte von *Les Vêpres Siciliennes* zu Papier gebracht.

1. Oktober: Beginn der Proben zu *Les Vêpres Siciliennes*

Am 9. Oktober müssen die Vorbereitungen zur Premiere unterbrochen werden, da die *prima donna* Sophie Cruvelli unerwartet verschwindet. Verdi denkt an Vertragsauflösung.

Ende November können – nach der Rückkehr Cruvellis nach Paris – die Proben wieder aufgenommen werden.

26. Dezember: Verdi leitet eine Vorstellung von *Il trovatore* am Pariser Théâtre Italien.

1855

URAUFFÜHRUNG: *Jaguarita l'Indienne* von Jacques Fromental Halévy (Paris); *Les deux Aveugles* von Jacques Offenbach (Paris)

21. März: Somma schickt die ersten beiden Akte von *Re Lear* an Verdi, zwei Tage später den Rest. Obwohl eine Vertonung immer wieder diskutiert wird, sollte Verdi diesbezügliche Pläne dennoch nie umsetzen.

Anfang April ist *Les Vêpres Siciliennes* bis auf die Ballettmusiken vollendet.

April: Gemeinsam mit Vincenzo Torelli versucht Verdi erfolglos, ein Sängerensemble für das *Re Lear*-Projekt zusammenzustellen.

Mai: *Il trovatore* wird am Londoner Covent Garden aufgeführt.

Mai: Piemont-Sardinien beteiligt sich am 1853 ausgebrochenen Krimkrieg gegen Rußland. Cavour gewinnt damit die Unterstützung der Westmächte.

13. Juni: *Les Vêpres Siciliennes* hat unter Verdis Leitung an der Pariser Opéra erfolgreich Premiere.

Den **August und September** verbringen Verdi und Strepponi im Badeort Enghien bei Paris

Im September vollendet Arnoldo Fusinato *Giovanna de Guzman*, die italienische Übersetzung von *Les Vêpres Siciliennes*, bei der Verdi beratend mitwirkte.

November bis Anfang Dezember: Verdi berät Emilien Pacini bei seiner Übersetzung von *Il trovatore* ins Französische.

Um den 20. Dezember verlassen Verdi und Strepponi Paris.

21. Dezember: Zwischenhalt in Alessandria, wo Verdi sich mit Emanuele Muzio trifft. Dieser leitet vor Ort eine Produktion von *La traviata*.

23. Dezember: Rückkehr nach Busseto

26. Dezember: Premiere von *Giovanna de Guzman*, der italienischen Übertragung von *Les Vêpres Siciliennes*, am Teatro Ducale in Parma.

1856

URAUFFÜHRUNGEN: *Les Pantins de Violette* von Adolphe Adam (Paris); *Manon Lescaut* von Daniel-François-Esprit Auber (Paris); *L'assedio di Firenze* von Giovanni Bottesini (Paris); *Tutti in maschera* von Carlo Pedrotti (Verona); *Elnava* von Errico Petrella (Mailand); *I promessi sposi* von Amilcare Ponchielli (Cremona)

Anfang des Jahres bittet Vincenzo Torelli, der *impresario* des Teatro San Carlo in Neapel, Verdi um ein neues Werk (*Un ballo in maschera*).

Ende Januar: Verdi ist in Parma, unter anderem um Antonio Giuglini, der in Londoner Aufführungen von Verdi-Opern erfolgreich war, in Vincenzo Bellinis *I puritani* zu hören. Zudem setzt er sich für die Teilnahme des Herzogtums Parma am Krimkrieg ein.

Anfang Februar: Rückkehr nach Busseto

4. Februar: Arnoldo Caimis Übersetzung von *Les Vêpres Siciliennes* hat in Mailand Premiere.

9. Februar: Der König von Piemont-Sardinien, Vittorio Emanuele II., verleiht Verdi den Titel eines »Cavagliere dell'Ordine di SS. Maurizio e Lazzaro«.

21. bis 23. Februar: erneuter Aufenthalt in Parma

8.(?) bis 13. März: Verdi ist wahrscheinlich in Mailand.

15. bis 19. März: Aufenthalt in Venedig. Verdi hat mit der Aufführung von *La traviata* am Teatro San Benedetto, die er selbst dirigiert und inszeniert, großen Erfolg.

Vom 27. März bis Mitte Mai ist Piave auf Sant'Agata und arbeitet an einer Neufassung von *Stiffelio* (*Aroldo*). Er fragt zudem im Auftrag des Teatro La Fenice um ein neues Werk für die Saison 1856/1857 an (*Simon Boccanegra*).

2. Mai: Verdi geht ein Vertragsentwurf vom *impresario* des Teatro San Carlo in Neapel, Luigi Alberti, über eine neue Oper zu, die im Januar 1857 aufgeführt werden soll; Verdi wird den – abgeänderten – Vertrag im Februar 1857 unterschreiben (*Un ballo in maschera*).

15. Mai: Mit dem Teatro La Fenice in Venedig unterschreibt Verdi einen Vertrag für die kommende Saison. Die Textauswahl bleibt ihm überlassen (*Simon Boccanegra*).

26. Juni: Strepponi und Verdi beginnen einen erneuten Aufenthalt in Venedig mit Seebädern.

19. bis 22. Juli: Rückreise von Venedig nach Busseto

29. Juli: Robert Schumann stirbt in Endenich bei Bonn.

Ende Juli schließt Piave die Überarbeitung von *Stiffelio* (*Aroldo*) ab.

31. Juli: Verdi bricht gemeinsam mit Strepponi nach Paris auf, wo er erfolglos wegen Tantiemen prozessiert und Aufführungen seiner Werke verhindern möchte. Während seines Aufenthalts in Paris beendet er die Arbeit an *Aroldo*.

Mitte August schickt Verdi einen Prosaentwurf des Librettos *Simon Boccanegra* an Piave zur Vorlage bei der venezianischen Zensur.

September: Beginn der Kompositionsarbeit an *Simon Boccanegra*. Montanelli hilft ihm bei der Modifizierung von Piaves Libretto.

22. September: Verdi unterschreibt einen Vertrag mit Alphonse Royer, dem Direktor der Pariser Opéra, über die Produktion einer französischen Neufassung von *Il trovatore*.

1857

URAUFFÜHRUNGEN: *Le Mariage aux laternes* von Jacques Offenbach (Paris); *Vittore Pisani* von Achille Peri (Reggio); *Psyché* von Ambroise Thomas (Paris)

Januar: Muzio beginnt, den Klavierauszug für *Simon Boccanegra* zu erstellen.

12. Januar: *Le Trouvère*, die französische Fassung von *Il trovatore* (Übersetzung Emilien Pacini) mit neuem Ballett und einigen Abänderungen, hat Premiere an der Pariser Opéra und wird positiv aufgenommen.

13. Januar: Abreise mit Giuseppina Strepponi in Richtung Busseto

5. Februar: Verdi unterschreibt den bereits im Jahr zuvor diskutierten, jetzt modifizierten Vertrag mit dem Teatro San Carlo in Neapel über eine neue Oper (*Un ballo in maschera*).

Mitte Februar: *Simon Boccanegra* ist vollendet.

19. Februar: Verdi und Strepponi halten sich in Venedig auf. Verdi instrumentiert seine neue Oper.

1. März: Probenbeginn zu *Simon Boccanegra* in Venedig

8. März: Ruggero Leoncavallo kommt in Neapel zur Welt.

12. März: Erfolglose Uraufführung der Erstfassung von *Simon Boccanegra* am Teatro La Fenice unter der Leitung Verdis

14. März: Deutschsprachige Erstaufführung von *Les Vêpres Siciliennes* am Hoftheater Darmstadt

Im März schließt Verdi mit dem Teatro Nuovo in Rimini einen Vertrag über die Aufführung von *Aroldo* ab, der überarbeiteten Fassung von *Stiffelio*.

15. März: Zurück in Busseto

Anfang April: Piave kommt nach Busseto, um *Simon Boccanegra* für die geplante Aufführung am Teatro Municipale in Reggio Emilia zu überarbeiten.

10. April: Vertragsabschluß zur Aufführung von *Simon Boccanegra* in Reggio Emilia

15. April: Verdi kauft Piantadoro, ein großes Anwesen, das an Sant'Agata grenzt.

10. Mai: Verdi leitet die Proben zur Aufführung von *Simon Boccanegra* in Reggio Emilia. Er nimmt kleinere Retuschen an der Partitur vor.

9. Juni: *Simon Boccanegra* kommt in Reggio Emilia zur Aufführung.

Mitte Juni: Rückkehr nach Busseto

Anfang Juli: Die letzten Abschnitte von *Aroldo* werden zu Ricordi nach Mailand geschickt.

23. Juli: Verdi, Strepponi und Piave machen sich auf den Weg nach Rimini.

27. Juli: Probenbeginn zu *Aroldo* unter Verdis Aufsicht

16. August: Die Uraufführung von *Aroldo* in der Inszenierung Verdis und unter der Leitung Marianis wird am Teatro Nuovo in Rimini zum Mißerfolg.

Um den 20. August: Rückreise nach Busseto

Anfang September beginnt Verdi, an der neuen Oper nach Shakespeares *King Lear* zu arbeiten.

Ende September wird der Plan verworfen und die Arbeit an einem Libretto nach Eugène Scribes *Gustave III ou Le Bal masqué* aufgenommen (später *Un ballo in maschera*).

19. Oktober: Ein Entwurf von *Gustavo III* geht an Vincenzo Torelli, den *impresario* des Teatro San Carlo, nach Neapel zur Vorlage bei der Zensur.

Anfang November: Die neapolitanische Zensur lehnt *Gustavo III* ab.

Anfang Dezember: Verdi und sein Librettist Antonio Somma planen eine Umarbeitung des Librettos unter dem Titel *Una vendetta in domino*.

Um den 20. Dezember kommt Somma nach Sant'Agata zur gemeinsamen Arbeit an *Una vendetta in domino*.

1858

URAUFFÜHRUNGEN: *Der Barbier von Bagdad* von Peter Cornelius (Weimar); *Le Médecin malgré lui* von Charles Gounod (Paris); *La Magicienne* von Jacques Fromental Halévy (Paris); *Orphée aux enfers* und *Mesdames de la Halle* von Jacques Offenbach (Paris); *Il saltimbanco* von Giovanni Pacini (Rom); *Jone* von Errico Petrella (Mailand)

Anfang Januar: Der neue Text zu *Una vendetta in domino* wird der Zensur vorgelegt. Die Komposition ist bis auf die Instrumentation fertiggestellt.

Um den 5. Januar machen sich Verdi und Strepponi zu einer beschwerlichen Winterreise nach Neapel auf.

7. bis 13. Januar: Während eines Zwischenaufenthalts in Genua instrumentiert Verdi die neue Oper.

13. Januar: Attentat auf Napoléon III. Die Bedenken der Zensur gegen den neuen Opernstoff verschärfen sich.

14. Januar: Ankunft in Neapel. Verdi besucht eine Vorstellung von *Batilde di Turenna* (*Les Vêpres Siciliennes*) am Teatro San Carlo.

28. Januar: Das Libretto *Una vendetta in domino* wird bei den Zensurbehörden eingereicht.

17. Februar: Die Zensoren akzeptieren das Werk nur mit drastischen – eigenen – Abänderungen unter dem Titel *Adelia degli Adimari*. Als der wütende Verdi daraufhin prozessieren will, wird er mit Gefängnis bedroht. Verdi lehnt es ab, das Werk in Neapel zur Aufführung zu bringen.

Anfang März kommt er mit Vincenzo Jacovacci, dem *impresario* des Teatro Apollo in Rom überein, sein neues Werk dort zur Aufführung zu bringen.

Mitte April stimmt Verdi einer Einigung mit dem Teatro San Carlo bezüglich der entfallenen Premiere zu, und unterschreibt einen Vertrag zur Aufführung eines anderen Werkes dort im Oktober oder November (*Simon Boccanegra*).

23. April: Abreise aus Neapel nach Busseto über Genua (27. April) und Piacenza (28./29. April)

29. April: Ankunft in Busseto

Ende Juni bis Mitte Juli zu Thermalbädern in Tabiano bei Parma

Mitte Juli trifft sich Verdi wahrscheinlich in Venedig mit Somma, um im Blick auf die römische Zensur Änderungen an *Una vendetta in domino* vorzunehmen.

Juli: Der französische Kaiser verspricht Cavour bei einem Treffen in Plombières-les-Bains militärische Hilfe gegen Österreich. Dies führt zur Kriegserklärung Österreichs.

Ende September geht das überarbeitete Libretto unter dem Titel *Un ballo in maschera* nach Rom. Noch im Herbst wird die Fassung – mit Veränderungen – genehmigt.

20. Oktober: Verdi schifft sich von Genua nach Neapel ein.

23. Oktober: Ankunft in Neapel zu den Proben für *Simon Boccanegra*

28. November: Erfolgreiche Aufführung von *Simon Boccanegra* unter Verdis Leitung am Teatro San Carlo.

22. Dezember: Giacomo Puccini kommt in Lucca zur Welt.

1859

URAUFFÜHRUNGEN: *Herculanum* von Félicien David (Paris); *Faust* von Charles Gounod (Paris); *Le Pardon de Ploërmel* von Giacomo Meyerbeer (Paris); *Geneviève de Brabant* von Jacques Offenbach (Paris)

Im Januar wird »Viva V. E. R. D. I.« (siehe oben, S. 93) als politischer Slogan eingesetzt und zum Kriegsruf Italiens gegen Österreich

10. Januar: Verdi verläßt Neapel.

12. bis 13. Januar: Stürmische Seereise und Ankunft in Civitavecchia und Rom, wo nach längeren Verhandlungen mit der päpstlichen Zensur das Libretto *Un ballo in maschera* angenommen wurde.

24. bis 26. Januar: Vittorio Emanuele II. und Napoléon III. unterschreiben den Allianzvertrag.

17. Februar: Erfolgreiche Uraufführung von *Un ballo in maschera* unter Verdis Regie am Teatro Apollo in Rom.

20. Februar: Die Accademia Filarmonica Romana nimmt Verdi als Ehrenmitglied auf.

13. bis 20. März: Rückreise auf dem Seeweg nach Busseto, Zwischenhalt in Genua (17./18. März)

29. April: Invasion Österreichs in Piemont. Beginn des Zweiten Unabhängigkeitskrieges.

4. Juni: Schlacht bei Magenta und damit Sieg des Bündnisses zwischen Piemont-Sardinien und Frankreich gegen Österreich

5. Juni: Vittorio Emanuele II. und Napoléon III. ziehen in Mailand ein.

20. Juni: Verdi initiiert eine Spendensammlung für die »Verwundeten und die armen Familien der Gefallenen für das Vaterland«.

24. Juni: Schlacht bei Solferino und damit erneute Niederlage Österreichs

11. Juli: Waffenstillstand von Villafranca zwischen Napoléon III. und Österreich

Im Juli sind Verdi und Strepponi erneut in Tabiano bei Parma zu Thermalkuren.

29. August: Kirchliche Trauung von Giuseppe Verdi und Giuseppina Strepponi im savoyischen (und damit noch zu Piemont-Sardinien gehörenden) Dorf Collonges-sous-Salève bei Genf.

Anfang September: Rückkehr des Ehepaars nach Busseto

4. September: Verdi wird zum Abgeordneten von Busseto für das Parlament der Provinz Parma gewählt.

7. bis 12. September: Aufenthalt in Parma, während dessen Verdi in der Volksabstimmung für den Anschluß an das Königreich Piemont-Sardinien und damit gegen die Bildung einer italienischen Konföderation stimmt

15. September: Vittorio Emanuele II. empfängt Verdi mit einer Delegation aus Parma in Turin. Die Abgeordneten unterbreiten eine Petition zur Verbindung von Parma und Piemont-Sardinien.

17. September: Verdi wird zum Ehrenbürger von Turin ernannt. Zudem stattet er Cavour in Livorno einen Besuch ab.

18. bis 20. September: Reise von Turin nach Busseto

November: Frieden von Zürich. Entgegen dem französischen Versprechen gegenüber Cavour bleibt Venetien bei Österreich, die Lombardei fällt an Frankreich. Cavour tritt aus Protest zurück.

1860

URAUFFÜHRUNGEN: *Philémon et Baucis* und *La Colombe* von Charles Gounod (Paris); *Daphnis et Chloë* und *Barkouf* von Jacques Offenbach (Paris); *Giuditta* von Achille Peri (Mailand)

Vertrag von Turin: Napoléon III. erhält die vorher zum Königreich Piemont-Sardinien gehörenden Territorien um Nizza und das ganze Savoyen im Tausch gegen die Lombardei.

3. Januar bis 11. März: Winteraufenthalt des Ehepaars Verdi in Genua

Um den 12. März: Rückkehr nach Busseto. Haus und Gut Sant'Agata werden vergrößert.

11. Mai: Nach einem erfolgsolem Aufstand in Palermo trifft Garibaldi in Sizilien ein.

Den Juli verbringen die Verdis wieder mit Thermalbädern in Tabiano bei Parma.

7. September: Garibaldi erobert Neapel.

Oktober: Garibaldi legt seine Diktatur zugunsten eines Anschlusses an Piemont-Sardinien nieder. Italien wird vereint, mit Ausnahme Venetiens und Roms.

23. November: Enrico Tamberlick vom St. Petersburger Theater fragt bei Verdi um eine Oper für das dortige Kaiserliche Theater an.

Anfang Dezember: kurzer Aufenthalt in Genua

1861

URAUFFÜHRUNGEN: *La Circassienne* von Daniel-François-Esprit Auber (Paris); *La Chanson de Fortunio* und *Le Pont de soupirs* von Jacques Offenbach (Paris); *Guerra in quattro* von Carlo Pedrotti (Mailand); *Die Verschworenen* von Franz Schubert (Frankfurt am Main)

16. Januar: Ankunft in Turin

18. Januar: Treffen mit Cavour, der Verdi überredet, für das italienische Parlament zu kandidieren

19. Januar: Rückkehr nach Busseto

27. Januar: Verdi wird zum Abgeordneten von Borgo San Donnino (heute Fidenza) ins italienische Parlament gewählt.

Februar: Kapitulation von Gaëta (Sturz der Bourbonen in Neapel)

14. Februar: Ankunft in Turin

18. Februar: Eröffnung des italienischen Parlaments in Turin, das Rom zur Hauptstadt erklärt.

März: Vittorio Emanuele II. wird König von Italien.

Anfang April: nach einer kurzen Rückkehr nach Sant'Agata Beginn eines weiteren Aufenthalts in Turin

Mitte Mai: zurück auf Sant'Agata

3. Juni: Der Vertrag für die Petersburger Oper wird in Paris entworfen und Verdi zugesandt.

6. Juni: Tod Cavours

17. Juni: Verdi ist zu Parlamentssitzungen in Turin

Ende Juni: Rückkehr nach Busseto

Anfang Juli: erneut in seiner Funktion als Abgeordneter in Turin

Mitte Juli: Rückkehr nach Busseto

Mitte–Ende Juli ist Piave auf Sant'Agata und arbeitet mit Verdi am Libretto *La forza del destino* für St. Petersburg.

Anfang September kommt Piave erneut für drei Tage nach Sant'Agata.

Ende September beginnt Verdi mit der Komposition von *La forza del destino*. Piave ist erneut auf Sant' Agata.

22. November: Die erste Fassung von *La forza del destino* ist bis auf die Instrumentation vollendet.

24. November: Die Verdis brechen nach Rußland auf.

28. bis 29. November: Zwischenhalt in Paris

6. Dezember: Ankunft in St. Petersburg. Wegen Erkrankung der *prima donna* Emma La Grua muß die Premiere von *La forza del destino* um ein Jahr verschoben werden.

1862

URAUFFÜHRUNGEN: *Béatrice et Bénédict* von Hector Berlioz (Baden-Baden); *Lalla-Roukh* von Felicien David (Paris); *La Reine de Saba* von Charles Gounod (Paris); *Die Katakomben* von Ferdinand Hiller (Wiesbaden); *Monsieur et Madame Denis* und *Bavard et Bavarde* von Jacques Offenbach (Paris)

Niederlage von Aspromonte: Garibaldi scheitert mit seinem Vorhaben, Rom einzunehmen.

In Mailand erscheint Cletto Arrighis Roman *La scapigliatura e il 6 febbraio*. Damit erhält die neue antibürgerliche Literaturbewegung der »Zerzausten«, in der auch Arrigo Boito aktiv sein wird, ihren Namen *scapigliatura*.

Ende Januar: Verdis sind für ein paar Tage in Moskau, wo sie mit Ovationen begrüßt werden.

24. Februar bis 31. März: Aufenthalt in Paris. Dort entsteht der *Inno delle nazioni* als Auftragswerk für die Londoner Weltausstellung. Der Textdichter ist Arrigo Boito, den Verdi in Paris auch persönlich kennenlernt.

17. März: Fromental Halévy stirbt in Nizza.

Anfang April sind Verdis zurück in Busseto. Giuseppina fährt nach London voraus.

20. April: Verdi kommt in London bei seiner Frau an; auf der Reise hatte er sich einige Tage in Turin aufgehalten.

24. Mai: Uraufführung des *Inno delle nazioni* in einem Konzert am Her Majesty's Theatre

31. Mai bis 13. Juni: Rückreise nach Busseto über Paris (2. bis 5. Juni) und Turin (7. bis 13. Juni)

Im Juni veröffentlicht Ricordi den Klavierauszug des *Inno delle nazioni*.

30. Juni bis Anfang Juli: Parlamentssitzung in Turin

Juli: Von Busseto aus besuchen die Verdis Giuseppinas erkrankte Schwester Barberina in Cremona

22. August: Claude Debussy kommt in Saint-Germain-en-Laye zur Welt.

August: Instrumentation von *La forza del destino*

Ende August: Die Verdis brechen erneut nach Rußland auf.

5. September: Ankunft in Paris

Ende September bis Anfang Oktober: Aufenthalt in Moskau

8. November: Verdi wird vom Zaren das Kreuz des Kaiserlichen und Königlichen St. Stanislas Ordens verliehen

10. November: Premiere der ersten Fassung von *La forza del destino* in der Inszenierung Verdis am Kaiserlichen Theater von St. Petersburg.

9. Dezember: Abreise aus Rußland

Mitte Dezember: Ankunft in Paris. Dort werden Pläne zu einer Neubearbeitung von *La forza del destino* mit Ricordi, Piave, Lauziéres und Perrin diskutiert, aber (noch) nicht umgesetzt.

1863

URAUFFÜHRUNGEN: *Les Pêcheurs de perles* von Georges Bizet (Paris); *Les Troyens à Carthage* von Hector Berlioz (Paris); *Sangeskönig Hiarne und das Tyrfingschwert* von Heinrich Marschner (Frankfurt); *Lischen et Fritzchen* von Jacques Offenbach (Paris)

5. Januar bis 11. Januar: Reise von Paris nach Madrid zu Proben von *La forza del destino*

21. Februar: Unter Verdis Regie wird *La forza del destino* am Teatro Real in Madrid aufgeführt.

23. Februar bis 14. März: Reise nach Andalusien

17. März: Ankunft in Paris zur Neueinstudierung von *Les Vêpres Siciliennes* an der Opéra. Während des Aufenthalts in Paris greift Léon Carvalho den Plan zu einer französischen *Macbeth*-Fassung für das Théâtre-Lyrique auf.

20. Juli: Aufführung von *Les Vêpres Siciliennes* in Paris.

21. Juli: Verdi verläßt Paris, verärgert über Schlampereien an der Opéra.

22. bis 24. Juli: Aufenthalt in Turin

25. bis 29. Juli: zurück in Busseto

30. bis 31. Juli: erneut in Turin

1. August: erneut – diesmal für längere Zeit – in Busseto

7. Dezember: Pietro Mascagni wird in Livorno geboren.

17. Dezember: letzte Erwähnung des immer noch nicht umgesetzten *Re Lear*-Projektes in der Korrespondenz mit Somma

1864

URAUFFÜHRUNGEN: *Mireille* von Charles Gounod (Paris); *La belle Hélène* von Jacques Offenbach (Paris); *La contessa d'Amalfi* von Errico Petrella (Turin)

Die Renovierungsarbeiten auf Sant'Agata werden abgeschlossen.

Um den 20. Januar sind Verdis zu Parlamentssitzungen in Turin.

Februar: Aufenthalt in Genua

25. Februar: zurück in Turin

Anfang März: Aufenthalt in Busseto

2. Mai: Giacomo Meyerbeer stirbt in Paris.

11. Juni: Richard Strauss kommt in München zur Welt.

Juni: Verdi ist wieder in Genua, Escudier kommt zu Besuch.

Juli: Rückkehr nach Busseto

September: Konvention zwischen Italien und Frankreich: Danach zieht Frankreich seine Truppen aus Rom ab, im Gegenzug garantiert die italienische Regierung eine militärische Sicherung des Kirchenstaats.

7. November: Verdi beginnt mit der Überarbeitung von *Macbeth* für Paris.

11. Dezember: Der italienische Regierungssitz wird von Turin nach Florenz verlegt. Unruhen schließen sich an, da der Schritt als Verzicht auf Rom als italienische Hauptstadt gewertet wird.

1865

URAUFFÜHRUNGEN: *Der Cid* von Peter Cornelius (Weimar); *Amleto* von Franco Faccio (Genua); *Der Deserteur* von Ferdinand Hiller (Köln); *Romeo e Giulietta* von Filippo Marchetti (Triest); *L'Africaine* von Giacomo Meyerbeer (Paris); *Tristan und Isolde* von Richard Wagner (München)

3. Februar: Die Neufassung von *Macbeth* ist abgeschlossen, der 4. Akt auf dem Weg nach Mailand zu Ricordi.

5. Februar: Ankunft in Genua

12. bis 15. Februar, Ende Februar: Besuche bei Verdis erkranktem Vater in Vidalenzo bei Sant' Agata

Anfang März: in Turin

Mitte März: zurück in Busseto

Bis Mitte April: mehrere Reisen zu Parlamentssitzungen nach Turin

21. April: Die Neufassung von *Macbeth* in der französischen Übersetzung von Nuitter und Alexandre Beaumont kommt am Théâtre Lyrique in Paris ohne Erfolg und in Abwesenheit Verdis, der sich mit der Aufteilung in fünf Akte nicht einverstanden erklärte, zur Uraufführung.

Ende April: drei Tage in Turin

Juni: Verdi lehnt eine neuerliche Kandidatur für das Parlament ab.

17. Juni: Tod Joseph Mérys. Der Librettist hinterläßt einen Entwurf zu *Don Carlos*.

Juli: Das kleine Stadttheater von Busseto ist so gut wie fertig. Verdi wehrt sich zunächst dagegen, daß das Theater nach ihm benannt werden soll.

17. Juli: Verdi erklärt sich damit einverstanden, *La forza del destino* für Paris zu überarbeiten.
Escudier besucht ihn auf Sant'Agata und hat wahrscheinlich den Prosaentwurf Mérys zum *Don Carlos*-Libretto bei sich. Die Oper wird zum neuen Projekt für Paris.

August: in Genua

8. August: Tod Antonio Sommas

Mitte August: Rückkehr nach Busseto

17. August: Verdi willigt schließlich doch ein, Namenspatron des Theaters von Busseto zu werden.

28. August: Der Vertrag über die Pariser Neufassung von *La forza del destino* wird unterschrieben.

Mitte September: Verdi tritt von seinem Abgeordnetenmandat zurück.

20. November: Abreise nach Paris mit einem Zwischenhalt in Genua (21. bis 25. November)

1. Dezember: Ankunft in Paris

Ende Dezember schließt Verdi den Vertrag über *Don Carlos* mit der Pariser Opéra ab. Er berät Camille Du Locle, der den Entwurf Mérys in Verse bringt.

1866

URAUFFÜHRUNGEN: *Virginia* von Saverio Mercadante (Neapel); *Zaide* von Wolfgang Amadé Mozart (Frankfurt am Main); *La Vie parisiènne* und *Barbe-Bleue* von Jacques Offenbach (Paris); *Prodaná nevěsta (Die verkaufte Braut)* von Bedřich Smetana (Prag); *Mignon* von Ambroise Thomas (Paris)

17. März: Nach der Vollendung des 1. Aktes von *Don Carlos* reisen die Verdis über Genua, wo sie sich für ein paar Tage aufhalten, zurück nach Busseto.

24. März: Ankunft in Busseto. Die Arbeit an *Don Carlos* wird wieder aufgenommen.

Anfang April bis Mitte Mai entsteht die Entwurfsfassung des 2. Aktes von *Don Carlos*.

Anfang Juni ist auch der 3. Akt konzipiert.

19. Juni: Italien erklärt im Bündnis mit Preußen Österreich den Krieg; damit beginnt der dritte Unabhängigkeitskrieg zur Befreiung Venetiens.

24. Juni: Niederlage Italiens bei Custozza. Sant' Agata ist vom Krieg bedroht.

Anfang Juli vollendet Verdi das Particell des 4. Aktes von *Don Carlos*.

Vom 5. bis 22. Juli bewohnt das Ehepaar Verdi eine Mietwohnung im Palazzo Sauli in Genua. Die Räume werden zu einem zweiten Wohnsitz bis 1874.

Um den 20. Juli ist die Instrumentation der ersten vier Akte von *Don Carlos* vollendet.

22. bis 24. Juli: Reise nach Paris

11. August: Die Sängerproben zu *Don Carlos* beginnen.

19. August bis 12. September: Verdi zieht sich in den Kurort Cauterets in den französischen Pyrenäen zurück und komponiert dort den 5. Akt von *Don Carlos*, dessen Text auf Verdis Verlangen mehrmals umgearbeitet werden mußte.

Ende September: Die Einstudierung von *Don Carlos* beginnt an der Opéra unter Verdis Leitung.

Oktober: Dank französischer Unterstützung und preußischer Siege geht Venetien im Frieden von Wien an Italien, dafür muß auf das Trentino und Istrien verzichtet werden, die erst 1919 an Italien fallen sollten.

10. Dezember: *Don Carlos* ist vollständig instrumentiert, es fehlt einzig die Ballettmusik.

1867

URAUFFÜHRUNGEN: *La jolie Fille de Perth* von Georges Bizet (Paris); *Roméo et Juliette* von Charles Gounod (Paris); *L'Oie du Caire (L'oca del Cairo)* von Wolfgang Amadé Mozart (Paris); *La Grand' Tante* von Jules Massenet (Paris); *La Grande-Duchesse de Gérolstein* und *Robinson Crusoe* von Jacques Offenbach (Paris)

Dritter Marsch Garibaldis auf Rom, der im Gefecht von Mantua mit einer Niederlage gegen Frankreich endet.

14. Januar: Carlo Verdi, der Vater Giuseppe Verdis, stirbt in Vidalenzo.

Februar: Die Ballettmusik zu *Don Carlos* ist vollendet.

24. Februar und 9. März: Generalproben zu *Don Carlos*. Das Werk erweist sich als zu lang, so daß Verdi widerwillig Kürzungen vornehmen muß.

11. März: Wenig erfolgreiche Uraufführung von *Don Carlos* an der Pariser Opéra im Beisein des französischen Kaiserpaares. Verdi führte Regie, es dirigiert Georges-François Hainl.

12. bis 14. März: Reise von Paris nach Genua, wo die neue Wohnung eingerichtet wird.

16. März bis Mitte April: Mehrere Fahrten nach Sant'Agata, wo Arbeiten in Garten und Park auszuführen sind.

24. April: Verdi wird zum Ehrenbürger von Genua ernannt.

Ende Mai nehmen Verdis die siebenjährige Filomena Maria an Kindes statt auf; sie ist die Tochter eines Vetters von Verdis Vater.

4. Juni: Erfolgreiche Erstaufführung von *Don Carlos* in italienischer Sprache (Übersetzung Achilles de Lauzières) am Londoner Covent Garden. Der Dirigent der Produktion, Michael Costa, nahm drastische Striche vor.

Juni: in Genua

12. bis 15. Juni und Anfang Juli: Aufenthalt auf Sant'Agata

21. Juli: Antonio Barezzi stirbt in Busseto.

Anfang bis Mitte August in Genua und Turin

18. August: Ankunft der Verdis und Angelo Marianis in Paris zur Weltausstellung. Während ihres Aufenthalts in Frankreich machen die Verdis wieder eine Badekur in Cauterets.

1. Oktober: Abreise aus Paris nach Busseto

27. Oktober: Erste Aufführung von *Don Carlos* auf italienischem Boden in Bologna. Angelo Mariani führt das Werk in der ungekürzten Version auf und erlangt einen beachtlichen Erfolg.

Ende Oktober: Genuaaufenthalt

Anfang November: zurück in Busseto

19. November: in Genua

6. Dezember: Giovanni Pacini stirbt in Pescia (bei Lucca).

1868

URAUFFÜHRUNGEN: *Le premier Jour de Bonheur* von Daniel-François-Esprit Auber (Paris); *Mefistofele* von Arrigo Boito (Mailand); *L'Île de Tulipatan* und *La Périchole* von Jacques Offenbach (Paris); *Dalibor* von Bedřich Smetana (Prag); *Hamlet* von Ambroise Thomas (Paris); *Die Meistersinger von Nürnberg* von Richard Wagner (München)

März bis Mitte April: Von Genua aus besuchen die Verdis wiederholt Busseto.

29. März: Deutsche Erstaufführung von *Don Carlos* am Hoftheater Darmstadt

Anfang Mai kehren die Verdis nach Sant'Agata zurück.

Mai: Verdi lehnt den von Vittorio Emanuele II. neu eingerichteten Kreuzorden des Königreichs Italien ab. Damit reagiert er auf die Kritik des Erziehungsministers Emilio Broglio an der italienischen Musik nach Rossini.

28. bis 30. Juni: Aufenthalt in Genua

30. Juni: Verdi trifft Alessandro Manzoni in Mailand. Es ist das einzige Mal, daß sich die beiden Künstler persönlich begegnen.

4. Juli: zurück in Busseto

14. Juli: in Genua

August: wahrscheinlich Rückkehr nach Busseto

22. August bis 15. September: zur Thermalkur in Tabiano bei Parma

ab dem 16. September: zurück auf Sant'Agata

13. November: Tod Gioachino Rossinis in Passy (heute Stadtteil von Paris). Verdi plant zu seinem Andenken ein Requiem als Gemeinschaftskomposition verschiedener italienischer Komponisten.

November oder Dezember: Antonio Ghislanzoni wird die Arbeit zur Revision des Librettos von *La forza del destino* übertragen.

13. Dezember: Abreise nach Genua. Dort arbeitet Verdi mit Ghislanzoni an der Neufassung von *La forza del destino* für die Scala und trifft – wahrscheinlich zum ersten Mal – mit der Sopranistin Teresa Stolz zusammen.

1869

URAUFFÜHRUNGEN: *Rêve d'Amour* von Daniel-François-Esprit Auber (Paris); *Ruy Blas* von Filippo Marchetti (Mailand); *Vert-vert*, *La Princesse de Trébizonde* und *Les Brigands* von Jacques Offenbach (Paris); *I promessi sposi* von Errigo Petrelli (Lecco); *Une Folie à Rome* von Federico Ricci (Paris); *Voyevoda*, Peter Tschaikowskis erste Oper (Moskau); *Das Rheingold* von Richard Wagner (München)

Ende Januar: Maria Verdi wird in Turin eingeschult.

24. Januar (1. Februar) bis 28. Februar: Aufenthalt in Mailand zur Einstudierung von *La forza del destino*. Teresa Stolz singt die Leonora.

27. Februar: Triumphaler Erfolg der Erstaufführung der revidierten Fassung von *La forza del destino* in Verdis Regie an der Mailänder Scala.

28. Februar: zurück in Genua

Wohl im Februar oder März trifft aus Kairo das Angebot für ein neues Werk ein, eine Hymne zur Eröffnung des neuen Opernhauses in Kairo und des Suezkanals.

7. März: kurzer Aufenthalt in Busseto

8. März: Hector Berlioz stirbt in Paris.

ab Mitte April: in Sant'Agata

6. Juni: Verdi wird vom Komitee für die Totenfeier Rossinis die Aufgabe gebeten, das »Libera me« des Requiems zu vertonen.

5. Juli: Verdi wird zum »Cavagliere dell'Ordine del Merito Civile di Savoja« ernannt.

24. Juli bis 22. August: in Genua

9. August: Verdi lehnt das Angebot aus Kairo ab, die Eröffnungshymne des Suezkanals zu komponieren, mit der Begründung, er schreibe keine Gelegenheitswerke.

17. August: Vollendung des »Libera me« für die *Messa per Rossini*. Das gesamte Werk kommt jedoch nicht zur Aufführung. Verdi macht dafür das mangelnde Interesse des Dirigenten Angelo Mariani verantwortlich und beendet seine langjährige Freundschaft zu ihm.

22. August: zurück in Busseto

Ende August bis Anfang September: Thermalkur in Tabiano bei Parma

ab 12. September auf Sant'Agata

17. November: Emanuele Muzio leitet anläßlich der Kairoer Eröffnungsfeierlichkeiten eine Neuinszenierung von *Rigoletto*.

Ende November: Aufenthalt in Genua

8. Dezember: Verdi unterstreicht in einem Brief an Du Locle die Unvereinbarkeit seiner künstlerischen Prinzipien mit dem französischen Opernwesen.

Ende Dezember: Besuch Camille Du Locles in Genua. Er informiert Verdi über die Pläne des Khediven (Vizekönigs) von Ägypten, eine Oper zur Eröffnung des Suez-Kanals aufführen zu lassen. Zudem verlegt Ricordi auf Veranlassung Verdis ein Album mit sechs Liedern für Stimme und Klavier zur Unterstützung Piaves. Die Sammlung enthält Verdis *Stornello* auf einen anonymen Text.

1870

URAUFFÜHRUNGEN: *Il Guarany* von Carlos Gomes (Mailand); *Die Walküre* von Richard Wagner (München)

Ende Januar: Verdi bittet Du Locle in Paris, ihm die französische Übersetzung der Schriften Richard Wagners zu senden.

Frühjahr: Verdi kauft in der weiteren Umgebung von Sant'Agata Land nahe Cremona und ein Gehöft in Bersano.

26. März: Abreise aus Genua nach Paris

31. März bis 20. April: Aufenthalt in Paris. Überlegungen zu einer neuen Oper für die Opéra-Comique.

26. April: Rückkehr nach Sant'Agata

Anfang Mai: Aufenthalt in Genua, dann Rückkehr nach Busseto

14. Mai: Du Locle schickt als Fürsprecher der Oper von Kairo den Inhaltsentwurf zu *Aida*, der vom Ägyptologen Auguste Mariette erstellt wurde.

Ende Mai: Die vorausgegangenen monatelangen Verhandlungen mit Kairo führen nun zum Auftrag für *Aida*, einem Werk, das nach dem Wunsch des Auftraggebers auf ägyptischen Quellen beruhen mußte. Verdi fragt Ghislanzoni für eine Zusammenarbeit in Sachen *Aida* an.

Anfang Juni schickt Du Locle den Vertrag über *Aida*.

Ende Juni ist Du Locle für eine Woche in Busseto, um über Detailfragen des Vertrags zu verhandeln und eine französische Prosafassung des Stoffes von *Aida* zu erarbeiten.

Anfang Juli: Giulio Ricordi und Ghislanzoni sind für einige Zeit in Busseto, um die Übersetzung und Versifizierung des *Aida*-Librettos zu planen.

15. Juli: Ghislanzoni schickt Verdi den 1. Akt von *Aida*.

19. Juli: Kriegserklärung Frankreichs an Preußen aus Furcht vor preußisch-deutschem Hegemonialstreben.

9. bis 13. August: Aufenthalt Verdis in Genua. Arbeit am 1. Akt von *Aida*.

14. August: zurück in Busseto

August: Mariette trifft in Paris ein, um die Produktion der *Aida*-Ausstattung zu überwachen.

Ende August bis Anfang September: Ghislanzoni verbringt wieder einige Zeit auf Sant'Agata, um an den ersten beiden Akten von *Aida* zu arbeiten. Verdi stellt den Entwurf zum 1. Akt fertig.

1. September: Schlacht von Sedan: Kapitulation Frankreichs im deutsch-französischen Krieg

2. September: Gefangennahme von Napoléon III.

4. September: Proklamation der Dritten Französischen Republik. Der Krieg gegen Deutschland wird mit neu aufgestellten Armeen wieder aufgenommen.

13./14. September: Der Entwurf zum 2. Akt von *Aida* ist fertig.

September: Belagerung von Paris durch deutsche Truppen. Dekorationen und Kostüme für *Aida* sind damit in Paris eingeschlossen. Die für Januar 1871 geplante Uraufführung in Kairo verzögert sich darum ebenso wie die europäische Premiere an der Mailänder Scala.

20. September: Italienische Truppen erobern Rom und besetzen den Kirchenstaat.

Ende September: Die ersten beiden Akte des *Aida*-Librettos sind fertiggestellt.

13. Oktober: Erstaufführung von *Don Carlos* in deutscher Übersetzung am Ständischen Theater Prag.

27. Oktober: Der 3. Akt von *Aida* ist im Entwurf fertig.

Um den 13. November ist auch der 4. Akt von *Aida* im Entwurf abgeschlossen.

Mitte bis Ende November arbeiten Verdi und Ghislanzoni in Sant'Agata an letzten Details von *Aida*.

13. Dezember: Die Verdis reisen nach Genua.

17. Dezember: Saverio Mercadante stirbt in Neapel.

Ende Dezember ist *Aida* im Kompositionsentwurf vollendet.

1871

URAUFFÜHRUNG: *Ali Baba* von Giovanni Bottesini (London)

Verdi äußert den Entschluß, sich von der Opernbühne zurückzuziehen.

4. Januar: Verdi lehnt es ab, den nach Saverio Mercadantes Tod freigewordenen Posten des Direktors am Konservatorium von Neapel zu übernehmen.

18. Januar: Kapitulation Frankreichs und Proklamation des Deutschen Kaiserreichs in Versailles.

Mitte Januar sind die Instrumentierungsarbeiten an *Aida* abgeschlossen. Verdi wird zum Ehrenmitglied der Società Filarmonica von Neapel ernannt.

3. Februar: Rom wird zur Hauptstadt des vereinten Italien. Papst Pius IX. verbleibt die Hoheit über den Vatikanstaat.

März: Verdi ist in Florenz als Vorsitzender einer Kommission zur Reform der italienischen Konservatorien.

24. März: Zurück in Genua, wo Verdi einen schriftlichen Entwurf zur Konservatorienreform erarbeitet.

23. April: Rückkehr nach Sant'Agata

Mitte Mai: Draneth Bey, der Direktor der Oper von Kairo kommt zu Besuch nach Busseto für die letzten Vorbereitungen zur Premiere von *Aida*.

12./13. Mai: Daniel-François-Esprit Auber stirbt in Paris.

19. Juli bis 11. August: in Genua

12. August: Rückreise nach Sant'Agata mit einem Abstecher nach Turin. Zuhause nimmt Verdi die Arbeit an *Aida* wieder auf.

2. September: Die *Aida*-Partitur geht an Ricordi.

18. oder 19. bis 23. September: In Mailand. Dort übergibt Verdi Draneth die erweiterte *Aida*-Partitur und trifft sich mit dem Bühnenbildner Girolamo Magnani, um die Aufführung von *Aida* an der Scala vorzubereiten. Dabei wird auch ein neuer Sitzplan für das Orchester entworfen.

27. September: zurück in Busseto. Bis zum 12. Oktober ist Teresa Stolz zu Besuch auf Sant'Agata. Im Anschluß daran löst sie ihre Verlobung mit Angelo Mariani.

30. Oktober: Verdi hört in Florenz die Sopranistin Antonietta Anastasi-Pozzoni als Violetta. Sie sollte die Aida in Kairo singen.

2. November: Beginn eines Aufenthalts in Genua

7. bis 13. November: in Busseto; mehrere Abstecher nach Mailand wegen der dortigen *Aida*-Aufführung

15. November: Reise nach Genua

19. November: Verdi hört Wagners *Lohengrin* unter der Leitung Angelo Marianis am Teatro Comunale in Bologna und wohnt damit der ersten Wagner-Aufführung in Italien bei. Während oder nach der Aufführung macht er sich Notizen in Luccas Klavierauszug. Nach der Aufführung kommt es zur zufälligen – zwischen 1862 und 1879 einzig nachweislichen – Begegnung mit Arrigo Boito.

20. November: zurück in Busseto

Um den 26. November: zurück in Genua

Ende November bis Anfang Dezember: Die wichtigsten Solisten der Mailänder *Aida*-Aufführung – darunter Teresa Stolz – kommen nach Genua, um mit Verdi zu proben.

Mitte Dezember: Verdi wohnt in Mailand den Proben zu *La forza del destino* an der Scala bei.

23. Dezember: Zurück in Genua wird mit dem Sängerensemble weiter an *Aida* geprobt.

24. Dezember: Erfolgreiche Uraufführung von *Aida* in Kairo. Giovanni Bottesini dirigiert.

Ende Dezember: Noch in Genua entsteht eine umfangreiche Ouverture zu *Aida*, die aber von Verdi vor der Mailänder Premiere wieder zurückgezogen wird.

1872

URAUFFÜHRUNGEN: *Djamileh* von Georges Bizet (Paris); *Fantasio* von Jacques Offenbach (Paris); *Gelmina* von Józef Poniatowski (London); *La Princesse jaune*, die erste Oper Camille Saint-Saëns (Paris); *Don César de Bazan* von Jules Massenet (Paris)

2. Januar: Verdi trifft in Mailand ein, um die Leitung der *Aida*-Proben zu übernehmen.

8. Februar: Die europäische Erstaufführung von *Aida* an der Scala wird in Verdis Regie und unter der Stabführung Franco Faccios zum triumphalen Erfolg.

20. Februar bis 31. März: in Genua

Frühjahr: Verdi kauft ein großes Anwesen in Fiorenzuola bei Busseto.

1./2. April: zurück in Sant'Agata

3. April: in Parma zur Leitung von *Aida*-Proben

Anfang April beginnt Du Locle mit der Übersetzung von *Aida* ins Französische.

20. April: Premiere von *Aida* in Parma am Teatro Regio in Verdis Regie.

23. April: Rückkehr nach Busseto. Teresa Stolz kommt erneut zu Besuch auf Sant'Agata.

Im Mai beginnt Du Locle mit der französischen Übersetzung von *La forza del destino*.

Mitte Juli: Reise nach Genua

Anfang bis 12. August: Thermalkur in Tabiano bei Parma

Ende Oktober: in Turin und Genua

Anfang November: Verdis treffen zu den *Don Carlos*- und *Aida*-Proben in Neapel ein, wo sie den Winter verbringen. Teresa Stolz singt die Hauptrollen. Gerüchte über eine Affäre zwischen Verdi und Stolz sind im Umlauf.

2. Dezember: Verdi leitet die Wiederaufnahme des teilweise überarbeiteten *Don Carlos* am Teatro San Carlo in Neapel, nachdem die dortige Erstaufführung 1871 zum Mißerfolg geriet.

1873

URAUFFÜHRUNGEN: *Le Roi l'a dit* von Leo Delibes (Paris); *Pskowitjanka (Die Pskowerin)*, die erste Oper Nikolai Rimski-Korsakows (Moskau); *Fosca* von Carlo Gomes (Mailand); *Niccolo dei Lapi* von

Giovanni Pacini (Florenz); *La jolie Parfumeuse* von Jacques Offenbach (Paris); *Der Karneval in Rom* von Johann Strauß (Wien)

Ende Januar beginnen die Proben für die *Aida*-Premiere in Neapel.

30. März: Neapolitanische Premiere von *Aida* in Verdis Regie

1. April: Das Streichquartett erklingt erstmals in privatem Kreis in Verdis Suite des Hotels Albergo delle Crocelle in Neapel.

9. bis 10. April: Rückreise nach Busseto

Ende April beschließt Verdi, die für Rossini begonnene Requiem-Vertonung selbst zu vervollständigen.

Mitte Mai macht Verdi eine Reise nach Genua über Parma und Turin.

15. Mai: Abreise nach Busseto

22. Mai: Alessandro Manzoni stirbt in Mailand. Den Trauerfeierlichkeiten Ende Mai wohnt Verdi nicht bei, da er zu sehr erschüttert ist.

1. bis 3. Juni: Verdi ist in Mailand. Er besucht das Grab Manzonis und schlägt dem Mailänder Bürgermeister die Komposition einer Totenmesse zu Ehren des Schriftstellers vor. Das Werk soll am ersten Todestag Manzonis aufgeführt werden.

Um den 4. Juni: Rückkehr nach Sant'Agata

25. bis 28. Juni: Reise nach Paris. Dort beginnt er die Arbeit an der *Messa da Requiem*.

Juli: Bei Ricordi erscheint eine *disposizione scenica* zu *Aida*, die die szenische Gestaltung der Oper festschreibt.

Ende August bis 14. September: Rückreise über Turin nach Busseto. Kurzbesuch von Teresa Stolz auf Sant'Agata.

30. Dezember: Beginn eines Aufenthalts in Genua

1874

URAUFFÜHRUNGEN: *Král a Uhlír* (König und Köhler), die erste aufgeführte Oper von Antonín Dvořák; *Boris Godunow* von Modest Mussorgski (St. Petersburg); *Salvator Rosa* von Carlos Gomes (Genua); *Madame l'Archiduc* von Jacques Offenbach; *La contessa di Mons* von Lauro Rossi (Turin); *I Lituani* von Amilcare Ponchielli (Mailand); *Die Fledermaus* von Johann Strauß (Wien); *Opritschnik* von Peter Tschaikowski (St. Petersburg)

28. Januar: Die Pariser Neufassung von *Macbeth* kommt erstmals in italienischer Sprache an der Mailänder Scala zur Aufführung. Die Produktion, bei der auf Verdis Wunsch hin das Ballett integriert blieb, wird zum großen Erfolg.

Ende Februar kommt Tito Ricordi nach Genua, um über die Veröffentlichung der *Messa da Requiem* zu verhandeln.

10. April: Die Arbeit an der *Messa da Requiem* ist abgeschlossen.

20. April: Deutschsprachige Erstaufführung von *Aida* an der Berliner Hofoper

Ende April: auf Sant'Agata

Am 2. Mai ist Verdi in Mailand, um mit den Proben für die *Messa da Requiem* zu beginnen.

22. Mai: Uraufführung der *Messa da Requiem* in der Kirche San Marco in Mailand.

25. Mai: Die *Messa da Requiem* wird – erneut unter Verdis Leitung – an der Mailänder Scala aufgeführt.

Am 26. Mai bricht Verdi zu Requiem-Proben nach Paris auf.

Ab 9. Juni kommt es zu sieben Aufführungen der *Messa da Requiem* an der Pariser Opéra-Comique.

13. Juni: Angelo Mariani stirbt nach längerem schweren Leiden an einem Blasentumor. Verdi lehnte es bis zuletzt ab, mit dem Schwerkranken zu sprechen.

Ende Juni verhandelt Verdi in London über die Möglichkeiten einer dortigen Aufführung der *Messa da Requiem*.

1. Juli: in Paris

5. Juli: zurück in Busseto

Anfang September kommt Giuseppina Verdi nach Genua, um den Umzug vom Palazzo Sauli in den am Hafen gelegenen Palazzo Doria zu organisieren.

13. September: In Wien wird Arnold Schönberg geboren.

Mitte September kommt auch Verdi nach Genua und begleitet seine Frau zurück nach Busseto.

Den Herbst verbringen die Verdis auf Sant'Agata.

13. November: Abreise nach Genua

November: Verdi erhält die Nachricht, daß er vom Minister Marco Minghetti in die Liste der neuen Senatoren des Königreichs Italien aufgenommen wurde. Er fühlt sich außerordentlich geehrt.

Anfang und Mitte Dezember: kurz auf Sant'Agata

8. Dezember: Verdi wird zum Senator des Königreichs Italien ernannt.

1875

URAUFFÜHRUNGEN: *Carmen* von Georges Bizet (Paris); *La Créole* von Jacques Offenbach (Paris)

Um den 22. bis 25. Februar hält sich Verdi in Mailand auf.

3. April: in Busseto

10. April: Beginn der Solistenproben für die Europa-Tournée der *Messa da Requiem* in Mailand

12. bis 14. April: Reise der Verdis und des Ensembles nach Paris

Ab 19. April dirigiert Verdi sieben Aufführungen der *Messa da Requiem* an der Opéra-Comique.

Ende April wird ihm das Kreuz der Ehrenlegion verliehen.

13. Mai: Abreise nach London

Ab dem 15. Mai wird die *Messa da Requiem* – erneut unter Verdis Leitung – viermal in der Royal Albert Hall aufgeführt.

2. Juni: Beginn der Reise von London nach Wien

3. Juni: Georges Bizet stirbt in Bougival bei Paris.

Ab dem 11. Juni: Vier Aufführungen der *Messa da Requiem* unter Verdis Leitung an der Wiener Hofoper.
Während des Aufenthalts in Wien wird eine *Don Carlos*-Revision für eine mögliche Aufführung am Kärntnertortheater diskutiert.

19. und 21. Juni: *Aida*-Aufführungen unter Verdis Stabführung mit den Solistinnen und Solisten der *Messa da Requiem* an der Hofoper

25. Juni: Abreise aus Wien

26. bis 27. Juni: Aufenthalt in Venedig

28. Juni: zurück auf Sant'Agata

Anfang Juli ist Verdi wahrscheinlich kurz in Mailand, um mit Ricordi über Unregelmäßigkeiten bei der Abrechnung seiner Tantiemen zu sprechen. Es kommt zu einer längeren Auseinandersetzung zwischen dem Komponisten und dem Verleger, da Verdi anläßlich der Abrechnungen zur Europa-Tournée seine Papiere durchging und feststellte, daß er schon längere Zeit von Ricordi übervorteilt worden war. Man einigt sich schließlich auf eine Abfindung in Höhe von 50 000 Lire.

Anfang September: Verleumdungskampagne der *Rivista indipendente* gegen Teresa Stolz. Den Gerüchten um eine Liaison mit Verdi wird neue Nahrung gegeben.

8. November: Verdi kauft ein Gehöft bei Sant'Agata.

15. November: Verdi wird in Rom als Senator vereidigt

Wohl um den 20. November: Rückkehr nach Genua

November/Dezember: Verdi kauft große Anwesen und eine Mühle in Sant'Agata und Umgebung.

1876

URAUFFÜHRUNGEN: *Wanda* von Antonín Dvořák (Prag); *Napoli di Carnovale* von Nicola de Giosa (Neapel); *La Gioconda* von Amilcare Ponchielli (Mailand); *Kusnez Wakula*, die erste Fassung von *Tscherewitschki (Pantöffelchen)* von Peter Tschaikowski (St. Petersburg); *Der Ring des Nibelungen* (Uraufführungen von *Siegfried* und *Götterdämmerung*) von Richard Wagner (Bayreuth)

Ende Januar bis 4. März: in Genua

4. bis 20. März: auf Sant'Agata

18. März: Eine linksliberale Regierung unter Führung von Agostino Depretis kommt in Italien an die Macht.

20. bis 23. März: Reise nach Paris zu *Aida*-Proben am Théâtre Italien. Dort beginnt wegen der Affäre Stolz eine ernsthafte Krise in der Ehe der Verdis.

22. April: Verdi dirigiert *Aida* in italienischer Sprache am Pariser Théâtre Italien.

30. April: Aufführung der *Messa da Requiem* in Paris

Im Mai berät er Nuitter und Camille Du Locle bei der Übersetzung von *Aida* ins Französische.

30. Mai bis 3. Juni: drei Aufführungen der *Messa da Requiem* unter Verdis Leitung am Théâtre Italien, Paris

1. Juni: Erneute Privataufführung des Streichquartetts in Verdis Suite des Hôtel de Bade in Paris

7. bis 18. Juni: Rückreise über Turin nach Busseto

12. Juli: Die korrigierten Fahnen des Streichquartetts gehen zurück an Ricordi.

Um den 15. bis 20. August sind die Verdis in Turin, um der Schulabschlußfeier ihrer Adoptivtochter Maria beizuwohnen. Maria Verdis Verlobung mit Alberto Carrara, dem Sohn von Verdis Notar in Busseto, wird bekanntgegeben.

Von 20. August bis 1. September ist Verdi alleine auf Sant'Agata, während Frau und Tochter sich zu einer Thermalkur in Tabiano bei Parma aufhalten.

2. bis 4. September: Verdi kommt nach Tabiano und reist mit Giuseppina und Maria zurück nach Busseto. Teresa Stolz kommt dorthin zu Besuch und bleibt zwei Wochen.

Ende Oktober bis 9. November: Aufenthalt in Genua, danach auf Sant'Agata

3. Dezember: Die Verdis brechen von Busseto nach Genua auf.

7. Dezember: Verdi kauft wieder Land in der Nähe von Sant'Agata.

Um den 11. Dezember: Ankunft in Genua

1877

URAUFFÜHRUNGEN: *L'Étoile* von Emanuel Chabrier (Paris); *Cinq-Mars* von Charles Gounod (Paris); *Le Roi de Lahore* von Jules Massenet (Paris); *Biorn* von Lauro Rossi (London); *Le Timbre d'argent* (Paris) und *Samson et Dalila* (Weimar) von Camille Saint-Saëns

20. Januar: Ferdinand Hiller lädt Verdi ein, die *Messa da Requiem* beim Niederrheinischen Musikfest in Köln zu dirigieren. Verdi sagt zu.

3. April bis 10. Mai: auf Sant'Agata

10. Mai: Abreise der Verdis zu *Requiem*-Proben nach Köln

21. Mai: Aufführung der *Messa da Requiem* beim Niederrheinischen Musikfest

Mai: Gründung der *Associazione per l'Italia Irredenta*, einer nationalen Vereinigung zur Angliederung ›unerlöster‹ Territorien – insbesondere um Trient und Triest – mit italienischsprachiger Bevölkerung.

Ende Mai: Beginn der Rückreise über die Niederlande

Anfang bis Mitte Juni: in Paris

Um den 20. Juni: Rückkehr nach Busseto

15. Juli: Einführung der allgemeinen Schulpflicht in Italien.

Anfang Dezember: in Genua

1878

URAUFFÜHRUNGEN: *Šelma sedlák (Der Bauer ein Schelm)* von Antonín Dvořák (Prag); *Polyeucte* von Charles Gounod (Paris); *Madame Favart* von Jacques Offenbach (Paris); *Tajemství (Das Geheimnis)* von Bedřich Smetana (Prag)

9. Januar: Tod des Königs Vittorio Emanuele II. Umberto I. wird sein Nachfolger.

7. Februar: Tod Papst Pius IX.

Mitte März: Zwei-Tages-Reise nach Monte Carlo

24. März: Italien erhält eine neue Regierung unter Premierminister Cairoli.

Anfang April: Auf Sant'Agata

6. bis Mitte April: Verdis reisen – vermutlich über Mailand – nach Paris, wo sie bis Ende des Monats bleiben.

22. April: Temistocle Solera stirbt in Mailand.

Ende April: vermutlich kurz in Genua

Anfang Mai: Abstecher Verdis nach Sant'Agata

8. Mai: Verdis kehren gemeinsam nach Sant'Agata zurück.

11. Oktober: Maria Verdi heiratet auf Sant'Agata Alberto Carrara, den Sohn des Notars der Verdis in Busseto.

18. Oktober: Beginn eines Aufenthalts in Genua

Anfang November: kurz zurück in Busseto

Im selben Monat besuchen Verdis das Kasino in Monte Carlo und verlieren im Spiel.

Mitte November: in Genua

Ende November bis Anfang Dezember: Aufenthalt in Paris anläßlich der Weltausstellung. Verdi hört in der Opéra Charles Gounods *Polyeucte*.

Anfang Dezember: zurück auf Sant'Agata

Um den 6. Dezember: in Genua

28. Dezember: Verdi wird Ehrenmitglied der Accademia di Scienze, Lettere e Arti in Modena.

1879

URAUFFÜHRUNGEN: *La Prise de Troie* von Hector Berlioz (Paris); *Ero e Leandro* von Giovanni Bottesini (Turin); *Une Education manquée* von Emanuel Chabrier (Paris); *La Fille du tambour-major* von Jacques Offenbach (Paris); *Etienne Marcel* von Camille Saint-Saëns (Lyon); *Jewgeni Onegin* von Peter Tschaikowski (Moskau)

26. Januar: Verdi bittet Ferdinand Hiller um Nachrichten über das deutsche Musikleben.

20. März: Verdi fährt für einige Tage allein nach Busseto.

Im selben Monat hört Verdi Arrigo Boitos *Mefistofele* in Genua.

Um den 17. April: gemeinsame Rückkehr der Verdis nach Sant'Agata

23. Juni: Verdis treffen zu *Requiem*-Proben in Mailand ein. Nach Vermittlung Giulio Ricordis spricht Boito mit Verdi über sein geplantes *Otello*-Libretto.

30. Juni: Verdi dirigiert die *Messa da Requiem* an der Mailänder Scala zu einem wohltätigen Zweck (für Flutopfer). Es ist der letzte öffentliche Auftritt von Teresa Stolz und Maria Waldmann.

Anfang Juni: zurück auf Sant'Agata

Mitte bis Ende Juli: Aufenthalt in Genua mit Besuch der Landwirtschafts-Ausstellung

Ende Juli: auf Sant'Agata

31. Juli: Verdi bedankt sich bei Ferdinand Hiller für die Übersendung von dessen Vertonung eines Dante zugeschriebenen italienischen *De Profundis*.

5. August: Maria Carrara, geborene Verdi wird von einer Tochter entbunden. Sie erhält den Namen Giuseppina.

17. September: Boito hat den Entwurf zum *Otello*-Libretto abgeschlossen und schickt ihn an Verdi.

Am 18. September erhält Verdi das Libretto.

20. November: Beginn eines etwa zehntägigen Aufenthalts in Mailand, während dessen Verdi sich mit Boito trifft, um an *Otello* zu arbeiten.

Anfang Dezember: auf Sant'Agata

7. Dezember: Ankunft in Genua

1880

URAUFFÜHRUNGEN: *Elda*, Alfredo Catalanis erste Oper (Turin); *Jean de Nivelle* von Leo Delibes (Paris); *Il figliuol prodigo* von Amilcare Ponchielli (Mailand); *Maiskaja notsch (Die Mainacht)* von Nikolai Rimski-Korsakow (St. Petersburg)

Vom 20. Januar datiert das Dankschreiben Verdis an die Gesellschaft der Musikfreunde Wien für seine Ernennung zum Ehrenmitglied.

9. Februar: Abreise der Verdis nach Paris, zu den Proben zur französischen *Aida*-Fassung. Teresa Stolz reist nach.

22. März bis 2. April: Verdi dirigiert mit triumphalem Erfolg fünf Aufführungen von *Aida* an der Pariser Opéra.

Ende März: Verdi wird von der französischen Regierung zum Offizier der Ehrenlegion ernannt.

Um den 4. bis 6. April: Rückreise nach Genua mit einem Zwischenhalt in Turin, wo die Verdis eine Ausstellung des Malers Domenico Morelli besuchen.

9. April: Abreise nach Mailand

11. April: Der italienische König verleiht Verdi den Titel eines »Ritters des großen Kreuzes«.

18. April: Franco Faccio dirigiert mit großem Erfolg die Uraufführungen von *Pater Noster volgarizzato da Dante* und *Ave Maria volgarizzata da Dante* in einem Benefizkonzert an der Scala. Verdi, der am Vormittag persönlich geehrt wurde, ist anwesend.

19. April: in Busseto

Um den 26. April: in Genua

4. bis etwa 10. Mai: erneuter Besuch der Morelli-Ausstellung in Turin

11. Mai: zurück auf Sant'Agata

Anfang August erhält Verdi die überarbeitete Version des *Otello*-Librettos von Boito.

5. Oktober: Jacques Offenbach stirbt in Paris.

Wohl Mitte Oktober ist Boitos Text zum Finale des 3. Aktes von *Otello* bei Verdi.

18. November: in Genua

19. November: Ricordi übermittelt den Wunsch der Scala, in der nächsten Saison *Simon Boccanegra* zu produzieren. Verdi entwickelt in der Folge Pläne zu einer Überarbeitung.

8. Dezember: Boito schickt nach Verdis Wünschen gestaltete Entwürfe zu einer Revision von *Simon Boccanegra*.

12.–19. Dezember: Verdi ist alleine auf Sant'Agata.

21. Dezember: Verdi kauft Land in Villanova d'Arda bei Busseto.

1881

URAUFFÜHRUNGEN: *Tvrdé palice* (Die Dickschädel) von Antonín Dvořák (Prag); *Le Tribut de Zamora* von Charles Gounod (Paris); *Die Legende von der heiligen Elisabeth* von Franz Liszt (Weimar); *Hérodiade* von Jules Massenet (Brüssel); *Les Contes d'Hoffmann* von Jacques Offenbach (Paris); *Libuše (Libussa)* von Bedřich Smetana (Prag); *Orleanskaja dewa (Das Mädchen von Orleans)* von Peter Tschaikowski (St. Petersburg)

I Malavoglia, das Hauptwerk des dem *verismo* zugerechneten Schriftstellers Giovanni Verga, erscheint.

Januar: Verdi beginnt mit der Überarbeitung von *Simon Boccanegra*.

Anfang Februar vollendet Boito die Revisionen am *Boccanegra*-Libretto.

9.–10. Februar: Verdi ist zu Vorbereitungen für die *Simon Boccanegra*-Aufführung in Mailand.

21. Februar: Die musikalische Überarbeitung von *Simon Boccanegra* ist abgeschlossen.

24. Februar: Ankunft Verdis in Mailand zur Probenarbeit

24. März: Uraufführung der Neufassung von *Simon Boccanegra* in Verdis Regie an der Scala unter Franco Faccio.

Um den 20. März: in Genua

6. bis etwa 14. April: auf Sant'Agata, danach erneut in Genua

2. Mai: Die Verdis kehren nach Busseto zurück.

Anfang Juli: Giulio Ricordi und Boito kommen nach Sant'Agata, um an *Otello* zu arbeiten.

Ende Juli: Verdi erhält von Boito die überarbeitete Fassung des Finales des 3. Aktes.

Ende August bis 1. September: Während eines Aufenthalts in Mailand besuchen die Verdis eine Industrieausstellung

2. September: zurück in Busseto

11. bis 14. November: Aufenthalt der Verdis in Genua

Mitte November: zurück auf Sant'Agata

22. November: Verdi begleitet seine Frau nach Genua und kehrt dann nach Sant'Agata zurück.

Anfang Dezember: Verdi trifft in Genua ein.

Mitte Dezember finden sich Verdi, Boito, Faccio und Ricordi in Mailand zu Besprechungen über Reformen für das Scala-Orchester zusammen.

20. bis 22. Dezember: Kurzaufenthalt in Busseto

22. Dezember: zurück in Genua

1882

URAUFFÜHRUNGEN: *Dimitrij* von Antonín Dvořák (Prag); *Velleda* von Charles Lenepveu (London); *Der Bettelstudent* von Karl Millöcker (Wien); *Snegurotschka (Das Schneemädchen)* von Nikolai Rimski-Korsakow (St. Petersburg); *Certova stěna (Die Teufelswand)* von Bedřich Smetana (Prag); *Françoise de Rimini* von Ambroise Thomas (Paris); *Parsifal* von Richard Wagner (Bayreuth)

Eintritt Italiens in den Dreibund (mit Deutschland und Österreich-Ungarn gegen Frankreich) aus Besorgnis über die französische Besetzung von Tunis.

Erweiterung des italienischen Wahlrechts: Das Schulzeugnis berechtigt zur Stimmabgabe.

Gründung der Sozialistischen Partei in Italien

22. März: In Rom gelangt am Teatro Apollo die von Donizetti 1840 als Fragment hinterlassene, nun von Matteo Salvi vervollständigte Oper *Il duca d'Alba* zur Uraufführung. Als Presseberichte verwundert auffällige Übereinstimmungen zwischen diesem Libretto und Verdis *Les Vêpres Siciliennes* feststellen, behauptet Verdi – wider besseres Wissen –, er habe in den 1850er Jahren nichts von der Vorgeschichte seines Pariser Librettos gewußt.

Ende April: Verdi ist auf Sant'Agata. Erneuter Landkauf.

2. Mai: Ankunft in Paris, wo Verdi mit Du Locle und später Zanardini (Übersetzung ins Italienische) an der vieraktigen Fassung von *Don Carlos* arbeitet. Zudem führt Verdi Verhandlungen über Urheberrechtsfragen, die sich nach dem Tode Léon Escudiers im Vorjahr ergeben haben.

18. Mai: Abreise aus Paris mit dem von Nuitter überarbeiteten *Don Carlos*-Libretto im Gepäck. Zwischenhalt in Turin.

21. Mai: zurück in Busseto

17. Juni: Igor Strawinsky kommt in Oranienbaum (heute Lomonossow) bei St. Petersburg zur Welt.

18. Juni bis Anfang Juli: Kuraufenthalt Verdis in Montecatini Terme bei Pistoia

10. Juli: auf Sant'Agata

Mitte September nimmt Verdi die Arbeit an der *Don Carlos*-Revision auf.

Oktober: Nach einer Wahlniederlage tritt Cairoli zurück, Depretis wird erneut Premierminister von Italien.

18. November: deutschsprachige Erstaufführung von *Simon Boccanegra* in der Übersetzung von Karl Friedrich Niese an der Wiener Hofoper

Ab Ende November: in Genua

Mitte bis 21. Dezember: auf Sant'Agata, danach in Genua

16. Dezember: Verdi widerspricht in einem Brief an Clara Maffei den in Zeitungen verbreiteten Gerüchten, er wolle ein Krankenhaus in Busseto erbauen lassen; in Wirklichkeit hatte er solche Pläne für das Dorf Villanova d'Arda nahe Sant'Agata.

1883

URAUFFÜHRUNGEN: *Dejanice* von Alfredo Catalani (Mailand); *Lakmé* von Leo Délibes (Paris); *Henri VIII* von Camille Saint-Saëns (Paris); *Eine Nacht in Venedig* von Johann Strauß (Berlin)

13. Februar: Tod Richard Wagners in Venedig

Ungefähr vom 25. Februar bis 3. März: in Busseto, danach in Genua

27. Februar: Verdi kauft Land in Villanova d'Arda.

Mitte März: Verdi beendet die vieraktige Neufassung von *Don Carlo*.

Um den 3. April: zurück auf Sant'Agata

26. Juni bis 15. Juli: Kuraufenthalt in Montecatini Terme bei Pistoia

16. Juli: Rückkehr über Florenz nach Sant'Agata

August: erneute Landkäufe

Anfang Dezember: in Genua

Ende Dezember: Aufenthalt in Mailand für Proben zur *Don Carlos*-Neufassung

1884

URAUFFÜHRUNGEN: *Manon* von Jules Massenet (Paris); *Le Villi*, die erste Oper Giacomo Puccinis (Mailand); *Masepa (Mazeppa)* von Peter Tschaikowski (Moskau)

10. Januar: Premiere der vieraktigen Neufassung von *Don Carlo* in Verdis Regie an der Scala. Die italienische Übersetzung stammt von Angelo Zanardini.

Mitte Januar: zurück in Genua

17. bis 19. Februar: auf Sant'Agata

Mitte März: Beginn der Kompositionsarbeit an *Otello*

Ende April bis 1. oder 2. Mai: auf Sant'Agata, danach in Genua

6. Mai: Die Verdis reisen von Genua nach Busseto.

21. bis 22. Mai: in Mailand

22. bis 28. Juni: Besuch der *Esposizione generale italiana* in Turin, die mit einer Kantate Franco Faccios unter der Leitung des Komponisten eröffnet wird.

29. Juni bis Mitte Juli: Kuraufenthalt in Montecatini Terme bei Pistoia

Ende Juli: Badekur in Tabiano bei Parma, anschließend Rückkehr nach Busseto

Ende September bis Anfang Oktober: Boito ist in Busseto, um am *Otello*-Libretto zu arbeiten.

23. November: Verdi begleitet seine Frau nach Genua und kehrt nach Sant'Agata zurück.

24. bis 29. November: Verdi alleine auf Sant'Agata

30. November: in Genua

Um den 20. bis 23. Dezember: in Busseto

23. Dezember: in Genua

1885

URAUFFÜHRUNGEN: *Noah* von Jacques Fromental Halévy (Karlsruhe); *Le Cid* von Jules Massenet (Paris); *La Béarnaise* von André Messager (Paris); *Marion Delorme* von Amilcare Ponchielli (Mailand); *Der Zigeunerbaron* von Johann Strauß (Wien)

Mitte Februar und Mitte April: kurzer Aufenthalt in Busseto

15. April: Verdi kauft Land in Cortemaggiore bei Busseto.

1. bis 3. Mai: zahnärztliche Behandlung in Mailand

4. Mai: Die Verdis kommen nach Sant'Agata.

Anfang bis Mitte Juli: Kuraufenthalt in Montecatini Terme bei Pistoia

Im August möglicherweise Thermalkur in Tabiano bei Parma. Rückkehr nach Busseto.

Mitte September: Wiederaufnahme der Arbeit an *Otello*

5. Oktober: Der Kompositionsentwurf des 4. Aktes von *Otello* ist beendet.

16. bis 18. Oktober: Boito und Ricordi sind auf Sant'Agata zur Überarbeitung von *Otello*. Man spricht unter anderem über die Besetzung sowie über die Bühnendekoration und die Kostüme der Uraufführung.

5. November: erneuter Landkauf

21. November bis 5. Dezember: Aufenthalt in Mailand, erneut zahnärztliche Behandlung

27. November: Vollkommen unerwarteter Tod Andrea Maffeis in einem Mailänder Hotel. Die Verdis stehen Clara Maffei bei. Vermutlich kommt es zu mehreren Treffen mit Boito.

4. Dezember: in Genua

20. bis 22. Dezember: in Busseto, danach in Genua

1886

URAUFFÜHRUNGEN: *Edmea* von Alfredo Catalani (Mailand); *Gwendoline* von Emanuel Chabrier (Brüssel); *Chowanschtschina* von Modest Mussorgski (St. Petersburg)

Mitte Januar kommen Boito und Ricordi nach Genua zur Arbeit an *Otello*.

16. Januar: Amilcare Ponchielli stirbt in Mailand.

Ende Februar: für zwei Tage in Mailand

Anfang März: Boito ist erneut in Genua

18. oder 19. März: Abreise der Verdis und Emanuele Muzios nach Paris zu Gesprächen mit Victor Maurel, der bei der *Otello*-Premiere den Jago singen wird.

11. bis 12. April: Rückreise durch den Gotthard-Tunnel nach Mailand

13. bis 15. April: in Mailand

15. April: in Genua

29. April: in Busseto

24. Juni bis 14. Juli: Kuraufenthalt in Montecatini Terme bei Pistoia

13. Juli: Tod Clara Maffeis. Die Verdis eilen nach Mailand an das Totenbett.

Vermutlich 22. Juli: zurück in Busseto, wo Verdi die Arbeit an *Otello* wieder aufnimmt

28. September bis 1. Oktober: Giulio Ricordi ist zu Besuch auf Sant'Agata.

14. bis etwa 16. Oktober: Aufenthalt in Mailand

1. November: Die Partitur zu *Otello* ist abgeschlossen.

24. November: Verdi ist für einige Tage in Mailand und trifft sich mit Boito wegen der Übersetzung von *Otello* ins Französische.

9. Dezember: Die Verdis brechen nach Genua auf.

26. Dezember: *Don Carlo* wird in der wieder auf fünf Akte erweiterten Neufassung am Teatro Municipale in Modena aufgeführt. Diese Version ist Verdis letzte Überarbeitung der Oper.

27. bis 30. Dezember: auf Sant'Agata, danach in Genua

1887

URAUFFÜHRUNGEN: *Le Roi malgré lui* von Emanuel Chabrier (Paris); *Proserpine* von Camille Saint-Saëns (Paris); *Tscharodeika (Die Zauberin)* von Peter Tschaikowski (St. Petersburg); *Simplizius* von Johann Strauß (Wien)

Ministerpräsident Crispi treibt die koloniale Expansion Italiens voran.

1. Januar: Tod des langjährigen Freundes Opprandino Arrivabene in Rom.

4. Januar: Verdi trifft in Mailand ein, um an der Scala die Proben zu *Otello* zu leiten.

5. Januar: Probenbeginn

3. Februar: Generalprobe

5. Februar: Überwältigender Erfolg der Uraufführung von *Otello* unter Franco Faccio. Verdi bekommt einen Vertrag über eine neue Oper für die Scala angeboten.

8. Februar: Verdi wird zum Ehrenbürger von Mailand ernannt.

Um den 15. Februar kehrt Verdi nach drei *Otello*-Aufführungen nach Genua zurück.

25. Februar: kurzer Aufenthalt in Mailand

11. März: Ankunft in Genua

30. März bis 1. April: Aufenthalt auf Sant'Agata.

Bis 27. April: Aufenthalt in Genua, wo sich Giuseppina Strepponi einer Operation unterzieht

3. bis 5. Mai: zurück auf Sant'Agata

Um den 11. Mai halten sich die Verdis wieder in Genua auf.

15. Mai: Rückkehr nach Sant'Agata

29. Juni: nach einer Reise über Mailand Ankunft in Montecatini Terme bei Pistoia zur Kur

Um den 20 Juli: Rückkehr nach Sant'Agata über Florenz

9. bis 12. August: Aufenthalt in Genua

17. August: zurück auf Sant'Agata

Anfang September bringt Boito die fertige Übersetzung von *Otello* ins Französische nach Sant'Agata.

12. bis 14. September: Aufenthalt in Mailand

15. Oktober: Landkauf

17. November: Verdi begleitet Giuseppina nach Genua und kehrt nach Sant'Agata zurück.

19. bis 21. November: auf Sant'Agata

21. bis 23. November: Fahrt über Mailand, wo Verdi Verhandlungen mit der neugegründeten Firma Ricordi-Riba führt, nach Genua.

30. November bis 3. Dezember: zurück auf Sant'Agata, dann in Genua

17. Dezember: in Mailand

25. Dezember: kurzer Aufenthalt in Genua

27. bis 28. Dezember: Wegen eines Darlehens an Ricordi reist Verdi von Genua aus kurz nach Mailand. Anschließend Rückkehr nach Genua.

1888

URAUFFÜHRUNGEN: *Le Roi d'Ys* von Edouard Lalo (Paris); *Die Feen* von Richard Wagner (München); *Die drei Pintos* von Carl Maria von Weber (Leipzig)

Beginn des Handelskriegs zwischen Italien und Frankreich

14. März: Deutschsprachige Erstaufführung von *Otello* an der Wiener Hofoper

Anfang April: Aufenthalt in Mailand

Um den 5. Mai: gemeinsame Rückkehr der Verdis nach Sant'Agata

27. Juni bis 11. Juli: Kuraufenthalt in Montecatini Terme bei Pistoia, Anreise über Mailand

11. Juli: zurück in Busseto

Juli: Verdi kauft Aktien

7. September: Tod Tito Ricordis

6. November: Einweihung eines Krankenhauses in der Nähe von Villanova d'Arda, das die Verdis anonym stifteten und dotierten.

Anfang Dezember sind die Verdis wegen der Stiftung der *Casa di riposo*, eines Altersheims für Musiker, in Mailand.

4. Dezember: Ankunft in Genua

17. Dezember: Verdi besucht Giulio Ricordi in Mailand.

Ende Dezember: zurück in Genua

1889

URAUFFÜHRUNGEN: *Jakobín* von Antonín Dvořák (Prag); *Lo schiavo* von Carlo Gomes (Rio de Janeiro); *Esclarmonde* von Jules Massenet (Paris); *Wiliam Ratcliff* von Emilio Pizzi (Bologna); *Edgar* von Giacomo Puccini (Mailand)

Abessinien wird italienisches Protektorat, Italienisch-Somaliland wird annektiert.

Ende Februar: vermutlich kurze Reise nach Mailand von Genua aus

30. März bis etwa 2. April: Abstecher nach Sant' Agata

Um den 15. April treffen die Verdis erneut – diesmal bleiben sie länger – auf Sant'Agata ein. Auf der Reise treffen sie Boito in Mailand. Es geht um eine neue Oper (*Falstaff*).

7. Mai: Verdi gibt in einem Schreiben an Joseph Joachim die Einwilligung, seinen Namen auf die Ehrenliste zum bevorstehenden Beethovenfest in Bonn zu setzen.

Ende Juni: Gespräch mit Boito in Mailand auf der Durchreise nach Montecatini Terme. Boito hat bereits einen Entwurf zu *Falstaff* vollendet, den Verdi mitnimmt.

4. bis 21. Juli: Kuraufenthalt in Montecatini Terme bei Pistoia

10. Juli: Verdi entschließt sich, *Falstaff* zu vertonen.

21. Juli: Die Verdis reisen gemeinsam nach Tabiano bei Parma, wo Giuseppina bleibt. Verdi bricht alleine nach Sant'Agata auf.

23. Juli: auf Sant'Agata

August: Die Arbeit an *Falstaff* beginnt.

18. Oktober: Verdi unterschreibt den Kaufvertrag über ein Stück Land nahe der Porta Garibaldi in Mailand, dem späteren Grundstück der *Casa di riposo*.

4. bis 11. November: Boito ist auf Sant'Agata. Die ersten beiden Akte des *Falstaff*-Librettos sind abgeschlossen.

23. November bis 6. Dezember: Aufenthalt in Mailand. Mit Boito gemeinsame Arbeit an *Falstaff*.

November: Anläßlich des 50jährigen Uraufführungsjubiläums setzt die Scala nochmals Verdis erste Oper *Oberto, conte di San Bonifacio* auf den Spielplan. Verdi steht dem Unternehmen mit sehr gemischten Gefühlen gegenüber.

Ab 6. Dezember: in Genua

1890

URAUFFÜHRUNGEN: *Les Troyens* von Hector Berlioz (konzertant, Karlsruhe); *Knjas Igor (Fürst Igor)* von Alexander Borodin (St. Petersburg); *Cavalleria rusticana* von Pietro Mascagni (Rom); *La Basoche* von André Messager (Paris); *Ascanio* von Camille Saint-Saëns (Paris); *Pikowaja dama (Pique Dame)* von Peter Tschaikowski (St. Petersburg)

3. bis 8. März: auf Sant'Agata

8. März: In Genua erhält Verdi Boitos Text zum 3. Akt von *Falstaff*.

17. März: Der 1. Akt von *Falstaff* ist komponiert.

12. bis 16. April: Aufenthalt in Sant'Agata, danach wieder in Genua

Um den 28. April bis 3. Mai: Auf dem Weg nach Sant'Agata Aufenthalt in Mailand. Verdi trifft Boito.

Ab etwa 3. Mai: in Busseto

Sommer: Verdi gründet eine Firma, um Fleischprodukte von Sant'Agata zu vertreiben.

Ende Juni bis Mitte Juli: Kuraufenthalt in Montecatini Terme bei Pistoia. Auf der Hin- und Rückreise vermutlich Treffen mit Boito in Mailand.

Mitte Juli: in Busseto

14. November: Der Jurist und Politiker Giuseppe Piroli, Verdis langjähriger Freund, stirbt in Rom.

23. November bis 6. Dezember: Auf der Reise nach Genua trifft sich Verdi mit Boito in Mailand.

27. November: Verdis Schüler Emanuele Muzio stirbt in Paris.

Anfang Dezember: Beginn eines Aufenthalts in Genua

1891

URAUFFÜHRUNGEN: *L'amico Fritz* von Pietro Mascagni (Rom); *Le Mage* von Jules Massenet (Paris); *Der Vogelhändler* von Karl Zeller (Wien)

Um den 9. Februar bis 7. März treffen sich die Verdis in Mailand wahrscheinlich wiederholt mit Boito.

Mitte April: Kurzer Aufenthalt in Busseto

28. April: Rückkehr von Genua nach Sant'Agata

Mitte Juni bis 2. Juli: Verdi trifft Boito auf der Reise nach Montecatini Terme wahrscheinlich mehrmals in Mailand.

Den Juli verbringen Verdis in Montecatini Terme zur Kur.

21. Juli: Verdis Freund, der Dirigent Franco Faccio, stirbt nur 51-jährig in Monza.

22. Juli: Verdis kehren nach Sant'Agata zurück.

August: in Busseto

Mitte September: Die ersten beiden Akte sowie Teile des 3. Aktes von *Falstaff* sind fertiggestellt. Verdi beginnt mit der Instrumentation.

Mitte November bis 8. Dezember: Auf dem Wege von Sant'Agata nach Genua treffen die Verdis erneut Boito in Mailand.

30. November: Verdi kauft Land bei Sant'Agata.

5. Dezember: Der Pianist und Komponist Anton Rubinstein und der siebzigjährige Violoncellist Alfredo Piatti geben in Verdis Salon im Grand Hôtel Mailand ein improvisiertes Konzert (unter anderem wird Chopins Trauermarsch gespielt). Auch Boito und Ricordi sind anwesend.

8. Dezember: Ankunft in Genua

1892

URAUFFÜHRUNGEN: *La Wally* von Alfredo Catalani (Mailand); *La Tilda* von Francesco Cilea (Florenz); *Cristoforo Colombo* von Alberto Franchetti (Genua); *Mala vita* von Umberto Giordano (Rom); *I pagliacci* von Ruggero Leoncavallo (Mailand); *I Rantzau* von Pietro Mascagni (Florenz); *Werther* von Jules Massenet (Wien); *Mlada* von Nikolai Rimski-Korsakow (St. Petersburg); *Iolanta* von Peter Tschaikowski (St. Petersburg)

Ende Februar bis 21. März: Wiedersehen mit Boito in Mailand

7. April: Beginn eines Aufenthalts in Mailand. Verdi nimmt an den Feierlichkeiten anläßlich Rossinis 100. Geburtstag teil.

8. April: Verdi dirigiert im Rahmen der Rossini-Feierlichkeiten die *preghiera* aus Rossinis Oper *Mosè in Egitto* an der Scala.

11. April: Rückkehr nach Genua

14. April: Verdi antwortet Hans von Bülow auf einen Brief, in dem sich der deutsche Dirigent und Pianist für seine scharfe Ablehnung des Verdi-*Requiems* entschuldigt hat.

Im selben Monat ist der 1. Akt von *Falstaff* fertig instrumentiert.

Anfang Mai: Reise von Genua nach Sant'Agata bei kaltem, windigen Wetter. Die Verdis kommen stark geschwächt an.

Ende Juni bis 5. Juli: Wiederholte Treffen mit Boito in Mailand

18. bis 20. Juni: Badeaufenthalt in Tabiano bei Parma

20. bis 23. Juni: in Busseto

Um den 24. Juni: zurück in Tabiano bei Parma

Anfang Juli: Kur in Montecatini Terme bei Pistoia

20. Juli: Abreise aus Montecatini Terme nach Sant'Agata

28. bis 31. Juli: Verdi und Boito fassen gemeinsam mit Ricordi in Mailand den Entschluß, *Falstaff* an der Mailänder Scala uraufzuführen.

1. August: zurück in Busseto

Ende September: Der 3. Akt von *Falstaff* ist instrumentiert. Nun fehlt nur noch der Anfang des 1. Aktes zur Vollendung der Oper.

Anfang Oktober kommen Ricordi und Boito nach Sant'Agata, um die Premiere von *Falstaff* vorzubereiten.

13. bis 16. Oktober: Aufenthalt in Mailand. Verdi bereitet die Uraufführung vor und beaufsichtigt die letzte Phase des Librettodrucks.

24. Oktober: Reise der Verdis von Sant'Agata nach Genua, wo Boito sie häufig besucht.

25. Dezember: *Falstaff* ist ganz instrumentiert.

1893

URAUFFÜHRUNGEN: *I Medici* von Ruggero Leoncavallo (Mailand); *Kassya* von Léo Delibes (Paris); *Hänsel und Gretel* von Engelbert Humperdinck (Weimar); *Madame Chrysantème* von André Messager (Paris); *Gabriella* von Emilio Pizzi (Boston); *Manon Lescaut* von Giacomo Puccini (Turin); *Aleko* von Sergej Rachmaninow (Moskau); *Phryné* von Camille Saint-Saëns (Paris)

2. Januar: Verdis reisen gemeinsam mit Boito von Genua nach Mailand zu den *Falstaff*-Proben.

3. Januar: Beginn der Proben zu *Falstaff*

9. Februar: Die außerordentlich erfolgreiche Uraufführung von *Falstaff* an der Scala in Verdis Regie wird zu einem der glanzvollsten Ereignisse der italienischen Operngeschichte.

2. März: Rückkehr nach Genua

21. März: Auf der Fahrt nach Sant'Agata wohnt Verdi in Mailand der achtzehnten *Falstaff*-Aufführung bei.

6. bis 11. April: Aufenthalt in Genua. Die Verdis wohnen vier Vorstellungen von *Falstaff* am Teatro Carlo Felice mit dem Ensemble der Mailänder Scala bei.

13. April: Reise der Verdis und Boitos nach Rom

14. April: Der Bürgermeister von Rom ernennt Verdi zum Ehrenbürger.

15. April: *Falstaff*-Aufführung am Teatro Costanzi in Rom. Erneut steht das Mailänder Ensemble auf der Bühne. Das Königspaar empfängt Verdi im Quirinals-Palast und lädt ihn in die Königsloge des Theaters ein.

20. April: Abreise aus Rom nach Genua

4. Mai: Rückkehr nach Busseto
Auf der anschließenden Reise nach Montecatini Terme sehen die Verdis Boito in Mailand wieder, dem inzwischen der Ehrendoktortitel der Universität von Cambridge verliehen wurde.

1. Juni: Deutsche Erstaufführung von *Otello* an der Berliner Hofoper (Übersetzung Max Kalbeck)

3. Juli: Kuraufenthalt in Montecatini Terme bei Pistoia

20. Juli: Reise nach Sant'Agata

Anfang August ist Verdi für ein paar Tage in Genua.

6. August: in Busseto

Im September kommt Boito nach Sant'Agata und arbeitet an der französischen Übersetzung von *Falstaff*.

18. Oktober: Charles Gounod stirbt in Saint-Cloud bei Paris.

Mitte November fahren die Verdis nach Mailand.

4. Dezember: Ankunft in Genua

1894

URAUFFÜHRUNGEN: *Hulda* von César Franck (Monte Carlo); *Thaïs*, *Le Portrait de Manon* und *La Navarraise* von Jules Massenet (Paris); *Guntram* von Richard Strauss (Weimar)

Beginn des italienischen Kriegs gegen Abessinien.

Mitte Februar bis 6. März: Die Verdis sind in Mailand und treffen sich mit Boito zu Gesprächen über die französische Fassung von *Falstaff*. Boito und Paul Solanges übertragen den Text.

4. April: Verdis treffen über Turin in Paris zu den Proben für die französische Erstaufführung von *Falstaff* ein.

18. April: Verdi besucht die Erstaufführung von *Falstaff* an der Opéra-Comique.

Um den 20. April brechen die Verdis von Paris nach Genua auf.

5. Mai: zurück auf Sant'Agata

Mitte Mai: Boito kommt nach Sant'Agata, um mit Verdi über *Othello*-Aufführungen an der Pariser Opéra zu sprechen.

Ende Mai bis Anfang Juni: Verdi reist zu Besprechungen für den Pariser *Othello* nach Mailand.

24. Juni bis 1. Juli: erneuter Aufenthalt in Mailand

2. bis 17. Juli: Kuraufenthalt in Montecatini Terme bei Pistoia.

19. Juli: Heimkehr nach Sant'Agata, Arbeit an der Ballettmusik zur Pariser Fassung von *Othello*

21. August: Die Ballettmusik wird an Ricordi abgeschickt.

18. September: Abreise nach Genua

26. September: Ankunft in Paris zu den *Othello*-Proben

12. Oktober: Erstaufführung von *Othello* an der Opéra unter Paul Taffanel. Verdi wird das Großkreuz der Ehrenlegion überreicht.

22. Oktober: Abreise der Verdis aus Paris

23. Oktober: Über Turin zurück in Genua

Ab 12. November ist Verdi für ein paar Tage alleine auf Sant'Agata.

6. Dezember: Verdis Lied »Pietà Signor« wird in der Zeitschrift *Fata Morgana* veröffentlicht. Die Ausgabe kommt den Opfern eines Erdbebens in Sizilien und Kalabrien zugute.

1895

URAUFFÜHRUNGEN: *Guglielmo Ratcliff* und *Silvano* von Pietro Mascagni (Mailand); *Der arme Heinrich* von Hans Pfitzner (Mainz); *Notsch pered roschdestwon (Die Nacht vor Weihnachten)* von Nikolai Rimski-Korsakow (St. Petersburg)

18. Januar: Richard Strauss übersendet ein Exemplar der Partitur seiner Oper *Guntram* an Verdi. Dieser erkundigt sich kurz darauf bei Giulio Ricordi, ob es sich um den »Autor der Walzer« handle und bedankt sich schließlich in einem Schreiben vom 27. Januar bei dem jungen Komponisten.

Etwa 28. Januar bis etwa 7. März: Die Verdis halten sich zu Besprechungen über den unerwartet kostspieligen Bau der *Casa di riposo* in Mailand auf. Sie treffen dort neben dem Architekten Camillo Boito auch dessen Bruder Arrigo.

Anfang März bis Ende März: in Genua

Ende März bis Anfang April: Rückkehr nach Busseto

April: Zurück in Genua beginnt Verdi mit der Arbeit an einem »Te Deum«

Anfang Mai kehren die Verdis nach Sant'Agata zurück.

Ende Juni: Reise über Mailand nach Montecatini Terme

Anfang Juli bis Juli: Kuraufenthalt in Montecatini Terme bei Pistoia

22. Juli: zurück auf Sant'Agata

Ende Oktober verbringen die Verdis einige Tage in Mailand.

Im Dezember kommen sie nach Genua.

1896

URAUFFÜHRUNGEN: *Ghiselle* von César Franck (Monte Carlo); *Andrea Chénier* von Umberto Giordano (Mailand); *Chatterton* von Ruggero Leoncavallo (Rom); *Zanetto* von Pietro Mascagni (Pesaro); *La Bohème* von Giacomo Puccini (Turin); *Der vierjährige Posten* von Franz Schubert (Dresden); *Der Corregidor* von Hugo Wolf (Mannheim)

Die Niederlage Italiens im Abessinienkrieg bei Adua bedeutet den Sturz des Ministerpräsidenten Crispi.

16. Januar bis 12. Februar: Die Verdis halten sich zu weiteren Besprechungen über die *Casa di riposo* in Mailand auf.

12. Februar: Rückkehr nach Genua

Ende März ist Verdi kurz alleine in Mailand, um mit Ricordi über Aufführungsrechte zu verhandeln. Er hinterlegt Geld für den Bau der *Casa di riposo*.

Im Frühjahr erkrankt die in Genua gebliebene Giuseppina Verdi schwer, erholt sich jedoch bald.

Anfang Mai kehren die Verdis nach Busseto zurück.

Von Ende Mai bis Juni ist Verdi erneut wegen der *Casa di riposo* in Mailand.

2. Juni: zurück auf Sant'Agata

11. Juli: Die Verdis besuchen die Mailänder Baustelle der *Casa di riposo* mit den Brüdern Boito und Ricordi.

15. Juli: Weiterreise nach Montecatini zur Kur

Anfang August kehrt das Ehepaar Verdi nach Sant' Agata zurück.

Ende August bis 3. September: Erneut führt der Bau der *Casa di riposo* Verdi nach Mailand.

14. Oktober: Die Verdis besuchen Giuseppinas Schwester in Cremona.

Ab Ende November sind die Verdis wieder in Genua.

1897

URAUFFÜHRUNGEN: *Messidor* von Alfred Bruneau (Paris); *L'Arlesiana* von Francesco Cilea (Mailand); *Il signor di Pourceaugnac* von Alberto Franchetti (Mailand); *Fervaal* von Vincent d'Indy (Brüssel); *La bohème* von Ruggero Leoncavallo (Venedig); *Les p'tites Michu* von André Messager (Paris); *Fierrabras* von Franz Schubert (Karlsruhe); *Sarema*, die erste Oper Alexander Zemlinskys (München)

Anfang Januar erleidet Verdi in Genua einen leichten Schlaganfall, der aber nicht publik gemacht wird. Er erholt sich bald.

22. Februar bis 16. März: Aufenthalt der Verdis in Mailand. Wiederum geht es um den Bau der *Casa di riposo*.

18. März: Kurzer Aufenthalt in Sant'Agata

Ende März bis Anfang Mai ist das Ehepaar Verdi in Genua.

3. April: Johannes Brahms stirbt in Wien.

Anfang April macht Verdi alleine einen Abstecher nach Mailand.

Anfang bis 17. Mai: Auf der Reise nach Sant'Agata besichtigen Giuseppina und Giuseppe Verdi nochmals die Mailänder Baustelle der *Casa di riposo*.

In der ersten Juliwoche machen Verdis auf ihrer Reise nach Montecatini Terme in Mailand Station.

Im Juli verbringen sie ihren jährlichen Kuraufenthalt in Montecatini Terme bei Pistoia.

Ende Juli: Rückkehr nach Sant'Agata, wo Verdi die Arbeit an den *Quattro pezzi sacri* aufnimmt.

Anfang September macht Verdi sich zu kurzen Reisen nach Mailand und Genua auf.

Der Gesundheitszustand Giuseppina Verdis verschlechtert sich zusehends.

Ende Oktober schickt Verdi die *Quattro pezzi sacri* zur Veröffentlichung an Ricordi.

14. November: Giuseppina Verdi stirbt auf Sant' Agata.

16. November: Beisetzung Giuseppina Verdis auf dem Cimitero Monumentale in Mailand

Anschließend kommen die Ricordis und Teresa Stolz zu Verdi nach Sant'Agata.

Zu Weihnachten erhält er Besuch von Boito.

1898

URAUFFÜHRUNGEN: *Fedora* von Umberto Giordano (Mailand); *Iris* von Pietro Mascagni (Rom); *Véronique* von André Messager (Paris); *Sadko* und *Mozart i Saljeri* von Nikolai Rimski-Korsakow (Moskau)

6. Januar: Verdi fährt mit seiner Adoptivtochter und Teresa Stolz zum Bau der *Casa di riposo* und anläßlich des Drucks der *Quattro Pezzi sacri* nach Mailand.

15. März bis 26. April: In Genua

7. April: »Stabat Mater«, »Laudi alla vergine Maria« und »Te Deum« haben als *Tre pezzi sacri* Premiere an der Pariser Opéra.

26. April bis Ende Mai: erneut in Mailand; Verdi berät über sein Testament.

26. Mai: Die italienische Uraufführung der *Tre pezzi sacri* findet in Turin unter der Leitung Arturo Toscaninis statt.

Ende Mai bis Anfang Juli: zuhause auf Sant'Agata; Teresa Stolz kommt zu Besuch.

Anfang Juli: kurz in Mailand

11. Juli: Weiterreise nach Montecatini Terme zur Kur

2. August: zurück in Busseto

Um den 7. September fährt Verdi über Mailand nach Genua.

Am 12. September ist er wieder in Mailand.

September: englische und deutsche Erstaufführungen der *Tre pezzi sacri* in Gloucester beziehungsweise Köln

15. September: zurück auf Sant'Agata

13. November: Erste vollständige Aufführung der *Quattro pezzi sacri* in Wien

Ende November oder Anfang Dezember fährt Verdi erneut nach Mailand. Dort spricht er sich gegen eine Aufführung der *Quattro pezzi sacri* an der Scala aus.

1899

URAUFFÜHRUNGEN: *Briseis* von Emanuel Chabrier (Berlin); *Čert a Káča (Die Teufelskäthe)* von Antonín Dvořák (Prag); *Regina* von Albert Lortzing (Berlin); *Cendrillon* von Jules Massenet (Paris); *Zarskaja newesta (Die Zarenbraut)* von Nikolai Rimski-Korsakow (Moskau); *La Rosalba* von Emilio Pizzi (Turin); *Der Bärenhäuter* von Siegfried Wagner (München)

Am 9. Februar trifft Verdi von Mailand aus in Genua ein.

Mitte Mai bis Anfang Juni ist er erneut in Mailand.

Anfang Juni: Rückreise mit Teresa Stolz nach Sant'Agata. Stolz reist weiter ins nahe Tabiano.

Anfang Juli begleitet Teresa Stolz Verdi nach Montecatini Terme.

Am 3. August kehrt Verdi nach Sant'Agata zurück

Mitte bis 24. September: Kurze Reise von Sant' Agata über Mailand nach Genua und zurück

3. Dezember: Abreise nach Mailand

16. Dezember: Verdi veranlaßt die Gründung einer Stiftung für die *Casa di riposo*.

Zu Weihnachten ist Verdi in Genua.

Den Jahreswechsel verbringt er mit Boito in Mailand.

1900

URAUFFÜHRUNGEN: *Atahualpa* von Alfredo Catalani (Buenos Aires); *Louise* von Gustave Charpentier (Paris); *Prométhée*, die erste Oper Gabriel Faurés (Béziers); *Zazà* von Ruggero Leoncavallo (Mailand); *Tosca* von Giacomo Puccini (Rom); *Skaska o zare Saltanse (Das Märchen vom Zaren Saltan)* von Nikolai Rimski-Korsakow (Moskau); *La Cenerentola*, die erste Oper Ermanno Wolf-Ferraris (Venedig); *Es war einmal* von Alexander Zemlinsky (Wien)

1. März bis 5. Mai: Aufenthalt in Genua

5. bis 22. Mai: Aufenthalt in Mailand

14. Mai: Verdi diktiert sein Testament und schickt es seinem Notar Angelo Carrara.

22. Mai bis Anfang Juli: auf Sant'Agata

Anfang Juli: wieder in Mailand

11. oder 12. Juli: Ankunft in Montecatini Terme bei Pistoia

Anfang August: zurück auf Sant'Agata

29. Juli: Nach der Ermordung des Königs Umberto I. bemüht sich Verdi vergebens, eine Komposition zu Papier zu bringen.

Mitte Dezember: Aufbruch nach Mailand. Vorher organisiert Verdi die Vernichtung seiner frühen Kompositionen.

Das Jahresende verbringt er mit Boito, Stolz, den Ricordis und anderen Freunden in Mailand.

1901

URAUFFÜHRUNGEN: *Rusalka* von Antonín Dvořák (Prag); *Le maschere* von Pietro Mascagni (Mailand, Rom, Venedig, Turin, Genua, Verona); *Grisélidis* von Jules Massenet (Paris); *Les Barbares* von Camille Saint-Saëns (Paris); *Die Feuersnot* von Richard Strauss (Dresden)

21. Januar: Verdi erleidet in seinem Zimmer im Grand Hôtel Mailand einen Schlaganfall. Er erlangt das Bewußtsein nicht wieder.

27. Januar: Giuseppe Verdi stirbt nachts um 2.50 Uhr.

30. Januar: Verdi wird auf dem Cimitero Monumentale neben seiner Frau beigesetzt.

26. Februar: Die Särge Giuseppinas und Giuseppe Verdis werden in die Gruft der *Casa di riposo* überführt. Während der Feier singen 900 Sängerinnen und Sänger unter Arturo Toscanini den Chor »Va, pensiero, sull'ali dorate« aus *Nabucodonosor*.

Glossar

von Guido Johannes Joerg

abbozzo → *selva*

a cappella → *a voci sole*

adagio
Ursprünglich Vortragsanweisung und Bezeichnung eines langsamen Tempos, wörtlich »in Bequemlichkeit«. In der Terminologie der italienischen Oper bezeichnet *adagio* aber unabhängig von der tatsächlichen Tempoanweisung den ersten, langsam(er)en Abschnitt einer zweiteiligen Arie (→ *aria* und → *cavatina*). Gelegentlich wurden auch einige solche Abschnitte wie etwa Manricos »Ah! sì, ben mio, coll'essere« im 3. Teil von *Il trovatore* zu Einheiten von größeren Dimensionen erweitert. Das *adagio* »Come in quest'ora bruna« von Amelias Arie im 1. Akt von *Simon Boccanegra* verwendet sogar einen dreiteiligen Aufbau mit einer modulierenden Episode und einer Reprise der einleitenden Passage.

air
Französische Bezeichnung für → *aria*.

alessandrino
Nebenbezeichnung für den → *settenario doppio*, die dessen Ähnlichkeit zum klassischen Vers des französischen Dramas unterstreichen soll (siehe oben, S. 209).

Alexandriner
Der wichtigste Vers des französischen Dramas mit zwölf oder dreizehn Silben (siehe oben, S. 209 f.).

a mezza voce
Mit halber Stimme – Vortragsanweisung in Gesangspartien, beispielsweise in der ersten Szene des Prologs von *Simon Boccanegra* »tutta questa scena a mezzavoce«. Sie ist nicht gleichbedeutend mit leisem Singen, sondern zielt darauf ab, auf die volle Stimmresonanz zu verzichten und dennoch einen tragenden Gesangston zu bilden, der aber gedämpft sein muß und sich in der Artikulation der Sprechtonstimme annähert.

appaltatore → *impresario*

aria
Arie. Oberbegriff für ein abgeschlossenes vokales Solostück für eine einzige Stimme, das sich in der Oper und im Oratorium ab dem 17. Jahrhundert entwickelte. Im Gegensatz zum → *recitativo* oder dem kurzen, liedhaften → *arioso* beinhaltet die *aria* die reflektierenden, stimmungsmalenden Momente einer Oper. Im 18. Jahrhundert hatte sich als Standard eine dreiteilige Anlage mit kontrastierendem Mittelteil und mehr oder weniger wörtlicher Wiederholung des Außenteils ausgeprägt, die als da capo-Arie bezeichnet wird. Eine zweisätzige Arie mit einem ersten Abschnitt (langsam und ausdrucksvoll), gefolgt von einem dazu kontrastierenden raschen, brillanten und virtuosen zweiten (der gewöhnlich durch einen Halbschluß in der Dominanttonart vorbereitet wird), ist die häufigste Form im ersten Viertel des 19. Jahrhunderts. Ihr Ursprung liegt in der zweigliedrigen *aria* vom Ende des 18. Jahrhunderts, deren zweiter Abschnitt keine thematische Bindung zum ersten hatte. In der gleichen Zeit gewann die zweiteilige → *cavatina* an Bedeutung, zumeist als Auftrittsarie des Titelhelden mit Chorbegleitung. Von den älteren Formen konnte sich nur die Rondo-Arie noch lange behaupten, wobei die Schlußarie der italienischen Oper gewöhnlich als → *rondò finale* bezeichnet wird. In der *opera seria* erweiterte sich die Arienform auf fünf Teile, wodurch die vokalen Aus- und Verzierungen zum Selbstzweck werden konnten (*aria di bravura*), die inhaltliche Aussage zurücktrat und der Eindruck starrer Künstlichkeit entstand. Im Zeitalter der Stimmvirtuosen des → *bel canto* beanspruchte die *aria* einen stolzen Platz innerhalb der Oper: Am Ende des ersten Viertels des 19. Jahrhunderts war die wichtigste Arienform beziehungsweise die in einer Arie kulminierende → *scena* in ein *accompagnato* mit Orchestereinleitung, eine zweisätzige Arie mit Chor und abschließende *coda* oder → *stretta* aufgegliedert (zum Formschema siehe oben, S. 186). Auch die Arie mit einem oder mehreren obligaten Instrumenten begegnete noch. Die einleitende *scena* war häufig mit *ariosi* durchsetzt und wurde zunehmend zur musikalisch-dramatischen Szene weiterentwickelt. Der erste Satz der Arie, das → *adagio*, meist von lyrisch-introvertiertem Charakter, findet im zweiten, der → *cabaletta* neben einer dramatisch motivierten Steigerung – noch bei Violettas »Ah, fors'è lui che l'anima« im 1. Akt von *La traviata* – auch eine Intensivierung in der Virtuosität. Die Teilung in Rezitativ und Arie wurde in der Zeit nach 1850 auch in Italien zunehmend aufgegeben; in Verdis Spätwerk ist die Trennung von *aria* und *recitativo* nahezu aufgehoben, bleibt aber formal noch erkennbar.

In seinen frühen Opern folgte Verdi noch den festgefügten Formen, etwa in Ernanis »Come rugiada al cespite« im 1. Akt der gleichnamigen Oper; wie seine Vorgänger und Zeitgenossen komponierte er zunächst zweisätzige *arie, cavatine* und → *preghiere* (Bittgebete), die allein durch ihre unterschiedlichen Bezeichnungen in den Partituren und Klavierauszügen gattungsspezifisch zu unterscheiden sind. Nach 1850 wurde die Arienform variabler. »Ah fors'è lui che l'anima« aus *La traviata* setzt sich zusammen aus einem zweistrophigen *adagio*; beide Strophen enden in einem Dur-Refrain nach Art eines französischen Couplets. Die gleiche Melodie erscheint im → *ritornello* und in der *coda* der *cabaletta* als → *pertichino* des Alfredo hinter der Szene. Bis um 1860 war übrigens die Regel für alle in einer Molltonart stehenden Sätze, daß ihre letzte Kadenz in Dur enden mußte – sogar bei »Addio, del passato bei sogni ridenti« im 3. Akt von *La traviata*, wo es der Oboe obliegt, nach der letzten Note der Violetta zur Grundtonart a-Moll zurückzuführen; bei Amelias »Morrò, ma prima in grazia« im 3. Akt von *Un ballo in maschera* verbleibt die Musik dann zum ersten Mal in Moll.

Unter dem Einfluß französischer Opern seit *Rigoletto* begann Verdi später, auch in größerem Umfang Liedtypen in seine Opern einzubeziehen. Mit dem allmählichen Verschwinden der *cabaletta* gewannen einsätzige Arien die Oberhand, als deren Sonderformen die *preghiera*, die Serenade, der → *brindisi* und der weitaus seltenere → *inno* weite Verbreitung fanden; bei Verdi vorwiegend die *cavatina* und die → *romanza*. Von nun an komponierte er nur noch zwei oder drei Arien pro Oper, von denen jeweils nur eine einem festen Typus folgt; die anderen werden durch andere Musik unterbrochen oder in einen anderen musikalischen Kontext eingefügt. In *La forza del destino* beispielsweise gehören neben zwei *romanze* (Leonoras »Me pellegrina ed orfana« im 1. Akt und Alvaros »Oh, tu che in seno agli Angeli« im 3. Akt) die *canzone* Preziosillas mit Chorrefrain im 2. Akt (»Al suon del tamburo«), Carlos → *ballata* im 2. Akt (»Son Pereda, son ricco d'onore«) und Preziosillas *strofe* im 3. Akt (»Venite all'indovina«) zu den einsätzigen liedhaften Gesängen.

Alle Formalismen in den italienischen Opernlibretti und damit im Formverlauf der Arien verschwinden zunehmend in der zweiten Hälfte des 19. Jahrhunderts (siehe oben, S. 188–191, und auch die S. 183 f. zitierte Opernparodie Ghislanzonis). Im *Falstaff* fehlen Arien ganz – zur anfänglichen Frustration der Sänger.

arioso
Der Begriff, ein italienisches Adjektiv (»liedhaft«), wird gewöhnlich als Substantiv verstanden und bezeichnet eine Sonderform der → *aria* – er kann jedoch auch rezitativischen Abschnitten zugeschrieben werden, wenn der Komponist aus dem deklamatorischen Stil ausbricht und kurze lyrische Phrasen schreibt. Im 19. Jahrhundert wurde der Begriff meist einem lyrischen → *recitativo* gegeben, das in fest gemessenem Tempo vorzutragen ist. Bei Vincenzo Bellini bekamen *arioso*-Passagen gelegentlich die Wichtigkeit von Arien. Demgegenüber verbinden sich in herausragenden Rezitativen wie Rigolettos »Pari siamo!... Io la lingua, egli ha il pugnale« im 1. Akt der gleichnamigen Oper ariose mit deklamatorischen Elementen. Nachdem sich die Arie immer enger in das Geflecht der Szenen (→ *scena*) fügte, verschwand das *arioso* als eine eigenständige Kategorie.

atto
Akt. Ein (musik)dramatisches Werk gliedert sich gewöhnlich in Akte: Abschnitte, die der Handlung oder dem Schauplatz nach zusammengehören. Die Oper kannte – wie auch die griechische Tragödie – in ihrer Frühzeit nur eine Gliederung durch Chöre, Prolog und Epilog, wobei schon Claudio Monteverdis *L'Orfeo* (1607) mit einem Prolog und fünf Akten eine Ausnahme bildete. Bereits um 1640 herum wurden Akte – meist fünf oder drei – verbindlich, wobei in Italien vorwiegend die Dreiteiligkeit bevorzugt wurde, in der französischen Tradition aber fünf Akte als zwingend galten (wie sie auch im Verlauf des 19. Jahrhunderts von der → *grand opéra* wieder aufgegriffen wurden). Die italienischen Librettisten des 17. Jahrhunderts benutzten für → *opere serie* hauptsächlich die Dreiteilung; demgegenüber stellte sich für → *opere buffe* und die französische → *opéra-comique* eine Zweiteilung als besonders vorteilhaft heraus. Im frühen 19. Jahrhundert war dann eine allmähliche Abwendung vom Standard der Zweiaktigkeit, der inzwischen auch auf die *opere serie* übergegriffen hatte, festzustellen. Verdi gliederte seine Bühnenwerke oft in vier Abschnitte, später ebenso Giacomo Puccini sowie Georges Bizet, Charles Gounod und Jules Massenet in Frankreich.

Neben den in *atti* (Akte) gegliederten Bühnenwerken gibt es in Verdis Opern verschiedene Beispiele für die Einteilung in *parti* (Teile). Diese Nomenklatur ist vor allem aus der neapolitanischen Tradition herzuleiten, den einzelnen Akten Titel zu geben – vielleicht, um damit auch die Struktur der Oper zu charakterisieren oder zum Ausdruck zu bringen, daß hier anstelle von vier aufeinanderfolgenden Episoden in einem einheitlichen Handlungsablauf eher vier eigenständige → *tableaux* vorliegen, die zusammengenommen ein Panorama ergeben, mit Charakteren, die aus unterschiedlichen Blickwinkeln und in unterschiedlichem Zusammenhang ausgeleuchtet werden. Beispiele sind *Ernani* oder *Il trovatore*, aber auch der für Mailand geschriebene *Nabucodonosor* ist in *parti* – jeweils mit einem eigenen Titel – und nicht in *atti* aufgeteilt.

a voci sole (a cappella)
Nicht vom Orchester begleitete Gesangspassagen, die meist im Ensemble, als Chor oder im → *tutti* ausgeführt werden. Die Stimmen sind oft ungeschönt (also durchaus nicht in wohlklingenden Terzen- und Sextenketten geführt) und hochkompliziert mit- und ineinander verschränkt. Beispiele bei Verdi finden sich im Quartett des 2. Aktes von *Luisa Miller* (beginnend mit »Come celar le smanie«), im *coro d'introduzione* des 1. Aktes von *Aroldo* oder dem »Miserere« im 4. Teil von *Il trovatore*. Auch beim »Rataplan« am Ende des 3. Aktes von *La forza del destino* wird im wesentlichen auf eine Orchesterbegleitung verzichtet. Das Verfahren, den Beginn des → *pezzo concertato* oder sogar das ganze langsame Ensemblestück *a cappella* zu setzen, findet sich bei Verdi nur sehr selten, etwa im Finale des 1. Aktes von *Macbeth* (»O gran Dio, che ne' cuori penetri«), daneben auch im 1865 neu komponierten *a cappella*-Chorsatz »Patria oppressa! il dolce nome« zu Beginn des 4. Aktes derselben Oper oder im Quartett des 1. Aktes von *Les Vêpres Siciliennes* (»Quelle horreur m'environne«). Bei dem Chor »Viva Italia! sacro un patto« am Beginn des 1. Aktes von *La battaglia di Legnano* dürfte es sich um den ersten durchgängig *a cappella* gesetzten Chor auf der Opernbühne handeln. Im 4. Akt von *Aroldo* findet sich mit Aroldos »Angiol di Dio, – Custode mio« sogar eine als *preghiera a voci sole* (→ *preghiera*) bezeichnete achtstimmige *a cappella*-Nummer.

ballabile
Die aus der adjektivischen Wendung *ballabile* (italienisch für »tanzbar«) hervorgegangene Bezeichnung für ein Tanzstück ist meist Chornummern zugeschrieben, während welcher auch getanzt wird, zum Beispiel »Chi dona luce al cor?... Di stella alcuna« im 2. Akt von *Attila*, die mit der originalen Bezeichnung *coro – ballabile* und später mit *coro e ripresa della danza* versehenen Nummern im 2. Akt von *La forza del destino*, oder »Ondine e silfidi« im 3. Akt von *Macbeth*. Verdi selbst benutzte den Terminus oft auch freizügig für die Einzelsätze eines selbständigen Balletts, wie beispielsweise das *ballabile di corsari africani* im 1. Akt der Erstfassung von *Simon Boccanegra* oder die Ballettmusiken in *Jérusalem*, *Les Vêpres Siciliennes* und *Don Carlos*, deren Weglassung in italienischen Aufführungen er gewöhnlich billigte.

ballata
Der Begriff findet in zwei Bedeutungsvarianten Verwendung, dabei ist er einmal vom Verb *ballare* (»tanzen«), beim anderen Mal vom Substantiv *ballata* (»Ballade«) abgeleitet. In der ersten Variante bezeichnet *ballata* ein leichtgewichtiges, fröhliches Lied in tänzerischem Rhythmus, wie beispielsweise des Herzogs »Questa o quella per me pari sono« im 1. Akt von *Rigoletto*. Dabei wird der Begriff nach seiner aus dem 15. Jahrhundert stammenden originalen Bedeutung für ein »Tanzlied« verwendet. Die zweite Variante bezeichnet ein erzählendes Lied, das aber eine strengere Form aufweist als ein → *racconto*, also in etwa das italienische Äquivalent zur französischen *ballade* meint; ein Beispiel ist Carlos »Son Pereda, son ricco d'onore« im 2. Akt von *La forza del destino*. In Abwandlung dieser zweiten Variante kann *ballata* auch ein strophisches Lied bezeichnen, das eine mysteriöse Figur beschreibt, wie etwa Oscars »Volta la terrea« im 1. Akt von *Un ballo in maschera*.

ballet, balletto
Ballett. Bei den selbständigen Ballettmusiken, die Verdi in seine Opern einfügte (bereits bei der Komposition der Originalfassung oder gelegentlich nachkomponiert für die französischen Neuinszenierungen seiner Werke), findet sich der Begriff *balletto* nur selten. Eine von wenigen originalen Bezeichnungen findet sich bei dem *ballet* mit dem Titel *Les quatre Saisons* in *Les Vêpres Siciliennes*. Die Ballette in *Gerusalemme*, *Macbeth*, *Il trovatore*, *Aida* und *Otello* sind sämtlich als → *ballabili* (mit Untertiteln wie → *ballo* oder *danza*) bezeichnet, und auch *Le Ballet de la reine* in der französischen Fassung des *Don Carlos* wurde später mit *ballo della regina* übersetzt. Wie das *ballet* in *Les Vêpres Siciliennes* besitzt allerdings auch das *Ballet de la reine* in *Don Carlos* eine Handlung. (Zum Ballett in Verdis Opern siehe auch oben, S. 271 ff. und S. 275 ff.)

ballo
Tanz. Der Begriff, der gelegentlich synonym zu → *balletto* verwendet wird, hat in der italienischen Oper Seltenheitswert. Verdi verwendet ihn gelegentlich – so in *Ernani*, *Rigoletto* und *Un ballo in maschera* – in der Verbindung *festa da ballo*. Zahlreiche der für Paris geschriebenen → *grands opéras* der 1870er und 1880er Jahre wurden wegen des an zentraler Stelle der Oper stehenden Balletts im Italienischen auch als *opera-ballo* bezeichnet. Bei Kategorien wie *opera* oder *commedia con ballo*, mit denen in italienischen Theatern unterschiedliche Staffelungen der Eintrittspreise verbunden waren, handelte es sich allerdings um die jeweils zwischen den Opernakten aufgeführten Ballette – meist mit Musik anderer Komponisten –, die erst gegen Ende des 19. Jahrhunderts aus der Mode kamen (siehe oben, S. 249).

banda
Die ursprüngliche Bezeichnung für eine (Militär-) Kapelle in Bläserbesetzung wurde, nachdem sie erstmals 1787 in Giovanni Paisiellos *Pirro* in einer Oper Verwendung fand, ab dem 19. Jahrhundert – späte-

stens jedoch mit Gioachino Rossinis *Ricciardo e Zoraide* von 1818 – auch als Begriff für die Bühnenmusik in der italienischen Oper (sowohl für diejenige hinter als auch diejenige auf der Szene) gebräuchlich. Sicherlich geht sie auch auf die Bezeichnung *banda turca* für die Janitscharenmusik in den sogenannten »Türkenopern« des 18. Jahrhunderts zurück. Unter den Begriff *banda* werden in einem weiteren Sinn – neben der hauptsächlich auftretenden Besetzung mit Blasinstrumenten (so in *La traviata* oder *Aida*) – auch die Streicherbesetzungen in den Ballszenen von *Rigoletto* und *Un ballo in maschera* subsumiert. Da die *banda* ein selbständiges Ensemble bildete, das unter eigener Leitung stand und nicht vom → *maestro concertatore* geleitet wurde, und da ihre Besetzung von Theater zu Theater unterschiedlich war, oblag es dem Leiter, die definitive Instrumentierung nach einer lediglich im → Particell notierten Vorlage des Komponisten auszusetzen. Klarinetten bestimmten die oberen Register, Blechbläser die mittleren und tiefen – darunter auch Instrumente wie das *flicorno* (Flügelhorn) und das *bombardone*. Das Aufkommen eines professionellen Dirigenten setzte der *banda* als selbständiger Einheit ein Ende; bei späteren Verwendungen wurde die entsprechende Musik von den Komponisten in vollständiger Partitur ausgeschrieben (siehe oben, S. 250).

barcarola
Die Barkarole – abgeleitet vom italienischen *barca* (Boot, Kahn), also ein Gondel- oder Schifferlied (letzteres nach der Übersetzung von Carl Czerny), – ist eine volkstümlich-populäre Dichtung, die zuerst von den Gondolieri in Venedig gesungen wurde. Es handelt sich dabei vorwiegend um Liebesgesänge, häufig mit melancholischem Inhalt; sie kommen meist als *andantino*, vorwiegend in Dur und in einem wiegenden $^6/_8$-Rhythmus (Barkarolenrhythmus) mit Schaukelmelodik daher, die Bewegung einer Gondel oder eines Bootes imitierend. Ab dem ausgehenden 18. Jahrhundert sehr beliebt, findet sich dieser Typus vorwiegend in Opern, die in einem maritimen Ambiente angesiedelt sind, deren Inhalt jedoch nicht unbedingt mit Venedig oder der Liebe verknüpft sein muß. Thematisiert werden auch das Meer als Lebensraum der Seeleute und Fischer oder die Gefahren der Seefahrt im allgemeinen: Sturm und Seenot – zum Beispiel in Ulricas »Re dell'abisso, affrettati« im 1. Akt von *Un ballo in maschera* –, Schiffbruch oder Piraterie, meist verbunden mit programmatischer Beschreibung des stürmischen Meeres, mit Motiven wie Sturm, Gebet (→ *preghiera*), Unruhe und Todesbeschwörung – ausgedrückt in den entsprechenden musikalischen Charakteristika. Weitere Beispiele bei Verdi sind »Tutta è calma la laguna« im 3. Akt von *I due Foscari* und »Jour d'ivresse et de délice« im 2. Akt von *Les Vêpres Siciliennes*. Als Meeres- und Sturm-*barcarola* dient »Di' tu se fedele« im 1. Akt von *Un ballo in maschera* dazu, Riccardos aufgewühlte Gefühle mitzuteilen. Ein anspruchsvolles Gedicht hat Verdi in seiner Chor-Barkarole (»Mentre all'aura sola«) im 2. Akt von *Otello* vertont, einer Oper, deren Schauplatz nicht – wie man annehmen könnte – die Lagunenstadt ist, sondern die sich auf das ferne Venedig aus zypriotischer Perspektive bezieht.

battaglia
Unter dem italienischen Terminus *battaglia* versteht man die musikalische Darstellung einer Schlacht, eines Kampfes. Die so bezeichneten Werke, deren Blüte im Zeitraum zwischen 1500 und 1650 lag, sind gewöhnlich Kompositionen für Vokalensemble, in welchen die im Text beschriebenen außermusikalischen Vorgänge tonmalerisch veranschaulicht werden. Der Ausdruck wäre auch für die orchestralen Kompositionen von 1650 bis 1800 angemessen; im 19. Jahrhundert würde sich jedoch eher der Begriff »Schlachtengemälde« anbieten, denn die meisten einschlägigen Kompositionen stammen aus diesem ›nationalen‹ Bereich, in dem die Instrumentalmusik vorherrschte; die Historienmalerei diente als Vorbild. Nach den spektakulären Siegen des britischen Admirals Lord Horatio Nelson wurde um 1800 die Seeschlacht das wichtigste Sujet dieser Kompositionen und bald darauf traten die Ortsnamen der Freiheitskriege in den Vordergrund. Neben den großbesetzten Werken gab es vom 16. bis weit ins 19. Jahrhundert hinein auch Schlachtenschilderungen auf Soloinstrumenten.

Ein weites Feld für die musikalische Gestaltung der *battaglie* eröffnete die Allegorie: Der Liebeskrieg, der Kampf zwischen Tugenden und Lastern und im Vorzugsstreit von Erdteilen, Temperamenten, Jahreszeiten, Lebensaltern oder Künsten waren zunächst vorherrschende Themen. Der Schlachtenlärm bot dem Komponisten Material zur Nachahmung hörbarer Vorgänge, und die akustische Konkretheit des Vorbilds machte die Beigabe von erläuternden »Programmen« zumeist entbehrlich – der Ablauf des Geschehens konnte unmittelbar verstanden werden. Die musikalische Darstellung umfaßte Rufe und Befehle, Signale, Zitate ganzer Melodien von Liedern, Märschen, später auch nationalen Hymnen, Kampfeslärm und verschiedene Affekte.

In der Oper wurde die *battaglia* ebenfalls verwendet, sei es zur Darstellung einer Schlacht auf oder hinter der Bühne – dann zumeist als Teichoskopie (Mauerschau) unter Einbeziehung der auf der Bühne (re)agierenden Protagonisten. Auch musikalische Zwischen- oder Überleitungsnummern konnten als *battaglia* gestaltet sein. Bei Verdi ist die *battaglia* ein Topos der Instrumentalmusik, der vor allem im Frühwerk aufscheint: in *I Lombardi alla prima cro-*

ciata, *Jérusalem*, *Giovanna d'Arco*, *Macbeth* und auch noch in *La forza del destino* (zu Beginn des 3. Aktes wird Alvaros und Carlos Mitwirkung an der Schlacht – das Kampfgeschehen findet hinter den Kulissen statt – von den Soldaten auf der Bühne geschildert: »All'armi!... Andiamo... all'armi!«). In *Simon Boccanegra* wird die den 2. Akt beschließende Kampfmusik (»All'armi, all'armi, o Liguri«) zu Beginn des 3. Aktes wiederaufgenommen.

bel canto

Der Begriff – eigentlich »schöner Gesang« – bezeichnet ursprünglich den italienischen Kompositions- und Gesangsstil des 18. und frühen 19. Jahrhunderts. Die Gesangstheoretiker der Zeit kannten ihn nicht. Er tauchte erst zur Mitte des 19. Jahrhunderts in retrospektiver Bedeutung auf. Edmond Michotte berichtet, wie Gioachino Rossini 1858 bei einer Abendgesellschaft den Stoßseufzer »Ahi noi! perduto il bel canto della patria!« (»Weh uns! Der bel canto unseres Vaterlandes ist verloren gegangen!«) ausstieß. Rossini, dessen Kunst noch in der Tradition des alten italienischen Kastratengesangs wurzelte, hat bei dieser Gelegenheit auch jene drei Elemente benannt, die seiner Meinung nach grundlegend für den *bel canto* waren: »das Instrument, die Stimme also; die Technik, die Mittel sich ihrer zu bedienen; der Stil, der aus Geschmack und Empfindung resultiert.« (MGG, 2. Auflage, Sachteil Band I, 1994, Sp. 1347) Das meint: reine Intonation und bruchlose Registerverblendung; Beherrschung aller gesangstechnischen Darstellungsmittel wie Portamento, *messa di voce*, Verzierungen und Geläufigkeit (*agilità*); schließlich eine Vortragskunst, die mit dem Notentext gestalterisch umzugehen weiß. Einen Eindruck von dieser differenzierten Interpretation vermitteln die beispielhaft ausgezierten Arien, die Manuel Garcia der Jüngere im Anhang seines *Traité complet de l'art du chant* (1840) veröffentlicht hat. Später hat man den Begriff unhistorisch auf die italienische Gesangs- und Opernkunst insgesamt ausgeweitet.

Verdis deklamatorischer Gesangsstil entfernt sich im Laufe seiner Entwicklung immer weiter vom Ideal Rossinis und bereitet damit dem naturalistischen Singen des *verismo* den Boden, der das Ende des klassischen, auf den Barock zurückgehenden *bel canto* bedeutet.

brindisi

Die italienische Bezeichnung für ein Trinklied, einen Trinkspruch oder Toast; gelegentlich wird das Wort auch als Ableitung vom spanischen *brindis*, einer Verballhornung des deutschen »bring dir's« erklärt (das zumindest noch in Siegfrieds Trinkspruch »Trink, Gunther, trink! / Dein Bruder bringt es Dir!« aus dem 3. Aufzug von Richard Wagners *Götterdämmerung* aufscheint). Aufforderungen zum Trinken sind in der Oper des 19. Jahrhunderts – und vor allem in Italien – ebenso üblich wie beliebt. Ein solistischer Sänger bringt einen Toast aus (Strophe) und alle Anwesenden – Solisten und Chor – antworten mit den gleichen oder doch zumindest ähnlichen Worten und auf die gleiche Melodie (Refrain beziehungsweise Chorrefrain). Ein anderer Solist kann mit (einer) neuen Strophe(n) hinzu- oder dazwischentreten – wie Violetta in dem von Alfredo begonnenen »Libiamo ne' lieti calici« im 1. Akt von *La traviata*. Neben solchen einfachen Einlagegesängen ist auch eine dramatisierte Variante möglich, wenn die Opernhandlung nämlich auch zwischen den Versen oder den Wiederholungen des Trinklieds fortgesetzt wird, wie es bei dem Lied »Si colmi il calice« der Lady Macbeth im 2. Akt von *Macbeth* geschieht. Um einen Sonderfall handelt es sich bei der ebenfalls im Original mit der Bezeichnung *brindisi* versehenen Nummer »Mesci, mesci... – Vittoria!... Vittoria!...« im 2. Akt von *Alzira*, das in diesem Fall einzig und allein vom Chor vorgetragen wird. Ein besonders sorgfältig ausgearbeitetes Beispiel für ein *brindisi* ist Jagos »Innaffia l'ugola!« im 1. Akt von *Otello*, aus dem heraus sich der Streit zwischen Cassio und Montano entwickelt.

cabaletta

Aus der im 18. Jahrhundert verwendeten Bezeichnung für eine kurze Arie mit prägnantem Rhythmus und einer Wiederholung, die dem Sänger die Möglichkeit zur Ausgestaltung bot, entwickelte sich die *cabaletta* im 19. Jahrhundert mit meist rascherem Tempo und abschließender Steigerung (→ *stretta*) zum zweiten Abschnitt einer längeren, schlichteren → *aria* oder *cavatina*, seltener auch eines Duetts (→ *duetto*), gelegentlich auch mit vorausgehendem → *recitativo*. Grundsätzlich kann die *cabaletta* als zweiter, schneller Teil der italienischen *aria* definiert werden, der durch ein → *ritornello* und die Interventionen des Chors oder solistischer → *pertichini* (*aria con pertichini*) – die *cabaletta* pflegt die Stimmen anderer Solisten oder des Chors mit einzubeziehen, wenn diese sich zur gleichen Zeit auf der Bühne befinden, – vom → *adagio* getrennt ist. Da dieser Abschnitt im Gegensatz zur vorausgehenden, lyrischeren Passage der mehrgliedrigen Nummer vor allem dem Ausdruck extrovertierter Gefühle und klarer Entschlüsse dient, ist seine Melodik in der Regel sehr markant, gelegentlich ›schlagerhaft‹ – der Gegensatz ist besonders groß bei Auftrittsarien (→ *cavatina*), wenn also sowohl der Charakter der erst ins Geschehen tretenden Person als auch die dramatische Situation noch kaum entwickelt sind.

Die typischen *cabalette* des frühen Verdi lehnen sich noch stark an Vorbilder von Gaetano Donizetti an. Einige Beispiele von vielen sind Violettas »Sempre libera degg'io« am Ende des 1. Aktes von *La traviata* oder Manricos »Di quella pira l'orrendo foco« als Schlußabschnitt seiner Arie am Ende des 3. Teils von *Il trovatore*. Ihre formale Eigenständigkeit gewann die *cabaletta* durch ihre Wiederholung, in welcher der Sänger seine Verzierungskunst beziehungsweise seine vokale Virtuosität unter Beweis stellen konnte; ob aber Verdi seine *cabalette* von Sängern über die notierte Ornamentik hinaus auszieren ließ, ist nicht nachgewiesen.

cadenza
Eine virtuose Passage am Ende einer → *aria* (oder dem Abschnitt einer *aria*), die gewöhnlich nicht in Noten ausgeschrieben, sondern lediglich durch eine Fermate über einem nach Auflösung verlangenden Orchesterakkord bezeichnet wurde. Die Interpreten füllten diese Stellen nach Gutdünken und dem eigenen belcantistischen Können aus, und oft lieferten die Komponisten auch *cadenze* für berühmte Sänger ihrer Zeit nach: Verdi beispielsweise solche zu »La nuit calme« (»Tacea la notte placida«) für die französische Fassung von *Il trovatore* (*Le Trouvère*) oder auch zu »Odi il voto, o grande Iddio« für die Aufführung von *Ernani* im Jahre 1844 in Parma, in der Nicola Ivanoff die Titelpartie übernahm.

canone
Ein Kanon, in welchem eine Stimme eine andere mehr oder weniger notengetreu imitiert, ist in der Oper eher ungewöhnlich. Barocke Opernduette beginnen öfters in einer kanonischen Führung der Singstimmen, und gegen Ende des 18. Jahrhunderts wurde der Kanon auch in Ensembles eingeführt – erst in Wien, von wo aus diese Mode nach Italien gelangte. Hier bezeichnete man die Technik als *falso canone* (gelegentlich auch *pseudo canone*), da die Form niemals bis zum Einsatz der letzten Stimme den Regeln gemäß fortgeführt wird. In der italienischen Oper des 19. Jahrhunderts wurde der Begriff gelegentlich für den langsamen, lyrischen Abschnitt eines Ensembles verwendet: Das → *adagio* in einem Terzett, Quartett und Quintett oder das → *pezzo concertato* innerhalb eines Finales. In seinen frühen Opern benutzt Verdi zweimal einen *falso canone*: im Terzett Leonora/Cuniza/Oberto »Su quella fronte impura« im Finale des 1. Aktes von *Oberto, conte di San Bonifacio* und in einer fünfstimmigen Variante im Finale des 2. Teils von *Nabucodonosor* (»S'appressan gl'istanti«), wo der abschließende Themeneinsatz dem Chor übertragen ist (siehe auch oben, S. 195). Imitatorische Arbeit charakterisiert auch die Priester in *Aida*, während der eröffnende Dialog zwischen Radamès und Ramfis über einem recht frei geführten 3-stg. Kanon der geteilten Violoncelli abläuft. Im 4. Akt von *Macbeth* ist die → *battaglia* imitatorisch ausgeführt und mit *fuga* bezeichnet.

cantabile
Als adjektivische Wendung wird der Begriff *cantabile* (italienisch für »singbar/sanglich«) gewöhnlich einer Melodie zugewiesen, die gesanglich interpretiert werden soll: hauptsächlich bei instrumentaler Musik oder instrumentalen Passagen beziehungsweise bei konzertierend verwendeten Melodieinstrumenten innerhalb der Opernpartitur. Von den italienischen Komponisten des 19. Jahrhunderts wurde *cantabile* aber auch als Substantiv benutzt, um den ersten, langsam(er)en Abschnitt einer zweiteiligen Arie (→ *aria* und → *cavatina*) zu bezeichnen, der in diesem Buch in Anlehnung an Abramo Basevi durchgängig als → *adagio* bezeichnet wird. Gelegentlich wurde der Begriff dabei auch einem einzeln stehenden Satz, der einem untergeordneten Sänger anvertraut ist, zugeordnet – beispielsweise Silvas »Infelice! E tuo credevi« im 1. Akt von *Ernani* –, bevor die Rolle für den berühmten Ignazio Marini durch Hinzufügung einer → *cabaletta* (»Infin che un brano vindice«) vom *basso comprimario* zum *primo basso* aufgewertet wurde (siehe oben, S. 180). Als Nummernbezeichnung findet sich *cantabile* auch bei Renatos »Alla vita che t'arride« im 1. Akt von *Un ballo in maschera*.

canzone
Das italienische Wort für »Lied« bezeichnet eine poetische oder lyrische Äußerung. In der Oper wird diese lyrische Strophenform provenzalischer Herkunft ab dem 18. Jahrhundert vorwiegend für liedhafte Arien des ›leichteren‹ Genres – der *ballad opera*, der → *opéra-comique* oder in Singspielen – verwendet. In schwergewichtigeren Werken sind *canzoni* meist Nummern, die außerhalb der eigentlichen dramatischen Handlung stehen, und durchwegs einfacheren Aufbau (einfache Strophenformen mit kurzen Versen) aufweisen. Verdi ordnete den Begriff dem »La donna è mobile« des Herzogs im 3. Akt von *Rigoletto* ebenso zu wie Riccardos »Di' tu se fedele« im 1. Akt und Oscars »Saper vorreste« im 3. Akt von *Un ballo in maschera* oder den *canzone del salice*, Desdemonas »Lied von der Weide« im 4. Akt von *Otello*. Weitere originale Bezeichnungen finden sich bei Azucenas »Stride la vampa! – la folla indomita« im 2. Teil von *Il trovatore*, Preziosillas »Al suon del tamburo« im 2. Akt von *La forza del destino* und Ebolis *chanson du voile*, der *canzone del velo* (»Lied vom Schleier«) im 2. (bzw. 1.) Akt von *Don Carlos*.

canzonetta
Verkleinerungsform von → *canzone*.

cartellone
Plakat, Theaterzettel. Die Liste der Opern, die ein Theater während einer Spielzeit aufzuführen beab-

sichtigt, noch ohne Details und Besetzungen, wurde – meist bereits vor dem Beginn der Abonnementskampagne – auf einem *cartellone* bekanntgegeben.

cavatina
Kavatine. In der Oper des 18. und 19. Jahrhunderts bezeichnet der Begriff eine einfache, kurze Soloarie, die sich von der traditionellen → *aria* durch ihre Liedhaftigkeit, die ein- oder zweiteilige Form und das Fehlen einer *da capo*-Passage unterscheidet. Während der Begriff in Frankreich (*cavatine*) und Deutschland seine Bedeutung beibehielt, wurde er ab etwa 1820 in Italien auch auf die Auftrittsarie eines Sängers angewendet – ob es sich dabei nun um eine ein- oder zweisätzige Arie handelte –, so daß sehr verschiedenartige Solonummern mit dem Begriff *cavatina* versehen sind. Sogar hochvirtuose Arien, die dann oft mit einer → *cabaletta* schließen, wie das »Vieni! t'affretta! accendere« der Lady Macbeth im 1. Akt von *Macbeth*, tragen die Bezeichnung *cavatina*.

Bei Verdi ist die *cavatina* aufgrund des dramaturgischen Kriteriums – ihrer Position im Handlungsablauf – als Auftrittsarie eines Protagonisten definiert und hat folglich in der Regel ausgesprochenen Expositionscharakter, verbunden mit einer retrospektiven Haltung des Sängers. Die *cavatina* ist dabei mit seltenen Ausnahmen (zum Beispiel Amalias »Lo sguardo avea degli angeli« im 1. Akt von *I masnadieri*) grundsätzlich eine zweiteilige *aria* mit → *adagio* und *cabaletta*. In terminologischer Hinsicht ist die Situation jedoch kompliziert: Die Bezeichnung erscheint ab den 1850er Jahren (nach *Il trovatore*) kaum noch, obgleich der Begriff verschiedentlich gegeben wäre – zum Beispiel bei Violettas »Ah fors'è lui che l'anima« im 1. Akt von *La traviata*. Im weiteren variiert der Wortgebrauch mit dem Verleger. Während Giovanni Ricordi freizügig mit dem Begriff verfährt (bei Carlos *cavatina* im 3. Akt von *Ernani* handelt es sich gar nicht um die Auftrittsarie), meidet Francesco Lucca ihn offensichtlich und bezeichnet die Auftrittsnummern von Carlo in *I masnadieri* und Corrado in *Il corsaro* schlicht als *aria*. Überdies wird der Begriff bevorzugt bei Sopran- und auch Tenorarien, weniger bei Bariton- und Baßarien verwendet.

coloratura → *fioritura*

colpo di scena
Knalleffekt (französisch *coup de théâtre*); eine plötzliche und überraschende Wendung im szenischen Geschehen. Die Auslösung eines *colpo di scena* geschieht durch charakteristische Handlungsmomente: das Bekanntwerden einer schrecklichen Nachricht (König Duncans Ermordung in *Macbeth*); die plötzliche Einwirkung eines Naturereignisses (ein Blitzstrahl reißt Nabucco die Krone vom Haupt); das unerwartete Auftreten einer Person (die tot geglaubten Nabucco und Manrico; Kaiser Karl V. [Don Carlo] in *Ernani* und Federico Barbarossa in *La battaglia di Legnano* überraschen eine Verschwörergruppe); die Identifizierung einer Person in Verkleidung (Kaiser Karl V. [Don Carlo] in *Ernani* wird als König erkannt); oder die Enthüllung eines vorher verborgenen Verwandtschaftsverhältnisses (Rigoletto schleudert den Höflingen entgegen, daß Gilda nicht die Geliebte, sondern seine Tochter ist; in *Il trovatore* teilt Manrico Leonora mit, daß Azucena seine Mutter ist). Der *colpo di scena* spielt vor allem in Verdis Operndramaturgie bis zu den mittleren Werken eine entscheidende Rolle, öfter als Handlungsimpuls für die → *cabaletta* (Wurm eröffnet Miller, daß Luisas Geliebter der Sohn des Grafen Walter ist), meist aber für das → *pezzo concertato* innerhalb eines → *finale*. Er führt dann zu tiefgreifenden Reaktionen bei den auf der Bühne Anwesenden und bewirkt einen Handlungsstillstand: Sprachlose Verwunderung, fassungsloses Erstaunen, versteinerte Betroffenheit, furchtbares Entsetzen (in *Macbeth*: »stupore universale«; in *Nabucodonosor*: »terrore generale, profondo silenzio«. Im Terzett des 2. Aktes von *Ernani* wirft der Titelheld »seine Kleidung von sich« oder Manrico stößt in *Il trovatore* »einen Weltenschrei aus«). Den – unmittelbar mit Verdis Begriff der → *parola scenica* verknüpften – dramat(urg)ischen Affekt benutzt der Komponist bis hin zu *Otello* und vor allem *Falstaff*.

compagnia di canto
Eine fest ausgeprägte Hierarchie innerhalb der traditionellen Struktur des Sängerensembles, welche die italienischen Opern (die Werke wie die Theater) bis weit in die erste Hälfte des 19. Jahrhunderts hinein bestimmte, und mit der Verdi mehr und mehr in Konflikt geriet, da er mit den verschiedenen Stimmlagen und deren Unterteilung in Stimmfächer mehr oder weniger unkonventionell umging. Ursprünglich standen nur drei Protagonisten als wesentliche Handlungsträger an der Spitze dieser Hierarchie, die sogenannten *primari*: *prima donna*, *primo uomo* und *primo basso* (*cantante*). Wenn ein vierter *primario* hinzukam, dann ein tiefer Baß, ein zweiter Sopran (ein *soprano sfogato*) oder ein Mezzosopran. Allein diesen *primari* standen Solonummern größeren Ausmaßes zu, meist in der klassischen vierteiligen Anlage aus → *scena*, → *tempo d'attacco*, → *tempo di mezzo* und → *cabaletta*.

Nach den *primari* folgten die *comprimari* (→ *comprimario*; diese Bezeichnung wurde später zum Sammelbegriff für alle kleineren und kleinsten Rollen), denen solche größeren Solonummern versagt waren und allenfalls eine → *cavatina*, das heißt eine nur einsätzige *aria* ohne *cabaletta* oder andere kleine Soloanteile in Duetten, Terzetten oder mit dem Chor vorbehalten blieben. Die *comprimaria* Federica in *Luisa Miller* ist das singuläre Beispiel, daß in Verdis Frühwerk eine Altistin als Rivalin des Soprans besetzt wurde.

Darunter schließlich rangierten die *secondari* wie Vertraute, Zofen, Boten oder andere Chargen, deren Mitwirkung sich auf Rezitative, auf einzelne Abschnitte von Solonummern der Protagonisten (*tempo di mezzo*, Übergangs- und Schlußpassage der *cabaletta*) und große Ensembles beschränkte (siehe oben, S. 179–181).

comparsa
Erscheinen, Auftreten; beim Theater der *terminus technicus* für »Auftritt«. Ein zusätzlicher, überzähliger Gang, bei welchem der Ausführende nicht gefordert ist, zu singen oder zu sprechen. Daraus abgeleitet ergibt sich die gleichlautende Bezeichnung *comparsa* für den Komparsen (beim Film) oder den Statisten (beim Theater). Ein frühes Beispiel ist der Diener Vespone in Giovanni Battista Pergolesis *La serva padrona* (1733), eine stumme Rolle, die nur nötig ist, um die Handlung mittels einer Verkleidungsszene zum glücklichen Abschluß zu bringen. Zeremonielle Szenen in der → *opera seria* und der → *grand opéra* erfordern zahllose *comparse* in ihrer Funktion als Pagen, Diener, Lakaien, Soldaten, Wachen, niedere Adlige und Beamte verschiedenen Typs. Auch historische Personen können gelegentlich als *comparse*, also in einem stummen Auftritt, erscheinen. Ein berühmter *comparsa* ist der Scharfrichter, wie etwa in *Les Vêpres Siciliennes*. In *Rigoletto*, wo lediglich ein Männerchor vorgeschrieben ist, sind alle Damen am Hofe von Mantua – außer der Contessa di Ceprano – *comparse*.

comprimario
Italienisch »mit dem/der ersten«. Vornehmlich in der italienischen Oper gebrauchter Fachbegriff. Die Bezeichnung tauchte Mitte des 19. Jahrhunderts auf im Sinne von »Nebenrolle« oder kleiner Partie. Während die Sänger der ersten Rollen (die *primari*) an den italienischen Bühnen für jedes Werk neu engagiert wurden, waren die *comprimari* meist für die ganze Spielzeit verpflichtet oder gehörten oft über viele Jahre einem Opernensemble an. Die Rollen umfaßten Charakterpartien ebenso wie bloße Stichwortgeber – jedoch immer ohne eigene Arie. Die Partie eines *comprimario* mag aus einem → *adagio*, einer → *romanza* oder einer solistischen Beteiligung in einem Duett oder Ensemble bestehen, nicht aber aus einer ausgewachsenen zweiteiligen → *aria*. Zu frühen Beispielen bei Verdi zählt die Partie der Medora in *Il corsaro*. Im weiteren Verlauf des Jahrhunderts wurde der Begriff auf nahezu jede Nebenrolle ausgeweitet, wie klein diese Partie auch immer sein mochte, beispielsweise Flora Bervoix in *La traviata*.

concertato → *pezzo concertato*

concertatore → *maestro concertatore*

contrascena
Zeitgenössischer Begriff für die Mehrschichtigkeit einer Szene, also simultan ablaufender Szenenvorgänge beziehungsweise – dramaturgisch betrachtet – parallel geführter Teilhandlungen. Ein Beispiel: Otello und Jago beobachten im Vordergrund (Saal), wie Desdemona im Hintergrund (Garten) von den Zyprioten gehuldigt wird. Im → *pezzo concertato* des *Falstaff* sind sogar drei räumlich getrennte Gruppen miteinander verknüpft und musikalisch zu einem Aktionsensemble verschmolzen: Meg, Quickly und später Alice am Wäschekorb, in dem Falstaff steckt; Fenton und Nannetta hinter dem Paravent; und Ford mit den übrigen Männern vor demselben.

couleur → *tinta musicale*

coup de théâtre → *colpo di scena*

decasillabo
Zehnsilbiger Vers, Zehnsilbler (siehe oben, S. 207 f.)

direttore → *maestro concertatore*

disposizione scenica
Regiebuch mit meist detaillierten Angaben zu szenischen Abläufen, aber auch zu Bühnenbild, Kostümen, Requisiten und Personencharakteristika, sowie mit Erläuterungen zur Musik (weshalb es vielleicht besser mit »Produktionsbuch« zu übersetzen wäre). Die *disposizione scenica* wurde nach französischem Vorbild – den publizierten *Livrets de la mise en scène* – von der italienischen Bearbeitung von *Les Vêpres Siciliennes* an, die Ricordi 1855 unter dem Titel *Giovanna de Guzman* herausbrachte, für alle Opern Verdis bis *Otello* hergestellt und für die Theater als verbindliche Anweisung zur Inszenierung und Aufführungspraxis gedruckt (siehe oben, S. 267).

duettino
Diminutiv von → *duetto*.

duetto
Duett (Verkleinerungsform von *duo*). Gesangsstück für zwei gleiche oder ungleiche Stimmen (im deutschen und italienischen wird ein Stück für zwei Instrumente *duo* genannt, im englischen wird *duet* ohne jegliche Unterscheidung verwendet). Ein erstes bedeutendes Beispiel in der Operngeschichte ist das

Schlußduett Poppea/Nerone in Claudio Monteverdis *L'incoronazione di Poppea* (1642); die Liebesszene wird in der Folgezeit zum Standardtyp des Opernduetts – besonders im italienischen → *bel canto* – aber es gibt auch Rache- (beispielsweise im 2. Akt von *Otello*) und andere standardisierte Duette. Die Form des Duetts hatte sich im 19. Jahrhunderts in ähnlicher Weise schematisiert, wie die der → *aria* und des zentralen → *finale* (siehe oben, S. 186). Später löst sich das Zusammenklingen der Stimmen in größeres Dialogisieren auf, wodurch das Duett als strenger Formtypus zur Szene (→ *scena*) erweitert wurde.

duo
Französische Bezeichnung für → *duetto*, bezeichnet im 19. Jahrhundert regelmäßig ein nur aus → *scena* und → *adagio* bestehendes Duett.

endecasillabo
Elfsilbiger Vers, Elfsilbler (siehe oben, S. 204–207).

entr'acte
Eigentlich Zwischenaktsmusik, vor allem in Schauspielmusiken. In der französischen Oper bezeichnet der Begriff aber auch die → *introduzione* zu einem 2., 3., 4. oder 5. Akt.

falso canone → *canone*

farsa
Farce, Posse – *farsa* ist im späten 18. und frühen 19. Jahrhundert, insbesondere in Venedig und Neapel, die Bezeichnung für die meist ein-, seltener zweiaktige → *opera buffa* vorwiegend derb-erotischen, lasziven Inhalts. Doch gibt es auch *farse* mit ernstem oder rührendem (*farsa sentimentale, farsa lagrimosa*) Inhalt. Bekannt sind besonders die *farse*, die der junge Gioachino Rossini zwischen 1810 und 1813 schrieb: *La cambiale di matrimonio* (1810), *L'inganno felice* (1812), *La scala di seta* (1812), *Il signor Bruschino* (1813). Eine späte *farsa* ist Gaetano Donizettis ursprünglich einaktige Oper *Le convenienze ed inconvenienze teatrali* (1827).

finale
Das in der Regel mehrteilige oder mehrsätzige Schlußstück einer Oper (Ganzschluß) oder eines Opernakts an zentraler Stelle des Bühnenwerks. Obgleich der Begriff *per definitionem* jeder Nummer zugeschrieben werden kann, die einen Akt abschließt, wird er jedoch seit dem frühen 19. Jahrhundert gewöhnlich für eine längere, sich aus mehreren Abschnitten zusammensetzende und vorwiegend durchkomponierte Nummer benutzt, die mehrere Solisten und meist auch einen Chor vorschreibt. Im weiteren Verlauf des 19. Jahrhunderts wurde dieses von den *drammi giocosi* Carlo Goldonis abgeleitete mehrgliedrige und an zentraler Stelle stehende Finale die Regel innerhalb der italienischen Oper. Dieses am weitesten ausgedehnte Finale kam meist in der Mitte einer abendfüllenden Oper zu stehen – in zweiaktigen Opern am Ende des 1. Akts, in drei- bis vieraktigen gewöhnlich am Ende des 2. Akts (in der englischsprachigen Forschungsliteratur wird dafür als übliche Bezeichnung »central finale« benutzt). Die Libretti mußten konsequenterweise immer stärker darauf zugeschnitten werden, daß ihr Höhe- und Wendepunkt an einer solchen Stelle der Opernhandlung angesiedelt war. Die kontrastierenden Charaktere, die sich in dem an diesem Punkt allgemeiner Konfrontation einsetzenden Ensemble verbinden, bringen die am Ende des Aktes notwendige Intensivierung der Spannung mit sich. Die Entwicklung dieser Finalform gründet in dem duettierenden Finale der frühen Oper, doch schon Francesco Cavalli hatte gegen Mitte des 17. Jahrhunderts die Hauptgestalten bereits zu einem Chorfinale vereinigt. Das Ensemblefinale entwickelte sich dann etwa einhundert Jahre später und kennzeichnet den Schritt vom barocken Nummernschema der → *opera seria* zur romantischen Oper mit einem → *pezzo concertato*. In der → *opera buffa* kam es zum sogenannten Kettenfinale, der Aneinanderreihung einzeln gestalteter Handlungsabschnitte, aus denen sich durch die Wiederholung musikalischer Gedanken das → *rondò finale* entwickelte.

Von Gioachino Rossini (ein frühes Beispiel ist sein *Tancredi* von 1813) wurde ein aus vier Abschnitten bestehender Grundplan eingeführt, der die italienische Oper des 19. Jahrhunderts maßgeblich bestimmen sollte. Das vierteilige zentrale Aktfinale setzt sich dabei wie folgt zusammen: Zunächst ein dialogisierendes, meist über einem orchestralen → *parlando* ablaufendes → *tempo d'attacco*; darauf folgt ein → *pezzo concertato*, während dem die Handlung gleichsam ›gefriert‹ und sich die Charaktere selbst – wie die Geschehnisse – reflektieren; den dritten Teil bildet das dem ersten Abschnitt ähnelnde → *tempo di mezzo*, das gelegentlich sogar auf dem gleichen thematischen Material aufbaut; dem folgt schlußendlich eine im Tempo beschleunigte → *stretta*, die gewöhnlich nicht weniger statisch ist, als das *pezzo concertato*, dem sie damit sozusagen zum Gegenpart wird. Ein geradezu klassisches Beispiel für dieses viergliedrige Schema (siehe oben, S. 186) findet sich in *Nabucodonosor* – demgegenüber vermied Verdi diese Finalform gänzlich in *Rigoletto* und *La forza del destino*. Nach und nach tendierte Verdi dazu, auf die letzten beiden Abschnitte zu verzichten, wie in *Macbeth*, *Il trovatore* und *La traviata*; das *pezzo concertato* findet sich aber noch bis zu den Spätwerken *Otello* und *Falstaff*. Mehr den Finalformen der französischen → *grand opéra* verpflichtet sind die zeremoniellen *finali* in *Don Carlos* und *Aida*.

finale ultimo

Im Vergleich zu dem an zentraler Stelle der Oper angesiedelten Aktfinale ist das *finale ultimo* lange Zeit musikalisch geringer gewichtet worden – vielleicht, weil die Auflösung der Spannungsmomente schneller (auch mit der gelegentlich vorzufindenden Schlußmoral) abgehandelt werden konnte, als der Aufbau einer konflikttrachtigen Spannung. Von Beginn an bevorzugte Verdi hier ein Final-Duett oder -Terzett, wie in *Ernani*, *Rigoletto* und *Aida*. Seltene Beispiele eines *finale ultimo* mit → *pezzo concertato* erscheinen in *Simon Boccanegra* und *Un ballo in maschera*. Wie zahlreiche französische Opern des 19. Jahrhunderts folgt das *finale ultimo* von *Les Vêpres Siciliennes* der von Eugène Scribe begründeten Tradition, mit einem spektakulären szenischen Ereignis – hier einem Massaker – zu schließen.

fioritura

Die zumeist in der Pluralform aufscheinende Bezeichnung *fioriture* oder *fioretti* (das italienische Wort für »Blüten« bezieht sich vorwiegend auf melodische Ornamente und Auszierungen) meint die durch besondere Zeichen oder kleine Noten angedeuteten, aber nicht exakt ausnotierten Ausschmückungen der Melodie für eine Singstimme, die ihren Ursprung in der Improvisation haben. Solche dekorativen Elemente wie Tonleiterfolgen, Arpeggien, Appoggiaturen, Triller, Mordenti und *gruppetti* (vier- oder mehrtönige Notengruppen, die im Deutschen als »Doppelschlag« bezeichnet werden) werden als »fiorito« (»blühend«) bezeichnet, und die Ausschmückungen selbst zusammenfassend als *fioriture*. Der Begriff ist etwas akkurater als der Begriff *coloratura*, mit welchem er gelegentlich gleichgesetzt wird.

grand opéra

Zunächst nur die Bezeichnung für das Pariser Opernhaus und die dort aufgeführten Kompositionen; später wurden die monumentalen, aufwendigen, historisch orientierten Werke an der Opéra so benannt: Die ›große‹ französische Oper der Romantik, im Gegensatz zur → *opéra-comique* durchkomponiert, also ohne gesprochene Dialoge, gewöhnlich vier- oder fünfaktig, grandios in ihrer Konzeption und aufwendig inszeniert. Die *grand opéra* hatte einen wesentlichen Einfluß auf die kulturelle Entwicklung Frankreichs im 19. Jahrhundert. Für die Aristokratie und das gehobene Bürgertum war die Pariser Opéra der Ort schlechthin, um Theaterstücke zu sehen – und sich selbst als bedeutende Mitglieder der Gesellschaft in Szene zu setzen. Journalisten nutzten ihre Besprechungen der Bühnenwerke, um politische Stellungnahmen oder Sozialkritik zu transportieren; unzählige Dichter fanden in der *grand opéra* ästhetische Inspiration, Anregungen oder Stimulationen für eigene Werke, darunter so bedeutende wie Stendhal, Honoré de Balzac, George Sand, Théophile Gautier und Gustave Flaubert. Die Gattung beherrschte die Pariser Opernbühne über mehr als ein halbes Jahrhundert, und die für die französische Hauptstadt komponierenden Musiker mußten sich (auch wenn es keine Franzosen waren) dem strengen Reglement der Gattung unterordnen.

Der Operntyp hatte sich in der Zeit der französischen Revolution herausgebildet. Am Anfang standen Werke wie Gaspare Spontinis *La Vestale* (1807) und *Fernando Cortez* (1809), später erlebte das Genre mit Daniel François Esprit Aubers *La Muette de Portici* (1828) und Gioachino Rossinis *Guillaume Tell* (1829), vor allem den Opern Giacomo Meyerbeers (*Les Huguenots*, 1836; *Le Prophète*, 1849) und auch Jacques Fromental Elie Halévys (*La Juive*, 1835) seine größte Prachtentfaltung.

Besonders wesentlich wurde das Modell der französischen *grand opéra* für Wagner und Verdi – abgesehen von den eigenen für Paris im Stil der *grand opéra*-Tradition umgearbeiteten oder geschriebenen Werken, wie Verdis *Les Vêpres Siciliennes* und *Don Carlos*, die sich selbstverständlich den Forderungen der Pariser Tradition zu beugen hatten. Neue Stücke entstanden in *Jérusalem*; neue Ballettmusiken reichte Verdi für *Il trovatore*, *Otello* und *Macbeth* nach. Sein für Kairo geschriebenes Alterswerk *Aida* ist ein gutes Beispiel: Es benutzt eine melodramatische Handlung, die so gebaut ist, daß sie reichlich Möglichkeiten für verschwenderische Prachtentfaltung bietet; sie profitiert von der Technik der → *tableaux* innerhalb des dramatischen und musikalischen Aufbaus; und der Chor ist von entscheidender Bedeutung. Der Einfluß der *grand opéra*, die an der Wende zum 20. Jahrhunderts ziemlich plötzlich von den Spielplänen verschwand, auf die Entwicklung des romantischen Orchesters, die Instrumentierung und spektakuläre Bühneneffekte ist kaum zu überschätzen; Verdi hat bis zu seinem späten *Otello* von seinen Erfahrungen mit dieser Gattung profitiert.

impresario

Impresario; frei übersetzt (in Anlehnung an Wolfgang Amadé Mozarts gleichnamige Komödie von 1786) auch Schauspieldirektor. Der (italienische) Manager einer Opernspielzeit (→ *stagione*); später wurde der Begriff auch für amerikanische oder englische Agenten verwendet, die Künstlertourneen arrangierten oder ganz allgemein Engagements von Musikern oder ganzen Theaterkompanien unternahmen, und damit für die Verbreitung der Oper in Nord- und Südamerika einen nicht zu unterschätzenden Beitrag leisteten. Der Begriff leitet sich vom italienischen *impresa* (»Unternehmen«) ab und meint folglich einen Unternehmer oder Veranstalter (das Wort *imprenditore*, das ebenfalls »Unternehmer« bedeutet, wird dagegen meist mit Bauunternehmern verbunden). Im frühen 17. Jahrhundert entstand mit der Bildung der ersten öffentlichen Opernhäuser die Funktion des *impresario*, der die entsprechende Dienstleistung erbrachte und sich um alle Eventualitäten, das gesamte Management bekümmerte. Normalerweise erhielt er von der Obrigkeit oder einer (Theater-)Organisation eine Konzession, einen »appalto« (Auftragserteilung, Konzession; deshalb findet sich gelegentlich auch die Benennung *appaltatore*). Seine Funktion als Opernpächter wurde in Venedig begründet, wo die ersten öffentlich zugänglichen Opernhäuser im Privatbesitz von adligen Familien waren, die den Spielbetrieb nicht selbst organisieren wollten; oft aus Gründen ihres Ranges, meist aber, weil man ihnen – die verschwenderisch leben und Geld ausgeben sollten – nicht zugestehen wollte, auch Gewinne machen zu dürfen. Schnell weitete sich diese Praxis über Italien und weite Teile Europas aus (Frankreich blieb die einzige Ausnahme); im Deutschland des 18. Jahrhunderts wurde die Oper – auch zum Teil in den kommunalen Theatern – durchweg von italienischen *impresari* bestimmt, ein Beispiel ist Pietro Mingotti in Dresden.

Je mehr sich der Adel aus finanziellen Gründen aus der Leitung der Opernhäuser zurückzog, desto stärker drangen geschäftstüchtige Manager auf diesem Gebiet vor: in der Regel Männer, die aus der Theaterbranche kamen, wenige oder kein Eigenkapital hatten und zumeist auch keinen guten Ruf – außer einigen wenigen bedeutenden Persönlichkeiten im Italien der ersten Hälfte des 19. Jahrhunderts wie etwa Domenico Barbaja, Alessandro Lanari oder Bartolomeo Merelli. Die gewöhnliche Verpflichtung eines *impresario* geschah für eine oder mehrere → *stagioni*, während der er eine fest vereinbarte Anzahl und Art von Opern aufzuführen hatte; die Verträge waren meist sehr detailliert ausgearbeitet, bis hin zur festgelegten Qualität der Sänger, der Kostüme, des Bühnenbilds und der zu verpflichtenden Komponisten. Der *impresario* als Pächter des Theaters konnte dabei nur mit einem Teil des Zuschauerraums disponieren, da sich viele der Logen im Privatbesitz der *palchettisti* (Logenbesitzer) befanden und deshalb der Kontrolle des Theaterbesitzers entzogen waren. Im Gegenzug wurde der *impresario* von der Obrigkeit gewöhnlich dadurch unterstützt, daß ihm eine Glücksspielkonzession erteilt wurde. Italienische Opernhäuser waren bis weit ins 19. Jahrhundert hinein also mehr Spiel-, Trink- und Vergnügungsetablissements als Kulturtempel. Der *impresario* war folglich eher ein nur teilweise unabhängiger Dienstleister als der selbständig und auf eigenes Risiko arbeitende Direktor eines nicht subventionierten Opernunternehmens; dabei gab es immer wieder Beispiele für *impresari*, die ihr Unternehmen herunterwirtschafteten und gar in den Bankrott führten (siehe auch oben, S. 47–52).

inno
Hymne. Eine musikalische Nummer, die deutliche formale Ähnlichkeiten mit der → *preghiera* aufweist. Im 2. Akt von *Il corsaro* findet sich beispielsweise eine mit *inno* bezeichnete Nummer, bei der es sich ganz offensichtlich um ein moslemisches Gebet handelt: »Salve, Allah!... tutta quanta la terra / del suo nome possente risuonì«. Bei Verdi finden sich auch die Sonderformen *inno di guerra* im 4. Akt von *I Lombardi alla prima crociata*, *inno di vittoria* im 4. Akt der Neufassung von *Macbeth* oder *inno al Doge* im 1. Akt der ersten Fassung von *Simon Boccanegra*.

Mit seinem *inno delle nazioni*, einer Kantate für Tenor, Chor und Orchester, schrieb Verdi ein Auftragswerk für die Londoner Weltausstellung von 1862 (siehe oben, S. 512 f.).

introduction, introduzione
Einleitung, Introduktion; abgeleitet von *introducere* (einführen). Der eröffnenden Nummer einer Oper ist diese Bezeichnung vielfach zugewiesen, wenn hier mehr als zwei Personen gefordert sind. Ein frühes Beispiel ist Wolfgang Amadé Mozarts »Che lieto giorno« in *La finta giardiniera* (1775), wo bereits die vollständige Besetzung auftritt. Manchmal besteht die *introduzione* hauptsächlich aus einem Chor – mit oder ohne Einbezug eines → *comprimario* (*coro d'introduzione*). Aber bereits Gioachino Rossini erarbeitete schon früh komplexere Strukturen, wie etwa in *Il barbiere di Siviglia* (1816), wo die *introduzione* eine → *cavatina* für den → *primario* beinhaltet und mit einer → *stretta* endet, oder dem weiter ausgearbeiteten Beispiel in *Semiramide* (1823), wo die *introduzione* mit einem einleitenden → *recitativo* beginnt, auf welches ein Terzett und ein Quartett folgen – jeweils unterbrochen von kurzen Einwürfen des Chors (→ *pertichini*) –, an die sich schließlich noch eine *stretta dell'introduzione* als Schlußsteigerung anschließt. In der ersten Hälfte des 19. Jahrhunderts setzte sich die *introduzione e cavatina* allgemein durch, bestehend aus einem eröffnenden Chor, einem *recitativo* und → *adagio* für den Solisten, einem dialogischen → *tempo di mezzo* sowie einer abschließenden → *cabaletta* mit Unterstützung des Chors (wonach alle abgehen, die Bühne sich vollständig leert). Beispiele hierfür finden sich in *Ernani* und *Il corsaro*. In *Stiffelio* ähnelt die *introduzione* weitgehend dem in Rossinis *Semiramide* aufgestellten Modell, ein Septett einschließend, während sie sich in *Rigoletto* über die gesamte Handlung der ersten Szene erstreckt – einschließlich Monterones Fluch. Die *introduzione* von *Un ballo in maschera* beinhaltet zwei *cavatine* und eine → *can-*

zone zwischen dem eröffnenden Chor und der abschließenden *stretta*. Mit der italienischen Rezeption der französischen → *grand opéra* in den 1870er Jahren verschwand die *introduzione* als geschlossene formale Einheit.

Gelegentlich wird auch die anstelle einer ausführlichen Ouvertüre (→ *sinfonia*) stehende instrumentale Operneinleitung mit *introduzione* oder *introduction* bezeichnet, und es finden sich ebenfalls Fälle, wo die instrumentale Einleitung zur ersten Gesangsnummer eines neuen Aktes mit diesem Begriff versehen wird; so tragen die Einleitungen zu den Arien Montforts und Henris im 3. bzw. 4. Akt von *Les Vêpres Siciliennes* in den französischen Druckausgaben die Bezeichnung *entr'acte*, in den italienischen aber → *preludio*, bei der es sich gewöhnlich um eine Nebenvariante zu *sinfonia* handelt.

libretto
Wörtlich Büchlein, kleines Buch. Seit dem Ende des 17. Jahrhunderts wurde ein kleinformatiges Textbuch zu musikdramatisch-szenischen Werken (aber auch zu Oratorien und Balletten) veröffentlicht und im Theater zum Verkauf angeboten. Die frühesten *libretti* waren etwa 20 cm hoch und verkleinerten sich später auf etwa 14 cm – woher die Diminutivform stammt. Im 17. und 18. Jahrhundert waren sie dazu bestimmt, während der Aufführung im erleuchteten Zuschauerraum gelesen zu werden. Nach 1800 nahm die Bedeutung des gedruckten Textbuchs, heute für die (musik)wissenschaftliche Forschung oft die einzige Angabe über aufgeführte Werke und ihre Struktur, jedoch ab. Von diesen gedruckten Textbüchern ausgehend wurde *libretto* jedenfalls auch als Bezeichnung für den Operntext selbst abgeleitet.

Libretti bilden keine eigentliche literarische Gattung, sondern weisen auf die Bestimmung des Textes hin, der allerdings nach literaturhistorischen Klassifizierungen eingeordnet werden kann (Tragödie, Komödie und so weiter). Historisch gesehen hat sich die Oper in enger Beziehung mit dem *libretto* und seinen Dichtern entwickelt, welche vor allem an der ästhetischen Ausformung neuer Gattungen (der → *opera buffa*, der → *opéra-comique* oder dem Singspiel) maßgeblich beteiligt waren: wichtige Reformen gingen von Apostolo Zeno und Pietro Metastasio im frühen, von Ranieri de' Calzabigi (Gluck) und Lorenzo da Ponte (Mozart) im späten 18. Jahrhundert oder von Eugène Scribe im Frankreich des 19. Jahrhunderts aus. Selten jedoch wurde die Tätigkeit des Librettisten als literarisch anspruchsvoll betrachtet und deshalb zumeist von bloßen Theaterpraktikern ausgeführt; im 19. Jahrhundert verfügten die größeren italienischen Bühnen über ihre eigenen, festangestellten Theaterdichter. Ab der zweiten Jahrhunderthälfte wurden die oft konfektioniert wirkenden Librettoschemata durch Hector Berlioz, Richard Wagner und Modest Mussorgskij, die ihre Texte selbst verfaßten, wie auch durch Verdis kongenialen Mitarbeiter Arrigo Boito (*Otello*, *Falstaff*) weitgehend überwunden (siehe auch oben, S. 106–140).

maestro concertatore
Der *maestro concertatore* oder kurz *concertatore* ist derjenige, der eine Aufführung musikalisch vorbereitet und alle an der musikalischen Darbietung Beteiligten koordiniert. Im 19. Jahrhundert verstand man darunter im wesentlichen die Aufgabe des Korrepetitors, der die Sänger (und an den meisten Theatern auch den Chor sowie das Orchester) vorzubereiten hatte und der bei den Vorstellungen das Tasteninstrument als Continuo-Instrument in den Secco-Rezitativen (→ *recitativo*) spielte (*maestro al cembalo*). Aus diesem Beruf entwickelte sich der Dirigent und Orchesterleiter im Theater, der dann *maestro concertatore e direttore* genannt wurde. Auch wenn der heutige Kapellmeister – das wäre die Entsprechung im modernen deutschen Sprachgebrauch – die Aufgaben des Korrepetitors und Cembalisten meist nicht mehr selbst wahrnimmt, erscheint er auf italienischen Programmzetteln immer noch als *concertatore e direttore d'orchestra*.

Der *maestro direttore* dagegen ist gewöhnlich der Stimmführer der ersten Violinen im Opernorchester (Konzertmeister), der aber gelegentlich auch für administrative Aufgaben zuständig ist, Musiker engagiert und ausbezahlt. Er konnte auch – als es regelrechte »Dirigenten« noch nicht gab – während der Vorstellung die Funktion der Orchesterleitung übernehmen, auch wenn dies in der Regel der *maestro concertatore* tat. (Zur Orchesterleitung siehe auch oben, S. 285.)

maestro direttore → *maestro concertatore*

melodramma
Ursprünglich die Bezeichnung für das → *libretto*, also den literarischen Text der → *opera seria*. Im 19. Jahrhundert löst sie in Italien die Bezeichnung *dramma in musica* als Gattungsbezeichnung für das musikalische Drama ab.

nonasillabo, novenario
Neunsilbiger Vers, Neunsilbler (siehe oben, S. 208).

opera-ballo
Bezeichnung für die italienische Ausprägung der Pariser → *grand opéra*, in der dem tänzerischen Element eine hervorgehobene dramaturgische Bedeutung zukam. Beispiele sind Verdis *Aida* (1871), Amilcare Ponchiellis *La Gioconda* (1876) oder Arrigo Boitos *Mefistofele* (1868/1875).

opera buffa
Die »heitere Oper« entwickelte sich in den 1720er

Jahren aus den zwischen die Akte einer ernsten Oper eingeschobenen Intermezzi zum Gegenstück der → *opera seria*. Sie ist aus der *commedia dell'arte* hervorgegangen und steht dem gesprochenen Theater nahe. Sie verbreitete sich von Neapel ausgehend über ganz Italien und später ganz Europa. Ihre große Zeit ging mit Gioachino Rossini zu Ende. Verdi hat sich nur einmal, ganz zu Beginn seiner Laufbahn und ohne Erfolg, mit *Un giorno di regno* (1840) in diesem Genre versucht. Im Gegensatz zur *opera seria*, die ihre Stoffe überwiegend aus der antiken Mythologie und Geschichte bezieht, ist die Handlung der *opera buffa* meist gegenwartsbezogen und ihr Personal nicht auf die höheren Stände beschränkt. Musikalisch bricht sie die starren Formen der *opera seria* auf und hat auf diese Weise maßgeblichen Einfluß auf die Entstehung des sogenannten ›klassischen‹ Stils ausgeübt.

opéra-comique
Die französische Form der komischen Oper entstand im frühen 18. Jahrhundert nach dem Vorbild der komischen Stücke des Jahrmarktstheaters, des *Théatre de la Foire*. Sie bezeichnet sowohl die Gattung wie die Institution – seit 1780 hieß die Salle Favart offiziell »Opéra-Comique«. Charakteristisch für die Form ist der grundsätzliche Wechsel zwischen gesprochenem Dialog und gesungenen Nummern, während die Stoffe von der Farce (→ *farsa*) bis zum realistischen Drama reichen konnten. In diesem Sinne waren noch Georges Bizets *Carmen* (1875) und Jacques Offenbachs *Les Contes d'Hoffmann* (1881) *opéras-comiques*.

opera di ripiego
Eine *opera di ripiego* (vom italienischen Wort für Ausweg, Notlösung, besonders aber dem Ausdruck *soluzione di ripiego* = Verlegenheitslösung abgeleitet) war – im Gegensatz zur → *opera d'obbligo* (vorgeschrieben, obligatorisch, Pflicht-) – bereits am entsprechenden Opernhaus aufgeführt worden, so daß man im Falle eines *fiasco* der neu in Auftrag gegebenen *opera d'obbligo* leicht und schnell auf sie zurückgreifen und sie ohne größeren Probenaufwand aufführen konnte. Bei der Spielzeitgestaltung des → *impresario*, ja oft bereits in seinem Vertrag mit der Obrigkeit (siehe oben, S. 51) wurde das entsprechende Werk zusammen mit der *opera d'obbligo* als mögliche Alternative fest mit eingeplant: hier – für die Karnevalsspielzeit (→ *stagione*) des Jahres 1845/46 am Teatro La Fenice in Venedig – *Ernani* als möglicher Ersatz für den neu zu komponierenden *Attila*.

opera d'obbligo
Die (vorgeschriebene, obligatorische, Pflicht-) *opera d'obbligo* bedeutete eine echte Uraufführung, die erste Premiere einer gerade fertiggestellten, vorher eigens in Auftrag gegebenen Oper. Gelegentlich wurde der Begriff auch auf Bühnenwerke ausgeweitet, die an diesem Theater und in dieser Stadt noch nicht gespielt worden waren.

opera semiseria
Die zwischen dem ernsten (→ *opera seria*) und dem heiteren Genre (→ *opera buffa*) angesiedelte Oper, die im späten 18. Jahrhundert im Gefolge der *comédie larmoyante*, des sogenannten Rührstücks, in Frankreich entstand. In der Revolutionszeit breitete sie sich durch Librettisten wie Gaetano Rossi und Felice Romani sowie Komponisten wie Ferdinando Paer und Giovanni Simone Mayr auch in Italien aus. Um 1820 bezeichnete man als *opera semiseria* im allgemeinen jede Oper, die wenigstens eine komische Rolle beziehungsweise komische Handlungselemente enthielt. Gipfelwerke der Form sind Gioachino Rossinis *La Cenerentola* und *La gazza ladra* (beide 1817) sowie Gaetano Donizettis *Linda di Chamounix* (1842). Verdis *Luisa Miller* ist nicht als *opera semiseria* bezeichnet, greift aber manche ihrer Merkmale auf. Nach 1850 verschwand die Mischform fast vollständig.

opera seria
Die »ernste Oper«, im Gegensatz zur → *opera buffa*. Sammelbezeichnung des im 18. Jahrhundert als *dramma per musica* bezeichneten ernsten Genres der italienischen Oper, deren Handlung meist auf antiken mythologischen oder historischen Stoffen basiert. Die *opera seria* beherrschte – mit Ausnahme Frankreichs – die europäischen Hoftheater vom Beginn bis zum Ausgang des 18. Jahrhunderts. Wichtigster Librettist war Pietro Metastasio, dessen Textvorlagen immer wieder vertont wurden. Die strenge formale und musikalische Normierung – jede Szene besteht aus einem die Handlung vorantreibenden Secco-Rezitativ (→ *recitativo*) und einer oft statischen Angangsarie (→ *aria* und → *cavatina*), nach der die betreffende Person die Bühne verläßt –, der weitgehende Verzicht auf Ensemble- und Chorszenen sowie das auf sechs Figuren begrenzte Personal hat dazu geführt, daß man die Gattung bald als einengend und künstlich empfand. Mehrere Reformanläufe – als erste die Reformen Niccolò Jommellis, Tommaso Trajettas und Christoph Willibald Glucks – haben die *opera seria* im Verlauf der folgenden Dezenniennen so verändert, daß sie sich Schritt für Schritt zum romantischen → *melodramma* verwandelte.

ottonario
Achtsilbiger Vers, Achtsilbler (siehe oben, S. 210 f.).

ouverture (Ouvertüre) → *sinfonia*

parlando, parlante
Sprechend (adjektivisch). Ein Begriff des 19. Jahrhunderts, um eine Passage zu beschreiben, die sich zusammensetzt aus einer Orchestermelodie, über welcher sich die Stimmen dialogisierend entfalten, wobei sie gelegentlich die im Orchester erklingende melodische Linie verdoppeln (*parlante melodico*) oder dieser auch einen Kontrapunkt hinzufügen können (*parlante armonico*). Während der ersten Jahrhunderthälfte bildeten *parlandi* gewöhnlich die Grundlage der → *tempo d'attacco*- und → *tempo di mezzo*-Abschnitte eines an zentraler Stelle der Oper gelegenen Aktfinales. Die Melodien sind meist kurz und reihen sich aneinander, entweder in sequenzierender Entwicklung oder als Wiederholungen in verwandten Tonarten. Typische Beispiele für *parlandi* finden sich in Gioachino Rossinis *Il barbiere di Siviglia* (1816), Vincenzo Bellinis *La sonnambula* (1831) oder Gaetano Donizettis *Lucia di Lammermoor* (1835). Das → *duetto* Rigoletto/Sparafucile im 1. Akt von *Rigoletto* (»Quel vecchio maledivami!«) ist vollständig als *parlando* konstruiert.

parola scenica
Das Konzept der *parola scenica*, das bereits während Verdis Arbeit an *Un ballo in maschera* aufscheint (in Verdis Brief an Antonio Somma vom 6. November 1857 findet sich, bezogen auf den Auftritt Renatos nach dem Quintett »È scherzo, od è follia« eine präzise Begriffsumschreibung: »Dieser ganze Abschnitt ist nicht szenisch genug: Ihr, das stimmt, sagt alles, was zu sagen ist, aber das Wort schlägt nicht richtig ein, ist nicht offensichtlich.«), wird vor allem in zwei Briefen des Komponisten an Antonio Ghislanzoni im Blick auf *Aida* näher ausgeführt. Am 14. und am 17. August 1870 spricht Verdi von »dem Wort, das einschlägt und die Situation klar und offensichtlich macht« (siehe oben, S. 137). Im Gegensatz zum abstrakt reflektierenden und gehobenen, phrasenhaften Darstellungsstil der traditionellen literarischen »lingua aulica« fordert Verdi mit der *parola scenica* einen neuen, ebenso konzisen wie plastischen Sprachstil, eine direkt auf die konkrete Handlung und gegenwärtige Situation bezogene Sprache, eine Librettosprache, die den Affekt so schnörkellos wie möglich zum Ausdruck bringt, und eine direkte, die dramatische Situation erhellende Äußerungsform, die sich zugunsten der theatralischen Wirksamkeit unmittelbar visualisieren, in szenische Bewegung und Gestik umsetzen läßt. So schlägt er beispielsweise »Schau mich an, ich habe dich hintergangen« anstelle von »Richte die Augen auf mein Antlitz und lüge, wenn du es noch wagst« vor (Brief an Ghislanzoni vom 17. August 1870; Copialettere, 1913, S. 641). Seine Vorstellung richtet sich auf einen Aktionscharakter der Librettosprache, durch den das Bühnengeschehen an unmittelbarer Präsenz gewinnen soll. Es ist davon auszugehen, daß Verdi in einer durch den Filter der metrischen Struktur – Strophenbau, Versrhythmus und Reim(schema) – nicht beeinträchtigten, unverstellten *parola scenica* eine Qualität sah, die ihm die Möglichkeit zu einer sprachnah freien statt versabhängig starren musikalischen Gestaltung eröffnen sollte.

parte → *atto*

Particell
Von italienischen *particella*, Teilchen. – Bezeichnung für den der endgültigen Partitur vorausgehenden Kompositionsentwurf, der bei Verdi in der Regel die Notierung der Vokalstimmen, des Chorsatzes und der Baßlinie enthält, die Instrumentation aber nur andeutet.

pertichini (auch als Singular *pertichino*)
Die Bezeichnung ist ursprünglich ein verkehrstechnischer *terminus technicus* und leitet sich von *pertichino*, dem dritten Vorspannpferd am Kutschwagen, ab. Sie bezeichnet in der italienischen Oper kurze Einwürfe anderer Solisten oder des Chors in die Solonummer (→ *aria*) eines *primario*, welche dieser gelegentlich sogar den Charakter eines Duetts oder Terzetts verleihen. Eine *aria con pertichini* ist beispielsweise Stiffelios »Vidi dovunque gemere« im 1. Akt der gleichnamigen Oper; die Arie des Herzogs am Beginn des 2. Aktes von *Rigoletto* schließt als *pertichini* die gesamte Chor-Erzählung im → *tempo di mezzo* (»Scorrende uniti remota via«) sowie Einwürfe der → *comprimarii* und des Chors innerhalb der → *cabaletta* (»Possente amor mi chiama«) mit ein. Librettisten und Komponisten benutzten die dramatischen Möglichkeiten der *pertichini* gerne, besonders, wenn sie nach dem → *adagio* einer zweiteiligen Nummer eine szenische Interaktion, eine Aufbrechung der Szene planten, woraus die Motivation für die *cabaletta* geschaffen werden sollte. Ein bekanntes Beispiel erscheint am Ende des 3. Teils von *Il trovatore*, wenn nach einem zweistimmigen Abschnitt zwischen Leonora und Manrico im *tempo di mezzo* die Neuigkeiten von Azucenas Gefangennahme eintreffen, und Manrico in seine berühmte *cabaletta* (»Di quella pira l'orrendo foco«) ausbricht. Der Begriff *aria con pertichini* erscheint jedoch so gut wie nie als ›offizielle‹ Nummernbezeichnung in Druckausgaben.

Aus den kurzen Einwürfen der untergeordneten Solisten wurde *pertichino* aber auch abgeleitet als Bezeichnung für einen Hilfssänger, der im Notfall für einen anderen einspringen konnte, sowie ebenfalls als Benennung einer kurzen Gesangsrolle: »nel primo atto il tenore non ha che un pertichino« meint, daß jener nur ein paar kurze Takte zu singen hat.

pezzo concertato
In der italienischen Oper des 19. Jahrhunderts ist *concertato* die Bezeichnung für den langsamen Hauptsatz innerhalb des Aktfinales: ein großbesetztes Opernensemble, an dem Solisten und Chor mitwirken, und das gewöhnlich als zweiter Abschnitt eines zentralen (also nicht des die Oper abschließenden) → *finale* zu finden ist, dessen szenisch-musikalischen (lyrischen) Höhepunkt es darstellt. Das *pezzo concertato* besteht aus einem größeren Ensemble (meist einem Quintett bis Septett) unter Mitwirkung des Chors und bildet den klanglichen Höhepunkt der betreffenden Akte (in der Regel des ersten oder zweiten) wie der Oper überhaupt. Das *pezzo concertato* beginnt – angelegt als expressive Steigerung – oft mit dem Eröffnungssolo eines Protagonisten, greift sukzessiv auf andere *primarii*, dann → *comprimarii* und den Chor über (Stimmengeflecht), bis das Tutti, meist in Sequenzen, einen dynamischen Höhepunkt anstrebt. Mit nur wenigen Ausnahmen war das *pezzo concertato* ein vorherrschender Bestandteil der italienischen Oper des 19. Jahrhunderts; Beispiele finden sich bis hin zu *Otello* (dem Eröffnungssolo der Desdemona: »A terra!... sì... nel livido« im Finale des 3. Aktes) und *Falstaff* (»Se t'agguanto! Se ti piglio!« im Finale des 2. Aktes). Dem *pezzo concertato* folgt meist – als Kontrast und letzte Steigerung – die → *stretta* in schnell(er)em Tempo nach. Gelegentlich wird das *pezzo concertato* auch imitatorisch ausgeführt (als → *canone* oder *falso canone*), wie zum Beispiel bei »S'appressan gl'istanti« im 2. Teil von *Nabucodonosor*; in manchen Fällen wird es von einer einzigen Stimme beherrscht, wie bei »Di sprezzo degno se stesso rende« im 2. Akt von *La traviata*; und selten ist es von Beginn an chorisch besetzt, wie in »Schiudi, inferno, la bocca, ed inghiotti« im 1. Akt von *Macbeth*. Vor Verdi fand sich auch häufig die Technik, den Beginn des *pezzo concertato* oder sogar das ganze langsame Ensemblestrück *a cappella* (→ *a voci sole*), also ohne Instrumentalbegleitung der Singstimmen zu setzen; dieses Verfahren findet sich bei Verdi nur sehr selten, etwa im Finale des 1. Aktes von *Macbeth* (»O gran Dio, che ne' cuori penetri«) oder im Quartett des 1. Aktes von *Les Vêpres Siciliennes* (»Quelle horreur m'environne«). In den zeitgenössischen Partiturdrucken wird der Begriff *pezzo concertato* (im Finale des 1. und 2. Aktes von *Attila* sowie im Finale des 2. Teils von *Il trovatore*) beziehungsweise *pezzo d'assieme* oder *pezzo d'insieme* (im Finale des 1. Aktes von *Simon Boccanegra* oder des ersten Aktes von *Don Carlos*) allerdings meist nur dann verwendet, wenn das *finale* aufgrund seines Umfangs in mehrere verschiedene Nummern unterteilt ist. Gelegentlich können *pezzi concertati* aber auch außerhalb von Aktschlüssen im Verlauf der Bühnenhandlung auftreten, manchmal gar mitten im Akt, wie bei »Su noi prostrati e supplici« im 2. Akt von *La forza del destino*. Solche Stücke sind normalerweise langsam und kontemplativ, die Charaktere stehen an der Rampe und scheinen aus jeglichem Zeitgefühl herausgelöst zu sein; ein lebendigeres Beispiel für ein *pezzo concertato* ist »È scherzo, od è follia« im Finale des 1. Aktes von *Un ballo in maschera*.

Die allgemeine Tempobeschleunigung im Verlauf des 19. Jahrhunderts führte dazu, daß im *pezzo concertato* auch noch verselbständigte Tempobezeichnungen wie *largo* und *adagio* auftreten (daher rührt auch die Nebenbezeichnung *largo concertato* oder *largo nel finale*), obwohl die langsamen Finalsätze bereits eine schnellere Tempoangabe aufweisen: Das *largo* in *Nabucodonosor* meint in Wirklichkeit *andante*; das *largo del finale primo* in *Stiffelio adagio*; das *adagio nel finale primo* in *Il corsaro* wiederum *andante*. Im allgemeinen wird der langsame Finalsatz aber nicht nach der Tempobezeichnung, sondern nach der Ensemblegröße des *pezzo concertato* (zum Beispiel *quintetto nel finale*) bezeichnet (siehe auch oben, S. 194–196 und S. 228).

preghiera
Gebet, Bittgebet. Im 19. Jahrhundert die Bezeichnung für eine einsätzige → *aria*, bestehend aus einem Gebet, die gewöhnlich vom Helden oder der Heldin in einem Augenblick höchster Gefahr oder Bedrängnis an Gott gerichtet wird: beispielsweise Aroldos »Salvami tu, gran Dio!!...« im 1. Akt der gleichnamigen Oper. Wird ein Gebet dagegen als Abschnitt einer zweiteiligen Arie verwendet, so ist es niemals als *preghiera* bezeichnet, wie beispielsweise Nabuccos »Dio di Giuda« im 4. Teil der gleichnamigen Oper. Meist handelt es sich um Gebete von Sopranen, es finden sich aber auch Bässe als ›Vorbeter‹ mit Beantwortung durch den Chor. Ein seltenes Beispiel für die *preghiera* eines Ensembles findet sich in *Aroldo*. Der Begriff kann auch im übertragenen Sinn Verwendung finden, wie beispielsweise in Elisabeths Soloszene »Toi qui sus le néant des grandeurs de ce monde« im 5. (bzw. 4.) Akt von *Don Carlos*. Auch existieren eindeutige Gebete, die nicht so bezeichnet sind, wie Amelias Arie zu Beginn des 2. Aktes von *Un ballo in maschera* (»Ma dall'arido stelo divulsa«; dort besonders die Stelle »Deh! Mi reggi, m'aita, o Signor«), oder Leonoras »Pace, pace, mio Dio; cruda sventura« im 4. sowie die Klosterszene im 2. Akt von *La forza del destino*. Originale Bezeichnungen finden sich in *Aroldo*, die nachgerade als eine »Oper der *preghiere*« bezeichnet werden könnte: Aroldos »Salvami tu, gran Dio!!...« im 1. Akt, das *preghiera*-Finale des 2. Aktes (»Non punirmi, o Signor, nel tuo furore«) sowie das mit *preghiera a voci sole* (→ *a voci sole*) überschriebene »Angiol di Dio, – Custode mio« Aroldos im 4. Akt (siehe oben, S. 164 f.).

Nach den 1850er Jahren verwendete Verdi die Bezeichnung kaum noch; der Chor »Padre Eterno Signor... Pietà di noi« im 2. Akt von *La forza del destino* ist eines der letzten Beispiele für eine regelrechte *preghiera* – wenn man nicht sogar Aidas »O cieli azzurri... o dolci aure native« im 3. Akt der gleichnamigen Oper noch als solche bezeichnen möchte. Daß Verdi schließlich noch in seinem eigenen *Otello* dem Beispiel Gioachino Rossinis folgte und Desdemona eine *preghiera* kurz vor der finalen Katastrophe zuwies (»Ave Maria, piena di grazia, eletta«), mag als Zeugnis für die Strenge der Tradition genommen werden.

preludio
Vorspiel (gelegentlich auch → *prologo* genannt). Eine kurze oder mittellange instrumentale Nummer, die als Einleitung zu einer Oper, eines Opernakts oder einer → *scena* dient (→ auch *introduzione*). Im Deutschland des 19. Jahrhunderts wurde der Begriff »Vorspiel« gewöhnlich für Opernouvertüren benutzt, die in ihrem Umfang und ihrer Komplexität nicht mit den Werken Ludwig van Beethovens (beispielsweise der ›dritten‹ Leonoren-Ouvertüre op. 73) oder den Konzertouvertüren Felix Mendelssohn Bartholdys verglichen werden wollten. Ein »Vorspiel« ist folglich meist ein Orchesterstück von kürzerer Dauer, in einem Satz und ohne Zugrundelegung der Sonaten(hauptsatz)form. Oft wollte man sich aber auch nur von dem französischen Wort *ouverture* lösen, wohl vorwiegend aus nationalistischen Gründen.

Verdi behielt eine klare Trennung zwischen den vollständig ausgearbeiteten Ouvertüren von Werken wie *Nabucodonosor* und *La forza del destino*, die er → *sinfonie* nannte, und den bescheideneren Eröffnungsnummern von *Rigoletto* oder *Aida* bei, die er mit *preludio* bezeichnete; ein Begriff, den er auch für die mittellange, atmosphärisch dichte Einleitungsmusik von *La traviata* benutzte. Die durchaus unterschiedliche Verwendung der Begriffe beförderte die landläufige Ansicht, wonach ein *preludio* (oder ein »Vorspiel«) gewöhnlich von geringerer Substanz und Bedeutungsschwere sei als eine *sinfonia* (oder eine »Ouverture«).

presidenza
In Opernhäusern, die im Gegensatz zu Hoftheatern als Assoziation von Opernfreunden organisiert waren, Bezeichnung für den Vorstand. So war die *presidenza* des Teatro La Fenice für Verdi wichtigste Verhandlungspartnerin bei der Produktion seiner dort uraufgeführten Opern.

prima donna → *compagnia di canto*

primario → *compagnia di canto*

primo uomo → *compagnia di canto*

programma → *selva*

prologo
Prolog (von griechisch *prologos* = Vorrede, Vorspiel). Gewöhnlich wird der Begriff in seiner allgemeinen Bedeutung als Einleitung zu einem Bühnenwerk verstanden, in welcher ein Sprecher die Absichten des Autors und den Inhalt des Stücks erklärt oder anwesende Personen ehrt (der *prologo* zu Ruggero Leoncavallos *I pagliacci* ist ein äußerst bekanntes Beispiel). In diesem Sinn waren Prologe üblicher Bestandteil der Barockopern, nachdem sie sich aus den gesprochenen Komödien entwickelt hatten, die den Intermedien ebenso vorausgingen wie den Vorreden zu musikalischen Pastoralstücken. Bei Verdi ist gelegentlich der erste Abschnitt (manchmal auch der 1. Akt) einer mehraktigen Oper als *prologo* bezeichnet, wenn dieser als fernere Vorgeschichte wahrgenommen wird. Beispiele finden sich in *Giovanna d'Arco*, *Alzira*, *Attila* und *Simon Boccanegra*. Später verzichtete Verdi aber auf den Begriff, wenn er ähnlich konzipierte Eröffnungsakte in *La forza del destino* oder *Don Carlos* als 1. Akt bezeichnete. Noch im späten 19. Jahrhundert waren Opernprologe beliebt: Richard Wagners *Rheingold* dient als Vorspiel (Vorabend) zum gesamten *Ring des Nibelungen*, Arrigo Boitos *Mefistofele* beginnt wie Johann Wolfgang von Goethes Vorlage mit einem *prologo in cielo*. Auch in Alban Bergs *Lulu* oder Sergej Prokofjews *Die Liebe zu den drei Orangen* sind Restformen des Prologs zu finden.

Gelegentlich wird *prologo* auch als Nebenbezeichnung für → *preludio* verstanden.

puntatura
Der Begriff (meist in der Pluralform *puntature* benutzt) wird verwendet für die Neukomposition oder Umarbeitung einer vokalen Linie, um deren → *tessitura* einem anderen Sänger anzupassen, während die Begleitung weder in ihrer Melodik, ihrer Harmonik noch in einem anderen Parameter angetastet wird (das ist der entscheidende Unterschied zur Transposition einer kompletten Arie). In der italienischen Oper des 19. Jahrhunderts existieren unzählige Beispiele für *puntature*: die Aufführungspraxis der Zeit machte diese Arbeiten notwendig; sie waren immer wichtiger als die Beibehaltung des Werkcharakters. Auch Verdi arbeitete unter diesem Verdikt, wenn er etwa die *puntature* als wichtigste Änderungen der Überarbeitung von *La traviata* für die zweite Einstudierung am Teatro San Benedetto in Venedig bezeichnete (Brief vom 26. Mai 1854 an Cesare De Sanctis; Abbiati, Band II, S. 273 f.).

quaternario (quadrisillabo)
Viersilbiger Vers, Viersilbler (siehe oben, S. 212).

quinario
Fünfsilbiger Vers, Fünfsilbler (siehe oben, S. 212).

racconto
Geschichte, Erzählung. Mit diesem Begriff wurde in der Oper des 19. Jahrhunderts eine narrative → *aria* bezeichnet, deren Form weitgehend von dem Ereignis bestimmt ist, welches darin beschrieben wird – zum Beispiel Massimilianos »Un ignoto, tre lune or saranno« im 3. Akt von *I masnadieri* oder Azucenas »Condotta ell'era in ceppi al suo destin tremendo« im 2. Teil von *Il trovatore*. Bei Verdi begegnen – im 2. Akt von *I masnadieri*, im 2. Akt von *Luisa Miller* und im 2. Akt von *Rigoletto* – auch *racconti* des Chors, die trotz eindeutiger Narration nicht so bezeichnet sind. Arien, die ihre Geschichte in einem traditionellen, wie auch immer modifizierten → *adagio* erzählen, sind allerdings niemals als *racconto* bezeichnet.

Als Sonderform des *racconto* gilt die Traumerzählung, der *sogno*. Der Begriff findet sich im Prolog von *Giovanna d'Arco* oder als *sogno di Francesco* im 2. Akt von *I due Foscari*. In *Alzira* und *Attila* dagegen ist der *sogno* nicht als *racconto*, sondern als → *cavatina* beziehungsweise als *aria* ausgeführt.

Der *sogno* findet sich noch in *Otello* in Jagos Solo im 2. Akt (»Era la notte, Cassio dormìa, gli stavo accanto«), der *racconto* in *Falstaff* in Quicklys Solo im 2. Akt (»Giunta all'Albergo della ›Giarrettiera‹«).

recitativo
Rezitativ. Eigentlich ein Adjektiv, abgeleitet vom lateinischen Verb *recitare* (vorlesen), erscheint es bereits gegen Ende des ersten Drittels des 17. Jahrhunderts als Substantiv (der Kurzform von *stile recitativo*). Um 1600 entstand in Italien dieser *stile recitativo*, die Form des solistischen, instrumental begleiteten Sprechgesangs, der sich aus der Monodie entwickelte und in der frühen Oper anstelle eines affektbetonten Sprechens verwendet wurde. Agostino Agazzari umschrieb diesen Typus als »cantar recitativo« (1608), Marco da Gagliano sprach von »recitare cantando« (1608), Claudio Monteverdi von einer Darstellung »in genere rappresentativo« (1619). Eine vokale Setzweise, gewöhnlich für eine Einzelstimme, mit dem Zweck, gesprochene Sprache im singenden Ausdruck nachzuahmen. Die Praxis unterscheidet sich deutlich, was die Zeit, die Region, die Herkunft und den Kontext anbelangt.

Die anfangs nicht streng gehandhabte Trennung von *recitativo* und → *aria* vollzog sich innerhalb des 17. Jahrhunderts, wodurch sich auch die Unterscheidung in erzählende und betrachtende Passagen ergab. Dem *recitativo* fiel dadurch zunehmend die Aufgabe zu, Träger der Handlung zu sein, schließlich nur noch, die Affekte der Arien vorzubereiten und den Übergang zwischen den verschiedenen Tonarten zweier aufeinanderfolgender Arien zu ermöglichen. Im 18. Jahrhundert wurde das Rezitativ das wesentliche Vehikel für den Dialog und die dramatische Aktion der Oper, während den Arien die lyrischen, reflektierenden Momente zugewiesen wurden (die Separierung der dramatischen Funktion geschah jedoch niemals so rigoros, wie oft angenommen wird; so existieren sogar in den Libretti Pietro Metastasios deutliche Beispiele für Arien mit dramatischem Affekt). In der italienischen → *opera buffa* verdichtete sich der → *parlando*-Charakter des Rezitativs zu einem flüssigen, leichtzüngigen Konversationsstil, während die → *opera seria* das dramatische Gewicht durch die Verwendung des begleitenden Orchesters unterstrich. Als Gegensatz zum nur vom *basso continuo* (mit Cembalo und/oder Violoncello) begleiteten »trockenen« *recitativo secco* bildete sich das von mehreren Instrumenten begleitete *recitativo accompagnato* heraus. Das schlichte *secco*-Rezitativ verschwand gegen Anfang des 19. Jahrhunderts, doch weiterhin üblich blieb das ›einfache‹ *recitativo semplice*, eine Streicherbegleitung, welche aber auch über mehrere Takte hinweg aussetzen kann, und so der Singstimme größere deklamatorische Freiheiten erlaubt.

Zu Beginn des 19. Jahrhunderts war der Unterschied zwischen dem konventionellen, aber allmählich verschwindenden *recitativo secco* und dem deklamatorischeren *recitativo accompagnato* noch intakt: Alle Passagen, die den Rhythmus der gewöhnlichen Sprache wiedergeben sollten, wurden weiterhin als *recitativo* bezeichnet, auch wenn es sich dabei nur um wenige Takte handelte – eine Praxis, die bis in die 1890er Jahre zu beobachten ist, auch noch in Verdis *Otello*. Gelegentlich – und dann später üblicherweise bei Giacomo Puccini und seinen Nachfolgern – wurde diese Praxis dann mit der Anweisung *a piacere* für die Singstimme und *col canto* für das Orchester bezeichnet.

ritornello
Ein Ritornell – abgeleitet vom italienischen *ritornare* (wiederkommen) – ist im 17. und 18. Jahrhundert der wiederkehrende Abschnitt oder Satz in gegliederten Musikwerken. Das *ritornello* entspricht dabei etwa dem Refrain (Kehrreim) in strophischen Dichtungen – auch im Hinblick auf seine übliche Stellung am Ende einer Strophe, doch kann sein erstes Auftreten auch bereits am Anfang der Nummer erfolgen. Darüber hinaus bedeutet *ritornello* jedoch weder eine bestimmte Form noch einen bestimmten Klangtyp.

romanza
In Italien fand die aus Frankreich stammende Romanze – eine kurze, ausnahmslos einsätzige Sonderform der → *aria*, meist in langsamem Tempo und von

strophischer Form (wie Medoras »Non so le tetre immagini« im 1. Akt von *Il corsaro*) – neben der → *cavatina* rasch Verbreitung, nachdem sie Giovanni Simone Mayr um 1810 in die → *opera seria* eingeführt hatte. In der → *opera buffa* spielte sie keine Rolle. Aufgrund ihrer melodischen und poetischen Einfachheit eigneten sich *romanze* besonders gut zur Darstellung nationalen Kolorits, weswegen sie oft Eingang in die sogenannten ›Nationalopern‹ fanden. Weitere Kennzeichen der oft atmosphärischen Nummern sind die häufig vorzufindenden Dur/Moll-Wechsel, das allgemeine Vorherrschen von b-Tonarten und Dreiertakt sowie die Verwendung von konzertierenden Soloinstrumenten. Insbesondere Vincenzo Bellini, Gioachino Rossini und Gaetano Donizetti schrieben erfolgreiche Romanzen. Als im späten 19. Jahrhundert die → *cabaletta* immer seltener Verwendung fand, nahmen die italienischen Opernromanzen zuerst größere Dimensionen an (ein Beispiel dafür ist »Torna ai felici dì« in Giacomo Puccinis *Le villi* von 1884), bevor sie mit dem aufblühenden *verismo* vollständig verschwanden. Bei Renatos »Eri tu che macchiavi quell'anima« im 3. Akt von *Un ballo in maschera* und bei Leonoras »Madre, pietosa Vergine« im 2. Akt von *La forza del destino* entspricht die Dur/Moll-Abfolge weitgehend dem Schema der *romanza*, auch wenn die Nummern nicht explizit so bezeichnet sind. Und selbst Otellos Monolog »Dio! mi potevi scagliar tutti i mali« im 3. Akt der gleichnamigen Oper folgt formal noch dem Gerüst der *romanza*, geht melodisch freilich völlig neue Wege.

rondò finale
Das *rondò finale* war die typische Schlußwendung in der italienischen Oper im ersten Drittel des 19. Jahrhunderts, also hauptsächlich vor Verdi. Oft ist es nur die Bezeichnung für eine gewöhnliche vierteilige → *aria* an dieser besonderen Stelle der Oper; vorwiegend mit der *prima donna* im Zentrum, verstärkt vom Ensemble und dem Chor. Von einfach gebauten Nummern, die mit viel überflüssigem Zierat aufwarteten, entwickelten sich diese Finalstücke auch gelegentlich zu für die Handlung wichtigen psychologischen Meisterwerken – in dieser Form verdienen sie den Ausdruck *rondò finale* allerdings kaum noch. Das typische Formschema – Tribut an die Vorlieben einflußreicher Sopranistinnen – hat Verdi fast völlig vermieden; nur in den allerersten Opern *Oberto, conte di San Bonifacio* und *I Lombardi alla prima crociata* ist es zu finden (siehe oben, S. 196).

scena
Szene. Ein Begriff des 19. Jahrhunderts für einen dramatischen Komplex, bestehend aus → *recitativo* (ausgeführt als Konversation, Deklamation oder → *arioso*), orchestraler Figuration und → *parlante* als Vorbereitung einer Großform wie *scena ed aria* oder *scena e duetto* – eine typische Einheit in der italienischen Oper in der ersten Hälfte des 19. Jahrhunderts; später unter französischem Einfluß (*grande scène*) mit einer deutlicheren Ausrichtung zu Monumentalität und Bildhaftigkeit. Mit der Ausbildung der *scena* entwickelte sich die Arie (→ *aria*) immer mehr in Richtung auf die musikalische Großform. Später werden durchaus unterschiedliche Abschnitte wie *recitativo*, lyrischer Abschnitt (→ *adagio*), Brückenpassage und → *cabaletta* zu selbständigen Formen wie der *gran scena* zusammengefaßt. Die Eröffnung des 3. Teils von *Ernani* ist mit *preludio, scena e cavatina* bezeichnet; am Beginn eines Aktes bereitet gewöhnlich ein instrumentales → *preludio* eine *scena* vor und liefert bereits einiges von deren thematischem Material, wie bei »Annina? Comandate?« im 3. Akt von *La traviata*. Ein frühes Beispiel einer selbständigen *scena* ist die Schlafwandlerszene, die *gran scena del sonnambulismo* im 4. Akt von *Macbeth*. Wo die *scena* als eigenständige Nummer auftaucht – etwa bei der *gran scena di Banco* oder bei *scena e morte di Macbeth* – ist stets eine stärkere Ausrichtung auf die szenische Dimension festzustellen.

scenario → *selva*

scrittura
Schriftstücke, Vertrag. Im 18. und 19. Jahrhundert im weiteren Sinne Bezeichnung für den Arbeitsvertrag für alle an einer Opernproduktion Mitwirkenden, im engeren Sinne der Kompositionsauftrag an den Komponisten. Die *scrittura* – Beispiel Gioachino Rossinis Vertrag mit dem »Nobil Teatro di Torre Argentino Roma« vom 15. Dezember 1815 über *Il barbiere di Siviglia* – legte auf privatvertraglicher Basis die Bedingungen fest, denen sich der Komponist unterwarf: Vertonung des vom Theater vorgelegten Librettos; Abgabetermin der Partitur und die Zusicherung, sie gegebenenfalls den Stimmen der Sänger anzupassen; Anwesenheitspflicht am Ort der Aufführung; Regelung des Probenablaufs; Verpflichtung, die ersten drei Aufführungen zu leiten; Honorierung, die allerdings erst nach der dritten Vorstellung erfolgte; freies Logis während der Anwesenheit in Rom. Unter diesen Bedingungen hat auch Verdi seine ersten Opern komponiert. Bald allerdings setzte er durch, daß das Libretto seiner Zustimmung bedurfte und das Honorar schon nach der Premiere bezahlt wurde. *Aida* (1871) war Verdis letzte Oper, die aufgrund eines Kompositionsauftrags entstand.

secondario → *compagnia di canto*

selva
Gelegentlich auch als *abbozzo* (Skizze, Entwurf) *programma* (Programm) oder *scenario* (Szenarium,

»Drehbuch«) bezeichnet. Nach Auswahl des Sujets, das einer neu zu komponierenden Oper zugrunde gelegt werden sollte, wurde – die Phasen des Entstehungsprozesses einer Oper waren zu Beginn des 19. Jahrhunderts genau festgelegt (siehe oben, S. 126 f.) – eine Inhaltsangabe in Prosa verfaßt, die als »Plan«, »Programm«, »Skizze« oder – in Verdis Worten – zumeist als *selva* (»Entwurf«) bezeichnet wurde. Sie diente dazu, den dramatischen Stoff auf unterschiedliche Szenen zu verteilen und gleichzeitig die entsprechenden musikalischen Nummern und deren Anlage festzulegen. Die *selva* konnte vom Librettisten geschrieben und dem Komponisten zur mehr oder weniger verbindlichen Genehmigung vorgelegt werden, oder aber sie wurde direkt von letzterem verfaßt. Die verschiedenen Grade der Ausarbeitung dieser Entwürfe konnten dabei von einer nur wenige Zeilen umfassenden Skizze über eine mehrseitige Handlungsbeschreibung bis hin zu einem vollständigen Prosalibretto reichen. Nachdem die *selva* von den Verantwortlichen der → *stagione* angenommen und auch von der politischen Obrigkeit (Zensur) gutgeheißen worden war, konnte der Librettist mit der Versifizierung beginnen.

senario
Sechssilbiger Vers, Sechssilbler (siehe oben, S. 211 f.).

settenario
Siebensilbiger Vers, Siebensilbler (siehe oben, S. 211).

sinfonia
Der aus dem lateinisch-griechischen, auf das »Zusammenklingende« verweisenden Wort *symphonia* abgeleitete Begriff wurde seit dem späten 16. Jahrhundert verwendet, um verschiedene Arten von Stücken für oder mit einem Instrumentalensemble zu bezeichnen – später besonders die Konzertform der »Sinfonie« oder »Symphonie«. In der italienischen Oper wurde er von Anfang an auf jegliche selbständige oder unselbständige instrumentale Nummer angewendet, wenn es sich dabei nicht um funktionale Tanz- oder Marschmusik handelte. In England und Frankreich wurde »symphonies« ebenfalls in dieser Bedeutung benutzt. Deshalb wurde der Begriff auch in Italien nicht ausschließlich der *ouverture* gegeben (der *sinfonia avanti l'opera*), sondern auch den Vorspielen von einzelnen Akten und ebenfalls Einleitungen von Szenen, der Musik von Szenenwechseln und kurzen einleitenden, betonenden oder abschließenden Stücken innerhalb einer vokalen Nummer, die auch als → *ritornelli* – gelegentlich auch als *sinfonie da ritornello* – bezeichnet wurden. In den ersten beiden Jahrhunderten der Operngeschichte entwickelten sich diese verschiedenen Typen der *sinfonia* auseinander: Die *ouverture* wuchs in ihren Ausmaßen und ihrer Substanz, während die *sinfonie* innerhalb der Akte ihre eigenständige Identität verloren und Bestandteil größerer Komplexe wurden. Nach 1800 wurde unter der Bezeichnung *sinfonia*, wenn sie denn der Oper zugeschrieben wurde, normalerweise die Ouverture verstanden. Dabei ist die *sinfonia* (im Gegensatz zum → *preludio*) meist eine ausgedehntere Form der Operneinleitung; es existieren ebenso potpourrihafte (in denen besonders zugkräftige Melodien des nachfolgenden Werks auf effektvolle Weise miteinander verbunden wurden) wie monothematische (*Luisa Miller*) *sinfonie*, musikalisch selbständige *sinfonie* sowie solche mit mehr oder weniger engem thematischen Zusammenhang zur nachfolgenden Nummer oder zu anderen Stücken der Oper. Ab *Aida* war bei Verdi eine nachkomponierte *sinfonia* nicht mehr denkbar. Die Verkürzung der Einleitung geschah über die Zwischenstufe des meist kürzeren *preludio* bis hin zum direkten Einstieg in die szenische Handlung wie bei *Otello* und *Falstaff*.

sogno → *racconto*

sortita
Auftritt. Der Terminus für den ersten Bühnenauftritt eines *primarii*, besonders dann, wenn dieser mit einem gewichtigen Musikstück einhergeht. Im Verständnis der Zeit um die Mitte des 19. Jahrhunderts herum wurde eine → *cavatina* meist auch als eine *aria di sortita* beschrieben; Trabuco ist im 3. Akt von *La forza del destino* sogar eine *arietta-sortita* zugewiesen und eine weitere originale Bezeichnung findet sich bei der extrem verkürzten Form einer Auftrittsarie Riccardos (»La rivedrà nell'estasi«) im 1. Akt von *Un ballo in maschera*.

stagione
Während nur wenige Theater Italiens (wie beispielsweise Neapel und Palermo) fast ganzjährig geöffnet waren, wurde der Spielbetrieb sonst zumeist nach Spielzeiten (*stagioni*) organisiert, deren Dauer und Ablauf wesentlich vom Kirchenkalender, ferner auch durch politische Gedenktage sowie lokale Traditionen und Feiertage (*fiere*) bestimmt war. Die Hauptspielzeit war die Karnevalsspielzeit (die *stagione del carnevale*), die vom Stephanstag (dem 26. Dezember) bis zur Fastnacht reichte, und oft mit der Fastenzeit (mit einer Dauer bis höchstens zum Samstag vor der Osterwoche) zur *stagione di carnevale e qua(dra)resima* zusammengefaßt wurde (siehe oben, S. 47). Vielfach wurden in der *quaresima* nur Oratorien und geistliche Opern aufgeführt, wobei die Komponisten allerdings eine große Fantasie entwickelten, die strenge Zensur auszuhebeln: So fanden auch frei erfundene Liebesgeschichten Eingang in

die Episoden aus der Bibel – Gioachino Rossinis *Mosè in Egitto* (1818) ist ein typisches Beispiel dafür, und auch die Stoffwahl und -verarbeitung von Verdis *Nabucodonosor* wurde unmittelbar durch den Premierentermin am 9. März 1842 beeinflußt (siehe oben, S. 47). Weitere Spielzeiten waren die *stagione di primavera*, die Frühlingssaison (etwa vom Ostermontag bis Anfang Juli), und die *stagione d'autunno*, die Herbstsaison (von Mitte August bis Ende November oder Anfang Dezember). Diese Spielzeiten wurden wie die *estate* (die Sommersaison) von kleineren Häusern bevorzugt, da diesen dann die Sänger aus den Opernzentren zur Verfügung standen. Eine weitere *stagione* war die *fiera*, meist im Sommer, nach lokalem Anlaß, in Verbindung mit Messen und Märkten. Außerdem trifft man gelegentlich auf eine Himmelfahrtsspielzeit, die *ascensione* (Mai bis Juni).

stretta
Der in einem beschleunigten Tempo ausgeführte Höhepunkt und Schlußabschnitt einer musikalischen Passage; in der Oper gewöhnlich (und damit in Entsprechung zur → *cabaletta*) die schnelle und effektvolle Schlußsteigerung eines Ensembles – eine bereits ab dem Terzett übliche Bezeichnung (vergleiche *stretta del terzetto* in *Ernani*), die vorwiegend jedoch im → *finale* zu finden ist. (Der Sonderfall einer *stretta dell'introduzione* findet sich bei „Su l'orlo dei tetti alcun l'ha veduta!« im 1. Teil von *Il trovatore*. Gelegentlich wird der Begriff auch in Duetten als eine Alternative zu *cabaletta* verwendet; dies ist sicherlich dann angemessen, wenn er einen kurzen abschließenden Duettsatz bezeichnet, der die typische *cabaletta*-Form vermeiden möchte, wie beispielsweise in Ernanis und Silvas »In arcion, in arcion, cavalieri« am Ende des 2. Teils von *Ernani*.) Der aus dem italienischen Wort für Druck oder Enge (*stretta*) beziehungsweise auch von »stretto«, dem Partizip Perfekt von »stringere« (drücken, zusammendrücken, anziehen oder straffen) abgeleitete Begriff ist aus den geschwinden Schlußpassagen der Ensembles »di confusione« hergeleitet, die traditionell an zentraler Stelle der Oper angesiedelte Aktfinale in den *opere buffe* des 18. Jahrhunderts stehen. Ein Beispiel ist das den 2. Akt von Wolfgang Amadeus Mozarts *Le nozze di Figaro* (1786) abschließende *più allegro* zu den Worten »Son confuso, son stordito«. Während der ersten Hälfte des 19. Jahrhunderts, von Gioachino Rossini an, bildete die *stretta* einen festen Bestandteil eines zentralen Finales, in Entsprechung zum → *pezzo concertato*, wie die *cabaletta* dem → *adagio* einer → *aria* oder eines Duetts (→ *duetto*) entsprach. Gewöhnlich wird auch die in Ensemblesätzen angesiedelte *stretta* im 19. Jahrhundert von einer einzelnen Stimme angeführt; in der *opera buffa* kann sie eine außergewöhnliche Komik vermitteln, wogegen sie in der → *opera seria* auch mit zur Trivialisierung des Geschehens beitragen kann. Deshalb ist ab der Mitte des 19. Jahrhunderts die Tendenz festzustellen, auf die *stretta* zu verzichten (siehe oben, S. 196).

tableau
Bild, Gemälde. Der Begriff bezeichnet zunächst nur das von einer Dekoration geprägte Bild. Im Anschluß an die Tradition des *tableau vivant*, der Nachstellung eines Gemäldes mit lebenden Personen, bezeichnet *tableau* die meist statische Personenkonstellation in einer ›gefrorenen‹ Situation, meist am Ende eines Aktes. Das für die französische → *grand opéra* prägende spektakuläre szenische Bild, das durch ästhetische Massierung auf die optische und musikalische Überwältigung des Zuschauers abzielt, wird seit den 1930er Jahren als *tableau* bezeichnet. *Tableau* in diesem Sinne sind in Verdis Opern etwa die Autodafé-Szene im 2. bzw. 3. Akt von *Don Carlos* sowie die Triumphszene in *Aida*.

tempo d'attacco
In der italienischen Oper des 19. Jahrhunderts gewöhnlich der erste, schnelle Abschnitt einer geschlossenen Nummer, der einem → *recitativo* oder einer → *scena* folgt; langsame → *adagio*-Abschnitte an gleicher Stelle werden normalerweise nicht so benannt. Meist erscheint die Bezeichnung in zwei- oder eher in dreiteiligen Duetten (→ *duetto*). Wenn ein → *finale* nicht mit einer Choreinleitung beginnt, kann der dem → *pezzo concertato* vorausgehende Abschnitt ebenfalls als *tempo d'attacco* bezeichnet sein, zum Beispiel bei »Teco sperai combattere« im 1. Akt von *Alzira*. Der Begriff wird gelegentlich auch für den einleitenden Abschnitt einer dreiteiligen → *aria* verwendet.

tempo di mezzo
In der italienischen Oper des 19. Jahrhunderts der »mittlere Satz« einer mehrgliedrigen Nummer; eine schnelle Übergangspassage zwischen einem → *adagio* und einer → *cabaletta* oder zwischen dem → *pezzo concertato* und der → *stretta*. Frei in Form und Länge richtet sich das *tempo di mezzo* ganz nach der dramat(urg)ischen Situation, mit der wesentlichen Funktion, den Wechsel innerhalb der Stimmung vorzubereiten und/oder zu rechtfertigen. Im *tempo di mezzo* finden oft überraschende Ereignisse statt, die eine dialogische Passage und letztendlich auch die ›Explosion‹ der *cabaletta* auslösen. In einer → *aria* mag dies der Auf- oder Abtritt einer weiteren Person sein, zum Beispiel der des Foresto in *Attila*, dessen Vorschlag, die Hunnen während ihres Festgelages zu überfallen, den römischen Feldherrn Ezio in dessen »Dagli immortali vertici« zu Beginn des 2. Aktes zu einem triumphierenden Ausbruch veranlaßt; es kann

aber auch durch Interventionen des Chors oder der Bühnenmusik (→ *banda*) vorangetrieben werden. Das *tempo di mezzo* eines an zentraler Stelle der Opernhandlung angesiedelten Aktfinales (also nicht des Opernschlusses) ist oft sehr komplex und kann auch eine Reprise des → *parlando*-Materials aus dem das *pezzo concertato* vorbereitenden Abschnitt enthalten.

ternario (trisillabo)
Dreisilbiger Vers, Dreisilbler (siehe oben, S. 212 f.).

tessitura
Aufbau, Gefüge, Geflecht (abgeleitet von der substantivischen Verwendung des Verbs *tessere* = weben, knüpfen, flechten). Die *tessitura* beschreibt den Tonumfang und die Lage, in der sich eine Gesangspartie hauptsächlich bewegt. Man spricht gewöhnlich von hoher, mittlerer oder tiefer *tessitura*.

tinta musicale
In der vorbereitenden Phase der Opernkomposition, wenn die literarische Vorlage ausgewählt war und die → *selva* vorlag, konnte sich Verdi einen ersten Überblick verschaffen, der es ihm erlaubte, grundlegende Eigenschaften des musikalischen Dramas in seiner Gesamtheit zu imaginieren – jene eigenartige Kombination von Wesenszügen, auf die er vermutlich bezog, als er den Terminus *tinta* (Farbe beziehungsweise Tonlage; im französischen existiert der synonyme Begriff *couleur*) verwendete. Der Begriff wird von der Forschung als Miteinander stilistischer, thematischer, klanglicher und tonartlicher Elemente gesehen, die – ohne daß sie konkret nachzuvollziehen oder etwa ihre charakteristischen Merkmale zu benennen wären – auf einer unterschwelligen Ebene wirken und zur Einheit der Oper beitragen. Dieser *tinta musicale* als werkspezifischer Färbung seiner Opern wies Verdi eine besondere Bedeutung zu. Er bezog den Begriff auf die Arbeitsphase vor Aufnahme der Komposition, das heißt auf die Festlegung allgemeiner Ausdrucksmerkmale, die natürlich ihrerseits zur wiederholten Verwendung bestimmter melodischer, harmonischer und klanglicher Elemente führen konnten. Die grundlegende Bedeutung dieser vorbereitenden Arbeiten legte Verdi erstmals in dem bekannten Brief von 24. August 1850 dar, in dem der Komponist auf die Mitteilung reagiert, das ausgewählte Sujet des späteren *Rigoletto* könne möglicherweise von der Zensur verboten werden. Dort heißt es: »Die Befürchtung, daß man *Le Roi s'amuse* nicht genehmigen könnte, bringt mich in große Verlegenheit. Mir wurde von Piave versichert, daß bei diesem Sujet keine Widerstände zu erwarten seien, und da ich mich auf den Librettisten Dichter verließ, fing ich an, es zu studieren und es eingehend durchzudenken, bis die Idee, die *tinta musicale* in meiner Vorstellung gefunden war. Ich kann behaupten, daß für mich die hauptsächliche und beschwerlichste Arbeit bereits getan war. Wenn ich jetzt gezwungen wäre, mich in ein anderes Sujet zu vertiefen, würde die Zeit für ein solches Studium nicht mehr *ausreichen* und ich könnte keine Oper schreiben, die ich vor meinem Gewissen verantworten könnte.« (Brief Verdis an Carlo Marzari vom 24. August 1850; Conati, 1983, S. 209)

tutti
Bezeichnet im Gegensatz zu *solo* das vollständige Ensemble von Solisten, Chor und Orchester vor allem im → *pezzo concertato* beziehungsweise im → *finale* eines Aktes.

verso
Vers als Bestandteil der gebundenen Sprache eines Opernlibrettos (siehe oben, S. 198–217).

Personenverzeichnis

Von Christine Fischer
unter Mitarbeit von Daniela Bourloud und Isabelle Hänni

Abbadia, Luigia, 1821–1896; Mezzosopranistin;
STUDIUM: beim Vater Natale; DEBÜT: 1836, Sassari;
STATIONEN: wichtige italienische Theater; Wien; Deutschland-Tournee;
VERDI: UA *Un giorno di regno*, Giulietta (Mailand, Scala, 5. 9. 1840); Abbadias Streitigkeiten mit der Primadonna Antonietta Marini wurden später u. a. als Grund dafür angeführt, daß dieses erfolglose Jugendwerk Verdis so schnell vom Spielplan verschwand. Abbadia war eine erfolgreiche Interpretin der Elvira in *Ernani*. 1840 sang sie in der Wiederaufnahme von *Oberto* an der Scala unter der Leitung Verdis.
RÜCKZUG: 1870

Adrien, s. **Renoux**, Adrien;

Albites, Marietta, s. **Gazzaniga**, Marietta

Aldighieri, Adelina, s. **Spezia**, Adelina

Alinovi, Giuseppe, 1790–1860; Komponist, Organist;
Alinovi bekleidete am Herzoglichen Hof in Parma verschiedene musikalische Ämter und leitete die dortige Musikschule und Philharmonische Gesellschaft. Er prüfte Verdi beim Vorspiel für das Stipendium zur Ausbildung in Mailand 1832. 1836, als es um den Posten des Musikdirektors in Busseto ging, prüfte der Musiker Verdi erneut in Klavierspiel, Singen, Partitur- und Blattspiel sowie Kontrapunkt.

Alizard, Adolphe Louis Joseph, 1814–1850; Baß-Bariton;
STUDIUM: Paris; DEBÜT: 1837 Paris, Opéra;
STATIONEN: wichtige Bühnen in Frankreich, Belgien und Italien;
VERDI: UA *Jérusalem*, Roger (Paris, Opéra, 26. 11. 1847);
RÜCKZUG: 1849;

Allievi, Marietta; Sopranistin;
VERDI: UA *Aida*, Oberpriesterin (Kairo, Oper, 24. 12. 1871);

Anastasi, geborene **Pozzoni**, Antonietta, 1846–1914; Sopranistin, Mezzosopranistin;
STUDIUM: St. Petersburg; Mailand; DEBÜT: 1865 Mailand, Scala;
STATIONEN: zahlreiche wichtige italienische Bühnen; Gastspiele in Spanien und Buenos Aires;
VERDI: 1871 sang sie in Florenz so überzeugend die Traviata, daß Verdi sie einlud, bei der *Aida*-UA (Kairo, Oper, 24. 12. 1871) die Hauptrolle zu interpretieren. Hinzu kamen Partien in *Les Vêpres Siciliennes* (Hélène), *Macbeth* (Lady), *Il trovatore* (Azucena), *La forza del destino*, *Un ballo in maschera* und *Ernani*;
RÜCKZUG: 1887;

Angelini, Gian Francesco, 1830 – nach 1862; Baß;
DEBÜT: 1851;
STATIONEN: alle wichtige Häuser in Italien; Paris;
VERDI: UA *La forza del destino*, Guardiano (St. Petersburg, Hofoper, 10. 11. 1862);

Angermayer de **Redenburg**, Anna, s. **d'Angeri**, Anna

Anges, Joseph Pierre, s. **Méry**, François Joseph Pierre André

Anicet-Bourgeois, Auguste, 1806–1871; Dramatiker, Librettist;
Anicet-Bourgeois schrieb hauptsächlich *vaudevilles* und *mélodrames*. Sein Drama *Nabuchodonosor*, das er gemeinsam mit Francis Cornue verfaßte (uraufgeführt 1836 in Paris), wurde eine der Vorlagen zu Verdis gleichnamiger Oper.

Appiani, geborene **Strigelli**, Giuseppina, um 1797 – nach 1854;
Die vermögende Musikliebhaberin und Schwiegertochter des Malers Andrea Appiani, die einen Salon in Mailand, Borgo Monforte, unterhielt, war eine enge Freundin Verdis, Bellinis und Donizettis sowie des Dichters Giovanni Prati. Donizetti wohnte während der Arbeit an *Linda di Chamounix* 1842 bei Appiani, 12 Jahre früher lebte dort Bellini während seiner Arbeit an *La sonnambula*. Das gute Dutzend Briefe und Nachrichten Verdis an Appiani stammt aus den Jahren 1843–1848 und 1854.

Arati, Marco, vor 1820 – nach 1885; Baß;
VERDI: UA *Alzira*, Alvaro (Neapel, San Carlo, 12. 8. 1845); UA *Luisa Miller*, Wurm (Neapel, San Carlo, 8. 12. 1849);

Arimondi, Vittorio, 1861–1928; Baß;
DEBÜT: 1883 Varese;
STATIONEN: zahlreiche italienische Bühnen; Gastspiele in ganz Europa, USA, Südamerika;
VERDI: UA *Falstaff*, Pistola (Mailand, Scala, 9. 2. 1893);

Arouet, François Marie, s. **Voltaire**

Arpino, Ferdinando; Rechtsanwalt;
Arpino vertrat Verdi in Neapel vor Gericht, als es um die wegen Zensurproblemen abgesagte Premiere von *Un ballo in maschera* von 1858 ging. Er veröffent-

lichte in diesem Zusammenhang die Schrift *La difesa del Maestro Cavaliere Giuseppe Verdi*. Das Verfahren endete mit einem Vergleich.

Arrivabene, Opprandino Conte, 1805–1887; Schriftsteller;
Arrivabene lernte Verdi Mitte der 1830er Jahre kennen und half ihn mit seinen Kontakten zu zahlreichen Künstlern und Intellektuellen in Mailand am Beginn seiner Karriere. Als Mitarbeiter der Zeitschrift *Il barbiere di Siviglia* hatte er Einfluß auf die journalistische Szene. Er machte Verdi wiederholt auf lohnende Opernsujets aufmerksam.

Bagier, Prosper; *impresario*;
Bagier wurde 1863 Leiter des Théâtre-Italien in Paris. In seiner Amtszeit führte er im Zuge der starken Rivalität zur Pariser Opéra zahlreiche Werke ohne Genehmigung auf. Nicht zuletzt deswegen kam es nie zu einer Zusammenarbeit zwischen ihm und Verdi. 1867 wurde Bagier in einem Prozeß dazu verpflichtet, Schadenersatz für sämtliche seit 1863 gespielten »contrefazierten« Opern, darunter *Rigoletto*, zu bezahlen. Dies bewirkte letztlich die Schließung des Théatre-Italien im Jahre 1870.

Baicardé, Carlo, s. **Baucardé**, Carlo

Baistrocchi, Don Pietro, vor 1780–1823; Lehrer, Organist;
Der mit der Familie Verdi befreundete Baistrocchi kannte Verdi von klein auf und erteilte ihm ersten Schreib- und Leseunterricht. Wahrscheinlich war er es auch, der ihn mit dem Spinett bekannt machte. Verdi vertrat Baistrocchi in den Jahren nach 1820 wiederholt als Organist von San Michele in Le Roncole.

Balderi, Arcangelo; Baß;
VERDI: UA *Il trovatore*, Ferrando (Rom, Apollo, 19. 1. 1853);

Balestra, Luigi, 1808–1863; Rechtsanwalt und Dichter;
Der aus Busseto stammende Balestra übersetzte zwei Goethe-Gedichten für Verdis *Sei romanze* (1838) und lieferte den Text für ein Duett in *Oberto, conte di San Bonifacio*.

Balla, Agnés, s. **Rey**, Agnés

Baraldi, Antonietta, s. **Fricci**, Antonietta

Barbieri, verheiratete -**Nini**, **Hackensöllner**, Marianna, 1818–1887; Sopranistin;
STUDIUM: beim Onkel Luigi; Mailand; DEBÜT: 1839 Florenz, Pergola;
STATIONEN: zahlreiche italienische Bühnen; Wien, Paris; Spanien;
VERDI: UA *I due Foscari*, Lucrezia (Rom, Argentina, 3. 11. 1844); UA *Macbeth*, Lady (Florenz, Pergola, 14. 3. 1847). Die letztgenannte Aufführung wurde zum persönlichen Triumph für Barbieri-Nini, die die Rolle mit Verdi zeitaufwendig einstudiert hatte und besonders in der Schlafwandelszene brillierte. Verdi, der dirigiert hatte, zeigte sich sehr dankbar. UA *Il corsaro*, Gulnara (Triest, Grande, 25. 10. 1848). 1849 war Barbieri-Nini eine der ersten Interpretinnen von *I masnadieri*. Zahlreiche weitere Verdi-Partien schlossen sich an, u. a. in *Luisa Miller, Ernani, Nabucodonosor* und *Il trovatore*.
RÜCKZUG: gegen 1857;

Barboglia, Annetta, s. **Casaloni**, Annetta

Barbot, geborene **Douvry**, Caroline, 1830–1893; Sopranistin;
STUDIUM: bis 1850 Paris; DEBÜT: 1858 Paris, Opéra;
STATIONEN: Paris; führende italienische Häuser; Gastspiele in Rußland, Frankreich, Brüssel, Antwerpen;
VERDI: Verdi hörte Barbot 1859 in Paris als Interpretin von *Les Vêpres Siciliennes*. Er war begeistert und übertrug ihr bei der UA von *La forza del destino* (St. Petersburg, Hofoper, 10. 11. 1862) die Partie der Leonora. Barbot interpretierte zudem erfolgreich Rollen in *Un ballo in maschera, Il trovatore* und *Simon Boccanegra*.
RÜCKZUG: 1875;

Bardare, Leone Emmanuele, 1820 – um 1874; Librettist, Lehrer;
Bardare studierte Literaturwissenschaft und Philosophie. Ab ungefähr 1860 wirkte er als Schuldirektor und Lehrer. Er schrieb zwischen 1851 und 1880 mehr als 15 Libretti. Der Freund Cesare De Sanctis' und Salvadore Cammaranos vervollständigte das Libretto zu *Il trovatore* nach Cammaranos Tod und nahm 1857 für die Zensur Änderungen am *Rigoletto*-Libretto vor, als die Oper als *Clara di Perth* in Neapel gegeben werden sollte.

Barezzi, Antonio, 1798–1867; Kaufmann;
Als großer Musikliebhaber und Leiter der Philharmonischen Gesellschaft von Busseto, der selbst mehrere Instrumente beherrschte, setzte Barezzi sein Vermögen dazu ein, musikalische Talente zu fördern. Der Kaufmann erkannte als einer der ersten Verdis Begabung und unterstützte dessen Ausbildung in Mailand. Verdi wohnte von 1831–1832 im Hause der Barezzis. Margherita, die Tochter Antonio Barezzis, wurde 1836 zu seiner ersten Frau. Auch nach dem frühen Tod Margheritas und der gemeinsamen Kinder blieb seine Beziehung zum Schwiegervater, den der Komponist selbst als seinen zweiten Vater bezeichnete, bis ins hohe Alter sehr eng – wenn auch zeitweilig getrübt durch die Einwände, die der Bussetaner offenbar gegen Verdis Lebensgefährtin Giuseppina Strepponi Anfang der 1850er Jahre vorbrachte. *Macbeth* ist Barezzi gewidmet.

Barezzi, Margherita, s. **Verdi**, Margherita

Barezzi, geborene **Demaldè**, Maria, bis 1853; Barezzi war die erste Frau Antonio Barezzis und Mutter Margherita Barezzis, Verdis erster Frau.

Bartolini, Lorenzo, 1755–1850; Bildhauer, Musikkritiker.
Zunächst professioneller Musiker, wirkte Bartolini ab 1839 als Professor an der Accaedmia delle Belle Arti in Florenz. Während seines Aufenthalts dort 1847 lernte Verdi den Künstler aufgrund eines Empfehlungsbriefes Giuseppina Appianis kennen. Er interessierte sich für Bartolinis Skulptur *Fiducia in Dio*, die Andrea Maffei zu einem Gedicht inspiriert hatte. Giuseppina Strepponis Sohn Camillino wurde zeitweise von Bartolini unterrichtet.

Bartolini, Ottavio, Mitte 19. Jahrhundert; Bariton;
VERDI: Bartolini war ein äußerst erfolgreicher Verdi-Bariton. Nach durchschlagenden Erfolgen in *Ernani* sang er Partien in *Un ballo in maschera*, *I Lombardi alla prima crociata*, *I vespri Siciliani*, *Rigoletto*, *Il trovatore*, *Nabucodonosor*, *I due Foscari*, *Attila*, *Macbeth*, *Luisa Miller* und *La traviata*.

Basevi, Abramo, 1818–1885; Mediziner, Komponist, Autor, Musikkritiker;
Nach dem ausbleibenden Erfolg seiner Opern wurde Basevi zu einem der bedeutendsten Musikkritiker seiner Zeit, der das Kulturleben von Florenz mitprägte. Mit seinem *Studio sulle opere di Giuseppe Verdi* veröffentlichte er 1859 in Florenz die erste italienische Monographie zu Verdis Musik, die sich mit dem Zeitraum von 1842 bis 1857 beschäftigt.

Bassi, Achille, s. **de Bassini**, Achille

Bassi, Calisto, um 1800 – um 1860; Librettist, Dichter;
Bassi, der zeitweise als Schauspieldirektor an der Mailänder Scala wirkte, übersetzte zahlreiche Operntexte ins Italienische, u.a. für Rossini, Donizetti und Meyerbeer. Er schrieb den Text zur Arie »Io la vidi«, die Verdi um 1834 vertonte, und übersetzte das Libretto von *Jérusalem* ins Italienische.

Baucardé (**Baicardé**, **Bocardé**), Carlo, 1826–1883; Bariton, Tenor;
STUDIUM: Karoline Ungher; DEBÜT: 1842 Lissabon, San Carlo;
STATIONEN: alle wichtigen italienischen Bühnen; USA-Tournee;
VERDI: EA *Viscardello* (*Rigoletto*), Duca (Rom, 1851); Verdi selbst wurde 1852 auf den Tenor aufmerksam, als er ihn in Livorno die Partie des Herzogs in *Rigoletto* interpretieren hörte. Begeistert übertrug er ihm daraufhin die Rolle des Manrico bei der UA von *Il trovatore* (Rom, Apollo, 19. 1. 1853). Bei einer der Florentinischen Aufführungen dieser Verdi-Oper fügte Baucardé ein hohes c in die cabaletta »Di quella pira« ein. Verdi, der dies offenbar ablehnte, enttäuschte daraufhin Baucardés Erwartungen, der Komponist werde ihm bei der *Aroldo*-UA 1857 die Titelpartie übertragen. Baucardé interpretierte Partien in *I Lombardi alla prima crociata*, *I masnadieri*, *Luisa Miller*, *I vespri Siciliani*.
RÜCKZUG: Anfang der 1860er Jahre;

Beauchet, Malgloire, vor 1830–1875; Tänzer;
STATIONEN: Paris;
VERDI: UA *Les Vêpres Siciliennes*, Faun (Paris, Opéra, 13. 6. 1855);

Beaugrand, Léontine, 1842–1925; Tänzerin;
STUDIUM: Caroline Dominique-Venettozza, Marie Taglioni und Théodore Chion;
STATIONEN: Paris;
VERDI: UA *Don Carlos*, Weiße Perle (Paris, Opéra, 11. 3. 1867);
RÜCKZUG: um 1886;

Beaume, Louis-Alexandre, s. **Beaumont**, Alexandre;

Beaumont, Alexandre (**Beaume**, Louis-Alexandre), 1827–1909; Jurist, Dramatiker;
Beaumont studierte Rechtswissenschaft und spezialisierte sich auf literarisches und künstlerisches Urheberrecht. Er übersetzte zahlreiche Libretti ins Französische, darunter Webers *Oberon* (1857) und Mozarts *Zauberflöte* (1865). Für Verdi übertrug und bearbeitete er *Macbeth* für die Pariser Aufführung 1865 unter Mitarbeit von Nuitter.

Bellaigue, Camille, 1858–1930; Musiker, Kritiker, Autor;
Nach anfänglichen Erfolgen als Pianist widmete sich Bellaigue der Musikkritik und schrieb in Paris u.a. für *Correspondant*, *Revue des deux mondes* und *Le Figaro*. Er verurteilte Wagner aufs Schärfste, schätze dafür Verdi und Debussy. Bellaigue war ein enger Freund Arrigo Boitos. 1911 veröffentlichte er in Paris eine Verdibiographie.

Bellini, Andrea, vor 1825 – nach 1857; Baß;
VERDI: UA *Ernani*, Jago (Venedig, Fenice, 9. 3. 1844); UA *Rigoletto*, Ceprano (Venedig, Fenice, 11. 3. 1851); UA *La traviata*, Grenvil (Venedig, Fenice, 6. 3. 1853); UA *Simon Boccanegra*, Pietro (Venedig, Fenice, 12. 3. 1857);

Bellinzaghi, Giovanna, vor 1815 – nach 1842; Sopranistin;
VERDI: UA *Nabucodonosor*, Fenena (Mailand, Scala, 9. 3. 1842);

Bendazzi, Luigia, um 1829–1901; Sopranistin;
STUDIUM: Mailand; Bologna; DEBÜT: 1850 Venedig, San Benedetto;
STATIONEN: große italienische Häuser; Wien; Gastspiele in Europa;
VERDI: UA *Simon Boccanegra*, Amelia (Venedig,

Fenice, 12. 3. 1857); Bendazzi war eine der bekanntesten zeitgenössischen Verdi-Interpretinnen. Ihr Repertoire umfaßte Partien in *I Lombardi alla prima crociata, I due Foscari, Luisa Miller* und *Aroldo*. Besonders erfolgreich war sie als Lady in *Macbeth*, Violetta in *La traviata* und Gilda in *Rigoletto*.
RÜCKZUG: 1884;

Benedetti, Nicola, vor 1827 – nach 1847; Baß;
VERDI: UA *Macbeth*, Banquo (Florenz, Pergola, 14. 3. 1847); zahlreiche Verdi-Partien, u. a. in *I Lombardi alla prima crociata, Ernani, Attila, I masnadieri*;

Benza-Nagy, Ida, um 1846–1880; Sopranistin;
STUDIUM: Wien; DEBÜT: 1865, Wien;
STATIONEN: Wien; wichtige italienische Bühnen; Lissabon; Budapest;
VERDI: UA revidierte Fassung *La forza del destino*, Preziosilla (Mailand, Scala, 27. 2. 1869); EA *Aida*, Aida (Budapest, Nationaltheater, 1875); Partien in *Ernani, Macbeth, Il trovatore, Un ballo in maschera, Don Carlos*;

Beretta, Caterina, 1839–1911; Tänzerin;
STUDIUM: Mailand;
STATIONEN: Paris; alle wichtigsten Theater Italiens; London;
VERDI: UA *Les Vêpres Siciliennes*, Herbst (Paris, Opéra, 13. 6. 1855);

Bernardoni, Giovanni; Baß;
VERDI: UA *Un ballo in maschera*, Tom (Rom, Apollo, 17. 2. 1859);

Bettini, Geremia, 1823–1865; Tenor;
STUDIUM: Novara;
STATIONEN: Paris; Italien; USA; Europa-Tournee;
VERDI: EA *Il trovatore* (Mailand, Scala, 1853); UA *La forza del destino*, Trabuco (St. Petersburg, Hofoper, 10. 11. 1862);
RÜCKZUG: 1861;

Bianco, Giovanni; Bariton;
VERDI: UA Neubearbeitung *Simon Boccanegra*, Pietro (Mailand, Scala, 24. 3. 1881);

Blasis, Carlo de, 1795–1878; Tänzer, Choreograph, Schriftsteller;
STUDIUM: Bordeaux; DEBÜT: 1814 Marseille;
STATIONEN: als Tänzer: Paris; Mailand; Venedig; als Choreograph: Mailand; London; Florenz; Lissabon; Moskau; Warschau;
CHOREOGRAPHIEN: *divertissements* in: *Mosè*, Rossini (Mailand, 1840); *Il profeta*, Meyerbeer (Parma, 1852); *La Favorite*, Donizetti (Warschau, 1856);
VERDI: Choreographie: *Macbeth* (Mailand, 1849); UA *Rigoletto* (Venedig, Fenice, 11. 3. 1851); *I vespri Siciliani* (Lissabon, 1858); *Il trovatore* (Lissabon, 1858); EA *Don Carlos* (Bologna, 1867);
RÜCKZUG: 1866;

Bocardé, Carlo, s. **Baucardé**, Carlo

Boccabadati, Virginia, 1828–1922; Sopranistin;
DEBÜT: 1847 Palermo, Massimo;
STATIONEN: führende italienische Bühnen; 1852 Paris-Debüt;
VERDI: Boccabadati gewann durch ihre dramatische Begabung die Wertschätzung Verdis, der sie als Violetta für die UA von *La traviata* sowie als Cordelia im nie verwirklichten Projekt *Re Lear* in Betracht zog. Auch wenn sie nicht bei der UA sang, galt sie als eine der besten Interpretinnen der Violetta in *La traviata*.
RÜCKZUG: um 1883;

Boito, Arrigo (Enrico Giuseppe Giovanni), 1842–1918; Librettist, Dichter, Komponist;
Während seiner Ausbildung am Mailänder Konservatorium 1853–1861 (hauptsächlich bei Alberto Mazzucato) schloß Boito enge Freundschaft mit seinem Mitstudenten Franco Faccio. Bei einem Studienaufenthalt in Paris lernte Boito 1862 Verdi und auch Rossini kennen und verfaßte daraufhin den Text zu Verdis *Inno delle nazioni*. 1863 trug er bei einem Festbankett seine Ode *All'arte italiana* vor, in der er eine Reinigung der »befleckten« italienischen Kunst forderte, was Verdi sehr verletzte. Die Premiere seiner Oper *Mefistofele*, zu der er Musik und Text schrieb, wurde 1868 an der Scala zu einem einzigen Fiasko. Der Komponist zog sein Werk zurück, doch nach Überarbeitungen erlangte es Mitte der 1870er Jahre doch noch Erfolge. Boito übersetzte zahlreiche Libretti, darunter Wagners *Rienzi* und *Tristan* und Webers *Freischütz*. Sein selbst verfaßtes Textbuch *Nerone* wurde auch Verdi zur Vertonung vorgeschlagen, der es aber, immer noch verstimmt, ablehnte. Erst 1879 wurde durch die Vermittlung von Ricordi und Faccio eine Zusammenarbeit mit Verdi möglich. Nachdem Boito als Probearbeit das Libretto zu *Simon Boccanegra* für die Aufführung an der Scala 1881 erfolgreich überarbeitet hatte, begann die gemeinsame intensive Arbeit an *Otello* und eine lebenslange Freundschaft zwischen den Künstlern. Der Librettist blieb auch nach der erfolgreichen Premiere des weiteren gemeinsamen Projekts *Falstaff* 1893 ein ständiger Besucher auf Sant'Agata.

Boito, Camillo, 1836–1914; Architekt; älterer Bruder Arrigo Boitos;
Boito entwarf die Casa di riposo in Mailand, das von Verdi finanzierte Altersheim für bedürftige Musiker.

Bolognese, Domenico, 1819–1881; Dichter;
Bolognese wirkte 1852–1866 als Dichter an den Teatri Reali in Neapel. Er verfaßte zahlreiche Dramen und Libretti (u. a. für Mercadante, Pacini, Petrella). Für Verdi erstellte er die Zensurfassung des

Librettos zu *Un ballo in maschera*, die 1858 in Rom zur Aufführung kam.

Bonnehée, Marc, 1828–1886; Bariton;
STUDIUM: Toulouse; Paris; DEBÜT: 1853 Paris, Opéra;
STATIONEN: Paris; Gastspiel in Spanien;
VERDI: UA *Les Vêpres Siciliennes*, Monfort (Paris, Opéra, 13. 6. 1855); UA *Le Trouvère*, Luna (Paris, Opéra, 12. 1. 1857);
RÜCKZUG: 1873;

Borghi, verheiratete -**Mamo**, Adelaide, 1829–1901; Mezzosopranistin;
STUDIUM: Mailand; DEBÜT: 1843 oder 1846 Urbino;
STATIONEN: zahlreiche Bühnen in Italien; Malta; Wien; London;
VERDI: EA *Il trovatore*, Azucena (Paris, Italien, 1854); UA *Le Trouvère*, Azucena (Paris, Opéra, 12. 1. 1857);
RÜCKZUG: 1875;

Borsi, Teresa, s. **de Giuli**, Teresa

Bottardi, Luigi, s. **Stecchi-Bottardi**, Luigi

Bottesini, Giovanni, 1821–1889; Dirigent, Komponist, Kontrabassist;
Nach einer erfolgreichen Karriere als Kontrabassist in nahezu der ganzen westlichen Welt widmete sich Bottesini hauptsächlich dem Komponieren und Dirigieren. Er leitete die UA von *Aida* am 24. 12. 1871 in Kairo. Das Kontrabaß-Solo im 4. Akt von *Otello* konzipierte Verdi für ihn. Der Komponist setzte sich auch maßgeblich dafür ein, daß Bottesini 1889 die Leitung des Konservatoriums in Parma übertragen bekam.

Bouché, Luciano, vor 1820 – nach 1872; Baß;
VERDI: UA *I masnadieri*, Moser (London, Her Majesty's, 22. 7. 1847);

Bourgeois, Eugène; *vaudeville*-Schauspieler, Autor;
Bourgeois' gemeinsam mit Emile Souvestre verfaßtes Drama *Le Pasteur, ou L'Evangile et le foyer* (Paris, 1849) diente Verdi als Stoffvorlage zu *Stiffelio*.

Brambilla, Teresa, 1813–1895; Sopranistin;
STUDIUM: Mailand; DEBÜT: 1831 Mailand;
STATIONEN: kleine und große italienische Theater; Paris;
VERDI: 1846 hatte Brambilla einen spektakulären Erfolg in Paris als Abigaille in *Nabucodonosor*. Nach einem langwierigen Entscheidungsprozeß vertraute Verdi ihr die Rolle der Gilda bei der *Rigoletto*-UA an (Venedig, Fenice, 11. 3. 1851), die zu einem großen Triumph für sie wurde. Auch in den Folgejahren feierte sie ihre größten Erfolge als Verdi-Interpretin.

Brenna, Guglielmo, 1806 oder 1807 – nach 1882; *impresario*, Theateragent;
Brenna amtete als Sektretär und Agent des venezianischen Teatro La Fenice ab 1843. Als Freund Francesco Maria Piaves war er maßgeblich daran beteiligt, daß dieser das Libretto zu *Ernani* verfaßte. Für die Bearbeitungen, die aufgrund von Schwierigkeiten mit der Zensur am *Rigoletto*-Libretto in letzter Minute vorzunehmen waren, kam Brenna gemeinsam mit Piave Ende Dezember 1850 nach Busseto. Auch danach besuchte er den Komponisten auf Sant' Agata, um mit ihm über neue Opern für Venedig, später *La traviata* und *Simon Boccanegra*, persönlich zu verhandeln.

Brunacci, Angelo, vor 1827–1850; Tenor;
VERDI: UA *Macbeth*, Macduff (Florenz, Pergola, 14. 3. 1847);

Bruschi-Chiatti, Abigaille (Adelaide), vor 1860 – nach 1884; Sopranistin;
STATIONEN: Italien; Spanien;
VERDI: UA *Don Carlo*, Elisabetta (Mailand, Scala, 10. 1. 1884); hauptsächlich als Interpretin von Verdi-Partien in *Il trovatore*, *Un ballo in maschera*, *La forza del destino* und *Aida* erfolgreich;

Bülow, Hans von, 1830–1894; Dirigent, Pianist, Komponist, Musikkritiker;
Bülow verurteilte Verdi in verschiedenen Kritiken scharf. Er bezeichnete ihn als »Attila der Stimmen« und betitelte sein *Requiem* als eine »Oper im Kirchengewande«. In einem Brief an den Komponisten aus dem Jahre 1892 nahm Bülow sein abwertendes Urteil jedoch zurück und entschuldigte sich.

Byron, George Gordon Noel Lord, 1788–1824; Dichter;
Unter den erfolgreichen Dramen des englischen Schriftstellers finden sich mit *The Two Foscari* (1821) und *The Corsair* (1814) die Librettovorlagen zu Verdis Opern *I due Foscari* und *Il corsaro*.

Caimi, Eugenio, vor 1845 – nach 1860; Übersetzer;
Caimi übersetzte das Libretto von *Les Vêpres Siciliennes* für die Aufführungen in Parma und Mailand 1855/1856 unter den Titeln *Giovanna di Sicilia* beziehungsweise *Batilde di Turema* ins Italienische.

Calzado, Torribio, 1805 – nach 1863; *impresario*;
Von 1855 bis 1863 wirkte Calzado als Direktor des Théâtre-Italien in Paris. Bereits im ersten Jahr seiner dortigen Tätigkeit kam es zu Auseinandersetzungen mit Verdi, da er sich nicht an die vereinbarte Besetzung für *Il trovatore* halten wollte. 1856 folgte ein Rechtsstreit mit Verdi, aus dem Calzado nach vierjähriger Prozeßdauer als Sieger hervorging, obwohl er illegale Kopien der Partituren von *Rigoletto* und *La traviata* besaß. Auch danach setzte er Opernwerke auf den Spielplan, ohne die Rechte eingeholt zu

haben, darunter 1863 Verdis *I Lombardi alla prima crociata*.

Cammarano, Salvadore, 1801–1852; Dichter, Librettist, Maler;
Cammarano arbeitete als einer der erfolgreichsten und wichtigsten Librettisten seiner Zeit für die königlichen Theater in Neapel. Er schrieb insgesamt ca. 40 Libretti, die alle mit ihren detaillierten Bühnenanweisungen von seiner großen Theatererfahrung zeugen. 1835–1838 arbeitete Cammarano eng mit Donizetti zusammen, danach folgten u. a. Arbeiten für Mercadante und Pacini. Mit Verdi kam es bei *Alzira* (1845), *La battaglia di Legnano* (1849), *Luisa Miller* (1849) und *Il trovatore* (1853, nach Cammaranos Tod vollendet von Emanuele Bardare) zu gemeinsamen Projekten.

Canti, Giovanni; Verleger aus Mailand;
Canti publizierte als erster Verleger Werke von Verdi, darunter *Sei romanze* (1838) und *Notturno* (1839).

Capponi, Marchese Gino, 1792–1876; Politiker, Schriftsteller;
Verdi traf den liberalen Politiker während seines Florenz-Aufenthalts zur Vorbereitung der Premiere von *Macbeth* 1847.

Capponi, Giuseppe, 1832–1889; Tenor;
STUDIUM: Loreto; DEBÜT: 1858 Rom, Valle;
STATIONEN: Auftritte in ganz Italien; Lissabon; St. Petersburg;
VERDI: Verdi wollte Capponi für die italienische EA von *Aida* als Radamès gewinnen. Der Sänger mußte den Auftritt aufgrund einer Erkrankung jedoch absagen. Dafür wurde sein Mitwirken bei weiteren Aufführungen von *Aida* in Parma, Padova und Trieste zu einem Triumph. UA *Requiem*, Tenorsolo (Mailand, San Marco, 22. 5. 1874);
RÜCKZUG: 1882;

Carcano, Giulio, 1812–1884; Jurist, Dichter;
Der mit Verdi bis an sein Lebensende befreundete Carcano schrieb neben seiner Berufstätigkeit als Bibliothekar und Beamter Romane. Zudem übersetzte er das gesamte Werk William Shakespeares. Nachdem er Verdi im Salon Clara Maffeis in den 1840er Jahren kennengelernt hatte, kam es zu einem engen Gedankenaustausch mit dem Komponisten. Carcanos Vorschlag zu einer gemeinsamen Oper nach *Hamlet* wurde jedoch nicht in die Tat umgesetzt. 1859 fragte Carcano nochmals um ein gemeinsames Werk an, diesmal eine patriotische Hymne, doch erneut lehnte Verdi ab.

Carducci, Giosué, 1835–1907; Schriftsteller;
Mit *Odi barbare* (1873) und *Il canto dell'amore* (1877) begründete Carducci seinen Ruf als Nationallyriker des geeinten Königreichs Italien. 1891 besuchte er die Verdis in ihrem Genueser Wohnsitz, dem Palazzo Doria.

Carrara, Alberto, 1854–1925; Rechtsanwalt; Sohn Angiolo Carraras;
Im Oktober 1878 heiratete Carrara die Pflegetochter der Verdis, Maria Filomena. 1879 kam deren gemeinsame Tochter und Enkelin der Verdis, Giuseppina, zur Welt.

Carrara, Angiolo sen.; Notar; Vater Alberto Carraras;
Der Freund Verdis aus Busseto war für den Komponisten als Notar tätig. Carrara fungierte als Testamentsvollstrecker Giuseppina Verdis.

Carrara, geborene **Verdi**, Filomena Maria, 1859–nach 1901;
Enkelin von Carlo Verdis Bruder Marco, die Giuseppe und Giuseppina Verdi 1867 an Kindesstatt aufnahmen. Ab 1869 besuchte sie ein Mädcheninternat in Turin. 1878 heiratete sie Alberto Carrara, den Sohn des Notars, der für Verdi arbeitete. Ihre Tochter Giuseppina kam 1879 zur Welt. Carrara wurde zur Haupterbin der Verdis.

Carvaille, Léon, s. **Carvalho**, Léon

Carvalho (**Carvaille**), Léon, 1825–1897; Theaterdirektor;
1856–1869 war Carvalho *impresario* am Théâtre-Lyrique in Paris, eine Zeit in der dort *Rigoletto, La traviata* und *Macbeth* (UA der revidierten Fassung) gespielt wurden. Später übernahm er leitende Funktionen an anderen Pariser Theatern, ab 1876 an der Opéra-Comique.

Casaloni-Barboglia, Annetta, 1826–1915; Altistin;
STATIONEN: italienische Bühnen; London; Tournee durch Frankreich und Belgien; Nord- und Südamerika;
VERDI: 1850 hörte Verdi Casaloni als Interpretin der Federica in *Luisa Miller* am Mailänder Teatro Carcano und bot ihr daraufhin die Partie der Maddalena bei der *Rigoletto*-UA an (Venedig, Fenice, 11. 3. 1851).

Castelmary, Armand, 1834–1897; Baß;
DEBÜT: 1863 Paris, Opéra;
STATIONEN: Paris; Gastpiele in den USA, Südamerika, Polen und Monte Carlo; London;
VERDI: UA *Don Carlos*, Mönch (Paris, Opéra, 11. 3. 1867)

Castelmary, Marie-Costance, s. **Sasse**, Marie-Costance

Cederström, Adelina, s. **Patti**, Adelina

Cencetti, Giuseppe, 1811–1875; Regisseur, Librettist;
Cencetti inszenierte die UA von *Un ballo in maschera* (Rom, Apollo, 17. 2. 1859) und die italienischen EA von *La forza del destino* (Rom, Apollo, 1863 unter dem Titel *Don Alvaro*). Die Regiebücher

wurden kurz nach den Aufführungen von Ricordi publiziert.

Chiatti, Abigaille, s. **Bruschi**, Abigaille

Chion, Théodore, s. **Théodore**

Coletti, Filippo, 1811–1894; Bariton;
STUDIUM: Neapel; DEBÜT: 1834 Neapel, Fondo;
STATIONEN: kleinere und große italienische Häuser; Auftritte in ganz Europa; USA;
VERDI: Verdi, der die dramatische Ausdruckskraft der Interpretationen Colettis überaus schätzte, vertraute ihm UA-Rollen in *Alzira*, Gusmano (Neapel, San Carlo, 12. 8. 1845) und *I masnadieri*, Francesco (London, Her Majesty's, 22. 7. 1847) an; EA *Viscardello* (*Rigoletto*, Rom 1851); zahlreiche weitere französische, italienische und englische EA von Verdi-Opern; 1854 interpretierte Coletti Germont in *La traviata* am venezianischen San Benedetto in der Aufführung, die dem Werk zum Durchbruch verhalf. Verdi zog ihn für die Titelrolle seiner nie entstandenen Oper *Re Lear* in Betracht. Auftritte in *Stiffelio*, *I due Foscari*, und *Il trovatore*, *I vespri siciliani*, *Simon Boccanegra*;
RÜCKZUG: 1868;

Colini, Filippo, 1811–1863; Bariton;
STUDIUM: Rom; DEBÜT: 1835 Fabriano;
STATIONEN: kleine und große italienische Häuser; Gastspiele in Wien, St. Petersburg, Paris;
VERDI: 1843 in Padua großer Erfolg in *Nabucodonosor* an der Seite Giuseppina Strepponis; UA *Giovanna d'Arco*, Giacomo (Mailand, Scala, 15. 2. 1845); UA *La battaglia di Legnano*, Rolando (Rom, Argentina, 27. 1. 1849); UA *Stiffelio*, Stankar (Triest, Grande, 16. 11. 1850); *Nabucodonosor*, *Ernani* und *Luisa Miller* bildeten einen Schwerpunkt in seinem Repertoire;
RÜCKZUG: 1855;

Colonnese, Luigi, 1833 – nach 1882; Bariton;
STATIONEN: italienische Bühnen;
VERDI: Als Don Carlos in der UA revidierten Fassung von *La forza del destino* (Mailand, Scala, 27. 2. 1869) sowie als Amonasro in *Aida* machte sich Colonnese als Verdi-Interpret einen Namen.

Corelli, Leone, vor 1820 – nach 1847; Tenor;
STATIONEN: 1843 Mailand, Scala (*Don Pasquale*, Donizetti);
VERDI: UA *I masnadieri*, Arminio (London, Her Majesty's, 22. 7. 1847);

Cormon, Eugène (**Piestre**, Pierre Etienne), 1810–1903; Dramatiker;
Cormon schrieb über 100 Dramen, *vaudevilles* und Libretti, darunter das Drama *Philippe II roi d'Espagne* (1846), das als Librettovorlage zu Verdis *Don Carlos* herangezogen wurde.

Cornago, Giovanni Battista; Baß;
VERDI: UA *Aroldo*, Briano (Rimini, Nuovo, 16. 8. 1857);

Cornue, Francis, um 1800 – nach 1840; Dramatiker;
Cornues französisches Drama *Nabuchodonosor*, das er gemeinsam mit Auguste Anicet-Bourgeois verfaßte (uraufgeführt 1836 in Paris), wurde eine der Vorlagen zu Verdis gleichnamiger Oper.

Corsi, Antonio, s. **Pini-Corsi**, Antonio

Cortesi, Antonio, 1796–1879; Tänzer, Choreograph, Komponist;
STUDIUM: Salvatore Viganò und Giovanni Galzerani;
STATIONEN: wichtige italienische Theater;
VERDI: wahrscheinlich Choreographie zu *Ondine e silfidi*, im 3. Akt der UA von *Macbeth* (Florenz, Pergola, 14. 3. 1847)

Corticelli, Mauro, vor 1834 – nach 1879; Theateragent;
Während seiner Tätigkeit in Bologna fragte Corticelli 1854 erfolglos bei Verdi um eine Oper für das Teatro Comunale an. Auch bei dem Angebot aus St. Petersburg an Verdi, eine Oper für das dortige Haus zu verfassen (später *La forza del destino*), spielte Corticelli, der zu diesem Zeitpunkt mit der Schauspielerin Adelaide Ristori auf Tournee in Rußland war, eine wichtige Rolle. 1867–1879 lebte der langjährige Freund Giuseppina Verdis auf Sant'Agata und half dem Komponisten als eine Art persönlicher Sekretär bei der Verwaltung des Anwesens. 1879 entließ ihn Verdi aufgrund finanzieller Unregelmäßigkeiten.

Costa, Michele Andrea Agniello, 1808–1884; Dirigent, Komponist;
Nach seinem Studium in Neapel ging Costa 1829 nach England, wo er zunächst erfolgreich als Dirigent am King's Theatre wirkte. 1846 übernahm er die Leitung der Royal Italian Opera im Londoner Covent Garden und die musikalische Direktion der Londoner Philharmonic Society. Während dieser Zeit leitete er Aufführungen von *I due Foscari* (1844), *Ernani* (1845) und *Rigoletto* (1853) sowie *Il trovatore* (1855) und *Don Carlos* (1867).

Costa, Tommaso; Baß;
VERDI: UA *Aida*, König (Kairo, Oper, 24. 12. 1871);

Costantini, Natale, 1806–1846; Baß-Bariton;
VERDI: UA *Attila*, Ezio (Venedig, Fenice, 17. 3. 1846); sang 1845 in Venedig in *Giovanna d'Arco*;

Cotogni, Antonio, 1831–1918; Bariton;
STUDIUM: Rom; DEBÜT: 1852 Rom, Metastasio;
STATIONEN: zahlreiche italienische Bühnen; Nizza; Spanien; London; St. Petersburg;

VERDI: Bei einem seiner häufigen Gastspiele in Madrid machte Cotogni 1863 die Bekanntschaft mit Verdi. Aus dieser Begegnung ging die Einladung hervor, bei der *Don Carlos*-EA in Bologna die Rolle des Rodrigo zu gestalten (Comunale, 1867). Die Aufführung wurde zum überwältigenden Erfolg und der Marchese di Posa zu einer seiner Paraderollen.
RÜCKZUG: 1898;

Cromberg, Leopoldo; Baß;
VERDI: UA *Don Carlo*, Mönch (Mailand, Scala, 10. 1. 1884)

Crosnier, François Louis, 1792–1867; Theaterdirektor;
Crosnier ersetzte 1854 als Direktor der Pariser Opéra Nestor Roqueplan, der wegen der Affäre um die verschwundene *prima donna* Sophie Cruvelli im Vorfeld der UA von *Les Vêpres Siciliennes* seinen Posten zur Verfügung stellen mußte. Verdi, der seinen Vertrag deswegen schon zu lösen versucht hatte, geriet wegen der Proben und Neuterminierung der Premiere auch mit Crosnier in Streitigkeiten. Nach erfolgreicher UA der Oper brachte Crosnier 1857 auch *Le Trouvère* an seinem Haus zur UA.

Crüwell, Sophie, s. **Cruvelli**, Jeanne Sophie Charlotte

Cruvelli (Crüwell), verheiratete **Vigier**, Jeanne Sophie Charlotte, 1826–1907; Sopranistin;
STUDIUM: Paris; Mailand; DEBÜT: 1847 Venedig;
STATIONEN: kleinere und große italienische Häuser; London; Berlin; Paris;
VERDI: Cruvellis Ruf als Verdi-Interpretin eilte ihrem Debüt am Pariser Théâtre-Italien voraus, wo sie 1851 in *Ernani* den Erfolg des Werks in Frankreich begründete. Verdi war von ihrem Gesang so angetan, daß er sie als Violetta bei der *Traviata*-UA in Betracht zog. Die Zusammenarbeit kam dann bei der UA von *Les Vêpres Siciliennes*, Hélène (Paris, Opéra, 13. 6. 1855) zustande. Wegen des spurlosen Verschwindens Cruvellis, das große öffentliche Aufregung verursachte, mußten die Proben zu dieser Produktion unterbrochen werden. Verdi dachte bereits daran, die UA ganz abzusagen. Schließlich kehrte Cruvelli jedoch zurück und die zwangsläufig verschobene Premiere wurde zu einem großen Erfolg.
RÜCKZUG: 1856; danach folgten noch zahlreiche Auftritte bei selbst organisierten Wohltätigkeitsveranstaltungen in Nizza.

Cucchi, Claudina, 1834–1913; Tänzerin;
STUDIUM: Mailand;
STATIONEN: Mailand; wichtige Bühnen Europas; Wien; St. Petersburg;
VERDI: UA *Les Vêpres Siciliennes*, Frühling (Paris, Opéra, 13. 6. 1855); UA *Le Trouvère*, Wahrsagerin (Paris, Opéra 12. 1. 1857);
RÜCKZUG: 1874;

Dalem, Anna, s. **d'Angeri**, Anna

Damini, Paolo; Bariton;
VERDI: UA *Rigoletto*, Monterone (Venedig, La Fenice, 11. 3. 1851);

Danani, Marietta, s. **Gazzaniga**, Marietta

d'Angeri (Angermayer de Redenburg), verheiratete **Dalem**, Anna, 1853–1907; Sopranistin;
STUDIUM: Wien; DEBÜT: 1872 Mantua, Sociale;
STATIONEN: Wien; Auftritte in ganz Italien; London;
VERDI: D'Angeri wurde Verdi von Franco Faccio und Giulio Ricordi empfohlen. Er lud sie ein, bei der UA der revidierten Fassung von *Simon Boccanegra* Amelia zu singen (Mailand, Scala, 24. 3. 1881). Die Aufführung wurde zu einem der größten Erfolge ihrer Karriere. Nach ihrem Rückzug von der Bühne schlug sie das Angebot aus, die Desdemona bei der UA von *Otello* zu interpretieren.
RÜCKZUG: 1881;

David, Joseph, 1838 – nach 1867; Baß;
VERDI: UA *Don Carlos*, Inquisitor (Paris, Opéra, 11. 3. 1867);

De Amicis, Edmondo, 1846–1908; Schriftsteller; Cousin Giuseppe De Amicis';
De Amicis verfaßte zahlreiche Reisebücher und das sehr erfolgreiche Jugendbuch *Cuore*, 1886. Als Freund der Verdis veröffentlichte er 1902 einen Artikel über Giuseppina Verdi.

De Amicis, Giuseppe; Ingenieur; Cousin Edmondo De Amicis';
De Amicis gehörte dem Genueser Freudeskreis der Verdis an. Der umfangreiche Briefwechsel zwischen den Verdis und De Amicis umfaßt die Jahre 1861–1901.

De Bassini (Bassi), Achille, 1819–1881; Bariton;
STUDIUM: Mailand; DEBÜT: 1838 Padua, Nuovo;
STATIONEN: wichtige Bühnen in ganz Italien; Wien; St. Petersburg; London; Madrid;
VERDI: UA *I due Foscari*, Francesco (Rom, Argentino, 3. 11. 1844), seit dann Schwerpunkt im Verdi-Repertoire; UA *Il corsaro*, Seid (Triest, Grande, 25. 10. 1848); UA *Luisa Miller*, Miller (Neapel, San Carlo, 8. 12. 1849); UA *La forza del destino*, Melitone (St. Petersburg, Hofoper, 10. 11. 1862); Verdi, der den Sänger wegen seiner dramatischen Spielbegabung sehr schätzte, wollte De Bassini auch die Titelrolle in der *Rigoletto*-UA anvertrauen, was sich jedoch nicht verwirklichen ließ.

De Bassini, Rita, s. **Gabussi**, Rita

De Caux, Adelina, s. **Patti**, Adelina

De Filippis dei Conti di Langano, Melchiorre, s. **Delfico**, Melchiorre

De Giuli (Pippa), verheiratete **Borsi**, Teresa, 1817–1877, Sopranistin;
STUDIUM: Turin; Mailand; Bologna; DEBÜT: 1839 Mailand, Re;
STATIONEN: wichtige italienische Häuser; St. Petersburg; Spanien;
VERDI: Bei den Vorstellungen nach der UA von *Nabucodonosor* sprang De Giuli erfolgreich für die erkrankte Giuseppina Strepponi ein; UA *La battaglia di Legnano*, Lida (Rom, Argentina, 27. 1. 1849); danach vor allem Erfolge als Verdi-Interpretin;

Delfico (de Filippis dei Conti di Langano), Melchiorre, 1825–1895; Karikaturist, Maler, Komponist, Dichter;
Delfico war Mitglied des neapolitanischen Freundeskreises der Verdis. Er fertigte seit den 1850er Jahren zahlreiche Karikaturen von Verdi. Auch eine Fragment gebliebene illustrierte Biographie des Komponisten aus der Feder Delficos ist erhalten.

Deligne, Pauline, s. **Lauters**, Pauline

Della Santa, Marcella, s. **Lotti**, Marcella

Della Somaglia, Contessa Gina;
Nach der erfolgreichen Premiere von *Nabucodonosor* begann Verdis freundschaftliche Beziehung zu Della Somaglia, einer milanesischen Kunstliebhaberin. 1843 verbrachte er einen Urlaub in Cassano d'Adda mit ihrer Familie.

Del Signore, Carlo; Geschäftsmann;
Del Signore gehörte dem Genueser Freundeskreis der Verdis an. Da er auch ein enger Freund des Dirigenten Angelo Mariani war, versuchte er, nach dem Bruch zwischen ihm und Verdi erfolglos eine Versöhnung herbeizuführen.

Demaldè, Giuseppe, 1795 – nach 1840; Schriftsteller, Musikdilettant;
Demaldè, ein enger Freund Verdis, war verwandtschaftlich verbunden mit der Familie der ersten Frau Antonio Barezzis, Maria Demaldè, sowie mit den Carraras, den späteren Erben Verdis. Der engste Mitarbeiter Antonio Barezzis in der Philharmonischen Gesellschaft war auch Schatzmeister des Monte di Pietà in Busseto, des Stipendiengebers Verdis. Er unterstützte den Komponisten u. a. bei der Affäre um die Besetzung des Musikdirektorenpostens in Bussto. Demaldè sammelte das Material zu und schrieb Teile einer Verdibiographie (*Cenni biografici*).

Demaldè, Maria, s. **Barezzi**, Maria

Dérivis, Prosper, 1808–1880; Baß;
STUDIUM: Paris; DEBÜT: 1831 Paris, Opéra;
STATIONEN: Paris; Italien; Wien;
VERDI: UA *Nabucodonosor*, Zaccaria (Mailand, Scala, 9. 3. 1842); Die Aufführung wurde zu einem großen Erolg, die Prophezeiung des Zaccaria am Ende des 3. Aktes mußte mehrmals wiederholt werden. UA *I Lombardi alla prima crociata*, Pagano (Mailand, Scala, 11. 2. 1843);
RÜCKZUG: Nach und nach ab 1857;

De Sanctis, Cesare, bis 1881; Geschäftsmann;
Der enge Freund Salvadore Cammaranos gehörte dem neapolitanischen Freundeskreis der Verdis an und fungierte als Verdis Mittelsmann bei Verhandlungen mit dem Teatro San Carlo. Seine umfangreiche Korrespondenz mit Verdi behandelt u. a. das nie verwirklichte Opernprojekt *Re Lear*.

Didiée, Costance, s. **Nantier**, Costance

Didier, Costance, s. **Nantier**, Costance

Dominique-Venettozza Classiat, Caroline, um 1820–1885; Tänzerin, Pädagogin;
STUDIUM: Paris;
VERDI: *Tarantella*, 2. Akt in UA *Les Vêpres Siciliennes* (Paris, Opéra, 13. 6. 1855);

Donatelli, Francesca, s. **Salvini**, Franny

D'Ormeville, Carlo, 1842–1924; Schriftsteller, Regisseur;
Seit 1868 wirkte D'Ormeville als Regisseur an der Mailänder Scala. Der enge Freund Emanuele Muzios inszenierte die UA von *Aida* in Kairo am 24. 12. 1871.

Douvry, Caroline, s. **Barbot**, Caroline

Dragone, Francesco; Bariton;
VERDI: UA *La traviata*, Douphol (Venedig, Fenice, 6. 3. 1853)

Draneth (Pavlidis), Paul, 1815–1894; Politiker griechischer Herkunft;
1827 emigrierte Draneth nach Ägypten und wurde Staatsminister. Er war an den Verhandlungen zum Bau des Suez-Kanals beteiligt und Direktor der ägyptischen Eisenbahn. An der Oper von Kairo hatte er Einfluß darauf, daß Verdi der Auftrag zu *Aida* erteilt wurde und wirkte auch bei den Vorbereitungen zur UA der Oper entscheidend mit.

Du Cammun, Camille, s. **Du Locle**, Camille

Du Locle (Du Cammun), Camille Germain, 1832–1903; Librettist, Dichter;
Du Locle wirkte von 1870–1876 als Direktor der Opéra-Comique in Paris, also auch, als 1875 Bizets *Carmen* an diesem Haus zur UA kam. Er verfaßte Opernlibretti und vervollständigte den Text zu Verdis *Don Carlos* nach dem Tod von François Joseph Méry. Aus der sich entwickelnden engen Freundschaft mit dem Komponisten und der langjährigen mit Mariette entstand eine intensive Zusammenarbeit bei der Entstehung von *Aida*. Das Textbuch zu dieser Oper übersetzte er – gemeinsam mit Nuitter – genauso ins Französische wie *La forza del destino* und

später *Simon Boccanegra*. 1894 folgte – gemeinsam mit Arrigo Boito – die Übersetzung der beiden ersten Akte von *Otello*.

Dumas, Alexandre fils, Paris 1824–1895; Dramatiker;
Dumas' Roman *La Dame aux camélias* (1848) basiert auf der kurzen, aber leidenschaftlichen Affäre des Dichters mit der früh verstorbenen *demi-mondaine* Marie Duplessis. Die Aufführung der dramatisierten Version 1852 in Paris wurde zum Triumph schlechthin und weckte die Aufmerksamkeit Verdis, der den Stoff als Grundlage für *La traviata* heranziehen sollte.

Dumilâtre, Adèle, 1821–1909; Tänzerin;
STUDIUM: Paris;
STATIONEN: Paris; London;
VERDI: *Pas seul* in UA *Jérusalem* (Paris, Opéra, 26. 11. 1847);
RÜCKZUG: 1848;

Duponchel, Charles Edmond, 1794–1868; Regisseur, Theaterleiter;
Duponchel arbeitete zunächst als Regisseur an der Comédie-Française und an der Pariser Opéra, wo er mit Inszenierungen Meyerbeers und Aubers große Erfolge feierte. 1835–1849 war er Direktor der Opéra, wo 1847 Verdis *Jérusalem* uraufgeführt wurde.

Duprez, Gilbert Louis, 1806–1896; Tenor, Komponist;
STUDIUM: Paris; DEBÜT: 1825 Paris, Odéon;
STATIONEN: Frankreich, mit mäßigem Erfolg als Opernkomponist; Auftritte in ganz Italien; Paris; Tourneen in England und Deutschland; Duprez gilt als erster Tenor, der das hohe c mit voller Bruststimme sang.
VERDI: UA *Jérusalem*, Gaston (Paris, Opéra, 26. 11. 1847);
RÜCKZUG: 1849;

Duveyrier, Charles, 1803–1866; Journalist, Dramatiker;
Der als Jurist ausgebildete Duveyrier wirkte als Journalist und Dichter. 1832 wurde er aufgrund der in seinen Schriften verankerten religiös fundierten Soziallehre wegen Beleidigung der öffentlichen Moral und Gefährdung der guten Sitten verurteilt. Gemeinsam mit Eugène Scribe verfaßte er 1839 das Libretto *Le Duc d'Albe*, eine der Vorlagen zu Verdis *Les Vêpres Siciliennes*.

Echeverria, José (Giuseppe), 1825–1860; Baß;
VERDI: UA *Simon Boccanegra*, Fiesco (Venedig, Fenice 12. 3. 1857); Interpret zahlreicher weiterer Verdirollen;

Escudier, Léon, 1821–1881; Verleger, *impresario;*
Bruder Marie Escudiers;
Escudier verlegte einen Großteil von Verdis Opern in Frankreich, zunächst beim Bureau Central de Musique, später unter eigenem Namen. Er arbeitet über lange Jahre mit seinem Bruder Marie zusammen als *impresario* und Agent. Escudier initiierte die Kompositionen von *Jérusalem* (1847), *Don Carlos* (1867) und *La traviata* (auch indem er Verdi 1852 Dumas' *La Dame aux camélias* schickte). Als Leiter des Théâtre-Italien seit 1874 bereitete er die französische EA von *Aida* vor.

Escudier, Marie, 1819–1880; Verleger, *impresario*;
Bruder Léon Escudiers;
Escudier betreute gemeinsam mit seinem Bruder die französischen Veröffentlichungen zahlreicher Verdiopern. Er fertigte die französische Übersetzung von *Ernani* für die Brüsseler Premiere 1845.

Fabbri, Flora, um 1807 – nach 1860; Tänzerin;
STUDIUM: Mailand;
STATIONEN: Mailand; wichtigste Theater Italiens; Paris; England; Deutschland; Spanien;
VERDI: *Pas de deux* in UA *Jérusalem* (Paris, Opéra, 26. 11. 1847); *Le Trouvère* (Turin, 1857);
RÜCKZUG: um 1860;

Faccio, Franco (Francesco Antonio), 1840–1891; Komponist, Dirigent;
Während seiner Ausbildung am Mailänder Konservatorium begann Faccios enge Freundschaft mit Arrigo Boito. Boito lieferte den Text und Faccio die Musik zu kleineren patriotischen Kompositionen, die ihnen früh Ruhm einbrachten. Nach einem Studienaufenthalt in Paris, bei dem er Rossini und Verdi kennenlernte, folgten 1864 und 1865 die Premieren von zweien seiner Opern. Als Komponist blieb Faccio weitgehend erfolglos. 1868 kehrte er nach Mailand zurück und wirkte als Dirigent zunächst am Teatro Carcano und ab 1871 an der Scala sowie als Kompositionslehrer am Konservatorium. An der Scala dirigierte er die italienische EA von *Aida* 1872, die UA der überarbeiteten Fassung von *Simon Boccanegra* 1881, die UA von *Otello* 1887 sowie die italienische EA von Richard Wagners *Die Meistersinger von Nürnberg*. Seine Aufführungen der überarbeiteten Fassung von *La forza del destino* in Brescia und *Don Carlos* in London hinterließen ebenso großen Eindruck wie die EA von *Otello* in Rom, Venedig, Bologna und London. Um ihn angesichts seiner angeschlagenen Gesundheit aus dem aufreibenden Opernbetrieb herauszuholen, vermittelte ihm Verdi den Posten des Konservatoriumsdirektors in Parma.

Fancelli, Giuseppe, 1833–1887; Tenor;
DEBÜT: 1860 Mailand;
STATIONEN: zahlreiche italienische Häuser; London; Lissabon; Kairo;
VERDI: sehr erfolgreich als Manrico in *Il trovatore*

und als Alvaro in *La forza del destino*; EA *Aida*, Radamès (Mailand, Scala, 1872);

Faure, Jean-Baptiste, 1830–1914; Baß-Bariton;
STUDIUM: Paris; DEBÜT: 1852 Paris, Comique;
STATIONEN: Paris; London; Gastspiele in Brüssel, Wien, Berlin, Monte Carlo;
VERDI: UA *Don Carlos*, Rodrigue (Paris, Opéra, 11. 3. 1867)
RÜCKZUG: 1886;

Ferlotti, Raffaele, 1819–1891; Baß;
STATIONEN: italienische Häuser; Gastspiele in Barcelona, Madrid, Paris, Wien, London, Rom;
VERDI: UA *Un giorno di regno*, Belfiore (Mailand, Scala, 5. 9. 1840); Dem Bericht Ferlottis zufolge wurde die Oper nicht wegen der Musik, sondern wegen der Streitigkeiten zwischen den Sängerinnen Luigia Abbadia und Antonietta Marini frühzeitig vom Spielplan genommen.
RÜCKZUG: 1863;

Ferrari, Giovanni; Organist;
Ferrari bewarb sich 1833 als *maestro di cappella* in Guastalla um den Organisten- und Musikdirektorenposten in Busseto in der Nachfolge Ferdinando Provesis. Die sich daraus ergebende Konkurrenzsituation zu Verdi, der ebenfalls auf die Ämter spekulierte, führte zu einer erregten längeren Auseinandersetzung der in zwei Parteien gespaltenen Bussetaner. Schließlich einigte man sich darauf, daß Ferrari Organist und Verdi Leiter des Orchesters und der Musikschule wurde.

Ferretti, Jacopo, 1784–1852; Librettist;
Der in Rom tätige Ferretti schrieb über 70 Libretti zu erfolgreichen Opern und Oratorien. Seine Freundschaft mit Francesco Maria Piave führte zu einer persönlichen Bekanntschaft mit Verdi. Nach der UA von *I due Foscari* 1844 in Rom verlas er bei einem Bankett ein langes, selbst verfaßtes Gedicht zu Ehren des Komponisten.

Ferri, Gaetano, 1818–1881; Bariton;
STUDIUM: Parma; DEBÜT: 1838/1839 Piacenza, Municipale;
STATIONEN: wichtige italienische Bühnen; Madrid, Barcelona, Wien; USA-Tournee;
VERDI: besonders in Verdi-Rollen erfolgreich, darunter die UA von *La battaglia di Legnano*, Herold (Rom, Argentina, 27. 1. 1849) und *Aroldo*, Egberto (Rimini, Nuovo, 16. 8. 1857); Ferri interpretierte bereits 1842 *Nabucodonosor* und wirkte bei der amerikanischen EA von *Les Vêpres Siciliennes* 1859 mit.
RÜCKZUG: um 1867;

Filippi, Filippo, 1830–1887; Musikkritiker;
Filippi arbeitete bei der *Gazzetta musicale di Milano* (1852–1862) und bei *La Perseveranza* (1859–1887). Der verdifreundliche Autor war – gemeinsam mit Arrigo Boito – Mitglied des Mailänder Künstlerbundes Scapigliatura. Als er 1865 als Wagnerianer das Ende der italienischen Schule konstatierte, kam es zu Unstimmigkeiten mit Verdi. Seine Eindrücke von der UA von *Aida* in Kairo, die er besuchte, wurden 1876 in seinem Buch *Musica e musicisti* veröffentlicht.

Flaùto, Vincenzo, vor 1815 – nach 1844; *impresario*;
Auf Flaùto, der am Teatro San Carlo in Neapel wirkte, gehen die Aufträge zu *Alzira* (1845) und *Luisa Miller* (1849) zurück.

Florimo, Francesco, 1800–1888; Schriftsteller, Bibliothekar, Komponist;
Florimo studierte gemeinsam mit Bellini in Neapel. Dort wirkte er später auch als Bibliothekar und tat sich mit Veröffentlichungen zu Bellini und dem neapolitanischen Musikleben hervor. Er gehörte dem neapolitanischen Freundeskreis der Verdis an, die ihn unter sich »Lord Palmerston« nannten. Florimos Korrespondenz mit den Verdis ist erhalten und ediert.

Fornari, Vincenzo; Tenor;
VERDI: UA *Otello*, Rodrigo (Mailand, Scala, 5. 2. 1887);
Möglicherweise identisch mit dem Komponisten und Dirigenten gleichen Namens, 1848–1900, der u. a. zahlreiche Opern komponierte.

Fraschini, Gaetano, 1816–1887; Tenor;
STUDIUM: Pavia; DEBÜT: 1837 Pavia;
STATIONEN: zahlreiche wichtige italienische Bühnen; London; Wien; Paris;
VERDI: Verdi hörte Fraschini in *I due Foscari* und fand großen Gefallen an dem Sänger. So bot er ihm die Rolle des Zamoro bei der UA von *Alzira* an (Neapel, San Carlo 12. 8. 1845). Seit der Zeit gewann Verdis Werk einen herausgehobenen Stellenwert in seinem Repertoire: EA *I due Foscari* (London, Her Majesty's, 1847); UA *Il corsao*, Corrado (Triest, Grande, 25. 10. 1848); UA *La battaglia di Legnano*, Arrigo (Rom, Argentina, 27. 1. 1849); UA *Stiffelio*, Stiffelio (Triest, Grande, 16. 11. 1850); EA *Giovanna di Guzman* (*I vespri siciliani*, Rom, 1853); UA *Un ballo in maschera*, Riccardo (Rom, Apollo, 17. 2. 1859); triumphaler Erfolg in *Don Carlos* in Vicenza an der Seite von Teresa Stolz;
RÜCKZUG: 1873;

Frezzolini, verheiratete **Poggi**, Erminia, 1818–1884; Sopranistin;
STUDIUM: erster Unterricht beim Vater Giuseppe; Mailand; Florenz; DEBÜT: 1837 Florenz, Cocomero;
STATIONEN: zahlreiche wichtige italienische Häuser; Wien; London; St. Petersburg; Madrid; Paris; USA;
VERDI: UA *I Lombardi alla prima crociata*, Giselda (Mailand, Scala, 11. 2. 1843); UA *Giovanna d'Arco*,

Giovanna (Mailand, Scala, 15. 2. 1845); Pariser EA *Il trovatore* (Paris, Italien, 1854), Verdi nahm für Frezzolini Modifikationen vor; Pariser EA *Rigoletto*, Gilda (Paris, Italien, 1857); 1868 veranstaltete Verdi ein Wohltätigkeitskonzert zugunsten Frezzolinis, die sich in finanziellen Schwierigkeiten befand.
RÜCKZUG: 1871;

Fricci (Frietsche), verheiratete **Neri-Baraldi**, Antonietta, 1840–1912; Sopranistin;
STUDIUM: Wien; DEBÜT: 1858 Pisa;
STATIONEN: zahlreiche Auftritte an italienischen Häusern; Lissabon; London; Buenos Aires;
VERDI: EA *Don Carlos*, Eboli (London, Covent Garden, 1867); EA *Don Carlos*, Eboli (Bologna, Comunale, 1867);
RÜCKZUG: 1878;

Frietsche, Antonietta, s. **Fricci**, Antonietta

Fuchs, Alexandre Simon Henri, 1817–1882; Tänzer, Choreograph;
STATIONEN: als Tänzer: Paris; Stockholm; Wien; Neapel; als Choreograph: Paris; Kairo;
VERDI: Choreographie zu UA *Aida* (Kairo, Oper, 24. 12. 1871);

Fusinato, Arnaldo, 1817–1888; Jurist, Dichter;
Fusinato gründete 1870 in Florenz das Teatro delle Logge. Er war zudem als Lyriker tätig und lieferte für die Aufführung in Mailand 1855 die Übersetzung von *Les Vêpres Siciliennes* ins Italienische unter dem Titel *Giovanna de Guzman*.

Gabussi, verheiratete **de Bassini**, Rita, 1810–1891; Sopranistin;
STUDIUM: Bologna;
STATIONEN: zahlreiche italienischen Häuser; Wien;
VERDI: Wiener EA *I due Foscari* (Wien, 1845); Verdi wünschte sich Gabussi als Azucena bei der UA von *Il trovatore*, die Verhandlungen scheiterten jedoch.
RÜCKZUG: 1851;

Gaetani Della Fargia, Marietta, s. **Piccolomini**, Marietta

Gailhard, Pierre, 1848–1918; Sänger, Operndirektor;
Zunächst als Bassist in Paris und London erfolgreich, übernahm Gailhard 1884 die künstlerischer Leitung der Pariser Opéra. Dabei feierte er vor allem mit Wagner-Produktionen Erfolge. Auf ihn geht die Pariser *Othello*-Inszenierung mit einer neu komponierten Ballettmusik für den 3. Akt im Oktober 1894 zurück.

Gallo, Antonio; *impresario*, Geiger, Buchhändler;
Gallo wirkte in Venedig und war Verdi freundschaftlich zugetan. In seiner Musikbuchhandlung an der Piazza San Marco traf sich der Komponist häufig mit dortigen Freunden. Gallo handelte des öfteren im Namen des Komponisten vor Ort. Er gab 1851 den Anstoß zur Komposition einer neuen Oper für das Teatro La Fenice, später *La traviata*, und betreute auch zeitweise die Probenarbeit zur Premiere. Auch die Aufführungen der *Messa da Requiem* im venezianischen Teatro Malibran 1875 wurden von Gallo organisiert.

Galzerani, Giovanni, 1790–1853; Tänzer, Choreograph;
STUDIUM: Eléonore Dupré; Neapel;
STATIONEN: wichtigste Städte Italiens;
VERDI: Das von ihm choreographierte Ballett *Il corsaro* (Mailand, Scala, 1826) wurde eine der Librettovorlagen zu Verdis gleichnamiger späterer Oper.

Garbin, Adelina, s. **Stehle**, Adelina

Garbin, Edoardo, 1865–1943; Tenor;
STUDIUM: Mailand; DEBÜT: 1891 Vicenza;
STATIONEN: wichtige italienische Bühnen; Gastspiele in ganz Europa; Südamerika;
VERDI: UA *Falstaff*, Fenton (Mailand, Scala, 9. 2. 1893); 1913 interpretierte er bei den Feierlichkeiten zum 100. Geburtstag Verdis Alfredo in *La traviata*.

García Gutiérrez, Antonio, 1813–1884; Schriftsteller;
Der spanische Librettist, der u. a. mit den Komponisten Corera und Barbieri zusammenarbeitete, verfaßte mit den Dramen *El trovador* (1836) und *Simón Bocanegra* (1843) Textvorlagen zu den beiden gleichnamigen Verdi-Opern.

García, Pauline, s. **Viardot**, Pauline

Gardoni, Italo, 1821–1882; Tenor;
STUDIUM: Parma; DEBÜT: 1840 Viadana;
STATIONEN: kleine und große italienische Häuser; Paris; London; St. Petersburg; Madrid; Amsterdam;
VERDI: UA *I masnadieri*, Carlo (London, Her Majesty's, 22. 7. 1847);
RÜCKZUG: 1874;

Garten, Amelia; Sopranistin;
VERDI: UA *Don Carlo*, Tebaldo (Mailand, Scala, 10. 1. 1884);

Gazzaniga (Danani), verheiratete **Malaspina**, **Albites**, Marietta, 1824–1884; Sopranistin;
STUDIUM: Mailand; DEBÜT: 1840 Voghera;
STATIONEN: Auftritte an bedeutenden italienischen Häusern; USA;
VERDI: UA *Luisa Miller*, Luisa (Neapel, San Carlo, 8. 12. 1849); UA *Stiffelio*, Lina (Triest, Grande 16. 11. 1850);
RÜCKZUG: Anfang der 1870er Jahre;

Ghislanzoni, Antonio, 1824–1893; Dichter, *impresario*, Sänger;
Der im Baritonfach ausgebildete Ghislanzoni wurde in der zweiten Hälfte des 19. Jahrhunderts zu einem der bedeutendsten italienischen Librettisten. Neben

seiner umfangreichen Tätigkeit als Musikkritiker und Journalist, die er als engagierter Kämpfer gegen die Besatzung Italiens auch zu politischen Zwecken nutzte, verfaßte er ab 1851 u. a. Textbücher für Petrella und Ponchielli. Verdi, der Ghislanzoni schon seit den späten 1840er Jahren aus Mailand kannte, bat den Dichter 1869 um die Überarbeitung von *La forza del destino*. Der erfolgreichen Zusammenarbeit schloß sich die Versifizierung von Camille Du Locles Szenarium zu *Aida* (1871) an. Auch die Überarbeitung der Übersetzung von *Don Carlos* ins Italienische für die Mailänder Aufführung der revidierten Fassung 1884 übernahm der Dichter.

Giacomelli, Giuseppina, s. **Pasqua**, Giuseppina

Giraldoni, Leone, 1824–1897; Bariton;
STUDIUM: Florenz; DEBÜT: 1847 Lodi;
STATIONEN: Florenz; Budapest; wichtige italienische Häuser;
VERDI: UA *Simon Boccanegra*, Simon (Venedig, La Fenice, 12. 3. 1857); UA *Un ballo in maschera*, Renato (Rom, Apollo, 17. 2. 1859); berühmt für seine Verdi-Interpretationen, besonders diejenige des Luna in *Il trovatore*;
RÜCKZUG: 1885;

Giuglini, Antonio, 1825–1865; Tenor, Komponist;
STUDIUM: Fermo; DEBÜT: um 1849 Fermo;
STATIONEN: Auftritte an zahlreichen italienischen Häusern; London; Paris; St. Petersburg;
VERDI: Verdi hörte den Sänger 1856 in Parma in Bellinis *I puritani*; Londoner EA *Un ballo in maschera*, Riccardo (London, Lyceum, 1861); Londoner EA *Luisa Miller*, Rodolfo (London, Drury Lane, 1858); Londoner EA *I vespri siciliani*, Arrigo (London, Drury Lane, 1859);

Giuseppini, Speranza; Mezzosopranistin;
VERDI: UA *La traviata*, Flora (Venedig, Fenice, 6. 3. 1853);

Giusti, Giuseppe, 1809–1850; Schriftsteller;
Giusti verdankt sein Ansehen hauptsächlich der postum 1859 veröffentlichten Sammlung seiner Briefe, die Einblick in Begegnungen mit wichtigen Persönlichkeiten der italienischen Einheitsbewegung gibt. Verdi traf Giusti 1847 in Florenz und kam über ihn in Kontakt zur dortigen Künstlerszene. Der Schriftsteller bezieht sich in seinem berühmten Gedicht *Sant'Ambrogio* auf eine Textstelle aus *I Lombardi alla prima crociata* und schrieb dem Komponisten nach der Premiere von *Macbeth*, er solle sich nun wieder auf patriotische Sujets konzentrieren.

Gnaccarini, Agostino, 1858–1916; Bariton;
STATIONEN: Turin;
VERDI: UA revidierte Fassung *Don Carlo*, Rodrigo (Modena, 26. 12. 1886);

Goggi, Emilia, um 1805 – nach 1856; Mezzosopranistin;
STATIONEN: vermutlich italienische Häuser;
VERDI: UA *Il trovatore*, Azucena (Rom, Apollo, 19. 1. 1853), während der Probenarbeiten kam es zu Streitigkeiten mit Elena Penco, der Interpretin der Leonora;

Goldschmidt, Jenny, s. **Lind**, Jenny

Graziani, Francesco, 1828–1901; Bariton; Bruder Lodovico Grazianis;
DEBÜT: 1851 Ascoli Piceno;
STATIONEN: Auftritte in ganz Italien; Paris; USA; London;
VERDI: EA *Il trovatore*, Luna (Paris, Italien, 1854; London, Covent Garden, 1855); EA *Macbeth*, Macbeth (Dublin, 1859); EA *Un ballo in maschera* (Paris, Italien, 1861); UA *La forza del destino*, Carlo (St. Petersburg, Hofoper, 10. 11. 1862); EA *Don Carlos* (London, Covent Garden, 1867); EA *Aida* (London, Covent Garden, 1876);
RÜCKZUG: 1880;

Graziani, Lodovico, 1820–1885; Tenor; Bruder Francesco Grazianis;
DEBÜT: 1845 Bologna, Comunale;
STATIONEN: Paris; wichtige italienische Häuser; Wien; London;
VERDI: UA *La traviata*, Alfredo (Venedig, La Fenice, 6. 3. 1853); an der Scala besonders in Verdi-Partien erfolgreich; EA *Il trovatore*, Manrico (Paris, Italien, 1854); EA *La forza del destino*, Alvaro (Rom, 1863);

Grossi, Eleonora, vor 1850–1879; Mezzosopranistin;
STATIONEN: London; Kairo;
VERDI: UA *Aida*, Amneris (Kairo, Opernhaus, 24. 12. 1871);

Guasco, Carlo, 1813–1876; Tenor;
STUDIUM: Mailand; DEBÜT: 1836 Mailand, Scala;
STATIONEN: Auftritte an den großen italienischen Häusern; Frankreich; London; Wien;
VERDI: UA *I Lombardi alla prima crociata*, Oronte (Mailand, Scala, 11. 2. 1843); UA *Ernani*, Ernani (Venedig, La Fenice, 9. 3. 1844); UA *Attila*, Foresto (Venedig, La Fenice, 17. 3. 1846);
RÜCKZUG: 1853

Guerrini, Virginia, 1871–1948; Mezzosopranistin;
DEBÜT: 1889; Treviso;
STATIONEN: Italien; ganz Europa; Südamerika;
VERDI: UA *Falstaff*, Meg (Mailand, Scala, 9. 2. 1893); 1911 sang sie die *Messa da Requiem* unter Toscanini; 1913 anläßlich der Feierlichkeiten zum 100. Geburtstag Verdis erneuter Auftritt in *Falstaff* als Quickly (Mailand, Scala) und im *Requiem*; Die

Amneris in *Aida* war eine der Partien, die Guerrini am erfolgreichsten interpretierte.
RÜCKZUG: 1925;

Guéymard, Louis, 1822–1880; Tenor;
STUDIUM: Lyon; Paris; DEBÜT: 1845 Lyon;
STATIONEN: Paris; London; New Orleans;
VERDI: UA *Les Vêpres Siciliennes*, Henri (Paris, Opéra, 13. 6. 1855); UA *Le Trouvère*, Manrique (Paris, Opéra, 12. 1. 1857);

Guéymard, Pauline, s. **Lauters**, Pauline

Guicciardi, Giovanni, 1822–1883; Bariton;
STUDIUM: Reggio Emilia; DEBÜT: 1843 Reggio Emilia;
STATIONEN: wichtige italienische Häuser; Kopenhagen; Deutschland;
VERDI: UA *Il trovatore*, Luna (Rom, Apollo, 19. 1. 1853);
RÜCKZUG: 1864

Gutiérrez, Antonio, s. **Garcia**, Antonio

Hackensöllner, Marianna, s. **Barbieri**, Marianna

Hansen, Joseph, 1842–1907; Tänzer, Choreograph;
STATIONEN: Brüssel; Moskau; London; Paris;
VERDI: Choreographie zu *Aida* (Brüssel, 1877 und Paris, 1887); *Othello* (Paris, 1894); *Aida* (Paris, 1880, Aufzeichnung erhalten);

Hanslick, Eduard, 1825–1904; Musikkritiker, -ästhetiker und -wissenschaftler;
In *Die moderne Oper* äußert sich Hanslick positiv zu Verdis Werken, in denen er eine Weiterführung der italienischen Oper vom bloßen Wohlklang »zum Dramatischen« sah. Mit seiner rhythmischen Lebendigkeit und packenden Kraft grenze sich Verdi gegen die Weichheit Bellinis und tändelnde Eleganz Rossinis ab. Hanslick setzt sich mit diesem positiven Verdi-Urteil von der übrigen deutschsprachigen Musikkritik ab, die den Komponisten überwiegend negativ beurteilte.

Hiller, Ferdinand, 1811–1885; Komponist, Schriftsteller, Pianist;
Hiller war 1853–1883 Leiter des Niederrheinischen Musikfestes in Köln und lud Verdi ein, 1877 dort seine *Messa da Requiem* zu dirigieren. Der Komponist willigte ein und aus dem persönlichen Kontakt entwickelte sich ein Briefwechsel.

Hohenstein, Adolf, 1854– nach 1921; Maler, Plakatzeichner, Bühnenbildner;
Hohenstein schuf als Bühnenbildner der Scala Kostüme und Bühnenbild zur *Falstaff*-UA (Mailand, Scala, 9. 2. 1893) nach Boitos und Verdis Vorstellungen. Aus seiner Hand stammt auch eine Serie von Zeichnungen, die Verdi auf dem Totenbett zeigen.

Hudson, Sir James, 1810–1885; britischer Diplomat;
In seiner Eigenschaft als Minister am Hof von Sardinien arrangierte Hudson 1859 ein Treffen zwischen Verdi und Cavour in Leri. Auch in den Folgejahren blieb Verdi mit dem Diplomaten in Kontakt, wenn es um Angelegenheiten ging, die sein politisches Engagement betrafen.

Hugo, Victor Marie, 1802–1885; Dichter, Journalist, Politiker;
Der politisch engagierte Schriftsteller internationalen Rufes (*Notre Dame de Paris*, 1831; *Les Misérables*, 1862) verfaßte mit den Dramen *Hernani ou L'Honneur castillan* (1830) und *Le Roi s'amuse* (1832) die Textvorlagen zu Verdis Opern *Ernani* und *Rigoletto*. Seine Ausführungen zur romantischen Dramentheorie erwiesen sich als richtungsweisend für die Gattung und wirkten auch auf die zeitgenössische Oper ein.

Ismaël (Jammes), Jean-Vital, 1827–1893; Bariton;
STUDIUM: Bordeaux; DEBÜT: 1843 Bordeaux, Grand Théâtre;
STATIONEN: Bühnen in Belgien und Frankreich;
VERDI: EA *Rigoletto*, Rigoletto (Paris, 1857); UA revidierte Fassung *Macbeth*, Macbeth (Paris, Lyrique, 21. 4. 1865); erfolgreicher Verdi-Interpret in Frankreich (*Ernani, Jérusalem, Le Trouvère, Les Vêpres Siciliennes*);
RÜCKZUG: Ende der 1870er Jahre;

Ismail (Pasha), 1830–1895; Khedive von Ägypten 1863–1879;
Der in Paris erzogene Herrscher lancierte große politische und soziale Reformprojekte. In seine Herrschaftszeit fiel die Eröffnung des Suez-Kanals, der Oper von Kairo und des ersten ägyptischen archäologischen Museums. Sein Interesse an italienischer Musik führte zum Auftrag für *Aida*.

Ivanoff, Nicola Kusmitsch, 1810–1880; Tenor;
STUDIUM: Neapel; DEBÜT: 1832 Neapel, San Carlo;
STATIONEN: St. Petersburg; Neapel; London; Paris; wichtige italienische Bühnen; Wien;
VERDI: Verdi komponierte für die Aufführungen von *Ernani* in Parma 1844 sowie für die Rolle des Foresto in *Attila* 1846 neue Nummern für Ivanoff.
RÜCKZUG: 1852;

Jacovacci, Vincenzo, 1811–1881; *impresario*;
Jacovacci war an römischen Thatern tätig, ab 1840 am Apollo. Mit diesem Haus war auch sein Ruhm als einer der erfolgreichsten *impresari* des 19. Jahrhunderts verknüpft. Hier brachte er 1853 *Il trovatore* und 1859 *Un ballo in maschera* zur UA. Auch die italienische EA von *La forza del destino* (1863, unter dem Titel *Don Alvaro*) fand an Jacovaccis Theater statt. Giuseppina Strepponi kannte den *impresario* noch aus ihren Zeiten als Sängerin und war Patentante seiner Tochter.

Julienne-Dejean, Eugenia, vor 1820– nach 1859; Sopranistin;
VERDI: UA *Un ballo in maschera*, Amelia (Rom, Apollo, 17. 2. 1859);

Junca, Marcel, 1818–1878; Baß;
STUDIUM: Toulon; Paris; DEBÜT: 1839 Metz;
STATIONEN: Lyon; Paris; Mailand;
VERDI: EA *Les Vêpres Siciliènes*, Procida (New York, Academy of Music, 1859); UA revidierte Fassung *La forza del destino*, Guardiano (Mailand, Scala, 27. 2. 1869);
RÜCKZUG: 1877;

Krauss, Gabrielle, 1842–1906; Sopranistin;
STUDIUM: Wien; Mailand; DEBÜT: 1859 Wien, Hofoper;
STATIONEN: Wien; Paris; Auftritte an großen italienischen Häusern;
VERDI: EA *Aida*, Aida (Paris, Opéra, 1880);
RÜCKZUG: 1888;

Lablache, Luigi, s. **Lablanche**, Luigi

Lablanche (Lablache), Luigi, 1794–1858; Baß;
STUDIUM: Neapel; DEBÜT: 1812 Neapel, Carlino;
STATIONEN: Auftritte an zahlreichen italienischen Häusern;Wien; London; Paris; St. Petersburg;
VERDI: UA *I masnadieri*, Massimiliano (London, Her Majesty's, 22. 7. 1847);
RÜCKZUG: 1856

La Grua, Emma, 1831 – nach 1865; Sopranistin;
STUDIUM: bei der Mutter; Paris;
STATIONEN: Dresden; Paris; Wien; Frankreich; Italien; Südamerika; St. Petersburg;
VERDI: La Grua war für die Partie der Leonora für die UA von *La forza del destino* vorgesehen. Die ursprünglich für das Jahr 1861 geplante Premiere mußte wegen einer Erkrankung der Sängerin um ein Jahr verschoben werden. Doch auch bei dem neuen Termin 1862 konnte sie die Partie nicht interpretieren und Caroline Barbot sang die Leonora. Erfolge in *Nabucodonosor*, *Attila*, *Il trovatore*, *Ernani*, *La traviata*, *Macbeth*;

Lanari, Alessandro, 1790–1862; *impresario*;
Ab 1819 wirkte Lanari an zahlreichen italienischen Theatern, am längsten am Teatro della Pergola in Florenz (mit Unterbrechungen 1823–1862). Nachdem *I Lombardi alla prima crociata* und *Giovanna d'Arco* bereits dort gespielt worden waren, fand die UA von *Macbeth* (1847) an seinem Hause statt. Lanaris umfangreicher Briefwechsel mit Verdi, Strepponi und anderen ist erhalten und veröffentlicht, und auch seine 1892 herausgegebenen Memoiren sind eine wichtige Quelle zum Musikleben seiner Zeit. Mit den erfolgreichen EA französischer Opern in Florenz bewirkte Lanari als einer der führenden *impresari* des 19. Jahrhunderts neue und höhere Kompositions- und Aufführungsstandards in Italien.

Lanari, Mario, vor 1825 – nach 1851; *impresario*;
Nach dem mäßigen Erfolg der UA von *Stiffelio* 1850 überarbeitete Lanari 1851 das Libretto und gab der Oper den Titel *Guglielmo Wellingrode*. Das Werk wurde in den Folgejahren in dieser Fassung in Italien gespielt. Verdi reagierte verärgert auf diese Modifikationen.

Landi, Giovanni, 1819 oder 1821 – nach 1854; Tenor;
STUDIUM: Rom; DEBÜT: 1843/1844 Rom, Vercelli;
STATIONEN: Auftritte an zahlreichen italienischen Häusern; Korsika; Berlin; Lissabon; Spanien;
VERDI: Alfredo in der UA der leicht veränderten Fassung von *La traviata*, die den Erfolg des Werkes begründete (Venedig, San Benedetto, 6. 5. 1854).

Lassiat, Caroline, s. **Dominique-Venettozza**, Caroline;

Lauters, verheiratete **Deligne**, **Guéymard**, Pauline, 1834–1908; (Mezzo-) Sopranistin;
STUDIUM: Brüssel; DEBÜT: 1854 Paris, Lyrique;
STATIONEN: Paris; Gastspiele in Spanien;
VERDI: UA *Le Trouvère*, Léonore (Paris, Opéra, 12. 1. 1857); UA *Don Carlos*, Eboli (Paris, Opéra, 11. 3. 1867);
RÜCKZUG: 1877;

Lauzières-Thémines, Achille de, um 1818–1894; Schriftsteller;
Lauzières, der zuvor u. a. mit den Komponisten Winter, Capecelatro und Pacini zusammengearbeitet hatte, fertigte gemeinsam mit Angelo Zanardini die Übersetzung von *Don Carlos* für die italienischsprachigen Aufführungen 1867 an.

Lavigna, Vincenzo, 1776–1836; Komponist;
Nach Studien in Neapel ließ sich Lavigna in Mailand nieder, wo er einige seiner Opern zur Aufführung brachte, an der Scala als *maestro al cembalo* wirkte und am Konservatorium Komposition unterrichtete. 1832–1835 wurde er Verdis Kompositionslehrer, nachdem dem Komponisten der Zugang zum Konservatorium verwehrt blieb. Er förderte den jungen Verdi tatkräftig. Der Komponist beschrieb ihn später als etwas pedantisch: Er habe nichts als Fugen und Kanons bei ihm komponieren müssen.

Legrain, Victorine; Tänzerin;
STATIONEN: Paris;
VERDI: UA *Les Vêpres Siciliennes*, Winter (Paris, Opéra, 13. 6. 1855);

Levieilly (Rivoirard), Léonie, 1839 – nach 1870; Sopranistin;
STUDIUM: Paris; DEBÜT: 1859;
STATIONEN: zahlreiche französische Häuser; Tourneen durch Italien, USA;

VERDI: UA *Don Carlos*, Thibault (Paris, Opéra, 11. 3. 1867)

Lhérie, Paul, 1844–1937; Tenor, später Bariton;
STUDIUM: Paris; DEBÜT: 1866 Paris, Comique;
STATIONEN: Marseille; Brüssel; Paris; Rußland-Tournee; Spanien; Brasilien; London; zahlreiche führende Theater in Italien; Monte Carlo;
VERDI: UA *Don Carlo*, Posa (Mailand, Scala, 10. 1. 1884); Jago in *Otello* wurde zu einer seiner Paraderollen;
RÜCKZUG: 1894;

Lichtenstein, Sophie von, s. **Loewe**, Sophia

Limonta, Napoleone, um 1880 – nach 1920; Bariton;
STATIONEN: Deutschland; Südamerika; italienische Bühnen;
VERDI: UA *Otello*, Montano (Mailand, Scala, 5. 2. 1887)

Lind, verheiratete **Goldschmidt**, Jenny (Johanna Maria), 1820–1887; Sopranistin;
STUDIUM: Stockholm; Paris; DEBÜT: 1838 Stockholm;
STATIONEN: Stockholm; Berlin; Wien; Deutschland-Tournee; Schweden; London;
VERDI: UA *I masnadieri*, Amalia (London, Her Majesty's, 22. 7. 1847);
RÜCKZUG: 1849;

Loewe, verheiratete von **Lichtenstein**, Sophie, 1812 oder 1815–1866; Sopranistin;
STUDIUM: Wien; Mailand; DEBÜT: 1831 Neapel;
STATIONEN: Wien; führende Häuser Deutschlands und Österreichs; London; Paris; große italienische Bühnen;
VERDI: UA *Ernani*, Elvira (Venedig, La Fenice, 9. 3. 1844). Verdi äußerte sich unzufrieden über ihre Leistung, u. a. wohl, weil es vor der Premiere zu Auseinandersetzungen zwischen Komponist und Sängerin über ein von ihr gefordertes *rondò finale* kam. Dennoch vertraute Verdi ihr eine neue Premierenpartie an: Odabella in *Attila* (Venedig, La Fenice, 17. 3. 1846). Zudem komponierte er 1845 eine zusätzliche *cavatina* zu *Giovanna d'Arco* für Loewe. Die Sängerin hatte 1846 große Erfolge als Abigaille (*Nabucodonosor*) und Giselda (*I Lombardi alla prima crociata*) in Parma.
RÜCKZUG: 1848;

Lotti, verheiratete **della Santa**, Marcella, 1831–1901; Sopranistin;
STUDIUM: Mailand; DEBÜT: 1850 Konstantinopel;
STATIONEN: Auftritte in ganz Italien; alle wichtigen europäischen Häuser;
VERDI: UA *Aroldo*, Mina (Rimini, Nuovo, 16. 8. 1857); fortan sehr erfolgreiche Verdi-Interpretin;

Lucca, Francesco, 1802–1872; Verleger;
Luccas Verlag hielt die Rechte an *Attila*, *I masnadieri*, *Il corsaro* und teilte sich mit Ricordi diejenigen an *Nabucodonosor*. Verdi versuchte die Zusammenarbeit mit der Firma einzuschränken. Nach Luccas Tod führte seine Frau Giovannina Strazza die Firma weiter.

Lucca, geborene **Strazza**, Giovannina, 1814–1894; Verlegerin;
Nach dem Tod ihres Mannes Francesco Lucca führte sie die Verlagsgeschäfte weiter. Verdi, der die Zusammenarbeit mit der Firma, die Rechte an einigen seiner frühen Werke hielt, bald so weit wie möglich einschränkte, ärgerte sich über ihre Verlagsstrategie, französische Komponisten in das Programm aufzunehmen und die Wagner-Rezeption in Italien zu unterstützen. 1888 kaufte Ricordi den Verlag auf.

Luccardi, Vincenzo, 1811–1876; Bildhauer;
Seit 1844 verband den späteren Professor an der Accademia di San Lucca in Rom eine enge Freundschaft mit Verdi, den er bei seinen Rombesuchen immer mit der Vorbereitung vor Ort unterstützte. Auch bei Fragen der Bühnen- und Kostümgestaltung zog der Komponist seinen Freund heran.

Lucchi, Francesca, s. **Salvini**, Fanny

Lumley, Benjamin, 1811–1875; *impresario*;
Lumley wirkte zwischen 1841 und 1859 mit Unterbrechungen als Leiter des Her Majesty's Theatre in London. Neben zahlreichen erfolgreichen Verdi-Produktionen fanden an seinem Haus die Londoner EA von *Ernani* (1845) und von *La traviata* (1856) statt. 1847 kam es zur von Verdi selbst dirigierten UA der von Lanari in Auftrag gegebenen *I masnadieri*. Der bei Lucca erschienene Klavierauszug zu *Attila* ist Lanari gewidmet. Finanzielle Schwierigkeiten, die u. a. aus der Konkurrenzsituation seines Hauses zum Covent Garden erwuchsen, zwangen den *impresario* 1859 seine Karriere zu beenden. Lumleys Memoiren stellen eine wichtige Quelle zum Musikleben seiner Zeit dar.

Maffei, Andrea, 1798–1885; Dichter, Librettist;
Maffei, den Verdi im Mailand der 1840er Jahre als regelmäßiger Gast im Salon seiner Frau Clara Maffei kennenlernte, schloß enge Freundschaft mit dem Komponisten. Aus Maffeis Tätigkeit als Übersetzer der Werke Byrons, Klopstocks, Miltons, Goethes und vor allem Schillers und Shakespeares ergab sich ein lebhafter Gedankenaustausch mit Verdi zu Operntextvorlagen. Verdi vertonte einige der kleineren Dichtungen Maffeis in Liedern. Neben Romanen und anderen Libretti verfaßte Maffei gemeinsam mit Verdi eine Handlungsskizze zu *Attila* (1846), schrieb das Textbuch zu *I masnadieri* (1847) nach Schillers *Die Räuber* und nahm bei der im selben Jahr aufgeführten Oper *Macbeth* im Auftrag des unzufriedenen

Verdi Änderungen an Francesco Maria Piaves Libretto vor. Ein Teil seiner Übersetzung von Schillers *Wallensteins Lager* bildete die Grundlage zu Melitones Predigt in *La forza del destino*.

Maffei, geborene **Spinelli**, Clara, 1814–1886;
Die italienische Patriotin und Intellektuelle, die seit 1832 mit Andrea Maffei verheiratet war, zählte seit den 1840er Jahren zu den engsten Freunden Verdis, der nach *Nabucodonosor* in ihrem Mailänder Salon verkehrte. Ihr Salon, den sie ab 1834 unterhielt, bot ein Forum zum Gedankenaustausch zwischen vielen bedeutenden Vorkämpfern für die italienische Einheit. Verdi war Zeuge der Trennung des Ehepaares Maffei 1846. Nach der Scheidung wurde Carlo Tenca zu ihrem Lebensgefährten. Das erste Treffen zwischen Verdi und Arrigo Boito in Paris 1862 ging auf ein Empfehlungsschreiben von Maffei zurück. Sie arrangierte 1868 auch das einzige Treffen zwischen Verdi und Alessandro Manzoni. 1869 schrieb Maffei kurze Notizen zu Verdis Leben nach der Schilderung des Komponisten selbst nieder. Verdi eilte 1886 von Montecatini aus an das Sterbebett seiner Freundin nach Mailand, traf jedoch nicht mehr rechtzeitig vor ihrem Tod ein.

Magnani, Girolamo, 1815–1889; Bühnenbildner, Architekturmaler;
Magnanis Entwürfe für die italienische EA von *Aida* (Mailand, Scala, 1872) wurden im Jahr darauf in der *disposizione scenica* veröffentlicht. Gemeinsam mit Giovanni Zucarelli schuf Magnani das Bühnenbild zur UA der revidierten Fassung von *Simon Boccanegra* (Mailand, Scala, 24. 3. 1881).

Maini, Ormondo, 1835–1906; Baß-Bariton;
DEBÜT: 1860 Mailand, Carcano;
STATIONEN: große italienische Theater; Nizza; Paris; Spanien;
VERDI: EA *Aida*, Amonasro (Mailand, Scala, 1872); UA *Messa da Requiem*, Baßsolo (Mailand, San Marco, 22. 5. 1874);
RÜCKZUG: 1889;

Malaspina, Marietta, s. **Gazzaniga**, Marietta

Malvezzi, Settimio, 1817–1889; Tenor;
STUDIUM: Rom; bei Orsola Aspri; DEBÜT: 1840/1841 Perugia, Civico;
STATIONEN: zahlreiche italienische Bühnen; Paris; Spanien;
VERDI: UA *Luisa Miller*, Rodolfo (Neapel, San Carlo, 8. 12. 1849);

Mameli, Goffredo, 1828–1849; Dichter;
Der ausgebildete Jurist, der bei der Verteidigung Roms tödlich verletzt wurde, verfaßte patriotische Dichtungen wie die Hymnen *Fratelli d'Italia* und *L'Italia s'è desta* (1848). Auch der Text für Verdis *Suona la tromba* von 1848 stammt aus seiner Feder.

Mamo, Adelaide, s. **Borghi**, Adelaide

Mantelli, Eugenia, 1860–1926; Mezzosopranistin;
STUDIUM: Mailand; DEBÜT: 1883 Lissabon;
STATIONEN: Auftritte in ganz Italien; Tourneen in Deutschland, Rußland, Italien; USA; Brasilien; Lissabon;
VERDI: EA revidierte Fassung *Don Carlo*, Eboli (Modena, 1886);

Manzoni, Alessandro, 1785–1873;
Mit *I promessi sposi* schuf Manzoni, der bedeutendste italienische Schriftsteller des 19. Jahrhunderts, 1825/1826 einen Roman, der zum Inbegriff der Kultur des geeinten Italiens werden sollte. Verdi, der Manzoni schon seit seiner Jugend verehrte – er gab an, *I promessi Sposi* bereits als 15-jähriger gelesen zu haben und vertonte Mitte der 1830er Jahre dessen Ode *Il cinque Maggio* -, traf den Schriftsteller jedoch erst 1868 auf Vermittlung Clara Maffeis hin persönlich. Sein Tod 1873 ging ihm so nahe, daß er aus Angst, der emotionalen Belastung nicht gewachsen zu sein, die Trauerfeierlichkeiten mied und das Grab nach den offiziellen Veranstaltungen alleine aufsuchte. Am 22. 5. 1874 wurde zum ersten Todestag Manzonis Verdis *Messa da Requiem* in Mailand zur UA gebracht.

Mariani, Alfonso, 1855–1910; Baß;
VERDI: EA revidierte Fassung *Don Carlo*, Filippo (Modena, 1886);

Mariani, Angelo, 1821–1873; Dirigent, Geiger, Komponist;
Mariani gab sein Debüt als Dirigent in Mailand 1846 in *I due Foscari* am Teatro Re und war damit so erfolgreich, daß Verdi ihn für die UA von *Macbeth* 1847 anwerben wollte. Der Plan scheiterte jedoch an Marianis Honorarforderungen. Am Carcano in Mailand dirigierte er daraufhin *I Lombardi alla prima crociata* (1846) und *Nabucco* (1847). Von 1852 bis zu seinem Tod wirkte Mariani am Teatro Felice in Genua, wo er das Niveau der Aufführungen enorm anhob. Während der Arbeit zur UA von *Aroldo* 1857 am Teatro Nuovo in Rimini, schloß er Freundschaft mit Verdi. Auch in Bologna machte sich Mariani mit den Aufführungen von *Un ballo in maschera*, der italienischen EA von *Don Carlos* und besonders den italienischen EA von Richard Wagners *Lohengrin* (1871) und *Tannhäuser* (1872) einen Namen. Verdi setzte sich stark für den Dirigenten ein. Im Umfeld der UA von *Aida* kam es jedoch zum Zerwürfnis: Mariani konnte das Dirigat der UA in Kairo aus gesundheitlichen Gründen nicht annehmen und Verdi machte ihm auch zum Vorwurf, daß der Plan einer Gedächtnismesse für Rossini sich nicht verwirklichen ließ. Hinzu kam außerdem, daß Marianis Verlobte, die Sängerin Teresa Stolz, möglicherweise ein Verhältnis mit Verdi einging und den Dirigenten

verließ. Trotz zahlreicher Vermittlungsversuche von Freunden kam es nicht mehr zur Aussöhnung, bevor Mariani an einem Blasentumor starb.

Mariette, Auguste Edouard, 1821–1881; Archäologe, Ägyptologe;
Mariette wirkte ab 1848 als Konservator am ägyptischen Museum im Louvre, Paris. Ab 1850 unternahm er archäologische Expeditionen nach Ägypten. Mariette war wesentlich an der Entstehung von *Aida* (1871) beteiligt. Er ließ Camille Du Locle ein Szenario zukommen, das auf ägyptischen Quellen beruhte. Mariette drängte Du Locle regelrecht dazu, Verdi für dieses Unterfangen zu gewinnen. 1870 traf er in Paris ein, um die Herstellung der Kostüme und Bühnenbilder nach seinen eigenen Entwürfen persönlich zu überwachen. Auf diese Entwürfe geht auch ein Teil der *disposizione scenica* von 1873 zurück.

Marini, Antonietta, s. **Rainieri**, Antonietta

Marini, Ignazio, 1811–1873; Baß;
DEBÜT: 1832 Brescia;
STATIONEN: Mailand; Rom; London; New York; Havanna; St. Petersburg;
VERDI: UA *Oberto, conte di San Bonifacio*, Oberto (Mailand, Scala, 17. 11. 1839); EA *Ernani*, Silva (Wien, 1844). Verdi komponierte für den Bassisten, den er sehr schätzte, eine zusätzliche *cabaletta* für *Ernani*; UA *Attila*, Attila (Venedig, La Fenice, 17. 3. 1846); UA *La forza del destino*, Alcade (St. Petersburg, Hofoper, 10. 11. 1862);

Mario di Candia, Giovanni Matteo, 1810–1883; Tenor;
STUDIUM: Paris; DEBÜT: 1838 Paris, Opéra;
STATIONEN: London; Paris; St. Petersburg; New York; Madrid; USA-Tournee;
VERDI: Für die Pariser EA von *I due Foscari* 1846 schrieb Verdi eine *cabaletta* für Mario. EA *Rigoletto*, Herzog (London, 1853); EA *Un ballo in maschera*, Riccardo (Paris, 1861);
RÜCKZUG: Mitte der 1870er Jahre;

Marquet, Louise, 1830–1890; Tänzerin;
STATIONEN: Paris;
VERDI: UA *Don Carlos*, Wasserkönigin (Paris, Opéra, 11. 3. 1867);

Martinelli, Amilcare; Rechtsanwalt, Schriftsteller;
Der in Cremona ansässige Martinelli fungierte als Testamentsvollstrecker Giuseppina Verdis und hinterließ eine Beschreibung ihrer letzten Tage.

Marzari, Carlo, vor 1825 – nach 1851; *impresario*;
Marzari verhandelte gemeinsam mit Brenna für das venezianische Teatro La Fenice im Vorfeld der *Rigoletto*-UA mit Verdi. Er versuchte im Konflikt zwischen der Zensurbehörde und Verdis künstlerischem Anspruch während der Entstehung des Librettos zu vermitteln. Auch im Vorfeld der *La traviata*-UA 1853 am selben Haus kam es zu Unstimmigkeiten über verändernde Eingriffe und die Besetzung.

Mascheroni, Edoardo, 1852–1941; Dirigent, Komponist;
Nach erfolgreicher Tätigkeit Mascheronis in Brescia und Rom (dortige EA von Wagners *Tannhäuser* und *Der fliegende Holländer*) setzten sich Verdi und Arrigo Boito dafür ein, daß der Orchesterleiter 1891 den Posten des Chefdirigenten an der Mailänder Scala bekam. Dort leitete er auf Verdis Wunsch hin die UA von *Falstaff* (1893). Verdi nannte ihn den dritten Autor von *Falstaff* und vertraute ihm Produktionen der Oper in Österreich und Deutschland an.

Masini, Angelo, 1844–1926, Tenor;
STUDIUM: bei Gilda Minguzzi; DEBÜT: 1867 Finale Emilia;
STATIONEN: zahlreiche italienische Bühnen; Kairo; Paris; Rußland; Madrid; Lissabon; Buenos Aires; London;
VERDI: Verdi konzipierte das Tenorsolo im *Requiem* für die Stimme Masinis, der es bei der UA 1874 in Mailand jedoch nicht singen konnte. Dafür brillierte er bei den Folgeaufführungen in London, Paris und Wien. EA *Aida*, Radamès (Florenz, Paris und Wien); Verdis Angebot, er möge bei der *Falstaff*-UA die Partie des Fenton übernehmen, lehnte Masini ab.
RÜCKZUG: 1905;

Massari, Maria, s. **Waldmann**, Maria

Massini, Pietro, 1796–1836; Musiker;
Er unterstützte Verdi am Beginn seiner Laufbahn und vermittelte ihm Dirigate (*Die Schöpfung, La Cenerentola*). Verdis erste Oper, *Oberto, conte di San Bonifacio*, sollte, wahrscheinlich noch unter dem Titel *Rocester*, auf Vermittlung Massinis hin am Teatro Filodrammatici in Mailand uraufgeführt werden. Als Massini aus der dortigen Theaterleitung ausschied, zerschlug sich der Plan.

Maurel, Victor, 1848–1923; Bariton;
STUDIUM: Marseille; Paris; DEBÜT: 1867 Marseille;
STATIONEN: Paris; St. Petersburg; Kairo; Mailand; London; New York; zahlreiche Gastspiele in ganz Europa;
VERDI: EA *Don Carlos*, Posa (Neapel, San Carlo, 1871); UA revidierte Fassung *Simon Boccanegra*, Simon (Mailand, Scala, 24. 3. 1881); UA *Otello*, Jago (Mailand, Scala, 5. 2. 1887); UA *Falstaff*, Falstaff (Mailand, Scala, 9. 2. 1893). Der von Verdi sehr geschätzte Maurel interpretierte diese Rollen auch bei den Londoner und Pariser EA von *Falstaff* und *Otello*.
RÜCKZUG: 1904;

Mazarini, Giulio, s. **Mazilier**, Joseph

Mazilier, Hyppolite, belegt 1855–1860; Tänzer; Neffe von Joseph Mazilier;
STATIONEN: Paris;
VERDI: *Tarantella*, 2. Akt in UA *Les Vêpres Siciliennes* (Paris, Opéra, 13. 6. 1855);

Mazilier, Joseph (Mazarini, Giulio); 1797–1868; Tänzer, Choreograph;
STATIONEN: Paris; London;
VERDI: Choreographie zur UA *Jérusalem* (Paris, Opéra, 26. 11. 1847);

Mazzini, Giuseppe, 1805–1872; politischer Schriftsteller;
Mazzini gründete 1831 den patriotischen Künstler- und Intellektuellenbund Giovine Italia. Sein Werk *I doveri dell'uomo* (1841–1860) erwies sich als eine der maßgeblichen Schriften zur politischen Einigung Italiens. Seit 1837 befand sich Mazzini im Exil in London und dort traf er auch erstmals persönlich mit Verdi im Umfeld der UA von *I masnadieri* zusammen. Mazzini regte Verdis Vertonung des Mameli-Textes *Suona la tromba* an.

Mazzucato, Alberto, 1813–1877; Geiger, Komponist, Schriftsteller, Lehrer;
Mazzucato unterrichtete seit 1839 am Mailänder Konservatorium, ab 1872 war er dort Direktor. Seine Oper *Hernani* (Genua 1843) wurde durch Verdis gleichnamige Oper bald von den Bühnen verdrängt. 1856–1858 war Mazzucato Herausgeber der *Gazzetta musicale di Milano*. Als Leiter des Orchesters der Scala (1858–1868) dirigierte er die Mailänder Premiere des *Don Carlo* 1868. Er war 1869 Mitglied des Komitees, das nicht zustande gekommene Totenmesse verschiedener italienischer Komponisten für Gioachino Rossini koordinieren sollte.

Medini, Paolo, 1831–1911; Baß;
VERDI: UA *Aida*, Ramfis (Kairo, Oper, 24. 12. 1871);

Mérante, Annette, belegt 1866–1877; Tänzerin, Nichte von Louis Mérante;
STATIONEN: Paris;
VERDI: UA *Don Carlos*, Rosa Perle (Paris, Opéra, 11. 3. 1867);

Mérante, Louis Alexandre, 1828–1887; Tänzer, Choreograph;
STUDIUM: Paris;
STATIONEN: Liège; Marseille; Mailand; Paris ;
VERDI: *Pas de deux* in UA *Le Trouvère* (Paris, Opéra, 12. 1. 1857); UA *Don Carlos*, Fischer (Paris, Opéra, 11. 3. 1867); Choreographie zu *Aida* (Paris, 1880);

Merelli, Bartolomeo, 1794–1879; Librettist, *impresario*;
Nachdem er die Libretti zu einigen frühen Opern Donizettis verfaßt hatte, wirkte Merelli 1836–1850 an der Scala in Mailand als *impresario*. Im Anschluß an die gute Aufnahme von *Oberto, conte di San Bonifacio* (1839) verpflichtete er Verdi zu weiteren Opern. Wegen des Mißerfolgs von *Un giorno di regno* (1840) wollte Verdi diesen Vertrag lösen, doch Merelli bestand auf Erfüllung der Vereinbarung. So kam es zur bejubelten UA von *Nabucodonosor* (1842), dem Durchbruch Verdis. Auch *I Lombardi alla prima crociata* (1843) und *Giovanna d'Arco* (1845) wurden an der Scala uraufgeführt. Nach einem Streit mit Merelli über die Besetzung der letztgenannten Oper blieb Verdi der Scala für fast 25 Jahre fern.

Mermillod, Charles Gaspard Abée, 1824–1892; Geistlicher, Diplomat und Schriftsteller;
Der Pfarrer an Notre Dame in Genf vollzog 1859 die Trauung von Giuseppina Strepponi und Giuseppe Verdi in Collonges-sous-Salève.

Méry, François Joseph Pierre André (Anges, Joseph Pierre), 1797–1865; Schriftsteller, Librettist;
Der Pariser Monarchiekritiker Méry machte sich mit Romanen und auch Libretti einen Namen als Schriftsteller. Er verfaßte mit *La Battaille de Toulouse* (1828) eine Stoffvorlage zu Verdis *La battaglia di Legnano* und arbeitete am Libretto zu *Don Carlos*, das bei seinem Tod Fragment blieb und von Camille Du Locle fertiggestellt wurde.

Miraglia, Corrado; Tenor;
VERDI: UA *Nabucodonosor*, Ismaele (Mailand, Scala, 9. 3. 1842);

Mirate, Raffaele, 1815–1885; Tenor;
STUDIUM: Neapel; DEBÜT: 1837 Neapel, Nuovo;
STATIONEN: zahlreiche wichtige italienische Theater; Paris; Wien; USA; Südamerika;
VERDI: seit der Mitte der 1840er Jahre große Erfolge als Verdi-Interpret; UA *Rigoletto*, Herzog (Venedig, La Fenice, 11. 3. 1851). Die Partie wurde zu seiner Paraderolle, die er im Laufe seiner Karriere fast 200 Mal interpretieren sollte.
RÜCKZUG: 1861;

Miri, Baldassare; Baß;
VERDI: UA *I due Foscari*, Loredano (Rom, Argentina, 3. 11. 1844);

Mocenigo, Conte Nani (Alvise), 1808 – nach 1856; Theaterdirektor;
Als Präsident des venezianischen Teatro La Fenice zeigte Mocenigo früh Interesse an Verdis Werk. Noch in den UA-Jahren fanden Produktionen von *Nabucodonosor* (1842) und *I Lombardi alla prima crociata* (1843) an seinem Haus statt. Später folgten die dortigen UA von *Ernani* (1844) und *Attila* (1846).

Monaldi, Gino Marchese, 1847–1932; Musikkritiker, *impresario*, Komponist;
Zusätzlich zu seiner Tätigkeit als Kritiker wirkte Monaldi ab 1874 als *impresario* des Teatro Morlac-

chi in Perugia und 1891–1893 der Theater Costanzi und Argentina in Rom. Monaldi, der Kontakte zu Angelo Mariani pflegte, ist der Autor zahlreicher ab 1877 veröffentlichter biographischer Schriften zu Verdi.

Mongini, Pietro, 1829–1874; Baß, Tenor;
STUDIUM: Autodidakt;
STATIONEN: kleine und große italienische Häuser; Paris; St. Petersburg; London;
VERDI: EA *Les Vêpres Siciliennes,* Henri (London, Drury Lane, 1859); EA *La forza del destino,* Alvaro (London, Her Majesty's, 1867); UA *Aida,* Radamès (Kairo, Oper, 24. 12. 1871); in weiteren Verdi-Partien erfolgreich;

Monjauze, Jules Sébastien, s. **Montauze**, Jules Sébastien

Monplaisir, Ippolito Giorgio (**Sornet**, Hyppolite Georges), 1821–1877; Tänzer, Choreograph;
STUDIUM: Brüssel; Mailand;
STATIONEN: Paris; Mailand; Barcelona; Lyon; USA; Lissabon;
VERDI: Choreographie: EA *Don Carlos* (Mailand, Scala, 1868) und EA *Aida* (Mailand, Scala, 1872);

Montanelli, Giuseppe, 1813–1862; Rechtsanwalt, Dichter, Organist, Journalist;
Montanelli wirkte als Professor für Recht an der Universität in Pisa. Als Kriegsgefangener bereits tot geglaubt, wurde er von den Österreichern freigelassen und ging 1849 nach Paris ins Exil. Noch in Italien hatte er *Rimembranza materna nella primavera* (1835) und *Liriche di Giuseppe Montanelli* (1837) veröffentlicht. Während Verdis Parisaufenthalt zur Premiere von *Le Trouvère* 1857 bat der Komponist Montanelli, Änderungen an Francesco Maria Piaves Libretto zu *Simon Boccanegra* vorzunehmen, mit dem er unzufrieden war.

Montauze (**Monjauze**), Jules Sébastien, 1825–1877; Tenor;
STATIONEN: Paris;
VERDI: UA revidierte Fassung *Macbeth*, Macduff (Paris, Lyrique, 21. 4. 1865); EA *Rigoletto*, Herzog (Paris, 1857); 1864 sang er in Paris Alfredo in *La traviata*.

Morchio, Daniele; Rechtsanwalt, Schriftsteller;
Die Verdis waren mit dem in Genua ansässigen Morchio und seiner Frau Elena befreundet, 1864 ist ein Besuch der Familie auf Sant'Agata belegt.

Morelli, Domenico, 1826–1901; Maler;
Morelli war einer der bekanntesten Künstler seiner Zeit in Italien und ein enger Freund Verdis, den er auch porträtierte. Der Komponist zog den Neapolitaner für Fragen zur szenischen Gestaltung und zu den Kostümen bei *Otello* und dem nie verwirklichten Opernprojekt *Re Lear* zu Rate. Morelli fertigte einige Gemälde, die sich mit Sujets von Verdi-Opern auseinandersetzen.

Morère, Jean, 1836–1887; Tenor;
STUDIUM: Paris; DEBÜT: 1861 Paris, Opéra;
STATIONEN: Paris; Brüssel;
VERDI: UA *Don Carlos,* Don Carlos (Paris, Opéra, 11. 3. 1867);
RÜCKZUG: 1871;

Moriani, Napoleone, 1808–1878; Tenor;
DEBÜT: 1833, Pavia, Condomini;
STATIONEN: zahlreiche große und kleine italienische Theater; Gastspiele in ganz Europa;
VERDI: 1847 fügte Verdi für den Tenor bei der Wiederaufnahme von *Attila* an der Scala eine neue *romanza* in die Rolle des Foresto ein.
RÜCKZUG: Anfang der 1850er Jahre;

Morosini, geborene **Zeltner**, Emilia, gestorben um 1848;
Die in Mailand lebende Familie Morosini war aktiv im Kampf gegen die Besatzung Italiens. Viele ins Exil Getriebene fanden in der Villa der Familie in Lugano Zuflucht. Während Verdis ersten Karriereschritten vermittelte Morosini dem Komponisten Zugang zu den Mailänder Intellektuellen- und Künstlerkreisen. Aus der erhaltenen Korrespondenz geht hervor, daß ihre Bindung mit dem Komponisten in dieser Zeit eine sehr enge war. Mit Morosinis Tochter Giuseppina blieb Verdi bis zum Lebensende in Kontakt.

Muzio (Donnino), Emanuele, 1821–1890; Komponist, Dirigent;
Der aus Busseto stammende Muzio war Verdis wichtigster und erfolgreichster Schüler. In seiner Heimatstadt erhielt er wie Verdi zunächst Unterricht bei Ferdinando Provesi. 1844 reiste er nach Mailand, um bei Verdi zu studieren. 1847 assistierte Muzio dem Komponisten anläßlich der UA von *Macbeth* in Florenz und *I masnadieri* in London. Muzio begleitete Verdi oft auf Reisen und übernahm Instrumentationsarbeiten, so zum Beispiel bei *Simon Boccanegra* (1857). Er dirigierte zahlreiche Werke seines Lehrers, darunter die amerikanische EA von *Un ballo in maschera* (1861), die französische EA von *La forza del destino* am Théâtre-Italien in Paris (1876) und *Rigoletto* anläßlich der Eröffnung der Oper in Kairo (1869) sowie mehrere Vorstellungen von *Aida* in den USA (1873–1875).

Nagy, Ida, s. **Benza**, Ida

Nantier-Didier (**Didiée**), Costance, 1831–1867; Mezzosopranistin;
STUDIUM: Paris; DEBÜT: 1850 Turin, Carignano;
STATIONEN: Paris; Südfrankreich-Tournee; London; Spanien; USA-Tournee;
VERDI: EA *Rigoletto*, Maddalena (London, Covent

Garden, 1853); UA *La forza del destino*, Preziosilla (St. Petersburg, Hofoper, 10. 11. 1862);

Nathan, Adèle, belegt 1853–1855; Tänzerin;
STATIONEN: Paris;
VERDI: UA *Les Vêpres Siciliennes*, Sommer (Paris, Opéra, 13. 6. 1855);
RÜCKZUG: 1858;

Navarini (Navarrini), Francesco, 1853–1923; Baß;
STUDIUM: Mailand; DEBÜT: 1878 Treviso;
STATIONEN: Malta; zahlreiche italienische Bühnen; Lissabon; London; Rußland; Spanien; Südamerika; Monte Carlo; USA;
VERDI: UA *Don Carlo*, Großinquisitor (Mailand, Scala, 10. 1. 1884); UA *Otello*, Lodovico (Mailand, Scala, 5. 2. 1887); weitere Verdi-Partien;
RÜCKZUG: 1912;

Navarrini, Francesco, s. **Navarini**, Francesco

Negrini (Villa), Carlo, 1826–1865; Tenor;
STUDIUM: Mailand; DEBÜT: 1847 Mailand, Scala;
STATIONEN: führende italienische Häuser; Konstantinopel; London;
VERDI: UA *Simon Boccanegra*, Gabriele (Venedig, Fenice, 12. 3. 1857);

Neri-Baraldi, Antonietta, s. **Fricci**, Antonietta

Nicolini, Adelina, s. **Patti**, Adelina

Nieuwenhuyzen, Jean Nicolas Gustave von, s. **Vaëz**, Gustave;

Nini, Marianna, s. **Barbieri**, Marianna

Nuitter (Truinet), Charles-Louis-Etienne, 1828–1899; Librettist, Bibliothekar;
Nuitter wirkte im Archiv der Pariser Opéra, ab 1866 als offizieller Archivist und Bibliothekar. Er verfaßte Libretti, vornehmlich für Offenbach, und veröffentlichte Schriften zur Oper. 1865 revidierte und übersetzte er gemeinsam mit Alexandre Beaumont das Libretto zu *Macbeth* für die Pariser Aufführung 1865. Auch Übersetzungen von *La forza del destino*, *Aida* (gemeinsam mit Du Locle und Verdi) und *Simon Boccanegra* stammen aus seiner Feder.

Obin, Louis-Henri, 1820–1895; Baß;
STUDIUM: Lille; Paris; DEBÜT: 1844 Paris, Opéra;
STATIONEN: Paris; London;
VERDI: UA *Les Vêpres Siciliennes*, Procida (Paris, Opéra, 13. 6. 1855); UA *Don Carlos*, Philippe (Paris, Opéra, 11. 3. 1867);
RÜCKZUG: 1869;

Otway, Thomas, 1652–1685; Schriftsteller;
Otways Tragödie *Don Carlos, Prince of Spain* aus dem Jahre 1676 diente als eine der Textvorlagen zu Verdis *Don Carlos*.

Pacini, Émilien (Emilio), 1810–1898; Dramatiker;
Pacini fertigte im Auftrag Léon Escudiers eine Übersetzung des Librettos von *Il trovatore* ins Französische für die Pariser Premiere von 1857.

Palianti, Louis, 1809 – um 1865; Regisseur;
Palianti veröffentlichte zahlreiche Regiebücher zu Produktionen an der Pariser Opéra, darunter auch diejenigen zu *Les Vêpres Siciliennes* und *Le Trouvère*.

Palizzi, Filippo, 1818–1899; Maler;
Palizzi war Mitglied des neapolitanischen Freundeskreises Verdis. Der Künstler hatte sich auf Tierporträts spezialisiert und malte auch Verdis Hund Lulù. Der Komponist war im Besitz einiger Bilder des Malers.

Pancani, Emilio, 1830–1898; Tenor;
STUDIUM: Florenz;
STATIONEN: kleine und große italienische Bühnen; Odessa; Paris; Deutschland;
VERDI: UA *Aroldo*, Aroldo (Rimini, Nuovo, 16. 8. 1857); in weiteren Verdi-Partien erfolgreich;

Pandolfini, Angelica, 1871–1959; Sopranistin;
STUDIUM: beim Vater Francesco; Paris; DEBÜT: 1894 Modena;
STATIONEN: Malta; Mailand; Spanien; Portugal; Südamerika;
VERDI: Berühmte Verdi-Interpretin, die in *Otello* (Desdemona), *La traviata* (Violetta) und *Aida* (Aida) große Erfolge feierte.
RÜCKZUG: 1909;

Pandolfini, Francesco, 1836–1916; Bariton;
STUDIUM: Florenz; DEBÜT: Pisa;
STATIONEN: Mailand: London;
VERDI: Hochgeschätzter Verdi-Interpret; EA *Aida*, Amonasro (Mailand, Scala, 1872);
RÜCKZUG: 1890;

Pantaleoni, Romilda, 1847–1917; Sopranistin;
STUDIUM: beim Vater Luigi; Mailand; DEBÜT: 1868 Mailand, Carcano;
STATIONEN: zahlreiche italienische Bühnen; Wien; Mailand;
VERDI: Verdi lud Pantaleoni ein, die Desdemona in der *Otello*-UA (Mailand, Scala, 5. 2. 1887) zu interpretieren.
RÜCKZUG: 1891;

Paroli, Giovanni, vor 1865 – nach 1893; Tenor;
VERDI: UA *Otello*, Cassio (Mailand, Scala, 5. 2. 1887); UA *Falstaff*, Cajus (Mailand, Scala, 9. 2. 1893);

Pasetti, Francesco; Ingenieur, Musikliebhaber;
Pasetti war in Mailand ansässig und unterstützte Verdi am Beginn seiner Karriere freundschaftlich. Er trat während vieler Jahre im Namen Verdis bei Verhandlungen mit Bartolomeo Merelli und Ricordi auf. Ihm ist der Ricordi-Klavierauszug zu *Oberto* gewidmet.

Pasqua, verh. **Giacomelli**, Giuseppina, 1855–1930; Mezzosopranistin;
STUDIUM: Perugia; Palermo; bei Luigia Abbadia; DEBÜT: Bologna;
STATIONEN: kleine und große italienische Bühnen; Auftritte in ganz Europa;
VERDI: UA *Don Carlo,* Eboli (Mailand, Scala, 10. 1. 1884); UA *Falstaff,* Quickly (Mailand, Scala, 9. 2. 1893);

Patti, verheiratete **de Caux, Nicolini, Cederström**, Adelina, 1843–1919; Sopranistin;
STUDIUM: beim Vater Salvatore und der Mutter Catarina Chiesa Barilli; New York; DEBÜT: 1859 New York, Academy of Music;
STATIONEN: USA; Auftritte in ganz Europa; Südamerika;
VERDI: EA *Aida,* Aida (London, Covent Garden, 1876); weithin berühmt für ihre Verdi-Interpretationen;
RÜCKZUG: ab 1895;

Pavlidis, Paul, s. **Draneth**, Paul

Pelagalli-Rossetti, Paolo; Tenor;
VERDI: UA *Falstaff,* Bardolfo (Mailand, Scala, 9. 2. 1893);

Penco, Elena Rosina, 1823–1894; Sopranistin;
STATIONEN: Italien; Dresden; Berlin; Konstantinopel; London; Paris;
VERDI: UA *Il trovatore,* Leonora (Rom, Apollo, 19. 1. 1853); EA *Un ballo in maschera,* Amelia (Paris, Italien, 1861); Penco erlangte für ihre Verdi-Interpretationen besondere Berühmtheit. Verdi schätzte sie zu Beginn ihrer Karriere mehr als in späteren Jahren.

Peri, Maria; Sopranistin;
VERDI: UA revidierte Fassung *Don Carlo*, Elisabetta (Modena, 1886);

Perrin, Émile Cesar Victor, 1814–1885; Maler, Theaterdirektor;
Er leitete die Pariser Opéra-Comique, das dortige Théâtre-Lyrique und seit 1862 die Opéra. In dieser Funktion gab er den Auftrag zur 1867 an seinem Haus uraufgeführten Oper *Don Carlos*.

Petipa, Lucien (Joseph-Lucien), 1815–1898; Tänzer, Choreograph;
STUDIUM: beim Vater Jean-Antoine; Brüssel;
STATIONEN: Brüssel; Paris;
VERDI: Choreographie zu UA *Les Vêpres Siciliennes* (Paris, Opéra, 13. 6. 1855); UA *Le Trouvère* (Paris, Opéra, 12. 1. 1857); UA *Don Carlos* (Paris, Opéra, 11. 3. 1867);
RÜCKZUG: 1868;

Petit, Jules Emile, 1837–1886; Baß und Bildhauer;
VERDI: UA revidierte Fassung *Macbeth,* Banquo (Paris, Lyrique, 21. 4. 1865);

Petrovich, Ginevra, 1858–1887; Mezzosopranistin;
VERDI: UA *Otello,* Emilia (Mailand, Scala, 5. 2. 1887);

Piatti, Alfredo, 1822–1901; Cellist, Komponist;
Der mit Verdi befreundete Piatti war erster Cellist am Haymarket Theatre in London. Für ihn schrieb Verdi die Solopassagen im *preludio* und im Vorspiel zum 2. Teil von *I masnadieri*.

Piatti, Giulio, 1816–1872; Historienmaler;
Der engagierte Einheitskämpfer Piatti wirkte vor allem in Florenz. Dort schloß er während der Entstehung von *Macbeth* mit Verdi Freundschaft.

Piave, Francesco Maria, 1810–1876; Librettist, Journalist;
Piave wirkte ab 1844 als Dichter am venezianischen Teatro La Fenice, ab 1859 in derselben Position an der Mailänder Scala. Er verfaßte eine Vielzahl von Libretti, u. a. für Pacini, Mercadante und Peri. Verdi, dem Nani Mocenigo den Librettisten empfohlen hatte, arbeitete seit *Ernani* mit ihm zusammen, war jedoch von der Qualität der Arbeit Piaves nicht immer überzeugt. Der Dichter, der zumeist auf die Wünsche des Komponisten einging, verfaßte dennoch zahlreiche weitere Libretti für Verdi: *I due Foscari* (1844); 3. Akt von *Attila* (1846); *Macbeth* (überarbeitet von Maffei, 1847); *Il corsaro* (1848); *Stiffelio* (1850) und *Aroldo* (1857); *Rigoletto* (1851); *La traviata* (1853); *Simon Boccanegra* (überarbeitet von Montanelli, 1857); *La forza del destino* (1862). Aus der Zusammenarbeit entwickelte sich bald eine Freundschaft. Nach Piaves Tod unterstützten die Verdis seine Familie.

Piazza, Antonio, 1742–1825; Librettist,
Piazza wirkte in den späten 1870er Jahren am venezianischen Teatro San Samuele und war später als Herausgeber einer venezianischen Zeitung und in Mailand tätig. Der mäßig erfolgreiche Librettist verfaßte das Libretto zu *Rocester*, der vermutlich so betitelten Erstfassung von Verdis *Oberto, conte di San Bonifacio*.

Piccolomini, verheiratete **Gaetani della Fargia**, Marietta (Maria), 1834–1899; Sopranistin;
STUDIUM: Florenz; DEBÜT: 1852 Florenz, Pergola;
STATIONEN: zahlreiche italienische Bühnen; Paris; USA;
VERDI: EA *La traviata,* Violetta (Paris, Italien, und London, Her Majesty's, 1856); EA *Luisa Miller,* Luisa (London, Her Majesty's, 1858). Zudem sah Verdi für sie die Rolle der Cordelia in seinem nie verwirklichten Opern-Projekt *Re Lear* vor.
RÜCKZUG: 1860;

Piestre, Pierre Etienne, s. **Cormon**, Eugène

Pineux-Duval, Alexandre Vincent, 1767–1842; Dichter;

Pineux-Duval verfaßte die Komödie *Le faux Stanislas* (1809), eine der Vorlagen zu Verdis *Un giorno di regno*.

Pini-Corsi, Antonio, 1858–1918; Bariton;
DEBÜT: 1878 Cremona;
STATIONEN: kleinere und große italienische Bühnen; London; New York; Buenos Aires;
VERDI: UA *Falstaff,* Ford (Mailand, Scala, 9. 2. 1893). Im Anschluß sang Pini-Corsi die Rolle auf vielen wichtigen italienischen Bühnen und am Covent Garden in London.
RÜCKZUG: 1917;

Pinto, Gebrüder; Geiger;
Die beiden Geschwister wirkten als Geiger bei der ersten privaten Aufführung von Verdis *Streichquartett* in Neapel im Albergo delle Crocelle am 1. 4. 1873 mit. Einer der beiden spielte auch bei der UA des *Requiems* am 22. 5. 1874 in Mailand.

Pippa, Teresa, s. **de Giuli**, Teresa

Piroli, Giuseppe, 1815–1890; Rechtsanwalt, Politiker;
Der aus Busseto stammende Piroli und Verdi waren von frühester Kindheit an freundschaftlich verbunden. Pirolis berufliche Laufbahn schloß einen Professorenposten für Recht an der Universität Parma, gemeinsam mit Verdi einen Sitz im Parlament des geeinten Italien und ab 1884 einen Senatorenposten ein. Er war Mitglied der Liberalen Partei um Cavour. Verdi zog seinen Freund häufig als Berater in rechtlichen, politischen und familiären Angelegenheiten heran.

Pizzi, Italo, 1849–1920; Orientalist, Schriftsteller;
Er lernte Verdi 1883 bei dessen Besichtigung der Biblioteca Laurenziana in Florenz kennen, wo Pizzi Archivar war. Die 1901 veröffentlichten Memoiren des Verdi-Freundes, der häufig Gast auf Sant'Agata war, geben Eindrücke aus Gesprächen der Jahre 1882–1900 mit Verdi wieder.

Plunkett, Adeline, 1824–1910; Tänzerin;
STATIONEN: Triest; London; Paris;
VERDI: *Pas de deux* in UA *Jérusalem* (Paris, Opéra, 26. 11. 1847);
RÜCKZUG: 1861;

Poggi, Antonio, 1806–1875; Tenor;
STUDIUM: bei Andrea Nozzari; DEBÜT: 1827 Paris;
STATIONEN: Paris; italienische Bühnen; Wien; London;
VERDI: UA *Giovanna d'Arco,* Carlo VII (Mailand, Scala, 15. 2. 1845);
RÜCKZUG: 1846;

Poggi, Erminia, s. **Frezzolini**, Erminia

Poggiali, Salvatore; Tenor;
VERDI: UA *Aroldo,* Godvino (Rimini, Nuovo, 16. 8. 1857);

Pons, Feliciano; Baß;
VERDI: UA *Rigoletto,* Sparafucile (Venedig, Fenice, 11. 3. 1851);

Postans, Mary, s. **Shaw**, Mary

Pougin, Arthur, 1834–1921; Musikschriftsteller;
Pougin schrieb in Paris als Kritiker für die bedeutendsten Zeitungen und ist der Verfasser einer grundlegenden Verdi-Biographie, die 1881 in der Übersetzung von Folchetto (Jacopo Caponi) bei Ricordi in Mailand erschien.

Pozzoni, Marietta, s. **Anastasi**, Marietta

Provesi, Ferdinando, 1770–1833; Komponist, Organist;
Provesi war u. a. in Soresina und Cremona als Organist tätig, bevor er 1816 nach Busseto wechselte. 1820 wurde er dort zum Kapellmeister berufen und übernahm gleichzeitig die Leitung der Musikgesellschaft, die maßgeblich von Antonio Barezzi unterstützt wurde. Er schrieb einige dramatische Werke, die zwischen 1825 und 1829 in Busseto aufgeführt wurden. 1825 wurde Verdi zu seinem Schüler, 1829 zu seinem Assistenten. Nach Provesis Tod gab es längere Auseinandersetzungen darüber, ob Verdi oder Giovanni Ferrari die Nachfolge Provesis antreten sollten. Schließlich übernahm Verdi die Leitung des Orchesters und der Musikschule von Busseto, Ferrari die Organistenstelle.

Rainieri-Marini, Antonietta, vor 1820–1870; Sopranistin;
STATIONEN: italienische Häuser;
VERDI: UA *Oberto, conte di San Bonifacio,* Leonora (Mailand, Scala, 17. 11. 1839); UA *Un giorno di regno,* Marchesa di Poggio (Mailand, Scala, 5. 9. 1840)

Ramirez de Baquedano, Angel, s. **Saavedra y Ramirez de Baquedano**, Angel;

Rapazzini, Carolina; Sopran;
VERDI: UA *Il corsaro,* Medora (Triest, Grande, 25. 10. 1848);

Reduzzi, Francesco, 1824–1891; Baß;
STUDIUM: Mailand; Turin;
STATIONEN: Auftritte an den großen italienischen Bühnen; Gastspiele in Spanien und Portugal;
VERDI: UA *Stiffelio,* Jorg (Triest, Grande, 16. 11. 1850);

Regli, Francesco, 1802–1866; Musikschriftsteller, Theateragent;
Regli, der 1848 die Zeitschrift *Il pirata* in Mailand gründete, arbeitete bei der Zeitschrift *Il barbiere di Siviglia* mit dem Verdi-Freund Opprandino Arrivabene zusammen. 1851 verhandelte er mit der Oper in Madrid für Verdi, allerdings ohne Ergebnis.

Renoux, Adrien, 1822–1869; Tänzer;
STATIONEN: Bühnen in Belgien, Frankreich, USA;
VERDI: höchstwahrscheinlich Choreographie zu *Nabucodonosor* (Brüssel, Monnaie, 1848/1849);

Reszke, Édouard de, 1853–1917; Baß;
STUDIUM: Warschau; Mailand; Neapel; Paris; DEBÜT: 1876 Paris, Italien;
STATIONEN: Paris; Mailand; London; Lissabon;
VERDI: EA *Aida*, König (Paris, Italien, 1876); UA revidierte Fassung *Simon Boccanegra*, Fiesco (Mailand, Scala, 24. 3. 1881); EA *Simon Boccanegra*, Fiesco (Paris, Italien, 1883);
RÜCKZUG: 1903;

Rey, geborene -**Balla**, Agnés, 1836–1889; Sopranistin;
STUDIUM: Paris; DEBÜT: 1856 Marseille;
STATIONEN: Paris; Brüssel; London;
VERDI: UA revidierte Fassung *Macbeth*, Lady (Paris, Lyrique, 21. 4. 1865);

Reyer, Ernest, 1823–1909; Musikkritiker, Komponist;
Der in Paris tätige, angesehene Kritiker brachte insgesamt fünf Opern in Paris, Brüssel und Baden-Baden zur UA. In *Le Journal des débats* veröffentlichte er u. a. eine Rezension zur Pariser UA von *Don Carlos* 1867 und einen umfangreichen Bericht über seine Eindrücke von der *Aida*-UA 1871 in Kairo.

Ribet, Antonia, um 1848–1871; Tänzerin;
STATIONEN: Paris;
VERDI: UA *Don Carlos*, Schwarze Perle (Paris, Opéra, 11. 3. 1867);

Richard, Zina (Zinaida-Iosefovna), 1832–1890; Tänzerin;
STATIONEN: Paris;
VERDI: *Pas de deux* in UA *Le Trouvère* (Paris, Opéra, 12. 1. 1857);

Ricordi, Giovanni, 1785–1853; Verleger; Vater Tito Ricordis;
Ricordi gründete seinen Verlag 1808 in Mailand. Die Anzahl seiner Publikationen vervielfachte sich aufgrund zahlreicher lukrativer Verträge mit den wichtigsten Theatern Mailands, später auch Venedigs und Neapels rasch. Er wurde zum Hauptverleger der Werke Verdis in Italien. Bereits 1844 umfaßte das Verlagsprogramm Opern von Rossini, Bellini und Donizetti. 1842 gründete Ricordi die *Gazzetta musicale di Milano*, eine Verlagszeitung, die bis 1902 bestand.

Ricordi, Giulio, 1840–1912; Verleger; Sohn von Tito Ricordi;
Giulio Ricordi trat 1863 in den Verlag ein und unterstützte seinen Vater Tito zunehmend bei den stets schwierigen Verhandlungen mit Verdi, den der Verlag in Italien vertrat (Mitte der 1870er Jahre kam es zu einer Krise in den Beziehungen zu Verdi wegen Unregelmäßigkeiten bei der Tantiemen-Abrechnung). Er übernahm die Leitung des Hauses sowie diejenige der *Gazzetta musicale di Milano* 1888 und blieb bis zu seinem Tode im Amt. Ricordi vergrößerte den Verlag, indem er andere Häuser aufkaufte. Unter seiner Führung wurden die ersten Filialen in Leipzig (1901) und New York (1911) eröffnet. Von Ricordi stammen die Regiebücher zu *Aida*, zur revidierten Fassung von *Simon Boccanegra* und zu *Otello*, die das Haus veröffentlichte. Ricordi war auch als Schriftsteller, Maler und Komponist tätig.

Ricordi, Tito, 1811–1888; Verleger; Sohn von Giovanni Ricordi, Vater von Giulio Ricordi;
Tito Ricordi trat 1825 in das Familienunternehmen Ricordi ein und arbeitete im Verlag bis zu seinem Tod 1888. Er entwickelte neue Drucktechniken und weitete die Vertretungen des Hauses europaweit aus. 1864 übernahm er den Clausetti-Verlag, drei Jahre später die Verlage von Guidi (Florenz) und Del Monaco (Neapel). 1888 kaufte er den Verlag des Erzrivalen Francesco Lucca auf, was dem Unternehmen nebst den Rechten an allen Verdi-Opern sämtliche italienischen Rechte an den Werken Richard Wagners einbrachte.

Rivas, Ángel, s. **Saavedra y Ramirez de Baquedano**, Angel de

Rivoirard, Léonie, s. **Levieilly**, Léonie

Robinson, Mary, s. **Shaw**, Mary

Rolla, Alessandro, 1757–1841; Geiger, Komponist;
Rolla wirkte als Konzertmeister in Parma und an der Mailänder Scala. Er war Violinprofessor am Konservatorium von Mailand, als Verdi – wahrscheinlich trotz Rollas Fürsprache – die Aufnahme verweigert wurde. Er empfahl dem jungen Komponisten anschließend Vincenzo Lavigna als Lehrer.

Romani, Felice, 1788–1865; Anwalt, Schriftsteller, Librettist;
Der Verfasser eines groß angelegten mythologischen Wörterbuches (1809–1827) ließ sich nach Reisen durch Europa in Mailand nieder. Dort begann seine Tätigkeit als Librettist 1813, zeitweise war er in der Folge als Dichter an der Mailänder Scala angestellt. Romani wurde zu einem der gefragtesten und erfolgreichsten Librettisten seiner Zeit, der über 80 Operntexte schrieb, von denen die meisten mehrfach vertont wurden. Er arbeitete u. a. mit Mayr, Rossini, Mercadante, Donizetti und Bellini zusammen. Sein Libretto *Il finto Stanislao* (1818) für Gyrowetz war eine der Textvorlagen zu Verdis *Un giorno di regno*. Nach Romanis Tod versuchte Verdi erfolglos eine Gesamtausgabe seiner Schriften zu initiieren.

Ronconi, Giorgio, 1810–1890; Bariton;
STUDIUM: beim Vater Domenico; DEBÜT: 1831, Pavia;
STATIONEN: zahlreiche wichtige italienische Bühnen; Wien; London; Osteuropa; Spanien; USA;
VERDI: UA *Nabucodonosor*, Nabucodonosor (Mailand, Scala, 9. 3. 1842); EA *Rigoletto*, Rigoletto (London, Covent Garden, 1853); Verdi schätzte den Bariton sehr, der geradezu zum Prototypen des Verdi-Baritons mit starker Strahlkraft im hohen Register und großer dramatischer Ausdruckskraft wurde.

Roosevelt, Blanche (Blanche Roosevelt Tucker Macchetta), 1853–1898; amerikanische Journalistin und Schriftstellerin;
Roosevelt begegnete Verdi mehrmals persönlich und hielt ihre Eindrücke von dem Komponisten, Arrigo Boito und der *Otello*-UA in *Verdi: Milan and „Othello"*, London 1887 fest.

Roppa, Giacomo, 1805–1868; Tenor;
STATIONEN: Auftritte in Italien und dem europäischen Ausland;
VERDI: UA *I due Foscari*, Jacopo (Rom, Argentina, 3. 11. 1844);

Roqueplan, Nestor, 1804–1870; Schriftsteller, Operndirektor;
Er wirkte als Leiter der Pariser Opéra in den Jahren 1847–1854 und der Opéra-Comique 1857–1860. Auf sein Bestreben hin entstand für die Wiedereröffnung der Pariser Opéra und zu seinem Amtsantritt als dortiger Direktor 1847 Verdis *Jérusalem*. Auch den Auftrag zu *Les Vêpres Siciliennes* gab er noch in diesem Amt, wobei er noch vor der UA im Zusammenhang mit der Affäre um das Verschwinden der *prima donna* Sophie Cruvelli zurücktreten mußte.

Rossetti, Paolo, s. **Pelagalli-Rossetti**, Paolo

Rossi, Cesare; Baß;
VERDI: UA *Un ballo in maschera*, Samuel (Rom, Apollo, 17. 2. 1859);

Rossi, Gaetano, 1774–1855; Librettist;
Rossi schrieb ab 1797 zahlreiche Libretti, vor allem für venezianische Produktionen, später für Mailand, Triest und Wien. Er arbeitete für Rossini, Meyerbeer, Mercadante, Pacini, Donizetti und zahlreiche weitere Komponisten. Sein Libretto *Il proscritto* wurde Verdi nach dem Mißerfolg von *Un giorno di regno* von Merelli zur Vertonung angeboten. Verdi lehnte es jedoch ab und entschied sich für *Nabucodonosor*.

Rota, Giacomo, 1836–1898; Bariton;
VERDI: UA revidierte Fassung *La forza del destino*, Melitone (Mailand, Scala, 27. 2. 1869)

Rovere, Agostino, 1804–1865; Baß;
STUDIUM: Mailand; DEBÜT: 1826 Pavia;
STATIONEN: italienische Bühnen; Wien; London;
VERDI: UA *Un giorno di regno*, La Rocca (Mailand, Scala, 5. 9. 1840);

Royer, Alphonse, 1803–1875; Theaterdirektor, Librettist;
Royer war 1853–1856 Direktor am Odéon in Paris, ab 1856 hatte er den gleichen Posten an der Opéra inne. Gemeinsam mit dem Librettisten Gustave Vaëz verfaßte und übersetzte er Libretti, darunter auch die Übersetzung von Verdis *I Lombardi alla prima crociata* unter dem neuen Titel *Jérusalem*. Er schrieb zudem eine 1847 in Paris erschienene Operngeschichte.

Saavedra y Ramírez de Baquedano, Ángel de, Graf von Rivas, 1791–1865; Dichter, Staatsmann, Maler;
Das Drama *Don Alvaro, o la fuerza del sino* (1835) des bis Mitte der 1830er Jahre im französischen Exil lebenden spanischen Dichters diente als Vorlage zu Verdis *La forza del destino*.

Sacchi, Marietta; Mezzosopranistin;
VERDI: UA *Oberto, conte di San Bonifacio*, Imelda (Scala, 17. 11. 1839);

Saint-Léon, Arthur (Charles Victor Arthur Michel), 1821–1870; Tänzer, Violinist, Komponist, Choreograph;
STUDIUM: Violine bei Joseph Mayseder und Niccolò Paganini; Tanz bei François Decombe;
STATIONEN: alle wichtigsten Bühnen Europas;
VERDI: Saint-Léon sollte die Choreographie zur *Don Carlos*-UA entwerfen. Er kam jedoch zu spät von einer Gastverpflichtung aus St. Petersburg zurück, so daß Lucien Petipa die Aufgabe kurzfristig übernahm.

Salandri, Teresa, vor 1825 – nach 1850; Altistin;
VERDI: UA *Luisa Miller*, Federica (Neapel, San Carlo, 8. 12. 1849)

Salvati, Federico, vor 1855 – nach 1884; Baß;
VERDI: UA revidierte Fassung *Simon Boccanegra*, Paolo (Mailand, Scala, 24. 3. 1881);

Salvi, Lorenzo, 1810–1879; Tenor;
STUDIUM: Neapel; DEBÜT: 1830 Neapel, San Carlo;
STATIONEN: zahlreiche italienische Bühnen; Paris; St. Petersburg; London; USA;
VERDI: UA *Oberto, conte di San Bonifacio*, Riccardo (Mailand, Scala, 17. 11. 1839); UA *Un giorno di regno*, Edoardo (Mailand, Scala, 5. 9. 1840);

Salvini (geborene) **-Donatelli** (**Lucchi**), Fanny (Francesca), um 1815–1891; Sopranistin;
DEBÜT: 1839 Rom, Apollo;
STATIONEN: Italien; Wien; Auftritte in ganz Europa;
VERDI: 1843 sang Salvini-Donatelli in Wien die Abigaille (*Nabucodonosor*) unter Verdis Leitung in der ersten Aufführung einer Verdi-Oper außerhalb Italiens. UA *La traviata*, Violetta (Venedig, Fenice, 6. 3. 1853); Der Mißerfolg des Werkes wurde ihrer Inter-

pretation zugeschrieben, obwohl Verdi sie gerade wegen ihres ausgeprägten schauspielerischen Talentes in dieser Rolle schätzte.
RÜCKZUG: 1859;

Sannier, Clarisse Françoise, 1833 – nach 1864; Mezzosopranistin;
STUDIUM: Paris; DEBÜT: 1854 Paris, Opéra;
STATIONEN: Paris; Brüssel; kleine französische Provinzbühnen;
VERDI: UA *Les Vêpres Siciliennes*, Ninetta (Paris, Opéra, 13. 6. 1855);

Santley, Charles, 1834–1922; Bariton;
STUDIUM: Mailand; England; DEBÜT: 1857 Pavia;
STATIONEN: London; USA-Tourneen; Mailand; Barcelona; Australien; Neuseeland;
VERDI: berühmter Verdi-Interpret, der erfolgreich in *Rigoletto, Il trovatore, La traviata, Un ballo in maschera* und *La forza del destino* auftrat. Seine Memoiren (London 1903) geben Auskunft über Verdi und Francesco Maria Piave.
RÜCKZUG: 1911;

Sass, Marie-Costance, s. **Sasse**, Marie Costance

Sasse (**Sax, Saxe, Sass**), verheiratete **Castelmary**, Marie Constance, 1834–1907; Sopranistin;
STUDIUM: Gent; Paris; Mailand; DEBÜT: 1852 Venedig;
STATIONEN: Paris; Mailand; St. Petersburg; italienische Bühnen; England; Spanien;
VERDI: UA *Don Carlos*, Elisabeth (Paris, Opéra 11. 3. 1867). Verdi lehnte Sasse als Amneris für die *Aida*-UA ab, da er ihren Umgang mit Kolleginnen und Kollegen während der Proben nicht schätzte.
RÜCKZUG: 1877;

Savonari, Eugenia, s. **Tadolini**, Eugenia

Sax, Marie-Costance, s. **Sasse**, Marie Costance

Saxe, Marie-Costance, s. **Sasse**, Marie Costance

Sbriscia, Zelinda, 1819–1898; Altistin;
VERDI: UA *Un ballo in maschera*, Ulrica (Rom, Apollo, 17. 2. 1859);

Scalese, Raffaele, 1798 – nach 1855; Baß-Bariton;
STATIONEN: große italienische Häuser;
VERDI: UA *Un giorno di regno*, Kelbar (Mailand, Scala, 5. 9. 1840);

Schiller, Johann Christoph Friedrich, 1759–1805; Dramatiker, Dichter, Historiker;
Schillers Werk gewann für Verdi schon in den 1840er Jahren große Bedeutung, nicht zuletzt im Gedankenaustausch mit dem Schiller-Übersetzer Andrea Maffei. So orientierte er sich an den Schillers Dramen *Die Jungfrau von Orléans* (1801), *Die Räuber* (1782), *Kabale und Liebe* (1784), *Wallensteins Lager* (1799) und *Don Karlos, Infant von Spanien* (1787) als Sujet-Vorlagen für seine Opern *Giovanna d'Arco*, *I masnadieri*, *Luisa Miller*, *La forza del destino* und *Don Carlos*. Anregungen von Maffei und Somma zu einer Vertonung des Sujets von Schillers *Demetrius* (1805) Anfang der 1860er Jahre wurden von Verdi nicht aufgegriffen.

Scotti, Pamela; Sopranistin;
VERDI: UA *Un ballo in maschera*, Oscar (Rom, Apollo, 17. 2. 1859);

Scremin, Antonio, s. **Selva**, Antonio

Scribe, Augustin Eugène, 1791–1861; Dramatiker, Librettist;
Der in den verschiedensten dramatischen Gattungen, vom *vaudeville* über die Oper bis zum Ballett, erfolgreiche Schriftsteller arbeitete für die bedeutendsten Opernkomponisten seiner Zeit, darunter Bellini, Donizetti, Gounod, Halévy und vor allem Meyerbeer. Auf Vorschlag von Eugène Scribe wurde die Bearbeitung und Übersetzung von *I Lombardi alla prima crociata* in *Jérusalem* Alphonse Royer und Gustave Vaëz anvertraut. Scribe selbst verfaßte mit *Le Duc d'Albe* (1839), einem ursprünglich für Donizetti bestimmten Libretto, das er dann auch für Verdi bearbeitete, eine der Vorlagen zu *Les Vêpres Siciliennes*. Sein von Auber vertontes Textbuch *Gustave III ou Le Bal masqué* (1833) diente als Vorlage zu Verdis *Un ballo in maschera*.

Seletti, Emilio; Rechtsanwalt, Historiker; Sohn Giuseppe Selettis;
Verdi freundete sich mit dem Sohn seines ehemaligen Vermieters in Mailand in seinen späteren Lebensjahren an. Seletti ist der Verfasser einer 1883 erschienenen umfangreichen Stadtgeschichte zu Busseto. Er half Verdi bei den rechtlichen Fragen, die sich angesichts der Stiftung der Casa di riposo ergaben.

Seletti, Giuseppe; Neffe Pietro und Vater Emilio Selettis;
Er wirkte als Lehrer am Gymnasium Santa Marta in Mailand und veröffentliche zahlreiche Schriften, teils in altphilologischer Forschung, teils im Bereich der Literatur. Verdi lebte zu Beginn seiner Ausbildung in Mailand im Haus dieses Freundes der Familie Barezzi als Logiergast. Das Verhältnis zwischen Verdi und seinem Vermieter wurde bald problematisch. In seinen Briefen nach Busseto beklagt sich Seletti über die mangelnde Arbeitsmoral und die unbeholfenen Manieren seines Logiergastes.

Seletti, Pietro, 1770–1853; Geistlicher, Lehrer; Neffe Giuseppe Selettis;
Seletti, der in der städtischen Bibliothek von Busseto wirkte, Hobbymusiker war und Forschungen in Altphilologie und Archäologie betrieb, war Verdis Lehrer am Gymnasium von Busseto.

Selva (Scremin), Antonio, 1824–1889; Baß;
STUDIUM: Padua; DEBÜT: 1842 Padua;
STATIONEN: Venedig; Neapel; Rom; Mailand; Madrid; Paris;
VERDI: Verdi hatte Selva am venezianischen Teatro San Samuele gehört, daraufhin übertrug er ihm die Rolle des Carlo in der UA von *Ernani* (Venedig, Fenice, 9. 3. 1844) und diejenige des Walter in der UA von *Luisa Miller* (Neapel, San Carlo, 8. 12. 1849); Spezialist für Verdi-Partien;

Severi, Giovanni; Tenor;
VERDI: UA *I Lombardi alla prima crociata*, Arvino (Mailand, Scala, 11. 2. 1843)

Shakespeare, William, 1564–1616; Dichter, Schauspieler;
Verdi setzte sich nicht zuletzt im Gedankenaustausch mit dem Shakespeare-Übersetzer Giulio Carcano schon in den frühen Jahren seiner Karriere intensiv mit dem Werk des Dichters auseinander. Ein erstes Resultat dieser Vorliebe ist seine Oper *Macbeth* (1847), doch gerade das Spätwerk mit *Otello* und *Falstaff* nach Vorlagen der jeweiligen Dramen Shakespeares bildet den Höhepunkt der Beschäftigung des Komponisten mit dem Dichter, der auf die Entwicklung der musikdramatischen Ideen Verdis entscheidend einwirkte.

Shaw, geborene **Postans**, verheiratete **Robinson**, Mary, 1814–1876; Altistin;
STUDIUM: London; DEBÜT: 1839 Novara;
STATIONEN: Novara; London;
VERDI: UA *Oberto, conte di San Bonifacio*, Cuniza (Scala, 17. 11. 1839);
RÜCKZUG: 1844;

Signorini, Francesco, 1860–1927; Tenor;
STUDIUM: Rom; DEBÜT: 1882 Florenz, Politeama;
STATIONEN: kleine und große italienische Häuser; Osteuropa; USA; Südamerika;
VERDI: UA revidierte Fassung *Don Carlo*, Don Carlo (Modena, 1886);
RÜCKZUG: 1910;

Silvestri, Alessandro, 1851–1922; Baß;
DEBÜT: 1866 Padua;
STATIONEN: zahlreiche italienische Theater; London; Wien; Prag; St. Petersburg; USA-Tourneen;
VERDI: UA *Don Carlo*, Filippo (Mailand, Scala, 10. 1. 1884); weitere Erfolge in Verdi-Partien;

Solanges, Paul, 1847–1914; Dichter und Übersetzer;
Solanges übertrug für die Aufführung an der Pariser Opéra-Comique 1894 gemeinsam mit Boito den Text von *Falstaff* ins Französische.

Sole, Nicola, 1827–1859; Rechtsanwalt;
Sole war Mitglied des neapolitanischen Freundeskreises um Verdi. Neben seinem Beruf schrieb er Gedichte religiösen, patriotischen und moralischen Inhalts.

Solera, Temistocle, 1815–1878; Librettist, Komponist;
Der bereits in den 1820er-Jahren mit einer lyrischen Veröffentlichung hervorgetretene Solera wirkte 1839–1845 an der Mailänder Scala und ab ca. 1850 am Madrider Teatro Reale. Er war als Textdichter und Komponist eigener Opern tätig, die in Mailand zur Aufführung kamen, und überarbeitete 1839 für Verdi eine Textvorlage Antonio Piazzas (vermutlich *Rocester*) zu *Oberto, conte di San Bonifacio*. Die erfolgreiche Produktion von *Nabucodonosor*, einer weiteren Verdi-Oper, zu der er das Libretto verfaßte, verhalf ihm zum Durchbruch. Die Zusammenarbeit mit Verdi setzte sich bei *I Lombardi alla prima crociata* (1843), *Giovanna d'Arco* (1845) und *Attila* (1846) fort. Über die letztgenannte Oper, die Verdi ohne Soleras Wissen von Piave vollenden ließ, kam es zum Zerwürfnis. Nach dem Abbruch der Zusammenarbeit mit Verdi, der weitere Angebote Soleras ablehnte, konnte der Dichter keine größeren Erfolge mehr als Librettist verzeichnen.

Somma, Antonio, 1809–1865; Rechtsanwalt, Dramatiker, Librettist;
Somma war in Triest als Schriftsteller tätig und übernahm dort 1840 die Direktion des Teatro Grande. Später ließ er sich als Rechtsanwalt in Venedig nieder, wo er Verdi traf. Er arbeitete nach Cammaranos Tod am Libretto zu *Re Lear*, das nie vertont wurde, und schrieb das Textbuch zu *Un ballo in maschera*. Verdi schätzte das dichterische Talent Sommas, hatte jedoch Vorbehalte, was sein Theaterverständnis anbetraf. Nach *Un ballo in maschera* verlegte Somma sich auf Dramendichtungen.

Sornet, Hyppolite Georges, s. **Monplaisir**, Ippolito Giorgio

Sottovia, Pietro; Baß;
VERDI: UA *La battaglia di Legnano*, Barbarossa (Rom, Argentina, 27. 1. 1849);

Souvestre, Charles Émile, 1806–1854; Schriftsteller;
Der Roman- und Komödienautor verfaßte mit der Nouvelle *Le Pasteur d'hommes* (1838) und deren dramatisierter Version *Le Pasteur, ou L'Evangile et le Foyer* (Zusammenarbeit mit Eugène Bourgeois, 1849) Textvorlagen zu Verdis *Stiffelio*.

Spezia, verheiratete **-Aldighieri**, Adelina; 1828–1907; Sopranistin;
DEBÜT: 1849 Verona, Filarmonico;
STATIONEN: zahlreiche wichtige italienische Bühnen; St. Petersburg;
VERDI: Spezia interpretierte 1854 in Venedig, San Benedetto, die Violetta in *La traviata*. Die Aufführung – kurz nach der erfolglosen Premiere am Fenice

– wurde zu einem Triumph und rehabilitierte das Werk. Verdi schätzte Spezia-Aldighieri sehr und betrachtete sie als mögliche Interpretin der Cordelia in seinem nie verwirklichten Opernprojekt *Re Lear*.

Spinelli, Clara, s. **Maffei**, Clara

Staël (Madame de), geborene **Necker**, Anne Louise Germaine, 1766–1817; Schriftstellerin;
Die seit 1803 im deutschen und schweizerischen Exil lebende Traktat- und Romanschriftstellerin erwähnte in *De l'Allemagne* (1810), wo sie auf Friedrich Werners Tragödie *Attila, König der Hunnen* von 1808 verweist, die Stoffvorlage zur Verdi-Oper *Attila*.

Stecchi-Bottardi, Luigi, 1825–1907; Tenor;
STATIONEN: große italienische Bühnen; Auftritte außerhalb Italiens;
VERDI: UA *Aida*, Bote (Kairo, Oper, 24. 12. 1871);
RÜCKZUG: 1902 in die Mailänder Casa di riposo;

Stehle, verheiratete **Garbin**, Adelina, 1861–1945; Sopranistin;
STUDIUM: Mailand; DEBÜT: 1881 Broni;
STATIONEN: zahlreiche italienische Bühnen; Südamerika-Tournee; Paris; St. Petersburg; Berlin; Wien;
VERDI: UA *Falstaff*, Nanetta (Mailand, Scala, 9. 2. 1893)

Steller, Francesco; Bariton;
VERDI: UA *Aida*, Amonasro (Kairo, Oper, 24. 12. 1871);

Stolz, Teresa (**Stolzová**, Terezie), 1834–1902; Sopranistin;
STUDIUM: Prag; 1856 Triest; Mailand; DEBÜT: 1857 Tiflis;
STATIONEN: russische Bühnen; Konstantinopel; alle wichtigen italienischen Häuser; Auftritte in ganz Europa;
VERDI: EA *Don Carlos*, Elisabeth (Bologna, 1867), unter Marianis Leitung; UA revidierte Fasung *La forza del destino*, Leonore (Mailand, Scala, 27. 2. 1869); EA *Aida*, Aida (Mailand, Scala, 1872); UA *Requiem*, Sopransolo (Mailand, San Marco, 22. 5. 1874), unter Verdis Leitung; EA *Requiem* (London, Wien, Paris); Persönlich lernten sich Verdi und Stolz wohl bei den Probenarbeiten zur italienischen Erstaufführung von *La forza del destino* kennen. Nach weiterer Zusammenarbeit bei *Aida*, mehreren Besuchen Stolz' auf Sant'Agata und ihrer Trennung vom Verlobten Angelo Mariano kamen bald Gerüchte über eine Liaison zwischen Komponist und Sängerin auf. Zwar fehlt ein eindeutiger Beleg für eine solche Beziehung, doch Giuseppina Verdis Aufzeichnungen ist zu entnehmen, daß es in der Ehe der Verdis wegen Stolz zu einer schweren Krise kam. Stolz avancierte zur Verdi-Spezialistin, zum Verdi-Sopran *par excellence* und wurde besonders in den späteren Verdi-Rollen (*Un ballo in maschera*, Amelia; *Aida*, Aida) stürmisch gefeiert. Nach 1872 sang sie so gut wie ausschließlich Verdi-Rollen.

Stolzová, Terezie, s. **Stolz**, Teresa

Strazza, Giovannina, s. **Lucca**, Giovannina

Strepponi, Giuseppina, s. **Verdi**, Giuseppina

Strigelli, Giuseppina, s. **Appiani**, Giuseppina

Superchi, Antonio, 1816–1898; Bariton und Schriftsteller;
STUDIUM: Parma; DEBÜT: 1838 Venedig, La Fenice;
STATIONEN: führende Theater in Italien und im Ausland;
VERDI: UA *Ernani*, Silva (Venedig, Fenice, 9. 3. 1844);
RÜCKZUG: 1856;

Tadolini, geborene **Savonari**, Eugenia, 1808–1872; Sopranistin;
STUDIUM: bei Giovanni Tadolini; DEBÜT: 1828 Florenz;
STATIONEN: alle wichtigen italienischen Bühnen; Wien; Paris; London;
VERDI: Verdi hörte Tadolini als Elvira in *Ernani*, und bot ihr in der UA von *Alzira* die Titelrolle an (Neapel, San Carlo, 12. 8. 1845). Der Komponist verwehrte sich dagegen, ihr wie vorgeschlagen bei der *Macbeth*-UA die Rolle der Lady anzuvertrauen, da ihre Stimme zu schön klinge und damit der Konzeption der Rolle entgegenstünde.
RÜCKZUG: 1851;

Tamagno, Francesco, 1850–1905; Tenor;
STUDIUM: Palermo; Mailand; DEBÜT: 1869 Palermo, Massimo;
STATIONEN: große italienische Bühnen; USA; wichtig europäische Theater;
VERDI: UA revidierte Fassung *Simon Boccanegra*, Gabriele (Mailand, Scala, 24. 3. 1881); UA *Don Carlo*, Carlo (Mailand, Scala 10. 1. 1884); UA *Otello*, Otello, (Mailand, Scala, 5. 2. 1887); EA *Otello*, Otello (London, Lyceum, 1889); Otello sollte zur Paraderolle des schauspielerisch hochbegabten Tamagno werden. Verdi schätzte die Stimme des Tenors überaus und bezeichnete sie als einzigartig in der Welt.
RÜCKZUG: 1904;

Tamberlick, Enrico, s. **Tamberlik**, Enrico

Tamberlik (**Tamberlick**), Enrico, 1820–1889; Tenor;
STUDIUM: Rom; Neapel; Bologna; Mailand; DEBÜT: 1837 Rom, Apollo;
STATIONEN: italienische Bühnen; London; St. Petersburg; Spanien; Moskau; Südamerika; USA;
VERDI: EA *Il trovatore*, Manrico (London, 1855); UA *La forza del destino*, Alvaro (St. Petersburg, Hofoper,

10. 11. 1862); Tamberlik regte den Auftrag zur Komposition von *La forza del destino* an und verhandelte für die St. Petersburger Hofoper mit Verdi.

Tasso, Antonio; Tenor;
VERDI: UA *La forza del destino* revidierte Fassung, Trabuco (Mailand, Scala, 27. 2. 1869);

Tenca, Carlo, 1816–1883; Privatlehrer, Schriftsteller;
Verdi lernte den patriotischen Zeitungsherausgeber in seiner frühen Mailänder Zeit kennen. Tenca wurde zum Lebensgefährten Clara Maffeis.

Théodore (**Chion**, Théodore), vor 1820 – nach 1870; Tänzer, Choreograph;
STATIONEN: Paris;
VERDI: Choreographie und Tanz in UA revidierte Fassung *Macbeth* (Paris, Lyrique, 21. 4. 1865);

Tiberini, Mario, 1826–1880; Tenor;
DEBÜT: 1852 Rom, Argentina;
STATIONEN: zahlreiche italienische Bühnen; USA; Spanien;
VERDI: UA *La forza del destino* revidierte Fassung, Alvaro (Mailand, Scala, 27. 2. 1869); sang in *Il trovatore*, *Rigoletto*, *Otello*, *La traviata*;

Tietiens, Therese, s. **Tietjens**, Therese

Tietjens (**Tietiens**), Therese Cathline Johanna Alexandra, 1831–1887; Sopranistin;
STUDIUM: Hamburg; Wien; DEBÜT: Hamburg;
STATIONEN: Frankfurt; Wien; London; Paris; Italien; USA;
VERDI: EA *Les Vêpers Siciliennes*, Hélène (London, Drury Lane, 1859); EA *Un ballo in maschera*, Amelia (London, Lyceum, 1861); EA *La forza del destino*, Leonora (London, Her Majesty's, 1867); weithin erfolgreiche Verdi-Interpretin in *Ernani* (Elvira), *I Lombardi alla prima crociata* (Giselda), *Il trovatore* (Leonora);
RÜCKZUG: 1877;

Torelli, Vincenzo, 1807–1884; Kritiker, Journalist;
Torelli war der Herausgeber von *L'omnibus*, einer neapolitanischen Theater- und Literaturzeitschrift. Er gehörte dem Freundeskreis der Verdis in Neapel an und wurde vom Komponisten des öfteren bevollmächtigt, dort in seinem Namen zu handeln. Als zeitweiliger Sekretär des Teatro San Carlo bat er Verdi 1856 um eine Oper für das Haus, später *Un ballo in maschera*. Zur dortigen UA kam es jedoch nicht, da Verdi wegen Eingriffen der Zensurbehörde seine Oper zurückzog.

Tornaghi, Eugenio, um 1844–1915; Verleger, Verlagsagent;
Tornaghi wirkte als Agent des Ricordi-Verlages in Mailand. Er verhandelte oft mit dem geschickten Geschäftsmann Verdi. Der Verlag versuchte Ungereimtheiten bei der Tantiemenabrechnung mit dem Komponisten, die Verdi Mitte der 1870er Jahre aufdeckte, durch Tornaghis Ungeschicklichkeit zu entschuldigen. Die Angelegenheit führte zu einer Krise in den Beziehungen zwischen dem Verlag und Verdi.

Toscanini, Arturo, 1867–1957; Cellist und Dirigent:
Nach seinem Musikstudium in Parma begann Toscanini seine Musiker-Laufbahn als Cellist. Um mit Verdi zusammenarbeiten zu können, spielte er bei der UA von *Otello* 1887 an der Mailänder Scala im Orchester die zweite Cellostimme. Durch eine Reihe von Zufällen war Toscanini in Rio de Janeiro ein Jahr zuvor bereits zu seinem Debüt als Dirigent gekommen. Die Interpretation von Verdis *Aida* des damals Neunzehnjährigen wurde begeistert aufgenommen. Damit war seine Laufbahn als Orchesterleiter besiegelt. Noch zu Lebzeiten Verdis dirigierte Toscanini bereits an der Scala und machte sich mit zahlreichen Aufführungen von *Falstaff* zum Anwalt dieses Werkes.

Truinet, Charles-Louis-Etienne, s. **Nuitter**, Charles-Louis-Etienne

Tucker Machetta, Blanche Roosevelt, siehe **Roosevelt**, Blanche

Uttini, Luigia, s. **Verdi**, Luigia

Vaëz (**van Nieuwenhuysen**), Gustave Jean-Nicolas, 1812–1862; Librettist, Übersetzer;
Der in Paris erfolgreiche Schriftsteller verfaßte zumeist gemeinsam mit Alphonse Royer zahlreiche Dramen, *vaudevilles* und Libretti (u. a. für Rossini und Donizetti). Gemeinsam mit Royer leitete er zeitweise das Pariser Odéon und die Opéra. Für Verdi verfaßte er – ebenfalls gemeinsam mit Royer – die Übersetzung von *I Lombardi alla prima crociata* ins Französische (*Jérusalem*).

van Gelder, Julian; Sopranistin;
VERDI: UA *Jérusalem*, Hélène (Paris, Opéra, 26. 11. 1847);

van Nieuwenhuysen, Gustave, s. **Vaëz**, Gustave

Varesi, Felice, 1813–1889; Bariton;
DEBÜT: 1834, Varese;
STATIONEN: zahlreiche italienische Bühnen; Wien; Madrid; Budapest; London;
VERDI: UA *Macbeth*, Macbeth (Florenz, Pergola, 14. 3. 1847); UA *Rigoletto*, Rigoletto (Venedig, Fenice, 11. 3. 1851); UA *La traviata*, Germont (Venedig, Fenice, 6. 3. 1853). Für den Premieren-Mißerfolg des letztgenannten Werks wurde verschiedentlich auch Varesi verantwortlich gemacht, der offenbar Schwierigkeiten hatte, sich mit seiner Rolle zu identifizieren. Verdi schätzte ihn jedoch außerordent-

lich, und konzipierte die genannten Bariton-Partien meist von Anfang an für ihn. Rigoletto wurde zu seiner Paraderolle.

Vasselli, Antonio, um 1795–1870; Rechtsanwalt; Vaselli, der Schwiegervater Donizettis, war mit Verdi freundschaftlich verbunden und wurde zum Widmungsträger der Ricordi-Erstausgaben von *Rigoletto* und *Il trovatore*.

Vaucorbeil, Auguste Emanuel, 1821–1884; Komponist, Theaterdirektor;
Vaucorbeil übernahm 1879 die Leitung der Opéra. Ende dieses Jahres reiste er zu Verdi nach Sant' Agata, um den Komponisten für eine Produktion von *Aida* an seinem Haus zu gewinnen. Für diese Aufführung komponierte Verdi eine Balletteinlage für den 2. Akt.

Venettozza, Caroline, s. **Dominique-Venettozza**, Caroline

Vercellini, Giacomo; Baß;
VERDI: UA *Simon Boccanegra*, Albiani (Venedig, Fenice, 12. 3. 1857);

Verdi, Carlo, 1785–1867; Schankwirt in Le Roncole nahe Busseto, Vater Giuseppe Verdis;
Seit 1805 verheiratet mit Luigia Uttini. Giuseppe, geboren 1813, war ihr erstes Kind, eine Tochter Giuseppina Francesca folgte 1816. Verdi, der in ärmlichen Verhältnissen aufgewachsen war, engagierte sich sehr, um seinem Sohn eine gute Erziehung zu ermöglichen. So ließ er ihn früh in Musik und Sprachen unterrichten und kaufte Giuseppe um 1820 sein erstes Spinett. 1831 beantragte er in Busseto ein städtisches Stipendium zur Ausbildung seines Sohnes in Mailand. Trotz der Bewilligung kam es zu finanziellen Problemen und Streitigkeiten mit dem Förderer Antonio Barezzi. Noch vor dem Ende der 1840er Jahre mußte Verdi Ländereien verkaufen, um seinen Sohn und seine Familie zu unterstützen, u. a. half er ihm auch beim Kauf des Landgutes Sant' Agata. 1849 zogen Verdis Eltern dort ein. Nach einer schwerwiegenden Familienkrise im Zusammenhang mit der Lebensgemeinschaft, die Verdi und Giuseppina Strepponi ohne Trauschein führten, kam es 1851 zu einem notariellen Vergleich zwischen Vater und Sohn, in dem Giuseppe seinem Vater geliehenes Geld zurückbezahlte. In der Folge verließen die Eltern Verdis Sant'Agata und siedelten nach Vidalenzo über.

Verdi, Filomena Maria, s. **Carrara**, Filomena Maria

Verdi, Giuseppa Francesca, 1816–1833;
Tochter Luigia und Carlo Verdis, Schwester des Komponisten, die möglicherweise geistig behindert war.

Verdi, geborene **Strepponi**, Giuseppina, 1815–1897; Sopranistin; zweite Frau Verdis;
Strepponi entstammte einer Musikerfamilie, ihr Vater Feliciano war ein in Ansätzen erfolgreicher Opernkomponist. Sie studierte am Mailänder Konservatorium und stieg nach ihrem Debüt 1834 in Adria (*Chiara di Rosembergh*, Ricci) sehr schnell zu einer der gefeiertsten Sängerinnen der Zeit auf. Ihre Auftrittsserien mußte sie des öfteren wegen ihrer angeschlagenen Gesundheit unterbrechen. Sie brachte während der Zeit als Sängerin mindestens drei uneheliche Kinder zur Welt, von denen zwei das Kindesalter überlebten. Mit Verdi traf sie möglicherweise schon im Vorfeld der UA von *Oberto, conte di San Bonifacio*, sicher aber im Vorfeld der UA von *Nabucodonosor* zusammen. Damals hatte ihre Stimme schon viel von ihrer Leistungskraft eingebüßt. Sie sah sich bald gezwungen, ihre aktive Karriere als Sängerin aufzugeben und ließ sich Mitte der 1840er Jahre erfolgreich in Paris als Gesangslehrerin nieder. Mit Verdis Besuch in Paris zur UA von *Jérusalem* 1847 scheint eine feste Liebesbeziehung begonnen zu haben. Strepponi nahm in der Folge großen Anteil am Werk des Komponisten, begleitete den Kompositionsprozeß und übersetzte Librettovorlagen. 1849 zog das Paar ohne Trauschein gemeinsam nach Busseto, was dort zu einer großangelegten Hetzkampagne führte. Erst 1859 entschlossen sie sich, zu heiraten. Eine schwere Krise in der Ehe Verdis bedeutete die Bekanntschaft und vermutlich auch Liebesbeziehung zwischen dem Komponisten und der Sopranistin Teresa Stolz Anfang der 1870er Jahre. In ihren zahlreichen Briefen erledigte Giuseppina Verdi Geschäftsangelegenheiten mit *impresari*, Verlegern und Agenten.

Verdi, Icilio Romano Carlo Antonio, 1838–1839; Sohn Giuseppe und Margherita Verdis

Verdi, geborene **Uttini**, Luigia, 1787–1851; Schankwirtin in Le Roncole nahe Busseto; Mutter Giuseppe Verdis;
Seit 1805 verheiratet mit Carlo Verdi. Giuseppe, geboren 1813, war ihr erstes Kind, eine Tochter Giuseppina Francesca folgte 1816. Luigia Verdi arbeitete als Spinnerin zuhause. 1849 zog sie mit ihrem Mann auf Sant'Agata, das Landgut ihres Sohnes. Nach schweren Streitigkeiten zwischen dem Komponisten und seinen Eltern zogen diese 1851 nach Vidalenzo.

Verdi, geborene **Barezzi**, Margherita, 1814–1840; Tochter Antonio Barezzis und Marie Demaldès; erste Frau Verdis;
Nach Unterricht in Klavier und Gesang bei Ferdinando Provesi und Verdi gab sie Musikunterricht. 1836 heiratete sie den Komponisten. Aus der Ehe gingen die Kinder Virginia, geboren 1837, und Icilio, geboren 1838, hervor, die beide das Kleinkindalter

nicht überlebten. Ihr früher Tod wurde durch eine Hirnhautentzündung verursacht.

Verdi, Virginia Maria Luigia, 1837–1838; Tochter Giuseppe und Margherita Verdis.

Viardot, geborene -**Garcìa**, Pauline (Michèle Ferdinande), 1821–1910; Mezzo-Sopranistin, Komponistin;
STUDIUM: bei der Mutter Joaquina Sitchez und dem Bruder Manuel jr.; Klavier bei Franz Liszt; Komposition bei Anton Reicha; DEBÜT: 1839 London, Her Majesty's;
STATIONEN: Paris; St. Petersburg; zahlreiche Bühnen in Deutschland; London;
VERDI: EA *Il trovatore*, Azucena (London, Covent Garden 1855); in England mit zahlreichen weiteren Verdi-Rollen erfolgreich;
RÜCKZUG: um 1870;

Vichard Abbeé de Saint-Real, César, 1639–1692; Schriftsteller und Historiker;
Vichard wirkte in London und am Hof von Savoyen. Seine historische Novelle *Histoire de Dom Carlos* von 1672 diente über den Umweg von Schillers Drama als Vorlage für Verdis *Don Carlos*.

Vigier, Sophie, s. **Cruvelli**, Sophie

Vigna, Cesare, 1814–1912; Mediziner, Musikkritiker;
Vigna, ein enger Freund Verdis, hatte sich auf die Therapie von Geistesstörungen spezialisiert. Ab 1874 leitete er die Heilanstalt für Frauen San Clemente in Venedig, wo er grundlegende Reformen initiierte. Die Ricordi-Erstausgabe von *La traviata* ist ihm gewidmet.

Villa, Carlo, s. **Negrini**, Carlo

Villaret, Jean-François, 1830–1896; Tenor;
VERDI: Für eine Neueinstudierung von *Les Vêpres Siciliennes* 1863 komponierte Verdi eine neue *romance* für den Sänger.

Voltaire (**Arouet**, François Marie), 1694–1778; Schriftsteller, Philosoph;
Verdi bezog sich mit seiner Oper *Alzira* auf Voltaires *Alzire, ou Les Américains* von 1736 als Textvorlage.

Waldmann, verheiratete **Massari**, Maria, 1842–1920; Mezzo-Sopranistin;
STUDIUM: Wien; Mailand; DEBÜT: 1865 St. Petersburg;
STATIONEN: Wiesbaden; Amsterdam; italienische Bühnen; Moskau; Kairo;
VERDI: EA *Aida*, Amneris (Mailand, Scala, 1872); UA *Requiem*, Altsolo (Mailand, San Marco, 22. 5. 1874); EA *Requiem* (London, Wien, Paris). Verdi schätzte Waldmann sehr und zwischen ihm, seiner Frau und der Sängerin entwickelte sich ein langjähriger Briefwechsel.
RÜCKZUG: um 1876;

Werner, Friedrich Ludwig Zacharias, 1768–1823; Dramatiker, Lyriker, Priester;
Zunächst als Beamter in der preußischen Verwaltung tätig, widmete er sich, nachdem er zum Katholizismus übergetreten war, ab 1814 der kirchlichen Laufbahn. Unter seinen Dramen findet sich mit *Attila, König der Hunnen* von 1808 eine der Textvorlagen zu Verdis *Attila*.

Zanardini, Angelo, 1820–1893; Musiker, Dramatiker, Politiker;
Seit 1856 als Mitarbeiter des Verlags Ricordi in Mailand tätig, verfaßte Zanardini zahlreiche Libretti, u. a. für Ponchielli sowie Musik und Text zu seiner Oper *Amleto* (1854). Für Verdi fertigte er gemeinsam mit Achilles de Lauzières-Thémines die Übersetzung des *Don Carlos*-Librettos ins Italienische.

Zilli, Emma, 1864–1901; Sopranistin;
STUDIUM: bei der Mutter Lucia Carlini; DEBÜT: 1887 Ferrara;
STATIONEN: italienische Bühnen; Spanien, Polen, Ungarn, Frankreich; Südamerika-Tournée;
VERDI: UA *Falstaff*, Alice (Mailand, Scala, 9. 2. 1893); EA *Falstaff* (London, Covent Garden, 1894);

Zuliani, Angelo; Tenor;
VERDI: UA *Rigoletto*, Borsa (Venedig, Fenice, 11. 3. 1851); UA *La traviata*, Gastone (Venedig, Fenice, 6. 3. 1853);

Bibliographie

von Edith Keller und Christine Fischer

Zum Gebrauch dieser Bibliographie: Die folgende Liste verfolgt einen doppelten Zweck. Zunächst werden in der Reihenfolge des vorliegenden Buches zu jedem einzelnen Kapitel alle abgekürzt zitierten Titel, aber auch einschlägige weiterführende Literatur verzeichnet. Nur für die regelmäßig zitierten Ausgaben der Briefe von und an Verdi verweisen wir auf die separate Liste auf S. IX f. Für viele thematisch gebundene Beiträge, insbesondere aber für alle Einzelwerke ist dieser erste Teil der Bibliographie gleichzeitig eine Auswahlbibliographie. Alle wichtigere Sekundärliteratur, die nicht einzelnen Beiträgen des vorliegenden Buches zugeordnet werden konnte, erscheint dann im zweiten Teil, der zusammenfassenden Auswahlbibliographie. Für eine vertiefte Beschäftigung mit der Forschungsliteratur zu Verdi unerläßlich ist der Rückgriff auf die nur wenige Lücken aufweisende und genau kommentierte Bibliographie von Harwood, Gregory, *Giuseppe Verdi: A Guide to Research* (Composer Resource Manuals, 42), New York/London: Garland 1998.

Zu den einzelnen Beiträgen dieses Buches

Einleitung

Verdi-Bilder (Anselm Gerhard)

Balzac, [Honoré de], *Le Chef-d'Œuvre inconnu – Gambara – Massimilla Doni*, hrsg. von Marc Eigeldinger und Max Milner, Paris: Flammarion 1981.

Basevi, Abramo, *Studio sulle opere di Giuseppe Verdi*, Firenze: Tofani 1859 (Reprint: Bologna: Antiquae Musicae Italicae Studiosi 1978).

Becker, Heinz, *Giacomo Meyerbeer in Selbstzeugnissen und Bilddokumenten dargestellt*, Reinbek bei Hamburg: Rowohlt 1980.

Bittong, Franz, *Die Meistersinger, oder: Das Judenthum in der Musik: Parodistischer Scherz in 1 Akt*, Berlin: Kühn [1869]; auch in: Jens Malte Fischer, *Richard Wagners ›Das Judentum in der Musik‹: Eine kritische Dokumentation als Beitrag zur Geschichte des Antisemitismus*, Frankfurt am Main: Insel 2000, S. 329–352.

Black, John, *The Italian Romantic Libretto: A Study of Salvadore Cammarano*, Edinburgh: Edinburgh University Press 1984.

Budden, Julian, *The Operas of Verdi*, 3 Bde., London: Cassell 1973–1981.

Cafasi, Francesco, *Giuseppe Verdi: Fattore di Sant'Agata*, Parma: Zara 1994.

Cagli, Bruno, › ... questo povero poeta esordiente‹: Piave a Roma, un carteggio con Ferretti, la genesi di ›Ernani‹, in: *Verdi: Bollettino dell'Istituto di studi verdiani* 4, Nr. 10 (1987), S. 1–18.

Conati, Marcello (Hrsg.), *Interviste e incontri con Verdi*, Milano: Formichiere 1980.

Dauth, Ursula, *Verdis Opern im Spiegel der Wiener Presse von 1843 bis 1859: Ein Beitrag zur Rezeptionsgeschichte* (Beiträge zur Musikforschung, 10), München/Salzburg: Katzbichler 1981.

De Amicis, Edmondo, *Giuseppina Strepponi-Verdi*, in: Edmondo De Amicis, *Nuovi ritratti letterari ed artistici*, Milano: Treves 1902, S. 223–238.

De Maddalena, Aldo, *Prezzi e mercedi a Milano dal 1701 al 1860* (Studi e ricerche di storia economica italiana nell'età del Risorgimento), Milano: Banca commerciale italiana 1960.

De Napoli, Giuseppe, *Amilcare Ponchielli: La vita, le opere, l'epistolario, le onoranze*, Cremona: Cremona nuova 1936.

Faccini, Luigi, *Affitti in denaro e salari in natura: Le contraddizioni apparenti dell'agricoltora lombarda (secoli XVII-XIX)*, in: *Economia naturale, economia monetaria*, hrsg. von Ruggiero Romano und Ugo Tucci (Storia d'Italia: Annali, 6), Torino: Einaudi 1983, S. 649–670.

Fétis, François-Joseph, *Biographie universelle des musiciens et bibliographie générale de la musique* [1860–1865], Bd. 8, Paris: Firmin-Didot 1875.

Frisch, Max, *Mein Name sei Gantenbein* [1964] (Gesammelte Werke in zeitlicher Folge, 5/1), Frankfurt am Main: Suhrkamp 1994.

Gerhard, Anselm, *Die Verstädterung der Oper: Paris und das Musiktheater des 19. Jahrhunderts*, Stuttgart/Weimar: Metzler 1992.

Grempler, Martina, *Rossini e la patria: Studien zu Leben und Werk Gioachino Rossinis vor dem Hintergrund des Risorgimento* (Kölner Beiträge zur Musikforschung, 195), Kassel: Bosse 1996.

Hanslick, Eduard, *Die moderne Oper*, Berlin: Hofmann 1875.

Hortschansky, Klaus, *Die Herausbildung eines deutschsprachigen Verdi-Repertoires im 19. Jahrhundert und die zeitgenössische Kritik*, in: *Analecta musicologica* 11 (1972), S. 140–184.

Lessona, Michele, *Parma: Giuseppe Verdi*, in: *Volere è potere*, Firenze: Barbèra 1869, S. 287–307.

Mascagni, Pietro, *In morte di Giuseppe Verdi*, in: *Rivista d'Italia* 4 (1901), S. 262.

Meloncelli, Raoul, *Giuseppe Verdi e la critica francese*, in: *Studi verdiani* 9 (1993), S. 97–122.

Nicolai, Otto, *Tagebücher*, hrsg. von Wilhelm Altmann (Deutsche Musikbücherei, 25), Regensburg: Bosse 1937.

Parker, Roger, *Motives and Recurring Themes in ›Aida‹*, in: *Analyzing Opera: Verdi and Wagner*, hrsg. von Carolyn Abbate und Roger Parker (California Studies in 19th Century Music, 6), Berkeley/Los Angeles/London: University of California Press 1989, S. 222–238.

Parker, Roger, *Leonora's Last Act: Essays in Verdian Discourse* (Princeton Studies in Opera), Princeton: Princeton University Press 1997.

Pauls, Birgit, *Giuseppe Verdi und das Risorgimento: Ein politischer Mythos im Prozess der Nationenbildung* (Politische Ideen, 4), Berlin: Akademie Verlag 1996.

Petrobelli, Pierluigi, *Verdi e la musica tedesca*, in: *Analecta musicologica* 28 (1993), S. 83–98.

Phillips-Matz, Mary Jane, *Verdi: A Biography*, New York/Oxford: Oxford University Press 1993.

Piperno, Franco, *Le orchestre dei teatri d'opera italiani nell'ottocento: Bilancio provvisorio di una ricerca*, in: *Studi verdiani* 11 (1996), S. 119–221.

Pizzetti, Ildebrando, *Giuseppe Verdi: Maestro di teatro*, in: *Giuseppe Verdi nel cinquantenario della morte: Celebrazione commemorativa promossa dall'Accademia nazionale dei lincei, dall'insigne Accademia di S. Luca e dall'Accademia di S. Cecilia, ottobre-novembre 1951* (Problemi attuali di scienza e di cultura, 26), Roma: Accademia nazionale dei Lincei 1952, S. 14–27.

Pougin, Arthur, *Giuseppe Verdi: Vita aneddotica con note ed aggiunte di Folchetto [Giacomo Caponi]*, Milano: Ricordi 1881.

Reck-Malleczewen, Friedrich Percyval, *Tagebuch eines Verzweifelten* [1947] (Die andere Bibliothek, 113), Frankfurt am Main: Eichborn 1994.

Rosselli, John, *Verdi e la storia della retribuzione del compositore italiano*, in: *Studi verdiani* 2 (1983), S. 11–28.

Rosselli, John, *The Opera Industry in Italy From Cimarosa to Verdi: The Role of the Impresario*, Cambridge: Cambridge University Press 1984.

Strauss, Richard, *Briefe an die Eltern, 1882–1906*, hrsg. von Willi Schuh, Zürich/Freiburg im Breisgau: Atlantis 1954.

Tomasini, Daniele, *La cultura umanistica e letteraria di Giuseppe Verdi: Ricerche e contributi*, Cremona: Turris 1996.

Tucci, Ugo, *Stipendi e pensioni dei pubblici impiegati nel regno lombardo-veneto dal 1824 al 1866* (Archivio economico dell'unificazione italiana, 1), Roma: ILTE 1960.

Verne, Jules, *Paris au XXe Siècle: Roman*, hrsg von Piero Gondolo della Riva, Paris: Hachette 1994; deutsch: *Paris im 20. Jahrhundert: Roman*, Wien: Zsolnay 1996; Frankfurt am Main: Fischer 1998.

Wagner, Richard, ›Zukunftsmusik‹ [1860], in: *Richard Wagner: Gesammelte Schriften und Dichtungen*, Leipzig: Siegel ⁴1907, Bd. 7, S. 87–137.

Werfel, Franz, *Verdi: Roman der Oper*, Berlin: Zsolnay 1924.

Verdis Wirken im italienischen 19. Jahrhundert

Italien zwischen Restauration, Risorgimento und nationaler Einheit (Martina Grempler)

De Mauro, Tullio, *Storia linguistica dell'Italia unita* (Biblioteca di cultura moderna, 585), Bari: Laterza 1963, (Manuali Laterza, 16), 1993.

Della Peruta, Franco, *L'Italia del Risorgimento: Problemi, momenti e figure* (Saggi di storia, 14), Milano: Angeli 1997.

Hausmann, Friederike, *Garibaldi: Die Geschichte eines Abenteurers, der Italien zur Einheit verhalf* (Wagenbachs Taschenbücherei, 122), Berlin: Wagenbach 1985, 1999.

Lill, Rudolf, *Geschichte Italiens vom 16. Jahrhundert bis zu den Anfängen des Faschismus*, Darmstadt: Wissenschaftliche Buchgesellschaft 1980, ²1982, ⁴1988.

Montale, Bianca, *Parma nel Risorgimento: Istituzioni e società (1814–1859)* (Studi e ricerche storiche, 168), Milano: Angeli 1993.

Auf der Suche nach einer italienischen Nationalliteratur (Volker Kapp)

De Sanctis, Francesco, *Storia della letteratura italiana* [1870–1871], hrsg. von Niccolò Gallo, Torino: Einaudi 1962.

Gramsci, Antonio, *Quaderni dal carcere*, 10 Bde., Torino: Einaudi 1966–1974; deutsch: *Gefängnishefte: Kritische Gesamtausgabe*, hrsg. von Klaus Bochmann, bisher 9 Bde., Hamburg/Berlin: Argument 1991–1999.

Heine, Heinrich, *Sämtliche Schriften*, hrsg. von Klaus Briegleb, 6 Bde., München: Hanser 1968–1975.

Janowski, Franca, *Ottocento*, in: *Italienische Literaturgeschichte*, hrsg. von Volker Kapp, Stuttgart/Weimar: Metzler 1992, ²1994, S. 249–302.

Londonio, Carlo Giuseppe, *Risposta ai due discorsi di Madama di Staël*, in: *Discussioni e polemiche sul romanticismo (1816–1826)*, hrsg. von Egidio Bellorini, Bari: Laterza 1943, Bd. 1, S. 68–74.

Marchesi, Gustavo, *Verdi e Manzoni*, in: *Atti del III° congresso internazionale di studi verdiani*, Parma: Istituto di studi verdiani 1974, S. 274–284.

Mila, Massimo, *L'arte di Verdi*, Torino: Einaudi 1980.

Sapegno, Natalino, *Ritratto di Manzoni* (Biblioteca di cultura moderna, 553), Bari: Laterza 1961, ⁸1986.

Schulz-Buschhaus, Ulrich, *Benedetto Croce und die Kriege der Literaturgeschichte*, in: *Der Diskurs der Literatur- und*

Sprachhistorie: Wissenschaftsgeschichte als Innovationsvorgabe, hrsg. von Bernard Cerquiglini und Hans Ulrich Gumbrecht, Frankfurt am Main: Suhrkamp 1983, S. 280–302.

Italienische Opernhäuser als Wirtschaftsunternehmen (Michael Walter)

Barbier, Patrick, *La Vie quotidienne à l'Opéra au temps de Rossini et de Balzac: Paris, 1800–1850*, Paris: Hachette 1987.

Bosse, Heinrich, *Autorschaft ist Werkherrschaft: Über die Entstehung des Urheberrechts aus dem Geist der Goethezeit*, Paderborn: Schöningh 1981.

Cagli, Bruno, *Verdi and the Business of Writing Operas*, in: The Verdi Companion, hrsg. von William Weaver und Martin Chusid, New York: Norton 1979, S. 106–120.

Crosten, William L[oran], *French Grand Opera: An Art and a Business*, New York: King's Crown 1948 (Reprint: New York: Da Capo 1972).

De Angelis, Marcello, *Le carte dell'impresario: Melodramma e costume teatrale nell'ottocento* (Nuovi saggi), Firenze: Sansoni 1982.

Fulcher, Jane F., *The Nation's Image: French Grand Opera as Politics and Politicized Art*, Cambridge: Cambridge University Press 1987.

Giazotto, Remo, *Le carte della Scala: Storie di impresari e appaltatori teatrali (1778–1860)* (Akademos musica, 1), Pisa: Akademos 1990.

Gourret, Jean, *Ces Hommes qui ont fait l'Opéra (1669–1984)*, Paris: Albatros 1984.

Günther, Ursula, *Giuseppe Verdis erster Erfolg in Paris*, in: Lendemains: Zeitschrift für Frankreichforschung und Französischstudium 31/32 (1983), S. 53–62.

Jensen, Luke, *Giuseppe Verdi & Giovanni Ricordi With Notes on Francesco Lucca: From ›Oberto‹ to ›La traviata‹* (Garland Reference Library of the Humanities, 896), New York/London: Garland 1989.

Lanari, Alessandro, *Memoria dell'impresario Alessandro Lanari ai signori componenti la nobile accademia dell' imperiale e real teatro degl'immobili posto in via della Pergola nella città di Firenze*, Firenze: Bonducciana 1831.

Lill, Rudolf, *Geschichte Italiens vom 16. Jahrhundert bis zu den Anfängen des Faschismus*, Darmstadt: Wissenschaftliche Buchgesellschaft 1980, ²1982, ⁴1988.

Pauls, Birgit, *Giuseppe Verdi und das Risorgimento: Ein politischer Mythos im Prozeß der Nationenbildung* (Politische Ideen, 4), Berlin: Akademie Verlag 1996.

Phillips-Matz, Mary Jane, *Verdi: A Biography*, New York/Oxford: Oxford University Press 1993.

Pougin, Arthur, *Giuseppe Verdi: Vita aneddotica con note ed aggiunte di Folchetto [Giacomo Caponi]*, Milano: Ricordi 1881.

Rosen, David, *The Staging of Verdi's Operas: An Introduction to the Ricordi ›Disposizioni sceniche‹*, in: International Musicological Society, Report of the Twelfth Congress, Berkeley 1977, hrsg. von Daniel Heartz und Bonnie Wade, Kassel: Bärenreiter 1981, S. 444–453.

Rosmini, Enrico, *La legislazione e la giurisprudenza dei teatri: Trattato dei diritti e delle obbligazioni degli impresari, artisti, autori, delle direzioni, del pubblico, degli agenti teatrali, ecc.: contenente le leggi, i regolamenti e decreti [. . .]*, 2 Bde., Milano: Manini 1872–1873.

Rosmini, Enrico, *Legislazione e giurisprudenza sui diritti d'autore: Trattato dei rapporti fra autori e editori, impresari, direttori teatrali e col pubblico contenente leggi, regolamenti, decreti, note ministeriali, pareri del Consiglio di Stato, decisioni dei tribunali, delle Corti d'Appello e Cassazione italiane e straniere coi trattati internazionali, ecc.*, Milano: Hoepli 1890.

Ross, Peter, *›Luisa Miller‹ – ein kantiger Schiller-Verschnitt?: Sozialkontext und ästhetische Autonomie der Opernkomposition im Ottocento*, in: Zwischen Opera buffa und Melodramma: Italienische Oper im 18. und 19. Jahrhundert, hrsg. von Jürgen Maehder und Jürg Stenzl (Perspektiven der Opernforschung, 1), Frankfurt am Main: Lang 1994, S. 159–178.

Rosselli, John, *Agenti teatrali nel mondo dell'opera lirica italiana nell'ottocento*, in: Rivista italiana di musicologia 17 (1982), S. 134–154.

Rosselli, John, *Verdi e la storia della retribuzione del compositore italiano*, in: Studi verdiani 2 (1983), S. 11–28.

Rosselli, John, *The Opera Industry in Italy From Cimarosa to Verdi: The Role of the Impresario*, Cambridge: Cambridge University Press 1984.

Rosselli, John, *Das Produktionssystem 1780–1880*, in: Geschichte der italienischen Oper: Systematischer Teil, hrsg. von Lorenzo Bianconi und Giorgio Pestelli, Laaber: Laaber 1990, Bd. 4, S. 97–174.

Rosselli, John, *Music and Musicians in Nineteenth-Century Italy*, London: Batsford 1991.

Rosselli, John, *Sull'ali dorate: Il mondo musicale italiano dell'ottocento*, Bologna: Il Mulino 1992.

Rosselli, John, *Singers of Italian Opera: The History of a Profession*, Cambridge: Cambridge University Press 1992, 1995.

Rosselli, John, *Il cantante d'opera: Storia di una professione (1600–1990)*, Bologna: Il Mulino [1993].

Rosselli, John, *Oper als gesellschaftliches Phänomen*, in: Illustrierte Geschichte der Oper, hrsg. von Roger Parker, Stuttgart/Weimar: Metzler 1998, S. 507–546.

Seidlmayer, Michael, *Geschichte Italiens: Vom Zusammenbruch des Römischen Reiches bis zum ersten Weltkrieg* (Kröners Taschenausgabe, 341), Stuttgart: Kröner 1962, ²1989.

Sprang, Christian, *Grand Opéra vor Gericht* (Schriftenreihe des Archivs für Urheber-, Film-, Funk- und Theaterrecht, 105), Baden-Baden: Nomos 1993.

Storia dell'opera italiana, hrsg. von Lorenzo Bianconi und Giorgio Pestelli, Bd. 4, Torino: Edizioni di Torino 1987; deutsch: *Geschichte der italienischen Oper: Systematischer Teil*, hrsg. von Lorenzo Bianconi und Giorgio Pestelli, Bd. 4, Laaber: Laaber 1990.

Verti, Roberto, *Dieci anni di studi sulle fonti per la storia materiale dell'opera italiana nell'ottocento*, in: *Rivista italiana di musicologia* 20 (1985), S. 124–163.

Walter, Michael, *›Die Oper ist ein Irrenhaus‹: Sozialgeschichte der Oper im 19. Jahrhundert*, Stuttgart/Weimar: Metzler 1997.

Walter, Michael, *Kompositorischer Arbeitsprozess und Werkcharakter bei Donizetti*, in: *Studi musicali* 26 (1997), S. 445–518.

Werfel, Franz und Stefan, Paul (Hrsg.), *Giuseppe Verdi: Briefe*, Berlin/Wien: Zsolnay 1926.

Zavadini, Guido, *Donizetti: Vita – musiche – epistolario*, Bergamo: Istituto italiano d'arti grafiche 1948.

Oper fürs Volk oder für die Elite? (Sebastian Werr)

Azzaroni, Giovanni, *Del teatro e dintorni: Una storia della legislazione e delle strutture teatrali in Italia nell'ottocento* (Biblioteca teatrale, 38), Roma: Bulzoni 1981.

Berlioz, Hector, *Memoiren mit der Beschreibung seiner Reisen in Italien, Deutschland, Rußland und England: 1803–1865* (Literarische Werke, 1/2), 2 Bde., Leipzig: Breitkopf und Härtel 1903.

Bianchini, Angela, *La luce a gas e il feuilleton: Due invenzioni dell'ottocento* (Mappe, cultura e società, 6) Napoli: Liguori 1988.

Bianconi, Lorenzo, *Perchè la storia dell'opera italiana*, in: *Musica/Realtà* 1985, S. 29–48.

Boucheron, Raimondo, *Filosofia della musica o estetica applicata a quest'arte*, Milano: Ricordi 1842.

Carner, Mosco, *Puccini: A Critical Biography*, London: Duckworth 1958, ²1974; deutsch: *Puccini: Biographie*, Frankfurt am Main/Leipzig: Insel 1996.

Casini, Claudio, *L'ottocento II* (Storia della musica, 8), Torino: Edizioni di Torino 1978.

De Napoli, Giuseppe, *Amilcare Ponchielli: La vita, le opere, l'epistolario, le onoranze*, Cremona: Cremona nuova 1936.

De Simone, Roberto, *Il mito del San Carlo nel costume napoletano*, in: *Il Teatro di San Carlo*, [hrsg. von Raffaele Ajello], Napoli: Guida 1987, Bd. 1, S. 411–441.

Florimo, Francesco, *La scuola musicale di Napoli e i suoi conservatorii con uno sguardo sulla storia della musica in Italia*, 4 Bde., Napoli: Morano 1881–1883.

Gramsci, Antonio, *Letteratura e vita nazionale* (Le idee, 56), Roma: Editori riuniti 1971.

Hanslick, Eduard, *Die moderne Oper*, Berlin: Hofmann 1875.

Hanslick, Eduard, *Musikalische Stationen* (Die moderne Oper, [2]), Berlin: Hofmann 1880.

Klotz, Volker, *Bürgerliches Lachtheater: Komödie – Posse – Schwank – Operette*, München: dtv 1980; Reinbek bei Hamburg: Rowohlt 1987.

Klotz, Volker, *Operette: Porträt und Handbuch einer unerhörten Kunst*, München/Zürich: Piper 1991.

Kracauer, Siegfried, *Jacques Offenbach und das Paris seiner Zeit*, Amsterdam: de Lange 1937; Frankfurt am Main: Suhrkamp 1976.

Leydi, Roberto, *Diffusione e volgarizzazione*, in: *Storia dell'opera italiana*, hrsg. von Lorenzo Bianconi und Giorgio Pestelli, Torino: Edizioni di Torino 1988, Bd. 6, S. 301–392; deutsch: *Verbreitung und Popularisierung*, in: *Geschichte der italienischen Oper: Systematischer Teil*, hrsg. von Lorenzo Bianconi und Giorgio Pestelli, Laaber: Laaber 1992, Bd. 6, S. 321–403.

Mann, Heinrich, *Die kleine Stadt: Roman*, Leipzig: Insel 1909; Leipzig: Reclam 1976.

Mann, Heinrich, *Ein Zeitalter wird besichtigt*, Stockholm: Neuer Verlag [1946]; Berlin/Weimar: Aufbau 1973.

Mazzucato, Alberto, in: *Gazzetta musicale di Milano* 1853.

Mendelssohn Bartholdy, Felix, *Briefe einer Reise durch Deutschland, Italien und die Schweiz [...]*, hrsg. von Peter Sutermeister, Zürich: Niehans 1958.

Roeder, Martin, *Über den Stand der öffentlichen Musikpflege in Italien*, in: *Sammlung musikalischer Vorträge*, hrsg. von Paul Graf Waldersee, Leipzig: Breitkopf und Härtel 1881, Dritte Reihe, S. 1–48.

Rosselli, John, *The Opera Industry in Italy From Cimarosa to Verdi: The Role of the Impresario*, Cambridge: Cambridge University Press 1984.

Rosselli, John, *Il sistema produttivo, 1780–1880*, in: *Storia dell'opera italiana*, hrsg. von Lorenzo Bianconi und Giorgio Pestelli, Torino: Edizioni di Torino 1987, Bd. 4, S. 77–165; deutsch: *Das Produktionssystem 1780–1880*, in: *Geschichte der italienischen Oper: Systematischer Teil*, hrsg. von Lorenzo Bianconi und Giorgio Pestelli, Laaber: Laaber 1990, Bd. 4, S. 97–174.

Rosselli, John, *Music and Musicians in Nineteenth-Century Italy*, London: Batsford 1991.

Rosselli, John., *Sull'ali dorate: Il mondo musicale italiano dell'ottocento*, Bologna: Il Mulino 1992.

Stendhal [Henri Beyle], *Rome, Naples et Florence en 1817*, Paris: Delaunay 1817; deutsch: *Reise in Italien*, Jena: Diederichs 1911.

Weaver, William, *Verdi: Eine Dokumentation*, Berlin: Henschel 1980.

Medien der Popularisierung (Sebastian Werr)

Conati, Marcello, *I periodici teatrali e musicali italiani a metà ottocento*, in: *Periodica musica* 7 (1989), S. 13–28.

Gerhard, Anselm, *Die Verstädterung der Oper: Paris und das Musiktheater des 19. Jahrhunderts*, Stuttgart/Weimar: Metzler 1992.

Ghislanzoni, Antonio, *In chiave di baritono: Storia di Milano dal 1836 al 1848*, Milano: Brigola 1882.

Hanslick, Eduard, *Die moderne Oper*, Berlin: Hofmann 1875.

Jensen, Luke, *Giuseppe Verdi and Giovanni Ricordi With Notes on Francesco Lucca: From ›Oberto‹ to ›La traviata‹* (Garland Reference Library of the Humanities, 896), New York/London: Garland 1989.

Rolandi, Ulderico, *Il libretto per musica attraverso i tempi*, Roma: Ateneo 1951.

Rosmini, Enrico, *La legislazione e la giurisprudenza dei teatri: Trattato dei diritti e delle obbligazioni degli impresari, artisti, autori, delle direzioni, del pubblico, degli agenti teatrali, ecc.: contenente le leggi, i regolamenti e decreti [...]*, 2 Bde., Milano: Manini, 1872–1873.

Sartori, Claudio, *Casa Ricordi: 1808–1958*, Milano: Ricordi 1958.

Sprang, Christian, *Grand Opéra vor Gericht* (Schriftenreihe des Archivs für Urheber-, Film-, Funk- und Theaterrecht, 105), Baden-Baden: Nomos 1993.

Werfel, Franz, *Verdi: Roman der Oper*, Berlin/Weimar: Aufbau 1986.

Werr, Sebastian, *Die Opern von Errico Petrella: Rezeptionsgeschichte, Interpretationen und Dokumente* (Primo Ottocento, 2), Wien: Praesens 1999.

Die Rolle der Politik (Martina Grempler)

Ambrosoli, Luigi, *Il movimento nazionale e il 1848* (Storia della società italiana, 15), Milano: Teti 1986.

Acton, Harold, *The Last Bourbons of Naples (1825–1861)*, London: Methuen 1961.

Agazzi, Emilio, *La crisi di fine secolo (1880–1900)* (Storia della società italiana, 19), Milano: Teti 1980.

Anglani, Bartolo, *Lo stato unitario e il suo difficile debutto* (Storia della società italiana, 18), Milano: Teti 1981.

Buia, Anna, *Un così eroico amore: Genesi e diffusione censurata del libretto de ›La Traviata‹ di F. M. Piave* (Musica e teatro. Quaderni degli Amici della Scala, 6), Milano: Amici della Scala 1990.

Ciuffoletti, Zeffiro, *Stato senza nazione: Disegno di storia del Risorgimento e dell'Unità d'Italia*, Napoli: Morano 1993.

Commons, Jeremy, *Un contributo ad uno studio su Donizetti e la censura napoletana*, in: *Atti del I° convegno internazionale di studi donizettiani (Bergamo 1975)*, Bergamo: Azienda autonoma di turismo 1983, Bd. 1, S. 65–106.

Conati, Marcello, *›Rigoletto‹: Un'analisi drammatico-musicale* (Saggi Marsilio), Venezia: Marsilio 1992.

Dal primo settecento all'Unità (Storia d'Italia, 3), Torino: Einaudi 1973.

Dallapiccola, Luigi, *Worte und Musik im Melodramma*, in: *Musik-Konzepte 10: Giuseppe Verdi* (1979), S. 3–26.

De Micheli, Mario, *Il pensiero e la cultura nell'Italia unita* (Storia della società italiana, 16), Milano: Teti 1982.

Della Peruta, Franco, *L'Italia del Risorgimento: Problemi, momenti e figure* (Saggi di storia, 14), Milano: Angeli 1997.

Di Stefano, Carlo, *La censura teatrale in Italia*, Bologna: Cappelli 1964.

Gerhard, Anselm, *Die Verstädterung der Oper: Paris und das Musiktheater des 19. Jahrhunderts*, Stuttgart/Weimar: Metzler 1992.

Gossett, Philip, *La fine dell'età borbonica*, in: *Il Teatro di San Carlo*, [hrsg. von Raffaele Ajello], Napoli: Guida 1987, Bd. 1, S. 167–203.

Krakovitch, Odile, *Hugo censuré: La Liberté au théâtre au XIXe siècle*, Paris: Calmann-Lévy 1985.

Kroll, Thomas, *Die Revolte des Patriziats: Der toskanische Adelsliberalismus im Risorgimento* (Schriftenreihe des Deutschen Historischen Instituts in Rom, 90), Tübingen: Niemeyer 1999.

Montale, Bianca, *Parma nel Risorgimento: Istituzioni e società (1814–1859)* (Studi e ricerche storiche, 168), Milano: Angeli 1993.

Parker, Roger, *›Arpa d'or dei fatidici vati‹: The Verdian Patriotic Chorus in the 1840s* (Premio internazionale Rotary Club di Parma ›Giuseppe Verdi‹, 2), Parma: Istituto nazionale di studi verdiani 1997.

Pauls, Birgit, *Giuseppe Verdi und das Risorgimento: Ein politischer Mythos im Prozeß der Nationenbildung* (Politische Ideen, 4), Berlin: Akademie Verlag 1996.

Phillips-Matz, Mary Jane, *Verdi: A Biography*, New York/Oxford: Oxford University Press 1993.

Pougin, Arthur, *Giuseppe Verdi: Vita aneddotica con note ed aggiunte di Folchetto [Giacomo Caponi]*, Milano: Ricordi 1881.

Reinhardt, Volker, *Geschichte Italiens*, München: Beck 1999.

Riall, Lucy, *The Italian Risorgimento: State, Society and National Unification*, London/New York: Routledge 1994.

Rosen, David, *A Tale of Five Cities*, in: *Verdi ›Un ballo in maschera‹* (Disposizione scenica), Milano: Ricordi (i. V.).

Rosselli, John, *The Opera Industry in Italy From Cimarosa to Verdi: The Role of the Impresario*, Cambridge: Cambridge University Press 1984.

Sawall, Michael, *›Der gesungene Krieg kostet euch kein Blut‹ – Verdi, Bellini und Patriotismus in der Oper in der Epoche des Risorgimento aus Sicht der Augsburger ›Allgemeinen Zeitung‹*, in: *Zeitschrift des Historischen Vereins für Schwaben* 93 (2000) (im Druck).

Schläder, Jürgen, *Die patriarchale Familie: ›Simon Boccanegra‹ und Verdis Geschichtsphilosophie*, in: *›Simon Boccanegra‹: Programmheft der Bayerischen Staatsoper*, München: Bayerische Staatsoper 1995, S. 28–34.

Tedeschi, Rubens, *Il Risorgimento verdiano non sta nei libretti*, in: *Atti del I° congresso internazionale di studi verdiani*, Parma: Istituto di studi verdiani 1969, S. 252–256.

Walker, Frank, *The Man Verdi*, London: Dent/New York: Knopf 1962 (Reprint: Chicago: University of Chicago Press 1982).

Walter, Michael, *›Die Oper ist ein Irrenhaus‹: Sozialgeschichte der Oper im 19. Jahrhundert*, Stuttgart/Weimar: Metzler 1997.

Zwischen Kirche und Staat (Martina Grempler)

Ammannati, Luigi Floris, *Nota sulla religiosità nel ›Don Carlos‹ di Verdi*, in: *Atti del II° congresso internazionale di studi verdiani*, Parma: Istituto di studi verdiani 1971, S. 76–79.

Botti, Ferruccio, *Verdi e la religione*, Parma: Zafferri 1940.

Budden, Julian, *Verdi: Leben und Werk*, Stuttgart: Reclam 1987, ²2000.

De Rensis, Raffaello (Hrsg.), *Lettere di Arrigo Boito*, Roma: Società Editrice di Novissima 1932.

Giacometti, Zaccaria, *Quellen zur Geschichte der Trennung von Staat und Kirche*, Tübingen: Mohr 1926.

Hales, Edward Elton Young, *Pio Nono: A Study in European Politics and Religion in the Nineteenth Century*, New York: Kenedy 1954; deutsch: *Papst Pius IX: Politik und Religion*, Graz/Wien/Köln: Styria 1957.

Herde, Peter, *Guelfen und Neoguelfen: Zur Geschichte einer nationalen Ideologie vom Mittelalter zum Risorgimento*, Stuttgart: Steiner 1986.

Martin, George, *Verdi, la chiesa e il ›Don Carlo‹*, in: *Atti del II° congresso internazionale di studi verdiani*, Parma: Istituto di studi verdiani 1971, S. 141–147.

Martina, Giacomo, *Pio IX (1851–1866)* (Miscellanea historiae pontificiae, 51), Roma: Università gregoriana 1986.

Reinhart, Karla, *Dreimal Don Carlos am Grabe Kaiser Karls: In ›Hernani‹ von Victor Hugo und in Giuseppe Verdis ›Ernani‹ und ›Don Carlos‹*, in: *Archiv für Musikwissenschaft* 56, Nr. 3 (1999), S. 234–244.

Walker, Frank, *Un problema biografico verdiano: Lettere apocrife di Giuseppina Verdi al suo confessore*, in: *La Rassegna musicale* 30 (1960), S. 338–349.

Verdis Werk zwischen Konvention und Innovation

Libretto (Thomas Betzwieser)

Black, John, *The Italian Romantic Libretto: A Study of Salvadore Cammarano*, Edinburgh: Edinburgh University Press 1984.

Brooks, Peter, *The Melodramatic Imagination: Balzac, Henry James, Melodrama and the Mood of Excess*, New Haven/London: Yale University Press 1976, ²1995.

Carlson, Marvin, *The French Stage in the Nineteenth Century*, Metuchen, N. J.: Scarecrow 1972.

Cone, Edward T., *›The World of Opera and its Inhabitants‹*, in: *Music: A View From Delft*, hrsg. von Robert P. Morgan, Chicago: Chicago University Press 1989, S. 125–138.

Dahlhaus, Carl, *Dramaturgie der italienischen Oper*, in: *Geschichte der italienischen Oper: Systematischer Teil*, hrsg. von Lorenzo Bianconi und Giorgio Pestelli, Laaber: Laaber 1992, Bd. 6, S. 75–145.

Della Seta, Fabrizio, *Affetto e azione: Sulla teoria del melodramma italiano dell'ottocento*, in: *Atti del XIV congresso della società internazionale di musicologia: Trasmissione e recezione delle forme di cultura musicale*, hrsg. von Angelo Pompilio, Donatella Restani, Lorenzo Bianconi und F. Alberto Gallo, Torino: Edizioni di Torino 1990, Bd. 3, S. 395–400.

Della Seta, Fabrizio, *Italia e Francia nell'Ottocento*, in: *Breve storia della musica*, Torino: Einaudi 1993, Bd. 9, S. 59–88, 165–236 und 277–298.

Della Seta, Fabrizio, *›Melodramma‹*, in: *Die Musik in Geschichte und Gegenwart*, hrsg. von Ludwig Finscher, Kassel: Bärenreiter ²1997, Sachteil Bd. 6, Sp. 99–114.

Döhring, Sieghart und Henze-Döhring, Sabine, *Oper und Musikdrama im 19. Jahrhundert* (Handbuch der musikalischen Gattungen, 13), Laaber: Laaber 1997.

Everist, Mark, *Meyerbeer's ›Il crociato in Egitto‹: Mélodrame, Opera, Orientalism*, in: *Cambridge Opera Journal* 8 (1996), S. 215–250.

Fricke, Harald, *Schiller und Verdi: Das Libretto als Textgattung zwischen Schauspiel und Literaturoper*, in: *Oper und Operntext*, hrsg. von Jens Malte Fischer (Reihe Siegen: Beiträge zur Literatur- und Sprachwissenschaft, 60), Heidelberg: Winter 1985, S. 95–115.

Gerhard, Anselm, *Die Verstädterung der Oper: Paris und das Musiktheater des 19. Jahrhunderts*, Stuttgart/Weimar: Metzler 1992.

Gerhard, Anselm, *Wieviel Spektakel verträgt ein ›dramma per musica‹?: Felice Romanis ›La rosa bianca et la rosa rossa‹ und deren französische Vorlage*, in: *Werk und Leben Johann Simon Mayrs im Spiegel der Zeit*, hrsg. von Franz Hauk und Iris Winkler (Symposiumsbericht Ingolstadt 1995), München/Salzburg: Katzbichler 1998, S. 83–93.

Gerhartz, Leo Karl, *Die Auseinandersetzungen des jungen Giuseppe Verdi mit dem literarischen Drama: Ein Beitrag zur szenischen Strukturbestimmung der Oper* (Berliner Studien zur Musikwissenschaft, 15), Berlin: Merseburger 1968.

Gier, Albert, *Das Libretto: Theorie und Geschichte einer musikoliterarischen Gattung*, Darmstadt: Wissenschaftliche Buchgesellschaft 1998; Frankfurt a. M.: Insel 2000.

Goldin, Daniela, *La vera Fenice: Librettisti e libretti tra sette e ottocento* (Piccola biblioteca Einaudi, 454), Torino: Einaudi 1985.

Henze-Döhring, Sabine, *›Voltaire und die Librettistik des frühen Ottocento‹*, in: *Die Musikforschung* 36 (1983), S. 113–127.

Kerman, Joseph, *Opera as Drama*, New York: Vintage 1955, 1956.

Kivy, Peter, *Osmin's Rage: Philosophical Reflections on Opera, Drama, and Text*, Princeton: Princeton University Press 1988.

Klotz, Volker, *Offene und geschlossene Form im Drama*, München: Hanser 1960, 1962.

Lavagetto, Mario, *Quei più modesti romanzi: Il libretto nel melodramma di Verdi: Tecniche costruttive, funzioni, poetica di un genere letterario minore*, Milano: Garzanti 1979.

Mason, James Frederick, *The Melodrama in France From the Revolution to the Beginnings of Romantic Drama, 1791–1830*, Baltimore: Furst 1912.

Mitchell, Jerome, *The Walter Scott Operas: An Analysis of Operas Based on the Works of Sir Walter Scott*, Alabama: University of Alabama Press 1977.

Pendle, Karin, *Eugène Scribe and French Opera of the Nineteenth Century*, Ann Arbor: University of Michigan Research Press 1979.

Pendle, Karin, *The Boulevard Theatres and Continuity in French Opera of the 19th Century*, in: *Music in Paris in the Eighteen-Thirties/La Musique à Paris dans les années mil huit cent trente*, hrsg. von Peter Bloom (Musical Life in 19th Century France/La Vie musicale en France au XIXe siècle, 4), Stuyvesant NY: Pendragon 1987, S. 509–535.

Porter, Andrew, *Verdi, Giuseppe (Fortunino Francesco)*, in: *The New Grove Dictionary of Music and Musicians*, hrsg. von Stanley Sadie, London: Macmillan 1980, Bd. 19, S. 635–655.

Roccatagliati, Alessandro, *Felice Romani librettista* (Quaderni di Musica/Realtà, 37), Lucca: Libreria Musicale Italiana 1996.

Ross, Peter, *Studien zum Verhältnis von Libretto und Komposition in den Opern Verdis*, Bern: Gnägi 1980.

Sala, Emilio, *Dal ›mélodrame à grand spectacle‹ verso il teatro musicale romantico*, in: *L'opera tra Venezia e Parigi*, hrsg. von Maria Teresa Muraro (Studi di musica veneta, 14), Firenze: Olschki 1988, Bd. 1, S. 177–191.

Sala, Emilio, *L'Opera senza canto: Il mélo romantico e l'invenzione della colonna sonora*, Venezia: Marsilio 1995a.

Sala, Emilio, *Verdi and the Parisian Boulevard Theatre, 1847–9*, in: *Cambridge Opera Journal* 7 (1995)b, S. 185–205.

Ubersfeld, Anne, *Le Roi et le bouffon: Étude sur le théâtre de Victor Hugo 1830–1839*, Paris: Corti 1974.

Ubersfeld, Anne, *Le Drame romantique*, Paris: Belin 1993.

Die Genese der Opern (1): Komponist und Librettist (Luca Zoppelli)

Black, John N., *Salvadore Cammarano's ›programma‹ for ›Il trovatore‹ and the Problems of the Finale*, in: *Studi verdiani* 2 (1983), S. 78–107.

Busch, Hans (Hrsg.), *Verdi's ›Aida‹: The History of an Opera in Letters and Documents*, Minneapolis: University of Minnesota Press 1978.

Cagli, Bruno, *›... questo povero poeta esordiente‹: Piave a Roma, un carteggio con Ferretti, la genesi di ›Ernani‹*, in: *Verdi: Bollettino dell'Istituto di studi verdiani* 4, Nr. 10 (1987), S. 1–18.

Cecchi, Paolo, *›Per rendere il soggetto musicabile‹: Il percorso fonte – libretto – partitura in ›Maria Stuarda‹ e in ›Marino Faliero‹*, in: *L'opera teatrale di Gaetano Donizetti: Atti del convegno internazionale di studio 1992*, hrsg. von Francesco Bellotto, Bergamo: Comune di Bergamo 1993, S. 229–277.

Cecchi, Paolo, *L'abbozzo di lunga durata: Varianti librettistiche nell'ultimo atto dell'›Otello‹* (Vortrag bei der Tagung Prove di studio sugli abbozzi musicali di Alfredo Casella [...] gli abbozzi, gli schizzi e altri preliminari nell'opera in musica, Venezia: Fondazione Cini, 16.–18. Dezember 1997).

Degrada, Francesco, *The ›Scala‹ ›Macbeth‹ Libretto: A Genetic Edition*, in: *Verdi's ›Macbeth‹: A Sourcebook*, hrsg. von David Rosen und Andrew Porter, Cambridge: Cambridge University Press 1984, S. 306–338.

Gerhard, Anselm, *›Ce cinquième acte sans intérêt‹: Preoccupazioni di Scribe e di Verdi per la drammaturgia de ›Les Vêpres siciliennes‹*, in: *Studi verdiani* 4 (1986/87), S. 65–86.

Goldin, Daniela, *Il ›Macbeth‹ verdiano: Genesi e linguaggio di un libretto*, in: *Analecta musicologica* 19 (1979), S. 336–372.

Gossett, Philip, *Verdi, Ghislanzoni, and ›Aida‹: The Uses of Convention*, in: *Critical Inquiry* 1 (1974), S. 291–334.

Hepokoski, James A., *Giuseppe Verdi: ›Otello‹* (Cambridge Opera Handbook), Cambridge: Cambridge University Press 1987.

Hepokoski, James A., *Boito and F.-V. Hugo's ›Magnificent Translation‹: A Study in the Genesis of the ›Otello‹ Libretto*, in: *Reading Opera*, hrsg. von Arthur Groos und Roger Parker, Princeton: Princeton University Press 1988, S. 34–59.

Mossa, Carlo Matteo, *La genesi del libretto del ›Trovatore‹*, in: *Studi verdiani* 8 (1992), S. 52–103.

Powers, Harold S., *Making ›Macbeth‹ Musicabile*, in: *Macbeth: Giuseppe Verdi* (Opera Guide, 41), London: Calder 1990, S. 13–36.

Powers, Harold S., *Boito rimatore per musica*, in: *Arrigo Boito*, hrsg. von Giovanni Morelli, Firenze: Olschki 1994, S. 355–394.

Roccatagliati, Alessandro, *Felice Romani librettista* (Quaderni di Musica/Realtà, 37), Lucca: Libreria Musicale Italiana 1996.

Rosen, David und Porter, Andrew (Hrsg.), *Verdi's ›Macbeth‹: A Sourcebook*, Cambridge: Cambridge University Press 1984.

Ross, Peter, *Zur Dramaturgie des Finalaktes von Verdis ›Ernani‹*, in: *Jahrbuch für Opernforschung* 2 (1986), S. 27–50.

Ross, Peter, *Per un'analisi drammaturgica dell'atto finale di ›Ernani‹*, in: *Verdi: Bollettino di studi verdiani* 4, Nr. 10 (1987), S. 176–194.

Schlegel, August Wilhelm, *Vorlesungen über dramatische Kunst und Literatur: Zweiter Teil*, in: *Kritische Schriften und Briefe*, Bd. 4, hrsg. von Edgar Lohner, Stuttgart/Berlin/Köln/Mainz: Kohlhammer 1976.

Strohm, Reinhard, *Die italienische Oper im 18. Jahrhundert*, Wilhelmshaven: Heinrichshofen 1979.

Trovato, Paolo, *Preistoria delle ›selve‹ verdiane*, in: *Il saggiatore musicale* 4 (1997), S. 137–148.

Zoppelli, Luca, *Intorno a Rossini: Sondaggi sulla percezione della centralità del compositore*, in: *Gioachino Rossini 1792–1992: Il testo e la scena: Atti del Convegno internazionale di studi, Pesaro, 25–28 giugno 1992, hrsg. von Paolo Fabbri, Pesaro: Fondazione Rossini 1993, S. 13–24.

Von gefallenen Engeln und Amazonen: Geschlecht als ästhetische und soziale Kategorie im Werk Verdis (Christine Fischer)

Abbate, Carolyn, *Opera; or, the Envoicing of Women*, in: *Musicology and Difference: Gender and Sexuality in Music Scholarship*, hrsg. von Ruth A. Solie, Berkeley: University of California, 1993, S. 225–258.

André, Naomi Adéle, *Azucena, Eboli, and Amneris: Verdi's Writing for Women's Lower Voices*, PhD. diss. Harvard University 1996.

Anonym, *Della parte che le donne hanno nelle musiche moderne*, in: *Gazzetta musicale di Firenze* 3, Nr. 5 (1855), S. 18–19.

Baroni, Mario, *Il declino del patriarca: Verdi e le contraddizioni della famiglia borghese* (Letteratura musica teatro, 73/Studi e testi verdiani, 3), Bologna: Antiquae musicae italicae studiosi 1979.

Bassi, Adriano, *Le eroine del Risorgimento (Amore e politica al femminile)*, Montichiari: Zanetti 1996.

Bronfen, Elisabeth, *Nur über ihre Leiche: Tod, Weiblichkeit und Ästhetik*, München: Kunstmann 1994.

Il Buon Gusto [Pseudonym], *Notizie diverse – Napoli*, in: *Gazzetta musicale di Firenze* 2, Nr. 9 (1854), S. 36.

Cazzulani, Elena, *Giuseppina Strepponi: Biografia*, Lodi: Lodigraf [1984], 1990.

Clément, Catherine, *Die Frau in der Oper: Besiegt, verraten und verkauft*, Stuttgart: Metzler 1992.

De Angelis, Marcello, *Le carte dell'impresario: Melodramma e costume teatrale nell'ottocento*, Firenze: Sansoni 1982.

De Giorgio, Michaela, *Le italiane dall'unità a oggi: Modelli culturali e comportamenti sociali*, Roma/Bari: Laterza 1992.

De Giorgio, Michaela, *Das katholische Modell*, in: *19. Jahrhundert*, hrsg. von Geneviève Fraisse und Michelle Perrot (Geschichte der Frauen, 4), Frankfurt/New York: Campus/Paris: Editions de la fondation maison des sciences de l'homme 1994.

Freeman, Daniel E., *La guerriera amante: Representations of Amazons and Warrior Queens in Venetian Baroque Opera*, in: *Musical Quarterly* 53 (1996), S. 431–460.

Gallusser, Rita, *Verdis Frauengestalten*, Diss. phil. Zürich 1936.

Greenwald, Helen M., *Verdi's Patriarch and Puccini's Matriarch: Through the Looking-Glass and What Puccini Found There*, in: *19th-Century Music* 17 (1993/94), S. 220–236.

Hutcheon, Linda und Hutcheon, Michael, *Opera: Desire, Disease, Death*, Lincoln/London: University of Nebraska Press 1996.

Lippmann, Friedrich, ›Casta Diva‹: *La preghiera nell'opera italiana della prima metà dell'ottocento*, in: *Recercare* 11 (1990), S. 173–209.

Locke, Ralph P[eter], *What are These Women doing in Opera?*, in: *En travesti: Women, Gender Subversion, Opera*, hrsg. von Corinne E. Blackmer und Patricia Juliana Smith, New York: Columbia University Press 1995, S. 59–98.

McClary, Susan, *Excess and Frame: The Musical Representation of Madwomen*, in: *Feminine Endings: Music, Gender, and Sexuality*, Minnesota/Oxford: University of Minnesota Press 1991, S. 80–111.

Mila, Massimo, *Giuseppe Verdi*, Bari: Laterza 1958.

Minor, Robert Erwin, *A Study of the Father-Son-Relationships in Giuseppe Verdi's Operas ›I due Foscari‹, ›I masnadieri‹, and ›Don Carlos‹*, PhD. diss. University of Texas at Austin 1986.

Mitchell, K., *Operatic Characters and Voice Type*, in: *Proceedings of the Royal Musical Association* 97 (1970/71), S. 47–58.

Morelli, Giovanni, *La dissoluta punita*, in: *Intorno a Massimo Mila: Studi sul teatro e il novecento musicale: Atti del convegno di studi: Empoli 17–19 febbraio 1991*, hrsg. von Talia Pecker Berio (Quaderni della Rivista italiana di musicologia, 32), Firenze: Olschki 1994, S. 99–113.

Münkler, Herfried, *Das Weib als Beute und Besitz: Die Potenz der Potentaten, die Gewalt der Väter und Gatten und die Strategien weiblichen Widerstandes bei Mozart und Verdi*, in: *Gesungene Welten: Aspekte der Oper*, hrsg. von Udo Bermbach und Wulf Konold (Oper als Spiegel gesellschaftlicher Veränderungen), Berlin/Hamburg: Reimer 1992, S. 161–184.

Nicholas, John (Hrsg.), *Violetta and her Sisters: The ›Lady of the Camellias‹: Responses to the Myth*, London: Faber and Faber 1994.

Oberdorfer, Aldo, *Giuseppe Verdi: Autobiografia dalle lettere*, Milano: Rizzoli 1981.

Parakilas, James, *Religion and Difference in Verdi's ›Otello‹*, in: *The Musical Quarterly* 81 (1997), S. 371–392.

Parker, Roger, *›One Priest, one Candle, one Cross‹: Some Thoughts on Verdi and Religion*, in: *The Opera Quarterly* 12 (1995), S. 27–34.

Pauels, Claudia, *Die Frauengestalten in der Oper ›Luisa Miller‹ von Giuseppe Verdi im Vergleich zu ihrer literarischen Vorlage, dem Drama ›Kabale und Liebe‹ von Friedrich Schiller, unter besonderer Berücksichtigung der historischen Entwicklung der Frau*, Diss. phil. Potsdam 1997.

Phillips-Matz, Mary Jane, *Verdi: A Biography*, New York/Oxford: Oxford University Press 1993.

Pizzagalli, Daniela, *L'amica: Clara Maffei e il suo salotto nel Risorgimento italiano*, Milano: Mondadori 1997.

Pomata, Gianna, *Madri illegittime tra ottocento e novecento*, in: *Quaderni storici* 15, Nr. 44 (1980), S. 497–542.

Rocca, Giancarlo, *Donne religiose: Contributo a una storia della condizione femminile in Italia nei secoli XIX-XX*, Roma: Edizioni Paoline 1992.

Rosen, David, *How Verdi's Serious Operas end*, in: *Atti del XIV congresso della società internazionale di musicologia, Bologna, 1987: Trasmissione e recezione delle forme di cultura musicale*, hrsg. von Angelo Pompilio, Donatella Restani, Lorenzo Bianconi und F. Alberto Gallo, Torino: Edizioni di Torino 1990, Bd. 3, S. 443–450.

Rosen, David, *How Verdi's Serious Operas end*, in: *Verdi Newsletter* 20 (1992), S. 9–15.

Sartori, Claudio, *La Strepponi e Verdi a Parigi nella morsa quarantottesca*, in: *Nuova rivista musicale italiana* 8 (1974), S. 239–253.

Savoia, Francesca, *From Luisa to Violetta: Romantic Heroines of Nineteenth Century Italian Opera*, in: *Revue de Littérature Comparée* 66 (1992), S. 311–326.

Senici, Emanuele, *Verdi's Luisa, a Semiserious Alpine Virgin*, in: *19th-Century Music* 22 (1998/99), S. 144–168.

Servadio, Gaia, *The Real Traviata: The Biography of Giuseppina Strepponi, Wife of Giuseppe Verdi*, London: Hodder and Stoughton 1994.

Smart, Mary Ann, *Verdi's Amazonian Heroines*, in: Programme Notes for the Performance of ›Attila‹ at the Royal Opera House Covent Garden London, Juni 1993.

Smart, Mary Ann, *Dalla tomba uscita: Representations of Madness in Nineteenth-Century Italian Opera*, PhD. diss. Cornell University 1994.

Smith, Rochelle, *Admirable Musicians: Women's Songs in Othello and the Maid's Tragedy*, in: *Comparative Drama* 28 (1994), S. 311–323.

Soldani, Simonetta (Hrsg.), *L'educazione delle donne: Scuole e modelli di vita femminile nell'Italia dell'ottocento*, Milano: Angeli 1991.

Spinosa, Antonio, *Italiane: Il lato segreto del Risorgimento*, Milano: Mondadori 1994.

Van, Gilles de, *Verdi: Un théâtre en musique*, Paris: Fayard 1992; italienisch: *Verdi: Un teatro in musica* (Discanto/Contrappunti, 31), Firenze: La nuova Italia 1994; englisch: *Verdi's Theater: Creating Drama Through Music*, Chicago/London: University of Chicago Press 1998.

Van, Gilles de, *L'eroe verdiano*, in: *Opera & Libretto I*, hrsg. von Gianfranco Folena, Maria Teresa Muraro und Giovanni Morelli (Studi di musica veneta), Firenze: Olschki 1990, S. 265–280.

Vill, Susanne, *Bilder von Weiblichkeit in Verdis Opern*, in: *Verdi-Theater*, hrsg. von Udo Bermbach, Stuttgart/Weimar: Metzler 1997, S. 203–222.

Walker, Frank, *The Man Verdi*, London: Dent/New York: Knopf 1962 (Reprint: Chicago: University of Chicago Press 1982); italienisch: *L'uomo Verdi*, Milano: Mursia 1964.

Stimmtypen und Rollencharaktere (Kurt Malisch)

Baldacci, Luigi, *Padri e figli*, in: Luigi Baldacci, *Libretti d'opera e altri saggi*, Firenze: Vallecchi 1974, S. 177–202.

Battaglia, Elio, *Voci verdiani: equivoco di scuola?*, in: *Nuova rivista musicale italiana* 4 (1972), S. 526–544.

Battaglia, Elio, *Problemi esecutivi della vocalità verdiana*, in: *Per un ›progetto Verdi‹ anni '80: Seminario internazionale di studi, Parma-Busseto 3–4 aprile 1980*, Bologna: Regione Emilia-Romagna 1980, S. 119–128.

Beghelli, Marco, *Il contributo dei trattati ottocenteschi al lessico dell'opera*, in: *Studi sulla lingua della letteratura musicale*, hrsg. von Fiamma Niccolodi und Paolo Trovato (*Le parole della musica in onore di Gianfranco Folena*, 1), Firenze: Olschki 1994, S. 177–223.

Beghelli, Marco, *I trattati di canto italiani dell'ottocento: Bibliografia – caratteri generali – prassi esecutiva – lessico*, Diss. Bologna 1995.

Beghelli, Marco, *Sulle tracce del baritono*, in: *Tra le note: Studi di lessicologia musicale*, hrsg. von Fiamma Niccolodi und Paolo Trovato, Fiesole (Florenz): Cadmo, 1996, S. 57–91.

Beghelli, Marco, *Il ›Do di petto‹: Dissacrazione di un mito*, in: *Il saggiatore musicale* 3 (1996), S. 105–149.

Bragaglia, Leonardo, *Verdi e i suoi interpreti (1839–1978): Vita scenica delle opere del cigno di Busseto attraverso una antalogia critica e uno studio delle vetotto opere di Giuseppe Verdi*, Roma: Bulzoni 1979.

Cavicchi, Adriano, *Problemi di prassi esecutiva storica: Dall'architettura teatrale alla vocalità*, in: *Per un ›progetto Verdi‹ anni '80: Seminario internazionale di studi, Parma-Busseto 3–4 aprile 1980*, Bologna: Regione Emilia-Romagna 1980, S. 87–93.

Celletti, Rodolfo, *La voce di baritono*, in: *Musica d'oggi* N.F. 3 (1960), S. 452–457.

Celletti, Rodolfo, *Il vocalismo italiano da Rossini a Donizetti: Parte I: Rossini*, in: *Analecta Musicologica* 5 (1968), S. 267–294.

Celletti, Rodolfo, *L'interpretazione di Verdi nel secolo XIX*, in: *Atti del I° congresso internazionale di studi verdiani*, Parma: Istituto di studi verdiani 1969, S. 308–313.

Celletti, Rodolfo, *Il vocalismo italiano da Rossini a Donizetti: Parte II: Bellini e Donizetti*, in: *Analecta Musicologica* 7 (1969), S. 214–247.

Celletti, Rodolfo, *Lo stile vocale di Verdi e di Wagner*, in: *Analecta Musicologica* 11 (1972), S. 328–342.

Celletti, Rodolfo, *Caratteri della vocalità di Verdi*, in: *Atti del III° congresso internazionale di studi verdiani*, Parma: Istituto di studi verdiani 1974, S. 81–88.

Celletti, Rodolfo, *La vocalità*, in: *Storia dell'opera*, hrsg. von Guglielmo Barblan und Alberto Basso, Torino: UTET 1977, Bd. 3, S. 3–320.

Celletti, Rodolfo, *La vocalità di Donizetti*, in: *Atti del I° convegno internazionale donizettiano*, Bergamo: Azienda autonomo di turismo 1983, S. 107–148.

Celletti, Rodolfo, *›Nessuno può impormi un cantante‹. Prima riflessione sulla vocalità di Verdi: Intransigente sulle voci, proponeva personalmente i cast, enunciava i tipi vocali, faceva nomi, poneva veti*, in: *Musica viva* 8 (Mai 1984), S. 68–71.

Celletti, Rodolfo, *›Pel cantante vorrei: Profonda conoscenza della musica, emissione del suono, esercizi vocali lunghissimi, pronuncia perfetta‹. Seconda riflessione sulla vocalità di Verdi: Lo studio del canto*, in: *Musica viva* 8 (Juni 1984), S. 58–61.

Celletti, Rodolfo, ›Oltre alle voci ci vuole talento grande, anima e sentimento di scena‹. Terza e ultima riflessione sulla vocalità di Verdi: Cantanti e interpreti non sono sempre la stessa cosa, in: Musica viva 8 (Juli-August 1984), S. 66–69.

Celletti, Rodolfo, Voci romantiche piene di pathos, in: Musica e dossier 2 (Dezember 1986) (Sonderbeilage), S. 43–53.

Celletti, Rodolfo, Geschichte des Belcanto, Kassel/Basel: Bärenreiter 1989.

Celletti, Rodolfo, Il canto: Storia e tecnica, stile e interpretazione, Milano: Vallardi 1989.

Celletti, Rodolfo, Voce di tenore, Milano: Idealibri 1989.

Commons, Jeremy, Una corrispondenza tra Alessandro Lanari e Donizetti (45 lettere inedite), in: Studi donizettiani 3 (1978), S. 9–74.

Conati, Marcello (Hrsg.), Interviste e incontri con Verdi, Milano: Formichiere 1980; Trento: Emme Edizioni ²1981.

Conati, Marcello, L'avvento del ›baritono‹: Profilo di Giorgio Ronconi, in: L'opera teatrale di Gaetano Donizetti: Atti del convegno internazionale di studio 1992, hrsg. von Francesco Bellotto, Bergamo 1993, S. 281–299.

Crutchfield, Will, Vocal Ornamentation in Verdi: The Phonographic Evidence, in: 19th-Century Music 7 (1983/84), S. 3–54.

Crutchfield, Will, Verdi Performance: Restoring the Color, in: High Fidelity (Juni 1983), S. 64–66, 100–101.

Crutchfield, Will, Authenticity in Verdi: The Recorded Legacy, in: Opera 36 (1985), S. 858–866.

Crutchfield, Will, Voices (The Classical Era, The 19th Century), in: Performance Practice, Music After 1600, hrsg. von Howard Mayer Brown und Stanley Sadie (The New Grove Handbooks in Music), London: Norton 1989, S. 292–322.

Donati-Pettèni, Giuliano, Donizetti (I grandi musicisti italiani e stranieri), Milano: Treves 1930.

Durante, Sergio, Der Sänger, in: Handbuch der italienischen Oper, hrsg. von Lorenzo Bianconi und Giorgio Pestelli, Laaber: Laaber 1990, S. 359–400.

Edwards, Geoffrey und Edwards, Ryan, The Verdi Baritone, Bloomington: Indiana University Press 1994.

Elvins, Peter, Verdi vs. the Voice, in: Opera News 36 (5. Februar 1972), S. 9–13.

Faure, Jean-Baptiste, La Voix et le chant, traité pratique, Paris: Menestrel, Heugel 1886.

Gara, Eugenio, Come ha da essere un cantante verdiano?, in: Atti del I° congresso internazionale di studi verdiani, Parma: Istituto di studi verdiani 1969, S. 314–318.

Goold, William, The Verdian Baritone: A Study of six Representative Operas, PhD. Diss. Kentucky University 1981.

Hajtas, Franz, Studien zur frühen Verdi-Interpretation: Schalldokumente bis 1926 (Europäische Hochschulschriften, Reihe XXXVI: Musikwissenschaft, 47), Frankfurt am Main: Lang 1990.

Hale, Virgil Edward, The Tenor Arias in the Operas of Giuseppe Verdi, PhD. Diss. Kentucky University 1973.

Hanslick, Eduard, Musikalisches und Literarisches: Kritiken und Schilderungen (Die moderne Oper, 5), Berlin: Allgemeiner Verein für Deutsche Literatur ³1890.

Kunath, Martin, Die Charakterologie der stimmlichen Einheiten in der Oper, in: Zeitschrift für Musikwissenschaft 8 (1925–1926), S. 403–410.

Leibowitz, René, Vérisme, véracité, et vérité de l'interpretation de Verdi, in: Atti del I° congresso internazionale di studi verdiani, Parma: Istituto di studi verdiani 1969, S. 145–156.

Maehder, Jürgen, ›Oh gioia! M'uccide!‹: Décadence und Grand Opéra in Arrigo Boitos und Amilcare Ponchiellis ›La Gioconda‹, in: Programmheft der Städtischen Oper Frankfurt, 1986.

Marchesi, Gustavo, I Cantanti, in: Storia dell'opera, hrsg. von Guglielmo Barblan und Alberto Basso, Torino: UTET 1977, Bd. 3, S. 321–438.

Martinelli, Giovanni, The Singing of Verdi, in: Recorded Sound 1 (1962), S. 198–205.

Maurel, Victor, A propos de la Mise en scène du drame lyrique ›Otello‹: Etude précédée d'aperçus sur le théâtre chanteé en 1887, Roma: Imprimerie Editrice Romana 1888.

Meloncelli, Raoul, Giuseppe Verdi e la critica francese, in: Studi verdiani 9 (1993), S. 97–122.

Mioli, Piero, Il teatro di Verdi: La vita, le opere, gli interpreti, Milano: Biblioteca universale Rizzoli 1997.

Morini, Mario; Iovino, Roberto und Paloscia, Alberto (Hrsg.), Pietro Mascagni: Epistolario (Hermes, 6), Bd. 2, Lucca: Libreria musicale italiana 1997.

Parker, Roger, The Influence of the Singer in Early Verdi Opera, in: Roger Parker, Studies in Early Verdi, 1832–1844: New Information and Perspectives on the Milanese Musical Milieu and the Operas From ›Oberto‹ to ›Ernani‹ (Outstanding Dissertations in Music From British Universities), New York/London: Garland 1989, S. 143–170.

Powers, Harold S., ›La solita forma‹ and ›the Uses of Convention‹, in: Acta musicologica 59 (1987), S. 65–90; auch in: Nuove prospettive nella ricerca verdiana: Atti del convegno internazionale in occasione della prima del ›Rigoletto‹ in edizione critica, Vienna, 12/13 marzo 1983, hrsg. von Marisa Di Gregorio Casati und Marcello Pavarani, Parma: Istituto di studi verdiani/Milano: Ricordi 1987, S. 74–109; deutsch: ›La solita forma‹ und ›Der Gebrauch der Konvention‹, in: Oper heute 12 (1990), S. 147–185.

Powers, Harold S., Il ›do‹ del baritono nel ›gioco delle parti‹ verdiano, in: Opera & Libretto II, hrsg. von Gianfranco Folena, Maria Teresa Muraro und Giovanni Morelli (Studi di musica veneta), Firenze: Olschki 1993, S. 267–281.

Rosselli, John, The Opera Industry in Italy From Cimarosa to Verdi: The Role of the Impresario, Cambridge: Cambridge University Press 1984.

Rosselli, John, Das Produktionssystem 1780–1880, in: Geschichte der italienischen Oper: Systematischer Teil, hrsg. von Lorenzo Bianconi und Giorgio Pestelli, Laaber: Laaber 1990, Bd. 4, S. 97–174.

Rosselli, John, *Music and Musicians in Nineteenth-Century Italy*, London: Batsford 1991.

Rosselli, John, *Singers of Italian Opera: The History of a Profession*, Cambridge: Cambridge University Press 1992, 1995.

Rushmore, Robert, *The Singing Voice: The Lower Depths*, in: *Opera News* 31 (11. März 1967), S. 28–30.

Shaw, George Bernard, *Shaw's Music: The Complete Musical Criticism in Three Volumes*, hrsg. von Dan H. Laurence, Bd. 1, London: Bodley Head 1981.

Van, Gilles de, *L'eroe verdiano*, in: *Opera & Libretto I*, hrsg. von Gianfranco Folena, Maria Teresa Muraro und Giovanni Morelli (Studi di musica veneta), Firenze: Olschki 1990, S. 265–280.

Konventionen der musikalischen Gestaltung
(Anselm Gerhard)

Balthazar, Scott L[eslie], *Analytic Contexts and Mediated Influences: The Rossinian ›convenienze‹ and Verdi's Middle and Late Duets*, in: *Journal of Musicological Research* 10 (1990), S. 19–46.

Balthazar, Scott L[eslie], *Evolving Conventions in Italian Serious Opera: Scene Structure in the Works of Rossini, Bellini, Donizetti, and Verdi, 1810–1850*, PhD. diss. University of Pennsylvania 1985.

Balthazar, Scott L[eslie], *The ›Primo Ottocento‹ Duet and the Transformation of Rossinian Code*, in: *Journal of Musicology* 7 (1989), S. 471–497.

Basevi, Abramo, *Studio sulle opere di Giuseppe Verdi*, Firenze: Tofani 1859 (Reprint: Bologna: Antiquae Musicae Italicae Studiosi 1978).

Black, John, *The Italian Romantic Libretto: A Study of Salvadore Cammarano*, Edinburgh: Edinburgh University Press 1984.

Conati, Marcello, *›Rigoletto‹ di Giuseppe Verdi: Guida all'opera*, Milano: Mondadori 1983.

Gerhard, Anselm, *Die Verstädterung der Oper: Paris und das Musiktheater des 19. Jahrhunderts*, Stuttgart/Weimar: Metzler 1992.

Gerhartz, Leo Karl, *Kino und Kirche: Zu den Wurzeln des Verdischen Operntyps*, in: *Verdi-Theater*, hrsg. von Udo Bermbach, Stuttgart/Weimar: Metzler 1997, S. 23–36.

Gherardini, Giovanni, *Elementi di poesia ad uso delle scuole*, Milano: Giusti 1820.

Ghislanzoni, Antonio, *L'arte di far libretti: Opera serio-buffa in tre atti*, in: Antonio Ghislanzoni, *Capricci letterari* (Beilage zur *Gazzetta musicale di Milano* 1870).

Gossett, Philip, *Verdi, Ghislanzoni, and ›Aida‹: The Uses of Convention*, in: *Critical Inquiry* 1 (1974), S. 291–334.

A!A!A! [Hugo, Abel; Malitourne, Armand und Ader, Jean Joseph], *Traité du mélodrame*, Paris: Delaunay/Pélicier/Plancher 1817.

Kantner, Leopold Maximilian, *Zur Genese der Marschduette in der Grand Opéra*, in: *Anzeiger der philosophisch-historischen Klasse der Österreichischen Akademie der Wissenschaften* 113 (1976), S. 322–334.

Linthicum, David, *Verdi's ›Falstaff‹ and Classical Sonata Form*, in: *The Music Review* 39 (1978), S. 39–53.

Lotman, Jurij M[ichajlovič], *Bühne und Malerei als codierende Mechanismen des kulturellen Verhaltens zu Beginn des 19. Jahrhunderts*, in: Jurij M[ichajlovič] Lotman, *Kunst als Sprache: Untersuchungen zum Zeichencharakter von Literatur und Kunst*, hrsg. von Klaus Städtke, Leipzig: Reclam 1981, S. 295–307 und 480–483.

Moreen, Robert Anthony, *Integration of Text Forms and Musical Forms in Verdi's Early Operas*, PhD. diss. Princeton University 1975.

Noske, Frits, *The Signifier and the Signified: Studies in the Operas of Mozart and Verdi*, 's Gravenhage: Nijhoff 1977.

Parker, Roger, *›Infin che un brando vindice‹ e le cavatine del primo atto di ›Ernani‹*, in: *Verdi: Bollettino dell'Istituto di studi verdiani* 4, Nr. 10 (1987), S. 142–160.

Parker, Roger, *Leonora's Last Act: Essays in Verdian Discourse* (Princeton Studies in Opera), Princeton: Princeton University Press 1997.

Powers, Harold S., *›La solita forma‹ and ›the Uses of Convention‹*, in: *Acta musicologica* 59 (1987), S. 65–90; auch in: *Nuove prospettive nella ricerca verdiana: Atti del convegno internazionale in occasione della prima del ›Rigoletto‹ in edizione critica, Vienna, 12/13 marzo 1983*, hrsg. von Marisa Di Gregorio Casati und Marcello Pavarani, Parma: Istituto di studi verdiani/Milano: Ricordi 1987, S. 74–109; deutsch: *›La solita forma‹ und ›Der Gebrauch der Konvention‹*, in: *Oper heute* 12 (1990), S. 147–185.

Powers, Harold S., *›Simon Boccanegra‹ I.10–12: A Generic-Genetic Analysis of the Council Chamber Scene*, in: *19th-Century Music* 12 (1988/89), S. 101–128; auch in: *Atti del XIV congresso della società internazionale di musicologia, Bologna, 1987: Trasmissione e recezione delle forme di cultura musicale*, hrsg. von Angelo Pompilio, Donatella Restani, Lorenzo Bianconi und F. Alberto Gallo, Torino: Edizioni di Torino 1990, Bd. 3, S. 407–441.

Ritorni, Carlo, *Ammaestramenti alla composizione d'ogni poema e d'ogni opera appartenente alla musica*, Milano: Pirola 1841.

Rosen, David, *How Verdi's Serious Operas end*, in: *Atti del XIV congresso della società internazionale di musicologia, Bologna, 1987: Trasmissione e recezione delle forme di cultura musicale*, hrsg. von Angelo Pompilio, Donatella Restani, Lorenzo Bianconi und F. Alberto Gallo, Torino: Edizioni di Torino 1990, Bd. 3, S. 443–450.

Ross, Peter, *Amelias Auftrittsarie im ›Maskenball‹: Verdis Vertonung in dramaturgisch-textlichem Zusammenhang*, in: *Archiv für Musikwissenschaft* 40, Nr. 2 (1983), S. 126–146.

Schnebel, Dieter, *Die schwierige Wahrheit des Lebens – Zu Verdis musikalischem Realismus*, in: *Musik-Konzepte 10: Giuseppe Verdi* (1979), S. 51–111.

Schoenberg, Arnold, *Die Grundlagen der musikalischen Komposition*, Wien: Universal-Edition 1979.

Strohm, Reinhard, *Italienische Opernarien des frühen Settecento (1720–1730)* (Analecta musicologica, 16), Köln: Volk 1976.

Werner, Klaus, *Spiele der Kunst: Kompositorische Verfahren in der Oper ›Falstaff‹ von Giuseppe Verdi* (Europäische Hochschulschriften, Reihe XXXVI: Musikwissenschaft, 25), Frankfurt am Main: Lang 1988.

Zavadini, Guido, *Donizetti: Vita, musiche, epistolario*, Bergamo: Istituto italiano d'arti grafiche 1948.

Der Vers als Voraussetzung der Vertonung
(Anselm Gerhard)

Asioli, Bonifazio, *Il maestro di composizione ossia seguito del trattato d'armonia*, Milano: Ricordi 1832.

Beltrami, Pietro G., *La metrica italiana*, Bologna: Il Mulino 1991.

Boito, Arrigo, *Tutti gli scritti*, hrsg. von Piero Nardi, [Verona]: Mondadori 1942.

Bongiovanni, Giannetto, *Dal carteggio inedito Verdi-Vigna: Con 27 lettere inedite, 10 autografi e 7 illustrazioni fuori testo*, Roma: Edizioni del »Giornale d'Italia« 1941.

Elwert, W[ilhelm] Theodor, *Französische Metrik*, München: Hueber 1961.

Elwert, W[ilhelm] Theodor, *Italienische Metrik* [1968], Wiesbaden: Steiner 1984.

Fabbri, Paolo, *Istituti metrici e formali*, in: *Storia dell'opera italiana*, hrsg. von Lorenzo Bianconi und Giorgio Pestelli, Torino: Edizioni di Torino 1988, Bd. 6, S. 163–233; deutsch: *Metrik und Form*, in: *Geschichte der italienischen Oper: Systematischer Teil*, hrsg. von Lorenzo Bianconi und Giorgio Pestelli, Laaber: Laaber 1992, S. 179–242.

Gara, Eugenio (Hrsg.), *Carteggi Pucciniani*, Milano: Ricordi 1958.

Garlato, Rita, *Repertorio metrico verdiano*, Venezia: Marsilio 1998.

Lavagetto, Mario, *Quei più modesti romanzi: Il libretto nel melodramma di Verdi: Tecniche costruttive, funzioni, poetica di un genere letterario minore*, Milano: Garzanti 1979.

Lippmann, Friedrich, *Der italienische Vers und der musikalische Rhythmus: Zum Verhältnis von Vers und Musik in der italienischen Oper des 19. Jahrhunderts, mit einem Rückblick auf die 2. Hälfte des 18. Jahrhunderts*, in: *Analecta musicologica* 12 (1973), S. 253–369; 14 (1974), S. 324–410; 15 (1975), S. 298–333.

Maeder, Costantino, *Ansätze zu einer dramatischen Theorie des italienischen Opernverses*, in: *Schweizer Jahrbuch für Musikwissenschaft/Annales Suisses de musicologie* 16 (1996), S. 65–79.

Memmo, Francesco Paolo, *Dizionario di metrica italiana*, Roma: Ateneo 1983.

Osthoff, Wolfgang, *Musica e versificazione: Funzioni del verso poetico nell'opera italiana*, in: *La drammaturgia musicale*, hrsg. von Lorenzo Bianconi, Bologna: Il Mulino 1986, S. 125–141.

Ritorni, Carlo, *Ammaestramenti alla composizione d'ogni poema e d'ogni opera appartenente alla musica*, Milano: Pirola 1841.

Ross, Peter, *Studien zum Verhältnis von Libretto und Komposition in den Opern Verdis*, Bern: Gnägi 1980.

Ross, Peter, *Amelias Auftrittsarie im ›Maskenball‹: Verdis Vertonung in dramatisch-textlichem Zusammenhang*, in: *Archiv für Musikwissenschaft* 40 Nr. 2 (1983), S. 126–146.

Schumann, Robert, *Gesammelte Schriften über Musik und Musiker*, hrsg. von Martin Kreisig, Leipzig: Breitkopf und Härtel 1914.

Wedell, Friedrich, *Annäherung an Verdi: Zur Melodik des jungen Verdi und ihren musiktheoretischen und ästhetischen Voraussetzungen* (Kieler Schriften zur Musikwissenschaft, 44), Kassel: Bärenreiter 1995.

Melodiebildung und Orchestration
(Leo Karl Gerhartz)

L'abbozzo del ›Rigoletto‹ di Giuseppe Verdi, [hrsg. von Carlo Gatti], Milano 1941 (Reprint: Bologna: Forni [1978]).

Basevi, Abramo, *Studio sulle opere di Giuseppe Verdi*, Firenze: Tofani 1859 (Reprint: Bologna: Antiquae Musicae Italicae Studiosi 1978).

Bellaigue, Camille, *Verdi: Biographie critique illustrée de douze reproductions hors texte*, Paris: Laurens [1912]; italienisch: *Verdi: Biografia critica*, Milano: Garzanti 1956.

Bloch, Ernst, *Das Prinzip Hoffnung (Wunschbilder des erfüllten Augenblicks)*, Frankfurt am Main: Suhrkamp 1967.

Boito, Arrigo, *Tutti gli scritti*, hrsg. von Piero Nardi, [Verona]: Mondadori 1942.

De Rensis, Raffaello, *Critiche e cronache musicali di Arrigo Boito (1862–1870)*, Milano: Treves 1931.

Gerhartz, Leo Karl, *Verdi und Schiller: Gedanken zu Schillers Wallensteins Lager und den Schlußszenen des dritten Aktes der ›Forza del destino‹*, in: *Verdi: Bollettino dell' Istituto di studi verdiani* 2, Nr. 6 (1966), S. 1589–1610 und 2063–2095.

Gerhartz, Leo Karl, *Von Bildern und Zeichen*, in: *Giuseppe Verdi: ›Rigoletto‹: Texte, Materialien, Kommentare*, hrsg. von Attila Csampai und Dietmar Holland (Rororo Opernbücher), Reinbek bei Hamburg: Rowohlt 1982, S. 9–48.

Gerhartz, Leo Karl, *Oper: Aspekte der Gattung*, Laaber: Laaber 1983.

Gerhartz, Leo Karl, *Versuch über ›Falstaff‹: Zu autobiographischen Aspekten von Verdis letzter Oper*, in: *Musik, Deutung, Bedeutung: Festschrift für Harry Goldschmidt zum 75. Geburtstag*, hrsg. von Hanns-Werner Heister und Hartmut Lück, Dortmund: Pläne-Verlag 1986, S. 21–29.

Hanslick, Eduard, *Die moderne Oper*, Berlin: Hofmann 1875.

Lucchesi, Joachim, *Lost in the Stars? Kurt Weill wird 100*, in: *Frankfurter Rundschau* (26. Februar 2000).

Marggraf, Wolfgang, *Verdi*, Mainz: Schott 1982.

Petrobelli, Pierluigi, *Einige Thesen zu Verdi*, in: *Komponisten auf Werk und Leben befragt: Ein Kolloquium*, hrsg. von Harry Goldschmidt, Georg Knepler und Konrad Niemann, Leipzig: Deutscher Verlag für Musik 1985.

Pougin, Arthur, *Giuseppe Verdi: Vita aneddotica con note ed aggiunte di Folchetto [Giacomo Caponi]*, Milano: Ricordi 1881.

Reck-Malleczewen, Friedrich Percyval, *Tagebuch eines Verzweifelten* [1947], Frankfurt am Main: Fischer 1971.

Valeri, Diego; Nordio, Mario und andere, *Verdi e la Fenice*, Venezia: Ente autonomo del Teatro la Fenice 1951.

Die Genese der Opern (II): Kompositionsprozeß und Editionsgeschichte (Luca Zoppelli)

L'abbozzo del ›Rigoletto‹ di Giuseppe Verdi, [hrsg. von Carlo Gatti], Milano 1941 (Reprint: Bologna: Forni [1978]).

Darcy, Warren, *›Creatio ex Nihilo‹: The Genesis, Strucutre, and Meaning of the ›Rheingold‹ Prelude*, in: *19th-Century Music* 13 (1989/90), S. 79–100.

Della Seta, Fabrizio (Hrsg.), *Giuseppe Verdi: ›La traviata‹: Schizzi e abbozzi autografi*, Parma: Istituto nazionale di studi verdiani 2001.

Garlato, Rita, *Repertorio metrico verdiano*, Venezia: Marsilio 1998.

Gossett, Philip, *La composizione di ›Ernani‹*, in: *Verdi: Bollettino dell'Istituto di studi verdiani* 4, Nr. 10 (1987), S. 60–91; englisch: *The Composition of Ernani*, in: *Analyzing Opera: Verdi and Wagner*, hrsg. von Carolyn Abbate und Roger Parker (California Studies in 19th Century Music, 6), Berkeley/Los Angeles/London: University of California Press 1989, S. 27–55.

Gossett, Philip, *New Sources for ›Stiffelio‹: A Preliminary Report*, in: *Cambridge Opera Journal* 5 (1993), S. 199–222.

Hopkinson, Cecil, *A Bibliography of the Works of Giuseppe Verdi 1813–1901*, 2 Bde., New York: Broude 1973–1978.

Hepokoski, James A., *Verdi, Giuseppina Pasqua, and the Composition of ›Falstaff‹*, in: *19th-Century Music* 3 (1979/80), S. 239–250.

Hepokoski, James A., *Under the Eye of the Verdian Bear: Notes on the Rehearsals and Première of ›Falstaff‹*, in: *The Musical Quarterly* 71 (1985), S. 135–156.

Hepokoski, James A., *Verdi's Composition of ›Otello‹: The Act II Quartet*, in: *Analyzing Opera: Verdi and Wagner*, hrsg. von Carolyn Abbate und Roger Parker (California Studies in 19th Century Music, 6), Berkeley/Los Angeles/London: University of California Press 1989, S. 125–149.

Hepokoski, James A., *Compositional Emendations in Verdi's Autograph Scores: ›Il trovatore‹, ›Un ballo in maschera‹ and ›Aida‹*, in: *Studi verdiani* 4 (1986/87), S. 87–109.

Hepokoski, James A., *Overriding the Autograph Score: The Problem of Textual Authority in Verdi's ›Falstaff‹*, in: *Studi verdiani* 8 (1992), S. 13–51.

Kuzmick Hansell, Kathleen, *Compositional Techniques in ›Stiffelio‹: Reading the Autograph Sources*, in: *Verdi's Middle Period, 1849–1859: Source Studies, Analysis, and Performance Practice*, hrsg. von Martin Chusid, Chicago/London: University of Chicago Press 1997, S. 45–97.

Lawton, David und Rosen, David, *Verdi's Non-Definitive Revisions: The Early Operas*, in: *Atti del III° congresso internazionale di studi verdiani*, Parma: Istituto di studi verdiani 1974, S. 189–237.

Lawton, David, *A new Sketch for Verdi's ›I due Foscari‹*, in: *Verdi Newsletter* 22 (1995), S. 4–16.

Monaldi, Gino, *Verdi: 1839–1898*, Torino: Bocca 1899, ²1926.

Noiray, Michel und Parker, Roger, *La Composition d'›Attila‹: Etude de quelques variantes*, in: *Revue de musicologie* 62 (1976), S. 104–124.

Parker, Roger, *Canonic Variations: The ›Rediscovery‹ of ›Adelia‹*, in: *Gaetano Donizetti ed il teatro musicale europeo: Atti del convegno internazionale, Venezia 1997*, Bergamo: Fondazione Donizetti (Druck in Vorbereitung).

Petrobelli, Pierluigi, *Osservazioni sul processo compositivo in Verdi*, in: *Acta musicologica* 43 (1971), S. 125–142; auch in: Pierluigi Petrobelli, *La musica nel teatro: Saggi su Verdi e altri compositori*, Torino: Edizioni di Torino 1998, S. 49–78; englisch: *Remarks on Verdi's Composing Process*, in: Pierluigi Petrobelli, *Music in the Theater: Essays on Verdi and Other Composers* (Princeton Studies in Opera), Princeton: Princeton University Press 1994, S. 48–74.

Ricordi, Giulio, *Come scrive e come prova Giuseppe Verdi*, in: *Verdi e il ›Falstaff‹* (Sonderausgabe von *L'illustrazione italiana*), Milano: Ricordi o. J. [1893].

Rosen, David, *Verdi: Requiem* (Cambridge Music Handbooks), New York/Cambridge: Cambridge University Press 1995.

Van, Gilles de, *La Notion de ›tinta‹: Mémoire confuse et affinités thématiques dans les opéras de Verdi*, in: *Revue de musicologie* 76 (1990), S. 187–198.

Zavadini, Guido, *Donizetti: Vita – musiche – epistolario*, Bergamo: Istituto italiano d'arti grafiche 1948.

Zoppelli, Luca, *La Maria ingravidata*, in: *Donizetti, Parigi e Vienna, atti del convegno internazionale, Roma, Accademia nazionale dei lincei, marzo 1998* (Druck in Vorbereitung).

Die optische Dimension: Szenentypen, Bühnenräume, Kostüme, Dekorationen, Bewegung, Tanz (Arne Langer)

Alberti, Luciano, *›I progressi attuali [1872] del dramma musicale‹*, in: *Il melodramma italiano dell'ottocento: Studi e ricerche per Massimo Mila* (Saggi, 575), Torino: Einaudi 1977, S. 125–155.

Azzaroni, Giovanni, *Del teatro e dintori: Una storia della legislazione e delle strutture teatrali in Italia nell'ottocento*, Roma: Bulzoni 1981.

Black, John N[icholas], *Cammarano's Notes for the Staging of Lucia di Lammermoor*, in: *Donizetti Society Journal* 4 (1980), S. 29–44.

Cagli, Bruno und Ziino, Agostino, *Il teatro San Carlo 1737–1987*, 3 Bde., Napoli: Electa 1987.

Cavicchi, Adriano, *Le prime scenografie del ›Don Carlo‹: Con alcune considerazioni fra spettacolarità e musica*, in:

Atti del II° congresso internazionale di studi verdiani, Parma: Istituto di studi verdiani 1971, S. 516–524.

Cella, Franca, und Petrobelli, Pierluigi (Hrsg.), *Giuseppe Verdi – Giulio Ricordi: Corrispondenza e immagini 1881–1890,* Milano: Teatro alla Scala 1982.

Chusid, Martin, *A Catalog of Verdi's Operas* (Music Indexes and Bibliographies, 5), Hackensack, N. J.: Boonin 1974.

Chusid, Martin, *Verdi's Own Words: His Thoughts on Performance, With Special Reference to ›Don Carlos‹, ›Otello‹ and ›Falstaff‹,* in: *The Verdi Companion,* hrsg. von William Weaver und Martin Chusid, New York/London: Norton 1979.

Coe, Doug, *The Original Production Book for ›Otello‹: An Introduction,* in: *19th-Century Music* 2 (1978/79), S. 148–158.

Cohen, H. Robert, *La Conservation de la tradition scénique sur la scène lyrique en France au XIXe siècle,* in: *Revue de musicologie* 64 (1978), S. 256–267.

Cohen, H. Robert, *On the Reconstruction of the Visual Elements of French Grand Opera: Unexplored Sources in Parisian Collections,* in: *International Musicological Society, Report of the Twelfth Congress, Berkeley 1977,* hrsg. von Daniel Heartz und Bonnie Wade, Kassel: Bärenreiter 1981.

Cohen, H. Robert, *A Survey of French Sources for the Staging of Verdi's Operas: ›Livrets de mise en scène‹, Annotated Scores, and Annotated Libretti in two Parisian Collections,* in: *Studi verdiani* 3 (1985), S. 11–44.

Cohen, H. Robert und Gigou, Marie Odile (Hrsg.), *Cent Ans de mise en scène lyrique en France (environ 1830–1930): Catalogue descriptif des livrets de mise en scène, des libretti annotés et des partitions annotées dans la Bibliothèque de l'Association de la régie théâtrale (Paris)* (Musical Life in 19th Century France/La Vie musicale en France au XIXe siècle, 2), New York: Pendragon 1986.

Cohen, H. Robert und Conati, Marcello, *Un Elément inexploré de la mise en scène du XIXe siècle: Les ›figurini‹ italiens des opéras de Verdi (état de la question),* in: *Opera & Libretto I,* hrsg. von Gianfranco Folena, Maria Teresa Muraro und Giovanni Morelli (Studi di musica veneta), Firenze: Olschki 1990, S. 281–297.

Cohen, H. Robert und Gigou, Marie-Odile (Hrsg.), *The Original Staging Manuals for Twelve Parisian Operatic Premières/Douze Livrets de mise en scène lyrique datant des créations parisiennes* (Musical Life in 19th Century France/La Vie musicale en France au XIXe siècle, 3), Stuyvesant NY: Pendragon 1991.

Cohen, H. Robert, *On Preparing Critical Studies of the Original ›mise en scène‹ of Nineteenth-Century Operas,* in: *Opera & Libretto II,* hrsg. von Gianfranco Folena, Maria Teresa Muraro und Giovanni Morelli (Studi di musica veneta), Firenze: Olschki 1993, S. 215–224.

Conati, Marcello, *Aspetti della messinscena del ›Macbeth‹ di Verdi,* in: *Nuova rivista musicale italiana* 15 (1981), S. 374–404.

Conati, Marcello und Grilli, Natalia, *›Simon Boccanegra‹ di Giuseppe Verdi* [Reprint der *disposizione scenica*], Milano: Ricordi 1993.

Disposizione scenica zu *Un ballo in maschera* [hrsg. von Giuseppe Cencetti], Milano: Ricordi 1859.

Disposizione scenica zu *Don Carlo,* Milano: Ricordi 1867.

Disposizione scenica zu *Aida* [hrsg. von Giulio Ricordi], Milano: Ricordi 1873.

Ferrario, Carlo, *Scenografia,* Milano: Calzolari 1913.

Gatti, Carlo, *Verdi nelle immagini,* Milano: Garzanti [1941]; deutsch: *Verdi im Bilde,* [Milano]: Garzanti [1941].

Gerhard, Anselm, *Die Verstädterung der Oper: Paris und das Musiktheater des 19. Jahrhunderts,* Stuttgart/Weimar: Metzler 1992.

Girardi, Michele, *Un aspetto del realismo nella drammaturgia di ›Stiffelio‹: La musica da fuori scena,* in: *Tornando a ›Stiffelio‹: Popolarità, rifacimenti, messinscena, effettismo e altre ›cure‹ nella drammaturgia del Verdi romantico: Atti del convegno internazionale di studi, Venezia, 17–20 dicembre 1985,* hrsg. von Giovanni Morelli (Quaderni della Rivista italiana di musicologia, 14*),* Firenze: Olschki 1987, S. 223–241.

Girardi, Michele, *Per un inventario della musica in scena nel teatro verdiano,* in: *Studi verdiani* 6 (1990), S. 99–145.

Graf, Herbert, *Verdi e la regia lirica,* in: *Atti del I° congresso internazionale di studi verdiani,* Parma: Istituto di studi verdiani 1969, S. 319–322.

Guccini, Gerardo, *Spielleitung und Regie,* in: *Geschichte der italienischen Oper: Systematischer Teil,* hrsg. von Lorenzo Bianconi und Giorgio Pestelli, Laaber: Laaber 1991, Bd. 5, S. 165–236.

Hepokoski, James A. und Viale Ferrero, Mercedes, *›Otello‹ di Giuseppe Verdi* [Reprint der *disposizione scenica*] (Musica e spettacolo), Milano: Ricordi 1990.

Jürgensen, Knud Arne, *Le coreografie originali di ›Aida‹ (Paris, Théâtre de l'Opéra, 1880),* in: *Studi verdiani* 6 (1990), S. 146–158.

Jürgensen, Knud Arne, *The Verdi Ballets* (Premio internazionale Rotary Club di Parma ›Giuseppe Verdi‹, 4), Parma: Istituto di studi verdiani 1995.

Kuzmick Hansell, Kathleen, *Das Ballett und die italienische Oper,* in: *Geschichte der italienischen Oper: Systematischer Teil,* hrsg. von Lorenzo Bianconi und Giorgio Pestelli, Laaber: Laaber 1991, Bd. 5, S. 237–372.

Langer, Arne, *Der Regisseur und die Aufzeichnungspraxis der Opernregie im 19. Jahrhundert* (Perspektiven der Opernforschung, 4), Frankfurt am Main: Lang 1997.

Marly, Diana de, *Costume on the Stage 1600–1940,* London: Batsford 1982.

Muraro, Maria Teresa, *Le scenografie delle cinque ›prime assolute‹ di Verdi alla Fenice di Venezia,* in: *Atti del I° congresso internazionale di studi verdiani,* Parma: Istituto di studi verdiani 1969, S. 328–334.

Pougin, Arthur, *Giuseppe Verdi: Vita aneddotica con note ed aggiunte di Folchetto [Giacomo Caponi]*, Milano: Ricordi 1881.

Roncaglia, Gino, *Galleria verdiana: Studi e figure*, Milano: Curci 1959.

Rosen, David, *The Staging of Verdi's Operas: An Introduction to the Ricordi ›Disposizioni sceniche‹*, in: *International Musicological Society, Report of the Twelfth Congress, Berkeley 1977*, hrsg. von Daniel Heartz und Bonnie Wade, Kassel: Bärenreiter 1981, S. 444–453; italienisch: *La mess' in scena delle opere di Verdi: Introduzione alle ›disposizioni sceniche‹ Ricordi*, in: *La drammaturgia musicale*, hrsg. von Lorenzo Bianconi, Bologna: Il Mulino 1986, S. 209–224.

Rosen, David, *How Verdi Operas Begin: An Introduction to the ›Introduzioni‹*, in: *Tornando a ›Stiffelio‹: Popolarità, rifacimenti, messinscena, effettismo e altre ›cure‹ nella drammaturgia del Verdi romantico: Atti del convegno internazionale di studi, Venezia, 17–20 dicembre 1985*, hrsg. von Giovanni Morelli (Quaderni della Rivista italiana di musicologia, 14), Firenze: Olschki 1987, S. 203–221.

Rosen, David und Porter, Andrew (Hrsg.), *Verdi's ›Macbeth‹: A Sourcebook*, Cambridge: Cambridge University Press 1984.

Rosselli, John, *Agenti teatrali nel mondo dell'opera lirica italiana nell'ottocento*, in: *Rivista italiana di musicologia* 17 (1982), S. 134–154.

Rosselli, John, *The Opera Industry in Italy From Cimarosa to Verdi: The Role of the Impresario*, Cambridge: Cambridge University Press 1984.

Sala, Emilio, *Intorno a due ›disposizioni sceniche‹ della Bohème di Leoncavallo*, in: *Ruggero Leoncavallo nel suo tempo: Atti del I° convegno internazionale di studi su Ruggero Leoncavallo*, hrsg. von Jürgen Maehder und Piero Guiot, Milano: Sonzogno 1993.

›Sorgete! Ombre serene!‹: L'aspetto visivo dello spettacolo verdiano, hrsg. von Pierluigi Petrobelli, Marisa Di Gregorio Casati und Olga Jesurum, Parma: Istituto nazionale di studi verdiani 1994, ²1996.

Surian, Elvidio, *Aspetti espliciti e impliciti di regìa teatrale (didascalie musicali) presenti nella partitura di un'opera verdiana dell'età di mezzo*, in: *Tornando a ›Stiffelio‹: Popolarità, rifacimenti, messinscena, effettismo e altre ›cure‹ nella drammaturgia del Verdi romantico: Atti del convegno internazionale di studi, Venezia, 17–20 dicembre 1985*, hrsg. von Giovanni Morelli (Quaderni della Rivista italiana di musicologia, 14), Firenze: Olschki 1987, S. 189–201.

Viale Ferrero, Mercedes, *La Scenografia dalle origini al 1936* (Storia del Teatro Regio di Torino, 3), Torino: Cassa di Risparmio di Torino 1980.

Viale Ferrero, Mercedes, *Le prime scene per ›Ernani‹: Appunti di scenografia verdiana*, in: *Verdi: Bollettino dell'Istituto di studi verdiani* 4, Nr. 10 (1987), S. 195–206.

Viale Ferrero, Mercedes, *Luogo teatrale e spazio scenico*, in: *Storia dell'opera italiana*, hrsg. von Lorenzo Bianconi und Giorgio Pestelli, Torino: Edizioni di Torino 1988, Bd. 5, S. 1–122; deutsch: *Theater und Bühnenraum*, in: *Geschichte der italienischen Oper: Systematischer Teil*, hrsg. von Lorenzo Bianconi und Giorgio Pestelli, Laaber: Laaber 1991, Bd. 5, S. 9–164.

Weaver, William, *Verdi: A Documentary Study*, London: Thames and Hudson 1977 – deutsch: *Verdi: Eine Dokumentation*, Berlin: Henschel 1980.

Wild, Nicole, *Décors et costumes du XIXe siècle*, 2 Bde., Paris: Bibliothèque Nationale 1987–1993.

Aufführung und Aufführungspraxis
(Johannes Streicher)

Angermann, Klaus, *Verdis szenisches Orchester*, in: *Verdi-Theater*, hrsg. von Udo Bermbach, Stuttgart/Weimar: Metzler 1997, S. 105–116.

Bauer, Oswald Georg, *Richard Wagner geht ins Theater*, in: Ausstellungskatalog, hrsg. von der Leitung der Bayreuther Festspiele, Bayreuth: Ellwanger 1996.

Beltrami, Cesare, *Musica e melodramma: Testimonianze di vita teatrale nell'ottocento alessandrino*, Torino: Il Quadrante 1988.

Berlioz, Hector, *Lebenserinnerungen*, hrsg. von Hans Scholz, München: Beck 1914.

Bianchi, Luigi A. und Inzaghi, Luigi, *Alessandro Rolla: Catalogo tematico delle opere*, Milano: Nuove Edizioni 1981.

Bottaro, Mario, *Immagini di un salotto buono: Il rapporto tra il Carlo Felice e Genova (1828–1940)*, in: *Il Teatro Carlo Felice di Genova: Storia e progetti* (Ausstellungskatalog), hrsg. von Ida Maria Botto, Genova: Sagep 1986, S. 149–186.

Burckhardt, Jacob, *Briefe an einen Architekten*, hrsg. von Hans Trog, München: Müller und Rentsch 1913; zitiert nach: Haufe, Eberhard (Hrsg.), *Deutsche Briefe aus Italien: Von Winckelmann bis Gregorovius*, Hamburg: Wegner 1965.

Cavallini, Ivano, *Il direttore d'orchestra: Genesi e storia di un'arte*, Venezia: Marsilio 1998.

Chusid, Martin, *A Letter by the Composer About ›Giovanna d'Arco‹ and Some Remarks on the Division of Musical Direction in Verdi's Day*, in: *Studi verdiani* 7 (1991), S. 12–56.

Conati, Marcello, *Cenni su orchestre, teatri, strumenti e diapason in Italia nell'ottocento*, in: *Musica/Realtà* 14, Nr. 40 (April 1993), S. 111–127.

Fairtile, Linda, B. *The Violin Director and Verdi's Middle-Period Operas*, in: *Verdi's Middle Period, 1849–1859: Source Studies, Analysis, and Performance Practice*, hrsg. von Martin Chusid, Chicago/London: University of Chicago Press 1997, S. 413–426.

Fara, Giulio, *Spigolature epistolari: Angelo Mariani*, in: *Musica d'oggi* 8 (1926), S. 311–315.

Ferrari, Paolo Emilio, *Spettacoli drammatico-musicali in Parma dal 1628 al 1883*, Parma: Battei 1884.

Ferrarini, Mario, *L'orchestra di Paganini e i direttori del suo tempo*, in: *Musica d'oggi* 22 (1940), S. 155–160.

Fontane, Theodor, *Der Stechlin* [1898] (Theodor Fontane Nymphenburger Taschenbuch-Ausgabe, 13), München: Nymphenburger 1969.

Gatti, Carlo, *Verdi im Bilde*, [Milano]: Garzanti [1941].

Harnoncourt, Nikolaus, *Mozarts chiaro-oscuro-Orchesterbesetzungen*, in: Nikolaus Harnoncourt, *Der musikalische Dialog: Gedanken zu Monteverdi, Bach und Mozart*, Salzburg/Wien: Residenz 1984, ²1985, S. 117–126.

Harwood, Gregory W., *Verdi's Reform of the Italian Opera Orchestra*, in: *19th-Century Music* 10 (1986/87), S. 108–134.

Heyse, Paul, *Jugenderinnerungen und Bekenntnisse*, Berlin: Hertz ⁴1901.

Liszt, Franz, *Un continuo progresso: Scritti sulla musica*, Milano: Ricordi/Unicopli 1988.

Lo Iacono, Concetta, *Antonietta Dell'Era*, in: *Dizionario biografico degli italiani*, Roma: Istituto dell'Enciclopedia Italiana 1990, Bd. 38, S. 49.

Luna, Luca, *Teatro Ventidio Basso: Storia e dintorni*, Sant' Atto di Teramo: Edizioni specializzate Unisel 1994.

Maione, Paologiovanni und Seller, Francesca, *L'ultima stagione napoletana di Domenico Barbaja (1836–1840)*, in: *Rivista italiana di musicologia* 27 (1992), S. 257–325.

Martinotti, Sergio, *Angelo Mariani, direttore e musicista, nel suo tempo*, in: *Studi musicali* 2 (1973), S. 315–339.

Mendelssohn Bartholdy, Felix, *Briefe einer Reise durch Deutschland, Italien und die Schweiz [. . .]*, hrsg. von Peter Sutermeister, Zürich: Niehans 1958.

Meucci, Renato, *Osservazioni del m.° Francesco Antonio Biscottini sull'orchestra scaligera del 1846*, in: *Il flauto dolce* 17/18 (Oktober 1987/April 1988), S. 41–44.

Meucci, Renato, *Clangori e strepiti: Rossini e l'orchestra italiana del suo tempo*, in: *Viaggio a Rossini* (Ausstellungskatalog Bologna), hrsg. von Luigi Ferrari, Bologna: Alfa 1992, S. 143–149.

Mikoletzky, Juliane, *Die Wiener Sicht auf Berlin, 1870–1934*, in: *Metropolis Berlin: Berlin als deutsche Hauptstadt im Vergleich europäischer Hauptstädte 1870–1939*, hrsg. von Gerhard Brunn und Jürgen Reulecke, Bonn/Berlin: Bouvier 1992, S. 471–528.

Mioli, Piero, *Il Teatro Comunale: Centottanta anni di presenza*, in: *Orchestre in Emilia-Romagna nell'ottocento e novecento*, hrsg. von Marcello Conati und Marcello Pavarani, Parma: Orchestra Sinfonica dell'Emilia-Romagna ›Arturo Toscanini‹ 1982, S. 325–342.

Monaldi, Gino, *Orchestre e direttori del secolo XIX*, in: *Rivista musicale italiana* 16 (1909), S. 123–142 und 531–549.

Museo Teatrale alla Scala: Guida illustrata, Milano: Galli Thierry Stampa 1997.

Nicolai, Otto, *Briefe an seinen Vater*, hrsg. von Wilhelm Altmann (Deutsche Musikbücherei, 43), Regensburg: Bosse 1924.

Paganelli, Sergio, *Repertorio critico degli spettacoli e delle esecuzioni musicali dal 1763 al 1966*, hrsg. von Lamberto Trezzini (Due secoli di vita musicale: Storia del Teatro Comunale di Bologna, 2), Bologna: Alfa 1966.

Piperno, Franco, *Le orchestre dei teatri d'opera italiani nell'ottocento: Bilancio provvisorio di una ricerca*, in: *Studi verdiani* 11 (1996), S. 119–221; darin: Pasquini, Elisabetta, *Parma: Teatro Ducale (1816–1847)*, ebd., S. 133–150; Ristagno, Antonio, *Milano: Teatro alla Scala (1816–1861)*, ebd., S. 163–181.

Polidori, Maria Luisa, *Appunti su un teatro di provincia: Il ›Teatro dell'Unione‹ di Viterbo*, in: *Musica e musicisti nel Lazio*, hrsg. von Renato Lefevre und Arnaldo Morelli (Lunario Romano, 15), Roma: Palombi/Gruppo culturale di Roma e del Lazio 1985, S. 543–559.

Sala, Emilio, *L'opera senza canto. Il mélo romantico e l'invenzione della colonna sonora*, Venezia: Marsilio 1995.

Tintori, Giampiero, *Palco di proscenio. Il melodramma: Autori, cantanti, teatri, impresari*, Milano: Feltrinelli 1980.

Tintori, Giampiero, *Nostra Signora La Scala*, Milano: Garzanti/Vallardi 1990.

Vallebona, G. B., *Il Teatro Carlo Felice, cronistoria di un secolo 1828–1928*, Genova: [Tip. fascista poligrafici] 1928.

Voskobojnikov, Valerij, *Aleksandr Borodin e l'Italia*, in: *Ottocento e oltre: Scritti in onore di Raoul Meloncelli*, hrsg. von Francesco Izzo und Johannes Streicher, Roma: Pantheon 1994, S. 387–395.

Verdis ›Ästhetik‹ (Anselm Gerhard)

Borchmeyer, Dieter, *›El maestro vol cussì, e basta!‹: Verdi und die Struktur des Opernlibrettos*, in: *Verdi-Theater*, hrsg. von Udo Bermbach, Stuttgart/Weimar: Metzler 1997, S. 117–140.

Boucheron, Raimondo, *Filosofia della musica o estetica applicata a quest'arte*, Milano: Ricordi 1842.

Budden, Julian, *The Operas of Verdi*, Bd. 2, London: Cassell 1978, Oxford: Clarendon ²1992.

Cambi, Luisa (Hrsg.), *Vincenzo Bellini. Epistolario*, Verona: Mondadori 1943.

Cavallini, Ivano, *Il direttore d'orchestra: Genesi e storia di un'arte*, Venezia: Marsilio 1998.

Conati, Marcello, *Verdi per Napoli*, in: *Il teatro San Carlo 1737–1987*, hrsg. von Bruno Cagli und Agostino Ziino, Bari: Electa 1987, Bd. 2, S. 225–266.

Dahlhaus, Carl, *Vom Musikdrama zur Literaturoper*, München: Katzbichler 1989.

Einstein, Alfred, *Größe in der Musik*, Zürich: Pan 1951.

Gerhard, Anselm, *Die Verstädterung der Oper: Paris und das Musiktheater des 19. Jahrhunderts*, Stuttgart/Weimar: Metzler 1992.

Golther, Wolfgang (Hrsg.), *Richard Wagner an Mathilde Wesendonck: Tagebuchblätter und Briefe – 1853–1871*, Berlin: Duncker 1904.

Henscheid, Eckhard, *Das dreizehnte ›Addio‹ war tödlich: Der ewige Abschiednehmer Riccardo aus ›Maskenball‹*, in: Eckhard Henscheid, *Über Oper: Verdi ist der Mozart Wagners: Ein Opernführer für Versierte und Versehrte*, Luzern/ Frankfurt am Main: Bucher 1979, S. 32–43.

Noske, Frits, *The Signifier and the Signified: Studies in the Operas of Mozart and Verdi*, 's Gravenhage: Nijhoff 1977.

Schnebel, Dieter, *Die schwierige Wahrheit des Lebens – Zu Verdis musikalischem Realismus*, in: *Musik-Konzepte 10: Giuseppe Verdi* (1979), S. 51–111.

Weiss, Piero, *Verdi and the Fusion of Genres*, in: *Journal of the American Musicological Society* 35 (1982), S. 138–156; italienisch: *Verdi e la fusione dei generi*, in: *La drammaturgia musicale*, hrsg. von Lorenzo Bianconi, Bologna: Il Mulino 1986, S. 75–92.

Werfel, Franz, *Verdi: Roman der Oper*, Berlin: Zsolnay 1924.

Werr, Sebastian, *Studien zum französischen Einfluß auf die italienische Oper in der Mitte des 19. Jahrhunderts*, Diss. phil. Bayreuth 2001 (Druck in Vorbereitung).

Das Werk

Oberto, conte di San Bonifacio (Michael Walter)

Balthazar, Scott Leslie, *Evolving Conventions in Italian Serious Opera: Scene Structure in the Works of Rossini, Bellini, Donizetti, and Verdi, 1810–1850*, PhD. diss. University of Pennsylvania 1985.

Budden, Julian, *The Operas of Verdi*, Bd. 1, London: Cassell 1973, Oxford: Clarendon ²1992.

Conati, Marcello, *L'›Oberto, conte di San Bonifacio‹ in due recensioni straniere poco note e in una lettera inedita di Verdi*, in: *Atti del I° congresso internazionale di studi verdiani*, Parma: Istituto di studi verdiani 1969, S. 67–92.

Giovanelli, Paola Daniela, *La storia e la favola dell'›Oberto‹*, in: *Studi verdiani* 2 (1983), S. 29–37.

Jensen, Luke, *The Early Publication History of ›Oberto‹: An Eye Toward ›Nabucco‹*, in: *Verdi Newsletter* 13 (1985), S. 6–20.

Jensen, Luke, *Giuseppe Verdi & Giovanni Ricordi With Notes on Francesco Lucca: From ›Oberto‹ to ›La traviata‹* (Garland Reference Library of the Humanities, 896), New York/London: Garland 1989.

Kimbell, David R[odney] B[ertram], *›Poi . . . diventò ›L'Oberto‹‹*, in: *Music and Letters* 52 (1971), S. 1–7.

Lawton, David und Rosen, David, *Verdi's Non-Definitive Revisions: The Early Operas*, in: *Atti del III° congresso internazionale di studi verdiani*, Parma: Istituto di studi verdiani 1974, S. 189–237.

Osborne, Charles, *Verdis ›Really First‹ Opera*, in: *Opera* 20 (1969), S. 674–677.

Osborne, Charles, *The Case of ›Oberto‹*, in: *Opera* 45 (1994), S. 1378–1382.

Parker, Roger, *Studies in Early Verdi, 1832–1844: New Information and Perspectives on the Milanese Musical Milieu and the Operas From ›Oberto‹ to ›Ernani‹* (Outstanding Dissertations in Music From British Universities), New York/London: Garland 1989.

Rinaldi, Mario, *Le opere meno note di Verdi* (Historiae musicae cultores: Biblioteca, 29), Firenze: Olschki 1975.

Rosenberg, Jesse, *›Oberto conte di San Bonifacio‹*, in: *Pipers Enzyklopädie des Musiktheaters: Oper, Operette, Musical, Ballett*, hrsg. von Carl Dahlhaus und dem Forschungsinstitut für Musiktheater der Universität Bayreuth unter der Leitung von Sieghart Döhring, München/Zürich: Piper 1997, Bd. 6, S. 384–387.

Sartori, Claudio, *›Rocester‹: La prima opera di Verdi*, in: *Rivista musicale italiana* 43 (1939), S. 97–104.

Un giorno di regno (Arnold Jacobshagen)

Budden, Julian, *The Operas of Verdi*, Bd. 1, London: Cassell 1973, Oxford: Clarendon ²1992.

Engelhardt, Markus, *Verdi und andere: ›Un giorno di regno‹, ›Ernani‹, ›Attila‹, ›Il corsaro‹ in Mehrfachvertonungen* (Premio internazionale Rotary Club di Parma ›Giuseppe Verdi‹, 1), Parma: Istituto di studi verdiani 1992.

Parker, Roger, *›Un giorno di regno‹: From Romani's Libretto to Verdi's Opera*, in: *Studi verdiani* 2 (1983), S. 38–58.

Parker, Roger, *Studies in Early Verdi, 1832–1844: New Information and Perspectives on the Milanese Musical Milieu and the Operas From ›Oberto‹ to ›Ernani‹* (Outstanding Dissertations in Music From British Universities), New York/London: Garland 1989.

Nabucodonosor (Michael Walter)

Basevi, Abramo, *Studio sulle opere di Giuseppe Verdi*, Firenze: Tofani 1859 (Reprint: Bologna: Antiquae Musicae Italicae Studiosi 1978).

Gossett, Philip, *Becoming a Citizen: The Chorus in ›Risorgimento‹ Opera*, in: *Cambridge Opera Journal* 2 (1990), S. 41–64.

Gossett, Philip, *Censorship and Self-Censorship: Problems in Editing the Operas of Giuseppe Verdi*, in: *Essays in Musicology: A Tribute to Alvin Johnson*, hrsg. von Lewis Lockwood und Edward Roesner, Philadelphia: American Musicological Society 1990, S. 247–257; deutsch: *Zensur und Selbstzensur: Probleme bei der Edition von Giuseppe Verdis Opern*, in: *Über Musiktheater: Eine Festschrift gewidmet Arthur Scherle anlässlich seines 65. Geburtstages*, hrsg. von Stefan G. Harpner und Birgit Gotzes, München: Ricordi 1992, S. 103–115.

Jensen, Luke, *Giuseppe Verdi & Giovanni Ricordi With Notes on Francesco Lucca: From ›Oberto‹ to ›La traviata‹* (Garland Reference Library of the Humanities, 896), New York/London: Garland 1989.

Lawton, David und Rosen, David, *Verdi's Non-Definitive Revisions: The Early Operas*, in: *Atti del III° congresso internazionale di studi verdiani*, Parma: Istituto di studi verdiani 1974, S. 189–237.

Lessona, Michele, *Volere è potere*, Firenze: Barbèra 1869 (Reprint: Pordenone: Tesi 1990).

Lill, Rudolf, *Geschichte Italiens vom 16. Jahrhundert bis zu den Anfängen des Faschismus*, Darmstadt: Wissenschaftliche Buchgesellschaft 1980, ²1982, ⁴1988.

Monaldi, Gino, *Verdi e le sue opere*, Firenze: Tipografia della Gazzetta d'Italia 1878.

Nabucco: Teatro alla Scala, stagione d'opera e balletto 1986/87, in: Programmheft, Milano: Teatro alla Scala/ Mondadori 1987.

Parker, Roger, *The Critical Edition of ›Nabucco‹*, in: *Opera Quarterly* 5 (1987), S. 91–98.

Parker, Roger, *Studies in Early Verdi, 1832–1844: New Information and Perspectives on the Milanese Musical Milieu and the Operas From ›Oberto‹ to ›Ernani‹* (Outstanding Dissertations in Music From British Universities), New York/London: Garland 1989.

Parker, Roger, *›Va pensiero‹ and the Insidious Mastery of Song*, in: Roger Parker, *Leonora's Last Act: Essays in Verdian Discourse* (Princeton Studies in Opera), Princeton: Princeton University Press 1997, S. 20–41.

Parker, Roger, *›Arpa d'or dei fatidici vati‹: The Verdian Patriotic Chorus in the 1840s* (Premio internazionale Rotary Club di Parma ›Giuseppe Verdi‹, 2), Parma: Istituto nazionale di studi verdiani 1997a.

Parker, Roger, *›Nabucodonosor‹*, in: *Pipers Enzyklopädie des Musiktheaters: Oper, Operette, Musical, Ballett*, hrsg. von Carl Dahlhaus und dem Forschungsinstitut für Musiktheater der Universität Bayreuth unter der Leitung von Sieghart Döhring, München/Zürich: Piper 1997b, Bd. 6, S. 389–392.

Petrobelli, Pierluigi, *›Nabucco‹*, in: *Conferenze 1966-1967*, Milano: Associazione Amici della Scala [1967], S. 15–47.

Petrobelli, Pierluigi, *From Rossini's ›Mosè‹ to Verdi's ›Nabucco‹*, in: Pierluigi Petrobelli, *Music in the Theater: Essays on Verdi and Other Composers* (Princeton Studies in Opera), Princeton: Princeton University Press 1994, S. 8–33.

Pougin, Arthur, *Giuseppe Verdi: Vita aneddotica con note ed aggiunte di Folchetto [Giacomo Caponi]*, Milano: Ricordi 1881 (Reprint: Firenze: Passigli 1989).

Verdi: Nabucco (L'Avant-scène opéra, 86), Paris: L'Avant-scène 1986.

I Lombardi alla prima crociata/Jérusalem (Kurt Malisch)

Basevi, Abramo, *Studio sulle opere di Giuseppe Verdi*, Firenze: Tofani 1859 (Reprint: Bologna: Antiquae Musicae Italicae Studiosi 1978).

›Gerusalemme‹ (Quaderni dell'Istituto di studi verdiani, 2), hrsg. von Mario Medici, Parma: Istituto di studi verdiani 1963 (Reprint: Parma: Istituto di studi verdiani 1985).

Günther, Ursula, *Giuseppe Verdis erster Erfolg in Paris*, in: *Lendemains: Zeitschrift für Frankreichforschung und Französischstudium* 31/32 (1983), S. 53–62.

Jürgensen, Knud Arne, *The Verdi Ballets* (Premio internazionale Rotary Club di Parma ›Giuseppe Verdi‹, 4), Parma: Istituto di studi verdiani 1995.

Kimbell, David R[odney] B[ertram], *Verdi's First Rifacimento: ›I Lombardi‹ and ›Jérusalem‹*, in: *Music and Letters* 60 (1979), S. 1–36.

Quattrocchi, Arrigo, *Da Milano a Parigi: ›Jérusalem‹, la prima revisione di Verdi*, in: *Studi verdiani* 10 (1994/95), S. 13–60.

Ernani (Ulrich Schreiber)

Budden, Julian, *Il linguaggio musicale di ›Ernani‹*, in: *Verdi: Bollettino dell'Istituto di studi verdiani* 4, Nr. 10 (1987), S. 123–132.

Cagli, Bruno, *›... questo povero poeta esordiente‹: Piave a Roma, un carteggio con Ferretti, la genesi di ›Ernani‹*, ebd., S. 1–18.

Conati, Marcello, *›Ernani‹ di Verdi: Le critiche del tempo – alcune considerazioni*, ebd., S. 207–272.

Della Seta, Fabrizio, *L'atto di Carlo Quinto*, ebd., S. 161–175.

Engelhardt, Markus, *Versioni operistiche dell' ›Hernani‹*, ebd., S. 104–122.

›Ernani‹ ieri e oggi: Atti del convegno internazionale di studi, Modena, Teatro San Carlo, 9–10 dicembre 1984, hrsg. von Pierluigi Petrobelli, Marisa Di Gregorio Casati und Marcello Pavarani (Verdi: Bollettino dell'Istituto di studi verdiani 4, Nr. 10), Parma: Istituto di studi verdiani 1987.

Gadamer, Hans-Georg, *Wahrheit und Methode: Grundzüge einer philosophischen Hermeneutik*, Tübingen: Mohr 1960.

Gallico, Claudio, *Verso l'edizione critica di ›Ernani‹ di Verdi*, in: *Nuove prospettive nella ricerca verdiana: Atti del convegno internazionale in occasione della prima del ›Rigoletto‹ in edizione critica, Vienna, 12–13 marzo, 1983*, hrsg. von Marisa Di Gregorio Casati und Marcello Pavarani, Parma: Istituto di studi verdiani/Milano: Ricordi 1987, S. 20–28.

Galllico, Claudio, *Il restauro del testo di ›Ernani‹* in: *Verdi: Bollettino dell'Istituto di studi verdiani* 4, Nr. 10 (1987)a, S. 82–103.

Gossett, Philip, *La composizione di ›Ernani‹*, ebd., S. 60–91.

Gossett, Philip, *The Composition of Ernani*, in: *Analyzing Opera: Verdi and Wagner*, hrsg. von Carolyn Abbate und Roger Parker (California Studies in 19th Century Music, 6), Berkeley/Los Angeles/London: University of California Press 1989, S. 27–55.

Lanza Tomasi, Gioacchino, *›Ernani‹ di Giuseppe Verdi: Guida all'Opera* (Oscar musica, 1), Milano: Mondadori 1982.

Parker, Roger, *Levels of Motivic Definition in Verdi's ›Ernani‹*, in: *19th-Century Music* 6 (1982/83), S. 141–150.

Parker, Roger, *›Infin che un brando vindice‹ e le cavatine del primo atto di ›Ernani‹*, in: *Verdi: Bollettino dell'Istituto di studi verdiani* 4, Nr. 10 (1987), S. 142–160.

Ross, Peter, *Zur Dramaturgie des Finalaktes von Verdis ›Ernani‹*, in: *Jahrbuch für Opernforschung* 2 (1986), S. 27–50.

Ross, Peter, *Per un'analisi drammaturgica dell'atto finale di ›Ernani‹*, in: *Verdi: Bollettino di studi verdiani* 4, Nr. 10 (1987), S. 176–194.

Schulz-Buschhaus, Ulrich, *›Ernani‹ und ›Hernani‹: Zum ›Familialismus‹ der Verdischen Oper*, in: *Opern und Opernfiguren: Festschrift für Joachim Herz*, hrsg. von Ursula und Ulrich Müller (Wort und Musik, 2), Anif/Salzburg: Müller-Speiser 1989, S. 161–173.

Zanichelli, Silvana, *Alcuni appunti sulla trasformazione dell'›Hernani‹ di Hugo*, in: *Verdi: Bollettino dell'Istituto di studi verdiani* 4, Nr. 10 (1987), S. 43–59.

I due Foscari (Christine Fischer)

Biddlecombe, George, *The Revision of ›No, non morrai, chè i perfidi‹: Verdi's Compositional Process in ›I due Foscari‹*, in: *Studi verdiani* 2 (1983), S. 59–77.

Budden, Julian, *The Operas of Verdi*, Bd. 1, London: Cassell 1973, Oxford: Clarendon ²1992.

Byron, George Gordon Lord, *The two Foscari; An [sic] Historical Tragedy*, in: George Gordon Lord Byron, *The Complete Works of Lord Byron*, hrsg. von Henry Lytton Bulwer, Paris: Galignani 1841, S. 463–487.

Giger, Andreas, *Social Control and the Censorship of Giuseppe Verdi's Operas in Rome (1844–1859)*, in: *Cambridge Opera Journal* 11 (1999), S. 233–265.

Heine, Heinrich, [Kritik von Verdis ›I due Foscari‹ in: *Augsburger Allgemeine Zeitung* 38, 2. Februar 1847], in: *Sämtliche Werke*, hrsg. von Klaus Briegleb, München: Hanser 1974, Bd. 5, S. 166–168.

Hopkinson, Cecil, *A Bibliography of the Works of Giuseppe Verdi 1813–1901*, 2 Bde., New York: Broude 1973–1978.

Lawton, David und Rosen, David, *Verdi's Non-Definitive Revisions: The Early Operas*, in: *Atti del III° congresso internazionale di studi verdiani*, Parma: Istituto di studi verdiani 1974, S. 189–237.

Lawton, David, *A new Sketch for Verdi's ›I due Foscari‹*, in: *Verdi Newsletter* 22 (1995), S. 4–16.

Malisch, Kurt, *›I due Foscari‹*, in: *Pipers Enzyklopädie des Musiktheaters: Oper, Operette, Musical, Ballett*, hrsg. von Carl Dahlhaus und dem Forschungsinstitut für Musiktheater der Universität Bayreuth unter der Leitung von Sieghart Döhring, München/Zürich: Piper 1997, Bd. 6, S. 401–404.

Manzoni, Alessandro, *Il conte di Carmagnola*, hrsg. von Giovanni Bardazzi (Testi e strumenti di filologia italiana. Testi, 7), Milano: Mondadori 1985.

Marchesi, Gustavo, *Verdi e Manzoni*, in: *Atti del III° congresso internazionale di studi verdiani*, Parma: Istituto di studi verdiani 1974, S. 274–284.

Monaldi, Gino, *I teatri di Roma negli ultimi tre secoli*, Napoli: Ricciardi 1928.

Osborne, Charles, *The Complete Operas of Verdi*, London: Gollancz 1969, 1973, 1978.

Petrobelli, Pierluigi, *Osservazioni sul processo compositivo in Verdi*, in: *Acta musicologica* 43 (1971), S. 125–142; auch in: Pierluigi Petrobelli, *La musica nel teatro: Saggi su Verdi e altri compositori*, Torino: Edizioni di Torino 1998, S. 49–78; englisch: *Remarks on Verdi's Composing Process*, in: Pierluigi Petrobelli, *Music in the Theater: Essays on Verdi and Other Composers* (Princeton Studies in Opera), Princeton: Princeton University Press 1994, S. 48–74.

Rinaldi, Mario, *Le opere meno note di Giuseppe Verdi*, Firenze: Olschki 1975.

Simone, Cesare, *Per la cabaletta de ›I due Foscari‹*, in: *Nuova antologia* 70, Nr. 375 (1934), S. 327–334.

Stringham, Scott, *›I due Foscari: From Byron's Play to Verdi's Opera‹*, in: *Philological Papers* 17 (Juni 1970), S. 31–40.

Toye, Francis, *Giuseppe Verdi: His Life and Works*, London: Heinemann 1931 (Reprint: London: Gollancz 1962).

Giovanna d'Arco (Markus Engelhardt)

Chusid, Martin, *A Letter by the Composer About ›Giovanna d'Arco‹ and Some Remarks on the Division of Musical Direction in Verdi's Day*, in: *Studi verdiani* 7 (1991), S. 12–56.

Engelhardt, Markus, *Shakespeare-Anleihen in Verdis ›Schiller‹-Oper ›Giovanna d'Arco‹*, in: *Über Musiktheater: Eine Festschrift gewidmet Arthur Scherle anläßlich seines 65. Geburtstages*, hrsg. von Stefan G. Harpner und Birgit Gotzes, München: Ricordi 1992, S. 71–83.

Engelhardt, Markus, *Zwischen ›bellico‹ und ›soprannaturale‹: Die Jungfrau von Orleans in den Vertonungen von Nicola Vaccai und von Giuseppe Verdi*, in: *Tagungsbericht ›Verdi und die deutsche Literatur‹, 20.–21. 11. 1997* (Centro tedesco di studi veneziani: Quaderni), hrsg. von Wolfgang Osthoff (im Druck).

Gerhard, Anselm, *Jeanne d'Arc als Primadonna in Mailand*, in: Programmheft Staatsoper Hamburg 1983, S. 7–12.

Gossett, Philip, *›Giovanna d'Arco‹*, in: Programmheft Teatro Comunale di Bologna 1989/90, S. 19–27.

Alzira (Thomas Betzwieser)

Budden, Julian, *The Operas of Verdi*, Bd. 1, London: Cassell 1973, Oxford: Clarendon ²1992.

Conati, Marcello, *L'›Alzira‹ di Verdi attraverso le lettere e le cronache*, in: *Tre saggi su ›Macbeth‹, ›Alzira‹, ›Manon‹ e ›Werther‹*, hrsg. von Claudio del Monte (Teatro Regio: Città di Parma 1980/81, 9), Parma: Teatro Regio, 1980 S. 33–114.

Cornelio, Angelo Maria, *Per la storia*, Pistoia: Flori 1904.

Csampai, Attila, *›Alzira‹: Zwischenstation auf dem Weg zur Meisterschaft: Zur Genese des Verdischen Operntypus*, in: Booklet der Doppel-CD, Orfeo C 057 832, München 1983, S. 3–6.

Girardi, Michele, *Appunti su ›Alzira‹*, in: *›Alzira‹*, in: Programmheft Parma, Teatro Regio, 1990, S. 5–27.

Gossett, Philip, *La fine dell'età borbonica*, in: *Il Teatro di San Carlo*, [hrsg. von Raffaele Ajello], Napoli: Guida 1987, Bd. 1, S. 167–203.

Maehder, Jürgen, *The Representation of the ›Discovery‹ on the Opera Stage*, in: *Musical Repercussions of 1492: Encounters in Text and Performance*, hrsg. von Carol E. Robertson, Washington DC: Smithsonian Inst. Press 1992, S. 257–287.

Mila, Massimo, *Verdi minore: Lettura dell'›Alzira‹*, in: *Rivista italiana di musicologia* 1 (1966), S. 246–267.

Parker, Roger, *›Alzira‹: In Search of Verdi's Intellectual Passions*, in: *Opera* 47 (1996), S. 630–634.

Petrobelli, Pierluigi, *Pensieri per ›Alzira‹*, in: *Nuove prospettive nella ricerca verdiana: Atti del convegno internazionale in occasione della prima del ›Rigoletto‹ in edizione critica, Vienna, 12–13 marzo, 1983*, hrsg. von Marisa Di Gregorio Casati und Marcello Pavarani, Parma: Istituto di studi verdiani/Milano: Ricordi 1987, S. 110–124; englisch: *Thoughts for ›Alzira‹*, in: Pierluigi Petrobelli, *Music in the Theater: Essays on Verdi and Other Composers* (Princeton Studies in Opera), Princeton: Princeton University Press 1994, S. 75–99.

Prieto, Juan Sixto, *El Perú en la música escénica*, in: *Féni: Revista de la Biblioteca Nacional* 9 (1955), S. 280–351.

Zondergeld, Rein A., *›Alzira‹*, in: *Pipers Enzyklopädie des Musiktheaters: Oper, Operette, Musical, Ballett*, hrsg. von Carl Dahlhaus und dem Forschungsinstitut für Musiktheater der Universität Bayreuth unter der Leitung von Sieghart Döhring, München/Zürich: Piper 1997, Bd. 6, S. 406–407.

Attila (Kurt Malisch)

Edwards, Geoffrey und Edwards, Ryan, *A Reconsideration of Verdi's Early Musical Characterization: Ezio in ›Attila‹*, in: *The Opera Journal* 23 (Juni 1990), S. 2–12.

Engelhardt, Markus, *Verdi und andere: ›Un giorno di regno‹, ›Ernani‹, ›Attila‹, ›Il corsaro‹ in Mehrfachvertonungen* (Premio internazionale Rotary Club di Parma ›Giuseppe Verdi‹, 1), Parma: Istituto di studi verdiani 1992.

Gossett, Philip, *A New Romanza for ›Attila‹*, in: *Studi verdiani* 9 (1993), S. 13–35.

Mila, Massimo, *Lettura dell'›Attila‹ di Verdi*, in: *Nuova rivista musicale italiana* 17 (1983), S. 247–276.

Noiray, Michel und Parker, Roger, *La Composition d'›Attila‹: Etude de quelques variantes*, in: *Revue de musicologie* 62 (1976), S. 104–124.

Rhodes, Terry Ellen, *Love vs. Duty: A Study of Odabella in Verdi's ›Attila‹*, in: *The Opera Journal* 25 (Juni 1992), S. 12–29.

Macbeth (Uwe Schweikert)

Antokoletz, Elliott, *Verdi's Dramatic Use of Harmony and Tonality in ›Macbeth‹*, in: *In Theory Only* 4, Nr. 6 (November/Dezember 1978), S. 17–28.

Basevi, Abramo, *Studio sulle opere di Giuseppe Verdi*, Firenze: Tofani 1859 (Reprint: Bologna: Antiquae Musicae Italicae Studiosi 1978).

Chegai, Andrea, *Seduzione scenica e ragione drammatica: Verdi ed il ›Macbeth‹ fiorentino del 1847*, in: *Studi verdiani* 11 (1996), S. 40–74.

Croce, Benedetto, *Ariosto, Shakespeare e Corneille* (Scritti di storia letteraria e politica, 14), Bari: Laterza 1920; deutsch: *Ariost, Shakespeare, Corneille* (Amalthea-Bücherei, 26), Zürich: Amalthea 1922.

Freud, Sigmund, *Einige Charaktertypen aus der psychoanalytischen Arbeit* [1916], in: Sigmund Freud, *Studienausgabe*, hrsg. von Alexander Mitscherlich, Angela Richards und James Strachey, Frankfurt am Main: Fischer 1982, Bd. 10, S. 229–253.

Gerhard, Anselm, *Die Hexen als dritte Hauptrolle. Verdis Hexenchöre und die Poetik des »Häßlichen«*, in: *Macbeth*, hrsg. von der Staatsoper Unter den Linden Berlin, Frankfurt a. M./Leipzig: Insel, S. 93–108.

Gerhartz, Leo Karl, *Die Auseinandersetzungen des jungen Giuseppe Verdi mit dem literarischen Drama: Ein Beitrag zur szenischen Strukturbestimmung der Oper* (Berliner Studien zur Musikwissenschaft, 15), Berlin: Merseburger 1968.

Goldin, Daniela, *Il ›Macbeth‹ verdiano: Genesi e linguaggio di un libretto*, in: *Analecta musicologica* 19 (1979), S. 336–372; auch in: Daniela Goldin, *La vera Fenice: Librettisti e libretti tra sette e ottocento* (Piccola biblioteca Einaudi, 454), Torino: Einaudi 1985, S. 230–282.

Noske, Frits, *Schiller e la genesi del ›Macbeth‹ verdiano*, in: *Nuova rivista musicale italiana* 10 (1976), S. 196–203.

Osthoff, Wolfgang, *Die beiden Fassungen von Verdis ›Macbeth‹*, in: *Archiv für Musikwissenschaft* 29 (1972), S. 17–44.

Petrobelli, Pierluigi, *Verdi's Musical Thought: An Example From ›Macbeth‹*, in: Pierluigi Petrobelli, *Music in the Theater: Essays on Verdi and Other Composers*, Princeton: Princeton University Press 1994, S. 141–152.

Rosen, David und Porter, Andrew (Hrsg.), *Verdi's ›Macbeth‹: A Sourcebook*, New York/London: Norton 1984.

Varesi, Giulia Cora, *L'interpretazione del ›Macbeth‹, con lettere inedite di Giuseppe Verdi*, in: *Nuova antologia* 67, Nr. 364 (1932), S. 433–440.

Walker, Frank, *Cinque lettere verdiane*, in: *La Rassegna musicale* 21 (1951), S. 256–261.

I masnadieri (Gundula Kreuzer)

Engelhardt, Markus, *Die Chöre in den frühen Opern Giuseppe Verdis* (Würzburger musikhistorische Beiträge, 11), Tutzing: Schneider 1988.

Lumley, Benjamin, *Reminiscences of the Opera*, London: Hurst and Blackett 1864.

Marvin, Roberta Montemorra, *Artistic Concerns and Practical Considerations in the Composition of ›I masnadieri‹: A Newly-Discovered Version of ›Tremate, o miseri!‹*, in: *Studi verdiani* 7 (1991), S. 79–110.

Marvin, Roberta Montemorra, *Verdi's ›I masnadieri‹: Its Genesis and Early Reception*, 2 Bde., PhD. diss. Brandeis University 1992.

Marvin, Roberta Montemorra, *Censorship of ›I masnadieri‹ in Italy*, in: *Verdi Newsletter* 21 (1993), S. 5–15.

Osborne, Charles, *›I masnadieri‹*, in: *Opera* 28 (1977), S. 324–331.

Schlitzer, Franco, *Verdi a Londra nel 1847*, in: *Giuseppe Verdi: Scritti [...] raccolti in occasione delle ›Celebrazioni Verdiane‹ dell' VIII Settimana Musicale dell' Accademia musicale Chigiana*, Siena: Ticci 1951, S. 60–79.

Walker, Frank, *Cinque lettere verdiane*, in: *La Rassegna musicale* 21 (1951), S. 256–261.

Il corsaro (Sebastian Werr)

Basevi, Abramo, *Studio sulle opere di Giuseppe Verdi*, Firenze: Tofani 1859 (Reprint: Bologna: Antiquae Musicae Italicae Studiosi 1978).

›*Il corsaro*‹ (Quaderni dell'Istituto di studi verdiani, 1), hrsg. von Mario Medici, Parma: Istituto di studi verdiani 1963.

Elizabeth Hudson, *Introduction*, in: *Giuseppe Verdi:* ›*Il corsaro*‹, hrsg. von Elizabeth Hudson (The Works of Giuseppe Verdi, Series I: Operas, 13) Chicago/London: University of Chicago Press/Milano: Ricordi 1997, S. XI-LIV.

Mila, Massimo, *Lettura del* ›*Corsaro*‹ *di Verdi*, in: *Nuova rivista musicale italiana* 5 (1971), S. 40–73.

Praz, Mario, *Liebe, Tod und Teufel: Die schwarze Romantik*, München: Hanser 1963; München: dtv 1988.

Town, Stephen, *Observations on a Cabaletta from Verdi's* ›*Il corsaro*‹, in: *Current Musicology* 32 (1981), S. 59–75.

Toye, Francis, *Giuseppe Verdi: His Life and Works*, London: Heinemann 1931 (Reprint: London: Gollancz 1962).

La battaglia di Legnano (Martina Grempler)

Budden, Julian, ›*La battaglia di Legnano*‹: *Its Unique Character With Special Reference to the Finale of Act I*, in: *Atti del III° congresso internazionale di studi verdiani*, Parma: Istituto di studi verdiani 1974, S. 71–80.

Jensen, Luke, *Giuseppe Verdi & Giovanni Ricordi With Notes on Francesco Lucca: From* ›*Oberto*‹ *to* ›*La traviata*‹ (Garland Reference Library of the Humanities, 896), New York/London: Garland 1989.

Noske, Frits, *Verdi und die Belagerung von Haarlem*, in: *Convivium musicorum: Festschrift Wolfgang Boetticher zum sechzigsten Geburtstag am 19. August 1974*, hrsg. von Heinrich Hüschen und Dietz-Rüdiger Moser, Berlin: Merseburger 1974, S. 236–245.

Trincanti, Giulio, *Il teatro Argentina*, Roma: Palombi 1971.

Luisa Miller (Leo Karl Gerhartz)

Cisotti, Virginia, *Schiller e il melodramma di Verdi* (Pubblicazioni dell'Istituto di storia della musica dell'Università di Milano, 1/Pubblicazioni della Facoltà di lettere e filosofia dell'Università di Milano, 77), Firenze: La nuova Italia 1975.

De Filippis, Felice, *Napoli teatrale: Dal teatro romano al S. Carlo*, Milano: Curci 1962.

Eberhardt, Stefanie, *Studien zum Verhältnis von Text und Musik in Giuseppe Verdis* ›*Luisa Miller*‹, Magisterarbeit Universität Heidelberg 1999.

Gerhartz, Leo Karl, *Die Auseinandersetzungen des jungen Giuseppe Verdi mit dem literarischen Drama: Ein Beitrag zur szenischen Strukturbestimmung der Oper* (Berliner Studien zur Musikwissenschaft, 15), Berlin: Merseburger 1968.

Marri Tonelli, Marta, *Andrea Maffei e il giovane Verdi*, Riva del Garda: Museo Civico 1999.

Ross, Peter, ›*Luisa Miller*‹ – *ein kantiger Schiller-Verschnitt?: Sozialkontext und ästhetische Autonomie der Opernkomposition im Ottocento*, in: *Zwischen Opera buffa und Melodramma: Italienische Oper im 18. und 19. Jahrhundert*, hrsg. von Jürgen Maehder und Jürg Stenzl (Perspektiven der Opernforschung, 1), Frankfurt am Main: Lang 1994, S. 159–178.

Senici, Emanuele, *Verdi's Luisa, a Semiserious Alpine Virgin*, in: *19th-Century Music* 22 (1998/99), S. 144–168.

Viviani, Vittore, *Libretti e librettisti*, in: *Cento anni di vita del Teatro di San Carlo 1848–1948*, hrsg. von Felice De Filippis, Napoli: Ente autonomo del Teatro di San Carlo 1948, S. 29ff.

Stiffelio/Aroldo (Sebastian Werr)

Basevi, Abramo, *Studio sulle opere di Giuseppe Verdi*, Firenze: Tofani 1859 (Reprint: Bologna: Antiquae Musicae Italicae Studiosi 1978).

Bragantini, Renzo, *Da* ›*Stiffelio*‹ *ad* ›*Aroldo*‹: *La storia come censura*, in: *Tornando a* ›*Stiffelio*‹: *Popolarità, rifacimenti, messinscena, effettismo e altre* ›*cure*‹ *nella drammaturgia del Verdi romantico: Atti del convegno internazionale di studi, Venezia, 17–20 dicembre 1985*, hrsg. von Giovanni Morelli (Quaderni della Rivista italiana di musicologia, 14), Firenze: Olschki 1987, S. 89–96.

Budden, Julian, *Differences in Musical Language Between* ›*Stiffelio*‹ *and* ›*Aroldo*‹, ebd., S. 273–280.

Chusid, Martin, *Apropos* ›*Aroldo*‹, ›*Stiffelio*‹, *and* ›*Le Pasteur*‹: *With a List of 19th-Century Performances of* ›*Aroldo*‹, ebd., S. 281–303.

Girardi, Michele, *Un aspetto del realismo nella drammaturgia di* ›*Stiffelio*‹: *La musica da fuori scena*, ebd., S. 223–241.

Gossett, Philip, *New Sources for* ›*Stiffelio*‹: *A Preliminary Report*, in: *Cambridge Opera Journal* 5 (1993), S. 199–222; auch in: Gossett, Philip, *New Sources for* ›*Stiffelio*‹: *A Preliminary Report*, in: *Verdi's Middle Period, 1849–1859: Source Studies, Analysis, and Performance Practice*, hrsg. von Martin Chusid, Chicago/London: University of Chicago Press 1997, S. 19–43.

Heitmann, Klaus, *Der Immoralismus-Prozeß gegen die französische Literatur im 19. Jahrhundert* (Ars poetica: Studien, 9), Bad Homburg/Berlin/Zürich: Gehlen 1970.

Lavagetto, Mario, *Quei più modesti romanzi: Il libretto nel melodramma di Verdi: Tecniche costruttive, funzioni, poetica di un genere letterario minore*, Milano: Garzanti 1979.

Levi, Vito, ›*Stiffelio*‹ *e il suo rifacimento (Aroldo)*, in: *Atti del I° congresso internazionale di studi verdiani 1969*, Parma: Istituto di studi verdiani 1969, S. 172–175.

Medici, Mario und Pavarani, Marcello (Hrsg.), ›*Stiffelio*‹ (Quaderni dell'Istituto di studi verdiani, 3), Parma: Istituto di studi verdiani 1968.

Powers, Harold S., *Aria sfasciata, duetto senza l'insieme: Le scene di confronto tenore-soprano nello* ›*Stiffelio*/*Aroldo*‹ *di Giuseppe Verdi*, in: *Tornando a* ›*Stiffelio*‹: *Popolarità, rifacimenti, messinscena, effettismo e altre* ›*cure*‹

nella drammaturgia del Verdi romantico: Atti del convegno internazionale di studi, Venezia, 17–20 dicembre 1985, hrsg. von Giovanni Morelli (Quaderni della Rivista italiana di musicologia, 14), Firenze: Olschki 1987, S. 141–202.

Sala, Emilio, Tra ›mélodrame‹ e dramma borghese: Dal ›Pasteur‹ di Souvestre-Bourgeois allo ›Stiffelio‹ di Verdi-Piave, ebd., S. 97–106.

Tornando a ›Stiffelio‹: Popolarità, rifacimenti, messinscena, effettismo e altre ›cure‹ nella drammaturgia del Verdi romantico: Atti del convegno internazionale di studi, Venezia, 17–20 dicembre 1985, hrsg. von Giovanni Morelli (Quaderni della Rivista italiana di musicologia, 14), Firenze: Olschki 1987.

Rigoletto (Egon Voss)

L'abbozzo del ›Rigoletto‹ di Giuseppe Verdi, [hrsg. von Carlo Gatti], Milano 1941 (Reprint: Bologna: Forni [1978]).

Chusid, Martin, ›Rigoletto‹ and Monterone: A Study in Musical Dramaturgy, in: Report of the Eleventh Congress [of the International Musicological Society], Copenhagen 1972, hrsg. von Henrik Glahn, Søren Sørensen und Peter Ryom, København: Hansen 1974, Bd. 1, S. 325–336; auch in: Verdi: Bollettino dell'Istituto di studi verdiani 3, Nr. 9 (1982), S. 1544–1581.

Chusid, Martin, The Tonality of ›Rigoletto‹, in: Analyzing Opera: Verdi and Wagner, hrsg. von Carolyn Abbate und Roger Parker (California Studies in 19th Century Music, 6), Berkeley/Los Angeles/London: University of California Press 1989, S. 241–261.

Conati, Marcello, Saggio di cronologia delle prime rappresentazioni di ›Rigoletto‹, in: Verdi: Bollettino dell'Istituto di studi verdiani 3, Nr. 9 (1982), S. 1853–1912.

Conati, Marcello, ›Rigoletto‹: Un'analisi drammatico-musicale (Saggi Marsilio), Venezia: Marsilio 1992.

Dallapiccola, Luigi, Pagine di diario [1962], in: Luigi Dallapiccola, Appunti – Incontri – Meditazioni, Milano: Zerboni 1970, S. 33–38.

Danuser, Claudio, Studien zu den Skizzen von Verdis ›Rigoletto‹, Lizentiatsarbeit Universität Bern 1985.

Della Corte, Andrea und Conati, Marcello, Saggio di bibliografia delle critiche al ›Rigoletto‹, in: Verdi: Bollettino dell'Istituto di studi verdiani 3, Nr. 9 (1982), S. 1633–1772.

Döhring, Sieghart, Le Roi s'amuse – ›Rigoletto‹: Vom ›drame‹ zum ›melodramma‹, in: Oper als Text: Romanistische Beiträge zur Libretto-Forschung, hrsg. von Albert Gier (Studia Romanica, 63), Heidelberg: Winter 1986, S. 239–247.

Fischer, Jens Malte, Warum heißt ›Rigoletto‹ ›Rigoletto‹?, in: Jahrbuch für Opernforschung 2 (1986), S. 51–57.

Girardi, Michele, ›Thou Wouldst Make a Good Fool – Egli è Delitto, Punizion son io‹ – Due facce di ›Rigoletto‹, in: Verdi-Studien: Pierluigi Petrobelli zum 60. Geburtstag, hrsg. von Sieghart Döhring und Wolfgang Osthoff, München: Ricordi 2000, S. 153–178.

Giuseppe Verdi: ›Rigoletto‹: Texte, Materialien, Kommentare, hrsg. von Attila Csampai und Dietmar Holland (Rororo Opernbücher), Reinbek bei Hamburg: Rowohlt 1982.

Günther, Ursula, ›Rigoletto‹ à Paris, in: L'opera tra Venezia e Parigi, hrsg. von Maria Teresa Muraro (Studi di musica veneta, 14), Firenze: Olschki 1988, S. 269–314.

Kunze, Stefan, Fest und Ball in Verdis Opern, in: Die ›Couleur locale‹ in der Oper des 19. Jahrhunderts, hrsg. von Heinz Becker (Studien zur Musikgeschichte des 19. Jahrhunderts, 42), Regensburg: Bosse 1976, S. 269–278.

Lavagetto, Mario, Un caso di censura: Il ›Rigoletto‹, Milano: Formichiere 1979.

Lawton, David, Tonal Structure and Dramatic Action in ›Rigoletto‹, in: Verdi: Bollettino dell'Istituto di studi verdiani 3, Nr. 9 (1982), S. 1559–1581.

Leibowitz, René, Vérisme, véracité et vérité de l'interprétation de Verdi, in: Atti del I° congresso internazionale di studi verdiani, Parma: Istituto di studi verdiani 1969, S. 145–156.

›Libretti d'opera‹ italiani dal seicento al novecento, hrsg. Giovanna Gronda und Paolo Fabbri, Milano: Mondadori 1997.

Osborne, Charles, ›Rigoletto‹: A Guide to the Opera, London: Barrie and Jenkins 1979.

Osthoff, Wolfgang, Musikalische Züge der Gilda in Verdis ›Rigoletto‹, in: Verdi: Bollettino dell'Istituto di studi verdiani 3, Nr. 8 (1973), S. 950–979 und 1275–1314.

Osthoff, Wolfgang, Verdis musikalische Vorstellung in der Szene III,4 des ›Rigoletto‹, in: Nuove prospettive nella ricerca verdiana: Atti del convegno internazionale in occasione della prima del ›Rigoletto‹ in edizione critica, Vienna, 12–13 marzo, 1983, hrsg. von Marisa Di Gregorio Casati und Marcello Pavarani, Parma: Istituto di studi verdiani/ Milano: Ricordi 1987, S. 57–73.

Petrobelli, Pierluigi, Verdi e il ›Don Giovanni‹: Osservazioni sulla scena iniziale del ›Rigoletto‹, in: Atti del I° congresso internazionale di studi verdiani, Parma: Istituto di studi verdiani 1969, S. 232–246; englisch: Verdi and ›Don Giovanni‹: On the Opening Scene of ›Rigoletto‹, in: Pierluigi Petrobelli, Music in the Theater: Essays on Verdi and Other Composers (Princeton Studies in Opera), Princeton: Princeton University Press 1994, S. 34–37.

Schnebel, Dieter, Die schwierige Wahrheit des Lebens – Zu Verdis musikalischem Realismus, in: Musik-Konzepte 10: Giuseppe Verdi (1979), S. 51–111.

Stanislavskij, Konstantin, Partitura registica per l'opera ›Rigoletto‹, in: Teatro e storia 8 (Oktober 1993), S. 179–208.

Verdi: Bollettino dell'Istituto di studi verdiani 3, Nr. 7–9 (1966–1981) [hauptsächlich über Rigoletto]

Wapnewski, Peter, ›Rigoletto‹: Das Drama als Tragödie, in: Opern und Opernfiguren: Festschrift für Joachim Herz, hrsg. von Ursula und Ulrich Müller (Wort und Musik, 2), Anif/Salzburg: Müller-Speiser 1989, S. 175–186.

Il trovatore (Hans-Joachim Wagner)

Black, John N[icholas], *Salvadore Cammarano's ›programma‹ for ›Il trovatore‹ and the Problems of the Finale*, in: *Studi verdiani* 2 (1983), S. 78–107.

Fairtile, Linda B., *The Violin Director in ›Il trovatore‹ and ›Le trouvère‹: Some Nineteenth Century Evidence*, in: *Verdi Newsletter* 21 (1993), S. 16–26.

Gerhard, Anselm, *Dalla fatalità all'ossessione: ›Il trovatore‹ fra ›mélodrame‹ parigino e opera moderna*, in: *Studi verdiani* 10 (1994/95), S. 61–66.

Csampai, Attila und Holland, Dietmar (Hrsg.), *Giuseppe Verdi: ›Der Troubadour‹: Texte, Materialien, Kommentare* (Rororo Opernbücher), Reinbek bei Hamburg: Rowohlt 1986.

Greenwood, Joanna, *Musical and Dramatic Motion in Verdi's ›Il trovatore‹*, in: *Jahrbuch für Opernforschung* 2 (1986), S. 59–73.

Lawton, David, *›Le trouvère‹: Verdi's Revision of ›Il trovatore‹ for Paris*, in: *Studi verdiani* 3 (1985), S. 79–119.

Monaldi, Gino, *Verdi: 1839–1898*, Torino: Bocca 1899, ²1926.

Mossa, Carlo Matteo, *La genesi del libretto del ›Trovatore‹*, in: *Studi verdiani* 8 (1992), S. 52–103.

Petrobelli, Pierluigi, *Per un'esegesi della struttura drammatica del ›Trovatore‹*, in: *Atti del III° congresso internazionale di studi verdiani*, Parma: Istituto di studi verdiani 1974, S. 387–400; englisch: *Towards an Explanation of the Dramatic Structure of ›Il trovatore‹*, in: *Music Analysis* 1 (1982), S. 129–141; auch in: Pierluigi Petrobelli, *Music in the Theater: Essays on Verdi and Other Composers* (Princeton Studies in Opera), Princeton: Princeton University Press 1994, S. 100–112.

Petrobelli, Pierluigi und Drabkin, William und Parker, Roger, *Verdi's ›Il trovatore‹: A Symposium*, in: *Music Analysis* 1 (1982), S. 125–167.

Rosenberg, Jesse, *A Sketch Fragment for ›Il trovatore‹*, in: *Verdi Newsletter* 14 (1986), S. 29–35.

Schreiber, Ulrich, *Das 19. Jahrhundert* (Opernführer für Fortgeschrittene: Eine Geschichte des Musiktheaters), Bd. 2, Kassel/Basel: Bärenreiter 1991.

Le Trouvère. Collection de mises en scène [...], Paris: Palianti [1857].

La traviata (Hans-Joachim Wagner)

Chusid, Martin, *Drama and the Key of F Major in ›La traviata‹*, in: *Atti del III° congresso internazionale di studi verdiani*, Parma: Istituto di studi verdiani 1974, S. 89–121.

Dahlhaus, Carl, *Realismus in der Opera seria*, in: Carl Dahlhaus, *Musikalischer Realismus: Zur Musikgeschichte des 19. Jahrhunderts* (Serie Piper, 239), München: Piper 1982, ²1984, S. 82–92.

Della Seta, Fabrizio, *Varianti (d'autore e non) ne ›La traviata‹*, in: *Napoli e il teatro musicale in Europa tra sette e ottocento: Studi in onore di Friedrich Lippmann* (Quaderni della Rivista italiana di musicologia/Società italiana di musicologia, 28), Firenze: Olschki 1993, S. 417–435.

Döhring, Sieghart und Henze-Döhring, Sabine, *Oper und Musikdrama im 19. Jahrhundert* (Handbuch der musikalischen Gattungen, 13), Laaber: Laaber 1997.

Döhring, Sieghart, *Ästhetik und Dramaturgie der Germont-Arie aus ›La traviata‹*, in: *Verdi-Studien: Pierluigi Petrobelli zum 60. Geburtstag*, hrsg. von Sieghart Döhring und Wolfgang Osthoff, München: Ricordi 2000, S. 89–106.

Della Seta, Fabrizio, *Introduction*, in: *Giuseppe Verdi: ›La traviata‹*, hrsg. von Fabrizio Della Seta (The Works of Giuseppe Verdi, Series I: Operas, 19) Chicago/London: University of Chicago Press/Milano: Ricordi 1997, S. VII–LXXV.

Giuseppe Verdi: ›La traviata‹: Texte, Materialien Kommentare, hrsg. von Attila Csampai und Dietmar Holland (Rororo Opernbücher), Reinbek bei Hamburg: Rowohlt 1983.

Henze-Döhring, Sabine, *›La traviata‹ – Verdi e il ›Drame bourgeois‹* in: *Verdi-Studien: Pierluigi Petrobelli zum 60. Geburtstag*, hrsg. von Sieghart Döhring und Wolfgang Osthoff, München: Ricordi 2000, S. 179–188.

Hepokoski, James A., *Genre and Content in Mid-Century Verdi: ›Addio, del passato‹ (›La traviata‹, Act III)*, in: *Cambridge Opera Journal* 1 (1989), S. 249–276.

Monaldi, Gino, *Il maestro della rivoluzione italiana*, Milano: Società editoriale italiana 1913.

Osthoff, Wolfgang, *Aspetti strutturali e psicologici della drammaturgia verdiana nei ritocchi della ›Traviata‹*, in: *Opera & Libretto I*, hrsg. von Gianfranco Folena, Maria Teresa Muraro und Giovanni Morelli (Studi di musica veneta), Firenze: Olschki 1990, S. 315–360.

Pasticci, Susanna, *›La traviata‹ en travesti: Rivisitazioni del testo verdiana nella musica strumentale dell'ottocento*, in: *Studi verdiani* 14 (1999), S. 79–142.

Schreiber, Wolfgang, *Die Erfundene Wahrheit: Das Musikalische Weltheater Giuseppe Verdis*, in: Wolfgang Schreiber, *Das 19. Jahrhundert* (Opernführer für Fortgeschrittene: Eine Geschichte des Musiktheaters), Kassel/Basel: Bärenreiter 1991, S. 561–681.

The Opera News Book of ›Traviata‹, hrsg. von Frank Merkling, New York: Dodd, Mead 1967.

Nicholas, John, *Violetta and her Sisters: The ›Lady of the Camellias‹: Responses to the Myth*, London: Faber and Faber 1994.

Les Vêpres Siciliennes (Sabine Henze-Döhring)

Budden, Julian, *Varianti nei ›Vespri siciliani‹*, in: *Nuova rivista musicale italiana* 6 (1972), S. 155–181.

Budden, Julian, *Verdi and Meyerbeer in Relation to ›Les Vêpres siciliennes‹*, in: *Studi verdiani* 1 (1982), S. 11–20.

Conati, Marcello, *Ballabili nei ›Vespri‹: Con alcune osservazioni su Verdi e la musica popolare*, ebd., S. 21–46.

Disposizione scenica zu *Giovanna di Guzman* [ital. Fassung von *Les Vêpres siciliennes*], Milano: Ricordi 1855 ; französische Vorlage: *Les Vêpres Siciliennes. Collection de mises en scène [...]*, Paris: Palianti [1856].

Gerhard, Anselm, ›Ce cinquième acte sans intérêt‹: Preoccupazioni di Scribe e di Verdi per la drammaturgia de ›Les Vêpres siciliennes‹, in: Studi verdiani 4 (1986/87), S. 65–86.

Gerhard, Anselm, Die Verstädterung der Oper: Paris und das Musiktheater des 19. Jahrhunderts, Stuttgart/Weimar: Metzler 1992.

Hepokoski, James A., Verdi's Ternary Structures in ›Les Vêpres siciliennes‹, in: Verdi Newsletters 23 (1996), S. 23.

Jürgensen, Knud Arne, The Verdi Ballets (Premio internazionale Rotary Club di Parma ›Giuseppe Verdi‹, 4), Parma: Istituto di studi verdiani 1995.

Langford, Jeffrey, Poetic Prosody and Melodic Rhythm in ›Les Vêpres siciliennes‹, in: Verdi Newsletters 23 (1996), S. 8–18.

Noske, Frits, Melodia e struttura in ›Les Vêpres siciliennes‹ di Verdi, in: Ricerche musicali 18 (1980), S. 3–8.

Porter, Andrew, ›Les Vêpres siciliennes‹: New Letters From Verdi to Scribe, in: 19th-Century Music 2 (1978/79), S. 95–109.

Várnai, Péter Pál, La struttura ritmica come mezzo di caratterizzazione ne ›I vespri siciliani‹, in: Studi verdiani 10 (1994/95), S. 93–103.

Viale Ferrero, Mercedes, ›E l'insolenza è la vendetta‹: Tra Vesperi e ›Vêpres‹, in: Musica senza aggettivi: Studi per Fedele d'Amico (Quaderni della Rivista italiana di muscolgia, 25), Firenze: Olschki 1991, Bd. 1, S. 323–344.

Vlad, Roman, Unità strutturale dei ›Vespri siciliani‹, in: Il melodramma italiano dell'ottocento: Studi e ricerche per Massimo Mila (Saggi, 575), Torino: Einaudi 1977, S. 45–90.

Simon Boccanegra (Uwe Schweikert)

Basevi, Abramo, Studio sulle opere di Giuseppe Verdi, Firenze: Tofani 1859 (Reprint: Bologna: Antiquae Musicae Italicae Studiosi 1978).

Budden, Julian, The Operas of Verdi, Bd. 2, London: Cassell 1978, Oxford: Clarendon ²1992.

Budden, Julian, The Vocal and Dramatic Characterisation of Jacopo Fiesco, in: Studi verdiani 10 (1994/95), S. 67–75.

Budden, Julian, Simon Boccanegra (First Version) in Relation to Italian Opera of the 1850's, in: Verdi-Studien: Pierluigi Petrobelli zum 60. Geburtstag, hrsg. von Sieghart Döhring und Wolfgang Osthoff, München: Ricordi 2000, S. 11–33.

Campana, Alessandra, Il ›Menzognero incanto‹: Sight and Insight in ›Simon Boccanegra‹, in: Studi verdiani 13 (1998), S. 59–87.

Conati, Marcello, Il ›Simon Boccanegra‹ di Verdi a Reggio Emilia (1857): Storia documentata: Alcune varianti alla prima edizione dell'opera, Reggio Emilia: Teatro Municipale »Romolo Valli« 1984.

Conati, Marcello und Grilli, Natalia, ›Simon Boccanegra‹ di Giuseppe Verdi [Reprint der disposizione scenica], Milano: Ricordi 1993.

Cone, Edward T., On the Road to ›Otello‹: Tonality and Structure in ›Simon Boccanegra‹, in: Studi verdiani 1 (1982), S. 72–98.

Dallapiccola, Luigi, Considerazioni su ›Simon Boccanegra‹, in: Luigi Dallapiccola, Parole e musica, hrsg. von Fiamma Nicolodi, Milano: Saggiatore 1980, S. 103–110; deutsch: Betrachtungen über ›Simon Boccanegra‹, in: Opernjournal 7 (1968–69), S. 2–6.

Disposizione scenica zu Simon Boccanegra, Milano: Ricordi 1883.

Gerhartz, Leo Karl, Spiele, die Träumen vom Menschen nachhängen...: Das dramaturgische Vokabular des Verdischen Operntyps, entschlüsselt am ›Prologo‹ des ›Simone Boccanegra‹, in: Musik-Konzepte 10: Giuseppe Verdi (1979), S. 27–37.

Goldin, Daniela, Il ›Simon Boccanegra‹ da Piave a Boito e la drammaturgia verdiana, in: Daniela Goldin, La vera Fenice: Librettisti e libretti tra sette e ottocento (Piccola biblioteca Einaudi, 454), Torino: Einaudi 1985, S. 283–334.

Hanslick, Eduard, Aus dem Tagebuch eines Rezensenten: Gesammelte Musikkritiken, hrsg. von Peter Wapnewski, Kassel: Bärenreiter 1989.

Kerman, Joseph, Lyric Form and Flexibility in ›Simon Boccanegra‹, in: Studi verdiani 1 (1982), S. 47–62.

Noske, Frits, ›Simon Boccanegra‹: One Plot, two Dramas, in: Frits Noske, The Signifier and the Signified: Studies in the Operas of Mozart and Verdi, 's Gravenhage: Nijhoff 1977, Oxford: Clarendon 1990, S. 215–240.

Osthoff, Wolfgang, Die beiden ›Boccanegra‹-Fassungen und der Beginn von Verdis Spätwerk, in: Analecta musicologica 1 (1963), S. 70–89.

Powers, Harold S., ›Simon Boccanegra‹ I.10–12: A Generic-Genetic Analysis of the Council Chamber Scene, in: 19th-Century Music 12 (1988/89), S. 101–128; auch in: Atti del XIV congresso della società internazionale di musicologia, Bologna, 1987: Trasmissione e recezione delle forme di cultura musicale, hrsg. von Angelo Pompilio, Donatella Restani, Lorenzo Bianconi und F. Alberto Gallo, Torino: Edizioni di Torino 1990, Bd. 3, S. 407–441.

Puccini, Dario, Il ›Simon Boccanegra‹ di Antonio García Gutiérrez e l'opera di Giuseppe Verdi, in: Studi verdiani 3 (1985), S. 120–130.

Schweikert, Uwe, ›Das Wahre erfinden‹: Musikalische Dramaturgie in Verdis ›Simon Boccanegra‹, in: Oper und Operntext, hrsg. von Jens Malte Fischer (Reihe Siegen: Beiträge zur Literatur- und Sprachwissenschaft, 60), Heidelberg: Winter 1985, S. 81–93.

Sopart, Andreas, Giuseppe Verdis ›Simon Boccanegra‹ (1857 und 1881): Eine musikalisch-dramaturgische Analyse (Analecta musicologica, 26), Laaber: Laaber 1988.

Valeri, Diego; Nordio, Mario und andere, Verdi e la Fenice, Venezia: Ente autonomo del Teatro la Fenice 1951.

Walker, Frank, Verdi, Giuseppe Montanelli and the Libretto of ›Simon Boccanegra‹, in: Verdi: Bollettino dell'Istituto di studi verdiani 1, Nr. 3 (1960), S. 1373–1390, S. 1767–1789.

Un ballo in maschera (Arnold Jacobshagen)

A Masked Ball: Un ballo in maschera: Giuseppe Verdi (Opera Guide, 40), London: Calder 1989.

Arpino, Ferdinando, *Difesa del Maestro Cavaliere Verdi: Nel tribunale di Commercio di Napoli*, Napoli: o. V. 1858.

Budden, Julian, *The Operas of Verdi*, Bd. 2, London: Cassell 1978, Oxford: Clarendon ²1992.

Disposizione scenica zu *Un ballo in maschera* [hrsg. von Giuseppe Cencetti], Milano: Ricordi 1859.

Döhring, Sieghart, *Der mittlere Verdi*, in: *Verdi-Theater*, hrsg. von Udo Bermbach, Stuttgart/Weimar: Metzler 1997, S. 55–70.

Gerhard, Anselm, *Die Verstädterung der Oper: Paris und das Musiktheater des 19. Jahrhunderts*, Stuttgart/Weimar: Metzler 1992.

Giger, Andreas, *Social Control and the Censorship of Giuseppe Verdi's Operas in Rome (1844–1859)*, in: *Cambridge Opera Journal* 11 (1999), S. 233–265.

Levarie, Siegmund, *Key Relations in Verdi's ›Un ballo in maschera‹*, in: *19th-Century Music* 2 (1978/79), S. 143–147.

Levarie, Siegmund, *A Pitch Cell in Verdi's ›Un ballo in maschera‹*, in: *Journal of Musicological Research* 3 (1981), S. 399–409.

Parker, Roger und Brown, Matthew, *Motivic and Tonal Interaction in Verdi's ›Un ballo in maschera‹*, in: *Journal of the American Musicological Society* 36 (1983), S. 243–265.

Ross, Peter, *Amelias Auftrittsarie im ›Maskenball‹: Verdis Vertonung in dramaturgisch-textlichem Zusammenhang*, in: *Archiv für Musikwissenschaft* 40 (1983), S. 126–146.

Schnebel, Dieter, *Die schwierige Wahrheit des Lebens – Zu Verdis musikalischem Realismus*, in: *Musik-Konzepte 10: Giuseppe Verdi* (1979), S. 51–111.

Verdi: Bollettino dell'Istituto di studi verdiani 1, Nr. 1–3 (1960) [hauptsächlich über *Un ballo in maschera*]

La forza del destino (Gundula Kreuzer)

Brown, Bruce A., *›That Damned Ending‹*, in: *The Force of Destiny: La forza del destino* (Opera Guide, 23), London: Calder 1983, S. 37–51.

Budden, Julian, *The Operas of Verdi*, Bd. 2, London: Cassell 1978, Oxford: Clarendon ²1992.

Busquets, Loreto, *Rivas y Verdi: Del ›Don Alvaro‹ a ›La Forza del destino‹* (Quaderni della ricerca, 6), Roma: Bulzoni 1988.

Disposizione scenica zu *La forza del destino*, Milano: Ricordi 1863.

Holmes, William C., *The Earliest Revisions of ›La forza del destino‹*, in: *Studi verdiani* 6 (1990), S. 55–98.

Jesurum, Olga, *Note sulla messinscena della ›Forza del destino‹ (Roma, Teatro Apollo, 7 febbraio 1863)*, in: *Studi verdiani* 13 (1998), S. 88–116.

Lawton, David, *Verdi, Cavallini and the Clarinet Solo in ›La forza del destino‹*, in: *Verdi: Bollettino dell'Istituto di studi verdiani* 2, Nr. 6 (1966), S. 1723–1748 und 2115–2134.

Martin, George, *Verdi's Imitation of Shakespeare: ›La forza del destino‹*, in: George Martin, *Aspects of Verdi*, London: Robson 1989, S. 79–91.

Nádas, John, *New Light on Pre-1869 Revisions of ›La forza del destino‹*, in: *Verdi Newsletter* 15 (1987), S. 7–29.

Parker, Roger, *Leonora's Last Act: ›La forza del destino‹*, in: *Leonora's Last Act: Essays in Verdian Discourse* (Princeton Studies in Opera), Princeton: Princeton University Press 1997, S. 61–99; deutsch: *Leonoras letzter Akt – ›La forza del destino‹*, in: *Verdi-Studien: Pierluigi Petrobelli zum 60. Geburtstag*, hrsg. von Sieghart Döhring und Wolfgang Osthoff, München: Ricordi 2000, S. 239–280.

Parmentola, Carlo, *›Rataplan‹: Confessioni sulla ›Forza del destino‹*, in: *Il melodramma italiano dell'ottocento: Studi e ricerche per Massimo Mila* (Saggi, 575), Torino: Einaudi 1977, S. 91–111.

Petrobelli, Pierluigi, *More on the Three ›Systems‹: The First Act of ›La forza del destino‹*, in: Pierluigi Petrobelli, *Music in the Theater: Essays on Verdi and Other Composers* (Princeton Studies in Opera), Princeton: Princeton University Press 1994, S. 127–140.

The Force of Destiny: La forza del destino (Opera Guide, 23), London: Calder 1983.

Várnai, Péter Pál, *Leonora und Don Alvaro: Untersuchungen zu Melodie und Dramatik*, in: *Verdi: Bollettino dell'Istituto di studi verdiani* 2, Nr. 6 (1966), S. 2115–2134, S. 2149–2185.

Verdi: Bollettino dell'Istituto di studi verdiani 2, Nr. 4–6 (1961–1965) [hauptsächlich über *La forza del destino*]

Don Carlos/Don Carlo (Sieghart Döhring)

Atti del II° congresso internazionale di studi verdiani, Parma: Istituto di studi verdiani 1971.

Budden, Julian, *The Operas of Verdi*, Bd. 3, London: Cassell 1981, Oxford: Clarendon ²1992.

Budden, Julian, *Verdi: Leben und Werk*, Stuttgart: Reclam 1987, ²2000.

Chusid, Martin, *Schiller Revisited: Some Observations on the Revision of ›Don Carlos‹*, in: *Atti del II° congresso internazionale di studi verdiani*, Parma: Istituto di studi verdiani 1971, S. 156–169.

Chusid, Martin, *The Inquisitor's Scene in Verdi's ›Don Carlos‹: Thoughts on the Drama, Libretto, and Music*, in: *Studies in Musical Sources and Styles: Essays in Honor of Jan LaRue*, hrsg. von Eugene K. Wolf und Edward H. Roesner, Madison: A-R Editions 1990, S. 505–534.

Clémeur, Marc, *Eine neu entdeckte Quelle für das Libretto von Verdis ›Don Carlos‹*, in: *Melos/Neue Zeitschrift für Musik* 3 (1977), S. 496–499.

De Bellis, Frank V. und Ghisi, Federico, *Alcune lettere inedite sul ›Don Carlos‹ dal carteggio Verdi-Mazzucato*, in: *Atti del II° congresso internazionale di studi verdiani*, Parma: Istituto di studi verdiani 1971, S. 531–541.

Disposizione scenica zu *Don Carlo*, Milano: Ricordi 1867, ³1886.

Döhring, Sieghart, ›Grand opéra‹ als historisches Drama und als private Tragödie: Meyerbeers ›Le prophète‹ und Verdis ›Don Carlos‹, in: *Atti del XIV congresso della società internazionale di musicologia, Bologna, 1987: Trasmissione e recezione delle forme di cultura musicale*, hrsg. von Angelo Pompilio, Donatella Restani, Lorenzo Bianconi und F. Alberto Gallo, Torino: Edizioni di Torino 1990, Bd. 1, S. 727–733.

Döhring, Sieghart, *Historische Oper in Paris*, in: Sieghart Döhring und Sabine Henze-Döhring, *Oper und Musikdrama im 19. Jahrhundert* (Handbuch der musikalischen Gattungen, 13), Laaber: Laaber 1997, S. 217–238.

Batchelor, Jennifer (Hrsg.), *Don Carlos: Don Carlo: Giuseppe Verdi* (Opera Guide, 46), Paris/London/New York: Calder 1992.

Fabrini, Enrico, *Il ›Don Carlos‹ del Maestro Verdi*, Firenze: Cavour 1869.

Gavazzeni, Gianandrea, *Una fasa decadentistica nella coscienze di Verdi: ›Don Carlos‹*, in: *La Rassegna musicale* 22 (1952), S. 17–22.

Giger, Andreas, *The Role of Giuseppe Verdi's French Operas in the Transformation of his Melodic Style*, 2 Bde., PhD. diss. Indiana University 1999.

Godefroy, Vincent, ›Don Carlo‹, in: *Music Review* 3 (1950), S. 284–291.

Günther, Ursula, *Le Livret français de ›Don Carlos‹: Le premier acte et sa révision par Verdi*, in: *Atti del II° congresso internazionale di studi verdiani*, Parma: Istituto di studi verdiani 1971, S. 90–140.

Günther, Ursula, *La Genèse de Don Carlos, opéra en cinq actes de Giuseppe Verdi, représenté pour la première fois à Paris le 11 mars 1867*, in: *Revue de musicologie* 58 (1972), S. 16–64 und 60 (1974), S. 87–158.

Günther, Ursula, *Zur Entstehung der zweiten französischen Fassung von Verdis ›Don Carlos‹*, in: *Report of the Eleventh Congress [of the International Musicological Society], Copenhagen 1972*, hrsg. von Henrik Glahn, Søren Sørensen und Peter Ryom, København: Hansen 1974, Bd. 1, S. 396–402.

Günther, Ursula (Hrsg.), *Der Briefwechsel Verdi-Nuitter-Du Locle zur Revision des ›Don Carlos‹: Teil I*, in: *Analecta musicologica* 14 (1974)a, S. 414–444.

Günther, Ursula und Verdi, Gabriella Carrara (Hrsg.), *Der Briefwechsel Verdi-Nuitter-Du Locle zur Revision des ›Don Carlos‹: Teil II*, in: *Analecta musicologica* 15 (1975), S. 334–401.

Günther, Ursula, *Zur Revision des ›Don Carlos‹: Postscriptum zu Teil II*, in: *Analecta musicologica* 19 (1979), S. 373–377.

Günther, Ursula, *Prefazione/Vorwort*, in: *Verdi ›Don Carlos‹: Canto e pianoforte/Klavierauszug mit französischem und italienischem Text*, Milano: Ricordi 1980, S. V–XXXIII.

Günther, Ursula, *Wagnerismen in Verdis ›Don Carlos‹ von 1867?*, in: *Wagnerliteratur – Wagnerforschung: Bericht über das Wagner-Symposium München 1983*, hrsg. von Carl Dahlhaus und Egon Voss, Mainz: Schott 1985, S. 101–108.

Günther, Ursula, *La Genèse du ›Don Carlos‹ de Verdi: Nouveaux documents*, in: *Revue de musicologie* 72 (1986), S. 104–117.

Jürgensen, Knud Arne, *The Verdi Ballets* (Premio internazionale Rotary Club di Parma ›Giuseppe Verdi‹, 4), Parma: Istituto di studi verdiani 1995.

Leibowitz, René, ›Don Carlo‹ ou les Fantômes du clair-obscur, in: René Leibowitz, *Les Fantômes de l'opéra: Essais sur le théâtre lyrique*, Paris: Gallimard 1972, S. 175–203.

Mila, Massimo, *Verdi politico*, in: Massimo Mila, *L'arte di Verdi*, Torino: Einaudi 1980, S. 305–315.

Noske, Frits, *From Idea to Sound: Philip's Monologue in Verdi's ›Don Carlos‹*, in: *Studi verdiani* 10 (1994/95), S. 76–92.

Pestelli, Giorgio, *Le riduzioni del tardo stile verdiano*, in: *Nuova rivista musicale italiana* 6 (1972), S. 372–390.

Porter, Andrew, *A Sketch for ›Don Carlos‹*, in: *Musical Times* 111 (1970), S. 882–885.

Porter, Andrew, *Verdi's Ballet Music, and ›La Pérégrina‹*, in: *Atti del II° congresso internazionale di studi verdiani*, Parma: Istituto di studi verdiani 1971, S. 355–367.

Porter, Andrew, *The Making of ›Don Carlos‹*, in: *Proceedings of the Royal Musical Association* 98 (1971/72), S. 73–88.

Porter, Andrew, *A Note on Princess Eboli*, in: *Musical Times* 113 (1972), S. 750–754.

Robinson, Paul, *Realpolitik: Giuseppe Verdi's ›Don Carlos‹*, in: Paul Robinson, *Opera and Ideas: From Mozart to Strauss*, New York: Harper and Row 1985, S. 155–209.

Rosen, David, *Le quattro stesure del duetto Filippo-Posa*, in: *Atti del II° congresso internazionale di studi verdiani*, Parma: Istituto di studi verdiani 1971, S. 368–388.

Schreiber, Ulrich, *Verdis schillerndes Opernphantom*, in: *Verdi-Theater*, hrsg. von Udo Bermbach, Stuttgart/Weimar: Metzler 1997, S. 89–103.

Spohr, Mathias, ›Don Carlos/Don Carlo‹, in: *Pipers Enzyklopädie des Musiktheaters: Oper, Operette, Musical, Ballett*, hrsg. von Carl Dahlhaus und dem Forschungsinstitut für Musiktheater der Universität Bayreuth unter der Leitung von Sieghart Döhring, München/Zürich: Piper 1997, Bd. 6, S. 470–478.

Van, Gilles de, *La Musique de la langue: Le français de ›Don Carlos‹*, in: *D'un Opéra à l'autre: Hommage à Jean Mongrédien*, hrsg. von Jean Gribenski, Marie-Claire Mussat und Herbert Schneider, Paris: Presses de l'Université de Paris-Sorbonne 1996, S. 125–132.

Verdi: Don Carlos (L'Avant-scène opéra, 90/91), Paris: L'Avant-scène 1986.

Aida (Uwe Schweikert)

Abdoun, Saleh, *Genesi dell'›Aida‹*, hrsg. von Mario Medici (Quaderni dell'Istituto di studi verdiani, 4), Parma: Istituto di studi verdiani 1971.

Budden, Julian, *The Operas of Verdi*, Bd. 3, London: Cassell 1981, Oxford: Clarendon ²1992.

Busch, Hans (Hrsg.), *Verdis ›Aida‹: The History of an Opera in Letters and Documents*, Minneapolis: University of Minnesota Press 1978.

Colombati, Claudia, *Esotismo e archeologia nell'›Aida‹ di G. Verdi*, in: *Universalità della musica, prestigio dell'Italia, attualità di Verdi: Studi in onore di Mario Medici II* (Quadrivium: Studi di filologia e musicologia, 27), Bologna: Antiquae Musicae Italicae Studiosi 1986, S. 127–147.

Conati, Marcello, *Aspetti di melodrammaturgia verdiana: A proposito di una sconosciuta versione del finale del duetto Aida-Amneris*, in: *Studi verdiani* 3 (1985), S. 45–78.

Csampai, Attila, *›Aida‹ – Ende aller Utopie*, in: *Musik-Konzepte 10: Giuseppe Verdi* (1979), S. 46–50.

Csampai, Attila und Holland, Dietmar (Hrsg.), *Giuseppe Verdi: ›Aida‹: Texte, Materialien, Kommentare* (Rororo Opernbücher), Reinbek bei Hamburg: Rowohlt 1985.

Della Seta, Fabrizio, *›O cieli azzurri‹: Exoticism and Dramatic Discourse in ›Aida‹*, in: *Cambridge Opera Journal* 3 (1991), S. 49–62.

Disposizione scenica zu *Aida* [hrsg. von Giulio Ricordi], Milano: Ricordi 1873.

Erasmi, Gabriele, *›Norma‹ ed ›Aida‹: Momenti estremi della concezione romantica*, in: *Studi verdiani* 5 (1988/89), S. 85–108.

Godefroy, Vincent, *The Dramatic Genius of Verdi: Studies of Selected Operas*, Bd. 2, London: Gollancz 1977.

Gossett, Philip, *Verdi, Ghislanzoni, and ›Aida‹: The Uses of Convention*, in: *Critical Inquiry* 1 (1974), S. 291–334.

Günther, Ursula, *Zur Entstehung von Verdis ›Aida‹*, in: *Studi musicali* 2 (1973), S. 15–71.

Hanslick, Eduard, *Aus dem Tagebuch eines Rezensenten: Gesammelte Musikkritiken*, hrsg. von Peter Wapnewski, Kassel: Bärenreiter 1989.

Humbert, Jean-Marcel, *A propos de l'Egyptomanie dans l'Œuvre de Verdi: Attribution à Auguste Mariette d'un scénario anonyme de l'opéra ›Aïda‹*, in: *Revue de musicologie* 62, 2 (1976), S. 229–256.

Immagini per ›Aida‹, hrsg. von Riccardo De Sanctis und Pierluigi Petrobelli, Parma: Istituto di studi verdiani 1983.

Jürgensen, Knud Arne, *Le coreografie originali di ›Aida‹ (Paris, Théâtre de l'Opéra, 1880)*, in: *Studi verdiani* 6 (1990), S. 146–158.

Lawton, David, *Tonal Systems in ›Aida‹, Act III*, in: *Analyzing Opera: Verdi and Wagner*, hrsg. von Carolyn Abbate und Roger Parker (California Studies in 19th Century Music, 6), Berkeley/Los Angeles/London: University of California Press 1989, S. 262–275.

Mariette, Auguste, *Aida*, Alexandria: Mourès 1870; deutsch: *Der erste Entwurf zu ›Aida‹*, in: *Giuseppe Verdi: ›Aida‹: Texte, Materialien, Kommentare*, hrsg. von Attila Csampai und Dietmar Holland (Rororo Opernbücher), Reinbek bei Hamburg: Rowohlt 1985, S. 96–104.

Olivero, Gabriella, *›Aida‹ tra egittologia ed egittomania*, in: *Studi verdiani* 10 (1994/95), S. 118–126.

Parker, Roger, *Motives and Recurring Themes in ›Aida‹*, in: *Analyzing Opera: Verdi and Wagner*, hrsg. von Carolyn Abbate und Roger Parker (California Studies in 19th Century Music, 6), Berkeley/Los Angeles/London: University of California Press 1989, S. 222–238.

Petrobelli, Pierluigi, *Music in the Theater (à propos of ›Aida‹, Act III)*, in: *Themes in Drama III: Drama, Dance, and Music*, hrsg. von James Redmond, Cambridge: Cambridge University Press 1981, S. 129–142; auch in: Pierluigi Petrobelli, *Music in the Theater: Essays on Verdi and Other Composers* (Princeton Studies in Opera), Princeton: Princeton University Press 1994, S. 113–126; italienisch: *La musica nel teatro: A proposito dell'atto III di ›Aida‹*, in: *La drammaturgia musicale*, hrsg. von Lorenzo Bianconi, Bologna: Il Mulino 1987, S. 143–156.

Prod'homme, Jacques-Gabriel, *Lettres inédites de G. Verdi à Camille Du Locle*, in: *La Revue musicale* 10 (1929), Heft 5, S. 97–112, und Heft 7, S. 25–37.

Pirrotta, Nino, *Semiramis e Amneris, un anagramma o quasi*, in: *Il melodramma italiano dell'ottocento: Studi e ricerche per Massimo Mila* (Saggi, 575), Torino: Einaudi 1977, S. 5–12.

Righini, Pietro, *Dalle trombe egizie per l'›Aida‹ alle trombe di Tut-Ankh-Amon*, in: *Nuova rivista musicale italiana* 11 (1977), S. 591–605.

Robinson, Paul, *Is ›Aida‹ an Orientalist Opera?*, in: *Cambridge Opera Journal* 5 (1994), S. 133–140.

Rostagno, Antonio, *Ouverture e dramma negli anni settanta: Il caso della sinfonia di ›Aida‹*, in: *Studi verdiani* 14 (1999), S. 37–78.

Said, Edward W., *The Imperial Spectacle*, in: *Grand Street* 6 (Winter 1987), S. 82–104.

Said, Edward, *The Empire at Work: Verdi's ›Aida‹*, in: Edward W. Said, *Culture and Imperialism*, New York: Knopf 1993, S. 111–132; deutsch: *Das Imperium am Werk: Verdis ›Aida‹*, in: Edward W. Said, *Kultur und Imperialismus: Einbildungskraft und Politik im Zeitalter der Macht*, Frankfurt am Main: Fischer 1994, S. 165–190.

Schlegel, Klaus, *Bekenntnis zum Ungewöhnlichen: Verdis Mitarbeit am ›Aida‹-Libretto*, in: *Jahrbuch der Komischen Oper Berlin* 9 (1968/69), hrsg. von der dramaturgischen Abteilung der Komischen Oper Berlin, Berlin: Henschel 1969, S. 109–118.

Schreiber, Wolfgang, *›Aida‹ – lyrisches Konfliktbild einer Gesellschaft*, in: *Giuseppe Verdi: ›Aida‹: Texte, Materialien, Kommentare*, hrsg. von Attila Csampai und Dietmar Holland (Rororo Opernbücher), Reinbek bei Hamburg: Rowohlt 1985, S. 9–26.

Verdi, Giuseppe, *Fünfunddreißig Briefe zu ›Aida‹*, in: *Jahrbuch der Komischen Oper Berlin* 9 (1968/69), S. 51–108.

Otello (Dietmar Holland)

Bergeron, Katherine, *How to Avoid Believing (While Reading Iago's ›Credo‹)*, in: *Reading Opera*, hrsg. von Arthur Groos und Roger Parker, Princeton: Princeton University Press 1988, S. 184–199.

Busch, Hans (Hrsg.), *Verdi-Boito: Briefwechsel*, Frankfurt am Main: Fischer 1986.

Busoni, Ferruccio, *Verdi's ›Othello‹: Eine kritische Studie*, in: *Neue Zeitschrift für Musik* 54 (1887), S. 125–127.

Coe, Doug, *The Original Production Book for ›Otello‹: An Introduction*, in: *19th-Century Music* 2 (1978/79), S. 148–158.

Dahlhaus, Carl, *Die Musik des 19. Jahrhunderts* (Neues Handbuch der Musikwissenschaft, 6), Wiesbaden: Athenaion/Laaber: Laaber 1980.

Di Benedetto, Renato, *Una postilla sulla tempesta*, in: *Studi verdiani* 12 (1997), S. 31–47.

Disposizione scenica zu *Otello* [hrsg. von Giulio Ricordi], Milano: Ricordi 1888

Fairtile, Linda B., *Verdi's First ›Willow Song‹: New Sketches and Drafts for ›Otello‹*, in: *19th-Century Music* 19 (1995/96), S. 213–230.

Giuseppe Verdi: ›Othello‹: Texte, Materialien Kommentare, hrsg. von Attila Csampai und Dietmar Holland (Rororo Opernbücher), Reinbek bei Hamburg: Rowohlt 1981.

Hamblock, Dieter (Hrsg.), *William Shakespeare: ›Othello‹*, Stuttgart: Reclam 1985.

Hepokoski, James A., *Giuseppe Verdi: ›Otello‹* (Cambridge Opera Handbooks), Cambridge: Cambridge University Press 1987.

Hepokoski, James A., *Boito and F.-V. Hugo's ›Magnificent Translation‹: A Study in the Genesis of the ›Otello‹ Libretto*, in: *Reading Opera*, hrsg. von Arthur Groos und Roger Parker, Princeton: Princeton University Press 1988, S. 34–59.

Hepokoski, James A., *Verdi's Composition of ›Otello‹: The Act II Quartet*, in: *Analyzing Opera: Verdi and Wagner*, hrsg. von Carolyn Abbate und Roger Parker (California Studies in 19th Century Music, 6), Berkeley/Los Angeles/London: University of California Press 1989, S. 125–152.

Hepokoski, James A. und Viale Ferrero, Mercedes, *›Otello‹ di Giuseppe Verdi* [Reprint der *disposizione scenica*] (Musica e spettacolo), Milano: Ricordi 1990.

Kott, Jan, *Die zwei Paradoxe des ›Othello‹*, in: Jan Kott, *Shakespeare heute*, Berlin: Alexander 1989, S. 106–132.

Lawton, David, *On the ›Bacio‹ Theme in ›Otello‹*, in: *19th-Century Music* 1 (1977/78), S. 211–220.

Maurel, Victor, *A propos de la mise en scène du drame lyrique ›Otello‹: Etude précédée d'aperçus sur le théâtre chanteé en 1887*, Roma: Imprimerie Editrice Romana 1888.

Maurel, Victor, *A propos de la mise en scène du drame lyrique ›Otello‹ [1888]*, in: Victor Maurel, *Dix ans de carrière, 1887–1897*, Paris: Dupont 1897, S. 1–148 (Reprint: New York: Arno 1977).

Noske, Frits, *›Otello‹: Drama Through Structure*, in: Frits Noske, *The Signifier and the Signified: Studies in the Operas of Mozart and Verdi*, 's Gravenhage: Nijhoff 1977; Oxford: Clarendon 1990, S. 133–170.

Parakilas, James, *Religion and Difference in Verdi's ›Otello‹*, in: *The Musical Quarterly* 81 (1997), S. 371–392.

Parker, Roger und Brown, Matthew, *›Ancora un bacio‹: Three Scenes From Verdi's ›Otello‹*, in: *19th-Century Music* 9 (1985/86), S. 50–62.

Sala Di Felice, Elena, *Ricodificazione come interpretazione: ›Otello‹ tra Boito e Verdi*, in: *Studi verdiani* 12 (1997), S. 11–30.

Schueller, Herbert M., *›Othello‹ Transformed: Verdi's Interpretation of Shakespeare*, in: *Studies in Honor of John Wilcox*, Detroit: Wayne State University Press 1958, S. 129–158.

Schweikert, Uwe, *»Eine Oper ist kein Schauspiel«. Verdis »Otello« – Endpunkt des Melodramma*, in: Giuseppe Verdi, Otello, hrsg. von der Staatsoper Unter den Linden, Berlin, Frankfurt a. M./Leipzig: Insel 2001 (im Druck).

Falstaff (Egon Voss)

Barblan, Guglielmo, *Un prezioso spartito del ›Falstaff‹*, Milano: Edizioni della Scala [1957].

Barblan, Guglielmo, *Spunti rivelatori nella genesi del ›Falstaff‹*, in: *Atti del I° congresso internazionale di studi verdiani*, Parma: Istituto di studi verdiani 1969, S. 16–21.

Baumann, Thomas, *The Young Lovers in ›Falstaff‹*, in: *19th-Century Music* 9, Nr. 1 (Sommer 1985), S. 62–69.

Beghelli, Marco, *Lingua dell'autocaricatura nel ›Falstaff‹*, in: *Opera & Libretto II*, hrsg. von Gianfranco Folena, Maria Teresa Muraro und Giovanni Morelli (Studi di musica veneta), Firenze: Olschki 1993, S. 351–380.

Busch, Hans, *Apropos of a Revision in Verdi's ›Falstaff‹*, in: *Music East and West: Essays in Honor of Walter Kaufmann*, hrsg. von Thomas Noblitt (Pendragon Press Festschrift Series, 3), New York: Pendragon 1981, S. 339–350.

Busch, Hans (Hrsg.), *Verdi's ›Falstaff‹ in Letters and Contemporary Review*, Bloomington: Indiana University Press 1998.

Cone, Edward T., *The Stature of ›Falstaff‹: Technique and Content in Verdi's Last Opera*, in: *Center* 1 (1954), S. 17–23.

Gál, Hans, *A Deleted Episode in Verdi's ›Falstaff‹*, in: *The Music Review* 2 (1941), S. 266–272.

Gerhartz, Leo Karl, *Versuch über ›Falstaff‹: Zu autobiographischen Aspekten von Verdis letzter Oper*, in: *Musik, Deutung, Bedeutung: Festschrift für Harry Goldschmidt zum 75. Geburtstag*, hrsg. von Hanns-Werner Heister und Hartmut Lück, Dortmund: Pläne-Verlag 1986, S. 21–29.

Girardi, Michele, *Fonti francesi del ›Falstaff‹: Alcuni aspetti di drammaturgia musicale*, in: *Arrigo Boito: Atti del convegno internazionale di studi dedicato al centocinquantesimo della nascità di Arrigo Boito* (Linea veneta, 11), Firenze: Olschki 1994, S. 395–430.

Girardi, Michele, *French Sources of ›Falstaff‹ and Some Aspects of its Musical Dramaturgy*, in: *The Opera Quarterly* 11 (1995), S. 45–63.

Giuseppe Verdi: ›Falstaff‹: Texte, Materialien Kommentare, hrsg. von Attila Csampai und Dietmar Holland (Rororo Opernbücher), Reinbek bei Hamburg: Rowohlt 1986.

Hepokoski, James A, *Verdi, Giuseppina Pasqua, and the Composition of ›Falstaff‹*, in: *19th-Century Music* 3 (1979/80), S. 239–250.

Hepokoski, James A., *Giuseppe Verdi: ›Falstaff‹* (Cambridge Opera Handbooks), Cambridge: Cambridge University Press 1983.

Hepokoski, James A., *Under the Eye of the Verdian Bear: Notes on the Rehearsals and Première of ›Falstaff‹*, in: *The Musical Quarterly* 71 (1985), S. 135–156.

Hepokoski, James A., *Overriding the Autograph Score: The Problem of Textual Authority in Verdi's ›Falstaff‹*, in: *Studi verdiani* 8 (1992), S. 13–51.

Linthicum, David, *Verdi's ›Falstaff‹ and Classical Sonata Form*, in: *The Music Review* 39 (1978), S. 39–53.

Nardi, Piero, *Vita di Arrigo Boito*, [Verona]: Mondadori 1942, 1944.

Osthoff, Wolfgang, *Il sonetto nel ›Falstaff‹ di Verdi*, in: *Il melodramma italiano dell'ottocento: Studi e ricerche per Massimo Mila* (Saggi, 575), Torino: Einaudi 1977, S. 157–183.

Ross, Peter, *›Falstaff‹*, in: *Pipers Enzyklopädie des Musiktheaters: Oper, Operette, Musical, Ballett*, hrsg. von Carl Dahlhaus und dem Forschungsinstitut für Musiktheater der Universität Bayreuth unter der Leitung von Sieghart Döhring, München/Zürich: Piper 1997, Bd. 6, S. 491–497.

Werner, Klaus, *Spiele der Kunst: Kompositorische Verfahren in der Oper ›Falstaff‹ von Giuseppe Verdi* (Europäische Hochschulschriften, Reihe XXXVI: Musikwissenschaft, 25), Frankfurt am Main: Lang 1986.

Messa da Requiem (Uwe Schweikert)

Budden, Julian, *Verdi* (The Master Musicians), London: Dent 1985, 1993; deutsch: *Verdi: Leben und Werk*, Stuttgart: Reclam 1987, ²2000.

Bülow, Hans von, *Ausgewählte Schriften 1850–1892*, Leipzig: Breitkopf und Härtel 1896.

Conati, Marcello, *L'orchestra della Messa per Rossini: Appunti e considerazioni in margine*, in: *Messa per Rossini: La storia, il testo, la musica* (Quaderni dell'Istituto di studi verdiani, 5), Parma: Istituto di studi verdiani/Milano: Ricordi 1988, S. 111–117; deutsch: *Das Orchester der ›Messa‹ per Rossini. Anmerkungen und Überlegungen am Rande*, in: *›Messa per Rossini‹: Geschichte – Quellen – Musik* (Schriftenreihe der Internationalen Bachakademie Stuttgart, 1), Stuttgart: Internationale Bachakademie 1988, S. 128–135.

Engelhardt, Markus, *›Un opuscoletto di poche pagine‹*, in: *Messa per Rossini: La storia, il testo, la musica* (Quaderni dell'Istituto di studi verdiani, 5), Parma: Istituto di studi verdiani/Milano: Ricordi 1988, S. 78–89; deutsch: *Eine kleine Broschüre von wenigen Seiten*, in: *›Messa per Rossini‹: Geschichte – Quellen – Musik* (Schriftenreihe der Internationalen Bachakademie Stuttgart, 1), Stuttgart: Internationale Bachakademie 1988, S. 94–105.

Girardi, Michele und Petrobelli, Pierluigi (Hrsg.), *›Messa per Rossini: La storia, il testo, la musica* (Quaderni dell'Istituto di studi verdiani, 5), Parma: Istituto di studi verdiani/Milano: Ricordi 1988; deutsch: *›Messa per Rossini‹: Geschichte – Quellen – Musik* (Schriftenreihe der Internationalen Bachakademie Stuttgart, 1), Stuttgart: Internationale Bachakademie 1988.

Hanslick, Eduard, *Aus dem Tagebuch eines Rezensenten: Gesammelte Musikkritiken*, Kassel/Basel: Bärenreiter 1989.

Martin, George, *Verdi, Manzoni and the ›Requiem‹*, in: George Martin, *Aspects of Verdi*, New York: Dodd, Mead 1988, S. 31–58.

Mossa, Carlo Matteo, *Una Messa per la storia*, in: *Messa per Rossini: La storia, il testo, la musica* (Quaderni dell'Istituto di studi verdiani, 5), Parma: Istituto di studi verdiani/Milano: Ricordi 1988, S. 11–78; deutsch: *Eine ›Messa‹ für die Geschichte*, in: *›Messa per Rossini‹: Geschichte – Quellen – Musik* (Schriftenreihe der Internationalen Bachakademie Stuttgart, 1), Stuttgart: Internationale Bachakademie 1988, S. 14–93.

Pizzetti, Ildebrando, *Introduzione alla ›Messa da Requiem‹*, in: *Nuova antologia* 76, Nr. 413 (1941), S. 209–213.

Rosen, David, *Verdi's ›Liber scriptus‹ Rewritten*, in: *The Musical Quarterly* 55 (1969), S. 151–169.

Rosen, David, *La ›Messa‹ a Rossini e il ›Requiem‹ per Manzoni*, in: *Rivista italiana di musicologia* 4 (1969), S. 127–137, und 5 (1970), S. 216–233.

Rosen, David, *La ›Messa‹ a Rossini e il ›Requiem‹ per Manzoni*, in: *Messa per Rossini: La storia, il testo, la musica* (Quaderni dell'Istituto di studi verdiani, 5), hrsg. von Michele Girardi und Pierluigi Petrobelli, Parma: Istituto di studi verdiani/Milano: Ricordi 1988, S. 119–149; deutsch: *Die ›Messa‹ für Rossini und das ›Requiem‹ für Manzoni*, in: *›Messa per Rossini‹: Geschichte – Quellen – Musik* (Schriftenreihe der Internationalen Bachakademie Stuttgart, 1), Stuttgart: Internationale Bachakademie 1988, S. 136–169.

Rosen, David, *Verdi: Requiem* (Cambridge Music Handbooks), New York/Cambridge: Cambridge University Press 1995.

Scherers, Bernd, *Giuseppe Verdi: Requiem*, in: *Große Chorwerke: Werkanalyse in Beispielen* (Bosse-Musik-Paperback, 52), Kassel: Bosse 1994, S. 125–138.

Scherliess, Volker, *Einführung in die ›Messa per Rossini‹*, in: *Zwischen Bach und Mozart: Vorträge des Europäischen Musikfestes Stuttgart 1988* (Schriftenreihe der internationalen Bachakademie Stuttgart, 4), Kassel: Bärenreiter 1994, S. 334–346.

Widmann, Joseph Viktor, *Johannes Brahms in Erinnerungen von Josef Viktor Widmann*, Berlin: Paetel 1898.

Quattro pezzi sacri (Uwe Schweikert)

Conati, Marcello, *Le ›Ave Maria‹ su scala enigmatica di Verdi dalla prima alla seconda stesura (1889–1897)*, in: *Rivista italiana di musicologia* 13 (1978), S. 280–311.

Depanis, Giuseppe, *I concerti popolari ed il Teatro Regio di Torino: Quindici anni di vita musicale: Appunti – Ricordi*, 2 Bde., Torino: Società tipografico-editrice nazionale 1915.

De Rensis, Raffaello (Hrsg.), *Lettere di Arrigo Boito*, Torino/Roma: Società editrice di »novissima« 1932.

Gál, Hans, *Giuseppe Verdi und die Oper*, Frankfurt am Main: Fischer 1982.

Gerhard, Anselm, *›Commovente fino al terrore!‹ – Die Inszenierung der Hoffnungslosigkeit in ›Otello‹ und ›Te Deum‹ mit liturgischen Mitteln*, in: *Verdi-Studien: Pierluigi*

Petrobelli zum 60. Geburtstag, hrsg. von Sieghart Döhring und Wolfgang Osthoff, München: Ricordi 2000, S. 129–152.

Porter, Andrew, *Verdi, Giuseppe (Fortunino Francesco)*, in: *The New Grove Dictionary of Music and Musicians*, hrsg. von Stanley Sadie, London: Macmillan 1980, Bd. 19, S. 635–655.

Stenzl, Jürg, *Luigi Nono*, Reinbek bei Hamburg: Rowohlt 1998.

Kleinere geistliche Kompositionen (Anselm Gerhard)

Berger, Rupert, *Osservazioni sul ›Pater noster‹ di Verdi*, in: *Atti del I° congresso internazionale di studi verdiani*, Parma: Istituto di studi verdiani 1969, S. 22–26.

Kompositionen aus der Studienzeit (Anselm Gerhard)

Demaldè, Giuseppe, *Cenni biografici del maestro di musica Giuseppe Verdi*, in: *Newsletter of the American Institute for Verdi Studies* 1 (Mai 1976), S. 6–10; 2 (Dezember 1976), S. 8–12; 3 (Juni 1977), S. 5–9.

Hopkinson, Cecil, *A Bibliography of the Works of Giuseppe Verdi 1813–1901*, Bd. 1, New York: Broude 1973.

Zu Lebzeiten veröffentlichte kleinere Kompositionen (Anselm Gerhard)

Budden, Julian, *Verdi* (The Master Musicians), London: Dent 1985, 1993; deutsch: *Verdi: Leben und Werk*, Stuttgart: Reclam 1987, ²2000.

Castellani, Giuliano, *›L'attente‹: Una vecchia ›mélodie nouvelle‹ di Giuseppe Verdi*, in: *Studi verdiani* 14 *(1999), S. 143–150.

Haefeli, Anton, *Zwischen absolutistischem Signal und revolutionärem Signet: Die ›Marseillaise‹ und ihre Folgen*, in: *Musik/Revolution: Festschrift für Georg Knepler zum 90. Geburtstag*, hrsg. von Hanns-Werner Heister, Hamburg: von Bockel 1997, Bd. 2, S. 63–113.

Nicht veröffentlichte Gelegenheitskompositionen (Anselm Gerhard)

Budden, Julian, *Verdi* (The Master Musicians), London: Dent 1985, 1993; deutsch: *Verdi: Leben und Werk*, Stuttgart: Reclam 1987, ²2000.

Dall'Ongaro, Giuseppe, *I tordi e il professore: Lettere inedite di Verga, Capuana, Rapisardi e altri*, Roma: Altana 1997.

De Grazia, Paolo, *Una musica di G. Verdi*, in: *Rivista musicale italiana* 45 (1941), S. 230–232.

Musini, Nullo, *Giuseppe Verdi a Trieste: Una ›berceuse‹ inedita del Maestro*, in: *Aurea Parma: Rivista di lettere, arte e storia* 25 (1951), S. 199–203.

Ortombina, Fortunato, *›Sgombra, o gentil‹: Un dono di Verdi all'amico Delfico*, in: *Studi verdiani* 8 (1992), S. 105–117.

Schlitzer, Franco, *Mondo teatrale dell'ottocento: Episodi, testimonianze, musiche e lettere inedite*, Napoli: Fiorentino 1954.

Walker, Frank, *Ein unbekanntes Goethe-Lied von Giuseppe Verdi*, in: *Schweizerische Musikzeitung* 91 (1951), S. 9–13.

Walker, Frank, *Goethe's ›Erster Verlust‹ set to Music by Verdi: An Unknown Composition*, in: *The Music Review* 9 (1948), S. 13–17.

Quartetto in Mi minore (Norbert Graf)

Guglielmi, Edoardo, *Il quartetto di Verdi e la rinascita della musica strumentale in Italia*, in: *Atti del I° congresso internazionale di studi verdiani*, Parma: Istituto di studi verdiani 1969, S. 126–131.

Martinotti, Sergio, *Verdi e lo strumentalismo italiano dell'ottocento*, in: *Atti del III° congresso internazionale di studi verdiani*, Parma: Istituto di studi verdiani 1974, S. 285–297.

Petrobelli, Pierluigi, *Verdi e la musica tedesca*, in: *Analecta musicologica* 28 (1993), S. 83–98.

Salvetti, Guido, *I quartetti di Beethoven nella ›rinascità strumentale italiana‹ dell'ottocento*, in: *Analecta Musicologica* 22 (1984), S. 479–495.

Briefe (Sabina Kienlechner)

Busch, Hans (Hrsg.), *Giuseppe Verdi: Briefe*, Frankfurt am Main: Fischer 1979.

Busch, Hans (Hrsg.), *Verdi-Boito: Briefwechsel*, Frankfurt am Main: Fischer 1986.

Büthe, Otfried und Lück-Bochat, Almut (Hrsg.), *Giuseppe-Verdi: Briefe zu seinem Schaffen*, Frankfurt am Main: Ricordi 1963.

Otto, Werner (Hrsg.), *Giuseppe Verdi: Briefe*, Kassel: Bärenreiter 1983.

Walker, Frank, *Verdian Forgeries*, in: *The Music Review* 19 (1958), S. 273–282 und 20 (1959), S. 28–38.

Werfel, Franz und Stefan, Paul (Hrsg.), *Giuseppe Verdi: Briefe*, Berlin/Wien: Zsolnay 1926.

Wirkung

Paradigmen der Verdi-Rezeption (Hans-Joachim Wagner)

Anonym, *Eine Melos-Rundfrage: Europäische Komponisten über Verdi*, in: *Melos: Zeitschrift für Neue Musik* 18, Nr. 2 (Februar 1951), S. 35–41.

Adorno, Theodor Wiesengrund, *Die Macht des Schicksals*, in: *Die Musik* 20 (1927/28), S. 302–303.

Ballilla Pratella, Francesco, *Manifesto dei musicisti futuristi*, in: *Rivista musicale italiana* 17 (1910), S. 1007–1011.

Boulez, Pierre, *Sprengt die Opernhäuser in die Luft!*, in: *Melos: Zeitschrift für Neue Musik* 34 (1967), S. 429–437.

Britten, Benjamin, *Wie ›Peter Grimes‹ entstand*, in: Benjamin Britten, *Das Opernwerk*, hrsg. von Heinrich Lindlar (Musik der Zeit, 11), Bonn/London: Boosey and Hawkes 1955, S. 8–9.

Britten, Benjamin, *Warum ich Verdis Musik so sehr liebe*, in: *Ein Maskenball*, Programmheft Stadttheater Klagenfurt 1969/70.

Burde, Wolfgang, *›Strawinsky hat gesagt . . .‹* [Interview mit Emilia Zanetti anläßlich der Uraufführung der Oper ›The Rake's Progress‹ (1951)], in: Wolfgang Burde, *Strawinsky: Leben – Werke – Dokumente*, Mainz: Schott/München: Piper 1982, S. 271–276.

Busoni, Ferruccio, *Entwurf einer neuen Ästhetik der Tonkunst*, Trieste: Schmidl 1907.

Busoni, Ferruccio, *Entwurf eines Vorwortes zur Partitur des Doktor Faust enthaltend einige Betrachtungen über die Möglichkeiten der Oper (1921)*, in: Ferruccio Busoni, *Von der Einheit der Musik: Von Dritteltönen und junger Klassizität, von Bühnen und Bauten und anschließenden Bezirken: Verstreute Aufzeichnungen* (Max Hesses Handbücher, 76), Berlin: Hesse 1922, S. 309–333.

Carner, Mosco, *Puccini: A Critical Biography*, London: Duckworth 1958, [2]1974; deutsch: *Puccini: Biographie*, Frankfurt am Main/Leipzig: Insel 1996.

Casella, Alfredo, *Verdi, Rossini e il melodramma italiano nell'attualità* (aus: *L'Italia letteraria*, 7./14./21. September 1930).

Dallapiccola, Luigi, *Worte und Musik im Melodramma*, in: *Musik-Konzepte 10: Giuseppe Verdi* (1979), S. 3–26.

Dallapiccola, Luigi, *Pagine di diario (sul ›Rigoletto‹)*, in: *Parole e musica*, hrsg. von Fiamma Nicolodi, Milano: Saggiatore 1980, S. 94–102.

Dallapiccola, Luigi, *Considerazioni su ›Simon Boccanegra‹*, in: *Parole e musica*, hrsg. von Fiamma Nicolodi, Milano: Saggiatore 1980, S. 103–110.

Dallapiccola, Luigi, *Su un passo di ›Falstaff‹ (1969)*, in: *Parole e musica*, hrsg. von Fiamma Nicolodi, Milano: Saggiatore 1980, S. 111–115.

Damm, Rainer, *Rebell und Reformator*, in: Programmheft Arrigo Boito: Mephistopheles, Wuppertaler Bühnen 1990, S. 27–39.

Fortner, Wolfgang, *Subtilste Veränderungen: Zur ›Bluthochzeit‹*, in: *Wolfgang Fortner: Eine Monographie*, hrsg. von Heinrich Lindlar (Kontrapunkte: Schriften zur deutschen Musik der Gegenwart, 4), Rodenkirchen/Rhein: Tonger 1960, S. 110–117.

Henze, Hans Werner, *Musik und Theater*, in: Programmheft Boulevard Solitude, Stadttheater Basel 1965, S. 4–5.

Henze, Hans Werner, *Prinz von Homburg*, in: Hans Werner Henze, *Musik und Politik: Schriften und Gespräche 1955–1984*, München: dtv [2]1984, S. 76–81.

Henze, Hans Werner, *Versuch über Visconti*, in: Hans Werner Henze, *Musik und Politik: Schriften und Gespräche 1955–1984*, München: dtv [2]1984a, S. 66–74.

Jauß, Hans Robert, *Literaturgeschichte als Provokation*, Frankfurt am Main: Suhrkamp [14]1994.

Klebe, Giselher, *Verdi als Maß*, in: *Opernwelt: Das internationale Opernmagazin* 4, Nr. 10 (Oktober 1963), S. 25.

Liebermann, Rolf, *Die Krise des Libretto*, in: *Lebt die Oper?*, hrsg. von Heinrich Lindlar und Reinhold Schubert (Musik der Zeit: Eine Schriftenreihe zu Musik und Gegenwart: Neue Folge, 3), Bonn: Boosey and Hawkes 1960, S. 29–30.

Marinetti, Filippo Tommaso, *Rapporto sulla vittoria del Futurismo a Trieste (1910)*, in: *Geschichte des Futurismus*, hrsg. von Christa Baumgarth, Reinbek bei Hamburg: Rowohlt 1966.

Neef, Sigrid und Neef, Hermann, *Deutsche Oper im 20. Jahrhundert: DDR 1949–1989*, Berlin/Bern/Frankfurt am Main: Lang 1992.

Nicolodi, Fiamma, *Musica e musicisti nel ventennio fascista*, Fiesole: Discanto 1984.

Oberdorfer, Aldo, *Giuseppe Verdi: Autobiografia dalle lettere*, Milano: Rizzoli 1981.

Schnebel, Dieter, *Die schwierige Wahrheit des Lebens – zu Verdis musikalischem Realismus*, in: *Musik-Konzepte 10: Giuseppe Verdi* (1979), S. 51–111.

Schnebel, Dieter, *Re-Visionen II*, in: *Musik der Zeit: Miniaturen – Momente – Notate* (Programmheft WDR3), Köln 1998, S. 6–9.

Schreker, Franz, *Die Zukunft der Oper*, in: *Deutsche Musikpflege*, hrsg. von Josef Ludwig Fischer, Frankfurt am Main: Verlag des Bühnenvolksbundes 1925, S. 52–53.

Stenzl, Jürg, *Von Giacomo Puccini zu Luigi Nono: Italienische Musik 1922–1952: Faschismus – Resistenza – Republik*, Buren: Knut 1990.

Strawinsky, Igor, *Musikalische Poetik*, Mainz: Schott 1949.

Sutermeister, Heinrich, *Meine Oper ›Die Zauberinsel‹*, in: *Vom Wesen der Oper: Opernkompositionen in Autobiographien, Vorreden und Briefen, Werkerläuterungen und anderen Dokumenten über die Oper*, hrsg. von Heinz Krause-Graumnitz, Berlin: Henschel 1969, S. 385–389.

Thomson, Virgil, *Musikgeschehen in Amerika*, München/Berlin: Kasparek 1948.

Trojahn, Manfred, *Was ihr wollt*, Programmbuch Bayerische Staatsoper München 1998.

Weingartner, Felix, *Die Zukunft der Oper*, in: Felix Weingartner, *Akkorde: Gesammelte Aufsätze*, Leipzig: Breitkopf und Härtel 1912, S. 204–212.

Sänger und Dirigenten (Kurt Malisch)

Baldacci, Luigi, *Padri e figli*, in: Luigi Baldacci, *Libretti d'opera e altri saggi*, Firenze: Vallecchi 1974, S. 177–202.

Battaglia, Elio, *Voci verdiani: equivoco di scuola?*, in: *Nuova rivista musicale italiana* 4 (1972), S. 526–544.

Battaglia, Elio, *Problemi esecutivi della vocalità verdiana*, in: *Per un ›progetto Verdi‹ anni '80: Seminario internazionale di studi, Parma-Busseto 3–4 aprile 1980*, Bologna: Regione Emilia-Romagna 1980, S. 119–128.

Beghelli, Marco, *I trattati di canto italiani dell'ottocento: Bibliografia – caratteri generali – prassi esecutiva – lessico*, Diss. phil. Università di Bologna 1995.

Beghelli, Marco, *Il contributo dei trattati ottocenteschi al lessico dell'opera*, in: *Studi sulla lingua della letteratura musicale,* hrsg. von Fiamma Niccolodi und Paolo Trovato (*Le parole della musica in onore di Gianfranco Folena*, 1), Firenze: Olschki 1994, S. 177–223.

Beghelli, Marco, *Sulle tracce del baritono*, in: *Tra le note: Studi di lessicologia musicale,* hrsg. von Fiamma Niccolodi und Paolo Trovato, Fiesole: Cadmo 1996, S. 57–91.

Beghelli, Marco, *Il ›Do di petto‹: Dissacrazione di un mito*, in: *Il saggiatore musicale* 3 (1996), S. 105–149.

Bragaglia, Leonardo, *Verdi e i suoi interpreti (1839–1978): Vita scenica delle opere del cigno di Busseto attraverso una antalogia critica e uno studio delle ventotto opere di Giuseppe Verdi*, Roma: Bulzoni 1979.

Cavicchi, Adriano, *Problemi di prassi esecutiva storica: Dall'architettura teatrale alla vocalità*, in: *Per un ›progetto Verdi‹ anni '80: Seminario internazionale di studi, Parma-Busseto 3–4 aprile 1980*, Bologna: Regione Emilia-Romagna 1980, S. 87–93.

Celletti, Rodolfo, *La voce di baritono*, in: *Musica d'oggi* N. F. 3 (1960), S. 452–457.

Celletti, Rodolfo, *Il vocalismo italiano da Rossini a Donizetti: Parte I: Rossini*, in: *Analecta Musicologica* 5 (1968), S. 267–294.

Celletti, Rodolfo, *L'interpretazione di Verdi nel secolo XIX*, in: *Atti del I° congresso internazionale di studi verdiani*, Parma: Istituto di studi verdiani 1969, S. 308–313.

Celletti, Rodolfo, *Il vocalismo italiano da Rossini a Donizetti: Parte II: Bellini e Donizetti*, in: *Analecta Musicologica* 7 (1969), S. 214–247.

Celletti, Rodolfo, *Lo stile vocale di Verdi e di Wagner*, in: *Analecta Musicologica* 11 (1972), S. 328–342.

Celletti, Rodolfo, *Caratteri della vocalità di Verdi*, in: *Atti del III° congresso internazionale di studi verdiani*, Parma: Istituto di studi verdiani 1974, S. 81–88.

Celletti, Rodolfo, *La vocalità*, in: *Storia dell'opera*, hrsg. von Guglielmo Barblan und Alberto Basso, Torino: UTET 1977, Bd. 3, S. 3–320.

Celletti, Rodolfo, *La vocalità di Donizetti*, in: *Atti del I° convegno internazionale donizettiano*, Bergamo: Azienda autonomo di turismo 1983, S. 107–148.

Celletti, Rodolfo, *›Nessuno può impormi un cantante‹. Prima riflessione sulla vocalità di Verdi: Intransigente sulle voci, proponeva personalmente i cast, enunciava i tipi vocali, faceva nomi, poneva veti*, in: *Musica viva* 8 (Mai 1984), S. 68–71.

Celletti, Rodolfo, *›Pel cantante vorrei: Profonda conoscenza della musica, emissione del suono, esercizi vocali lunghissimi, pronuncia perfetta‹: Seconda riflessione sulla vocalità di Verdi: Lo studio del canto*, in: *Musica viva* 8 (Juni 1984), S. 58–61.

Celletti, Rodolfo, *›Oltre alle voci ci vuole talento grande, anima e sentimento di scena‹: Terza e ultima riflessione sulla vocalità di Verdi: Cantanti e interpreti non sono sempre la stessa cosa*, in: *Musica viva* 8 (Juli-August 1984), S. 66–69.

Celletti, Rodolfo, *Voci romantiche piene di pathos*, in: *Musica e dossier* 2 (Dezember 1986) (Sonderbeilage), S. 43–53.

Celletti, Rodolfo, *Geschichte des Belcanto*, Kassel/Basel: Bärenreiter 1989.

Celletti, Rodolfo, *Il canto: Storia e tecnica, stile e interpretazione*, Milano: Vallardi 1989.

Celletti, Rodolfo, *Voce di tenore*, Milano: Idealibri 1989.

Conati, Marcello (Hrsg.), *Interviste e incontri con Verdi*, Milano: Formichiere 1980, Trento: Emme ²1981.

Conati, Marcello, *L'avvento del ›baritono‹: Profilo di Giorgio Ronconi*, in: *L'opera teatrale di Gaetano Donizetti: Atti del convegno internazionale di studio 1992*, hrsg. von Francesco Bellotto, Bergamo: Comune di Bergamo 1993, S. 281–299.

Crutchfield, Will, *Vocal Ornamentation in Verdi: The Phonographic Evidence*, in: *19th-Century Music* 7 (1983/84), S. 3–54.

Crutchfield, Will, *Verdi Performance: Restoring the Color*, in: *High Fidelity* (Juni 1983), S. 64–66, S. 100–101.

Crutchfield, Will, *Authenticity in Verdi: The Recorded Legacy*, in: *Opera* 36 (1985), S. 858–866.

Crutchfield, Will, *Voices (The Classical Era, The 19th Century)*, in: *Performance Practice: Music After 1600*, hrsg. von Howard Mayer Brown und Stanley Sadie (The New Grove Handbooks in Music), London: Norton 1989, S. 292–322.

Durante, Sergio, *Der Sänger*, in: *Geschichte der italienischen Oper*, hrsg. von Lorenzo Bianconi und Giorgio Pestelli, Band 4, Laaber: Laaber 1990, S. 359–400.

Edwards, Geoffrey und Edwards, Ryan, *The Verdi Baritone*, Bloomington: Indiana University Press 1994.

Elvins, Peter, *Verdi vs. the Voice*, in: *Opera News* 36 (5. Februar 1972), S. 9–13.

Faure, Jean-Baptiste, *La Voix et le chant, traité pratique*, Paris: Menestrel/Heugel 1886.

Gara, Eugenio, *Come ha da essere un cantante verdiano?*, in: *Atti del I° congresso internazionale di studi verdiani*, Parma: Istituto di studi verdiani 1969, S. 314–318.

Goold, William, *The Verdian Baritone: A Study of six Representative Operas*, PhD. Diss. Kentucky University 1981.

Hajtas, Franz, *Studien zur frühen Verdi-Interpretation: Schalldokumente bis 1926* (Europäische Hochschulschriften, Reihe XXXVI: Musikwissenschaft, 47), Frankfurt am Main: Lang 1990.

Hanslick, Eduard, *Aus dem Tagebuche eines Musikers: Kritiken und Schilderungen* (Die moderne Oper, 6), Berlin: Allg. Verein für Deutsche Literatur 1892.

Hale, Virgil Edward, *The Tenor Arias in the Operas of Giuseppe Verdi*, PhD. Diss. Kentucky University 1973.

Kunath, Martin, *Die Charakterologie der stimmlichen Einheiten in der Oper*, in: *Zeitschrift für Musikwissenschaft* 8 (1925–1926), S. 403–410.

Leibowitz, René, *Vérisme, véracité, et vérité de l'interpretation de Verdi*, in: *Atti del I° congresso internazionale di studi verdiani*, Parma: Istituto di studi verdiani 1969, S. 145–156.

Maehder, Jürgen, ›*Oh gioia! M'uccide!*‹: *Décadence und Grand Opéra in Arrigo Boitos und Amilcare Ponchiellis ›La Gioconda‹*, in: Programmheft der Städtischen Oper Frankfurt 1986.

Marchesi, Gustavo, *I Cantanti*, in: *Storia dell'opera*, hrsg. von Guglielmo Barblan und Alberto Basso, Torino: UTET 1977, Bd. 3, S. 321–438.

Martinelli, Giovanni, *The Singing of Verdi*, in: *Recorded Sound* 1, Nr. 7 (Sommer 1962), S. 198–205.

Mioli, Piero, *Il teatro di Verdi: La vita, le opere, gli interpreti*, Milano: Rizzoli 1997.

Morini, Mario und Iovino, Roberto und Paloscia, Alberto (Hrsg.), *Pietro Mascagni: Epistolario* (Hermes, 6), Bd. 2, Lucca: Libreria musicale italiana 1997.

Parker, Roger, *The Influence of the Singer in Early Verdi Opera*, in: Roger Parker, *Studies in Early Verdi, 1832–1844: New Information and Perspectives on the Milanese Musical Milieu and the Operas From ›Oberto‹ to ›Ernani‹* (Outstanding Dissertations in Music From British Universities), New York/London: Garland 1989, S. 143–170.

Powers, Harold S., ›*La solita forma*‹ *and* ›*the Uses of Convention*‹, in: *Acta musicologica* 59 (1987), S. 65–90; auch in: *Nuove prospettive nella ricerca verdiana: Atti del convegno internazionale in occasione della prima del ›Rigoletto‹ in edizione critica, Vienna, 12/13 marzo 1983*, hrsg. von Marisa Di Gregorio Casati und Marcello Pavarani, Parma: Istituto di studi verdiani/Milano: Ricordi 1987, S. 74–109; deutsch: ›*La solita forma*‹ *und* ›*Der Gebrauch der Konvention*‹, in: *Oper heute* 12 (1990), S. 147–185.

Powers, Harold S., *Il ›do‹ del baritono nel ›gioco delle parti‹ verdiano*, in: *Opera & Libretto II*, hrsg. von Gianfranco Folena, Maria Teresa Muraro und Giovanni Morelli (Studi di musica veneta), Firenze: Olschki 1993, S. 267–281.

Rosselli, John, *The Opera Industry in Italy From Cimarosa to Verdi: The Role of the Impresario*, Cambridge: Cambridge University Press 1984.

Rosselli, John, *Das Produktionssystem 1780–1880*, in: *Geschichte der italienischen Oper: Systematischer Teil*, hrsg. von Lorenzo Bianconi und Giorgio Pestelli, Laaber: Laaber 1990, Bd. 4, S. 97–174.

Rosselli, John, *Music and Musicians in Nineteenth-Century Italy*, London: Batsford 1991.

Rosselli, John, *Singers of Italian Opera: The History of a Profession*, Cambridge: Cambridge University Press 1992/1995.

Rushmore, Robert, *The Singing Voice: The Lower Depths*, in: *Opera News* 31 (11. März 1967), S. 28–30.

Van, Gilles de, *L'eroe verdiano*, in: *Opera & Libretto I*, hrsg. von Gianfranco Folena, Maria Teresa Muraro und Giovanni Morelli (Studi di musica veneta), Firenze: Olschki 1990, S. 265–280.

›Regietheater‹ und Film. Zur Wirkungsgeschichte von Verdis Opern (Wolfgang Willaschek)

Alberti, Luciano, *Un problema del teatro lirico d'oggi: Il melodramma come spettacolo*, Milano 1957.

Anonym, [Kritik zu Viscontis Inszenierung von ›La traviata‹, Milano, Scala, 28. Mai 1955], in: *Il Contemporaneo* (11. Juni 1955).

Anonym, [Interview mit Nikolaus Harnoncourt], in: Programmheft zu ›Aida‹, Opernhaus Zürich 1997.

Anonym, *Dokumentation 1999/2000: Die neuen Ensembles: Die Spielpläne der kommenden Saison: Die Inszenierungen der vergangenen Spielzeit*, in: *Opernwelt: Das internationale Opernmagazin: Oper 1999: Das Jahrbuch*, Berlin: Berlin 1999.

Bauer, Georg Oswald (Hrsg.), *Wieland Wagner: Sein Denken: Aufsätze, Reden, Interviews, Briefe*, München: Bayerische Vereinsbank 1991.

Bloch, Ernst, *Die Zauberflöte und Symbole von heute*, in: *Zur Philosophie der Musik*, Frankfurt am Main: Suhrkamp 1974, S. 261–266.

Dallapiccola, Luigi, *Worte und Musik im Melodramma*, in: *Musik-Konzepte 10: Giuseppe Verdi* (1979), S. 3–26.

Fabian, Imre, [Kritik zu Verdis ›Otello‹ in der Inszenierung von Peter Stein], in: *Opernwelt: Das internationale Opernmagazin* 27 (1986).

Gerhartz, Leo Karl, *Auch das ›Hm-Ta-Ta‹ beim Wort genommen! Einige Überlegungen und Thesen zur heimlichen ›Werktreue‹ der umstrittenen Frankfurter Macbeth-Inszenierung von Hans Neuenfels*, in: *Werk und Wiedergabe: Musiktheater exemplarisch interpretiert*, hrsg. von Sigrid Wiesmann (Thurnauer Schriften zum Musiktheater, 5), Bayreuth: Mühl'scher Universitätsverlag [1980], S. 311–319.

Gerhartz, Leo-Karl und Neuenfels, Hans, ›*Der Fluch ist die Hauptsache und der Protagonist ein Terzett*‹ – *Hans Neuenfels im Gespräch mit Leo Karl Gerhartz über Verdi und ›Rigoletto‹*, in: Programmheft der Deutschen Oper Berlin 1986.

Hirsch, Ferdinand, *Wörterbuch der Musik*, Berlin: Neue Musik 1979.

Kaiser, Antje, ›*Carlos*‹, in: Programmheft Theater Basel 1992.

Kluge, Alexander, *Die Macht der Gefühle: Neue Geschichten; die Textliste des Films; die Lust aufs Unwahrscheinliche; Kommentare zum Parallelprojekt: Krieg und Frieden (unverfilmt); weitere Geschichten; die Hartnäckigkeit des Krieges*, Frankfurt am Main: Zweitausendeins 1984.

Koebner, Thomas, *Filmklassiker: Beschreibungen und Kommentare*, 4 Bde., Stuttgart: Reclam 1995.

Malisch, Kurt, ›*Macbeth*‹, in: *Pipers Enzyklopädie des Musiktheaters: Oper, Operette, Musical, Ballett*, hrsg. von Carl Dahlhaus und dem Forschungsinstitut für Musiktheater der Universität Bayreuth unter der Leitung von Sieghart Döhring, München/Zürich: Piper 1997, Bd. 6, S. 411–417.

Mösch, Stephan, *Musk be-greifen, Inteview mit Peter Konwitschny*, in: *Opernwelt: Das internationale Opernmagazin: Oper 1999: Das Jahrbuch*, Berlin: Berlin 1999, S. 48–54.

My/Theaterkorrespondenz: Der aktuelle Theaternachrichten- und Feuilletondienst 51, Nr.13 (12. Januar 2000).

Peusch, Vibeke, Opernregie – Regieoper: Avantgardistisches Musiktheater in der Weimarer Republik, Frankfurt am Main/Dülmen: Tende 1984.

Reininghaus, Frieder, Großer Theaterton, schöner Theatertod, in: Berliner Zeitung (21. Dezember 1993).

Scholz, Dieter David, Verdi: Ein Maskenball, Premierenbericht für den Bayerischen Rundfunk, 20. Dezember 1993.

Sherlock, Ceri und Peattie, Antony, Fragen an Peter Stein, in: Opernwelt: Das internationale Opernmagazin 27 (1986).

Strehler, Giorgio, Für ein menschlicheres Theater: Geschriebene, gesprochene und verwirklichte Gedanken, hrsg. von Sinah Kessler, Frankfurt am Main: Suhrkamp 1977.

Töteberg, Michael (Hrsg.), Metzler-Film-Lexikon, Stuttgart/Weimar: Metzler 1995.

Wonder, Erich, ›Macbeth‹ – Der Gang in den Raum, in: Opernzeitung 42 (1995).

Zehelein, Klaus, Archäologie als Metapher, in: Programmheft zu ›Aida‹, Frankfurt a.M. 1981.

Popularisierung und Literarisierung eines Mythos (Simone De Angelis)

Barberi, Daniele, I linguaggi del fumetto, Milano: Bompiani 1991.

Bawden, Liz-Anne (Hrsg.), Filmbeispiele, Genres, Länder, Institutionen, Technik, Theorie (Rororo Filmlexikon, 2), Reinbek: Rowohlt 1978.

Becker, Heinz und Becker, Gudrun (Hrsg.), Giacomo Meyerbeer – Weltbürger der Musik: Eine Ausstellung der Musikabteilung der Staatsbibliothek Preußischer Kulturbesitz Berlin zum 200. Geburtstag des Komponisten vom 31. Oktober 1991 bis zum 5. Januar 1992, Wiesbaden: Reichert 1991.

Benedetti, Franco und Dall'Acqua, Marzio, Iconografia, in: Giuseppe Verdi: Vicende, problemi e mito di un'artista e del suo tempo (Ausstellungskatalog), Colorno : Edizione »Una città costruisce una mostra« 1985, S. 93–96.

Bianconi, Lorenzo und Pestelli, Giorgio (Hrsg.), Geschichte der italienischen Oper: Systematischer Teil, Bd. 6, Laaber: Laaber 1992.

Blaukopf, Kurt, Massenmedium Schallplatte: Die Stellung des Tonträgers in der Kultursoziologie und Kulturstatistik, Wiesbaden: Breitkopf und Härtel 1977.

Blaukopf, Kurt, Musik im Wandel der Gesellschaft: Grundzüge der Musiksoziologie, Darmstadt: Wissenschaftliche Buchgesellschaft ²1996.

Budden, Julian, Verdi: Leben und Werk, Stuttgart: Reclam 1987, ²2000.

Caldwell, Lesley, The National Dimension? Verdi and Bernardo Bertolucci, in: A Night at the Opera: Media Representations of Opera, hrsg. von Jeremy Tambling, London: Libbey 1994, S. 219–250.

Cecchi, Paolo, Die italienische Banda des 19. Jahrhunderts im Umfeld der Oper, in: ›Oberto‹, ›Nabucco‹, ›Macbeth‹, ›Rigoletto‹, ›La traviata‹, ›La forza del destino‹, ›Aida‹, Programmheft Staatsoper Stuttgart 1995.

Chion, Michael, La Musique au cinéma (Les Chemins de la musique), Paris: Fayard 1995.

Contini, Gianfranco, Espressionismo letterario, in: Ultimi esercizi ed elzeviri (1968–1987), Torino: Einaudi 1988, S. 41–105.

De Angelis, Simone, Le implicazioni estetiche del giudizio di Goethe su Manzoni: Uno studio comparatistico sul significato della teoria letteraria del romanticismo italiano per la riflessione estetica tedesca del primo ottocento, in: Colloquium Helveticum: Schweizer Hefte für allgemeine und vergleichende Literaturwissenschaft 24 (1996), S. 61–94.

De la Motte-Haber, Helga und Emons, Hans, Filmmusik: Eine systematische Beschreibung, München/Wien: Hanser 1980.

Dolle-Weinkauff, Bernd, Comics: Geschichte einer populären Literaturform in Deutschland seit 1945, Weinheim/Basel: Beltz 1990.

Gatti, Carlo, Verdi nelle immagini, Milano: Garzanti 1941.

Girardi, Michele, Verdi und die Banda: Originalkompositionen und Transkriptionen für Blasorchester, in: ›Oberto‹, ›Nabucco‹, ›Macbeth‹, ›Rigoletto‹, ›La traviata‹, ›La forza del destino‹, ›Aida‹, Programmheft Staatsoper Stuttgart 1995.

Gregor, Ulrich, Geschichte des Films ab 1960, München: Bertelsmann 1978.

Ha[rtmann], P[eter], Armut, geschenkt, in: Weltwoche, Nr. 12 (25. März 1999), S. 2.

Heißenbüttel, Helmut, Die Schallplatte als Mittel historisches Bewußtsein zu gewinnen, in: Merkur: Deutsche Zeitschrift für europäisches Denken 28, Nr. 308–319 (1974), S. 587–592.

Kleinen, Günter und de la Motte-Haber, Helga, Musikpsychologie und Musikpädagogik, in: Systematische Musikwissenschaft, hrsg. von Carl Dahlhaus und Helga de la Motte-Haber, Wiesbaden: Athenaion/Laaber: Laaber 1980, S. 309–344.

Kuhlbrodt, Dietrich und Prinzler, Hans Helmut und Witte, Karsten (Hrsg.), Bernardo Bertolucci, München/Wien: Hanser 1982.

Leydi, Roberto, Verbreitung und Popularisierung, in: Geschichte der italienischen Oper: Systematischer Teil, hrsg. von Lorenzo Bianconi und Giorgio Pestelli, Laaber: Laaber 1992, Bd.6, S. 321–403.

Lorenz, Detlef, Liebigbilder: Große Welt im Kleinformat (Kleine Schriften der Freunde des Museums für Deutsche Volkskunde, 3) (Ausstellungskatalog), Berlin: o.V. 1980.

Maas, Georg, Filmmusik, in: Musikpsychologie: Ein Handbuch, hrsg. von Herbert Bruhn, Rolf Oerter und Helmut Rösing, Reinbek: Rowohlt 1993, S. 203–208.

Mautner, Hendrikje, Aus Kitsch wird Kunst : Zur Bedeutung Franz Werfels für die deutsche ›Verdi-Renaissance‹, Schliengen: Argus 2000.

Mazzini, Giuseppe, *Filosofia della musica* (Piccola biblioteca di scienze moderne, 520: Sezione musica, 1), Firenze: Bocca 1954.

Mey, K.-A. L., *Comics*, in: *The Encyclopedia of Language and Linguistics*, hrsg. von R[obert] E[ller] Asher und J. M. Y. Simpson, Oxford/New York/Seoul/Tokyo: Pergamon 1994, Bd. 2, S. 609–612.

Orlandi, Enzo und Pugnetti, Gino, *Verdi und seine Zeit*, Wiesbaden: Vollmer/Milano: Mondadori 1967.

Pauls, Birgit, *Giuseppe Verdi und das Risorgimento: Ein politischer Mythos im Prozeß der Nationenbildung* (Politische Ideen 4), Berlin: Akademie Verlag 1996.

Pauls, Birgit, *Revolutionär wider Willen: Verdi, die Politik und die italienische Oper seiner Zeit*, in: *Verdi-Theater*, hrsg. von Udo Bermbach, Stuttgart/Weimar: Metzler 1997.

Pinzauti, Leonardo, *Giacomo Puccini*, Torino: Edizioni Rai 1975.

Rosenthal, Harold, *The Gestation and Birth of ›Aida‹*, in: CD-Booklet, EMI 667–556 246–2, London 1997.

Ross, Peter, *Grundlagen der musikalischen Rezeptionsforschung*, in: *Rezeptionsforschung in der Musikwissenschaft*, hrsg. von Helmut Rösing, Darmstadt: Wissenschaftliche Buchgesellschaft 1983, S. 377–418.

Ross, Peter, *Amelias Auftrittsarie im ›Maskenball‹: Verdis Vertonung in dramaturgisch-textlichem Zusammenhang*, in: *Archiv für Musikwissenschaft* 40 (1983)a, S. 126–146.

Ross, Peter, *›Falstaff‹*, in: *Pipers Enzyklopädie des Musiktheaters: Oper, Operette, Musical, Ballett*, hrsg. von Carl Dahlhaus und dem Forschungsinstitut für Musiktheater der Universität Bayreuth unter der Leitung von Sieghart Döhring, München/Zürich: Piper 1997, Bd. 6, S. 491–497.

Rosselli, John, *The Opera Industry in Italy From Cimarosa to Verdi: The Role of the Impresario*, Cambridge: Cambridge University Press 1984.

Rosselli, John, *Das Produktionssystem 1780–1880*, in: *Geschichte der italienischen Oper: Systematischer Teil*, hrsg. von Lorenzo Bianconi und Giorgio Pestelli, Laaber: Laaber 1990, Bd. 4, S. 97–174.

Scèspir, Tobia [Pseudonym], *Il Vero Taff: Musica di Giuseppe Verdi*, Milano 1893.

Segre, Cesare, *La tradizione macaronica da Folengo a Gadda (e oltre)*, in: *Semiotica filologica: Testo e modelli culturali*, Torino: Einaudi 1979, S. 169–189.

Silbermann, Alphons, *The Way Toward Visual Culture: Comics and Comics Films*, in: *Comics and Visual Culture: Research Studies From Ten Countries*, hrsg. von Alphons Silbermann und H.-D. Dyroff, München/New York/London: Saur 1986.

Stange, Joachim, *Die Bedeutung der elektroakustischen Medien für die Musik im 20. Jahrhundert* (Musikwissenschaftliche Studien 10), Pfaffenweiler: Centaurus 1989.

Tauchnitz, Jürgen, *Werbung mit Musik: Theoretische Grundlagen und experimentelle Studien zur Wirkung von Hintergrundmusik in der Rundfunk- und Fernsehwerbung*, Heidelberg: Physica 1990.

Tintori, Giampiero, *Le medaglie verdiane nelle collezioni del Museo Teatrale alla Scala*, in: *Atti del III° congresso internazionale di studi verdiani*, Parma: Istituto di studi verdiani 1974, S. 587–606.

Verdi e il ›Falstaff‹: Numero speciale della illustrazione italiana, Milano: Treves 1893.

Weinberg Staber, Margit, *Mondrian auf der Tube: Popularisierung und Trivialisierung der Ideale* (Ausstellungskatalog), Zürich: Stiftung für konstruktive und konkrete Kunst 1990.

Werfel, Franz, *Roman der Oper* [1924](Gesammelte Werke in Einzelbänden), hrsg. von Knut Beck, Frankfurt am Main: Fischer 1997.

Zanuso Mauri, Ornella, *L'editoria fonografica e Verdi*, in: *Atti del III° congresso internazionale di studi verdiani*, Parma: Istituto di studi verdiani 1974, S. 607–611.

Auswahlbibliographie

Bibliographien

Conati, Marcello, *Bibliografia verdiana (1977–1979)*, in: *Studi verdiani* 1 (1982), S. 107–129.

Conati, Marcello, *Bibliografia verdiana (1980–1982)*, in: *Studi verdiani* 2 (1983), S. 150–183.

Conati, Marcello, *Bibliografia verdiana (1983–1984)*, in: *Studi verdiani* 3 (1985), S. 141–169.

Conati, Marcello, *Bibliografia verdiana (1985–1986)*, in: *Studi verdiani* 4 (1986/87), S. 202–229.

Conati, Marcello, *Bibliografia verdiana (1987–1988)*, in: *Studi verdiani* 5 (1988/89), S. 163–188.

Conati, Marcello, *Bibliografia verdiana (1988–1989)*, in: *Studi verdiani* 6 (1990), S. 159–180.

Conati, Marcello, *Bibliografia verdiana (1989–1991)*, in: *Studi verdiani* 7 (1991), S. 189–219.

Conati, Marcello und Luzzi, Cecilia, *Bibliografia verdiana (1991–1992)*, in: *Studi verdiani* 8 (1992), S. 144–163.

Conati, Marcello, *Bibliografia verdiana (1992–1993)*, in: *Studi verdiani* 9 (1993), S. 123–135.

Conati, Marcello und Di Gregorio Casati, Marisa, *Bibliografia verdiana (1993–1995)*, in: *Studi verdiani* 10 (1994/95), S. 155–185.

Conati, Marcello und Di Gregorio, Marisa, *Bibliografia verdiana (1996)*, in: *Studi verdiani* 11 (1996), S. 241–258.

Conati, Marcello und Di Gregorio, Marisa, *Bibliografia verdiana (1997)*, in: *Studi verdiani* 12 (1997), S. 156–176.

Harwood, Gregory, *Giuseppe Verdi: A Guide to Research* (Composer Resource Manuals, 42), New York/London: Garland 1998.

Lawton, David, *Per una bibliografia ragionata verdiana*, in: *Atti del I° congresso internazionale di studi verdiani*, Parma: Istituto di studi verdiani 1969, S. 437–442.

Marica, Marco, *Bibliografia verdiana (1998)*, in: *Studi verdiani* 13 (1998), S. 255–278.

Marica, Marco, *Bibliografia verdiana (1999)*, in: *Studi verdiani* 14 (1999), S. 151–164.

Pavarani, Marcello, *Per una bibliografia e documentazione verdiana*, in: *Atti del I° congresso internazionale di studi verdiani*, Parma: Istituto di studi verdiani 1969, S. 446–451.

Ronzino, Piero, *Prolegomena ad una valutazione complessiva della ricerca su Giuseppe Verdi nel bicentenario della sua nascita*, in: *La musicologia di dopodomani. Atti del convegno internazionale di studi, Ruchangelo del Camoscio 22 e 23 gennaio 2000* (im Druck).

Surian, Elvidio, *Lo stato attuale degli studi verdiani: Appunti e bibliografia ragionata (1960–1975)*, in: *Rivista italiana di musicologia* 12 (1977), S. 305–329.

Torri, Luigi, *Saggio di bibliografia verdiana*, in: *Rivista musicale italiana* 8 (1901), S. 379–407.

Vanbianchi, Carlo, *Nel 1° centenario di Giuseppe Verdi 1813–1913: Saggio di bibliografia verdiana*, Milano: Ricordi 1913.

Werkverzeichnisse

Bacherini Bartoli, Maria Adelaide, *Aggiunte, integrazioni e rettifiche alla ›Bibliography of the Works of Giuseppe Verdi‹ di Cecil Hopkinson: Edizioni verdiane nella Biblioteca nazionale centrale di Firenze*, in: *Studi verdiani* 4 (1986–87), S. 110–135.

Chusid, Martin, *A Catalog of Verdi's Operas* (Music Indexes and Bibliographies, 5), Hackensack, N. J.: Boonin 1974.

Hopkinson, Cecil, *A Bibliography of the Works of Giuseppe Verdi 1813–1901*, 2 Bde., New York: Broude 1973–1978.

Hortschansky, Klaus, *Die Herausbildung eines deutschsprachigen Verdi-Repertoires im 19. Jahrhundert und die zeitgenössische Kritik*, in: *Analecta musicologica* 11 (1972), S. 140–184.

Lawton, David und Rosen, David, *Verdi's Non-Definitive Revisions: The Early Operas*, in: *Atti del III° congresso internazionale di studi verdiani*, Parma: Istituto di studi verdiani 1974, S. 189–237.

Ikonographie

Bocca, Giuseppe, *Verdi e la caricatura*, in: *Rivista musicale italiana* 8 (1901), S. 326–359.

Gatti, Carlo, *Verdi nelle immagini*, Milano: Garzanti [1941]; deutsch: *Verdi im Bilde*, [Milano]: Garzanti [1941].

Monaldi, Gino, *Saggio di iconografia verdiana*, Bergamo: Istituto italiano d'arti grafiche [1913].

O'Connor, Patrick Joseph, *An Individual Style: Verdi's Clothes*, in: *Verdi Festival: 12 June-22 July 1995*, hrsg. von Alison Latham, London: Royal Opera House 1995, S. 24–26.

Roncaglia, Gino, *Galleria verdiana: Studi e figure*, Milano: Curci 1959.

Schultz, Helmut, *Giuseppe Verdi 1813–1901: Sein Leben in Bildern* (Meyers Bild-Bändchen, 37), Leipzig: Bibliographisches Institut 1938.

Petzoldt, Richard und Crass, Eduard, *Giuseppe Verdi 1813–1901: Sein Leben in Bildern*, Leipzig: Bibliographisches Institut 1951/1952/1956, Leipzig: Verlag Enzyklopädie 1959/1961.

Walker, Frank, *Vincenzo Gemito and his Bust of Verdi*, in: *Music and Letters* 30 (1949), S. 44–55.

Verdi und andere

Abert, Anna Amalie, *Verdi und Wagner*, in: *Analecta musicologica* 11 (1972), S. 1–13.

Colloquium ›Verdi-Wagner‹ Rom 1969: Bericht, hrsg. von Friedrich Lippmann (Analecta musicologica, 11), Köln/Wien: Böhlau 1972.

Colombo, Paola, *Fétis – Verdi: Cronaca di una polemica*, in: *Nuova rivista musicale italiana* 25 (1991) S. 391–425.

Dieckmann, Friedrich, *Wagner, Verdi: Geschichte einer Unbeziehung*, Berlin: Siedler 1989.

Engelhardt, Markus, *Verdi und andere: ›Un giorno di regno‹, ›Ernani‹, ›Attila‹, ›Il corsaro‹ in Mehrfachvertonungen* (Premio internazionale Rotary Club di Parma ›Giuseppe Verdi‹, 1), Parma: Istituto di studi verdiani 1992.

Gál, Hans, *Drei Meister – drei Welten: Brahms, Wagner, Verdi*, Frankfurt am Main: Fischer 1975.

Kaufman, Tom [Thomas G.], *Mercadante and Verdi*, in: *The Opera Quarterly* 13 (1997), S. 41–56.

Lippmann, Friedrich, *Verdi e Bellini*, in: *Atti del I° congresso internazionale di studi verdiani*, Parma: Istituto di studi verdiani 1969, S. 184–196; deutsch: *Verdi und Bellini*, in: *Beiträge zur Geschichte der Oper* (Studien zur Musikgeschichte des 19. Jahrhunderts, 15), Regensburg: Bosse 1969, S. 77–88.

Marchesi, Gustavo, *Verdi e Manzoni*, in: *Atti del III° congresso internazionale di studi verdiani*, Parma: Istituto di studi verdiani 1974, S. 274–284.

Marri Tonelli, Marta, *Andrea Maffei e il giovane Verdi*, Riva del Garda: Museo Civico 1999.

Mila, Massimo, *Verdi e Hanslick*, in: *La Rassegna musicale* 21 (1951), S. 212–224; wieder abgedruckt in: Massimo Mila, *L'arte di Verdi*, Torino: Einaudi 1980, S. 316–330.

Nardi, Piero, *Vita di Arrigo Boito*, [Verona]: Mondadori 1942, 1944.

Nello Vetro, Gaspare, *L'allievo di Verdi: Emanuele Muzio*, Parma: Zara [1993].

Porter, Andrew, *Verdi and Schiller*, in: *Opera Annual* 3 (1956), S. 52–63.

Pospíšil, Milan, *Verdi: ›Harmoniste à la façon de Meyerbeer‹?*, in: *Giacomo Meyerbeer – Musik als Welterfahrung: Heinz Becker zum 70. Geburtstag*, hrsg. von Sieghart Döhring und Jürgen Schläder, München: Ricordi 1995, S. 199–222.

Smart, Mary Ann, *Verdi Sings Erminia Frezzolini*, in: *Women & Music: A Journal of Gender and Culture* 1 (1997), S. 33–45.

Sorce Keller, Marcello, *›Gesunkenes Kulturgut‹ and Neapolitan Songs: Verdi, Donizetti, and the Folk and Popular Traditions*, in: *Atti del XIV congresso della società inter-*

nazionale di musicologia, Bologna, 1987: Trasmissione e recezione delle forme di cultura musicale, hrsg. von Angelo Pompilio, Donatella Restani, Lorenzo Bianconi und F. Alberto Gallo, Torino: Edizioni di Torino 1990, Bd. 3, S. 401–405.

Staffieri, Gloria, Da ›Robert le Diable‹ a ›Macbeth‹: Influssi di Meyerbeer sulla produzione verdiana degli anni Quaranta, in: Studi verdiani 13 (1998), S. 13–44.

Zanetti, Emilia, Palestrina e Verdi: I motivi di una rettifica, in: Analecta musicologica 11 (1972), S. 250–254.

Textquellen: Briefe, Dokumente, Rezeptionen, Kritiken, zeitgenössische Bibliographien

Alberti, Annibale (Hrsg.), Verdi intimo: Carteggio di Giuseppe Verdi con il conte Opprandino Arrivabene (1861–1886), Milano: Mondadori 1931.

Baker, Evan, Lettere di Giuseppe Verdi a Francesco Maria Piave (1843–1865): Documenti della Frederick R. Koch Foundation Collection e della Mary Flager Cary Collection presso la Pierpont Morgan Library di New York, in: Studi verdiani 4 (1986–87), S. 136–166.

Bongiovanni, Giannetto, Dal carteggio inedito Verdi-Vigna: Con 27 lettere inedite, 10 autografi e 7 illustrazioni fuori testo, Roma: Edizioni del »Giornale d'Italia« 1941.

Bonnefon, Paul, Les Métamorphoses d'un opéra: Lettres inédites d'Eugène Scribe, in: Revue des deux mondes 41 (September-Oktober 1917), S. 877–899.

Büthe, Otfried und Lück-Bochat, Almut (Hrsg.), Giuseppe-Verdi: Briefe zu seinem Schaffen, Frankfurt am Main: Ricordi 1963.

Busch, Hans (Hrsg.), Giuseppe Verdi: Briefe, Frankfurt am Main: Fischer 1979.

Busch, Hans (Hrsg.), Verdi-Boito: Briefwechsel, Frankfurt am Main: Fischer 1986.

Busch, Hans, Destined to Meet, in: Opera Quarterly 5, Nr. 2/3 (Sommer-Herbst 1987), S. 4–23.

Busch, Hans (Hrsg.), Verdi's ›Otello‹ and ›Simon Boccanegra‹ (Revised Version) in Letters and Documents, 2 Bde., New York: Oxford University Press/Oxford: Clarendon 1988.

Cella, Franca und Ricordi, Madina und Di Gregorio Casati, Marisa (Hrsg.), Carteggio Verdi-Ricordi 1882–1885, Parma: Istituto nazionale di studi verdiani 1994.

Cesari, Gaetano und Luzio, Alessandro (Hrsg.), I copialettere di Giuseppe Verdi, Milano: Ceretti 1913 (Reprint: Bologna: Forni 1968).

Chorley, Henry Fothergill, Thirty Years' Musical Recollections, London: Hurst and Blanckett 1862 (Reprint: New York: Da Capo 1984).

Chusid, Martin, A Letter by the Composer About ›Giovanna d'Arco‹ and Some Remarks on the Division of Musical Direction in Verdi's Day, in: Studi verdiani 7 (1991), S. 12–56.

Conati, Marcello, Saggio di critiche e cronache verdiane dalla ›Allgemeine musikalische Zeitung‹ di Lipsia (1840–48), in: Il melodramma italiano dell'ottocento: Studi e ricerche per Massimo Mila (Saggi, 575), Torino: Einaudi 1977, S. 13–44.

Conati, Marcello, Fonti verdiane: I giornali dell'ottocento, in: Nuove prospettive nella ricerca verdiana: Atti del convegno internazionale in occasione della prima del ›Rigoletto‹ in edizione critica, Vienna, 12–13 marzo, 1983, hrsg. von Marisa Di Gregorio Casati und Marcello Pavarani, Parma: Istituto di studi verdiani/Milano: Ricordi 1987, S. 131–137.

Conati, Marcello, Verdi (dai taccuini di Boito), in: Musica/Realtà 53 (Juli 1997), S. 115–132.

Costantini, Teodoro, Sei lettere inedite di Giuseppe Verdi a Giovanni Bottesini, Trieste: Schmidt/Torino: Lattes 1908.

Dallapiccola, Luigi, Parole e musica nel melodramma, in: Quaderni della Rassegna musicale 2 (1965), S. 117–139; auch in: Luigi Dallapiccola, Appunti – Incontri – Meditazioni, Milano: Zerboni 1970, S. 5–28; deutsch: Worte und Musik im Melodramma, in: Musik-Konzepte 10: Giuseppe Verdi (1979), S. 3–26.

Damerini, Adelmo, Sei lettere inedite di Verdi a G.C. Ferrarini, in: Il pianoforte 7 (1926), S. 221–226.

Dauth, Ursula, Verdis Opern im Spiegel der Wiener Presse von 1843 bis 1859: Ein Beitrag zur Rezeptionsgeschichte (Beiträge zur Musikforschung, 10), München/Salzburg: Katzbichler 1981.

De Rensis, Raffaello, Franco Faccio e Verdi: Carteggi e documenti inediti (I grandi musicisti italiani e stranieri), Milano: Treves 1934.

Della Corte, Andrea, Le lettere a Maria Waldmann, in: Il pianoforte 7 (Februar 1926), S. 34–46.

Filippi, Filippo, Musica e musicisti: Critiche, biografie ed escursioni, Milano: Brigola 1876.

Gann, Andrew, Théophile Gautier et l'Accueil de Verdi en France, in: Théophile Gautier et la Musique, Montpellier: SUP Exam 1986, S. 179–191.

Garibaldi, Luigi Agostino, Giuseppe Verdi nelle lettere di Emanuele Muzio ad Antonio Barezzi (I grandi musicisti italiani e stranieri), Milano: Treves 1931.

Graziani, Carlo [Pseudonym für Aldo Oberdorfer], Giuseppe Verdi: Autobiografia dalle lettere, Milano: Mondadori 1941, Milano: Rizzoli 1951, 1981; französisch: Verdi: Autobiographie à travers la correspondance, Paris: Lattès 1984.

Günther, Ursula (Hrsg.), Der Briefwechsel Verdi-Nuitter-Du Locle zur Revision des ›Don Carlos‹, in: Analecta musicologica 14 (1974), S. 414–444.

Günther, Ursula und Carrara Verdi, Gabriella (Hrsg.), Der Briefwechsel Verdi-Nuitter-Du Locle zur Revision des ›Don Carlos‹, in: Analecta musicologica 15 (1975), S. 334–401.

Hanslick, Eduard, Verdi, in: Die moderne Oper: Kritiken und Studien, Berlin: Hofmann 1875/⁴1880, Bd.1, S. 217–255 (Reprint: Farnborough: Gregg 1971).

Jauner, Theodor, Franz Jauner und seine Zeit: Eine biogr. Erzählung seines Neffen (Fünf Jahre Wiener Opernthater, 1875–1880), Wien: Selbst-Verl. 1962.

Kämper, Dietrich, *Das deutsche Verdi-Schrifttum: Hauptlinien der Interpretation*, in: Analecta musicologica 11 (1972), S. 185–199.

Klein, John W., *Verdian Forgeries – A Summing-up*, in: The Music Review 20 (1959), S. 244–252.

Lawton, David und Rosen, David, *Verdi's Non-Definitive Revisions: The Early Operas*, in: Atti del III° congresso internazionale di studi verdiani, Parma: Istituto di studi verdiani 1974, S. 189–237.

Lessona, Michele, *Parma: Giuseppe Verdi*, in: *Volere è potere*, Firenze: Barbèra 1869 (Reprint: Pordenone: Tesi 1990), S. 287–307.

Luzio, Alessandro, *Carteggi verdiani* (Reale accademia d'Italia: Studi e documenti, 4), Bde. 1–2, Roma: Reale accademia d'Italia 1935.

Luzio, Alessandro, *Carteggi verdiani* (Accademia nazionale dei lincei: Studi e documenti, 4), Bde. 3–4, Roma: Accademia nazionale dei lincei 1947.

Luzio, Alessandro, *Il carteggio di Giuseppe Verdi con la contessa Maffei*, in: Profili biografici e bozzetti storici, Milano: Cogliati 1927, Bd. 2, S. 505–562.

Macinante, Umberto, *Francesismi d'ambito teatrale e metafore di tradizione figurativa nel carteggio Verdi-Boito*, in: Studi sulla lingua della letteratura musicale, hrsg. von Fiamma Niccolodi und Paolo Trovato (Le parole della musica in onore di Gianfranco Folena, 1), Firenze: Olschki 1994, S. 287–310.

Marchesi, Gustavo, *Verdi, merli, e cucù: Cronache bussetane fra il 1819 e il 1839 ampliate da documenti ritrovati da Gaspare Nello Vetro* (Quaderni di biblioteca, 70/1), Busseto: Biblioteca della Cassa di Risparmio di Parma e Monte di credito su pegno di Busseto 1979.

Medici, Mario und Conati, Marcello (Hrsg.), *Carteggio Verdi-Boito*, 2 Bde., Parma: Istituto di studi verdiani 1978; englisch: *The Verdi-Boito Correspondence*, Chicago/London: University of Chicago Press 1994.

Medici, Mario, *Lettere sul ›Re Lear‹*, in: Verdi: Bollettino dell'Istituto di studi verdiani 1, Nr. 2 (1960), S. 767–778, S. 1039–1056.

Meloncelli, Raoul, *Giuseppe Verdi e la critica francese*, in: Studi verdiani 9 (1993), S. 97–122.

Morazzoni, Giuseppe (Hrsg.), *Verdi: Lettere inedite*, Milano: Rivista »La Scala e il Museo Teatrale«/Libreria Editrice Milanese 1929.

Mossa, Carlo Matteo, *›Pure stimerei che vi fosse un preludio‹ – Parole e musica nel carteggio Verdi-Cammarano*, in: Verdi-Studien: Pierluigi Petrobelli zum 60. Geburtstag, hrsg. von Sieghart Döhring und Wolfgang Osthoff, München: Ricordi 2000, S. 189–212.

Otto, Werner (Hrsg.), *Giuseppe Verdi: Briefe*, Kassel: Bärenreiter 1983.

Pascolato, Alessandro, *›Re Lear‹ e ›Ballo in maschera‹: Lettere di Giuseppe Verdi ad Antonio Somma*, Città di Castello: Lapi 1902/1913.

Perrotta Gruppi, Laura [Arturo Di Ascoli] (Hrsg.), *Quartetto milanese ottocentesco: Lettere di Giuseppe Verdi, Giuseppina Strepponi, Clara Maffei, Carlo Tenca e di altri personaggi del mondo politico e artistico dell'epoca*, Roma: Archivi 1974.

Petrobelli, Pierluigi und Di Gregorio Casati, Marisa und Mossa, Carlo Matteo (Hrsg.), *Carteggio Verdi-Ricordi 1880–1881*, Parma: Istituto di studi verdiani 1988.

Petrobelli, Pierluigi, *La fedeltà al testo: Una lettera verdiana*, in: Festschrift Wolfgang Rehm zum 60. Geburtstag am 3. September 1989, hrsg. von Dietrich Berke und Harald Heckmann, Kassel: Bärenreiter 1989, S. 234–237.

Pistone, Danièle, *Verdi et la Critique musicale française: Aspects et évolution de 1860 à 1993*, in: Studi sul lessico della letteratura critica del teatro musicale, hrsg. von Maria Teresa Muraro (Le parole della musica in onore di Gianfranco Folena, 2), Firenze: Olschki 1995, S. 295–305.

Pizzi, Italo, *Ricordi verdiani inedite, con undici lettere di Giuseppe Verdi ora pubblicate per la prima volta e varie illustrazioni*, Torino: Roux e Viarengo 1901.

Porter, Andrew, *›Les Vêpres siciliennes‹: New Letters From Verdi to Scribe*, in: 19th-Century Music 2 (1978/79), S. 95–109.

Pougin, Arthur, *Giuseppe Verdi: Vita aneddotica con note ed aggiunte di Folchetto [Giacomo Caponi]*, Milano: Ricordi 1881 (Reprint: Firenze: Passigli 1989); deutsch: *Verdi: Sein Leben und seine Werke*, Leipzig: Reissner 1887.

Prod'homme, Jacques-Gabriel, *Lettres inédites de G. Verdi à Léon Escudier*, in: Rivista musicale italiana 35 (1928), S. 1–28, 171–197 und 519–552.

Prod'homme, Jacques-Gabriel, *Unpublished Letters from Verdi to Camille du Locle (1866-76)*, in: The Musical Quarterly 7 (1921), S. 73–103; französisch: *Lettres inédites de G. Verdi à Camille Du Locle*, in: La Revue musicale 10 (1929), Heft 5, S. 97–112, und Heft 7, S. 25–37.

Sartoris, Leonello, *Nuovi inediti verdiani: Carteggio di Giuseppe e Giuseppina Verdi con Giuseppe De Amicis (Genova, 1861–1901)*, Genova: Lo Sprint 1991.

Schlitzer, Franco, *Inediti verdiani nella collezione dell' Accademia musicale chigiana*, in: Bollettino dell'Accademia musicale chigiana 8 (1951), S. 30–36.

Serianni, Luca, *Spigolature linguistiche dal ›Carteggio Verdi-Ricordi‹*, in: Studi verdiani 10 (1994–95), S. 104–117.

Shaw, George Bernard, *A Word More About Verdi*, in: Shaw's Music: The Complete Musical Criticism in Three Volumes, hrsg. von Dan H. Laurence, London: Bodley Head 1981, Bd. 3, S. 570–583.

Strunk, Oliver, *Verdiana alla Biblioteca del Congresso*, in: Atti del I° congresso internazionale di studi verdiani, Parma: Istituto di studi verdiani 1969, S. 452–457; auch in: Oliver Strunk, Essays on Music in the Western World, New York: Norton 1974, S. 192–200.

Walker, Frank, *Four Unpublished Verdi Letters*, in: Music and Letters 29 (1948), S. 44–47; italienisch [erweitert]: *Cinque lettere verdiane*, in: La Rassegna musicale 21 (1951), S. 256–261.

Walker, Frank, *Verdi and Francesco Florimo: Some Unpublished Letters*, in: Music and Letters 26 (1945), S. 201–208.

Weaver, William, *Verdi: A Documentary Study*, London: Thames and Hudson 1977; deutsch: *Verdi: Eine Dokumentation*, Berlin: Henschel 1980.

Werfel, Franz und Stefan, Paul (Hrsg.), *Giuseppe Verdi: Briefe*, Berlin/Wien: Zsolnay 1926.

Zanetti, Emilia, *La corrispondenza di Verdi conservata a ›S. Cecilia‹: Contributi all'epistolario*, in: *Verdi: Bollettino dell'Istituto di studi verdiani* 3, Nr. 8 (1973), S. 1131–1141, S. 1485–1502.

Publikationen zu Verdi: Zeitschriften, Kongreßberichte und ähnliches

›Ernani‹ ieri e oggi: Atti del convegno internazionale di studi, Modena, Teatro San Carlo, 9–10 dicembre 1984, hrsg. von Pierluigi Petrobelli, Marisa Di Gregorio Casati und Marcello Pavarani (Verdi: Bollettino dell'Istituto di studi verdiani 4, Nr. 10), Parma: Istituto di studi verdiani 1987.

Nuove prospettive nella ricerca verdiana: Atti del convegno internazionale in occasione della prima del ›Rigoletto‹ in edizione critica, Vienna, 12–13 marzo, 1983, hrsg. von Marisa Di Gregorio Casati und Marcello Pavarani, Parma: Istituto di studi verdiani/Milano: Ricordi 1987.

Verdi: Bollettino dell'Istituto di studi verdiani 1, Nr. 1–3 (1960) [hauptsächlich über *Un ballo in maschera*]

Verdi: Bollettino dell'Istituto di studi verdiani 2, Nr. 4–6 (1961–1965) [hauptsächlich über *La forza del destino*]

Verdi: Bollettino dell'Istituto di studi verdiani 3, Nr. 7–9 (1966–1981) [hauptsächlich über *Rigoletto*]

Biographie, Leben und Werk

Abbiati, Franco, *Giuseppe Verdi*, 4 Bde., Milano: Ricordi 1959.

Baldini, Gabriele, *Abitare la battaglia: La storia di Giuseppe Verdi*, Milano: Garzanti 1970; englisch: *The Story of Giuseppe Verdi: ›Oberto‹ to ›Un ballo in maschera‹*, Cambridge: Cambridge University Press 1980.

Bekker, Paul, *Wandlungen der Oper*, Zürich/Leipzig: Orell Füssli 1934 (Reprint: Zürich: Orell Füssli 1983).

Bonavia, Ferruccio, *Verdi*, London: Oxford University Press 1930, London: Dobson 1947 (Reprint: Westport: Hyperion Press 1979).

Bourgeois, Jacques, *Giuseppe Verdi* (Les vivants), Paris: Julliard 1978; deutsch: *Giuseppe Verdi: Eine Biographie*, Hamburg: Hoffmann und Campe 1980.

Budden, Julian, *Verdi* (The Master Musicians), London: Dent 1985/1993; deutsch: *Verdi: Leben und Werk*, Stuttgart: Reclam 1987/²2000.

Cafasi, Francesco, *Giuseppe Verdi: Fattore di Sant'Agata*, Parma: Zara 1994.

Casini, Claudio, *Verdi* (La musica), Milano: Rusconi 1981/²1982/1994; deutsch: *Verdi*, Königstein im Taunus: Athenäum 1985.

Cavalli, Hercules, *José Verdi* (Biografías artísticas contemporaneas), Madrid: Ducazal 1867.

Cazzulani, Elena, *Giuseppina Strepponi: Biografia*, Lodi: Lodigraf [1984]/1990.

Cenzato, Giovanni, *Itinerari verdiani*, Parma: Fresching 1949; Milano: Ceschina 1955.

Conati, Marcello (Hrsg.), *Interviste e incontri con Verdi*, Milano: Formichiere 1980; Trento: Emme 1981; englisch: *Interviews and Encounters With Verdi*, London: Gollancz 1984.

De Amicis, Edmondo, *Giuseppina Strepponi-Verdi*, in: Edmondo De Amicis, *Nuovi ritratti letterari ed artistici*, Milano: Treves 1902, S. 223–238; auch in: *Verdi: Bollettino dell'Istituto di studi verdiani* 1, Nr. 2 (1960), S. 779–784 und 1057–1068.

Demaldè, Giuseppe, *Cenni biografici del maestro di musica Giuseppe Verdi*, in: *Newsletter of the American Institute for Verdi Studies* 1 (Mai 1976), S. 6–10; 2 (Dezember 1976), S. 8–12; 3 (Juni 1977), S. 5–9.

Gál, Hans, *Giuseppe Verdi und die Oper*, Frankfurt am Main: Fischer 1982.

Gatti, Carlo, *Verdi*, 2 Bde., Milano: Alpes 1931.

Gatti, Carlo, *Verdi*, [1 Bd.], Milano: Mondadori 1951.

Gerigk, Herbert, *Giuseppe Verdi* (Die großen Meister der Musik), Potsdam: Athenaion 1932 (Reprint: Laaber: Laaber 1980).

Gossett, Philip; Budden, Julian; Porter, Andrew und andere, *Meister der italienischen Oper: Rossini, Donizetti, Bellini, Verdi, Puccini* (The New Grove: Die großen Komponisten), Stuttgart/Weimar: Metzler 1993.

Henscheid, Eckhard und Poth, Chlodwig (Bildgeschichten), *Über Oper: Verdi ist der Mozart Wagners: Ein Opernführer für Versierte und Versehrte*, Luzern/Frankfurt am Main: Bucher 1979.

Henscheid, Eckhard, *Verdi ist der Mozart Wagners: Ein Opernführer für Versierte und Versehrte* (Universal-Bibliothek, 10372), Stuttgart: Reclam 1992.

Hughes, Spike, *Famous Verdi Operas: An Analytical Guide for the Opera-Goer and Armchair Listener*, London: Hale/Philadelphia: Chilton 1968.

Hussey, Dyneley, *Verdi* (The Master Musicians Series), London: Dent 1940.

Kimbell, David R[odney] B[ertram], *Verdi in the Age of Italian Romanticism*, Cambridge/New York: Cambridge University Press 1981/R1985.

Kühner, Hans, *Giuseppe Verdi in Selbstzeugnissen und Bilddokumenten* (Rowohlts Monographien, 64), Reinbek bei Hamburg: Rowohlt 1961.

Magnani, Luigi, *›L'ignoranza musicale‹ di Verdi e la biblioteca di Sant'Agata*, in: *Testimonianze, studi e ricerche in onore di Guido M. Gatti (1892–1973)* (Quadrivium: Studi di filologia e musicologia, 14), Bologna: Antiquae Musicae Italicae Studiosi 1973, Bd. 2, S. 273–282; auch in: *Atti del III° congresso internazionale di studi verdiani*, Parma: Istituto di studi verdiani 1974, S. 251–257.

Martin, George Whitney, *Verdi: His Music, Life and Times*, New York: Dodd, Mead 1963, 1983.

Martin, George Whitney, *Aspects of Verdi*, New York: Dodd, Mead 1988.

Meier, Barbara, *Giuseppe Verdi*, Reinbek bei Hamburg: Rowohlt Taschenbuch Verlag 2000.

Mendelsohn, Gerald A., *Verdi the Man and Verdi the Dramatist*, in: *19th-Century Music* 2 (1978/79), S. 110–142 und 214–230.

Mila, Massimo, *Giuseppe Verdi*, Bari: Laterza 1958.

Mila, Massimo, *Il melodramma di Verdi*, Bari: Laterza 1933 (Reprint: Milano: Feltrinelli 1960).

Mila, Massimo, *La giovinezza di Verdi* (Musica e musicisti, 1), Torino: ERI 1974, 1978.

Mila, Massimo, *L'arte di Verdi*, Torino: Einaudi 1980.

Monaldi, Gino, *Verdi e le sue opere*, Firenze: Tipografia della Gazzetta d'Italia 1878.

Monaldi, Gino, *Verdi: 1839–1898*, Torino: Bocca 1899, ²1926.

Nello Vetro, Gaspare, *La casa natale di Verdi alle Roncole*, in: *Nuova rivista musicale italiana* 14 (1980), S. 79–88.

Osborne, Charles, *The Complete Operas of Verdi*, London: Gollancz 1969/1973/1978.

Parker, Roger, *Studies in Early Verdi, 1832–1844: New Information and Perspectives on the Milanese Musical Milieu and the Operas From ›Oberto‹ to ›Ernani‹* (Outstanding Dissertations in Music From British Universities), New York/London: Garland 1989.

Parker, Roger, *›One Priest, one Candle, one Cross‹: Some Thoughts on Verdi and Religion*, in: *The Opera Quarterly* 12 (1995), S. 27–34.

Pestelli, Giorgio, *Verdi come compositore nazionale ed europeo*, in: *Atti del XIV congresso della società internazionale di musicologia, Bologna, 1987: Trasmissione e recezione delle forme di cultura musicale*, hrsg. von Ángelo Pompilio, Donatella Restani, Lorenzo Bianconi und F. Alberto Gallo, Torino: Edizioni di Torino 1990, Bd.1, S. 721–726.

Phillips-Matz, Mary Jane, *Verdi: Il grande gentleman del piacentino*, Piacenza: Banca di Piacenza 1992.

Phillips-Matz, Mary Jane, *Verdi: A Biography*, New York/Oxford: Oxford University Press 1993; französisch: *Giuseppe Verdi* (Bibliothèque des grands musiciens), [Paris]: Fayard 1996.

Pinagli, Palmiro, *Romanticismo di Verdi*, Firenze: Vallecchi 1967.

Pizzetti, Ildebrando, *Giuseppe Verdi: Maestro di teatro*, in: *Giuseppe Verdi nel cinquantenario della morte: Celebrazione commemorativa promossa dall'Accademia nazionale dei lincei, dall'insigne Accademia di S. Luca e dall'Accademia di S. Cecilia, ottobre-novembre 1951* (Problemi attuali di scienza e cultura, 26), Roma: Accademia nazionale dei Lincei 1952, S. 14–27.

Pizzetti, Ildebrando, *Giuseppe Verdi maestro di teatro*, in: *Verdi: Bollettino dell'Istituto di studi verdiani* 1, Nr. 2 (1960), S. 751–766 und 1013–1038.

Pougin, Arthur, *Giuseppe Verdi: Vita aneddotica con note ed aggiunte di Folchetto [Giacomo Caponi]*, Milano: Ricordi 1881 (Reprint: Firenze: Passigli 1989); deutsch: *Verdi: Sein Leben und seine Werke*, Leipzig: Reißner 1887.

Resasco, Ferdinando, *Verdi a Genova: Ricordi, aneddoti, ed episodi*, Genova: Pagano 1901.

Roncaglia, Gino, *Giuseppe Verdi: L'ascensione dell'arte sua*, Napoli: Perrella 1914.

Roncaglia, Gino, *L'ascensione creatrice di Giuseppe Verdi* (Biblioteca sansoniana musicale, 1), Firenze: Sansoni 1940.

Roncaglia, Gino, *Il cammino e l'insegnamento di Giuseppe Verdi*, in: *Rivista musicale italiana* 54 (1952), S. 114–120.

Roncaglia, Gino, *Galleria verdiana: Studi e figure*, Milano: Curci 1959.

Rosselli, John, *Verdi e la storia della retribuzione del compositore italiano*, in: *Studi verdiani* 2 (1983), S. 11–28.

Rosselli, John, *The Life of Verdi*, Cambridge: Cambridge University Press 2000.

Sartori, Claudio, *La Strepponi e Verdi a Parigi nella morsa quarantottesca*, in: *Nuova rivista musicale italiana* 8 (1974), S. 239–253.

Schwandt, Christoph, *Verdi. Eine Biographie*, Frankfurt am Main/Leipzig: Insel 2000.

Schweikert, Uwe, *Kind und Patriarch. Alte und neue Verdi-Bilder*, in: *Opernwelt. Das internationale Opernmagazin. Oper 2000. Das Jahrbuch*, Berlin: Friedrich 2000, S. 35–40.

Servadio, Gaia, *The Real Traviata: The Biography of Giuseppina Strepponi, Wife of Giuseppe Verdi*, London: Hodder and Stoughton 1994.

Soffredini, Alfredo, *Le opere di Verdi: Studio critico analitico*, Milano: Aliprandi 1901.

Surian, Elvidio, *A Chronological Timetable of Verdi's Life and Works*, in: *The Verdi Companion*, hrsg. von William Weaver und Martin Chusid, New York/London: Norton 1979, S. 255–323.

The Verdi Companion, hrsg. von William Weaver und Martin Chusid, New York/London: Norton 1979.

Tomasini, Daniele, *La cultura umanistica e letteraria di Giuseppe Verdi: Ricerche e contributi*, Cremona: Turris 1996.

Tomlinson, Gary, *Italian Romanticism and Italian Opera: An Essay in Their Affinities*, in: *19th-Century Music* 10 (1986/87), S. 43–60.

Torchi, Luigi, *L'opera di Giuseppe Verdi e i suoi caratteri principali*, in: *Rivista musicale italiana* 8 (1901), S. 279–335.

Toye, Francis, *Giuseppe Verdi: His Life and Works*, London: Heinemann 1931 (Reprint: London: Gollancz 1962).

Vaughan, Denis, *Meeting Verdi on his own Ground*, in: *Verdi: Bollettino dell'Istituto di studi verdiani* 1, Nr. 2 (1960), S. LXVII-LXXXIV.

Verdi: Studi e memorie, hrsg. vom Sindacato nazionale fascista musicisti, Roma: Istituto grafico tiberino 1941.

Walker, Frank, *The Man Verdi*, London: Dent/New York: Knopf 1962 (Reprint: Chicago: University of Chicago Press 1982); italienisch: *L'uomo Verdi*, Milano: Mursia 1964.

Walker, Frank, *Un problema biografico verdiano: Lettere apocrife di Giuseppina Verdi al suo confessore*, in: *La Rassegna musicale* 30 (1960), S. 338–349.

Wallner-Basté, Franz, *Verdi aus der Nähe* (Manesse-Bibliothek der Weltliteratur), Zürich: Manesse 1979.

Soziales und politisches Umfeld

Gerhard, Anselm, *Die Verstädterung der Oper: Paris und das Musiktheater des 19. Jahrhunderts*, Stuttgart/Weimar: Metzler 1992; englisch: *The Urbanization of Opera: Music Theater in Paris in the Nineteenth Century*, Chicago: University of Chicago Press 1998.

Gossett, Philip, *Becoming a Citizen: The Chorus in ›Risorgimento‹ Opera*, in: *Cambridge Opera Journal* 2 (1990), S. 41–64.

Jensen, Luke, *Giuseppe Verdi & Giovanni Ricordi With Notes on Francesco Lucca: From ›Oberto‹ to ›La traviata‹* (Garland Reference Library of the Humanities, 896), New York/London: Garland 1989.

Kreuzer, Gundula, *Zurück zu Verdi: The ›Verdi Renaissance‹ and Musical Culture in the Weimar Republic*, in: *Studi verdiani* 13 (1998), S. 117–154.

Parker, Roger, *›One Priest, one Candle, one Cross‹: Some Thoughts on Verdi and Religion*, in: *The Opera Quarterly* 12 (1995), S. 27–34.

Parker, Roger, *Verdi and the ›Gazzetta privilegiata di Milano‹: An ›Official‹ View Seen in its Cultural Background*, in: *Research Chronicle of the Royal Musical Association* 18 (1982), S. 51–65.

Pauls, Birgit, *Giuseppe Verdi und das Risorgimento: Ein politischer Mythos im Prozeß der Nationenbildung* (Politische Ideen, 4), Berlin: Akademie Verlag 1996.

Petrobelli, Pierluigi, *Verdi e la musica tedesca*, in: *Analecta musicologica* 28 (1993), S. 83–98.

Rosselli, John, *The Opera Industry in Italy From Cimarosa to Verdi: The Role of the Impresario*, Cambridge: Cambridge University Press 1984; italienisch: *L'impresario d'opera: Arte e affari nel teatro musicale italiano dell'ottocento* (Biblioteca di cultura musicale: Documenti), Torino: Edizioni di Torino 1985.

Untersuchungen zu einzelnen Orten

Belli, Adriano und Ceccarius, *Verdi e Roma: Celebrazione verdiana 27 gennaio 1951*, Roma: Teatro dell'Opera di Roma 1951.

Bledsoe, Robert T., *Henry Fothergill Chorley and the Reception of Verdi's Early Operas in England*, in: *Victorian Studies* 28 (1985), S. 631–656; auch in: *The Lost Chord: Essays on Victorian Music*, hrsg. von Nicholas Temperley, Bloomington: Indiana University Press 1989, S. 119–142.

Conati, Marcello, *La bottega della musica: Verdi e La Fenice* (Opere e libiri), Milano: Saggiatore 1983.

Conati, Marcello, *Verdi et la Culture parisienne des années 1830*, in: *Music in Paris in the Eighteen-Thirties/La Musique à Paris dans les années mil huit cent trente*, hrsg. von Peter Bloom (Musical Life in 19th Century France/La Vie musicale en France au XIXe siècle, 4), Stuyvesant NY: Pendragon 1987, S. 209–227.

Devriès-Lesure, Anik, *Les Démêles de Verdi avec le Théatre-Italien, sous la direction de Toribio Calzado (1855–1863)*, in: *Studi verdiani* 13 (1998), S. 155–182.

Günther, Ursula, *Documents inconnus concernant les relations de Verdi avec l'Opéra de Paris*, in: *Atti del III° congresso internazionale di studi verdiani*, Parma: Istituto di studi verdiani 1974, S. 564–583.

Günther, Ursula, *Giuseppe Verdis erster Erfolg in Paris*, in: *Lendemains: Zeitschrift für Frankreichforschung und Französischstudium* 31/32 (1983), S. 53–62.

La passione verdiana di Trieste: Giuseppe Verdi e Trieste, Trieste: Comune di Trieste 1951.

Labroca, Mario, *Verdi e Venezia*, in: *Atti del I° congresso internazionale di studi verdiani*, Parma: Istituto di studi verdiani 1969, S. 367–374.

Marchesi, Gustavo, *Giuseppe Verdi e il Conservatorio di Parma (1836–1901)* (Musica a Parma), Parma: La Ducale 1976.

Massarani, Renzo, *Giuseppe Verdi a Rio de Janeiro*, in: *Atti del I° congresso internazionale di studi verdiani*, Parma: Istituto di studi verdiani 1969, S. 383–412.

Rizzo, Dino, *›Con eletta musica del Sig. Verdi da Busseto, fu celebrata la Messa Solenne‹*, in: *Studi verdiani* 9 (1993), S. 62–96.

Stefani, Giuseppe, *Verdi e Trieste*, Trieste: Comune di Trieste 1951.

Várnai, Péter Pál, *Verdi in Hungary*, in: *Verdi: Bollettino dell'Istituto di studi verdiani* 2, Nr. 5 (1962), S. 949–1030 und 1429–1503; 3, Nr. 7 (1966–1969), S. 246–332 und 718–789; 3, Nr. 8 (1970–1973), S. 1038–1130 und 1409–1484.

Verdi e Firenze, Firenze: Maggio Musicale Fiorentino 1951.

Walker, Frank, *Verdi and Vienna: With Some Unpublished Letters*, in: *The Musical Times* 92 (1951), S. 403–405 und 451–453; italienisch: *Verdi a Vienna (con alcune lettere inedite)*, in: *Giuseppe Verdi: Scritti [...] raccolti in occasione delle ›Celebrazioni Verdiane‹ dell' VIII Settimana Musicale dell' Accademia musicale Chigiana*, Siena: Ticci 1951, S. 49–60.

Untersuchungen zu Librettisten und Libretti

Abert, Anna Amalie, *Über Textentwürfe Verdis*, in: *Beiträge zur Geschichte der Oper* (Studien zur Musikgeschichte des 19. Jahrhunderts, 15), Regensburg: Bosse 1969, S. 131–138.

Baldacci, Luigi, *I libretti di Verdi*, in: *Il melodramma italiano dell'ottocento: Studi e ricerche per Massimo Mila* (Saggi, 575), Torino: Einaudi 1977, S. 113–124.

Baldacci, Luigi, *La figura del padre nel rapporto Schiller-Verdi*, in: *Universalità della musica, prestigio dell'Italia, attualità di Verdi: Studi in onore di Mario Medici II* (Quadrivium: Studi di filologia e musicologia, 27), Bologna: Antiquae Musicae Italicae Studiosi 1986, S. 105–113.

Black, John, *The Italian Romantic Libretto: A Study of Salvadore Cammarano*, Edinburgh: Edinburgh University Press 1984.

Busquets, Loreto, *Rivas y Verdi: Del ›Don Alvaro‹ a ›La Forza del destino‹* (Quaderni della ricerca, 6), Roma: Bulzoni 1988.

Dean, Winton, *Shakespeare and Opera*, in: *Shakespeare in Music: Essays: With a Catalogue of Musical Works*, hrsg. von Phyllis Hartnoll, London: Macmillan/New York: St. Martin's Press 1964/1966, S. 89–175.

Fricke, Harald, *Schiller und Verdi: Das Libretto als Textgattung zwischen Schauspiel und Literaturoper*, in: *Oper und Operntext*, hrsg. von Jens Malte Fischer (Reihe Siegen: Beiträge zur Literatur- und Sprachwissenschaft, 60), Heidelberg: Winter 1985, S. 95–115.

Garlato, Rita, *Repertorio metrico verdiano*, Venezia: Marsilio 1998.

Gerhartz, Leo Karl, *Die Auseinandersetzungen des jungen Giuseppe Verdi mit dem literarischen Drama: Ein Beitrag zur szenischen Strukturbestimmung der Oper* (Berliner Studien zur Musikwissenschaft, 15), Berlin: Merseburger 1968.

Gerhartz, Leo Karl, *Il ›Re Lear‹ di Antonio Somma ed il modello melodrammatico dell'opera verdiana: Principi per una definizione del libretto verdiano*, in: *Atti del I° congresso internazionale di studi verdiani*, Parma: Istituto di studi verdiani 1969, S. 110–115.

Goldin, Daniela, *La vera Fenice: Librettisti e libretti tra sette e ottocento* (Piccola biblioteca Einaudi, 454), Torino: Einaudi 1985.

Greenwald, Helen M., *Verdi's Patriarch and Puccini's Matriarch: Through the Looking-Glass and What Puccini Found There*, in: *19th-Century Music* 17 (1993/94), S. 220–236.

Lavagetto, Mario, *Quei più modesti romanzi: Il libretto nel melodramma di Verdi: Tecniche costruttive, funzioni, poetica di un genere letterario minore*, Milano: Garzanti 1979.

Porter, Andrew, *Verdi and Schiller*, in: *Opera Annual* 3 (1956), S. 52–63.

Rolandi, Ulderico, *Il libretto per musica attraverso i tempi*, Roma: Ateneo 1951.

Wiesmann, Sigrid, *›Eine verlachte Liebe ist die ehrgeizigste Liebe, die es gibt‹ – Anmerkungen zu Werfels Nachdichtungen von ›La forza del destino‹, ›Simon Boccanegra‹ und ›Don Carlos‹*, in: *Verdi-Studien: Pierluigi Petrobelli zum 60. Geburtstag*, hrsg. von Sieghart Döhring und Wolfgang Osthoff, München: Ricordi 2000, S. 281–290.

Untersuchungen zur Komposition und Dramaturgie

Abert, Anna Amalie, *Leidenschaftsausbrüche zwischen Rezitativ und Arie*, in: *Atti del III° congresso internazionale di studi verdiani*, Parma: Istituto di studi verdiani 1974, S. 56–70.

Analyzing Opera: Verdi and Wagner, hrsg. von Carolyn Abbate und Roger Parker (California Studies in 19th Century Music, 6), Berkeley/Los Angeles/London: University of California Press 1989.

Balthazar, Scott L[eslie], *Analytic Contexts and Mediated Influences: The Rossinian ›convenienze‹ and Verdi's Middle and Late Duets*, in: *Journal of Musicological Research* 10 (1990), S. 19–46.

Baroni, Mario, *Le formule d'accompagnamento nel teatro del primo Verdi*, in: *Studi verdiani* 4 (1986/87), S. 18–64.

Baroni, Mario, *Un aspetto sottovalutato: Le formule d'accompagnamento*, in: *Verdi: Bollettino dell'Istituto di studi verdiani* 4, Nr. 10 (1987), S. 133–141.

Basevi, Abramo, *Studio sulle opere di Giuseppe Verdi*, Firenze: Tofani 1859 (Reprint: Bologna: Antiquae Musicae Italicae Studiosi 1978).

Beghelli, Marco, *Per un nuovo approccio al teatro musicale: L'atto performativo come luogo dell'imitazione gestuale nella drammaturgia verdiana*, in: *Italica* 64 (1987), S. 632–653.

Bermbach, Udo (Hrsg.), *Verdi-Theater*, Stuttgart/Weimar: Metzler 1997.

Budden, Julian, *Problems of Analysis in Verdi's Works*, in: *Nuove prospettive nella ricerca verdiana: Atti del convegno internazionale in occasione della prima del ›Rigoletto‹ in edizione critica, Vienna, 12–13 marzo, 1983*, hrsg. von Marisa Di Gregorio Casati und Marcello Pavarani, Parma: Istituto di studi verdiani/Milano: Ricordi 1987, S. 125–129.

Budden, Julian, *The Operas of Verdi*, 3 Bde., London: Cassell 1973–1978–1981, Oxford: Clarendon ²1992.

Chusid, Martin, *The Organization of Scenes With Arias: Verdi's Cavatinas and Romanzas*, in: *Atti del I° congresso internazionale di studi verdiani*, Parma: Istituto di studi verdiani 1969, S. 59–66.

Cone, Edward T., *Verdis letzte Opern: Die Spielzeuge eines alten Mannes: Die Spätwerke Verdis im Lichte der modernen Kritik*, in: *Perspektiven* 3 (1953), S. 127–146; englisch: *The old Man's Toys: Verdi's Last Operas*, in: *Perspectives* 6 (1954), S. 114–133.

Dallapiccola, Luigi, *Parole e musica nel melodramma*, in: *Quaderni della Rassegna musicale* 2 (1965), S. 117–139; auch in: Luigi Dallapiccola, *Appunti – Incontri – Meditazioni*, Milano: Zerboni 1970, S. 5–28; deutsch: *Worte und Musik im Melodramma*, in: *Musik-Konzepte 10: Giuseppe Verdi* (1979), S. 3–26.

Dean, Winton, *Some Echoes of Donizetti in Verdi's Operas*, in: *Atti del III° congresso internazionale di studi verdiani*, Parma: Istituto di studi verdiani 1974, S. 122–147.

Degrada, Francesco, *Il palazzo incantato: Studi sulla tradizione del melodramma dal barocco al romanticismo*, 2 Bde., Fiesole: Discanto 1979.

Della Corte, Andrea, *Le sei più belle opere di Giuseppe Verdi (›Rigoletto‹, ›Il trovatore‹, ›La traviata‹, ›Aida‹, ›Otello‹, ›Falstaff‹)*, [Milano]: Istituto d'alta cultura [1946]/1957.

Della Seta, Fabrizio, *›Parola scenica‹ in Verdi e nella critica verdiana*, in: *Studi sulla lingua della letteratura musicale*, hrsg. von Fiamma Niccolodi und Paolo Trovato (*Le parole* della musica in onore di Gianfranco Folena, 1), Firenze: Olschki 1994, S. 259–286.

Döhring, Sieghart, *Formgeschichte der Opernarie vom Ausgang des achtzehnten bis zur Mitte des neunzehnten Jahrhunderts*, Itzehoe 1975.

Engelhardt, Markus, *Die Chöre in den frühen Opern Giuseppe Verdis* (Würzburger musikhistorische Beiträge, 11), Tutzing: Schneider 1988.

Finscher, Ludwig, *Wort und Ton in den Opern Verdis*, in: *Analecta musicologica* 9 (1972), S. 225–271.

Gavazzeni, Gianandrea, *Problemi di tradizione dinamico-fraseologica e critica testuale, in Verdi e in Puccini*, in: *La Rassegna musicale* 29 (1959), S. 27–41 und 106–122; auch als Monographie: *Problemi di tradizione dinamico-fraseologica e critica testuale, in Verdi e in Puccini*, Milano: Ricordi 1961.

Gavazzeni, Gianandrea und Vaughan, Denis, *Problemi di tradizione dinamico-fraseologica e critica testuale*, in: *La Rassegna musicale* 30 (1960), S. 60–67.

Girardi, Michele, *Per un inventario della musica in scena nel teatro verdiano*, in: *Studi verdiani* 6 (1990), S. 99–145.

Grey, Thomas Spencer und Kerman, Joseph, *Verdi's Groundswells: Surveying an Operatic Convention*, in: *Analyzing Opera: Verdi and Wagner*, hrsg. von Carolyn Abbate und Roger Parker (California Studies in 19th Century Music, 6), Berkeley/Los Angeles/London: University of California Press 1989, S. 153–179.

Harwood, Gregory W., *Verdi's Reform of the Italian Opera Orchestra*, in: *19th-Century Music* 10 (1986/87), S. 108–134.

Herrmann jr., William Albert, *Religion in the Operas of Giuseppe Verdi*, PhD.diss. Columbia University 1963.

Kerman, Joseph, *Opera as Drama*, New York: Vintage 1955/1956.

Kerman, Joseph, *Verdi's Use of Recurring Themes*, in: *Studies in Music History: Essays for Oliver Strunk*, hrsg. von Harold S. Powers, Princeton: Princeton University Press 1968 (Reprint: Westport: Greenwood 1980); auch in: Joseph Kerman: *Write all These Down: Essays on Music*, Berkeley/Los Angeles/London: University of California Press 1994, S. 274–287.

Klier, Teresa, *Der Verdi-Klang: Die Orchesterkonzeption in den Opern von Giuseppe Verdi* (Würzburger musikhistorische Beiträge, 18), Tutzing: Schneider 1998.

Kovács, János, *Zum Spätstil Verdis*, in: *Atti del I° congresso internazionale di studi verdiani*, Parma: Istituto di studi verdiani 1969, S. 132–144.

Kramer, Ursula, ›*L'azione continua durante tutto il terzetto*‹: ›*Ernani*‹ *und die Folgen: Anmerkungen zum Verhältnis von dramatischer Handlung und musikalischer Form in Verdis Terzetten*, in: *Studi verdiani* 13 (1998), S. 45–58.

Kunze, Stefan, *Fest und Ball in Verdis Opern*, in: *Die* ›*Couleur locale*‹ *in der Oper des 19. Jahrhunderts*, hrsg. von Heinz Becker (Studien zur Musikgeschichte des 19. Jahrhunderts, 42), Regensburg: Bosse 1976, S. 269–278.

Langford, Jeffrey, *Text Setting in Verdi's* ›*Jérusalem*‹ *and* ›*Don Carlos*‹, in: *Verdi Newsletter* 12 (1984), S. 19–31.

Leibowitz, René, *Tempo and Character in the Music of Verdi*, in: *Atti del III° congresso internazionale di studi verdiani*, Parma: Istituto di studi verdiani 1974, S. 238–243.

Lendvai, Ernö, *Verdi's Formgeheimnisse*, in: *Atti del I° congresso internazionale di studi verdiani*, Parma: Istituto di studi verdiani 1969, S. 157–171.

Loschelder, Josef, *Das Todesproblem in Verdis Opernschaffen* (Italienische Studien, 4), Köln: Petrarca-Haus/Stuttgart: Deutsche Verlags-Anstalt 1938.

Mila, Massimo, *L'unità stilistica nell'opera di Verdi*, in: *Nuova rivista musicale italiana* 2 (1968), S. 62–75.

Moreen, Robert Anthony, *Integration of Text Forms and Musical Forms in Verdi's Early Operas*, PhD. diss. Princeton University 1975.

Nicolaisen, Jay, *Italian Opera in Transition 1871–1893* (Studies in Musicology, 31), Ann Arbor: UMI Research Press 1980, ²1991.

Noske, Frits, *Ritual Scenes in Verdi's Operas*, in: *Music and Letters* 54 (1973), S. 415–439.

Noske, Frits, *The Signifier and the Signified: Studies in the Operas of Mozart and Verdi*, 's Gravenhage: Nijhoff 1977; Oxford: Clarendon 1990.

Osthoff, Wolfgang, *Dante beim späten Verdi*, in: *Studi verdiani* 5 (1988/89), S. 35–64.

Osthoff, Wolfgang, ›*Pianissimo, benchè a piena orchestra*‹ – *Zu drei Stellen aus* ›*Trovatore*‹, ›*Traviata*‹ *und* ›*Otello*‹, in: *Verdi-Studien: Pierluigi Petrobelli zum 60. Geburtstag*, hrsg. von Sieghart Döhring und Wolfgang Osthoff, München: Ricordi 2000, S. 213–237.

Parker, Roger, ›*Classical*‹ *Music in Milan During Verdi's Formative Years*, in: *Studi musicali* 13 (1984), S. 259–273.

Petrobelli, Pierluigi, *Music in the Theater: Essays on Verdi and Other Composers* (Princeton Studies in Opera), Princeton: Princeton University Press 1994.

Petrobelli, Pierluigi, *On Dante and Italian Music: Three Moments*, in: *Cambridge Opera Journal* 2 (1990), S. 219–249.

Petrobelli, Pierluigi, *Osservazioni sul processo compositivo in Verdi*, in: *Acta musicologica* 43 (1971), S. 125–142; auch in: Pierluigi Petrobelli, *La musica nel teatro: Saggi su Verdi e altri compositori*, Torino: Edizioni di Torino 1998, S. 49–78; englisch: *Remarks on Verdi's Composing Process*, in: Pierluigi Petrobelli, *Music in the Theater: Essays on Verdi and Other Composers* (Princeton Studies in Opera), Princeton: Princeton University Press 1994, S. 48–74.

Petrobelli, Pierluigi, *Un caso di trasmissione e recezione delle forme di cultura musicale: La musica di Verdi*, in: *Atti del XIV congresso della società internazionale di musicologia, Bologna, 1987: Trasmissione e recezione delle forme di cultura musicale*, hrsg. von Angelo Pompilio, Donatella Restani, Lorenzo Bianconi und F. Alberto Gallo, Torino: Edizioni di Torino 1990, Bd. 1, S. 693–698; englisch: *The Music of Verdi: An Example of the Transmission and Reception of Musical Culture*, in: *Verdi Newsletter* 15 (1987), S. 3–6.

Pizzetti, Ildebrando, *Contrappunto ed armonia nell'opera di Verdi*, in: *La Rassegna musicale* 21 (1951), S. 189–200.

Powers, Harold S., ›Tempo di mezzo‹: Three Ongoing Episodes in ›Verdian Musical Dramaturgy‹, in: *Verdi Newsletter* 19 (1991), S. 6–36.

Powers, Harold S., ›La solita forma‹ and ›the Uses of Convention‹, in: *Acta musicologica* 59 (1987), S. 65–90; auch in: *Nuove prospettive nella ricerca verdiana: Atti del convegno internazionale in occasione della prima del ›Rigoletto‹ in edizione critica, Vienna, 12/13 marzo 1983*, hrsg. von Marisa Di Gregorio Casati und Marcello Pavarani, Parma: Istituto di studi verdiani/Milano: Ricordi 1987, S. 74–109; deutsch: ›La solita forma‹ und ›Der Gebrauch der Konvention‹, in: *Oper heute* 12 (1990), S. 147–185.

Robinson, Paul, *Opera and Ideas: From Mozart to Strauss*, New York: Harper and Row 1985.

Roccatagliati, Alessandro, *Drammaturgia romantica verdiana: ›Luisa Miller‹ e ›Rigoletto‹* (Quaderni de Il Coretto, 3), Bari: Associazione Musicale Il Coretto 1989.

Roncaglia, Gino, *Il ›tema-cardine‹ nell'opera di Giuseppe Verdi*, in: *Rivista musicale italiana* 47 (1943), S. 218–229.

Rosen, David, *How Verdi Operas Begin: An Introduction to the ›Introduzioni‹*, in: *Tornando a ›Stiffelio‹: Popolarità, rifacimenti, messinscena, effettismo e altre ›cure‹ nella drammaturgia del Verdi romantico: Atti del convegno internazionale di studi, Venezia, 17–20 dicembre 1985*, hrsg. von Giovanni Morelli (Quaderni della Rivista italiana di musicologia, 14), Firenze: Olschki 1987, S. 203–221; auch in: *Verdi Newsletter* 16 (1988), S. 3–18.

Rosen, David, *How Verdi's Serious Operas end*, in: *Atti del XIV congresso della società internazionale di musicologia, Bologna, 1987: Trasmissione e recezione delle forme di cultura musicale*, hrsg. von Angelo Pompilio, Donatella Restani, Lorenzo Bianconi und F. Alberto Gallo, Torino: Edizioni di Torino 1990, Bd. 3, S. 443–450; auch in: *Verdi Newsletter* 20 (1992), S. 9–15.

Ross, Peter, *Studien zum Verhältnis von Libretto und Komposition in den Opern Verdis*, Bern: Gnägi 1980.

Rostagno, Antonio, *Ouverture e dramma negli anni settanta: Il caso della sinfonia di ›Aida‹*, in: *Studi verdiani* 14 (1999), S. 37–78.

Schnebel, Dieter, *Die schwierige Wahrheit des Lebens – Zu Verdis musikalischem Realismus*, in: *Musik-Konzepte 10: Giuseppe Verdi* (1979), S. 51–111.

Schweikert, Uwe, *Von inneren Wirklichkeiten: Verdis Opernfiguren – zum Leben erweckte Charaktere*, in: *Oper aktuell: Die Bayerische Staatsoper 2000/2001*, hrsg. von der Gesellschaft zur Förderung der Münchner Opern-Festspiele mit der Intendanz der Bayerischen Staatsoper, München: Stiebner 2000, S. 15–23.

Travis, Francis Irving, *Verdi's Orchestration*, Zürich: Juris 1956.

Van, Gilles de, *La Notion de ›tinta‹: Mémoire confuse et affinités thématiques dans les opéras de Verdi*, in: *Revue de musicologie* 76, Nr. 2 (1990), S. 187–198.

Van, Gilles de, *L'eroe verdiano*, in: *Opera & Libretto I*, hrsg. von Gianfranco Folena, Maria Teresa Muraro und Giovanni Morelli (Studi di musica veneta), Firenze: Olschki 1990, S. 265–280.

Van, Gilles de, *Musique et narration dans les opéras de Verdi*, in: *Studi verdiani* 6 (1990), S. 18–54.

Van, Gilles de, *Verdi: Un théâtre en musique*, Paris: Fayard 1992; italienisch: *Verdi: Un teatro in musica* (Discanto/Contrappunti, 31), Firenze: La nuova Italia 1994; englisch: *Verdi's Theater: Creating Drama Through Music*, Chicago/London: University of Chicago Press 1998.

Van, Gilles de, *La Signification dramatique des ouvertures et des préludes de Verdi*, in: *Verdi-Studien: Pierluigi Petrobelli zum 60. Geburtstag*, hrsg. von Sieghart Döhring und Wolfgang Osthoff, München: Ricordi 2000, S. 75–88.

Várnai, Péter Pál, *Contributi per uno studio della tipizzazione negativa nelle opere verdiane: Personaggi e situazioni*, in: *Atti del I° congresso internazionale di studi verdiani*, Parma: Istituto di studi verdiani 1969, S. 268–275.

Vlad, Roman, *Anticipazioni nel linguaggio armonico verdiano*, in: *La Rassegna musicale* 21 (1951), S. 237–245.

Wedell, Friedrich, *Annäherung an Verdi: Zur Melodik des jungen Verdi und ihren musiktheoretischen und ästhetischen Voraussetzungen* (Kieler Schriften zur Musikwissenschaft, 44), Kassel: Bärenreiter 1995.

Weiss, Piero, *Verdi and the Fusion of Genres*, in: *Journal of the American Musicological Society* 35, Nr. 1 (Frühjahr 1982), S. 138–156; italienisch: *Verdi e la fusione dei generi*, in: *La drammaturgia musicale*, hrsg. von Lorenzo Bianconi, Bologna: Il Mulino 1986, S. 75–92.

Werner, Klaus Günter, *Verdi auf dem Weg zum Spätwerk: Zwei Ouvertüren im Spannungsfeld zwischen Instrumentalmusik und Oper*, in: *Die Musikforschung* 44, Nr. 2 (1991), S. 130–155.

Witzenmann, Wolfgang, *Grundzüge der Instrumentation in den Opern Verdis und Wagners*, in: *Analecta musicologica* 11 (1972), S. 304–327.

Zoppelli, Luca, *Verdi ›narratore‹: Onniscienza, timbro puro, e oggetto psichico*, in: *Studi verdiani* 7 (1991), S. 57–78.

Musikalische Quellen

Della Seta, Fabrizio, *Gli esordi della critica Verdiana – A proposito di Alberto Mazzucato*, in: *Verdi-Studien: Pierluigi Petrobelli zum 60. Geburtstag*, hrsg. von Sieghart Döhring und Wolfgang Osthoff, München: Ricordi 2000, S. 59–74.

Gossett, Philip, *Censorship and Self-Censorship: Problems in Editing the Operas of Giuseppe Verdi*, in: *Essays in Musicology: A Tribute to Alvin Johnson*, hrsg. von Lewis Lockwood und Edward Roesner, Philadelphia: American Musicological Society 1990, S. 247–257; deutsch: *Zensur und Selbstzensur: Probleme bei der Edition von Giuseppe Verdis Opern*, in: *Über Musiktheater: Eine Festschrift gewidmet Arthur Scherle anläßlich seines 65. Geburtstages*, hrsg. von Stefan G. Harpner und Birgit Gotzes, München: Ricordi 1992, S. 103–115.

Gossett, Philip, *The Works of Giuseppe Verdi*, in: *Nuove prospettive nella ricerca verdiana: Atti del convegno internazionale in occasione della prima del ›Rigoletto‹ in edizione critica, Vienna, 12–13 marzo, 1983*, hrsg. von Marisa Di Gregorio Casati und Marcello Pavarani, Parma: Istituto di studi verdiani/Milano: Ricordi 1987, S. 3–9; italienisch: *L'edizione critica delle opere di Verdi*, in: *Per un ›progetto Verdi‹ anni '80: Seminario internazionale di studi, Parma-Bussetto 3–4 aprile 1980*, Bologna: Regione Emilia-Romagna 1982, S. 35–44.

Hepokoski, James A., *Compositional Emendations in Verdi's Autograph Scores: ›Il trovatore‹, ›Un ballo in maschera‹ and ›Aida‹*, in: *Studi verdiani* 4 (1986–87), S. 87–109.

Hopkinson, Cecil, *Bibliographical Problems Concerned With Verdi and his Publishers*, in: *Atti del I° congresso internazionale di studi verdiani*, Parma: Istituto di studi verdiani 1969, S. 431–436.

Hortschansky, Klaus, *Die Herausbildung eines deutschsprachigen Verdi-Repertoires im 19. Jahrhundert und die zeitgenössische Kritik*, in: *Analecta musicologica* 11 (1972), S. 140–184.

Jauner, Theodor, *Franz Jauner und seine Zeit: Eine biogr. Erzählung seines Neffen* (Fünf Jahre Wiener Opernthaeter, 1875–1880), Wien: Selbst-Verl. 1962.

Kämper, Dietrich, *Das deutsche Verdi-Schrifttum: Hauptlinien der Interpretation*, in: *Analecta musicologica* 11 (1972), S. 185–199.

Lawton, David und Rosen, David, *Verdi's Non-Definitive Revisions: The Early Operas*, in: *Atti del III° congresso internazionale di studi verdiani*, Parma: Istituto di studi verdiani 1974, S. 189–237.

Marvin, Roberta Montemorra, *A Verdi Autograph and the Problem of Authenticity*, in: *Studi verdiani* 9 (1993), S. 36–61.

Pistone, Danièle, *Verdi et la Critique musicale française: Aspects et évolution de 1860 à 1993*, in: *Studi sul lessico della letteratura critica del teatro*, hrsg. von Maria Teresa Muraro (*Le parole della musica in onore di Gianfranco Folena*, 2), Firenze: Olschki 1995, S. 295–305.

Pougin, Arthur, *Giuseppe Verdi: Vita aneddotica con note ed aggiunte di Folchetto [Giacomo Caponi]*, Milano: Ricordi 1881 (Reprint: Firenze: Passigli 1989); deutsch: *Verdi: Sein Leben und seine Werke*, Leipzig: Reissner 1887.

Shaw, George Bernard, *A Word More About Verdi*, in: *Shaw's Music: The Complete Musical Criticism in Three Volumes*, hrsg. von Dan H. Laurence, London: Bodley Head 1981, Bd. 3, S. 570–583.

Vaughan, Denis, *Discordanze fra gli autografi verdiani e la loro stampa*, in: *La Scala* 104 (Juli 1958), S. 11–15 und 71–72.

Aufführungspraxis und Inszenierung

Cohen, H. Robert und Conati, Marcello, *Un Elément inexploré de la mise en scène du XIXᵉ siècle: Les ›figurini‹ italiens des opéras de Verdi (état de la question)*, in: *Opera & Libretto I*, hrsg. von Gianfranco Folena, Maria Teresa Muraro und Giovanni Morelli (Studi di musica veneta), Firenze: Olschki 1990, S. 281–298.

Cohen, H. Robert und Gigou, Marie-Odile (Hrsg.), *The Original Staging Manuals for Twelve Parisian Operatic Premières/Douze Livrets de mise en scène lyrique datant des créations parisiennes* (Musical Life in 19th Century France/La Vie musicale en France au XIXᵉ siècle, 3), Stuyvesant NY: Pendragon 1991.

Cohen, H. Robert, *A Survey of French Sources for the Staging of Verdi's Operas: ›Livrets de mise en scène‹, Annotated Scores, and Annotated Libretti in two Parisian Collections*, in: *Studi verdiani* 3 (1985), S. 11–44.

Conati, Marcello, *Prima le scene, poi la musica*, in: *Verdi-Studien: Pierluigi Petrobelli zum 60. Geburtstag*, hrsg. von Sieghart Döhring und Wolfgang Osthoff, München: Ricordi 2000, S. 33–58.

Crutchfield, Will, *Authenticity in Verdi: The Recorded Legacy*, in: *Opera* 36 (1985), S. 858–866; deutsch: *Authentizität bei Verdi: Tondokumente als Vermächtnis*, in: *Oper heute* 10 (1987), S. 277–288.

Crutchfield, Will, *Vocal Ornamentation in Verdi: The Phonographic Evidence*, in: *19ᵗʰ-Century Music* 7 (1983(84), S. 3–54.

Fairtile, Linda B., *The Violin Director in ›Il trovatore‹ and ›Le trouvère‹: Some Nineteenth Century Evidence*, in: *Verdi Newsletter* 21 (1993), S. 16–26.

Hajtas, Franz, *Studien zur frühen Verdi-Interpretation: Schalldokumente bis 1926* (Europäische Hochschulschriften, Reihe XXXVI: Musikwissenschaft, 47), Frankfurt am Main: Lang 1990.

Harwood, Gregory W., *Verdi's Reform of the Italian Opera Orchestra*, in: *19ᵗʰ-Century Music* 10 (1986/87), S. 108–134.

Jesurum, Olga, *Le prime opere di Verdi nella interpretazione scenografica di Romolo Liverani*, in: *Studi verdiani* 11 (1996), S. 222–240.

Jürgensen, Knud Arne, *The Verdi Ballets* (Premio internazionale Rotary Club di Parma ›Giuseppe Verdi‹, 4), Parma: Istituto di studi verdiani 1995.

Kaufman, Thomas G., *Verdi and his Major Contemporaries: A Selected Chronology of Performances With Casts* (Garland Reference Library of the Humanities, 1016), New York: Garland 1990.

Marvin, Roberta Montemorra, *Verdi and the Metronome*, in: *Verdi Newsletter* 20 (1992), S. 4–8.

Muraro, Maria Teresa, *Le scenografie delle cinque ›prime assolute‹ di Verdi alla Fenice di Venezia*, in: *Atti del I° congresso internazionale di studi verdiani*, Parma: Istituto di studi verdiani 1969, S. 328–334.

Peterseil, Michaela, *Die ›Disposizioni sceniche‹ des Verlags Ricordi: Ihre Publikation und ihr Zielpublikum*, in: *Studi verdiani* 12 (1997), S. 133–155.

Petrobelli, Pierluigi und andere, *Visto dal maestro Verdi*, in: *›Sorgete! Ombre serene!‹: L'aspetto visivo dello spettacolo verdiano*, hrsg. von Pierluigi Petrobelli, Marisa Di Gregorio Casati und Olga Jesurum, Parma: Istituto nazionale di studi verdiani 1994, ²1996, S. 31–66.

Petrobelli, Pierluigi, *›Infine io non me ne intendo, ma mi pare che... ‹: Passato e presente nella visione scenica verdiana*, in: *›Sorgete! Ombre serene!‹: L'aspetto visivo* *dello spettacolo verdiano*, hrsg. von Pierluigi Petrobelli, Marisa Di Gregorio Casati und Olga Jesurum, Parma: Istituto nazionale di studi verdiani 1994, ²1996, S. 17–26.

Piovano, Ugo, ›*Potrei fare allora per Tamagno una frase, forse d'effetto*‹: *Francesco Tamagno e il rapporto fra Verdi e i suoi interpreti*, in: Studi verdiani 12 (1997), S. 67–132.

Piperno, Franco, *Le orchestre dei teatri d'opera italiani nell'ottocento: Bilancio provvisorio di una ricerca*, in: Studi verdiani 11 (1996), S. 119–221.

Rosen, David, *The Staging of Verdi's Operas: An Introduction to the Ricordi* ›*Disposizioni sceniche*‹, in: International Musicological Society, Report of the Twelfth Congress, Berkeley 1977, hrsg. von Daniel Heartz und Bonnie Wade, Kassel: Bärenreiter 1981, S. 444–453; italienisch: *La mess' in scena delle opere di Verdi: Introduzione alle* ›*disposizioni sceniche*‹ *Ricordi*, in: La drammaturgia musicale, hrsg. von Lorenzo Bianconi, Bologna: Il Mulino 1986, S. 209–224.

›*Sorgete! Ombre serene!*‹: *L'aspetto visivo dello spettacolo verdiano*, hrsg. von Pierluigi Petrobelli, Marisa Di Gregorio Casati und Olga Jesurum, Parma: Istituto nazionale di studi verdiani 1994/²1996.

Literarisches über Verdi

Werfel, Franz, *Verdi: Roman der Oper*, Berlin: Zsolnay 1924; (Gesammelte Werke), [Amsterdam]: Bermann-Fischer 1949; (Gesammelte Werke in Einzelbänden), Frankfurt am Main: Fischer 1955.

Nicht verwirklichte Projekte

Gerhartz, Leo Karl, *Il* ›*Re Lear*‹ *di Antonio Somma ed il modello melodrammatico dell'opera verdiana: Principi per una definizione del libretto verdiano*, in: Atti del I° congresso internazionale di studi verdiani, Parma: Istituto di studi verdiani 1969, S. 110–115.

Medici, Mario, *Lettere sul* ›*Re Lear*‹, in: Verdi: Bollettino dell'Istituto di studi verdiani 1, Nr. 2 (1960), S. 767–778 und 1039–1056.

Schmidgall, Gary, *Verdi's* ›*King Lear*‹ *Project*, in: 19th-Century Music 9 (1985/86), S. 83–101.

Register

Das vorliegende Namen- und Werkregister verzeichnet alle im Haupttext des Verdi-Handbuchs erwähnten Personen (Eigennamen) und deren Werke (Kompositionen, Dramen, Romane, *libretti*, Filme usw.), mit Ausnahme von Giuseppe Verdi selbst, auf welchen schließlich auf nahezu jeder Seite des Buches eingegangen wird. Auch Wortverbindungen mit Eigennamen (wie zum Beispiel »metastasianisch« oder »Wagnerismus«) werden unter dem Eigennamen »Metastasio« bzw. »Wagner« verzeichnet. Rollen aus Bühnenwerken und Namen von Personen aus der Bibel oder der Mythologie wurden im Register nicht mit aufgenommen.

Die Titel von Bühnenwerken oder selbständigen literarischen Schriften wurden unter dem entsprechenden Verfasser verzeichnet; Essays, politische Traktate oder musikwissenschaftliche Sekundärtexte sind allerdings nicht dazu gezählt. Operntitel werden in aller Regel unter dem Komponistennamen verzeichnet, auch wenn sie im Text dem Librettisten zugeordnet sind. War ein Komponist nicht zu ermitteln oder können mehrere in Frage kommen, wurde das *libretto* dem jeweiligen Librettisten zugeordnet. Deutsche oder französische Werktitel wurden nur dann aufgenommen, wenn sie im Text explizit auftauchen.

A

Abbadia, Luigia 303, 307, 651, 661, 672
Abbadia, Natale 651
Abbado, Claudio 460, 547
Abbiati, Francesco 530
Abbiati, Franco 92, 319, 522, 523
Abdrazakov, Askar 448
Ackté, Aino 507
Adam, Adolphe 73, 596, 597, 598, 599, 603, 604, 605, 606, 607
– *Le Bijou perdu* 606
– *Le Brasseur de Preston* 73, 598
– *Le Chalet* 596
– *Le Farfadet* 605
– *Le fidèle Berger* 598
– *Giralda* 604
– *Les Pantins de Violette* 607
– *Le Postillon de Longjumeau* 597
– *La Poupée de Nuremberg* 605
– *Régine* 599
– *La Reine d'un jour* 598
– *Le Roi d'Yvetot* 599
– *Si j'etais Roi* 605
– *Le Sourd* 606
– *Le Toréador* 603
Adams, John 554
– *Nixon in China* 554
Adorno, Theodor W. 536
Agazzari, Agostino 647
Alaimo, Simone 364
Alaffre, Benjamin 606
Alagna, Roberto 460
Albanese, Licia 411, 486
Albert, Prinz von England 363
Albert, Alfred 459
Alberti, Luciano 556
Alberti, Luigi 431, 607
Albertin, Hyacinthe 113
– *Les Chevaliers de Malte ou L'Ambassade à Alger* 113
Alfieri, Vittorio 85, 204
Alinovi, Giuseppe 597, 651
Alioth, Max 280
Alizard, Adolphe Louis Joseph 322, 651
Allievi, Marietta 651
Alpino, Lorenzo 101

Altavilla, Pasquale 70
Alva, Luigi 496
Amato, Pasquale 544
Anastasi-Pozzoni, Antonietta 473, 616, 651
Ancelot, Jacques Arsène 113
– *Têtes rondes et cavaliers* 113
Ancona, Mario 544
André, Naomi 153
Anckarström, Jacob Johan 117, 252
Anderson, June 323
Andreva, Stella 437
Angeleri, Antonio 596
Angelini, Emilio 436
Angelini, Gian Francesco 438, 651
Angelis, Girolamo de 248
Angiolini, Carlo 513, 515
Angri, Elena (Sängerin) 276
Anicet-Bourgeois, Auguste 308, 310, 597, 651, 657
– *Nabuchodonosor* 308, 310, 597, 651
Anomi, Tommaso → Somma, Antonio
Anselmi, Giuseppe 544
Antonietti Porzi, Colomba 155
Appiani, Andrea 651
Appiani, Giuseppina (geb. Strigelli) 129, 599, 651,652
Arangi-Lombardi, Giannina 545
Arati, Marco 379, 651
Arditi, Luigi 513
Arié, Raffaele 547
Arimondi, Vittorio 544, 651
Arnaldo di Brescia 103
Arnault, Antoine-Vincent 111
Arpino, Ferdinando 431, 651-651
Arrighi, Cletto 611
– *La scapigliatura e il 6 febbraio* 611
Arrivabene, Opprandino Conte 2, 7, 21, 37, 97, 102, 164, 254, 424, 473, 521, 522, 524, 527, 532, 623, 652, 673-673
Arroyo, Martina 418
Artaria (Verlagshaus) 77
Asioli, Benedetto 198
Asioli, Bonifazio 208, 211
Aspa, Mario 277

– *I due savojardi* 277
Assandri, Virginio 486
Attila, König der Hunnen 93, 94, 255
Auber, Daniel-François-Esprit 17, 91, 94, 114, 153, 277, 430, 431, 434, 437, 455, 512, 513, 514, 594, 595, 596, 597, 598, 599, 599, 602, 604, 605, 607, 610, 613, 614, 616, 640, 660, 676
– *Acéton* 597
– *L'Ambassadrice* 597
– *La Barcarolle* 599
– *La Bergère Châtelaine* 594
– *Le Cheval de bronze* 596
– *La Circassienne* 610
– *Les Diamants de la Couronne* 599
– *Le Dieu et la bayadère* 595
– *Le Domino noir* 597
– *Le Duc d'Olonne* 599
– *Emma ou La Promesse imprudente* 594
– *L'Enfant prodigue* 604
– *La Fiancée* 595
– *Fiorella* 504
– *Fra Diavolo* 277, 595
– *Gustave III ou Le Bal masqué (Gustavo III)* 114, 117, 430, 431, 596, 608, 676
– *Haydée* 602
– *Le Lac des fées* 598
– *Leicester ou Le château de Kénilworth* 114, 594
– *Lestocq* 595
– *Le maçon* 594
– *Manon Lescaut* 607
– *Marco Spada* 605
– *La Muette de Portici* 17, 94, 153, 277, 437, 595, 640
– *La Neige* 594
– *Le Part du diable* 599
– *Le Philtre* 595
– *Le premier Jour de Bonheur* 613
– *Rêve d'Amour* 614
– *Le Serment* 596
– *La Sirène* 599
– *Zanetta* 598
– *Zerline* 604
Avogadro, Liana 448

Avogadro, Saturno 448
Azzali (Verlagshaus) 581

B

Bach, Johann Sebastian 13, 198, 500, 504, 521
– *Messe h-Moll* 504
Bachmann, Ingeborg 530
Badiali, Cesare 51
Badon, Edmond 128
– *Un duel sous Richelieu* 128
Bagier, Prosper 652
Baistrocchi, Don Pietro 3, 593, 594, 652
Balbo, Cesare 96, 103, 370
Balderi, Arcangelo 652
Balestra, Luigi 513, 514, 515, 517, 598, 652
Ballila Pratella, Francesco 533
Balzac, Honoré de 6, 17, 144, 295, 640
– *Massimilla Doni* 17
– *La Peau de Chagrin* 295
Bancalari, Domenico 329
Barbaja, Domenico 60, 77, 641
Barbanera (Sänger) 70, 71
Barbapedàna 229, 230, 233
Barbarigo (Venezianische Familie) 87
»Barbarossa« → Friedrich I.
Barbieri, Fedora 334, 404, 437, 474, 496, 503, 546
Barbieri, Gaetano 335, 662
Barbieri, Luigi 652
Barbieri-Nini, Marianna (Hakkensöllner) 243, 265, 333, 348, 353, 354, 356, 367, 652
Barbot, Caroline (geb. Douvry) 438, 652, 665
Bardare, Leone Emanuele 135, 372, 395, 396, 605, 606, 652, 656
Barezzi, Antonio 3, 4, 6, 21, 97, 101, 102, 142, 143, 146, 157, 242, 316, 346, 349, 358, 361, 374, 510, 511, 515, 518, 519, 595, 602, 603, 605, 613, 652, 653, 659, 673, 676, 680
Barezzi, Margherita (verh. Verdi) 4, 141, 142, 143, 304, 593, 595, 597, 598, 652, 653, 680-681

Barezzi, Maria (geb. Demaldè) 142, 653, 659, 680
Baroni, Mario 141, 167
Barracani, Ettore 279
– *La rosa* 279
Bartoletti, Bruno 347
Bartolini, Lorenzo 653
Bartolini, Ottavio 653
Basevi, Abramo 11, 80, 119, 186, 187, 194, 220, 313, 319, 357, 366, 383, 394, 423, 424, 429, 636, 653
Bassi, Calisto 510, 511, 596, 653
Bassi, Giuseppe 594
Bastianini, Ettore 328, 373, 460, 547
Battistini, Mattia 544
Baucardé (Baicardé, Bocardé), Carlo 170, 403, 653
Bauer, Roberto 544
Bayer, Joseph 281
– *Die Puppenfee* 281
Beauchet, Malgloire 653
Beaugrand, Léontine 459, 653
Beauharnais, Eugène 593
Beaumarchais, Pierre-Augustin (de) 108
Beaumont, Alexandre (Louis-Alexandre Beaume) 347, 349, 612, 653, 671
Bechi, Gino 546
Beethoven, Ludwig van 7, 13, 185, 197, 229, 230, 233, 294, 444, 500, 521, 535, 587, 595, 624, 646
– *Fidelio* 230
– *Leonoren-Ouvertüre Nr. 3, op. 73* 232, 646
– *Missa solemnis* 500
Bekker, Paul 530
Belgioioso, Cristina 148, 155
Belgiojoso, Ludovico (Graf) 517
Bellaigue, Camille 101, 220, 232, 288, 289, 301, 489, 505, 653
Belli, Adriano 517
Belli, Giuseppe Gioacchino 85
Bellincioni, Gemma 411
Bellini, Andrea 653
Bellini, Vincenzo 2, 6, 8, 9, 11, 15, 42, 53, 54, 56, 68, 71, 74, 77, 79, 81, 88, 92, 93, 94, 104, 108, 109, 113, 114, 118, 121, 126, 127, 154, 161, 168, 170, 173, 174, 175, 179, 183, 184, 207, 211, 220, 227, 233, 234, 267, 277, 279, 284, 288, 301, 302, 303, 313, 316, 320, 354, 379, 380, 446, 524, 531, 533, 540, 545, 557, 594, 595, 596, 597, 607, 632, 644, 648, 651, 661, 663, 664, 674, 676, 678
– *Adelson e Salvini* 594
– *Beatrice di Tenda* 109, 126, 277, 596
– *Bianca e Fernando* 595
– *I Capuleti e i Montecchi* 109, 154, 170, 175, 184, 595
– *Norma* 6, 42, 93, 94, 104, 109, 113, 114, 207, 211, 279, 280, 313, 316, 595
– *Il pirata* 113, 595
– *I puritani* 113, 277, 596, 607, 663
– *La sonnambula* 6, 11, 108, 109, 113, 114, 154, 277, 557, 595, 644, 651
– *La straniera* 6, 109, 113, 277, 595
Bellinzaghi, Giovanna (Giovannina) 314, 653
Belloy, Dormant de 111
Benáckova-Cap, Gabriela 510
Bendazzi, Luigia 429, 653-653
Benedetti, Nicola 654
Benigni, Roberto 580
– *La vita è bella* 580
Benjamin, Walter 75
Benza (Benza-Nagy), Ida 447, 654
Berchet, Giovanni 370
Beretta, Caterina 654
Berg, Alban 537, 550, 568, 587, 646
– *Lulu* 646
– *Wozzeck* 537, 550, 587
Berghaus, Ruth 551, 552, 553, 554, 566
Bergonzi, Carlo 328, 334, 337, 347, 364, 376, 537, 546
Berio, Luciano 517, 540, 541
– *La vera storia* 540
Berio di Salsa, Marquis Francesco (Maria) 110, 477
Berliner, Emil 576
Berlinguer, Enrico 578
Berlioz, Hector 15, 71, 72, 73, 281, 290, 499, 500, 503, 598, 611, 619, 624, 642
– *Béatrice et Bénédict* 611
– *Benvenuto Cellini* 598
– *La damnation de Faust* 15
– *Grande Messe des morts* 499, 500
– *La Prise de Troie* 619
– *Les Troyens* 624
– *Les Troyens à Carthage* 611
Bermbach, Udo 355
Bernal, Bérénice 24
Bernal, Moritz 24
Bernardoni, Giovanni 654
Bernhardt, Sarah 411
Bertati, Giovanni 106
Bertoja, Giuseppe 252, 256, 258, 265, 268
Bertini, Francesca 577
Bertolucci, Bernardo 567, 577, 578, 580
– *La luna (Der Mond)* 567, 578
– *1900 (Novecento)* 567, 577
– *La strategia del ragno (Die Strategie der Spinne)* 578
Bettini, Geremia 654
Bey, Draneth 615, 616
Bezzubenkov, Gennady 448
Biaggi, Antonio 53
Bianchi, Francesco 339
Bianchi, Tommaso 513, 515
Bianco, Giovanni 654
Bianconi, Lorenzo 72
Bioli, Enzo 582
Biscottini, Francesco Antonio 283
Bizet, Georges 11, 37, 294, 538, 598, 611, 613, 616, 617, 618, 632, 643, 659
– *Carmen* 11, 294, 618, 643, 659
– *Djamileh* 616
– *La jolie Fille de Perth* 613
– *Les Pêcheurs de perles* 611

Bjoerling, Jussi 395, 404, 437, 474, 546
Blasis, Carlo 460
Blech, Leo 328
Bloch, Ernst 225, 550, 565
Bloch, Rosine 450
Boccabadati, Virginia 279, 654
Boccaccio, Giovanni 41, 489
– *Il Decamerone* 489
Böhm, Karl 548
Böhme, Kurt 380
Bohnen, Michael 328
Boito, Arrigo (Enrico Giuseppe Giovanni, Anagramm Tobia Gorrio) 37, 94, 100, 138-140, 144, 190, 201, 202, 206, 208, 211, 212, 214, 216, 228, 229, 240, 242, 245, 267, 270, 288, 289, 290, 302, 418, 420, 423, 426, 427, 428, 430, 474, 475, 477, 478, 479, 480, 481, 482, 483, 484, 485, 486, 489, 491, 492, 493, 494, 504, 505, 508, 512, 513, 518, 520, 522, 523, 527, 531, 536, 537, 585, 586, 599, 611, 613, 616, 619, 620, 621, 622, 623, 624, 625, 626, 628, 629, 642, 646, 653, 654, 659, 660, 661, 664, 667, 668, 675, 677
– *Mefistofele* 37, 208, 212, 267, 425, 531, 613, 619, 642, 646, 654
– *La musica in piazza* 229, 230
– *Nerone* 531, 654
Boito, Camillo 627, 628, 654
– *Una vendetta in domino* 89
Boldoni, Giovanni 574
Bolognese, Domenico 89, 431, 654-654
Bonanno, Paolo 582
Bonaparte, Napoléon 27, 29, 66, 91, 97
Bonavia, Ferruccio 530
Boncompagni, Maria Vittoria Ottoboni → Ottoboni Boncompagni, Maria Vittoria
Bondy, Luc 553
Bonini, Francesco Maria 544
Bonisolli, Franco 364
Bonnehée, Marc 403, 417, 655
Bonynge, Richard 328, 364
Borghi-Mamo, Adelaide 655
Borgioli, Armando 545
Borodin, Alexander 282
Borodina, Olga 448, 460
Borowski, Daniel 323
Borghi-Mamo, Adelaide 403
Borodin, Alexandr 624
– *Knjas Igor (Fürst Igor)* 624
Borri, Pasquale 275, 279
– *Un'avventura di carnevale* 279
– *Rodolfo di Gerolstein* 275
Borromeo, Renato 596
Borsi, Carlo Antonio 191, 224, 390
Bottesini, Giovanni 473, 607, 615, 616, 619, 655
– *Ali Baba* 615
– *L'assedio di Firenze* 607
– *Ero e Leandro* 619
Bouché, Lucien (Luciano) 363, 655
Boucheron, Raimondo 71, 73
Boulez, Pierre 538

Bourgeois, Eugène 121, 380, 381, 384, 603, 655, 677
– *Le Pasteur ou L'Évangile et le foyer [Stifellius]* 380, 381, 603, 655, 677
Boutet de Monvel, Jacques Marie 111
Brahms, Johannes 8, 13, 500, 503, 596, 627
– *Ein deutsches Requiem* 13
Brambilla, Teresa (Teresina) 395, 655
Brandus, Louis 418
Brecht, Bertolt 557
Breitkopf & Härtel (Verlagshaus) 60, 77
Brenna, Giulio 329
Brenna, Guglielmo 129, 130, 221, 331, 404, 405, 604, 605, 655
Britten, Benjamin 539
– *Peter Grimes* 539
Broglio, Emilio 614
Bronte (Schwestern)
Jane Eyre 567
Brooks, Peter 112
Bruckner, Anton 511
Brunacci, Angelo 655
Bruneau, Alfred 628
– *Messidor* 628
Brunet, Sylvie 404
Bruno, Giordano 99
Bruscantini, Sesto 448
Bruschi-Chiatti, Abigaille (Adelaide) 460, 655
Bruson, Renato 328, 380, 547
Budden, Julian 2, 103, 302, 307, 340, 516, 518, 530
Bülow, Hans von 503, 532, 625, 655
Bumbry, Grace 546
Burchaladze, Paata 328
Burckhardt, Jacob 280
Burg, Robert 448, 548
Burke, Tom 549
Busch, Fritz 437, 448, 486, 530, 548, 552-553, 560
Busch, Hans 480, 523
Busoni, Ferruccio 536, 537, 560
– *Doktor Faust* 560
Buvoli, E. 518
Byron, Arturo 279
Byron, George Gordon Noel (Lord Byron) 6, 110, 121, 122, 127, 168, 287, 327, 328, 329, 331, 332, 333, 339, 353, 358, 364, 365, 366, 477, 593, 594, 655, 666
– *The Bride of Abydos* 122, 127, 366
– *Cain. A Mystery* 366
– *The Corsair. A Tale* 127, 358, 364, 366, 593, 655
– *The Two Foscari. A historical Tragedy* 127, 328, 332, 594, 655

C

Caballé. Montserrat 337, 364, 367, 380, 460, 546

Cabrera, Sergio 574, 578
- *La Estrategia des Caracól* (*Die Strategie der Schnecke*) 574
Cagnoni, Antonio 279, 514
- *Don Bucefalo* 279
Caimi, Arnoldo 607
Caimi, Ettore 209
Caimi, Eugenio 418, 655
Cairoli, Benedetto 619, 621
Cairoli, Adelaide 145
Callas, Maria 358, 395, 404, 411, 437, 474, 530, 546, 552, 557
Calvino, Italo 540
Calzabigi, Ranieri de' 642
Calzado, Torribio 655-655
Cambini, C[arlo?] A[ndrea?] 277
- *Inno al rè* 277
Cambon, Charles 459
Cammarano, Salvatore 7, 59, 103, 109, 113, 114, 115, 116, 117, 118, 122, 123, 126, 127, 134, 135, 136, 153, 161, 169, 180, 191, 197, 216, 235, 250, 256, 265, 287, 337, 338, 339, 340, 341, 353, 354, 367, 368, 370, 373, 374, 377, 378, 379, 395, 396, 399, 400, 434, 442, 523, 561, 599, 603, 605, 606, 652, 655, 659, 667, 677
- *Cristina di Svezia* 118, 126
- *Ines de Castro* 109
Campora, Giuseppe 430
Caniglia, Maria 448
Canonici, Luca 503
Canti, Giovanni 598, 656
Capecelatro (Komponist) 665
Caponi, Jacopo → Folchetto
Capponi, Marchese Gino 96, 656
Capponi, Giovanni 460
Capponi, Giuseppe 171, 498, 656
Cappuccilli, Piero 315, 334, 358, 364, 395, 430, 547
Capuana, Franco 518
Carafa, Michele 108, 596
- *La Prison d'Édimbourg* 596
Carcano, Giulio 656, 677
Carducci, Giosuè 144, 623, 656
- *Il canto dell'amore* 656
- *Odi barbare* 656
Carlini, Lucia 681
Carlo Alberto, König von Piemont-Sardinien 32, 91, 97
Carotti, Carlo 594
Carpani, Giuseppe 108
Carrara, Alberto 618, 619, 656
Carrara, Angelo (Angiolo) sen. 629, 656
Carrara, Giuseppina 620, 656
Carrara, Maria Filomena (geb. Verdi) 206, 613, 614, 618, 619, 620, 656
Carrara-Verdi (Familie) 380, 659
Carreras, José 308, 334, 367, 373, 385, 430, 517, 546
Carsen, Robert 553
Caruso, Enrico 403, 447, 544, 548
Carvalho (Carvaille), Léon 349, 611, 656
Casaloni-Barboglia, Annetta 395, 656
Casazza, Elvira 545
Casella, Alfredo 533, 534

- *La donna serpente* 533
- *La favola di Orfeo* 533
Caselli, Dario 448
Casini, Claudio 74
Castagna, Bruna 437, 545
Castelmary, Armand 656
Castelvecchi, Stefano 338
Catalani, Alfredo 75, 516, 620, 621, 622, 625, 629
- *Atahualpa* 629
- *Dejanice* 621
- *Edmea* 622
- *Elda* 620
- *La Wally* 625
Catena, Adalberto 101
Cavaignac, Eugène 369, 603
Cavalli, Contardo 601
Cavalli, Francesco 639
Cavallini, Ernesto 444
Cavallini, Pierino 666
Chi dura, non vince 666
Cavallotti (Bühnenbildner) 251
Cavour, Camillo 32, 33, 36, 37, 45, 46, 91, 92, 93, 99, 438, 605, 607, 609, 610, 664, 673
Cebotari, Maria 380, 577
Ceccarius 517
Cecchetti, Enrico 275
Cecchi, Paolo 138
Cellini, Renato 404
Cencetti, Giuseppe 656
Cerquetti, Anita 328, 546
Cerrito, Fanny 275
Cesti, Marc' Antonio 531
Chabrier, Emanuel 619, 622, 623, 629
- *Briseis* 629
- *Une Education manquée* 619
- *L'Étoile* 619
- *Gwendoline* 622
- *Le Roi malgré lui* 623
Chaperon, Philippe 459
Charpentier, Gustave 200, 294, 629
- *Louise* 200, 294, 629
Chateaubriand, François René Vicomte de 96
Cherubini, Luigi 498, 503, 509, 593, 596, 599
- *Les Abencérages* 593
- *Ali Baba* 596
- *Requiem c-Moll* 499
Cheskin, Jonathan 338
Chiesa Barilli, Catarina 672
Chion, Théodore 653
Chopin, Frédéric 625
Christoff, Boris 328, 430, 460, 474, 547
Chusid, Martin 386
Cicero, Marcus Tullius 3
Cigna, Gina 548
Cilea, Francesco 78, 532, 625, 628
- *L'Arlesiana* 628
- *La Tilda* 625
Cimarosa, Domenico 108, 534
- *Gli Orazi ed i Curiazi* 108
Cineselli, Gaetano 65
Cirelli, Camillo 145
Cirelli, Camillo (Camillino) 145, 146, 653
Cirelli, Sinforosa 145
Clausetti, Carlo 77, 674
Clelia [Contessa] 155
Clément, Catherine 141
Cleva, Fausto 380, 547

Coccia, Carlo 593
- *Clotilda* 593
Coletti, Filippo 180, 341, 363, 411, 657
Colini, Filippo 51, 337, 368, 385, 657
Collini, Virgilio 460
Colonnese, Luigi 447, 657
Comari, Allegro 585
Cominazzi (Autor) 80
Conati, Marcello 84
Connell, Elizabeth 334
Conti, Carlo 595
- *Olimpia* 595
Conti (Sängerin) 63
Coppola, Pietro (Pier) Antonio 162, 596, 597, 598
- *Enrichetta Baienfeld* 597
- *Giovanna Prima, Regina di Napoli* 598
- *Gli Illinesi* 596
- *La pazza per amore* (*Die Wahnsinnige aus Liebe*) 162, 596
Corelli, Arcangelo 534
Corelli, Franco 373, 404, 546
Corelli, Leone 363, 657
Corera (Komponist) 662
Cormon, Eugène (Pierre Etienne Piestre) 290, 448, 449, 601, 657
- *Philippe II, Roi d'Espagne* 448, 601, 657
Cornago, Giovanni Battista 285, 657
Cornelius, Peter 608, 612
- *Der Barbier von Bagdad* 608
- *Der Cid* 612
Cornue, Francis 308, 310, 597, 651, 657
- *Nabuchodonosor* 308, 310, 597
Corradetti, Ferruccio 544
Corsini (Fürst) 90-91
Cortesi, Antonio 251, 308, 310, 598, 657
- *Nabucodonosor* 308, 310, 598
Corticelli, Mauro 657
Cosselli, Domenico 173
Cossotto, Fiorenza 308, 460, 546
Costa, Michael Andrea Agniello 459, 613, 657
- *Don Carlos* 459
Costa, Tommaso 657
Costantini (Costandini), Natale 346, 657
Cotogni, Antonio 460, 657-657
Cotrubas, Ileana 395
Cottrau, Teodoro 90
Crescentini, Adolfo 505
Crispi, Francesco 36, 623, 628
Crivelli, Giuseppe 60
Croce, Benedetto 185, 355
Cromberg, Leopoldo 658
Cromwell, Oliver 117
Crosnier, François-Louis 402, 412, 413, 414, 524, 658
Cruvelli (Crüwell), Jeanne Sophie Charlotte (Sofia, verh. Vigier) 7, 413, 417, 606, 658, 675
Cucchi, Claudina 275, 658
Cucciniello, Michele 512
- *La patria. Inno nazionale a Ferdinando II* 512
Czerny, Carl 634

D

da Gagliano, Marco 647
d'Agoult, Marie 144
Dahlhaus, Carl 296, 480
Dallapiccola, Luigi 95, 424, 534, 535, 536, 569
dalla Rizza, Gilda 545, 548
Dalle Aste, Francesco Maria 418
Dall'Ongaro, Francesco 518, 520
dal Monte, Toti 545
Damiani, Luciano 342
Damini, Paolo 658
d'Andrade, Francesco 544
Danesi, Luigi 275
d'Angeri (Angermayer de Redenburg), Anna (verh. Dalem) 328, 429, 658
D'Annunzio, Gabriele 208
Dante Alighieri 38, 41, 42, 110, 138, 202, 204, 206, 506, 508, 509, 534, 620
La divina commedia 42, 110, 506
Da Ponte, Lorenzo 107, 207, 642
D'Artegna, Francesco Ellero 430
David, Félicien 346, 455, 604, 609, 611
- *Le Désert* 346
- *Herculaneum* 609
- *Lalla-Roukh* 611
- *La Perle du Brésil* 503
David, Joseph 658
Davies, Arthur 364
D'Azeglio, Massimo 34, 97, 370
De Amicis, Edmondo 658
- *Cuore* 658
De Amicis, Giuseppe 658
de Angelis, Nazzareno 545
De Antoni (Kostümbildner) 258
De Bassini (Bassi), Achille 51, 180, 276, 333, 367, 379, 438, 446, 658
De Bassini, Alberto 544
Debussy, Claude 200, 537, 587, 611, 653
- *Pelléas et Mélisande* 200, 537
Decombe, François 675
de Giorgio, Paolo 603
de Giosa, Nicola 618
- *Napoli di Carnovale* 618
De Giuli-Borsi (Pippa), Teresa 51, 314, 368, 659
De Grazia, Paolo 518
Dei, Raineri 385
Delcarretto, Francesco Saverio (Graf) 88
Delfico (de Filippis dei Conti di Langano), Melchiorre 35, 89, 518, 519, 581, 659
Délibes, Leo 616, 620, 621, 625
- *Jean de Nivelle* 620
- *Kassya* 625
- *Lakmé* 621
- *Le Roi l'a dit* 616
Della Legueglias, Giovanni Agostino 310
- *Nabucco trasformato. Ragionamenti morali* 310
Della Seta, Fabrizio 237, 404
Della Somaglia, Contessa Gina 599, 659
Dell'Era, Antonietta 275
Del Monaco (Verlagshaus) 77, 674
del Monaco, Mario 328, 546
Delna, Marie 507

Deloffre, Adolph 357
de los Angeles, Victoria 430
Del Signore, Carlo 659
De Luca, Giuseppe 447, 544
De Lucia, Fernando 544
Demaldè, Giuseppe 659
Demaldè, Maria → Barezzi, Maria
Demerdjiev, Evgenij 358
Depanis, Giuseppe 507
Depretis, Agostino 618, 621
Dérivis, Prosper 51, 314, 322, 659
de Sabata, Victor 358, 547
De Sanctis, Cesare 16, 79, 84, 88, 197, 258, 259, 294, 372, 383, 384, 399, 400, 405, 423, 444, 525, 527, 652, 659
De Sanctis, Francesco 42
Despléchin, Edouard 459
Deutekom, Cristina 323, 347
Dew, John 553
Diaghilew, Sergej 275
di Cesare, Ezio 323
Dimitrova, Ghena 315
d'Indy, Vincent 628
– *Fervaal* 628
di Stefano, Giuseppe 395, 404, 437, 503, 546
Dolci, Antonio 240
Dolukhanova, Zara 510
Domingo, Plácido 315, 323, 328, 337, 358, 380, 395, 418, 448, 460, 546
Dominici, Ernesto 448
Dominique-Venettozza, Caroline (Lassiat) 653, 659
Donatelli, Fanny Salvini → Salvini Donatelli, Fanny
Donizetti, Gaetano 2, 3, 6, 8, 9, 11, 29, 42, 47, 53, 54, 55, 56, 63, 65, 68, 74, 77, 79, 86, 88, 93, 108, 109, 114, 122, 126, 128, 134, 135, 153, 161, 168, 170, 173, 174, 175, 179, 188, 192, 193, 196, 210, 220, 227, 234-235, 240, 241, 242, 243, 246, 265, 275, 277, 279, 282, 284, 301, 302, 303, 307, 311, 313, 314, 316, 319, 322, 337, 353, 354, 356, 378, 379, 380, 412, 415, 446, 455, 512, 515, 540, 594, 595, 596, 597, 598, 599, 603, 621, 635, 639, 643, 644, 648, 651, 653, 654, 656, 657, 661, 669, 674, 675, 676, 678, 679, 680, 681
– *Adelia* 246, 599
– *Anna Bolena* 6, 109, 265, 279, 595
– *Belisario* 109, 275, 311, 597
– *Betly* 415, 597
– *Il borgomastro di Saardam* 595
– *Il campanello di notte* 597
– *Colombo ossia La scoperta dell'America* 277
– *Le convenienze ed inconvenienze teatrali* 639
– *Il diluvio universale* 47
– *Dom Sébastien* 170, 173, 599
– *Don Pasquale* 280, 553, 599, 657
– *Le Duc d'Albe (Il duca d'Alba)* 411, 412, 415, 598, 621, 660, 676

– *Elisabetta o Il castello di Kenilworth* 114
– *L'elisir d'amore* 42, 596
– *Enrico di Borgogna* 594
– *Gli esiliati in Siberia* 595
– *L'esule di Roma ossia Il proscritto* 117, 595, 675
– *Fausta* 279, 353, 596
– *La Favorite* 170, 279, 316, 455, 598, 654
– *La Fille du régiment* 446, 598
– *Il furioso nell'isola di San Domingo* 596
– *Gemma di Vergy* 596
– *Gianni di Parigi* 598
– *Linda di Chamounix* 11, 154, 173, 599, 643, 651
– *Lucia di Lammermoor* 6, 65-66, 86, 88, 109, 118, 174, 277, 322, 356, 379, 596, 644
– *Lucrezia Borgia* 9, 55, 109, 154, 279, 280, 596
– *Maria di Rohan* 128, 173, 235, 240, 243, 599
– *Maria di Rudenz* 598
– *Maria Padilla* 311, 599
– *Maria Stuarda* 109, 126, 596
– *Marino Faliero* 311, 313, 596, 599, 661
– *Les Martyrs* 319, 598
– *Olivo e Pasquale* 595
– *Parisina* 596
– *Poliuto* 170, 681
– *La regina di Golconda* 108, 595
– *Roberto Devereux* 277, 597
– *Torquato Tasso* 126, 311, 596
– *Zoraida di Granata* 594
Doria, Andrea 90
Doria, Giovanni Carlo 90
D'Ormeville, Carlo 659
Dragone, Francesco 659
Draneth, Paul (Paul Pavlidis) 461, 462, 473, 659
Drigo, Riccardo 275
Dubois, Jean-Baptiste 113
– *Les Chevaliers de Malte, ou L'Ambassade à Alger* 113
Du Locle (Du Cammun), Camille Germain 7, 13, 136, 209, 240, 261, 448, 449, 451, 455, 461, 462, 464, 465, 485, 550, 560, 580, 612, 614, 615, 616, 618, 621, 659, 663, 668, 669, 671
Dumas, Alexandre (der Jüngere) 112, 118, 121, 128, 258, 366, 404, 405, 407, 410, 411, 557, 577, 588, 602, 605, 606, 660
– *La Dame aux camélias* 121, 134, 404, 405, 407, 410, 577, 602, 605, 606, 660
Dumilâtre, Adèle 660
Duplessis, Marie (eigentlich Alphonsine Plessis) 407, 660
Duponchel, Charles Edmond 660
Dupré, Éléonore 662
Duprez, Gilbert Louis 169, 174, 322, 660
Duroni (Beleuchter) 256
Duse, Eleonora 411
Duveyrier, Charles 411, 412, 598, 660, 676
Dvořák, Antonín 617, 618, 619, 620, 621, 624, 629

– *Čert a Káča (Die Teufelskäthe)* 629
– *Dimitrij* 621
– *Jakobín* 624
– *Král a Uhlíř (König und Köhler)* 617
– *Rusalka* 629
– *Šelma sedlák (Der Bauer ein Schelm)* 619
– *Tvrdé palice (Die Dickschädel)* 620
– *Wanda* 618

E
Ebert, Carl 553, 560, 561
Echeverria, José (Giuseppe) 429, 660
Edel, Alfredo 485, 581
Edelvira (Sängerin) 337
Edison, Thomas Alva 576
Edwards, Simon 323
Einstein, Alfred 289
Elias, Rosalind 395
Elmendorff, Karl 380
Elmo, Cloe 496
Elssler, Fanny 276
Elvin, William 364
Escudier, Léon 54, 58, 81, 195, 219, 272, 316, 328, 349, 351, 354, 356, 357, 359, 403, 405, 414, 442, 450, 514, 516, 523, 526, 542, 601, 603, 606, 612, 621, 660, 671
Escudier, Marie-Pierre-Yves [Marie] 81, 328, 414, 514, 516, 523, 601, 660
Etienne de Jouy, Victor-Joseph 114
Eugénie, Kaiserin von Frankreich 458
Evans, Geraint 496
Everist, Mark 113

F
Fabbri, Flora 660
Fabbri, Paolo 215, 486
Fabbricatore, Gennaro 60
Faccio, Franco (Francesco Antonio) 429, 447, 460, 473, 475, 485, 509, 612, 616, 620, 621, 622, 623, 625, 654, 658, 660
– *Amleto* 612
Fairbanks, Douglas 553
Falcon, Marie Cornélie 176
Fallaride, Erenio 310
Falstaff-Migone (Mailänder Parfümerie) 573
Fancelli, Giuseppe 447, 473, 660-660
Farrar, Geraldine 546
Fauré, Gabriel 629
– *Prométhée* 629
Faure, Jean-Baptiste 173, 459, 661
Fehenberger, Lorenz 437
Fellini, Federico 567
– *Casanova* 567
– *E la nave va (Schiff der Träume)* 567
Felsenstein, Johannes 364
Felsenstein, Walter 411, 530, 553
Ferdinand I., König von Neapel 594
Ferdinand II., König von Neapel 32, 88
Ferlotti, Raffaele 179, 307, 761

Ferrari, Giovanni 596, 597, 661, 673
Ferrario, Carlo 485
Ferretti, Christina (?) 517
Ferretti, Jacopo 661
Ferri, Gaetano 385, 661
Ferro, Gabriele 347
Fesca, Alexander Ernst 602
– *Der Troubadour* 602
Fétis, François-Joseph 9
Filippi, Filippo 80, 445, 473, 509, 556, 661
Fischer-Dieskau, Dietrich 437
Flagello, Ezio 328, 380
Flaubert, Gustave 384, 640
Flaùto, Vincenzo 338, 386, 599, 661
Florimo, Francesco (»Lord Palmerston«) 283, 504, 538, 661
Flotow, Friedrich von 279
– *Martha oder Der Markt zu Richmond* 279
Fogazzaro, Antonio 485
Foiani, Giovanni 460
Folchetto (Jacopo Caponi) 673
Fontane, Theodor 275
– *Der Stechlin* 275
Foppa, Giuseppe 108
Fornacieri, Zucchero »Sugar« 576
Fornari, Vincenzo 485, 661
Fortner, Wolfgang 537
– *Bluthochzeit* 537
Foscolo, Ugo 100
Franci, Benvenuto 545
Franck, César 626, 628
– *Ghiselle* 628
– *Hulda* 626
Franz II., Kaiser von Österreich 29, 35
Fraschini, Gaetano 174, 341, 348, 359, 367, 368, 370, 372, 385, 436, 439, 661
Franchetti, Alberto 625, 628
– *Cristoforo Colombo* 625
– *Il signor di Pourceaugnac* 628
Freni, Mirella 328, 430, 448, 496, 546
Frescobaldi, Girolamo 70, 534
Freud, Sigmund 354, 355, 357
Freyer, Achim 553
– *Freyer und Toscanini proben Traviata* 553
Frezzolini, Erminia (verh. Poggi) 153, 179, 309, 316, 322, 337, 661
Frezzolini, Giuseppe 661
Fricci (Frietsche), Antonietta (verh. Neri-Baraldi) 460, 662
Friedrich I. (»Barbarossa«), deutscher Kaiser 368, 370
Friedrich, Götz 553, 561
Frigerio, Ezio 553
Frisch, Max 2, 484
Fuchs, Alexandre Simon Henri 662
Fulgoni, Sara 304
Fusinato, Arnaldo 418, 607, 662

G
Gabrieli, Giovanni 534
Gabussi, Rita (verh. de Bassini) 662
Gabussi, Vincenzo 431, 434
– *Clemenza di Valois* 431
Gailhard, Pierre, 662

Gál, Hans 505
Galeffi, Carlo 545
Gallenberg, Wenzel Robert (Graf) 277
– *Ettore Fieramosca* 277
Gallignani, Giuseppe 504
Gallo, Antonio 88, 662
Gallone, Carmine 577
– *La forza del destino* 577
– *Giuseppe Verdi* 577
– *Rigoletto* 577
Galloni, Giuseppe Prospero 15, 72
Galuzzi, Ferdinando 143
Galzerani, Giovanni 364, 657, 662
– *Il corsaro* 662
Gandini, Francesco 113
Ganzarolli, Wladimiro 308, 380, 385
Garbi, Francesca 448
Garbin, Edoardo 496, 544, 662, 678
Garbo, Greta 411
Garcia, Manuel (der Jüngere) 635, 681
– *Traité complet de l'art du chant* 635
García Gutiérrez, Antonio 134, 395, 396, 399, 418, 423, 424, 597, 599, 604, 605, 662
– *Simón Bocanegra* 418, 599, 662
– *El trovador* 134, 395, 396, 399, 419, 597, 604, 605, 662
García Lorca, Federico 537
– *Die Bluthochzeit* 537
Gardelli, Lamberto 308, 323, 328, 334, 347, 364, 367, 373, 385
Gardiner, John Eliot 504, 508
Gardoni, Italo 359, 363, 662
Garibaldi, Anita 155
Garibaldi, Giuseppe 32, 33, 34, 35, 37, 145, 155, 159, 603, 610, 611, 613
Garris, John 486
Garten, Amelia 662
Garulli, Virginia 279
Gassiev, Nikolai 448
Gatti, Carlo 241
Gautier, Théophile 459, 640
Gavanelli, Paolo 342
Gavazzeni, Gianandrea 373, 547
Gavazzi, Ernesto 448
Gazzaniga (Danani), Marietta (verh. Malaspina, Albites) 337, 379, 385, 662
Gedda, Nicolai 503
Gencer, Leyla 373, 546
Generali, Pietro 593
– *I baccanti di Roma* 593
Gergiev, Valery 448
Gerhard, Anselm 88
Gerhartz, Leo-Karl 530
Gesualdo di Venosa, Carlo 204
Ghiaurov, Nicolai 328, 358, 430, 460, 503, 547
Ghione, Franco 411
Ghislanzoni, Antonio 43, 79, 80, 136, 137, 138, 164, 183, 184, 185, 188, 191, 196, 203, 206, 208, 210, 216, 292, 437, 439, 443, 451, 461, 462, 468, 469, 470, 471, 472, 535, 560, 588, 614, 615, 632, 644, 662-662

– *L'arte di far libretti* (*Die Kunst, Libretti zu schreiben*) 183-184
Ghiuselev, Nicola 547
Giannini, Dusolina 474
Giaotti, Bonaldo 380
Gielen, Michael 232
Gigli, Beniamino 577
Gilbert, Anthony 352
Gioberti, Vincenzo 31, 97, 103
Gioja, Fernando 277
– *L'improvvisatore errante ossia Il mago per astuzia* 277
Giordani, Marcello 323
Giordano, Umberto 75, 78, 532, 625, 628
– *Andrea Chénier* 628
– *Fedora* 628
– *Mala vita* 625
Giorza, Paolo 279
Giraldoni, Leone 429, 436, 663
Girard, Bernardo 60
Giuglini, Antonio 607, 663
Giulini, Carlo Maria 333, 334, 347, 395, 460, 503, 547
Giuseppini, Speranza 663
Giusti, Giuseppe 100, 101, 663
Glinka, Michail 109
Gluck, Christoph Willibald (Ritter von) 203, 642, 643
– *Orfeo ed Euridice* 203
Gnaccarini, Agostino 460, 663
Gobbi, Tito 395, 430, 437, 474, 496, 546
Göhler, (Karl) Georg 357, 447, 548
Goethe, Johann Wolfgang von 106, 107, 110, 212, 513, 515, 517, 518, 519, 531, 646, 652, 666
– *Erster Verlust* 517
– *Faust. Der Tragödie erster Teil* 110, 212, 513, 515, 531
– *Die ungleichen Hausgenossen* 519
Goggi, Emilia 403, 663
Goldmann, Friedrich 540
– *R. Hot* (*Die Hitze*) 540
Goldoni, Carlo 639
Gomes, Antonio Carlos (Carlo) 75, 78, 279, 614, 616, 617, 624
– *Fosca* 616
– *Il Guarany* 75, 78, 279, 614
– *Salvator Rosa* 617
– *Lo schiavo* 624
– *Se sa minga* 75
Gorchakova, Galina 448, 460
Gorrio, Tobia → Boito, Arrigo
Gorzkowski, Karl von 87
Gossec, François-Joseph 499
Gossett, Philip 84, 138, 186, 248
Gounod, Charles 15, 37, 78, 455, 461, 594, 604, 606, 608, 609, 610, 611, 613, 619, 620, 626, 632, 676
– *Cinq-Mars* 619
– *La Colombe* 610
– *Faust* 15, 78, 609
– *Le Médecin malgré lui* 608
– *Mireille* 611
– *La Nonne sanglante* 606
– *Philémon et Baucis* 610
– *Polyeucte* 619
– *La Reine de Saba* 611
– *Roméo et Juliette* 613

– *Sapho* 604
– *Le Tribut de Zamora* 620
Graffigna, Achille 304
– *I Bonifazi e i Salinguerra* 304
Graffigna, Angelo 512
Gramsci, Antonio 37, 40, 66, 294
Grandjean, Louise 507
Graziani, Francesco 438, 460, 663
Graziani, Lodovico 403, 410, 411, 663
Greenwald, Helen 141
Gregor VII. (Hildebrand, Papst) 103
Gregor XVI. (Papst) 46, 97
Grigorian, Gegam 448
Grillparzer, Franz 348, 351, 359
– *Die Ahnfrau* 348, 351, 359
Grisi, Carlotta 275
Grist, Reri 437
Gronda, Giovanna 486
Grossi, Eleonora 473, 663
Grossi, Tommaso 315, 316, 385, 595
– *I Lombardi alla prima crociata* 595
Gualandi, Anselmo → Guerrazzi, Francesco Domenico
Guarini, Giambattista 204
– *Il pastor fido* 204
Guarrera, Frank 496
Guasco, Carlo 51, 322, 328, 346, 663
Guelfi, Giangiacomo 334
Günther, Ursula 450, 460
Guerra, Nicola 275
Guerrazzi, Francesco Domenico (Pseudonym Anselmo Gualandi) 88, 96, 373
– *L'assedio di Firenze* (*Die Belagerung von Florenz*) 88, 373
Guerrini, Virginia 663
Guéymard, Louis 403, 413, 417, 664
Guéymard-Lauters, Pauline → Lauters, Pauline
Guicciardi, Giovanni 403, 664
Guidarini, Marco 358, 404
Guidi (Verlagshaus) 77, 80, 674
Guleghina, Maria 304
Gustafsson, Eva 474
Gustav III., König von Schweden 85, 117, 431, 436, 437
Gutiérrez, Antonio García → García Gutiérrez, Antonio
Gyrowetz, Alexander (Adalbert) 304, 594, 674
– *Il finto Stanislao* 304, 594, 674

H
Hadrian, Frank 448
Händel, Georg Friedrich 208, 498, 546
– *The Messiah* 498
– *Scipione* 208
Hainl, Georges-François 459, 613
Haitink, Bernard 460
Halevy, Jacques Fromental Elie (eigentlich Lévy) 78, 91, 153, 319, 412, 455, 595, 597, 598, 599, 601, 602, 603, 604, 607, 608, 611, 622, 640, 676

– *Charles VI* 599
– *La Dilettante d'Avignon* 595
– *L'Éclair* 597
– *La Fée aux Roses* 603
– *Guido et Ginèvra* 598
– *Le Guitarréro* 599
– *Jaguarita l'Indienne* 607
– *La Juive* 78, 153, 319, 597, 640
– *La Magicienne* 608
– *Les Mousquetaires de la Reine* 601
– *Noah* 622
– *La Reine de Chypre* 599
– *Le Shérif* 598
– *La tempesta* 604
– *Le Val d'Andorre* 602
Halfvarson, Eric 460
Hampson, Thomas 460
Hann, Georg 380
Hansen, Joseph 664
Hanslick, Eduard 9, 18, 65, 74, 83, 93, 171, 218, 233, 470, 499, 503, 549, 606, 664
– *Vom Musikalisch Schönen* 606
Harnoncourt, Nikolaus 283, 565
Harris, John 364
Harshaw, Margaret 546
Haskins, Virginia 437
Haydn, Joseph 3, 13, 66, 195, 233, 521, 596
– *Die Schöpfung* 3, 66, 596, 668
Hayez, Francesco 6, 255
Hegel, Georg Wilhelm Friedrich 13, 185
Héglon, Meyriane 507
Heine, Heinrich 6, 38, 204, 287, 331
– *Reise von München nach Genua* 38
Heinrich IV., deutscher Kaiser 103
Heitmann, Klaus 384
Held, Moritz 333
Henneberg, Claus H. 537
Henze, Hans Werner 539, 540
– *Elegie für junge Liebende* 540
– *Der junge Lord* 540
– *König Hirsch* 539-540
– *Der Prinz von Homburg* 540
Hermann, Josef 380, 553
Hérold, Ferdinand 114, 115, 277, 593, 594, 595, 596
– *La Clochette* 593
– *Ludovic* 596
– *Marie* 595
– *Le Muletier* 594
– *Le Pré aux clercs* 596
– *Les Rosières* 593
– *La Somnambule ou L'Arrivée d'un nouveau seigneur* 114
– *Zampa* 277, 595
Herz, Joachim 551, 553
Heyse, Paul 280
Hiller, Ferdinand 459, 510, 598, 599, 602, 606, 611, 612, 620, 664
– *Der Advokat* 606
– *De Profundis* 620
– *Der Deserteur* 612
– *Die Katakomben* 611
– *Konradin, der letzte Hohenstaufen* 602
– *Romilda* 598
– *Der Traum in der Christnacht* 599

Hindemith, Paul 534, 560
- *Cardillac* 560
Hölszky, Adriana 554
- *Die Wände* 554
Hoffmann, François-Benoît 111
Hoffmann, Ernst Theodor Amadeus 229
Hofmannsthal, Hugo von 107, 495
Hohenstein, Adolf 254, 262, 664
Homer 204
Homoki, Andreas 553, 555
Hopf, Hans 380
Hoven, Johann (Johann Vesque von Püttlingen) 599
- *Johanna d'Arc* 599
Howell, Gwynne 380
Hudson, Paul 364
Hodson, Sir James 664
Hugo, François-Victor 138, 480
Hugo, Victor Marie [»Vittor Ugo«] 9, 84, 110, 112, 114, 121, 122, 128, 129, 131, 168, 220, 222, 230, 236, 237, 290, 293, 294, 323, 324, 326, 327, 332, 339, 353, 354, 366, 377, 381, 386, 388, 390, 391, 393, 395, 396, 399, 423, 438, 588, 595, 596, 599, 604, 664
- *Amy Robsard* 114
- *Cromwell (Cromvello)* 112, 128, 168, 237, 324, 327, 332, 354, 599
- *Hernani ou L'Honneur castillan* 84, 112, 128, 323, 324, 326, 396, 399, 595, 599, 664
- *Les Misérables* 664
- *Notre Dame de Paris* 664
- *Le Roi s'amuse* 84, 121, 131, 230, 236, 293, 381, 386, 388, 596, 604, 651, 664
- *Ruy Blas* 438
Humbert, Jean 461
Humperdinck, Engelbert 625
- *Hänsel und Gretel* 625
Hvorostovsky, Dmitri 460

I
Illica, Luigi 206, 217
Inghilleri, Giovanni 474
Ismaël, Jean-Vital 357, 664
Ismail Pascha, Khedive (Vizekönig) von Ägypten 91, 461, 614, 664
Isouard, Nicolas 593, 594
- *Aladin ou La Lampe merveilleuse* 594
- *Les deux Maris* 593
- *Jaconde ou Les Coureurs d'aventures* 593
- *Jeannot et Colin* 593
- *Le Prince de Catane* 593
Ivanoff, Nicola Kusmitsch (Nikolai) 245, 324, 346, 664
Izzo, Filippo 277
- *La finta sonnambula* 277

J
Jacopone da Todi 506
Jacovacci, Vincenzo 88, 397, 431, 605, 609, 664
Jagel, Frederick 411
Janáček, Leoš 541
Janssen, Herbert 328
Jauß, Hans Robert 530
Jeanne d'Arc, die Jungfrau von Orléans 336
Jerger, Alfred 548
Joachim, Joseph 624
Jommelli, Niccolò 643
Jones, Richard 561
Journet, Marcel 545
Jouy, Victor-Josephe Étienne de 340
Julienne-Dejean, Eugenia 436, 664-664
Julius II. (Papst) 102, 103
Junca, Marcel 447, 665

K
Kagel, Mauricio 538
- *Staatstheater* 538
Kalbeck, Max 485, 626
Kallberg, Jeremy 373
Kapp, Julius 328
Karajan, Herbert von 404, 496, 546
Karl V., deutscher Kaiser, König von Spanien 102
Karl I. »der Große«, deutscher Kaiser 92, 102, 520
Karl I. von Anjou, König von Neapel 103
Kaschmann, Giuseppe 544
Kipnis, Alexander 546
Kit, Mikhail 448
Klebe, Giselher 539
Kleopatra 384
Klopstock; Friedrich Gottlieb 666
Klotz, Volker 75
Kluge, Alexander 566, 567
- *Die Macht der Gefühle* 567
Knappertsbusch, Hans 548
Koeppen, Wolfgang 587
- *Tod in Rom* 587
Körner, Theodor 207
Kollo, René 290
Konwitschny, Peter 552, 553, 554, 566
Kott, Jan 485
Kováts, Kolos 323, 328
Kracauer, Siegfried 75
Krämer, Günter 553
Kraus, Alfredo 395, 411, 496
Krauss, Clemens 548
Krauss, Gabrielle 665
Křenek, Ernst 534
Kummer, Friedrich August 278
Kupfer, Harry 553
Kutzschbach, Hermann 548

L
Lablanche (Lablache), Luigi 363, 665
Labò, Flaviano 460
Lagomarsino, Angelo 485
Lagrange, Anne Caroline de 439
La Grua, Emma 438, 610, 665
Lalo, Edouard 623
- *Le Roi d'Ys* 623
Lamberti, Giorgio 323, 328
Lambruschini, Raffaele 96, 101
Lamennais, Hugues Félicité Robert de 96
Lampugnani (Agentur) 80
Lanari, Alessandro 51, 52, 54, 81, 173, 255, 256, 265, 348, 353, 397, 529, 641, 665
Lanari, Antonio 329
Lanari, Mario 605, 665
Landi, Francesco 411
Landi, Giovanni 665
Langhoff, Matthias 555
Lanza Tomasi, Gioacchino 518
Laptev, Yuri 448
La Rosa, Andrea 358
Lasina, Giovanni Battista 258
Lauri-Volpi, Giacomo 545, 546
Lauters, Pauline (verh. Deligne, Guéymard) 403, 450, 459, 665
Lauzières-Thémines, Achille de 208, 439, 449, 451, 611, 613, 665, 681
Lavastre, Jean-Baptiste 459
Lavigna, Vincenzo 6, 521, 596, 597, 665, 674
Lawton, David 396
Lazzarini, Adriana 395
Lecocq, Alexandre Charles 70, 74
Le Corre, Helene 323
Leech, Richard 323
Legnani, Pierina 275
Legrain, Victorine 665
Lehár, Franz
- *Die lustige Witwe* 554
Lehnhoff, Nikolaus 553
Leinsdorf, Erich 437
Lemaître, Frédérick 112
Lemnitz, Tiana 328
Lenepveu, Charles 621
- *Velleda* 621
Leo I. »der Große« (Papst) 94, 103, 255
Leo III. (Papst) 102
Leo XIII. (Papst) 99
Leoncavallo, Ruggero 75, 78, 533, 608, 625, 628, 629, 646
- *La bohème* 628
- *Catterton* 628
- *I Medici* 533, 625
- *I pagliacci* 625, 646
- *Zazà* 629
Leopardi, Giacomo 100
Leopold II., deutscher Kaiser, vorher Großherzog von Toskana 31-32
Lesniewska, Luigia 418
Lessona, Michele 5
Levieilly (Rivoirard), Léonie 665-665
Levine, James 323, 337, 418
Leydi, Roberto 70
Lhérie, Paul 460, 666
Liebig, Justus 574
Lievi, Cesare 553
Ligabue, Ilva 496
Lillo, Giuseppe 235
Limonta, Napoleone 485, 666
Lind, Jenny (Johanna Maria, verh. Goldschmidt) 62, 176, 359, 361, 362, 363, 666
Lipinski, Karl Józef 278
Lipton, Martha 486
Liszt, Franz 11, 144, 284, 620, 681
- *Die Legende von der heiligen Elisabeth* 620
Lloyd, Robert 460
Lloyd Webber, Andrew 54
Lockroy 128
- *Un duel sous Richelieu* 128
Loewe, Sophia (verh. von Lichtenstein) 51, 55, 153, 324, 328, 337, 346, 348, 599, 601, 666
Lo Giudice, Franco 545
Lombardo, Bernardo 334
Lo Monaco, Jerome 323
Londonio, Carlo Giuseppe 43
Longo (Verlagshaus) 77
Loredan (Venezianische Familie) 87
Loren, Sofia 580
Lortzing, Albert 597, 598, 599, 599, 601, 602, 603, 604, 629
- *Die beiden Schützen* 597
- *Casanova* 599
- *Rolands Knappen* 603
- *Hans Sachs* 598
- *Regina* 629
- *Undine* 599
- *Die vornehmen Dilettanten* 604
- *Der Waffenschmied* 601
- *Der Wildschütz* 553, 599
- *Zar und Zimmermann oder Die zwei Peter* 597
- *Zum Großadmiral* 602
Lotti, Antonio 509
Lotti, Marcella (Marcellina, verh. della Santa) 385, 666
Louis XIII., König von Frankreich 258
Louis XIV. »der Sonnenkönig«, König von Frankreich 258
Louis XVI., König von Frankreich 499
Louis Bonaparte, Präsident der französischen Republik, später Napoléon III. 606
Louis Philippe, der französische »Bürgerkönig« 602
Lucca, Francesco 60, 61, 62, 77, 78, 80, 81, 265, 342, 358, 359, 364, 365, 367, 601, 602, 603, 637, 666, 674
Lucca, Giovannina (geb. Strazza) 77, 78, 80, 81, 666
Lucca, Pauline 460
Luccardi, Vincenzo 101, 254, 255, 445, 666
Ludwig, Christa 503
Luisi, Fabio 323, 342, 385
Luisi, Luciano 576
Lully, Jean Baptiste 209
Lulù 671
Lumley, Benjamin 45, 62, 358, 359, 363, 364, 365, 366, 601, 602, 666
Lunelli (Tänzer) 276
Luzio, Alessandro 92, 518, 519

M
Maag, Peter 380
Maazel, Lorin 380
Macchiavelli, Luigi 511
MacNeil, Cornell 380
Madasi, Antonio 496
Maffei, Andrea 6, 131, 133, 134, 144, 203, 204, 287, 336, 347, 348, 358, 359, 361, 437, 438, 514, 515, 517, 599, 601, 602, 622, 653, 666-666, 672, 676
Maffei, Clara (Clarina) (geb. Spinelli) 6, 8, 17, 18, 23, 30, 100, 102, 144, 147, 155, 161, 288, 290, 291, 295, 332, 355, 475, 497, 502, 522, 527, 532, 569,

599, 601, 621, 623, 656, 666, 667, 679
Maggioni, Manfredo 364, 514, 602
Magini-Coletti, Antonio 544
Magnani, Girolamo 616, 667
Magrini, Giuseppe 248
Mahler, Gustav 357, 541
Maini, Ormondo 498, 667
Malibran, Maria 277, 515
Malipieri, Gian Francesco 534
Malvezzi, Settimio 379, 667
Mameli, Goffredo 512, 603, 667
Manfrini, Luigi 474
Manfroce, Nicola 339
Mann, Heinrich 63, 64, 65, 68
– *Die kleine Stadt* 63, 64
Mann, Thomas 530, 587
– *Doktor Faustus* 587
– *Der Zauberberg* 530
Manowarda, Josef von 548
Mantelli, Eugenia 460, 667
Manuguerra, Matteo 364, 373, 385, 547
Manzoni, Alessandro 8, 40, 41, 42, 96, 100, 101, 103, 104, 144, 168, 207, 208, 213, 294, 295, 314, 316, 332, 384, 443, 496, 497, 498, 509, 518, 519, 588, 593, 594, 595, 506, 614, 617, 667
– *Adelchi* 497, 518, 520, 594
– *Il cinque maggio* 497, 594, 597, 667
– *Il conte di Carmagnola* 332, 497, 588, 594
– *Inni sacri* 593
– *I promessi sposi* (*Die Verlobten*) 40, 41, 42, 100, 104, 294, 314, 384, 443, 497, 595, 667
– *Marzo 1821* 207
– *Sul romanticismo* (*Über die Romantik*) 168
Manzotti, Luigi 275
Marchesi, Gustavo 581
Marchetti (Weinwirt in Riva) 68
Marchetti, Filippo 78, 516, 612, 614
– *Romeo e Giulietta* 612
– *Ruy Blas* 78, 614
Marchionni, Luigi 114
– *La vestale* 114
Marchisio, Carlotta 279
Mardones, José 447, 546
Marenco, Romualdo 275
– *Excelsior* 275
Marenghi, Paolo 160
Margherita, Königin von Italien 504
Margison, Richard 460
Maria Adelaide von Savoyen 147
Mariani, Alfonso 460, 667
Mariani, Angelo 120, 165, 276, 285, 286, 293, 295, 410, 447, 460, 608, 613, 614, 616, 617, 659, 667-667, 670, 678
Mariani, Antonietta 651
Marie-Luise, Kaiserin von Österreich, später Großherzogin von Parma 29, 66
Mariette, Auguste Edouard 136, 261, 461, 462, 464, 465, 467, 468, 469, 473, 615, 659, 668
Marini, Antonietta 261
Marini, Ignazio 179, 180, 276, 303, 304, 324, 346, 636, 668

Marino, Giovanbattista 42
Marinuzzi, Gino 448, 47
Mario di Candia, Giovanni Matteo (Giovanni Maria) 246, 329, 437, 668
Marquet, Louise 668
Marschner, Heinrich 594, 595, 596, 597, 598, 600, 611
– *Der Bäbu* 598
– *Des Falkners Braut* 596
– *Hans Heiling* 596
– *Der Holzdieb* 594
– *Kaiser Adolph von Nassau* 599-600
– *Sangeskönig Hiarne und das Tyrfingschwert* 611
– *Das Schloß am Ätna* 597
– *Der Templer und die Jüdin* 595
– *Der Vampyr* 595
Marshall, Garry 567
– *Pretty Woman* 567
Martello, Pier Jacopo 213
Marthaler, Christoph 554
Martinelli, Amilcare 668
Martinelli, Giovanni 548
Marubini, Adolfo 279
Marx, Adolf Bernhard 185
Marriner, Neville 304
Martinelli, Giovanni 430
Marzari, Carlo 133, 236, 258, 264, 291, 404, 405, 550, 604, 605, 651, 668
Marzi, Ercole 54
Mascagni, Pietro 17, 75, 77, 78, 200, 204, 532, 542, 611, 624, 625, 626, 627, 628, 629
– *L'amica* 200
– *L'amico Fritz* 625
– *Cavalleria rusticana* 9, 78, 624
– *Guglielmo Ratcliff* 204, 627
– *Iris* 628
– *Le maschere* 77, 629
– *Piccolo Marat* 542
– *Il Rantzau* 625
– *Silvano* 627
– *Zanetto* 628
Mascheroni, Enzo 358
Mascheroni, Edoardo 496, 668
Masini, Angelo 668
Masini, Galliano 448
Mason, James 112
Massé, Victor 415
– *Les Noces de Jeannette* 415
Massenet, Jules 37, 613, 616, 619, 620, 621, 622, 624, 625, 626, 629, 632
– *Cendrillon* 629
– *Le Cid* 622
– *Don César de Bazan* 616
– *Esclarmonde* 624
– *La Grand' Tante* 613
– *Grisélidis* 629
– *Hérodiade* 620
– *Le Mage* 625
– *Manon* 621
– *La Navarraise* 626
– *Le Portrait de Manon* 626
– *Le Roi de Lahore* 618-618
– *Thaïs* 626
– *Werther* 625
Massini, Pietro 52, 300, 596, 597, 668
– *Rocester* 506
Mastromei, Gian-Piero 367

Matarazzo, Raffaello 577
– *Giuseppe Verdi* 577
Matthieu (Ballett-Komponist) 276
Mattila, Karita 460
Maturin, Charles Robert 113
– *Bertram or The Castle of Saint-Aldobrand* 113
Maurel, Victor 175, 328, 429, 475, 485, 487, 496, 544, 622, 668
Mautner, Hendrikje 586
Maximilian, Erzherzog von Österreich 29-30
Mayr, Giovanni Simone (Johann Simon) 108, 193, 593, 643, 647, 674
– *Medea in Corinto* 593
– *La rosa bianca e la rosa rossa* 593
Mayr, Richard 548
Mayseder, Joseph 278, 675
Maywood, Augusta 279
Mazilier, Hyppolite 669
Mazilier, Joseph (Giulio Mazarini) 669
Mazzieri, Maurizio 364
Mazzini, Giuseppe 18, 30, 31, 32, 37, 46, 92, 96, 97, 101, 155, 314, 512, 588, 589, 595, 602, 603, 669
Mazzucato, Alberto 73, 80, 170, 285, 497, 654, 669
– *Hernani* 669
McDonald, Anthony 561
Medini, Luigi 279
Medini, Paolo 473, 669
Méhul, Etienne-Nicolas 111, 593, 594
– *Euphrosine ou Le Tyran corrigé* 111
– *La Journée aux aventures* 593
– *Le Prince troubadour* 593
– *Valentine de Milan* 594
Meier, Waltraud 460
Melba, Nellie 411
Melis, Carmen 545
Mendelssohn Bartholdy, Felix 72, 279, 281, 282, 363, 500, 595, 602, 646
– *Die Hochzeit des Camacho* 595
Menotti, Gian Carlo 539
– *Der Konsul* 539
Mérante, Annette 669
Mérante, Louis Alexandre 669
Mercadante, Saverio 110, 114, 118, 122, 168, 301, 320, 363, 431, 434, 514, 594, 595, 596, 597, 598, 599, 601, 612, 615, 654, 656, 672, 674, 675
– *Il bravo* 320, 598
– *I briganti* 363, 597
– *Caritea, regina di Spagna* 595
– *Elisa e Claudio ossia L'amore protetto dall'amicizia* 594
– *Gabriella di Vergy* 595
– *Il giuramento* 320, 597
– *Leonora* 599
– *I Normanni a Parigi* 596
– *Gli Orazi e i Curiazi* 601
– *Il reggente* 109, 114, 117, 431
– *La vestale* 110, 114, 598
– *Virginia* 612
Merelli, Bartolomeo 4, 6, 45, 46, 48, 49, 50, 51, 52, 60, 61, 80,

81, 84, 127, 300, 303, 304, 305, 308, 316, 334, 337, 598, 599, 601, 641, 669, 671, 675
Méric-Lalande, Henriette 55
Merighi (Violoncellist) 52
Merli, Francesco 545, 548
Mermet, Auguste 455
Mermillod, Charles Gaspard Abée 669
Merrill, Robert 395, 404, 411, 437, 496, 546
Merriman, Nan 486
Méry, François Joseph Pierre André (Joseph Pierre Anges) 209, 367, 368, 370, 448, 449, 450, 458, 595, 612, 659, 669
– *La Bataille de Toulouse* 367, 368, 370, 595, 669
Mescheriakowa, Marina 323, 342
Meschino, Guerin 20
Messager, André 622, 624, 625, 628
– *La Basoche* 624
– *La Béarnaise* 622
– *Madame Chrysantème* 625
– *Les p'tites Michu* 628
– *Véronique* 628
Metastasio, Pietro 41, 106, 107, 108, 109, 115, 122, 182, 204, 207, 213, 642, 643, 647
– *Il Ruggiero* 213
Metternich, Klemens Wenzel (Reichsgraf) 32
Meyerbeer, Giacomo (eigentlich Jacob Liebmann Meyer Beer) 6, 11, 15, 16, 51, 66, 69, 78, 94, 108, 113, 121, 153, 176, 177, 178, 180, 193, 209, 210, 250, 258, 262, 277, 279, 290, 291, 296, 313, 319, 321, 322, 337, 348, 357, 412, 413, 415, 416, 418, 423, 434, 442, 446, 449, 450, 454, 455, 457, 459, 465, 466, 469, 477, 499, 512, 513, 531, 541, 549, 593, 594, 595, 597, 599, 603, 606, 609, 612, 640, 653, 654, 660, 675, 676
– *L'Africaine* 69, 78, 153, 357, 455, 465, 466, 612
– *Il crociato in Egitto* 108, 113, 313
– *Emma di Resburgo* 594
– *L'Étoile du Nord* 513, 606
– *Ein Feldlager in Schlesien* 599
– *Les Huguenots* 15, 153, 176, 177, 180, 209, 296, 319, 413, 415, 423, 434, 446, 597, 640
– *Margherita d'Anjou* 113, 594
– *Le Pardon de Ploërmel* 609
– *Le Prophète* (*Il profeta*) 15, 16, 94, 135, 153, 176, 177, 178, 296, 337, 412, 415, 416, 423, 450, 454, 469, 513, 603, 640, 654
– *Robert le diable* 51, 69, 153, 277, 279, 348, 595
– *Romilda e Costanza* 593
Michaels-Moors, Anthony 385
Michelangelo Buonarroti 499
Michotte, Edmond 635
Mijailovic, Nikola 404, 430
Mila, Massimo 141
Milanov, Zinka 395, 404, 437, 474, 546
Milhaud, Darius 534

Miller, Ladislao 460
Miller, Lajos 328
Miles, Alastair 503
Millöcker, Karl 621
– *Der Bettelstudent* 621
Milnes, Sherrill 337, 347, 380, 418, 460, 547
Milton, John 204, 666
Minghetti, Marco 617
Minghini-Cattaneo, Irene 474
Mingotti, Pietro 641
Miraglia, Corrado 314, 669
Mirate, Raffaele 395, 669
Miri, Baldassare 333, 669
Mitropoulos, Dimitri 328
Mocenigo, Conte Nani (Alvise Francesco) 61, 127, 128, 129, 296, 366, 599, 599, 669, 672
Mock, Warren 404, 430
Modesti, Giuseppe 474
Modrone, Carlo Visconti di 49
Mödl, Martha 437
Moffo, Anna 380, 395, 496
Molière (eigentlich Jean-Baptiste Poquelin) 486
– *Le Tartuffe* 486
Monachesi, Walter 430
Monaldi, Gino Marchese 574, 669-669
Mondrian, Piet 573
Mongini, Pietro 473, 670
Monperlier, Jean-Antoine-Marie 113
– *Les Chevaliers de Malte, ou L'Ambassade à Alger* 113
Monplaisir, Hyppolite (Hyppolite-Georges Sornet) 670
Montalembert, Charles Forbes Réné, Cont de 96
Montanelli, Giuseppe 418, 419, 608, 670, 672
Montauze (Monjauze), Jules Sébastien 357, 670
Montemorra Marvin, Roberta 510
Montessori, Maria 2
Monteverdi, Claudio 204, 531, 533, 534, 550, 587, 588, 631, 638, 647
– *L'incoronazione di Poppea* 638
– *L'Orfeo* 550, 631
Morchio, Daniele 670
Morchio, Elena 670
Morelli, Domenico 255, 475, 526, 620, 670
Morère (Couladère), Jean 459, 658, 670
Moriani, Napoleone 52, 246, 347, 670
Morlacchi, Francesco 108, 594, 595
– *Colombo* 595
– *Gianni di Parigi* 594
– *Tebaldo e Isolina* 594
Moro, Aldo 578
Moro, Giacomo 255
Morosini, Emilia (geb. Zeltner) 599, 670
Morosini, Giuseppina 477, 670
Mosca, Luigi 304
– *Il finto Stanislao re di Polonia* 304
Moscona, Nicola 404, 486
Mozart, Wolfgang Amadé (Amadeus) 2, 7, 13, 106, 107, 207, 218, 219, 284, 390, 393, 498, 499, 503, 521, 537, 541, 550, 551, 567, 568, 612, 613, 640, 641, 642, 650, 653
– *Così fan tutte* 567
– *Don Giovanni* 107, 284, 390, 393
– *Die Entführung aus dem Serail* 106, 107, 219
– *La finta gardiniera* 641
– *Le nozze di Figaro* 207, 650
– *L'oie du Caire* (*L'oca del Cairo*) 613
– *Requiem* 498
– *Sinfonie g-Moll, KV 550* 207
– *Zaide* 612
– *Die Zauberflöte* 537, 550, 554, 653
Muratori, Ludovico 102
Musella (Impresario) 154
Musini, Nullo 517
Mussorgsky, Modest 420, 444, 568, 617, 622, 642
– *Boris Godunow* 444, 617
– *Chowanschtschina* 622
Mussolini, Benito 37, 99
Muti, Riccardo 328, 347, 448, 543, 547
Muzio, Claudia 545
Muzio, (Donnino) Emanuele 59, 71, 92, 97, 102, 242, 316, 346, 348, 358, 361, 367, 599, 602, 607, 608, 614, 622, 624, 659, 670

N
Nantier-Didier (Didiée), Constance 438, 670-670
Napoléon I. Buonaparte, Kaiser von Frankreich 473, 497, 593, 594
Napoléon III., Kaiser von Frankreich 32, 33, 91, 436, 458, 470, 513, 609, 610, 615
Nasser (Gamal Abd el-Nasser) 581
Nathan, Adèle 671
Naudin, Emilio 460
Navarini (Navarrini), Francesco 485, 544, 671
Negrini (Villa), Carlo 429, 671
Negroni Prati, Gräfin 341, 504
Neher, Caspar 553, 560-561
Neill, Stuart 304
Nelli, Herva 437, 474, 486, 496, 503
Nelson, Horatio (Lord Nelson) 634
Nemeth, Maria 548
Nessi, Giuseppe 448
Nesterenko, Evgeny 315
Neuenfels, Hans 352, 473, 550, 552, 553, 554, 560, 564, 565, 566, 569
Neumann, Eleonora 278
Niccolini, Giovanni Battista (Gian Battista) 85, 103, 310
Niccolini, Giuseppe 100, 101, 310, 339, 364, 365
Nicolai, Otto 4, 9, 277, 278, 282, 308, 309, 598, 599, 603
– *Die lustigen Weiber von Windsor* 603
– *Nabucco* [*Nabuco, Nabucodonosor*] 4, 9, 308
– *Il proscritto* 117, 308, 309, 599, 675
– *Il templario* 598
Niemann, Albert 275
Niese, Karl Friedrich 621
Nilsson, Christine 411
Nimbs, Eugenie 418
Nini, Marianna Barbieri → Barbieri Nini, Marianna
Nolau, Joseph 459
Nono, Luigi 506
– *Fragmente – Stille, An Diotima* 506
Norman, Jessye 308, 367
Noske, Frits 370
Novelli, Ugo 385
Nozzari, Andrea 673
Nucci, Leo 328, 460
Nuitter (Charles-Louis-Etienne Truinet) 347, 349, 455, 612, 618, 621, 659, 671

O
Oberdorfer, Aldo 143
Obin, Louis-Henri 417, 459, 671
Obraztsova, Elena 380, 395
Offenbach, Jacques 70, 74, 352, 415, 434, 565, 566, 594, 606, 607, 608, 609, 610, 611, 612, 613, 614, 616, 617, 618, 619, 620, 643, 671
– *Barbe-Bleue* 612
– *Barkouf* 610
– *Bavard et Bavarde* 611
– *La belle Hélène* 611
– *Les Brigands* 614
– *Le Chanson de Fortunio* 610
– *Les Contes d'Hoffmann* 620, 643
– *La Créole* 618
– *Daphnis et Chloë* 610
– *Les deux Aveugles* 607
– *Fantasio* 616
– *La Fille du tambour-major* 619
– *Geneviève de Brabant* 609
– *La Grande-Duchesse de Gérolstein* 613
– *L'Ile de Tulipatan* 613
– *La jolie Parfumeuse* 617
– *Lischen et Fritzchen* 611
– *Madame l'Archiduc* 617
– *Madame Favart* 619
– *Le Mariage aux laternes* 608
– *Mesdames de la Halle* 608
– *Monsieur et Madame Denis* 611
– *Orphée aux enfers* 608
– *Pepito* 606
– *La Périchole* 613
– *Le Pont de soupirs* 610
– *La Princesse de Trébizonde* 614
– *Robinson Crusoe* 613
– *Vert-vert* 614
– *La Vie parisiènne* 612
Organosova, Luba 503
Orlandi-Malaspina, Rita 337
Orselli, Luigi 68
– *Divertimento sopra motivi dell'opera »Il trovatore«* 68
Orsini, Giovanni 542
Ortombina, Fortunato 518
Otter, Anne Sofie von 503
Otto, Teo 553
Ottoboni Boncompagni, Maria Vittoria 155
Otway, Thomas 671
– *Don Carlos, Prince of Spain* 671

P
Pacini, Emilien (Emiliano) 395, 403, 606, 607, 608, 671
Pacini, Giovanni 72, 92, 97, 103, 110, 114, 115, 122, 267, 279, 301, 335, 364, 593, 594, 595, 598, 599, 600, 608, 613, 617, 654, 656, 665, 670, 672, 675
– *Adelaide e Comingio* 593
– *Gli Arabi nelle Gallie ossia Il trionfo della fede* 595, 670
– *Il barone di Dolsheim* 594
– *Buondelmonte* 103, 600
– *Il corsaro* 72, 279, 364
– *La fidanzata corsa* 599
– *Giovanna d'Arco* 335
– *La gioventù di Enrico V* 594
– *Lorenzino de' Medici* 600
– *Medea* 599
– *Niccolò dei Lapi* 616
– *La regina di Cipro* 601
– *Saffo* 110, 279, 598
– *Il saltimbanco* 608
– *La schiava in Bagdad* 594
– *L'ultimo giorno di Pompei* 594
– *La vestale* 114
Paër, Ferdinando 108, 594, 596, 643
– *Un Caprice de femme* 596
– *Le Maître de chapelle* 594
Paganini, Niccolò 52, 66, 277, 278, 285, 675
Paisiello, Giovanni 109, 531, 534, 632
– *Nina ossia La pazza per amore* 109
– *Pirro* 632
Palestrina, Giovanni Pierluigi da 503, 504, 506, 509, 521, 534
Palianti, Louis 267, 671
Palizzi, Filippo 671
Palumbo, Renato 430
Pampanini, Rosetta 545
Pancani, Emilio 385, 671
Pandolfini, Angelica 671
Pandolfini, Francesco 473, 671
Panerai, Rolando 337, 404, 496
Panizza, Adelaide 385
Panizza, Ettore 411, 430, 437, 547
Pantaleoni, Adriano 473
Pantaleoni, Romilda 485, 671
Papi, Andrea 358
Pappano, Antonio 460
Parker, Roger 17, 21, 92, 186, 307, 308, 315, 466
Paroli, Giovanni 485, 671
Pascoli (Librettist) 208
Pasero, Tancredi 448, 545, 548-549
Pasetti, Francesco 671
Pasqua-Giacomelli, Giuseppina 246, 460, 487, 496, 672
Pasta, Giuditta 15
Pataky, Koloman von 548
Patanè, Giuseppe 547
Patani, Marco 16
Paterno, Filippo 460
Patti, Adelina (verh. de Caux, Nicolini, Cederström) 170, 264, 337, 411, 545, 672
Patti, Salvatore 672
Pattiera, Tino 448, 548

736 Register

Paul III. (Papst) 27
Pauls, Birgit 17, 85, 92, 93, 571
Pavarotti, Luciano 323, 328, 380, 516, 546
Peccheneda, Gaetano 88
Pederzini, Gianna 546
Pedrotti, Carlo 516, 604, 607, 610
– *Fiorina* 604
– *Guerra in quattro* 610
– *Tutti in maschera* 607
Peerce, Jan 395, 411, 437, 545, 546
Pelagalli-Rossetti, Paolo 672
Pellico, Silvio 100
Penco, Elena Rosina (Rosa) 79, 264, 403, 405, 542, 672
Penno, Gino 358, 385
Pepoli, Carlo Conte 288
Perger, Richard von 508
Pergolesi, Giovanni Battista 506, 509, 638
– *La serva padrona* 638
Peri, Maria 460, 672
Peri, Achille 531, 608, 610, 672
– *Giuditta* 610
– *Vittore Pisani* 608
Perlea, Jonel 395, 474
Perrin, Émile Cesar Victor 449, 611, 672
Perroni (Maler) 255
Perrot, »Giulio« 276
– *Faust* 272, 276
Persiani, Giuseppe 511
– *Il solitario* 510
Pertile, Aureliano 474, 545, 548
Peruzzini, Giovanni 127
Peters, Roberta 395
Petipa, Jean-Antoine 672
Petipa, Lucien (Joseph-Lucien) 403, 450, 459, 672, 675
Petit, Jules-Emile 357, 460, 672
Petrarca, Francesco 41, 204, 420, 586
Petrella, Errico 68, 77, 79, 80, 604, 606, 607, 608, 611, 654, 663
– *La contessa d'Amalfi* 79, 611
– *Elnava* 607
– *Jone* 77, 608
– *Marco Visconti* 77-78, 606
– *Le precauzioni* 77, 604
– *I promessi sposi* 78
Petrelli, Errigo 614
– *I promessi sposi* 614
Pettorelli, Don 142
Petrovich, Ginevra 485, 672
Petrovich, Giovanni 385
Pfitzner, Hans 11, 218, 271, 538, 627
– *Der arme Heinrich* 627
Philipp II., König von Spanien 458
Piantanida, Gaetano 596
Piatti, Alfredo 278, 362, 625, 672
Piatti, Giulio 672
Piave, Francesco Maria 8, 17, 18, 55, 85, 87, 88, 119, 120, 122, 127, 128, 129, 130, 131, 132, 133, 134, 136, 153, 187, 197, 198, 203, 207, 215, 221, 236, 237, 240, 253, 258, 259, 267, 287, 292, 323, 324, 327, 328, 329, 331, 332, 333, 339, 342, 343, 344, 346, 347, 348, 349, 353, 357, 364, 365, 369, 371, 377, 380, 381, 384, 385, 388, 404, 405, 407, 418, 419, 425, 426, 437, 439, 442, 446, 514, 516, 517, 519, 522, 527, 560, 562, 599, 601, 602, 604, 606, 607, 608, 610, 611, 651, 655, 661, 666, 670, 672, 676, 677
Piazza, Antonio 122, 300, 301, 597, 672, 677
Piccaluga, Nino 545
Piccaver, Alfred 548
Piccolomini, Marietta (Maria, verh. Gaetani della Fargia) 672
Piestre, Pierre-Etienne 601
– *Philippe II, Roi d'Espagne* 601
Pilz, Gottfried 553, 561
Pineu-Duval, Alexandre Vincent 304, 672
– *Le faux Stanislaus* 304, 673
Pini-Corsi, Antonio 496, 544, 673
Pinto (Gebrüder) 673
Pinza, Ezio 430, 545
Pirandello, Luigi 357
Piroli, Giuseppe 21, 518, 520, 543, 624, 673
Piscator, Erwin 364
Pius IX. (Giovanni Maria Mastai-Ferretti, Papst) 31, 32, 90, 92, 94, 97, 98, 99, 101, 102, 104, 164, 368, 603, 615, 619
Pixérécourt, Guilbert de (»Shakespirécourt«) 111, 112, 113
– *Marguerite d'Anjou* 113
Pizzetti, Ildebrando 499, 500, 502, 505, 534
Pizzi, Pier-Luigi 553
Pizzi, Italo 142, 673
Pizzi, Emilio 624, 626, 629
– *Gabriella* 624
– *La Rosalba* 629
– *William Ratcliff* 624
Plessis, Alphonsine → Duplessis, Marie
Plishka, Paul 448
Plunkett, Adeline 673
Poggi, Antonio 316, 337, 673
Poggiali, Salvatore 385, 673
Polo, Marco 2
Ponchielli, Amilcare 15, 69, 71, 596, 607, 617, 618, 620, 622, 642, 663, 681
– *Il figliuol prodigo* 620
– *La Gioconda* 15, 69, 618, 642
– *I Lituani* 617
– *Marion Delorme* 622
– *I promessi sposi* 607
Poniatowski, Prinz 51
Poniatowski, Józef (Josef Poniatowsky) 455, 598, 616
– *Don Desiderio* 598
– *Gelmina* 616
Ponnelle, Jean-Pierre 553
Pons, Feliciano 395, 673
Ponselle, Rosa 411, 447, 546, 547
Poole, John 510
Porpora, Nicola (Antonio Giacinto) 208
– *Enea in Lazio* 208
Porter, Andrew 121, 394, 506
Portheaut, Charles 322
Porzi, Colomba Antonietti → Antonietti Porzi, Colomba
Pougin, Arthur 92, 673
Powers, Harold S. 186
Pozzi-Ferrari, Virginia 279
Pozzolini, Atanasio 333
Pratesi, Giovanni 275
Prati, Giovanni 100, 651
Previtali, Fernando 372
Prévost, Charles-Victor, Vicomte d'Arlincourt 113
– *L'Étrangère* 113
Price, Leontyne 328, 437, 546
Prina (Finanzminister) 593
Proch, Heinrich 599
Prokofjew, Sergej 646
– *Die Liebe zu den drei Orangen* 646
Protti, Aldo 385, 546
Provesi, Ferdinando 3, 6, 101, 510, 511, 595, 596, 597, 661, 670, 673, 680
Puccini, Giacomo 53, 63, 68, 71, 75, 77, 78, 88, 141, 206, 208, 211, 216, 217, 495, 531, 532, 533, 534, 538, 555, 567, 571, 573, 609, 621, 624, 626, 628, 629, 632, 647, 648
– *La bohème* 63, 68, 75, 532, 628
– *Edgar* 624
– *Manon Lescaut* 571, 573, 626
– *La rondine* 78
– *Tosca* 9, 75, 88, 206, 553, 629
– *Turandot* 208, 532
– *Le Villi* 532, 621, 648
Pugnatta (Schuster in Busseto) 594
Pugni, Cesare 275
Purcell, Henry 507
Putilin, Nikolai 448
Puzone, Giuseppe 460

Q
Quinault, Philippe 107

R
Rabelais, François 147
Rachmaninow, Sergej 626
– *Aleko* 626
Rabenalt, Arthur Maria 553
Radetzky von Radetz, Joseph Wenzel Graf (österreichischer Feldmarschall) 29, 32, 276, 369, 603
Raffael (eigentlich Raffaello Santi) 507
Raimondi, Ruggero 323, 347, 364, 418, 460, 547, 568
Rainer, Erzherzog von Österreich (Bruder des Kaisers) 29
Rainieri-Marini, Antonietta 179, 303, 304, 307, 673
Raisa, Rosa 545
Rameau, Jean-Philippe 511
Ramey, Samuel 304, 323, 334, 347, 364, 547
Rapazzini, Carolina 367, 673
Rapisardi 518
Raspagliosi, Annalisa 430
Ratti, Eugenia 437
Reduzzi, Francesco 385, 673
Regli, Francesco 673-673
Reicha, Anton 681
Reimann, Aribert 537
– *Lear* 537
Reininghaus, Frieder 561
Rennert, Günther 553
Renoux, Adrien 674
Rescigno, Eduardo 404, 430, 438, 486
Resnais, Alain 568
– *La Vie est un roman* (*Das Leben ist ein Roman*) 568
Respighi, Ottorino 534
Reszke, Édouard de 328, 429, 544, 674
Rethberg, Elisabeth 430, 546
Rey-Balla, Agnès 357, 674
Reyer, Ernest 459, 674
Reynolds, Anna 380
Ribet, Antonia 674
Ricci, Federico 365, 598, 599, 604, 605, 614
– *Corrado de Altamura* 599
– *Crispino e la comare* 604
– *Une Folie à Rome* 614
– *Luigi Rolla e Michelangelo* 599
– *Il marito e l'amante* 605
– *La prigione d'Edimburg* 598
– *Voyevoda* 614
Ricci, Giulia 333
Ricci, Luigi 74, 278, 367, 514, 595, 596, 604, 680
– *Un'avventura di Scaramuccia* 278, 596
– *Il birraio di Preston* 74, 602
– *Chiara di Rosemberg* 595, 680
– *Chi dura vince* 596
– *Crispino e la comare* 604
– *Gli esposti* 596
– *Il nuovo Figaro* 596
Ricciarelli, Katia 334, 337, 367, 373, 380, 460, 546
Richard, Zina (Zinaida-Iosefovna) 674
Richelieu, Armand Jean du Plessis, Herzog von 258
Ricordi (Velagshaus) 54, 55, 57, 62, 77, 78, 79, 80, 85, 81, 88, 90, 247, 248, 248, 251, 252, 254, 265, 266, 267, 268, 269, 342, 460, 497, 522, 523, 599, 606, 608, 611, 612, 614, 616, 618, 629, 666, 671, 673, 679, 680, 681
Ricordi, Giovanni 53, 58, 59, 60, 61, 77, 81, 249, 255, 336, 368, 372, 522, 637, 674
Ricordi, Giulio 3, 56, 77, 121, 138, 169, 170, 175, 216, 220, 234, 235, 236, 244, 249, 255, 261, 262, 263, 264, 267, 270, 271, 272, 283, 285, 286, 295, 420, 424, 429, 439, 443, 450, 461, 462, 470-471, 473, 475, 500, 504, 505, 507, 510, 516, 522, 524, 525, 526, 543, 544, 556, 560, 568, 571, 573, 574, 615, 618, 620, 621, 622, 623, 625, 626, 628, 656, 658, 674
Ricordi, Tito 77, 78, 79, 259, 262, 429, 439, 509, 522, 604, 606, 617, 624, 674
Ricordi, Tito junior 81
Ricordi-Riba (Verlagshaus) 623
Riemann, Hugo 185
Rienzi, Cola di 103
Rilling, Helmuth 510

Rimini, Giacomo 545
Rimski-Korsakow, Nicolaj 616, 620, 621, 625, 627, 628, 629
– *Maiskaja notsch* (*Die Mainacht*) 620
– *Mlada* 625
– *Mozart i Saljeri* 628
– *Notsch pered roschdestwon* (*Die Nacht vor Weihnachten*) 627
– *Pskowitjanka* (*Die Pskowerin*) 616
– *Sadko* 628
– *Skaska o zare Saltanse* (*Das Märchen vom Zaren Saltan*) 629
– *Snegurotschka* (*Das Schneemädchen*) 621
– *Zarskaja newesta* (*Die Zarenbraut*) 629
Ringhieri, Francesco Ulisse 310
Ristori, Adelaide 355, 657
Rizzo, Dino 511
Rizzoli (Schuhfabrik) 573
Rode, Wilhelm 548
Roeder, Martin 64, 68, 73
Rolla, Alessandro 283, 596, 674
Rolland, Romain 587
– *Jean Christophe* 587
Roller, Alfred 548
Roller, Andreas Leonhard 259, 260
Rolli, Paolo 207, 208
Romanelli, Luigi 108
Romani, Felice 42, 108, 109, 113, 115, 118, 122, 126, 127, 197, 207, 210, 211, 304, 306, 307, 308, 514, 515, 516, 598, 601, 643, 674
– *Zaira* 108, 109
Ronconi, Domenico 675
Ronconi, Giorgio 52, 127, 173, 311, 314, 675
Ronconi, Luca 553, 554
Ronzino, Piero VIII
Roosevelt, Blanche (Blanche Roosevelt Tucker Macchetta) 675
Roppa, Giacomo 675
Roqueplan, Nestor 412, 605, 658, 675
Rore, Cipriano di (Cyprian de Rore) 204
Rose, Jürgen 553
Rosen, David 165, 496
Rosmini, Antonio 96
Ross, Peter 490
Rosselli, John 63
Rossetti, Dante Gabriel (Gabriele) 100, 158
Rossi, Cesare 675
Rossi, Gaetano 108, 113, 115, 117, 118, 304, 308, 335, 339, 643, 675
Rossi, Lauro 603, 617, 619
– *Biorn* 619
– *La contessa di Mons* 617
– *Il domino nero* 603
Rossi-Lemeni, Nicola 547
Rossini, Gioachino 2, 3, 5, 6, 9, 11, 16, 17, 18, 29, 38, 47, 53, 54, 63, 65, 66, 77, 79, 91, 92, 93, 94, 97, 101, 104, 108, 110, 111, 113, 125, 153, 169, 183, 184, 187, 195, 203, 213, 232, 244, 267, 277, 284,
286, 288, 301, 303, 307, 312, 313, 320, 324, 336, 341, 346, 351, 352, 355, 371, 415, 416, 418, 442, 455, 472, 477, 492, 496, 497, 506, 508, 512, 519, 531, 533, 534, 538, 540, 541, 542, 546, 547, 566, 577, 587, 588, 593, 594, 595, 597, 599, 613, 614, 617, 625, 633, 635, 639, 640, 641, 643, 644, 646, 648, 649, 653, 654, 660, 664, 667, 669, 674, 675, 678, 679
– *Armida* 593
– *Aureliano in Palmira* 593
– *Il barbiere di Siviglia* (*Almaviva ossia l'inutile precauzione*) 7, 65, 73, 108, 195, 203, 213, 277, 593, 595, 641, 644, 648
– *Bianca e Falliero ossia Il consiglio dei tre* 111, 279, 594
– *La cambiale di matrimonio* 307, 639
– *La Cenerentola* 593, 597, 643, 668
– *Le Comte Ory* 595
– *Demetrio e Polibio* 277
– *La donna del lago* 104, 110, 111, 594
– *Edoardo e Cristina* 66, 594
– *Elisabetta, regina d'Inghilterra* 593
– *Ermione* 111
– *La gazza ladra* 187, 593, 643
– *Guillaume Tell* (*Guglielmo Tell*) 5, 38, 93, 94, 169, 184, 277, 313, 371, 418, 562, 595, 640, 660
– *L'inganno felice* 639
– *L'italiana in Algeri* 279, 593
– *Maometto II* 341, 594
– *Mathilde di Shabran* 111, 153, 594
– *Mosè in Egitto* [*Moïse*] 17, 47, 312, 415, 594, 625, 649, 650, 654
– *Otello ossia Il moro di Venezia* 110, 111, 477, 593
– *Ricciardo e Zoraide* 594, 633
– *La scala di seta* 639
– *Semiramide* 6, 66, 111, 153, 195, 277, 279, 288, 594, 597
– *Le siège de Corinthe* 91, 104
– *Il signor Bruschino* 593, 639
– *Stabat Mater* 286
– *Tancredi* 3, 111, 519, 593, 639
– *Torvaldo e Dorliska* 593
– *Il turco in Italia* 593
– *Il viaggio a Reims* 594
– *Zelmira* 111, 594
Rota, Anna Maria 395
Rota, Giacomo 447, 675
Rota, Giuseppe 279
– *Il Fornaretto* 279
Rota, Nino 519, 567
– *Il gattopardo* 519
Rott, Helena 380
Rouillon, Philippe 323
Rovani 80
Rovere, Agostino 675
Royer, Alphonse 315, 316, 319, 320, 412, 602, 608, 675, 676, 679
Rubé, August 459
Rubinstein, Anton 625

Rünger, Gertrude 548
Ruffo, Titta 544
Ruggeri, Antonio 90
Rusconi, Carlo 131, 347, 348, 352

S
Saavedra y Ramirez de Baquedano, Ángel de, Duque de Rivas 140, 399, 419, 437, 438, 439, 442, 444, 446, 597, 675
– *Don Álvaro o La fuerza del sino* 419, 437, 438, 597, 675
Sabajno, Carlo 474
Sacchi, Marietta 675
Sacchini, Antonio 531
Saint-Huberty, Antoine Cécile de 254
Saintine 113
– *Têtes rondes et cavaliers* 113
Saint-Léon, Arthur (Charles Victor Arthua Michel) 450, 675
Saint-Saëns, Camille 616, 619, 621, 623, 624, 626, 629
– *Ascanio* 624
– *Les Barbares* 629
– *Etienne Marcel* 619
– *Henri VIII* 621
– *Phryné* 626
– *La Princesse jaune* 616
– *Proserpine* 623
– *Samson et Dalila* 619
– *Le Timbre d'argent* 619
Sala, Emilio 113
Salandri, Teresa 379, 675
Salieri, Antonio 106
– *Prima la musica, poi le parole* 106
Salvati, Federico 675
Salvi, Francesco 42
Salvi, Lorenzo 303, 307, 675
Salvi, Luigi 307
Salvi, Matteo 621
Salviati, Federico 429
Salvini-Donatelli (Lucchi), Fanny (Francesca) 55, 130, 337, 405, 410, 675-675
Sammarco, Mario 548
Sammartino, Silvestro 448
Sand, George 640
Sandor, John 364
Sanguinetti, Francesco 59
Sannier, Clarisse Françoise 676
Sanquirico (Ausstatter) 256
Sanseverino, Faustino 438
Santini, Gabriele 430, 460
Santley, Charles 676
Sapegno, Natalino 40
Sardinero, Vincenzo 308
Sarmiento, Salvatore 277
– *Alfonso d'Aragona* 277
– *Valeria ossia La cieca* 277
Sass, Sylvia 323, 328, 385
Sassaroli (Bassist) 279
Sassaroli (Komponist) 78
Sasse (Sax, Saxe, Sass), Marie Constance (verh. Castelmary) 418, 459, 676
Sawall, Michael 93
Sbriscia, Zelinda 436, 676
Scalera, Vincenzo 516, 520
Scalese, Raffaele 676
Scalvini, Antonio 75
Scandiuzzi, Roberto 323, 385, 460

Scarlatti, Alessandro 506, 534, 554
Scèspir, Tobia 585
– *Il vero Taff* 571, 585
Schaaf, Johannes 553, 555, 565, 568
Schalk, Franz 548
Schiavi, Felice 557
Schiller, Johann Christoph Friedrich (von) 6, 88, 106, 110, 117, 121, 122, 123, 168, 180, 204, 229, 287, 290, 294, 334, 336, 339, 348, 353, 355, 358, 361, 362, 363, 366, 371, 373, 374, 379, 399, 437, 438, 442, 448, 449, 455, 456, 475, 588, 601, 666, 667
– *Demetrius* 676
– *Don Karlos, Infant von Spanien* 448, 676
Die Jungfrau von Orléans 294, 334, 676
– *Kabale und Liebe* 88, 117, 180, 290, 373, 374, 676
– *Die Räuber* 290, 348, 358, 363, 366, 666, 676
– *Wallensteins Lager* (erster Teil aus dem dramatischen Gedicht *Wallenstein*) 229, 294, 437, 438, 442, 588, 667, 676
Schipper, Emil 548
Schippers, Thomas 328, 404
Schlegel, August Wilhelm 13, 44, 131, 352
Schlemm, Anny 437
Schlitzer, Franco 517
Schmidt, Giovanni 108
Schnebel, Dieter 536, 541
– *Bearbeitungen* 541
– *Re-Visionen I, II* 541
– *Tradition* 541
Schönberg, Arnold 187, 587, 617
Schostakowitsch, Dmitrij 535, 536, 568
Schreker, Franz 537, 538
Schroeter, Werner 553, 554
– *Fitzcarraldo* 554
Schubert, Franz 7, 195, 198, 379, 446, 515, 554, 594, 595, 606, 610, 628
– *Alfonso und Estrella* 606
»Ave Maria« 446
– *Fierrabras* 628
– *Gretchen am Spinnrad* 515
– *Die Verschworenen* 610
– *Der vierjährige Posten* 628
– *Die Winterreise* 554
– *Die Zauberharfe* 594
– *Die Zwillingsbrüder* 594
Schumann, Robert 210, 500, 503, 541, 604, 607
– *Genoveva* 604
Schwarzkopf, Elisabeth 342, 496, 503
Sciascia, Leonardo 38
Scott, Norman 474
Scott, Walter 110, 111, 114, 122, 128, 252, 254, 316, 384
– *Ivanhoe* 252, 254, 316
– *Kenilworth* 114
– *The Lady of the Lake* 111, 384
Scotti, Antonio 544, 546, 548
Scotti, Pamela 430, 676
Scotto, Renata 516, 520, 546
Scribe, Eugène Augustin 66, 88, 91, 113, 114, 115, 117, 121,

134, 135, 209, 210, 258, 316, 411, 412, 415, 416, 418, 423, 430, 431, 433, 434, 449, 596, 598, 606, 608, 640, 642, 660, 676
– *Les Circassiens* 412
– *La Somnambule* 113, 114
– *Vlaska* 412
Scudo, Paul 8, 170, 171
Seinemeyer, Meta 448, 548
Seletti, Emilio 676
Seletti, Giuseppe 101, 596, 676
Seletti, Pietro 594, 676
Sella, Quintino 240, 242
Selva (Scremin), Antonio 328, 379, 676
Senici, Emanuele 160
Senigaglia, Napoleone 385
Serafin, Tullio 385, 395, 474, 547
Sereni, Mario 328, 411
Ser Giovanni Fiorentino 489, 491
– *Il Pecorone* 489, 491
Settembrini, Luigi 100
Severi, Gabriele 518
Severi, Giovanni 517, 518, 677
Seyfried, Joseph von 328, 602
Shakespeare, William [»Shaespeare«, »Shakspeare«, »Shaspeare«, »Signor Guglielmo«] 44, 110, 121, 122, 127, 130, 131, 140, 203, 218, 252, 253, 254, 255, 274, 287, 290, 293, 294, 295, 296, 336, 347, 348, 349, 351, 352, 353, 354, 355, 356, 357, 358, 371, 377, 399, 400, 427, 431, 434, 442, 474, 475, 477, 478, 479, 480, 481, 482, 483, 484, 485, 486, 489, 490, 491, 498, 524, 527, 537, 551, 562, 569, 585, 588, 601, 608, 656, 666, 677
– *First Part of King Henry VI* 336
– *Hamlet* 567, 656
– *King Henry IV.* 486, 489, 585
– *King John* 254
– *King Lear* 127, 353, 358, 364, 431, 608
– *The Merry Wives of Windsor* (*Le allegre comari di Windsor*, *Die lustigen Weiber von Windsor*) 255, 486, 489, 585
– *Macbeth* (*The Tragedy of Macbeth*) [»Macbet«] 347, 348, 359, 527
– *Othello* 427, 474, 477
– *Romeo and Julia* (*Romeo und Julia*) 642
– *The Tempest* 486, 537
– *Troilus and Cressida* 489
Shaw, George Bernard 152, 175, 498
Shaw, Mary (geb. Postans, Robinson) 303, 677
Sheridan, Margaret 549
Shevtzova, Lia 448
Shicoff, Neil 347, 385
Siepi, Cesare 503, 547
Signorini, Francesco 460, 677
Silvestri, Alessandro 460, 677
Simionato, Giulietta 404, 496, 546
Simonde de Sismondi, Jean Charles Léonard 100
Simonetto, Alfredo 337

Sinopoli, Giuseppe 315
Sitchez, Joaquina 681
Sivori, Camillo 277, 278
Smart, Mary Ann 161
Smetana, Bedřich 612, 613, 619, 620, 621
– *Certova* stesna (*Die Teufelswand*) 621
– *Dalibor* 613
– *Libuše* (*Libussa*) 620
– *Prodaná nevěsta* (*Die verkaufte Braut*) 612
– *Tajemství* (*Das Geheimnis*) 619
Sografi, Simone Antonio 108
Solanges, Paul 626, 677
Sole, Nicola 518, 520, 677
Solera, Temistocle 4, 9, 122, 127, 131, 212, 294, 300, 306, 308, 310, 312, 315, 316, 319, 334, 335, 336, 339, 342, 343, 344, 377, 514, 515, 597, 598, 599, 599, 601, 619, 677
Solti, Georg 395, 496
Somma, Antonio (Anagramm Tommaso Anomi) 90, 216, 223, 252, 291, 331, 423, 430, 431, 433, 436, 445, 605, 606, 607, 608, 609, 611, 644, 676, 677
Sonzogno (Verlagshaus) 62, 75, 77, 78
Sonzogno, Edoardo 78
Sopart, Andreas 428
Sottovia, Pietro 677
Soumet, Alexandre 113
Souvestre, Charles Émile 121, 380, 381, 384, 598, 603, 655, 677
– *Le Pasteur d'hommes* 381, 598, 677
– *Le Pasteur ou L'Évangile et le foyer* [*Stifellius*] 380, 381, 603, 677
Spada, Pietro 510
Spezia-Aldighieri, Adelina (Maria) 411, 677-677
Spohr, Louis 593, 594, 595, 601
– *Faust* 593
– *Die Kreuzfahrer* 601
– *Pietro von Abano* 595
– *Zemire und Azor* 594
Spontini, Gaspare 91, 114, 340, 458, 557, 594, 595, 605, 640
– *Agnes von Hohenstaufen* 595
– *Alcidor* 594
– *Fernando Cortez* 91, 340, 640
– *Nurmahal* 594
– *La vestale* 109, 114, 557, 640
Stabile, Mariano 545
Stacciari, Riccardo 545
Staël, Anne Louise Germaine Necker (Madame de Staël) 43, 44, 131, 336, 343, 678
– *De l'Allemagne* 131, 336, 343, 678
Stankovic, Slobodan 323
Stecchi-Bottardi, Luigi 678
Stefan, Paul 530
Stehle, Adelina (verh. Garbin) 496, 678
Stein, Peter 553, 562, 564
Stella, Antonietta 373, 385, 460, 546
Steller, Francesco 473, 678

Stendhal (eigentlich Marie Henri Beyle) 63, 640
Stephanie, Gottlieb 106
Sterbini, Cesare 203, 213
Sterndale Bennett William 512, 513
Stevens, Risë 546
Stich-Randall, Teresa 496
Stiedry, Fritz 548
Stignani, Ebe 545, 546
Stolarov, Grigorij 510
Stolz, Teresa (Terezie Stolzová) 141, 148, 166, 447, 460, 473, 498, 502, 521, 596, 614, 616, 617, 618, 619, 620, 628, 629, 667, 678, 680
Stracciari, Riccardo 544
Stradella, Alessandro 509
Stratas, Teresa 337
Strauß, Johann (Sohn) 275, 616, 617, 622, 623
– *Aschenbrödel* 275
– *Die Fledermaus* 617
– *Der Karneval in Rom* 617
– *Eine Nacht in Venedig* 621
– *Simplizius* 623
– *Walzer* [»Valtzer«] 524
– *Der Zigeunerbaron* 622
Strauss, Richard 13, 230, 271, 354, 465, 495, 524, 537, 551, 612, 627, 629
– *Elektra* 354
– *Die Feuersnot* 629
– *Guntram* 627
– *Salome* 230, 537
Strawinsky, Igor 538, 587, 621
Strehler, Giorgio 552, 553, 555
Streponi, Adelina (Giuseppina Strepponis Tochter) 145
Strepponi, Barberina (Schwester von Giuseppina) 611
Strepponi, Camillo (Camillino) → Cirelli, Camillo
Strepponi, Feliciano 144, 680
Strepponi, Giuseppina (verh. Verdi) 6, 8, 18, 21, 23, 52, 79, 81, 100, 101, 141, 142, 144-147, 148, 149, 153, 162, 166, 300, 314, 316, 374, 396, 407, 419, 438, 461, 477, 498, 503, 516, 522, 523, 593, 598, 599, 599, 602, 603, 605, 606, 607, 608, 609, 617, 618, 623, 624, 628, 630, 652, 653, 656, 657, 658, 658, 664, 665, 668, 669, 678, 680
Strepponi, Sinforosa → Cirelli, Sinforosa
Studer, Cheryl 347
Sue, Eugène 40, 275
– *Les Mystères de Paris* 275
Sullivan, Arthur Seymour 352
Superchi, Antonio 328, 678
Surian, Giorgio 448
Sutermeister, Heinrich 537
Orazione per Giuseppe Verdi 537
– *Romeo und Julia* 537
– *Die Zauberinsel* 537
Sutherland, Joan 328, 364
Sved, Alexander 437

T
Taddei, Giuseppe 546
Tadolini, Eugenia (geb. Savonari) 7, 153, 168, 276, 341, 353, 678

Tadolini, Giovanni 108, 678
– *Mitridate* 108
Taffanel, Paul 507, 626
Tagliabue, Carlo 448
Taglioni, Maria (Marie) 275, 653
Taglioni, Paolo 275
Taglioni, Salvatore 277
– *Faust* 277
Tajo, Italo 347, 358
Talma, François-Joseph 254
Tamagno, Francesco 55, 56, 175, 328, 429, 460, 485, 544, 556, 678
Tamar, Iano 358, 404
Tamberlik, Achille 438
Tamberlik (Tamberlick), Enrico 170, 174, 438, 445, 513, 610, 678-678
Tamburini, Antonio 173
Tasso, Antonio 447, 679
Tasso, Torquato 155, 204, 316
– *Aminta* 204
– *Gerusalemme liberata* 155, 316
Taylor, Isidore Justin Séverin 113
– *Bertrand ou Le Pirate* 113
Tebaldi, Renata 337, 546
Tebaldini, Giovanni 507
Temple, Julien 567
– *Aria* 567
Tenca, Carlo 667, 679
Terziani, Eugenio 447
Théodore (Théodore Chion) 679
Thierry, Joseph 459
Thomas, Ambroise 91, 514, 597, 598, 603, 604, 608, 612, 613, 621
– *Le Caïd* 603
– *La double Échelle* 597
– *Françoise de Rimini* 621
– *Hamlet* 613
– *Mignon* 612
– *Le Panier fleuri* 598
– *Le Perruquier de la régence* 598
– *Psyché* 608
– *Raymond* 604
– *Le Songe d'une nuit d'été* 604
Tibbett, Lawrence 411, 430, 546, 547
Tiberini, Mario 154, 447, 679
Tietjens (Tietiens), Therese Cathline Johanna Alexandra 418, 513, 679
Tigri, Giuseppe 516
Tomasi di Lampedusa, Giuseppe 578
– *Il gattopardo* 578
Tommaseo, Niccolò 100, 142, 167
Torelli, Achille 525
Torelli, Vincenzo 54, 173, 258, 261, 420, 431, 607, 608, 679
Torlonia, Alessandro Graf 518
Torlonia, Prinzessin Teresa (geb. Colonna) 517
Tornaghi, Eugenio 293, 524, 679
Torrefranca, Fausto 533
Torresani, Carlo Giusto 87
Toscanini, Arturo 284, 379, 395, 411, 437, 447, 474, 486, 496, 503, 508, 513, 543, 545, 547, 553, 629, 630, 663, 679
Tottola, Andrea Leone 110, 111, 114

Tourel, Jennie 546
Toye, Francis 366, 530
Tozzi, Giorgio 380
Trajetta, Tommaso 643
Trivulzio, Cristina 155
Trojahn, Manfred 537
- *Enrico* 537
- *Was ihr wollt* 537
Troya, Carlo 97
Truffaut, François 295
Truffi, Teresa 337
Tschaikowsky, Peter (Pjotr Iljitsch) 535, 614, 617, 618, 619, 620, 621, 623, 624, 625
- *Iolanta* 625
- *Jewgeni Onegin (Eugen Onegin)* 553, 619
- *Kusnez Wakula* 618
- *Masepa (Mazeppa)* 621
- *Der Nußknacker* 275
- *Opritschnik* 617
- *Orleanskaja dewa (Das Mädchen von Orleans)* 620
- *Pikowaja dama (Pique Dame)* 624
- *Schwanensee* 275
- *Tscharodeika (Die Zauberin)* 623
- *Tscherewitschki (Pantöffelchen)* 618
- *Voyevoda* 614
Tucci, Gabriella 404
Tucker, Richard 474, 546
Turner, Claramae 437
Turner, Eva 549

U

Uccelli (Dirigent) 286
Ullrich, Jan 16
Umberto I., König von Italien 36, 504, 619, 629
Ungher, Karoline 653
Urban IV. (Papst) 103
Urmana, Violeta 304
Ursuleac, Viorica 548
Uttini, Luigia → Verdi, Luigia

V

Vaccai, Nicola 108, 335, 594
- *Giovanna d'Arco* 108, 335
- *Giulietta e Romeo* 594
Vadori, Annetta 155
Vaëz, Gustave (eigentlich Jean Nicolas Gustave van Nieuwenhuyzen) 315, 316, 319, 320, 412, 602, 675, 676, 679
Valdegno, Giuseppe 474, 486, 496, 547
Valentini Terrani, Lucia 315, 460
Vallotti, Padre Francesco Antonio 507
van Allan, Richard 380
van Dam, José 430, 460
Vaness, Carol 385
van Gelder, Julian 322, 679
Vaque-Moulin (Tänzer) 276
Varesi, Felice 43, 51, 130, 134, 168, 180, 265, 348, 355, 356, 357, 386, 395, 405, 410, 411, 679-679
Vargas, Ramon 342
Vasselli, Antonio 680
Vaucorbeil, Auguste Emanuel 680
Venzano, Luigi 279
Vercellini, Giacomo 429, 680

Verdi, Carlo 3, 142, 593, 594, 613, 656, 680
Verdi, Filomena Maria → Carrara, Maria
Verdi, Giuseppa (Giuseppina) Francesca 593, 596
Verdi, Giuseppe (Joseph Fortunin François)
- *L'Abandonnée* 514, 516, 603
- *Adelia degli Adimari* [= *Un ballo in maschera*] 90, 431, 433, 609
- *Adelchi* 497
- *Ad una stella* [= *Sei romanze* (1845), Nr. 3] 514, 515, 517
- *Aida* 7, 13, 15, 16, 43, 54, 69, 70, 75, 78, 79, 91, 101, 121, 136-138, 146, 157, 163, 171, 173, 174, 177, 178, 179, 183, 186, 188, 191, 196, 206, 208, 210, 211, 213, 215, 216, 222, 223, 225, 227, 228, 230, 231, 232, 249, 253, 259, 261, 262, 267, 270, 271, 274, 286, 289, 322, 353, 379, 420, 423, 424, 425, 445, 447, 459, 461-474, 498, 499, 500, 501, 502, 513, 521, 532, 535, 536, 538, 539, 547, 548, 552, 554, 556, 564, 565, 566, 568, 574, 580, 581, 582, 586, 588, 589, 615, 616, 617, 618, 620, 633, 634, 636, 639, 640, 642, 645, 646, 648, 649, 650, 651, 654, 655, 656, 657, 659, 660, 661, 662, 663, 665, 667, 669, 670, 671, 672, 674, 676, 678, 679, 680, 681
- *Alzira* 29, 53, 81, 109, 122, 123, 134, 150, 151, 165, 174, 251, 253, 302, 337-342, 346, 368, 373, 396, 582, 599, 601, 635, 646, 647, 650, 651, 656, 657, 661, 678, 681
»Amo l'ora del giorno che muore« 517, 519, 520
- *Amore e morte* [= *La traviata*] 410
- *Aroldo* 120, 150, 152, 161, 165, 205, 206, 381-385, 419, 420, 607, 608, 633, 645, 653, 654, 657, 661, 666, 667, 671, 672, 673
- *L'assedio di Arlem* [= *La battaglia di Legnano*] 59, 368, 372, 373
- *L'assedio di Firenze* [geplante Oper] 374, 379, 442
- *L'attente (Die Erwartung)* 516
- *Attila* 51, 60, 81, 85, 87, 88, 93, 103, 131, 150, 153, 154, 170, 173, 175, 176, 194, 196, 206, 213, 221, 244, 246, 253, 254, 255, 256, 265, 268, 276, 316, 339, 342-347, 353, 354, 358, 554, 576, 578, 582, 599, 601, 636, 646, 647, 650, 653, 654, 657, 663, 664, 665, 666, 668, 669, 669, 672, 677, 678, 681
- *Ave Maria volgarizzata da Dante* 289, 504, 508, 509, 520, 620
- *Ave Maria* [= *Quattro pezzi sacri*, Nr. 1] 504, 505-506, 521

- *Un ballo in maschera* 5, 11, 57, 58, 84, 85, 86, 87, 88, 90, 91, 117, 136, 150, 151, 154, 161, 172, 174, 175, 176, 177, 178, 180, 185, 190, 191, 193, 196, 205, 211, 212, 214, 216, 222, 227, 234, 248, 252, 253, 258, 267, 274, 285, 288, 289, 290, 293, 297, 327, 355, 379, 430-437, 438, 442, 465, 519, 539, 553, 554, 560, 561, 574, 578, 582, 596, 607, 608, 609, 632, 633, 634, 636, 640, 641, 644, 645, 648, 649, 651, 652, 653, 654, 655, 656, 661, 663, 664, 665, 667, 670, 672, 675, 676, 677, 678, 679
- *Batilde di Turenna* [= *Les Vêpres Siciliennes*] 91, 418, 609, 655
- *La battaglia di Legnano (Die Schlacht von Legnano, Das heilige Feuer)* 18, 32, 54, 57, 58, 59, 60, 81, 90, 91, 92, 94, 104, 150, 151, 160, 164, 174, 180, 216, 221, 302, 367-373, 379, 383, 396, 595, 603, 633, 637, 656, 657, 659, 661, 669, 677
- *Il brigidino. Stornello (Die Kokarde)* 518, 519
- *Brindisi* [= *Sei romanze* (1845), Nr. 6] 514, 515, 517
Capriccio (für Horn) 66, 598
»Chi i bei dì m'adduce ancora« (»Ach! Wer bringt die schönen Tage«) 517
- *Il cielo d'Italia. Romanza senza parole* 514, 516, 517
- *Il cinque Maggio* 667
- *Clara di Pert* [= *Rigoletto*] 652
- *Cléopâtre* [geplante Oper] 449
- *Cola di Rienzi* [geplante Oper] 368
- *Il conte di Carmagnola* 497
- *Il corsaro* 29, 60, 62, 81, 150, 152, 160, 165, 174, 359, 364-367, 560, 593, 601, 602, 603, 637, 638, 641, 645, 647, 652, 655, 658, 661, 666, 672, 673
- *Cromwell* [geplante Oper] 332, 599
»Cupo è il sepolcro mutolo« 517, 519, 520
»Deh, pietoso, oh Addolorata« (»Ach neige, Du Schmerzensreiche«) [= *Sei romanze* (1838), Nr. 6] 513, 517
- *I deliri di Saul* (Kantate) 595
Divertimento (für Trompete) 598
- *Domine ad adjuvandum* [Jugendwerk?] 511
- *Don Alvaro* [= *La forza del destino*] 439, 656, 664
- *Don Carlos (Don Carlo)* 12, 15, 81, 91, 94, 101, 102, 103, 104, 139, 150, 151, 154, 160, 164, 173, 175-176, 177, 178, 180, 191, 194, 196, 208, 209, 210, 222, 253, 259, 261, 267, 270, 272, 274, 286, 289, 290, 293, 294, 298, 334, 352, 354, 357, 417, 420, 423, 424, 430, 439, 442, 447, 448-460, 461,

462, 465, 469, 470, 473, 474, 498, 499, 500, 501, 543, 544, 548, 551, 554, 555, 581, 587, 601, 612, 613, 615, 616, 618, 621, 622, 623, 633, 636, 639, 640, 645, 646, 650, 653, 654, 655, 656, 657, 658, 659, 660, 661, 662, 663, 665, 666, 667, 668, 669, 670, 671, 672, 674, 675, 676, 677, 678, 681
- *Il duca di Vendôme* [= *Rigoletto*] 386, 388, 604
- *I due Foscari* 61, 81, 87, 90, 117, 128, 150, 151, 161, 189, 213, 244, 246, 255, 279, 285, 328-334, 339, 341, 353, 366, 424, 433, 518, 582, 594, 599, 601, 602, 634, 647, 652, 653, 654, 655, 657, 658, 661, 662, 667, 668, 669, 672, 675
- *Ernani* 5, 7, 9, 17, 51, 53, 55, 61, 81, 85, 87, 92, 93, 94, 102, 122, 127, 128, 129, 150, 153, 160, 170, 172, 174, 175, 177, 178, 180, 188, 189, 192, 197, 207, 221, 222, 237, 242, 244, 246, 252, 253, 255, 256, 290, 316, 321, 323-328, 329, 331, 332, 333, 339, 351, 417, 418, 425, 512, 547, 554, 576, 582, 595, 599, 601, 602, 632, 633, 636, 637, 640, 641, 643, 648, 650, 651, 652, 653, 654, 655, 657, 658, 660, 663, 664, 665, 666, 668, 669, 672, 677, 679
»È la vita un mar d'affanni« 517
»Era bella, ancor più bella« 517, 520
- *L'esule* 514, 515, 517, 598
- *Falstaff* 11, 16, 81, 91, 140, 151, 173, 181, 191, 194, 197, 202, 206, 208, 211, 212, 214, 216, 222, 228, 229, 230, 231, 232, 233, 234, 240, 242, 246, 254, 255, 262, 263, 271, 281, 287, 294, 297, 353, 446, 472, 474, 478, 486-496, 498, 499, 506, 507, 516, 521, 522, 524, 527, 532, 533, 534, 536, 537, 540, 541, 544, 548, 554, 555, 557, 568, 571, 573, 574, 577, 581, 582, 585, 586, 624, 625, 626, 632, 637, 638, 639, 642, 645, 647, 649, 651, 654, 662, 663, 664, 668, 671, 672, 673, 677, 678, 681
- *Il finto Stanislao* [= *Un giorno di regno*] 304, 306, 308, 601
- *La Fiorara* 515, 519, 520
»Fiorellin che sorge appena« 517
- *La forza del destino (Die Macht des Schicksals)* 7, 69, 91, 103, 104, 150, 151, 152, 154, 160, 161, 164, 165, 169, 170, 171, 172, 174, 175, 176, 177, 178, 180, 185, 191, 193, 205, 211, 214, 222, 229, 232, 253, 259, 260, 267, 274, 283, 290, 294, 295, 324, 334, 399, 400, 419, 423, 424, 427, 429, 434, 461, 465, 502, 520, 536, 538, 546, 547, 548, 554, 555, 561, 587, 589, 597, 610, 611, 612, 614, 616, 632, 633, 635, 636, 639, 645, 646, 648, 649,

651, 652, 654, 655, 656, 657, 658, 659, 660, 663, 665, 667, 668, 670, 671, 672, 675, 676, 678, 679
- *Gerusalemme* → *Jérusalem*
- *Un giorno di regno* 4, 42, 80, 122, 145, 151, 160, 173, 179, 210, 213, 304-308, 334, 511, 598, 601, 643, 651, 661, 669, 673, 674, 675, 676
- *Giovanna d'Arco* 61, 81, 104, 150, 154, 174, 179, 189, 192, 196, 206, 212, 221, 285, 294, 334-337, 339, 340, 342, 346, 353, 554, 599, 601, 634, 646, 647, 657, 661, 665, 666, 669, 673, 676, 677
- *Giovanna de Guzman* [= *Les Vêpres Siciliennes*] 55, 91, 267, 418, 607, 638, 661, 662
- *Giovanni di Sicilia* [= *Les Vêpres Siciliennes*] 91, 418, 655
- *Guglielmo Wellingrode* [= *Stiffelio*] 381, 384, 385, 605, 665
- *Gustavo III* [= *Un ballo in maschera*] 88
- *Il cinque maggio* (Hymne) 497
- *Inno delle nazioni* 228, 438, 512-513, 611, 641, 654
- *Inno popolare* (»Suona la tromba«) 92, 512, 603, 667, »In solitaria stanza« [= *Sei romanze* (1838), Nr. 3] 513, 517
- *Introduzione, variazione [variazioni?] e coda* 66
»Io la vidi e a qual'aspetto« 596, 653
- *Jago* [= *Otello*] 475
- *Jérusalem* [*Gerusalemme*] 56, 57, 59, 81, 82, 146, 256, 267, 272, 315-323, 420, 581, 582, 602, 604, 633, 634, 640, 651, 653, 660, 664, 669, 673, 675, 676, 679, 680
- *Judith* [geplante Oper] 449
- *Le lamentazioni di Geremia* 595
- *Laudi alla Vergine Maria* [= *Quattro pezzi sacri*, Nr. 3] 504, 505, 506, 507, 629
- *Libera me* [= *Messa per Rossini*] 508
- *Lionello* [= *Rigoletto*] 87
- *I Lombardi alla prima crociata* 6, 56, 61, 74, 80, 81, 82, 88, 92, 103, 122, 127, 150, 151, 157, 160, 161, 174, 178, 179, 213, 221, 255, 256, 257, 279, 315-323, 327, 334, 384, 420, 512, 576, 599, 599, 602, 634, 641, 648, 653, 654, 656, 659, 661, 663, 665, 666, 667, 669, 675, 676, 677, 679
- *Lord Hamilton* [= *Oberto*?] 300
- *Luisa Miller* (*Louise Miller*) 8, 11, 29, 55, 59, 88, 117, 122, 123, 134, 151, 153, 160, 165, 173, 174, 175, 178, 180, 221, 222, 225, 227, 228, 241, 250, 290, 368, 373-380, 396, 415, 548, 554, 576, 581, 582, 599, 603, 604, 605, 606, 633, 638, 647, 649, 651, 652, 653, 654,

656, 657, 657, 660, 662, 663, 667, 672, 675, 676, 677
- *Macbeth* [»Macbet«] 7, 29, 43, 51, 55, 81, 86, 88, 92, 94, 130-133, 150, 157, 163, 168, 171, 180, 195, 196, 202, 211, 212, 218, 219, 221, 222, 223, 226, 227, 228, 232, 242, 243, 254, 255, 256, 264, 265, 267, 272, 274, 287, 290, 293, 294, 347-358, 359, 363, 371, 420, 423, 424, 429, 430, 449, 480, 524, 527, 548, 551, 552, 554, 557, 560, 576, 582, 587, 602, 604, 605, 611, 612, 617, 633, 634, 635, 636, 637, 640, 641, 645, 648, 652, 653, 654, 655, 656, 657, 663, 664, 665, 666, 667, 670, 671, 672, 674, 677, 678, 679
- *Vier Märsche* 595
- *La maledizione* [= *Rigoletto*] 87, 131, 386, 388, 604
- *I masnadieri* (*Die Räuber*) 60, 62, 81, 134, 150, 151, 154, 160, 161, 164, 174, 175, 176, 177, 178, 180, 206, 221, 265, 287, 290, 348, 358-364, 365, 601, 602, 605, 637, 647, 652, 653, 654, 655, 657, 662, 665, 666, 669, 670, 672, 676
- *Messa da Requiem* (*Requiem*) 40, 57, 68, 101, 244, 248, 289, 352, 362, 496-504, 505, 507, 509, 521, 617, 618, 619, 625, 655, 656, 662, 663, 664, 667, 668, 678, 681
- *Messa di Gloria* (gemeinsam mit Ferdinando Provesi) 510, 511
- *Messa per Rossini* (gemeinsam mit anderen Komponisten) 461, 497, 502, 508, 509, 614
- *Il mistero* [= *Sei romanze* (1845) Nr. 5] 514, 516, 517
»More, Elisa, lo stanco poeta« [= *Sei romanze* (1838), Nr. 2] 513
- *Nabocodonosor* [*Nabucco*] 5, 6, 9, 16, 38, 41, 45, 47, 70, 80, 84, 85, 88, 91, 92, 103, 104, 122, 127, 131, 132, 145, 146, 150, 172, 173, 175, 176, 177, 178, 179, 188, 192, 195, 207, 220, 221, 222, 223, 225, 230, 232, 234, 246, 251, 255, 281, 290, 296, 302, 303, 308-315, 320, 324, 327, 328, 332, 334, 354, 374, 433, 512, 535, 554, 565, 571, 576, 597, 598, 599, 599, 603, 630, 632, 636, 637, 639, 645, 646, 649, 652, 653, 655, 657, 659, 661, 665, 666, 667, 669, 674, 675, 677, 680
»Nell'orror di notte oscura« [= *Sei romanze* (1838), Nr. 4] 513
»Non t'accostare all'urna« [= *Sei romanze* (1838), Nr. 1] 513, 515
- Notturno (für Sopran, Tenor, Baß und Querflöte) 513, 515, 517, 598, 656
- *Oberto, conte di San Bonifacio*

4, 6, 52, 53, 80, 81, 122, 145, 150, 152, 154, 160, 173, 174, 179, 195, 196, 251, 300-304, 305, 307, 308, 321, 324, 334, 516, 554, 598, 599, 624, 636, 648, 651, 652, 668, 669, 671, 672, 673, 675, 677, 680
- *Orietta di Lesbo* [= *Giovanna d'Arco*] 337
- *Otello* (*Othello*) 15, 55, 91, 103, 138-140, 150, 160, 164, 175, 176, 188, 191, 196, 205, 206, 211, 212, 214, 215, 216, 222, 228, 231, 233, 240, 242, 245, 246, 248, 250, 253, 255, 262, 267, 270, 271, 272, 273, 274, 290, 294, 296, 297, 334, 353, 362, 379, 420, 425, 427, 472, 474-486, 498, 501, 506, 510, 522, 533, 536, 537, 538, 544, 546, 551, 553, 555, 556, 562, 568, 574, 581, 586, 619, 620, 622, 623, 624, 626, 633, 634, 635, 636, 637, 638, 639, 640, 642, 645, 647, 649, 654, 655, 659, 660, 661, 662, 664, 666, 668, 670, 671, 674, 675, 677, 678, 679
- Ouvertüre zu Gioachino Rossinis 'Il barbiere di Siviglia' 595
- *Pater noster volgarizzato da Dante* 289, 504, 508, 509, 510, 620
- *Patria* [= *La battaglia di Legnano*] 368
»Perduta ho la pace, ho in cor mille guai« (»Meine Ruh« ist hin«) [= *Sei romanze* (1838), Nr. 5] 513, 515
»Pietà, Signor, del nostro error profondo« 289, 504, 508, 518, 626
- *Il poveretto* 514, 516, 517, 602
- *La preghiera del poeta* (*Das Gebet des Dichters*) 518, 520
- *I promessi sposi* [geplante Oper] 497
- *Quartetto in Mi minore* (Streichquartett e-Moll) 520-522, 617, 618, 673
- *Quattro pezzi sacri* (Vier geistliche Stücke) 289, 352, 504-508, 521, 628, 629
- *Rè Lear* (*King Lear*) [geplante Oper] 59, 377, 431, 436, 445, 449, 599, 604, 605, 606, 607, 611, 654, 657, 659, 670, 672, 677, 678
- *Requiem* → *Messa da Requiem*
- *Rigoletto* 5, 7, 9, 11, 13, 15, 54, 55, 62, 65, 75, 84, 85, 86, 87, 88, 121, 129, 131, 136, 150, 151, 152, 154, 160, 161, 163, 170, 175, 176, 177, 178, 180, 184, 185, 191, 194, 196, 201, 205, 206, 212, 213, 215, 219, 221, 222, 223, 224, 225, 227, 228, 231, 232, 234, 236, 237, 241, 243, 245, 247, 250, 267, 269, 272, 276, 279, 285, 289, 290, 293, 327, 337, 357, 361, 363, 371, 378, 379, 380, 381, 383, 386-395, 400, 401, 408, 416, 423, 424, 425, 426, 433, 444, 461, 466, 472, 538,

545, 548, 550, 551, 554, 555, 561, 567, 568, 577, 578, 579, 581, 582, 596, 604, 605, 614, 632, 633, 634, 636, 638, 639, 639, 641, 644, 646, 647, 651, 651, 652, 653, 654, 655, 656, 658, 662, 664, 668, 669, 670, 672, 673, 675, 676, 679, 680, 681
- *Rocester* [= *Oberto*] 52, 300, 597, 598, 668, 672, 677
- *Romance sans paroles* [= *Il cielo d'Italia. Romanza senza parole*] 517, 519
- *Ruy Blas* [geplante Oper] 430
- *Scena lirica* (»Io la vidi e a qual'aspetto«) 510, 511
- *La seduzione* 514, 515, 598
- *Sei romanze* (1838) 513, 515-516, 540, 598, 652, 656
- *Sei romanze* (1845) 514, 516, 540, 601
»Sgombra, o gentil, dall'ansia« 518
- *Simon Boccanegra* 94, 139, 146, 150, 165, 174, 175, 176, 178, 185, 186, 190, 192, 196, 199, 205, 211, 213, 214, 216, 219, 222, 227, 228, 233, 258, 259, 262, 267, 270, 283, 290, 292, 295, 296, 333, 334, 351, 352, 354, 357, 379, 381, 399, 418-430, 445, 465, 470, 474, 543, 544, 548, 555, 557, 562, 568, 587, 607, 608, 609, 620, 621, 631, 633, 635, 640, 641, 645, 646, 652, 653, 654, 655, 657, 659, 660, 663, 667, 668, 670, 671, 672, 674, 675, 678, 680
- *Sinfonia C-Dur* 510, 511
- *Sinfonia D-Dur* 510, 511
- *Sinfonia »La capricciosa«* 511
- *Sordello* [geplante Oper] 430
- *Lo spazzacamino* (*Der Schornsteinfeger*) [= *Sei romanze* (1845), Nr. 4] 514, 515
- *Stabat Mater* 511
- *Stabat Mater* [= *Quattro pezzi sacri*, Nr. 2] 352, 504, 505, 506, 507, 629
- *Stiffelio* 29, 86, 88, 103, 121, 133, 150, 157, 164, 173, 174, 205, 221, 234, 241, 244, 245, 249, 290, 372, 380-385, 386, 419, 420, 518, 598, 603, 604, 605, 607, 608, 641, 645, 655, 657, 661, 662, 665, 672, 673, 677
- *Stornello* 514, 520, 614
- *Streichquartett e-Moll* → *Quartetto in Mi minore*
- »Suona la tromba« → *Inno popolare* (»Suona la tromba«)
- *Tantum ergo* 511, 597
- *Te Deum* [= *Quattro pezzi sacri*, Nr. 4] 504, 505, 506-507, 627, 629
- *Il tramonto* [= *Sei romanze* (1845) Nr. 1] 514, 517
- *La traviata* 9, 11, 13, 16, 54, 65, 71, 75, 86, 121, 122, 130, 133, 150, 151, 160, 165, 166, 168, 170, 173, 174, 176, 177,

182, 185, 186, 189, 193, 196,
200, 202, 203, 214, 215, 221,
222, 225, 227, 228, 232, 234,
237, 241, 243, 244, 245, 246,
248, 253, 258, 264, 265, 272,
274, 284, 289, 290, 294, 302,
354, 355, 379, 383, 401,
404-411, 418, 419, 420, 424,
426, 428, 434, 472, 519, 534,
536, 540, 545, 547, 548, 551,
552, 553, 554, 557, 566, 567,
577, 578, 579, 581, 602, 605,
606, 607, 631, 632, 635, 637,
638, 639, 645, 646, 648, 653,
654, 655, 656, 657, 658, 659,
660, 662, 663, 665, 666, 667,
670, 671, 672, 675, 676, 677,
679, 681
Tre pezzi sacri 629
– *Il trovatore* [*Le Trouvère, Der Troubadour*] 9, 13, 35, 54, 65, 70, 71, 75, 79, 88, 90, 131, 133-136, 146, 150, 151, 160, 168, 170, 173, 174, 175, 176, 177, 178, 180, 185, 190, 202, 205, 206, 214, 221, 245, 253, 258, 267, 272, 277, 278, 279, 284, 288, 290, 292, 295, 302, 322, 337, 339, 372, 377, 379, 381, 383, 395-404, 408, 418, 419, 423, 424, 428, 434, 455, 472, 502, 534, 539, 540, 541, 542, 545, 546, 547, 548, 553, 554, 561, 565, 566, 567, 578, 581, 582, 597, 605, 606, 607, 608, 631, 632, 633, 636, 637, 639, 640, 644, 645, 647, 650, 651, 652, 653, 654, 655, 656, 657, 658, 659, 661, 662, 663, 664, 665, 669, 670, 671, 672, 674, 676, 678, 679, 680, 681
– *Gli Unni e i Romani* [*=Attila*] 347
– *Valzer* 518, 519
– *Una vendetta in domino* [*= Un ballo in maschera*] 89, 90, 431, 608, 609
– *Les Vêpres Siciliennes* [*I vespri siciliani*] 7, 18, 55, 81, 91, 94, 135, 150, 151, 153, 172, 174, 176, 178, 192, 194, 195, 196, 209, 210, 258, 267, 272, 274, 290, 322, 411-418, 423, 449, 450, 455, 465, 598, 605, 606, 607, 608, 609, 611, 621, 633, 634, 638, 640, 642, 645, 651, 652, 651, 653, 655, 657, 658, 659, 660, 661, 663, 664, 665, 669, 670, 671, 672, 675, 676, 679, 681
– *Violetta* [*= La traviata*] 411
– *Viscardello* [*=Rigoletto*] 87, 279, 653, 657
– *La zingara* [*=Sei romanze* (1845), Nr. 2] 514, 515
Verdi, Giuseppina → Strepponi, Giuseppina
Verdi, Icilio Romano Carlo Antonio 4, 597, 598, 680, 681
Verdi, Luigia (geb. Uttini) 142, 593, 605, 680
Verdi, Marco 656
Verdi, Margherita → Barezzi, Margherita
Verdi, Maria Filomena → Carrara, Maria
Verdi, Virginia Maria Luigia 4, 597, 598, 681
Verga, Giovanni 76, 518, 620
– *I Malavoglia* 620
Vergil (eigentlich Publius Vergilius Maro) 3, 204
Vergnaghi, Mino 576
Verne, Jules 9
Verrett, Shirley 358, 380, 437, 460, 546
Vestri, Gaetano 380, 381
Viardot-Garcia, Pauline (Michèle Ferdinande) 177, 681
Vichard Abbée de Saint-Real, César 681
– *Histoire de Dom Carlos* 681
Victoria, Königin von England (Queen Victoria) 259, 602
Victoria, Tomás Luis da 507
Vietti, Carolina 55, 324
Viezzoli De Silvestrini, Amalia 385
Viganò, Salvatore 114, 657
– *La vestale* 114
Vigna, Cesare 100, 147, 503, 681
Villaret, Jean-François 681
Villaret, Pierre François 418
Vinay, Ramon 486
Vinco, Ivo 460
Visconti, Luchino 519, 552, 553, 557, 566, 578, 579
– *Il gattopardo* 519, 578
– *Senso* (*Sehnsucht*) 556
Vitale, Maria 334
Vitali 80
Vitelli, Vittorio 430
Vittorelli, Jacopo 513, 598
Vittorio Emanuele I. 594
Vittorio Emanuele II., König von Piemont-Sardinien, später König von Italien 16, 32, 33, 34, 36, 37, 65, 91, 93, 99, 147-148, 603, 607, 609, 610, 614, 619
Völker, Franz 548
Volpini, Giacinto 594
Voltaire (eigentlich François Marie Arouet) 108, 111, 122, 123, 337, 338, 339, 340, 681
– *Alzire ou Les Américains* 108, 337, 338, 339, 340, 681
– *Tancrède* 108
– *Sémiramis* 108
von der Thannen, Reinhard 553, 565
Votto, Antonio 437

W
Wagner, Cosima 503
Wagner, Richard [»Vagner«] 2, 11, 13, 14, 15, 16, 37, 54, 68, 71, 78, 103, 131, 183, 185, 187, 197, 230, 234, 262, 275, 285, 290, 291, 293, 294, 296, 447, 457, 459, 461, 472, 482, 495, 503, 511, 516, 524, 526, 530, 531, 532, 533, 534, 537, 538, 539, 541, 547, 548, 549, 551, 555, 562, 564, 586, 587, 588, 589, 593, 597, 599, 601, 604, 605, 612, 613, 614, 616, 618, 621, 623, 635, 640, 642, 646, 653, 654, 660, 661, 662, 666, 667, 668, 674
– *Die Feen* 623
– *Der fliegende Holländer* 289, 599, 668
– *Götterdämmerung* 230, 296, 618, 635
– *Das Liebesverbot* 597
– *Lohengrin* [»Loingrin«] 15, 289, 524, 604, 616, 667
– *Die Meistersinger von Nürnberg* 15, 613, 660
– *Oper und Drama* 604
– *Parsifal* 555, 588, 621
– *Das Rheingold* 234, 614, 646
– *Rienzi, der letzte der Tribunen* 599, 654
– *Der Ring des Nibelungen* 588, 618, 646
– *Siegfried* 618
– *Siegfrieds Tod* → *Götterdämmerung*
– *Tannhäuser und der Sängerkrieg auf der Wartburg* [»Tannauser«] 524, 601, 667, 668
– *Tristan und Isolde* 588, 612, 654
– *Die Walküre* 16, 614
Wagner, Siegfried 629
– *Der Bärenhäuter* 629
Wagner, Wieland 473, 553, 564
Waldmann, Maria (verh. Massari) 447, 460, 473, 498, 501, 619, 681
Walker, Frank 514, 517
Wallerstein, Lothar 548, 553
Walter, Bruno 548
Walter, Michael 85
Warren, Leonard 395, 404, 430, 474, 486, 546
Washington, Paolo 516, 520
Weber, Carl Maria von 83, 328, 348, 363, 594, 595, 623, 653, 654, 666
– *Die drei Pintos* 623
– *Euryanthe* 328, 594
– *Der Freischütz* [»Freychutz«] 83, 348, 524, 594, 654, 666
– *Oberon* 363, 595, 653
– *Preziosa* 594
Webern, Anton 218
Wegner, Walburga 437

Weill, Kurt 224
Wellington, Arthur Wellesley, Herzog von 370
Werfel, Franz 13, 16, 78, 292, 357, 430, 444, 448, 523, 530, 538, 548, 552, 571, 586, 587, 588, 589
– *Verdi. Roman der Oper* 530, 548, 586, 587
Werner, Friedrich Ludwig Zacharias 131, 342, 343, 353, 678, 681
– *Attila, König der Hunnen* 342, 343, 678, 681
Wernicke, Herbert 553, 555
Wesendonck, Mathilde 290
Widmann, Josef Victor 503
Wieler, Jossi 554
Wilhelm I., König von Preußen 470, 535
Wilhelm von Oranien 415
Wilson, Robert 553
Winter, Peter von 593, 665
– *Maometto II* 593
Wittrisch, Marcel 328
Wixell, Ingvar 308
Wolf, Hugo 628
– *Der Corregidor* 628
Wolf-Ferrari, Ermanno 495, 629
– *La Cenerentola* 629
Wonder, Erich 551, 553
Wüllner, Franz 508

Z
Zaccaria, Nicola 404
Zajic, Dolora 448
Zambelli, Carlotta 275
Zanardini, Angelo 449, 451, 621, 622, 681, 665
– *Amleto* 681
Zancanaro, Giorgio 347, 448, 547
Zandonai, Riccardo 75, 534
Zastavny, Georgy 448
Zecchini, Amalia 314
Zeffirelli, Franco 566, 567, 577
– *Falstaff* 577
– *Hamlet* 567
– *Jane Eyre* 567
– *Romeo und Julia* 567
– *La traviata* 566, 567, 577
Zehelein, Klaus 565
Zeller, Karl 625
– *Der Vogelhändler* 625
Zemlinsky, Alexander 628, 629
– *Es war einmal* 629
– *Sarema* 628
Zeno, Apostolo 642
Zilli, Emma 496, 681
Zingarelli, Nicola (Niccolò) 71, 108, 339
– *Alzira* 339
Zola, Emile 76
Zucarelli, Giovanni 667
Zucchi, Virginia 275
Zuelli, Guglielmo 460
Zuliani, Angelo 681
Zweig, Fritz 548

Über die Autoren

Thomas Betzwieser, geboren 1958 in Neckarhausen bei Mannheim, studierte Musikwissenschaft und Germanistik in Heidelberg. 1989 Promotion (*Exotismus und »Türkenoper« in der französischen Musik des Ancien Régime*, Laaber: Laaber 1993). 1990–1994 Wissenschaftlicher Mitarbeiter am Musikwissenschaftlichen Institut der Freien Universität Berlin; 1995 DAAD-Stipendiat an der Maison des Sciences de l'Homme in Paris; 1996–1998 DFG-Forschungsstipendium; 2000 Habilitation (*Sprechen und Singen: Ästhetik und Erscheinungsformen der Dialogoper*, Stuttgart/Weimar: Metzler, im Druck). Seit 1999 Lecturer in Music an der University of Southampton.

Simone De Angelis, geboren 1965, studierte Germanistik, Italianistik und Wissenschaftsgeschichte. Seit 1996 Assistent am Institut für Germanistik der Universität Bern. 1998 Promotion mit der Arbeit *Von Newton zu Haller. Studien zum Naturbegriff zwischen Empirismus und deduktiver Methode in der Schweizer Frühaufklärung* (Tübingen: Niemeyer, im Druck). Seit 2000 Stipendiat des Schweizerischen Nationalfonds und Habilitationsprojekt zur Genese des Anthropologiebegriffs in der Frühen Neuzeit.

Sieghart Döhring, geboren 1939, studierte Theologie, Philosophie und Musikwissenschaft in Hamburg und Marburg an der Lahn. 1969 Promotion. Nach Tätigkeiten an der Universität Marburg an der Lahn seit 1983 Leiter des Forschungsinstituts für Musiktheater der Universität Bayreuth, seit 1987 auch Inhaber des Lehrstuhls für Theaterwissenschaft unter besonderer Berücksichtigung des Musiktheaters daselbst. Zusammen mit Carl Dahlhaus Herausgeber von *Pipers Enzyklopädie des Musiktheaters* (München: Piper 1986–1997). Zusammen mit Sabine Henze-Döhring Autor von *Oper und Musikdrama im 19. Jahrhundert* (Laaber: Laaber 1997).

Markus Engelhardt, geboren 1956 in Gießen, studierte Musikwissenschaft in Würzburg. 1983 Preisträger des Premio Rotary Club di Parma (*Verdi und andere. »Un giorno di regno«, »Ernani«, »Attila«, »Il corsaro« in Mehrfachvertonungen*, Parma: Istituto Nazionale di Studi Verdiani 1992), 1986 Promotion (*Die Chöre in den frühen Opern Giuseppe Verdis*, Tutzing: Schneider 1988). Nach Tätigkeiten an der Hochschule für Musik und Darstellende Kunst Frankfurt am Main und am Forschungsinstitut für Musiktheater der Universität Bayreuth 1995–1996 Direktor des Centro Tedesco di Studi Veneziani in Venedig, seit 1997 Leiter der Musikgeschichtlichen Abteilung des Deutschen Historischen Instituts in Rom.

Christine Fischer, geboren 1970, studierte Musikwissenschaft, Kunstgeschichte und Italianistik an der Ludwig-Maximilians-Universität München und der University of California Los Angeles. 1997 Magister Artium mit einer Arbeit über die Madrigalkomponistin Cesarina Ricci de' Tingoli. Seit 1996 freiberufliche Tätigkeit für die Klangkörper des Bayerischen Rundfunks. Seit 1997 Assistentin am Institut für Musikwissenschaft der Universität Bern. Promotionsprojekt zum Opernschaffen der sächsischen Kurfürstin Maria Antonia Walpurgis.

Anselm Gerhard, geboren 1958 in Heidelberg, studierte Musikwissenschaft, Germanistik und Geschichte in Frankfurt am Main, an der Technischen Universität Berlin, am Istituto di Studi Verdiani (Parma) und in Paris. Seit 1994 ordentlicher Professor für Musikwissenschaft an der Universität Bern. Autor von *Die Verstädterung der Oper. Paris und das Musiktheater des 19. Jahrhunderts* (Stuttgart/Weimar: Metzler 1992; englisch: The University of Chicago Press 1998) und zahlreicher Veröffentlichungen zur Geschichte der Klaviermusik, der Musikästhetik und der Musikwissenschaft.

Leo Karl Gerhartz, geboren 1937, studierte Musik-, Literatur- und Theatergeschichte in Berlin, München und Italien. 1966 Promotion über Giuseppe Verdi. Nach zweijähriger Verlagstätigkeit 1969–1999 beim Hessischen Rundfunk, seit 1988 als Musikchef. Neben zahlreichen Arbeiten für Rundfunk und Fernsehen, vielen Lehraufträgen, Regie- und Dramaturgietätigkeiten beim Theater publizierte er Bücher und Essays und zur Geschichte der Oper, unter anderem *Oper. Aspekte der Gattung* (Laaber: Laaber 1983) und *Analysen zur Oper nach 1945 in Deutschland* (ORT: Deutscher Musikrat/BMG 2000)

Norbert Graf, geboren 1969 in Luzern, studierte Musikwissenschaft, Kunstgeschichte und Germanistik sowie Klavier in Bern. Diverse Tätigkeiten in den Bereichen Musikjournalismus, Musikmanagement und Musikunterricht. Seit 2000 Forschungsstipendiat des Schweizerischen Nationalfonds mit einer Arbeit über die Rezeption der zweiten Wiener Schule in der Schweiz.

Martina Grempler, geboren 1966, studierte Musikwissenschaft, Geschichte und Italienisch in Köln. 1996 Promotion (*Rossini e la patria. Studien zu Leben und Werk Gioachino Rossinis vor dem Hinter-*

grund des Risorgimento, Kassel: Bosse 1996). Nach Tätigkeiten in den Musikdramaturgien der Theater von Mannheim und Karlsruhe ist sie zur Zeit als Wissenschaftliche Mitarbeiterin an der Musikgeschichtlichen Abteilung des Deutschen Historischen Instituts in Rom beschäftigt.

Sabine Henze-Döhring, geboren 1953, studierte Musikwissenschaft, Germanistik und Geschichte in Marburg an der Lahn. 1981 Promotion. 1982–1985 Wissenschaftliche Mitarbeiterin an der Musikgeschichtlichen Abteilung des Deutschen Historischen Instituts in Rom. Seit 1992 Professorin für Musikwissenschaft an der Universität Marburg an der Lahn. Als Nachfolgerin von Heinz und Gudrun Becker Herausgeberin von Giacomo Meyerbeer – Briefwechsel und Tagebücher. Zusammen mit Sieghart Döhring Autorin von *Oper und Musikdrama im 19. Jahrhundert* (Laaber: Laaber 1997).

Dietmar Holland, geboren 1949, studierte Musikwissenschaft, Philosophie und Theatergeschichte in München. Seit 1972 als freier Musikschriftsteller tätig, seit 1975 freier Mitarbeiter des Bayerischen Rundfunks, seit 1981 auch des Norddeutschen Rundfunks. Zahlreiche Beiträge für Sammelpublikationen. Mitherausgeber und Autor der Reihe *Opernbücher* (Reinbek bei Hamburg: Rowohlt Taschenbuch Verlag 1981–1989), des *Konzertführer* (Reinbek bei Hamburg: Wunderlich 1987, ²1996) des *Opernführer* (Hamburg: Hoffmann & Campe 1989, ²1993, ³1994) sowie des Sammelbandes *Gehörgänge. Zur Ästhetik der musikalischen Aufführung und ihrer technischen Reproduktion* (München: Kirchheim 1986).

Arnold Jacobshagen, geboren 1965, studierte Musikwissenschaft, Geschichte, Philosophie sowie Kultur- und Medienmanagement in Berlin, Wien und Paris. 1996 Promotion, anschließend Musikdramaturg am Staatstheater Mainz. Seit 1997 Wissenschaftlicher Assistent an der Forschungsinstitut für Musiktheater der Universität Bayreuth (Thurnau). Fachbeirat für *Die Musik in Geschichte und Gegenwart*. Autor der Monographien *Der Chor in der französischen Oper des späten Ancien Régime* (Frankfurt am Main: Lang 1997) und *Strukturwandel der Orchesterlandschaft* (Köln-Rheinkassel: Dohr 2000).

Guido Johannes Joerg, geboren 1962, studierte Musikwissenschaft, Deutsche Philologie und Bibliothekswissenschaft in Köln. 1989 Magister Artium mit einer Arbeit über *Rossinis Kantaten*. 1987–1992 Wissenschaftlicher Mitarbeiter der Fondazione Rossini und beim *Rossini Opera Festival* in Pesaro; langjährige Tätigkeit als Dramaturg an verschiedenen Theatern und Opernhäusern, 1995–1997 Projektleiter für Oper und Musik bei den *Ludwigsburger Schloßfestspielen*. Herausgeber einzelner Bände der neuen Rossini-Gesamtausgabe. Selbständig als Musikwissenschaftler, Kulturmanager, Dramaturg und Musikjournalist.

Volker Kapp, geboren 1940 in Freiburg im Breisgau, studierte Romanistik, Theologie und Philosophie. Seit 1992 Professor für romanistische Literaturwissenschaft an der Universität Kiel. Autor von *Poesie und Eros. Zum Dichtungsbegriff der Fünf Großen Oden von Paul Claudel* (München: Fink 1972) und *Télémaque de Fénelon. La signification d'une oeuvre littéraire à la fin du siècle classique* (Tübingen: Narr 1982; ausgezeichnet mit dem Straßburg-Preis 1982), Herausgeber und Mitautor zahlreicher Sammelwerke, unter anderem *Italienische Literaturgeschichte* (Stuttgart/Weimar: Metzler 1992, ²1994), zahlreiche Aufsätze zur Literaturtheorie, zur Rhetorik, zum Sprech- und Musiktheater und zur Frömmigkeitsliteratur in Italien und Frankreich.

Sabina Kienlechner, geboren 1948, studierte Literaturwissenschaft und Philosophie. 1979 Promotion in Freiburg im Breisgau (*Negativität der Erkenntnis im Werk Franz Kafkas*, Tübingen: Niemeyer 1981). Verfaßte zahlreiche Essays für Rundfunkanstalten und Zeitschriften wie *Sinn und Form* und *Freibeuter*. Lebt als freie Autorin und Übersetzerin (unter anderen von Enrico Fubini, *Geschichte der Musikästhetik*, Stuttgart und Weimar: Metzler 1997) in Berlin und Rom.

Gundula Kreuzer, geboren 1975, studierte Musikwissenschaft, Philosophie und Geschichte in Münster (Westfalen) und Oxford. Seit 1999 Doktorandin der Universität Oxford mit einer Arbeit über die deutsche Verdi-Rezeption zwischen nationaler Einigung und Drittem Reich. Stipendiatin der Studienstiftung des Deutschen Volkes, des DAAD, der FAZIT-Stiftung und der British Academy. 2000 Paul A. Pisk-Preis der American Musicological Society.

Arne Langer, geboren 1962, studierte Musikwissenschaft und Theaterwissenschaft. 1989–1996 Wissenschaftlicher Mitarbeiter für Musiktheater am Institut für Theaterwissenschaft der Freien Universität Berlin. 1995 Promotion im Fach Musikwissenschaft mit einer Arbeit zur Geschichte der Opernregie im 19. Jahrhundert. Lehrbeauftragter an der Freien Universität Berlin, der Ruhr-Universität Bochum und an der Philipps-Universität Marburg. Fachbeirat für *Musik in Geschichte und Gegenwart* (Bereiche Opernregisseure und Bühnenbildner). Seit 1998 als Persönlicher Referent des Generalintendanten am Theater Erfurt.

Kurt Malisch, geboren 1947 in München, studierte Geschichte, Germanistik und Politologie in München. 1980 Promotion in Geschichte. 1978 Eintritt in den höheren Dienst der staatlichen Archivverwaltung Bayerns. Seit 1986 Musikkritiker für verschiedene Rundfunkanstalten, Zeitschriften (*Klassik heute*, *Fo-*

noforum, Opernwelt) und Zeitungen (*Neue Zürcher Zeitung*). Autor für die Programm- und Jahrbücher der Bayerischen Staatsoper München, für *Pipers Enzyklopädie des Musiktheaters* und *Musik in Geschichte und Gegenwart*.

Ulrich Schreiber, geboren 1936, studierte Literaturwissenschaft und Philosophie. Seit 1964 freier Musik- und Theaterkritiker unter anderem für die *Frankfurter Rundschau* (bis 1999), verschiedene Rundfunkanstalten und Zeitschriften. Zahlreiche Radiosendungen und Aufsätze unter anderem in Zeitschriften wie *Critique, Merkur, Musica*. Autor des Schallplattenführers *Klassik-Auslese* und des *Opernführers für Fortgeschrittene* (bisher 3 Bände, Kassel: Bärenreiter 1988–2000). Ehrendoktor der Bergischen Universität Wuppertal.

Uwe Schweikert, geboren 1941 in Stuttgart, studierte Germanistik, Geschichte und Musikwissenschaft in Göttingen und München. 1969 Promotion (*Jean Pauls »Komet«*, Stuttgart: Metzler 1971). Seit 1971 Lektor in einem Stuttgarter wissenschaftlichen Verlag. Daneben Tätigkeit als Autor für Rundfunkanstalten, Zeitschriften und Zeitungen, darunter zahlreiche Radiosendungen und Aufsätze zur Musik- und Operngeschichte. Mitherausgeber unter anderem des Gesamtwerks von Rahel Varnhagen, Hans Henny Jahnn und Ludwig Tieck.

Johannes Streicher, geboren 1966 in München, lebt seit 1973 in Rom. Seit 1997 Lehrauftrag für Musikgeschichte am Konservatorium Claudio Monteverdi in Bozen. Veröffentlichungen zu Fanny Mendelssohn-Hensel, Arrigo Boito, Ruggero Leoncavallo, Pietro Mascagni, Ermanno Wolf-Ferrari, zum Opernlibretto und zur musikalischen Rezeption von Dante, Goldoni und Schiller. Mitherausgeber von *Ottocento e oltre* (Rom: Pantheon 1994), Herausgeber von *Ultimi splendori. Cilea, Giordano, Alfano* (Rom: Ismez 1999).

Egon Voss, geboren 1938 in Magdeburg, aufgewachsen in Ostwestfalen-Lippe, studierte Schulmusik in Detmold, Germanistik und Philosophie in Köln, Kiel und Saarbrücken. 1968 Promotion (*Studien zur Instrumentation Richard Wagners*). Seit 1969 bei der Richard Wagner-Gesamtausgabe in München, zunächst als Redakteur und Bandbearbeiter, ab 1981 als Editionsleiter. 1989 und 1990 Tätigkeit als Dramaturg am Théâtre de la Monnaie in Brüssel. 1992/93 Lehrbeauftragter in München. Veröffentlichungen vor allem zu Wagner, zur Operngeschichte und zur neueren Musikgeschichte.

Hans-Joachim Wagner, geboren 1961, studierte Musikwissenschaft, Deutsche Philologie und Kunstgeschichte. Promotion 1988; Habilitation 1997. 1996–1999 Dramaturg für Musiktheater und Stellvertreter des Intendanten am Theater der Stadt Koblenz; seither Dramaturg für Musiktheater und Mitarbeiter der Operndirektion bei den Bühnen der Stadt Köln. Veröffentlichungen zur Geschichte des Musiktheaters und zur Musik des 20. Jahrhunderts. Zuletzt erschienen: *Begegnungen. Alfred Schnittke – Robert Schumann* (Köln-Rheinkassel: Dohr 1999) und *Fremde Welten. Die Oper des italienischen Verismo* (Stuttgart/Weimar: Metzler 1999)

Michael Walter, geboren 1958 in Gießen, studierte Musikwissenschaft und Geschichte an den Universitäten Marburg und Gießen. 1985 Promotion in Marburg an der Lahn. Nach Tätigkeiten an den Universitäten Siegen, Stuttgart, Bochum und Bayreuth seit 2001 Professor für Musikwissenschaft an der Universität Graz. Zuletzt erschienen: *»Die Oper ist ein Irrenhaus«. Sozialgeschichte der Oper im 19. Jahrhundert* (Stuttgart/Weimar: Metzler 1997); *Hitler in der Oper. Deutsches Musikleben 1919–1945* (Stuttgart/Weimar: Metzler ²2000) und *Richard Strauss und seine Zeit* (Laaber: Laaber 2000).

Sebastian Werr, geboren 1969, studierte in seiner Heimatstadt Berlin sowie in Mailand Musikwissenschaft und Betriebswirtschaftslehre. In seiner 2000 an der Universität Bayreuth eingereichten Dissertation befaßte er sich mit dem französischen Einfluß auf die italienische Oper in der Mitte des 19. Jahrhunderts. Zuletzt erschien: *Die Opern von Errico Petrella. Rezeptionsgeschichte, Interpretationen und Dokumente* (Wien: Praesens 1999).

Wolfgang Willaschek, geboren 1958, studierte Musiktheaterregie in Hamburg. Seit 1981 Dramaturg und Chefdramaturg, unter anderem an der Hamburgischen Staatsoper, bei den Salzburger Festspielen und beim Schleswig-Holstein Musik Festival. Seit 1987 fester Mitarbeiter des Regisseurs Johannes Schaaf. Zur Zeit feste Zusammenarbeit mit den Regisseuren Nikolaus Lehnhoff, Marco Arturo Marelli und Nicolas Brieger. Dozent an Hochschulen in Hamburg und Berlin. Autor von *Mozart-Theater* (Stuttgart/Weimar: Metzler 1996), *Oper. 50 Klassiker* (Hildesheim: Gerstenberg 2000), der Libretti für *Die weiße Rose* (Udo Zimmermann), *Sansibar* und *Das Treffen in Telgte* (Eckehard Mayer). Derzeit Dramaturgie und Programmplanung für die Intendanz von Pamela Rosenberg an der San Francisco Opera ab Herbst 2002.

Luca Zoppelli, geboren 1960, studierte Musikwissenschaft an der Universität Venedig (bei Giovanni Morelli). Zahlreiche Veröffentlichungen zur Ästhetik der Barockmusik, zum Musiktheater des 19. Jahrhunderts und zur Kulturgeschichte der italienischen Oper des fin-de-siècle. Autor von *L'opera come racconto* (Venezia: Marsilio 1994), Herausgeber der kritischen Ausgabe von Donizettis *Maria di Rohan* (Milano: Ricordi, im Druck). Mitherausgeber der

Zeitschrift *Ricercare* und der kritischen Ausgabe der Opern von Vincenzo Bellini (Milano: Ricordi, in Vorbereitung). Seit 2000 ordentlicher Professor für Musikwissenschaft an der Universität Freiburg im Üchtland.

Bildquellen

Nicht in allen Fällen war es möglich, die Rechtsinhaber geschützter Bilder zu ermitteln. Selbstverständlich wird der Verlag berechtigte Ansprüche auch nach Erscheinen des Buches erfüllen.

Bildarchiv Preußischer Kulturbesitz, Berlin 98
Casa Ricordi - BMG Ricordi SpA, Mailand 19, 48, 67, 116, 120, 149, 238, 239, 583, 584
Sebastian Hoppe, Basel 570
Kranichphoto (Foto: Peter Riesterer), Berlin 558
Willy Löffelhardt 28
Andreas Pohlmann, Frankfurt am Main 559
Abisag Tüllmann, Oberlindau 563

Bach-Handbuch
Herausgegeben von
Konrad Küster
1999. X, 997 Seiten,
gebunden
ISBN 3-476-01717-6

»[...] Für jeden, der einen ersten kompakten Zugriff zu den Werken von Johann Sebastian Bach sucht, ist das Bach-Handbuch unentbehrlich.«
ALTE MUSIK AKTUELL

Das Bach-Handbuch wurde von einem Team international renommierter Bach-Forscher erarbeitet. Es ist ein ebenso kompaktes wie umfassendes Kompendium zu Bachs Gesamtwerk. In Form eines nach Gattungen geordneten Nachschlagewerks liefert es dem Wissenschaftler, dem praktischen Musiker wie auch dem Bach-Freund das aktuelle Wissen zu allen Schaffensbereichen Bachs.

Schubert-Handbuch
Herausgegeben von
Walther Dürr und
Andreas Krause
1997. XXII, 684 Seiten,
zahlreiche Notenbeispiele,
gebunden
ISBN 3-476-01418-5

Dieses Handbuch ist das umfassendste Kompendium zu Franz Schuberts Schaffen und eine hervorragende Einführung in Leben, Werk und Zeit des großen Romantikers.

»Hier paart sich fachliche Kompetenz mit einer Darstellungsweise, die selbst komplexe Bezüge, Argumentationsstränge oder auch Werkbesprechungen mit einer verblüffenden Leichtigkeit verständlich macht und zum Weiterlesen animiert.«
NEUE ZEITSCHRIFT FÜR MUSIK